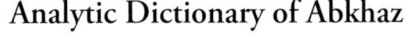

Analytic Dictionary of Abkhaz

Mrs. Anna Tsvinaria-Abramishvili

Tamio Yanagisawa
with the assistance of
Anna Tsvinaria-Abramishvili

Analytic Dictionary of Abkhaz

Hituzi Syobo Publishing

First published 2010

Author: Tamio Yanagisawa

Hituzi Syobo Publishing
Yamato bldg. 2F, 2-1-2 Sengoku Bunkyo-ku Tokyo, Japan
112-0011

phone +81-3-5319-4916 fax +81-3-5319-4917
e-mail: toiawase@hituzi.co.jp
http://www.hituzi.co.jp/
postal transfer 00120-8-142852

ISBN 978-4-89476-460-6
Printed in Japan

Dedicated to the memory of

Anna Tsvinaria (1933-2008),

who was the embodiment of Abkhazian virtue
and
kindness.

Contents

Preface

This dictionary is based on data collected over the course of seven years of fieldwork. The verbal morphology portion of this dictionary is largely based on material collected from my consultant, Mrs. Anna Tsvinaria-Abramishvili. The more than two hundred verbal forms, which are marked with an asterisk after the headword entry, are described in keeping with comments provided by Prof. G. Hewitt and Mrs. Zaira Khiba.

Describing Abkhaz, I began by attempting to investigate the verbal morphology in as much detail as possible. As a result, this dictionary necessarily includes descriptions of the three forms – aorist (or present), imperative and absolutive – for which there are also negative forms for every verb. The main purpose of this attempt to describe these forms is to investigate the transitivity of verbs and to show how the verbal slots are filled by actant prefixes. To the best of my knowledge, this is the first time that this has been attempted. This dictionary also includes the nominal derived forms, secured from my consultant, and many examples, often collected from Abkhaz folktales, textbooks and dictionaries. All of the examples have been grammatically analyzed and translated into English. The illustrative sentences/forms, produced by my consultant Mrs. Anna Tsvinaria-Abramishivili who talked with me through the medium of Russian, and the examples taken from *Abkhaz as a Foreign Language* (AFL), which were translated by both of us into Russian, can be found in both Russian and English in this dictionary. Examples taken from *Abkhaz-Russian Dictionary* (ARD) have been translated into English as well. Finally, all of the word-stresses have been marked, based on criteria provided by my consultant.

The purpose of this dictionary is threefold: to provide materials for the study of Abkhaz verbal morphology, to assist readers in the analysis of Abkhaz texts, and to provide phonological and grammatical materials that will enable comparative studies with other Northwest Caucasian languages.

For those who are setting out to learn Abkhaz, Hewitt's *Abkhaz: a Comprehensive Self-Tutor* is most useful, and his descriptive grammar (Hewitt 1979, 1989a) and Chirikba's compact grammar (Chirikba 2003) are instrumental in understanding the grammatical construction. For those who want to know the oral art of the Abkhazian people through Abkhaz, Hewitt's *Abkhazian Folktales* (2005a), which contains a grammatical sketch of Abkhaz and many keen observations regarding Abkhaz in its notes, is very beneficial. Finally, Abkhaz Texts (Yanagisawa: 2003–9), a collection of texts that have been translated into English which also includes grammatical notes, may also prove useful for more advanced reading. Most of the words in these texts can be found in this dictionary. I am hopeful that readers who are interested in Abkhazian culture will read these texts while consulting this dictionary.

Tamio Yanagisawa
Nagoya University
January 2010

Acknowledgements

Special thanks go out to the Japan Society for the Promotion of Science. This dictionary has been published with the help of Grants-in-Aid for Scientific Research (No. 215068). Furthermore, the research for this dictionary was funded largely by Grants-in-Aid for Scientific Research (C1) (1) in 2000–2001 (No. 12610544), (C1) (2) in 2002–2003 (No. 14510617), (C1) (2) in 2004–2005 (No. 16520236) and (C1) in 2006–2008 (No. 18520305).

I wish to thank my Abkhaz teacher and consultant, the late Anna Tsvinaria-Abramishvili. She was born in the village of Кәтол [K'ut'ol] in the Ochamchira district, and died in 2008 in Tbilisi. She was a native speaker of the Abzhywa dialect of Abkhaz. While I was researching the Abkhaz language in Georgia in the summers of 1997 and 2000–2006, she provided me with a lot of information about this marvelous, complex language and patiently answered my many questions. Without her help and advice I would not have been able to understand the structure of Abkhaz verbs, and of course this dictionary would never have come into being. Saying this, I take full responsibility for all that lies herein. I also wish to thank the Caucasian people, among them Mrs. Naira Gelashvili of the "Caucasian House" in Tbilisi, for their kindness and help.

I would also like to express my gratitude to the following authors of Abkhaz grammars, dictionaries and textbooks: Prof. B. George Hewitt, Mrs. Zaira Khiba, Dr. A. Spruit, Dr. Viacheslav A. Chirikba, Professors K. S. Sh'aq'rəl, V. H. Konzh'aria, L. P. Chk'adua, A. Sh. Shinkuba, N. K. Ashuba, A. Sh. Azhuba, and Prof. V. A. Kaslandzia. I have relied upon these grammars and dictionaries in my analysis of Abkhaz texts. In particular, I have made use of the grammatical terminology Prof. B. George Hewitt offered in his excellent and comprehensive grammar *Abkhaz* (1979, 1989a). Among the dictionaries used in compiling the lexicon, a particular debt is due to those compiled by Prof. V. A. Kaslandzia (2005), and Professors K. S. Sh'aq'rəl, V. H. Konzh'aria and L. P. Chk'adua (1986–87). I also owe a debt of gratitude to Sh. X'. Salaq'aia and S. Zyxwba, editors of the following folktale collections/anthologies: *Аҧсуа жәлар рҿаҧыцҭә рҿиамҭа. Ахрестоматиа.* Қарҭ/Аҟуа. (1975) and *Аҧсуа лакуқуа*. Аҟуа (1997).

For their invaluable assistance in the compilation of this dictionary, I owe a great debt to a number of people. Mr. Isao Matumoto, the president of Hituzi Syobo Publishing, supported me in the publishing of this dictionary, and Miss Siori Bando, an editor at Hituzi Syobo, patiently conducted the correcting and editing of the manuscript. Dr. Morita Chua Liang, Dr. Simon Potter, Mrs. Tat'jana Yamazaki and Miss Polina Datsyshena offered me their thoughtful advice with regard to the English and the Russian. I would also like to thank Miss Naomi Kusakabe, who made comments on the manuscript.

Finally, I must express deep gratitude to the great Caucasianist Prof. B. George Hewitt and his wife Mrs. Zaira Khiba Hewitt, who is from the town of Ochamchira. They were forever providing me with useful information and valuable materials, and forever assisting me with my many questions regarding Abkhaz. Without their writings and assistance, this dictionary would have far less substance.

User's Guide

1. Abkhaz Alphabet

The alphabetic order of Abkhaz is:

а, б, в, г, гь, гә, ҕ, ҕь, ҕә, д, дә, е, ж, жь, жә, з, ӡ, ӡә, и, к, кь, кә, қ, қь, қә, ҟ, ҟь, ҟә, л, м, н, о, п, ҧ, р, с, т, тә, ҭ, ҭә, у, ф, х, хь, хә, ҳ, ҳә, ц, цә, ҵ, ҵә, ч, ҷ, ҽ, ҿ, ш, шь, шә, ы, ҩ, џ, џь, (ь, ә)

Notes:

(1) 24 of 62 letters in Abkhaz alphabet are digraphs. The signs **ь** and **ә** stand for the palatalization and labialization of the preceding consonants respectively.

(2) In the old orthography **гу**, **ҕу**, **ку**, **қу**, **ҟу**, **ху** had been used instead of **гә**, **ҕә**, **кә**, **қә**, **ҟә**, **хә** respectively. These old orthographic letters are found in illustrative examples of this dictionary also; such examples are taken from Abkhaz texts published before the orthographic reform in 1999.

(3) Headwords without the definite-generic article **а-** are arranged in alphabetical order of headwords as if they had the article.

2. Stress (Accent)

In this dictionary, the places of stress in all words/verbal-forms are indicated according to the criteria of my native consultant.

Note: when words with two-fold open vowels **аа** [ɑ:] have a stress on one of the vowels , my native consultant could not tell which of them is stressed. In this dictionary this stress is assigned on the base of ARD or the etymological method.

(1) A primary stress is shown by the acute mark " ´ " placed on the vowel of the accented syllable. Note that the acute mark does not indicate the acute accent but only the stress.

(2) When there are two acute marks in a single word, the placement of the stress in either case is possible.

(3) The single vowel of a monosyllabic word/form is usually stressed even though there is no accent mark there.

(4) When in a polysyllabic word/form beginning with a capital vowel an accent mark is not found, the word/form is stressed on the first capital vowel: e.g. И-ҟо-у-зеи? is stressed as follows: и́-ҟо-у-зеи?

3. Noun Entries

The headword entry of a noun labeled [n.] begins with a definite-generic article **а-**. In this case a hyphen after the definite-generic article indicates the boundary between the article and the noun stem: e.g. **а́-хьа** "the/a-chestnut."

Note: when the definite-generic article **а-** merges with the initial **а-** of a noun stem to produce a single **а-**, a hyphen after the **а** is not shown: e.g. **аб** (< **а-аб**) "the/a-father."

The first form in parentheses after a headword entry is the plural form, which ordinarily ends in -**қәа** or -**цәа**, and the following form is the indefinite form, which ends in -**к**. Subsequently, in basic nouns, the other derived forms are provided: the forms made by adding the possessive prefixes **с(ы)-**

"my", ҳ(а)- "our," etc., and the postpositional suffixes **-ла** "with," **-гьы** "and," **-да** "without," etc.

а́-хьа [n.] (а́-хьа-ҟәа, хьа́-к, хьа-ҟәа́-к, сы́-хьа) a chestnut.

When a plural form does not exist in a noun, a double asterisk sign ** with "pl." is given in parentheses: e.g.

а-кака́л [n.] (pl.**) breakfast.

4. Adjective Entries

The headword entry of an adjective labeled [adj.] begins with a definite-generic article **а-**. The plural and definite forms of basic adjectives are given in parentheses.

а-ду́ /a-dә́w/ **1**. [adj.] (а-ду́-ҟәа/-цәа, ду́-к) big, large.

5. Adverb Entries

The headword entry of an adverb labeled [adv.] has either a definite-generic article **а-** or does not have it. In this dictionary, the adverbs without this article are arranged in alphabetical order as if they had the article.

6. Verbs Entries

6.1. Introductory Note

6.1.1. The verbs (verbal complexes) listed in this dictionary are all analyzed in terms of their morphemic elements. It should be noted that the analysis of the verbal morphemes is not necessarily performed etymologically. Because the purpose of our analysis is to indicate the operation of the affixes in the verbal complexes synchronically; and also, the description should be made as simple as possible. In this dictionary, for example, the causative verbs presented as headwords are not analyzed morphologically; that is, their stem morphemes are shown, not separated by a hyphen between the causative marker **р** and the radical: e.g. **а-рба-ра́** "to show" (cf. **а-ба-ра́** "to see"). This is because Abkhaz cannot insert any morphemes into the stem consisting of the causative marker and the radical. (For the exception see а́-ла-тҵа-ра[2].)

In this dictionary such a stem is abbreviated as *S*.

(1) All headwords are translated into English.

(2) Illustrative examples are shown after the sign **:**.

(3) Idioms/idiomatic phrases are shown after the sign ||.

6.1.2. The headword entry of a verb is the form called "masdar," which is a verbal noun in **-ра** with an article **а-**.

Note: when the article **а-** merges with the initial **а-** of a verbal stem to produce a single **а-**, a hyphen after **а** is not written: e.g. **а́и-с-ра** "to quarrel with", **аа́-хәа-ра** "to buy."

Each headword of verbs is followed by its grammatical label: [tr.] — transitive, [intr.] — intransitive, [labile] — labile verb, [intr. invers.] — intransitive inversive verb, [intr. stative] — intransitive stative verb, [intr. dynamic] — intransitive dynamic verb, [tr. Self] — reflexive (transitive) verb, [tr. SV] — subjective version verb.

6.1.3. The variant of the pronominal prefix is given after a slash, e.g.

и-аҳ/аа-ӡо́-ит

Thus, this indicates that both и-аҳ-ӡо́-ит and и-аа-ӡо́-ит are permissible.

Note: when it should be stressed that such a variant is unacceptable (according to my informant), the form is put in parentheses with a single asterisk: e.g. и-сы-ӡбо́-ит (*и-зы-ӡбо́-ит)

6.1.4. For some verbs in this dictionary, the negative present and aorist forms of finite verbs, accompanying the form marked by the intensifier **ӡа** in parentheses, are given:

[pres.] и-ҭы́-тц-уа-м (-тц-ӡо-м), [aor.] и-ҭы́-м-тц-ит (-тц-ӡе-ит)
Thus, the complete emphatic forms are и-ҭы́-тц-ӡо-м (< и-ҭы́-тц-ӡа-уа-м) and и-ҭы́-м-тц-ӡе-ит (< и-ҭы́-м-тц-ӡа-ит).

6.2. Verbs without a Preverb

In this dictionary, the pronominal prefixes occupying the actant slots are referred to as 'columns' (abbreviated as *C*), following Hewitt (1989). Abkhaz has three basic columns. Column I (abbreviated as *C1*) represents both an intransitive subject and a transitive object, and is placed in the first actant slot. Column II (abbreviated as *C2*) represents an oblique of both intransitive and transitive verbs, and is placed in the actant slot between *C1* and *C3*. The appearance of *C2* depends on whether or not the verb can take the actant. Column III (abbreviated as *C3*) represents a transitive subject (agent), and is placed in the actant slot before a radical.

The abbreviated symbols in square brackets denote how the verb is conjugated; to be precise, they present how the verbal slots are filled by pronominal prefixes: e.g.

а́-ҭа-ра [tr.] [C1-C2-C3-R / C1-C2-C3-Neg-R] [C3 give C1 to C2] (**Fin.** [pres.] б-ры́-с-ҭо-ит / и-бы́-с-ҭо-м, [aor.] д-бы́-с-ҭе-ит / д-бы́-сы-м-ҭе-ит, **Non-fin.** [pres.] (C1) и-лы́-с-ҭо, ... (C2) и-зы-л-ҭо́, ... (C3) и-лы́-з-ҭо, ... **Abs.** и-ры́-ҭа-ны / и-ры́-м-ҭа-кәа) **1.** to give: С-аҳәшьа́ и-сы́-л-ҭе-ит а-шәҟәы́. *My sister gave me a book. ...*

"C1-C2-C3-R" denotes that the pronominal prefixes occupying the actant slots are distributed as "**C**olumn I-**C**olumn II-**C**olumn III-**R**adical." The abbreviated symbols after a slash denote the negative preradical stem of the finite aorist (or perfect, past indefinite, pluperfect) and the non-finite forms.

In the parenthesis, on the other hand, the derivative section is shown. Thus, the finite forms labeled **Fin.**, the non-finite forms labeled **Non-fin.** and the absolutive forms labeled **Abs.** are exemplified: e.g. in the finite forms, the present affirmative form б-ры́-с-ҭо-ит (< б-ры́-с-ҭа-уа-ит) "you.F(C1)-them(C2)-I(C3)-give(R)-Dyn-Fin," "I will give you to them"; the present negative form б-ры́-с-ҭо-м (< б-ры́-с-ҭа-уа-м) "I won't give you to them"; the aorist affirmative form д-бы́-с-ҭе-ит (< д-бы́-с-ҭа-ит) "I gave him/her to you"; the aorist negative form д-бы́-сы-м-ҭе-ит (< д-бы́-сы-м-ҭа-ит) "I didn't give him/her to you." In the non-finite forms, C1, C2 and C3 in parentheses denote that the non-finite forms are the relatives formed on the reference of column I, II, III prefix respectively: e.g. (C1) и-лы́-с-ҭо (< и-лы́-с-ҭа-уа) "Rel(C1)-her(C2)-I(C3)-give-Dyn.N.F" [N.B. "Rel" = relative affix], "(the one) which/whom I will give to her"; (C2) и-зы-л-ҭо́ (< и-зы-л-ҭа-уа́) "it/them(C1)-Rel(C2)-she-give-Dyn.N.F," "(the one) to whom she will give it/them"; (C3) и-лы́-з-ҭо (< и-лы́-з-ҭа-уа) "it/them(C1)-her(C2)-Rel(C3)-give-Dyn.N.F," "(the one) who will give it/them to her."

In this dictionary, two past absolutive forms, the affirmative and negative, are given. In the affirmative absolutives of transitive verbs the pronominal agent prefix, i.e. the prefix of Column III, does not appear: и-ры́-ҭа-ны "it/them(C1)-them(C2)-give-Abs," "having given it/them to them." In transitive negative absolutives, on the other hand, the presence of the agent prefix is optional. In this dictionary the agent prefix of the negative absolutive is not shown: и-ры́-м-ҭа-кәа "it/them(C1)-them(C2)-not-give-Abs," "not having given it/them to them."

6.3. Verbs with a Preverb

The transitive verbal stem with a preverb (abbreviated as Prev) is necessarily divided into a preverb and a radical / a radical plus an extension (abbreviated as Ex): e.g.

а́-ҟа-тца-ра [tr.] [C1-Prev-C3-R / C1-Prev-C3-Neg-R] [C3 make/do C1] (**Fin.** ... [aor.] и-ҟа-с-тце́-ит, и-ҟа-на-тце́-ит / и-ҟа-сы-м-тце́-ит

Note: the pronominal prefix in C3 is necessarily inserted between a preverb and a radical.

The intransitive verbal stem with a preverb is also usually divided into a preverb and a radical, but in a group of intransitive verbs where the negative marker in the aorist is not placed between a preverb and a radical, they are not necessarily divided into the two elements.

In square brackets after a headword entry, C2 in parentheses before a preverb shows that the prefix in C2 does not appear if it takes the non-human 3rd person singular pronominal marker: e.g.

а́-ҟә-ца-ра [tr.] [C1-(C2)-Prev-C3-R / C1-(C2)-Prev-C3-Neg-R] [C3 drive off C1 from C2] ... **1.** to drive away from somewhere: А-лá а-сóф и́-ҟә-и-це-ит. (ARD) *He drove the dog away from the balcony.* А-ла-ҟәá а-сóф-ҟәа и-ры́-ҟә-и-це-ит. *He drove the dogs away from the balconies.*

The first illustrative sentence has no prefix in column II; in other words, it has a zero prefix: А-лá "the-dog" а-сóф "the-balcony" и́-ҟә-и-це-ит < и́-ø-ҟә-и-це-ит "it(=the dog, C1)-it(=the balcony, C2)-Prev-he(C3)-drive off-(Aor)-Fin." On the other hand, the second illustrative sentence has the 3rd plural pronominal marker in column II: А-ла-ҟәá "the-dog-Pl" а-сóф-ҟәа "the-balcony-Pl" и-ры́-ҟә-и-це-ит "them(=the dogs, C1)-them(=the balconies, C2)-Prev-he(C3)-drive off-(Aor)-Fin." Thus the prefix in C2 appears here.

6.4. Reflexive (Transitive) Verbs

The reflexive marker **ҽ(ы)-** is labeled *Self* in square brackets. The possessive pronominal prefix labeled Poss must agree with the pronominal prefix of C3 in class-person and number.

а-ҽ-шь-рá (1) [tr. Self] [Poss-Self-C3-R / Poss-Self-C3-Neg-R] [C3 kill oneself] (**Fin.** [pres.] л-ҽы́-л-шь-уе-ит "she will kill herself" ...

6.5. Subjective Version

Terms "subjective version (abbreviated as *SV*)" and "objective version (abbreviated as *OV*)," which were introduced by some scholars into Abkhaz studies, are used in this dictionary. The verbs of subjective version functionally resemble the above reflexive verbs; that is, the subject's action affects himself. But the subjective version verb differs from the reflexive verb in that the former can take the direct object prefix before the possessive pronominal prefix but the latter cannot take it: e.g.

а-шә-тҵа-рá (1) [tr. SV] [C1-Poss-SV-C3-R / C1-Poss-SV-C3-Neg-R] [C3 put on C1] (**Fin.** [pres.] и-с-шәы́-с-тҵо-ит ... : Сы́-матәа-ҟәа с-шәы́-с-тҵó-ит. *I am putting on some clothes.*

The above-mentioned marker **шә** functions as a subjective version's marker, because the possessive pronominal prefix must agree with the pronominal prefix of C3 in class-person and number. On the other hand, if these two prefixes are different in class-person and number, the same marker **шә** is to be considered not as a subjective version's marker but as a preverb, as in the following example:

а-шә-тҵа-рá (2) [tr.] [C1-C2-Prev-C3-R / C1-C2-Prev-C3-Neg-R] [C3 dress C2 in C1] (**Fin.** [pres.] и-л-шәы́-с-тҵо-ит *"I am dressing her in it/them"* ...)

6.6. Objective Version

The objective version is very productive. This version has two markers, **з(ы)** or **цә(ы)**. In this dictionary, many forms of the objective version derived from basic verbs are given in their derivative section, where the objective version with **з(ы)** is called [vers.1], the objective version with **цә(ы)** [vers.2]: e.g.

á-ка-тҵа-ра ... [vers.1] и-л-зы́-ҟа-с-тҵе-ит ..., [vers.2] и-л-цәы́-ҟа-с-тҵе-ит

In headwords, "OV" in square brackets stands for the objective version marker: eg.

а-з-у-рá [tr.] [C1-C2-OV-C3-R / C1-C2-OV-C3-Neg-R] [C3 do C1 for C2] (**Fin.** [pres.] и-б-зы́-з-у-е-ит ...)

Note: the oblique prefix in C2 must differ from the subject prefix in class-person and number.

Grammatical Sketch of Abkhaz Verbs[1]

1. Introduction

Abkhaz, a language in the North West Caucasian family, is polysynthetic. It is a language with a system of slots, many of which are placed before a radical. In this dictionary, the class/gender-personal pronominal affixes occupying the argument slots will be referred to as "Columns" (abbreviated hereafter as "C" as per §2 below), following Hewitt (1989). Abkhaz does not have a case marking system, but uses an alternative strategy for the distribution of columns indicating the relation of both the subject and the object in the verbal complex[2]. Abkhaz has three basic columns. Column I (hereafter marked as *C1*) represents both an intransitive subject (*S*) and a transitive direct object (*DO*), and is placed in the first argument slot[3]. Column II (abbreviated hereafter as C2) represents an indirect object (*IO*) of both intransitive and transitive verbs, and is placed in the argument slot between *C1* and *C3*. The appearance of *C2* depends on whether or not the verb can take the argument. Column III (abbreviated hereafter as C3) represents a transitive subject (*A*), and is placed in the argument slot after *C1* (or *C2*), before a radical. Since *S* is thus treated in the same way as *DO*, and differently from *A*, Abkhaz shows an ergative pattern in its morphology. In Abkhaz, as with other ergative languages, transitivity is the most important grammatical category in the building of sentences.

The verbal forms and sentences cited as examples below are from data collected from Mrs. Anna Tsvinaria, a native speaker of the Abzhywa dialect of Abkhaz, who acted as a consultant during the course of the fieldwork.

2. Features of the verbal complex

The pre-radical slots in the verbal complex can be filled by the pronominal affixes, the other affixes denoting grammatical categories such as causativity, version, reflexivity, negation (e.g.in the aorist tense), potential, non-volition etc., and the markers denoting various syntactic-pragmatic functions. The post-radical slots can be filled by affixes/markers such as tense-aspect-mood, the negative (e.g. in the present tense), the finite, etc. Although naturally, not every slot needs to be filled and some of these affixes are obligatory while others are optional, the order of these affixes, which can be distributed across the slots, is fixed.

The following is a representation of the slots relevant to the ensuing discussion, according to Spruit (1987:9) and Chirikba (2003:37):

1(S/DO)-2(IO)-3(Pot/NonVol)-4(IO/Poss)-5(Self)-6(Prev)-7(A)-8(Neg)-9(Caus)-10(R)-11(TA)-12

---

1. ACKOWLEDGMENTS: I am grateful to Professor George Hewitt from the University of London and his wife Mrs. Zaira Khiba for corrections and invaluable comments on an earlier version of this grammatical sketch of Abkhaz verbs.

2. Although Abkhaz does not have a case marking system, it has an "adverbial/predicative case" in -c (Hewitt:101). However, although this "case" is, strictly speaking, different from the postpositional suffixes such as -да "without", -ла "with", it can be regarded as a kind of suffix because it is peripheral to the case system (also cf. Chirikba: 25).

3. The terms *S*, *O*, *A* used in this paper follow Dixon's terminology (Dixon: 1994), although O has been subdivided into *IO* and *DO*.

(Neg/Fin)

The first slot in this figure is occupied by the Subject/Direct-Object affix. The set of pronominal affixes occupying this slot is called "Column I." The second slot is occupied by the indirect object affix, and the set of the pronominal affixes occupying this slot is called "Column II." The third slot is occupied by the potential or non-volitional marker (abbreviated hereafter as "Pot" or "NonVol"). For the potential and non-volitional, see §2.3.2 and §2.3.3. The fourth slot is occupied by either the second indirect object or the possessive affix (abbreviated hereafter as "Poss"). The fifth slot is occupied by the reflexive marker (abbreviated hereafter as "Self"). This marker is obligatorily used with the possessive affix corresponding to the agent (A). For the reflexive, see §2.3.4. The sixth slot is occupied by a preverb (abbreviated hereafter as "Prev"), which forms a part of the verbal stem and signifies direction or location of an action. The seventh slot is occupied by an agent (i.e. a transitive subject). The set of agent affixes occupying this slot is called "Column III." The eighth slot is occupied by the negative marker (abbreviated hereafter as "Neg") in the aorist, perfect, past indefinite and pluperfect tenses, and in the imperative mood and all non-finite forms. The ninth slot is occupied by the causative marker (abbreviated hereafter as "Caus"). For the causative, see §2.3.1. The tenth slot is occupied by a verb radical (abbreviated hereafter as "R"). The eleventh slot in the post-radical is occupied by the tense-aspect marker (abbreviated hereafter as "TA"), which, strictly speaking, denotes not only the present, future, aorist, perfect, etc. tense-aspects but also expresses the conditional and moods. The twelfth and final slot is occupied by the negative marker or the finite marker (abbreviated hereafter as "Fin"); the former appears in the present, future, imperfect, etc. tenses, and the latter indicates the termination of the sentence.

2.1 Pronominal affixes

The pronominal affixes which can fill the slots 1(S/DO), 2/4(IO) and 7(A) play the most basic roles, and therefore, as stated above, their sets were termed C1, C2 and C3 respectively by Hewitt (1989). They are presented below:[4]

Table 1.

	C1	C2	C3
SG			
1 pr.	с(ы)-	с(ы)-	с(ы)-/з(ы)-
2 pr. M	у-	у-	у-
2 pr. F	б(ы)-	б(ы)-	б(ы)-
3 pr. M	д(ы)-	и-	и-
3 pr. F	д(ы)-	л(ы)-	л(ы)-
3 pr. Non-Hum.	и-	а-/ø-	а-/на-

4. The literary Abkhaz consonant system is as follows (Chirikba:2003:18): stops labials. б-ҧ-п /b-p-p'/, dentals. д-ҭ-т /d-t-t'/, дә-ҭә-тә /d^{w}-t^{w}-t'^{w}/, velars. г-ҟ-к /g-k-k'/, гә-ҟә-кә /g^{w}-k^{w}-k'^{w}/, гь-ҟь-кь /g^{j}-k^{j}-k'^{j}/, uvulars. ҟ-ҟә-ҟь /q', q'^{w}, q'^{j}/, affricates: dentals. ӡ-ц-ҵ /ʒ-c-c'/, ӡә-цә-ҵә /ʒ^{w}-c^{w}-c'^{w}/, alveolars. џ-ҽ-ҿ /ǯ-č-č'/, џь-ч-ҷ /ǯ^{j}-č^{j}-č'^{j}/, fricatives: dentolabial. в-ф /v-f/, dental. з-с /z-s/, alveolars. ж-ш /ž-š/, жә-шә /ž^{w}-š^{w}/, жь-шь /ž^{j}- š^{j}/, uvulars. ҕ-х /ɣ-x/, ҕә-хә /ɣ^{w}-x^{w}/, ҕь-хь /ɣ^{j}-x^{j}/, pharyngal. ҳ /ħ/, ҳә/ħ^{w}/, resonants: н /n/, м /m/, р /r/, л /l/, semivowels: и /j/, у /w/, ҩ /j^{w}/. < ' > = glottalization, < w > = labialization, < j > = palatalization. The vowel system is regarded as the liner two member а-ы /a - ə/ (e.g. Lomtatidze, Hewitt, Chirikba).

PL			
1 pr.	х̧(а)-	х̧(а)-	х̧(а)-/аа-
2 pr.	шә(ы)-	шә(ы)-	шә(ы)-/жә(ы)-
3 pr.	и-	р(ы)-/д(ы)-	р(ы)-/д(ы)-

Notes:

(1) The schwa *ы* in parentheses always appears when the syllable is stressed. On the other hand, even if the syllable is not stressed, a schwa can appear, depending on various circumstances. For a detailed discussion of the presence of an unstressed schwa, see Yanagisawa (2005).

(2) The schwa changes into *a* if it is adjacent to *х̧*: х̧ы > х̧а, ых̧ > ах̧.

(3) The variants in C3, с(ы)-, х̧(а)- and шә(ы)- usually change to з(ы)-, аа- and жә(ы)- respectively if an initial consonant of the verb radical is voiced, e.g. бы-з-бе́-ит /bə-z-bá-jt'/ < /bə-s-bá-∅-jt'/ (you.M(C1)-I(C3)-see(R)-Aor-Fin) "I saw you".

(4) The non-human 3rd. sg. personal marker *на-* is used in three-place verbal complexes or in two-place verbs with a preverb, e.g. и-ҟа-на-ҵо́-ит /j-q'a-na-c'a-wá-jt'/ (it/them(C1)-Prev-it(C3)-make/do-Dyn-Fin) "it is making/doing it/them".

(5) In the case of the non-human 3rd p. sg. and of the human/non-human 3rd p. pl. in C1, if its referent immediately precedes the verb, the prefix и- is dropped, e.g. а́-мҩа-қәа ҭба́а-уп /á-mjʷa ∅-tbáa-wəp'/ (the-road-Pl [they(C1)]-wide-Pres.Stat) "the roads are wide". If the prefix и- /jə-/ has a stress, only a schwa remains, e.g. х̧-кы́ҭа-ҿы ҩ-шко́л-к ы́-ҟо-уп /ħ-kə́ta-č'ə jʷ-šk'ól-k' ə́-q'a-wəp'/ (our-village-in two-school-one [they(C1)]-be-Pres.Stat) "There are two schools in our village".

(6) Finally, with the variant д(ы)- in C2 and C3, if the verb has a causative marker, the 3rd p. pl. personal marker р(ы) before the causative marker changes to д(ы), e.g. и-д-сы́-р-ҟа-ҵо-ит /jə-d-sə́-r-q'a-c'a-wa-jt'/ < /jə-r-sə́-r-q'a-c'a-wa-jt'/ (it/them(C1)-them(C2)-I(C3)-Caus-Prev-do-Dyn-Fin) "I am making them do it/them". For the non-human 3rd p. sg. personal zero-marker in C2 which is used with some preverbs such as ҭа- "into", ҭы- "out of ", х- "on", қә- "onto", see the example in (9) below.

2.2 Non-derivational formation

Abkhaz verbs can be divided into stative and dynamic verbs according to their semantic and morphological features. Stative verbs indicate a state of affairs or the new state of affairs produced by an event. They include verbs of being, *verba habendi*, verbs with such meanings as "be short", "resemble", "belong to", "want", "sleep", "stand" etc., and verbs expressing the stative passive such as "be killed", and "be made". All these verbs are intransitive. Their paradigms are poor compared with those of dynamic verbs and they have only present and past tense forms. The affirmative present forms contain a stative suffix and a finite ending. Dynamic verbs, on the other hand, indicate an action or process denoted by a verb. These verbs also include verbs with such meanings as "know", "like", etc. They are both intransitive and transitive, and their affirmative present forms contain a dynamic suffix and a finite ending. Unlike stative verbs, dynamic verbs have a number of tense-aspect-mood forms. Some examples of the non-derivational forms of stative and dynamic verbs are provided below.

2.2.1 Non-derivational forms of stative verbs

one-place stative verb:

(1) д-тәо́-у-п /d-t'ʷá-wə-p'/

he/she(C1.S)-is sitting(R)-Pres.Stat (TA)-Fin

"he/she is sitting"

two-place stative verb:
(2) и-лы́-мо-у-п /j-lə́-ma-wə-p'/
it/they(C1.S)-her(C2.IO)-have/be by(R)-Pres.Stat(TA)-Fin
lit. "it/they is/are by her", i.e. "she has it/them"

2.2.2 Non-derivational forms of intransitive dynamic verbs

one-place dynamic intransitive:
(3) ды́-ҧо-ит /də́-pa-wa-jt'/
he/she(C1.S)-jump(R)-Dyn(TA)-Fin
"he/she (S) is jumping"

two-place dynamic intransitive:
(4) д-сы́-с-ит /d-sə́-sə-ø-jt'/
he/she(C1.S)-me(C2.IO)-hit(R)-Aor(TA)-Fin
"he/she (S) hit me (IO)"

2.2.3 Non-derivational forms of transitive dynamic verbs

two-place dynamic transitive:
(5) ды-с-шь-и́т /də-s-š^{j}ə́-ø-jt'/
him/her(C1.DO)-I(C3.A)-kill(R)-Aor(TA)-Fin
"I (A) killed him/her (DO)"

Note that in (4) and (5) above the relation between the subject/agent and the object in the slots is reversed. Whereas in (4) an action of the subject in C1 is directed at the object in C2 (i.e. "someone in C1 is hitting someone in C2"), in (5) an action of the agent in C3 is directed at the object in C1 (i.e. "someone in C3 is killing someone in C1").

three-place dynamic transitive:
(6) д-лы́-с-те-ит /d-lə́-s-ta-ø-jt'/
him/her(C1.DO)-to her(C2.IO)-I(C3.A)-give(R)-Aor(TA)-Fin
"I (A) gave him/her (DO) to her (IO)"

2.2.4 Non-derivational forms of intransitive verbs with a preverb

If a two-place intransitive verb has a *preverb* (Prev), which signifies direction or location of an action, an affix in C2 is placed between that in C1 and the preverb. The preverb combines the preceding pronominal affix (C2) that refers to the preverb object if it is present, as in (7):

(7) д-лы́-хәа-ҧш-уе-ит /d-lə́-x^{w}a-pš-wa-jt'/
he/she(C1.S)-her(C2.IO)-Prev(at)-look-Dyn-Fin
"he/she (S) is looking at her (IO)"

2.2.5 Non-derivational forms of transitive verbs with a preverb

On the other hand, if a transitive verb has a preverb, an affix in C3 is placed between the preverb and the verb radical, as in (8):

two-place dynamic transitive with a preverb:
(8) д-на-лы́-шьҭ-уе-ит /d-na-lə́-š^{j}t-wa-jt'/
him/her(C1.DO)-Prev(thither)-she(C3.A)-send-Dyn(TA)-Fin
"she is sending him/her"

three-place dynamic transitive with a preverb:
(9) и-ҭа-сы́-жь-уе-ит /j-ø-ta-sə́-žʲ-wa-jt'/
  it/them(C1.DO)-it(C2)-Prev(into)-I(C3)-throw(R)-Dyn(TA)-Fin
  "I am throwing it/them into it"

2.3 Derivational formation

2.3.1 Causativity

A causative construction is expressed morphologically, but if there are a number of pronominal affixes in the verbal complex, a periphrastic causativity is preferred. Because Abkhaz cannot have more than five pronominal affixes in the verbal complex, in such instances a periphrastic expression has to be used. The causative marker is *r-*, and it immediately precedes the verb radical. In Abkhaz, when causativity applies to an underlying one-place intransitive verb and forms a derived transitive, the pronominal affix (C1) in the underlying S function changes to the causee (C1) in the DO function of the corresponding causative, and a new causer affix (C3) is introduced in the A function, as in the following figure:

underlying construction	S(C1)-R [example (3)]
causative construction	Causee(C1)-A(C3)-Caus-R [example (10)]

Compare the one-place intransitive verb given in (3) above and the causativized two-place transitive form in (10) below:

(10) д-лы́-р-ҧо-ит /d-lə́-r-pa-wa-jt'/
  he/she(C1.OD)-she(C3,A)-Caus-jump(R)-Dyn(TA)-Fin
  "she (A) is making him/her (DO) jump"

When causativity applies to an underlying two-place transitive verb and forms a derived three-place transitive, the affix (C3) in the underlying A function changes to the causee (C2) in the corresponding causative and a new causer (C3) is introduced in the A function, while the argument (C1) in the underlying DO function remains the same, as in the following figure:

underlying c.	DO(C1)-A(C3)-R [example (5)]
causative c.	Object(C1)-Causee(C2)-A(C3)-Caus-R [example (11)]

Compare the two-place transitive verb given in (5) above and the causativized three-place transitive form in (11) below:

(11) ды-с-лы-р-шь-ит /də-s-lə-r-šʲə́-ø-jt'/
  him/her(C1)-me(C2)-she(C3)-Caus-kill(R)-Aor(TA)-Fin
  "she made me kill him/her "

The distribution of the slots denoted by the three-place causative form in (11) above, derived from the two-place transitive verb, is structurally the same as that of the non-causative three-place verb "give" in (6). On the other hand, when causativity applies to an underlying two-place intransitive verb, a three-place transitive verb is derived, but the function of the pronominal affixes in the causative form derived from a two-place intransitive verb is different from that in the causative form derived from a two-place transitive verb. In a causative form derived from a two-place intransitive verb, a new causer affix (C3) is introduced in the A function while the affix (C1) in the underlying S function remains in C1 as the causee and the affix (C2) in the function of the underlying indirect object stays as is, according to the following figure:

underlying c.	S(C1)-IO(C2)-R [example (4)]
causative c.	Causee(C1)-Object(C2)-A(C3)-Caus-R [example (12)]

Compare the two-place dynamic intransitive given in (4) above and the causativized three-place transitive form in (12) below:

(12) ды-с-бы́-р-с-ит /də-s-bə́-r-sə-ø-jt'/
he/she(C1)-me(C2)-you.F(C3)-Caus-hit(R)-Aor(TA)-Fin
"you made him/her hit me"

Although a morphological causative can be derived from a non-causative three-place transitive verb, as mentioned above, the derived four-place causative form is not preferred, and a periphrastic expression is used with a verb "do, make" together with the resultative form. But in folktale texts[5] there exists a four-placed causative derived from a basic three-place verb "give", as in (13):

(13) а-ны́шә д-á-д-ҳа-р-ҭо-м /a-nə́šʷ d-á-d-ħa-r-ta-wa-m/
the-earth him/her(C1)-to it(the earth,C2)-them(C2)-we(C3)-Caus-give-Dyn(TA)-Neg
lit. "we do not make them give him/her to it (= the earth)", i.e. "we do not make them bury him/her"

In contrast to the underlying three-place transitive verb, as in (6) above, we can derive the following derivative figure:

underlying c.	DO(C1)-IO(C2)-A(C3)-R [example (6)]
causative c.	DO(C1)-IO(C2)-Causee(C2)-A(C3)-Caus-R [example (13)]

2.3.2 The potential

The potential is a grammatical category found in the North West Caucasian and Kartvelian languages, and a mood denoting capability or incapability. In Abkhaz, it is usually used in negative or interrogative forms, denoting that an "agent" (to be precise, a subject) cannot accomplish an action because he/she lacks control of the activity. The potential marker is з(ы)- and it is inserted immediately after an underlying (i.e. non-potential) agent/subject affix in the verbal complex. The figure of the potential construction derived from an underlying one-place intransitive verb is illustrated as follows:

underlying c.	S(C1)-R [example (3)]
potential c.	S(C1)-Pot-R [example (14)]

(14) д-зы́-ԥо-м /d-zə́-pa-wa-m/
he/she(C1.S)-Pot-jump-Dyn-Neg
"he/she cannot jump"

5. Сергеи Зыхуба (ed.): Аԥсуа лакукуа. Алашара, Аҟуа. 1997, p.327.

The potential construction derived from an underlying two-place intransitive verb can be represented as follows:

underlying c. S(C1)-IO(C2)-R [example (15-a)]

potential c. S(C1)-Pot-IO(C2)-R [example (15-b)]

(15-a) с-бы́-с-уе-ит /s-bə́-s-wa-jt'/ [two-place intransitive]
I(C1.S)-you.F(C2.IO)-hit-Dyn(TA)-Fin
"I am hitting you"
(15-b) сы-з-бы́-с-уа-м /sə-z-bə́-s-wa-m/
I(C1.S)-Pot-you.F(C2.IO)-hit-Dyn(TA)-Neg
lit. "it is impossible for me to hit you", "I cannot hit you"

The potential construction derived from an underlying two-place transitive verb can be expressed as follows:

underlying c. DO(C1)-A(C3)-R [example (16-a)]

potential c. S(C1)-IO(C2)-Pot-R [example (16-b)]

(16-a) и-с-фо́-ит /jə-s-fa-wá-jt'/ [two-place transitive]
it/them(C1.DO)-I(C3.A)-eat-Dyn(TA)-Fin
"I am eating it/them"
(16-b) и-с-зы́-фо-м /jə-s-zə́-fa-wa-m/
it/they(C1.S)-I(C2.IO)-Pot-eat-Dyn(TA)-Neg
lit. "it is impossible for me to eat it/them", "I cannot eat it/them"

Note that the position of the pronominal affixes and Pot in the potential construction (15-b) derived from the non-potential intransitive is different from that in the potential construction (16-b) derived from the non-potential transitive (also see the transitivity criterion in §4).

In Abkhaz, the negative of a verb meaning "know" is obligatorily formed by means of the potential because the activity is beyond the subject's control. Compare the following non-potential construction (17-a) and the corresponding potential construction (17-b):

(17-a) бы-з-ды́р-уе-ит /bə-z-də́r-wa-jt'/ [two-place transitive]
you.F(C1.DO)-I(C3.A)-know-Dyn(TA)-Fin
"I know you"
(17-b) б-сы-з-ды́р-уа-м /b-sə-z-də́r-wa-m/ [potential]
you.F(C1.S)-me(C2.IO)-Pot-know-Dyn(TA)-Neg
"I do not know you"

That those potential constructions derived from transitive verbs such as (16-b) and (17-b) can be regarded as intransitive, is shown by the position of the pronominal affix, where the underlying agent affix с(ы)/з(ы)- "I" in (16-a) and (17-a) is placed not between the potential marker and the radical but before the potential marker (see the transitivity criterion (b) in §4). Furthermore, the evidence that potential constructions are intransitive is made clearer both by the potential constructions with a preverb and by the potential construction derived from a three-place transitive verb. First, in the case of potential constructions with a preverb, the underlying agent affix is placed before the preverb in the potential construction, as in the following figure:

underlying c. DO(C1)-PREV-A(C3)-R [example (18-a)]

potential c. S(C1)-IO(C2)-Pot-Prev-R [example (18-b)]

(18-a) и-ҧы́-сы-м-ҟе-ит /j-pə́-sə-m-q'a-ø-jt'/ [two-place transitive verb with a preverb]
it/them(C1.DO)-Prev-I(C3.A)-Neg-cut-Aor(TA)-Fin
"I did not cut it/them"
(18-b) и-сы-з-ҧы́-м-ҟе-ит /j-sə-z-pə́-m-q'a-ø-jt'/ [potential]
it/they(C1.S)-me(C2.IO)-Pot-Prev-Neg-cut-Aor(TA)-Fin
"I could not cut it/them"

The position of the pronominal affix сы- that precedes Prev in (18-b) shows this construction is intransitive (see the transitivity criterion (b) in §4). Second, in the case of three-place transitive verbs, the position of the agent's and indirect object's affixes in the underlying verbal complex is reversed in the potential construction, as in the following figure: [6]

underlying c. DO(C1)-IO(C2)-A(C3)-R [example (19-a)]

potential c. S(C1)-IO(C2)-Pot-IO(C2)-R [example (19-b)]

(19-a) д-бы́-с-ҭо-м /d-bə́-s-ta-wa-m/ [three-place transitive verb]
him/her(C1.DO)-you.F(C2.IO)-I(C3.A)-give-Dyn(TA)-Neg
"I do not give him/her to you"
(19-b) д-сы-з-бы́-ҭо-м /d-sə-z-bə́-ta-wa-m/ [potential]
he/she(C1.S)-me(C2.IO)-Pot-you.F(C2.IO)-give-Dyn(TA)-Neg
"I cannot give him/her to you"

The potential construction (19-b) can also be regarded as intransitive because, in the first place, the position of the pronominal affix сы- placed before Pot agrees with the transitivity criterion (b) in §4, and in the second place, the pronominal affix бы- immediately placed before the radical cannot be regarded as an agent.

2.3.3 The non-volitional

The non-volitional is a category of mood used to express that an action is carried out by accident or unintentionally. The non-volitional marker is амха- and it is inserted immediately after an underlying agent/subject affix in the verbal complex. The position occupying this marker in non-volitional constructions is the same as that occupying the potential marker in potential constructions. Therefore, as discussed in §2.3.2, non-volitional constructions as well as the potential can be regarded as intransitive. If an underlying verb is intransitive, the subject and indirect object in the derived non-volitional constructions remain as they are, as in the underlying construction (20-a) and in the derived non-volitional construction (20-b).
(20-a) с-бы́-с-ит /s-bə́-sə-ø-jt'/ [two-place intransitive]
I(C1.S)-you.F(C2.IO)-hit-Aor(TA)-Fin

---

6. However, if the column III has the 3rd person non-human singular affix, in the potential construction the agent-affix can or cannot appear immediately before the radical/negative-marker: j-a-z-sə́-m-ta-ø-jt' (it/they(C1.S)-it(C2)-Pot-me(C2)-Neg-give-Aor-Fin) "it couldn't give it/them to me" or j-a-zə-s-ná-m-ta-ø-jt' (it/they(C1.S)-it(C2)-Pot-me(C2)-it(C3)-Neg-give-Aor-Fin) "it couldn't give it/them to me" (Hewitt 1999:200). For details of this exceptional phenomenon, see Hewitt (1999).

"I hit you"
(20-b) с-áмха-бы-с-ит /s-ámxa-bə-sə-ø-jt'/ [non-volitional]
I(C1.S)-NonVol-you.F(C2.IO)-Aor(TA)-Fin
"I hit you by accident"

On the other hand, if an underlying verb is transitive, the agent and direct object change to the indirect object and subject respectively, as in the underlying construction (21-a) and the derived non-volitional construction (21-b).

(21-a) ды-с-шь-и́т /də-s-šʲə́-ø-jt'/ [two-place intransitive]
him/her(C1.DO)-I(C3.A)-kill-Aor-Fin
"I killed him/her"
(21-b) д-с-áмха-шь-ит /d-s-ámxa-šʲə-ø-jt'/ [non-volitional]
he/she(C1.S)-me(C2.IO)-NonVol-kill-Aor-Fin
"I killed him/her by accident"

Moreover, compare the three-place transitive construction (22-a) with the derived non-volitional construction (22-b).

(22-a) д-бы́-с-ҭе-ит /d-bə́-s-ta-ø-jt'/ [three-place transitive]
him/her(C1.DO)-you.F(C2.IO)-I(C3.A)-give-Aor(TA)-Fin
"I gave him/her to you"
(22-b) д-с-áмха-бы́-ҭе-ит /d-s-ámxa-bə́-ta-ø-jt'/ [non-volitional]
he/she(C1.S)-me(C2.IO)-NonVol-you.F(C2.IO)-give-Aor(TA)-Fin
"I gave him/her to you unintentionally"

As shown in examples (19-a) and (19-b) above, the non-volitional construction (22-b) can be regarded as intransitive.

If an underlying verb is transitive with a preverb, as in (23-a), the underlying agent (i.e. с-) is not placed between the preverb and the radical in the derived non-volitional construction (23-b).

(23-a) и-ҧы́-с-ҟе-ит /j-pə́-s-q'a-ø-jt'/ [two-place transitive with a preverb]
it/them(C1.DO)-PREV-I(C3.A)-cut-Aor(TA)-Fin
"I cut it/them"
(23-b) и-с-áмха-ҧ-ҟе-ит /jə-s-ámxa-p-q'a-ø-jt'/ [non-volitional]
it/they(C1.S)-me(C2.IO)-NonVol-Prev-cut-Aor(TA)-Fin
"I cut it/them by accident"

This construction (23-b) also is regarded as intransitive because of the transitive criterion (b) in §4.

2.3.4 Reflexives

Abkhaz has two reflexive formations. First, a reflexive construction is formed by adding the reflexive marker ҽ(ы)- to the verb stem. In this case, the possessive pronominal affix corresponding to the agent (C3) is placed immediately before the reflexive marker, as in (24).

(24) л-ҽы́-л-шь-ит /l-čə́-l-šʲə-ø-jt'/
her(Poss)-Self-she(C3.A)-kill-Aor-Fin
"she killed herself "

The 2nd positive imperative (abbreviated hereafter as "Imp") of the reflexive construction, as in (25), and the reflexive verb complex with preverb, as in (26), show that these reflexive constructions can be regarded as transitive (see the transitivity criteria (c) and (b) respectively in §4 below).

(25) бы-ҿ-шьы́ /bə-č-šʲə́ /
your.F(Poss)-Self-kill.Imp
"kill yourself!"

(26) л-ҿ-е́ила-л-ҳəе-ит /l-č-ájla-l-ħʷa-ø-jt'/
her(Poss)-Self-Prev-she(C3.A)-dress-Aor-Fin
"she dressed herself"

Second, the reflexive construction is periphrastically formed by means of the noun хы́ "head" with the possessive pronominal affix corresponding to the agent, as in (27).

(27) л-хы́ д-а́-с-ит /l-xə́ d-á-sə-ø-jt'/
her(Poss)-head she(C1.S)-it(C2.IO)-hit-Aor-Fin
"she hit herself"

In this periphrastical reflexive, the underlying predicate cannot be transformed and remains as it is.

3. Transitivity and verb classes

3.1 Inverse verbs

In Abkhaz, as well as the other Caucasian languages, there are "inverse verbs" occupying an intermediate position between intransitive and transitive verbs. Verbs known as inverse verbs in Abkhaz are *verba sentiendi, verba affectuum, verba habendi*. These verbs produce inverse constructions. The inverse constructions can also be produced by verbs other than these by means of the potential, non-volitional and accidental derivations mentioned above. From a semantic viewpoint, an inverse construction in Abkhaz expresses an involuntary action or a circumstance occurring against the subject's will. Moreover, a salient feature of the Abkhaz inverse verbs is that they belong to the intransitive at the morphological level. In example (28), since the pronominal affix с- is not placed between a preverb and a radical (see the transitivity criterion (b) in §4), and с- does not become voiced (see the transitivity criterion (a) in §4), it can be regarded not as an agent but as the indirect object. Thus, according to the transitivity criteria (a) and (b) in §4, this construction of *verba affectuum* (28) can be regarded as intransitive.

(28) и-с-гəа-пҳхо́-ит /jə-s-gʷa-pxa-wá-jt'/ [7]
it/they(C1.S)-me(C2.IO)-Prev-please to-Dyn(TA)-Fin
lit. "it/they pleases/please me", "I like it/them"

At the syntactical level, on the other hand, inverse verbs can be regarded as being transitive. This is demonstrated by the fact that the word order in sentences with inverse verbs is the same as that in sentences with transitive verbs. The word order in Abkhaz is predominantly A-O-V although

---

7. Moreover, the imperative of this verb shows that it can be regarded as being morphologically intransitive because the 2nd singular pronominal affix у-/б- appears in the positive form (see the transitivity criterion (c) in §4): сы-б-гəа-пҳха́-з /sə-b-gʷa-pxá-z/ ((C1.S)-you.F(C2.IO)-Prev-please to-Imp.Stat) "Well, then, like me!". According to G. Hewitt and Zaira Khiba (personal communication), however, this form is not used like a normal imperative; if someone repeatedly states that they have taken a liking to someone, then the hearer can interject someone like: jəbzəjowp', mšʷan, də-b-gʷa-pxá-z "OK, it's clear, like him/her, then!".

pragmatic factors, such as the focus and topic, can also make an A-V-O word order possible. In the transitive constructions, the order of the pronominal affixes (i.e. DO-A) of the verb is usually the reverse of that of the corresponding NPs (i.e. A-DO), as in (29). On the other hand, in the intransitive construction, the word order is predominantly S-IO-V, as in (30). In the inverse construction, however, the order of the NPs is IO-S and is the reverse of that of the pronominal affixes of the verb (i.e. S-IO), as in (31-a). If the order of NPs is S-IO, as in (31-b), our informant regards the sentence as non-grammatical.

(29) Амра Мураҭ ды-л-шь-ит. /*Amra Murát* də-l-šʲə́-ø-jt'/
name.F (A) name.M (DO) him(C1.DO)-she(C3.A)-kill-Aor(TA)-Fin
"Amra killed Murat"
(30) Амра Мураҭ д-и-с-ит. /*Amra Murát* d-jə́-sə-ø-jt'/
(S) (IO) she(C1.S)-him(C2.IO)-hit-Aor(TA)-Fin
"Amra hit Murat"
(31-a) Амра Мураҭ ды-л-гәа-ԥхо-ит. /*Amra Murát* də-l-gʷa-pxa-wá-jt'/
(IO) (S) he(C1.S)-her(C2.IO)-Prev-please to-Dyn(TA)-Fin
"Amra likes Murat"
(31-b) *Мураҭ Амра ды-л-гәа-ԥхо-ит. /*Murát Amra* də-l-gʷa-pxa-wá-jt'/

These examples show that, at the syntactical level, "Amra" in (31-a) is regarded as an agent and "Murat" in (31-a) as a direct object, as in the case of transitive construction (29). This interpretation of the inverse verb as transitive-oriented at the syntactical level appears to come from a semantic reinterpretation. Although, in principle, inverse constructions expressing an involuntary action cannot form imperatives expressing a voluntary action, in Abkhaz there are imperatives derived from inverse verbs. Additionally, according to Aristava et al. (1968:102), the Abkhaz dialects do not use the 2nd singular pronominal affix in the imperatives derived from inverse verbs (see the transitivity criterion (c) in §4). These syntactical and semantic circumstances show that the inverse verbs in Abkhaz are approaching the transitive.

3.2 Labile verbs

Abkhaz has a considerable number of verbs called "labile verbs" (this term is frequently used in Caucasology) or "ambitransitives" (Dixon, 1994:54, Dixon & Aikhenvald, 2000:5). The labile verbs have the same verb lexemes, and are used both as intransitive and as transitive. In Abkhaz, labile verbs can be subdivided into two types, i.e. a) "S=A ambitransitives" (Dixon & Aikhenvald's terminology), whereby intransitive S corresponds to transitive A (S=A), and b) "S=O ambitransitives", whereby intransitive S corresponds to transitive O (S=O). Instances of S=A ambitransitives are illustrated in the following examples of the intransitive (32) and the transitive (33), both of which are derived from the same lexeme, ӡәӡәа- /ʒʷʒʷa-/ "do washing; wash".

(32) ды-ӡәӡәе́-ит /də-ʒʷʒʷá-ø-jt'/
he/she(C1.S)-do washing-Aor-Fin
"he/she did washing"
(33) и-л-ӡәӡәе́-ит /jə-l-ʒʷʒʷá-ø-jt'/
it/them(C1.DO)-she(C3.A)-wash-Aor-Fin
"she washed it/them"

Most S=A ambitransitives belong to a group of verbs describing acts of agricultural labor and work carried out in the home: for instance, а́-ӡах-ра /á-ʒax-ra/ "to sew", а-ҟәҵа-ра́ /a-kʷc'a-rá/ "to embroider", á-лага-ра /á-laga-ra/ "to grind; to mill", а-ԥа-рá /a-pa-rá/ "to knit", á-рашəа-ра /á-rašʷa-ra/ "to weed", а-с-рá /a-s-rá/ "to weave", а-са-рá /a-sa-rá/ "to be engaged in cutting out; to cut out", а-уанҭа-рá /a-wanta-rá/ "to iron", а-хáха-ра /a-xáxa-ra/ "to spin", а-хəáрхь-ра /a-xʷárxʲ-ra/ "to saw", á-цəаҕəа-ра /á-cʷaɣʷa-ra/ "to plough", а-ҽа-рá /a-ča-rá/ "to be engaged in cultivating; to cultivate"; and а-ҩ-рá /a-jʷ-rá/ "to be engaged in writing; to write", á-ҳасаб-ра /á-ħasab-ra/ "to solve", etc.

Secondly, S=O ambitransitives can be observed in the intransitive sentence (34) and the transitive sentence (35), both of which are derived from the same lexeme, был- /bəl-/ "burn":

(34) а-мҿы́ бзи́аны и-был-уé-ит. /a-mč'ə́ bzə́janə j-bəl-wá-jt'/
the-firewood well it(C1.S)-burn-Dyn-Fin
"the firewood burns well"

(35) á-мра сы́-бҕа á-был-уе-ит. /á-mra sə́-bɣa ϕ-á-bəl-wa-jt'/
the-sun my-back it(my back, C1.DO)-it(the sun, C3.A)-Dyn-Fin
"the sun burns my back"

Most S=O ambitransitives are verbs mainly denoting natural changes or physical changes in a physiological phenomenon, since the subject replaces itself: for instance, а-каҭəа-рá /a-k'atʷa-rá/ "to flow; to sprinkle", а-каԥса-рá /a-k'apsa-rá/ "to fall; to scatter", а-хҟьа-рá /a-xq'ʲa-rá/ "to be covered; to cover", а-ҭаҭəа-рá /a-tatʷa-rá/ "to flow into; to pour", а-ша-рá /a-ša-rá/ "to divide", а-ԥҽ-рá /a-pč-rá/ "to break", а-ӡ-рá /a-ʒ-rá/ "to roast", а-ӡəа-рá /a-ʒʷa-rá/ "to vomit", áилаԥса-ра /ájlapsa-ra/ "to mix", áилахəа-ра /ájlaxʷa-ra/ "to tangle", а-нҟьа-рá /a-nq'ʲa-rá/ "to hit against; to hit on", а-хжəа-рá /a-xžʷa-rá/ "to break", а-ԥжəа-рá /a-pžʷa-rá/ "to tear", а-хҩа-рá /a-xjʷa-rá/ "to be veiled; to veil", á-ҟьашь-ра /á-q'ʲašʲ-ra/ "to dirty", а-зк-рá /a-zk'-rá/ "to be intended for; to be destined for", etc.[8]

4. Transitivity criteria

In Abkhaz, there are morpho-syntactic criteria for distinguishing intransitive and transitive verbs. At the morphological level the criteria are consistently applicable to all verbs. But for some verbs — called "inverse verbs", as discussed in §3.1 above — the transitivity criteria at the morphological level do not agree with those at the syntactical level. The following morphological criteria (a)-(g) and syntactical criterion (h) are identified:

(a) When the initial radical consonant of a transitive verb is voiced, the pronominal affixes с(ы)- /s(ə)/-, х(а)- /ħ(a)/- and шə- /šʷ(ə)/- immediately preceding it usually change to з(ы)- /z(ə)/-, аа- /aa/- and жə(ы)- /žʷ(ə)/- respectively.[9] (This rule cannot be applied rigidly to all of the transitive verbs. See example (42) below). These pronominal affixes represent the agents and are placed in Column III. See Note (3) in §2.1. On the other hand, even if the initial radical consonant of a verb is voiced, an intransitive verb cannot vocalize the same personal affixes. The verbs called "labile or ambitransitive verbs" mentioned in §3.2 present interesting examples of this opposition. Compare the unvoiced с- /s-/ in the intransitive construction (36) and the voiced з- /z-/ in the transitive construction (37):

(36) с-ӡах-уé-ит /s-ʒax-wá-jt'/

---

8. The verbal form quoted here is called "masdar," which is a verbal noun in -ра /ra/ with an article а-.

9. According to Gecadze (1979:8-9), K. V. Lomtatidze (1942) first defined the transitivity criterion (a) in her article "Kategorija perexodnosti v abxazskom glagole", *Izv. IJaIMK*, t. XII.

I(C1.S)-sew(R)-Dyn(TA)-Fin
"I am sewing"
(37) и-з-ӡах-уе́-ит /jə-z-ʒax-wá-jt'/
it/them(C1.DO)-I(C3.A)-sew(R)-Dyn(TA)-Fin
"I am sewing it/them"

(b) Whereas in the case of a transitive verb with a preverb the pronominal affix expressing an agent (i.e. the affix placed in C3) is placed between the preverb and the verb radical, with an intransitive verb there are no pronominal affixes between the preverb and the verb radical. Compare the following examples of the transitive (38) and the intransitive (39):[10]

(38) и-на́-с-це-ит /j-ná-s-ca-ø-jt'/
it/them(C1.DO)-Prev(thither)-I(A.C3)-drive-Aor(TA)-Fin
"I drove it/them thither"
(39) с-бы́-хәа-пҵш-уе-ит /s-bə́-xʷa-pš-wa-jt'/
I(C1.S)-you.SG.F(ID.C2)-Prev(at)-look-Dyn(TA)-Fin
"I am looking at you"

This morphological criterion (b) is one of the most important criteria for distinguishing intransitive and transitive verbs in Abkhaz.

(c) If the 2nd singular pronominal affix expressing an agent (i.e. 2.sg.M. у- /w*(ə)*/-, 2.sg.F. б(ы)- /b*(ə)*/- in C3) does not appear in the positive imperative, then the corresponding verb is transitive. In all other cases, the 2nd pronominal affixes expressing an agent/subject of the imperative will always appear. Note that the 2nd plural pronominal affix expressing an agent in the transitive positive imperative (i.e. 2.pl. шә(ы)- /šʷ*(ə)*/- / жә(ы)- /žʷ*(ə)*/- in C3) also appears. This morphological criterion of imperatives is very reliable when distinguishing between intransitive and transitive verbs in Abkhaz. Compare the following examples, the intransitive imperative (40), the transitive positive imperative of the 2nd singular person (41) and the transitive positive imperative of the 2nd plural person (42):

(40) б-сы́-с /b-sə́-s/
you.Sg,F(C1.S)-me(C2.IO)-hit.Imp
"(you.SG.F) hit me!"
(41) д-ба́ /d-bá /
him/her(C1.DO)-see.Imp

10. A preverb can be defined both by morphological and by semantic analyses. First, if the negative marker м- /m-/ divides a verbal stem into two elements in the aorist form, the former can usually be regarded as a preverb. Cf. the aorist negative form of the intransitive verb in (39): с-бы́-хәа-м-пҵш-ит /s-bə́-xʷa-m-pšə-ø-jt'/ (I(C1.S)-you.Sg.F(C2.IO)-Prev(at)-Neg-look-Aor(TA)-Fin) "I did not look at you". In a group of intransitive verbs, however, the negative marker in the aorist form is placed either between a preverb and a radical or immediately before a preverb, e.g. д-на-м-пҵш-и́т /d-na-m-pšə́-ø-jt'/ (he/she(C1.S)-Prev(thither)- Neg-look-Aor(TA)-Fin) / д-м-на-пҵш-и́т /d-m-na-pšə́-ø-jt'/ (he/she(C1.S)-Neg-Prev (thither)-look- Aor(TA)-Fin) "he/she did not look thither". Second, a number of preverbs can usually be analyzed according to their semantic features. As for verbs within which a noun is incorporated, although the incorporated noun apparently resembles a preverb, it should be regarded as a nominal element of a compound verb (cf. Chirikba, 2003:43). E.g. а-хы́-с-ра /a-xə́-s-ra/ "to shoot" (хы /xə/ "bullet", а́-с-ра /á-s-ra/ "to hit"), ды́-м-хы́-с-ит /də-m-xə́-sə-ø-jt'/ (he/she(C1.S)-Neg-bull-hit-Aor-Fin) "he/she did not shoot".

"(you.SG) see him/her!"

(42) ды-жә/шә-бá /dә-žʷ/šʷ-bá/

him/her(C1.DO)-you.Pl(C3.A)-see.Imp

"(you.PL) see him/her!"

(d) The other criterion for distinguishing intransitive and transitive verbs is whether or not the agent prefix appears in absolutives (abbreviated as "Abs"), which are equivalent to gerunds in Russian. The pronominal affix, expressing an agent, does not appear in the positive absolutives of transitive verbs. Compare the following positive absolutive of the transitive (43) with that of the intransitive (44):

(43) д-ба-ны́ /d-ba-nә́ /

him/her(C1.DO)-see-Abs.Past

"having seen him/her"

(44) с-бы́-с-ны /s-bә́-s-nә/

I(C1.S)-you.F(C2.IO)-hit- Abs.Past

"I having hit you"

The presence of the agent affix in transitive negative absolutives is optional. Cf. ды-м-бá-кәа /dә-m-bá-k'ʷa/ (him/her(C1.DO)-Neg-see-Abs.Past.Neg) / д-сы-м-бá-кәа /d-sә-m-bá-k'ʷa/ (him/her(C1.DO)-I(C3.A)- Neg-see-Abs.Past.Neg) lit. "I not having seen him/her".

(e) As mentioned in §2.3.1, the position of the pronominal prefix in the causative construction derived from a transitive verb is different from that derived from an intransitive verb. Cf. examples (11) and (12) above. Also see the derivative figure in §2.3.1.

(f) As mentioned in §2.3.2, the position of the pronominal affix in the potential construction derived from a transitive verb is different from that in a potential construction derived from an intransitive verb. Thus, in the potentials derived from two-place intransitives the potential marker (Pot) is placed between Column I and Column II. In the potentials derived from two-place transitive verbs, on the other hand, the potential marker is placed between Column II and the radical. This may be illustrated as follows:

	non- potential form	potential form
two-place intransitive	C1-C2-R-	> C1-Pot-C2-R-
two-place transitive	C1-C3-R-	> C1-C2-Pot-R-

Cf. examples (15-b) and (16-b) in §2.3.2. In Abkhaz, all potential constructions are intransitive.

(g) As mentioned in §2.3.3 above, the position of the pronominal affix in a non-volitional construction derived from a transitive verb is different from that in a non-volitional construction derived from an intransitive verb. This positioning of the pronominal affix parallels that of the pronominal affix in the potential forms seen in (f) above:

	volitional form	non-volitional form
two-place intransitive	C1-C2-R-	> C1-NonVol-C2-R-
two-place transitive	C1-C3-R-	> C1-C2-NonVol-R-

Cf. examples (20-b) and (21-b). In Abkhaz, all non-volitional constructions are intransitive.

(h) Finally, with regard to the syntactic criterion for distinguishing intransitive and transitive verbs, as referred to in §3.1, the order of the pronominal affixes of the verb is correlated with that of the corresponding NPs. Whereas the order of pronominal affixes of the transitive verb is the reverse of that of the corresponding NPs, the order of pronomical affixes of the intransitive correlates directly with that of the corresponding NPs. Compare the following:

	the order of NPs	the order of personal prefixes
transitive construction	A-DO-V	DO-A-R-
intransitive construction	S-IO-V	S-IO-R-

Since the word order in transitive sentences is predominantly A-O-V (A-V-O is also possible), if the pronominal affix corresponds to A of NPs and is placed immediately before the radical, then the pronominal affix can be regarded as an agent (i.e. the affix placed in Column III) and therefore this verb can be regarded as transitive. This criterion holds both in the case of inverse verbs and of inverse constructions.

Verbal agreement-prefixes

Column I (DO, S)

Person		Singular	Plural
1		с(ы)-	х̦(а)-
2	(M)	у-	шә(ы)-
2	(F)	б(ы)-	шә(ы)-
3	(Hum)	д(ы)-	и-/ϕ-
3	(Non-Hum)	и-/ϕ-	и-/ϕ-

Column II (IO)

1		с(ы)-	х̦а-/ах̦-
2	(M)	у-	шә(ы)-
2	(F)	б(ы)-	шә(ы)-
3	(Hum-M)	и-	р(ы)-/д(ы)-
3	(Hum-F)	л(ы)-	р(ы)-/д(ы)-
3	(Non-Hum)	а-/ϕ-	р(ы)-/д(ы)-

Column III (A)

1		с(ы)-/з-	х̦а-/ах̦-/аа-
2	(M)	у-	шә(ы)-/жә-
2	(F)	б(ы)-	шә(ы)-/жә-
3	(Hum-M)	и-	р(ы)-/д(ы)-
3	(Hum-F)	л(ы)-	р(ы)-/д(ы)-
3	(Non-Hum)	а-/на-	р(ы)-/д(ы)-

Tense System

1. Stative verbs

Finite forms: а-гы́ла-заа-ра "to stand"

	Affirmative	Negative
Present	с-гы́ло-уп	с-гы́ла-м
Past	с-гы́ла-н	с-гы́ла-мызт
Non-Finite forms		
Present	и-гы́ло-у	и-гы́ла-м
Past	и-гы́ла-з	с-гы́ла-мыз

2. Dynamic verbs

Finite forms: а́-ҩ-ра "to run"

	Affirmative	Negative
dynamic group I		
Present	сы́-ҩ-уе-ит	сы́-ҩ-уа-м
Aorist	сы́-ҩ-ит	с-мы́-ҩ-ит
Fut. I	сы́-ҩ-п	сы́-ҩ-ры-м
Fut. II	сы́-ҩ-ш-т	сы́-ҩ-ша-м
Perfect	сы́-ҩ-хье-ит	с-мы́-ҩ-ц(-т)
dynamic group II		
impf.	сы́-ҩ-уа-н	сы́-ҩ-уа-мы-з(т)
Past Indef.	сы́-ҩы-н	с-мы́-ҩы-зт
Cond. I	сы́-ҩ-ры-н	сы́-ҩ-ры-мы-зт
Cond. II	сы́-ҩ-ш-н	сы́-ҩ-ша-мы-зт
Plupf.	сы́-ҩ-хьа-н	с-мы́-ҩ-цы-зт

Non-Finite forms

	Affirmative	Negative
dynamic group I		
Present	и-ҩ-уа́	и́-мы-ҩ-уа
Aorist	и-ҩы́	и́-мы-ҩ
Fut. I	и-ҩ-ра́	и́-м-ҩ-ра
Fut. II	и-ҩы́-ша	и́-м-ҩы-ша
Perfect	и-ҩ-хьо́-у (-хьа́-(ц))	и́-мы-ҩ-хьо-у (-хьа(-ц))
dynamic group II		
Imperfect	и-ҩ-уа́-з	и́-мы-ҩ-уа-з
Past Indef.	и-ҩы́-з	и́-м-ҩы-з
Cond. I	и́-ҩ-ры-з	и́-мы-ҩ-ры-з
Cond. II	и-ҩы́-ша-з	и́-м-ҩы-ша-з
Plupf.	и-ҩ-хьа́-з	и́-мы-ҩ-хьа-з

Abbreviations and Symbols

A = agent
AAD = (Abkhaz-Abkhaz Dictionary) = Шакрыл, К. С., Конджария, В. Х. 1986. & Шакрыл, К. С., Конджария, В. Х. Чкадуа, Л. П. 1987. *Словарь абхазского языка. (Аҧсуа бызшәа ажәа).* т. 1, т. 2.
Abs = absolutive
Ab.Text = Зыхуба, С. (ed.) 1997. *Аҧсуа лакуқуа.*
ACST = Hewitt, B. G. (forthcoming) *Abkhaz: a Comprehensive Self-Tutor.*
adj./adj = adjective
adv. = adverb
AF = Hewitt, B. G. 2005a. *Abkhazian Folktales.* (*with grammatical introduction, translation, notes, and vocabulary*).
AFL = (Abkhaz as a Foreign Language) Ашуба, Н. К., Ажиба, А. Ш. 1997. *Аҧсуа бызшәа тәым бызшәак еиҧш (апрограммеи арҵагеи).*
ANR = Hewitt, B. G., Khiba, Z. 1998a. *Abkhaz Newspaper Reader.*
aor. = aorist
ARD = (Abkhaz-Russian Dictionary) = Касландзия, В. А. (ed.) *Абхазско-русский словарь.*
bz. = bzyp dialect
C1 = the first column
C2 = the second column
C3 = the third column
caus. / Caus = causative
Chirikba = Chirikba, V. A. 2003a. *Abkhaz.*
coll. = collective
colloq. = colloquialism
cond. = conditional
cond.1 = conditional I
cond.2 = conditional II
conj. = conjunction
DEON = deontic construction
dial. = dialect
DO = direct object
Dyn = dynamic
Emph = emphasis
Ex = extension
F / f. = feminine
Fin = finite
fut. / Fut. = future
fut.1 = future I
fut.2 = future II
GAL = (A Grammar of the Abkhaz Language) = Аристава, Ш. К. и др. 1968. *Грамматика абхазского языка: фонетика и морфология.*
Genko = Генко, А. Н. 1998. *Абхазско-русский словарь.*
Ger.A = (Gerund in the Abkhaz Language) Аристава, Ш. К. 1960. *Деепричастие в абхазском языке.*

gramm. = grammar
Hewitt, Abkhaz = Hewitt, B. G. in collaboration with Z. K. Khiba. 1989a. *Abkhaz*[2].
Hum / hum. = human
IC = (Intensive Course in the Abkhaz Language) Шинкуба, А. Ш. 2003. *Интенсивный курс абхазского языка.*
imper. = imperative
impf. = imperfect
Ind = indefinite
INSTR = instrument
interj. = interjection
interrog. = interrogative
intr. = intransitive verb
IO = indirect object
L = lesson
LA = lak'^{j} suffix
labile = labile verb
Loc = locative, locative slot
M / m. = masculine
masd. = masdar
n. = noun
Neg = negative
Non.Fin. / N.F / non-fin. = non-finite
Non-Hum / non-hum. = non-human
non-vol. = non-volitional
num. = numeral
O = object
Obl. = oblique
O1 = indirect object
OV = objective version
Par = particle
past indef. = past indefinite
perf. = perfect
pl. / PL = plural
plupf. = pluperfect
pol. = polite
Poss = possessive
post. = postposition
Pot / poten. = potential
pres. = present
Prev = preverb
pron. = pronoun
PURP = purpose
Qu = question
R = radical, root
RAD = (Russian-Abkhaz Dictionary) = Бгажба, Х. С. (ed.) 1964. *Русско-абхазский словарь.*
Rec = reciprocal
Rel / REL = relative
S = 1) stem, 2) subject
SC5 = Arie Spruit. Abkhaz Verbs of Local Reference. *Studia Caucasica* 5, 1983.
SC7 = Arie Spruit. Abkhaz Verb Morphology. *Studia Caucasica* 7, 1987.

Self = reflexive
sg. / SG = singular
SKJa = Климов, Г. А., Халилов, М. Ш. 2003. *Словарь кавказских языков.*
SP = speech-particle
stat. = stative
subj. = subjunctive
SV = subjective version
TA = tense-aspect marker
tr. = transitive verb
vers.1 = objective version **з**
vers.2 = objective version **цә**
его(нрз.)/их = его(неразумный)/их
1 = 1st person
2 = 2nd person
3 = 3rd person
* = 1) ungrammaticality, 2) unattested, 3) (after headword entries) described in keeping with comments provided by G. B. Hewitt and Z. Khiba.
** = there is no form in question
< = comes from
> = becomes
ϕ = zero (morpheme)

Bibliography

Allen, W. S. 1965. On One-Vowel Systems. In *Lingua* 13–2: 111–124.

Chirikba, V. A. 1996. *Common West Caucasian. The Reconstruction of its Phonological System and Parts of its Lexicon and Morphology*. Leiden: CNWS.

Chirikba, V. A. 2003a. *Abkhaz,* Languages of the World/Materials 119. München: Lincom Europa.

Chirikba, V. A. 2003b. Evidential category and evidential strategy in Abkhaz. In Alexandr Y. Aikhenvald & R. M. W. Dixon. (ed.) *Studies in Evidentiality*. Amsterdam: John Benjamin.

Colarusso, J. 1988. *The Northwest Caucasian Languages: a Phonological Survey*. New York: Garland Publishing.

Colarusso, J. 2002. *Nart Sagas from the Caucasus. Myths and Legends from the Circassians, Abazas, Abkhaz, and Ubykhs*. Prinston: Princeton University Press.

Dixon, R. M. W. 1994. *Ergativity*. Cambridge: Cambridge University Press.

Dixon, R. M. W. & Alexandra Y. Aikhenvald. (ed.) 2000. *Changing Valency: Case Studies in Transitivity*. Cambridge: Cambridge University Press.

Dumézil, G. 1932. *Études comparatives sur les langues caucasiennes du Nord-Ouest* (*Morphologie*). Paris: Adrien-Maisonneuve.

Dumézil, G. 1967. *Documents anatoliens sur les langues et les traditions du Caucase. V. Études Abkhaz*. Paris: Adrien-Maisonneuve.

Dumézil, G. avec la collaboration de Tecfik Esenç. 1975. *Le verbe Oubykh. Études descriptives et comparatives*. Paris: Klincksieck.

Dzhanashia, B. 1954. *Apxazur-kartuli leksik'oni*. Tbilisi: Mecniereba.

Hewitt, B. G. 1979a. Aspects of Verbal Affixation in Abkhaz (Abzhui Dialect). In *Transactions of the Philologival Society 1979*: 211–238.

Hewitt, B. G. 1979b. The Relative Clause in Abkhaz (Abzhui Dialect). In *Lingua* 47: 151–188.

Hewitt, B. G. 1982. 'Anti-Passive' and 'Labile' Constructions in North Caucasian. In *General Linguistics* 22: 158–171.

Hewitt, B. G. 1987. *The Typology of Subordination in Georgian and Abkhaz,* Empirical Approaches to Language Typology 5. Berlin: Mouton de Gruyter.

Hewitt, B. G. in collaboration with Z. K. Khiba. 1989a. *Abkhaz²*. Reprinted by Croom Helm and Routledge. [Hewitt, B. G. in collaboration with Z. K. Khiba. 1979. *Lingua Descriptive Studies 2: Abkhaz*. Amsterdam: North-Holland.]

Hewitt, B. G. 1989b. Abkhaz. In G. Hewitt (ed.) *The Indigenous Languages of the Caucasus 2: the North West Caucasian Languages*. Delmar. New York: Caravan Books. 37–88.

Hewitt, B. G., Khiba, Z. 1998a. *Abkhaz Newspaper Reader (with supplements)*. Kensington: Dunwoody Press.

Hewitt, B. G. (ed.) 1998b. *The Abkhazians: A Handbook*. New York: St. Martin's Press.

Hewitt, B. G. 1999. Morphology revisited: Some irregularities of the Abkhaz verb. In Berg, H. van den (ed.) *Studies in Caucasian Linguistics: Selected papers of the English Caucasian Colloquium*. Leiden: CNWS. 197–208.

Hewitt, B. G. 2004. *Introduction to the Study of the Languages of the Caucasus*. München: Lincom Europa.

Hewitt, B. G. 2005a. *Abkhazian Folktales* (*with grammatical introduction, translation, notes, and vocabulary*), Languages of the World/Text Collections 22. München: Lincom Europa.

Hewitt, B. G. 2005b. North West Caucasian. In *Lingua* 115: 91–145.

Hewitt, B. G. 2005c. The Syntax of Complementation in Abkhaz. In *Iran and the Caucasus* 9–2: 331–379.

Hewitt, B. G. 2008a. Are Verbs Always What They Seem To Be? In *Iran and the Caucasus* 12: 57–73.
Hewitt, B. G. 2008b. Cases, arguments, verbs in Abkhaz, Georgian and Mingrelian. In G. G. Corbett and M. Noonan (ed.) *Case and Grammatical Relations. Studies in honor of Birnard Comrie*. Amsterdam: John Benjamin. 75–104.
Hewitt, B. G. (forthcoming) *Abkhaz: a Comprehensive Self-Tutor*. München: Lincom Europa.
Klimov, G. A. 1994. *Einführung in die kaukasische Sprachwissenschaft*. Aus dem Russischen übersetzt und bearbeitet von Jost Gippert. Hamburg: Buske.
Kuipers, A. H. 1960. *Phoneme and Morpheme in Kabardian*. 'S-Gravenhage: Mouton.
Kuipers, A. H. 1976. Typologically Salient Features of Some North-West Caucasian Languages. In *Studia Caucasica* 3: 101–127.
Spruit, A. 1983. Abkhaz Verbs of Local Reference. In *Studia Caucasica* 5: 55–75.
Spruit, A. 1985. Stress in Abkhaz. In *Studia Caucasica* 6: 31–81.
Spruit, A. 1987. Abkhaz Verb Morphology. In *Studia Caucasica* 7: 9–60.
Trigo, L. 1992. Abkhaz Stress Shift. In G. Hewitt (ed.) *Caucasian Perspectives*. München: Lincom Europa. 191–235.
Yanagisawa, T. 2000. Abkhaz Verb Accent: a review of "Dybo's Law" of Abkhaz Accent. In *Nagoya Working Paper in Linguistics* 16: 41–65.
Yanagisawa, T. 2001–2003. Abkhaz Verb Morphology (1), (2), (3). *Studies in Language and Culture*. Graduate School of Languages and Culture, Nagoya University. 22–2: 227–262, 23–2: 251–270, 25–2: 183–209.
Yanagisawa, T. 2001. An Outline of the Structure of the Abkhaz Verbs. In *Studies on Russian-Soviet Language Typology*. 1–128. Results of a Research Project, Grant-in-Aid for Scientific Research, Nagoya University. (C) (1): No. 12610544.
Yanagisawa, T. 2003. The interrogative morphology in Abkhaz. In *Research on the Principles Governing the Denotations of Grammatical Functions in Natural Language*. 20–48. Head Investigator: Machida, Ken. Results of a Research Project, Grant-in-Aid for Scientific Research (C) (2): No. 12610554.
Yanagisawa, T. 2003. Abkhaz Texts (1), (2). *Studies in Language and Culture*. Graduate School of Languages and Culture, Nagoya University. 24–2: 245–273, 25–1: 275–295.
Yanagisawa, T. 2004. *Studies in the Structure of the Abkhaz Verb*. 1–456. Results of a Research Project, Grant-in-Aid for Scientific Research, Nagoya University. (C)(2): No. 14510617.
Yanagisawa, T. 2005a. Schwa in Abkhaz. In *Japanese Slavic and East European Studies* 26: 23–36.
Yanagisawa, T. 2005b. Prefixal Particles in Abkhaz. In *Typological Studies* 1: 61–70.
Yanagisawa, T. 2005c. Abkhaz Accent and Schwa (1). In *Studies in Language and Culture*. Graduate School of Languages and Culture, Nagoya University. 27–1: 185–204.
Yanagisawa, T. 2006. *Analysis of Texts and a Basic Lexicon of the Abkhaz Language*. 1–562. Results of a Research Project, Grant-in-Aid for Scientific Research, Nagoya University. (C)(2): No. 16520236.
Yanagisawa, T. 2007a. Abkhaz Text (3): the boy brought up by a bull. In *Studies in Language and Culture*. Graduate School of Languages and Culture, Nagoya University. 28–2: 159–179. (http://www.lang.nagoya-u.ac.jp/proj/genbunronshu/28-2/yanagisawa.pdf)
Yanagisawa, T. 2007b. A Review of Russian Aspect and Introduction to Abkhaz Tense-Aspect in Discourse. In *Contrastive Studies in Verbal Aspect*. Nagoya University. 49–74.
Yanagisawa, T. 2008a. Abkhaz Text (4): the boy brought up by a bull. In *Studies in Language and Culture*. Graduate School of Languages and Culture, Nagoya University. 29–2: 315–332. (http://www.lang.nagoya-u.ac.jp/proj/genbunronshu/29-2/yanagisawa.pdf)
Yanagisawa, T. 2008b. Abkhaz Text (5): the boy brought up by a bull. In *Studies in Language and Culture*. Graduate School of Languages and Culture, Nagoya University. 30–1: 123–137. (http://www.lang.nagoya-u.ac.jp/proj/genbunronshu/30-1/yanagisawa.pdf)

Yanagisawa, T. 2009. Abkhaz Text (6): how the king's daughter turned into a boy. (I) In *Studies in Language and Culture*. Graduate School of Languages and Culture, Nagoya University. 30–2: 251–276. (http://www.lang.nagoya-u.ac.jp/proj/genbunronshu/30-2/yanagisawa.pdf)

Yanagisawa, T. 2009. Abkhaz Text (7): how the king's daughter turned into a boy. (II) In *Studies in Language and Culture*. Graduate School of Languages and Culture, Nagoya University. 31–1: 193–219. (http://www.lang.nagoya-u.ac.jp/proj/genbunronshu/31-1/yanagisawa.pdf)

Аристава, Ш. К. 1960. *Деепричастие в абхазском языке.* Сухуми: Госиздат Абхазии.

Аристава, Ш. К. и др. 1968. *Грамматика абхазского языка: фонетика и морфология.* Сухуми: Алашара.

Арсҭаа, Ш. Ҟ., Ҷкадуа, Л. П. 2002. *Аԥсуа литературатә бызшәа аграмматика.* Аҟәа.

Аршба, Н. В. 1992. Некоторые вопросы акцентологии абхазского языка. In G. B. Hewitt (ed.) *Caucasian Perspectives*. München: Lincom Europa. 236–239.

Бгажба, Х. С. (ed.) 1964. *Русско-абхазский словарь.* Сухуми: Алашара.

Генко, А. Н. 1955. *Абазинский язык. Грамматический очерк наречия тапанта.* Москва: Издательство академии наук СССР.

Генко, А. Н. 1998. *Абхазско-русский словарь.* Сухум: Алашалра.

Гецадзе, И. О. 1979. *Очерки по синтаксису абхазского языка (синхронно-диахронная характеристика).* Ленинград: Наука.

Джонуа, Б. Г., Киут, А. Н. 2003. *Самоучитель абхазского языка. I.* Сухум.

Дыбо, В. А. 1998. Балто-славянская акцентная система с типологической точки зрения и проблема реконструкции индоевропейского акцента. *Балто-славянские исследования. 1997.* Москва. 119–205.

Дыбо, В. А. 2000. *Морфонологизованные парадигматические акцентные системы: типология и генезис.* т. I. Москва: Языки русской культуры.

Касландзия, В. А. (ed.) 2005. *Абхазско-русский словарь.* т. I, т. II. Сухум: ОЛМА-ПРЕСС.

Климов, Г. А. 1986. *Введение в кавказское языкознание.* Москва: Наука.

Климов, Г. А., Халилов, М. Ш. 2003. *Словарь кавказских языков. Сопоставление основной лексики.* Москва: Восточная литература.

Клычев, Р. Н., Чкадуа, Л. П. 1999. Абхазский язык. In *Языки мира. Кавказские языки.* Москва: Acadenia. 113–131.

Ломтатидзе, К. В. 1942. Категория переходности в абхазском глаголе. Изв. ИЯИМК. т. XII. Тбилиси. (резюме, 27–29.)

Ломтатидзе, К. В. 1967. Абхазский язык. In *Языки народов СССР. 4. Иберийско-кавказские языки.* Москва: Наука. 101–122.

Ломтатидзе, К. В. 1976a. Категория потенциалиса (возможности) в картвельских и абхазско-адыгских языках. *Ежегодник иберийско-кавказского языкознания.* III.

Ломтатидзе, К. В. 1976b. Категория версии в картвельских и абхазско-адыгских языках. *Ежегодник иберийско-кавказского языкознания.* III.

Марр. Н. 1926. *Абхазско-русский словарь. Пособие к лекциям и в исследовательской работе.* Ленинград: Издание академии абхазского языка и литературы.

Начҟьебиа-ԥҳа, С. М. 1988. *Аԥсуа бызшәа аомографқәа ржәар.* Аҟуа: Алашара.

Усларъ, П. К. 1887. *Этнографія Кавказа. Языкознаніе. Абхазскій языкъ.* Тифлисъ.

Цвенария-Абрамишвили, А., Члаидзе И. (ed.) 2003. *Фольклор народов кавказа. Абхазский фольклор.* 2003. Тбилиси: Кавказский дом.

Циколиа, М. М. 1974. *Порядок слов в абхазском языке.* Академия наук грузинской ССР. Тбилиси: Институт языкознания.

Чкадуа, Л. П. 1970. *Система времен и основных модальных образований в абхазско-абазинских диалектах.* Тбилиси: Мецниереба.

Шакрыл, К. С., Конджария, В. Х. (ed.) 1986. *Словарь абхазского языка. (Аҧсуа бызшәа ажәа).* т. 1. Сухуми: Алашара.

Шакрыл, К. С., Конджария, В. Х. Чкадуа, Л. П. (ed.) 1987. *Словарь абхазского языка. (Аҧсуа бызшәа ажәа).* т. 2. Сухуми: Алашара.

Шинкуба, А. Ш. 2003. *Интенсивный курс абхазского языка.* Сухум: Типография АГУ.

TEXTS

Ашуба, Н. К., Ажиба, А. Ш. 1997. *Аҧсуа бызшәа тәым бызшәак еиҧш (апрограммеи арҵагеи).* Аҟәа: Алашара.

Зыхуба, С. (ed.) 1997. *Аҧсуа лакуқуа*. Аҟуа: Алашара.

Салаҟаиа, Ш. Хь. (ed.) 1975. *Аҧсуа жәлар рҿаҧыцтә рҿиамҭа. Ахрестоматиа.* Аҟуа: Қарҭ.

Analytic Dictionary of Abkhaz

A a

-а-[1] [verbal radical] *the copular radical used only in the non-negative present. "to be." The other copular radical* **-акə(ы)-** *is complementary to the copula* **-а-**, *the former being used in the past and in the negative present. The sole argument of these copular radicals is marked by the column II (C2) prefix.* **1.** [X Y C2-R] [X is Y(C2)] (**Fin.** [pres] л-ó-уп (< л-á-уп); **Non-fin.** [pres.] л-ó-у-ма) **:** Ари́ Кáма л-ó-уп. *This is Kama.* Ари́ с-ҩы́за Асҭамыр и-ó-уп. *This is my friend Astamyr.* Уи́ Ахра и-ó-уп. *He is Akhra.* Аԥсны́ сарá сы-ԥсáдгьыл á-уп (< [а]-а-уп). *Abkhazia is my homeland.* Сарá с-ҩы́за Екьы́м л-ó-уп. *My friend (f.) is Ekjym.* Уи́ харá ҳа-ҳтны́ҟалакь á-уп. (AFL) *This is our capital. Это наша столица.* Ари́ ýрҭ ры-шəҟə-ҟəá р-ó-уп. *These are their books.* Уи́ а-дəҟьáн харá ҳ-ахьы-н-хó, а-ҩн-éихагыле-и иарé-и 50 (ҩын ҩажəи жəабá)-ҟа мéтра р-ó-уп и-бжьó-у. (AFL) *The distance between this shop and the building where we live is about 50 meters. Расстояние между этим магазином и зданием, где мы живем, — метров 50.* Кáма с-аҳəшьá л-ó-уп. *Kama is my sister.* Урҭ с-áн-и с-áб-и р-ҩы́з-цəа р-ó-уп. *They are friends of my mother and my father.* И-ҟо-у уи́ á-уп. (Ab.Text) *This is what is happening.* Ари́ ды-з-шьы́-з са с-ó-уп. (Ab.Text) *I am the one who killed him.* Сарá á-гызмал-куа р-хəынҭҟáр и-ԥá с-ó-уп. (Ab.Text) *I am the son of the King of the demons.* Абни́ а-кóфҭа шкəáкəа з-шə-ý а-ԥҳəы́зба л-ó-у-ма шəы-з-ҿ-ý? *Вы имеете в виду ту девушку в белой кофте?* (IC) *Do you have in mind that girl who is wearing a white jacket?* Уи́ á-уп хы́шə-шықəса з-н-áҳ-тц-уа. (ACST) *That is (the reason) why we live on for 300 years.* [cf. **áкə-заа-ра** "to be"]

а-[2] [prefix] *used to mark the generic or definite*: а-шəҟəы́ *a book* (*generic*). а-стóл и́-ку-у а-шəҟəы́ *the book lying on the table* (*definite*).

а-[3] [prefix] (in adverbs, pronoun) *used to mark physical proximity*: а-брá *here, здесь.* а-бráхь *here/hither, сюда.* а-бáрҭ *these, эти.*

а-[4] [prefix] *used to mark a collective numeral*: á-хҩык-(гьы) 3 (*все трое*).

а-[5] [prefix] *used to form an ordinal number using a cardinal number and a suffix* -тəи**:** á-ҩба-тəи *second.* á-хԥа-тəи *third.*

а-[6] [prefix] **1.** *the possessive prefix of "it" (3. sg. non-human), "its"*: á-маҭ **а**-хəáмц *the snake's body.* **2.** *the verbal prefix marking a non-human agent of the 3rd person sg.*: д-а-бó-ит *it is seeing him/her.* [cf. **на**]

-а-[7] [verbal infix] *used with some verbs such as "say" and "tell" to express dative relation. "to"*: и-с-á-л-ҳəе-ит *she said it/them to me.*

áа[1] [interj.] (= **абáр**) here!, look!, вот**:** Аа, ýсҭ á-ҳəа. (Ab.Text) *Look, pick up that sword!* Аа, Амра. *Вот Амра.*

áа[2] [interj.] *used to express surprise, fright, etc. "ah, oh"*: Аа, у-анацьáлбеит, уарá сы-ԥсы́ еику-у-рхé-ит. (Ab.Text) *Ah!, my dear, you saved my life.*

áа[3] [n.] (-ҟəа) mahogany.

аа-[4] [verbal prefix] *used to mark an agent of the 1st person pl. This prefix is inserted in the slot in Column III,* cf. **ҳа-**. "we"**:** д-аа-гó-ит *we will take him/her.*

-аа-[5] [preverb] **1.** *used to mark the direction of an action towards a speaker or a given terminal* *point, "hither, here"*: д-аа-скьé-ит *he/she approached.* д-аа-р-гé-ит *they brought him/her here.* аá-и-ра *to come.* áа-ԥш-ра *to look hither.* Дáд, арá у-аа-скьé-ишь. *Dad, just come here!* И-шьҭахь д-аа-уá-н áшыр-шырхәа иарá и-гýла чкýн Уахáид. (GAL) *За ним быстро шел сюда соседский мальчик Уахаид. Behind him, the neighbor's boy Wahajd come here quickly.* **2.** *used to mark a period of duration.*

-аа-[6] [verbal particle] *inserted after the slot in Column I and used to express a variety of nuances for an action or a mood, e.g. quickness of an action, rapid completion of an action, a mood of contentment as the result of an action.* (See Yanagisawa:2005b, Chirikba:54)**:** И-бзи́о-уп, с-áб, и́-у-ҳәа-з с-а-ҳá-ит, — и-ҳәé-ит у́и-гьы, и-ҽы́ д-**áа**-с-ны (< d-áa-[a]-s-nə) д-цé-ит. (Ab.Text) *It is good, my father, I see what you said, — said he and having struck it (quickly) (with the whip), he went away.* Нас ари́ «á-чкун» и-цыы́ба и-**аа**-ҭ-и́-хы-н а-дау́ и-лы́мҳа на-га-ны́ р-áԥхьа и-ны́-ку-и-тце-ит. (Ab.Text) *Then as soon as this «boy» removed an ear of the ogre from his pocket, he took it thither and put it in front of them.* А-ҳәы́ҳә и-áа-и-з а-лахáнка и-а-ны́-з а-ӡы́ а-ҽы́-н-ҭ-на-шы-н а-мтцәы́жәҩа-ҟуа ан-**áа**-рышәшәа (< ø-an-á[a]-a-rəšʷšʷa) á-рԥызба ԥшӡá-к, á-рԥызба замáна-к д-аа-ҭы́-тцт. (Ab.Text) *The dove which had come here dipped itself into the water on the washtub, and as soon as it waved its wings, it turned into a beautiful and fine young man.* А-дау́ уа и-ԥсы́ **аа**-и-хы́тцы-н, áгуараҳәа ды-л-кáҳа-ит. (Ab.Text) *The moment the ogre breathed his last there, he fell in a heap.* А-нцәá и-аҳ-ԥы́хьа-и-р-шәа-з, куты́-к ҳ-áу-р-гьы, и-еиҟара-ны́ и-л-еиҩ-аҳ-шо-ит, капéк ҳ-áу-р-гьы еиҟара-ны́ и-**аа**-иҟу-ҳа-р-ччá-р-о-уп (< j-a[a]-ajq'ʷ-ha-rč'č'á-r-a-wp'). (Ab.Text) *Whatever God gave us — even if we receive one hen —, we shall divide it equally, even if we receive a kopeck, we must divide it equally.* И-бзи́о-уп, — и-ҳәá-н, áҳәа **áа**-шьҭ-и-хы-н «á-чкун» а-ҳәынҭҟáр и-ҩны́ д-ны-ҩнáл-т. (Ab.Text) *It is good, — the «boy» said, and he picked up the sword at once and quickly entered the king's house.* Ари́ а-дау́ ды-з-шьы́-тцәҟьа-з «á-чкун» ды-л-дәы́лтцы-н и-ҽы́ а-ху́ц-ҟуа **аа**-и-д-и́-кшала-н (< ø-a[a]-aj-dә́-jә-k'šala-n), (...). (Ab.Text) *As soon as the «boy» who had indeed killed this ogre went out, he rubbed his horse's hair, (...).* С-ху́ц-ҟуа ҩба **аа**-сы́-л-х-ны и-гá. (Ab.Text) *Pluck out two hairs from me and take them with you!* И-ҽы́ áаи-ны и-áԥхьа и-**аа**-гы́л-т. (Ab.Text) *His horse came and was standing in front of him.* «А-чкун» д-нéи-н д-н-еи-ҳаххы́-н, а-дау́ и-лы́мҳа **áа**-х-и-тцәа-н и-цыы́ба и-л-ҭа-тца-ны́ и́-ма д-цé-ит. (Ab.Text) *The 'boy' rushed over to where the ogre was and cut off the ogre's ear and put it in his pocket and took it away with him.* Нас иарá á-жәлар еиза-ны́ а-дау́ и-ахь-и-ха-гы́ла-з зегьы́ р-тцы́хутәаны́ д-**аа**-цәы́р-тц-ит. (Ab.Text) *After that he was the last to go to the place near the ogre where many people were gathering.*

-аа-[7] [suffix] *stem-extension's suffix used to express "extrovert"* (Spruit, SC5), *"the meaning of a complete action"* (Chirikba, Abkhaz), (cf. **-ла-**)**:** á-ҟә-бл-аа-ра *to be burnt completely* (cf. á-ҟә-был-ра). и́-ҟә-з-бл-аа-ит *I burnt it completely on the surface.*

-аа[8] [suffix] *used to mark plurality of people or of a family, a clan, a village, etc.***:** áҟә-аа *the people of Sukhum, сухумцы.* Арáҟа и-нхó-ит Џьапу-áа. (ANR) *Here live the clans of Dzhap'ua.* Тáмшь-аа р-гәы́ ка-ры́-жь-уа-м. (AFL) *The people of Tamsh will not despair. Жители Тамшь не отчаиваются.*

аа-бá [num.] [non-hum.] eight: Сарá еснáгь а-саáҭ 8 (аабá) р-зы́ с-гы́ло-ит. *I always get up at eight o'clock. Я всегда встаю в 8 часов.*

аáбатәи [num.] [hum.] eighth.

áа-ва-кәыла-ра* [intr.] [C1-Prev-C2-Prev-S] [C1 be not inferior to C2] (**Fin.** [pres.] д-аа-и́-ва-ҟәыло-ит / д-аа-и́-ва-ҟәыло-м, [aor.] д-аа-и́-ва-ҟәыле-ит / д-аа-и́-ва-м-ҟәыле-ит, **Non-fin.** [pres.] (C1) и-аа-и́-ва-ҟәыло / и-аа-и́-ва-м-ҟәыло, (C2) д-аа-з-ва-ҟәы́ло / д-аа-з-ва-м-ҟәы́ло) **1.** to prove oneself equal to; not be inferior to**:** А-математика-зы и-ашьá д-аа-и-ва-ҟәы́ло-ит. (ARD) *В математике он своему брату почти не уступает. He is not* *inferior to his brother in mathematics.*

аа́-га-ра* [tr.] (**Fin.** [aor.] и-аа́-и-ге-ит / и-аа́-и-м-ге-ит, [imper.] и-аа́-г! / и-аа́-бы-м-га-н!, и-аа́-жә-г! / и-аа́-жәы-м-га-н!, **Non-fin.** [pres.] (C1) и-аа́-и-го / и-аа́-и-м-го, (C3) и-аа́-з-го / и-аа́-зы-м-го, **Abs.** и-аа́-га-ны / и-аа́-м-га́-кәа) **1.** to bring sth from somewhere close by: ара́хь и-аа́-г! *bring it/them! принеси сюда!* **2.** (= **а́-ҭа-ра**) to give: И-аа́-г! *Give it/them!* И-аа́-жә-г шә-чамада́н, уи сара́ и-з-го́-ит. *Give me the suitcase! I'll carry it. Дайте ваш чемодан, я понесу его.*

аа-га-ра́ [tr.] [C1-Prev-C3-R / C1-Prev-C3-Neg-R] [C3 bring C1] (**Fin.** [pres.] и-аа-з/с-го́-ит / и-аа-з/с-го́-м (-га-ӡо́-м), и-аа-ҳ-го́-ит *or* и-аа-го́-ит (< и-аа-ҳ-го́-ит *we are bringing it/ them*), [aor.] д-аа-з/с-ге́-ит, и-аа-л-ге́-ит, и-аа-на-ге́-ит / д-аа-сы/зы-м-ге́-ит (-га-ӡе-ит), [imper.] д-аа-га́! / д-аа-бы-м-га́-н!, д-аа-жә/шә-га́! / д-аа-шәы/жәы-м-га́-н!; **Non-fin.** [pres.] (C1) и-аа-л-го́ (*то, которое она приносит*) / и-аа-лы-м-го́, (C3) и-аа-з-го́ (*тот, который приносит его(нрз.)/их*) / и-аа-зы-м-го́, [aor.] (C1) и-а́а-л-га / и-а́а-лы-м-га, (C3) и-а́а-з-га / и-а́а-зы-м-га, [impf.] (C1) и-аа-л-го́-з / и-аа-лы-м-го́-з, (C3) и-аа-з-го́-з, / и-аа-зы-м-го́-з, [past indef.] (C1) и-аа-л-га́-з / и-аа-лы-м-га́-з, (C3) и-аа-з-га́-з, / и-аа-зы-м-га́-з; **Abs.** и-аа-га-ны́ / и-аа-м-га́-кәа) **1.** to fetch; to bring. принести: и-у-з-аа-з-го́-ит *I will fetch it/them for you, я для тебя принесу его(нрз.)/их.* и-л-з-аа-и-ге́-ит *he fetched it/them to her.* Ҭырқутәы́ла-нтә и-а́а-хуа-н (< и-аа-хуа-ны) и-аа-р-ге́-ит Аԥсны́. (ANR) *They bought and brought it from Turkey to Abkhazia.* А-ӡы́ и-аа-на-го́, аԥша́ и-а-го́-ит. *Что приносит вода, уносит ветер.* Макти́на а-гәбла́а а́-зна а-шы́ла аа-л-ге́-ит. (AFL) *Makt'ina brought the bowl full of flour. Мактина принесла миску, полную муки.* **2.** to bring, to lead. привести: Зы-гәра́ л-го́-з а́-ҳәса бы́рг-цәа аа-л-га́-н д-р-а́-цәажәе-ит. (Ab.Text) *She had some wise old women that she trusted brought to her, and she told them.* || **а-ԥҳәы́с аа-га-ра́** (of man) to marry, to take a wife: Ԥҳәы́с д-аа-у-га-хьо́-у-ма? *Are you (m.) married? Ты женат?* || Шә-жьа-ра́ с-ҭах(ы)-у-шәа **шә-х-а-ҿы́ и-аа-жәы-м-га́-н!** (ACST) *Don't imagine that I want to deceive you!* || **и-а́а-на-го-з** what it meant. || **а-гәы́ аа́-на-га-ра** *see* **а-гәы́**.

аа-гы́ла-ра [intr.] [C1-Prev-R / C1-Prev-Neg-R] (**Fin.** [pres.] с-аа-гы́ло-ит / с-аа-гы́ло-м, [aor.] с-аа-гы́ле-ит / с-аа-м-гы́ле-ит, [imper.] б-аа-гы́л! / б-аа-м-гы́ла-н!; **Non-fin.** [pres.] (C1) и-аа-гы́ло / и-аа-м-гы́ло, [aor.] и-аа-гы́ла / и-аа-м-гы́ла, [impf.] и-аа-гы́ло-з / и-аа-м-гы́ло-з, [past indef.] и-аа-гы́ла-з / и-аа-м-гы́ла-з. **Abs.** с-аа-гы́ла-ны / с-аа-м-гы́ла-кәа) **1.** to stop: А-са́аҭ аа-гы́ле-ит. (*or* аа-н-гы́ле-ит.) *The watch stopped. Часы остановились.* **2.** to wait a little. **3.** to stand for a while.

а́а-гәыд-кыла-ра [tr.] [C1-aa-Prev-C3-R / C1-aa-Prev-C3-Neg-R] (**Fin.** [pres.] д-аа-гәы́ды-с-кыло-ит / д-аа-гәы́ды-с-кыло-м, [aor.] д-аа-гәы́ды-с-кыле-ит / д-аа-гәы́д-сы-м-кыле-ит, [imper.] д-аа-гәы́д-кыла! / д-аа-гәы́ды-бы-м-кыла-н!; **Non-fin.** [pres.] (C1) и-аа-гәы́ды-с-кыло / и-аа-гәы́ды-сы-м-кыло, (C3) и-аа-гәы́ды-з-кыло / и-аа-гәы́ды-зы-м-кыло. **Abs.** д-аа-гәы́д-кыла-ны / д-аа-гәы́ды-м-кыла-кәа) **1.** to embrace and (...): д-аа-гәы́ды-с-кыла-н (...). *I embraced him/her and* (...). *я обнял ее/его и* (...). **2.** to kiss lightly. [cf. **а-гәы́д-кыла-ра** "to embrace"]

а́а-д-гыла-ра [intr.] [C1-Prev-C2-Prev-R / C1-Prev-C2-Prev-Neg-R] [C1 approach C2] (**Fin.** [pres.] д-аа-сы́-д-гыло-ит / д-аа-сы́-д-гыло-м, [aor.] д-аа-сы́-д-гыле-ит / д-аа-сы́-ды-м-гыле-ит, [imper.] б-аа-сы́-г-гыл! / б-аа-сы́-ды-м-гыла-н!; **Non-fin.** [pres.] (C1) и-аа-сы́-д-гыло / и-аа-сы́-ды-м-гыло, (C2) д-аа-зы-д-гы́ло / д-аа-зы́-ды-м-гы́ло, [aor.] (C1) и-аа-сы́-д-гыла / и-аа-сы́-ды-м-гыла, (C2) д-аа-зы-д-гы́ла / д-аа-зы́-ды-м-гы́ла, [impf.] (C1) и-аа-сы́-д-гыло-з / и-аа-сы́-ды-м-гыло-з, (C2) д-аа-зы-д-гы́ло-з / д-аа-зы́-ды-м-гы́ло-з, [past indef.] (C1) и-аа-сы́-д-гыла-з / и-аа-сы́-ды-м-гыла-з, (C2) д-аа-зы-д-гы́ла-з / д-аа-зы́-ды-м-гы́ла-з. **Abs.** д-аа-сы́-д-гыла-ны / д-аа-сы́-ды-м-гыла-кәа) **1.** to go/come near, to approach: д-аа-сы́-д-гыле-ит *he/she approached me.* Д-аа-сы́-д-гыл-т арԥы́с-к. (AFL) *A* *boy approached me. Ко мне подошел какой-то парень.*

аа́-ды-ххыла-ра* [intr.] [C1-Prev-C2-Prev-S] [C1 run up to C2] (**Fin.** [aor.] д-аа-и́-ды-ххыле-ит, д-аа-[а́]-ды-ххыле-ит / д-аа-и́-д-мы-ххыле-ит, [imper.] б-аа-и́-ды-ххыл! / б-аа-и́-д-мы-ххыла-н!, **Abs.** д-аа-и́-ды-ххыла-ны / д-аа-и́-д-мы-ххыла-кәа) **1.** to run up to, to come running to: А-ҭзы́ д-аа́-ды-ххыле-ит. *He/She ran up to the wall. Он подбежал/-ла к стене.*

аазы- [prefix] [with adjectives] *used to express "approximately", "-ish."* See (Chirikba:30), (cf. **цәы-**): и-аазы́-ҟаҧшь-у *reddish* (< а-ҟа́ҧшь "red").

а́аӡара[1] [n.] upbringing; education: Уи́ а́аӡара бзи́а и-оу-ит. *He received good education.*

а́аӡа-ра[2] [tr.] [C1-C3-R / C1-C3-Neg-R] [C3 grow/bring up C1] (**Fin.** [pres.] д-с-ааӡо́-ит, и-с-ааӡо́-ит / д-с-ааӡо́-м, [aor.] и-с-ааӡе́-ит, и-аа́ӡе-ит / и-с-м-ааӡе́-ит, и-а́-м-ааӡе-ит, [fut.1] и-с-ааӡа́-п / и-с-ааӡа-ры́м, [fut.2] и-с-ааӡа́-шт / и-с-ааӡа́-шам, [perf.] и-с-ааӡа-хье́ит, и-ааӡа-хье́ит / и-с-м-ааӡа́-ц(т), и-а́-м-ааӡа-ц(т), [impf.] и-с-ааӡо́-н / и-с-ааӡо́-мызт, [past indef.] и-с-ааӡа́-н, и-ааӡа́-н / и-с-м-ааӡа́-зт, и-а́-м-ааӡа-зт [cond.1] и-с-ааӡа-ры́н, и-аа́ӡа-рын / и-с-ааӡа-ры́мызт, [cond.2] и-с-ааӡа́-шан / и-с-ааӡа́-шамызт, [plupf.] и-с-ааӡа-хьа́н, и-ааӡа-хьа́н / и-с-м-ааӡа́-цызт, и-а́-м-ааӡа-цызт, [imper.] и-ааӡа́! / ды-б-м-ааӡа́-н!, и-шә-ааӡа́! / ды-шә-м-ааӡа́-н!; **Non-fin.** [pres.] (C1) и́-л-ааӡо / и́-л-м-ааӡо, (C3) д-з-ааӡо́ / ды-з-м-ааӡо́, [aor.] (C1) и́-л-ааӡа / и́-л-м-ааӡа, (C3) д-з-ааӡа́ / ды-з-м-ааӡа́, [impf.] (C1) и́-л-ааӡо-з / и́-л-м-ааӡо-з, (C3) д-з-ааӡо́-з / ды-з-м-ааӡо́-з, [past indef.] (C1) и́-л-ааӡа-з / и́-л-м-ааӡа-з, (C3) д-з-ааӡа́-з / ды-з-м-ааӡа́-з; **Abs.** и-ааӡа-ны́ / и-м-ааӡа́-кәа) **1.** to raise, to bring up; to rear: а́-цә и-а́аӡа-з а́-чкун *the boy brought up by a bull.* Иара́ сара́ с-и-ааӡо́-ит. *He is raising me.* А-хәычы́ д-с-ааӡо́-ит. *I am bringing up the child.* Иара́ а-хәычы́ д-и-ааӡе́-ит. *He brought up the child.* Д-а́а-шьҭы-р-хы-н д-р-ааӡе́-ит. (Ab.Text) *They took picked him up and brought him up.* Д-ан-ду́-ха зны ус д-ры-з-ҵаа́-ит д-з-ааӡа́-з. (Ab.Text) *One day, when the baby had grown up, he asked the people who had brought him up.* А-хәыч-қәа́ ла л-о́-уп и-з-ааӡо́ (/и-з-ааӡуа́). *It is she who is raising the children. Детей воспитывает именно она.* || А-нцәа́ и-шә-з-и́-ааӡа-аит! *May God give them health!* [lit. *May God bring up them!*] *Дай Бог им здоровья!* [*Да воспитает их Бог!*] **2.** to cultivate, to grow: А-нха-цәа́ и-р-ааӡо́-ит иара́ уба́с а-утраҭы́х-қәа. (AFL) *The peasants are growing vegetables as well. Крестьяне также выращивают овощи.*

ааӡа-ра́ [intr.] (**Fin.** [aor.] и-ааӡе́-ит) **1.** to reach, to get to: Уи ҳара́ ҳ-ҟы́нӡа д-ааӡе́-ит. *He got to us.*

-ааӡа́рҭа [n./derivational suffix] (-ҿы) nursery: а-маамы́н-қәа р-ааӡа́рҭа (а-маамын-ааӡарҭа) *a nursery for monkeys, обезьяний питомник.*

а́аи[1] [adv.] **1.** yes. **2.** of course: Шәара́ а-му́зыка бзи́а и-жә-бо́-ма? — Ааи! *Do you like music? Of course! Вы любите музыку? — Конечно!*

а́аи[2] [interj.] *used to express pain, sadness, fright, etc., "ah, oh"*: Ааи, ҳ-ҳәынҭҟа́р рыцҳа, а-дау́ д-и-фа-гу́шье-ит. (Ab.Text) *Oh no. The ogre has eaten our poor King.*

-ааи[3] [particle] [with the 2nd personal marker] *used to emphasize the 1st person pl. imperative*: Б-а́аи ҳ-а́-ҧхьа-п. *Let's read!* (f.) *Давай читать!* Б-а́аи и-ҟа-ҳ-ҵа́-п. *Let's do it!* (f.) *Давай сделаем!* Шә-а́аи и-ҟа-ҳ-ҵа́-п. *Let's do it!* (pl./pol.) *Давайте сделаем!* А-ҩы́з-цәа, шә-а́аи абра́ ҳ-палтре́ҭ ҭ-а́ҳ-хы-п. *Friends, let's take our photograph here!*

а́аигәа [adj.] (*of friend*) close, intimate: а-гәы́ла а́аигәа *a close neighbor.* а-гәы́ла ааигәа-қәа́ *close neighbors.*

ааигәа́ [adv.] **1.** near, not far. (Hewitt, Abkhaz:155): А-вокза́л ааигәа́ ҳа-н-хо́-ит. *We live not far from the station. Мы живем недалеко от вокзала.* С-а́аигәа у-тәа́! *Sit by me! Садись со мной!* Сара́ с-а́аигәа д-гы́ло-уп. *He/She is standing near me.* Ааигәа́ ды-н-хо́-ит. *He/She lives near here. Он/Она живет близко.* **2.** recently, lately: Ааигәа́ Аҟәа сы́-ҟа-н. *Недавно я был в Сухуме.* Уажә ааигәа́-цәҟьа и-с-а-ҳа́-ит. *I heard it only just now.* И-аҳ-з-е́иҭа-ҳә а-цырмы́кь а-ҿы́ уара́ ааигәа́ и-а́а-у-хәа-з. (AFL) *Tell us what you bought at the market recently. Расскажи нам, что ты недавно купил на рынке.* **3.** intimately: Ааигәа́ ды-з-ды́р-уе-ит. *He/She and I are intimately acquainted. Я с ним/ней близко знаком.* [cf. **хара́** "far"]

а́аигәа-заа-ра [intr. stative] [C1-S] [C1 be near] (**Fin.** [pres.] и-ааигәо́-уп, д-ааигәо́-уп / и-ааигәа́-м (-ааигәа-ӡа́-м), [past] и-ааигәа́-н / и-ааигәа́-мызт; **Non-fin.** [pres.] (C1) и-а́аигәо-у / и-а́аигәа-м, [past] и-а́аигәа-з / и-а́аигәа-мы-з; **Abs.** д-ааигәа-ны́ / д-ааигәа́-м-кәа) **1.** to be near; to come near: Уи ааигәо́-у-ма? *Is it nearby? Это близко?* А-мшы́н а-ҟы́нӡа ааигәо́-уп. *It is close to the sea. До моря близко.* Ара́нтәи а-мшы́н зынӡа́ и-ааигәо́-уп. *From here the sea is very near. Отсюда море совсем близко.*

ааигәа́ра [adv.] **1.** near (to); beside, next to: Ҭаме́л сара́ с-а́аигәара ды-н-хо́-ит. *Tamel lives next to me. Тамел живет недалеко от меня.* А-сто́л а-ԥе́нџьыр а́аигәара и-гы́ло-уп. *The table stands by the window. Стол стоит близко к окну.* Бзы́ԥ Лӡаа а́аигәара амшы́н и-а́лало-ит. (ANR) *The Bzyp [river] flows into the sea near Ldzaa.* ҳ-а́аигәара и́-ҟо-у а́-фатә — а-шәы́р ҭи́-рҭа а-дәқьа́н а-ҿы́. (AFL) в *магазине, который близко от нас и где продают еду и фрукты.* У-р-бо́-ит иара́знак, р-а́аигуара у-з-не́и-ӡо-м. (Ab.Text) *They will notice you in no time, so you won't be able to get near them.*

-а́аигәара [adv.] near.

ааигәа́=сигәа [adv.] near; here-abouts: Ара́ ааигәа=сигәа аӡәгьы́ ды-н-ха-ӡо́-м. *Nobody lives around here. Здесь полизости никто не живет.*

ааигәа́тәи [adj.] **1.** near. **2.** recent.

а́аигәа-ха-ра [intr.] [C1-Prev-R] (**Fin.** [pres.] д-ааигәа-хо́-ит / д-ааигәа-хо́-м, [aor.] д-ааигәа-хе́-ит / д-ааигәа́-м-хе-ит, [imper.] б-ааигәа-ха́! / б-ааигәа́-м-ха-н! *or* б-м-ааигәа-ха́-н!; **Non-fin.** [pres.] (C1) и-а́аигәа-хо / и-а́аигәа-м-хо; **Abs.** д-ааигәа-ха-ны́ / д-ааигәа́-м-ха-кәа) **1.** to approach, to come near.

аа(и)зы́кумпыл [adj.] roundish. [cf. **а́кумпыл**]

аа́(и)зыхухуа [adj.] longish. [cf. **а́хухуа**]

а́аилахәаламҭазы [adv.] toward/by evening. к вечеру: Ааилахәаламҭазы Кәтол ҳ-не́и-хьа-н. *We had already arrived at K'ut'ol by evening.*

ааила́хәала-ра [intr.] [C1[it]-S] (**Fin.** [aor.] и-ааила́хәале-ит) **1.** to get dark; to grow dark: И-ааила́хәало-ит. *It is getting dark./Twilight is falling.*

а́аилашәшәымҭазы *see* **а́аилахәаламҭазы**

а́аилашәшә-ра [intr.] (**Fin.** [aor.] и-ааилашәшә-и́т) *see* **ааила́хәала-ра**

аа́-и-ра [intr.] (cf. **аа-ра́**) [C1-Prev+R / C1-Neg-Prev+R] [C1 come] (**Fin.** [pres.] с-аа́-и-уе-ит, ҳ-аа́-и-уе-ит / с-аа́-и-уа-м, [aor.] с-аа́-и-т (< с-аа́-и-ит) / с-м-аа́-и-т, [fut.1] с-аа́-и-п / с-аа́-и-рым, [fut.2] с-аа́-и-шт / с-аа́-и-шам, [perf.] с-аа́-и-хьеит / с-м-аа́-и-ц(т), [impf.] с-аа́-и-уан / с-аа́-и-уамызт, [past indef.] с-аа́-и-н / с-м-аа́-и-зт, [cond.1] с-аа́-и-рын / с-аа́-и-рымызт, [cond.2] с-аа́-и-шан / с-аа́-и-шамызт, [plupf.] с-аа́-и-хьан / с-м-аа́-и-цызт, [imper.] б-аа́-и! / б-м-аа́-и-н!, шә-аа́-и! / шә-м-аа́-и-н!; [poten.] с-з-аа́-и-уам, с-зы́-м-аа-и-т; [non-vol.] с-а́мха-аа-и-т / с-а́мха-м-аа-и-т; [vers.1] сы-л-з-аа́-и-т / сы-л-зы́-м-аа-и-т; [vers.2] сы-л-цә-аа́-и-т / сы-л-цәы́-м-аа-и-т; **Non-fin.** (C1) [pres.] и-аа́-и-уа / и-м-аа́-и-уа, [aor.] и-аа́-и / и-м-аа́-и, [fut.1] и-аа́-и-ра / и-м-аа́-и-ра, [fut.2] и-аа́-и-ша / и-м-аа́-и-ша, [perf.] и-аа́-и-хьоу (-хьа(ц)) / и-м-аа́-и-хьоу (-хьа(ц)), [impf.] и-аа́-и-уа-з / и-м-аа́-и-уа-з, [past indef.] и-аа́-и-з / и-м-аа́-и-з, [cond.1] и-аа́-и-ры-з / и-м-аа́-и-ры-з, [cond.2] и-аа́-и-ша-з / и-м-аа́-и-ша-з, [plupf.] и-аа́-и-хьа-з / и-м-аа́-и-хьа-з; **Abs.** д-аа́-и-ны / д-м-аа́-и-кәа) **1.** ["**аа-ра́** *implies arrival from some distance, whereas* **аа́-и-ра** *implies arrival from somewhere close by."* (ACST)] to come, to arrive: Зи́на ара́хь б-аа́-и. *Zina, come here! Зина, иди сюда!* Алиа́с, у-аа́-и, у-напы́ ӡәӡәа! (IC) *Alias, come here, wash your hands!* Уажәы́ а-дәы́ҕба аа́-и-уе-ит. *Now the train is coming. Сейчас подойдет поезд.* А-дәы́ҕба ианáамҭаз и-аá-ит. *The train arrived on time. Поезд пришел вовремя.* Сарá с-áхь д-аá-ит. *He came to me.* С-ан-ý-ҭаххо с-хýц-куа ҩбá аа-и-хь-ý-шьы-р, уарá у-ҿы́ с-аá-и-уе-ит. (Ab.Text) *When you need me, if you rub these two hairs together I will come to your side.*

-ааит [subjunctive suffix] (= **-аат**) **1.** *used to express the subjunctive of dynamic verbs. "let"* (cf. **-зааит** *for stative verbs*)**:** д-ц-áаит *let him/her go!* ды-м-ц-áаит *let him/her stay!* [lit. *let him/her not go!*] Ларá а-ӡы́ аа-л-гá-ааит. *Let her bring some water. Пусть она принесет воды.* А-қәра дý-қәа ны́-шә-ҭц-ааит! (GAL) *Долгих лет вам жизни! May you live long!* А-мре-и á-мзе-и р-éиҧш шә-еидáжә-л-ааит! (GAL) *Many years of life for you! Долгих лет вам жизни!* (lit. *Чтобы вы состарились вместе как солнце и луна!*) Дарá а-картóфель ы́-ҭцы-р-х-ааит. *Let them dig up the potatoes. Пусть они выкапывают картофель.* Д-ц-áаит и-ҭахы́-зар. *Let him go if he wants to. Пусть едет, если хочет.* Убри́ а-хý и́-ку-у а-хáҳә с-з-аа-и-гá-аит. (Ab.Text) *Have him bring me the stone on the top of the hill here for me.* Уáхь ды-м-ца-хьá-з-ааит! (ACST) *Let him/her not already have gone there!* **2.** [with a negative marker and SP] *used in "that"-clause which expresses the object of the verb "fear"* [See ACST: L.16]**:** Д-кá-м-ха-**аит ҳәа** с-шәо-ит. *I am afraid that he/she will fall.* (ACST)

ааиҭá-к-ра* [tr.] [C1-Prev-C3-R] [C3 take a short C1(rest)] || **[а-ҧсы́] ааиҭá-к-ра** (**Fin.** [aor.] и-ааиҭé-и-к-ит / и-ааиҭé-и-м-к-ит; [imper.] бы-ҧсы́ ааиҭá-к! / бәы-ҧсы́ ааиҭá-бы-м-кы-н!, шәы-ҧсы́ ааиҭá-шә-к! / шәы-ҧсы́ ааиҭá-шәы-м-кы-н!) **1.** Сы-ҧсы́ ааиҭá-с-к-ит. *I took a short rest.* Шәы-ҧсы́ ааиҭá-шә-к! *Take a short rest!*

-аақәы́мтӡакәа [adv.] incessantly, continually**:** А-лá аақәы́мтӡакәа и-ш-уá-н. (ARD) *Собака лаяла беспрестанно. The dog was incessantly barking.*

Аалӡга [n.] (river name)**:** Аалӡга а-ӡы́ *the water of Aaldzga.*

аáлкьаны [adv.] suddenly.

аáл-кьа-ра* [intr.] (**Fin.** [aor.] д-аáл-кье-ит / д-аáлы-м-кье-ит, **Abs.** д-аáл-кьа-ны / д-аáлы-м-кьа-кәа) **1.** (*suddenly*) to run out of (*a thicket, etc.*), to rush out of**:** а-шьáбсҭа á-бна и-аáл-кье-ит *suddenly the roe deer ran out of the woods.*

áамсҭа [n.] (-қәа) a nobleman.

áамсҭашәара [n.] nobleness; delicacy.

áамҭа [n.] (áамҭа-қәа, аамҭá-к) **1.** time**:** аамҭá-ла "for a while," *see* **аамҭáла**. иарá ýи áамҭа-зы *at that very moment, в то самое время.* абри́ áамҭа-зы *during this time.* Иахьá á-мш бзи́а-н, áцәаҕуа-ра и-á-амҭа-н. (ANR) *Today the weather was good; it was plowing time.* Аамҭа шҧо-у-хы́-у-ге-и? *How did you spend the time? Как ты провел время?* Сарá áамҭа ҭацәы́ сы́-ма-мызт. *I had no free time. У меня не было свободного времени.* Аамҭа и́рласны и-цó-ит. *Time races by quickly. Время мчится быстро.* Ҳарá а-ҩны́ка ҳ-цa-рá áамҭа аá-ит. *The time has come for us to return home.* || **акы́р áамҭа** for a long time. || **убри́ áамҭа-зы** at that time. || **шакá áамҭа** how long?**:** Шакá áамҭа и-аан-хé-и? *How long did they stay?* **2.** a date. || **и-ан-áамҭо-у** *see* **ианáамҭоу**. **3.** seasons**:** á-шықәсҭәи ҧшь-áамҭа *four seasons, четыре времени года.* Шықәсы́к шакá áамҭа á-мо-у-и? *How many seasons are there in a year?* Ашықәс и-á-мо-уп áамҭа-қәа ҧшьбá. *There are four seasons in a year.* А-ӡын, áаҧын, á-ҧхын, ҭагáлан — áшықәс áамҭа-қәа. *Winter, spring, summer and fall are the four seasons.* Уажәы́ иáрбан áамҭо-у? — Уажәы́ ҧхын-ýп. *What season is it now? — It is summer now.* **4.** [predicate] it is time**:** Шьыбжьхьáфара и-áамҭо-уп. *It is time for lunch. Пора обедать.*

аамҭа=аамҭáла [adv.] at times, now and then**:** Аамҭа=аамҭáла а-сы́ а-уá-н. *At times it was snowing. Временами шел снег.*

аамҭáла [adv.] for a while, for a time**:** А-нцәá аамҭá-ла ауаá ды-р-бó=д-р-а-ха-уá, á-жәлар ры-гәҭá ды́-ка-н. (AF) *There was once a time when God was in the midst of the people such that folk could see and hear him.*

а́амышьҭахь *see* **а́-шьҭахь**
(-)а́ан [post.] during: а́ибашьра аан (= а́ибашьра-[а]ан) *during the war.* а́мпыла́сра-ан *in polo-playing.* а́ԥхын мш-ҟәа́ р-а́ан *during the summer days, во время летних дней.* а́и-ҟә-ԥа-ра-[а]ан *when fighting.* А-цәгьара а́ан-гьы л-гәы́ ка-лы́-жь-ӡо-м. (AFL) *Even during a time of misfortune, she does not despair. И во время беды она не отчаивается.*
аа́-на-га-ра* [tr.] (cf. **аа-га-ра́**) [C1-Prev-C3(it)-R / C1-Prev-C3(it)-Neg-R] [it means C1] (**Fin.** [pres.] и-аа́-на-го-ит / и-аа́-на-го-м, [aor.] и-аа́-на-ге-ит / и-аа́-на-м-ге-ит; **Non-fin.** [pres.] (C1) и-аа́-на-го / и-аа́-на-м-го, [aor.] (C1) и-аа́-на-га / и-аа́-на-м-га, **Abs.** и-аа́-на-га-ны / и-аа́-на-м-га-кәа) **1.** to mean, to signify: а́-уп и-а́а-на-го *it means, это значит.* Ари́ а́жәа раԥ бызшәа́-ла «а́ԥсуа» аа́-на-го-ит. *This word means 'Abkhazian' in Arabic.* Ари́ и-аа́-на-го-и? *What does this mean?* Ари́ и-аа́-на-го-и сы-з-ды́р-а-м. *I don't know what this means.* А-дау-ҟуа́ ры́-ла-ҟуа х-ты́-зар, и́-цәо-уп а́-уп и-аа́-на-го. (Ab.Text) *If the ogres have their eyes open, that is, they will be sleeping.* || **а-гәы́ аа́-на-га-ра** (**Fin.** [pres.] с-гәы́ и-аа́-на-го-ит *I think that.* / с-гәы́ и-аа́-на-го-м *I don't think that.*) to think, to suppose; to hope: У-гәы́ и-аа́-на-го-и? *What do you think?* Шәара́ шә-гәы и-шԥа́-а-на-го? *What do you think?* [lit. *How do you think?*] Ҳара́ ус ҳ-гәы́ и-аа́-на-го-ит. *We think so.*
а́ан-гыла-ра [intr.] [< аа-н-гыла- "Prev-Prev-stand"] [C1-Prev-R / C1-Prev-Neg-R] [C1 stop / remain] (**Fin.** [pres.] с-аан-гы́ло-ит / с-аан-гы́ло-м (-гы́ла-ӡо-м), [aor.] с-аан-гы́ле-ит / с-ааны́-м-гыле-ит (-гыла-ӡе-ит), [imper.] б-аан-гы́л! / б-ааны́-м-гыла-н!, шә-аан-гы́л! / шә-ааны́-м-гыла-н! **Non-fin.** [pres.] (C1) и-аа́н-гыло / и-ааны́-м-гыло, [aor.] и-аа́н-гыла / и-ааны́-м-гыла, [impf.] и-аа́н-гыло-з / и-ааны́-м-гыло-з, [past indef.] и-аа́н-гыла-з / и-ааны́-м-гыла-з; **Abs.** д-аан-гы́ла-ны / д-ааны́-м-гыла-кәа) **1.** (= **а-н-гы́ла-ра**) to remain: Ара́ у-аан-гы́л! *Remain here! Оставайся здесь!* **2.** (= **аа-гы́ла-ра**) to stop: А-саа́ҭ аан-гы́ле-ит. *The clock stopped. Часы остановились.* А-ӡы́ аан-гы́ле-ит. *The water stopped.* **3.** to come to a standstill.
аа́нда [n.] (аа́нда-ҟәа, аанда́-к) **1.** a fence. **2.** the edge (*of a forest*): а́-бна аа́нда-ҿы *on/at the edge of the forest.*
аа́ндан [adv.] at the edge (*of a forest, etc.*): А-бна аа́ндан д-тәа-н. *He/She was sitting at the edge of the forest. Он/Она сидел/-ла на опушке леса.*
-аанӡа [verbal suffix] [attached to the non-finite Aorist stem of dynamic verbs] *used as a subordinate conjunction to express "until, before"*: д-аа́нӡа (< д-аа́-аанӡа) *until he/she comes.* и-ҟа-с-тц-а́анӡа *until I do it/them, до тех пор, пока я не сделаю его(нрз.)/их.* Сара́ с-и-а́анӡа с-абду́ ды-ԥс-хьа́-н. *My grandfather had already died before I was born. До того, как я родился, мой дедушка уже умер.* Уара́ у-и-а́анӡа-гьы у-га́ра ҟа-ҳ-тца-хьа́-н. *Even before you were born, we had made your cradle.* (Hewitt, Abkhaz:175) Ааԥын а́а-и-а́анӡа сара́ а-ҟы́ҭа-ҿы с-аа-н-хо́-ит. *I will stay in the village until spring came.* Аибашьра ҟа-ла́-анӡа, Та́мшь да́араӡа ауа́а рацәа-ҩны́ и-нхо́-н. (AFL) *Very many people lived in Tamsh until the war began. До войны в Тамшь жило очень много людей.* Ари́ а́-хәшә у-жә-а́анӡа еил-у́-рх-ро-уп. *Before using this medicine, it is necessary to shake it. Перед употреблением это лекарство надо взболтать.* Сы-ԥс-а́анӡа уара́ у-зы́ сы́-ҟо-уп. (Ab.Text) *I will be here for you until I die.*
а́анкылага [n.] (-ҟәа) a brake: Аанкылага а-к-уа́-м. *The brakes don't work.*
а́а-н-кыла-ра [tr.] [C1-Prev-Prev-R / C1-Prev-Prev-C3-Neg-R] [C3 stop C1] (**Fin.** [pres.] д-аа-ны-с-кы́ло-ит / д-аа-ны-с-кы́ло-м, [aor.] д-аа-ны-с-кы́ле-ит / д-аа-ны́-сы-м-кыле-ит, [imper.] д-аа-н-кы́л! / д-аа-ны́-бы-м-кыла-н!, д-аа-ны́-шә-кыл!; **Non-fin.** [pres.] (C1) и-ааны́-с-кыло / и-ааны́-сы-м-кыло, (C3) и-ааны́-з-кыло / и-ааны́-зы-м-кыло. **Abs.** д-аа-н-кы́ла-ны / д-аа-ны́-м-кыла-кәа) **1.** (= **а-н-кы́ла-ра**) to stop; to restrain: Сара́ а-машьы́на аа-ны-с-кы́ле-ит. *I stopped the car. Я остановил машину.* **2.** to delay: А-у́с аа-ны́-м-кыла-кәа с-а́-л-ге-ит. *I finished the work without delay. Я закончил работу без*

опоздания. **3.** to occupy (a place)**:** Актәи а-ҭы́ҧ аа-н-и-кы́ле-ит. *He occupied the first place. Он занял первое место.* **4.** to arrest. || **а-ныҳәаҿа́ а́а-н-кыла-ра** to propose/drink a toast to**:** р-ныҳәаҿа́ аа-н-и́-кыле-ит. *he proposed a toast to them.*

аанмы́жькәа (*see* **акы́ аанмы́жькәа**) [adv.] in detail**:** И-с-а-ҳа́-з акы́ аанмы́жькәа и-с-ҳәе́-ит. *I recounted in detail what I had heard. Я подробно рассказал услышанное.*

а́ан-ха-ра [intr.] [C1-Prev-R (< C1-Prev-Prev-R) / C1-Prev-Neg-R] [C1 stay here] (**Fin.** [pres.] с-аан-хо́-ит / с-аан-хо́-м, [aor.] с-аан-хе́-ит / с-ааны́-м-хе-ит, [fut.1] с-аан-ха́-п / с-аан-ха-ры́м, [fut.2] с-аан-ха́-шт / с-аан-ха́-шам, [perf.] с-аан-ха-хьеит / с-ааны́-м-ха-ц(т), [impf.] с-аан-хо́-н / с-аан-хо́-мызт, [past indef.] с-аан-ха́-н / с-ааны́-м-ха-зт, [cond.1] с-аан-ха-ры́н / с-аан-ха-ры́мызт, [cond.2] с-аан-ха́-шан / с-аан-ха́-шамызт, [plupf.] с-аан-ха-хьа́н / с-ааны́-м-ха-цызт, [imper.] б-аан-ха́!, шә-аан-ха́! / б-ааны́-м-ха-н!; **Non-fin.** (C1) [pres.] и-а́ан-хо / и-ааны́-м-хо, [aor.] и-а́ан-ха / и-ааны́-м-ха, [fut.1] и-а́ан-ха-ра / и-ааны́-м-ха-ра, [fut.2] и-а́ан-ха-ша / и-ааны́-м-ха-ша, [perf.] и-а́ан-хахьоу (-хьа(ц)) / и-ааны́-м-хахьоу (-хьа(ц)), [impf.] и-а́ан-хо-з / и-ааны́-м-хо-з, [past indef.] и-а́ан-ха-з / и-ааны́-м-ха-з, [cond.1] и-а́ан-ха-ры-з / и-ааны́-м-ха-ры-з, [cond.2] и-а́ан-ха-ша-з / и-ааны́-м-ха-ша-з, [plupf.] и-а́ан-ха-хьа-з / и-ааны́-м-ха-хьа-з; **Abs.** д-аан-ха-ны́ / д-ааны́-м-ха-кәа) **1.** to remain, to stay**:** Ара́ с-аан-хе́-ит. *I stayed here.* А-мш аны́-цәгьо-у а-ҩны́ с-аан-хо́-ит. (AFL) *When the weather is bad, I stay home. Когда погода плохая, я остаюсь дома.* И-ра́шь ахь-ны́-қә-ҧала-лак, и-ны́-қә-тцәраа-ны и-ка́-м-ха-кәа и-аан-ха́-ша-м. (AF) *Wherever his horse leaps, it will surely slither about and not remain upright.* **2.** (*of a clock/ watch*) to be slow**:** А-саа́ҭ аан-хо́-ит. *The watch is slow. Часы отстают.* [cf. **а́-ццак-ра** "to hurry"]

а́ан-ҿас-ра [intr.] (= **а-н-ҿа́с-ра**) [C1-Prev-R / C1-Prev-Neg-R] [C1 stop] (**Fin.** [pres.] д-аан-ҿа́с-уе-ит / д-аан-ҿа́с-уа-м, [aor.] д-аан-ҿа́с-ит / д-ааны́-м-ҿа́с-ит, [imper.] б-аан-ҿа́с! / б-ааны́-м-ҿа́сы-н!, шә-аан-ҿа́с! / шә-ааны́-м-ҿа́сы-н!; **Non-fin.** [pres.] (C1) и-а́ан-ҿас-уа / и-а́аны-м-ҿас-уа, [aor.] (C1) и-а́ан-ҿас / и-а́аны-м-ҿас; **Abs.** д-аан-ҿа́с-ны / д-ааны́-м-ҿас-кәа *or* д-м-аан-ҿас-кәа) **1.** (= **а́аҭ-гыла-ра**) to stop**:** Абра́ шә-аан-ҿа́с! *Stop here! Остановитесь здесь!* С-аан-ҿа́сы-н сы-бжьы́ и́-қә-сы-рге-ит. (IC) *I stopped and called out to him.* **2.** to remain**:** Уи́ уа́ д-аан-ҿа́с-ит. *He/She remained there. Он/Она там остался/-лась.* [cf. **а́ан-гыла-ра** "to stop"]

а́а-ны-жь-ра* [tr.] (**Fin.** [pres.] и-аа-н-сы́-жь-уе-ит / и-аа-н-сы́-жь-уа-м, [aor.] и-аа-н-сы́-жь-ит / и-аа-н-с-мы́-жь-ит, [imper.] и-аа-ны́-жь! / и-аа-н-б-мы́-жьы-н!, и-аа-н-шәы́-жь! / и-аа-н-шә-мы́-жьы-н!, **Abs.** и-аа-ны́-жь-ны / и-аа-н-мы́-жь-кәа!) **1.** to leave**:** Абри́ а-шәҟәы́ ара́ и-аа-н-сы́-жь-уе-ит. *I'll leave this book here.* [See **а-ны́-жь-ра**]

а́апк [adj.] rabid; fanatic.

а́аҧсара [n.] (ааҧса́ра-к) **1.** fatigue, tiredness. **2.** work.

а́аҧса-ра [intr.] [C1-S / C1-Neg-S] [C1 become tired] (**Fin.** [pres.] д-ааҧсо́-ит / д-ааҧсо́-м, [aor.] д-ааҧсе́-ит / д-м-ааҧсе́-ит (-м-ааҧса-ӡе́-ит), [imper.] б-ааҧса́! / б-м-ааҧса́-н!; **Non-fin.** (C1) [pres.] и-а́аҧсо / и́-м-ааҧсо, [aor.] и-а́аҧса / и́-м-ааҧса, [fut.1] и-а́аҧса-ра / и́-м-ааҧса-ра, [fut.2] и-а́аҧса-ша / и́-м-ааҧса-ша, [perf.] и-а́аҧса-хьоу (-хьа(ц)) / и́-м-ааҧса-хьоу (-хьа(ц)), [impf.] и-а́аҧсо-з / и́-м-ааҧсо-з, [past indef.] и-а́аҧса-з / и́-м-ааҧса-з, [cond.1] и-а́аҧса-ры-з / и́-м-ааҧса-ры-з, [cond.2] и-а́аҧса-ша-з / и́-м-ааҧса-ша-з, [plupf.] и-а́аҧса-хьа-з / и́-м-ааҧса-хьа-з; **Abs.** д-ааҧса-ны́ / д-м-ааҧса́-кәа) **1.** to become tired**:** У-ааҧса́-ма? *Are you tired?* Мап, сара́ с-мааҧса-ӡе́-ит. *No, I am not tired.* Сара́ ҧьы́тк с-ааҧсе́-ит. *I am a bit tired.* С-шьап-қәа́ ааҧсе́-ит. *My feet were tired.* Урҭ даара и-ааҧса-ны́ и́-ҟа-н. (ANR) *They were very tired.* Иара́знак ды́-цәа-ртә еиҧш д-ааҧса-ны́ ды́-ҟо-уп/ды́-ҟа-н. *He is/was so tired that he suddenly falls/fell asleep.* И-л-ны́-ҧш-уе-ит а́аҧсара. *It looks like she is tired. Видно, что она устала.* А-мла д-а-к-уа́-н, д-ааҧса-ха́ ды́-ҟа-н. (AF) *He was starving; he was exhausted.* [For the final element -ха in д-ааҧса-ха́ see Hewitt, AF:176. See also the derivational suffix **-ха**.]

-ааҧсаха́ [adv.] having been tired: Д-ааҧсаха́ д-аа́-ит. *He/She returned tired.*

аа́-ҧхьа-ра[1] **(1)** [tr.] [C1-Prev-C3-R / C1-Prev-C3-Neg-R] [C3 invite C1] (**Fin.** [pres.] д-аа́-сы-ҧхьо-ит (*я ее/его приглашаю*), шә-аа́-сы-ҧхьо-ит (*я вас приглашаю*), и-аа́-сы-ҧхьо-ит, д-аа́-бы-ҧхьо-ит (*ты ее/его приглашаешь*), б-аа́-сы-ҧхьо-ит, с-аа́-бы-ҧхьо-ит, [aor.] б-аа́-сы-ҧхье-ит / б-аа́-сы-м-ҧхье-ит, [imper.] д-аа́-ҧхьа! / д-аа́-бы-м-ҧхьа-н!, / д-аа́-шәы-ҧхьа! / д-аа́-шәы-м-ҧхьа-н!; **Abs.** д-аа́-ҧхьа-ны / д-аа́-ҧхьа-м-кәа) **1.** to invite: б-аа́-сы-ҧхьо-ит (= аа́ҧхьа-ра бы́-с-ҭо-ит) *I invite you.* А-сце́на-хь д-аа́-ры-ҧхье-ит. *They invited him/her to the stage.* Ҳара́ уаха́ а-ҩны́ҟа шә-аа́-ҳа-ҧхьо-ит. (IC) *We invite you to our house this evening.* **2.** (*of a committee*) to call, to convene. **3.** to beckon; to summon: Иара́ д-аа́-л-ҧхье-ит. *She summoned him. Она подозвала его.*

аа́-ҧхьа-ра[2]* **(2)** [intr.] [C1-Prev-C2-R / C1-Prev-C2-Neg-R] [C1 summon C2] (**Fin.** [aor.] с-аа-ры́-ҧхье-ит (*I summoned them*) / с-аа-р-мы́-ҧхье-ит (*I didn't summon them*); [imper.] б-аа-ры́-ҧхьа! / б-аа-р-мы́-ҧхьа-н!, шә-аа-ры́-ҧхьа! / шә-аа-р-мы́-ҧхьа-н!, **Abs.** с-аа-ры́-ҧхьа-ны / с-аа-р-мы́-ҧхьа-кәа) **1.** to summon: А-чы́мазаҩ и-а́хь а-ҳақьы́м с-аа-и́-ҧхье-ит. *I summoned the doctor to see the sick person. Я вызвал доктора к больному.* Нас и́-кәша-мы́кәша и́-ҟа-з А-ммлыкь-цәа д-аа-ры́-ҧхьа-н, ус р-е́-и-ҳәе-ит. (AF) *Then he summoned the angels who were round about and spoke to them thus.* [Note that the stress-patterning serves to distinguish the transitivity of the verb. For detailed discussion see Hewitt (2008b:78). (1) [intr.] d-aa-rə́-pxʲa-ø-jt' "he summoned them"; (2) [tr.] d-aá-l-pxʲa-ø-jt' "she summoned him"]

а́а-ҧш-ра [intr.] [C1-(Prev-)R / C1-Neg-(Prev-)R] [C1 awake] (**Fin.** [pres.] д-аа-ҧш-уе́-ит / д-аа-ҧш-уа́-м, [aor.] д-аа-ҧш-и́т / д-м-аа-ҧш-и́т, [imper.] б-аа-ҧшы́! / б-м-аа-ҧшы́-н!; **Non-fin.** (C1) [pres.] и-а́а-ҧш-уа / и́-м-аа-ҧш-уа, [aor.] и-а́а-ҧш / и́-м-аа-ҧш, [impf.] и-а́а-ҧш-уа-з / и́-м-аа-ҧш-уа-з, [past indef.] и-а́а-ҧшы-з / и́-м-аа-ҧшы-з; **Abs.** д-аа-ҧш-ны́ / д-м-аа-ҧшы́-кәа) **1.** to look here/hither. **2.** to wake up, to awake: А-ҳәынҭқа́р д-ан-а́а-ҧш, а-дау́ ды-шь-ны́, и-а́ҧхьа ды-ш-ка́жьы-з д-и-бе́-ит. (Ab.Text) *When the King awoke, he saw that the ogre has been killed and was tossed down in front of his eyes.* А-дау-куа́ ры́-ла-куа х-ҩа́-зар, и́-цәа-ӡа-м, и-а́а-ҧш-уп а́-уп и-а́анаго. (Ab.Text) *If the ogres close their eyes, I mean, they're not asleep, they're awake.* **3.** || **и-ҧшӡаны́ а́а-ҧш-ра** to stand out, to stand out in beauty: Хара́ а́-шьха-кәа ры́-кәцә-кәа и-ҧшӡаӡа́ и-аа-ҧш-уа́-н. (RAD) *Вдали красовались вершины гор. The mountaintops stood beautifully in the distance.* **4.** (= **а-зҧшра́**) to wait: Сара́ с-цо́-ит, бара́ ара́ б-аа-ҧшы́. (RAD) *I will go, but you wait here!* У-аа-ҧшы́, сара́ уатҵәы́ еилкаа-ны́ и-у-а́-с-ҳәо-ит. *Wait! I'll find out and tell you tomorrow. Подожди, я узнаю и скажу завтра.* [cf. **а-ҿы́ха-ра**]

а́аҧын 1. [n.] (= **а́аҧынра**) (а́аҧын-кәа, ааҧны́-к) spring: Аӡын ан-ца-ла́к а́аҧын аа́-уе-ит. (AFL) *Spring always comes after winter. После зимы всегда наступает весна.* И-аа́-ит а́аҧын. *Spring has come.* **2.** [adv.] (= **ааҧынразы**) in (the) spring: Ааҧын а-шәы́р тла-кәа́ зегьы́ шәҭ-и́т. *In spring, all of the fruit trees bloomed.* Ааҧын д-и-и́т. *He/She was born in spring.* Ааҧын а-ҧсаба́ра ҿы́-хо-ит. (AFL) *In spring, nature awakes. Природа просыпается весной.* Ааҧын а-ҳаскьы́н лассы́ и-а-з-ҳа́-ит. (RAD) *Весной трава выросла быстро. In spring, the grass grew rapidly.*

а́аҧынра [n.] (а́аҧынра-кәа, ааҧынра́-к, а́аҧынра-зы) **1.** spring; springtime: Ааҧынра-н. *It was spring. Была весна.* Ааҧынра аа́-ит. *Spring has come. Весна пришла.* А-ӡынра а́-шьҭахь аа́ҧынро-уп. *After winter is spring. После зимы наступает весна.* Ааҧынра ан-аа́-и, а-нхацәа́ зегьы́ анхара́ и-а́-лаге-ит. (ANR) *When springtime came, all the farm workers began to work in the fields.*

а́аҧышәы-рчча-ра [intr.] [C1-Prev-S / C1-Prev-Neg-S] [C1 smile] (**Fin.** [pres.] д-ааҧы́шәы-рччо-ит / д-ааҧы́шәы-рччо-м, [aor.] д-ааҧы́шәы-рчче-ит / д-ааҧы́шә-мы-рчче-ит, [imper.] б-ааҧы́шәы-рчча! / б-ааҧы́шә-мы-рчча-н!; **Non-fin.** [pres.] (C1) и-ааҧы́шәы-рччо / д-ааҧы́шә-мы-рччо; **Abs.** д-ааҧы́шәы-рчча-ны / д-ааҧы́шә-мы-рчча-кәа) **1.** to smile: Лара́ а́арла игәбуҭаратәд-ааҧы́шәы-рчче-ит. (RAD) *Она чуть заметно улыбнулась. She smiled somewhat noticeably.*

а́ара[1] [n.] guilt: а́ара зду́ *a guilty person.*

а́ара[2] [n.] yew-plantation.

аара́[1] [n.] arrival, coming: р-аара́ *their arrival.*

аа-ра́[2] (cf. **аа́-и-ра**) [intr.] [C1-R / C1-Neg-R] [C1 come here] (**Fin.** [pres.] с-аа-уе́-ит, х-аа-уе́-ит / с-аа-уа́-м, [aor.] с-аа́-ит / с-м-аа́-ит (-м-аа-ӡа́-ит), [fut.1] с-аа́-п / с-аа-ры́м, [fut.2] с-аа́-шт / с-аа́-шам, [perf.] с-аа-хьа́ит / с-м-аа́-ц(т), [impf.] с-аа-уа́-н / с-аа-уа́-мызт, [past indef.] с-аа́-н / с-м-аа́-зт, [cond.1] с-аа-ры́н / с-аа-ры́мызт, [cond.2] с-аа́-шан / с-аа́-шамызт, [plupf.] с-аа-хьа́н / с-м-аа́-цызт, [imper.] б-аа́!, шә-аа́!; [poten.] д-зы-м-аа-ит; **Non-fin.** (C1) [pres.] и-аа-уа́ / и́-м-аа-уа, [aor.] и-аа́ / и́-м-аа, [fut.1] и-аа-ра́ / и́-м-аа-ра, [fut.2] и-аа́-ша / и́-м-аа-ша, [perf.] и́-аа-хьоу (-хьа(ц)) / и́-м-аа-хьоу (-хьа(ц)), [impf.] и-аа-уа́-з / и́-м-аа-уа-з, [past indef.] и-аа́-з / и́-м-аа-з, [cond.1] и-аа-ры́-з / и́-м-аа-ры-з, [cond.2] и-аа́-ша-з / и́-м-аа-ша-з, [plupf.] и-аа-хьа́-з / и́-м-аа-хьа-з; **Abs.** д-аа-ны́ / д-м-аа́-кәа) **1.** [“**аа-ра́** *implies arrival from some distance, whereas* **аа́-и-ра** *implies arrival from somewhere close by.*” (ACST)] to come here, to arrive: б-аа-ла́! *come on!* д-аа-уе́-ит *he/she comes here.* Ааҧын с-ҩы́за сара́ с-ахь д-аа́-ит. *My friend came to me in spring. Весной мой друг приехал ко мне.* У-з-ла-а-уа́-зеи? (< у-з-ла-аа-уа́-зеи) *How will you come? На чем ты приедешь?* Аӡәы́р д-аа́-ма? *Did anybody come?* Ри́ҵа абара-зы́ ауаа́ аа-уе́-ит. (ANR) *People come to view Rits'a.* Ажәҵара-кәе-и аҵа́ра-кәе-и а-тәы́ла ҧха́рра-кәа р-ҟы́нтә и-аа-уе́-ит. (AFL) *Swallows and birds come from warm countries. Ласточки и птицы прилетают из теплых стран.* Уи́ иацы́ Москва́-нтә д-аа́-ит. *He/She arrived here from Moscow yesterday. Вчера он/она приехал/-а сюда из Москвы.* **2.** (*of seasons*) to come: Ааҧын а́-шьҭахь и-аа-уе́-ит а́ҧхын. (AFL) *Summer comes after spring. После весны наступает лето.* Аӡын анба́-а-уе-и? *When will winter come? Когда наступает зима?* И-аа́-ит ҽаҩраҭага́лара а́амҭа. (AFL) *The time for the harvest arrived. Наступило время сбора урожая.* **3.** (*of plants*) to grow. **4.** to issue (from), to come (from): Ухәансхәа́н а-ӷа-цәа́ р-а́хьтә и-аа-уе́-ит. *Rumors come from enemies. Слухи исходят от врагов.* **5.** to go back (to), to date (from): А-кьа́бз-кәа (а-ҵа́с-кәа) и-ма́чымкуа а-жәы́тәӡа а́ахыс и-аа-уе́-ит. *Many customs go back into deep antiquity. Многие обычаи восходят к глубокой древности.*|| **Сы́-лаӷырӡ-қәа аа-уе́-ит.** *I am shedding tears.*

а́а-ркьаҿ-ра [tr.] [C1-Prev-C3-S / C1-Prev-C3-Neg-S] [C3 shorten C1] **Fin.** [pres.] и-аа-сы-ркьа́ҿ-уе-ит / и-аа-сы-ркьа́ҿ-уа-м (-ӡо-м), [aor.] и-аа-сы-ркьа́ҿ-ит / и-аа-с-мы-ркьа́ҿ-ит (-ӡе-ит), [imper.] и-аа-ркьа́ҿ! / и-аа-б-мы-ркьа́ҿы-н!, и-аа-шәы-ркьа́ҿ! / и-аа-шә-мы-ркьа́ҿы-н!; **Non-fin.** [pres.] (C1) и-аа-сы-ркьа́ҿ-уа / и-аа-с-мы-ркьа́ҿ-уа, (C3) и-аа-зы-ркьа́ҿ-уа / и-аа-з-мы-ркьа́ҿ-уа, [aor.] (C1) и-аа-сы-ркьа́ҿ / и-аа-с-мы-ркьа́ҿ, (C3) и-аа-зы-ркьа́ҿ / и-аа-з-мы-ркьа́ҿ, [impf.] (C1) и-аа-сы-ркьа́ҿ-уа-з / и-аа-с-мы-ркьа́ҿ-уа-з, (C3) и-аа-зы-ркьа́ҿ-уа-з / и-аа-з-мы-ркьа́ҿ-уа-з, [past indef.] (C1) и-аа-сы-ркьа́ҿы-з / и-аа-с-мы-ркьа́ҿы-з, (C3) и-аа-зы-ркьа́ҿы-з / и-аа-з-мы-ркьа́ҿы-з; **Abs.** и-аа-ркьа́ҿ-ны / и-аа-мы-ркьа́ҿ-кәа) **1.** to shorten: и-аа-сы-ркьа́ҿ-ит *I shortened it/them.* Ка́ма хәа́ с-а́-шә-хәа-ла-р ҟа-ло́-ит, и-аа-ркьа́ҿ-ны. (AFL) *You can intimately call me Kama. Коротко вы можете называть меня Кама.*

а́арла *see* **а́арлахәа**

а́арла-а́арла [adv.] with extreme difficulty.

аа́рлахәа [adv.] narrowly, barely; hardly; with difficulty: Уи́ а-ча́ аа́рлахәа и-ҟаҟо́-н. *He chewed the bread with difficulty. Он с трудом жевал хлеб.* А-ҭахмада аа́рлахәа с-цыс-уе́-ит. *The old man can hardly move. Старик еле движется.* Аа́рлахәа с-хы́ и-цәы́-з-ге-ит. *I* *barely escaped from him.* Сара́ аа́рлахәа ды-з-ды́р-ит, убри́ а́ҟара уи́ и-ҿ-и́-ԥсах-ит. (RAD) *Он настолько изменился, что я его еле узнал. He had changed so much that I barely recognized him.*

а́а-рԥш-ра [tr.] [C1-Prev-C3-S / C1-Prev-C3-Neg-S] [C3 wake/reveal/show C1] (**Fin.** [pres.] и-аа-лы-рԥш-уе́-ит, д-аа-ды-рԥш-уе́-ит / [aor.] д-аа-лы-рԥш-и́т / и-аа-л-мы-рԥш-и́т; **Non-fin.** [pres.] (C1) и-а́а-лы-рԥш-уа / и-а́а-л-мы-рԥш-уа, (C3) и-аа-зы-рԥш-уа́ / и-аа-з-мы-рԥш-уа́, [aor.] (C1) и-а́а-лы-рԥш / и-а́а-л-мы-рԥш, (C3) и-аа-зы-рԥшы́ / и-аа-з-мы-рԥшы́, [impf.] (C1) и-а́а-лы-рԥш-уа-з / и-а́а-л-мы-рԥш-уа-з, (C3) и-аа-зы-рԥш-уа́-з / и-аа-з-мы-рԥш-уа́-з, [past indef.] (C1) и-а́а-лы-рԥшы-з / и-а́а-л-мы-рԥшы-з, (C3) и-аа-зы-рԥшы́-з / и-аа-з-мы-рԥшы́-з; **Abs.** и-аа-рԥш-ны́ / и-аа-мы-рԥшы́-кәа) **1.** to wake, to awaken. **2.** to disclose, to reveal; to show; to express: и-аа-ды-рԥш-уе́-ит *they are showing it/them, они показывают его(нрз.)/их.* а-гәы́рӷьара а́арԥшра *to express joy.* Ашьыжьтәы́ А-мре-и а-ԥше́-и шԥ-а́а-рԥш-у? (AFL) *How are the morning sun and the wind shown? Как показаны утреннее солнце и ветер?* **3.** to reveal, to show: Уи а-фырха́тцара аа-и-рԥш-и́т. *He showed heroism. Он проявил героизм.* археоло́гиатә тҵаара́-ҟуа и-з-ла́-а-д-рыԥшы-з а́-ла (...). (ANR) *according to what archaeological investigations have revealed (...).*

а́а-рт-ра (1) [tr.] [C1-Prev-C3-S{Caus-R} / C1-Prev-C3-Neg-S] [C3 open C1] (**Fin.** [pres.] и-аа-лы-рт-уе́-ит / и-аа-лы-рт-уа́-м (*or* и-аа-лы-рт-ӡо́-м), [aor.] и-аа-лы-рт-и́т / и-аа-л-мы-рт-и́т (-рт-ӡе́-ит), [imper.] и-аа-рты́! / и-аа-б-мы-рты́-н!, и-аа-шәы-рты́! / и-аа-шә-мы-рты́-н!; **Non-fin.** [pres.] (C1) и-а́а-лы-рт-уа / и-а́а-л-мы-рт-уа, (C3) и-аа-зы-рт-уа́ / и-аа-з-мы-рт-уа́, [aor.] (C1) и-а́а-лы-рт / и-а́а-л-мы-рт, (C3) и-аа-зы-рты́ / и-аа-з-мы-рты́, [impf.] (C1) и-а́а-лы-рт-уа-з / и-а́а-л-мы-рт-уа-з, (C3) и-аа-зы-рт-уа́-з / и-аа-з-мы-рт-уа́-з, [past indef.] (C1) и-а́а-лы-рты-з / и-а́а-л-мы-рты-з, (C3) и-аа-зы-рты́-з / и-аа-з-мы-рты́-з; **Abs.** и-аа-рт-ны́ / и-аа-мы-рты́-кәа) **1.** to open sth: А-хәыч-кәа́ а-ԥе́нџьыр аа-ды-рт-и́т. *The children opened the window.* и-аа-ды-рт-уе́-ит *they are opening it/them.* А-шә аа-рты́! *Open the door! Открой дверь!* А-шә аа-б-мы-рты́-н! *Don't open the door! Не открывай дверь!* А-ԥе́нџьыр а-шә аа-лы-рты́-н, ҳәы́ҳә-к ԥыр-ԥыр-уа́ и-ааҩнашы́л-т. (Ab.Text) *When she opened the door, a dove flew in flapping its wings.* **(2)** [intr. stative] [C1-Prev-S{Caus-R}] (**Fin.** [pres.] и-аа-рт-у́п / и-аа-рт-ӡа́-м, [past] и-аа-рты́-н / и-аа-рты́-мызт) **1.** to be open: А-дәқьа́н аа-рт-у́п. *The store is open. Магазин открыт.* А-мчыбжь а́-мш-кәа зе́гь а-шә аа-рт-у́п а-мҽы́ша а́-да. (AFL) *The door is open all week except on Sundays. Дверь открыта всю неделю, кроме воскресенья.* Ҳа-ҩны́ а-шә а́-сас и-зы́ и-аа-рт-у́п. (AF) *The door of our house is open to a guest.* [cf. **а́а-т-ра** [intr.] "to open". **а-рк-ра́** "to close"]

а́а-рха-ра [tr.] [и-C2-Prev-C3-S / и-C2-Prev-C3-Neg-S] [C3 whip C2] (**Fin.** [pres.] и-а́а-сы-рхо-ит / и-а́а-сы-рхо-м, и-л-а́а-сы-рхо-ит / и-л-а́а-сы-рхо-м, [aor.] и-а́а-сы-рхе-ит (я ударил что-то) / и-а́а-с-мы-рхе-ит, и-л-а́а-сы-рхе-ит (я ударил ее) / и-л-а́а-с-мы-рхе-ит, [imper.] и-а́а-рха! / и-а́а-б-мы-рха-н!, и-л-а́а-рха! / и-л-а́а-б-мы-рха-н!; **Non-fin.** [pres.] (C3) и-л-а́а-зы-рхо / и-л-а́а-з-мы-рхо, (C2) и-з-а́а-сы-рхо / и-з-а́а-с-мы-рхо; **Abs.** и-а́а-рха-ны / и-а́а-мы-рха-кәа) **1.** to whip, to hit: Зны́к и-а́а-у-рхе-ит ҳәа иара́ иара́знак ды-ԥс-ӡо́-м. (Ab.Text) *Even if you hit it once, it won't die right away.*

а́а-рхә-ра [tr.] (**Fin.** [pres.] д-аа-лы́-рхә-уе-ит / д-аа-лы́-рхә-уа-м, [aor.] д-аа-лы́-рхә-ит / д-аа-л-мы́-рхә-ит, [imper.] д-аа-рхәы́! / д-аа-б-мы-рхәы́-н!; **Non-fin.** [pres.] (C1) и-а́а-лы-рхә-уа / и-а́а-л-мы-рхә-уа, (C3) д-аа-зы-рхә-уа́ / д-аа-з-мы-рхә-уа́; **Abs.** д-аа-рхә-ны́ / д-аа-мы-рхәы́-кәа) **1.** to turn, to turn over.

-а́арцә [post.] on this side of (Hewitt, Abkhaz:139): А-мҩа-ду́ [а]-а́арцә и-н-хо́-ит. *They live on this side of the main road.*

-аарцәы́-нӡа [post.] to this side of.

-аарцәы́-нтә(и) [post.] from this side of (Hewitt, Abkhaz:139): А-ӡи́ас [а]-а́арцәынтә(и) ны́рцәк̇а ды-ӡсе́-ит. *He swam from this side of the river to that side.*

аары́хра[1] [n.] (= **а-ҿаҩра́**) a harvest.

аа-ры́х-ра[2] [tr.] [C1-Prev-C3-S / C1-Prev-C3-Neg-S] [C3 harvest/grow C1] (**Fin.** [pres.] и-аа-с-ры́х-уе-ит, и-аа-д-ры́х-уе-ит / и-аа-с-ры́х-уа-м, [aor.] и-аа-с-ры́х-ит / и-аа-с-мы́-рх-ит, и-аа-д-мы́-рх-ит, [fut.1] и-аа-с-ры́хы-п / и-аа-с-ры́х-рым, [fut.2] и-аа-с-ры́хы-шт / и-аа-ры́х-шам, [perf.] и-аа-с-ры́х-хьеит / и-аа-с-мы́-рхы-ц(т), [impf.] и-аа-с-ры́х-уан / и-аа-с-ры́х-уамызт, [past indef.] и-аа-с-ры́хы-н / и-аа-с-мы́-рхы-зт, [cond.1] и-аа-с-ры́х-рын / и-аа-с-ры́х-рымызт, [cond.2] и-аа-с-ры́х-шан / и-аа-с-ры́х-шамызт, [plupf.] и-аа-с-ры́х-хьан / и-аа-с-мы́-рхы-цызт, [imper.] и-аа-ры́х! / и-аа-б-мы-рхы́-н!, и-аа-шә-ры́х! / и-аа-шә-мы-рхы́-н!; **Non-fin.** [pres.] (C1) и-аа́-л-рых-уа / и-аа́-лы-м-рых-уа, (C3) и-аа-з-ры́х-уа / и-аа-з-мы́-рх-уа, [aor.] (C1) и-аа́-л-рых / и-аа́-лы-м-рых, (C3) и-аа-з-ры́х / и-аа-з-мы́-рх, [fut.1] (C1) и-аа́-л-рых-ра / и-аа́-лы-м-рых-ра, (C3) и-аа-з-ры́х-ра / и-аа-з-мы́-рх-ра, [fut.2] (C1) и-аа́-л-рых-ша / и-аа́-лы-м-рых-ша, (C3) и-аа-з-ры́х-ша / и-аа-з-мы́-рх-ша, [perf.] (C1) и-аа́-л-рых-хьоу (-хьа(ц)) / и-аа́-лы-м-рых-хьоу (-хьа(ц)), (C3) и-аа-з-ры́х-хьоу (-хьа(ц)) / и-аа-з-мы́-рх-хьоу (-хьа(ц)), [impf.] (C1) и-аа́-л-рых-уа-з / и-аа́-лы-м-рых-уа-з, (C3) и-аа-з-ры́х-уа-з / и-аа-з-мы́-рх-уа-з, [past indef.] (C1) и-аа́-л-рыхы-з / и-аа́-лы-м-рыхы-з, (C3) и-аа-з-ры́хы-з / и-аа-з-мы́-рхы-з, [cond.1] (C1) и-аа́-л-рых-ры-з / и-аа́-лы-м-рых-ры-з, (C3) и-аа-з-ры́х-ры-з / и-аа-з-мы́-рх-ры-з, [cond.2] (C1) и-аа́-л-рых-ша-з / и-аа́-лы-м-рых-ша-з, (C3) и-аа-з-ры́х-ша-з / и-аа-з-мы́-рх-ша-з, [plupf.] (C1) и-аа́-л-рых-хьа-з / и-аа́-лы-м-рых-хьа-з, (C3) и-аа-з-ры́х-хьа-з / и-аа-з-мы́-рх-хьа-з; **Abs.** и-аа-ры́х-ны / и-аа-ры́хы-м-кәа) **1.** to harvest, to reap: Иара́ есы́шькуса и-ца́знаа а́ԥш аа-и-ры́х-уа-н. (ANR) *Every year he used to harvest his corn crib full of maize.* **2.** to grow, to cultivate: Урҭ и-аа-д-ры́х-уе-ит: а-ча́и, а-ҭаты́н, аԥыкәре́и. (AFL) *They grow tea, tobacco, maize. Они выращивают чай, табак, кукурузу.*

аа́рыхратә [adj.] industrial.

а́арҩара [n.] (-қәа) drought.

а́ас [n.] (-қәа) undergrowth: а́ас-тҵла *a brushwood-tree.*

а́аскьа- [preverb] a little hither: д-ааскьа́-сы-ԥхьо-ит *I call him nearer.*

а́а-скьа-ра [intr.] [C1-Prev-R / C1-Neg-Prev-R] [C1 approach] (**Fin.** [pres.] д-аа-скьо́-ит / д-аа-скьо́-м (-скьа-ӡо́-м), [aor.] д-аа-скье́-ит / д-м-аа-скье́-ит, [imper.] б-аа-скьа́! / б-м-аа-скьа́-н!; **Non-fin.** (C1) [pres.] и-а́а-скьо / и́-м-аа-скьо́, [aor.] и-а́а-скьа / и́-м-аа-скьа́, [impf.] и-а́а-скьо-з / и́-м-аа-скьо́-з, [past indef.] и-а́а-скьа́-з / и́-м-аа-скьа́-з; **Abs.** д-аа-скьа-ны́ / д-м-аа-скьа́-кәа) **1.** to approach: У-аа-скьа́ ара́хь! *Come here! Подойди ближе!*

-а́асҭа [post.] *used as a word placed after the second part of a comparison, to express "than"* (cf. **-е́иҳа**, **-а́тҵк(ь)ыс**) (Hewitt, Abkhaz:227-8): Бзыԥ аӡи́ас Аалӡга а́асҭа и-ду́-уп. (ANR) *The river Bzyp is larger than the Aaldzga.* С-аҳәшьа́ хәы-шықәса́, сара́ с-а́асҭа д-еиҳаб-у́п. *My sister is 5 years older than I am. Моя сестра старше меня на 5 лет.* У-ашьа́ д-еиҳаб-у́-ма уара́ у-а́асҭа (*or* у-а́тҵкьыс)? *Is your brother older than you?* А-тҵәа́ а-ҳа́ [а]-а́асҭа е́иӷьы-уп. *The apple is better than the pear.* А-ха́тҵа а-ԥҳәы́с л-а́асҭа (/л-а́тҵкьыс /л-е́иҳа) [иаҳа́ /иеиҳа] лассы́-лассы́ ды-з-бо́-ит. *I see the man more often than the woman.*

а́а-т-ра [intr.] [C1-Prev-R / C1-Neg-Prev-R] [C1 open] (**Fin.** [pres.] и-аа-т-уе́-ит / и-аа-т-уа́-м, [aor.] и-аа-т-и́т / и-м-аа-т-и́т, [imper.] у-аа-ты́! / у-м-аа-ты́-н!; **Non-fin.** [pres.] (C1) и-а́а-т-уа / и-м-а́а-т-уа, [aor.] и-а́а-т / и-м-а́а-т, [impf.] и-а́а-т-уа-з / и́-м-аа-т-уа-з, [past indef.] и-а́а-ты-з / и́-м-аа-ты-з; **Abs.** и-аа-т-ны́ / и-м-аа-ты́-кәа) **1.** to open: А-шә аа-т-и́т. *The door opened. Дверь открылась.* А-шә м-аа-т-и́т. *The door didn't open.* [cf. **а-т-ра́** "to open"]

а́а-ҭа-ла-ра* [intr.] [C1-Prev-Prev-(C2)-R] [C1 come into (C2)] (**Fin.** [aor.] д-аа-ҭа́-ле-ит / д-аа-ҭа́-м-ле-ит, [imper.] б-аа-ҭа́-л! / б-аа-ҭа́-м-ла-н!, **Abs.** б-аа-ҭа́-ла-ны / б-аа-ҭа́-м-ла-кәа) **1.** (*suddenly*) to enter; to come into**:** А-шҭа д-ан-аа-ҭа́-ла-цәҟьа ды-з-ды́р-ит. (ARD) *Я его/ее узнал, как только вошел/вошла во двор. As soon as he/she came into the yard, I recognized him/her.*

а́аҭ-гыла-ра [intr.] (**Fin.** [pres.] д-ааҭ-гы́ло-ит / д-ааҭ-гы́ло-м, [aor.] д-ааҭ-гы́ле-ит / д-ааҭы́-м-гыле-ит, [imper.] б-ааҭ-гы́л! / б-ааҭы́-м-гыла-н!; **Non-fin.** [pres.] (C1) и-а́аҭ-гыло / и-а́аҭы-м-гыло; **Abs.** д-ааҭ-гы́ла-ны / д-ааҭы-м-гы́ла-кәа) **1.** (= **а́ан-ҿас-ра**) to stop, to come to a stop**:** С-ааҭ-гы́ла-н сы-бжьы́ и́-қә-сы-рге-ит. (IC) *Я приостановилась и крикнула ему. I stopped and called out to him.* **2.** to halt.

а́а-ҭи-ра [tr.] **(1)** [C1-Prev-C3-R / C1-Prev-C3-Neg-R] [C3 send C1] (**Fin.** [pres.] и-аа-с-ҭи-уе́-ит / и-аа-с-ҭи-уа́-м, [aor.] и-аа-с-ҭи-и́т / и-аа-сы-м-ҭи-и́т, [imper.] и-аа-ҭиы́! / и-аа-бы-м-ҭиы́-н!, и-аа-шә-ҭиы́! / и-аа-шәы-м-ҭиы́-н!; **Non-fin.** [pres.] (C1) и-а́а-с-ҭи-уа / и-а́а-сы-м-ҭи-уа, (C3) и-аа-з-ҭи-уа́ / и-аа-зы-м-ҭи-уа́; **Abs.** и-аа-ҭи-ны́ / и-аа-м-ҭи́-кәа) **1.** to send, to dispatch; to convey here**:** Уи́ сара́ и-аа-с-ҭи-уе́-ит. *I'll dispatch that. Я это пришлю.* **(2)** [C1-C2-OV-Prev-C3-R / C1-C2-OV-Prev-C3-Neg-R] [C3 send C1 to C2] (**Fin.** [pres.] и-шә-з-а́а-с-ҭи-уе-ит / и-шә-з-а́а-с-ҭи-уа-м, [aor.] и-шә-з-а́а-с-ҭи-ит / и-шә-з-а́а-сы-м-ҭи-ит, [imper.] и-л-з-а́а-ҭи! / и-л-з-а́а-бы-м-ҭи-н!, и-л-з-а́а-шә-ҭи! / и-л-з-а́а-шәы-м-ҭи-н!; **Non-fin.** [pres.] (C1) и-л-з-а́а-с-ҭи-уа / и-л-з-а́а-сы-м-ҭи-уа, (C2) и-з-з-а́а-с-ҭи-уа / и-з-з-а́а-сы-м-ҭи-уа, (C3) и-л-з-а́а-з-ҭи-уа / и-л-з-а́а-зы-м-ҭи-уа) **1.** to send sth to sb; to convey sth to sb**:** Уи́ а́-салам шә-з-а́а-л-ҭи-ит. (GAL) *Она передала вам привет. She sent you her greetings.*

аа-ҭы́-ц-ра (*or* **а́а-ҭы-ц-ра**) [intr.] (**Fin.** [pres.] д-аа-ҭы́-ц-уе-ит / д-аа-ҭы́-ц-уа-м, [aor.] д-аа-ҭы́-ц-ит / д-аа-ҭы́-м-ц-ит, [imper.] б-аа-ҭы́-ц! / б-аа-ҭы́-м-цы-н!; **Non-fin.** [pres.] (C1) и-а́а-ҭы-ц-уа / и-а́а-ҭы-м-ц-уа; **Abs.** д-аа-ҭы́-ц-ны / д-аа-ҭы́-м-ц-кәа) **1.** to appear here**:** А-рҧызба зама́на-к д-аа-ҭы́-ц-т. (Ab.Text) *There appeared a fine, handsome young man.*

а́а-ха-ра [intr.] [C1-C2-Prev-R / C1-C2-Prev-Neg-R *or* C1-C2-Neg-Prev-R] [C1 strike C2] (**Fin.** [pres.] д-а́а-хо-ит / д-а́а-хо-м *or* д-а́а-ха-ӡо-м, [aor.] д-а́а-хе-ит / д-а́а-м-хе-ит *or* д-а-м-а́а-хе-ит, [imper.] б-а́а-ха! / б-а́а-м-ха-н!, шә-а́а-ха! / шә-а́а-м-ха-н!; **Non-fin.** [pres.] (C1) и-а́а-хо / и-а́а-м-хо, (C2) с-з-а́а-хо / сы-з-м-а́а-хо; **Abs.** д-а́а-ха-ны / д-м-а́а-ха-кәа) **1.** to strike**:** Аҽы́уаҩ а́-ҵла д-а́ахе-ит. *The horseman struck the tree. Всадник ударился о дерево.* А-сто́л с-а́а-хе-ит. *I struck the table.* А-сто́л-қәа с-р-а́а-хе-ит. *I struck the tables.* А-сто́л-қәа сы-р-м-а́а-хе-ит. *I did not strike the tables.* А-ҭӡу́ д-а́а-хе-ит. *He/She struck the wall.*

аа́-ха-ра [intr.] [C1-(C2)-Prev-R / C1-(C2)-Neg-Prev-R] [C1 move C2 here] (**Fin.** [pres.] д-аа́-хо-ит / д-аа́-хо-м (д-аа́-ха-ӡо-м), [aor.] д-аа́-хе-ит / д-м-аа́-хе-ит, [imper.] б-аа́-х! / б-м-аа́-ха-н!, шә-аа́-х! / шә-м-аа́-ха-н!; **Non-fin.** [pres.] (C1) и-аа́-хо / и-м-аа́-хо, (C2) д-з-аа́-хо / ды-з-м-аа́-хо, [aor.] (C1) и-аа́-ха / и-м-аа́-ха, (C2) д-з-аа́-ха / ды-з-м-аа́-ха, [impf.] (C1) и-аа́-хо-з / и-м-аа́-хо-з, (C2) д-з-аа́-хо-з / ды-з-м-аа́-хо-з, [past indef.] (C1) и-аа́-ха-з / и-м-аа́-ха-з, (C2) д-з-аа́-ха-з / ды-з-м-аа́-ха-з; **Abs.** д-аа́-ха-ны / д-м-аа́-ха-кәа) **1.** to move here**:** А-сто́л с-аа́-хе-ит. *I moved the table here. Я передвинул сюда стол.* А-сто́л-қәа с-р-аа́-хе-ит. *I moved the tables here.* А-сто́л-қәа сы-р-м-аа́-хе-ит. *I didn't move the tables here. Я не двигал сюда столы.*

а́а-хын-ҳә-ра* [intr.] [C1-Prev-Prev-R / C1-Prev-Prev-Neg-R] (**Fin.** [pres.] д-аа-хын-ҳә-уе́-ит / д-аа-хын-ҳә-уа́-м, [aor.] д-аа-хын-ҳә-и́т / д-аа-хны́-м-ҳә-ит, [imper.] б-аа-хын-ҳәы́! / б-аа-хны-м-ҳәы́-н!; **Non-fin.** [pres.] (C1) и-а́а-хын-ҳә-уа / и-а́а-хын-м-ҳә-уа, [aor.] (C1) и-а́а-хын-ҳә / и-а́а-хын-м-ҳә; **Abs.** д-аа-хын-ҳә-ны́ / д-аа-хны́-м-ҳә-кәа́) **1.** (suddenly) to turn.

аахы́с [adv.] (= **аахы́с-ны**) *This adverb, which is equivalent to the English preposition/ conjunction "since," is used when the action in the main clause is ongoing at the time of* *speech. The expression using the adverb is equivalent to that of the English present perfect tense.* [cf. **нахы́с**, **-ижьҭеи** "since"] **1.** [following a noun] since then, from that time: убри́ аахы́с *since that moment.* нацьна́тә аахы́с *from ancient times.* с-хәычы́ аахы́с *from childhood, с детства.* Уи́ тцыҧх аахы́с ара́ ды-нхо́-ит. (ARD) *He has lived here since last year. Он с прошлого года здесь живет.* А-саа́ҭ хҧа р-аахы́с с-и-зы-ҧш-у́п. (ARD) *Я его с трех часов жду. I have been waiting for him since three o'clock.* Аҧсуаа жәытәна́тә аахы́с ара́ и-нхо́-ит. (AFL) *The Abkhazians have lived here since antiquity. Абхазцы живут здесь с древности.* Уи́ аахы́с хәы-шықәса тц-хье́-ит. *Five years have passed since then. С тех пор уже прошло пять лет.* **2.** [following a verbal complex] since: С-аны́-хәычы-з аахы́с ды-з-ды́р-уе-ит. *I have known him/her since childhood. Я знаю его/ее с детства.* Уи́ ды-з-ды́р(ы-з) аахы́с(ны) акгьы́ тц-уа-м. (ACST) *No time has passed since I got to know him/her.* Д-хәычы́-з аахы́с(ны) ды-хьчо́-уп. *From childhood he/she has been a shepherd.* [cf. Д-хәычы́-з нахы́с(ны) ды-хьча́-н. *From childhood he/she was a shepherd.*] (ACST) **3.** from: Шәача́ а-на́ҩс аахы́с, Қәҭешь а-на́ҩс Махаир и-хәдаа́ра ҳәа и-а́-шьҭо-уп, убра́-нӡа и-н-хо́н а́ҧсуаа. (AF) *Abkhazians used to live from the other side of Sochi to the other side of Kutaisi (the place they call Mahair's Pass).*

аахы́тц [adj.] cis-, hither-.

аахы́тц-Кавка́зтәи [adj.] Transcaucasian.

аа́хәага [n.] (аа́хәага-қәа) money.

аа́хәара[1] [n.] buying, purchasing: а-ҳа́мҭа-қәа р-аа́хәара *the purchase of presents, покупка подарков.*

аа́-хәа-ра[2] [tr.] [C1-(C2-OV)-Prev-C3-R / C1-(C2-OV)-Prev-C3-Neg-R] [C3 buy C1 (for C2)] (**Fin.** [pres.] и-аа́-с-хәо-ит, и-аа́-и-хәо-ит, и-аа́-на-хәо-ит / и-аа́-с-хәо-м, [aor.] и-аа́-с-хәе-ит / и-аа́-сы-м-хәе-ит, и-аа́-на-м-хәе-ит, [fut.1] и-аа́-с-хәа-п / и-аа́-с-хәа-рым, [fut.2] и-аа́-с-хәа-шт / и-аа́-с-хәа-шам, [perf.] и-аа́-с-хәа-хьеит / и-аа́-сы-м-хәа-ц(т), [impf.] и-аа́-с-хәо-н / и-аа́-с-хәо-мызт, [past indef.] и-аа́-с-хәа-н / и-аа́-сы-м-хәа-зт, [cond.1] и-аа́-с-хәа-рын / и-аа́-с-хәа-рымызт, [cond.2] и-аа́-с-хәа-шан / и-аа́-с-хәа-шамызт, [plupf.] и-аа́-с-хәа-хьан / и-аа́-сы-м-хәа-цызт, [imper.] и-аа́-хә! / и-аа́-бы-м-хәа-н!, и-аа́-шә-хә! / и-аа́-шәы-м-хәа-н!, и-р-з-аа́-(шә-)хә! (*buy it/them for them!*); [caus.] и-с-аа́-лы-р-хәе-ит / и-с-аа́-л-мы-р-хәе-ит; [poten.] и-с-з-аа́-хәо-м, и-с-з-аа́-м-хәе-ит; [non-vol.] и-с-а́мха-аа́-хәе-ит / и-с-а́мха-а́-м-хәе-ит; [vers.1] и-л-з-аа́-с-хәе-ит / и-л-з-аа́-сы-м-хәе-ит; [vers.2] и-л-цә-аа́-с-хәе-ит / и-л-цә-аа́-сы-м-хәе-ит; **Non-fin.** [pres.] (C1) и-аа́-л-хәо (*то, которое она покупает/купит*), и-аа́-с-хәо, и-аа́-б-хәо, и-аа́-у-хәо, и-аа́-и-хәо, и-аа́-на-хәо, и-аа́-ҳ-хәо, и-аа́-шә-хәо, и-аа́-р-хәо / и-аа́-лы-м-хәо, и-аа́-сы-м-хәо, и-аа́-бы-м-хәо, и-аа́-у-м-хәо, и-аа́-и-м-хәо, и-аа́-на-м-хәо, и-аа́-ҳа-м-хәо, и-аа́-шәы-м-хәо, и-аа́-ры-м-хәо, (C3) и-аа́-з-хәо (*тот, который покупает/купит его(нрз.)/их*), д-аа́-з-хәо, с-аа́-з-хәо, ҳ-аа́-з-хәо / и-аа́-зы-м-хәо, д-аа́-зы-м-хәо, с-аа́-зы-м-хәо, ҳ-аа́-зы-м-хәо, [aor.] (C1) и-аа́-л-хәа / и-аа́-лы-м-хәа, (C3) и-аа́-з-хәа / и-аа́-зы-м-хәа, [fut.1] (C1) и-аа́-л-хәа-ра / и-аа́-лы-м-хәа-ра, (C3) и-аа́-з-хәа-ра / и-аа́-зы-м-хәа-ра, [fut.2] (C1) и-аа́-л-хәа-ша / и-аа́-лы-м-хәа-ша, (C3) и-аа́-з-хәа-ша / и-аа́-зы-м-хәа-ша, [perf.] (C1) и-аа́-л-хәа-хьоу (-хьа(ц)) / и-аа́-лы-м-хәа-хьоу (-хьа(ц)), (C3) и-аа́-з-хәа-хьоу (-хьа(ц)) / и-аа́-зы-м-хәа-хьоу (-хьа(ц)), [impf.] (C1) и-аа́-л-хәо-з / и-аа́-лы-м-хәо-з, (C3) и-аа́-з-хәо-з / и-аа́-зы-м-хәо-з, [past indef.] (C1) и-аа́-л-хәа-з / и-аа́-лы-м-хәа-з, (C3) и-аа́-з-хәа-з / и-аа́-зы-м-хәа-з, [cond.1] (C1) и-аа́-л-хәа-ры-з / и-аа́-лы-м-хәа-ры-з, (C3) и-аа́-з-хәа-ры-з / и-аа́-зы-м-хәа-ры-з, [cond.2] (C1) и-аа́-л-хәа-ша-з / и-аа́-лы-м-хәа-ша-з, (C3) и-аа́-з-хәа-ша-з / и-аа́-зы-м-хәа-ша-з, [plupf.] (C1) и-аа́-л-хәа-хьа-з / и-аа́-лы-м-хәа-хьа-з, (C3) и-аа́-з-хәа-хьа-з / и-аа́-зы-м-хәа-хьа-з; **Abs.** и-аа́-хәа-ны / и-аа́-м-хәа-кәа) **1.** to buy, to purchase: И-аа́-б-хәо-и? *What will you buy?* И-аа́-шә-хәа-зеи а-дәқьа́н а-ҿы́? — Ҳара́ а-дәқьа́н а-ҿы́ и-аа́-ҳ-хәе-ит а́-маҭәа-қәа. *What did you buy at the store? — We bought clothes at the store.* А-тцаҩ-цәа́ а-шәҟә-қәа́ аа́-

р-хәе-ит. *The pupils bought the books.* Сара́ лара́ а́-хәшә-қәа л-з-а́а-с-хәе-ит. *I bought the medicine for her. Я купил для нее лекарства. / Я купил ей лекарства.* Ры-цыԥхьаӡа шәҟәы́-к-шәҟәы́-к аа́-р-хәе-ит. *Each of them bought a book. Каждый (из них) купил по одной книге.* Сара́ и-аа́-с-хәе-ит а-шәҟәы́. *I bought the book.* Сара́ и-аа́-с-хәе-ит шәҟәы́-к. *I bought a book.* Сара́ и-с-з-аа́-хәо-м а-шәҟәы́. *I cannot buy the book.* А-қалақь [а]-ахь ды-ца́-р, а́имаа-қәа а́а-и-хәа-п. *If he goes to town, he'll buy some shoes.* И-а́а-у-хәа-р у-ҭахы́-уп аутраҭы́х. (AFL) *You need to buy some vegetables. Тебе надо купить овощи.* и-а́а-л-хәа-з а-ткы́ *платье, которое она купила.* И-аба́-а-шә-хәо а́-фатә шәара́? *Where do you buy food?* **2.** to take on, to assume.

аа́хәаҩ [n.] (аа́хәаҩ-цәа, аа́хәаҩ-к, аа́хәаҩ-цәа́-к) a buyer, a purchaser.

а́а-ҳә-ра [intr.] [C1-Prev-R / C1-Neg-Prev-R] [C1 turn this way] (**Fin.** [aor.] д-аа-ҳә-и́т / д-м-аа-ҳә-и́т, [imper.] б-аа-ҳәы́! / б-м-аа-ҳәы́-н!; **Non-fin.** (C1) [pres.] и-а́а-ҳә-уа / и́-м-аа-ҳә-уа, [aor.] и-а́а-ҳә / и́-м-аа-ҳә, [impf.] и-а́а-ҳә-уа-з / и́-м-аа-ҳә-уа-з, [past indef.] и-а́а-ҳәы-з / и́-м-аа-ҳәы-з; **Abs.** д-аа-ҳә-ны́ / д-м-аа-ҳәы́-кәа) **1.** to turn this way: Уи́ ара́хь д-аа-ҳә-и́т. *He/She turned this way.*

аа́-ца-ра [tr.] (cf. **а-ца-ра́**) [C1-Prev-C3-R] [C3 drive C1 home] (**Fin.** [pres.] и-аа-л-цо́-ит, [aor.] и-аа́-л-це-ит / и-аа́-лы-м-це-ит, [imper.] и-аа-ца́! / и-а́а-бы-м-ца-н!, и-аа-шә-ца́! / и-а́а-шәы-м-ца-н!; **Non-fin.** [pres.] (C1) и-аа́-л-цо / и-аа́-лы-м-цо, (C3) и-аа-з-цо́ / и-аа-зы-м-цо́, [aor.] (C1) и-аа́-л-ца / и-аа́-лы-м-ца, (C3) и-аа-з-ца́ / и-аа-зы-м-ца́, [impf.] (C1) и-аа́-л-цо-з / и-аа́-лы-м-цо-з, (C3) и-аа-з-цо́-з / и-аа-зы-м-цо́-з, [past indef.] (C1) и-аа́-л-ца-з / и-аа́-лы-м-ца-з, (C3) и-аа-з-ца́-з / и-аа-зы-м-ца́-з; **Abs.** и-аа-ца-ны́ / и-аа-м-ца́-кәа) **1.** to drive home: и-аа-и-цо́-ит *he drives them home, он их пригоняет.*

а́а-цҳа-ра [tr.] (**Fin.** [pres.] и-аа-сы́-цҳа-уе-ит / и-аа-сы́-цҳа-уа-м, [aor.] и-аа-сы́-цҳа-ит / и-аа-с-мы́-цҳа-ит, [imper.] и-аа-цҳа́! / и-аа-б-мы́-цҳа-н!; **Non-fin.** [pres.] (C1) и-аа-сы́-цҳа-уа / и-аа-с-мы́-цҳа-уа, (C3) и-аа-зы́-цҳа-уа / и-аа-з-мы́-цҳа-уа. **Abs.** и-аа-цҳа-ны́ / и-аа-мы-цҳа́-кәа) **1.** to convey information, to report in this direction.

аа́тҵра [n.] the place close to a house.

а́а-тҵ-ра [intr.] [Prev-R / Prev-Neg-R] (**Fin.** [pres.] аа-тҵ-уе́-ит / аа-тҵ-уа́-м, [aor.] аа-тҵ-и́т / аа-м-тҵ-и́т, [imper.]**; **Non-fin.** [pres.] (C1) и-а́а-тҵ-уа / и-а́а-м-тҵ-уа, [impf.] и-а́а-тҵ-уа-з / и-а́а-м-тҵ-уа-з, [past indef.] и-а́а-тҵы-з / и-а́а-м-тҵы-з; **Abs.** (и)-аа-тҵ-ны́ / и-м-аа-тҵы́-кәа) **1.** (*of a period of time*) to pass: А-шәҟәы́ с-а́н и-л-зы́-з-ҩ-ижьҭеи кы́р аа-тҵ-уе́-ит. *A lot of time has passed since I wrote a letter to my mother. С тех пор, как я написал моей матери письмо, прошло много времени.*

аатҵәа́ [n.] (аатҵәа-қәа́, аатҵәа́-к, аатҵәа-қәа́-к) a sack: А-шы́ла аатҵәа́ и-ҭа-с-ԥсе́-ит. *I put the flour into the sack. Я насыпал муки в мешок.*

а́ашьа (а́ашьа-цәа, аашьа-ҩы-к) **1.** [n.] a lazy person, an idler. **2.** [adj.] lazy: а-тҵаҩы́ а́ашьа *a lazy student.*

аа́шьа [n.] manner of coming.

а́ашьа-ра [intr.] [C1-R] (**Fin.** [pres.] д-аашьо́-ит / д-аашьо́-м, [aor.] д-аашье́-ит / д-м-аашье́-ит, [imper.] б-аашьа́! / б-м-аашьа́-н!; **Non-fin.** [pres.] (C1) и-аашьо́ / и́-м-аашьо; **Abs.** д-аашьа-ны́ / д-м-аашьа́-кәа) **1.** to be lazy.

а́ашьара-қәа *see* **а́ашьышь**

а́ашьаҩ(ы) [n.] (а́ашьа(ҩ)-цәа) a lazy person.

аашьҭ-ԥаа-ра [tr.] [C1-Prev-C3-R / C1-Prev-C3-Neg-R] [C3 pick up C1] (**Fin.** [pres.] и-а́ашьҭы-с-ԥаа-уе-ит / и-а́ашьҭы-с-ԥаа-уа-м, [aor.] и-а́ашьҭы-с-ԥаа-ит / и-а́ашьҭ-сы-м-ԥаа-ит, [imper.] и-а́ашьҭ-ԥаа! / и-а́ашьҭ-бы-м-ԥаа-н!, и-а́ашьҭы-шә-ԥаа! / и-а́ашьҭ-шәы-м-ԥаа-н!; **Non-fin.** [pres.] (C1) и-а́ашьҭы-с-ԥаа-уа / и-а́ашьҭ-сы-м-ԥаа-уа, (C3) и-а́ашьҭы-з-ԥаа-уа / и-а́ашьҭ-зы-м-ԥаа-уа, [aor.] (C1) и-а́ашьҭы-с-ԥаа / и-а́ашьҭ-сы-м-ҧаа, (C3) и-а́ашьҭы-з-ҧаа / и-а́ашьҭ-зы-м-ҧаа, [impf.] (C1) и-а́ашьҭы-с-ҧаа-уа-з / и-а́ашьҭ-сы-м-ҧаа-уа-з, (C3) и-а́ашьҭы-з-ҧаа-уа-з / и-а́ашьҭ-зы-м-ҧаа-уа-з, [past indef.] (C1) и-а́ашьҭы-с-ҧаа-з / и-а́ашьҭ-сы-м-ҧаа-з, (C3) и-а́ашьҭы-з-ҧаа-з / и-а́ашьҭ-зы-м-ҧаа-з; **Abs.** и-а́ашьҭ-ҧаа-ны) **1.** to pick up, to take up: Иара́ а́-сас и-чама́дан а́ашьҭ-и-ҧаа-ит. *He picked up the guest's suitcase. Он подобрал чемодан гостя.* Уара́ иара́знак а-ха́ҳә а́ашьҭ-ҧаа-ны и-у́-ма-ны у-дәы́ҟула. (Ab.Text) *Lift up the stone and run away with it immediately.*

а́а-шьҭ-ра [tr.] [C1-Prev-C3-R / C1-Prev-C3-Neg-R] (**Fin.** [pres.] и-аа-сы́-шьҭ-уе-ит / и-аа-сы́-шьҭ-уа-м (-шьҭ-ӡо-м), [aor.] и-аа-сы́-шьҭ-ит / и-аа-с-мы́-шьҭ-ит (-шьҭ-ӡе-ит), [imper.] и-аа-шьҭы́! / и-аа-б-мы́-шьҭы-н!, и-аа-шәы́-шьҭ! /и-аа-шә-мы́-шьҭы-н!; **Non-fin.** [pres.] (C1) и-а́а-лы-шьҭ-уа / и-а́а-л-мы-шьҭ-уа, (C3) и-аа-зы́-шьҭ-уа / и-аа-з-мы́-шьҭ-уа, [aor.] (C1) и-а́а-лы-шьҭ / и-а́а-л-мы-шьҭ, (C3) и-аа-зы́-шьҭ / и-аа-з-мы́-шьҭ, [impf.] (C1) и-а́а-лы-шьҭ-уа-з / и-а́а-л-мы-шьҭ-уа-з, (C3) и-аа-зы́-шьҭ-уа-з / и-аа-з-мы́-шьҭ-уа-з, [past indef.] (C1) и-а́а-лы-шьҭы-з / и-а́а-л-мы-шьҭы-з, (C3) и-аа-зы́-шьҭы-з / и-аа-з-мы́-шьҭы-з; **Abs.** и-аа-шьҭ-ны́ / и-аа-мы́-шьҭ-кәа) **1.** to send here: Д-аа-шьҭы́! *Send him/her! Пришли его/ее!* Иара́ а́-салам шәҟәы́ с-з-а́а-и-шьҭ-ит. *He sent a letter to me. Он мне прислал письмо.* А-шәҟәы́ л-з-аа-сы́-шьҭ-ит. *I sent the book to her. Я отправил ей книгу.* [cf. **а́-шьҭ-ра** "to send there"]

а́ашьышь [n.] (а́ашьара-кәа) a badger.

аашәы́ [num.] eight hundred.

аа-ⱷна-жж-ра [intr.] (**Fin.** [pres.] и-аа-ⱷна-жж-уе́-ит / и-аа-ⱷна-жж-уа́-м, [aor.] и-аа-ⱷна-жж-и́т / и-аа-ⱷна́-м-жж-ит, [imper.] у-аа-ⱷна-жжы́! / у-аа-ⱷна́-м-жжы-н!; **Non-fin.** [pres.] (C1) и-а́а-ⱷна-жж-уа / и-а́а-ⱷна-м-жж-уа, [aor.] (C1) и-а́а-ⱷна-жж / и-а́а-ⱷна-м-жж; **Abs.** и-аа-ⱷна-жж-ны́ / и-аа-ⱷна́-м-жж-кәа) **1.** (*of water*) to percolate.

аа-ⱷна́-ла-ра [intr.] [C1-Prev-Prev-R / C1-Prev-Prev-Neg-R] (**Fin.** [pres.] д-аа-ⱷна́-ло-ит / д-аа-ⱷна́-ло-м, [aor.] д-аа-ⱷна́-ле-ит / д-аа-ⱷна́-м-ле-ит, [imper.] б-аа-ⱷна́-л! / б-аа-ⱷна́-м-ла-н!; **Non-fin.** [pres.] (C1) и-аа-ⱷна́-ло / и-аа-ⱷна́-м-ло, [aor.] и-аа-ⱷна́-ла / и-аа-ⱷна́-м-ла, [impf.] и-аа-ⱷна́-ло-з / и-аа-ⱷна́-м-ло-з, [past indef.] и-аа-ⱷна́-ла-з / и-аа-ⱷна́-м-ла-з; **Abs.** д-аа-ⱷна́-ла-ны / д-аа-ⱷна́-м-ла-кәа) **1.** to go inside, to enter: Аҧье́ⱷҳәа а́-шә а́а-рты а-дау́ д-ан-а́а-ⱷна-ла, ари́ «а́-чкун» и-ш-и́-лшо-з и-а́ҳәа рыхха́ а-ҟуа́кҳәа д-и́-с-т. (Ab.Text) *The door was flung open violently and when the ogre came into the room, the 'boy' picked up the sword with all his strength and hit the ogre making a loud banging noise.*

а́аⱷбаларҭа [n.] the entrance hall.

а́а-ⱷна-шыла-ра [intr.] (**Fin.** [pres.] с-аа-ⱷна-шы́ло-ит / с-аа-ⱷна-шы́ло-м, [aor.] с-аа-ⱷна-шы́ле-ит / с-аа-ⱷна-м-шы́ле-ит, [imper.] б-аа-ⱷна-шы́л! / б-аа-ⱷна́-м-шыла-н!; **Non-fin.** [pres.] (C1) с-аа-ⱷна-шы́ло / и-аа-ⱷна-м-шы́ло; **Abs.** д-аа-ⱷна-шы́ла-ны / д-аа-ⱷна-м-шы́ла-кәа) **1.** to go inside: А-ҧе́нџьыр а́-шә аа-лы-рты́-н, ҳәы́ҳә-к ҧыр-ҧыр-уа́ и-аа-ⱷна-шы́л-т. (Ab.Text) *When she opened the window in her room, a dove flew in flapping its wings.*

а́а-ⱷ-ра [intr.] [C1-Prev-R / C1-Neg-Prev-R] [C1 be heard] (**Fin.** [pres.] и-а́а-ⱷ-уе-ит / и-а́а-ⱷ-уа-м, [aor.] и-а́а-ⱷ-ит / и-м-а́а-ⱷ-ит; **Non-fin.** (C1) [pres.] и-а́а-ⱷ-уа / и-м-а́а-ⱷ-уа, [aor.] и-а́а-ⱷ / и-м-а́а-ⱷ, [impf.] и-а́а-ⱷ-уа-з / и-м-а́а-ⱷ-уа-з, [past indef.] и-а́а-ⱷы-з / и-м-а́а-ⱷы-з; **Abs.** и-а́а-ⱷ-ны / и-м-а́а-ⱷ-кәа) **1.** *(of sounds)* to be heard. **2.** to be heard; (*of voice*) to carry in this direction: А-бжьы́ а́а-ⱷ-уе-ит. *Голос доносится.* Аба́ҳча-ҟны́тә а́шәаҳәабжьы а́а-ⱷ-уе-ит. *Singing is heard from the garden. Из сада слышится пение.* И-бжьы́ ҳара́ ҳ-ҟы́нӡа и-а́а-ⱷ-ит. *His voice reached us. Его голос дошел до нас.* [cf. **а-на́-ⱷ-ра** "to reach there"]

аа-ⱷы́-к [num.][hum.] eight persons.

Б б

б(ы)- [personal prefix] *a pronominal prefix denoting an agent/oblique/direct object of the second person sg. feminine in Columns III/II/I respectively.* "you," cf. **у-**.

а́б[1] [n.] (а́ба-цәа, абы́-к / аб-кы́, с-а́б, ҳ-а́ба-цәа, р-а́ба-цәа) father**:** с-аб-и́ саре́-и *my father and I.* Д-л-а́б-уп. *He is her father. Он ее отец.*

а́б[2] [n.] (а́б-қәа) a castrated goat.

ба [personal pron.] *a contracted form of* **бара́**, "thou, you (f.)"**:** ба б-о́-уп *you are.*

ба [interrog. pron.] (colloq.) what.

ба [interrog. particle] *used as an echo-question.* (Chirikba:71)**:** Сара́ а-ҩны́-ҟа с-цо́-ит. — А-ҩны́-ҟа ба? *I am going home. — Home?* Ҳ-ҩы́за Ҭыркәтәы́ла-ҟа иахьа́ д-хын-ҳә-уе́-ит. Иахьа́ д-хын-ҳә-уе́-ит/д-хын-ҳә-уа́-ма ба? (ACST) *Our friend returns to Turkey today. He returns/Does he return today, did you say?*

-ба [suffix] [< а-ԥа́ "son"] *used to mark a family name. The suffix* **-ба** *is replaced in the plural by the suffix* **-аа.:** Аԥшы́с-ба (pl. Аԥшы́с-аа). Ажьи-ба, Агыр-ба, Аи-ба.

-ба [suffix] *used to mark the non-human class of numerals from 2 to 10***:** ҩ-ба́ *two.* ԥшь-ба́ *four.*

а-ба́[1] [n.] (а-ба-қәа́, ба́-к, ба́-ла, ба́-да, с-ба-қәа́) cloth, textiles.

а-ба́[2] [adj.] dried-up.

-аба- [verbal prefix] *inserted after the slot in Column I to express "where?," "wherein?, "whereto?". The interrogative complex formed by this prefix, using a non-finite stem, can take* **-и** *in the dynamic verb's class 1 (in particular in Aorist and Future 1, 2) and* **-зы-** before a suffix -з in the *dynamic verb's class 2. On the other hand, in stative verbs the interrogative complex's stem takes nothing.* (See Hewitt, Abkhaz:14)

1. (in/at what place) where?**: (1) dynamic verbs:** И-аба́-л-ҭи-уе-и? *Where is she selling it/them?* И-аба́-л-ҭи? *Where did she sell it/them?* И-аба́-л-ҭи-уа-з? *Where was she selling it/them?* А-ҭара́ аба́-б-ҭцо? *Where are you studying?* А-ҭара́ аба́-б-ҭцо-з? *Where were you studying?* С-аба́-л-дыр-и? *Where did she know me from?* Уара́ а-ҩны́ аба́-у-ргыло? *Where are you building the house?* Шә-ҭы́ԥ аба́-ҟа-шә-ҭца? *Where did you select your site?* А-ҵа́ра-қәа а́-шәа аба́-р-ҳәо? (AFL) *Where are the birds singing?* И-аба-лы-ды-л-кы́ле-и а-хәшә? *Where did she take the medicine?* Шьыбжьхьа́ аба́-шә-фо-и? (AFL) *Where do you eat lunch? Где вы обедаете?* У-а́н а-у́с аба́-л-у-е-и? (< аба́-л-у-уа-и) (AFL) *Where does your mother work? Где работает твоя мать?* Уара́ у-аба́-нхо-и? *Where do you live?* И-аба́-а-шә-хәо а́-фатә шәара́? [< и-аба-аа-шә-хәа-уа] *Where do you buy food?* **(2) stative verbs:** Д-аба́-гыла-з? *Where did he/she stand?* Д-аба́-гыла-мы-з? *Where did he/she not stand?* Д-аба́-гыло-у? *Where is he/she standing?* Д-аба́-гыла-м? *Where is he/she not standing?* С-аба́-ҟа-у? *Where am I?* Уажә д-аба́-ҟо-у? *Where is he/she now?* У-аб д-аба́-ҟо-у? *Where is your father?* А-шәҟәы́ аба́-бы-ма-з? *Where did you have the book?* И-аба́-ҟо-у, и-аба́-шьҭо-у Аԥсны́? *Where is Abkhazia?*

2. (to what place) to where?**:** Д-аба́-це-и ҳ-хучы́? (Ab.Text) *Where has our child gone?* Б-аба-цо́? *Where are you going?* Б-аба́-це-и? *Where did you go?* Д-аба́-цо? *Where will he/she go?* Шә-аба́-цо-и? *Where are you going?* Д-аба́-м-ца? *Where didn't he/she go?* Д-аба́-м-цо-и? / Д-аба́-м-цо? *Where won't he/she go?* Д-аба́-ца-хьо-у? *Where has he already gone?* Шьыбжьы́шьҭахь шә-аба́-цо-и? (AFL) *Where will you go after lunch? Куда вы идете после обеда?* Иа́рбанзаалакь акы́ аа́-ҳ-хәа-р ан-а́ҳ-ҭахы-у ҳ-аба́-цо-и? (AFL) *Когда мы хотим купить что-нибудь, куда мы идем?* Б-аба́-цо ҳәа́ с-л-а́-зҵаа-ит. *I asked her "where are you going?" Я спросил у нее, куда ты идешь.* [cf. д-ахь-ца́-з сы-з-ды́р-уа-м / сы-з-ды́р-ӡо-м. *I don't know where she went.*]

3. how**:** С-аба́-м-ҵәыуо (Ab.Text) *Why can't I stop crying?*

а́баа [adj.] (а́баа-қәа) bad.

аба́а [n.] (абаа-қәа́, аба́а-к) a fortress.

а-баа́ [adj.] (и-баа́-у) rotten: а-тҵәа́ баа́ *the rotten apple.* и-баа́-уп *it is rotten.*

а́-бааӡа [adj.] (а́-бааӡа-қәа, и́-бааӡо-у) **1.** wet, damp: А-матәа бааӡо́-уп. *The clothes are wet.*

а-бааӡа-ра́ [intr.] [C1-R / C1-Neg-R] [C1 get soaked] (**Fin.** [pres.] д-бааӡо́-ит / д-бааӡо́-м (-бааӡа-ӡо́-м), [aor.] д-бааӡе́-ит / ды-м-бааӡе́-ит (-бааӡа-ӡе́-ит), [imper.] б-бааӡа́! / бы-м-бааӡа́-н!, шә-бааӡа́! / шәы-м-бааӡа́-н!; **Non-fin.** [pres.] (C1) и́-бааӡо / и́-м-бааӡо, [aor.] и́-бааӡа́ / и́-м-бааӡа́, [impf.] и́-бааӡо́-з / и́-м-бааӡо́-з, [past indef.] и́-бааӡа́-з / и́-м-бааӡа́-з; **Abs.** д-бааӡа-ны́ / ды-м-бааӡа́-кәа) **1.** to get soaked, to get drenched: А-ҷкәын д-бааӡе́-ит. *The boy got soaked. Мальчик промок.* Сара́ с-бааӡе́-ит. *I got soaked. Я промок.*

а-бааӡатәы́ [n.] (бааӡатәы́-к) liquid, fluid: а-бааӡатәы́ з-то́-у а-ҧатлы́ка *the bottle of liquid.*

б-а́аи *see* **ааи**

а́баақәа́ [interj.] *used to address people,* "boys/lads!": Аа, абаақуа́, сы-ҧсы́ еиқу-зы-рха́-да? (Ab.Text) *Oh. Everybody! Who saved my life?* Абаақәа шә-сы́-цхраа! *Help me, please!*

а-баандаҩы́ [n.] (а-баандаҩ-цәа́, баандаҩы́-к) a prisoner.

а-бааҧсра́ [n.] **1.** malice, evil: уи бааҧсра́ и́-ла-ӡа-м. (ARD) *he is not an evil person.* **2.** misfortune: бааҧсра́ ҟа-ла́-ма? *has a misfortune happened?*

а-бааҧс-ха-ра́* [intr.] [C1-bad-become] (**Fin.** [aor.] и-бааҧс-хе́-ит / и-бааҧсы́-м-хе-ит, **Abs.** и-бааҧс-ха-ны́ / и-бааҧсы́-м-ха-кәа) **1.** (*of weather*) to deteriorate, to turn foul: А-мш бааҧс-хе́-ит. *The weather deteriorated. Погода испортилась.* **2.** to go sour; (*of milk*) to go bad.

а-бааҧсы́[1] [adj.] (и-бааҧс-у́, бааҧс-қәа́/-цәа́) **1.** bad; evil: а-пхы́ӡ баа́ҧс *a bad dream.* **2.** harmful. **3.** terrible: а-бжьы́ баа́ҧс *a terrible voice.*

а-бааҧсы́[2] **1.** please: С-а-та́-шәы-м-тца-н, а-бааҧсы́! *Excuse me, please!*

бааҧсы́-ла [adv.] badly, terribly: Бааҧсы́ла с-ааҧсе́-ит. (Hewitt, ACST) *I am extremely tired.*

а-баа-ра́ (1) [intr. dynamic] [C1-R / C1-Neg-R] [C1 decay] (**Fin.** [pres.] д-баа-уе́-ит, и-баа-уе́-ит / и-баа-уа́-м (-баа-ӡо́-м), [aor.] и-баа́-ит / и-м-баа́-ит, [fut.1] и-баа́-п / и-баа-ры́м, [fut.2] и-баа́-шт / и-баа́-шам, [perf.] и-баа-хьéит / и-м-баа́-ц(т), [impf.] и-баа-уа́-н / и-баа-уа́-мызт, [past indef.] и-баа́-н / и-баа́-зт, [cond.1] и-баа-ры́н / и-баа-ры́мызт, [cond.2] и-баа́-шан / и-баа́-шамызт, [plupf.] и-баа-хьа́н / и-м-баа́-цызт, [imper.] б-баа́! / бы-м-баа́-н!, шә-баа́! / шәы-м-баа́-н!; **Non-fin.** (C1) [pres.] и-баа-уа́ / и́-м-баа-уа, [aor.] и-баа́ / и́-м-баа, [fut.1] и-баа-ра́ / и́-м-баа-ра, [fut.2] и-баа́-ша / и́-м-баа-ша, [perf.] и-баа́-хьоу (-хьа(ц)) / и́-м-баа-хьоу (-хьа(ц)), [impf.] и-баа-уа́-з / и́-м-баа-уа-з, [past indef.] и-баа́-з / и́-м-баа-з, [cond.1] и-баа́-ры-з / и́-м-баа-ры-з, [cond.2] и-баа́-ша-з / и́-м-баа-ша-з, [plupf.] и-баа́-хьа-з / и́-м-баа-хьа-з; **Abs.** и-баа-ны́ / и-м-баа́-кәа) **1.** to go bad, to rot, to decay: а-тәа́ баа-уе́-ит. *The hay is rotting. Сено гниет.* Аас-тҵла и-а́-л-х-у а-кәы́ба баа-ӡо́-м. *The coffin made from the brushwood tree doesn't rot.* **(2)** [intr. stative] [C1-R] [C1 be rotten] (**Fin.** [pres.] и-баа́-уп / и-баа́-м; **Non-fin.** [pres.] (C1) и-баа́-у /и-баа́-м, [past] и-баа́-з /и-баа́-мы-з) **1.** to be rotten: и-баа́-уп *it/they is/are rotten.*

а-баа́рра *see* **а-ӡба́ар(р)а**

Абаа-тҭа́ [place name]

абаа́ш [n.] (а-баа́ш-қәа, баа́ш-к) a castle.

ба́ба[1] [interj.] *used to address a father or grandfather.*

ба́ба[2] [interj.] *used to address a young man or young woman, "sonny"*: Ба́ба, уара́, уааҗәшьта́ у-шьта́-с-тҵо-ит. (Ab.Text) *Sonny, I'll put you down now.*

а-ба́ба [adj.] fluffy: а-ча́ ба́ба *fluffy bread.*

а-баӷы́р [n.] (-қәа, с-баӷы́р, баӷы́р-к) a sparrow.

á-баҕь [n.] (á-баҕь-қәа, баҕьы́-к) a (male) goat.
а-баҕәáза [n.] (а-баҕәáза-қәа) a seaport; a harbour.
а-бáжә [n.] a rotten log.
абáза [n.] (абáза-қәа/-цәа, абáза-к) an Abazian: С-абáзо-уп. *I am an Abazian.*
а-базáр [n.] (а-базáр-қәа, базáр-к) (= **а-цьырмы́кь**) a market, a bazaar: а-базáр-ахь *to the market.*
абаӡéх [n.] (абаӡéх-цәа, абаӡéх-к) an Abadzekh.
а-бака́ [n.] (а-баҟа-қәá) monument.
а-балери́на [n.] (-цәа, балери́на-к) a ballerina.
а-балéт [n.] (-қәа, балéт-к) ballet.
а-бамбá [n.] (а-бамба-қәá) cotton.
а-бамбы́л [adv.] (= **а-бымбы́л**) (и-бамбы́л-у) **1.** soft; fluffy: а-хчы́ бамбы́л *a soft pillow.* а-сы́ бамбы́л *soft snow.* **2.** (*in weight*) light.
а-бамба-рҭá [n.] (а-бамбарҭа-қәá) a place for sowing cotton.
а-бáна [n.] (а-бáна-қәа) a bath: а-бáна-ҿы а-ҽы́-кәаба-ра *to wash in the bath, мыться в бане.* Урҭ ҽы́-кәаба-ра а-бáна-хь и-цé-ит. (ABD) *They went to wash in the bath. Они пошли мыться в баню.*
б-анаҵьáлбе-ит [interj.] *used to address a familiar woman, "my dear!"* cf. **у-анаҵьáлбе-ит** *my dear!*
а-бáнк [n.] (-қәа) a bank.
-абанӡа- up to where?
абáнс [adv.] in this way, like this.
-абáнтәи [pron.] from where?, whence?: Б-абáнтәи áа-и? *Where did you (sg. f.) come from? Откуда ты приехала?* Шә-абáнтәи áа-и? *Where did you come from? Откуда вы приехали?* cf. Д-ахьы́нтәи áа-з сы-з-ды́р-уа-м. *I don't know where he/she came from. Я не знаю, откуда он/она пришел/-шла.*
абáнҭ [pron.] [pl.] (= **анҭ**) those: Абáнҭ а-ҳәынҭқáр и́-ҧҳа-цәа и́-и-ба-з р-áхьтә ҩы́-цьа а-шәы́ ры-шә-ны́ р-уáда-қуа и-ры-ҩна-тәá-н. (Ab.Text) *Two of the King's daughters that he saw were in mourning dress and sitting in the rooms.*
абáр [adv.] (= **аа**) here (is), lo, look here: Сы́-бласаркьа абá-ҟо-у? — Абáр уи! (IC) *Where are my glasses? — Here they are!* Абáр с-áҧхьа и-шьҭó-уп. (AFL) *Look, it is lying before me. Вот это лежит передо мной.* Абáр, ý-ҕба аá-ит. *Look, your ship has arrived. Вот, твой корабль прибыл.* Абáр а-дәы́ҕба цо-ит. *Here comes the train. Вот идет поезд.* Абáр ҳарá ҳа-ҩны. *This is our house. Вот наш дом.* Абáр уи д-ахь-аа-уа. *Look! He/She is coming here. Вот он/она идет сюда.* Абáр уажәшьҭá жәá-ҩа шыкусá л-хы́тц-уе-ит. (Ab.Text) *Now, she is 12 years old.*
барá [pron.] thou, you (sg. f.), cf. **ба**.
а-барá [n.] seeing: У-барá с-ҭахы́-н. *I wanted to see you.* Уарá ҳ-барá у-анбá-аи-уе-и? *When will you visit us?*
а-ба-рá[1] [tr.] [C1-C3-R / C1-C3-Neg-R] [C3 see C1] **(Fin.** [pres.] бы-з-бó-ит, сы-л-бó-ит, ҳа-л-бó-ит, д-а-бó-ит, д-аа-бó-ит, ды-жә-бó-ит, ды-р-бó-ит / бы-з-бó-м, бы-з-ба-ӡó-м, [aor.] бы-з-бé-ит, д-а-бé-ит, б-аа-бé-ит, ды-жә-бé-ит, сы-р-бé-ит / б-сы-м-бé-ит, ҳ-бы-м-бé-ит, д-á-м-бе-ит, ҳ-á-м-бе-ит, д-ҳа-м-бé-ит, с-ры-м-бé-ит, [fut.1] бы-з-бá-п / бы-з-ба-ры́м, [fut.2] бы-з-бá-шт / бы-з-бá-шам, [perf.] бы-з-бá-хьеит / б-сы-м-бá-ц(т), [impf.] бы-з-бó-н / бы-з-бó-мызт, [past indef.] бы-з-бá-н / б-сы-м-бá-зт, [cond.1] бы-з-ба-ры́н / бы-з-ба-ры́мызт, [cond.2] бы-з-бá-шан / бы-з-бá-шамызт, [plupf.] бы-з-ба-хьáн / б-сы-м-бá-цызт, [imper.] д-бá! / д-бы-м-бá-н!, ды-жә-бá! *or* ды-шә-бá! / д-шәы-м-бá-н!; **Non-fin.** [pres.] (C1) и́-л-бо, и́-з-бо, и́-б-бо, и́-у-бо, и́-и-бо, и-а-бó, и-áҳ-бо, и́-жә-бо, и́-р-бо / и́-лы-м-бо, и́-зы-м-бо, и́-бы-м-бо, и́-у-м-бо, и́-и-м-бо, и-á-м-бо, и-áҳа-м-бо, и́-жәы-м-бо, и́-ры-м-бо,

(C3) ды-з-бо́, сы-з-бо́, бы-з-бо́, у-з-бо́, и-з-бо́, ҳа-з-бо́, шәы-з-бо́ / д-зы-м-бо́, с-зы-м-бо́, б-зы-м-бо́, у-зы-м-бо́, и-зы-м-бо́, ҳ-зы-м-бо́, шә-зы-м-бо́, [aor.] (C1) и́-л-ба / и́-лы-м-ба, (C3) ды-з-ба́ / д-зы-м-ба́, [fut.1] (C1) и́-л-ба-ра / и́-лы-м-ба-ра, (C3) ды-з-ба-ра́ / д-зы-м-ба-ра́, [fut.2] (C1) и́-л-ба-ша / и́-лы-м-ба-ша, (C3) ды-з-ба́-ша / д-зы-м-ба́-ша, [perf.] (C1) и́-л-ба-хьоу/хьа(ц) / и́-лы-м-ба-хьоу/хьа(ц), (C3) ды-з-ба-хьо́у/хьа́(ц) / д-зы-м-ба-хьо́у /хьа́(ц), [impf.] (C1) и́-л-бо-з / и́-лы-м-бо-з, (C3) ды-з-бо́-з / д-зы-м-бо́-з, [past indef.] (C1) и́-л-ба-з / и́-лы-м-ба-з, (C3) ды-з-ба́-з / д-зы-м-ба́-з, [cond.1] (C1) и́-л-ба-рыз / и́-лы-м-ба-рыз, (C3) ды-з-ба-ры́з / д-зы-м-ба-ры́з, [cond.2] (C1) и́-л-ба-шаз / и́-лы-м-ба-шаз, (C3) ды-з-ба-ша́з / д-зы-м-ба́-шаз, [plupf.] (C1) и́-л-ба-хьаз / и́-лы-м-ба-хьаз, (C3) ды-з-ба-хьа́з / д-зы-м-ба-хьа́з; **Abs.** д-ба-ны́ / ды-м-ба́-кәа) **1.** to see: и-бе́-ит (< и-и-бе-ит) *he saw it/them.* и́-з-ба *the one that I saw.* и́-сы-м-ба *the one which I didn't see.* Акы́р у-ба́-ма? *Did you see anything?* Аази́з а́мпыл и-ахь-а́-с-уа-з и-бе́-ит. (ANR) *Aaziz saw where they were playing football.* Жәацы́ сы-ртцаҩы́ ды-з-бе́-ит. *I saw my teacher the day before yesterday.* Уажәы́ с-а́-лацәажәо-ит сара́ а-музе́и а-ҿы́ и́-з-ба-з. (AFL) *Now I'll tell you what I saw in the museum.* А-дау́ ды-шь-ны́ д-ахь-ка-жьы́-з цҟьа́ и-аны́-ла-и-хуа-ҧш, тцабыргы́нгьы и-лы́мҳа-қуа акы́ ш-а́-ма-мыз р-бе́-ит. (Ab.Text) *When they looked at the ogre lying down who had been killed, they realized that, indeed, one of his ears was missing.* [cf. сы-з-бо́-да? *who sees me?*] С-зы-м-бо́-да? *Who doesn't see me?* и́-л-бо-зе? *What does she see?* И-лы-м-бо-зе? *What doesn't she see?* Сы-л-бо́-ма? *Does she see me?* С-лы-м-ба-ӡо́? *Doesn't she see me?* и́-з-бо-да? *whom do I see?* [cf. и-з-бо́-да? *who sees it/them?*] и́-б-ба-зеи? *what did you see?* и́-з-ба-з аба́с а-уп. *what I saw is like this.* С-аба́-л-бо? *Where does she see me?* С-аба́-лы-м-бо? *Where doesn't she see me?* С-анба́-л-бо? *When does she see me?* С-анба́-лы-м-бо? *When doesn't she see me?* С-зы́-л-бо-и? *Why does she see me?* С-зы́-лы-м-бо-и? *Why doesn't she see me?* Сы-шҧа́-л-бо? *How does she see me?* Сы-шҧа́-лы-м-бо? *How doesn't she see me?* Сара́ цәгьара́ ҟа-с-тцо́ бы-м-бе́-ит. (AF) *You have not seen my doing anything bad.* || уатцәы́ д-у-ба́-р д-аа́-ху *незаметно скрылся, удрал* (ARD). **2.** to visit: А-чы́мазаҩ ды-з-бе́-ит. *I visited the sick man. Я навестил больного.* а-ҩы́з-цәа р-бара́ *to visit friends.* || **бзи́а а-бара́** "to love," *see* **бзи́а**. || **и-шы́-б-бо /и-ш-у́-бо** [parenthesis] as you see. || **у-м-бо́-и** [parenthesis] can't you see? || **сара́ и-з-ла́-з-бо а́-ла** [parenthesis] as I see it. || **бзи́ала у-аа-бе́-ит!** *see* **а-бзи́а**. || **а-гьа́ма а-ба-ра́** *see* **а-гьа́ма**.

а-ба-ра́[2] [intr.] [C1-R / C1-Neg-R] [C1 dry] (**Fin.** [pres.] и-бо́-ит, д-бо́-ит / и-бо́-м, д-бо́-м, [aor.] д-бе́-ит / ды-м-бе́-ит (*or* ды-м-ба-ӡе́-ит), [imper.] б-ба́! / бы-м-ба́-н!, шә-ба́! / шәы-м-ба́-н!; **Non-fin.** [pres.] (C1) и-бо́ / и́-м-бо, [aor.] и-ба́ / и́-м-ба, [impf.] и-бо́-з / и́-м-бо-з, [past indef.] и-ба́-з / и́-м-ба-з; **Abs.** и-ба-ны́ / и-м-ба́-кәа) **1.** to dry (out): с-бе́-ит *I am dry, я высох.* А-кьа́ҿ бо́-ит. *The shirt is drying. Рубашка сохнет.* А-уа́па бе́-ит. *The felt cloak dried. Бурка высохла.* Сы-тцкы́ макьа́на и-м-ба́-цт (/и-м-ба-ӡа́-цт). *My dress has not dried yet.*

а-баракьа́ҭ[1] [adj.] (и-баракьа́ҭ-у) **1.** (*of a good harvest*) rich; abundant: а-ҽаҩра́ баракьа́ҭ *a rich harvest.* **2.** wealthy, rich: и-баракьа́ҭы-н *they were wealthy.*

а-баракьа́ҭ[2] [n.] (= **ҭага́лан**) autumn, fall: Ҭага́лан-иара убас "баракьа́ҭ" ҳәа́ и-а́-шьҭо-уп — иахь-баракьа́ҭ-у а́зы. (AFL) *Autumn is also called "barak'at (good harvest)" because autumn is rich. Осень также называется "баракьат" — потому что осень богатая.*

а-баракьа́ҭра [n.] abundance.

баракьа́ҭро-уп (< **а-баракьа́ҭра** 'abundance'): Баракьа́ҭро-уп хара́ ҳ-ҿы́ ҭага́лан. (AFL) *We have a rich autumn. У нас осень благодатная.*

а-барба́л [n.] [Abzhwa dialect] *see* **а́-гьежь**

а-баро́н [n.] (а-баро́н-цәа, баро́н-к) a baron.

аба́рҭ [pron.] [pl.] (= **арҭ**) these.

а-бá-рҭа [n.] place to see. [< а-ба-рá "see" + рҭа "place"]**:** Анáхь-арáхь и-у-барҭа-уп áҩхаа ду-қуа, ашы́цра, аԥсатҵла-қуа, ашәтҵла-қуа. (ANR) *On all sides there are huge valleys, boxwood-grove(s), pines, beeches for you to behold.*

-бáрҭо-уп [intr.] [C1-C2-place to see-be] [C1 be visible for C2; C2 can see C1] (**Fin.** [pres.] и-с-бáрҭо-уп (I can see it), [past] и-с-бáрҭа-н) **1.** to be visible**:** Арсынтәи а-қы́ҭа зегьы́ у-бáрҭо-уп. *You can see the entire village from here.* Арáнтәи á-ӡба-қәа у-бáрҭо-уп. *The vessels are visible from here.* А-ԥе́нџьыр а-ҟы́нтәи á-шьха-қәа ибзи́аны и-у-бáрҭо-уп. *The mountains are clearly visible from the window. Из окна хорошо видны горы.* [cf. **а-бá-рҭа** "place to see"]

а-барфы́н [n.] (= **а-бырфы́н**) silk**:** а-барфы́н−тқы́ *a silk dress, шелковое платье.*

а-бáртца [n.] (-қәа) a balcony; a veranda**:** а-бáртца-ҿы *on the veranda.*

абáс [adv.] (= **ас**) so, in this way; like this**:** Абáс и-с-хы́-з-го-ит сарá с-у́сура мшы. (AFL) *As such I spend my work day. Так я провожу мой рабочий день.* Абáс áуп и-шы́-ҟо-у с-таацәарá. (AFL) *Here is my family. Вот такая моя семья.* И-з-ба-з абáс а-уп. *What I saw is like this.* || **абáс, абáс** this way and that, так и так. || **абáс á-ла** in this way.

абáсла [adv.] (= **абáс á-ла**) in this way.

абáсеиԥш [adv.] like this.

а-бáт [n.] (а-бáт-қәа, бат-к) a young (water) buffalo.

абатәы́ (**абарá**) to be seen.

Баҭáл [n.] [person's name] (m.)

а-бáхҭа [n.] (а-бáхҭа-қәа) **1.** a prison**:** А-бáхҭа д-ҭа-ды-р-тәе́-ит. *They put him/her in prison. Его/Ее посадили в тюрьму.*

á-бахә [n.] (á-бахә-қеа, бахәы́-к, сы́-бахә, бахә-қәá-к) a rock, a crag.

а-бáҳа [n.] (-қәа) a shovel; a spade.

а-бáҳа-ра [labile] **(1)** [intr.] [C1-R / C1-Neg-R] [C1 dig] (**Fin.** [pres.] д-бáҳа-уе-ит / д-бáҳа-уа-м (-бáҳа-ӡо-м), [aor.] д-бáҳа-ит / ды-м-бáҳа-ит (-бáҳа-ӡе-ит), [imper.] б-бáҳа! / бы-м-бáҳа-н!, шә-бáҳа! / шәы-м-бáҳа-н!; **Non-fin.** [pres.] (C1) и-бáҳа-уа / и-м-бáҳа-уа, [aor.] и-бáҳа / и-м-бáҳа, [impf.] и-бáҳа-уа-з / и-м-бáҳа-уа-з, [past indef.] и-бáҳа-з / и-м-бáҳа-з; **Abs.** и-бáҳа-ны / и-м-бáҳа-кәа) **1.** to dig**:** С-бáҳа-уе-ит. *I am engaged in digging. Я занят копанием. / I am digging. Я копаю.* **(2)** [tr.] [C1-C3-R / C1-C3-Neg-R] [C3 dig up C1] (**Fin.** [pres.] и-с-бáҳа-уе-ит *(preferred) or* и-з-бáҳа-уе-ит / и-с-бáҳа-уа-м, [aor.] и-с-бáҳа-ит / и-сы-м-бáҳа-ит, [imper.] и-бáҳа! / и-бы-м-бáҳа-н!, и-шә-бáҳа! / и-шәы-м-бáҳа-н!; **Non-fin.** [pres.] (C1) и-с-бáҳа-уа / и-сы-м-бáҳа-уа, (C3) и-з-бáҳа-уа / и-зы-м-бáҳа-уа; **Abs.** и-бáҳа-ны / и-м-бáҳа-кәа) **1.** to dig up**:** Сарá á-дгьыл(-қәа) с-бáҳа-уе-ит. *I am digging up the ground. Я вскопаю землю.*

а-бáҳчазкáза [n.] (-цәа) a gardener.

а-бáҳча(ра) [n.] (а-бáҳча-қәа, бáҳча-к) a garden**:** а-шәы́р бáҳча *an orchard, a fruit garden.* а-хәы́ч бáҳча *a kindergarten.* У-бáҳча-ҿы шәы́р хк-қәá-с е́иҭа-ха-у-зеи? (AFL) *What kinds of fruit are planted in your garden? Какие виды фруктов посажены в саду?*

а-бáцә [n.] (-цәа) a medlar.

а-бáша [adj.] simple, easy.

бáша [adv.] in vain; to no purpose**:** А-мш наҟьá бáша и́-ӡ-ит. *The whole day has been wasted. Весь день прошел даром.* Ари́ уарá бáша и-у-á-нахо-м. *This is not going to go by in vain for you. Это тебе даром не пройдет.* Урҭ зегьы́ бáша-н. *All those things were in vain.*

á-баҩ [n.] (á-баҩ-қәа, баҩы́-к, и́-баҩ) **1.** a bone. || л(ы́)-баҩ-л-тәы́-м-кәа(н) (еиԥш)-ҟа-ле́-ит. *she became pregnant.* **2.** a framework of a building**:** Уарá у́-баҩ у-ртцә-уе́-ит. (AFL) *You are engaged in gymnastics. Ты занимаешься физкультурой.*

а-баҩлашá [n.] bone marrow.

а-баҩртцәы́ра [n.] gymnastics; physical training**:** А-баҩртцәы́ра ҟа-шә-тца-лá! *Do sports/*

gymnastics!

а-баѳха́тәра [n.] (а-баѳха́тәра-қәа, баѳха́тәра-к) talent; ability: Уи́ а-баѳха́тәра и́-ло-уп. (GAL) *Он обладает талантом. He has a talent.*

а́-баць [n.] duty, customs: а-ха́залхратә бацъ *customs duties.* а́-бацъ а-шәара́ *to pay the duty, заплатить пошлину.*

а́-бга [n.] (а́-бга-қәа, бга-к) **1.** (= **а-бгахәычы́**) a fox. **2.** a wolf: И-ҳәа-қуа́ а́-бга-қуа и-р-фе́-ит. *The wolves ate his pigs. Волки съели его свиней.*

а-бгаду́ [n.] (а-бгаду-қәа́, бгаду́-к) a wolf.

а-бга́ра [n.] (-қәа) **1.** a landslide. **2.** the place of a landslide.

а-бга-ра́ [intr.] (**Fin.** [pres.] и-бго́-ит / и-бго́-м, [aor.] и-бге́-ит / и-мы-бге́-ит, [imper.] у-бга́! / у-мы-бга́-н!; **Non-fin.** [pres.] (C1) и-бго́ / и-мы-бго́, [aor.] (C1) и-бга́ / и-мы-бга́; **Abs.** и-бго́; и-бга-ны́ / и-мы-бга́-кәа *or* и-мы́-бга-кәа) **1.** to collapse: А-тәы́ла бго́ и-а́-лаге-ит. (Ab.Text) *The world began to collapse.*

а-бгахәычы́ [n.] (**а-бгахучы́**) (а-бгахәыч-қәа́, бгахәычы́-к) a fox.

а́-бҕа [n.] (а́-бҕа-қәа, сы́-бҕа, ха́-бҕа-қәа, бҕа́-к, бҕа-қәа́-к) the back.

а́-бҕаб [n.] (а́-бҕаб-қәа, бҕаб-к) an aurochs; Caucasian goat.

Бҕа́жә-ба [n.] [family name]

Абҕархы́қә [n.] [place name]

а-бҕыч-ра́ [tr.] [C1-C3-R / C1-C3-Neg-R] [C3 pinch C1] (**Fin.** [pres.] с-лы-бҕач-уе́-ит / с-лы-бҕач-уа́-м (-ӡо́-м), [aor.] с-лы-бҕач-и́т / с-л-мы-бҕач-и́т (-ӡе́-ит), [imper.] сы-бҕачы́! / с-б-мы-бҕачы́-н!, с-шәы-бҕачы́! / с-шә-мы-бҕачы́-н!; **Non-fin.** [pres.] (C1) и́-лы-бҕач-уа / и́-л-мы-бҕач-уа, (C3) с-зы-бҕач-уа́ / с-з-мы-бҕач-уа́, [aor.] (C1) и́-лы-бҕач / и́-л-мы-бҕач, (C3) с-зы-бҕачы́ / с-з-мы-бҕачы́, [impf.] (C1) и́-лы-бҕач-уа-з / и́-л-мы-бҕач-уа-з, (C3) с-зы-бҕач-уа́-з / с-з-мы-бҕач-уа́-з, [past indef.] (C1) и́-лы-бҕачы-з / и́-л-мы-бҕачы-з, (C3) с-зы-бҕачы́-з / с-з-мы-бҕачы́-з; **Abs.** д-бҕыч-ны́ / д-бҕычы́-м-кәа *or* д-мы-бҕачы́-кәа) **1.** to pinch: д-сы-бҕач-уе́-ит *I pinch him/her.*

а́бҕьаахәа [adv.] quickly, rapidly; instantly, immediately.

а́-бҕьаҭ-ра* [tr.] [C1-C3-S] (**Fin.** [aor.] и-а́-бҕьа́ҭ-ит / и-а́-м-бҕьа́ҭ-ит, и-ры-м-бҕьа́ҭ-ит, **Abs.** и-бҕьа́ҭ-ны / и-м-бҕьа́ҭ-кәа) **1.** (= **а́-ҕәаԥҕса-ра**) to scatter about.

а-бҕьа́ҭ-ра [intr.] (**Fin.** и-бҕьа́ҭ-уе-ит / и-бҕьа́ҭ-уа-м) to dig.

а-бҕьы́ [n.] (а-быҕь-қәа́, а-быҕь-қәа-гьы́, бҕьы́-к, быҕь-қәа́-к) **1.** a leaf: а́-ҵла-қәа ры-бҕь-қәа́ *the leaves of the trees.* А-быҕь-қәа́ каԥсе́-ит. *The leaves fell. Листья осыпались.* А-бна бзи́а и-з-бо́, а-ҵла-қәа́ ԥ-и́-ҵәҵәо-м, р-быҕь-қәа́ ҿ-и-жәо-м. (AFL) *A person who loves the forest does not damage trees and does not break off their leaves. Тот, кто любит лес, не ломает деревья, не срывает листья.* А-бҕьы́ ѳе́жь-хе-ит. *The leaf (leaves) turned yellow. Лист(ья) пожелтел(и).*

а-бҕьы́жә [n.] (-қәа, бҕьы́жә-к) fallen leaves: Урҭ ры́-мҵа зе́гь бҕьы́жә-хе-ит. (AFL) *Everything underneath them is covered by fallen leaves. Под ними все покрыто осыпавшимися листьями.*

а-бҕьы́-ц [n.] (а-бҕьы́ц-қәа, бҕьы́ц-к, сы-бҕьыц-қәа) **1.** a leaf; a sheet. **2.** a leaflet.

абду́ [n.] (абду́-цәа, абду-к, с-абду́) a grandfather.

а-бе́иа [adj.] (а-бе́иа-қәа / а-бе́иа-цәа) abundant, rich; wealthy: Аԥсны́ бе́ио-уп ԥсаба́ра-ла, ха́уа-ла, уаа́-ла. *Abkhazia is rich with nature, air, and people.*

а-бе́иара [n.] riches; wealth.

а-бе́иа-ха-ра [intr.] [C1-rich-become] (**Fin.** [pres.] с-бе́иа-хо-ит / с-бе́иа-хо-м, [aor.] с-бе́иа-хе-ит / с-бе́иа-м-хе-ит, [imper.] б-бе́иа-ха! / б-бе́иа-м-ха-н!; **Non-fin.** [pres.] (C1) и-бе́иа-хо / и-бе́иа-м-хо; **Abs.** д-бе́иа-ха-ны / д-бе́иа-м-ха-кәа) **1.** to become rich: Да́ара д-бе́иа-хе-ит. *He/She became very rich.*

Бесла́н [n.] (m.) [person's name]

а́-бжа [n.] (и́-бжа, бжа-к) half**:** а-цәа́ а́-бжа *half of the apple.* а-у́ҭра а́-бжа *half of the kitchen garden.* а-саа́ҭ ааба́ [8] ры́-бжа-зы *at half past seven, в половине восьмого.* Жәаба́ ры́-бжа р-зы́ шьыжьхьа́ с-фо́-ит. (AFL) *I have breakfast at half past nine. В половине десятого я завтракаю.* || а́-бжа '1/2'. жәаба ры-бжа '9/2'.
а́-бжак [n.] half**:** хәбе́-и бжак-и́ *five and a half.*
а-бжамҽа́м [adj.] not completed.
а-бжамҽа́м-ра* [intr. stative] (**Fin.** [pres.] и-бжамҽа́м-уп / и-бжамҽа́мы-м, [past] и-бжамҽа́мы-н / и-бжамҽа́мы-мызт) to halve.
а-бжамҽа́м-ха-ра [intr.] (**Fin.** [pres.] [aor.] ды-бжамҽа́м-хе-ит / ды-бжамҽа́мы-м-хе-ит, [imper.] бы-бжамҽа́м-ха! / бы-бжамҽа́мы-м-ха-н!; **Non-fin.** [pres.] (C1) и-бжамҽа́м-хо / и-бжамҽа́мы-м-хо; **Abs.** ды-бжамҽа́м-ха-ны / ды-бжамҽа́мы-м-ха-кәа) **1.** to halve.
а́-бжеиҭабжа [n.] quarter.
а-бжеиҳа́ра [n.] more than half**:** И-шәкә-қәа́ ры-бжеиҳа́ра сара́ ҳа́мҭа-с и-с-и́-ҭе-ит. (ARD) *Он больше половины своих книг мне подарил. He presented me with more than half of his own books. Он мне подарил больше половины своих книг.*
а-бжеиҳа́раҩык [n.] more than half of people.
а-бжы́ [n.] (а-бж-қәа́) a beetle.
бжь- [num.] (*see* **быжь-ба́**) 7.
-бжьа́- [preverb] **1.** between. **2.** [predicate] to be between, to be away (from)**:** д-ры-бжьо́-уп *he is between them* (Spruit, SC5). Ара́нтәи а-ҵьармы́кьа аҟы́нӡа и-бжьо́-и (/заҟа́ бжьо́-и)? *How far is it from here to the market?* Ара́нтәи а-ҵьармы́кьа аҟы́нӡа ҩ-киломе́тра-к-и бжа-к-и́ бжьо́-уп (/р-о́-уп и-бжьо́-у). *It is 2.5 kilometers from here to the market.* Уи́ а-дәқьа́н ҳара́ ҳ-ахы-н-хо́, а-ҩн-е́ихагыле-и иаре́-и 50 (ҩын ҩажәи жәаба́)-ҟа ме́тра р-о́-уп и-бжьо́-у. (AFL) *The distance between this shop and the building where we live is about 50 meters. Расстояние между этим магазином и зданием, где мы живем, — метров 50.*
а-бжьааҧны́ [adv.] **1.** usually. **2.** at other times.
а́-бжьагажәа [n.] (-қәа) advice.
а́-бжьагара[1] [n.] (-қәа) (= **а́-бжьгара**) advice**:** А-бжьгара бзи́а с-у́-ҭе-ит. *You gave me good advice.*
а́-бжьа-га-ра[2] [tr.] [C1-C2-a-Prev-C3-R / C1-C2-a-Prev-C3-Neg-R] [C3 advise C2 about C1] (**Fin.** [pres.] и-л-а́-бжьы-с/з-го-ит / и-л-а́-бжьы-с-го-м, [aor.] и-л-а́-бжьы-с-ге-ит / и-л-а́-бжь-сы-м-ге-ит, и-л-а́-бжьа-ҳ-ге-ит / и-л-а́-бжь-ҳа-м-ге-ит, [imper.] и-л-а́-бжь-га! / и-л-а́-бжь-бы-м-га-н!; **Non-fin.** [pres.] (C1) и-л-а́-бжьы-с-го / и-л-а́-бжь-сы-м-го, (C2) и-з-а́-бжьы-с-го / и-з-а́-бжь-сы-м-го, (C3) и-л-а́-бжьы-з-го / и-л-а́-бжь-зы-м-го; **Abs.** и-л-а́-бжь-га-ны / и-л-а́-бжьы-м-га-кәа) **1.** to advise**:** И-ҳ-а́-бжь-у-го-и? *What are you advising us about?* Сара́ и-шә-а́-бжьы-з-го-ит а-мшы́н ахь шә-ца́-рц. (IC) *I am advising you to go to the sea.* Уи́ сара́ и-у-а́-бжьа-з-го-м. (RAD) *I am not advising you about this. Я тебе этого не советую.* Ҩы́за ҵа́с и-шә-а́-бжьы-з-го-ит абри́. *I am advising you about this as a friend. Я советую вам это как товарищ.* **2.** to recommend**:** Сара́ и-шә-а́-бжьы-з-го-ит абри́ а-ҩы́ аа́-шә-хәа-рц.(IC) *I recommend you to buy this wine. Я вам рекомендую купить это вино.*
а-бжьа-гы́ла-ра [intr.] [C1-C2-Prev-R / C1-C2-Prev-Neg-R] [C1 stand between C2] (**Fin.** [pres.] д-ры-бжьа-гы́ло-ит / д-ры-бжьа-гы́ло-м, [aor.] д-ры-бжьа-гы́ле-ит / д-ры-бжьа-м-гы́ле-ит, [imper.] б-ры-бжьа-гы́л! / б-ры-бжьа-м-гы́ла-н!; **Non-fin.** [pres.] (C1) и-ры-бжьа-гы́ло / и-ры-бжьа́-м-гыло, (C2) д-зы-бжьа-гы́ло / д-зы-бжьа́-м-гыло, [aor.] (C1) и-ры-бжьа-гы́ла / и-ры-бжьа́-м-гыла, (C2) д-зы-бжьа-гы́ла / д-зы-бжьа́-м-гы́ла, [impf.] (C1) и-ры-бжьа-гы́ло-з / и-ры-бжьа́-м-гыло-з, (C2) д-зы-бжьа-гы́ло-з / д-зы-бжьа́-м-гы́ло-з, [past indef.] (C1) и-ры-бжьа-гы́ла-з / и-ры-бжьа́-м-гы́ла-з, (C2) д-зы-бжьа-гы́ла-з / д-зы-бжьа́-м-гы́ла-з; **Abs.** д-ры-бжьа-гы́ла-ны / д-ры-бжьа-м-гы́ла-кәа) **1.** to stand

between: А-ҿ-ҟәа́ а-ҿы́хьча д-ры-бжьа-гы́ло-уп. (AAD) *Конюх стоит между лошадьми. The stableman is standing between the horses.*

а-бжьа́-жь-ра* [tr.] [C1-Prev-C3-R / C1-Prev-C3-Neg-R] [C3 omit C1] (**Fin.** [aor.] и-бжьа-сы́-жь-ит / и-бжьа-с-мы́-жь-ит; [imper.] и-бжьа́-жь! / и-бжьа-б-мы́-жьы-н!, и-бжьа-шәы́-жь! / и-бжьа-шә-мы́-жьы-н!, и-бжьа́-жь-ла! / и-бжьа-у-мы́-жь-ла-н!, **Abs.** и-бжьа́-жь-ны / и-бжьа-мы́-жь-кәа) **1.** (*of sentences, etc.*) to omit: У-аны-ҩ-уа́ а́жәа-ҟәа бжьа-у-мы́-жь-ла-н! (ARD) *Don't omit words when you do your writing!* **2.** to miss (*classes, lectures, etc.*): А-ле́кциа-ҟәа бжьа́-и-жь-уа-н. *He used to miss the lectures.*

а-бжьа-к-ра́ [tr.] [C1-Prev-C3-R / C1-Prev-C3-Neg-R] [C3 hold C1 between] (**Fin.** [pres.] и-бжьа́-с-к-уе-ит / и-бжьа́-с-к-уа-м, [aor.] и-бжьа́-с-к-ит / и-бжьа́-сы-м-к-ит, [imper.] и-бжьа-кы́! / и-бжьа́-бы-м-кы-н!; **Non-fin.** [pres.] (C1) и-бжьа́-с-к-уа / и-бжьа́-сы-м-к-уа, (C3) и-бжьа́-з-к-уа / и-бжьа́-зы-м-к-уа; **Abs.** и-бжьа-к-ны́ / и-бжьа-м-к-кәа) **1.** to hold sth between.

а-бжьа́-ла-ра [intr.] [C1-(C2)-Prev-R / C1-(C2)-Prev-Neg-R] [C1 go between C2] (**Fin.** [pres.] д-ры-бжьа́-ло-ит / д-ры-бжьа́-ло-м, ды-бжьа́-ло-ит / ды-бжьа́-ло-м, [aor.] д-ры-бжьа́-ле-ит / д-ры-бжьа́-м-ле-ит, ды-бжьа́-ле-ит / ды-бжьа́-м-ле-ит, [imper.] б-ры-бжьа́-л! / б-ры-бжьа́-м-ла-н!; **Non-fin.** [pres.] (C1) и-ры-бжьа́-ло / и-ры-бжьа́-м-ло, и-бжьа́-ло / и-бжьа́-м-ло, (C2) д-зы-бжьа́-ло / д-зы-бжьа́-м-ло, [aor.] (C1) и-ры-бжьа́-ла / и-ры-бжьа́-м-ла, и-бжьа́-ла / и-бжьа́-м-ла, (C2) д-зы-бжьа́-ла / д-зы-бжьа́-м-ла, [impf.] (C1) и-ры-бжьа́-ло-з / и-ры-бжьа́-м-ло-з, и-бжьа́-ло-з / и-бжьа́-м-ло-з, (C2) д-зы-бжьа́-ло-з / д-зы-бжьа́-м-ло-з, [past indef.] (C1) и-ры-бжьа́-ла-з / и-ры-бжьа́-м-ла-з, и-бжьа́-ла-з / и-бжьа́-м-ла-з, (C2) д-зы-бжьа́-ла-з / д-зы-бжьа́-м-ла-з; **Abs.** д-ры-бжьа́-ла-ны / д-ры-бжьа́-м-ла-кәа) **1.** to go between: Урҭ а́имак ры-бжьа́-ле-ит. *There was an argument between them. Между ними произошел спор.*

а́бжьа-ра[1] [intr.] [C1-C2-R / C1-C2-Neg-R] [C1 advise C2] (**Fin.** [pres.] с-б-а́бжьо-ит, с-а́бжьо-ит (< с-а-а́бжьо-ит), д-ҳ-а́бжьо-ит / с-б-а́бжьо-м, [aor.] с-б-а́бжье-ит / сы-б-м-а́бжье-ит, [fut.1] с-б-а́бжьа-п / с-б-а́бжьа-рым, [fut.2] с-б-а́бжьа-шт / с-б-а́бжьа-шам, [perf.] с-б-а́бжьа-хьеит / сы-б-м-а́бжьа-ц(т), [impf.] с-б-а́бжьо-н / с-б-а́бжьо-мызт, [past indef.] с-б-а́бжьа-н / сы-б-м-а́бжьа-зт, [cond.1] с-б-а́бжьа-рын / с-б-а́бжьа-рымызт, [cond.2] с-б-а́бжьа-шан / с-б-а́бжьа-шамызт, [plupf.] с-б-а́бжьа-хьан / сы-б-м-а́бжьа-цызт, [imper.] б-л-а́бжьа! / бы-л-м-а́бжьа-н!; **Non-fin.** [pres.] (C1) и-л-а́бжьо (*тот, который дает ей наставление*) / и-л-м-а́бжьо, (C2) д-з-а́бжьо (*тот, которому он/она дает наставление*) / ды-з-м-а́-бжьо, [aor.] (C1) и-л-а́бжьа / и-л-м-а́бжьа, (C2) д-з-а́бжьа / ды-з-м-а́бжьа, [fut.1] (C1) и-л-а́бжьа-ра / и-л-м-а́бжьа-ра, (C2) д-з-а́бжьа-ра / ды-з-м-а́бжьа-ра, [fut.2] (C1) и-л-а́бжьа-ша / и-л-м-а́бжьа-ша, (C2) д-з-а́бжьа-ша / ды-з-м-а́бжьа-ша, [perf.] (C1) и-л-а́бжьа-хьоу (-хьа(ц)) / и-л-м-а́бжьа-хьоу (-хьа(ц)), (C2) д-з-а́бжьа-хьоу (-хьа(ц)) / ды-з-м-а́бжьа-хьоу (-хьа(ц)), [impf.] (C1) и-л-а́бжьо-з / и-л-м-а́бжьо-з, (C2) д-з-а́бжьо-з / ды-з-м-а́бжьо-з, [past indef.] (C1) и-л-а́бжьа-з / и-л-м-а́бжьа-з, (C2) д-з-а́бжьа-з / ды-з-м-а́бжьа-з, [cond.1] (C1) и-л-а́бжьа-ры-з / и-л-м-а́бжьа-ры-з, (C2) д-з-а́бжьа-ры-з / ды-з-м-а́бжьа-ры-з, [cond.2] (C1) и-л-а́бжьа-ша-з / и-л-м-а́бжьа-ша-з, (C2) д-з-а́бжьа-ша-з / ды-з-м-а́бжьа-ша-з, [plupf.] (C1) и-л-а́бжьа-хьа-з / и-л-м-а́бжьаъхьа-з, (C2) д-з-а́бжьа-хьа-з / ды-з-м-а́бжьа-хьа-з; **Abs.** ды-бжьа-ны́ / ды-м-бжьа́-кәа) **1.** to give directions; to give instructions: с-б-а́бжьо-ит *I'll advise you.* Аб аҧа́ д-и-а́бжье-ит. *The father advised his son.* А-ртцаҩы́ а-тцаҩ-цәа́ д-р-а́бжьо-н. *The teacher used to advise his pupils.*

а́-бжьа-ра́[2]* [tr.] [C1-C3-R] [C3 breaks in C1[a horse]) (**Fin.** [aor.] и-сы-бжье́-ит / и-с-мы-бжье́-ит, [imper.] и-бжьа́! / и-б-мы-бжьа́-н!, и-шәы-бжьа́! / и-шә-мы-бжьа́-н!, **Abs.** и-бжьа-ны́ / и-м(ы)-бжьа́-кәа) **1.** to break in (*a horse*), to train (*a horse*): А-ҽы́ сы-бжье́-ит. *I broke in the horse. Я объездил лошадь.*

а-бжьа́ра[1] [n.] (-ҟәа) an interval, a space/distance between: а-ҟы́ҭе-и а́-ҟалаҟь-и ры-бжьа́ра *the distance between the village and the city, расстояние между селом и городом.*

а-бжьа́ра[2] [post.] (Hewitt, Abkhaz:140) between: Уи́ ы́-ҟо-уп а-мшы́н-и а́-шьха-ҟәе-и ры-бжьа́ра. (AFL) *It is between the sea and the mountains. Это находится между морем и горами.* Ҩы-тҵла́-к ры-бжьа́ра и-жы́-уп. *It is buried between the two trees.* а́-шә-и а-ӡе́нцыр-и ры-бжьа́ра *between the door and the window.* || **ҳара́ ҳа-бжьа́ра** *between us, между нами.*

а-бжьа́ра-тә [adj.] middle: а-бжьа́ратә шко́л *a middle school, средняя школа.* Уи́ бжьа́ратә шко́л-уп. (AFL) *This is a middle school. Это средняя школа.*

а-бжьа-ха-ра́* [intr.] [C1-C2-Prev-R / C1-C2-Prev-Neg-R] [C1 be stuffed between C2] (**Fin.** [aor.] и-ры-бжьа-хе́-ит / и-ры-бжьа́-м-хе-ит, **Abs.** и-ры-бжьа-ха-ны́ / и-ры-бжьа́-м-ха-кәа) **1.** to stick between sth; to be stuffed between sth: и-жьы=бжьа́ра-ҟәа и-ры-бжьа-ха́-н[ы] и́-ҟа-з а-ӡса=тҵла-ҟәа (AF) *the pine-trees that were stuffed within the interstices of his flesh.*

а-бжьа-тҵа-ра́ [tr. SV] [C1-Poss-SV-C3-R / C1-Poss-SV-C3-Neg-R] [C3 conclude C1] (**Fin.** [pres.] и-ры́-бжьа́-р-тҵо-ит / и-ры́-бжьа́-р-тҵо-м, [aor.] и-ры́-бжьа́-р-тҵе-ит / и-ры-бжьа-ры-м-тҵе-ит, [imper.] и-шәы́-бжьа́-шә-тҵа! / и-шәы-бжьа-шәы-м-тҵа-н!; **Abs.** и-ры-бжьа-тҵа-ны́ / и-ры-бжьа́-м-тҵа-кәа) **1.** to conclude (*a treaty*): Ҳара́ а́иҟәшаҳатра ҳа-бжьа́-ҳ-тҵе-ит. (GAL) *Мы заключили договор. We concluded the treaty.*

бжь-ба [num.][non-hum.] (= **быжь-ба́**) seven: Мчыбжьы́-к и-а-мо́-уп бжьы-мшы́. *A week has seven days.*

а́-бжьгара *see* **а́-бжьагара**

бжь-ра-бы́жь-тҵәа [n.] (pl.**) the nether world, a hell.

а-бжьшыҟсатәи́ [adj.] septennial.

а-б(ы)жь-шәа-ра́ [intr.] [C1-(C2)-Prev-R] [C1 fall from the crack in C2] (**Fin.** [aor.] и-б(ы)жь-шәе́-ит) **1.** to fall from a crack.

бжь-ҩы-к [num.][hum.] seven persons.

а-бжьы́ [n.] (а-бжь-ҟәа́, бжьы́-к, сы-бжьы́, ры-бжь-ҟәа́) **1.** a voice: бжьы́ ду-ла *with a loud voice.* а-бжьы́ р-ду́-ны *in a loud voice.* а-бжьы́ р-ду́-ны а-цәа́жәара *to converse loudly.* иаха́ бжьы́ ду́ла *громче.* Ры-бжьы́ бзи́о-уп. *Their voices are good.* Мажа́ра а-бжьы́ бзи́а и́-мо-уп. *Mazhara has a good voice. У Мажары хороший голос.* А-бжьы́ ҭы́-л-ге-ит. *She let out her voice. Она издала голос.* **2.** sound: А-ӡыҷҷа-ҟәа и-ры-х-тҵа́ала-н, ры-бжьы́ ҳәа го́-мызт. *The streams iced over and the sound of their flow could not be heard.* **3.** opinion. || **а-бжьы а́-ҟәы-р-га-ра** to hail/call.

-бжьы-Х-ге-ит *see* **а́-бжьа-га-ра**

а-бжьы́с [adj.] (и-бжьы́с-у) spoiled, decayed, bad: а-хаӡы́ц бжьы́с *a carious tooth.* а-кәа́ц бжьы́с *tainted meat.*

а-бжьы́-с-ра[1] [intr.] [C1-(C2)-Prev-R / C1-(C2)-Prev-Neg-R] [C1 pass between C2] (**Fin.** [pres.] д-ры-бжьы́-с-уе-ит / д-ры-бжьы́-с-уа-м, ды-бжьы́-с-уе-ит / ды-бжьы́-с-уа-м, [aor.] д-ры-бжьы́-с-ит / д-ры-бжьы́-м-с-ит, ды-бжьы́-с-ит / ды-бжьы-м-с-ит, [imper.] бы-бжьы́-с! / бы-бжьы́-м-сы-н!; **Non-fin.** [pres.] (C1) и-ры-бжьы́-с-уа / и-ры-бжьы́-м-с-уа, и-бжьы́-с-уа / и-бжьы́-м-с-уа, (C2) д-зы-бжьы́-с-уа / д-зы-бжьы́-м-с-уа, [aor.] (C1) и-ры-бжьы́-с / и-ры-бжьы́-м-с, и-бжьы́-с / и-бжьы́-м-с, (C2) д-зы-бжьы́-с / д-зы-бжьы́-м-с, [impf.] (C1) и-ры-бжьы́-с-уа-з / и-ры-бжьы́-м-с-уа-з, и-бжьы́-с-уа-з / и-бжьы́-м-с-уа-з, (C2) д-зы-бжьы́-с-уа-з / д-зы-бжьы́-м-с-уа-з, [past indef.] (C1) и-ры-бжьы́-сы-з / и-ры-бжьы́-м-сы-з, и-бжьы́-сы-з / и-бжьы́-м-сы-з, (C2) д-зы-бжьы́-сы-з / д-зы-бжьы́-м-сы-з; **Abs.** ды-бжьы́-с-ны) **1.** to go/pass between: д-ры-бжьы́-с-уе-ит *he's walking / passing between them.* А-тҵла-ҟәа с-ры-бжьы́-с-ит. *I went between the trees. Я прошел между деревьями.*

а-бжьы́-с-ра[2] [intr.] [C1-Prev-R / C1-Prev-Neg-R] [C1 go bad] (**Fin.** [pres.] ды-бжьы́-с-уе-ит / ды-бжьы́-с-уа-м, и-бжьы́-с-уе-ит / и-бжьы́-с-уа-м, [aor.] ды-бжьы́-с-ит / ды-бжьы́-м-с-ит, [imper.] бы-бжьы́-с! / бы-бжьы́-м-сы-н!; **Non-fin.** [pres.] (C1) и-бжьы́-с-уа / и-бжьы́-м-с-уа, [aor.] (C1) и-бжьы́-с / и-бжьы́-м-с, [impf.] (C1) и-бжьы́-с-уа-з / и-бжьы́-м-с-уа-з, [past indef.] (C1) и-бжьы́-сы-з / и-бжьы́-м-сы-з; **Abs.** и-бжьы́-с-ны / и-бжьы́-м-с-кәа *or* и-м-бжьы́-с-кәа) **1.** (= **а-ԥхаста-ха-ра́**) to deteriorate, to go bad, to decay: Сара́ с-саа́ҭ бжьы́с-ит. *My watch was broken. Мои часы испортились.* А-мш бжьы́с-ит. *The weather went bad. Погода испортилась.* А-ҷкәын хы́лаԥшра-да зынӡа́с ды-бжьы́-с-ит. (RAD) *Мальчик без присмотра совсем испортился. Without supervision, the boy completely went bad.*

а-бжьы́-ҭа-ра [tr.] [Poss-бжьы́ C2-C3-R / C2-C3-Neg-R] [C3 vote] (**Fin.** [pres.] лы-бжьы́ ры́-л-ҭо-ит / лы-бжьы́ ры́-л-ҭо-м, [aor.] лы-бжьы́ ры́-л-ҭе-ит / лы-бжьы́ ры́-лы-м-ҭе-ит, [imper.] бы-бжьы́ ры́-ҭ! / бы-бжьы́ ры́-бы-м-ҭа-н!, шәы-бжь-қәа́ ры́-шә-ҭ! / шәы-бжь-қәа́ ры́-шәы-м-ҭа-н!; **Non-fin.** [pres.] (C2) лы-бжьы́ зы́-л-ҭо / лы-бжьы́ зы́-лы-м-ҭо; (C3) зы-бжьы́ ры́-з-ҭо / зы-бжьы́ ры́-зы-м-ҭо; **Abs.** лы-бжьы́ ры́-ҭа-ны / лы-бжьы́ ры́-м-ҭа-кәа) **1.** to vote.

а-бжьы́-х-ра [tr.] [C1-Prev-C3-R / C1-Prev-C3-Neg-R] [C3 spoil C1] (**Fin.** [pres.] ды-бжьы́-л-х-уе-ит / ды-бжьы́-л-х-уа-м, [aor.] ды-бжьы́-л-х-ит / ды-бжьы́-лы-м-х-ит, ды-бжь-на́-х-ит / ды-бжь-на́-м-х-ит, [imper.] ды-бжьы́-х! / ды-бжьы́-бы-м-хы-н!, ды-бжьы́-шә-х! / ды-бжьы́-шәы-м-хы-н!; **Non-fin.** [pres.] (C1) и-бжьы́-л-х-уа / и-бжьы́-лы-м-х-уа, (C3) ды-бжьы́-з-х-уа / ды-бжьы́-зы-м-х-уа, [aor.] (C1) и-бжьы́-л-х / и-бжьы́-лы-м-х, (C3) ды-бжьы́-з-х / ды-бжьы́-зы-м-х, [impf.] (C1) и-бжьы́-л-х-уа-з / и-бжьы́-лы-м-х-уа-з, (C3) ды-бжьы́-з-х-уа-з / ды-бжьы́-зы-м-х-уа-з, [past indef.] (C1) и-бжьы́-л-хы-з / и-бжьы́-лы-м-хы-з, (C3) ды-бжьы́-з-хы-з / ды-бжьы́-зы-м-хы-з; **Abs.** ды-бжьы́-х-ны / ды-бжьы́-м-х-кәа) **1.** to spoil, to damage; to ruin: а́-хәмарга ҿыц а-бжьы́хра *to break a new toy.* Уи́ и-ааӡара ды-бжь-на́-х-ит. *His upbringing spoiled him.* Ахатә-гәабзи́ара бжьы́-с-х-ит. *I ruined my health.* Ааӡара бааԥсы́-ла а́н л-хуҷы́ ды-бжьы́-л-х-ит. *The mother ruined the child through a bad upbringing. Дурным воспитанием мать исковеркала ребенка.* **2.** [stative] А-телефо́н бжьы́-хы-уп. *The telephone is broken. Телефон испорчен.*

абжьы́уа [n.] (pl. абжьы́уаа) an Abzhywan (*the Abkhazians who live between the River K'odar and the River Aaldzga*).

а́-бз [n.] (а́-бз-қәа / а́-быз-қәа, сы́-быз, *сы́-бз, бзы́-к / бы́з-к) (= **а́-быз**) a tongue. [cf. **а-р(ы)бза-ра́** "to lick"]

а-бза́ [adj.] (и-бзо́-у) alive.

а-бзабаауы́ [n.] (а-бзабаау-цәа́) a healthy person.

а-бза́-заа-ра* [intr. stative] (**Fin.** [pres.] ды-бзо́-уп / ды-бза́-м, **Abs.** ды-бза-ны́ / ды-бза́-м-кәа) **1.** to be alive: Ды-ԥсы́-у ды-бзо́-у? *Is he/she dead or alive? Он/Она умер/умерла или жив/жива?*

а-бза́зара [n.] life, everyday life.

а-бза́заратә [adj.] pertaining to life; physical.

Бза́на [river name]

бзанцы́(к) [adv.] never: Уи́ сара́ бзанцы́ с-а́-қәшаҳаҭ-хо-м. (ARD) *Я с этим никогда не соглашусь. I will never agree with this.*

а-бзарбза́н [n.] (-қәа) a cannon; a gun, piece of ordnance.

а-бза-ха-ра́* [intr.] [C1-alive-become / C1-alive-Neg-become] (**Fin.** [aor.] ды-бза-хе́-ит / ды-бза́-м-хе-ит, [imper.] бы-бза-ха́! / бы-бза́-м-ха-н!, **Abs.** ды-бза-ха-ны́ / ды-бза́-м-ха-кәа) **1.** to revive, to come to life: Ды-ԥсны́ ды-бза-хе́-ит. *He/She has come back to life. Он/Она вернулся/-лась с того света.* Ды́-ҟа-зааит уа ды-м-ԥс-уа́=ды-бза́-м-хо! (AF) *He is there to be in a state between death and life!*

а-бзи́а [a-bzə́ja] [adj.] [cf. **-абзи́аны** "well"; **а́-цәгьа** "bad"] (а-бзи́а-қәа, бзи́а-к) good, nice, fine: а-тцаҩы́ ҧшӡа́ бзи́а (*а-тцаҩы́ бзи́а ҧшӡа́) *a/the beautiful and good pupil.* еихá и-бзи́о-уп *it/they is/are better than.* еихá и-бзи́о-у *that which is better than.* а-бзи́а-ӡа *very good.* а-тцá© бзи́а *the good pupil.* а-тцаҩ-цәá бзи́а-қәа *the good pupils.* Исхьá а-мш бзиа-н. *Today the weather was good.* д-бзио-уп *he/she is good.* Сарá сы-ртцаҩ бзи́о-уп. *I am a good teacher.* Ҳарá ҳа-ртцаҩ-цәá бзи́а-қәо-уп. *We are good teachers.* с-ҩы́за бзи́а. *my good friend.* Иахьá а-мш бзи́о-уп. *Today, the weather is good.* Абри́ а-тцаҩы́ ды-бзи́о-уп. *This pupil is good.* Абри́ а-тцаҩ-цәá бзи́а-қәо-уп. *These pupils are good.* Абри́ а-тцаҩ-цәá бзи́а-цәо-уп. *These pupils are very good.* А-мш аны-бзио́-у ны́ҟәара ҳ-цо́-ит, á-қалақь ахь с-ҩы́зе-и сарé-и. (AFL) *When the weather is good, my friend and I go to town for a stroll. Когда погода хорошая, мой друг и я идем бродить по городу.* У-бжьы́ бзи́о-у-ма? *Do you have a good voice?* Лы-плáн дáара и-бзи́о-уп. *Her figure is very good.* Кáма л-ҟазшьá бзи́о-уп. *Kama has a good character.* Ахра д-ҩы́за бзи́о-уп. *Akhra is a good friend.* С-áб, и-бзи́о-уп, и́-у-ҳәо с-á-қушаҳат-уп. (Ab.Text) *Father. It's all right. I agree with what you say.* || **Бзи́о-уп**. Fine./OK. || **бзи́а а-ба-рá** [tr.] to love: А-тцаҩ-цәá бзи́а сы-р-бé-ит. *The students loved me. Ученики полюбили меня.* (cf. А-тцаҩы́ бзи́а-қәа сы-р-бé-ит. *or* А-тцаҩ-цәá бзи́а-қәа сы-р-бé-ит. *The good students saw me. Хорошие ученики увидели меня.*) Сарá уи́ бзи́а и-ба-ны́ и-с-фé-ит. *I ate it with pleasure. Я съел это с удовольствием.* Урҭ р-қы́ҭа бзи́а и-р-бо́-ит. *They love their village.* Аҧсуаа á-сас бзи́а ды-р-бо́-ит. *Abkhazians love guests.* Шәарá á-сас бзи́а ды-жә-бо́-ма? *Do you love guests?* Ари́ а-тéма á-лацәажәа-ра сарá дáара-ӡа бзи́а и-з-бо́-ит. (AFL) *I very much love talking about this topic.* Уарá аутраҭы́х-қәа зéгь р-éиха бзи́а и́-у-бо-зеи? (AFL) *Of all the vegetables, what do you like best? Что ты любишь больше из всех овощей?* Урҭ бзи́а еиба-бо́-н. *They loved each other.* Уа бзи́а у-бé-ит. *Greetings.* (Hewitt, Abkhaz:175) Уарá а-утраҭы́х-қәа бзиа и-у-бо́-ма? *Do you like vegetables?* Бзи́а и-жә-ба-лá! (AFL) *Love it/them!* Ахра á-кәаша-ра бзи́а и-бо́-ит. *Akhra loves to dance.* || **бзи́ара у-бá-аит! /жә-бá-аит!** *used in reply of greetings, "hello!", здравствуй(те)*: А-бзи́ара ý-ма-з, Баҭáл! — Бзи́ара у-бáаит! *How are you? Batal! — How are you?* А-бзи́ара шәы́-ма-з! — Бзи́ара жә-бáаит! *Здравствуйте! — Здравствуйте!* Уа бзи́а у-бá-аит! (AF) *Hey there, greetings!*

бзи́а а-ба-рá *see* **бзи́а**

а-бзи́абара [n.] (и-бзи́абара) love: А-нцәá и-бзи́абара *God's love.* áиашьаратә бзи́абара *brotherly love.* а-бзи́абара а-ҟны́тә *for love / in the name of love.* бзи́абара-ла *with love.*

а-бзи́абаҩы [n.] (а-бзи́аба(ҩ)-цәа, бзи́абаҩы-к) a lover: а-шәҟә-қәá ры-бзи́абаҩы *a lover of books, любитель книг.*

а-бзи́а-заа-ра [intr. stative] [See **а-бзи́а**] (**Fin.** [pres.] ды-бзи́о-уп / ды-бзи́а-м; [subj.] шәы-бзи́а-зааит) **1.** to be good: Ари́ а-ҿы́ҩ дáара и-бзи́о-уп. *This racehorse is very good. Этот скакун очень хороший.* У-ан-ҧс-уá у-ды́р-уа-зар бзи́о-у-ма? (AF) *Is it good for one to know if one is going to die?*

абзи́аӡа[1] [interj.] (= **абзи́араз**) good-bye!

а-бзи́аӡа[2] [adj.] (и-бзи́аӡо-у) beautiful; best: á-ӡӷаб бзи́аӡа *a beautiful girl.*

-бзиáӡаны [adv.] very well, perfectly well: Ари́ а-ҧҳәы́с и-бзиáӡаны ды-з-ды́р-уе-ит. *I know this woman very well.*

бзи́ала [interj.] good-by(e)! || **бзи́ала у-аабéит!** [*addressed to a male person*] [< бзи́а-ла у-аа-бé-ит "good-by you(m.)-we-see-Aor.Fin"] / **б-аабéит!** [*addressed to a female person*] /**шә-аабéит!** [*address to people or formal address to one person*] [interj.] *welcome!; Greetings! Добро пожаловать!* [See **а-бзи́а**]

-бзи́аны [adv.] [< а-бзи́а+ны] well, nicely: Сарá с-áн-гьы с-áб-гьы á-шәа бзи́аны и-р-ҳәо́-ит. (AFL) *My mother and my father sing well. Моя мать и мой отец хорошо поют.* Ҭарáшь и-андý асрé-и аҧарé-и и-бзи́аны и-л-ды́р-уе-ит. (ANR) *Tarash's grandmother well knows* *how to spin and knit.* А-ҟы́з а-ӡ-а-ҽы́ и-бзи́аны и-ӡсо́-ит. (AFL) *A goose swims well in water. Гусь хорошо плавает в воде.* Сара́ а́-ӡса-шьа бзи́аны и-з-ды́р-уеит. *I know how to swim well.* А-шко́л а-ҿы́ а-тцара́ бзи́аны и-тцо́-ит. (AFL) *He learns well at school. Он хорошо учится в школе.* Уи́ и-бзи́аны и́-цааи-уе-ит а-матема́тике-и а-фи́зике-и. (AFL) *He will succeed in mathematics and physics. Ему удаются математика и физика.*

а-бзи́ара [n.] (а-бзи́ара-қәа, бзи́ара-к) **1.** good, a good deed. **2.** gladness, joy. **3.** good qualities. || **а-бзи́ара у́/шәы́-ма-з!** *used to address a person as a greeting; "how are you?" здравствуй(те)!*: А-бзи́ара у́-ма-з, Баҭа́л! — Бзи́ара у-ба́аит! *Batal, how are you? — How are you? Здравствуй, Батал! — Привет!* А-бзи́ара шәы́-ма-з! — Бзи́ара жә-ба́аит! *Здравствуйте! — Здравствуйте!* || **абзи́ара б-/у-/шә-зы́ҟалааит!** *всего хорошего!, All the best!*

абзи́араз [interj.] (= **абзи́аӡа**) good-bye! || **абзи́араз ҳәа а-ҳәа-ра́** to say good-bye (to), проститься (с кем-л.): Сара́ урҭ абзи́араз ҳәа р-а́-с-ҳәе-ит. *I said good-bye to them. Я простился с ними.*

а-бзи́а-ха-ра [intr.] [C1-good-become / C1-good-Neg-become] (**Fin.** [pres.] ды-бзи́а-хо-ит / ды-бзи́а-хо-м (-ха-ӡо-м), [aor.] ды-бзи́а-хе-ит / ды-бзи́а-м-хе-ит (-ха-ӡе-ит), [imper.] бы-бзи́а-ха! / бы-бзи́а-м-ха-н!, шәы-бзи́а-ха! / шәы-бзи́а-м-ха-н!; **Non-fin.** [pres.] (C1) и-бзи́а-хо / и-бзи́а-м-хо, [aor.] (C1) и-бзи́а-ха / и-бзи́а-м-ха, [impf.] (C1) и-бзи́а-хо-з / и-бзи́а-м-хо-з, [past indef.] (C1) и-бзи́а-ха-з / и-бзи́а-м-ха-з; **Abs.** ды-бзи́а-ха-ны / ды-бзи́а-м-ха-кәа) **1.** (*of weather*) to become better; to clear up: Амш бзи́а-хе-ит. *It cleared up. Погода прояснилась.* **2.** to become better; to recover: А-чы́мазаҩ ды-бзи́а-хе-ит. *The patient recovered. Больной выздоровел.* Уара́ и-у-зы-бзи́а-хо-зар, сар-гьы́ и-с-зы-бзи́а-хо-ит. (AF) *If it's going to be OK for you, it's going to be OK for me too.* [cf. **а́-цәгьа-ха-ра** "to become bad"]

а-бзи́ахә [adj.] beautiful; excellent; lovely: А-ӡҕаб бзи́ахә *the lovely girl.*

-бзи́ахәӡа [adv.] very well; excellently: А-чы́мазаҩ ды-бзи́ахәӡа ды́-ҟо-уп. *The patient feels very good. Больной чувствует себя прекрасно.*

-бзи́ахәха *see* **-бзи́ахәӡа**

-бзоура́ла [post.] thanks to: Аруаа фырха́ҭцара-ла и-ахь-е́ибашьы-з а-бзоура́ла/и-а-бзоураны́ аиа́аира аа-ге́-ит. (ACST) *Thanks to the soldiers having fought with hiroism, we gained victory.*

Бзы́ԥ [n.] [river name]

Бзы́ԥҭа [n.] [place name]

а-би́а [n.] (а-би́а-қәа, би́а-к) a quince.

а́биашьа [n.] (а́биашь-цәа, с-а́биашьа) a paternal uncle.

а́биашьара [n.] (а́биашьара-қәа) a paternal uncle.

а-библиоҭе́ка [n.] (-қәа) a library: А-библиоҭе́ка-хь с-цо́-ит. *I am going to the library.*

а-биле́ҭ [n.] (а-биле́ҭ-қәа, биле́ҭ-к) a ticket.

абиԥа́ра [n.] (-қәа) a generation.

а-бира́к [n.] (а-бира́ҟ-қәа, с-бира́к) a flag: а-бира́ҟ ҟаԥшь *the red flag.* А-бира́ҟ ла-сы́-шьҭ-ит. *I lowered the flag. Я спустил флаг.*

а-биуро́ [n.] a bureau, an office.

а́-бла [n.] (= **а́-ла**) (а́-бла-қәа, сы́-бла, у́-бла, и́-бла, сы́-бла-қәа, бла́-к / бла-кы́) an eye: Урҭ а-дуне́и дара́ ры́-бла-ла и-а́-хәа-ԥш-уе-ит. *They are seeing the world with their own eyes.* Л-аб бла-ла́ д-и-е́иԥш-уп. *Her eyes resemble her father's. Она глазами похожа на своего отца.* Лы́-бла-қәа ҕро́-уп, и-ҭба́а-уп. *Her eyes are of mixed color and big.*

а́-блакьа-ра [tr.] [C1-C3-S / C1-C3-Neg-S] [C3 lap C1] (**Fin.** [pres.] и-а́-блакьо-ит / и-а́-блакьо-м, [aor.] и-а́-блакье-ит / и-а́-м-блакье-ит, [imper.] и-блакьа́! / и-бы-м-блакьа́-н!; **Non-fin.** [pres.] (C1) и-а́-блакьо / и-а́-м-блакьо, (C3) и-зы-блакьо́ / и-зы-м-блакьо́, [aor.]

(C1) и-á-блакьа / и-á-м-блакьа, (C3) и-зы-блакьá / и-зы-м-блакьá, [impf.] (C1) и-á-блакьо-з / и-á-м-блакьо-з, (C3) и-зы-блакьó-з / и-зы-м-блакьó-з, [past indef.] (C1) и-á-блакьа-з / и-á-м-блакьа-з, (C3) и-зы-блакьá-з / и-зы-м-блакьá-з; **Abs.** ды-блакьа-ны́ / ды-м-блакьá-қәа) **1.** to lap**:** А-цгәы́ á-хш á-блакьо-ит. *The cat laps the milk. Кошка лакает молоко.* А-лá а-ӡы́ á-блакье-ит. *The dog lapped the water. Собака вылакала воду.*

а-блáнк [n.] (-қәа) a form**:** а-блáнк а-хá-рҭәаара *to fill in a form.*

á-бласаркьа [n.] (-қәа, сы́-бласаркьа) glasses**:** á-бласаркьа а-ны́ҟәгара *to wear glasses, носить очки.* А-бласаркьа сы́-ла и-á-с-ҭе-ит. *I put on my glasses. Я надел очки.* У-бласаркьа у́-ла и-á-ҭ! (ARD) *Put on your glasses! Надень очки!*

á-блатыҧхá [adj.] light-eyed. (< á-бла “eye” + а-тыҧхара “shine”)

а-блахáҵ [n.]**: а-блахáҵ гьежь-ра** [intr.] **Fin.** [pres.] сы-блахáҵ гьежь-уé-ит. *I am dizzy, у меня кружится голова.* лы-блахáҵ гьежь-уé-ит. *she was dizzy.* (= **а-лахáҵ гьежь-ра**)

а-блахáҵгьежьра /а-былхáҵгьежьра [n.] (-қәа) dizziness**:** Уи́ а-блахáҵгьежьра и́-мо-уп. *He is dizzy. У него кружится голова.*

á-бла-х-к-ра* [tr.] [Poss-[б]ла [C1]-Prev-C3-R] [C3 blind Poss’s eyes] (**Fin.** [pres.] сы́-(б)ла х-на-к-уé-ит / сы́-(б)ла х-на-к-уá-м, [aor.] сы́-(б)ла х-на-к-и́т / сы́-(б)ла х-нá-м-к-ит, [imper.] у́-(б)ла х-кы́! / у́-(б)ла хы́-у-м-кы-н!, **Abs.** сы́-(б)ла х-к-ны́ / сы́-(б)ла х-нá-м-к-қәа) **1.** to blind**:** А-машьы́на á-лашара сы́-(б)ла х-на-к-и́т. (ARD) *The headlight of a car blinded me. Меня ослепило светом фар.* **2.** (= **á-ла-х-к-ра**) to create a strong impression on**:** А-шәарыцаҩ а-шьáбсҭа убриаҟара и́-бла х-на-к-и́т, д-з-а-м-éи-хс-ит. (ARD) *Косуля настолько поразила охотника своей красотой, что он не мог выстрелить в нее.* [*The deer so captivated the hunter — he could not shoot at it.* (ACST)]

á-блаҷыц [n.] (-қәа) (= **á-лаҷыц**, **а-ҷы́ц**) the pupil (of the eye).

Аблóҭ [n.] [family name]

а-блу́з [n.] (а-блу́з-қәа, блу́з-к) a blouse.

áбна [adv.] (cf. **анá**) (over) there**:** Автóбус абнá и-гы́ло-уп. *The bus is standing there. Автобус стоит там.*

á-бна [n.] (á-бна-қәа, бнá-к, á-бна-нтә, бна-қәá-к) woods; forest**:** á-бна-[а]хь *to the forest.* á-бна-ҿы *in the forest.* á-бна-қәа р-ҿы́ *in the forests.* á-бна ӡахәá *wild grapes, дикий виноград.* И-шәы-хьча-лá á-бна! (AFL) *Take care of the forest! Берегите лес!*

а-бнакәты́ [n.] (а-бнакәт-қәá, бнакәты́-к) a pheasant.

а-бнá-ла-ра [intr.] [C1-Prev-R / C1-Prev-Neg-R] [C1 hide] (**Fin.** [pres.] ды-бнá-ло-ит / ды-бнá-ло-м (-ла-ӡо-м), [aor.] ды-бнá-ле-ит / ды-бнá-м-ле-ит, [imper.] бы-бнá-л! / бы-бнá-м-ла-н!, шәы-бнá-л! / шәы-бнá-м-ла-н!; **Non-fin.** [pres.] (C1) и-бнá-ло / и-бнá-м-ло, [aor.] (C1) и-бнá-ла / и-бнá-м-ла, [impf.] (C1) и-бнá-ло-з / и-бнá-м-ло-з, [past indef.] (C1) и-бнá-ла-з / и-бнá-м-ла-з; **Abs.** ды-бнá-ла-ны / ды-бнá-м-ла-қәа) **1.** to hide (oneself)**:** сы-бнá-ло-ит *I will hide, я скроюсь.* **2.** to run away; to make off**:** А-баандаҩ-цәá бнá-ле-ит. *The prisoners escaped.*

á-бнара [n.] a forest tract.

а-бнáтә [adj.] wild**:** а-бнáтә ҧстә-қәá *wild animals.* А-бнáтә á-рбаҕь а-ҩнáтә á-рбаҕь дәы́л-на-цо-н. *The wild cock used to drive away the tame cock. Чужой (дикий) петух хозяйского (домашнего) петуха прогонял.*

á-бнауаҩратә [adj.] savage, barbarous; uncivilized**:** á-бнауаҩратә хы́лҵшьҭра-қәа *the savage tribes.*

а-бнаҳәá [n.] (-қәá) a wild boar.

а-бнаҽеá [n.] (= **а-бынҽеá**) (а-бнаҽеа-қәá, бнаҽеá-к, бынҽеá-к) a doe, a deer.

абни́ [pron.] (sg.) (= **ани́**) that, visible, non-remote. [cf. **убри́**]

а-бóмба [n.] (а-бóмба-қәа, бóмба-к) a bomb.

Б

а-бо́ра [n.] (а-бо́ра-кәа, бо́ра-к) a stable; a cattle-shed.
а-бота́ника [n.] botany.
а-бота́никатә [adj.] botanical: а-бота́никатә ба́хча *botanical gardens.*
а́-бра [n.] (bz.) = **а-ԥы́рцә**
абра́ [adv.] **1.** (= **ара́**) here: У-лба́а шьҭа́ абра́. *Please get off here.* **2.** (to) here, hither: Абра́ ҷку́н-а ху́чы-к д-а́аи-н (...). (Ab.Text) *A little boy came here and* (...).
а́браа [n.] (pl.) **1.** fosterers. **2.** one's wife's family.
абра́(ка) = **ара́(ка)** [adv.] here: Сара́ абра́ ааигәа́ сы-н-хо́-ит. *I live near here. Я живу рядом.*
абра́нтә(и) [adv.] (= **ара́нтә(и)**) from here.
абра́хь [adv.] (= **ара́хь**) (to) here, hither.
абри́ [pron.] (= **ари́**) this: абри́ а-тҟы́ ҩе́ижь *this yellow dress, это желтое платье.* Абри́ а-тцаҩы́ ды-бзи́о-уп. *This pupil is good.* Абри́ а-тцаҩ-цәа́ бзи́а-кәо-уп. *These pupils are good.* Абри́ д-а́ԥсуа ха́тцо-уп. *This is an Abkhazian man. Это абхазский мужчина.* Абри́ с-а́хәа-ло-уп д-шы́-с-шьы-з. (Ab.Text) *It is this, my sword with which I killed the ogre.* || **абри́ а́кун** according to that: Ҳаи, да́дхеит, ари́ д-хуа́рҭа-м, у-лы́-хуо-м у-л-ҟуа́-тц ҳәа з-у-а́-с-хәа-з абри́ а́кун. (Ab.Text) *"My dear friend, unfortunately, this girl is useless. You won't be able to manage her. 'Please leave her as she is'. That's why I have said this to you.* || **абри́ а́-уп** *that's it.*
абриа́кара [adv.] as much/many.
абри́гь абри́гь [adv.] now ... now ...; such and such: Абри́гь, абри́гь а-ҭы́ԥ а-ҿы́ а-ху́ ду́ и́-ку-уп а-ха́ҳә ду́. (Ab.Text) *On the top of the big hill at a certain place there is a big stone.*
а́-бру [n.] (а́-бру-кәа, бру́-к) a nut.
абры́гь-абры́гь (= **абри́гь абри́гь**) [adv.] such and such: Абры́гь-абры́гь а́амҭа-зы у-аа! (AF) *Come at such and such a time!*
Абрыскьы́л [n.] (m.) [person's name]
а́бхәа [n.] (а́бхәа-цәа, бхәа-к, с-а́бхәа) a father-in-law.
а́бхәараа [n.] (coll. n.) (с-а́бхәараа) parents and close relatives of my wife/husband.
а́бхәында [n.] (а́бхәында-цәа) a brother-in-law.
а-бҳәа́ [n.] (а-бҳәа-кәа́, бхәа-к) a plum.
а-бтца-ра́ [n.] (= **ноиа́бр**) November.
а-бтцара́мза [n.] October.
а-бҷы́ [n.] measles: А-бҷы́ и́-хь-ит. *He caught measles. Он заболел корью.*
а́бшьҭра [n.] (а́бшьҭра-кәа) a forefather, an ancestor.
а-бҩа́ [n.] (а-бҩа-кәа́) copper.
а́бџьар [n.] (а́бџьар-кәа, бџьар-к) weapons.
а́-быб [n.] (а́-быб-кәа) dust. [cf. **а-быбы́ц, а-са́ба**]
а-быбы́ц [n.] (-кәа, быбы́ц-к) a speck of dust: Быбы́ц-к ы́-ҟа-м. *There is no dust.*
а-бы́быш [adj.] (и-бы́быш-у) snow-white: Ҳ-тцәа́тцла бы́быш-ӡа и-шәҭ-и́т. (AFL) *Our apple tree came to bloom in snow-white. Наша яблоня белоснежно расцвела.*
-бы́бышӡа: А-тцәа́тцла-кәа бы́бышӡа и-шәҭ-ны́ и-гы́ло-уп. *The apple trees stand in bloom.*
быжь-ба́ [num] seven: быжь-шықәса́ *seven years.* А-цәаҟәа быжь ԥышшәахәы́-к а́-мо-уп. *The rainbow has seven colors.* Зынӡа́к быжь-жәҩа́н-к ы́-ҟо-уп. (AF) *Aotogether there are seven skies.*
а́-быжьбатәи [ordinal num.] seventh.
быжь-ҩы́к [num.][hum.] seven persons.
а́-б(ы)з [n.] (а́-быз-кәа, сы́-быз, *сы́-бз) a tongue.
а-бызкаҭа́ҳа [n.] (-кәа) a spider.

а-бызкаҭáҳара [n.] (-қәа, бызкаҭáҳара-к) a spider('s) web, a cobweb. [< абыз "tongue" + акаҭ "net" + аҳа-ра "plait"]

а-бызшәá [n.] (а-бызшәа-қәá, ҳ-бызшәá, бызшәá-к) language**:** áԥсуа бызшәá *the Abkhaz language, абхазский язык.* урыс бызшәá-ла (/урысшәа-ла) а-цәáжәа-ра *to speak Russian.* атәым бызшәа-қәá *foreign languages.* а-шәҟәы áԥсуа бызшәá-хь áиҭага-ра *to translate the book into Abkhaz.* апыҟҟáҳәа áԥсышәа-ла áԥхьа-ра *to read fluently in Abkhaz.* Ҳарá и-аҳ-тцó-ит áԥсуа бызшәá. (AFL) *We are studying Abkhaz. Мы изучаем абхазский язык.* Уарá бызшәа-қәá-с и́-у-дыр-уе-и? *What languages do you have a command of? Какими языками ты владеешь?*

а-бы́кь [n.] (а-бы́кь-қәа) **1**. hooter, siren; whistle**:** автомоби́л а-бы́кь *a car horn.* А-бы́кь бжьá-ла а-у́сура-хь с-нéи-т. *I went to work according to the whistle. Я вышел на работу по свистку.* **2**. a horn.

а-былрá[1] [n.] (а-былра-қәá) a fire**:** а-былрá ҟа-лé-ит. *there was a fire, произошел пожар.*

а-был-рá[2] [labile] **(1)** [tr.] [C1-C3-R / C1-C3-Neg-R] [C3 burn C1] (**Fin.** [pres.] и-з-был-уé-ит, и-á-был-уе-ит / и-з-был-уá-м, и-á-был-уа-м, [aor.] и-з-бл-и́т, и-á-бл-ит / и-сы-м-бл-и́т, и-а-м-бл-и́т, [fut.1] и-з-блы́-п, и-á-блы-п / и-з-был-ры́м, и-á-был-рым, [fut.2] и-з-блы́-шт, и-á-блы-шт / и-з-блы́-шам, и-á-блы-шам, [perf.] и-з-был-хьéит, и-á-был-хьеит / и-сы-м-блы́-ц(т), и-á-м-блы-ц(т), [impf.] и-з-был-уáн, и-á-был-уан / и-з-был-уáмызт, и-á-был-уамызт, [past indef.] и-з-блы́-н, и-á-блы-н / и-сы-м-блы́-зт, и-á-м-блы-зт, [cond.1] и-з-был-ры́н, и-á-был-рын / и-з-был-ры́мызт, и-á-был-рымызт, [cond.2] и-з-блы́-шан, и-á-блы-шан / и-з-блы́-шамызт, и-á-блы-шамызт, [plupf.] и-з-был-хьáн, и-á-был-хьан / и-с-м-блы́-цызт, и-á-м-блы-цызт, [imper.] и-блы́! / и-бы-м-блы́-н!, и-шә-блы́! / и-шәы-м-блы́-н!; [caus.] и-с-лы́-рбл-ит / и-сы-л-мы́-р-бл-ит; и-а-лы-р-бл-и́т / и-а-л-мы-р-бл-и́т; [poten.] и-сы-з-был-уá-м, и-с-зы́-м-бл-ит; [non-vol.] и-с-áмха-был-уе-ит / и-с-áмха-был-уа-м, и-с-áмха-бл-ит / и-с-áмха-м-бл-ит; [vers.1] и-л-зы́-з-бл-ит / и-л-зы́-сы-м-бл-ит; [vers.2] и-л-цәы́-з-бл-ит / и-л-цәы́-сы-м-бл-ит; **Non-fin.** [pres.] (C1) и́-л-б(ы)л-уа / и́-лы-м-бл-уа, (C3) и-з-бл-уá / и-зы-м-бл-уá, [aor.] (C1) и́-л-бл / и́-лы-м-бл, (C3) и-з-блы́ / и-зы-м-блы́, [impf.] (C1) и́-л-бл-уа-з / и́-лы-м-бл-уа-з, (C3) и-з-бл-уá-з / и-зы-м-бл-уá-з, [past indef.] (C1) и́-л-блы-з / и́-лы-м-блы-з, (C3) и-з-блы́-з / и-зы-м-блы́-з; **Abs.** и-был-ны́ / и-м-б(ы)лы́-кәа) **1.** to burn sth**:** А-ҕá а-қы́ҭа-қәа и-был-уé-ит. (RAD) *Враг жжет селения. The enemy is burning the villages.* А-мра сы́-бҕа á-был-уе-ит. (RAD) *Солнце жжет мне спину. The sun is burning my back.* **2.** to burn, обжечь**:** А-фáқь д-á-бл-ит. *Его обожгло паром. He was burnt by the steam.* Асы́ шкәáкәо-уп, и-ԥшӡó-уп, ахá уáҩ д-á-был-уе-ит. *The snow is white and beautiful, but it freezes a person. Снег бел, красив, но человека „обжигает".* || **и-гәы́ был-уé-ит** he is tender-hearted**:** Уарá з-гәы́ был-уá у-áкә-ӡа-м. *You are not one to feel pity.* [cf. **а-ҽеáрбыл-ра** "to burn oneself"].

(2) [intr.] [C1-R / C1-Neg-R] [C1 burn] (**Fin.** [pres.] и-был-уé-ит / и-был-уá-м, [aor.] и-бл-и́т / и-м-бл-и́т; **Non-fin.** [pres.] (C1) и-был-уá / и-м-был-уá, [aor.] (C1) и-блы́ / и-м-блы́, [impf.] (C1) и-был-уá-з / и-м-был-уá-з, [past indef.] (C1) и-блы́-з / и-м-блы́-з; **Abs.** и-был-ны́ / и-м-б(ы)лы́-кәа) **1.** to burn**:** А-хьаца-мҿы и-бзи́аны и-был-уé-ит. (ABD) *Дерево граба хорошо горит. The wood of the hornbeam burns well.* А-мҿы́ бзи́аны и-был-уé-ит. (RAD) *Дрова хорошо горят. The firewood burns well.* А-ҩны́ бл-ит. *The house burned down. Дом сгорел.*

а-бымбы́л *see* **а-бамбы́л**

абынқәаты́ [n.] (абынқәат-қәá) a pheasant. [= **абнақуты́** < á-бна "forest" + а-қәты́ "hen"]

абын-тцәá [n.] (абын-тцәа-қәá) a wild apple tree.

а-бынҽеá *see* **а-бнаҽеá**

а-бы́рг [n.] (-цәа) an old man.

а-бы́рг [adj.] old; middle-aged; elderly**:** а-уаҩ бырг *an old person.* á-хәса бы́рг-цәа *middle-*

aged women. С-андý-и с-абдý-и бы́рг-цәо-уп. (AFL) *My grandmother and my grandfather are elderly. Моя бабушка и мой дедушка пожилые.*

абыржәы́ [adv.] **1.** now; nowadays**:** абыржәы́-гь *now too.* **2.** only just, just**:** абыржәы́ абра́ ды́-ҟа-н. (RAD) *Он/Она сейчас здесь был/-ла. He/She was here just now.*

абыржәы́тцәкьа [adv.] **1.** just now, a moment ago; only just**:** Уи абыржәы́тцәҟьа ды-з-бó-н. *I only just saw him. Я его только что увидела.* **2.** immediately.

а-бырзéн (-цәа) **1.** [n.] a Greek. **2.** [adj.] Greek**:** а-бырзéн бызшәа́ *the Greek language, греческий язык.* д-бырзéны-н *he/she was Greek.*

Бырзентәы́ла [n.] Greece.

а-бы́рлаш [n.] (-қәа) a pearl.

а́-быр-ра [intr.] [C1-R] (**Fin.** [aor.] ды-бр-и́т) **1.** to stagger**:** Д-аа-быр=быры́-н д-ка́-ҳа-ит. *He/She staggered and fell down.*

а-бырфы́н [n.] [= **а-барфы́н**] silk.

абыскаҩы́к [adv.] so many (people).

а-бы́сҭа [n.] (а-бы́сҭа-қәа, бы́сҭа-к) **1.** mamalyga, polenta [a type of porridge]**:** Уи а-бы́сҭа л-у-и́т. *She prepared polenta. Она приготовила мамалыгу.* **2.** millet.

Абыху-ба [family name]

абҩартцәы́ра [n.] (-қәа) (= **а-ҭаалы́м**) gymnastics; physical exercises. [cf. **а-ртцә-ра́**]

а-бҩа́тә(ы) [adj.] copper, cupric**:** а-бҩа́тәы мадéн *copper ore, медная руда.*

В в

-ва- **1.** [preverb] next to, alongside *(an object conceived of as horizontally extended)* (Spruit, SC5)**:** Сарá а-хучы́ с-лы́-ва-гы́ло-уп. *I am standing next to the child. Я стою рядом с ребенком.* А-тӡла с-а-ва-гы́ло-уп. *Я стою за деревом.* **2.** [predicate] [C1-C2-R] [C1 be beside C2]**:** А-тӡла и-á-во-уп *It/they is/are at the side of the tree. Оно находится сбоку дерева.* А-га д-ш-á-ва-з, а-уаá ры́-шьҭа и-бé-ит. (AF) *As he was beside the shore, he noticed human tracks.* [cf. **д-**]

á-ва-гала-ра [tr.] [C1-C2(a)-Prev-C3-R / C1-C2(a)-Prev-C3-Neg-R] [C3 take C1 aside] (**Fin.** [pres.] д-а-ва-з/с-гáло-ит / д-а-ва-з/с-гáло-м, [aor.] д-а-ва-з/с-гáле-ит / д-а-ва-сы-м-гáле-ит, [imper.] д-а-ва-гáл! / д-а-ва-бы-м-гáла-н!, д-а-ва-жә/шә-гáл! / д-а-ва-шәы-м-гáла-н!; **Non-fin.** [pres.] (C1) и-а-ва-з-гáло / и-а-ва-сы-м-гáло, (C1) д-а-ва-з-гáло / д-а-ва-зы-м-гáло; **Abs.** д-á-ва-гала-ны / д-á-ва-м-гала-кәа) **1.** to take/draw sb aside**:** д-á-ва-гала-ны акы́ é-и-хәе-ит. (ARD) *Он его отозвал в сторону и что-то сказал ему. He took him aside and said something to him.*

а-вагóн [n.] (а-вагóн-кәа) a carriage, a car**:** а-вагóн тáта *soft-seat carriage, мягкий вагон.* а-вагóн кьáкьа *hard-seat carriage, жесткий вагон.* а-ҩы́з-цәа а-вагóн а-ҿы́ и-р-хá-шҭы-з á-маҭәа-кәа *things which were forgotten in the carriage by the friends, забытые товарищами в вагоне вещи.*

а-ва-гы́ла-заа-ра [intr. stative] [C1-C2-Prev-R] [C1 stand next to C2] (**Fin.** [pres.] д-сы́-ва-гыло-уп / д-сы́-ва-гыла-м, [aor.] д-сы́-ва-гыла-н / д-сы́-ва-гыла-мызт, [imper.] б-сы́-ва-гыла-з! / б-сы́-ва-гыла-мыз!; **Non-fin.** [pres.] (C1) и-сы́-ва-гыло-у / и-сы́-ва-гыла-м, (C2) д-зы́-ва-гыло-у / д-зы́-ва-гыла-м; **Abs.** д-сы́-ва-гыла-ны / д-сы́-ва-гыла-м-кәа) **1.** to stand next to**:** Д-сы́-ва-гыло-уп. *He/She is standing next to me. Он/Она стоит рядом со мной.*

á-ва-гыла-ра [intr.] [C1-C2-Prev-R / C1-C2-Prev-Neg-R] [C1 stand beside C2] (**Fin.** [pres.] д-á-ва-гыло-ит, д-лы́-ва-гыло-ит ((s)he stands beside her) / д-á-ва-гыло-м, д-лы́-ва-гыло-м, [aor.] д-á-ва-гыле-ит / д-á-ва-м-гыле-ит, [imper.] б-á-ва-гыл! / б-á-ва-м-гыла-н!; **Non-fin.** [pres.] (C1) и-á-ва-гыло / и-á-ва-м-гыло, (C2) ды-з-ва-гы́ло / ды-з-вá-м-гыло; **Abs.** д-а-ва-гы́ла-ны) **1.** to stand beside, to stand by**:** Абóра д-а-ва-гы́ла-ны акьажьы́ҳәа а-тәы́уара д-á-лаге-ит. (Ab.Text) *She sat in the corner of the stable and started to sob out loud.*

á-ва-ӡәӡәа-ра [intr.] [C1-C2-Prev-R / C1-C2-Prev-Neg-R] [C1 snuggle up to C2] (**Fin.** [pres.] д-лы́-ва-ӡәӡәо-ит / д-лы́-ва-ӡәӡәо-м, [aor.] д-лы́-ва-ӡәӡәе-ит / д-лы́-ва-м-ӡәӡәе-ит, [imper.] б-лы́-ва-ӡәӡәа! / б-лы́-ва-м-ӡәӡәа-н!; **Non-fin.** [pres.] (C1) и-лы́-ва-ӡәӡәо / и-лы́-ва-м-ӡәӡәо, (C2) д-зы́-ва-ӡәӡәо / д-зы́-ва-м-ӡәӡәо; **Abs.** д-лы́-ва-ӡәӡәа-ны / д-лы́-ва-м-ӡәӡәа-кәа) **1.** to snuggle up to**:** Д-й-ва-ӡәӡәа-ны д-тәá-н. (ARD) *Он/Она сидел/-ла, прижавшись к нему. Snuggling up to him, he/she sat down.*

á-ва-ж-ра [tr.] [C1-C2-Prev-C3-R / C1-C2-Prev-C3-Neg-R] [C3 bury C1 beside C2] (**Fin.** [pres.] д-лы́-ва-р-ж-уе-ит / д-лы́-ва-р-ж-уа-м, [aor.] д-лы́-ва-р-ж-ит / д-лы́-ва-ры-м-ж-ит, [imper.] д-лы́-ва-ж! / д-лы́-ва-бы-м-жы-н!, д-лы́-ва-жә-ж! / д-лы́-ва-шәы-м-жы-н!; **Non-fin.** [pres.] (C1) и-лы́-ва-р-ж-уа / и-лы́-ва-ры-м-ж-уа, (C2) д-зы́-ва-р-ж-уа / д-зы́-ва-ры-м-ж-уа, (C3) д-лы́-ва-з-ж-уа / д-лы́-ва-зы-м-ж-уа; **Abs.** д-лы́-ва-ж-ны / д-лы́-ва-м-ж-кәа) **1.** to bury sb beside**:** А-ҧҳәы́с л-хáҵа д-й-ва-р-ж-ит. (ARD) *Они похоронили жену рядом с мужем. They buried the wife next to her husband.*

á-ва-жь-заа-ра [intr. stative] [C1-C2-Prev-R] [C1 be lying by C2] (**Fin.** [pres.] и-á-ва-жь-уп / и-á-ва-жьы-м, д-á-ва-жь-уп / д-á-ва-жьы-м, [past] и-á-ва-жьы-н / и-á-ва-жь-мызт, [imper.] б-á-ва-жьы-з! / б-á-ва-жь-мыз!; **Non-fin.** [pres.] (C1) и-á-ва-жь-у / и-á-ва-жьы-м; **Abs.** и-á-ва-жь-ны / и-á-ва-жьы-м-кәа) **1.** to lie about; to be lying by**:** А-мҿы́ а-ҩны́ и-á-ва-жь-уп. (ARD) *Дрова лежат возле дома. A piece of firewood is lying by the house.* Амҿ-қәа́ а-ҩн-қәа́ и-ры́-ва-жь-уп. *Дрова лежат возле домов. Some firewood is lying near the houses.*

а́-ва-жь-ра [tr.] [C1-C2-Prev-C3-R / C1-C2-Prev-C3-Neg-R] [C3 throw C1 near C2] (**Fin.** [pres.] и-а́-ва-сы-жь-уе-ит, и-лы́-ва-сы-жь-уе-ит, и-а́-ва-ҳа-жь-уе-ит / и-а́-ва-сы-жь-уа-м, [aor.] и-а́-ва-сы-жь-ит / и-а́-ва-с-мы-жь-ит, [caus.] и-л-а́-ва-сы-р-жь-ит (*я заставил ее бросать его(нрз.) рядом с ним*) / и-л-а́-ва-с-мы-р-жь-ит; **Non-fin.** [pres.] (C1) и-а́-ва-лы-жь-уа / и-а́-ва-л-мы-жь-уа, (C3) и-а́-ва-зы-жь-уа / и-а́-ва-з-мы-жь-уа, [aor.] (C1) и-а́-ва-лы-жь / и-а́-ва-л-мы-жь, (C3) и-а́-ва-зы-жь / и-а́-ва-з-мы-жь, [impf.] (C1) и-а́-ва-лы-жь-уа-з / и-а́-ва-л-мы-жь-уа-з, (C3) и-а́-ва-зы-жь-уа-з / и-а́-ва-з-мы-жь-уа-з, [past indef.] (C1) и-а́-ва-лы-жьы-з / и-а́-ва-л-мы-жьы-з, (C3) и-а́-ва-зы-жьы-з / и-а́-ва-з-мы-жьы-з; **Abs.** и-а́-ва-жь-ны / и-а́-ва-м-жь-кәа) **1.** to throw sth near: и-а́-ва-сы-жь-уе-ит *I throw it near it.*

а-ва́за [n.] (-қәа) a vase, ваза.

а-вакьы́ц [n.] (-қәа, вакьы́ц-к) a rib.

а́-ва-ла-ра [intr.] [C1-C2-Prev-R / C1-C2-Prev-Neg-R] [C1 go on the side (C2)] (**Fin.** [pres.] д-а́-ва-ло-ит / д-а́-ва-ло-м (-ла-ӡо-м), д-лы́-ва-ло-ит / д-лы́-ва-ло-м, [aor.] д-а́-ва-ле-ит / д-а́-ва-м-ле-ит (-ла-ӡе-ит), д-лы́-ва-ле-ит / д-лы́-ва-м-ле-ит, [imper.] б-а́-ва-л! / б-а́-ва-м-ла-н!, шә-а́-ва-л! / шә-а́-ва-м-ла-н!; **Non-fin.** [pres.] (C1) и-а́-ва-ло / и-а́-ва-м-ло, (C2) д-зы́-ва-ло / д-зы́-ва-м-ло, [aor.] (C1) и-а́-ва-ла / и-а́-ва-м-ла, (C2) д-зы́-ва-ла / д-зы́-ва-м-ла, [impf.] (C1) и-а́-ва-ло-з / и-а́-ва-м-ло-з, (C2) д-зы́-ва-ло-з / д-зы́-ва-м-ло-з, [past indef.] (C1) и-а́-ва-ла-з / и-а́-ва-м-ла-з, (C2) д-зы́-ва-ла-з / д-зы́-ва-м-ла-з; **Abs.** и-а́-ва-ла-ны / и-а́-ца-м-ла-кәа) **1.** to go at/on the side: И-а́аигәара и-м-не́-и-кәа, егьы́рахь а́-гаҿа и-н-а́-ва-ле-ит. (AF) *Without going near him, they traversed the coast on the other side.*

а-ваны́за [n.] (-қәа, с-ваны́за, ваны́за-к) the spleen.

а́-вара 1. [n.] (а́-вара-қәа, и́-вара) the flank. **2.** side. **3.** [adv.] next to: А-ба́ҳча а-ӡи́ас и-а́-во-уп (*or* и-а-д-уп). *The garden is adjacent to the river. Сад прилегает к реке.*

а́-ва-ртәа-ра [tr.] [C1-C2-Prev-C3-S / C1-C2-Prev-C3-Neg-S] [C3 seat C1 near C2] (**Fin.** [pres.] д-лы́-ва-сы-ртәо-ит / д-лы́-ва-сы-ртәо-м, [aor.] д-лы́-ва-сы-ртәе-ит / д-лы́-ва-с-мы-ртәе-ит, [imper.] д-лы́-ва-ртәа! / д-лы́-ва-б-мы-ртәа-н!, д-лы́-ва-шәы-ртәа! / д-лы́-ва-шә-мы-ртәа-н!; **Non-fin.** [pres.] (C1) и-лы́-ва-сы-ртәо / и-лы́-ва-с-мы-ртәо, (C2) д-зы́-ва-сы-ртәо / д-зы́-ва-с-мы-ртәо, (C3) д-лы́-ва-зы-ртәо / д-лы́-ва-з-мы-ртәо; **Abs.** д-лы́-ва-ртәа-ны / д-лы́-ва-мы-ртәа-кәа) **1.** to seat sb near: А-ӡҕаб а́-чкәын д-лы́-ва-ды-ртәе-ит. (ARD) *Они посадили мальчика с девушкой/возле девушки. They seated the boy with/near the girl.*

а́-ва-тәа-заа-ра* [intr.] [C1-C2-Prev-R] [C1 be sitting beside C2] (**Fin.** [pres.] д-лы́-ва-тәо-уп / д-лы́-ва-тәа-м, [past] д-лы́-ва-тәа-н / д-лы́-ва-тәа-мызт, [imper.] б-лы́-ва-тәа-з! / б-лы́-ва-тәа-мыз! *or* б-лы-ва-тәа́-мыз!, **Abs.** д-лы́-ва-тәа-ны / д-лы́-ва-тәа-м-кәа *or* д-лы-ва-тәа́-м-кәа) **1.** to be sitting beside: д-лы́-ва-тәо-уп *he/she is sitting beside her, он/она сидит рядом с ней.* А-ҩны́ д-а́-ва-тәо-уп. *He/She is sitting beside/behind the house.*

а́-ва-тәа-ра [intr.] [C1-C2-Prev-R / C1-C2-Prev-Neg-R] [C1 sits down beside C2] (**Fin.** [pres.] д-лы́-ва-тәо-ит, д-а́-ва-тәо-ит / д-лы́-ва-тәо-м, [aor.] д-лы́-ва-тәе-ит / д-лы́-ва-м-тәе-ит, [caus.] д-лы́-ва-сы-р-тәе-ит / д-лы́-ва-с-мы-р-тәе-ит; [caus.] с-бы́-ва-лы-р-тәе-ит / с-бы́-ва-л-мы-р-тәе-ит; [poten.] сы-з-бы́-ва-тәо-м, сы-з-бы́-ва-м-тәе-ит; [non-vol.] с-а́мха-бы́-ва-тәе-ит / с-а́мха-бы́-ва-м-тәе-ит; [vers.1]**; [vers.2] с-лы-цә-бы́-ва-тәе-ит / с-лы-цә-бы́-ва-м-тәе-ит; **Non-fin.** [pres.] (C1) и-лы́-ва-тәо / и-лы́-ва-м-тәо, (C2) д-зы́-ва-тәо / д-зы́-ва-м-тәо, [aor.] (C1) и-лы́-ва-тәа / и-лы́-ва-м-тәа, (C2) д-зы́-ва-тәа / д-зы́-ва-м-тәа, [impf.] (C1) и-лы́-ва-тәо-з / и-лы́-ва-м-тәо-з, (C2) д-зы́-ва-тәо-з / д-зы́-ва-м-тәо-з, [past indef.] (C1) и-лы́-ва-тәа-з / и-лы́-ва-м-тәа-з, (C2) д-зы́-ва-тәа-з / д-зы́-ва-м-тәа-з; **Abs.** д-а́-ва-тәа-ны / д-а́-ва-м-тәа-кәа) **1.** to sit down beside/next to: Сара́ а-хәчы́ и-а́н д-лы́-ва-сы-р-тәе-ит. *I made the child sit down next to his mother.* [cf. **а-тәа-ра́** "to sit (down)"]

а-вба́ [n.] (а-вба-қәа́) **1**. guilt**:** Уи́ вба и́-ма-ӡа-м. *He is without guilt. Он невиновный.* **2**. reproach**:** Вба-с и-с-у́-ҭо-у-зеи? (ARD) *What are you accusing me of? В чем ты меня упрекаешь?*

а-ве́дра [n.] (ве́дра-қәа, ве́дра-к) a bucket.

а́вгуст [n.] (= **на́нҳәа**) August.

а-ви́за [n.] (-қәа) a visa.

а-витами́н [n.] (-қәа) vitamin.

а́-в-кьа-ра [intr.] [C1-C2-Prev-R / C1-C2-Prev-Neg-R] [C1 rush by C2] (**Fin.** [pres.] д-сы́-в-ҟьо-ит / д-сы́-в-ҟьо-м, [aor.] д-сы́-в-ҟье-ит / д-сы́-вы-м-ҟье-ит, [imper.] б-сы́-в-ҟьа! / б-сы́-вы-м-ҟьа-н!; **Non-fin.** [pres.] (C1) и-сы́-в-ҟьо / и-сы́-вы-м-ҟьо, (C2) д-зы-в-ҟьо́ / ды-з-вы́-м-ҟьо; **Abs.** д-сы́-в-ҟьа-ны / д-сы́-вы-м-ҟьа-кәа) **1.** to rush by**:** машьы́на-ла д-ҳа́-в-ҟье-ит. (ARD) *Он/Она проскочил/-ла мимо нас на машине. He/She rushed by us in a car.*

а-вокза́л [n.] (-қәа) a (railway) station**:** а-вокза́л а-ҿы́ *at the station.*

-а-в-с-ны *see* **а́-в-с-ра**

а́-в-с-ра [intr.] [C1-C2-Prev-R / C1-C2-Prev-Neg-R] [C1 go by C2] (**Fin.** [pres.] с-лы́-в-с-уе-ит / с-лы́-в-с-уа-м, [aor.] с-лы́-в-с-ит / с-лы́-вы-м-с-ит, [imper.] б-сы́-в-с! / б-сы́-вы-м-сы-н!, шә-сы́-в-с! / шә-сы́-вы-м-сы-н!; [caus.] с-бы́-в-лы-р-с-ит / с-бы́-вы/ва-л-мы-р-с-ит; [poten.] сы-з-бы́-в-с-уа-м, сы-з-бы́-вы-м-с-ит; [non-vol.] с-а́мха-бы́-в-с-ит / с-а́мха-бы́-вы-м-с-ит; [vers.1]**; [vers.2] с-лы-цә-бы́-в-с-ит / с-лы-цә-бы́-вы-м-с-ит; **Non-fin.** [pres.] (C1) и-лы́-в-с-уа / и-лы́-вы-м-с-уа, (C2) д-зы-в-с-уа́ / ды-з-вы́-м-с-уа, [aor.] (C1) и-лы́-в-с / и-лы́-вы-м-с, (C2) д-зы́-в-с / ды-з-вы́-м-с, [impf.] (C1) и-лы́-в-с-уа-з / и-лы́-вы-м-с-уа-з, (C2) д-зы-в-с-уа́-з / ды-з-вы́-м-с-уа-з, [past indef.] (C1) и-лы́-в-сы-з / и-лы́-вы-м-сы-з, (C2) д-зы-в-сы́-з / ды-з-вы́-м-сы-з; **Abs.** д-а́-в-с-ны / д-а́-вы-м-с-кәа) **1.** to pass beside, to go by; to go past**:** Аагы́ларҭа с-а́-в-с-ит. *I went by the stop. Я проехал остановку.* С-лы́-в-с-уе-ит. *I am going past her. Я прохожу мимо нее.* А-дәы́ҕба а-ста́нциа и-а́-вс-ны и-це́-ит. *The train passed through the station. Поезд проехал мимо станции.* Уи́ сара́ д-сы́-в-с-ны д-це́-ит. *He/She went past me. Он/Она прошел/-шла мимо меня.* **2.** to avoid (*the subject of sth*); to go around, to pass over**:** А-зҵаа́ра уада́ҩ ҿы́-м-ҭ-кәа с-а́-в-с-ит. *I avoided the difficult question through silence. Я обошел трудный вопрос молчанием.*

авто́бус [n.] ((а-)вто́бус-қәа) a bus**:** авто́бус-ла *by bus.*

а́втор [n.] (а́втор-цәа) an author. автор.

а́-в-ца-ра [tr.] [C1-C2-Prev-C3-R / C1-C2-Prev-C3-Neg-R] [C3 drive away C1 from behind C2] (**Fin.** [pres.] и-а́-вы-с-цо-ит / и-а́-вы-с-цо-м, [aor.] и-а́-вы-с-це-ит / и-а́-в-сы-м-це-ит, [imper.] и-а́-в-ца! / и-а́-в-бы-м-ца-н!, и-а́-вы-шә-ца! / и-а́-в-шәы-м-ца-н!; **Non-fin.** [pres.] (C1) и-а́-вы-с-цо / и-а́-в-сы-м-цо, (C2) и-зы́-в(ы)-с-цо / и-зы́-в-сы-м-цо, (C3) и-а́-вы-з-цо / и-а́-в-зы-м-цо; **Abs.** и-а́-в-ца-ны / и-а́-вы-м-ца-кәа) **1.** to drive away/banish sb from behind sth**:** А-кәт-қәа́ а-ҩны́ и-а́-в-и-це-ит. (ARD) *He drove the hens away from behind the house. Он прогнал кур из-за дома.*

-вҵа- [preverb] in (a slit), between/behind (a narrow space) (Spruit, SC5).

а́-вҵа [n.] (а́-вҵа-қәа) edge; side.

а-вҵа-гы́ла-ра [intr.] [C1-C2-Prev-R / C1-C2-Prev-Neg-R] [C1 stand near/from behind/behind C2] (**Fin.** [pres.] д-а́-вҵа-гыло-ит / д-а́-вҵа-гыло-м, [aor.] д-а́-вҵа-гыле-ит / д-а́-вҵа-м-гыле-ит, [imper.] б-а́-вҵа-гыл! / б-а́-вҵа-м-гыла-н!; **Non-fin.** [pres.] (C1) и-а́-вҵа-гыло / и-а́-вҵа-м-гыло, (C2) д-зы-вҵа-гы́ло / д-зы-вҵа́-м-гыло; **Abs.** д-а́-вҵа-гыла-ны / д-а́-вҵа-м-гыла-кәа) **1.** to stand near/from behind/behind**:** А-шә д-а́-вҵа-гыле-ит. *He/She stood behind the door. Он/Она стал/-ла за дверью.*

а́-вҵа-ҵа-ра [tr.] [< -в-ҵа-ҵа- "beside-under-put"] [C1-C2-Prev-C3-R / C1-C2-Prev-C3-Neg-

R] [C3 put C1 beside C2] (**Fin.** [pres.] и-а́-втца-л-тцо-ит / и-а́-втца-л-тцо-м, [aor.] и-а́-втца-л-тце-ит / и-а́-втца-лы-м-тце-ит, [imper.] и-а́-втца-тца! / и-а́-втца-бы-м-тца-н!, и-а́-втца-шә-тца! / и-а́-втца-шәы-м-тца-н!; **Non-fin.** [pres.] (C1) и-а́-втца-л-тцо / и-а́-втца-лы-м-тцо, (C3) и-а́-втца-з-тцо / и-а́-втца-зы-м-тцо, [aor.] (C1) и-а́-втца-л-тца / и-а́-втца-лы-м-тца, (C3) и-а́-втца-з-тца / и-а́-втца-зы-м-тца, [impf.] (C1) и-а́-втца-л-тцо-з / и-а́-втца-лы-м-тцо-з, (C3) и-а́-втца-з-тцо-з / и-а́-втца-зы-м-тцо-з, [past indef.] (C1) и-а́-втца-л-тца-з / и-а́-втца-лы-м-тца-з, (C3) и-а́-втца-з-тца-з / и-а́-втца-зы-м-тца-з; **Abs.** и-а́-втца-тца-ны / и-а́-втца-м-тца-кәа) **1.** to put, to lay: А-шәҟәы́ абра́ и-а́-втца-с-тцо-ит. *I put the book here. Я положу книгу сюда.* Сара́ а-шәҟәы́ џьара́ и-а́-втца-с-тца-н, иара́ а́-ԥшаа-ра сы́-л-шо-м. (RAD) *Я положил куда-то книгу и не могу ее найти. I put the book somewhere and cannot find it.*

а́-втц-ԥш-ра [intr.] [C1-C2-Prev-R / C1-C2-Prev-Neg-R] [C1 be visible from under C2] (**Fin.** [pres.] и-а́-втц-ԥш-уе-ит / и-а́-втц-ԥш-уа-м, [aor.] и-а́-втц-ԥш-ит / и-а́-втцы-м-ԥш-ит, [imper.] у-а́-втц-ԥш! / у-а́-втцы-м-ԥшы-н!; **Non-fin.** [pres.] (C1) и-а́-втц-ԥш-уа / и-а́-втцы-м-ԥш-уа; **Abs.** и-а́-втц-ԥш-ны / и-а́-втцы-м-ԥш-кәа) **1.** to be visible from under: И-хы́лԥа и-хахәы́-шла а́-втц-ԥш-уе-ит. (ARD) *Из-под кепки видны его седые волосы. His gray hair is visible from under his cap.* **2.** to become visible/emerge from behind: А-мра а́-ԥта-қәа и-ры́-втц-ԥш-уе-ит. (ARD) *Солнце выглядывает из-за туч. The sun is emerging from behind the clouds.*

а́-в-тц-ра [intr.] [C1-C2-Prev-R / C1-C2-Prev-Neg-R] [C1 go out from behind C2] (**Fin.** [pres.] д-а́-в-тц-уе-ит / д-а́-в-тц-уа-м, [aor.] д-а́-в-тц-ит / д-а́-вы-м-тц-ит, д-ры́-в-тц-ит / д-ры́-вы-м-тц-ит, [imper.] б-а́-в-тц! / б-а́-вы-м-тцы-н!; **Non-fin.** [pres.] (C1) и-а́-в-тц-уа / и-а́-вы-м-тц-уа; **Abs.** д-а́-в-тц-ны / д-а́-вы-м-тц-кәа) **1.** to go out from behind: А-тцла д-а́-в-тц-ит. (ARD) *He/She came out from behind the tree. Он/Она вышел/-шла из-за дерева.*

а́-втцы-шәшәа-ра [intr.] [C1-C2-Prev-R / C1-C2-Prev-Neg-R] [C1(wind) blows through C2] (**Fin.** [pres.] и-а́-втц-шәшәо-ит / и-а́-втц-шәшәо-м, [aor.] и-а́-втц-шәшәе-ит / и-а́-втцы-м-шәшәе-ит, [imper.] у-а́-втц-шәшәа! / у-а́-втцы-м-шәшәа-н!; **Non-fin.** [pres.] (C1) и-а́-втц-шәшәо / и-а́-втцы-м-шәшәо; **Abs.** и-а́-втц-шәшәа-ны / и-а́-втцы-м-шәшәа-кәа) **1.** (*of wind*) to blow through: А-шә а-ԥша́ а́-втц-шәшәо-ит. (ARD) *The wind blows through the crack in the door. Ветер дует из щели в двери.*

а́-вы-ҩр-ра [intr.] [C1-C2-Prev-R / C1-C2-Prev-Neg-R] [C1 go by C2] (**Fin.** [pres.] д-лы́-в-ҩр-уе-ит / д-лы́-в-ҩр-уа-м, [aor.] д-лы́-в-ҩр-ит / д-лы́-вы-м-ҩр-ит, [imper.] б-лы́-в-ҩр! / б-лы́-вы-м-ҩры-н!; **Non-fin.** [pres.] (C1) и-лы́-в-ҩр-уа / и-лы́-вы-м-ҩр-уа; **Abs.** д-лы́-в-ҩр-ны / д-лы́-вы-м-ҩр-кәа) **1.** to go by/past sb/sth.

Г г

-га [derivational suffix] *used to derive a noun from a verbal stem, and to express an instrument associated with the verb*: а-ртцá-га *a textbook* [cf. а-ртца-рá "to teach"]. ажы́-га *a plow* [cf. а-ж-рá "to plow"]. а-ҩы́-га *a writing implement* [cf. а-ҩ-рá "to write"].

á-га [n.] (á-га-кәа, гá-к) the seashore: á-га-ҟа *to the coast.*

á-гага [n.] (-кәа, сы́-гага) a shadow; a silhouette.

Гáгра [n.] [town name]

Гáгр-аа [n.] (pl.) the people of Gagra.

а-гáз [n.] gas.

а-гá-заа-ра [intr. stative] [C1-R] [C1(*a road*) lead] (**Fin.** [pres.] и-гó-уп / и-гó-м, [aor.] и-гá-н / и-гá-мызт; **Non-fin.** (C1) [pres.] и-гó-у / и-гá-м, [past] и-гá-з / и-гá-мыз; **Abs.** и-га-ны́ / и-гá-м-кәа) **1.** (*of a road*) to lead: ишиáшоу и-гó-у á-мҩа *the road running straight.*

а-газга-рá [intr.] [C1-S / C1-Neg-S] (**Fin.** [pres.] и-газгó-ит / и-газгó-м, [aor.] и-газгé-ит / и-м-газгé-ит, [imper.] у-газгá! / у-м-газгá-н!; **Non-fin.** [pres.] (C1) и-газгó / и-м-газгó, [aor.] (C1) и-газгá / и-м-газгá; **Abs.** и-газга-ны́ / и-м-газгá-кәа) **1.** (*of a lake, the sea*) to be ruffled; to sway, to swing; to shimmer: и-газгó а-ӡы́ *the swaying water.* А-мшы́н газгó-ит. *The sea is ruffled. Море зыблется.*

а-газéҭ [n.] (а-газéҭ-кәа) a newspaper: Сарá а-газéҭ ҿыц-кәа с-ры́-ԥхьо-ит. *I am reading the latest newspapers. Я читаю свежие газеты.*

а-газәеáз-ра [intr.] [C1-S] [C1 swing] (**Fin.** [pres.] д-газәеáз-уе-ит / д-газәеáз-уа-м, [aor.] д-газәеáз-ит / ды-м-газәеáз-ит, [imper.] б-газәеáз! / бы-м-газәеáзы-н!; **Non-fin.** [pres.] (C1) и-газәеáз-уа / и-м-газәеáз-уа; **Abs.** д-газәеáз-ны / ды-м-газәеáз-кәа) **1.** to swing, to rock: á-ҕба газәеáз-уе-ит *the steamship sways, пароход качается.*

а-гаӡá **1.** [n.] (а-гаӡа-цәá/-кәá) a fool. **2.** [adj.] stupid.

а-гаӡа-тә-рá [tr.] [C1-Prev-C3-R / C1-Prev-C3-Neg-R] [C3 make a fool of C1] (**Fin.** [pres.] д-гаӡá-с-тә-уе-ит / д-гаӡá-с-тә-уа-м, [aor.] д-гаӡá-с-тә-ит / д-гаӡá-сы-м-тә-ит, [imper.] д-гаӡá-тә! / д-гаӡá-бы-м-тәы-н!, д-гаӡá-шә-тә! / д-гаӡá-шәы-м-тәы-н!; **Non-fin.** [pres.] (C1) и-гаӡá-с-тә-уа / и-гаӡá-сы-м-тә-уа, (C3) д-гаӡá-з-тә-уа / д-гаӡá-зы-м-тә-уа; **Abs.** д-гаӡá-тә-ны (*or* д-гаӡа-тә-ны́) / д-гаӡá-м-тә-кәа) **1.** to make a fool of sb, to fool sb.

а-гаӡа-ха-рá [intr.] [C1-stupid-become] (**Fin.** [pres.] д-гаӡа-хó-ит / д-гаӡа-хó-м, [aor.] д-гаӡа-хé-ит / д-гаӡá-м-хе-ит, [imper.] б-гаӡа-хá! / б-гаӡá-м-ха-н!; **Non-fin.** [pres.] (C1) и-гаӡа-хó / и-гаӡá-м-хо; **Abs.** д-гаӡа-ха-ны́ / д-гаӡá-м-ха-кәа) **1.** to become stupid: Зынӡáск у-гаӡа-хá-ма? (ARD) *Have you become completely stupid? Ты совсем поглупел?*

а-гáн [n.] (а-гáн-кәа, ган-к) a side: амрагы́лара-тәи а-гáн-ахь *on the eastern side.* И-хы́лԥҧа а-гáн-ахь и-нáа-ит. *His hat slipped to the side. Его шляпа сбилась на бок.*

ганхá [n.] sideways; aside: ганхá у-зы-ԥш-уа-зей? (ARD) *why do you look aside?*

-гáнахьала = **-гáнахь áла** from the side / point of view of.

а-гáра [n.] (а-гáра-кәа, гáра-к) a cradle: А-хәычы́ а-гáра д-гáро-уп. (ARD) *The baby is in the cradle. Ребенок в люльке.* [cf. **а-кәасá**]

а-га-рá[1] [tr.] [C1-C3-R / C1-C3-Neg-R] [C3 take C1] (**Fin.** [pres.] бы-з-гó-ит, и-гó-ит, б-а-гó-ит, д-аа-гó-ит, ды-жә-гó-ит, ҳа-л-гó-ит / бы-з-гó-м, [aor.] бы-з-гé-ит, б-а-гé-ит / б-сы-м-гé-ит, б-á-м-ге-ит, [fut.1] бы-з-гá-п / бы-з-га-ры́м, б-а-га-ры́м, [fut.2] бы-з-гá-шт / бы-з-гá-шам, б-а-гá-шам, [perf.] бы-з-га-хьéит / б-сы-м-гá-ц(т), б-á-м-га-ц(т), [impf.] бы-з-гó-н / бы-з-гó-мызт, б-а-гó-мызт, [past indef.] бы-з-гá-н / б-сы-м-гá-зт, б-á-м-га-ц(т), [cond.1] бы-з-га-ры́н / бы-з-га-ры́мызт, б-а-га-ры́мызт, [cond.2] бы-з-гá-шан / бы-з-гá-шамызт, б-а-гá-шамызт, [plupf.] бы-з-га-хьáн / б-сы-м-гá-цызт, б-á-м-га-цызт, [imper.] и-гá! / и-бы-м-гá-н!, и-жә/шә-гá! / и-шәы-м-гá-н!; [caus.] бы-с-лы-р-гé-ит / б-сы-л-мы-р-ге́-ит, и-а-сы-р-ге́-ит / и-а-с-мы-р-ге́-ит; [poten.] бы-с-зы́-го-м, бы-с-зы́-м-ге-ит; [non-vol.] б-с-а́мха-ге-ит / б-с-а́мха-м-ге-ит; [vers.1] бы-л-зы́-з-ге-ит / бы-л-зы́-сы-м-ге-ит, и-л-зы́-р-ге-ит / и-л-зы-ры́-м-ге-ит; [vers.2] и-л-цәы́-р-ге-ит / и-л-цәы́-ры-м-ге-ит; **Non-fin.** [pres.] (C1) и́-л-го (*то/тот, которое/которого она берет*) / и́-лы-м-го, (C3) ды-з-го́ (*тот, который берет его/ее*) / д-зы-м-го́, [aor.] (C1) и́-л-га / и́-лы-м-га, (C3) ды-з-га́ / д-зы-м-га́, [fut.1] и́-л-га-ра / и́-лы-м-га-ра, (C3) ды-з-га-ра́ / д-зы-м-га-ра́, [fut.2] и́-л-га-ша / и́-лы-м-га-ша, (C3) ды-з-га́-ша / д-зы-м-га́-ша, [perf.] и́-л-га-хьа(ц) *or* и́-л-га-хьоу / и́-лы-м-га-хьа(ц) *or* и́-лы-м-га-хьоу, (C3) ды-з-га-хьа́(ц) *or* ды-з-га-хьо́у / д-зы-м-га-хьа́(ц) *or* д-зы-м-га-хьо́у, [impf.] (C1) и́-л-го-з / и́-лы-м-го-з, (C3) ды-з-го́-з / д-зы-м-го́-з, [past indef.] (C1) и́-л-га-з / и́-лы-м-га-з, (C3) ды-з-га́-з / д-зы-м-га́-з, [cond.1] (C1) и́-л-га-ры-з / и́-лы-м-га-ры-з, (C3) ды-з-га-ры́-з / д-зы-м-га-ры́-з, [cond.2] (C1) и́-л-га-ша-з / и́-лы-м-га-ша-з, (C3) ды-з-га́-ша-з / д-зы-м-га́-ша-з, [plupf.] и́-л-га-хьа-з / и́-лы-м-га-хьа-з, (C3) ды-з-га-хьа́-з / д-зы-м-га-хьа́-з; **Abs.** д-га-ны́ / ды-м-га́-кәа *or* д-сы-м-га́-кәа) **1.** to bring. **2.** to take; to carry: и́-б-го-и? *what will you take?* А-нха-цәа́ а́-ҟалакь ахь а-џьыкәре́и р-ге́-ит. *The peasants carried the maize to town. Крестьяне повезли в город кукурузу.* С-ху́ц-ҟуа ҩба аа-сы́-л-х-ны и-га́ (Ab.Text) *Pluck out two hairs from me and take them with you.* **3.** (*in various senses*) to take: Аҧхьаху р-ге́-ит. (ANR) *They took first prize.* А-сас-цәа на́-га-н [Par-take-Abs.] и-на-ды-ртәе́-ит. *They took the guests and sat them down.* **4.** (*of time*) to take: А-у́сура мыш-наҟьа́-к а-ге́-ит. *The work* took *the whole day. Работа заняла весь день.* **5.** to get married. **6.** to capture: А-ҟалакь аа-ге́-ит. *We captured the town. Мы захватили город.* А-ҕа́ а́-ҟалакь и-ге́-ит. *The enemy captured the town. Враг захватил город.* **7.** to die of (*hunger, etc.*); to suffer to death: а-ӡба́ д-а-го́-ит *he/she is suffering the pangs of thirst, Он/Она умирает от жажды.* а́-мла д-а-го́-ит *he/she is suffering the pangs of hunger, Он/Она умирает от голода.* || **а-интервиу а-га-ра́** [= а-ҿ-цәа́жәа-ра] to interview. || **сы-ҧсы́ з-ге́-ит** (1) I ran away. (2) I took a little rest. || **а-гәыҭкьа́ д-а-ге́-ит** he/she was very much frightened.

а-га-ра́[2] [intr.] (= **а-ҳа-ра́**) [C1-R] [C1 be audible] (**Fin.** [pres.] и-го́-ит / и-го́-м, [aor.] и-ге́-ит / и-м-ге́-ит, [imper.] у-га́! / у-м-га́-н!; **Non-fin.** [pres.] (C1) и-го́ / и-м-го́; **Abs.** и-га-ны́ / и-м-га́-кәа) **1.** to be heard, to be audible; to echo, to ring out: Ашәаҳәабжь го́-ит. (ARD) *Слышится песня. A song can be heard.* А-хы́сбжьы ге́-ит. (ARD) *Раздался выстрел. A shot was heard.* Џьара́ ауарды́н-ҟәа ры́-шьҭыбжь го́-ит. (AFL) *Somewhere the sound of an ox-drawn cart is heard. Где-то раздается звук арб.* А-саркьа́л а-бжьы́ го́-ит. *The bell is ringing. Колокол звонит.* А-ца́ра-ҟәа р-а́шәаҳәабжь хааӡа́ и-го-ит (/и-у-а-ҳа-уе́-ит). (IC) *The sweet singing voice of the birds can be heard.* **2.** to smell: Зегьы́ ры-фҩы́ хааӡа́ и-го́-ит (/и-у-а-ҳа-уе́-ит). (IC) *Everything is smelling sweet.*

а-га́ра-заа-ра* [intr. stative] [C1-R] (**Fin.** [pres.] д-га́ро-уп / д-га́ра-м, [past] д-га́ра-н / д-га́ра-мызт, [imper.] б-га́ра-з! / б-га́ра-мыз!, **Abs.** д-га́ра-ны / д-га́ра-м-кәа) **1.** to lie in a cradle. лежать в люльке.

а́гаҿа [n.] (-ҟәа) seaside, littoral; a coast: А-мшы́н Еиҟәа́ а́гаҿа *the coast of the Black Sea.*

а-герма́н [n.] (-ҟәа) **1.** a German: а-герма́н бызшәа́ *the German language.* **2.** a Teuton: а-герма́н бызшәа-ҟәа́ *the Germanic languages.*

Герма́ниатәи [adj.] German.

а-герман-уаҩ(ы) [n.] (= **а-ле́мса**) (*pl.* а-герман-уаа) a German.

а́-г-заа-ра [intr. stative] [C1-C2-R] [C2 be lacking in C1] (**Fin.** [pres.] и-сы́-г-уп / и-сы́-гы-м, [past] и-сы́-гы-н / и-сы́-гы-мызт; **Non-fin.** [pres.] (C1) и-сы́-г-у / и-сы́-гы-м, (C2) и-зы́-г-у / и-зы́-гы-м, [past] (C1) и-сы́-гы-з / и-сы́-г-мыз, (C2) и-зы́-гы-з / и-зы́-г-мыз *or* и-з-гы́-мы-з; **Abs.** и́-гы-м-кәа) **1.** to be lacking in, to be short of: и-сы́-г-уп *I am lacking in it/them.* А-хшы́ҩ и́-г-уп. *He does not have a mind.* Аӡәы́ д-а́-г-уп. *One person is not.* И-а́-г-да? *Who is not?* **2.** to be bad: А-хәыҷы́ да́ара и́-г-уп. (ARD) *The child is very bad.* Уи акы́ а́-г-уп. *It* *is out of order.* **3.** *used to show the period of time.* “before”**:** Сарá с-саáҭ хə-минýҭ-к á-г-уп 12 р-зы. (IC) *It is five minutes before twelve o'clock by my watch.*

а-гитáра [n.] (-қəа) a guitar, гитара.

а-грá [n.] (а-гра-қəá, гра-к) **1.** shortage. **2.** a fault**:** гра-к лы́-мо-уп. *she has a fault.*

Агр-áа [family name] Агрбовцы.

а-грáдус [n.] (а-грáдус-қəа) degree. градус**:** Иацы́ ҩажəá грáдус а-ђхáрра ы́-ќа-н. *Yesterday the temperature was 20 degrees. Вчера было 20 градусов тепла.*

а-граммáтика [n.] (-қəа) grammar.

а-граммáтика-тə [adj.] grammatical.

á-грапара [n.] (-қəа) a path trampled in snow.

а-грáфика [n.] drawing.

а-гхá [n.] (а-гха-қəá, гха-к) a mistake; an error**:** А-гхá ќа-и-тце-ит. *He made a mistake. Он ошибся.*

á-г-ха-ра[1] [intr.] [C1-C2-Prev-R / C1-C2-Prev-Neg-R] [C1 be late for C2] (**Fin.** [pres.] с-á-г-хо-ит / с-á-г-хо-м, [aor.] с-á-г-хе-ит / с-á-гы-м-хе-ит, [imper.] б-á-г-ха! / б-á-гы-м-ха-н!, [plupf.] с-á-г-ха-хьа-н / с-á-гы-м-ха-(ӡа)-цы-зт; [caus.] с-á-г-лы-р-хе-ит / с-á-г-л-мы-р-хе-ит; [poten.] с-з-á-г-хо-м, с-з-á-гы-м-хе-ит; [non-vol.] с-áмха-[а]-г-хé-ит / с-áмха-[а]-гы-м-хé-ит; [vers.1] сы-л-з-á-г-хе-ит / сы-л-з-á-гы-м-хе-ит; [vers.2] сы-л-цə-á-г-хе-ит / сы-л-цə-á-гы-м-хе-ит; **Non-fin.** (C1) [pres.] и-á-г-хо / и-á-гы-м-хо, [aor.] и-á-г-ха / и-á-гы-м-ха, [impf.] и-á-г-хо-з / и-á-гы-м-хо-з, [past indef.] и-á-г-ха-з / и-á-гы-м-ха-з; **Abs.** д-á-г-ха-ны / д-á-гы-м-ха-кəа) **1.** to be late; to be delayed**:** Сарá еснáгь с-á-г-хо-ит. *I am always late. Я всегда опаздываю.* Сарá с-á-г-хе-ит. *I was late. Я опоздал.* У-á-гы-м-ха-н! *Don't be late! Не опоздай!* Шə-з-á-г-хе-и? *Why were you late?* Сарá а-урóк с-á-г-хе-ит. *I was late for the class.* Сарá а-урóк-қəа с-ры́-г-хе-ит. *I was late for the classes.* А-ҷкəын и-царá д-á-г-хе-ит. *The boy was late for his lesson.* Уи́ дáара ды-щцак-уá-н, ахá д-á-г-хе-ит. *He/She hurried a lot, but was late. Он/Она очень торопился/-лась, однако опоздал/-ла.* А-дəы́ђба и-á-г-ха-ны и-áа-ит. *The train arrived late. Поезд пришел с опозданием.* А-дəы́ђба с-á-г-ха-р ҳəа с-шəó-ит. (AAD) *I am afraid to be late for the train. Я боюсь опоздать на поезд.* [cf. **а-ҿ-á-гы-рха-ра** “(*intentionally*) to be late”] **2.** (= **а-кьáҿ-ха-ра**) (*of the days*) to become shorter**:** А-тцх и-á-г-хо-ит. (AFL) *The nights are becoming shorter. / Night comes late. Ночь становится короткой. / Ночь наступает поздно.* А-мш-қəе-и áтцх-қəе-и и-ры́-г-хо-у, и-ры́-цло-у? (AFL) *Дни и ночи уменьшаются или прибавляются?* И-ђҳəы́с-гьы а-хшáроура-зы и-аа-лы́-г-ха-н, ды-шьҭá-л-т. (AF) *And his wife found herself on the very verge of giving birth and took to her bed.* [cf. **á-ц-ла-ра** “to become longer”]

á-г-ха-ра[2] [intr.] [C1(dummy)-C2-Prev-R / C1(dummy)-C2-Prev-Neg-R] [C2 become thin] (**Fin.** [pres.] и-лы́-г-хо-ит / и-лы́-г-хо-м, [aor.] и-лы́-г-хе-ит / и-лы́-гы-м-хе-ит, [imper.] и-бы́-г-ха! / и-бы́-гы-м-ха-н!; **Non-fin.** [pres.] (C1) и-лы́-г-хо / и-лы́-гы-м-хо, (C2) и-зы́-г-хо / и-зы́-гы-м-хо, [aor.] (C1) и-лы́-г-ха / и-лы́-гы-м-ха, (C2) и-зы́-г-ха / и-зы́-гы-м-ха; **Abs.** и-аа-и́-г-ха-ны) **1.** to become thin, to become lean; to lose weight**:** и-лы́-г-хе-ит *she became thinner.* Уи́ и-капáн и-á-г-хе-ит. *He lost weight. Он убавил в весе.* [cf. **á-гы-рха-ра** “to reduce, to decrease”]

á-г-ха-ра[3] [intr.] [C1-C2-Prev-R / C1-C2-Prev-Neg-R] [C2 has a lack of C1] (**Fin.** [pres.] и-лы́-г-хо-ит / и-лы́-г-хо-м, [aor.] и-лы́-г-хе-ит / и-лы́-гы-м-хе-ит, [imper.] и-бы́-г-ха! / и-бы́-гы-м-ха-н!; [subj.] и-шəы́-гы-м-ха-аит; **Non-fin.** [pres.] (C1) и-лы́-г-хо / и-лы́-гы-м-хо, (C2) и-зы́-г-хо / и-зы́-гы-м-хо, [aor.] (C1) и-лы́-г-ха / и-лы́-гы-м-ха, (C2) и-зы́-г-ха / и-зы́-гы-м-ха; **Abs.** и-аа-и́-г-ха-ны) **1.** not to suffice; to have a lack of**:** Аамҭа лы́-г-хе-ит. *There was not enough time for her. Ей не хватило времени.* А-ђáра лы́-г-хо-ит. *She has a lack of money.* Л-áн-и л-áб-и лы́-г-хе-ит. *She lost her parents.* Шə-чéицьыка шəы́-гы-м-

Г

ха-аит! (AF) *May you never lose that hospitanleness of yours!*

а́-г-ха-ра[4] [intr.] [C1(dummy)-C2-Prev-R / C1(dummy)-C2-Prev-Neg-R] [C2 (*water*) fall] (**Fin.** [pres.] и-а́-г-хо-ит / и-а́-г-хо-м, [aor.] и-а́-г-хе-ит / и-а́-гы-м-хе-ит, [imper.] у-а́-г-ха! / у-а́-гы-м-ха-н!; **Non-fin.** [pres.] (C1) и-а́-г-хо / и-а́-гы-м-хо; **Abs.** и-а́-г-ха-ны / и-а́-гы-м-ха-кәа) **1.** (*of the volume of water*) to fall; to decrease: А-ӡы́ и-а́-г-хе-ит. *The water level fell. Уровень воды упал.* А-ӡы́ и-а́-г-хо и-а́-ла-ге-ит. (RAD) *Вода пошла на убыль. The water began to subside.*

а-гҿа-гы́ла-заа-ра [intr. stative] [C1-Prev-R] [C1 stand/be standing in the corner] (**Fin.** [pres.] ды-гҿа-гы́ло-ит / ды-гҿа-гы́ло-м, [aor.] ды-гҿа-гы́ле-ит / ды-гҿа́-м-гыле-ит, [imper.] бы-гҿа-гы́л! / бы-гҿа́-м-гыла-н!; **Non-fin.** [pres.] (C1) и-гҿа-гы́ло / и-гҿа́-м-гыло; **Abs.** ды-гҿа-гы́ла-ны / ды-гҿа́-м-гыла-кәа) **1.** to stand in the corner.

а-гҿа-гы́ла-ра [intr.] [C1-Prev-R / C1-Prev-Neg-R] [C1 stand in the corner] (**Fin.** [pres.] ды-гҿа-гы́ло-ит / ды-гҿа-гы́ло-м, [aor.] ды-гҿа-гы́ле-ит / ды-гҿа́-м-гыле-ит, [imper.] бы-гҿа-гы́л! / бы-гҿа́-м-гыла-н!; **Non-fin.** [pres.] (C1) и-гҿа-гы́ло / и-гҿа́-м-гыло; **Abs.** ды-гҿа-гы́ла-ны / ды-гҿа́-м-гыла-кәа) **1.** to stand in the corner: У-не́и-ны а-кәа́кь у-гҿа-гы́л! (ARD) *Иди встань в угол! Go stand in the corner!*

а-гҿа́-заа-ра (= **а-кҿа́-заа-ра**) [intr.] [C1-R] (**Fin.** [pres.] ды-гҿо́-уп / ды-гҿа́-м, [aor.] ды-гҿа́-н / ды-гҿа́-мызт; **Non-fin.** (C1) [pres.] и-гҿо́-у / и-гҿа́-м, [past] и-гҿа́-з / и-гҿа́-мыз, **Abs.** ды-гҿа-ны́ / ды-гҿа́-м-кәа) **1.** (*of a dead person*) to lie.

а-гҿа́-ла-ра [intr.] [C1-Prev-R / C1-Prev-Neg-R] [C1 go in the corner] (**Fin.** [pres.] ды-гҿа́-ло-ит / ды-гҿа́-ло-м, [aor.] ды-гҿа́-ле-ит / ды-гҿа́-м-ле-ит, [imper.] бы-гҿа́-л! / бы-гҿа́-м-ла-н!; **Non-fin.** [pres.] (C1) и-гҿа́-ло / и-гҿа́-м-ло; **Abs.** ды-гҿа́-ла-ны / ды-гҿа́-м-ла-кәа) **1.** to go to the corner.

а-гҿа-тәа-ра́ [intr. stative] [C1-Prev-R] [C1 sit in the corner] (**Fin.** [pres.] ды-гҿа-тәо́-уп / ды-гҿа-тәа́-м, [past] ды-гҿа-тәа́-н / ды-гҿа-тәа́-мызт, [imper.] бы-гҿа-тәа́-з / бы-гҿа-тәа́-мыз; **Non-fin.** [pres.] (C1) и-гҿа-тәо́-у / и-гҿа-тәа́-мыз; **Abs.** ды-гҿа-тәа-ны́ / ды-гҿа-тәа́-м-кәа) **1.** to sit in the corner: А-цгәы́ а-гҿаҩра́ и-гҿа-тәо́-уп. (ARD) *Кошка сидит в углу. The cat sits in the corner.*

а-гҿаха́ [adj.] out-of-the-way, remote; provincial: а́-ҟалаҟь а-у́лица гҿаха-ҟәа́ *the remote streets of the town.*

а-гҿаҩра́ [n.] corner.

а-гыгшәы́г (а-гыгшәы́г-ҟәа, гыгшәы́г-к) a wild animal; a beast, a beast of prey.

а́-гызмал[1] [n.] (а́-гызмал-ҟәа/-цәа, гызма́л-к) **1.** a demon: Сара́ а́-гызмал-ҟәа р-ҳәынҭҟа́р и-ҧа́ с-о́-уп. (Ab.Text) *I am the son of the King of the demons.* **2.** a sly/cunning person.

а́-гызмал[2] [adj.] (и-гызма́л-у) sly, cunnung; demonic: ҭакәажәы́ гызма́л-к *an old devilish woman.*

а-гы́ла-заа-ра [intr. stative] [C1-R] (**Fin.** [pres.] с-гы́ло-уп / с-гы́ла-м, [past] с-гы́ла-н / с-гы́ла-мызт, [imper.] б-гы́ла-з! / б-гы́ла-мыз!; **Non-fin.** [pres.] (C1) и-гы́ло-у / и-гы́ла-м, [past] (C1) и-гы́ла-з / и-гы́ла-мы-з; **Abs.** и-гы́ла-ны / и-гы́ла-м-кәа) **1.** to stand: д-гы́ло-уп *he/she stands.* Ҳ-уа́да-ҿы и-гы́ло-уп а-ҟәа́рдә-ҟәа, а-сто́л, а-ҕәы́. *There are chairs, a table, and a blackboard in our room.* Сара́ а-ҭара́ а-хы́-с-ҭцо-з а-шко́л, а-ҟы́ҭа а-гәҭаны́ и-гы́ло-уп. (AFL) *The school where I studied stands in the center of the village. Школа, где я учился, стоит в центре деревни.*

а-гы́ла-ра [intr. dynamic] [C1-R / C1-Neg-R] [C1 stand up] (**Fin.** [pres.] с-гы́ло-ит, х-гы́ло-ит / с-гы́ло-м, [aor.] с-гы́ле-ит / сы-м-гы́ле-ит, [fut.1] с-гы́ла-п / с-гы́ла-рым, [fut.2] с-гы́ла-шт / с-гы́ла-шам, [perf.] с-гы́ла-хьеит / сы-м-гы́ла-ц(т), [impf.] с-гы́ло-н / с-гы́ло-мызт, [past indef.] с-гы́ла-н / сы-м-гы́ла-зт, [cond.1] с-гы́ла-рын / с-гыла-ры́мызт, [cond.2] с-гы́ла-шан / с-гыла-ша́мызт, [plupf.] с-гы́ла-хьан / сы-м-гы́ла-цызт, [imper.] б-гы́л! / бы-м-гы́ла-н!; шә-гы́л! / шәы-м-гы́ла-н!; [poten.] сы-з-гы́ло-м, с-зы́-м-гыле-ит; [non-vol.] с-а́мха-гыле-ит / с-а́мха-м-гыле-ит; [vers.1] с-лы-з-гы́ле-ит / сы-л-зы́-м-гыле-ит; [vers.2] с-лы-цә-гы́ле-ит / сы-л-цәы́-м-гыле-ит; **Non-fin.** (C1) [pres.] и-гы́ло / и́-м-гыло, [aor.] и-гы́ла / и́-м-гыла, [fut.1] и-гы́ла-ра / и́-м-гыла-ра, [fut.2] и-гы́ла-ша / и́-м-гыла-ша, [perf.] и-гы́ла-хьоу (-хьа(ц)) / и́-м-гыла-хьоу (-хьа(ц)), [impf.] и-гы́ло-з / и́-м-гыло-з, [past indef.] и-гы́ла-з / и́-м-гыла-з, [cond.1] и-гы́ла-ры-з / и́-м-гыла-ры-з, [cond.2] и-гы́ла-ша-з / и́-м-гыла-ша-з, [plupf.] и-гы́ла-хьа-з / и́-м-гыла-хьа-з; **Abs.** д-гы́ла-ны / ды-м-гы́ла-кәа) **1.** to stand up**:** д-гы́ле-ит *he/she stood up, он/она встал/-ла.* [Абрыскլы́л] и-шьапы́ д-аа-зы́-ҟәы-м-гыла-ӡе-ит, д-гы́ла-н — д-ка́-ҳа-ит, д-гы́ла-н — д-ка́-ҳа-ит. (AF) *[Abrsk'jyl] simply could not stand on his feet; he stood up — he fell down; he stood up — he fell down.* **2.** to get up, to rise**:** д-гы́ле-ит *he/she got up, он/она встал/-ла.* Уара́ а́шьыжь а-са́аҭ шаҟа́ р-зы́ у-гы́ло-и? *What time do you get up?* Сара́ а-саа́ҭ ааба́ ры́-бжа-зы с-гы́ло-ит. *I get up at half past seven.* **3.** (*of the sun*) to rise, to come up**:** Ашьыжь а́-мра лассы́ и-гы́ла-ӡо-м. (AFL) *The sun does not come up early in the morning. Утром солнце рано не встает.*

а-гы́лашьа [n.] (-ҟәа) **1.** the manner in which one stands. **2.** outward appearance.

Агыр-ба [family name] (pl. Агыр-аа́)

а́гыр-ҟәа [n.] (pl.) (= **а́гыр-цәа**) *see* **а́гыр-уа**

а́-гыруа [n.] (а́-гыр-цәа *or* а́-гыр-ҟәа, гы́р-уа-к, гыр-цәа́-к *or* гыр-ҟәа́-к) a Mingrelian.

а́-гы-рха-ра [tr.] [C1-a-Prev-C3-S / C1-a-Prev-C3-Neg-S] [C3 decrease C1] (**Fin.** [pres.] и-а́-г-сы-рхо-ит / и-а́-г-сы-рхо-м, [aor.] и-а́-г-сы-рхе-ит / и-а́-г-с-мы-рхе-ит, [imper.] и-а́-г-рха! / и-а́-г-б-мы-рха-н!, и-а́-г-шәы-рха! / и-а́-г-шә-мы-рха-н!; **Non-fin.** [pres.] (C1) и-а́-г-сы-рхо / и-а́-г-с-мы-рхо, (C3) и-а́-г-зы-рхо / и-а́-г-з-мы-рхо, [aor.] (C1) и-а́-г-сы-рха / и-а́-г-с-мы-рха, (C3) и-а́-г-зы-рха / и-а́-г-з-мы-рха; **Abs.** и-а́-гы-рха-ны / и-а́-г-мы-рха-кәа) **1.** to decrease, to diminish; (*of the volume*) to turn down; to shorten**:** а́-ласра а́-гы-рха-ра *to reduce the speed.* а-тҟы́ а́ура а́-гырха-ра *to shorten the length of a dress.* А-ра́дио а-бжьы́ и-а́-г-и-рхе-ит. (/ а́-г-и-рхш-ит.) (ARD) *Он уменьшил звук радиоприемника. He turned down the volume of the radio set.* **2.** to reduce (*the price*)**:** А-хә (и-)а́-г-у-рха-р, и-а́а-с-хәо-ит. (ARD) *Если убавишь цену, куплю. If you reduce the price, I'll buy it.* **3.** to subtract. [cf. **а́-г-ха-ра** "to be short of"]

а́-гыршәа [n.] (= **а́-гыруа бзызшәа́**) the Mingrelian language.

Гь гь

а́-гьажь *see* **а́-гьежь**

а́-гьажь-ра *see* **а́-гьежь-ра**

а-гьа́ма [n.] (гьа́ма-к) taste: А-гьа́ма бзио́-уп. *The taste is good.* Гьа́ма-к а́-ма-м. *It is not tasty. Не вкусно.* Ари́ а-ҩы́ а-гьа́ма бзи́о-уп. *This wine has a good taste. У этого вина хороший вкус.* || **а-гьа́ма а-ба-ра́** to taste: Сара́ а-ҩы́ а-гьа́ма з-бе́-ит. (IC) *I tasted the wine. Я попробовал вино.*

а́-гьежь[1] [n.] (а́-гьежь-қәа, гьежьы́-к) **1.** a wheel. **2.** a circle.

а́-гьежь[2] [adj.] **1.** round: а-сто́л гьежь *a round chair.* **2.** spherical.

а́-гьежьра[1] [n.] turn, revolution, rotation.

а́-гьежь-ра[2] [intr.] [C1-R / C1-Neg-R] [C1 return, C1 go round] (**Fin.** [pres.] с-гьежь-уе́-ит (= с-гьажь-уе́-ит) / с-гьежь-уа́-м, [aor.] д-гьежь-и́т / ды-м-гьежь-и́т, [imper.] б-гьежьы́! / бы-м-гьежьы́-н!, шә-гьежьы́!; **Non-fin.** [pres.] (C1) и-гьежь-уа́ / и-м-гьежь-уа́, [aor.] (C1) и-гьежьы́ / и-м-гьежьы́, [impf.] (C1) и-гьежь-уа́-з / и-м-гьежь-уа́-з, [past indef.] (C1) и-гьежьы́-з / и-м-гьежьы́-з; **Abs.** д-гьежь-ны́ / ды-м-гьежьы́-кәа) **1.** (= **а́-гьажь-ра**) to return: А-шәарыцаҩ ари́ зы-бжьы́ го-з ан-и-з-е́илы-м-каа, и́-шьҭахьҟа д-гьажь-ны́ д-це́-ит. (Ab. Text) *The hunter returned home without knowing whose voice he had heard.* **2.** to turn, to go round; to revolve: А-гьажь гьажь-уе́-ит. *The wheel turns.* С-лаха́ҵ (/с-блаха́ҵ) гьажь-уе́-ит. *I am dizzy. / My head is spinning around. У меня кружится голова.* [cf. а-блаха́ҵ-гьежь-ра]. А-хьшь а́-жәҩан и-гьежь-уа́ и-хы́-уп. *The hawk is circling in the sky. Ястреб кружится в небе.*

агьи́ [pron.] other, another: Агьи́ а-шәҟәы́ сы́-ҭ! *Give me another book!*

-гьы[1] [suffix] **1.** and: сара́ с-а́н-гьы с-а́б-гьы *my mother and my father.* уар-гьы́ сар-гьы́ *you and I.* Ҳ-це́-ит уар-гьы́ сар-гьы́. *You and I went. Пошли я да ты.* А-ба́ҳча-қәе-и а-па́рк-қәе-и ӡы́н-гьы-ԥхы́н-гьы и-еиҵәо́-уп. (AFL) *The gardens and parks are green both in the winter and in the summer. Сады и парки зеленые и зимой, и летом.* **2.** also, too: ҳар-гьы́ *we too.* Сар-гьы́ Аԥсны́ сы-нхо́-ит. (AFL) *I also live in Abkhazia. Я тоже живу в Абхазии.* Иар-гьы́ а́-мпыл а́-сра и-ҭаххе́-ит. (ANR) *He too wanted to play football.* **3.** even. *See* **-ш(ы)—гьы** "although".

-гьы[2] [suffix] *used to mark a collective numeral*: а́-хҩык-гьы *all three, все трое.*

-агь(ы́)- [verbal affix] [inserted immediately after the slot in Column I] **1.** even: Д-**агь**-и-а-лацәҟус-з-шәа-гьы и-бе́-ит. (Ab.text) *It seemed even to him that she had winked at him.* Макьа́на д-агь-а́-ла-м-га-ц(т). *He/She has not yet even started it.* А-нцәа́ д-ан-и́-хәа, ус и-агьы́-ҟа-ле-ит. (AF) *When he besought God, it did indeed happen so.* **2.** [*used as a conjunction*] and: И-ԥҳәы́с л-цәа а-хша́ара д-а́-ла-шәе-ит. Д-агь-лы-х-ше́-ит а-ԥҳа́. (ACST) *His wife fell pregnant. And she gave birth to a daughter.* [cf. **егь-**]

агьы́ *see* **егьы́**

а́-гьыжь-ра [intr.] [C1-R / C1-Neg-R] [C1 turn] (**Fin.** [pres.] д-гьыжь-уе́-ит / д-гьыжь-уа́-м, [aor.] д-гьыжь-и́т / ды-м-гьыжь-и́т, [imper.] б-гьыжьы́! / бы-м-гьыжьы́-н!; **Non-fin.** [pres.] (C1) и́-гьыжь-уа / и́-м-гьыжь-уа, [aor.] (C1) и́-гьыжь / и́-м-гьыжь; **Abs.** д-гьыжь-ны́ / ды-м-гьыжьы́-кәа) **1.** to turn: Ари «а́-чкун» ас ан-и-а-ха́, д-ҩа-гьыжьы́-н, а-ҩны́ д-аа-дәылтцы́-н, а-ху́ц-қуа а́-аи-н-и-ҟьа-н, и-ҿы́ а́аи-ны и-а́ԥхьа и-аа-гы́л-т. (Ab.Text) *When the 'boy' heard this, he turned around and left the house, and rubbed the hairs together. And then the horse came and was standing in front of him.* **2.** to return.

а-гьы́л [n.] (а-гьы́л-қәа, гьы́л-к) (= **а-гәи́л**) a rose.

агьы́рахь [adv.] on the other side.

агьы́рт [pron.] others.

Гә гә

а-гәáанагара [n.] (-қәа) opinion.

а-гәáа-ра [intr.] [C1-R; C1-C2-OV-R / C1-C2-OV-Neg-R] [C1 become angry] (**Fin.**[pres.] д-гәáа-уе-ит / д-гәáа-уа-м, [aor.] д-гәáа-ит / ды-м-гәáа-ит, [imper.] бы-м-гәáа-н!, шәы-м-гәáа-н!; **Non-fin.** [pres.] (C1) и-гәáа-уа / и-м-гәáа-уа, [aor.] (C1) и-гәáа / и-м-гәáа; **Abs.** д-гәáа-ны / ды-м-гәáа-кәа) **1.** become angry; to take offense: Уи д-гәáа-уе-ит. *He/She is angry. Он/Она обижается. // He/She will get angry. Он/Она рассердится.* [cf. **а-з-гәáа-ра** "to be angry with." **а-р-гәáа-ра** "to make angry"]

а-гәабзи́ара [n.] (-қәа) health: и-гәабзи́ара éиҕьхе-ит *his health improved.* А-тәты́н á-хара а-гәабзи́ара и-а-ԥырхáго-уп. *Smoking damages health. Курение вредит здоровью.*

а-гәáҕ [n.] malice; hatred: и-гәáҕ ры́-мо-уп. *they have a hatred for him.*

а-гәáҕь [n.] (-қәа) (*of fruit*) a stone, a putamen: а-тамá а-гәáҕь *a peach stone.* || **а-гәáҕь и́-мо-уп** (1) he is brave/courageous. (2) he is clever/bright.

á-гәаҕь-ра [tr.] [C1-C3-R / C1-C3-Neg-R] [C3 venture C1] (**Fin.** [pres.] и-с/з-гәаҕь-уé-ит / и-с/з-гәаҕь-уá-м, [aor.] и-с/з-гәаҕь-и́т / и-сы/зы-м-гәаҕь-и́т, [imper.] и-гәаҕьы́! / и-бы-м-гәаҕьы́-н!; **Non-fin.** [pres.] (C1) и́-л-гәаҕь-уа / и́-лы-м-гәаҕь-уа, (C3) и-з-гәаҕь-уá / и-зы-м-гәаҕь-уá, [aor.] и́-л-гәаҕь / и́-лы-м-гәаҕь, (C3) и-з-гәаҕьы́ / и-зы-м-гәаҕьы́. **Abs.** и-гәаҕь-ны́ / и-м-гәаҕьы́-кәа) **1.** to venture, to dare; to decide: Абри́ з-гуаҕьы́-з уарá у-хáтца-тцәҟьо-уп деҽá зны́к у-кшо-зар! (Ab.Text) *If you hit me once again, you, who do so bravely, must be a real man.*

а-гәазхарá [adv.] enough; a lot.

а-гәазырҳáга [n.] that which gladdens; gladdening; joy: Ааԥын, áаԥын, ҳ-гәазырҳáга! (AFL) *Spring, spring, our joy! Весна, весна, наша радость!*

а-гәáкьа[1] [n.] a close relative.

а-гәáкьа[2] [adj.] own, native, home: áиашьа гәáкьа *(one's) own brother.*

а-гәá-қә-ԥтцәа-ра [intr.] [Poss-гәы [C1]-C2-Prev-R / [C1]-C2-Prev-Neg-R] [[C1] become sick of C2] (**Fin.** [pres.] и-гәы́ á-қә-ԥтцәо-ит / и-гәы́ á-қә-ԥтцәо-м, [aor.] и-гәы́ á-қә-ԥтцәе-ит / и-гәы́ á-қәы-м-ԥтцәе-ит, [imper.] б-гәы́ á-қә-ԥтцәа! / б-гәы́ á-қәы-м-ԥтцәа-н!; **Non-fin.** [pres.] (C1) з-гәы́ á-қә-ԥтцәо / з-гәы́ á-қәы-м-ԥтцәо; **Abs.** и-гәы́ á-қә-ԥтцәа-ны / и-гәы́ á-қәы-м-ԥтцәа-кәа) **1.** to become sick of, to be tired of: А-ýсура и-гәы́ á-қә-ԥтцәе-ит. *He was tired of working. Ему надоело работать.* А-тцарá и-гәы́ á-қә-ԥтцәе-ит. *He grew sick of studying.*

а-гәáк [adj.] (а-гәáҟ-цәа/-қәа) tormenting; poignant.

а-гәáкра[1] [n.] (а-гәáҟра-қәа, гәáҟра-к) torment, torture.

а-гәáк-ра[2] [intr.] [C1-R / C1-Neg-R] [C1 worry] (**Fin.** [pres.] д-гәáҟ-уе-ит / д-гәáҟ-уа-м (*or* д-гәáҟ-ӡо-м), [aor.] д-гәáҟ-ит / ды-м-гәáҟ-ит, [imper.] б-гәáҟ! / бы-м-гәáҟы-н!, шә-гәáҟ! / шәы-м-гәáҟы-н!; **Non-fin.** [pres.] (C1) и-гәáҟ-уа / и-м-гәáҟ-уа, [aor.] (C1) и-гәáҟ / и-м-гәáҟ, [impf.] (C1) и-гәáҟ-уа-з / и-м-гәáҟ-уа-з, [past indef.] (C1) и-гәáҟы-з / и-м-гәáҟы-з; **Abs.** д-геáҟ-ны / ды-м-гәáҟ-кәа) **1.** to worry; to be tormented: А-чы́мазаҩ кы́раамҭа д-гәáҟ-уа-н. *The sick person worried for a long time. Больной долго мучился.* А-мҩа с-ахьы́-ку-з с-гәáҟ-ит. *I was tormented on the way. В дороге я измучился.*

а-гәак=тцәáк-ра* [intr.] [C1-R-R] (**Fin.** [pres.] д-гәаҟ-тцәáҟ-уе-ит / д-гәаҟ-тцәáҟ-уа-м, [aor.] д-гәаҟ-тцәáҟ-ит / ды-м-гәаҟ-тцәáҟ-ит, [imper.] б-гәаҟ-тцәáҟ! / бы-м-гәаҟ-тцәáҟы-н!, д-гәаҟ-тцәáҟ-ны / ды-м-гәаҟ-тцәáҟ-кәа) (colloq.) **1.** to suffer: д-гәаҟ-тцәáҟ-уа *he/she, being in torment and anguish.* Арҭ и-гәаҟ-тцәáҟ-уа á-мҩа и́-қәы-н. (AF) *These folk were following their path in trial and torment.* **2.** to hurry.

-гәáла- [preverb] into the heart. [< гә(ы) 'heart' + а 'it' + ла 'into']

а-гəа́лака(заа)ра [n.] (-қəа) a mood, a humor: Ҳ-гəа́лаҟара даа́ра и-бзи́о-уп. *We are in a very good mood.*

а-гəа́ларшəага [n.] (-қəа) memory: Абри́ а-шəҟəы́ гəа́ларшəага-с и-шəы́-с-ҭо-ит. *I am giving you this book as a keepsake. Я дарю эту книгу вам на память.*

а-гəа́ла-ршəа-ра (1) [tr.] [C1-C2-Prev-C3-S / C1-C2-Prev-C3-Neg-S] [C3 remind C2 of C1] (**Fin.** [pres.] и-л-гəа́ла-сы-ршəо-ит / и-л-гəа́ла-сы-ршəо-м, [aor.] и-л-гəа́ла-сы-ршəе-ит, и-л-гəа́ла-ды-ршəе-ит / и-л-гəа́ла-д-мы-ршəе-ит; **Non-fin.** [pres.] (C1) и-л-гəа́ла-сы-ршəо / и-л-гəа́ла-с-мы-ршəо, (C2) ды-з-гəа́ла-сы-ршəо / ды-з-гəа́ла-с-мы-ршəо, (C3) ды-л-гəа́ла-зы-ршəо / ды-л-гəа́ла-з-мы-ршəо, [aor.] (C1) и-л-гəа́ла-сы-ршəа / и-л-гəа́ла-с-мы-ршəа, (C2) ды-з-гəа́ла-сы-ршəа / ды-з-гəа́ла-с-мы-ршəа, (C3) ды-л-гəа́ла-зы-ршəа / ды-л-гəа́ла-з-мы-ршəа, [impf.] (C1) и-л-гəа́ла-сы-ршəо-з / и-л-гəа́ла-с-мы-ршəо-з, (C2) ды-з-гəа́ла-сы-ршəо-з / ды-з-гəа́ла-с-мы-ршəо-з, (C3) ды-л-гəа́ла-зы-ршəо-з / ды-л-гəа́ла-з-мы-ршəо-з, [past indef.] (C1) и-л-гəа́ла-сы-ршəа-з / и-л-гəа́ла-с-мы-ршəа-з, (C2) ды-з-гəа́ла-сы-ршəа-з / ды-з-гəа́ла-с-мы-ршəа-з, (C3) ды-л-гəа́ла-зы-ршəа-з / ды-л-гəа́ла-з-мы-ршəа-з; **Abs.** и-гəа́ла-ршəа-ны / и-гəа́ла-мы-ршəа-кəа) **1.** to remind sb of, to recall sth to sb's mind: а́-қəргəӷра а-гəа́ларшəа-ра *to remind of a promise, напомнить обещание.* Уи́ а-жəы́тə с-ҩы́за ды-с-гəа́ла-и-ршəе-ит. (RAD) *Он напомнил мне старого товарища. He reminded me of an old friend.* **(2)** [tr. SV] [C1-Poss-SV-C3-S / C1-Poss-SV-C3-Neg-S] [C3 remember C1] (**Fin.** [pres.] и-с-гəа́ла-сы-ршəо-ит, и-аҳ-гəа́ла-ҳа-ршəо-ит / [aor.] и-с-гəа́ла-сы-ршəе-ит / и-с-гəа́ла-с-мы-ршəе-ит, [imper.] и-б-гəа́ла-ршəа! / и-б-гəа́ла-б-мы-ршəа-н!, и-шə-гəа́ла-шəы-ршəа! / и-шə-гəа́ла-шə-мы-ршəа-н!; **Non-fin.** [pres.] (C1) и-с-гəа́ла-сы-ршəо / и-с-гəа́ла-с-мы-ршəо, (C3) ды-з-гəа́ла-зы-ршəо / ды-з-гəа́ла-з-мы-ршəо, [aor.] (C1) и-с-гəа́ла-сы-ршəа / и-с-гəа́ла-с-мы-ршəа, (C3) ды-з-гəа́ла-зы-ршəа / ды-з-гəа́ла-з-мы-ршəа, [impf.] (C1) и-с-гəа́ла-сы-ршəо-з / и-с-гəа́ла-с-мы-ршəо-з, (C3) ды-з-гəа́ла-зы-ршəо-з / ды-з-гəа́ла-з-мы-ршəо-з, [past indef.] (C1) и-с-гəа́ла-сы-ршəа-з / и-с-гəа́ла-с-мы-ршəа-з, (C3) ды-з-гəа́ла-зы-ршəа-з / ды-з-гəа́ла-з-мы-ршəа-з; **Abs.** и-с-гəа́ла-(сы)-ршəа-ны / и-с-гəа́ла-(с)-мы-ршəа-кəа) **1.** to remember: И-аҳ-гəа́ла-ҳа-ршəа-п а́ӡсуа жəаӡҟа́. (AFL) *Let's remember an Abkhazian proverb. Давайте вспомним абхазскую пословицу.*

а-гəа́ла-шəа-ра [intr. inverse] [< -гə-а́-ла-шəа- "heart-it-into-fall"] [C1-C2-Prev-R] [C2 remember C1] (**Fin.** [pres.] ды-л-гəа́ла-шəо-ит (*он/она ей вспоминается*) / [aor.] и-с-гəа́ла-шəе-ит / ды-л-гəа́ла-м-шəе-ит, [imper.] и-б-гəа́ла-шəа! (*вспомни!*) / [(caus.) и-б-гəа́ла-б-мы-р-шəа-н! (*не вспоминай!*), сы-б-гəа́ла-б-мы-р-шəа-н! (*меня не вспоминай!*)]; **Non-fin.** [pres.] (C1) и-л-гəа́ла-шəо / и-л-гəа́ла-м-шəо, (C2) ды-з-гəа́ла-шəо / ды-з-гəа́ла-м-шəо, [aor.] (C1) и-л-гəа́ла-шəа / и-л-гəа́ла-м-шəа, (C2) ды-з-гəа́ла-шəа / ды-з-гəа́ла-м-шəа, [impf.] (C1) и-л-гəа́ла-шəо-з / и-л-гəа́ла-м-шəо-з, (C2) ды-з-гəа́ла-шəо-з / ды-з-гəа́ла-м-шəо-з, [past indef.] (C1) и-л-гəа́ла-шəа-з / и-л-гəа́ла-м-шəа-з, (C2) ды-з-гəа́ла-шəа-з / ды-з-гəа́ла-м-шəа-з; **Abs.** и-л-гəа́ла-шəа-ны / и-л-гəа́ла-м-шəа-кəа) **1.** to remember: Сара́ шəа́-к с-гəа́ла-шəе-ит. *I remembered one song. Мне вспомнилась одна песня.* **2.** to remember; to recall: Уи́ сара́ ды-с-гəа́ла-шəо-м. *I don't remember him. Я не помню его.* Ари́ шəара́ и-ш-шə-а́-с-ҳəа-з сара́ и-с-гəа́ла-шəо-ит. *I remember that I told you this. Мне помнится, что я вам это говорил.*

а-гəа́лсра [n.] (-қəа, гəа́лсра-к) **1.** grief; sorrow. **2.** an insult.

а-гə-а́-л-с-ра [intr.] (**Fin.** [pres.] с-гəы́ и-а́-л-с-уе-ит / с-гəы́ и-а́-л-с-уа-м, [aor.] с-гəы́ и-а́-л-с-ит / с-гəы́ и-а́-лы-м-с-ит, [imper.] б-гəы́ и-а́-л-с! / б-гəы́ и-а́-лы-м-сы-н!; **Non-fin.** (Poss) [pres.] з-гəы́ и-а́-л-с-уа / з-гəы́ и-а́-лы-м-с-уа; **Abs.** с-гəы́ и-а́-л-с-ны / с-гəы́ и-а́-лы-м-с-кəа) **1.** to sympathize; to be distressed: А-гəа́ҟра дзықəшəа́з зегьы́ р-гу́ и-а́-л-с-ит. *They sympathized with his sorrow. Они сочувствовали его горю.* **2.** to take offense, to feel hurt: С-гəы́ и-а́лс-ит. *I felt hurt. Я обиделся.* [cf. **а́-л-с-ра** "to pass through"]

а-гәа́м [n.] (-қәа) garbage; rubbish.

а-гәа́мтц-ра [intr.] [C1-S] [C1 get irritated; C1 suffer] (**Fin.** [pres.] д-гәа́мтц-уе-ит / д-гәа́мтц-уа-м, [aor.] д-гәа́мтц-ит / ды-м-гәа́мтц-ит, [imper.] б-гәа́мтц! / бы-м-гәа́мтцы-н!; **Non-fin.** [pres.] (C1) и-гәа́мтц-уа / и-м-гәа́мтц-уа; **Abs.** д-гәа́мтц-ны / ды-м-гәа́мтц-кәа) **1.** to get irritated, to feel nervous; ворчать, to grumble**:** У-зы-р-гәа́мтц-уа-зеи? *Why are you irritated? Что ты нервничаешь?* **2.** (*a sick person*) to suffer**:** А-чы́мазаҩ дáара д-гәа́мтц-уе-ит иахьа́. (ARD) *Больной сегодня плохо себя чувствует. Today the sick person feels bad.*

а-гәа́мч [n.] (гәа́мч-к) energy, vigor; vitality; courage, good spirits**:** Али агәа́мч и́-мо-уп. *Ali is full of life.*

-гәана́ла (= **-гәаны́ла**) in one's opinion, to one's mind**:** Сарá с-гәана́ла, уи зегьы́ р-е́иҳа и-ҧшӡо́-уп. *In my opinion, it is the most beautiful. По-моему, оно самое красивое.*

гәаны́ла [adv.] to oneself; in one's heart; inwardly.

а-гәа-ҧха-рá[1] [intr. inverse] [< -гәа-ҧха- "heart-warm"] [C1-C2-Prev-R / C1-C2-Prev-Neg-R] [C1 takes C2's fancy; C1 please C2, C2 like C1] (**Fin.** [pres.] сы-б-гәа-ҧхо́-ит, ды-с-гәа-ҧхо́-ит, д-аҳ-гәа-ҧхо́-ит, д-а-гәа-ҧхо́-ит, ды-шә-гәа-ҧхо́-ит, ҳа-л-гәа-ҧхо́-ит / сы-б-гәа-ҧхо́-м, [aor.] сы-б-гәа-ҧхе́-ит / сы-б-гәа́-м-ҧхе-ит, [fut.1] сы-б-гәа-ҧха́-п / сы-б-гәа-ҧха-ры́м, [fut.2] сы-б-гәа-ҧха́-шт / сы-б-гәа-ҧха́-шам, [perf.] сы-б-гәа-ҧха-хье́ит / сы-б-гәа́-м-ҧха-ц(т), [impf.] сы-б-гәа-ҧхо́-н / сы-б-гәа-ҧхо́-мызт, [past indef.] сы-б-гәа-ҧха́-н / сы-б-гәа́-м-ҧха-зт, [cond.1] сы-б-гәа-ҧха-ры́н / сы-б-гәа-ҧха-ры́мызт, [cond.2] сы-б-гәа-ҧха́-шан / сы-б-гәа-ҧха́-шамызт, [plupf.] сы-б-гәа-ҧха-хьа́н / сы-б-гәа́-м-ҧха-цызт, [imper.] сы-б-гәа-ҧха́-з! (*пусть я тебе нравлюсь!*) / сы-б-гәа-м-ҧха́-з! (*пусть тебе я не нравлюсь!*); [poten.] сы-з-б-гәа-ҧхо́-м, сы-з-б-гәа́-м-ҧхе-ит; [non-vol.]**; **Non-fin.** [pres.] (C1) и-л-гәа-ҧхо́ (*тот, которого она любит, lit. тот, который ей нравится*), и-с-гәа-ҧхо́, и-б-гәа-ҧхо́, и-у-гәа-ҧхо́, и-и-гәа-ҧхо́, и-а-гәа-ҧхо́, и-аҳ-гәа-ҧхо́, и-шә-гәа-ҧхо́, и-р-гәа-ҧхо́ / и-л-гәа́-м-ҧхо, и-с-гәа́-м-ҧхо, и-б-гәа́-м-ҧхо, и-у-гәа́-м-ҧхо, и-и-гәа́-м-ҧхо, и-а-гәа́-м-ҧхо, и-аҳ-гәа́-м-ҧхо, и-шә-гәа́-м-ҧхо, и-р-гәа́-м-ҧхо, (C2) ды-з-гәа-ҧхо́ (*тот, который любит его/ее, lit. тот, которому он/она нравится*), сы-з-гәа-ҧхо́, бы-з-гәа-ҧхо́, у-з-гәа-ҧхо́, и-з-гәа-ҧхо́, ҳа-з-гәа-ҧхо́, шәы-з-гәа-ҧхо́ / ды-з-гәа́-м-ҧхо, сы-з-гәа́-м-ҧхо, бы-з-гәа́-м-ҧхо, у-з-гәа́-м-ҧхо, и-з-гәа́-м-ҧхо, ҳа-з-гәа́-м-ҧхо, шәы-з-гәа́-м-ҧхо, [aor.] (C1) и-л-гәа-ҧха́ / и-л-гәа́-м-ҧха, (C2) ды-з-гәа-ҧха́ / ды-з-гәа́-м-ҧха, [fut.1] (C1) и-л-гәа-ҧха-рá / и-л-гәа́-м-ҧха-ра, (C2) ды-з-гәа-ҧха-рá / ды-з-гәа́-м-ҧха-ра, [fut.2] (C1) и-л-гәа-ҧха́-ша / и-л-гәа́-м-ҧха-ша, (C2) ды-з-гәа-ҧха́-ша / ды-з-гәа́-м-ҧха-ша, [perf.] (C1) и-л-гәа-ҧха-хьо́у (-хьа́(ц)) / и-л-гәа́-м-ҧха-хьоу (-хьа(ц)), (C2) ды-з-гәа-ҧха-хьо́у (-хьа́(ц)) / ды-з-гәа́-м-ҧха-хьоу (-хьа(ц)), [impf.] (C1) и-л-гәа-ҧхо́-з / и-л-гәа́-м-ҧхо-з, (C2) ды-з-гәа-ҧхо́-з / ды-з-гәа́-м-ҧхо-з, [past indef.] (C1) и-л-гәа-ҧха́-з / и-л-гәа́-м-ҧха-з, (C2) ды-з-гәа-ҧха́-з / ды-з-гәа́-м-ҧха-з, [cond.1] (C1) и-л-гәа-ҧха-ры́-з / и-л-гәа́-м-ҧха-ры-з, (C2) ды-з-гәа-ҧха-ры́-з / ды-з-гәа́-м-ҧха-ры-з, [cond.2] (C1) и-л-гәа-ҧха́-ша-з / и-л-гәа́-м-ҧха-ша-з, (C2) ды-з-гәа-ҧха́-ша-з / ды-з-гәа́-м-ҧха-ша-з, [plupf.] (C1) и-л-гәа-ҧха-хьа́-з / и-л-гәа́-м-ҧха-хьа-з, (C2) ды-з-гәа-ҧха-хьа́-з / ды-з-гәа́-м-ҧха-хьа-з; **Abs.** и-л-гәа-ҧха-ны́ / и-л-гәа́-м-ҧха-кәа) **1.** to like; to take one's fancy**:** **(a) Fin.** и-с-гәа-ҧхе́-ит *I liked it/them.* и-л-гәа-ҧхо́-ит *she likes it/them.* Сарá убáс и-с-гәа-ҧхе́-ит. *I liked it just like that.* Амра (f.) Серҧи́ль (f.) ды-л-гәа-ҧхо́-ит. *or* Амра ды-л-гәа-ҧхо́-ит Серҧи́ль. *Amra likes Serpil. Амре нравится Серпиль.* Амра (f.) Мурáҭ (m.) ды-л-гәа-ҧхо́-ит. (*Мурáҭ (m.) Амра (f.) ды-л-гәа-ҧхо́-ит.) *Amra likes Murat. Амре нравится Мурат.* Ари́ арти́ст и́-хәмаршьа с-гәа-ҧхе́-ит. (RAD) *I liked this artist's performance. Мне понравилась игра этого артиста.* А-нцәа́ и-аҳәшьа-ҧа́ и-хы́мҩаҧгашьа и-гәа-ҧхо́-мызт. (AF) *God did not like the manner in which his sister's son was conducting himself.* **(b) Non-fin.** (C1) Сарá и-с-гәа-ҧхо́ а-му́зыка с-а-зы́-ӡырҩ-уе-ит.

I listen to music that I like. Я слушаю музыку, которую я люблю. (C2) У-з-гәа-ҧхо́ а-ҧхәы́зба ды-з-ды́р-уе-ит. *I know the girl who likes you. Я знаю девушку, которая любит тебя.* [cf. **а-ҧха́** "warm"]

а-гәаҧхара́[2] [n.] (-қәа́) **1.** love; inclination, tendency**:** Уи́ а-му́зика гәаҧхара́ ду́-с и́-мо-уп. *He has a great liking for music. У него большая любовь к музыке.* **2.** wish; desire**:** Уи́ сара́ с-гәаҧхара́-ла и-ҟа-с-ҵе́-ит. *I did it as I wish.*

гәаҧхары́ла [adv.] gladly, willingly.

гәаҧхаша́қу = гәаҧхары́ла

а-гәаҧх-е́иба-шьа-ра [intr.] [C1-Prev-each other-R / C1-Prev-each other-Neg-R] (**Fin.** [pres.] ҳ-гәаҧх-е́иба-шьо-ит / ҳ-гәаҧх-е́иба-шьо-м, [aor.] ҳ-гәаҧх-е́иба-шье-ит / ҳ-гәаҧх-е́иба-м-шье-ит, [imper.] шә-гәаҧх-е́иба-шьа! (*жә-гәаҧх-е́иба-шьа!) / шә-гәаҧх-е́иба-м-шьа-н!; **Non-fin.** [pres.] (C1) и-гәаҧх-е́иба-шьо / и-гәаҧх-е́иба-м-шьо; **Abs.** ҳ-гәаҧх-е́иба-шьа-ны / ҳ-гәаҧх-е́иба-м-шьа-кәа) **1.** to like one another**:** А-ӡҕаб-и а́-ҷкәын-и гәаҧх-е́иба-шье-ит. (ARD) *Парень и девушка понравились друг другу. The young lady and the young man liked each other.*

а́-гәа-ра [intr.] [C1-C2-R / C1-C2-Neg-R] [C1 push C2] (**Fin.** [pres.] с-лы́-гәо-ит, с-а́-гәо-ит / с-лы́-гәо-м, [aor.] с-лы́-гәе-ит / сы-л-мы́-гәе-ит, [imper.] б-лы́-гәа! / б-л-мы́-гәа-н!; **Non-fin.** [pres.] (C1) и-лы́-гәо (*тот, который толкает ее*), и-сы́-гәо, и-бы́-гәо, и-у́-гәо, и-а́-гәо, и́-гәо, и-ҳа́-гәо, и-шәы́-гәо, и-ры́-гәо / и-л-мы́-гәо, и-с-мы́-гәо, и-б-мы́-гәо, и-у-мы́-гәо, и-а-мы́-гәо, и-мы́-гәо, и-аҳ-мы́-гәо, и-шә-мы́-гәо, и-р-мы́-гәо, (C2) д-зы́-гәо *or* д-зы-гәо́ (*то/тот, которое/-ого он/она толкает*), с-зы-гәо́, б-зы-гәо́, у-зы-гәо́, и-зы-гәо́, ҳ-зы-гәо́, шә-зы-гәо́ / ды-з-мы́-гәо, сы-з-мы́-гәо, бы-з-мы́-гәо, у-з-мы́-гәо, и-з-мы́-гәо, ҳа-з-мы́-гәо, шәы-з-мы́-гәо, [aor.] (C1) и-лы́-гәа / и-л-мы́-гәа, (C2) д-зы́-гәа / ды-з-мы́-гәа, [fut.1] (C1) и-лы́-гәа-ра / и-л-мы́-гәа-ра, (C2) д-зы́-гәа-ра / ды-з-мы́-гәа-ра, [fut.2] (C1) и-лы́-гәа-ша / и-л-мы́-гәа-ша, (C2) д-зы́-гәа-ша / ды-з-мы́-гәа-ша, [perf.] (C1) и-лы́-гәа-хьоу (-хьа(ц)) / и-л-мы́-гәа-хьоу (-хьа(ц)), (C2) д-зы́-гәа-хьоу (-хьа(ц)) / ды-з-мы́-гәа-хьоу (-хьа(ц)), [impf.] (C1) и-лы́-гәо-з / и-л-мы́-гәо-з, (C2) д-зы́-гәо-з / ды-з-мы́-гәо-з, [past indef.] (C1) и-лы́-гәа-з / и-л-мы́-гәа-з, (C2) д-зы́-гәа-з / ды-з-мы́-гәа-з, [cond.1] (C1) и-лы́-гәа-ры-з / и-л-мы́-гәа-ры-з, (C2) д-зы́-гәа-ры-з / ды-з-мы́-гәа-ры-з, [cond.2] (C1) и-лы́-гәа-ша-з / и-л-мы́-гәа-ша-з, (C2) д-зы́-гәа-ша-з / ды-з-мы́-гәа-ша-з, [plupf.] (C1) и-лы́-гәа-хьа-з / и-л-мы́-гәа-хьа-з, (C2) д-зы́-гәа-хьа-з / ды-з-мы́-гәа-хьа-з; **Abs.** д-лы́-гәа-ны, д-а́-гәа-ны / ды-л-мы́-гәа-кәа, д-а-мы́-гәа-кәа) **1.** to push**:** а́-шә а́-гәа-ра *to push the door, толкать дверь.* а-машьы́на ҳ-а́-гәе-ит *we pushed the car.*

а-гәа́ра [n.] (а-гәа́ра-қәа, гәа́ра-к) **1.** a fence; a hedge. **2.** [bz.] a courtyard; a farm.

а́-гәара-ҳәа [onomatopoeia] *used when a heavy thing falls and makes a loud noise. "with a bang," "with a heavy thud"***:** А-дау́ уа и-ҧсы́ аа-и-хы́ҵы-н, а́-гуара-ҳәа ды-л-ка́ҳа-ит. (Ab.Text) *The ogre breathed his last there and fell with a bang.*

а-гәа́ра-ҵа-ра [tr.] [C1-Prev-C3-R / C1-Prev-C3-Neg-R] [C3 drive C1 into the farmyard] (**Fin.** [pres.] и-гәа́ра-с-ҵо-ит / и-гәа́ра-с-ҵо-м, [aor.] и-гәа́ра-с-ҵе-ит / и-гәа́ра-сы-м-ҵе-ит, [imper.] и-гәа́ра-ҵа! / и-гәа́ра-сы-м-ҵа-н!; **Non-fin.** [pres.] (C1) и-гәа́ра-с-ҵо / и-гәа́ра-сы-м-ҵо, (C3) и-гәа́ра-з-ҵо / и-гәа́ра-зы-м-ҵо. **Abs.** и-гәа́ра-ҵа-ны / и-гәа́ра-м-ҵа-кәа) **1.** (*of cattle*) to drive into the farmyard.

а-гәа́р-ла-ра [intr.] [C1-Prev-R / C1-Prev-Neg-R] [C1(cattle) go back home (from a pasture)] (**Fin.** [pres.] и-гәа́р-ло-ит / и-гәа́р-ло-м, [aor.] и-гәа́р-ле-ит / и-гәа́ры-м-ле-ит, [imper.] у-гәа́р-ла! / у-гәа́ры-м-ла-н!; **Non-fin.** [pres.] (C1) и-гәа́р-ло / и-гәа́ры-м-ло; **Abs.** и-гәа́р-ла-ны / и-гәа́ры-м-ла-кәа) **1.** (*of cattle*) to return home**:** Сы́-ҵьма-қәа гәа́ры-м-ле-ит. (ARD) *My (she-)goats did not return home from the pasture. Мои козы не вернулись домой с пастбища.*

а-гәа-рҧха-ра́ [tr.] [C1-C2-Prev-C3-S / C1-C2-Prev-C3-Neg-S] [C3 make C2 like/love C1]

(**Fin.** [pres.] и-с-гәа-лы-рҕхо́-ит / и-с-гәа-лы-рҕхо́-м, [aor.] и-с-гәа-лы-рҕхе́-ит / и-с-гәа-л-мы-рҕхе́-ит, [imper.] и-с-гәа-рҕха́! / и-с-гәа-б-мы-рҕха́-н!, и-с-гәа-шәы-рҕха́! / и-с-гәа-шә-мы-рҕха́-н!; **Non-fin.** [pres.] (C1) и-с-гәа-лы-рҕхо́ / и-с-гәа-л-мы-рҕхо́, (C2) и-з-гәа-лы-рҕхо́ / и-з-гәа-л-мы-рҕхо́, (C3) и-с-гәа-зы-рҕхо́ / и-с-гәа-з-мы-рҕхо́; **Abs.** и-с-гәа-рҕха-ны́ / и-с-гәа-мы-рҕха́-кәа) **1.** to make sb love/like sth/sb: Аў́сура с-гәа-и-рҕхе́-ит. *He made me love working. Он заставил меня полюбить работу.*

а-гәа́рҭа [n.] (а-гәа́рҭа-қәа, гәа́рҭа-к) **1.** a flock. **2.** a fence for cattle. [cf. **а-гәа́ра** "fence"]

а-гәа́р-х-ра [tr.] [C1-Prev-C3-R / C1-Prev-C3-Neg-R] [C3 tend C1] (**Fin.** [pres.] и-гәа́р(ы)-с-х-уе-ит / и-гәа́р(ы)-с-х-уа-м, [aor.] и-гәа́р(ы)-с-х-ит / и-гәа́р-сы-м-х-ит, [imper.] и-гәа́р-х! / и-гәа́р-бы-м-хы-н!; **Non-fin.** [pres.] (C1) и-гәа́ры-с-х-уа / и-гәа́р-сы-м-х-уа, (C3) и-гәа́ры-з-х-уа / и-гәа́р-зы-м-х-уа; **Abs.** и-гәа́ры-х-ны / и-гәа́р-м-х-кәа) **1.** to tend (cattle).

а-гәа́р-ҵ-ра [intr.] [C1-Prev-R / C1-Prev-Neg-R] [C1 go out to pasture] (**Fin.** [pres.] и-гәа́р-ҵ-уе-ит, ҳ-гәа́р-ҵ-уе-ит / и-гәа́р-ҵ-уа-м (-ӡо-м), [aor.] и-гәа́р-ҵ-ит / и-гәа́ры-м-ҵ-ит (-ӡеит), [imper.] б-гәа́р-ҵ! / б-гәа́ры-м-ҵы-н!, шә-гәа́р-ҵ! / шә-гәа́ры-м-ҵы-н!; **Non-fin.** [pres.] (C1) и-гәа́р-ҵ-уа / и-гәа́ры-м-ҵ-уа, [aor.] (C1) и-гәа́р-ҵ / и-гәа́ры-м-ҵ, [impf.] (C1) и-гәа́р-ҵ-уа-з / и-гәа́ры-м-ҵ-уа-з, [past indef.] (C1) и-гәа́р-ҵы-з / и-гәа́ры-м-ҵы-з; **Abs.** д-гәа́р-ҵ-ны / ды-м-гәа́р-ҵ-кәа) **1.** to go out to pasturage: А-рахә гәа́р-ҵ-ит. *The cattle went out to the pasture. Скот вышел на пастбище.*

а-гәа́-ҭа-ра [tr.] [C1-Prev-C3-R / C1-Prev-C3-Neg-R] [C3 notice C1] (**Fin.** [pres.] и-гәа́-с-ҭо-ит, и-гәе́-и-ҭо-ит, и-гәа́-на-ҭо-ит / и-гәа́-с-ҭо-м, [aor.] и-гәа́-с-ҭе-ит, и-гәа́-на-ҭе-ит / и-гәа́-сы-м-ҭе-ит, и-гәа́-на-м-ҭе-ит, [fut.1] и-гәа́-с-ҭа-п / и-гәа́-с-ҭа-рым, [fut.2] и-гәа́-с-ҭа-шт / и-гәа́-с-ҭа-шам, [perf.] и-гәа́-с-ҭа-хьеит / и-гәа́-сы-м-ҭа-ц(т), [impf.] и-гәа́-с-ҭо-н / и-гәа́-с-ҭо-мызт, [past indef.] и-гәа́-с-ҭа-н / и-гәа́-сы-м-ҭа-зт, [cond.1] и-гәа́-с-ҭа-рын / и-гәа́-с-ҭа-рымызт, [cond.2] и-гәа́-с-ҭа-шан / и-гәа́-с-ҭа-шамызт, [plupf.] и-гәа́-с-ҭа-хьан / и-гәа́-сы-м-ҭа-цызт, [imper.] и-гәа́-ҭ(а)! (и-гәа́-ҭ-ишь!)/ и-гәа́-бы-м-ҭа-н!, и-гәа́-шә-ҭ(а)! / и-гәа́-шәы-м-ҭа-н!; **Non-fin.** [pres.] (C1) и-гәа́-л-ҭо / и-гәа́-лы-м-ҭо, (C3) д-гәа́-з-ҭо / д-гәа́-зы-м-ҭо, [aor.] (C1) и-гәа́-л-ҭа (*то/тот, которое/-ого она заметила*) / и-гәа́-лы-м-ҭа, (C3) д-гәа́-з-ҭа (*тот, который заметил его/ее*), и-гәа́-з-ҭа (*тот, который заметил его(нрз.)/их*) / д-гәа́-зы-м-ҭа, [fut.1] (C1) и-гәа́-л-ҭа-ра / и-гәа́-лы-м-ҭа-ра, (C3) д-гәа́-з-ҭа-ра / д-гәа́-зы-м-ҭа-ра, [fut.2] (C1) и-гәа́-л-ҭа-ша / и-гәа́-лы-м-ҭа-ша, (C3) д-гәа́-з-ҭа-ша / д-гәа́-зы-м-ҭа-ша, [perf.] (C1) и-гәа́-л-ҭа-хьоу (-хьа(ц)) / и-гәа́-лы-м-ҭа-хьоу (-хьа(ц)), (C3) д-гәа́-з-ҭа-хьоу (-хьа(ц)) / д-гәа́-зы-м-ҭа-хьоу (-хьа(ц)), [impf.] (C1) и-гәа́-л-ҭо-з / и-гәа́-лы-м-ҭо-з, (C3) д-гәа́-з-ҭо-з / д-гәа́-зы-м-ҭо-з, [past indef.] (C1) и-гәа́-л-ҭа-з / и-гәа́-лы-м-ҭа-з, (C3) д-гәа́-з-ҭа-з / д-гәа́-зы-м-ҭа-з, [cond.1] (C1) и-гәа́-л-ҭа-ры-з / и-гәа́-лы-м-ҭа-ры-з, (C3) д-гәа́-з-ҭа-ры-з / д-гәа́-зы-м-ҭа-ры-з, [cond.2] (C1) и-гәа́-л-ҭа-ша-з / и-гәа́-лы-м-ҭа-ша-з, (C3) д-гәа́-з-ҭа-ша-з / д-гәа́-зы-м-ҭа-ша-з, [plupf.] (C1) и-гәа́-л-ҭа-хьа-з / и-гәа́-лы-м-ҭа-хьа-з, (C3) д-гәа́-з-ҭа-хьа-з / д-гәа́-зы-м-ҭа-хьа-з; **Abs.** и-гәа́-ҭа-ны / и-гәа́-м-ҭа-кәа) **1.** to notice: Ана́ ани́ а́ҟара ауа́а еила́ҟь и-ахь-тәа́-з ари́ лымка́а-ла д-гуа́-з-ҭо-да-з? (Ab.Text) *There were so many people in the room that no one noticed him in particular.* А-дау-қуа́ у-гуа́-р-ҭа-р, и-ҟа́а-шт и-ҳаҳәа́-шт. (Ab.Text) *If the ogres notice you, they will probably scream and wail.* **2.** to watch, to observe: Сара́ интере́с-с и-к-ны́ и-гәа́-с-ҭо-н, а-хәыҷ-қәа́ шы́-хәмар-уа-з. *I watched with interest how the children were playing. Я с интересом наблюдал как играют дети.* Шә-де́исра гәа́-с-ҭа-п-и. *I'll feel your pulse. Пощупаю-ка я ваш пульс.* **3.** to keep an eye on: а-ҵа́ра-қәа ры́-ҧырра а-гәа́ҭара *to watch the birds flying, следить за полетом птиц.* **4.** to check, to test: А-фатә а-гьа́ма гәа́-с-ҭе-ит. *I tested the taste of the food.* Сара́ и-гәа́-с-ҭо-ит уажәы́ заҟаҩы́ шәы́-ҟо-у. *Now I am checking how many members you have. Сейчас я проверю сколько вас.* И-гәа́-шә-ҭ(и)! *Check it! Проверьте это!*

а́-гәаҭеи-ра [intr.] (**Fin.** [pres.] д-гәаҭе́и-уе-ит / д-гәаҭе́и-уа-м, [aor.] д-гәаҭе́и-т / ды-м-гәаҭе́и-т, [imper.] б-гәаҭе́и! / бы-м-гәаҭе́и-н!; **Non-fin.** [pres.] (C1) и-гәаҭе́и-уа / и-м-гәаҭе́и-уа, [aor.] (C1) и-гәаҭе́и / и-м-гәаҭе́и, [impf.] (C1) и-гәаҭе́и-уа-з / и-м-гәаҭе́и-уа-з, [past indef.] (C1) и-гәаҭе́и-з / и-м-гәаҭе́и-з; **Abs.** д-гәаҭе́и-ны / ды-м-гәаҭе́и-кәа) **1.** to toss and turn, to toss about in bed: А-чы́мазаҩы аў́хантәарак дпато́ д-гәаҭе́и-уа-н. *The patient tossed and turned all night in delirium. Всю ночь больной метался в бреду.* **2.** to be anxious, to worry. **3.** to run about; to bustle.

гәа́хәа [n.] (гәа́хәа-к) || **гәа́хәа ду́-ла** with great pleasure.

а-гәа́хәара[1] [n.] pleasure; радость, gladness: Сара́ урҭ еснагь гәа́хәара ду́-ла с-ры́-ԥхьо-ит. *I always read them with great pleasure. Я всегда читаю их с большим удовольствием.* С-гәы́ и-аа́-на-го-ит, а-мшы́н а-ԥшаҳәа-ҿы́ а́-леиҩеира а-гәа́хәара шә-на́-ҭа-п ҳәа. (IC) *Я думаю, что прогулка по набережной доставит вам удовольствие. I think that a stroll around the seacoast will give you pleasure.*

а-гәа́-хәа-ра[2]* [intr.] [Poss-гәы C1-C2-R] (**Fin.** [pres.] с-гәы и-а́-хәо-ит / с-гәы и-а́-хәо-м, [aor.] с-гәы и-а́-хәе-ит / с-гәы и-а-мы́-хәе-ит, **Abs.** с-гәы и-а́-хәа-ны / с-гәы и-а-мы́-хәа-кәа) **1.** to pleasure: С-гәы и-а́-хәо-ит. *It gives me pleasure.*

гәа́хәа-с [adv.] with pleasure.

а-гәа́-хә-ра [intr.] [C1-C2-Prev-R / C1-C2-Prev-Neg-R] [C1 seem to C2, C2 think C1] (**Fin.** [pres.] и-л-гәа́-хә-уе-ит, и-аҳ-гәа́-хә-уе-ит / и-л-гәа́-хә-уа-м, [aor.] и-л-гәа́-хә-ит / и-л-гәа́-м-хә-ит, [imper.] и-б-гәа́-хә! / и-б-гәа́-м-хәы-н!; **Non-fin.** [pres.] (C1) и-л-гәа́-хә-уа / и-л-гәа́-м-хә-уа, (C2) и-з-гәа́-хә-уа / и-з-гәа́-м-хә-уа; **Abs.** и-л-гәа́-хә-ны / и-л-гәа́-м-хә-кәа) **1.** to seem; to think: и-с-гәа́-хә-уе-ит *something seems to me / I think so.*

а-гәа́ҳәара[1] [n.] (-кәа) **1.** zeal, enthusiasm: гәа́ҳәара-ла *with enthusiasm.* **2.** desire, wish.

а-гә-а́-ҳәа-ра[2] [= **а-гәы́ а́-ҳәа-ра**] [intr.] (**Fin.** [pres.] с-гәы́ и-а́-ҳәо-ит (*у меня есть желание*) / с-гәы́ и-а́-ҳәо-м, [aor.] с-гәы́ и-а́-ҳәе-ит / с-гәы́ и-а-мы́-ҳәе-ит, [imper.] б-гәы́ и-а́-ҳәо-зар б-ца́! / б-гәы́ и-а-мы́-ҳәо-зар бы-м-ца́-н!; **Non-fin.** [pres.] (C1) з-гәы́ и-а-ҳәо́ / з-гәы́ и-а-мы́-ҳәо; **Abs.** с-гәы́ и-а́-ҳәа-ны / с-гәа́ и-а-мы́-ҳәа-кәа) **1.** to have a desire: Сара́ иахьа́ а-кру-ра́ с-гәы́ и-а́-ҳәо-ит. (GAL) *Сегодня у меня есть желание трудиться. Today I have the desire to work.*

а-гәатцәа́ [n.] the liver.

а-гәатцәы́хь [n.] pneumonia.

а-гә-аҿаны́-заа-ра [intr. stative] (**Fin.** [pres.] с-гәы́ с-ҿан-ýп / с-гәы́ с-ҿаны́-м, [past] с-гәы́ с-ҿаны́-н / с-гәы́ с-ҿаны́-мызт, [imper.] б-гәы́ б-ҿаны́-з! / б-гәы́ б-ҿаны́-мыз!; **Non-fin.** (C1) [pres.] з-гәы́ з-ҿан-ý / з-гәы́ з-ҿаны́-м, [past] з-гәы́ з-ҿаны́-з / з-гәы́ з-ҿаны́-мыз. **Abs.** с-гәы́ с-ҿан-ны́ / с-гәы́ с-ҿаны́-м-кәа) **1.** to be careful: Шә-гәы́ шә-ҿаны́-з! *Be careful! Будьте осторожны!*

а-гәа́шьа [n.] (-кәа) a pillar; a column.

а-гәа́шә [n.] (а-гәа́шә-кәа, гәа́шә-к) **1.** a gate. **2.** (*in sport*) a goal: А-сас а-гәа́шә а-ҟны́ ҳа-и-ԥы́-ле-ит. *We met the guest at the gate. Мы встретили гостя у ворот.*

а-гәа́ҩа [adj.] **1.** empty. **2.** deep: а́-ԥста гәа́ҩа *the deep valley.*

а-гәа́ҩара [n.] (-кәа) **1.** a hollow: а-гәа́ҩара-ҿы *in the hollow.* **2.** a cavity.

а-гәбла́а [n.] (-кәа, гәбла́а-к) a bowl.

а-гәбылра́ [n.] love; affection.

агәгәа́ҳәа [adv.] (onomatopoeia) roaring.

гудаýҭ-аа [n.] (*pl.*) the residents of Gudauta, гудаутцы.

Гәди́са [n.] (m.) [person's name]

Гудоýҭа [place name] Gudauta: Гудóуҭа ӡын-гьы́-ԥхын-гьы́ а́мра хаа-ӡа́ и-ԥхó-ит. (ANR) *In Gudauta the sun shines very sweetly in both winter and summer.*

гудоýҭ-аа [n.] *see* **гудаýҭ-аа**

а-гә-е́иба-ҭа-ра [intr.] [C1-Prev-each other-R / C1-Prev-each other-Neg-R] (**Fin.** [pres.] ҳ-гә-е́иба-т̧о-ит / х̧-гә-е́иба-т̧о-м, [aor.] х̧-гә-е́иба-т̧е-ит / х̧-гә-е́иба-м-т̧е-ит, [imper.] шә-гә-е́иба-т̧а! / шә-гә-е́иба-м-т̧а-н!; **Non-fin.** [pres.] (C1) и-гә-е́иба-т̧о / и-гә-е́иба-м-т̧о; **Abs.** х̧-гә-е́иба-т̧а-ны / х̧-гә-е́иба-м-т̧а-кәа) **1.** to notice each other. **2.** to respect each other**:** Мачк шә-гә-е́иба-т̧а! *At least respect each other a bit! Хоть немного уважайте друг друга!*

а-гәе́илгара [n.] cleverness, brightness; quickness, sharpness**:** Л-гәе́илгара бзи́о-уп. *She is clever. Она смышленая.* [lit. *Her cleverness is good.*]

а-гәжәа́жәа-ра [intr.] (**Fin.** [pres.] ды-гәжәа́жәо-ит / ды-гәжәа́жәо-м, [aor.] ды-гәжәа́жәе-ит / д-мы-гәжәа́жәе-ит, [imper.] бы-гәжәа́жәа! / б-мы-гәжәа́жәа-н!; **Non-fin.** [pres.] (C1) и-гәжәа́жәо / и-м(ы)-гәжәа́жәо. **Abs.** ды-гәжәа́жәа-ны / д-мы-гәжәа́жәа-кәа) **1.** to grieve. **2.** to mutter anxiously.

гәзырх̧а́га [adj.] glad, joyful**:** Аацынра гәзырх̧а́го-уп. *Spring is joyful. Весна радостная.*

а-гәӡа́ [adj.] fine**:** А-шы́ла гәӡо́-уп. *The flour is fine.*

а-гәӡ-ра́ *see* **а́-гә(ы)ӡ-ра**

а-гәи́л [n.] (= **а-гьы́л**) (а-гәи́л-қәа, гәи́л-к) a rose.

а-гәлатца́ [n.] (-қәа) a pin.

Гәли́а [n.] (m.) Дырми́т Гәли́а [Dmitry Gulia] (1874-1960).

а-гу́ла [n.] = **а-гәы́ла**

гәмаа [n.] (pl.) (*one of the Abkhazian tribes*)

а́-гәнах̧а [n.] (-қәа, гәнах̧а́-к) a sin**:** Убей и́-у-го а́-гәнах̧а ду ҟа-на-тцо́-ит! (AF) *That which you are taking will commit a great sin!*

а-гән-га-ра́ [tr.] [C1-Prev-C3-R / C1-Prev-C3-Neg-R] [C3 endure C1] (**Fin.** [pres.] и-гәны́-с-го-ит / и-гәны́-с-го-м, [aor.] и-гәны́-с-ге-ит / и-гәны́-сы-м-ге-ит, [imper.] и-гәны́-га! / и-гәны́-бы-м-га-н!, и-гәны́-жә/шә-га! / и-гәны́-шәы-м-га-н!; **Non-fin.** [pres.] (C1) и-гәны́-с-го / и-гәны́-сы-м-го, (C3) и-гәны́-з-го / и-гәны́-зы-м-го; **Abs.** и-гәны́-га-ны / и-гәны́-м-га-кәа) **1.** to live through, to experience; to endure, to suffer**:** И-ҩы́за и-ԥсра́ да́ара и-гән-и́-го-ит. (ARD) *He suffers from his friend's death a lot. Он очень переживает смерть друга.*

а-гәра́ [n.] a core, a heart. || А-сас-цәа лассы́ и-ш-аа-уа́-з **а́-ла а-гәра́ д-сы-рге́-ит**. (ACST) ***I convinced them that*** *the guests would come soon.* [cf. **а-гәы́** "heart"]

а-гәра-га-ра́ [tr.] [Poss-гәра́ C3-R / Poss-гәра́ C3-Neg-R] [C3 believe Poss] (**Fin.** [pres.] а-гәра́ з-го́-ит (*or* с-го́-ит), бы-гәра́ л-го́-ит / а-гәра́ з/с-го́-м (-га-ӡо́-м), бы-гәра́ л-го́-м, [aor.] бы-гәра́ з/с-ге́-ит / бы-гәра́ сы-м-ге́-ит (*or* бы-гәра́ сы-м-га-ӡе́-ит), [imper.] а-гәра́ га́! / а-гәра́ бы-м-га́-н!, а-гәра́ шә/жә-га́! / а-гәра́ шәы-м-га́-н!, [poten.] а-гәра́ сы-з-го-м; **Non-fin.** [pres.] (Poss) зы-гәра́ л-го́ (*тот, которому она верит*) / зы-гәра́ лы-м-го́, (C3) бы-гәра́ з-го́ (*тот, который верит тебе*) / бы-гәра́ зы-м-го́, [aor.] (Poss) зы-гәра́ л-га́ / зы-гәра́ лы-м-га́, (C3) бы-гәра́ з-га́ / бы-гәра́ зы-м-га́; **Abs.** шәы-гәра га-ны́ / шәы-гәра́ м-га-кәа) **1.** to believe, to believe in; to hope; to rely**:** бы-гәра́ л-ге́-ит *she believed you, она тебе верила.* а-гәра́ га́! *believe it!* лы-гәра́ га́! *believe her!* У-ажәа а-гәра́ з-го́-ит. *I am taking your word for it. Я верю тебе на слово.* Уи́ сы-гәра́ и-го́-ит. *He believes me.* Ари́ а-гәра́ сы-з-го-м. [poten.] *I cannot believe this.* А-нцәа́ и-гәра́ з-го́-ит. *I rely on God. Я надеюсь на Бога.* [cf. А-нцәа́ д-ха́-с-тцо-ит. *I believe in God. Я верю в Бога.*] Урт̧ ры-гәра́ зы́-бы-м-го-и? *Why don't you believe them? Почему ты им не веришь?* Урт̧ ры-гәра́ зы-б-зы́-м-го-и? [poten.] *Why can't you believe them? Почему ты не можешь им поверить?* Зы-гәра́ л-го́-з а́-х̧аса бы́рг-цәа аа-л-га́-н д-р-а́-цәажәе-ит. (Ab.Text) *She had some wise old women that she trusted brought to her, and she told them.* А-маӡа и-гәра́ га-ны́ и-а́-с-х̧әе-ит. (RAD) *Я доверил ему тайну.* [cf. **а-ха-тца-ра́**]

а-гәрагаҩы́ [n.] (а-гәрага-цәа́) a believer.

а-гәра́х̧а [n.] (*obsolete*) a pole-axe.

а-гәрҕьа-ра *see* **а-гәы́рҕьа-ра**

а-гәрҕьатцәа́ [adv.] joyfully, gladly**:** д-гәрҕьатцәа́ д-на-р-ԥы́ле-ит (ANR) *he joyfully went to*

Гә

meet them. С-гәрҕьаҵәа сы-ќо-уп. *I am glad. Мне радостно.*

а-гәҭа́ [n.] [< а-гә-ҭа́ "the-heart-in"] (а-гәҭа-қәа́) the center, the middle: А-қалақь а-гәҭа́ ауаа́ рацәа́ и-бе́-ит. *He saw many people in the center of the town.* А-хьтәы́ лаахáнка а-уáда а-гуҭа́ и-ла-лы-ргы́л-т. (Ab.Text) *She placed a golden washtub in the middle of her room.*

а-гәҭакы́ [n.] [< а-гә-ҭа-кы́ "the-heart-in-hold"] (а-гәҭак-қәа́) desire; thought; a target, a goal; intention: А-гәҭакы́ ры́-мо-уп. *They keep a secret.*

а-гәҭаны́ [adv.] **1.** at/in the center (of); in the middle of, among: А-тҳ а-гәҭаны́ с-аапш-и́т. *I woke up in the middle of the night. Я проснулся среди ночи.* Сара́ а-ҵара́ ахьы́-с-ҵо-з а-шко́л, а-қы́ҭа а-гәҭаны́ и-гы́ло-уп. (AFL) *The school where I studied is in the center of the village. Школа, где я учился, стоит в центре деревни.* **2.** среди, in the midst of: а-ҩы́з-цәа ры-гәҭаны́ а́-ќазаа-ра *to be among friends.*

а-гәҭа́-с-ра [intr.] [C1-C2-Prev-R / C1-C2-Prev-Neg-R] [C1 push C2] (**Fin.** [pres.] с-лы-гәҭа́-с-уе-ит / с-лы-гәҭа́-с-уа-м, [aor.] с-лы-гәҭа́-с-ит / с-лы-гәҭа́-м-с-ит, с-а-гәҭа́-с-ит / с-а-гәҭа́-м-с-ит, [imper.] б-лы-гәҭа́-с! / б-лы-гәҭа́-м-сы-н!; **Non-fin.** [pres.] (C1) и-лы-гәҭа́-с-уа / и-лы-гәҭа́-м-с-уа, (C2) с-зы-гәҭа́-с-уа / с-зы-гәҭа́-м-с-уа; **Abs.** с-лы-гәҭа́-с-ны / с-лы-гәҭа́-м-с-кәа) **1.** to push: С-а-ҭа́-шәы-м-ҵа-н, сара́ шәара́ с-шәы-гәҭа́-с-ит! — Егьаурым! (RAD) *Excuse me, I pushed you! — Never mind! Простите, я вас толкнул! — Ничего!*

а-гәҭы́ла-к-ра[1] [tr.] [C1-Poss-Prev-C3-R / C1-Poss-Prev-C3-Neg-R] [C3(= Poss, Pl.) surround C1] (**Fin.** [pres.] д-ры-гәҭы́ла-р-к-уе-ит / д-ры-гәҭы́ла-р-к-уа-м, д-ҳа-гәҭы́ла-ҳ-к-уе-ит / д-ҳа-гәҭы́ла-ҳ-к-уа-м, [aor.] д-ры-гәҭы́ла-р-к-ит / д-ры-гәҭы́ла-ры-м-к-ит, [imper.] д-шәы-гәҭы́ла-шә-к! / д-шәы-гәҭы́ла-шәы-м-кы-н!; **Non-fin.** [pres.] (C1) и-ры-гәҭы́ла-р-к-уа / и-ры-гәҭы́ла-ры-м-к-уа, (C3) д-зы-гәҭы́ла-з-к-уа / д-зы-гәҭы́ла-зы-м-к-уа; **Abs.** д-ры-гәҭы́ла-к-ны / д-ры-гәҭы́ла-м-к-кәа) **1.** to surround: А-ҵаҩ-цәа́ а-рҵаҩы́ д-ры-гәҭы́ла-р-к-ит. (ARD) *The students surrounded the teacher. Ученики окружили учителя.*

а-гәҭы́ла-к-ра[2] [intr.] [C1-C2-Prev-R] [C1 be surrounded by C2] (**Fin.** [pres.] и-р-гәҭы́ла-к-уп / и-р-гәҭы́ла-кы-м, [aor.] и-р-гәҭы́ла-кы-н / и-р-гәҭы́ла-кы-мызт, [imper.] и-б-гәҭы́ла-кы-з! / и-б-гәҭы́ла-кы-мыз!; **Non-fin.** [pres.] и-з-гәҭы́ла-к-у / и-з-гәҭы́ла-кы-м, [past] и-з-гәҭы́ла-кы-з / и-з-гәҭы́ла-кы-мыз. **Abs.** и-р-гәҭы́ла-к-ны / и-р-гәҭы́ла-кы-м-кәа) **1.** to be surrounded by: Ри́ҵа аӡи́а а́шьха ду́-қәа и-р-гуҭы́ла-кы-уп. (ANR) *Lake Rits'a lies amidst huge mountains.*

а-гәҭы́ха *see* **а-гәыҭы́ха**

а-гәха́шҭра [n.] forgetfulness, absent-mindedness: Сара́ а-гәха́шҭра сы́-мо-уп. *I am forgetful. Я забывчивый.*

а-гәхьа́а [n.] (-қәа, гәхьа́а-к) **1.** cares, trouble; anxiety. **2.** attention: агәхьа́а и-м-к-и́т *he didn't pay attention.* И-гәхьа́а-гьы ры-м-к-и́т. *They paid no heed to him. Они не обратили на него никакого внимания.* А-гәхьа́а и-к-ӡа́-м. *He doesn't care about this.* [cf. **а-хьа́а** "pain"]

а-гәхьа́а-га-ра [tr.] [C1-Prev-C3-R / C1-Prev-C3-Neg-R] [C3 long for C1] (**Fin.** [pres.] ды-гәхьа́а-з-го-ит / ды-гәхьа́а-з-го-м, [aor.] ды-гәхьа́а-з-ге-ит / ды-гәхьа́а-сы-м-ге-ит, [imper.] ды-гәхьа́а-га! / ды-гәхьа́а-бы-м-га-н!, ды-гәхьа́а-шә/жә-га! / ды-гәхьа́а-шәы/жәы-м-га-н!; **Non-fin.** [pres.] (C1) и-гәхьа́а-л-го / и-гәхьа́а-лы-м-го, (C3) ды-гәхьа́а-з-го / ды-гәхьа́а-зы-м-го, [aor.] (C1) и-гәхьа́а-л-га / и-гәхьа́а-лы-м-га, (C3) ды-гәхьа́а-з-га / ды-гәхьа́а-зы-м-га; **Abs.** ды-гәхьа́а-га-ны / ды-гәхьа́а-м-га-кәа) **1.** to long for, to yearn for; to miss: ды-гәхьа́а-з-ге-ит *I longed for him/her.* Сара́ сы-ԥса́дгьыл гәхьа́а-з-го-ит. *I am yearning for my homeland. Я тоскую по своей Родине.*

а-гәхьа́а-иба-га-ра [intr.] [C1-Prev-Rec-R / C1-Prev-Rec-Neg-R] [C1 miss each other] (**Fin.** [pres.] ҳа-гәхьа́а-иба-го-ит / ҳа-гәхьа́а-иба-го-м, [aor.] ҳа-гәхьа́а-иба-ге-ит / ҳа-гәхьа́а-иба-м-ге-ит, [imper.] шәы-гәхьа́а-иба-га! / шәы-гәхьа́а-иба-м-га-н!; **Non-fin.** [pres.] (C1) и-гәхьа́а-иба-го / и-гәхьа́а-иба-м-го; **Abs.** ҳа-гәхьа́а-иба-га-ны / ҳа-гәхьа́а-иба-м-га-кәа)

1. to miss each other: Аишьцәа гәхьа́а-иба-го-ит. *The brothers miss each other. Братья скучают друг по другу.*

а-гәцара-к-ра́* [tr.] [C1-Prev-C3-R / C1-Prev-C3-Neg-R] [C3 take care of C1] (**Fin.** [aor.] ды-гәцара́-р-к-ит / ды-гәцара́-ры-м-к-ит, [imper.] ды-гәцара-кы́! / ды-гәцара́-бы-м-кы-н!, ды-гәцара́-шә-к! / ды-гәцара́-шәы-м-кы-н!, **Abs.** ды-гәцара-к-ны́ / ды-гәцара́-м-к-кәа) **1.** to take care of sb, to devote attention to sb: Ды-гәцара́-ры-м-к-ӡе-ит. *They didn't take care of him/her.*

а-гәҿаныʹзаара [n.] care; caution.

а-гә-ҿ-а-ны́-заа-ра [intr. ststive] [Poss-Heart-/Poss-Self-C2-R] [Poss be cautious] (**Fin.** [pres.] и-гә-и-ҿ-а-н-у́п *or* и-гәы́ и-ҿ-а-н-у́п, [past] и-гә-и-ҿ-а-ны́-н) **1.** to be cautious, to be on one's guard: у-гә-у-ҿ-а-ны́-з! *or* у-гәы́ у-ҿ-а-ны́-з! *take care! будь осторожна!*

гәҿаны́заарыла [adv.] carefully; cautiously.

а-гә-ҿы́ӷь [n.] boredom.

а-гә-ҿы́ӷь-ра [n.] boredom: || **с-гәы́ ҿы́ӷь-уе-ит** *I am bored.* [**Abs.** с-гәы́ ҿы́ӷь-ны / с-гәы́ ҿы́ӷьы-м-кәа]; б-гәы́ ҿы́ӷь-уе-ит *you are bored, тебе скучно.* л-гәы́ ҿы́ӷь-уа-н *she was bored, ей было скучно.*

а-гәы́ (= **а-гу́**) [n.] (а-гә-қәа́, гәы-к, л-гәы́, ры-гә-қәа́) **1.** the heart; the mind: Л-гәы́ лы́-хь-уе-ит. *She feels a pain in the heart.* **2.** center; middle: а-қы́ҭа а-гә-а-ҿы́ *in the middle of the village, в середине села.* || **а-гәы́ а́хуара** be of advantage to, help (please). || Та́мшь-аа **р-гәы́ ка-ры́-жь-уа-м.** (AFL) *The inhabitants of Tamsh don't despair. Жители Тамшь не отчаиваются.* || **и-гәы́ а-зха́-ит** he rejoiced very much. || **гәы́к-ԥсыкала** (= **гәы́к-ԥсы́к а́ла**) with all one's heart: Гәы́к-ԥсы́кала д-ры́-ды-р-кыло-ит. *They are welcoming him with all their heart. Они встречают его от всей души.* || **а-гәы́ аа́-на-га-ра** to think: Ура́ у-гәы́ и-аа́-на-го-и? *What do you think about this? Что ты об этом думаешь?* Ура́ у-гәы́ и-шԥа́-а-на-го(и)? *What do you think?* [lit. *How do you think?*] *Как ты думаешь?* || **а-гәы́ а-ҭа-ра́** to think: Доусы́ р-гу́ и-ҭа́-з р-хәе́-ит. *Each of them said what he was thinking. Каждый из них сказал то, о чем думал.* || **а-гәы́ а́-шьҭ-ра** to be frightened. || **и-гәы́ и-рӷәӷәе́-ит** he plucked up his courage. || **с-гәы ҟе-и-тцо́-ит** he will lift my spirit. || **с-гә-аҿы́ и-аан-хе́-ит** it/they remained in my memory.

а-гәы́ а́-ҳәа-ра *see* **а-гә-а́ҳәа-ра**[2]

а-гәыбжьаны́тә [adj.] (*of daughter, brother, etc.*) middle.

а-гәыбжьы́нацәа [n.] (-қәа) a middle finger.

а-гәыбла́а [n.] (-қәа) (= **а-саа́ра**) a wooden bowl.

а-гәы́ӷра[1] [n.] (-қәа, гәы́ӷра-к) hope: а-гәы́ӷра и́-мо-уп *he hopes.* гәы́ӷра-да *without hope.*

а-гәы́ӷ-ра[2] [intr.] [C1-R] [C1 hope] (**Fin.** [pres.] д-гәы́ӷ-уе-ит / д-гәы́ӷ-уа-м, [aor.] д-гәы́ӷ-ит / ды-м-гәы́ӷ-ит, [imper.] б-гәы́ӷ! / бы-м-гәы́ӷы-н!; **Non-fin.** [pres.] (C1) и-гәы́ӷ-уа / и-м-гәы́ӷ-уа; **Abs.** д-гәы́ӷ-ны / ды-м-гәы́ӷ-кәа) **1.** to hope, to expect: Ҳара́ ҳ-гәы́ӷ-уе-ит. *We are hoping. Мы надеемся.* Шә-гәы́ӷ-ла! *Hope! Надейтесь!* [cf. **а́-қә-гәыӷ-ра**]

а-гәы́ӷырҭа [n.] hope: с-гәӷы́рҭа *my hope.*

а́-гәыӷь-ра* [tr.] (= **а́-гәаӷь-ра**) [C1-C3-R] (**Fin.** [aor.] и-з-гәыӷь-и́т / и-сы-м-гәыӷь-и́т, [imper.] и-гәыӷьы́! / и-бы-м-гәыӷьы́-н!, и-жә-гәыӷьы́ / и-шәы-м-гәыӷьы́-н!; **Abs.** и-гәыӷь-ны́ / и-м-гәыӷьы́-кәа) **1.** to dare: Аӡәгьы́ и-зы́-м-гәыӷь-ит. *Not a single person dared to do it.*

а-гәы́ӷь-ра* [intr.] [C1-R] [C1 faint] (**Fin.** [aor.] д-гәы́ӷь-ит / ды-м-гәы́ӷь-ит, [imper.] б-гәыӷьы́! / бы-м-гәы́ӷьы-н!, **Abs.** д-гәы́ӷь-ны / ды-м-гәы́ӷь-кәа) **1.** to faint: Д-гәы́ӷь-ны́ д-ка́-ҳа-ит. *He/She fell down in a faint.* **2.** to be exhausted.

а-гәы́д-еиба-кыла-ра [intr.] [C1-Prev-Rec-S / C1-Prev-Rec-Neg-S] [C1 embrace each other] (**Fin.** [pres.] ҳ-гәыд-еиба-кы́ло-ит / ҳ-гәыд-еиба-кы́ло-м, [aor.] ҳ-гәыд-еиба-кы́ле-ит / ҳ-

Гә

гәыд-еиба́-м-кыле-ит, [imper.] шә-гәыд-еиба-кы́л! / шә-гәыд-еиба́-м-кыла-н!; **Non-fin.** [pres.] (C1) и-гәыд-еиба-кы́ло / и-гәыд-еиба́-м-кыло; **Abs.** ҳ-гәыд-еиба-кы́ла-ны / ҳ-гәыд-еиба́-м-кыла-кәа) **1.** to embrace each other: Аишьцәа гәыд-еиба-кы́ле-ит. *The brothers embraced each other. Братья обнялись.*

а-гәы́д-кыла-ра [tr.] [< -гәы́-д-кы-ла- "herat-against-hold-introvert"] [C1-Prev-C3-S] [C1 embrace C1] (**Fin.** [pres.] д-гәы́ды-с-кыло-ит / д-гәы́ды-с-кыло-м, [aor.] д-гәы́ды-с-кыле-ит / д-гәы́д-сы-м-кыле-ит, [imper.] д-гәы́д-кыл! / д-гәы́д-бы-м-кыла-н!; **Non-fin.** [pres.] (C1) и-гәы́ды-с-кыло / и-гәы́д-сы-м-кыло, (C3) д-гәы́ды-з-кыло / д-гәы́д-зы-м-кыло; **Abs.** д-гәы́д-кыла-ны / д-гәы́ды-м-кыла-кәа) **1.** to embrace: Ҳ-аиҧы́ла-цыҧхьаӡа б-гәы́ды-с-кыло-ит. (ACST) *Every time we meet, I embrace you.* **2.** [C1-Poss-Prev-C3-S] [C3 hold C1 to Poss's breast] to hold sb to one's breast: Лы́-ҷкәын д-аа-л-гәы́ды-л-кыла-н, ды-н-дәы́л-ц-ит. (AF) *She grasped her son to her breast and set forth.* [cf. **а́а-гәыд-кыла-ра**]

а-гәы́д-ла-ра [intr.] [C1-C2-Prev-R / C1-C2-Prev-Neg-R] [C1 go for C2] (**Fin.** [pres.] сы-л-гәы́д-ло-ит / сы-л-гәы́д-ло-м, [aor.] сы-л-гәы́д-ле-ит / сы-л-гәы́ды-м-ле-ит, [imper.] бы-л-гәы́д-ла! / бы-л-гәы́ды-м-ла-н!; **Non-fin.** [pres.] (C1) и-л-гәы́д-ло / и-л-гәы́ды-м-ло, (C2) сы-з-гәы́д-ло / сы-з-гәы́ды-м-ло; **Abs.** сы-л-гәы́д-ла-ны / сы-л-гәы́ды-м-ла-кәа) **1.** to go for sb; to throw oneself at sb: И-ҟа́ма ҭы́-х-ны д-и-гәы́д-ле-ит. (ARD) *Обнажив кинжал, он набросился на него. Having unsheathed his dagger, he went for him.*

а-гәы́д-ҵа-ра [tr.] [C1-C2-Prev-C3-R / C1-C2-Prev-C3-Neg-R] [C3 throw C1 to C2] (**Fin.** [pres.] и-л-гәы́ды-с-ҵо-ит / и-л-гәы́ды-с-ҵо-м, и-б-гәды́-с-ҵо-ит / и-б-гәды́-с-ҵо-м, [aor.] и-л-гәы́ды-с-ҵе-ит / и-л-гәы́д-сы-м-ҵе-ит, и-б-гәды́-с-ҵе-ит / и-б-гәы́д-сы-м-ҵе-ит, [imper.] и-л-гәы́д-ҵа! / и-л-гәы́д-бы-м-ҵа-н!, и-л-гәы́ды-шә-ҵа! / и-л-гәы́д-шәы-м-ҵа-н!; **Non-fin.** [pres.] (C1) и-л-гәы́ды-с-ҵо / и-л-гәы́д-сы-м-ҵо, (C2) и-з-гәы́ды-с-ҵо / и-з-гәы́д-сы-м-ҵо, (C3) и-л-гәы́ды-з-ҵо / и-л-гәы́д-зы-м-ҵо, [aor.] (C1) и-л-гәы́ды-с-ҵа / и-л-гәы́д-сы-м-ҵа, (C2) и-з-гәы́ды-с-ҵа / и-з-гәы́д-сы-м-ҵа, (C3) и-л-гәы́ды-з-ҵа / и-л-гәы́д-зы-м-ҵа; **Abs.** и-гәы́д-ҵа-ны / и-гәы́ды-м-ҵа-кәа) **1.** to throw sth at/to sb; to throw, to fling: А-ха́ҳә л-гәы́ды-с-ҵе-ит. *I threw a stone at her. Я бросил камень в нее.* А-мпыл б-гәды́-с-ҵо-ит. *I am throwing the ball to you. Я бросаю тебе мяч.* А-ла́ а-ха́ҳә а-гәы́д-и-ҵе-ит. *He threw a stone at the dog. Он бросил камень в собаку.* [cf. **а́-ршә-ра** "to throw." N.B. This verb cannot take an indirect object.]

а-гәы́ды-рҕәҕәа́ла-ра* [tr.] [C1-Poss-Prev(herat-against)-C3-S] [C3 clasp C1 to Poss's breast] (**Fin.** [aor.] ды-л-гәы́д-лы-рҕәҕәа́ле-ит / ды-л-гәы́д-л-мы-рҕәҕәа́ле-ит, [imper.] ды-л-гәы́ды-рҕәҕәал! / ды-л-гәы́д-б-мы-рҕәҕәа́ла-н!, **Abs.** ды-л-гәы́ды-рҕәҕәа́ла-ны / ды-л-гәы́д-мы-рҕәҕәа́ла-кәа) **1.** to clasp sb to one's breast: Ан лы́-ҷкәын ды-л-гәыд-лы-рҕәҕәа́ле-ит. *The mother clasped her son to her breast. Мать прижала сына к груди.*

а-гәы́жь [n.] (-қәа, гәы́жь-к, шә-гәы́жь-қәа) a mule.

а́-гә(ы)ӡ-ра [tr.] [C1-C3-S / C1-C3-Neg-S] [C3 kiss C1] (**Fin.** [pres.] ды-с-гәыӡ-уе́-ит [N.B. ды-з-гәыӡ-уе́-ит is also possible. The affix *с* is preferred to the affix *з*.] я целую его/ее / ды-с-гәыӡ-уа́-м, [aor.] ды-с/(з)-гәыӡ-и́т (*я поцеловал его/ее*) / д-сы/(зы)-м-гәыӡ-и́т, д-ах-гәыӡ-и́т (*мы поцеловали его/ее*) / д-ҳа-м-гәыӡ-и́т, сы-л-гәыӡ-и́т (*она поцеловала меня*) / с-лы-м-гәыӡ-и́т, сы-б-гәыӡ-и́т (*ты поцеловала меня*) / с-бы-м-гәыӡ-и́т, ды-б-гәыӡ-и́т (*ты поцеловала его/ее*) / д-бы-м-гәыӡ-и́т, сы-р-гәыӡ-и́т (*они поцеловали меня*) / с-ры-м-гәыӡ-и́т, ды-р-гәыӡ-и́т (*они поцеловали его/ее*) / д-ры-м-гәыӡ-и́т, д-а-гәыӡ-и́т (*оно поцеловало его/ее*) / д-а-м-гәыӡ-и́т, и-с-гәыӡ-и́т (*я поцеловал его(нрз.)/их*) / и-сы-м-гәыӡ-и́т, [imper.] д-гәыӡы́! / д-бы-м-гәыӡы́-н!; **Non-fin.** [past indef.] (C1) и-с-гәыӡы́-з (*тот, кого я целовал*) / и-сы-м-гәыӡы́-з, (C3) ды-з-гәыӡы́-з (*тот, кто целовал его/ее*) / д-зы-м-гәыӡы́-з; **Abs.** д-геыӡ-ны́ / ды-м-гәы́ӡ-кәа) **1.** to kiss: Ан л-хәычы́ ды-л-гәыӡ-и́т. *The mother kissed her child. Мать поцеловала своего ребенка.* Л-ӡа́мҩа д-а-гә(ы)ӡ-и́т. (ARD) *Он ее поцеловал в щечку. He kissed her on the cheek.* [lit. *Her cheek kissed him.*] А-хәычы́ д-е́игәырҕьа-н, а-хы́ д-н-а-гәӡ-и́т. *The child rejoiced and kissed the [robin's] head.*

гәыка=ла=ҧсы́кала *see* **гәы́к=ҧсыкала**

гәы́к=ҧсыкала [< гәы́-к=ҧсы-к а́-ла] (= **гәыка=ла=ҧсы́кала**, **гәык=ҧсы́к а́-ла**) [adv.] sincerely; from the bottom of one's heart, with all one's heart.

а-гәы́-ка-тца-ра [tr.] [Poss-гәы́ Prev-C3-R / Prev-C3-Neg-R] [C3 please Poss] (**Fin.** [pres.] с-гәы́ ҟа-л-тцо́-ит (*она мне угождает*), с-гәы́ ҟа-на-тцо́-ит (*оно мне угождает*) / с-гәы́ ҟа-л-тцо́-м (*она мне не угождает*), [aor.] с-гәы́ ҟа-л-тце́-ит (*она мне угодила*) / с-гәы́ ҟа-лы-м-тце́-ит, [imper.] с-гәы́ ҟа-тца́! (*мне угоди!*) / с-гәы́ ҟа-бы-м-тца́-н!, с-гәы́ ҟа-шә-тца́! (*мне угодите!*) / с-гәы́ ҟа-шәы-м-тца́-н!; **Non-fin.** [pres.] (Poss) з-гәы́ ҟа-л-тцо́ / з-гәы́ ҟа-лы-м-тцо́, (C3) с-гәы́ ҟа-з-тцо́ / с-гәы́ ҟа-зы-м-тцо́, [aor.] (Poss) з-гәы́ ҟа-л-тца́ / з-гәы́ ҟа-лы-м-тца́, (C3) с-гәы́ ҟа-з-тца́ / с-гәы́ ҟа-зы-м-тца́; **Abs.** и-гәы́-ҟа-тца-ны́ / и-гәы́-ҟа-м-тца́-кәа) **1.** to please: Зегьы́ р-гәы́ҟатца-ра тцәгьо́-уп. *It is difficult to please everyone.* з-гәы́ ҟа-л-тцо́ *the person whom she pleases.* с-гәы́ ҟа-з-тцо́ *the person who/that which pleases me.*

а-гәы́ла [n.] (а-гәы́ла-цәа, гәы́ла-к) a neighbour: а-гәы́ла ҩны́ *the neighboring house.* А-гәы́ла бзи́а д-б-а-ла-тә-у́п. (AFL) *It is necessary fo you to respect the neighbors. Тебе надо уважать соседа.*

а-гәы́ла-заа-ра [intr. stative] [C1-C2-R] [C1 be inside C2] (**Fin.** [pres.] и-а-гәы́ло-уп / и-а-гәы́ла-м, [past] и-а-гәы́ла-н / и-а-гәы́ла-мызт; **Non-fin.** [pres.] (C1) и-а-гәы́ло-у / и-а-гәы́ла-м, (C2) и-з-гәы́ло-у / и-з-гәы́ла-м, [past] (C1) и-а-гәы́ла-з / и-а-гәы́ла-мыз, (C2) и-з-гәы́ла-з / и-з-гәы́ла-мыз; **Abs.** и-а-гәы́ла-ны / и-а-гәы́ла-м-кәа) **1.** (и(A)-а(B)-гәы́ло-уп) A is inside B: А-бы́сҭа а-кәа́ц а-гәы́ло-уп. *There is meat in the polenta.* А-бы́сҭа а-шәырҟәч-и́ а́-шәхе-и а-гәы́ла-н. (AFL) *Cheese and smoked cheese were in the polenta. В мамалыге были сыр и копченый сыр.* [cf. **а-ҭа́-заа-ра** "to be inside." *А-бы́сҭа а-кәа́ц ҭо-уп.]

а-гәы́ла-ҧш-ра [intr.] [C1-C2-Prev-R / C1-C2-Prev-Neg-R] [C1 look inside C2] (**Fin.** [pres.] д-а-гәы́ла-ҧш-уе-ит / д-а-гәы́ла-ҧш-уа-м, [aor.] д-а-гәы́ла-ҧш-ит / д-а-гәы́ла-м-ҧш-ит, ды-р-гәы́ла-ҧш-ит / ды-р-гәы́ла-м-ҧш-ит, [imper.] б-а-гәы́ла-ҧш! / б-а-гәы́ла-м-ҧшы-н!; **Non-fin.** [pres.] (C1) и-а-гәы́ла-ҧш-уа / и-а-гәы́ла-м-ҧш-уа, (C2) сы-з-гәы́ла-ҧш-уа / сы-з-гәы́ла-м-ҧш-уа; **Abs.** д-а-гәы́ла-ҧш-ны / д-а-гәы́ла-м-ҧш-кәа) **1.** to look inside sth: А-шәҟәы́ и-а-гәы́ло-уп, цқьа у-а-гәы́ла-ҧш! (ARD) *It is in the book, so look well! Это лежит в книге, посмотри хорошо!*

а-гәы́лара [n.] neighborhood: а-гәы́лара и́-ҟо-у а-ҩны́ *the neighboring house.* а-гәы́лара а-нхара́ *to live in the neighborhood, жить по соседству.*

а-гәы́ла-тца-ра [tr.] [C1-C2-Prev-C3-R / C1-C2-Prev-C3-Neg-R] [C3 put C1 into C2] (**Fin.** [pres.] и-а-гәы́ла-с-тцо-ит / и-а-гәы́ла-с-тцо-м, [aor.] и-а-гәы́ла-с-тце-ит / и-а-гәы́ла-сы-м-тце-ит, [imper.] и-а-гәы́ла-тца! / и-а-гәы́ла-бы-м-тца-н!, и-а-гәы́ла-шә-тца! / и-а-гәы́ла-шәы-м-тца-н!; **Non-fin.** [pres.] (C1) и-а-гәы́ла-с-тцо / и-а-гәы́ла-сы-м-тцо, (C3) и-а-гәы́ла-з-тцо / и-а-гәы́ла-зы-м-тцо; **Abs.** и-а-гәы́ла-тца-ны / и-а-гәы́ла-м-тца-кәа) **1.** to put into, to place inside: А-шә а-бы́сҭа и-а-гәы́ла-л-тце-ит. (ARD) *She put the cheese in the polenta. Она положила сыр в мамалыгу.* А-конве́рт а-шәҟәы́ и-а-гәы́ле-и-тце-ит. (ARD) *He put the envelope in the book. Конверт положил в книгу.*

а-гәы́л-жәа-ра [tr.] [C1-C2-Prev-C3-R / C1-C2-Prev-C3-Neg-R] [C3 tear C1 out of C2] (**Fin.** [pres.] и-а/р-гәы́лы-с-жәо-ит / и-а/р-гәы́лы-с-жәо-м, [aor.] и-а/р-гәы́лы-с-жәе-ит / и-а/р-гәы́л-сы-м-жәе-ит, [imper.] и-а/р-гәы́л-жәа! / и-а/р-гәы́л-бы-м-жәа-н!, и-а/р-гәы́лы-шә-жәа! / и-а/р-гәы́л-шәы-м-жәа-н!; **Non-fin.** [pres.] (C1) и-а/р-гәы́лы-с-жәо / и-а/р-гәы́л-сы-м-жәо, (C2) и-з-гәы́лы-с-жәо / и-з-гәы́л-сы-м-жәо, (C3) и-а/р-гәы́лы-з-жәо / и-а/р-гәы́л-зы-м-жәо; **Abs.** и-а/р-гәы́л-жәа-ны / и-а/р-гәы́лы-м-жәа-кәа) **1.** to tear sth (*e.g. a page*) out of sth (*e.g. a book*), to pull sth out of sth: А-шәҟәы́ а-са́хьа-қәа а-гәы́лы-р-жәе-ит. (ARD) *They tore illustrations out of the book. Они вырвали картинки из книги.* Ашәḱә-қәа́ а-са́хьа-қәа р-гәы́лы-р-жәе-ит. *They tore illustrations out of the books. Они вырвали картинки из книг.* А-тетра́д бӡьы́ц-к а-гәы́лы-с-жәе-ит. *I tore one page out of the notebook.*

Гәы́лрыӷьшь [n.] [place name]

а-гәы́л-с-ра [tr.] [C1-(C2)-Prev-R / C1-(C2)-Prev-Neg-R] [C1 pass through C2] (**Fin.** [pres.] с-гәы́л-с-уе-ит, сы-р-гәы́л-с-уе-ит / с-гәы́л-с-уа-м, сы-р-гәы́л-с-уа-м, [aor.] с-гәы́л-с-ит, сы-р-гәы́л-с-ит / с-гәы́лы-м-с-ит, сы-р-гәы́лы-м-с-ит, [imper.] бы-р-гәы́л-с! / бы-р-гәы́лы-м-сы-н!; **Non-fin.** [pres.] (C1) и-гәы́л-с-уа / и-гәы́лы-м-с-уа; **Abs.** с-гәы́л-с-ны / с-гәы́лы-м-с-кәа) **1.** to pass through**:** А-баху-қәа и-р-гу́л-с-ны и-цо́-ит. (ANR) *It passes right through the road as it goes.*

а-гәы́л-х-ра[1]* [tr.] [C1-Prev-C3-R] [C3 shell C1] (**Fin.** [aor.] и-гәы́л(ы)-с-х-ит / и-гәы́л-сы-м-х-ит, [imper.] и-гәы́л-х! / и-гәы́л-бы-м-хы-н!, **Abs.** и-гәы́л-х-ны / и-гәы́лы-м-х-кәа) **1.** to shell**:** А-кака́н-қәа гәы́лы-л-х-ит. *She shelled nuts.*

а-гәы́л-х-ра[2] [tr.] [C1-C2-Prev-C3-R / C1-C2-Prev-C3-Neg-R] [C3 take C1 out of C2] (**Fin.** [pres.] и-а-гәы́лы-с-х-уе-ит / и-а-гәы́лы-с-х-уа-м, [aor.] и-а-гәы́лы-с-х-ит / и-а-гәы́л-сы-м-х-ит, [imper.] и-а-гәы́л-х! / и-а-гәы́л-бы-м-хы-н!, и-а-гәы́лы-шә-х! / и-а-гәы́л-шәы-м-хы-н!; **Non-fin.** [pres.] (C1) и-а-гәы́лы-с-х-уа / и-а-гәы́л-сы-м-х-уа, (C3) и-а-гәы́лы-з-х-уа / и-а-гәы́л-зы-м-х-уа; **Abs.** и-а-гәы́л-х-ны / и-а-гәы́лы-м-х-кәа) **1.** to take out what is in a book**:** А-патре́ҭ-қәа альбо́м и-а-гәы́лы-л-х-ит. (ARD) *She took the photographs out of the album. Она вытащила фотокарточки из альбома.*

а-гәылшьа́п [n.] (-қәа) a dragon; a serpent.

а-гәы́л-шәа-ра [intr.] [C1-C2-Prev-R / C1-C2-Prev-Neg-R] [C1 fall out from C2] (**Fin.** [pres.] и-а-гәы́л-шәо-ит / и-а-гәы́л-шәо-м, [aor.] и-а-гәы́л-шәе-ит / и-а-гәы́лы-м-шәе-ит, [imper.] у-а-гәы́л-шәа! / у-а-гәы́лы-м-шәа-н!; **Non-fin.** [pres.] (C1) и-а-гәы́л-шәо / и-а-гәы́лы-м-шәо; **Abs.** и-а-гәы́л-шәа-ны / и-а-гәы́лы-м-шәа-кәа) **1.** (*of a light object*) to fall out/off from sth**:** А-шәḱәы́ бӡьы́ц-к а-гәы́л-шәе-ит. (ARD) *Из книги выпал один лист. A page fell out of the book.*

а-гәы́л-шәшәа-ра [intr.] [C1-C2-Prev-S / C1-C2-Prev-Neg-S] [C1 fall out from C2] (**Fin.** [pres.] и-а-гәы́л-шәшәо-ит / и-а-гәы́л-шәшәо-м, [aor.] и-а-гәы́л-шәшәе-ит / и-а-гәы́лы-м-шәшәе-ит; **Non-fin.** [pres.] (C1) и-а-гәы́л-шәшәо / и-а-гәы́лы-м-шәшәо; **Abs.** и-а-гәы́л-шәшәа-ны / и-а-гәы́лы-м-шәшәа-кәа) **1.** (*of a light object*) to fall out/off from sth**:** Альбо́м а-патре́ҭ-қәа зегьы́ а-гәы́л-шәшәе-ит. (ARD) *Из альбома высыпались все фотографии. All of the photographs fell out of the album.*

а-гәы́мшәа [adj.] bold, audacious; courageous**:** Ка́ма д-гәы́мшәо-уп. *Kama is bold.* Кама смелая.

а-гәы́мшәара [n.] courage, bravery.

Гәы́нда [n.] (f.) [person's name]

а-гәын-кы́ла-ра [tr.] [C1-Prev-C3-R / C1-Prev-C3-Neg-R] (**Fin.** [pres.] и-гәны́-с-кыло-ит / и-гәны́-с-кыло-м, [aor.] и-гәны́-с-кыле-ит / и-гәны́-сы-м-кыле-ит, [imper.] и-гәын-кы́л! / и-гәны́-бы-м-кыла-н!, и-гәны́-шә-кыл! / и-гәны́-шәы-м-кыла-н!, [poten.] и-сы-з-гәны́-м-кыле-ит (-кыла-ӡе-ит) (*I could not memorize it/them*); **Non-fin.** [pres.] (C1) и-гәыны́-с-кыло / и-гәыны́-сы-м-кыло, (C2) и-гәыны́-з-кыло / и-гәыны́-зы-м-кыло; **Abs.** и-гән-кыла-ны / и-гәны́-м-гыла-кәа) **1.** to perceive**:** Ари́ а́-ӡӷаб хучы́ а-ҽы́ и-а-хәа́-з аа-гәны́-л-кыла-н, (...). (Ab.Text) *This girl listened to what the horse said and* (...). **2.** to memorize; to remember**:** И-гәны́-шә-кыл уи! *Remember this!*

а-гәы́ԥ [n.] (а-гәы́ԥ-қәа, гәы́ԥ-к, х-гәы́ԥ) a group**:** Шә-и-х-цәа́жә шә-гәы́ԥ а-ḱны́тәи шә-ҩы́за чкәы́н. (AFL) *Talk about your friend from your group. Расскажите о вашем друге из вашей группы.*

а-гәы-ԥ-тцәа́-ра́ (= **а-гу-ԥ-тцәа́-ра́**) [tr.] [Poss-гәы́ Prev-(C3)-R] [C3 bore Poss, Poss be bored] (**Fin.** [pres.] л-гәы́ цъ-тцәо́-ит (*ей надоедает*) / л-гәы́ цъ-тцәо́-м, л-гәы́ цъ-на-тцәо́-ит / л-гәы́ цъ-на-тцәо́-м, [aor.] с-гәы́ цъ-тцәе́-ит (*мне надоело*) / с-гәы́ цъы́-м-тцәе-ит (-тцәа-ӡе-ит), л-гәы́ цъ-на-тцәе́-ит (*это ей надоело*) / л-гәы́ цъ-на́-м-тцәе-ит; **Non-fin.** [pres.] (C1) з-гәы́ цъ-на-тцәо́ / з-гәы́ цъ-на́-м-тцәо, (C3) л-гәы́ цъы́-з-тцәо / л-гәы́ цъы́-зы-м-тцәо, [aor.] (C1) з-гәы́ цъ-на-тцәа́ (*тот, которому надоело это*) / з-гәы́ цъ-на́-м-тцәа, (C3) л-гәы́ цъы́-з-тцәа (*то, которое надоело ей*) / л-гәы́ цъы́-зы-м-тцәа; **Abs.** и-гәы́ цъ-тцәа-ны́ / и-гәы́ цъы́-м-тцәа-кәа) **1.** to be bored; to be bothered: р-гәы́ цъ-тцәе́-ит *they were bored/bothered, им надоело.* Абри́ а-у́с с-гәы́ цъ-на-тцәе́-ит. *I was bored with/bothered by this work. Это дело мне надоело.* Урҭ ры-гә-қәа́ цъ-и́ба-тцәе-ит. *They were bored with/bothered by one another. Они надоели друг другу.*

а-гәы́р [n.] (а-гәы́р-кәа, гәы́р-к) a needle: а́-ӡахыга гәы́р *a sewing needle.* а-гәы́р а́-тца *the eye of a needle.* С-напы́ а-гәы́р а́-ла-с-тце-ит. (ARD) *I pricked my hand with a needle. Я уколола себе руку иглой.*

а-гур=гәы́рҳәа [n.] a crash, din, a roar.

-гәы́рӷьа-ны [adv.] joyfully.

а-гәы́рӷьара[1] [n.] **1.** joy. **2.** cebration; a feast.

а-гәы́рӷьа-ра[2] [intr.] [C1-R / C1-Neg-R] [C1 be glad, C1 rejoice] (**Fin.** [pres.] д-гәы́рӷьо-ит / д-гәы́рӷьо-м (*or* д-гәы́рӷьа-ӡо-м), [aor.] д-гәы́рӷье-ит / ды-м-гәы́рӷье-ит (*or* ды-м-гәы́рӷьа-ӡе-ит), [imper.] б-гәы́рӷьа! / бы-м-гәы́рӷьа-н!, шә-гәы́рӷьа! / шәы-м-гәы́рӷьа-н!; **Non-fin.** [pres.] (C1) и-гәы́рӷьо / и-м-гәы́рӷьо, [aor.] (C1) и-гәы́рӷьа / и-м-гәы́рӷьа; **Abs.** д-гәы́рӷьа-ны / ды-м-гәы́рӷьа-кәа) **1.** to be glad; to rejoice: А-цәа́р гәы́рӷьа-н, а́шәа р-ҳәо́-ит. (AFL) *The birds are happy, (and) they are singing. Птицам радостно, они поют.* а́ацъын, ҳ-гәрӷьо́ ҳа-з-зы-цъшы́-з. *spring which we had gladly waited for.* Напы́-цқьа-ла иара́ ҟәшәо́, с-гәрӷьо́ а́-шәа с-ҳәо́-ит. (AFL) *Его собирая чистыми руками, радуясь, я пою.* А-жәлар гәы́рӷьо-ит. *The people are rejoicing. Народ ликует.* [cf. **а́и-гәырӷьа-ра** "to rejoice"]

а-гәы́рӷьаратә [adj.] **1.** joyful. **2.** ceremonial; festive.

а-гәы́рӷьахә [adj.] joyful, glad: а́-жәабжь гәы́рӷьахә *joyful news.* У-гәы́рӷьахә ҳ-а-ха-а́аит! (ACST) *Let it be that we hear something joyful about you!*

-гәы́рӷьахәха [adv.] happily; merrily, gaily: А-ны́ҟәаҩы д-гәы́рӷьахәха(ны) д-хынҳә-и́т. (ACST) *The traveller returned overjoyed.*

-гәы́рӷьа-тцәа [adv.] (< -гәы́рӷьа-ны 'joyfully' + intensifier -тцәа, cf. **-ӡа**) in great joy; very merrily/gaily/cheerfully: д-гәы́рӷьатцәа ды́-ҟо-уп он/она очень весел/-ла; А-тцан ари́ а-хучы́ д-аны́-р-ба и-гу́рӷьа-тцәа и-ҟа-ле́-ит. (Ab.Text) *The Tsan became very happy when they saw the baby there.*

а́гәыркьҳәа [adv.] in a group; en masse: А-жәлар а́гәркьҳәа а-дәахьы́ и-дәы́л-тц-ит. (ARD) *The people came out in a group to the street. Народ гурьбой вывалился на улицу.*

а-гәыцъҳәы́ [n.] (а-гәыцъҳә-қәа́/-цәа́, л-гәыцъҳә) breast: Ан л-хәычы́ а-гәыцъҳәы́ и-ҿа́-л-тцо-ит. *The mother is breast-feeding her child. Мать кормит ребенка грудью.*

а-гәырҩа́ [n.] (-кәа) grief: А-гәырҩа́ д-а-рҩе́-ит. *He wasted away from depression.*

а-гәырҩа-ра́ [intr.] [C1-S / C1-Neg-S] [C1 grieve] (**Fin.** [pres.] д-гәырҩо́-ит / д-гәырҩо́-м, [aor.] д-гәырҩе́-ит / ды-м-гәырҩе́-ит, [imper.] б-гәырҩа́! / бы-м-гәырҩа́-н!; **Non-fin.** [pres.] (C1) и-гәырҩо́ / и-м-гәырҩо́, [aor.] (C1) и-гәырҩа́ / и-м-гәырҩа́; **Abs.** д-гәырҩа-ны́ / ды-м-гәырҩа́-кәа) **1.** to grieve, to mourn.

а-гәыҭкьа́ [n.] fear: А-гәыҭҟьа́ д-а-ге́-ит. *He/She was very much frightened. Он/Она сильно испугался/-лась.*

а-гә(ы)ҭы́ха [n.] (-қәа) care; concern: Сара́ гәҭы́ха затцәы́к а́-уп и-сы́-мо-у. *I have only one concern. У меня лишь одна забота.* Уи́ и-гәҭы́ха-қәа рацәо́-уп. *He has many concerns. У него много забот.* || **гәҭы́ха-с а́-мазаа-ра** to trouble, to worry: А-хәычы́ и-чы́мазара

Гә

гәҭы́ха-с и́-мо-уп. *He is very much worried about the child's illness. Его сильно заботит болезнь ребенка.*

а-гәы́-хын-ҳә-ра[1] [n.] nausea: А-чы́мазаҩ лассы́-лассы́ а-гәы́хынҳәра цәы́р-и-ге-ит. *The sick man felt nauseous.*

а-гәы́-хын-ҳә-ра[2] [intr.] [Poss-гәы Prev-R] [Poss vomited] (**Fin.** [pres.] с-гәы́ хын-ҳә-уе-ит / с-гәы́ хын-ҳә-уа́-м, [aor.] с-гәы́ хын-ҳә-и́т / с-гәы́ хны́-м-ҳә-ит; **Non-fin.** [pres.] (Poss) з-гәы́ хын-ҳә-уа́ / з-гәы́ хны́-м-ҳә-уа, [aor.] (Poss) з-гәы́ хын-ҳәы́ / з-гәы́ хны́-м-ҳәы; **Abs.** и-гәы́ хын-ҳә-ны́ / и-гәы́ хны́-м-ҳә-кәа) **1.** to vomit: И-гәы́ хын-ҳә-уа́-н. *He vomited. Его рвало.*

а-гәы́хь [n.] a heart disease.

а-гәы́-тца-с-ра [intr.] [C1-C2-N-Prev-R / C1-C2-N-Prev-Neg-R] [C1 push C2] (**Fin.** [pres.] сы-л-гәы́-тца-с-уе-ит / сы-л-гәы́-тца-с-уа-м, [aor.] сы-л-гәы́-тца-с-ит / сы-л-гәы́-тца-м-с-ит, [imper.] бы-с-гәы́-тца-с! / бы-с-гәы́-тца-м-сы-н!, шәы-с-гәы́-тца-с! / шәы-с-гәы́-тца-м-сы-н!; **Abs.** сы-л-гәы́-тца-с-ны / сы-л-гәы́-тца-м-с-кәа) **1.** to push.

-гәы́шьа- [suffix] [placed after a verbal radical] *used to express misfortune, regret, pity, wretchedness, etc.*: И-а-з-ҳәа-гәы́шьо-да-з? (AF) *Who was going to tell him, poor wretch?* А-ҧшәма ды́-ҟа-гәышьа-м. *Sadly the host isn't here.* Ааи, х-ҳәынҭҟа́р рыҵха, а-дау́ д-и-фа-гу́шье-ит. (Ab.Text) *Oh no. The ogre has eaten our poor King.* Аибашьра аан д-ҭа-ха-гәы́шье-ит и́-ҷкәын затә. (ACST) *Tragically, his only son fell during the war.*

а-гәы́ҩбара [n.] (-қәа) doubt: А-гәы́ҩбара и-бу-ит. *He had doubts. Он засомневался.* А-гәы́ҩбара и-знартцыс-и́т. *It provoked a doubt in him. Это вызвало у него сомнение.*

а-гәҩа́-ра [n.] suspicion: Ды-чмазаҩха́-зар ҳәа гәҩа́ра-с и-сы́-мо-уп. *I suspect that he/she has become ill. Я подозреваю, что/она он заболел/-ла.*

Ҕ ҕ

а́-ҕа [n.] (а́-ҕа-қәа, сы́-ҕа (са́-ҕа), ҳа́-ҕа, ҕа́-к, ҕа́-қәа-к) bellows.

аҕа́ [n.] (аҕа-цәа́, ҳ-ҕа́ *or* ҳ-аҕа́, ҳ-ҕа-цәа́, и-аҕа-цәа́, ҕа́-к, ҕа-цәа́-к, с-ҕа́ /с-аҕа́) an enemy, a foe: С-аҕа́ и-хы́ хы́-з-тцәа-да? (Ab.Text) *Who cut off the head of my enemy?*

а-ҕала́т-ҩы [n.] (а-ҕала́т-цәа, ҕала́тҩы-к) a betrayer, a traitor.

а-ҕала́т-ра [tr.] [C1-C3-R / C1-C3-Neg-R] [C3 betray C1] (**Fin.** [pres.] ды-с-ҕала́т-уе-ит (*ды-з-ҕала́т-уе-ит) / ды-с-ҕала́т-уа-м, [aor.] ды-с-ҕала́т-ит / д-сы-м-ҕала́т-ит, [imper.] д-ҕала́т! / д-бы-м-ҕала́ты-н!, ды-шә-ҕала́т! / д-шәы-м-ҕала́ты-н; **Non-fin.** [pres.] (C1) и-с-ҕала́т-уа / и-сы-м-ҕала́т-уа, (C1) ды-з-ҕала́т-уа / д-зы-м-ҕала́т-уа; **Abs.** д-ҕала́т-ны / ды-м-ҕала́т-кәа) **1.** to betray: И-ҩы́з-цәа ды-р-ҕала́т-ит. (ARD) *Товарищи его предали. His friends betrayed him.*

а-ҕа́р [adj.] (а-ҕа́р-цәа, ҕа́р-к, ҕа́р-цәа-к, и-ҕа́р-у) **1.** poor: а-уаҩ ҕар *a poor person.* **2.** skinny.

а-ҕа́р-заа-ра [intr. stative] [C1-R] (**Fin.** [pres.] д-ҕа́р-уп / д-ҕа́ры-м, [past] д-ҕа́ры-н / д-ҕа́р-мызт; **Non-fin.** (C1) [pres.] и-ҕа́р-у / и-ҕа́ры-м, [past] и-ҕа́ры-з / и-ҕа́р-мыз) **1.** to be poor: Уи́ да́ара д-ҕа́р-уп. *He is very poor.* Ду́ д-ҕа́р-ны ды-н-хо́-ит. *He lives in poverty. Он бедно живет.*

а-ҕа́р-ха-ра [intr.] [C1-poor-become / C1-poor-Neg-become] (**Fin.** [pres.] д-ҕа́р-хо-ит / д-ҕа́р-хо-м, [aor.] д-ҕа́р-хе-ит / д-ҕа́ры-м-хе-ит, [imper.] б-ҕа́р-ха! / б-ҕа́ры-м-ха-н!; **Non-fin.** [pres.] (C1) и-ҕа́р-хо / и-ҕа́ры-м-хо; **Abs.** д-ҕа́р-ха-ны / д-ҕа́ры-м-ха-кәа) **1.** to become/grow poor.

а́-ҕба [n.] (а́-ҕба-қәа, шәы́-ҕба, ҕба́-к/ҕба-кы́, ҕба-қәа́-к) **1.** a vessel, a craft; a ship. **2.** a steamship, a steamer: А-ҕба а-мшы́н и-хы́-уп. *The steamer is at sea.* ҕба-ла́ а-ца-ра́ *to go by steamship, ехать на пароходе.*

а́-ҕбаныкәара [n.] steam-navigation.

а-ҕҕа́ра [n.] (-қәа) a shoal.

а-ҕла́м [n.] **1.** a shark. **2.** a beluga. **3.** (*folktale*) a giant.

а́-ҕра [adj.] (и́-ҕро-у) skewbald; motley, many-colored: а-жә ҕра *the brindled cow.* Лы́-бла-қәа ҕро́-уп, и-ҭба́а-уп. (AFL) *Her eyes are motley and big. Ее глаза пестрые, большие.*

а-ҕра́ [n.] abdominal cavity; stomach, belly.

а-ҕра-гы́ла-ра [intr.] [C1-C2-Prev-R / C1-C2-Prev-Neg-R] [C1 tread on C2] (**Fin.** [pres.] д-а-ҕра-гы́ло-ит / д-а-ҕра-гы́ло-м, д-лы-ҕра-гы́ло-ит / д-лы-ҕра-гы́ло-м, [aor.] д-лы-ҕра-гы́ле-ит / д-лы-ҕра́-м-гы́ле-ит, [imper.] б-лы-ҕра-гы́ла! / б-лы-ҕра́-м-гы́ла-н!; **Non-fin.** [pres.] (C1) и-а-ҕра-гы́ло / и-а-ҕра́-м-гы́ло, (C2) д-зы-ҕра-гы́ло / д-зы-ҕра́-м-гы́ло, [aor.] (C1) и-а-ҕра-гы́ла / и-а-ҕра́-м-гы́ла, (C2) д-зы-ҕра-гы́ла / д-зы-ҕра́-м-гы́ла; **Abs.** д-а-ҕра-гы́ла-ны / д-а-ҕра-м-гы́ла-кәа) [= а-ҕра́-ԥа-ла-ра] **1.** to tread on: аӡәы́ и-шьапы́ а-ҕраагы́ла-ра *to step on somebody's foot, наступить кому-либо на ногу.*

а-ҕра́-заа-ра [intr. stative] [C1-C2-Prev(R)] [C1 lie in C2] (**Fin.** [pres.] и-а-ҕро́-уп / и-а-ҕра́-м, [past] и-а-ҕра́-н / и-а-ҕра́-мызт; **Non-fin.** [pres.] (C1) и-а-ҕра́-з / и-а-ҕра́-мыз) **1.** to lie in sth, to be in sth: А-цәарҭа д-а-ҕро́-уп. *He/She lies in bed.* А-кала́м а-шәҟәы́ и-а-ҕро́-уп (и-а-гәы́ло-уп). (ARD) *Ручка лежит в книге. The pen is in the book.*

а-ҕра́-ла-ра [intr.] [C1-C2-Prev-R / C1-C2-Prev-Neg-R] [C1 go inside C2] (**Fin.** [pres.] д-а-ҕра́-ло-ит / д-а-ҕра́-ло-м, [aor.] д-а-ҕра́-ле-ит / д-а-ҕра́-м-ле-ит, [imper.] б-а-ҕра́-л! / б-а-ҕра́-м-ла-н!; **Non-fin.** [pres.] (C1) и-а-ҕра́-ло / и-а-ҕра́-м-ло; **Abs.** д-а-ҕра́-ла-ны / д-а-ҕра́-м-ла-кәа) **1.** to go inside: А-ҳәынаԥ а́-ҭәаҟәа и-а-ҕра́-ле-ит. (ARD) *The mouse went into the stack. Мышь влезла внутрь скирды.*

а-ҕра́-ԥа-ла-ра [intr.] [C1-C2-Prev-R-Ex / C1-C2-Prev-Neg-R-Ex] [C1 tread on C2] (**Fin.** [pres.] д-а-ҕра́-ԥа-ло-ит, д-сы-ҕра́-ԥа-ло-ит / д-а-ҕра́-ԥа-ло-м (*or* д-а-ҕра́-ԥа-ла-ӡо-м), д-сы-ҕрá-ԥа-ло-м, [aor.] д-а-ҕрá-ԥа-ле-ит, д-сы-ҕрá-ԥа-ле-ит / д-а-ҕрá-м-ԥа-ле-ит, д-сы-ҕрá-м-ԥа-ле-ит, [imper.] б-а-ҕрá-ԥа-л!, шә-а-ҕрá-ԥа-л! / б-а-ҕрá-м-ԥа-ла-н!, шә-а-ҕрá-м-ԥа-ла-н!; **Non-fin.** [pres.] (C1) и-а-ҕрá-ԥа-ло / и-а-ҕрá-м-ԥа-ло, (C2) д-зы-ҕрá-ԥа-ло / д-зы-ҕрá-м-ԥа-ло, [aor.] (C1) и-а-ҕрá-ԥа-ла / и-а-ҕрá-м-ԥа-ла, (C2) д-зы-ҕрá-ԥа-ла / д-зы-ҕрá-м-ԥа-ла; **Abs.** д-а-ҕрá-ԥала-ны / д-а-ҕрá-м-ԥала-кәа) **1.** (= **á-қә-ԥала-ра**) to tread on, to step on: С-лы-ҕрá-ԥа-ле-ит. *I stepped on her.* С-шьапы́ д-а-ҕрá-ԥа-ле-ит. *He jumped on my foot.* С-шьапы́ у-а-ҕрá-м-ԥала-н! *Don't step on my foot!* А-мат д-а-ҕрá-ԥа-ле-ит (= д-á-қә-ԥале-ит). *He/She trod on a snake. Он/Она наступил/-ла на змею.*

а-ҕрá-с-ра [intr.] [C1-C2-Prev-R / [C1-C2-Prev-Neg-R] [C1 hit C2's belly] (**Fin.** [pres.] с-лы-ҕрá-с-уе-ит / с-лы-ҕрá-с-уа-м, [aor.] с-лы-ҕрá-с-ит / с-лы-ҕрá-м-с-ит, [imper.] б-лы-ҕрá-с! / б-лы-ҕрá-м-сы-н!; **Non-fin.** [pres.] (C1) и-лы-ҕрá-с-уа / и-лы-ҕрá-м-с-уа, (C2) с-зы-ҕрá-с-уа / с-зы-ҕрá-м-с-уа; **Abs.** с-лы-ҕрá-с-ны / с-лы-ҕрá-м-с-кәа) **1.** to hit sb's belly, to strike: А-цә á-жә и-а-ҕрá-с-ит. *The bull hit the cow in the belly with its horns. Бык ударил корову рогами в живот.*

а-ҕра-тца-рá [tr.] [C1-C2-Prev-C3-R / C1-C2-Prev-C3-Neg-R] [C3 insert C1 into C2] (**Fin.** [pres.] и-а-ҕрá-с-тцо-ит / и-а-ҕрá-с-тцо-м, [aor.] и-а-ҕрá-с-тце-ит / и-а-ҕрá-сы-м-тце-ит, [imper.] и-а-ҕра-тцá! / и-а-ҕрá-бы-м-тца-н!, и-а-ҕрá-шә-тца! / и-а-ҕрá-шәы-м-тца-н!; **Non-fin.** [pres.] (C1) и-а-ҕрá-с-тцо / и-а-ҕрá-сы-м-тцо, (C2) и-з-ҕрá-с-тцо / и-з-ҕрá-сы-м-тцо, (C3) и-а-ҕрá-з-тцо / и-а-ҕрá-зы-м-тцо; **Abs.** и-а-ҕра-тца-ны́ / и-а-ҕрá-м-тца-кәа) **1.** to insert sth into sth: А-шәҟәы́ и-а-ҕрá-с-тце-ит. *I inserted it/them into the book. Я положил его(нрз.)/их в книгу.* А-докуме́нт-қәа а-қьаáдтра и-а-ҕрé-и-тце-ит. (ARD) *Он вложил документы в папку. He inserted the documents into the folder.*

а-ҕры́-х-ра [tr.] [C1-C2-Prev-C3-R / C1-C2-Prev-C3-Neg-R] [C3 take out C1 from C2] (**Fin.** [pres.] и-а-ҕры́-с-х-уе-ит / и-а-ҕры́-с-х-уа-м, [aor.] и-а-ҕры́-с-х-ит / и-а-ҕры́-сы-м-х-ит, [imper.] и-а-ҕры́-х! / и-а-ҕры́-бы-м-хы-н!, и-а-ҕры́-шә-х! / и-а-ҕры́-шәы-м-хы-н!; **Non-fin.** [pres.] (C1) и-а-ҕры́-с-х-уа / и-а-ҕры́-сы-м-х-уа, (C2) и-з-ҕры́-с-х-уа / и-з-ҕры́-сы-м-х-уа, (C3) и-а-ҕры́-з-х-уа / и-а-ҕры́-зы-м-х-уа; **Abs.** и-а-ҕры́-х-ны / и-а-ҕры́-м-х-кәа) **1.** to take/pull sb out of sth, to pull out; to get out sth from sth: А-қьаáдтра а-докуме́нт-қәа а-ҕр-и́-х-ит. (ARD) *Он вытащил из папки документы. He pulled the documents out of the folder.* А-қьаáдтра-қәа а-докуме́нт-қәа ры-ҕр-и́-х-ит. *He pulled documents out of the folders. Он вытащил из папок документы.*

á-ҕыҕбыжь [n.] growl, snarl.

а-ҕы́ҕк [adj.] (-қәа, и-ҕы́ҕк-у) (*of tobacco leaves*) dried.

а-ҕы́ҕ-к-ра [intr.] [C1-Prev-R / C1-Prev-Neg-R] [C1 dry up] (**Fin.** [pres.] и-ҕы́ҕ-к-уе-ит / и-ҕы́ҕ-к-уа-м, [aor.] и-ҕы́ҕ-к-ит / и-ҕы́ҕы-м-к-ит; **Non-fin.** [pres.] (C1) и-ҕы́ҕ-к-уа / и-ҕы́ҕы-м-к-уа; **Abs.** и-ҕы́ҕ-к-ны / и-ҕы́ҕы-м-к-кәа) **1.** to dry up, become parched: А-тәá ҕы́ҕ-к-ит. *The hay dried out. Сено пересохло.*

á-ҕыҕ-ра [intr.] [C1-R] [C1 snarl] (**Fin.** [pres.] и-ҕы́ҕ-уе-ит *or* и-ҕыҕ-уé-ит / и-ҕы́ҕ-уа-м, [aor.] и-ҕы́ҕ-ит / и-м-ҕы́ҕ-ит, [imper.] у-ҕы́ҕ! / у-м-ҕыҕы́-н!; **Non-fin.** [pres.] (C1) и-ҕы́ҕ-уа / и-м-ҕы́ҕ-уа *or* и-м-ҕыҕ-уá; **Abs.** и-ҕы́ҕ-ны *or* и-ҕыҕ-ны́ / и-м-ҕы́ҕ-кәа) **1.** to snarl, to growl: А-лá ҕы́ҕ-уе-ит. *The dog is growling. Собака рычит.*

á-ҕыз-ра* [intr.] [C1-R] (**Fin.** [pres.] д-ҕыз-уé-ит / д-ҕыз-уá-м, [aor.] д-ҕыз-и́т / ды-м-ҕыз-и́т, [imper.] б-ҕызы́! / бы-м-ҕызы́-н!, **Abs.** д-ҕыз-ны́ / ды-м-ҕызы́-кәа) **1.** to groan.

á-ҕызы=ҕыз-ра* [intr.] [C1-R-R] (**Fin.** [pres.] д-ҕызы́=ҕыз-уе-ит / д-ҕызы́=ҕыз-уа-м, [aor.] д-ҕызы́=ҕыз-ит / ды-м-ҕызы́=ҕыз-ит, [imper.] б-ҕызы́=ҕыз! / бы-м-ҕызы́=ҕызы-н!, Abs. д-ҕызы́=ҕыз-ны / ды-м-ҕызы́=ҕыз(ы)-кәа) **1.** to groan: д-ҕызы́=ҕыз-уа ҿáа-и-т-ит. *he shouted with a groan.*

а-ҕырлá [adj.] (*of grapes*) red ripe: á-жь ҕырлá *ripe grapes.*

а-ҕырла-рá [intr.] [C1-R] [C1 turn red] (**Fin.** [pres.] и-ҕырлó-ит / и-ҕырлó-м, [aor.] и-ҕырлéит / и-м-ҕырле́-ит; **Non-fin.** [pres.] (C1) и-ҕырло́ / и-м-ҕырло́) (о винограде, инжире) **1.** (*of grapes, a fig, etc.*) to turn red**:** А-жь ҕырле́-ит. *The grapes turned red.*

Ӷь ӷь

-ӷь [suffix] *used to mark male non-castrated animals and some birds*: á-цә-аӷь "a stud bull" < á-цә "bull, ox." а-ҭы́-(ӷь) "a ram" < а-ҭы́ "a wether."

а-ӷьа-рá [intr.] [C1-R] [C1(*wound, etc.*) heal] (**Fin.** [pres.] и-ӷьó-ит / и-ӷьó-м, [aor.] и-ӷьé-ит / и-м-ӷьé-ит, [imper.] у-ӷьá! / у-м-ӷьá-н!; **Non-fin.** [pres.] (C1) и-ӷьó / и-м-ӷьó; **Abs.** и-ӷьа-ны́ / и-м-ӷьá-кәа) **1.** to heal: И-хәра ӷьé-ит. *His wound healed. Его рана зажила.*

аӷьарáҳәа [adv.] excellently: Аӷьарáҳәа ҳá-ҟо-уп. *We are getting along very well. / We are in a good mood.*

á-ӷьаца-ра [intr.] [C1-R] [C1 grow] (**Fin.** [pres.] и-ӷьацó-ит / и-ӷьацó-м, [aor.] и-ӷьацé-ит / и-м-ӷьацé-ит, [imper.] у-ӷьацá! / у-м-ӷьацá-н!; **Non-fin.** [pres.] (C1) и-ӷьацó / и-м-ӷьацó; **Abs.** и-ӷьаца-ны́ / и-м-ӷьацá-кәа) **1.** to grow: Арá á-ҧш ӷьаца-ӡó-м. (ARD) *Здесь кукуруза не растет. Maize doesn't grow here.*

а-ӷьáҩ [adj.] (= **а-ӷьéҩ**) **1.** bold, brave, courageous. **2.** advanced: а-ýсуҩ ӷьаҩ *a precursor-worker.*

á-ӷьӷьа-ра [tr.] [C1-C3-R / C1-C3-Neg-R] [C3 scrape C1] (**Fin.** [pres.] и-лы-ӷьӷьó-ит / и-лы-ӷьӷьó-м (*or* и-лы-ӷьӷьá-ӡо-м), [aor.] и-лы-ӷьӷьé-ит, и-á-ӷьӷье-ит / и-л-мы-ӷьӷьé-ит, и-á-мы-ӷьӷье-ит, [imper.] и-ӷьӷьá! / и-б-мы-ӷьӷьá-н!, и-шәы-ӷьӷьá! / и-шә-мы-ӷьӷьá-н!; **Non-fin.** [pres.] (C1) и́-лы-ӷьӷьо (*то, которое она скоблит*) / и́-л-мы-ӷьӷьо, (C3) и-зы-ӷьӷьó (*тот, который скоблит его(нрз.)/их*) / и-з-мы-ӷьӷьó, [aor.] (C1) и́-лы-ӷьӷьа / и́-л-мы-ӷьӷьа, (C3) и-зы-ӷьӷьá / и-з-мы-ӷьӷьá, [impf.] (C1) и́-лы-ӷьӷьо-з / и́-л-мы-ӷьӷьо-з, (C3) и-зы-ӷьӷьó-з / и-з-мы-ӷьӷьó-з, [past indef.] (C1) и́-лы-ӷьӷьа-з / и́-л-мы-ӷьӷьа-з, (C3) и-зы-ӷьӷьá-з / и-з-мы-ӷьӷьá-з; **Abs.** и-ӷьӷьа-ны́ / и-м-ӷьӷьá-кәа) **1.** to scrape.

а-ӷьéҩ *see* **а-ӷьáҩ**

аӷьéҩҳәа [adv.] **1.** quickly. **2.** boldly. **3.** vigorously, energetically.

а-ӷьы́ч [adj.] (а-ӷьы́ч-цәа, ӷьы́ч-к) a thief: А-ӷьы́ч и-нáҧха д-и-ды́р-уе-ит. *The thief knows his informer.* Ӷьы́ч-и ӷьы́ч-и éиба-ӡо-н. *A thief and a thief steal from each other.*

а-ӷьы́ч-ра [labile] **(1)** [intr.] [C1 be engaged in theft] (**Fin.** [pres.] д-ӷьы́ч-уе-ит / д-ӷьы́ч-уа-м, с-ӷьы́ч-уе-ит / с-ӷьы́ч-уа-м [aor.] д-ӷьы́ч-ит / ды-м-ӷьы́ч-ит, [imper.] б-ӷьы́ч! / бы-м-ӷьы́чы-н!, шә-ӷьы́ч! / шәы-м-ӷьы́чы-н!) **1.** to steal; to be engage in stealing/theft. **(2)** [tr.] [C1-(C2-OV(цә))-C3-R / C1-(C2-OV)-C3-Neg-R] [C3 steal C1 (from C2)] (**Fin.** [pres.] и-с-ӷьы́ч-уе-ит (*и-з-ӷьыч-уе-ит) / и-с-ӷьы́ч-уа-м (*or* и-с-ӷьы́ч-ӡо-м), [aor.] и-с-ӷьы́ч-ит, и-а-ӷьы́ч-ит / и-сы-м-ӷьы́ч-ит (*or* и-сы-м-ӷьы́ч-ӡе-ит), и-а-м-ӷьы́ч-ит, [imper.] и-ӷьы́ч! / и-бы-м-ӷьы́чы-н!, и-шә-ӷьы́ч! / и-шәы-м-ӷьы́чы-н!; **Non-fin.** [pres.] (C1) и́-л-ӷьыч-уа (*то, которое она ворует*) / и́-лы-м-ӷьыч-уа, (C3) и-з-ӷьы́ч-уа (*тот, который ворует его(нрз.)/их*) / и-зы-м-ӷьы́ч-уа, [aor.] (C1) и́-л-ӷьыч / и́-лы-м-ӷьыч, (C3) и-з-ӷьы́ч / и-зы-м-ӷьы́ч, [impf.] (C1) и́-л-ӷьыч-уа-з / и́-лы-м-ӷьыч-уа-з, (C3) и-з-ӷьы́ч-уа-з / и-зы-м-ӷьы́ч-уа-з, [past indef.] (C1) и́-л-ӷьычы-з / и́-лы-м-ӷьычы-з, (C3) и-з-ӷьы́чы-з / и-зы-м-ӷьы́чы-з; **Abs.** и-ӷьы́ч-ны / и-м-ӷьы́ч-кәа) **1.** to steal: А-ӷьы́ч а-ҧáра с-цәы́-и-ӷьыч-ит. *The thief stole the money from me. Вор украл у меня деньги.* А-ӷьы́ч и-с-цәы́-и-м-ӷьыч-ит а-ҧáра. *The thief didn't steal any money from me. Вор не украл у меня денег.*

Ӷә ҕә

Ӷәа́да [n.] [place name]**:** Сара́ иахьа́ Ӷәа́да с-цо́-ит. *I am going to Gwada today.*

а́-ҕәаҧса-ра* [tr.] (**Fin.** [pres.] и-ҕәаҧсо́-ит / и-ҕәаҧсо́-м, [aor.] и-ҕәаҧсе́-ит / и-м-ҕәаҧсе́-ит, [imper.] и-ҕәаҧса́! / и-у/б/шә-м-ҕәаҧса́-н!) *see* **а́-бҕьаҭ-ра**

а́-ҕәҕәа [adj.] (а́-ҕәҕәа-қәа, ҕәҕәа́-к, ҕәҕәа-қәа́-к) **1.** strong; powerful; hard**:** а-ха́-цәа ҕәҕәа-қәа́ *strong men.* ха́-цәа ҕәҕәа-қәа́-к-и иаре́-и *some strong men and he.* Иацы́ а-ҧша́ ҕәҕәа́ а́-с-уа-н. *Yesterday, a strong wind was blowing. Вчера дул сильный ветер.* Уара́ уи а́ҟара у-ха́ҵа ҕуҕуа́-зар, даҽа́ зны́к-гьы у-сы́-с! (Ab.Text) *If you are such a strong man, hit me once more.* **2.** healthy.

ҕәҕәа́ [adv.] **1.** much, many. **2.** hard. **3.** strongly, firmly, soundly.

а́-ҕәҕәа-заа-ра [intr. stative] [C1-R] [C1 be strong] (**Fin.** [pres.] ды-ҕәҕәо́-уп / ды-ҕәҕәа́-м, [past] ды-ҕәҕәа́-н / ды-ҕәҕәа́-мызт, [imper.] бы-ҕәҕәа́-з! / бы-ҕәҕәа́-м!; **Non-fin.** (C1) [pres.] и-ҕәҕәо́-у / и-ҕәҕәа́-м, [past] и-ҕәҕәа́-з / и-ҕәҕәа́-мыз; **Abs.** ды-ҕәҕәа-ны́ / ды-ҕәҕәа́-м-кәа) **1.** to be strong; to be robust**:** Уи́ да́ара ды-ҕәҕәо́-уп. *He/She is very strong.* А-ҵара-ҿы́ ды-ҕәҕәа́-н. *He/She was good at studying. Он/Она в учебе был/была силен/сильна.* Ламы́с-ла шәы-ҕәҕәа-зааит! (AF) *Be strong in conscience!* **2.** to be severe**:** Сынтәа́ а́-ӡынра ҕәҕәо́-уп. *This winter is severe. В этом году зима суровая.*

ҕәҕәа́ла [adv.] **1.** strongly; very strongly**:** А-хәчы́ и-а́н ҕәҕәа́ла д-и-а́-цәҳа-ит. (AAD) *The boy's mother scolded him severely.* Сара́ ҕәҕәа́ла с-ааҧсе́-ит. *I am very tired. Я очень устал.* **2.** soundly**:** Уи́ ҕәҕәа́ла ды́-цәо-уп. *He is sleeping soundly. Он крепко спит.*

ҕәҕәаӡаны́ [adv.] very strongly; with violence.

а́-ҕәҕәа-ха-ра [intr.] [C1-strong-become] (**Fin.** [pres.] ды-ҕәҕәа-хо́-ит / ды-ҕәҕәа-хо́-м, [aor.] ды-ҕәҕәа-хе́-ит / ды-ҕәҕәа́-м-хе-ит, [imper.] бы-ҕәҕәа-ха́! / бы-ҕәҕәа́-м-ха-н!; **Non-fin.** [pres.] (C1) и-ҕәҕәа-хо́ / и-ҕәҕәа́-м-хо; **Abs.** ды-ҕәҕәа-ха-ны́ / ды-ҕәҕәа́-м-ха-кәа) **1.** to become strong/robust**:** А-ҷкәын ды-ҕәҕәа-хе́-ит. *The boy became strong.* **2.** to get better, to recover**:** А-чы́мазаҩ уажәшьҭа́ ды-ҕәҕәа-хе́-ит. (ARD) *Больной уже поправился. The sick person has already recovered.*

а́-ҕәра [n.] (а́-ҕәра-қәа, ҕәра́-к) a bridle**:** и-ҽы́ а́-ҕәра *his horse's bridle.*

а-ҕәра́ [n.] (а-ҕәра-қәа́, а-ҕәра-ҿы́) (= **а-хыҕәра́**) a (wooden) floor**:** А-ҕәра́ лы-ӡәӡәе́-ит. *She washed the floor.*

а-ҕәы́ [n.] (а-ҕә-қәа́, ҳ-ҕәы́, ҕәы́-к, ҕә-қәа́-к) **1.** a board. **2.** a blackboard**:** а-ҕәа-ҿы́ *on the blackboard.*

а-ҕәы́р-ра [intr.] [C1-R] (**Fin.** [pres.] и-ҕәы́р-уе-ит / и-ҕәы́р-уа-м, [aor.] и-ҕәы́р-ит / и-м-ҕәы́р-ит, [imper.] у-ҕәы́р! / у-м-ҕәы́ры-н!; **Non-fin.** [pres.] (C1) и-ҕәы́р-уа / и-м-ҕәы́р-уа; **Abs.** и-ҕәы́р-ны / и-м-ҕәы́р-кәа) **1.** to grunt**:** А-ҳәа́ ҕәы́р-уе-ит. *The pig is grunting. Свинья хрюкает.*

а-ҕәы́х-ра [tr.] [C1-C3-R / C1-C3-Neg-R] [C3 destroy C1] (**Fin.** [pres.] ды-р-ҕәы́х-уе-ит / ды-р-ҕәы́х-уа-м, [aor.] ды-р-ҕәы́х-ит / д-ры-м-ҕәы́х-ит, [imper.] д-ҕәы́х! / д-бы-м-ҕәы́хы-н!, ды-шә-ҕәы́х! / д-шәы-м-ҕәы́хы-н!; **Non-fin.** [pres.] (C1) и-р-ҕәы́х-уа / и-ры-м-ҕәы́х-уа, (C1) ды-з-ҕәы́х-уа / д-зы-м-ҕәы́х-уа, **Abs.** д-ҕәы́х-ны / ды-м-ҕәы́х-кәа) **1.** to destroy, to exterminate**:** А-ҕа́ ды-р-ҕәы́х-ит. *They destroyed the enemy. Врага уничтожили.* **2.** to wash thoroughly**:** А-дашьма́ л-ҕәы́х-ит (/ҕәы́х-ны и-лы-ӡәӡәе́-ит). (ARD) *Она тщательно вымыла пол. She washed the floor carefully.*

Д д

-д-[1] [preverb] **1**. *used to indicate that the place where an action occurs is very close to sth or sb,* "next to, against (an object conceived of as vertically extender)" (Spruit, SC5), (cf. **ва-**)**:** Аишәа д-а-д-гы́ла-уп. *He/She is standing by the table.* Аишәа д-а́-д-тәа-ла-уп. *He/She is sitting at the table.* **2**. on. (Hewitt, Abkhaz:144)**:** и-а-д-ны́ҟуа-ло-ит *it is walking along it.*

-д-[2] [verbal prefix] *used as the allomorphic prefix of the 3rd person pl. marker* **-р-** *in Column II and Column III before the causative marker* **-р-:** и-д-сы́-р-ҟатцо-ит *I make them do it/them.* и-с-ды́-р-ҩ-ит *they made me write it/them.*

д(ы)- [verbal prefix] [inserted in the slot in Column I] *used to mark a subject or a direct object of the 3rd person human sg. "he/she," "him/her"***:** д-цé-ит *he/she went.* ды-з-бé-ит *I saw him/her.*

да [interjection] "well"**:** Да и-у-ды́р-уа-зар, а-шәҟәы́ аа-з-гá-з. (RAD) *Догадайся, кто принес книгу. Guess who brought the book.*

-да[1] [post.] **1.** without**:** уá ý-да *without you, без тебя.* Барá бы́-да ҳ-хәáрҭа-м. *We are useless without you.* Жьаҳәá-да сы-й-с-ит. *I hit him without using the hammer.* Ҩы́за-да, б-хáло-у?! (AFL) *Alone, without a friend?! Без друга, одна?!* А-чкәын хы́лаԥшра-да зынӡáс ды-бжьы́-с-ит. (RAD) *Without supervision, the boy went completely bad. Мальчик без присмотра совсем испортился.* **2.** except, apart from**:** а-мҽы́ша á-да *except Sunday, кроме воскресенья.* Уи́ и́-да сарá уáҳа уáҩ д-сы-м-бé-ит. *I didn't see anyone except him.* Зны́к á-да у-и-мы́-сы-н! (Ab.Text) *Don't hit the ogre more than one time!* А-нцәа-гьы́ д-ры́-ма-мызт, «ҳарá ҳá-да уáҳа ԥсызхóу дáрбану?!» ҳәа акý-н и-шы́-ҟа-з. (Ab.Text) *They didn't even have a God. "What is alive apart from us?!" they said, and (so) they lived.* || **-р á-да ԥсы́хәа** *see* **ԥсы́хәа**.

-да[2] [suffix] [with the masdar marker **-ра-**] *used to mark deprivation, deficiency, "without," "absence"***:** ауаҩы́-да-ра *an absence of people, безлюдье* [< ауаҩы́].

-да[3] [verbal suffix] *used to mark an interrogative pronoun of the human class, "who, whom." The pronominal affixes of the verbal complex with this suffix correspond to those of the non-finite relative form. This interrogative marker is added to all post-radical markers except* **-з** *appearing in the second group of dynamic verbs and in the past of stative verbs. If the non-finite forms have* **-у**, *it disappears before the interrogative suffix* **-да**. (Hewitt, Abkhaz:10-11)**:** **1**. **[stative]** И-гы́ла-да? *Who is standing?* И-гы́ла-м-да? *Who is not standing?* И-гы́ла-да-з? *Who stood?* И-м-гы́ла-да-з? *Who didn't stand?* Арáҟа и-тәá-да? (= Дáрбан арáҟа и-тәóу?) *Who sits here?* Арáҟа и-тәá-да-з? (= Дáрбан арáҟа и-тәá-з?) *Who sat here?* Зы́-шьҭахь шә-гы́ла-да? (RAD) *Whom do you stand behind? За кем вы стоите?* И-ҟа-да? *Who is it?* И-ҟа-да-з? *Who was it?* Арá и́-ҟа-да? *Who is here?* Ды-з-ýс-да? (< ды-з-ус-ҭа) *Who is he/she? Кто он такой?/Кто она такая?* Сарá сы-з-ýс-да? *Who am I? Кто я такой?* Сы-з-тәы́-да? *Whose am I? Чей я?* **2**. **[dynamic]** [pres.] И-ҟа-з-цó-да а-ýс? *Who is doing the job?* И-ҟа-зы-м-цó-да а-ýс? *Who is not doing the job?* И-у-зы́-ҟа-з-цо-да уарá á-фатә? *Who prepares meals for you?* И-зы-б-ҭó-да а-шәҟәы́? *To whom are you giving the book?* И-з-зы́-бы-ҩ-уа-да а-шәҟәы́? *To whom are you writing the letter?* Абáҳча-ҿы а-шьы́жь á-шәа з-ҳәó-да? (AFL) *Who sings in the garden in the morning? Кто поет в саду утром?* [aor] И-ҟа-з-цá-да а-ýс? *Who did the job?* И-ҟа-зы-м-цá-да а-ýс? *Who did not do the job?* А-жьá з-шьы́-да? *Who killed the hare?* Сарá сы-шәҟәы́ з-бá-да? *Who saw my book?* И-з-гá-да? *Who took it/them?* И-зы-б-ҭá-да а-шәҟәы́? *To whom did you give the book?* И-з-бы-м-ҭá-да а-шәҟәы́? *To whom didn't you give the book?* И-сы́-з-ҭа-да а-шәҟәы́? *Who gave the book to me?* И-сы́-зы-м-ҭа-да а-шәҟәы́? *Who didn't give the book to me?* Ари́ á-тцла ԥы́-з-ҟа-да? (= Дáрбан ари́ á-тцла ԥы́-з-ҟа?) *Who cut down this tree?* И-з-зы́-б-ҩы-да а-шәҟәы́? *To whom did you write a letter?* И-з-зы́-бы-м-ҩы-да а-шәҟәы́? *To whom didn't you write the letter?* И-с-зы́-з-ҩы-да а-шәҟәы́? *Who wrote the letter to me?* И-с-зы́-зы-м-ҩы-да а-шәҟәы́? *Who didn't write the letter to me?* И-а́а-да? *Who came?* Ари́ ҟа-з-тца́-да? *Who did this?* [perfect] И-з-фа-хьа́-да? *Who has already eaten it/them?* [imperfect] И-ҟа-з-тцо́-да-з а-у́с? *Who was doing the job?* И-ҟа-зы-м-тцо́-да-з а-у́с? *Who was not doing the job?* [pluperfect] И-ҟа-з-тца-хьа́-да-з а-у́с? *Who had done the job?* И-ҟа-зы-м-тца-хьа́-да-з а-у́с? *Who had not done the job?* И-з-фа-цәа-хьа́-да-з? *Who had already eaten too much?* **3.** И-зы-б-та-ры́-да а-шәҟәы́? *To whom must you give the book? Кому ты должна дать книгу?* И-зы-б-та-ра-ны́ бы́-ҟа-да-з а-шәҟәы́? *To whom did you have to give the book? Кому ты должна была дать книгу?* И-з-зы́-сы-ҩ-ры-да а-шәҟәы́? *To whom do I have to write the letter? Кому мне написать письмо?*

а-да́[1] [n.] (а-да-кәа́, да́-к, да́-ла) a root.

а-да́[2] [n.] (а-да-кәа́) vein.

да́ара [adv.] **1.** very: Да́ара ды-бзи́о-уп. *He/She is very good.* А-хучы́ мшы-зха́ и-з-ха-уа́, да́ара и-цьо́-у-шьа-ра-тәы лассы́ и-з-ха́-ит. (Ab.Text) *The baby grew day by day and grew so big that you would be very surprised.*

да́араӡа [adv.] (cf. **да́ара**) very much: Сара́ да́араӡа бзи́а и-з-бо́-ит. *I very much like it/them. Я очень-очень люблю его(нрз.)/их.*

а-да́гәа [n.] (а-да́гәа-цәа/-қәа, да́гәа-к) a dumb/mute person.

а-даӷачи́а [n.] (а-даӷачи́а-кәа) (= **а-ӷааӷачи́а**) a crab: а-даӷачи́а е́иӷьш д-ҟаӷшь-ӡа́ *red like a crab.*

а́-даӷь [n.] (а́-даӷь-кәа, даӷьы́-к, даӷь-кәа́-к) a frog.

дад [vocative] (cf. **нан**) **1.** *used by an old man to address a young man or woman, "dear!"*: Ҳа́и, дад, абааҧсы́, сара́ сы-ҧсы́ еиқу-зы-рха́-з абри́ а́-чкун и-о́-уп. (Ab.Text) *Hello, my dear. This boy here is the one who saved my life.* **2.** *used by a young person to address an old man, "dear!"* **3.** Dad: С-ан, дад д-аба́-це-и? (AAD) *Dad, where did my mother go?*

дадра́а [vocative] *used to address a young people*: шәы-мҩахы́-тц, дадра́а, а-ҩны́-ҟа! *Young fellows, drop in at my house!*

да́дхеит [interj.] *used to address someone as a warning or a criticism, "my dear (friend)!"*: Ҳа́и, да́дхеит, ари́ д-хуа́рҭа-м. (Ab.Text) *My dear friend, unfortunately, she is useless.*

а-да́ҟьа [n.] (а-да́ҟьа-кәа, да́ҟьа-к) **1.** a page: а́-хҧатәи а-да́ҟьа *the third page.* **2.** side: А-ны́шь а-да́ҟьа-хь и-а́-рнаа-ит. *The boat leaned to the side.*

да́лаа [n.] (pl.) (*one of the Abkhazian tribes*)

а-дала́қь [n.] (-кәа, дала́қьы-к) a razor: а-дала́қь а́-рбызтәра *to sharpen a razor, заточить бритву.*

Ада́м [n.] (m.) [person's name]

Даме́и [n.] (m.) [person's name]

а-дамра́ [n.] (-қәа́, дамра́-к) a grave.

а-дамы́ӷ(а) [n.] (-кәа, дамы́ӷа-к) (*of cattle*) a brand: а-дамы́ӷ а-нтца-ра́ *to brand, клеймить.* а-ра́ху а-дамы́ӷ ры-нтца-ра́ *to brand cattle, клеймить скот.*

дара́ [pron.] they: дар-гьы́ *they also.* Дара́ зегьы́ а-школ и-ҭо́-уп. *They are all at school.* Дара́=дара́ еи-ц-хы́раа-уе-ит. (AF) *They aid one another.* [N.B. The reduplication of the pronoun intensifies the reciprocal marking within the verb. Hewitt, AF:93]

-дара [derivational suffix] *used to mark deprivation, deficiency.* "without," "absence" (cf. **-да**): а-уаҩы́-дара *an absence/lack of people.* а-хшы́ҩ-дара *thoughtlessness, madness.* а́-мҩа-дара *a bad road.*

д-а́рбан [pron.] *interrogative pronoun of the human category.* "who?" (cf. **и-а́рбан**): Ара́ и́-ҟо-у да́рбан? *Who is here?* Ари́ ҟа-з-тцо́-з да́рбан = Ари́ ҟа-з-тцо́-да-з? *Who was doing this?* И-а́а-з д-а́рбан//ды-з-у́сҭа? *Who came?* Да́рбан ара́ҟа и-тәо́у? (= Ара́ҟа и-тәа́-да?) *Who is sitting here?* Да́рбан ара́ҟа и-тәа́-з? (= Ара́ҟа и-тәа́-да-з?) *Who sat here?* Да́рбан ари́ а́-тџла ԥы́-з-ҟа? (= Ари́ а́-тџла ԥы́-з-ҟа-да?) *Who cut down this tree?* [cf. У-а́рбан-у *Who are you (sg.m.)?* Шәара́ шә-а́рбан-ҟәо-у? *Who are you (pl.)?*]

д-а́рбанзаалак(ь) [pron.] (= **д-а́рбанзаалакгьы**) *indefinite pronoun,* "anyone, someone; any, every; whoever"**:** Ари́ да́рбанзаалак и-у-е́-и-ҳәо-ит. *Everyone will talk to you about this.*

д-а́рбанзаалакгьы *see* **д-а́рбанзаалак(ь)**

д-а́рбану (colloq.) = **д-а́рбан**

дасу́ /dasə́w/ [pron.] (= **доусы́**) each, every**:** Дасу́ хаҭа́-хаҭа́-ла а-у́с жә-у-ла́. *Everyone works by himself!*

Да́ҭа [n.] (м.) [person's name]

а-даӯ *see* **а-дауы́**

а-даӯл [n.] (а-даӯл-ҟәа, даӯл-к) a drum**:** а-даӯл а́-с-ра *to beat a drum, бить в барабан.*

а-дауҳа́ [n.] spirit.

а-дауы́ /a-dawə́/ [n.] (= **а-доуы́**) (а-дау-цәа́ *or* а-дау-ҟәа́, дауы́-к, дау-ҟәа́-к) (*in Abkhazian folktales*) an ogre, a cruel giant who eats people. "a mythical evil creature from Caucasian legends." [AF:291]**:** а-дауа́жә *an old ogre.* Р-ҳәынҭқа́р а-даӯ д-а́аи-ны д-и-фа-раны́ ды́-ҟо-уп. (Ab.Text) *We are sure that the ogre is going to come and eat their King.*

а-да́хь [adj.] (-ҟәа) (*of a guest*) honored**:** а́-сас-цәа да́хь-ҟәа *the honored guests.*

а-да́ц [n.] (а-да́ц-ҟәа) (*of plant*) a root**:** А-тџла а-да́ц-ҟәа а́-шьҭ-ит. (ARD) *Дерево пустило корни. The tree took root.*

даҽа́ (= **а-ҽа́**) **1.** [adv.] some more**:** даҽа́ зны́кгьы *once more.* **2.** [pron.] other, another**:** Даҽа́ қала́қь-к а-ҿы́ д-а́-ма-ны и-не́и-т. (Ab.Text) *It (=the horse) brought her to the other town.*

даҽаӡәы́ [pron.] another (*person*)**:** даҽа-ӡәы́ д-а́аит *another person came.* || **аӡәы́** ..., **даҽаӡәы́** ... one ... the other ... **:** Аӡәы́ и-гәа-ԥхо́ даҽаӡәы́ и-гәа-ԥхо́-м. *There is no accounting for tastes.* Аӡә а-мшы́н а-за́аигәара и-ԥсы́ и-шьа́-р и-ҭахы́-уп, даҽаӡәы́ а́-шьха-ҿы. (AFL) *Some want to take a rest near the sea, (and) others in the mountains. Одни хотят отдыхать близко от моря, другие в горах.* Уи́ л-о́-уп и́-с-ҭахы-у, даҽа́ӡә ды-с-ҭахы́-м. (Ab.Text) *What I want is that daughter. I do not want the other daughters.*

даҽакала [adv.] in a different way.

даҽакы́ [pron.] (*of the non-human class*) another thing; anything else**:** Даҽакы́ сы́-ҭ! *Give me something else!* А-ла́ цәгьа́ иар-гьы́ и-а́-фо-мызт, даҽак-гьы́ и-а́-на-ҭо-мызт. *The vicious dog itself was not eating, and not giving to another. Злая собака сама не ела, и другому не давала.*

даҽа́ҵьара [adv.] elsewhere.

а́-дашшыла-ра* [intr.] [C1-C2-S] [C1 sympathize with C2] (**Fin.** [aor.] д-лы́-дашшыле-ит / д-л-мы-дашшы́ле-ит, [imper.] б-лы́-дашшыл! / б-л-мы-дашшы́ла-н!, **Abs.** д-лы́-дашшыла-ны / д-л-мы-дашшы́ла-кәа) **1.** to express one's sympathy for; to sympathize with**:** д-ры-дашшы́ле-ит *he/she sympathized with them.* еи-дашшы́ло и-а́-лаге-ит. *they began to sympathize with each other/one another.*

а-дашьма́ [n.] (а-дашьма-ҟәа́, дашьма́-к) a floor**:** Амра а-дашьма́ ды́-ҟә-н. *Amra lay on the floor.*

а́-д-бала-ра [tr.] [C1-C2-Prev-C3-S / C1-C2-Prev-C3-Neg-S] [C3 notice C1 with C2] (**Fin.** [pres.] и-лы́-ды-з-бало-ит / и-лы́-ды-з-бало-м, [aor.] и-лы́-ды-з-бале-ит / и-лы́-д-зы-м-бале-ит, [imper.] и-лы́-д-бала! / и-лы́-д-бы-м-бала-н!; **Non-fin.** [pres.] (C1) и-лы́-ды-з-бало / и-лы́-д-зы-м-бало, (C3) и-лы́-ды-з-бало / и-лы́-д-зы-м-бало; **Abs.** и-лы́-д-бала-ны / и-лы́-ды-м-бала-кәа) **1.** to see sth with sb; to notice sth with sb**:** А-тџла-ҟәа аӡә д-ры́-ды-з-бале-ит. (ARD) *На фоне деревьев я заметил чью-то тень. In the background of the trees, I noticed somebody's shadow.* || А-ҵьаба́а сы́-д-и-ба́ле-ит. *He helped me a lot. Он мне очень помог.*

а́-д-гала-ра (1) [tr. SV] [Poss-SV-C3-S / Poss-SV-C3-Neg-S] [C3 prepare oneself for]; [C1-

Poss-SV-C3-R] [C3 prepare for C1] (**Fin.** [pres.] (и)-сы́-ды-з-гало-ит, лы́-ды-л-гало-ит, ҳа́-д-аа/аҳ-гало-ит, шәы́-д-шә/жә-гало-ит / сы́-ды-з-гало-м, [aor.] сы́-ды-з-гале-ит, а́-д-на-гале-ит / сы́-д-сы-м-гале-ит, а́-д-на-м-гале-ит; **Non-fin.** [pres.] (C3) зы́-ды-з-гало / зы́-д-зы-м-гало, [aor.] (C3) зы́-ды-з-гала / зы́-д-зы-м-гала, [impf.] (C3) зы́-ды-з-гало-з / зы́-д-зы-м-гало-з, [past indef.] (C3) зы́-ды-з-гала-з / зы́-д-зы-м-гала-з; **Abs.** и-а́-д-гала-ны / и-а́-ды-м-гала-кәа) **1.** to prepare for: А-ӡы́нра-зы а-мҿы́ ԥы́-р-ҟо-ит, а-мҿы́ ры́-ды-р-гало-ит. (AFL) *They are chopping the firewood for winter, and they are stockpiling the firewood. Для зимы они рубят дрова, заготавливают дрова.* **(2)** [tr.] [C1-C2-Prev-C3-S] [C3 offers C1 to C2] (**Fin.** [aor.] и-бы́-ды-р-гале-ит; **Non-fin.** [pres.] (C1) и-бы́-ды-р-гало) **1.** to offer: А-ԥа́ра и́-ды-р-гале-ит. *They offered him some money. Ему предложили деньги.* Уа́ҳа и-у́-ды-з-гало егь-сы́-ма-м. (AF) *I have nothing else to offer you.*

а́-д-га-ра [tr.] [C1-C2-Prev-C3-R / C1-C2-Prev-C3-Neg-R] [C3 move C1 away from C2] (**Fin.** [pres.] д-лы́-ды-с/з-го-ит / д-лы́-ды-с/з-го-м, [aor.] д-лы́-ды-с/з-ге-ит / д-лы́-д-сы-м-ге-ит, [imper.] д-лы́-д-га! / д-лы́-д-бы-м-га-н!, д-лы́-ды-шә/жә-га! / д-лы́-д-шәы-м-га-н!; **Non-fin.** [pres.] (C1) и-лы́-ды-с/з-го / и-лы́-д-сы-м-го, (C2) д-зы́-ды-с/з-го / д-зы́-д-сы-м-го, (C3) д-лы́-ды-з-го / д-лы́-д-зы-м-го; **Abs.** д-лы́-д-га-ны / д-лы́-ды-м-га-кәа) **1.** to move sth away from: Аишәа а-ԥе́нџьыр и-а́-д-и-ге-ит. (ARD) *He moved the table away from the window. Он отодвинул стол от окна.* Аишәа-қәа а-ԥе́нџьыр-қәа и-ры́-ды-л-ге-ит. *She moved the tables away from the windows. Она отодвинула столы от окон.* **2.** to seat apart from: А-хәычы́ д-зы-д-тәа́ла-з а́-ӡӷаб д-лы́-ды-р-ге-ит. (ARD) *Ребенка отсадили от девочки. They seated the child away from the girl.*

а-дгы́ла [n.] (-цәа, дгы́ла-к) a supporter.

а́-д-гыла-заа-ра [intr. stative] [C1-C2-Prev-R] [C1 stand next to C2] (**Fin.** [pres.] д-лы́-д-гыло-уп / д-лы́-д-гыла-м, [past] д-лы́-д-гыла-н / д-лы́-д-гыла-мызт, [imper.] б-лы́-д-гыла-з! / б-лы́-д-гыла-мыз!; **Non-fin.** [pres.] (C1) и-лы́-д-гыло-у / и-лы́-д-гыла-м, (C2) д-зы́-д-гыло-у / д-зы́-д-гыла-м; **Abs.** д-лы́-д-гыла-ны / д-лы́-д-гыла-м-кәа) **1.** to stand next to; to be next to: А-хәычы́ и-а́н д-лы́-д-гыло-уп. (ARD) *Ребенок стоит рядом с матерью. The child is standing next to its mother.* Абна́ ӷба-кы́ а-баӷәа́за и-а́-д-гыло-уп. *A vessel is in harbor there. Там, в порту стоит один корабль.*

а́-д-гыла-ра[1] [intr.] [C1-C2-Prev-R / C1-C2-Prev-Neg-R] [C1 support C2, C1 stand by C2] (**Fin.** [pres.] д-сы́-д-гыло-ит / д-сы́-д-гыло-м, [aor.] д-сы́-д-гыле-ит / д-сы́-ды-м-гыле-ит, [imper.] б-сы́-д-гыла! / б-сы́-ды-м-гыла-н!; [caus.] с-бы́-д-лы-р-гы́ле-ит / с-бы́-д-л-мы-р-гы́ле-ит, с-ры́-д-лы-р-гы́ле-ит; [poten.] сы-з-бы́-д-гы́ло-м, сы-з-бы́-ды-м-гы́ле-ит; [non-vol.] с-а́мха-бы-д-гы́ле-ит / с-а́мха-бы́-ды-м-гыле-ит; [vers.1]**; [vers.2] с-лы-цә-бы́-д-гы́ле-ит / с-лы-цә-бы́-ды-м-гыле-ит; **Non-fin.** [pres.] (C1) и-сы́-д-гыло / и-сы́-ды-м-гыло, (C2) д-зы-д-гы́ло / ды-з-ды́-м-гы́ло, [aor.] (C1) и-сы́-д-гыла / и-сы́-ды-м-гыла, (C2) д-зы-д-гы́ла / ды-з-ды́-м-гы́ла, [impf.] (C1) и-сы́-д-гыло-з / и-сы́-ды-м-гыло-з, (C2) д-зы-д-гы́ло-з / ды-з-ды́-м-гы́ло-з, [past indef.] (C1) и-сы́-д-гыла-з / и-сы́-ды-м-гыла-з, (C2) д-зы-д-гы́ла-з / ды-з-ды́-м-гы́ла-з; **Abs.** д-а́-д-гыла-ны / д-а-ды-м-гы́ла-кәа) **1.** to support: д-сы́-д-гыло-ит *he/she supports me.* Аиҳа́раҩык иара́ и́-д-гыло-ит. (RAD) *Большинство поддерживает его. The majority supports him.* **2.** to stand by: Анҭи́ца а-ԥе́нџьыр д-на́-д-гыле-ит. *Antitsa stood by the window. Антица подошла к окну.*

а́-д-гыла-ра[2] [intr.] [C1-Prev-R / C1-Prev-Neg-R] [C1 look in (at)] (**Fin.** [pres.] ды́-д-гыло-ит / ды́-д-гыло-м, [aor.] ды́-д-гыле-ит / ды́-ды-м-гыле-ит, [imper.] бы́-д-гыл(а)! / бы́-ды-м-гыла-н!; **Non-fin.** [pres.] (C1) и́-д-гыло / и́-ды-м-гыло; **Abs.** ды́-д-гыла-ны / ды́-ды-м-гыла-кәа) **1.** to look in (at/on), to drop in, to call: А-ҩны́ у́-д-гыла, с-у-зы-ԥш-у́п. (ARD) *Зайди домой, я тебя жду. Drop in at my house; I'm waiting for you.*

а́(-)дгьыл [n.] (а́-дгьыл-кәа, и-а́дгьыл/и́-дгьыл, ҳ(-)а́(-)дгьыл, у́-дгьыл, дгьы́л-к, дгьы́л-кәа-к) **1.** the earth. **2.** the ground: а́-дгьыл а-ҿы́ *in the ground.* Аԥсы́уа и-а́дгьыл *an Abkhazian's* *place.* á-дгьыл á-цантә *from under the ground.* А-дгьыл-қәа ла-р-цó-ит. *They sow (seed) in the soil.* **3.** country, land**:** áҧсуаа ры́-дгьыл *the land of the Abkhazians.* Уарá ý-дгьыл а-ҟны́ ҳа-н-хá-рц ҳ-ҭах-ýп. *We want to live in your land.* [Is the presence or absence of the open vowel after the possessive affix due to the fact that the word was borrowed from Georgian: *adgil-i* "place"? Cf. Megr. *ardgil-i* "place", Common Kartvelian *deg-/dg- "to stand" (Klimov, EDKL:38). See SKja:294, AF:273.]

á-дгьылбжьаха [n.] (-қәа) island**:** Кури́лтәи á-дгьылбжьаха-қәа *the Kurile Islands.*

á-дгьылтцысра [n.] an earthquake.

á-д-гәала-ра [tr.] [C1-C2-Prev-C3-S / C1-C2-Prev-C3-Neg-S] [C3 pin C1 to C2] (**Fin.** [pres.] д-á-ды-с-гәало-ит / д-á-ды-с-гәало-м, [aor.] д-á-ды-с-гәале-ит / д-á-д-сы-м-гәале-ит, [imper.] д-á-д-гәал! / д-á-д-бы-м-гәала-н!, д-á-ды-шә-гәал! / д-á-д-шәы-м-гәала-н!; **Non-fin.** [pres.] (C1) и-á-ды-с-гәало / и-á-д-сы-м-гәало, (C2) ды-з-ды-с-гәáло / ды-з-д-сы-м-гәáло, (C3) д-á-ды-з-гәало / д-á-д-зы-м-гәало; **Abs.** д-á-д-гәала-ны / д-á-ды-м-гәала-кәа) **1.** to pin sb to, to press sb against**:** Аáнда д-á-д-и-гәале-ит. (ARD) *Он прижал его/ее к забору. He pressed him/her against the fence.*

á-д-ҕәҕәала-ра [intr.] [C1-C2-Prev-S / C1-C2-Prev-Neg-S] [C1 snuggle up to C2] (**Fin.** [pres.] д-лы́-д-ҕәҕәало-ит / д-лы́-д-ҕәҕәало-м, [aor.] д-лы́-д-ҕәҕәале-ит / д-лы́-ды-м-ҕәҕәале-ит, [imper.] б-лы́-д-ҕәҕәал! / б-лы́-ды-м-ҕәҕәала-н!; **Non-fin.** [pres.] (C1) и-лы́-д-ҕәҕәало / и-лы́-ды-м-ҕәҕәало, (C1) д-зы́-д-ҕәҕәало / д-зы́-ды-м-ҕәҕәало; **Abs.** д-лы́-д-ҕәҕәала-ны / д-лы́-ды-м-ҕәҕәала-кәа) **1.** to snuggle up to, to press oneself against**:** А-хәычы́ и-áн д-лы́-д-ҕәҕәала-ны д-тәó-уп. (ARD) *Ребенок сидит, прижавшись к матери. Snuggled agaisnt its mother, the child is sitting.*

Адгур [n.] (m.) [person's name]

á-д-еизала-ра [intr.] [C1-C2-Prev-S / C1-C2-Prev-Neg-S] (**Fin.** [pres.] д-á-д-еизало-ит / д-á-д-еизало-м, [aor.] д-á-д-еизале-ит, д-лы́-д-еизале-ит (он/она у нее собрался/-лась) / д-á-д-м-еизале-ит, [imper.] б-á-д-еизал! / б-á-д-м-еизала-н!; **Non-fin.** [pres.] (C1) и-á-д-еизало / и-á-д-м-еизало, (C2) д-зы́-д-еизало / д-зы́-д-м-еизало; **Abs.** д-á-д-еизала-ны / д-á-д-м-еизала-кәа) **1.** to gather around sb/sth.

а-дéисра [n.] pulse**:** Шә-дéисра гәá-с-ҭа-п-и. *I'll feel your pulse.*

á-д-жьыла-заа-ра [intr. stative] [C1-C2-S] [C1 lie close to/beside C2] (**Fin.** [pres.] и-á-д-жьыло-уп / и-á-д-жьыла-м, [past] и-á-д-жьыла-н / и-á-д-жьыла-мызт; **Non-fin.** [pres.] (C1) и-á-д-жьыло-у / и-á-д-жьыла-м, (C2) и-зы́-д-жьыло-у / и-зы́-д-жьыла-м) **1.** to lie close to/beside**:** А-қыд-қәá а-рá а-шьапы́ и-á-д-жьыло-уп. (ARD) *The logs are lying beside the trunk of the walnut tree. Бревна лежат подле ствола орехового дерева.*

á-д-жьыла-ра [tr.] [C1-C2-Prev-C3-S / C1-C2-Prev-C3-Neg-S] [C3 throw C1 close to C2] (**Fin.** [pres.] и-á-д-лы-жьло-ит / и-á-д-лы-жьло-м, [aor.] и-á-д-лы-жьле-ит / и-á-д(ы)-л-мы-жьле-ит, [imper.] и-á-д-жьыл! / и-á-д-б-мы-жьла-н!, и-á-д-шә-жьыл! / и-á-д-шә-мы-жьла-н!; **Non-fin.** [pres.] (C1) и-á-д-лы-жьло / и-á-д-л-мы-жьло, (C2) и-зы́-д-лы-жьло / и-зы́-д-л-мы-жьло, (C3) и-á-д-зы-жьло / и-á-д-з-мы-жьло; **Abs.** и-á-д(ы)-жьла-ны / и-á-ды-м-жьла-кәа) **1.** to throw sth close to/beside**:** А-қды́ а-гәáра и-á-д-и-жьле-ит. (ARD) *Он бросил бревно подле забора. He threw the log close to the fence.*

á-д-заа-ра [intr. stative] [C1-C2-R] [C1 lie by C2; C1 be adjacent to C2] (**Fin.** [pres.] и-á-д-уп, б-сы́-д-уп (*ты прилегаешь ко мне*) / и-á-ды-м, б-сы́-ды-м, [past] и-á-ды-н, б-сы́-ды-н / и-á-д(ы)-мызт, б-сы́-д(ы)-мызт, [imper.] б-сы́-ды-з! / б-сы́-д-мыз!; **Non-fin.** [pres.] (C1) и-á-д-у / и-á-ды-м, (C2) и-з-д-ý / и-з-ды́-м; **Abs.** и-á-д-ны / и-á-ды-м-кәа) **1.** to lie near**:** А-қды́ á-тцла а-шьапы́ и-á-д-уп. (ARD) *The log is near the trunk of the tree. Бревно лежит возле ствола дерева.* **2.** (= **á-ва-ра**) to be adjacent to, to adjoin; to be arranged**:** А-бáхча а-ӡи́ас и-á-д-уп (*or* и-á-во-уп). *The garden is adjacent to the river. Сад прилегает к реке.*

д-закә *see* **-закә**

ди [vocative] Grandmother!; Mother!**:** Ди, и́-ҟа-б-ҵо закәу́узеи? *Grandmother, what are you doing?*

а́-д-иаала-заа-ра [intr. stative] [C1-C2-Prev-S] [C1 lie beside C2] (**Fin.** [pres.] д-а́-д-иаало-уп / д-а́-д-иаала-м, [past] д-а́-д-иаала-н / д-а́-д-иаала-мызт, [imper.] б-а́-д-иаала-з! / б-а́-д-иаала-мыз!; **Non-fin.** [pres.] (C1) и-а́-д-иаало-у / и-а́-д-иаала-мыз, (C2) д-зы́-д-иаало-у / д-зы́-д-иаала-мыз) **1.** to lie beside sb/sth**:** Ара́ а-шьапы́ д-а́-д-иаало-уп. (ARD) *Он/Она лежит, прислонившись к стволу орехового дерева. He/She is lying down, resting against the trunk of the walnut tree.*

а́-д-иаала-ра [intr.] [C1-C2-Prev-S / C1-C2-Prev-Neg-S] [C1 lean on C2] (**Fin.** [pres.] д-а́-д-иаало-ит / д-а́-д-иаало-м, [aor.] д-а́-д-иаале-ит / д-а́-ды-м-иаале-ит, [imper.] б-а́-д-иаал! / б-а́-ды-м-иаала-н!; **Non-fin.** [pres.] (C1) и-а́-д-иаало / и-а́-ды-м-иаало, (C2) д-зы́-д-иаало / д-зы́-ды-м-иаало; **Abs.** д-а́-д-иаала-ны / д-а́-ды-м-иаала-кәа) **1.** to lie down on/against**:** А-ҵла а-шьапы́ д-а́-д-иаале-ит. (ARD) *Он/Она прилег/прилегла прислонившись к стволу дерева. He/She lay down, resting against the trunk of the tree.*

а-дива́н [n.] (-қәа, дива́н-к) a divan.

Диоску́риа [place name]**:** Ԥа́сатәи Аҟәа — Диоску́риа а́-хьӡы-н. (AFL) *The former Sukhum was called Dioskuria.*

а-дире́қтор [n.] (-цәа, -к) director**:** а-шко́л а-дире́қтор *a headmaster.*

а-диссерта́циа [n.] (-қәа) a dissertation, a thesis**:** Уи сынтәа́ а-диссерта́циа лы-хьчо́-ит. *She will defend a thesis this year.*

а́-д-кна-ҳала-заа-ра [intr. stative] [C1-C2-Prev-Prev-S] [C1 hang near C2] (**Fin.** [pres.] и-а́-д-кна-ҳало-уп / и-а́-д-кна-ҳала-м, [past] и-а́-д-кна-ҳала-н / и-а́-д-кна-ҳала-мызт; **Non-fin.** [pres.] (C1) и-а́-д-кна-ҳало-у / и-а́-д-кна-ҳала-м, (C2) и-зы́-д-кна-ҳало-у / и-зы́-д-кна-ҳала-м) **1.** to hang near, to be suspended near**:** С-ҟамчы́ и-ҟамчы́ и-а́-д-кна-ҳало-уп. (ARD) *My whip hangs next to his whip. Моя плетка висит рядом с его плеткой.*

а́-д-кна-ҳала-ра [tr.] [C1-C2-Prev-Prev-C3-S / C1-C2-Prev-Prev-C3-Neg-S] [C3 hang C1 near C2] (**Fin.** [pres.] и-а́-д-кна-с-ҳало-ит / и-а́-д-кна-с-ҳало-м, [aor.] и-а́-д-кна-с-ҳале-ит / и-а́-д-кна́-сы-м-ҳале-ит, [imper.] и-а́-д-кна-ҳал! / и-а́-д-кна́-бы-м-ҳала-н!, и-а́-д-кна-шә-ҳал! / и-а́-д-кна́-шәы-м-ҳала-н!; **Non-fin.** [pres.] (C1) и-а́-д-кна-с-ҳало / и-а́-д-кна́-сы-м-ҳало, (C2) и-зы́-д-кна-с-ҳало / и-зы́-д-кна́-сы-м-ҳало, (C3) и-а́-д-кна-з-ҳало / и-а́-д-кна-зы-м-ҳало, **Abs.** и-а́-д-кна-ҳала-ны / и-а́-д-кна-м-ҳала-кәа) **1.** to hang sth near**:** И-кьа́ҿ с-кьа́ҿ и-а́-д-кне́-и-ҳале-ит. (ARD) *Он повесил свою куртку рядом с моей. He hung his jacket next to mine.*

а-д-кша́ла-ра [intr.] [C1-C2-Prev-R / C1-C2-Prev-Neg-R] [C1 knock against C2] (**Fin.** [pres.] с-лы́-ды-кшало-ит / с-лы́-ды-кшало-м, [aor.] с-лы́-ды-кшале-ит / с-лы́-ды-м-кшале-ит, [imper.] б-лы́-ды-кшал! / б-лы́-ды-м-кшала-н!; **Non-fin.** [pres.] (C1) и-лы́-ды-кшало / и-лы́-ды-м-кшало, (C2) с-зы́-ды-кшало / с-зы́-ды-м-кшало; **Abs.** с-лы́-ды-кшала-ны / с-лы́-ды-м-кшала-кәа) **1.** to knock against, to knock on.

а́-дкылара[1] [n.] reception.

а́-д-кыла-ра[2] [tr. SV] [< -д-кы-ла- "next to-hold-introvert"] [C1-Poss-SV-C3-S / C1-Poss-SV-C3-Neg-S] [C3 take C1 (*a medicine*); C3 welcome C1] (**Fin.** [pres.] и-сы́-ды-с-кыло-ит / и-сы́-ды-с-кыло-м, [aor.] и-сы́-ды-с-кыле-ит / и-сы́-д-сы-м-кыле-ит, и́-д-и-кыле-ит / и́-д-и-м-кыле-ит, и-лы́-ды-л-кыле-ит / и-лы́-д-лы-м-кыле-ит, и-а́-д-на-кыле-ит / и-а́-д-на-м-кыле-ит, и-ҳа́-д-аҳ-кыле-ит / и-ҳа́-д-ҳа-м-кыле-ит, и-ры́-ды-р-кыле-ит / и-ры́-д-ры-м-кыле-ит, ҳ-шәы́-ды-шә-кыле-ит / ҳ-шәы́-д-шәы-м-кыле-ит, [imper.] и-бы́-д-кыл! / и-бы́-д-бы-м-кыла-н!, и-шәы́-ды-шә-кыл! / и-шәы́-д-шәы-м-кыла-н!, [caus.] и-ры́-д-д-сы-р-кыле-ит; [poten.] и-сы-з-сы́-д-кыло-м, и-сы-з-сы́-ды-м-кыле-ит; [non-vol.] и-с-а́мха-сы́-д-кыле-ит / и-с-а́мха-сы́-ды-м-кыле-ит; [vers.1]**; [vers.2] и-лы-цә-сы́-ды-с-кыле-ит; **Non-fin.** [pres.] (C1) и-лы́-ды-л-кыло (*то, которое она принимает*) / и-лы́-д-лы-м-кыло, (C3) и-зы-ды́-з-кыло (*тот, который принимает его(нрз.)/их*) / и-зы-д-зы́-м-кыло, [aor.] (C1) и-лы́-ды-л-кыла / и-лы́-д-лы-м-кыла, (C3) и-зы-ды́-з-кыла / и-зы-д-зы́-м-кыла, [fut.1] (C1) и-лы́-ды-л-кыла-ра / и-лы́-д-лы-м-кыла-ра, (C3) и-зы-ды́-з-кыла-ра / и-зы-д-зы́-м-кыла-ра, [fut.2] (C1) и-лы́-ды-л-кыла-ша / и-лы́-д-лы-м-кыла-ша, (C3) и-зы-ды́-з-кыла-ша / и-зы-д-зы́-м-кыла-ша, [perf.] (C1) и-лы́-ды-л-кыла-хьоу (-хьа(ц)) / и-лы́-д-лы-м-кыла-хьоу (-хьа(ц)), (C3) и-зы-ды́-з-кыла-хьоу (-хьа(ц)) / и-зы-д-зы́-м-кыла-хьоу (-хьа(ц)), [impf.] (C1) и-лы́-ды-л-кыло-з / и-лы́-д-лы-м-кыло-з, (C3) и-зы-ды́-з-кыло-з / и-зы-д-зы́-м-кыло-з, [past indef.] (C1) и-лы́-ды-л-кыла-з / и-лы́-д-лы-м-кыла-з, (C3) и-зы-ды́-з-кыла-з / и-зы-д-зы́-м-кыла-з, [cond.1] (C1) и-лы́-ды-л-кыла-ры-з / и-лы́-д-лы-м-кыла-ры-з, (C3) и-зы-ды́-з-кыла-ры-з / и-зы-д-зы́-м-кыла-ры-з, [cond.2] (C1) и-лы́-ды-л-кыла-ша-з / и-лы́-д-лы-м-кыла-ша-з, (C3) и-зы-ды́-з-кыла-ша-з / и-зы-д-зы́-м-кыла-ша-з, [plupf.] (C1) и-лы́-ды-л-кыла-хьа-з / и-лы́-д-лы-м-кыла-хьа-з, (C3) и-зы-ды́-з-кыла-хьа-з / и-зы-д-зы́-м-кыла-хьа-з; **Abs.** и-а-д-кы́ла-ны / и-а-ды-м-кы́ла-кәа) **1.** to take (*a medicine*)**:** Сара́ а́-хәшә-қәа сы́-ды-с-кыло-ит. *I take the medicine.* Сара́ ры́-д-д-сы-р-кыле-ит. *I made them take some medicine.* Аҩны́ҟа с-хынҳәы́-цҧхьаӡа, еснáгь а́-хәшә сы́-ды-с-кыло-ит. *As soon as I come home, I always take my medicine.* И-з-лы́-ды-л-кы́ле-и а́-хәшә? *Why did she take the medicine?* И-з-ды́-з-кыла-да а́-хәшә-қәа? *Who took the medicine?* И-лы́-ды-л-кыла-зеи? *What did she take?* И-лы́-ды-л-кыла-ма а́-хәшә? *Did she take the medicine?* И-шҧа́-лы-ды-л-кыле-и а́-хәшә? *How did she take the medicine?* И-аба́-лы-ды-л-кыке-и а́-хәшә? *Where did she take the medicine?* [cf. **а́-хәшә а́-жә-ра** "to take the medicine"] **2.** (**Fin.** [aor.] д-ры́-ды-р-кыле-ит / д-ры́-д-ры-м-кыле-ит) to accept; to receive, to welcome**:** д-ры́-д-ры-м-кыле-ит *they didn't welcome him/her.* а-чéицьыка и́-д-и-кыл-т. *he accepted the bread and salt.* [i.e. *he accepted hospitality.*] Гәы́к-ҧсы́кала д-ры́-ды-р-кыло-ит. (AFL) *They welcome him with all their heart. Они принимают его от всей души.* Ды-шҧа́-шәы-ды-шә-кыло а́-сас? (AFL) *How are you welcoming the guest? Как вы принимаете гостя?* А-ҳақьы́м иахьа́ а-чы́маз-цәа и́-д-и-кыло-ит. *Today the doctor saw the patients.* И-аа-уа́-заалак(ь) д-ҳа́-д-аҳ-кыла-р-о-уп. (ACST) *We must welcome whoever comes.* А-дгьыл д-а́-д-на-м-кыле-ит. *The land didn't welcome him/her.* Ҳ-шәы́-д-шәы-м-кыла-р-гьы ара́ и-з-а-хы́-с-уа ҳ-а́кә-мызт. (AF) *If you had not welcomed us to your bosom, we would not have been in a fit state to pass by here.*

а́-д-кыла-ра[3] [tr.] [C1-C2-Prev-C3-S / C1-C2-Prev-C3-Neg-S] [C3 put C1 to C2] (**Fin.** [pres.] и-лы́-ды-с-кыло-ит / и-лы́-ды-с-кыло-м, [aor.] и-лы́-ды-с-кыле-ит / и-лы́-д-сы-м-кыле-ит, [imper.] и-лы́-д-кыл! / и-лы́-д-бы-м-кыла-н!; **Non-fin.** [pres.] (C1) и-лы́-ды-с-кыло / и-лы́-д-сы-м-кыло, (C2) и-зы́-ды-с-кыло / и-зы́-д-сы-м-кыло, (C3) и-лы́-ды-з-кыло / и-лы́-д-зы-м-кыло; **Abs.** и-лы́-д-кыла-ны / и-лы́-ды-м-кыла-кәа) **1.**to put sth to sth**:** И-напсыргәы́тца и́-лахь и-а́-д-и-кыле-ит. (ARD) *Он приложил ладонь ко лбу. He put his palm to his head.*

а́-д-кыла-ра[4] [tr.] [C1-C2-Prev-C3-S / C1-C2-Prev-C3-Neg-S] [C3 eat C1 with C2] (**Fin.** [pres.] и-а́-ды-с-кыло-ит / и-а́-ды-с-кыло-м, [aor.] и-а́-ды-с-кыле-ит / и-а́-д-сы-м-кыле-ит, [imper.] и-а́-д-кыл! / и-а́-д-бы-м-кыла-н!, и-а́-ды-шә-кыл! / и-а́-д-шәы-м-кыла-н!; **Non-fin.** [pres.] (C1) и-а́-ды-с-кыло / и-а́-д-сы-м-кыло, (C2) и-з-ды́-с-кыло / и-з-ды́-с-м-кыло, (C3) и-а́-ды-з-кыло / и-а́-д-зы-м-кыло; **Abs.** и-а́-д-кыла-ны / и-а́-ды-м-кыла-кәа) **1.** to eat sth with**:** А-шә а-мгьа́л и-а́-д-и-кыле-ит (/и-а́-д-кыла-ны и-фé-ит). *He ate Caucasian churek with cheese. Он поел чурек с сыром.*

а́-дкыларҭа [n.] (-қәа) a reception room.

а́-дкылаҩ [n.] (-цәа) an examiner; an administrator.

а́-д-ныҳәала-ра [tr.] [C1-C2-Prev-C3-S / C1-C2-Prev-C3-Neg-S] [C3 congratulate C2 on C1, C3 wish C2 C1] (**Fin.** [pres.] и-лы́-ды-с-ныҳәало-ит (*я поздравляю ее с ним(нрз.)*) / и-лы́-ды-с-ныҳәало-м (-ныҳәала-ӡо-м), [aor.] и-лы́-ды-с-ныҳәале-ит / и-лы́-д-сы-м-ныҳәале-ит

(-ныҳәала-ӡе-ит), [imper.] и-лы́-д-ныҳәал! / и-лы́-д-бы-м-ныҳәала-н!, и-лы́-ды-шә-ны́ҳәал! / и-лы́-д-шәы-м-ныҳәала-н!; **Non-fin.** [pres.] (C1) и-лы-ды-с-ны́ҳәало (*то, с которым я поздравляю ее*) / и-лы-д-сы-м-ны́ҳәало, (C2) и-зы-ды-с-ны́ҳәало (*том, которого я поздравляю с ним(нрз.)*) / и-зы-д-сы-м-ны́ҳәало, (C3) и-лы-ды-з-ны́ҳәало (*том, который поздравляет ее с ним(нрз.)*) / и-лы-д-зы-м-ны́ҳәало, [aor.] (C1) и-лы-ды-с-ны́ҳәала / и-лы-д-сы-м-ны́ҳәала, (C2) и-зы-ды-с-ны́ҳәала / и-зы-д-сы-м-ны́ҳәала, (C3) и-лы-ды-з-ны́ҳәала / и-лы-д-зы-м-ны́ҳәала, [impf.] (C1) и-лы-ды-с-ны́ҳәало-з / и-лы-д-сы-м-ны́ҳәало-з, (C2) и-зы-ды-с-ны́ҳәало-з / и-зы-д-сы-м-ны́ҳәало-з, (C3) и-лы-ды-з-ны́ҳәало-з / и-лы-д-зы-м-ны́ҳәало-з, [past indef.] (C1) и-лы-ды-с-ны́ҳәала-з / и-лы-д-сы-м-ны́ҳәала-з, (C2) и-зы-ды-с-ны́ҳәала-з / и-зы-д-сы-м-ны́ҳәала-з, (C3) и-лы-ды-з-ны́ҳәала-з / и-лы-д-зы-м-ны́ҳәала-з; **Abs.** и-а-д-ны́ҳәала-ны / и-а-ды-м-ны́ҳәала-кәа) **1.** to congratulate on**:** и-ха́-ды-р-ныҳәале-ит *they congratulated us for it, они поздравили нас с тем.* И-шәы́-ды-с-ныҳәало-ит! *I congratulate you!* А-ҧа́ д-шәы́-ды-с-ныҳәало-ит. *I congratulate you for your son!* А-шы́қәс ҿы́ц шәы-ды-с-ны́ҳәало-ит. *I wish you a happy new year.* Урҭ сы-мш и́ра сы́-ды-р-ныҳәале-ит. (IC) *Они поздравили меня с днем рождения. They wished me many happy returns of the day.* А-хьыҧшы́мра ахь-шә-бу-з шәы́-ды-с-ныҳәало-ит. (ACST) *I congratulate you that you have obtained independence!*

доусы́ (= **дасу́**) [pron.] each, every**:** Доусы́ р-гәы́ и-ҭа́-з р-хәе́-ит. *Each of them said what he was thinking about.*

а-доуҳа́ *see* **а-дауҳа́**

а-доуы́ *see* **а-дауы́**

а-дра́ма [n.] drama.

а-дра́матә [adj.] драматический, (a) dramatic**:** а-дра́матә теа́тр *a theater.*

а́дрес [n.] (а́дрес-кәа, б-а́дрес) address.

а́друҳәа [adv.] in one body, as a body; all together**:** Зегьы́ а́друҳәа и-ҩеибаргы́ле-ит. *All the people rose as a body.* А-лахәа-қәа а́друҳәа а-бгахәычы́ и-на-кә-па́пе-ит. *The crows fell upon the fox in a body.*

а́-д-тәала-ра [intr.] **(1)** [dynamic] [C1-C2-Prev-S / C1-C2-Prev-Neg-S] [C1 sit down beside C2] (**Fin.** [pres.] с-лы́-д-тәало-ит / с-лы́-д-тәало-м, [aor.] с-лы́-д-тәале-ит / с-лы́-ды-м-тәале-ит, [imper.] б-лы́-д-тәал! / б-лы́-ды-м-тәала-н!, шә-ха́-д-тәал!; **Non-fin.** [pres.] (C1) и-лы́-д-тәало / и-лы́-ды-м-тәало, (C2) с-зы-д-тәа́ло / с-зы-ды-м-тәа́ло, [aor.] (C1) и-лы́-д-тәала / и-лы́-ды-м-тәала, (C2) с-зы-д-тәа́ла / с-зы-ды-м-тәа́ла; **Abs.** с-лы́-д-тәала-ны / с-лы́-ды-м-тәала-кәа) **1.** to sit down beside; to sit next to**:** с-лы́-д-тәале-ит *I sat down beside her.* А-хаҧы́ д-а́-д-тәале-ит. *He/She sat down beside the cave.* **2.** to devote oneself to**:** А-у́с с-а-дтәале-ит. *I devoted myself to my work. Я засел за работу.* **(2)** [stative] [C1 sit beside C2] (**Fin.** [pres.] с-лы́-д-тәало-уп, [past] с-лы́-д-тәала-н) **1.** to sit beside**:** Сара́ лара́ с-лы́-д-тәала-н. *I was sitting beside her.*

а-ду́ /a-dә́w/ **1.** [adj.] (а-ду́-қәа/-цәа, ду́-к) big, large**:** а-ҩы́н ду́ *the big house.* а́-шьха ду́-қәа *the big mountains.* а́-цла ду́-қәа *the big trees.* гәа́хәа ду́-ла *with great joy.* бжьы́ ду́-ла *loudly.* Уи́ а́-қәра ду н-и́-тц-ит. (GAL) *Он прожил много лет. He spent many years.* **2.** [predicate] (**Fin.** [pres.] и-ду́-уп / и-ду́у-м, [imper.] б-ду́уз! / б-ду́у-мыз!; **Non-fin.** [pres.] и-ду-у́ / и-дуу́-м, [past] и-дуу́-з / и-дуу́-мыз) to be big**:** Бзы́ҧ аӡи́ас Аалӡга аа́сҭа и-ду́-уп. (ANR) *The river Bzyp is larger than the Aaldzga.* Цыгьа́рда ҧсы́уа қы́ҭа ду́-уп. (ANR) *Dzhgjarda is a large Abhkazian village.* Сара́ с-ҭа́ацәа ҭа́ацәара ду́-уп. (AFL) *My family is a big family. Моя семья — большая семья.* Ҳара́ ҳ-қы́ҭа да́ара и-қы́ҭа ду́-уп. (AFL) *Our village is a very big village. Наша деревня — очень большая деревня.* [cf. **а-хәычы́** "little"]

а-ду́ӡӡа [adj.] (и-ду́ӡӡо-у) very big; giant**:** А-бна ма́л ду́ӡӡо-уп! (AFL) *A forest is a very large treasure! Лес — очень большое богатство!* || **Иҭабу́п и-ду́ӡӡа-ны**. *Thank you very much.*

дук [adv.] (with the negative forms) a little; not much: || **дук мы-ртцы́-кәа** *before long*: Сыҧҳәы́с дук мы-ртцы́-кәа л-цәа-л-тәы́-м-кәа д-ҟа-ле́-ит. *Before long my wife became pregnant.*

а-дула́ҧ [n.] (-қәа) a cupboard.

а-дуне́и /a-dəwnáj/ [n.] **1.** the world: Адуне́и и-а-ды́р-уе-ит Аҧсны́тәи аци́трус-қәа. (AFL) *The whole world knows of Abkhazian citrus fruits.* А-дуне́и а-ҿы́ и́-ҟо-уп а́-қалақь ду́-қәа, а́-қалақь ҧшӡа-қәа́. (AFL) *There are large cities and beautiful cities in the world. В мире большие города и красивые города.* **2.** the earth: а-дуне́и а-ҿы́ а-ҧсҭа́заара а́-ҟалара. *the origin of life on earth.*

дунеихаа́н [adv.] never (+ Negated verb).

а-ду́-ха-ра /a-dә́w-xa-ra/ [intr.] [C1-big-become / C1-big-Neg-become] [C1 become big] (**Fin.** [pres.] с-ду́-хо-ит, д-ду-хо́-ит, и-ду́-хо-ит / и-ду́-хо-м, [aor.] и-ду́-хе-ит / и-ду́-м-хе-ит, [fut.1] и-ду́-ха-п / и-ду́-ха-рым, [fut.2] и-ду́-ха-шт / и-ду́-ха-шам, [perf.] и-ду́-ха-хьеит / и-ду́-м-ха-ц(т), [impf.] и-ду́-хо-н / и-ду́-хо-мызт, [past indef.] и-ду́-ха-н / и-ду́-м-ха-зт, [cond.1] и-ду́-ха-рын / и-ду́-ха-рымызт, [cond.2] и-ду́-ха-шан / и-ду́-ха-шамызт, [plupf.] и-ду́-ха-хьан / и-ду́-м-ха-цызт, [imper.] б-ду́-ха!, шә-ду́-ха! / б-ду́-м-ха-н!; **Non-fin.** (C1) [pres.] и-ду́-хо / и-ду́-м-хо *or* и-м-ду́-хо, [aor.] и-ду́-ха / и-ду́-м-ха *or* и-м-ду́-ха, [fut.1] и-ду́-ха-ра / и-ду́-м-ха-ра *or* и-м-ду́-ха-ра, [fut.2] и-ду́-ха-ша / и-ду́-м-ха-ша *or* и-м-ду́-ха-ша, [perf.] и-ду́-ха-хьоу (-хьа(ц)) / и-ду́-м-ха-хьоу (-хьа(ц)) *or* и-м-ду́-ха-хьоу (-хьа(ц)), [impf.] и-ду́-хо-з / и-ду́-м-хо-з *or* и-м-ду́-хо-з, [past indef.] и-ду́-ха-з / и-ду́-м-ха-з *or* и-м-ду́-ха-з, [cond.1] и-ду́-ха-ры-з / и-ду́-м-ха-ры-з *or* и-м-ду́-ха-ры-з, [cond.2] и-ду́-ха-ша-з / и-ду́-м-ха-ша-з *or* и-м-ду́-ха-ша-з, [plupf.] и-ду́-ха-хьа-з / и-ду́-м-ха-хьа-з *or* и-м-ду́-ха-хьа-з; **Abs.** д-ду́-ха-ны / д-ду́-м-ха-кәа) **1.** to become big; to swell: А-цәқәырҧа-қәа́ ду́-хе-ит. *The waves became large.* **2.** to grow (up): уи́ д-ду́-хе-ит *he/she grew up, он/она повзрослел/-ла.* Д-ан-ду́-ха зны ус д-ры-з-тцаа́-ит д-з-ааӡа́-з. (Ab.Text) *One day, when the baby had grown up, he asked the people who had brought him up.*

дхааӡа́ [adv.] nicely.

а́-д-хала-ра [intr.] [C1-C2-Prev-R / C1-C2-Prev-Neg-R] [C1 take time for C2] (**Fin.** [pres.] с-а́-д-хало-ит / с-а́-д-хало-м (-хала-ӡо-м), [aor.] с-лы́-д-хале-ит, с-а́-д-хале-ит / с-а́-ды-м-хале-ит, [imper.] б-а́-д-хал! / б-а́-ды-м-хала-н!, шә-сы́-д-хал! / шә-сы́-ды-м-хала-н!; **Non-fin.** [pres.] (C1) и-а́-д-хало / и-а́-ды-м-хало, (C2) и-зы́-д-хало / и-зы́-ды-м-хало; **Abs.** с-лы́-д-хала-ны / с-лы́-ды-м-хала-кәа) **1.** to take time with: Сара́ с-ус с-а́-д-хале-ит. (GAL) *Я задержался с работой. I took time to do the work.* Сара́ а́-сас-цәа с-ры́-д-хале-ит. (GAL) *Я задержался с гостями. I took time for the guests.* Иааркьа́ҿны д-зы-д-ха́ла-з и-ҳәе́-ит. (AF) *He explained in brief what he had come up against.*

а́-д-ххыла-ра [intr.] [C1-C2-Prev-S / C1-C2-Prev-Neg-S] [C1 come running up to C2] (**Fin.** [pres.] с-а́-д-ххыло-ит / с-а́-д-ххыло-м, [aor.] с-а́-д-ххыле-ит / с-а́-ды-м-ххыле-ит, [imper.] б-а́-д-ххыл! / б-а́-ды-м-ххыла-н!; **Non-fin.** [pres.] (C1) и-а́-д-ххыло / и-а́-ды-м-ххыло, (C2) с-зы́-д-ххыло / с-зы́-ды-м-ххыло; **Abs.** с-а́-д-ххыла-ны / с-а́-ды-м-ххыла-кәа) **1.** to approach quickly; to come running up to: д-на-лы-дххы́ла-зар *as soon as he/she came up to her.*

а́-дҳала-ра [intr.] (**Fin.** [aor.] и́-дҳале-ит) **1.** to slam: А-шә ы́-дҳале-ит. *The door closed with a bang.*

а́-д-ҳәала-ра [intr.] **(1)** [stative] [C1-C2-Prev-S] [C1 be related to C2] (**Fin.** [pres.] с-а́-дҳәало-уп / с-а́-дҳәала-м, [past] с-а́-дҳәала-н / с-а́-дҳәала-мызт; **Non-fin.** [pres.] (C1) и-а́-д-ҳәало-у / и-а́-д-ҳәала-м, (C2) с-зы-д-ҳәа́ло-у / с-зы-д-ҳәа́ла-м) **1.** to be related to: шьыжьхьа́фара и-а́-дҳәало-у а́жәа-қәа *the vocabulary about breakfast.* с-лы́-дҳәало-уп *I am attached to her, я к ней привязан.* **(2)** [dynamic] [C1-C2-Prev-S / C1-C2-Prev-Neg-S] [C1 relate to C2] (**Fin.** [pres.] с-лы́-д-ҳәало-ит / с-лы́-д-ҳәало-м, [aor.] с-лы́-д-ҳәале-ит /

с-лы́-ды-м-ҳаале-ит, [imper.] б-лы́-д-ҳаал! / б-лы́-ды-м-ҳаала-н!; **Non-fin.** [pres.] (C1) и-лы́-д-ҳаало / и-лы́-ды-м-ҳаало, (C2) с-зы-д-ҳаа́ло / с-зы-ды-м-ҳаа́ло. **Abs.** с-лы́-д-ҳаала-ны / с-лы́-ды-м-ҳаала-кәа) **1.** to relate to.

а́-д-ца-ла-ра [tr.] [C1-C2-Prev-C3-R-Ex / C1-C2-Prev-C3-Neg-R-Ex] [C3 drive C1 to C2] (**Fin.** [pres.] и-а́-ды-с-ца-ло-ит / и-а́-ды-с-ца-ло-м, [aor.] и-а́-ды-с-ца-ле-ит / и-а́-д-сы-м-ца-ле-ит, [imper.] и-а́-д-ца-л! / и-а́-д-бы-м-ца-ла-н!, и-а́-ды-шә-ца-л! / и-а́-д-шәы-м-ца-ла-н!; **Non-fin.** [pres.] (C1) и-а́-ды-с-ца-ло / и-а́-д-сы-м-ца-ло, (C2) и-з-ды́-с-ца-ло / и-з-ды́-сы-м-ца-ло, (C3) и-а́-ды-з-ца-ло / и-а́-д-зы-м-ца-ло; **Abs.** и-а́-д-ца-ла-ны / и-а́-ды-м-ца-ла-кәа) **1.** to drive sth/sb to sth: А-ҽ-қәа́ а-гәа́шә и-а́-д-и-ца-ле-ит. (ARD) *Он подогнал лошадей к воротам. He drove the horses to the gate.*

а́-д-ца-ра [tr.] [C1-C2-Prev-C3-R / C1-C2-Prev-C3-Neg-R] [C3 drive C1 from C2] (**Fin.** [pres.] и-а́-ды-с-цо-ит / и-а́-ды-с-цо-м, [aor.] и-а́-ды-с-це-ит / и-а́-д-сы-м-це-ит, [imper.] и-а́-д-ца! / и-а́-д-бы-м-ца-н!, и-а́-ды-шә-ца! / и-а́-д-шәы-м-ца-н!; **Non-fin.** [pres.] (C1) и-а́-ды-с-цо / и-а́-д-сы-м-цо, (C2) и-з-ды́-с-цо / и-з-ды́-сы-м-цо, (C3) и-а́-ды-з-цо / и-а́-д-зы-м-цо; **Abs.** и-а́-д-ца-ны / и-а́-ды-м-ца-кәа) **1.** to drive sb from sb/sth: А-рахә а-гәа́шә и-а́-д-и-це-ит. (ARD) *Он отогнал скот от ворот. He drove the cattle from the gate.*

а-дтца́ [n.] (а-дтца-қәа́, дтца-к, ры-дтца́) **1.** a task; an assignment. **2.** an order; a command; instructions: Сы-ртцаҩы́ и-сы́-л-тәа-з а-дтца́ ҟа-с-тцо́-ит. *I do the assignment which my teacher gave me. Я сделаю задание, которое мне дала моя учительница.*

а-д-тцаа́ла-ра [intr.] [C1-C2-Prev-S / C1-C2-Prev-Neg-S] [C1 call on C2] (**Fin.** [pres.] с-лы́-д-тцаало-ит / с-лы́-д-тцаало-м, [aor.] с-лы́-д-тцаале-ит / с-лы́-ды-м-тцаале-ит, [imper.] б-лы́-д-тцаал! / б-лы́-ды-м-тцаала-н!; **Non-fin.** [pres.] (C1) и-лы́-д-тцаало / и-лы́-ды-м-тцаало, (C1) с-зы́-д-тцаало / с-зы́-ды-м-тцаало; **Abs.** с-лы́-д-тцаала-ны / с-лы́-ды-м-тцаала-кәа) **1.** to call on, to visit: А-чы́мазаҩ ҩы́нтә р-а́ҟара с-и́-д-тцаала-хье-ит. (ARD) *I visited the sick person in the hospital about twice. Больного навестил я раза два.* **2.** to drop in: Мыз-к а́-шьҭахь у-сы́-д-тцаал! (ARD) *Наведайся ко мне через месяц! Visit me in a month!*

а́-д-тца-ра [tr.] [C1-C2-Prev-C3-R / C1-C2-Prev-C3-Neg-R] [C3 assign C2 C1] (**Fin.** [pres.] и-лы́-ды-с-тцо-ит (*я задаю ей его(нрз.)/их*) / и-лы́-ды-с-тцо-м (-тца-ӡо-м), [aor.] и-лы́-ды-с-тце-ит / и-лы́-д-сы-м-тце-ит (-тца-ӡе-ит), [imper.] и-лы́-д-тца! / и-лы́-д-бы-м-тца-н!, и-лы́-ды-шә-тца! / и-лы́-д-шәы-м-тца-н!; **Non-fin.** [pres.] (C1) и-лы́-ды-с-тцо / и-лы́-д-сы-м-тцо, (C2) и-з-ды́-с-тцо / и-з-ды́-сы-м-тцо, (C3) и-лы́-ды-з-тцо / и-лы́-д-зы-м-тцо, [aor.] (C1) и-лы́-ды-с-тца / и-лы́-д-сы-м-тца, (C2) и-з-ды́-с-тца / и-з-ды́-сы-м-тца, (C3) и-лы́-ды-з-тца / и-лы́-д-зы-м-тца, [impf.] (C1) и-лы́-ды-с-тцо-з / и-лы́-д-сы-м-тцо-з, (C2) и-з-ды́-с-тцо-з / и-з-ды́-сы-м-тцо-з, (C3) и-лы́-ды-з-тцо-з / и-лы́-д-зы-м-тцо-з, [past indef.] (C1) и-лы́-ды-с-тца-з / и-лы́-д-сы-м-тца-з, (C2) и-з-ды́-с-тца-з / и-з-ды́-сы-м-тца-з, (C3) и-лы́-ды-з-тца-з / и-лы́-д-зы-м-тца-з; **Abs.** и́-д-тца-ны / и́-ды-м-тца-кәа) **1.** to give, to set; to give a task: А-цгәы́ а́-хәда а-тцәтцәа́ а-хатцара́ уара́ и-у́-д-ах-тцо-ит. (ACST) *We'll assign you the duty of setting a bell on the cat's neck.* **2.** to charge, to entrust: А-нцәа́ и-ры-д-и-тца-з на-ры-гӡе́-ит. *They fulfilled what God had commissioned them.* А-жәа́р а́ԥхьажәа а-ҩра́ а-реда́ктор и́-ды-р-тце-ит. (ARD) *Они поручили редактору написать предисловие к словарю. They entrusted the editor with writing a preface to the dictionary.*

а́-д-тц-ра [intr.] [C1-C2-Prev-R / C1-C2-Prev-Neg-R] [C1 move away from C2] (**Fin.** [pres.] с-лы́-д-тц-уе-ит (*я от нее отойду*) / с-лы́-д-тц-уа-м, [aor.] с-лы́-д-тц-ит / с-лы́-ды-м-тц-ит, [imper.] б-лы́-д-тц! / б-лы́-ды-м-тцы-н!; **Non-fin.** [pres.] (C1) и-лы́-д-тц-уа / и-лы́-ды-м-тц-уа, (C2) с-зы́-д-тц-уа / с-зы́-ды-м-тц-уа. **Abs.** с-лы́-д-тц-ны / с-лы́-ды-м-тц-кәа) **1.** to move away from: А-шә с-а́-д-тц-ит. *I moved away from the door. Я отошел от двери.*

а́-д-чабла-ра [intr.] [C1-C2-Prev-R / C1-C2-Prev-Neg-R] [C1 stick to C2] (**Fin.** [pres.] с-лы́-д-чабло-ит / с-лы́-д-чабло-м, [aor.] с-лы́-д-чабле-ит / с-лы́-ды-м-чабле-ит, [imper.] б-лы́-д-чабл! / б-лы́-ды-м-чабла-н!; **Abs.** и-а́-дчабла-ны / и-а-ды-м-ча́бла-кәа) **1.** to stick, to

Д

adhere: А-қьаа́д а-нацәкьа́ра-қәа и-ры́-д-ҷабло-ит. *The paper is sticking to the fingers. Бумага липнет к пальцам.* **2.** to stick to sb: Уи́ сара́ д-сы́-д-ҷабло-ит. *He/She is sticking to me. Он/Она липнет ко мне.*

а́-дҿа-ҳәала-заа-ра [intr. stative] [C1-C2-Prev-S] [C1 be tied to C2] (**Fin.** [pres.] д-а́-дҿа-ҳәало-уп / д-а́-дҿа-ҳәала-м, [past] д-а́-дҿа-ҳәала-н / д-а́-дҿа-ҳәала-мызт, [imper.] д-а́-дҿа-ҳәала-з! / д-а́-дҿа-ҳәала-мыз!; **Non-fin.** [pres.] (C1) и-а́-дҿа-ҳәала-з / и-а́-дҿа-ҳәала-мыз) **1.** to be tied/attached to sth: А-жә а́-тҵла и-а́-дҿа-ҳәало-уп. (ARD) *Корова привязана к дереву. The cow is tied to the tree.*

а́-дҿа-ҳәала-ра [tr.] [C1-C2-Prev-C3-S / C1-C2-Prev-C3-Neg-S] [C3 tie/bind C1 to C2] (**Fin.** [pres.] д-а́-дҿа-с-ҳәало-ит / д-а́-дҿа-с-ҳәало-м, [aor.] д-а́-дҿа-с-ҳәале-ит / д-а́-дҿа-сы-м-ҳәале-ит, [imper.] д-а́-дҿа-ҳәал! / д-а́-дҿа-бы-м-ҳәала-н!, д-а́-дҿа-шә-ҳәал! / д-а́-дҿа-шәы-м-ҳәала-н!; **Non-fin.** [pres.] (C1) и-а́-дҿа-с-ҳәало / и-а́-дҿа-сы-м-ҳәало, (C2) д-зы́-дҿа-с-ҳәало / д-зы́-дҿа-сы-м-ҳәало, (C3) д-а́-дҿа-з-ҳәало / д-а́-дҿа-зы-м-ҳәало; **Abs.** д-а́-дҿа-ҳәала-ны / д-а́-дҿа-м-ҳәала-кәа) **1.** to tie/attach/bind sb/sth to sth: А-тҵла а-шьапы́ д-а́-дҿа-р-ҳәале-ит. (ARD) *Его привязали к стволу дерева. They tied him to the trunk of the tree.*

а́-д-шәала-ра [intr.] [C1-C2-Prev-S / C1-C2-Prev-Neg-S] [C1 fit C2] (**Fin.** [pres.] и-а́-д-шәало-ит / и-а́-д-шәало-м, [aor.] и-а́-д-шәале-ит / и-а́-ды-м-шәале-ит, [imper.] б-а́-д-шәал! / б-а́-ды-м-шәала-н!; **Abs.** и-а́-д-шәала-ны / и-а́-ды-м-шәала-кәа) **1.** to fit. **2.** (*of a dress*) to fit tightly: А-тқы́ а-цәа́ и-а́-дшәало-н. *The dress fit her body tightly. Платье плотно прилегало к телу.* [cf. **а́-шьа-ла-ра** "(*of shoes, etc.*) to fit"]

ды- *see* **д-**

а́-дыд [n.] (а́-дыд-қәа, дыды́-к) thunder.

а́-дыд-мацәыс [n.] (-қәа) **1.** a (thunder)storm. **2.** thunder and lightning: А-дыдмацәыс а-дәа-қны́ и-ҳа-хьӡе́-ит. *A (thunder)storm caught us in the field. Гроза застигла нас в поле.*

а́-дыд-ра [intr.] [C1(it)-R / C1(it)-Neg-R] [it thunders] (**Fin.** [pres.] и-дыд-уе́-ит / и-дыд-уа́-м (*or* и-дыд-ӡо́-м), [aor.] и-дыд-и́т / и-м-дыд-и́т, [impf.] и-дыд-уа́-н / и-дыд-уа́-мызт, [imper.] у-дыды́! / у-м-дыды́-н!; **Abs.** и-дыд-ны́ / и-м-дыды́-кәа) **1.** to thunder: И-дыд-уе́-ит. *It is thundering.* И-дыд-уа́-н. *It was thundering.* И-дыд-уа́-ма? *Is it thundering?* Џьара́ хара́ и-дыд-уа́-н. (RAD) *Где-то вдали гремело. It was thundering somewhere in the distance.* А-тҳыбжьо́н а-гур=гу́рҳәа абжьы́ ба́аԥс го́, и-дыд-уа́, и-мацәы́с-уа, а-тәы́ла бго́ и-а́-ла-ге-ит. (Ab.Text) *In the middle of the night there was a terrible noise like the end of the world, with bolts of thunder and lightning.* А-дыд-ра и-на́-[а]-ла-ге-ит [it(=God?)-Par-it(=thunder)-Prev-began]. *Thunder began.* [Note that it is possible to say А-дыд-ра ∅-на́-[а]-ла-ге-ит. (it (=thunder)-Par-it(=?)-Prev-began) "ibid." Hewitt, AF:178.]

дызу́сҭа *see* **дызу́сҭада**

дызу́сҭада [pron.] who is he/she?: Ари́ а́-чкәын дызу́сҭада? (ARD) *Кто этот парень? Who is this boy?* У-з-а-цәа́жәо-з дызу́сҭада? (ARD) *С кем ты говорил? To whom did you speak?*

ды-зу́сҭазаалак [pron.] whoever he/she may be; anyone: Ды-зу́сҭазаалак аӡә ды-с-ҭахы́-м. *Whoever he/she may be, I don't want him/her* [*lit. anyone*]. *Никого не хочу, кто бы он /она ни был/была.* Ды-зу́сҭазаалак-гьы 'ус шәы-м-у́-н' ҳәа аӡәгьы́ д-ры́-ла-м-цәажәе-ит. (AF) *No-one at all amongst them said that none of them should do so.*

ды-зу́сҭазаалак *see* **ды-зу́сҭазаалакгьы**

а-ды́р [n.] (-цәа, с-ды́р) **1.** an acquaintance: А-ды́р-цәа с-ҿы-р-цәы́-сы-хьчо-ит. *I avoid my acquaintances.* **2.** (= **а-ды́рҩы**) a sage.

а-ды́р-га [n.] (а-ды́рга-қәа, ды́рга-к) a sign.

а-дырга́н [n.] (а-дырга́н-қәа) a frying pan.

а́-ды-ргыла-ра [tr.] [C1-C2-Prev-C3-S / C1-C2-Prev-C3-Neg-S] [C3 set C1 against C2] (**Fin.**

[pres.] и-á-д-сы-ргы́ло-ит / и-á-д-сы-ргы́ло-м, [aor.] и-á-д-сы-ргы́ле-ит / и-á-д-с-мы-ргы́ле-ит, [imper.] и-á-ды-ргыл! / и-á-д-б-мы-ргы́ла-н!, и-á-д-шәы-ргыл! / и-á-д-шә-мы-ргы́ла-н!; **Non-fin.** [pres.] (C1) и-á-д-сы-ргы́ло / и-á-д-с-мы-ргы́ло, (C2) и-зы́-д-сы-ргы́ло / и-зы́-д-с-мы-ргы́ло, (C3) и-á-д-зы-ргы́ло / и-á-д-з-мы-ргы́ло; **Abs.** и-á-ды-ргы́ла-ны / и-á-д-мы-ргы́ла-кәа) **1.** to put/lean/set sth against: Сарá á-шә и-á-д-сы-ргыле-ит а-шкáф. *I put the cupboard against the door. Я приставил шкаф к двери.* А-хѳык-гьы шәѳы́к=шәѳы́к а-дау-цәá ры́-д-и-ргы́ле-ит. (AF) *And alongside all three he set 100 ogres each.*

Дырми́т [n.] Дырми́т Гәли́а (1874-1960).

á-ды-рԥхала-ра* [tr.] [C1-C2-Prev-C3-S] [C3 shine C1(light) on C2] (**Fin.** [aor.] и-á-д-и-рԥхале-ит / и-á-д-и-мы-рԥхале-ит, [imper.] и-á-ды-рԥхал! / и-á-д-б-мы-рԥхала-н!; **Abs.** и-á-ды-рԥхала-ны / и-а-д-мы-рԥхáла-кәа) **1.** to shine the light on: А-тҵла а-шьапы́ á-лашара á-д-и-рԥхале-ит. *He shone the light on the trunck of the tree. Он осветил ствол дерева.* **2.** to warm up; to give warmth to: А-мца ды-ҿҳәа-тәа-ны́, и-шьапы́ и́-хь-уа-з á-мца á-д-и-рхало-н. (ARD) *Он сидя у огня, грел больную ногу. Sitting beside the fire, he was warming his painful foot up.*

а-ды́рра[1] [n.] (-қәа, р-ды́рра-қәа) **1.** knowledge: Сы-м-ды́рра и-с-на-р-у-и́т, — и-хәé-ит. *He said "my ignorance did that to me."* Уи́ а-ды́рра ду́ и́-мо-уп. *He has a wealthy stock of knowledge.* Ҳ-шәы-хәо-ит а-ды́рра ҳá-шә-ҭа-рц а-ны́ҳәатә дкы́лара шә-ҿ-á-ла-шәы-рхә-уá-зар. (ACST) *We request you to let us know if you are going to attend the festive reception.* **2.** (а-ды́рра-қәа) information; news: а-ды́рра ҿы́ц-қәа *the latest news.* || **а-ды́рра á-ҭа-ра** [< to give information] inform, to communicate: А-ды́рра сы-ҭ! *Inform me! Сообщи мне!* У-ш-аа-уá-з а-ды́рра з-с-у́-м-ҭе-и? *Why didn't you inform me about your arrival? Почему ты не сообщил мне о своем приезде?*

а-ды́р-ра[2] [tr.] [C1-C3-R / C1-C2-Pot-Neg-R] [C3 know C1 / C2 do not know C1 [N.B. When this verb is used in negative forms, they obligatorily take the potential prefix -з-.] (**Fin.** [pres.] бы-з-ды́р-уе-ит, с-а-ды́р-уе-ит, б-аа-ды́р-уе-ит, сы-жә-ды́р-уе-ит / и-сы-з-ды́р-уа-м, [aor.] бы-з-ды́р-ит, б-а-ды́р-ит / у-с-зы́-м-дыр-ит, и-с-зы́-м-дыр-ит, [fut.1] бы-з-ды́р-п / у-сы-з-ды́р-рым, [fut.2] бы-з-ды́р-шт; [perf.] бы-з-ды́р-хьеит / у-с-зы́-м-ды́р-т, [impf.] бы-з-ды́р-уа-н; [past indef.] бы-з-ды́ры-н / у-с-зы́-м-дыр-зт, [cond.1] бы-з-ды́р-рын; [cond.2] бы-з-ды́р-шан, [plupf.] бы-з-ды́р-хьан, [imper.] и-ды́р! / и-бы-м-ды́ры-н!, и-шә-ды́р! / и-шәы-м-ды́ры-н!; **Non-fin.** [pres.] (C1) и́-л-дыр-уа, и́-з-дыр-уа, и́-у-дыр-уа, и́-б-дыр-уа, и́-и-дыр-уа, и-а-ды́р-уа, и-áа-дыр-уа, и́-жә-дыр-уа, и́-р-дыр-уа / и-л-зы́-м-дыр-уа (*то/тот, которое/которого она не знает*), и-с-зы́-м-дыр-уа, и-у-зы́-м-дыр-уа, и-б-зы́-м-дыр-уа, и-зы́-м-дыр-уа, и-а-зы́-м-дыр-уа, и-аҳ-зы́-м-дыр-уа, и-шә-зы́-м-дыр-уа, и-р-зы́-м-дыр-уа, (C3) ды-з-ды́р-уа (*тот, который знает его/ее*), и-з-ды́р-уа (тот, который знает что-то), сы-з-ды́р-уа, бы-з-ды́р-уа, у-з-ды́р-уа, ҳа-з-ды́р-уа, шәы-з-ды́р-уа / (C2) ды-з-зы́-м-дыр-уа (*тот, который не знает его/ее*), сы-з-зы́-м-дыр-уа, бы-з-зы́-м-дыр-уа, у-з-зы́-м-дыр-уа, и-з-зы́-м-дыр-уа, ҳа-з-зы́-м-дыр-уа, шәы-з-зы́-м-дыр-уа, [aor.] -- [fut.1] (C1) и́-л-дыр-ра / и-л-зы́-м-дыр-ра, (C3) ды-з-ды́р-ра / (C2) ды-з-зы́-м-дыр-ра, [fut.2] (C1) и́-л-дыр-ша / и-л-зы́-м-дыр-ша, (C3) ды-з-ды́р-ша / (C2) ды-з-зы́-м-дыр-ша, [perf.] (C1) и́-л-дыр-хьоу (-хьа(ц)) / и-л-зы́-м-дыр-хьоу (-хьа(ц)), (C3) ды-з-ды́р-хьоу (-хьа(ц)) / (C2) ды-з-зы́-м-дыр-хьоу (-хьа(ц)), [impf.] (C1) и́-л-дыр-уа-з / и-л-зы́-м-дыр-уа-з, (C3) ды-з-ды́р-уа-з / (C2) ды-з-зы́-м-дыр-уа-з, [past indef.] (C1) и́-л-дыры-з / и-л-зы́-м-дыры-з, (C3) ды-з-ды́ры-з / (C2) ды-з-зы́-м-дыры-з, [cond.1] (C1) и́-л-дыр-ры-з / и-л-зы́-м-дыр-ры-з, (C3) ды-з-ды́р-ры-з / (C2) ды-з-зы́-м-дыр-ры-з, [cond.2] (C1) и́-л-дыр-ша-з / и-л-зы́-м-дыр-ша-з, (C3) ды-з-ды́р-ша-з / (C2) ды-з-зы́-м-дыр-ша-з, [plupf.] (C1) и́-л-дыр-хьа-з / и-л-зы́-м-дыр-хьа-з, (C3) ды-з-ды́р-хьа-з / (C2) ды-з-зы́-м-дыр-хьа-з; **Abs.** д-ды́р-ны / ды-л-зы́-м-дыр-кәа) **1.** to know: бы-з-ды́р-уе-ит *I know you.* у-с-зы́-м-дыр-ит *I*

Д

don't know you. Ды-шә-ды́р! *Get acquainted with him/her!* Сара́ ды-шә-сы-р-ды́р-уе-ит с-ҩы́за бзи́а. (AFL) *I am introducing you to my good friend. Я знакомлю вас с хорошим другом.* А-шәҟәы́ зы-л-ҭа́-з сы-з-ды́р-уа-м. *I don't know to whom she gave the book.* Шәара́ а́-ӡын мза-ҟәа́-с и́-жә-дыр-уа-зеи? (AFL) *Which months of winter do you know? Какие месяцы зимы вы знаете?* Бна́тә ԥсаа́тә-с шәара́ и́-жә-дыр-уа-зеи? (AFL) *Which wild bird do you know? Какую дикую птицу вы знаете?* Ашықәс шаҟа́ а́амҭа а́-мо-у уажәшьҭа́ и-жә-ды́р-уе-ит. (AFL) *Now you know how many seasons are in a year. Теперь вы знаете, сколько времен в году.* Сара́ с-ахь-у́-ба-лак с-мы-рҩа́шьа-кәа с-у-м-ды́р-р-и? (AF) *Wherever you see me, you'll recognise me without mistaking me for another, won't you?* [N.B. Despite the presence of the nagative marker, the verb does not have the potential prefix. See Hewitt, AF:145.] **2.** to be able to, to know how to**:** Сара́ а́-ӡса-шьа бзи́аны и-з-ды́р-уе-ит. (AFL) *I know how to swim well. Я хорошо умею плавать.* Уара́ а́-ӡса-шьа у-ды́р-уа-ма? (AFL) *Do you know how to swim? Ты умеешь плавать?* Сара́ а-кьыԥхь-шьа сы-з-ды́р-ӡо-м. (GAL) *Я не умею печатать. I do not know how to print.* Уи́ а-машьы́на а-рны́ҟәа-шьа л-ды́р-уе-ит. (GAL) *Она умеет водить машину. She knows how to drive a car.* **3.** to have a command of**:** Шәара́ а́ԥсшәа жә-ды́р-уа-ма? *Do you have a command of Abkhaz?* Мап, сара́ а́ԥсшәа сы-з-ды́р-ӡо-м. *No, I don't have a command of Abkhaz.* **4.** [intr. stative] (**Fin.** [pres.] и-ды́р-уп) to be known**:** Абрыскьы́л хыԥхьа́кы-рҭа-с а-хәада-ҟәа́ з-а́-л-и-х-уа-з-гьы ды́р-уп. (AF) *And it us known why Abrsk'jyl would choose hillocks as hinding-place.* || **и-з-ды́р-уа-да (ма) ... -(за)-р ҳәа** "in case ..."**:** И-з-ды́р-уа-да (ма) шьҭыбжьы-к с-а-ҳа-уа́-зар ҳәа д-ӡырҩ-уа́ д-на-тәе́-ит. (ACST) *He/She sat down listening in case he/she might hear a sound.* || **и-з-ды́р-х-уа-да?** who on earth knows it/them? / nobody knows it/them.

а-ды́рраҭара [n.] (-қәа) **1.** communication, a report; news; information. **2.** a broadcast.

а-ды́рра-ҭа-ра [tr.] [а-ды́рра [C1]-C2-C3-R / [C1]-C2-C3-Neg-R] [C3 inform C2] (**Fin.** [pres.] а-ды́рра бы́-с-ҭо-ит (*я тебе сообщу*) / а-ды́рра бы́-с-ҭо-м, [aor.] а-ды́рра бы́-с-ҭе-ит / а-ды́рра бы́-сы-м-ҭе-ит, [imper.] а-ды́рра сы́-ҭ! / а-ды́рра сы́-бы-м-ҭа-н!; **Non-fin.** [pres.] (C2) а-ды́рра зы-с-ҭо́ / а-ды́рра з-сы-м-ҭо́, (C3) а-ды́рра бы́-з-ҭо / а-ды́рра бы́-зы-м-ҭо; **Abs.** а-ды́рра бы́-ҭа-ны / а-ды́рра бы́-м-ҭа-кәа) **1.** to inform**:** Сара́ ца́сҳәа с-аа-и́т, шәара́ а-ды́рра шәы́-с-ҭа-рцы. *I came on purpose to warn you. Я нарочно пришел, чтобы предупредить вас.*

а́-ды-ртәала-ра [tr.] [C1-C2-Prev-C3-S / C1-C2-Prev-C3-Neg-S] [**1.** C3 seat C1 close to/next to C2; 2. C3 ask C1 to look after C2] (**Fin.** [pres.] д-лы́-д-сы-ртәало-ит / д-лы́-д-сы-ртәало-м, [aor.] д-лы́-д-сы-ртәале-ит / д-лы́-д(ы)-с-мы-ртәале-ит, [imper.] д-лы́-ды-ртәал! / д-лы́-д(ы)-б-мы-ртәала-н!, д-лы́-д-шәы-ртәал! / д-лы́-д(ы)-шә-мы-ртәала-н!; **Non-fin.** [pres.] (C1) и-лы́-д-сы-ртәало / и-лы́-д(ы)-с-мы-ртәало, (C2) д-зы́-д-сы-ртәало / д-зы́-д(ы)-с-мы-ртәало, (C3) д-лы́-д-зы-ртәало / д-лы́-д(ы)-з-мы-ртәало; **Abs.** д-лы́-ды-ртәала-ны / д-лы́-д-мы-ртәала-кәа) **1.** to seat close to sb/next to sb**:** А-хәычы́ и-а́н д-лы́-д-и-ртәале-ит. (ARD) *Он посадил ребенка рядом с матерью. He seated the child next to its mother.* **2.** to entrust sb to look after sb**:** Ан а-хәычы́ лы́-ӡӡаб еиҳабы́ д-и́-д-лы-ртәале-ит. (ARD) *Мать поручила старшей дочери присмотреть за ребенком. The mother entrusted her eldest daughter to look after the child.*

а́дырҩауха [adv.] the next night.

а́дырҩаᵉены [adv.] on the next day.

адырҩа́гь [adv.] again.

дырҩе́гь(ых) [adv.] **1.** again; once more. **2.** still.

а-ды́с-ра [intr.] [C1-R / C1-Neg-R] [C1 go numb] (**Fin.** [pres.] и-ды́с-уе-ит / и-ды́с-уа-м, [aor.] и-ды́с-ит, д-ды́с-ит / и-м-ды́с-ит, ды-м-ды́с-ит, [imper.] б-ды́с! / бы-м-ды́сы-н!; **Non-fin.** [pres.] (C1) и-ды́с-уа / и-м-ды́с-уа; **Abs.** и-ды́с-ны / и-м-ды́с-кәа) **1.** to go numb**:**

С-шьап-ҟəá ды́с-ит. *My legs have gone numb. У меня ноги онемели.*

Д

Дә дә

Дәаб [n.] [river name]

адәахьтәи [adj.] outward; foreign: адәахьтәи а-ҿаныҧшылара *outward appearance.* адәахьтәи а-поли́тика *foreign policy.*

адәахьы́ [adv.] outside, out of doors: Адәахьы́ б-дәы́л-тц! *Go outside!* Адәахьы́ ауаа́ з-бо́-ит *I see people outside.* Адәахьы́ д-це-ит хәма́р-ра (ҳәа). (ACST) *He/She went outside to play.*

а-дәқьа́н [n.] (а-дәқьа́н-қәа, дәқьа́н-к, сы-дәқьа́н) (= **а-магази́н**) a store, a shop: а-дәқьа́н а-ҿы́ *at the store.* А-дәқьа́н а́хь х-цо́-ит. *We are going to the store.*

а-дәӄьа́ш [n.] (-қәа) a glade.

а-дәӄьа́шра [n.] (-қәа) a small open area of grass in a forest.

адәны́ [adv.] (= **адәахьы́**) out of doors, outside, in the open air: Адәны́ д-гы́ло-уп. *He/She is standing out of doors/under the open sky.*

адәны́ӄа [adv.] (= **адәахьы́**) outside: Адәны́ӄа д-дәы́л-тц-ит. *He/She went outside.*

а-дәны́ӄатәи [adj.] **1.** outer. **2.** foreign: а-дәны́ӄатәи а́-хәаахәтра *foreign trade.* а-дәны́ӄатәи а-ус-қәа́ р-мини́стр *a Minister of Foreign Affairs.*

Дәры́ҧшь [n.] [village name]

а-дәы́ [n.] (а-дә-қәа́, х-дәы́, дәы́-к) a field; a plain; a meadow: а-дәы́ еиу́жь-қәа *the wide field.* Ари́ а-дәы́ ду́-уп, и-иатцәо́-уп. *This field is big and green.* А-хәыч-қәа́ адә-а-ҿы́ а́-мпыл и-а́-с-уе-ит. (AFL) *The children are playing ball in the field. Дети играют в мяч на поле.* А-дә-қәа́ р-ҿы а-тцытцы́ндра ӄа-ла-ны́ и́-ӄа-н. (AF) *In the meadows the strawberries were ripe.* А-хәыч-қәа́ а-сы́ е́игәрӷьа-ны а-дә-ахьы́ и-дәы́л-тц-уеит, (...). (AFL) *The children, rejoicing at the snow, go out into the field, (...). Дети, радуясь снегу, выходят на поле, (...).* || а-дәы́ ды́-қә-уп. *he/she is living. / he/she exists.*

а-дәы- [verbal prefix] outside, out.

а-дәы́ӷба [n.] (а-дәы́ӷба-қәа, дәы́ӷба-к) a train.

а-дәы́ӷба-тә [adj.] railway: а-дәы́ӷба-тә ста́нциа *a railway station.*

а-дәыкры́н [n.] (а-дәыкры́н-қәа, дәыкры́н-к) a violet.

-дәы́қә- [preverb] on the way. (Spruit, SC5)

а-дәы́қә-гала-ра [tr.] [C1-Prev-C3-R / C1-Prev-C3-Neg-R] [C3 take C1 (for the journey)] (**Fin.** [pres.] д-дәы́қәы-л-гало-ит / д-дәы́қәы-л-гало-м, [aor.] д-дәы́қәы-л-гале-ит / д-дәы́қә-лы-м-гале-ит, [imper.] д-дәы́қә-гал! / д-дәы́қә-бы-м-гала-н!, д-дәы́қәы-жә/шә-гал! / д-дәы́қә-шәы-м-гала-н!; **Non-fin.** [pres.] (C1) и-дәы́қәы-л-гало / и-дәы́қә-лы-м-гало, (C3) д-дәы́қәы-з-гало / д-дәы́қә-зы-м-гало; **Abs.** д-дәы́қә-гала-ны / д-дәы́қәы-м-гала-кәа) **1.** to take sth/sb along (*for/on the journey*): А-хәычы́ д-дәы́қә-у-м-гала-н. (ARD) *Не бери ребенка с собой! Don't take the child with you!* А-фатә рацәаны́ и-дәы́қә-и-гале-ит. *He took a lot of food with him (for the journey). Он взял с собой много еды (в дорогу).*

а-дәы́қә-заа-ра [intr. stative] [< -дәы́-қә- "field-on"] [C1-Prev-R] [C1 roam; C1 loaf about] (**Fin.** [pres.] д-дәы́қә-уп / д-дәы́қәы-м, [aor.] д-дәы́қәы-н / д-дәы́қә-мызт, [imper.] б-дәы́қәы-з! / б-дәы́қә-мыз!; **Non-fin.** (C1) [pres.] и-дәы́қә-у / и-дәы́қәы-м, [past] и-дәы́қәы-з / и-дәы́қә-мыз; **Abs.** д-дәы́қә-ны / д-дәы́қәы-м-кәа) **1.** to roam, to wander: д-дәы́қә-уп *he is on his way.* **2.** to gad/loaf about: Усда-ҳәы́сда д-дәы́қә-уп. (ARD) *Он/Она болтается без дела. He/She hangs around without any business.* **3.** to be on the way to: И-ӄа-и-тца-ц иаха-гьы́ д-а́-щҧыхәаны и-ӄа-тцо́ д-дәы́-қәы-н. (AF) *He went about doing what he had been doing with even greater enthusiasm.*

а-дәы́қә-ла-ра [intr.] [< -дәы-қә-ла- "field-on-go"] [C1-Prev-R / C1-Prev-Neg-R] [C1 set out] (**Fin.** [pres.] д-дәы́қә-ло-ит / д-дәы́қә-ло-м, [aor.] д-дәы́қә-ле-ит / д-дәы́қә-м-ле-ит, [imper.] шә-дәы́қә-ла! / шәы-дәы́қә-м-ла-н!; [poten.] ды-з-дәы́қә-ло-м, ды-з-дәы́қә-м-ле-ит; [non-vol.] д-а́мха-дәы́ҟә-ле-ит / д-а́мха-дәы́ҟә-м-ле-ит; [vers.1] д-лы-з-дәы́ҟә-ле-ит / д-лы-з-дәы́ҟә-м-ле-ит; [vers.2] д-лы-цә-дәы́ҟә-ле-ит / д-лы-цә-дәы́ҟә-м-ле-ит; **Non-fin.** (C1) [pres.] и-дәы́ҟә-ло / и-дәы́ҟә-м-ло, [aor.] и-дәы́ҟә-ла / и-дәы́ҟә-м-ла, [fut.1] и-дәы́ҟә-ла-ра / и-дәы́ҟә-м-ла-ра, [fut.2] и-дәы́ҟә-ла-ша / и-дәы́ҟә-м-ла-ша, [perf.] и-дәы́ҟә-ла-хьоу (-хьа(ц)) / и-дәы́ҟә-м-ла-хьоу (-хьа(ц)), [impf.] и-дәы́ҟә-ло-з / и-дәы́ҟә-м-ло-з, [past indef.] и-дәы́ҟә-ла-з / и-дәы́ҟә-м-ла-з, [cond.1] и-дәы́ҟә-ла-ры-з / и-дәы́ҟә-м-ла-ры-з, [cond.2] и-дәы́ҟә-ла-ша-з / и-дәы́ҟә-м-ла-ша-з, [plupf.] и-дәы́ҟә-ла-хьа-з / и-дәы́ҟә-м-ла-хьа-з; **Abs.** д-дәы́ҟә-ла-ны / д-дәы́ҟә-м-ла-кәа) **1.** to set out, to depart, to go off, to start: Адәы́ҕба лассы́ и-дәы́ҟә-ло-ит. *The train is leaving soon. Поезд скоро отправляется.* А-ҽы́ а́-шьха-ҟа и-дәы́ҟ̣ле-ит. *The horse set out for the mountain. Конь отправился в гору.* Сара́ уатҵәы́ Москва́-ҟа с-дәы́ҟу-ло-ит. *Tomorrow I am going to Moscow.* Уи́ Аҟуа-ҟа д-дәы́ҟу-ле-ит. *He/She went to Abkhazia.* А-ха́ҵа а-ӡҕаб дәы́ҟу-ле-ит ды-и-ба́-н ды-дәы́ҟу-ле-ит. *The man saw the woman and (he) went out.* **2.** to make for: а́-бна-хь а-дәы́ҟәлара *to make for the woods, направиться к лесу.*

а-дәы́ҟә-ҵа-ра [tr.] (< а-дәы́-ҟә-ҵа-ра "to put on the field") [C1-Prev-C3-R / C1-Prev-C3-Neg-R] [C3 send C1] (**Fin.** [pres.] и-дәы́ҟә(ы)-с-ҵо-ит / и-дәы́ҟә(ы)-с-ҵо-м, [aor.] и-дәы́ҟә(ы)-с-ҵе-ит / и-дәы́ҟә-сы-м-ҵе-ит, [imper.] и-дәы́ҟә-ҵа!; **Abs.** и-дәы́ҟә-ҵа-ны / и-дәы́ҟә(ы)-м-ҵа-кәа) **1.** to send; to dispatch: и-лы-з-дәы́ҟә-с-ҵе-ит *I sent it/them for her, я послал для нее его(нрз.)/их.* [N.B. If we want to express "I sent it/them to her," the other verb а́-шьҭ-ра meaning "send" is used: и-л-зы́-сы-шьҭ-ит.] Сара́ с-ҩы́за и-а́хь а-телегра́мма дәы́ҟә-с-ҵе-ит. *I sent a telegram to my friend. Я послал телеграмму моему другу.* И-дәы́ҟәы-л-ҵа-н рә-ҩны́-ҟа (...). *She sent them home and* (...). И-дәы́ҟә-л-ҵа-н ры-ҩны́-ҟа и-ҵе́-ит. *She sent them home and they went.* Уа́хь сара́ хәа́ахәҭ-ра с-а́н с-дәы́ҟә-л-ҵа-ло-ит. (AFL) *My mother sent me there for the purchases. Моя мать отправляет меня туда за покупками.* а-чы́мазаҩ а-хаақы́м и-ахь и-дәы́ҟә-ҵа-ра *to send a sick person to the doctor, направить больного к врачу.* А-мшы́н а́-ҵа и-дәы́ҟә-ах-ҵа-п. (AF) *Let's despatch it to the bottom of the ocean.* [cf. А-мшы́н а́-ҵа-хь и-дәы́ҟәы-р-ҵе-ит а́-гәнаҳа. (AF) *They despatched sorrow down to the bottom of the ocean.*] [cf. **а́-шьҭ-ра** "to send"]. **2.** to swing, to swing (*one's arm*). **3.** (*of wife*) to expel, to send packing. **4.** to stretch, (*of a bow*) to draw: А-хы́ц дәы́ҟәы-с-ҵо-ит. *I draw a bow.* **5.** (*of light*) to cast, to throw: А-мра а-мырхәа́га-қәа дәы́ҟә-на-ҵо-ит. (RAD) *Солнце бросает лучи. The sun is casting its rays.*

-дәыл- [preverb] outside a building. (Spruit, SC5)

а-дәы́л-га-ра [tr.] [C1-Prev-C3-R / C1-Prev-C3-Neg-R] [C3 take C1 out (of X)] (**Fin.** [pres.] б-дәы́л-з-го-ит (б-дәы́лы-з-го-ит (?)), с-дәы́л-на-го-ит, б-дәы́л-аа-го-ит, с-дәы́лы-р-го-ит / [aor.] б-дәы́л-з-ге-ит / б-дәы́л-сы-м-ге-ит, [fut.1] б-дәы́л-з-га-п / б-дәы́л-з-га-рым, [imper.] д-дәы́л-га!, д-дәы́л-жә-га! / д-дәы́л-бы-м-га-н!, д-дәы́л-шәы-м-га-н!; **Non-fin.** [pres.] (C1) и-дәы́лы-л-го / и-дәы́л-лы-м-го, (C3) и-дәы́л(ы)-з-го / и-дәы́л-зы-м-го, [aor.] (C1) и-дәы́лы-л-га / и-дәы́л-лы-м-га, (C3) и-дәы́л(ы)-з-га / и-дәы́л-зы-м-га, [impf.] (C1) и-дәы́лы-л-го-з / и-дәы́л-лы-м-го-з, (C3) и-дәы́л(ы)-з-го-з / и-дәы́л-зы-м-го-з, [past indef.] (C1) и-дәы́лы-л-га-з / и-дәы́л-лы-м-га-з, (C3) и-дәы́л(ы)-з-га-з / и-дәы́л-зы-м-га-з; **Abs.** и-дәы́л-га-ны / и-дәы́лы-м-га-кәа) **1.** to take out (of): а-сто́л а-уаҭа́х а-дәы́л-га-ра *to take the table out of the room.* А-ҩны́маҭәа-қәа ан-дәы́лы-р-га, а-уа́да ҭбаа-хе́-ит. *When they took out the furniture, the room became wider. Когда они вынесли мебель, комната стала широкой.*

а-дәы́л-жь-ра [tr.] [C1-Prev-C3-R / C1-Prev-C3-Neg-R] [C3 let C1 out of (the premises)] (**Fin.** [pres.] д-дәы́л-ры-жь-уе-ит / д-дәы́л-ры-жь-уа-м, [aor.] д-дәы́л-ры-жь-ит / д-дәы́лы-р-мы-жь-ит, [imper.] д-дәы́л-жь! / д-дәы́л-бы-м-жьы-н!, д-дәы́л-шәы-жь! / д-дәы́л-шәы-м-жьы-н!; **Non-fin.** [pres.] (C1) и-дәы́л-ры-жь-уа / и-дәы́лы-р-мы-жь-уа, (C3) д-дәы́л-зы-жь-уа / д-дәы́лы-з-мы-жь-уа, **Abs.** д-дәы́л(ы)-жь-ны / д-дәы́лы-м-жь-кәа) **1.** to release, to let sb out of (the premises): А-хәычы́ адәахьы́ д-дәы́л-ры-жь-ӡо-м. (ARD) *Ребенка на улицу не выпускают. They don't release the child into the road.*

а-дәы́л-кьа-ра [intr.] [C1-(C2)-Prev-R / C1-(C2)-Prev-Neg-R] [C1 rush out from C2(the premises)] (**Fin.** [pres.] д-дәы́л-ҟьо-ит / д-дәы́л-ҟьо-м, [aor.] д-дәы́л-ҟье-ит / д-дәы́лы-м-ҟье-ит, [imper.] б-дәы́л-ҟьа! / б-дәы́лы-м-ҟьа-н!; **Non-fin.** [pres.] (C1) и-дәы́л-ҟьо / и-дәы́лы-м-ҟьо; **Abs.** д-дәы́л-ҟьа-ны / д-дәы́лы-м-ҟьа-кәа) **1.** to rush out from (the premises), to run out from: А-ла́ а-уаҭа́х и-дәы́л-ҟье-ит. (RAD) *Собака выскочила из комнаты. The dog ran out from the room.* А-ла-ҟәа́ а-уаҭа́х-**ҟәа** и-р-дәы́л-ҟье-ит. *The dogs ran out from the rooms. Собаки выскочили из комнат.*

а-дәы́л-ҵаа-ра [tr.] [C1-(C2)-Prev-C3-R / C1-(C2)-Prev-C3-Neg-R] [C3 carry C1 out of C2(the premises)] (**Fin.** [pres.] д-дәы́л-с-ҵаа-уе-ит / д-дәы́л-с-ҵаа-уа-м, [aor.] д-дәы́л-с-ҵаа-ит / д-дәы́л-сы-м-ҵаа-ит, [imper.] д-дәы́л-ҵаа! / д-дәы́л-бы-м-ҵаа-н!, д-дәы́л-шә-ҵаа! / д-дәы́л-шәы-м-ҵаа-н!; **Non-fin.** [pres.] (C1) и-дәы́л-с-ҵаа-уа / и-дәы́л-сы-м-ҵаа-уа, (C3) д-дәы́л-з-ҵаа-уа / д-дәы́л-зы-м-ҵаа-уа; **Abs.** д-дәы́л-ҵаа-ны / д-дәы́лы-м-ҵаа-кәа) **1.** to carry sth/sb out of (the premises): А-уа́да-ҟәа и-р-дәы́л-р-ҵаа-ит. *They carried them out of the rooms. Они вынесли их из комнат.* А-ҩны́ а́-мца ан-а-кы́, а́б а-хәычы́ ды-ш-га́ра-з а-га́ра дәы́л-и-ҵаа-ит. (ARD) *Когда дом загорелся, отец очень быстро вынес люльку с ребенком. When the house caught fire, the father quickly carried away the cradle with the child.*

а-дәы́л-ҵа-ра [intr.] [C1-(C2)-Prev-R / C1-(C2)-Prev-Neg-R] [C1 jump out of C2] (**Fin.** [pres.] с-дәы́л-ҵо-ит / с-дәы́л-ҵо-м, [aor.] с-дәы́л-ҵе-ит / с-дәы́лы-м-ҵе-ит, [imper.] б-дәы́л-ҵа! / б-дәы́лы-м-ҵа-н!; **Abs.** с-дәы́л-ҵа-ны / с-дәы́лы-м-ҵа-кәа) **1.** to jump/leap out of (the premises): и-ҩ-дәы́л-ҵа-н и-цé-ит *it rushed outside.*

а-дәы́л-ҵр-аа-ра [intr.] [C1-(C2)-Prev-R-Ex / C1-(C2)-Prev-Neg-R-Ex *or* C1-Neg-(C2)-Prev-R-Ex] [C1 fly out of C2] (**Fin.** [pres.] и-дәы́л-ҵр-аа-уе-ит / и-дәы́л-ҵр-аа-уа-м, [aor.] и-дәы́л-ҵр-аа-ит / и-дәы́лы-м-ҵр-аа-ит *or* и-м-дәы́л-ҵр-аа-ит, [imper.] б-дәы́л-ҵр-аа! / б-дәы́лы-м-ҵр-аа-н!; **Non-fin.** [pres.] (C1) и-дәы́л-ҵр-аа-уа / и-дәы́лы-м-ҵр-аа-уа; **Abs.** и-дәы́л-ҵр-аа-ны / и-дәы́лы-м-ҵр-аа-кәа) **1.** to fly out of (the house): А-рбаҕь а-ҩны́ и-дәы́л-ҵр-аа-ит. (ARD) *Петух вылетел из дома. The cock flew out of the house.*

а-дәы́л-ҵхьа-ра [tr.] [C1-(C2)-Prev-C3-R / C1-(C2)-Prev-C3-Neg-R] [C3 lure C1 out of C2] (**Fin.** [pres.] д-дәы́л-сы-ҵхьо-ит / д-дәы́л-сы-ҵхьо-м, [aor.] д-дәы́л-сы-ҵхье-ит / д-дәы́л-сы-м-ҵхье-ит, [imper.] д-дәы́л-ҵхьа! / д-дәы́л-бы-м-ҵхьа-н!, д-дәы́л-шәы-ҵхьа! / д-дәы́л-шәы-м-ҵхьа-н!; **Non-fin.** [pres.] (C1) и-дәы́л-сы-ҵхьо / и-дәы́л-сы-м-ҵхьо, (C3) д-дәы́л-зы-ҵхьо / д-дәы́л-зы-м-ҵхьо; **Abs.** д-дәы́л-ҵхьа-ны / д-дәы́лы-м-ҵхьа-кәа) **1.** to lure sb out of a place; to take sb out of a place.

а-дәы́л-ҵш-ра [intr.] [C1-Prev-R / C1-Prev-Neg-R] [C1 look out] (**Fin.** [pres.] д-дәы́л-ҵш-уе-ит / д-дәы́л-ҵш-уа-м, [aor.] д-дәы́л-ҵш-ит / д-дәы́лы-м-ҵш-ит, [imper.] б-дәы́л-ҵш! / б-дәы́лы-м-ҵшы-н!; **Non-fin.** [pres.] (C1) и-дәы́л-ҵш-уа / и-дәы́лы-м-ҵш-уа; **Abs.** д-дәы́л-ҵш-ны / д-дәы́лы-м-ҵш-кәа) **1.** to look out of sth: Адәахьы́ д-дәы́л-ҵш-уе-ит. *He/She is looking out at the street. Он/Она выглядывает на улицу.*

а-дәы́л-ҳәа-ра [tr.] [C1-(C2)-Prev-C3-R / C1-(C2)-Prev-C3-Neg-R] [C3 drag C1 out of C2] (**Fin.** [pres.] д-дәы́лы-с-ҳәо-ит / д-дәы́лы-с-ҳәо-м, [aor.] д-дәы́лы-с-ҳәе-ит / д-дәы́л-сы-м-ҳәе-ит, [imper.] д-дәы́л-ҳәа! / д-дәы́л-бы-м-ҳәа-н!, д-дәы́лы-шә-ҳәа! / д-дәы́л-шәы-м-ҳәа-н!; **Non-fin.** [pres.] (C1) и-дәы́лы-с-ҳәо / и-дәы́л-сы-м-ҳәо, (C2) ды-з-дәы́лы-с-ҳәо / ды-з-дәы́л-сы-м-ҳәо, (C3) д-дәы́лы-з-ҳәо / д-дәы́л-зы-м-ҳәо; **Abs.** д-дәы́л-ҳәа-ны / д-дәы́лы-м-ҳәа-кәа) **1.** (*of sth heavy*) to drag sth/sb out of (the house): Аатҵәа-ҟәа́ а-ҩны́ и-дәы́л-ҳәа-ны адәахьы́ и-ка-ры́-жь-ит. (ARD) *Мешки вытащили из дома и выбросили наружу. They dragged the sacks out of the house and threw them away outside.*

а-дәы́л-ца-ра [tr.] [C1-Prev-C3-R / C1-Prev-C3-Neg-R] [C3 drive C1 away] (**Fin.** [pres.] д-дәы́л-л-цо-ит / д-дәы́л-л-цо-м, [aor.] д-дәы́л-л-це-ит / д-дәы́л-лы-м-це-ит, [imper.] д-дәы́л-ца!, д-дәы́л-шә-ца! / д-дәы́л-шәы-м-ца-н!; **Non-fin.** [pres.] (C1) и-дәы́лы-л-цо / и-дәы́л-лы-м-цо, (C3) и-дәы́л(ы)-з-цо / и-дәы́л-зы-м-цо, [aor.] (C1) и-дәы́лы-л-ца / и-дәы́л-лы-м-ца, (C3) и-дәы́л(ы)-з-ца / и-дәы́л-зы-м-ца, [impf.] (C1) и-дәы́лы-л-цо-з / и-дәы́л-лы-м-цо-з, (C3) и-дәы́л(ы)-з-цо-з / и-дәы́л-зы-м-цо-з, [past indef.] (C1) и-дәы́лы-л-ца-з / и-дәы́л-лы-м-ца-з, (C3) и-дәы́л(ы)-з-ца-з / и-дәы́л-зы-м-ца-з; **Abs.** д-дәы́л-ца-ны / д-дәы́л-м-ца-кәа) **1.** to drive away**:** А-бнатә а́-рбаҕь а-ҩна́тә а́-рбаҕь дәы́л-на-цо-н. *The wild cock used to drive away the tame cock. Чужой (дикий) петух хозяйского (домашнего) петуха прогонял.*

а-дәы́л-тц-ра [intr.] [C1-(C2)-Prev-R / C1-(C2)-Prev-Neg-R] [C1 leave C2] (**Fin.** [pres.] д-дәы́л-тц-уе-ит / д-дәы́л-тц-уа-м (*or* д-дәы́л-тц-ӡо-м), [aor.] д-дәы́л-тц-ит / д-дәы́лы-м-тц-ит (-ӡе-ит), [imper.] б-дәы́л-тц! / б-дәы́лы-м-тцы-н!, шә-дәы́л-тц! / шә-дәы́лы-м-тцы-н!; **Non-fin.** (C1) [pres.] и-дәы́л-тц-уа / и-дәы́лы-м-тц-уа, [aor.] и-дәы́л-тц / и-дәы́лы-м-тц, [impf.] и-дәы́л-тц-уа-з / и-дәы́лы-м-тц-уа-з, [past indef.] и-дәы́л-тцы-з / и-дәы́лы-м-тцы-з; **Abs.** д-дәы́л-тц-ны / д-дәы́лы-м-тц-кәа) **1.** to go out of, to leave; to set forth**:** А-ҩны́ д-дәы́л-тц-ит. *He/She left the house. Он/Она вышел/вышла из дома.* А-хәычқәа́ адәахьы́ и-дәы́л-тц-уе-ит. *The children go out.* А-дәқьа́н ды-(н)-дәы́л-тц-уе-ит а-ҧҳәы́зба. (AFL) *The girl left the shop (immediately). Девушка (сразу) вышла из магазина.* Р-уа́да-қәа и-р-дәы́л-тц-ит. (ACST) *They left their rooms.* **2.** to be divorced**:** И-ҧҳәы́с д-дәы́л-тц-ит. *His wife was divorced from him. Жена разошлась с ним.*

а-дәы́лы-рҳәҳәа-ра [tr.] [C1-(C2)-Prev-C3-S / C1-(C2)-Prev-C3-Neg-S] [C3 put C1 out of C2] (**Fin.** [pres.] и-дәы́л-сы-рҳәҳәо-ит / и-дәы́л-сы-рҳәҳәо-м, [aor.] и-дәы́л-сы-рҳәҳәе-ит / и-дәы́л-с-мы-рҳәҳәе-ит, [imper.] и-дәы́лы-рҳәҳәа! / и-дәы́л-б-мы-рҳәҳәа-н!, и-дәы́л-шәы-рҳәҳәа! / и-дәы́л-шә-мы-рҳәҳәа-н!; **Non-fin.** [pres.] (C1) и-дәы́л-сы-рҳәҳәо / и-дәы́л-с-мы-рҳәҳәо, (C2) и-з-дәы́л-сы-рҳәҳәо / и-з-дәы́л-с-мы-рҳәҳәо, (C3) и-дәы́л-зы-рҳәҳәо / и-дәы́л-з-мы-рҳәҳәо; **Abs.** и-дәы́лы-рҳәҳәа-ны / и-дәы́л-мы-рҳәҳәа-кәа) **1.** to put sth out of sth**:** А-ҧе́нџьыр и-хы́ дәы́л-и-рҳәҳәе-ит. (ARD) *Он высунул голову из окна. He put his head out the window.*

Е е

Евро́па [place name] Europe.
Евро́па-тәи [adj.] European.
-егь- *see* **-егь(ы)-**
-егь(ы)- [verbal affix] [inserted immediately after the slot in Column I] **1.** [the affix **егь-** occupies the slot in Column I] (with a negative form) nothing: егь-сы-м-фе́-ит *I didn't eat anything.* егь-сы-м-бе́-ит *I didn't see anything.* егьы́-ҟа-м *there is nothing.* ара́хь егь-аа́-и-уа-м *nothing won't come here.* Уа́ҳа и-у́-ды-з-гало егь-сы́-ма-м. (AF) *I have nothing else to offer you.* || Егь-а-у-ры́м / И-агь-а-ры́м. *Never mind.* **2. егь(ы)- ... егь(ы)-** "both ... and"; **егь(ы)-** (+Neg)... **егь(ы)-** (+Neg) "neither ... nor": А-шәҟәы́ егь-аа́-и-хәа-хье-ит д-егь-а́-ԥхьа-хье-ит. (ACST) *He has both bought the book and read it already.* **3.** almost, nearly: Сара́ с-у́с-с-а́-л-га-рц е́гь-сы́-гы-м. *I have almost finished my work.* [cf. **-агь(ы)-**]
егьа́ [adv.] (= **иага́, иагьа́**) **1.** [with a verbal form suffixed with -(за)р-гьы] *used to express concession/indefiniteness.* "however; whatever, even if, no matter how many": Егьа́ у-ҭахы́-зар-гьы и-ҳа́-мо-уп. (ARD) *У нас есть столько, сколько ты хочешь. We have as much as you want.* Иагьа́/Егьа́ и-а́-у-ҳәа-р-гьы, иара́ и-тәы́ ҟе-и-цо́-ит. (ACST) *Whatever you say to him, he will do his own thing.* Аха́ иагьа́ и-рдыды́-р-гьы, иагьа́ и-рмацәы́сы-р-гьы, уара́ а-ҳаҳа́и акы́ у-а-цәы́-м-шәа-н. (Ab.Text) *But, even if the ogre makes thunder, and even if he makes lightning, you have nothing to fear.* А-дау-қуа́ у-гуа́-р-ҭа-р, и-ҟаа-шт и-ҳәҳәа́-шт, аха́ иагьа́ и-ҳәҳәа́-р-гьы, иагьа́ и-ҟа́а-р-гьы, у́-шьҭаахьҟа у-хьа́-м-ԥшы-н. (Ab.Text) *If the ogres notice you, they will probably scream and wail. But even if they scream, even if they wail out loud, you must not look back behind you.* **2.** how: Д-ан-гы́ла-з иага́ д-ду́у-н! *How big he must have been when standing!* **3.** really.
егьа́раан [adv.] (= **иагьа́раан, егьарааны́, егьараангьы́**) **1.** many times; how many times: Егьа́раан ды-з-ба-хьа́-н. (ACST) *I had seen him/her many times.* **2.** [with a verbal form suffixed with -(за)р-гьы] *used to express concession/indefiniteness.* "whenever": Егьа́раан у-не́и-р-гьы, уи́ уа́ ды́-ҟо-уп. *Whenever you go/one goes, that person is there.* (ACST)
егьауры́м [adv.] never mind; it doesn't matter: С-а-ҭа́-шәы-м-ца-н, сара́ шәара́ с-шәы-гәҭа́-с-ит! — Егьауры́м! (RAD) *Простите, я вас толкнул! — Ничего! Excuse me, I pushed you! — Never mind!*
егьаҩы́ [pron.] (*of people*) many: Уи́ егьаҩы́ и-жьа-хье́-ит. *He has deceived many people. Он многих обманул.*
егьа́ҵьара [adv.] (= **иагьа́ҵьара**) **1.** in many places: Егьа́ҵьара ды-з-ба-хьа́-н. (ACST) *I had seen him/her in many places.* **2.** [with a verbal form suffixed with **-(за)р-гьы**] *used to express concession/indefiniteness.* "(to) wherever": Егьа́ҵьара с-ца́-р-гьы, ара́ с-аа-уе́-ит. *Wherever else I may go, I'll come here.*
егьи́ [pron.] **1.** other. **2.** that: А-ҽы ан-лы́-рхумар, егьи́ апҟа́ҩҳәа и-ҩ-ҭҟьа́-н, (...). (Ab.Text) *When she made the horse gallop, it suddenly flew up into the air, (...).* **3.** [verbal root] ([aor.] егьи́-т) and what have you: Р-аб ды-ԥс-и́т. И-қәнага ҟа-ҭа-ны́ ды-р-ж-и́т, егьи́-т. (ACST) *Their father died. Having done what befitted him, they buried him, and what have you.*
егьи́-з [adv.] *see* **егьи́ 3.**
егьи́рахь [adv.] **1.** from the other side. **2.** besides.
егьи́-т [adv.] *see* **егьи́ 3.**
егьы́рҭ [adj.] other, another: егьы́рҭ аýсура мыш-қәа́ ры-ҽны́ е́иԥш (AFL) *like other weekdays, как другие рабочие дни.* Рашәара́ 21 (ҩажәи акы́) а-ҽны а́-мш егьы́рҭ а́-мш-қәа р-е́иха и-а́у-уп. (AFL) *On June 21st the day is longer than on the other days. 21-ого июня день длиннее, чем другие дни.*

егьы́рҭ-гьы *see* **убáс егьы́рҭгьы** and so on, et cetera: || **уҳәá убáс егьы́рҭ-гьы** *and so on, и так далее.*

а-еды́гь *see* **а-еды́гьа**

а-еды́гьа **1.** [n.] (á-едыгь-цәа) an Adyghe, a Circassian. **2.** [adj.] Circassian: а-еды́гьа бызшәá *the Circassian language.*

еергьҳәá [adv.] barely, only just; with difficulty: А-лашьцара еергьҳәá д-á-лы-с-каа-ит. (ARD) *Я его/ее в темноте еле различил. I barely distinguished him/her in the darkness.* Еергьҳәá а-ҩны́-нӡа с-аá-ит. *I reached home with difficulty.*

éес [interj.] *used to express "motion"*: А-ҽы́ ан-лы́-рхумар, егьы́ апҟáҩҳәа и-ҩ-ҭҟьá-н, д-á-ма-ны, éес, илҭакукуá и-цé-ит, и-ца-ӡé-ит. (Ab.Text) *When she made the horse gallop, it suddenly flew up into the air, and taking her along, suddenly disappeared into the blue, running away into nothing leaving no trace.*

-е(и) [clitic] **1.** *used as a clitic placed after finite markers* **-ит**, **-уп**, *to express a stark contrast or affirmation, "certainly," "assuredly"*: и-у-м-ды́р-у-еи? *you know it/them, don't you?* Сарá а-ды́рра з-ла-у́кс-ҭо-з, сарá шәарá шә-ҭызҭá ҿыц сы-з-ды́р-ӡо-мызт-еи. (IC) *How was I able to inform you? Because I didn't know your new address.* **2.** *used 'when the speaker is stressing that some action has already been carried out or some state of affairs already exists, and therefore no further action is necessary in the speaker's opinion'* (ACST:L19): А-хәыч-қәá уахá а-кинó ахь и-цó-ит. Ахá убри́ а-фи́льм р-ба-хьé-ит-еи. (ACST) *The children are going to the cinema tonight. But they've already seen that film.*

еи- [< аи-]: ҧсы́ӡ еидáра-к (< а [3/non-human, Possession] -идара-к) *a load of fish* (ANR).

аéи [adv.] (= **ááи**) yes.

еибганы́ [adv.] safely: Еибганы́ и-аа-қәé-ит. *They returned safely.*

éиҕь-у [adj.] best: Еиҕь-у á-фатә и-зы́-р-тцәах-уе-ит. (AF) *They keep for him the best food.* [See **áиҕь**]

éиҕь-уп *see* **áиҕь-заа-ра**

еизáаигәаны [adv.] closely; thickly: А-тҵла-қәа еизáаигәаны еиҭáха-уп. *The trees are planted thickly.*

еизáра *see* **áизара**

еиқәшәа-ны́ [adv.] (< аиқәшәа-ра) **1.** (= **еинааланы**) harmoniously: А-ҩы́з-цәа еиқәшәаны́ и́-ҟо-уп. *The friends are living harmoniously. Товарищи живут хорошо.* **2.** fine, well: А-у́с еиқәшәаны́ и-цó-ит. *The work is going well. Работа идет хорошо.*

еилáқь [adv.] many; much.

-éиҧш [post.] (= **-áиҧш**) **1.** like, as: а-сы́ éиҧш [< а-аиҧш "it-like"] и-шкәáкәо-у *white as snow.* ҧы́хьа éиҧш *as before.* абри́ áиҧш á-мш цәгьá *a bad day like this.* с-éиҧш *like me.* А-тҵáа éиҧш ды-хьшәáшеа-н. *He/She was cold as ice.* А-лым-қәа р-éиҧш еиқәҧó-н. *They were fighting like lions.* А-мҽы́ша-ҽны сарá, егьы́рҭ áусура мыш-қәá ры-ҽны́ éиҧш, зáа с-гы́ла-ӡо-м. (AFL) *On Sunday I don't get up early as on the other, working days. В воскресенье я, как в другие рабочие дни, рано не встаю.* Ари́ éиҧш и-ҟалó-ма? *Is it really possible?*: аҧхьáн éиҧш *as before.* **2.** [with the Present Absolute ending in **-уа-ны**] "at the time of *doing*" [see ACST:L.14]: А-ҧҳәы́зба л-ҭәы́мҭа ды-н-ҭа-гы́ло-н(ы) еиҧш, хáтца д-цé-ит. (ACST) *As the maiden was entering her prime, she got married.* **3.** [with the manner-prefix **-ш(ы)-** "how"] as: и-шы́-шә-ҳәа-з éиҧш *as you said, как вы сказали.* И-ш-шә-á-с-шә-ҳәа-з éиҧш и-ҟа-шә-цá! (ACST) *Do it/them as I told you.*

éиҧш-аан [adv.] just then: А-тцх акы́р и-н-еигуа-хьáн éиҧш-аан (...). (Ab.Text) *The night got later and later, then, (...).*

-éиҧш-уп [*see* **аиҧш**] [intr.] [C1-C2-S] [C1 resemble C2] to resemble, to be alike, to be like: Л-áб ла-қәá-ла д-и-éиҧш-уп. *She resembles her father in her eyes.* Ӡы́злан ҭыҧҳá бзи́а-к д-л-éиҧш-ны ды́-ҟа-н. *Dzyzlan was like a beautiful maiden.*

éиҧш-тџәкьа [adv.] **1.** as soon as: У-ш-нéи-лакь éиҧш-тџәҟьа, и-ха-з-ҩы́! *Write to us as soon as you arrive! Как только приедешь, напиши нам.* [-**ш(ы)**-, -**тџәкьа**] **2.** just like.

éиргь ҳәа [adv.] barely, hardly: С-на-ҧш-ны́ éиргь ҳәа и-з-бó-н. *Though I had looked there, I barely saw it.*

еиҭá [prefix/adv.] once again: еиҭá у-á-с-ҳәо-ит. *I'll say to you once again.* еиҭá даҿеáк сы-ҭ! *give me one more!* [cf. **-аиҭá-** "again"]

еиҭагьы́ *see* **еиҭá**

еиҭамтџуа [adv.] intransitive: еиҭамтџуа а-ҟатџарба-қәá *intransitive verbs.*

еиҭáх [adv.] once more, again: Ани́ а-ҳәы́ҳә и-á-л-тџы-з еиҭáх д-ҳәыхә-хá-н а-ҧéнџьыр ды-кы́л-ҧраа-н д-џé-ит. (Ab.Text) *Then the young man who had come out of the dove turned into a dove again and flew out of the window.*

еиҭáтџуа [adv.] transitive: еиҭáтџуа а-ҟатџарба-қәá *transitive verbs.*

-еиуа- *see* **áиуа-заа-ра**

еиуа-еиҧшым *see* **еиуеиҧшы́м**

еиуеиҧшы́м [adj.] various.

-еиҳá [post.] *used as a word placed after the second part of a comparison, to express "more (than)." This word takes the personal prefix of Column II coreferential with the second part of comparision,* cf. **-ааста**, **-атџкьыс**. (Hewitt, Abkhaz:227,49,106): зегьы́ р-éиҳа *most of all.* Абри́ а-ҧҳәы́с бара́ б-éиҳа ды-ҧшӡó-уп. *This woman is more beautiful than you.* Иара́ éиҳа (*or* и-атџкыс) лара́ д-éиҕьа-с-шьо-ит. *I prefer her to him. Я предпочитаю ее ему.* Ма́р, сара́ с-зы́ зéгь р-éиҳа и-ду́-у, зéгь р-éиҳа и-бзи́о-у, зéгь р-éиҳа и́-ҧшӡо-у, сы́-қалаҟь Аҟәо-уп. (AFL) *No, for me the biggest, the best, and the most beautiful city is Sukhum. Нет, для меня самый большой, самый хороший, самый красивый город — Сухум.* Уажәы́ и-шә-ҳәá, иа́рбан áамҭо-у áамҭа-қәа р-áхьтә шәара́ éиҳа (еиҳáраӡак) бзи́а и́-жә-бо? (AFL) *Now say which time of the year you like most of all. Сейчас скажите, какое время года вы любите больше всего.* Уара́ аутратџы́х-қәа зéгь р-éиҳа бзи́а и́-у-бозеи? (AFL) *What do you like the most from all the vegetables? Что ты любишь больше из всех овощей?* Рашәара́ 21 (ҩажәи акы́) а-ҿены á-мш егьы́рҭ á-мш-қәа р-éиҳа и-áу-уп. (AFL) *On June 21 the daytime is longer than on the other days. 21-ого июня день длиннее, чем другие дни.*

еиҳабы́ *see* **аиҳабы́**

еиҳагьы́ [adv.] even more: у́рҭқуа сара́ еиҳагьы́ бзи́а и-з-бó-ит (Ab.Text) *I like everything even more.*

еиҳá-еиҳá [adv.] (= **иаҳá-иаҳá**) more and more.

еиҳаӡóу [adv.] highest; supreme: еиҳаӡóу а-тџарайурҭа *higher education establishment.*

еиҳаны́ [adv.] (= **ина-éиҳаны**) over: шә-ҩык и-р-еиҳаны́ *over one hundred people.* Х-ҩык и-р-еиҳаны́ шәы-м-џá-н! *Больше трех не идите!*

еиҳáраӡак [adv.] *see* **аиҳáраӡак**

еиҳáрак [adv.] *see* **аиҳáрак**

еиц- [verbal prefix] (cf. **аиц-**) together: и-еиц-џó-ит *they will go together.*

еи-ц-ны́ [adv.] together (*to go*): еицны́ и-џé-ит *they went together.* [cf. **á-ц-заа-ра**]

еицҿáкны [adv.] unanimously; with one accord; with one voice.

éицырдыруа [adj.] famous: éицырдыруа á-жәамаана-қәа р-áвтор *the famous writer of fables.*

-еитџа fewer/less than

-еитџаҭәы́ [adv.]: д-еитџаҭәы́ ды-нхó-ит *he/she has a rich family with many children.*

еитџәá *see* **áитџәа**

а-еконóмика [n.] economy.

а-еконóмикатә [adj.] economic.

а-економи́ст [n.] (-цәа, -к) an economist: Уи́ занáаҭ-ла д-економи́ст-уп. *He/She is an* *economist by profession. Он/Она экономист/-ка по профессии.*

а-еқспона́т [n.] (-цәа) an exhibit; exhibition.

Ерца́хә [n.] Mt. Ertsakhu, Эрцаху.

ес(ы)- [prefix] every: ес-шықуса́ *every year.* е́сы-мша *every day.* есы́-ҽны́ (= есымша́) *everyday; daily.* есы́-уаха *every night.* ес-ԥхынра́ *every summer.*

есаа́ира [adv.] gradually: А-бӷь-қәа́ есаа́ира и-каԥсо́-ит. *The leaves fall gradually.* [cf. *Абӷь-қәа́ есаа́ира и-каԥсе́-ит. (есаа́ира and Aorist cannot be used in combination.)]

ес-ӡын-ра́ [adv.] every wintertime.

есқьы́нагь [adv.] (= **есна́гь**) always.

есқьынгьы́ [adv.] (= **есна́гь**) always: есқьынгьы́ еиԥш *as ever.*

есна́гь [adv.] always: Сара́ еснагь асаа́ҭ 8 (ааба́) р-зы́ с-гы́ло-ит (*с-гыла-ло-ит), аха́ исхьа́ а-саа́ҭ 9 (жәба́) р-зы́ с-гы́ле-ит. *I always get up at 8 o'clock, but today I got up at 9 o'clock.*

есԥхынра́ [adv.] every summer: Сара́ ес-ԥхын-ра́ Џьгьа́рда сы-ԥсы́ с-шьо́-ит. (AFL) *Every summer I go on holiday to Dzhgjarda.*

аестра́датә [adj.] popular.

Есҳа́қ [n.] (m.) [person's name]

есҽны́ *see* **есы́ҽны**

есымза́ [adv.] every month, monthly.

есымзатәи́ [adj.] monthly.

есымша́ [adv.] every day (cf. а-мш "день" < *а́-мша) [*see* **есы́ҽны́**]

есымша́аира [adv.] with every day, day by day.

есы́уаха [adv.] every night, nightly.

есы́шықәса [adv.] [< есы́-шықәс] each year; every year: Хымжәа́жә есы́шықәса аутраҭы́х рацәаны́ и-аа-л-ры́х-уе-ит. (ANR) *Every year Xymzhwazhw harvests many vegetables.*

есы́ҽны [adv.] (= **есымша́**) every day: Есы́ҽны́ (= есымша́) 6-6 (фба́-фба́) саа́ҭ а-ҭара́ ҳ-цо́-ит. (AFL) *We study six hours every day. Каждый день мы учимся по шести часов.*

а-ета́ж [n.] (а-ета́ж-қәа, ета́ж-к) a floor, a storey. этаж: а́ктәи а-ета́ж *the first floor.* а́ҩбатәи а-ета́ж *the second floor.*

а-ета́жкны [adj.] of a floor: х-ета́жкны *three-storeyed.*

ехьа́ [adv.] today.

еҳ [intrj.] eh!, oh!

а́-еҳәшьа [n.] (-цәа, еҳәшьа́-к) (cf. **а́-иаҳәшьа**) a sister: С-аҳәшьа́ и-сы́-л-ҭе-ит а-шәҟәы́. *My sister gave the book to me.*

а́еҳәшьаԥҳа [n.] (-цәа) *see* **аҳәшьаԥҳа́**

ецы́ [adv.] yesterday.

а́-етцәа [n.] (а́-етцәа-қәа, етцәа́-к) (= **а́иатцәа**) a star: А-етцәа-қәа ка́ххаа а́-жәҩан и-кы́ды-н. *Bright stars were in the sky.* А-жәҩан етцәа́-ла и-хҟьо́-уп. *The sky is strewn with stars.*

а́-еш [n.] (а́-еш-қәа) **1.** a marten. **2.** a squirrel.

Ешы́ра [n.] [place-name]

ае́шьа [n.] (ешьа́-к) (= **а́иашьа**) a brother.

E

Ж ж

á-жа [n.] (á-жа-қәа) a sort of tree.

а-жа́кьа [n.] (а-жа́кьа-қәа, жа́кьа-к, и-жа́кьа) a beard**:** а-жа́кьа шла́ *grey beard.*

á-жаҳәа-ра* (*or* **а-жаҳәа-ра́**) [intr.] (**Fin.** [pres.] и-жаҳәо́-ит / и-жаҳәо́-м, [aor.] и-жаҳәе́-ит / и-м-жаҳәе́-ит, [imper.] б-жаҳәа́! / бы-м-жаҳәа́-н!, Abs. и-жаҳәа-ны́ / и-м-жаҳәа́-кәа) **1**. to chew, to ruminate**:** А-жә жаҳәо́-ит. *The cow is ruminating.*

-жжаӡа́ [adv.] flashing; shining; in a flash**:** Абҕьаахәа и-ҽы́ д-нá-кә-тәа-н, ды-жжаӡа́ á-жәҩан д-нá-ла-ле-ит. (AF) *He quickly mounted his horse and went off into the sky in a bright flash.*

á-жра [n.] (á-жра-қәа, жрá-к) **1**. a ditch; a hole**:** А-ҷкәын á-жра д-ҭа-гы́ло-уп. *The boy is standing in the hole.* Сарá á-жра с-ҭá-ҧа-ле-ит. *I jumped into the ditch.* **2**. a canal.

а-ж-рá [tr.] [C1-C3-R / C1-C3-Neg-R] [C3 dig C1] (**Fin.** [pres.] и-з-ж-уé-ит, и-ж-уé-ит, и-á-ж-уе-ит, и-аа-ж-уé-ит (< и-аҳ-ж-уé-ит), и-жә-ж-уé-ит, сы-жә-ж-уé-ит / и-з-ж-уá-м, [aor.] и-з-ж-и́т, и-á-ж-ит / и-сы-м-ж-и́т, и-á-м-ж-ит, [fut.1] и-з-жы́-п, и-á-жы-п / и-з-ж-ры́м, [fut.2] и-з-жы́-шт, и-á-жы-шт / и-з-жы́-шам, [perf.] и-з-ж-хье́ит, и-á-ж-хьеит / и-сы-м-жы́-ц(т), [impf.] и-з-ж-уá-н / и-з-ж-уá-мызт, [past indef.] и-з-жы́-н / и-сы-м-жы́-зт, [cond.1] и-з-ж-ры́н / и-з-ж-ры́мызт, [cond.2] и-з-жы́-шан / и-з-жы́-шамызт [plupf.] и-з-ж-хьа́н / и-сы-м-жы́-цызт, [imper.] и-жы́! / и-бы-м-жы́-н!, и-жә-жы́! / и-шәы-м-жы́-н!; [caus.] и-с-лы́-р-ж-ит / и-сы-л-мы́-р-ж-ит; [poten.] и-с-зы́-ж-уа-м, и-с-зы́-м-ж-ит; [non-vol.] и-с-áмха-ж-ит / и-с-áмха-м-ж-ит; [vers.1] и-л-зы́-з-ж-ит / и-л-зы́-сы-м-ж-ит; [vers.2] и-л-цәы́-з-ж-ит / и-л-цәы́-сы-м-ж-ит; **Non-fin.** [pres.] (C1) и́-л-ж-уа / и́-лы-м-ж-уа, (C3) и-з-ж-уá / и-зы-м-ж-уá, [aor.] (C1) и́-л-ж / и́-лы-м-ж, (C3) и-з-жы́ / и-зы-м-жы́, [fut.1] (C1) и́-л-ж-ра / и́-лы-м-ж-ра, (C3) и-з-ж-рá / и-зы-м-ж-рá, [fut.2] (C1) и́-л-ж-ша / и́-лы-м-ж-ша, (C3) и-з-жы́-ша / и-зы-м-жы́-ша, [perf.] (C1) и́-л-ж-хьоу (-хьа(ц)) / и́-лы-м-ж-хьоу (-хьа(ц)), (C3) и-з-ж-хьо́у (-хьá(ц)) / и-зы-м-ж-хьо́у (-хьá(ц)), [impf.] (C1) и́-л-ж-уа-з / и́-лы-м-ж-уа-з, (C3) и-з-ж-уá-з / и-зы-м-ж-уá-з, [past indef.] (C1) и́-л-жы-з / и́-лы-м-жы-з, (C3) и-з-жы́-з / и-зы-м-жы́-з, [cond.1] (C1) и́-л-ж-ры-з / и́-лы-м-ж-ры-з, (C3) и-з-ж-ры́-з / и-зы-м-ж-ры́-з, [cond.2] (C1) и́-л-ж-ша-з / и́-лы-м-ж-ша-з, (C3) и-з-жы́-ша-з / и-зы-м-жы́-ша-з, [plupf.] (C1) и́-л-ж-хьа-з / и́-лы-м-ж-хьа-з, (C3) и-з-ж-хьá-з / и-зы-м-ж-хьá-з; **Abs.** и-ж-ны́ / и-м-жы́-кәа) **1.** to dig (up); to dig up**:** А-жра и-ж-и́т. *He dug the hole. Он вырыл яму.* А-ҳәá а-у́ҭра á-ж-ит. *The pig dug up the vegetable garden. Свинья изрыла огород.* Сарá á-дгьыл сы-ж-и́т. *I dug up the ground. Я раскопал землю.* **2.** to bury**:** Ҩы-ҵлá-к ры-бжьá-ра и-жы́-уп. *It is buried between the two trees.* С-аны-ҧс-лáкь á-шьҭахь, сы-жә-жы́-р ҟа-ло́-ит. *After I die, you can bury me.*

а-журнáл [n.] (-қәа) a magazine; a journal.

а-журнали́ст [n.] (-цәа) a journalist.

а-жы́га [n.] (а-жы́га-қәа) a shovel; a spade. (< а-ж-рá "dig," -га "instrument")**:** Жы́га-ла á-жра жы́! *Dig the hole with a spade!*

а-жы́цә [adj.] (и-жы́цәу) juvenile, teenage**:** á-ҷкәын жыцә *a teenage boy.*

Ж

Жь жь

-жь- [verbal suffix] [added to the stative verbal root **-ма-** "have"] (have) many/much X**:** А-ма́л ры́-ма-жь-уп. (ACST) *They have wealth in abundance.*

а́-жь [n.] (а́-жь-қәа, ҳа́-жь, жьы́-к) grapes**:** А-жь ҟале́-ит. *Grapes ripened.*

а-жьа́ [n.] (а-жьа-қәа́, жьа́-к, жьа-қәа́-к, с-жьа́) a hare, a rabbit**:** Сара́ и-с-ки́т а-жьа́. *I caught a hare.*

Жьа́жьа [n.] (m.) [person's name]

а-жьа-ра́ [tr.] [C1-C3-R / C1-C3-Neg-R] [C3 deceive C1] (**Fin.** [pres.] ды-з/с-жьо́-ит / ды-з/с-жьо́-м, [aor.] ды-л-жье́-ит, б-аа-жье́-ит / д-лы-м-жье́-ит, б-ҳа-м-жье́-ит, [imper.] с-жьа́! (*обмани меня!*) / с-бы-м-жьа́-н!, сы-шә/жә-жьа́! / с-жәы-м-жьа́-н!; **Non-fin.** [pres.] (C1) и́-л-жьо / и́-лы-м-жьо, (C3) ды-з-жьо́ / д-зы-м-жьо́, [aor.] (C1) и́-л-жьа / и́-лы-м-жьа, (C3) ды-з-жьа́ / д-зы-м-жьа́, [impf.] (C1) и́-л-жьо-з / и́-лы-м-жьо-з, (C3) ды-з-жьо́-з / д-зы-м-жьо́-з, [past indef.] (C1) и́-л-жьа-з / и́-лы-м-жьа-з, (C3) ды-з-жьа́-з / д-зы-м-жьа́-з; **Abs.** д-жьа-ны́ / ды-м-жьа́-кәа) **1.** to deceive**:** ды-с-жьо́-ит *I will deceive her/him, я обману ее/его.* «И-й-з ды-чкун-о-уп» р-ҳәа́-н а-ҳәынҭка́р ды-р-жьа́-н. (Ab.Text) *They said, "The child born is a boy," and deceived the King.* **2.** to change, to alter; (*of health*) to fail**:** И-ла́ д-а-жье́-ит. *His eyesight failed. Зрение изменило ему.*

а-жьаҳәа́ [n.] (а-жьаҳәа-қәа́, жьаҳәа́-к) a hammer**:** Жьаҳәа́-ла с-ры́-с-ит. *I hit them with a hammer.* [cf. *А-жьаҳәа́ с-а́-ла-ры-с-ит.]

а́-жьжьа-ра* [tr.] [C1-C3-R] [C3 soothe C1] (**Fin.** [aor.] д-сы-жьжье́-ит / ды-с-мы-жьжье́-ит, [imper.] ды-жьжьа́! / ды-б-мы-жьжьа́-н!, Abs. ды-жьжьа-ны́ / ды-с-мы-жьжьа́-кәа) **1.** to soothe; to comfort**:** (...) ҳәа д-а́-ла-сы-жьжьо-ит. *I soothe him/her by telling that* (...). А-хәычы́ д-лы-жьжье́-ит. *She soothed the child.*

а-жьи́ [n.] (а-жьи́-цәа, жьи́-к) a smith, a blacksmith.

а-жьи́ра [n.] (-қәа) a smithy.

Ажьи́-ба [n.] [family name]

а-жра́цәара [n.] (ры-жра́цәара) **1.** kinship. **2.** [coll.] blood relatives.

жьҭа́ара [n.] (= **октиа́бр**) October**:** Цәыббы́ре-и жьҭааре́-и а́-мра ха́аӡа и-ԥхо́-ит. (AFL) *The sun shines pleasantly in September and October. В сентябре и октябре солнце приятно светит.*

а́-жьҭаара[1] [n.] the grape harvest**:** Анха-цәа́ а́-жьҭаара и-а́-лаге-ит. (AFL) *The peasants started the grape harvest. Крестьяне начали сбор винограда.*

а́-жь-ҭаа-ра[2] [tr.] [a-/Poss-жь C3-R / a-/Poss-жь C3-Neg-R] [C3 gather grapes] (**Fin.** [pres.] а-жь с-ҭаа-уе́-ит / а-жь с-ҭаа-уа́-м, [aor.] а-жь с-ҭаа́-ит / а-жь сы-м-ҭаа́-ит, [imper.] бы́-жь ҭаа́! / бы́-жь бы-м-ҭаа́-н!, шәы́-жь шә-ҭаа́! / шәы́-жь шәы-м-ҭаа́-н!; **Non-fin.** [pres.] (C1) зы́-жь з-ҭаа-уа́ / зы́-жь зы-м-ҭаа-уа́; **Abs.** а-жь ҭаа-ны́ / а-жь м-ҭаа́-кәа) **1.** to collect/gather grapes**:** У-жь зегьы́ у-ҭаа́-ма? (ARD) *Did you collect all of your grapes? Собрал весь свой виноград?* [cf. **а́-ҭаа-ра** "to harvest"]

а́-жьҭаацы [n.] (а́-жьҭаац-цәа, жьҭаацы́-к) a grape harvester.

а́-жь-хәа-ра [tr.] [а-жь (grapes) C3-R / C3-Neg-R] [C3 press *juice out of grapes*] (**Fin.** [pres.] а-жь с-хәо́-ит / а-жь с-хәо́-м, [aor.] а-жь с-хәе́-ит / а-жь сы-м-хәе́-ит, [imper.] а-жь (бы́-жь) хәа́! / а-жь бы-м-хәа́-н!, а-жь шә-хәа́! / а-жь шәы-м-хәа́-н!; **Non-fin.** [pres.] (C3) а-жь з-хәо́ / а-жь зы-м-хәо́; **Abs.** а-жь с-хәа-ны́ / а-жь м-хәа́-кәа) **1.** to squeeze grapes.

а-жьцәа́ [n.] spit, saliva.

а-жьтцаа́ [n.] (-қәа) **1.** smoked meat. **2.** dried meat; corned meat.

-жьы [suffix] "X's meat"**:** а́-жә-жьы *beef.* а-ҽ-жьы́ *horse-flesh/meat.* а́-ҵьма-жьы *goat meat.*

а-жьы́ [n.] (а-жь-қәа́, сы-жь-қәа́, жьы́-к) **1.** meat; flesh**:** а́-даҕь а-жьы́ *the flesh of the frog.*

Жь

Жьа́жьа а-жьа́ а-жьы́ и-фе́-ит. *Zhiazhia ate rabbit meat.* **2.** one's flesh and blood. [cf. **а́ижьра-а́ицәара** "to be close relatives"]

а-жьымжәа́ [n.] (а-жьымжәа-қәа́, жьымжәа́-к) a bunch of grapes.

а-жьырӡы́ [n.] grape juice.

ажьырны́ҳәа [n.] January.

Жә жә

жә(ы)- [verbal prefix] *used to mark an agent of the 2nd person pl., which is inserted in the slot in Column III.* (cf. **шә(ы)-**, "you"): ды-жә-бо́-ит *you see him/her.*

а́-жә [n.] (а́-жә-қәа, сы́-жә, жәы́-к, жә-кы́) a cow: А-жә а́-ҳәызба и-а́-ла-с-шь-ит. *I killed the cow with the knife.* А-жә р-хьо́-ит. *They milk the cow.*

ажә [adj.] (и-ажә-у́, а́жә-қәа) **1.** old: а-ҩны́-жә *the old house.* а-ла́-жә *the old dog.* а́-ҳәызба-жә *the old knife.* а-дау-а́жә *the old ogre.* **2.** [predicate] (**Fin.** [pres.] и-ажә-у́п / и-ажәы́-м) to be old: А-дива́н ажә-у́п. *The divan is old.*

а́жәа [n.] (а́жәа-қәа, (а)жәа́-к, ажәа-қәа́-к, а́жәа-ла, жәа́-ла, с-а́жәа, и-а́жәа-қәа) a word: а́урыс а́жәа *a Russian word.* и-а́н л-а́жәа *his mother's word.* а́жәа ҧшӡа-қәа́ *compliments.* А-ҩы́за бзи́а и-зы́ и-с-ҳәа́-рц с-ҭахы́-уп ажәа-қәа́-к. (AFL) *I want to say a few words for my good friend. Для хорошего друга хочу сказать несколько слов.* Уи́ и-а́жәа-қәе-и и-у́с-и еиқәшәо́-м. *His words do not match his deeds.* || **а́жәа а́-ҭа-ра** to promise.

жәа- [num.] *see* **жәа-ба́** "ten".

жә-а́а [num.][non-hum.] eighteen.

(а)-жәа́а-тәи [ordinal num.] eighteenth.

жә-а́а-ҩы-к [num.][hum.] eighteen.

жәа-ба́ [num.][non-hum.] ten: жәа́-мш *10 days.* жәа-мину́ҭк *10 minutes.* У-чкун жәа-класс-к а-ҟны д-тәо́-у-ма? (GAL) *Твой сын сидит в десятом классе? Is your son in the tenth grade?* Жәа́-мш ц-и́т д-це́-ижьҭеи. *10 days have passed since he/she left.*

а́-жәабатәи [ordinal num.] tenth.

а́жәабжь [n.] (а́жәабжь-қәа, ҳ-а́жәабжь, жәа́бжь-к, жәа́бжьы-с) **1.** a story: а́жәабжь кьа́ҿ-қәа *short stories.* а́ҧсуа жәа́бжь-қәа *the Abkhaz stories.* **2.** news: а́жәабжь ҿы́ц-қәа *fresh news.* и-а́жәабжь-хе-ит *it/they became news.* Иахьа́ с-ҩы́за а́жәабжь ссир-к с-а́-л-ҳәе-ит. (ARD) *Сегодня моя подруга сказала мне прекрасную новость. Today my (female) friend told me some wonderful news.*

жәабра́н [n.] February.

жәа-жәа́ла (= **а́жәа-жәа́-ла**) [adv.] literally; word for word, literally: А-те́кст а́жәа-жәа́-ла еиҭа́-з-ге-ит. *I translated the text literally.* [cf. **ишы́коуҭцәкьа**]

жәа-жәа́ла-тәи [adj.] literal; word-for-word: а-те́кст а́-жәа-жәа́ла-тәи а́иҭага *a literal translation of the text.*

жәажәкыра́ [n.] March.

а-жәа́-к-а-ла [adv.] in a word; in short.

а́жәалагала [n.] (-қәа, и-а́жәалагала) a proposition; an offer: а́жәалагала ҟа-и-ҵе́-ит *he proposed.*

а́-жәамаана [n.] (а́-жәамаана-қәа, жәамаана́-к) **1.** a fable; **2.** fiction.

а́-жәаҧҟа [n.] (а́-жәаҧҟа-қәа, жәаҧҟа́-к) a proverb. [< а́-жәа "word" + а-ҧҟара́ "cut"]

а-жәа́р [n.] (а-жәа́р-қәа, жәа́р-к, жәа́р-ла, жәа́р-да) a dictionary; a vocabulary; a lexicon, a glossary: а́ҧсуа-а́урыстә жәа́р *Abkhaz-Russian dictionary.*

жәа́-ф [num.][non-hum.] sixteen.

(а)-жәа́ф-тәи [ordinal num.] sixteenth.

жәа́-ф-ҩы-к [num.][hum.] sixteen.

жәахә́а [adv.] recently: Уи́ жәахә́а а́-қалақь а-ҿы́ ды-з-бо́-н. (ARD) *Я его недавно в городе видел. I saw him in town recently.*

жәа́-ха [num.][non-hum.] thirteen.

(а)-жәа́ха-тәи [ordinal num.] thirteenth.

жәа́ха-ҩы-к [num.][hum.] thirteen.

áжәахә [n.] (áжәахә-қәа, с-áжәахә, жәахәы́-к) a speech; a lecture; a report: áжәахә á-ҟатца-ра *to make a speech, делать доклад.*

áжәаҳәаҩы [n.] an orator.

жәац(ы́) [adv.] the day before yesterday: Жәацы́ сы-ртцаҩы́ ды́-з-бé-ит. *I saw my teacher the day before yesterday.*

жәá-ҩа [num.][non-hum.] twelve: Абáр уажәшьтá жәá-ҩа шықусá л-хы́тц-уе-ит. (Ab.Text) *Well, now she will be 12 years old.*

(а)-**жәáҩа-тәи** [ordinal num.] twelfth.

жәáҩа-ҩы-к [num.][hum.] twelve.

жәа-ҩы́-к [num.][hum.] ten persons.

жә-бá [num.][non-hum.] nine : а-саáт жәбá р-зы́ *at 9 o'clock, в 9 часов.*

á-жәба-тәи [ordinal num.] ninth.

а-жәгәáра [n.] (-қәа) a cow pen.

жәé-и-за [num.][non-hum.] eleven: жәé-и-за тцә *11 apples* (N.B. If numerals are over ten, the coreferential nouns do not take a suffix **-к**.)

(а)-**жәéиза-тәи** [ordinal num.] eleventh.

жәéиза-ҩы-к [num.][hum.] eleven persons.

áжәеинраала [n.] (-қәа) (= **áжәаенраала**) **1.** a poem: Ажәеинраала с-тцé-ит. *I learned the poet. Я выучил стихотворение.* **2.** verse: Сарá áжәеинраала-қәа-гьы з-ҩ-уé-ит. *I write verses, too.*

а-жәéиҧшьаа [n.] (the) God of the hunt.

á-жәжьы [n.] beef. [< ажә "cow" + -жьы "meat"]

á-жәжәа-ра [tr.] (**Fin.** [aor.] и-жәжәé-ит) to tear to pieces. [cf. **а-ҧ-жәа-рá** "to tear"]

ажәжәáҳәа [adv.] **1.** in a rush; quickly. **2.** negligently, carelessly: Ажәжәáҳәа л-ҽ-éила-л-ҳәе-ит. *She dressed herself in a rush/negligently.*

жә-и́-бжь [num.][non-hum.] seventeen.

(а)-**жәи́бжь-тәи** [ordinal num.] seventeenth.

жә-и́-бжь-ҩы-к [num.][hum.] seventeen.

жә-и́-ҧшь [num.][non-hum.] fourteen.

(а)-**жәи́ҧшь-тәи** [ordinal num.] fourteenth.

жә-и́-ҧшь-ҩы-к [num.][hum.] fourteen.

á-жәла[1] [coll. noun] a seed: á-жәла-қәа *various seeds.*

á-жәла[2] [n.] (á-жәла-қәа, жәлá-к, сы́-жәла) a family name; a surname: И-бы́-жәло-у-зеи? / И-бы́-жәло-и барá? *What's your surname?* Д-зы-жәлá-да? *What's his/her surname?* И-сы́-жәло-уп Агрба. *My family name is Agrba.*

á-жәлантә [n.] (-қәа) a person having the same surname: Уи сарá д-сы́-жәлантә-уп. *He has the same surname as me.*

á-жәлар [n.] **1.** (á-жәлар-қәа, жәлáр-к, жәлáр-қәа-к) [< а-жәла, -р(а) "collectivity"] the people: áҧсуа жәлáр-қәа *the Abkhazian tribes.* **2.** people: А-жәлар éиза-ны и-тәб-уп. (Ab.Text) *People have come together and are sitting down.* **3.** an audience: Аҧсуа жәлáр *The Abkhaz.* А-жәлар а-зáл ды-рҭә-и́т. *The audience filled the hall. Публика наполнила зал.*

á-жә-ла-ра* (*or* **а-жәы́-ла-ра***) [intr.] [C1-C2-Prev-R] [C1 attack C2] (**Fin.** [aor.] д-á-жәле-ит / д-á-м-жәле-ит (*or* д-а-мы́-жәле-ит), и-ры́-жәле-ит / и-ры́-м-жәле-ит (*or* и-р-мы́-жәле-ит), [imper.] б-á-жәла! / б-á-м-жәла-н! (*or* б-а-мы́-жәла-н!), **Abs.** д-á-жәла-ны / д-á-м-жәла-кәа (*or* д-а-мы́-жәла-кәа)) **1.** to go for, to attack: д-сы́-жәле-ит *he/she attacked me.* **2.** to storm.

-жәны́ [Abs.]: и-жәны́ и́-ҟо-у а-кәáц (*or* а-кәáц жәны́) *boiled meat.*

жәо́-хә [num.][non-hum.] fifteen.
(**а**)-**жәо́хә-тәи** [ordinal num.] fifteenth.
жәо́-хә-ҩы-к [num.][hum.] fifteen.
а́-жәпа [adj.] (и́-жәпо-у) **1**. thick**:** а-шәҟәы́ жәпа́ *the thick book.* а-кьа́ад жәпа́ *the thick paper.* **2**. dense; strong; thick**:** а-қа́шь жәпа́ *thick porridge*. а́-бна жәпа́ *a dense forest.*
а́-жәпа-ха-ра [intr.] [C1-thick-become / C1-thick-Neg-become] (**Fin.** [pres.] и-жәпа-хо́-ит / и-жәпа-хо́-м, [aor.] и-жәпа-хе́-ит / и-жәпа́-м-хе-ит, [imper.] у-жәпа-ха́! / у-жәпа́-м-ха-н!; **Non-fin.** [pres.] (C1) и-жәпа-хо́ / и-жәпа́-м-хо; **Abs.** и-жәпа-ха-ны́ / и-жәпа́-м-ха-кәа) **1.** to become thick**:** А-қа́шь жәпа-хе́-ит. *The porridge became thick. Каша стала густой.*
а́жәра[1] [n.] (а́жәра-қәа) **1.** old age. **2.** old age.
а́-жәра[2] [n.] drinking.
а́-жә-ра[3] [tr.] [C1-C3-R / C1-C3-Neg-R] [C3 drink C1] (**Fin.** [pres.] и-з-жә-уе́-ит, и-а́-жә-уе-ит, и-аа-жә-уе́-ит, и-жә-жә-уе́-ит / и-з-жә-уа́-м (-жә-ӡо́-м), [aor.] и-з-жә-и́т, и-а́-жә-ит / и-сы-м-жә-и́т, и-а́-м-жә-ит, [fut.1] и-з-жәы́-п, и-а́-жәы-п / и-з-жә-ры́м, и-а́-жә-рым, [fut.2] и-з-жәы́-шт, и-а́-жәы-шт / и-з-жәы́-шам, и-а́-жә-шам, [perf.] и-з-жә-хье́.ит, и-а́-жә-хье.ит / и-сы-м-жәы́-ц(т), [impf.] и-з-жә-уа́-н / и-з-жә-уа́-мызт, [past indef.] и-з-жәы́-н, и-а́-жәы-н / и-сы-м-жәы́-зт, и-а́-м-жәы-зт, [cond.1] и-з-жә-ры́н, и-а́-жә-рын / и-з-жә-ры́мызт, и-а́-жә-рымызт, [cond.2] и-з-жәы́-шан / и-з-жәы́-шамызт, и-а́-жә-шамызт, [plupf.] и-з-жә-хьа́.н, и-а́-жә-хьа.н / и-сы-м-жәы́-цызт, и-а́-м-жәы-цызт, [imper.] и́-жә! / и-бы-м-жәы́-н!, и-жә-жәы́! / и-шәы-м-жәы́-н!; [caus.] и-с-лы́-р-жә-ит / и-сы-л-мы́-р-жә-ит, и-аҳ-ды́-р-жә-ит / и-ҳа-д-мы́-р-жә-ит; [poten.] и-сы-зы́-жә-уа-м, и-с-зы́-м-жә-ит; [non-vol.] и-с-а́мха-жә-уеит / и-с-а́мха-жә-уам, и-с-а́мха-жә-ит / и-с-а́мха-м-жә-ит; **Non-fin.** [pres.] (C1) и́-л-жә-уа (*то, которое она пьет*), и́-з/с-жә-уа, и́-б-жә-уа, и́-и-жә-уа, и-а́-жә-уа, и-а́ҳ/а́а-жә-уа, и́-шә/жә-жә-уа, и́-р-жә-уа / и́-лы-м-жә-уа, и́-зы/сы-м-жә-уа, и-а́-м-жә-уа, и́-бы-м-жә-уа, и́-и-м-жә-уа, и-а́ҳа/а́а-м-жә-уа, и́-шәы/жәы-м-жә-уа, и́-р-м-жә-уа, (C3) и-з-жә-уа́ (*тот, который пьет его(нрз.)/их*) / и-зы-м-жә-уа́, [aor.] (C1) и́-л-жә, и-а́-жә, и́-з/с-жә, и́-и-жә, и-а́ҳ/а́а-жә, и́-шә/жә-жә, и́-р-жә / и́-лы-м-жә, и-а́-м-жә, и́-сы/зы-м-жә, и́-и-м-жә, и-а́ҳа/а́а-м-жә, и́-шәы/жәы-м-жә, и́-р-м-жә, (C3) и-з-жәы́ / и-зы-м-жәы́, [fut.1] (C1) и́-л-жә-ра / и́-лы-м-жә-ра, (C3) и-з-жә-ра́ / и-зы-м-жә-ра́, [fut.2] (C1) и́-л-жә-ша / и́-лы-м-жә-ша, (C3) и-з-жәы́-ша / и-зы-м-жәы́-ша, [perf.] (C1) и́-л-жә-хьоу (-хьа(ц)) / и́-лы-м-жә-хьоу (-хьа(ц)), (C3) и-з-жә-хьо́у (-хьа́(ц)) / и-зы-м-жә-хьо́у (-хьа́(ц)), [impf.] (C1) и́-л-жә-уа-з / и́-лы-м-жә-уа-з, (C3) и-з-жә-уа́-з / и-зы-м-жә-уа́-з, [past indef.] (C1) и́-л-жәы-з / и́-лы-м-жәы-з, (C3) и-з-жәы́-з / и-зы-м-жәы́-з, [cond.1] (C1) и́-л-жә-ры-з / и́-лы-м-жә-ры-з, (C3) и-з-жә-ры́-з / и-зы-м-жә-ры́-з, [cond.2] (C1) и́-л-жә-ша-з / и́-лы-м-жә-ша-з, (C3) и-з-жәы́-ша-з / и-зы-м-жәы́-ша-з, [plupf.] (C1) и́-л-жә-хьа-з / и́-лы-м-жә-хьа-з, (C3) и-з-жә-хьа́-з / и-зы-м-жә-хьа́-з; **Abs.** и́-жә-ны / и-мы́-жә-кәа *or* и́-жәы-м-кәа) **1.** to drink**:** А-ча́и з-жә-уе́-ит. *I drink tea. Я пью чай.* А-раху а-ӡы́ р-жә-и́т. *The cattle drank water. Скот выпил воду.* Уи́ а-уара́ш и-жә-ӡо́-м. *He doesn't drink beer.* На́н, абри́ ы́-жә! *Young man! Drink this!* Шәара́ и́-жә-жә-уе-и? *What will you drink?* Сара́ а-ҩы́ з-жә-уе́-ит. *I'll drink wine.* **2.** to take (*medicine*)**:** А-хәшә лы-жә-хьа́нда(з)! (ACST) *Would that she had already taken the medicine!* А-хәшә ы́-жә! *Take the medicine! Прими лекарство!*
а-жә-ра́[1] [labile] **(1)** [tr.] [C1-C3-R] [C3 boil C1] (**Fin.** [pres.] и-з-жә-уе́-ит, и-а-жә-уе́-ит / и-з-жә-уа́-м, [aor.] и-з-жә-и́т, и-а-жә-и́т / и-сы-м-жә-и́т, и-а́-м-жә-ит, [imper.] и́-жә! / и-бы-м-жәы́-н!, и-жә-жәы́! / и-шәы-м-жәы́-н!; **Non-fin.** [pres.] (C1) и́-л-жә-уа / и́-лы-м-жә-уа, (C3) и-з-жә-уа́ / и-зы-м-жә-уа́, [impf.] (C1) и́-л-жә-уа-з / и́-лы-м-жә-уа-з, (C3) и-з-жә-уа́-з / и-зы-м-жә-уа́-з, [past indef.] (C1) и́-л-жәы-з / и́-лы-м-жәы-з, (C3) и-з-жәы́-з / и-зы-м-жәы́-з; **Abs.** и-жә-ны́ / и-м-жәы́-кәа) **1.** to boil; to cook**:** А-кәа́ц з-жә-и́т. *I boiled the meat. Я сварил мясо.* Чуа́н-ла и́-б-жә-уа з-акәы́-зеи? *What is it you are cooking in the*

pot? а-кәта́ӷь жә-ны́ *the boiled egg, вареное яйцо.* **(2)** [intr.] [C1-R] [C1 be boiled] (**Fin.** [pres.] и-жә-уе́-ит / и-жә-уа́-м, [aor.] и-жә-и́т / и-м-жә-и́т, [imper.] у-жәы́! / у-м-жәы́-н!; **Non-fin.** [pres.] (C1) и-жә-уа́ / и-м-жә-уа́, [aor.] и-жәы́ / и-м-жәы́, [past indef.] и-жәы́-з / и-м-жәы́-з. **Abs.** и-жә-ны́ / и-м-жәы́-кәа) **1.** to be boiled; to cook: А-кәа́ц жә-и́т. *The meat was boiled. Мясо сварилось.* Урҭ хампа́л-уп, и-жә-уе́-ит. *They are dumplings and are cooking.*

а-жә-ра́[2] [intr.] [C1-a-R / C1-Neg-a-R] [C1 grow old] (**Fin.** [pres.] д-а-жә-уе́-ит / д-а-жә-уа́-м, [aor.] д-а-жә-и́т / д-м-а-жә-и́т, [imper.] б-а-жәы́! / б-м-а-жәы́-н! **Non-fin.** (C1) [pres.] и-а-жә-уа́ / и-м-а-жә-уа́, [aor.] и-а́-жә / и-м-а́-жә, [impf.] и-а-жә-уа́-з / и-м-а-жә-уа́-з, [past indef.] и-а-жәы́-з / и-м-а-жәы́-з; **Abs.** д-а-жә-ны́ / д-м-а-жәы́-кәа) **1.** to grow older, to age: с-а-жә-уе́-ит *I am growing older. Я старею.* **2.** became decrepit: А-ҩны́ а-жәы́-н, еила́ҳа-ит. (AAD) *The house became obsolete and collapsed.*

а́-жәтә [n.] (а́-жәтә-кәа) **1.** a drink. **2.** an alcoholic drink: а́-фатә-а́жәтә *food and drink, victuals.* [cf. **а-ры́жәт**]

а́-жә-ҭра [n.] (а́-жә-ҭра-кәа, жә-ҭра́-к) a cowshed; a cattle shed.

а́-жәцәеимаа [n.] (-кәа) slippers made of rawhide.

а́-жә-тца-ра [tr.] [C1-C2-Prev-C3-R / C1-C2-Prev-C3-Neg-R] [C3 set C1 on C2] (**Fin.** [pres.] д-лы́-жәы-с-тцо-ит / д-лы́-жәы-с-тцо-м, [aor.] д-лы́-жәы-с-тце-ит / д-лы́-жә-сы-м-тце-ит, [imper.] д-лы́-жә-тца! / д-лы́-жә-бы-м-тца-н!, д-лы́-жәы-шә-тца! / д-лы́-жә-шәы-м-тца-н!; **Non-fin.** [pres.] (C1) и-лы́-жәы-с-тцо / и-лы́-жә-сы-м-тцо, (C2) д-зы́-жәы-с-тцо / д-зы́-жә-сы-м-тцо, (C3) д-лы́-жәы-з-тцо / д-лы́-жә-зы-м-тцо; **Abs.** д-лы́-жә-тца-ны / д-лы́-жәы-м-тца-кәа) **1.** to set sb on sb.

а́-жәтцар [pl.] *see* **а́-жәтцыс**

а́-жәтцыс [n.] (а́-жәтцар *or* а́-жәтцара-кәа, жәтцы́с-к) a swallow: А-жәтцара-кәа р-ҭра́ ҟа-р-тцо́-ит. *The swallows are building their nest/eyrie. Ласточки вьют гнездо.*

жәшәы [num.] nine hundred: зқьи жәшәи ҧшьы́нҩажәи жәа́ха шыкәса-зы́ *in 1993.*

а́жәымҭа [n.] old age: И-а́жәымҭа шкәа́кәо-уп. *У него счастливая старость. He is happy in his old age.* [lit. *His old age is white.*]

-а́жәымҭыҿха [adv.] in one's old age: И-а́жәымҭыҿха ҧҳәы́саагара и-а́-кә-и-к-ит. (ARD) *He decided to get married in his old age. На старости лет он решил жениться.*

Жәыргьы́ҭ [place name] Zugdidi: жәыргьы́ҭ-аа *the residents of Zugdidi.*

а-жәы́рҭ [n.] a thicket.

ажәы́тә[1] [adv.] in olden times, in antiquity; once upon a time: Ажәы́тә а́-тцан ҳәа цьоукы́ ы́-ҟа-н. (Ab.Text) *In the olden times, there lived a people called the Tsan.*

а-жәы́тә[2] [adj.] old: а-жәы́тә с-ҩы́за *my old friends.*

а-жәы́тәӡа **1.** [n.] ancient times, antiquity. **2.** [adv.] in ancient times, in antiquity: зынӡа́ ажәы́тәӡа *in deep antiquity.*

а-жәы́тәӡатәи [adj.] most ancient.

жәытәна́тә [adv.] since ancient times, since antiquity: Аҧсуаа жәытәна́тә а́ахыс ара́ и-нхо́-ит. (AFL) *The Abkhaz people have lived here since antiquity. Абхазцы живут здесь с древности.*

а-жәы́тәра [n.] antiquity; olden times.

а-жәы́тәтәи [adj.] ancient: а-жәы́тәтәи а́ҧсуа ха́тца ма́ҭәа *ancient Abkhazian men's clothing.* а-жәы́тәтәи а-ҭоуры́х *ancient history.*

а́-жәҩа [n.] (а́-жәҩа-кәа, жәҩа́-к, лы́-жәҩа) **1.** a wing. **2.** a shoulder.

а́-жәҩан [n.] (а́-жәҩан-кәа) sky; the heavens: а́-жәҩан иатцәа́ *a blue sky.*

а-жәҩахы́р [n.] (а-жәҩахы́р-кәа, лы-жәҩахы́р-кәа) a shoulder.

а-жәҩа-тца-гы́ла-ра [intr.] [Poss-жәҩа C1-a-Prev-R / C1-a-Prev-Neg-R] (**Fin.** [pres.] лы́-

жәꙩа с-á-тца-гы́ло-ит / лы́-жәꙩа с-á-тца-гы́ло-м, [aor.] лы́-жәꙩа с-á-тца-гы́ле-ит / лы́-жәꙩа с-á-тца-м-гы́ле-ит, [imper.] лы́-жәꙩа б-á-тца-гы́л! / лы́-жәꙩа б-á-тца-м-гы́ла-н!; **Non-fin.** [pres.] (C1) лы́-жәꙩа и-á-тца-гыло / лы́-жәꙩа и-á-тца-м-гыло, (Poss) зы́-жәꙩа с-á-тца-гыло / зы́-жәꙩа с-á-тца-м-гыло, [aor.] (C1) лы́-жәꙩа и-á-тца-гыла / лы́-жәꙩа и-á-тца-м-гыла, (Poss) зы́-жәꙩа с-á-тца-гыла / зы́-жәꙩа с-á-тца-м-гыла; **Abs.** с-á-тца-гы́ла-ны / с-а-тца-м-гы́ла-кәа) **1.** to support; to keep up**:** А-чы́мазаꙩ и́-жәꙩа с-á-тца-гы́ле-ит. *I supported the sick person by the arm. Я поддержал больного под руку.*

жә-ꙩы-к [num.][hum.] nine persons.

З з

-з-[1] [preverb] **1.** toward, to: а-з-ҧш-рá *to wait for.*

-з-[2] [pronominal affix] [inserted in the slot in Column III] *used to mark an agent of the 1st person sg.* (See **с-**): бы-з-гó-ит *I take you.*

-з(ы)-[1] **1.** [verbal prefix] [placed after the slot of Column I] *used to mark an interrogative adverb, "why." The stem with this interrogative marker is a non-finite form or a non-finite form + -зеи / -и (the latter -и is possible only in Aorist) in the first group of dynamic verbs. On the other hand, the stem of the second group of dynamic verbs is a non-finite form or a non-finite form inserted with* **-зы-**. *The stem of stative verbs is the same as that of Wh-questions.* (Hewitt, Abkhaz:14-15; cf. **избáн** "why") **(1)** [**dynamic**]: А-ýс зы́-ҟа-л-тцо-и? *Why does she do the job?* А-ýс зы́-ҟа-лы-м-тцо-и? *Why doesn't she do the job?* А-ýс зы́-ҟа-л-тце-и? *Why did she do the job?* А-ýс зы́-ҟа-лы-м-тце-и? *Why didn't she do the job?* ды-з-цé-и / ды-з-цá-з(е)и *why did he/she go?* Избáн, ýс зáа у-з-гы́ла-з? *Why did you get up so early?* Избáн, ýс зáа у-зы́-м-гыло? *Why don't you get up so early?* У-з-лá-зтцаа-уа-зеи? *What are you asking her about?* Д-зы́-м-аа-зеи? *Why didn't he/she come?* Убри́ азó-уп д-хуáрҭа-м ҳәа з-у-á-с-ҳәа-з. (Ab.Text) *That's why I told you 'She is useless.'* Бы-з-тцәы́уо-зеи? *Why are you crying?* А-зи́н з-ý-сы-м-ҭо-зеи? (Ab.Text) *How could I possibly refuse you?* Д-з-áа-и(/Д-з-áа-зеи)? *Why did he/she come?* И-з-сы́-л-ҭе-и а-шәҟәы́? *Why did she give the book to me?* И-з-сы́-лы-м-ҭе-и а-шәҟәы́? *Why didn't she give the book to me?* И-з-лы́-ды-л-кыле-и á-хәшә? *Why did she take the medicine?* А-шәҟәы́ д-з-á-ҧхьо-и? *Why does he/she read the book?* А-шәҟәы́ д-з-а-мы́-ҧхьо-и? *Why doesn't he/she read the book?* А-шәҟәы́ д-з-á-ҧхье-и? *Why did he/she read the book?* А-шәҟәы́ д-з-а-мы́-ҧхье-и? *Why didn't he/she read the book?* Серҧи́ль, Мурáҭ иахьá д-зы́-м-ааи? (AFL) *Serpil, why didn't Murat come today? Серпиль, почему Мурат не приходил сегодня?* Уáҳа цьарá а-шьапы́ а-з-áа-ҟә-мы-ргыла-ӡе-ит. *It [the horse] was quite unable any longer to plant its foot anywhere.* (AF:240) **(2)** [**stative**]: Ды-з-гы́ло-и? *Why does he/she stand?* Ды-з-гы́ла-м-и? *Why doesn't he/she stand?* Ды-з-гы́ла-з? *Why did he/she stand?* Ды-з-гы́ла-мыз? *Why didn't he/she stand?* И-з-бы́-мо-и / И-з-бы́-мо-у-зеи а-шәҟәы́? *Why do you have the book?* Кáма, арá бы-з-гы́ло-и? *Kama, why do you stand here?* Шәы-з-тәó-у-зеи? (Ab.Text) *Why do you sit?*

2. *used to express the meaning "the reason why"*: Д-з-áаи-з сы-з-ды́р-уа-м. *I don't know why he/she came. Я не знаю, почему он/она пришел/-шла.* Уи́ зы́-ҟа-с-тцо у-ды́р-уе-ит. *You know why I do that.* Убáрҭ абрá и-зы́-ҟа-з з-ды́р-уа-да? (ACST) *Who knows why they were here?* Убри́ а-з-ó-уп áҧсуа ччи́а, а-капéи и-á-хәо а-уáа и-ры́-ло-у д-зы́-ҟа-м. (AF) *That is the reason why there is no Abkhazian beggar going around the people asking for a kopek.*

-з(ы)-[2] [verbal prefix] *used as a **relative prefix** corresponding to an agent or an oblique. When the relative prefix is used in the role of an agent, it occupies the slot in Column III, and when it is used in the role of an oblique, it occupies the slot in Column II. This relative prefix is also used as a possessive relative marker.*: а-тцәá зы-с-ҭá-з а-ртцаҩы́ *the teacher to whom I gave the apple.* а-тцәá сы́-з-ҭа-з а-ртцаҩы́ *the teacher who gave me the apple.* Уарá у-з-з-аá-з д-гá! *Take the one for whom you cam!* Ааҧын, х-гәрҕьó ҳа-з-зы-ҧшы́-з. (AFL) *spring which we gladly waited for, весна, которую с радостью мы ждали.* А-бна бзи́а и-з-бó, а-тҵла-кәá ҧ-и́-тцәтцәо-м. (AFL) *A person who loves the forest usually does not damage the trees. Том, кто любит лес, обычно не ломает деревья.* Бы-з-ла-цó-и? *How will you go?* Уарá у-з-ла-цәáжәо сарá и-с-хá-шҭ-хьеит. (AAD) *I have already forgotten what you are talking about. Я уже забыл то, о чем ты говоришь.* и-з-зы́-ҟа-с-тцо *that for which I will do it/them.* á-маҭәа з-ты́-л-га-з а-чамадáн *the suitcase from which she took out* *the clothes.* зегьы́ зы́-хьӡ р-ды́р-уа а-фырха́ҵа *the hero whose name is well known to all.*

-з(ы)-[3] [verbal prefix] *used to mark the* ***objective version*** *(OV). This prefix, being used with the preceding pronominal prefix in Column II, usually means "for." N.B. The person of the pronominal prefix in Column II must differ from that of a subject or an agent prefix. If the two persons are the same, the postposition* ***-з(ы)*** *"for" is used. The combination of the pronominal prefix and -з- is placed immediately after the pronominal prefix marking a subject or a direct object (Column I). For some verbs, this combination denotes the dative function, i.e. "to (someone)." Cf. postposition* ***-з(ы)*** *"for" + neutral version.* [Lomtatidze, 1976:89, 99; Aristava:138] **(a) Fin.** С-и-з-цо́-ит. *I am going for him. Я для него иду.* И-л-зы́-ҟа-с-ҵо-ит. *I am doing/I will do it/them for her. Я для нее (с)делаю его(нрз.)/их.* И-у-з-лы́-с-ҭо-ит. (= Иара́ сара́ уара́ у-зы́ лара́ и-лы́-с-ҭо-ит.) *I will give it/them to her for you. Я дам ей для тебя его(нрз.)/их.* И-у-зы́-ҟа-з-ҵо-да уара́ а́-фатә? *Who prepares meals for you? Кто для тебя готовит еду?* У-лы-з-и-а́-сы-рцәажәо-ит. (= Уара иара сара у-и-а-сы-рцәажәо-ит лара л-зы.) *Я заставлю тебя поговорить с ним ради нее.* Р-а́н Кака́шьа даа́ра л-гуы́ иа́ахуе-ит аҧсы́ӡ ахьы-л-з-а́а-р-га-з. (ANR) *Their mother, K'ak'asha, was very pleased that they brought her the fish.* Ааигәа а-ҟы́ҭа-нтәи а-шко́л хәыч-ҟеа́ и-ры-з-ды-ргы́ле-ит а-шко́л бзи́а. (AFL) *In the village which is nearby, they built a good school for the school children. В деревне, которая находится недалеко, для школьников построили хорошую школу.* **(b) Non-fin.** с-зы-з-цо́ *that for which I am going, том, для которого я иду.* А-шко́л зы-з-ды-ргы́ла-з хәыч-ҟәа́ з-ды́р-уе-ит. *I know the school children for whom they built the school. Я знаю школьников, для которых они построили школу.* Убри́ а-хӯ и́-ҟу-у а-ха́ҳә с-з-аа-и-га́-аит. (Ab.Text) *Have him bring me the stone on the top of the hill here for me.* и-бы-з-на́-з-го-ит *I take it/them to you.* И-з-зы́-ҟа-б-ҵо-да? *Who do you do it/them for? Для кого ты делаешь его(нрз.)/их?* [cf. **-зы** [post.]]

-з(ы)-[4] [verbal prefix] *used to mark the* ***potential (poten.)****, i.e. a mood denoting capability or incapability. The potential is usually used in negative or interrogative forms, denoting that a subject cannot accomplish an action. The potential prefix is inserted immediately after an underlying (i.e. non-potential) agent/subject prefix in the verbal complex. (But if there is a conjunctional element within the verbal complex, the potential prefix follows it.)* **(a)** [in a negative form] cannot (Hewitt, Abkhaz:194-5): С-зы-ҩ-уа́-м. *I cannot write, я не могу писать.* Д-зы-ҩ-уа́-м. *He/She cannot write.* И-с-зы́-м-ҩ-ит. *I could not write it/them.* У-с-зы́-м-дыр-ит. *I don't know you.* Бы-с-зы́-м-ҧшаа-ит. *I was not able to find you.* И-у-з-го́-м. *you cannot/will not be able to take it/them.* И-л-зы́-ҟа-ҵо-м. *She cannot do it/them.* И-с-зы́-ҟа-ҵо-м. *I cannot do it/them.* И-сы-з-у́-ҭо-м. *I cannot give it/them to you.* А-лыхуҭа-ла́ а-ӡы́ хара́ и-у-з-го́-м. *You will not be able to take the water far in a sieve. Ситом воду далеко не унесешь (не сможешь унести).* Ан л-ҧа а-шко́л-ахь ды-л-зы́-на-шьҭ-уа-м. *The mother cannot send her child to school. Мать не может послать ребенка в школу.* И-сы-з-ды́-р-ҟа-ҵо-м. *I cannot make them do it/them.* (cf. И-д-сы́-р-ҟа-ҵо-ит. *I am making them do it/them.*) И-сы-з-ды́-р-рашәо-м. *I cannot make them weed it/them.* (cf. И-д-сы́-р-рашәо-м. *I am not making them weed it/them.*) Уара́ уа́ҵкыс сара́ сеихаб-у́п, а́-мҩа сы-з-у́-ҭо-м. *I am older than you, I can't make way for you.* Сара́ и-с-з-а́а-хуо-м а-шәҟәы́. *I cannot buy the book.* Иара́ ды-з-ҭы-с-уа́-м. (RAD) *He cannot move. Он не может двигаться.* Ари́ сы-з-ха-ҵо́-м. *I cannot believe this.* Ари́ а-гәра́ сы-з-го́-м *I cannot believe this.* А-нцәа́ д-сы-з-ха-ҵо́-м. *I cannot believe in God. Я не могу верить в Бога.* Ҩ-а́ха=х-а́ха д-ан-зы́-м-аа-уа-з-гьы ма́чхәыз-ма. (AF) *And not infrequently there were times when he could not get back for two to three nights.* «Ари́ ды-з-шьы́-з са с-о́-уп» з-ҳәа́-з р-а́хьтә аӡәгьы́ а-лы́мха и-з-цәы́ры-м-ге-ит. (Ab.Text) *Not one of the people who had said, "I am the one who killed him" could produce the ear.* **(b)** [in an interrogative (+ negative) form]: С-зы-ҩ-уа́-ма? *Can I write?* Сы-з-цо́-ма? *Can I go?* Ҳа-шҧа́-зы-м-цо? *How can we not* *go?* Шәара́ а-ҿырпы́н шә-з-а-мы-рҳәа-ӡо́? (IC) *Can't you play the flute? Вы не умеете играть на флейте?* Уара́ ҳара́ ҳ-ахь у-анба́-з-ааи-уе-и? *When will you be able to come to us? Когда ты сможешь прийти к нам?* **(c)** [in a conditional clause]**:** Аҟәа-ҟа сы-з-ца́-р, сы-ҩы́з-цәа з-бо́-ит. *If I can go to Sukhum, I'll see my friends.* (Hewitt, Abkhaz:195) **(d)** [in the resultative]**:** А-хьҭа и-зы́-чҳа-ртә (еиҧш) ды́-ҟо-уп. (ACST) *He is such as to be able to bear the cold.*

-з(ы)-[5] [verbal suffix] **1.** *used to mark the non-finite Past of stative verbs***:** д-ахьы́-ҟа-з *(the place) where he/she was.* **2.** *used to mark the interrogative of the non-human class in the stative Past.* (cf. **-и**)**:** И-еилы́-шә-каа-рц и́-шә-ҭахы-з? *What did you want to know?*

-з(ы)-[6] [verbal suffix] **1.** *used to mark the non-finite group II of dynamic verbs***:** и́-ҟа-с-ҵа-з *that which I did.* **2.** *used to mark the interrogative of the non-human class in the dynamic group II.* (cf. **-и**)**:** Д-зы-ҧхьо́-з? *What was he/she reading?*

-з(ы)-[7] [verbal prefix] about**:** Уара́ а-зи́н с-у́-ҭо-зар, уи́ и-з-зы-л-ҳәа-з а-ха́ҳә са и-аа-з-го́-ит. (Ab.Text) *If you will give permission, I will bring back the stone that she mentioned.* Ари́ «а́-ҷкун» и-ҽы́ д-а́-ма-ны ани́ а-ҳәынҭқа́р и-з-з-и́-ҳәа-з а-ха́ҳә ҧшӡа́ ахьы́-ҟа-з а-ху́ ду́ а-ҿы́ а-дау-куа́ р-а́аигуара и-не́и-т. (Ab.Text.107) *The horse had the 'boy' get on his back and then they set off for the big hill where the King had told them that the beautiful stone would be, near the ogres.*

-з(ы)-[8] [prefix] [with **-к** "a certain, one"] *used to mark one part of a (body) pair, i.e. an ear, an eye, a hand, etc.***:** сы́-з-напы-**к** *my one hand, одна моя рука.* лы́-з-ла-**к** *her one eye, один ее глаз.* сы-з-шьапы́-**к** *my one leg, одна моя нога.* сы-**з**-лы́мҳа-**к** *my one ear, одно мое ухо.* а-з-бжа-к *one of the halves.* А-дива́н а́-з-шьапы-к ҧ-тәо́-уп. *One leg of the divan is broken.* [cf. **руа́к (руакы́)**]

а-з [adj.] red-haired; chestnut-colored**:** а-ҽы́-з *a chestnut horse***.**

за́а [adv.] (= **цәы́кьа**) early**:** Избан, у́с за́а у-з-гы́ла-з? *Why did you get up so early?* Ахәлбыҽха а́-мра за́а и-ҭашәо́-ит. (AFL) *The sun sets early in the evening. Вечером солнце рано заходит.*

-заа- [suffix] *a masdar's suffix of stative verbs***:** а́-ҟа-заа-ра *to be, быть; to exist, существовать.* а́-ма-заа-ра *to have, иметь.* а-гы́ла-заа-ра *to stand, being in a standing position* (cf. а-гы́ла-ра *standing up* [dynamic verb]). а-гы́ла-м-заа-ра *not being in a standing position* [stative verb] (cf. а́-м-гыла-ра *not standing up* [dynamic verb].

а-з-а́а-га-ра [tr.] [C1-C2-OV-Prev-C3-R / C1-C2-OV-Prev-C3-Neg-R] [C3 bring C1 to C2] (**Fin.** [pres.] ды-с-з-а́а-л-го-ит / ды-с-з-а́а-л-го-м, [aor.] ды-с-з-а́а-л-ге-ит / ды-с-з-а́а-лы-м-ге-ит, [imper.] ды-с-з-а́а-га! / ды-с-з-а́а-бы-м-га-н!, ды-с-з-а́а-жә/шә-га! / ды-с-з-а́а-шәы-м-га-н!; **Non-fin.** [pres.] (C1) и-с-з-а́а-л-го / и-с-з-а́а-лы-м-го, (C2) ды-з-з-а́а-л-го / ды-з-з-а́а-лы-м-го, (C3) ды-с-з-а́а-з-го / ды-с-з-а́а-зы-м-го; **Abs.** ды-с-з-а́а-га-ны / ды-с-з-а́а-м-га-кәа) **1.** to bring sth/sb to sb**:** Ды-с-з-а́а-жә-г ара́хь! (ARD) *Приведите его сюда! Bring him here!*

а-з-аа-га-ра́ [tr.] [C1-C2-OV-Prev-C3-R / C1-C2-OV-Prev-C3-Neg-R] [C3 bring C1 for/to C2] (**Fin.** [pres.] ды-л-з-аа-р-го́-ит / ды-л-з-аа-р-го́-м, [aor.] ды-л-з-аа-р-ге́-ит / ды-л-з-аа-ры-м-ге́-ит, [imper.] ды-л-з-аа-га́! / ды-л-з-аа-бы-м-га́-н!, ды-л-з-аа-жә-га́! / ды-л-з-аа-шәы-м-га́-н; **Non-fin.** [pres.] (C1) и-л-з-аа-р-го́ / и-л-з-аа-ры-м-го́, (C2) ды-з-з-аа-р-го́ / ды-з-з-аа-ры-м-го́, (C1) ды-л-з-аа-з-го́ / ды-л-з-аа-зы-м-го́; **Abs.** ды-л-з-аа-га-ны́ / ды-л-з-аа-м-га́-кәа) **1.** to bring sth/sb to/for sb**:** А-шәҟә-қәа́ и-з-аа-р-ге́-ит. *They brought the books to him. Ему привезли книги.* А-чы́мазаҩ а-ҳақьы́м д-и-з-аа-р-ге́-ит. *They brought a doctor to the sick person. Больному привели врача.*

а-заа́игәа 1. [adj.] near**:** Урҭ а́-қалақь и-а-за́аигәа-ны и-нхо́-ит. (AFL) *They live near the city. Они живут близко к городу.* **2.** [adv.] = а-за́аигәара.

а-з-а́аигәа-заа-ра* [intr. stative] [C1-C2-Prev-R] [C1 be close to C2] (**Fin.** [pres.] д-а-зáаигәо-уп / д-а-зáаигәа-м, [past] д-а-зáаигәа-н / д-а-зáаигәа-мызт, [imper.] б-а-зáаигәа-з! / б-а-зáаигәа-мыз!) **1.** to be close to, to be near: А-сасаáирҭа а-мшы́н и-а-зáаигәо-уп. *The hotel is close to the sea.* **2.** to be like: Ари́ а-кóсмос и-а-зáаигәо-уп. *This is like the cosmos.*

а-зáаигәара [adv.] near: Аӡә а-мшы́н а-зáаигәара и-ԥсы́ и-шьá-р и-ҭахы́-у́п, даҽаӡәы́ á-шьха-ҿы. (AFL) *Some want to take a holiday near the sea, others in the mountains. Одни хотят отдыхать близко к морю, другие в горах.*

а-з-áаигәа-ха-ра [intr.] [C1-C2-Prev-near-become / C1-C2-Prev-near-Neg-become] [C1 approach C2] (**Fin.** [pres.] сы-л-з-áаигәа-хо-ит / сы-л-з-áаигәа-хо-м, [aor.] д-а-з-áаигәа-хе-ит, сы-л-з-áаигәа-хе-ит / сы-л-з-áаигәа-м-хе-ит, [imper.] бы-с-з-áаигәа-ха! / бы-с-з-áаигәа-м-ха-н!; **Non-fin.** [pres.] (C1) и-л-з-áаигәа-хо (*тот, который приближается к ней*) / и-л-з-áаигәа-м-хо, (C2) ды-з-з-áаигәа-хо (*то/тот, к которому он/она приближается*) / ды-з-з-áаигәа-м-хо, [aor.] (C1) и-л-з-áаигәа-ха / и-л-з-áаигәа-м-ха, (C2) ды-з-з-áаигәа-ха / ды-з-з-áаигәа-м-ха, [impf.] (C1) и-л-з-áаигәа-хо-з / и-л-з-áаигәа-м-хо-з, (C2) ды-з-з-áаигәа-хо-з / ды-з-з-áаигәа-м-хо-з, [past indef.] (C1) и-л-з-áаигәа-ха-з / и-л-з-áаигәа-м-ха-з, (C2) ды-з-з-áаигәа-ха-з / ды-з-з-áаигәа-м-ха-з; **Abs.** д-а-з-áаигәа-ха-ны / д-а-з-áаигәа-м-ха-кәа) **1.** to approach, to come near: ды-с-з-áаигәа-хо-ит *he/she is approaching me, он/она ко мне приближается.* [А-ԥааимбáр-цәа] и-ан-и-з-áаигәа-ха-лак, ҩаԥхьá áбӷьааҳәа ды-ҩ-ҽы́жә-ла-ны ды́-ԥа-х-уа-н. (AF) *When [the prophets] came near him, again he speedily mounted up and took a further leap.*

а-з-áаи-ра [intr.] [< -з-áаи- "for-come"] [C1-C2-Prev-R / C1-C2-Prev-Neg-R] [C1 come to C2] (**Fin.** [pres.] ды-с-з-áаи-уе-ит / ды-с-з-áаи-уа-м, [aor.] ды-с-з-áаи-т (*он/она пришел/-шла ко мне*) / ды-с-зы́-м-ааи-т, [imper.] бы-с-з-áа(и)! / бы-с-зы́-м-аа-н!; **Non-fin.** [pres.] (C1) и-с-з-áаи-уа / и-с-зы́-м-ааи-уа, (C2) ды-з-з-áаи-уа / ды-з-зы́-м-ааи-уа, [aor.] (C1) и-с-з-áаи / и-с-зы́-м-ааи, (C2) ды-з-з-áаи / ды-з-зы́-м-ааи; **Abs.** ды-с-зáаи-ны / ды-с-зы-м-áаи-кәа) **1.** to come to, to arrive: ды-с-з-áаи-т *he/she came to me.* И-ќа-р-ҵа-х-уаа-з [< и́-ќа-р-ҵа-х-уа-и-з, Hewitt, AF:103], уи́ и-а-з-áаи-т. *What then were they to have done? — they came to it [the following decision].* (AF)

-зааит [verbal suffix] **1.** (= **-з**, cf. **-аait**) *used to express the subjunctive of stative verbs.* "let": Уи уá д-гы́ла-зааит. *Let him/her stand there. Пусть он/она там стоит.* Иарá а-ҩны́ ды́-ќа-зааит. *Let him/her be at home. Пусть он/она будет дома.* Нагӡарá áќә-зааит аҭы́нчра адýнеи зéгь аќны́! *Long live peace throughout the whole world! Да здравствует мир во всем мире!* (AF) Чáчба и-жәла-зáаит! *His surname is to be Chachba!* || **ýс áку-зааит** all right; it doesn't matter. **2.** [concessive] even if: А-ҳасабтә цәгьá-зааит, ахá сарá и-с-ҳасáб-уе-ит. *Even if the problem is difficult, I will solve it. Пусть задача трудная, но я решу.*

-заалакгьы [verbal suffix] (= **-заалакь 3.**) **1.** *This suffix attaches to the non-finite Present stem of a subordinate clause.* (Hewitt, Abkhaz:40): Д-ан-аа-уá-заалакгьы á-фатә лы́-с-ҭа-ло-н. *Whenever she came, I gave her food.* У-ахь-нéи-уа-заалакгьы (-заалак(ь)), á-ҳәса у-хҭá-р-к-уе-ит. (ACST) *Wherever you go, women will pester you.* **2.** Ари́ ды-з-шьы́-з д-а-зýсҭ-заалáкгьы а-даý и-лы́мҳа-куа руак и-џьы́ба и-ҭó-уп. (Ab.Text) *Whoever it is who killed the ogre will have one of the ogre's ears in his pocket.* Бзи́ара-с и́-ќе-и-цó-заалак(ь), и-гәы́ á-қәы-к-ны и-ќе-и-цó-ит. (ACST) *Whatever good work he does, he does it diligently.* [cf. **-лакь**]

-заалакь [suffix] **1.** *used to express uncertainty.* "any-": дызýсҭ-зáалакь *anyone, кто-лобо.* изакý-зáалакь *anything, что-лобо.* иахьы́ка-заалакь *anywhere, где-либо.* ианакý-зáалакь *some time, когда-либо; ever.* **2.** **и-áрбан/д-áрбан** [Noun]**-заалакь/-заалакгьы** "any Noun": Иáрбан бызшәá-заалакь/бызшәá-заалакгьы еил-и́-каа-уе-ит. (ACST) *He understands any language.* **3.** [verbal suffix] *see* **-заалакгьы**

заанаҵы́ [adv.] beforehand. [cf. **зáа**]

З

а-зáа-н-ха-ра [intr.] [C1-a-Prev-Prev-R / C1-a-Prev-Prev-Neg-R] [C1 remain] (**Fin.** [pres.] с-а-зáа-н-хо-ит / с-а-зáа-н-хо-м, [aor.] с-а-зáа-н-хе-ит / с-а-зáа-ны-м-хе-ит, [imper.] б-а-зáа-н-ха! / б-а-зáа-ны-м-ха-н!; **Non-fin.** [pres.] (C1) и-а-зáа-н-хо / и-а-зáа-ны-м-хо; **Abs.** с-а-зáа-н-ха-ны / с-а-зáа-ны-м-ха-кәа) **1.** to remain, to survive (*after the death of all one's close relatives*).

-заап [verbal suffix] *used to mark the Evidential mood.* "apparently" *This suffix attaches to the non-finite stem of the Perfect, Aorist, Future II, Present, expressing conjecture or presumption.* (Hewitt, Abkhaz:196; ACST:L.13): [dynamic verbs] ды-р-шь-хьá-заап *apparently they have already killed him.* ды-шьҭá-заап *he is lying down apparently.* А-хәычы́ и-л-бá-заап ари́. *The children apparently saw this.* Ашәары́ца-цәа бӡáб ду́-к р-шьы́-заап. (ANR) *The hunters had apparently killed a huge ibex.* Даҿа=зны́к д-и́-сы-р, а-даý и-ԥсы́ ҭáло-заап. (Ab.Text) *If you hit it more than once, the ogre will come back to life.* [stative verbs] Сарá а-тцәы́ць сы́-ма-ӡа-м-заап. *Apparently I don't have matches. Оказывается, у меня нет спичек.* Уаре́-и саре́-и ҳ-аиԥшы́-заап. *Apparently you and I resemble. Оказывается, мы с тобой похожи.*

а-з-аа-рá* [intr.] [C1-C2-OV(for)-R] [C1 come to C2] (**Fin.** [aor.] д-и-з-áа-ит / д-и-зы́-м-аа-ит, [imper.] бы-с-з-áа! / бы-с-зы́-м-аа-н!, д-и-з-аа-ны́ / д-и-зы́-м-аа-кәа) **1.** to come to: У-сы́-ԥхьа-н, с-у-з-áа-ит. *You summoned me and I came here.*

-заарын [suffix] *used to mark the Evidential mood.* "apparently" *This suffix expresses hearsay or unwitnessed reporting or conjecture. When the suffix attaches to the non-finite stem ending in* **-з**, *the* **-з** *disappears*, e.g. ды-р-шь-хьá-заарын (< ды-р-шь-хьá-з-заарын) "apparently they had already killed him/her." (Evidentiality. *See* Chirikba:47): И-л-ҭа-хьа-заарын. *She had apparently already given it/them to him.* Ды-шьҭá-заарын. *Apparently he was lying down.* Д-аá-и-заарын. *Apparently he/she came. Он/Она, оказывается, приходил/-ла.* Ӡáзатцәы-к д-и́-ма-заарын. *He apparently had just one son.* Ҳәынҭкáр-к ды́-ҟа-н, жәа-ҩы́-к á-ԥха-цәа и́-ма-заарын. (Ab.Text) *There was a King. They say that he had ten daughters.* Усҟан á-шьха а-сы́, а-куá, а-кы́рцх á-м-у-а-заарын. (Ab.Text) *In those days, they say that there was no snow, rain nor hail in the mountains.* Дарá иáрбанзаалак-гьы акы́ ýс-с и-ры́-ма-м-куа, акы́ и-а-цәы́-м-шәо и́-ҟа-заарын. (Ab.Text) *Apparently, they didn't have any work and yet they feared nothing.*

-заа-уа- [verbal suffix] *used to mark the future non-finite form of stative verbs*: Ҳарá абри́ а-сасаáирҭа ҳа-ҩна-заа-уá-ма? *Will we stay in this hotel? Мы будем жить в этой гостинице?*

-заа-уа-м [verbal suffix] *used to mark the future finite negative form of stative verbs*: д-тәá-заа-уа-м *he/she will not be sitting.*

-заа-уе-ит [verbal suffix] *used to mark the future finite form of stative verbs*: д-тәá-заа-уе-ит *he/she will be sitting.* Шәарá абри́ а-сасаáирҭа шәы-ҩнá-заа-уе-ит. *You will stay in this hotel. Вы будете жить в этой гостинице.*

зáацәаны [adv.] too early: Сарá зáацәаны с-áа-ит. *I arrived too early.*

а-заза-рá [intr.] [C1-R / C1-Neg-R] [C1 sway] (**Fin.** [pres.] и-зазó-ит, д-зазó-ит / и-зазó-м (*or* и-заза-ӡó-м), д-зазó-м (*or* д-заза-ӡó-м), [aor.] и-зазé-ит, д-зазé-ит / и-м-зазé-ит, ды-м-зазé-ит, [imper.] б-зазá! / бы-м-зазá-н, шә-зазá! / шәы-м-зазá-н!; **Non-fin.** [pres.] (C1) и-зазó / и-м-зазó, [aor.] (C1) и-зазá / и-м-зазá; **Abs.** и-зазó / и-м-зазó, и-заза-ны́ / и-м-зазá-кәа) **1.** to sway: А-ҩы́ д-а-шь-у-шәа д-зазó-ит. *He/She is swaying as if he/she were drunk. Он/Она качается, будто пьян/пьяна.* [cf. **á-р-заза-ра** "to shake"]

Заи́ра [n.] (f.) [person's name]

а-закәáн [n.] (а-закәáн-қәа, закәáн-к) a/the law.

-закәи́ [interrog. pron.] (< ϕ-з-акә-и́ "it-Rel-be-what") **1.** who?: С-закәи́? *Who am I?* **2.** what?: Ари́ закәи́? *What is this?* Аԥсны́ закәи́? *What is Abkhazia?* И-цьá-шә-шьо закәи́? *What* *were you surprised at?* Бы-з-ла-цәа́жәо закәи́? [= бы-з-ла-цәа́жәо-ӡеи] *What are you talking about?* Ари́ а-са́ан и-а-н-у́ закәи́? *What is on the plate?*

-закәхары́зеи [predicate] what kind of person will X become?: Д-закәхары́зеи ари́ а-хыәчы́ д-ҩеида́-сы-р! (ARD) *Каким будет этот ребенок, когда он подрастет? What kind of person will this child become, when he grows up?*

-закә(ы) [interrog. adjectival] [< -з-акә "waht-be"] (= **закәы́тә**) what sort of; what a: Д-за́кә(ы) а́-рҧыс бзи́о-у-зеи? *What a nice young man he is!* Закә шо́уро-у-зеи иахьа́ и́-ҟо-у! *How hot it is today! Какая сегодня жара!* Ари́ закә(ы́тә) ҩн-у́-и/ҩн-у́-з(е)и? (ACST) *What sort of house is this?* Д-закә уаҩ-у́ жә-ды́р-уе-ит. (AF) *You all know what sort of person he is?*

-закәы́-заалак(ь) [indefinite clause] (= **-закәы́-заалакгьы**) [C1-] **1.** whatever/whoever C1 might be: И-закәы́-заалак(ь) акы́ сы-ҭ! (ACST) *Whatever it might be, give me something!* С-закәы́-заалак(ь), сы-шә-тә-у́п. (ACST) *Whoever I might be, I am yours.*

и-закәы́-заалакгьы *see* **и-закәы́-заалак(ь)**

закәы́заалак **1.** anything. **2.** to the end.

-закәы́зеи/-закәы́зи [interrog. pron.] [< -з-акәы́-зеи "[it]-Rel(which)-be-what"] **1.** what?: Ари́ закәы́зеи (/закәы́зи)? — Ари́ ҩн-у́п. *What is this? — This is a house.* И-у-ҭахы́-у закәы́зеи? *What do you want?* Сара́ с-закәы́зеи? *Who am I?*

закәы́тә [interrog. adjectival] (= **-закә(ы)**) what sort of.

заку́у [> а́ку-заара (be)] which it is.

зака́ [adv.] (*see* **шака́**) **1.** [interrog. adv.] how much?; how many?: А-шықәс зака́ мза́ а́-мо-у? *How many months are there in a year?* Зака́ шықәса́ шә-хы́тц-уа-зеи? *How old are you?* **2.** so much as: А-ма́л и́-у-ҭахы-у, зака́ у-ҭахы́-у у́-с-ҭо-ит. (Ab.Text) *I will give you all the wealth that you want.* **3.** [exclamatory adv.] how!: Зака́ бы-ҧшӡо́-зеи бара́ иахьа́! *How beautiful you are today!* Зака́ д-сы́-хәа-зеи! *How he/she helped me!* Зака́ (/Шака́) и-ҧшӡо́-у-зеи а-сасаа́ирҭа а-хы́бра! *How beautiful the building of the hotel is!* [cf. И-шҧа́-ҧшӡо-у а-сасаа́ирҭа а-хы́бра!] **4.** [with the postposition **-а́асҭа** "than," etc.] *used in the second part of a comparision* (cf. **шака**): Асла́н иаха́ лассы́-лассы́ ды-з-бо́-ит Асҭа́нда шака́/зака́ ды-з-бо́ а́асҭа. (ACST) *I see Aslan more often than I see Astanda.*

закара́-да [predicate] how tall?; what size?: Бы-хша́ра закара́-да? / Б-хәыч-қәа́ закара-қәа́-да? *How old are your children?* Урыла д-закара́-да? *How tall is he/she?*

закаҩы́ [interrog. adj.] (= **шакаҩы́**) how many (people): Бара́ а-хша́ра закаҩы́ бы́-ма-да? *How many children do you have?* Шәара́ закаҩы́ шәы́-ҟа-да? *How many members do you have?* — Ҳара́ жәа́ҩаҩы-к ха́-ҟо-уп. *We have 12 people.* [See **зака́**]

зако́-и [predicate] (= **шако́-и**) what X is?: Уажәы́ а-саа́ҭ зако́-и (/шако́-и)? *What time is it now?* [cf. А-саа́ҭ зака (/шака́) ы́-ҟо-и? *What time is it?*]. Иахьа́ а́-мза зако́-и (/шако́-и)? *What is the date today?* — Иахьа́ а́-мза быжьбо́-уп. *It's the seventh today.*

а-за́л [n.] (а-за́л-қәа, за́л-к) a hall: а́-ҧхьарҭатә зал *a reading room.* Сара́ ҳ-университе́т а́-ҧхьарҭатә за́л а́хь с-цо́-ит. (AFL) *I am going to our university's reading room. Я иду в читальный зал нашего университета.*

а-залы́мдара [n.] (-қәа, залы́мдара-к) **1.** injustice. **2.** misfortune.

За́ма [n.] (f.) [person's name]

а́-замана [adj.] (а́-замана-қәа, зама́на-к) **1.** fine: а́цә-уҕу зама́на (ANR) *a fine yoke of oxen.* Уи зама́но-уп. *This is good.* **2.** excellent: а́-рҧызба зама́на-к *an excellent young man.* || **а́замана!** splendid!

Зами́ра [n.] (f.) [person's name]

а-занаа́ҭ [n.] (а-занаа́ҭ-қәа, занаа́ҭ-к) profession, an occupation: Уара́ у-а́б занаа́ҭ-с и́-мо-у-[зе]и? *What is your father by profession?* С-а́б занаа́ҭ-ла ды-нцьны́р-уп. (AFL) *My father is an engineer by profession. Мой отец — инженер по профессии.* Уи́ занаа́ҭ-ла д-економи́ст-уп. *He is an economist by profession.*

-зар[1] [verbal suffix] [cf. **-ры-зар, -ша-зар-гьы**] **1**. *used to mark the conditional mood. The suffix **-зар** attaches to the present tense stem of dynamic verbs or to a root of stative verbs in the protasis.* "if" (cf. **-р, -зҭгьы**): У-цеа́ у-тәы́-м-зар, а-ҳақьы́м и-ахь у-ца́-р-о-уп. (Hewitt, Abkhaz:157) *If you get pregnant, you must go to the doctor.* Д-ц-ааит и-ҭахы́-зар! *Let him/her go if he/she wants!* И-ҟало́-зар и-сы́-шә-ҭ а-шәҟәы́! *If it is possible, give me the book!* А-ҽы́ у-рхума́р-уа-зар, и-рхума́р. (Ab.Text) *If you want to ride a horse, please do so.* || **и-ҟало́-зар** if X can: И-ҟало́-зар а-ҽы́ сы́-рхумары-р с-ҭахы́-уп. (Ab.Text) *If I can, I would like to ride a horse around.*

2. *used as the protasis-formant to mark the subjunctive mood. Note that the imperfect is used in an apodosis.* (cf. **-р, -зҭгьы**): Иацы́ а́-мш бзи́а-зар (or бзи́а-зҭгьы), а́-қалақь а́хь с-цо́-н. *If the weather had been fine yesterday, I would have gone to town. Если бы вчера погода была хорошая, я поехал бы в город.* Ари́ з-ды́р-уа-зар, с-аа-уа́-мызт. (RAD) *If I had known this, I would not have come. Если бы я знал это, то не пришел бы.*

3. *used to mark possibility of the subordinate clause,* "that ...": Ды-чмазаҩха́-**зар ҳәа** гәыҩа́ра-с и-сы́-мо-уп. *I suspect that he fell ill. Я подозреваю, что он заболел.* Д-ха́тца-зар и-ҭахы́-м-зи. (Ab.Text) *He didn't want to turn into a man, did he?* || **-зар ҳәа сы́-ко-уп** it seems to me: Лара́ д-ца́-зар ҳәа сы́-ҟо-уп. *It seems to me that she left.* Уи́ д-м-аа-уа́-зар ҳәа сы́-ҟо-уп. *It seems to me that he/she will not come.* Ари́ с-а́-у-м-ҳәа-зар ҳәа сы́-ҟо-уп. (RAD) *It is as if you did not tell me this. Ты мне будто этого не говорил.* || **-зар ҟало́-ит** (*or* **-зар ҟала́-п**) [*The suffix **-зар** attaches to the aorist or perfect stem.*] probably: Ари́ егьиа́ша-зар ҟало́-ит. *This is entirely probable. Это вполне вероятно.* Уи́ д-ца́-зар ҟала́-п. *Probably he/she left.* Уи макьа́на а́-хәылпьаз ахь ды-м-ца́-ц-зар ҟала́-п. (IC) *Probably he has not gone to the party yet. Возможно, он еще не ушел на вечер.*

4. [in an interrogative form] "perhaps": и-у́-ма-зар? *do you have it/them, perhaps?*

5. (with a copula) *used to express obligation. The suffix **-зар** attaches to the perfect stem of dynamic verbs.* "should": Ҳа-пҳа́ д-ца-хьа́-зар а́кәы-м. (ACST) *Our daughter should not already be gone.*

6. [with the copula verb **а́кә-ха-ра**] *used to express probability*: Уахь д-ан-ха́-ла-лак д-а-аилы́-р-шьы-рц р-ҭахы́-**зар а́кә-ха-рын**. (AF) *When he arrived up there, they were probably going to want to truss him up.*

7. as soon as [ACST:L.14]: Убри́ Аҟәа-ҟа д-не́и-зар, а́-қалақь а-гәҭа́ ауаа́ рацәа́ и-бе́-ит. (ACST) *As soon as he reached Sukhum, lo! he saw many people in the centre of town!*

8. **-зар аахы́с** "since" *The protasis-formant in **-зар** attaches to an appropriate non-finite base.* [ACST:L.14]: Ара́ и-н-хо́-зар аахы́с шьа́рда ҭ-уе́-ит. (ACST) *They have been living here for a long time.*

-зар[2][**-о-уп** / **а́-уп**] [verbal suffix] [with a copula **-а-** or **-акә(ы)-**] *used to mark a "deontic construction" (Chirikba). In this construction an agent does not appear.* "have to, must; need, should." (Hewitt, Abkhaz:192,195. Chirikba:53) cf. **-р-[о-уп]**. (**Fin.** [pres.] с-гы́ла-**зар**-о-уп (*I must stand / I'll have to stand*), д-гы́ла-зар-о-уп (*he/she must stand*) д-гы́ла-м-**зар**-о-уп (*he/she does not have to stand*); [past] с-гы́ла-**зар** а́кәы-н (*I had to stand, я должен был стоять*), с-гы́ла-м-**зар** а́кәы-н (*I didn't have to stand, я не должен был стоять*)): сы́-ҟа-зар-о-уп *I must be / I should be.* Ҳа-и-ҩы́з-цәа-зар-о-уп. *He and I must be friends.* Шәара́ шәы-шьҭа́-зар-о-уп. *You must lie.* А-ҩы́за д-ҩы́за-зар-о-уп а́-цәгьара-ҿ-гьы, а-бзи́ара-ҿ-гьы. (AFL) *A friend must be a friend both in misfortune and in joy. Друг должен быть другом и в беде, и в радости.* А-ха́уа цқьа́-зар-о-уп. *The air must be clean.* А-рцаҩы́ еснагь д-ҿырпшы́га-зар-о-уп, а-ца́бырг а-ҳәа́шьа д-и-рцо́-зар-о-уп. (ACST) *A teacher always must be exemplary and teach him [a student] the way of telling the truth.*

а-за-ра́ [tr.] [C1-C3-R / C1-C3-Neg-R] [C3 measure C1] (**Fin.** [pres.] и-з/с-зо́-ит, и-а-зо́-ит / [aor.] и-с-зе́-ит, и-а-зе́-ит / и-сы-м-зе́-ит, и-а́-м-зе-ит, [imper.] и-за! / и-бы-м-за́-н!, и-шә-за́! / и-шәы-м-за́-н!; **Non-fin.** [pres.] (C1) и́-л-зо / и́-лы-м-зо, (C3) и-з-зо́ / и-зы-м-зо́, [aor.] (C1) и́-л-за / и́-лы-м-за, (C3) и-з-за́ / и-зы-м-за́, [impf.] (C1) и́-л-зо-з / и́-лы-м-зо-з, (C3) и-з-зо́-з / и-зы-м-зо́-з, [past indef.] (C1) и́-л-за-з / и́-лы-м-за-з, (C3) и-з-за́-з / и-зы-м-за́-з; **Abs.** и-за-ны́ / и-м-за́-кәа) **1.** to measure.

а́-зарал [n.] a loss; damage.

а-зара́л-ха-ра [intr.] [C1-Prev-R / C1-Prev-Neg-R] (**Fin.** [aor.] д-зара́л-хе-ит / д-зара́лы-м-хе-ит) **1.** to incur losses; to suffer damage: д-зара́л-хе-ит *he/she incurred lossed.*

-зар-гьы[1] [verbal suffix] [= **-р-гьы**] [added to the non-finite form] even if, although: У-а́-г-ха-зар-гьы у-аа́-ит. *Although you were late, you came. Хотя с опозданием, но ты пришел.* А-мра ҧхо́-зар-гьы хьҭо́-уп. *Although (even if) the sun is shining, it's cold.* Иага́рааны и-с-ҳәа-хьа́-заргьы иага́раан и-сы-чҳа-хьа́-заргьы абыржәы́ а-ҧа́ д-аны-б-мо́-у, и-б-о́-уа а-ҧҳа-гьы́ бар-гьы́ шәы-с-шь-уе́-ит. (Ab.Text) *I've told you may times and I've have been patient many times, but this time when you give birth to a son, I will kill you and the daughter you have given birth to.*

-зар-гьы[2] [verbal suffix] (cf. **-зар**) if, whether: А-ҧҳәы́зба а-тҟы́ нарха́-аархо д-а́-хәа-ҧш-уе-ит, и-л-зы-бзиа́-хо-зар-гьы гәа-л-ҭо́-ит. (AFL) *The girl is examining and looking at a dress whether it is exactly for her. Девушка рассматривает платье, подойдет ли ей.*

-заргьы[3] [adv.] probably.

а-зарза́ [n.] (а-зарза-қәа́, зарза́-к) a key.

-за-рц [verbal suffix] *used to mark a purpose*, "in order to." (cf. **-рц**, **-разы**, **-раны**; **а-зы** "for it"): С-аа́-нӡа абра́ б-тәа́-зарц/б-тәа́-заа-разы (а-зы́) с-бы́-ҳәо-ит. (ACST) *I am asking you to remain seated here till I come.*

а-зауа́д [n.] (а-зауа́д-қәа) a factory: С-ашьа́ а-зауа́д а-ҿы́ а-у́с и-у-е́-ит. *My brother works at the factory.*

затҵа́ [adv.] *used in association with the negative form of the non-finite future 1/2 or the non-finite conditional 1/2.*(ACST) **1.** far from: Затҵа́ д-м-аа-ра́, а-шәҟә-гьы́ с-з-и́-м-ҩ-ит. (ARD) *Он не только не приехал, но и письма не написал. Far from coming, he did not even write me a letter.* **2.** 'don't imagine X ever happening!' (ACST): Затҵа́ ды-м-ца-ра́! (ACST) *Don't imagine him/her going!*

а́-затҵә [adj.] (-қәа) **1.** lonely. **2.** sole, only: а-ҧа́ затҵә *an only son.* и́-чкәын-затҵә *his only lad.* **3.** (*gramm.*) singular: а́-затҵә хыҧхьаӡа́ра *the singular (number).* **4.** [n.] a single person.

затҵәы́к [adv.] only, one and only: Уи́ а́ӡә затҵәы́к ианаамҭа́з д-а́а-ит. *He/She was the only one to arrive on time. Лишь он/она один/одна пришел/-шла вовремя.* Уаха́ затҵәы́к и-с-а́-жә-раӡа. (Ab.Text) *Allow me one night's grace.*

а-з-а́-шш-ра [intr.] [C1-C2-Prev-a-R / C1-C2-Prev-a-Neg-R] [C1 complain about C2] (**Fin.** [pres.] сы-л-з-а́-шш-уе-ит / сы-л-з-а́-шш-уа-м, [aor.] сы-л-з-а́-шш-ит / сы-л-з-а́-м-шш-ит *or* с-мы-л-з-а́-шш-ит, [imper.] бы-л-з-а́-шш! / бы-л-з-а́-мы-шшы-н!; **Non-fin.** [pres.] (C1) и-л-з-а́-шш-уа (*тот, который жалуется на нее*) / и-л-з-а́-м-шш-уа *or* и-мы-л-з-а́-шш-уа, (C2) ды-з-з-а́-шш-уа (*тот, на которого он/она жалуется*) / ды-з-з-а́-м-шш-уа (*only*), [aor.] (C1) и-л-з-а́-шш / и-л-з-а́-м-шш, (C2) ды-з-з-а́-шш / ды-з-з-а́-м-шш, [impf.] (C1) и-л-з-а́-шш-уа-з / и-л-з-а́-м-шш-уа-з, (C2) ды-з-з-а́-шш-уа-з / ды-з-з-а́-м-шш-уа-з, [past indef.] (C1) и-л-з-а́-шшы-з / и-л-з-а́-м-шшы-з, (C2) ды-з-з-а́-шшы-з / ды-з-з-а́-м-шшы-з; **Abs.** д-а-з-а́-шш-ны / д-а-з-а́-м-шш(ы)-кәа) **1.** to complain about: Сара́ уи́ с-и-з-а́-шш-уе-ит. *I am complaining about him. Я жалуюсь на него.* Шә-и-з-а́-мы-шшы-н! *Don't complain about him! Не жалуйтесь на него!* [cf. **а́-шш-ра** "to complain"; **а-ха́-шшаа-ра** "to complain about"]

а-з-бзи́а-заа-ра [intr. stative] [C1-C2-Prev-R] [C1 be on good terms with C2] (**Fin.** [pres.] ды-

З

с-зы-бзи́о-уп / ды-с-зы-бзи́а-м, [past] ды-с-зы-бзи́а-н / ды-с-зы-бзи́а-мызт, [imper.] бы-с-зы-бзи́а-з! / бы-с-зы-бзи́а-мыз!; **Non-fin.** [pres.] (C1) и-с-зы-бзи́о-у / и-с-зы-бзи́а-м, (C2) ды-з-зы-бзи́о-у / ды-з-зы-бзи́а-м; **Abs.** ды-с-зы-бзи́а-ны / ды-с-зы-бзи́а-м-кәа) **1.** to be on good terms with: Уи́ сара́ да́ара ды-с-зы-бзи́о-уп. (ARD) *He is on very good terms with me.*

а-з-бзи́а-ха-ра *see* **а-зы-бзи́а-ха-ра**

а-з-га́га-заа-ра [intr. stative] [C1-C2-OV-be obsessed with C2] (**Fin.** [pres.] д-а-з-га́го-уп, [past] д-а-з-га́га-н) **1.** to conceive a liking for sth/sb; to be obsessed with sth/sb: С-гәы́ла а-ма́ца д-а-з-га́го-уп. *My neighbor is obsessed with a card game.*

а-з-га-ра́ [tr.] [C1-C2-OV-C3-R / C1-C2-OV-C3-Neg-R] [C3 carry C1 to C2 / for C2] (**Fin.** [pres.] и-с-зы́-л-го-ит / и-с-зы́-л-го-м, [aor.] и-с-зы́-л-ге-ит / и-с-зы́-лы-м-ге-ит, [imper.] и-с-зы́-га! (понеси для меня что-л.) / и-с-зы́-бы-м-га-н!, [cf. и-сы́-з-га́! (отнеси кому-л. от меня что-л.)]; **Non-fin.** [pres.] (C1) и-с-зы́-л-го / и-с-зы́-лы-м-го, (C2) и-з-зы́-л-го / и-з-зы́-лы-м-го, (C3) и-с-зы́-з-го / и-с-зы́-зы-м-го; **Abs.** и-сы-з-га-ны́ / и-с-зы́-м-га-кәа) **1.** to carry sth to sb/for sb: А-шәҟәы́ и-зы́-з-ге-ит. *I carried the book to him. Я понес ему книгу.*

а-з-гы́ла-ра [intr.] [C1-C2-OV-R / C1-C2-OV-Neg-R] [C1 stand in the defense of C2] (**Fin.** [pres.] д-а-з-гы́ло-ит / д-а-з-гы́ло-м, [aor.] д-а-з-гы́ле-ит / д-а-зы́-м-гыле-ит, [imper.] б-а-з-гы́ла! / б-а-зы́-м-гыла-н!; **Non-fin.** [pres.] (C1) и-а-з-гы́ло / и-а-зы́-м-гыло, (C1) д-зы-з-гы́ло / ды-з-зы́-м-гыло; **Abs.** д-а-з-гы́ла-ны / д-а-зы́-м-гыла-кәа) **1.** to stand in the defense of sth/sb: А-ҧса́дгьыл а́-хьчара ҳ-а-з-гы́ле-ит. *We stood in the defense of the homeland. Мы встали на защиту Родины.*

а-з-гәа́а-ра [intr.] [C1-C2-Prev-R / C1-C2-Prev-Neg-R] [C1 get angry with C2] (**Fin.** [pres.] с-бы-з-гәа́а-уе-ит, д-а-з-гәа́а-уе-ит / с-бы-з-гәа́а-уа-м, [aor.] с-бы-з-гәа́а-ит, д-а-з-гәа́а-ит / сы-б-зы́-м-гәаа-ит, д-а-зы́-м-гәаа-ит, [imper.] б-лы-з-гәа́а! / бы-л-зы́-м-гәаа-н!, шә-лы-з-гәа́а! / шәы-л-зы́-м-гәаа-н!; [poten.] сы-з-бы-з-гәа́а-уа-м, сы-з-б-зы́-м-гәаа-ит; [non-vol.] с-а́мха-бы-з-гәа́а-ит / с-а́мха-б-зы́-м-гәаа-ит; [vers.1]**; [vers.2] с-лы-цә-бы-з-гәа́а-ит / с-лы-цә-б-зы́-м-гәаа-ит; **Non-fin.** [pres.] (C1) и-лы-з-гәа́а-уа (*тот, который сердится на нее*) / и-л-зы́-м-гәаа-уа, (C2) д-зы-з-гәа́а-уа (*тот, на которого он/она сердится*) / ды-з-зы́-м-гәаа-уа, [aor.] (C1) и-лы-з-гәа́а / и-л-зы́-м-гәаа, (C2) д-зы-з-гәа́а / ды-з-зы́-м-гәаа, [impf.] (C1) и-лы-з-гәа́а-уа-з / и-л-зы́-м-гәаа-уа-з, (C2) д-зы-з-гәа́а-уа-з / ды-з-зы́-м-гәаа-уа-з, [past indef.] (C1) и-лы-з-гәа́а-з / и-л-зы́-м-гәаа-з, (C2) д-зы-з-гәа́а-з / ды-з-зы́-м-гәаа-з; **Abs.** с-бы-з-гәа́а-ны / сы-б-зы́-м-гәаа-кәа) **1.** to be angry with: Уи́ сара́ с-и-з-гәа́а-ит. *I got angry with him. Я рассердился на него.* Шә-и-зы́-м-гәаа-н! *Don't get angry with him!* Ҭемыр даа́ра и-хы́ д-а-з-гәа́а-ит. *Temyr got angry with himself.* [cf. **а-гәа́а-ра** "to get angry"]

а-з-гәа́к-ра [intr.] [C1-C2-Prev-R / C1-C2-Prev-Neg-R] [C1 long for C2] (**Fin.** [pres.] с-бы-з-гәа́ҟ-уе-ит, д-а-з-гәа́ҟ-уе-ит / с-бы-з-гәа́ҟ-уа-м, [aor.] с-бы-з-гәа́ҟ-ит, д-а-з-гәа́ҟ-ит / сы-б-зы́-м-гәаҟ-ит, д-а-зы́-м-гәаҟ-ит, [imper.] б-лы-з-гәа́ҟ! / бы-л-зы́-м-гәаҟы-н!, шә-лы-з-гәа́ҟ! / шәы-л-зы́-м-гәаҟы-н!; **Non-fin.** [pres.] (C1) и-лы-з-гәа́ҟ-уа / и-лы-зы́-м-гәаҟ-уа, (C2) д-зы-з-гәа́ҟ-уа / ды-з-зы́-м-гәаҟ-уа, [aor.] (C1) и-лы-з-гәа́ҟ / и-лы-зы́-м-гәаҟ, (C2) д-зы-з-гәа́ҟ / ды-з-зы́-м-гәаҟ, [impf.] (C1) и-лы-з-гәа́ҟ-уа-з / и-лы-зы́-м-гәаҟ-уа-з, (C2) д-зы-з-гәа́ҟ-уа-з / ды-з-зы́-м-гәаҟ-уа-з, [past indef.] (C1) и-лы-з-гәа́ҟы-з / и-лы-зы́-м-гәаҟы-з, (C2) д-зы-з-гәа́ҟы-з / ды-з-зы́-м-гәаҟы-з; **Abs.** д-а-з-гәа́ҟ-ны / д-а-зы́-м-гәаҟ-кәа) **1.** to long for: с-бы-з-гәа́ҟ-уе-ит *I need you (f.).*

а-згәа́-ҭа-ра [tr.] [C1-a-Prev-C3-R / C1-a-Prev-C3-Neg-R] [C3 mark C1] (**Fin.** [pres.] и-а-згәа́-с-ҭо-ит / и-а-згәа́-с-ҭо-м (-ҭа-ӡо-м), [aor.] и-а-згәа́-с-ҭе-ит / и-а-згәа́-сы-м-ҭе-ит (-ҭа-ӡе-ит), [imper.] и-а-згәа́-ҭа! / и-а-згәа́-бы-м-ҭа-н!, и-а-згәа́-шә-ҭа! / и-а-згәа́-шәы-м-ҭа-н!; **Non-fin.** [pres.] (C1) и-а-згәа́-л-ҭо (*то, которое она заметит*) / и-а-згәа́-лы-м-ҭо,

(С3) и-а-згәа́-з-ҭо (*тот, который заметит его(нрз.)/их*) / и-а-згәа́-зы-м-ҭо, [aor.] (С1) и-а-згәа́-л-ҭа / и-а-згәа́-лы-м-ҭа, (С3) и-а-згәа́-з-ҭа / и-а-згәа́-зы-м-ҭа, [impf.] (С1) и-а-згәа́-л-ҭо-з / и-а-згәа́-лы-м-ҭо-з, (С3) и-а-згәа́-з-ҭо-з / и-а-згәа́-зы-м-ҭо-з, [past indef.] (С1) и-а-згәа́-л-ҭа-з / и-а-згәа́-лы-м-ҭа-з, (С3) и-а-згәа́-з-ҭа-з / и-а-згәа́-зы-м-ҭа-з; **Abs.** и-а-згәа́-ҭа-ны / и-а-згәа́-м-ҭа-кәа) **1.** to mark, to note; to notice**:** Ҳара́ ари́ а-ны́ҳәа есҟынгьы́ и-а-згәа́-х-ҭо-ит. *We always mark this holiday. Мы всегда отмечаем этот праздник.*

а-з-гәашь-ра́ [intr.] [C1-C2-Prev-R / C1-C2-Prev-Neg-R] [C1 long for C2] (**Fin.** [pres.] д-а-з-гәашь-уе́-ит / д-а-з-гәашь-уа́-м (*or* д-а-з-гәашь-ӡо́-м), [aor.] д-а-з-гәашь-и́т / д-а-зы-м-гәашь-и́т (-гәашь-ӡе́-ит), [imper.] б-а-з-гәашьы́ / б-а-зы-м-гәашьы́-н!, шә-а-з-гәашьы́! / шә-а-зы-м-гәашьы́-н!; **Non-fin.** [pres.] (С1) и-а-з-гәашь-уа́ / и-а-зы́-м-гәашь-уа, (С2) д-зы-з-гәашь-уа́ / ды-з-зы́-м-гәашь-уа, [aor.] (С1) и-а-з-гәашьы́ / и-а-зы́-м-гәашь, (С2) д-зы-з-гәашьы́ / ды-з-зы́-м-гәашь, [impf.] (С1) и-а-з-гәашь-уа́-з / и-а-зы́-м-гәашь-уа-з, (С2) д-зы-з-гәашь-уа́-з / ды-з-зы́-м-гәашь-уа-з, [past indef.] (С1) и-а-з-гәашьы́-з / и-а-зы́-м-гәашьы-з, (С2) д-зы-з-гәашьы́-з / ды-з-зы́-м-гәашьы-з; **Abs.** д-а-з-гәашь-ны́ / д-а-зы́-м-гәашь-кәа) **1.** to long for, to yearn for; to desire, to want**:** А-милаҭ-ҟәа а-ҭы́нчра и-а-з-гәашь-уе́-ит. *The peoples long for peace. Народы жаждут мира.* Сара́ с-а-з-гәашь-уе́-ит а-ҭынчра́. *I very much want peace.*

зда́кам [adj.] very good.

зегь(ы́) [adv.] all; everything**:** ҳа́-зегьы *all of us.* а́-жәлар зегьы́ *all the people.* а-нхацәа́ зегьы́ *all the farm workers.* зегь р-а́ҧхьа-ӡа *first of all.* А-колнха-цәа́ зегьы́ еизе́-ит. *All the collective farmers gathered.* Дара́ зегьы́ а-шко́л и-ҭо́-уп. *They are all at school.* Ҳара́ зегьы́ бзи́а и-аа-бо́-ит Аҟәа. (AFL) *We all love Sukhum.* Сара́ с-зы́ зе́гь р-е́иҳа и-ду́-у, зе́гь р-е́иҳа и-бзи́о-у, зе́гь р-е́иҳа и́-ԥшӡо-у, сы́-ҟалақь Аҟәо-уп. (AFL) *For me, the biggest, best, and most beautiful city is Sukhum. Для меня самый большой, самый хороший, самый красивый город — Сухум.*

-з(е)и [suffix] *used to mark the interrogative meaning "what?"* (*see* **-и**)**:** И-з-фа-з(е)и? *What ate it/them?* И-аа-хье́-и? / И-аа-хьа́-зи? / И-аа-хьа́-зеи? *What has already come?* И-шә-фо-зеи шьыжьхьа́? *What do you eat for breakfast?* Бна́тә ԥсаа́тә-с шәара́ и́-жә-дыр-уа-зеи? (AFL) *Which wild bird do you know? Какую дикую птицу вы знаете?* Уара́ шаҟа́ у-хы́тц-уа-зеи? — Сара́ и-с-хы́тц-уе-ит 20 (ҩажәа́) шықәса́. *How old are you? — I am 20 years old.* У-аб заана́ҭ-с и́-мо-у-зеи? *What is your father by profession?* Шәара́ шә-ахынхо́ а-қы́ҭа и-а́-хьӡ-у-зи? *What is the name of the village where you live?* У-ахь-не́и-з и-у́-ба-зеи, и-е́ил-у-каа-зеи? (Ab.Text) *Where did you go? What did you see? What did you find out?* И-с-зы́-б-уа-зеи? *For what am I necessary to you?* И-л-зы́-з-уа-зеи? *For what is she necessary to me? Для чего она мне нужна?* Уи́ и-л-з-у́-уа-зеи? *Why do you need her?*

а-з-е́иба-м-дыр-ра [intr.] [only used in negative forms] [C1-Pot-each other-Neg-R] [C1 don't know each other] (**Fin.** [pres.] ҳ-з-е́иба-дыр-ӡо-м, ҳ-з-е́иба-дыр-уа-м, [impf.] ҳ-з-е́иба-дыр-уа-мызт; **Non-fin.** [pres.] (С1) и-з-е́иба-м-дыр-уа; **Abs.** ҳ-з-е́иба-м-дыр-кәа) **1.** not to know each other/one another**:** Иахьа́нӡа ҳ-з-е́иба-дыр-ӡо-мызт. *We did not know each other until this afternoon. До сегодняшнего дня мы друг друга не знали.*

а-з-е́иҕьа-шьа-ра [tr.] [C1-C2-OV-Prev-C3-R / C1-C2-OV-Prev-C3-Neg-R] [C3 wish C2 C1] (**Fin.** [pres.] и-р-з-е́иҕьа-с-шьо-ит / и-р-з-е́иҕьа-с-шьо-м, [aor.] и-р-з-е́иҕьа-с-шье-ит / и-р-з-е́иҕьа-сы-м-шье-ит, [imper.] и-р-з-е́иҕьа-шьа! / и-р-з-е́иҕьа-бы-м-шьа-н!, и-р-з-е́иҕьа-шә-шьа! / и-р-з-е́иҕьа-шәы-м-шьа-н!; **Non-fin.** [pres.] (С1) и-р-з-е́иҕьа-с-шьо / и-р-з-е́иҕьа-сы-м-шьо, (С2) и-з-з-е́иҕьа-с-шьо / и-з-з-е́иҕьа-сы-м-шьо, (С3) и-р-з-е́иҕьа-з-шьо / и-р-з-е́иҕьа-зы-м-шьо; **Abs.** и-р-з-е́иҕьа-шьа-ны / и-р-з-е́иҕьа-сы-м-шьа-кәа) **1.** to wish**:** А-қәҿиара-қәа р-з-е́иҕьа-ҳ-шьо-ит. *We wish them success.* А-гәабзи́ара у-з-е́иҕьа-с-шьо-ит. (ARD) *Желаю тебе здоровья. I wish you health.* и-шә-з-е́иҕьа-ҳ-шәо-ит а-қәҿиара ду́-қәа шә-у́сура-ҿы! *We wish you big success in your work!* [cf. **а́иҕьа-шьа-ра** "to prefer"]

а-зе́иӡь-заа-ра* [intr. stative] [C1-R] (**Fin.** [pres.] и-зе́иӡь-уп / и-зе́иӡьы-м, [past] и-зе́иӡьы-н / и-зе́иӡь-мызт) **1.** to be useful.

зе́ижә [num.][non-hum.] nineteen: Сара́ и-с-хы́тц-уе-ит зе́ижә шықәса́. *I am 19 years old. Мне 19 лет.*

(а)-зе́ижә-тәи [ordinal num.] nineteenth.

зе́и-жә-ҩы-к [num.][hum.] nineteen.

а-зе́иҧш [adj.] **1.** general; common. **2.** social, of society; public.

а-зе́иҧш-заа-ра* [intr. stative] [C1-C2-R] [C1 be common to C2] (**Fin.** [pres.] и-аҳ-зе́иҧш-уп / и-аҳ-зе́иҧшы-м, [past] и-аҳ-зе́иҧшы-н / и-аҳ-зе́иҧш-мызт) **1.** to be common: Ари́ а́дгьыл зегьы́ и-аҳ-зе́иҧш-уп. *This land is common to all of us. Эта земля общая для нас всех.*

зе́иҧшдыкам [adj.] fine: Уи зе́иҧшдыќам а́-уп. *This is fine.*

зеиҧшра́ [interrog.] what?: Иахьа́ зеиҧшра́ мшы-у-зеи? *What's the weather like today?*

зеиҧшра-хо́-зеи [interrog.] in which way does it become?: Ааҧын а-мш зеиҧшрахо́зеи? (AFL) *What is a day in spring like? Каким становится день весной?*

зеиҧшро́-и [interrog.] ([pres.] и-з-еиҧшро́-и) what?: Бара́ б-қы́ҭа зеиҧшро́и? *What is your village like?* Уара́ у-уа́да зеиҧшро́-и? *What is your room like?* Шә-а-хцәа́жә шәара́ шәахьы-н-хо́ шә-қы́ҭа зеиҧшро́-у. *Tell which is the village where you live. Расскажите, какая деревня, где вы живете.*

зеиҧшро́-зеи [interrog.] what?: Аҧсны́тәи а́-ӡын зеиҧшро́узеи? (AFL) *What is winter like in Abkhazia? Какая зима в Абхазии?*

зеиҧшро́-у [interrog.] what?: Иахьа́ а́-мш зеиҧшро́узи? *What's the weather like today?*

зеиҧшы́кам [adj.] fine; excellent: Ара́ а-патре́ҭҭыхра-зы зеиҧшы́ќам ҭы́ҧ-ут. (IC) *This is an excellent place for taking photographs.*

зеиҧшырҭа-ны́ и-ќо́-и? where is it? [lit. in what place is it?]: А-рестора́н зеиҧшырҭа-ны́ и-ќо́-и? *Where is the restaurant? В каком месте находится ресторан?*

а-з-еицәа-ра́* [intr. stative] [C1-C2-for-R] [C1 be worse for C2] (**Fin.** [pres.] и-а-з-еицәо́-уп / и-а-з-еицәа́-м, [past] и-а-з-еицәа́-н / и-а-з-еицәа́-мызт) **1.** (= **а-ҧырха́га-заа-ра**) to be injurious/harmful (to one's health): А-ҭаҭы́нахара а-гәабзи́ара и-а-з-еицәо́-уп. (GAL) *Курение вредит здоровью. Smoking damages the health.* [cf. **аицәа́** "worse"]

зехьы́нцьара [adv.] everywhere: Зехьы́нцьара и-у-бо́-ит а́-шәҭ ҧшӡа-қәа́. (AFL) *You see beautiful flowers everywhere. Всюду ты видишь красивые цветы.* А-шҭа-қәа, а-дә-қәа́, а́рха-қәа уҳәа́ зехьы́нцьара сы́-ла и-хќьо́-уп. (AFL) *The yards, fields, valleys, and so on are everywhere covered with snow. Дворы, поля, долины и так далее все покрывается снегом.*

а-зи́н /a-zə́jn/ [n.] (а-зи́н-қәа, зин-к, с-зин) **1.** a right: Сара́ цьара́ а-ца-ра́ а-зи́н сы́-ма-ӡа-м. *I have no right to go somewhere else.* **2.** permission: Ази́н сы́-ҭ! *Give me permission!* Аҧсшьа́ра а-зи́н сы́-мо-уп. *I have permission to rest.* А-ҽы-рхума́р-ра а-зи́н шҧа́-у-и-м-ҭа-р-и. (Ab.Text) *He won't be able not to give you permission to get up on a horse and gallop.*

Зи́на [n.] (f.) [person's name]

а-з-к-ра́[1] [labile] **(1)** [tr.] [C1-C2-OV-C3-R / C1-C2-OV-C3-Neg-R] (**Fin.** [pres.] и-с-зы́-л-к-уе-ит / и-с-зы́-л-к-уа-м, [aor.] и-с-зы́-л-к-ит, и-аҳ-зы́-р-к-ит, и-а-з-на́-к-ит / и-с-зы́-лы-м-к-ит, и-а-з-на́-м-к-ит, [imper.] и-лы-з-кы́! / и-л-зы́-бы-м-кы-н!, и-л-зы́-шә-к / и-л-зы́-шәы-м-кы-н!; **Non-fin.** [pres.] (C1) и-с-зы́-л-к-уа / и-с-зы́-лы-м-к-уа, (C2) и-з-зы́-л-к-уа / и-з-зы́-лы-м-к-уа, (C3) и-с-зы́-з-к-уа / и-с-зы́-зы-м-к-уа; **Abs.** и-а-з-к-ны́ / и-а-зы́-м-к-кәа) **1.** to destine, to intend. **2.** to entrust: и-с-зы́-л-к-уе-ит *she intends it for me.* **(2)** [intr.] [C1-C2-Prev-R] [C1 be intended for C2] (**Fin.** [pres.] и-лы-з-кы́-уп / и-лы-з-кы́-м, [past] и-лы-з-кы́-н / и-лы-з-кы́-мызт; **Non-fin.** [pres.] (C1) и-лы-з-кы́-у / и-лы-з-кы́-м, (C2) и-зы-з-кы́-у / и-зы-з-кы́-м, [past] (C1) и-лы-з-кы́-з / и-лы-з-кы́-мыз, (C2) и-зы-з-кы́-з / и-зы-з-кы́-мыз) **1.** to be intended (for): и-сы-з-кы́-уп *it is intended for me.* Ҵаҟатәи́ а́ихагыла-ҿы́ и́-ҟо-уп а-хәыч-қәа́ и-ры-з-к-ны́ а-ҟәша-қәа́. (AFL) *On the ground [first] floor are the departments for children. На нижнем этаже отделы для детей.* **2.** to be dedicated to: кавка́зтәи а-бызшәа-қәа́ ры́-ҭҵаара и-ры-з-кы́-у а-у́сумҭа-қәа (ARD) *труды, посвященные изучению кавказских языков. works dedicated to the studies of the Caucasian languages.*

а-з-к-ра́[2] [tr.] [C1-C2-OV-C3-R / C1-C2-OV-C3-Neg-R] [**1.** C3 catch C1 for C2; **2.** C3 send C1 to C2 (in order to persuade C2)] (**Fin.** [pres.] ды-л-зы́-с-к-уе-ит / ды-л-зы́-с-к-уа-м, [aor.] ды-л-зы́-с-к-ит / ды-л-зы́-сы-м-к-ит, [imper.] д-лы-з-кы́! / ды-л-зы́-бы-м-кы-н!, ды-л-зы́-шә-к! / ды-л-зы́-шәы-м-кы-н!; **Non-fin.** [pres.] (C1) и-л-зы́-с-к-уа / и-л-зы́-сы-м-к-уа, (C2) ды-з-зы́-с-к-уа / ды-з-зы́-сы-м-к-уа, (C2) ды-л-зы́-з-к-уа / ды-л-зы́-зы-м-к-уа; **Abs.** д-лы-з-к-ны́ / ды-л-зы́-м-к-кәа) **1.** to catch sb for sb: С-у́-ҳәо-ит, д-сы-з-кы́! *I am begging of you — catch him/her for me! Я тебя прошу, поймай мне его/ее!* А-ҳәа́ра-қәа р-шьап-қәа́ р-з-и́-к-ит. *He caught the cows by the legs.* **2.** to send sb to sb (in order to persuade): А-уаҩы́ д-и-зы́-р-к-ит. *They sent a man to him in order to persuade him. Человека послали к нему, чтобы уговорить его.*

зқьы́ [num.][non-hum.] (= **зықь**) thousand.

зқьы-ҩы́-к [num.][hum.] thousand: зқьыҩы́к а-уаа́ *a thousand people.*

а́-зқәа [n.] (а́-зкәа-қәа, зкәа-к) [n.] **1.** the back. **2.** the rear.

-зла- [verbal prefix] *used to mark the interrogative meaning "how?"*: А-станциа-хь сы-зла-ца-р-и? *How do I go to the station?* [cf. **-шҧа-**]

а́-зла [adj.] (и́-зло-у) sweet: а-каҳуа́ зла *sweet coffee.*

а́-зна [adj.] (pl. **ры́-зна**) full: тәы-к а́-зна агуатәа́ (ANR) *a skewer full of liver.* чуан ду-к а́-зна а-хш *a big pot full of milk.* [cf. чуан ду́-қәа-к ры́-зна а-хш *pots full of milk.* (AF:170)] А-тәца а́-зна а-ӡы́ сы́-ҭ. *Give me a glass of water!* Макти́на а-гәбла́а а́-зна а-шьы́ла аа-л-гé-ит. (AFL) *Maktina fetched a bowl full of flour. Мактина принесла миску, полную муки.*

а-з-на́-га-ра [tr.] [C1-C2-OV-Prev-C3-R / C1-C2-OV-Prev-C3-Neg-R] [**1.** C3 carry C1 for/to C2; **2.** C3 intelligibly explain C1 to C2] (**Fin.** [pres.] и-ры-з-на́-з/с-го-ит / и-ры-з-на́-з/с-го-м, [aor.] и-ры-з-на́-з/с-ге-ит / и-ры-з-на́-сы-м-ге-ит, [imper.] и-ры-з-на́-га! / и-ры-з-на́-бы-м-га-н!, и-ры-з-на́-жә/шә-га! / и-ры-з-на́-шәы-м-га-н!; **Non-fin.** [pres.] (C1) и-ры-з-на́-з-го / и-ры-з-на́-сы-м-го, (C2) и-зы-з-на́-з-го / и-зы-з-на́-сы-м-го, (C3) и-ры-з-на́-з-го / и-ры-з-на́-зы-м-го; **Abs.** и-ры-з-на́-га-ны / и-ры-з-на́-м-га-кәа) **1.** to carry sth to/for sb: А-чы́мазаҩ и-хәы́ и-з-на́-р-ге-ит. (ARD) *Больному понесли кушать. They carried things to eat to the sick person.* **2.** to explain sth to sb intelligibly: А-рҵаҩы́ и-ҵаҩ-цәа́ ры-дҵа́ бзи́аны и-ры-з-нé-и-ге-ит. (ARD) *Преподаватель хорошо объяснил задание своим ученикам. The teacher explained the assignment to his students well.*

зназы́ [adv.] *see* **а́зназы**

а́зназы [adv.] at first, in the beginning: Азназы д-шәé-ит, аха́ нас и-гәы́ и-рҕәҕәé-ит. (ARD) *Он вначале испугался, но затем собрался с духом. At first he was frightened, but then he plucked up his courage.*

а-з-на-рҵыс-ра́* [tr.] [C1-C2-OV-C3-S] (**Fin.** [pres.] [aor.] и-з-на-рҵыс-и́т / и-з-на-мы-рҵыс-и́т) **1.** to cause a disease/doubt for sb: Аимҳәаду и-з-на-рҵыс-и́т. (ARD) *Оно вызвало у него туберкулез. That caused tuberculosis for him.*

а-значо́к [n.] (-қәа) a badge.

а-з-нé-и-ра [intr.] [C1-C2-OV-Prev-R / C1-C2-OV-Neg-Prev-R] [C1 come to C2] (**Fin.** [pres.] д-сы-з-нé-и-уе-ит / д-сы-з-нé-и-уа-м, [aor.] д-сы-з-нé-и-т / ды-с-зы́-м-не-и-т, [imper.] б-сы-з-нé-и! / бы-с-зы́-м-не-и-н!; **Non-fin.** [pres.] (C1) и-сы-з-нé-и-уа / и-с-зы́-м-не-и-уа, (C2) д-зы-з-нé-и-уа / ды-з-зы́-м-не-и-уа; **Abs.** д-сы-з-нé-и-ны / ды-с-зы́-м-не-и-кәа) **1.** to

З

come to, to call on: Сасы́-к д-ры-з-не́-и-т. (ARD) *Какой-то гость пришел к ним. Some guest came to them.* Уатцәы́ а-ҩны́ у-сы-з-не́-и! (ARD) *Заходи завтра ко мне домой! Drop by my home tomorrow!*

зны́ [adv.] **1.** (cf. з- < za "one," -ны) once; one day: зны́ ҧхынра́-к (*or* ҧхынра́-к а-зы́) *one day in the summer.* зны́ а́тцх цахьаны́ *one day late in the evening.* Д-ан-ду́-ха зны́ ус д-ры-з-тцаа́-ит д-з-ааӡа́-з. (Ab.Text) *One day, when the baby had grown up, he asked the people who had brought him up.* **2.** at first, first: Зны́ а-тцара́ с-тца́-п, уи́ а́-шьҭахь с-неиа́аи-п. *First I'll study, and then I'll take a walk. Я сначала поучусь, а затем погуляю.* || **зны** ... **зны** ... now ... now ...: Зны́ и-ҧха́рро-уп, зны́ и-хышәа́шәаро-уп. *Now it is warm, now it is cool.*

зны́-зы́нла [adv.] sometimes; at times: Зны́=зы́н-ла-гьы ҳ-аи-д-тәа́ла-ны ашәа́ еиц-а́ҳ-ҳәо-ит. (AFL) *Sometimes, having sat close by, we sing together. Иногда, сев рядом, мы вместе поем.* Зны́=зы́нла-гьы́ ны́ҟәа-ра а́-калаҟь а́хь с-цо́-н. (AFL) *Sometimes I went to town to take a walk. Иногда я ходил гулять в город.* Зны́=зы́нла уи уа д-ҟа-ло́-ит. *Sometimes he/she is there.*

зны́к [adv.] **1.** one day. **2.** once, one time: Зны́к и-аа-у-рхе-ит ҳәа иара́ иара́знак ды-ҧс-ӡо́-м. (Ab.Text) *Even if you hit it once, it won't die right away.* Даҽа́ зны́к-гьы у-сы́-с! (Ab.Text) *Hit me once more!* Ари́ зны́кы-м, ари́ ҩы́нтәы-м. (AF) *This doesn't happen just once or twice.* **2.** as soon as.

зны́кымкәа *see* **зны́кымкәа-ҩы́нтәымкәа**

зны́кымкәа-ҩы́нтәымкәа [adv.] repeatedly, more than once: Зны́кымкәа-ҩы́нтәымкәа ды-з-ба-хьа́-н. *I had seen him/her more than once.*

зны́кыр [adv.] ever: Шәара́ зны́кыр и-ҿы́-шә-х-хьо-ма а-ча́и? *Have you ever picked tea? Вы когда-нибудь собирали чай?*

а-з-ҧш-ра́ [intr.] **(1)** [dynamic] [C1-C2-Prev-R / C1-C2-Prev-Neg-R] [C1 wait for C2] (**Fin.** [pres.] сы-б-зы-ҧш-уе́-ит, д-а-зы-ҧш-уе́-ит / сы-б-зы-ҧш-уа́-м, [aor.] сы-б-зы-ҧш-и́т, д-а-зы-ҧш-и́т / сы-б-зы́-м-ҧш-ит, д-а-зы́-м-ҧш-ит, [imper.] бы-л-зы-ҧшы́! / бы-л-зы́-м-ҧшы-н!; [caus.] сы-б-з-лы-р-ҧш-и́т / сы-б-зы-л-мы-р-ҧш-и́т; [poten.] сы-з-б-зы-ҧш-уа́-м, сы-з-б-зы́-м-ҧш-ит; [non-vol.] с-а́мха-б-зы-ҧш-и́т / с-а́мха-б-зы́-м-ҧш-ит; [vers.1] с-лы-з-б-зы-ҧш-и́т / с-лы-з-б-зы́-м-ҧш-ит; [vers.2] с-лы-цә-б-зы-ҧш-и́т / с-лы-цә-б-зы́-м-ҧш-ит; **Non-fin.** [pres.] (C1) и-л-зы-ҧш-уа́ (*тот, который ждет ее*) / и-л-зы́-м-ҧш-уа, (C2) ды-зы-ҧш-уа́ (*тот, которого он/она ждет*) / ды-з-зы́-м-ҧш-уа, [aor.] (C1) и-л-зы-ҧшы́ / и-л-зы́-м-ҧш, (C2) ды-зы-ҧшы́ / ды-з-зы́-м-ҧш, [fut.1] (C1) и-л-зы-ҧш-ра́ / и-л-зы́-м-ҧш-ра, (C2) ды-зы-ҧш-ра́ / ды-з-зы́-м-ҧш-ра, [fut.2] (C1) и-л-зы-ҧшы́-ша / и-л-зы́-м-ҧш-ша, (C2) ды-зы-ҧшы́-ша / ды-з-зы́-м-ҧш-ша, [perf.] (C1) и-л-зы-ҧш-хьо́у (-хьа́(ц)) / и-л-зы́-м-ҧш-хьоу (-хьа(ц)), (C2) ды-зы-ҧш-хьо́у (-хьа́(ц)) / ды-з-зы́-м-ҧш-хьоу (-хьа(ц)), [impf.] (C1) и-л-зы-ҧш-уа́-з / и-л-зы́-м-ҧш-уа-з, (C2) ды-зы-ҧш-уа́-з / ды-з-зы́-м-ҧш-уа-з, [past indef.] (C1) и-л-зы-ҧшы́-з / и-л-зы́-м-ҧшы-з, (C2) ды-зы-ҧшы́-з / ды-з-зы́-м-ҧшы-з, [cond.1] (C1) и-л-зы-ҧш-ры́-з / и-л-зы́-м-ҧш-ры-з, (C2) ды-зы-ҧш-ры́-з / ды-з-зы́-м-ҧш-ры-з, [cond.2] (C1) и-л-зы-ҧшы́-ша-з / и-л-зы́-м-ҧшы-ша-з, (C2) ды-зы-ҧшы́-ша-з / ды-з-зы́-м-ҧшы-ша-з, [plupf.] (C1) и-л-зы-ҧш-хьа́-з / и-л-зы́-м-ҧш-хьа-з, (C2) ды-зы-ҧш-хьа́-з / ды-з-зы́-м-ҧш-хьа-з; **Abs.** сы-б-з-ҧш-ны́ / сы-б-зы́-м-ҧш-кәа) **1.** to wait for: а-дәы́ҕба а-зҧшра́ *to wait for the train, подождать поезда.* **(2)** [stative] [C1-C2-PREV-R] [C1 be waiting for C2] (**Fin.** [pres.] ды-с-зы-ҧш-у́п, д-аҳ-зы-ҧш-у́п, ҳа-б-зы-ҧш-у́п / ды-с-зы-ҧшы́-м, [past] ды-с-зы-ҧшы́-н / ды-с-зы-ҧшы́-мызт, [imper.] бы-с-зы-ҧшы́-з, [caus.] ды-л-з-с-ры-ҧш-уе́-ит; **Non-fin.** [pres.] (C1) и-с-зы-ҧшы́-у / и-с-зы-ҧшы́-м, (C2) ды-з-зы-ҧшы́-у / ды-з-зы-ҧшы́-м, [past] (C1) и-с-зы-ҧшы́-з / и-с-зы-ҧшы́-мыз, (C2) ды-з-зы-ҧшы́-з / ды-з-зы-ҧшы́-мыз) **1.** to be waiting for: а́аҧын, ҳ-гәрҕьо́ ҳа-з-зы-ҧшы́-з. (AFL) *spring, which we gladly waited for. весна,* *которую с радостью мы ждали.* Х-ҩы-к Куыҭо́л-аа а-машьи́на и-а-зы-ԥшы́-уп. *Three Kitolians are waiting for the bus.* Ауаа́ х̧-зы-ԥш-у́п. *People are waiting for us.*

а-з-тәа-ра́[1]* [intr.] [C1-C2-Prev-R] (**Fin.** [aor.] д-сы-з-тәе́-ит / ды-с-зы́-м-тәе-ит; [imper.] у-сы-з-тәа́! / у-с-зы́-м-тәа-н!, **Abs.** д-сы-з-тәа-ны́ / ды-с-зы́-м-тәа-кәа) **1.** to sit for a while somewhere for sb: Абра́ у-сы-з-тәа! *Sit here for a while for me! Посиди здесь за меня!* || А-ԥх̧әы́с д-х̧әа-ны́ д-сы-з-тәо́-уп. *I am engaged.*

а-з-тәа-ра́[2] [intr. stative] [C1-C2-Prev-R] [C1 cost C2] (**Fin.** [pres.] и-сы-з-тәо́-уп / и-сы-з-тәа́-м, [past] и-сы-з-тәа́-н / и-сы-з-тәа́-мызт; **Non-fin.** [pres.] (C1) и-сы-з-тәо́-у / и-сы-з-тәа́-м, (C2) и-зы-з-тәо́-у / и-зы-з-тәа́-м, [past] (C1) и-сы-з-тәа́-з / и-сы-з-тәа́-мыз, (C2) и-зы-з-тәа́-з / и-зы-з-тәа́-мыз; **Abs.** и-сы-з-тәа-ны́ / и-сы-з-тәа́-м-кәа) **1.** to cost: И-костиу́м и-мариа-ны́ и-з-тәе́-ит. *The cost of the suit was not expensive. Костюм обошелся не дорого.*

-з-тәы́-да [adv.] (< **а-тәы́-заа-ра** "to belong to") whose; to whom belong: Ари́ а-шәҟәы́ з-тәы́-да? *Whose book is this?* Ари́ а-хәычы́ ды-з-тәы́-да? *Whose child is this?*

а-з-ҭа́-гала-ра [tr.] [C1-C2[1]-OV-(C2[2])-Prev-C3-S / C1-C2[1]-OV-(C2[2])-Prev-C3-Neg-S] [C3 bring C1 in C2[2] for C2[1]] (**Fin.** [pres.] и-сы-з-ҭа́-л-гало-ит / и-сы-з-ҭа́-л-гало-м, [aor.] и-сы-з-ҭа́-л-гале-ит / и-сы-з-ҭа́-лы-м-гале-ит, [imper.] и-сы-з-ҭа́-гал! / и-сы-з-ҭа́-бы-м-гала-н!; **Non-fin.** [pres.] (C1) и-сы-з-ҭа́-л-гало / и-сы-з-ҭа́-лы-м-гало, (C2) и-зы-з-ҭа́-л-гало / и-зы-з-ҭа́-лы-м-гало, (C3) и-сы-з-ҭа́-з-гало / и-сы-з-ҭа́-зы-м-гало; **Abs.** и-сы-з-ҭа́-гала-ны / и-сы-з-ҭа́-м-гала-кәа) **1.** to bring/carry sth somewhere for sb: А-ҽы́ а́-шҭа и-сы-з-ҭа́-гала! (ARD) *Введи мне лошадь во двор! Take the horse into the yard for me!*

З

а-з-ҭа-ҵа-ра́ [tr.] [C1-C2[1]-OV-(C2[2])-Prev-C3-R / C1-C2[1]-OV-(C2[2])-Prev-C3-Neg-R] [C3 put C1 in C2[2] for C2[1]] (**Fin.** [pres.] и-лы-з-ҭа́-р-ҵо-ит / и-лы-з-ҭа́-р-ҵо-м, [aor.] и-лы-з-ҭа́-р-ҵе-ит / и-лы-з-ҭа́-ры-м-ҵе-ит, [imper.] и-лы-з-ҭа-ҵа́! / и-лы-з-ҭа́-бы-м-ҵа-н!, и-лы-з-ҭа́-шә-ҵа! / и-лы-з-ҭа́-шәы-м-ҵа-н!; **Non-fin.** [pres.] (C1) и-лы-з-ҭа́-р-ҵо / и-лы-з-ҭа́-ры-м-ҵо, (C2) и-зы-з-ҭа́-р-ҵо / и-зы-з-ҭа́-ры-м-ҵо, (C3) и-лы-з-ҭа́-з-ҵо / и-лы-з-ҭа́-зы-м-ҵо; **Abs.** и-лы-з-ҭа-ҵа-ны́ / и-лы-з-ҭа́-м-ҵа-кәа) **1.** to put sth somewhere for sb: Ан л-хәычы́ и-шәҟә-қәа́ а-шәы́ра и-з-ҭа́-л-ҵе-ит. (ARD) *Мать положила книги своему ребенку в портфель. The mother put the books in the briefcase for her child.* [cf. **а-ҭа-ҵа-ра́**]

-зҭгьы [suffix] **1.** *used to mark the subjunctive mood.* (= **-зар**. cf. **-хар**): Иацы́ а́-мш бзи́а-зҭгьы (*or* бзи́а-зар), а́-қалакь а́хь с-цо́-н. [N.B. Imperfect is used in an apodosis.] *If the weather had been fine yesterday, I would have gone to town. Если бы вчера погода была хорошая, я бы поехал в город.* **2.** *used to mark the conditional mood. This suffix attaches to the non-finite stem of dynamic verbs in the protasis*: А-маҭәа-қәа лы-ӡәӡәо-зҭгьы, хы́мԥада шәахьа́-н. (ACST) *If she was washing clothes, it was surely Monday.* **3.** maybe, perhaps: Акы́ у-а-ҿы́-зҭгьы? *Maybe, were you busy with something? Может быть, ты чем-то был занят?* **4.** *used to mark the concessive*, "even if."

а-з-ҭы́-х-ра [tr.] [C1-C2[1]-OV-(C2[2])-Prev-C3-R / C1-C2[1]-OV-(C2[2])-Prev-C3-Neg-R] [C3 pull C1 out of C2[2] for C2[1]] (**Fin.** [pres.] и-сы-з-ҭы́-л-х-уе-ит / и-сы-з-ҭы́-л-х-уа-м, [aor.] и-сы-з-ҭы́-л-х-ит / и-сы-з-ҭы́-лы-м-х-ит, [imper.] и-сы-з-ҭы́-х! / и-сы-з-ҭы́-бы-м-хы-н!, и-сы-з-ҭы́-шә-х! / и-сы-з-ҭы́-шәы-м-хы-н!; **Non-fin.** [pres.] (C1) и-сы-з-ҭы́-л-х-уа / и-сы-з-ҭы́-лы-м-х-уа, (C2) и-зы-з-ҭы́-л-х-уа / и-зы-з-ҭы́-лы-м-х-уа, (C3) и-сы-з-ҭы́-з-х-уа / и-сы-з-ҭы́-зы-м-х-уа; **Abs.** и-сы-з-ҭы́-х-ны / и-сы-з-ҭы́-м-х-кәа) **1.** to drag/pull sth out of sth for sb: Сы́-маҭәа-қәа а-шка́ф и-сы-з-ҭы́-х! (ARD) *Вытащи мне мою одежду из шкафа! Take my clothes out of the cupboard for me!* Сы́-маҭәа-қәа а-шка́ф-қәа и-с-зы-р-ҭы́-л-х-ит. *She took my clothes out of the cupboards for me.*

а-з-у-ра́ [tr.] [C1-C2-OV-C3-R / C1-C2-OV-C3-Neg-R] [C3 do C1 for C2] (**Fin.** [pres.] и-б-зы́-з-у-е-ит (< и-б-зы́-з-у-уа-ит /jə-b-zə́-s-w-wa-jt'/) (*я делаю его(нрз.)/их для тебя*) / и-б-зы́-з-у-а-м (< и-б-зы́-з-у-уа-м), [aor.] и-б-зы́-з-у-ит / и-б-зы́-зы-м-у-ит, и-с-зы́-жә-у-ит

/ и-с-зы́-жәы-м-у-ит, [imper.] и-л-з-уы́! / и-л-зы́-бы-м-уы-н!, и-л-зы́-жә-у! / и-л-зы́-жәы-м-уы-н!; **Non-fin.** [pres.] (C1) и-б-зы́-л-у-а / и-б-зы́-лы-м-у-а, (C2) и-з-зы́-л-у-а / и-з-зы́-лы-м-у-а, (C3) и-б-зы́-з-у-а / и-б-зы́-зы-м-у-а, [aor.] (C1) и-б-зы́-л-у / и-б-зы́-лы-м-у, (C2) и-з-зы́-л-у / и-з-зы́-лы-м-у, (C3) и-б-зы́-з-у / и-б-зы́-зы-м-у; **Abs.** и-б-зы-у-ны́ / и-б-зы́-м-у-кәа) **1.** to do sth for sb: и-б-з-а́а-у-п *we'll do it/them for you.* и-р-зы́-жә-у-ит *you did it/them for them.* А-у́с ду́ ҳ-з-и́-у-ит. *He did a big job for us. Он сделал большую работу для нас.* Ус ҳ-зы́-у-м-у-н! *Don't work for us! Не работай для нас!* А-суне́т и-зы́-з-у-е-ит. (Ab.Text) *I will perform the circumcision ceremony on him.* Сара́ шәара́ шә-гәыԥ напхга́ра а-зы́-з-у-е-ит. *I'll lead your group.* || **а-изолиациа а-з-у-ра́** to isolate. || **ҩы́зара а-з-у-ра́** to keep sb company: Сара́ ҩы́зара шә-зы́-з-у-е-ит. *I'll keep you company.* Ҩы́зара ҳ-зы́-жә-у! *Keep us company!* [cf. **а-у-ра́**[1] "to do"]

-зусҭ- [interrog. affix] who: ды-зу́сҭа-заалак *whoever it is.* Ари́ ды-з-шьы́-з д-а-зу́сҭ-заала́кгьы а-дау́ и-лы́мха-кәа руак и-цьы́ба и-ҭо́-уп. (Ab.Text) *Whoever it is who killed the ogre will have one of the ogre's ears in his pocket.*

-зу́сҭада: ды-зу́сҭада? *who is he/she?* бы-зу́сҭада? *who are you (f.)?* у-зу́сҭада уара́? *who are you (m.)?* Абни́ а́-бласаркьа еиқәатцәа́ зы-мҕо́-у (зы́-ла и-а́-мо-у) а-ха́тца ды-зу́сҭада? *Кто тот мужчина в темных очках?* (IC) *Who is that man who is wearing black glasses?*

а-зхара́[1] [adv.] enough: А-хәыч-қәа́ ры-зхара́ и-хәма́р-ит. (ARD) *Дети вдоволь наигрались. The children played for long enough.*

а-з-ха-ра́[2] [intr.] [C1-C2-OV-R / C1-C2-OV-Neg-R] [C1 be enough for C2] **(1)** [dynamic] (**Fin.** [pres.] и-лы-з-хо́-ит, и-з-хо́-ит / и-лы-з-хо́-м (-ха-ӡо́-м), [aor.] и-лы-з-хе́-ит / и-л-зы́-м-хе-ит, [imper.] и-бы-з-ха́! / и-б-зы́-м-ха-н!, и-шәы-з-ха́! / и-шә-зы́-м-ха-н!; **Non-fin.** [pres.] (C1) и-лы-з-хо́ / и-л-зы́-м-хо, (C2) и-зы-з-хо́ / и-з-зы́-м-хо) **1.** to suffice (for), to be enough (for): и-сы-з-хо́-ит *it is enough for me.* Ари́ сы-з-ха-ӡо́-м. *I am short of this. Этого мне не хватит.* А-витами́н-қәа у-з-хо́-м. *You don't have enough vitamins. Тебе не хватает витаминов.* И-и-фа-з и-зы́-м-хе-ит. *He didn't eat his fill.* И-з-ха-ра́ и-фе́-ит. *He ate his fill.* Убри́ сара́ с-напы́ и-а-н-тца́, сара́ с-а-з-хо́-ит. (AF) *Put that matter in my hands — I am equal to it.* **(2)** [stative] (**Fin.** [pres.] и-лы-з-хо́-уп / и-лы-з-ха́-м, [past] и-лы-з-ха́-н / и-лы-з-ха́-мызт; **Non-fin.** [pres.] (C1) и-лы-з-хо́-у / и-лы-з-ха́-м, (C2) и-зы-з-хо́-у / и-зы-з-ха́-м, [past] (C1) и-лы-з-ха́-з / и-лы-з-ха́-мызт, (C2) и-зы-з-ха́-з / и-зы-з-ха́-мыз. **Abs.** и-лы-з-ха-ны́ / и-л-зы́-м-ха-кәа) **1.** it is enough: И-а-з-хо́-уп! *Enough!* И-лы-з-хо́-ит. *It/They is/are enough for her.*

а-зха-тца-ра́* [tr.] [C1-Pev-C3-R] [C3 recognize C1] (**Fin.** [aor.] и-азхе́-и-тце-ит, и-азха-на-тце́-ит / и-азхе́-и-м-тце-ит, [imper.] и-азха-тца́! / и-азха́-бы-м-тца-н!, **Abs.** и-азха-тца-ны́ / и-азха́-м-тца-кәа) **1.** to recognize: Ҳ-хьыԥшы́мра азха́-р-тце-ит. *They recognized our independence. Они признали нашу независимость.*

а-зху́ц-ра *see* **а-зхәы́ц-ра**

а-з-хьа́-ԥш-ра [intr.] [C1-C2-OV-Prev-R / C1-C2-OV-Prev-Neg-R] [C1 pay attention to C2] (**Fin.** [pres.] с-лы-з-хьа́-ԥш-уе-ит / с-лы-з-хьа́-ԥш-уа-м, [aor.] с-лы-з-хьа́-ԥш-ит / с-лы-з-хьа́-м-ԥш-ит, [imper.] б-лы-з-хьа́-ԥш! / б-лы-з-хьа́-м-ԥшы-н!; **Non-fin.** [pres.] (C1) и-лы-з-хьа́-ԥш-уа / и-лы-з-хьа́-м-ԥш-уа, (C2) с-зы-з-хьа́-ԥш-уа / с-зы-з-хьа́-м-ԥш-уа; **Abs.** с-лы-з-хьа́-ԥш-ны / с-лы-з-хьа́-м-ԥш-кәа) **1.** to pay attention to: Ҳар-гьы́ у-аа-ха-з-хьа́-ԥш, хар-гьы́ ҳ-уаа́-уп! (ARD) *Обрати и на нас внимание, мы тоже люди! Pay attention to us, too. We are also people!* **2.** to look after; to keep an eye on: С-хәычы́ у-(аа)-и-з-хьа́-ԥш! (ARD) *Присмотри за моим ребенком! Look after my child!*

а-з-хь-ра́ [intr.] [C1-C2-Prev-R / C1-C2-Prev-Neg-R] [C1 long for C2; C1 miss C2] (**Fin.** [pres.] д-лы-з-хь-уе́-ит / д-лы-з-хь-уа́-м, [aor.] д-лы-з-хь-и́т / ды-л-зы́-м-хь-ит, [imper.] б-лы-з-хьы́ / бы-л-зы́-м-хьы-н!; **Non-fin.** [pres.] (C1) и-лы-з-хь-уа́ / и-л-зы́-м-хь-уа, (C2) д-зы-з-хь-уа́ / ды-з-зы́-м-хь-уа; **Abs.** д-лы-з-хь-ны́ / ды-л-зы́-м-хь-кәа) **1.** to long for: Уи́ еснáгь а-тцарá д-а-з-хь-уá-н. (ARD) *Он всегда жаждал учиться. He always longed to study.* **2.** to miss: А-хәычҷы и-áн д-лы-з-хь-уé-ит. (ARD) *Ребенок скучает по матери. The child misses his mother.*

а-з-хәы́ц-ра [intr.] [C1-C2-Prev-R / C1-C2-Prev-Neg-R] [C1 think about C2] (**Fin.** [pres.] д-а-з-хәы́ц-уе-ит, д-сы-з-хәы́ц-уе-ит (*он/она думает обо мне*) / д-а-з-хәы́ц-уа-м, д-сы-з-хәы́ц-уа-м, [aor.] д-сы-з-хәы́ц-ит / ды-с-зы́-м-хәы́ц-ит, д-а-з-хәы́ц-ит / д-а-зы́-м-хәы́ц-ит, [imper.] б-сы-зхәы́ц! / бы-с-зы́-м-хәы́цы-н!; [caus.] сы-б-з-лы-р-хәы́ц-ит / сы-б-з-л-мы́-р-хәыц-ит, с-ры-з-лы-р-хәы́ц-ит (*она заставила меня слушать их*); [poten.] сы-з-бы-з-хәы́ц-уа-м, сы-з-б-зы́-м-хәыц-ит; [non-vol.] с-áмха-бы-з-хәы́ц-ит / с-áмха-б-зы́-м-хәыц-ит; [vers.1]**; [vers.2] с-лы-цә-бы-з-хәы́ц-ит / с-лы-цә-б-зы́-м-хәыц-ит; **Non-fin.** [pres.] (C1) и-сы-з-хәы́ц-уа / и-с-зы́-м-хәыц-уа, (C2) д-зы-з-хәы́ц-уа / ды-з-зы́-м-хәыц-уа; **Abs.** д-сы-з-хәы́ц-ны / ды-с-зы-м-хәы́ц-кәа) **1.** to think about; to consider: У-зы-з-хәы́ц-уа-да? *Whom are you thinking about?* — Сарá ларá с-лы-з-хәы́ц-уе-ит. *I am thinking about her.* И-áжәа д-а-з-хәы́ц-уа д-тәá-н. *He/She sat thinking about his word.* Зны́ с-а-зхәы́ц-п, нáс а-ҭáк шә-á-с-ҳәа-п. *First I'll think about it, and then I'll answer you.* Иахá и-ý-ҳәа-з с-а-зхýцы-н с-á-ҟушахаҭ-уп. (Ab.Text) *I have thought about what you said to me last night. And I agree to it.* [cf. **а-хәы́ц-ра** "to think"]

а-з-ҳа-рá [intr.] [C1(и)-C2-Prev-R / C1(и)-C2-Prev-Neg-R] [C2 grow, (C1 is a dummy-prefix)] (**Fin.** [pres.] и-лы-з-ҳа-уé-ит, и-а-з-ҳа-уé-ит / и-лы-з-ҳа-уá-м, [aor.] и-лы-з-ҳá-ит, и-а-з-ҳá-ит / и-л-зы́-м-ҳа-ит, и-а-зы́-м-ҳа-ит, [imper.] и-бы-з-ҳá! / и-б-зы́-м-ҳа-н!, и-шәы-з-ҳá! / и-шә-зы́-м-ҳа-н!; **Non-fin.** [pres.] (C2) и-зы-з-ҳа-уá / и-з-зы́-м-ҳа-уа [aor.] (C2) и-зы-з-ҳá / и-з-зы́-м-ҳа [impf.] (C2) и-зы-з-ҳа-уá-з / и-з-зы́-м-ҳа-уа-з, [past indef.] (C2) и-зы-з-ҳá-з / и-з-зы́-м-ҳа-з; **Abs.** и-а-з-ҳа-ны́ / и-а-зы́-м-ҳа-кәа) **1.** to grow: и-ры-зҳа-уé-ит *they grow.* и-а-зҳа-уé-ит *it grows.* А-хуч-кәá ры-з-ҳа-уé-ит. *The children grow. Дети растут.* Уи а-ҟы́ҭа-ҿ и-з-ҳа-уá-н. *He grew up in the village. Он вырос в деревне.* Арáҟа а-мандари́не-и а-патырҟáл-и и-ры-з-ҳа-уé-ит. (AFL) *Mandarin oranges and oranges grow here. Здесь растут мандарины и апельсины.* А-хучы́ мшы-зҳá и-з-ҳа-уá, дáара и-цьó-у-шьа-ра-тәы лассы́ и-з-ҳá-ит. (Ab.Text) *The baby grew day by day and grew so big that you would be very surprised.* Ааҧын а-ҳаскьы́н лассы́ и-а-з-ҳá-ит. (RAD) *In spring, the grass grew quickly. Весной трава выросла быстро.* **2.** (= **á-ц-ла-ра**) (*of a day, etc.*) to become longer: А-тцх ау-хó-ит, и-а-з-ҳа-уé-ит. *The nights are getting longer and bigger.* А-мш кьáҿхо-ит, á-тцх и-а-з-ҳа-уé-ит. (AFL) *The day is getting short, and the night is getting long. День становится коротким, а ночь становится длинной.*

а-з-ҳәа-рá[1] [tr.] [C1-C2-Prev-C3-R / C1-C2-Prev-C3-Neg-R] [C3 say C1 about C2] (**Fin.** [pres.] и-л-зы́-с-ҳәо-ит / и-л-зы́-с-ҳәо-м, [aor.] и-л-зы́-с-ҳәе-ит / и-л-зы́-сы-м-ҳәе-ит, [imper.] и-л-зы́-ҳәа! / и-л-зы́-бы-м-ҳәа-н!, и-л-зы́-шә-ҳәа! / и-л-зы́-шәы-м-ҳәа-н!; **Non-fin.** [pres.] (C1) и-л-зы́-с-ҳәо / и-л-зы́-сы-м-ҳәо, (C2) и-з-зы́-с-ҳәо / и-з-зы́-сы-м-ҳәо, (C3) и-л-зы́-з-ҳәо / и-л-зы́-зы-м-ҳәо, **Abs.** и-л-зы́-ҳәа-ны / и-л-зы́-м-ҳәа-кәа) **1.** to say sth about sb: и-с-з-у-ҳәа-з *what you said about me.* и-л-зы́-с-ҳәо-ит *I'll say it/them about her.* || **á-шәа л-зы́-с-ҳәо-ит** I am singing a song to her: Оӧ сы́-ҧшӡа сы́-ҧсынтәыла, Ашәа у-зы́-с-ҳәо-ит сарá, (...). (IC) *Oh! my beautiful Abkhazia, I am singing of you,* (...). **2.** to hymm.

а-з-ҳәа-рá[2]* [tr.] [C1-C2-Prev-C3-R / C1-C2-Prev-C3-Neg-R] [C3 arrange a match for C2 with C1] (**Fin.** [aor.] д-и-зы́-р-ҳәе-ит / д-и-зы́-ры-м-ҳәе-ит, [imper.] д-сы-з-ҳәá! / д-и-зы́-бы-м-ҳәа-н!, **Abs.** д-сы-з-ҳәа-ны́ / д-и-зы́-м-ҳәа-кәа) **1.** to arrange a match for sb with sb; to marry sb off to sb: Уарá ҧҳәыс д-у-з-áҳ-ҳәо-ит. *We are trying to arrange a match for you with the woman.*

а-з-ца-рá [intr.] [C1-C2-OV/Prev-R / C1-C2-OV/Prev-Neg-R] [C1 go for C2; C1 go in place of C2] (**Fin.** [pres.] с-лы-з-цó-ит / с-лы-з-цó-м, [aor.] с-лы-з-цé-ит / сы-л-зы́-м-це-ит,

З

[imper.] б-лы-з-цá! / бы-л-зы́-м-ца-н!; **Non-fin.** [pres.] (C1) и-лы-з-цó / и-л-зы́-м-цо, (C2) с-зы-з-цó / сы-з-зы́-м-цо; **Abs.** с-лы-з-ца-ны́ / сы-л-зы́-м-ца-кәа) **1.** to go for sb. || **и-гәы́ лы-з-цé-ит** he was attracted by her. || А-матемáтика **и-хы́ а-з-цó-ит**. *He has an aptitude for mathematics.* || **и-хы́ а-з-цé-ит** *he thought about something, он о чем-то подумал.* **2.** to go in place of sb**:** Аамҭа ý-ма-м-зар, сарá с-у-з-цá-п уахь! (ARD) *Если у тебя нет времени, я пойду за (вместо) тебя! If you do not have time, I'll go for you (in your place)!* С-ý-ҳәо-ит, у-сы-з-цá! *Please, go for me! Прошу, сходи за меня!*

а-зҵаáра [n.] (-ққәа, зҵаáра-к) a problem; a question**:** Сарá зҵаáра-к сы́-мо-уп. *I have a question.* а-зҵаáра ҟа-и-ҵé-ит *he asked a question.* А-зҵаáра-ққәа р-ҭáк ҟа-шә-ҵá. *Answer the question!* А-ҵаҩы́ а-рҵаҩы́ а-зҵаáра л-и́-ҭе-ит. *The pupil asked the teacher a question. Ученик задал вопрос учительнице.* Аҭиҩы зéгь р-áҧхьаӡа зҵáара-с и-л-ý-ҭа-зеи? (AFL) *What question did you address to the salesman at the very beginning? С каким вопросом ты обратился к продавцу в самом начале?*

а-з-ҵаа-рá [intr.] [C1-C2-(a)-Prev(about)-R / C1-C2-(a)-Prev(about)-Neg-R] [C1 ask C2 (about it)] [See AF:47] (**Fin.** [pres.] с-бы-з-ҵаа-уé-ит *or* с-б-á-з-ҵаа-уе-ит, д-ҳа-з-ҵаа-уé-ит / с-бы-з-ҵаа-уá-м, [aor.] с-бы-з-ҵаá-ит / сы-б-зы́-м-ҵаа-ит, д-аҳ-зы́-м-ҵаá-ит, [imper.] б-лы-з-ҵаá! *or* б-л-á-з-ҵаа! / бы-л-зы́-м-ҵаа-н! шә-лы-з-ҵаá! *or* шә-л-á-з-ҵаа! / шәы-л-зы́-м-ҵаа-н!; [poten.] сы-з-бы-з-ҵáа-уа-м, сы-з-б-зы́-м-ҵаа-ит; [non-vol.] с-áмха-бы-з-ҵáа-ит / с-áмха-б-зы́-м-ҵаа-ит; [vers.1]**; [vers.2] с-лы-цә-бы-з-ҵáа-ит / с-лы-цә-б-зы́-м-ҵаа-ит; **Non-fin.** [pres.] (C1) и-лы-з-ҵаа-уá / и-л-зы́-м-ҵаа-уа, (C2) д-зы-з-ҵаа-уá / ды-з-зы́-м-ҵаа-уа, [aor.] (C1) и-лы-з-ҵáа / и-л-зы́-м-ҵаа, (C2) д-зы-з-ҵаá / ды-з-зы́-м-ҵаа, [fut.1] (C1) и-лы-з-ҵаа-рá / и-л-зы́-м-ҵаа-ра, (C2) д-зы-з-ҵаа-рá / ды-з-зы́-м-ҵаа-ра, [fut.2] (C1) и-лы-з-ҵаá-ша / и-л-зы́-м-ҵаа-ша, (C2) д-зы-з-ҵаá-ша / ды-з-зы́-м-ҵаа-ша, [perf.] (C1) и-лы-з-ҵаа-хьóу (-хьá(ц)) / и-л-зы́-м-ҵаа-хьоу (-хьа(ц)), (C2) д-зы-з-ҵаа-хьóу (-хьá(ц)) / ды-з-зы́-м-ҵаа-хьоу (-хьа(ц)), [impf.] (C1) и-лы-з-ҵаа-уá-з / и-л-зы́-м-ҵаа-уа-з, (C2) д-зы-з-ҵаа-уá-з / ды-з-зы́-м-ҵаа-уа-з, [past indef.] (C1) и-лы-з-ҵаá-з / и-л-зы́-м-ҵаа-з, (C2) д-зы-з-ҵаá-з / ды-з-зы́-м-ҵаа-з, [cond.1] (C1) и-лы-з-ҵаа-ры́-з / и-л-зы́-м-ҵаа-ры-з, (C2) д-зы-з-ҵаа-ры́-з / ды-з-зы́-м-ҵаа-ры-з, [cond.2] (C1) и-лы-з-ҵáа-ша-з / и-л-зы́-м-ҵаа-ша-з, (C2) д-зы-з-ҵáа-ша-з / ды-з-зы́-м-ҵаа-ша-з, [plupf.] (C1) и-лы-з-ҵаа-хьá-з / и-л-зы́-м-ҵаа-хьа-з, (C2) д-зы-з-ҵаа-хьá-з / ды-з-зы́-м-ҵаа-хьа-з; **Abs.** с-бы-з-ҵаа-ны́ / сы-б-зы́-м-ҵаа-кәа, д-а-з-ҵаа-ны́ / д-а-зы́-м-ҵаа-кәа) **1.** to ask**:** ды-л-зы́-м-ҵаа-ит *he/she didn't ask her.* А-ҵаҩы́ а-рҵаҩы́ д-л-á-з-ҵаа-ит. *The pupil asked the teacher.* У-з-л-á-з-ҵаа-уа-зеи? *About what are you asking her?* А-мҩасҩы д-и-á-зҵаа-ит. *He/She asked the passerby.* Шаҟá и-а-ҧсó-у-зеи абри́ а-ҵкы́ ҩéижь?, ҳәá áҭиҩы д-лы-з-ҵáа-ит (*or* д-л-á-з-ҵаа-ит) ҧҳәы́зба-к. (AFL) *A girl asked the saleswoman, "How much does this yellow dress cost?" «Сколько стоит это желтое платье?», — спросила одна девушка продавщицу.* Барá б-абá-нхо-и?, ҳәа (сарá) д-сы-з-ҵáа-ит Амра. [*or* ..., ҳәа Амра д-сы-з-ҵáа-ит.] *"Where do you live?" Amra asked me.* И-з-ҳәá-да ҳәа с-и-á-зҵаа-ит. *I asked him who said this.* Уи сарá и-с-зы́-м-ҵаа-кәа, а-ҭáла-ра уаҩы́ д-á-кәиҭы-м. *Without their asking me, nobody has the right to enter it.* Сарá с-и-á-з-ҵаа-ит: — Шә-абá-цо-и? — ҳәа. *I asked him, "Where are you going?"* И-ҟо-у-зеи арá, арсҟаҩы́к ауáа, шә-еиза-ны́ шәы-з-тәó-у-зеи? — и-ҳәá-н, д-р-á-з-ҵаа-ит. (Ab.Text) *What's going on here? Such a lot of people. Why did you all come together and sit down? He said and asked them.* (...) р-ҳәé-ит д-зы-з-ҵаа-куá-з (Ab.Text) (...) *сказали те, которых он спросил.* А-ҳәынҭқáр á-жәлар д-р-á-з-ҵаа-ит. (Ab.Text) *The King asked the people.* Д-ан-дý-ха зны ус д-ры-з-ҵаá-ит д-з-ааӡá-з. (Ab.Text) *One day, when the baby had grown up, he asked the people who had brought him up.* [cf. **а-ҵаа-рá** "to ask"]

а-зҵаатәы́ [n.] (а-зҵаатә-ққәá, зҵаатәы́-к) a problem; a question**:** а-хҵәа-цәá ры-зҵаатәы́ *a refugee issue.*

а-зҿлы́мҳа-ра [intr. stative] [C1-C2-S] [C1 be interested in C2; C1 look after C2] (**Fin.** [pres.] д-ры-зҿлы́мҳа-уп / д-ры-зҿлы́мҳа-м, [past] д-ры-зҿлы́мҳа-н / д-ры-зҿлы́мҳа-мызт, [imper.] б-ры-зҿлы́мҳа-з! / б-ры-зҿлы́мҳа-мыз!; **Non-fin.** [pres.] (C1) и-ры-зҿлы́мҳа-у / и-ры-зҿлы́мҳа-м, (C2) д-зы-зҿлы́мҳа-у / д-зы-зҿлы́мҳа-м, **Abs.** д-ры-зҿлы́мҳа-ны / д-ры-зҿлы́мҳа-м-кәа) **1.** to be interested in**:** А-поли́тика д-а-зҿлы́мҳа-уп. *He/She is interested in politics. Он/Она интересуется политикой.* Шәара́ а-ҟа́зара шә-зҿлы́мҳа-у-ма? *Are you interested in art?* **2.** to look after sb, to follow sb**:** А-хәыч-қәа́ у-ры-зҿлы́мҳа-з! *Look after the children! Следи за детьми!*

а-з-ҿы-ҭ-ра́ [tr.] [C2-з-Prev-C3-R / C2-з-Prev-C3-Neg-R] [C3 call C2] (**Fin.** [pres.] бы-з-ҿы́-с-ҭ-уе-ит (*я зову тебя*), лы-з-ҿа́-ҳ-ҭ-уе-ит (*мы зовем ее*), и-з-ҿа́-ҳ-ҭ-уе-ит, сы-з-ҿы́-л-ҭ-уе-ит, лы-з-ҿы́-р-ҭ-уе-ит / бы-з-ҿы́-с-ҭ-уа-м (-ҭ-ӡо-м), [aor.] бы-з-ҿы́-с-ҭ-ит / бы-з-ҿы́-сы-м-ҭ-ит (-ҭ-ӡе-ит), [imper.] ҿы-ҭы́! (*позови!*) / ҿы́-бы-м-ҭы-н!, сы-з-ҿы-ҭы́! *call me!* (позови меня!) / сы-з-ҿы́-бы-м-ҭы-н!, сы-з-ҿы́-шә-ҭ! / сы-з-ҿы́-шәы-м-ҭы-н!; **Non-fin.** [pres.] (C2) зы-з-ҿы́-л-ҭ-уа (*тот, которого она зовет*) / зы-з-ҿы́-лы-м-ҭ-уа, (C3) бы-з-ҿы́-з-ҭ-уа (*тот, который зовет тебя*) / бы-з-ҿы́-зы-м-ҭ-уа, [aor.] (C2) зы-з-ҿы́-л-ҭ / зы-з-ҿы́-лы-м-ҭ, (C3) бы-з-ҿы́-з-ҭ / бы-з-ҿы́-зы-м-ҭ, [impf.] (C2) зы-з-ҿы́-л-ҭ-уа-з / зы-з-ҿы́-лы-м-ҭ-уа-з, (C3) бы-з-ҿы́-з-ҭ-уа-з / бы-з-ҿы́-зы-м-ҭ-уа-з, [past indef.] (C2) зы-з-ҿы́-л-ҭы-з / зы-з-ҿы́-лы-м-ҭы-з, (C3) бы-з-ҿы́-з-ҭы-з / бы-з-ҿы́-зы-м-ҭы-з; **Abs.** бы-з-ҿы-ҭ-ны́ / бы-з-ҿы́-м-ҭ-кәа) **1.** to call; to call loudly; to hail**:** ры-з-ҿа́-ҳ-ҭ-ит *we called them.* ры-з-ҿа́-ҳа-м-ҭ-ит *we didn't call them.* сы-з-ҿы-на́-ҭ-ит *it called me.* сы-з-ҿы-на́-м-ҭ-ит *it didn't call me.* а-з-ҿы́-с-ҭ-ит *I called it.* а-з-ҿы́-сы-м-ҭ-ит *I didn't call it.* Сара́ с-аб и-з-ҿы́-с-ҭ-ит. *I called my father.* Наа́ла «Миза́н, у-аа́и!» — ҳәа и-з-ҿы́-л-ҭ-уе-ит. (AFL) *Naala is calling: "Mizan, come here!" Наала зовет: «Мизан, иди сюда!».* С-ца-ны́ и-з-ҿы́-с-ҭ-уе-ит. *I will go to call him.* Уи́ ара́хь и-з-ҿ-ҭы́! *Call him here!* И-йас-ны и-цо́-з и-з-ҿы́-с-ҭ-ит. (ARD) *Я окликнул прохожего. I hailed a passer-by.* А-гәы́ла з-ҿы́-с-ҭ-ит. *I called the neighbor.* [cf. **а-ҿы-ҭ-ра́** "to call"]

-зы [affix] *used to mark the interrogative meaning "what." This affix is inserted before the second group marker* **-з** *of non-finite dynamic verbs.* (Hewitt, Abkhaz:12)**:** и-цо́-зы-з *what was going?*

-зы [post.] **1.** *used with a pronominal affix referring to a noun or a pronoun, to mean "for." Verbs in sentences with this* **-зы** *are neutral (Neutral Version). Therefore, making use of this postposition, expressions like "I did it for myself" are possible. (cf. the objective version marker* **-з(ы)**)**:** сара́ с-зы *for me, для меня.* уара́ у-зы́ *for you (m.sg.).* бара́ б-зы *for you (f.sg.).* иара́ и-зы́ *for him.* лара́ л-зы *for her.* иара́ а-зы́ *for it.* ҳара́ ҳ-зы *for us.* шәара́ шә-зы *for you (pl.).* дара́ р-зы *for them.* ҩы́џьа р-зы а-уаҭа́х *a room for two people.* Сара́ с-зы́ и-ҟа-с-ҵе́-ит. *I did it/them for myself. Я для себя его(нрз.)/их сделал.* Аса́бша уара́ у-зы́ и-ҧсшьа́ра мш-у́-ма? *Saturday — is this a day of rest for you?* А-ҩы́за бзи́а и-зы́ и-с-ҳәа́-рц с-ҭахы́-уп а-жәа-қәа́-к. (AFL) *I want to say a few words for my good friend. Я хочу сказать несколько слов для хорошего друга.* Сара́ с-зы́ ари́ а́-шықәс бзи́а-н. *This year was good for me.* Сы-ҧс-а́анӡа уара́ у-зы́ сы́-ҟо-уп. (Ab.Text) *I will be here for you until I die.* Иахьа-з-о́-уп (/Иахьа-зы́ а-уп) у-зы́-с-ҭах-у. (ACST) *It is for today why I want you.* [cf. **-хазы́** "for"]

2. *used to express cause.* "because"**:** Бара́ б-**ахь**-ца́-з а-зы́/а-ҟы́нтә (= б-це́-ит а-зы́/а-ҟынтә) сара́ ара́ с-аан-хе́-ит. [*lit. (that) you went; for/from the reason of it, I stayed here.*] *Because you went, I stayed here.* Ды-з-це́-и? Аамҭа и́-ма-ӡа-мызт а-зы́/а-ҟы́нтә. (ACST) *Why did he go? Because he had no time.*

3. [with masdar or the purposive form] *used to express a purpose.* "in order to" (Hewitt, Abkhaz: 42, 199)**:** шә-ба-ра-зы́ с-а́а-ит *I came to see you (pl.).* [N.B. In verbs of motion, the masdar without **-зы** can also be used, cf. шә-ба-ра́ с-а́а-ит. *I came to see you.*] С-ҩы́за и-ба-

З

ра-[а]-зы́ а́-қалақь [а-]ахь с-цо-ит // с-це-ит. *I am going // I went to town to see my friend.* А-ҩны́ а-ргы́ла-ра-зы х̧-а́а-ит. *We came to build a house. Мы пришли построить дом.* С-ҩы́за и-ба-ра-зы́ а́-қалақь ахь с-це́-ит. *I went to town to see my friend.* С-ҩы́за д-сы-м-ба́-рц а-зы́ (*or* д-сы-м-ба́-ра-зы) а́-қалақь а́хь с-це́-ит. *I went to town in order that I didn't see my friend.* С-ҩы́за ды-ртцаҩ-ны́ д-ҟала-ра-зы́ (*or* д-ҟала́-рц) д-ҭа́ле-ит а-институ́т. *My friend entered an institute in order to become a teacher. Мой друг поступил в институт, чтобы стать учителем.* А-бна бзи́а и-з-бо́ а́-бна-ҿы а́-мца еиқә-и́-цо-м, а́-бна а́-мца а́-м-к-ра-зы! (AFL) *So that a forest does not catch fire, a person who loves the forest does not start a fire in the forest. Том, кто любит лес, в лесу не разводит огонь, чтобы не загорелся лес.* С-ҩы́за д-сы-м-ба́-ра-зы а-ҩны́ сы́-ҟо-уп. *I am at home so that I will not meet my friend. Я дома, чтобы не встретить моего друга.* Аҩсҭаа д-зәы́ц-ла-рц а-зы́ уахы́-к-и ҽна́-к-и а́ӡара и́-и-ҭе-ит. (AF) *He gave the Devil a period of a day and anight to spend in thought.*

4. (= **-зын** = **-зых̧әа(н)**) (*during a period of time*) "on, at, in"**:** Уара́ а́шьыжь а-саа́ҭ шаҟа́ р-зы́ у-гы́ло-и? *What time do you get up?* Сара́ еснагь а-саа́ҭ 8 (ааба́) р-зы́ с-гы́ло-ит. *I always get up at 8 o'clock.* Сара́ а-саа́ҭ ааба́ ры́-бжа-зы с-гы́ло-ит. *I get up at half past seven. Я встаю в половине восьмого.* ԥхны́ мшы́-к а-зы́ *one summer's day;* Жәаба́ ры́-бжа р-зы́ шьыжьхьа́ с-фо́-ит. (AFL) *I have breakfast at half past nine. Я завтракаю в половине десятого.* А-ҩа́ша-зы с-аа-уе́-ит. *I'll come on Tuesday.* Сара́ с-и-и́т 1955 шықәса́ р-зы. (GAL) *Я родился в 1955 году. I was born in 1955.* А-шәы́р а́-ӡын а-з-гьы́ и-у-тцәахы́-р ҟа-ло́-ит. *It is possible to preserve fruits in winter, too.*

5. (*of time*) by**:** аҿх̧әара-зы́ *in time, on time, к сроку.* январ ака-зы́ *by the 1st of January, к первому января.* уатцәа-зы́ *by tomorrow, к завтрашнему дню.*

6. on, as to, as regards**:** А-хә а-зы́ и-еиқәы́-м-шәе-ит. (ACST) *They did not come to an agreement on the price.*

а-зы-бзи́а-ха-ра [intr.] [C1-C2-OV-good-R / C1-C2-OV-good-Neg-R] [C1 fit C2] (**Fin.** [pres.] и-с-зы-бзи́а-хо-ит / и-с-зы-бзи́а-хо-м, [aor.] и-с-зы-бзи́а-хе-ит / и-с-зы-бзи́а-м-хе-ит (-ха-ӡе-ит); **Non-fin.** [pres.] (C1) и-с-зы-бзи́а-о / и-с-зы-бзи́а-м-хо, (C2) и-з-зы-бзи́а-о / и-з-зы-бзи́а-м-хо; **Abs.** и-с-зы-бзи́а-ха-ны / и-с-зы-бзи́а-м-ха-кәа) **1.** to fit sb; (*of size*) to fit**:** Ари́ а-хы́лԥа сара́ и-с-зы-бзи́а-хо-ит. (GAL) *Эта шапка подходит мне. This cap fits me.* Арҭ а́-магә-қәа с-зы-бзи́а-хе-ит. (ARD) *Эти сапоги мне впору. These boots fit me.* Арҭ а́имаа-қәа с-зы-бзи́а-м-хе-ит, и-сы-цәхәыч-у́п. (ARD) *Эта обувь мне не подошла, она мала мне. This footwear didn't fit me: it was small for me.*

а-зы́-ӡырҩ-ра [intr.] [C1-C2-Prev-R / C1-C2-Prev-Neg-R] [C1 listen to C2] (**Fin.** [pres.] сы-б-зы́-ӡырҩ-уе-ит, д-а-зы́-ӡырҩ-уе-ит / сы-б-зы́-ӡырҩ-уа-м, [aor.] сы-б-зы́-ӡырҩ-ит, д-а-зы́-ӡырҩ-ит, ды-с-зы́-ӡырҩ-ит / сы-б-зы́-м-ӡырҩ-ит, д-а-зы́-м-ӡырҩ-ит, ды-с-зы́-м-ӡырҩ-ит, [imper.] бы-с-зы́-ӡырҩ! / бы-с-зы́-м-ӡырҩы-н!, шәы-с-зы́-ӡырҩ(ы)!; [caus.] сы-б-з-лы́-р-ӡырҩ-ит / сы-б-з-л-мы́-р-ӡырҩ-ит, сы-р-з-лы́-р-ӡырҩ-ит / сы-р-з-л-мы́-р-ӡырҩ-ит; [poten.] сы-з-б-зы́-ӡырҩ-уа-м, сы-з-б-зы́-м-ӡырҩ-ит; [non-vol.] с-а́мха-б-зы́-ӡырҩ-ит / с-а́мха-б-зы́-м-ӡырҩ-ит; [vers.1]? [vers.2] с-лы-цә-б-зы́-ӡырҩ-ит / с-лы-цә-б-зы́-м-ӡырҩ-ит; **Non-fin.** [pres.] (C1) и-л-зы́-ӡырҩ-уа (*тот, который слушает ее*) / и-л-зы́-м-ӡырҩ-уа, (C2) ды-з-зы́-ӡырҩ-уа (*тот, которого он/она слушает*) / ды-з-зы́-м-ӡырҩ-уа, [aor.] (C1) и-л-зы́-ӡырҩ / и-л-зы́-м-ӡырҩ, (C2) ды-з-зы́-ӡырҩ / ды-з-зы́-м-ӡырҩ, [fut.1] (C1) и-л-зы́-ӡырҩ-ра / и-л-зы́-м-ӡырҩ-ра, (C2) ды-з-зы́-ӡырҩ-ра / ды-з-зы́-м-ӡырҩ-ра, [fut.2] (C1) и-л-зы́-ӡырҩы-ша / и-л-зы́-м-ӡырҩы-ша, (C2) ды-з-зы́-ӡырҩы-ша / ды-з-зы́-м-ӡырҩы-ша, [perf.] (C1) и-л-зы́-ӡырҩ-хьоу (-хьа(ц)) / и-л-зы́-м-ӡырҩ-хьоу (-хьа(ц)), (C2) ды-з-зы́-ӡырҩ-хьоу (-хьа(ц)) / ды-з-зы́-м-ӡырҩ-хьоу (-хьа(ц)), [impf.] (C1) и-л-зы́-ӡырҩ-уа-з / и-л-зы́-м-ӡырҩ-уа-з, (C2) ды-з-зы́-ӡырҩ-уа-з / ды-з-зы́-м-ӡырҩ-уа-з, [past indef.] (C1) и-л-зы́-ӡырҩы-з / и-л-зы́-м-ӡырҩы-з, (C2) ды-з-зы́-ӡырҩы-з / ды-з-зы́-м-ӡырҩы-з, [cond.1] (C1) и-л-зы́-

ӡырҩ-ры-з / и-л-зы́-м-ӡырҩ-ры-з, (C2) ды-з-зы́-ӡырҩ-ры-з / ды-з-зы́-м-ӡырҩ-ры-з, [cond.2] (C1) и-л-зы́-ӡырҩы-ша-з / и-л-зы́-м-ӡырҩы-ша-з, (C2) ды-з-зы́-ӡырҩы-ша-з / ды-з-зы́-м-ӡырҩы-ша-з, [plupf.] (C1) и-л-зы́-ӡырҩ-хьа-з / и-л-зы́-м-ӡырҩ-хьа-з, (C2) ды-з-зы́-ӡырҩ-хьа-з / ды-з-зы́-м-ӡырҩ-хьа-з; **Abs.** сы-б-зы́-ӡырҩ-ны / сы-б-зы́-м-ӡырҩ-(ӡа)-кәа) **1.** to listen to sb/sth: Сы-л-зы́-ӡырҩ-уе-ит. *I am listening to her.* Шә-аа-и-зы́-ӡырҩ! *Listen to him! Послушайте его!* Ҳа-и-зы́-ӡырҩы-п! *Let's listen to him! Давайте послушаем его!* А-му́зыка с-а-зы́-ӡырҩ-ит. *I listened to music. Я слушал музыку.* Уахьа́ а́-шьҭахь а-му́зыка с-а-зы́-ӡырҩ-уе-ит. (AFL) *I listen to music after supper. После ужина я слушаю музыку.* Ашәа-қәа ҳа-р-зы́-ӡырҩ-уе-ит. *We listen to (many) songs.* А-телеви́зор ҳ-аиц-а́-хәа-ҧш-уе-ит, мамза́р-гьы а́ҧсуа шәа-қәа́ ҳа-р-зы́-ӡырҩ-уе-ит. (AFL) *Together we watch television or listen to Abkhazian songs. Мы вместе смотрим телевизор или слушаем абхазские песни.* Иара́ у́рҭ р-цәа́жә ара́ д-а-зы́-ӡырҩ-ит. (RAD) *He listened to their talk. Он прислушался к их разговору.* **2.** to obey; to take (*sb's advice, etc.*), to listen to sb: А-хәычы́ и-ан-и и-аб-и ды-р-зы́ӡырҩ-уе-ит. *The child listens to his mother and father. Ребенок слушается родителей.* Шәы-с-зы́-ӡырҩы!, ба́ша шәы-ла-қуа ҭи́бах-уе-ит. (Ab.Text) *You people, please listen to what I have to say. Isn't it in vain to argue?* **3.** to attend/listen to (a lecture): а-профе́ссор и-ле́кциа-қәа р-зы́ӡырҩра *to attend the professor's lectures, слушать лекции профессора.*

зықь *see* **зқьы**

а-зы́ҟа [n.] (*gramm.*) voice: а-хҭы́сратә зы́ҟа *passive voice.* аиа́шатә зы́ҟа *active voice.*

а-зы́ҟа-заа-ра [intr. stative] [C1-C2-S] [C1 be on intimate terms with C2] (**Fin.** [pres.] ды-с-зы́ҟо-уп / ды-с-зы́ҟа-м, [past] ды-с-зы́ҟа-н / ды-с-зы́ҟа-мызт, [imper.] бы-с-зы́ҟа-з! / бы-с-зы́ҟа-мыз!; **Non-fin.** [pres.] (C1) и-с-зы́ҟо-у / и-с-зы́ҟа-м, (C2) ды-з-зы́ҟо-у / ды-з-зы́ҟа-м; **Abs.** ды-с-зы́ҟа-ны / ды-с-зы́ҟа-м-кәа) **1.** to be on intimate terms with sb: ды-с-зы́ҟо-уп *he/she is on intimate terms with me.* **2.** to treat sb: Аҧсуаа а́-сас и-шҧа́-и-зыҟо-у? (AFL) *How do Abkhazians treat their guests? Как абхазцы относятся к гостям?*

а-зы́-ҟа-ла-ра* [intr.] [C1-C2-OV-Prev-R / C1-C2-OV-Prev-Neg-R] [C1 happen to C2] (**Fin.** [aor.] и-у-зы́-ҟа-ле-ит / и-у-зы́-ҟа-м-ле-ит, **Abs.** и-у-зы́-ҟа-ла-ны / и-у-зы́-ҟа-м-ла-кәа) **1.** to happen to sb: А-бзи́ара у-зы́-ҟала-аит! *I wish you every happiess! Я желаю тебе всего хорошего!* [cf. **а́-ҟа-ла** "to happen"]

а-зы́ҟара 1. [n.] relationship. **2.** an attitude toward sb/sth.

а-зы́-ҟа-ҵа-ра[1] [tr.] [C1-C2-OV-Prev-C3-R / C1-C2-OV-Prev-C3-Neg-R] [C3 do/make C1 for C2] (**Fin.** [pres.] и-л-зы́-ҟа-с-ҵо-ит / и-л-зы́-ҟа-с-ҵо-м, [aor.] и-л-зы́-ҟа-с-ҵе-ит / и-л-зы́-ҟа-сы-м-ҵе-ит, [imper.] и-л-зы́-ҟа-ҵа! / и-л-зы́-ҟа-бы-м-ҵа-н!, и-л-зы́-ҟа-шә-ҵа! / и-л-зы́-ҟа-шәы-м-ҵа-н!; **Non-fin.** [pres.] (C1) и-л-зы́-ҟа-с-ҵо / и-л-зы́-ҟа-сы-м-ҵо, (C2) и-з-зы́-ҟа-с-ҵо / и-з-зы́-ҟа-сы-м-ҵо, (C3) и-л-зы́-ҟа-з-ҵо / и-л-зы́-ҟа-зы-м-ҵо; **Abs.** и-л-зы́-ҟа-ҵа-ны / и-л-зы́-ҟа-м-ҵа-кәа) **1.** to do sth for sb: И-у-зы́-ҟа-с-ҵа-р-и? *What am I to do for you?* А-у́с бзи́а с-зы́-ҟа-и-ҵе-ит. (ARD) *Он мне хорошее дело сделал. He did a good job for me.* **2.** to make sth for sb: А-уарды́н с-зы́-ҟа-и-ҵе-ит. (ARD) *Он для меня сделал арбу. He made the (ox)cart for me.*

а-зы́-ҟа-ҵа-ра[2] [tr.] [C1-a-OV(зы́)-Prev-C3-R / C1-a-OV(зы́)-Prev-Neg-C3-R] [C3 train C1 (for it)] (**Fin.** [pres.] и-а-зы́-ҟа-л-ҵо-ит / и-а-зы́-ҟа-л-ҵо-м (-ҵа-ӡо-м), [aor.] и-а-зы́-ҟа-л-ҵе-ит / и-а-зы́-ҟа-лы-м-ҵе-ит (-ҵа-ӡе-ит), [imper.] и-а-зы́-ҟа-ҵа! / и-а-зы́-ҟа-бы-м-ҵа-н!, и-а-зы́-ҟа-шә-ҵа! / и-а-зы́-ҟа-шәы-м-ҵа-н!; **Non-fin.** [pres.] (C1) и-а-зы́-ҟа-л-ҵо / и-а-зы́-ҟа-лы-м-ҵо, (C3) и-а-зы́-ҟа-з-ҵо / и-а-зы́-ҟа-зы-м-ҵо; **Abs.** д-а-зы́-ҟа-ҵа-ны / д-а-зы́-ҟа-м-ҵа-кәа) **1.** to train: А-тре́нер а-физкульту́рник-цәа а-зы́-ҟа-и-ҵо-ит. *The trainer coaches gymnastics. Тренер тренирует физкультуру.* **2.** to prepare: а́-ҷкун а-екза́мен и-а-зы́ҟаҵа-ра *to prepare the boy for the examination, готовить мальчика к экзамену.*

-зын (= **-зы**) [post.] *in reference to periods of time.* at (e.g. two o'clock, ...). See **-зы**.

З

а-зы́-на-цҳа-ра [tr.] [C1-C2-OV-Prev-C3-R / C1-C2-OV-Prev-C3-Neg-R] [C3 report C1 to C2; C3 inform C2 of C1] (**Fin.** [pres.] и-р-зы́-на-сы-цҳа-уе-ит / и-р-зы́-на-сы-цҳа-уа-м, [aor.] и-р-зы́-на-сы-цҳа-ит / и-р-зы́-на-с-мы-цҳа-ит, [imper.] и-р-зы́-на-цҳа! / и-р-зы́-на-б-мы-цҳа-н!, и-р-зы́-на-шәы-цҳа! / и-р-зы́-на-шә-мы-цҳа-н!; **Non-fin.** [pres.] (C1) и-р-зы́-на-сы-цҳа-уа / и-р-зы́-на-с-мы-цҳа-уа, (C2) и-з-зы́-на-сы-цҳа-уа / и-з-зы́-на-с-мы-цҳа-уа, (C3) и-р-зы́-на-зы-цҳа-уа / и-р-зы́-на-з-мы-цҳа-уа; **Abs.** и-р-зы́-на-цҳа-ны / и-р-зы́-на-мы-цҳа-кәа) **1.** to report sth to sb, to inform sb of sth**:** Аӡә и-ҿа́ла и-с-зы́-на-ры-цҳа-ит. (ARD) *Через кого-то сообщили мне. They reported it/them to me through somebody.* [cf. **а́-на-цҳа-ра**]

а-зы́-на-шьҭ-ра [tr.] [C1-C2-OV-Prev-C3-R / C1-C2-OV-Prev-C3-Neg-R] [C3 send C1 to C2] (**Fin.** [pres.] ды-р-зы́-на-сы-шьҭ-уе-ит / ды-р-зы́-на-сы-шьҭ-уа-м, [aor.] ды-р-зы́-на-сы-шьҭ-ит / ды-р-зы́-на-с-мы-шьҭ-ит, [imper.] ды-р-зы́-на-шьҭ! / ды-р-зы́-на-б-мы-шьҭы-н!, ды-р-зы́-на-шәы-шьҭ! / ды-р-зы́-на-шә-мы-шьҭы-н!; **Non-fin.** [pres.] (C1) и-р-зы́-на-сы-шьҭ-уа / и-р-зы́-на-с-мы-шьҭ-уа, (C2) ды-з-зы́-на-сы-шьҭ-уа / ды-з-зы́-на-с-мы-шьҭ-уа, (C3) ды-р-зы́-на-зы-шьҭ-уа / ды-р-зы́-на-з-мы-шьҭ-уа; **Abs.** ды-р-зы́-на-шьҭ-ны / ды-р-зы́-на-мы-шьҭ-кәа) **1.** to send sth/sb to sb**:** А-шәҟәы́ р-зы́-на-и-шьҭ-ит. *He sent the letter to them. Он им послал письмо.* А-дире́ктор ҿы́ц ды-р-зы́-на-ры-шьҭ-ит. (ARD) *Нового им прислали директора. They sent to them a new director.* [cf. **а́-на-шьҭ-ра**]

зынӡа́ [adv.] **1.** quite; completely, entirely; such, so**:** Зынӡа́ и-сси́р-уп ҳара́ ҳа́-пҳхын. (AFL) *Our summers are so beautiful. Наше лето такое прекрасное.* **2.** completely, fully. **3.** very, very much**:** Зынӡа́ с-ка́ра-хе-ит. *I am very tired.* Зынӡа́ и-зама́но-уп! *Excellent!*

зынӡа́к [adv.] completely, utterly; perfectly; altogether.

зынӡа́ск [adv.] (= **зынӡа́к**) entirely, completely**:** Уи́ сара́ зынӡа́ск-гьы с-и-з-ды́р-ӡо-м. *He doesn't know me at all.*

а-зы-н-кы́ла-ра [tr.] [C1-C2-OV-Prev-C3-R / C1-C2-OV-Prev-C3-Neg-R] [C3 leave C1 for C2] (**Fin.** [pres.] и-сы-з-ны́-л-кыло-ит / и-сы-з-ны́-л-кыло-м, [aor.] и-сы-з-ны́-л-кыле-ит / и-сы-з-ны́-лы-м-кыле-ит, [imper.] и-с-зы-н-кы́л! / и-сы-з-ны́-бы-м-кыла-н!, и-сы-з-ны́-шә-кыл! / и-сы-з-ны́-шәы-м-кыла-н!; **Non-fin.** [pres.] (C1) и-сы-з-ны́-л-кыло / и-сы-з-ны́-лы-м-кыло, (C2) и-зы-з-ны́-л-кыло / и-зы-з-ны́-лы-м-кыло, (C3) и-сы-з-ны́-з-кыло / и-сы-з-ны́-зы-м-кыло; **Abs.** и-с-зы-н-кы́ла-ны / и-сы-з-ны́-м-кыла-кәа) **1.** to leave sth to sb/for sb**:** Сар-гьы́ мачк с-зы-н-кы́л! *Leave a bit for me too! Мне тоже немного оставь!*

а́-зынмаҭәа [n.] (-қәа) a set of clothing.

а-зын-ха-ра́ [intr.] [< -зы-н-ха- "for/OV-Prev-stay," cf. **а-н-ха-ра́** "to live/stay"] [C1-C2-OV-Prev-R /C1-C2-OV-Prev-Neg-R] [C2 have C1 left] (**Fin.** [pres.] и-л-зын-хо́-ит / и-л-зын-хо́-м, [aor.] и-л-зын-хе́-ит / и-лы-зны́-м-хе-ит, *or* л-зын-хе́-ит (*у нее осталось*) / и-лы-зны́-м-хе-ит, [imper.] б-а-зын-ха́! / б-а-зны́-м-ха́-н!; **Non-fin.** 1) [pres.] (C1) и-зын-хо́ / и-зны́-м-хо, [aor.] (C1) и-зын-ха́ / и-зны́-м-ха, 2) [pres.] (C1) и-а-зын-хо́ / и-а-зны́-м-хо, (C2) ды-з-зын-хо́ / ды-з-зны́-м-хо; **Abs.** и-л-зын-ха-ны́ / и-лы-зны́-м-ха-кәа) **1.** to be left; to remain**:** и-л-зын-хе́-ит *she has it left, это у нее осталось.* с-зын-хе́-ит *у меня осталось.* Шә-ма́аҭ-к с-зын-хе́-ит (*or* и-с-зын-хе́-ит шә-ма́аҭ-к). *I have 100 rubles left. У меня осталось сто рублей.* А-нцәа́ иара́ и́-и-ша-з а-дуне́и иара́ и-зы-н-хе́-ит. (AF) *The world that God himself had created remained in his hands.*

зыпҳшааны́ [adv.] at what time?**:** Зыпҳшааны́ у-гы́ле-и? *What time did you get up?* (CAST)

а-зыпҳшра́[1] [n.] waiting.

а-зы-пҳш-ра́[2] [intr.] [C1-C2-Prev-R / C1-C2-Prev-Neg-R] [C1 wait for C2] **(1)** [dynamic] (**Fin.** [pres.] сы-б-зы-пҳш-уе́-ит (*я тебя подожду*), с-а-зы-пҳш-уе́-ит (*я жду это*) / сы-б-зы-пҳш-уа́-м (*or* -пҳш-ӡо́-м), [aor.] сы-б-зы-пҳш-и́т / сы-б-зы́-м-пҳш-ит (-пҳш-ӡе-ит), [imper.] б-а-зы-пҳшы́! / б-а-зы́-м-пҳшы-н!, шә-а-зы-пҳшы́! / шә-а-зы́-м-пҳшы-н!; **Non-fin.** [pres.] (C1) и-б-зы-пҳш-уа́ / и-б-зы́-м-пҳш-уа, (C2) сы-з-зы-пҳш-уа́ / сы-з-зы́-м-пҳш-уа, [aor.]

(C1) и-б-зы-ҧшы́ / и-б-зы́-м-ҧш, (C2) сы-з-зы-ҧшы́ / сы-з-зы́-м-ҧш; **Abs.** д-а-зы-ҧшны́ / д-а-зы́-м-ҧшы-кәа) **1.** (= **а-з-ҧш-ра́**, cf. **а-ҧш-ра́**) to wait for: сы-б-зы-ҧш-уе́-ит *I'll wait for you.* сы-б-зы-ҧш-уа́-н *I was waiting for you.* сы-б-зы-м-ҧш-и́т *I didn't wait for you.* А-спекта́кль а́-л-га-ра с-а-зы-ҧш-и́т. *I waited for the performance to finish. Я дождался конца спектакля.* **(2)** [stative] (**Fin.** [pres.] ҳа-р-зы-ҧш-у́п, [past] ҳа-р-зы-ҧшы́-н) to be waiting for: Шәы-з-зы-ҧш-у́-и? *What are you waiting for?* Шәы-з-зы-ҧшы́-да? *Whom are you waiting for?* Шәара́ акы́р шә-а-зы-ҧш-у́-ма? *Are you waiting for anything?* Ҳара́ Бата́л-и Дау́р-и ҳа-р-зы-ҧш-у́п. (IC) *We are waiting for Batal and Daur. Мы ждем Батала и Даура.* А-у́лица-ҟны и-ҩы́за д-и-зы-ҧшы́-н. (RAD) *Он ждал на улице товарища. He was waiting on the street for his friend.* А-ҧа́ра с-а-зыҧш-у́п. *I am waiting for the money. Я жду денег.* || **зы-ҧш-ра́ ҟа-м-ҵа-ӡа́-кәа** [adv.] urgently; quickly. [> **а-зыҧшы́рҭатә зал** "a waiting hall"]

а-зы́раз-ра [intr. stative] [C1-C2-R] [C1 be agreement with C2] (**Fin.** [pres.] сы-л-зы́раз-уп / сы-л-зы́разы-м, [past] сы-л-зы́разы-н / сы-л-зы́разы-мызт; **Non-fin.** [pres.] (C1) и-л-зы́раз-у / и-л-зы́разы-м, (C2) сы-з-зы́раз-у / сы-з-зы́разы-м, [past] (C1) и-л-зы́разы-з / и-л-зы́разы-мыз, (C2) сы-з-зы́разы-з / сы-з-зы́разы-мыз. **Abs.** сы-л-зы́раз-ны / сы-л-зы́разы-м-кәа) **1.** to be agreement with sb; to agree with sb: сы-л-зы́раз-уп *I agree with her, я согласен с ней.*

а-зы́раз-ха-ра [intr.] [C1-C2-R-become] [C1 agree with C2] (**Fin.** [pres.] сы-л-зы́раз-хо-ит / сы-л-зы́раз-хо-м, [aor.] сы-л-зы́раз-хе-ит / сы-л-зы́разы-м-хе-ит, [imper.] бы-л-зы́раз-ха! / бы-л-зы́разы-м-ха-н!; **Non-fin.** [pres.] (C1) и-л-зы́раз-хо / и-л-зы́разы-м-хо, (C2) сы-з-зы́раз-хо / сы-з-зы́разы-м-хо; **Abs.** сы-л-зы́раз-ха-ны / сы-л-зы́разы-м-ха-кәа) **1.** to agree with sb/sth.

а-зы-рҳа-ра́ [tr.] [C1-a-Prev-C3-S / C1-a-Prev-C3-Neg-S] [C3 increase C1] (**Fin.** [pres.] и-а-з-сы-рҳа-уе́-ит / и-а-з-сы-рҳа-уа́-м, [aor.] и-а-з-сы-рҳа́-ит / и-а-з-с-мы-рҳа́-ит, [imper.] и-а-зы-рҳа́! / и-а-з-б-мы-рҳа́-н!, и-а-з-шәы-рҳа́! / и-а-з-шә-мы-рҳа́-н!; **Non-fin.** [pres.] (C1) и-з-сы-рҳа-уа́ / и-з-с-мы-рҳа-уа́, (C3) и-а-зы-рҳа-уа́ / и-а-з-мы-рҳа-уа́; **Abs.** и-а-зы-рҳа-ны́ / и-а-з-мы-рҳа́-кәа) **1.** to increase: а-шко́л-кәа р-хыҧхьаӡа́ра а-зырҳара́ (RAD) *to increase the number of schools, увеличить число школ.* **2.** to multiply: хәба фы-нтә и-а-зы-рҳа́! *multiply 5 by 6!* **3.** to assist/promote; to quicken/encourage/stimulate the growth (*of a plant*): А-сели́тра а-ҵиаа а-з-на-рҳа-уе́-ит. (ARD) *Селитра способствует росту растений. Saltpeter stimulates the growth of plants.* [cf. **а-з-ҳа-ра́** [intr.] "to grow"]

а-зы́-ҭи-ра [tr.] [C1-C2-OV-C3-R / C1-C2-OV-C3-Neg-R] [C3 sell C1 for C2; C3 send C1 to C2] (**Fin.** [pres.] и-л-зы́-с-ҭи-уе-ит / и-л-зы́-с-ҭи-уа-м, [aor.] и-л-зы́-с-ҭи-ит / и-л-зы́-сы-м-ҭи-ит, [imper.] и-л-зы́-ҭи! / и-л-зы́-бы-м-ҭи-н!, и-л-зы́-шә-ҭи! / и-л-зы́-шәы-м-ҭи-н!; **Non-fin.** [pres.] (C1) и-л-зы́-с-ҭи-уа / и-л-зы́-сы-м-ҭи-уа, (C2) и-з-зы́-с-ҭи-уа / и-з-зы́-сы-м-ҭи-уа, (C1) и-л-зы́-з-ҭи-уа / и-л-зы́-зы-м-ҭи-уа; **Abs.** и-л-зы́-ҭи-ны / и-л-зы́-м-ҭи-кәа) **1.** to sell sth for sb: Сара́ а-ха́ сы́-ма-м, сы́-ҧш уара́ и-с-зы́-ҭи! (ARD) *У меня времени нет, продай за меня мою кукурузу! I have no time; please sell my corn for me!* **2.** to send sth to sb (/for sb): Лы-шәҟә-кәа́ л-зы́-с-ҭи-ит. *I sent her books to her. Я ей послал ее книги.*

-зыҳәа(н) [post.] (= **-зы**) **1.** in reference to periods of time, "at." **2.** for: а́-сас и-зы́ҳәа и-ха́-ма-з а́-пату *the respect that we had for the guest.*

а-зы́-шьҭ-ра[1] [tr.] [a-з-C3-R / a-з-C3-Neg-R] (**Fin.** [pres.] а-зы́-сы-шьҭ-уе-ит / а-зы́-сы-шьҭ-уа-м (-ӡо-м), [aor.] а-зы́-сы-шьҭ-ит, а-з-на́-шьҭ-ит / а-зы́-с-мы-шьҭ-ит, а-з-на-мы́-шьҭ-ит, [imper.] а-зы́-шьҭ! / а-зы́-б-мы-шьҭы-н!, а-зы́-шәы-шьҭ! / а-зы́-шә-мы-шьҭы-н!; **Non-fin.** [pres.] (C3) а-зы́-зы-шьҭ-уа / а-зы́-з-мы-шьҭ-уа; **Abs.** а-зы-шьҭ-ны́ / а-зы́-м-шьҭы-кәа) **1.** to pay attention: Сы-хшы́ҩ а-зы́-сы-шьҭ-ит. *I paid attention. Я обратил(а) внимание.*

а-зы́-шьҭ-ра[2] [tr.] [C1-C2-OV-C3-R / C1-C2-OV-C3-Neg-R] [C3 send C1 to C2] (**Fin.** [pres.]

бы-л-зы́-сы-шьҭ-уе-ит / бы-л-зы́-сы-шьҭ-уа-м, [aor.] бы-л-зы́-сы-шьҭ-ит) **1.** to send sth/sb to sb: А-жәа́р-ҟәа рацәаны́ и-л-з-а́ҳа-шьҭ-ит. (ARD) *Мы ей послали много словарей. We sent many dictionaries to her.* Д-и-а́-цәажәа-рц а-уаҩы́ д-и-з-а́ҳа-шьҭ-ит. (ARD) *Мы послали к нему человека, чтобы поговорить с ним. We sent a person to him in order to have a talk.* [cf. **а-шьҭ-ра**]

а-з-ҩа-ра́* [intr.] [Poss-гәы [C1]-C2-Prev-R] [Poss suspect C2] (**Fin.** [pres.] с-гәы и-з-ҩо́-ит / с-гәы и-з-ҩо́-м, [aor.] с-гәы и-з-ҩе́-ит / с-гәы и-зы́-м-ҩе-ит) **1.** to suspect sb; to guess: Сара́ с-гәы а-зҩе́-ит. *I guessed it.* У-гәы́ зы-зҩо́-да? *Whom are you suspecting? Кого ты подозреваешь?* [cf. **а-ҩа-ра́**[2]]

а-зҩы́да [adj.] (и-зҩы́до-у) **1.** healthy: и-зҩы́до-у а-цәе́ижь *a healthy body.* **2.** clean: а-ҳа́уа зҩы́да *clean air.*

а-зҩы́да-ра [adj.] **1.** clean; pure: Аҧсны́ а-ҳа́уа зҩы́до-уп. *In Abkhazia the air is clean.* **2.** useful; helpful.

а-зҩы́да-ха-ра [intr.] [C1-adj-R / C1-adj-Neg-R] [C1(the pain) go away] (**Fin.** [pres.] и-зҩы́да-хо-ит / и-зҩы́да-хо-м, [aor.] и-зҩы́да-хе-ит / и-зҩы́да-м-хе-ит, [imper.] у-зҩы́да-ха! / у-зҩы́да-м-ха-н!; **Non-fin.** [pres.] (C1) и-зҩы́да-хо / и-зҩы́да-м-хо; **Abs.** и-зҩы́да-ха-ны / и-зҩы́да-м-ха-кәа) (*of a pain, an ache*) to go away, to stop: А-хьаа́ зҩы́да-хе-ит. *The pain went away.*

Ӡ ӡ

á-ӡ [n.] (á-ӡ-қәа, ӡ-кы́ (*preferred*) *or* ӡы́-к, сы́-ӡ) a louse; a flea**:** Аухантәарак á-ӡ-қәа и́-цҳа-уа-н. *Fleas bit him all night.*

-ӡа[1] [suffix] **1.** *used to mark the superlative***:** зéгь р-áҧхьа-ӡа *first of all.* **2.** (*placed immediately after a radical*) *used to emphasize the meaning of adjectives and adverbs. "very"***:** абзи́а-ӡа *very good.* А-мра хаа-ӡá и-ҧхó-ит. (ANR) *The sun shines very sweetly.* А-ҳаскьы́н иатцәа-ӡá и-ҟалó-ит. *The grass is becoming green.*

-ӡа-[2] [verbal suffix] **1.** (*placed immediately after a verbal radical*) *used to emphasize the meaning of negative with the negative marker* **-м**, *"(not) at all." In Modern Abkhaz, however, the function of emphasis by this marker is not vital; the negative form with* **-ӡа-** *usually means a simple negative variant.***:** и-гы́ла-ӡа-м (stative) *it/they is/are not standing.* с-гы́ла-ӡо-м [< s-gə́la-ӡa-wa-m] (dynamic) *I am not standing.* ды-м-ца-ӡé-ит *he/she did not go.* д-ца-ӡó-м [< d-ca-ӡa-wa-m] *he/she will not go.* д-сы-з-ды́р-ӡо-мы-зт *I did not know him/her at all.* Асáбше-и амҽы́ше-и а-университéт аҿы атцарá ы́ҟа-ӡа-м. (AFL) *There are no classes on Saturday and Sunday at the university. В субботу и воскресенье в университете нет уроков.* Уи́ цьаргы́ а-ýс л-у-ӡó-м. *She is not working anywhere. Она нигде не работает.* Арáҟа уáанӡа и-гы́ла-з а-хы́бра бзиá-қәа гы́ла-ӡа-м. (AFL) *The good buildings, which used to be here until that time, are not here. Хорошие здания, которые стояли здесь до этого, (теперь) не стоят.* **2.** *used uncommonly as the emphatic suffix in the affirmative form***:** Иарá и́-ҧҳа-цәа р-и́-ҭа-р áкәы-м-зи, ахá иарá аӡы́ л-áкә-ӡа-н и́-ма-з. *He had to give his daughters to them, but he had only one daughter.*

á-ӡа [adj.] (и-áӡо-у, á-ӡа-қәа, ӡá-к) **1.** damp**:** Сарá сы́-ӡҕаб и-аá-л-хәа-з а-каҳуá аӡо-ýп. *The coffee that my daughter bought is damp.* **2.** unripe; raw. **3.** uncouth.

а-ӡá [adj.] (*of thread*) fine**:** а-рахәы́х ӡа *a fine thread.*

-ӡаа- [preverb] in (*a liquid*) (Spruit, SC5)**:** а-ӡы́ и-ӡáа-уп *it is in the water.* А-ӡы́ с-ӡáа-ҧшы-ле-ит. *I looked into the water.*

а-ӡáа-гыла-ра [intr.] [C1-(C2)-Prev-R / C1-(C2)-Prev-Neg-R] [C1 stand in the C2(water)] (**Fin.** [pres.] д-ӡáа-гыло-ит / д-ӡáа-гыло-м, [aor.] д-ӡáа-гыле-ит / д-ӡáа-м-гыле-ит, [imper.] б-ӡáа-гыл! / д-ӡáа-м-гыла-н!; **Non-fin.** [pres.] (C1) и-ӡáа-гыло / и-ӡáа-м-гыло, (C2) и-з-ӡáа-гыло / и-з-ӡáа-м-гыло; **Abs.** д-ӡáа-гыла-ны / д-ӡáа-м-гыла-кәа) **1.** to stand in the water**:** Урá у-ӡы́ а-ӡы́ с-ӡáа-гыло-ит. (ARD) *Чего я для тебя только не сделаю!; Я для тебя все сделаю. What I won't do for you! I will do everything for you.*

а-ӡáа-кыла-ра [tr.] [C1-Prev-C3-R / C1-Prev-C3-Neg-R] [C3 lower C1 into the water] (**Fin.** [pres.] и-ӡáа-с-кыло-ит / и-ӡáа-с-кыло-м, [aor.] и-ӡáа-с-кыле-ит / и-ӡáа-сы-м-кыле-ит, [imper.] и-ӡáа-кыл! / и-ӡáа-бы-м-кыла-н!, и-ӡáа-шә-кыл! / и-ӡáа-шәы-м-кыла-н!; **Non-fin.** [pres.] (C1) и-ӡáа-с-кыло / и-ӡáа-сы-м-кыло, (C3) и-ӡáа-з-кыло / и-ӡáа-зы-м-кыло; **Abs.** и-ӡáа-кыла-ны / и-ӡáа-м-кыла-кәа) **1.** to lower sth into the water**:** И-нацәá а-ӡы́ и-ӡáа-и-кыле-ит. (ARD) *Он опустил палец в воду. He lowered his finger into the water.*

а-ӡáа-кәрыла-ра [intr.] (= **а-тцáакәрыла-ра**) [C1-Prev-R / C1-Neg-Prev-R] [C1 sink] (**Fin.** [pres.] д-ӡаа-ҟәры́ло-ит / д-ӡаа-ҟәры́ло-м, [aor.] д-ӡаа-ҟәры́ле-ит / ды-м-ӡаа-ҟәры́ле-ит, [imper.] б-ӡаа-ҟәры́л! / бы-м-ӡаа-ҟәры́ла-н!; **Non-fin.** [pres.] (C1) и-ӡаа-ҟәры́ло / и-м-ӡаа-ҟәры́ло; **Abs.** д-ӡаа-ҟәры́ла-ны / ды-м-ӡаа-ҟәры́ла-кәа) **1.** to sink; to drown; to sink/submerge in the water**:** д-ӡаа-ҟәры́ле-ит *he/she drowned. он/она утонул/-ла.* А-ҕба ӡаа-ҟәры́ле-ит. *The ship sank. Корабль утонул.* [cf. И-тцáаҟәры́ла-ра-н[ы] и́-ҟо-уп ари́ а-қы́ҭа. (AF) *This village is destined to be deluged.*]

а-ӡáа-ла-ра [intr.] [C1-(C2)-Prev-R / C1-(C2)-Neg-Prev-R] [C1 go into C2(the water)] (**Fin.** [pres.] д-ӡáа-ло-ит / д-ӡáа-ло-м, [aor.] д-ӡáа-ле-ит / д-ӡáа-м-ле-ит, [imper.] б-ӡáа-л! / б-ӡáа-м-ла-н!; **Non-fin.** [pres.] (C1) и-ӡáа-ло / и-ӡáа-м-ло, (C2) и-з-ӡáа-ло / и-з-ӡáа-м-ло;

Ӡ

Abs. д-ӡа́а-ла-ны / д-ӡа́а-м-ла-кәа) **1.** to go into the water: А-ӡы́ д-ӡа́а-ле-ит. *He/She went into the water. Он/Она вошел/-шла в воду.* А-мра а-ӡы́ и-ӡаа́-ле-ит. *The sun set in the ocean.*

а-ӡа́а-ҧала-ра [intr.] [C1-(C2)-Prev-S / C1-(C2)-Neg-Prev-S] [C1 dive into C2(*the water*)] (**Fin.** [pres.] д-ӡа́а-ҧало-ит / д-ӡа́а-ҧало-м, [aor.] д-ӡа́а-ҧале-ит / д-ӡа́а-м-ҧале-ит, [imper.] б-ӡа́а-ҧал! / б-ӡа́а-м-ҧала-н!; **Non-fin.** [pres.] (C1) и-ӡа́а-ҧало / и-ӡа́а-м-ҧало, (C2) и-з-ӡа́а-ҧало / и-з-ӡа́а-м-ҧало; **Abs.** д-ӡа́а-ҧала-ны / д-ӡа́а-м-ҧала-кәа) **1.** to dive into the water: Хы́-ла а-ӡы́жь д-ӡа́а-ҧале-ит. (ARD) *Он/Она прыгнул/-ла в заводь. He/She dove headfirst into the backwater.*

а-ӡа́а-ҧш-ра [intr.] [C1-(C2)-Prev-R / C1-(C2)-Prev-Neg-R] [C1 look in C2(*the water*)] (**Fin.** [pres.] д-ӡа́а-ҧш-уе-ит / д-ӡа́а-ҧш-уа-м, [aor.] д-ӡа́а-ҧш-ит / д-ӡа́а-м-ҧш-ит, [imper.] б-ӡа́а-ҧш! / б-ӡа́а-м-ҧшы-н!; **Non-fin.** [pres.] (C1) и-ӡа́а-ҧш-уа / и-ӡа́а-м-ҧш-уа, (C2) ды-з-ӡа́а-ҧш-уа / ды-з-ӡа́а-м-ҧш-уа; **Abs.** д-ӡа́а-ҧш-ны / д-ӡа́а-м-ҧш-кәа) **1.** to look in the water: У-ӡа́а-ҧшыл! *Look in the water! Смотри в воду!* У-ӡа́а-м-ҧшыла-н! *Don't look in the water! Не смотри в воду!*

а-ӡа́а-ркәрыла-ра [tr.] [C1-Prev-C3-S / C1-Prev-C3-Neg-S] [C3 submerge C1 in water] (**Fin.** [pres.] и-ӡаа-сы-рҟәры́ло-ит / и-ӡаа-сы-рҟәры́ло-м, [aor.] и-ӡаа-сы-рҟәры́ле-ит / и-ӡаа-с-мы-ҟәры́ле-ит, [imper.] и-ӡаа-рҟәры́л! / и-ӡаа-б-мы-рҟәры́ла-н!, и-ӡаа-шәы-рҟәры́л! / и-ӡаа-шә-мы-рҟәры́ла-н!; **Non-fin.** [pres.] (C1) и-ӡаа-сы-рҟәры́ло / и-ӡаа-с-мы-рҟәры́ло, (C3) и-ӡаа-зы-рҟәры́ло / и-ӡаа-з-мы-рҟәры́ло; **Abs.** и-ӡаа-рҟәры́ла-ны / и-ӡаа-мы-рҟәры́ла-кәа) **1.** to submerge sth in water: А-ӷба́ и́-ӷба ӡаа-ды-рҟәры́ле-ит. (ARD) *Они потопили вражеский корабль. They sank the enemy ship.*

а-ӡа́а-ртәала-ра [tr.] [C1-Prev-C3-S / C1-Prev-C3-Neg-S] [C3 soak sb in water] (**Fin.** [pres.] д-ӡа́а-лы-ртәало-ит / д-ӡа́а-лы-ртәало-м, [aor.] д-ӡа́а-лы-ртәале-ит / д-ӡа́а-л-мы-ртәале-ит, [imper.] д-ӡа́а-ртәал! / д-ӡа́а-б-мы-ртәала-н!, д-ӡа́а-шәы-ртәал! / д-ӡа́а-шә-мы-ртәала-н!; **Non-fin.** [pres.] (C1) и-ӡа́а-лы-ртәало / и-ӡа́а-л-мы-ртәало, (C3) д-ӡа́а-зы-ртәало / д-ӡа́а-з-мы-ртәало; **Abs.** д-ӡа́а-ртәала-ны / д-ӡа́а-мы-ртәала-кәа) **1.** to submerge in water; to seat in water: Ан а-хәычы́ а-ӡырҟәа́нда д-ӡа́а-лы-ртәале-ит. (ARD) *Мать посадила ребенка в теплую воду. The mother seated the child in the warm water.*

а-ӡа́а-х-ра[1] [tr.] [C1-Prev-C3-R / C1-Prev-C3-Neg-R] [C3 pull C1 out of the water] (**Fin.** [pres.] и-ӡа́а-с-х-уе-ит / и-ӡа́а-с-х-уа-м, [aor.] и-ӡа́а-с-х-ит / и-ӡа́а-сы-м-х-ит, [imper.] и-ӡа́а-х! / и-ӡа́а-бы-м-хы-н!, и-ӡа́а-шә-х! / и-ӡа́а-шәы-м-хы-н; **Non-fin.** [pres.] (C1) и-ӡа́а-с-х-уа / и-ӡа́а-сы-м-х-уа, (C1) и-ӡа́а-з-х-уа / и-ӡа́а-зы-м-х-уа; **Abs.** и-ӡа́а-х-ны / и-ӡа́а-м-х-кәа) **1.** to drag/pull out of the water/of a liquid: А-кыд-қәа́ а-ӡы́ и-ӡа́а-и-х-ит. (ARD) *Он вытащил бревна из воды. He pulled the logs out of the water.* **2.** to baptize: А-ӡы́ д-ӡа́а-с-х-ит. *I baptized him/her. Я его/ее крестил.*

а-ӡа́ахра[2] [n.] baptism.

а-ӡа́а-тҵа-ра [tr.] [C1-Prev-C3-R / C1-Prev-C3-Neg-R] [C3 put C1 in a liquid] (**Fin.** [pres.] и-ӡа́а-л-тҵо-ит / и-ӡа́а-л-тҵо-м, [aor.] и-ӡа́а-л-тҵе-ит / и-ӡа́а-лы-м-тҵе-ит, [imper.] и-ӡа́а-тҵа! / и-ӡа́а-бы-м-тҵа-н!, и-ӡа́а-шә-тҵа! / и-ӡа́а-шәы-м-тҵа-н!; **Non-fin.** [pres.] (C1) и-ӡа́а-л-тҵо / и-ӡа́а-лы-м-тҵо, (C3) и-ӡа́а-з-тҵо / и-ӡа́а-зы-м-тҵо; **Abs.** и-ӡа́а-тҵа-ны / и-ӡа́а-м-тҵа-кәа) **1.** to put in the water/in a liquid: А-ча́ а́-хш и-ӡа́а-л-тҵе-ит. (ARD) *Она положила хлеб в молоко. She put the bread in the milk.*

а-ӡа́а-шь-ра [tr.] [C1-Prev-C3-R / C1-Prev-C3-Neg-R] [C3 dip C1 into a liquid] (= **аҭшьра́**) (**Fin.** [pres.] и-ӡа́а-л-шь-уе-ит / и-ӡа́а-л-шь-уа-м (-шь-ӡо-м), [aor.] и-ӡа́а-л-шь-ит / и-ӡа́а-лы-м-шь-ит, [imper.] и-ӡа́а-шь! / и-ӡа́а-бы-м-шьы-н!, и-ӡа́а-шә-шь! / и-ӡа́а-шәы-м-шьы-н!; **Non-fin.** [pres.] (C1) и-ӡа́а-л-шь-уа / и-ӡа́а-лы-м-шь-уа, (C3) и-ӡа́а-з-шь-уа / и-ӡа́а-зы-м-шь-уа; **Abs.** и-ӡа́а-шь-ны / и-ӡа́а-м-шь-кәа) **1.** to dip/lower sth into water/a liquid: д-ӡа́а-с-шь-ит *I dunked him/her, я макнул ее/его.* А-ча́ а́-хш и-ӡа́а-с-шь-ит. *I dipped the bread in* *the milk. Я макнул хлеб в молоко.*

а-ӡа́ӡа [n.] (-кәа, ӡа́ӡа-к) dew; a dewdrop**:** Хәлҧазы́-ла а-ӡа́ӡа шьҭа́-ло-ит. (AFL) *Dew lies in the evenings. По вечерам ложится роса.*

а-ӡа́лаларҭа [n.] (-қәа) the mouth of a river; an estuary.

-ӡа-м [suffix] (Emph-Neg) *see* **-ӡа**[2]

а-ӡа́мҩа [n.] (= **а-ӡҕы́**) (-қәа, л-ӡа́мҩа) cheek.

а-ӡа́р [n.] (coll. noun) (а-ӡа́р-қәа) kids. [< а-ӡа́-р. **-р** is a collective marker.] [= **а-ӡа́-ра-қәа**; cf. **а-ӡы́с** "a kid goat"]

а́-ӡара [n.] **1.** postponement; grace; a term, a period**:** А-ӡара сы-ҭ! *Give me some time!*

а-ӡа́ра [n.] (-қәа, ӡа́ра-к) **1.** a waist. **2.** the trunk.

аӡара́ [n.] a period; a term**:** Мыш-кы́ аӡара́ сы-ҭ! *Give me a day's grace!* [cf. **а-ра́ӡа-ра** "to give sb time"]

а-ӡа-ра́[1] [tr.] [C1-C3-R / C1-C3-Neg-R] [C3 steal C1] (**Fin.** [pres.] и-з-ӡо́-ит, и-аа-ӡо́-ит, и-жә-ӡо́-ит, ды-р-ӡо́-ит / и-з-ӡо́-м, и-ах-ӡо́-м (*or* и-аа-ӡо́-м), и-жә-ӡо́-м (*or* и-шә-ӡо́-м), [aor.] и-з-ӡе́-ит, и-аа-ӡе́-ит, и-жә-ӡе́-ит, и-а-ӡе́-ит, и-шәы-ӡе́-ит / и-сы-м-ӡе́-ит, и-ҳа-м-ӡе́-ит, и-а́-м-ӡе́-ит, [imper.] и-ӡа́! / и-бы-м-ӡа́-н!, и-жә-ӡа́! / и-шәы-м-ӡа́-н!, [caus.] и-б-сы-р-ӡе́-ит / и-бы-с-мы-р-ӡе́-ит, ды-д-ҳа-р-ӡе́-ит / ды-д-ҳ-мы-р-ӡе́-ит; [poten.] и-сы-з-ӡо́-м, и-с-зы́-м-ӡе-ит; [non-vol.] и-с-а́мха-ӡе-ит / и-с-а́мха-м-ӡе-ит; [vers.1] и-л-зы́-р-ӡе-ит / и-л-зы́-ры-м-ӡе-ит; [vers.2] и-л-цәы́-р-ӡе-ит / и-л-цәы́-ры-м-ӡе-ит; **Non-fin.** [pres.] (C1) и́-л-ӡо (*то, которое она ворует*) / и́-лы-м-ӡо, (C3) и-з-ӡо́ (*тот, который ворует его(нрз.)/их*) / и-зы-м-ӡо́, [aor.] (C1) и́-л-ӡа / и́-лы-м-ӡа, (C3) и-з-ӡа́ / и-зы-м-ӡа́, [fut.1] (C1) и́-л-ӡа-ра / и́-лы-м-ӡа-ра, (C3) и-з-ӡа-ра́ / и-зы-м-ӡа-ра́, [fut.2] (C1) и́-л-ӡа-ша / и́-лы-м-ӡа-ша, (C3) и-з-ӡа́-ша / и-зы-м-ӡа́-ша, [perf.] (C1) и́-л-ӡа-хьоу (-хьа(ц)) / и́-лы-м-ӡа-хьоу (-хьа(ц)), (C3) и-з-ӡа-хьо́у (-хьа́(ц)) / и-зы-м-ӡа-хьо́у (-хьа́(ц)), [impf.] (C1) и́-л-ӡо-з / и́-лы-м-ӡо-з, (C3) и-з-ӡо́-з / и-зы-м-ӡо́-з, [past indef.] (C1) и́-л-ӡа-з / и́-лы-м-ӡа-з, (C3) и-з-ӡа́-з / и-зы-м-ӡа́-з, [cond.1] (C1) и́-л-ӡа-ры-з / и́-лы-м-ӡа-ры-з, (C3) и-з-ӡа-ры́-з / и-зы-м-ӡа-ры́-з, [cond.2] (C1) и́-л-ӡа-ша-з / и́-лы-м-ӡа-ша-з, (C3) и-з-ӡа́-ша-з / и-зы-м-ӡа́-ша-з, [plupf.] (C1) и́-л-ӡа-хьа-з / и́-лы-м-ӡа-хьа-з, (C3) и-з-ӡа-хьа́-з / и-зы-м-ӡа-хьа́-з; **Abs.** и-ӡа-ны́ / и-м-ӡа́-кәа) **1.** to steal**:** Уи а-ҧа́ра и-ӡо́-н. *He stole the money. Он воровал деньги.*

а-ӡа-ра́[2] [tr.] [C1-C3-R / C1-C3-Neg-R] [C3 hide C1] (**Fin.** [pres.] и-с-ӡо́-ит, и-ах/аа-ӡо́-ит, и-шә/жә-ӡо́-ит, и-а-ӡо́-ит / и-с-ӡо́-м, [aor.] и-с-ӡе́-ит, и-а-ӡе́-ит / и-сы-м-ӡе́-ит, и-а́-м-ӡе-ит, [imper.] и-ӡа́!, и-шә-ӡа́! / и-бы-м-ӡа́-н!; **Non-fin.** [pres.] (C1) и́-л-ӡо / и́-лы-м-ӡо, (C3) и-з-ӡо́ / и-зы-м-ӡо́, [aor.] (C1) и́-л-ӡа / и́-лы-м-ӡа, (C3) и-з-ӡа́ / и-зы-м-ӡа́, [impf.] (C1) и́-л-ӡо-з / и́-лы-м-ӡо-з, (C3) и-з-ӡо́-з / и-зы-м-ӡо́-з, [past indef.] (C1) и́-л-ӡа-з / и́-лы-м-ӡа-з, (C3) и-з-ӡа́-з / и-зы-м-ӡа́-з; **Abs.** и-ӡа-ны́ / и-м-ӡа́-кәа, д-ӡа-ны́ / ды-м-ӡа́-кәа) **1.** to hide.

а-ӡа́-ра-қәа [n.] [pl.] kids. [See **а́-ӡыс**]

а-ӡа́-тә-ра* [tr.] [C1-C3-S] (**Fin.** [aor.] и-ӡа́-тә-ит / и-м-ӡа́-тә-ит *or* и-ӡе́-и-м-тә-ит)**: и́-лахь=и́-цьымшь и-ӡа́тә-ит** *he crossed himself, он перекрестился.*

а́-ӡахра[1] [n.] sewing.

а́-ӡах-ра[2] [labile] **(1)** [intr.] [C1-R] [C1 be engaged in sewing] (**Fin.** [pres.] с-ӡах-уе́-ит / с-ӡах-уа́-м, [aor.] с-ӡах-и́т / сы-м-ӡах-и́т, [fut.1] с-ӡахы́-п / с-ӡах-ры́м, [fut.2] с-ӡахы́-шт / с-ӡахы́-шам, [perf.] с-ӡах-хье́-ит / сы-м-ӡахы́-ц(т), [impf.] с-ӡах-уа́н / с-ӡах-уа́мызт, [past indef.] с-ӡахы́-н / сы-м-ӡахы́-зт, [cond.1] с-ӡах-ры́н / с-ӡах-ры́мызт, [cond.2] с-ӡахы́-шан / с-ӡахы́-шамызт, [plupf.] с-ӡах-хьа́н / сы-м-ӡахы́-цызт, [imper.] б-ӡахы́!, шә-ӡахы́! / бы-м-ӡахы́-н!, шәы-м-ӡахы́-н!; **Non-fin.** (C1) [pres.] и́-ӡах-уа / и́-м-ӡах-уа, [aor.] и́-ӡах / и́-м-ӡах, [fut.1] и́-ӡах-ра / и́-м-ӡах-ра, [fut.2] и́-ӡах-ша / и́-м-ӡах-ша, [perf.] и́-ӡах-хьоу (-хьа(ц)) / и́-м-ӡах-хьоу (-хьа(ц)), [impf.] и́-ӡах-уа-з / и́-м-ӡах-уа-з, [past indef.] и́-ӡахы-з / и́-м-ӡахы-з, [cond.1] и́-ӡах-ры-з / и́-м-ӡах-ры-з, [cond.2] и́-ӡах-ша-з / и́-м-ӡах-ша-з, [plupf.] и́-ӡах-хьа-з / и́-м-ӡах-хьа-з; **Abs.** д-ӡах-ны́ / ды-м-ӡахы́-кәа) **1.** to sew; to be engaged in sewing**:** б-

3

ӡах-уé-ит *you are sewing/are occupied with sewing, ты шьешь/занимаешься шитьем.* с-ӡах-уé-ит *(in general) I sew, я шью (вообще).* ҳ-ӡах-уé-ит *(in general) we sew.* [cf. **á-қә-ӡах-ра** "to sew on"] **(2)** [tr.] [C1-C3-R / C1-C3-Neg-R] [C3 sew C1] (**Fin.** [pres.] и-з-ӡах-уé-ит, и-аá-ӡах-уе-ит / и-з-ӡах-уá-м, и-аа-ӡах-уá-м, [aor.] и-з-ӡах-и́т, и-аа-ӡах-и́т / и-сы-м-ӡах-и́т, и-аҳ-м-ӡах-и́т, [fut.1] и-з-ӡахы́-п / и-з-ӡах-ры́м, [fut.2] и-з-ӡахы́-шт / и-з-ӡахы́-шам, [perf.] и-з-ӡах-хьéит / и-сы-м-ӡахы́-ц(т), [impf.] и-з-ӡах-уáн / и-з-ӡах-уáмызт, [past indef.] и-з-ӡахы́-н / и-сы-м-ӡахы́-зт, [cond.1] и-з-ӡах-ры́н / и-з-ӡах-ры́мызт, [cond.2] и-з-ӡахы́-шан / и-з-ӡахы́-шамызт, [plupf.] и-з-ӡах-хьáн / и-сы-м-ӡахы́-цызт, [imper.] и-ӡахы́!, и-жә-ӡахы́! / и-бы-м-ӡахы́-н!; **Non-fin.** [pres.] (C1) и́-л-ӡах-уа / и́-лы-м-ӡах-уа, (C3) и-з-ӡах-уá / и-зы-м-ӡах-уá, [aor.] (C1) и́-л-ӡах / и́-лы-м-ӡах, (C3) и-з-ӡахы́ / и-зы-м-ӡахы́, [impf.] (C1) и́-л-ӡах-уа-з / и́-лы-м-ӡах-уа-з, (C3) и-з-ӡах-уá-з / и-зы-м-ӡах-уá-з, [past indef.] (C1) и́-л-ӡахы-з / и́-лы-м-ӡахы-з, (C3) и-з-ӡахы́-з / и-зы-м-ӡахы́-з; **Abs.** и-ӡах-ны́ / и-м-ӡахы́-кәа) **1.** to sew sth: А-тқы́ с-ӡах-и́т. *I sewed a dress. Я шил платье.*
á-ӡахы-рҭа [n.] (-қәа) a sewing shop.
á-ӡахырсҭа [n.] (-қәа, ӡахы́рсҭа-к) a seam.
á-ӡахышьа [n.] (ӡахы́шьа-к) manner of sewing.
а-ӡахҩы́ [n.] (а-ӡахҩ-цәá, ӡахҩы́-к *or* á-ӡахҩы, á-ӡахҩ-цәа, ӡахҩы́-к) a tailor.
а-ӡахәá [n.] (а-ӡахәа-қәá, ӡахәá-к) a vine.
а-ӡахәабжьаандá(ҳ) [n.] (-қәа) a intertwining vine.
Ӡáҳкәаажә [n.] (*mythology*) the Old Sovereign of the Water.
а-ӡ-áтцака [adv.] underwater: Уи́ иахьá а-мшы́н а-ӡ-áтцаҟа (á-тца-ҟа) и-тцәахы́-уп, и́-ҟо-уп. (AFL) *Now he is underseas. Теперь он находится под морем.* [cf. **á-тца-ҟа**]
а-ӡáҩа *see* **а-ӡмáх**
а-ӡбá [n.] (ӡба-к) thirst: А-ӡбá с-а-к-уé-ит. *I thirst for water. Я жажду воды.* А-ӡбá б-а-к-уá-ма? *Do you want to drink?* а-ӡбá д-а-гó-ит *he/she is suffering the pangs of thirst.* [cf. **а-ӡба-к-рá**]
а-ӡбáар(р)а [n.] (-қәа) (= **а-баáрра**) bog, marsh.
á-ӡба-ра [= **á-ӡ(ы)б-ра**] [tr.] [C1-C3-R / C1-C3-Neg-R] [C3 decide C1] (**Fin.** [pres.] и-сы-ӡбó-ит (*и-зы-ӡбó-ит), и-ҳа-ӡбó-ит (*и-аа-ӡбó-ит) / и-сы-ӡбó-м (-ӡба-ӡó-м), [aor.] и-сы-ӡбé-ит / и-с-мы-ӡбé-ит (-ӡба-ӡé-ит), [imper.] и-ӡбá! / и-б-мы-ӡбá-н!, и-шәы-ӡбá! / и-шә-мы-ӡбá-н!; **Non-fin.** [pres.] (C1) и́-лы-ӡбо / и́-л-мы-ӡбо, (C3) и-зы-ӡбó / и-з-мы-ӡбó, [aor.] (C1) и́-лы-ӡба / и́-л-мы-ӡба, (C3) и-зы-ӡбá / и-з-мы-ӡбá, [impf.] (C1) и́-лы-ӡбо-з / и́-л-мы-ӡбо-з, (C3) и-зы-ӡбó-з / и-з-мы-ӡбó-з, [past indef.] (C1) и́-лы-ӡба-з / и́-л-мы-ӡба-з, (C3) и-зы-ӡбá-з / и-з-мы-ӡбá-з; **Abs.** и-ӡба-ны́ / и-мы-ӡбá-кәа) **1.** to decide; to solve: Иахьá á-шьыжь а-ҵьармы́кьа-хь ҳ-цá-рц ҳа-ӡбé-ит. *This morning we decided to go to the market. Сегодня утром мы решили пойти на рынок.* Сарá абрá с-аанхá-рц сы-ӡбé-ит. (RAD) *I decided to stay here. Я решил остаться здесь.* И-сы́-цхраа-рц / И-сы́-цхраа-раны ры-ӡбé-ит. (ACST) *They decided to help me.* **2.** [stative] Убáс, а-зтцаáра ӡбó-уп. *And so, the matter is decided. Итак, вопрос решен.* **3.** to judge: Шәарá шә-хáла и-шәы-ӡбá! *Judge for yourselves! Судите сами!* А-суд а-ýс уи и-зéиҕь-ны и-ӡбé-ит. *The court decided the case in his favor. Суд решил дело в его пользу.*
á-ӡбарҭа [n.] (-қәа) a (law) court.
á-ӡбахә [n.] (-қәа, ý-ӡбахә) news; information: И-ӡбахә у-а-ҳа-хьо-у-ма? *Have you heard his news?* || Зы́-ӡбахә у-ҳәó у-шә ды́-ла-гыло-уп. *Talk of the devil, and he will appear.*
á-ӡбаҩ [n.] (= **á-ӡбҩы**) (á-ӡбаҩ-цәа) a judge: сы-ӡбаҩ-хé-ит *I became a judge.*
á-ӡ(ы)б-ра [tr.] [C1-C3-R / C1-C3-Neg-R] [C3 decide/judge C1] (**Fin.** [pres.] и-сы-ӡб-уé-ит, и-á-ӡб-уе-ит / и-сы-ӡб-уá-м, [aor.] и-сы-ӡб-и́т, и-á-ӡб-ит / и-с-мы-ӡб-и́т, и-á-мы-ӡб-ит, [imper.] и-ӡбы́!, и-шәы-ӡбы́!; **Non-fin.** [pres.] (C1) и́-лы-ӡб-уа / и́-л-мы-ӡб-уа, (C3) и-зы-

ӡб-уа́ / и-з-мы-ӡб-уа́, [aor.] и́-лы-ӡб / и́-л-мы-ӡб, (C3) и-зы-ӡбы́ / и-з-мы-ӡбы́, [impf.] (C1) и́-лы-ӡб-уа-з / и́-л-мы-ӡб-уа-з, (C3) и-зы-ӡб-уа́-з / и-з-мы-ӡб-уа́-з, [past indef.] и́-лы-ӡбы-з / и́-л-мы-ӡбы-з, (C3) и-зы-ӡбы́-з / и-з-мы-ӡбы́-з; **Abs.** и-ӡб-ны́ / и-м(ы)-ӡбы́-кәа) **1.** to decide: Ды-р-шь-раны́ // ды-р-шьы́-рц ры-ӡб-и́т. *They decided to kill him.* **2.** to judge.

а́-ӡбҩы [n.] (= **а́-ӡбаҩ**) (а́-ӡб-цәа) a judge.

а́-ӡҕаб [n.] (а́-ӡҕаб-цәа, ӡҕа́б-к) [= **а-ҭыҧҳа́**] **1.** a (little) girl; a girl: а́-ӡҕаб ҳа́рак *the tall girl.* ҧшьҩы́-к а́-ӡҕаб-цәа *four girls.* а́-қырҭуа ӡҕаб *the Georgian girl.* шә-ҩы́за ӡҕа́б *your girlfriend; your (female) friend.* Ари́ а́-ӡҕаб и-и́-з д-р-ааӡе́-ит. (Ab.Text) *They raised the girl that she had given birth to.* Сара́ сы-ӡҕа́б-уп. (Ab.Text) *I am a woman.* **2.** a daughter: Сара́ ҷкәы́на-к-и ӡҕа́б-к-и сы́-мо-уп. *I have a son and a daughter.*

а-ӡҕы́ (а-ӡҕ-қәа́) = **а-ӡа́мҩа**

-ӡеи [suffix] *see* **-и**

а-ӡе́ибафара [n.] (-қәа) **1.** a whirlpool; flood. **2.** circulation.

а-ӡе́илаҽҽара *see* **а-ӡе́ибафара**

-ӡӡа [suffix] [cf. **-ӡа**. The consonant-gemination is used to intensify the meaning.] *used to mark the superlative*: а-дуу-ӡӡа *very large, великий* [< а-ду́ “big”]. Ры́-ламыс ду́-ӡӡо-уп. *Their conscience is very large.*

а-ӡи́а [n.] (а-ӡи́а-қәа, ӡи́а-к) a lake: Ри́ҵа а-ӡи́а *Lake Rits'a.* а-ӡи́а-хь ҧсы́ӡ-к-ра с-цо́-ит. *I am going to the lake to fish.*

а-ӡи́ас /a-ʒə́jas/ [n.] (а-ӡи́ас-қәа, ӡи́асы-к) a river: А-ӡи́ас а-ҧсы́ӡ ҭа́-н. *The fish was in the river.* Аалӡга шьха́ ӡи́ас-уп. (ANR) *The Aaldzga is a mountain-river.*

а-ӡқәы́ҵәа [n.] (-қәа) (= **а-қәы́ҵәа**) a tributary; (*of a river*) a branch.

а-ӡлага́ра [n.] (-қәа, ӡлага́ра-к) (= **а-злага́ра**) a flour/water mill: Сара́ а-ӡлага́ра-хь с-ца́-р-о-уп. *I must go to the (flour) mill.*

а-ӡма́х [n.] (а-ӡма́х-қәа, ӡма́х-к) a bog, a marsh, a swamp: и-ӡма́х-хе-ит *it became a marsh.* А-камба́шь а-ӡма́х и-ҭа-ҭәо́-уп. *The water buffalo is sitting in the swamp.*

-ӡо < /-ʒa-wa/

-ӡо-м < /-ʒa-wa-m/

а-ӡ(ы)ҧшаҳәа́ [n.] (-қәа́) a littoral.

а́-ӡ-ра [intr.] [C1-R / C1-Neg-R] [C1 disappear/perish] (**Fin.** [pres.] ды́-ӡ-уе-ит, ҳа́-ӡ-уе-ит, [aor.] ды́-ӡ-ит / д-мы́-ӡ-ит, ҳа́-ӡ-ит / ҳ-мы́-ӡ-ит, [fut.1] ды́-ӡ-р, [fut.2] ды́-ӡ-шт, [perf.] ды́-ӡ-хьеит, [impf.] ды́-ӡ-уан, [past indef.] ды́-ӡы-н, [cond.1] ды́-ӡ-рын, [cond.2] ды́-ӡ-шан, [plupf.] ды́-ӡ-хьан, [imper.] бы́-ӡ! / б-мы́-ӡы-н!, шәы́-ӡ! / шә-мы́-ӡы-н!; [caus.] д-ды́-р-ӡ-ит / ды-д-мы́-р-ӡ-ит; [poten.] д-зы́-ӡ-уа-м / ды-з-мы́-ӡ-ит; [non-vol.] д-а́мха-ӡ-ит / д-а́мха-м-ӡ-ит; [vers.1]**; [vers.2] ды-л-цәы́-ӡ-ит / ды-л-цәы́-м-ӡ-ит; **Non-fin.** (C1) [pres.] и́-ӡ-уа / и-мы́-ӡ-уа, [aor.] и́-ӡ / и-мы́-ӡ, [fut.1] и́-ӡ-ра / и-мы́-ӡ-ра, [fut.2] и́-ӡ-ша / и-мы́-ӡ-ша, [perf.] и́-ӡ-хьоу (-хьа(ц)) / и-мы́-ӡ-хьоу (-хьа(ц)), [impf.] и́-ӡ-уа-з / и-мы́-ӡ-уа-з, [past indef.] и́-ӡы-з / и-мы́-ӡы-з, [cond.1] и́-ӡ-ры-з / и-мы́-ӡ-ры-з, [cond.2] и́-ӡ-ша-з / и-мы́-ӡ-ша-з, [plupf.] и́-ӡ-хьа-з / и-мы́-ӡ-хьа-з; **Abs.** ды́-ӡ-ны / д-мы́-ӡ-кәа) **1.** to disappear; to be lost, to be missing: И-ӡ-и? *What was lost?* — А-шәҟәы́ ы́-ӡ-ит. *A book was lost.* Д-аба́-ӡ-и? *Where did he/she disappear?* А-мш наҟьа́ ба́ша и́-ӡ-ит. *The whole day was wasted in vain. Весь день прошел даром.* У-а́ҳәшь-цәа аны́-ӡ а́-шьҭахь и-ҟа-у-ҵе́-и? (ACST) *After your sisters went missing, what did you do?* **2.** to perish: сы́-ӡ-ит / сы́-ӡ-т *I disappeared, I perished.* и́-ӡ-ит *it disappeared.* [cf. **а́-рӡ-ра** “to lose sth”; **а-цәы́-ӡ-ра** “to lose”]

а-ӡ-ра́ [labile] **(1)** [tr.] [C1-C3-R / C1-C3-Neg-R] [C3 roast C1] (**Fin.** [pres.] и-з-ӡ-уе́-ит, ды-з-ӡ-уе́-ит, и-а́-ӡ-уе-ит / и-з-ӡ-уа́-м, и-а́-ӡ-уа-м, [aor.] и-з-ӡ-и́т, ды-з-ӡ-и́т, и-а́-ӡ-ит / и-сы-м-ӡ-и́т, д-сы-м-ӡ-и́т, и-а́-м-ӡ-ит, [fut.1] и-з-ӡы́-п, ды-з-ӡы́-п, и-а́-ӡы-п / и-з-ӡ-ры́м, ды-з-ӡ-ры́м, и-а́-ӡ-рым, [fut.2] и-з-ӡы́-шт, ды-з-ӡы́-шт, и-а-ӡы́-шт / и-з-ӡы́-шам, ды-з-ӡы́-шам, и-а-ӡы́-шам, [perf.] и-з-ӡ-хье́-ит, ды-з-ӡ-хье́-ит, и-а́-ӡ-хье-ит / и-сы-м-ӡы́-ц(т), д-сы-м-ӡы́-ц(т), и-а́-м-ʒы-ц(т), [impf.] и-з-ʒ-уа́-н, ды-з-ʒ-уа́-н, и-а́-ʒ-уа-н / и-з-ʒ-уа́-мызт, ды-з-ʒ-уа́-мызт, и-а́-ʒ-уа-мызт, [past indef.] и-з-ʒы́-н, ды-з-ʒы́-н, и-а́-ʒы-н / и-сы-м-ʒы́-зт, д-сы-м-ʒы́-зт, и-а́-м-ʒы-зт, [cond.1] и-з-ʒ-ры́н, ды-з-ʒы́н, и-а́-ʒ-рын / и-з-ʒ-ры́мызт, ды-з-ʒы́мызт, и-а́-ʒ-рымызт, [cond.2] и-з-ʒы́-шан, ды-з-ʒы́-шан, и-а-ʒы́-шан / и-з-ʒы́-шамызт, ды-з-ʒы́-шамызт, и-а-ʒы́-шамызт, [plupf.] и-з-ʒ-хьа́н, ды-з-ʒ-хьа́н, и-а́-ʒ-хьан / и-сы-м-ʒы́-цызт, д-сы-м-ʒы́-цызт, и-а́-м-ʒы-цызт, [imper.] и-ʒы́! / и-бы-м-ʒы́-н!, и-жә-ʒы́! / и-шәы-м-ʒы́-н!; [caus.] и-с-лы-р-ʒ-и́т / и-сы-л-мы-р-ʒ-и́т; [poten.] и-сы-з-ʒ-уа́-м, и-с-зы́-м-ʒ-ит; [non-vol.] и-с-а́мха-ʒ-ит / и-с-а́мха-м-ʒ-ит; [vers.1] и-л-зы́-р-ʒ-ит / и-л-зы́-ры-м-ʒ-ит; [vers.2] и-л-цәы́-р-ʒ-ит / и-л-цәы́-ры-м-ʒ-ит; **Non-fin.** [pres.] (C1) и́-л-ʒ-уа (*то, которое она жарит*) / и́-лы-м-ʒ-уа, (C3) и-з-ʒ-уа́ (*тот, который жарит его(нрз.)/их*) / и-зы-м-ʒ-уа́, [aor.] (C1) и́-л-ʒ / и́-лы-м-ʒ, (C3) и-з-ʒы́ / и-зы-м-ʒы́, [fut.1] (C1) и́-л-ʒ-ра / и́-лы-м-ʒ-ра, (C3) и-з-ʒ-ра́ / и-зы-м-ʒ-ра́, [fut.2] (C1) и́-л-ʒ-ша / и́-лы-м-ʒ-ша, (C3) и-з-ʒы́-ша / и-зы-м-ʒы́-ша, [perf.] (C1) и́-л-ʒ-хьо-у (-хьа-(ц)) / и́-лы-м-ʒ-хьо-у (-хьа-(ц)), (C3) и-з-ʒ-хьо́-у (-хьа́-(ц)) / и-зы-м-ʒ-хьо́-у (-хьа́-(ц)), [impf.] (C1) и́-л-ʒ-уа-з / и́-лы-м-ʒ-уа-з, (C3) и-з-ʒ-уа́-з / и-зы-м-ʒ-уа́-з, [past indef.] (C1) и́-л-ʒы-з / и́-лы-м-ʒы-з, (C3) и-з-ʒы́-з / и-зы-м-ʒы́-з, [cond.1] (C1) и́-л-ʒ-ры-з / и́-лы-м-ʒ-ры-з, (C3) и-з-ʒ-ры́-з / и-зы-м-ʒ-ры́-з, [cond.2] (C1) и́-л-ʒ-ша-з / и́-лы-м-ʒ-ша-з, (C3) и-з-ʒы́-ша-з / и-зы-м-ʒы́-ша-з, [plupf.] (C1) и́-л-ʒ-хьа-з / и́-лы-м-ʒ-хьа-з, (C3) и-з-ʒ-хьа́-з / и-зы-м-ʒ-хьа́-з; **Abs.** и-ʒ-ны́ / и-м-ʒы́-кәа) **1.** to roast; to fry: и-з-ʒ-уа́-н *I was frying it/them.* и-л-ʒ-и́т *she fried it/them.* и-л-сы-р-ʒ-и́т *I made her fry it/them.* На́с тцәы́-к а́зна агуатцәа́ р-з-и́-ʒ-ит. (ANR) *Then he fried a skewer full of liver for them.* А-кәа́ц л-ʒ-ит. (AFL) *She fried the meat. Она пожарила мясо.* Сара́ и-з-ʒ-и́т уи а-каху́а. *I roasted this coffee. Я пожарил это кофе.* а-кәа́ц ʒны́ *roast meat, жареное мясо.* **(2)** [intr.] [C1-R / C1-Neg-R] [C1 roast] (**Fin.** [pres.] и-ʒ-уе́-ит / и-ʒ-уа́-м, [aor.] и-ʒ-и́т / и-м-ʒ-и́т, [imper.] у-ʒы́! / у-м-ʒы́-н!, б-ʒы́! / бы-м-ʒы́-н!) **1.** to fry, to roast: А-кәа́ц ʒ-уа́-н. *The meat was frying. Мясо жарилось.*

а-ʒры́жә-ра [tr.] [C1-C3-R / C1-C3-Neg-R] [C3 temper C1] (**Fin.** [pres.] и-с-ʒры́жә-уе-ит, и-аҳ-ʒры́жә-уе-ит / и-с-ʒры́жә-уа-м (-ʒры́жә-ʒо-м), [aor.] и-с-ʒры́жә-ит, и-аҳ-ʒры́жә-ит / и-сы-м-ʒры́жә-ит (-ʒры́жә-ʒе-ит), и-ҳа-м-ʒры́жә-ит, [imper.] и-ʒры́жә! / и-бы-м-ʒры́жәы-н!, и-шә-ʒры́жә! / и-шәы-м-ʒры́жәы-н!; **Non-fin.** [pres.] (C1) и́-л-ʒрыжә-уа / и́-лы-м-ʒрыжә-уа, (C3) и-з-ʒры́жә-уа / и-зы-м-ʒры́жә-уа, [aor.] (C1) и́-л-ʒрыжә / и́-лы-м-ʒрыжә, (C3) и-з-ʒры́жә / и-зы-м-ʒры́жә, [impf.] (C1) и́-л-ʒрыжә-уа-з / и́-лы-м-ʒрыжә-уа-з, (C3) и-з-ʒры́жә-уа-з / и-зы-м-ʒры́жә-уа-з, [past indef.] (C1) и́-л-ʒрыжәы-з / и́-лы-м-ʒрыжәы-з, (C3) и-з-ʒры́жәы-з / и-зы-м-ʒры́жәы-з; **Abs.** и-ʒры́жә-ны / и-м-ʒры́жә-кәа) **1.** to temper, to case-harden: Сара́ а-ҵы́р с-ʒры́жә-ит. *I tempered the steel. Я закалил сталь.* а-цәеиха́ а-ʒры́жәра *to temper the plowshare.*

а́-ʒсаҩ(ы) [n.] (а́-ʒсаҩ-цәа) a swimmer.

а́-ʒса-ра [intr.] [C1-R / C1-Neg-R] [C1 swim] (**Fin.** [pres.] сы-ʒсо́-ит, ды-ʒсо́-ит / ды-ʒсо́-м, [aor.] ды-ʒсе́-ит / д-мы-ʒсе́-ит, [fut.1] ды-ʒса́-п / ды-ʒса-ры́м, [fut.2] ды-ʒса́-шт / ды-ʒса́-шам, [perf.] ды-ʒса-хье́ит / д-мы-ʒса́-ц(т), [impf.] ды-ʒсо́-н / ды-ʒсо́-мызт, [past indef.] ды-ʒса́-н / д-мы-ʒса́-зт, [cond.1] ды-ʒса-ры́н / ды-ʒса-ры́мызт, [cond.2] ды-ʒса́-шан / ды-ʒса́-шамызт, [plupf.] ды-ʒса-хьа́н / д-мы-ʒса́-цызт, [imper.] бы-ʒса́! / бы-м-ʒса́-н! *or* б-мы-ʒса́-н!, шәы-ʒса́!; **Non-fin.** (C1) [pres.] и́-ʒсо / и́-м-ʒсо, [aor.] и́-ʒса / и́-м-ʒса, [fut.1] и́-ʒса-ра / и́-м-ʒса-ра, [fut.2] и́-ʒса-ша / и́-м-ʒса-ша, [perf.] и́-ʒса-хьоу (-хьа(ц)) / и́-м-ʒса-хьоу (-хьа(ц)), [impf.] и́-ʒсо-з / и́-м-ʒсо-з, [past indef.] и́-ʒса-з / и́-м-ʒса-з, [cond.1] и́-ʒса-ры-з / и́-м-ʒса-ры-з, [cond.2] и́-ʒса-ша-з / и́-м-ʒса-ша-з, [plupf.] и́-ʒса-хьа-з / и́-м-ʒса-хьа-з; **Abs.** ды-ʒса-ны́ / ды-м-ʒса́-кәа) **1.** to swim: Б-зы-ʒсо́-ма? *Do you know how to swim?* А-ҟы́з а-ʒ-а-ҿы́ и-бзи́аны и-ʒсо́-ит. (AFL) *The goose swims well in the water. Гусь хорошо плавает в воде.* Уара́ а́-ʒса-шьа у-ды́р-уа-ма? (AFL) *Do you know how to swim? Ты умеешь плавать?* Сара́ а-мшы́н с-ҭа́-ло-н, сы-ʒсо́-н, а́-мра сы-цәиа́ала-н. (AFL) *I went to* *the sea, swam, and tanned in the sun. Я заходил в море, плавал, загорал на солнце.* **2.** (*of clouds, etc.*) to drift, to float: А-ԥҭа ԥжәа́ха бамбы́л шку́акуа-н, а́-тҵла ирхы́кны на́ҟ и-ӡсо́-ит. *Clouds, like tufts of white cotton, are drifting above the tops of the trees. Облака, подобно клочкам белой ваты, плывут над вершинами деревьев.*

а́-ӡса-шьа [n.] swimming; sailing: Уара́ а́-ӡса-шьа у-ды́р-уа-ма? *Do you know how to swim?*

а-ӡ-ҭа́-ла-ра [intr.] [< а-ӡы́ + а-ҭа́-ла-ра "go into the water"] [а-ӡы́ C1-Prev-R / C1-Prev-Neg-R] (**Fin.** [pres.] а-ӡы́ с-ҭа́-ло-ит / а-ӡы́ с-ҭа́-ло-м, [aor.] а-ӡы́ с-ҭа́-ле-ит / а-ӡы́ с-ҭа́-м-ле-ит, [imper.] а-ӡы́ б-ҭа́-л! / а-ӡы́ б-ҭа́-м-ла-н!; **Non-fin.** [pres.] (C1) а-ӡы́ и-ҭа́-ло / а-ӡы́ и-ҭа́-м-ло; **Abs.** а-ӡы́ д-ҭа́-ла-ны / а-ӡы́ д-ҭа́-м-ла-кәа) **1.** to swim, to bathe: А-ӡы́ с-ҭа́-ло-ит. *I am going swimming* (*in the sea/in the river*). *Я иду купаться (в море/в реке).* Ӡ-ҭа́лара с-ца-ӡо́-м. *I will not go swimming.* [cf. а-ӡы́ с-ҭа́-ла-ӡо-м *I will not go into the water*]

а-ӡҭарчы́ *see* **а-ӡҭачы́**

а-ӡҭа́с [n.] (-қәа) **1.** a kingfisher. **2.** a dragon-fly.

а-ӡҭачы́ [n.] (а-ӡҭач-қәа́, ӡҭачы́-к) **1.** a lake. **2.** a pond; a pool: А-па́рк а-ҿы́ а-ԥсы́ӡ з-ҭо́-у а-ӡҭачы́ ы́-ҟо-уп. (RAD) *В парке есть бассейн с рыбами. There is a pool with fish in the park.*

а-ӡҭ-ра́ [intr.] [C1-R / C1-Neg-R][C1 melt] (**Fin.** [pres.] и-ӡҭ-уе́-ит / и-ӡҭ-уа́-м, д-ӡыҭ-уе́-ит / д-ӡыҭ-уа́-м, [aor.] и-ӡҭ-и́т / и-м-ӡҭ-и́т, д-ӡыҭ-и́т / ды-м-ӡыҭ-и́т, [imper.] б-ӡҭы́! / бы-м-ӡҭы́-н!; **Non-fin.** (C1) [pres.] и-ӡҭ-уа́ / и-м-ӡҭ-уа́, [aor.] и-ӡҭ-и́т / и-м-ӡҭ-и́т; **Non-fin.** (C1) [pres.] и-ӡҭ-уа́ / и-м-ӡҭ-уа́, [aor.] и-ӡҭы́ / и-м-ӡҭы́, [impf.] и-ӡҭ-уа́-з / и́-м-ӡҭ-уа-з, [past indef.] и-ӡҭы́-з / и́-м-ӡҭы-з; **Abs.** и-ӡҭ-ны́ / и-м-ӡҭы́-кәа) **1.** (= **а-ӡыҭ-ра́**) to melt, to thaw: А-сы́ ӡыҭ-уе́-ит. *The snow is melting. Снег тает.* А-цәы́мза ӡыҭ-уе́-ит. *The candle is melting. Свеча плавится.* **2.** to grow thin. 3

-ӡх- [preverb] on the water. (Spruit, SC5)

а-ӡха-гы́ла-ра [intr.] [C1-Prev-R] (**Fin.** [pres.] и-ӡха-гы́ло-уп) **1.** to lie an anchor: Абна́ ҕба-кы́ а-мшы́н и-и-ӡха-гы́ло-уп. *A vessel is lying an anchor in the sea there. Там, в море стоит один корабль.* **2.** to stand near a spring.

а-ӡх-га-ра́ [tr.] [C1-Prev-C3-R / C1-Prev-C3-Neg-R] [C3 drag C1 out of the water/sea] (**Fin.** [pres.] и-ӡхы́-л-го-ит / и-ӡхы́-л-го-м, [aor.] и-ӡхы́-л-ге-ит / и-ӡхы́-лы-м-ге-ит, [imper.] и-ӡхы́-г! / и-ӡхы́-бы-м-га-н!, и-ӡхы́-жә/шә-га! / и-ӡхы́-шәы-м-га-н!; **Non-fin.** [pres.] (C1) и-ӡхы́-л-го / и-ӡхы́-лы-м-го, (C3) и-ӡхы́-з-го / и-ӡхы́-зы-м-го; **Abs.** и-ӡхы́-га-ны / и-ӡхы́-бы-м-га-кәа) **1.** to drag sth out of the water/sea: А-ны́шьа ӡх-и́-ге-ит. (ARD) *Он вытащил лодку на берег. He dragged the boat to the shore.*

а-ӡхы́қә [n.] (-қәа) (*of a river*) the bank; a shore: А-ӡхы́қә а-ҿы́ д-тәа́-н. *He/She was sitting on the bank.*

а-ӡхы́тцра[1] [n.] landing (on shore).

а-ӡхы́-тц-ра[2] [intr.] [C1-Prev-R / C1-Prev-Neg-R][C1 come/go ashore] (**Fin.** [pres.] сы-ӡхы́-тц-уе-ит / сы-ӡхы́-тц-уа-м, [aor.] сы-ӡхы́-тц-ит / сы-ӡхы́-м-тц-ит, [imper.] бы-ӡхы́-тц! / бы-ӡхы́-м-тцы-н!; **Non-fin.** [pres.] (C1) и-ӡхы́-тц-уа / и-ӡхы́-м-тц-уа; **Abs.** сы-ӡхы́-тц-ны / сы-ӡхы́-м-тц-кәа) **1.** to come/go ashore; to come/go onto land: Урҭ ӡхы́-тц-ит. (ARD) *Они высадились на берег. They landed on the beach.* Егьа́ а-џьа́ и-ба́-зар-гьы, а-мы́даҕьцәа ԥшаа-ны́, а-мшы́н ды-ӡх̌ы́-тц-ит. (ACST) *Despite all difficulties, he found the shell and passed over the sea.*

а-ӡцәыкәба́р [n.] (-қәа) a drop (*from the roof*).

а-ӡтцә(ы)тцәы́ [n.] (-қәа) mineral water; a mineral spring.

а-ӡы́ [n.] (а-ӡ-қәа́, х-ӡы́, ӡы́-к, *ӡ-кы́) **1.** water: а-ӡыры́жәтә *drinking water;* а-қәа́ ӡы *rainwater.* а́-бна-куе-и а-ӡ-куе́-и *forests and waters.* ӡы́-ла а-цара́ / а-ӡ-а-ҿы́ а-ны́ҟуара *to go by water, exать по воде.* а́-шьха-ӡы *mountain-water.* Ӡы-к шә-з-аа-и-га-ла́-п. *He will always fetch you water.* А-ӡ-қәа́ кьасо́ а́мҩа-қәа и-р-ны́л(еи)т. (ANR) *The waters, flowing* *in abundance, flowed over the roads.* А-раху а-ӡы́ р-жә-и́т. *The cattle drank some water.* А-ҟы́з а-ӡ-а-ҽы́ и-бзи́аны и-ӡсо́-ит. (AFL) *The goose swims well in the water. Гусь хорошо плавает в воде.* Разы́н ӡы́-ла зе́гь кәабо́-уп. (AFL) *Everything is washed away with silver water. Все омыто серебряной водой.* **2.** (= **а-ӡи́ас**) a river: аӡа-ҟны́ *at the river.*

а-ӡы́гьажь [n.] (-қәа, ӡы́гьажь-к) a lake.

а-ӡы́гәҭа [n.] (-қәа) a ravine which a river is flowing along.

а-ӡы́жь [n.] (-қәа) a creek; a backwater.

Ӡы́злан [n.] (*mythology*) Dzyzlan. "Mother of the Water." (She is a beautiful woman with long golden hair who lives in the water.)

а-ӡы́йас [n.] (-қәа) (= **а-ӡи́ас** /a-ʒə́jas/) a river.

аӡы́катцаҩ [n.] water-producer.

а-ӡы́лбааҽҽа(ра) [n.] (-қәа) a waterfall.

а́-ӡын 1. [n.] (а́-ӡын-қәа, ӡны́-к / ӡын-кы́, ӡын-қәа́-к, *ӡн-кы́) winter: и-аа́-ит а́-ӡын *winter came.* а́-ӡын мшы *a winter day.* а́-ӡын маҭәа́ *winter clothes/clothing.* ӡын-гьы́=ҧхын-гьы́ *in both winter and summer.* ес-ӡын-ра́ *every wintertime.* А-шәы́р а́-ӡын а-з-гьы́ и-у-тцәахы́-р ҟа-ло́-ит. *It is possible to preserve fruits in winter, too.* **2.** [adv.] in winter: А-ӡын а-сы́ а-у-е́-ит. *In winter, snow falls. Зимой идет снег.*

Аӡы́н [n.] [family name] д-Аӡы́н-ҧха́-уп *her surname is Azyn-ba.*

Аӡы́наа [n.] [pl.] (surname) < Adzynba (sg.)

а́-ӡынра [n.] wintertime, the winter period: Ӡынра́-н. *It was winter.* А-ӡынра а́-шьҭахь а́аҧынро-уп. *After winter is spring.* Ҭага́лан-шьҭа́хь ӡынро́-уп. *After autumn is winter.* А-ӡы́нра-зы а-мҿы́ ҧы́-р-ҟо-ит, а-мҿы́ ры́-ды-р-гало-ит. (AFL) *They are chopping firewood for winter, and they are stockpiling the firewood. Для зимы они рубят и заготавливают дрова.*

а́-ӡынтә [adj.] winter; wintry.

а-ӡынтцәа́ [n.] (а-ӡынтцәа-қәа́, ӡынтцәа́-к) a winter sort of Abkhazian apples: А-ӡынтцәа́ ҟаҧшьха-хье́-ит. (AFL) *The winter apples have already become red. Зимние яблоки уже покраснели.*

а-ӡы́рга [adj.] (и-ӡы́рго-у) honorable, well-known: Уи́ д-уаҩ ӡы́рго-уп. *He is a well-known/ honorable person.*

а-ӡыршы́ [n.] (а-ӡырш-қәа́) boiling water: А-чы́смаҭәа ӡыршы́-ла и-ры-ӡәӡәо́-ит. *They washed the crockery with hot water.*

а-ӡы́ршә [n.] (-қәа) (= **а-фонта́н**) a fountain.

а-ӡы́рҩаш [n.] (-қәа) *see* **а-рҩа́ш**

а́-ӡырҩ-ра [intr.] [C1-R / C1-Neg-R] [C1 listen] (**Fin.** [pres.] с-ӡырҩ-уе́-ит / с-ӡырҩ-уа́-м, [aor.] с-ӡырҩ-и́т / сы-м-ӡырҩ-и́т, [imper.] б-ӡырҩы́! / бы-м-ӡырҩы́-н!, шә-ӡырҩы́! / шәы-м-ӡырҩы́-н!; **Non-fin.** [pres.] и́-ӡырҩ-уа / и́-м-ӡырҩ-уа, [aor.] и́-ӡырҩ / и́-м-ӡырҩ; **Abs.** д-ӡырҩ-ны́ / ды-м-ӡырҩы́-кәа) **1.** (*generally*) to listen: с-ӡы́рҩ-уе-ит *I am (simply) listening, я (просто) слушаю.* Шә-аа-ӡырҩы́! *Look out! Внимание!* И-лы́мха кы́д-тца-ны д-ӡырҩ-уе́-ит. *He is listening attentively.* [N.B. A specific object of the verb "to hear" is expressed by using the preverb **-ӡы**: с-а-ӡы́-ӡырҩ-ит *I listened to it.* See **а-ӡы́-ӡырҩ-ра**]

а́-ӡырҩ-ҩы [n.] (а́-ӡырҩ-цәа) a listener.

а-ӡы́с [n.] (а́-ӡара-қәа, ӡсы́-к) [pl. а-ӡа́р] a kid.

а-ӡыҭ-ра́ [intr.] [C1-R / C1-Neg-R] [C1 melt] (**Fin.** [pres.] и-ӡыҭ-уе́-ит / и-ӡыҭ-уа́-м, [aor.] и-ӡыҭ-и́т / и-м-ӡыҭ-и́т, [imper.] у-ӡыҭы́! / у-м-ӡыҭы́-н!; **Non-fin.** [pres.] (C1) и-ӡыҭ-уа́ / и́-м-ӡыҭ-уа́, [aor.] и-ӡыҭы́ / и-м-ӡыҭы́. **Abs.** и-ӡыҭ-ны́ / и-м-ӡыҭы́-кәа) **1.** to melt: А-сы́ ӡыҭ-и́т. *The snow melted.* А-сы́ ӡыҭ-уе́-ит. *The snow is melting. Снег тает.* [cf. **а́-ӡҭ-ра** "to melt"]

а-ӡых-гы́ла-ра *see* **а-ӡха-гы́ла-ра**

а-ӡы́хь [n.] (а-ӡы́хь-қәа, ӡыхь-к) a cold stream (spring): а-ӡыхь ахь а-ца-ра́ *to go to the spring.*
а-ӡы́цәа [n.] (а-ӡы́цәа-қәа, ӡы́цәа-к) a heron.
а-ӡыҷҷа́ [n.] (а-ӡыҷҷа-қәа́) a small stream.
а-ӡы́ша [n.] (= **а-ӡба́**) thirst.
а-ӡы́ша-ра [intr.] [C1-R / C1-Neg-R] [C1 feel thirsty] (**Fin.** [pres.] д-ӡы́шо-ит / д-ӡы́шо-м (*or* д-ӡы́ша-ӡо-м), [aor.] д-ӡы́ше-ит / ды-м-ӡы́ше-ит (ды-м-ӡы́ша-ӡе-ит), [imper.] б-ӡы́ша! / бы-м-ӡы́ша-н!, шә-ӡы́ша! / шәы-м-ӡы́ша-н!; **Non-fin.** [pres.] (C1) и-ӡы́шо / и-м-ӡы́шо, [aor.] (C1) и-ӡы́ша / и-м-ӡы́ша; **Abs.** д-ӡы́ша-ны / ды-м-ӡы́ша-кәа) **1.** (= **а-ӡба́ а-к-ра́**) to feel thirsty: Уи́ да́ара д-ӡы́шо-н. *He/She was very thirsty. Он/Она сильно жаждал/-ла.*
а-ӡҩа-ра́ [tr.] [C1-C3-R / C1-C3-Neg-R] [C3 dilute C1] (**Fin.** [pres.] и-сы-ӡҩо́-ит, и-а́-ӡҩо-ит / и-сы-ӡҩо́-м, [aor.] и-сы-ӡҩе́-ит, и-а́-ӡҩе-ит / и-с-мы-ӡҩе́-ит, и-а́-мы-ӡҩе-ит, [imper.] и-ӡҩа́!, и-шәы-ӡҩа́! / и-б-мы-ӡҩа́-н!; **Non-fin.** [pres.] (C1) и́-лы-ӡҩо / и́-л-мы-ӡҩо, (C3) и-зы-ӡҩо́ / и-з-мы-ӡҩо́, [aor.](C1) и́-лы-ӡҩа / и́-л-мы-ӡҩа, (C3) и-зы-ӡҩа́ / и-з-мы-ӡҩа́, [impf.] (C1) и́-лы-ӡҩо-з / и́-л-мы-ӡҩо-з, (C3) и-зы-ӡҩо́-з / и-з-мы-ӡҩо́-з, [past indef.] (C1) и́-лы-ӡҩа-з / и́-л-мы-ӡҩа-з, (C3) и-зы-ӡҩа́-з / и-з-мы-ӡҩа́-з; **Abs.** и-ӡҩа-ны́ / и-мы-ӡҩа́-кәа) **1.** to dilute: А-цха ӡҩа-ны́ и-з-жә-и́т. *Having diluted the honey, I drank it. Разбавив мед, я выпил его.*

3

Ӡə ӡə

а́ӡə [pron.] **1.** one person, a certain person**:** Шьыбжьхьа́ аӡə ихəы́ а-ԥса́-н хə-маа́ҭ-к. *The lunch cost 5 rubles per person.* Уи аӡə затцəы́к ианаамҭа́з д-аа́-ит. *Only he came on time. Вовремя пришел лишь он один.* || **аӡə** ..., **даҽеаӡəы́** ... one ... the other ...**:** Аӡə а-мшы́н а-за́аигəара и-ԥсы́ и-шьа́-р и-ҭахы́-уп, даҽеаӡəы́ а́-шьха-ҿы. (AFL) *Some want to take a holiday near the sea, others in the mountains. Одни хотят отдыхать близко от моря, другие в горах.*

аӡəа́ӡəа [adj.] each, one by one**:** Уа́да-цыԥхьа́ӡа аӡəа́ӡəа а-хəынҭқа́р и́-ԥха-цəа ѡна-тəа́-н. (Ab.Text) *In each room one of the King's daughters was sitting.* аӡəа́ӡəала *one by one, по одному.*

а-ӡəа-ра́ [labile] **(1)** [intr.] [C1-R / C1-Neg-R] [C1 vomit] (**Fin.** [pres.] с-ӡəо́-ит, д-ӡəо́-ит / с-ӡəо́-м (-ӡəа-ӡо́-м), [aor.] с-ӡəе́-ит / сы-м-ӡəе́-ит, [imper.] б-ӡəа́! / бы-м-ӡəа́-н!, шə-ӡəа́! / шəы-м-ӡəа́-н!; **Non-fin.** [pres.] (C1) и-ӡəо́ / и-м-ӡəо́; **Abs.** д-ӡəа-ны́ / ды-м-ӡəа́-кəа) **1.** to vomit**:** А-чы́мазаѡ д-ӡəе́-ит. *The sick person vomited. Больного вырвало.* **(2)** [tr.] [C1-C3-R / C1-C3-Neg-R] [C3 throw up C1] **Fin.** [pres.] и-с-ӡəо́-ит (*и-з-ӡəо́-ит) / и-с-ӡəо́-м (-ӡəа-ӡо́-м), [aor.] и-с-ӡəе́-ит / и-сы-м-ӡəе́-ит (-ӡəа-ӡе́-ит), [imper.] и-ӡəа́! / и-бы-м-ӡəа́-н!, и-шə-ӡəа́! / и-шəы-м-ӡəа́-н!; **Non-fin.** [pres.] (C1) и-с-ӡəо́ / и-сы-м-ӡəо́, (C3) и-з-ӡəо́ / и-зы-м-ӡəо́) **1.** to vomit, to throw up**:** И-с-ӡəе́-ит и́-с-фа-з зегьы́. *I vomited everything that I had eaten. Я вырвал все, что я съел.* А-хəыҷы́ и́-и-фа-з зегьы́ и-ӡəе́-ит. *The child vomited everything that he had eaten. Ребенок вырвал все, что он съел.*

аӡəгьы́ [negative pron.] [with a negative marker] nobody, no one, (not) anyone**:** Аӡəгьы́ ды́-ҟа-м *there is nobody.* Аӡəгьы́ д-м-аа́-ит. *Nobody came.* Ака-гьы́ у-ԥырха́га-ӡа-м, аӡəгьы́ д-у-ԥырха́га-ӡа-м. (AFL) *Nothing prevents you, and nobody prevents you. Ничто тебе не мешает, никто тебе не мешает.* Уа́ аӡəгьы́ ды́-ҟа-мызт. *There was nobody there. Никого там не было.* А-ѡны́ аӡəгьы́ ҳа-м-гы́ла-цызт. (ACST) *At home none of us had yet risen.* «Ари́ ды-з-шьы́-з са с-о́-уп» з-ҳəа́-з р-а́хьтə аӡəгьы́ а-лы́мҳа и-з-цəы́ры-м-ге-ит. (Ab.Text) *Not one of the people who had said, "I am the one who killed him" could produce the ear.* И-ԥсы́рҭа аӡəгьы́ и-з-дыр-ӡо-м. *Nobody knows where he perished.*

а́-ӡəӡəага [n.] (а́-ӡəӡəага-қəа, ӡəӡəа́га-к) **1.** washing; laundry. **2.** a washing machine.

а́-ӡəӡəа-ра [labile] **(1)** [tr.] [C1-C3-R / C1-C3-Neg-R] [C3 wash C1] (**Fin.** [pres.] б-сы-ӡəӡəо́-ит / б-сы-ӡəӡəо́-м, [aor.] и-л-ӡəӡəе́-ит / у-с-мы-ӡəӡəе́-ит, [imper.] и-ӡəӡəа́! / и-бы-м-ӡəӡəа́-н!, и-жə-ӡəӡəа́! *or* и-шəы-ӡəӡəа́! / и-шəы-м-ӡəӡəа́-н!; **Non-fin.** [pres.] (C1) и́-л-ӡəӡəо / и́-л-мы-ӡəӡəо, (C3) и-з-ӡəӡəо́, ды-з-ӡəӡəо́ / и-з-мы-ӡəӡəо́, ды-з-мы-ӡəӡəо́, [aor.] (C1) и́-л-ӡəӡəа / и́-л-мы-ӡəӡəа, (C3) и-з-ӡəӡəа́ / и-з-мы-ӡəӡəа́, [impf.] (C1) и́-л-ӡəӡəо-з / и́-л-мы-ӡəӡəо-з, (C3) и-з-ӡəӡəо́-з / и-з-мы-ӡəӡəо́-з, [past indef.] (C1) и́-л-ӡəӡəа-з / и́-л-мы-ӡəӡəа-з, (C3) и-з-ӡəӡəа́-з / и-з-мы-ӡəӡəа́-з; **Abs.** и-ӡəӡəа-ны́ / и-м(ы)-ӡəӡəа́-кəа) **1.** to wash**:** И-у-ӡəӡəо-и? *What are you washing? Что ты моешь?* С-ҿ-и́ с-нап-и́ сы-ӡəӡəо́-ит. *I wash my face and hands.* Сара́ а-са́ан-қəа сы-ӡəӡəо́-ит. *I am washing plates.* Алиас Алы́ксьа-иԥа́, шə-напы́ шəы-ӡəӡəа́! (IC) *Алиас Алексеевич, помойте руки! Alias Alekseevich, wash your hands!* Акры-б-фа́-[а]анӡа, б-напы́ ӡəӡəа! (ACST) *Before you eat, wash your hand(s)!* **(2)** [intr.] [C1-R / C1-Neg-R] [C1 do the washing] (**Fin.** [pres.] ды-ӡəӡəо́-ит / ды-ӡəӡəо́-м, [aor.] ды-ӡəӡəе́-ит / д-мы-ӡəӡəе́-ит, [imper.] б(ы)-ӡəӡəа́! / б-мы-ӡəӡəа́-н!, шə(ы)-ӡəӡəа́!; **Non-fin.** (C1) [pres.] и́-ӡəӡəо / и́-м-ӡəӡəо, [aor.] и́-ӡəӡəа / и́-м-ӡəӡəа, [impf.] и́-ӡəӡəо-з / и́-м-ӡəӡəо-з, [past indef.] и́-ӡəӡəа-з / и́-м-ӡəӡəа-з) **1.** to do the washing/laundry. **(3)** [intr.] (и)-еиба́-ӡəӡəо-ит they wash each other**:** а-напы́-ӡəӡəара *to wash the hands, мыть руки.* Нап-и́ нап-и́ еиба́-ӡəӡəо-ит, а́-ѡ-напы-к а-ҿы́ ры-ӡəӡəо́-ит. *Рука руку моет (друг друга моют), а обе руки лицо моют.*

а́ӡəи-а́ӡəи [porn.] each other; one another**:** Ҳара́ зегьы́ а́ӡəи-а́ӡəи ҳ-аи-цхы́раа-уе-ит. (AFL) *We all help each other. Мы все помогаем друг другу.*

-ӡəк [suffix] only**:** (бара́) бы-хаҭа-ӡəк *only you yourself.* Уа(ра́)-ӡəк у-ца́! *Only you go!*

аӡəы́[1] [num.][hum.] one (person)**:** Абзи́ара аа-го́-ит ҳəа «сара́ и-ҟа-с-ҵе́-ит» ҳəа ауаа́ аӡəы́-м-куа ҩы́џьа-м-куа и-цəы́ртц-қуе-ит. (Ab.Text) *Many people* [lit. *neither one person nor two persons*] *appeared, saying, "I did it," hoping to be recognized for this good deed.*

аӡəы́[2] [indefinite pron.] [hum.] someone, [cf. **акы́**]**:** Аӡəы́ д-аа́-ит. *Someone came.* Џьгьа́рда а-қы́ҭа а-ӡы́ а-хы́қə-а-н ды-н-хо́-н Бжьнари́а Ебырҳа́м ҳəа аӡəы́. (AF) *In the village of Dzhgjarda there lived beside the water someone named Ebyrham Bzhnaria.*

аӡəы́р [indefinite pron.] [hum.] anyone.

Ӡə

И и

и-[1] [verbal prefix] **1**. *used to mark both 1) an agent/oblique of the third person masculine-human sg., which is inserted in the slots in Columns III/II respectively, and 2) a direct object of the third person non-human sg. or the third person human/non-human pl., which is inserted in the slot in Column I.*
2. *used as a* ***relative prefix*** *corresponding to a subject or a direct object. This relative prefix occupies the slot in Column I.* (cf. **-з-**)**:** уи́ аҧҳәы́с и́-л-дыр-уа артцаҩы́ *the teacher whom that woman knows.* Уи́ а-ҧҳәы́с и́-л-ҩы-з а-шәҟәы́ сы́-р-ҭе-ит. *They gave me the letter which that woman wrote.* Аба́нҭ а-ҳәынҭҟа́р и́-ҧха-цәа и́-и-ба-з р-а́хьтә ҩы́-цьа а-шәы́ ры-шә-ны́ р-уа́да-қуа и-ры-ҩна-тәа́-н. (Ab.Text) *Two of the King's daughters that he saw were in mourning dress, crying out loud, and sitting in the middle of the rooms.*

и-[2] [possessive prefix] *used to mark the possessive of "he" (3.m.sg.),* "his"**:** Шәара́х и-ҩы́з-цәа *Shwarax's friends.*

-и-[3] [conjunction] **1**. (*for word combinations*) and**:** жәе́-и-за *11* [< жәа "10," за "the original form of one"]. ҩажәе́-и жәаба́ *30,* [*lit.* 20 + 10]. **2**. (*co-ordinate conjuction*) А-**и** В-**и** (= А-**гьы** В-**гьы**) "A and B": с-а́б-и с-а́н-и (= с-а́б-гьы с-а́н-гьы) *my father and my mother.* а́-мш-и а́-тҳх-и *day and night.* С-анду́-и с-абду́-и а-ҩны́ и́-ҟо-уп. *My grandmother and my grandfather are at home.* Сара́ а́н-и а́б-и сы́-мо-уп. *I have a mother and a father.* Урҭ с-а́н-и с-а́б-и р-ҩы́з-цәа р-о́-уп. *They are friends of my mother and my father.* Уаре́-и саре́-и а-шко́л-ахь х-ца́-п. *You and I will go to school.* А-са́бше-и а-мҽы́ше-и ҧсшьара́ мш-қәо́-уп. (AFL) *Saturday and Sunday — these are rest-days. Суббота и воскресенье — это выходные дни.*

-и[4] [verbal suffix] **1**. *used to mark the interrogative of the non-human class. "what." The pronominal prefixes of the verbal complex with this suffix correspond to those of the non-finite relative form. This interrogative marker has variants* **-з(е)и**/**-зи**. *These markers,* **-и**, **-з(е)и**/**-зи**, *are only added to the non-finite forms of the first group of dynamic verbs (but the final* **-у** *of Perfect's non-finite form disappears before these markers). On the other hand, the non-finite forms of the second group of dynamic verbs express the What-question without the marker* **-и**. (See Hewitt, Abkhaz:12; Hewitt, ANR:xxi) (cf. **-з(е)и**/**-зи**, **-зы-**, **иа́рбан**)**:** **(1)** dynamic group I: [**Present**] д-зы-ҧхьо́-и? (< *d-zә-px^{j}a-wá-j) / д-зы-ҧхьо́-зеи? *what does he/she read?* ды-з-мы́-ҧхьо-и? / ды-з-мы́-ҧхьо-зеи? *what doesn't he/she read?* и-л-ды́р-уе-и? *what does she know?* и-л-зы́-м-дыр-уе-и? *what doesn't she know?* и́-л-ҭи-уе-и? *what does she sell?* и́-лы-м-ти-уе-и? *what doesn't she sell?* Аҳын мза-қәа́-с и́-жә-дыр-уе-и? (AFL) *Do you know what the months of winter are? Вы знаете, какие месяцы зимы?* А-ҧхьарҭатә за́л а-ҿы́ и́-ҟа-шә-тцо-зеи? (AFL) *What do you do in the reading room? Что вы делаете в читальном зале?* [**Aorist**] д-зы-ҧхье́-и? / д-зы-ҧхьа́-зеи? *what did he/she read?* ды-з-мы́-ҧхье-и? / ды-з-мы́-ҧхьа-зеи? *what didn't he/she read?* и́-л-дыр-и? *what did she find out?* и-л-зы́-м-дыр-и? *what didn't she find out?* и́-л-ҭи? *what did she sell?* и́-лы-м-ҭи? *what didn't she sell?* и́-ҟа-л-тце-и? (= иа́рбан и́-ҟа-л-тца?) *what did she do?* и-лы́-цы-б-ҭи? *what did you sell with her?* и-с-зы́-б-ҩ-и? *what did you write to me?* и-с-зы́-бы-м-ҩ-и? *what didn't you write to me?* [**Future I**] и́-л-дыр-р-и? *what will she find out?* и-л-зы́-м-дыр-р-и? *what won't she find out?* и-сы́-ҩ-р-и? *what do I have to write?* [**Future II**] д-зы-ҧхьа́-ше-и? / д-зы-ҧхьа́-ша-зеи? *what will he/she read?* ды-з-мы́-ҧхьа-ше-и? / ды-з-мы́-ҧхьа-ша-зеи? *what won't he/she read?* [**Perfect**] д-зы-ҧхьа-хьо́-и? / д-зы-ҧхьа-хьо́-зеи? *what has he/she already read?* ды-з-мы́-ҧхьа-хьо-и? *what hasn't he/she already read?* и-аа-хье́-и / и-аа-хьа́-зи / и-аа-хьа́-зе-и *what has already come?* (cf. dynamic group II: [Imperfect] д-зы-ҧхьо́-з? *what was he/she reading?* ды-з-мы́-ҧхьо-з? *what wasn't he/*

she reading? и-л-ды́р-уа-з? *what did she know?* и-л-зы́-м-дыр-уа-з? *what didn't she know?* и́-л-ҭи-уа-з? *what was she selling?* и́-лы-м-ҭи-уа-з? *what wasn't she selling?* [Condtional I] д-зы-ԥхьа-ры́-з? ды-з-мы́-ԥхьа-ры-з? [Condtional II] д-зы-ԥхьа́-шa-з? ды-з-мы́-ԥхьа-шa-з?) **(2)** stative: [**Present**] и-гы́ло-и? (= иа́рбан и-гы́ло-у?) *what is standing?* и-гы́ла-м-и? *what isn't standing?* и́-ҟо-и *what is it? / what are they? / what is there?* И-у́-хьӡ-у-и? *What is your(M) name?* Бара́ бы-з-ҭо́-и (= а-ҵара́ аба́-б-ҭо)? *Where are you studying?* [lit. *What are you in?*]. И-еилы́-шә-каа-рц и́-шә-ҭах-и? *What do you want to know?* (cf. [past] И-еилы́-шә-каа-рц и́-шә-ҭахы-з? *What did you want to know?*) [cf. [Present] и-бы́-мо-у-зеи? *what do you have?* и-бы́-ма-м-зеи? *what don't you have?* [**Past**] и-гы́ла-з? *what was standing?* и-гы́ла-м-з? *what wasn't standing?* и-бы́-ма-з? / и-бы́-ма-зы-з? *what did you have?* и-бы́-ма-м-зы-з? *what didn't you have?*]

2. *used to mark the interrogative of the non-human class in the first group of dynamic verbs.* (*See* -анба-, -шԥа-, -зла-; шаҟа́, заҟа́)**:** Уара́ х-бара́ у-анба́-аи-уе-и? *When will you visit us?* Ари́ шԥа́-ҟале-и? *How did this happen?* Шаҟа́ ҵәа у́-мо-и? *How many apples do you have?* А-уа́да зы-ԥсо́-и? *How much is the room?* Заҟа́ мҳацә шә-ҭах-и́? *How many spoons do you want?* Шәара́ шә-у́сура мшы́ шԥа́-шә-хы́-жә-го-и? (AFL) *How do you spend your work day? Как вы проводите ваш рабочий день?*

-и[5] [verbal suffix] *used in the negative form of* ***yes-no questions****. This marker has a variant* **-ӡеи** *and is added to the appropriate non-finite form. This marker is omissible in the present and the second group forms of dynamic verbs. According to Hewitt* [Hewitt. ANR, xxi]*, this interrogative form leads a question expecting the answer "yes."* (cf. **-ма**) **(1)** dynamic: [**Present**] ды-м-цо́-и? *doesn't he/she go?* сы-л-зы́-м-дыр-ӡо? (< сы-л-зы́-м-дыр-ӡа-уа-(и)?) *doesn't she know me?* Ашә аа́-бы-м-хәа-ӡо-(и)? *Won't you buy cheese?* [**Aorist**] ды-м-це́-и? *didn't he/she go?* шәы-м-це́-и? *you (pl.) went, didn't you?* сы-л-зы́-м-дыр-ӡе-и? *didn't she know me?* И-сы́-лы-м-ҭа-ӡе-и а-шәҟәы́? *Didn't she give the book to me?* И-с-зы́-б-мы-ҩ-ӡе-и а-шәҟәы́? *Didn't you write me a letter?* С-лы-м-ба-ӡе́-и? *Didn't she see me?* И-лы́-ц-бы-м-ҭи-ӡе-и? *Didn't you and she together sell it/them?* [**Imperfect**] шәы-м-цо́-з-(и)? *you (pl.) used to go, didn't you?* сы-л-зы́-м-дыр-ӡо-з? (< сы-л-зы́-м-дыр-ӡа-wа-з-(и)?) *Didn't she know me?* **(2)** stative**:** А-шәҟәы́ бы́-ма-ӡа-м-и? *Don't you have the book?* [cf. А-шәҟәы́ бы́-ма-ӡа-м-з? *Didn't you have the book?*]

-и[6] [verbal suffix] (*dialect*) "just"**:** Шә-на-ԥш-и́! *Just look out!* И-сы-рб-и! (= И-сы-рбе́-и-шь!) *Do show it/them to me! Покажи-ка мне это!* И-гәа́-с-ҭа-п-и! *I'll just check it! Проверю-ка!*

и-...-у, и-...-ны, и-... шәа, и-...-уа, и-...м-кәа, и-ш-...-у [affix] *used to derive adverbs.* (Chirikba:56)**:** и-анаамҭо́-у *вовремя, in time.* и-бзи́а-ӡа-ны *very well.*

-аи-[1] [verbal affix] *used only with intransitive verbs. This reciprocal affix is inserted immediately after the slot in Column I and transforms two-place intransitive verbs into one-place intransitive verbs.* "each other, one another"; cf. **-аиба-.:** х-аи-с-и́т *we hit each other/ one another.* х-аи-цәы́ԥха-шьо-ит *we are ashamed of each other/one another.* и-еи-кә-шәе́-ит *they met each other/one another.* х-аи-кә́-м-шәе-ит *we didn't meet each other/one another.*

-аи-[2] [preverb] to, at**:** И-с-а́и-ш-уе-ит. *It is barking at me.*

иа́[1] [pron.] *contracted form of* **иара́**, "he"; "it"**:** иа́ и-о́-уп *he is.*

-иа-[2] [preverb] along (a road). (Spruit, SC5).

иа-акы́ [pron.] something.

а-иа́аи-ра [intr.] [C1-C2-R / C1-C2-Neg-R; C1-R] [C1 defeat C2] (**Fin.** [pres.] ды-с-иа́аи-уе-ит, д-и-[и]а́аи-уе-ит / ды-с-иа́аи-уа-м, [aor.] ды-с-иа́а-ит / д-сы-м-иа́а-ит, д-иа́а-ит, [imper.] бы-с-иа́аи! / б-сы-м-иаа́и-н!, [poten.] д-зы-с-иа́аи-уа-м (он не может победить меня) / ды-з-сы-м-иа́а-ит; **Non-fin.** [pres.] (C1) и-л-иа́аи-уа / и-лы-м-иа́аи-уа, (C2) ды-з-иа́аи-уа / д-зы-м-иа́аи-уа, [aor.] (C1) и-л-иа́аи / и-лы-м-иа́аи, (C2) ды-з-иа́аи / д-зы-м-иа́аи, [impf.] (C1) и-л-иа́аи-уа-з / и-лы-м-иа́аи-уа-з, (C2) ды-з-иа́аи-уа-з / д-зы-м-иа́аи-уа-з, [past indef.] (C1) и-л-иа́аи-з / и-лы-м-иа́аи-з, (C2) ды-з-иа́аи-з / д-зы-м-иа́аи-з; **Abs.** д-иа́аи-ны / ды-м-иа́аи-кәа) **1.** to defeat, to overcome, to conquer: ды-с-иа́аи-уе-ит *he/she overpowers me.* Ды-с-иа́аи-ма? *Did he/she defeat me? Он/Она победил/-ла меня?* Абри́ шәара́ и-шә-иа́аи-ра мчы́-с и́-ҟо-у-зеи? (Ab.Text) *What is it that can defeat you?* Иҳа́ҩсыз а́-хәмарраа-н ҳара́ ҳ-тә-қәа и-аа́-ит (/ҳара́ ҳ-иаа́-ит). *Our team won (/We won) in the previous game.* [cf. **а́-тҵа-ха-ра** "to be defeated"]

аиа́аира [n.] (-қәа) a victory. || **аиа́аира а-га-ра́** to conquer; to gain a victory: Пахуа́ла-раа ампы́л а-ахь-а́суаз аиа́аира р-ге́-ит. (ANR) *P'axwala and his friends carried off the victory in the game [there where they were playing football].*

и-аа́иуа [adj.] (< **аа́-и-ра**) next: и-аа́иуа а-шы́қәс а-зы́ [adv.] (= ҽааны́, ҳа́ҧхьа) *next year.* и-аа́иуа а́-мчыбыжьтәи а-програ́мма *the program for next week.*

иа́алырҟьаны [adv.] suddenly: А-мш иа́алырҟьаны а-ҽ-а́-ҧсах-ит. (RAD) *Погода резко изменилась. The weather changed abruptly.*

иааркьа́ҿны [adv.] [< Abs. of **а́а-ркьаҿ-ра** "to shorten"] briefly, in brief: иааркьа́ҿны и-ҳәа́! *Say it briefly!*

иа́арласны [adv.] quickly.

иаарҳәны́ [adv.] conversely; inversely: Уи́ зегьы́ иаарҳәны́ и-ҟа-и-тҵо́-ит. *He does everything the other way around. Он все делает наоборот.*

иаахжәаны́ [adv.] roughly; abruptly, sharply: Уи́ иаахжәаны́ а-тәа́к ҟа-и-тҵе́-ит. (RAD) *Он резко ответил. He answered abruptly.*

и-аа-цқьаны́ [adv.] exactly, (*of time*) sharp: Уажәы́ иаацқьаны́ а-саа́т 12 ы́-ҟо-уп. *Now it is exactly 12 o'clock.* [cf. **и-ры-цқьаны́**]

иаба́ [interrog. pron.] **1.** where? **2.** (to) where?

иабала́к(ь) [adv.] any old thing: Иабала́к и-ҳәо́-ит. (ARD) *Он говорит что попало. He says any old thing.*

иабала́кгьы *see* **иабала́к**

и-а́-вс-ны [Abs.] by, past. [See **а́-вс-ра**]

иага́ *see* **егьа́**

а́-иа-га-ра [tr.] [C1-Prev-C3-R / C1-Prev-C3-Neg-R] [C3 move C1] (**Fin.** [pres.] д-и́а-с-го-ит (*я его перевожу*), и́а-з/с-го-ит (< и-и́а-з/с-го-ит, *я перевожу его(нрз.)/их*), и́а-ҳ-го-ит (*и́а-аа-го-ит), и́а-шә/жә-го-ит, / и́а-с-го-м (*or* и́а-с-га-ӡо-м), [aor.] и́а-з/с-ге-ит, и́а-шә/жә-ге-ит / и́а-сы-м-ге-ит (-га-ӡе-ит), и́а-шәы-м-ге-ит, [imper.] и́а-га! / и́а-бы-м-га-н!, и́а-шә/жә-га! / и́а-шәы-м-га-н!; **Non-fin.** [pres.] (C1) и́-иа-л-го / и́-иа-лы-м-го, (C3) д-и́а-з-го / д-и́а-зы-м-го; **Abs.** и-и́а-га-ны / и-и́а-м-га-кәа) **1.** to move, to transfer: с-и́а-л-ге-ит *she transferred me, она меня перевела.* а-чы́мазаҩ пала́та-к аҟны́тә даҽа́ пала́та-к а́хь и́-иага-ра *to transfer the patient from one ward to another, перевести больного из одной палаты в другую.*

иага́рааны [adv.] many times; very often, repeatedly: Иага́рааны и-с-ҳәа-хьа́-заргьы иага́раан и-сы-чҳа-хьа́-заргьы (...). (Ab.Text) *I've told you many times and I've have been patient many times, but (...).*

иагьа́ *see* **егьа́**

иагьа́раан *see* **егьа́раан**

иагьа́цьара *see* **егьа́цьара**

иазхо́уп! [< а-захара́ be enough for] enough!

а́-иакәым [n.] (-кәа) (= **иакәы́м**) something bad, a wrong: Сара́ а́-иакәым с-гәы́ и-тҵа́-м. (IC) *I have nothing wrong in my heart.* || а́-иакәым (иакәы́м) а-у-ра́ (/а́-ҟа-тҵа-ра) to do something bad, to do a wrong: А-иакәым шәы-м-у́-н! (/ҟа-шәы-м-ца́-н!) *Don't do something bad!*

иакәы́м [n.] (-қәа) (= **а́-иакәым**) something wrong: Сара́ шәара́ иакәы́м (/а́-иакәым) шә-зы́-з-у-а-м. (IC) *I'll do nothing wrong for you.*

а́-иа-кьа-ра [intr.] [C1-Prev-R / C1-Prev-Neg-R] (**Fin.** [pres.] д-иа́-ҟьо-ит / д-иа́-ҟьо-м, [aor.] д-иа́-ҟье-ит / д-иа́-м-ҟье-ит, [imper.] б-иа́-ҟьа! / б-иа́-м-ҟьа-н!; **Non-fin.** [pres.] (C1) и-иа́-ҟьо / и-иа́-м-ҟьо) **1.** to go by very quickly: А-мш-қәа и́-иаҟьа(ны) и-цо́-ит. *The days go by quickly. Дни бегут.*

иа́лкааны [adv.] specially.

и-ана́амҭаз *see* **и-анаамҭо́-у**

и-ана́амҭоу [adv.] in time: Уи а́ӡә затцәы́к и-анаамҭа́-з д-аа́-ит. *Only he came in time. Вовремя пришел лишь он один.*

иана́кәзаалак(ь) [adv.] (= **иана́кәзаалакгьы**) **1.** [used with the negative form of a verb] never: Иана́кәзаалак(гьы) д-а́-тца-м-ха-цызт. (ARD) *Он/Она никогда не проигрывал/-ла. He/She had never been defeated.* **2.** always: Уи́ иана́кәзаалак(гьы) и-бзи́аны и-тцо́-н. (ARD) *Он всегда хорошо учился. He always studies well.*

иана́кәзаалакгьы *see* **иана́кәзаалак(ь)**

ианба́ [interrog. pron.] when?

ианба́ӡа [interrog. pron.] until when?

Иапо́ниа [n.] Japan. Япония: Иапо́ниа-нтәи Қырҭтәы́ла с-аа́-ит. *I came to Georgia from Japan. Я приехал в Грузию из Японии.*

а-иапо́н-уаҩ(ы) [n.] (а-иапо́н-уаа) a Japanese.

иара́ [pron.] **1.** he/him: Иара́ а-кала́м и́-ҭ. *Give him a pen!* Сара́ иара́ ды-з-бо́-н. *I saw him.* иар-гьы́ (= иара́-гьы) *he also.* **2.** it. || **иара́ убас** in the same way, also: Ҭага́лан-иара убас "барақьа́ҭ" ҳәа́ и-а́-шьҭо-уп. (AFL) *Autumn is also called "barak'at". И осень называется "Баракьат."*

а-иа́ра [n.] (-қәа) bedding, bedclothes.

а-иа-ра́ [intr.] **(1)** [stative] [C1-R] [C1 be lying] (**Fin.** [pres.] д-ио́-уп / д-иа́-м, [past] д-иа́-н / д-иа́-мызт, [imper.] б-иа́-з! / б-иа́-мыз!, шә-иа́-з! / шә-иа́-мыз!; **Non-fin.** [pres.] (C1) и-ио́-у / и-иа́-м, [past] (C1) и-иа́-з / и-иа́-мыз; **Abs.** д-иа-ны́ / ды-м-иа́-кәа) (= **а́шьҭара**) **1.** to be lying: А-ҩны́ д-ио́-уп. *He/She is lying at home.* А-хәчы́ ҿы́цха д-ио́-уп. *The baby is lying facedown.* А-тцла а́-мтцан д-ио́-уп. *He/She is lying under the tree.* **(2)** [dynamic] [C1-R / C1-Neg-R] [C1 lie] **Fin.** [pres.] д-ио́-ит / д-ио́-м (*or* д-иа-ӡо́-м), [aor.] д-ие́-ит / ды-м-ие́-ит (*or* ды-м-иа-ӡе́-ит), [imper.] б-иа́! / б-иа́-мыз!, шә-иа́-з! / шә-иа́-мыз!; **Non-fin.** [pres.] (C1) и-ио́ / и́-м-ио, [aor.] (C1) и-иа́ / и́-м-иа) **1.** to lie down: А-чы́мазаҩ и-шьап-қәа́ А-ҧсцәа́ха и-ахь и-рха-ны́ д-ие́-ит. (AF) *The ill man lay down pointing his feet in the direction of the Prince of the Dead.*

иа́раби [interj.] *used to express surprise*: Иауа́зи, иа́раби сы-з-у́-с-уа? (Ab.Text) *Why on earth should I strike you?*

иара́знак(ы) [adv.] instantly, immediately; suddenly: иара́знак ды́-цәо-ит *he suddenly falls asleep.* Уара́ иара́знак а-ха́хә а́ашьҭ-ҧаа-ны и-у́-ма-ны у-дәы́кула! (Ab.Text) *Please lift up the stone that is there and run away with it immediately.*

и-а́рбан [interrog. pron.] [non-hum.] **1.** what?: И-а́рбан и-гы́ло-у? (= и-гы́ло-и?) *What is standing?* И-а́рбан и-гы́ла-з? (= и-гы́ла-з?) *What was standing?* И-а́рбан и́-ҟа-л-тца? (= и́-ҟа-л-тце-и?) *What did she do?* **2.** what?; which?: И-а́рбан қала́кь-у бара́ б-ахьы-н-хо́? *What city do you live in?* Уажәы́ и-а́рбан а́амҭо-у? — Уажәы́ ҧхын-у́п. *What season is it now? — It is summer now. Какое сейчас время года? — Сейчас лето.* И-а́рбан са́аҭы-у? *What is the time? Который час?* Иахьа́ и-а́рбан мш-у? (AFL) *What day is it today? Какой сегодня день?* Уажәы́ и-шә-ҳәа́, и-а́рбан а́амҭо-у а́амҭа-қәа р-а́хьтә шәара́ е́иҳа (еиҳáраӡак) бзи́а и́-жә-бо? (AFL) *Now say which season you like most of all. Сейчас скажите, какое время года вы любите больше всего.* И-áрбан аамҭó-у á-мш ан-кьа́ҿхо? (AFL) *In what season does the day become short? В какое время года день становится коротким?* И-áрбан шықәсó-у уи д-ан-и́-з? *In what year was he born? В каком году он родился?* Урҭ р-áхьтә иаҳá и-кьа́ҿ-у áрбан? (AFL) *What is the shortest month from them? Какой самый короткий месяц из них?* И-áрбан бызшәó-у-(и)/бызшәó-у-зеи абри́ а-шәҟәы́ ахьынтә-еиҭá-б-га-з? (ACST) *Which is the language from which you translated this book?* [cf. **д-áрбан**? "what?"]

и-áрбанзаалак(ь) **1.** (= **и-áрбанзаалакгьы**) anything**:** Ҳарá иáрбанзаалакь акы́ áа-х-хәа-р ан-áҳ-ҭахы-ý а-дәқьáн (/а-магази́н) áхь ҳ-цó-ит, мáмзар-гьы а-цьырмы́кь (а-базáр-зхь). (AFL) *When we want to buy something, we go to a store or to a market (/bazaar). Когда мы хотим купить что-нибудь, мы идем в магазин или на рынок (базар).* || **иáрбанзаалáк-гьы акы́** (+ Neg) nothing**:** Иáрбанзаалак-гьы акы́ у-а-цәы́-м-шәа-н. *You have nothing to be afraid of.* Дарá иáрбанзаалáк-гьы акы́ ýс-с и-ры́-ма-м-куа, акы́ и-а-цәы́-м-шәо и́-ҟа-заарын. (Ab.Text) *They didn't have any work nor did they fear anything.* **2.** any**:** Иáрбанзаалак á-шьҭыбжь с-ҧырхáго-уп. *Any noise disturbs me.*

и-áрбанзаалакгьы *see* **и-áрбанзаалак(ь)**

иáрбану [interrog. pron.] what (is it)?

иар-гьы́ *see* **иарá**

а-иáрҭа [n.] (а-иáрҭа-кәа) a bed; couch**:** А-иáрҭа сы́-ла-ие-ит. *I went to bed.* [cf. **а-иа-рá** "to lie"; **-рҭа** "place"]

иасқьынгьы́ *see* **есқьынгьы́**

á-иа-с-ра [intr.] [C1-Prev-R / C1-Neg-Prev-R] [C1 pass] (**Fin.** [pres.] д-и́а-с-уе-ит, и́-ас-уе-ит / д-и́а-с-уа-м, [aor.] д-и́а-с-ит / и-м-и́а-с-ит, [fut.1] и́-ас-п / и́-ас-рым, [fut.2] и́-а-сы-шт / и́-а-сы-шам, [perf.] и́-а-с-хьеит / и-м-и́а-сы-ц(т), [impf.] и́-а-с-уан / и́-а-с-уамызт, [past indef.] и́-а-сы-н / и-м-и́а-сы-зт, [cond.1] и́-а-с-рын / и́-а-с-рымызт, [cond.2] и́-а-с-шан / и́-а-с-шамызт, [plupf.] и́-а-с-хьан / и-м-и́а-с-цызт, [imper.] б-и́а-с! / б-и́а-м-сы-н!, шә-и́а-с! / шә-и́а-м-сы-н!; **Non-fin.** (C1) [pres.] и́-иа-с-уа / и-м-и́а-с-уа, [aor.] и́-иа-с / и-м-и́а-с, [fut.1] и́-иа-с-ра / и-м-и́а-с-ра, [fut.2] и́-иа-с-ша / и-м-и́а-с-ша, [perf.] и́-иа-с-хьоу (-хьа(ц)) / и-м-и́а-с-хьоу (-хьа(ц)), [impf.] и́-иа-с-уа-з / и-м-и́а-с-уа-з, [past indef.] и́-иа-сы-з / и-м-и́а-сы-з, [cond.1] и́-иа-с-ры-з / и-м-и́а-с-ры-з, [cond.2] и́-иа-с-шаз / и-м-и́а-с-ша-з, [plupf.] и́-иа-с-хьа-з / и-м-и́а-с-хьа-з; **Abs.** д-и́а-с-ны / ды-м-и́а-с-кәа) **1.** to pass; to cross**:** Уи á-мҩа арá и-и́а-с-уе-ит. *This street passes here.* Уи еснáгь абрá д-и́а-с-уе-ит. *He/She always passes here. Он/Она всегда проходит здесь.* Аӡын-ра ы́-иа-с-ит. (ANR) *Winter-time passed.* [N.B. Аӡын-ра и́-иа-с-ит is also possible, but Аӡын-ра ы́-иа-с-ит is better. (Hewitt & Khiba (personal communication))] **2.** to go across. **3.** (*of a river*) to flow**:** Ры-ҩны́ áҧхьа а-ӡы́ и́-иа-с-уе-ит. *The river flows in front of their house. Перед их домом протекает река.* [N.B. а-ӡы́ ы́-иа-с-уе-ит is also possible, but а-ӡы́ и́-иа-с-уе-ит is better. (Hewitt & Khiba (personal communication))] **4.** (= **áиҭа-ц-ра**) to move**:** а-кварти́ра ҿы́ц ахь á-иа-с-ра *to move to a new apartment.*

и-а-ҭах-ý (= **и-á-ҭах-ыу**) [adj.] necessary**:** и-а-ҭах-кәó-у а-шәҟә-қәá *the necessay books.*

и-а-ҭахы́-м [predicate] it is not necessary.

á-иаҭым [n.] (á-иаҭым-қәа, иаҭы́м-к) an orphan.

аиаҭым-ра [n.] orphanhood.

иауáзеи [interrog. pron.] [< /j-a-w-wá-zaj/ "what is it doing?", see **а-у-рá** "to do"] (= **иауéи**) why on earth?, but why?**:** Иауáзи, иáраби сы-з-ý-с-уа? (Ab.Text) *Why on earth should I strike you?*

иауéи *see* **иауáзеи**

иаҳá [adv.] last night**:** иаҳáахыс *from last night.* Урҭ иаҳá хәлбыҽхá и-áа-ит. (RAD) *Они* *пришли вчера ночью. They came last night.*

и-а-хкьа-ны́ [Abs.] (sg.) [и-С2-хҟьа-ны́] "because of it": Кыр áамҭа с-ахь-тәá-з и-а-хҟьа-ны́ с-шьап-қәá ды́с-ит. (ARD) *От долгого сидения у меня ноги онемели. My legs went numb from the long sitting.* Аибашьра и́-ҟа-на-ца-з аԥхаста-қәá и-ры-хҟьаны́ (...). (AFL) *Because of the damages which the war caused (...). По причине убытков, которые нанесла война, (...).* А-ҵа-рá бзи́аны и-ахь-и́-м-ҵо-з (и-а-хҟьа-ны́) а-университéт ды-з-ҭá-м-ле-ит. (ACST) *Since he did not study well, he could not get in to university.* [cf. **и-ры-хкьа-ны́** (pl.) "because of them" < а-хҟьá "cause"]

иахьá [adv.] **1.** today**:** иахьа-гьы́ *even today.* Иахьá á-мш бзи́а-н. (ANR) *Today the weather was good.* Иахьá шәахьó-уп. *Today is Monday.* **2.** now.

иахьабалáк(ь) [adv.] [< и-ахь-а-ба-лáк(ь) "it/them-where-it-see-Ind"; *see* а-ба-рá "to see"] everywhere**:** Иахá иахьабалáк а-қәá ле-ит. (ARD) *Вчера ночью везде шел дождь. Last night rain came down everywhere.*

иахьáкәзаалак(ь) [adv.] somewhere; wherever it might be**:** Иахьáкә заалак џьарá и-ԥшаа-тә-у́п! (ARD) *Где бы ни было, надо найти1 It/They is/are to be found somewhere, wherever it might be.*

иахьáкәзаалакгьы *see* **иахьáкәзаалак**

иахьанáтә [adv.] from this day.

иахьанахы́с [adv.] from this day.

иахьáнӡа [adv.] till this day.

иахьантәáрак [adv.] the whole day today.

иахьáрнахы́с *see* **иахьанахы́с**

иахьатәи́ [adj.] today's**:** Иахьатәи́ á-мш и-á-хьӡ-у-зеи? *What day is it today?* иахьатәи́ х-áи́зара *our meeting today.*

иаҳá [adv.] **1.** more**:** иаҳа-гьы́ *even more.* || **иаҳá** ... **иаҳá** ... the more, ... the more ...**:** Шаҟá/Заҟá иаҳá а-шәҟәы́ рацәá р-оу́-а áҟара, иаҳá а-шәҟәы́ рацәá р-ҭи-уé-ит. (ACST) *The more books they acquire, the more books they sell.* **2.** than. (Hewitt, Abkhaz:227, 49)**:** А-хáҵа а-ԥҳәы́с л-áҵкьыс (/л-áасҭа /л-éиҳа) [иаҳá] лассы́-лассы́ ды-з-бó-ит. *I see the man more often than the woman.*

иаҳагьы́ [adv.] even more.

иаҳá-иаҳá (= **еиҳá-еиҳа, иаҳа-гьы́**) [adv.] more and more; still more**:** Уи иаҳá=иаҳа ды-бзи́а-хо-ит. *He/She is becoming better and better.*

иаҳҳәáп [parenthesis] for example**:** И-ҟа-н, иаҳҳәáп, убáс акы́. *There was, for example, such an event. Был, например, такой случай.*

áи-аҳәшьа [n.] (= **á-еҳәшьа**) (áиҳәшь-цәа, еиҳәшьá-к, с-аҳәшьá, с-áҳәшь-цәа, х-áҳәшь-цәа, с-аҳәшьá-к) sister**:** и-аҳәшьá-к *one of his sisters.* Сарá áиаҳәшьа д-сы́-мо-уп. *I have a sister.*

иацтәи́ [adj.] yesterday's.

иацу́хатәи [adj.] last evening's.

иацы́ [adv.] (= **иецы́, ецы́**) yesterday**:** иацы́ ҽы́нла *yesterday afternoon.* иацы́ ахәлԥазы́ *last evening.* Иацы́ сáбша-н. *Yesterday was Saturday.* Четúн, уарá иацы́ аҩны́ у-з-ҿы́-з? *Chet'in, what were you doing at home yesterday?*

иацы́нтәарак [adv.] all day long yesterday**:** С-ҭел иацы́нтәарак а-у́с а-у-á-н. *Yesterday all day long my telephone was working.*

á-иатцәа[1] [n.] (= **á-етцәа**) (-қәа) a star.

á-иатцәа[2] [adj.] (áиатцәа-қәа) green**:** а-хаскьы́н иатцәá *green grass.* цыс иатцәá хәычы́-к *a small blue bird.* Ари́ а-дәы́ ду́-уп, и-иатцәó-уп. *This field is large and green.* А-бáхча-қәе-и а-пáрк-қәе-и ӡы́н-гьы-ԥхы́н-гьы и-еитцәó-уп. (AFL) *The gardens and parks are green both in the winter and in the summer. Сады и парки зеленые и зимой, и летом.*

а́-иатцәа-ха-ра [intr.] [C1-green-become / C1-green-Neg-become] (**Fin.** [pres.] д-иатцәа-хо́-ит, и-иатцәа-хо́-ит / д-иатцәа-хо́-м (-ха-ӡо́-м), [aor.] д-иатцәа-хе́-ит / д-иатцәа́-м-хе-ит (-ха-ӡе-ит), [imper.] б-иатцәа-ха́! / б-иатцәа́-м-ха-н!, шә-иатцәа-ха́! / шә-иатцәа́-м-ха-н!; **Non-fin.** (C1) [pres.] и́-иатцәа-хо / и́-иатцәа-м-хо, [aor.] и́-иатцәа-ха / и́-иатцәа-м-ха, [impf.] и́-иатцәа-хо-з / и́-иатцәа-м-хо-з, [past indef.] и́-иатцәа-ха-з / и́-иатцәа-м-ха-з; **Abs.** д-иатцәа-ха-ны́ / д-иатцәа́-м-ха-кәа) **1.** to become green: Атцла-ҟәе-и а-чы́ҟь-ҟәе-и иатцәа-хо́-ит. (AFL) *The trees and bushes are becoming green. Деревья и кусты становятся зелеными.*

и-а-ҿы́-у [adj.] [< а-ҿы́-заа-ра] **1.** busy. **2.** engaged.

иа́ша [adv.] straight: Иа́ша (/У-ш-иа́шо) у-ца-ла́! *Go straight on!*

а-иа́ша[1] [n.] (а-иа́ша-ҟәа) **1.** truth: А-иа́ша ры́-ле-и-ҳәе-ит. *He declared the truth to them. Он объявил им правду.* Уи́ ус ахь-и́-ҳәа-з иа́ша-м. (ACST) *That he spoke like is not true.* || **а-иа́ша а-ҳәа-ра́** to tell the truth: Сара́ а-иа́ша с-ҳәо́-ит. *I tell the truth.* Сара́ а-иа́ша сы-м-ҳәе́-ит. *I did not tell the truth.* А-иа́ша ҳәа! *Tell the truth!* **2.** justice. [cf. **амц** "a lie"; **амц а-ҳәа-ра́** "to tell a lie"]

а-иа́ша[2] [adj.] (и-иа́шо-у) **1.** straight: а́-мҩа иа́ша *a straight road.* У-ш-иа́шо у-ца-ла́! *Go straight on!* Ды-ш-иа́ша-з Ныҳә-ԥааимба́р и-ҿы́ д-аа́-ит. (AF) *He came straight to the prophet Noah.* **2.** just; justified: а-уаҩ иа́ша *a fair/just person.* **3.** right; accurate: Сара́ с-саа́ҭ иа́шо-уп. *My watch is right. Мои часы идут правильно.* И-иа́шо-у-ма? *Really?, Is that so?* И-иа́ша-ми? *It's the truth, isn't it?* Уи иа́шо-уп. *That's right.*

иа́шаны [adv.] in truth; really, indeed.

а-иа́шара [n.] (-кәа) **1.** straightforwardness. **2.** justice. **3.** a plain. **4.** truth.

а-иа́ша-ҳәа-ра *see* **а-иа́ша а-ҳәа-ра́** to tell/speak the truth.

-иа́шатцәҟьаны [adv.] in fact; really, indeed: Иа́шатцәҟьаны уи́ да́ара д-ааԥсе́-ит. (ARD) *Он действительно устал. He was very tired indeed.*

а́-иашьа [n.] (а́ишь-цәа, иашьа́-к, с-ашьа́, ҳ-а́шь-цәа, с-ашьа-гьы́, с-а́шь-цәа) (= **а́ешьа**) a brother: с-ашьа́ *my brother.* а́ишь-цәа *brothers.* и-а́шь-цәа *his brothers.* С-ашьа́ ды-ртцаҩ-у́п. *My brother is a teacher.*

а́иашьара [n.] (ҳ-а́иашьара) brotherhood.

а-иа́шьчик [n.] (-кәа) a box, a chest.

-аиба- [reciprocal affix] *used with transitive verbs. This reciprocal affix is inserted immediately after the slot in Column I (or after a Preverb if it appears). If we consider this marker as a kind of preverb, it transforms two-place transitive verbs into one-place intransitive verbs and three-place transitive verbs into two-place transitive verbs.* "each other, one another" (cf. **-аи-**): **1.** [one-place intransitive] (и)-еиба́-ӡәӡәо-ит *they wash each other/one another.* ҳ-аиба-бе́-ит *we saw each other/one another.* шә-еиба-ды́р *meet each other/one another!* ҳ-аиба-ды́р-уе-ит *we know each other/one another.* ҳ-аиба-ды́р-уа-м *we don't know each other/one another.* Ҳара́ ҳ-аиба-шьы́-рц ҳ-ҭахы́-м. *We don't want to kill each other/one another. Мы не хотим друг друга убивать.* Зегьы́-зегьы́ ԥҳ-е́иба-тца-н [(C1)-Prev-Rec-R], а-мпыл шкәа́кәа ды́-ркәымпыл-т. *Everyone chased one another and rolled up the white (snow)ball.* **2.** [two-place transitive] Аԥсшәа еиба́-ҳ-ҳәе-ит. *We greeted each other/one another. Мы поздоровались друг с другом.* Ҳ-аиба-ԥ-шәы-р-ҟе́-ит. (ACST) *You(pl.) made us cut each other/one another.* И-з-шьы́ц-еиба-га-ры-зеи? (ACST) *Why should they envy one another?*

Аи-ба [n.] [family name]

а́иба[1] [n.] (-цәа) || **а-ԥҳәы́с е́иба** *the widow.* || **а-ха́тца е́иба** *the widower*: с-еибо́-уп *I am a widower.*

а́иба[2] [n.] (-цәа) an orphan: д-е́ибо-уп *he is an orphan.*

а́ибабара[1] [n.] good interrelation. хорошие взаимоотношения.

а́иба-ба-ра[2] [intr.] [C1-Rec-R / C1-Rec-Neg-R] [C1 see each other] (**Fin.** [pres.] ҳ-аиба-бо́-ит

/ ҳ-аиба-бо́-м, [aor.] ҳ-аиба-бе́-ит / ҳ-аиба-м-бе́-ит, [imper.] шə-еиба-ба́! / шə-еиба́-м-ба-н!; **Non-fin.** [pres.] (C1) е́иба-бо / е́иба-м-бо; **Abs.** ҳ-аиба-ба-ны́ / ҳ-аиба-м-ба́-кəа) **1.** to see each other, to meet each other: Бзи́а ҳ-аиба-бо́-ит. *We love each other/one another.* Шəаре́-и ҳаре́-и ҳ-а́иба-ба-ра ҳара́ еснаа́гь ҳ-а́и-гəырӷьо-ит. (IC) *Мы всегда рады встрече с вами. We are always pleased to meet you.*

а́иба-га-ра [intr.] [C1-Rec-R / C1-Rec-Neg-R] [C1 get married] (**Fin.** [pres.] ҳ-аиба-го́-ит, шə-еиба-го́-ит, еиба-го́-ит / ҳ-аиба-го́-м, [aor.] ҳ-аиба-ге́-ит / ҳ-аиба́-м-ге-ит; **Non-fin.** (C1) [pres.] и-е́иба-го / и-е́иба-м-го, [aor.] и-е́иба-га / и-е́иба-м-га, [impf.] и-е́иба-го-з / и-е́иба-м-го-з, [past indef.] и-е́иба-га-з / и-е́иба-м-га-з; **Abs.** еиба-га-ны́ / еиба́-м-га-кəа) **1.** to take each other/one another. **2.** to marry, to get married.

а́ибадырра[1] [n.] acquaintance [thing, not person].

а́иба-дыр-ра[2] **1.** [intr.] [C1-Rec-R / C1-Rec-Neg-R] [C1 get to know each other/one another] (**Fin.** [pres.] ҳ-аиба-ды́р-уе-ит, шə-еиба-ды́р-уе-ит, еиба-ды́р-уе-ит / ҳ-аиба-ды́р-уа-м, [aor.] ҳ-аиба-ды́р-ит / ҳ-аиба́-м-дыр-ит *or* ҳ-з-еиба-м-дыр-ит, [imper.] шə-еиба-ды́р! / шə-еиба́-м-дыры-н!, шə-еиба-ды́р-уа-з! (*будьте знакомы!*); **Non-fin.** (C1) [pres.] и-е́иба-дыр-уа / и-е́иба-м-дыр-уа *or* и-з-е́иба-м-дыр-уа (OV), [aor.] и-е́иба-дыр / и-е́иба-м-дыр, [fut.1] и-е́иба-дыр-ра / и-е́иба-м-дыр-ра, [fut.2] и-е́иба-дыр-ша / и-е́иба-м-дыр-ша, [perf.] и-е́иба-дыр-хьоу (-хьа(ц)) / и-е́иба-м-дыр-хьоу (-хьа(ц)), [impf.] и-е́иба-дыр-уа-з / и-е́иба-м-дыр-уа-з, [past indef.] и-е́иба-дыры-з / и-е́иба-м-дыры-з, [cond.1] и-е́иба-дыр-ры-з / и-е́иба-м-дыр-ры-з, [cond.2] и-е́иба-дыр-ша-з / и-е́иба-м-дыр-ша-з, [plupf.] и-е́иба-дыр-хьа-з / и-е́иба-м-дыр-хьа-з; **Abs.** еиба-ды́р-ны / еиба́-м-дыр-кəа, [Abs.Caus.] еиба-мы-р-ды́р-ӡа-кəа (*without letting the one know about the other*)) **1.** to get to know each other/one another, to get acquainted with each other/one another: еиба-ды́р-уе-ит *they are acquainted (with each other/one another).* ҳ-аиба-ды́р-уа-н *we were acquainted (with each other/one another).* ҳ-аиба-ды́р-ит *we got acquainted (with each other/one another).* ҳ-з-еиба-м-ды́р-ит *we could not get acquainted (with each other/one another).* еиба-ды́р-ит *they got acquainted (with each other/one another).* и-з-еиба-м-ды́р-ит [poten.] *they could not get acquainted (with each other/one another).* шə-еиба-ды́р-уе-ит *you are acquainted (with each other/one another).* шə-еиба-ды́р-уа-ма? *are you acquainted (with each other/ one another)?* Шəара́ шə-з-еиба́-м-ды́р-зо? *Aren't you acquainted (with each other/one another)?* Ҳара́ ҳ-аиба-ды́р-уе-ит. *We are acquainted (with each other/one another). Мы знакомы.* Шəаре́-и саре́-и ҳ-аиба-ды́р-уе-ит. *You and I are acquainted (with each other/ one another). Вы и я знакомы.* Шə-еиба-ды́р! *Get acquainted (with each other/one another)! Познакомьтесь!* Шə-еиба-ды́р-уа-з! *Be acquainted! Будтье знакомы!* Гу-и́-гу-и́ еиба-ды́р-уе-ит. *Сердце и сердце знают друг друга.*

а́иба-ӡа-ра [intr.] [C1-Rec-R / C1-Rec-Neg-R] (**Fin.** [pres.] ҳ-аиба-ӡо́-ит, шə-аиба́-ӡо́-ит, еиба́-ӡо́-ит / ҳ-аиба-ӡо́-м, [aor.] ҳ-аиба́-ӡе́-ит, шə-аиба-ӡе́-ит, еиба́-ӡе́-ит / ҳ-аиба́-м-ӡе́-ит, шə-аиба-м-ӡе́-ит, еиба́-м-ӡе́-ит; **Non-fin.** (C1) [pres.] и-е́иба-ӡо / и-е́иба-м-ӡо, [aor.] и-е́иба-ӡа / и-е́иба-м-ӡа, [impf.] и-е́иба-ӡо-з / и-е́иба-м-ӡо-з, [past indef.] и-е́иба-ӡа-з / и-е́иба-м-ӡа-з; **Abs.** еиба́-ӡа-ны / еиба́-м-ӡа-кəа) **1.** to steal from each other/one another: Ӷьы́ч-и ӷьы́ч-и е́иба-ӡо-н. *A thief and a thief steal from each other. Вор и вор друг у друга воруют.* [cf. **а-ӡа-ра́**[1] "to steal"]

а́иба-ӡəӡəа-ра [intr.] [C1-Rec-R / C1-Rec-Neg-R] (**Fin.** [pres.] ҳ-аиба́-ӡəӡəо-ит, шə-еиба́-ӡəӡəо-ит, еиба́-ӡəӡəо-ит / ҳ-аиба́-ӡəӡəо-м, [aor.] ҳ-аиба́-ӡəӡəе-ит / ҳ-аиба́-м-ӡəӡəе-ит; [imper.] шə-еиба́-ӡəӡəа! / шə-еиба́-м-ӡəӡəа-н!; **Non-fin.** (C1) [pres.] и-е́иба-ӡəӡəо / и-е́иба-м-ӡəӡəо, [aor.] и-е́иба-ӡəӡəа / и-е́иба-м-ӡəӡəа, [impf.] и-е́иба-ӡəӡəо-з / и-е́иба-м-ӡəӡəо-з, [past indef.] и-е́иба-ӡəӡəа-з / и-е́иба-м-ӡəӡəа-з; **Abs.** еиба-ӡəӡəа-ны́ / еиба́-м-ӡəӡəа-кəа) **1.** to wash each other/one another: Нап-и́ нап-и́ еиба́-ӡəӡəо-ит. *A hand washes a hand. Рука руку моет.* [cf. **а́-ӡəӡəа-ра** "to wash"]

áиба-к-ра [intr.] [C1-Rec-R] (**Fin.** [aor.] еиба-к-и́т) **1.** to grasp each other/one another**:** Ры-хәдацәа-қәа еиба-к-и́т. (ARD) *Они схватили друг друга за горло. They grasped each other by the throat.* **2.** to grapple with each other in argument about sth. **3.** to have sexual intercourse with sb. **4.** to catch fire; to flare up**:** А-мца еиба-к-и́т. *The fire flared up.*

áиба-рба-ра [tr.] [C1-Rec-C3-S / C1-Rec-C3-Neg-S] [C3 show C1 to each other/one another] (**Fin.** [pres.] еиба-ҳа-рбó-ит, еиба-ды-рбó-ит / еиба-ҳа-рбó-м, [aor.] ҳ-аиба-лы-рбé-ит / ҳ-аиба-л-мы-рбé-ит; [imper.] еиба-шәы-рбá! / еиба-шә-мы-рбá-н!; **Non-fin.** [pres.] (C1) и-éиба-лы-рбо (*те, которых она показывает друг другу*) / и-éиба-л-мы-рбо, (C3) ҳ-аиба-зы-рбó (*тот, который показывает нас друг другу*) / ҳ-аиба-з-мы-рбó, [aor.] (C1) и-éиба-лы-рба / и-éиба-л-мы-рба, (C3) ҳ-аиба-зы-рбá / ҳ-аиба-з-мы-рбá, [impf.] (C1) и-éиба-лы-рбо-з / и-éиба-л-мы-рбо-з, (C3) ҳ-аиба-зы-рбó-з / ҳ-аиба-з-мы-рбó-з, [past indef.] (C1) и-éиба-лы-рба-з / и-éиба-л-мы-рба-з, (C3) ҳ-аиба-зы-рбá-з / ҳ-аиба-з-мы-рбá-з; **Abs.** еиба-рба-ны́ / еиба-мы-рбá-кәа) **1.** to show sth to each other/one another**:** Ҳ-аиба-лы-рбó-ит. *She shows us to each other/one another. Она друг другу нас показывает.* Ҳ-аиба-ды-рбé-ит. *They showed us to each other/one another.*

áиба-рк-ра [tr.] [C1-Rec-C3-S / C1-Rec-C3-Neg-S] [C3 fasten C1] (**Fin.** [pres.] еиба-ҳа-рк-уé-ит, еиба-ды-рк-уé-ит / еиба-ҳа-рк-уá-м, [aor.] еиба-ҳа-рк-и́т / еиба-ҳ-мы-рк-и́т, [imper.] еиба-ркы́! / еиба-б-мы-ркы́-н!, еиба-шәы-ркы́! / еиба-шә-мы-ркы́-н!; **Non-fin.** [pres.] (C3) еиба-зы-рк-уá / еиба-з-мы-рк-уá, [aor.] (C3) еиба-зы-ркы́ / еиба-з-мы-ркы́; **Abs.** еиба-рк-ны́ / еиба-мы-ркы́-кәа) **1.** to fasten (*buttons, etc.*)**:** У-ҳәынцәра-қәá еиба-ркы́! *Fasten your buttons!* **2.** to catch each other; to hold each other/one another**:** Еиба-ҳа-рк-уé-ит. *We take each other by the hand.*

áиба-ртәа-ра [intr.] [C1-Rec-S / C1-Rec-Neg-S] [C1 seat each other] (**Fin.** [pres.] ҳ-аиба-ртәó-ит / ҳ-аиба-ртәó-м, [aor.] ҳ-аиба-ртәé-ит / ҳ-аиба-мы-ртәé-ит, [imper.] шә-еиба-ртәá! / шә-еиба-мы-ртәá-н!; **Non-fin.** [pres.] (C1) еиба-ртәó / еиба-мы-ртәó; **Abs.** ҳ-аиба-ртәа-ны́ / ҳ-аиба-мы-ртәá-кәа) **1.** to seat each other/one another.

áиба-рхьусу-ра* [intr.] [C1-Rec-S] (**Fin.** [aor.] еиба-рхьусý-ит / еиба-мы-рхьусý-ит, **Abs.** еиба-рхьусý-ны / еиба-мы-рхьусý-кәа) **1.** (*of chicks*) to cheep, to peep**:** А-кәчáра-қәа еиба-рхьусý-уеит. *The chicks are peeping.*

áиба-р-ҩ-ра [intr.] [C1-Rec+Caus(?)-R / C1-Rec+Caus(?)-Neg-R] [C1 race with one another] (**Fin.** [pres.] ҳ-аибáр(ы)-ҩ-уе-ит, шә-еибáр(ы)-ҩ-уе-ит, еибáр(ы)-ҩ-уе-ит (они бегут наперегонки) / ҳ-аибáр(ы)-ҩ-уа-м (ҳ-аибáр(ы)-ҩ-ӡо-м), [aor.] ҳ-аибáр-ҩ-ит / ҳ-аибáры-м-ҩ-ит (-ҩ-ӡе-ит), [imper.] шә-еибáр-ҩ! / шә-еибáры-м-ҩы-н!; **Non-fin.** (C1) [pres.] и-éибар-ҩ-уа / и-éибары-м-ҩ-уа, [aor.] и-éибар-ҩ / и-éибары-м-ҩ, [impf.] и-éибар-ҩ-уа-з / и-éибары-м-ҩ-уа-з, [past indef.] и-éибар-ҩы-з / и-éибары-м-ҩы-з; **Abs.** еибáры-ҩ-ны / еибары-м-ҩы́-кәа) **1.** to race with each other/one another**:** А-шóура аны́-ҟо-у ҳ-аибáры-ҩ-ны (...). (AFL) *When it is hot, we race each other/one another* (...). *Когда жарко, мы бегаем наперегонки* (...). [cf. **á-рҩ-ра** "to make sb run"]

áиба-фа-ра [intr.] [C1-Rec-R / C1-Rec-Neg-R] (**Fin.** [pres.] ҳ-аибá-фо-ит / ҳ-аибá-фо-м, [aor.] ҳ-аибá-фе-ит / ҳ-аибá-м-фе-ит, еибá-фе-ит (*они грызлись*) / еибá-м-фе-ит, [imper.] шә-еибá-фа! / шә-еибá-м-фа-н!; **Non-fin.** [pres.] (C1) éиба-фо / éиба-м-фо; **Abs.** еибá-фа-ны / еибá-м-фа-кәа) **1.** to gnaw/nibble each other; to fight**:** А-ла-қәá еибá-фо-ит. *The dogs are fighting. Собаки грызутся.*

аибá-цырцыр-ра (1) [intr.] [C1-Rec-R-R / C1-Rec-Neg-R-R] (**Fin.** [pres.] ҳ-аибá-цырцыр-уе-ит, еибá-цырцыр-уе-ит (*они щебечут друг с другом*) / ҳ-аибá-цырцыр-уа-м (-ӡо-м), [aor.] ҳ-аибá-цырцыр-ит, еибá-цырцыр-ит / ҳ-аибá-м-цырцыр-ит, еибá-м-цырцыр-ит, [imper.] шә-еибá-цырцыр! / шә-еибá-м-цырцыры-н!; **Non-fin.** [pres.] (C1) éиба-цырцыр-уа / éиба-м-цырцыр-уа; **Abs.** еибá-цырцыр-ны / еибá-м-цырцыр-кәа) **1.** to chirp / to twitter with each other/one another. **(2)** [tr.] to chirp / to twitter with each other/one another: А-ҵара-ҟәа еиба́-р-чырчы́р-уе-ит. *The birds chirp with each other/one onother. Птицы щебечут друг с другом.*

а́ибашьра[1] (а́ибашьра-ҟәа, еибашьра́-к) [n.] war: Аибашьра ӄа-ле́-ит. *The war began.*

а́иба-шь-ра[2] [intr.] (cf. **а-шь-ра́**) [C1-Rec-R / C1-Rec-Neg-R] [C1 make war; C1 murder each other/one another] (**Fin.** [pres.] х-аиба-шь-уе́-ит / х-аиба-шь-уа́-м, [aor.] х-аиба́-шь-ит, шә-еиба-шь-и́т, еиба-шь-и́т / х-аиба́-м-шь-ит (*мы не убили друг друга*) [*or* х-м-еиба-шь-и́т (*мы не воевали*)], шә-еиба́-м-шь-ит [*or* шә-м-еиба-шь-ит], еиба́-м-шь-ит [*or* и-м-еиба-шь-ит]; [Caus.] х-аиба-ды-р-шь-и́т / х-аиба-д-мы-р-шь-и́т; **Non-fin.** (C1) [pres.] и-е́иба-шь-уа / и-е́иба-м-шь-уа, [aor.] и-е́иба-шь / и-е́иба-м-шь, [fut.1] и-е́иба-шь-ра / и-е́иба-м-шь-ра, [fut.2] и-е́иба-шь-ша / и-е́иба-м-шь-ша, [perf.] и-е́иба-шь-хьоу (-хьа(ц)) / и-е́иба-м-шь-хьоу (-хьа(ц)), [impf.] и-е́иба-шь-уа-з / и-е́иба-м-шь-уа-з, [past indef.] и-е́иба-шьы-з / и-е́иба-м-шьы-з, [cond.1] и-е́иба-шь-ры-з / и-е́иба-м-шь-ры-з, [cond.2] и-е́иба-шь-ша-з / и-е́иба-м-шь-ша-з, [plupf.] и-е́иба-шь-хьа-з / и-е́иба-м-шь-хьа-з; **Abs.** х-аиба-шь-ны́ / х-аиба́-м-шь-кәа) **1.** to make war; to fight: а-хаҟәитра-зы еиба-шь-уа́-н. *they were fighting for freedom.* **2.** to kill each other/one another, to murder each other/one another: Ҳара́ х-аиба-шьы́-рц х-ҭахы́-м. *We don't want to kill each other/one another. Мы не хотим друг друга убивать.* и-еиба-шь-и́т *they killed each other/one another.* и-еиба́-м-шь-ит *they didn't kill each other/one another.* Ҳа и-аҳ-ҭахы́-мызт х-а́иба-шьы-рц, а-ӡәы́ д-а́ҳ-шьы-рц. *We didn't want to kill each other/one another or to kill anybody. Мы не хотели друг друга убивать, кого-нибудь убить.* **3.** [C1-C2-Rec-R] to fight against: С-р-еиба-шь-уе́-ит. *I am fighting against them.*

а́ибашьратә [adj.] fighting.

а́ибашь-ҩы [n.] (**а́ибашь-цәа**) **1.** a warrior, a fighter.

а́ибга [adj.] (е́ибго-у) **1.** whole; full: а-хыԥхьаӡа́ра еибга *whole number.* **2.** safe; unharmed: еибга́-ла *safely.* **3.** chaste.

а́ибга-заа-ра [intr. stative] [C1-R] (**Fin.** [pres.] с-еибго́-уп / с-еибга́-м, [past] с-еибга́-н / с-еибга́-мызт; **Non-fin.** [past] (C1) и-е́ибга-з / с-еибга́-мыз) **1.** to be unharmed: Шә-еибго́-у-ма? *Are you unharmed?* Сара́ макáна с-еибго́-уп. *I am safe and sound for the present.* У-ца-ны́ у-еибга-ны́ у-з-аа-х-уа́-ма? (ACST) *Having gone, will you really be able to come back whole/unharmed?*

и-бзи́а-ӡа-ны [adv.] very well.

(и)-бзи́аны [adv.] well, nicely: Уи́ и-ԥсшьа́ра ибзи́аны и-хы́ и-а-й-рхәе-ит. *He used his leave well.* Ара́нтә и-бзи́аны и-у-а-ҳа-уе́-ит. *It is heard well from here.*

а́ибы-ҭа-ра [tr.] [C1-Prev-C3-R / C1-Prev-C3-Neg-R] [C3 assemble C1] (**Fin.** [pres.] еибы́-с-ҭо-ит / еибы́-с-ҭо-м, [aor.] еибы́-с-ҭе-ит / еибы́-сы-м-ҭе-ит, [imper.] еибы́-ҭ! / еибы́-бы-м-ҭа-н!, еибы́-шә-ҭ! / еибы́-шәы-м-ҭа-н!; **Non-fin.** [pres.] (C1) еибы́-с-ҭо / еибы́-сы-м-ҭо, (C3) еибы́-з-ҭо / еибы́-зы-м-ҭо; **Abs.** (C1) еибы́-ҭа-ны / еибы́-м-ҭа-кәа) **1.**to assemble, to put together: А-мото́р еимы́-х-ны еиб-и́-ҭе-ит. (ARD) *Он разобрал и собрал мотор. He dismantled and assembled the engine.*

а́ибыҳәара[1] [n.] exchange: а-гуа́анагара-кәа р-е́ибыҳәара *an exchange of opinions.*

а́ибы-ҳәа-ра[2] [tr.] [C1-Prev-C3-R / C1-Prev-C3-Neg-R] [C3 tell C1 to each other/one another] (**Fin.** [pres.] еиб-а́ҳ-ҳәо-ит, еибы́-шә-ҳәо-ит, еибы́-р-ҳәо-ит / еиб-а́ҳ-ҳәо-м, [aor.] еиб-а́ҳ-ҳәе-ит, еибы́-шә-ҳәе-ит, еибы́-р-ҳәе-ит / еиба́-ха-м-ҳәе-ит, еибы́-шәы-м-ҳәе-ит, еибы́-ры-м-ҳәе-ит, [imper.] еибы́-шә-ҳәа! / еибы́-шәы-м-ҳәа-н!; **Non-fin.** [pres.] (C3) еибы́-з-ҳәо / еибы-зы́-м-ҳәо; **Abs.** еибы́-ҳәа-ны / еибы́-м-ҳәа-кәа) **1.** to tell sth to each other/one another: и-еибы́-р-ҳәо-ит (= и-р-е́иба-ҳәо-ит). (ACST) *they tell it/them to each other/one another.* Арҭ и-еибы́-р-ҳәа-куа-з ари́ и-а-ха́-ит. (Ab.Text) *He listened to what they said to each other.* **2.** to negotiate: И-е́иб-аҳ-ҳәа-з шә-ха́-шҭ-ма? *Did you (pl.) forget what we had*

И

negotiated about? Ҳара́ а-саа́ҭ ҩба р-зы х-аи-кә-шәа́-рц еиб-а́ҳ-ҳәе-ит. *We negotiated to meet at two o'clock.* **3.** to exchange. [cf. **а-ҳәа-ра́** "say"]

а́иг-ӡа-ра [intr.] [C1-C2-Prev-R / C1-C2-Prev-Neg-R *or* C1-C2-Neg-Prev-R] [C1 spare C2] (**Fin.** [pres.] с-л-е́иг-ӡо-ит (*я жалею о ней*), д-е́иг-ӡо-ит (< д-а-а́иг-ӡо-ит), х-а́иг-ӡо-ит, е́иг-ӡо-ит (*они жалеют его(нрз.)/их*) / с-л-е́иг-ӡо-м, д-е́иг-ӡо-м (*or* д-е́иг-ӡа-ӡо-м), [aor.] с-л-е́иг-ӡе-ит, д-е́иг-ӡе-ит / сы-л-м-е́иг-ӡе-ит, д-е́игы-м-ӡе-ит *or* д-а-м-е́иг-ӡе-ит, [imper.] б-е́иг-ӡа! / б-а-м-е́иг-ӡа-н!, шә-е́иг-ӡа! / шә-а-м-е́иг-ӡа-н!; **Non-fin.** [pres.] (C1) и-л-е́иг-ӡо / и-л-м-е́иг-ӡо, (C2) с-з-е́иг-ӡо / сы-з-м-е́иг-ӡо; **Abs.** е́иг-ӡа-ны / е́игы-м-ӡа-кәа) **1.** to spare, to begrudge, to be frugal: А-ԥа́ра с-е́иг-ӡо-ит. *I am frugal with money. Я жалею денег.* Уи́ сара́ с-л-е́иг-ӡо-м. (Ab.Text) *I do not begrudge my daughter.* У-хы́ у-а-м-е́иг-ӡа-н! (ACST) *Don't spare yourself!*

а́и-гы-рха-ра* [tr.] [C1-Rec-Prev-C3-S] [C3 separate C1 from each other] (**Fin.** [aor.] еи-г-и-рхе́-ит / еи-г-и-мы-р-хе́-ит, [imper.] еи-гы-рха́! / еи-г-шә-мы-рха́-н!, **Abs.** еи-гы-рха-ны́ / еи-г-мы-рха́-кәа) **1.** to separate sb from each other: А-нцәа́ шә-еи-г-и-мы-рха́-аит! *May God not separate you from each other! Да не разлучит вас Бог друг с другом.*

а́и-гәа-ра [intr.] (**Fin.** [pres.] еи-гәо́-ит / еи-гәо́-м, [aor.] еи-гәе́-ит / и-м-еи-гәе́-ит, **Non-fin.** [pres.] еи-гәо́ / и-м-гәо́, **Abs.** е́и-гәа-ны / и-м-е́и-гәа-кәа) **1.** to push one another. **2.** (*of time*) to pass: А-ҭх акы́р и-н-еи-гуа-хьа́-н. (Ab.Text) *The night had passed so quickly.*

игәиҿеанӡа́мкәа [adv.] accidentally.

а́игәны-ҩ-ра [intr.] (**Fin.** [pres.] еигәны́-ҩ-уе-ит / еигәны́-ҩ-уа-м, [aor.] еигәны́-ҩ-ит / еигәны́-м-ҩ-ит, [imper.] шә-еигәны́-ҩ! / шә-еигәны́-м-ҩы-н!; **Non-fin.** [pres.] (C1) е́игәны-ҩ-уа / еигәны́-м-ҩ-уа. **Abs.** еигәны́-ҩ-ны / еигәны́-м-ҩ-кәа) **1.** to inform each other about sth.

а́и-гәыд-ҵа-ра* [tr.] [C1-Rec-Prev-C3-R] [C3 throw C1 at one another] (**Fin.** [pres.] еи-гәы́ды-р-ҵо-ит / еи-гәы́ды-р-ҵо-м, [aor.] еи-гәы́ды-р-ҵе-ит / еи-гәы́д-ры-м-ҵе-ит, [imper.] еи-гәы́д-ҵа! / еи-гәы́д-бы-м-ҵа-н!, еи-гәы́ды-шә-ҵа! / еи-гәы́д-шәы-м-ҵа-н!, Abs. еи-гәы́д-ҵа-ны / еи-гәы́ды-м-ҵа-кәа) **1.** to throw at one another: Урҭ а-сы́ркәмпыл ҟа-р-ҵо́-ит, а-сы́ еи-гәы́ды-р-ҵо-ит. (AFL) *They make snowballs, (and) they throw snowballs at one another. Они делают снежки, они бросают снежки друг в друга.* **2.** to make fun of, to mock at: Уи́ зегьы́ д-еи-гәы́ды-р-ҵо-ит. *All of them are making fun of him/her. Все над ним/ней смеются.* [cf. **а-гәы́д-ҵа-ра** "to throw at"]

а́игәыла-цәа [n. pl.] neighbo(u)rs; neighbo(u)rhood.

и-гәы́рӷьаны [adv.] joyfully.

а́и-гәырӷьа-ра [intr.] [C1-C2-Prev-S / C1-C2-Neg-Prev-S] [C1 rejoice at/with C2] (**Fin.** [pres.] с-л-е́и-гәырӷьо-ит, с-е́и-гәырӷьо-ит (< с-а-а́и-гәырӷьо-ит), х-а́и-гәырӷьо-ит, е́и-гәырӷьо-ит (< и-а-а́и-гәырӷьо-ит), а́и-гәырӷьо-ит оно радуется (чему-то) / с-л-е́и-гәырӷьо-м (*or* с-л-е́и-гәырӷьа-ӡо-м), [aor.] с-л-е́и-гәырӷье-ит, с-е́и-гәырӷье-ит, е́и-гәырӷье-ит (< и-а-а́и-гәырӷьо-ит) они обрадовались *or* оно обрадовалось (чему-то) / сы-л-м-е́и-гәырӷье-ит (*or* сы-л-м-е́и-гәырӷьа-ӡе-ит), с-а-м-е́и-гәырӷье-ит, и-а-м-е́и-гәырӷье-ит, [imper.] б-с-е́и-гәырӷьа! обрадуйся мне! / бы-с-м-е́и-гәырӷьа-н!, б-е́и-гәырӷьа! / б-а-м-е́и-гәырӷьа-н!, шә-е́и-гәырӷьа! / шә-а-м-е́и-гәырӷьа-н!; **Non-fin.** [pres.] (C1) и-е́и-гәырӷьо / и-а-м-е́и-гәырӷьо, (C2) д-з-еи-гәы́рӷьо / д-з-м-еи-гәы́рӷьо, [aor.] и-е́и-гәырӷьа / и-а-м-е́и-гәырӷьа, [impf.] и-е́и-гәырӷьо-з / и-а-м-е́и-гәырӷьо-з, [past indef.] и-е́и-гәырӷьа-з / и-а-м-е́и-гәырӷьа-з; **Abs.** е́и-гәырӷьа-ны / и-а-м-е́и-гәырӷьа-кәа) **1.** to rejoice at/with, to be glad: б-с-е́и-гәрӷье-ит *you were glad about/for me.* д-ҳ-а́и-гәрӷье-ит *he/she was glad about/for us.* Да́араӡа с-е́и-гәырӷьо-ит шә-ба-ра́. *I am very pleased to meet you. Я очень рад вас видеть.* И-з-еигәырӷьо́-зеи а-хәыч-қәа́? *What are the children rejoicing at?* А-сы́ д-е́и-гәрӷьо-ит. *He/She rejoices at the snow.* Да́араӡа с-е́и-гәырӷье-ит шә-аара́. *I was very glad about your arrival. Я очень обрадовался вашему приходу.* А-ка́сса-ҿы а-ԥа́ра шэа-ны́ и-а́а-л-хэа-з а-тцкы́ д-е́и-гэрҕьо а-дәқьа́н ды-н-дәы́л-тц-уе-ит а-ҧхэы́зба. (AFL) *Заплатив деньги в кассе, девушка вышла из магазина, радуясь платью, которое она купила.* И-з-еи-гэы́рҕьо-зеи а-хэыч-қэа́? (AFL) *What makes the children happy? Чему радуются дети?* Ари́ уаҩы́ д-з-еигэы́рҕьа-ша хҭы́с-уп. (IC) *This is an event which a person will be glad about.* || А-нцэа́ д-шэ-е́и-гэырҕьа-аит! *I wish you many joys! Желаю вам много радости!* [cf. **а-гэы́рҕьа-ра** "to be glad"]

аигэыцхэыра́ [n.] kinship, relationship.

а́игэыцхэыха-ра [n.] relationaship: абызшэа-қэа́ р-е́игэыцхэыхара *the relationship of languages, родство языков.*

аигэы́шэ [n.] (аигэы́шэ-қэа) a type of axe with a long blade.

а́иҕь [adj.] (е́иҕь-у) better.

а́иҕьа-шьа-ра [tr.] (= **а́иҕь-шьа-ра**) [< "better-consider"] [C1-(C2)-Prev-C3-R / C1-(C2)-Prev-C3-Neg-R] [C3 prefer C1 (in C2)] (**Fin.** [pres.] д-е́иҕьа-с-шьо-ит (*я предпочитаю его/ее*), е́иҕьа-с-шьо-ит (*я предпочитаю это*), / д-е́иҕьа-с-шьо-м (-шьа-ӡо-м), [aor.] д-е́иҕьа-с-шье-ит / д-е́иҕьа-сы-м-шье-ит, [imper.] е́иҕьа-шьа! / е́иҕьа-бы-м-шьа-н!, е́иҕьа-шэ-шьа! / е́иҕьа-шэы-м-шьа-н!; **Non-fin.** [pres.] (C1) и-е́иҕьа-л-шьо / и-е́иҕьа-лы-м-шьо, (C3) д-е́иҕьа-з-шьо / д-е́иҕьа-зы-м-шьо, [aor.] (C1) и-е́иҕьа-л-шьа / и-е́иҕьа-лы-м-шьа, (C3) д-е́иҕьа-з-шьа / д-е́иҕьа-зы-м-шьа, [impf.] (C1) и-е́иҕьа-л-шьо-з / и-е́иҕьа-лы-м-шьо-з, (C3) д-е́иҕьа-з-шьо-з / д-е́иҕьа-зы-м-шьо-з, [past indef.] (C1) и-е́иҕьа-л-шьа-з / и-е́иҕьа-лы-м-шьа-з, (C3) д-е́иҕьа-з-шьа-з / д-е́иҕьа-зы-м-шьа-з; **Abs.** е́иҕьа-шьа-ны / е́иҕьа-м-шьа-кэа) **1.** to prefer: Иара́ е́иха (*or* и-атцкыс) лара́ д-е́иҕьа-с-шьо-ит. *I prefer her to him. Я предпочитаю ее ему.* Сара́ а́-мш-қэа зегьы́ а́-хаша р-е́иҕьа-с-шьо-ит. (AFL) *I like Wednesday best of all in the course of a week. Мне нравится среда больше всего в течение недели.* Сара́ а-кәты́жь а́-тцкыс а-кэа́ц е́иҕьа-с-шьо-ит. *I prefer meat to chicken.* Сара́ а́-ҧхын а́асҭа (/а́-тцкыс) а́-ӡынра иаха́ и-е́иҕьа-с-шьо-ит. *I like winter better than summer.*

а́иҕь-заа-ра [intr. stative] **(1)** [C1-R] [C1 be better] (**Fin.** [pres.] д-е́иҕь-уп / д-е́иҕьы-м, [past] д-е́иҕьы-н / д-е́иҕьы-мызт) **1.** to be better: У-шэа́қь атцкы́с с-шэақь е́иҕь-уп. (ARD) *Мое ружье лучше, чем твое. My gun is better than your gun.* **(2)** [C1-C2-R] [C1 be better than C2] (**Fin.** [pres.] д-р-е́иҕь-уп (*он/она лучше их*) / д-р-е́иҕьы-м, [past] д-р-е́иҕьы-н / д-р-е́иҕьы-мызт; **Non-fin.** [pres.] (C1) и-р-е́иҕь-у / и-р-е́иҕьы-м, (C2) д-з-е́иҕь-у / д-з-е́иҕьы-м, [past] (C1) и-р-е́иҕьы-з / и-р-е́иҕьы-мы-з, (C2) д-з-е́иҕьы-з / д-з-е́иҕьы-мыз) **1.** to be better than: Уи́ и-л-е́иҕь-у а́-ҧха-цэа бзи́а-қуа сы́-мо-уп. (Ab.Text) *I have daughters who are much better than her.* У-ры́-ла-рҧш-ны и-р-е́иҕь-у д-у́-с-ҭа-п. (Ab.Text) *I will give you the best one of them.* [cf. **а́иҕь-ха-ра** "to become better"]

а́иҕь-тэ-ра [tr.] [C1-Prev-C3-R / C1-Prev-C3-Neg-R] [C3 improve C1] (**Fin.** [pres.] [aor.] и-е́иҕьы-л-тэ-ит / и-е́иҕь-лы-м-тэ-ит, [imper.] и-е́иҕь-тэ! / и-е́иҕь-бы-м-тэы-н!, и-е́иҕьы-шэ-тэ! / и-е́иҕь-шэы-м-тэы-н!; **Non-fin.** [pres.] (C1) и-е́иҕьы-л-тэ-уа / и-е́иҕь-лы-м-тэ-уа, (C3) и-е́иҕьы-з-тэ-уа / и-е́иҕь-зы-м-тэ-уа; **Abs.** е́иҕь-тэ-ны / е́иҕьы-м-тэ-кэа) **1.** to improve: Уи́ и-хы́мҩаҧгашьа е́иҕь-и-тэ-ит. (GAL) *Он улучшил свое поведение. He improved his behavior.*

а́иҕь-ха-ра [intr.] [C1-Prev-R / C1-Prev-Neg-R] [C1 become better] (**Fin.** [pres.] д-е́иҕь-хо-ит, ҳ-а́иҕь-хо-ит, е́иҕь-хо-ит они *or* оно улучшаются / улучшается / д-е́иҕь-хо-м (*or* д-е́иҕь-ха-ӡо-м), [aor.] д-е́иҕь-хе-ит / д-е́иҕьы-м-хе-ит (*or* д-е́иҕьы-м-ха-ӡе-ит), [imper.] б-е́иҕь-ха! / б-е́иҕьы-м-ха-н!, шэ-е́иҕь-ха! / шэ-е́иҕьы-м-ха-н!; **Non-fin.** (C1) [pres.] и-е́иҕь-хо / и-е́иҕьы-м-хо, [aor.] и-е́иҕь-ха / и-е́иҕьы-м-ха, [impf.] и-е́иҕь-хо-з / и-е́иҕьы-м-хо-з, [past indef.] и-е́иҕь-ха-з / и-е́иҕьы-м-ха-з; **Abs.** д-е́иҕь-ха-ны / д-е́иҕь-м-ха-кэа) **1.** to become better, to improve: И-гэабзи́ара е́иҕь-хе-ит. *His health improved. Его здоровье улучшилось.* А-ша́мҭазы а-чы́мазаҩ д-е́иҕь-хе-ит. (RAD) *К утру больному стало лучше.*

И

The patient became better by morning. [cf. **éиӡь-уп** "is better". **аицәа-ха-рá** "to become worse"]

áиӡь-шьа-ра* [tr.] (**Fin.** [pres.] éиӡь-и-шьо-ит / éиӡь-и-шьо-м, [aor.] éиӡь-и-шье-ит / éиӡь-и-м-шье-ит, [imper.] еиӡь-шьá! / éиӡь-бы-м-шьа-н!) *see* **áиӡьа-шьа-ра**

и-ӡәӡәаны́ [adv.] well: Уи́ иӡәӡәаны́ а-ԥáра и-рхá-ит. *He earned his money well.* Ус и-ӡәӡәаны́ а-ýс и-у-и́т. *He worked so hard.*

áидажә-ла-ра [intr.] (**Fin.** [pres.] шә-еидáжә-ло-ит / шә-еидáжә-ло-м, [aor.] ҳ-аидáжә-ле-ит, шә-еидáжә-ле-ит / ҳ-аидáжәы-м-ле-ит *or* ҳ-м-еидáжә-ле-ит, шә-еидáжәы-м-ле-ит *or* шә-м-еидáжә-ле-ит, [imper.] шә-еидáжә-ла! / шә-м-еидáжә-ла-н! (*only*); **Non-fin.** [pres.] (C1) еидáжә-ло / и-м-еидáжә-ло; **Abs.** ҳ-аудáжә-ла-ны / ҳ-аидáжәы-м-ла-кәа) **1.** to age/grow old with each other: А-мре-и á-мзе-и р-éиԥш шә-еидáжә-л-аait! (GAL) *Долгих лет вам жизни!* [*lit. Чтобы вы состарились вместе как солнце и луна!*] *Many years of life for you!*

áидара [n.] (áидара-қәа, еидáра-к, с-éидара, ҳ-áидара-қәа) a load; ноша, a burden; baggage/ luggage: ԥсы́ӡ еидáра-к *a load of fish.* Аидара и-áтца-н. (ANR) *They were loaded down.*

áи-д-гыла-ра* [intr.] [C1-Rec-Prev-R] [C1 support one another; C1 stand beside one another] (**Fin.** [pres.] еи-д-гы́ло-ит / еи-д-гы́ло-м, [aor.] еи-д-гы́ле-ит / еи-ды́-м-гыле-ит; [imper.] шә-еи-д-гы́л! / шә-еи-ды́-м-гыла-н!) **1.** to stand beside one another; to stand together. **2.** to support: Аиҳаб-и́ аитцб-и́ еи-д-гы́ло-ит. (AF) *Seniors and juniors support one another.* **3.** to unite, to rally: А-жәлар зегьы́ аӡá и-ҿа-гы́ла-ны еи-д-гы́ла-р-о-уп. (ARD) *Весь народ должен сплотиться против врага. All the people must be united against the enemy.*

а-идéа [n.] (-қәа) an idea.

аи-д-кшáла-ра [tr.] (**Fin.** [pres.] (и)-еи-ды́-сы-кшáло-ит / еи-ды́-сы-кшáло-м, [aor.] еи-ды́-сы-кшáле-ит / еи-ды́-с-мы-кшáле-ит, [imper.] еи-ды-кшáл! / еи-ды́-б-мы-кшáла-н!, еи-ды́-шәы-кшáл! / еи-ды́-шә-мы-кшáла-н!; **Non-fin.** [pres.] (C1) еи-д(ы́)-сы-кшáло / еи-ды́-с-мы-кшáло, (C3) еи-д(ы́)-зы-кшáло / еи-ды́-з-мы-кшáло; **Abs.** еи-д-кшáла-ны *or* еи-ды́-кшала-ны / еи-ды́-м-кшала-кәа) **1.** to collide. **2.** to rub: «á-чкун» ды-л-дәы́лтцы-н и-ҿы́ а-хýц-куа а-аи-д-и́-кшала-н (Ab.Text) *the "boy" left the house, and rubbed the horse's hairs together.* [cf. **а-д-кшáла-ра** "to knock; to hit"]

áид-кыла-ра [tr.] [C1-Prev-C3-R / C1-Prev-C3-Neg-R] [C3 compare C1] (**Fin.** [pres.] еиды́-с-кыло-ит / еиды́-с-кыло-м, [aor.] еиды́-с-кыле-ит / еиды́-сы-м-кыле-ит, [imper.] еид-кы́л! / еиды́-бы-м-кыла-н!, еиды́-шә-кыл! / еиды́-шәы-м-кыла-н!; **Non-fin.** [pres.] (C1) еиды́-с-кыло / еиды́-сы-м-кыло, (C3) еиды́-з-кыло / еиды́-зы-м-кыло; **Abs.** еид-кы́ла-ны / еиды́-м-кыла-кәа) **1.** to compare: Ҩ-бызшәá-к еид-кы́ла-ны и-ҭ-и́-тцаа-уе-ит. (ARD) *Он изучает два языка, сравнивая их друг с другом. He studies two languages, comparing one with the other.*

áи-д-тәала-ра [intr.] [C1-Prev-Prev-S / C1-Prev-Prev-Neg-S] [C1 sit down side by side] (**Fin.** [pres.] ҳ-аи-д-тәáло-ит / ҳ-аи-д-тәáло-м, [aor.] еи-д-тәáле-ит, ҳ-аи-д-тәáле-ит / ҳ-аи-ды́-м-тәале-ит; [stative. pres.] ҳ-аи-д-тәáло-уп; **Non-fin.** (C1) [pres.] и-éи-д-тәало / и-éи-ды-м-тәало, [aor.] и-éи-д-тәала / и-éи-ды-м-тәала, [impf.] и-éи-д-тәало-з / и-éи-ды-м-тәало-з, [past indef.] и-éи-д-тәала-з / и-éи-ды-м-тәала-з; **Abs.** еи-д-тәáла-ны / еи-ды́-м-тәала-кәа) **1.** to sit down side by side: Хәлбыҽхáла ҳа зегьы́ ҳ-аи-д-тәáло-ит. *We all sit down side by side every evening.* Каждый вечер мы все сидим рядом. Хәлбыҽхá-ла ҳá-зегьы ҳ-аи-д-тәáла-ны акр-еиц-áҳ-фо-ит. (AFL) *In the evening, all sitting, we eat together. По вечерам мы сидя, едим все вместе.*

и-дýӡӡа-ны *see* **а-дýӡӡа**

áидҳәала [n.] (-қәа) a bunch, a bundle.

áид-ҳәала-ра (1) [tr.] [C1-Prev-C3-S / C1-Prev-C3-Neg-S] [C3 tie C1 to each other] (**Fin.**

[pres.] еиды́-с-ҳәа́ло-ит / еиды́-с-ҳәа́ло-м, [aor.] еиды́-с-ҳәале-ит (*I bound it/them*), д-еиды́-с-ҳәале-ит (*I bound him/her*) / еиды́-сы-м-ҳәале-ит, [imper.] еид-ҳәа́л! / еиды́-бы-м-ҳәала-н!; **Non-fin.** [pres.] (C1) е́иды-с-ҳәало / е́иды-сы-м-ҳәало, (C3) еиды́-з-ҳәало / еиды́-зы-м-ҳәало; **Abs.** еид-ҳәа́ла-ны / еиды́-м-ҳәала-кәа) **1.** to attach/bind one to the other; to bind, to tie together**:** Уи а-ҽ-қеә́ ры́-ҕура-қәа ры́-ла еид-и́-ҳәале-ит. (AAD) *He tied the horses to each other with their bridles. Он привязал лошадей друг к другу уздами.* А-ша́ха а-ҿа́цә еиды́-с-ҳәале-ит. *I tied the ends of the rope. Я связал концы веревки.* А-ҕьы́ч иара́знак д-еиды́-р-ҳәале-ит. (ARD) *Вора сразу связали. Straightaway, they tied the thief up. Вора сразу связали.* **(2)** [intr.] (**Fin.** [pres.] ҳ-аид-ҳәа́ло-ит / ҳ-аид-ҳәа́ло-м, [aor.] ҳ-аид-ҳәа́ле-ит / ҳ-аиды-м-ҳәа́ле-ит, [imper.] шә-еид-ҳәа́ла! / шә-еиды-м-ҳәа́ла-н!; **Non-fin.** [pres.] (C2) е́ид-ҳәало / е́иды-м-ҳәало) **1.** to be tied to each other**:** ҳ-аид-ҳәа́ло-ит *we are tied to each other, мы привязались друг к другу.*

а́и-д-тца-ра* [tr.] [C1-Rec-Prev-C3-R] [C3 put/join C1 to each other] (**Fin.** [pres.] еи-ды́-р-тцо-ит / еи-ды́-р-тцо-м, [aor.] еи-ды́-р-тце-ит / еи-ды́-ры-м-тце-ит, [imper.] еи-д-тца́! / еи-ды́-бы-м-тца-н!, **Abs.** еи-д-тца-ны́ / еи-ды́-м-тца-кәа) **1.** to put to each other**:** И-ԥҳәы́с-и иаре́-и р-цәа еи-ды́-ры-м-тца-цызт. (AF) *His wife and he had not yet slept together.* **2.** to join to each other**:** А-қы́ҭа хәыч-қәа́ еи-ды́-р-тце-ит. *They joined the little villages together. Они объединили маленькие села.*

а́и-д-ҿа-ҳәа́ла-ра* [tr.] [C1-Rec-Prev-C3-Prev-S] [C3 bind C1 to each other] (**Fin.** [aor.] еи-д-ҿа́-р-ҳәале-ит / еи-д-ҿа́-ры-м-ҳәале-ит, [imper.] еи-д-ҿа-ҳәа́л! / еи-д-ҿа́-бы-м-ҳәа́ла-н!, Abs. еи-д-ҿа-ҳәа́ла-ны / еи-д-ҿа́-м-ҳәала-кәа) **1.** to bind to each other**:** А-камба́шь-қәа еи-д-ҿа́-р-ҳәале-ит. *They bound the buffaloes to one another. Они привязали буйволов друг к другу.* **2.** to bind; to tie**:** А-ҕьы́ч д-еи-д-ҿа́-р-ҳәале-ит. *They bound the thief. Вора связали.*

и-дыд-уе́-ит < **а-дыд-ра́** [intr.] thunder roars.

а́иды́мшла-ха-ра [intr.] [C1-S-become] (**Fin.** [pres.] шә-еиды́мшла-хо-ит / шә-еиды́мшла-хо-м, [aor.] шә-еиды́мшла-хе-ит / шә-м-еиды́мшла-хе-ит, [imper.] шә-еиды́мшла-ха / шә-м-еиды́мшла-ха-н!; **Non-fin.** [pres.] (C1) еиды́мшла-хо / и-м-еиды́мшла-хо; **Abs.** ҳ-аиды́мшла-ха-ны) **1.** to become happy with each other**:** Шә-еиды́мшла-ха-[а]аит. *Happiness to you! Счастья вам!*

а́и-ды-ргыла-ра [tr.] [C1-Rec-Prev-C3-S] [C3 place C1 beside one another] (**Fin.** [aor.] еи-д-и-ргы́ле-ит, еи-д-ды-ргы́ле-ит; **Abs.** еи-ды-ргы́ла-ны) **1.** to place sth/sb beside one another; to place sth/sb side by side**:** А-ҟәа́рдә-қәа еи-д-и-ргы́ле-ит. *He placed the chairs side by side. Он приставил стулья друг к другу.* А-ҷкәын-цәа еи-д-ды-ргы́ле-ит. *They placed the boys beside one onother.*

а́иды-х-ра [tr.] [C1-Prev-C3-R / C1-Prev-C3-Neg-R] [C3 unwind C1] (**Fin.** [pres.] еиды́-л-х-уе-ит / еиды́-л-х-уа-м (еиды́-л-х-ӡо-м), [aor.] еиды́-л-х-ит, еид-а́ҳ-х-ит, еид-на́-х-ит / еиды́-лы-м-х-ит (-х-ӡе-ит), еид-а́ҳа-м-х-ит, еид-на́-м-х-ит , [imper.] еиды́-х! / еиды́-бы-м-хы-н!, еиды́-шә-х! / еиды́-шәы-м-хы-н!; **Non-fin.** [pres.] (C3) еиды́-з-х-уа / еиды́-зы-м-х-уа, [aor.] (C3) еиды́-з-х / еиды́-зы-м-х, [impf.] (C3) еиды́-з-х-уа-з / еиды́-зы-м-х-уа-з, [past indef.] (C3) еиды́-з-хы-з / еиды́-зы-м-хы-з; **Abs.** еиды́-х-ны / еиды́-м-х-кәа) **1.** (*of a rope, thread*) to unravel, to unwind**:** А-ша́ха еиды́-с-х-ит. *I unwound the rope. Я развил веревку.* **2.** to separate.

а́ид-ҩа́ла-ра* [intr.] [C1-Prev-S] (**Fin.** [aor.] еид-ҩа́ле-ит / еиды́-м-ҩале-ит, **Abs.** еид-ҩа́ла-ны / еиды́-м-ҩала-кәа) **1.** to adhere to each other**:** А-жә а́-мгәа еид-ҩа́ле-ит. *The cow got terribly hungry.*

аие́и [adv.] (= **а́аи**) yes.

и-еиуе́иԥшым *see* **а́иуаеиԥшым-ра**

иера́ (= **иара́**) [pron.] he.

иехьа́ (= **иахьа́**) [adv.] today.

иецы́ (= **иацы́, ецы́**) [adv.] yesterday.

Иешьи́м [n.] (f.) [person's name]

а́и-жь-ра=а́и-цәа-ра [intr. stative] [< аи-жь(ы) "Rec-flesh", аи-цәа "Rec-skin"] [C1-R=C1-R] (**Fin.** [pres.] еи-жь-у́п=еи-цәо́-уп / еи-жьы́-м=еи-цәа́-м, [past] еи-жьы́-н=еи-цәа́-н) **1.** to be close relatives: Уи-и саре́-и ҳ-аи-жь-у́п=ҳ-аи-цәо́-уп. *He and I are close relatives. Мы с ним бкизкие родственники.* Даре́-и шәаре́-и шә-еи-жьы́-з=шә-еи-цәа́-з! (AF) [Imper./ Subjunctive] *You and they are to be kith and kin!*

-ижьҭеи [verbal suffix] [attached to the non-finite stem of the appropriate tense.] *used as a suffix of subordinate conjuction meaning "since," "after"* (Hewitt, Abkhaz:231): **(a)** [**aorist**] и-ҟа-с-ҵе́-ижьҭеи *since I did it/them.* Жә-а́мш ҵ-и́т д-це́-ижьҭеи. *Ten days have passed since he/she left. С тех пор, как он/она ушел/ушла, прошло 10 дней.* А-шәҟәы́ с-а́н и-л-зы́-з-ҩ-ижьҭеи кы́р аа-ҵ-уе́-ит. *A lot of time has passed since I wrote a letter to my mother.* Ка́ма а-шко́л д-а́-л-ге-ижьҭеи кы́р аа-ҵ-уе́-ит. *A lot of time has passed since Kama finished school.* Иара́ д-а́аи-ижьҭеи д-сы-м-ба́-цт. (RAD) *I have not seen him since rerurning. Я не видел его после возвращеня.* Ҳара́ ҳ-аа-гы́ле-ижьҭеи абра́ ҳа-н-хо́-ит. (AF) *We have lived here since we came into existence.* **(b)** [**present**] Ара́ ды́-ҟо-ижьҭеи а́-ԥхьара д-а-ҿы́-уп. (ACST) *Since he/she has been here, he/she been busy reading.* **(c)** [**perfect**] Ды-з-ба-хье́-ижьҭеи (/Д-зы-м-ба-хье́-ижьҭеи), ҩы́-шықәса ҵ-хьа-н. (ACST) *Two years had passed since I had seen him/her.* [cf. **аахы́с** "since"]

а́и-зааигәа-ра [intr. stative] [C1-Rec-S] (**Fin.** [pres.] и-еи-за́аигәо-уп) **1.** to be close to each other: А-сасаа́ирҭе-и а-мшы́н-и зы́нӡа и-еи-за́аигәо-уп. *The hotel and the sea are close to each other. Гостиница и море находятся близко друг к другу.*

и-закәызаа́лакь [adv.] absolutely not a word.

(**и**)**заку́зеи** [predicate] what is this?

а́изара[1] (а́изара-қәа, еиза́ра-к) [n.] a meeting, a gathering: еиза́ра ду-к *a large meeting.* а́изара-ҿы *at/in the meeting.* а́изара-хь *to the meeting.* Аизара р-хы а́-ла-ды-рхә-ит. *They participated in the meeting.*

а́и-за-ра[2] [intr.] [C1-S(Prev+R) / C1-Neg-S] [C1 gather] (**Fin.** [pres.] ҳ-аизо́-ит, шә-еизо́-ит, еизо́-ит / еизо́-м, [aor.] еизе́-ит, ҳ-аизе́-ит / и-м-еизе́-ит, [fut.1] еиза́-п / еиза-ры́м, [fut.2] еиза́-шт / еиза́-шам, [perf.] еиза-хье́ит / и-м-еиза́-ц(т), [impf.] еизо́-н / еизо́-мызт, [past indef.] еиза́-н / и-м-еиза́-зт, [cond.1] еиза-ры́н / еиза-ры́мызт, [cond.2] еиза́-шан / еиза́-шамызт, [plupf.] еиза-хьа́н / и-м-еиза́-цызт, [imper.] шә-еиза́! / шә-м-еиза́-н!; ҳ-аиза́-п!; **Non-fin.** (C1) [pres.] и-е́изо / и́-м-еизо, [aor.] и-е́иза / и́-м-еиза, [fut.1] и-е́иза-ра / и́-м-еиза-ра, [fut.2] и-е́иза-ша / и́-м-еиза-ша, [perf.] и-е́иза-хьоу (-хьа(ц)) / и́-м-еиза-хьоу (-хьа(ц)), [impf.] и-е́изо-з / и́-м-еизо-з, [past indef.] и-е́иза-з / и́-м-еиза-з, [cond.1] и-е́иза-ры-з / и́-м-еиза-ры-з, [cond.2] и-е́иза-ша-з / и́-м-еиза-ша-з, [plupf.] и-е́иза-хьа-з / и́-м-еиза-хьа-з; **Abs.** еиза-ны́ / и-м-еиза́-кәа) **1.** to gather: А-уаа́ еизо́-ит. *People are gathering. Люди собираются.* Ҳара́ уатҵәы́ ҳ-аизо́-ит. *We will gather tomorrow.* Шә-еиза-ны́ шәы-з-тәо́-у-зеи? (Ab.Text) *Why did you all come together and sit down?*

изба́н [interrog. pron.] [< и-збан "it-why"] why?: Изба́н, ус за́а у-з-гы́ло? *Why do you get up so early?* Изба́н, ус за́а у-зы́-м-гыло? *Why don't you get up so early?* Изба́н, ус за́а у-з-гы́ла-з? *Why did you get up so early?* Изба́н, ус за́а у-зы́-м-гыла-з? *Why didn't you get up so early?* || **изба́н а́кәзар** [< а-акә-зар "it-be-if"] because, the reason being, for: с-з-аа-уа́-м, изба́н а́кәзар а-ха́ сы́-ма-м. (RAD) *Я не приду, потому что некогда. I cannot go because I have no time.*

изба́нда [conjunction] you know, you see. (= **изба́н уҳәа́**): Уи́ ды-шьҭо́-уп, изба́нда уи́ макьа́на ды-чмазаҩ-у́п. (ARD) *He is in bed. He is still ill, you know.*

изба́нзар [conjunction] (= **изба́н а́кәзар**) for the reason, because: Ари́ а-те́ма а́лацәажәара сара́ да́араӡа бзи́а и-з-бо́ит, изба́нзар сара́ с-хаҭа́ а-кы́ҭа с-а́-л-ҵ-ит, уа́ҟо-уп сара́ с-ахь-и́-з. (AFL) *I very much love to talk about this subject, because I came out of the village, and I was born there. Я очень-очень люблю говорить на эту тему, потому что я родом из деревни, где я и родился.*

а́изга [n.] (-қәа) collection: А. Пу́шкин и-ҩы́мҭа-қәа р-е́изга *the selected works of A. Pushkin.* а́ԥсуа ла́кә-қәа р-е́изга *a collection of fairy stories.*

а́из-га-ра [tr.] [< а́и-з-га- "Rec-OV-take"] [C1-Prev-C3-R / C1-Prev-C3-Neg-R] [C3 gather C1] (**Fin.** [pres.] и-еизы́-з-го-ит / и-еизы́-з-го-м, [aor.] и-еизы́-л-ге-ит, и-еиз-а́а-ге-ит / и-еизы́-лы-м-ге-ит, и-еизы́-ха-м-ге-ит, [imper.] и-еиз-га́! / и-еизы́-бы-м-га-н!, и-еизы́-шә-га! / и-еизы́-шәы-м-га-н!; **Non-fin.** [pres.] (C1) и-е́изы-л-го / и-е́изы-лы-м-го, (C3) и-еизы́-з-го / и-еизы́-зы-м-го, [aor.] (C1) и-е́изы-л-га / и-е́изы-лы-м-га, (C3) и-еизы́-з-га / и-еизы́-зы-м-га, [impf.] (C1) и-е́изы-л-го-з / и-е́изы-лы-м-го-з, (C3) и-еизы́-з-го-з / и-еизы́-зы-м-го-з, [past indef.] (C1) и-е́изы-л-га-з / и-е́изы-лы-м-га-з, (C3) и-еизы́-з-га-з / и-еизы́-зы-м-га-з; **Abs.** еиз-га-ны́ / еизы́-м-га-кәа) **1.** to gather (in a heap), to get together: еизы́-р-га-п *they will gather them.* Ҳара́ а-ԥхә еиз-а́а-го-ит. *We are gathering the corn straw.* Ажәлар еизы́-р-ге-ит а-ԥы́лара-зы. *The people gathered for a meeting with them. Народ собрали для встречи с ним.* **2.** to accumulate, to amass, to save (up): а-ҵәахы́рҭа ка́сса-ҿы а-ԥа́ра е́изгара *to accumulate money in a savings bank, копить деньги в сберегательной кассе.*

изды́руада [adv.] (= **а́кәхап, и-кала́п**) probably: Иахьа́, издырӯада, аҟуа́ а-у́-р. *Probably, today will be rain.* Ашьежь, издырӯада, а-ҩны́ с-ҟала́-р. *I'll probably be at home in the morning.*

иззы́ for what reason?

а́из-к-ра* [tr.] [C1-Prev-C3-R] (**Fin.** [aor.] еиз-и́-к-ит / еиз-и́-м-к-ит; [imper.] еиз-кы́! / еизы́-бы-м-кы-н!, еизы́-шә-к! / еизы́-шәы-м-кы-н!) **1.** to gather up. собрать в одну кучу.

и-зкы́у concerning, about.

а́изы-кәкәа-ра* [intr.] [C1-Prev-S] (**Fin.** [aor.] еизы-кәкәе́-ит / еизы́-м-кәкәе-ит) **1.** to flow together; to gather: А-қәаӡы́ ҵьара́-к еизы-кәкәе́-ит. *The rainwater gathered in the same place.*

и-з-ла́-р-ҳәо а́-ла *see* **а́-ла-ҳәа-ра**[3]

излауа́ла [adv.] as far as possible.

а́изҳа=еизы́ҕьа-ра* [intr.] [C1-S] (**Fin.** [aor.] еизҳа=еизы́ҕье-ит / еизҳа=еизы́-м-ҕье-ит) **1.** (*of vegetation*) to grow well.

а́из-ца-ра [tr.] [C1-Prev-C3-R] (**Fin.** [pres.] и-еизы́-л-цо-ит / и-еизы́-л-цо-м, [aor.] и-еизы́-л-це-ит / и-еизы́-лы-м-це-ит, [imper.] и-еиз-ца́! / и-еизы́-бы-м-ца-н!, и-еизы-шә-ца́! / и-еизы́-шәы-м-ца-н!; **Non-fin.** [pres.] (C1) е́изы-л-цо / е́изы-лы-м-цо, (C3) еизы́-з-цо / еизы́-зы-м-цо; **Abs.** еиз-ца-ны́ / еизы́-м-ца-кәа) **1.** to drive away.

а́и-зы-бзиа-ха-ра [intr.] (**Fin.** [pres.] ҳ-аи-зы-бзи́а-хо-ит / ҳ-аи-зы-бзи́а-хо-м, [aor.] ҳ-аи-зы-бзи́а-хе-ит / ҳ-аи-зы-бзи́а-м-хе-ит, [imper.] шә-аи-зы-бзи́а-ха! / шә-аи-зы-бзи́а-м-ха-н!; **Non-fin.** [pres.] (C1) еи-зы-бзи́а-хо / еи-зы-бзи́а-м-хо; **Abs.** ҳ-аи-зы-бзи́а-ха-ны / ҳ-аи-зы-бзи́а-м-ха-кәа) **1.** to wear one and the same size: Ҳара́ ҳ-аи-зы-бзи́а-хо-ит. *We wear one and the same size. Мы носим один и тот же размер.*

а́и-зы-ӡырҩ-ра [intr.] [C1-Rec-Prev-R] [C1 listen to one another] (**Fin.** [pres.] еи-зы́-ӡырҩ-уе-ит / еи-зы́-ӡырҩ-уа-м) **1.** to listen to one another: Аихаб-и́ аихаб-и́ еи-зы́-ӡырҩ-уе-ит. (AF) *Seniors and juniors listen to one another.* **2.** to obey one another, to listen to one another.

а́изыказаашьа [n.] (-қәа) interrelation.

а́и-зы-ԥш-ра* [intr.] [C1-Rec-Prev-R] [C1 wait for one another] (**Fin.** [pres.] еи-зы-ԥш-уе́-ит / еи-зы-ԥш-уа́-м, [aor.] еи-зы-ԥш-и́т / еи-зы́-м-ԥш-ит; [imper.] шә-еи-зы-ԥшы́! / шә-еи-зы́-м-ԥшы-н!; **Abs.** еи-зы-ԥш-ны́ / еи-зы́-м-ԥш-кәа) **1.** to wait for one another: Ҳ-аи-зы-ԥш-и́т. *We waited for each other. Мы подождали друг друга .*

И

аи-зы́раз-ха-ра [intr.] (**Fin.** [pres.] еизы́раз-хо-ит / еизы́раз-хо-м, [aor.] еизы́раз-хе-ит / еизы́разы́-м-хе-ит; **Non-fin.** [pres.] (C1) еизы́раз-хо / еизы́разы́-м-хо; **Abs.** еизы́раз-ха-ны / еизы́разы́-м-ха-кәа) **1.** to agree with each other; to come to an agreement. [cf. **а-зы́раз-ха-ра** "to agree with"]

и-иа́шаны [adv.] (*of time*) exactly, sharp; correctly: Уара́ у-саа́ҭ иииа́шаны́ а-у́с а-у-е́-ит. *Your watch keeps time perfectly.* Уи ииа́шаны и-а-згәа́-л-ҭе-ит. *She noted this correctly.*

ииу́ль [n.] July.

ииу́н [n.] June.

а-и́ка [n.] (а-и́ка-қәа, и́ка-к) a comb; a ridge.

а́и-кан-ра [intr.] [C1-C2-Prev-R / C1-C2-Neg-Prev-R] [C1 compete with C2] (**Fin.** [pres.] с-б-е́и-кан-уе-ит / с-б-е́и-кан-уа-м, [aor.] с-б-е́и-кан-ит / сы-б-м-е́и-кан-ит, [imper.] б-с-е́и-кан! / бы-с-м-е́и-каны-н!; **Non-fin.** [pres.] (C1) и-л-е́и-кан-уа / и-л-м-е́и-кан-уа, (C2) д-з-е́и-кан-уа / ды-з-м-е́и-кан-уа, [aor.] (C1) и-л-е́и-кан / и-л-м-е́и-кан, (C2) д-з-е́и-кан / ды-з-м-е́и-кан, [impf.] (C1) и-л-е́и-кан-уа-з / и-л-м-е́и-кан-уа-з, (C2) д-з-е́и-кан-уа-з / ды-з-м-е́и-кан-уа-з, [past indef.] (C1) и-л-е́и-каны-з / и-л-м-е́и-каны-з, (C2) д-з-е́и-каны-з / ды-з-м-е́и-каны-з; **Abs.** еи-кан-ны́ / и-а-м-е́и-кан-кәа) **1.** to compete with: с-б-е́и-кан-уе-ит *I compete with you.*

а́и-кә-ша-ра [intr.] [C1-Prev-Prev-R / C1-Prev-Prev-Neg-R] (**Fin.** [pres.] х-аи-кә-шо́-ит / х-аи-кә-шо́-м, [aor.] х-аи-кә-ше́-ит / х-аи-кәы́-м-ше-ит, [imper.] шә-еи-кә-ша́! / шә-еи-кәы́-м-ша-н!; **Non-fin.** [pres.] (C1) еи-кә-шо́ / еи-кәы́-м-шо; **Abs.** х-аи-кә-ша-ны́ / х-аи-кәы́-м-ша-кәа) **1.** to surround: и-еикәша-ны́ *around.* **2.** to circle past each other.

а́иқәа[1] [n.] (а́иқәа-қәа, иқәа́-к, еиқәа́-с) trousers: аиқәе́-и а-кьаҿ-и́ *trousers and a jacket.* Сара́ с-е́иқәа цәыш сы́-шьа-с-тҵо-ит. (GAL) *Я надену свои серые брюки. I will put on my gray trousers.*

а́иқәа[2] [adj.] (еиқәа́-к) black: А-мшы́н еиқәа́ *the Black Sea.* Аԥсны́ шьҭо́-уп А-мшы́н Еиқәа́ а-ҿы́қә-ан. (AFL) *Abkhazia is on the coast of the Black Sea. Абхазия находится на побережье Черного моря.*

а́иқәатҵәа [adj.] (е́иқәатҵәо-у) **1.** black: а́иқәатҵәа-самса́л *black-exceedingly black.* а-ла́ еиқәатҵәа́ *the black dog.* а-ча́ еиқәатҵәа́ *black bread.* Лы-хцәы́ еиқәатҵәо́-уп. (AFL) *Her hair is black. Ее волосы черные.* Сара́ с-е́имаа еиқәатҵәа-қәа́ сы́-шьа-с-тҵо-ит. (GAL) *Я надену свои черные туфли. I will put on my black shoes.* [cf. **ацә-и́қәатҵәа** "blackish"] **2.** dark: а-тҵх еиқәатҵәа́ *a dark night.* а́амҭа еиқәатҵәа́ *the time of disasters.*

а́иқәатҵәа-ха-ра* [intr.] [C1-black-become] (**Fin.** [pres.] еиқәатҵәа-хо́-ит / еиқәатҵәа-хо́-м, [aor.] еиқәатҵәа-хе́-ит / еиқәатҵәа́-м-хе-ит, **Abs.** еиқәатҵәа-ха-ны́ / еиқәатҵәа́-м-ха-кәа) **1.** to become/turn black: И-хахәы́ еиқәатҵәа-хе́-ит. (ARD) *Его волосы стали черными. His hair has become black.* А-дыдра ҟала́-анӡа, а́-ԥстхәа-қәа еиқәатҵәа-хе́-ит. (ACST) *Before the storm, the clouds turned black.* А-уаӫра́ з-цәы́-зы-з ры́-насыԥ, абри́ а-ха́хә еиԥш, еиқәатҵәаха́-аит! (AF) *Let the fate of those who have lost all humanity be as black as this stone!*

аиқу́бааӡа [adv.] throughly soaked: Қуаблы́ху-и Қуы́ҭе-и еиқу́бааӡа ры-ӫн-қәа́ р-а́хь и-аа́-ит. (ANR) *Kwablyxw and Kwyta came home wet through.*

а́иқәла-цәа [n.] (pl.) persons of the same age: Ҳарҭ зегьы́ х-а́иқәла-цәо-уп. *We all are of the same age.*

а́и-қә-ԥҳа-ра [intr.] [C1-Rec-Prev-R / C1-Neg-Rec-Prev-R] [C1 fight] (**Fin.** [pres.] х-аи-қә-ԥҳо́-ит, еи-қә-ԥҳо́-ит (*они борются*) / х-аи-қә-ԥҳо́-м (-ԥҳа-ӡо́-м), [aor.] х-аи-қә-ԥҳе́-ит, еи-қә-ԥҳе́-ит / х-м-еи-қә-ԥҳе́-ит (-ԥҳа-ӡе́-ит), и-м-еи-қә-ԥҳе́-ит, [imper.] б-еи-қә-ԥҳа́! / б-м-еи-қә-ԥҳа́-н!, шә-еи-қә-ԥҳа́! / шә-м-еи-қә-ԥҳа́-н!; **Non-fin.** (C1) [pres.] и-е́и-қә-ԥҳо / и́-м-еи-қә-ԥҳо, [aor.] и-е́и-қә-ԥҳа / и́-м-еи-қә-ԥҳа, [impf.] и-е́и-қә-ԥҳо-з / и́-м-еи-қә-ԥҳо-з, [past indef.] и-е́и-қә-ԥҳа-з / и́-м-еи-қә-ԥҳа-з; **Abs.** еи-қә-ԥҳа-ны́ / и-м-еи-қә-ԥҳа́-кәа) **1.** to fight with one another: А-лым-ҟәа р-éиҧш еи-ҟә-ҧó-н. *They fought like lions. Дрались, как львы.* [cf. **á-ҟә-ҧа-ра** "to fight against/with"]

áиҟәы-ла-ра [intr.] [C1-Prev-R / C1-Prev-Neg-R] [C1 be kindled] (**Fin.** [pres.] еиҟәы́-ло-ит / еиҟәы́-ло-м, [aor.] еиҟәы́-ле-ит / еиҟәы́-м-ле-ит, [imper.] у-еиҟәы́-л! / у-еиҟәы́-м-ла-н!; **Non-fin.** [pres.] (C1) еиҟәы́-ло / еиҟәы́-м-ло; **Abs.** еиҟәы́-ла-ны / еиҟәы́-м-ла-ҟәа) **1.** to kindle, to begin to burn: А-мца еиҟәы́-ле-ит. *The fire was kindled. Огонь разжегся.*

áиҟәы-ҧса-ра [tr.] [C1-Prev-C3-R / C1-Prev-C3-Neg-R] (**Fin.** [pres.] еиҟу́-сы-ҧсо-ит / еиҟәы́-сы-ҧсо-м, [aor.] еиҟәы́-сы-ҧсе-ит / еиҟәы́-сы-м-ҧсе-ит, еиҟә-на-ҧсé-ит / еиҟә-на-м-ҧсé-ит, [imper.] еиҟәы-ҧсá! / еиҟәы́-бы-м-ҧса-н!, еиҟәы́-шәы-ҧса! / еиҟәы́-шәы-м-ҧса-н!; **Non-fin.** [pres.] (C1) éиҟә-сы-ҧсо / éиҟә-сы-м-ҧсо, (C3) еиҟәы́-зы-ҧсо / еиҟәы́-зы-м-ҧсо, [aor.] (C1) éиҟә-сы-ҧса / éиҟә-сы-м-ҧса, (C3) еиҟәы́-зы-ҧса / еиҟәы́-зы-м-ҧса; **Abs.** еиҟәы-ҧса-ны́ / еиҟәы́-м-ҧса-ҟәа) **1.** to close (one's eyes). **2.** to close, to shut: А-цәа и́-ла-ҟәа еиҟә-на-ҧсé-ит. *Sleep closed his eyes.* [= *He fell asleep.*] *Сон сомкнул его.*

аиҟә-ҧхьаӡа-ра [tr.] [C1-Prev-C3-R / C1-Prev-C3-Neg-R] [C3 list C1] (**Fin.** [pres.] еиҟәы́-лы-ҧхьаӡо-ит / еиҟәы́-лы-ҧхьаӡо-м (-ҧхьаӡа-ӡо-м), [aor.] еиҟәы́-лы-ҧхьаӡе-ит / еиҟәы́-лы-м-ҧхьаӡе-ит (-ҧхьаӡа-ӡе-ит), [imper.] еиҟә-ҧхьаӡá! / еиҟә-бы-м-ҧхьаӡá-н!, еиҟә-шәы-ҧхьаӡá! / еиҟә-шәы-м-ҧхьаӡá-н!; **Non-fin.** [pres.] (C3) еиҟәы́-зы-ҧхьаӡо / еиҟәы́-зы-м-ҧхьаӡо, [aor.] (C3) еиҟәы́-зы-ҧхьаӡа / еиҟәы́-зы-м-ҧхьаӡа, [impf.] (C3) еиҟәы́-зы-ҧхьаӡо-з / еиҟәы́-зы-м-ҧхьаӡо-з, [past indef.] (C3) еиҟәы́-зы-ҧхьаӡа-з / еиҟәы́-зы-м-ҧхьаӡа-з; **Abs.** еиҟә-ҧхьаӡа-ны́ / еиҟәы́-м-ҧхьаӡа-ҟәа) **1.** to list, to enumerate: Еиҟә-ҧхьаӡá Аҧсны́ и́-ҟа-ло а-шәы́р хк-ҟәá. (AFL) *List the kinds of fruits that are ripening in Abkhazia. Перечисли виды фруктов, которые созревают в Абхазии.* и́-ҟо-у хыӡхәáла р-éиҟәҧхьаӡара *to list/enumerate the attendees, перечислить присутствующих.*

áиҟә-рха-ра [tr.] [C1-Prev-C3-S / C1-Prev-C3-Neg-S] [C3 save C1] (**Fin.** [pres.] д-еиҟә-сы-рхó-ит (*я спасаю его/ее*), еиҟә-сы-рхó-ит (*я спасаю его(нрз.)/их*) / д-еиҟә-сы-рхó-м (-рха-ӡó-м), [aor.] д-еиҟә-сы-рхé-ит / д-еиҟә-с-мы-рхé-ит (-рха-ӡé-ит), [imper.] еиҟә-рхá! / еиҟә-б-мы-рхá-н!, еиҟә-шәы-рхá! / еиҟә-шә-мы-рхá-н!; **Non-fin.** [pres.] (C1) и-éиҟә-лы-рхо / и-éиҟә-л-мы-рхо, (C3) д-еиҟә-зы-рхó / д-еиҟә-з-мы-рхó, [aor.] (C1) и-éиҟә-лы-рха / и-éиҟә-л-мы-рха, (C3) д-еиҟә-зы-рхá / д-еиҟә-з-мы-рхá, [impf.] (C1) и-éиҟә-лы-рхо-з / и-éиҟә-л-мы-рхо-з, (C3) д-еиҟә-зы-рхó-з / д-еиҟә-з-мы-рхó-з, [past indef.] (C1) и-éиҟә-лы-рха-з / и-éиҟә-л-мы-рха-з, (C3) д-еиҟә-зы-рхá-з / д-еиҟә-з-мы-рхá-з; **Abs.** еиҟә-рха-ны́ / еиҟә-мы-рхá-ҟәа) **1.** to save: х-аиҟә-лы-рхé-ит *she saved us.* с-еиҟә-ды-рхé-ит *they saved me.* Лы-ҧсы́ еиҟә-сы-рхé-ит. *I saved her life. Я спас ее жизнь.* А-ӡы́ и-а-шь-уá д-еиҟә-сы-рхé-ит. *I saved a drowning person. Я спас утопающего.* Сарá у-éиҟурха-шьа з-ды́р-уе-ит. (Ab.Text) *I know how I will save you.* Аа, абаакуá, сы-ҧсы́ еиҟу-зы-рхá-да. (Ab.Text) *Oh. Everybody! Who saved my life?* Сарá сы-ҧсы́ еиҟу-зы-рхá-з абри́ á-чкун и-ó-уп. (Ab.Text) *This boy here is the one who saved my life.*

áиҟә-ршәа-ра *see* **áиҟәы-ршәа-ра**

áиҟә-ха-ра [intr.] [C1-Prev-R / C1-Prev-Neg-R] [C1 remain alive] (**Fin.** [aor.] с-еиҟә-хé-ит / с-еиҟәы́-м-хе-ит, [imper.] б-еиҟә-хá! / б-еиҟәы́-м-ха-н!; **Non-fin.** [pres.] (C1) éиҟә-хо / éиҟәы-м-хо, [aor.] (C1) éиҟә-ха / éиҟәы-м-ха; **Abs.** с-еиҟә-ха-ны́ / с-еиҟәы́-м-ха-ҟәа) **1.** to remain intact; to be saved: Лар-гьы́ д-еиҟә-хé-ит. (Ab.Text) *She was able to save her life as well.*

áиҟә-ца-ра[1] [tr.] [(C1)-еиҟә-C3-R / (C1)-еиҟә-C3-Neg-R] [C3 kindle C1] (**Fin.** [pres.] иҟәы́-л-цо-ит / иҟәы́-л-цо-м, [aor.] еиҟәы́-л-це-ит, еиҟә-на-цé-ит / еиҟәы́-лы-м-це-ит, еиҟә-нá-м-це-ит, [imper.] еиҟә-цá! / еиҟәы́-бы-м-ца-н!, еиҟәы́-шә-ца! / еиҟәы́-шәы-м-ца-н!; **Non-fin.** [pres.] (C3) еиҟәы́-з-цо / еиҟәы́-зы-м-цо, [aor.] (C3) еиҟәы́-з-ца / еиҟәы́-зы-м-ца, [impf.] (C3) еиҟәы́-з-цо-з / еиҟәы́-зы-м-цо-з, [past indef.] (C3) еиҟәы́-з-ца-з / еиҟәы́-зы-м-ца-з; **Abs.** еиҟә-ца-ны́ / еиҟәы́-м-ца-ҟәа) **1.** to start (a fire): А-бна бзи́а и-з-

И

бó á-бна-ҿы á-мца еикә-и́-тцо-м. (AFL) *A person who loves the forest does not start a fire in a forest. Тот, кто любит лес, в лесу не разводит огонь.* А-мца д-á-ҭәҳәа-ны еикәы́-л-тце-ит. (AAD) *She blew on the fire and started the fire. Она подула на огонь и развела огонь.*

áи-ҟә-тца-ра[2] [tr.] [C1-Rec-Prev-C3-R] [C3 put C1 on one another] (**Fin.** [pres.] еи-ҟә-áҳ-тцо-ит / еи-ҟә-áҳ-тцо-м, [aor.] еи-ҟәы́-с-тце-ит / еи-ҟәы́-сы-м-тце-ит, [imper.] еи-ҟә-тцá! / еи-ҟәы́-бы-м-тца-н!, еи-ҟәы́-шә-тца! / еи-ҟәы́-шәы-м-тца-н!; **Non-fin.** [pres.] (C1) éи-ҟәы-с-тцо / éи-ҟәы-сы-м-тцо, (C3) еи-ҟәы́-з-тцо / еи-ҟәы́-зы-м-тцо; **Abs.** еи-ҟә-тца-ны́ / еи-ҟәы́-м-тца-кәа) **1.** to put sth on one another**:** Аиҳаб-и́ аитцб-и́ патý еи-ҟәы́-р-тцо-ит. *Seniors and juniors respect one another.* **2.** to stack, to pile**:** Ҳарá а-ђҳә еи-ҟә-áҳ-тцо-ит. (GAL) *Мы складываем кукурузную солому. We are stacking corn straw.* Ҳарá а-ҕә-ҟәá еиҟә-áҳ-тце-ит. *We stacked the boards. Мы сложили доски.*

áиҟәҿы-ҭ-ра [tr.] [C1-Prev-C3-R / C1-Prev-C3-Neg-R] (**Fin.** [pres.] еиҟәҿы́-р-ҭ-уе-ит, еиҟәҿá-х-ҭ-уе-ит / еиҟәҿы́-р-ҭ-уа-м, еиҟәҿá-х-ҭ-уа-м, [aor.] еиҟәҿы́-р-ҭ-ит / еиҟәҿы́-ры-м-ҭ-ит, [imper.] еиҟәҿы́-шә-ҭ! / еиҟәҿы́-шәы-м-ҭы-н!; **Non-fin.** [pres.] (C1) еиҟәҿы́-р-ҭ-уа / еиҟәҿы́-ры-м-ҭ-уа, (C3) еиҟәҿы́-з-ҭ-уа / еиҟәҿы́-зы-м-ҭ-уа. **Abs.** еиҟәҿы-ҭ-ны́ / еиҟәҿы́-м-ҭ-кәа) **1.** to call to one another.

áиҟәшаҳатра [n.] (-кәа, еиҟәшаҳáҭра-к) a treaty**:** áиҟәшаҳаҭра а-бжьа-тца-рá *to conclude a treaty, заключить договор.*

áи-ҟә-шаҳаҭ-ха-ра [intr.] (**Fin.** [pres.] х-аи-ҟә-шаҳáҭ-хо-ит / х-аи-ҟә-шаҳáҭ-хо-м, [aor.] х-аи-ҟә-шаҳáҭ-хе-ит / х-аи-ҟә-шаҳáҭы-м-хе-ит, и-еи-ҟә-шаҳáҭ-хе-ит / и-еи-ҟә-шаҳáҭы-м-хе-ит, [imper.] шә-еи-ҟә-шаҳáҭ-ха! / шә-еи-ҟә-шаҳáҭы-м-ха-н!; **Non-fin.** [pres.] (C1) éи-ҟә-шаҳаҭ-хо / éи-ҟә-шаҳаҭы-м-хо; **Abs.** еи-ҟә-шаҳаҭ-ха-ны́ / еи-ҟә-шаҳáҭы-м-ха-кәа) **1.** to come to an agreement**:** Урҭ еи-ҟә-шаҳáҭ-хе-ит. *They came to an agreement. Они пришли к согласию.* [cf. **á-ҟә-шаҳаҭ-ха-ра** "to agree with"]

áиҟәшәара[1] [n.] **1.** (-кәа, х-áиҟәшәара) a meeting, an encounter. **2.** a coincidence.

áи-ҟә-шәа-ра[2] [intr.] [C1-Rec-Prev-R / C1-Rec-Prev-Neg-R] [C1 meet] (**Fin.** [pres.] х-аи-ҟә-шәó-ит, еи-ҟә-шәó-ит (*они встречаются/встретятся*) / х-аи-ҟә-шәó-м (-шәá-ӡó-м), [aor.] х-аи-ҟә-шәé-ит / х-аи-ҟә-м-шәé-ит, [imper.] шә-еи-ҟә-шәá! / шә-еи-ҟә-м-шәá-н!; **Non-fin.** (C1) [pres.] и-éи-ҟә-шәо / и-éи-ҟә-м-шәо, [aor.] и-éи-ҟә-шәа / и-éи-ҟә-м-шәа, [impf.] и-éи-ҟә-шәо-з / и-éи-ҟә-м-шәо-з, [past indef.] и-éи-ҟә-шәа-з / и-éи-ҟә-м-шәа-з; **Abs.** д-еи-ҟә-шәа-ны́ / д-еи-ҟәы́-м-шәа-кәа) **1.** (= **áи-ниа-ра**) to meet each other/one another**:** шә-анбé-и-ҟә-шәо? *When will you meet?* Ашьы́жь с-ҩы́зе-и сарé-и á-мҩа-ҿы х-аи-ҟә-шәé-ит. (AFL) *My friend and I met in the street in the morning. Утром я и мой друг встретились на дороге.* Ҳ-аи-ҟә-шәа-кәа-хьé-ит. *We met repeatedly.* Урҭ дарá-дарá лассы́-лассы́ еи-ҟә-шәó-м. *They seldom meet each other.*

áи-ҟә-шәа-ра[3] [intr.] [C1-Prev-Prev-R / C1-Prev-Prev-Neg-R] [C1 harmonize] (**Fin.** [pres.] еи-ҟә-шәó-ит / еи-ҟә-шәó-м, [aor.] еи-ҟә-шәé-ит / еи-ҟәы́-м-шәе-ит, х-аи-ҟә-шәé-ит / х-аи-ҟәы́-м-шәе-ит, [imper.] шә-еи-ҟә-шәá! / шә-аи-ҟәы́-м-шәа-н!; **Abs.** д-еи-ҟә-шәа-ны́ / д-еи-ҟәы́-м-шәа-кәа; **Non-fin.** [pres.] (C1) éи-ҟә-шәо / éи-ҟәы-м-шәо, [aor.] (C1) éи-ҟә-шәа / éи-ҟәы-м-шәа) **1.** to harmonize**:** Уи́ и-áжәа-кәе-и и-ýс-и еи-ҟә-шәó-м. *His words do not match the deed. У него слова не сочетаются с делом.* **2.** to be on good terms**:** Урҭ еи-ҟә-шәó-ит. *They get along with each other. Они ладят друг с другом.* || **еи-ҟәшәа-ны́** [adv.] harmoniously; well, smoothly**:** А-ҩы́з-цәа еи-ҟә-шәа-ны́ и́-ҟо-уп. *The friends are living all right.* А-ýс еи-ҟә-шәа-ны́ и-цó-ит. *The work is going well. Работа идет хорошо.*

áи-ҟә-шәа-ра[4] [intr. stative] [C1-Prev-Prev-R] [C1 be ready] (**Fin.** [pres.] д-еи-ҟә-шәó-уп / д-еи-ҟә-шәá-м, [past] д-еи-ҟә-шәá-н / д-еи-ҟә-шәá-мызт; **Non-fin.** [pres.] (C1) éи-ҟә-шәо-у / éи-ҟә-шәа-м, [past] (C1) éи-ҟә-шәа-з / éи-ҟә-шәа-мыз) **1.** to be ready**:** Сарá с-еи-ҟә-шәó-уп, х-ды́ҟә-ла-п! (ARD) *I'm ready, let's go!* Цәаҕуáга-ла еснáгь д-еикушәá-н. (ANR) *He* *was ever ready with plowing equipment.* **2.** to be normal**:** Уи еи-ҟә-шәа́-м. *It is out of order.*

а́и-ҟәы-ршәа-ра[1] [tr.] [C1-Prev-Prev-C3-S / C1-Prev-Rrev-C3-Neg-S] [C3 prepare C1] (**Fin.** [pres.] и-еи-ҟә-лы-ршәо́-ит / и-еи-ҟә-лы-ршәо́-м, [aor.] и-еи-ҟә-лы-ршәе́-ит / и-еи-ҟәы-л-мы-ршәе́-ит, [imper.] и-еи-ҟәы-ршәа́! / и-еи-ҟәы-б-мы-ршәа́-н!, и-еи-ҟә-шәы-ршәа! / и-еи-ҟәы-шә-мы-ршәа́-н!; **Non-fin.** [pres.] (C1) е́и-ҟә-лы-ршәо / е́и-ҟәы-л-мы-ршәо, (C3) еи-ҟә-зы-ршәо́ / еи-ҟәы-з-мы-ршәо́; **Abs.** еи-ҟәы-ршәа-ны́ / еи-ҟәы-м-ршәа́-кәа) **1.** to prepare**:** А-статиа́-зы а-материа́л еи-ҟә-ды-ршәе́-ит. *They prepared the material for the article.*

а́иҟәы-ршәа-ра[2] [tr.] [C3 compile C1] [C1-Prev-C3-S / C1-Prev-C3-Neg-S] (**Fin.** [pres.] и-еиҟә-сы-ршәо́-ит / и-еиҟә-сы-ршәо́-м, [aor.] и-еиҟә-сы-ршәе́-ит / и-еиҟә-с-мы-ршәе́-ит, [imper.] и-еиҟәы-ршәа́! / и-еиҟә-б-мы-ршәа́-н!; **Non-fin.** [pres.] (C1) е́иҟә-сы-ршәо / е́иҟә-с-мы-ршәо, (C3) еиҟә-зы-ршәо́ / еиҟә-з-мы-ршәо́; **Abs.** еиҟәы-ршәа-ны́ / еиҟә-мы́-ршәа-кәа) **1.** to think up. **2.** to compose, to make up; to compile**:** А-ԥсуа=а́-урыстә жәар еиҟә-ҳа-ршәе́-ит. *We compiled an Abkhaz-Russsian dictionary.* Урҭ а-програ́мма ҿыц еиҟә-ды-ршәе́-ит. (IC) *Они разработали новую программу. They worked out a new program.*

а́иҟара [adj.] (е́иҟаро-у) (*in height, knowledge, etc.*) equal**:** уры́-ла е́иҟаро-у а-хәыч-ҟәа́ *the children of equal height.*

а́иҟара-заа-ра [intr. stative] (**Fin.** [pres.] ҳ-аиҟаро́-уп / ҳ-аиҟара́-м) **1.** (*in height, knowledge, etc.*) to be equal**:** Уаре́-и саре́-и ҳ-аиҟара́-м-и? (AF) *You and I are the same size, aren't we?*

аиҟараны [adv.] equally.

а́иҟара-тә-ра [tr.] [C1-equal-C3-R / C1-equal-C3-Neg-R] [C3 make C1 equal] (**Fin.** [pres.] еиҟара́-с-тә-уе-ит / еиҟара́-с-тә-уа-м, [aor.] еиҟара́-с-тә-ит / еиҟара́-сы-м-тә-ит, [imper.] еиҟара-тәы́! / еиҟара́-бы-м-тәы-н!, еиҟара́-шә-тә! / еиҟара́-шәы-м-тәы-н!; **Non-fin.** [pres.] (C1) еиҟара́-с-тә-уа / еиҟара́-сы-м-тә-уа, (C3) еиҟара́-з-тә-уа / еиҟара́-зы-м-тә-уа; **Abs.** еиҟара-тә-ны́ / еиҟара́-м-тә-кәа) **1.** to make equal (in laws). **2.** to level**:** а́-дгьыл еиҟара́-р-тә-ит. *They leveled the ground.*

а́иҟара-ха-ра [intr.] [C1-equal-become] (**Fin.** [pres.] ҳ-аиҟар-хо́-ит, еиҟара-хо́-ит / ҳ-аиҟара-хо́-м (-ха-ӡо́-м), [aor.] ҳ-аиҟара-хе́-ит / ҳ-аиҟара́-м-хе-ит (-ха-ӡе́-ит), [imper.] шә-еиҟара-ха́! / шә-еиҟара́-м-ха-н!; **Non-fin.** (C1) [pres.] и-е́иҟара-хо / и-е́иҟара-м-хо, [aor.] и-е́иҟара-ха / и-е́иҟара-м-ха, [impf.] и-е́иҟара-хо-з / и-е́иҟара-м-хо-з, [past indef.] и-е́иҟара-ха-з / и-е́иҟара-м-ха-з; **Abs.** еиҟара-ха-ны́ / еиҟара́-м-ха-кәа) **1.** to become equal**:** Хәажәкы́ра 21 (ԝа-жә-и акы́) азы́ а́-мш-гьы а́-тҳх-гьы еиҟарахо́-ит. (AFL) *В первый день масленицы, 21-го день и ночь становятся равными.* А-тҳх-и а́-мш-и анбе́-иҟарахо? (AFL) *When do daytime and nighttime become equal? Когда ночь и день становятся равными?* Убас́ҟан а-уп р-цьыкәре́и-ҟәа есымша́(аира) и-з-е́иҟара-хо-з аны́-р-дыр. (ACST) *It's then when they learnt the reason why their quantities of maize kept becoming equal every day.*

а́иҟә-жәа-ра* **(1)** [intr.] [C1-Prev-R] [C1 break/crack in two] (**Fin.** [pres.] еиҟә-жәо́-ит / еиҟә-жәо́-м, [aor.] еиҟә-жәе́-ит / еиҟәы́-м-жәе-ит, **Abs.** еиҟә-жәа-ны́ / еиҟәы́-м-жәа-кәа) **1.** to break/crack/split in two**:** А-ха́ҳә еиҟә-жәе́-ит. *The stone was broken in two.* **(2)** [tr.] [C1-Prev-C3-R] [C3 break C1 in two] (**Fin.** [pres.] еиҟәы́-р-жәо-ит / еиҟәы́-р-жәо-м, [aor.] еиҟәы́-р-жәе-ит / еиҟәы́-ры-м-жәе-ит, [imper.] еиҟә-жәа́! / еиҟәы́-бы-м-жәа-н!, **Abs.** еиҟә-жәа-ны́! / еиҟәы́-м-жәа-кәа) **1.** to break/split sth in two**:** А-ха́ҳә еиҟәы́-р-жәе-ит. *They broke the stone in two. Они разбили камень в середине.*

аиҟә-рҷҷа́-ра [tr.] (**Fin.** [pres.] еиҟә-лы-рҷҷо́-ит / еиҟә-лы-рҷҷо́-м, [aor.] еиҟә-лы-рҷҷе́-ит / еиҟәы-л-мы-рҷҷе́-ит, [imper.] еиҟәы-рҷҷа́! / еиҟәы-б-мы-рҷҷа́-н!, еиҟә-шәы-рҷҷа́! / еиҟәы-шә-мы-рҷҷа́-н!; **Non-fin.** [pres.] (C1) е́иҟә-лы-рҷҷо / е́иҟәы-л-мы-рҷҷо, (C3) еиҟә-

И

зы-рҷҷо́ / еиҟәы-з-мы-рҷҷо́; **Abs.** еиҟәы-рҷҷа-ны́ / еиҟә-мы-рҷҷа́-кәа) **1.** to divide into parts.

а́и-кә(ы)-ҭха-ра* [tr.] [C1-Rec-Prev-C3-R] [C3 separate C1] (**Fin.** [aor.] еи-ҟә-й-ҭхе-ит / еи-ҟә-й-м-ҭхе-ит; [imper.] еи-ҟә-ҭха́! / еи-ҟәы́-б-м-ҭха-н!, **Abs.** еи-ҟә-ҭха-ны́ / еи-ҟәы́-м-ҭха-кәа) **1.** to move apart. **2.** to separate sb from each other; to divide: Ажәа-ҟәа еи-ҟә-й-ҭхе-ит. *He separated the words.* Дара́ нау́нагӡа еи-ҟә-ҭхо́-уп. (AF) *They are permanently split apart from each other.*

а́икәы-жә-жәа-ра* [intr.] [C1-Prev-R+R] [C1 crack] (**Fin.** [aor.] еиҟәы-жә-жәе́-ит / еиҟәы́-жәы-м-жәе-ит, **Abs.** еиҟәы-жә-жәа-ны́ / еиҟәы́-жәы/шәы-м-жәа-кәа) **1.** to crack in many places: Аарҩара иахҟьаны́ а́-дгьыл еиҟәы-жә-жәе́-ит. (ARD) *Из-за засухи в почве появились трещины. The ground has been cracked because of drought.*

а́илагара[1] [n.] madness.

а́илагара[2] [n.] (а́илагара-ҟәа) breach, violation; an offense.

а́илагара[3] [n.] (а́илагара-ҟәа) (= **ашьыҧка**) a mistake.

а́ила-га-ра[4] [intr.] [C1-Prev-R / C1-Prev-Neg-R] [C1 make a mistake] (**Fin.** [pres.] д-еила-го́-ит, ҳ-аила-го́-ит, еила-го́-ит / д-еила-го́-м (*or* д-еила-га-ӡо-м), [aor.] д-еила-ге́-ит / д-еила́-м-ге-ит (-га-ӡо-м), [imper.] б-еила-га́! / б-еила́-м-га-н!, шә-еила-га́! / шә-еила́-м-га-н!; **Non-fin.** (C1) [pres.] и-е́ила-го / и-е́ила-м-го, [aor.] и-е́ила-га / и-е́ила-м-га, [impf.] и-е́ила-го-з / и-е́ила-м-го-з, [past indef.] и-е́ила-га-з / и-е́ила-м-га-з; **Abs.** д-еила-га-ны́ / д-м-еила-га-кәа *or* д-еила́-м-га-кәа) **1.** to make a mistake: Сара́ с-еила-ге́-ит. *I made a mistake.*

а́ила-га-ра[5] **(1)** [intr. dynamic] [C1-Prev-R / C1-Prev-Neg-R] [C1 go mad] (**Fin.** [pres.] д-еила-го́-ит, ҳ-аила-го́-ит, еила-го́-ит / д-еила-го́-м (*or* д-еила-га-ӡо-м), [aor.] д-еила-ге́-ит / д-еила́-м-ге-ит (-га-ӡо-м), [imper.] у-еила-га́! / у-еила́-м-га-н!; **Non-fin.** (C1) [pres.] и-е́ила-го / и-е́ила-м-го, [aor.] и-е́ила-га / и-е́ила-м-га; **Abs.** д-еила-га-ны́ / д-м-еила-га-кәа *or* д-еила́-м-га-кәа) **1.** to go mad: У-еила́-м-га-н! *Don't go mad!* [cf. **а-х-е́ила-га-ра** "to go mad"] **(2)** [intr. stative] (**Non-fin.** [pres.] (C1) е́ила-го-у / е́ила-га-м, [past] (C1) е́ила-га-з / е́ила-га-мыз) **1.** to be mad.

а́ила-га-ра[6] [tr.] [C1-Prev-C3-R / C1-Prev-C3-Neg-R] [C3 disturb C1] (**Fin.** [pres.] еила́-с/з-го-ит, еила́-х/аа-го-ит, еила́-шә/жә-го-ит / еила́-с/з-го-м (-га-ӡо-м), [aor.] еила́-с/з-ге-ит (-га-ӡе-ит), еила-на-ге́-ит / еила́-сы/зы-м-ге-ит, еила-на́-м-ге-ит, [imper.] еила-га́! / еила́-бы-м-га-н!, еила́-шә-га! / еила-шәы-м-га-н!; **Non-fin.** [pres.] (C1) е́ила-л-го / е́ила-лы-м-го, (C3) еила́-з-го / еила́-зы-м-го, [aor.] (C1) е́ила-л-га / е́ила-лы-м-га, (C3) еила́-з-га / еила́-зы-м-га; **Abs.** еила-га-ны́ / еила́-м-га-кәа) **1.** to disturb, to break; to confuse: Л-ҭы́нчра еила́-з/с-ге-ит. *I disturbed her peace. Я нарушил ее покой.* Лы-ҧсҭа́заара еила́-з/с-ге-ит. *I disturbed her life. Я нарушил ее жизнь.* Р-хы еила́-л-ге-ит. *She threw them into confusion.*

а́илажә [n.] jam: а-ҵәатәы́ е́илажә *apple jam.*

а́ила-ӡа-ра* [intr.] (**Fin.** [pres.] ҳ-аила-ӡо́-ит / ҳ-аила-ӡо́-м, [aor.] еила-ӡе́-ит / еила́-м-ӡе-ит, **Abs.** еила-ӡа-ны́ / еила́-м-ӡа-кәа) **1.** (*of a price*) to agree: Уаре́-и саре́-и а-ҽы́ а-зы́ ҳ-з-еила-ӡо́-м. (ARD) *Мы с тобой не договоримся о цене лошади. You and I cannot agree on the price of the horse.*

а́илаҟь [n.] (-ҟәа, еила́ҟь-к) a vest, a waistcoat.

а́ила-ла-ра* [intr.] (**Fin.** [pres.] ҳ-аила́-ло-ит / ҳ-аила́-ло-м, [aor.] еила́-ле-ит / еила́-м-ле-ит, **Abs.** еила́-ла-ны / еила́-м-ла-кәа) **1.** to mix, to join one another: ҳ-аила́-ло-ит *we live together, мы сходимся.* **2.** to flow together: А-ӡи́ас-ҟәа Лаҕәашь-и Ҭоумы́шь-и еила́-ло-ит. *The Laguash' River and Toumysh' River are flowing together. Реки Лагуаш и Тоумыш сливаются.* **3.**to rush at one another; to clash with each other.

а́ила-ҧаҭа-ра [intr.] [C1-Prev-R / [C1-Prev-Neg-R] [C1 get entangled] (**Fin.** [pres.] еила-ҧаҭо́-ит / еила-ҧаҭо́-м, [aor.] еила-ҧаҭе́-ит / еила-м-ҧаҭе́-ит; **Non-fin.** [pres.] (C1) еила-ҧаҭо́ / еила-м-ҧаҭо́; **Abs.** еила-ҧаҭа-ны́ / еила-м-ҧаҭа́-кәа) **1.** to get entagled: А-рахәы́ц-қәа еила-ҧаҭе́-ит. *The threads got tangled. Нитки спутались.*

а́ила-ҧса-ра [labile] **(1)** [tr.] (**Fin.** [pres.] еила́-с-ҧсо-ит / еила́-с-ҧсо-м, [aor.] еила́-с-ҧсе-ит / еила́-сы-м-ҧсе-ит, [imper.] еила-ҧса́! / еила́-бы-м-ҧса-н!; **Abs.** еила-ҧса-ны́ / еила́-м-ҧса-кәа; **Non-fin.** [pres.] (C1) еила́-сы-ҧсо / еила́-сы-м-ҧсо, (C3) еила́-зы-ҧсо / еила́-зы-м-ҧсо) **1.** to mix: А-ҧслымӡ-и а-ны́шәаҧшь-и еила́-с-ҧсе-ит. *I mixed the clay and some sand. Я смешал глину с песком.* **(2)** [intr.] (**Fin.** [pres.] еила-ҧсо́-ит / еила-ҧсо́-м, [aor.] еила-ҧсе́-ит / еила-м-ҧсе́-ит; **Non-fin.** [pres.] (C1) е́ила-ҧсо / е́ила-м-ҧсо, [aor.] (C1) е́ила-ҧса / е́ила-м-ҧса) **1.** to be maxed: Цәа=ҧшра́-ла акы́р ҳ-аила-ҧсо́-уп а́ҧсуаа. (AF) *By skin and appearance we Abkhazians are considerably mixed.*

а́ила-ҧыр-ра* [intr.] (**Fin.** [pres.] еила́-ҧыр-уе-ит / еила́-ҧыр-уа-м, [aor.] еила-ҧр-и́т / еила́-м-ҧр-ит, **Abs.** еила-ҧр-ны́ / еила́-м-ҧр-кәа) **1.** (*of many birds*) to whirl, to circle: А-жәҵа́ра-қәа еила́-ҧыр-уа-н. *Swallows were circling. Ласточки кружили.*

а́илаҧы-ххаа-ра [tr.] [C1-Prev-C3-S / C1-Prev-C3-Neg-S] [C3 destroy C1] (**Fin.** [pres.] еилаҧы́-с-ххаа-уе-ит / еилаҧы́-с-ххаа-уа-м, [aor.] еилаҧы́-с-ххаа-ит / еилаҧы́-сы-м-ххаа-ит, [imper.] еилаҧы́-ххаа! / еилаҧы́-бы-м-ххаа-н!, еилаҧы́-шә-ххаа! / еилаҧы́-шәы-м-ххаа-н!; **Non-fin.** [pres.] (C1) еилаҧы́-с-ххаа-уа / еилаҧы́-сы-м-ххаа-уа, (C3) еилаҧы́-з-ххаа-уа / еилаҧы́-зы-м-ххаа-уа; **Abs.** еилаҧы́-ххаа-ны / еилаҧы́-м-ххаа-кәа) **1.** to destroy, to wreck: Абаа́ еилаҧы́-р-ххаа-ит. (ARD) *Они превратили крепость в руины. They destroyed the fortress into ruins.*

а́ила-ргьежь-ра* [tr.] [C1-Prev-C3-S] [C3 whirl C1] (**Fin.** [pres.] еила-на́-ргьежь-уе-ит / еила-на́-ргьежь-уа-м, [aor.] еила-на́-ргьежь-ит / еила-на́-м-ргьежь-ит, Abs. еила́-ргьежь-ны / еила-мы́-ргьежь-кәа (*preferred*) *or* еила́-м-ргьежь-кәа) **1.** to whirl, to spin around: А-ҧша́ а-бҕы́ сса-қәа́ еила-на́-ргьежь-уа-н. *The wind was whirling small leaves. Ветер крутил вихрем мелкие листья.* **2.** to disturb, to make sb worry.

а́ила-рҧаҭа-ра [tr.] [C1-Prev-C3-S / C1-Prev-C3-Neg-S] [C3 tangle C1] (**Fin.** [pres.] еила-сы-рҧаҭо́-ит / еила-сы-рҧаҭо́-м, [aor.] еила-сы-рҧаҭе́-ит / еила-с-мы-рҧаҭе́-ит, [imper.] еила-рҧаҭа́! / еила-б-мы-рҧаҭа́-н!, еила-шәы-рҧаҭа́! / еила-шә-мы-рҧаҭа́-н!; **Non-fin.** [pres.] (C1) еила-сы-рҧаҭо́ / еила-с-мы-рҧаҭо́, (C3) еила-зы-рҧаҭо́ / еила-з-мы-рҧаҭо́; **Abs.** еила-рҧаҭа-ны́ / еила-мы-рҧаҭа́-кәа) **1.** to tangle: А-рахәы́ц еила-лы-рҧаҭе́-ит. (ARD) *Она перепутала нитки. She tangled the threads.* [cf. **а́ила-ҧаҭа-ра** "to be entangled"]

и-ласны́ [adv.] quickly. [cf. **а́-лас**, **и́-рласны**]

а́илатәара[1] [n.] (-кәа, еилатәа́ра-к) a meeting, a get-together; a conference.

а́и-ла-тәа-ра[2] [intr.] [C1-аи-Prev-R / C1-аи-Prev-Neg-R] [C1 sit down together] (**Fin.** [pres.] ҳ-аила-тәо́-ит / ҳ-аила-тәо́-м, [aor.] ҳ-аила-тәе́-ит / ҳ-аила́-м-тәе-ит, шә-еила-тәе́-ит / шә-еила́-м-тәе-ит, еила-тәе́-ит (*они сели вместе*) / еила́-м-тәе-ит, [imper.] шә-еила-тәа́! / шә-еила́-м-тәа-н!; **Non-fin.** [pres.] (C1) е́ила-тәо / е́ила-м-тәо, [aor.] (C1) е́ила-тәа / е́ила-м-тәа; **Abs.** еила-тәа-ны́ / еила́-м-тәа-кәа) **1.** to sit down together.

а́ила-ха-ра [intr.] [C1-Prev-R] [C1 be busy] (**Fin.** [pres.] с-еила-хо́-уп / с-еила-ха́-м (-ха-ӡа́-м), [past] с-еила-ха́-н! / с-еила-ха́-мызт, [imper.] б-еила-ха́! / б-еила́-м-ха-н!; **Non-fin.** (C1) [pres.] е́ила-хо-у / е́ила-ха-м, [past] е́ила-ха-з / е́ила-ха-мыз; **Abs.** еила-ха-ны́ / еила́-м-ха-кәа) **1.** to be busy: Бара́ б-еила-хо́-у-ма? *Are you busy?* Сара́ с-еила-ха-ӡа́-м. *I am not busy.*

а́илахәара[1] [n.] distortion; defect.

а́ила-хәа-ра[2] [labile] **(1)** [intr.] [C1-Prev-R / C1-Prev-Neg-R] [C1 be entangled] (**Fin.** [pres.] и-еила-хәо́-ит / и-еила-хәо́-м, [aor.] и-еила-хәе́-ит / и-еила-м-хәе́-ит; **Non-fin.** [pres.]

И

(C1) е́ила-хәо / е́ила-м-хәо; **Abs.** еила-хәа-ны / еила́-м-хәа-кәа) **1.** (*of thread*) to be twisted. **2.** to make a mistake, to be mistaken. **3.** (*of thread*) to be entangled. **(2)** [tr.] [C1-Prev-C3-R / C1-Prev-C3-Neg-R] [C3 tangle C1] (**Fin.** [pres.] еила́-с-хәо-ит / еила́-с-хәо-м, [aor.] еила́-с-хәе-ит / еила́-сы-м-хәе-ит, [imper.] еила-хәа́! / еила́-бы-м-хәа-н!; **Non-fin.** [pres.] (C1) е́ила-с-хәо / еила-сы-м-хәо) **1.** to tangle (a thread): а-рахә́ыц е́илахәа-ра *to tangle threads, путать нитки.*

а́илаҳара [n.] a breakdown; disintegration; collapse: а-социали́сттә систе́ма а́илаҳара *the breakdown of the social system.*

а́ила-ҳа-ра[1] [intr.] [C1-Prev-R / C1-Prev-Neg-R] [C1 collapse] (**Fin.** [pres.] и-еила́-ҳа-уе-ит / и-еила́-ҳа-уа-м, [aor.] и-еила́-ҳа-ит / и-еила́-м-ҳа-ит, [imper.] б-е́ила-ҳа! / б-е́ила-м-ҳа-н!; **Non-fin.** [pres.] (C1) еила́-ҳа-у / еила́-ҳа-м, [past] (C1) еила́-ҳа-з / еила́-ҳа-мыз; **Abs.** еила́-ҳа-ны / еила́-м-ҳа-кәа) **1.** to collapse, to fall down: А-ҩны́ а-жәы́-н, еила́-ҳа-ит. (AAD) *The house became obsolete and collapsed.*

а́ила-ҳа-ра[2] [intr.] [C1-C2-Prev-R] [C1 be attracted by C2] (**Fin.** [pres.] д-е́ила-ҳа-уе-ит [< д-а́ила-ҳа-уа-ит] / д-е́ила-ҳа-уа-м, [aor.] д-е́ила-ҳа-ит / д-е́ила-м-ҳа-ит, [imper.] б-е́ила-ҳа! / б-е́ила-м-ҳа-н!; **Non-fin.** [pres.] (C1) е́ила-ҳо / е́ила-м-ҳо; **Abs.** д-е́ила-ҳа-ны / д-е́ила-м-ҳа-кәа) **1.** to attract; to like: Уи́ а́-мпыл а́-сра д-е́ила-ҳа-уе-ит. *Football attracts him. Его манит футбол.* А-ҙҕаб а́-ҷкәын д-л-е́ила-ҳа-ит. *The boy was attracted by the girl. Девушка приглянулась парню.* **2.** to desire: А-чы́мазаҩ а-хартҵәы́ д-е́ила-ҳа-ит. (ARD) *Больной захотел простокваши. The patient desired yogurt.*

а́ила-ҳәа-ра[1] [tr.] [C1-Prev-C3-R / C1-Prev-C3-Neg-R] [C3 dress C1] (**Fin.** [aor.] д-еила́-с-ҳәе-ит / д-еила́-сы-м-ҳәе-ит, [imper.] д-еила-ҳәа́! / д-еила́-бы-м-ҳәа-н!, д-еила́-шә-ҳәа! / д-еила́-шәы-м-ҳәа-н!; **Non-fin.** [pres.] (C1) е́ила-с-ҳәо / е́ила-сы-м-ҳәо, (C3) еила́-з-ҳәо / еила́-зы-м-ҳәо, [aor.] (C1) е́ила-с-ҳәа / е́ила-сы-м-ҳәа, (C3) еила́-з-ҳәа / еила́-зы-м-ҳәа; **Abs.** д-еила-ҳәа-ны́ / д-еила́-м-ҳәа-кәа) **1.** to dress: Л-хәычы́ д-еила́-л-ҳәе-ит. *She dressed her child.* **2.** [satative] Ҷку́на матәа́-ла д-еила-ҳәа́-н. (Ab.Text) *She was dressed in boy's clothes. Она была одета в мальчиковую одежду.* А-хпҳатәи а-шәы́ лы-шә-ҙа́-мызт, шкуа́куа матәа́-ла д-еила-ҳәа́-н. (Ab.Text) *The third daughter wasn't wearing any mourning costume. She was wearing a white dress.* **3.** to wrap.

а́ила-ҳәа-ра[2] [tr.] [C1-Prev-C3-R] [C3 binds C1[thing(s)]] (**Fin.** [aor.] еила́-с-ҳәе-ит / еила́-сы-м-ҳәе-ит, [imper.] еила-ҳәа́! / еила́-бы-м-ҳәа-н!; **Abs.** еила-ҳәа-ны́ / еила́-м-ҳәа-кәа) **1.** to bind, to tie up: Лы́-матәа-кәа еила́-л-ҳәе-ит. *She tied up her own things. Она связала свои вещи.*

а́и-ла-цәажәа-ра [intr.] [C1-аи-Prev-R / C1-аи-Prev-Neg-R] [C1 deliberate] (**Fin.** [pres.] х-аи-ла-цәа́жәо-ит, еи-ла-цәа́жәо-ит / х-аи-ла-цәа́жәо-м (-цәа́жәа-ӡо-м), еи-ла-цәа́жәо-м (-цәа́жәа-ӡо-м), [aor.] х-аи-ла-цәа́жәе-ит / х-аи-ла-м-цәа́жәе-ит (-цәа́жәа-ӡе-ит), [imper.] шә-еи-ла-цәа́жәа! / шә-еи-ла-м-цәа́жәа-н!; **Non-fin.** [pres.] (C1) а́и-ла-цәажәо / е́и-ла-м-цәажәо, [aor.] (C1) а́и-ла-цәажәа / е́и-ла-м-цәажәа; **Abs.** еи-ла-цәа́жәа-ны / еи-ла-м-цәа́жәа-кәа) **1.** to discuss, to consider; to deliberate. [cf. **а́-ла-цәажәа-ра** "to talk about"]

а́ила-тҵа-ра [tr.] [C1-Prev-C3-R / C1-Prev-C3-Neg-R] [C3 mix C1] (**Fin.** [pres.] еила́-с-тҵо-ит / еила́-с-тҵо-м (-тҵа-ӡо-м), [aor.] еила́-с-тҵе-ит, еила-на-тҵе́-ит / еила́-сы-м-тҵе-ит (*or* еила́-с-тҵа-ӡе-ит), еила-на́-м-тҵе-ит, [imper.] еила-тҵа́! / еила́-бы-м-тҵа-н!, еила-шә-тҵа́! / еила́-шәы-м-тҵа-н!; **Non-fin.** [pres.] (C3) еила́-з-тҵо / еила́-зы-м-тҵо, [aor.] (C3) еила́-з-тҵа / еила́-зы-м-тҵа, [impf.] (C3) еила́-з-тҵо-з / еила́-зы-м-тҵо-з, [past indef.] (C3) еила́-з-тҵа-з / еила́-зы-м-тҵа-з; **Abs.** еила-тҵа-ны́ / еила́-м-тҵа-кәа) **1.** to mix, to blend: А-шә еила́-р-тҵо-ит. *They make sulguny (one of the types of cheese). Они делают сулгуны (один из сортов сыра).*

а́ила-ҽҽа-ра [intr.] [C1-Prev-R] (**Fin.** [pres.] еила-ҽҽо́-ит) **1.** to rage: А-мшы́н еила-ҽҽо́-ит. *The sea is raging. Море бушует.*

áила-ш-ра [intr.] [C1-Prev-R] [C1 bubble] (**Fin.** [pres.] еила-ш-уé-ит / еила-ш-уá-м, [aor.] еила-ш-и́т / еила-м-ш-и́т, [imper.] у-еила-шы́! / у-еила-м-шы́-н!; **Non-fin.** [pres.] (C1) éила-ш-уа / éила-м-ш-уа; **Abs.** еила-ш-ны́ / еилá-м-ш-кәа) **1.** to bubble; to boil**:** А-ӡы́ еила-ш-и́т. *The water boiled. Вода вскипела.* А-хәычы́ а-хш ахь-éила-ш-уа-з д-á-ла-жь-ны д-цé-ит. (AF) *She cast the child into where the milk was bubbling and departed.* [cf. **а-ш-рá** "to boil"]

áилаҩеиласра[1] [n.] (-кәа) disorder.

áилаҩеила-с-ра[2] [intr.] [C1-Prev-R / C1-Prev-Neg-R] [C1 crowd] (**Fin.** [pres.] ҳ-аилаҩеилá-с-уе-ит / ҳ-аилаҩеилá-с-уа-м, еилаҩеилá-с-уе-ит / еилаҩеилá-с-уа-м, [aor.] ҳ-аилаҩеилá-с-ит / ҳ-аилаҩеилá-м-с-ит; **Non-fin.** [pres.] (C1) еилаҩеилá-с-уа / еилаҩеилá-м-с-уа, [aor.] (C1) еилаҩеилá-с / еилаҩеилá-м-с; **Abs.** еилаҩеилá-с-ны / еилаҩеилá-м-с-кәа) **1.** to crowd, to cluster. **2.** to be choppy/rough**:** Еилаҩеилá-с-уе-ит. *The sea is rough. / The people are clustered. Море волнуется. Люди толпятся.*

áилаџь [n.] [coll. n.] ailadzh (*a kind of Abkhaz dish*: cornmeal mush boiled with cheese).

áилга [adj.] clear**:** А-мш еилгó-уп. *The weather is clear.*

áил-га-ра [intr.] [C1-Prev-R / C1-Prev-Neg-R] [C1 clear up] (**Fin.** [pres.] еил-гó-ит / еил-гó-м (-га-ӡó-м), [aor.] еил-гé-ит / еилы́-м-ге-ит (-га-ӡе-ит), [imper.] у-еил-гá! / у-еилы-м-гá-н!; **Non-fin.** [pres.] (C1) и-éил-го / и-éилы-м-го, [aor.] (C1) и-éил-га / и-éилы-м-га, [impf.] (C1) и-éил-го-з / и-éилы-м-го-з, [past indef.] (C1) и-éил-га-з / и-éилы-м-га-з; **Abs.** еил-га-ны́ / еилы́-м-га-кәа) **1.** to clear (up)**:** А-мш еил-гé-ит. *The weather cleared up. Погода прояснилась.* **2.** to end, to finish**:** а-чáра ан-éил-га á-шьҭахь, á-ҷкун (...) *after the boy finished the wedding* (...).

И

áилиба-каа-ра [intr.] [C1-Prev-R / C1-Pot-Prev-Neg-R] (**Fin.** [pres.] ҳ-аили́ба-каа-уе-ит / ҳ-з-éилиба-каа-уа-м (ҳ-з-éилиба-каа-ӡо-м) (poten.), [aor.] ҳ-аили́ба-каа-ит / ҳ-з-éилиба-м-каа-ит (-каа-ӡе-ит), [imper.] шә-еили́ба-каа! / шә-з-éилиба-м-каа-н!; **Non-fin.** [pres.] (C1) еили́ба-каа-уа / еили́ба-м-каа-уа *or* и-з-еили́ба-м-каа-уа; **Abs.** еили́ба-каа-ны / еили́ба-м-каа-кәа) **1.** to understand each other/one another**:** Ҳарá ҳ-аили́ба-каа-ит. *We understood one another. Мы поняли друг друга.* Урҭ з-éилиба-м-каа-ӡе-ит. [poten.] *They could/did not understand one another.*

áил-каа-ра [tr.] [< áи-л-к-аа- "Rec-out of-hold-suffix"(?)] [C1-Prev-C3-S / C1-Prev-C3-Neg-S *or* C1-C2-Pot-Prev-Neg-S] [C3 understand C1 / C2 doesn't understand *or* C2 cannot understand C1] (**Fin.** [pres.] и-еилы́-с-каа-уе-ит / (poten.) и-с-з-éил-каа-уа-м, [aor.] и-еилы́-л-каа-ит / и-еилы́-сы-м-каа-ит *or* и-с-з-éилы-м-каа-ит (poten.) (*я не смог понять его(нрз.)/их*), [imper.] и-еил-кáа! / и-еилы́-бы-м-каа-н!, и-еилы́-шә-каа! / и-еилы́-шәы-м-каа-н!; **Non-fin.** [pres.] (C1) и-éилы-л-каа-уа / и-éилы-лы-м-каа-уа, (C3) и-еилы́-з-каа-уа / и-еилы́-зы-м-каа-уа, [aor.] (C1) и-éилы-л-каа / и-éилы-лы-м-каа, (C3) и-еилы́-з-каа / и-еилы́-зы-м-каа, [impf.] (C1) и-éилы-л-каа-уа-з / и-éилы-лы-м-каа-уа-з, (C3) и-еилы́-з-каа-уа-з / и-еилы́-зы-м-каа-уа-з, [past indef.] (C1) и-éилы-л-каа-з / и-éилы-лы-м-каа-з, (C3) и-еилы́-з-каа-з / и-еилы́-зы-м-каа-з; **Abs.** еил-каа-ны́ / еилы́-м-каа-кәа) **1.** to learn, to find out**:** А-иáша р-з-éилы-м-каа-ит. *They could not know the truth.* **2.** to understand**:** и-еилы́-р-каа-уе-ит *they understand it/them, они понимают его(нрз.)/их.* И-еилы́-шә-каа-ма? *Do you understand?* Ааи, и-еил-áҳ-каа-ит. *Yes, we understand.* Уи сарá ды-с-з-éилы-м-каа-ӡе-ит. *I didn't understand him/her. / I could not understand him/her.* Зегьы́ еил-и́-каа-шәа д-тәá-н. *He was sitting as though he understood everything.* А-уаҩы́ ари́ а-шәҟәы́ д-á-пҳьа-р, а-кы́р еи-л-и́-каа-уе-ит. *If you read this book, you will learn something.* И-у-з-éил-каа-уá-м á-мш шы́-ҟо-у. (AFL) *You will not know what the weather is like. Не поймешь, какая погода.* Сарá шәарá шә-гәы́ и-ҭó-у еилы́-с-каа-уе-ит. *I understand your thought.* Уи́ сарá с-ел-и́-каа-уе-ит. *He understands me.* Шәарá шә-гәы́ и-ҭá-з сарá и-с-з-éилы-м-каа-ит. *I did not understand your thought.* Убáс, уажәы́ зéгь еил-кáа-уп. *And so,* *everything is clear now. Итак, теперь все ясно.* С-шы-чкәы́н-а-м а-аил-и́-каа-р, с-а́н-гьы сар-гьы́ ҳа-и-шь-уе́ит с-а́б. (Ab.Text) *If my father finds out that I am not a boy, he will kill me and my mother.* **3.** to recognize: Иара́ и-бжьа́-ла д-еилы́-с-каа-ит сара́. (RAD) *Я узнал его по голосу. I recognized him by his voice.*

а́илкаарҭа(тә) [adj.] inquiry: а́илкаарҭа(тә) биуро́ *an information bureau.*

а́илкьа [adj.] (е́илҟьо-у) smart; nimble; adroit: а́-рпҳыс е́илҟьа *a nimble chap.* д-еилҟьо́-уп *he/she is nimble.*

а́ил-ҵхаа-ра* [intr.] (**Fin.** [aor.] еилы́-ҵхаа-ит / еилы́-м-ҵхаа-ит) **1.** to glitter; to glimmer; to sparkle. блестеть.

илҭакәкәа́ [adv.] without trace.

а́ил-ца-ра [tr.] [C1-Prev-C3-R / C1-Prev-C3-Neg-R] [C3 distinguish C1] (**Fin.** [pres.] еилы́-с-цо-ит / еилы́-с-цо-м, [aor.] еилы́-с-це-ит / еилы́-сы-м-це-ит, [imper.] еил-ца́! / еилы́-бы-м-ца-н!; **Non-fin.** [pres.] (C1) е́илы-с-цо / е́илы-сы-м-цо, (C3) еилы́-з-цо / еилы́-зы-м-цо, [aor.] (C1) е́илы-с-ца / е́илы-сы-м-ца, (C3) еилы́-з-ца / еилы́-зы-м-ца; **Abs.** еил-ца-ны́ / еилы-м-ца-кәа) **1.** to separate. **2.** to realize, to get the meaning: А-хьча а́-џьме-и а-уасе́-и еил-и́-це-ит. *The herder distinguishes goats from rams.* Уи́ ау́с заку́з иара́знак еил-и́-це-ит. *At once, he realized what was the matter. Он сразу смекнул, в чем дело.*

и-лтцшәаны́ [adv.] as a result of sth, because of sth.

а́илы-рга-ра [tr.] [C1-Prev-C3-S / C1-Prev-C3-Neg-S] [C3 clean up C1] (**Fin.** [pres.] еил-сы-рго́-ит / еил-сы-рго́-м, [aor.] еил-сы-рге́-ит / еил-с-мы-рге́-ит; **Non-fin.** [pres.] (C1) и-е́ил-лы-рго / и-е́ил-л-мы-рго, (C3) и-еил-зы-рго́ / и-еил-з-мы-рго́, [aor.] (C1) и-е́ил-лы-рга / и-е́ил-л-мы-рга, (C3) и-еил-зы-рга́ / и-еил-з-мы-рга́, [impf.] (C1) и-е́ил-лы-рго-з / и-е́ил-л-мы-рго-з, (C3) и-еил-зы-рго́-з / и-еил-з-мы-рго́-з, [past indef.] (C1) и-е́ил-лы-рга-з / и-е́ил-л-мы-рга-з, (C3) и-еил-зы-рга́-з / и-еил-з-мы-рга́-з; **Abs.** еилы-рга-ны́ / еил-мы-рга́-кәа) **1.** to tidy up, to clear [take] away: еил-ды-р-ге́-ит *they tidied up.* еил-д-мы-р-ге́-ит *they didn't tidy up.* С-цәарҭа-қәа́ еил-сы-рго́-ит. (AFL) *I am tidying my bedroom. Я убираю спальню.* А-уа́да-қәа есымша́ еил-ды-рго́-ит. *They tidy up the rooms daily. Они ежедневно убирают комнаты.* **2.** to discuss; to solve: Ари́ а-зтцаа́ра с-ха́ла и-с-з-е́илы-рго-м. (ARD) *I cannot solve this problem by myself.* **3.** to investigate; to analyze. **4.** to understand; to make sense of: У-напҩы́мҭа с-з-е́ил-мы-рге-ит. (ARD) *I could not make sense of your handwriting.*

а́илы-ркаа-ра* [tr.] [C1-(C2)-Prev-C3-S[Caus-R]] [C3 explain (to C2) C1, *lit.* C3 make C2 understand C1] (**Fin.** [aor.] е́ил-ды-ркаа-ит / е́ил-д-мы-ркаа-ит, и-д-е́ил-лы-ркаа-ит / и-д-е́илы-л-мы-ркаа-ит, [imper.] и-д-е́илы-ркаа! / и-д-е́ил-бы-мы-ркаа-н!) **1.** to explain: И-бзи́аны и-д-е́илы-ркаа! *Explain it/them well!* [cf. **а́ил-каа-ра** "to understand"]

а́илы-рх-ра (*or* **а́ил-рых-ра**) [tr.] [C1-Prev-C3-S / C1-Prev-C3-Neg-S] [C3 stir C1] (**Fin.** [pres.] еил-сы-рх-уе́-ит / еил-сы-рх-уа́-м, [aor.] еил-сы-рх-и́т / еил-с-мы-рх-и́т, [imper.] еилы-рхы́! / еил-б-мы-рхы́-н!; **Non-fin.** [pres.] (C1) еил-сы-рх-уа́ / еил-с-мы-рх-уа́, (C3) еил-зы-рх-уа́ / еил-з-мы-рх-уа́; **Abs.** еилы-рх-ны́ / еил-мы-рхы́-кәа) **1.** to mix, to stir: а-тәа́н мҳа́тцә-ла а́илрыхра *to stir soup with a spoon, помешать суп ложкой.* **2.** to shake (up): Ари́ а́-хәшә у-жә-а́анӡа еил-у́-рх-р-о-уп. *Before using, it is necessary to shake this medicine. Перед употреблением это лекарство надо взболтнуть.*

а́илы-ршәшәа-ра [tr.] [(C1)-Prev-C3-S] / (C1)-Prev-C3-Neg-S] [C3 mix up C1] (**Fin.** [pres.] еил-сы-ршәшәо́-ит / еил-сы-ршәшәо́-м (-ршәшәа-ӡо́-м), [aor.] еил-сы-ршәшәе́-ит / еил-с-мы-ршәшәе́-ит (-ршәшәа-ӡе́-ит), [imper.] еилы-ршәшәа́! / еил-б-мы-ршәшәа́-н!, еил-шәы-ршәшәа́! / еил-шә-мы-ршәшәа́-н!; **Non-fin.** [pres.] (C1) е́ил-сы-ршәшәо / е́ил-с-мы-ршәшәо, (C3) еил-зы-ршәшәо́ / еил-с-мы-ршәшәо́, [aor.] (C1) е́ил-сы-ршәшәа / е́ил-с-мы-ршәшәа, (C3) еил-зы-ршәшәа́ / еил-с-мы-ршәшәа́; **Abs.** еилы-ршәшәа-ны́ / еилы-м-ршәшәа́-кәа) **1.** to mix up together: ашы́ле-и ачашы́ле-и а-аилы-ршәшәа-ны́, (...). (ANR) *having slowly mixed together the cornflour and bread flour, (...).*

а́илых *see* **а́илых=еилатца**

а́илых=еилатца: Уи́ е́илых=еилатца д-и́-ма-ӡа-м. *He is fair to everyone. У него одинаковое отношение ко всем.*

а́илы-х-ра [tr.] [C1-Prev-C3-R / C1-Prev-C3-Neg-R] [C3 undress C1] (**Fin.** [pres.] д-еилы́-с-х-уе-ит / д-еилы́-с-х-уа-м, [aor.] д-еилы́-с-х-ит / д-еилы-сы́-м-х-ит, [imper.] д-еилы́-х! / д-еилы-бы́-м-хы-н!, д-еилы-шә-х! / д-еилы́-шәы-м-хы-н!; **Non-fin.** [pres.] (C1) е́илы-с-х-уа / е́илы-сы-м-х-уа, (C3) еилы́-з-х-уа / еилы́-зы-м-х-уа, [aor.] (C1) е́илы-с-х / е́илы-сы-м-х, (C3) еилы́-з-х / еилы́-зы-м-х; **Abs.** д-еилы́-х-ны / д-еилы́-м-х-кәа) **1.** to undress: А-рҳә-цәа́ а́-мҩасҩы д-еилы́-р-х-ит. *The robbers undressed the passerby. Грабители раздели прохожего.* А-ҧшқа д-еилы́-с-х-ит. *I undressed the child. Я раздел ребенка.*

а́и-лы-тц-ра [intr.] [C1-Rec-Prev-R / C1-Rec-Prev-Neg-R] [C1 be divorced] (**Fin.** [pres.] ҳ-аи-лы́-тц-уе-ит, еи-лы́-тц-уе-ит / ҳ-аи-лы́-тц-уа-м (-тц-ӡо-м), [aor.] ҳ-аи-лы́-тц-ит / ҳ-аи-лы́-м-тц-ит (-тц-ӡе-ит), [imper.] шә-еи-лы́-тц! / шә-еи-лы́-м-тцы-н!; **Non-fin.** (C1) [pres.] и-е́илы-тц-уа / и-е́илы-м-тц-уа, [aor.] и-е́илы-тц / и-е́илы-м-тц, [impf.] и-е́илы-тц-уа-з / и-е́илы-м-тц-уа-з, [past indef.] и-е́илы-тцы-з / и-е́илы-м-тцы-з *or* и-еилы́-м-тцы-з; **Abs.** еилы́-тц-ны / еилы́-м-тц-кәа) **1.** to be divorced: Ҳ-аи-лы́-тц-ны ҳа́-ҟо-уп. *We are divorced.* [cf. **а́-л-тц-ра** [intr.] "to get out of"]

а́илы-шь-ра* [tr.] [C1-Prev-C3-R] [C3 tie C1] (**Fin.** [pres.] д-еилы́-р-шь-уе-ит / д-еилы́-р-шь-уа-м, [aor.] д-еилы́-р-шь-ит / д-еилы́-ры-м-шь-ит, [imper.] д-еилы́-шь! / д-еилы́-бы-м-шьы-н!, **Abs.** д-еилы́-шь-ны / д-еилы́-м-шь-кәа) **1.** to tie; to truss: А-ҕьыч иара́знак д-еилы́-р-шь-ит. *They at once trussed the thief up.*

а́имаа [n.] (а́имаа-қәа, с-е́имаа, аимаа́-к, еимаа-қәа́-к) low shoes: Аимаа и́-шьо-уп. *Shoes will be put on him. На нем надеты чувяки.* У-е́имаа-қәа а-каруа́ҭ а́-тцаҟа и́-ҟо-уп. *Your shoes are under the bed.* С-е́имаа-қәа хе́-ит. *My shoes were worn out.* Сара́ с-е́имаа еиқәатцәа-қәа́ сы́-шьа-с-тҵо-ит. (GAL) *Я надену свои черные туфли. I will put on my black shoes.*

а́имадара[1] [n.] (-қәа) **1.** (*radio, telephonic*) communications. **2.** interrelation.

а́има-да-ра[2] **(1)** [tr.] [C1-Prev-C3(pl.)-R / C1-Prev-C3(pl.)-Neg-R] (**Fin.** [pres.] еима́-р-до-ит / еима́-р-до-м, [aor.] еима́-р-де-ит / еима́-ры-м-де-ит, [imper.] еима́-жә-да! / еима́-шәы-м-да-н!; **Non-fin.** [pres.] (C3) еима́-з-до / еима́-зы-м-до; **Abs.** еима-да-ны́ / еима́-м-да-кәа) **1.** to connect; to combine. **(2)** [intr.] (**Fin.** [pres.] и-еима-до́-ит / и-еима-до́-м, [aor.] и-еима-де́-ит / и-еима́-м-де-ит. **Abs.** еима-да-ны́ / еима́-м-да-кәа) **1.** to combine, to match: Уи́ и-хшы́ҩ-и и-фырха́тцаре-и еима-до́-уп. *The mind in him is matched with courage. Ум в нем сочетается с храбростью.* **2.** to have a connection.

а́имазак-ра *see* **а́иза-к-ра**

а́имак [n.] (а́имак-қәа, еимакы́-к) **1.** a dispute; a quarrel.

а́има-к-ра [tr.] [C1-Prev-C3-R / C1-Prev-C3-Neg-R] (**Fin.** [pres.] еима́-р-к-уе-ит (*они спорят*) / еима́-р-к-уа-м, [aor.] еима́-р-к-ит / еима́-ры-м-к-ит, [imper.] еима-кы́! / еима́-бы-м-кы-н!, еима́-шә-к! / еима́-шәы-м-кы-н!; **Non-fin.** [pres.] (C1) е́има-р-к-уа / е́има-ры-м-к-уа (*or* еима́-ры-м-к-уа), (C3) еима́-з-к-уа / еима́-зы-м-к-уа, [aor.] (C1) е́има-р-к / е́има-ры-м-к (*or* еима́-ры-м-к), (C3) еима́-з-к / еима́-зы-м-к; **Abs.** еима-к-ны́ / еима́-м-к-кәа) **1.** to argue, to dispute: И-е́има-р-к-зеи? *What did they argue about?* А-хәыч-қәа́ а-шәҟәы́ еима́-р-к-ит. *The children argued because of the book. Дети поспорили из-за книги.* [cf. **а́-ма-к-ра** "to argue"]

а́има-ла-ра [intr.] (**Fin.** [pres.] и-еима-ло́-ит / и-еима-ло́-м, [aor.] и-еима-ле́-ит / и-еима́-м-ле-ит, [imper.] у-еима́-л! / у-еима́-м-ла-н!; **Non-fin.** [pres.] (C1) еима́-ло / еима́-м-ло, [aor.] (C1) еима́-ла / еима́-м-ла; **Abs.** еима́-ла-ны / еима́-м-ла-кәа) **1.** to heal, to get well. **2.** (*of plant*) to be overgrown: А-мҩахәа́стҭа еима́-л-т. *The path was overgrown. Тропинка* *заросла.*

и-маншәа́ла-ны [adv.] successfully.

и́мариаӡоу [adj.] very easy.

и́-мариа-ны́ [adv.] **1.** easily. **2.** cheaply.

а́има-ҭәа-ра [tr.] [C1-Prev{Rec-Prev}-C3-R] (**Fin.** [aor.] еиме́-и-ҭәе-ит / еиме́-и-м-ҭәе-ит; **Abs.** еима-ҭәа-ны́) **1.** (*of tears*) to well up: А-ҵы́с и-л-еима-ҭәа-ны́ а-ҵәуы́уа-ра и-а́-ла-ге-ит. (AF) *The bird started to shed a flood of tears.*

и-ма́чны *see* **ма́чны**

а́имгә-ҳәа-ра [tr.] [C1-Prev-C3-R / C1-Prev-C3-Neg-R] [C3 go through C1] (**Fin.** [pres.] еимгәы́-с-ҳәо-ит / еимгәы́-с-ҳәо-м, [aor.] еимгәы́-с-ҳәе-ит / еимгәы́-сы-м-ҳәе-ит, [imper.] еимгә-ҳәа́! / еимгәы́-бы-м-ҳәа-н!; **Non-fin.** [pres.] (C1) еимгәы́-с-ҳәо / еимгәы́-сы-м-ҳәо, [aor.] (C1) еимгәы́-с-ҳәа / еимгәы́-сы-м-ҳәа; **Abs.** еимгә-ҳәа-ны́ / еимгәы́-м-ҳәа-кәа) **1.** to go through.

а́им-да-ра[1] [intr.] [C1-Prev-R] [C1 search] (**Fin.** [pres.] д-еим-до́-ит / д-еим-до́-м, [aor.] д-еим-де́-ит / д-еимы́-м-де-ит, [imper.] б-еим-да́! / б-еимы́-м-да-н!; **Non-fin.** [pres.] (C1) е́им-до / е́имы-м-до; **Abs.** еим-да-ны́ / еимы́-м-да-кәа) **1.** (= **а́-ԥшаа-ра**) to search, to look for: Еим-де́-ит, ахә́ а-уаҩы́ и-жьы́ а́ҭкыс и-хаа́-з акгьы́ ры-м-бе́-ит. (AF) *They searched but didn't see anything which was sweeter than the flesh of man.*

а́им-да-ра[2] [tr.] [C1-Prev-C3-R] (**Fin.** [pres.] еимы́-с/з-до-ит (< и-аимы́-с/з-до-ит) / еимы́-с-до-м, [aor.] еимы́-с-де-ит / еимы́-сы-м-де-ит, [imper.] еим-да́! / еимы́-бы-м-да-н!; **[non-fin]** [pres.] (C1) еимы́-с-до / еимы́-сы-м-до, (C3) еимы́-з-до / еимы́-зы-м-до; **Abs.** еим-да-ны́ / еимы́-м-да-кәа) **1.** to travel all over: Иара́ а-тәы́ла зе́гь еим-и́-де-ит. *He traveled all over the entire country. Он изъездил всю страну.* **2.** to walk all over; to go around: А-калакь зегьы́ еимы́-с-де-ит. *I walked all over the entire city. Я исходил весь город.* Сара́ а-дәкьа́н-кәа еимы́-з-да-р с-тах-у́п. *I want to go around stores.* А-ҳәынҭқа́р д-зы-ҩна́-з а-уа́да-ҿы д-не́и-аанӡа а-уа́да-куа д-на-рыҩны́с=аа-ҩны́с-уа и-еим-и́-да-н, х-уа́да-к и-бе́-ит. (Ab.Text) *While he was walking to the room where the King was, he walked through many rooms and looked around. He saw three rooms.*

а́имсара[1] [n.] sneezing.

а́имса-ра[2] [intr.] [C1-S / C1-Neg-S] [C1 sneeze] (**Fin.** [pres.] с-еимсо́-ит / с-еимсо́-м, [aor.] с-еимсе́-ит / с-м-еимсе́-ит, [imper.] б-еимса́! / б-м-еимса́-н!, **Non-fin.** [pres.] (C1) е́имсо / и́-м-еимсо; **Abs.** с-еимса-ны́ / с-м-еимса́-кәа) **1.** to sneeze: С-еимсо́-ит. *I am sneezing. Я чихаю.*

аимсы́ [n.] (аимс-қәа́) socks with long felt (worn by people in the Caucasus).

а́имхәыц [n.] (-қәа) beads; a bead.

а́имҳәа (*or* **аимҳәа́**) [n.] (аимхәа-қәа́, еимҳәа́-к) **1.** a cough: Аимҳәа́ и́-хь-ит. *He suffered from a cough.* И-лы́-хь-ит аимҳәа́. *She had a cough.* **2.** (= **а-гри́пп**) influenza: Аимҳәа лы́-хь-ит. *She became ill with influenza.*

а́имҳәа-ду [n.] tuberculosis.

а́имҳәа-ра [intr.] [C1-S / C1-Neg-S] [C1 cough] (**Fin.** [pres.] с-еимҳәо́-ит / с-еимҳәо́-м, [aor.] с-еимҳәе́-ит / с-м-еимҳәе́-ит, [imper.] б-еимҳәа́ / б-м-еимҳәа́-н!; **Non-fin.** [pres.] (C1) е́имҳәо / и́-м-еимҳәо; **Abs.** с-еимҳәа-ны́ / с-м-еимҳәа́-кәа) **1.** to cough: С-еимҳәо́-ит. *I have a cough. У меня кашель.*

аимҳәа́ршәаа [n.] whooping-cough.

а́и-мҵа-к-ра* [tr.] [C1-Rec-Prev-C3-R] (**Fin.** [aor.] еи-мҵа́-р-к-ит / еи-мҵа́-ры-м-к-ит, [imper.] еи-мҵа-кы́! / еи-мҵа́-бы-м-кы-н!, **Abs.** еи-мҵа-к-ны́ / еи-мҵа́-м-к-кәа) **1.** to discuss collectively: (...) ҳәа и-н-еи-мҵа́-р-к=а[а]-аи-мҵа́-р-к-ит. *they held a discussion on (...).*

а́имҵакьача [n.] a national game played in Abkhazia, using a ball.

áимы-рхха-ра [tr.] [C1-Prev-C3-S] [C3 pull C1 in defferent directions] (**Fin.** [pres.] д-еим-сы-рххó-ит / д-еим-сы-рххó-м, [aor.] д-еим-сы-рххé-ит / д-еим-с-мы-рххé-ит, [imper.] д-еимы-рххá! / д-еим-б-мы-рххá-н!; **Non-fin.** [pres.] (C1) éим-сы-рххо / éим-с-мы-рххо, (C3) д-еим-зы-рххó / д-еим-з-мы-рххо. **Abs.** д-аимы-рхха-нý) **1.** to stretch, to drag out; to pull in different directions: д-еим-сы-рххé-ит *I pulled him/her in a different direction.*

áимы-х-ра [tr.] [C1-Prev-C3-R / C1-Prev-C3-Neg-R] [C3 take C1 apart] (**Fin.** [pres.] еимы́-с-х-уе-ит / еимы́-с-х-уа-м, [aor.] еимы́-с-х-ит / еимы́-сы-м-х-ит, [imper.] еимы́-х! / еимы́-бы-м-хы-н!, еимы́-шә-х! / еимы́-шәы-м-хы-н!; **Non-fin.** [pres.] (C1) еимы́-с-х-уа / еимы́-сы-м-х-уа, (C3) еимы́-з-х-уа / еимы́-зы-м-х-уа; **Abs.** еимы́-х-ны / еимы́-м-х-кәа) **1.** to take apart, to dismantle: А-мотóр еимы́-х-ны еиб-й-ҭе-ит. (ARD) *Он разобрал и собрал мотор. He dismantled and assembled the engine.*

áимы-тц-ра [intr.] [C1-Prev-R / C1-Prev-Neg-R] [C1 tear] (**Fin.** [pres.] еимы́-тц-уе-ит / еимы́-тц-уа-м, [aor.] еимы́-тц-ит / еимы́-м-тц-ит; **Non-fin.** [pres.] (C1) еимы́-тц-уа / еимы́-м-тц-уа; **Abs.** еимы́-тц-ны / еимы́-м-тц-кәа) **1.** to tear, to be ripped: А-ӡахы́сҭа-қәа еимы́-тц-ит. (ARD) *Швы разошлись. The seams were tore.*

áимҩала-ҩ [n.] (áимҩала-цәа, еимҩáлаҩы-к) a fellow-traveller.

áинаала [adj.] (éинаало-у) shapely, well-proportioned: Уи даáра д-еинаáло-уп. *She is very shapely.*

áи-наа-ла-ра [intr.] [C1-Rec-Prev-R / C1-Rec-Prev-Neg-R] [C1 become reconciled] (**Fin.** [pres.] ҳ-аи-нáа-ло-ит, шә-еи-нáа-ло-ит, еи-нáа-ло-ит / ҳ-аи-нáа-ло-м (-ла-ӡо-м), [aor.] ҳ-аи-нáа-ле-ит / ҳ-аи-нáа-м-ле-ит, [imper.] шә-еи-нáа-л! / шә-еи-нáа-м-ла-н!; **Non-fin.** (C1) [pres.] и-éинаа-ло / и-éинаа-м-ло, [aor.] и-éинаа-ла / и-éинаа-м-ла, [impf.] и-éинаа-ло-з / и-éинаа-м-ло-з, [past indef.] и-éинаа-ла-з / и-éинаа-м-ла-з; **Abs.** еи-нáа-ла-ны / еи-нáа-м-ла-кәа) **1.** to become reconciled (to one another): Аӷа-цәá еи-нáа-ле-ит. *The enemies became reconsiled.* **2.** to harmonize: А-ҩы́з-цәа еинáала-ны и́-ҟо-уп. *The friends live well [harmoniously]. Товарищи живут хорошо.* [cf. **а-н-аáла-ра** "to be reconciled"]

инагӡаны́ [adv.] completely; fully: Уи́ и-хыдтца-қәá инагӡаны́ и-ҟа-и-тцé-ит. *He completely fulfilled the obligation which he had taken upon himself.*

и́нагӡоу [adj.] perfect; absolute, complete.

ина-éиҳаны [adj.] (= **еиҳаны́**) over: Ҩмыз ина-р-éиҳаны и-аан-хé-ит. (ACST) *They stayed for over two months.*

ина-р-éиҳаны *see* **ина-éиҳаны**

инаркны́ [adv.] (< **и-на-р-к-ны́** "it-it-Caus-hold-Abs") **1.** (= **нахы́сны**) (*of time*) from the moment of, since: иахьатәи́ á-мш инаркны́ *from today/from this afternoon.* а-сáаҭ 10 (жәабá) инаркны́ *from ten o'clock.* Уи́ ды-з-ба-хьá-з/ды-з-ба-хьá-зар инаркны́ ҩы́-шықәса тц-хьа-н. (ACST) *Two years had passed since I had seen him/her.* || **убри́ инаркны́** since then, since that time: Убри́ инаркны́ А-ԥсцәáҳа ҿы́нла а-ны́ҟәа-ра д-а-ҟәы́-тц-ит. (AF) *From that time the Prince of the Dead abandoned travelling about by day.* **2.** (*of space*) from: абри́ а-ҭы́ԥ инаркны́ *from this place.* á-қалақь инаркны́ ҳа-ҩны́-нӡа *from the city to our house.* **3.** starting with.

инеимаҭәаны́ [adv.] with bitter tears: Ари́ á-ӡӷаб инеимаҭәаны́ а-тцәýа-ра д-á-лаге-ит. (Ab.Text) *The girl burst into tears.*

инеиԥынкы́ланы [adv.] in succession, connectedly: инеиԥынкы́ланы зегьы́ д-á-ԥхье-ит. *he/she read at random.*

áиниара[1] [n.] *see* **áиқәашәара**

áи-ниа-ра[2] [intr.] (**Fin.** [pres.] ҳ-аи-нио́-ит, [aor.] ҳ-аи-ни́е-ит) **1.** (= **áи-қә-шәа-ра**[2]) to meet each other/one another: Шәарá шә-анбé-и-нио? *When will you meet? Когда вы встретитесь?*

áи-н-ҟьа-ра [intr.] [C1-аи-Prev-R / C1-аи-Prev-Neg-R] (**Fin.** [pres.] ҳ-аи-н-ҟьó-ит / ҳ-аи-н-

И

ҟьо́-м, [aor.] х̧-аи-н-ҟье́-ит / х̧-аи-ны́-м-ҟье-ит, шә-еи-н-ҟье́-ит / шә-еи-ны́-м-ҟье-ит, [imper.] шә-еи-н-ҟьа́! / шә-еи-ны́-м-ҟьа-н!; **Non-fin.** [pres.] (C1) е́и-н-ҟьо / еи-ны́-м-ҟьо, [aor.] (C1) е́и-н-ҟьа / еи-ны́-м-ҟьа; **Abs.** х̧-аи-н-ҟьа-ны́ / х̧-аи-ны́-м-ҟьа-кәа) **1.** to hit each other: Ари «а́-чкун» ас ан-и-а-ха́, д-ҩа-гьыжьы́-н, а-ҩны́ д-аа-дәылтцы́-н, а-ху́ц-куа а́-аи-н-и-ҟьа-н, и-ҽы́ а́аи-ны и-а́пҳхьа и-аа-гы́л-т. (Ab.Text) *When the 'boy' heard this, he turned around and left the house, and rubbed the hairs together. And then the horse came and was standing in front of him.*

а́и-н-раала-ра [tr.] [C1-аи-C3-Prev-S / C1-аи-C3-Neg-Prev-S] [C3 reconcile C1 with one another] (**Fin.** [pres.] и-еи-сы-н-ра́ало-ит / и-еи-сы-н-ра́ало-м, [aor.] и-еи-сы-н-ра́але-ит / и-еи-с-мы-н-ра́але-ит, [imper.] и-еи-н-ра́ал! / и-еи-б-мы-н-ра́ала-н!; **Non-fin.** [pres.] (C1) еи-сы-н-ра́ало / еи-с-мы-н-ра́ало, (C3) еи-зы-н-ра́ало / еи-з-мы-н-ра́ало; **Abs.** еи-н-ра́ала-ны / еи-мы-н-ра́ала-кәа) **1.** to reconcile: Х̧ара́ а́-чкәын-цәа еи-н-х̧-ра́але-ит. *We reconciled the boys. Мы примирили мальчиков.* [cf. **а́и-наа-ла-ра** "to become reconciled"]

а-институ́т [n.] (-қәа, институ́т-к) a college, an institute.

а-интервиу́ [n.] (-қәа) an interview: а-интервиу́ а-га-ра́ to interview.

а-интере́с [n.] (-қәа, интере́с-к) **1.** interest: Сара́ интере́с-с и-к-ны́ и-гәа́-с-т̧о-н, а-хәч-қәа́ шы́-хәмар-уа-з. *I watched with interest how the children were playing. Я с интересом наблюдал, как играют дети.* || **а-интере́с з-мо́-у** interesting: а-интере́с з-мо́-у а-шәҟәы́ *an interesting book.* Уи́ а-те́хника интере́с-с и-шьт̧-и́-х-ит. *He is interested in machinery. Он интересуется техникой.* **2.** interest; profit: ау́суҩ-цәа р-кла́сс а-интере́с *the interests of the working class.*

а-информа́циа [n.] **1.** information. **2.** news.

инхо́ [n.] [< и-н-ха-уа́] (lit. *those who are living*) an inhabitant: а́-қалақь а-ҿы и-н-хо́ *an inhabitant of the city.* иашьагу́т̧ны и-н-хо́ *a native, коренной житель.* [cf. **а-н-ха-ра́** "to dwell"]

инхо́з [n.] [< и-н-ха-уа́-з] (lit. *those who were living*) residents: инхо́з-интцуа́з *the residents and denizens.*

а́ины-ла-ра [intr.] (**Fin.** [pres.] и-еины́-ло-ит / и-еины́-ло-м, [aor.] и-еины́-ле-ит / и-еины́-м-ле-ит, [imper.] у-еины́-л! / у-еины́-м-ла-н!; **Non-fin.** [pres.] (C1) е́ины-ло / е́ины-м-ло, [aor.] (C1) е́ины-ла / е́ины-м-ла; **Abs.** еины́-ла-ны / еины́-м-ла-кәа) **1.** (*of plants*) to be overgrown: А-мҩахәа́ст̧а еины́-л-т. *The path was overgrown. Тропинка заросла.*

а́ины-ршәа-ра = **а́ин-раала-ра**

а́ины-шәа-ра [intr.] (**Fin.** [pres.] х̧-аины́-шәо-ит / х̧-аины́-шәо-м, и-аины́-шәо-ит (they are reconciled) / и-аины́-шәо-м, [aor.] х̧-аины́-шәе-ит / х̧-аины́-м-шәе-ит, [imper.] шә-еины́-шәа! / шә-еины́-м-шәа-н!; **Non-fin.** [pres.] (C1) еины́-шәо / еины́-м-шәо, [aor.] (C1) еины́-шәа / еины́-м-шәа; **Abs.** х̧-аины́-шәа-ны / х̧-аины́-м-шәа-кәа) **1.** (= **а́инаала-ра**) to be reconciled, to make peace: Урт̧ кы́раамт̧а еины-шәо́-мызт. *For a long time they were not reconciled. Они долго не мирились.*

и-о́-уп *see copula* **-а-**

аи-о́у-ра [intr. inverse] [C1-C2-R / C1-C2-Neg-R] [C2 obtain C1, *lit.* C1 be obtained to C2] (**Fin.** [pres.] и-с-о́у-еит [< /j-s-áw-wa-jt'/] я достаю что-л., и-л-о́у-еит / и-с-о́у-о-м (-о́у-ӡо-м), [aor.] и-с-о́у-ит, и-х̧-а́у-ит / и-сы-м-о́у-ит (-о́у-ӡе-ит), и-ах̧-м-о́у-ит (-о́у-ӡе-ит), [imper.] и-б-о́у! / и-б-м-о́уы-н!, и-шә-о́у! / и-шә-м-о́уы-н!; **Non-fin.** [pres.] (C1) и-с-о́у-а / и-с-м-о́у-а, (C2) и-з-о́у-а / и-з-м-о́у-а, [aor.] (C1) и-с-о́у / и-с-м-о́у, (C2) и-з-о́у / и-з-м-о́у; **Abs.** и-с-о́у-ны / и-с-м-о́у-кәа) **1.** to obtain. [cf. **а́-у-ра** < /á-aw-ra/ "to receive"; **аи-у́-ра** "to receive"]

а́и-пҳхыӡ-ра [intr.] [C1-C2-Prev-R / C1-C2-Neg-Prev-R] [C1 dream of C2] (**Fin.** [pres.] с-б-е́и-пҳхыӡ-уе-ит / с-б-е́и-пҳхыӡ-уа-м, [aor.] с-б-е́и-пҳхыӡ-ит / сы-б-м-е́и-пҳхыӡ-ит; **Non-fin.** [pres.] (C1) и-л-е́и-пҳхыӡ-уа / и-л-м-е́и-пҳхыӡ-уа, (C2) д-з-еи-пҳхы́ӡ-уа / ды-з-м-е́и-пҳхыӡ-уа, [aor.] (C1) и-л-éи-ҧхыӡ / и-л-м-éи-ҧхыӡ, (C2) д-з-еи-ҧхы́ӡ / ды-з-м-éи-ҧхыӡ, [impf.] (C1) и-л-éи-ҧхыӡ-уа-з / и-л-м-éи-ҧхыӡ-уа-з, (C2) д-з-еи-ҧхы́ӡ-уа-з / ды-з-м-éи-ҧхыӡ-уа-з, [past indef.] (C1) и-л-éи-ҧхыӡы-з / и-л-м-éи-ҧхыӡы-з, (C2) д-з-еи-ҧхы́ӡы-з / ды-з-м-éи-ҧхыӡы-з; **Abs.** с-б-éи-ҧхыӡ-ны / сы-б-м-éи-ҧхыӡ-кәа) **1.** to dream; to see sb in a dream; to dream of sb**:** Ан л-ҧа́ д-и-éи-ҧхыӡ-ит. *The mother saw her son in a dream. Мать увидела ее сына во сне.*

и-ҧшӡаны́ [adv.] beautifully. [cf. **и́-рҧшӡаны, а́-ҧшӡа** "beautiful"]

-аиҧш *see* **-еиҧш**

а́иҧшра[1] [n.] (pl.**) **1.** likeness, resemblance**:** И-з-еиҧшро́-у-зеи Аҧсны́ аҧсаба́ра? *What is nature in Abkhazia like?*

а́иҧш-ра[2] [intr. stative] **(1)** [C1-C2-S] [C1 resemble C2] (**Fin.** [pres.] с-л-éиҧш-уп, [past] с-л-éиҧшы-н; **Abs.** с-л-еиҧшы́-м-кәа) **1.** to be [look] like sb/sth; to resemble**:** Л-аб ла-қәа́-ла д-и-éиҧш-уп. *She resembles her father in her eyes.* Ахра и-а́н д-л-éиҧш-уп. *Akhra resembles his mother.* Сара́ с-а́б с-и-éиҧш-уп. *I resemble my father.* Ари́ а́-жәабжь еиҧшы́-м-кәа и-р-ҳәа-ло́-ит. (AF) *They regularly tell this tale in different versions.* **(2)** [C1-S] [C1 resemble each other/one another] (**Fin.** [pres.] ҳ-аиҧш-у́п, еиҧш-у́п, шә-еиҧш-у́п / шә-еиҧш-ӡа́-м) **1.** to resemble each other/one another**:** С-ашьé-и сарé-и ҳ-аиҧш-у́п. *My brother and I resemble each other. Мы с братом похожи друг на друга.* [cf. **а-ꚏы́за-ра**[2] "to be similar to"]

а́иҧш-ха-ра [intr.] **(1)** [C1-C2-S-become] [C1 come to resemble C2] (**Fin.** [aor.] с-л-éиҧш-хе-ит / с-л-éиҧшы-м-хе-ит) **1.** to come to resemble sb**:** А-ҽадé-и а-лé-и сы-ҧха́ и-л-éиҧш-ха-аит! (AF) *Let the donkey and the dog come to resemble my daughter!* **(2)** [C1-S-become] [C1 comes to resemble each other/one another] (**Fin.** [aor.] еиҧш-хé-ит) **1.** to come to resemble each other/one another.

а́и-ҧы-ла-ра [intr.] [C1-аи-Prev-R / C1-аи-Prev-Neg-R] [C1 meet one another] (**Fin.** [pres.] ҳ-аи-ҧы́-ло-ит, еи-ҧы́-ло-ит / ҳ-аи-ҧы́-ло-м (-ла-ӡо-м), [aor.] ҳ-аи-ҧы́-ле-ит / ҳ-аи-ҧы́-м-ле-ит (-ла-ӡе-ит), [imper.] шә-еи-ҧы́-л! / шә-еи-ҧы́-м-ла-н!; **Non-fin.** [pres.] (C1) и-éи-ҧы-ло / и-éи-ҧы-м-ло, [aor.] (C1) и-éи-ҧы-ла / и-éи-ҧы-м-ла, [impf.] (C1) и-éи-ҧы-ло-з / и-éи-ҧы-м-ло-з, [past indef.] (C1) и-éи-ҧы-ла-з / и-éи-ҧы-м-ла-з; **Abs.** еи-ҧы́-ла-ны / еи-ҧы́-м-ла-кәа) **1.** to meet one another**:** А-университéт а-ҿы́ а́и-ҧы-ла-ра ҳ-а́-мо-уп. *We meet each other at the university. Мы встречаемся в университете.* [cf. **а-ҧы́-ла-ра** [intr.] "to encounter, to meet"]

а́и-ҧыр-ҵ-ра [intr.] (**Fin.** [pres.] ҳ-аи-ҧы́р-ҵ-уе-ит / ҳ-аи-ҧы́р-ҵ-уа-м, [aor.] ҳ-аи-ҧы́р-ҵ-ит / ҳ-аи-ҧы́ры-м-ҵ-ит, [imper.] шә-еи-ҧы́р-ҵ! / шә-еи-ҧы́ры-м-ҵы-н!; **Non-fin.** [pres.] (C1) éи-ҧыр-ҵ-уа *or* еи-ҧы́р-ҵ-уа / éи-ҧыры-м-ҵ-уа *or* еи-ҧы́ры-м-ҵ-уа, [aor.] éи-ҧыр-ҵ / éиҧыры-м-ҵ; **Abs.** ҳ-аи-ҧы́р-ҵ-ны / ҳ-аи-ҧы́ры-м-ҵ-кәа) **1.** to say goo-bye; to part**:** Ҳара́ уатҽәы́ ҳ-аиҧы́р-ҵ-уе-ит. (IC) *Завтра мы попрощаемся. Tomorrow we are saying good-bye.*

а-и́ра [n.] kin; clan.

а-ира́[1] [n.] (и-ира́) **1.** birth**:** а-ира́ а-мш *a birthday, день рождения.* **2.** birth-rate.

а-и-ра́[2] /a-jə-rá/ [intr.] [C1-R / C1-Neg-R] [C1 be born] (**Fin.** [pres.] с-и-уé-ит, д-и-уé-ит / д-и-уа́-м, [aor.] с-и-и́т /s-jə́-jt'/, д-и-и́т / ды-м-и́-т, [fut.1] д-и́-п / д-и-ры́м, [fut.2] д-и́-шт / д-и́-шам, [perf.] д-и-хьеит / ды-м-и́-ц(т), [impf.] д-и-уа́н / д-и-уа́мызт, [past indef.] д-и́-н / ды-м-и́-зт, [cond.1] д-и-ры́н / д-и-ры́мызт, [cond.2] д-и́-шан / д-и́-шаммызт, [plupf.] д-и-хьа́н / ды-м-и́-цызт, [imper.] б-и́! / бы-м-и́-н!, шә-и́! / шәы-м-и́-н!; **Non-fin.** (C1) [pres.] и-и-уа́ / и́-м-и-уа, [aor.] и-и́ / и́-м-и, [fut.1] и-и-ра́ / и́-м-и-ра, [fut.2] и-и́-ша / и́-м-и-ша, [perf.] и-и-хьоу (-хьа́(ц)) / и́-м-и-хьоу (-хьа(ц)), [impf.] и-и-уа́-з / и́-м-и-уа-з, [past indef.] и-и́-з / и́-м-и-з, [cond.1] и-и-ры́-з / и́-м-и-ры-з, [cond.2] и-и́-ша-з / и́-м-и-ша-з, [plupf.] и-и-хьа́-з / и́-

м-и-хьа-з; **Abs.** д-и-ны́ / ды-м-и́-кәа) **1.** to be born: Уара́ у-и-а́анӡа-гьы у-га́ра ҟа-х-тца-хьа́-н. *Even before you were born, we had made your cradle.* (Hewitt, Abkhaz:175) Сара́ с-хаҭа́ а-қы́ҭа с-а́-л-тц-ит, уа́-ҟо-уп сара́ с-ахь-и́-з. (AFL) *Я вышел из деревни, там я родился.* С-а́н-и с-а́б-и уа́ҟа и-и́т (< /j-jə́-jt'/), уа́ҟа-гьы и-н-хо́-ит. (AFL) *My mother and my father were born there, and (now too) they are living there. Моя мать и мой отец родились там, и (сейчас) живут там.* И-и́-з ды-чку́но-уп. (Ab.Text) *It is a boy who was born.* И-а́рбан шықәсо́-у уи д-ан-и́-з? *In what year was he born?* Уи 1950 (зқь-и жәшә-и ҩы́нҩажә-и жәаба́) шықәса́ р-зы д-и́-ит. *He was born in 1950.* Шәара́ шә-анба́-и? *When were you born?* Сара́ с-и-и́т 1955 шықәса́ р-зы. (GAL) *I was born in 1955.*

ирахәы́мкәа [adv.] poorly, badly: Уи́ ирахәы́мкәа а-тцара́ и-тцо́-ит. *He studies poorly. Он плохо учится.*

(и)-рацәа-ны́ [adv.] (*of things*) many: и-рацәа-ны́ а-шәҟә-кәа́ *many books.*

(и)-рацәаҩ-ны́ [adv.] (*of people*) many: и-рацәаҩ-ны́ а-ҕьы́ч-цәа *many thieves.*

ире́иҕь(ӡо)у *see* **а́иҕь-заа-ра**

а́ирӡ *see* **аиры́ӡ**

и́-рласны [adv.] quickly; fast: Аамҭа и́-рласны и-цо́-ит. *Time races quickly. Время быстро мчится.* И-рласны б-ца! *Go fast!* [cf. **а́-лас**, **и-ласны́**]

аиропла́н [n.] (= **аеропла́н**) airplane.

и́-рҧшӡаны [adv.] beautifully. [cf. **и-ҧшӡаны́**; **а́-ҧшӡа**]

и-ры-з-к-ны́ / **и-ры-з-кы-у́** [< а-зк-ра́ "to be intended for"] for: а́хәса и-ры-зк-ны́ а-ҟәша-кәа́ (AFL) *the departments for women, отделы для женщин.*

аиры́ӡ [n.] (-қәа) a clay pitcher.

и-ры-хкьаны́ (pl.) *see* **и-а-хкьаны́** (sg.) because of.

и-ры-цқьаны́ [adv.] exactly, (*of time*) sharp: Уи уа жәа-шықәса́ ирыцқьаны́ а-у́с и-уа́-н. (RAD) *Он проработал там ровно десять лет. He was working there for exactly ten years.*

а́и-са-ра [intr.] **(1)** [C1-S{Rec-R} / C1-Neg-S] [C1 make a bet] (**Fin.** [pres.] д-еисо́-ит, х-аисо́-ит, еисо́-ит (*они держат пари*) / д-еисо́-м (-еиса-ӡо́-м), [aor.] д-еисе́-ит / д-м-еисе́-ит (-еиса-ӡе́-ит), х-м-еисе́-ит, [imper.] б-еиса! / б-м-еиса́-н!, шә-еиса! / шә-м-еиса́-н!; **Non-fin.** [pres.] (C1) и-е́исо / и-м-е́исо, [aor.] (C1) и-е́иса / и-м-е́иса, [impf.] (C1) и-е́исо-з / и-м-е́исо-з, [past indef.] (C1) и-е́иса-з / и-м-е́иса-з; **Abs.** д-еиса-ны́ / д-м-еиса́-кәа) **1.** to make a bet; have a wager: Ха́-цәа ҕәҕәа-кәа́-к-и иаре́-и еисе́-ит — "абри́ а-ха́ҳә а́а-шьты-х-ны, и-ка-мы-жь-кәа а-хәы́ и-ха́-з-гало" ҳәа. (AF) *Some strong men and he had a wager as to which pick up this rock and take it up the hill without dropping it.* **2.** to compete. **(2)** [C1-C2-Prev-R] [C1 bit with C2] (**Fin.** [aor.] д-с-еи-се́-ит) **1.** to bet with sb: А-нцәа́ е́и-са-ра *betting with God.*

а́и-с-ра [intr.] [C1-C2-Prev-R / C1-C2-Neg-Prev-R] [C1 fight C2] (**Fin.** [pres.] с-б-е́и-с-уе-ит, шә-х-а́и-с-уе-ит / с-б-е́и-с-уа-м, [aor.] с-б-е́и-с-ит / сы-б-м-е́и-с-ит, шә-ах-м-е́и-с-ит, ха-р-м-е́и-с-ит, [imper.] б-с-е́и-с! / бы-с-м-е́и-сы-н!; **Non-fin.** [pres.] (C1) и-л-е́и-с-уа (*тот, который дерется с ней*) / и-л-м-е́и-с-уа, (C2) л-з-еи-с-уа́ (*тот, с которым он/она дерется*) / ды-з-м-е́и-с-уа, [aor.] (C1) и-л-е́и-с / и-л-м-е́и-с, (C2) д-з-еи-сы́ / ды-з-м-е́и-с, [impf.] (C1) и-л-е́и-с-уа-з / и-л-м-е́и-с-уа-з, (C2) д-з-еи-с-уа́-з / ды-з-м-е́и-с-уа-з, [past indef.] (C1) и-л-е́и-сы-з / и-л-м-е́и-сы-з, (C2) д-з-еи-сы́-з / ды-з-м-е́и-сы-з; **Abs.** еи-с-ны́ / и-м-еи-сы́-кәа, с-б-еи-с-ны́ / сы-б-м-е́и-с-кәа) **1.** to fight: с-л-е́и-с-уе-ит *I am quarrelling with her.* **2.** (**Fin.** [pres.] еи-с-уе́-ит; [imper.] шә-м-еи-сы́-н!) to quarrel with each other/one another: А-чкән-цәа еи-с-уе́-ит. *The boys are fighting. Мальчишки дерутся.* **3.** (*of the sea, one's heart, etc.*) to be raging; to be agitated: А-мшы́н еи-с-уе́-ит. (ARD) *Море волнуется, The sea is raging.*

-ит [verbal suffix] *used to mark the finite form*: д-а́-с-уе-ит *he/she hits it.*

-(и)т [verbal suffix] /-ϕ-jt'/ *used to mark the Aorist finite form. When the stem ends in a consonant, the suffix* **-ит** *is often weakened to* **-ыт** *or* **-т**. Ex. и-з-ды́р-ит *or* и-з-ды́р-т (< jə-z-də́r-ϕ-[j]t') *I knew it/them.*

Ита́лиа [n.] Italy.

итэы́ [adj.] (= **а-хатэы́**) one's own.

а́иҭа- [verbal prefix/adverb] [inserted after the slot in Column I] **1.** *used to indicate the repetition of an action. This suffix is reinforced by the suffix* **-х-**. (*See* **-х-**. "re-," "over again," "trans-"): А-рах-и, а-ӡахэе́-и **еиҭа́-**ҿиа-**х**-ма? *Have the reeds and vines grown up again?* И-гы́ла-н — и-ка́-ха-ит, еиҭа́-гыла-н — и-ка́-ха-ит. (AF) *It [the horse] stood up and fell down; again it stood up and fell down.* Б-еиҭа́-чмазаҩха-з-шәа бы-шьҭа́л! (ACST) *Lie down as though you have become sick again!* Ҳ-**аиҭе́**-иба-ба-**х**-п. (ACST) *We shall meet each other again, then.* [cf. **е́иҭа**] **2.** *used to indicate an action through something.* [cf. **агьы́**]

иҭабу́п [predicate] thanks: Иду́ӡӡаны иҭабу́п! *Thank you very much!* Иҭабу́п а́-бжьгара-зы! *Thank you for the advice!* Иҭабу́п с-ахь-на́-шәы-ҧхьа-з! *Thank you for inviting me. Спасибо за приглашение!*

а́иҭа-га-ра [tr.] [C1-Prev-C3-R / C1-Prev-C3-Neg-R] [C3 translate C1] (**Fin.** [pres.] еиҭа́-з/(с)-го-ит (< и-аиҭа́-з/(с)-га-уа-ит), еиҭа́-шә/жә-го-ит, еиҭа́-ҳ-го-ит / еиҭа́-з/(с)-го-м (-га-ӡо-м), [aor.] еиҭа́-з/(с)-ге-ит, еиҭа́-на-ге-ит / еиҭа́-сы/(зы)-м-ге-ит, еиҭа-на́-м-ге-ит, [imper.] еиҭа́-г! / еиҭа́-бы-м-га-н!, еиҭа́-шә/жә-г! / еиҭа́-шәы/(жәы)-м-га-н!, [poten.] и-с-з-е́иҭа-га-ӡо-м, и-с-з-е́иҭа-м-ге-ит; **Non-fin.** [pres.] (C1) еиҭа́-з-го / еиҭа́-зы-м-го, (C3) еиҭа́-з-го / еиҭа́-зы-м-го, [aor.] (C3) еиҭа́-з-га / еиҭа́-зы-м-га, [impf.] (C3) еиҭа́-з-го-з / еиҭа́-зы-м-го-з, [past indef.] (C3) еиҭа́-з-га-з / еиҭа́-зы-м-га-з; **Abs.** еиҭа́-га-ны / еиҭа́-м-га-кәа) **1.** to translate: еиҭа́-с/з-го-ит *I am translating it/them.* А-шәҟәы́ а́урысшәа а́хьтә а́ҧсшә ахь еиҭа́-с/з-ге-ит. *I translated the book from Russian into Abkhaz. Я перевел книгу с русского языка на абхазский.* Аурысшәа а́хьтә а́ҧсшәа-хь а́иҭагара цәгьо́-уп. *It is difficult to translate from Russian into Abkhaz.* Уи и-ҩы́мҭа-ҟәа рацәаны́ а-тәы́м бы́зшәа-ҟәа р-ахь и-еиҭа́-го-уп. *His many works are translated into foreign languages. Многие его произведения переведены на иностранные языки.* **2.** to move, to shift: Ар еиҭа́-р-ге-ит. *They moved the troops. Они передвинули войска.* А-ха́ҳә ду́ р-з-еиҭа́-м-ге-ит. (ARD) *Вольшой камень не смогли передвинуть. They could not move the big stone.* [cf. **аиҭа-** "trans-," **а-га-ра́** "to bring, to take"]

а́иҭага [n.] translation.

а́иҭагаҩ [n.] (а́иҭага-цәа, аиҭа́гаҩы-с) a translator; an interpreter; a dragoman: Сара́ занаа́ҭ-ла с-еиҭа́гаҩ-уп. *I am an interpreter by profession.*

а́иҭа-к-ра [tr.] (**Fin.** [pres.] еиҭа́-л-к-уе-ит / еиҭа́-л-к-уа-м, [aor.] еиҭа́-л-к-ит / еиҭа́-лы-м-к-ит, [imper.] еиҭа́-к! / еиҭа́-бы-м-кы-н!, еиҭа́-шә-к! / еиҭа́-шәы-м-кы-н!; **Non-fin.** [pres.] (C1) е́иҭа-л-к-уа / е́иҭа-лы-м-к-уа, (C3) еиҭа́-з-к-уа / еиҭа́-зы-м-к-уа, [aor.] (C1) е́иҭа-л-к / е́иҭа-лы-м-к, (C3) еиҭа́-з-к / еиҭа́-зы-м-к; **Abs.** еиҭа́-к-ны / еиҭа́-м-к-кәа) **1.** (= **а́-ҧсах-ра**) to change, to alter. **2.** to transfer, to transport. **3.** to pour: Сы-ҧсы́ еиҭа́-с-к-ит. *I took a rest. Я отдохнул.* Бы-ҧсы́ еиҭа́-к! *Take a rest! Отдохни!* Бы-ҧсы́ еиҭа́-бы-м-кы-н! *Don't take a rest! Не отдыхай!*

а́иҭа-ка-ҵа-ра [tr.] [C1-аиҭа-Prev-C3-R / C1-аиҭа-Prev-C3-Neg-R] (**Fin.** [pres.] еиҭа́-ҟа-с-ҵо-ит / еиҭа́-ҟа-с-ҵо-м (-ҵа-ӡо-м), [aor.] еиҭа́-ҟа-с-ҵе-ит / еиҭа́-ҟа-сы-м-ҵе-ит (-ҵа-ӡе-ит), [imper.] еиҭа́-ҟа-ҵа! / еиҭа́-ҟа-бы-м-ҵа-н!, еиҭа́-ҟа-шә-ҵа! / еиҭа́-ҟа-шәы-м-ҵа-н!; **Non-fin.** [pres.] (C1) еиҭа́-ҟа-с-ҵо / еиҭа́-ҟа-сы-м-ҵо, (C3) еиҭа́-ҟа-з-ҵо / еиҭа́-ҟа-зы-м-ҵо; **Abs.** еиҭа́-ҟаҵа-ны / еиҭа́-ҟа-м-ҵа-кәа) **1.** to do for the second time. **2.** to rebuild; to remake: А-хыбра еиҭа́-ҟа-ҳ-ҵе-ит. *We rebuilt the building. Мы перестроили здание.* А-статиа́ еиҭа́-ҟа-с-ҵе-ит. *I reworked the article. Я переработал статью.* [cf. **а́-ҟа-ҵа-ра** “to do; to make”]

аиҭа́р [n.] (pl.**) the god of domestic animals.

и-ҭахы́-м-кәа [adv.] unwillingly.

а́иҭа-ҳа-ра [tr.] [C1-Prev-C3-R / C1-Prev-C3-Neg-R] [C3 plant C1] (**Fin.** [pres.] еиҭа́-л-ҳа-уе-ит / еиҭа́-л-ҳа-уа-м, [aor.] еиҭа́-л-ҳа-ит / еиҭа́-лы-м-ҳа-ит; **Non-fin.** [pres.] (C1) и-е́иҭа-л-ҳа-уа / и-е́иҭа-лы-м-ҳа-уа, (C3) и-еиҭа́-з-ҳа-уа / и-еиҭа́-зы-м-ҳа-уа, [aor.] (C1) и-е́иҭа-л-ҳа / и-е́иҭа-лы-м-ҳа, (C3) и-еиҭа́-з-ҳа / и-еиҭа́-зы-м-ҳа, [impf.] (C1) и-е́иҭа-л-ҳа-уа-з / и-е́иҭа-лы-м-ҳа-уа-з, (C3) и-еиҭа́-з-ҳа-уа-з / и-еиҭа́-зы-м-ҳа-уа-з, [past indef.] (C1) и-е́иҭа-л-ҳа-з / и-е́иҭа-лы-м-ҳа-з, (C3) и-еиҭа́-з-ҳа-з / и-еиҭа́-зы-м-ҳа-з; **Abs.** еиҭа́-ҳа-ны / еиҭа́-м-ҳа-кәа) **1.** to plant: а-шәҭ еиҭаҳара *to plant flowers, сажать цветы.* У-ба́ҳча-ҿы шәы́р хк-қәа́-с е́иҭа-ҳа-у-зеи? (AFL) *What kinds of fruits are planted in the garden? Какие виды фруктов посажены в саду?* Урҭ еиҭа́-з-ҳа-да? (AFL) *Who planted them? Кто посадил их?* **2.** [stative] А-ҵла-қәа́ еиза́аигәаны еиҭа́-ҳа-уп. *Trees are planted often. Деревья посажены часто.*

а́иҭаҳәа [n.] (-қәа) re-telling; re-telling composition.

а́иҭа-ҳәа-ра [tr.] [C1-(C2-OV-)Prev-C3-R / C1-(C2-OV-)Prev-C3-Neg-R] [C3 (re)tell (C2) C1] (**Fin.** [pres.] еиҭа́-л-ҳәо-ит (< и-еиҭа́-л-ҳәо-ит) [= еиҭа́(х) и-л-хәо́-ит] / еиҭа́-л-ҳәо-м (-ҳәа-ӡо-м), [aor.] еиҭа́-л-ҳәе-ит / еиҭа́-лы-м-ҳәе-ит (-ҳәа-ӡе-ит), [imper.] еиҭа́-ҳә! / еиҭа́-бы-м-ҳәа-н!, еиҭа́-шә-ҳә! / еиҭа́-шәы-м-ҳәа-н!; **Non-fin.** [pres.] (C1) еиҭа́-л-ҳәо / еиҭа́-лы-м-ҳәо, (C3) еиҭа́-з-ҳәо / еиҭа́-зы-м-ҳәо; **Abs.** еиҭа́-ҳәа-ны / еиҭа́-м-ҳәа-кәа) **1.** to retell: И-аҳ-з-е́иҭа-ҳә уи! *Retell us this! Перескажи нам это!* **2.** to tell, to narrate: еиҭа́-с-ҳәо-ит *I am retelling it/them.* Уи сара́ и-шә-з-е́иҭа-с-ҳәо-ит. *I'll tell you this. Это я вам расскажу.* И-аҳ-з-е́иҭа-ҳә аҵыармы́кь а-ҿы́ уара́ ааигәа́ и-а́а-у-хәа-з. (AFL) *Tell us what you bought at the market not far away. Расскажи нам, что ты купил на рынке недалеко.* **3.** to repeat: И-у́-ҳәо еиҭо́-у-ҳәо-ит. *You are repeating the same thing. Ты повторяешь одно и то же.*

а́иҭа-ҵ-ра [intr.] [C1-Prev-R / C1-Prev-Neg-R] [C1 move] (**Fin.** [pres.] д-еиҭа́-ҵ-уе-ит, х-аиҭа́-ҵ-уе-ит / д-еиҭа́-ҵ-уа-м (-ҵ-ӡо-м), [aor.] д-еиҭа́-ҵ-ит / д-еиҭа́-м-ҵ-ит (-ҵ-ӡе-ит), [imper.] б-еиҭа́-ҵ! / б-еиҭа́-м-ҵы-н!, шә-еиҭа́-ҵ! / шә-еиҭа́-м-ҵы-н!; **Non-fin.** [pres.] (C1) еиҭа́-ҵ-уа / еиҭа́-м-ҵ-уа, [aor.] (C1) еиҭа́-ҵ / еиҭа́-м-ҵ; **Abs.** д-еиҭа́-ҵ-ны / д-еиҭа́-м-ҵ-кәа) **1.** to move; to migrate: Даҽеа́ уаҭа́х-к ахь с-еиҭа́-ҵ-ит. *I moved to another room. Я перешел в другую комнату.* [cf. **а́-иа-с-ра**]

а́иҭашьақәыргылара[1] [n.] restoration.

а́иҭа-шьақәы-р-гыла-ра[2] [tr.] [C1-Prev(again)-Prev-C3-Caus-R] [C3 restore C1] (**Fin.** [aor.] еиҭа-шьақә-ды-р-гы́ле-ит) **1.** to restore.

а́иҭны-ԥсахла-ра [tr.] (**Fin.** [pres.] и-еиҭна́-с-ԥсахло-ит / и-еиҭна́-с-ԥсахло-м, [aor.] и-еиҭна́-с-ԥсахле-ит / и-еиҭна-сы́-м-ԥсахле-ит, [imper.] и-еиҭна́-ԥсахл! / и-еиҭна́-бы-м-ԥсахла-н!; **Non-fin.** [pres.] (C1) еиҭна́-сы-ԥсахло / еиҭна́-сы-м-ԥсахло, (C3) еиҭна́-зы-ԥсахло / еиҭна́-зы-м-ԥсахло; **Abs.** еиҭны-ԥса́хла-ны / еиҭны-ԥса́-м-хла-кәа) **1.** to exchange: Урҭ а-ҽ-и́ а-камба́шь-и еиҭны́-р-ԥсахле-ит. (AAD) *They exchanged the horse for the water buffalo.* А-шәҟә-қәа́ еиҭна́-сы-ԥса́хле-ит. *I exchanged the books. Я обменял книги.*

и-ҭо-у what is inside.

а́иуа [n.] (-қәа) **1.** a model, a sample. **2.** a member. **3.** a representative.

а́иуаеиԥшым-ра [n.] (-қәа) distinction; variety: Ҳара́ и-еиуе́иԥшым а-ҳәынҭқа́рра-қәа р-ҟы́нтәи ҳ-аа́-ит. *We came from various countries.*

а́иуа-заа-ра [intr. stative] [C1-R; C1-C2[pl.]-R] [C1[pl.] are relatives; C1 be a relative of C2[pl.]] (**Fin.** [pres.] ҳ-а́иуа-цәо-уп, и-р-е́иуо-уп / ҳ-а́иуа-цәа-м, [past] и-р-е́иуа-н / и-р-е́иуа-мыз; **Non-fin.** [pres.] (C1) и-р-е́иуо-у / и-р-е́иуа-м, [past] (C1) и-р-е́иуа-з / и-р-е́иуа-мыз) **1.** to be relatives: Бесла́н-и саре́-и х̧-а́иуа-цәо-уп. *Beslan and I are relatives. Мы с Бесланом родственники.* и-р-е́иуа-з аӡәгьы́ *no one of their family.* Абри́ а-дауы́ Гәы́нда-ԥшӡа и-лы́-шьҭа-ҟәа-з д-р-е́иуа-заап. (ACST) *This ogre is apparently one of those who was on the heels of Gunda the Beautiful.* **2.** (**Fin.** [pres.] д-е́иуо-уп / д-е́иуа-м) to be X by birth. || Сара́ а-шьапы́лампыл а-бзи́абаԝ-цәа с-р-е́иуо-уп. (IC) *I am a football fan. Я футбольный болельщик.*

иу́анашьҭахь [adv.] two days after tomorrow.

а-иубиле́и [n.] (-ҟәа) an anniversary.

иу́ль [n.] (= **ԥхынгәы**) July.

иу́н [n.] (= **рашәара́**) June.

аи-у́-ра [intr. inverse] [C1-C2-R / C1-C2-Neg-R] [C2 receive C1, *lit.* C1 pass to C2] (**Fin.** [pres.] и-л-о́у-е-ит / и-л-о́у-уа-м, [aor.] и-л-о́у-ит / и-л-м-о́у-ит, [imper.] и-б-о́у! / и-б-м-о́у-н!, и-шә-о́у! / и-шә-м-о́у-н!; **Abs.** и-л-о́у-ны / и-л-м-о́у-кәа) **1.** to receive: Ецы́ сара́ с-аҳәшьа́ л-ҟы́нтә а-шәҟәы́ с-о́у-ит. *I received the letter from my sister yesterday. Вчера я получил письмо от моей сестры.* [cf. **а́-у-ра** /á-aw-ra/ "to receive"; **аи-о́у-ра** "to obtain"]

аиха́ [n.] (аиха-ҟәа́, с-еиха́, еиха́-к, р-еиха-ҟәа́) **1.** an axe. **2.** iron.

а́ихагыла [n.] (-ҟәа, еихагы́ла-к) a building of several stories: Уи а-хы́бра а́ктәи а́ихагыла-ҿы а-рестора́н ы́-ҟо-уп. *There is a restaurant on the first floor of this building.*

аихагы́ла [adj.] consisting of stories: а-ԝны́ е́ихагы́ла-ҟәа *a house of several stories.* ԝ-еихагы́ла-к з-мо́-у а-хы́бра *a two-storied building.* х-ета́жкны е́ихагыло-у а-дәқьа́н ду́ а-ҿы́ (AFL) *in the big store of three stories.* Ари́ а-шко́л ԥшьбаны́ еихагы́ло-уп. (AFL) *This school is four-storied. Эта школа — четырехэтажная.*

а́иха-кәыс-ра [intr.] (**Fin.** [pres.] еиха-ҟәы́с-уе-ит / еиха-ҟәы́с-уа-м, [aor.] еиха-ҟәы́с-ит / еиха-м-ҟәы́с-ит) **1.** to blink.

аиха́ц [n.] (-ҟәа) a cage (made of iron).

и-хкьа-ны́ [post.] (< аҳҟьара́) because of.

аиха́мԝа [n.] (-ҟәа) a railroad. [< аиха́ "iron"+ а́-мԝа "road"]

а́иха-ра [intr.] (**Fin.** [pres.] д-еихо́-ит / д-еихо́-м, [aor.] д-еихе́-ит / д-м-еихе́-ит, [imper.] б-еиха́! / б-м-еиха́-н!; **Non-fin.** [pres.] (C1) еихо́ / м-еихо́; **Abs.** еиха-ны́ / м-еиха́-кәа) **1.** to strain; to eager: А-ԥшқа и-а́н л-а́хь д-еихо́-ит. *The child is eager for its mother. Ребенок рвется к матери.*

аихатәы́ [adj.] iron; ferrous: аихатәы́ каруа́ҭ *a iron bed.*

а́ихач-ра [intr. stative] (**Fin.** [pres.] с-ԥы́нтҵа еихач-у́п / с-ԥы́нтҵа еихачы́-м, [past] с-ԥы́нтҵа еихачы́-н / с-ԥы́нтҵа еихачы́-мызт; **Non-fin.** [pres.] (Poss-C1) з-ԥы́нтҵа еихач-у́ / з-ԥы́нтҵа еихачы́-м, [past] (Poss-C1) з-ԥы́нтҵа еихачы́-з / з-ԥы́нтҵа еихачы́-мыз. **Abs.** с-ԥы́нтҵа еихач-ны́ / с-ԥы́нтҵа еихачы́-м-кәа) **1.** (*of the nose, ears*) to be blocked up: Сара́ с-ԥы́нтҵа еихач-у́п. (GAL) *У меня нос заложен. My nose is blocked up.*

а́их-га-ра [tr.] [C1-Prev-C3-R / C1-Prev-C3-Neg-R] (**Fin.** [pres.] еихы́-з-го-ит / еихы́-з-го-м, [aor.] еихы́-з-ге-ит / еихы́-зы/сы-м-ге-ит, [imper.] еих-га́! / еихы́-бы-м-га-н!, еихы́-жә-га! / еихы́-жәы/шәы-м-га-н!; **Non-fin.** [pres.] (C1) еихы́-л-го / еихы́-лы-м-го, (C3) еихы́-з-го / еихы́-зы-м-го; **Abs.** еих-га-ны́ / еихы́-м-га-кәа) **1.** (*with* а-шьапы́, а-шьаҿа́) to take a step: И-шьапы́ еих-и́-го-ит. *He is taking a step. Он делает шаг.* А-хәычы́ и-шьапы́ еих-и́-ге-ит. (RAD) *Ребенок начал ходить. The child learned to walk.*

аих-ӡа́с-ра* [intr.] (**Fin.** [pres.] еих-ӡа́с-уе-ит / еих-ӡа́с-уа-м, [aor.] еих-ӡа́с-ит / еихы-м-ӡа́с-ит, [imper.] шә-еих-ӡа́с! / шә-еихы-м-ӡа́сы-н!) **1.** to chaff each other.

а́их-лаф-ра [intr.] (еих-ла́ф-уе-ит) *see* **аих-ӡа́с-ра**

а́и-хс-ра [intr.] [C1-C2-Prev-R / C1-C2-Neg-Prev-R] [C1 shoot at C2] (**Fin.** [pres.] д-с-е́и-хс-

И

уе-ит / д-с-éи-хс-уа-м, [aor.] д-с-éи-хс-ит / ды-с-м-éи-хс-ит, [fut.1] д-с-éи-хсы-п / д-с-éи-хс-рым, [fut.2] д-с-éи-хсы-шт / д-с-éи-хсы-шам, [perf.] д-с-éи-хс-хьеит / ды-с-м-éи-хсы-ц(т), [impf.] д-с-éи-хс-уан / д-с-éи-хс-уа-мызт, [past indef.] д-с-éи-хсы-н / ды-с-м-éи-хсы-зт, [cond.1] д-с-éи-хс-рын / д-с-éи-хс-рымызт, [cond.2] д-с-éи-хс-шан / д-с-éи-хс-шамызт, [plupf.] д-с-éи-хс-хьан / ды-с-м-éи-хс-цызт, [imper.] б-л-éи-хс! / бы-л-м-éи-хсы-н!; **Non-fin.** [pres.] (C1) и-л-éи-хс-уа / и-л-м-éи-хс-уа, (C2) д-з-éи-хс-уа / ды-з-м-éи-хс-уа, [aor.] (C1) и-л-éи-хс / и-л-м-éи-хс, (C2) д-з-éи-хс / ды-з-м-éи-хс, [fut.1] (C1) и-л-éи-хс-ра / и-л-м-éи-хс-ра, (C2) д-з-éи-хс-ра / ды-з-м-éи-хс-ра, [fut.2] (C1) и-л-éи-хс(ы)-ша / и-л-м-éи-хс(ы)-ша, (C2) д-з-éи-хсы-ша / ды-з-м-éи-хсы-ша, [perf.] (C1) и-л-éи-хс-хьоу (-хьа(ц)) / и-л-м-éи-хс-хьоу (-хьа(ц)), (C2) д-з-éи-хс-хьоу (-хьа(ц)) / ды-з-м-éи-хс-хьоу (-хьа(ц)), [impf.] (C1) и-л-éи-хс-уа-з / и-л-м-éи-хс-уа-з, (C2) д-з-éи-хс-уа-з / ды-з-м-éи-хс-уа-з, [past indef.] (C1) и-л-éи-хсы-з / и-л-м-éи-хсы-з, (C2) д-з-éи-хсы-з / ды-з-м-éи-хсы-з, [cond.1] (C1) и-л-éи-хс-ры-з / и-л-м-éи-хс-ры-з, (C2) д-з-éи-хс-ры-з / ды-з-м-éи-хс-ры-з, [cond.2] (C1) и-л-éи-хс(ы)-ша-з / и-л-м-éи-хс(ы)-ша-з, (C2) д-з-éи-хсы-ша-з / ды-з-м-éи-хсы-ша-з, [plupf.] (C1) и-л-éи-хс-хьа-з / и-л-м-éи-хс-хьа-з, (C2) д-з-éи-хс-хьа-з / ды-з-м-éи-хс-хьа-з; **Abs.** д-с-éи-хс-ны / ды-с-м-éи-хс-кәа) **1.** to shoot at sb/sth**:** д-с-éи-хс-ит *he/she shot at me.* А-шәарыцаҩ á-бга д-éи-хс-ит. *The hunter shot at a wolf.* А-шәарыцаҩ а-шьáбста д-з-а-м-éи-хс-ит. *The hunter could not shoot at the deer.*

áих-ҳәаа-ра [tr.] [аих-C3-S / аих-C3-Neg-S] [C3 talk] (**Fin.** [pres.] еихá/ы́-х-ҳәаа-уе-ит / еихá/ы́-х-ҳәаа-уа-м, еихá/ы́-р-ҳәаа-уе-ит / еихá/ы́-р-ҳәаа-уа-м, [aor.] еихá/ы́-х-ҳәаа-ит / еихá/ы́-ха-м-ҳәаа-ит, [imper.] еихá/ы́-шә-ҳәаа! / еихá/ы́-шәы-м-ҳәаа-н!; **Non-fin.** [pres.] (C3) еихы́-з-ҳәаа-уа / еихы́-зы-м-ҳәаа-уа, [aor.] (C3) еихы́-з-ҳәаа / еихы́-зы-м-ҳәаа; **Abs.** еих-ҳәаа-ны́ / еихы́-м-ҳәаа-кәа) **1.** to talk.

áих-тцәа-ра [tr.] [C1-Prev-C3-R / C1-Prev-C3-Neg-R] [C3 cross C1] (**Fin.** [pres.] еихы́-с-тцәо-ит / еихы́-с-тцәо-м, [aor.] еихы́-с-тцәе-ит / еихы́-сы-м-тцәе-ит, [imper.] еих-тцәá! / еихы́-бы-м-тцәа-н!, еихы́-шә-тцәа! / еихы́-шәы-м-тцәа-н!; **Non-fin.** [pres.] (C1) еихы́-с-тцәо / еихы́-сы-м-тцәо, (C3) еихы́-з-тцәо / еихы́-зы-м-тцәо; **Abs.** еих-тцәа-ны́ / еихы́-м-тцәа-кәа) **1.** to cross, to go across (*a street, etc.*)**:** Сарá á-мҩа еихы́-с-тцәо-ит. *I am crossing the road. Я перехожу дорогу.* Уажәы́ á-мҩа еихы́-шәы-м-тцәа-н! *Don't cross the road now! Не переходите дорогу сейчас!* А-мҩа еих-тцәа-лá! *Cross the road!*

áи-хырхәа-ра [intr.] [C1-C2-Prev-S / C1-C2-Neg-Prev-S] [C1 bow to C2] (**Fin.** [pres.] д-с-éи-хырхәо-ит / д-с-éи-хырхәо-м, [aor.] д-с-éи-хырхәе-ит / ды-с-м-éи-хырхәе-ит, [fut.1] д-с-éи-хырхәа-п / д-с-éи-хырхәа-рым, [fut.2] д-с-éи-хырхәа-шт / д-с-éи-хырхәа-шам, [perf.] д-с-éи-хырхәа-хьеит / ды-с-м-éи-хырхәа-ц(т), [impf.] д-с-éи-хырхәо-н / д-с-éи-хырхәо-мызт, [past indef.] д-с-éи-хырхәа-н / ды-с-м-éи-хырхәа-зт, [cond.1] д-с-éи-хырхәа-рын / д-с-éи-хырхәа-рымызт, [cond.2] д-с-éи-хырхәа-шан / д-с-éи-хырхәа-шамызт, [plupf.] д-с-éи-хырхәа-хьан / ды-с-м-éи-хырхәа-цызт, [imper.] б-с-éи-хырхәа! / бы-с-м-éи-хырхәа-н!; **Non-fin.** [pres.] (C1) и-л-éи-хырхәо (*тот, который поклонится ей*) / и-л-м-éи-хырхәо, (C2) д-з-éи-хырхәо (*тот, которому он/она поклонится*) / ды-з-м-éи-хырхәо, [aor.] (C1) и-л-éи-хырхәа / и-л-м-éи-хырхәа, (C2) д-з-éи-хырхәа / ды-з-м-éи-хырхәа, [fut.1] (C1) и-л-éи-хырхәа-ра / и-л-м-éи-хырхәа-ра, (C2) д-з-éи-хырхәа-ра / ды-з-м-éи-хырхәа-ра, [fut.2] (C1) и-л-éи-хырхәа-ша / и-л-м-éи-хырхәа-ша, (C2) д-з-éи-хырхәа-ша / ды-з-м-éи-хырхәа-ша, [perf.] (C1) и-л-éи-хырхәа-хьоу (-хьа(ц)) / и-л-м-éи-хырхәа-хьоу (-хьа(ц)), (C2) д-з-éи-хырхәа-хьоу (-хьа(ц)) / ды-з-м-éи-хырхәа-хьоу (-хьа(ц)), [impf.] (C1) и-л-éи-хырхәо-з / и-л-м-éи-хырхәо-з, (C2) д-з-éи-хырхәо-з / ды-з-м-éи-хырхәо-з, [past indef.] (C1) и-л-éи-хырхәа-з / и-л-м-éи-хырхәа-з, (C2) д-з-éи-хырхәа-з / ды-з-м-éи-хырхәа-з, [cond.1] (C1) и-л-éи-хырхәа-ры-з / и-л-м-éи-хырхәа-ры-з, (C2) д-з-éи-хырхәа-ры-з / ды-з-м-éи-хырхәа-ры-з, [cond.2] (C1) и-л-éи-хырхәа-ша-з / и-л-м-éи-хырхәа-ша-з, (C2) д-з-éи-хырхәа-ша-з / ды-з-м-éи-хырхәа-ша-з, [plupf.] (C1) и-л-éи-хырхәа-хьа-з / и-л-м-е́и-хырхәа-хьа-з, (C2) д-з-е́и-хырхәа-хьа-з / ды-з-м-е́и-хырхәа-хьа-з; **Abs.** д-с-е́и-хырхәа-ны / ды-с-м-е́и-хырхәа-кәа) **1.** to bow to sb; to bow down before/to: А-тцаҩы́ а-ртцаҩы́ д-и-е́и-хырхуе-ит. *The pupil bowed to the teacher.* А-нцәа́ б-и-е́и-хырхәа! *Bow down before God!* С-ан-а́-тц-с-уа с-хы ла-сы-рҟәы́-р, сы-з-бо́ А-нцәа́ с-и-е́и-хырхәо џьы-р-шьо-ит. *If I lowered my head when passing beneath it, people seeing me would think that I was bowing to God.*

а́ихы-х-ра* [tr.] [C1-Prev-C3] [C3 open C1] (**Fin.** [aor.] еих-и́-х-ит / еих-и́-м-х-ит, [imper.] еихы́-х! / еихы́-бы-м-хы-н!, **Abs.** еихы́-х-ны / еихы́-м-х-кәа!) **1.** to open. **2.** (*of animals*) to open wide (the mouth): а-ҿы́ еих-на́-х-ит. *it opened its mouth.* **3.** to be able to speak: У-ҿы́ у-з-еихы-м-х-ӡо? *Can't you open your mouth? = Can't you speak?*

а́ихышәашәа-ра* [intr.] [C1-S] (**Fin.** [pres.] еихы́шәашәо-ит / еихы́шәашәо-м, [aor.] еихы́шәашәе-ит / еихы́-м-шәашәе-ит) **1.** to be well-balanced, to be shapely.

а́ихьӡара [n.] (-қәа) success; achievement: Ари́ еихьӡа́ра ду́-уп. *This is a great achievement.*

а́ихьӡылацәа [n.] (pl.) namesakes: Уаре́-и саре́-и х-аихьӡы́лацәо-уп. *You and I share the same name. Мы с тобой тезки.*

ихьыԥшы́-м [adj.] independent: Аԥсны́ ихьыԥшы́-м ҳәынтқа́рро-уп. *Abkhazia is an independent country.*

ихьыԥш-у́ [adj.] dependent.

а́и-хәа-ԥш-ра* [intr.] [C1-Rec-Prev-R] [C1 look at each other] (**Fin.** [pres.] еи-хәа-ԥш-уе́-ит / еи-хәа-ԥш-уа́-м, [aor.] еи-хәа-ԥш-и́т / еи-хәа́-м-ԥш-ит; [imper.] шә-еи-хәа-ԥшы́! / шә-еи-хәа́-м-ԥшы-н!; **Abs.** еи-хәа-ԥш-ны́ / еи-хәа́-м-ԥш-кәа) **1.** to look at each other/one another: Уа́ҳа ҳ-аи-хәа-ԥш-ра-ны́ ҳа́-ҟа-м. *We will never look at each other again.*

ихәа́ртамкәа [adv.] badly, poorly: Уи́ ихәа́ртамкәа атцара́ и-тцо́-ит. *He studies poorly. Он плохо учится.*

а́иҳа [adv.] **1.** (more) than: Уара́ у-е́иҳа сара́ с-еиҳаб-у́п. *Я старше тебя. I am older than you.* Сара́ с-е́иҳа уара́ а-гәабзи́ара у́-мо-уп. (ARD) *Ты здоровее меня. You are better/healthier than I am.* **2.** above all.

аиҳабы́[1] [n.] (еиҳаб-цәа́ / аиҳаба-цәа́, р-еиҳабы́) **1.** a leader: Уи́ еиҳабы́-с [*еиҳаб-ны́] д-а́-л-аҳ-хы-ит. *We chose him as a leader.* Урҭ еиҳаб-цәа́-с и-а́-л-аҳ-хы-ит. *We chose them as leaders. Мы выбрали их руководителями.* **2.** a chief, a head: а-ҟәша́ аиҳабы́ *the head of a department, начальник отдела.* а́-тцан р-еиҳабы́ *the Tsans' chief.* **3.** an old man; an old person; an elder, a senior: аиҳаб-и́ аитцб-и́ *seniors and juniors.* Аиҳаба-цәа́ есна́гь пату́ ры-қә-шә-тца-ла! *Always respect old men! Всегда уважайте старших!* Аиҳаба-цәа́ а-ҩны́ и-н-хе́-ит, а-хәчҷ-қәа́ р-а́кузар а-кино́ ахь и-це́-ит. (RAD) *The men and women stayed at home, while the children went to a movie.*

аиҳабы́[2] **1.** [adj.] (еиҳаб-у́, аиҳаб-қәа́, аиҳаб-цәа́, еиҳабы́-к) elder, older: а́иашьа еиҳабы́ *a elder brother.* с-аҳәшьа́ еиҳабы́ *my elder sister.* [cf. **аитцбы́** "younger"]

аиҳабы-заа-ра́ [intr. stative] [C1-R; C1-C2-R] [C1 be older; C1 be older than C2] (**Fin.** [pres.] д-(с)-еиҳаб-у́п / д-(с)-еиҳаб-ӡа́-м) **1.** to be older (than sb): Уара́ у-а́тцкыс сара́ с-еиҳаб-у́п. *I am older than you. Я старше тебя.* С-аҳәшьа́ хәы-шықәса́, сара́ с-а́аста д-еиҳаб-у́п. *My elder sister is five years older than I.* [= С-аҳәшьа́ хәы-шықәса́ ры-ла́ д-с-еиҳаб-у́п.] У-ашьа́ д-еиҳаб-у́-ма уара́ у-а́аста (*or* у-а́тцкыс)? *Is your brother older than you?* С-ашьа́ сара́ с-а́аста ҩы́-шықәса ры́-ла д-еиҳаб-у́п. *My brother is two years older than I am. Мой брат старше меня на два года.* И-шә-еиҳабы́-да? *Who is the oldest among you?*

аиҳабы́ра [n.] (аиҳабы́ра-қәа) **1.** a government. **2.** the authorities.

а́иҳа-гьы [adv.] more even.

аиҳа́раӡак [adv.] (= **еиҳа́раӡак**) mostly.

аиҳа́рак [n.] [non-human] (= **еиҳа́рак**) most (of); the most part: Урҭ р-еиҳа́рак еснагь и-иатцәо́-уп. *Most of them are evergreen.*

И

и-ҳаракны́ [adv.] highly**:** А-мра иҳаракны́ а́-жәҩан и-кы́д-уп. (RAD) *The sun is high in the sky. Солнце высоко на небе.*

аиҳа́раҩык [n.] the majority of people**:** Аиҳа́раҩык иара́ и́-д-гыло-ит. (RAD) *Большинство поддерживает его. The majority supports him.*

аиҳа-ха-ра́ [intr.] [C1-C2-Prev-R / C1-C2-Prev-Neg-R] [C1 outgrow C2] (**Fin.** [pres.] с-л-еиҳа-хо́-ит / с-л-еиҳа-хо́-м, [aor.] с-л-еиҳа-хе́-ит / с-л-еиҳа́-м-хе-ит, [imper.] б-л-еиҳа-ха́! / б-л-еиҳа́-м-ха-н!; **Non-fin.** [pres.] (C1) и-л-еиҳа-хо́ / и-л-еиҳа́-м-хо, (C1) с-з-еиҳа-хо́ / с-з-еиҳа́-м-хо; **Abs.** с-л-еиҳа-ха-ны́ / с-л-еиҳа́-м-ха-кәа) **1.** to outgrow**:** А-ҧа́ аб д-и-еиҳа-хе́-ит. *The son outgrew the father. Сын перерос отца.*

иҳа́ҩсыз *see* **а́-ҩ(ы)с-ра**

иҳа́ҩсыз а́шықәс а-зы́ (= **тцы́ҧх**) [adv.] last year. [See **а́-ҩ(ы)с-ра**]

-аиц- (*or* **-еиц-**) [verbal prefix] [< аи-ц- "Rec-with," cf. **-ц-**] [inserted immediately after the slot in Column I.] "together" **(1)** [intr.]**:** ҳ-аиц-цо́-ит *we will go together, мы вместе пойдем.* и-еиц-цо́-ит *they will go together.* шә-еиц-цо́-ит *you will go together.* ҳ-аицы́-м-це-ит *we didn't go together.* А-шәҟәы́ ҳ-аиц-а́-ҧхьо-ит. *We are reading the book together. Мы вместе читаем книгу.* Ҳ-аиц-лы́-қәшаҳаҭ-хе-ит. *We both agreed with her. Мы вместе с ней согласились.* Ҳ-аиц-лы-қәшаҳа́ҭы-м-хе-ит. *Together, we didn't agree with her. Мы вместе с ней не согласились.* ҳ-аиц-а́-л-тц-ит *we came out from under it together.* ҳ-аиц-а́-лы-м-тц-ит *we didn't came out from under it together.* шә-еиц-а́-л-тц-ит *you came out from under it together.* шә-еиц-а́-лы-м-тц-ит *you didn't come out from under it together.* и-еиц-а́-л-тц-ит *they came out from under it together,* . и-еиц-а́-лы-м-тц-ит *they didn't come out from under it together.*

(2) [tr.]**:** и-еиц-а́ҳ-фо-ит *we eat it/them together, мы вместе едим его(нрз.)/их.* и-еиц-а́ҳ-фе-ит *we ate it/them together.* и-еиц-а́ҳа-м-фе-ит *we didn't eat it/them together.* и-еицы́-шә-фе-ит *you ate it/them together.* и-еицы́-шәы-м-фе-ит *you didn't eat it/them together.* и-еицы́-р-фе-ит *they ate it/them together.* и-еицы́-ры-м-фе-ит *they didn't eat it/them together.* и-еиц-а́ҳ-ды-р-фе-ит *they made us eat it/them together.* и-еиц-ҳа-д-мы-р-фе́-ит *they didn't make us eat it/them together.* и-еицы́-ҟа-ҳ-тце-ит *we did it/them together.* и-еицы́-ҟа-ҳа-м-тце-ит *we didn't do it/them together.* и-еицы́-ҟа-р-тце-ит *they did it/them together.* и-еицы́-ҟа-ры-м-тце-ит *they didn't do it/them together.* и-еиц-аҳ-ды́-р-ҟа-тце-ит *they made us do it/them together.* и-еиц-ҳа-д-мы́-р-ҟа-тце-ит *they didn't make us do it/them together.* и-еиц-л-а́ҳ-ҭе-ит *we gave it/them to her together.* еиц-ры́-с-ҭе-ит *I gave it/them to them at the same time.* еиц-ры́-сы-м-ҭе-ит *I didn't give it/them to them at the same time.* еиц-ҳа́-л-ҭе-ит *she gave it/them to us at the same time.* еиц-ҳа́-лы-м-ҭе-ит *she didn't give it/them to us at the same time.* еиц-шәы́-р-ҭе-ит *they gave it/them to you (pl.) together.* еиц-ры́-сы-м-ҭе-ит *they didn't give it/them to you (pl.) together.* акр-еиц-а́ҳ-фо-ит *we have a meal together.* а́шәа еиц-аҳ-хәо́-ит *we sing together.* и-еиц-а́ҳ-ге-ит [*or* и-еиц-а́а-ге-ит] *we took it/them together.* и-еиц-а́ҳа-м-ге-ит *we didn't take it/them together.* и-еицы́-жә-ге-ит *you (pl.) took it/them together.* и-еицы́-шәы-м-ге-ит *you (pl.) didn't take it/them together.* и-еиц-ҧ-а́ҳ-тцәе-ит *we broke it/them together.* и-еиц-ҧ-а́ҳа-м-тцәе-ит *we didn't break it/them together.* и-еиц-ҧы́-шә-тцәе-ит *you broke it/them together.* и-еиц-ҧы́-шәы-м-тцәе-ит *you didn't break it/them together.* и-еиц-ҧы́-р-тцәе-ит *they broke it/them together.* и-еиц-ҧы́-ры-м-тцәе-ит *they didn't break it/them together.* Зны́=зы́нла-гьы ҳ-аи-д-тәа́ла-ны а-шәа́ еиц-а́ҳ-ҳәо-ит. (AFL) *Sometimes, sitting close by, we sing together. Иногда, сев рядом, мы вместе поем.* [cf. С-и́-ц-уп. *I am with together him.*]

а́ица-к-ра [intr.] (**Fin.** [pres.] д-еица́-к-уе-ит / д-еица́-к-уа-м, [aor.] д-еица́-к-ит / д-еица́-м-к-ит, [imper.] б-еица-кы́! / б-еица́-м-кы-н!; **Non-fin.** [pres.] (C1) еица́-к-уа / еица́-м-к-уа, [aor.] (C1) еица́-к / еица́-м-к; **Abs.** д-еица́к-ны / д-м-еица́к-кәа) **1.** to go bad, to deteriorate; to go out, to be extinguished**:** А-гәы́ҕра еица́-к-уе-ит. *Hope is being* *extinguished. Надежда гаснет.* **2.** to change**:** А-жәҩан еица́-к-хьа-н, а́-дыд-ра и-на́-ла-ге-ит. *The sky had changed, and it began to thunder.*

а́иц-дыр-ра [tr.] [C1-Prev-C3-R] [C3 identify C1; C3 know C1 together] (**Fin.** [pres.] д-еицы́-р-дыр-уе-ит / д-еицы́-р-дыр-уа-м, [aor.] д-еицы́-р-дыр-ит / д-еицы́-ры-м-дыр-ит; **Non-fin.** (C1) [pres.] и-е́ицы-р-дыр-уа) **1.** to identify, to know together. **2.** to be well-known**:** Зегьы́ д-еицы́-р-дыр-уе-ит. *He/She is well-known.* и-е́ицы-р-дыр-уа а-шәҟәыҩҩы́ *a well-known writer.* Уара́ и-и-е́ицы-р-дыр-уа киноактио́р-хо-ит. *You will become a well-known screen actor. Ты станешь известным киноактером.*

а́иц-заа-ра [intr. stative] (**Fin.** [pres.] еиц-у́п / еицы́-м, [past] еицы́-н / еицы́-мызт, [imper.] шә-еицы́-з! / шә-еицы́-мыз!; **Non-fin.** (C1) [pres.] еиц-у́ / еицы́-м, **Abs.** еиц-ны́ / еицы́-м-кәа) **1.** to be together**:** Дара́ еиц-ны́ и-аа́-ит. *They came together.* Зегьы́ ҳ-аиц-у́п. *All of us are together. Мы все вместе.*

а́иц-ныкәа-ра [intr.] (**Fin.** [pres.] ҳ-аиц-ны́ҟәо-ит / ҳ-аиц-ны́ҟәо-м, и-еиц-ны́ҟәо-ит / и-еиц-ны́ҟәо-м, [aor.] ҳ-аиц-ны́ҟәе-ит / ҳ-аицы́-м-ныҟәе-ит, [imper.] шә-еиц-ны́ҟәа! / шә-еицы́-м-ныҟәа-н!; **Abs.** еиц-ны́ҟәа-ны / еицы-м-ны́ҟәа-кәа) **1.** to go together. **2.** to travel together. **3.** (*of a young man and woman*) to meet.

а́ицлабра[1] [n.] (-қәа) competition**:** а-спо́ртта еицла́бра-қәа *sporting competitions.*

а́и-цлаб-ра[2] [intr.] [C1-аи-S / C1-Neg-аи-S] [C1 compete with each other] (**Fin.** [pres.] ҳ-аи-цла́б-уе-ит, шә-еи-цла́б-уе-ит, еи-цла́б-уе-ит / ҳ-аи-цла́б-уа-м (-цла́б-ӡо-м), [aor.] ҳ-аи-цла́б-ит / ҳ-м-еи-цла́б-ит (-цла́б-ӡе-ит), [imper.] шә-еи-цла́б! / шә-м-еи-цла́бы-н!; **Non-fin.** (C1) [pres.] и-е́и-цлаб-уа / и́-м-еи-цлаб-уа, [aor.] и-е́и-цлаб / и́-м-еи-цлаб, [impf.] и-е́и-цлаб-уа-з / и́-м-еи-цлаб-уа-з, [past indef.] и-е́и-цлабы-з / и́-м-еи-цлабы-з; **Abs.** еи-цла́б-ны / и-м-еицла́б-кәа) **1.** to compete with each other**:** Ҳ-аи-цла́б-уе-ит. *We are competing. Мы соревнуемся.* [cf. **а́-цлаб-ра** "to cpmpete with"]

И

а́и-цры-тц-ра [intr.] [C1-аи-Prev-R / C1-аи-Prev-Neg-R] (**Fin.** [pres.] ҳ-аи-цры́-тц-уе-ит, еи-цры́-тц-уе-ит / ҳ-аи-цры́-тц-уа-м, [aor.] ҳ-аи-цры́-тц-ит / ҳ-аи-цры́-м-тц-ит, [imper.] шә-еи-цры́-тц! / шә-еи-цры́-м-тцы-н!; **Non-fin.** [pres.] (C1) е́и-цры-тц-уа / е́и-цры-м-тц-уа; **Abs.** еи-цры́-тц-ны / еи-цры́-м-тц-кәа) **1.** to part, to separate. [cf. **а-цры́-тц-ра** [intr.] "to part"]

а́и-ц-хыраа-ра [intr.] [C1-аи-S / C1-Neg-аи-S *or* C1-аи-Prev-Neg-R] [C1 helps each other/one another] (**Fin.** [pres.] ҳ-аи-ц-хы́раа-уе-ит, еи-ц-хы́раа-уе-ит / ҳ-аи-ц-хы́раа-уа-м (-хы́раа-ӡо-м), [aor.] ҳ-аи-ц-хы́раа-ит / ҳ-м-еи-ц-хы́раа-ит (-хы́раа-ӡе-ит) *or* ҳ-аи-цы-м-хы́раа-ит, [imper.] шә-еи-ц-хы́раа! / шә-м-еи-ц-хы́раа-н!; **Non-fin.** (C1) [pres.] и-е́и-ц-хыраа-уа / и́-м-еи-ц-хыраа-уа, [aor.] и-е́и-ц-хыраа / и́-м-еи-ц-хыраа, [impf.] и-е́и-ц-хыраа-уа-з / и́-м-еи-ц-хыраа-уа-з, [past indef.] и-е́и-ц-хыраа-з / и́-м-еи-ц-хыраа-з; **Abs.** еи-ц-хы́раа-ны / и-м-еи-ц-хы́раа-кәа) **1.** to help/aid each other/one another**:** еи-цхы́раа-уе-ит *they help each other, они помогают друг другу.* Уаре́-и саре́-и ҳ-аи-цхы́раа-уе-ит. *You and I help each other.* Ҳара́ зегьы́ а́ӡәи-а́ӡәи ҳ-аи-цхы́раа-уе-ит. (AFL) *We all help each other. Мы все помогаем друг другу.* [cf. **а-цхы́раа-ра** "to help"]

а́иц-ца-ра [intr.] [C1-Prev-R] (**Fin.** [pres.] ҳ-аиц-цо́-ит, [aor.] еиц-це́-ит) **1.** to go together**:** Ҳ-хәыч-қәа́ а-шко́л ахь еиц-це́-ит. 1) *Our children went to school together.* 2) *Our children entered school together.*

а́ицы-жә-ра [tr.] (**Fin.** [pres.] еиц-а́а-жә-уе-ит / еиц-а́а-жә-уа-м, [aor.] еиц-а́а-жә-ит / еиц-а́ҳа-м-жә-ит, [imper.] еицы́-жә-жә! / еицы́-жәы-м-жәы-н!; **Non-fin.** [pres.] (C3) еицы́-з-жә-уа / еицы́-зы-м-жә-уа; **Abs.** еицы́-жә-ны / еицы́-м-жә-кәа) **1.** to drink together**:** Ҳара́ а-каҳуа́ еиц-а́а-жә-ит. (GAL) *Мы выпили вместе кофе. We drank coffee together.* А-каҳуа́ еиц-а́а-жәы-п! (GAL) *Давайте, вместе выпьем кофе! Let's have coffee together!* [cf. **а́-жә-ра** "to drink"]

аицәа́ [adj.] (еицәо́-у, и-р-еицәа́-з) **1.** worse**:** А-цгәы́ и-кьы́-уа а́тцкыс и́-м-кьы-уа еицәо́-уп.

[proverb] *Still waters run deep. В тихом омуте черти водятся.* (lit. *The not mewing cat is worse than the mewing cat.*) **2.** worst.

áицәажәара[1] [n.] (-қәа) **1.** talk, conversation. **2.** negotiations: áицәажәара-қәа мҩаԥы́-с-уе-ит. *The negotiations are in progress.*

áи-цәажәа-ра[2] [intr.] [C1-Rec-R / C1-Neg-Rec-R] [C1 converse] [**Fin.** [pres.] х-аи-цәáжо-ит, еи-цәáжәо-ит / х-аи-цәáжәо-м (-цәáжәа-ӡо-м), [aor.] х-аи-цәáжәе-ит / х-м-еи-цәáжәе-ит (-цәáжәа-ӡе-ит), [imper.] шә-еи-цәáжәа! / шә-м-еи-цәáжәа-н!; **Non-fin.** (C1) [pres.] и-éицәажәо / и́-м-еицәажәо, [aor.] и-éицәажәа / и́-м-еицәажәа, [impf.] и-éицәажәо-з / и́-м-еицәажәо-з, [past indef.] и-éицәажәа-з / и́-м-еицәажәа-з; **Abs.** еи-цәáжәа-ны / и-м-еи-цәáжәа-кәа) **1.** to talk with each other: Урҭ еи-цәáжәо-ит. *They are talking with each other. Они разговаривают друг с другом.* **2.** to converse, to talk together: Урҭ еи-цәáжәо-н. *They were talking among themselves. Они беседовали между собой.* **3.** to negotiate. [cf. **а-цәáжәа-ра** "to speak to, to talk"]

áицәажәараҭа [n.] (-қәа) a trunk-call office.

аицәа-ха-рá [intr.] [C1-worse-become] (**Fin.** [pres.] д-еицәа-хó-ит / д-еицәа-хó-м, [aor.] д-еицәа-хé-ит / д-еицәá-м-хе-ит, [imper.] б-еицәа-хá! / б-еицәá-м-ха-н!; **Non-fin.** [pres.] (C1) éи-цәа-хо / éицәа-м-хо *or* еицәá-м-хо; **Abs.** д-еицәа-ха-ны́ / д-еицәá-м-ха-кәа *or* д-м-еицәа-хá-кәа) **1.** to become worse: Уи́ д-еицәа-хé-ит. (1) *He/She became worse. Он/Она стал/-ла хуже.* (2) *He/She felt worse. Ему стало хуже.* [cf. **áиӷь-ха-ра** "to become better"]

áи-цә-кьала-ра [intr.] [C1-Rec-Prev-S] [C1 lose each other; C1 lose touch with each other] (**Fin.** [aor.] х-аи-цә-ҟьá-ле-ит) **1.** to lose each other: А-шәарыцаҩ-цәа á-бна-ҟны еи-цә-ҟьá-ле-ит. *The hunters lost each other/one another in the forest. Охотники потерялись в лесу.* **2.** lose touch with each other: Уаре́-и саре́-и х-аи-цә-ҟьá-ла-ӡе-ит. *You and I lost touch with each other. Мы с тобой друг друга потеряли.*

áи-цәҳа-ра [intr.] [C1-аи-S / C1-Neg-аи-S *or* C1-аи-Prev-Neg-R] [C1 swear] (**Fin.** [pres.] х-аи-цәҳа-уé-ит / х-аи-цәҳа-уá-м, [aor.] х-аи-цәҳá-ит / х-аи-цәы́-м-ҳа-ит *or* х-м-éи-цәҳа-ит, [imper.] шә-аи-цәҳá! / шә-м-еи-цәҳá-н!; **Non-fin.** [pres.] (C1) éи-цәҳа-уа / éи-цы-м-ҳа-уа *or* и́-м-еицә-ҳа-уá; **Abs.** еи-цәҳа-ны́ / и-м-éи-цәҳа-кәа) **1.** to swear, to curse: Аигула-цәа еи-цәҳа-уé-ит. *The neighbors are swearing. Соседи бранятся.* [cf. **á-цәҳа-ра** "to swear, to curse"]

áи-цәы-хара-заа-ра [intr. stative] [C1-Rec-Prev-R] (**Fin.** [pres.] еи-цәы́-харо-уп, [past] еи-цәы́-хара-н; **Abs.** еи-цәы́-хара-ны) **1.** to be apart from each other/one another: Шә-қы́ҭа-қәа еи-цәы́-харо-у-ма? *Are your villages apart from each other? Ваши села находятся далеко друг от друга?* Ҳарá х-аи-цәы́-хара-ны ха-н-хó-ит. *We are living apart from each other. Мы живем далеко друг от друга.* Д-ахь-кá-жьы-з убри́ áҟара и-хи́ и-шьап-и́ еи-цәы́-хара-н. (AF) *Where he [the ogre] lay cast down, his head and feet were so far apart from each other.*

аитцá **1.** [adj.] (еитцó-у) less: Уи́ уарá у-еитца и-ды́р-уа-ма? *Does he know less than you do? Он меньше тебя знает?* **2.** [predicate] [C1-C2-R] [C1 be less than C2] (**Fin.** [past] и-р-еитцá-н / и-р-еитцá-мызт; **Non-fin.** [past] (C1) и-р-еитцá-з / и-р-еитцá-мыз) to be less: [Хáҳә ду-к] á-хьанҭара уеизгьы́ шә-ԥы́т-к и-р-еитцá-мызт. (AF) *The weight [of a large rock] certainly was not less than 100 puds.*

áитц-ааӡа-ра* [tr.] [C1-Prev-C3-S] (**Fin.**[aor.] [и]-еитцá-и-ааӡе-ит / [и]-еитцá-и-м-ааӡе-ит, [imper.] [и]-еитц-áаӡа! / [и]-еитцá-б-м-ааӡа-н!, **Abs.** [и]-еитц-áаӡа-ны / [и]-еитцá-м-ааӡа-кәа; **Non-fin.** [pres.] (C1) [и]-éитца-и-ааӡо) **1.** (*of cattle*) to breed, to rear; (*of plants*) to grow: А-рахә еитцá-р-ааӡе-ит. *They bred the cattle.*

áитца-кьа-ра[1]* [tr.] [C1-Prev-C3-R] [C3 hinder/upset C1] (**Fin.** [aor.] с-еитцá-р-ҟье-ит (*они мне помешали*) / с-еитцá-ры-м-ҟье-ит, [imper.] с-еитца-ҟьá! / с-еитцá-бы-м-ҟьа-н!) **1.** to prevent, to hinder; to upset: С-пла́н-қәа зегьы́ еитца́-р-ҟье-ит. *They upset all my plans. Они расстроили все мои планы.* Уа́хь с-ца-ра́ еитца́-р-ҟье-ит. (ACST) *They hindered my going there.*

а́итца-кьа-ра[2]* [intr.] [C1-Prev-R] [C1 fall through] (**Fin.** [aor.] еитца-ҟье́-ит / еитца́-м-ҟье-ит; **Abs.** еитца-ҟьа-ны́ / еитца́-м-ҟьа-кәа) **1.** to fall through: Ҳа-пла́н-қәа еитца-ҟье́-ит. *Our plans have fallen through. Наши планы расстроились.*

а́итца-тца-ра [tr.] [C1-Prev-C3-R / C1-Prev-C3-Neg-R] [C3 load C1 (*with a shot*)] (**Fin.** [pres.] и-еитца́-с-тцо-ит / и-еитца́-с-тцо-м, [aor.] и-еитца́-с-тце-ит / и-еитца́-сы-м-тце-ит, [imper.] и-еитца-тца́! / и-еитца́-бы-м-тца-н!; **Abs.** еитца-тца-ны́ / еитца́-м-тца-кәа; **Non-fin.** [pres.] (C1) еитца́-с-тцо / еитца́-сы-м-тцо, (C3) еитца́-з-тцо / еитца́-зы-м-тцо) **1.** to load (a gun): Иара́ а-шәа́қь шьацма́-ла еитце́-и-тце-ит. *He loaded the gun with a pellet. Он зарядил ружье дробью.* **2.** to fill a pipe with tabacco.

аитцба́ [n.] *see* **аитцбы́ 3**.

аитцбы́[1] [n.] a young man/woman.

аитцбы́[2] [adj.] (еитцб-у́, аитцба-цәа́/аитцба-кәа́, еитцбы́-к) younger: с-ашьа́ еитцбы́ *my younger brother, мой младший брат.* [cf. **аиҳабы́** "elder"]

аитцбы́-заа-ра* [intr. stative] [C1-R, C1-C2-R] [C1 be younger, C1 be younger than C2] (**Fin.** [pres.] д-(с)-еитцб-у́п / д-(с)-еитцбы́-м) **1.** to be younger (than sb): С-ашьа́ сара́ с-аа́стҭа шықәсы́к д-еитцб-у́п. *My brother is one year younger than I.* Баҭа́л ҧшьы́-шықәса́, сара́ с-аастҭа д-еитцб-у́п. *or* Баҭа́л ҧшьы́шықәса ры́-ла д-с-еитцб-у́п. (AFL) *Batal is four years younger than I. Батал моложе меня на четыре года.*

и́-тцегь(ы) [adv.] some more, longer; further: И-тцегь га! *Take some more!* И-тцегьы ҳ-ааицәа́жәа-п. *Let's talk some more!*

а́итцы-х-ра [tr.] [C1-Prev{Rec-Prev}-C3-R / C1-Prev-C3-Neg-R] [C3 stretch C1] (**Fin.** [pres.] [aor.] и-еитцы́-с-х-ит / и-еитцы́-сы-м-х-ит, [imper.] и-еитцы́-х! / и-еитцы́-бы-м-хы-н!; **Non-fin.** [pres.] (C1) е́итцы-с-х-уа / е́итцы-сы-м-х-уа, (C3) еитцы́-з-х-уа / еитцы́-зы-м-х-уа; **Abs.** еитцы́-х-ны / еитцы́-м-х-кәа *or* и-м-еитцы́-х-кәа) **1.** to stretch: У-шьап-қәа́ еитцы́-х! *Stretch out your legs!* А-ша́ха еитцы-х! *Stretch a rope!* А-ҳәынтцәра́ҧшь ан-ҧха́, а-мтцәы́жәӛа хәыч-қәа́ ааитц-на́-хт. *When the robin warmed up, it stretched out the little wing(s).*

и́-тцәгь [adv.] some more; still, yet: И-тцәгь га! *Take some more!* Шәара́ и́-тцәгь а-у́с-қәа шәы́-мо-уп. *You still have many jobs.*

а́ичa-ҳа-ра [intr.] [C1-C2-Prev-R] (**Fin.** [pres.] д-е́ичa-ҳа-уе-ит / д-е́ичa-ҳа-уа-м, [aor.] д-е́ичa-ҳа-ит / д-е́ичa-м-ҳа-ит, [imper.] б-е́ичa-ҳа! / б-е́ичa-м-ҳа-н!, шә-е́ичa-ҳа!; **Non-fin.** [pres.] (C1) е́ичa-ҳа-уа / е́ичa-м-ҳа-уа, [aor.] (C1) е́ичa-ҳа / е́ичa-м-ҳа; **Abs.** еича́-ҳа-ны / еичa-м-ҳа-кәа) **1.** to treat cautiously: Шә-гәабзи́ара шә-е́ичa-ҳа-ла-р-о-уп. *You must take care of your health. Вы должны беречь свое здоровье.* **2.** to value: Сара́ даа́ра а-ҧа́ра с-е́ичa-ҳа-уе-ит. *I am very thrifty. Я очень бережливый.* || **а-хы́ а́ичa-ҳа-ра** to take care of youself: Шә-хы шә-е́ичa-ҳа! *Take care of yourself! Поберегите себя!*

а́иҿак [adj.] thrifty; economical: Сара́ с-еиҿак-у́п. (= Сара́ а-ҧа́ра с-е́ичa-ҳа-уе-ит.) *I am thrifty.*

а́иҿа-рҧш-ра [tr.] [C1-Prev-C3-S / C1-Prev-C3-Neg-S] [C3 make *them* look at each other] (**Fin.** [pres.] еиҿа-сы-рҧш-уе́-ит / еиҿа-сы-рҧш-уа́-м, [aor.] еиҿа-сы-рҧш-и́т / еиҿа-с-мы-рҧш-и́т, [imper.] еиҿа-рҧшы́! / еиҿа-б-мы-рҧшы́-н!, еиҿа-шәы-рҧшы́! / еиҿа-шә-мы-рҧшы́-н!; **Non-fin.** [pres.] (C1) е́иҿа-сы-рҧш-уа / е́иҿа-с-мы-рҧш-уа, (C3) еиҿа-зы-рҧш-уа́ / еиҿа-з-мы-рҧш-уа́; **Abs.** еиҿа-рҧш-ны́ / еиҿа-мы-рҧшы́-кәа) **1.** to make (sb) look each other in the face. **2.** to compare.

а́и-ҿа-ҳа-ра* [intr.] [C1-Rec-Prev-R] (**Fin.** [aor.] еи-ҿа́-ҳа-ит (и-аи-ҿа́-ҳа-ит) / еи-ҿа́-м-ҳа-ит; **Abs.** еи-ҿа́-ҳа-ны (и-аи-ҿа́-ҳа-ны) / еи-ҿа́-м-ҳа-кәа) **1.** to bump into each other. **2.** to encounter each other, to meet each other by chance: Уахы́к дара́ а-ӷы́ҵьагьы а[а]-аи-ҿа́-ҳа-

И

ит. (ACST) *One night they both suddenly came face to face with each other.* [cf. **а-ҿá-ҳа-ра** "to meet by chance"]

áиҿ-каа-ра [tr.] [C1-Prev-C3-R / C1-Prev-C3-Neg-R] [C3 organize C1] (**Fin.** [pres.] еиҿы́-с-каа-уе-ит (< и-аиҿы́-с-каа-уа-ит) / еиҿы́-с-каа-уа-м (-каа-ʒо-м), [aor.] еиҿы́-с-каа-ит / еиҿы́-сы-м-каа-ит (-каа-ʒе-ит), [imper.] еиҿы-кáа! / еиҿы́-бы-м-каа-н!, еиҿы́-шә-каа! / еиҿы́-шәы-м-каа-н!; **Non-fin.** [pres.] (C1) éиҿы-с-каа-уа / éиҿы-сы-м-каа-уа, (C3) еиҿы́-з-каа-уа / еиҿы́-зы-м-каа-уа; **Abs.** еиҿ-каа-ны́ / еиҿы́-м-каа-кәа) **1.** to organize: Аизара еиҿы́-р-каа-ит. *They organized the meeting.* **2.** to elaborate.

áиҿкааратә [adj.] organizational.

аиҿцәáжәара [n.] **1.** conversation; a dialogue. **2.** negotiations.

ишабалáк(ь) [adv.] anyhow: Ари́ а-текст ишабалáк еитá-у-га-р а-у-ʒо-м. (ARD) *Этот текст нельзя перевести как попало. You cannot translate this text anyhow.*

ишакәзаалáк(ь) [adv.] one way or another: Ишакәзаалáк и-ҧсы́ ҭа-ны́ д-аа́-ит. (ARD) *Так или иначе он приехал живым. One way or another he returned alive.*

ишакәзаалáкгьы *see* **ишáкәзаалáк**

ишаны́ *see* **а-ша-рá**

и-ш-иáша-у [adv.] directly.

ишҧá [pron.] how: Ишҧá ҟа-лé-и? *How did this happen?* Ишҧá у-ҳәé-и? *How did you say?*

áи-ш-ра [intr.] [C1-C2-Prev-R / C1-C2-Neg-Prev-R] [C1 bark at C2] (**Fin.** [pres.] и-с-éи-ш-уе-ит, и-éи-ш-уе-ит, и-х-áи-ш-уе-ит / и-с-éи-ш-уа-м, [aor.] и-с-éи-ш-ит / и-с-м-éи-ш-ит, [imper.] у-л-éи-ш! / у-л-м-éи-шы-н!; **Non-fin.** [pres.] (C1) и-л-éи-ш-уа (*то, которое лает на нее*) / и-л-м-éи-ш-уа, (C2) и-з-éи-ш-уа (*тот, на которого оно лает*) / и-з-м-éи-ш-уа, [aor.] (C1) и-л-éи-ш / и-л-м-éи-ш, (C2) и-з-éи-ш / и-з-м-éи-ш, [impf.] (C1) и-л-éи-ш-уа-з / и-л-м-éи-ш-уа-з, (C2) и-з-éи-ш-уа-з / и-з-м-éи-ш-уа-з, [past indef.] (C1) и-л-éи-шы-з / и-л-м-éи-шы-з, (C2) и-з-éи-шы-з / и-з-м-éи-шы-з; **Abs.** и-с-éи-ш-ны / и-с-м-éи-ш-кәа) **1.** to bark at sb: А-лá с-éи-ш-уе-ит. *The dog is barking at me. Собака лает на меня.* А-лá а-ҽы́ и-éи-ш-уе-ит. *The dog is barking at the horse. Собака лает на лошадь.* [cf. **а-ш-рá** [intr.] to bark]

-иштҿ [verbal suffix] **1.** since: Кáма Џьгьáрда ды-нхó-иштҿ ҩы́-шықәса ц-уé-ит. *Kama has been living in Dzhgjarda for two years.*

ишы́коутцәкьа [adv.] literally.

-ишь(т) [verbal suffix] **1.** [with Future I tense] *used to mark an unwilling action*: Нéли-раа ры-ҟы́нӡа ҳа-цá-п-ишь аӡәы́р д-аа-хьá-зар аа-бá-п! *O well then let's go to Neli and company and see if anyone has come yet!* **2.** [with a finite verbal form] just: С-цá-п-шь(т), абри́ а-ӡы́ ахь-цó з-бá-п-шь(т). (ACST) *I'll just go and see where this water goes.* **3.** [with an imperative form] *used to soften the force of the imperative.* "please, -ка": И-сá-шә-ҳәе-ишь! *Скажите-ка мне!* И-сы-р-бé-ишь! *Дай-ка мне посмотреть!* б-цé-ишь! *пойди-ка!* и-ҟа-цé-ишь! *делай-ка!* Дáд, арá у-аа-скьé-ишь. *Dad, please come here! Папа, подойди-ка сюда!*

áишь-цәа [n.] (pl.) brothers. [See **áиашьа** (sg.) "a brother"]

áишәа [n.] (áишәа-қәа, еишәá-к) **1.** a table: áишәа а-рхиа-рá *to lay the table.* ай́шәа а-хатәарá *to sit down at the table.* Аишәа хиó-уп. *The table is laid.* Аишәа-ҿы и́-қә-гыла-н: а-хáча, а-хш, а-хартцәы́. (AFL) *On the table were cottage cheese, milk, and yoghurt. На столе стояли: творог, молоко, йогурт.* **2.** a meal: Аишәа лы-рхиé-ит. *She prepared the meal.*

áи-ҩ-дыраа-рá* [tr.] [C1-Rec-Prev-C3-S] [C3 distingush each other/one another] (**Fin.** [pes.] еи-ҩы́-з-дыраа-уе-ит / еи-ҩы́-з-дыраа-уа-м, [aor.] еи-ҩы́-з-дыраа-ит / еи-ҩы́-зы-м-дыраа-ит, [imper.] еи-ҩ-дырáа! / еи-ҩы́-бы-м-дыраа-н!) **1.** to distinguish each other/one another: И-ҧҳá-и дарé-и у-з-еи-ҩы-м-ды́раа-уа и-аны́-ҟа-ла, а-уаста-цәá д-аа-ры́-ҧхье-ит. (AF) *When it had happened that you couldn't distinguish between them and his daughter, he'd* *summoned the carpenters.*

áиҩса [adj.] (éиҩсо-у) cloven: а-хáҳә еиҩсá *the cloven stone.*

áиҩы-рса-ра [tr.] [C1-Prev-C3-S / C1-Prev-C3-Neg-S] [C3 cut C1] (**Fin.** [pres.] еиҩ-сы-рсó-ит / еиҩ-сы-рсó-м, [aor.] еиҩ-сы-рсé-ит / еиҩы-с-мы-рсé-ит, [imper.] еиҩ(ы)-рсá! / еиҩы-б-мы-рсá-н!; **Non-fin.** [pres.] (C1) éиҩ-сы-рсо / éиҩы-с-мы-рсо, (C3) еиҩ-зы́-рсо / еиҩы-з-мы́-рсо; **Abs.** еиҩ-рса-ны́ / еиҩ-мы-рсá-кәа) **1.** to cut.

áиҩы-рффа-ра* [tr.] [C1-Prev-C3-S] [C3 split C1 in two] (**Fin.** [aor.] еиҩ-и-рффé-ит / еиҩ-и-мы-рффé-ит, [imper.] еиҩы-рффá! / еиҩ-б-мы-рффá-н!) **1.** to cut/slit sth; to split sth in two: Иарá а-хáҳә д-áа-сы-н, и-а-аиҩ-и-рффé-ит. (AF) *He struck the rock and caused it to split in two.*

áиҩхаа [n.] (áиҩхаа-кәа) a ravine, a gorge.

áиҩызара [n.] (ҳ-áиҩызара) friendship.

áиҩыз-цәа [pl.] friends with respect to each other. [cf. **а-ҩы́за** "a friend"]

áиҩы́зцәа-ха-ра* [intr.] [C1-friends-become] (**Fin.** [aor.] ҳ-аиҩы́зцәа-хе-ит / ҳ-аиҩы́зцәа-м-хе-ит, [imper.] шә-еиҩы́зцәа-ха! / шә-еиҩы́зцәа-м-ха-н!) **1.** to become friends: Шәарé-и сарé-и ҳ-аиҩы́зцәа-ха-п ҳәа с-гәы́ и-аá-на-го-ит. *I hope that you and I will become friends. Я надеюсь, вы и я станем друзьями.*

áиҩы-х-ра [tr.] [C1-Prev-C3-R / C1-Prev-C3-Neg-R] (**Fin.** [pres.] еиҩы́-с-х-уе-ит / еиҩы́-с-х-уа-м, [aor.] еиҩы́-с-х-ит, ҳ-аиҩы́-л-х-ит / еиҩы́-сы-м-х-ит, ҳ-аиҩы́-лы-м-х-ит, [imper.] еиҩы́-х! / еиҩы́-бы-м-хы-н!; **Non-fin.** [pres.] (C1) éиҩы-с-х-уа / éиҩы-сы-м-уа, (C3) еиҩы́-з-х-уа / еиҩы́-зы-м-х-уа; **Abs.** еиҩы́-х-ны / еиҩы́-м-х-кәа) **1.** to cut; to saw up.

áиҩ-ша-ра [tr.] [C1-Prev-C3-R / C1-Prev-C3-Neg-R] [C3 divide C1] (**Fin.** [pres.] и-еиҩы́-л-шо-ит / и-еиҩы́-л-шо-м, [aor.] и-еиҩы́-л-ше-ит / и-еиҩы́-лы-м-ше-ит, [imper.] и-еиҩ-шá!, и-еиҩы́-шә-ша! / и-еиҩы́-бы-м-ша-н!, и-еиҩы́-шәы-м-ша-н!; **Non-fin.** [pres.] (C1) éиҩы-л-шо / éиҩы-лы-м-шо, (C3) еиҩы́-з-шо / еиҩы́-зы-м-шо; **Abs.** еиҩ-ша-ны́ / еиҩы́-м-ша-кәа) **1.** to separate into parts, to split: А-тҵх а-гәы́ ан-éиҩ-на-шо а-зы́ бы́-чкәын хәычы́ д-аа-б-гәы́-д-кыка-н, ари́ а-кы́ҭа б-а-л-тҵ! (AF) *When the night splits its heart in two, hold your little son to your breast and abandon this village!*

И

К к

-к [suffix] **1.** *used to mark indefiniteness.* "a, one, a certain; some" [< акы́ "one"]**:** шәҟәы́-к *a book, какая-то книга.* ҩны́-к *a house, какой-то дом.* бҕа́б ду́-к *a huge ibex.* сы́-з-напы-к *my one hand.* лы́-з-ла-к *her one eye.* Сара́ д-сы́-мо-уп ҩы́за бзи́а-к. (AFL) *I have a good friend. У меня есть одна хорошая подруга.* Шәара́ ӡҕа́б-цәа-ҟәа-к-и шәаре́-и ше-еиба-ды́р-ит. (IC) *Вы познакомились с какими-то девушками. You became acquainted with some girls.* **2.** [added to a personal pronoun] *used to mark emphasis***:** Бара́-к // бара́ бы-хаҭа́-к с-гу́ аа-ҧу́-б-тцәе-ит. *I'm fed up with you.*

-ка- [preverb] "non-local preverb" (Spruit, SC5)**:** д-ка́-ха-ит *he fell.*

-ка- [preverb] down.

кааме́ҭ [adv.] a great deal; very much.

а-кааме́ҭ [n.] horror; a terrible happening.

а-ка́ба [n.] (а-ка́ба-ҟәа, ка́ба-к) **1.** a shirt. **2.** k'aba (a Caucasian coat).

Кавка́з [n.] [place name] the Caucasus. Кавказ.

кавка́зтәи [adj.] Caucasian**:** кавка́зтәи а-бызшәа-ҟәа́ *the Caucasian languages, кавказские языки.* кавка́зтәи а́-шьха еибарҟыра-ҟәа *the Caucasian mountains.*

акагьы́ (= **акгьы́**) [pron.] nothing**:** Акагьы́ у-ҧырха́га-ӡа-м, аӡәгьы́ д-у-ҧырха́га-ӡа-м. (AFL) *Nothing prevents you, nobody prevents you. Ничто тебе не мешает, никто тебе не мешает.* Акагьы́ у́-хь-уа-м. *Nothing will happen to you.* Сара́ акагьы́ с-з-е́илы-м-каа-ит. *I could understand nothing. Я ничего не поняла.*

Кады́р [n.] (m.) [person's name]

а-ка́-жь-заа-ра [intr. stative] [C1-Prev-R] [C1 lie] (**Fin.** [pres.] д-ка́-жь-уп, [past] д-ка́-жьы-н) **1.** to lie; to lie, to lie about**:** ҿыцха д-ка́-жь-уп *he/she is lying on his/her stomach.* А-ҟы́ҭа а-гәҭа-ны́ хаҳәы́ еиқәатцәа́ ду-к ка́-жьы-н. (AF) *At the center of the village there lay a huge pitch-black stone.*

а-ка́-жь-ра [tr.] [C1-Prev-C3-R / C1-Prev-C3-Neg-R] [C3 throw C1 down] (**Fin.** [pres.] и-ка-сы́/зы́-жь-уе-ит / и-ка-сы́/зы́-жь-уа-м, [aor.] и-ка-лы́-жь-ит / и-ка-л-мы́-жь-ит, [imper.] и-ка́-жь! / и-ка-б-мы́-жьы-н!, и-ка-шәы́-жь! / и-ка-шә-мы́-жьы-н!, [poten.] и-сы-з-ка́-жь-уа-м; **Non-fin.** [pres.] (C1) и-ка-лы́-жь-уа / и-ка-л-мы́-жь-уа, (C3) и-ка-зы́-жь-уа / и-ка-з-мы́-жь-уа, [aor.] (C1) и-ка-лы́-жь / и-ка-л-мы́-жь, (C3) и-ка-зы́-жь / и-ка-з-мы́-жь, [impf.] (C1) и-ка-лы́-жь-уа-з / и-ка-л-мы́-жь-уа-з, (C3) и-ка-зы́-жь-уа-з / и-ка-з-мы́-жь-уа-з, [past indef.] (C1) и-ка-лы́-жьы-з / и-ка-л-мы́-жьы-з, (C3) и-ка-зы́-жьы-з / и-ка-з-мы́-жьы-з; **Abs.** и-ка́-жь-ны / и-ка-мы́-жь-кәа) **1.** to throw sth/sb to the ground**:** Сара́ а-гәа́м ка-сы́-жь-ит. *I threw out garbage.* А-хәчы́ и-хы́лҧа ка-и́-жь-ит. *The child threw his cap on purpose. Ребенок бросил свою шапку нарочно.* А-ҳәынҭқа́р д-ан-а́а-ҧш, а-дау́ ды-шь-ны́, и-а́ҧхьа ды-ш-ка́жьы-з д-и-бе́-ит. (Ab.Text) *When the King awoke, he saw that the ogre has been killed and was tossed down in front of his eyes.* || **а-гәы́ а-ка́-жь-ра** to lose heart, to become despondent**:** Шә-гәы́ ка-шә-мы́-жьы-н! *Don't become despondent!* Л-гәы́ ка-шә-мы́-жьы-н! *Encourage her!* Уи а-уаҩы́ и-гәы́ ка-лы́-жь-уе-ит. *She disheartens a person.* Та́мшь-аа р-гәы́ ка-ры́-жь-уа-м. (AFL) *The inhabitants of Tamsh don't despair. Жители Тамшь не отчаиваются.* А-цәгьара а́ан-гьы л-гәы́ ка-лы́-жь-ӡо-м. (AFL) *Even in a time of misfortune, she doesn't despair. И во время беды она не отчаивается.* **2.** to abandon, to get out of**:** Уи и-ҟазшьа́ бааҧсы́ ка-и́-жь-ит. (IC) *He got out of a bad habit. Он избавился от своей вредной привычки.* **3.** to throw down, to bring down**:** А-дау́ ды-шь-ны́ д-ахь-ка-жьы́-з цҟьа и-аны́-ла-и-хуа-ҧш, тдабыргы́нгьы и-лы́мҳа-қуа акы́ ш-а́-ма-мыз р-бе́-ит. (Ab.Text) *When they looked at the ogre lying down who had been killed, they realised that, indeed, one of his ears was missing.* Ари́ а́-қәҧаҩы уаҩы́ д-ка-и-мы́-жьы-цт.

(RAD) *Этого борца никто не клал. Nobody put down this fighter.*

а-ка́-жьцәа-ра* [intr.] [C1-Prev-S / C1-Prev-Neg-S] [C1 spit] (**Fin.** [pres.] д-ка́-жьцәо-ит / д-ка́-жьцәо-м, [aor.] д-ка́-жьцәе-ит / д-ка́-мы-жьцәе-ит, [imper.] у-ка́-жьцәа! / у-ка́-мы-жьцәа-н!; Abs. д-ка́-жьцәа-ны / д-ка́-мы-жьцәа-кәа) **1.** to spit**:** ды-л-ка́-жьцәе-ит. (ACST) *he/she suddenly spat.*

аказы́ [num.] one**:** а-саа́ҭ аказы́ *at one o'clock.*

ака́ка 1. [pron.] something**:** Ҭага́лан зегьы́ ака́ка и-р-ҿ-у́п. (AFL) *In autumn everybody is busy with something. Осенью все занимаются чем-то.* **2.** [adv.] one by one.

ака́ка а́ума [adv.] one by one**:** Зегьы́ ака́ка а́ума и-у́-мо-у? (AFL) *У тебя все по одному?*

а-кака́л [n.] (pl.**) breakfast. || **кака́л а-к-ра́** to eat**:** Уара́ кака́л у-кы́-ма? *Did you eat?* Сара́ кака́л сы-м-к-ӡе́-ит. *I didn't eat.*

а-кака́л-к-ра [tr.] [кака́л C3-R / кака́л C3-Neg-R] [C3 have a snack] (**Fin.** [pres.] кака́л л-к-уе́-ит / кака́л л-к-уа́-м (-к-ӡо́-м), [aor.] кака́л л-к-и́т / кака́л лы-м-к-и́т (-к-ӡе́-ит), [imper.] кака́л кы́! / кака́л бы-м-кы́-н!, кака́л шә-кы́! / кака́л шәы-м-кы́-н!; **Non-fin.** [pres.] (C3) кака́л з-к-уа́ / кака́л зы-м-к-уа́, [aor.] (C3) кака́л з-кы́ / кака́л зы-м-кы́; **Abs.** кака́л к-ны́ / кака́л м-кы́-кәа) **1.** to have a snack**:** Цьара́ кака́л х-кы́-п. *Let's have a snack somewhere. Где-нибудь перекусим.*

а-кака́н [n.] (-қәа, кака́н-к) nut**:** Кака́н ҵы́ҭк сы́-ҭ! *Give me some nuts!*

-какара [suffix] *used to emphasize adjectives.* ["Intensifier," Chirikba:30]**:** а-ҟәа́ш-кака́ра *extremely white* < а-ҟәа́ш *white.*

а-кака́ч [n.] (-қәа, кака́ч-к) a wild flower.

а-кака́ҷ-ра [intr.] [C1-R / C1-Neg-R] [C1 bloom] (**Fin.** [pres.] и-кака́ҷ-уе-ит / и-кака́ҷ-уа-м (-ӡо-м), [aor.] и-кака́ҷ-ит / и-м-кака́ҷ-ит (-ӡе-ит), [imper.] у/б-кака́ҷ! / у/бы-м-кака́ҷы-н!; **Non-fin.** [pres.] (C1) и-кака́ҷ-уа / и-м-кака́ҷ-уа, [aor.] (C1) и-кака́ҷ / и-м-кака́ҷ, [impf.] (C1) и-кака́ҷ-уа-з / и-м-кака́ҷ-уа-з, [past indef.] (C1) и-кака́ҷы-з / и-м-кака́ҷы-з; **Abs.** и-кака́ҷ-ны / и-м-кака́ҷ-кәа) **1.** (= **а́-шәҭ-ра**) to bloom**:** Ааҧын и-шәҭ-уе́-ит, и-кака́ҷ-уе-ит а́-шәҭ шкәа́кәа-қәа. (AFL) *In spring, white flowers blossom and blossom. Весной цветут, цветут белые цветы.*

а-кала́м [n.] (а-кала́м-қәа, с-кала́м) a pen.

Ка́ма [n.] (f.) [person's name]

Камачы́ч [n.] (f.) [person's name]

а-камба́шь [n.] (а-камба́шь-қәа, камба́шь-к) a (water) buffalo.

Камшьышь [n.] (m.) [person's name]

а-камыршша́ [n.] a snail.

а́-капан [n.] weight**:** Уи́ и-капа́н и-а́-г-хе-ит. *He lost weight.*

а́-капан-ра [tr.] [C1-C3-R / C1-C3-Neg-R] [C3 weigh C1] (**Fin.** [pres.] и-с-капа́н-уе-ит, и-а́-капан-уе-ит / и-с-капа́н-уа-м, [aor.] и-с-капа́н-ит, и-а́-капан-ит / и-сы-м-капа́н-ит, и-а́-м-капан-ит, [imper.] и-капа́н! / и-бы-м-капа́ны-н!, и-шә-капа́н! / и-шәы-м-капа́ны-н!; **Non-fin.** [pres.] (C1) и́-л-капан-уа / и́-лы-м-капан-уа, (C3) и-з-капа́н-уа / и-зы-м-капа́н-уа, [aor.] (C1) и́-л-капан / и́-лы-м-капан, (C3) и-з-капа́н / и-зы-м-капа́н, [impf.] (C1) и́-л-капан-уа-з / и́-лы-м-капан-уа-з, (C3) и-з-капа́н-уа-з / и-зы-м-капа́н-уа-з, [past indef.] (C1) и́-л-капаны-з / и́-лы-м-капаны-з, (C3) и-з-капа́ны-з / и-зы-м-капа́ны-з; **Abs.** и-капа́н-ны / и-м-капа́н-кәа) **1.** to weigh**:** Кьы́ла-к а́-хәша с-зы́-шә-капан! *Please weigh a kilogram of butter for me! Взвесьте мне килограмм масла!*

а-капе́и [n.] (-қәа) a kopeck.

а-капу́сҭа [n.] (-қәа) a cabbage**:** а-капу́сҭартцәы *pickled cabbage.*

а-ка́-ҧа-ра* [intr.] [C1-Prev-R] [C1 jump down] (**Fin.** [pres.] д-ка́-ҧо-ит / д-ка́-ҧо-м, [aor.] д-ка́-ҧе-ит / д-ка́-м-ҧе-ит, [imper.] б-ка́-ҧа! / б-ка́-м-ҧа-н!, **Abs.** д-ка́-ҧа-ны / д-ка́-м-

K

ҧа-кәа) **1.** to jump down.

а-каԥда́н [n.] (-цәа) a captain (of a ship).

а-ка-ԥса-заа-ра́ [intr. stative] [C1-Prev-R] [C1 be scattered] (**Fin.** [pres.] и-ка-ԥсо́-уп / и-ка-ԥса́-м, [past] и-ка-ԥса́-н / и-ка-ԥса́-мызт, [imper.] у-ка-ԥса́-з! / у-ка-ԥса́-мыз!; **Non-fin.** (C1) [pres.] и-ка-ԥсо́-у / и-ка-ԥса́-м, [past] и-ка-ԥса́-з / и-ка-ԥса́-мыз; **Abs.** и-ка-ԥса-ны́ / и-ка-ԥса́-м-кәа) **1.** to be scattered: А-қьаа́дбӷьы́ц-қәа зехьы́нџьара и-ка-ԥсо́-уп. (ARD) *Листы бумаги повсюду рассыпаны. Sheets of paper are scattered everywhere.*

а-ка-ԥса-ра́ [labile] **(1)** [intr.] [C1-Prev-R / C1-Prev-Neg-R] [C1 scatter] (**Fin.** [pres.] и-ка-ԥсо́-ит / и-ка-ԥсо́-м (*or* и-ка-ԥса-ӡо́-м), [aor.] и-ка-ԥсе́-ит / и-ка́-м-ԥсе-ит (и-ка́-м-ԥса-ӡе-ит); **Non-fin.** (C1) [pres.] и-ка-ԥсо́ / и-ка́-м-ԥсо, [aor.] и-ка-ԥса́ / и-ка́-м-ԥса, [impf.] и-ка-ԥсо́-з / и-ка́-м-ԥсо-з, [past indef.] и-ка-ԥса́-з / и-ка́-м-ԥса-з; **Abs.** и-ка-ԥса-ны́ / и-ка́-м-ԥса-кәа *or* и-м-ка-ԥса́-кәа) **1.** to be scattered: А-бӷь-қәа́ есааира и-ҩе́ижьхо-ит, и-ка-ԥсо́-ит. (AFL) *The leaves gradually turn yellow and fall down. Листья постепенно желтеют, осыпаются.* А-тџла а-бӷьыц-қәа еи-ла́хәмар-уе-ит, а-ԥша́ нарысы-н и-ка-ԥсе́-ит. (AFL) *Листки дерева играют друг другом, ветер подул и (листья) осыпались.* А-быӷь-қәа́ ка-ԥсе́-ит. *The leaves fell down. Листья осыпались.* Уи́ а́-тџла а-бӷьы́ ка-ԥсе́-ит. *The leaves have fallen from this tree. У этого дерева опали листья.* **2.** to be extinguished, to go out: Есымшааира и́-мч-қәа ка-ԥсо́-ит. *His powers are being extinguished with each day. Силы у него гаснут с каждым днем.* **3.** (*of a tooth, hair, etc.*) to fall out. **(2) [tr.]** [C1-Prev-C3-R / C1-Prev-C3-Neg-R] [C3 scatter C1] (**Fin.** [pres.] и-ка́-лы-ԥсо-ит / и-ка́-лы-ԥсо-м (-ԥса-ӡо-м), [aor.] и-ка́-лы-ԥсе-ит / и-ка́-лы-м-ԥсе-ит (-ԥса-ӡе-ит), [imper.] и-ка́-ԥса! / и-ка́-бы-м-ԥса-н!, и-ка́-шәы-ԥса! / и-ка́-шәы-м-ԥса-н!) **1.** to scatter, to strew: Сара́ абӷь-қәа́ ка́-сы-ԥсо-ит. *I am scattering the leaves. Я рассыпаю листья.* **2.** (*of seeds*) to sow.

а-каранда́шь [n.] (-қәа) a pencil.

а-карауа́ра-ха-ра [intr.] [C1-Prev-R / C1-Prev-Neg-R] [C1 become exhausted] (**Fin.** [pres.] д-карауа́ра-хо-ит / д-карауа́ра-хо-м, [aor.] д-карауа́ра-хе-ит / д-карауа́ра-м-хе-ит, [imper.] б-карауа́ра-ха! / б-карауа́ра-м-ха-н!; **Non-fin.** [pres.] (C1) и-карауа́ра-хо / и-карауа́ра-м-хо, [aor.] (C1) и-карауа́ра-ха / и-карауа́ра-м-ха; **Abs.** д-карауа́ра-ха-ны / д-карауа́ра-м-ха-кәа) **1.** to become very tired.

а-ка́ра-ха-ра [intr.] [C1-Prev-R / C1-Prev-Neg-R] [C1 get tired out] (**Fin.** [pres.] с-ка́ра-хо-ит / с-ка́ра-хо-м, [aor.] д-ка́ра-хе-ит / д-ка́ра-м-хе-ит, [imper.] б-ка́ра-ха! / б-ка́ра-м-ха-н!, шә-ка́ра-ха! / шә-ка́ра-м-ха-н!; **Non-fin.** [pres.] (C1) и-ка́ра-хо / и-ка́ра-м-хо, [aor.] (C1) и-ка́ра-ха / и-ка́ра-м-ха; **Abs.** д-ка́ра-ха-ны) **1.** to become very tired: Зынӡа́ с-ка́ра-хе-ит. *I am very tired.*

а-карпы́жә [n.] (-қәа, карпы́жә-к) (= **а-кырпы́жә**) a watermelon.

а-карто́ш [n.] (-қәа, карто́ш-к) (= **а-карто́фель**) a potato.

а-каруа́ҭ [n.] (-қәа, каруа́ҭ-к) a bed. кровать: а-каруа́ҭ-қәыршә *a bedspread, покрывало.* У-е́имаа-қуа а-каруа́ҭ а́-тџаҟа и́-ҟо-уп. *Your shoes are under the bed.*

а-ка-рце́и-ра* [tr.] [C1-Prev-C3-S] [C3[the sun] makes C1[the earth] heat up] (**Fin.** [pres.] и-ка-на-рце́и-уе-ит / и-ка-на-рце́и-уа-м, [aor.] и-ка-на-рце́и-т / и-ка-на-мы-рце́и-т, **Abs.** и-ка-рце́и-ны / и-ка-м-рце́и-кәа) **1.** (*of the sun*) to make *the earth* heat up: А-мра и-ка-на-рце́и-уа-н. *The sun was beating down.*

а-ка́-ршә-ра [tr.] [C1-Prev-C3-S / C1-Prev-C3-Neg-S] [C3 throw C1] (**Fin.** [pres.] и-ка-лы́-ршә-уе-ит, и-ка-на́-ршә-уе-ит, и-ка-ды́-ршә-уе-ит / и-ка-лы́-ршә-уа-м (-ӡо-м), [aor.] и-ка-лы́-ршә-ит / и-ка-л-мы́-ршә-ит (-ӡе-ит), [imper.] и-ка́-ршә! / и-ка-б-мы́-ршәы-н!, и-ка-шәы́-ршә! / и-ка-шә-мы́-ршәы-н!; **Non-fin.** [pres.] (C1) и-ка-лы́-ршә-уа / и-ка-л-мы́-ршә-уа, (C3) и-ка-зы́-ршә-уа / и-ка-з-мы́-ршә-уа, [aor.] (C1) и-ка-лы́-ршә / и-ка-л-мы́-ршә, (C3) и-ка-зы́-ршә / и-ка-з-мы́-ршә, [impf.] (C1) и-ка-лы́-ршә-уа-з / и-ка-л-мы́-ршә-уа-з,

(C3) и-ка-зы́-ршә-уа-з / и-ка-з-мы́-ршә-уа-з, [past indef.] (C1) и-ка-лы́-ршәы-з / и-ка-л-мы́-ршәы-з, (C3) и-ка-зы́-ршәы-з / и-ка-з-мы́-ршәы-з; **Abs.** и-ка́-ршә-ны / и-ка-мы́-ршә-кәа) **1.** (*of sth small and light*) to throw, to cast: Аиха́ а́-дгъыл а-ќны́ и-ка-сы́-ршә-ит. *I threw the axe to the ground. Я бросил топор на землю.* А-шәшьы́ра-ҿы и-уа́па ка́-ршә-ны и-ҧс-и́-шьо-н. (AF) *He would cast his felt-cloak in the shade and rest.* **2.** to spread, to lay: А-уарҳа́л ка-лы́-ршә-ит. *She laid the carpet. Она расстелила ковер.* **3.** [stative] А-ҕәара-ҿы́ а-уарҳа́л ка́-ршә-уп. *The carpet is laid on the floor. На полу лежит ковер.* || **И-гәы́ ка-и́-ршә-ит**. *He calmed down completely.* [cf. А-каранда́ш а-дашма́ (*or* а-дашма-ҿы́) и-ка-сы-жь-и́т. *I threw a pencil to the floor. Я бросил карандаш на пол.*]

а-ка́сса [n.] (а-ка́сса-қәа, ка́сса-к) the checkout counter: а-ка́сса-ҿы *at the checkout counter, в кассе.*

а-касы́ [n.] (а-кас-қәа́, касы́-к, касы́-ла) a head-scarf; a shawl; a bridal veil.

а-катего́риа [n.] (-қәа) a category.

а́-каҭ [n.] (а́-каҭ-қәа, каҭы́-к) a net.

а́-каҭа [n.] (а́-каҭа-қәа, каҭа́-к, каҭа́-ла) a (fishing) net.

а-ка-ҭәа-ра́ [labile] **(1)** [tr.] [C1-Prev-C3-R / C1-Prev-C3-Neg-R] [C3 sprinkle C1] (**Fin.** [pres.] и-ка́-л-ҭәо-ит / и-ка́-л-ҭәо-м (*or* и-ка́-л-ҭәа-ӡо-м), [aor.] и-ка́-л-ҭәе-ит / и-ка́-лы-м-ҭәе-ит (-ҭәа-ӡе-ит), [imper.] и-ка-ҭәа́! / и-ка́-бы-м-ҭәа-н!, и-ка-шә-ҭәа́! / и-ка́-шәы-м-ҭәа-н!; **Non-fin.** [pres.] (C1) и-ка́-л-ҭәо / и-ка́-лы-м-ҭәо, (C3) и-ка́-з-ҭәо / и-ка́-зы-м-ҭәо, [aor.] (C1) и-ка́-л-ҭәа / и-ка́-лы-м-ҭәа, (C3) и-ка́-з-ҭәа / и-ка́-зы-м-ҭәа, [impf.] (C1) и-ка́-л-ҭәо-з / и-ка́-лы-м-ҭәо-з, (C3) и-ка́-з-ҭәо-з / и-ка́-зы-м-ҭәо-з, [past indef.] (C1) и-ка́-л-ҭәа-з / и-ка́-лы-м-ҭәа-з, (C3) и-ка́-з-ҭәа-з / и-ка́-зы-м-ҭәа-з; **Abs.** и-ка-ҭәа-ны́ / и-ка́-м-ҭәа-кәа) **1.** (*of water*) to pour out: А-ӡы́ ка-с-ҭәе́-ит. *I poured the water out. Я вылил воду.* а́-лаҕырӡ каҭәа-ра́ *to shed tears, лить слезы.* **2.** to urinate. **(2)** [intr.] (**Fin.** [pres.] и-ка-ҭәо́-ит / и-ка-ҭәо́-м) **1.** (= **а-ле́-и-ра**) to flow, to run: А-ӡы́ ка-ҭәо́-ит. *The water is flowing. Вода льется.* [cf. **а́-қә-ҭәа-ра** "to pour out": А-ӡы́ а́-дгьыл и-қәы́-с-ҭәе-ит. *I poured the water on the ground.* **а-ҭа-ҭәа-ра́** "to pour": А-ӡы́ а́-ҭәаца и-ҭа́-с-ҭәе-ит. *I poured water into the glass.*]

K

(**а**)**-ка́хҳаа** [adj./adv.] clear, bright; cloudless; brightly: а-мш ка́хҳаа и-ан-е́ил-го-у *on a clear day.* А-мра ка́хҳаа и-лашо́-ит (/и-ҧхо́-ит). *The sun is shining brightly. Солнце светит ярко.*

-ка-хәы́ц-уа [adv.] wrapped up in oneself; in deep thought: д-кахәы́цуа д-не́-и-уа-н. *He/She was walking in deep thought.*

а-ка́ҳа [n.] (-қәа) (*gramm.*) a case.

а-ка́-ҳа-ра [intr.] [C1-Prev-R / C1-Prev-Neg-R] [C1 fall] (**Fin.** [pres.] д-ка́-ҳа-уе-ит / д-ка́-ҳа-уа-м, [aor.] д-ка́-ҳа-ит / д-ка́-м-ҳа-ит *(preferred) or* ды-м-ка́-ҳа-ит, [fut.1] д-ка́-ҳа-п / д-ка́-ҳа-рым, [fut.2] д-ка́-ҳа-шт / д-ка́-ҳа-шам, [perf.] д-ка́-ҳа-хьеит / ды-м-ка́-ҳа-ц(т), [impf.] д-ка́-ҳа-уа-н / д-ка-ҳа-уа́-мызт, [past indef.] д-ка́-ҳа-н / --, [cond.1] д-ка́-ҳа-рын / д-ка-ҳа-ры́мызт, [cond.2] д-ка́-ҳа-шан / д-ка́-ҳа-шамызт, [plupf.] д-ка́-ҳа-хьан / ды-м-ка́-ҳа-цызт, [imper.] б-ка́-ҳа! / б-ка́-м-ҳа-н!, шә-ка́-ҳа!; **Non-fin.** (C1) [pres.] и-ка́-ҳа-уа / и-ка́-м-ҳа-уа *or* и-м-ка́-ҳа-уа, [aor.] и-ка́-ҳа / и-ка́-м-ҳа, [fut.1] и-ка́-ҳа-ра / и-ка́-м-ҳа-ра, [fut.2] и-ка́-ҳа-ша / и-ка́-м-ҳа-ша, [perf.] и-ка́-ҳа-хьоу (-хьа(ц)) / и-ка́-м-ҳа-хьоу (-хьа(ц)), [impf.] и-ка́-ҳа-уа-з / и-ка́-м-ҳа-уа-з, [past indef.] и-ка́-ҳа-з / и-ка́-м-ҳа-з, [cond.1] и-ка́-ҳа-ры-з / и-ка́-м-ҳа-ры-з, [cond.2] и-ка́-ҳа-ша-з / и-ка́-м-ҳа-ша-з, [plupf.] и-ка́-ҳа-хьа-з / и-ка́-м-ҳа-хьа-з; **Abs.** д-ка́-ҳа-ны / д-ка́-м-ҳа-кәа *or* ды-м-ка́-ҳа-кәа) **1.** to fall (down); to drop; to fall: и-ка́-ҳа-уа а-ха́ҳә *the falling stone.* А-дау́ уа и-ҧсы́ аа-и-хы́ҵы-н, а́гуараҳәа ды-л-ка́-ҳа-ит. (Ab.Text) *At that, the ogre drew his last breath and collapsed.* **2.** to be abundant, to abound. **3.** (*of a price*) to fall, come down: А-ча́ а-хә ка́-ҳа-ит. *The price of bread has fallen. Цена на хлеб упала.* || **а-гәы́ а-ка́-ҳа-ра** to lose heart: Сара́ с-гәы́ ка́-ҳа-ит. *I lost heart. Я пал духом.* [cf. **а-ҵә-ка́-ҳа-ра** "to drop something big accidentally"]

а-каҳуа́ /a-k'aħwá/ [n.] coffee. кофе**:** и-лаго́-у а-каҳәа́ *ground coffee, молотый кофе.* А-каҳәа́ а́-хш а́-ла-ҭәа-ны и-з-жә-и́т. *I drank coffee with milk.* Ҳара́ а-каҳуа́ еиц-а́а-жә-ит. *We drank coffee together.* А-каҳуа́ и-еиц-а́а-жәы-р ҟа-м-ла-р-и́? (IC) *Would you like some coffee?* [lit. *Wouldn't we drink coffee together?*] *Нельзя ли пригласить тебя на чашку кофе?* Сара́ а-каҳуа́ сы-рш-уе́-ит. *I am making coffee. Я готовлю кофе.* [See **а-рш-ра́** "to boil"]

а-каҳуа́жәырҭа [n.] (-қәа) a cafe. кафе.

а-ка-ца-ра́ [tr.] [C1-Prev-C3-R / C1-Prev-C3-Neg-R] [C3 drive C1] (**Fin.** [pres.] и-ка́-с-цо-ит, и-ка-на-цо́-ит / и-ка́-с-цо-м, и-ка-на-цо́-м, [aor.] и-ка́-с-це-ит, и-ка-на-це́-ит / и-ка-сы́-м-це-ит, и-ка-на́-м-це-ит, [fut.1] и-ка́-с-ца-п, и-ка-на-ца́-п / и-ка́-с-ца-рым, и-ка-на-ца-ры́м, [fut.2] и-ка́-с-ца-шт, и-ка-на-ца́-шт / и-ка́-с-ца-шам, и-ка-на-ца́-шам, [perf.] и-ка́-с-ца-хьеит, и-ка-на-ца-хье́ит / и-ка́-сы-м-ца-ц(т), и-ка-на́-м-ца-ц(т), [impf.] и-ка́-с-цо-н, и-ка-на-цо́-н / и-ка́-с-цо-мызт, и-ка-на-цо́-мызт, [past indef.] и-ка́-с-ца-н, и-ка-на-ца́-н / и-ка́-сы-м-ца-зт, и-ка-на́-м-ца-зт, [cond.1] и-ка́-с-ца-рын, и-ка-на-ца-ры́н / и-ка́-с-ца-рымызт, и-ка-на-ца-ры́мызт, [cond.2] и-ка́-с-ца-шан, и-ка-на-ца́-шан / и-ка́-с-ца-шамызт, и-ка-на-ца́-шамызт, [plupf.] и-ка́-с-ца-хьан, и-ка-на-ца-хьа́н / и-ка́-сы-м-ца-цызт, и-ка-на́-м-ца-цызт, [imper.] и-ка-ца́! / и-ка́-бы-м-ца-н!, и-ка́-шә-ца!; **Non-fin.** [pres.] (C1) и́-ка-л-цо / и́-ка-лы-м-цо, (C3) и-ка-з-цо́ / и-ка-зы-м-цо́, [aor.] (C1) и́-ка-л-ца / и́-ка-лы-м-ца, (C3) и-ка-з-ца́ / и-ка-зы-м-ца́, [fut.1] (C1) и́-ка-л-ца-ра / и́-ка-лы-м-ца-ра, (C3) и-ка-з-ца-ра́ / и-ка-зы-м-ца-ра́, [fut.2] (C1) и́-ка-л-ца-ша / и́-ка-лы-м-ца-ша, (C3) и-ка-з-ца́-ша / и-ка-зы-м-ца́-ша, [perf.] (C1) и́-ка-л-ца-хьоу (-хьа(ц)) / и́-ка-лы-м-ца-хьоу (-хьа(ц)), (C3) и-ка-з-ца-хьо́у (-хьа́(ц)) / и-ка-зы-м-ца-хьо́у (-хьа́(ц)), [impf.] (C1) и́-ка-л-цо-з / и́-ка-лы-м-цо-з, (C3) и-ка-з-цо́-з / и-ка-зы-м-цо́-з, [past indef.] (C1) и́-ка-л-ца-з / и́-ка-лы-м-ца-з, (C3) и-ка-з-ца́-з / и-ка-зы-м-ца́-з, [cond.1] (C1) и́-ка-л-ца-ры-з / и́-ка-лы-м-ца-ры-з, (C3) и-ка-з-ца-ры́-з / и-ка-зы-м-ца-ры́-з, [cond.2] (C1) и́-ка-л-ца-ша-з / и́-ка-лы-м-ца-ша-з, (C3) и-ка-з-ца́-ша-з / и-ка-зы-м-ца́-ша-з, [plupf.] (C1) и́-ка-л-ца-хьа-з / и́-ка-лы-м-ца-хьа-з, (C3) и-ка-з-ца-хьа́-з / и-ка-зы-м-ца-хьа́-з; **Abs.** и-ка-ца-ны́ / и-ка́-м-ца-кәа) **1.** to drive (*cattle*)**:** А-хьшь-цәа ес-ҧхынра́ а́-рахә а́-шьха-ҟа и-ка́-р-цо-ит (и-р-го́-ит). (AFL) *The herdsmen drive the cattle to the mountain every summer. Пастухи гонят скот в горы каждое лето.* [cf. Аҧхын а́-хьча-цәа (а́-хьшь-цәа) ры́-рахә а́-шьха и-ка́-р-цо-ит. (AFL) *In summer, the herdsmen drive their cattle out to the mountain. Летом пастухи угоняют их скот в гору.*]

а́-катҵаҩ [n.] (а́-катҵаҩ-цәа) a manufacturer.

а-катҵәа́ра [n.] (-қәа, катҵәа́ра-к) a mountain path.

а-качы́ҷ [n.] k'ach'ych', a kind of Abkhazian black grape.

а-ка-ҿа-ра́ [tr.] [C1-Prev-C3-R / C1-Prev-C3-Neg-R] [C3 cut off branches of C1] (**Fin.** [pres.] и-ка-с-ҿо́-ит / и-ка-с-ҿо́-м, [aor.] и-ка-с-ҿе́-ит / и-ка-сы-м-ҿе́-ит, [imper.] и-ка-ҿа́! / и-ка-бы-м-ҿа́-н!, и-ка-шә-ҿа́! / и-ка-шәы-м-ҿа́-н!; **Non-fin.** [pres.] (C1) и-ка́-с-ҿо / и-ка́-сы-м-ҿо, (C3) и-ка́-з-ҿо / и-ка́-зы-м-ҿо; **Abs.** и-ка-ҿа-ны́ / и-ка́-м-ҿа-кәа) **1.** to cut off branches; to trim**:** А-ҭы́рас и́-қу-ла-ны и-ка́-р-ҿо-н. (Ab.Text) *They clambered up ferns and cut off the fronds.*

а-ка-шәа-ра́ [intr.] [C1-Prev-R / C1-Prev-Neg-R] [C1 fall] (**Fin.** [pres.] и-ка-шәо́-ит / и-ка-шәо́-м, [aor.] и-ка-шәе́-ит / и-ка́-м-шәе-ит; **Non-fin.** (C1) [pres.] и-ка-шәо́ / и-ка́-м-шәо, [aor.] и-ка-шәа́ / и-ка́-м-шәа, [impf.] и-ка-шәо́-з / и-ка́-м-шәо-з, [past indef.] и-ка-шәа́-з / и-ка́-м-шәа-з; **Abs.** и-ка-шәа-ны́ / и-ка́-м-шәа-кәа) **1.** (*of a light object*) to drop, to fall.

ака́ҩхәа [adv.] shrilly**:** Ака́ҩхәа лы́-қәҿ-и-ҭ-ит. *He called shrilly for her.*

а-кеикеи́ [adj.] **1.** clear; transparent. **2.** fine, clear.

акгьы́ [pron.] (= **акагьы́, акы́мзарак**) nothing (+ Neg)**:** Акгьы́ сы́-ма-ӡа-м. *I have nothing.* Акгьы́ и́-ма-м. *He has nothing.* Аҭа́к ҳәа акгьы́ и-м-а-ха́-ит. *He heard nothing in reply.*

Акгьы́ и-зы́-м-фе-ит. *He could not eat anything. Он ничего не смог есть.*

а́ки-а́ки [adv.] (*of non-human being*) each other, one another.

а-килогра́мм [n.] (-қәа) kilogram. килограмм.

а-киломе́тр [n.] (-қәа) kilometer. километр: Уи сы-й-шьта-н киломе́тра-к. *I followed him for a kilometer.*

а-кино́ [n.] (-қәа) **1.** a film. кино. **2.** a cinema, a movie house. кинотеатр: А-хәыч-қәа́ а-кино́ ахь и-це́-ит. *The children went to the cinema.*

а-киноаҡтио́р [n.] (-цәа) a screen actor. киноактер.

а-кио́ск [n.] (-қәа) a kiosk. киоск: а-кио́ск а́хь *to the kiosk, в киоск.*

а-кипари́с [n.] (-қәа) a cypress (tree). кипарис.

кка́ӡа́ [adv.] utterly, completely: А-цәа ды-ккаӡа́ д-а́-л-тц-ит. *He/She was wide awake. Он/Она полностью проснулся/-лась.* А-мш ккаӡа́ еил-ге́-ит. *The weather has cleared up.*

а-кла́сс [n.] (-қәа, класс-к) **1.** (a) class: а́ктәи а-кла́сс а-ҿы́ *in the first class.* **2.** a class, a grade: У-ҷку́н жәа-кла́сс-к аҟны́ д-тәо́-у-ма? *Is your son in the tenth grade? Твой сын учится в десятом классе?* **3.** a classroom: а-ҩн-и́ а-кла́сс-и р-ҿы *at home and in class.* Гәы́нда ҳа-кла́сс а-ҟны́ а-тцара́ л-тцо́-ит. *Gunda studies in our classroom.*

а-кла́ссҕәы [n.] (а-кла́ссҕә-қәа) a blackboard.

а-клаҷкәы́р [n.] (-қәа, сы-клаҷкәы́р) a (wattled) basket.

а-кна́-ҳа-заа-ра [intr. stative] [C1-(C2)-Prev-R] [C1 hang / be suspended on/in C2] (**Fin.** [pres.] и-кна́-ҳа-уп / и-кна́-ҳа-м, [aor.] и-кна́-ҳа-н / и-кна́-ҳа-мызт, [imper.] у-кна́-ҳа-з! / у-кна́-ҳа-мыз!; **Non-fin.** [pres.] (C1) и-кна́-ҳа-у / и-кна́-ҳа-м, (C2) и-з-кна́-ҳа-у / и-з-кна́-ҳа-м; **Abs.** и-кна́-ҳа-ны / и-кна́-ҳа-м-кәа) **1.** to hang, to be suspended: А-па́лто а-кнаҳа́рҭа-ҿы и-кна́-ҳа-уп. (ARD) *Пальто висит в гардеробной. The overcoat is hanging in the wardrobe.*

а-кна́-ҳа-ра [tr.] [C1-(C2)-Prev-C3-R / C1-(C2)-Prev-C3-Neg-R] [C3 hang C1 on C2] (**Fin.** [pres.] и-кна́-с-ҳа-уе-ит / и-кна́-с-ҳа-уа-м, [aor.] и-кна́-с-ҳа-ит / и-кна́-сы-м-ҳа-ит, ды-кна́-с-ҳа-ит / ды-кна́-сы-м-ҳа-ит, [imper.] ды-кна́-ҳа! / ды-кна́-бы-м-ҳа-н!, и-кна́-ҳ!, и-кна́-шә-ҳ! / ды-кна́-шәы-м-ҳа-н!; **Non-fin.** [pres.] (C1) и-кна́-с-ҳа-уа / и-кна́-сы-м-ҳа-уа, (C3) и-кна́-з-ҳа-уа / и-кна́-зы-м-ҳа-уа, [aor.] (C1) и-кна́-с-ҳа / и-кна́-сы-м-ҳа, (C3) и-кна́-з-ҳа / и-кна́-зы-м-ҳа; **Abs.** и-кна́-ҳа-ны / и-кна́-м-ҳа-кәа) **1.** to hang: А-ҭӡа́мц-қәа р-ҿы́ а-са́хьа-қәа кна́-с-ҳа-ит. *I hung the pictures on the walls.* **2.** [stative] А-са́ркьа абна́ и-кна́-ҳа-уп. (IC) *The mirror is suspended there. Зеркало висит там.* Сара́ сы-тцкы́ еиқәатцәа́ ӡәӡәа-ны́ и-кна́-ҳа-уп. *My black dress is drying. Мое черное платье сушится.* [cf. **а-ҳа-кна́-ҳа-ра, а-х-шь-ра́**]

а-кнаҳа́рҭ = а-кнаҳа́рҭа

а-кнаҳа́рҭа [n.] (-қәа, кнаҳа́рҭа-к) (= **а́-маҭәакнаҳарҭа**) a wardrobe; a cloakroom.

а-кны́-х-ра [tr.] [C1-Prev-C3-R / C1-Prev-C3-Neg-R] (**Fin.** [pres.] и-кны́-с-х-уе-ит / и-кны́-с-х-уа-м, [aor.] и-кны́-с-х-ит / и-кны́-сы-м-х-ит, [imper.] и-кны́-х! / и-кны́-бы-м-хы-н!; **Non-fin.** [pres.] (C1) и-кны́-с-х-уа / и-кны́-сы-м-х-уа, (C3) и-кны́-з-х-уа / и-кны́-зы-м-х-уа) **1.** to take down that which is hanging: А-патре́т кны́-л-х-ит. *She took the portrait down.* **2.** to put away the polenta: А-бы́сҭа кны́-х! *Put away the the polenta!*

а-колнха́ра [n.] (-қәа) a kolkhoz, a collective farm: С-а́б а-у́с и-у-е́ит а-колнха́ра-ҿы. (AFL) *My father works in the kolkhoz. Мой отец работает в колхозе.*

а-колнха-цәа́ *see* **а-колнха-ҩы́**

а-колнха-ҩы́ [n.] (а-колнха-цәа́, колнха-цәа́-к) a member of a collective farm: А-колнхацәа́ зегьы́ еизе́-ит. *All the members of the collective farm gathered. Все колхозники собрались.* а-колнха-цәа́ ҕье́ҩ-қуа *ударные колхозники.*

а-кома́нда [n.] (-қәа, шә-кома́нда) **1.** a command: а-кома́нда ҟа-с-тце́-ит. *I gave a command.* **2.** a crew; a team.

а-командúр [n.] (-цәа) a commander. командир: А-руаа р-командúр ú-кә-ӡ-ит. (ARD) *Солдаты погибли из-за своего командира. The soldiers perished because of their commander.*

а-конвéрт [n.] (-қәа) an envelop. конверт.

а-кóнкурс [n.] (-қәа) a competition. конкурс.

а-континéнт [n.] (-қәа) a continent: Амéрика а-континéнт *the American continent.*

а-концéрт [n.] (-қәа) a concert. концерт.

а-кóпиа [n.] (-қәа) a copy: А-кóпиа и-а-хы́-с-х-уе-ит. *I am making a copy. Я снимаю копию.*

а-корéи 1. [n.] (-цәа) a Korean. **2.** [adv.] Korean.

а-коридóр [n.] (-қәа) a corridor. коридор.

а-костиýм [n.] (-кеа, костиýм-к) dress, clothes, suit. костюм.

акóуп *see* **акы́**[1]

а-кóфҭа [n.] (= **а-кәáфҭа**) (-кәа, кóфҭа-к) a (woman's) jacket. кофта.

а-к-рá[1] [tr.] [C1-C3-R / C1-C3-Neg-R] [C3 catch C1] (**Fin.** [pres.] ды-с-к-уé-ит (-к-ӡо-м), д-а-к-уé-ит / ды-с-к-уá-м, [aor.] ды-с-к-úт, д-а-к-úт / д-сы-м-к-úт, д-á-м-к-ит, [fut.1] ды-с-кы́-п / ды-с-к-ры́м, [fut.2] ды-с-кы́-шт / ды-с-кы́-шам, [perf.] ды-с-к-хьéит / д-сы-м-к-úт, д-á-м-к-ит, [impf.] ды-с-к-уá-н / ды-с-к-уá-мызт, [past indef.] ды-с-кы́-н / д-сы-м-кы́-зт, [cond.1] ды-с-к-ры́н / ды-с-к-ры́мызт, [cond.2] ды-с-кы́-шан / ды-с-кы́-шамызт, [plupf.] ды-с-к-хьáн / д-сы-м-кы́-цызт, [imper.] и-кы́! / и-бы-м-кы́-н!, и-шә-кы́!, ды-шә-кы́! / и-шәы-м-кы́-н!, [caus.] ды-с-лы-р-к-úт / д-сы-л-мы-р-к-úт; [poten.] ды-с-зы́-к-уам, ды-с-зы́-м-к-ит; [non-vol.] д-с-áмха-к-ит / д-с-áмха-м-к-ит; [vers.1] ды-л-зы́-с-к-ит / ды-л-зы́-сы-м-к-ит; [vers.2] ды-л-цәы́-с-к-ит / ды-л-цәы́-сы-м-к-ит; **Non-fin.** [pres.] (C1) ú-л-к-уа (*то/тот, которое/-ого она ловит*) / ú-лы-м-к-уа, (C3) и-з-к-уá (*тот, который ловит его(нрз.)/их*), ды-з-к-уá (*тот, который ловит его/ее*) / и-зы-м-к-уá, д-зы-м-к-уá, [aor.] (C1) ú-л-к / ú-лы-м-к, (C3) ды-з-кы́ / д-зы-м-кы́, [fut.1] (C1) ú-л-к-ра / ú-лы-м-к-ра, (C3) ды-з-к-рá / д-зы-м-к-рá, [fut.2] (C1) ú-л-к-ша / ú-лы-м-к-ша, (C3) ды-з-кы́-ша / д-зы-м-кы́-ша, [perf.] (C1) ú-л-к-хьоу (-хьа(ц)) / ú-лы-м-к-хьоу (-хьа(ц)), (C3) ды-з-хьóу (-хьá(ц)) / д-зы-м-к-хьóу (-хьá(ц)), [impf.] (C1) ú-л-к-уа-з / ú-лы-м-к-уа-з, (C3) ды-з-к-уá-з / д-зы-м-к-уá-з, [past indef.] (C1) ú-л-кы-з / ú-лы-м-кы-з, (C3) ды-з-кы́-з / д-зы-м-кы́-з, [cond.1] (C1) ú-л-к-ры-з / ú-лы-м-к-ры-з, (C3) ды-з-к-ры́-з / д-зы-м-к-ры́-з, [cond.2] (C1) ú-л-к-ша-з / ú-лы-м-к-ша-з, (C3) ды-з-кы́-ша-з / д-зы-м-кы́-ша-з, [plupf.] (C1) ú-л-к-хьа-з / ú-лы-м-к-хьа-з, (C3) ды-з-к-хьá-з / д-зы-м-к-хьá-з; **Abs.** и-к-ны́ / и-м-кы́-кәа, ды-к-ны́ / ды-м-кы́-кәа) **1.** to catch; to seize: **и-кы́!** *you (sg.) catch it/them!* и-шә-кы́! *you (pl.) catch it/them!* ды-с-к-уé-ит *I am trying to catch him/her.* А-лá а-жьá а-к-úт. *The dog caught the hare.* Сарá и-с-к-úт а-жьá. *I caught the hare.* Камшьы́шь-и Кады́р-и каҭá-ла хулаáнӡа а-ԥсы́ӡ р-к-уá-н. *K'amshysh and K'adyr were fishing by net until evening.* (ANR) А-хәычқәá а-ӡа-ҟны́ а-ԥсы́ӡ р-к-уé-ит. (AFL) *The children fish in the river. Дети у реки ловят рыбу.* А-хьҭа д-а-кы́-н д-кы́ць-кы́ць-уе-ит. *He/She is shivering from the cold. Он/она дрожит от холода.* А-ԥааимбáр-цәа ды-р-зы́-м-к-ит а-фырхáҵа. *The prophets could not catch the hero.* || **а-разкы́ а-к-ра** to be lucky, to have good luck: И-разҟы́ и-а-к-úт. *He had good luck. Ему повезло.* || **а-ҩны́ á-мца а-к-úт** the house caught fire. || **а-шьапы́ а-к-рá** *see* **а-шьапы́**. [cf. **а-к-рá**[4] || **á-хьҭа с-а-к-úт** it became cold for me. || **á-мла а-к-рá** to be hungry: á-мла с-а-к-уé-ит *I am hungry.* || **А-ӡбá с-а-к-уé-ит**. I thirst for water. || **А-хьҭа д-а-к-уé-ит**. He/She feels the cold. || **а-шóура с-а-к-úт** it became hot for me.]

а-к-рá[2] [intr. inverse] [C1-C2-R] [C2 hold C1] (**Fin.** [pres.] ды-с-к-ýп / у-с-кы́-м, [past] ды-с-кы́-н / ды-с-кы́-мызт; **Non-fin.** [pres.] (C1) ú-л-к-у [jə́-l-k'ə-w] / ú-л-кы-м, (C2) и-з-к-ý / и-з-кы́-м, [past] (C1) ú-л-кы-з / ú-л-кы-мыз, (C2) и-з-кы́-з / и-з-кы́-мыз; **Abs.** и-к-ны́ / и-м-кы́-кәа, ды-к-ны́ / ды-м-кы́-кәа) **1.** to hold: И-с-кы́-уп. *I am holding it/them. Я его(нрз.)/их держу* (*lit. У меня держится*). Абрú áхәа к-ны́, ашьшьы́хәа у-нéи-ны а-ҳәынҭқáр дахы́-ҟо-у и-уа́да-ҿы у-шьҭа́л, у-ҿӡа-ны́ цьара́ куа́кь-к а-ҿы́ у-хәы́тцатәа. (Ab.Text) *Take the sword and go quietly to the room where the King is, and lie down and hide yourself somewhere in a corner sitting down.*

а-к-ра́[3] [intr.(?)] [C1-C2-R / C1-C2-Neg-R] [C1(things) go in C2] (**Fin.** [pres.] д-а/ры-к-уе́-ит / д-а/ры-к-уа́-м, [aor.] д-а/ры-к-и́т / д-а/ры-м-к-и́т, [imper.] б-а/ры-кы́! / б-а́/ры́-м-кы-н!; **Non-fin.** [pres.] (C1) и-а-к-уа́ / и-а́-м-к-уа, [aor.] (C1) и-а-кы́ / и-а́-м-к; **Abs.** и-а/ры-к-ны́ / и-а́/ры́-м-кы-кәа) **1.** (= **а́-қәӡа-ра**) to go in, to fit into: А-маҭәа-қәа чамада́н-к и-а-к-уа́-м. *The clothes/things won't fit into one suitcase.* А-маҭәа-қәа чамада́н-қәа-к и-ры-к-уа́-м. *The clothes/things won't fit into some suitcases.* А-шәҟә-қәа́ кы́ђәра-к и-а-к-уа́-м (*or* и-қә-ӡо-м). *The books won't fit onto one shelf. Книги не поместятся на одной полке.* [cf. **а-рк-ра́** "to put into"]

а-к-ра́[4] [intr.] [C1-C2-R / C1-C2-Neg-R] [C1 feel C2] (**Fin.** [pres.] д-а-к-уе́-ит / д-а-к-уа́-м, [aor.] д-а-к-и́т / д-а́-м-к-ит, [imper.] б-а-кы́! / б-а́-м-кы-н!; **Non-fin.** [pres.] (C1) и-а-к-уа́ / и-а́-м-к-уа, [aor.] (C1) и-а-кы́ / и-а́-м-к; **Abs.** (а́мла) д-а-к-ны́ / (а́мла) д-а́-м-кы-кәа) **1.** to feel: а́-мла с-а-к-и́т. *I became hungry./ I felt hunger.* а-шо́ура с-а-к-и́т *I felt hot.* а́-хьҭа с-а-к-и́т *I felt cold.* а-ӡба́ с-а-к-уе́-ит *I want to drink.*

а-к-ра́[5]* [intr.] [C1-a-R / C1-a-Neg-R] [C1 shut] (**Fin.** [pres.] и-а-к-уе́-ит / и-а-к-уа́-м, [aor.] и-а-к-и́т / и-а́-м-к-ит, **Abs.** и-а-к-ны́ / и-а́-мы-к-кәа) **1.** to shut: А-хә̄а́ а-к-и́т. (AAD) *The cover shut.* А-гәа́шә а-ха́ла и-а-к-и́т. (ARD) *Ворота сами по себе закрылись. The gate shut of its own accord.* [cf. **а-рк-ра́** "to shut"]

а-к-ра́[6]* [tr.] [C1-C3-R] [C3 pester C1] (**Fin.** [aor.] ды-с-к-и́т / д-сы-м-к-и́т, [imper.] д-кы́! / д-бы-м-кы́-н!, **Abs.** ды-к-ны́! / ды-м-кы́-кәа) **1.** to pester, to bother: Д-аа-сы-с-ны с-и-к-и́т. *He pestered me.*

акраа́мҭа [adv.] (= **акы́раамҭа**) for a long time, quite a while: Краа́мҭа с-зы́-цәа-ӡо-м. *I cannot sleep for a long time. Долго я не могу заснуть.*

а-кра-ҿа-ҭца-ра́ [tr.] [Dummy-C2-Prev-C3-R / Dummy-C2-Prev-C3-Neg-R] [C3 feed C2] (**Fin.** [pres.] кры-л-ҿа́-с-тцо-ит (*я ее кормлю*) / кры-л-ҿа́-с-тцо-м, [aor.] кры-л-ҿа́-с-тце-ит / кры-л-ҿа́-сы-м-тце-ит, [imper.] кры-л-ҿа-тца́! / кры-л-ҿа́-бы-м-тца-н!, кры-л-ҿа́-шә-тца! / кры-л-ҿа́-шәы-м-тца-н!; **Non-fin.** [pres.] (C2) кры-з-ҿа́-с-тцо / кры-з-ҿа́-сы-м-тцо, (C3) кры-л-ҿа́-з-тцо / кры-л-ҿа́-зы-м-тцо; **Abs.** кр-ҿа-тца-ны́ / кр-ҿа́-м-тца-кәа) **1.** to feed: А-хәычы́ кры-л-ҿа-тца́! *Feed the child! Накорми ребенка!* А-хәыч-қәа́ кры-р-ҿа-тца́! *Feed the children! Накорми детей!* Макти́на а-хәынтцәра́ђьшь акр-а-ҿа́-л-тце-ит. *Mak't'ina fed the robin.*

а-кр-е́ил-каа-ра [tr.] [Dummy-Prev-C3-R / Dummy-Prev-C3-Neg-R] [C3 be clever] (**Fin.** [pres.] кр-еилы́-л-каа-уе-ит / кр-еилы́-л-каа-уа-м, [aor.] кр-еилы́-л-каа-ит / кр-еилы́-лы-м-каа-ит, [imper.] кр-еил-каа́! / кр-еилы́-бы-м-каа-н!, кр-еилы́-шә-каа! / кр-еилы́-шәы-м-каа-н!; **Non-fin.** [pres.] (C3) кр-еилы́-з-каа-уа / кр-еилы́-зы-м-каа-уа; **Abs.** кр-еил-каа-ны́ / кр-еилы́-м-каа-кәа) **1.** to be clever: Уи́ да́ара кр-еилы́-з-каа-уа уа̄-у́п. (ARD) *Он очень умный человек. He is a very clever person.* [cf. **а́ил-каа-ра** "to learn; to understand"]

а-кр-е́ицы-фа-ра [tr.] [Dummy-аиц(*together*)-C3-R / Dummy-аиц-C3-Neg-R] [C3 eat together] (**Fin.** [pres.] кр-еицы́-р-фо-ит / кр-еицы́-р-фо-м, [aor.] кр-еицы́-р-фе-ит / кр-еицы́-ры-м-фе-ит, [imper.] кр-еицы́-шә-фа! / кр-еицы́-шәы-м-фа-н!; **Non-fin.** [pres.] (C1) кр-еицы́-з-фо / кр-еицы́-зы-м-фо; **Abs.** кр-еицы́-фа-ны / кр-еицы́-м-фа-кәа) **1.** to eat together: Саа́ҭ-к а́ђхьа Ҭемы́р-и саре́-и кр-еиц-а́ҳ-фе-ит. *Timur and I ate an hour ago.*

а-кре́м [n.] (-қәа) cream.

а-кр-у-ра́ *see* **а-кры-у-ра́**

(а-)кры- [verbal prefixal element] **1.** *used to mark the "dummy" prefix* [Hewitt]. *This prefix has no lexical meaning*: (а-)кры-и-фо́-ит *he's eating;* (а-)кры-л-жә-уе́-ит *she's drinking.* cf. а-

K

кы́ и-фо́-ит *he is eating something.* [Hewitt. Abkhaz:220] **2.** [adv.] very; much, many.

акрызхы́тцуа [adj.] old; historic: Аҟәа да́ара акрызхы́тцуа қала́қь-уп. (AFL) *Sukhum is a very old (historic) city. Сухум очень старый (исторический) город.*

акрызтца́зк'уа [adj.] **1.** important: Ҳара́ акрызтца́зк-уа-з а-зтцаа́ра-қәа ҳ-ры́-ла-цәажәо-н. (IC) *We were talking about the important problems.* **2.** significant, meaningful.

а-кры-у-ра́ [tr.] [a-Dummy-C3-R / a-Dummy-C3-Neg-R] [C3 work] (**Fin.** [pres.] (а-)кры-с/з-у-е́-ит (< (а-)кры-с/з-у-уа́-ит) / (а-)кры-с/з-у-а́м, (< (а-)кры-с/з-у-уа́-м), [aor.] (а-)кры-с/з-у-и́т / (а-)кры-сы/зы-м-у-и́т, [imper.] (а-)кр-уы́! / (а-)кры-бы-м-уы́-н!, (а-)кры-шә/жә-уы́! / (а-)кры-шәы/жәы-м-уы́-н!; **Non-fin.** [pres.] (C3) (а-)кры-з-у-а́ / (а-)кры-зы-м-у-а́, [aor.] (C3) (а-)кры-з-у́ / (а-)кры-зы-м-у́) **1.** to work. **2.** to boil/prepare polenta. **3.** to prepare lunch. [cf. **а-у-ра́** "to do"]

а-кры́-фа-ра [tr.] [(а)-кры-C3-R / (а)-кры-C3-Neg-R] [C3 eat] (**Fin.** [pres.] (а)-кры-л-фо́-ит, (а)-кр-а́-фо-ит / (а)-кры-л-фо́-ит (-фа-ӡо́-м), (а)-кр-а́-фо-м (-фа-ӡо-м), [aor.] (а)-кры-л-фе́-ит, (а)-кр-а-фе́-ит / (а)-кры-лы-м-фе́-ит (-фа-ӡе́-ит), [imper.] кры́-ф! / кры-бы-м-фа́-н!, кры-шә-фа́! / кры-шәы-м-фа́-н!; **Non-fin.** [pres.] (C3) (а)-кры-з-фо́ / (а)-кры-зы-м-фо́, [aor.] (C3) (а)-кры-з-фа́ / (а)-кры-зы-м-фа́, [impf.] (C3) (а)-кры-з-фо́-з / (а)-кры-зы-м-фо́-з, [past indef.] (C3) (а)-кры-з-фа́-з / (а)-кры-зы-м-фа́-з; **Abs.** кры́-фа-ны / кры́-м-фа-кәа) **1.** to eat: С-ҩы́зе-и саре́-и а-кр-аҳ-фе́-ит. *I had a meal with my friend.* кр-аҳ-фа́-п! *let's eat!* а-кр-еиц-а́ҳ-фо-ит *we eat together.* Уара́ кры-зы́-у-м-фо-и? *Why don't you eat?* Шәара́ кры-шә-фа-хьо́-ма? *Have you eaten yet?* — Ааи, ҳара́ кра-ҳ-фа-хье́-ит. *Yes, we have eaten.* [cf. **акр(ы́)-**, **а́-фа-ра** "to eat"]

а-кры́фарҭа [n.] (а-кры́фарҭа-қәа, кры́фарҭа-к) a dining room: Шьыбжьхьа́ ҳ-фо́-ит а-саа́ҭ хӡа ры́-бжа-зы ҳ-университе́т а-кры́фарҭа-ҿы. (AFL) *We have lunch at half past two in our university's dining room. Мы обедаем в половине третьего в столовой университета.* [cf. **а-кры́фа-ра** "to eat"]

а-кры́фаҩ [n.] (-цәа) a mouth (to feed); an eater.

а́ктәи [ordinal num.] first: а́ктәи а-ета́ж *the first [ground] floor.* а́ктәи а-кла́сс а-ҿы́ *in the first class.*

а-ку́рс [n.] (-қәа, курс-к) **1.** a grade [year of study]. **2.** a course: II-тәи (а́ҩба-тәи) а-ку́рс *the second grade.*

а-кәҿахá [adj.] backward (i.e. not modern); remote: а-қы́ҭа кәҿахá *a backward village.* а-қы́ҭа кәҿаха-қәá *backward villages.*

а-кәҿа-цала́-ра [tr.] [C1-Prev-C3-S / C1-Prev-C3-Neg-S] [C3 drive C1 *into a corner*] (**Fin.** [pres.] и-кәҿа́-с-цало-ит / и-кәҿа́-с-цало-м, [aor.] и-кәҿа́-с-цале-ит / и-кәҿа́-сы-м-цале-ит, [imper.] и-кәҿа-ца́л! / и-кәҿа́-бы-м-цала-н!, и-кәҿа́-шә-цал! / и-кәҿа́-шәы-м-цала-н!; **Non-fin.** [pres.] (C1) и-кәҿа́-с-цало / и-кәҿа́-сы-м-цало, (C3) и-кәҿа́-з-цало / и-кәҿа́-зы-м-цало; **Abs.** и-кәҿа-ца́ла-ны / и-кәҿа́-м-цала-кәа) **1.** to drive into a corner/dead end: А-ҽы́ кәҿа-ца́ла-ны и-р-к-и́т. (ARD) *Лошадь загнали в тупик и поймали. They drove the horse into a dead end and caught it.*

а-кәҿа-ҭа-ра́ [tr.] [C1-Prev-C3-R / C1-Prev-C3-Neg-R] [C3 put C1 in the corner] (**Fin.** [pres.] и-кәҿа́-с-ҭо-ит / и-кәҿа́-с-ҭо-м, [aor.] и-кәҿа́-с-ҭе-ит / и-кәҿа́-сы-м-ҭе-ит, [imper.] и-кәҿа-ҭа́! / и-кәҿа́-бы-м-ҭа-н!; **Non-fin.** [pres.] (C1) и-кәҿа́-с-ҭо / и-кәҿа́-сы-м-ҭо, (C3) и-кәҿа́-з-ҭо / и-кәҿа́-зы-м-ҭо; **Abs.** и-кәҿа-ҭа-ны́ / и-кәҿа́-бы-м-ҭа-кәа) **1.** to put sth in the corner.

а-кәҿы́-тц-ра [intr.] [C1-Prev-R / C1-Prev-Neg-R] [C1 go/come out of the corner] (**Fin.** [pres.] ды-кәҿы́-тц-уе-ит / ды-кәҿы́-тц-уа-м, [aor.] ды-кәҿы́-тц-ит / ды-кәҿы́-м-тц-ит, [imper.] бы-кәҿы́-тц! / бы-кәҿы́-м-тцы-н!; **Non-fin.** [pres.] (C1) и-кәҿы́-тц-уа / и-кәҿы́-м-тц-уа; **Abs.** ды-кәҿы́-тц-ны / ды-кәҿы́-м-тц-кәа) **1.** to go/come out of the corner.

а́-кша-ра [intr.] [C1-R / C1-Neg-R] [C1 hit] (**Fin.** [pres.] ды-кшо́-ит / ды-кшо́-м, [aor.] дыкшé-ит / ды-м-кшé-ит, [imper.] бы-кшá! / бы-м-кшá-н!; **Non-fin.** [pres.] (C1) и́-кшо / и́-м-кшо, [aor.] (C1) и-кшá / и́-м-кша; **Abs.** ды-кша-ны́ / ды-м-кшá-кәа) **1.** to beat, to hit**:** Абри́ з-гуаҕьы́-з уарá у-хáтца-тцәӄьо-уп деҿеá зны́к у-кшо-зар! (Ab.Text) *If you hit me once again, you, who do so bravely, must be a real man.*

а-кы́[1] [num.][non-hum.] (cf. **аӡәы́**) one**:** А-камбшь-қәа ак-ó-уп и-сы́-мо-у. *I have only one buffalo.* Сарá с-зы зегьы́ ак-ó-уп. *It is all the same for me. Мне все равно.* || **акы́ ..., егьы́ ...** one ..., the other ... .

а-кы́[2] [pron.] something**:** А-шьха ҳáрак ду а-ҿы́ тцыс-ҭыҩратцас акы́ у-бó-ит. *On the tall mountain, something like a bird's nest is visible. На высокой горе виднеется что-то вроде птичьего гнезда.* А-кы́ и-фó-ит. *He is eating something.* [cf. (а-)кры-и-фó-ит [intr.] *he is eating*]. А-кы́ у-а-цәы́-м-шәа-н! (Ab.Text) *Don't be afraid of anything!* Дарá иáрбанзаалак-гьы акы́ у́с-с и-ры́-ма-м-куа, акы́ и-а-цәы́-м-шәо и́-ӄа-заарын. (Ab.Text) *They didn't have any work (they lived an easy life) nor did they fear anything.* Ари́ машәы́р-ла и́-ӄа-ла-з ак-ó-уп. (AF) *This is something that happened by accident.*

а-кы́[3] [n.] (а-к-цәá, кы́-к) a miser.

акы-гьы́ [pron.] anything at all**:** Акы-гьы́ áа-с-хуо-м. (Hewitt, Abkhaz:174) *I shan't buy anything at all.*

а-кы́ҕәра [n.] (-қәа, кы́ҕәра-к) a shelf.

-кы́д- [preverb] *preverb denoting (1) an action /a state on a slope/incline, (2) that something exists vertically.*

а-кы́д-бга-ра [intr.] [C1-(C2)-Prev-R / C1-(C2)-Prev-Neg-R] [C1 fall off/of C2] (**Fin.** [pres.] и-кы́д-бго-ит / и-кы́д-бго-м, [aor.] и-кы́д-бге-ит / и-кы́ды-м-бге-ит, [imper.] у-кы́д-бга! / у-кы́ды-м-бга-н!; **Non-fin.** [pres.] (C1) и-кы́д-бго / и-кы́ды-м-бго; **Abs.** и-кы́д-бга-ны / и-кы́ды-м-бга-кәа) **1.** to collapse; to fall off**:** А-ҭӡы́ а-шьы́х кы́д-бге-ит. (ARD) *Штукатурка обвалилась со стены. The plaster fell off (of) the wall.* А-ҭӡ-қәá а-шьы́х р-кы́д-бге-ит. *The plaster fell off (of) the walls. Штукатурка обвалилась со стен.*

а-кыд-гы́ла-заа-ра [intr. stative] [C1-Prev-R] (**Fin.** [pres.] д-кыд-гы́ло-уп / д-кыд-гы́ла-м, [past] д-кыд-гы́ла-н / д-кыд-гы́ла-мызт) **1.** to be leaning against (a wall)**:** а-жы́га а-ҭӡы́ и-кыд-гы́ло-уп. (ARD) *the plow is leaning against the wall.*

а-кы́д-гыла-ра [intr.] [C1-Prev-R / C1-Prev-Neg-R] [C1 drop in] (**Fin.** [pres.] д-кы́д-гыло-ит / д-кы́д-гыло-м, [aor.] д-кы́д-гыле-ит / д-кы́ды-м-гыле-ит, [imper.] б-кы́д-гыл! / б-кы́ды-м-гыла-н!; **Non-fin.** [pres.] (C1) и-кы́д-гыло / и-кы́ды-м-гыло; **Abs.** д-кы́д-гыла-ны / д-кы́ды-м-гыла-кәа) **1.** to stand; to stand alongside. **2.** to drop in**:** Сарá сы-щщак-уá-н, убри́ аӄны́тә уарá у-ҿы́ сы-з-кы́ды-м-гыл-т. [poten.] (RAD) *Я спешил, поэтому не зашел к тебе. I was in a hurry, therefore I didn't drop in on you.*

а-кы́д-жәа-ра [tr.] [C1-(C2)-Prev-C3-R / C1-(C2)-Prev-C3-Neg-R] [C1 tear C1 off C2] (**Fin.** [pres.] и-кы́д-с/з-жәо-ит / и-кы́д-с/з-жәо-м, [aor.] и-кы́д-с/з-жәе-ит / и-кы́д-сы-м-жәе-ит, [imper.] и-кы́д-жәа! / и-кы́д-бы-м-жәа-н!, и-кы́д-шә/жә-жәа! / и-кы́д-шәы-м-жәа-н!; **Non-fin.** [pres.] (C1) и-кы́д-с/з-жәо / и-кы́д-сы-м-жәо, (C3) и-кы́д-з-жәо / и-кы́д-зы-м-жәо; **Abs.** и-кы́д-жәа-ны / и-кы́ды-м-жәа-кәа) **1.** to tear sth off from sth**:** А-ҭӡы́ а-қьаáд кы́д-и-жәе-ит. (ARD) *Он сорвал бумагу со стены. He tore the paper off the wall.* А-ҭӡ-қәá а-қьаáд-қәа р-кы́д-и-жәе-ит. *He tore the papers off the walls. Он сорвал бумаги со стен.*

а-кы́д-заа-ра [intr. stative] [C1-(C2)-Prev/R] [C1 exist on C2] (**Fin.** [pres.] и-кы́д-уп / и-кы́ды-м, [past] и-кы́ды-н / и-кы́д-мызт; **Non-fin.** [pres.] и-кы́д-у / и-кы́ды-м, [past] и-кы́ды-з / и-кы́д-мыз) **1.** to exist/be on a vertical, inclined plane**:** А-мра иҳаракны́ á-жәҩан и-кы́д-уп. (RAD) *Солнце высоко на небе. The sun is high in the sky.* Аетцәа-қәа кáхҳаа á-жәҩан и-кы́ды-н. *Bright stars were in the sky.* А-уаса-қәá ҳә-уá á-наара и-кы́ды-н. *The lambs were grazing and were on the slope. Овцы паслись и были на склоне.* **2.** to hang on the wall: А-патре́ҭ а-ҭзы́ (/а-ҭз-а-ҿы́) и-кы́д-уп. (ARD) *Портрет висит на стене. The portrait is hanging on the wall.* А-патре́ҭ-қәа а-ҭз-қәа́ и-р-кы́д-уп. (*or* а-патре́ҭ-қәа а-ҭз-қәа́ р-ҿы́ и-кы́д-уп.) *The portraits are hanging on the walls. Портреты висят на стенах.* Сара́ с-уа́да а-қьаа́д кы́д-уп. *My room is wallpapered. Мой номер оклеен обоями.*

а-кы́д-кьа-ра [labile] **(1)** [tr.] [C1-Prev-C3-R / C1-Prev-C3-Neg-R] [C3 hit C1] (**Fin.** [pres.] д-кы́ды-с-ҟьо-ит / д-кы́ды-с-ҟьо-м, [aor.] д-кы́ды-с-ҟье-ит / д-кы́ды-сы-м-ҟье-ит, [imper.] д-кы́д-ҟьа! / д-кы́ды-бы-м-ҟьа-н!; **Non-fin.** [pres.] (C1) и-кы́ды-с-ҟьо / и-кы́д-сы-м-ҟьо, (C3) и-кы́ды-з-ҟьо / и-кы́д-зы-м-ҟьо; **Abs.** д-кы́д-ҟьа-ны / д-кы́ды-м-ҟьа-кәа) **1.** to strike, to hit. **(2)** [intr.] [C1-Prev-R / C1-Prev-Neg-R] [C1 strike (against)] (**Fin.** [pres.] д-кы́д-ҟьо-ит / д-кы́д-ҟьо-м, [aor.] д-кы́д-ҟье-ит / д-кы́ды-м-ҟье-ит, [imper.] б-кы́д-ҟьа! / б-кы́ды-м-ҟьа-н!; **Non-fin.** [pres.] (C1) и-кы́д-ҟьо / и-кы́ды-м-ҟьо) **1.** to strike, to hit: Иара́ хы́-ла д-кы́д-ҟье-ит. (RAD) *He hit his head. Он ударился головой.*

а-кы́д-ла-ра [intr.] [C1-Prev-R / C1-Prev-Neg-R] (**Fin.** [pres.] д-кы́д-ло-ит / д-кы́д-ло-м, [aor.] д-кы́д-ле-ит / д-кы́ды-м-ле-ит, [imper.] д-кы́д-л! / д-кы́ды-м-ла-н!; **Non-fin.** [pres.] (C1) и-кы́д-ло / и-кы́ды-м-ло, [aor.] (C1) и-кы́д-ла / и-кы́ды-м-ла; **Abs.** д-кы́д-ла-ны / д-кы́ды-м-ла-кәа) **1.** to go up (along an inclined plane): А-шеарыцаҩ а́-хра д-а-хы́ку-ше-ит, и-ԥшы́ху-ит, на́с д-кы́д-ле-ит. (AAD) *The hunter went around the crag, took a look, and climbed it. Охотник обошел скалу, посмотрел и поднялся.*

а-кы́д-ԥаа-ра [tr.] [C1-(C2)-Prev-C3-R / C1-(C2)-Prev-C3-Neg-R] [C3 remove C1 from C2] (**Fin.** [pres.] и-кы́д-с-ԥаа-уе-ит / и-кы́д-с-ԥаа-уа-м, [aor.] и-кы́д-с-ԥаа-ит / и-кы́д-сы-м-ԥаа-ит, [imper.] и-кы́д-ԥаа! / и-кы́д-бы-м-ԥаа-н!, и-кы́д-шә-ԥаа! / и-кы́д-шәы-м-ԥаа-н!; **Non-fin.** [pres.] (C1) и-кы́д-с-ԥаа-уа / и-кы́д-сы-м-ԥаа-уа, (C2) и-з-кы́д-с-ԥаа-уа / и-з-кы́д-сы-м-ԥаа-уа, (C3) и-кы́д-з-ԥаа-уа / и-кы́д-зы-м-ԥаа-уа; **Abs.** и-кы́д-ԥаа-ны / и-кы́ды-м-ԥаа-кәа) **1.** to take off/remove/tear off sth abruptly from sth: А-патре́ҭ а-ҭзы́ и-кы́д-и-ԥаа-ит. (ARD) *Он резко снял портрет со стены. He abruptly removed the portrait from the wall.*

а-кы́д-тәала-заа-ра [intr.] [C1-(C2)-Prev-S] [C1 be perched / be sitting on C2(an inclined plane)] (**Fin.** [pres.] и-кы́д-тәало-уп / и-кы́д-тәала-м, [past] и-кы́д-тәала-н / и-кы́д-тәала-мызт, [imper.] у-кы́д-тәала-з! / у-кы́д-тәала-м!; **Non-fin.** [pres.] (C1) и-кы́д-тәало-у / и-кы́д-тәала-м, (C2) и-з-кы́д-тәало-у / и-з-кы́д-тәала-м; **Abs.** и-кы́д-тәала-ны / и-кы́д-тәала-м-кәа) **1.** to sit/be on an inclined plane, on a wall, on a cliff/crag: А-ҵы́с а́-цаҟьа и-кы́д-тәало-уп. (ARD) *Птичка сидит на скале. A bird is perched on the cliff.*

а-кы́д-тәала-ра [intr.] [C1-(C2)-Prev-S / C1-(C2)-Prev-Neg-S] [C1 land on C2(a wall)] (**Fin.** [pres.] и-кы́д-тәало-ит / и-кы́д-тәало-м, [aor.] и-кы́д-тәале-ит / и-кы́ды-м-тәале-ит, [imper.] у-кы́д-тәал! / у-кы́ды-м-тәала-н!; **Non-fin.** [pres.] (C1) и-кы́д-тәало / и-кы́ды-м-тәало; **Abs.** и-кы́д-тәала-ны / и-кы́ды-м-тәала-кәа) **1.** to alight/land on a wall, to sit down on a wall: А-мҵ а-ҭзы́ и-кы́д-тәале-ит. (ARD) *Муха села на стену. A fly landed on the wall.* А-мҵ-кәа а-ҭз-кәа́ и-р-кы́д-тәале-ит. *Flies landed on the walls. Муха села на стену.*

-кы́д-уп [predicate] *see* **а-кы́д-заа-ра**

а-кы́д-х-ра [tr.] [C1-(C2)-Prev-C3-R / C1-(C2)-Prev-C3-Neg-R] [C3 take C1(an object hanging on a wall) off C2] (**Fin.** [pres.] и-кы́ды-с-х-уе-ит / и-кы́ды-с-х-уа-м, [aor.] и-кы́ды-с-х-ит / и-кы́д-сы-м-х-ит, [imper.] и-кы́д-х! / и-кы́д-бы-м-хы-н!, и-кы́ды-шә-х! / и-кы́д-шәы-м-хы-н!; **Non-fin.** [pres.] (C1) и-кы́ды-с-х-уа / и-кы́д-сы-м-х-уа, (C2) и-з-кы́ды-с-х-уа / и-з-кы́д-сы-м-х-уа, (C3) и-кы́ды-з-х-уа / и-кы́д-зы-м-х-уа; **Abs.** и-кы́д-х-ны / и-кы́ды-м-х-кәа) **1.** to take off (that which is hanging on a wall): А-лаҳәара кы́ды-р-х-ит. *They took down the notice. Они сняли объявление.*

-кы́д-ҵа-ны [adv./abs.]: И-лы́мҳа кы́д-ҵа-ны д-зырҩ-уе́-ит. *He, pricking up his ears, is listening.*

а-кы́д-ҵа-ра [tr.] [C1-Prev-C3-R / C1-Prev-C3-Neg-R] [C3 hang C1] (**Fin.** [pres.] и-кы́д-с-тцо-ит / и-кы́д-с-тцо-м, [aor.] и-кы́д-с-тце-ит / и-кы́д-сы-м-тце-ит, [imper.] и-кы́д-тца! / и-кы́д-бы-м-тца-н!; **Non-fin.** [pres.] (C1) и-кы́д-с-тцо / и-кы́д-сы-м-тцо, (C3) и-кы́д-з-тцо / и-кы́д-зы-м-тцо; **Abs.** и-кы́д-тца-ны / и-кы́ды-м-тца-кәа) **1.** to hang (on sth)**:** А-ҭзы́ и-кы́д-с-тцо-ит. *I hang it/them on the wall. Я вешаю его(нрз.)/их на стену.*

а-кы́д-тц-ра [intr.] [C1-(C2)-Prev-R / C1-(C2)-Prev-Neg-R] [C1 descend from C2] (**Fin.** [pres.] и-кы́д-тц-уе-ит / и-кы́д-тц-уа-м, [aor.] и-кы́д-тц-ит / и-кы́ды-м-тц-ит, [imper.] у-кыд-тц! / у-кы́ды-м-тцы-н!; **Non-fin.** [pres.] (C1) и-кы́д-тц-уа / и-кы́ды-м-тц-уа, [aor.] (C1) и-кы́д-тц / и-кы́ды-м-тц; **Abs.** и-кы́д-тц-ны / и-кы́ды-м-тц-кәа) **1.** (*of hair*) to fall out**:** А-хахәы́ кы́д-тц-уе-ит. *The hair is falling out. Волосы лезут.* **2.** to go down/descend (from a mountain)**:** А-рахә а́-шьха и-кы́д-тц-ит. *The cattle descended the mountain. Скот спустился с горы.*

-кы́дтцәа(ны) [adv.] (*of rain*) as from a bucket**:** А-қәа́ кы́дтцәаны и-а-у-е́ит. *It is raining cats and dogs.*

а-кы́д-шәа-ра [intr.] [C1-(C2)-Prev-R / C1-(C2)-Prev-Neg-R] [C1 fall off C2] (**Fin.** [pres.] и-кы́д-шәо-ит / и-кы́д-шәо-м, [aor.] и-кы́д-шәе-ит / и-кы́ды-м-шәе-ит, [imper.] у-кы́д-шәа! / у-кы́ды-м-шәа-н!; **Non-fin.** [pres.] (C1) и-кы́д-шәо / и-кы́ды-м-шәо, (C2) и-з-кы́д-шәо / и-з-кы́ды-м-шәо; **Abs.** и-кы́д-шәа-ны / и-кы́ды-м-шәа-кәа) **1.** to fall off, to drop off**:** А-ҭзы́ и-кы́ды-рчабла-з а́-лахәара кы́д-шәе-ит. (ARD) *Объявление, приклеенное к стене, упало. The notice that had been stuck to the wall fell off.*

а-кы́ды-ргыла-ра* [tr.] [C1-(C2)-Prev-C3-S] [C3 lean C1 against C2] (**Fin.** [aor.] и-кы́д-и-ргыле-ит / и-кы́д-и-мы-ргыле-ит; **Abs.** и-кы́ды-ргыла-ны / и-кы́д-мы-ргыла-кәа) **1.** to lean/put sth against sth**:** А-мардуа́н а-ҭзы́ и-кыд-и-ргы́ле-ит. *He put a ladder against the wall.*

а-кы́ды-рҷабла-ра [tr.] [C1-(C2)-Prev-C3-S / C1-(C2)-Prev-C3-Neg-S] [C3 stick C1 to C2] (**Fin.** [pres.] и-кыд-сы-рҷа́бло-ит / и-кыд-сы-рҷа́бло-м, [aor.] и-кыд-сы-рҷа́бле-ит / и-кы́д(ы)-с-мы-рҷабле-ит, [imper.] и-кыды-рҷа́бла! / и-кы́д(ы)-б-мы-рҷабла-н!, и-кыд-шәы-рҷа́бла! / и-кы́д(ы)-шә-мы-рҷабла-н!; **Non-fin.** [pres.] (C1) и-кыд-сы-рҷа́бло / и-кы́д(ы)-с-мы-рҷабло, (C3) и-кыд-зы-рҷа́бло / и-кы́д(ы)-з-мы-рҷабло; **Abs.** и-кыды-рҷа́бла-ны / и-кы́д-мы-рҷабла-кәа) **1.** to stick sth to the wall, to glue sth to the wall**:** А-ҭзы́ а-бҕьыц кы́д-и-рҷабле-ит. (ARD) *Он приклеил листовку на стену. He stuck a leaflet to the wall.* А-ҭз-қәа́ а-бҕьыц-кәа р-кы́д-и-рҷабле-ит. *He stuck leaflets to the walls. Он приклеил листовки на стены.* [cf. **а-ҷа́б-ра** "to seal up"]

а-кы́ка [n.] (-қәа) **1.** a nipple. **2.** a woman's bosom.

-кы́л(а)- [preverb] "movement through some object."

а-кы́ла-гыла-заа-ра [intr.] [C1-(C2)-Prev-R] [C1 stand by C2; C1 stand across C2] (**Fin.** [pres.] д-кыла-гы́ло-уп / д-кыла-гы́ла-м, [past] д-кыла-гы́ла-н / д-кыла-гы́ла-мызт, [imper.] б-кыла-гы́ла-з! / б-кыла-гы́ла-мыз!; **Non-fin.** [pres.] (C1) и-кыла-гы́ло-у / и-кыла-гы́ла-м, (C2) и-з-кыла-гы́ло-у / и-з-кыла-гы́ла-м; **Abs.** д-кыла-гы́ла-ны / д-кыла-гы́ла-м-кәа) **1.** to stand by some kind of opening**:** А-ҧе́нџьыр д-кыла-гы́ло-уп. (ARD) *Он/Она стоит у окна. He/She is standing by the window.* А-ҧе́нџьыр-қәа и-р-кыла-гы́ло-уп. *They are standing by the windows. Они стоят у окон.*

а-кы́ла-ӡ-ра [intr.] [C1-Prev-R] [C1 disappear] (**Fin.** [pres.] д-кы́ла-ӡ-уе-ит / д-кы́ла-ӡ-уа-м, [aor.] д-кы́ла-ӡ-ит / д-кы́ла-м-ӡ-ит, [imper.] б-кы́ла-ӡ! / б-кы́ла-м-ӡы-н!; **Non-fin.** [pres.] (C1) и-кы́ла-ӡ-уа / и-кы́ла-м-ӡ-уа, [aor.] (C1) и-кы́ла-ӡ / и-кы́ла-м-ӡ; **Abs.** д-кы́ла-ӡ-ны / д-кы́ла-м-ӡ-кәа) **1.** to disappear; to be lost**:** С-карандашь аба-кы́ла-ӡ-и? *Where did my pencil disappear (to)? Куда делся мой карандаш?* Д-аба́-кыла-ӡ-и? *Where did he/she disappear (to)? Куда он/она делся/-лась?* [cf. **а́-ӡ-ра** "to disappear"; **а́-ла-ӡ-ра** "to disappear; to vanish"]

а-кы́ла-к-ра [tr.] [C1-(C2)-Prev-C3-R / C1-(C2)-Prev-C3-Neg-R] [C3 put C1 out from C2] (**Fin.** [pres.] и-кы́ла-с-к-уе-ит / и-кы́ла-с-к-уа-м, [aor.] и-кы́ла-с-к-ит / и-кы́ла-сы-м-к-ит,

K

[imper.] и-кы́ла-к! / и-кы́ла-бы-м-кы-н!, и-кы́ла-шә-к! / и-кы́ла-шәы-м-кы-н!; **Non-fin.** [pres.] (C1) и-кы́ла-с-к-уа / и-кы́ла-сы-м-к-уа, (C2) и-з-кы́ла-с-к-уа / и-з-кы́ла-сы-м-к-уа, (C3) и-кы́ла-з-к-уа / и-кы́ла-зы-м-к-уа; **Abs.** и-кы́ла-к-ны / и-кы́ла-м-к-кәа) **1.** to put sth out from some kind of opening: А-ҧе́нџьыр и-хы́ кы́ле-и-к-ит. (ARD) *Он высунул голову в окно. He put his head out the window.* А-ҧе́нџьыр-қәа р-х-қәа́ р-кы́ла-р-к-ит. *They put their heads out the windows. Они высунули головы из окон.*

а-кы́ла-тәа-ра [intr.] [C1-Prev-R / C1-Prev-Neg-R] (**Fin.** [pres.] д-кы́ла-тәо-ит / д-кы́ла-тәо-м, [aor.] д-кы́ла-тәе-ит / д-кы́ла-м-тәе-ит, [imper.] б-кы́ла-тәа! / б-кы́ла-м-тәа-н!; **Non-fin.** [pres.] (C1) и-кы́ла-тәо / и-кы́ла-м-тәо, [aor.] (C1) и-кы́ла-тәа / и-кы́ла-м-тәа; **Abs.** д-кы́ла-тәа-ны / д-кы́ла-м-тәа-кәа) **1.** to sit in some kind of aperture/embrasure.

а-кы́ла-ха-ра [intr.] [C1-(C2)-Prev-R / C1-(C2)-Prev-Neg-R] [C1 get stuck in C2(a narrow place)] (**Fin.** [pres.] и-кы́ла-хо-ит / и-кы́ла-хо-м, [aor.] и-кы́ла-хе-ит / и-кы́ла-м-хе-ит, [imper.] у-кы́ла-ха! / у-кы́ла-м-ха-н!; **Non-fin.** [pres.] (C1) и-кы́ла-хо / и-кы́ла-м-хо, (C2) и-з-кы́ла-хо / и-з-кы́ла-м-хо; **Abs.** и-кы́ла-ха-ны / и-кы́ла-м-ха-кәа) **1.** to get stuck in a narrow/tight space: А-баҩ и́-хәда и-кы́ла-хе-ит. (ARD) *Кость застряла у него в горле. A bone was stuck in his throat.*

а-кы́л-бб-ра [intr.] [C1-(C2)-Prev-R / C1-(C2)-Prev-Neg-R] [C1 pour out of C2] (**Fin.** [pres.] и-кы́л-бб-уе-ит / и-кы́л-бб-уа-м, [aor.] и-кы́л-бб-ит / и-кы́лы-м-бб-ит, [imper.] у-кы́л-бб! / у-кы́лы-м-ббы-н!; **Non-fin.** [pres.] (C1) и-кы́л-бб-уа / и-кы́лы-м-бб-уа; **Abs.** и-кы́л-бб-ны / и-кы́лы-м-бб-кәа) **1.** (*of smoke, dust, etc.*) to pour out of some kind of opening: А-лҩаца́рҭа а́-лҩа кы́л-бб-уе-ит. (ARD) *Дым валит из дымохода. Smoke rises from the chimney.*

а-кы́л-га-ра [tr.] (**Fin.** [pres.] д-кы́л-з-го-ит / д-кы́л-з-го-м, [aor.] д-кы́л-з-ге-ит / д-кы́л-сы/зы-м-ге-ит, и-кы́л-л-ге-ит / и-кы́л-лы-м-ге-ит, [imper.] д-кы́л-га! / д-кы́л-бы-м-га-н!, д-кы́л-жә-га! / д-кы́л-шәы-м-га-н!; **Abs.** д-кы́л-га-ны / д-кы́лы-м-га-кәа) **1.** to bring; to lead. **2.** to bring out, to take out.

а-кы́л-да-ра [tr.] [C1-(C2)-Prev-C3-R / C1-(C2)-Prev-C3-Neg-R] [C3 pass C1 through C2] (**Fin.** [pres.] и-кы́лы-с-до-ит / и-кы́лы-с-до-м, [aor.] и-кы́лы-с-де-ит / и-кы́л-сы-м-де-ит, [imper.] и-кы́л-да! / и-кы́л-бы-м-да-н!, и-кы́лы-шә-да! / и-кы́л-шәы-м-да-н!; **Non-fin.** [pres.] (C1) и-кы́лы-с-до / и-кы́л-сы-м-до, (C2) и-з-кы́лы-с-до / и-з-кы́л-сы-м-до, (C3) и-кы́лы-з-до / и-кы́л-зы-м-до; **Abs.** и-кы́л-да-ны / и-кы́лы-м-да-кәа) **1.** to put sth in(to)/ through sth: А-рахәы́ц а-гәы́р а́-ца и-кы́лы-л-де-ит. (ARD) *Она вдела нитку в ушко иглы. She put the thread through the eye of a needle.*

-кы́лкьа [adv./Abs] quickly: д-кы́л-ҟьа д-аа́-ит *he/she came quickly.*

а-кы́л-кьа-ра [intr.] [C1-(C2)-Prev-R / C1-(C2)-Prev-Neg-R] [C1 go through C2] (**Fin.** [pres.] и-кы́л-ҟьо-ит / и-кы́л-ҟьо-м, [aor.] и-кы́л-ҟье-ит / и-кы́лы-м-ҟье-ит, [imper.] у-кы́л-ҟьа! / у-кы́лы-м-ҟьа-н!; **Non-fin.** [pres.] (C1) и-кы́л-ҟьо / и-кы́лы-м-ҟьо, **Abs.** и-кы́л-ҟьа-ны / и-кы́лы-м-ҟьа-кәа) **1.** to go through sth: А-хы́ а-ӡәы́ и-кы́л-ҟье-ит (= и-а́-л-ҟье-ит). (ARD) *Пуля прошла сквозь доску. The bullet went through the board.* А-х-қәа́ а-ӡә-қәа́ и-р-кы́л-ҟье-ит. *The bullets went through the boards. Пули прошли сквозь доски.* [cf. **а́-л-кьа-ра** "to go through"]

а-кы́л-ҧр-аа-ра [intr.] [C1-Prev-R-Ex / C1-Prev-Neg-R-Ex] [C1 fly out] (**Fin.** [pres.] с-кы́л-ҧраа-уе-ит / с-кы́л-ҧраа-уа-м, [aor.] с-кы́л-ҧраа-ит / с-кы́лы-м-ҧраа-ит, [imper.] б-кы́л-ҧраа! / б-кы́лы-м-ҧраа-н!; **Non-fin.** [pres.] (C1) и-кы́л-ҧраа-уа / и-кы́лы-м-ҧраа-уа, [aor.] (C1) и-кы́л-ҧраа / и-кы́лы-м-ҧраа; **Abs.** и-кы́л-ҧраа-ны / и-кы́лы-м-ҧраа-кәа) **1.** to fly out from somewhere: Ани́ а-ҳәыҳә и-а́-л-цы-з еита́х д-ҳәыҳә-ха́-н а-ҧе́нџьыр ды-кы́л-ҧраа-н д-це́-ит. (Ab.Text) *The young man who had come out of the dove turned into a dove again and flew out of the window.* [cf. **а́-ҧыр-ра** "to fly"]

а-кы́л-ҧш-ра [intr.] [< -кы́л-ҧш- "through-look"] [C1-(C2)-Prev-R / C1-(C2)-Prev-Neg-R *or*

C1-Neg-(C2)-Prev-R] [C1 peep through C2] (**Fin.** [pres.] с-кы́л-ԥш-уе-ит, сы-р-кы́л-ԥш-уе-ит / с-кы́л-ԥш-уа-м, [aor.] с-кы́л-ԥш-ит / с-кы́лы-м-ԥш-ит *or* сы-м-кы́л-ԥш-ит, [imper.] б-кы́л-ԥш! / б-кы́лы-м-ԥшы-н!; **Non-fin.** [pres.] (C1) и-кы́л-ԥш-уа / и-кы́лы-м-ԥш-уа, [aor.] (C1) и-кы́л-ԥш / и-кы́лы-м-ԥш; **Abs.** д-кы́л-ԥш-ны / д-кы́лы-м-ԥш-кәа) **1.** to peep out; to gaze through: д-кы́л-ԥш=кы́л-ӡырҩ-уа *he, peeping and pricking up his ears.* Л-уа́да-ҿы а-цаԥха́ а-кы́лтцәара-ҿы д-кы́л-ԥш-уа д-а́-ла-ге-ит. (Ab.Text) *He started to peek through the keyhole of her room.* А-хша́ра д-ан-р-а́у-а б-не́и-ны аба́рҭ а-маца́з-кәа бы-р-кы́л-ԥш-ны бы-ԥшы́, и́-б-бо б-ба́-п. (AF) *When they are delivered of their offspring, go and take a look, gazing trough these rings, and you will see what you will see.*

а-кы́л-с-ра [intr.] [C1-Prev-R / C1-Prev-Neg-R] [C1 go through, C1 seep into; C1 appear] (**Fin.** [pres.] и-кы́л-с-уе-ит / и-кы́л-с-уа-м (-с-ӡо-м), [aor.] и-кы́л-с-ит / и-кы́лы-м-с-ит (-с-ӡе-ит), [imper.] б-кы́л-с! / б-кы́лы-м-сы-н!, шә-кы́л-с! / шә-кы́лы-м-сы-н!; **Non-fin.** (C1) [pres.] и-кы́л-с-уа / и-кы́лы-м-с-уа, [aor.] и-кы́л-с / и-кы́лы-м-с, [impf.] и-кы́л-с-уа-з / и-кы́лы-м-с-уа-з, [past indef.] и-кы́л-сы-з / и-кы́лы-м-сы-з; **Abs.** д-кы́л-с-ны / д-кы́л-м-сы-кәа, и-кы́л-с-ны / и-кы́л-м-сы-кәа) **1.** to get through; to go through (*a opening*); to go out: а-у́лица-хь а-кы́лс-ра *to go out to the street, выйти на улицу.* **2.** to seep: А-флы́ка а-ӡы́ кы́л-с-т. *Water seeped into the boat. Вода протекла в лодку.* **3.** to appear, to present oneself: А-ӡбарҭа-хь д-кы́лы-м-с-ит. *He/She didn't appear before the court.* Уа хәлыбзи́а-қәа! — хәа д-аа-кы́л-с-т А-ԥсцәа́ха. (AF) *The Prince of the Dead suddenly appeared with the greeting: 'Good evening there to you all!'*

а-кы́л-х-ра [tr.] [C1-(C2)-Prev-C3-R / C1-(C2)-Prev-C3-Neg-R] [C3 take C1 out of C2] (**Fin.** [pres.] и-кы́лы-с-х-уе-ит / и-кы́лы-с-х-уа-м, [aor.] и-кы́лы-с-х-ит / и-кы́л-сы-м-х-ит, [imper.] и-кы́л-х! / и-кы́л-бы-м-хы-н!, и-кы́лы-шә-х! / и-кы́л-шәы-м-хы-н!; **Non-fin.** [pres.] (C1) и-кы́лы-с-х-уа / и-кы́л-сы-м-х-уа; **Abs.** и-кы́л-х-ны / и-кы́лы-м-х-кәа) **1.** to take sth out of some kind of opening: А-ҿы́шькыл и-шьапы́ кы́л-и-х-ит. (ARD) *Он вынул ногу из стремени. He took his foot out of the stirrup.*

а-кылтцы́тц [adj.] (и-кы́лтцытц-у) **1.** (*of eyes*) bulging. **2.** bulging: И-мгәацәа́ кылтцы́тц-уп. *He is big-bellied.*

а-кы́лтцәара[1] [n.] (-қәа, кы́лтцәара-к) an opening; a hole: а́-тҵла а-кы́лтцәара *a hole in the tree.*

а-кы́л-тцәа-ра[2] [labile] **(1)** [intr.] [C1-Prev-R / C1-Prev-Neg-R] [C1 be worn through] (**Fin.** [pres.] и-кы́л-тцәо-ит / и-кы́л-тцәо-м, [aor.] и-кы́л-тцәе-ит / и-кы́лы-м-тцәе-ит, [imper.] у-кы́л-тцәа! / и-кы́лы-м-тцәа-н!; **Non-fin.** [pres.] (C1) и-кы́л-тцәо / и-кы́лы-м-тцәо; **Abs.** и-кы́л-тцәа-ны / и-кы́лы-м-тцәа-кәа) **1.** to wear through, to get a hole: С-е́имаа-қәа кы́л-тцәе-ит. (ARD) *Моя обувь продырявилась. My shoes were worn through.* || И-гәы́ кы́л-тцәе-ит. *He is annoyed. Ему надоело.* **(2)** [tr.] [C1-Prev-C3-R / C1-Prev-C3-Neg-R] [C3 make a hole in C1] (**Fin.** [pres.] и-кы́лы-с-тцәо-ит / и-кы́лы-с-тцәо-м, [aor.] и-кы́лы-с-тцәе-ит / и-кы́л-сы-м-тцәе-ит, [imper.] и-кы́л-тцәа! / и-кы́л-бы-м-тцәа-н!, и-кы́лы-шә-тцәа! / и-кы́л-шәы-м-тцәа-н!; **Non-fin.** [pres.] (C1) и-кы́лы-с-тцәо / и-кы́л-сы-м-тцәо, (C3) и-кы́лы-з-тцәо / и-кы́л-зы-м-тцәо; **Abs.** (C1) и-кы́лы-тцәа-ны / и-кы́лы-м-тцәа-кәа) **1.** to make a hole in: А-ҭӡы́ кы́лы-р-тцәе-ит. (ARD) *Они продырявили стену. They made a hole in the wall.*

а-кы́л-ҷҷа-ра* [intr.] [C1-(C2)-Prev-R] [C1 twinkle through C2] (**Fin.** [pres.] и-кы́л-ҷҷо-ит / и-кы́л-ҷҷо-м, [aor.] и-кы́л-ҷҷе-ит / и-кы́л-мы-ҷҷе-ит, **Abs.** и-кы́л-ҷҷа-ны / и-кы́л-мы-ҷҷа-кәа) **1.** to twinkle through sth: А-шыш а́-мза кы́л-ҷҷо-ит. (ARD) *Свет луны проникал через плетень. The moonlight is shining in through the wattle fencing.* А-мца а-ҭӡы́вара и-кы́л-ҷҷо-ит. *The fire is twinkling through the gaps in the wall.*

а-кы́л-ҩыр-ра [intr.] [C1-(C2)-Prev-R / C1-(C2)-Prev-Neg-R] [C1 flow from *C2*] (**Fin.** [pres.] и-кы́лы-ҩр-уе-ит / и-кы́лы-ҩр-уа-м, [aor.] и-кы́л-ҩр-ит / и-кы́лы-м-ҩр-ит, [imper.] у-кы́л(ы)-ҩр! / у-кы́лы-м-ҩры-н! *or* у-кы́л-мы-ҩры-н!; **Non-fin.** [pres.] (C1) и-кы́лы-ҩр-уа / и-кы́л-мы-ҩр-уа; **Abs.** и-кы́лы-ҩр-ны / и-кы́л-мы-ҩр-кәа) **1.** to flow abundantly from sth:

К

А-уалы́р а-ӡы́ кы́лы-ҩр-уе-ит. (ARD) *Из бочки льется вода. The water is flowing from the barrel.*

акы́мзарак [adv.] (= **акгьы́**) nothing (+ Neg): Акы́мзарак с-а-ҳа-ӡо́-м. *I hear nothing.*

кыр [adv.] much, many; very; long: Уи́ зегьы́ кыр ды-р-гәа-ԥхо́-ит. *They all like him/her so much.*

акы́р[1] [adv.] **1.** enough, quite; very: акы́р хара́ и-це́-ит (Ab.Text) *it went a great distance.* **2.** many, much; a lot (of): Уи́ акы́р и-ды́р-уе-ит. *He knows a lot. Он много знает.* Кы́р шықәса́ тц-и́т. *Many years passed. Много лет прошло.* Акы́р н-и́-цтц-ит. *He lived many years. Он прожил много лет.* **3.** long. || **акы́р иаԥсо́у** *deer,* дорогие. || **акы́р а́амҭа** *for a long time.*

акы́р[2] [pron.] **1.** anything: Акы́р у-ҭах-у-ма? *Do you want anything?* А-уаҩы́ ари́ а-шәҟәы́ д-а́-ԥхьа-р, а-кы́р еи-лы́-и-каа-уе-ит. *If one reads this book, one will learn something.*

акыр- *see* **(а-)кры-**

а-кы́раамҭа [adv.] (= **акраа́мҭа**) for a long time; for some time: А-ҷкән акы́раамҭа а́-ҳасабтә и-ҳаса́б-уа-н. *The boy was solving the problem for a long time. Мальчик долго решал задачу.* А-чы́мазаҩ кы́раамҭа д-гәа́ҟ-уа-н. *The sick person was suffering for a long time. Больной долго мучился.*

а-кырпы́жә [n.] (-қәа, кырпы́жә-к) (=**а-карпы́жә**) a watermelon.

а-кы́рцх [n.] (-қәа, кырцх-к) hail. || зны — асы́, зны акы́рцх. *now snow, now hail, то снег, то град.* Усҟан а́-шьха а-сы́, а-қуа́, а-кы́рцх а́-м-у-а-заарын. (Ab.Text) *In those days, they say that there was no snow, rain nor hail in the mountains.*

акы́рынтә [adv.] many times: Акы́рынтә а-ҭе́л с-у-з-а́-с-ит. *Я много раз звонил тебе. I telephoned you many times.*

а-кы́ц [n.] (-қәа) **1.** a tile. **2.** a cast-iron frying pan.

а-кыцлы́х [n.] (-қәа) ceramic ware.

Кь кь

-кь [suffix] all that: И-у-ҿа-шәá-кь зегьы́ у-м-ҳәá-р-о-уп. *You must not say everything that comes to the tongue. Нельзя говорить все что приходит на язык.*

а-кьáкьа [adj.] **1.** hard: а-вагóн кьáкьа *a hard-seat carriage.* **2.** dried; stale: а-чá кьáкьа *stale bread.*

а-кьамашәы́шә [n.] (-қәа) the coccyx.

á-кьанџьа [n.] (-қәа) a doll. [> **á-кьанџьатә теáтр** a puppet-theater]

а-кьарáхә [n.] (-қәа) (= **а-тапáнча**) a pistol.

а-кьаса-рá [intr.] to flow abundantly: А-ӡ-қәá кьасó á-мҩа-қәа и-р-ны́л(е-и)т. (ANR) *The waters, flowing in abundance, flowed over the roads.*

а-кьáт [n.] (-қәа, кьат-к) a rod, a pole, a stake.

а-кьанты́р *see* **а-нáша**

а-кьáҭа-ра [intr.] [C1-R / C1-Neg-R] [C1 (*the fire*) go out] (**Fin.** [pres.] и-кьáҭо-ит / и-кьáҭо-м, [aor.] и-кьáҭе-ит / и-м-кьáҭе-ит, [imper.] у-кьáҭа! / у-м-кьáҭа-н!; **Non-fin.** [pres.] (C1) и-кьáҭо / и-м-кьáҭо; **Abs.** и-кьáҭа-ны / и-м-кьáҭа-кәа) **1.** to go out, to be extinguished: А-мца кьáҭе-ит. *The fire went out.* **2.** to die. [cf. **а-ркьáҭа-ра**]

а-кьáҿ[1] [n.] (-қәа, кьаҿ-к, с-кьаҿ) a blazer; a jacket: аиқәé-и а-кьаҿ-и́ *the trousers and the blazer.*

а-кьáҿ[2] [adj.] (а-кьáҿ-қәа, кьáҿ-к) **1.** low, [cf. **аý** "high"]. **2.** short: а-хахәы́ кьаҿ *short hair.* Урҭ р-áхьтә иахá и-кьáҿ-у áрбан? (AFL) *Какой самый короткий месяц из них?* Аӡын á-мш кьáҿ-уп, á-тцх дý-уп (á-тцх аý-уп). (AFL) *In winter, the daytime is short and the nighttime is long. Зимой день короткий, а ночь длинная.*

а-кьáҿ-ха-ра [intr.] [C1-short-become] (**Fin.** [pres.] д-кьáҿ-хо-ит / д-кьáҿ-хо-м (-ха-ӡо-м), [aor.] д-кьáҿ-хе-ит / д-кьáҿы-м-хе-ит, [imper.] б-кьáҿ-ха! / б-кьáҿы-м-ха-н!, шә-кьáҿ-ха! / шә-кьáҿы-м-ха-н!; **Non-fin.** (C1) [pres.] и-кьáҿ-хо / и-кьáҿы-м-хо, [aor.] и-кьáҿ-ха / и-кьáҿы-м-ха, [impf.] и-кьáҿ-хо-з / и-кьáҿы-м-хо-з, [past indef.] и-кьáҿ-ха-з / и-кьáҿы-м-ха-з; **Abs.** [pres.] и-кьáҿ-хо, [past] д-кьáҿ-ха-ны / д-кьáҿы-м-ха-кәа) **1.** (= **á-г-ха-ра**) to become short: А-мш кьáҿ-хо-ит. *The days are becoming shorter.* Амш-гьы шнéи-уа-з и-кьáҿхе-ит. (AFL) *And the daytime gradually became short. И день постепенно стал коротким.* Иáрбан аамҭó-у á-мш ан-кьáҿ-хо? (AFL) *In what season does the daytime become short? В какое время года день становится коротким?*

а-кьи́-ра* /a-k'ʲə́j-ra/ [intr.] [C1-R / C1-Neg-R] (**Fin.** [pres.] и-кьи́-уе-ит / и-кьи́-уа-м, [aor.] и-кьи́-ит / и-м-кьи́-ит, **Abs.** и-кьи́-ны / и-м-кьи́-кәа; **Non-fin.** (C1) [pres.] и-кьи́-уа / и́-м-кьи-уа) **1.** to mew, to miaow: А-цгәы́ кьи́-уе-ит. *The cat is mewing. Кошка мяукает.* А-цгәы́ и-кьи́-уа áтцкыс и́-м-кьи-уа еицәó-уп. [proverb] *Still waters run deep. В тихом омуте черти водятся.*

акьыжьы́ҳәа а-тцәы́уа-ра [intr.] to sob.

а-кьы́ла [n.] (кьы́ла-к) kilogram: кьы́ла-к á-хәша *a kilogram of butter.* ҩ=кьы́ла-к а-шьакáр *two kilograms of sugar.* кьы́лабжа-к á-хәша *a half kilogram of butter.*

а-кьынты́р *see* **а-нáша**

а-кьы́ԥхь [n.] print, printing; press: Ари́ а-ҩы́мҭа макьáна а-кьы́ԥхь á-м-ба-ӡа-цт. (ARD) *Это произведение еще не вышло в печать. This work has not yet come out in print.*

а-кьы́ԥхьга [n.] (-қәа): || **а-кьы́ԥхьга машьы́на** *a printing machine; a printer.*

а-кьы́ԥхь-ра [labile] **(1)** [intr.] [C1-R] (**Fin.** [pres.] д-кьы́ԥхь-уе-ит / д-кьы́ԥхь-уа-м, [aor.] д-кьы́ԥхь-ит / ды-м-кьы́ԥхь-ит, [imper.] б-кьы́ԥхь! / бы-м-кьы́ԥхьы-н!; **Non-fin.** [pres.] (C1) и-кьы́ԥхь-уа / и-м-кьы́ԥхь-уа; **Abs.** и-кьы́ԥхь-ны / и-м-кьы́ԥхь-кәа) **1.** to print. **(2)** [tr.] [C1-C3-R] [C3 print C1] (**Fin.** [pres.] и-л-кьы́ԥхь-уе-ит / и-л-кьы́ԥхь-уа-м, [aor.] и-л-

Кь

кьы́ԥхь-ит / и-лы-м-кьы́ԥхь-ит, [imper.] и-кьы́ԥхь! / и-бы-м-кьы́ԥхьы-н!, и-шә-кьы́ԥхь! / и-шәы-м-кьы́ԥхьы-н!; **Non-fin.** [pres.] (C1) и́-л-кьыԥхь-уа / и́-лы-м-кьыԥхь-уа, (C3) и-з-кьы́ԥхь-уа / и-зы́-м-кьыԥхь-уа; **Abs.** и-кьы́ԥхь-ны / и-м-кьы́ԥхь-кәа) **1.** to print sth: Сара́ с-а́жәахә кьы́ԥхь-ны с-а́-л-ге-ит. *I finished printing my report. Я напечатал свой доклад.* Сара́ а-статиа́ с-кьы́ԥхь-уе-ит. *I am printing the article. Я печатаю статью.* Уи́ сара́ и-шә-зы́-с-кьыԥхь-уе-ит. (GAL) *I'll print this for you. Это я напечатаю вам.* Абри́ сы-з-кьы́ԥхь! (GAL) *Напечатай мне это! Print this for me!* Сара́ а-машьы́нака-ҿы с-а́жәахә с-кьы́ԥхьы-р с-ҭах-у́п. *I want to type my report.*

а́-кьыр-кьыр-ра [intr.] [C1-R-R / C1-Neg-R-R] [C1 neigh] (**Fin.** [pres.] и-кьыр-кьы́р-уе-ит / и-кьыр-кьы́р-уа-м, [aor.] и-кьыр-кьы́р-ит / и-м-кьыр-кьы́р-ит, [imper.] у-кьыр-кьы́р! / у-м-кьыр-кьы́ры-н!; **Abs.** и-кьыр-кьы́р-ны / и-м-кьыр-кьы́р-кәа) **1.** to neigh: А-ҽ-қәа́ кьыр-кьы́р-уа-н. *The horses were neighing. Лошади ржали.* А-ҽы́ аа-кьыр-кьы́р-ит. *The horse neighed. Лошадь заржала.*

кьыс || **кьыс з-ма-м** untouched: кьыс а́-ма-ӡа-м *something is untouched.*

а-кьы́-с-ра [intr.] [C1-C2-Prev-R / C1-C2-Prev-Neg-R] [C1 touch C2] (**Fin.** [pres.] сы-б-кьы́-с-уе-ит, д-а-кьы́-с-уе-ит, ҳа-л-кьы́-с-уе-ит / сы-б-кьы́-с-уа-м, [aor.] сы-б-кьы́-с-ит / сы-б-кьы́-м-с-ит, [imper.] бы-с-кьы́-с! / бы-с-кьы́-м-сы-н!; **Non-fin.** [pres.] (C1) и-л-кьы́-с-уа (*тот, который касается ее*) / и-л-кьы́-м-с-уа, (C2) ды-з-кьы́-с-уа (*тот, которого он/она касается*) / ды-з-кьы́-м-с-уа, [aor.] (C1) и-л-кьы́-с / и-л-кьы́-м-с, (C2) ды-з-кьы́-с / ды-з-кьы́-м-с, [impf.] (C1) и-л-кьы́-с-уа-з / и-л-кьы́-м-с-уа-з, (C2) ды-з-кьы́-с-уа-з / ды-з-кьы́-м-с-уа-з, [past indef.] (C1) и-л-кьы́-сы-з / и-л-кьы́-м-сы-з, (C2) ды-з-кьы́-сы-з / ды-з-кьы́-м-сы-з; **Abs.** сы-б-кьы́-с-ны / сы-б-кьы́-м-сы-кәа) **1.** to touch sb/sth: сы-б-кьы́-с-уе-ит *I am touching you, я касаюсь тебя.* ды-с-кьы́-м-с-ит *he/she didn't touch me, он/она не коснулся/-лась меня.* А-хәчы́ а́-мба д-н-а-кьы́-сы-н (= д-а-кьы́-сы-н), шьҭахьҟа́ ды-ҩ-ит. *As soon as the child touched the target, he ran back.* А-сто́л напы́-ла с-а-кьы́-с-ит. *I touched the table with my hand. Я касался рукой стола.* [cf. **а́-ла-кьыс-ра** "to touch"]

Kә кә

-кәа [derivational suffix] [in a negative form] *used to derive adverbs* (cf. **-кәа(н)**) (Chirikba:56): ҿымҭ-кәа *silently.*

а́-кәа [n.] (а́-кәа-қәа) bosom: А-хәычы́ и́-кәа а-ҵәа-қәа́ ҭе́-и-тце-ит. (ARD) *Ребенок положил яблоки за пазуху. The child put apples into its bosom.*

а́-кәаба-ра [tr.] [C1-C3-R / C1-C3-Neg-R] [C3 wash C1] (**Fin.** [pres.] ды-л-кәабо́-ит, и-л-кәабо́-ит / ды-л-кәабо́-м, и-л-кәабо́-м, [aor.] ды-л-кәабе́-ит, д-аҳ-кәабе́-ит / д-лы-м-кәабе́-ит, д-ҳа-м-кәабе́-ит, [imper.] и-кәаба́! / и-бы-м-кәаба́-н!, и-шә-кәаба́! / и-шәы-м-кәаба́-н!; **Non-fin.** [pres.] (C1) и́-л-кәабо / и́-лы-м-кәабо, (C3) ды-з-кәабо́ / д-зы-м-кәабо́, [aor.] (C1) и́-л-кәаба / и́-лы-м-кәаба, (C3) ды-з-кәаба́ / д-зы-м-кәаба́, [impf.] (C1) и́-л-кәабо-з / и́-лы-м-кәабо-з, (C3) ды-з-кәабо́-з / д-зы-м-кәабо́-з, [past indef.] (C1) и́-л-кәаба-з / и́-лы-м-кәаба-з, (C3) ды-з-кәаба́-з / д-зы-м-кәаба́-з; **Abs.** д-кәаба-ны́ / ды-м-кәаба́-кәа) **1.** to wash: Хәлԥазы́-ла а-ӡа́ӡа шьҭа́ло-ит, разы́н ӡы́-ла зе́гь кәабо́-уп. (AFL) *Every night there is a frost, and everything is washed away with silver water. По вечерам ложится роса, все омыто серебряной водой.* **2.** to bath(e): Ан л-хәычы́ ды-л-кәабо́-ит. *The mother is bathing her child..* [cf. **а-ҿы́-кәаба-ра** "to wash oneself"]

а-кәада́ [adj.] (и-кәадо́-у) weak; fragile.

а-кәады́р [n.] (а-кәады́р-қәа, кәады́р-к) a saddle: А-кәады́р д-а́-қә-тәе-ит. *He/She sat in the saddle.*

а-кәа́кь [n.] (-қәа, кәа́кь-к) a corner: а-кәа́кь-а-ҿы *in the corner.* а-уа́да а-кәа́кь-а-ҿы *in the corner of the room.* У-ҿ-ӡа-ны́ џьара́ куа́кь-к а-ҿы́ у-хәы́ҵатәа. (Ab.Text) *Lie down and hide yourself somewhere in a corner sitting down.*

а-кәакәа́р [n.] (-қәа) a dumpling made from maize flour and cheese.

а-кәа́кәа-ра [tr.] [C1-C3-S / C1-C3-Neg-S] [C3 loosen C1] (**Fin.** [pres.] и-л-кәа́кәо-ит / и-л-кәа́кәо-м (-кәа́кәа-ӡо-м), [aor.] и-л-кәа́кәе-ит, и-аҳ-кәа́кәа-ит / и-лы-м-кәа́кәе-ит (-кәа́кәа-ӡе-ит), и-ҳа-м-кәа́кәе-ит (-кәа́кәа-ӡе-ит), [imper.] и-кәа́кәа! / и-бы-м-кәа́кәа-н!, и-шә-кәа́кәа! / и-шәы-м-кәа́кәа-н!; **Non-fin.** [pres.] (C1) и-л-кәа́кәо / и-лы-м-кәа́кәо, (C3) и-з-кәа́кәо / и-зы-м-кәа́кәо, [aor.] (C1) и-л-кәа́кәа / и-лы-м-кәа́кәа, (C3) и-з-кәа́кәа / и-зы-м-кәа́кәа, [impf.] (C1) и-л-кәа́кәо-з / и-лы-м-кәа́кәо-з, (C3) и-з-кәа́кәо-з / и-зы-м-кәа́кәо-з, [past indef.] (C1) и-л-кәа́кәа-з / и-лы-м-кәа́кәа-з, (C3) и-з-кәа́кәа-з / и-зы-м-кәа́кәа-з; **Abs.** и-кәа́кәа-ны / и-м-кәа́кәа-кәа) **1.** to loosen the ground; to crumble, to crush: Аў҃ҭра-қәа р-ҿо́-ит, и-р-кәакәо́-ит. (AFL) *They are cultivating a market garden, and they are loosening the soil. Они возделывают огороды и разрыхляют землю.*

а-кәа́кәшь [n.] (а-кәа́кәышь-қәа) (= **а-шәишәи́**) a turkey.

-кәалаауа́ [adv.] with lightning speed.

а-кәала́ԥ [n.] (-қәа, кәала́ԥ-к) **1.** a box; a drawer. **2.** a cigarette case: а-сто́л а-кәала́ԥ *a desk drawer.*

а-кәал(ы́)кәаџьара́* [intr.] [C1-S] [C1 twinkle] (**Fin.** [pres.] с-кәалкәаџьо́-ит *or* с-кәалы́кәаџьо-ит, [aor.] с-кәалы́кәаџье-ит / сы-м-кәалы́кәаџье-ит) **1.** to twinkle.

а-кәалы́кәаџьара *see* **а-кәалкәаџьара́**

а-кәа́мԥа [adj.] unripe: а-лаҳа́ а-кәа́мԥа *an unripe fig.*

-кәа(н) [verbal suffix] *used to mark the negative past absolutive. Forms with this absolutive marker do not necessarily represent the agent.* (cf. **-ны**): А-куа́ хьаа-с и-ҟа-м-тца́-кәа(н) д-аа́-ит. *He came despite the rain.* **(1)** [tr.] Али Мура́ҭ д-и-м-ба́-кәан (*or* ды-м-ба́-кәан) д-це́-ит. *Ali did not see Murat and left.* [lit. *Not seeing Murat, Ali went away.*] *Али не увидел Мурата и ушел.* Амра Мура́ҭ д-лы-м-ба́-кәан (or ды-м-ба́-кәан) д-це́-ит. *Amra did not see Murat and left.* [lit. *Not seeing Murat, Amra went away.*] *Амра не увидела Мурата и* *ушла.* **(2)** [intr.] С-лá á-мшə и-á-м-цҳа-кəан и-цé-ит. *My dog didn't bite the bear and left. Моя собака не кусала медведя и ушла.* ды-м-ца-ӡá-кəан-гьы ... *if even he/she will not go* ... . Урҭ á-қалақь и-а-цəы́хара-м-кəан и-н-хó-ит. (AFL) *They live not far from the city. Они живут недалеко от города.* А-фатə (...) а-уаҩы́ и-аá-и-хəа-р ҟа-лó-ит а-џьырмы́кь áхь ды-м-ца-ӡá-кəан-гьы, (...). (AFL) *Instead of going to a market, a person can buy food,* (...). *Вместо того, чтобы идти на рынок, человек может купить пищу,* (...). **(3)** [stative] сарá сы́-ҟа-м-кəа *in my absence.*

а-кəáпҕ [n.] (а-кəáпҕ-қəа) a point.

а-кəáра [n.] (-қəа, кəáра-к) a (small) river; a stream, a brook**:** А-кəáра а-кəáта хы́-уп. (AFL) *A duck is swimming in the river. В речке плавает утка.*

а-кəа-рá [tr.] [C1-C3-R / C1-C3-Neg-R] (**Fin.** [pres.] и-с-кəó-ит, и-а-кəó-ит / и-с-кəó-м, [aor.] и-с-кəé-ит, и-а-кəé-ит / и-сы-м-кəé-ит, и-á-м-кəе-ит, [imper.] и-кəá! / и-бы-м-кəá-н!, и-шə-кəá! / и-шəы-м-кəá-н!; **Non-fin.** [pres.] (C1) и́-л-кəо / и́-лы-м-кəо, (C3) и-з-кəó / и-зы-м-кəó, [aor.] (C1) и́-л-кəа / и́-лы-м-кəа, (C3) и-з-кəá / и-зы-м-кəá, [impf.] (C1) и́-л-кəо-з / и́-лы-м-кəо-з, (C3) и-з-кəó-з / и-зы-м-кəó-з, [past indef.] (C1) и́-л-кəа-з / и́-лы-м-кəа-з, (C3) и-з-кəá-з / и-зы-м-кəá-з; **Abs.** и-кəа-ны́ / и-м-кəá-кəа) **1.** to shape stones (millstones).

а-кəасá [n.] (а-кəаса-қəá, кəасá-к) a basket; a cradle.

а-кəасҭҕá *see* **а-кəасҭхá**

а-кəасҭхá [n.] a brand, a torch.

а-кəáта [n.] (а-кəáта-қəа, кəáта-к) a (wild) duck.

а-кəáха [n.] (кəáха-к) a sour sauce made from the alycha [a kind of peach].

á-кəаҳа-ра [tr.] [C1-C3-R / C1-C3-Neg-R] [C3 knead C1] (**Fin.** [pres.] и-л-кəаҳа-уé-ит / и-л-кəаҳа-уá-м, [aor.] и-л-кəаҳá-ит / и-лы-м-кəаҳá-ит, [imper.] и-кəаҳá! / и-бы-м-кəаҳá-н!, и-шə-кəаҳá! / и-шəы-м-кəаҳá-н!; **Non-fin.** (C1) [pres.] и́-л-кəаҳа-уа / и́-лы-м-кəаҳа-уа, [aor.] и́-л-кəаҳа / и́-лы-м-кəаҳа, (C3) [pres.] и-з-кəаҳа-уá / и-зы-м-кəаҳа-уá, [aor.] и-з-кəаҳá / и-зы-м-кəаҳá; **Abs.** и-кəаҳа-ны́ / и-м-кəаҳá-кəа) **1.** to knead**:** А-мажəа л-кəаҳá-ит. (ARD) *She kneaded the dough. Она замесила тесто.* **2.** to stamp on.

а-кəáц [n.] (а-кəáц-қəа, кəац-к) meat.

а-кəацлы́х [n.] a meat dish.

-кəаҿ [adv.]**:** И-хы́ и́-кəаҿ д-гы́ла-н. *He was standing with his head hanging in dejection. Он стоял, уныло склонив голову.*

á-кəа-ҿ-ра* [tr.] [C1-C3-S] [C3 hang C1(one's head)] (**Fin.** [aor.] р-хы ры́-кəа-ҿ-ит / р-хы ры́-кəа-м-ҿ-ит (*preferred*) *or* р-хы ры́-м-кəа-ҿ-ит) **1.** [with -хы "head"] to hang (one's head)**:** || р-хы ры́-кəаҿ-ит *they hung their heads.*

á-кəашара[1] [n.] a dance.

á-кəаша-ра[2] [intr.] [C1-R / C1-Neg-R] [C1 dance] (**Fin.** [pres.] д-кəашó-ит / д-кəашó-м, [aor.] д-кəашé-ит / ды-м-кəашé-ит, [fut.1] д-кəашá-п / д-кəаша-ры́м, [fut.2] д-кəашá-шт / д-кəашá-шам, [perf.] д-кəаша-хьéит / ды-м-кəашá-ц(т), [impf.] д-кəашó-н / д-кəашó-мызт, [past indef.] д-кəашá-н / ды-м-кəашá-зт, [cond.1] д-кəаша-ры́н / д-кəаша-ры́мызт, [cond.2] д-кəашá-шан / д-кəаша-шáмызт, [plupf.] д-кəаша-хьáн / ды-м-кəашá-цызт, [imper.] б-кəашá! / бы-м-кəашá-н!, шə-кəашá! / шəы-м-кəашá-н!; ҳ-кəаша-п! (*давайте потанцуем!*); **Non-fin.** (C1) [pres.] и́-кəашо / и́-м-кəашо, [aor.] и́-кəаша / и́-м-кəаша, [fut.1] и́-кəаша-ра / и́-м-кəаша-ра, [fut.2] и́-кəаша-ша / и́-м-кəаша-ша, [perf.] и́-кəаша-хьоу (-хьа(ц)) / и́-м-кəаша-хьоу (-хьа(ц)), [impf.] и́-кəашо-з / и́-м-кəашо-з, [past indef.] и́-кəаша-з / и́-м-кəаша-з, [cond.1] и́-кəаша-ры-з / и́-м-кəаша-ры-з, [cond.2] и́-кəаша-ша-з / и́-м-кəаша-ша-з, [plupf.] и́-кəаша-хьа-з / и́-м-кəаша-хьа-з; **Abs.** д-кəаша-ны́ / ды-м-кəашá-кəа) **1.** to dance**:** Шьоукы́ áшəа р-ҳəó-ит, шьоукы́ кəашó-ит. *Some people sing songs, but others dance. Некоторые поют песни, а некоторые танцуют.* С-кəаш-ó с-аа-уé-ит. *I come here dancing. Я иду сюда, танцуя.*

а́-кәашаратә [adj.] dancing: а́-кәашаратә ансáмбль *a dancing ensemble.*
а́-кәашарҭа [n.] a dance floor.
а́-кәаша-ҩ [n.] (а́-кәаша-цәа, ҳа́-кәашаҩ, кәашаҩы́-к) a dancer.
-акә(ы)- *see* **а́кә-заа-ра**
а́кә-заа-ра [intr. stative] **1.** [in the past and the negative] *used as a copula. "to be, есть." The other copular radical* **-а-** *is complementary to the copula* **-акә(ы)-**, *the former being used in the non-negative present finite form; cf.* **-а-** *"to be." The sole argument of these copular radicals is marked by the column II (C2) prefix.* [X Y C2-R] [X is not/was Y(C2)] (**Fin.** [pres.]** / и-а́кәы-м, [past] и-а́кәы-н / и-а́кә-мызт; **Non-fin.** [pres.] / з-а́кәы-м, [past] з-а́кәы-з / з-а́кә-мыз, ш-р-а́кәы-з (*that they were*); **Abs.** а́кәы-м-кәа(н)): Уи б-ан л-а́ку-з-ма? — Мамо́у, уи с-аб и-а́ку-н. *Was that your mother? — No, that was my father.* И-а́кә-у и-а́кәы-м-у? *Он или не он?* ус а́кәы-м-кәа *if it is not so, если не так.* Уи́ а-ҽтцы́с з-тәы-з и-а́кәы-н. *He was the owner of the colt.* А-нцәа-гьы́ д-ры́-ма-мызт, «ҳара́ ҳа́-да уа́ха ԥсызхо́у да́рбану?!» ҳәа аку́-н и-шы́-ҟа-з. (Ab.Text) *They didn't even have a God. "What is alive apart from us?!" they said, and (so) they lived.* И-шы́-ҟа-з а́ку-м-куа, абри́ а-нхаҩы́ и-ԥҳәы́с ды-ԥс-и́т. (Ab.Text) *As they were living their life, this peasant's wife died.* И/Д-анбы́-кә(ы)-у д-ан-цо́? (ACST) *When is it he/she is going?* Абрыскьы́л махәҿа́-ла-гьы и́-ҕәҕәа-з аӡәы́ и-а́кәы-н. (AF) *Abrsk'jyl was someone who was powerful in the arm too.* **2.** [in combination with **-акә(ы)**- and **ахá** "but"] *used for emphasis*: А-са́бша ҟа́рҭ-ҟа с-цо-ит [а]-а́куы-м ахá а-ҩа́ша Москва́-нтә с-аа-уе́-ит. *"I am going to Tbilisi on Saturday" is not but "I'm coming from Moscow on Tuesday."* **3.** [in the negative form] *used to 'reject or dismiss, as it were, one idea (possibly even a full clause) and thus lead into an assertion of another.'* (Hewitt, ACST) "never mind X ...": А-гы́ла-ра и-гәа́-лашәе-ит а́кәы-м, и-ҽ-и-мы-рҭәс-и́т. (ACST) *Never mind his remembering to stand up, he didn't budge.* || **... ҳәа а́кәы-м-кәа(н)** "it not mattering whether thay say that ...": А-жәҩан-ахьтә-и и-аа́-и-уа, и-ка́-ҳа-уа, и-лас(ы́)-уп, и-хьанҭо́-уп ҳәа а́кәы-м-кәа(н), и-аа-ны-с-кы́ло-ит. (ACST) *Regardless of whether what comes falling from the sky is said to be light or heavy, I shall stop it.* || **... ш-и́-ҳәо-з а́кәы-м-кәа(н)** "saying that ..., but he did X": У-хы́ ҭы́-с-ҟьа-ӡо-м, уажәы́цәҟьа и-а́-л-с-х-уе-ит, — ш-и́-ҳәо-з а́кәы-м-кәан, и-ҟәа́ҟәа д-а́а-[а]-ҟә-и-ҵа-н, д-га-ны́ а-ны́шә д-е́-и-ҭе-ит. (AF) *'I'm not cheating you — I'll have it [the nail] out right away,' so saying, he lifted him onto his back, carted him away and buried him in the earth.* || **ус акә-зааит** so be it. || **у(ба́)с и-шы́-ка-з [а́кәы-м-кәа(н)]**, ... lit. as things were so, i.e. this is how were when, ...
-а́кәзар [conj.] [used to contrast] while, on the other hand: Аиҳабацәа́ а-ҩны́ и-н-хе́-ит, а-хәчҟәа́ р-а́кузар а-кино́ ахь и-це́-ит. (RAD) *Старшие остались дома, дети же пошли в кино. The elders stayed at home, while the children went to the cinema.* || **ус а́кәзар** in that case; if so.
а-кәеицéи-ра [intr.] [C1-S] [C1 glitter] (**Fin.** [pres.] и-кәеицéи-уе-ит / и-кәеицéи-уа-м, [aor.] и-кәеицéи-т / и-м-кәеицéи-т, [imper.] у-кәеицéи! / у-м-кәеицéи-н!; **Non-fin.** [pres.] (C1) и-кәеицéи-уа / и-м-кәеицéи-уа, [aor.] (C1) и-кәеицéи / и-м-кәеицéи; **Abs.** и-кәеицéи-ны / и-м-кәеицéи-кәа) **1.** to shine, to glitter; to twinkle: А-еҵәа-ҟәа кәеицéи-уе-ит. *The stars are shining. Звезды блещут.*
а-кәи́ц [n.] (-ҟәа, кәиц-к) **1.** a spark. **2.** (= **а-ԥырҕы́**) an ember.
а-кәкәбаа́ *see* **а-кәыкәбаа́**
а-кәкә-рá [tr.] [C1-C3-R / C1-C3-Neg-R] [C3 comb C1] (**Fin.** [pres.] и-л-кәкә-уé-ит / и-л-кәкә-уá-м, [aor.] и-л-кәкә-и́т / и-лы-м-кәкә-и́т, [imper.] и-кәкәы́! / и-бы-м-кәкәы́-н!, и-шә-кәкәы́! / и-шәы-м-кәкәы́-н!; **Non-fin.** [pres.] (C1) и-л-кәкә-уá / и-лы-м-кәкә-уá, (C3) и-з-кәкә-уá / и-зы-м-кәкә-уá; **Abs.** и-кәкә-ны́ / и-м-кәкәы́-кәа) **1.** to comb: А-ласа л-кәкә-уé-ит. *She is combing the wool. Она чешет шерсть.*

Кә

а́кумкуа *see* **ус а́кумкуа**

а́кумкуан *see* || **и-шы́-ка-з а́кумкуан** *the time passed, прошло время.*

а́-кәмпыл [adj.] round: а-ҧхны́га кәмпы́л-уп. *The stone is round.* [cf. **а-сы́р-кәмпыл** "a snowball"]

а́-кәмпыл-ра [intr.] [C1-R] [C1 roll] (**Fin.** [pres.] д-кәмпы́л-уе-ит / д-кәмпы́л-уа-м, [aor.] д-кәмпы́л-ит / ды-м-кәмпы́л-ит, [imper.] б-кәмпы́л! / бы-м-кәмпы́лы-н!; **Non-fin.** [pres.] (C1) и-кәмпы́л-уа / и-м-кәмпы́л-уа; **Abs.** д-кәмпы́л-ны / ды-м-кәмпы́л-кәа) **1.** to roll: А-мпыл кәмпы́л-уе-ит. *The ball is rolling.*

а-кәо́кәшь *see* **а-кәа́кәшь**

а́-кә-рша-ра [tr.] [C1-C2-Prev-C3-S / C1-C2-Prev-C3-Neg-S] [C3 wind C2 around C1] **Fin.** [pres.] и-а́-кә-лы-ршо-ит, и-а́-кә-ды-ршо-ит / и-а́-кә-лы-ршо-м (-рша-ӡо-м), [aor.] и-а́-кә-лы-рше-ит / и-а́-кә-л-мы-рше-ит (-рша-ӡе-ит), [imper.] и-а́-кә-рша! / и-а́-кә-б-мы-рша-н!, и-а́-кә-шәы-рша! / и-а́-кә-шә-мы-рша-н!; **Non-fin.** [pres.] (C1) и-а́-кә-лы-ршо / и-а́-кә-л-мы-ршо, (C2) и-зы-кә-лы-ршо́ / и-зы-кә-л-мы-ршо́, (C3) и-а́-кә-зы-ршо / и-а́-кә-з-мы-ршо; **Abs.** и-а́-кә-рша-ны / и-а́-кә-мы-рша-кәа) **1.** to fence; to enclose. **2.** to wind around: а-хцә-қәа́ а-хы́ а́-кәршара *to wind braids around the head, обвить косы вокруг головы.* Сара́ а́-хәдакәырша́ сы́-хәда и-а́-кә-сы-рше-ит. *I tied the scarf around my neck. Я повязала себе на шею шарф.* Дара́ а́-хәдакәырша-қәа ры́-хәда-қәа и-ры́-кә-ды-рше-ит. *They tied the scarves around their necks. Они повязали на шею шарфы.* [cf. **а́-кә-ша-ра** "to surround"; **а-ҿа́кәрша-ра** "to twine around"]

а-кәта́ӷь [n.] (а-кәта́ӷь-қәа, сы-кәта́ӷь) an egg: а-кәта́ӷь ц̌ь-ны́ *a fried egg.* а-кәта́ӷь жә-ны́ *a boiled egg.*

Кәто́л [n.] [village name]

а-кәты́ [n.] (а-кәт-қәа́, кәты́-к) **1.** a hen, a chicken: А-кәты́ тце-ит. *The hen laid an egg.* А-кәты́ хы́-тц-ит. *The hen hatched out eggs.* Уатцәтәи а-кәтә́ а́тцкыс, иахьатәи а-кәта́ӷ (е́иӷь-уп). [proverb] *A bird in the hand is worth two in the bush.* (lit. *Today's egg is better than tomorrow's hen.*) **2.** chicken: Сара́ а-кәты́ з-ӡ-и́т. *I fried chicken.*

а-кәты́жь [n.] chicken.

а́кәу, ... **а́кәу** [used in an interrogative sentence] or: Уара́ хәа́ахәтра бзи́а и-ба-ны́ у-аба́-цо-и аҵырмы́кь а́хь а́кәу, адеқьа́н а́хь а́кәу? (AFL) *Where do you go shopping, to the market or to the store with great pleasure? Куда ты ходишь за покупками с большим удовольствием: на рынок или в магазин?* Шәара́ а-че́и а́кәу а-кахуа́ а́кәу и-шәы́-с-тҭо? *For you, tea or coffee?* Уи́ д-анба́-а-уе-и, уатцәы́ а́кәу уаҵәа́шьҭахь а́кәу? *When will he come, tomorrow or the day after tomorrow?* У-аба́-цо: а́-қалакь ахь а́кәу? а́-кыҭа-хь а́кәу? *Where do you go, to the city or to the village?*

а́кәха-п [predicate, Fut.I. < акә- "be" + -ха- "become"] it is probable that, probably: Иахьа́ а-қәа́ а-уа́-зар а́кәха-п. *Probably, it will be rain today. Вероятно, сегодня будет дождь.* Уи́ д-м-аа-уа́-зар а́кәха-п. (RAD) *По всей вероятности, он/она не придет. In all probability he/she will not come.*

а́кә-ха-ра [intr.] [< акә-ха- "be-become"] (**Fin.** [pres.] р-а́кә-хо-ит / р-а́кә-хо-м, [aor.] р-а́кә-хе-ит / р-а́кәы-м-хе-ит; **Non-fin.** [pres.] б-з-акә-хо́) **1.** to come to be: Бара́ а-университе́т б-ан-а́-л-га-лак б-з-акә-хо́-и? *What will you(f.) become after finishing unversity?* Уи́ аҽны́ нахы́с ари́ а́-дгьыл Аԥсны́ а́-хыӡ-хе-ит, и́-қәы-н-хо-гьы а́ԥсуаа р-а́кә-хе-ит. (AF) *From that day on, this place became known as the Land of the Soul, and its denizens came to be the Apswaa [Abkhazians].* **2.** to have to: Сара́ акы́раамҭа сы-ԥшы́-**р а́кә-хе-ит.** *I had to wait a long time. Мне пришлось долго ждать.* [cf. Сара́ акы́раамҭа сы-ԥшы́-р а́кәы-н. *I had to wait a long time.* See **-р-**, **-р-акәы-н** "had to"]. **3.** [with -зар] "probably": Уахь д-ан-ха́-ла-лак д-а-аилы́-р-шы-рц р-ҭахы́-**зар а́кә-ха-рын**. (AF) *When he arrived up there, they were probably going to want to truss him up.*

а-кәчáр [n.] a flock of chicks. [cf. а-кәчáра-қәа "(individual) chicks"]
а-кәчы́шь [n.] (а-кәчáра-қәа) a chick.
á-кәша [post.] **1.** around: А-хуыч-қәá а-ҩн-á-куша и-хумáр-уе-ит. *The children are playing around the house.*
á-кәша=мы́кәша [adv.] **1.** around; round about: и́-кәша=мы́кәша *around him.* а-ҩны́ á-кәша=мы́кәша *around the house.* Урҭ ры́-кәша=мы́кәша и́-р-бо ҭы́-р-х-уе-ит. (IC) *They are drawing what they are seeing around them.* **2.** about, regarding: иацтәи́ а-хҭы́с-қәа ры́-кәша=мы́кәша *about yesterday's event.*
á-кә-ша-ра [intr.] [C1-C2-Prev-R / C1-C2-Prev-Neg-R] [C1 revolve round C2, C1 surround C2] (**Fin.** [pres.] с-á-кә-шо-ит, и-ха́-кә-шо-ит / с-á-кә-шо-м, [aor.] с-á-кә-ше-ит, с-лы́-кә-ше-ит / с-лы́-кәы-м-ше-ит, [imper.] б-лы́-кә-ша! / б-лы́-кәы-м-ша-н!, шә-лы́-кә-ша! / шә-лы́-кәы-м-ша-н!; **Non-fin.** [pres.] (C1) и-á-кә-шо / и-á-кәы-м-шо, (C2) с-зы-кә-шó / сы-з-кәы-м-шó, [aor.] (C1) и-á-кә-ша / и-á-кәы-м-ша, (C2) с-зы-кә-шá / сы-з-кәы-м-шá; **Abs.** д-á-кә-ша-ны / д-á-кәы-м-ша-кәа) **1.** to revolve, to spin: А-дгьыл á-мра и-á-кә-шо-ит. (RAD) *The earth revolves around the sun.* **2.** to wind around, to entwine. **3.** to surround: á-мшә á-кәшара *to surround a bear, обложить медведя.* А-ҩны́ и-á-кә-ше-ит. *They surrounded the house. Они окружили дом.*
а-кәы́ба [n.] (-қәа, с-кәы́ба) a coffin.
а-кәыбры́ [n.] (а-кәбыр-қәá, кәбры́-к) a mosquito: А-кәыбры́ á-фатә и-á-қәтәа-н. (AFL) *The mosquito was on the food. Комар сидел на еде.*
а-кәыкәбаá [n.] (а-кәыкәбаа-қәá) mushroom: и́-ры-м-фо а-кәыкәбаá *an inedible mushroom.*
áкәы-м (= **áкә-ӡа-м**) [*see* **áкә(ы)-** "to be"] it is not.
а-кәымжәы́ [n.] (а-кумжә-қәá) cherkeska (a Circassian coat). черкеска.
áкәы-м-зар (**áкумзар**) **1.** otherwise; if it were not so: А-мшцәгьа р-ђырхáга-хе-ит, áкумзар урҭ иахьá аýс дý ҟа-р-тцó-н. (AAD) *If the bad weather had not prevented them, they would have done a great thing today. Если бы плохая погода не мешала им, они сегодня сделали бы большое дело.* У-ҩ, áкумзар у-á-гхо-ит. *Run, or you will be late.*
áкәы-м-кәа(н) (< [а-]**áкәы-м-кәан** "it-be-not-Abs") [*see* **áкә-заа-ра**]: Ус д-шы́-ҟа-з áкәы-м-кәа, и-ан-и́ и-ахәшь-и ды-х-ҭá-р-к-ит. (AF) *Such being [his frame of mind], his mother and his sister pestered him.* ['This word **áкәы-м-кәа** is optional with manner-expressions marked by the verbal prefix **-ш-**.' Hewitt, AF:130]
áкәы-н [*see* **áкә-заа-ра**] it was.
á-кәыр [n.] (-қәа) (= **á-гьежь**) a wheel.
Кәы́та [n.] (m.) [person's name]
кәы́ҿаа [n.] (pl.) one of the Abkhazian tribes.

Кә

Қ қ

á-қалақь [n.] (á-қалақь-қәа, хá-қалақь, қáлақь-к, қалáқь-қәа-к) **1.** a town, a city**:** á-қалақь хадá *a capital.* á-қалақь а-хадарá *the administration of a city.* á-қалақь Гудоуҭа *the town of Gudauta.* С-ҩы́за и-ба-ра-зы́ á-қалақь ахь с-цé-ит. *I went to town to see my friend.* А-қалақь ахь ды-цá-р, áимаа-қуа áа-и-хуа-п. *If he goes to town, he'll buy some shoes.* á-қалақьы-нтә *from the town.* Сарá á-қалақь а-ҿы́ сы-нхó-ит. *I live in the city.* Даҽá қалáқь-к а-ҿы́ д-á-ма-ны и-нéи-т. (Ab.Text*) It took her far away to another town.*

а-қалáқь-тәи [adj.] (= **á-қалақь-тәы**) urban, municipal.

а-қалмы́шь (= **а-қылмы́шь**) [n.] mush made from grapejuice and corn flour.

а-қалџáд [n.] (-қәа) a stocking.

Қарҭ [place name] Tbilisi.

қарҭ-аа [n.] the residents of Tbilisi.

а-қарҭвéл [adj.] Kartvelian. картвельский**:** а-қарҭвéл бызшәа-қәá *the Kartvelian languages.*

а-қáруа [n.] (а-қáруа-қәа, қáруа-к) amber.

а-қáшь [n.] (-қәа) rice gruel.

á-қашә-қашәа-ра [intr.] [C1-R-R / C1-Neg-R-R] [C1 sway] (**Fin.** [pres.] и-қашә-қашәó-ит / и-қашә-қашәó-м, [aor.] и-қашә-қашәé-ит / и-м-қашә-қашәé-ит; **Non-fin.** (C1) [pres.] и́-қашә-қашәо / и́-м-қашә-қашәо, [aor.] и́-қашә-қашәа / и́-м-қашә-қашәа, [impf.] и́-қашә-қашәо-з / и́-м-қашә-қашәо-з, [past indef.] и́-қашә-қашәа-з / и́-м-қашә-қашәа-з; **Abs.** и-қашә-қашәó, и-қашә-қашәа-ны́ / и-м-қашә-қашәá-кәа) **1.** (*of young grass*) to rustle; to sway**:** С-чáи хазы́на қашә-қашәó, мшы́н-тцас и-цәқәрҧó-ит. (AFL) *My beautiful tea, swaying like the sea, makes waves. Мой прекрасный чай, колыхаясь, как волнуется море.*

а-қды́ [n.] (а-қд-қәá, а-қыд-қәá) a log**:** Урҭ а-қды́ р-хьáрхь-ит. *They sawed a log.*

а-қлаџáд [n.] (а-қлаџáд-қәа) (= **а-қалџáд, а-қылџáд**) socks**:** Ларá а-қлаџáд-қәа л-џé-ит. *She knitted socks. Она связала носки.*

а-қлы́б [n.] (-қәа) a file, a rasp.

актиóр [n.] (-цәа) an actor. актер.

а-қылџáд [n.] (а-қылџáд-қәа) a sock; a stocking.

а-қы́рҭ [adj.] Georgian**:** а-қы́рҭ бызшәá *the Georgian language.*

а-қы́рҭ-қәа/цәа [n.] (pl.) Georgians.

á-қырҭуа 1. [n.] (а-қы́рҭ-цәа/-қәа, қырҭуá-к) a Georgian. грузин. **2.** [adj.] Georgian. грузинский**:** á-қырҭуа ҧҳәы́с *a Georgian woman.* á-қырҭуа ӡҕáб *the Georgian girl.* á-қырҭуа литератýра *Georgian literature.* á-қырҭуа бызшәá *the Georgian language.*

Қырҭтәы́ла [n.] Georgia. Грузия**:** Сарá Қырҭтәы́ла-н сы-нхó-ит. *I live in Georgia.*

а-қы́ҭа [n.] (а-қы́ҭа-қәа, қы́ҭа-к, с-қы́ҭа, а-қы́ҭа-ҿы, а-қы́ҭа-ќа, а-қы́ҭа-нтә) a village**:** а-колнхáратә қы́ҭа ҿыц *a new collective-farm village.* а-қы́ҭа-н *in the village.* áаигәа а-қы́ҭа-нтәи *near the village.* Қы́ҭа-к а-ҿы́ ҧҳәы́с-к ды́-ќа-н. *In a village there was a woman.* Уи́ а-қы́ҭа-ҿ и-з-ха-уá-н. *He grew up in the village.* Тáмшь қы́ҭа ду́-уп. (AFL) *T'amsh — this is a big village. Тамшь — это большая деревня.* Сарá а-қы́ҭа-ҿы сы-нхó-ит. *I live in the village. Я живу в деревне.* С-áн а-қы́ҭа шкóл а-ҿы́ а-ýс л-уé-ит. (AFL) *My mother works in a village school. Моя мать работает в деревенской школе.* Сарá á-ҧхынра а-қы́ҭа-н и-с-хы́-з-ге-ит. *I spent the summer in the village. Я провел лето в деревне.*

а-қы́ҭауаҩ [n.] (а-қы́ҭауаа, қы́ҭауаҩы-к) an inhabitant of a village, a villager.

á-қыць-қы́ць-ра [intr.] [C1-R-R / C1-Neg-R-R] [C1 shiver] (**Fin.** [pres.] д-қыць-қы́ць-уе-ит / д-қыць-қы́ць-уа-м, [aor.] д-қыць-қы́ць-ит / ды-м-қыць-қы́ць-ит. [imper.] б-қыць-қы́ць! / бы-м-қыць-қы́цьы-н!; **Non-fin.** [pres.] и́-қыць-қы́ць-уа / и́-м-қыць-қы́ць-уа; **Abs.** д-қыць-қы́ҵь-ны / ды-м-қыҵь-қы́ҵьы-кәа) **1.** to shiver**:** А-хьҭа д-а-кы́-н д-қы́ҵь-қыҵ́ь-уе-ит. *He/She is shivering from the cold. Он/Она дрожит от холода.*

Қ

Қь қь

а-қьаа́д [n.] (-қәа, қьаа́д-к) **1.** paper**:** а-газе́ҭ қьаа́д *newspaper, newsprint.* а-ԥо́шьҭа қьаа́д *postal paper.* а-ҩтәы́ қьаа́д *writing paper.* **2.** an official document**:** А-қьаа́д и-а-ны́-н. *It was written on the paper.* А-қьаа́д цқьо́-уп. *The paper is clean.* **3.** wallpaper.

а-қьаа́дтра [n.] (-қәа, қьаа́дтра-к) a folder.

а-қьа́бз [n.] (-қәа, х-қьабз-қәа) (= **а-ҵа́с**) custom**:** а́ԥсуа қьа́бз-қәа *the Abkhaz customs.*

-қьақьаӡа́ [adv.] curled up**:** А-ла́ қьақьаӡа́ а-ше а́ԥхьа и-иа́-н. (ARD) *Собака, свернувшись в клубок, лежала перед дверью. The dog was lying curled up in front of the door.*

а-қьа́ла [n.] (-қәа) a (*herdboy's*) cabin.

а-қьа́р [n.] advantage, benefit; profit, gain.

а-қьарста́ [n.] a beam, a girder.

а-қьа́ф [n.] (а-қьа́ф-қәа) gaiety; humor, mood**:** Қьаф и-у-е́-ит. *He isresting./ He lives for his own amusement. Он отдыхает./Он живет в свое удовольствие.* Ҩы́-мш а-ча́ра-ҿы қьаф аа-у-и́т. (RAD) *Два дня мы гуляли на свадьбе. For two days we had a good time at the wedding.* И-қьа́ф ҭазза́ и-ҭо́-уп. (ARD) *Он в хорошем настроении. He is in a good mood.*

а-қьбжьы́ *see* **а-қьыбжьы́**

а-қьи́а [adj.] (и-қьи́о-у, -цәа) good, kind; good-natured.

а-қь-ра́ [intr.] [C1-R / C1-Neg-R] [C1 sigh] (**Fin.** [pres.] с-қь-уе́-ит, бы-қь-уе́-ит, ды-қь-уе́-ит, и-қь-уе́-ит, ҳа-қь-уе́-ит, шәы-қь-уе́-ит / с-қь-уа́-м, [aor.] с-қь-и́т, д-қь-и́т, ҳ-қь-и́т / сы-м-қь-и́т, ды-м-қь-и́т, [fut.1] с-қьы́-п, д-қьы́-п, ҳ-қьы́-п / с-қь-ры́м, [fut.2] с-қьы́-шт, д-қьы́-шт / с-қьы́-шам, [perf.] сы-қь-хье́ит, ды-қь-хье́ит, ҳа-қь-хье́ит / сы-м-қьы́-ц(т), [impf.] сы-қь-уа́-н, ды-қь-уа́-н, ҳа-қь-уа́-н / с-қь-уа́-мызт, [past indef.] с-қьы́-н, д-қьы́-н, ҳ-қьы́-н / сы-м-қьы́-зт, [cond.1] сы-қь-ры́н, ды-қь-ры́н, ҳа-қь-ры́н / с-қь-ры́мызт, [cond.2] с-қьы́-шан, д-қьы́-шан / с-қьы́-шамызт, [plupf.] сы-қь-хьа́н, ды-қь-хьа́н / сы-м-қьы́-цызт, [imper.] б-қьы́! / бы-м-қьы́-н!; **Non-fin.** (C1) [pres.] и-қь-уа́ / и́-м-қь-уа, [aor.] и-қьы́ / и́-м-қь, [fut.1] и-қь-ра́ / и́-м-қь-ра, [fut.2] и-қьы́-ша / и́-м-қьы-ша, [perf.] и-қь-хьо́у (-хьа́(ц)) / и́-м-қь-хьоу (-хьа(ц)), [impf.] и-қь-уа́-з / и́-м-қь-уа-з, [past indef.] и-қьы́-з / и́-м-қьы-з, [cond.1] и-қь-ры́-з / и́-м-қь-ры-з, [cond.2] и-қьы́-ша-з / и́-м-қьы-ша-з, [plupf.] и-қь-хьа́-з / и́-м-қь-хьа-з; **Abs.** д-қь-ны́ / ды-м-қьы́-кәа) **1.** to sigh. **2.** to groan; to moan.

а-қьҭа́ԥ [n.] (а-қьҭа́ԥ-қәа) the Koran.

а-қьыбжьы́ [n.] (а-қьыбжь-қәа́, қьыбжьы́-к) a moan, a groan; a sigh**:** аӡәы́ и-қьбжьы́ го-ит. *I can hear someone's groaning coming. Слышен чей-то стон.*

а́-қьыз-қьыз-ра [intr.] [C1-R-R / C1-Neg-R-R] (**Fin.** [pres.] д-қьы́з-қьы́з-уе-ит / д-қьы́з-қьы́з-уа-м, [aor.] д-қьы́з-қьы́з-ит / ды-м-қьы́з-қьы́з-ит, [imper.] б-қьы́з-қьы́з! / бы-м-қьы́з-қьы́зы-н!; **Non-fin.** [pres.] (C1) и-қьы́з-қьы́з-уа / и-м-қьы́з-қьы́з-уа; **Abs.** д-қьы́з-қьы́з-ны / ды-м-қьы́з-қьы́з-кәа) **1.** to sob.

а-қьы́ра [n.] (-қәа) wages.

а-қьырмы́т [n.] (-қәа) brick.

а-қьы́шә [n.] (-қәа, с-қьы́шә, қьы́шә-к) (= **а-ԥы́шә**) a lip**:** хьы́хьтәи а-қьы́шә *the upper lip.*

а-қьы́шәтә [adj.] lip; labial**:** а-қьы́шәтә цыбжьы́ҟа-қәа *labial consonants.*

Қь

Ҟә ҟә

-ҟә- [preverb] on, onto, over**:** á-ҟә-тәа-ра *to sit on sth.* á-ҟә-ца-ра *to put on.* á-ҟә-ӡах-ра *to sew on.*

-ҟә- *see* **-ҟә(ы)-**

á-ҟә [n.] (á-ҟә-ҟәа) top, summit; the upper part.

-ҟәа[1] [suffix] **1.** *used to mark the plurality of non-human nouns, cf.* **-цәа**. *This plural marker does not appear when a dependent numeral and a noun are combined, e.g.* ýрҭ с-áн лы-хә-шәҟәы́-(к) *"those 5 books that are my mother's".* cf. ýрҭ с-áн лы-шәҟә-ҟәá хәбá *"those 5 books that are my mother's"***:** а-шәҟә-ҟәá *the books.* а-уаса-ҟәá *the sheep (pl.), овцы.* á-шьха-ҟәа *the mountains.* áрҭ а-ҩн-ҟәá *these houses.* р-еиха-ҟәá *their axes.* **2.** *used to mark the plurality of adjectives regardless of the class of the noun modified***:** Уи́ и-л-éиҕь-у á-ԥха-цәа бзи́а-ҟәа сы́-мо-уп. (Ab.Text) *I have other daughters who are better than her.*

-ҟәа-[2] [verbal suffix] [inserted immediately after a verbal radical] **1.** [generally used with the aorist form] *to express the plurality of an action.* "several times"**:** И-ца-ҟәé-ит. *They gradually left. Они постепенно ушли.* И-з-ба-ҟәа-хьé-ит. (Hewitt, Abkhaz:183) *I have already seen it several times.* **2.** (*archaic*) *used to express the plurality of the appropriate actant.* (Hewitt, Abkhaz:212)**:** [Subject] А-ҷкәын-**цәа** á-мпыл á-с-ра и-ца-**ҟәé**-ит. *The boys went to play football.* А-уаá аӡәы́-мкуа ҩы́џьа-мкуа и-цәы́ртц-**куе**-ит. (Ab.Text) *Some people appeared.* [Oblique-Dative] Уи́ **а-хáцәа** á-хәша ры́-и-та-**ҟәе**-ит. *He gave butter to the men.* [Oblique] С-**ры́**-ц-ца-**ҟәе**-ит. *I went with them.* [Object] Сарá а-хáтца (sg. the-man) а-шәҟә-**ҟәá** и-с-ҭа-**ҟәе**-ит. *I gave the books to the man.* [cf. *Ҳарá а-хáтца (sg. the-man) а-шәҟә-ҟәá и-ах-ҭа-ҟәе-ит. *Сарá а-хáцәа (pl.) а-шәҟý ры-с-ҭа-ҟәе-ит.] [relativized argument] Абри́ а-дауы́ Гәы́нда-ԥшӡа и-лы́-шьҭа-ҟәа-з д-р-éиуа-заап. (ACST) *This ogre is apparently one of those who was on the heels of Gunda the Beautiful.* Зы́злан ды-з-к-**ҟәа**-хьó-у-гьы ы́-ҟа-н. (AF) *And there have been those who have even captured Dzyzlan.*

а-ҟәá [n.] (ҟәа-к, а-ҟәа-гьы́) rain**:** А-ҟәá а-у-é-ит. *It rains. Идет дождь.* А-ҟәá а-уá-н. *It was raining. Шел дождь.* А-ҟәá а-у-á-ма? *Is it raining?* Аԥсны́ лассы́-лассы а-куá а-у-é-ит. (ANR) *In Abkhazia it often rains.* А-ҟәá хьаа-с и-ҟа-м-цá-куа(-н) д-аá-ит. *He came despite the rain.* А-ҟәá ахь-а-уа-з а-ҟны́тә а-ҩны́ҟа х-зы́-м-це-ит. *We couldn't go home because of the rain. Из-за дождя мы не смогли пойти домой.* [cf. **а-ҟәоурá** "raining"]

а-ҟәáб [n.] (-ҟәа) a cauldron with a flat bottom.

Ҟәаблыху [n.] [person's name]

а-ҟәаӡы́ [n.] (ҟәаӡы́-ла) rainwater.

-ҟәак [suffix] "some"**:** цәа-ҟәáк *some apples.* ҷкәы́н-цәа-ҟәак *some boys.*

а-ҟәаршҩы́ [n.] a heavy rain, downpour**:** А-ҟәаршҩы́ а-у-é-ит. *It is raining heavily. Ливень идет.*

а-ҟәасáб [n.] (-ҟәа) [zool.] a chamois.

а-ҟәаурá *see* **а-ҟәоура**

а-ҟәаца-рá* [intr.] [C1-S] (**Fin.** [aor.] д-ҟәацé-ит / ды-м-ҟәацé-ит; [imper.] у-ҟәацá! / у-м-ҟәацá-н!, **Abs.** д-ҟәаца-ны́ / ды-м-ҟәацá-ҟәа) **1.** to move, to stir**:** д-зы-ҟәаца-ӡо-м [poten.] *he/she cannot move.*

а-ҟәáцә[1] [n.] (-ҟәа, ҟәáцә-к) a hut.

а-ҟәáцә[2] [adj.] conical.

а-ҟәáтца [n.] (-ҟәа) **1.** a vineyard. **2.** an orchard; a fruit farm**:** А-ҟәáтца-ҟәа р-ҿы́ á-жь р-ҭаа-уé-ит. (AFL) *They are gathering grapes in the vineyards. В виноградниках они собирают виноград.*

á-ҟә-баа-ра* [tr.] (used only in negative forms) (**Fin.** [pres.] ды́-ҟә-у-баа-уа-м, [aor.] ды́-ҟә-у-

Ҟә

м-баа-ит, [impf.] ды́-қə-у-баа-уа-мызт; **Abs.** ды́-қəы-м-баа-кəа) **1.** to see on**:** А-дəы́ аӡə ды́-қə-у-баа-уа-м. *Nobody is visible in the field. На поле никого не видно.*

а́-қə-бзиа-заа-ра* [intr. stative] [C1-C2-Prev-R] (**Fin.** [pres.] и-а́-қə-бзио-уп / и-а́-қə-бзиа-м) || и-гəы́ а́-қə-бзио-уп / и-гəы́ а́-қə-бзиа-м**:** И-у́с **и-гəы́ а-қə-бзи́о-уп**. *He likes the business. Работа ему нравится.*

а́-қə-бл-аа-ра [labile] **(1)** [intr.] [C1-Prev-R-Ex / C1-Prev-Neg-R-Ex] (**Fin.** [pres.] и́-қə-блаа-уе-ит / и́-қə-блаа-уа-м, [aor.] и́-қə-блаа-ит / и́-қəы-м-блаа-ит, [imper.] у́-қə-блаа! / у́-қəы-м-блаа-н!; **Non-fin.** [pres.] (C1) и́-қə-блаа-уа / и́-қəы-м-блаа-уа; **Abs.** и-қə-бла́а-ны / и-қəы́-м-блаа-кəа) **1.** to be burnt down completely. [cf. а́-қə-был-ра] **(2)** [tr.] [C1-Prev-C3-R-Ex / C1-Prev-C3-Neg-R-Ex] [C3 burn C1] (**Fin.** [pres.] и́-қəы-с/з-блаа-уе-ит / и́-қəы-с/з-блаа-уа-м, [aor.] и́-қəы-с/з-блаа-ит / и́-қə-сы/зы-м-блаа-ит, [imper.] и́-қə-блаа! / и́-қə-бы-м-блаа-н!; **Non-fin.** [pres.] (C1) и́-қəы-л-блаа-уа / и́-қəы-лы-м-блаа-уа, (C3) и́-қəы-з-блаа-уа / и́-қəы-зы-м-блаа-уа; **Abs.** и́-қə-блаа-ны / и-қəы́-м-блаа-кəа) **1.** to burn the surface of sth**:** и́-қəы-з-бл-аа-ит *I burned its surface completely.*

а́-қə-был-ра [tr.] [C1-Prev-C3-R / C1-Prev-C3-Neg-R] (**Fin.** [pres.] и́-қə-с/з-бл-уе-ит / и́-қə-с/з-бл-уа-м, [aor.] и́-қə-с/з-бл-ит / и́-қə-сы/зы-м-бл-ит, [imper.] и́-қə-бл! / и́-қə-бы-м-блы-н!; **Non-fin.** [pres.] (C1) и́-қə-л-был-уа / и́-қə-лы-м-был-уа, (C3) и́-қə-з-был-уа / и́-қə-зы-м-был-уа; **Abs.** и́-қə-был-ны / и́-қəы-м-был-кəа) **1.** to burn sth on the surface**:** и́-қə-з-бл-ит *I burned it/them on the surface.*

а́-қə-гала-ра [tr.] [C1-(C2)-Prev-C3[на "it"]-S] [C1 find oneself in C2] (**Fin.** [aor.] ды́-қə-на-гале-ит / ды́-кə-на-м-гале-ит) **1.** to come to be somewhere**:** Ара́хь уаҩ ды́-қə-на-м-гала-цт. (ARD) *Здесь никого не было. Nobody has come to be here.* Ара́хь у-аба́-қə-на-гале-и? (ARD) *Как ты здесь очутился? How did you come to be here?* **2.** to find oneself in somewhere**:** Тəы́ла ҧшӡа-к и́-қə-на-гале-ит. (AF) *They found themselves in a beautiful country.* Аҧсуаа Аҧсны́ и-шы́-қə-на-гала-з. (AF) *How the Abkhazians found themselves in Abkhazia.*

а́-қə-га-ра [tr.] [C1-(C2)-Prev-C3-R / C1-(C2)-Prev-C3-Neg-R] [**1.** C3 remove C1 from C2; **2.** C3 take C1 across C2] (**Fin.** [pres.] ды́-қəы-л-го-ит / ды́-қəы-л-го-м, и́-қəы-л-го-ит / и́-қəы-л-го-м, [aor.] ды́-қəы-л-ге-ит / ды́-қə-лы-м-ге-ит, и́-қəы-л-ге-ит / и́-қə-лы-м-ге-ит, [imper.] ды́-қə-га! / ды́-қə-бы-м-га-н!, ды́-қə-шə/жə-га! / ды́-қə-шəы-м-га-н!; **Non-fin.** [pres.] (C1) и́-қəы-л-го / и́-қə-лы-м-го, (C3) ды́-қəы-з-го / ды́-қə-зы-м-го; **Abs.** ды́-қə-га-ны / ды́-қəы-м-га-кəа) **1.** to remove sth from the surface of sth**:** А-шəҟə-қəа́ а́ишəа и́-қə-и-ге-ит. (ARD) *Он убрал книги со стола. He removed the books from the table.* А-шəҟə-қəа́ а́ишəа-қəа и-ры́-қə-и-ге-ит. *He removed the books from the tables. Он убрал книги со столов.* **2.** to take sb across (*a bridge, etc.*)**:** А-хəычы́ а́-цха ды́-қəы-л-ге-ит. (ARD). *Она перевела ребенка через мост. She took the child across the bridge*

а́-қə-гыла-заа-ра [intr. stative] [C1-(C2)-Prev-R / C1-(C2)-Prev-Neg-R] [C1 stand on C2] (**Fin.** [pres.] ды́-қə-гыло-уп / ды́-қə-гыла-м, [past] ды́-қə-гыла-н / ды́-қə-гыла-мызт; [imper.] бы́-қə-гыла-з! / бы́-қə-гыла-мыз!, **Non-fin.** [pres.] (C1) и́-қə-гыло-у / и́-қə-гыла-мыз, (C2) и-зы-қə-гы́ло-у / и-зы-қə-гы́ла-мыз; **Abs.** ды́-қə-гыла-ны / ды-қə-гы́ла-м-кəа) **1.** to stand on sth**:** А-ҵəца а́ишəа и́-қə-гыло-уп. (ARD) *Стакан стоит на столе. The glass is standing on the table.* А-ҵəца-қəа а́ишəа-қəа и-ры́-қə-гыло-уп. *The glasses are standing on the tables. Стаканы стоят на столах.* А-ха́ҳə ды́-қə-гыло-уп. (ARD) *Он/Она стоит на камне. He/She is standing on the stone.* А-ха́ҳə-қəа и-ры́-қə-гыло-уп. *They are standing on the stones. Они стоят на камнях.* А-ча́и з-то́-у а́-ҵəца с-а́ҧхьа и́-қə-гыло-уп. (AFL) *A glass, in which there is tea, is set in front of me. Стакан, в котором есть чай, поставлен передо мной.*

а́-қəгылара[1] [n.] (-қəа, и́-қəгылара) **1.** appearance; speech. **2.** (*of a play*) act.

а́-қə-гыла-ра[2] [intr.] [C1-(C2)-Prev-R / C1-(C2)-Prev-Neg-R] [C1 stand up on C2; C1 make a speech] (**Fin.** [pres.] ды́-қә-гыло-ит / ды́-қә-гыло-м (*or* ды́-қә-гыла-ӡо-м), [aor.] ды́-қә-гыле-ит / ды́-қәы-м-гыле-ит (-гыла-ӡе-ит), [imper.] бы́-қә-гыл! / бы́-қәы-м-гыла-н!, шәы́-қә-гыл! / шәы́-қәы-м-гыла-н!; [poten.] д-зы́-қәы-м-гыле-ит; **Non-fin.** (C1) [pres.] и́-қә-гыло / и́-қәы-м-гыло, [aor.] и́-қә-гыла / и́-қәы-м-гыла, [impf.] и́-қә-гыло-з / и́-қәы-м-гыло-з, [past indef.] и́-қә-гыла-з / и́-қәы-м-гыла-з; **Abs.** ды-қә-гы́ла-ны / ды-қәы-м-гы́ла-кәа) **1.** to stand (up) on sth: А-скáм ды́-қә-гыле-ит. *He/She stood up on the bench. Он/Она встал/-ла на скамейку.* А-скáм-қәа и-ры́-қә-гыле-ит. *They stood up on the benches. Они встали на скамейки.* И-шьапҧы́нтца ды-қә-гы́ла-ны д-кәашó-ит. (ARD) *Он танцует на носках. He is dancing on tiptoes.* С-шьаҧ-қәá сы-з-ры́-қә-гыла-ӡо-м. [poten.] *Не могу стоять на ногах. I cannot stand on my feet.* **2.** to appear on (the stage): А-сцéна-ҿы ды́-қә-гыле-ит. *He/She appeared on the stage.* **3.** to make a speech: Аизара-ҿы ды́-қә-гыле-ит. *He/She made a speech at the meeting. Он/Она выступил/-ла на собрании с речью.* Аизара-қәа р-ҿы и́-қә-гыле-ит. *They made a speech at the meetings. Они выступили на собраниях с речью.* Сарá сы́-қә-гыла-ны с-цәáжәо-ит. *I'll make a speech.*

á-қә-гьежьаа-ра [intr.] (**Fin.** [pres.] сы́-қә-гьежьаа-уе-ит / сы́-қә-гьежьаа-уа-м, [aor.] сы́-қә-гьежьаа-ит / сы́-қә-м-гьежьаа-ит, [imper.] бы́-қә-гьежьаа! / бы́-қә-м-гьежьаа-н!; **Non-fin.** [pres.] (C1) и́-қә-гьежьаа-уа / и́-қә-м-гьежьаа-уа; **Abs.** сы́-қә-гьежьаа-ны / сы́-қәы-м-гьежьаа-кәа) **1.** to whirl, to go round. **2.** to turn abruptly.

á-қә-гьежь-ра* [intr.] (**Fin.** [aor.] ды́-қә-гьежь-ит / ды́-қә-м-гьежь-ит, [imper.] бы́-қә-гьежь! / бы́-қәы-м-гьежьы-н!) **1.** to turn: Сарá сы́-шӄа ý-қә-гьежь! *Turn your face to me! Повернись лицом ко мне!*

á-қә-гәыӷ-ра (*or* **а-қә-гәы́ӷ-ра**) [intr.] [C1-C2-Prev-R / C1-C2-Prev-Neg-R] [C1 rely on C2; C1 hope for C2] (**Fin.** [pres.] с-лы́-қә-гәыӷ-уе-ит / с-лы́-қә-гәыӷ-уа-м (-гәыӷ-ӡо-м), [aor.] с-лы́-қә-гәыӷ-ит / с-лы́-қәы-м-гәыӷ-ит, [imper.] б-лы́-қә-гәыӷ! / б-лы́-қәы-м-гәӷы-н!, [poten.] сы-з-ры́-қә-гәыӷ-уа-м (*I cannot rely on them*); **Non-fin.** [pres.] (C1) и-лы́-қә-гәыӷ-уа / и-лы́-қәы-м-гәыӷ-уа, (C2) с-зы́-қә-гәыӷ-уа / с-зы́-қәы-м-гәыӷ-уа; **Abs.** д-á-қә-гәыӷ-ны / д-á-қәы-м-гәыӷы-кәа) **1.** to rely on sth: Сарá с-ҩы́за с-и́-қә-гәыӷ-уе-ит. *I rely on my friend. Я надеюсь на своего друга.* Сарá шә-сы́-қәы-м-гәы́ӷы-н! *Don't rely on me!* Убри́ и-рáшь éиҧш-тәӄьа, д-á-қә-гәыӷ-уа и́-ма-н лабáшьа-к. (AF) *Putting his trust in it just like his steed, he had a stick.* **2.** to hope for, to expect, to entertain any hope of: уи и-хынҳәрá á-қә-гәыӷ-ра *to hope for his return.* Д-á-қә-гәыӷ-уе-ит. *He/She is hoping for it.* [cf. **а-гәы́ӷ-ра** "to hope"]

á-қә-ӡәӡәа-ра [intr.] [C1-C2-Prev-R / C1-C2-Prev-Neg-R] [C1 weigh down C2, C1 press C2] (**Fin.** [pres.] д-á/ры́-қә-ӡәӡәо-ит, д-сы́-қә-ӡәӡәо-ит / [aor.] д-á/ры́-қә-ӡәӡәе-ит, д-сы́-қә-ӡәӡәе-ит / д-сы́-қә-мы-ӡәӡәе-ит, [imper.] б-сы́-қә-ӡәӡәа! / б-сы́-қә-мы-ӡәӡәа-н!, шә-á-қә-ӡәӡәа! / шә-á-қәы-м-ӡәӡәа-н!; **Non-fin.** [pres.] (C1) и-сы-қә-ӡәӡәó / и-сы-қә-мы-ӡәӡәó, (C2) д-зы-қә-ӡәӡәó / д-зы-қә-мы-ӡәӡәó, [aor.] (C1) и-сы-қә-ӡәӡәá / и-сы-қә-мы-ӡәӡәá, (C2) д-зы-қә-ӡәӡәá / д-зы-қә-мы-ӡәӡәá, [impf.] (C1) и-сы-қә-ӡәӡәó-з / и-сы-қә-мы-ӡәӡәó-з, (C2) д-зы-қә-ӡәӡәó-з / д-зы-қә-мы-ӡәӡәó-з, [past indef.] (C1) и-сы-қә-ӡәӡәá-з / и-сы-қә-мы-ӡәӡәá-з, (C2) д-зы-қә-ӡәӡәá-з / д-зы-қә-мы-ӡәӡәá-з; **Abs.** д-á-қә-ӡәӡәа-ны / д-á-қәы-м-ӡәӡәа-кәа) **1.** to weigh, to squeeze, to lie heavily: и-á-қә-сы-р-ӡәӡәе-ит *I pressed with it.* А-сы́ а-хы́б и-á-қә-ӡәӡәо-ит. *The snow weighs down the roof. Снег давит на крышу.* А-сы́ а-хыб-қәа и-ры́-қә-ӡәӡәо-ит. *The snow weighs down the roofs. Снег давит на крыши.*

á-қә-жь-ра[1] [intr. stative] [C1-C2-Prev-R] [C1 be on C2] (**Fin.** [pres.] и-á-қә-жь-уп / и-á-қә-жьы-м, [past] и-á-қә-жьы-н / и-á-қә-жь-мызт; **Non-fin.** [pres.] (C1) и-á-қә-жь-у / и-á-қә-жьы-м, [past] (C1) и-á-қә-жьы-з / и-á-қә-жь-мыз; **Abs.** и-á-қә-жь-ны / и-á-қәы-м-жьы-кәа) **1.** (*in a large quantity*) to be on sth; to be found in a large quantity: А-сы́ á-тҵла (sg.) и-**á**-қә-жь-уп. *Snow is on the tree. Снег находится на дереве.* А-сы́ á-тҵла-**қәа** и-**ры́**-қә-жь-уп. *Snow is on the trees. Снег находится на деревьях.* А-хы́бра-қәе-и á-тҵла-қәе-и, а-

Қә

чы́кь-қәе-и а-сы́ ры́-қә-жь-уп. (AFL) *Snow is on the roofs, trees, and bushes. На крышах, деревьях, кустах лежит снег.* **2.** [C1-(C2)-Prev-R]**:** Иахьа-гьы́ убри́ а-ха́ҳә Ҷло́у а-қы́ҭа, Андро́у а-ха́бла хәы-к а-ҿы́ и́-қә-жь-уп. (AF) *Even today that rock lies prone on the hamlet of Androw in the village of Ch'low on a hill.*

а́-қә-жь-ра[2] [tr.] [C1-(C2)-Prev-C3-R / C1-(C2)-Prev-C3-Neg-R] [C3 throw C1 on C2(*the surface of sth)*] (**Fin.** [pres.] и́-қә-сы-жь-уе-ит (*и́-қә-зы-жь-уе-ит) / и́-қә-сы-жь-уа-м, [aor.] и́-қә-сы-жь-ит / и́-қә-с-мы-жь-ит, [imper.] и́-қәы-жь! / и́-қә-б-мы-жьы-н!, и́-қә-шәы-жь! / и́-қә-шә-мы-жьы-н!; **Non-fin.** [pres.] (C1) и́-қә-сы-жь-уа / и́-қә-с-мы-жь-уа, (C3) и́-қә-зы-жь-уа / и́-қә-з-мы-жь-уа; **Abs.** и́-қә-жь-ны / и́-қәы-м-жь-кәа) **1.** to throw sth/sb on some kind of surface**:** И-шәҟә-қәа́ а́ишәа и́-қә-и-жь-ит. (ARD) *Он бросил свои книги на стол. He threw his books on the table.* И-шәҟә-қәа́ а́ишәа-қәа и-ры́-қә-и-жь-ит. *He threw his books on the tables. Он бросил свои книги на столы.*

а́-қә-жьцәа-ра [intr.] [C1-(C2)-Prev-R / C1-(C2)-Prev-Neg-R] [C1 spit on C2] (**Fin.** [pres.] д-лы́-қәы-жьцәо-ит / д-лы́-қәы-жьцәо-м, [aor.] д-лы́-қәы-жьцәе-ит / д-лы́-қә-мы-жьцәе-ит *or* д-лы́-қәы-м-жьцәе-ит, [imper.] б-лы́-қәы-жьцәа! / б-лы́-қә-мы-жьцәа-н! *or* б-лы́-қәы-м-жьцәа-н!; **Non-fin.** [pres.] (C1) и-лы́-қәы-жьцәо / и-лы́-қә-мы-жьцәо *or* и-лы́-қәы-м-жьцәо, (C2) д-зы́-қәы-жьцәо / д-зы́-қә-мы-жьцәо *or* д-зы́-қәы-м-жьцәо; **Abs.** д-лы́-қәы-жьцәа-ны / д-лы́-қә-мы-жьцәа-кәа) **1.** to spit on some kind of surface/on sth/sb**:** А-хҕәы́ра ды́-қәы-жьцәе-ит. (ARD) *Он/Она плюнул/-ла на пол. He/She spat on the floor.* А-хҕәы́ра-қәа и-ры́-қәы-жьцәе-ит. *They spat on the floors. Они плюнули на полы.* И-напы́ д-а́-қәы-жьцәе-ит. (ARD) *Он плюнул себе на руку. He spat on his own hand.* Д-лы́-қә-мы-жьцәе-ит. *He/She didn't spit on her. Он/Она не плюнул/-ла на нее.*

а́-қә-заа-ра [intr.] [stative] [C1-(C2)-R, *lit.* C1-(C2)-Prev(on)-R(ø)] [C1 be on C2, *lit.* C1 be on the surface (of C2)] (**Fin.** [pres.] ды́-қә-уп /dә́-kʷә-wp'/ < /*d-øә́-kʷ-øә-wp'/, и́-қә-уп, и-а́-қә-уп, и-ры́-қә-уп [< /j-rә́-kʷ-øә-wp'/] / ды́-қә-м (ды́-қә-ӡа-м), и́-қә-м, и-а́-қә-м, [past] ды́-қә-н, и́-қәы-н / ды́-қә-мызт, и́-қә-мызт; [imper.] шәы́-қәы-з!; [subj.] шәы́-қәы-зааит; **Non-fin.** [pres.] (C1) и́-қә-у / и́-қәы-м, (C2) и-з-қә(ы́)-у́ / и-з-қәы́-м, [past] (C1) и́-қәы-з / и́-қәы-мыз; **Abs.** ды́-қә-ны, и-а́-қә-заа-ра-ны) **1.** to exist on a surface (not surrounded by something) (cf. **а-н-у́п**)**:** А-хы́за сы́-қә-уп. *The blanket is on me.* А-сто́л и́-қә-уп. /j-øә́-kʷә-ø-w-p'/ *It is on the table.* (Spruit, SC5) А-шәҟәы́ а-сто́л и́-қә-уп. /j-øә́-kʷә-wp/ *The book lies on the table.* А-шәҟә-қәа́ а-сто́л-қәа и-ры́-қә-уп. /j-rә́-kʷә-wp/ *The books lie on the tables.* С-а́б а-дашьма́ ды́-қә-уп. *My father lies on the floor = My father is dead. Мой отец лежит на полу. = Мой отец умер.* Амра а-хы́бра ды́-қә-н. (AFL) *Amra was on the roof. Амра была на крыше.* Абри́гь, абри́гь а-ҭы́ԥ, а-ҿы́ а-ху́ ду́ и́-қу-уп а-ха́ҳә ду́. (Ab.Text) *On the top of the big hill at a certain place there is a big stone.* А-мҩа шәы́-қәы-з! *Keep on your route!* **2.** *used in various senses, e.g.* "there is X on Y"**:** И-ҟа-л-ҵо-з-гьы н-ҵәа-ра́ а́-қә-ӡа-мызт. (AF) *And there was no end to the things she had to do.* **3.** (**Fin.** [aor.] х-уа́л и́-қәы-н; **Non-fin.** [pres.] (C2) л-уа́л з-қәы́-у / л-уа́л з-қәы́-м, [past] (C2) л-уа́л з-қәы́-з / л-уа́л з-қәы́-мыз) to be in debt**:** Л-уа́л сы́-қу-п. (*or* И-сы́-қу-п л-уа́л.) *I am in debt to her./ I am obliged to her. Я ей должен.* Х-уа́л и́-қу-н. *He was in debt to us./ He was obliged to us. Он был нам должен.* Сара́ шәара́ и-шә-тә-ны́ жәа-ма́аҭк сы́-қә-уп. (RAD) *I owe you ten rubles. Я вам должен десять рублей.* || **ҳаҭы́р з-қә(ы́)-у́** (at the beginning of a letter) dear. || **акагьы́ у́-қәы-м**. *you are a failure. ты неудачник.*

а́-қә-ӡа-ра [intr.] [C1-C2-Prev-R / C1-C2-Neg-Prev-R] [C1 go into C2] (**Fin.** [pres.] и-а-қә-ӡо́-ит / и-а-қә-ӡо́-м, [aor.] и-а-қә-ӡе́-ит / и-а-м-қә-ӡе́-ит, [imper.] б-а-қә-ӡа́! / б-а-м-қә-ӡа́-н!; **Abs.** и́-қә-ӡа-ны / и́-қәы-м-ӡа-кәа) **1.** to go in, to fit on**:** А-шәҟә-қәа́ кы́ҕәра-к и-а́-қә-ӡо-м (/и-а-к-уа-м). *The books will not fit on one shelf. Книги не поместятся на одной полке.* А-шәҟә-қәа́ а-кы́ҕәра-қәа и-ры́-қә-ӡо-м. *The books will not fit on the shelves. Книги не поместятся на полках.*

á-ҟə-ӡах-ра [labile] **(1)** [tr.] [C1-C2-Prev-C3-R / C1-C2-Prev-C3-Neg-R] [C3 sew C1 on C2]] (**Fin.** [pres.] и-á/ры́-ҟə-с/*з-ӡах-уе-ит / и-á/ры́-ҟə-с/*з-ӡах-уа-м (-ӡах-ӡо-м), [aor.] и-á-ҟə-с-ӡах-ит, и-á-ҟə-на-ӡах-ит / и-á-ҟə-сы-м-ӡах-ит (-ӡах-ӡе-ит), и-á-ҟə-на-м-ӡах-ит (-ӡах-ӡе-ит), [imper.] и-á-ҟə-ӡах! / и-á-ҟə-бы-м-ӡахы-н!; **Non-fin.** [pres.] (C1) и-á-ҟə-л-ӡах-уа / и-á-ҟə-лы-м-ӡах-уа, (C3) и-á-ҟə-з-ӡах-уа / и-á-ҟə-зы-м-ӡах-уа, [aor.] (C1) и-á-ҟə-л-ӡах / и-á-ҟə-лы-м-ӡах, (C3) и-á-ҟə-з-ӡах / и-á-ҟə-зы-м-ӡах, [impf.] (C1) и-á-ҟə-л-ӡах-уа-з / и-á-ҟə-лы-м-ӡах-уа-з, (C3) и-á-ҟə-з-ӡах-уа-з / и-á-ҟə-зы-м-ӡах-уа-з, [past indef.] (C1) и-á-ҟə-л-ӡахы-з / и-á-ҟə-лы-м-ӡахы-з, (C3) и-á-ҟə-з-ӡахы-з / и-á-ҟə-зы-м-ӡахы-з; **Abs.** и-á-ҟə-ӡах-ны / и-á-ҟəы-м-ӡах-кәа) **1.** to sew on: Аиҟәа а-цьыба á-ҟə-с-ӡах-ит. *I sewed the pocket on the trousers. Я нашил карман на брюки.* А-хы́лԥа а-ле́нта á-ҟə-с-ӡах-ит. *I sewed the ribbon on the cap. Я нашил ленту на шапку.* А-хы́лԥа-кәа а-ле́нта-кәа ры́-ҟə-с-ӡах-ит. *I sewed the ribbons on the caps. Я нашил ленты на шапки.* **(2)** [intr.] [C1-C2-Prev-R / C1-C2-Prev-Neg-R] [C1 sew] (**Fin.** [pres.] д-á-ҟə-ӡах-уе-ит / д-á-ҟə-ӡах-уа-м (-ӡо-м), [aor.] д-á-ҟə-ӡах-ит / д-á-ҟəы-м-ӡах-ит (-ӡе-ит), [imper.] б-á-ҟə-ӡах! / б-á-ҟəы-м-ӡахы-н!) **1.** to be engaged in sewing, to sew. [cf. **á-ӡах-ра** "to sew"]

á-ҟə-ӡ-ра [intr.] [C1-C2-Prev-R / C1-C2-Prev-Neg-R] [C1 perish/suffer because of C2] (**Fin.** [pres.] д-á-ҟə-ӡ-уе-ит / д-á-ҟə-ӡ-уа-м, [aor.] д-á-ҟə-ӡ-ит / д-á-ҟəы-м-ӡ-ит, [imper.] б-á-ҟə-ӡ! / б-á-ҟəы-м-ӡы-н!; **Non-fin.** [pres.] (C1) и-á-ҟə-ӡ-уа / и-á-ҟəы-м-ӡ-уа, (C2) д-зы-ҟə-ӡ-уá / ды-з-ҟəы́-м-ӡ-уа; **Abs.** д-á-ҟə-ӡ-ны / д-á-ҟəы-м-ӡ-кәа) **1.** to perish/suffer because of sb/sth: А-руаа р-команди́р и́-ҟə-ӡ-ит. (ARD) *Солдаты погибли из-за своего командира. The soldiers perished because of their commander.* И-áжәа д-á-ҟə-ӡ-ит. (ARD) *He suffered because of his own word.* И-áжәа-кәа д-ры́-ҟə-ӡ-ит. *He suffered because of his own words.*

á-ҟə-иа-ра [intr.] **(1)** [dynamic] [C1-C2/(C2)-Prev-R / C1-C2/(C2)-Prev-Neg-R] [C1 lies upon C2] (**Fin.** [aor.] д-á-ҟə-ие-ит, ды́-ҟə-ио-ит / д-á-ҟəы-м-ие-ит, [imper.] у́-ҟə-иа! / у́-ҟəы-м-иа-н!, шəы́-ҟə-иа!; **Abs.** сы́-ҟə-иа-ны) **1.** to lie upon. **(2)** [stative] [C1-(C2)-Prev-R] (**Fin.** [pres.] ды́-ҟə-ио-уп, [past] ды́-ҟə-иа-н) **1.** to lie on: Уи а-дивáн ды́-ҟə-ио-уп. *He is lying on the divan. Он лежит на диване.* А-шәшьы́ра-ҿы ды́-ҟə-ио-уп. *He/She is lying in shadow. Он/Она лежит в тени.* Зы́злан а-цáлаҟьа ды́-ҟə-иа-н ды́-цәа-н. (AF) *Dzyzlan was lying on the boards fronting the maize-store asleep.*

á-ҟəиҭ-заа-ра [intr. stative] [C1-C2-R] [C1 have the right to C2] (**Fin.** [pres.] д-á-ҟəиҭ-уп / д-á-ҟəиҭы-м (-ҟəиҭ-ӡа-м), [past] д-á-ҟəиҭы-н / д-á-ҟəиҭ-мызт) **1.** to be entitled to sth, to have the right to sth: И-гәáанагара а-ҳәа-рá д-á-ҟəиҭ-ӡа-м. *He is not entitled to say his own opinion. Он не имеет права высказать свое мнение.* Зынӡá лы-ԥс-хы́хра д-á-ҟəиҭы-мызт а-зы́, А-нцәá д-и-á-з-цаа-ит. (AF) *As he did not have the power to strip her soul entirely, he asked God.* **2.** to be free (to): А-хәылбыеха шә-хы шә-á-ҟəиҭ-уп. *In the evening you are free. Вечером вы свободны.* А-ласбá мла-шь-уá-н, ахá а-кры́-фа-ра и-á-ҟəиҭ-мызт. (AF) *The pup was dying of hunger but was not free to eat.* А-ца-рá д-á-ҟəиҭы-мызт, убри́ лы-хцәы́ лы́-ма-м-кәа. (AF) *She was not free to go, not having that hair of hers.*

á-ҟə-к-ра[1] [tr.] [C1-C2-Prev-C3-R / C1-C2-Prev-C3-Neg-R] [C3 aim C1 at C2] (**Fin.** [aor.] и-лы́-ҟə-с-к-ит / и-лы́-ҟə-сы-м-к-ит; **Abs.** и-лы́-ҟəы-к-ны / и-лы́-ҟəы-м-к-кәа) **1.** to aim at: А-шәáҟь лы́-ҟə-с-к-ит. *I aimed the gun at her. Я направил на нее ружье.* **2.** to point at/to: И-нацәá лы́-ҟə-и-к-ит. *He pointed to her with the finger. Он указал на нее пальцем.* || А-ҭа-рá **и-гәы́ á-ҟə-и-уе-ит**. *He studies diligently.* || Бзи́ара-с и́-ҟе-и-ҵó-заалак(ь), **и-гәы́ á-ҟəы-к-ны** и-ҟе-и-ҵó-ит. (ACST) *Whatever good work he does, he does it diligently.*

á-ҟə(ы)-к-ра[2] [tr.] [C1-C2-Prev-C3-R / C1-C2-Prev-C3-Neg-R] [C3 aim to *do*, *lit.* C3 hold C1[it] on C2[it]] (**Fin.** [pres.] и-á-ҟəы-с-к-уе-ит / и-á-ҟəы-с-к-уа-м, [aor.] и-á-ҟə-с-к-ит / и-á-ҟə-сы-м-к-ит, [imper.] и-á-ҟəы-к / и-á-ҟə-бы-м-кы-н!; **Non-fin.** [pres.] (C1) и-á-ҟəы-с-к-уа / и-á-ҟəы-сы-м-к-уа, (C3) и-á-ҟəы-з-к-уа / и-á-ҟəы-зы-м-к-уа) **1.** to conceive an idea of,

Ҟə

to aim to; to decide; to intend to: А-университе́т а-ҭа́ла-ра и-а́-қә-и-к-ит (д-ҭа́ла-рц и-ӡбе́-ит). (ARD) *Он решил поступить в университет. He decided to enter the university.* А-нцәара́ и́-ме-и-кы-рц и-а́-қә-и-к-ит. (AF) *He aimed to vie with him for godhead.* **2.** to hold on: Уи́ д-ахь-ца-ла́к и-ҿы́хәда и́-қә-кы-н. (AF) *Wherever he went, it was held next to his horse's neck.*

а́-қә-кша-ра[1] [tr.] [C1-(C2)-Prev-C3-R / C1-(C2)-Prev-C3-Neg-R] [C3 hit on C2 with C1] (**Fin.** [pres.] и-ры́-қә-сы-кшо-ит / и-ры́-қә-сы-кшо-м, [aor.] и́-қә-сы-кше-ит , и-ры́-қә-сы-кше-ит / и́-қә-с-мы-кше-ит, и-ры́-қә-с-мы-кше-ит, [imper.] и-ры́-қәы-кша! / и-ры́-қә-б-мы-кша-н!, и-ры́-қә-шәы-кша! / и-ры́-қә-шә-мы-кша-н!; **Non-fin.** [pres.] (C1) и-ры́-қә-сы-кшо / и-ры́-қә-с-мы-кшо, (C2) и-зы-қә-сы-кшо́ / и-з-қәы́-сы-м-кшо, (C1) и-ры́-қә-зы-кшо / и-ры́-қә-з-мы-кшо; **Abs.** и-ры́-қә-кша-ны / и-ры́-қәы-м-кша-кәа) **1.** to hit sth on sth, to hit sth with sth: Аишәа и-ҭаҷкәы́м ы́-қә-и-кше-ит. (ARD) *Он ударил кулаком по столу. He hit the table with his fist.* Аишәа-қәа и-ҭаҷкәы́м-қәа ры́-қә-и-кше-ит. *Он ударил кулаками по столам. He hit the tables with his fists.*

а́-қә-кша-ра[2] [intr.] [C1-(C2)-Prev-R / C1-(C2)-Neg-R] [C1 strike against C2] (**Fin.** [pres.] и́-қә-кшо-ит / и́-қә-кшо-м, [aor.] и́-қә-кше-ит / и́-қәы-м-кше-м, [imper.] бы́-қә-кша! / бы́-қәы-м-кша-н!; **Non-fin.** [pres.] и́-қә-кшо / и́-қәы-м-кшо; **Abs.** и́-қә-кша-ны / и́-қәы-м-кша-кәа) **1.** to strike against sth: А-хәычы́ д-ка́-ха-н, и-хы́ а-ӷәра́ и́-қә-кше-ит. (ARD) *Ребенок упал и ударился головой о пол. The child fell and struck his head against the floor.*

а́-қә-кәыр-ра* [intr.] [C1-(C2)-Prev-R] (**Fin.** [pres.] и́-қә-кәыр-уе-ит / и́-қә-кәыр-уа-м, [aor.] и́-қә-кәыр-ит / и́-қәы-м-кәыр-ит, [imper.] бы́-қә-кәыр! / бы́-қәы-м-кәыры-н!) **1.** to roll down on a surface.

а́-қә-кәаа-ра [intr.] [C1-C2-Prev-R / C1-C2-Prev-Neg-R] [C1 shout at C2] (**Fin.** [pres.] д-сы́-қә-ҟаа-уе-ит / д-сы́-қә-ҟаа-уа-м, [aor.] д-сы́-қә-ҟаа-ит / д-сы́-қәы-м-ҟаа-ит, [imper.] б-сы́-қәҟаа! / б-сы́-қәы-м-ҟаа-н!; **Non-fin.** [pres.] (C1) и-сы́-қә-ҟаа-уа / и-сы́-қәы-м-ҟаа-уа, (C2) д-зы́-қә-ҟаа-уа / д-зы́-қәы-м-ҟаа-уа *or* ды-з-қәы́-м-ҟаа-уа; **Abs.** д-сы́-қә-ҟаа-ны / д-сы́-қәы-м-ҟаа-кәа) **1.** to shout at sb; to scold, to abuse. [cf. **а́-ҟаа-ра** "to cry out"]

-қәҟьа [adv.] *used with some verbs such as* а-ца-ра́, аа-ра́. "fast": Ҳара́ автомоби́л-ла ха́-қәҟьа х-цо́-н. (RAD) *Мы катили (/быстро ехали) на автомобиле. We were driving the car fast.* А-дәы́ӷба ы́-қәҟьа и-цо́-н. (ARD) *Поезд мчался. The train was rushing.* Уахь х-аны́-на-ԥш, х-ҩы́за ды́-қәҟьа д-ш-аа-уа́-з аа-бе́-ит. (AAD) *Looking over there, we saw how our friend was coming to us quickly.*

а́-қә-кьа-ра* [intr.] (**Fin.** [pres.] сы́-қә-ҟьо-ит / сы́-қә-ҟьо-м, [aor.] сы́-қә-ҟье-ит / сы́-қәы-м-ҟье-ит, [imper.] бы́-қә-ҟьа! / бы́-қәы-м-ҟьа-н!) **1.** to slip off, to slide down: сы́-қә-ҟьа с-ка́-ха-ит *I slipped and fell.*

а́-қәла [n.] (а́-қәла-цәа, қәла́-к) **1.** a person of the same age.

а́-қә-ла-ра[1] [intr.] [C1-(C2)-Prev-R / C1-(C2)-Prev-Neg-R] [C1 set off] (**Fin.** [pres.] ды́-қә-ло-ит / ды́-қә-ло-м (-ла-ӡо-м), [aor.] ды́-қә-ле-ит / ды́-қәы-м-ле-ит (-ла-ӡе-ит), [imper.] {б-дәы́-қә-л! / б-дәы́-қә(ы)-м-ла-н!}[< а-дәы́-қә-ла-ра]; [poten.] д-зы́-қә-ло-м, д-зы́-қәы-м-ле-ит; [nonvol] д-а́мха-қә-ле-ит / д-а́мха-қәы-м-ле-ит; [vers.1] ды-л-зы́-қә-ле-ит / ды-л-зы́-қәы-м-ле-ит; [vers.2] ды-л-цәы́-қә-ле-ит / ды-л-цәы́-қәы-м-ле-ит; **Non-fin.** (C1) [pres.] и́-қә-ло / и́-қәы-м-ло, [aor.] и́-қә-ла / и́-қәы-м-ла, [impf.] и́-қә-ло-з / и́-қәы-м-ло-з, [past indef.] и́-қә-ла-з / и́-қәы-м-ла-з; **Abs.** ды́-қә-ла-ны / ды́-қәы-м-ла-кәа) **1.** to set out, to set off, to leave: Уацәы́ а́-мҩа ха́-қә-ло-ит. *Tomorrow we are starting the journey. Завтра мы двигаемся в путь.* || И-а́б и́-шьтра ды́-қә-ле-ит. *He followed in his father's footsteps. Он пошел по стопам отца.* [cf. **а-дәы́қә-ла-ра** "to depart"]

а́-қә-ла-ра[2] [intr.] [C1-(C2)-Prev-R / C1-(C2)-Prev-Neg-R] [C1 climb] (**Fin.** [pres.] ды́-қә-ло-ит (< d-ǿə-kʷ-la-wa-jt') / ды́-қә-ло-м (-ла-ӡо-м), [aor.] ды́-қә-ле-ит / ды́-қәы-м-ле-ит (-лаʒе-ит), [imper.] бы́-қә-л! / бы́-қәы-м-ла-н!; **Non-fin.** (C1) [pres.] и́-қә-ло / и́-қәы-м-ло, [aor.] и́-қә-ла / и́-қәы-м-ла; **Abs.** ды́-қә-ла-ны / ды́-қәы-м-ла-кәа) **1.** to climb (up)**:** а-сце́на ды́-қә-ле-ит. *he/she went on the stage.* А-тцла сы́-қә-ло-н. *I used to climb the tree. Я залезал на дерево.* Урҭ а́-тцла-кәа и-ры́-қә-ло-н. *They used to climb the trees. Они залезали на деревья.* А-ҭы́рас и́-ку-ла-ны и-ка́-р-ҿо-н. (Ab.Text) *They clambered up the ferns and cut off the fronds.*

а́-қә-ла-ра[3]* [intr.] [C1-C2-Prev-R] [C1 descend on C2] (**Fin.** [aor.] и-ҳа́-қә-ле-ит / и-ҳа́-қәы-м-ле-ит, [imper.] шә-ҳа́-қә-ла! *or* шә-ҳа́-қәы-л! / шә-ҳа́-қәы-м-ла-н!, **Abs.** и-ҳа́-қә-ла-ны / и-ҳа́-қәы-м-ла-кәа) **1.** to descend on, to attack**:** Ҳара́ х-тәы́ла х-цәы́-р-га-разы аҕа-цәа́ рацәаны́ и-ҳа́-қә-ле-ит. *Many enemies attacked us in order to wrest our land from us.*

а́-қә-мақар-ра [intr.] [C1-C2-Prev-R / C1-C2-Prev-Neg-R] [C1 threaten C2] (**Fin.** [pres.] д-сы́-қә-мақар-уе-ит / д-сы́-қә-мақар-уа-м, [aor.] д-сы́-қә-мақар-ит / д-сы́-қәы-м-мақар-ит, [imper.] б-сы́-қә-мақар! / б-сы́-қәы-м-мақары-н!; **Non-fin.** [pres.] (C1) и-сы́-қә-мақар-уа / и-сы́-қәы-м-мақар-уа *or* и-с-мы́-қә-мақар-уа, (C2) д-зы́-қә-мақар-уа / д-зы́-қәы-м-мақар-уа *or* ды-з-мы́-қә-мақар-уа; **Abs.** д-а́-қәмақар-ны / д-а́-қәмақары-м-кәа) **1.** to threaten**:** д-и-қә-мақа́р-уе-ит *he/she is threatening him, он/она грозит ему.*

а-қәнага́ [n.] (а-қәнага-кәа́) **1.** a share; a portion**:** И-қәнага́ и́-р-тә-ит. *They gave his shore to him. Они дали ему его долю.* **2.** service. **3.** [predicate] must (cf. **-р-**)**:** Уи́ и-ба-ра́ сы-қунаго́-уп. *I must see him.* Лара́ а-дәқьа́н ахь а-ца-ра́ лы-қәнаго́-уп. *She must go to the shop.* Сара́ а-шәҟәы́ з-ҩы́-р сы-қәнаго́-уп. *I must write a letter.*

а́-қәна-га-ра [intr.] [C1-C2-Prev-R / C1-C2-Prev-Neg-R] (**Fin.** [pres.] и-лы́-қәна-го-ит / и-лы́-қәна-го-м, [aor.] и-лы́-қәна-ге-ит / и-лы́-қәна-м-ге-ит; **Non-fin.** [pres.] (C1) и-лы́-қәна-го / и-лы́-қәна-м-го, (C2) и-зы-қәна-го́ / и-зы-қәна́-м-го; **Abs.** и-лы́-қәна-га-ны / и-лы́-қәна-м-га-кәа) **1.** to rely, to be due**:** Урҭ зегьы́ шәкы́-шәкы́ ма́аҭ ры́-қәна-го-ит. (ARD) *Всем им полагается по сто рублей. All of them are relying on one hundred rubles.*

а́-қә-на-у-ра [intr.] **1.** [C1(rain/snow)-C2-Prev(on)-на(it)-R] [C1(rain/snow) fall on C2] (**Fin.** [pres.] и-а́-қә-на-у-е-ит, [aor.] и-а́-қә-на-у-ит) (*of rain, snow*) to fall on sth**:** А-мҿы́ а-сы́ а́-қә-на-у-ит. *The snow fell on the firewood. На дрова выпал снег.* А-сы́ у́-қә-но-у-ла-аит! *Let it snow on you!* **2.** [C1(snow)-Prev(on)-it-R] (**Fin.** [pres.] и́-қә-на-у-е-ит, [aor.] и́-қә-на-у-ит) (*of snow*) to fall on the heights**:** А-шьха а-сы́ ы́-қә-на-у-ит. *The snow fell on the mountain. На горе выпал снег.* [cf. **а-у-ра́** "to fall": а-сы́ а-у-и́т "snow fell"]

а-қә-ны́кәа-ра [intr.] [C1-(C2)-Prev-S / C1-(C2)-Prev-Neg-S] [C1 conform to C2] (**Fin.** [aor.] ды́-қә-ныҟәе-ит / ды́-қәы-м-ны́ҟәе-ит, д-ры́-қә-ныҟәе-ит) **1.** to follow; conform to; to obey**:** А-закәа́н ды́-қә-ны-ҟәа-ʒо-м. (ARD) *Он/Она не руководствуется законом. He/She does not conform to the law.* А-ҩы́шьа ԥҟа́ра-кәа д-ры́-қә-ныҟәо-ит. (ARD) *Он/Она придерживается орфографических правил. He/She obeys the orthographical rules.*

а́-қә-ныҳәа-ра [intr.] [C1-C2-Prev-S / C1-C2-Prev-Neg-S] [C1 bless C2] (**Fin.** [pres.] д-ры́-қә-ныҳәо-ит / д-ры́-қә-ныҳәо-м, [aor.] д-ры́-қә-ныҳәе-ит / д-ры́-қәы-м-ныҳәе-ит, [imper.] б-ры́-қә-ныҳәа! / б-ры́-қәы-м-ныҳәа-н!; **Non-fin.** [pres.] (C1) и-ры́-қә-ныҳәо / и-ры́-қәы-м-ныҳәо, (C2) д-зы-қә-ны́ҳәо / ды-з-қәы-м-ны́ҳәо; **Abs.** д-шәы́-куныҳәа-ны) **1.** to bless**:** Сара́ с-а́-қә-ныҳәа-п! *I shall bless it!* Ус-гьы д-ры́-қә-ныҳәе-ит. *He/She blessed them with these words.*

а-қәоура́ [n.] rain; rainfall**:** А-қәоура́ и-а́-ла-ге-ит. *It began to rain. Пошел дождь.*

а́-қә-папа-ра [intr.] [C1-C2-Prev-S] [C1[pl.] fall upon C2 in large numbers] (**Fin.** [aor.] и-а́-қә-папе-ит) **1.** (*of plural*) to fall upon sth/sb; to surround; to throng**:** А-лаҳәа-кәа а́друхәа а-бгахәыҷы́ и-на-қә-папе-ит. *The crows fell upon the fox in a body.* А-ла-қәа́ а́-бга и-а́-қә-папе-ит. *The dogs surrounded the wolf. Собаки облепили волка.*

а́-қә-ԥҕаа-ра [tr.] [C1-C2-Prev-C3-R / C1-C2-Prev-C3-Neg-R] [C3 pull C1 off C2] (**Fin.** [pres.] и-лы́-қәы-с-ԥҕаа-уе-ит / и-лы́-қәы-с-ԥҕаа-уа-м, [aor.] и-лы́-қәы-с-ԥҕаа-ит / и-лы́-қә-сы-м-ҧаа-ит, [imper.] и-лы́-ҟә-ҧаа! / и-лы́-ҟәы-бы-м-ҧаа-н!, и-лы́-ҟәы-шә-ҧаа! / и-лы́-ҟә-шәы-м-ҧаа-н!; **Non-fin.** [pres.] (C1) и-лы́-ҟәы-с-ҧаа-уа / и-лы́-ҟә-сы-м-ҧаа-уа, (C2) и-з-ҟәы́-с-ҧаа-уа / и-з-ҟәы́-сы-м-ҧаа-уа, (C3) и-лы́-ҟәы-з-ҧаа-уа / и-лы́-ҟә-зы-м-ҧаа-уа, **Abs.** и-лы́-ҟә-ҧаа-ны / и-лы́-ҟәы-м-ҧаа-кәа) **1.** to pull sth off sth/sb**:** А-хы́за лы́-ҟәы-с-ҧаа-ит. *I pulled the blanket off her. Я сдернул с нее одеяло.* Аишәа и́-ҟәы-з зегь ы́-ҟә-ҧаа-ны и-џьы́ба и-ҭе́-и-тце-ит. (ARD) *Все, что лежало на столе, он схватил и положил себе в карман. He grabbed everything that was on the table and put it in his pocket.*

а́-ҟә-ҧала-ра [intr.] **1.** [C1-(C2)-Prev-S] [C1 jump on to C2] (**Fin.** [aor.] и́-ҟә-ҧале-ит) to jump on to sth**:** А-ӡы́с а-кды́ и́-ҟә-ҧале-ит. (ARD) *Козленок вскочил на бревно. The kid jumped on to the log.* Ды́-ҧа-ны а-ха́ҳә ду д-ны́-ҟә-ҧала-н, а-ҭры́шә д-а́-с-ит и-ҩы́з-цәа р-ахь. (ARD) *Он запрыгнул на большой камень и свистнул своим товарищам. He jumped over to the big stone and whistled to his friends.* [Абрыскьы́л] д-ш-и́аша-з Ерца́хә а́-ҟәцәа д-ны́-ҟә-ҧале-ит. *[Abrsk'jyl] jumped straight onto the summit of Ertsakhu.* А-лаҳәа-кәа а́-друхәа а-бгахәыҷы́ и-на́-ҟә-ҧа́ле-ит. (ACST) *The crows in a sudden mass-movement pounced on the fox.* **2.** [C1-C2-Prev-S] [C1 tread on C2] (**Fin.** [aor.] д-а́-ҟә-ҧале-ит) to tread on (= **а-ҕра́-ҧала-ра**)**:** А-маҭ д-а́-ҟә-ҧале-ит. *He/She trod on a snake. Он/Она наступил/-ла на змею.* [cf. **а́-ҧа-ра** 'to jump']

а́-ҟә-ҧа-ра [intr.] [C1-Prev-R; C1-C2-a-Prev-R / C1-C2-Neg-a-Prev-R (*or* C1-C2-a-Prev-Neg-R)] [C1 fight against C2] (**Fin.** [pres.] ды-ҟә-ҧо́-ит, д-л-а́-ҟә-ҧо-ит (*он/она с ней борется*) / д-л-а́-ҟә-ҧо-м, [aor.] д-л-а́-ҟә-ҧе-ит / ды-л-м-а́-ҟә-ҧе-ит (*or* д-л-а́-ҟәы-м-ҧе-ит), [imper.] б-сы́-ҟә-ҧа! / бы-с-мы́-ҟә-ҧа-н!, шә-а́-ҟә-ҧа! / шә-а́-ҟәы-м-ҧа-н!; **Non-fin.** [pres.] (C1) и-л-а́-ҟә-ҧо (*тот, который борется с ней*) / и-л-м-а́-ҟә-ҧо, (C2) д-з-а́-ҟә-ҧо (*тот, с которым он/она борется*) / ды-з-м-а́-ҟә-ҧо, [aor.] (C1) и-л-а́-ҟә-ҧа / и-л-м-а́-ҟә-ҧа, (C2) д-з-а́-ҟә-ҧа / ды-з-м-а́-ҟә-ҧа, [impf.] (C1) и-л-а́-ҟә-ҧо-з / и-л-м-а́-ҟә-ҧо-з, (C2) д-з-а́-ҟә-ҧо-з / ды-з-м-а́-ҟә-ҧо-з, [past indef.] (C1) и-л-а́-ҟә-ҧа-з / и-л-м-а́-ҟә-ҧа-з, (C2) д-з-а́-ҟә-ҧа-з / ды-з-м-а́-ҟә-ҧа-з; **Abs.** ды-ҟә-ҧа-ны́ / д-мы-ҟә-ҧа́-кәа, д-л-а́-ҟә-ҧа-ны́ / д-л-а́-ҟәы-м-ҧа-кәа) **1.** to fight, to battle**:** А-ҭы́нчра-зы сы-ҟә-ҧо́-ит. *I am fighting for peace. Я борюсь за мир.* Ҳара́ а-ҕа́ ҳ-и-а́-ҟә-ҧо-ит. *We are fighting against the enemy. Мы боремся против врага.* [cf. **а́и-ҟәҧа-ра** "to fight with"]

а́-ҟәҧаҩы [n.] (а́-ҟәҧаҩ-цәа, ҟәҧаҩы́-к) a fighter**:** а-демокра́тиа а-зы́ а́-ҟәҧаҩ-цәа *fighters for democracy, борцы за демократию.*

а́-ҟә-ҧраа-ра [intr.] [C1-(C2)-Prev-S] [C1 fly away (off C2)] (**Fin.** [pres.] и-ҟә-ҧра́а-уе-ит / и-ҟә-ҧра́а-уа-м, [aor.] и-ҟәҧра́а-ит / и-ҟәы-м-ҧра́а-ит, [imper.] бы́-ҟә-ҧраа! / бы́-ҟәы-м-ҧраа-н!; **Non-fin.** [pres.] (C1)) и-ҟә-ҧра́а-уа / и-ҟәы-м-ҧра́а-уа; **Abs.** и-ҟә-ҧра́а-ны / и-ҟәы-м-ҧра́а-кәа) **1.** (*of a bird*) to fly away**:** Нас иара́ д-ҳәы́ҳә-ха-н д-ны́-ҟә-ҧраа-н д-це́-ит. (Ab.Text) *Then he turned back into a dove and flew away.*

а́-ҟә-ҧса-ра [labile] **(1)** [tr.] [C1-C2-Prev-C3-R / C1-C2-Prev-C3-Neg-R] [C3 spread out C1 on C2] (**Fin.** [pres.] и-а́-ҟә-сы-ҧсо-ит / и-а́-ҟә-сы-ҧсо-м (-ҧса-ӡо-м), [aor.] и-а́-ҟә-сы-ҧсе-ит / и-а́-ҟә-сы-м-ҧсе-ит (-ҧса-ӡе-ит) *or* и-а́-ҟә-с-мы-ҧсе-ит (*rare*), [imper.] и-а́-ҟә-ҧса! / и-а́-ҟә-бы-м-ҧса-н!, и-а́-ҟә-шәы-ҧса! / и-а́-ҟә-шәы-м-ҧса-н!; **Non-fin.** [pres.] (C1) и-а́-ҟә-лы-ҧсо / и-а́-ҟә-лы-м-ҧсо, (C3) и-а́-ҟә-зы-ҧсо / и-а́-ҟә-зы-м-ҧсо, [aor.] (C1) и-а́-ҟә-лы-ҧса / и-а́-ҟә-лы-м-ҧса, (C3) и-а́-ҟә-зы-ҧса / и-а́-ҟә-зы-м-ҧса, [impf.] (C1) и-а́-ҟә-лы-ҧсо-з / и-а́-ҟә-лы-м-ҧсо-з, (C3) и-а́-ҟә-зы-ҧсо-з / и-а́-ҟә-зы-м-ҧсо-з, [past indef.] (C1) и-а́-ҟә-лы-ҧса-з / и-а́-ҟә-лы-м-ҧса-з, (C3) и-а́-ҟә-зы-ҧса-з / и-а́-ҟә-зы-м-ҧса-з; **Abs.** и-а́-ҟә-ҧса-ны / и-а́-ҟәы-м-ҧса-кәа) **1.** to sprinkle from above**:** А-фатә а-пырпы́л а́-ҟә-сы-ҧсе-ит. *I sprinkled the meal with pepper.* А-фатә-кәа а-пырпы́л ры́-ҟә-сы-ҧсе-ит. *I sprinkled the meals with pepper.* абри́ а-ҭкы́ ҩе́ижь а́-шәҭ-кәа з-ҟә-ҧсо́-у (AFL) *this yellow dress with flowers, это желтое платье с цветами.* **(2)** [intr.] ([pres.] и́-ҟә-ҧсо-ит / и́-ҟә-ҧсо-м, [aor.] и́-ҟә-ҧсе-ит / и́-ҟәы-м-ҧсе-ит, [imper.] у́-ҟә-ҧса! / у́-ҟәы-м-ҧса-н!)

1. to fall on: А-карандáшь-ҟәа а-дашьмá и́-қә-ԥсе-ит. *The pencils fell on the floor. Карандаши упали на пол.*

á-қә-ԥха-ра [intr.] [C1-C2-Prev-R / C1-C2-Prev-Neg-R] [C1 shine on C2] (**Fin.** [pres.] и-á-қә-ԥхо-ит / и-á-қә-ԥхо-м (-ԥха-ӡо-м), [aor.] и-á-қә-ԥхе-ит / и-á-қәы-м-ԥхе-ит (-ԥха-ӡе-ит), [imper.] б-á-қә-ԥха! / б-á-қәы-м-ԥха-н!; **Non-fin.** (C1) [pres.] и-á-қә-ԥхо / и-á-қәы-м-ԥхо, [aor.] и-á-қә-ԥха / и-á-қәы-м-ԥха, [impf.] и-á-қә-ԥхо-з / и-á-қәы-м-ԥхо-з, [past indef.] и-á-қә-ԥха-з / и-á-қәы-м-ԥха-з; **Abs.** и-á-қә-ԥха-ны / и-á-қәы-м-ԥха-ҟәа) **1.** to illuminate, to light (up), to throw light on: А-мырхәáга а-дәы́ и-на-қә-ԥхе-ит. *The sun shone on the field.* А-мырхәáга а-дә-қәé-и, а-мх-қәé-и, а-қәáтца-қәе-и, а-бáҳча-қәе-и и-на-ры́-қә-ԥхе-ит (*or* и-ры́-на-қә-ԥхе-ит). (AFL) *A sun ray threw some light upon the fields, cornfields, vineyards, and gardens. Солнечный луч осветил поля, нивы, виноградники, сады.*

á-қә-ԥ-ҿ-ра [intr.] [C1-(C2)-Prev-Prev-C3-R / C1-(C2)-Prev-Prev-C3-Neg-R] [C3 break C1 on C2] (**Fin.** [pres.] и́-қә-ԥы-с-ҿ-уе-ит / и́-қә-ԥы-с-ҿ-уа-м, [aor.] и́-қә-ԥы-с-ҿ-ит / и́-қә-ԥ-сы-м-ҿ-ит, [imper.] и́-қәы-ԥ-ҿ! / и́-қә-ԥ-бы-м-с-ҿы-н!; **Non-fin.** [pres.] (C1) и́-қә-ԥы-с-ҿ-уа / и́-қә-ԥ-сы-м-ҿ-уа, (C1) и́-қә-ԥы-з-ҿ-уа / и́-қә-ԥ-зы-м-ҿ-уа; **Abs.** и́-қә-ԥы-ҿ-ны / и́-қә-ԥы-м-ҿ-ҟәа) **1.** to break/smash sth on sth: А-какáн а-дашьмá и́-қә-ԥ-и-ҿ-ит. (*и-á-қә-ԥ-и-ҿ-ит) (ARD) *Он разбил грецкий орех на полу. He smashed the walnut on the floor.* А-тцәа и-хы́ и-á-қә-ԥы-р-ҿ-ит. (*и́-қә-ԥы-р-ҿ-ит) *They broke the glass on his head. Они разбили стакан о его голову.*

á-қә-ԥш-ра [intr.] [C1-(C2)-Prev-R / C1-(C2)-Prev-Neg-R] [C1 look at C2] (**Fin.** [pres.] сы́-қә-ԥш-уе-ит / сы́-қә-ԥш-уа-м, [aor.] ды́-қә-ԥш-ит / ды́-қәы-м-ԥш-ит, [imper.] бы́-қә-ԥш! / бы́-қәы-м-ԥшы-н!; **Non-fin.** [pres.] (C1) и́-қә-ԥш-уа / и́-қәы-м-ԥш-уа, [aor.] (C1) и́-қә-ԥш / и́-қәы-м-ԥш; **Abs.** ды́-қә-ԥш-ны / ды́-қәы-м-ԥш-ҟәа) **1.** to look around. **2.** to aim. **3.** to look at the surface of sth: Аишәа ý-қә-ԥш-и, убрá и́-қә-уп у-сáат! (ARD) *Посмотри на стол, там лежат твои часы! Look at the table: your watch is there!* Аишәа-ҟәа у-ры́-қә-ԥш-и. *Look at the tables! Посмотри на столы!*

á-қәра [n.] (á-қәра-ҟәа, қәрá-к) age: И-қәра мáҷ-уп. *He is young.* И-қәра дý-уп. *He is old.* Қәрá-ла уи́ сарá с-áтцкыс д-еихá-уп (/д-с-еихаб-ýп). *He is older than I in age. Он старше меня по возрасту.* Уи́ á-қәра ду н-и́-тц-ит. (GAL) *Он прожил много лет. He lived many years.*

á-қә-ра *see* **á-қә-заа-ра**

а-қә-рá [intr.] [C1-R / C1-Neg-R] [C1 swear] (**Fin.** [pres.] д-қә-уé-ит / д-қә-уá-м, [aor.] д-қә-и́т / ды-м-қә-и́т, [imper.] б-қәы́! / бы-м-қәы́-н!; **Non-fin.** [pres.] (C1) и-қә-уá / и́-м-қә-уа, [aor.] и-қәы́ / и-м-қәы́, **Abs.** ды-қә-ны́ / ды-м-қәы́-ҟәа) **1.** to swear, to take an oath/vow: Ларá гýк áла дшизы́ҟоу áла ды-қә-уá-н. *She was sworn to him in loyalty. Она клялась ему в верности.* [cf. **а-рқә-рá** "to make sb swear"]

á-қә-ргәыӷ-ра *see* **á-қәы-ргәыӷ-ра**

á-қә-рӡ-ра [tr.] [C1-C2-Prev-C3-S / C1-C2-Prev-C3-Neg-S] [C3 waste C1 on C2] (**Fin.** [pres.] и-á-қә-сы-рӡ-уе-ит / и-á-қә-сы-рӡ-уа-м, [aor.] и-á-қә-сы-рӡ-ит / и-á-қә-с-мы-рӡ-ит, [imper.] и-á-қәы-рӡ! / и-á-қә-б-мы-рӡы-н!; **Non-fin.** [pres.] (C1) и-á-қә-сы-рӡ-уа / и-á-қәы-с-мы-рӡ-уа, (C3) и-á-қә-зы-рӡ-уа / и-á-қәы-з-мы-рӡ-уа; **Abs.** и-á-қә-рӡ-ны / и-á-қәы-м-рӡы-ҟәа) **1.** to waste; to lose: А-ԥáра рацәаны́ и-хы́ и-á-қә-и-рӡ-ит. *He wasted a lot of money on himself. Он на себя потратил много денег.* Иахьатәи́ сы́-мш зегьы́ убри́ а-ýс и-á-қә-сы-рӡ-ит. (AAD) *I wasted a whole day in that job today.* [cf. **á-рӡ-ра** "to lose"]

á-қә-р-иа-ра [tr.] [C1-(C2)-Prev-C3-S / C1-(C2)-Prev-C3-Neg-S] [C3 lay C1 down on C2] (**Fin.** [pres.] ды́-қә-сы-рио-ит / ды́-қә-сы-рио-м, [aor.] ды́-қә-сы-рие-ит / ды́-қә-с-мы-рие-ит, [imper.] ды́-қәы-риа / ды́-қә-б-мы-риа-н, ды́-қә-шәы-риа / ды́-қә-шә-мы-риа-н; **Non-fin.** [pres.] (C1) и́-қә-сы-рио / и́-қә-с-мы-рио, (C3) ды́-қә-зы-рио / ды́-қә-з-мы-рио; **Abs.**

ды́-қәы-риа-ны / ды́-қә-мы-риа-кәа) **1.** to lay sb down**:** А-чы́мазаҩ а-цәардаҕәы́ ды́-қә-ды-рие-ит. (ARD) *Больного положили на диван. They laid the sick person down on the divan.* А-чы́мазаҩ-цәа а-цәардаҕә-қәа́ и-ры́-қә-ды-рие-ит. *They laid the sick people down on the divans. Больных положили на диваны.* [cf. **а-иа-ра́** "to lie"]

а́-қәы-ршаҳат-(ха)-ра* [tr.] [C1-C2-Prev-C3-S-become] [C3 persuade C1 (of C2)] (**Fin.** [aor.] с-а́-қә-и-ршаҳат-(хе)-ит / с-а́-қә-и-мы-ршаҳат-(хе)-ит, [imper.] д-а́-қәы-ршаҳат(-ха)! / д-а́-қә-б-мы-ршаҳат-(ха)-н!) **1.** to persuade**:** Уи с-а́-қә-и-ршаҳат-хе-ит. *He persuaded me. Он меня уговорил.* [cf. **а́-қә-шаҳат-ха-ра** "to agree"]

а́-қә-ршәа-ра [tr.] [C1-C2-Prev-C3-S] / C1-C2-Prev-C3-Neg-S] [C3 hit C1 on C2] (**Fin.** [pres.] д-а́-қә-сы-ршәо-ит / д-а́-қә-сы-ршәо-м, [aor.] д-а́-қә-сы-ршәе-ит / д-а́-қә-с-мы-ршәе-ит, [imper.] д-а́-қәы-ршәа! / д-а́-қә-б-мы-ршәа-н!; **Non-fin.** [pres.] (C1) и-а́-қә-сы-ршәо / и-а́-қәы-с-мы-ршәо, (C2) и-зы-қә-сы-ршәо́ / и-зы-қәы-с-мы-ршәо́, (C3) и-а́-қә-зы-ршәо / и-а́-қәы-з-мы-ршәо; **Abs.** и-а́-қә-ршәа-ны / и-а́-қә-мы-ршәа-кәа) **1.** to hit (the target)**:** А-хы́сҩы а-цәќьа́ра и-а́-қә-и-ршәе-ит. *The shooter hit the target. Стрелок попал в мишень.* || **Бара́ и-а́-қә-бы-ршәе-ит.** *You've hit it.* **2.** (*of a road*) o show, to indicate**:** А-мҩа д-а́-қә-ды-ршәе-ит. *They showed him/her the way. Они указали ему/ей дорогу.* А-мҩа с-а́-қә-шәы-ршәа-р, с-ха́ла с-цо́-ит. (ARD) *Если покажете дорогу, то я пойду сам. If you show me the way, I'll go myself.* [cf. **а́-қә-шәа-ра**[1] "to hit the target"]

а́-қә-ршә-ра [tr.] [C1-C2-Prev-C3-S / C1-C2-Prev-C3-Neg-S] [C3 throw C1 over C2; C3 cover C2 with C1] (**Fin.** [pres.] и-а́-қә-ды-ршә-уе-ит / и-а́-қә-ды-ршә-уа-м, [aor.] и-а́-қә-ды-ршә-ит / и-а́-қә-д-мы-ршә-ит, [imper.] и-а́-қәы-ршә! / и-а́-қә-б-мы-ршәы-н!, и-а́-қә-шәы-ршә! / и-а́-қә-шә-мы-ршәы-н!; **Non-fin.** [pres.] (C1) и-а́-қә-ды-ршә-уа / и-а́-қә-д-мы-ршә-уа, (C2) и-зы-қә-ды-ршә-уа́ / и-зы-қә-д-мы-ршә-уа́, (C3) и-а́-қә-зы-ршә-уа / и-а́-қә-з-мы-ршә-уа; **Abs.** и-а́-қәы-ршә-ны / и-а́-қә-мы-ршә-кәа; cf. и-зы́-қә-ды-ршә-уа *why does they cover it/them?*) **1.** to throw sth over**:** А-нцәа́ а-гәырҩа́ шәа́-қә-и-мы-ршә-ааит! (ACST) *Let God not cause you to meet sorrow!* **2.** to cover**:** А-ҿы́ а-упа́ а́-қә-и-ршә-ит. (ARD) *Он накинул на коня бурку. He threw a felt coat over the horse.* Аишәа а-қәы́ршә ы́-қә-лы-ршә-ит [*or* а́-қә-лы-ршә-ит]. (ARD) *Она покрыла стол скатертью. She covered the table with a table-cloth.* **3.** [stative] А-кауа́т а-кауа́т-қәыршә иатцәа́ ы́-қәы-ршә-уп. (IC) *Кровать накрыта зеленым покрывалом. The bed is covered with the green bedspread.*

а́-қә-ршәшәа-ра[1] [tr.] [C1-(C2)-Prev-C3-S/ C1-(C2)-Prev-C3-Neg-S] [C3 sweep C1 off C2] (**Fin.** [pres.] и́-қә-сы-ршәшәо-ит / и́-қә-сы-ршәшәо-м, [aor.] и́-қә-сы-ршәшәе-ит / и́-қә-с-мы-ршәшәе-ит, [imper.] и́-қәы-ршәшәа! / и́-қә-б-мы-ршәшәа-н!; **Non-fin.** [pres.] (C1) и́-қә-сы-ршәшәо / и́-қәы-с-мы-ршәшәо, (C3) и́-қә-зы-ршәшәо / и́-қәы-з-мы-ршәшәо; **Abs.** и́-қә-ршәшәа-ны / и́-қә-мы-ршәшәа-кәа) **1.** to shake something light off of some kind of surface; to sweep off/away**:** Сара́ а-стóл а-хәаша-қәа́ ы́-қә-сы-ршәшәе-ит. *I swept the crumbs off the table. Я смел крошки со стола.* Сара́ а-стóл-қәа а-хәаша-қәа́ ры́-қә-сы-ршәшәе-ит. *I swept the crumbs off the tables. Я смел крошки со столов.*

а́-қә-ршәшәа-ра[2] [tr.] [C1-C2-Prev-C3-S / C1-C2-Prev-Neg-C3-S] [C3 heap/scatter C1 on C2] (**Fin.** [pres.] и-лы́-қә-сы-ршәшәо-ит / и-лы́-қә-сы-ршәшәо-м, [aor.] и-лы́-қә-сы-ршәшәе-ит / и-лы́-қә-с-мы-ршәшәе-ит, [imper.] и-лы́-қә-ршәшәа! / и-лы́-қә-бы-ршәшәа-н!, и-лы́-қә-шәы-ршәшәа! / и-лы́-қә-шәы-ршәшәа-н!; **Non-fin.** [pres.] (C1) и-лы́-қә-сы-ршәшәо / и-лы́-қәы-с-мы-ршәшәо, (C2) и-зы-қә-сы-ршәшәо́ / и-зы-қәы-с-мы-ршәшәо́, (C3) и-лы́-қә-зы-ршәшәо / и-лы́-қәы-з-мы-ршәшәо; **Abs.** и-а́-қә-ршәшәа-ны / и-а́-қә-мы-ршәшәа-кәа) **1.** to heap, to strew, to shower**:** А-сы́ ҳа́-қә-ды-ршәшәе-ит. *They scattered snow on us.*

а́-қә-рыҕәҕәа-ра [tr.] [C1-(C2)-Prev-C3-S / C1-(C2)-Prev-C3-Neg-S] [C3 press C1 on C2] (**Fin.** [pres.] и-а́-қә-сы-рҕәҕәо-ит / и-а́-қә-сы-рҕәҕәо-м, [aor.] и-а́-қә-сы-рҕәҕәе-ит / и-а́-қә-с-мы-рҕәҕәе-ит, [imper.] и-а́-қә-рыҕәҕәа! / и-а́-қә-б-мы-рҕәҕәа-н!; **Non-fin.** [pres.] (C1) и-а́-қә-сы-рҕәҕәо / и-а́-қәы-с-мы-рҕәҕәо, (C2) и-зы-қә-сы-рҕәҕәо́ / и-зы-қәы-с-мы-рҕәҕәо́, (С3) и-а́-ҟә-зы-рҕәҕәо / и-а́-ҟәы-з-мы-рҕәҕәо; **Abs.** и-а́-ҟә-рыҕәҕәа-ны / и-а́-ҟәы-м-ры́ ҕәҕәа-кәа) **1.** to press (on), to squeeze.

а́-ҟә-с-ра [intr.] [C1-(C2)-Prev-R / C1-(C2)-Prev-Neg-R] [C1 go across C2] (**Fin.** [pres.] ды́-ҟә-с-уе-ит / ды́-ҟә-с-уа-м (-с-ӡо-м), [aor.] ды́-ҟә-с-ит / ды́-ҟәы-м-с-ит (-с-ӡе-ит), [imper.] бы́-ҟә-с! / бы́-ҟәы-м-сы-н!, шәы́-ҟә-с! / шәы́-ҟәы-м-сы-н!; **Non-fin.** (C1) [pres.] и́-ҟә-с-уа / и́-ҟәы-м-с-уа, (C2) и-з-ҟәы́-с-уа, [aor.] и́-ҟә-с / и́-ҟәы-м-с, [impf.] и́-ҟә-с-уа-з / и́-ҟәы-м-с-уа-з, [past indef.] и́-ҟә-сы-з / и́-ҟәы-м-сы-з; **Abs.** ды́-ҟә-с-ны / ды́-ҟәы-м-сы-кәа) **1.** to go across sth, to cross sth: Ари́ а́-цҳа а́-ҟәсра шәа́рҭо-уп. (RAD) *По этому мосту ездить опасно. It is dangerous to go by this bridge.* А-цҳа сы́-ҟә-с-ит. (/sə́-kʷ-sə-it'/ < /s-ɸə́-kʷ-sə-jt'/) *I crossed the bridge. Я перешел через мост.* Дара́ а́-цҳа-ҟәа и-ры́-ҟә-с-ит. (/j-rə́-kʷ-sə-jt'/) *They crossed the bridges. Они перешли через мосты.*

а́-ҟә-тәа-заа-ра [intr.] [C1-(C2)-Prev(onto)-R / C1-(C2)-Prev(onto)-Neg-R] [C1 sit on C2] (**Fin.** [pres.] ды́-ҟә-тәо-уп / ды́-ҟә-тәа-м, [past] ды́-ҟә-тәа-н / ды́-ҟә-тәа-мызт, [imper.] бы́-ҟә-тәа-з! / бы́-ҟә-тәа-мыз!; **Non-fin.** [pres.] (C1) и́-ҟә-тәо-у / и́-ҟә-тәа-мыз, (C2) д-зы-ҟә-тәо́-у / д-зы-ҟә-тәа́-мыз; **Abs.** ды́-ҟә-тәа-ны / ды́-ҟә-тәа-м-кәа) **1.** to sit on sth: А-ҟәа́рдә ды́-ҟә-тәо-уп. (ARD) *Он/Она сидит на стуле. He/She is sitting on the chair.* А-хәы́ и́-ҟә-тәо-уп. *They are sitting on the hill./they live on the hill. Они сидят на холме. / Они живут на холме.* **2.** to be in transport, to be/sit in/on a means of transportation: А-ҽы́ д-а́-ҟә-тәо-уп. *He/She is sitting on a horse. Он/Она сидит на лошади.* А-гәы́жь д-а́-ҟә-тәа-ны д-аа́-ит. (ARD) *Он/Она приехал/-ла верхом на муле. He/She came by mule [on muleback].* А-машьы́на д-а́-ҟә-тәо-уп. *He/She is in the car. / He/She is driving at the wheel. Он/Она на машине. / Он/Она ездит за рулем.*

а́-ҟә-тәа-ра [intr.] [C1-C2-Prev(onto)-R / C1-C2-Prev(onto)-Neg-R] [C1 sit down on C2] (**Fin.** [pres.] с-а́/ры́-ҟә-тәо-ит / с-а́/ры́-ҟә-тәо-м, [aor.] с-а́/ры́-ҟә-тәе-ит / с-а́/ры́-ҟәы-м-тәе-ит, [imper.] бы́-ҟә-тәа! / бы́-ҟәы-м-тәа-н!, б-а́-ҟә-тәа! / б-а́-ҟәы-м-тәа-н!, у-сы́-ҟә-тәа! (*садись на меня!*); **Non-fin.** [pres.] (C1) и-а́-ҟә-тәо / и-а́-ҟәы-м-тәо, [aor.] (C1) и-а́-ҟә-тәа / и-а́-ҟәы-м-тәа, [impf.] (C1) и-а́-ҟә-тәо-з / и-а́-ҟәы-м-тәо-з, [past indef.] (C1) и-а́-ҟә-тәа-з / и-а́-ҟәы-м-тәа-з; **Abs.** ды́-ҟә-тәа-ны / ды́-ҟәы-м-тәа-кәа) **1.** to sit down on: А-ҟәа́рдә ды́-ҟә-тәе-ит. *He/She sat down on the chair.* А-кды́ ды́-ҟә-тәе-ит. *He/She sat down on the log.* А-ҟәара́ ха́-ҟә-тәа-ны а́-мра х-ҿа-ха-рбл-и́т. (AAD) *We sat down on the shore and tanned in the sun. Мы сели на берег и загорели на солнце.* **2.** to get on/in a horse, cart, car; to mount a horse; to sit down on/in a cart, in a car: А-ҽы́ д-а́-ҟә-тәе-ит. *He/She mounted the horse.* А-уардын д-а́-ҟәы-м-тәа-ӡе-ит. *He/She didn't get on the (ox-)cart.* А-машьы́на у-а́-ҟә-тәа-р у-ҭах-у́-ма? *Do you want to get into the car?* А-маланы́ҟәа у-а́-ҟәы-м-тәа-н! *Don't get on the bicycle!* А-ҽы́ с-а́-ҟә-тәо-уп. *I am sitting on the horse.* а́-ҕба а́-ҟәтәара *to board a steamship.* Мура́ҭ а-ҽы́ д-а́-ҟә-тәе-ит. *Murat mounted a horse. Мурат сел на лошадь.* Ҳара́ аҽ-ҟәа́ ҳ-ры́-ҟә-тәе-ит. *We mounted horses. Мы сели на лошадей.* Уи́ даҽа́ дәы́ҕба-к д-а́-ҟә-тәе-ит. (RAD) *He/She changed to another train. Он/Она пересел/-ла на другой поезд.* **3.** to land on: Акәбры́ а́-фатә и-а́-ҟә-тәа-н. (AFL) *A mosquito was on the food. Комар сидел на еде.* Акәбр-ҟәа́ с-напы́ и-а́-ҟә-тәо-ит. *Mosquitoes land on my hand. Комары садятся на мою руку.* Акәбр-ҟәа́ с-нап-ҟәа́ и-ры́-ҟә-тәо-ит. *Mosquitoes land on my hands. Комары садятся на мои руки.*

а́-ҟә-ҭәа-ра [tr.] [C1-C2(а́/ры́)-Prev-C3-R] [C3 pour C1 on C2] (**Fin.** [pres.] и-а́-ҟәы-л-ҭәо-ит / и-а́-ҟәы-л-ҭәо-м (-ҭәа-ӡо-м), [aor.] и-а́-ҟәы-л-ҭәе-ит / и-а́-ҟә-лы-м-ҭәе-ит (-ҭәа-ӡе-ит), [imper.] и-а́-ҟә-ҭәа! / и-а́-ҟә-бы-м-ҭәа-н!, и-а́-ҟә-шә-ҭәа! / и-а́-ҟә-шәы-м-ҭәа-н!; **Non-fin.** [pres.] (C1) и-а́-ҟәы-л-ҭәо / и-а́-ҟә-лы-м-ҭәо, (C3) и-а́-ҟәы-з-ҭәо / и-а́-ҟә-зы-м-ҭәо, [aor.] (C1) и-а́-ҟәы-л-ҭәа / и-а́-ҟә-лы-м-ҭәа, (C3) и-а́-ҟәы-з-ҭәа / и-а́-ҟә-зы-м-ҭәа, [impf.] (C1) и-а́-ҟәы-л-ҭәо-з / и-а́-ҟә-лы-м-ҭәо-з, (C3) и-а́-ҟәы-з-ҭәо-з / и-а́-ҟә-зы-м-ҭәо-з, [past indef.] (C1) и-а́-ҟәы-л-ҭәа-з / и-а́-ҟә-лы-м-ҭәа-з, (C3) и-а́-ҟәы-з-ҭәа-з / и-а́-ҟә-зы-м-ҭәа-з;

Abs. и-а́-қә-ҭаа-ны / и-а́-қәы-м-ҭаа-кәа) **1.** to spill sth on sth; to pour: А-сто́л а-мела́н а́-қә-с-ҭәе-ит. *I poured some ink on the table. Я налил чернила на стол.* А-сто́л-қәа а-мела́н ры́-қә-с-ҭәе-ит. *I poured some ink on the tables. Я налил чернила на столы.* А-ӡы́ а́-дҕьыл и-қәы́-с-ҭәе-ит. *I poured water on the ground. Я налил воду на землю.* || **ӡы-к сы́-қә-с-ҭәо-ит** I'll take a shower: Ӡы-к у́-қә-ҭәа! *Take a shower!* Ӡы-к шәы́-қә-шә-ҭәа! *Please take a shower!* [cf. **а-ка-ҭәа-ра** "to pour out," **а-ҭа-ҭәа-ра́** "to pour (out)"]

а́-қә-ҭәҳәа-ра [tr.] [C1-(C2)-Prev-C3-S / C1-(C2)-Prev-C3-Neg-S] [C3 blow C1 off C2] (**Fin.** [pres.] и́-қә-сы-ҭәҳәо-ит / и́-қә-сы-ҭәҳәо-м, [aor.] и́-қә-сы-ҭәҳәе-ит / и́-қә-с-мы-ҭәҳәе-ит, [imper.] и́-қә-ҭәҳәа! / и́-қә-б-мы-ҭәҳәа-н!; **Non-fin.** [pres.] (C1) и́-қә-сы-ҭәҳәо / и́-қәы-с-мы-ҭәҳәо, (C3) и́-қә-зы-ҭәҳәо / и́-қәы-з-мы-ҭәҳәо; **Abs.** и́-қә-ҭәҳәа-ны / и́-қәы-м-ҭәҳәа-кәа) **1.** to blow off: А-пша́ а-сто́л а-қьаа́д-қәа ы́-қә-на-ҭәҳәе-ит. *The wind blew the papers off the table. Ветром свеяло бумаги со стола.* [cf. **а́-ҭәҳәа-ра** "to blow at"]

Қәҭе́шь [place name] Kutaisi.

қәҭе́шьаа [n.] the residents of Kutaisi.

а́-қә-ха-ра[1] [intr.] [C1-C2-Prev-R / C1-C2-Prev-Neg-R] (**Fin.** [pres.] с-а́-қә-хо-ит / с-а́-қә-хо-м, [aor.] с-а́-қә-хе-ит / с-а́-қәы-м-хе-ит, [imper.] б-а́-қә-ха! / б-а́-қәы-м-ха-н!; **Non-fin.** [pres.] (C1) и-а́-қә-хо / и-а́-қәы-м-хо; **Abs.** с-а́-қә-ха-ны / с-а́-қәы-м-ха-кәа) **1.** to overpower: Сы́-мч а́-қә-хо-м. *I do not have the powers to do it. Я не в силах это сделать.*

а́-қә-ха-ра[2] [intr.] [C1-Prev-R / C1-Prev-Neg-R] (**Fin.** [pres.] сы́-қә-хо-ит / сы́-қә-хо-м, [aor.] сы́-қә-хе-ит / сы́-қәы-м-хе-ит, [imper.] бы́-қә-ха! / бы́-қәы-м-ха-н!; **Non-fin.** [pres.] (C1) и́-қә-хо / и́-қәы-м-хо; **Abs.** сы́-қә-ха-ны / сы́-қәы-м-ха-кәа) **1.** to remain alone. || **а́-мҩа а́-қә-ха-ра** to stay too long on a journey: А-нцәа́ и-ць-шьо́-уп, а́-мҩа ха́-қәы-м-хе-ит. *Thank God, we did not stay too long on a journey.*

а́-қә-х-ра[1] [tr.] [C1-C2-Prev-C3-R / C1-C2-Prev-C3-Neg-R] [C3 take C1 off C2] (**Fin.** [pres.] и-а́-қәы-с-х-уе-ит / и-а́-қәы-с-х-уа-м, [aor.] и-а́-қәы-с-х-ит / и-а́-қә-сы-м-х-ит, [imper.] и-а́-қә-х! / и-а́-қә-бы-м-хы-н!; **Non-fin.** [pres.] (C1) и-а́-қәы-с-х-уа / и-а́-қә-сы-м-х-уа, (C2) и-зы-қәы-с-х-уа́ / и-зы-қә-сы-м-х-уа́, (C3) и-а́-қәы-з-х-уа / и-а́-қә-зы-м-х-уа; **Abs.** и-а́-қә-х-ны / и-а́-қәы-м-х-кәа) **1.** to remove sth from sth above: А-ҩны́ а-хы́б а-пша́ и-а́-қә-на-х-т. *The wind took the roof off the house. Ветер снял с дома крышу.*

а́-қә-х-ра[2] [tr.] [C1-Prev-C3-R / C1-Prev-C3-Neg-R] [C3 exterminate C1] (**Fin.** [pres.] и́-қәы-с-х-уе-ит / и́-қәы-с-х-уа-м, [aor.] и́-қәы-с-х-ит / и́-қә-сы-м-х-ит, [imper.] и́-қә-х! / и́-қә-бы-м-хы-н!; **Non-fin.** [pres.] (C1) и́-қәы-с-х-уа / и́-қә-сы-м-х-уа, (C3) и́-қәы-з-х-уа / и́-қә-зы-м-х-уа; **Abs.** и́-қә-х-ны / и́-қәы-м-х-кәа) **1.** to exterminate, to destroy: А-кәбр-қәа́ ы́-қә-с-х-ит. *I exterminated the mosquitoes. Я истребил комаров.*

а́-қә-хәла-ра [intr.] [и(= night, C1)-C2-Prev-be caught] [C2 be caught by C1(night)] (**Fin.** [pres.] и-ры́-қә-хәло-ит / и-ры́-қә-хәло-м, [aor.] и-ры́-қә-хәле-ит / и-ры́-қәы-м-хәле-ит; **Abs.** и-ры́-қә-хәла-ны / и-ры́-қәы-м-хәла-кәа) **1.** (*of night*) to catch: А-бна-ҿы и́-қә-хәле-ит. *Night caught him in the forest. Ночь застигла его в лесу.* И-у́-қә-хәла-аит! *That you were so vain! Чтоб тебе пусто было!*

а́-қә-ҳа-ра [intr.] [C1-(C2)-Prev-R / C1-(C2)-Prev-Neg-R] [C1 fall on C2] (**Fin.** [pres.] ды́-қә-ҳа-уе-ит / ды́-қә-ҳа-уа-м (-ҳа-ӡо-м), [aor.] ды́-қә-ҳа-ит, д-сы́-қә-ҳа-ит (*он/она упал/-ла на меня*) / ды́-қәы-м-ҳа-ит (-ҳа-ӡе-ит), д-сы́-қәы-м-ҳа-ит, [imper.] бы-қә-ҳа! / бы́-қәы-м-ҳа-н!, шәы́-қә-ҳа! / шәы́-қәы-м-ҳа-н!; **Non-fin.** (C1) [pres.] и́-қә-ҳа-уа / и́-қәы-м-ҳа-уа, [aor.] и́-қә-ҳа / и́-қәы-м-ҳа, [impf.] и́-қә-ҳа-уа-з / и́-қәы-м-ҳа-уа-з, [past indef.] и́-қә-ҳа-з / и́-қәы-м-ҳа-з; **Abs.** ды-қәа́-ҳа-ны / ды-м-қәа́-ҳа-кәа) **1.** to fall on (the ground, etc.): А-ха́ҳә сы́-қә-ҳа-ит. *The stone fell on me.* Иара́ а́-дгьыл ды́-қә-ҳа-ит. *He fell on the ground.* А-хучы́ а-ҕәра́ ды́-қә-ҳа-ит. *The child fell on the floor.* А-каранда́шь а-сто́л и́-қә-ҳа-ит. *The pencil fell on the table.* А-каранда́шь-қәа а-сто́л-қәа и-ры́-қә-ҳа-ит. *The pencils fell on the tables.* А-каранда́шь а-дашьма́ и́-қә-ҳа-ит. *The pencil fell on the floor.* [cf. А-каранда́шь-қәа а-дашьма́ и́-қә-ҧсе-ит. *The pencils fell on the floor.*] А-цәаҟәа и́-қә-ха-ит. (colloq.) *He wanted to sleep. Он захотел спать.*

а́-қә-ца-ра [tr.] [C1-(C2)-Prev-C3-R / C1-(C2)-Prev-C3-Neg-R] [C3 drive off C1 from C2] (**Fin.** [pres.] и́-қәы-с-цо-ит / и́-қәы-с-цо-м, [aor.] и́-қәы-с-це-ит / и́-қә-сы-м-це-ит, [imper.] и́-қә-ца! / и́-қә-бы-м-ца-н!, и́-қәы-шә-ца! / и́-қә-шәы-м-ца-н!; **Non-fin.** [pres.] (C1) и́-қәы-с-цо / и́-қә-сы-м-цо, (C2) и-з-қәы́-с-цо / и-з-қәы́-сы-м-цо, (C3) и́-қәы-з-цо / и́-қә-зы-м-цо; **Abs.** и́-қә-ца-ны / и́-қәы-м-ца-кәа) **1.** to drive away from somewhere: А-ла́ а-со́ф и́-қә-и-це-ит. (ARD) *Он согнал собаку с балкона. He drove the dog away from the balcony.* А-ла-кәа́ а-со́ф-кәа и-ры́-қә-и-це-ит. *He drove the dogs away from the balconies. Он согнал собак с балконов.*

-қә-цәа [post.] **1.** on: А-тҵла а́-қә-цәа ды́-ҟо-уп. *He is on top of the tree.* (Hewitt, Abkhaz:133)

а́-қәцә(а) [n.] (а́-қәцә-кәа, қәы́цә-к) top, summit: а́-қәцәа-н *at the summit.* а́-тҵла а́-қәцәа *the top of the tree.* Хара́ а́-шьха-кәа ры́-қәцә-кәа и-ҧшӡаӡа́ и-аа-ҧш-уа́-н. (RAD) *Вдали красовались вершины гор. In the distance, the peaks of the mountains stood in beauty.* [See **қә-цәа**]

а́-қә-цәкьа-ра [intr.] [C1-C2-Prev-R / C1-C2-Prev-Neg-R] [C1 shout at C2] (**Fin.** [pres.] с-лы́-қә-цәҟьо-ит / с-лы́-қә-цәҟьо-м, [aor.] с-лы́-қә-цәҟье-ит / с-лы́-қәы-м-цәҟье-ит, [imper.] б-лы́-қә-цәҟьа! / б-лы́-қәы-м-цәҟьа-н!; **Non-fin.** [pres.] (C1) и-лы́-қә-цәҟьо / и-лы́-қәы-м-цәҟьо, (C2) с-зы-қә-цәҟьо́ / с-зы-қәы-м-цәҟьо́; **Abs.** с-лы́-қә-цәҟьа-ны / с-лы́-қәы-м-цәҟьа-кәа) **1.** to shout at.

а́-қә-тҵа-ра[1] [n.] the death penalty, execution.

а́-қә-тҵа-ра[2] [tr.] [< -қә-тҵа- "-on-put-"] [C1-C2-Prev(on)-C3-R / C1-C2-Prev(on)-C3-Neg-R] [C3 put C1 on C2] (**Fin.** [pres.] и-сы́-қәы-л-тҵо-ит, и-сы́-қә-на-тҵо-ит / и-сы́-қәы-л-тҵо-м, [aor.] и-сы́-қәы-л-тҵе-ит / и-сы́-қә-лы-м-тҵе-ит, [imper.] и-сы́-қә-тҵа! / и-сы́-қә-бы-м-тҵа-н!, и-сы́-қәы-шә-тҵа! / и-сы́-қә-шәы-м-тҵа-н!, [caus.] и-сы́-қәы-л-ды-р-тҵе-ит / и-сы́-қә-лы-д-мы-р-тҵе-ит; [poten.] и-лы-з-сы́-қә-тҵо-м, и-лы-з-сы́-қә-м-тҵе-ит; [nonvol] и-л-а́мха-сы-қә-тҵе-ит / и-л-а́мха-сы-қә-м-тҵе-ит; [vers.1]?и-шәы-з-сы́-ке-л-тҵе-ит / и-шәы-з-сы́-ке-лы-м-тҵе-ит; [vers.2] и-шәы-цә-сы́-ке-л-тҵе-ит / и-шәы-цә-сы́-ке-лы-м-тҵе-ит; **Non-fin.** [pres.] (C1) и-сы́-қәы-л-тҵо, и-бы́-қәы-л-тҵо, и-у́-қәы-л-тҵо, и-лы́-қәы-л-тҵо, и́-қәы-л-тҵо, и-а́-қәы-л-тҵо, и-ха́-қәы-л-тҵо, и-шәы́-қәы-л-тҵо, и-ры́-қәы-л-тҵо, и-лы́-қә-на-тҵо / и-сы́-қә-лы-м-тҵо, и-бы́-қә-лы-м-тҵо, и-у́-қә-лы-м-тҵо, и-лы́-қә-лы-м-тҵо, и́-қә-лы-м-тҵо, и-а́-қә-лы-м-тҵо, и-ха́-қә-лы-м-тҵо, и-шәы́-қә-лы-м-тҵо, и-ры́-қә-лы-м-тҵо, и-лы́-қә-ха-м-тҵо, (C2) и-з-қәы́-л-тҵо, и-з-қәы́-с-тҵо, и-з-қәы́-б-тҵо, и-з-қәы́-у-тҵо, и-з-қә-и́-тҵо, и-зы-қә-на-тҵо́, и-з-қә-а́х-тҵо, и-з-қәы́-шә-тҵо, и-з-қәы́-р-тҵо / и-з-қәы́-лы-м-тҵо, и-з-қәы́-сы-м-тҵо, и-з-қәы́-бы-м-тҵо, и-з-қәы́-у-м-тҵо, и-з-қә-и́-м-тҵо, и-з-қә-на́-м-тҵо, и-з-қә-а́ха-м-тҵо, и-з-қәы́-шәы-м-тҵо, и-з-қәы́-ры-м-тҵо, (C3) и-сы́-қәы-з-тҵо, и-бы́-қәы-з-тҵо, и-у́-қәы-з-тҵо, и́-қәы-з-тҵо, и-лы́-қәы-з-тҵо, и-а́-қәы-з-тҵо, и-ха́-қәы-з-тҵо, и-шәы́-қәы-з-тҵо, и-ры́-қәы-з-тҵо, д-сы́-қәы-з-тҵо / и-сы́-қә-зы-м-тҵо, и-бы́-қә-зы-м-тҵо, и-у́-қә-зы-м-тҵо, и́-қә-зы-м-тҵо, и-лы́-қә-зы-м-тҵо, и-а́-қә-зы-м-тҵо, и-ха́-қә-зы-м-тҵо, и-шәы́-қә-зы-м-тҵо, и-ры́-қә-зы-м-тҵо, д-сы́-қә-зы-м-тҵо, [aor.] (C1) и-сы́-қәы-л-тҵа / и-сы́-қә-лы-м-тҵа, (C2) и-з-қәы́-л-тҵа / и-зы́-қә-лы-м-тҵа *or* и-з-қәы́-лы-м-тҵа, (C3) и-сы́-қәы-з-тҵа / и-сы́-қә-зы-м-тҵа, [impf.] (C1) и-сы́-қәы-л-тҵо-з / и-сы́-қә-лы-м-тҵо-з, (C2) и-з-қәы́-л-тҵо-з / и-зы́-қә-лы-м-тҵо-з *or* и-з-қәы́-лы-м-тҵо-з, (C3) и-сы́-қәы-з-тҵо-з / и-сы́-қә-зы-м-тҵо-з, [past indef.] (C1) и-сы́-қәы-л-тҵа-з / и-сы́-қә-лы-м-тҵа-з, (C2) и-з-қәы́-л-тҵа-з / и-зы́-қә-лы-м-тҵа-з *or* и-з-қәы́-лы-м-тҵа-з, (C3) и-сы́-қәы-з-тҵа-з / и-сы́-қә-зы-м-тҵа-з; **Abs.** и́-қә-тҵа-ны / и́-қәы-м-тҵа-кәа) **1.** to lay/put sth on a surface: А-шәҟәы́ а-сто́л и́-қә-тҵа! *Put the book on the table!* Ахра и-а́н а-хы́за лы́-қә-и-тҵе-ит. (AFL) *Akhra put the blanket on his mother. Ахра положил одеяло на его мать.* Ахра а-ла́ а-хы́за а́-қә-и-тҵе-ит. *Akhra put the blanket on the dog. Ахра положил одеяло на собаку.* Амра л-а́н и-лы́-қә-л-тҵе-ит а-хы́за. *Amra put a blanket on* *her mother. Амра положила одеяло на ее мать.* Амра Хьы́бла а-хы́за лы́-ҟә-л-тце-ит. *Amra put the blanket on X'ybla. Амра положила одеяло на Хьыблу.* И-хы́ пату́ а́-ҟә-и-тцо-ит. *He puts respect on himself = he respects himself.* А-тҵла д-а́-тца-ђш-уа-н, и-хы́ ы́-ҟә-тца а-марҭа́ка. (GAL) *Он смотрел на дерево (снизу), положив свою голову на мутаку.* Р-че́ицьыка р-напы́ и́-ҟә-тца-ны и-ђ-и́-л-т А-ђааимба́р. (AF) *They met the prophet with a handful of bread and salt.* Нас ари́ «а́-чкун» и-цьы́ба и-аа-т-и́-хы-н а-дау́ и-лы́мха на-га-ны́ р-а́ђхьа и-ны́-ку-и-тце-ит. (Ab.Text) *Then, as soon as this "boy" removed one of the ogre's ears from his pocket, he took it thither and put it in front of them.* [Note the presence or the absence of the Column II affix immediately before the preverb. This difference depends on the nouns found in the direct object. (Hewitt, Abkhaz:210): (1) А-ха́хә а́-шьаҟа и́-ҟә-и-тце-ит. (the-stone the-pillar it-(it)-on-he-put-AOR) *He put the stone on the pillar.* (2) А-хаҳәтцәа́хә а́-шьаҟа и-а́-ҟә-и-тце-ит. (the-beam the-pillar it-it-on-he-put-AOR) *He put the beam on the pillar.*] **2.** [C3 load C1 into C2] to load**:** А-у́су-цәа а-ваго́н-ҟәа а-карто́ш ры́-ҟә-р-тцо-ит. (RAD) *The workers are loading the (railroad) cars with potatoes. Рабочие грузят вагоны картофелем.* А-у́су-цәа а-ҳабырза́кь а-машьы́на-ҟәа и-ры́-ҟә-р-тцо-ит. *The workers are loading watermelons into the cars. Рабочие грузят арбузы на машины.* А-у́су-цәа а-карто́ш а-ваго́н-ҟәа и-р-ҭа́-р-тцо-ит. *The workers are loading potatoes into the (railroad) cars.* А-у́су-цәа а-ваго́н а-карто́ш а́-ҟәы-р-тцо-ит. *The workers are loading the (railroad) car with potatoes.* **3.** to impose a tax, to tax**:** а-нало́г а́-ҟәтцара *to impose a tax, обложить налогом.* **4.** to put in, to invest**:** Бзи́а и́-и-бо а-у́с и-хы́ а́-ҟә-и-тце-ит. (RAD) *He put his soul into his beloved occupation. Он вложил душу в любимое дело.* || **а-шьра́ а́-ҟә-тца-ра** to sentence sb to death**:** А-шьра́ и́-ҟә-р-тце-ит. *They sentenced him to execution. Его приговорили к смертной казни.* || **пату́ а́-ҟә-тца-ра** уважать, to respect. || **ҳа́ҭыр а́-ҟә-тца-ра** to respect**:** А-ҭаҳмада а́-сас-цәа ҳа́ҭыр ры́-ҟә-и-тце-ит. *The old man honored the guests.*

а́-ҟә-тца-ра³ [tr.] [C1-C2-Prev-C3-R] [C3 put C1 on C2] (**Fin.** [pres.] и-а́-ҟәы-с-тцо-ит / и-а́-ҟәы-с-тцо-м, [aor.] и-а́-ҟәы-с-тце-ит / и-а́-ҟә-сы-м-тце-ит, [imper.] и-а́-ҟә-тца! / и-а́-ҟә-бы-м-тца-н!; **Non-fin.** [pres.] (C1) и-а́-ҟәы-с-тцо / и-а́-ҟә-сы-м-тцо, (C3) и-а́-ҟәы-з-тцо / и-а́-ҟә-зы-м-тцо; **Abs.** и-а́-ҟә-тца-ны / и-а́-ҟәы-м-тца-кәа) **1.** to fix, to set; to decide, to resolve**:** А-шәҟәы́ а́-хә а́-ҟәы-р-тце-ит. *They set the price of the book.*[lit. *They put a price on the book.*] *Они назначили цену книги.* А-шәҟә-ҟәа́ ры́-хә-ҟәа ры́-ҟәы-р-тце-ит. *They set the prices of the books. Они назначили цены книг.* || **а́-мҩа а́-ҟә-тца-ра** to send; to dispatch.

а-ҟәтцара́¹ [n.] embroidery.

а-ҟәтца-ра́² [labile] **(1)** [intr.] [C1-S / C1-Neg-S] [C1 embroider] (**Fin.** [pres.] сы-ҟәтцо́-ит / сы-ҟәтцо́-м, [aor.] сы-ҟәтце́-ит / сы-м-ҟәтце́-ит, [fut.1] сы-ҟәтца́-п / сы-ҟәтца-ры́м, [fut.2] сы-ҟәтца́-шт / сы-ҟәтца́-шам, [perf.] сы-ҟәтца-хьеит, / сы-м-ҟәтца́-ц(т), [impf.] сы-ҟәтцо́-н / сы-ҟәтцо́-мызт, [past indef.] сы-ҟәтца́-н / сы-м-ҟәтца́-зт, [cond.1] сы-ҟәтца-ры́н / сы-ҟәтца-ры́мызт, [cond.2] сы-ҟәтца́-шан / сы-ҟәтца́-шамызт, [plupf.] сы-ҟәтца-хьа́н / сы-м-ҟәтца́-цызт, [imper.] бы-ҟәтца́! / бы-м-ҟәтца́-н!; **Non-fin.** (C1) [pres.] и-ҟәтцо́ / и́-м-ҟәтцо, [aor.] и-ҟәтца́ / и́-м-ҟәтца, [fut.1] и́-ҟәтца-ра / и́-м-ҟәтца-ра, [fut.2] и-ҟәтца́-ша / и́-м-ҟәтца-ша, [perf.] и-ҟәтца-хьоу (-хьа́(ц)) / и́-м-ҟәтца-хьоу (-хьа(ц)), [impf.] и-ҟәтцо́-з / и́-м-ҟәтцо-з, [past indef.] и-ҟәтца́-з / и́-м-ҟәтца-з, [cond.1] и-ҟәтца-ры́-з / и́-м-ҟәтца-ры-з, [cond.2] и-ҟәтца́-ша-з / и́-м-ҟәтца-ша-з, [plupf.] и-ҟәтца-хьа́-з / и́-м-ҟәтца-хьа-з; **Abs.** и-ҟәтца-ны́ / и-ҟәтца́-м-кәа *or* и-м-ҟәтца́-кәа) **1.** to embroider**:** (Лара́) анапҟа́зара бзи́аны илы́лан (...) д-ӡах-уа́н, ды-кутцо́-н. *Она хорошо владела (умела) рукоделием (...) шила (вообще), вышивала (вообще).* **(2)** [tr.] [C1-C3-S] (**Fin.** [pres.] и-сы-ҟәтцо́-ит / и-сы-ҟәтцо́-м) **1.** to embroider**:** А-ђсаба́ра шәҭы́-ла и-ҟәтцо́-уп. (AFL) *Nature is embroidered with flowers. Природа вышита цветами.*

а́-ҟә-тц-ра [intr.] [C1-(C2)-Prev-R] [C1 depart from C2] (**Fin.** [pres.] ды́-ҟә-тц-уе-ит / ды́-ҟә-тц-уа-м, [aor.] ды́-қә-ц-ит / ды́-қәы-м-ц-ит, [impf.] бы́-қә-ц! / бы́-қәы-м-цы-н!; **Non-fin.** (C1) [pres.] и́-қә-ц-уа / и́-қәы-м-ц-уа; **Abs.** ды́-қә-ц-ны / ды́-қәы-м-ц-кәа) **1.** to leave/abandon the previous residence; выселиться, to move: Ҳа́-қә-ц-ижьҭеи Аԥсны́ и́-ќо-у-зеи жәа́бжьы-с? *Since we left, what is the news about Abkhazia?* Д-ан-и́-зы-м-ԥшаа хьаа-с д-и-кы́-н, ды́-қә-ц-ны, Ҭыркәтәы́ла-ќа д-це́-ит. (AF) *When he couldn't find her, he was in pain for her, and, he upped and departed for Turkey.*

а́-қә-цәраа-ра* [intr.] [C1-(C2)-Prev-S] [C1 slip on C2] (**Fin.** [aor.] ды́-қә-цәраа-ит / ды́-қәы-м-цәраа-ит; **Abs.** ды́-қә-цәраа-ны / ды́-қәы-м-цәраа-кәа) **1.** to slip on; to slide on: А-ца́а ды́-қә-цәраа-ит. *He/She slided on the ice.* Ды́-қә-цәраа-ны д-ка́-ха-ит. *He/She slipped and fell. Он/Она поскользнулся/-лась и упал/-ла.*

а́-қә-ч-ра [intr.] [C1-Prev-R / C1-Prev-Neg-R] [C1 fall *on it*] (**Fin.** [pres.] и́-қә-ч-уе-ит / и́-қә-ч-уа-м, [aor.] и́-қә-ч-ит / и́-қәы-м-ч-ит, [imper.] у́-қә-ч! / у́-қәы-м-чы-н!; **Non-fin.** [pres.] (C1) и́-қә-ч-уа / и́-қәы-м-ч-уа, [aor.] (C1) и́-қә-ч / и́-қәы-м-ч; **Abs.** и́-қәч-ны / и́-қәы-м-ч-кәа) **1.** (*of fog*) to fall: А-наќәа а́-дгьыл и́-қәч-ит. *A fog descended to the ground. Туман лег на землю.* **2.** (*of smoke*) to pour out.

а́-қә-ҷҷа-ра* [intr.] [C1-(C2)-Prev-R] [C1 shine on C2] (**Fin.** [pres.] и́-қә(ы)-ҷҷо-ит / и́-қә(ы)-ҷҷо-м, [aor.] и́-қә(ы)-ҷҷе-ит / и́-қә-мы-ҷҷе-ит, и-ры́-қә(ы)-ҷҷе-ит / и-ры́-қә-мы-ҷҷе-ит) **1.** (*of the sun, the moon*) to shine on: А-хы́б а́-мза а́-қә-ҷҷо-ит. *The moon is shining bright over the roof.*

а́-қә-ҿа-ҳәа-ра [tr.] [C1-(C2)-Prev-Prev-C3-R / C1-(C2)-Prev-Prev-C3-Neg-R] [C3 tie C1 to C2] (**Fin.** [pres.] и́-қә-ҿа-с-ҳәо-ит / и́-қә-ҿа-с-ҳәо-м, [aor.] и́-қә-ҿа-с-ҳәе-ит / и́-қә-ҿа-сы-м-ҳәе-ит, [imper.] и́-қә-ҿа-ҳәа! / и́-қә-ҿа-бы-м-ҳәа-н!, и́-қә-ҿа-шә-ҳәа! / и́-қә-ҿа-шәы-м-ҳәа-н!; **Non-fin.** [pres.] (C1) и́-қә-ҿа-с-ҳәо / и́-қә-ҿа-сы-м-ҳәо, (C2) и-зы-қә-ҿа́-с-ҳәо / и-зы-қә-ҿа́-сы-м-ҳәо, (C3) и́-қә-ҿа-з-ҳәо / и́-қә-ҿа-зы-м-ҳәо; **Abs.** и́-қә-ҿа-ҳәа-ны / и́-қә-ҿа-м-ҳәа-кәа) **1.** to tie sb to sth: и-зы́-қә-ҿа-с-ҳәо *why am I tying it/them with something?* А-ќәа́рдә ды́-қә-ҿа-р-ҳәе-ит. (ARD) *Его/Ее привязали к стулу. They tied him/her to the chair.*

Қә

а́-қә-ҿиа-ра [intr.] [C1-C2-Prev-R / C1-C2-Prev-Neg-R] [luck (C1?) is with C2] (**Fin.** [pres.] и-сы́-қә-ҿио-ит / и-сы́-қә-ҿио-м, [aor.] и-сы́-қә-ҿие-ит / и-сы́-қәы-м-ҿие-ит, [imper.] и-бы́-қә-ҿиа! / и-бы́-қәы-м-ҿиа-н!; **Non-fin.** [pres.] (C2) и-зы-қә-ҿио́ / и-з-қәы́-м-ҿио *or* и-зы́-қә-ҿио / и-зы́-қәы-м-ҿио; **Abs.** и-сы́-қә-ҿиа-ны / и-сы́-қәы-м-ҿиа-кәа) **1.** to be lucky, to have good luck: Шәара́ и-шәы́-қә-ҿие-ит. *You were lucky.* И-сы́-қәы-м-ҿие-ит. *I was not lucky.* Иахьа́ зегьры́лагьы и-у́-қә-ҿие-ит. (ARD) *Тебе сегодня во всем повезло. Today you were lucky in everything.*

а-қәҿи́ара [n.] (-қәа) success: а-қәҿи́ара с-о́у-ит. *I gained success.*

а́-қә-ҿы-ҭ-ра (1) [intr.] [C1-C2-Prev-Prev-R / C1-C2-Prev-Prev-Neg-R] [C1 call C2] (**Fin.** [pres.] с-лы́-қәҿы-ҭ-уе-ит / с-лы́-қәҿы-ҭ-уа-м, [aor.] с-лы́-қәҿы-ҭ-ит (я ее позвал) / с-лы́-қәҿы-м-ҭ-ит, [imper.], б-лы́-қәҿы-ҭ! / б-лы́-қәҿы-м-ҭы-н!; **Non-fin.** [pres.] (C1) и-лы́-қәҿы-ҭ-уа / и-лы́-қәҿы-м-ҭ-уа, (C2) с-зы-қәҿы-ҭ-уа́ / с-зы-қәҿы́-м-ҭ-уа) **1.** to call: д-сы́-қәҿы-ҭ-ит *he/she called me, он/она меня позвал/-ла.* **(2)** [tr.] [C2-Prev-Prev-C3-R /C2-Prev-Prev-C3-Neg-R] [C3 shout at C2] (**Fin.** [aor.] лы́-қәҿы-с-ҭ-ит / лы́-қәҿ-сы-м-ҭ-ит; [imper.] йы-қәҿы-ҭ! [Genko]; **Non-fin.** [pres.] (C3) лы́-қәҿы-з-ҭ-уа / лы́-қәҿы-зы-м-ҭ-уа, (C2) зы-қәҿы-с-ҭ-уа́ / зы-қәҿы́-сы-м-ҭ-уа; **Abs.** с-лы́-қәҿы-ҭ-ны / с-лы́-қәҿы-м-ҭ-кәа) **1.** to shout: йа-қәҿ-на-ҭы-йт [Genko] *оно крикнуло ему (нрз.).* Уаа, уара́, и́-ќа-у-ҵо-зеи? — ҳәа и́-қәҿ-и-ҭ-ит. *'Hey, you, what are you doing?' he shouted at him.* Ака́ѡҳәа лы́-қәҿ-и-ҭ-уа-н. (AF) *He would call shrilly for her.* [cf. **а-ҿы-ҭ-ра́** "to shout"]

а́-қәшаҳаҭзаара[1] [n.] consent, agreement.

а́-қә-шаҳаҭ-заа-ра[2] [intr. stative] [C1-C2-Prev-R] [C1 be in agreement with C2] (**Fin.** [pres.] с-лы́-қәшаҳаҭ-уп / с-лы́-қәшаҳаҭы-м, [past] с-лы́-қәшаҳаҭы-н / с-лы́-қәшаҳаҭы-мызт;

Non-fin. (C1) [pres.] и-лы́-ҟәшаҳаҭ-у / и-лы́-ҟәшаҳаҭы-м, (C2) с-зы́-ҟәшаҳаҭ-у / с-зы́-ҟәшаҳаҭы-м) **1.** to be in agreement with sth: с-а́-ҟәшаҳаҭ-уп *I agree about it.* с-лы́-ҟәшаҳаҭы-н *I agreed with her.* Уара́ х-у́-ҟәшаҳаҭ-уп. *You and I are agreed. Мы с тобой согласны.* С-а́б, и-бзи́о-уп, и́-у-хәо с-а́-ҟушаҳаҭ-уп. (Ab.Text) *Dad, it is good. I agree with what you say.*

а́-ҟәшаҳаҭхара[1] [n.] consent, agreement: А-ҟуҿымҭра а́-ҟәшаҳаҭхара иазхәо́-уп. *Silence is a sign of agreement.*

а́-ҟә-шаҳаҭ-ха-ра[2] [intr.] [< ҟә-шаҳаҭ-ха- "on-witness-become"] [C1-C2-S{Prev-R}-become / C1-C2-S-Neg-become] [C1 agree with/to C2] (**Fin.** [pres.] с-лы́-ҟәшаҳаҭ-хо-ит (*я с ней стану согласен*) *or* с-лы-ҟәшаҳа́ҭ-уп (*я с ней согласен*) / с-лы́-ҟәшаҳаҭ-хо-м, [aor.] с-лы́-ҟәшаҳаҭ-хе-ит (*я с ней согласился*) / с-лы́-ҟәшаҳаҭы-м-хе-ит, [imper.] б-сы́-ҟәшаҳаҭ-ха! / б-сы́-ҟәшаҳаҭы-м-ха-н!; **Non-fin.** [pres.] (C1) и-лы́-ҟәшаҳаҭ-хо / и-лы́-ҟәшаҳаҭы-м-хо, (C2) д-зы-ҟәшаҳа́ҭ-хо / д-зы-ҟәшаҳа́ҭы-м-хо, [aor.] (C1) и-лы́-ҟәшаҳаҭ-ха / и-лы́-ҟәшаҳаҭы-м-ха, (C2) д-зы-ҟәшаҳа́ҭ-ха / д-зы-ҟәшаҳа́ҭы-м-ха, [impf.] (C1) и-лы́-ҟәшаҳаҭ-хо-з / и-лы́-ҟәшаҳаҭы-м-хо-з, (C2) д-зы-ҟәшаҳа́ҭ-хо-з / д-зы-ҟәшаҳа́ҭы-м-хо-з, [past indef.] (C1) и-лы́-ҟәшаҳаҭ-ха-з / и-лы́-ҟәшаҳаҭы-м-ха-з, (C2) д-зы-ҟәшаҳа́ҭ-ха-з / д-зы-ҟәшаҳа́ҭы-м-ха-з; **Abs.** с-лы́-ҟәшаҳаҭ-ха-ны / с-лы́-ҟәшаҳаҭы-м-ха-кәа) **1.** to agree: Ари́ и-а́-ҟәшаҳаҭ-хе-ит. *They assented to this.* Уи́ ҳара́ ҳ-аҳь аа-ра́ д-а́-ҟәшаҳаҭ-хе-ит. *He agreed to come to us. Он согласился прийти к нам.* С-а́-ҟә-шаҳаҭы-м-ха-р ҟа-м-ле́-ит. *I was unable to avoid agreeing.* Аҳ А-ԥааимба́р д-и́-ҟәшаҳаҭ-ха-н, и́-шьҭахьҟа д-хын-хә-и́т. (AF) *The prince agreed with the prophet and returned back on himself.*

а́-ҟә-шь-ра [tr.] [C1-(C2)-Prev-C3-R / C1-(C2)-Prev-C3-Neg-R] [C3 run C1 over C2] (**Fin.** [pres.] и́-ҟәы-с-шь-уе-ит / и́-ҟәы-с-шь-уа-м, [aor.] и́-ҟәы-с-шь-ит, и-а́-ҟәы-с-шь-ит / и́-ҟә-сы-м-шь-ит, [imper.] и́-ҟә-шь! / и́-ҟә-бы-м-шьы-н!; **Non-fin.** [pres.] (C1) и́-ҟәы-с-шь-уа / и́-ҟә-сы-м-шь-уа, (C3) и́-ҟәы-з-шь-уа / и́-ҟә-зы-м-шь-уа; **Abs.** и́-ҟә-шь-ны / и́-ҟәы-м-шь-кәа) **1.** to run/pass over sth: Л-хы л-напы аа-ҟәы-л-шьы-и́т. [Genko] *Она провела рукой по голове.* Сара́ с-хы́ с-напы́ ы́-ҟәы-с-шь-ит. / Сара́ с-напы́ с-хы́ и́-ҟәы-с-шь-ит (*or* и-а́-ҟәы-с-шь-ит). *I ran my hand over my head. Я провел рукой по голове.* (cf. *Сара́ с-хы́ ы́-ҟәы-с-шь-ит. *I ran my head.*)

а́-ҟә-шәа-ра[1] [intr.] [C1-C2-Prev-R / C1-C2-Prev-Neg-R] [C1 hit C2] (**Fin.** [pres.] и-сы́-ҟә-шәо-ит *it hits me, I am hit by it* / и-сы́-ҟә-шәо-м, [aor.] и-сы́-ҟә-шәе-ит / и-сы́-ҟәы-м-шәе-ит; **Non-fin.** [pres.] (C1) и-сы́-ҟә-шәо / и-сы́-ҟәы-м-шәо, (C2) и-зы-ҟә-шәо / и-з-ҟәы́-м-шәо; **Abs.** и-а́-ҟә-шә-ны / и-а́-ҟәы-м-шә-кәа) **1.** to hit the target: И-шьапы́ а-хы́ а́-ҟә-шәе-ит. *The bullet hit him in the leg. Пуля попала ему в ногу.* А-хы́ и-ԥсы́рҭа и-а́-ҟә-шәе-ит. *The bullet hit him in the vital spot.* [cf. **а-ҟә-ршәа-ра** "to hit"]

а́-ҟә-шәа-ра[2] [intr.] [< -ҟә-шәа- "on-fall"] [C1-C2-Prev-R / C1-C2-Prev-Neg-R] [C1 meet C2 by chance] (**Fin.** [pres.] с-лы́-ҟә-шәо-ит / с-лы́-ҟә-шәо-м, [aor.] с-лы́-ҟә-шәе-ит (*я случайно встретился с ней*) / с-лы́-ҟәы-м-шәе-ит (-шәа-ӡе-ит); **Non-fin.** [pres.] (C1) и-лы́-ҟә-шәо / и-лы́-ҟәы-м-шәо, (C2) д-зы-ҟә-шәо́ / ды-з-ҟәы́-м-шәо, [aor.] (C1) и-лы́-ҟә-шәа / и-лы́-ҟәы-м-шәа, (C2) д-зы-ҟә-шәа́ / ды-з-ҟәы́-м-шәа, [impf.] (C1) и-лы́-ҟә-шәо-з / и-лы́-ҟәы-м-шәо-з, (C2) д-зы-ҟә-шәо́-з / ды-з-ҟәы́-м-шәо-з, [past indef.] (C1) и-лы́-ҟә-шәа-з / и-лы́-ҟәы-м-шәа-з, (C2) д-зы-ҟә-шәа́-з / ды-з-ҟәы́-м-шәа-з; **Abs.** с-лы́-ҟә-шәа-ны / с-лы-ҟәы-м-шәа-кәа) **1.** to meet sb/sth by chance: А-теа́тр а-ҿы́ и́-з-дыр-уа-з с-и́-ҟә-шәе-ит. *By chance I met an acquaintance at the theater. Я (случайно) встретил знакомого в театре.* А-теа́тр а-ҿы́ с-ҩы́за с-и-ҟә-шәе-ит. *By chance I met my friend at the theater. Я (случайно) встретил моего друга в театре.* Ҳ-аи-ҟәшәе́-ит. *We met each other (by chance). Мы друг с другом (случайно) встретились.* Ҳ-аи-ҟә́-м-шәе-ит. *We didn't meet each other. Мы друг с другом не встретились.* А-шьха-ҿы а́-мшә с-а́-ҟә-шәе-ит. *I ran into a bear on the mountain. Я встретился с медведем на горе.* **2.** to meet with: А-рыц́хара уа́жә и-а́-ку-шә-т! *They met with misfortune then!* **3.** to find, to catch: А-ҩны́ с-и́-қәы-м-шәе-ит. *I didn't catch him at home.* **4.** to befall; случиться, to happen: Шә-зы-қә-шәе́-и? *What happened to you?* Сара́ рыц́хара-к с-а́-қә-шәе-ит. *A disaster befell me.* А-у́с цәгьа́ с-а́-қә-шәе-ит. *Something bad happened to me.* || Уи зынӡа́ с-цәа и-а́-қә-шәе-ит. *It fits me perfectly.*

а́-қә-шәа-ра[3] [intr.] [C1-C2-Prev-R / C1-C2-Prev-Neg-R] [C2 come into C1] (**Fin.** [pres.] и-сы́-қә-шәо-ит / и-сы́-қә-шәо-м, [aor.] и-сы́-қә-шәе-ит *мне досталось* / и-сы́-қәы-м-шәе-ит, [imper.] у-сы́-қә-шәа! / у-сы́-қәы-м-шәа-н!; **Non-fin.** [pres.] (C1) и-сы́-қә-шәо / и-сы́-қы-м-шәо, (C1) и-зы́-қә-шәо / и-зы́-қы-м-шәо; **Abs.** и-сы́-қә-шәа-ны / и-сы́-қы-м-шәа-кәа) **1.** to come into. **2.** to pass to: Зегьы́ шәкы́-шәкы́ ма́ат ры́-қә-шәе-ит. *One hundred rubles were passed to everybody. Сто рублей досталось каждому.* Шәара́ а-уа́да бзи́а-кәа шәы́-қә-шәе-ит. *You got good rooms.*

а́-қә-шәи-ра [intr.] [< -қә-шәи- "on-curse"] [C1-C2-Prev-R / C1-C2-Prev-Neg-R] [C1 curses C2] (**Fin.** [pres.] д-лы́-қә-шәи-уе-ит / д-лы́-қә-шәи-уа-м, [aor.] д-лы́-қә-шәи-ит (*or* -шәи-т) / д-лы́-қәы-м-шәи-ит, [imper.] б-лы́-қә-шәии! / б-лы́-қәы-м-шәии-н!; **Non-fin.** [pres.] (C1) и-лы́-қә-шәи-уа / и-лы́-қәы-м-шәи-уа, (C2) д-зы-қә-шәи-уа́ / ды-з-қәы́-м-шәи-уа; **Abs.** д-лы́-қә-шәи-ны / д-лы́-қәы-м-шәи-кәа) **1.** to curse, to put a curse on sb: А-нцәа́ д-гәа́а-н д-лы́-қә-шәи-ит. *God grew angry and put a curse on her.* Аб и-ԥа́ д-и́-қә-шәи-ит. (ARD) *Отец проклял сына. The father cursed his son.* А-ҭаҳмада а-қы́ҭа д-а́-қә-шәи-ит. *The old man put a curse on the village.* [cf. **а́-шәи-ра** "to curse"]

а́-қә-ҩ-ра [tr.] [C1-C2(а/ры)-Prev-C3-R / C1-C2(а/ры)-Prev-C3-Neg-R] [C3 inscribe C1 on C2(it/them)] (**Fin.** [pres.] и-а́-қә-сы-ҩ-уе-ит / и-а́-қә-сы-ҩ-уа-м, [aor.] и-а́-қә-с-ҩ-ит / и-а́-қә-сы-м-ҩ-ит, [imper.] и-а́-қә-ҩ! / и-а́-қә-бы-м-ҩы-н!; **Non-fin.** [pres.] (C1) и-а́-қә-сы-ҩ-уа / и-а́-қә-сы-м-ҩ-уа, (C3) и-а́-қә-зы-ҩ-уа / и-а́-қә-зы-м-ҩ-уа, [aor.] (C1) и-а́-қә-сы-ҩ / и-а́-қә-сы-м-ҩ, (C3) и-а́-қә-зы-ҩ / и-а́-қә-зы-м-ҩ; **Abs.** и-а́-қә-ҩ-ны / и-а́-қәы-м-ҩы-кәа) **1.** to inscribe, to superscribe. **2.** to add (to something written): Иара́ а-конве́рт и-а́дрес **а́-қә-и-ҩ-**ит. *He added his address on the envelope. Он подписал на конверте свой адрес.* Лара́ а-конве́рт-кәа л-а́дрес ры́-қә-лы-ҩ-ит. *She added her address on the envelopes. Она подписала на конвертах свой адрес.* [cf. **а-ҩ-ра́** "to write"]

-қә(ы)- 1. [preverb] (Hewitt, Abkhaz:133) on the surface. **2.** [predicate] [C1-(C2)-prev-be] [C1 be on C2] to be/exist on the surface: Аишәа и́-ку-уп. *It is on the table.* А-ӷәа-ҿы́ и́-қә-уп а-ме́л, а-рыцқьага. *On the blackboard are a piece of chalk and an eraser.* Амра а-хы́бра ды́-қә-н. *Amra was on the roof.* А-шәҟәы́ а-сто́л и́-қә-уп. *A book is on the desk.* А-мц а-ҭуа́н и́-қә-н. *A fly was on the ceiling.* Амра а-дашьма́ ды́-қә-н. *Amra was lying on the floor. Амра лежала на полу.* А-хы́за сы́-қә-уп. *The blanket is on me.* [cf. **а́-қә-ҵа-ра** "to put sth on"; **а́-қә-тәа-ра** "to sit down on"]

а́-қәы-ӡәӡәаа-ра* [tr.] [C1-(C2)-Prev-C3(it)-S] [C3 wash away C1] (**Fin.** [pres.] и́-қә-на-ӡәӡәаа-уе-ит / и́-қә-на-ӡәӡәаа-уа-м, [aor.] и́-қә-на-ӡәӡәаа-ит / и́-қә-на-м-ӡәӡәаа-ит; **Abs.** и́-қәы-ӡәӡәаа-ны / и́-қә-мы-ӡәӡәаа-кәа) **1.** to wash away sth: Еиҭа-с-ҳа-з зегьы́ а-қәаршаҩы́ и́-қә-на-ӡәӡәаа-ит. (ARD) *Все, что я посадил, смыло дождем. The heavy rain has washed away all that I had planted.*

а-қәы́лаҩ [n.] (а-қәы́лаҩ-цәа) an invader; a robber: а-рхә-цәе́-и а-қәы́лаҩ-цәе-и *robbers and invaders.*

а́-қәы-н-ха-ра [intr.] [C1-(C2)-Prev-Prev-R / C1-(C2)-Prev-Prev-Neg-R] [C1 live on C2] (**Fin.** [pres.] сы́-қәы-н-хо-ит / сы́-қәы-н-хо-м, [aor.] сы́-қәы-н-хе-ит / сы́-қә-ны-м-хе-ит, [imper.] бы́-қәы-н-ха! / бы́-қә-ны-м-ха-н!; **Non-fin.** [pres.] (C1) и́-қәы-н-хо / и́-қә-ны-м-хо, [aor.] (C1) и́-қәы-н-ха / и́-қә-ны-м-ха, [impf.] и́-қәы-н-хо-з / и́-қә-ны-м-хо-з; **Abs.** сы́-қәы-н-ха-ны / сы́-қә-ны-м-ха-кәа) **1.** to live on sth; to settle: а-дуне́и и́-қәы-н-хо-з а́-жәлар-кәа зегьы́ *all the peoples who lives upon the earth.* А-хәы́ ды́-қә-н-хе-ит. *He/She*

Қә

settled on the hill. Он/Она поселился/-лась на холме. А-хә-ҟәа́ и-ры́-ҟә-н-хе-ит. *They settled on the hills. Они поселились на холмах.*

а́-ҟәы-н-тҵәа-ра* [intr.] [C1-(C2)-Prev-Prev-R] [C1 perish on C2] (**Fin.** [aor.] и́-ҟәы-н-тҵәе-ит / и́-ҟә-ны-м-тҵәе-ит, **Abs.** и́-ҟәы-н-тҵәа-ны / и́-ҟә-ны-м-тҵәа-кәа) **1.** to perish on sth; to become extinct on sth: А-хышь-цәа-гьы ры́-џьма-ҟәа-гьы а́-шьха и-ҟәы́-н-тҵәе-ит. *The herdsmen and goats perished on the mountain.* [cf. **а-н-тҵәа-ра́** "to perish; to end"]

а-ҟәыи́ҕш [adj.] young: а́-ҳәса ҟәыи́ҕш-цәа *young women.* а-ҧҳәы́зба ҟәыҧш *the young girl.*

а́-ҟәы-р-га-ра || а-бжьы а́-ҟәы-р-га-ра [tr.] [Poss-voice (C1)-C2-Prev-C3(=Poss)-S] [C3 shout to C2] (**Fin.** [pres.] сы-бжьы́ лы́-ҟә-сы-рго-ит / сы-бжьы́ лы́-ҟә-сы-рго-м, [aor.] сы-бжьы́ лы́-ҟә-сы-рге-ит / сы-бжьы́ лы́-ҟә-с-мы-рге-ит, [imper.] бы-бжьы́ лы́-ҟәы-рга! / бы-бжьы́ лы́-ҟә-б-мы-рга-н!; **Non-fin.** [pres.] (C2) сы-бжьы́ зы́-ҟә-сы-рго / сы-бжьы́ зы́-ҟә-с-мы-рго, (C3) зы-бжьы́ лы́-ҟә-зы-рго / зы-бжьы́ лы́-ҟә-з-мы-рго; **Abs.** сы-бжьы́ лы́-ҟәы-р-га-ны / сы-бжьы́ лы́-ҟә-мы-р-га-кәа) **1.** to call out; to call sb: Уи́ сы-бжьы́ лы́-ҟә-сы-рге-ит. *I called out to her. Я окликнул ее.* У-а́рбан-у? — ҳәа ры-бжьы́ сы́-ҟә-ды-рге-ит. *'Who are you?' they shouted to me.*

а́-ҟәы-ргыла-ра [tr.] [C1-(C2)-Prev-C3-S / C1-(C2)-Prev-C3-Neg-S] [C3 stand C1 on C2] (**Fin.** [pres.] и-ҟә-сы-ргы́ло-ит / и-ҟә-сы-ргы́ло-м, [aor.] и-ҟә-сы-ргы́ле-ит / и-ҟә-с-мы-ргы́ле-ит, [imper.] и́-ҟәы-ргыл!, и́-ҟә-шәы-ргыл! / и-ҟә-б-мы-ргы́ла-н!; **Non-fin.** [pres.] (C1) и́-ҟә-лы-ргыло / и́-ҟә-л-мы-ргыло, (C3) и́-ҟә-зы-ргыло / и́-ҟә-з-мы-ргыло, [aor.] (C1) и́-ҟә-лы-ргыла / и́-ҟә-л-мы-ргыла, (C3) и́-ҟә-зы-ргыла / и́-ҟә-з-мы-ргыла, [impf.] (C1) и́-ҟә-лы-ргыло-з / и́-ҟә-л-мы-ргыло-з, (C3) и́-ҟә-зы-ргыло-з / и́-ҟә-з-мы-ргыло-з, [past indef.] (C1) и́-ҟә-лы-ргыла-з / и́-ҟә-л-мы-ргыла-з, (C3) и́-ҟә-зы-ргыла-з / и́-ҟә-з-мы-ргыла-з; **Abs.** и-ҟә-ргы́ла-ны / и-ҟә-мы-ргы́ла-кәа) **1.** to stand sth on a surface: и-ҟә-ды-ргы́ле-ит *they stood it/them.* **2.** to set (a watch): У-саа́ҭ ииа́шаны и́-ҟәы-ргыл! *Set your watch correctly! Поставь свои часы правильно!* **3.** to give (a performance): Уи а-спектакль ы́-ҟә-зы-ргыла-да? *Who gave this performance? Кто поставил этот спектакль?* || **а-шьапы́ а́-ҟәы-ргыла-ра** to stand sb on one's feet: И-гы́ла-н — и-ка́-ха-ит, еиҭа́-гыла-н — и-ка́-ха-ит, уа́ха џьара́ а-шьапы́ а-з-а́а-ҟә-мы-ргыла-ӡе-ит. (AF) *It [the horse] stood up and fell down; again it stood up and fell down; it was quite unable any longer to plant its foot anywhere.*

а́-ҟәы-ргьажь-ра *see* **а́-ҟәы-ргьежь-ра**

а́-ҟәы-ргьежь-ра [tr.] [C1-Prev-C3-S / C1-Prev-C3-Neg-S] [C3 turn C1] (**Fin.** [pres.] ды́-ҟә-сы-ргьежь-уе-ит / ды́-ҟә-сы-ргьежь-уа-м, [aor.] ды́-ҟә-сы-ргьежь-ит / ды́-ҟәы-с-мы-ргьежь-ит, [imper.] ды́-ҟәы-ргьежь! / ды́-ҟә-бы-м-ргьежьы-н!; **Non-fin.** [pres.] (C1) и́-ҟә-сы-ргьежь-уа / и́-ҟәы-с-мы-ргьежь-уа, (C3) ды́-ҟә-зы-ргьежь-уа / ды́-ҟә(ы)-з-мы-ргьежь-уа; **Abs.** и́-ҟә-ргьежь-ны / и́-ҟә-мы-ргьежь-кәа) **1.** to turn, to spin: А-кәашаҩы а-балери́на ды́-ҟә-и-ргьежь-уа-н. *The dancer spun the ballerina. Танцор кружил балерину.* **2.** to turn in the opposite direction.

а́-ҟәы-ргәыӷ-ра [tr.] [C1-a-Prev-C3-S / C1-a-Prev-C3-Neg-S] [C3 give hope to C1 / C3 give *one's* word to C1] (**Fin.** [pres.] д-а-ҟә-сы-ргәы́ӷ-уе-ит / д-а-ҟә-сы-ргәы́ӷ-уа-м, [aor.] д-а-ҟә-сы-ргәы́ӷ-ит / д-а-ҟә-с-мы-ргәы́ӷ-ит, [imper.] д-а́-ҟәы-ргәыӷ! / д-а́-ҟә-б-мы-ргәыӷы-н!; **Non-fin.** [pres.] (C1) и-а́-ҟә-сы-ргәыӷ-уа / и-а́-ҟә-с-мы-ргәыӷ-уа, (C3) д-а́-ҟә-зы-ргәыӷ-уа / д-а́-ҟә-з-мы-ргәыӷ-уа; **Abs.** д-а́-ҟәы-ргәыӷ-ны / д-а́-ҟә-мы-ргәы́ӷ-кәа) **1.** to give hope to. **2.** to promise: Д-зы-ҟә-и-ргы́ӷы-з на-и-гӡе́-ит. *He fulfilled his promise. Он исполнил обещание.* [cf. **а-гәы́ӷра** "hope"]

а́-ҟәы-ртәа-ра [tr.] [C1-(C2)-Prev-C3-S / C1-(C2)-Prev-C3-Neg-S] [C3 seat C1 on/in (C2)] (**Fin.** [pres.] ды́-ҟә-сы-ртәо-ит / ды́-ҟә-сы-ртәо-м, [aor.] ды́-ҟә-сы-ртәе-ит / ды́-ҟә-с-мы-ртәе-ит, [imper.] ды́-ҟәы-ртәа! / ды́-ҟә-б-мы-ртәа-н!, ды́-ҟә-шәы-ртәа! / ды́-ҟә-шә-мы-ртәа-н!; **Non-fin.** [pres.] (C1) и́-ҟә-сы-ртәо / и́-ҟә-с-мы-ртәо, (C2) и-зы-ҟә-сы-ртәо́ / и-зы-қә-с-мы-ртәо́, (C3) и́-қә-зы-ртәо / и́-қә-з-мы-ртәо; **Abs.** ды́-қәы-ртәа-ны / ды́-қә-мы-ртәа-кәа) **1**. to put/seat sb on (*a horse, cart, etc.*)**:** А-чкәы́н а-ҽы́ д-а́-қә-ды-р-тәе-ит. (ARD) *Парня посадили на коня. They put the child on the horse.* А-уарды́н д-а́-қә-ды-р-тәе-ит. *They put him on the ox-cart. Они посадили его на арбу.* **2**. to seat sb on (*a chair, hill, etc.*)**:** А-чкәы́н а-ҟәа́рдә ды́-қә-и-ртәе-ит. [*д-а́-қә-и-ртәе-ит] (ARD) *Он посадил ребенка на стул. He seated the child on the chair.* А-хәы́ ды́-қә-ды-ртәе-ит. (ARD) [*д-а́-қә-ды-ртәе-ит] *Его/Ее посадили на холм. They put him/her on the hill.* [cf. **а́-қә-тәа-ра** “to sit down on”]

а́-қәы-рхха-ра [tr.] [C1-C2-Prev-C3-S / C1-C2-Prev-C3-Neg-S] [C3 threaten C2 with C1; C3 raise C1 against C2] (**Fin.** [pres.] и-а́-қә-сы-рххо-ит / и-а́-қә-сы-рххо-м, [aor.] и-а́-қә-сы-рххе-ит / и-а́-қә-с-мы-рххе-ит, [imper.] и-а́-қәы-рхха! / и-а́-қә-б-мы-рхха-н!; **Non-fin.** [pres.] (C1) и-а́-қә-сы-рххо / и-а́-қә-с-мы-рххо, (C2) и-зы-қә-сы-рххо́ / и-зы-қә-с-мы-рххо́, (C3) и-а́-қә-зы-рххо / и-а́-қә-з-мы-рххо; **Abs.** и́-ку-рхха-ны / и́-қә-мы-рхха-кәа) **1.** to threaten; to raise threateningly**:** Уи́ а-ла́ а-лаба́ а́-қә-лы-рххе-ит. *She threatened the dog with a stick.* [*She raised the stick against the dog.*] *Она замахнулась на собаку палкой.* Уи́ а-ла-қәа́ а-лаба́ ры́-қә-лы-рххе-ит. *She threatened the dogs with a stick.* [*She raised the stick against the dogs.*] *Она замахнулась на собак палкой.* Уи́ сара́ а-лаба́ сы́-қә-лы-рххе-ит. *She threatened me with a stick.* [*She raised the stick against me.*] *Она замахнулась на меня палкой.* **2.** to point to sth.

а-қәы́ршә [n.] (қәы́ршә-к) table-cloth. [cf. **а́-қә-ршә-ра**]

а́-қәы-ршәа-ра *see* **а́-қә-ршәа-ра**

Қәы́ҭе [n.] (f.) [person’s name]

а-қәы́цьма [n.] (-қәа) a wolf.

а́-қә-ҩаа-ра* [intr.] [C1-(C2)-Prev-R] [C1 dry] (**Fin.** [aor.] и́-қә-ҩаа-ит / и́-қәы-м-ҩаа-ит, **Abs.** и́-қә-ҩаа-ны / и́-қәы-м-ҩаа-кәа) **1.** to wither; to dry; (*of plants*) to die**:** А-ҳаскьы́н зегьы́ ы́-қә-ҩаа-ит (/ и-ны́-қә-ҩаа и-цé-ит). *All the grass dried up and withered. Вся трава высохла.*

Ҟ ҟ

-ҟа[1] [post.] *used to mark the direction of motion. "to, toward." This marker never takes the agreement affix. It usually takes nouns such as "a house, towns, countries, villages, etc."* (cf. **-ахь**)**:** Қа́рҭ-ҟа *to Tbilisi.* Аԥсны́-ҟа *to Abkhazia.* Ҭыркутәы́ла-ҟа *to Turkey.* То́кио-ҟа *to Tokyo.* Кавка́з-ҟа а-ца-ра́ *to go to the Caucasus.* А-ҩны́-ҟа с-цо́-ит. *I will go home.* Қа́рҭ-ҟа с-цо́-ит. *I am going to Tbilisi.* Уара́ Аҟәа-ҟа у-цо́-у? *Will you go to Sukhum?* Сыра́ху сы́-ма На́а-ҟа с-цо́-ит. (GAL) *I go to Naa with my cattle.* Ри́тца-ҟа и-це́-ит. *They went to Rits'a.* Иахьа́ ҳа-ҩны́-ҟа а́-сас-цәа аа-уе́-ит. *Visitors will come to our home today.* А-хышь-цәа ес-ԥхынра́ а́-рахә а́-шьха-ҟа и-ка́-р-цо-ит. (и-р-го́-ит). (AFL) *The herdsmen drive the cattle to the mountain every summer. Пастухи гонят скот в гору каждое лето.* [cf. Аԥхын а́-хьча-цәа (а́-хьшь-цәа) ры́-рахә а́-шьха и-ка́-р-цо-ит. (AFL) *In the summer herdsmen drive their cattle off to the mountain. Летом пастухи угоняют их скот в гору.*]

-ҟа[2] [suffix] *used to mark an approximate number.* "about, approximately; roughly"**:** ҩба-ҟа́ саа́ҭ (= ҩ-саа́ҭ-к р-а́ҟара) *about two hours, около двух часов.* ҩба-ҟа́=хԥа-ҟа́ шьаҿа́ *two or three steps.* ҩба-ҟа́ а́жәа *about two words.* ҩажәа-ҟа́ *about 20.* 50 (ҩы́н ҩажәи́ жәаба́)-ҟа́ ме́тра *about 50 meters.* [cf. **-а́ҟара**]

-ҟа- [preverb] "existence," only in combination with radicals -ϕ-, -ла-, -ҭа-. (Spruit, SC5)

а́-ҟаабжь [n.] a cry, a shout**:** а́-жә-қәа ры́-ҟаабжьы *the sound of cows lowing.* Аӡә и́-ҟаабжь го-ит. *They heard someone shout. Слышится чей-то крик.*

а́-ҟаа-ра [intr.] [C1-R / C-Neg-R] [C1 low, C1 cry out] (**Fin.** [pres.] д-ҟаа-уе́-ит / д-ҟаа-уа́-м, [aor.] с-ҟа́а-ит / сы-м-ҟа́а-ит, и-ҟа́а-ит / и-м-ҟа́а-ит, [imper.] б-ҟа́а! / бы-м-ҟа́а-н!; **Abs.** д-ҟаа-ны́ / ды-м-ҟа́а-кәа) **1.** to low, to moo**:** А-жә-қәа а́-рха и-ҟаа-уа́-н. *The cows were mooing in the meadow.* **2.** to talk loudly; to cry out**:** У-м-ҟа́а-н, ашьшьы́ҳәа у-цәа́жәа! *Don't shout, speak quietly! Не кричи, говори тихо!* А-дау-қуа́ у-гуа́-р-ҭа-р, и-ҟа́а-шт и-ҳәҳәа́-шт. (Ab.Text) *If the ogres notice you, they will probably scream and wail.*

а-ҟа́б [n.] (а-ҟа́б-қәа, ҟа́б-к) a pumpkin**:** А-у́ҭра (*or* а-у́ҭра-ҿы) а-ҟа́б-қәа хы́-уп. *There are pumpkins in the market garden. В огороде есть тыквы.*

а-ҟаба́рда **1.** [n.] (а-ҟаба́рда-қәа, ҟаба́рда-к) a Kabardian**:** с-ҟаба́рдо-уп. *I am a Kabardian.* **2.** [adj.] Kabardinian**:** а-ҟаба́рда бызшәа́ *the Kabardian language.*

а́-ҟажа-ра [tr.] [C1-C3-R] [C3 calm C1] (**Fin.** [pres.] ды-с-ҟажо́-ит / ды-с-ҟажо́-м, [aor.] ды-с-ҟаже́-ит / д-сы-м-ҟаже́-ит, [imper.] с-ҟажа́!, сы-шә-ҟажа́! / сы-бы-м-ҟажа́-н!; **Non-fin.** [pres.] (C1) и́-л-ҟажо / и́-лы-м-ҟажо, (C3) ды-з-ҟажо́ / д-зы-м-ҟажо́, [aor.] (C1) и́-л-ҟажа / и́-лы-м-ҟажа, (C3) ды-з-ҟажа́ / д-зы-м-ҟажа́, [impf.] (C1) и́-л-ҟажо-з / и́-лы-м-ҟажо-з, (C3) ды-з-ҟажо́-з / д-зы-м-ҟажо́-з, [past indef.] (C1) и́-л-ҟажа-з / и́-лы-м-ҟажа-з, (C3) ды-з-ҟажа́-з / д-зы-м-ҟажа́-з; **Abs.** д-ҟа́жа-ны / ды-м-ҟа́жа-кәа) **1.** to calm.

а-ҟа́за [n.] (а-ҟа́за-цәа) a specialist; master**:** Уара́ у-зы-з-ҟазо-и? *What can you do?* Сара́ зегьы́ с-ры-з-ҟа́зо-уп. *I can do everything. Я мастер на все руки.*

а́-ҟа-заа-ра [intr.] [stative] [C1-R, *lit.* C1-Prev(ҟа)-R(ϕ)] (**Fin.** [pres.] ды́-ҟо-уп, и́-ҟо-уп, и́-ҟо-уп, ҳа́-ҟо-уп / ды́-ҟа-м (ды́-ҟа-ӡа-м), [past] ды́-ҟа-н / ды́-ҟа-мызт; [imper] бы́-ҟа-з! / бы́-ҟа-мыз!; [subj.] ды́-ҟа-заашт / ды́-ҟа-м-заашт; **Non-fin.** [pres.] (C1) и́-ҟо-у *which-are* / и́-ҟа-м, [past] (C1) и́-ҟа-з / и́-ҟа-мыз; [perfect] и́-ҟа-ц *who/which has already been* / и́-ҟа-мы-ц *who/which has not already been* [Hewitt, AF:22]; [interrog.] и́-ҟа-м-зи? *weren't they?*; **Abs.** ды́-ҟа-ны / ды́-ҟа-м-кәа) **1.** to exist; to be**:** ды́-ҟо-уп *he/she exists.* ды́-ҟа-н *he/she was.* а́ҟазаара ма́ а́ҟамзаара *to be or not to be.* ара́ сы́-ҟа-ми *I am here, am I not?* С-патреҭҭы́хга ы́-ҟа-ӡа-м. *My camera is missing. Нет моего фотоаппарата.* И-гәа́ҟ-ны и́-ҟа-м-зи? *Weren't they tormented?* Дар-гьы́ ка́ра-ха и́-ҟа-м-зи, и́-цәо-н. *Weren't they exhausted? — of course, they would go to sleep.* А-дуне́и ы́-ҟа-натц шәы́-ҟа-заашт! *Let it be* *that you all exist as long as the world exists!* Иарá а-ҩны́ ды́-ҟа-м. *He is not at home.* Иахьá ӡəыр ды́-ҟо-у-ма? *Is there anyone today?* Ҭемы́р Москвá ды́-ҟа-н. (GAL) *Temyr was in Moscow.* А-ҩны́ сы́-ҟо-уп. *I am at home. Я дома.* [cf. сы-ҩнó-уп *I am in the house, я нахожусь в доме*] Аб а-ҩны́ ды́-ҟо-уп. *The father is at home.* Арá и́-ҟоу дáрбан? = Арá и́-ҟа-да? *Who is here?* И-ҩы́з-цəа хҩы́к шəарыцара и́-ҟа-н. (ANR) *His three friends were off hunting.* Урҭ дáара и-ааҧса-ны́ и́-ҟа-н. (ANR) *They were very tired.* А-шəҟəы́ а-стóл а-ҿы и́-ҟо-уп. *The book is on the table.* [cf. А-шəҟəы́ а-стóл и́-ҟə-п. *The book is on the table.*] А-ҩны́ бы́-ҟа-з-ма? *Were you at home?* А-колнхáра арá и́-ҟо-у-ма? *Is there a kolkhoz here?* И-ҟо-уп и-цҟьá-м. (AFL) *They are muddy. Они бывают грязные.* Ҳ-ҭаацəара-ҿы́ быжь-ҩы́к а-уааҧсырá ҳá-ҟо-уп. (AFL) *There are seven people in our family.* Хə-ҩы́к а-уáаҧсыра хá-ҟо-уп. (AFL) *There are five of us.* Уи́ Очамчы́ра а-раиóн а-ҿы́ и́-ҟо-уп. (AFL) *This is in the Ochamchira region. Это находится в районе Очамчира.* Ҳ-кы́ҭа-ҿы ҩ-шкóл-к ы́-ҟо-уп. (AFL) *There are two schools in our village. В нашей деревне есть две школы.* Ҳарá á-шьха ҩы-мз ҳá-ҟа-н. *We were in the mountains for two months. Мы были в горах два месяца.* Иацы́ ҩажəá грáдус а-ҧхáрра ы́-ҟа-н. *It was 20 degrees (above zero) yesterday.* И-ҟо-у-зеи арá? (Ab.Text) *What is happening here?* И-ҟо-у уи́ á-уп. (Ab.Text) *This is what is happening.* **2.** to live, to dwell**:** Нхаҩы́-к ды́-ҟа-н. *Once upon a time there lived a peasant. Жил-был какой-то крестьянин.* || Уарá у-шҧá-ҟо-у? — Сы́-ҟо-уп ус. *How are you getting on? — So-so.* И-ҟо-и Мади́на? — Бзи́аро-уп. *How are you getting on, Madina? — Fine.* **3.** [copula] to be**:** Уи́ рҵаҩы́-с ды́-ҟо-уп. *He is a teacher.* Уи́ уаҩы́-с ды́-ҟо-уп. *He is a man.* **4.** to be alive**:** У-áн ды́-ҟо-у-ма? *Is your mother alive? Твоя мать живая?* **5.** [with the abusolutive]**:** Уи́ д-закəтə-у ды́р-ны хá-ҟо-уп. *We know who he is.* Ҩажəá шықəсá хшáра д-и-ма-ӡá-м-кəа(н) (еиҧш) ды́-ҟа-н. *For 20 years he was without offspring.* **6.** || Дарá иáрбанзаалак-гьы акы́ у́с-с и-ры́-ма-м-куа, акы́ и-а-цəы́-м-шəо и́-ҟа-заарын. (Ab.Text) *They didn't have any work nor did they fear anything.* || ... **ҳəа á-ка-заа-ра** to seem, to appear**:** Уи́ д-аа-уá-м ҳəа сы́-ҟо-уп. *It seems to me that he'll/she'll not come. Мне кажется, что он/она не придет.* Ды-ҧсы́-п ҳəа у́-ҟа-з-у?! (AF) *Were you thinking he was destined to die?!* || Лaрá д-цá-**зар ҳəа сы́-ко-уп**. *It seems to me that she left.* Уи́ д-м-аа-уá-**зар ҳəа сы́-ко-уп**. *It seems to me that he/she won't come.* || **-раны́ ды́-ко-уп** must, there is no doubt that ...**:** Р-ҳəынҭқáр а-даý д-áаи-ны д-и-фа-**раны́ ды́-ко-уп**. (Ab.Text) *There is no doubt that the ogre will come and eat their king.* || **-рц ды́-ко-уп** ought to; must**:** А-қəá á-у-рц и́-ҟо-уп. (RAD) *Собирается дождь. It is getting ready to rain.*

á-ка-за-ра *see* **á-ка-заа-ра**

а-кáзара [n.] **1.** art**:** а-наýке-и а-ҟáзаре-и *science and art.* **2.** a skill, craft, trade**:** Уи́ ҟáзара дý-ла и-ус-қəá мҩаҧ-и́-го-ит. *He conducts his affairs with great skill.*

á-казшьа [n.] (-қəа, ҟазшьá-к) **1.** character; temper, disposition**:** Кáма л-ҟазшьá бзи́о-уп. *Kama has a good character. У Камы хороший характер/нрав.* Уи á-гхара ҟазшьá-с и́-мо-уп. *He is in the habit of being late.*

а-казшьарбá [n.] (*gramm.*) adjective.

кáи [adv.] (= **мап**) no**:** Ҟáи, уи́ сарá и-сы-з-ды́р-уа-м. *No, I don't know it. Нет, это я не знаю.*

а-каимáҭ [adj.] (= **а-шьáхə**) fine, beautiful.

каимáҭк [adv.] a long time.

каимáҭла [adv.] excellently.

á-кака-ра [tr.] [C1-C3-R / C1-C3-Neg-R] [C3 chew C1] (**Fin.** [pres.] и-л-ҟаҟó-ит, и-á-ҟаҟо-ит / и-л-ҟаҟó-м (-ҟаҟа-ӡó-м), и-á-ҟаҟó-м, [aor.] и-л-ҟаҟé-ит, и-á-ҟаҟе-ит / и-лы-м-ҟаҟé-ит (-ҟаҟа-ӡé-ит), и-á-м-ҟаҟе-ит, [imper.] и-ҟаҟá! / и-бы-м-ҟаҟá-н!, и-шə-ҟаҟá! / и-шəы-м-ҟаҟá-н!; **Non-fin.** [pres.] (C1) и́-л-ҟаҟо / и́-лы-м-ҟаҟо, (C3) и-з-ҟаҟó / и-зы-м-ҟаҟó, [aor.] (C1) и́-л-ҟаҟа / и́-лы-м-ҟаҟа, (C3) и-з-ҟаҟá / и-зы-м-ҟаҟá, [impf.] (C1) и́-л-ҟаҟо-з /

К

и́-лы-м-ҟаҟо-з, (C3) и-з-ҟаҟо́-з / и-зы-м-ҟаҟо́-з, [past indef.] (C1) и́-л-ҟаҟа-з / и́-лы-м-ҟаҟа-з, (C3) и-з-ҟаҟа́-з / и-зы-м-ҟаҟа́-з; **Abs.** и-ҟаҟа-ны́ / и-м-ҟаҟа́-кәа) **1.** to chew, to masticate: А-ҽы́ а-ҭәа́ а́-ҟаҟо-н. *The horse was chewing the hay. Лошадь жевала сено.* Уи́ а-ча́ аа́рлахәа и-ҟаҟо́-н. *He was chewing the bread with difficulty. Он с трудом жевал хлеб.* А-ҷкәын а-ча́ и-ҟаҟо́-ит. *The boy is chewing the bread.* **2.** to gnaw: А-ла́ а́-баҩ а́-ҟаҟо-ит. *The dog is gnawing a bone.* А-ла́ а́-баҩ ҟаҟа-ны́ и-х-на-цәе́-ит. (RAD) *Собака перегрызла кость. The dog gnawed through the bone.*

-калаанӡа [adj.] pertaining to before the occurrence of: уажәтәи́ а́шыкус-ҧхьа-ӡара́ ҟала́анӡа-тәи (ANR) *even before the present era.*

кала́-п (и-кала́-п) [predicate] (= **издыруада**, **а́кәхап**) probably: Иахьа́ а-қәа́ а-у́-р ҟала́-п. *Probably, today will be rain.* Ашьежь, издыруада, а-ҩны́ с-ҟала́-р. *I will probably be at home in the morning.* Уи́ д-ца́-зар ҟала́-п. *He/She probably left.*

а́-калара[1] [n.] the origin, provenance: а-дуне́и а-ҿы́ а-ҧсҭа́заара а́-ҟалара *the origin of life on earth.*

а́-ка-ла-ра[2] [intr.] [< а́-ҟа-заа-ра + ла "introvert"] [C1-Prev-R / C1-Prev-Neg-R] [C1 become; C1 happen] (**Fin.** [pres.] д-ҟа-ло́-ит / д-ҟа-ло́-м (-ла-ӡо́-м), [aor.] д-ҟа-ле́-ит / д-ҟа-м-ле́-ит (-ла-ӡе́-ит), [imper.] б-ҟа-ла́! / б-ҟа-м-ла́-н!, шә-ҟа-ла́! / шә-ҟа-м-ла́-н!, [vers.1] и-а-зы́-ҟа-ле-ит, [subj.] б-ҟа-ла́-аит; **Non-fin.** (C1) [pres.] и́-ҟа-ло / и́-ҟа-м-ло, [aor.] и́-ҟа-ла / и́-ҟа-м-ла, [impf.] и́-ҟа-ло-з / и́-ҟа-м-ло-з, [past indef.] и́-ҟа-ла-з / и́-ҟа-м-ла-з; **Abs.** и-ҟа-ла-ны́ / и-ҟа-м-ла́-кәа) **1.** [with X-ны or X-с "as X"] to become; to be fulfilled: Сара́ сы-ртцаҩ-ны́ с-ҟа-ле́-ит. *I became a teacher.* Шәҟәыҩҩы́-с д-ҟа-ле́-ит. *He/She became a writer.* Ҳара́ ҳа-ртцаҩ-цәа-ны́ ҳ-ҟа-ле́-ит. *We became teachers.* С-ҩы́за ды-ртцаҩ-ны́ д-ҟа-ла-ра-зы́ [*or* д-ҟа-ла́-рц] д-ҭа́ле-ит а-институ́т. *My friend matriculated at the college to become a teacher.* Сара́ с-аҳ-ны́//аҳы́-с//аҳ-ны́ с-ҟа-ле́-ит. *I became a king.* Уи́ ды-ртцаҩ-ны́ д-ҟа-ле́-ит. *He/She became a teacher.* Уи́ ртцаҩы́-с (*ртцаҩ-ны́) д-ҟа-ле́-ит. *He/She became a teacher.* Уи́ д-хақьы́м-ны д-ҟа-ле́-ит. *He/She became a doctor.* Уи и-гәахәтәы ҟа-ле́-ит. *His wish was fulfilled.* А-ҳаскьы́н иатцәа-ӡа́ и-ҟа-ло́-ит. *The grass will become green.* А-шәаҧьы́цьаҧ ры-бҕь-қәа́ шҧа́-ҟа-ло-и ҭага́лан? (AFL) *What happens to the leaves of a plant in the autumn? Какими становятся листья растения осенью?* И-шҧа́-ҟало-и а-ҳа́уа? *What will the weather be like?* И-шы́-ҟа-ла-з шә-а́-с-ҳәа-п. *I'll tell you how it happened.* Шәара́ и-шә-ҭахы́-з ҟале́-ит. *What you wished for was fulfilled.* И-ҧҳәы́с л-цәа́ л-тәы́-м-кәа д-ҟа-ле́-ит. (Ab.Text) *His wife became pregnant. Его жена забеременела.* А-тцан ари́ а-хучы́ д-аны́-р-ба и-гу́рҕьа-тцәа и-ҟа-ле́-ит. (Ab.Text) *The Tsan were very happy when they saw the baby there.* **2.** to happen, to occur: и́-ҟа-ла-зеи?/и́-ҟа-ле́-и? *what happened?* И-шә-зы́-ҟа-ле́-и? *What happened to you?* Акгьы́ ҟа-м-ле́-ит. *Nothing happened.* **3.** to begin: А-былра́ ҟа-ле́-ит. *A fire occurred.* Аибашьра ҟа-ле́-ит. *The war started.* Аибашьра ҟала́-анӡа, Та́мшь да́араӡа ауаа́ рацәа-ҩны́ и-нхо́-н. (AFL) *Until the war a great many people lived in Tamsh'. До войны в Тамшь жило очень много людей.* **4.** (**Fin.** [pres.] и-ҟа-ло́-ит / и-ҟа-ло́-м, [aor.] и-ҟа-ле́-ит / и-ҟа-м-ле́-ит) (= **а-шәра́**) to ripen, to get ripe: Аҧхын а-шәы́р ҟа-ло́-ит. *The fruits ripen in summer.* Ҭага́лан и-ҟа-ло́-ит а-шәы́р-қәа. (AFL) *Осенью созревают фрукты.* А-шәы́р бзи́аны и-ҟа-ло́-ит Та́мшь. (AFL) *The fruits are ripening well in Tamsh'. Фрукты хорошо созревают в Тамшь.* А-тцәа-қәа ҟа-ло́-ит [*or* и-шә-уе́-ит]. *The apples are ripening.* А-дә-қәа́ р-ҿы а-тцытцы́ндра ҟа-ла-ны́ и́-ҟа-н. (AF) *In the meadows the strawberries were ripe.* **5.** (и-ҟа-ло́-ит) be possible: Ус а-ҳәара́ ҟа-ло́-ит. *It is possible to say so.* И-ҟа-ло́-ма? *Is it possible?* С-ца́-р ҟа-ло́-н. *It was posible for me to go.* С-ца́-р ҟа-ла-ӡо́-мызт. *It was impossible for me to go.* С-ца-р ҟа-ло́-ма? *Is it possible for me to go?* Сы-ҩна́ла-р ҟа-ло́-ма? *May I come in?* С-а́аи-р ҟа-ло́-ма? *Is it possible for me to come?* И-ҟа-ла-ӡо́-м? *Is it impossible?* б-ца́-р ҟа-ло́-м / ҟа-ла-ӡо́-м. *It is impossible for you to go.* Ари́ е́иҧш и-ҟа-ло́-ма? *Is it really* *possible?* А-фатә (...) а-уаҩы́ и-аа́-и-хәа-р ҟа-ло́-ит. (AFL) *The person can buy food. Человек может купить пищу.* Ка́ма ҳәа́ с-а́-шә-ҳәа-ла-р ҟа-ло́-ит. (AFL) *You can call me Kama. Вы можете звать меня Кама.* Ари́ ҩы́мш ры́-ла и-ҟо-у-тца́-р ҟа-ло́-ит. *It is possible to do this in two days.* А-ҭаҭы́н с-а́-ха-р ҟа-ло́-у? *May I begin to smoke?* А-ҧе́ҵьыр а-рт-ра́ ҟа-ло́-у? *Is it possible to open the window?* Ҳара́ ҳ-ца́-р ҟа-ло́-ит. *It is possible for us to leave.* Ара́ҟа а-ҭаҭы́н а́-хара ҟа-ло́-м. *It is not possible to smoke here.* || **и-ка-ло́-ма** of course. || **и-ка-ло́-зар** if possible: И-ҟа-ло́-зар а-ҽы́ сы́-рхумары-р с-ҭахы́-уп. (Ab.Text) *If possible, I want to go on horseback. Если можно, я хочу ездить верхом на лошади.* И-ҟа-ло́-зар и-сы́-шә-ҭ а-шәҟәы́. *If possible, give me the book! Если можно, дайте мне книгу!* || **и-зы́-ка-м-ло-и?** why not? **6.** (*in the future*) to be; to be present: Хәылҧазы́ а-ҩны́ с-ҟа-ло́-ит. *I'll be at home in the evening. Вечером я буду дома.* Сара́ шәара́ шә-ҽы́ с-ҟа-ло́-ит. *I will be with you.* Уатҵәы́ уара́ у-ҽы́ с-ҟа-ло́-ит. *I'll be at your place tomorrow.* Шәара́ уаха́ а-ҩны́ шә-ҟа-ло́-ма? *Will you be at home this evening?* — Ааи, ҳара́ а-ҩны́ ҳ-ҟа-ло́-ит. (GAL). *Yes, we'll be at home.* || **-зар ка-ло́-ит** (*or* **-зар кала́-п**) probably: Шәара́ шәы-нџьны́р-зар ҟа-ла́-п. *Possibly you are an engineer. Возможно, вы инженер.* Ари́ егьиа́ша-зар ҟа-ло́-ит. *This is entirely probable.* И-ҟа-ла́-п, у́рҭ-гьы ба́ша и-ҟа-м-ла́-зар? (AF) *Maybe they too did not come into existence for no reason.*

а-ка́ма (а-ҟа́ма-ҟәа, с-ҟа́ма, ҟа́ма-к, ҟа́ма-ла) a dagger.

-ка-м-кәа [Abs.] without; in the absence of: С-ҩы́за сара́ сы́-ҟа-м-кәа д-аа́-и-заарын. *Apparently my friend came here without me. По-видимому, мой друг приходил сюда без меня.*

а-камчы́ [n.] (а-ҟамч-ҟәа́, с-ҟамчы́, ҟамчы́-к) a knout [Russian whip]. кнут; a whip.

а́-каԥшь [adj.] (-ҟәа) red: а-тҵа́р ҟа́ԥшь-ҟәа́ (*or* а-тҵы́с ҟа́ԥшь-ҟәа́) *red birds.* а-бира́ҟ ҟа́ԥшь *a red flag.* а-хы́лԥа ҟаԥшь-ҟәа *the red hats.* а́иҳа и-ҟа́ԥшь-уп *it is redder.* а́иҳа и-ҟа́ԥшь-у *redder.* аҟаԥшьҳаҳара *very red/deep red.* А-тҵәа́ ҟаԥшь-у́п. *The apple is red. Яблоко красное.*

а́-каԥшь-ха-ра [intr.] [C1-red-become] (**Fin.** [pres.] д-ҟаԥшь-хо́-ит / д-ҟаԥшь-хо́-м (-ха-ӡо́-м), [aor.] д-ҟаԥшь-хе́-ит / д-ҟаԥшьы-м-хе́-ит (-ха-ӡе́-ит) *or* ды-м-ҟаԥшь-хе́-ит [редко], [imper.] б-ҟаԥшь-ха́! / б-ҟаԥшьы-м-ха́-н!, шә-ҟаԥшь-ха́! / шә-ҟаԥшьы-м-ха́-н!; **Non-fin.** (C1) [pres.] и-ҟаԥшь-хо́ / и-ҟаԥшьы́-м-хо, [aor.] и-ҟаԥшь-ха́ / и-ҟаԥшьы́-м-ха, [impf.] и-ҟаԥшь-хо́-з / и-ҟаԥшьы́-м-хо-з, [past indef.] и-ҟаԥшь-ха́-з / и-ҟаԥшьы́-м-ха-з; **Abs.** д-ҟаԥшь-ха-ны́ / д-ҟаԥшьы́-м-ха-кәа) **1.** to turn red, to become red: А-ӡынтҵәа́ ҟаԥшь-ха-хье́-ит. (AFL) *The winter apples have already became red. Зимние яблоки уже покраснели.* А-ца шьҭа́ и-ҟаԥшь-хо́-ит. *The cherries are already becoming red.* Аиха́ аншла́кь и-ҟаԥшь-хо́-ит. *The iron is becoming red from the heat.*

-а́кара[1] [post.] about, approximately: ҩ-саа́ҭ-к р-а́ҟара (= ҩба-ҟа́ саа́ҭ) *about two hours, около двух часов.* мчыбжьы́-к [а-]а́ҟара *about a week.* А-ҟы́ҭа а-ста́нциа киломе́тра-к а́ҟара и-а-цәы́-харо-уп. (RAD) *The village is about one kilometer from the station.* А-чы́мазаҩ хәы́-нтә р-а́ҟара с-и́-д-тҵаала-хье-ит. *I visited the sick person about five times. Я раз пять навестил больного.* [cf. **-ка**[2]]

-а́кара[2] [post.] so, so much; as much as; as many as: Уара́ уи а́ҟара у-ха́тҵа ӡуӡуа́-зар, даҽа́ зны́к-гьы у-сы́-с. (Ab.Text) *If you are such a strong man, hit me once again!* А-ха́тҵа а-ԥҳәы́с л-а́ҟара д-ҟәы́ш-уп. (ACST) *The man is as intelligent as the woman.* Уи́ и-а́ҟара а-мч сы́-мо-уп. *I have as much power as he.* ари́ и-шьапы́ з-аҟаро́-у а́-ла *to judge by the size of this one's foot.*

а́-каркар-ра [intr.] [C1-S / C1-Neg-S] [C1 make a racket] (**Fin.** [pres.] и-ҟарҟа́р-уе-ит / и-ҟарҟа́р-уа-м, [aor.] и-ҟарҟа́р-ит / и-м-ҟарҟа́р-ит, [imper.] шә-ҟарҟа́р! / шәы-м-ҟарҟа́ры-н!; **Abs.** д-ҟарҟа́р-ны / ды-м-ҟарҟа́р-кәа) **1.** to make a racket, to make a din; to cackle, to cluck: Урҭ уа́ и-зы-р-ҟарҟа́р-уа-зеи? *Why are they making a racket there? Чего они там*

Ҟ

галдят?

а-каркы́ [n.] (а-ҟарҟ-қәа́) **1.** the throat. **2.** the larynx: С-ҟарҟы́ ҭабо́-ит. (ARD) *Жажда мучает меня. My throat is dry. / Tirst is tormenting me.*

а-карма́ [n.] (а-ҟарма-қәа́, ҟарма́-к, ҟарма-қәа́-к) a hop.

а-карматцы́с [n.] (а-ҟарматцы́с-қәа *or* а-ҟарматца́р-қәа) a nightingale. [< а-ҟарма́ "hop" + а-тцы́с "bird"]

каҳ [interj.] (*used to express sudden pain, surprise, etc.*) oh!, ah!; ow! [See **коҳ**]

а́-катцаҧса [n.] pay/fee for work: Шәы́-ҟатцаҧса-с сы́-ҧҳа-цәа шәы́-с-ҭо-ит! (AF) *As fee for your manufacture I'll give you my daughters!*

а́-ка-тца-ра [tr.] [C1-Prev-C3-R / C1-Prev-C3-Neg-R] [C3 make/do C1] (**Fin.** [pres.] и-ҟа-с-тцо́-ит, и-ҟа-у-тцо́-ит, и-ҟа-б-тцо́-ит, и-ҟа-и-тцо́-ит, и-ҟа-л-тцо́-ит, и-ҟа-на-тцо́-ит, и-ҟа-ҳ-тцо́-ит, и-ҟа-шә-тцо́-ит, и-ҟа-р-тцо́-ит / и-ҟа-с-тцо́-м, [aor.] и-ҟа-с-тце́-ит, и-ҟа-у-тце́-ит, и-ҟа-б-тце́-ит, и-ҟа-и-тце́-ит, и-ҟа-л-тце́-ит, и-ҟа-на-тце́-ит, и-ҟа-ҳ-тце́-ит, и-ҟа-шә-тце́-ит, и-ҟа-р-тце́-ит / и-ҟа-сы-м-тце́-ит (-тца-ӡе́-ит), и-ҟа-у-м-тце́-ит, и-ҟа-бы-м-тце́-ит, и-ҟа-и-м-тце́-ит, и-ҟа-лы-м-тце́-ит, и-ҟа-на́-м-тце-ит, и-ҟа-ҳа-м-тце́-ит, и-ҟа-шәы-м-тце́-ит, и-ҟа-ры-м-тце́-ит, [fut.1] и-ҟа-с-тца́-п / и-ҟа-с-тца-ры́м, [fut.2] и-ҟа-с-тца́-шт / и-ҟа-с-тца́-шам, [perf.] и-ҟа-с-тца-хьеит, и-ҟа-на-тца-хье́ит / и-ҟа-сы-м-тца́-ц(т), и-ҟа-на́-м-тца-ц(т), [impf.] и-ҟа-с-тцо́-н / и-ҟа-с-тцо́-мызт, [past indef.] и-ҟа-с-тца́-н, и-ҟа-на-тца́-н / и-ҟа-сы-м-тца́-зт, и-ҟа-на́-м-тца-зт, [cond.1] и-ҟа-с-тца-ры́н / и-ҟа-с-тца-ры́мызт, [cond.2] и-ҟа-с-тца́-шан / и-ҟа-с-тца́-шамызт, [plupf.] и-ҟа-с-тца-хьа́н / и-ҟа-сы-м-тца́-цызт, и-ҟа-на́-м-тца-цызт, [imper.] и-ҟа-тца́! / и-ҟа-бы-м-тца́-н!, и-ҟа-шә-тца́! / и-ҟа-шәы-м-тца́-н!; [caus.] и-с-лы́-р-ҟа-тце-ит / и-сы-л-мы́-р-ҟа-тце-ит, и-аҳ-лы́-р-ҟа-тце-ит / и-ҳа-л-мы́-р-ҟа-тце-ит (**Note** the irregular position of the causative-marker before the preverb. See **-р**.); [caus.-imper.] и-сы-у-мы́-р-ҟа-тца-н! "(you.M) don't make me do it/them!"; [poten.] и-с-зы́-ҟа-тцо-м (*I cannot do it/them*), и-с-зы́-ҟа-м-тце-ит, и-с-зы́-ҟа-тца-ры-м ([fut.1] *I'll be unable to make it/them*); [nonvol] и-с-а́мха-ҟа-тце-ит / и-с-а́мха-ҟа-м-тце-ит; [vers.1] и-л-зы́-ҟа-с-тце-ит / и-л-зы́-ҟа-сы-м-тце-ит; [vers.2] и-л-цәы́-ҟа-с-тце-ит / и-л-цәы́-ҟа-сы-м-тце-ит; **Non-fin.** [pres.] (C1) и́-ҟа-л-тцо (*то, которое она делает*), и́-ҟа-с-тцо, и́-ҟа-б-тцо, и́-ҟа-у-тцо, и́-ҟа-и-тцо, и́-ҟа-на-тцо, и́-ҟа-ҳ-тцо, и́-ҟа-шә-тцо, и́-ҟа-р-тцо / и́-ҟа-лы-м-тцо, и́-ҟа-сы-м-тцо, и́-ҟа-бы-м-тцо, и́-ҟа-у-м-тцо, и́-ҟа-и-м-тцо, и́-ҟа-на-м-тцо, и́-ҟа-ҳа-м-тцо, и́-ҟа-шәы-м-тцо, и́-ҟа-ры-м-тцо, (C3) и-ҟа-з-тцо́ (*тот, который делает его(нрз.)/их*), с-ҟа-з-тцо́ / и-ҟа-зы-м-тцо́, с-ҟа-зы-м-тцо́, [aor.] (C1) и́-ҟа-л-тца / и́-ҟа-лы-м-тца, (C3) и-ҟа-з-тца́ / и-ҟа-зы-м-тца́, [fut.1] (C1) и́-ҟа-л-тца-ра / и́-ҟа-лы-м-тца-ра, (C3) и-ҟа-з-тца-ра́ / и-ҟа-зы-м-тца-ра́, [fut.2] (C1) и́-ҟа-л-тца-ша / и́-ҟа-лы-м-тца-ша, (C3) и-ҟа-з-тца́-ша / и-ҟа-зы-м-тца́-ша, [perf.] (C1) и́-ҟа-л-тца-хьоу (-хьа(ц)) / и́-ҟа-лы-м-тца-хьоу (-хьа(ц)), (C3) и-ҟа-з-тца-хьо́у (-хьа́(ц)) / и-ҟа-зы-м-тца-хьо́у (-хьа́(ц)), [impf.] (C1) и́-ҟа-л-тцо-з / и́-ҟа-лы-м-тцо-з, (C3) и-ҟа-з-тцо́-з / и-ҟа-зы-м-тцо́-з, [past indef.] (C1) и́-ҟа-л-тца-з / и́-ҟа-лы-м-тца-з, (C3) и-ҟа-з-тца́-з / и-ҟа-зы-м-тца́-з, [cond.1] (C1) и́-ҟа-л-тца-ры-з / и́-ҟа-лы-м-тца-ры-з, (C3) и-ҟа-з-тца-ры́-з / и-ҟа-зы-м-тца-ры́-з, [cond.2] (C1) и́-ҟа-л-тца-ша-з / и́-ҟа-лы-м-тца-ша-з, (C3) и-ҟа-з-тца́-ша-з / и-ҟа-зы-м-тца́-ша-з, [plupf.] (C1) и́-ҟа-л-тца-хьа-з / и́-ҟа-лы-м-тца-хьа-з, (C3) и-ҟа-з-тца-хьа́-з / и-ҟа-зы-м-тца-хьа́-з; [interrog.] и-ҟа-з-тцо́-да? (*кто сделает его(нрз.)/их?*), и-ҟа-з-тца́-да? (*кто сделал его(нрз.)/их?*); **Abs.** и-ҟа-тца-ны́ / и-ҟа-м-тца́-кәа, [poten.] и-зы́-ҟа-м-тца-кәа) **1.** to make; to repair: а́-жәахә а́-ҟатца-ра *to give a lecture.* а́илаҩеила́с а́-ҟатцара *to make a commotion.* И-ҟа-шә-тца́-ма а-машьы́на? *Have you repaired the car? Вы отремонтировали машину?* И-ҟа-у-тца́-ма? *Have you made it?* — И-ҟа-с-тце́-ит, аха́ хәычы́к и-кьа́ҿ-ха-р ҳәа с-шәо́-ит. (AF) *I have, but I'm afraid it might prove to be a little small.* **2.** to do: а-ремо́нт а́-ҟатца-ра *to repair, произвести ремонт.* ана́лиз а́-ҟатца-ра *to analyze, произвести анализ.* и-у-сы́-р-ҟа-тцо-ит *I make you do it/them.* Ари́ шәа́ шә-о́-уп и-ҟа-з-тца́-з. *You did this. It is you who did this. Это сделали вы.* Шә-ан-гы́ло а́шьтахь и́-

ҟа-шә-тцо-зеи? (AFL) *After you get up, what do you do? После того как вы встаете, что вы делаете?* А-пионе́р-цәа есы́шьыжь ҭаалы́м ҟа-р-тцо́-ит. *The boy-scouts do physical gymnastics every morning. Пионеры делают гимнастику каждое утро.* И-у-зы́-ҟа-з-тцо-да уара́ а́-фатә? *Who prepares food for you? Кто для тебя готовит еду?* И-ҟа-х-тцо́-зеи хәылбыҽха́ла? *What do we do in the evenings?* Ари́ ау́с ҟа-з-тца́-да? *Who did this job?* И-з-зы́-ҟа-б-тцо-да? *For whom are you doing it/them?* Сы-ртцаҩы́ и-сы́-л-ҭа-з а-дтца́ ҟа-с-тцо́-ит. *I am doing/will do the assignment which my teacher gave me.* Екьы́м, бара́ и́-ҟа-б-тцо-з? *Ekjym, what were you doing?* И-ҟа-р-тцо-зеи а-нхацәа́ ҭагалан? *What do the peasants do in the fall?* А-зтцаа́ра-қәа р-ҭа́к ҟа-шә-тца́. *Give an answer to the questions!* [caus.] и-д-с-мы́-р-ҟа-тце-ит *I did not make them do it/them.* Шьаҿақәа́-к л-и́-р-ҟа-тце-ит. (AF) *He got her to take some steps.* **3.** [tr.] [C1-Prev-C3-R] C3 make C1 X: д-ҟа-с-тце́-ит *I made him/her X.* Сара́ с-аҳ-ны́//аҳы́-с//аҳ-ны́ с-ҟа-р-тце́-ит. *They made me king.* **4.** to manufacture, to produce: А-фа́брика а-сто́л-қәа ҟа-на-тце́-ит. *The factory manufactured tables. Фабрика изготовила столы.* **5.** || А-қәа́ хьаа-с и-ҟа-м-тца́-кәа(-н) д-а́а-ит. *He came despite the rain.* **6.** [with a resultative form] *used as a main verb in a periphrastic causative construction*: А-тцаҩы́ л-а́н-и л-а́б-и лы-ртцаҩы́ а-тцәа́ и́-л-ҭа-ртә ҟа-р-тце́-ит (/л-ды́-р-ҟа-тце-ит). (ACST) *The pupil's parents got her to give an apple to her teacher.* **7.** [stative] и-ҟа-тцо́-уп it/they are done: Ари́ ԥшӡаны́ и-ҟа-тцо́-уп. *Это красиво сделано. This is made beautifully.*

а-ҟатцарба́ [n.] (а-ҟатцарба-қәа́, ҟатцарба́-к) **1.** a verb: еиҭамтцуа а-ҟатцарба-қәа́ *intransitive verbs.* еиҭа́тцуа а-ҟатцарба-қәа́ *transitive verbs.*

а-ҟатцарба́тә [adj.] **1.** verbal: а-ҟатцарба́тә ԥынгы́ла *a verbal prefix.* а-ҟатцарба́тә лга́мҭа-қәа *verbal endings.*

а-кашәа́ [n.] forage, fodder.

-ҟны [post.] **1.** (*expressing position*) in, at: а-ҩна-ҟны́ *in the house.* а-ӡиас а-ҟны́ *at the river.* а-ӡ-а-ҟны́ *in the river* (< а-ӡы́ 'water, river'). а-мшы́н а-ҟны́ *in the sea.* а́-мҩа-ҟны *on the road.* А-вокза́л а-ҟны́ (= а-ҟы́н /а-ҿы́) ды́-ҟо-уп. *He is at the station.* а-зауа́д а-ҟны́ (*or* а-ҿы́) ау́сура *to work in the factory.* А-дәқьа́н а-ҟны́ ҳара́ и-аа-ҳ-хәе-ит. (AFL) *We bought it/them it the shop.* У-чкун жәа-кла́сск а-ҟны́ д-тәо́-у-ма? *Is your son in the tenth grade?* А-шко́л а-ҟны́ а-у́с л-уе́-ит. *She works at the school.* А-хәыч-қәа́ а-ӡ-а-ҟны́ а-ԥсы́ӡ р-к-уе́-ит. (AFL) *The children is fishing in the river.* А-ӡа́ӡа а́-мра-ҟны и-цырцы́р-уе-ит. *The dew is glittering in the sun.* **2.** (*expressing movement*) to: Л-а́б и-ҟны́ д-не́-и-т. *He/She went to see her father.*

-ҟынӡа *see* **-ҟынӡа**

а-ҟны́тә (= **а-ҟы́нтә(и)**) [= **-хьтә**, **-ҿытә**] **1.** from: а-ҟны́тә *from it.* с-ҟы́нтә *from me.* р-ҟы́нтәи *from them.* а́втор и-ҟы́нтә *from the author.* а-па́ртиа а-ҟны́тә *from the party.* А-мшы́н а-ҟы́нтә с-аа́-уе-ит. *I come from the sea.* А-бригади́р и-ҟы́нтә а-нариа́д аа-з-ге́-ит. *I brought the order from the brigade.* Шә-и-хцәа́жә шә-гәԥ а-ҟны́тәи шә-ҩы́за чкәы́н? (AFL) *Talk about your friend from your group. Говорите о вашем друге из вашей группы.* А-ба́хча-ҟны́тә а́-шәаҳәабжьы а́а-ҩ-уе-ит. *Singing is heard from the garden. Из сада слышится пение.* **2.** *used to make a causal clause*: "because, since." **(a)** [with a non-finite form containing the conjunctional prefix **-ахь-**]: А-қәа́ **ахь-а-уа́-з а-ҟны́тә** а-ҩны́ҟа ҳ-зы́-м-це-ит. *We could not come home due to the rain.* Абрыскьы́л и-хы́ на-и́-кәаҽ-ит, и-ԥса́дгьыл Аԥсны́ уа́ха цхы́раара **ахь-и-з-а́-м-ҭо-з а-ҟны́тә**. (AF) *Abrsk'jyl lowered his head because of the fact that he would not ba able to give any further assistance to his homeland, Abkhazia.* **(b)** [with a finite verb]: Ды́-цәа-р у́с-гьы лассы́ д-шы-м-ҿы́хо-з а-ды́р-уа-н а-ҟны́тә, ҭынч и-лаба́шьа и-л-а́-д-тәа-ла-н, ҩ-а́ха=ҩы́мш а́-ҿаҟәа-ра́ и-а-ҿы́-н. (AF) *Since it [the wood-pecker] knew that, if he went to sleep, he would actually not so quickly wake up, it perched calmly beside his staff and spent 2 days and nights chipping away at it.* **3.** due to, owing to: Убри́ а-ҟны́тә сара́ с-зы́-м-це-ит. *I could not go due to this.*

Ҟ

Из-за этого я не смог поехать. **4.** for the sake of**:** х̧-аиҩы́зара а-ӄны́тә *for the sake of our friendship, ради нашей дружбы.* || **-а́х̧аҭыр а-кны́тә** for the sake of **:** шәара́ шә-а́х̧аҭыр а-ӄны́тә *for your sake, ради вас.*

кох̧ [ʔoħ] [interj.] (*expressing surprise*) oh**:** Ӄо́х̧! — и-х̧әе́-ит а́-ҷкун. (Ab.Text) *"Oh no," said the boy.* [N.B. Chirikba (personal communication) points out that the glottal stop [ʔ] is heard in the word. According to Chirikba (1996:15), Abkhaz has, at least on the periphery of the system, such minimal pairs as ӄаи /ʔaj/ "no" : аи /aj/ "yes", ӄаи /ʔaj/ "no" : х̧аи /ħaj/ "oh", ӄаи-ӄаи /ʔaj-ʔaj/ "no" : х̧аи-х̧аи /ħaj-ħaj/ "interjection of encouragement", ӄаи-ӄаи /ʔaj-ʔaj/ "no" : аи-аи /aj-aj/ [ajej] "yes", ӄах̧ /ʔaħ/ "no" : ах̧ /aħ/ "oh", ӄах̧ /ʔaħ/ "no" : х̧ах̧ /ħaħ/ "our prince". Chirikba's keen observation raises the possibility that the glottal stop is a phoneme in Abkhaz. See also Hewitt (*Abkhaz :A Comprehensive Self-Tutor*. Introduction).]

а-кы́з [n.] (а-ӄы́з-қәа, ӄы́з-к) a goose.

а-кы́н (= **а-кны́**) [post.] (*expressing locative*) at**:** А-вокза́л а-ӄы́н / а-ӄны́ (*or* а-ҿы́) ды́-ӄо-уп. *He is at the station.*

-кы́нӡа [post.] (Hewitt, Abkhaz:126) **1.** (*of place or length*) to, as far as, up to**:** а-гәа́шә а-ӄы́нӡа *up to the gate.* А-мшы́н а-ӄы́нӡа шә-аа-ла́! *Come up to the sea!* А-қалақь а-ӄы́нӡа хә-кило́метрк н-хе́-ит. *Five kilometers remained until the city. До города осталось пять километров.* Х̧ара́ а́-бна-ӄы́нӡа х̧-не́-ит. *We reached the forest. Мы дошли до леса.* Сы-бжьы́ дара́ р-ӄы́нӡа и-зы́-м-на-ҩ-ит. (RAD) *Мой голос не дошел до них. My voice didn't reach them.* Сара́ мину́ҭ-к Асла́н и-ӄы́нӡа с-не́-и-р с-ҭах-у́п. *I want to call on Aslan just a minute. Я только на минутку хочу зайти к Аслану.* **2.** (*of time*) by**:** А-статиа́ з-ҩы́-р-о-уп а-саа́ҭ х-ԥьа р-ӄы́нӡа. *I must write an article by three o'clock. Я должен написать статью к 3 часам.*

а-кы́нтә *see* **убри́ а-кы́нтә, абри́ а-кы́нтә**

-кы́нтә(и) (= **-кны́тә**) [post.] **1.** *used to indicate place/point of origin of action, source, etc.* "from, out of." (Hewitt, Abkhaz:120) (= **-ахьтә):** х̧ара́ х̧-ӄы́нтәи *from us.* а́-ҷкуын-цәа р-ӄы́нтә (*or* р-а́хьтә) ҩы́-џьа *two of the boys.* Ажәҵара-қәе-и аҵа́ра-қәе-и атәы́ла ԥьха́рра-қәа р-ӄы́нтә и-аа-уе́-ит. (AFL) *The swallows and other birds are flying in from the warm countries. Ласточки и другие птицы прилетают из теплых стран.* Сара́ с-ӄы́нтәи а-шәӄәы́ л-о́у-ит. *She received the letter from me.* Ахра и-ӄы́нтә и-с-а-ха́-ит. *I heard it was from Akhra. / I heard they were from Akhra.* Сара́ Ахра и-ӄы́нтә-уп. *I am from Akhra.* А-хуҷы́ а-мардуа́н а-ӄы́нытә ды-лбаа-з-ге-ит. *I took the child down from the ladder.* Ецы́ сара́ с-ах̧әшьа́ л-ӄы́нтә а-шәӄәы́ с-о́у-ит. *I received a letter from my sister yesterday.* || хԥьа р-ӄы́нтәыи ҩба '2/3' 'deux tiers' (Dumézil:1967). **2.** by reason; on the basis; with the aim**:** а-бзи́ара а-ӄы́нтә *out of gratitude.* шәах̧аҭыр а-ӄы́нтә *out of respect to you.* || **убри́ а-кы́нтә** therefore; and so. || **абри́ а-кы́нтә** for this reason.

а-кыркы́ [n.] (а-ӄырӄ-қәа́, ӄырӄы́-к, ӄырӄ-қәа́-к, ӄырӄы́-ла) the throat.

Ҟь ҟь

а-кьа́кьа [adj.] (и-ҟьа́ҟьо-у) flat; wide**:** а-дә ҟьа́ҟьа *a flat plain.* А-цаҟьа ҟьа́ҟьо-уп. *The cliff is flat.*

-кьа́кьаӡа [adv.] wide, wide open**:** А-шә ҟьа́ҟьаӡа и-аа-лы-рт-и́т. *She opened wide the door.*

а-кьа́кьара [n.] **1.** flatness. **2.** plains; a broad space.

а-кьа́ла-ра [intr.] [C1-S / C1-Neg-S] [C1 lose one's way] (**Fin.** [pres.] д-ҟьа́ло-ит / д-ҟьа́ло-м, [aor.] д-ҟьа́ле-ит / ды-м-ҟьа́ле-ит, [imper.] б-ҟьа́л! / бы-м-ҟьа́ла-н!; **Non-fin.** [pres.] (C1) и-ҟьа́ло / и-м-ҟьа́ло; **Abs.** д-ҟьа́ла-ны / ды-м-ҟьа́ла-кәа) **1.** to lose one's way**:** Сара́ ара́атә-ӡа-м, с-ҟьа́ла-р ҟа́-ло-ит. (ARD) *Я нездешний, могу и заблудиться. I am a stranger, and I might lose my way.*

а-кьамса́р [n.] (а-ҟьамса́р-кәа) rubbish; garbage.

-кьанта́зӡа [adv.] naked; in the nude.

а-кьа-ра́[1] [tr.] [C1-C3-R / C1-C3-Neg-R] [C3 wave C1] (**Fin.** [pres.] и-с-ҟьо́-ит, и-а-ҟьо́-ит / и-с-ҟьо́-м, [aor.] и-с-ҟье́-ит, и-а-ҟье́-ит / и-сы-м-ҟье́-ит, и-а́-м-ҟье-ит, [imper.] и-ҟьа́! / и-бы-м-ҟьа́-н!, и-шә-ҟьа́! / и-шәы-м-ҟьа́-н!; **Non-fin.** [pres.] (C1) и́-л-ҟьо / и́-лы-м-ҟьо, (C3) и-з-ҟьо́ / и-зы-м-ҟьо́, [aor.] (C1) и́-л-ҟьа / и́-лы-м-ҟьа, (C3) и-з-ҟьа́ / и-зы-м-ҟьа́, [impf.] (C1) и́-л-ҟьо-з / и́-лы-м-ҟьо-з, (C3) и-з-ҟьо́-з / и-зы-м-ҟьо́-з, [past indef.] (C1) и́-л-ҟьа-з / и́-лы-м-ҟьа-з, (C3) и-з-ҟьа́-з / и-зы-м-ҟьа́-з; **Abs.** и-ҟьа-ны́ / и-м-ҟьа́-кәа) **1.** to wave, to flap**:** а-нап-ҟәа́ р-ҟьа-ра́ *to wave the hands.* А-цыс лассы́=лассы́ амцәы́-жәҩа-ҟәа а-ҟьо́-н. (RAD) *Птица часто махала крыльями. The bird often flapped its wings.*

а-кьа-ра́[2] [tr.] [C1-C3-R / C1-C3-Neg-R] [C3 squander C1] (**Fin.** [pres.] и-с-ҟьо́-ит / и-с-ҟьо́-м, [aor.] и-с-ҟье́-ит / и-сы-м-ҟье́-ит, [imper.] и-ҟьа́! / и-бы-м-ҟьа́-н!; **Non-fin.** [pres.] (C1) и-с-ҟьо́ / и-сы-м-ҟьо́; **Abs.** и-ҟьа-ны́ / и-м-ҟьа́-кәа) **1.** to waste, to squander**:** А-ԥа́ра и-ҟье́-ит. *He squandered his money. Он промотал деньги.*

а-кьацә-ра́ (а-кьтцә-ра́) [intr.] [C1-S / C1-Neg-S] [C1 become damp] (**Fin.** [pres.] и-ҟьацә-уе́-ит / и-ҟьацә-уа́-м, [aor.] и-ҟьацә-и́т / и-м-ҟьацә-и́т, [imper.] у-ҟьацәы́! / и-м-ҟьацәы́-н!; **Non-fin.** [pres.] (C1) и-ҟьацә-уа́ / и-м-ҟьацә-уа́; **Abs.** и-ҟьацә-ны́ / и-м-ҟьацәы́-кәа) **1.** (*of polenta*) to become damp**:** Иацтәи́ а-бы́ста у-зы́-фа-ӡо-м, и-ҟьацә-хье́-ит. (ARD) *Вчерашнюю мамалыгу нельзя кушать, она уже отсырела. You cannot eat yesterday's polenta; it has already become damp.*

а-кьа́ш [adj.] **1.** naked, bare**:** а-дә ҟьаш *a bare field.* **2.** bald**:** а-х ҟьаш *a bald head.*

а-кьа́ш-ха-ра [intr.] [C1-naked-become] (**Fin.** [pres.] и-ҟьа́ш-хо-ит / и-ҟьа́ш-хо-м, [aor.] и-ҟьа́ш-хе-ит / и-ҟьа́шы-м-хе-ит, [imper.] б-ҟьа́ш-ха! / б-ҟьа́шы-м-ха-н!; **Non-fin.** [pres.] (C1) и-ҟьа́ш-хо / и-ҟьа́шы-м-хо; **Abs.** и-ҟьа́ш-ха-ны / и-ҟьа́шы-м-ха-кәа) **1.** to become naked; to strip, to become bare**:** А-хаскьы́н ҩе́-ит, а-дә-кәа́ ҟьа́ш-хе-ит. *The grass dried out, and the fields became bare. Трава высохла, поля оголились.* **2.** to go bald.

а́-кьашь [adj.] **1.** muddy, dirty. **2.** dirty**:** а-напы́ ҟьашь-ҟәа́ *dirty hands.*

а́-кьашь-ра [labile] **(1)** [tr.] [C1-C3-R / C1-C3-Neg-R] [C3 make C1 dirty] (**Fin.** [pres.] и-с-ҟьашь-уе́-ит / и-с-ҟьашь-уа́-м, [aor.] и-с-ҟьашь-и́т / и-сы-м-ҟьашь-и́т, [imper.] и-ҟьашьы́! / и-бы-м-ҟьашьы́-н!; **Non-fin.** [pres.] (C1) и́-с-ҟьашь-уа / и́-сы-м-ҟьашь-уа, (C3) и-з-ҟьашь-уа́ / и-зы-м-ҟьашь-уа́; **Abs.** и-ҟьашь-ны́ / и-м-ҟьашьы́-кәа) **1.** to dirty, to stain**:** А-ӡҕаб мела́н-ла л-нап-ҟәа́ л-ҟашь-и́т. *The girl dirtied her hands with ink. Девочка замарала руки чернилами.* сы-хԥшә́а с-ҟьашь-и́т *I stained my reputation.* я замарал репутацию. **(2)** [intr.] (**Fin.** [pres.] д-ҟьашь-уе́-ит / д-ҟьашь-уа́-м, [aor.] д-ҟьашь-и́т / ды-м-ҟьашь-и́т, [imper.] б-ҟьашьы́! / бы-м-ҟьашьы́-н!) **1.** to get dirty, to soil oneself.

а-кьашьы́ = а́-кьашь

Ҟь

Ҟə кə

Акəа [place name] Sukhum(i), Сухум(и). [N.B. Nowadays Abkhazians do not use the notation with *-i* for the name of the capital, because the suffix *-i* has its origin in the Georgian language.]: Аҟəа-ҟа *to Sukhum.* Сара́ сы-н-хо́-ит Аҟəа. *I live in Sukhum.* Аԥсны́ а-ҳҭны́қалақь Аҟəа а́-хьӡ-уп. *The capital of Abkhazia is called Sukhum.* И-р-ҳəо́-ит "Аҟуа мра́ сасы́рҭо-уп." (GAL) *Говорят, что Сухум — это место, где гостит солнце. They say that Sukhum is the place where the sun is on a visit.*

а́кə-аа [pl.] the people of Sukhum, Sukhumites.

а-кəа́д [n.] much blood: А-ҟəа́д и-хышы́ ды́-ҟо-уп. (ARD) *Он весь в крови. He is all in blood.*

а-кəа́з [adj.] big, large: а-ҵəа́ ҟəа́з-қəа *big apples.* а́жəа ҟəа́з-қəа *loud words.* И-а́жəа ҟəа́з-уп. *He talks a lot and is boastful. Он много говорит, хвастлив.*

а-кəа́қ-ҳəа 1. [n.] the sound of a blow. **2.** [adv.] bumping, banging, with a bump: А-ҟуа́қ-ҳəа д-и́-с-т. (Ab.Text) *He hit him with a bump.*

а-кəа́кəа [n.] (-қəа) the back.

-кəакəа-ра [suffix] *used to emphasize an adjective.* [Intensifier, *see* Chirikba:30]: а́-ԥшӡа-ҟəаҟəа-ра *very beautiful.*

а-кəа́кəа-ра [tr.] [C1-C3-S / C1-C3-Neg-S] [C3 defeat C1; C3 cut C1] (**Fin.** [pres.] и-р-ҟəа́ҟəо-ит / и-р-ҟəа́ҟəо-м, [aor.] и-р-ҟəа́ҟəе-ит / и-ры-м-ҟəа́ҟəе-ит, [imper.] и-ҟəа́ҟəа! / и-бы-м-ҟəа́ҟəа-н!, и-шə-ҟə́ҟəа! / и-шəы-м-ҟəа́ҟəа-н!; **Non-fin.** [pres.] (C1) и-р-ҟəаҟəо / и-ры-м-ҟəаҟəо, (C1) и-з-ҟəаҟəо / и-зы-м-ҟəаҟəо; **Abs.** и-ҟəаҟəа-ны / и-м-ҟəаҟəа-кəа) **1.** to cut: а́-шə р-ҟəаҟəе-ит. (ARD) *Много сыра нарезали. They cut a lot of cheese.* **2.** to destroy; to defeat: А-ӷа́ и-р-ҟəа́ҟəе-ит. (ARD) *They defeated the enemy. Они разбили вражеское войско.*

а-кəа́нда [adj.] (и-ҟəа́ндо-у) **1.** warm: а-ӡ ҟəа́нда *warm water.* а-ҟəа́нда-шьшьы́ра *тепленький.* Иахьа́ а-мшы́н ҟəа́ндо-уп. *Today the sea is warm.* [аҵə-ҟəа́нда "warmish"] **2.** warm; gentle: а-уаѳ ҟəа́нда *a warm/gentle person.*

а-кəа́нда-заа-ра [intr. stative] [C1-R] (**Fin.** [pres.] и-ҟəа́ндо-уп / и-ҟəа́нда-ӡа-м) **1.** to be warm: А-ӡы́ ҟəа́нда-ӡа-м. *The water is not warm. Вода не теплая.*

а-кəа́ндара [n.] warmth: а-ӡы́ а-ҟəа́ндара *the temperature of the water.*

а-кəара́ [n.] (а-ҟəара-қəа́, ҟəара́-к, ҟəара-қəа́-к) bank, shore: а-мшы́н а-ҟəара́ *the seashore.*

а-кəараа́н (= **а-кəраа́н**) [n.] (-қəа) a crow.

а-кəа́рдə [n.] (а-ҟəа́рдə-қəа, с-ҟəа́рдə, ҟəа́рдə-к) a chair.

а-кəа́рҭ [n.] (а-ҟəа́рҭ-қəа) a hen.

а-кəары́л [n.] (а-ҟəары́л-қəа) a capon.

а́-кəатəи [adj.] of Sukhum: а́-ҟəатəи а-у́су-цəа *the workers of Sukhum, сухумские рабочие.*

а-кəа́-тц-ра* [intr.] [C1-C2-Prev-R] [C1 exude from C2; C1 leave C2 in peace] (**Fin.** [pres.] и-ҟəа́-тц-уе-ит / и-ҟəа́-тц-уа-м, [aor.] ды-л-ҟəа́-тц-ит / ды-л-ҟəа́-м-тц-ит, [imper.] у-с-ҟəа́-тц! / у-с-ҟəа́-м-тцы-н!) **1.** (*of blood*) to exude, to ooze: А-шьа́ и-ҟəа́-тц-уе-ит. *Blood is exuding from him. У него из организма выделяется кровь.* **2.** to leave sb in peace: А-ԥсцəа́ҳа ды-л-ҟəа́-тц-ит. *The Prince of the Dead left her alone.* **3.** to abandon: Урҭ аамҭа́-ла шəы-р-ҟəа́-тц-р-о-уп. *You must abandon them for a while. Вы должны бросить их на время.*

а-кəаҿ-кəа́ҿ-ра [intr.] [C1-R-R] (**Fin.** [pres.] и-ҟəаҿ-ҟəа́ҿ-уе-ит) **1.** to croak: а́-даӷь ҟəаҿ-ҟəа́ҿ-уе-ит. *A frog is croaking.* ҟəаҿ-ҟəа́ҿ-ҳəа *croaklly.*

а-кəа́ш [adj.] (и-ҟəа́ш-у) white.

-кəа́шӡа : Д-ҟəа́шӡа ды-шлé-ит. *He/She is all gray. Он/Она весь/вся поседел/-ла.*

а-кə-кьа-ра́ [intr.] [C1-C2-Prev-R / C1-C2-Prev-Neg-R] [C1 move away from C2] (**Fin.** [pres.] д-ры-ҟə-ҟьо́-ит / д-ры-ҟə-ҟьо́-м, [aor.] д-ры-ҟə-ҟье́-ит / ды-р-ҟəы-м-ҟье́-ит, [imper.] б-ры-ҟә-ҟьа́! / бы-р-ҟәы-м-ҟьа́-н!; **Non-fin.** [pres.] (C1) и-ры-ҟә-ҟьо́ / и-р-ҟәы-м-ҟьо́; **Abs.** д-ры-ҟә-ҟьа-ны́ / ды-р-ҟәы-м-ҟьа́-кәа) **1.** to move away quickly: А-ҿцы́с а-уахьа́д и-а-ҟә-ҟье́-ит. (ARD) *Жеребенок отбился от табуна. The foal straggled from the herd.*

а-кә-на-к-ра́* [tr.] [C1-C2-Prev-C3(it)-R] [C3(it) protect C2 against C1; C3 keep C1 off C2] (**Fin.** [pres.] и-сы́-ҟә-на-к-уе-ит / и-сы́-ҟә-на-к-уа-м, [aor.] и-сы-ҟә-на-к-и́т / и-сы-ҟә-на́-м-к-ит) **1.** to protect sb/sth against sth: Ари́ у-шә-тца́, а́-хьҭа у́-ҟә-на-кы-п! (ARD) *Надень вот это, оно защитит тебя от холода. Put on this, and it will protect you against the cold.* А-қәа́цә аа́тҵра с-н-а́-ва-гы́ла-р, а-қәа́ сы-ҟә-на-кы-п! (AF) *If I stand close up to the hut, it will keep the rain off me!*

а-кәра́ан [n.] (= **а-кәара́ан**) (-қәа) a crow.

а-кәу́а [n.] fixing hoop on a hoe/barrel. [*See* **а-ты́кә**]

а-кәша́ (а-ҟәша-қәа́) **1.** a department: а-тәы́м бызшәа-қәа́ ры-ҟәша́ *a foreign language department.* **2.** a section.

а́-кәшәа-ра [tr.] [C1-C3-R / C1-C3-Neg-R] [C3 collect C1] (**Fin.** [pres.] и-сы-ҟәшәо́-ит, и-а́-ҟәшәо-ит / и-сы-ҟәшәо́-м, [aor.] и-сы-ҟәшәе́-ит, и-а́-ҟәшәе-ит / и-с-мы-ҟәшәе́-ит, и-а́-мы-ҟәшәе-ит, [imper.] и-ҟәшәа́! / и-б-мы-ҟәшәа́-н!, и-шәы-ҟәшәа́! / и-шә-мы-ҟәшәа́-н!; **Non-fin.** [pres.] (C1) и́-лы-ҟәшәо / и́-л-мы-ҟәшәо, (C3) и-зы-ҟәшәо́ / и-з-мы-ҟәшәо́, [aor.] (C1) и́-лы-ҟәшәа / и́-л-мы-ҟәшәа, (C3) и-зы-ҟәшәа́ / и-з-мы-ҟәшәа́, [impf.] (C1) и́-лы-ҟәшәо-з / и́-л-мы-ҟәшәо-з, (C3) и-зы-ҟәшәо́-з / и-з-мы-ҟәшәо́-з, [past indef.] (C1) и́-лы-ҟәшәа-з / и́-л-мы-ҟәшәа-з, (C3) и-зы-ҟәшәа́-з / и-з-мы-ҟәшәа́-з; **Abs.** и-ҟәшәа-ны́ / и-мы-ҟәшәа́-кәа) **1.** to gather, to collect; to pick: и-зы-ҟәшәо́-да? *who is picking it/them?* Ҳара́ а́-шәҭ-кәа ҳа-ҟәшәо́-ит. *We are gathering flowers. Мы собираем цветы.* А-бна-хь с-ры́-шьҭ-ит тцытцы́ндра=ҟәшәа-ра (ҳәа). (ACST) *They sent me to the forest to pick strawberries.*

а-кәы́ба-ра* [tr.] [C1-C3-S] (**Fin.** [aor.] и-с-ҟәы́бе-ит / и-сы-м-ҟәы́бе-ит, [imper.] и-ҟәы́ба! / и-бы-м-ҟәы́ба-н!, **Abs.** и-ҟәы́ба-ны / и-м-ҟәы́ба-кәа) **1.** to knock off fruit/nuts with a long stick: Ры́ӷхь-ла а-ра́ и-ҟәы́бе-от. *He is knocking off nuts with a long pole for harvesting walnuts.*

а-кәы́бча [adj.] (и-ҟәы́бчо-у) punctilious.

а-кәы́-га-ра* [tr.] [C1-C2-Prev-C3-R] [C3 separate C1 from C2] (**Fin.** [aor.] и-а-ҟә-и́-ге-ит / и-а-ҟә-и́-м-ге-ит, [imper.] и-а-ҟә-га́! / и-а-ҟәы́-бы-м-га-н!) **1.** to separate/part sth/sb from sth/sb; to tear off: Ҳара́ ҳа-ԥса́дгьыл ҳ-а-ҟәы́-го-уп. *We are torn from our homeland. Мы оторваны от своей Родины.*

а-кәы́ӷа [adj.] (-цәа) wise, clever: А-ӡӷаб хучы́ д-ҟуӷо-уп. *The girl is clever.* а-чкун ҟуыӷа *the clever boy.*

а-кәы́д [n.] (а-ҟәы́д-кәа, ҟәы́д-к) (a) haricot bean(s): А-ҳәса-қәа а-ҟәы́д ры-ԥсаҟье́-ит. (AAD) *The women winnowed the haricot beans. Женщины провеяли фасоль.*

а-кәы́дчаԥа [n.] (pl.**, ҟәы́дчаԥа-к) (a) haricot bean(s).

а-кәы́н-шьа-ра́ [tr.] [C1-Prev-C3-R / C1-Prev-C3-Neg-R] [C3 despise C1] (**Fin.** [pres.] ды-ҟәны́-с-шьо-ит / ды-ҟәны́-с-шьо-м, [aor.] ды-ҟәны́-с-шье-ит / ды-ҟәны́-сы-м-шье-ит, [imper.] ды-ҟәны́-шьа! / ды-ҟәны́-бы-м-шьа-н!, ды-ҟәны́-шә-шьа! / ды-ҟәны́-шәы-м-шьа-н!; **Non-fin.** [pres.] (C1) и-ҟәны́-с-шьо / и-ҟәны́-сы-м-шьо, (C3) ды-ҟәны́-з-шьо / ды-ҟәны́-зы-м-шьо, **Abs.** ды-ҟәны́-шьа-ны / ды-ҟәны́-м-шьа-кәа) **1.** to despise: А-ӡӷаб а́-чкәын ды-ҟәны́-л-шье-ит. (ARD) *Девушка пренебрегла парнем. The girl despised the boy.*

а-кәы́нць [n.] (-қәа) corn-stems left behind in the field after harvesting.

а-кәыр-кәы́р-ра [intr.] [C1-S / C1-Neg-S] [C1 rumble] (**Fin.** [pres.] и-ҟәыр-ҟәы́р-уе-ит / и-ҟәыр-ҟәы́р-уа-м, [aor.] и-ҟәыр-ҟәы́р-ит / и-м-ҟәыр-ҟәы́р-ит, [imper.] у-ҟәыр-ҟәы́р! / у-

Ҟә

м-ҟәыр-ҟәы́ры-н!; **Non-fin.** [pres.] (C1) и-ҟәыр-ҟәы́р-уа / и-м-ҟәыр-ҟәы́р-уа) **1.** to rumble, to grumble: А-мла д-а-кы́-н, и́-мгәа ҟәыр-ҟәы́р-уе-ит. (ARD) *У него в животе урчит от голода. His stomach is grumbling from hunger.*

а-кәы́-ҭха-ра [tr.] [C1-C2-Prev-C3-R / C1-C2-Prev-C3-Neg-R] [C3 move C1 away from C2] (**Fin.** [pres.] и-а-ҟәы́-с-ҭхо-ит / и-а-ҟәы́-с-ҭхо-м, [aor.] и-а-ҟәы́-с-ҭхе-ит / и-а-ҟәы́-сы-м-ҭхе-ит, [imper.] и-а-ҟәы́-ҭха! / и-а-ҟәы́-бы-м-ҭха-н!, и-а-ҟәы́-шә-ҭха! / и-а-ҟәы́-шәы-м-ҭха-н!; **Non-fin.** [pres.] (C1) и-а-ҟәы́-с-ҭхо / и-а-ҟәы́-сы-м-ҭхо, (C3) и-а-ҟәы́-з-ҭхо / и-а-ҟәы́-зы-м-ҭхо; **Abs.** и-а-ҟәы́-ҭха-ны / и-а-ҟәы́-м-ҭха-кәа) **1.** to move away; to separate: Аишәа а-шьҟа́ԥ и-а-ҟәы́-ҭха! (ARD) *Отодвинь стол от шкафа! Move the table away from the cupboard!* Аишәа-қәа а-шьҟа́ԥ-қәа и-р-ҟәы́-ҭха! *Move the tables away from the cupboards! Отодвинь столы от шкафов!*

а-кәы́-х-ра [tr.] [C1-C2(a)-Prev-C3-R / C1-C2(a)-Prev-C3-Neg-R] [C3 break C1 of C2] (**Fin.** [pres.] д-а-ҟәы́-с-х-уе-ит / д-а-ҟәы́-с-х-уа-м, [aor.] д-а-ҟәы́-с-х-ит / д-а-ҟәы́-сы-м-х-ит, [imper.] д-а-ҟәы́-х! / д-а-ҟәы́-бы-м-хы-н!; **Non-fin.** [pres.] (C1) и-а-ҟәы́-с-х-уа / и-а-ҟәы́-сы-м-х-уа, (C3) и-а-ҟәы́-з-х-уа / и-а-ҟәы́-зы-м-х-уа; **Abs.** д-а-ҟәы́-х-ны / д-а-ҟәы́-м-х-кәа) **1.** to stop from doing sth; put an end to doing sth: Сара́ с-ҩы́за а-ҭаҭы́н а́-ха-ра д-а-ҟәы́-с-х-ит. *I stopped my friend from smoking. Я отучил моего друга от курения.* **2.** to make/force to stop: а-цәа́жәа-ра а-ҟәы́хра *to make/force to be silent, заставить замолчать.*

а-кәы́-ц-ра [intr.] [C1-C2-Prev-R / C1-C2-Prev-Neg-R] [C1 leave C2 alone; C1 stop C2] (**Fin.** [pres.] с-а-ҟәы́-ц-уе-ит, сы-л-ҟәы́-ц-уе-ит / с-а-ҟәы́-ц-уа-м, [aor.] с-а-ҟәы́-ц-ит / с-а-ҟәы́-м-ц-ит (-ц-ӡе-ит), [imper.] б-а-ҟәы́-ц! / б-а-ҟәы́-м-цы-н!, шә-а-ҟәы́-ц!; **Non-fin.** [pres.] (C1) и-а-ҟәы́-ц-уа / и-а-ҟәы́-м-ц-уа, (C2) сы-з-ҟәы́-ц-уа / сы-з-ҟәы́-м-ц-уа; **Abs.** с-а-ҟәы́-ц-ны / с-а-ҟәы́-м-ц-кәа) **1.** (= **а-ԥы́р-ц-ра**) to leave, to abandon: сы-л-ҟәы́-м-ц-ит *I didn't leave her alone.* **2.** [with masdar] to give up; to stop, to cease: А-шәаҳәара с-а-ҟәы́-ц-ит. *I ceased to sing. Я перестал петь.* А-ҭаҭы́нахара у-а-ҟәы́-ц! *Give up smoking!* А-ҭаҭы́н а́-хара (/а-ҭаҭы́наха-ра) с-а-ҟәы́-ц-ит. *I gave up smoking. Я бросил курить.* Сара́ с-саа́ҭ а-у́су-ра и-а-ҟәы́-ц-ит. *My watch has stopped.* [lit. *My watch stopped working.*] Уи а-у́су-ра д-а-ҟәы́-ц-ит. (1) *He/She stopped working.* (2) *He/She gave up his/her work.* А-қәоура́ и-а-ҟәы́-ц-уе-ит. *It will stop raining. Дождь прекратится.* Ҩынҩажәи ҩба мшы и-аа-ҟәы́-м-ц-ӡа-кәа а-қәоура́ и-а-ҽы́-н. (AF) *It rained for 42 days without cessation.*

а-кәытцәа [n.] (-қәа) *see* **а-ӡкәытцәа**

а-кәыш [adj.] wise, clever; intelligent: Ма́рҭа д-ҟәыш-уп. *Marta is clever.*

-кәышны [adv.] intelligently.

а-кәцьа́л [n.] (а-ҟәцьа́л-қәа) a pot.

Л л

л(ы)- [personal prefix] *used to mark the person of 3.sg. female in Column II and Column III.* “she, her.”

-л/-л(а) *see* **-ла-**

-л- [verbal particle] “at once,” “quickly,” etc. (cf. **-н(ы)-**)**:** Нас а́фырҳәа и-ҿы́-не-и-ха-н, ани́ и-зы-дгы́ла-з а-ҩн ду д-**лы́**-ҩна-ле-ит. (cf. д-**ны́**-ҩна-ле-ит). (Ab.Text) *Then he quickly set out and at once entered that big house by which they stood.* А-даў уа и-ԥсы́ аа-и-хы́тцы-н, а́гуараҳәа ды-**л**-ка́ҳа-ит. (Ab.Text) *The moment the ogre breathed his last there, he fell in a heap.* Ари́ а-даў ды-з-шьы́-ҵәҟьа-з «а́-ҷкун» ды-**л**-дәы́лтцы-н и-ҽы́ а-ху́ц-қуа аа-и-д-и́-кшала-н, (...). (Ab.Text) *As soon as the «boy» who had indeed killed this ogre went out, he rubbed his horse’s hair, (...).* «А-ҷкун» ды-**л**-ҽы́жәԥа-н а-дау-қуа́ хара-нтәы́ д-ан-ры-хуа́-ԥш, ры́-ла-қуа х-т-ны́ и-ба́-н, д-**лы́**-шьҭа-сы-н а-ха́ҳә мҵа́-рс-ны ды́-ҩ-т. (Ab.Text) *When the «boy» quickly jumped down off the horse and looked at the ogres from afar, he saw that their eyes were open. And at once he lay down on the ground, snatched the stone and started to run.* А-даў ды-шь-ны́ д-ахь-ка-жьы́-з цҟьа́ и-аны́-**ла**-и-хуа-ԥш, ҵабыргы́нгьы и-лы́мҳа-қуа акы́ ш-а́-ма-мыз р-бе́-ит. (Ab.Text) *As soon as they looked at the ogre who was killed and was thrown down, they noticed that he did not have one of his ears.* А-нцәа́ и-аҳ-ԥы́хьа-и-р-шәа-з, куты́-к ҳ-а́у-р-гьы, и-еиҟара-ны́ и-**л**-еиҩ-аҳ-шо-ит, капе́к ҳ-а́у-р-гьы еиҟара-ны́ и-аа-иҟу-ҳа-р-чҷа́-р-о-уп. (Ab.Text) *Whatever God gave us — even if we receive one hen —, we shall divide it equally, even if we receive a kopeck, we must divide it equally.*

а́-л [n.] (а́-л-қәа, лы́-к *or* л-кы́) an alder (-tree).

ла [pron.] *a contracted form of* **лара́**. “she”

-ла[1] **1.** [post./postpositional suffix] *used to express methods of transportation, instruments, means.* “by, with, through, according to”**:** ақьырмы́т а́-ла (= қьырмы́т-ла) *with (the) brick.* ақьырмы́т-қәа ры́-ла *with (the) bricks.* ҳ-қьа́бз-и ҳ-тца́с-и ры́-ла *according to our custom and tradition.* Сара́ тролле́йбус-ла, ма авто́бус-ла с-ны́ҟәо-ит. (AFL) *I am going there by trolley or by bus. Я езжу (туда) троллейбусом или автобусом.* Алы́хуҭа-ла а-ӡы́ хара́ и-у-з-го́-м. *You will not carry away water far with a sieve. Ситом воду далеко не унесешь (не сможешь унести).* Сара́ лаба́-ла а-ла́ с-а́-с-ит. *I hit the dog with a stick. Я палкой ударил собаку.* Аҟәа а́-қалақь еиҵәа́ бҕьы́-ла и-ҭа́лаҳа-уп. (AFL) *The city of Sukhum is clothed with green foliage. Город Сухум одет зеленой листвой.* А-ҩны́ ҩны́маҭәа-ла ҭа́ара и-хио́-уп. (AAD) *Дом хорошо обставлен мебелью. The house is well furnished with furniture.* Ари́ са сы́-ла и-ҟале́-ит. *This was done by me. Это сделано мною.* А-жьаҳәа́-ла с-ры́-с-ит. [*А-жьаҳәа́ с-а́-ла-ры-с-ит.] *I hit them with the hammer.*

2. [verbal affix] (incorporating usage) “by, with, through”**:** а́-жә а́-ҳәызба и-а́-ла-с-шь-ит. *I killed the cow with the knife.* У-з-ла-цо́-зеи уа́хь? *How are you going there? На чем ты едешь туда?* У-з-ла-а-уа́-зеи? (< У-з-ла-аа-уа́-зеи) *How will you come?* Бы-з-ла-цо́-и? *How do you go?* С-з-ла-цо́ сы́-ма-м? *How am I to go?* Бы-з-ла-цәа́жәо закә́и? / Бы-з-ла-цәа́жәо-ӡеи? *What are you talking about? О чем ты говоришь?* Уара́ у-з-ла-цәа́жәо сара́ и-с-ха́-шҭ-хье-ит. (AAD) *I have already forgotten what you are talking about. Я уже забыл то, о чем ты говоришь.* Абри́ с-а́ҳәа-ло-уп д-шы́-с-шьы-з. (Ab.Text) *It is with my sword that I killed him.*

3. [post./postpositional suffix] “by, on, in respect of, concerning”**:** Аԥсны́ бе́ио-уп ԥсаба́ра-ла, ҳа́уа-ла, уаа́-ла. (AFL) *Abkhazia is rich in nature, air, and people. Абхазия богата природой, воздухом, людьми.* С-а́б занаа́ҭ-ла ды-нџьны́р-уп. (AFL) *My father is an engineer by profession. Мой отец инженер по профессии.*

4. [post.] (= **а́асҭа**) *used in the comparative degree.* “by”**:** С-аҳәшьа́ хәы-шыкәса́ ры-ла́ деихаб-ýп. *My sister is older than I by five years.* У-ашьá шаҟá ры́-ла д-еитцбý-зеи уарá у-аáсҭа? *By how many years is your brother younger than you? На сколько лет твой брат младше тебя?* Баҭáл ҧшьы́-шыкәса ры́-ла д-с-еитцб-ýп. (AFL) *Batal is younger than I by four years. Батал моложе меня на четыре года.*

5. [post.] *used to express a particular length of time.* "in; during"**:** х-сáаҭ-к ры́-ла а-шәҟәы́ д-á-ҧхье-ит. *He read the book in three hours.* Ҩы-сáаҭ-к ры́-ла//ры́-ҟынтә с-хы́-н-хә-уе-ит. *I'll be back in two hours.* А-студéнт ари́ á-ҳасабҭә ҩ-сáаҭ-к ры́-ла и-л-ҳасáб-ит. *The (female) student solved this problem in two hours. Студентка решила эту задачу за два часа.* А-чкун ҧхынрá-к á-ла и-з-ҳá-ит. (RAD) *Мальчик вырос за лето. The boy grew over the summer.*

-ла[2] [suffix] *adverb's derivational suffix***:** маӡа-лá *secretly* (< á-маӡа secret). хы́-ла *head foremost; rashly.* бзи́а-ла *well.* ццакры́-ла *in haste.*

-ла[3] [suffix] [*with a cardinal number or a noun*] *used to express a distributive number.* "each"**:** ҩба-ҩбá-ла *two by two, по два.* ҩыџьа-ҩы́џьа-ла *two by two.* Шәахьá-ла á-ҟалақь ахь ҳ-ца-лó-ит. (AFL) *On Mondays we go to the city. По понедельникам мы ходим в город.*

-ла-[4] [preverb] **1.** downwards**:** á-ла-ҟә-ра *to stoop; to bend.* а-лá-га-ра *to lower.* [cf. **ҩа-** "upward"] **2.** in**:** д-а-ла-тәо-ит *he/she sits down in it.*

-ла-[5] [verbal suffix] [placed immediately after a root or a verbal suffix -ҟәа- meaning the plurality of an action] *used to mark iterativeness. This suffix cannot be used in the aorist, past indefinite, perfect and pluperfect forms of dynamic verbs and stative verbs* (Hewitt, Abkhaz:40, 182). "as a rule," "usually"**:** и́-фа-ла! *eat it/them (always)!* и-ҟа-шә-ҭца-лá! *do it/them (always)! его(нрз.)/их делайте (всегда)!* [cf. и-ҟа-шә-ҭцá! *do it/them! его(нрз.)/их сделайте!*]. Зны́зынла с-ҩы́з-цәа з-ба-ҟәа-лó-ит. (ACST) *From time to time I see my friends.* А-ҧхын а-мшы́н ахь с-ца-лó-ит. *I go to the sea in the summer. Летом я езжу на море.* А-шкóлы-нтә а-ҩны́-ҟа с-цá-цыҧхьаӡа á-мпыр с-á-с-уа-н // с-á-с-ло-н. *Every time I got home from school, I used to play ball.* Џьдý-к áмтца-н р-ҭы́ҧ ы́-л-х-ны и-тәа-лó-ит. (ANR) *Having chosen their spot beneath a great oak, they usually sit down.* Д-ан-аа-лáкь á-фатә лы́-с-ҭа-ло-н. *Whenever she came, I used to give her food.* Бы́-ҩ-ла! *(often) Run! (часто) Бегай!* [cf. бы́-ҩ *run! беги!*]; Б-ца-лá! *(often) Go! (часто) Ходи!* Б-ӡыса-лá! *(often) Swim! (часто) Плавай!* Лассы́-лассы́ и-ҩы́з-цәа д-ры-ниа-лó-ит. *He often meets his friends. Он часто встречается с товарищами.* Шә-м-а-шш-лá-н! (GAL) *Не жалуйтесь всегда! Don't complain always!* Шәахьá-ла á-ҟалақь á-хь ҳ-ца-лó-ит. (AFL) *We go to town on Mondays. По понедельникам мы ходим в город.* Шәахьá-ла á-ҟалақь áхь ҳ-ца-лó-н. (AFL) *We used to go to town on Mondays. По понедельникам мы ходили в город.* Кáма ҳәá с-á-шә-ҳәа-ла-р ҟа-лó-ит. (AFL) *You can call me Kama. Вы можете звать меня Кама.* И-шәы-хьча-лá á-бна! (AFL) *Take care of the forest! Берегите лес!*

-ла-[6] [suffix] [placed immediately after the present tense stem] *used to mark the progressive aspect.* (Hewitt, Abkhaz:181)**:** ды-хәмáр-ло-ит *he will be playing.*

-ла-[7] [stem-extension] "introvert," "motion into," cf. **-аа-**.

-ла[8] [verbal suffix] **1.** [with some verbs] *used to mark the hortative sentence. "let's, давай(те)"***:** у-аа-лá (m.) *let's go, пойдем.* б-аа-лá (f.) *let's go, пойдем.* шә-аа-лá (pl.) *let's go, пойдемте.* Ахá, у-аа-лá, ҳ-á-лага-п, и-аҳ-з-ааго-зар аа-бá-п. (Ab.Text) *But let's go. Let's start. We'll probably be able to bring it back.* Шьҭа с-ца-лá-р-и-уп! *I must be off already!* **2.** *used to emphasize the imperative form. "just"***:** Аа, а-мц с-ҳәó-зар, у-ҧш-лá! (AF) *Ah, just watch if I'm telling lies!* [Cf. 'The emphasis can also be expressed by the iterative suffix: wə-ca-lá "do go!"/ "do go regularly!" (Chirikba:54); **-ааи**]

á-ла [n.] (= **á-бла** [N.B. á-бла "an eye" is more common than á-ла]) (á-ла-ҟәа, сы́-ла, сы́-ла-ҟәа, лá-к, ла-ҟәá-ла) an eye: á-ла х-ҩа-рá *to close the eyes.* Сы́-ла-ла и-з-бé-ит. *I saw it/them with my eyes.* [N.B. сы́-ла-ҟәа ры́-ла *(pl.)* и-з-бé-ит *is also possible, but* сы́-ла-ла *(sg.)*

и-з-бе́-ит *is usually used.*] А-дау-қуа́ ры́-ла-қуа х-ты́-зар, и́-цәо-уп а́-уп и-а́ана-го. (Ab.Text) *If the eyes of the ogres are open, it means they are sleeping. Если глаза великанов открыты, значит, они спят.*

а-ла́ [n.] (а-ла-қәа́, ла́-к, с-ла́, с-ла-қәа́) a dog.

а́-ла [it-Instr.] "it-with," "it-by"**:** абри́ а́-ла *in this way.*

а-ла́ба [n.] (-қәа) a male dog; a dog.

а-лаба́ [n.] (а-лаба-қәа́, лаба́-к, с-лаба́) **1.** a stick**:** Сара́ лаба́-ла а-ла́ с-а́-с-ит. *I hit the dog with a stick. Я ударил собаку палкой.*

а-лаба́шьа [n.] (лаба́шьа-к) (*of a stick*) a crook; a staff.

а́-лабжыш [n.] (а́-лабжыш-қәа, лабжы́ш-к) tear.

а-лаборато́риа [n.] a laboratory.

а-лабҿаба́ [n.] (pl.**) reality.

а-лабы́тцә [n.] [< а-лабы́-тцә "the-stick-skewer"] (-қәа) a thin stick.

а́-ла-гала-ра[1] [tr.] [< -ла-га-ла- "in-take-introvert"] [C1-(C2)-Prev-C3-S / C1-(C2)-Prev-C3-Neg-S] [C3 take C1 into C2] (**Fin.** [pres.] ды́-ла-р-гало-ит / ды́-ла-р-гало-м, [aor.] ды́-ла-р-гале-ит / ды́-ла-ры-м-гале-ит, [imper.] ды́-ла-гал! / ды́-ла-бы-м-гала-н!, ды́-ла-шә-гал! / ды́-ла-шәы-м-гала-н!; **Non-fin.** [pres.] (C1) и́-ла-р-гало / и́-ла-ры-м-гало, (C3) ды́-ла-з-гало / ды́-ла-зы-м-гало; **Abs.** ды́-ла-гала-ны / ды́-ла-м-гала-кәа) **1.** to bring in, to carry in**:** А-бна ды́-ла-р-гале-ит. *They took him/her into the forest. Его/Ее завели в лес.* Уахы́к зны хара́-нтә и-аа-уа́-з ҭахмада́-к абри́ а-қы́ҭа д-а́-ла-на-ге́ле-ит. *One night an old man, coming from afar, ended up in this village [lit. it (= fate?) led him to this village].* (AF:175; cf. а́-қә-гала-ра.)

а́-ла-гала-ра[2] [tr.] [C1-C2-Prev-C3-S / C1-C2-Prev-C3-Neg-S] [C3 pay C1 to C2] (**Fin.** [pres.] и-а́-ла-с-гало-ит / и-а́-ла-с-гало-м, [aor.] и-а́-ла-с-гале-ит / и-а́-ла-сы-м-гале-ит, [imper.] и-а́-ла-гал! / и-а́-ла-бы-м-гала-н!; **Non-fin.** [pres.] (C1) и-а́-ла-с-гало / и-а́-ла-сы-м-гало, (C2) и-з-ла-с-га́ло / и-з-ла́-сы-м-гало, (C3) и-а́-ла-з-гало / и-а́-ла-зы-м-гало; **Abs.** и-а́-ла-гала-ны / и-а́-ла-м-гала-кәа) **1.** to pay sth to**:** Уи́ а-ба́нк а-ҿы́ а-шәа́хтә а́-ле-и-гале-ит. (AAD) *He paid his taxes at the bank.*

а́-лагамҭа [n.] (-қәа) **1.** beginning**:** атџара́-шықәса́ а́-лагамҭа *the beginning of a school year.* а-шәҟәы́ а́-лагамҭа *the beginning of a book.*

а́-ла-га-ра[1] [intr.] [C1-C2-Prev-R / C1-C2-Prev-Neg-R] [C1 begin C2] (**Fin.** [pres.] д-а́-ла-го-ит / д-а́-ла-го-м, [aor.] д-а́-ла-ге-ит / д-а́-ла-м-ге-ит, [perf.] д-а́-ла-га-хье-ит / д-а́-ла-м-га-ц(т); [imper.] б-а́-ла-га! / б-а́-ла-м-га-н!; **Non-fin.** [pres.] (C1) и-а́-ла-го / и-а́-ла-м-го, (C2) ды-з-ла-го́ / ды-з-ла́-м-го, [aor.] (C1) и-а́-ла-га (тот, который начал что-то) / и-а́-ла-м-га, (C2) ды-з-ла-го́ (то, которое он(а) начал(а)) / ды-з-ла́-м-го, [fut.1] (C1) и-а́-ла-га-ра / и-а́-ла-м-га-ра, (C2) ды-з-ла-га-ра́ / ды-з-ла́-м-га-ра, [fut.2] (C1) и-а́-ла-га-ша / и-а́-ла-м-га-ша, (C2) ды-з-ла-га́-ша / ды-з-ла́-м-га-ша, [perf.] (C1) и-а́-ла-га-хьоу (-хьа(ц)) / и-а́-ла-м-га-хьоу (-хьа(ц)), (C2) ды-з-ла-га-хьо́у (-хьа́(ц)) / ды-з-ла́-м-га-хьоу (-хьа(ц)), [impf.] (C1) и-а́-ла-го-з / и-а́-ла-м-го-з, (C2) ды-з-ла-го́-з / ды-з-ла́-м-го-з, [past indef.] (C1) и-а́-ла-га-з / и-а́-ла-м-га-з, (C2) ды-з-ла-га́-з / ды-з-ла́-м-га-з, [cond.1] (C1) и-а́-ла-га-ры-з / и-а́-ла-м-га-ры-з, (C2) ды-з-ла-га-ры́-з / ды-з-ла́-м-га-ры-з, [cond.2] (C1) и-а́-ла-га-ша-з / и-а́-ла-м-га-ша-з, (C2) ды-з-ла-га́-ша-з / ды-з-ла́-м-га-ша-з, [plupf.] (C1) и-а́-ла-га-хьа-з / и-а́-ла-м-га-хьа-з, (C2) ды-з-ла-га-хьа́-з / ды-з-ла́-м-га-хьаа-з; **Abs.** д-а́-ла-га-ны / д-а́-ла-м-га-кәа) **1.** to begin, to start**:** д-ан-а́-ла-га *when he/she began.* А-кино́ а́-ла-ге-ит. (ACST) *The film started.* **2.** X begin Y (Y = masdar or the non-finite present or Abs.). [For the Purposive as complement to the verb а́-ла-га-ра, see Hewitt, AF:257, Note 2.]**:** Сара́ а́шәахәа-ра с-а́-ла-ге-ит. *I began to sing. Я начал петь.* Иахьана́тә а́-ҕба а́-ҟаҵара у-а́-ла-га! *Set about building the boat from today!* А-шәҟәы́ ҩ-ны́ д-а́-л-ге-ит. *He/She started writing the book.* А-шәҟәы́ л-ҩ-уа́ д-а́-ла-ге-ит. *She started writing the book.* А-

Л

ҩны́ҟа с-ан-хынҳәы́ а-қәоура́ и-а́-ла-ге-ит. *When I returned home, it began to rain. Когда я вернулся домой, пошел дождь.* А-у́сура у-анба́-ла-го-и? *When do you begin working?* А-университе́т а-ҿы́ а-тцара́ и-анба́-ла-го-и? (AFL) *When do classes begin at the university? Когда начинается урок в университете?* А-университе́т а-ҿы́ а-тцара́ и-а́-ла-го-ит шьыжьла́ асаа́ҭ 9 (жәба) р-зы. (AFL) *Classes at the university begin at nine o'clock in the morning . В университете урок начинается в девять часов утра.* А-ҵыкәаре́и а-ҿалара и-а́-ла-го-ит. (AFL) *The maize is beginning to ripen. Кукуруза начинает созревать.* а́-жьҭаара и-а́-ла-ге-ит. (AFL) *The peasants began to collect the grapes. Крестьяне начали собирать виноград / сбор винограда.* Р-ҩы́за а́-ҳәса(-қәа) а́шәаҳәа-ра и-а́-ла-лы-р-ге-ит. (ACST) *Their female friend got the women to start singing.*

а́-лага-ра[2] [labile] **(1)** [tr.] [C1-C3-S / C1-C3-Neg-S] [C3 mill C1] (**Fin.** [pres.] и-л-лаго́-ит / и-л-лаго́-м, [aor.] и-л-лаге́-ит / и-лы-м-лаге́-ит, [imper.] и-лага́! / и-бы-м-лага́-н!, и-шә-лага́! / и-шәы-м-лага́-н!; **Non-fin.** [pres.] (C1) и́-л-лаго / и́-лы-м-лаго, (C3) и-з-лаго́ / и-зы-м-лаго́, [aor.] (C1) и́-л-лага / и́-лы-м-лага, (C3) и-з-лага́ / и-зы-м-лага́, [impf.] (C1) и́-л-лаго-з / и́-лы-м-лаго-з, (C3) и-з-лаго́-з / и-зы-м-лаго́-з, [past indef.] (C1) и́-л-лага-з / и́-лы-м-лага-з, (C3) и-з-лага́-з / и-зы-м-лага́-з; **Abs.** и-лага-ны́ / и-м-лага́-кәа) **1.** to mill, to grind: и-аҳ-лаго́-ит *we grind it/them.* **(2)** [intr.] [C1-R] [C1 grind] (**Fin.** [pres.] д-лаго́-ит / д-лаго́-м, [aor.] д-лаге́-ит / ды-м-лаге́-ит, [imper.] б-лага́! / бы-м-лага́-н!) **1.** to grind: и́-лаго-у а-каҳуа́ *ground coffee, молотый кофе.*

а-ла́-га-ра [tr.] [C1-Prev-C3-R / C1-Prev-C3-Neg-R] [C3 take C1 down] (**Fin.** [pres.] б-ла́-з-го-ит, с-ла́-на-го-ит, б-ла́-[а]-го-ит / б-ла́-з-го-м, [aor.] б-ла́-з-ге-ит / б-ла́-сы-м-ге-ит, [fut.1] б-ла́-з-га-п / б-ла́-з-га-рым, [fut.2] б-ла́-з-га-шт / б-ла́-з-га-шам, [perf.] б-ла́-з-га-хьеит / б-ла́-сы-м-га-ц(т), [impf.] б-ла́-з-го-н / б-ла́-з-го-мызт, [past indef.] б-ла́-з-га-н / б-ла́-сы-м-га-зт, [cond.1] б-ла́-з-га-рым / б-ла́-з-га-ры́мызт, [cond.2] б-ла́-з-га-шан / б-ла́-з-га-шамызт, [plupf.] б-ла́-з-га-хьан / б-ла́-сы-м-га-цызт, [imper.] и-ла́-га! / и-ла́-бы-м-га-н!, и-ла́-жә-га!; **Non-fin.** [pres.] (C1) и-ла́-л-го / и-ла́-лы-м-го, (C3) и-ла́-з-го / и-ла́-зы-м-го, [aor.] (C1) и-ла́-л-га / и-ла́-лы-м-га, (C3) и-ла́-з-га / и-ла́-зы-м-га, [fut.1] (C1) и-ла́-л-га-ра / и-ла́-лы-м-га-ра, (C3) и-ла́-з-га-ра / и-ла́-зы-м-га-ра, [fut.2] (C1) и-ла́-л-га-ша / и-ла́-лы-м-га-ша, (C3) и-ла́-з-га-ша / и-ла́-зы-м-га-ша, [perf.] (C1) и-ла́-л-га-хьоу (-хьа(ц)) / и-ла́-лы-м-га-хьоу (-хьа(ц)), (C3) и-ла́-з-га-хьоу (-хьа(ц)) / и-ла́-зы-м-га-хьоу (-хьа(ц)), [impf.] (C1) и-ла́-л-го-з / и-ла́-лы-м-го-з, (C3) и-ла́-з-го-з / и-ла́-зы-м-го-з, [past indef.] (C1) и-ла́-л-га-з / и-ла́-лы-м-га-з, (C3) и-ла́-з-га-з / и-ла́-зы-м-га-з, [cond.1] (C1) и-ла́-л-га-ры-з / и-ла́-лы-м-га-ры-з, (C3) и-ла́-з-га-ры-з / и-ла́-зы-м-га-ры-з, [cond.2] и-ла́-л-га-ша-з / и-ла́-лы-м-га-ша-з, (C3) и-ла́-з-га-ша-з / и-ла́-зы-м-га-ша-з, [plupf.] и-ла́-л-га-хьа-з / и-ла́-лы-м-га-хьа-з, (C3) и-ла́-з-га-хьа-з / и-ла́-зы-м-га-хьа-з; **Abs.** и-ла́-га-ны / и-ла́-м-га-кәа) **1.** to take down; to lower.

а́-лагарҭа [n.] (а́-лагарҭа-қәа, лага́рҭа-к) **1.** beginning.

а́-лагарҭатә [adj.] elementary: а́-лагарҭатә школ *an elementary/a primary school.*

а́-ла-гӡа-ра [tr.] [C1-a-Prev-C3-R / C1-a-Prev-C3-Neg-R] [C3 cope with C1] (**Fin.** [pres.] и-а́-ла-сы/зы-гӡо-ит / и-а́-ла-сы/зы-гӡо-м, [aor.] и-а́-ла-сы/зы-гӡе-ит / и-а́-ла-с-мы-гӡе-ит, [imper.] и-а́-ла-гӡа! / и-а́-ла-б-мы-гӡа-н!, и-а́-ла-шәы-гӡа! / и-а́-ла-шә-мы-гӡа-н!; **Non-fin.** [pres.] (C1) и-а́-ла-сы/зы-гӡо / и-а́-ла-с-мы-гӡо, (C3) и-а́-ла-зы-гӡо / и-а́-ла-з-мы-гӡо; **Abs.** и-а́-ла-гӡа-ны / и-а́-ла-мы-гӡа-кәа) **1.** to cope with sth in the course of some time: сара́ ари́ а-у́с са́аҭ-к и-а́-ла-сы-гӡо-ит (/и-а́-ла-гӡа-ны и-ҟа-с-тцо́-ит). (ARD) *Я с этим делом за час управлюсь. I'll cope with this matter with an hour.*

а́-ла-гыла-заа-ра [intr. stative] [C1-(C2)-Prev-R / C1-(C2)-Prev-R] [C1 be standing in C2] (**Fin.** [pres.] ды́-ла-гыло-уп, д-ры́-ла-гыло-уп / ды́-ла-гыла-м, [past] ды́-ла-гыла-н / ды́-ла-гыла-мызт, [imper.] бы́-ла-гыла-з! / бы́-ла-гыла-мыз!; **Non-fin.** [pres.] (C1) и́-ла-гыло-у / и́-ла-гыла-м; **Abs.** ды́-ла-гыла-ны / ды́-ла-гыла-м-кәа) **1.** to stand in some mass:

А-бна ды́-ла-гыло-уп. *He/She is standing in the forest. Он/Она стоит в лесу.* А-жәлар д-ры́-ла-гыло-уп. (ARD) *Он/Она среди толпы стоит. He/She is standing in the middle of the crowd.* Сар-гьы́ с-ры́-ла-гыла-нда(з)! (ACST) *Would that I too were/had been standing among them!*

а-ла-гы́ла-ра [intr.] [C1-(C2)-Prev-R / C1-(C2)-Prev-R] [C1 stand in C2] (**Fin.** [pres.] ды́-ла-гыло-ит / ды́-ла-гыло-м, [aor.] ды́-ла-гыле-ит / ды́-ла-м-гыле-ит, [imper.] бы́-ла-гыл! / бы́-ла-м-гыла-н!; **Non-fin.** [pres.] (C1) и́-ла-гыло / и́-ла-м-гыло; **Abs.** ды́-ла-гыла-ны / ды́-ла-м-гыла-кәа) **1.** to stand in the middle of**:** д-ры́-ла-гыле-ит *he/she stood among them.* А-жәы́рҭ д-не́и-ны ды́-ла-гыле-ит. (ARD) *Он/Она пошел/-шла и стал/-ла в зарослях. He/She went and stood in the thicket.* || Зы́-ӡбахә у-ҳәо́ у-шә ды́-ла-гыло-уп. *Talk of the devil, and he will appear.*

а-лагьа́н [n.] (а-лагьа́н-қәа, лагьа́н-к) a wash-basin.

а́-лагәыӷра *see* **а́-лаӷра**

а́-лаӷра [adj.] grey-eyed (person).

а́-лаӷырӡ [n.] (-қәа, лаӷырӡы́-к) a tear**:** а́-лаӷырӡ каҭәа-ра́ *to weep, to shed tears.* и-лаӷырӡы́-шаха *in tears.* Сы́-лаӷырӡ-қәа аа-уе́-ит. *I am shedding tears. У меня глаза слезятся.*

а́-лаӷьа [n.] a slope, descent.

а́-лаӷьара [n.] (а-лаӷьа́ра-қәа) a steep slope.

а-лаӷәра́ [n.] (-қәа) attic.

а́-лада 1. [n.] south**:** а́-қалакь а́-лада-хьа́ла а-хы́кәша-ра *to go around the town from the south.* **2.** [adv.] down, downwards**:** А-лада д-це́-ит. *He/She went down.*

а́-ладара [n.] (а́-ладара-қәа) **1.** lowering. **2.** a descent; a slanting slope.

а́-ла-жь-ра [tr.] [C1-C2-Prev-C3-R] [C3 hurl C1 in C2] (**Fin.** [pres.] и-а́-ла-ры-жь-уе-ит / и-а́-ла-ры-жь-уа-м, [aor.] и-а́-ла-ры-жь-ит / и-а́-ла-р-мы-жь-ит, [imper.] д-а́-ла-жь! / д-а́-ло-у-мы-жьы-н!; **Abs.** и-а́-ла-жь-ны) **1.** (*of a big object*) to throw sth at a mass; to hurl sth into a mass**:** А-жәлар а-бо́мба-қәа ры́-ла-ры-жь-ит. (ARD) *Бомбы сбросили в толпу. They threw bombs at the crowd.* **2.** to divulge. **3.** to admit, to allow sb to become a member of sb**:** Дара́ и-р-е́иуа-мыз ды-зу́сҭаа-заалак аӡәы́ д-ры-ла́-ры-жь-ло-мызт. (AF) *Their habit was not to admit to their society anyone who was not of their stock.*

а́-ла-заа-ра [intr. stative] [C1-C2-R] [C1 be in C2] (**Fin.** [pres.] и-а́-ло-уп *or* ы́-ло-уп / и-а́-ла-м, [past] и-а́-ла-н / и-а́-ла-мызт; **Non-fin.** [pres.] (C1) и-а́-ло-у / и-а́-ла-м, [past] и-а́-ла-з / и-а́-ла-мыз; **Abs.** и-а́-ла-ны / и-а́-ла-м-кәа) **1.** to be in the middle of sth, (e.g. in the forest, in the field)**:** А-бна а́хьаџарч ы́-ла-н. (AFL) *There was a hedgehog in the forest. В лесу был еж.* А-ла́ а́-бна и́-ло-уп (/и-а́-ло-уп). *The dog is in the forest. Собака находится в лесу.* Алха́с а-мхы́ д-а́-ло-уп. *Alkhas is in the field. Алхас находится в поле.* А-у́тра-ҿы а-ҳабырза́кь ы́-ла-н. *There шas a watermelon in the market garden. На огороде был арбуз.* Егьаҩы́ у-ры́-ла-зар-гьы, у-сы-рҩа́шьо-м. (AF) *Even if you're in amongst a lot of others, I won't mistake you.* **2.** to consist of**:** А-коми́ссиа х-ҩы́к а́-ло-уп. *The committee consists of three persons. Комиссия состоит из трех человек.* **3.** [intr.] (**Fin.** [pres.] и́-ло-уп / и́-ла-м, [past] и́-ла-н / и́-ла-мызт, [imper.] и-бы́-ла-з / и-бы́-ла-мыз; **Non-fin.** [pres.] (C2) и-з-ло́-у / и-з-ла́-м) to have/possess (*a talent, a strength, etc.*)**:** Уи́ а-баҩха́тәра и́-ло-уп. (GAL) *Он обладает талантом. He has a talent.* Уи а-баҩха́тәра ду з-ло́-у ре́жиссиор-уп. *He is an abundantly talented director.* (Лара́) а-напӄа́зара бзианы и-лы́-ла-н. *She had good command of handicrafts.* (а)баацэра́ з-ло́-у уаҩы́-м. (ACST) *He's not a bad man.* || **а-џьсы́ а́-ла-заа-ра** [= **а-џьсы́ а-ҿҳәара-ра́**] (**Fin.** [pres.] сы-џьсы́ лы́-ло-уп (*я очень люблю ее*) / сы-џьсы́ лы́-ла-м, [past] сы-џьсы́ лы́-ла-н / сы-џьсы́ лы́-ла-мызт, [imper.] бы-џьсы́ лы́-ла-з! / бы-џьсы́ лы́-ла-мыз!; **Non-fin.** [pres.] (Poss) зы-џьсы́ лы́-ло-у / зы-џьсы́ лы́-ла-м, (C2) сы-џьсы́ з-ло́-у / сы-џьсы́ з-ла́-м) **1.** to love strongly**:** и-џьсы́ а́-ло-уп *he loves it very much.* Ҳара́ ҳа-џьса́дгьыл ҳа-џьсы́ а́-ло-уп. (GAL) *Мы сильно любим свою Родину. We strongly*

Л

love our homeland.

а́-ла-ӡа-ра[1] [intr.] **(1)** [C1-Prev-R / C1-Neg-Prev-R] [C1 be satisfied] (**Fin.** [pres.] д-ла-ӡо́-ит / д-ла-ӡо́-м, [aor.] д-ла-ӡе́-ит / ды-м-ла-ӡе́-ит, [imper.] б-ла-ӡа́! / бы-м-ла-ӡа́-н!; **Non-fin.** [pres.] (C1) и́-ла-ӡо / и́-ла-м-ӡо *or* и́-м-ла-ӡо; **Abs.** д-ла-ӡа-ны́ / ды-м-ла-ӡа́-кәа) **1.** to be satisfied. **2.** to reach to the bottom. **(2)** [C1-C2-Prev-R / C1-C2-Prev-Neg-R] [C1 part with C2] (**Fin.** [pres.] д-а́-ла-ӡо-ит / д-а́-ла-ӡо-м, [aor.] д-а́-ла-ӡе-ит / д-а́-ла-м-ӡе-ит, [imper.] б-а́-ла-ӡа! / б-а́-ла-м-ӡа-н!; **Non-fin.** [pres.] (C1) и-а́-ла-ӡо / и-а́-ла-м-ӡо, (C2) и-з-ла-ӡо́ / и-з-ла́-м-ӡо; **Abs.** д-а́-ла-ӡа-ны / д-а́-ла-м-ӡа-кәа) **1.** to leave sth, to give sth up.

а́-ла-ӡа-ра[2]* [intr.] [C1-Prev-R] (**Fin.** [pres.] и́-ла-ӡо-ит / и́-ла-ӡо-м, [aor.] и́-ла-ӡе-ит / и́-ла-м-ӡе-ит) **1.** to endure, to bear: Уи́ кыр и́-ла-ӡо-ит. *He is very hardy.*

а́-ла-ӡа-ра[3]* [intr.] [C1-C2-Prev-R] (**Fin.** [aor.] д-ры́-ла-ӡе-ит / д-ры́-ла-м-ӡе-ит) **1.** (*of a price*) to come to an agreement: А-хә а-зы́ д-и́-ла-ӡе-ит. *He/She and he have agreed about a price. Он/Она и он сошлись в цене.*

а-лаӡара́ [n.] powers of endurance; patience: а-лаӡара́ и́-мо-уп. *he has patience. Он вынослив.*

а́-ла-ӡ-ра [intr.] [C1-C2-Prev-R / C1-C2-Prev-Neg-R] [C1 disappear into C2] (**Fin.** [pres.] д-а́-ла-ӡ-уе-ит / д-а́-ла-ӡ-уа-м (-ӡ-ӡо-м), [aor.] д-а́-ла-ӡ-ит / д-а́-ла-м-ӡ-ит (-ӡ-ӡе-ит), [imper.] б-а́-ла-ӡ! / б-а́-ла-м-ӡы-н!, шә-а́-ла-ӡ! / шә-а́-ла-м-ӡы-н!; **Non-fin.** (C1) [pres.] и-а́-ла-ӡ-уа / и-а́-ла-м-ӡ-уа, [aor.] и-а́-ла-ӡ / и-а́-ла-м-ӡ, [impf.] и-а́-ла-ӡ-уа-з / и-а́-л-ма-ӡ-уа-з, [past indef.] и-а́-ла-ӡы-з / и-а́-л-ма-ӡы-з; **Abs.** д-а́-ла-ӡ-ны / д-а́-ла-м-ӡы-кәа) **1.** to disappear; to vanish: а́-лашьцара и-а́-ла-ӡ-ит. *it disappeared into the darkness.* (Spruit, SC5). А-ҭахмада а́-тцых лашә д-на́-[а]-ла-ӡ-ит. *The old man disappeared into the dark night.* **2.** to perish, to be lost.

а́-ла-иа-ра [intr.] [C1-(C2)-Prev-R / C1-(C2)-Prev-Neg-R] [C1 lie on C2] (**Fin.** [pres.] ды́-ла-ио-ит / ды́-ла-ио-м (-иа-ӡо-м), [aor.] ды́-ла-ие-ит / ды́-ла-м-ие-ит (-иа-ӡе-ит), [imper.] бы́-ла-иа! / бы́-ла-м-иа-н!, шәы́-ла-иа! / шәы́-ла-м-иа-н!; **Non-fin.** (C1) [pres.] и́-ла-ио / и́-ла-м-ио, [aor.] и́-ла-иа / и́-ла-м-иа, [impf.] и́-ла-ио-з / и́-ла-м-ио-з, [past indef.] и́-ла-иа-з / и́-ла-м-иа-з; **Abs.** ды́-ла-иа-ны / ды́-ла-м-иа-кәа) **1.** to lie on: А-иа́рҭа сы́-ла-ие-ит. *I lay down on the bed. Я лег в постель.* Урҭ а-иа́рҭа-қәа и-ры́-ла-ие-ит. *They lay down on the beds. Они легли в кровати.*

а-ла́-и-ра *see* **а-ле́-и-ра**

-лак [verbal suffix] [added to the aorist stem of a dynamic verb] *used to mark temporal indefiniteness.* "(when) (...) always": Ашьыжь у-ан-гы́ла-лак (/у-ан-гы́ло) и́-ҟа-у-ҵо-и? *What do you always do when you get up in the morning? Что ты всегда делаешь, когда ты встаешь утром?* А-ӡын ан-ца-ла́к аа́ԥын аа́-уе-ит. (AFL) *When winter leaves, spring always comes. Когда уходит зима, всегда наступает весна.* А-мла и-ан-а-к-ла́к, а-кәа́та-қәа а-ҩбы́-ҟа и-дәы́қә-ло-н. (ACST) *When hunger took hold of them, the ducks would set off homewards.* Уи́ д-ахь-ца-ла́к и-ҿы́хәада и́-қә-кы-н. (AF) *Wherever he went, it was held next to his horse's neck.*

-лакгьы *see* **-лакь**

а́-ла-к-заа-ра [intr. stative] [C1-(C2)-Prev-R] (**Fin.** [pres.] и́-ла-к-уп, и-а́-ла-к-уп; **Non-fin.** [pres.] (C2) и-з-ла-к-у́) **1.** to be tied in the thicket: А-бна ды́-ла-к-ны д-ры́-ма-н. (ARD) *Его держали в лесу. He was held in the forest.* Сара́ а-електро́ника с-напы́ а́-ла-к-уп. *I am working in the field of electronics. Я работаю в области электроники.*

а́-ла-к-ра [tr.] [C1-C2-Prev-C3-R / C1-C2-Prev-C3-Neg-R] [C3 include C1 in C2] (**Fin.** [pres.] д-а́-ла-с-к-уе-ит / д-а́-ла-с-к-уа-м, [aor.] д-а́-ла-с-к-ит / д-а́-ла-сы-м-к-ит, [imper.] д-а́-ла-к! / д-а́-ла-бы-м-кы-н!, д-а́-ла-шә-к! / д-а́-ла-шәы-м-кы-н!; **Non-fin.** [pres.] (C1) д-а́-ла-с-к-уа / д-а́-ла-сы-м-к-уа, (C2) и-з-ла́-с-к-уа / и-з-ла́-сы-м-к-уа, (C3) д-а́-ла-з-к-уа / д-а́-ла-зы-м-к-уа; **Abs.** д-а́-ла-к-ны / д-а́-ла-м-к-кәа) **1.** to include sb somewhere: Сара́ уахь с-а́-ла-у-м-кы-н! (ARD) *Меня туда не включай! Don't include me there!* Сар-гьы́ убра́хь с-а́-

ла-у-кы-ма? (ARD) *Ты и меня туда включил? Did you also include me in there?*

á-лакҩак-ра [intr.] [C1-S / C1-Neg-S] [C1 hesitate] (**Fin.** [pres.] д-лакҩáк-уе-ит / д-лакҩáк-уа-м, [aor.] д-лакҩáк-ит / ды-м-лакҩáк-ит, [imper.] б-лакҩáк / бы-м-лакҩáкы-н!; **Non-fin.** [pres.] (C1) и-лакҩáк-уа / и-м-лакҩáк-уа, [aor.] и-лакҩáк / и-м-лакҩáк; **Abs.** д-лакҩáк-ны / ды-м-лакҩáк-кәа) **1.** to hesitate; not to decide.

-лакь [verbal suffix] (= **-лакгьы**) **1.** [added to the aorist stem of a dynamic verb] *used when the tense of a subordinate clause is future.* (See Hewitt, Abkhaz:39-40)**:** А-дау́ д-ан-áаи-лакь, á-ҳәа рыххá и-хы́ у-á-с. (Ab.Text) *When the ogre comes, take out your sword and strike it on the head.* С-шы́-л-ба-лакь-ҵәҟьа (/с-шы́-л-ба-ҵәҟьа-лакь) д-цó-ит. *When she sees me, she goes away.* Барá а-қы́ҭа ахь бы-ш-нéи-лакь-ҵәҟьа, а-шәҟәы́ сы-з-ҩы́. *As soon as you arrive in the village, write a letter to me. Как только ты приедешь в деревню, напиши мне письмо!* **2.** [*indefiniteness*] whenever; wherever**:** Д-аны-з-ба-лак(ь) с-шәó-ит. (ANR) *Whenever I see him, I feel fear.* Д-ан-аа-лáкь á-фатә лы́-с-ҭа-ло-н. *Whenever she came, I used to give her food.* (Hewitt, Abkhaz:40)

á-ла-кьакьа-ра [intr.] [C1-C2-Prev-S / C1-C2-Prev-Neg-S] [C1 stick in C2] (**Fin.** [pres.] и-сы́-ла-кьакьо-ит / и-сы́-ла-кьакьо-м, [aor.] и-сы́-ла-кьакье-ит / и-сы́-ла-м-кьакье-ит; **Non-fin.** [pres.] (C1) и-сы́-ла-кьакьо / и-сы́-ла-м-кьакьо, (C2) и-зы́-ла-кьакьо / и-зы́-ла-м-кьакьо; **Abs.** и-сы́-ла-кьакьа-ны / и-сы́-ла-м-кьакьа-кәа) **1.** to stick in, to be stuck in**:** А-хәыҷы́ и-шьапы́ á-мҕ á-ла-кьакьо-ит. *A splinter is stuck in the child's foot.* И-р-хыу́ а-ҭәá а-шьап-қәá и-ры́-ла-кьакьо-ит. *The mowed grass pricks feet. Кошеная трава колет ноги.*

á-ла-кьыс-ра [intr.] [C1-C2-Prev-R / C1-C2-Prev-Neg-R] [C1 touch C2] (**Fin.** [pres.] д-á-ла-кьыс-уе-ит / д-á-ла-кьыс-уа-м, [aor.] д-á-ла-кьыс-ит / д-á-ла-м-кьыс-ит, [imper.] б-á-ла-кьыс! / б-á-ла-м-кьысы-н!; **Non-fin.** [pres.] (C1) и-á-ла-кьыс-уа / и-á-ла-м-кьыс-уа, (C2) ды-з-ла-кьы́с-уа / ды-з-лá-м-кьыс-уа; **Abs.** д-á-ла-кьыс-ны / д-á-ла-м-кьыс-кәа) **1.** to touch. [cf. **а-кьы́-с-ра** "to touch"]

а-лáкә [n.] (а-лáкә-қәа, лакә-к) a story; a fairy tale.

á-ла-ҟа-ҵа-ра[1] [tr.] [C1-C2-with-Prev-C3-R / C1-C2-with-Prev-C3-Neg-R] [C3 do C1 with C2] (**Fin.** [pres.] и-á-ла-ҟа-с-ҵо-ит / и-á-ла-ҟа-с-ҵо-м, [aor.] и-á-ла-ҟа-с-ҵе-ит / и-á-ла-ҟа-сы-м-ҵе-ит, [imper.] и-á-ла-ҟа-ҵа! / и-á-ла-ҟа-бы-м-ҵа-н!; **Non-fin.** [pres.] (C1) и-á-ла-ҟа-с-ҵо / и-á-ла-ҟа-сы-м-ҵо, (C2) и-з-лá-ҟа-с-ҵо / и-з-лá-ҟа-сы-м-ҵо, (C3) и-á-ла-ҟа-з-ҵо / и-á-ла-ҟа-зы-м-ҵо; **Abs.** и-á-ла-ҟа-ҵа-ны / и-á-ла-ҟа-м-ҵа-кәа) **1.** to do sth with sth**:** И-з-лá-ҟа-у-ҵе-и? *What did you do it/them with? С чем ты его(нрз.)/их сделал?*

á-ла-ҟа-ҵа-ра[2] [tr.] [C1-C2-Prev-Prev-C3-R / C1-C2-Prev-Prev-C3-Neg-R] [C3 put C1 in C2] (**Fin.** [pres.] и-á-ла-ҟа-с-ҵо-ит / и-á-ла-ҟа-с-ҵо-м, [aor.] и-á-ла-ҟа-с-ҵе-ит / и-á-ла-ҟа-сы-м-ҵе-ит, [imper.] и-á-ла-ҟа-ҵа! / и-á-ла-ҟа-бы-м-ҵа-н!; **Non-fin.** [pres.] (C1) и-á-ла-ҟа-с-ҵо / и-á-ла-ҟа-сы-м-ҵо, (C2) и-з-лá-ҟа-с-ҵо / и-з-лá-ҟа-сы-м-ҵо, (C3) и-á-ла-ҟа-з-ҵо / и-á-ла-ҟа-зы-м-ҵо; **Abs.** и-á-ла-ҟа-ҵа-ны / и-á-ла-ҟа-м-ҵа-кәа) **1.** to put sth in sth; to fit sth into sth**:** А-шьқáҧ а-ҭӡы́ и-á-ла-ҟа-и-ҵе-ит. (ARD) *Он вделал шкаф в стену. He fitted the cupboard into the wall.*

лактәи́ [adj.] lower.

á-лакә [adj.] low.

á-лакәра [n.] (á-лаҟәра-қәа, лаҟәы́ра-к) low ground, lowland.

á-ла-ҟә-ра [intr.] [C1-Prev-R / C1-Prev-Neg-R] [C1 bend] (**Fin.** [pres.] д-ла-ҟә-уé-ит / д-ла-ҟә-уá-м, [aor.] д-ла-ҟә-и́т / д-ла-м-ҟә-и́т, [imper.] б-ла-ҟәы́! / бы-м-ла-ҟәы́-н!; [caus.] и-ла-сы-р-ҟә-и́т / и-ла-с-мы-р-ҟә-и́т; [poten.] и-зы́-ла-ҟә-уа-м, и-зы́-ла-м-ҟә-ит, ды-з-ла-ҟә-уá-м, ды-з-ла-м-ҟә-и́т; [nonvol] и-áмха-ла-ҟә-ит / и-áмха-ла-м-ҟә-ит; [vers.1] д-лы-з-ла-ҟә-и́т / д-лы-з-ла-м-ҟә-и́т; [vers.2] д-лы-цә-ла-ҟә-и́т / д-лы-цә-ла-м-ҟә-и́т; **Non-fin.** (C1) [pres.] и́-ла-ҟә-уа / и́-ла-м-ҟә-уа, [aor.] и́-ла-ҟә / и́-ла-м-ҟә, [fut.1] и́-ла-ҟә-ра / и́-ла-м-ҟә-ра, [fut.2] и́-ла-ҟә-ша / и́-ла-м-ҟә-ша, [perf.] и́-ла-ҟә-хьоу (-хьа(ц)) / и́-ла-м-ҟә-хьоу

(-хьа(ц)), [impf.] и́-ла-ꝃә-уа-з / и́-ла-м-ꝃә-уа-з, [past indef.] и́-ла-ꝃәы-з / и́-ла-м-ꝃәы-з, [cond.1] и́-ла-ꝃә-ры-з / и́-ла-м-ꝃә-ры-з , [cond.2] и́-ла-ꝃәы-ша-з / и́-ла-м-ꝃәы-ша-з, [plupf.] и́-ла-ꝃә-хьа-з / и́-ла-м-ꝃә-хьа-з; **Abs.** д-ла-ꝃә-ны́ / д-ла-м-ꝃәы́-кәа) **1.** to stoop. **2.** to bow, to bend; to be lowered, to go down, to fall**:** А-тцла а́-дгьыл-ахь и-ла-ꝃә-уе́-ит. *The tree is bent to the ground. Дерево клонится к земле.* [cf. **а́-ла-ркә-ра** "to incline"]

а́-ла-ла-ра [intr.] [C1-C2-Prev-R / C1-C2-Prev-Neg-R] [C1 flow into C2] (**Fin.** [pres.] и-сы́-ла-ло-ит, и-лы́-ла-ло-ит / и-сы́-ла-ло-м, [aor.] и-сы́-ла-ле-ит, и-а́-ла-ле-ит / и-сы́-ла-м-ле-ит (-ла-ӡе-ит); **Non-fin.** [pres.] (C1) и-лы́-ла-ло / и-лы́-ла-м-ло, (C2) и-з-ла́-ло / и-з-ла́-м-ло, [aor.] (C1) и-лы́-ла-ла / и-лы́-ла-м-ла, (C2) и-з-ла́-ла / и-з-ла́-м-ла, [impf.] (C1) и-лы́-ла-ло-з / и-лы́-ла-м-ло-з, (C2) и-з-ла́-ло-з / и-з-ла́-м-ло-з, [past indef.] (C1) и-лы́-ла-ла-з / и-лы́-ла-м-ла-з, (C2) и-з-ла́-ла-з / и-з-ла́-м-ла-з; **Abs.** и-сы́-ла-ла-ны / и-сы́-ла-м-ла-кәа, и-а́-ла-ла-ны / и-а́-ла-м-ла-кәа) **1.** to go inside of sth; to flow into sth**:** А-ӡи́ас а-мшы́н и-а́-ла-ло-ит. *The river flows into the sea. Река впадает в море.* А-ӡи́ас-қәа а-мшы́н-қәа и-ры́-ла-ло-ит. *The rivers flow into the seas. Реки впадают в моря.* А-ӡи́а ду́ а-ӡи́ас хуч а́-ла-ле-ит. *A little river flowed into the big river. В большую реку впадает маленькая река.* || **а́-хьҭа сы́-ла-ле-ит** / **и-сы́-ла-ле-ит а́-хьҭа**. I caught a cold: а́-хьҭа лы́-ла-ле-ит *she caught a cold, она простудилась.* **2.** to join/enter some organization**:** а-ҭаацеара́ д-а́-ла-ле-ит. *she became a housewife.* Уара́ а-ҭаацеара́ у-а́-ла-ла-хьо-у-ма? *Are you a family man?* А-куашара с-тца-ра-зы́ а-кружо́к с-а́-ла-ле-ит. *I joined the circle in order to learn to dance. Я вступил в кружок, чтобы научиться танцевать.* **3.** to go into**:** А-тцәы́мҕ а-ҕәы́ и-а́-ла-ло-м. (ACST) *The nail won't go into the plank.* С-ашьа́ а́-бна ды́-ла-ло-ит. (ACST) *My brother is going into the forest.*

а-ла́мпа [n.] (-қәа, ла́мпа-к) a lamp.

а́-ламҭала [post.] **1.** the day before; just before**:** У-а́б а-суне́ҭ ан-у-з-и́-у-ша а́-ламҭала хучы́к а-ҽы́ сы́-рхумары-р с-ҭахы́-уп ҳәа и-а́-ҳәа. (Ab.Text) *Before your father circumcises you, say to him 'I want to ride a horse for a while.'*

а́-ламыс [n.] (-қәа, ры́-ламыс, ламы́с-ла) conscience.

а́-ламыс-да [adj.] unscrupulous, dishonest.

а́-ламысдара [n.] (-қәа) dishonesty.

а́-лана-га́ла-ра* [intr.] [C1-C2-Prev-R] [C1 be drawn into C2] (**Fin.** [aor.] д-а-лана-га́ле-ит (*preferred*) *or* д-а́-лана-гале-ит / д-а́-лана-м-га́ле-ит, **Abs.** д-а́-лана-га́ла-ны / д-а́-лана-м-га́ла-кәа) **1.** to be drawn into; to be involved in**:** Аисра д-а́-лана-гале-ит. *He was drawn into a fight. Он вовлекся в драку.* **2.** to get mixed up with sb**:** А-ҕьы́ч-цәа д-ры́-лана-гале-ит. *He got mixed up with thieves. Он связался с ворами.* **3.** to get carried away**:** А-цәа́жәара с-а́-лана-гале-ит. *I got carried away by talking. Я увлекся разговором.*

а́-ла-н-ха-ра [intr.] [C1-(C2)-Prev-Prev-R / C1-(C2)-Prev-Prev-Neg-R] [C1 live in C2] (**Fin.** [pres.] ды́-ла-н-хо-ит / ды́-ла-н-хо-м, [aor.] ды́-ла-н-хе-ит / ды́-ла-ны-м-хе-ит, [imper.] бы́-ла-н-ха! / бы́-ла-ны-м-ха-н!; **Non-fin.** [pres.] (C1) и́-ла-н-хо / и́-ла-ны-м-хо, (C2) д-зы́-ла-н-хо *or* ды-з-ла-н-хо́ / д-зы́-ла-ны-м-хо; **Abs.** ды́-ла-н-ха-ны / ды́-ла-ны-м-ха-кәа) **1.** to live in (*a city, a village, etc.*)**:** а́-қалақь и-а́-ла-н-хо зегьы́ *the entire population of the town.* бара́ бы-з-ла-н-хо́ а-қы́ҭа *the village where you live.* А-бна ды́-ла-н-хо-ит. *He/She lives in the forest.* И-а́шьцәа д-ры́-ла-н-хо-ит. *He lives among his own brothers.*

а́-ла-па-ра* [intr.] [C1-C2-Prev-R] [C1 cut into C2] (**Fin.** [aor.] и-а́-ла-пе-ит / и-а́-ла-м-пе-ит; **Abs.** и-а́-ла-па-ны / и-а́-ла-м-па-кәа) **1.** (*of a rope, wire, etc.*) to cut into**:** А-ша́ха и-напы́ и-а́-ла-пе-ит (/и-а́-ла-па-н и́-ꝃо-уп). (ARD) *Веревка впилась в его руку. The rope cut into his hand.*

а-лапкьа́ [n.] (а-лапꝃьа-қәа́) a stick to beat fruit with to drop it.

а́-ла-ђала-ра [intr.] [< -ла-ђа-ла- "in-jump-introvert"] [C1-C2-Prev-S / C1-C2-Prev-Neg-S] [C1 jumps into C2] (**Fin.** [aor.] д-а́-ла-ђале-ит / д-а́-ла-м-ђале-ит, [imper.] у-а́-ла-м-ђал!

/ у-а́-ла-м-ҵала-н!) **1.** to jump/leap into sth: А-зы́жь д-а́-ла-ҵале-ит. *He/She jumped into the creek. Он/Она прыгнул/-ла в заводь.* А-мца д-а́-ла-ҵале-ит. *He/She jumped into the fire. Он/Она прыгнул/-ла в огонь.*

а-ла́ҵс [n.] (-қәа) a bitch.

а́-ла-ҵс-ра [intr.] [C1-a-Prev-R / C1-a-Prev-Neg-R] [C1 lose one's senses] (**Fin.** [pres.] д-а́-ла-ҵс-уе-ит / д-а́-ла-ҵс-уа-м, [aor.] д-а́-ла-ҵс-ит / д-а́-ла-м-ҵс-ит, [imper.] б-а́-ла-ҵс! / б-а́-ла-м-ҵсы-н!; **Non-fin.** [pres.] (C1) и-а́-ла-ҵс-уа / и-а́-ла-м-ҵс-уа, [aor.] (C1) и-а́-ла-ҵс / и-а́-ла-м-ҵс; **Abs.** д-а́-ла-ҵс-ны / д-а́-ла-м-ҵсы-кәа) **1.** to lose; to swoon, to faint: А-чы́мазаҩ д-а́-лаҵс-ит. *The sick person fainted. Больной лишился сознания.*

а́-ла-ҵхьа-ра [intr.] **1.** [C1-C2-Prev-R] [C1 pass the night with C2] (**Fin.** [aor.] д-ры́-ла-ҵхье-ит, [imper.] б-ҳа́-ла-ҵхьа!) to pass the night with sb: Уаха́-к ма у-ҳа́-ла-ҵхьа! *Stay just tonight with us! Хоть сегодня ночью у нас оставайся!* **2.** [C1-(C2)-Prev-R] to pass the night in the forest, etc.: А-бна ды́-ла-ҵхьо-н. *He/She was passing the night in the forest. Он/Она ночевал/-ла в лесу.*

а́-лаҵш [n.] (а́-лаҵш-кәа, лаҵшы́-к, лы́-лаҵш) **1.** gaze. **2.** look, glance: а́-лаҵш а́-тца-шәа-ра *to catch sb's eye.*

а́-лаҵш-к-ра [intr.] (**Fin.** [pres.] а́-лаҵш с-к-уе́-ит / а́-лаҵш с-к-уа́-м, [aor.] а́-лаҵш с-к-и́т / а́-лаҵш сы-м-к-и́т, **Non-fin.** [pres.] (C3) а́-лаҵш з-к-уа́ / а́-лаҵш зы-м-к-уа́, [aor.] (C3) а́-лаҵш з-кы́ / а́-лаҵш зы-м-кы́; **Abs.** а́-лаҵш к-ны́ / а́-лаҵш м-кы́-кәа) **1.** to cast the evil eye (upon): а́-лаҵш с-к-и́т *they cast the evil eye on me, меня сглазили.*

а́-ла-ҵш-ра [intr.] [C1-C2-Prev-R / C1-C2-Prev-Neg-R] [C1 peer into C2] (**Fin.** [pres.] д-а́/ры́-ла-ҵш-уе-ит / д-а́-ла-ҵш-уа-м, [aor.] д-а́-ла-ҵш-ит / д-а́-ла-м-ҵш-ит, [imper.] б-а́-ла-ҵш! / б-а́-ла-м-ҵшы-н!; **Non-fin.** [pres.] (C1) и-а́-ла-ҵш-уа / и-а́-ла-м-ҵш-уа, (C2) ды-з-ла-ҵш-уа́ / ды-з-ла́-м-ҵш-уа; **Abs.** д-а́-ла-ҵш-ны / ды-м-ла-ҵшы́-кәа) **1.** to look closely; to peer into: Л-мацәа́з-қәа аа-ҭ-га-ны́ д-на-ры́-ла-ҵш-ит. *Having taken out her rings, she peered into them.*

а-лаҵшра́[1] [n.] choice; selection.

а-ла-ҵш-ра́[2] [intr.] (**Fin.** [pres.] д-ла-ҵш-уе́-ит / д-ла-ҵш-уа́-м, [aor.] д-ла-ҵш-и́т / ды-м-ла-ҵш-и́т, [imper.] б-ла-ҵшы́! / бы-м-ла-ҵшы́-н!; **Non-fin.** [pres.] (C1) и́-ла-ҵш-уа / и́-м-ла-ҵш-уа, [aor.] (C1) и́-ла-ҵш / и́-м-ла-ҵш; **Abs.** д-ла-ҵш-ны́ / ды-м-ла-ҵшы́-кәа) **1.** to choose, to select.

а-лаҵшхы́рҵаҩ [n.] (-цәа) a hypnotist; a conjurer.

лара́ [pron.] she, cf. **ла́**.

а́-ла-ра *see* **а́-ла-заа-ра**

а́-ла-рга-ра [tr.] [C1-C2-Prev-C3-S / C1-C2-Prev-C3-Neg-S] [C3 persuade C1 into C2; C3 make C1 *do(C2)*] (**Fin.** [pres.] д-а́-ла-сы-рго-ит / д-а́-ла-сы-рго-м, [aor.] д-а́-ла-сы-рге-ит / д-а́-ла-с-мы-рге-ит, [imper.] д-а́-ла-рга! / д-а́-ла-б-мы-рга-н!, д-а́-ла-шәы-рга! / д-а́-ла-шә-мы-рга-н!; **Non-fin.** [pres.] (C1) и-а́-ла-сы-рго / и-а́-ла-с-мы-рго, (C3) д-а́-ла-зы-рго / д-а́-ла-з-мы-рго; **Abs.** д-а́-ла-рго / д-а́-ла-мы-рго) **1.** to persuade: А-ҽы́хәшәтәра д-а́-ла-сы-рге-ит. (RAD) *Я убедил его/ее лечиться. I persuaded him/her to receive treatment.* Шьҭа у-аа́и ара́хь! — и-ҳәа́н, (...) а-кәакәа́р на-и́-мтце-и-тца-н, д-н[а]-а́-ла-и-рге-ит. (AF) *'Now come over here!' he said, (...) placed before him the dumpling and invited him to start eating.* **2.** to make sb *do* sth: Ашәаҳәара д-а́-ла-сы-рге-ит. *I made him/her sing. Я его/ее заставил петь.*

а́-ла-ргыла-ра [tr.] [C1-(C2)-Prev-C3-S / C1-(C2)-Prev-C3-Neg-S] [C3 stand C1 in (C2)] (**Fin.** [pres.] ды́-ла-сы-ргыло-ит / ды́-ла-сы-ргыло-м, [aor.] ды́-ла-сы-ргыле-ит / ды́-ла-с-мы-ргыле-ит, [imper.] ды́-ла-ргыл! / ды́-ла-б-мы-ргыла-н!; **Non-fin.** [pres.] (C1) и́-ла-сы-ргыло / и́-ла-с-мы-ргыло, (C3) ды́-ла-зы-ргыло / ды́-ла-з-мы-ргыло; **Abs.** ды́-ла-ргыла-ны / ды́-ла-мы-р-гыла-кәа) **1.** to stand/put sb in sth: А-хәычы́ а́-ҵслымӡ шы́ ды́-ла-у-мы-

Л

ргы́ла-н! (ARD) *Не ставь ребенка на горячий песок! Don't put the child in the hot sand!*

а́-ла-ркаца-ра [tr.] [C1-C2-Prev-C3-S / C1-C2-Prev-C3-Neg-S] [C3 drive C1 in C2] (**Fin.** [pres.] и-а́-ла-сы-рҟацо-ит / и-а́-ла-сы-рҟацо-м, [aor.] и-а́-ла-сы-рҟаце-ит / и-а́-ла-с-мы-рҟаце-ит, [imper.] и-а́-ла-рҟаца! / и-а́-ла-б-мы-рҟаца-н!; **Non-fin.** [pres.] (C1) и-а́-ла-сы-рҟацо / и-а́-ла-с-мы-рҟацо, (C2) и-зы́-ла-сы-рҟацо / и-зы́-ла-с-мы-рҟацо, (C3) и-а́-ла-зы-рҟацо / и-а́-ла-з-мы-рҟацо; **Abs.** и-а́-ла-рҟаца-ны / и-а́-ла-мы-рҟаца-кәа) **1.** to drive in; to set, to plunge; to set in, to put in: Сара́ аиха́ а-кды́ и-**а́**-ла-сы-рҟаце-ит. *I drove the ax into the log. Я засадил топор в бревно.* Сара́ аиха́ а-кд-ҟәа́ и-ры́-ла-сы-рҟаце-ит. *I drove the ax into the logs. Я засадил топор в бревна.*

а́-ла-ркә-ра [tr.] [C1-Prev-C3-S / C1-Prev-C3-Neg-S] [C3 incline C1] (**Fin.** [pres.] и-ла-сы-рҟә-уе́-ит, и-ла-ды-рҟә-уе́-ит / и-ла-сы-рҟә-уа́-м (-рҟә-ӡо́-м), [aor.] и-ла-сы-рҟә-и́т / и-ла-с-мы-рҟә-и́т (-рҟә-ӡе́-ит), [imper.] и-ла-рҟәы́! / и-ла-б-мы-рҟәы́-н!, и-ла-шәы-рҟәы́! / и-ла-шә-мы-рҟәы́-н!; **Non-fin.** [pres.] (C1) и́-ла-сы-рҟә-уа / и́-ла-с-мы-рҟә-уа, (C3) и-ла-зы-рҟә-уа́ / и-ла-з-мы-рҟә-уа́, [aor.] (C1) и́-ла-сы-рҟә / и́-ла-с-мы-рҟә, (C3) и-ла-зы-рҟәы́ / и-ла-з-мы-рҟәы́, [impf.] (C1) и́-ла-сы-рҟә-уа-з / и́-ла-с-мы-рҟә-уа-з, (C3) и-ла-зы-рҟә-уа́-з / и-ла-з-мы-рҟә-уа́-з, [past indef.] (C1) и́-ла-сы-рҟәы-з / и́-ла-с-мы-рҟәы-з, (C3) и-ла-зы-рҟәы́-з / и-ла-з-мы-рҟәы́-з; **Abs.** и-ла-рҟә-ны́ / и-ла-мы-рҟәы́-кәа) **1.** to incline, to bend, to bow: а́-махә а́-ларҟәра *to bend the branch, нагнуть ветку.* || **а́-хы-ла-ркә-ра** to bow the head: с-хы-ла-сы-рҟә-и́т *I bowed my head, я наклонил голову.* с-хы-ла-с-мы-рҟә-и́т (-ӡе́-ит) *I didn't bow my head, я не наклонил голову.* [cf. **а́-ла-кә-ра** "to stoop"]

а́-ла-рџа-ра[1] [tr.] [C1-C2-Prev-C3-S] [C3 seize hold of C2 with C1] (**Fin.** [aor.] и-а́-ла-на-рџе-ит / и-а́-ла-на-мы-рџе-ит) **1.** to seize hold of sb with teeth/nails: А-ла́ а-хаџьыц-кәа а-мшә а-шьапы́ и-а́-ла-на-рџе-ит. (ARD) *Собака вцепилась зубами в ногу медведя. The dog seized hold of the bear's legs with its teeth.*

а́-ла-рџа-ра[2] [tr.] [C1-a-Prev-C3-S / C1-a-Prev-C3-Neg-S] (**Fin.** [pres.] и-а́-ла-сы-рџо-ит / и-а́-ла-сы-рџо-м, [aor.] и-а́-ла-сы-рџе-ит / и-а́-ла-с-мы-рџе-ит, [imper.] и-а́-ла-рџа! / и-а́-ла-б-мы-рџа-н!; **Non-fin.** [pres.] (C1) и-а́-ла-сы-рџо / и-а́-ла-с-мы-рџо, (C3) и-а́-ла-зы-рџо / и-а́-ла-з-мы-рџо; **Abs.** и-а́-ла-рџа-ны / и-а́-ла-мы-рџа-кәа) **1.** to let choose.

а́-ла-рџш-ра [tr.] [C1-C2-Prev-C3-S / C1-C2-Prev-C3-Neg-S] [C3 make C1 choose C2] (**Fin.** [pres.] д-ры́-ла-сы-рџш-уе-ит / д-ры́-ла-сы-рџш-уа-м, [aor.] д-ры́-ла-сы-рџш-ит / д-ры́-ла-с-мы-рџш-ит, **Non-fin.** [pres.] (C1) и-ры́-ла-сы-рџш-уа / и-ры́-ла-с-мы-рџш-уа, (C2) д-зы-ла-сы-рџш-уа́ / д-зы-ла-с-мы-рџш-уа́, (C3) д-ры́-ла-зы-рџш-уа / д-ры́-ла-з-мы-рџш-уа; **Abs.** д-ры́-ла-рџш-ны / д-ры́-ла-мы-рџш-кәа) **1.** to let choose: И-ҿ-кәа́ д-ры́-ла-и-рџш-ит. *He made him/her choose his horses. / He showed him all the horses.* [cf. **а-ла-џш-ра́** "to choose"]

а́-ла-ртәа-ра* [tr.] [C1-(C2)-Prev-C3-S] [C3 seat C1 at C2] (**Fin.** [pres.] ды́-ла-ды-ртәо-ит / ды́-ла-ды-ртәо-м, [aor.] ды́-ла-ды-ртәе-ит / ды́-ла-д-мы-ртәе-ит; [imper.] ды́-ла-ртәа! / ды́-ла-б-мы-ртәа-н!, **Abs.** у́-ла-ртәа-ны / у́-ла-мы-ртәа-кәа) **1.** to seat sb at sth: А-иа́рҭа ды́-ла-ды-ртәе-ит. *They seated him/her on the bed. Его посадили в постель.*

а́-ла-рхә-ра: || а-хы́ а́-ла-рхә-ра [tr.] [Poss-хы C2-Prev-C3-S / Poss-хы C2-Prev-C3-Neg-S] [C3 takes part in C2] (**Fin.** [pres.] с-хы́ а́-ла-сы-рхә-уе-ит, л-хы́ а́-ла-лы-рхә-уе-ит, р-хы́ а́-ла-ды-рхә-уе-ит / с-хы́ а́-ла-сы-рхә-уа-м (-рхә-ӡо-м), [aor.] с-хы́ а́-ла-сы-рхә-ит / с-хы́ а́-ла-с-мы-рхә-ит (-рхә-ӡе-ит), [imper.] б-хы́ а́-ла-рхә! / б-хы́ а́-ла-б-мы-рхәы-н!, шә-хы́ а́-ла-шәы-рхә(ы)! / шә-хы́ а́-ла-шә-мы-рхәы-н!; **Non-fin.** [pres.] (C3) з-хы́ а́-ла-зы-рхә-уа / з-хы́ а́-ла-з-мы-рхә-уа, [aor.] (C3) з-хы́ а́-ла-зы-рхә / з-хы́ а́-ла-з-мы-рхә, [impf.] (C3) з-хы́ а́-ла-зы-рхә-уа-з / з-хы́ а́-ла-з-мы-рхә-уа-з, [past indef.] (C3) з-хы́ а́-ла-зы-рхәы-з / з-хы́ а́-ла-з-мы-рхәы-з; **Abs.** и-хы́ а́-ла-рхә-ны / и-хы́ а́-ла-мы-рхә-кәа) **1.** to take part:

Аизара р-хы а́-ла-ды-рхә-ит. *They participated in the meeting.* Аизара с-хы́ а́-ла-сы-рхә-ит. *I took part in the meeting. Я принял участие в собрании.* Аизара-ҟәа с-хы́ ры́-ла-сы-рхә-ит. *I took part in the meetings. Я принял участие в собраниях.* [cf. Аизара с-а-ла-хәы́-н. *I used to take part in the meeting. Я принимал участие в собрании.*]

а́-лас [adj.] (и́-лас-у) **1.** light (in weight)**:** а-лаба́ лас *the light stick, легкая палка.* Аӡын а-кы́ҭа-ҿы а-ха́уа мыцхәы́ и-цкьо́-уп, и-лас-у́п, и-хышәа́шәо-уп. (AFL) *In winter the air in the village is too clean, light, and cold. Зимой в деревне воздух слишком чистый, легкий, холодный.* **2.** quick; agile, nimble**:** алас-ӡа́ *very fast.* а-уаҩы́ лас *a nimble person.* Аԥсуаа уаа́ лас-ҟәо́-уп. (AF) *The Abkhazians are a keen folk.* **3.** not serious; frivolous. [cf. **а́-рлас-ра** "to lighten; to hasten"; **и-ласны́** "quickly"]

а́-ласа [n.] (а́-ласа-ҟәа, ласа́-к) wool, woolen yarn**:** Анду́ а́-ласа л-ха́хо-ит. *The grandmother spins woolen yarn.*

а́-ла-са-ра[1] [intr. stative] (**Fin.** [pres.] д-а́-ла-со-уп / д-а́-ла-са-м) **1.** to be set into**:** А-ҽы́бӷа д-а́-ла-со-у-шәа д-а́-ҟә-тәо-уп. (ARD) *Он очень хорошо сидит в седле. He sits in the saddle very well.*

а́-ла-са-ра[2]* [tr.] [C1-C2-Prev-C3-R] (**Fin.** [aor.] и-а́-ле-и-се-ит / и-а́-ле-и-м-се-ит, [imper.] и-а́-ла-са! / и-а́-ла-бы-м-са-н!) **1.** to set sth into sth.

аласацкьага [n.] fine-carding-instrument.

а-ласба́ [n.] (а-ласба-ҟәа́, ласба́-к, б-ласба́) a cub, a pup, a whelp, a puppy**:** У-ла́ а-ласба-ҟәа́ а-ри́-ма? *Did your dog pup?*

а-ласку́гу [n.] (а-ласку́гу-ҟәа) a scutcher.

а́-лас-ра[1]* [intr.] [C1-R] [C1 hurry up] (**Fin.** [aor.] д-лас-и́т / ды-м-лас-и́т, [imper.] б-ласы́! / бы-м-ласы́-н!) **1.** to hurry**:** шә-ласы́-р-о-уп *you must hurry up.*

а́-ла-с-ра[2]* [intr.] [C1-Prev-R] (**Fin.** [aor.] ды́-ла-с-ит / ды́-ла-м-с-ит, [imper.] бы́-ла-с! / бы́-ла-м-сы-н!) **1.** to strike at sth. ударить по чему-то.

расса́(а)мҭа *see* **лассы́**

лассы́ [adv.] **1.** quickly, fast**:** Лассы́ у-аа! *Come quickly! Приходи быстро!* А-ҩы́з-цәа, шәара́ шә-ласы́-ро-уп. (RAD) *Товарищи, вам надо торопиться. Friends, you need to hurry up.* А-хучы́ мшы-зха́ и-з-ха-уа́, да́ара и-цьо́-у-шьа-ра-тәы лассы́ и-з-ха́-ит. (Ab.Text) *The baby grew day by day and grew so big that you would be very surprised.* **2.** soon**:** Уи лы-шәҟәы́ лассы́ и-ҭы́-ц-уе-ит. *Her book will come out soon. Ее книга скоро выйдет.* [cf. **а́-лас** "quick"]

лассы́-лассы́ [adv.] **1.** often**:** лассы́-лассы́ а-кино́ ахь а-не́и-ра *to be at the cinema often.* Аԥсны лассы-лассы акуа́ а-у-е́-ит. (ANR) *In Abkhazia it often rains.* А-ха́ца а-ԥхәы́с л-а́ҭцкьыс (/л-а́асҭа, /л-е́иха) [иаха́] лассы́-лассы́ ды-з-бо́-ит. *I see the man more often than the woman.* Лассы́-лассы́ а-ԥша́ а́-с-уе-ит. (AFL) *The wind blows often. Часто дует ветер.* Лассы́-лассы́ и-ҩы́з-цәа д-ры-ниа-ло́-ит. (RAD) *Он часто встречается с товарищами. He often meets his friends.* Урҭ дара́-дара́ лассы́-лассы́ еиҟәшәо́-м. *They seldom meet each other. Они редко встречаются друг с другом.* **2.** quickly.

а́-ла-тәа-ра [intr.] [< -ла-тәа- "down-sit"] [C1-C2-Prev-R / C1-C2-Prev-Neg-R] [C1 attend C2; C1 sit down in C2] **(1) [dynamic]** (**Fin.** [pres.] д-а́-ла-тәо-ит / д-а́-ла-тәо-м, [aor.] д-а́-ла-тәе-ит / д-а́-ла-м-тәе-ит (-тәа-ӡе-ит), [imper.] б-а́-ла-тәа! / б-а́-ла-м-тәа-н!, шә-а́-ла-тәа! / шә-а́-ла-м-тәа-н!; **Non-fin.** (C1) [pres.] и-а́-ла-тәо / и-а́-ла-м-тәо, [aor.] и-а́-ла-тәа / и-а́-ла-м-тәа, [impf.] и-а́-ла-тәо-з / и-а́-ла-м-тәо-з, [past indef.] и-а́-ла-тәа-з / и-а́-ла-м-тәа-з; **Abs.** д-а́-ла-тәа-ны / д-а́-ла-м-тәа-кәа). **(2) [stative]** (**Fin.** [pres.] д-а́-ла-тәо-уп / д-а́-ла-тәа-м (-тәа-ӡа-м), [past] д-а́-ла-тәа-н / д-а́-ла-тәа-мызт; **Non-fin.** [pres.] и-а́-ла-тәо-у / и-а́-ла-тәа-м, [past] и-а́-ла-тәа-з / и-а́-ла-тәа-мыз) **1.** to attend; to take part. **2.** to sit down in sth**:** д-а́-ла-тәо-ит *he/she sits down in it.* цьара́ и-ла-тәе́-ит *they sat down somewhere.*

а́-ла-ҭәа-ра [tr.] [C1-C2-Prev-C3-R / C1-C2-Prev-C3-Neg-R] [C3 pour C1 into C2] (**Fin.**

Л

[pres.] и-á-ла-с-ҭәо-ит / и-á-ла-с-ҭәо-м, [aor.] и-á-ла-с-ҭәе-ит / и-á-ла-сы-м-ҭәе-ит, [imper.] и-á-ла-ҭәа, и-á-ла-шә-ҭәа! / и-á-ла-бы-м-ҭәа-н!; **Non-fin.** [pres.] (C1) и-á-ла-с-ҭәо / и-á-ла-сы-м-ҭәо, (C3) и-á-ла-з-ҭәо / и-á-ла-зы-м-ҭәо, [aor.] (C1) и-á-ла-с-ҭәа / и-á-ла-сы-м-ҭәа, (C3) и-á-ла-з-ҭәа / и-á-ла-зы-м-ҭәа, [impf.] (C1) и-á-ла-с-ҭәо-з / и-á-ла-сы-м-ҭәо-з, (C3) и-á-ла-з-ҭәо-з / и-á-ла-зы-м-ҭәо-з, [past indef.] (C1) и-á-ла-с-ҭәа-з / и-á-ла-сы-м-ҭәа-з, (C3) и-á-ла-з-ҭәа-з / и-á-ла-зы-м-ҭәа-з; **Abs.** и-á-ла-ҭәа-ны / и-á-ла-м-ҭәа-кәа) **1.** to pour in: Сарá а-ӡы́ а-уалы́р и-á-ла-с-ҭәе-ит. *I poured water into the barrel. Я налил воду в бочку.* Сарá а-ӡы́ а-уалы́р-қәа и-ры́-ла-с-ҭәе-ит. *I poured water into the barrels. Я налил воду в бочки.* А-каҳуá á-хш á-ла-ҭәа-ны и-з-жә-и́т. *I drank coffee with milk.*

á-лáф [n.] (а-лáф-қәа, лаф-к) a joke. || **а-лáф а-ҳәа-рá** to joke (= **á-хәмар-ра**)**:** Уи а-лáф и-ҳәó-ит. *He is joking. Он шутит.* || **á-лаф и́-лы-р-х-уе-ит** they are making fun of him.

а-лáфҳәа-ра[1] [n.] (-қәа) jok.

а-лáф-ҳәа-ра[2] [tr.] *see* || **а-лáф а-ҳәа-рá** "to joke"

а-лахáнка [n.] (-қәа) a (small) wash-basin; a washtub**:** А-лахáнка а-ӡы́ н-а-ны́-л-ҭәал-т. (Ab.Text) *She poured water into the washtub.*

á-ла-ха-ра [intr.] [C1-C2-Prev-R / C1-C2-Prev-Neg-R] [C1 stick in C2] (**Fin.** [pres.] и-á-ла-хо-ит / и-á-ла-хо-м, [aor.] и-á-ла-хе-ит / и-á-ла-м-хе-ит; **Non-fin.** [pres.] (C1) и-á-ла-хо / и-á-ла-м-хо; **Abs.** и-á-ла-ха-ны / и-á-ла-м-ха-кәа) **1.** to stick, to get stuck**:** аихá а-кды́ и-á-ла-хе-ит. (ARD) *топор застрял в бревне. the ax stuck in the log.* **2.** to remain somewhere. || **а-ԥсы́ á-ла-ха-ра** to like with all one's heart**:** (**Fin.**[pres.] сы-ԥсы́ лы́-ла-хо-ит (*I like her very much*) / сы-ԥсы́ лы́-ла-хо-м, [aor.] сы-ԥы́ лы́-ла-хе-ит / сы-ԥсы́ лы́-ла-м-хе-ит)**:** А-дунéи и́-қә-гыла-з а-шәаԥы́џьаԥ и-ԥсы́ ры́-ла-хе-ит. (AF) *His soul was captivated by the plants standing upon the land.*

а-лá-ха-ра* [intr.] [C1-Prev-(C2)-R] (**Fin.** [aor.] д-лá-хе-ит / д-лá-м-хе-ит, [imper.] б-лá-х! / б-лá-м-ха-н!, **Abs.** д-лá-ха-ны / д-лá-м-ха-кәа) **1.** to move down. подвинуть вниз**:** А-з-бжа-к а-гәы́ ла-р-ха-ны́ и-кá-ха-ит, егьы́ а-гәы́ ҩа-р-ха-ны́. (AF) *One of the halves [of the rock] fell centre down, the other — centre up.* [cf. **а-ҩá-ха-ра**]

а-лахáҵ [n.] || **а-лахáҵ гьежь-ра** [intr.] (= **а-блахáҵ гьежь-ра**) с-лахáҵ гьежь-уé-ит *I feel dizzy, у меня кружится голова.* л-лахáҵ гьежь-уé-ит *she feels dizzy.*

а-лахáҵгьежьра [n.] dizziness.

á-лах-ҿыхра [n.] cheerfulness.

á-лах-ҿы́х-ра [intr.] (**Fin.** [pres.] д-лахҿы́х-уп) **1.** to be cheerful.

а-лахы́ [n.] (а-лах-қәá) a tadpole.

á-лахь [n.] (á-лахь-қәа, сы́-лахь, лахьы́-к) the brow, the forehead**:** á-лахь ҟьáҟьа *a broad forehead.*

лахьы́ || **лахь и́-р-ҭе-ит** they blew him up**:** Алáҳ лахь ý-и-ҭа-аит! *Let Allaah punish you! Пусть аллах тебя накажет!*

а-лахьынҵá [n.] (-қәá) fate, fortune.

лахьынҵацәгьа [adj.] unfortunate, unhappy, unlucky.

á-ла-хәмар-ра [intr.] [C1-C2-Prev-R / C1-C2-Prev-Neg-R] [C1 play with C2] (**Fin.** [pres.] д-á-ла-хәмар-уе-ит / д-á-ла-хәмар-уа-м (-хәмар-ӡо-м), [aor.] д-á-ла-хәмар-ит / д-á-ла-м-хәмар-ит (-хәмар-ӡе-ит), [imper.] б-á-ла-хәмар! / б-á-ла-м-хәмары-н!, шә-á-ла-хәмар! / шә-á-ла-м-хәмары-н!; **Non-fin.** [pres.] (C1) и-á-ла-хәмар-уа / и-á-ла-м-хәмар-уа, (C2) ды́-з-ла-хәмар-уа / ды-з-лá-м-хәмар-уа, [aor.] (C1) и-á-ла-хәмар / и-á-ла-м-хәмар, (C2) ды́-з-ла-хәмар / ды-з-лá-м-хәмар, [impf.] (C1) и-á-ла-хәмар-уа-з / и-á-ла-м-хәмар-уа-з, (C2) ды́-з-ла-хәмар-уа-з / ды-з-лá-м-хәмар-уа-з, [past indef.]) (C1) и-á-ла-хәмары-з / и-á-ла-м-хәмары-з, (C2) ды́-з-ла-хәмары-з / ды-з-лá-м-хәмары-з; **Abs.** д-á-ла-хәмар-ны /

д-á-ла-мы-хәмар-кәа) **1.** to play with sth**:** с-ры́-ла-хәмар-ит *I played with them, я с ними поиграл.* д-сы́-ла-хәмар-ит *he/she played with me.* А-хәычы́ á-кьанџьа д-á-ла-хәмар-уе-ит. *The child plays with a doll.* А-хәычы́ á-кьанџьа-кәа д-ры́-ла-хәмар-уе-ит. *The child plays with dolls. Ребенок играет в куклы.* [cf. **á-хәмар-ра** "to play"]

á-лахәы-заа-ра [intr. stative] **(1)** [C1-C2-R] [C1 take part in C2] (**Fin.** [pres.] д-á-лахә-уп / д-á-лахәы-м, [aor.] д-á-лахәы-н / д-á-лахәы-мызт; **Non-fin.** [pres.] (C1) и-ры́-лахә-у / и-ры́-лахәы-м, (C2) ды-з-лахә-ý / ды-з-лахәы́-м, [past] (C1) и-ры́-лахәы-з / и-ры́-лахәы-мыз, (C2) ды-з-лахәы́-з / ды-з-лахәы́-мыз) **1.** to take part in sth; to participate in sth**:** Актәи а-ны́ҟәаратә гәыпҧ и-á-лахе-у á-сас-цәа, шәара́ и-шә-зы-пҧш-ýп. (IC) *Гости из туристской группы № 1, вас ждут. The guests who are taking part in the tourist group No.1 are waiting for you.* **(2)** [C1-C2-R] [C1 be C2's relative] (**Fin.** [pres.] д-ры́-лахә-уп / д-ры́-лахәы-м, [aor.] д-ры́-лахәы-н / д-ры́-лахәы-мызт) **1.** to be relatives**:** д-ры́-лахә-уп *he/she is their relative, он/она их родственник.*

á-лахәыц [n.] (á-лахәыц-кәа, лахәы́ц-к) an eyelash.

алáҳ [n.] Allah. аллах**:** Алáҳ лахь ý-и-ҭа-аит! *Let Allaah punish you! Пусть аллах тебя накажет!*

а-лаҳá [n.] (а-лаҳа-кәá, лаҳá-к, лаҳа-кәá-к) a fig.

а-лаҳá-лаҳа-ра [intr.] [C1-R-R / C1-Neg-R-R] [C1 smell sweet] (**Fin.** [pres.] и-лаҳá-лаҳа-уе-ит / и-лаҳá-лаҳа-уа-м (-лаҳа-ӡо-м), [aor.] и-лаҳá-лаҳа-ит / и-м-лаҳá-лаҳа-ит (-лаҳа-ӡе-ит); **Non-fin.** (C1) [pres.] и́-лаҳа-лаҳа-уа / и́-м-лаҳа-лаҳа-уа, [aor.] и́-лаҳа-лаҳа / и́-м-лаҳа-лаҳа, [impf.] и́-лаҳа-лаҳа-уа-з / и́-м-лаҳа-лаҳа-уа-з, [past indef.] и́-лаҳа-лаҳа-з / и́-м-лаҳа-лаҳа-з; **Abs.** и-лаҳá-лаҳа-ны / и-м-лаҳá-лаҳа-кәа) **1.** to smell sweet, to be fragrant.

á-ла-ҳа-ра [intr.] [C1-C2-Prev-R, C1-(C2)-Prev-R] [C1 fall into C2] (**Fin.** [aor.] д-á-ла-ҳа-ит, ды́-ла-ҳа-ит) **1.** to fall into sth**:** А-ӡы́ д-н-á-ла-ҳа-н, д-хәаҿ-и́т. *He/She fell into the water and drowned.* Аҕá и-хаирплáн á-бна и́-ла-ҳа-ит. (ARD) *Вражеский самолет упал в лес. The enemy airplane fell in the forest.*

а-лаҳартá [n.] a fig-orchard.

а-лаҳатҵла [n.] a fig-tree.

á-лаҳәа [n.] (á-лаҳәа-кәа, лаҳәá-к) a raven; a crow.

á-лаҳәара[1] [n.] (-кәа) an announcement; a notice.

á-ла-ҳәа-ра[2] [tr.] [C1-(C2)-Prev-C3-R / C1-(C2)-Prev-C3-Neg-R] [C3 wrap C1 up in C2] (**Fin.** [pres.] и́-ла-с-ҳәо-ит / и́-ла-с-ҳәо-м, [aor.] и́-ла-с-ҳәе-ит, и-ры́-ла-с-ҳәе-ит / и́-ла-сы-м-ҳәе-ит, [imper.] и́-ла-ҳәа!, и́-ла-шә-ҳәа!; **Non-fin.** [pres.] (C1) и́-ла-л-ҳәо / и́-ла-лы-м-ҳәо, (C2) и-з-лá-л-ҳәо / и-з-лá-лы-м-ҳәо, (C3) и́-ла-з-ҳәо / и́-ла-зы-м-ҳәо, [aor.] (C1) и́-ла-л-ҳәа / и́-ла-лы-м-ҳәа, (C3) и́-ла-з-ҳәа / и́-ла-зы-м-ҳәа, [impf.] (C1) и́-ла-л-ҳәо-з / и́-ла-лы-м-ҳәо-з, (C3) и́-ла-з-ҳәо-з / и́-ла-зы-м-ҳәо-з, [past indef.] (C1) и́-ла-л-ҳәа-з / и́-ла-лы-м-ҳәа-з, (C3) и́-ла-з-ҳәа-з / и́-ла-зы-м-ҳәа-з; **Abs.** и-á-ла-ҳәа-ны / и-á-ла-м-ҳәа-кәа) **1.** to wrap sth (up) in sth, to wrap up**:** а-хучы́ а-хы́за и́-лаҳәа-ра *to wrap the child up in a blanket, кутать ребенка в одеяло.* А-шәҟәы́ а-қьаáд и́-ла-с-ҳәе-ит. *I wrapped the book in the paper. Я завернул книгу в бумагу.* А-шәҟә-кәá а-қьаáд-кәа и-ры́-ла-с-ҳәе-ит. *I wrapped the books up in (some pieces of) paper. Я завернул книги в бумаги.* А-шәҟә-кәá а-қьаáд и́-ла-с-ҳәе-ит. *I wrapped the books up in the paper. Я завернул книги в бумагу.* И-с-зы́-ла-шә-ҳәа! (AFL) *Wrap it/them for me! Заверните его(нрз.)/их для меня!*

á-ла-ҳәа-ра[3] [tr.] [C1-C2(them)-Prev-C3-R / C1-C2(them)-Prev-C3-Neg-R] [C3 announce C1 to C2(them)] (**Fin.** [pres.] и-ры́-ла-с-ҳәо-ит / и-ры́-ла-с-ҳәо-м (-ҳәа-ӡо-м), [aor.] и-ры́-ла-с-ҳәе-ит / и-ры́-ла-сы-м-ҳәе-ит (-ҳәа-ӡе-ит), [imper.] и-ры́-ла-ҳәа! / и-ры́-ла-бы-м-ҳәа-н!, и-ры́-ла-шә-ҳәа! / и-ры́-ла-шәы-м-ҳәа-н!; [caus.] и-хá-ла-с-шәы-р-ҳәе-ит / и-хá-ла-сы-шә-мы-р-ҳәе-ит, и-ры́-ла-с-шәы-р-ҳәе-ит / и-ры́-ла-сы-шә-мы-р-ҳәе-ит [N.B. In a causative construction the pronominal affix **-р-** before a preverb does not alternate with **-д-**.]

Л

[poten.] и-сы-з-ры́-ла-ҳәо-м, и-сы-з-ры́-ла-м-ҳәе-ит; [nonvol] и-с-а́мха-ры́-ла-ҳәе-ит / и-с-а́мха-ры́-ла-м-ҳәе-ит; [vers.1] и-шәы-з-ры́-ла-с-ҳәе-ит / и-шәы-з-ры́-ла-сы-м-ҳәе-ит; [vers.2] и-шәы-цә-ры́-ла-с-ҳәе-ит / и-шәы-цә-ры́-ла-сы-м-ҳәе-ит; **Non-fin.** [pres.] (C1) и-ры́-ла-л-ҳәо / и-ры́-ла-лы-м-ҳәо, (C3) и-ры́-ла-з-ҳәо / и-ры́-ла-зы-м-ҳәо, [aor.] (C1) и-ры́-ла-л-ҳәа / и-ры́-ла-лы-м-ҳәа, (C3) и-ры́-ла-з-ҳәа / и-ры́-ла-зы-м-ҳәа, [impf.] (C1) и-ры́-ла-л-ҳәо-з / и-ры́-ла-лы-м-ҳәо-з, (C3) и-ры́-ла-з-ҳәо-з / и-ры́-ла-зы-м-ҳәо-з, [past indef.] (C1) и-ры́-ла-л-ҳәа-з / и-ры́-ла-лы-м-ҳәа-з, (C3) и-ры́-ла-з-ҳәа-з / и-ры́-ла-зы-м-ҳәа-з; **Abs.** и-ры́-ла-ҳәа-ны / и-ры́-ла-м-ҳәа-кәа) **1.** to declare, to announce, to proclaim (sth to them)**:** Аиа́ша ры́-ле-и-ҳәе-ит. *He declared the truth to them. Он объявил им правду.*

а́-ла-ҳәа-ра[4] [n.] **1.** a notification; publication. **2.** an announcement; publication. || **и-з-ла́-р-ҳәо а́-ла** it is said**:** Сынтәа́, и-з-ла́-р-ҳәо а́-ла, а-ҿаԥра́ бзи́а ҟало́-ит. *In this year, it is said, there will be a good harvest. В этом году, слышно, будет хороший урожай.*

-лац [verbal suffix] [< -ла-ц "Iterative-Perfect.Non.Fin"] always**:** Аҳ́уха ани́ и-аа́-и-лац а-ҳәы́ҳә аа́-и-н, и-а́-рҧызба-ны и-шы́-ҟа-лац и-а́а-ҟа-ла-н иаре́-и ларе́-и еи-цәа́жәе-ит. (Ab.Text) *That night, the dove came as usual and, as usual, turned into a young man. And then he talked with her.* Аха́ уа́анӡа и-шы́-ҟа-и-тца-лац еиҧш, а́бҕьаахәа и-ра́шь д-а́-қәы-м-тәе-ит. (AF) *But, as he had previously regularly done, he did not immediately mount his steed.*

а́-лацәа [n.] (а́-лацәа-қәа) an eyelid.

а́-ла-цәажәа-ра [intr.] [C1-C2-Prev-S / C1-C2-Prev-Neg-S] [C1 talk about C2] (**Fin.** [pres.] д-а́-ла-цәажәо-ит (-цәажәа-ӡо-м), с-бы́-ла-цәажәо-ит / д-а́-ла-цәажәо-м, [aor.] д-а́-ла-цәажәе-ит, с-лы́-ла-цәажәе-ит / д-а́-ла-м-цәажәе-ит (-цәажәа-ӡе-ит), [imper.] б-а́-ла-цәажәа! / б-а́-ла-м-цәажәа-н!, шә-а́-ла-цәажәа! / шә-а́-ла-м-цәажәа-н!; **Non-fin.** [pres.] (C1) и-а́-ла-цәажәо / и-а́-ла-м-цәажәо, (C2) ды-з-ла-цәа́жәо / ды-з-ла́-м-цәажәо, [aor.] (C1) и-а́-ла-цәажәа / и-а́-ла-м-цәажәа, (C2) ды-з-ла-цәа́жәа / ды-з-ла́-м-цәажәа, [impf.] (C1) и-а́-ла-цәажәо-з / и-а́-ла-м-цәажәо-з, (C2) ды-з-ла-цәа́жәо-з / ды-з-ла́-м-цәажәо-з, [past indef.] (C1) и-а́-ла-цәажәа-з / и-а́-ла-м-цәажәа-з, (C2) ды-з-ла-цәа́жәа-з / ды-з-ла́-м-цәажәа-з; **Abs.** д-а́-ла-цәажәа-ны / д-а́-ла-м-цәажәа-кәа) **1.** to talk about sth; to consider/discuss sth**:** Аиа́ша с-а́-ла-цәажәе-ит. *I talked about the truth. Я говорил о правде.* [cf. аиа́ша с-ҳәе́-ит *I spoke the truth, я сказал правду*]. Шәы-з-ла-цәа́жәо-з шәара́? *What were you talking about?* — Ҳара́ а-спо́рт ҳ-а́-ла-цәажәо-н. *We were talking about sports.* Сара́ иахьа́ с-а́-лацәажәа-рц с-тахы́-уп а-те́ма "А-қы́тҭа". (AFL) *Today I want to talk about the topic "The Village." Сегодня я хочу говорить о теме "Деревня".* У-а́-ла-цәажәа ашьы́жь у-ан-гы́ло и́-ҟа-у-тцо. (AFL) *Talk about what you do when you get up in the morning. Говори о том, что ты делаешь когда ты встаешь утром.* А-ԥны́ а́-мш ш-аҳ-ха́а-га-з ҳ-а́-ла-цәажәо-ит. (AFL) *We are talking about how we spent the day at home. Мы говорим о том, как мы провели день дома.* Уажәы́ с-а́-ла-цәажәо-ит сара́ а-музе́и а-ҿы́ и́-з-ба-з. (AFL) *Now I am talking about what I saw in the museum. Сейчас я говорю о том, что я видел в музее.* **2.** to get in touch with; get involved with**:** У-и́-ла-м-цәажәа-н! *Don't get involved with him! Не связывайся с ним!* [cf. **а-цәа́жәа-ра** "to speak to, to talk"]

а́-ла-цәҟәы-ра [intr.] **(1)** [C1-Prev-R / C1-Neg-Prev-R] [C1 blink] (**Fin.** [pres.] д-ла-цәҟәы́-уе-ит / д-ла-цәҟәы́-уа-м, [aor.] д-ла-цәҟәы́-ит / ды-м-ла-цәҟәы́-ит, [imper.] б-ла-цәҟәы́! / бы-м-ла-цәҟәы́-н!; **Non-fin.** [pres.] (C1) и́-ла-цәҟәы-уа / и́-м-ла-цәҟәы-уа, [aor.] (C1) и-ла-цәҟәы́ / и-м-ла-цәҟәы́) **1.** to blink, wink. **(2)** [C1-C2-Prev-R / C1-C2-Prev-Neg-R] [C1 wink at C2] (**Fin.** [pres.] д-сы́-ла-цәҟәы-уе-ит / д-сы́-ла-цәҟәы-уа-м, [aor.] д-сы́-ла-цәҟәы-ит / д-сы́-ла-м-цәҟәы-ит, [imper.] б-сы́-ла-цәҟәы́! / б-сы́-ла-м-цәҟәы́-м!; **Non-fin.** [pres.] (C1) и-сы́-ла-цәҟәы-уа / и-сы́-ла-м-цәҟәы-уа, (C2) ды-з-ла-цәҟәы-уа́ / ды-з-ла-м-цәҟәы-уа́; **Abs.** д-ла-цәҟә-ны́ / ды-м-ла-цәҟәы́-кәа) **1.** to wink at**:** д-сы́-ла-цәҟәы-уе-ит *he/she is winking at me, он/она подмигивает мне.*

а́-лацəҟəыс-ра [intr.] [C1-C2-a-S *or* C1-C2-S / C1-C2-Neg-a-S *or* C1-C2-Neg-S] [C1 wink at C2] (**Fin.** [pres.] с-л-а́-лацəҟəыс-уе-ит *or* с-лы́-лацəҟəыс-уе-ит / с-л-а́-лацəҟəыс-уа-м (-лацəҟəыс-ӡо-м) *or* с-лы́-лацəҟəыс-уа-м, [aor.] с-л-а́-лацəҟəыс-ит / сы-л-м-а́-лацəҟəыс-ит (-ӡе-ит), [imper.] б-с-а́-лацəҟəыс! / бы-с-м-а́-лацəҟəысы-н!; **Non-fin.** [pres.] (C1) и-л-а́-лацəҟəыс-уа (*тот, который моргает ей*) / и-л-м-а́-лацəҟəыс-уа, (C2) д-з-а́-лацəҟəыс-уа (*тот, которому он/она моргает*) / ды-з-м-а́-лацəҟəыс-уа, [aor.] (C1) и-л-а́-лацəҟəыс / и-л-м-а́-лацəҟəыс, (C2) д-з-а́-лацəҟəыс / ды-з-м-а́-лацəҟəыс, [impf.] (C1) и-л-а́-лацəҟəыс-уа-з / и-л-м-а́-лацəҟəыс-уа-з, (C2) д-з-а́-лацəҟəыс-уа-з / ды-з-м-а́-лацəҟəыс-уа-з, [past indef.] (C1) и-л-а́-лацəҟəысы-з / и-л-м-а́-лацəҟəысы-з, (C2) д-з-а́-лацəҟəысы-з / ды-з-м-а́-лацəҟəысы-з; **Abs.** с-лы́-ла-цəҟəыс-ны / с-лы́-ла-м-цəҟəыс-кəа) **1.** to wink (at)**:** с-лацəҟəы́с-уе-ит *I winked.* с-б-а́-лацəҟəыс-уе-ит *or* с-бы́-лацəҟəыс-уе-ит *I wink at you.* д-л-а́-лацəҟəыс-уе-ит *or* д-лы́-лацəҟəыс-уе-ит *he/she winks at her.* д-с-а́-лацəҟəыс-уе-ит *or* д-сы́-лацəҟəыс-уе-ит *he/she winks at me.*

а́-ла-тца-ра[1] [tr.] [C1-C2-Prev-C3-R / C1-C2-Prev-C3-Neg-R] [C3 put C1 in C2] (**Fin.** [pres.] и-а́-ла-с-тцо-ит / и-а́-ла-с-тцо-м (-тца-ӡо-м), [aor.] и-а́-ла-с-тце-ит / и-а́-ла-сы-м-тце-ит (-тца-ӡе-ит), [imper.] и-а́-ла-тца! / и-а́-ла-бы-м-тца-н!, и-а́-ла-шə-тца! / и-а́-ла-шəы-м-тца-н!; **Non-fin.** [pres.] (C1) и-а́-ла-с-тцо / и-а́-ла-сы-м-тцо, (C3) и-а́-ла-з-тцо / и-а́-ла-зы-м-тцо, [aor.] (C1) и-а́-ла-с-тца / и-а́-ла-сы-м-тца, (C3) и-а́-ла-з-тца / и-а́-ла-зы-м-тца, [impf.] (C1) и-а́-ла-с-тцо-з / и-а́-ла-сы-м-тцо-з, (C3) и-а́-ла-з-тцо-з / и-а́-ла-зы-м-тцо-з, [past indef.] (C1) и-а́-ла-с-тца-з / и-а́-ла-сы-м-тца-з, (C3) и-а́-ла-з-тца-з / и-а́-ла-зы-м-тца-з; **Abs.** и-а́-ла-тца-ны / и-а́-ла-м-тца-кəа) **1.** to drive in (to a mass)**:** Афатə-қəа и-ры́-ла-р-тцо-ит. (ANR) *They put it in foodstuffs.* А-ха́хə ду а́а-шьҭ-и-ҧаа-н, и-ш-и́-лшо-з а́-жəҩан и-на́-ле-и-тце-ит. (AF) *He suddenly lifted up the huge rock and, as best he could, planted it in the sky.* **2.** to admit sb to a society**:** ҳ-гəы́ҧ д-а́-ла-ҳ-тце-ит *we admitted him/her to our group.*

а́-ла-тца-ра[2] [tr.] [C1-Prev-C3-R / C1-Prev-C3-Neg-R] [C3 sow C1] (**Fin.** [pres.] и-ла-с-тцо́-ит / и-ла-с-тцо́-м, [aor.] и-ла-с-тце́-ит / и-ла-сы-м-тце́-ит, [fut.1] и-ла-с-тца́-п / и-ла-с-тца-ры́м, [fut.2] и-ла-с-тца́-шт / и-ла-с-тца́-шам, [perf.] и-ла-с-тца-хье́ит / и-ла-сы-м-тца́-ц(т), [impf.] и-ла-с-тцо́-н / и-ла-с-тцо́-мызт, [past indef.] и-ла-с-тца́-н / и-ла-сы-м-тца́-зт, [cond.1] и-ла-с-тца-ры́н / и-ла-с-тца-ры́мызт, [cond.2] и-ла-с-тца́-шан / и-ла-с-тца́-шамызт, [plupf.] и-ла-с-тца-хьа́н / и-ла-сы-м-тца́-цызт, [imper.] и-ла-тца́! / и-ла-бы-м-тца́-н!, и-ла-шə-тца́! / и-ла-шəы-м-тца́-н!, [caus.] и-с-лы́-р-ла-тце-ит / и-сы-л-мы́-р-ла-тце-ит, и-аҳ-лы́-р-ла-тце-ит / и-ҳа-л-мы́-р-ла-тце-ит, [**Note** the order of the affixes (causative-preverb) in the causative form. According to Spruit (Spruit, SC5:74), there are only two verbs that take such an affix order in the causative, а́-ла-тца-ра and а́-ҟа-тца-ра "to do/make."]; [poten.] и-с-зы́-ла-тцо-м, и-с-зы́-ла-м-тце-ит; [nonvol] и-с-а́мха-ла-тце-ит / и-с-а́мха-ла-м-тце-ит; [vers.1] и-л-зы́-ла-с-тце-ит / и-л-зы́-ла-сы-м-тце-ит; [vers.2] и-л-цəы́-ла-с-тце-ит / и-л-цəы́-ла-сы-м-тце-ит; **Non-fin.** [pres.] (C1) и́-ла-л-тцо / и́-ла-лы-м-тцо, (C3) и-ла-з-тцо́ / и-ла-зы-м-тцо́, [aor.] (C1) и́-ла-л-тца / и́-ла-лы-м-тца, (C3) и-ла-з-тца́ / и-ла-зы-м-тца́, [fut.1] (C1) и́-ла-л-тца-ра / и́-ла-лы-м-тца-ра, (C3) и-ла-з-тца-ра́ / и-ла-зы-м-тца-ра́, [fut.2] (C1) и́-ла-л-тца-ша / и́-ла-лы-м-тца-ша, (C3) и-ла-з-тца́-ша / и-ла-зы-м-тца́-ша, [perf.] (C1) и́-ла-л-тца-хьоу (-хьа(ц)) / и́-ла-лы-м-тца-хьоу (-хьа(ц)), (C3) и-ла-з-тца-хьо́у (-хьа́(ц)) / и-ла-зы-м-тца-хьо́у (-хьа́(ц)), [impf.] (C1) и́-ла-л-тцо-з / и́-ла-лы-м-тцо-з, (C3) и-ла-з-тцо́-з / и-ла-зы-м-тцо́-з, [past indef.] (C1) и́-ла-л-тца-з / и́-ла-лы-м-тца-з, (C3) и-ла-з-тца́-з / и-ла-зы-м-тца́-з, [cond.1] (C1) и́-ла-л-тца-ры-з / и́-ла-лы-м-тца-ры-з, (C3) и-ла-з-тца-ры́-з / и-ла-зы-м-тца-ры́-з, [cond.2] (C1) и́-ла-л-тца-ша-з / и́-ла-лы-м-тца-ша-з, (C3) и-ла-з-тца́-ша-з / и-ла-зы-м-тца́-ша-з, [plupf.] (C1) и́-ла-л-тца-хьа-з / и́-ла-лы-м-тца-хьа-з, (C3) и-ла-з-тца-хьа́-з / и-ла-зы-м-тца-хьа́-з; **Abs.** и-ла-тца-ны́ / и-ла-м-тца́-кəа) **1.** to sow**:** и-р-зы́-ла-тцо-м [poten.] *they cannot sow it/them.* Ка́ма а́-ҧш ла-л-тце́-ит. *Kama sowed maize.* Ка́ма а́-ҧш а-мх-а-ҿы́ и-ла-л-тцé-ит. *Kama sowed the field with maize. Кама засеяла поле кукурузой.* А-нха-цәá áдгьыл-қәа ла-р-тцó-ит. *The peasants sow the land. Крестьяне сеют на земле.* А-нха-цәá á-дгьыл-қәа-ҿы а-ԥш ла-р-тцó-ит. *The peasants sow corn in the soil. Крестьяне сеют кукурузу на земле.* А-нха-цәá á-ԥш р-ды́-р-ла-тце-ит. *They made the peasants sow corn. Они заставили крестьян засеять кукурузу.*

á-ла-тца-ра[3] [tr.] [C1-C2-Prev-C3-R / C1-C2-Prev-C3-Neg-R] [C3 drive C1 into C2; C3 stick C1 into C2] (**Fin.** [pres.] и-á/ры́-ла-с-тцо-ит / и-á/ры́-ла-с-тцо-м (-тца-ӡо-м), [aor.] и-á/ры́-ла-с-тце-ит / и-á/ры́-ла-сы-м-тце-ит (-тца-ӡе-ит), [imper.] и-á/ры́-ла-тца! / и-á/ры́-ла-бы-м-тца-н!, и-á/ры́-ла-шә-тца! / и-á/ры́-ла-шәы-м-тца-н!; **Non-fin.** [pres.] (C1) и-á-ла-л-тцо / и-á-ла-лы-м-тцо, (C3) и-á-ла-з-тцо / и-á-ла-зы-м-тцо, [aor.] (C1) и-á-ла-л-тца / и-á-ла-лы-м-тца, (C3) и-á-ла-з-тца / и-á-ла-зы-м-тца, [impf.] (C1) и-á-ла-л-тцо-з / и-á-ла-лы-м-тцо-з, (C3) и-á-ла-з-тцо-з / и-á-ла-зы-м-тцо-з, [past indef.] (C1) и-á-ла-л-тца-з / и-á-ла-лы-м-тца-з, (C3) и-á-ла-з-тца-з / и-á-ла-зы-м-тца-з; **Abs.** и-á-ла-тца-ны / и-á-ла-м-тца-кәа) **1.** to drive/hammer sth into (a board, etc.): Сарá а-ҕәы́ а-тцәы́мҕ á-ла-с-тце-ит. *I hammered the nail into the board. Я забил гвоздь в доску.* А-уастá а-ҕәы́ а-тцәы́мҕ á-ле-и-тце-ит. (AAD) *The carpenter hammered the nail into the board. Плотник забил гвоздь в доску.* А-уастá а-ҕә-қәá а-тцәы́мҕ-қәа ры́-ле-и-тце-ит. *The carpenter hammered the nails into the boards. Плотник забил гвозди в доски.* **2.** to stick in, to drive in; to stab, to prick. || **а-ԥсá á-ла-тца-ра** to stab with a bayonet: С-напы́ а-гәы́р á-ла-с-тце-ит. (ARD) *Я уколола себе руку иглой. I pricked my hand with a needle.*

латцарá [n.] May.

á-ла-тцәа-ра [intr.] [C1-C2-Prev-R / C1-C2-Prev-Neg-R] [C1 spread among C2] (**Fin.** [pres.] и-á-ла-тцәо-ит / и-á-ла-тцәо-м (-тцәа-ӡо-м), [aor.] и-á-ла-тцәе-ит / и-á-ла-м-тцәе-ит (-тцәа-ӡе-ит); **Non-fin.** [pres.] (C1) и-á-ла-тцәо / и-á-ла-м-тцәо, (C2) и-зы́-ла-тцәо / и-зы́-ла-м-тцәо; **Abs.** и-á-ла-тцәа-ны / и-á-ла-м-тцәа-кәа) **1.** to spread among.

á-лаҿе-ра* [intr.] (**Fin.** [aor.] [aor.] ды́-лаҿе-ит / ды́-м-лаҿе-ит, **Abs.** ды́-лаҿе-ны / ды́-м-лаҿе[ы́(?)]-кәа) **1.** to develop a chronic disease; to become chronic: А-чы́мазара ý-лаҿе-аанӡа и-у-хәшәтәы́-р-о-уп. (IC) *Болезнь надо вылечить, пока нет осложнений. You must treat the illness before it becomes chronic.*

á-лаша [adj.] (á-лаша-кәа, лашá-к) **1.** light: Ҳарá ҳ-уáда дý-уп, и-лашó-уп. *Our room is big and light.*

á-лаша-ра[1] [intr.] [C1-R / C1-Neg-R] [C1 shine] (**Fin.** [pres.] и-лашó-ит / и-лашó-м (-лаша-ӡó-м), [aor.] и-лашé-ит / и-м-лашé-ит (-лаша-ӡé-ит), [imper.] б-лашá! / бы-м-лашá-н!, шә-лашá! / шәы-м-лашá-н!; **Non-fin.** (C1) [pres.] и́-лашо / и́-м-лашо, [aor.] и́-лаша / и́-м-лаша, [impf.] и́-лашо-з / и́-м-лашо-з, [past indef.] и́-лаша-з / и́-м-лаша-з; **Abs.** и-лаша-ны́ / и-м-лашá-кәа) **1.** to shine: А-цәы́мза лашó-ит. *The candle is shining. Свеча светится.* А-мра кáххаа и-лашó-ит. *The sun is shining brightly. Солнце светит ярко.*

á-лашара[2] [n.] (лашáра-к) light: А-мра á-лашара ҳ-нá-ҭо-ит. *The sun gives us light.*

á-ла-шьҭ-ра [tr.] [C1-Prev-C3-R / C1-Prev-C3-Neg-R] [C3 lower/pour C1] (**Fin.** [pres.] и-ла-сы́-шьҭ-уе-ит / и-ла-сы́-шьҭ-уа-м (-шьҭ-ӡо-м), [aor.] и-ла-сы́-шьҭ-ит / и-ла-с-мы́-шьҭ-ит (-шьҭ-ӡе-ит), [imper.] и-ла-шьҭы́! / и-ла-б-мы́-шьҭы-н!, и-ла-шәы́-шьҭ! / и-ла-шә-мы́-шьҭы-н!; **Non-fin.** [pres.] (C1) и́-ла-лы-шьҭ-уа / и́-ла-л-мы-шьҭ-уа, (C3) и-ла-зы́-шьҭ-уа / и-ла-з-мы́-шьҭ-уа, [aor.] (C1) и́-ла-лы-шьҭ / и́-ла-л-мы-шьҭ, (C3) и-ла-зы́-шьҭ / и-ла-з-мы́-шьҭ, [impf.] (C1) и́-ла-лы-шьҭ-уа-з / и́-ла-л-мы-шьҭ-уа-з, (C3) и-ла-зы́-шьҭ-уа-з / и-ла-з-мы́-шьҭ-уа-з, [past indef.] (C1) и́-ла-лы-шьҭы-з / и́-ла-л-мы-шьҭы-з, (C3) и-ла-зы́-шьҭы-з / и-ла-з-мы́-шьҭы-з; **Abs.** и-ла-шьҭ-ны́ / и-ла-мы́-шьҭ-кәа) **1.** to lower: А-бирáҟ ла-сы́-шьҭ-ит. *I lowered the flag. Я спустил флаг.* А-хә ла-ры́-шьҭ-ит. *They cast anchor. Они опустили якорь.* **2.** to pour: А-ԥхáл á-ла а-ӡы́ ла-лы́-шьҭ-ит. *She poured water from the pitcher. Она налила воду из кувшина.*

а́-лашьца [adj.] (и́-лашьцо, лашьца́-к) dark: а́-тцх / а-тцы́х лашьца́ *dark night.* а-уа́да лашьца́ *the dark room.* [cf. **а́-лаша** 'light']

а́-лашьца-заа-ра [intr. stative] [C1-R] (**Fin.** [pres.] и-лашьцо́-уп / и-лашьца́-м) **1.** to be dark: А-уа́да ҭшәо́-уп, и-лашьцо́-уп. *The room is small and dark.* **2.** to be dark: макьа́на лашьцо́-уп. *it is still dark.*

а́-лашьцара[1] [n.] (лашьца́ра-к) darkness, the dark: А-тца́ра лаша́ро-уп, а-тца́радара лашьца́ро-уп. *Learning is light, not learning is darkness.*

а́-лашьца-ра[2] [intr.] [C1-R / C1-Neg-R] [C1 grow dark] (**Fin.** [pres.] и-лашьцо́-ит / и-лашьцо́-м (-лашьца-ӡо́-м), [aor.] и-лашьце́-ит / и-м-лашьце́-ит (-лашьца-ӡе́-ит); **Non-fin.** (C1) [pres.] и́-лашьцо / и́-м-лашьцо, [aor.] и́-лашьца / и́-м-лашьца, [impf.] и́-лашьцо-з / и́-м-лашьцо-з, [past indef.] и́-лашьца-з / и́-м-лашьца-з; **Abs.** и-лашьца-ны́ / и-м-лашьца́-кәа) **1.** to become dark: А-шәшьы́ хы́ла-н и-аа-лашьце́-ит. (AFL) *A (storm-)cloud appeared and it became dark. Туча появилась и потемнела.*

а́-лашьца-ха-ра* [intr.] [C1-dark-become] (**Fin.** [aor.] и-лашьца-хе́-ит / и-лашьца́-м-хе-ит, **Abs.** и-лашьца-ха-ны́ / и-лашьца́-м-ха-кәа) **1.** to become dark: А-уа́да лашьца-хе́-ит. *The room became dark.*

а́-лашә [adj.] (а́-лашә-цәа, лашәы́-к) **1.** blind: а-уаҩы́ лашә *a blind person, слепец.* **2.** dark.

а́-лашәра[1] [n.] **1.** blindness. **2.** darkness.

а́-ла-шәа-ра[2] [intr.] [C1-C2-Prev-R / C1-C2-Prev-Neg-R] [C1 fall into C2] (**Fin.** [pres.] д-а́-ла-шәо-ит / д-а́-ла-шәо-м, [aor.] д-а́-ла-шәе-ит / д-а́-ла-м-шәе-ит) **1.** to fall into: А-хәычы́ а-ӡы́ д-а́-ла-шәе-ит. (ARD) *Ребенок упал в воду. The child fell in the water.* Ҳ-ры́-ла-м-шәо-нда(з) а-гыгшәы́г! (ACST) *Would that we aren't going to fall among wild beasts!* || **и-цәа́ и-а́-ла-шәе-ит** he felt: Сара́ с-цәа и-а́-ла-шәе-ит абра́ залы́мдара-к шы́-ҟа-ла-з. *I felt that a misfortune had happened here. Я почувствовал, что здесь случилась беда.*

а́-ла-шәа-ра[3] [intr.] [C1-a-Prev-R] [C1 become pregnant] (**Fin.** [aor.] д-а́-ла-шәе-ит) **1.** to become pregnant: А-ҧҳәы́с д-а́-ла-шәе-ит. *The woman baecame pregnant.* Д-а́-ла-шәа-ны ды́-ҟо-уп. *She is pregnant.* И-ҧҳәы́с л-цәа а-хшаара д-а́-ла-шәе-ит. (ACST) *His wife fell pregnant.* А-ҧҳәы́зба л-ҭәы́мҭа д-аны́-н-ҭа-гыло-з а́амҭа-зы доуха́-ла хша́ра л-цәа д-а́-ла-шәе-ит. (AF) *At the time when the maiden was entering her fullness of age, she conceived a child by divine intervention.*

а́-лашә-ха-ра [intr.] [C1-blind-become] (**Fin.** [pres.] д-лашә-хо́-ит / д-лашә-хо́-м (-ха-ӡо́-м), [aor.] д-лашә-хе́-ит / д-лашәы́-м-хе-ит (-ха-ӡе-ит), [imper.] б-лашә-ха́! / б-лашәы́-м-ха-н!, шә-лашә-ха́! / шә-лашәы́-м-ха-н!; **Non-fin.** (C1) [pres.] и́-лашә-хо́ / и́-лашәы́-м-хо, [aor.] и́-лашә-ха / и́-лашәы́-м-ха, [impf.] и́-лашә-хо́-з / и́-лашәы́-м-хо-з, [past indef.] и́-лашә-ха́-з / и́-лашәы́-м-ха-з; **Abs.** д-лашә-ха-ны́ / д-лашәы́-м-ха-кәа) **1.** to go blind, to become blind.

а́-ла-ҩ-ра [intr.] [C1-C2(pl.)-Prev-R / C1-C2(pl.)-Prev-Neg-R] [C1 spread to C2] **Fin.** [pres.] и-ры́-ла-ҩ-уе-ит / и-ры́-ла-ҩ-уа-м (-ҩ-ӡо-м), [aor.] и-ры́-ла-ҩ-ит / и-ры́-ла-м-ҩ-ит (-ҩ-ӡе-ит); **Non-fin.** (C1) [pres.] и-ры́-ла-ҩ-уа / и-ры́-ла-м-ҩ-уа, [aor.] и-ры́-ла-ҩ / и-ры́-ла-м-ҩ, [impf.] и-ры́-ла-ҩ-уа-з / и-ры́-ла-м-ҩ-уа-з, [past indef.] и-ры́-ла-ҩы-з / и-ры́-ла-м-ҩы-з; **Abs.** и-ры́-ла-ҩ-ны / и-ры́-ла-м-ҩы-кәа) **1.** to disseminated, to spread.

лбаа́ [adv.] below.

а́-лбаа-га-ра [tr.] [C1-Prev-C3-R / C1-Prev-C3-Neg-R] [C3 let C1 down] (**Fin.** [pres.] и-лба́а-з/с-го-ит, ды-лба́а-з/с-го-ит / и-лба́а-з/с-го-м (-га-ӡо-м), [aor.] и-лба́а-с-ге-ит / и-лба́а-сы-м-ге-ит, [imper.] и-лба́а-г! / и-лба́а-бы-м-га-н!, и-лба́а-шә/жә-г! / и-лба́а-шәы-м-га-н!; **Non-fin.** [pres.] (C1) и-лба́а-л-го / и-лба́а-лы-м-го, (C3) и-лба́а-з-го / и-лба́а-зы-м-го, [aor.] (C1) и-лба́а-л-га / и-лба́а-лы-м-га, (C3) и-лба́а-з-га / и-лба́а-зы-м-га, [impf.] (C1) и-лба́а-л-го-з / и-лба́а-лы-м-го-з, (C3) и-лба́а-з-го-з / и-лба́а-зы-м-го-з, [past indef.] (C1)

Л

и-лба́а-л-га-з / и-лба́а-лы-м-га-з, (C3) и-лба́а-з-га-з / и-лба́а-зы-м-га-з; **Abs.** ды-лба́а-га-ны / ды-лба́а-м-га-кәа) **1.** to let down, to lower: А-хучы́ а-мардуа́н а-ҟы́нытә ды-лба́а-з-ге-ит. *I took the child down from the ladder. Я спустил ребенка с лестницы.*

а́-лбаа-да-ра [tr.] [C1-Prev-C3-R / C1-Prev-C3-Neg-R] [C3 swallow C1] (**Fin.** [pres.] и-лба́а-с-до-ит / и-лба́а-с-до-м, [aor.] и-лба́а-с-де-ит / и-лба́а-сы-м-де-ит, [imper.] и-лбаа-да́! / и-лба́а-бы-м-да-н!; **Non-fin.** [pres.] (C1) и-лба́а-с-до / и-лба́а-сы-м-до, (C3) и-лба́а-з-до / и-лба́а-зы-м-до; **Abs.** и-лба́а-да-ны / и-лба́а-м-да-кәа) **1.** to swallow: А-ӡа́ӡа цәыкәба́р-ҟәа лба́а-и-де-ит. *He swallowed dewdrops.*

а́-лбаа-кьа-ра [intr.] [C1-Prev-R] [C1 fall down] (**Fin.** [aor.] ды-лбаа-ҟье́-ит; **Abs.** и-лбаа-ҟьа-ны́) **1.** to go down rapidly, to go downstream. **2.** (*of a stream*) to flow down rapidly. **3.** to fall down: А-хра ды-лбаа-ҟье́-ит. *He/She fell from a crag. Он/Она сорвался/-лась со скалы.*

а́-лбаа-ҧа-ра [intr.] [C1-Prev-R / C1-Prev-Neg-R] [C1 jump down] (**Fin.** [pres.] ды-лба́а-ҧо-ит / ды-лба́а-ҧо-м, [aor.] ды-лба́а-ҧе-ит / ды-лба́а-м-ҧе-ит, [imper.] бы-лба́а-ҧа! / бы-лба́а-м-ҧа-н!; **Non-fin.** [pres.] (C1) и-лба́а-ҧо / и-лба́а-м-ҧо; **Abs.** ды-лба́а-ҧа-ны / ды-лба́а-м-ҧа-кәа) **1.** to jump down.

а́-лбаа-ҧш-ра [intr.] [C1-Prev-R / C1-Prev-Neg-R] [C1 look down] (**Fin.** [pres.] ды-лбаа-ҧш-уе́-ит / ды-лбаа-ҧш-уа́-м (-ҧш-ӡо́-м), [aor.] ды-лба́а-ҧш-и́т / ды-лба́а-м-ҧш-ит (-ҧш-ӡе-ит), [imper.] бы-лба́а-ҧш! / бы-лба́а-м-ҧшы-н!, шәы-лба́а-ҧш! /шәы-лба́а-м-ҧшы-н!; **Non-fin.** (C1) [pres.] и́-лба́а-ҧш-уа / и́-лба́а-м-ҧш-уа, [aor.] и́-лба́а-ҧш / и́-лба́а-м-ҧш, [impf.] и́-лбаа-ҧш-уа-з / и́-лбаа-м-ҧш-уа-з, [past indef.] и́-лбаа-ҧшы-з / и́-лбаа-м-ҧшы-з; **Abs.** ды-лбаа-ҧш-ны́ / ды-лбаа-м-ҧшы́-кәа) **1.** to look down from a height.

а́-л-баа-ра [intr.] [C1-Prev-R / C1-Prev-Neg-R] [C1 come down] (**Fin.** [pres.] ды-л-баа-уе́-ит / ды-л-баа-уа́-м, [aor.] ды-л-баа́-ит / д-лы-м-баа́-ит, [imper.] бы-л-баа́! / б-лы-м-баа́-н!, шәы-л-баа́! / шә-лы-м-баа́-н!; **Non-fin.** (C1) [pres.] и́-л-баа-уа / и-лы́-м-баа-уа, [aor.] и́-л-баа / и-лы́-м-баа, [impf.] и́-л-баа-уа-з / и-лы́-м-баа-уа-з, [past indef.] и́-л-баа-з / и-лы́-м-баа-з; **Abs.** ды-л-баа-ны́ / д-лы-м-ба́а-кәа) **1.** to descend (from), to descend, to come down; to get down, to go down: Ҭага́лан а́-рахә а́-шьха-нтә и-л-баа-уе́-ит. (AFL) *In fall the cattle come down the mountain. Осенью скот спускается с горы.* А-мардуа́н а́-ла тҟаҟа́ ды-л-ба́а-ит. (RAD) *Он/Она спустился/-лась вниз по лестнице. He/She climbed down the ladder.* А-дгьыл ахь у-л-баа-ны́, ны́шә-напы-к с-з-аа-га́! (AF) *Descend to Earth and fetch me a handful of soil!*

а́-лбаарҭа [n.] (а́-лбаарҭа-кәа) a descent place.

а́-лбаа-шьҭ-ра [tr.] [C1-Prev-C3-R / C1-Prev-C3-Neg-R] [C3 let down C1] (**Fin.** [pres.] и-лба́а-сы-шьҭ-уе-ит / и-лба́а-сы-шьҭ-уа-м, [aor.] и-лба́а-сы-шьҭ-ит / и-лба́а-сы-м-шьҭ-ит, [imper.] и-лба́а-шьҭ! / и-лба́а-бы-шьҭы-н!; **Non-fin.** [pres.] (C1) и-лба́а-сы-шьҭ-уа *or* и-лбаа-сы́-шьҭ-уа / и-лба́а-сы-м-шьҭ-уа, (C3) ды-лбаа-зы́-шьҭ-уа / ды-лбаа-з-мы́-шьҭ-уа; **Abs.** и-лба́а-шьҭ-ны / и-лба́а-м-шьҭ-кәа) **1.** to let down, to lower: А-нцәа́ даҽаӡы ды-лбаа-и́-шьҭ-ит А-дгьыл ахь. (AF) *God sent another down to the Earth.*

а́-лгамҭа [n.] (-кәа) **1.** an end; a finish. **2.** the end: абри́ а́-шықәс а́-лгамҭа-нӡа *before the end of this year.*

а́-л-га-ра[1] [intr.] [C1-C2-Prev-R / C1-C2-Prev-Neg-R] [C1 finish C2(it/them)] (**Fin.** [pres.] с-а́/ры́-л-го-ит / с-а́/ры́-л-го-м, [aor.] с-а́/ры́-л-ге-ит, д-а́/ры́-л-го-ит / с-а́/ры́-лы-м-ге-ит, [imper.] б-а́-л-га! / б-а́-лы-м-га-н!; [caus.] с-а́-л-ды-р-ге-ит / с-а́-л-д-мы-р-ге-ит; [poten.] с-з-а́-л-го-м, с-з-а́-лы-м-ге-ит; [nonvol] с-а́мха-[а]-л-ге́-ит / с-а́мха-[а]-лы-м-ге́-ит; [vers.1]**; [vers.2] сы-л-цә-а́-л-ге-ит / сы-л-цә-а́-лы-м-ге-ит; **Non-fin.** [pres.] (C1) и-а́-л-го (*тот, который кончает его(нрз.)/их*) / и-а́-лы-м-го, (C2) д-зы-л-го́ (*то, которое он/она кончает*) / ды-з-лы́-м-го, [aor.] и-а́-л-га / и-а́-лы-м-га, (C2) д-зы-л-га́ / ды-з-лы́-м-га, [impf.] и-á-л-го-з / и-á-лы-м-го-з, (C2) д-зы-л-гó-з / ды-з-лы́-м-го-з, [past indef.] и-á-л-га-з / и-á-лы-м-га-з, (C2) д-зы-л-гá-з / ды-з-лы́-м-га-з; **Abs.** д-á-л-га-ны / д-á-лы-м-га-кәа) **1.** to finish, to end**:** А-кинó á-л-ге-ит. *The film ended.* А-пҕхьара áхәлбыҽха асáаҭ 6-р-зы́ и-á-л-го-ит. (RAD) *The studies finish at six o'clock in the evening. Занятия заканчиваются в 6 часов вечера.* **2.** X finish Y (Y = Masdar or Past Abs.)**:** а-ҩ-рá á-л-гара *to finish writing.* А-саáҭ 2 (ҩба) р-зы́ ҳ-тца-рá ҳ-á-л-го-ит. *We finish the class at two o'clock.* Сарá а-шәҟәы́ ҩ-ны (/а-ҩ-рá) с-á-л-ге-ит. *I finished writing the letter.* Ацәы́ргақәтца ба-ны́ с-ан-á-л-га áшьҭахь, сарá с-цé-ит Аҧсуа ҳәынҭқáрратә музéи áхь. (AFL) *After I had finished seeing the exhibition, I went to the Abkhazian State Museum. После того, как я кончил смотреть выставку, я поехал в Абхазский государственный музей.* **3.** X finish Y (Y = noun)**:** Сарá с-ýс-қәа зегьы́ с-ры́-л-ге-ит. *I finished all my jobs.* Аста́нда сынтәаá а-университéт д-á-л-ге-ит. *Astanda graduated from university this year.* Аста́нда а-шкóл-и а-университéт-и д-ры́-л-ге-ит. *Astanda finished school and university.* Батáл сынтәаá а-бжьáратә шкóл д-á-л-го-ит. (AFL) *Batal will finish middle school this year. Батал закончит среднюю школу в этом году.* Кáма Цьгьáрда-тәи а-бжьáратә шкóл д-ан-á-л-га, д-ҭа-лé-ит Аҧсны́тәи аҳәынҭқáрратә инсти́тут. (AFL) *When Kama had finished junior high school in Dzhgjarda, she entered the Abkhazian State Institute. Когда Кама закончила среднюю школу в Дзигьарде, она поступила в Абхазский государственный институт.*

á-л-га-ра[2] [intr.] [C1-C2-Prev-R / C1-C2-Prev-Neg-R] [C1 reach the age of C2] (**Fin.** [pres.] д-ры́-л-го-ит / д-ры́-л-го-м, [aor.] д-ры́-л-ге-ит / д-ры́-лы-м-ге-ит, [imper.] б-ры́-л-га! / б-ры́-лы-м-га-н!; **Non-fin.** [pres.] (C1) и-ры́-л-го / и-ры́-лы-м-го, (C2) д-зы-л-гó / ды-з-лы́-м-го; **Abs.** д-ры́-л-га-ны / д-ры́-лы-м-га-кәа) **1.** [about the passage of time] to be**:** А-чкәын жәá-шықәса д-ры́-л-ге-ит. *The boy is ten years old. Мальчику исполнилось 10 лет.* [cf. **а-хы́тц-ра**]

á-л-га-ра[3] [tr.] [C1-(C2)-Prev-C3-R / C1-(C2)-Prev-C3-Neg-R] [C3 take C1 out of C2] (**Fin.** [pres.] и́-лы-р-го-ит / и́-лы-р-го-м, [aor.] и́-лы-р-ге-ит / и́-л-ры-м-ге-ит, [imper.] и́-л-га! / и́-л-бы-м-га-н!; **Non-fin.** [pres.] (C1) и́-лы-р-го / и́-л-ры-м-го, (C1) и́-лы-з-го / и́-л-зы-м-го; **Abs.** и́-л-га-ны / и́-лы-м-га-кәа) **1.** to remove, to take out; to bring/lead from somewhere**:** А-қыд-қәá á-бна и́-лы-р-ге-ит. (ARD) *Они вывезли бревна из леса. They took logs out of the forest.* А-қыд-қәá á-бна-қәа и-ры́-лы-р-ге-ит. *They took logs out of the forests. Они вывезли бревна из лесов.*

Л

á-л-да-ра* [tr.] [C1-C2-Prev-C3-R / C1-C2-Prev-C3-Neg-R] (**Fin.** [aor.] и-á-л-и-де-ит / и-á-л-и-м-де-ит, [imper.] и-á-л-да! / и-á-л-бы-м-да-н!, **Abs.** и-á-л-да-ны / и-á-л-бы-м-да-кәа) **1.** (*of lines*) to draw**:** а-цәаҳәá зы-л-дó-у а-тетрáд *a ruled/lined notebook, тетрадь в линейку.*

а-лé-и-ра [intr.] [C1-Prev+R / C1-Neg-Prev+R] [C1 fall] (**Fin.** [pres.] д-лé-и-уе-ит / д-лé-и-уа-м, [aor.] д-лé-и-т (< д-лé-и-ит) / ды-м-лé-и-т, [imper.] б-лé-и! / бы-м-лé-и-н!; **Non-fin.** (C1) [pres.] и-лé-и-уа / и-м-лé-и-уа, [aor.] и-лé-и / и-м-лé-и, [impf.] и-лé-и-уа-з / и-м-лé-и-уа-з, [past indef.] и-лé-и-з / и-м-лé-и-з; **Abs.** д-лé-и-ны / ды-м-лé-и-кәа) **1.** to pour, to flow**:** А-сы́рӡ ле-и-т. *The slush flowed away.* (ANR) А-крáн áхьтә а-ӡы́ лé-и-уе-ит. *Water is flowing from a faucet. Вода льет из крана.* А-лаҕырӡ-қәа лé-и-уе-ит. *Tears flow. Слезы льются.* **2.** (= **а-уé-ит**) (*of rain, snow*) to fall; (*of rain*) to pour**:** а-сы́ лé-и-уе-ит (= а-сы́ а-уé-ит) *it is snowing, снег идет.* Иацы́ а-қәá лé-и-уа-н. *Yesterday it rained.* Ақуабáа-сабаá лé-и-уе-ит. *A wet snow is falling.* Иахá иахьабалáк а-қәá ле-ит. (ARD) *Вчера ночью везде пошел дождь. Last night rain came down everywhere.*

(-)лéит *see* **а-лé-и-ра**

а-лéишәа [n.] conduct, behaviour**:** а-лéишәа бзи́а *good behavior, хорошее поведение.*

а-леиҩéи-ра [intr.] [C1-R / C1-Neg-R] [C1 take a walk] (**Fin.** [pres.] д-леиҩéи-уе-ит / д-леиҩе́и-уа-м (-ӡо-м), [aor.] д-леиҩе́и-ит / ды-м-леиҩе́и-ит (-ӡе-ит), [imper.] б-леиҩе́и! / бы-м-леиҩе́и-н!, шә-леиҩе́и! / шәы-м-леиҩе́и-н!; **Non-fin.** (C1) [pres.] и́-леиҩе́и-уа / и́-м-леиҩе́и-уа, [aor.] и́-леиҩе́и / и́-м-леиҩе́и, [impf.] и́-леиҩе́и-уа-з / и́-м-леиҩе́и-уа-з, [past indef.] и́-леиҩе́и-з / и́-м-леиҩе́и-з; **Abs.** д-леиҩе́и-ны / ды-м-леиҩе́и-кәа) **1.** to take a walk**:** Шьыжьла́ с-леиҩе́и-уе-ит. *I take a walk in the mornings. По утрам я гуляю.*

а-ле́ҟтор [n.] (-цәа) a lecturer.

а-ле́ҟциа [n.] (-ҟәа) a lecture**:** а-ле́ҟциа д-а́-ҧхьа-ит *to deliver a lecture, to lecture.* а-ле́кциа-хь д-ны́ҟәо-ит *he attends a lecture.*

а-ле́мса [n.] (а-ле́мсаа) (= **а-герман-уаҩ(ы)**) a German.

Али [n.] (m.) [person's name]

а́-л-иаа-ра [intr.] [C1-(C2)-Prev-R / C1-(C2)-Prev-Neg-R] [C1 grow in; C1 grow up in C2] (**Fin.** [pres.] и́-л-иаа-уе-ит / и́-л-иаа-уа-м, [aor.] и́-л-иаа-ит / и́-лы-м-иаа-ит, [imper.] у́-л-иаа! / у́-лы-м-иаа-н!; **Non-fin.** [pres.] (C1) и́-л-иаа-уа / и́-лы-м-иаа-уа; **Abs.** и́-л-иаа-ны / и́-лы-м-иаа-кәа) **1.** to grow (up) somewhere, to grow (up) among sb**:** Уи́ ха́-жәлантә-ҟәа д-ры́-л-иаа-ит. (ARD) *Он вырос среди наших однофамильцев. He grew up among our namesakes.*

Алиа́с [n.] (m.) [person's name]

а-лимо́н [n.] (-ҟәа) a lemon. лимон.

а-лимона́д [n.] (-ҟәа) lemonade. лимонад.

а-литерату́ра [n.] (-ҟәа) literature. литература**:** а́ҧсуа литерату́ра *Abkhazian literature.*

а-литерату́ратә [adj.] literary**:** а-литерату́ратә бызшәа-ҟәа́ *literary languages.*

а-ли́тр [n.] (ли́тра-к) liter/litre**:** ли́тра-к а-хш *a liter of milk, литр молока.* хә=литра-к а-ҩы́ *five liters of wine.* ли́трабжа-к а-хш *a half-litre of milk.*

а-ли́фт [n.] (-ҟәа) a lift, an elevator.

а-лка́а [n.] (-ҟәа) conclusion**:** А-интере́с з-тцо́-у а-лка́а-ҟәа ҟа-и-тце́-ит. *He drew the interesting conclusions.*

а́-л-каа-ра [tr.] [C1-C2-Prev-C3-R / C1-C2-Prev-C3-Neg-R] [C3 pick out C1 from C2] (**Fin.** [pres.] и-а́-лы-с-каа-уе-ит, д-ры́-л-у-каа-уе-ит / и-а́-лы-с-каа-уа-м (-каа-ӡо-м), [aor.] и-а́-лы-с-каа-ит, и-а́-л-аҳ-каа-ит / и-а́-л-сы-м-каа-ит (-каа-ӡе-ит), и-а́-л-ҳа-м-каа-ит (-каа-ӡе-ит), [imper.] и-а́-л-каа! / и-а́-л-бы-м-каа-н!, и-а́-л-шә-каа! / и-а́-л-шәы-м-каа-н!; **Non-fin.** [pres.] (C1) и-а́-лы-с-каа-уа / и-а́-л-сы-м-каа-уа, (C3) и-а́-лы-з-каа-уа / и-а́-л-зы-м-каа-уа, [aor.] (C1) и-а́-лы-с-каа / и-а́-л-сы-м-каа, (C3) и-а́-лы-з-каа / и-а́-л-зы-м-каа, [impf.] (C1) и-а́-лы-с-каа-уа-з / и-а́-л-сы-м-каа-уа-з, (C3) и-а́-лы-з-каа-уа-з / и-а́-л-зы-м-каа-уа-з, [past indef.] (C1) и-а́-лы-с-каа-з / и-а́-л-сы-м-каа-з, (C3) и-а́-лы-з-каа-з / и-а́-л-зы-м-каа-з; **Abs.** и-а́-л-каа-ны / и-а́-лы-м-каа-кәа) **1.** to pick out sb (*among all the people/from sb*), to single out**:** Шәы-студе́нт-цәа зегьы́ абри́ а́-чкәын д-ры́-л-с-каа-ит. (ARD) *Среди всех ваших студентов я выделил вот этого парня. I picked out this child among all your students.* **2.** to distinguish sb in the darkness**:** А-лашьцара еергъҳәа́ д-а́-лы-с-каа-ит. (ARD) *Я его/ее в темноте еле различил. I barely distinguished him/her in the darkness.*

а́-лкааратә [adj.] distinctive**:** а́-лкааратә ҷы́дара-ҟәа *distinguishing features.*

а́-л-кьа-ра[1]* [intr.] [C1-C2-Prev-R / C1-C2-Prev-Neg-R] [C1 fall from C2] (**Fin.** [aor.] д-а́-л-ҟье-ит / д-а́-лы-м-ҟье-ит; **Abs.** д-а́-л-ҟьа-ны / д-а́-лы-м-ҟьа-кәа) **1.** (= **а-ҿ-кьа-ра́**) to fall from sth**:** А-тҵла д-а́-л-ҟье-ит. *He/She fell from the tree. Он/Она упал/-ла с дерева.*

а́-л-кьа-ра[2]* [intr.] [C1-(C2)-Prev-R / C1-(C2)-Prev-Neg-R] [C1 shoot out of C2] (**Fin.** [aor.] и́-л-ҟье-ит / и́-лы-м-ҟье-ит, д-ры́-л-ҟье-ит / д-ры́-лы-м-ҟье-ит, [imper.] бы́-л-ҟьа! / бы́-лы-м-ҟьа-н!, **Abs.** ды́-л-ҟьа-ны / ды́-лы-м-ҟьа-кәа) **1.** to shoot out of sth**:** А-жьа́ а́-бна и́-л-ҟье-ит. (ARD) *Заяц выскочил из леса. A hare shot out of the forest.*

а́-ллазаа-ра [n.] composition, make-up, be(ing) among one another.

алла́ҳ [n.] Allah.
Алма [n.] (m.) [person's name]
а́лмас [n.] (-кәа) diamond.
Алмасха́н [n.] (m.) [person's name]
а́-лԥха [n.] favor, grace: А-нцәа́ и́-лԥха у-бу-аaит! *God bless you!*
а́-л-ԥха-ра [intr.] [C1-C2-Prev-R / C1-C2-Prev-Neg-R] [C1 shine through C2] (**Fin.** [pres.] и-а́-л-ԥхо-ит / и-а́-л-ԥхо-м (-ԥха-ӡо-м), [aor.] и-а́-л-ԥхе-ит / и-а́-лы-м-ԥхе-ит (-ԥха-ӡе-ит); **Non-fin.** (C1) [pres.] и-а́-л-ԥхо / и-а́-лы-м-ԥхо, [aor.] и-а́-л-ԥха / и-а́-лы-м-ԥха, [impf.] и-а́-л-ԥхо-з / и-а́-лы-м-ԥхо-з, [past indef.] и-а́-л-ԥха-з / и-а́-лы-м-ԥха-з; **Abs.** и-а́-л-ԥха-ны / и-а́-лы-м-ԥха-кәа) **1.** to shine, to be translucent.
а́лԥхынрак [adv.] all summer long.
а́-л-ԥшаа-ра [tr.] [C1-a-Prev-C3-S / C1-a-Prev-C3-Neg-S] [C3 select C1] (**Fin.** [pres.] д-а́-л-сы-ԥшаа-уе-ит / д-а́-л-сы-ԥшаа-уа-м, [aor.] д-а́-л-сы-ԥшаа-ит / д-а́-л-сы-м-ԥшаа-ит, [imper.] д-а́-л-ԥшаа! / д-а́-л-бы-м-ԥшаа-н!; **Non-fin.** [pres.] (C1) и-а́-л-сы-ԥшаа-уа / и-а́-л-сы-м-ԥшаа-уа, (C3) д-а́-л-зы-ԥшаа-уа / д-а́-л-зы-м-ԥшаа-уа; **Abs.** д-а́-л-ԥшаа-ны / д-а́-лы-м-ԥшаа-кәа) **1.** to select, to choose.
а́-лра [n.] alder-plantation.
а́-л-с-ра [intr.] [C1-C2-Prev-R / C1-C2-Prev-Neg-R] [C1 pass through C2] (**Fin.** [pres.] д-а́-л-с-уе-ит / д-а́-л-с-уа-м, [aor.] д-а́-л-с-ит / д-а́-лы-м-с-ит, [imper.] б-а́-л-с! / б-а́-лы-м-сы-н!; **Non-fin.** [pres.] (C1) и-а́-л-с-уа / и-а́-лы-м-с-уа, (C2) д-зы-л-с-уа́ / ды-з-лы́-м-с-уа, [aor.] (C1) и-а́-л-с / и-а́-лы-м-с, (C2) д-зы́-л-с / ды-з-лы́-м-с, [impf.] (C1) и-а́-л-с-уа-з / и-а́-лы-м-с-уа-з, (C2) д-зы-л-с-уа́-з / ды-з-лы́-м-с-уа-з, [past indef.] (C1) и-а́-л-сы-з / и-а́-лы-м-сы-з, (C2) д-зы-л-сы́-з / ды-з-лы́-м-сы-з; **Abs.** и-а́-л-с-ны / и-а́-лы-м-сы-кәа) **1.** to move through; to pass through: А-калакь а-гәҭа́ д-а́-л-с-ит. *He/She passed through the center of the city. Он/Она проехал/-ла через центр города.* А-бна д-а́-л-с-ит. *He/She passed through the woods. Он/Она прошел/-шла через лес.* А-бна-қәа д-ры́-л-с-ит. *He/She passed through the woods. Он/Она прошел/-шла через леса.* [*а-ҩны́ д-а́-л-с-ит] || **а-гәы́ а́-л-с-ра** **1.** to sympathize with; to regret. **2.** to take offense: С-гәы́ и-а́-л-с-ит. *I was saddened. Я опечалился.* Шә-гәы́ и-а́-лы-м-сы-н! *Don't take offense! Не обижайтесь!*
а́-лу [n.] (а́-лу-қәа, сы́-лу, лу́-к) a (hand) mill; a quern; a millstone.
Алха́с [n.] (m.) [person's name]
а́-л-х-ра[1] [tr.] [C1-C2-Prev-C3-R / C1-C2-Prev-C3-Neg-R] [C3 choose C1 from C2] (**Fin.** [pres.] и-а́-лы-с-х-уе-ит / и-а́-лы-с-х-уа-м, [aor.] и-а́-лы-с-х-ит / и-а́-л-сы-м-х-ит, [imper.] и-а́-л-х! / и-а́-л-б-м-хы-н!, и-а́-лы-шә-х! / и-а́-л-шә-м-хы-н!; **Non-fin.** [pres.] (C1) и-а́-лы-с-х-уа / и-а́-л-сы-м-х-уа, (C3) и-а́-лы-з-х-уа / и-а́-л-зы-м-х-уа, [aor.] (C1) и-а́-лы-с-х / и-а́-л-сы-м-х, (C3) и-а́-лы-з-х / и-а́-л-зы-м-х, [impf.] (C1) и-а́-лы-с-х-уа-з / и-а́-л-сы-м-х-уа-з, (C3) и-а́-лы-з-х-уа-з / и-а́-л-зы-м-х-уа-з, [past indef.] (C1) и-а́-лы-с-хы-з / и-а́-л-сы-м-хы-з, (C3) и-а́-лы-з-хы-з / и-а́-л-зы-м-хы-з; **Abs.** и-а́-л-х-ны / и-а́-лы-м-хы-кәа) **1.** to choose; to select: д-а́-лы-р-хы-п *they will chosen him/her.* Урҭ еиҳаб-цәа́-с и-а́-л-ах-хы-ит. *We chose them as the leaders. Мы выбрали их руководителями.* Уи́ еиҳабы́-с д-а́-л-ах-хы-ит. *We chose him as the leader.* а́изара а-прези́диум а́лхра *to choose the presidium of the assembly, избрать президиум собрания.* Аӡә д-аа-ры́-л-х-ны д-а́-ма с-це-ит. *Having selected one from among them, I went off with him/her.* Шәара́ и-ахьы́-шә-ҭах-у а́-дгьыл-гьы а́-лы-шә-х! (AF) *Choose the place where you wish!* **2.** to produce: Ҭара́шь да́ара бзи́а и-бо́-ит и-анду́ и́-л-х-уа (< и-л-л-х-уа) а-пырпылцьы́ка. (ANR) *Tarash loves very much the pepper-adzhk'a which his grandmother produces.*
а́-л-х-ра[2] [tr.] [C1-C2-Prev-C3-R / C1-C2-Prev-C3-Neg-R] [C3 pull C1 out of C2] (**Fin.** [pres.] и-а́-лы-с-х-уе-ит / и-а́-лы-с-х-уа-м, [aor.] и-а́-лы-с-х-ит / и-а́-л-сы-м-х-ит, [imper.] и-а́-л-

Л

х! / и-а́-л-бы-м-хы-н!, и-а́-лы-шә-х! / и-а́-л-шәы-м-хы-н!; **Non-fin.** [pres.] (C1) и-а́-лы-с-х-уа / и-а́-л-сы-м-х-уа, (C2) и-з-лы́-с-х-уа / и-з-лы́-сы-м-х-уа, (C3) и-а́-лы-з-х-уа / и-а́-л-зы-м-х-уа; **Abs.** и-а́-л-х-ны / и-а́-лы-м-хы-кәа) **1.** to pull out: а-тцәы́мыҕ а́-лхра *to pull out a nail, рвать гвоздь.* С-ху́ц-куа ҩба аа-сы́-л-х-ны и-га́. (Ab.Text) *Pluck out two of my hairs and take them with you.* **2.** to derive sth from: Уи а-ны́шә-нап а́-уаҩ и-са́хьа а́-л-и-хы-рц и-ҭахы́-н. (AF) *He wanted to fashion the shape of man from that handful of soil.* || И-ҧсҭа́заара д-а́-лы-р-х-ит. *They killed him.* || **а́-лаф и́-лы-р-х-уе-ит** they are making fun of him.

а́-л-х-ра[3]* [tr.] [C1-C2-Prev-C3-R] [C3 collect C1 from C2] (**Fin.** [aor.] и́-лы-р-х-ит / и́-л-ры-м-х-ит, [imper.] и́-л-х! / и́-л-бы-м-хы-н!, и́-л(ы)-шә-х! / и́-л-шәы-м-хы-н!, **Abs.** и́-л-х-ны / и́-лы-м-х-кәа) **1.** (*of tax, debt, etc.*) to collect: а-шәа́хтә ы́-лы-р-х-ит *они собрали налог, they collected a tax.* а-уа́л ҳа́-лы-р-х-ит *they collected the debt from us.*

а́-лхратә [adj.] electoral.

а́-л-ҳәҳәа-ра [intr.] [C1-C2-Prev-R] [C1 sticks out of C2; C1 be taller than C2] (**Fin.** [pres.] и-а́-л-ҳәҳәо-ит; **Non-fin.** [impf.] (C1) и-а́-л-ҳәҳәо-з) **1.** to stick out of, to stick up from, protrude from sth in sth: А-ҕәы́ а-тцәы́мҕ а́-л-ҳәҳәо-ит. (ARD) *Гвоздь торчит в доске. The nail sticks out from the board.* А-ӡы́ хахә ду-к а́-л-ҳәҳәо-ит. (ARD) *Из воды какой-то большой камень торчит. A big stone sticks out from the water.* А-хы́лҧа еиҧш, дгьы́л-к а-мшы́н и-ш-а́-лы-ҳәҳәо-з и-бе́-ит. (AF) *He saw a stretch of land protruding out of the sea like a hat.* **2.** to be taller than others in stature: И-кәла-цәа зегьы́ д-ры́-л-ҳәҳәо-ит (/д-ры́-л-ҳәҳәо ды́-ҟо-уп). *He is taller than all the people of the same age. Он выше всех своих сверстников.* **3.** to stand out from others for one's knowledge: Ды́рра-ла л-а́шьцәа зегьы́ д-ры́-л-ҳәҳәо-ит. *She stands out among all her brothers for her knowledge. Она выделяется среди всех братьев своим знанием.*

а́-л-ца-ра [tr.] [C1-C2-Prev-C3-R / C1-C2-Prev-C3-Neg-R] [C3 drive C1 out C2] (**Fin.** [pres.] д-а́-л-с-цо-ит / д-а́-л-с-цо-м, [aor.] д-а́-л-с-це-ит (я выгнал его/ее) / д-а́-л-сы-м-це-ит, [imper.] д-а́-л-ца! / д-а́-л-бы-м-ца-н!; **Non-fin.** [pres.] (C1) и-а́-л-с-цо / и-а́-л-сы-м-цо, (C2) д-зы-л-с-цо́ / д-зы-л-сы-м-цо́, (C3) д-а́-л-з-цо / д-а́-л-зы-м-цо; **Abs.** д-а́-л-ца-ны / д-а́-лы-м-ца-кәа) **1.** to drive out: Аҕа́ и́-р а-қы́ҭа и-а́-лы-р-це-ит (*or* и-а-хы́-р-це-ит). *They drove the enemy troops from the village.*

а́-лтцра[1] [n.] (а́-лтцра-қәа) выступ, a projection.

а́-л-тц-ра[2] [intr.] **(1)** [C1-C2-Prev-R / C1-C2-Prev-Neg-R] [C1 go out of C2] (**Fin.** [pres.] д-а́-л-тц-уе-ит / д-а́-л-тц-уа-м, [aor.] д-а́-л-тц-ит, / д-а́-лы-м-тц-ит, [imper.] б-а-л-тц! / б-а́-лы-м-тцы-н!; [poten.] с-з-а́-л-тц-уа-м, с-з-а́-лы-м-тц-ит; [nonvol] с-а́мха-[а]-л-тц-ит / с-а́мха-[а]-лы-м-тц-ит; [vers.1] сы-л-з-а́-л-тц-ит / сы-л-з-а́-лы-м-тц-ит; [vers.2] сы-л-цә-а́-л-тц-ит / сы-л-цә-а́-лы-м-тц-ит; **Non-fin.** [pres.] (C1) и-а́-л-тц-уа (*тот, который выходит из него(нрз.)*) / и-а́-лы-м-тц-уа, (C2) д-зы́-л-тц-уа (*то, из которого он/она выходит*) / ды-з-лы́-м-тц-уа, [aor.] (C1) и-а́-л-тц / и-а́-лы-м-тц, (C2) д-зы́-л-тц / ды-з-лы́-м-тц, [impf.] (C1) и-а́-л-тц-уа-з / и-а́-лы-м-тц-уа-з, (C2) д-зы́-л-тц-уа-з / ды-з-лы́-м-тц-уа-з, [past indef.] (C1) и-а́-л-тцы-з / и-а́-лы-м-тцы-з, (C2) д-зы́-л-тцы-з / ды-з-лы́-м-тцы-з; **Abs.** д-а́-л-тц-ны / д-а́-лы-м-тцы-кәа) **1.** to get out, to go out; to leave: А-па́ртиа с-а́-л-тц-ит. *I left the party. Я вышел из партии.* Сара́ с-абду́ и-ҧсҭа́заара д-а́-л-тц-хье-ит. (AFL) *My grandfather has already died. Мой дедушка уже умер.* Ари́ а-қы́ҭа б-а-л-тц! *Abandan this village!* Ани́ а-ҳәы́ҳә и-а́-л-тцы-з а́-рҧызба д-л-а́-зтцаа-ит. (Ab.Text) *The young man who had come out of the dove asked her.* || **а́-цәа с-а́-л-тц-ит**. I woke up. **2.** to come out from: Сара́ с-хаҭа́ а-қы́ҭа с-а́-л-тц-ит. (AFL) *I myself came out from the village. Я сам выходец из деревни.* **(2)** [C1-C2-Prev-R / C1-C2-Prev-Neg-R] [C1 be divorced from C2] (**Fin.** [aor.] с-лы́-л-тц-ит, д-сы́-л-тц-ит / д-сы́-лы-м-тц-ит (-тц-ӡе-ит), [imper.] б-сы́-л-тц! / б-сы́-лы-м-тцы-н!, шә-сы́-л-тц! / шә-сы́-лы-м-тцы-н!) **1.** to be divorced: с-лы́-лтц-ит *I am divorced from her, я разошелся с ней.*

Алтцы́кә [n.] (m.) [person's name]
а-лша́ра [n.] (-қәа, лы-лша́ра) possibility; achievement.
а́-л-ша-ра [intr. inverse] [C1-C2-Prev-R / C1-C2-Prev-Neg-R] [C2 can + C1(masdar)] (**Fin.** [pres.] и-сы́-л-шо-ит, и-ха́-л-шо-ит / и-сы́-л-шо-м (-л-ша-ӡо-м), [aor.] и-сы́-л-ше-ит / и-сы́-лы-м-ше-ит, [imper.] и-бы́-л-ша! / и-бы́-лы-м-ша-н!, и-шәы́-л-ша!; **Non-fin.** [pres.] (C1) и-сы́-л-шо / и-сы́-лы-м-шо, (C2) и-зы-л-шо́ / и-з-лы́-м-шо, [aor.] (C1) и-сы́-л-ша / и-сы́-лы-м-ша, (C2) и-зы-л-ша́ / и-з-лы́-м-ша, [impf.] (C1) и-сы́-л-шо-з / и-сы́-лы-м-шо-з, (C2) и-зы-л-шо́-з / и-з-лы́-м-шо-з, [past indef.] (C1) и-сы́-л-ша-з / и-сы́-лы-м-ша-з, (C2) и-зы-л-ша́-з / и-з-лы́-м-ша-з; **Abs.** и-сы́-л-ша-ны / и-сы́-лы-м-ша-кәа) **1a.** [**Affirmative**] ("with the masdar of the verb whose action is possible." [Hewitt. Abkhaz:194]) to know how; can, to be able to: А-ца-ра́ сы́-л-шо-ит. *I can go.* Уи́ сара́ с-а́хь аа-ра́ и́-л-ша-р-у? *Can he drop in on me? Может ли он зайти ко мне?* Уи́ ари́ а-у́с а́-ҟаца-ра и́-л-шо-ит. *He can do this job. Он может сделать эту работу.* Аҟәа-ҟа а-ца-ра́ сы́-л-ша-р, сы-ҩы́з-цәа з-бо́-ит. *If I can go to Sukhum, I'll see my friends.* **1b.** [**Negative**] А-ҟа-тца-ра сы́-л-шо-м. *I cannot do it.* (*e.g. because I am very busy/because I have a cold today.*) [cf. и-сы-зы́-ҟа-тцо-м, (poten.) *I cannot do it. (e.g. because I don't want to do it)*]. а́-ҧхьа-ра сы́-л-шо-м (= а́-ҧхьа-ра сы-з-ды́р-ӡо-м.) *I don't know how to read.* [cf. с-з-а́-ҧхьо-м (poten.) *I cannot read it.*] Уи́ и́-мала а-мҿы́ а-хәа́рхьра и́-л-шо-м. (*or* и-з-хәа́рхь-уа-м). *He will not be able to saw up the firewood himself. Он не сможет сам распилить дрова.* **2.** can do, be able to do: Лы-ҧса́дгьыл бзи́а л-бо́-ит, уи́ а-зы́ и-лы́-л-шо зе́гь ҟа-л-тцо́-ит. (AFL) *She loves her homeland, and she does everything that she can for the homeland. Она любит свою родину, она делает все, что может, для родины.* Уи́ и́-л-шо зе́гь ҟа-и-тцо́-ит. *He does everything that he can.* Ари́ д-хын-хә-ны́ д-це́-ит А-нцәа́ и-ахь, е́-и-хәе-ит акгьы́ ш-и́-лы-м-ша-з. (AF) *This one went back to God and told that he had not been able to do anything.* || **и-ш-и́-л-шо**; **и-ш-и́-л-шо-з** with all his strength; to the best of his ability: Ари́ «а́-чкун» и-ш-и́-лшо-з и-а́хәа рыхха́ а-ҟуа́ққәа д-и́-с-т. (Ab.Text) *The 'boy' picked up the sword with all his strength and hit the ogre making a loud banging noise.* И-ш-и́-л-шо а́-лбаа-да-ра д-а-ҿ-у́п. (AF) *He tried to swallow it down to the best of his ability.* || **и́-л-шо-з а-ла́** as much as he could: Сара́ и-сы́-л-шо а́-ла шәара́ с-шәы́-цхраа-уе-ит. *I'll help you as much as I possibly can. Я в силу своих возможностей помогу вам.* || **(и-)а́-л-шо-ит** it is possible (that): Ус а-хәа-ра́ а́-л-шо-ит. *It is possible to say so.* А-хәыч-қәа́ а-шко́л а-ҿы́ и́-ҟа-зар а́-л-шо-м. (ACST) *The children can't be in school.* || **и-з-ла-сы́-л-шо а́-ла** to the best of my ability: Урҭ р-зы и-з-ла-сы́-л-шо а́-ла а-че́ицьыка ҟа-с-тце́-ит. (AF) *I have shewn them hospitality to the best of my ability.*
а́-л-шь-ра [tr.] [C1-a-Prev-C3-R / C1-a-Prev-C3-Neg-R] [C3 dip C1 in it] (**Fin.** [pres.] и-а́-л-с-шь-уе-ит / и-а́-л-с-шь-уа-м, [aor.] и-а́-л-с-шь-ит / и-а́-л-сы-м-шь-ит, [imper.] и-а́-л-шь! / и-а́-л-бы-м-шьы-н!; **Non-fin.** [pres.] (C1) и-а́-л-с-шь-уа / и-а́-л-сы-м-шь-уа, (C3) и-а́-л-з-шь-уа / и-а́-л-зы-м-шь-уа; **Abs.** и-а́-л-шь-ны / и-а́-лы-м-шьы-кәа) **1.** to dip; to roll: а-ҧсы́ӡ а-шы́ла а́-лшьра *to roll a fish in flour, обвалять рыбу в муке.* С-напы́ а-ӡы́ и-а́-л-с-шь-ит. *I dipped my hand in water.* **2.** to comb, to brush.
а́-л-шәа́-ра [intr.] [C1-a-Prev-R / C1-a-Prev-Neg-R] [C1 fall (from it)] (**Fin.** [pres.] и-а́-л-шәо-ит / и-а́-л-шәо-м, [aor.] и-а́-л-шәе-ит / и-а́-лы-м-шәе-ит, [imper.] у-а́-л-шәа! / у-а́-лы-м-шәа-н!; **Non-fin.** [pres.] (C1) и-а́-л-шәо / и-а́-лы-м-шәо, [aor.] и-а́-л-шәа / и-а́-лы-м-шәа; **Abs.** и-а-л-шәа-ны́ / и-а-лы-м-шәа́-кәа) **1.** to fall (*from a height*).
а́-л-шәшәа-ра [intr.] (**Fin.** [pres.] и-а́-л-шәшәо-ит / и-а́-л-шәшәо-м, [aor.] и-а́-лшәшәе-ит / и-а́-лы-м-шәшәе-ит; **Non-fin.** [pres.] (C1) и-а́-л-шәшәо / и-а́-лы-м-шәшәо; **Abs.** и-а́-л-шәшәа-ны / и-а́-лы-м-шәшәа-кәа) **1.** (*of sth small*) to scatter. **2.** to spit (with rain). || **и-ҧсы́ и-лы-шәшәе-ит** he lost consciousness.
а-лы́г (= **а-лы́га**) [adj.] stupid, foolish.

Л

а-лы́га = **а-лы́г**

а-лы́гажә [n.] (-цәа) an old man.

а́-лы-кәкәа-ра [intr.] [C1-C2-Prev-R / C1-C2-Prev-Neg-R] [C1 drop from C2] (**Fin.** [pres.] и-а́-лы-кәкәо-ит / и-а́-лы-кәкәо-м, [aor.] и-а́-лы-кәкәе-ит / и-а́-л-мы-кәкәе-ит (-кәкәа-ӡе-ит), [impf.] и-а́-лы-кәкәо-н / и-а́-лы-кәкәо-мызт; **Non-fin.** (C1) [pres.] и-а́-лы-кәкәо / и-а́-л-мы-кәкәо, [aor.] и-а́-лы-кәкәа / и-а́-л-мы-кәкәа, [impf.] и-а́-лы-кәкәо-з / и-а́-л-мы-кәкәо-з, [past indef.] и-а́-лы-кәкәа-з / и-а́-л-мы-кәкәа-з; **Abs.** и-а́-лы-кәкәа-ны / и-а́-л-мы-кәкәа-кәа) **1.** to drop, to drip: А-ҭуа́н и-а́-лы-кәкәо-ит. *It/they is/are dripping from the ceiling.*

а́-лым [n.] (а́-лым-қәа, лы́м-к) a lion.

а́-лымкаа [adv.] except sb/sth.

лымка́ала [adv.] (= **ҷы́дала**) **1.** particularly, especially. **2.** precisely, exactly: Ана́ ани́ а́ҟара ауаа́ еила́ҟь и-ахь-тәа́-з ари́ лымка́ала д-гуа́-з-ҭо-да-з? (Ab.Text) *There were so many people in the room that no one noticed him in particular.*

а-лы́мт [n.] (а-лы́мт-қәа) dirt (*on the body, linen, etc.*).

а-лы́мҳа [n.] (а-лы́мҳа-қәа, с-лы́мҳа, с-лы́мҳа-қәа, лы́мҳа-к) an ear: з-лы́мҳа и-а-м-а-ҳа-уа́ ауаҩы́ (ANR) *a person who does not hear.* || **а-лы́мҳа а́-ҭа-ра** to put on (earrings): Сара́ а-лымҳары́ҩ-қәа с-лы́мҳа и-а́-с-ҭе-ит. *I put on the earrings. Я надела серьги.* || **а-лы́мҳа а́-м-х-ра** to take off (earrings): Сара́ а-лымҳарыҩ-қәа с-лы́мҳа и-а́-м-с-х-ит. *I took off the earrings. Я сняла серьги.*

а-лымҳарыҩ [n.] (а-лымҳарыҩ-қәа) an earring.

а́-лыџьха (*or* **а-лыџьха́**) [n.] (-қәа) grace; gratitude: Дара́ аны́-шәарыцо-з-гьы Ажәе́иџьш-Жәиџьшьырҟа́н лыџьха́ р-и́-ҭо-н. (AF) *And when they were off hunting, God of the Hunt would give them blessing.*

а-лы́ра [n.] (а-лы́ра-қәа, лы́ра-к) an axle: А-уардын а-лы́ра х-жәе́-ит. *The axle of the (ox-)cart broke. Ось арбы сломалась.*

а́-лы-рга-ра* [tr.] [C1-C2-Prev-C3-S] [C3 cure C1 of C2] (**Fin.** [aor.] д-а́-л-сы-рге-ит / д-а́-л-с-мы-рге-ит, [imper.] д-а́-лы-рга! / д-а́-л-б-мы-рга-н!, **Abs.** д-а́-лы-рга-ны / д-а́-л-мы-рга-кәа) **1.** to cure: А-чы́мазара д-а́-лы-с-рге-ит. *I cured him/her of the illness.*

а-лы́х [n.] (-қәа) material(s); stuff: а-бамба-лы́х цәа́рҭа (ACST) *somewhere to sleep made out of cotton.*

Лы́хны [village name]

а-лы́хәҭа [n.] (-қәа) a sieve: Алы́хәҭа-ла а-ӡы́ хара́ и-у-з-го́-м. *You will not be able to take the water away far with a sieve. Ситом воду далеко не унесешь.*

а́-лҩа [n.] (а́-лҩа-қәа) smoke.

а́-л-ҩаа-ра [tr.] [C1-Prev-C3-R / C1-Prev-C3-Neg-R] [C3 prescribe C1] (**Fin.** [pres.] [aor.] и́-л-с-ҩаа-ит / и́-л-сы-м-ҩаа-ит, [imper.] и́-л-ҩаа! / и́-л-бы-м-ҩаа-н!; **Non-fin.** [pres.] (C1) и́-л-с-ҩаа-уа / и́-л-сы-м-ҩаа-уа, (C3) и́-л-з-ҩаа-уа / и́-л-зы-м-ҩаа-уа; **Abs.** и́-л-ҩаа-ны / и́-лы-м-ҩаа-кәа) **1.** to excerpt: А-ҳақьы́м а-реце́пт ы́-л-и-ҩаа-ит. *The doctor wrote up a prescription. Врач выписал рецепт.* А-ҳақьы́м а́-хәшә-қәа с-зы́-л-и-ҩаа-ит. *The doctor prescribed some medicine for me. Врач прописал мне лекарства.*

а́-лҩақ [n.] (-қәа) soot.

а-лҩаца́рҭа [n.] (-қәа) **1.** flue. **2.** chimney.

а́-лҩатцә [n.] **1.** steam. **2.** vapor.

а́-л-ҩр-ра [intr.] [C1-C2-Prev-R / C1-C2-Prev-Neg-R] [C1 fall from C2] (**Fin.** [pres.] д-а́-лы-ҩр-уе-ит / д-а́-лы-ҩр-уа-м, [aor.] д-а́-лы-ҩр-ит / д-а́-л-мы-ҩр-ит; **Non-fin.** [pres.] (C1) и-а́-лы-ҩр-уа / и-а́-л-мы-ҩр-уа, (C2) и-з-лы-ҩр-уа́ / и-з-л-мы-ҩр-уа́, [aor.] (C1) и-а́-лы-ҩр / и-а́-л-мы-ҩр, (C2) и-з-лы-ҩры́ / и-з-л-мы-ҩры́, [impf.] (C1) и-а́-лы-ҩр-уа-з / и-а́-л-мы-ҩр-уа-з, (C2) и-з-лы-ҩр-уа́-з / и-з-л-мы-ҩр-уа́-з, [past indef.] (C1) и-а́-лы-ҩры-з / и-а́-л-мы-ҩры-з, (C2) и-з-лы-ҩры́-з / и-з-л-мы-ҩры́-з; **Abs.** д-а́-л-ҩр-ны / д-а́-лы-м-ҩры-кәа) **1.** to fall from sth**:** А-ҵла д-а́-лы-ҩр-ит. *He/She fell from the tree. Он/Она упал/-ла с дерева.* А-ҵла-ҟәа и-ры́-лы-ҩр-ит. *They fell from the trees. Они упали с деревьев.* А-ҵла и-а́-лы-ҩры-з а́-мат и́-цҳа-ит. *A snake bit the person who fell from the tree. Змея укусила того, кто упал с дерева.*

а-лџьы́ка [n.] Abkhazian staples.

Л

М м

-м- [verbal affix] not.

-м(а)- [preverb] **1.** possessed by, fast to. (Spruit, SC5) **2.** from: á-м-ҧсах-ра [tr.] "to borrow sth from sb." á-м-х-ра [tr.] "to take sth from sb." И-напы́ а-шьá á-мы-з-ӡəӡə-аа-ит. *I washed the blood off his hand.*

ма[1] [conj.] or: Сарá áҟуа-ҟа с-цó-ит ма уарá у-цá. *I'll go to Sukhum or you go.* Уи́ уатцəы́ ма уатцəашьтáхь д-аа-уé-ит. *He will come tomorrow or the day after tomorrow. Он приедет завтра или послезавтра.* || **ма** ..., **ма** ... either ... or ...: ма ехьá, ма уатцəы́ *either today or tomorrow.*

-ма[2] [absolutive] (= **ма-ны**) having (< á-ма-заа-ра "to have"): Ҧсы́ӡ еидáра-к ры́-ма (= ры́-ма-ны) аҩны́ и-аá-ит. (ANR) *They came home with a load of fish.*

-ма[3] [suffix] [added to the non-finite form] *used to mark the yes-no question's positive form. This form is also marked by means of the suffix* **-у**. [Hewitt. Abkhaz:8]: **(a)** [Stative]: [**Present**] Уарá анду́ д-ý-мо-у-ма? *Do you have a grandmother?* А-шəҟəы́ бы́-мо-у-ма? *Do you have the book?* Уатцəáшьҭахь сáбшо-у-ма? *Will the day after tomorrow be Saturday?* Ҭыркəтəы́ла-н á-фатə á-хə цəгьó-у-ма? *Is the price of food high in Turkey?* Анкарá áкрызхыцуа қалáқь-у-ма? *Is Ankara an old city?* А-хəычы́ ды́-цəо-у-ма? *Is the baby sleeping? Ребенок спит?* [**Past**] А-шəҟəы́ бы́-ма-з-ма? *Did you have the book?* А-ҩны́ бы́-ҟа-з-ма? *Were you at home?* **(b)** [Dynamic]: [**Present**] б-цó-ма *are you going?* сы-л-ды́р-уа-ма? *does she know me?* ды-з-цó-ма? *can he/she go?* Шəы-з-сы́-цхраа-уа-ма? *Can you help me?* [= Шəы-з-сы́-цхраа-р-у?]. Уарá á-ӡса-шьа у-ды́р-уа-ма? *Do you know how to swim?* Уарá а-утраҭы́х-қəа бзи́а и-у-бó-ма? *Do you like vegetables?* А-фатə р-ҭи-уá-ма? *Are they selling foodstuffs?/Do they sell foodstuffs?* Шəарá шə-қы́ҭа шə-á-цхраа-уа-ма? *Do you help your village?* [**Aorist**] сы-л-ды́р-ма? *did she recognize me?* И-с-зы́-б-ҩы-ма а-шəҟəы́? *Did you write me a letter?* И-сы́-л-ҭа-ма а-шəҟəы́? *Did she give me a book?* А-фатə р-ҭи́-и-ма? *Did they sell foodstuffs?* [**Imperfect**] сы-л-ды́р-уа-з-ма? *did she know me?* А-фатə р-ҭи-уá-з-ма? *Were they selling foodstuffs? Продукты продавали?* [**Perfect**] Шəарá шьыжьхьá шə-фа-хьó-ма? *Have you already had breakfast?* Уи á-хəылҧаз ахь д-ца-хьó-ма? *Has he already gone to the party?* А-шóура у-шəа-хьó-ма? *Have you already measured the temperature?* [**N.B.** *The yes-no question's negative form is marked by means of the suffix* **-и** *(or* **-ӡеи***) or zero marking*: Шəы-з-сы́-цы-м-храа-ӡо-(и)? (IC) *Can't you help me?* ды-м-цó-и? *does not/will not he/she go?* ды-м-цé-и? *didn't he/she go?* с-лы-м-ба-ӡé-и? *didn't she see me?* У-м-ааҧса-ӡé-и? *Aren't you tired?* Шəарá а-ҿырпы́н шə-з-а-мы-рхəа-ӡó? (IC) *Can't you play the flute?*]

-ма[4] [verbal suffix] "as soon as" [ACST:L.14]: Урҭ цá-ма, а-ҽ-цəá á-шҭа и-аа-ҭá-ле-ит. (ACST) *As soon as they went, lo! the horsemen came into the yard!*

á-маа [n.] (-қəа, маá-к, хá-маа) a handle: А-уалы́р á-маа á-ма-м. *The barrel doesn't have a handle. У бочки нет ручки.* [cf. **а-тəы́=а-маа**]

á-маалықь [n.] (-цəа, маалы́қь-к) an angel.

а-маамы́н [n.] (-қəа) **1.** a monkey. **2.** an ugly man.

ма(а)п (= **мамóу**) [adv.] no.

а-маáҭ (а-маáҭ-қəа, маáҭ-к) a r(o)uble: 120 ны́зқь маáҭ *120 thousand rubles.* Шаҟá маáҭ и-а-ҧсó-у-зеи? *How many rubles does it cost? Сколько рублей это стоит?* Шə-маáҭ-к с-шəы́-рҧсах! *Lend me one hundred rubles! Одолжите мне сто рублей!* [cf. Mingrelian "manati," *see* ANP:vi]

а-магази́н [n.] (= **а-дəқьáн**) a shop, a store. магазин: А-магази́н áхь х-цó-ит. *We go to the store. Мы идем в магазин.*

а-магáна [n.] (-қəа) a sickle, a reaping hook: а-магáне-и а-жьахəé-и *a sickle and a hammer.*

а-магнитофóнтә [adj.] of a tape recorder.
а-магнóлиа [n.] (-қәа) a (lily) magnolia.
а-мáгә [n.] (-қәа) boot**:** а-мáгә á-шьатҵара *to put on boots.*
á-маҕ [n.] (-қәа) (= **á-мҕ**) a thorn, a prickle; a thistle.
а-маҕрá [n.] (а-маҕра-кәá) sleeve.
á-ма-да-ра [tr.] [C1-C2-Prev-C3-R / C1-C2-Prev-C3-Neg-R] [C3 entrust C1 to C2] (**Fin.** [pres.] и-лы́-ма-с-до-ит (*и-лы́-ма-з-до-ит) / и-лы́-ма-с-до-м (-да-ӡо-м), [aor.] и-лы́-ма-с-де-ит / и-лы́-ма-сы-м-де-ит (-да-ӡе-ит), [imper.] и-лы́-ма-да! / и-лы́-ма-бы-м-да-н!, и-лы́-ма-шә/жә-да! / и-лы́-ма-шәы-м-да-н!; **Non-fin.** [pres.] (C1) и-лы́-ма-с-до / и-лы́-ма-сы-м-до, (C2) и-з-мá-с-до / и-з-мá-сы-м-до, (C3) и-лы́-ма-з-до / и-лы́-ма-зы-м-до, [aor.] (C1) и-лы́-ма-с-да / и-лы́-ма-сы-м-да, (C2) и-з-мá-с-да / и-з-мá-сы-м-да, (C3) и-лы́-ма-з-да / и-лы́-ма-зы-м-да, [impf.] (C1) и-лы́-ма-с-до-з / и-лы́-ма-сы-м-до-з, (C2) и-з-мá-с-до-з / и-з-мá-сы-м-до-з, (C3) и-лы́-ма-з-до-з / и-лы́-ма-зы-м-до-з, [past indef.] (C1) и-лы́-ма-с-да-з / и-лы́-ма-сы-м-да-з, (C2) и-з-мá-с-да-з / и-з-мá-сы-м-да-з, (C3) и-лы́-ма-з-да-з / и-лы́-ма-зы-м-да-з; **Abs.** и-лы́-ма-да-ны / и-лы́-ма-м-да-кәа) **1.** to entrust**:** А-саби д-сы́-ма-и-де-ит. *He entrusted the baby to me. Он доверил мне ребенка.* с-хы́ и́-ма-з-да-р ҟалó-ит (= и-гәрá з-гá-р ҟалó-ит). *I can trust him. Я могу ему довериться.*
а-мадéн [n.] (-қәа) ore**:** а-бӷáтәы мадéн *copper ore.*
Мади́на [n.] (f.) [person's name]
Мажáра [n.] (m.) [person's name]
-ма-жь- *see* **-жь-**
á-мажәа [n.] (-қәа) dough.
á-мазаара[1] [n.] having.
á-ма-заа-ра[2] [intr. inverse] [C1-C2-R] [у C2 быть C1, C2 have C1] (**Fin.** [pres] с-бы́-мо-уп, с-ý-мо-уп, с-и́-мо-уп, с-лы́-мо-уп, с-á-мо-уп, с-шәы́-мо-уп, с-ры́-мо-уп, у-сы́-мо-уп, б-сы́-мо-уп, д-сы́-мо-уп, и-сы́-мо-уп, шә-сы́-мо-уп, и́-мо-уп, и-á-мо-уп, ҳ-бы́-мо-уп, и-ҳá-мо-уп, с-ры́-мо-уп / с-бы́-ма-м, с-á-ма-м; [past] с-бы́-ма-н, с-á-ма-н / с-бы́-ма-мызт, с-á-ма-мызт; [imper.] и-бы́-ма-з!, и-ý-ма-з! / и-бы́-ма-мыз!; [subj.] и-шәы́-ма-зааит / и-шәы́-ма-м-зааит; **Non-fin.** [pres.] (C1) и-лы́-мо-у (*то, которое она имеет*), и-сы́-мо-у, и-бы́-мо-у, и-ý-мо-у, и-á-мо-у, и́-мо-у, и-ҳá-мо-у, и-шәы́-мо-у, и-ры́-мо-у / и-лы́-ма-м, и-сы́-ма-м, и-бы́-ма-м, и-ý-ма-м, и-á-ма-м, и́-ма-м, и-шәы́-ма-м, и-ры́-ма-м, (C2) и-з-мó-у (*тот, который имеет его(нрз.)/их*), ды-з-мó-у (*тот, который имеет его/ее*), сы-з-мó-у, бы-з-мó-у, у-з-мó-у, ҳа-з-мó-у, шәы-з-мó-у / и-з-мá-м, ды-з-мá-м, сы-з-мá-м, бы-з-мá-м, у-з-мá-м, ҳа-з-мá-м, шәы-з-мá-м, [past] (C1) и-лы́-ма-з / и-лы́-ма-мыз, (C2) и-з-мá-з, ды-з-мá-з / и-з-мá-мыз, ды-з-мá-мыз; **Abs.** ма, ма-ны́, и-сы́-ма-ны / и-сы́-ма-м-кәа, и-з-ма-ны́ [it/them-who-have-Abs.]) **1.** to have, (у кого) быть, иметь**: 1.a.** [**Interrogative**] Сарá и-сы́-мо-и / и-сы́-мо-зе-и? *What do I have?* А-ҧáра з-мá-да? *Who has money?* И-сы́-ма-м-и? *What don't I have?* А-ҧáра з-мá-м-да? *Who doesn't have any money?* А-шәҟәы́ бы́-мо-у-ма? *Do you have the book?* А-шәҟәы́ бы́-ма-з-ма? *Did you have the book?* А-шәҟәы́ бы-ма-ӡа-м-и? *Don't you have the book?* А-шәҟәы́ бы-ма-ӡа-м-з? *Didn't you have the book?* Уарá андý д-ý-мо-у-ма? *Do you have a grandmother?* **1.b.** [**Non-interrogative**] и-сы́-мо-уп *I have it/them, его(нрз.)/их я имею, lit. его(нрз.)/они у меня имеется/имеются.* Уи́ а-ҧҳá д-и́-ма-н. *He had a daughter.* Сарá и-сы́-мо-уп а-сыс. *I have a lamb.* Уи́ а-шәҟәы́ сарá и-сы́-мо-уп. *I have this book.* Сарá д-сы́-мо-уп ӷы́за бзи́а-к. (AFL) *I have one good friend. У меня есть одна хорошая подруга.* Сарá áамҭа ҭацәы́ сы́-ма-мызт. *I didn't have free time. У меня не было свободного времени.* Сы́-раху сы́-ма Нáа-ҟа с-цó-ит. *I go with my own cattle to Naa.* Ҧсыӡ еидáра-к ры́-ма (= ры́-ма-ны) а-ӷны́ и-аá-ит. (ANR) *They came home with a load of fish.* А-шәараца-цәа ҧхьашәа дý ры́-ма-ны и-хынҳә-и́т. *The hunters returned with a wealthy catch. Охотники вернулись с богатой*

добычей. А-ҧá д-и́-ма-ӡа-мызт. (Ab.Text) *He didn't have a son.* Нхаҩы́-к ды́-ҟа-н, хҩы́к а-ҧа-цəá и́-ма-н. *Once upon a time there was a peasant, and he had three sons. Жил-был какой-то крестьянин, имел он трех сыновей.* Дарá иáрбанзаалак-гьы акы́ ýс-с и-ры́-ма-м-куа, акы́ и-а-пəы́-м-шəо и́-ҟа-заарын. (Ab.Text) *They didn't have any work nor did they fear anything.* || **а-бзи́ара ý-/шəы́-ма-з!** *see* **а-бзи́ара**.

а-мáзара [n.] (-қəа) property.

а-мазéи-ха-ра [intr.] (**Fin.** [pres.] с-мазéи-хо-ит / с-мазéи-хо-м, [aor.] с-мазéи-хе-ит / с-мазéи-м-хе-ит, [imper.] б-мазéи-ха! / б-мазéи-м-ха-н!; **Non-fin.** [pres.] (С1) и-мазéи-хо / и-мазéи-м-хо) **1.** to be ready: А-фатə лассы́ и-мазéи-хо-ит. *The dinner will be ready soon. Еда скоро будет готова.*

á-маӡа [n.] (á-маӡа-қəа, сы́-маӡа, маӡá-к, маӡа-лá) a secret.

маӡалá [adv.] secretly.

á-маӡаны́кугаҩы [n.] (á-маӡаны́ҟугаҩ-цəа) a (private) secretary.

а-маӡаҩы́ [n.] (а-маӡаҩ-цəá, маӡаҩы́-к) a carpenter.

á-ма-к-ра [tr.] [C1-C2-Prev-C3-R / C1-C2-Prev-C3-Neg-R] [C3 argue with C2 about C1] (**Fin.** [pres.] и-сы́-ма-р-к-уе-ит (*они спорят со мной о нем(нрз)/них*) / и-сы́-ма-р-к-уа-м, [aor.] и-сы́-ма-р-к-ит / и-сы́-ма-ры-м-к-ит, [imper.] и-сы́-ма-к / и-сы́-ма-бы-м-кы-н!, и-сы́-ма-шə-к / и-сы́-ма-шəы-м-кы-н!; еи-мá-р-к-уе-ит (*they argue with each other, они спорят друг с другом*) / еи-мá-р-к-уа-м, еи-мá-х-к-уе-ит (*we argue with each other, мы спорим друг с другом*) / еи-мá-х-к-уа-м. **Non-fin.** [pres.] (С1) и-сы́-ма-р-к-уа / и-сы́-ма-ры-м-к-уа, (С2) и-з-мá-р-к-уа / и-з-мá-ры-м-к-уа, (С3) и-сы́-ма-з-к-уа / и-сы́-ма-зы-м-к-уа; **Abs.** и-сы́-ма-к-ны / и-сы́-ма-м-к-қəа) **1.** to argue with sb about: а-ҩы́за и́-макра *to argue with a friend, спорить с товарищем.* А-нцəарá и́-ме-и-кы-рц и-á-қə-и-к-ит. (AF) *He aimed to vie with him for godhead.* **2.** to lay claim to: А-дгьыл шəы́-ма-з-к-уа ды́-ҟа-м-зааит! *Let there be no one to lay claim to the land on you!* **3.** to object.

Макти́на [n.] (f.) [person's name]

макьáна [adv.] **1.** for the present, for a while: Макьáна х-аа-ҧшы́-п. *We'll wait for a while. Пока подождем.* **2.** still; yet: Макьáна а-ҧс-рá с-ҭахы́-м. *I don't want to die yet.* С-áшьцəе-и с-áхəшь-цəе-и макьáна и-хəыч-қəó-уп, а-шкóл и-ҭó-уп. *My brothers and sisters are still little; they are going to school. Мои братья и сестры еще маленькие, они ходят в школу.* Уи́ ларá макьáна и-лы-м-кьы́ҧхьы-шт. (GAL) *Это она еще не напечатала. She has not printed this yet.*

á-мақарра[1] [n.] threat.

á-ма-қар-ра[2] [intr.] [C1-Prev-R], [C1-C2-a-Prev-R / C1-C2-a-Prev-Neg-R] [C1 threaten C2] (**Fin.** [pres.] д-ма-қáр-уе-ит, с-б-á-ма-қар-уе-ит / с-б-á-ма-қар-уа-м, [aor.] с-б-á-ма-қар-ит / с-б-á-ма-м-қар-ит, [fut.1] с-б-á-ма-қары-п / с-б-á-ма-қар-рым, [fut.2] с-б-á-ма-қары-шт / с-б-á-ма-қары-шам, [perf.] с-б-á-ма-қар-хьеит / с-б-á-ма-м-қары-ц(т), [impf.] с-б-á-ма-қар-уа-н / с-б-á-ма-қар-уа-мызт, [past indef.] с-б-á-ма-қары-н / с-б-á-ма-м-қары-зт, [cond.1] с-б-á-ма-қар-рын / с-б-á-ма-қар-рымызт, [cond.2] с-б-á-ма-қар-шан / с-б-á-ма-қар-шамызт, [plupf.] с-б-á-ма-қар-хьан / с-б-á-ма-м-қар-цызт, [imper.] б-л-á-ма-қар! / бы-л-мá-м-қары-н!(?); **Non-fin.** [pres.] (С1) и-л-á-ма-қар-уа (*тот, который грозит ей*) / и-л-á-ма-м-қар-уа, (С2) д-з-á-ма-қар-уа (*тот, которому он/она грозит*) / д-з-á-ма-м-қар-уа, [aor.] (С1) и-л-á-ма-қар / и-л-á-ма-м-қар, (С2) д-з-á-ма-қар / д-з-á-ма-м-қар, [fut.1] (С1) и-л-á-ма-қар-ра / и-л-á-ма-м-қар-ра, (С2) д-з-á-ма-қар-ра / д-з-á-ма-м-қар-ра, [fut.2] (С1) и-л-á-ма-қар-ша / и-л-á-ма-м-қар-ша, (С2) д-з-á-ма-қар-ша / д-з-á-ма-м-қар-ша, [perf.] (С1) и-л-á-ма-қар-хьоу (-хьа(ц)) / и-л-á-ма-м-қар-хьоу (-хьа(ц)), (С2) д-з-á-ма-қар-хьоу (-хьа(ц)) / д-з-á-ма-м-қар-хьоу (-хьа(ц)), [impf.] (С1) и-л-á-ма-қар-уа-з / и-л-á-ма-м-қар-уа-з, (С2) д-з-á-ма-қар-уа-з / д-з-á-ма-м-қар-уа-з, [past indef.] (С1) и-л-á-ма-қары-з / и-л-á-ма-м-қары-з, (С2) д-з-á-ма-қары-з / д-з-á-ма-м-қары-з, [cond.1] (С1) и-л-á-ма-қар-ры-з / и-л-á-ма-м-қар-ры-з, (C2) д-з-á-ма-қар-ры-з / д-з-á-ма-м-қар-ры-з, [cond.2] (C1) и-л-á-ма-қар-ша-з / и-л-á-ма-м-қар-ша-з, (C2) д-з-á-ма-қар-ша-з / д-з-á-ма-м-қар-ша-з, [plupf.] (C1) и-л-á-ма-қар-хьа-з / и-л-á-ма-м-қар-хьа-з, (C2) д-з-á-ма-қар-хьа-з / д-з-á-ма-м-қар-хьа-з; **Abs.** д-ма-қáр-ны / ды-м-ма-қáр-кәа) **1.** to threaten**:** д-р-á-ма-қар-уе-ит *he/she threatens them.*

á-мáқарҩы [n.] an intimidator.

а-мáқьа [n.] (-қәа) a whetston.

а-мақьаԥсы́с [n.] **1.** a fine whetstone. **2.** "an oath acknowledging defeat" [*See* Hewitt, AF:168]**:** Уáшхәа мақьаԥсы́с! (AF) *Grinding-stone, o Lord in a Heaven!*

а-макá [n.] (а-мaҟа-қәá, мaҟá-к, с-мaҟá) **1.** a belt**:** А-мaҟá сы́-мҕо-уп. *I am wearing my belt.*

а-макҿаҳәáра [n.] (-қәа) waist**:** И-маҟҿаҳәáра-ҟынӡа а-ӡы́ д-ҭа-гы́ло-уп. (ARD) *Он стоит по пояс в воде. He is standing up to his waist in water.*

а-мáл [n.] (а-мáл-қәа, с-мáл, мáл-к) property; wealth**:** А-бна мáл дý3ӡо-уп! (AFL) *The forest is a very big [source of] wealth! Лес — очень большое богатство!*

á-мала[1] [adv.] (= **малá**) in vain, vainly.

á-мала[2] [adv.] **1.** one, a certain, alone; alone; (one)self**:** Сарá с-цó-н уахы́нла сы́-мала, нáсгьы бнá-ла. *I was going at night alone and, moreover, through the forest. Шел я ночью один, да еще лесом.* Уи́ и́-мала а-мҿы́ а-хәáрхьра и́-л-шо-м. *He cannot saw up the firewood on his own.* Иарé-и сарé-и хá-мала ҳа-и-зы-н-хé-ит. (RAD) *He and I remained alone. Мы с ним остались наедине.*

áмала[3] [adv.] (= **ахá**) but.

(а)малá [adv.] (= **худа-ԥсада**) free, for free, gratis**:** амалá аáхәара *to buy for free, купить даром.* Сарá а-ҽы́ амалá и-с-óу-ит. *I got the horse for free.*

а-мланы́кәа [n.] (а-мланы́ҟәа-қәа) a bicycle.

мáмзар [conjun.] **1.** (*with Imperative*) or (else), otherwise**:** У-цá, мáмзар у-á-гхо-ит! (ARD) *Go, or you'll be late! Иди, а то опоздаешь!*

мáмзар(гьы) 1. or**:** Уаххьá á-шьҭахь а-мýзыка с-а-зы́ӡырҩ-уе-ит, мáмзар-гьы с-аб-и́ сарé-и а-нáрд ҳ-á-с-уе-ит, ҳа-хәмáр-уе-ит. (AFL) *После ужина я слушаю музыку, или мой отец и я играем в нарды и веселимся.* А-телеви́зор х-аиц-á-хәа-ԥш-уе-ит, мáмзар-гьы áԥсуа шәа-қәá ҳа-р-зы́-ӡырҩ-уе-ит. (AFL) *Together we watch television or listen to Abkhaz songs. Мы вместе смотрим телевизор или слушаем абхазские песни.* **2.** if not**:** А-чкун сы-з-у-ҭа-раны́ и́-ҟо-у абри́гь, абри́гь а-хý дý а-ҿы́ д-ца-ны́, убрá и́-шьҭо-у а-хáҳә ԥшӡá с-з-аа-и-гá-аит, нас с-и́-ццо-ит, мáмзар сы-з-и́-ццо-м. (Ab.Text) *But I ask you to have the person you are certainly going to give me away to as a bride go to a big hill and bring me back a certain beautiful stone (from there). Then I will marry him. If not, I cannot marry him.*

Мáмиа [n.] (m.) [person's name]

мамóу [adv.] (= **мап**, **маумóу**) no**:** Уи́ б-ан л-ó-у-ма? — Мамóу, уи́ с-аҳәшьá л-ó-уп. *Is that your mother? — No, that is my sister.*

а-мандари́на [n.] (-қәа) a mandarin (orange).

а-мандари́натра [n.] (-қәа) a mandarin field; a place planted with mandarins.

а-маншәáла [adj.] (и́-маншәáло-у) **1.** convenient; comfortable; favorable**:** а-скáм маншәáла *a comfortable bench.* áамҭа маншәáла *a convenient time.* уи áҭқыс и́-маншәало-у даҽа-кы́ *another which is more convenient than that.* **2.** lucky.

-маншәáлам [adj.] uncomfortable; inconvenient**:** и-маншәáлам а-ҭы́ԥ *an inconvenient place.* **2.** unlucky.

-маншәáламкәа [adv.] uncomfortably; inconveniently.

-маншәáланы [adv.] conveniently; comfortably; successfully.

á-маншәалара [n.] comfort.

M

а-маншәа́ла-ра > cf. **а-рманшәа́ла-ра** [tr.] (**Fin.** [pres.] д-сы́-рманшәало-ит / д-сы́-рманшәало-м, [aor.] д-сы́-рманшәале-ит / ды-с-мы́-рманшәале-ит, [imper.] д-рманшәа́ла! / ды-б-мы́-рманшәала-н!; **Non-fin.** [pres.] (C1) и-сы́-рманшәало / и-с-мы́-рманшәало, (C3) д-зы́-рманшәало / ды-з-мы́-рманшәало; **Abs.** ды́-рманшәала-ны / д-мы́-рманшәала-кәа) **1.** to comfort.

а́-маншәала-ха-ра [intr.] [C1-lucky-become] (**Fin.** [aor.] д-маншәа́ла-хе-ит) **1.** to have luck; to go right**:** Зегьы́ маншәа́ла-хо-ит. *Everything will go right. Все будет нормально.* Насы́ҧны, зегьы́ маншәа́ла-хе-ит. (IC) *К счатью, все обошлось. Fortunately everything turned out all right.*

ма́п [adv.] (= **мамо́у**, **маап**) no**:** Мап, Амра а-уалы́р лы́-ма-м. *No, Amra doesn't have a barrel. Нет, у Амры нет бочки.* || **мап а-к-ра́** (= **ма́п-к-ра**) to refuse**:** Сара́ мап с-к-уе́-ит. *I'll refuse. Я откажусь. / I am refusing.* [cf. **аи́еи** "yes"]

мап а-цә-к-ра́ [tr.] [мап C2-Prev-C3-R / мап C2-Prev-C3-Neg-R] [C3 refuse/deny C2] **Fin.** [pres.] мап а-цәы́-л-к-уе-ит / мап а-цәы́-л-к-уа-м (-к-ӡо-м), [aor.] мап а-цәы́-л-к-ит / мап а-цәы́-лы-м-к-ит (-к-ӡе-ит), [imper.] мап а-цә-кы́! / мап а-цәы́-бы-м-кы-н!, мап а-цәы́-шә-к! / мап а-цәы́-шәы-м-кы-н!; **Non-fin.** (C3) [pres.] ма́п а-цәы́-з-к-уа / ма́п а-цәы́-зы-м-к-уа, [aor.] ма́п а-цәы́-з-к / ма́п а-цәы́-зы-м-к, [impf.] ма́п а-цәы́-з-к-уа-з / ма́п а-цәы́-зы-м-к-уа-з, [past indef.] ма́п а-цәы́-з-кы-з / ма́п а-цәы́-зы-м-кы-з; **Abs.** мап а-цә-к-ны́ / мап а-цәы́-м-кы-кәа) **1.** to refuse sb/sth**:** Мап л-цәы́-с-к-ит. *I refused her. Я отказал ей.* Мап с-цәы́-л-к-ит. *She refused me. Она отказала мне.* А-ҳәара мап а-цәы́-с-к-ит. *I refused the request. Я отказал в просьбе.* Сара́ уи мап с-з-а-цә-к-уа́-м. (IC) *I cannot refuse this. Я не могу отказаться от этого.* Сара́ шәара́ мап сы-з-шәы-цә-к-уа́-м. [poten.] (IC) *I cannot refuse you.* **2.** to deny**:** А-фа́кт-қәа мап ры-цә-к-ра́ ҟа-ло́-м. (RAD) *It is impossible to deny the facts. Нельзя отрицать факты.* Д-ахь-и-ҧо́-у мап а-цә-и́-к-уе-ит. (ACST) *He denies that he is his son.*

ма́п-к-ра [tr.] (= **мап а-к-ра́**) [мап C3-R / мап C3-Neg-R] [C3 refuse] (**Fin.** [pres.] мап л-к-уе́-ит, мап ҳ-к-уе-ит / мап л-к-уа́-м (-к-ӡо́-м), [aor.] мап л-к-и́т / мап лы-м-к-и́т (-к-ӡе́-ит), [imper.] ман кы́! / мап бы-м-кы́-н!, мап шә-кы́! / мап шәы-м-кы́-н!; **Non-fin.** (C3) [pres.] мап з-к-уа́ / мап зы-м-к-уа́, [aor.] мап з-кы́ / мап зы-м-кы́, [impf.] мап з-к-уа́-з / мап зы-м-к-уа́-з, [past indef.] мап з-кы́-з / мап зы-м-кы́-з; **Abs.** мап к-ны́ / мап м-кы́-кәа) **1.** to refuse, to turn down**:** Уара́ д-у́-цца-р мап лы-м-к-и́т. (Ab.Text) *She did not refuse to get married to you.* [cf. **мап а-цә-к-ра́**]

а́-мапкра [n.] (-қәа) denial, negation.

а-ма́пкратә [adj.] **1.** negative**:** ма́пкратә хәҭа́ч *negative particle.* ма́пкратә катего́риа *a category of negation.*

Ма́ра [n.] (f.) [person's name]

а́-ма-ра *see* **а́-ма-заа-ра**

а́-мараҳә-ра [intr.] (**Fin.** [pres.] д-мара́ҳә-уе-ит / д-мара́ҳә-уа-м, [aor.] д-мара́ҳә-ит / ды-м-мара́ҳә-ит, [imper.] б-мара́ҳә! / бы-м-мара́ҳәы-н!; **Non-fin.** [pres.] (C1) и-мара́ҳә-уа / и-м-мара́ҳә-уа; **Abs.** д-мара́ҳә-ны / ды-м-мара́ҳә-кәа) **1.** to dodge, to evade. **2.** to be obstinate.

а-мардуа́н [n.] (-қәа) stairs; a ladder**:** А-мардуа́н а́-ла тҵа́ҟа ды-лба́а-ит. (RAD) *He/She went downstairs. or He/She climbed down from the ladder. Он/Она спустился/-лась вниз по лестнице.* А-хучы́ а-мардуа́н а-ҟы́нытә ды-лба́а-з-ге-ит. *I took the child down from the ladder. Я спустил ребенка с лестницы.*

а́-мариа [adj.] (и́-марио-у) **1a.** easy; simple**:** а-у́с мариа́ *light work.* а-ҳәбу мариа́ *a simple sentence.* **1b.** [predicate]**:** еиҳа́ и-марио́-уп *it/they is/are easier.* еиҳа́ и́-марио-у *easier.* Уи марио́-уп. *It is easy.* Уи ус и-мариа́-м. *It is not so easy.* А-ҧа́ра а-ны́х-ра марио́-уп, а-рҳара́ цәгьо́-уп. *It is easy to waste money, but it is difficult to earn money. Деньги тратить* *легко, а зарабатывать трудно.* А-шәҟә-қәа́ ры-ҩ-ра́ мариа-ӡа́-м. (ACST) *The writing of books is not easy.* **2a.** cheap: а-хә мариа́-ла *cheaply.* **2b.** [predicate]: Уи а-хә марио́-уп. *It is cheap.* Аԥсынтәы́ла а-цәа́матәе-и а-шәтцатә-и́ ры́-хә цәгьо́-уп, аха́ а́-фатә а́-хә марио́-уп. (AFL) *In Abkhazia the cost of linen and clothes is expensive, but the cost of food is cheap. В Абхазии цена белья и одежды дорогая, но цена еды дешевая.* Сара́ зы-хә марио́-у хы́лԥа-к аа́-с-хәа-р с-тах-у́п. *I want to buy an inexpensive hat.* [cf. **а́-цәгьа** "difficult, expensive"]

-марианы́ [adv.] cheap, cheaply: И-костиу́м и-мариа-ны́ и-з-тәе́-ит. *His suit did not cost a lot.*

а-мариа́л [n.] (-қәа) a scorpion.

а́-мариа-ха-ра́ [intr.] [C1-adj-R / C1-adj-Neg-R] [C1 become easy] (**Fin.** [pres.] и-мариа-хо́-ит / и-мариа-хо́-м (-ха-ӡо́-м), [aor.] и-мариа-хе́-ит / и-мариа-м-хе́-ит (-ха-ӡе́-ит); **Non-fin.** [pres.] (C1) и́-мариа-хо́ / и́-мариа-м-хо́, [aor.] и́-мариа-ха / и́-мариа́-м-ха; **Abs.** и-мариа-ха-ны́ / и-мариа-м-ха́-кәа) **1.** to become easy.

а́-ма-риаша-ра [tr.] [C1-C2-Prev-C3-S / C1-C2-Prev-C3-Neg-S] [C3 direct C1 to C2] (**Fin.** [pres.] и-а-ма-сы-риа́шо-ит / и-а-ма-сы-риа́шо-м, [aor.] и-а-ма-сы-риа́ше-ит / и-а-ма-с-мы-риа́ше-ит, [imper.] и-а-ма-риа́ша! / и-а-ма-б-мы-риа́ша-н!; **Non-fin.** [pres.] (C1) и-а-ма-сы-риа́шо / и-а-ма-с-мы-риа́шо, (C2) и-з-ма-сы-риа́шо / и-з-ма-с-мы-риа́шо, и-а́-ма-зы-риашо / и-а́-ма-з-мы-риашо; **Abs.** и-а-ма-риа́ша-ны / и-а-ма-мы-риа́ша-кәа) **1.** to direct, to aim.

а-ма́рка [n.] (-қәа, ма́рка-к) a (postage) stamp. марка: а-ԥо́шьтатә ма́рка *a postage stamp.*

а-маркаты́л [n.] (а-маркаты́л-қәа) scissors.

а-марқьа́ф [n.] ink.

Ма́рҭа [n.] (f.) [person's name]

а-марҭа́қ [n.] (-қәа) a bolster.

а-матема́тик [n.] (-цәа) a mathematician.

а-матема́тика [n.] mathematics: Уи́ и-бзи́аны и́-цааи-уе-ит а-матема́тике-и а-фи́зике-и. (AFL) *He succeeds in mathematics and physics. Ему удаются математика и физика.*

а-матема́тика-тә [adj.] mathematical.

а-материа́л [n.] material.

а́-мати *or* **а-мати́** [n.] honeydew; pollen.

а-матра́ [n.] (а-матра-қәа́, матра́-к) a watering can.

а́-маҭ [n.] (а́-маҭ-қәа, маҭы́-к) a snake: А-ҭла и-а́-лы-ҩры-з а́-маҭ и́-цха-ит. *A snake bit the person who fell from the tree.*

а-ма́ҭа [n.] (= **а-мо́ҭа**) (-цәа, с-ма́ҭа) a grandson; a granddaughter.

а́-маҭаԥшь [n.] [< а́-маҭ + аԥшь] (-қәа) a red snake.

а́-маҭәа [n.] (а́-маҭәа-қәа, маҭәа́-к, маҭәа-қәа́-к, сы́-маҭәа) **1.** clothes: а́-шкәакәа маҭәа́ з-шәы́-з а-ԥха́ *the daughter wearing the white clothes.* Сы́-маҭәа-қәа с-шәы́-с-тцо-ит. *I put on my clothes.* А-чкун маҭәа́ л-шә-у́п. (Ab.Text) *She wears boy's clothes.* **2.** thing.

а́-маҭәакнаҳарҭа [n.] (= а-кнаха́рт) wardrobe.

а́-маҭәа-м-заа-ра [intr. stative] [C1-C2-R-Neg] (**Fin.** [pres.] д-а́-маҭәа-м, д-а́-маҭәа-ӡа-м) **1.** to be unmanageable: Ари́ а-у́с сара́ с-а́-маҭәа-м. (ARD) *С этим делом я не справлюсь. I cannot cope with this affair.*

а-маҭәа́р [n.] (-қәа) a (school) subject, a subject of study.

а́-маҭәахә [n.] (-қәа, маҭәахәы́-к) (raw) material, stuff; data.

а́-маҭәа-ҩыҭәа [n.] (coll. n.) belongings, household goods.

а́-маха [n.] (а́-маха-қәа, сы́-маха, маха́-к, маха-қәа́-к) a thigh.

а́-маха=шьаха [n.] (и́-маха=шьаха) (coll. n.) extremities, limbs.

а́-махә [n.] (а́-махә-қәа, махәы́-к) a bough; a branch: а-шәаԥы́цьаԥ ры-махә-қәа *the plant's*

M

branches.

а-махәа́р [n.] (-ҟәа) an arm.

а́-махәҭа [n.] (-ҟәа, махәҭа́-к) *see* **а́-махә**

а-махәҿа́ [n.] (-ҟәа́, махәҿа́-к) an arm: Махәҿа́-ла ды-ӡӷаб-уп. *He is powerful in the arm.*

Маҳме́т [n.] (m.) [person's name]

а́-маҳә [n.] (а́-маҳә-цәа, маҳәы́-к, лы́-маҳә, сы́-маҳә-цәа) **1.** a daughter's husband, a son-in-law. **2.** a sister's husband, a brother-in-law.

а-ма́ца [n.] (а-ма́ца-ҟәа, ма́ца-к, с-ма́ца) playing cards: ма́ца-ҟәа-к *several cards, несколько карт.* А-ма́ца х-а́-с-уе-ит. *We play cards. Мы играем в карты.*

(а́)-маца́ра [adv.] [Poss+] only, alone: сы́-мацара *I alone.* Иара́ и́-мацара и-а́кәы-м, и́-жәлантә-гьы ды-р-ҧырхага-м. (AF) *Not only him alone, she causes no harm to anyone from his family.*

а-маҵәа́з [n.] (-ҟәа, маҵәа́з-к, л-маҵәа́з-ҟәа) a ring.

а-маҵәа́знацәа [n.] (-ҟәа) a ring finger.

а́-маҵәыс [n.] (а́-маҵәыс-ҟәа) lightning.

а́-маҵәыс-ра [intr.] [и(Dummy)-R / и-Neg-R] [(it) to lighten] (**Fin.** [pres.] и-маҵәы́с-уе-ит / и-маҵәы́с-уа-м, [aor.] и-маҵәы́с-ит / и-м-маҵәы́с-ит; **Non-fin.** [pres.] (C1) и-маҵәы́с-уа / и-м-маҵәы́с-уа, [aor.] (C1) и-маҵәы́с / и-м-маҵәы́с, **Abs.** и-маҵәы́с-уа) **1.** (*of lightning*) to flash: и-маҵәыс-уе́-ит *lightning flashes, сверкает молния.* А-тҳыбжьо́н а-гур-гу́рҳәа абжьы́ ба́аҧс го́, и-дыд-уа́, и-маҵәы́с-уа, а-тәы́ла бго́ и-а́-ла-ге-ит. (Ab.Text) *In the middle of the night there was a terrible noise like the end of the world, with bolts of thunder and lightning.*

а́-маҵ [n.] (*see* **а-маҵура́**[1]/**а-маҵ-у-ра́**[2]) (шәы́-маҵ) service: И-маҵ р-у-е́-ит. *They are serving him. Они ему служат.* Уи ҳа́-маҵ л-у-а́-н. *She was serving us. Она нас обслуживала.* [see **а-маҵ-у-ра́**[2]]

а-маҵура́[1] [n.] (а-маҵура-ҟәа́, маҵура́-к) service, employment, work; business, work: Маҵура́-к сы́-шә-ҭ! *Give me some work! Дайте мне какую-нибудь работу (службу)!* Абри́ маҵура́-с и́-и-ҭе-ит. (AF) *He gave him this for employment.*

а-маҵ-у-ра́[2]* [tr.] [Poss-servive [C1]-C3-R(do)] (**Fin.** [pres.] и́-маҵ р-у-е-ит / и́-маҵ р-у-а-м, [aor.] и́-маҵ р-у-ит / и́-маҵ ры-м-у-и́т, [imper.] и́-маҵ уы! / и́-маҵ бы-м-уы́-н!, и́-маҵ шә/жә-уы́! / и́-маҵ шәы/жәы-м-уы́-н!, **Abs.** и́-маҵ у-ны́ / и́-маҵ м-уы́-кәа) **1.** to serve: и́-маҵ р-у-е-ит *they are serving him, они ему служат.* А-ҧшәмаҧҳәыс а́-сас-цәа ры́-маҵ бзи́аны и-л-у-и́т. (ARD) *Хозяйка хорошо обслужила гостей. The owner served the guests well.* [cf. **а́-маҵ** "service", **а-у-ра́** "to do"]

а-маҵу́рҭа [n.] (-ҟәа) a kitchen: а-маҵу́рҭа-ҿы *in a kitchen, на кухне.*

а-маҵу-ҩы́ [n.] (а-маҵу-цәа́) a servant.

ма́чхәу-ма [predicate] ([pres.] ма́чхәу-ма, [past] ма́чхәыз-ма) is it a rare occurrence that ...?: Ҩ-а́ха=х-а́ха д-ан-зы́-м-аа-уа-з-гьы ма́чхәыз-ма. (AF) *And not infrequently there were times when he could not get back for two to three nights.*

а-ма́ч [adj.] **1.** little, few: Ари́ ма́ч-уп. *There is little of this./This is not enough. Этого мало.* Ааҧын а-шәы́р-и а-утраҭы́х-и ма́ч-уп. (IC) *Весной мало фруктов и овощей. In spring the fruits and vegetables are not enough.* **2.** little, small. [cf. **рацәа́** "many"]

ма́чк [adv.] (= **хәычы́к**) a little, slightly: Иахьа́ ма́чк сы-щҭак-уе́-ит, нас ҳ-аи-цәа́жәа-п. *Today I am in a bit of a hurry, so let's talk later.* Сара́ с-ҧа́ра-ҟәа мачк а́-да зегьы́ ны́-с-х-ит. *I wasted almost all the money. Я потратила почти все свои деньги.*

мачма́ч [adv.] gradually.

-ма́чны [adv.] (cf. **-ма́чыҩны**) little, few: Сара́ иахьа́ а-у́с ма́чны и-з-у-а́-н. *I worked little today.* Сара́ а-ҧа́ра мачны́ и-сы́-мо-уп. *I have little money.* Уи́ и-рацәаны́ д-а́-ҧхьо-ит, и-ма́чны и-ҩ-уе́-ит. *He reads a lot but writes little.* Сара́ Зами́ра иаха́ и-ма́чны а-ҧа́ра лы́-с-ҭе-ит Заира уи́ шаќа́/заќа́ лы́-л-ҭа-з а́асҭа. (ACST) *I gave less money to Zamira than Zaira did.*

а-ма́ч-ха-ра [intr.] [C1-adj-R / C1-adj-Neg-R] [C1 decrease] (**Fin.** [pres.] и-ма́ч-хо-ит / и-ма́ч-хо-м (-ха-ӡо-м), [aor.] и-ма́ч-хе-ит / и-ма́чы-м-хе-ит (-ха-ӡе-ит); **Non-fin.** (C1) [pres.] и-ма́ч-хо / и-ма́чы-м-хо, [aor.] и-ма́ч-ха / и-ма́чы-м-ха, [impf.] и-ма́ч-хо-з / и-ма́чы-м-хо-з, [past indef.] и-ма́ч-ха-з / и-ма́чы-м-ха-з; **Abs.** и-ма́ч-ха-ны / и-ма́чы-м-ха-кәа) **1.** to decrease, to diminish: Аҧсаа́тә ма́ч-хе-ит. *The number of birds decreased. Количество птиц уменьшилось.* Лы-ҧсы́ ма́ч-ха-н, д-и́-мтца-ҳа-ит. (ARD) *Ей стало плохо и она упала перед ним.*

-ма́чымкәа [adv.] **1.** much; many; a lot of. **2.** not a little; not a few: А-қьа́бз-қәа (а-ҵа́с-қәа) и-ма́чымкуа а-жәы́тәӡа а́ахыс и-аа-уе́-ит. *Many customs date to deep antiquity. Многие обычаи восходят к глубокой древности.*

ама́чыҩ [pron.] few (of people)

-ма́чыҩны [adv.] (*of people*) few: Сынтәа́ иаҳа́ и-ма́чыҩны а-тури́ст-цәа а-ҭа́а-ит Аҧсны́ шаќаҩы́/заќаҩы́ ара́ тцыҧх ҳара́ и-аа-ба-з а́асҭа. (ACST) *Fewer tourists visited Abkhazia this year than we saw here last year.*

а-машьы́на [n.] (-қәа, машьы́на-к) **1.** a car: Уи́ машьы́на-ны́ќәцаҩ-уп. (AFL) *He is a car driver.* Гәди́са машьы́на-ла шьыбжьо́н д-аа́-ит. *Gudisa came to lunch by car. Гудиса в обед приехал на машине.* || **а-машьы́на а-рны́кәа-ра** (= **а-машьы́на а-ны́кәца-ра**) to drive a car. **2.** a machine.

а-машьы́нака [n.] (-қәа) a typewriter: а-машьы́нака-ҿы *on a typewriter.*

а́-машәыр [n.] (-қәа, машәы́р-к) **1.** misfortune: И-з-ды́р-уа-да, машәы́р-к ры́-хь-зар? (IC) *A misfortune may have happened to them.* **2.** a catastrophe, disaster; an accident.

машәы́рла [adv.] **1.** by accident. **2.** unfortunately.

машәы́рны [adv.] accidentally, by accident.

машәы́ршақә [adv.] accidentally, by accident: Сара́ машәы́ршақә (*or* машәы́рны) с-напы́ с-цәы-ҧ-ќе́-ит. *I cut my hand by accident.*

а́-мба [n.] (а́-мба-қәа, мба́-к) goal, a target.

а́-мбатә **1.** [n.] (а́-мбатә-қәа) wonder, miracle. **2.** [adv.] very long. **3.** very much.

а-мгьа́л [n.] (а-мгьа́л-қәа) a cake; churek (a flat cake made from corn flour): а́-цха-мгьал *a honeycake.*

а́-мгәа [n.] (а́-мгәа-қәа, сы́-мгәа, мгәа́-к) **1.** the stomach. **2.** the abdomen, the belly: а́-мгәа кылышьшь *a swollen belly.* Сы́-мгәа сы́-хь-уе-ит. *My stomach aches. У меня болит живот.*

M

а́-мгәахь [n.] a disease of the stomach.

а-мгәацәа́ [n.] (а-мгәацәа-қәа́, мгәацәа́-к) the belly.

а́-мҕ [n.] (а́-мҕ-қәа, мҕы-к) *see* **а́-маҕ**

-мҕа- [preverb] *used for "an object encircling the human waist."* (Hewitt, Abkhaz:142)**:** А-маќа́ сы́-мҕа-с-тцо-ит. *I'm putting my belt on.*

а́-мҕа-заа-ра [intr.] [stative] [C1-C2-R] [C2 be wearing C1](**Fin.** [pres.] и-сы́-мҕо-уп / и-сы́-мҕа-м (-ӡа-м), [past] и-сы́-мҕа-н / и-сы́-мҕа-мызт; **Non-fin.** [pres.] (C1) и-сы́-мҕо-у / и-сы́-мҕа-м, (C2) и-зы-мҕо́-у / и-зы-мҕа́-м, [past] (C1) и-сы́-мҕа-з / и-сы́-мҕа-мыз, (C2) и-зы-мҕа́-з / и-зы-мҕа́-мыз; **Abs.** и-сы́-мҕа-ны / и-сы́-мҕа-м-кәа) **1.** to be girdled, to be wearing a belt: А-маќа́ сы́-мҕо-уп. *I am wearing my belt.* Абни́ а́-бласаркьа зы-мҕо́-у (зы́-ла и-а́-мо-у) а-ха́тца ды-зу́сҭада? *Who is that man who is wearing glasses? Кто тот мужчина в очках?* Шәара́ шә-напы́ а-мацәа́з а́-мҕа-ӡа-м. / Шәара́ а-мацәа́з шәы́-мҕа-ӡа-м. *You don't wear a ring on your finger. Вы не носите кольца.* (IC)

а́-мҕа-тца-ра [tr.] [C1-C2-Prev-C3-R / C1-C2-Prev-C3-Neg-R] [C3 put C1 on C2's *finger, waist, etc.*] (**Fin.** [pres.] и-сы́-мҕа-с-тцо-ит / и-сы́-мҕа-с-тцо-м, [aor.] и-сы́-мҕа-с-тце-ит / и-сы́-мҕа-сы-м-тце-ит, [imper.] и-бы́-мҕа-тца! / и-бы́-мҕа-бы-м-тца-н!, и-шәы́-мҕа-шә-тца! / и-шәы́-мҕа-шәы-м-тца-н!; **Non-fin.** [pres.] (C1) и-сы́-мҕа-с-тцо / и-сы́-мҕа-сы-м-тцо, (C3) и-зы́-мҕа-з-тцо / и-зы́-мҕа-зы-м-тцо; **Abs.** и-сы́-мҕа-тца-ны / и-сы́-мҕа-м-тца-кәа) **1.** to wear/put on (*a belt, a ring, etc.*): и-лы́-мҕа-с-тцо-ит *I will put it on her.* Бара́ б-мацәа́з-қәа бы́-мҕа-б-тцо-ма? (/бы́-мҕа-бы-м-тца-ӡо?) *Will you put on your rings? Ты наденешь свои кольца?* Сара́ с-мацәа́з-қәа сы́-мҕа-с-тцо-ит. (GAL) *Я надену свои кольца. I will put on my rings.* Сара́ с-маҟа́ еиқәатцәа́ сы-мҕа-с-тцо-ит. *I will put on my black belt.* [cf. **а́-мҕы-х-ра** "to take off"]

а́-мҕы-х-ра [tr.] [C1-C2-Prev-C3-R / C1-C2-Prev-C3-Neg-R] [C3 take C1 off C2] (**Fin.** [pres.] и-сы́-мҕы-с-х-уе-ит, и-лы́-мҕы-с-х-уе-ит / и-сы́-мҕы-с-х-уа-м, [aor.] и-сы́-мҕы-с-х-ит / и-сы́-мҕы-сы-м-х-ит, [imper.] и-бы́-мҕы-х! / и-бы́-мҕ-бы-м-хы-н!, и-шәы́-мҕы-шә-х! / и-шәы́-мҕ-шәы-м-хы-н!; **Non-fin.** [pres.] (C1) и-сы́-мҕы-с-х-уа / и-сы́-мҕы-сы-м-х-уа, (C3) и-зы́-мҕы-з-х-уа / и-зы́-мҕы-зы-м-х-уа; **Abs.** и-сы́-мҕы-х-ны / и-сы́-мҕы-м-х-кәа) **1.** to take off (*a ring, a belt. etc.*): Сара́ с-мацәа́з сы́-мҕы-с-х-уе-ит. *I will take my ring off. Я сниму свое кольцо.* Сара́ с-маҟа́ сы́-мҕы-с-х-уе-ит. *I will take off my belt. Я сниму свой ремень.* [cf. **а́-мҕа-тца-ра** "to put a ring on"]

а-мҕьа́л [n.] maize cooking.

а́-мдырра [n.] ignorance.

а-меда́л [n.] (-қәа) a medal.

а-медици́на [n.] medicine, medical treatment (care).

а-медици́натә [adj.] medical.

а-ме́л [n.] (-қәа) chalk. мел.

а-мела́н [n.] (-қәа) ink: мела́н-ла *with ink.*

Аме́рика [n.] America: Аме́рика-нтә *from America.*

америка́н = америка́н-уаҩ(ы)

америка́н-уаҩ(ы) [n.] (америка́н-цәа / америка́н-уаа) an American.

Аме́рикатәи [adj.] American.

а-ме́тра [n.] meter: 50(ҩы́н ҩажәй жәаба́)-ҟа ме́тра *about 50 meters.*

а-мз [n.] one month: ҩы-мз *two months.*

а́-мза[1] [n.] (а́-мза-қәа, мза́-к (*one moon*), мыз-к/мыз-кы́ (*one month*), мза-қәа́-к (*некоторые месяцы*)) **1.** a month: есы-мза *every month.* мыз-к шыбжьоу *one month earlier.* и-ҳ-а́-ҩсы-з а́-мза-зы *last month.* Мыз-кы́, ҩы-мз ц-ит. *One or two months passed.* А-шықәс заҟа́ мза а́-мо-у? *How many months are there in a year?* Мыз-кы́ и-а́-мо-уп ԥшь-мчы́бжь. (AFL) *There are four weeks in a month.* Шәаара́ а́-ӡын мза-қәа́-с и́-жә-дыр-уа-зеи? (AFL) *Which months of winter do you know? Какие месяцы зимы вы знаете?* || Иахьа́ **а́-мза зако́-и** (/шаҟо́-и)? *What day of the monthis it today?* — Иахьа́ а́-мза быжьбо́-уп. *It's the seventh today.* **2.** (*of the heavenly body*) the moon: а́-мза ҩе́-и-уе-ит *the moon is rising, поднимается луна.*

а́-мза[2] [n.] (а́-мза-қәа, мза-к) a pine: а́-мза-ра *pine-plantation.*

Амза [n.] (f.) [person's name]

а́-мзара [n.] pine-plantation.

а́-мзыз [n.] (-қәа) a cause: а-ԥсра́ а́-мзыз *the cause of death.*

а-мӡырха́ [n.] (а-мӡырха-қәа́, мӡырха́-к) a yard: А-хуч-қуа́ а-мӡырха-ҿы и-хума́р-уе-ит. *The children are playing in the yard.* А-ҽ-цәа́ а-мӡырха́ и-ҭа́-ле-ит. *The horsemen went into the yard. Всадники вошли во двор.*

-ми [suffix] (emphatic suffix) же: ҳа-ицы́-ми *мы же вместе.*

-мида-гәйдаха [adv.] empty-handed: Д-мида-гуйдаха д-хынҳә-ны́ д-аа́-ит. *He/She returned empty-handed. Он/Она вернулся/-лась несолоно хлебавши.*

Мизáн [n.] (m.) [person's name]

а-милáҭ [n.] (-қәа) **1.** a people: А-милáҭ-қәа а-ҭы́нчра и-а-згәшь-уé-ит. *The peoples long for peace. Народы жаждут мира.* **2.** nationality: Барá б-хáҭца ды-з-милáҭ-да? *What nationality is your husband?* Сарá милáҭ-ла с-аԥсы́уо-уп. *I am of Abkhaz nationality. Я по национальности абхаз.*

амилáҭтә [adj.] national, popular.

а-миллиóн [n.] a million.

(а)-миллиóн-ктәи [ordinal num.] one millionth.

áмин [interj.] amen.

а-министр [n.] (-цәа) a minister: а-министр хадá *a prime minister.*

а-министрра [n.] (-цәа) ministry: А-тцарá А-министрра *the Ministry of Education.*

а-минýҭ [n.] (а-минýҭ-қәа, минýҭ-к) a minute: ак-ахьы́ жәа-минýҭ-к *ten minutes past twelve o'clock, десять минут первого.* Саáҭ-к и-а-мó-уп хы́нҩажәа минýҭ. *There are 60 minutes in an hour.* Жәóхә минýҭ а-ýс а-у-хьé-ит ҩбá р-ахь. (AFL) (*lit. 15 минут работали к двум.*) *It is a quarter past one.* Сарá минýҭ-к Аслáн и-ҟы́нӡа с-неи-р с-ҭах-ýп. *I want to call on Aslan just a minute. Я только на минутку хочу зайти к Аслану.*

á-митә [n.] (= **а-наáлеҭ**) (-қәа) **1.** a monster. **2.** doomsday: Митә ҟа-м-лé-ит. (IC) *Nothing terrible happened.* **3.** a great number.

Амиҷ-ба [family name]

-м-кәа(н) [verbal suffix] *used for making the negative Abs. of stative verbs*: Уарá у-мч сы́-ма-м-кәа, уи́ еиԥш á-ӡба с-зы́-ҟа-тца-ры-м! (AF) *Not having your strength, I'll thus be unable to make that kind of boat!* || **-ка-м-кәа** "without it being X", без, without: С-ҩы́за сарá сы́-ҟа-м-кәа д-аá-и-заарын. *My friend, it turns out, arrived here without me. Мой друг, оказывается, приходил сюда без меня.*

а-мкәы́ба [n.] (-қәа) a gourd.

á-мла [n.] (á-мла-гьы, млá-да) hunger; starvation: á-мла с-а-к-уé-ит *I am hungry.* á-мла с-а-к-уá-н *I was hungry.* á-мла с-а-к-и́т *I got hungry, я проголодался.* á-мла у-а-сы-р-к-уá-м *I won't let you go hungry.* á-мла д-а-гó-ит *he/she is suffering the pangs of hunger, Он/Она умирает от голода.*

á-млашь [adj.] hungry.

á-мла-шь-ра* [intr.] [C1-S] [< -мла-шь- "hunger-kill"] (**Fin.** [pres.] ды-мла-шь-уé-ит / ды-мла-шь-уá-м, [aor.] ды-мла-шь-и́т / ды-млá-м-шь-ит, **Abs.** ды-мла-шь-ны́ / ды-млá-м-шь-кәа) **1.** to be hungry: А-лá мла-шь-уá-н. *The dog was dying of hunger.*

а-мни́ [demonstrative adj.] that.

Москвá [place-name] Moscow: Москвá а-тцарá б-тцó-з-ма? *Were you studying in Moscow?* Сарá Москвá а-университéт а-ҿы́ а-тцарá с-тцó-н. *I was studying at a university in Moscow.*

а-мóҭа [n.] (= **а-мáҭа**) (-цәа, с-мóҭа-цәа) a grandson; a granddaughter. [from Mingrelian *mota* 'внук, внучка' (ACST), (SKJa)]

моу [adv.] **1.** (= **мап, мамóу**) no. **2.** far from, let alone.

-м-óуа *see* **áу-ра** "receive"

моумóу [adv.] (= **мамóу, моу**) (*archaic*) no.

а-мпахьшьы́ [n.] (а-мпахьшь-қәá, мпахьшьы́-ла) a towel: И-л-с-уá-н а-мпахьшь-қәá. *She was weaving (hand-made) towels.*

á-мпыл [n.] (á-мпыл-қәа, мпы́л-к, сы́-мпыл, мпы́л-ла, мпыл-қәá-ла) **1.** a ball. **2.** goal: а-мпыл-áсра *ball-hitting.* А-хәыч-қәá а-дә-а-ҿы́ á-мпыл и-á-с-уе-ит. (AFL) *The children are playing ball in the field. Дети играют в мяч на поле.*

а-мпы́тца-ба-ра* [intr.] [C1-C2-Prev-R] [C1 vanish from C2] (**Fin.** [pres.] и-у-мпы́тца-бо-ит / и-у-мпы́тца-бо-м, [aor.] и-у-мпы́тца-бе-ит / и-у-мпы́тца-м-бе-ит, **Abs.** и-у-мпы́тца-ба-ны /

M

и-у-мпы́тца-м-ба-кәа) **1.** (*of hope*) to vanish: И-гәы́ҕра-қәа зегьы́ и-мпы́тц-абе-ит. *All his hope vanished. Все его надежды рассеялись.*

а-мпы́тц-жәа-ра [tr.] [C1-C2-Prev-C3-R / C1-C2-Prev-C3-Neg-R] [C3 snatch C1 from C2] (**Fin.** [pres.] д-лы-мпы́тцы-с-жәо-ит / д-лы-мпы́тцы-с-жәо-м, [aor.] д-лы-мпы́тцы-с/(*з)-жәе-ит / д-лы-мпы́тц-сы-м-жәе-ит, [imper.] д-лы-мпы́тц-жәа! / д-лы-мпы́тц-бы-м-жәа-н!, д-лы-мпы́тцы-шә-жәа! / д-лы-мпы́тц-шәы-м-жәа-н!; **Non-fin.** [pres.] (C1) и-лы-мпы́тцы-с-жәо / и-лы-мпы́тц-сы-м-жәо, (C2) д-зы-мпы́тцы-с-жәо / д-зы-мпы́тц-сы-м-жәо, (C3) д-лы-мпы́тцы-з-жәо / д-лы-мпы́тц-зы-м-жәо; **Abs.** д-лы-мпы́тц-жәа-ны / д-лы-мпы́тцы-м-жәа-кәа) **1.** to snatch sth out of somebody's hands: А-шәҟәы́ лы-мпы́тцы-с-жәе-ит. *I snatched the book from her. Я вырвал у нее книгу.*

а-мпы́тц-ҧаа-ра [tr.] [C1-C2-Prev-C3-R / C1-C2-Prev-C3-Neg-R] [C3 snatch C1 out of C2's *hands*] (**Fin.** [pres.] д-лы-мпы́тц-с-ҧаа-уе-ит / д-лы-мпы́тц-с-ҧаа-уа-м, [aor.] д-лы-мпы́тц-с-ҧаа-ит / д-лы-мпы́тц-сы-м-ҧаа-ит, [imper.] д-лы-мпы́тц-ҧаа! / д-лы-мпы́тц-бы-м-ҧаа-н!, д-лы-мпы́тц-шә-ҧаа! / д-лы-мпы́тц-шәы-м-ҧаа-н!; **Non-fin.** [pres.] (C1) и-лы-мпы́тц-с-ҧаа-уа / и-лы-мпы́тц-сы-м-ҧаа-уа, (C2) д-зы-мпы́тц-с-ҧаа-уа / д-зы-мпы́тц-сы-м-ҧаа-уа, (C3) д-лы-мпы́тц-з-ҧаа-уа / д-лы-мпы́тц-зы-м-ҧаа-уа; **Abs.** д-лы-мпы́тц-ҧаа-ны / д-лы-мпы́тцы-м-ҧаа-кәа) **1.** to snatch sth out of somebody's hands: А-кала́м лы-мпы́тц-с-ҧаа-ит. *I snatched the pen out of her hands. Я выхватил у нее из рук ручку.*

а́-мҧан [adv.] (= **а́-мҧын**) **1.** near, close; beside: Сы́-мҧан у́-қәы-м-ла-н! (ARD) *Не подходи ко мне близко! Don't come close to me!* **2.** by, near, next to: а-теа́тр а́-мҧан *next to the theater.* А-ҩны́ а́-мҧан а́-хьаца ду́ гы́ло-уп. (ARD) *Около дома стоит большой граб. A big hornbeam is near the house.*

а-мҧан-ҟа [adv.] (= **а-мҧын-ҟа**) close to: Аҧшы́саа и-р-е́иуа-з аӡәгьы́ Ри́тца а́-мҧынҟа ды́-қә-ло-мызт. (AF) *No-one of the Apshysba family ever went close up to Rits'a.*

а́-м-ҧсах-ра [tr.] [C1-C2-Prev-C3-R / C1-C2-Prev-C3-Neg-R] [C3 borrow C1 from C2] (**Fin.** [pres.] и-лы́-м-сы-ҧсах-уе-ит / и-лы́-м-сы-ҧсах-уа-м (-ӡо-м), [aor.] и-лы́-м-сы-ҧсах-ит / и-лы́-м-сы-м-ҧсах-ит, [imper.] и-лы́-м-ҧсах! / и-лы́-м-бы-м-ҧсахы-н!, и-лы́-м-шәы-ҧсах! / и-лы́-м-шәы-м-ҧсахы-н!; **Non-fin.** [pres.] (C1) и-лы́-м-сы-ҧсах-уа / и-лы́-м-сы-м-ҧсах-уа, (C2) и-зы́-м-сы-ҧсах-уа / и-зы́-м-сы-м-ҧсах-уа, (C3) и-лы́-м-зы-ҧсах-уа / и-лы́-м-зы-м-ҧсах-уа; **Abs.** и-лы́-м-ҧсах-ны / и-лы́-ма-м-ҧхах-кәа) **1.** to borrow sth from sb: Л-ҩы́за а-ҧа́ра и́-м-лы-ҧсах-ит. *She borrowed money from her friend. Она заняла деньги у ее товарища.* [cf. **а-ҧса́х-ра** "to borrow"]

а́-мҧын *see* **а́-мҧан**

-мҧын-ҟа *see* **-мҧан-ҟа**

а-мҧы́хьа-шәа-ра [intr. inverse] [C1-C2-Prev-R / C1-C2-Prev-Neg-R] [C2 find C1] (**Fin.** [pres.] и-сы-мҧы́хьа-шәо-ит / и-сы-мҧы́хьа-шәо-м, [aor.] и-сы-мҧы́хьа-шәе-ит / и-с-мҧы́хьа-м-шәе-ит, [imper.] б-сы-мҧы́хьа-шәа! / б-сы-мҧы́хьа-м-шәа-н!, шә-сы-мҧы́хьа-шәа! / шә-сы-мҧы́хьа-м-шәа-н!; **Non-fin.** [pres.] (C1) и-лы-мҧы́хьа-шәо / и-л-мҧы́хьа-м-шәо, (C2) и-зы-мҧы́хьа-шәо / и-з-мҧы́хьа-м-шәо, [aor.] (C1) и-лы-мҧы́хьа-шәа / и-л-мҧы́хьа-м-шәа, (C2) и-зы-мҧы́хьа-шәа / и-з-мҧы́хьа-м-шәа, [impf.] (C1) и-лы-мҧы́хьа-шәо-з / и-л-мҧы́хьа-м-шәо-з, (C2) и-зы-мҧы́хьа-шәо-з / и-з-мҧы́хьа-м-шәо-з, [past indef.] (C1) и-лы-мҧы́хьа-шәа-з / и-л-мҧы́хьа-м-шәа-з, (C2) и-зы-мҧы́хьа-шәа-з / и-з-мҧы́хьа-м-шәа-з; **Abs.** и-сы-мҧы́хьа-шәа-ны / и-сы-мҧы́хьа-м-шәа-кәа) **1.** to find (out): и-лы-мҧы́хьа-шәо-ит *she is finding it/them.* и-сы-мҧы́хьа-шәе-ит *I found it/them.* А-матәахә-қәа зегьы́ уаҩы́ и-мҧы́хьа-шәо-ит. (AFL) *Человек находит все предметы.* У-сы-мҧы́хьа-шәа! *If only you had found me!*

а́-мра [n.] (а́-мра-қәа, ҳа́-мра, мра́-к) the sun: Сара́ а-мшы́н с-ҭа́-ло-н, сы-ӡсо́-н, а́-мра сы-цәиа́ала-н. (AFL) *I went to the sea, swam, and tanned in the sun. Я заходил в море, плавал, загорал на солнце.* Ҳара́ а́-мра ҳ-к-уа́-н (/ҳ-ҿ-а-ҳа́-рбыл-уа-н). *We were tanning. Мы* *позагорали.* Ашьыжь а́-мра лассы́ и-гы́ла-ʒо-м. (AFL) *The sun doesn't rise early in the morning. Утром солнце рано не встает.* А-мре-и а́-мзе-и р-е́иҧш шә-еида́жә-л-аант! (GAL) *Долгих лет вам жизни! lit. Чтобы вы состарились вместе как солнце и луна! Many years of life for you!*

Амра [n.] (f.) [person's name]

а-мрагы́лара [n.] **1.** east**:** амрагы́лара-[а]хь *eastwards.* **2.** sunrise.

а-мрагы́ларатәи [adj.] eastern.

а-мраҭашәа́ра [n.] west. (< а́-мра "sun"+ а-ҭашәара́ "to set")

а-мраҭашәа́ратә [adj.] western**:** а-мраҭашәа́ратә ҧша *a west wind.*

а-мраҭашәа́рҭа [n.] west**:** а-мраҭашәа́рҭа-[а]хь *to the west.*

а́-мри [n.] a wicked [bad] person.

Мсыр [n.] [place-name]**:** Мсыр и-ҭы́-тц-ит ҳәа и-цәа́жәо-ит а́ҧсуаа. (AF) *The Abkhazians speak of having come out of Msyr [Egypt].*

-мҭа [suffix] **1.** [added to a verbal root] *used to form a noun signifying the product of a verbal action* (See ACST:19)**:** а-ҩы́-мҭа *writting work, composition* [< а-ҩ-ра́ 'to write']. **2.** [added to verbs and some nouns] *used to mark the effect of an action***:** а́-мра а-гы́ла-мҭе-и а-ҭашәа́-мҭе-и ры-ҩны́тҟа и-а́лагʒа-ны *from sunrise till sunset.*

-м-у(а) *see* **а-у-ра́** "do"

а-музе́и [n.] (-ҟәа) a museum. музей**:** А-ҧшьа́ша-ҽны а-музе́и ахь с-цо́-ит. *I go to the museum on Thursday.*

а-му́зыкатә [adj.] musical.

а-му́зыка [n.] music. музыка**:** А-му́зыка с-а-зы́-ʒырҩ-уе-ит. *I listen to music.*

Мура́ҭ [n.] (m.) [person's name]

-амха- [verbal affix] [inserted immediately after an underlying agent/subject in the verbal complex] *used to mark the non-volitional [abbreviated herein as* **nonvol***]. This is a category of mood expressing that an action is carried out by accident or unintentionally, and it is usually used in the affirmative form***:** с-а́мха-це-ит *I went against my own volition.* и-с-а́мха-фе-ит *I involuntarily/unintentionally ate it/them.* и-с-а́мха-бе-ит *I saw it/them my own volition.* [и]-и-а́мха-ҳәе́-ит *he said it/them involuntarily/unintentionally.* и-с-а́мха-у-а́-ҳәе-ит *I said it/them to you involuntarily/unintentionally.* (cf. и-у-а́-с-ҳәо-ит *I am telling you it/them*) с-а́мха-гыле-ит *I stood up against my own volition.* с-а́мха-тәе-ит *I sat against my own volition.* и-с-а́мха-ҟа-тце-ит *I did it/them against my own volition* (lit. *it/they was/were done by me involuntarily/unintentionally*). и-с-а́мха-лы-ҭе-ит *I returned it/them to her against my own volition.* и-с-а́мха-лы-р-ҟа-тце-ит *I involuntarily made her do it/them.* Сара́ а-шәҟәы́ с-ш-а́-ҧхь-о-з с-а́мха-цәе-ит. (IC) *Я, читая книгу, заснул. When I was reading, I fell asleep unconsciously.* Сара́ с-ҧа́ра-ҟәа зегьы́ с-а́мха-ны-х-ит. *I wasted all my money. Я потратила все свои деньги.*

а́-м-х-ра [tr.] [C1-C2-Prev-C3-R / C1-C2-Prev-C3-Neg-R] [C3 take C1 from C2] (**Fin.** [pres.] и-лы́-м-с-х-уе-ит / и-лы́-м-с-х-уа-м, [aor.] и-лы́-м(ы)-с-х-ит / и-лы́-м-сы-м-х-ит, [imper.] и-лы́-м-х! / и-лы́-м-бы-м-хы-н!, и-лы́-м-шә-х! / и-лы́-м-шәы-м-хы-н!, [caus.] и-лы́-м-с-ды-р-х-ит (*они заставили меня забрать у нее его(нрз.)/их*); **Non-fin.** [pres.] (C1) и-лы́-м(ы)-с-х-уа / и-лы́-м-сы-м-х-уа, (C2) и-з-мы́-с-х-уа / и-зы́-м-сы-м-х-уа, (C3) и-лы́-м(ы)-з-х-уа / и-лы́-м-зы-м-х-уа, [aor.] (C1) и-лы́-м(ы)-с-х / и-лы́-м-сы-м-х, (C2) и-з-мы́-с-х / и-зы́-м-сы-м-х, (C3) и-лы́-м(ы)-з-х / и-лы́-м-зы-м-х, [impf.] (C1) и-лы́-м(ы)-с-х-уа-з / и-лы́-м-сы-м-х-уа-з, (C2) и-з-мы́-с-х-уа-з / и-зы́-м-сы-м-х-уа-з, (C3) и-лы́-м(ы)-з-х-уа-з / и-лы́-м-зы-м-х-уа-з, [past indef.] (C1) и-лы́-м(ы)-с-хы-з / и-лы́-м-сы-м-хы-з, (C2) и-з-мы́-с-хы-з / и-зы́-м-сы-м-хы-з, (C3) и-лы́-м(ы)-з-хы-з / и-лы́-м-зы-м-хы-з; **Abs.** и-лы́-м-х-ны / и-лы́-мы-м-х-кәа) **1.** to take away (from), to seize, to take away; to take, to seize**:** и-лы́-м-с-х-уе-ит *I am taking it/them from her.* и-ры́-м-х! *take it/them from them!* Сара́ уи а-

M

интервиу́ лы́-м-с-х-ит. *I interviewed her. Я взял у нее интервью.* А-ҧсцәа́ҳа-гьы д-аа-кы́л-сы-н, а-мацәа́з-қәа аа-лы́-м-х-ны, ус д-л-а́-з-тцаа-ит. (AF) *The Prince of the Dead also appeared, took the rings off her and asked her this question.* **2.** to cut off: А-ча́ са́-к а́-мы-с-х-ит. *I cut off a slice of bread. Я отрезал кусок хлеба.* **3.** to discharge sb from, to sack: И-у́сура д-а́-мы-р-х-ит. *He was discharged from his job.* || **а-хахәы́ а́-м-х-ра** (= **а-ркәыд-ра́**) to have a haircut: Сара́ с-хахәы́ а́-м-с-х-уе-ит. (= сы-рҟәыд-уе́-ит) (GAL) *Я постригусь. I will have a haircut.* С-хахәы́ с-з-а́-мы-шә-х! *Please cut my hair! Пострегите меня!* || **а-напы́ а́-м-х-ра** to shake hands: У-напы́ у́-мы-с-х-уе-ит. *I am shaking your hand. Я жму твою руку.*

а-мху́рсҭа [n.] (-қәа) a (corn-)field; a cultivated field.

а-мхы́ [n.] (а-мх-қәа́, мхы́-к, сы-мхы́) **1.** a field; a cornfield: а-мх-а-ҿы́ *in the (corn-)field.* А-нха-цәа́ а-мх-қәа́ ҭа́-р-гало-ит. *The peasants are collecting maize in the fields.* Ка́ма а́-ҧш а-мх-а-ҿы́ и-ла-л-тце́-ит. *Kama sowed the field with maize.* Сара́ а-мхы́ с-ча́лт-уе-ит. *I am harrowing the cornfield.*

а-мҳа́ҧ [n.] (а-мҳа́ҧ-қәа) a spoon for cornmeal mush.

а-мҳара́ [n.] (а-мҳара-қәа́, а-мҳара-ҿы́) a small house for newlyweds.

а-мҳа́тцә [n.] (-қәа) a spoon: а-че́и мҳа́тцә *a teaspoon.* а-тәа́н мҳа́тцә-ла а́илрыхра *to stir soup with a spoon.*

а-мҳацьы́р [n.] (-цәа) (*of a person*) an exile.

а-мҳацьы́рра [n.] exile; the Exile.

а́-мц [n.] (а́-мц-қәа, мцы-к) a lie: Ари́ мц-уп. *This is a lie.* || **а-мц а-ҳәа-ра́** (= **а́-мц-ҳәа-ра**) to lie, to tell a lie: Уи́ а-мц и-ҳәо́-ит. *He is lying.* А-мц л-ҳәа-ӡо́-м. *She doesn't tell lies.* А-мц у-м-ҳәа́-н! *Don't tell a lie! Не лги!* А-мц шәы-м-ҳәа́-н! *Don't tell a lie! Не лгите!* [cf. **а-иа́ша** "truth"; **а-иа́ша а-ҳәа-ра́** "to tell the truth"]

а́-мца [n.] (а́-мца-қәа, мца́-к) fire: А-бна бзи́а и-з-бо́ а́-бна-ҿы а́-мца еиқә-и́-тцо-м. (AFL) *A person who loves the forest does not start a fire in the forest. Тот, кто любит лес, в лесу не разводит огонь.* || **а́-мца а-к-ра́** to catch fire: а-ҩны́ а́-мца а-к-и́т *the house caught fire, дом загорелся.* А-ҩны́ а́-мца ан-а-кы́, а́б а-хәычы́ ды-ш-га́ра-з а-га́ра дәы́л-и-ҧаа-ит. (ARD) *Когда дом загорелся, отец быстро вынес люльку с ребенком. When the house caught fire, the father quickly carried out the cradle with the child.*

а́-мцабз [n.] (а́-мцабз-қәа, мцабзы́-к) a flame. [< а́-мца "fire" + а́-бз "tongue"]

а-мцхә [adj.] unnecessary.

а́-м(ы)цхәы [adv.] **1.** too much: Уи́ а́-ммцхәы д-ааҧсе́-ит. *He was very tired. Он очень устал.* **2.** superfluous; extra: а-ҳа́рџь мыцхәы́ *extra expenses.* Уи́ ара́ д-мыцхә-у́п. *He is superfluous here.*

а́-мц-ҳәа-ра [tr.] [а-мц-C3-R / а-мц-C3-Neg-R] [C3 tell lies] (**Fin.** [pres.] а́-мц-с-ҳәо́-ит / а́-мц-с-ҳәо́-м, [aor.] а́-мц-с-ҳәе́-ит / а́-мц-сы-м-ҳәе́-ит, [imper.] а-мц-ҳәа́! / а-мц-бы-м-ҳәа́-н!, а-мц-шә-ҳәа́! / а-мц-шәы-м-ҳәа́-н!, [caus.] а́-мц-л-сы-р-ҳәе́-ит; **Non-fin.** (C3) [pres.] а́-мц-з-ҳәо́ / а́-мц-зы-м-ҳәо́, [aor.] а́-мц-з-ҳәа́ / а́-мц-зы-м-ҳәа́, [impf.] а́-мц-з-ҳәо́-з / а́-мц-зы-м-ҳәо́-з, [past indef.] а́-мц-з-ҳәа́-з / а́-мц-зы-м-ҳәа́-з; **Abs.** а́-мц-ҳәа-ны́ / а́-мц-м-ҳәа́-кәа) **1.** (= **а-мц а-ҳәа-ра́**) to lie, to tell a lie: А-мц и-ҳәо́-ит. *He is telling a lie./He is lying. Он лжет.*

а́-мцҳәа-ҩ [n.] (а́-мцҳәа-цәа, мцҳәаҩы́-к) a liar; a deceiver, a fraudster.

а́-мтц [n.] (а́-мтц-қәа, мтцы́-к, мтц-қәа́-к) a fly: Ан лы-ҧҳа́ д-л-а-бзо́-н, а-ҧҳа́ а-мтц лы-ҧхьаӡо́-н. *The mother gives her daughter advice, and the daughter counts flies.*

-(а)мтца- [preverb] **1.** under, beneath (cf. **-тца-**): а́-тцла д-а́-мтца-тәо-уп. *he/she is sitting under the tree.* (cf. а́-тцла а́-мтца ды-ҭа́-н. *he/she was sitting under the tree. он/она сидел/-ла под деревом.*) Сара́ а́-тцла с-а́-мтца-гыло-уп. *I am standing under the tree. Я стою под деревом.* **2.** before.

а́-мтца(н) [adv./post.] **1.** under, beneath**:** урҭ ры́-мтца *beneath them.* а́-ҵла а́-мтцан *under the tree.* Урҭ ры́-мтца зе́гь бӷьы́жә-хе-ит. (AFL) *Everything under them is covered with fallen leaves. Под ними все покрыто осыпавшимися листьями.* **2.** in the environs of, near**:** Москва́ а́-мтцан *in the environs of Moscow.*

а-мтца-гы́ла-ра [intr.] [C1-C2-Prev-R / C1-C2-Prev-Neg-R] [C1 stand under C2] (**Fin.** [pres.] с-а-мтца-гы́ло-ит, д-а-мтца-гы́ло-уп / с-а-мтца-гы́ло-м, [aor.] с-а-мтца-гы́ле-ит / с-а-мтца-м-гы́ле- ит, [imper.] б-а-мтца-гы́л! / б-а-мтца-м-гы́ла-н!, шә-а-мтца-гы́л! / шә-а-мтца-м-гы́ла-н!; **Non-fin.** [pres.] (C1) и-а-мтца-гы́ло / и-а-мтца-м-гы́ло, (C2) д-зы-мтца-гы́ло / д-зы-мтца́-м-гыло; **Abs.** д-а-мтца-гы́ла-ны / д-а-мтца-м-гы́ла-кәа) **1.** to be standing under sth. **2.** to stand under sth. **3.** to stand before**:** Акәта́ӷь цьны́ и-сы́-мтца-гыло-уп. (AFL) *A fried egg/Fried eggs is/are in front of me. Яичница стоит передо мной.*

а́-мтца-жь-ра* [tr.] [C1-C2-Prev-C3-R] [C3 cast C1 before C2] (**Fin.** [aor.] и-лы́-мтца-сы-жь-ит / и-лы́-мтца-с-мы́-жь-ит, [imper.] и-лы́-мтца-жь! / и-лы́-мтца-б-мы́-жьы-н!, **Abs.** и-лы́-мтца-жь-ны / и-лы́-мтца-м(ы́)-жь-кәа) **1.** to cast sth before sb/sth**:** А-шәҟәы́ лы́-мтца-и-жь-ит. *He cast the book before her. Он бросил книгу перед ней.*

а́-мтца-заа-ра [intr. stative] [C1-C2-R] [C1 be under/before C2] (**Fin.** [pres.] и-а́-мтцо-уп, и-ры́-мтцо-уп, и́-мтцо-уп; **Non-fin.** [past] (C1) и-ры́-мтца-з) **1.** to be under sth**:** А-ҳәа-ҟәа́ а-ц̌ь и-а́-мтцо-уп. *The pigs is under the oak tree. Свиньи под дубом.* **2.** (*of food, a patient, etc.*) to be/lie before sb**:** А-сас-цәа а́-фатә ры́-мтцо-уп. *The food is before the guests. Перед гостями лежит еда.* А-ђьсы́ д-ры́-мтцо-уп. *The deceased is lying before them. Перед ними лежит покойник.* Ари́ а́-сас-цәа и-ры́-мтца-з а́-фатә а́иҳа-гьы е́и-гәырӷье-ит. *The guests rejoiced at this more even than the food which was set before them.*

а́-мтца-к-ра [tr.] [C1-C2-Prev-C3-R / C1-C2-Prev-C3-Neg-R] [C3 hand C1 to C2] (**Fin.** [pres.] и-бы́-мтца-с-к-уе-ит / и-бы́-мтца-с-к-уа-м (-к-ӡо-м), [aor.] и-бы́-мтца-с-к-ит / и-бы́-мтца-сы-м-к-ит (-к-ӡе-ит), [imper.] и-лы́-мтца-к / и-лы́-мтца-бы-м-кы-н!, и-лы́-мтца-шә-к / и-лы́-мтца-шәы-м-кы-н!; **Non-fin.** [pres.] (C1) и-лы́-мтца-с-к-уа / и-лы́-мтца-сы-м-к-уа, (C2) и-зы-мтца́-с-к-уа / и-зы-мтца́-сы-м-к-уа, (C3) и-лы́-мтца-з-к-уа / и-лы́-мтца-зы-м-к-уа, [aor.] (C1) и-лы́-мтца-с-к / и-лы́-мтца-сы-м-к, (C2) и-зы-мтца́-с-к / и-зы-мтца́-сы-м-к, (C3) и-лы́-мтца-з-к / и-лы́-мтца-зы-м-к, [impf.] (C1) и-лы́-мтца-с-к-уа-з / и-лы́-мтца-сы-м-к-уа-з, (C2) и-зы-мтца́-с-к-уа-з / и-зы-мтца́-сы-м-к-уа-з, (C3) и-лы́-мтца-з-к-уа-з / и-лы́-мтца-зы-м-к-уа-з, [past indef.] (C1) и-лы́-мтца-с-кы-з / и-лы́-мтца-сы-м-кы-з, (C2) и-зы-мтца́-с-кы-з / и-зы-мтца́-сы-м-кы-з, (C3) и-лы́-мтца-з-кы-з / и-лы́-мтца-зы-м-кы-з; **Abs.** и-бы́-мтца-к-ны / и-бы́-мтца-м-кы-кәа) **1.** to hand, to deliver**:** и-лы́-мтца-с-к-ит *I handed it/them to her.* **2.** to put (under)**:** и-а́-мтца-с-к-ит *I put it/them under it, я подставил его(нрз.)/их под это.*

а́-мтцан *see* **а́-мтца**

а́-мтца-ргы́ла-ра [tr.] [C1-C2-Prev-C3-S / C1-C2-Prev-C3-Neg-S] [C3 put C1 in front of C2] (**Fin.** [pres.] и-сы-мтца-лы-ргы́ло-ит / и-сы-мтца-лы-ргы́ло-м, [aor.] и-сы-мтца-лы-ргы́ле-ит / и-сы-мтца-л-мы-ргы́ле-ит, [imper.] и-лы́-мтца-ргыл! / и-лы́-мтца-б-мы-ргыла-н!, и-лы́-мтца-шәы-ргыл! / и-лы́-мтца-шә-мы-ргыла-н!; **Non-fin.** [pres.] (C1) и-лы́-мтца-сы-ргыло / и-лы́-мтца-с-мы-ргыло, (C2) и-зы́-мтца-сы-ргыло / и-зы́-мтца-с-мы-ргыло, (C3) и-лы́-мтца-зы-ргыло / и-лы́-мтца-з-мы-ргыло, [aor.] (C1) и-лы́-мтца-сы-ргыла / и-лы́-мтца-с-мы-ргыла, (C2) и-зы́-мтца-сы-ргыла / и-зы́-мтца-с-мы-ргыла, (C3) и-лы́-мтца-зы-ргыла / и-лы́-мтца-з-мы-ргыла, [impf.] (C1) и-лы́-мтца-сы-ргыло-з / и-лы́-мтца-с-мы-ргыло-з, (C2) и-зы́-мтца-сы-ргыло-з / и-зы́-мтца-с-мы-ргыло-з, (C3) и-лы́-мтца-зы-ргыло-з / и-лы́-мтца-з-мы-ргыло-з, [past indef.] (C1) и-лы́-мтца-сы-ргыла-з / и-лы́-мтца-с-мы-ргыла-з, (C2) и-зы́-мтца-сы-ргыла-з / и-зы́-мтца-с-мы-ргыла-з, (C3) и-лы́-мтца-зы-ргыла-з / и-лы́-мтца-з-мы-ргыла-з; **Abs.** и-а-мтца-ргы́ла-ны / и-а-мтца-мы-ргы́ла-кәа) **1.** to put sth in front of sb/sth**:** и-сы-мтца-лы-ргы́ло-ит *she is putting it/them in front of me, она ставит*

M

его(нрз.)/их перед меня. и-сы-мҵа-ды-ргы́ле-ит *they put it/them in front of me.* и-сы-мҵа-д-мы-ргы́ле-ит *they didn't put it/them in front of me.*

а́-мҵа-рс-ра [tr.] [C1-Prev-C3-S / C1-Prev-C3-Neg-S] [C3 snatch C1] (**Fin.** [pres.] ды-мҵа-сы́-рс-уе-ит / ды-мҵа-сы́-рс-уа-м, [aor.] ды-мҵа-сы́-рс-ит / ды-мҵа-с-мы́-рс-ит, [imper.] ды-мҵа-рс! / ды-мҵа-б-мы́-рсы-н!; **Non-fin.** [pres.] (C1) и-мҵа-сы́-рс-уа / и-мҵа-с-мы́-рс-уа, (C3) ды-мҵа-зы́-рс-уа / ды-мҵа-з-мы-рс-уа; **Abs.** и-мҵа́-рс-ны) **1.** to steal; to snatch: Д-лы́-шьҭасы-н а-ха́ҳә мҵа́-рс-ны ды́-ҩ-т. (Ab.Text) *He crawled along the ground and took the stone and ran off.*

а́-мҵа-с-ра [intr.] [C1-C2-Prev-R / C1-C2-Prev-Neg-R] [C1 grab at C2] (**Fin.** [pres.] с-лы́-мҵа-с-уе-ит (*я хватаю ее)* / с-лы́-мҵа-с-уа-м, [aor.] с-лы́-мҵа-с-ит / с-лы́-мҵа-м-с-ит, [imper.] б-лы́-мҵа-с! / б-лы́-мҵа-м-сы-н!; **Non-fin.** [pres.] (C1) и-лы́-мҵа-с-уа / и-лы́-мҵа-м-с-уа, (C2) с-зы-мҵа́-с-уа / с-зы-мҵа́-м-с-уа; **Abs.** с-а́-мҵа-с-ны / с-а́-мҵа-м-с-кәа) **1.** to grab at; snatch, to seize: А-бгахәычҷы́ а́-лаҳәа и-на́-мҵа-сы-н и-а-к-и́т. *The crow grabbed at the fox and caught it.*

а-мҵа-хы́рхәа-ра [intr.] **(1)** [C1-a-Prev-R / C1-a-Prev-Neg-R] [C1 pray] (**Fin.** [pres.] с-а-мҵа-хы́рхәо-ит / с-а-мҵа-хы́рхәо-м (-хы́рхәа-ӡо-м), [aor.] с-а-мҵа-хы́рхәе-ит / с-а-мҵа-м-хы́рхәе-ит (-хы́рхәа-ӡе-ит); **Non-fin.** [pres.] (C1) и-а́-мҵа-хырхәо / и-а́-мҵа-м-хырхәо) **1.** to pray. **(2)** [C1-C2-Prev-R / C1-C2-Prev-Neg-R] [C1 bow to C2] (**Fin.** [aor.] с-лы́-мҵа-хы́рхәе-ит *or* с-л-а́-мҵа-хы́рхәе-ит (*я ей поклонился*) / с-лы́-мҵа-м-хы́рхәе-ит *or* с-л-а́-мҵа-м-хы́рхәе-ит, [imper.] б-л-а́-мҵа-хырхәа! / б-л-а́-мҵа-м-хырхәа-н!, шә-л-а́-мҵа-хырхәа! / шә-л-а́-мҵа-м-хырхәа-н!; **Non-fin.** [pres.] (C1) и-лы́-мҵа-хырхәо / и-лы́-мҵа-м-хырхәо, (C2) и-зы́-мҵа-хырхәо / и-зы́-мҵа-м-хырхәо, [aor.] (C1) и-лы́-мҵа-хырхәа / и-лы́-мҵа-м-хырхәа, (C2) и-зы́-мҵа-хырхәа / и-зы́-мҵа-м-хырхәа, [impf.] (C1) и-лы́-мҵа-хырхәо-з / и-лы́-мҵа-м-хырхәо-з, (C2) и-зы́-мҵа-хырхәо-з / и-зы́-мҵа-м-хырхәо-з, [past indef.] (C1) и-лы́-мҵа-хырхәа-з / и-лы́-мҵа-м-хырхәа-з, (C2) и-зы́-мҵа-хырхәа-з / и-зы́-мҵа-м-хырхәа-з; **Abs.** д-а-мҵа-хы́рхуа-ны / д-а-мҵа-м-хы́рхуа-кәа) **1.** to bow (to), to greet: Д-сы́-мҵа-хырхәе-ит *or* Д-с-а́-мҵа-хырхәе-ит. *He/She bowed to me. Он/Она мне поклонился/-лась.*

а́-мҵа-ҳа-ра [intr.] [C1-C2-Prev-R] [C1 fall in front of C2] (**Fin.** [aor.] д-а́-мҵа-ҳа-ит) **1.** (*of a large object*) to fall in front of sb: Д-и́-мҵа-ҳа-ит. *He/She fell in front of him.* **2.** (*of a large amount of money*) to come one's way: а-ҧа́ра и́-мҵа-ҳа-ит. (ARD) *he came into a large amount of money.*

а́-мҵа-ҵа-ра [tr.] [C1-C2-Prev-C3-R / C1-C2-Prev-C3-Neg-R] [C3 place C1 before C2; C3 hand C1 to C2] (**Fin.** [pres.] и-лы́-мҵа-с-ҵо-ит / и-лы́-мҵа-с-ҵо-м (-ҵа-ӡо-м), [aor.] и-лы́-мҵа-с-ҵе-ит / и-лы́-мҵа-сы-м-ҵе-ит (-ҵа-ӡе-ит), [imper.] и-лы́-мҵа-ҵа! / и-лы́-мҵа-бы-м-ҵа-н!, и-лы́-мҵа-шә-ҵа! / и-лы́-мҵа-шәы-м-ҵа-н!; **Non-fin.** [pres.] (C1) и-лы́-мҵа-с-ҵо / и-лы́-мҵа-сы-м-ҵо, (C2) и-зы́-мҵа-с-ҵо / и-зы́-мҵа-сы-м-ҵо, (C3) и-лы́-мҵа-з-ҵо / и-лы́-мҵа-зы-м-ҵо, [aor.] (C1) и-лы́-мҵа-с-ҵа (*то, которое я положил перед ней*) / и-лы́-мҵа-сы-м-ҵа, (C2) и-зы́-мҵа-с-ҵа (*тот, перед которым я положил его(нрз.)/их*) / и-зы́-мҵа-сы-м-ҵа, (C3) и-лы́-мҵа-з-ҵа (*тот, который положил перед ней его(нрз.)/ их*) / и-лы́-мҵа-зы-м-ҵа, [impf.] (C1) и-лы́-мҵа-с-ҵо-з / и-лы́-мҵа-сы-м-ҵо-з, (C2) и-зы́-мҵа-с-ҵо-з / и-зы́-мҵа-сы-м-ҵо-з, (C3) и-лы́-мҵа-з-ҵо-з / и-лы́-мҵа-зы-м-ҵо-з, [past indef.] (C1) и-лы́-мҵа-с-ҵа-з / и-лы́-мҵа-сы-м-ҵа-з, (C2) и-зы́-мҵа-с-ҵа-з / и-зы́-мҵа-сы-м-ҵа-з, (C3) и-лы́-мҵа-з-ҵа-з / и-лы́-мҵа-зы-м-ҵа-з; **Abs.** и-лы́-мҵа-ҵа-ны / и-лы́-мҵа-м-м-ҵаа-кәа) **1.** to put sth in front of sb/sth, to place sth before sb/sth: А-сас-цәа а-кәа́ц ры́-мҵа-р-ҵе-ит. (AAD) *Они положили мясо перед гостями. They put the meat in front of the guests.* Шьҭа у-аа́и ара́хь! — и-ҳәа́н, д-на́-га-ны д-ла-и-ртәа́-н, а-кәакәа́р на-и́-мҵе-и-ҵа-н, д-н[а]-а́-ла-и-ргe-ит. (AF) *'Now come over here!' he said, led him away, sat him down, placed before him the dumpling and invited him to start eating.* **2.** to hand, to deliver: (...) а-бы́ста-гьы а́-лѳатцә а-хы́лзз-уа и-на-ры́-мтце-и-тце-ит. (ANR) (...) *and (he) handed them steaming grits.*

а́-мтц-га-ра [tr.] (**Fin.** [aor.] и-ры́-мтцы-р-ге-ит) = **а́-мтц-х-ра**

а́-мтц-ҧаа-ра [tr.] [C1-C2-Prev-C3-R / C1-C2-Prev-C3-Neg-R] [C3 snatch C1 from C2] (**Fin.** [aor.] и-лы́-мтцы-с-ҧаа-ит / и-лы́-мтц-сы-м-ҧаа-ит, [imper.] и-лы́-мтц-ҧаа! / и-лы́-мтц-бы-м-ҧаа-н! **Abs.** и-лы́-мтц-ҧаа-ны / и-лы́-мтцы-м-ҧаа-кәа) **1.** to take (away): а-са́ркьа аа-ры́-мтц-ҧаа-ны *taking the mirror from them.*

а́-м-тц-ра[1] [intr.] [C1-C2-Prev-R / C1-C2-Neg-Prev-R] [C2(cow) give C1(milk)] (**Fin.** [pres.] и-а́-м-тц-уе-ит / и-а́-м-тц-уа-м, [aor.] и-а́-м-тц-ит / и-а́-мы-м-тц-ит, [imper.] у-а́-м-тц! / у-а́-мы-м-тцы-н!; **Abs.** и-а́-м-тц-ны / и-а́-мы-м-тц-кәа) **1.** to give milk: А-жә а́-хш бзи́аны и-а́-м-тц-уе-ит. *The cow gives milk well. Корова хорошо доится.* А-жә а-хш а́-м-тц-уе-ит. *The cow gives milk. Корова доится.*

а́-м-тц-ра[2] [intr.] [C1-C2-Prev-R / C1-C2-Neg-Prev-R] [C1 come off from/resign from C2] (**Fin.** [pres.] д-а́-м-тц-уе-ит / д-а́-м-тц-уа-м, [aor.] д-а́-м-тц-ит / д-а́-мы-м-тц-ит, [imper.] б-а́-м-тц! / б-а́-мы-м-тцы-н!; **Non-fin.** [pres.] (C1) и-а́-м-тц-уа / и-а́-мы-м-тц-уа, (C2) д-зы́-м-тц-уа / д-зы́-мы-м-тц-уа, [aor.] (C1) и-а́-м-тц / и-а́-мы-м-тц, (C2) д-зы́-м-тц / д-зы́-мы-м-тц, [past indef.] (C1) и-а́-м-тцы-з / и-а́-мы-м-тцы-з, (C2) д-зы́-м-тцы-з / д-зы́-мы-м-тцы-з; **Abs.** д-а́-м-тц-ны / д-а́-мы-м-тц-кәа) **1.** to come off from: А-шә а́-маа а́-м-тц-ит. (ARD) *Ручка оторвалась от двери. The handle came off from the door.* **2.** (*of work*) to leave, to give up; to resign, to retire: И-у́сура д-а́-м-тц-ит. *He resigned from his work. Он уволился с работы.*

а́-мтц-х-ра* [tr.] [C1-C2-Prev-C3-R] [C3 take C1 from in front of C2] (**Fin.** [aor.] и-ры́-мтцы-с-х-ит / и-ры́-мтц-сы-м-х-ит, [imper.] и-ры́-мтц-х! / и-ры́-мтц-бы-м-хы-н!) **1.** to remove/ take away sth in front of sth: а́-сас-цәа а́-тцәца ду́-қәа ры́-мтц-х! (ARD) *Take the big glasses from in front of the guests!* [= **а́-мтц-га-ра**]

а-мтцәы́жәа *see* **а-мтцәы́жәѳа**

а-мтцәы́жәѳа [n.] (-қәа) a wing; a fin: аиропла́н мтцәы́жәѳа *a wing of an airplane.* || **Мтцәы́жәѳа-да д-ҧыр-уе́-ит.** *He/She is very glad. He/She is in the seventh heavwn. [lit. He/She is flying without wings.] Он/Она очень радуется. Он/Она на седьмом небе.*

а́-мч [n.] (а́-мч-қәа, мчы-к, мчы-с) **1.** power, might; force, strength, power: А-мч и́-ло-уп (/и́-мо-уп). *He is strong.* Мчы-с и-ха́-мо-у-зеи? *What can we do?! = We don't have the strength to do it.* Сы́-мч а́-қә-хо-м. *I am not in my powers to do it.* Абри́ шәара́ и-шә-иааи-ра мчы́-с и́-ќо-у-зеи? (Ab.Text) *What is it that can defeat you?* Лара́ мчы-с и-лы́-мо-у лы-хцәо́-уп. *The source of her power is her hair.* И-ш-и́-мчы-з ды́-ҧа-рц и-ӡбе́-ит. *He decided to take a leap with all the might.* **2.** power. || **и-ш-и́-мч-у** with all his strength.

а́-мчра [n.] power; authority.

а́-мчыбжь(а) [n.] (а́-мчыбжь-қәа, мчыбжьы́-к, мчыбжь-қәа́-к) **1.** a week: ѳы́-мчыбжьа *two weeks.* а́-мчыбжь а́-мш-қәа *the days of the week.* есы-мчыбжьа *every week.* и-х̧-а́-ѳсы-з а́-мчыбж а-зы́ *last week.* Мыз-кы́ шаќа́ мчыбжьы́ а́-мо-и? *How many weeks are in a month?* Мыз-кы́ и-а́-мо-уп ҧшь-мчы́бжь. (AFL) *There are four weeks in a month.* А-мчыбжь а́-мш-қәа зе́гь а́-шә а́а-рт-уп а-мᵒы́ша а́-да. (AFL) *The door is open all week except Sunday. Всю неделю дверь открыта, кроме воскресенья.*

а́-мчыбжь-тәи [adj.] weekly: Аба́р мчыбжьы́ктәи а-програ́мма! *Here is a program for the week. Вот программа на неделю.*

мчы́ла [adv.] by force, forcibly: Сара́ мчы́ла ды-з-ге́-ит. *I took him/her by force.*

Амч-аа́ [n.] the Amich'ba clan.

Амыч-ба [surname]

а́-мᵒхак [n.] (-қәа) scale, range; extent.

а́-мᵒха-к-ра [tr.] [C1-a-Prev-C3-R / C1-a-Prev-C3-Neg-R] [C3 seize C1] (**Fin.** [pres.] и-а́-

M

мᵒеха-на-к-уе-ит / и-а́-мᵒеха-на-к-уа-м, [aor.] и-а́-мᵒеха-на-к-ит / и-а́-мᵒеха-на-м-к-ит, [imper.] у-а́-мᵒеха-к! / у-а́-мᵒеха-на-м-кы-н!; **Non-fin.** [pres.] (C1) и-а́-мᵒеха-на-к-уа / и-а́-мᵒеха-на-м-к-уа; **Abs.** и-а́-мᵒеха-к-ны / и-а́-мᵒеха-м-к-кәа) **1.** to envelop, to seize, to grip; to take possession of, to seize: Зегьы́ а-гәы́рҕьа и-а́-мᵒеха-на-к-ит. *Joy seized everyone. Всех охватила радость.* А-мца а-ҩны́ зегьы́ а́-мᵒеха-на-к-ит. (AAD) *Огонь охватил весь дом. A fire enveloped the whole house.*

а-мᵒеы́ша [n.] (-ҟәа) Sunday: а-мᵒеы́ша-зы *on Sunday.* Иацы́ мᵒеы́ша-н. *Yesterday was Sunday.* А-мᵒеы́ша-ᵒены сара́ за́а с-гы́ла-ӡо-м. *I don't get up early on Sunday. В воскресенье я рано не встаю.*

а-мᵒеы́ша-ᵒены (= **а-мᵒеы́ша-зы**) [adv.] on Sunday: А-мᵒеы́ша-ᵒены с-а́н-и саре́-и а-дәқьа́н ахь ҳ-це́-ит. (AFL) *My mother and I went to the store on Sunday. В воскресенье моя мать и я пошли в магазин.*

а-мᵒҿлы́х [n.] (-ҟәа) wooden ware.

а-мᵒҿтәы́ [adj.] wooden: а-мᵒҿтәы́ мҳа́тҵә-ҟәа *wooden spoons.*

а́-мᵒҿхак *see* **а́-мᵒехак**

а́-мᵒҿха-к-ра *see* **а́-мᵒеха-к-ра**

а-мᵒҿы́ [n.] (а-мᵒҿ-ҟәа́, а-мᵒҿ-гьы́, сы-мᵒҿы́, мᵒҿы́-к, мᵒҿ-ҟәа́-к) **1.** a tree. **2.** wood. **3.** firewood: а-мᵒҿаӡа *damp firewood.*

а́-мш [n.] (а́-мш-ҟәа, мшы́-к / мыш-кы́, мш-ҟәа́-к, а́-мш-гьы) **1.** a day: а́-мчыбжь а́-мш-ҟәа *the days of the week.* есы-мша *every day.* сара́ с-у́сура мшы *my work day.* А-хәшә-ҟәа мыш-кы́ хынтә и-жә-жә-ла́! *Please take some medicine three times a day!* А-жә-ҟәа мыш-к-а́-ла хы́нтә=хынтә и-р-хьо́-ит. *They milk the cows three times a day.* Иахьа́ за́кә мшы́-у-и? (AFL) *or* Иахьа́ иа́рбан мш-у́? (AFL) *What day is it today? Какой сегодня день?* Иацы́ закуы́ мшы́-з? *What day was yesterday?* А-мш л-хы́-л-го-ит. *She spends the day.* Амчыбжь и-а́-мо-уп а́-мш-ҟәа быжьба́. (*or* Мчыбжьы́-к и-а́-мо-уп бжьы-мшы́.) *There are seven days in a week.* А-у́сура мыш-наҟьа́-к а-ге́-ит. *The job took the whole day.* **2.** the daytime: а́-мш-гьы а́-тҳх-гьы *day and night.* А-мш-гьы ш-не́и-уа-з и-кьа́ᵒҿ-хе-ит. (AFL) *The daytime too gradually became short. И день постепенно стал коротким.* **3.** weather: а́-мш бзи́а *good weather.* Иахьа́ а́-мш бзи́о-уп / цәгьо́-уп. *Today the weather is good/bad.* Иахьа́ а́-мш бзи́а-н. (ANR) *Today the weather was good.* || **мыш-кы́ шәынтә** frequently, often (*lit.* a hundred times a day).

мшаҧы́ [n.] April.

мшаᵒены́ [adv.] on that day: Мшаᵒены́ д-шы́-ҟа-з ды́-ҟо-уп. *He has not changed a bit. Он нисколько не изменился. / He is what he used to be.*

а́-мшира [n.] (= **а-мш-и́ра**) (бы́-мшира) a birthday.

а́-мшцәгьа [n.] bad weather: А-мшцәгьа р-ҧырхáга-хе-ит, а́кумзар у́рҭ иахьа́ а-у́с ду́ ҟа-р-тҵо́-н. (AAD) *If the bad weather had not prevented them, they would have done a big thing today. Если бы плохая погода не мешала им, они сегодня сделали бы большое дело.*

мшыбзи́а [interjection] (*to you* [sg.]) good day!

мшыбзи́а-ҟәа [interjection] (*to you* [pl.]) good day!

мшызҳа́ [adv.] **1.** day by day. **2.** rarpidly, quickly: Мшызҳа́ и-зҳа-уе́-ит. *He is growing quickly. Он быстро растет.* А-хучы́ мшы-зҳа́ и-з-ҳа-уа́, да́ара и-џьо́-у-шьа-ра-тәы лассы́ и-з-ҳа́-ит. (Ab.Text) *The baby grew day by day and grew so big that you would be very surprised.* [cf. **а́-мш** "a day," **а-зҳа-ра́** "to grow"]

а-мшы́н [n.] (а-мшы́н-ҟәа, мшы́н-к) the sea: а-мшы́н а-ᵒҿы́ *in the sea.* А-мшы́н еиқуа́ *the Black Sea.* Бзыҧ А-мшы́н д-тҭо́-уп. *He/She is in the sea.* Уара́ а́ҧхын а-мшы́н у-ҭа́-ло-ма? (AFL) *Do you swim in the sea in summer?* А-мшы́н а-ҟы́-нӡа шә-аа-ла́! *Come up to the sea!* Аҧсны́ шьтҭо́-уп А-мшы́н Еиҟәа́ а-ᵒҿы́ҟә-ан. (AFL) *Abkhazia is on the coast of the Black Sea. Абхазия находится на побережье Черного моря.* Уара́ а-мшы́н а-ᵒҿы́ у-ᵒе-у́-

кәабо-ма? *Do you swim in the sea?* А-ԥхын а-мшы́н ахь с-ца-ло́-ит. *I go to the sea in summer.*
а-мшы́нӡ [n.] (мшы́нӡы-к) seawater.
а-мшы́нуа-ҩы [n.] (а-мшы́нуаа) a sailor; a seaman.
а-мшьху́лтц [n.] (-қәа) an elbow.
а́-мшә [n.] (а́-мшә-қәа, мшәы-к) a bear.
мшы-бзи́а!, мшы-бзи́а-қәа! good day! добрый день!
а-мы́даӷьцәа [n.] (-қәа) **1.** a shell. **2.** a scale.
мыз-кы́ *see* **а́-мза**
а-мырхәа́га [n.] (-қәа) a sun ray.
-мы-ртцы́-кәа *see* **дук**
а-мы́ткума [n.] wailing.
Мысҭафа́ [n.] (m.) [person's name]
мыцхәы́ [adv.] (= **а́-мцхәы**) **1.** very**:** Мыцхәы́ д-ԥшӡо́-уп. *He/She is very beautiful.* **2.** too much; excessively; exceptionally**:** А-нцәа́ уи́ мыцхәы́ бзи́а д-и-бо́-н. (AF) *God loved him to excess.*
мы́тцла [n.] all the trees**:** Атцла-мы́тцла зе́гь ҩе́ижь-хе-ит. (AFL) *All of the trees turned yellow. Все деревья пожелтели.*
а-мытцмы́ць [n.] (-қәа, а-мытцмы́ць-и) a pomegranate (tree).
мышкы́ *see* **а́-мш**
а́-мҩа [n.] (а́-мҩа-қәа, мҩа-к / мҩа-кы́, мҩа-кәа́-к, а́-мҩа-ҿы) **1.** a road; a way; a street**:** аихáмҩа *a railway* [< аиха́ "iron" + -мҩа "way"]. Лео́н и-мҩа-зу́ *Leon Street.* С-гы́ла-н а́-мҩа-н. *I stood on the road.* А-мҩа-қәа ҭба́а-уп. *The roads are wide.* Уара́ у-а́тцкыс сара́ с-еихаб-у́п, а́-мҩа сы-з-у́-ҭо-м. *I am older than you, (so) I can't make way for you. Я старше тебя, я не могу тебе дать дорогу.* Ари́ а́-мҩа с-қы́ҭа-хь и-цо́-ит. *This road goes to my village. Эта дорога идет в мое село.* И-мҩа-хь д-це-ит. *He went on his way.* || **А-мҩа бзи́а шәы́-қә-ла-аит!** I wish you a good journey. || **а́-мҩа а-цәы-х-кьа-ра́** to lose one's way. || **а́-мҩа а́-қә-тца-ра** to send, to direct, to aim; отправить, to send, to dispatch. || **а́-мҩа ды́-қә-ле-ит** he/she set out on a journey. || **а́-мҩа ды́-қә-уп** he/she is on the way**:** Арҭ и-гәаҟ-тцәа́ҟ-уа а́-мҩа и́-қәы-н. (AF) *These folk were following their path in trial and torment.*
-мҩа́бжара [adv.] half-way.
а́-мҩа-дара [n.] a bad road; absence/lack of roads.
а-мҩаду́ [n.] (а-мҩаду-қәа́) a thoroughfare, a highway.
мҩамш || **мҩамш у-қә-ла-аит!** *pleasant trip!* Мҩамш а-нцәа́ шәы́-қу-и-тца-аит. *May God keep you on your journey!*
а́-мҩан-тца-ра [tr.] [C1-Prev-C3-R / C1-Prev-C3-Neg-R] [C3 swing C1] (**Fin.** [pres.] и-мҩаны́-л-тцо-ит / и-мҩаны́-л-тцо-м, [aor.] и-мҩаны́-л-тце-ит / и-мҩаны́-лы-м-тце-ит, [imper.] и-мҩан-тца́! / и-мҩаны́-бы-м-тца-н!, и-мҩаны́-шә-тца! / и-мҩаны́-шәы-м-тца-н!; **Non-fin.** [pres.] (C1) и-мҩаны́-л-тцо / и-мҩаны́-лы-м-тцо, (C3) и-мҩаны́-з-тцо / и-мҩаны́-зы-м-тцо; **Abs.** и-мҩан-тца-ны́ / и-мҩаны́-м-тца-кәа) **1.** to swing (*an arm*).
а-мҩаны́фа [n.] (-қәа) provisions.
а́-мҩаԥ-га-ра [tr.] [C1-Prev-C3-R / C1-Prev-C3-Neg-R] [C3 organize C1; C3 see C1 off] (**Fin.** [pres.] бы-мҩаԥы́-з/с-го-ит, сы-мҩаԥы́-л-го-ит / бы-мҩаԥы́-з/с-го-м (-га-ӡо-м), [aor.] бы-мҩаԥы́-з/с-ге-ит, бы-мҩаԥа́-ҳ-ге-ит / бы-мҩаԥы́-сы-м-ге-ит (-га-ӡе-ит), бы-мҩаԥа́-ҳа-м-ге-ит (-га-ӡе-ит), [imper.] ды-мҩаԥы́-г! (*проводи ее/его!*) / ды-мҩаԥы́-бы-м-га-н!, ды-мҩаԥы́-жә/шә-г! / ды-мҩаԥы́-жәы/шәы-м-га-н!; **Non-fin.** [pres.] (C1) и́-мҩаԥы-л-го / и́-мҩаԥы-лы-м-го, (C3) ды-мҩаԥы́-з-го / ды-мҩаԥы́-зы-м-го, [aor.] (C1) и́-мҩаԥы-л-га / и́-мҩаԥы-лы-м-га, (C3) ды-мҩаԥы́-з-га / ды-мҩаԥы́-зы-м-га, [impf.] (C1)

M

и́-мҩаӡы-л-го-з / и́-мҩаӡы-лы-м-го-з, (C3) ды-мҩапӡы́-з-го-з / ды-мҩаӡы́-зы-м-го-з, [past indef.] (C1) и́-мҩаӡы-л-га-з / и́-мҩаӡы-лы-м-га-з, (C3) ды-мҩаӡы́-з-га-з / ды-мҩаӡы́-зы-м-га-з; **Abs.** ды-мҩаӡ-га-ны́ / ды-мҩаӡы́-м-га-кәа) **1.** to organize; to hold (*a meeting, etc.*); to conduct: и-мҩаӡы́-л-ге-ит *she holds it/them (e.g. a meeting), она провела его(нрз.)/их (напр. собрание).* Зны А-нцәа́ еиза́ра ду-к мҩаӡ-и́-го-н. (AF) *One day God was holding a huge assembly.* Уи́ ҟа́зара ду́-ла и-ус-ҟәа́ мҩаӡ-и́-го-ит. *He conducts his affairs with great skill. Он с большим искусством ведет свои дела.* || **а-хы́ а́-мҩаӡ-га-ра** to behave, to conduct oneself: р-хы́ мҩаӡы́-р-ге-ит *they behaved.* Уи л-хы́ шӡа́-мҩаӡы-л-го? *How is she behaving? Как она ведет себя?* — Уи и-бзи́аны л-хы́ мҩаӡы́-л-го-ит. *She is behaving well. Она ведет себя хорошо.* **2.** to accompany, to see off; to accompany: ды-мҩаӡы́-с-ге-ит *I accompanied him/her, я его/ее сопровождал.* Уи́ а́-сас-цәа мҩаӡ-и́-ге-ит. (AAD) *He saw the guests off. Он проводил гостей.* Ҟазау́ҭ и́-сас-цәа аны́-мҩаӡ-и-га, а́изара-хь д-це-ит. (AF) *When Q'azaut had seen off his guests, he went off to the assembly.*

а́-мҩаӡгаҩ [n.] (а́-мҩаӡгаҩ-цәа) **1.** an organizer. **2.** an announcer.

а́-мҩаӡы-с-ра* [intr.] [C1-Prev-R] (**Fin.** [aor.] и-мҩаӡы́-с-ит / и-мҩаӡы́-м-с-ит, **Abs.** и-мҩаӡы́-с-ны / и-мҩаӡы́-м-с-кәа) **1.** (*of a meeting, etc.*) to go, to go off: Аицәажәара-ҟәа мҩаӡы́-с-уе-ит. *The negotiations are in progress. Идут переговоры.* Аизара бзи́аны и-мҩаӡы́-с-ит. (ARD) *The meeting went off successfully.*

а́-мҩа-с-ра [intr.] [C1-Prev-R / C1-Prev-Neg-R] [C1 pass] (**Fin.** [pres.] ды-мҩа́-с-уе-ит / ды-мҩа́-с-уа-м, [aor.] ды-мҩа́-с-ит / ды-мҩа́-м-с-ит, [imper.] б-мҩа́-с! / бы-мҩа́-м-сы-н!; **Non-fin.** [pres.] (C1) и-мҩа́-с-уа / и-мҩа́-м-с-уа, [aor.] (C1) и-мҩа́-с / и-мҩа́-м-с; **Abs.** ды-мҩа́-с-ны / ды-мҩа́-м-с-кәа) **1.** to pass, to go through: и-мҩа́-с-ны и-ца́-з а-дәы́ӷба *a train that has passed and gone.* Ара́ а́р мҩа́-с-ит. *The army went through there. Армия проходила там.*

а́-мҩас-ҩы [n.] (а́-мҩас-цәа, мҩа́сҩы-к) a passer-by.

а-мҩах-га-ра́ [tr.] [C1-Prev-C3-R / C1-Prev-C3-Neg-R] [C3 call C1 in] (**Fin.** [pres.] ды-мҩахы́-з/с-го-ит / ды-мҩахы́-з/с-го-м (-га-ӡо-м), [aor.] ды-мҩахы́-з/с-ге-ит / ды-мҩахы́-зы/сы-м-ге-ит (-га-ӡе-ит), [imper.] ды-мҩах-га́! / ды-мҩахы́-бы-м-га-н!, ды-мҩахы́-жә/шә-га́! / ды-мҩахы́-шәы-м-га-н!; **Non-fin.** [pres.] (C1) и́-мҩахы-л-го / и́-мҩахы-лы-м-го, (C3) ды-мҩахы́-з-го / ды-мҩахы́-зы-м-го, [aor.] (C1) и́-мҩахы-л-га / и́-мҩахы-лы-м-га, (C3) ды-мҩахы́-з-га / ды-мҩахы́-зы-м-га, [impf.] (C1) и́-мҩахы-л-го-з / и́-мҩахы-лы-м-го-з, (C3) ды-мҩахы́-з-го-з / ды-мҩахы́-зы-м-го-з, [past indef.] (C1) и́-мҩахы-л-га-з / и́-мҩахы-лы-м-га-з, (C3) ды-мҩахы́-з-га-з / ды-мҩахы́-зы-м-га-з; **Abs.** ды-мҩах-га-ны́ / ды-мҩахы́-м-га-кәа) **1.** to call in: сы-мҩахы́-л-ге-ит *she called me in, она меня зазвала.* шәы-мҩахы́-тц, дадра́а, а-ҩны́-ҟа, и-хәа́-н, а́-ҭаҳмада и-мҩах-и́-ге-ит. (Ab. Text) *"сыновья, зайдите домой!", сказал старик и позвал их в гости.* **2.** to divert (*water, etc.*): А-ӡи́ас мҩахы́-р-ге-ит. *He diverted the river.* (Spruit, SC5)

а́-мҩахы-тц-ра [intr.] [< -мҩа-хы-тц- "road-off-move"] [C1-Prev-R / C1-Prev-Neg-R] (**Fin.** [pres.] ды-мҩахы́-тц-уе-ит / ды-мҩахы́-тц-уа-м (-тц-ӡо-м), [aor.] ды-мҩахы́-тц-ит / ды-мҩахы́-м-тц-ит (-тц-ӡе-ит), [imper.] бы-мҩахы́-тц! / бы-мҩахы́-м-тцы-н!, шәы-мҩахы́-тц! / шәы-мҩахы́-м-тцы-н!; **Non-fin.** (C1) [pres.] и-мҩахы́-тц-уа / и́-мҩахы-м-тц-уа, [aor.] и́-мҩахы-тц / и́-мҩахы-м-тц, [impf.] и́-мҩахы-тц-уа-з / и́-мҩахы-м-тц-уа-з, [past indef.] и́-мҩахы-тцы-з / и́-мҩахы-м-тцы-з; **Abs.** ды-мҩахы́-тц-ны / ды-мҩахы́-м-тцы-кәа) **1.** to pay a visit to sb; to step in: А-ҩны́ҟа ҳа-мҩахы́-тцы-п. (AFL) *Let's drop in at my home. Зайдем ко мне домой.* Уи́ л-ҟны́ лассы́-лассы́ а́-сас-цәа мҩахы́-тц-уа-н. (AAD) *She often had visitors. У нее часто были гости.*

а-мҩахәа́сҭа [n.] (-ҟәа) a path: а́-бна мҩахәа́сҭа *a forest path.*

Н н

-н[1] [verbal suffix] **(a)** [of a stative verb] **1.** *used to mark Past of the stative verb's finite form***:** ды-ҟа-н *he/she was, он/она был/была.* **2.** *used to express the subjunctive in an apodosis***:** А-ҟәа́ а-у́-р, бзи́а-н. *If it rained, it would be good. Если бы пошел дождь, было бы хорошо.* **(b)** [of a dynamic verb] **1.** *used to mark Past Indefinite of the dynamic finite form. This marker means "X-ed and* (...)*."* (Hewitt, Abkhaz:174)**:** и-з-ба́-н *I saw it and* (...). ды-с-шьы́-н *I killed him and* (...). и-ҟа-с-ҵа́-н *I did it/them and* (...). д-тәа́-н д-цәа́жәе-ит. *he/she sat down and began to speak. он/она сел/-а и заговорил/-ла.* А-журна́л с-а́-ԥхьа-н с-ҩы́за и-лы́-с-ҭе-ит. *I read the magazine and gave it to my (female) friend.* Сара́ с-ашьа́ а-шәҟәы́ и-зы́-з-ҩы-н а-по́чҭа-хь с-це́-ит. *I wrote a letter to my brother and went to the post office.* А-мра наскьа́-н и-хьшәа́шәе-ит. (AFL) *The sun went down and it became cold. Солнце зашло и похолодало.* [N.B. The subject/agent of the Past Indefinite sentence and the subject/agent of the following sentence are not necessarily the same, e.g. И-дәы́ҟу-л-ҵа-н ры-ҩны́-ҟа и-це́-ит. *She sent them home and they went.* But in some cases, the subjects/agents of both sentences must be the same, e.g. А-ха́ҵа а-ԥҳәы́с ды-и-ба́-н ды-дәы́ку-ле-ит. *The man saw the woman and (he) went out.*]

-н[2] [preverb] "on (*a page, the skin, a concave surface, etc.*)" (Spruit, SC5)

-н(ы)-[3] [verbal particle] [Note that the particle **-н(ы)-** is the result of the weakening of **-на-** before the zero-affix of Column II (i.e. before the non-human 3rd person singular affix governed by the locational preverb). On the weakening of this element see Hewitt, AF:153, 176, 185] [inserted immediately after Column I] "immediately"; "at once"; "willingly"; "with pleasure"; "quickly", etc. (cf. **-на-**, **-л(ы)-**)**:** А-дәқьа́н ды-н-дәы́л-ц-уе-ит а-ԥҳәы́зба. (AFL) *The girl leaves the store at once/gladly.* А-шарԥаз а-чы́мазаҩ ды-н-ҭа́-ха-ны ды́-цәе-ит. (AAD) *In the early morning the sick person fell asleep soundly.* А-ҩны́ д-ахьы́-ны-ҩна-ла-з ауаа́ рацәа-ҩны́ и-еикуша-ны́ и-ш-тәа́-з и-бе́-ит. (Ab.Text) *He saw that in the house where he entered rapidly many people were sitting around.* И-бзи́о-уп, — и-хәа́-н, а́-хәа а́а-шьҭ-и-хы-н «а́-чкун» а-ҳьынҭҟа́р и-ҩны́ д-ны-ҩна́-л-т. (Ab.Text) *It is good, — the «boy» said, and he picked up the sword at once and quickly entered the king's house.* Нас ари́ «а́-чкун» и-цьы́ба и-аа-ҭ-и́-хы-н а-дау́ и-лы́мха на-га-ны́ р-а́ԥхьа и-ны́-ку-и-ҵе-ит. (Ab.Text) *Then as soon as this «boy» removed an ear of the ogre from his pocket, he took it thither and put it in front of them.* А-хәы́хә и-а́а-и-з а-лаха́нка и-а-ны́-з а-ӡы́ а-ҿы́-н-ҭ-на-шьы-н а-мцәы́жәҩа-куа ан-а́а-рышәшәа а́-рԥызба ԥшӡа́-к, а́-рԥызба зама́на-к д-аа-ҭы́-ҵт. (Ab.Text) *The dove which had come here dipped itself into the water on the washtub, and as soon as it waved its wings, it turned into a beautiful and fine young man.* ды-н-з-ах-ҭо́, уаха́ ды-ԥс-уе́-ит. (Ab.Text) *The person to whom we will give her (in marriage) will die tonight.*

-н[4] [verbal suffix] *contraction of the Absolutive suffix* **-ны**. *The unstressed schwa of the absolutive suffix* **-ны** *can be dropped when the suffix immediately follows a vowel.* (See Ger.A:18)**:** и-а́а-хәа-н < и-а́а-хәа-ны [it/them-Prev-buy-Abs.] *"having bought it/them"* (ANR). Д-и́-ц-це-ит и-ма́гәа-кәа и́-шьа-ҭа-н. *Having put on his boots, he went with him. Он пошел вместе с ним, надев свои сапоги.* (Ger.A:18) И-ҿы-рҩа́шьа-н д-ха́-ла-н. (ARD) *Он находился среди нас, замаскировавшись. He was among us in disguise.* А-ԥааимба́р-цәа Абрыскьы́л и-ра́шь-и иаре́-и еи-д-ҿа-хәа́ла-н, и-ры́-ма-ны абри́ а-хаԥы́ и-ҭа́-л-т. (AF) *The prophets bound Abrskj'yl and his steed together and entered with them into this cave.*

-н[5] (*or* **-ны**) [post.] *used with nouns such as road, field, village, country.* "in, at"**:** а-қы́ҭа-н *in the village.* а-дә-ны́ *in the field; outside.* С-гы́ла-н а́-мҩа-н. *I was standing in the road.* Џьа́ҭ-и Џьанҳәа́ҭ-и Џьгьа́рда а-қы́ҭа-н и-нхо́-ит. *Dzhat and Dzhanhwat live in the village*

Н

of Dzhgjarda. (ANR) Сара́ сы-н-хо́-ит Ҭыркәтәыла-н. *I live in Turkey.* Сара́ Қырттәыла-н / Урыстәы́ла-н сы-нхо́-ит. *I live in Georgia / Russia.* [cf. **-кны** "at, in"]

-н-[6] [verbal radical] *see* **а-ны́-заа-ра**

а́н[1] [n.] (с-а́н, а́на-цәа, аны́-к/ан-кы́, ана-цәа́-к, ан-ла́, ҳ-а́на-цәа) mother**:** аҧа́ и-а́н *the son's mother.* р-а́н Кака́шьа *their mother K'ak'asha.* [cf. **а́нду** "a grandmother"]

-ан-[2] [verbal prefix] **1.** [inserted immediately after Column I] *used to mark the conjunction of time. This marker forms a subordinate clause and takes a non-finite stem.* "when"**: [intr.]** д-аны-ҧс-у́ *when he/she is dead.* д-аны-ҧсы́-з *when he/she died, когда он/она умер/-ла.* д-аны-ҧс-уа́ *when he/she will die, когда он/она будет умирать.* д-ан-гы́ло *when he/she stands up.* д-ан-гы́ла *when he/she stood up.* д-ан-гы́ла-з *when he/she stood up/was standing.* д-ан-а́-ҧхьа *when he/she has read it.* д-ан-а́-ҧхьо *when he/she is reading/read it.* д-ан-а́-ҧхьа-з *when he/she read it.* д-ан-не́и-з *when he/she came.* **[tr.]** и-аны́-л-га *when she took it/them.* и-аны́-л-го *when she will take it/them.* и-аны́-л-га-з *when she took it/them.* и-аны́-ҟа-с-тца *when I already did it/them.* и-аны́-ҟа-с-тцо *when I do it/them.* и-аны́-ҟа-с-тца-ра *when I will do it/them.* и-ан-ҧы́-с-ҿ-уа *when I break it/them.* и-ан-ҧы́-с-ҿ-уа-з *when I was breaking it/them.* и-ан-ҧы́-с-ҿы-з *when I broke it/them.* и-ан-лы́-б-ҭа-з *when you gave it/them to her.* и-ан-лы́-б-ҭо *when you give it/them to her.* **[Present]** Шә-ан-гы́ло а́-шьҭахь и́-ҟа-шә-тцо-зеи? (AFL) *After you get up, what do you do? После того как вы встаете, что вы делаете?* А-мш аны-бзио́-у ны́ҟәара ҳ-цо́-ит, а́-қалақь ахь с-ҩы́зе-и саре́-и. (AFL) *When the weather is good, my friend and I go to town for a stroll. Когда погода хорошая, мой друг и я идем бродить в город.* Сара́ а-шәҟәы́ с-ан-а́-ҧхьо ды-с-гәа́лашәо-ит. *When I read the book, I remember her. Когда я читаю книгу, я вспоминаю ее.* [cf. Сара́ а-шәҟәы́ с-ан-а́-ҧхьо-з ды-с-гәа́лашәе-ит. *When I was reading the book, I remembered him/her. Когда я читал книгу, я вспомнил его/ее.*] **[Aorist]** Аҩы́за бзи́а ды-ҧша́а, д-ан-у́-ҧшаа д-у-мы-рӡы-н! (AFL) *Find a good friend, (and) when you have found him, don't lose him. Найди хорошего друга, когда ты нашел его, не потеряй его.* Ка́ма Џьгьа́рда-тәи а-бжьа́ратә шко́л д-ан-а́-л-га, д-ҭале́-ит Аҧсны́тәи аҳәынтқа́рратә инсти́тут. (AFL) *When Kama had finished middle school in Dzhgjarda, she entered the Abkhazian State Institute. Когда Кама кончила среднюю школу в Дзигьарде, она поступила в Абхазский государственный институт.* Д-аны́-з-ба (*д-аны́-з-ба-з) а-шәҟәы́ лы́-с-ҭе-ит. *When I saw her, I gave her the book.* [cf. Сара́ с-а́хь д-ан-а́а-лакь, ари́ а-шәҟәы́ лы́-шә-ҭ. *When she comes to see me, give her this book! Когда она придет ко мне, дайте ей эту книгу.*] Мура́ҭ д-ан-чмазаҩ-ха́ а-ҳакьы́м д-а́а-ит. *When Murat got ill, a doctor came. Когда Мурат заболел, врач пришел.* **[Imperfect]** Сара́ а-шәҟәы́ с-ан-а́-ҧхьо-з уа ды́-ҟа-н. *While I was reading the book, he/she was there. Когда я читал книгу, он/она был/была там.* [cf. Сара́ а-шәҟәы́ с-ан-а́-ҧхьа с-це́-ит. *After I read the book, I left. Когда я прочитал книгу, я ушел.*] А-магази́н а́хь с-ан-цо́-з, с-ҩы́за ды-з-бе́-ит. *When I was going to the store, I met my friend. Когда я шел в магазин, я увидел моего друга.*

2. [inserted immediately after Column I] *used to mark the time's interrogative in an indirect question.* "when, what time"**:** Бара́ шьыжьла́ б-ан-гы́ло з-ды́р-р(ц) с-ҭахы́-уп. *I want to know when you wake up in the morning. Я хочу знать, когда ты встаешь утром.* И-шә-ҳәа́, шәара́ шьыжьла́ шә-ан-гы́ло? (AFL) *Say when you wake up in the morning. Скажите, когда вы встаете утром?* [cf. **-анба-**]

3. [inserted immediately after Column I] *used to express the meaning "**the time when**." The usage appears to be analogous to that of the time's interrogative in an indirect question mentioned above***:** Насы́ҧ-ла, р-аа-ра́ л-ха́тца д-аны́-ҟа-мыз и-а́-қә-шәе-ит. (ACST) *Fortunately, their arrival here coincided with (the time) when her husband was absent.*

|| **-ан(ы)—тҵәкьа** "as soon as." *The manner-prefix* **-ан(ы)-** *is placed immediately after Column I and the intensifying suffix* **-тҵәкьа-** *"just" is placed either immediately after a root*

or at the end of a word. If the sentence produced with theses affixes refers to the past, the non-finite Aorist stem is used, while if the sentence refers to the future, the non-finite Aorist stem plus the suffix -лак(ь) *are used.* (= **-ш(ы)—тҵәкьа**) [See ACST:L.14]**:** А-шҭа д-ан-аа-ҭá-ла-тҵәӄьа ды-з-дыŕ-ит. (ARD) *As soon as he/she came into the yard, I recognized him/ her. Я его/ее узнал, как только вошел/вошла во двор.* Д-ан-цá-тҵәӄьа (еиҧш) (/Д-ан-цá éиҧш-тҵәӄьа), и-ҩы́за д-аá-ит. (ACST) *As soon as he/she went, his friend came.* И-ан-нааи́-лак-тҵәӄьа (еиҧш), а-цаҧхá ры-шә-ҭ! (ACST) *As soon as they get here, give them the key (to a plurality)!*

на-[1] [personal prefix] *used to mark the non-human agent in Column III of the verb "give" or verbs with preverbs.* "it"**:** и-а-нá-ҭо-ит *it will give it/them to it.* и-ӄа-на-тҵé-ит *it did it/them.*

-н(а)-[2] [preverb] *used to mark an action's direction away from a speaker/subject.* "there, thither"**:** д-нá-р-ге-ит *they took him/her (there), они его/ее повели туда.* а-нá-ца-ра *to drive there.* á-на-цҳа-ра *to report there.* á-на-шьҭ-ра *to send there.* á-на-ҧш-ра *to look there.*

-на-[3] [verbal particle] (*see* **-н(ы)-**) *used to express quickness of an action*: Шьры́н-гьы д-**на**-гы́ла-н и-áн д-и-ны́ҳәа-рацы и-á-ҟу-и-кы-ит. (GAL) *Шерин встал и решил поднять тост за свою мать. Sherin stood up and decided to offer a toast for his mother.* А-хәчы́ á-мба д-н[а]-а-кьы́-сы-н (cf. д-а-кьы́-сы-н), шьҭахьӄá ды́-ҩ-ит. *As soon as the boy touched the goal, he ran back.*

-н(а)[4] [suffix] *used to mark a multiplicative numeral*: аҩы́-на *double capacity.* [cf. **-аа-**]

анá [adv.] (= **áбна**) (over) there**:** Анá аниí áӄара ауаá еилáкь и-ахь-тәá-з ариí лымкáа-ла д-гуá-з-ҭо-да-з? (Ab.Text) *There were so many people in the room that no one noticed him in particular.* [cf. **арá** "here"]

Нáа [n.] [place-name]**:** Сы́-раху сы́-ма Нáа-ӄа с-цó-ит. (GAL) *Я со своим скотом иду в Наа. I go to Naa with my own cattle.*

á-наа [adj.] crooked**:** á-тҵла наа *the bent tree, кривое дерево.*

Наáла [n.] (f.) [person's name]

а-н-аáла-ра[1] [intr.] [C1-C2-Prev-S / C1-C2-Prev-Neg-S] [C1 suit C2] (**Fin.** [pres.] и-л-н-аáло-ит, ды-р-н-аáло-ит / и-л-н-аáло-м, [aor.] и-л-н-аáле-ит / и-л-ны́-м-аале-ит; **Non-fin.** [pres.] (C1) и-л-н-аáло / и-л-ны́-м-аало, (C2) и-з-н-аáло / и-з-ны́-м-аало, [aor.] (C1) и-л-н-аáла / и-л-ны́-м-аала, (C2) и-з-н-аáла / и-з-ны́-м-аала, [impf.] (C1) и-л-н-аáло-з / и-л-ны́-м-аало-з, (C2) и-з-н-аáло-з / и-з-ны́-м-аало-з, [past indef.] (C1) и-л-н-аáла-з / и-л-ны́-м-аала-з, (C2) и-з-н-аáла-з / и-з-ны́-м-аала-з; **Abs.** и-л-н-аáла-ны / и-л-ны́-м-аала-кәа) **1.** to suit**:** А-хáуа с-н-аáло-ит. *The climate suits me. Климат мне подходит.* А-тҵкы́ с-н-аáло-ит. *The dress suits me. Платье мне подходит.* И-с-н-аáло(-ма) а-ҧатҵá? *Do the whiskers suit me? Мне идут усы?* А-лимóн Аҧсны́ и-а-н-аáло-ит. (ANR) *The lemon thrives in Abkhazia.*

а-нааí-ла-ра[2] [intr.] [C1-C2-Prev-R / C1-C2-Prev-Neg-R] [C1 be reconciled with C2] (**Fin.** [pres.] сы-л-наá-ло-ит / сы-л-наá-ло-м (-ла-ӡо-м), [aor.] сы-л-наá-ле-ит / сы-л-наá-м-ле-ит (-ла-ӡе-ит), [imper.] бы-л-наá-л! / бы-л-наá-м-ла-н!; **Abs.** сы-л-наá-ла-ны / сы-л-наá-м-ла-кәа) **1.** to be reconciled with**:** сы-л-наá-ле-ит *I was reconciled with her.*

а-наáлеҭ [n.] *see* **á-митә**

á-наара[1] [n.] (-ҟәа, нáара-к) a slope.

á-наа-ра[2] [intr.] [C1-R /C1-Neg-R] [C1 lean] (**Fin.** [pres.] и-наа-уé-ит / и-наа-уá-м, [aor.] и-наá-ит / и-м-наá-ит, [imper.] у-наá! / у-м-наá-н!; **Non-fin.** [pres.] (C1) и-наá-уа / и-м-наá-уа, [aor.] (C1) и-наá / и-м-наá; **Abs.** и-наа-ны́ / и-наá-м-кәа *or* и-м-нáа-кәа) **1.** to stoop, to bend, to bow; to slant, to be crooked; to slip**:** А-ҩны́ наá-ит. *The house was crooked. Дом покосился.* И-хы́лҧа а-гáн-ахь и-наá-ит. *His hat slipped to the side. Его шляпа сбилась на бок.*

Н

а-на́-ва-иа-ра [tr.] [C1-Prev-C2-Prev-R / C1-Prev-C2-Prev-Neg-R] [C1 lie down by C2] (**Fin.** [pres.] д-на́-сы-ва-ио-ит / д-на́-сы-ва-ио-м, [aor.] д-на́-сы-ва-ие-ит / д-на́-сы-ва-м-ие-ит, [imper.] б-на́-сы-ва-иа! / б-на́-сы-ва-м-иа-н!; **Non-fin.** [pres.] (C1) и-на́-сы-ва-ио / и-на́-сы-ва-м-ио, (C1) и-на́-зы-ва-ио / д-на́-зы-ва-м-ио; **Abs.** д-на́-сы-ва-ие-ны / д-на́-сы-ва-м-ие-кәа) **1.** to lie next to: Ан л-хәычы́ д-лы́-р-цәа-рц д-на́-и-ва-ие-ит. (ARD) *Мать легла с ребенком, чтобы усыпить его. The mother lay down with the child to put it to sleep.*

а-на́-га-ра [tr.] [C1-Prev-C3-R / C1-Prev-C3-Neg-R] [C3 take C1 thither] (**Fin.** [pres.] б-на́-з-го-ит, д-на́-и-го-ит, б-на́-на-го-ит, б-на́-а-го-ит (< б-на́-ҳ-го-ит), д-на́-жә-го-ит / б-на́-з-го-м, [aor.] б-на́-з-ге-ит, б-на́-на-ге-ит, б-на́-а-ге-ит, с-на́-жә-ге-ит / б-на́-сы-м-ге-ит, б-на́-на-м-ге-ит, б-на́-ҳа-м-ге-ит, с-на́-шәы-м-ге-ит, [fut.1] б-на́-з-га-п / б-на́-з-га-рым, [fut.2] б-на́-з-га-шт / б-на́-з-га-шам, [perf.] б-на́-з-га-хьеит / б-на́-сы-м-га-ц(т), [impf.] б-на́-з-го-н / б-на́-з-го-мызт, [past indef.] б-на́-з-га-н / б-на́-сы-м-га-зт, [cond.1] б-на́-з-га-рын / б-на́-з-га-рымызт, [cond.2] б-на́-з-га-шан / б-на́-з-га-шамызт, [plupf.] б-на́-з-га-хьан / б-на́-сы-м-га-цызт, [imper.] и-на́-га!, и-на́-жә-га! / и-на́-бы-м-га-н!, [caus.] и-у-на́-сы-р-ге-ит (*я заставил тебя принести его(нрз.)/их туда*) / и-у-на́-с-мы-р-ге-ит; [poten.] б-сы-з-на́-го-ит, б-сы-з-на́-м-ге-ит; [nonvol] б-с-а́мха-на-ге-ит / б-с-а́мха-на-м-ге-ит; [vers.1] б-лы-з-на́-з-ге-ит / б-лы-з-на́-сы-м-ге-ит; [vers.2] б-лы-цә-на́-з-ге-ит / б-лы-цә-на́-сы-м-ге-ит; **Non-fin.** [pres.] (C1) и-на́-л-го (*то/тот, которое/-ого она относит/ отнесет*) / и-на́-лы-м-го, (C3) д-на́-з-го (*тот, который относит/отнесет его/ее*) / д-на́-зы-м-го, [aor.] (C1) и-на́-л-га / и-на́-лы-м-га, (C3) д-на́-з-га / д-на́-зы-м-га, [fut.1] (C1) и-на́-л-га-ра / и-на́-лы-м-га-ра, (C3) д-на́-з-га-ра / д-на́-зы-м-га-ра, [fut.2] (C1) и-на́-л-га-ша / и-на́-лы-м-га-ша, (C3) д-на́-з-га-ша / д-на́-зы-м-га-ша, [perf.] (C1) и-на́-л-га-хьоу (-хьа(ц)) / и-на́-лы-м-га-хьоу (-хьа(ц)), (C3) д-на́-з-га-хьоу (-хьа(ц)) / д-на́-зы-м-га-хьоу (-хьа(ц)), [impf.] (C1) и-на́-л-го-з / и-на́-лы-м-го-з, (C3) д-на́-з-го-з / д-на́-зы-м-го-з, [past indef.] (C1) и-на́-л-га-з / и-на́-лы-м-га-з, (C3) д-на́-з-га-з / д-на́-зы-м-га-з, [cond.1] (C1) и-на́-л-га-ры-з / и-на́-лы-м-га-ры-з, (C3) д-на́-з-га-ры-з / д-на́-зы-м-га-ры-з, [cond.2] (C1) и-на́-л-га-ша-з / и-на́-лы-м-га-ша-з, (C3) д-на́-з-га-ша-з / д-на́-зы-м-га-ша-з, [plupf.] (C1) и-на́-л-га-хьа-з / и-на́-лы-м-га-хьа-з, (C3) д-на́-з-га-хьа-з / д-на́-зы-м-га-хьа-з; **Abs.** и-на́-га-ны / и-на́-м-га-кәа) **1.** to take thither; to take; to deliver, to convey; to bring: б-на́-з-го-ит *I'll take you there.* Агуа́шә а-ҟы́нӡа д-на́-р-го-ны иҧҳәы́с лы-бжьы́ на-й-қу-лы-рга-н (...). (GAL) *В то время, когда они подводили его к воротам, жена его крикнула* (...). *When they brought him to the gate, his wife yelled at him* (...). **2.** to deliver, to convey: а-магази́н ахь а-това́р а-на́-га-ра *to deliver goods to the store.* А-салам шәҟә-қәа́ а-ҩн-қәа́ р-ахь и-на́-з-го-ит. *I deliver the letters to the houses.* **3.** (*of a road*) to lead to, to complete: А-мҩа а-қы́ҭа-нӡа и-на́-р-ге-ит. *They completed the road to the village. Они довели дорогу до деревни.*

нагӡа-ны́ [adv.] completely, fully.

нагӡара́ [n.] || **Нагӡара́ а́-қә-зааит** (/а́-ма-зааит) ҳ-а́иашьара, ҳ-а́иҩызара! *Our brotherhood and our friendship forever! Да здравствует наше братство и дружба!*

а́-нагӡара[1] [n.] fulfilment.

а́-на-гӡа-ра[2] [tr.] [C1-Prev-C3-R / C1-Prev-C3-Neg-R] [C3 fulfil C1] (**Fin.** [pres.] и-на-з-гӡо́-ит *or* и-на-сы-гӡо́-ит, и-на-на-гӡо́-ит, и-на-аа-гӡо́-ит / и-на-з-гӡо́-м, [aor.] и-на-з-гӡе́-ит / и-на-сы-м-гӡе́-ит, [imper.] и-на-гӡа́! / и-на-бы-м-гӡа́-н!, и-на-жә-гӡа́! *or* и-на-шәы-гӡа́! / и-на-шәы-м-гӡа́-н!; [poten.] и-с-зы́-на-мы-гӡе-ит; **Non-fin.** [pres.] (C1) и́-на-л-гӡо / и́-на-лы-м-гӡо, (C3) и-на-з-гӡо́ / и-на-зы-м-гӡо́, [aor.] (C1) и́-на-л-гӡа / и́-на-лы-м-гӡа, (C3) и-на-з-гӡа́ / и-на-зы-м-гӡа́, [impf.] (C1) и́-на-л-гӡо-з / и́-на-лы-м-гӡо-з, (C3) и-на-з-гӡо́-з / и-на-зы-м-гӡо́-з, [past indef.] (C1) и́-на-л-гӡа-з / и́-на-лы-м-гӡа-з, (C3) и-на-з-гӡа́-з / и-на-зы-м-гӡа́-з; **Abs.** и-на-гӡа-ны́ / и-на-м-гӡа́-кәа) **1.** to complete, to conclude: Сара́ а-ҩы́н у́с-қәа на-с-гӡе́-ит. *I finished doing the household chores.* Урт да́ара р-ҽазцәы́лхны а-у́с р-у-е́-

ит, ýс ана́куха, р-пла́н иа́цтцаны и-на-р-гӡó-ит. *They work with enthusiasm, therefore, they will surpass their plans.* **2.** to carry out, to perform, to fulfill: а-напынтца́ра нагӡа-ра́ *to carry out the mission.* С-ха́тә уа́л на-сы-гӡé-ит. *I performed my duty. Я исполнил свой долг.*

а-нагӡа́-шьа [n.] manner of performance.

а-на́-гәа-ра [intr.] [C1-Prev-R / C1-Prev-Neg-R] (**Fin.** [pres.] с-на́-гәо-ит / с-на́-гәо-м, [aor.] с-на́-гәе-ит / с-на́-м-гәе-ит, [imper.] б-на́-гә! / б-на́-м-гәа-н!; **Non-fin.** [pres.] (C1) и-на́-гәо / и-на́-м-гәо; **Abs.** с-на́-гәа-ны / с-на́-м-гәа-кәа) **1.** to push thither. [cf. **а́-гәа-ра** "to push"]

а-на́-д-гыла-ра [intr.] [C1-Prev-(C2)-Prev-R / C1-Prev-(C2)-Prev-Neg-R] [C1 approach (C2)] (**Fin.** [pres.] с-на́-д-гыло-ит / с-на́-д-гыло-м, [aor.] с-на́-д-гыле-ит / с-на́-ды-м-гыле-ит, с-на-лы́-д-гыле-ит / с-на-лы́-ды-м-гыле-ит, [imper.] б-на́-д-гыл! / б-на́-ды-м-гыла-н!, б-на-лы́-д-гыл! / б-на-лы́-ды-м-гыла-н!; **Non-fin.** [pres.] (C1) и-на́-д-гыло / и-на́-ды-м-гыло, [aor.] (C1) и-на́-д-гыла / и-на́-ды-м-гыла; **Abs.** с-на́-д-гыла-ны / с-на́-ды-м-гыла-кәа) **1.** to approach: С-ры-м-ба́-кәа с-на-ры́-д-гыл-т. (GAL) *Они меня не заметили* (*lit. заметив*) *и я подошел к ним. They didn't notice me and I approached them.*

а́-на-жь-ра [tr.] [C1-C2-a-Prev-C3-R / C1-C2-a-Prev-C3-Neg-R] [C3 forgive/excuse C2 for C1] (**Fin.** [pres.] и-с-а́-на-лы́-жь-уе-ит / и-с-а́-на-лы́-жь-уа-м, [aor.] и-с-а́-на-лы́-жь-ит / и-с-а́-на-л-мы́-жь-ит, [imper.] и-с-а́-на-жь! / и-с-а́-на-б-мы́-жьы-н!, и-с-а́-на-шәы́-жь! / и-с-а́-на-шә-мы́-жьы-н!; **Non-fin.** [pres.] (C1) и-с-а́-на-лы́-жь-уа / и-с-а́-на-л-мы́-жь-уа, (C2) и-з-а́-на-лы́-жь-уа / и-з-а́-на-л-мы́-жь-уа, (C3) и-с-а́-на-зы́-жь-уа / и-с-а́-на-з-мы́-жь-уа; **Abs.** и-с-а́-на-жь-ны / и-с-а́-на-мы́-жь-кәа) **1.** to forgive; to excuse: И-с-а́-на-жь, и-ҟало́-зар! (ARD) *Прости меня, если можешь! Excuse me if you can!* И-гха́ и-а́-на-ры-жь-ит. (ARD) *They excused him for his mistake.*

На́зи [n.] (f.) [person's name]

а́-на-ӡа-ра [intr.] [C1-Prev-R / C1-Prev-Neg-R *or* C1-Neg-Prev-R] [C1 reach thither] (**Fin.** [pres.] д-на-ӡó-ит / д-на-ӡó-м, [aor.] д-на-ӡé-ит / д-на-м-ӡé-ит *or* д-м-на-ӡé-ит, [imper.] б-на-ӡа́! / б-на-м-ӡа́-н!; **Non-fin.** (C1) [pres.] и́-на-ӡо / и́-на-м-ӡо, [aor.] и́-на-ӡа (*or* и-на-ӡа́) / и́-на-м-ӡа, [impf.] и́-на-ӡо-з / и́-на-м-ӡо-з, [past indef.] и́-на-ӡа-з / и́-на-м-ӡа-з; **Abs.** и-на-ӡа-ны́ / и-м-на-ӡа́-кәа) **1.** to arrive at, to reach: Ҳара́ а́-шьха а́-кәцәа а-ҟы́нӡа ҳ-на-ӡé-ит. *We reached the top of the mountain. Мы достигли вершины горы.* Лы-хцәы́ л-шьапы́ а-ҟы́нӡа и-на-ӡó-н. (AF) *Her hair reached down to her feet.* **2.** to come true, to be fulfilled: Шәы-гәҭак-қәа́ зегьы́ на-ӡа-а́ит! *Let all your dreams be fulfilled! Пусть осуществятся все ваши мечты!* **3.** to live until some time: И-на-м-ӡа́-ша лассы́ и-з-ҳа-уé-ит. (AF) *One destined not to live his life to the end grows quickly.*

нак [adv.] **1.** there, thither: наҟ у-ца́! *go there!* **2.** from here.

нак-аа́к [adv.] **1.** here and there, hither and thither. **2.** from that and this side; all around.

нак-на́к [adv.] in the future, henceforth: Наҟ-на́ҟ и́-ҟа-ло аа-ба́-п. (ARD) *Посмотрим, что будет в будущем. Let's look at what will be in the future!*

накьа́-к [adj.] (*of time*) whole: А-ýсура мыш-наҟьа́-к а-гé-ит. *The job took the whole day. Работа заняла весь день.*

а́-накәа [n.] fog; mist.

а-нало́г [n.] (-қәа) tax.

а-налса́ал-с-ра [intr.] [C1-Prev-R / C1-Prev-Neg-R] [C1 stroll around] (**Fin.** [pres.] д-налса́ал-с-уе-ит / д-налса́ал-с-уа-м, [aor.] д-налса́ал-с-ит / д-налса́алы-м-с-ит, [imper.] д-налса́ал-с! / д-налса́алы-м-сы-н!; **Non-fin.** [pres.] (C1) и-налса́ал-с-уа / и-налса́алы-м-с-уа; **Abs.** д-налса́ал-с-ны / д-налса́алы-м-с-кәа) **1.** to stroll around: А-қалақь д-налса́ал-с-ит. (ARD) *Он/Она немного прогулялся/-лась по городу. He/She strolled a bit around the city.*

Н

на́лтц [adv.] **1.** beyond, across: А-қалақь на́лтц сы-н-хо́-ит. *I live in a suburb. Я живу за городом.*

а-на́-л-тц-ра [intr.] [C1-Prev-Prev-R / C1-Prev-Prev-Neg-R] (**Fin.** [pres.] д-на́-л-тц-уе-ит / д-на́-л-тц-уа-м, [aor.] д-на́-л-тц-ит / д-на́-лы-м-тц-ит, [imper.] б-на́-л-тц! / б-на́-лы-м-тцы-н!; **Non-fin.** [pres.] (C1) и-на́-л-тц-уа / и-на́-лы-м-тц-уа, [aor.] (C1) и-на́-л-тц / и-на́-лы-м-тц; **Abs.** д-на́-л-тц-ны / д-на́-лы-м-тц-кәа) **1.** to go out. [cf. **а́-лтц-ра** "to go out of"]

Анам [n.] (f.) [person's name]

а-нама́з-к-ра [tr.] [а-нама́з C3-R / C3-Neg-R] [C3 pray] (**Fin.** [pres.] а-нама́з л-к-уе́-ит / а-нама́з л-к-уа́-м, [aor.] а-нама́з л-к-и́т (она молилась) / а-нама́з лы-м-к-и́т, [imper.] а-нама́з кы́! / а-нама́з бы-м-кы́-н!, а-нама́з шә-кы́! / а-нама́з шәы-м-кы́-н!; **Non-fin.** [pres.] (C3) а-нама́з з-к-уа́ / а-нама́з зы-м-к-уа́; **Abs.** а-нама́з к-ны́ / а-нама́з м-кы́-кәа) **1.** to pray.

а́-намыс [n.] (намы́с-к) conscience.

нан [vocative] (cf. **дад**) **1.** *used by an old woman to address a young man or woman.* "young man!, young lady!" **2.** *used by a young man or woman to address an old woman.* "mother!," "grannie!," "Grandma!": Нан, ны́ҟәара х-ца́-п! *Mother, let's go for a walk! Мам, пойдем гулять!*

на́на [endearment] (= **нан**) mummy.

на́нҳәа [n.] (= **а́вгуст**) August: на́нҳәа-мза-зы *in August.*

а-наны́ра [n.] (-кәа) an awning.

а-напа́ла-к-ра [tr.] (**Fin.** [pres.] напа́ла-с-к-уе-ит / напа́ла-с-к-уа-м, [aor.] напа́ла-с-к-ит / напа́ла-сы-м-к-ит, [imper.] напа́ла-к / напа́ла-бы-м-кы-н!; **Non-fin.** [pres.] (C3) напа́ла-з-к-уа / напа́ла-зы-м-к-уа, [aor.] (C3) напа́ла-з-к / напа́ла-зы-м-к; **Abs.** и-напа́ла-к-ны / и-напала-м-кы́-кәа) **1.** (= **а-напа-рк-ра**) to set about, to make a start on: а-у́с напа́лакра *to set about the work.*

а-напа-н-тца-ра́ *see* **а-напы-н-тца́-ра́**

а-напа-рк-ра́ [tr.] (**Fin.** [pres.] напа-сы-рк-уе́-ит / напа-сы-рк-уа́-м, [aor.] напа-сы-рк-и́т, (**и-напы́ а-и-рк-и́т**) / напа-с-мы-рк-и́т, [imper.] напа-ркы́! / напа-б-мы-ркы́-н!; **Non-fin.** [pres.] (C3) напа-зы-рк-уа́ / напа-з-мы-рк-уа́, [aor.] (C3) напа-зы-ркы́ / напа-з-мы-ркы́; **Abs.** напа-рк-ны́ / напа-мы-ркы́-кәа) **1.** (= **а-напа́лак-ра́**) to be engaged in, to be occupied with; to set about, to make a start on: Иара́ а-литерату́ра тцара́ напа-и-рк-и́т. *He is occupied with the study of literature. Он занялся изучением литературы.*

а-нап-ка́зара [n.] (-қәа) handicraft.

а-напсаргәы́тца *or* **а-напсыргәы́тца** [n.] (-қәа, и-напсыргәы́тца) palm (of the hand): И-напсаргәы́тца а-хәы́ ы́-тциаа-ит. *He shirks physical labor. Он чуждается физической работы.*

а-напхга́ра [n.] (coll. n.) leadership.

а-напхгаҩы́ [n.] (а-напхгаҩ-цәа́, напхгаҩы́-к) **1.** a leader: Сара́ шәара́ шә-гәыԥ напхгаҩы́-с с-а́-мо-уп. *I am a leader of your group. Я руководитель вашей группы.* а-па́ртие-и аиҳабы́ре-и р-напхгаҩ-цәа́ *the leaders of the party and the government.*

а-напхыц [n.] (а-напхы́ц-қәа) a nail (of the finger or toe).

а-напы́ [n.] (а-нап-қәа́, напы́-к, с-напы́, с-нап-қәа́, с-нап-а́-ла) **1.** the hand; an arm. рука: с-напы́ *my hand/arm, моя рука.* напы́-цқьа-ла *with clean hands.* а-напы́-ӡәӡәара *to wash the hands.* ны́шә-напы-к *a handful of soil.* С-ҿ-и́ с-нап-и́ сы-ӡәӡәо́-ит. *I am washing my face and hands.* С-напа́-ла а-ҽы́ сы-бжье́-ит. *I broke in the horse on my own.* А-ҿа́р р-ԥеи́ԥш х-нап-а-ҿы́ и́-ҟо-уп. *The fate of young people is in our hands. Судьба молодежи в наших руках.* || **а-напы́ а́-мх-ра** to shake hands: У-напы́ у-мы́-с-х-уе-ит. *I am shaking your hands. Я жму тебе руку.* || **а-напы́ а-нтца-ра́** to entrust: А-саби с-напы́ д-а-н-и́-тце-ит. *He entrusted the child to me. Он доверил мне ребенка.* || уи́ **у-напы́ и-а-ны-м!** It's none of your business. || **и-напы́ а-и-рк-и́т** (= **напа-и-рк-и́т**) **1.** he set about it: Напы́ а-и-рк-и́т. *He put hand to the task.* А-нха-цәа́ а-нха́ра́ напы́ а-ды-рк-и́т. *The farmers set about farming.* Уара́ у-напы́ а-ркы́! *Set about your task!* **2.** to give sb a hand: Шә-напы́ с-шәы-ркы́! *Give me a hand! Дайте мне руку!* [cf. **а-напа-рк-ра́**]

а-напы́-ӡәӡәа-ра[1] [n.] hand-washing.

а-напы́-ӡәӡәа-ра*[2] [tr.] (**Fin.** [pres.] с-напы́ сы-ӡәӡәо́-ит / с-напы́ сы-ӡәӡәо́-м, [aor.] с-напы́ сы-ӡәӡәе́-ит / с-напы́ с-мы-ӡәӡәе́-ит, [imper.] шә-напы́ шәы-ӡәӡәа́! / шә-напы́ шә-мы-ӡәӡәа́-н!) **1.** to wash one's hands: У-напы́ ӡәӡәа́! *Wash your hands! Помой руки!* Дара́ р-нап-қәа́ ры-ӡәӡәо́-ит. *They are washing their hands. Они моют руки.*

а-напынтца́ра [n.] a signature.

а-напы-н-тца-ра́ [tr.] (**Fin.** [pres.] с-напы́ а-ны́-с-тцо-ит / с-напы́ а-ны́-с-тцо-м, [aor.] с-напы́ а-ны́-с-тце-ит / с-напы́ а-ны́-сы-м-тце-ит, [imper.] б-напы́ а-н-тца́! / б-напы́ а-ны́-бы-м-тца-н!; **Non-fin.** [pres.] (C3) з-напы́ а-ны́-з-тцо / з-напы́ а-ны́-зы-м-тцо, [aor.] (C3) з-напы́ а-ны́-з-тца / з-напы́ а-ны́-зы-м-тца; **Abs.** с-напы́ а-н-тца-ны́ / с-напы́ а-ны́-м-тца-кәа) **1.** to sign: а́-рзахал а-напы́-нтцара́ *to sign a declaration, подписать заявление.* Уара́ у-напы́ а-н-у́-тцо-ма? *Will/would you (M.) sign your name?* Б-напы́ а-ны́-б-тца-ма? *Did you (F.) sign? Ты подписалась?*

а-напы́-ҭа-ра [tr.] [Poss-N (C1)-C2-C3-R / (C1)-C2-C3-Neg-R] [C3 assure C2 (that ...)] (**Fin.** [pres.] с-напы́ у́-с-ҭо-ит / с-напы́ у́-с-ҭо-м, [aor.] с-напы́ у́-с-ҭе-ит / с-напы́ у́-сы-м-ҭе-ит, [imper.] б-напы́ сы́-ҭ! / б-напы́ сы́-бы-м-ҭа-н!; **Non-fin.** [pres.] (C2) с-напы́ зы-с-ҭо́ / с-напы́ з-сы-м-ҭо́, (C3) з-напы́ сы́-з-ҭо / з-напы́ сы́-зы-м-ҭо; **Abs.** с-напы́ у́-ҭа-ны / с-напы́ у́-м-ҭа-кәа) **1.** to answer, to vouch: Уи́ и-у́с а-ҿҳәара́ аазӡ-а́анӡа и-шы-на-и-гӡо а́-ла с-напы́ у́-с-ҭо-ит. (RAD) *Ручаюсь, что он выполнит работу до срока. I vouch that he will carry out the job until the date.*

а-напɸ**ы́мҭа** [n.] (-қәа) handwriting.

а́-наҧхаɸы [n.] (а́-наҧхаɸ-цәа, наҧхаɸы́-к) an informer: А-ҕьы́ч и-на́ҧха д-и-ды́р-уе-ит. *A thief knows his informer. Вор знает своего доносчика.*

а́-на-ҧхьа-ра [tr.] [C1-Prev-C3-R / C1-Prev-C3-Neg-R] [< thither-call; C3 invite C1] (**Fin.** [pres.] д-на́-лы-ҧхьо-ит, и-на́-на-ҧхьо-ит / д-на́-лы-ҧхьо-м, [aor.] д-на́-лы-ҧхье-ит / д-на́-л-мы-ҧхье-ит, [imper.] д-на́-ҧхьа! / д-на́-бы-м-ҧхьа-н!, д-на́-шәы-ҧхьа! / д-на́-шәы-м-ҧхьа-н!, [caus.] ды-л-на́-с-ры-ҧхье-ит / ды-л-на́-сы-м-ры-ҧхье-ит; **Non-fin.** [pres.] (C1) и-на́-лы-ҧхьо / и-на́-л-мы-ҧхьо, (C3) д-на́-зы-ҧхьо / д-на́-з-мы-ҧхьо, [aor.] (C1) и-на́-лы-ҧхьа / и-на́-л-мы-ҧхьа, (C3) д-на́-зы-ҧхьа / д-на́-з-мы-ҧхьа, [impf.] (C1) и-на́-лы-ҧхьо-з / и-на́-л-мы-ҧхьо-з, (C3) д-на́-зы-ҧхьо-з / д-на́-з-мы-ҧхьо-з, [past indef.] (C1) и-на́-лы-ҧхьа-з / и-на́-л-мы-ҧхьа-з, (C3) д-на́-зы-ҧхьа-з / д-на́-з-мы-ҧхьа-з; **Abs.** д-на-ҧхьа-ны́ / д-на́-м-ҧхьа-кәа) **1.** to take aside. **2.** to invite: Сара́ а-ɸны́ҟа шә-на́-сы-ҧхьо-ит. *I will invite you to my house. Я приглашаю вас домой.* Ҳара́ а-каҳуа́жәырҭа-хь у-на́-ҳа-ҧхьа-р ҳ-ҭах-у́п. (IC) *We should like to invite you to a cafe. Мы хотели бы пригласить тебя в кафе.* Иҭабу́п с-ахь-на́-шәы-ҧхьа-з! *Thank you for inviting me. Спасибо за приглашение!*

а-на-ҧш=аа́-ҧш-ра [intr.] [C1-Prev-R-Prev-R / C1-Neg-Prev-R-Prev-R] [C1 look hither and thither] (**Fin.** [pres.] д-наҧш=а́аҧш-уе-ит / д-наҧш=а́аҧш-уа-м (=а́аҧш-ӡо-м), [aor.] д-наҧш=а́аҧш-ит / ды-м-наҧш=а́аҧш-ит (-ӡе-ит), [imper.] б-наҧш=а́аҧш! / бы-м-наҧш=а́аҧшы-н! *or* б-наҧш=а́а-м-ҧшы-н!, шә-наҧш=а́аҧш! / шәы-м-наҧш=а́аҧшы-н! *or* шә-наҧш=а́а-м-ҧшы-н!; **Non-fin.** [pres.] (C1) и-наҧш=а́а-ҧш-уа / и-м-наҧш=а́а-ҧш-уа, [aor.] (C1) и-наҧш=а́а-ҧш / и-м-наҧш=а́а-ҧш; **Abs.** д-наҧш=а́а-ҧш-ны / ды-м-наҧш=а́а-ҧшы-кәа) **1.** to look here and there; to look along the sides: А-хәада-қәа́ наҧшы́=ааҧшы́-рҭа-н. (AF) *Hillocks were places with an all-round views.*

а́-на-ҧш-ра [intr.] [C1-Prev-R / C1-Prev-Neg-R *or* C1-Neg-Prev-R] [C1 look thither] (**Fin.**

Н

[pres.] д-на-ҧш-уе́-ит / д-на-ҧш-уа́-м, [aor.] д-на-ҧш-и́т / д-на-м-ҧш-и́т *or* д-м-на-ҧш-и́т, [imper.] б-на-ҧшы́! / б-на-м-ҧшы́-н!, [caus.] д-на-лы-р-ҧш-и́т / д-на-л-мы-р-ҧш-и́т; [poten.] д-зы́-на-ҧш-уа-м, д-зы́-на-м-ҧш-ит; [nonvol] д-а́мха-на-ҧш-ит / д-а́мха-на-м-ҧш-ит; [vers.1] д-лы-з-на-ҧш-и́т / д-лы-з-на́-м-ҧш-ит; [vers.2] д-лы-цә-на-ҧш-и́т / д-лы-цә-на́-м-ҧш-ит; **Non-fin.** (C1) [pres.] и́-на-ҧш-уа / и́-на-м-ҧш-уа *or* и́-м-на-ҧш-уа, [aor.] и́-на-ҧш / и́-на-м-ҧш, [impf.] и́-на-ҧш-уа-з / и́-на-м-ҧш-уа-з, [past indef.] и́-на-ҧшы-з / и́-на-м-ҧшы-з; **Abs.** д-на-ҧш-ны́ / д-на́-м-ҧшы-кәа) **1.** to look there.

На́ра [n.] (f.) [person's name]

а-на́рд [n.] (-қәа) "nardy" (a kind of game)**:** А-на́рд х-а́-с-уе-ит. *We are playing nardy. Мы играем в нарды.*

а-нариа́д [n.] (-қәа) an order.

а́-на-рк-ра [tr.] [C1-Prev-C2-C3-S / C1-Prev-C2-C3-Neg-S] [C3 hand C1 to C2] (**Fin.** [pres.] и-на-л-сы-рк-уе́-ит / и-на-л-сы-рк-уа-м, [aor.] и-на-л-сы-рк-и́т / и-на-л-с-мы-рк-и́т, [imper.] и-на-лы-ркы́! (вручи ей что-то) / и-на-лы-б-мы-ркы́-н!, и-на-л-шәы-ркы́! / и-на-лы-шә-мы-ркы́-н!; **Non-fin.** [pres.] (C1) и-на-л-сы-рк-уа́ / и-на-л-с-мы-рк-уа́, (C2) и-на-з-сы-рк-уа́ / и-на-з-с-мы-рк-уа́, (C3) и-на-л-зы-рк-уа́ / и-на-л-з-мы-рк-уа́, [aor.] (C1) и-на-л-сы-ркы́ / и-на-л-с-мы-ркы́, (C2) и-на-з-сы-ркы́ / и-на-з-с-мы-ркы́, (C3) и-на-л-зы-ркы́ / и-на-л-з-мы-ркы́. **Abs.** и-на-лы-рк-ны́ / и-на-л-мы-ркы́-кәа) **1.** to hand, to deliver**:** и-на-л-ды-рк-и́т *they handed it/them to her, они вручили ей его(нрз.)/их.* и-на-л-с-мы-рк-и́т *I didn't hand it/them to her.* и-не-и-и-рк-и́т *he handed it/them to him.*

а́-на-рҧш-ра [tr.] [C1-Prev-C3-S / C1-Prev-C3-Neg-S] [C3 make C1 look thither] (**Fin.** [pres.] с-на-лы-рҧш-уе́-ит / с-на-лы-рҧш-уа́-м (-рҧш-ӡо́-м), [aor.] с-на-лы-рҧш-и́т / с-на-л-мы-рҧш-и́т (-рҧш-ӡе-ит), [imper.] с-на-рҧшы́! / с-на-б-мы-рҧшы́-н!, с-на-шәы-рҧшы́! / с-на-шә-мы-рҧшы́-н!; **Non-fin.** [pres.] (C1) и-на-лы-рҧш-уа́ / и-на-л-мы-рҧш-уа́, (C3) с-на-зы-рҧш-уа́ / с-на-з-мы-рҧш-уа́, [aor.] (C1) и-на-лы-рҧшы́ / и-на-л-мы-рҧшы́, (C3) с-на-зы-рҧшы́ / с-на-з-мы-рҧшы́; **Abs.** д-на-рҧш-ны́ / д-на-мы-рҧшы́-кәа) **1.** to make sb look**:** с-на-ды-рҧш-уе́-ит *they made me look, они заставили меня посмотреть.*

нарха́-а́архо [Abs.] considering.

а́-на-рха-ра [tr.] || **а-хы́ а́-на-рха-ра** (**Fin.** [pres.] с-хы́ на-сы-рхо́-ит / с-хы́ на-сы-рхо́-м, [aor.] с-хы́ на-сы-рхе́-ит / с-хы́ на-с-мы-рхе́-ит, [imper.] б-хы́ на-рха́! / б-хы́ на-б-мы-рха́-н!, шә-хы́ на-шәы-рха́! / шә-хы́ на-шә-мы-рха́-н!; **Non-fin.** [pres.] (C3) з-хы́ на-зы-рхо́ / з-хы́ на-з-мы-рхо́, [aor.] (C3) з-хы́ на-зы-рха́ / з-хы́ на-з-мы-рха́; **Abs.** с-хы́ на-рха-ны́ / с-хы́ на-мы-рха́-кәа) **1.** to make for, to go toward.

а́-на-рхха-ра [tr.] [C1-Prev-C3-S / C1-Prev-C3-Neg-S] [C3 hold out C1] (**Fin.** [pres.] и-на-сы-ррхо́-ит / и-на-сы-ррхо́-м (-рхха-ӡо́-м), [aor.] и-на-сы-рхе́-ит / и-на-с-мы-ррхе́-ит (-рхха-ӡе́-ит), [imper.] и-на-рхха́ / и-на-б-мы-рхха́-н!, и-на-шәы-рхха́! / и-на-шә-мы-рхха́-н!; **Non-fin.** [pres.] (C1) и́-на-лы-рххо / и́-на-л-мы-рххо, (C3) и-на-зы-рххо́ / и-на-з-мы-рххо́, [aor.] (C1) и́-на-лы-рхха / и́-на-л-мы-рхха, (C3) и-на-зы-рхха́ / и-на-з-мы-рхха́; **Abs.** и-на-рхха-ны́ / и-на-мы-рхха́-кәа) **1.** to hold out, to stretch (out)**:** и-на-ды-рххо́-ит *they held it/them out.* И-напы́ лара́ л-ахь и-на-и-рхе́-ит. *He held out his hand to her. Он протянул ей руку.*

нас [adv.] **1.** (= **уашьҭа́н**) then, afterwards**:** На́с у-аба́-цо-и? *Where will you go afterwards? Потом куда ты идешь?* **2.** at that time, then.

на́сгьы [adv.] **1.** also, too**:** Шьыбжьхьа́ аба́-шә-фо-и, на́сгьы и-анба́-шә-фо? (AFL) *Where do you have dinner, and also when do you have dinner? Где вы обедаете, а также когда вы обедаете?* **2.** (= **уигьы**) moreover**:** Сара́ с-цо́-н уахы́нла сы́-мала, на́сгьы бна́-ла. *I was going alone at night and, moreover, through the forest.*

наскьа́ [adv.] in the distance, far off.

а́-наскьа-га-ра [tr.] [C1-Prev-C3-R / C1-Prev-C3-Neg-R] [C3 see C1 off] (**Fin.** [pres.] б-наскьа́-з/с-го-ит / б-наскьа́-з-го-м (-га-ӡо-м), [aor.] б-наскьа́-з-ге-ит, б-наскьа́-аа/ҳ-ге-ит / б-наскьа́-зы-м-ге-ит (-га-ӡе-ит), б-баскьа́-ҳа-м-ге-ит (-га-ӡе-ит), [imper.] с-наскьа́-г! / с-наскьа́-бы-м-га-н!, с-наскьа́-жә/шә-г! / с-наскьа́-шәы/жәы-м-га-н!; **Non-fin.** [pres.] (C1) и-наскьа́-л-го / и-наскьа́-лы-м-го, (C3) д-наскьа́-з-го / д-наскьа́-зы-м-го, [aor.] (C1) и-наскьа́-л-га / и-наскьа́-лы-м-га, (C3) д-наскьа́-з-га / д-наскьа́-зы-м-га, [impf.] (C1) и-наскьа́-л-го-з / и-наскьа́-лы-м-го-з, (C3) д-наскьа́-з-го-з / д-наскьа́-зы-м-го-з, [past indef.] (C1) и-наскьа́-л-га-з / и-наскьа́-лы-м-га-з, (C3) д-наскьа́-з-га-з / д-наскьа́-зы-м-га-з; **Abs.** д-наскьа́-га-ны / д-наскьа́-м-га-кәа) **1.** to see off, to accompany**:** Сара́ с-ҩы́за д-наскьа́-з-го-ит. *I am seeing off my friend. Я провожаю друга.* А-тцаҩ-цәа́ ры-ртцаҩы́ д-наскьа́-р-го-н. *The pupils were seeing off their teacher. Ученики провожали своего учителя.* А-хәычы́ а-ҩны́-нӡа д-наскьа́-г! *See the child home! Проводи ребенка до дому!*

а́-на-скьа-ра [intr.] [C1-Prev-R / C1-Neg-Prev-R] [C1 move a little thither] (**Fin.** [pres.] д-на-скьо́-ит / д-на-скьо́-м, [aor.] д-на-скье́-ит / ды-м-на-скье́-ит, [imper.] б-на-скьа́! / б-на-м-скьа́-н!; **Non-fin.** (C1) [pres.] и́-на-скьо / и́-м-на-скьо, [aor.] и́-на-скьа / и́-м-на-скьа, [impf.] и́-на-скьо-з / и́-м-на-скьо-з, [past indef.] и́-на-скьа-з / и́-м-на-скьа-з; **Abs.** д-на-скьа-ны́ / д-м-на-скьа́-кәа) **1.** to move, to advance, to progress; to move away/depart/leave to the opposite side**:** А-мра на-скьа́-н и-хышәа́шәе-ит. (AFL) *The sun set and it became cold. Солнце зашло, и похолодало.* **2.** to recede, to retreat, to step back**:** шьаҿа́-к шьҭахьҟа́ а́-наскьа-ра *to take one step backward, отступить на шаг.*

а́-насыԥ [n.] (-қәа, ры́-насыԥ) happiness; good luck; fate**:** насы́ԥ-ла *fortunately.* Уи́ насы́ԥ з-мо́-у уаҩ-у́п. *He is a happy person. Он счастливый человек.* И-насыԥ и-а-к-и́т. *Happiness came his way.*

-насы́ԥны [adv.] luckily, fortunately**:** Насы́ԥны, зегьы́ бзи́а-хе-ит. (IC) *Fortunately everything turned out all right. К счатью, все обошлось хорошо.*

а́-насыԥда 1. [adj.] (и-насы́ԥдо-у) unhappy**:** а-уаҩы́ насы́ԥда *an unhappy person.* **2.** [adv.] unhappily**:** А-хеычы́ насы́ԥда а́-мла д-а-го́-ит. *Unfortunately the child is starving.*

а́-насыԥдара [n.] unhappiness, misfortune.

а-нату́ра [n.] nature.

а́-на-тәа-ра [intr.] [C1-Prev-R / C1-Neg-Prev-R] [C1 squat] (**Fin.** [pres.] с-на-тәо́-ит / с-на-тәо́-м, [aor.] с-на-тәе́-ит / сы-м-на-тәе́-ит, [imper.] б-на-тәа́! / бы-м-на-тәа́-н!; **Non-fin.** (C1) [pres.] и-на-тәо́ / и-м-на-тәо́, [aor.] и-на-тәа́ / и-м-на-тәа́, [past indef.] и-на-тәа́-з / и-м-на-тәа́-з; **Abs.** д-на-тәо́ / ды-м-на-тәо́, д-на-тәа-ны́ / ды-м-на-тәа́-кәа) **1.** to sit down, to squat.

а-нау́ка [n.] science. наука.

а-нау́катҭцааҩ(ы) [n.] (-цәа) a scientist.

а-нау́катә [adj.] scientific.

нау́нагӡа [adv.] forever; for life.

а́-наур [n.] a ghost, a specter; a phantom.

а́-на-ха-а́а-ха-ра [intr.] [C1-Prev-R-Prev-R / C1-Prev-R-Prev-Neg-R *or* C1-Neg-Prev-R-Prev-R] [C1 move hither and thither] (**Fin.** [pres.] д-на-х-а́а-хо-ит / д-на-х-а́а-хо-м (-ха-ӡо-м), [aor.] д-на-х-а́а-хе-ит / ды-м-на-х-а́а-хе-ит (-ха-ӡе-ит), [imper.] б-на-х-а́а-х! / б-на-х-а́а-м-ха-н!, шә-на-х-а́а-х! / шә-на-х-а́а-м-ха-н!; **Non-fin.** [pres.] (C1) и-на-х-а́а-хо / и-м-на-х-а́а-хо; **Abs.** д-на-ха-а́а-ха-ны / ды-м-на-ха-а́а-ха-кәа) **1.** to move to different sides/places**:** а-ска́м-қәа р-на-ха-а́а-ха-ра *to move the chairs, двигать стулья.*

а-на́-ха-ра [intr.] [C1-Prev-R] [C1 move there]; [C1-Prev-C2-R / C1-Prev-C2-Neg-R] [C1 put C2 aside] (**Fin.** [pres.] с-на-лы́-хо-ит *or* с-на́-хо-ит / [aor.] с-на-лы́-хе-ит / с-на-л-мы́-хе-ит, [imper.] б-на-сы́-ха! / б-на-с-мы́-ха-н!, б-на́-х!, шә-на-сы́-ха! / шә-на-с-мы́-ха-н!; **Non-fin.** [pres.] (C1) и-на-лы́-хо / и-на-л-мы́-хо, (C2) д-на-зы́-хо / д-на-з-мы́-хо, [aor.] (C1) и-на-лы́-ха / и-на-л-мы́-ха, (C2) д-на-зы́-ха / д-на-з-мы́-ха, [impf.] (C1) и-на-лы́-хо-з

Н

/ и-на-л-мы́-хо-з, (C2) д-на-зы́-хо-з / д-на-з-мы́-хо-з, [past indef.] (C1) и-на-лы́-ха-з / и-на-л-мы́-ха-з, (C2) д-на-зы́-ха-з / д-на-з-мы́-ха-з; **Abs.** д-на́-ха-ны / д-на́-м-ха-кәа *or* д-на-м-ха́-кәа) **1.** to pull, to drag, to haul. **2.** to move, to push; to move there: с-на-лы́-хо-ит *I will move her, я ее подвину.* Р-хы ахьы́-на-ха-з и-дәы́-қә-ле-ит. (AF) *They set out, following their noses.* Нак̑ у-на́-х! *Move there!* А-ҧе́нџьыр с-на́-хе-ит шьыжьымҭа́н. (AFL) *I opened the window in the morning. Я открыл окно утром.*

нахы́с [adv.] **1.** beyond: Бзы́ҧҭа нахы́с Ри́ҭа-нӡа и-ꙩа́г-оу а́мꙩа да́араӡа и-ҧшӡо́-уп. (ANR) *The road leading up to Rits'a beyond Bzypta is exceedingly beautiful.* **2.** [following a noun] "since the time of": уи́ а-ҿены́ нахы́с *from that day.* иахьа́ нахы́с *from today.* абри́ нахы́с *hereafter.* у́и-нахыс *thereafter, after that.* **3.** *This adverb, which is equivalent to the English preposition/conjunction "since," is used when the action in the main clause is not ongoing at the time of speech. The expression using the adverb is equivalent to that of the English past perfect tense.* [cf. **аахы́с**, **-ижьҭеи** "since"] [following a verbal complex] "since": Д-хәычы́-з нахы́с ды-хьча́-н. (ACST) *From childhood he/she was a shepherd.* [cf. Д-хәычы́-з аахы́с ды-хьчо́-уп. *From childhood he/she has been a shepherd.*] Уи́ ды-з-ба-хьа́-зар нахы́с ꙩы́-шықәса тц-хьа-н. (ACST) *Two years had passed since I had seen him/her.*

ана́хь [adv.] there; over there (by you): ана́хь у-ца́ *go there!* [cf. **ара́хь** "here"]

ана́хь-ара́хь [adv.] thither and hither: ана́хь-ара́хь а́-наҧш-а́аҧш-ра *to look thither-hither (there/here), посмотреть туда-сюда.* Д-аба́-це-и ҳ-хучы́, ана́хь-ара́хь р-ҳәе́-ит, аха́ (...). (Ab.Text) *'Where has our child gone?' they searched high and low for him* [lit. *they asked high and low*], *but* (...).

нахьхьи́ [adv.] in the distance over there.

а-на́-хәа-ҧш-ра* [intr.] [C1-Prev-[C2]-Prev-R] [C1 look over at [C2]] (**Fin.** [aor.] д-на́-хәа-ҧш-ит / д-на́-хәа-м-ҧш-ит, д-на-сы́-хәа-ҧш-ит / д-на-сы́-хәа-м-ҧш-ит, [imper.] б-на-сы́-хәа-ҧш! / б-на-сы́-хәа-м-ҧшы-н!, **Abs.** д-на-сы́-хәа-ҧш-ны / д-на-сы́-хәа-м-ҧш-кәа) **1.** to look over at, to take a glance at: Д-гәа́аны д-на-сы́-хәа-ҧш-ит. *He looked at me with anger. Он сердито посмотрел на меня.*

а́-на-ҳә-ра [intr.] [C1-Prev-R / C1-Prev-Neg-R *or* C1-Neg-Prev-R] [C1 turn thither] (**Fin.** [aor.] д-на-ҳә-и́т / д-на-м-ҳә-и́т *or* д-м-на-ҳә-и́т, [imper.] б-на-ҳәы́! / б-на-м-ҳәы́-н!; **Non-fin.** (C1) [pres.] и́-на-ҳә-уа / и́-на-м-ҳә-уа *or* и́-м-на-ҳә-уа, [aor.] и́-на-ҳә / и́-на-м-ҳә *or* и́-м-на-ҳә, [impf.] и́-на-ҳә-уа-з / и́-на-м-ҳә-уа-з *or* и́-м-на-ҳә-уа-з, [past indef.] и́-на-ҳәы-з / и́-на-м-ҳәы-з *or* и́-м-на-ҳәы-з; **Abs.** д-на-ҳә-ны́ / д-на-м-ҳәы́-кәа *or* ды-м-на-ҳәы́-кәа) **1.** to turn there.

а́-на-ца-аа́-ца-ра [tr.] (**Fin.** [pres.] д-на-ца-а́а-л-цо-ит) to drive here and there.

а́-на-ца-ра [tr.] [C1-Prev-C3-R / C1-Prev-C3-R] [C3 drive C1 thither] (**Fin.** [pres.] и-на́-л-цо-ит, д-на́-на-цо-ит / и-на́-л-цо-м, [aor.] и-на́-л-це-ит / и-на́-лы-м-це-ит, и-на́-на-м-це-ит, [fut.1] и-на́-л-ца-п / и-на́-л-ца-рым, [fut.2] и-на́-л-ца-шт / и-на́-л-ца-шам, [perf.] и-на́-л-ца-хьеит / и-на́-лы-м-ца-ц(т), [impf.] и-на́-л-цо-н / и-на́-л-цо-мызт, [past indef.] и-на́-л-ца-н / и-на́-лы-м-ца-зт, [cond.1] и-на́-л-ца-рын / и-на́-л-ца-рымызт, [cond.2] и-на́-л-ца-шан / и-на́-л-ца-шамызт, [plupf.] и-на́-л-ца-хьан / и-на́-лы-м-ца-цызт, [imper.] и-на-ца́! / и-на́-бы-м-ца́-н!, [caus.] и-л-на́-сы-р-це-ит / и-л-на́-с-мы-р-це-ит; **Non-fin.** [pres.] (C1) и́-на́-л-цо (*то/тот, которое/которого она гонит туда*) / и́-на́-лы-м-цо, (C3) д-на́-з-цо (*тот, который гонит его/ее*) / д-на́-зы-м-цо, [aor.] (C1) и́-на́-л-ца / и́-на́-лы-м-ца, (C3) д-на́-з-ца / д-на́-зы-м-ца, [fut.1] (C1) и́-на́-л-ца-ра / и́-на́-лы-м-ца-ра, (C3) д-на́-з-ца-ра / д-на́-зы-м-ца-ра, [fut.2] (C1) и́-на́-л-ца-ша / и́-на́-лы-м-ца-ша, (C3) д-на́-з-ца-ша / д-на́-зы-м-ца-ша, [perf.] (C1) и́-на́-л-ца-хьоу (-хьа(ц)) / и́-на́-лы-м-ца-хьоу (-хьа(ц)), (C3) д-на́-з-ца-хьоу (-хьа(ц)) / д-на́-зы-м-ца-хьоу (-хьа(ц)), [impf.] (C1) и-на́-л-цо-з / и-на́-лы-м-цо-з, (C3) д-на́-з-цо-з / д-на́-зы-м-цо-з, [past indef.] (C1) и-на́-л-ца-з / и-на́-лы-м-ца-з, (C3) д-на́-з-ца-з / д-на́-зы-м-ца-з, [cond.1] (C1) и-на́-л-ца-ры-з / и-на́-лы-м-ца-ры-з, (C3) д-на́-

з-ца-ры-з / д-на́-зы-м-ца-ры-з, [cond.2] (C1) и-на́-л-ца-ша-з / и-на́-лы-м-ца-ша-з, (C3) д-на́-з-ца-ша-з / д-на́-зы-м-ца-ша-з, [plupf.] (C1) и-на́-л-ца-хьа-з / и-на́-лы-м-ца-хьа-з, (C3) д-на́-з-ца-хьа-з / д-на́-зы-м-ца-хьа-з; **Abs.** д-на-ца-ны́ / д-на́-м-ца-кәа) **1.** to drive thither: А-ҧшәма а́-жә-қәа а-хкаар-ахь и-не́-и-це-ит. *The owner drove the cows to the pasture. Хозяин гнал коров на пастбище.*

а́-на-цҳа-ра [tr.] [C1-Prev-C3-R / C1-Prev-C3-Neg-R] [C3 report C1 thither] (**Fin.** [pres.] и-на-сы́-цҳа-уе-ит, и-не-и́-цҳа-уе-ит, и-на-на́-цҳа-уе-ит / и-на-сы́-цҳа-уа-м, [aor.] и-на-сы́-цҳа-ит / и-на-с-мы́-цҳа-ит, [imper.] и-на-цҳа́! / и-на-б-мы́-цҳа-н!, и-на-шәы-цҳа́! / и-на-шә-мы́-цҳа-н!, [caus.] и-л-на́-д-ры-цҳа-ит / и-л-на-д-мы́-р-цҳа-ит; **Non-fin.** [pres.] (C1) и́-на-лы-цҳа-уа / и́-на-л-мы-цҳа-уа, (C3) и-на-зы́-цҳа-уа / и-на-з-мы́-цҳа-уа, [aor.] (C1) и́-на-лы-цҳа / и́-на-л-мы-цҳа, (C3) и-на-зы́-цҳа / и-на-з-мы́-цҳа, [impf.] (C1) и́-на-лы-цҳа-уа-з / и́-на-л-мы-цҳа-уа-з, (C3) и-на-зы́-цҳа-уа-з / и-на-з-мы́-цҳа-уа-з, [past indef.] (C1) и́-на-лы-цҳа-з / и́-на-л-мы-цҳа-з, (C3) и-на-зы́-цҳа-з / и-на-з-мы́-цҳа-з; **Abs.** и-на-цҳа-ны́ / (и-на-м-цҳа-кәа)) **1.** to report sth there.

а-на́-цҳа-ра[1] [intr.] [C1-Prev-C2-R / C1-Prev-C2-Neg-R] [C1 have C2(a snack)] (**Fin.** [pres.] д-на́-цҳа-уе-ит / д-на́-цҳа-уа-м, [aor.] д-на́-цҳа-ит / д-на-мы́-цҳа-ит, [imper.] б-на́-цҳа! / б-на-мы́-цҳа-н!; **Non-fin.** [pres.] (C1) и-на́-цҳа-уа / и-на-мы́-цҳа-уа, [aor.] (C1) и-на́-цҳа / и-на-мы́-цҳа; **Abs.** д-на́-цҳа-ны / д-на-мы́-цҳа-кәа) **1.** to have a snack: Уи́ а-уа́тка ан-и́-жә а́-шьҭахь ҧсы́ӡ-к д-на́-цҳа-ит. *He had a bit of vodka with fish.* (lit. *After he drank vodka, he had a snack of fish.*) *Он закусил водку рыбой.* **2.** to taste: Акы́ с-на́-цҳа-уе-ит. *I am tasting something. Я что-нибудь отведаю.*

а-на́-цҳа-ра[2] [intr.] [C1-Prev-C2-R / C1-Prev-C2-Neg-R] [C1 bite C2] (**Fin.** [pres.] с-на-лы́-цҳа-уе-ит / с-на-лы́-цҳа-уа-м, [aor.] с-на-лы́-цҳа-ит / с-на-л-мы́-цҳа-ит, [imper.] б-на-лы́-цҳа! / б-на-л-мы́-цҳа-н!; **Non-fin.** [pres.] (C1) и-на-лы́-цҳа-уа / и-на-л-мы́-цҳа-уа, (C2) с-на-зы́-цҳа-уа / с-на-з-мы́-цҳа-уа; **Abs.** с-на-лы́-цҳа-ны / с-на-л-мы́-цҳа-кәа) **1.** to bite: С-на-лы́-цҳа-уе-ит. *I am biting her. Я кусаю ее.*

а-нацәа́ [n.] (а-нацәа-қәа́, нацәа́-к) a finger.

а-нацәаду́ *see* **а-нацәака́гәа**

а-нацәака́гәа [n.] (-қәа) a thumb.

а-нацәкьа́ра-қәа *see* **а-нацәкьы́с**

а-нацәкьы́с [n.] (а-нацәкьа́ра-қәа) **1.** a finger. **2.** a little finger: У-а́рма напы́ шаќа́ нацәкьы́с а-мо́-у-зеи? (AFL) *How many fingers do you have on your left hand? Сколько пальцев у тебя на левой руке?*

а-нацәхы́б *see* **а-нацәака́гәа**

-натцы [suffix] [attached to the non-finite Present stem of dynamic verbs or to the radical of stative verbs regardless of the tense of the main clause.] *used to mark the conjunction of time.* "while, пока" (Hewitt, Abkhaz:232) (cf. **-ахьы́нӡа-**): И-ќа-с-тцо-натцы́ (...). *While I am/was doing it/them,* (...). Акры-с-фо-натцы́ лара́ а-шәќәы́ д-а́-ҧхьо-н. *While I was eating, she was reading a book.* А-шәќәы́ зы-ҩ-уа-натцы́ лара́ а-журна́л д-а́-ҧхьо-н. *While I was writing the letter, she was reading a magazine.* А-ҩны́ сы́-ќа-натцы (= с-ахьы́нӡа-ќо́-у) а-шәќәы́ с-а́-ҧхьо-ит. *While I am at home, I read. Пока я дома, я читаю.* Лара́ ды́-цәа-натцы (= д-ахьы́нӡа-цәа-з) а-журна́л с-а́-ҧхьо-н. *While she was sleeping, I was reading a magazine. Пока она спала, я читал журнал.*

а-на́ша [n.] (-қәа, на́ша-к) a cucumber.

а-на́шартцәы [n.] a pickled cucumber.

а́-на-шьа-ра* [tr.] [C1-C2-a-Prev-C3-R] [C3 award C1 to C2] (**Fin.** [aor.] и-л-а́-на-р-шье-ит / и-л-а́-на-ры-м-шье-ит; [imper.] и-л-а́-на-шьа! / и-л-а́-на-бы-м-шьа-н!, **Non-fin.** [past indef.] (C1) и-л-а́-на-р-шьа-з / и-л-а́-на-ры-м-шьа-з) **1.** to award, to confer: и-л-а́-на-р-шье-ит *they awarded it/them to her.* А-пре́миа и-а́-на-р-шье-ит. *They awarded him a prize.*

Ему дали премию.

а́-на-шьҭ-ра [tr.] [C1-Prev-C3-R / C1-Prev-C3-Neg-R] [C3 send C1 thither] (**Fin.** [pres.] д-на-лы́-шьҭ-уе-ит / д-на-лы́-шьҭ-уа-м, [aor.] д-на-лы́-шьҭ-ит / д-на-л-мы́-шьҭ-ит, [fut.1] д-на-лы́-шьҭы-п / д-на-лы́-шьҭ-рым, [fut.2] д-на-лы́-шьҭы-шт / д-на-лы́-шьҭ-шам, [perf.] д-на-лы́-шьҭ-хьеит / д-на-л-мы́-шьҭ-ц(т), [impf.] д-на-лы́-шьҭ-уа-н / д-на-лы́-шьҭ-уа-мызт, [past indef.] д-на-лы́-шьҭы-н / д-на-л-мы́-шьҭы-зт, [cond.1] д-на-лы́-шьҭ-рын / д-на-лы́-шьҭ-рымызт, [cond.2] д-на-лы́-шьҭ-шан / д-на-лы́-шьҭ-шамызт, [plupf.] д-на-лы́-шьҭ-хьан / д-на-л-мы́-шьҭ-цызт, [imper.] и-на-шьҭы́! / и-на-б-мы́-шьҭы-н!, и-на-шәы-шьҭы́! / и-на-шә-мы́-шьҭы-н!, [caus.] ды-с-на-лы́-р-шьҭ-ит / ды-с-на-л-мы́-р-шьҭ-ит; [poten.] ды-с-зы́-на-шьҭ-уа-м, ды-с-зы́-на-мы-шьҭ-ит; [nonvol] д-с-а́мха-на-шьҭ-ит / д-с-а́мха-на-мы-шьҭ-ит; [vers.1] ды-л-зы́-на-сы-шьҭ-ит / ды-л-зы́-на-с-мы-шьҭ-ит; **Non-fin.** [pres.] (C1) и́-на-лы-шьҭ-уа, и́-на-сы-шьҭ-уа, и́-на-бы-шьҭ-уа, и́-на-у-шьҭ-уа, и́-на-и-шьҭ-уа, и́-на-ҳа-шьҭ-уа, и́-на-шәы-шьҭ-уа, и́-на-ры-шьҭ-уа / и́-на-л-мы-шьҭ-уа, и́-на-с-мы-шьҭ-уа, и́-на-б-мы-шьҭ-уа, и́-на-у-мы-шьҭ-уа, и́-на-и-мы-шьҭ-уа, и́-на-ҳ-мы-шьҭ-уа, и́-на-шә-мы-шьҭ-уа, и́-на-р-мы-шьҭ-уа, (C3) и-на-зы́-шьҭ-уа, с-на-зы́-шьҭ-уа, б-на-зы́-шьҭ-уа, у-на-зы́-шьҭ-уа, ҳ-на-зы́-шьҭ-уа, шә-на-зы́-шьҭ-уа / и-на-з-мы́-шьҭ-уа, с-на-з-мы́-шьҭ-уа, б-на-з-мы́-шьҭ-уа, у-на-з-мы́-шьҭ-уа, ҳ-на-з-мы́-шьҭ-уа, шә-на-з-мы́-шьҭ-уа, [aor.] (C1) и́-на-лы́-шьҭ / и́-на-л-мы́-шьҭ, (C3) и-на-зы́-шьҭ / и-на-з-мы́-шьҭ, [fut.1] (C1) и́-на-лы́-шьҭ-ра / и́-на-л-мы́-шьҭ-ра, (C3) и-на-зы́-шьҭ-ра / и-на-з-мы́-шьҭ-ра, [fut.2] (C1) и́-на-лы́-шьҭ-ша / и́-на-л-мы́-шьҭ-ша, (C3) и-на-зы́-шьҭ-ша / и-на-з-мы́-шьҭ-ша, [perf.] (C1) и́-на-лы́-шьҭ-хьоу (-хьа(ц)) / и́-на-л-мы́-шьҭ-хьоу (-хьа(ц)), (C3) и-на-зы́-шьҭ-хьоу (-хьа(ц)) / и-на-з-мы́-шьҭ-хьоу (-хьа(ц)), [impf.] (C1) и́-на-лы́-шьҭ-уа-з / и́-на-л-мы́-шьҭ-уа-з, (C3) и-на-зы́-шьҭ-уа-з / и-на-з-мы́-шьҭ-уа-з, [past indef.] (C1) и́-на-лы́-шьҭы-з / и́-на-л-мы́-шьҭы-з, (C3) и-на-зы́-шьҭы-з / и-на-з-мы́-шьҭы-з, [cond.1] (C1) и́-на-лы́-шьҭ-ры-з / и́-на-л-мы́-шьҭ-ры-з, (C3) и-на-зы́-шьҭ-ры-з / и-на-з-мы́-шьҭ-ры-з, [cond.2] (C1) и́-на-лы́-шьҭ-ша-з / и́-на-л-мы́-шьҭ-ша-з, (C3) и-на-зы́-шьҭ-ша-з / и-на-з-мы́-шьҭ-ша-з, [plupf.] (C1) и́-на-лы́-шьҭ-хьа-з / и́-на-л-мы́-шьҭ-хьа-з, (C3) и-на-зы́-шьҭ-хьа-з / и-на-з-мы́-шьҭ-хьа-з; **Abs.** д-на-шьҭ-ны́ / д-на-мы́-шьҭ-кәа) **1.** to send**:** Ан л-ԥа а-шко́л-ахь ды-л-зы́-на-шьҭ-уа-м. *The mother cannot send her son to the school.* **2.** to permit, to allow, to admit**:** А-екза́мен-ахь д-на-сы́-шьҭ-ит. *I admitted him/her to the examination. Я допустил его/ее к экзаменам.* **3.** to let go, to set free**:** И-на-лы-шьҭ-уа да́рбан? *Who is she letting go? Кого она впускает?* И-на-лы́-шьҭ-уа-да? *Who will she release? Кого она выпустит?* И-на-лы́-шьҭ-уа-ма? *Is she letting them go? Она их пускает?* С-на-бы́-шьҭ-уа-ма? *Will you release me? Ты меня выпустишь?*

а-на́-ҩ-ра [intr.] [C1-Prev-R / C1-Prev-Neg-R *or* C1-Neg-Prev-R] (**Fin.** [pres.] и-на́-ҩ-уе-ит / и-на́-ҩ-уа-м, [aor.] и-на́-ҩ-ит / и-на́-м-ҩ-ит *or* и-м-на́-ҩ-ит; **Non-fin.** (C1) [pres.] и-на́-ҩ-уа / и-на́-м-ҩ-уа, [aor.] и-на́-ҩ / и-на́-м-ҩ, [impf.] и-на́-ҩ-уа-з / и-на́-м-ҩ-уа-з, [past indef.] и-на́-ҩы-з / и-на́-м-ҩы-з; **Abs.** и-на́-ҩ-ны / и-м-на-ҩы́-кәа) **1.** to reach there; (*of sounds*) to reach**:** Сы-бжьы́ дара́ р-ҟы́нӡа и-зы́-м-на-ҩ-ит. (RAD) *My voice did not reach them. Мой голос не дошел до них.*

-на́ҩс [adv.] (= **а-на́ҩсан**) **1.** farther; after**:** Уи́ сара́ с-на́ҩс ды-н-хо́-ит. (ARD) *Он/Она живет дальше, чем я. He/She lives farther than I do.* **2.** then; after that, (and) then**:** а-на́ҩс и-рҭы́нч-ны ҿа́а-л-ҭ-уе-ит. (AFL) *and then she says quietly.* **3.** apart from, except**:** А-на́ҩсан иа́рбанзаалак(ь) даҽакы́ с-ҭах-ӡа́-м. (ACST) *I want nothing else at all apart from it.* **4.** beside**:** р-на́ҩс *beside them.*

-на́ҩсан *see* **-на́ҩс**

-анацьа́лбеит [< [Poss]-ан-а-цьа́-л-бе-ит 'she saw one's mother-fail'] **1.** [interjection] for goodness' sake**:** Ааи, шә-анацьа́лбеит, шә-аба́-ҟа-з? *Ah, where were you, for God's sake?* Ҳаи, ари́ и-шьапы́ з-аҟаро́-у а́-ла, д-ан-гы́ла-з иага́ д-ду́у-н, и-анацьа́лбеит! (AF) *Wow, to* *judge by the size of this one's foot, how big he must have been when standing, for heaven's sake!* **2.** [interrog. particle] really. || **у-анацьа́лбеит** *listen! послушай.* || **шә-анацьа́лбеит** [to a plurality] *listen! послушайте.*

нацьна́тә [adv.] from the earliest times: Урҭ нацьна́тә аахы́с ара́ и-нхо́-н. *They lived here from ancient times.*

-анба- [prefix] [inserted immediately after Column I] *used to mark an interrogative adverb,* "when?". *Stems with this interrogative prefix take a non-finite form or a non-finite form plus* **-и** *in the first group of dynamic verbs (in the Aorist and Future I and II the latter variant is preferable). On the other hand, in the second group of dynamic verbs, stems with this prefix take a non-finite form or a non-finite form with* **-зы-** *inserted before the ending* **-з**. *The stative verb's stem takes a non-finite form.* (Hewitt, Abkhaz:13) **(1) dynamic:** А-у́сура у-анба́-цо-(и)? (AFL) *When do you go to work?* У-у́сура анба́-нтцәо-и? (AFL) *When does your work end?* И-анба́-л-ҭи? *When did she sell it/them?* И-анба́-л-ҭи-уа-з? *When was she selling it/them?* А-тҵх-и а́-мш-и анбе́-иҟара-хо? (AFL) *When do nighttime and daytime become equal? Когда ночь и день становятся равными?* А-цьыкәре́и а-ҿалара и-анба́-лаго (< и-анба-а-лага-уа)? (AFL) *When does maize begin to ripen? Когда начинает созревать кукуруза?* Д-анба́-аа-уа / Д-анба́-аа-уе-и *When is he/she coming?* Д-анба́-цо-з / Д-анба́-цо-зы-з *When was he/she going?* Д-анба́-ца / Д-анба́-це-и *When did he/she go?* Д-анба́-цо-и *When is he/she going?* Д-анба́-ца-хьо-у / Д-анба́-ца-хье-и *When did he/she go away?* Уара́ шьы́жьла́ у-анба́-гыло? (AFL) *When do you get up in the morning? Когда ты встаешь утром?* Шьыжьхьа́ анбо́-у-фо?/анбо́-у-фо-и? (AFL) *When do you have breakfast? Когда ты завтракаешь?* Шьыжьхьа́ анба́-шә-фо? *When do you (pl.) have breakfast?* Уара́ у-анба́-а-и? *When did you come?* Шәара́ шә-анба́-и? *When were you born?* **(2) stative:** Ры́-хә анба́-цәгьо-у а-уҭраҭы́х-қәа? (AFL) *When is the cost of vegetables expensive? Когда цена овощей дорогая?* И-анба́-бы-ма-з а-шәҟәы́? *When did you have the book?* И-анба́-ҟо-у *When is it?* И-анба́-ҟа-з *When was it?* И-/Д-анбы́-кә(ы)-у д-ан-цо́? (ACST) *When is it he/she is going?* [cf. **-ан-** "when-clause": Бара́ шьыжьла́ б-ан-гы́ло з-ды́р-р(ц) с-ҭахы́-уп. *I want to know when you get up in the morning.*]

а-н-баа́ла-ра [tr.] [C1-C2-Prev-C3-S / C1-C2-Prev-C3-M-S] [C1 see C1(oneself) in a mirror (C2)] (**Fin.** [pres.] и-а-ны́-л-баало-ит / и-а-ны́-л-баало-м, [aor.] и-а-ны́-л-баале-ит / и-а-ны́-лы-м-баале-ит, [imper.] и-а-ны́-баала! / и-а-ны́-бы-м-баала-н!, и-а-ны́-шә/жә-баала! / и-а-ны́-шәы-м-баала-н!; **Non-fin.** [pres.] (C1) и-а-ны́-л-баало / и-а-ны́-лы-м-баало, (C2) и-з-ны́-л-баало / и-з-ны́-лы-м-баало, (C3) и-а-ны́-з-баало / и-а-ны́-зы-м-баало; **Abs.** и-а-н-ба́ала-ны / и-а-ны́-м-баала-кәа) **1.** to see oneself in the mirror: А-са́ркьа л-хаҿы́ а-ны́-л-баало-ит. (ARD) *Она видит себя в зеркале. She sees herself in the mirror.* А-са́ркьа-қәа л-хаҿы́ р-ны́-л-баало-ит. *She sees herself in mirrors. Она видит себя в зеркалах.*

а́-нбан [n.] (-қәа, нбан-к) **1.** the alphabet: а́ԥсуа нба́н-қәа *the Abkhaz alphabet.* **2.** a letter (of the alphabet).

-анбан-ӡа [prefix] until when, until what time?

-анбан-тә- [prefix] from when.

-анбы- *see* **-анба-**

англы́з [n.] (англы́з-цәа) an Englishman: англы́з бызшәа́ *English.*

а-н-гы́ла-ра [intr.] [C1-C2-Prev-R / C1-C2-Prev-Neg-R] [C1 stand on C2] (**Fin.** [pres.] д-а-н-гы́ло-ит / д-а-н-гы́ло-м (-гы́ла-ӡо-м), [aor.] д-а-н-гы́ле-ит / д-а-ны́-м-гы́ле-ит (-гы́ла-ӡе-ит), [imper.] б-а-н-гы́л! / б-а-ны́-м-гы́ла-н!, шә-а-н-гы́л! / шә-а-ны́-м-гы́ла-н!; **Non-fin.** (C1) [pres.] и-а́-н-гыло / и-а́-ны-м-гыло, [aor.] и-а́-н-гыла / и-а́-ны-м-гыла, [impf.] и-а́-н-гыло-з / и-а́-ны-м-гыло-з, [past indef.] и-а́-н-гыла-з / и-а́-ны-м-гыла-з; **Abs.** д-а-н-гы́ла-ны / д-а-ны-м-гы́ла-кәа) **1.** to stand on sth.

-нда(з) [verbal suffix] (Hewitt, Abkhaz:190; ACST:L.13) [added to the non-finte forms of the

Н

aorist/present/perfect (if the non-finite stem ends in the element **-у**, it disappears)] *This suffix is the optative marker and is used to express a wish.* **1.** would that: А-ҟәа́ а-у́-ндаз! *If only it would rain! Хоть бы пошел дождь!* Ҭа́ца бзы́иа-к д-бы́-ма-нда(з)! *Would that you had a good daughter-in-law!* Ари́ уацы́ и-с-а́-б-ҳәа-нда(з)! *Would that you had told me this yesterday!* И-с-шәы-рбо́-ндаз, и-ааигәа-ны́ с-а́-хәаҧшы-р с-ҭахы-у́п! — (ҳәа) л-ҳәе́-ит а-ҧҳәызба ку́ҧш. (AFL) *"If only you had showed it to me, I want to see it closely!" said the young girl.* Џьара́ акы́ х-а-бы-р-цха́-нда(з)! Бы́сҭа-к б-у́-нда(з)! (ACST) *Would that/I wish/If only you'd give us a bite to eat somewhere! Would that/I wish/If only you'd rustle up some grits.* **2.** [with a negative marker and SP] *used in "that"-clause which expresses the object of the verb "fear."* [See ACST: L.16]: Д-ка́-м-ҳа-нда(з) ҳәа с-шәо-ит. *I am afraid that he/she will fall.* (ACST)

анду́ [n.] (анду́-цәа, анду́-к, с-анду́) a grandmother: Ҭара́шь и-анду́ *Tarash's grandmother.*

а-неи-а́аи-ра [intr.] [C1-Prev-R / C1-Neg-Prev-R] [C1 pass to and fro] (**Fin.** [pres.] д-неи-а́аи-уе-ит / д-неи-а́аи-уа-м (-а́аи-ӡо-м), [aor.] д-неи-а́аи-т / ды-м-неи-а́аи-т (-а́аи-ӡе-ит), [imper.] б-неи-а́аи! / бы-м-неи-а́аи-н!; **Non-fin.** (C1) [pres.] и-неи-а́аи-уа / и́-м-неи-ааи-уа, [aor.] и-неи-а́аи / и́-м-неи-ааи, [impf.] и-неи-а́аи-уа-з / и́-м-неи-ааи-уа-з, [past indef.] и-неи-а́аи-з / и́-м-неи-ааи-з; **Abs.** д-неи-а́аи-ны / ды-м-неи-а́аи-кәа) **1.** to go there and here: Ри́ҭца и-хы́ла-ны ны́шь-ла и-неи-а́аи-уе-ит ауаа́. (ANR) *People sail about on Rits'a by boat.*

а-не́-и-ра [intr.] [C1-Prev+R / C1-Neg-Prev+R] [C1 go thither] (**Fin.** [pres.] д-не́-и-уе-ит / д-не́-и-уа-м, [aor.] д-не́-ит (< д-не-и-ит) / ды-м-не́-ит, [imper.] б-не́-и! / бы-м-не́-и-н!; [poten.] д-зы́-м-не́-ит; **Non-fin.** (C1) [pres.] и-не́-и-уа / и́-м-не-и-уа, [aor.] и-не́-и / и́-м-не-и *or* и-м-не́-и, [fut.1] и-не́-и-ра / и́-м-не-и-ра, [fut.2] и-не́-и-ша / и́-м-не-и-ша, [perf.] и-не́-и-хьоу (-хьа(ц)) / и́-м-не-и-хьоу (-хьа(ц)), [impf.] и-не́-и-уа-з / и́-м-не-и-уа-з, [past indef.] и-не́-и-з / и́-м-не-и-з, [cond.1] и-не́-и-ры-з / и́-м-не-и-ры-з, [cond.2] и-не́-и-ша-з / и́-м-не-и-ша-з, [plupf.] и-не́-и-хьа-з / и́-м-не-и-хьа-з; **Abs.** д-не́и-ны / ды-м-не́и-кәа) **1.** to arrive there; to go there: ҽы́-ла д-не́-и-уе-ит *he/she goes on horseback, он/она едет верхом.* А-ҟьырмы́т зауа́д ахь и-не́-и-т. (ANR) *They went to the brick-factory.* С-не́-и-р ҟа-ло́-ма? *May I come in?* Сы-ш-не́-и-уа-з с-ҩы́за ды-с-ҧы́ле-ит. *Along the road, my friend met me.* Амш-гьы ш-не́-и-уа-з и-кьа́ҿ-хе-ит. (AFL) *And the daytime gradually became short. И день постепенно стал коротким.* Ды-ш-не́-и-уа-з, А-ҧааимба́р д-аа-и-ҧы́-л-т. (AF) *In the course of his passage he encountered the prophet.* **2.** to reach: а-ста́нциа а-ҟы́нӡа а-не́-и-ра *to reach the station,* дойти до станции. А-салам шәҟәы́ лассы́ и-не́-и-т. *The letter arrived quickly. Письмо дошло быстро.*

а-неиҭа́-га-ра [tr.] (**Fin.** [pres.] и-неиҭа́-з-го-ит / и-неиҭа́-з-го-м, [aor.] и-неиҭа́-з-ге-ит / и-неиҭа́-зы/сы-м-ге-ит, [imper.] и-неиҭа́-га! / и-неиҭа́-бы-м-га-н!; **Non-fin.** [pres.] (C1) и-неиҭа́-л-го / и-неиҭа́-лы-м-го, (C3) и-неиҭа́-з-го / и-неиҭа́-зы-м-го; **Abs.** и-неиҭа́-га-ны / и-неиҭа́-м-га-кәа) **1.** to carry, to move, to transport.

а́-неи-ҩе́и-ра* [intr.] (**Fin.** [pres.] д-неи-ҩе́и-уе-ит / д-неи-ҩе́и-уа-м, [aor.] д-неи-ҩе́и-ит / д-неи-м-ҩе́и-ит, [imper.] б-неи-ҩе́и! / б-неи-м-ҩе́и-н!) **1.** to stroll, to take a stroll: Уатҵәы́ а-ҟәа́ а́-м-у-р, х-аа-неи-ҩе́и-рын. *If it were not to rain tomorrow, we could take a walk.* А-уа́да-ҿы д-неи-ҩе́и-уе-ит. (ARD) *Он/Она прохаживается по комнате. He/She is pacing up and down the room.*

анекдо́т [n.] (-кәа, анекдо́т-к) an anecdote. (> **анекдо́ттә** [adj.])

а-не́мец [n.] (а-не́мец-цәа, не́мец-к) a German. немец: а-не́мец бызшәа́ *the German language. немецкий язык.*

-нӡа [post.] (Hewitt, Abkhaz:126) [see **-кы́-нӡа**; cf. **-аанӡа**] **1.** [with a nominal stem or a numeral] until: абри́ а́-шыҟәс а́-лгамҭа-нӡа *until the end of this year.* Иахьа́ хәла́анӡа а-ҿҳәара́ шәы́-с-ҭо-ит. *I'll give you time until this evening. Я даю вам срок до вечера.* Ари́ а-дәқьа́н а-саа́ҭ 10 (жәаба́) инаркны́ уаха́ хәлбҿеха́ а-саа́ҭ а́аба-нӡа а-у́с а-у-е́-ит. (AFL) *This store is open from ten o'clock until eight o'clock in the evening. Этот магазин работает с десяти часов до восьми часов вечера.* **2.** [with a verbal stem] until: с-а́а-нӡа *until I came.* у-ца́-анӡа *until you left.* **3.** (*of space*) as far as; up to before: Ҳа-ҩны́-нӡа шә-аа-ла́! *Come up to our house!* А-дәы́ӷба Москва́-нӡа и-цо́-ит. *The train is going to Moscow.* А-мҩа а-кы́ҭа-нӡа и-на́-р-гс-ит. *They lengthened the road up to the village.*

ани́ (sg.) [= **абни́**, pl. **анҭ**, cf. **у(бр)и** "invisible, remote that"] (*visible, non-remote*) that.

а-н-иа́ла-ра [intr.] [C1-a-Prev-R / C1-a-Prev-Neg-R] [C1 lie on (it)] (**Fin.** [pres.] с-а-н-иа́ло-ит / с-а-н-иа́ло-м, [aor.] с-а-н-иа́ле-ит / с-а-ны-м-иа́ле-ит, [imper.] б-а-н-иа́л! / б-а-ны́-м-иала-н!; **Non-fin.** [pres.] (C1) и-а-н-иа́ло / и-а-ны́-м-иало, [aor.] (C1) и-а-н-иа́ла / и-а-ны́-м-иала; **Abs.** с-а-н-иа́ла-ны / с-а-ны-м-иа́ла-кәа) **1.** to lie on sth.

а-н-иа-ра́ [intr.] [C1-C2-Prev-R / C1-C2-Prev-Neg-R] [C1 come across C2] (**Fin.** [pres.] с-бы-н-ио́-ит (я тебя случайно встречаю) / с-бы-н-ио́-м (-иа-ӡо́-м), [aor.] с-бы-н-ие́-ит, д-ҳа-н-ие́-ит / сы-б-ны́-м-ие-ит (-иа-ӡе-ит), д-аҳ-ны́-м-ие-ит (-иа-ӡе-ит), [imper.] б-ҳа-н-иа́! / б-аҳ-ны́-м-иа-н!, шә-ҳа-н-иа́! / шә-аҳ-ны́-м-иа-н!; **Non-fin.** [pres.] (C1) и-лы-н-ио́ / и-л-ны́-м-ио, (C2) с-зы-н-ио́ / сы-з-ны́-м-ио, [aor.] (C1) и-лы-н-иа́ / и-л-ны́-м-иа, (C2) с-зы-н-иа́ / сы-з-ны́-м-иа, [impf.] (C1) и-лы-н-ио́-з / и-л-ны́-м-ио-з, (C2) с-зы-н-ио́-з / сы-з-ны́-м-ио-з, [past indef.] (C1) и-лы-н-иа́-з / и-л-ны́-м-иа-з, (C2) с-зы-н-иа́-з / сы-з-ны́-м-иа-з; **Abs.** с-бы-н-иа-ны́ / с-бы-ны́-м-иа-кәа) **1.** to meet by chance; to encounter: Уи́ уара́ д-у-нио́-ит. (ABD) *He/She is meeting you. Он/Она тебя встречает.* Лассы́-лассы́ и-ҩы́з-цәа д-ры-н-иа-ло́-ит. (RAD) *Он часто встречается с (его) товарищами. He often meets his friends.*

анизтцысы́ : А-хьаа́ анизтцысы́ а́-хәхәара д-а́-ла-ге-ит. *He/She began to scream from the pain. Он/Она стал кричать от боли.*

Ни́на [n.] (f.) [person's name]

ани́рахь [adv.] to the other side: Ани́рахь у-и́а-с! *Go across to the other side! Переходи на ту сторону!*

а́-н-ка-ԥҕа-ра* [intr.] [C1-Prev-Prev-R / C1-Prev-Prev-Neg-R] (**Fin.** [aor.] ды-н-ка́-ԥҕе-ит / ды-н-ка́-м-ԥҕе-ит, [imper.] бы-н-ка́-ԥҕа! / бы-н-ка́-м-ԥҕа-н!) **1.** to jump aside: Ды-нка́ԥҕа-аака́ԥҕо, а-ҩны́-ҟа д-аа́-ит. *He, hopping and skipping, returned home.*

Анкара́ [n.] [place name] Ankara: Ҭыркутәы́ла аҳҭны́қалакь и-а́-хьӡ-уп Анкара. *The capital of Turkey is called Ankara.*

а-н-кы́ла-ра [tr.] [C1-Prev-C3-S / C1-Prev-C3-Neg-S] [C3 stop/detain C1] (**Fin.** [pres.] д-ны́-с-кыло-ит / д-ны́-с-кыло-м, [aor.] д-ны́-с-кыле-ит / д-ны́-сы-м-кыле-ит, [imper.] ды-н-кы́л! / д-ны́-бы-м-кыла-н!, и-ны́-шә-кыл! / и-ны́-шәы-м-кыла-н!; **Non-fin.** [pres.] (C1) и-ны́-с-кыло / и-ны́-сы-м-кыло, (C3) и-ны́-з-кыло / и-ны́-зы-м-кыло; **Abs.** ды-н-кы́ла-ны / д-ны́-м-кыла-кәа) **1.** (= **а́а-н-кыла-ра**) to stop, to stem; to restrain: А-шьа́ н-и́-кыле-ит. *He stopped bleeding.* А-машьы́на н-кыл! *Stop the car! Останови машину!* А-мҩасҩы д-аа-н-и́-кыле-ит. *He stopped the passerby. Он остановил прохожего.* и-ҽы́ а́-ӷәра и-з-ны́-м-кыла-кәа *having been unable to restrain his horse's bridle.* А-ӡы́ ны́-р-кыла-рц и-а-ҿ-у́п, аха́ ԥсы́хәа р-з-а́-ҭо-м. (AF) *They are busy seeking to stem the flow, but they are unable to do anything about it.* **2.** to detain: д-н-и́-кыле-ит *he detained him/her, он задержал его/ее.* **3.** (*of water*) to gather. **4.** to occupy: А-те́атр а-ҟны́ а-ҭы́ԥ ны́-с-кыле-ит. *I occupied a seat in the theater. Я занял в театре место.* **5.** to support. || **а-ныхәаҿа́ а-н-кы́ла-ра** to propose/drink a toast to sb: Сара́ шәара́ шә-ны́хәаҿа ны́-с-кыло-ит. *I'll propose a toast to you. Я произнесу тост за вас.*

а́нкьа [adv.] **1.** ago; before. **2.** formerly.

а-н-ҟьа-ра́ [labile] **(1)** [tr.] [C1-C2-Prev-C3-R / C1-C2-Prev-C3-Neg-R] [C3 hit C1 against C2] (**Fin.** [pres.] и-а-ны́-с-ҟьо-ит / и-а-ны́-с-ҟьо-м (-ҟьа-ӡо-м), [aor.] и-а-ны́-с-ҟье-ит / и-а-ны́-сы-м-ҟье-ит (-ҟьа-ӡе-ит), [imper.] и-а-н-ҟьа́! / и-а-ны́-бы-м-ҟьа-н!, и-а-ны́-шә-ҟьа! /

Н

и-а-ны́-шәы-м-ҟьа-н!; **Non-fin.** [pres.] (C1) и-а-ны́-л-ҟьо / и-а-ны́-лы-м-ҟьо, (C2) и-з-ны́-л-ҟьо, (C3) и-а-ны́-з-ҟьо / и-а-ны́-зы-м-ҟьо, [aor.] (C1) и-а-ны́-л-ҟьа / и-а-ны́-лы-м-ҟьа, (C3) и-а-ны́-з-ҟьа / и-а-ны́-зы-м-ҟьа, [impf.] (C1) и-а-ны́-л-ҟьо-з / и-а-ны́-лы-м-ҟьо-з, (C3) и-а-ны́-з-ҟьо-з / и-а-ны́-зы-м-ҟьо-з, [past indef.] (C1) и-а-ны́-л-ҟьа-з / и-а-ны́-лы-м-ҟьа-з, (C3) и-а-ны́-з-ҟьа-з / и-а-ны́-зы-м-ҟьа-з; **Abs.** и-а-н-ҟьа-ны́ / и-а-ны́-м-ҟьа-кәа) **1.** to hit, to strike**:** А-са́ан а-сто́л и-а-ны́-с-ҟье-ит. *I hit the plate against the table. Я ударил тарелку об стол.* А-са́ан-қәа а-сто́л-қәа и-ры-ны́-с-ҟье-ит. *I hit the plates against the tables. Я ударил тарелки об столы.* **(2)** [intr.] [C1-C2-Prev-R / C1-C2-Prev-Neg-R] [C1 hit against C2] (**Fin.** [pres.] д-а-н-ҟьо́-ит / д-а-н-ҟьо́-м, [aor.] д-а-н-ҟье́-ит / д-а-ны-м-ҟье́-ит; **Non-fin.** (C1) [pres.] и-а-н-ҟьо́ / и-а-ны́-м-ҟьо, [aor.] и-а-н-ҟьа́ / и-а-ны́-м-ҟьа, [impf.] и-а-н-ҟьо́-з / и-а-ны́-м-ҟьо-з, [past indef.] и-а-н-ҟьа́-з / и-а-ны́-м-ҟьа-з) **1.** to hit/strike against**:** А-сто́л с-а-н-ҟье́-ит. *I hit myself against the table. Я ударился об стол.* А-сто́л-**қәа** х-**ры**-н-ҟье́-ит. *We hit ourselves against the tables. Мы ударились об столы.* И-хы́ а-шәхы́мс и-н-а-н-ҟьа́-н, уа ды-ԥс-и́т. (AF) *His head slammed into the threshold, and he died on the spot.*

ноиа́бр [n.] (= **абтҵара́**) November.

а-но́мер [n.] (а-но́мер-қәа) **1.** number**:** а-те́л а-но́мер *a telephone number.* Сара́ сы-н-хо́-ит Аҭы́нчра а-мҩаду́ а-ҿы́, а-ҩны́ а-но́мер 8 (ааба́) а-ҿы́. *I live on Atynchra Street, in house number 8. Я живу на улице Мира, в доме номер 8.* **2.** a room in a hotel.

а-н-ԥа-ра́ [intr.] [C1-C2-Prev-R / C1-C2-Prev-Neg-R] [C1 bounce off C2] (**Fin.** [pres.] и-а-н-ԥо́-ит / и-а-н-ԥо́-м, [aor.] и-а-н-ԥе́-ит / и-а-ны́-м-ԥе-ит, [imper.] у-а-н-ԥа́! / у-а-ны́-м-ԥа-н!, **Non-fin.** (C1) [pres.] и-а-н-ԥо́ / и-а-ны́-м-ԥо; **Abs.** и-а-н-ԥа-ны́ / и-а-ны́-м-ԥа-кәа) **1.** to bounce off/back, to rebound**:** А-мпыл а-тҙы́ и-а́а-ха-н, и-а-н-ԥе́-ит. (ARD) *The ball hit against the wall and bounced back from it. Мяч ударился об стену и отскочил от нее.* А-мпыл-қәа а-тҙ-қәа́ и-р-а́а-ха-н, и-ры-н-ԥе́-ит. *The balls hit against the walls and bounced back from them. Мячи ударились об стены и отскочили от них.*

а́нԥса [n.] (= **а́ныԥса**) (а́нԥса-цәа, нԥса́-к) a stepmother.

а-н-ԥса́ла-ра [tr.] [C1-C2-Prev-C3-R / C1-C2-Prev-C3-Neg-R] [C3 load C1 onto C2] (**Fin.** [pres.] и-а-ны́-сы-ԥса́ло-ит / и-а-ны́-сы-ԥса́ло-м, [aor.] и-а-ны́-сы-ԥса́ле-ит / и-а-ны́-сы-м-ԥса́ле-ит, [imper.] и-а-н-ԥса́ла!, и-а-ны́-шәы-ԥса́ла! *or* и-а-н-шәы-ԥса́ла!; **Non-fin.** [pres.] (C1) и-а-ны́-л-ԥсало / и-а-ны́-лы-м-ԥсало, (C3) и-а-ны́-з-ԥсало / и-а-ны́-зы-м-ԥсало, [aor.] (C1) и-а-ны́-л-ԥсала / и-а-ны́-лы-м-ԥсала, (C3) и-а-ны́-з-ԥсала / и-а-ны́-зы-м-ԥсала, [impf.] (C1) и-а-ны́-л-ԥсало-з / и-а-ны́-лы-м-ԥсало-з, (C3) и-а-ны́-з-ԥсало-з / и-а-ны́-зы-м-ԥсало-з, [past indef.] (C1) и-а-ны́-л-ԥсала-з / и-а-ны́-лы-м-ԥсала-з, (C3) и-а-ны́-з-ԥсала-з / и-а-ны́-зы-м-ԥсала-з, (Loc) и-з-ны́-л-ԥсала-з; **Abs.** и-а-н-ԥса́ла-ны / и-а-ны́-м-ԥсала-кәа) **1.** to load; to heap up**:** А-уарды́н и-а-ны́-л-ԥса́ле-ит. *She loaded it/them on the (ox-)cart. Она нагрузила его(нрз.)/их на арбу.* А-уарды́н-қәа и-р-ны́-л-ԥса́ле-ит. *She loaded them onto the (ox-)carts. Она нагрузила их на арбы.*

а-н-ԥшы́ла-ра* [intr.] (**Fin.** [aor.] д-а-н-ԥшы́ле-ит / д-а-ны-м-ԥшы́ле-ит, [imper.] у-а-н-ԥшы́л! / у-а-ны-м-ԥшы́ла-н!) *see* **а-ны-ԥшы́ла-ра**

а́нра [n.] motherhood.

анс [adv.] so, in that way**:** Анҭ а́-хәса-қәа анс ан-р-а́-л-ҳәа, (...). (Ab.Text) *When she said so to those women,(...).*

анса́мбль [n.] (-қәа) (*of music*) ensemble.

а́нтикатә [adj.] *see* **а-жәы́тәӡатәи**

-нтә [suffix] [added to a cardinal numeral's radical] *used to mark a multiplicative numeral.* "times as many/much as," "times"**:** ҩы́-нтә дважды *two times/twice.* хы́-нтә *three times.* кы́ры-нтә *many times.* хәы́-нтә *five times.* Ху́-нтә хуба́ — ҩажәе́и хуба́. *5 by 5 makes 25.*

-(н)тә [post.] **1.** from (*a city, a village, a country, etc.*)**:** Ҭыркутәы́ла-нтә *from Turkey, из Турции.* Куытóлы-нтә х-ꙩы́-к *three from Kitol.* И-жәла-нтә-гьы ды-р-ҧырхáга-м. *She causes no harm to anyone from his family.* Москвá-нтә и-аа-и́-шьҭ-ит. *He sent it/them from Moscow.* А-ꙩны́-нтә д-аа-уé-ит. *He/She goes out of the house.* Уи́ иацы́ Москвá-нтә д-аá-ит. *He/She came from Moscow yesterday.* Ҭагáлан á-рахә á-шьха-нтә и-лбаа-уé-ит. (AFL) *The cattle come down from the mountain in autumn. Осенью скот спускается с горы.*

а-н-тәáла-ра [intr.] [C1-C2-Prev-S / C1-C2-Prev-Neg-S] [C1 sit down on C2] (**Fin.** [pres.] д-а-н-тәáло-ит / д-а-н-тәáло-м, [aor.] д-а-н-тәáле-ит / д-а-ны́-м-тәале-ит, [imper.] б-а-н-тәáла! / б-а-ны́-м-тәала-н!; **Non-fin.** [pres.] (C1) и-а-н-тәáло / и-а-ны́-м-тәало, (C2) и-зы-н-тәáло / и-з-ны́-м-тәало; **Abs.** д-а-н-тәáла-ны / д-а-ны́-м-тәала-кәа) **1.** to sit down on sth flat; to get on, to board (a vehicle)**:** А-уарды́н д-а-н-тәáле-ит. (ARD) *Он/Она сел/-а на арбу. He/She sat down on the (ox-)cart.* А-уарды́н-қәа и-ры-н-тәáле-ит. *They sat down on the (ox-)carts. Они сели на арбы.*

-нтәи [post.] from, (cf. **-ахьынтә**)**:** а-қы́ҭа-нтәи а-шкóл *a village school.* а-ꙩны́-нтәи *from the house.* Аҟуа-нтәи с-аá-ит. *I arrived from Sukhum.* А-тәы́ла ҧхáрра-қәа р-áхь Аҧсны́-нтәи и-цó-ит атҵáра-қәа. (AFL) *Birds fly away from Abkhazia to warm countries. В теплые страны из Абхазии улетают птицы.*

анҭ [pl.] (= **абáнҭ**) (sg. а(б)ни́; cf. у(ба)рҭ "invisible those") (*visible, non-remote*) those**:** анҭ á-ҳәса-қәа *those women.*

а-н-ҭа-хх-рá *see* **а-ҭа-хх-рá**

á-нҭҧсаа-ра [intr.] || **с-гәы́ нҭҧсаá-ит** (/**нҭҧсаá и-цé-ит**) *I was frightened out of my wits. Моя душа ушла в пятки.*

á-нҭытц [post.] **1.** outside of**:** А-хәыч-қәá á-шҭа á-нҭытц и-хәмáр-уе-ит. *The children are playing outside the yard.* (Hewitt, Abkhaz:130)

á-нҭы-тц-ра [intr.] [C1-Prev-R / C1-Prev-Neg-R] [C1 go out] (**Fin.** [pres.] ды-нҭы́-тц-уе-ит / ды-нҭы́-тц-уа-м, [aor.] ды-нҭы́-тц-ит / ды-нҭы́-м-тц-ит, [imper.] бы-нҭы́-тц! / бы-нҭы́-м-тцы-н!; **Non-fin.** [pres.] (C1) и-нҭы́-тц-уа / и-нҭы́-м-тц-уа, [aor.] (C1) и-нҭы́-тц / и-нҭы́-м-тц; **Abs.** ды-нҭы́-тц-ны / ды-нҭы́-м-тц-кәа) **1.** to go out.

á-нҭытцтәи [adj.] (= **а-дәны́қатәи**) outer**:** á-қалақь á-нҭытцтәи *an outer city.*

а-н-ҭәáла-ра [tr.] [C1-C2-Prev-C3-S / C1-C2-Prev-C3-Neg-S] [C3 pour C1 into C2] (**Fin.** [pres.] и-а-ны́-л-ҭәало-ит / и-а-ны́-л-ҭәало-м, [aor.] и-а-ны́-л-ҭәале-ит / и-а-ны́-лы-м-ҭәале-ит, [imper.] и-а-ны-ҭәáл! / и-а-ны́-бы-м-ҭәала-н!; **Non-fin.** [pres.] (C1) и-а-ны́-л-ҭәало / и-а-ны́-лы-м-ҭәало, (C3) и-а-ны́-з-ҭәало / и-а-ны́-зы-м-ҭәало; **Abs.** и-а-н-ҭәáла-ны / и-а-ны́-м-ҭәала-кәа) **1.** to pour**:** А-лахáнка а-ӡы́ н-а-ны́-л-ҭәал-т. (Ab.Text) *She poured water into the washtub.*

а-нхáмꙩа [n.] [< а-нхá-мꙩа "the-live-way"] (-қәа) economy**:** Уи́ арá нхáмꙩа и́-р-ҭо-м. *They do not give him the right to live here.*

а-нхáра [n.] (а-нхáра-қәа) a house; a farm.

а-н-ха-рá[1] [intr.] [C1-Prev-R / C1-Prev-Neg-R] [C1 live] (**Fin.** [pres.] сы-н-хó-ит, ҳа-н-хó-ит, и-н-хó-ит / сы-н-хó-м, [aor.] сы-н-хé-ит / с-ны́-м-хе-ит, ҳ-ны́-м-хе-ит, [fut.1] сы-н-хá-п / сы-н-ха-ры́м, [fut.2] сы-н-хá-шт / сы-н-хá-шам, [perf.] сы-н-ха-хьéит / с-ны́-м-ха-ц(т), [impf.] сы-н-хó-н / сы-н-хó-мызт, [past indef.] сы-н-хá-н / с-ны́-м-ха-зт, [cond.1] сы-н-ха-ры́н / сы-н-ха-ры́мызт, [cond.2] сы-н-хá-шан / сы-н-хá-шамызт, [plupf.] сы-н-ха-хьáн / с-ны́-м-ха-цызт, [imper.] бы-н-хá! / б-ны-м-хá-н!; [caus.] сы-н-лы-р-хé-ит / с-ны-л-мы-р-хé-ит; [poten.] с-зы-н-хó-м, сы-з-ны́-м-хе-ит; [nonvol] с-áмха-н-хе-ит / с-áмха-ны-м-хе-ит; [vers.1] сы-л-зы-н-хé-ит / с-лы-з-ны́-м-хе-ит; [vers.2] сы-л-цәы-н-хé-ит / с-лы-цә-ны́-м-хе-ит; **Non-fin.** (C1) [pres.] и-н-хó / и-ны́-м-хо, [aor.] и-н-хá / и-ны́-м-ха, [fut.1] и-н-ха-рá / и-ны́-м-ха-ра, [fut.2] и-н-хá-ша / и-ны́-м-ха-ша, [perf.] и-н-ха-хьóу (-хьá(ц)) / и-ны́-м-ха-хьоу (-хьа(ц)), [impf.] и-н-хó-з / и-ны́-м-хо-з, [past indef.] и-н-хá-з / и-ны́-м-ха-з,

Н

[cond.1] и-н-ха-ры́-з / и-ны́-м-ха-ры-з, [cond.2] и-н-ха́-ша-з / и-ны́-м-ха-ша-з, [plupf.] и-н-ха-хьа́-з / и-ны́-м-ха-хьа-з; **Abs.** ды-н-ха-ны́ / д-ны́-м-ха-кәа) **1.** to live, to dwell: Та́мшь-и Џьгьа́рде-и и-н-хо́-ит. (*и-р-н-хо-ит) *They live in Tamsh' and Dzhgjarda.* Уара́ у-аба́-н-хо-и? *Where do you live?* Уажәы́ сара́ сы-н-хо́-ит Аҟәа. *I live in Sukhum now.* Аҧсуаа Аҧсны́ и-н-хо́-ит. *Abkhazians live in Abkhazia.* Сара́ сы-н-хо́-ит Аҟәа а́-қьалақь а-ҟны́. *I live in the city of Sukhum. Я живу в городе Сухум.* Камачы́ч Џьгьа́рда ды-н-хо́-ит. *Kamachych lives in the village of Dzhgjarda.* Ҩы́-шықуса абра́ сы-н-хо́-ит. *I have been living here for two years.* Аибашьра ҟала́-анӡа, Та́мшь да́араӡа ауаа́ рацәа-ҩны́ и-нхо́-н. (AFL) *Before the war very many people used to live in the village of Tamsh'. До войны в деревне Тамшь жило очень много людей.* Ҳара́ а-ҧсшьа́рҭа ҩн-а-ҿы́ ҳа-н-хо́-н. (AFL) *We lived in a vacation home. Мы жили в доме отдыха.* Урҭ а́-шьха и-н-хо́-н, уаа́ сса́-н, (...). (Ab.Text) *They lived in the mountains and were a short people, (...).* || **а-нха-ра́ бзи́а ры́-ма-н** *они хорошо жили.* **2.** to remain, to stay. **3.** (*of a clock, a watch*) to be slow: А-саа́ҭ н-хо́-ит. *The watch is slow. Часы отстают.*

а-н-ха-ра́[2] [intr.] [C1-Prev-R / C1-Prev-Neg-R *or* C1-Neg-Prev-R] [C1 work in the fields] (**Fin.** [pres.] ды-н-хо́-ит / ды-н-хо́-м (-ха-ӡо́-м), [aor.] ды-н-хе́-ит / д-ны́-м-хе-ит *or* д-мы-н-хе́-ит, [imper.] бы-н-ха́! / б-мы-н-ха́-н!, шәы-н-ха́! / шә-мы-н-ха́-н! *or* шә-ны́-м-ха-н!; [poten.] сы-з-ны́-м-хе-ит (я не смог завести хозяйство); **Non-fin.** [pres.] (C1) и-н-хо́ / и-ны́-м-хо, [aor.] (C1) и-н-ха́ / и-ны́-м-ха; **Abs.** ды-н-ха-ны́ / д-ны́-м-ха-кәа) **1.** to farm: А-нхара́ и-а-ҿ-у́п. *They work in the field. Они работают на поле.*

а-нха́ра-а-нцы́-ра* [intr.] (**Fin.** [aor.] ды-нхе́-ит-ды-нц-и́т / д-мы-нхе́-ит-д-мы-нц-и́т, [impf.] ды-нхо́н-ды-нц-уа́-н) **1.** to set up house. **2.** to live and be brought up.

а-нха́рҭа [n.] (-қәа, ры-нха́рҭа-қәа) a dwelling place, a dwelling.

а-нха́рҭаҭыҧ [n.] (-қәа) a locality; the living area: Уи и-нха́рҭаҭыҧ и-ҧса́х-ит. *He moved.* [lit. *He changed his residence.*] *Он переехал.*

а-нха-цәа́ *see* **а-нха-ҩы́**

а-нха-ҩы́ [n.] (а-нха(ҩ)-цәа́, нхаҩы́-к, нха-цәа́-к) **1.** a peasant: Сара́ сы-нхаҩ-у́п. *I am a peasant.* Ды́-ҟа-н нхаҩы́-к. *There was once a peasant.* [cf. **а-нха-ра́** "to dwell"]

нхы́ҵ [adv.] beyond; behind (cf. **-нырцә, налҵ**): а́-шьха нхы́ҵ *beyond the mountains.* а-ҳәаа́ нхы́ҵ *за границу, abroad; за границей, in another country.*

нхы́ҵтәи [adj.] North-Caucasian.

а́нхәа [n.] (-цәа, с-а́нхәа) a mother-in-law (husband's mother); a mother-in-law (wife's mother).

а́нхәаду [n.] (-цәа) (colloq.) a husband's/wife's grandmother.

а́нхәыҧҳа [n.] (-цәа) a sister-in-law (husband's sister); a sister-in-law (wife's sister).

а-нцәа́ [n.] [< pl. of **ан** "mother"(?)] (а-нцәа-қәа́, ҳа-нцәа́, нцәа́-к) God; a god. [N.B. This noun is treated as a noun for a masculine singular "he." Therefore the verbal prefixes referring to this noun take **д-** (Column I) and **-и-** (Column III). But the possessive marker of the word for 'God' is **р-** "their," e.g. а-нцәа́ р-а́шәа *песень-молитва* (Genko). cf. also и-нцәа-р-ҭы́ҧ-зааит "it-God-their-place-Subj" *'Let it be God's place!'* (Hewitt, AF:105)]: А-нцәа́ д-л-**и́**-ҭо-м. *God does not give him/her to her.* А-нцәа́ д-сы-з-ха-ҵо́-м. *I cannot believe in God. Я не могу верить в Бога.* А-нцәа́ д-ха́-с-ҵо-ит. *I believe in God. Я верю в Бога.* А-нцәа́ и-гәра́ з-го́-ит. *I rely on God. Я надеюсь на Бога.* А-нцәа-гьы́ д-ры́-ма-мызт. (Ab.Text) *They didn't even have a God.* Уа́тко-у-ма, спи́рт-у-ма, а-нцәа́ и-ды́р-п, ры́жәтәы-к лы́-ма-н. (Ab.Text. 4) *The old woman had a drink with her, but God only knows if it was vodka or spirits.* || **а-нцәа́ и-ҳәа-ны́** by the will of God.

а-нцәара́ [n.] divinity.

а-нцәы́ркьа-цәы́ра-с-ра [intr.] (**Fin.** [pres.] д-нцәы́рҟьа-цәы́ра-с-уе-ит / д-нцәы́рҟьа-цәы́ра-с-уа-м, [aor.] д-нцәы́рҟьа-цәы́ра-с-ит / д-нцәы́рҟьа-цәы́ра-м-с-ит, [imper.] б-нцәы́рҟьа-цәы́ра! / б-нцәы́рҟьа-цәы́ра-м-сы-н!; **Non-fin.** [pres.] (C1) и-нцәы́рҟьа-цәы́ра-с-уа / и-нцәы́рҟьа-цәы́ра-м-с-уа; **Abs.** и-нцәы́рҟьа-цәы́ра-с-ны / и-нцәы́рҟьа-цәы́ра-м-с-кәа) **1.** to flicker**:** Хара́ а́-мца нцәы́рҟьа-цеы́рас-ит. *A fire flashed in the distance. Вдали мелькнул огонь.*

а-нтца́мҭа [n.] record(ing).

а-н-тҵа-ра́[1] [tr.] [C1-C2-Prev-C3-R / [C1-C2-Prev-C3-Neg-R] [C3 make a note of C1 in C2] (**Fin.** [pres.] и-а-ны́-с-тҵо-ит / и-а-ны́-с-тҵо-м, [aor.] и-а-ны́-с-тҵе-ит / и-а-ны́-сы-м-тҵе-ит (-тҵа-ӡе-ит), [imper.] и-а-н-тҵа́! / и-а-ны́-бы-м-тҵа-н!, и-а-ны́-шә-тҵ(а)! / и-а-ны́-шәы-м-тҵа-н!; **Non-fin.** [pres.] (C1) и-а-ны́-с-тҵо / и-а-ны́-сы-м-тҵо, (C2) и-з-ны́-с-тҵо / и-з-ны́-сы-м-тҵо, (C3) и-а-ны́-з-тҵо / и-а-ны́-зы-м-тҵо; **Abs.** и-а-н-тҵа-ны́ / и-а-ны́-тҵа-кәа) **1.** to make a note of, to record**:** Сара́ а́-дрес а-тетра́д и-а-ны́-с-тҵе-ит. *I made a note of the address in the notebook.* Сара́ а́дрес-қәа а-тетра́д-қәа и-ры-ны́-с-тҵе-ит. *I made a note of the addresses in the notebooks.* И-аа́-х-хәа-рц и-а́х-тах-у а-қьаа́д бӷьы́ц и-**а**-на́-х-тҵе-ит. (AFL) *We made a note of what we wanted to buy on a sheet of paper. Мы записали на листке бумаги, что мы хотели купить.* И-аа́-х-хәа-рц и-а́-хтах-у а-қьаа́д бӷьы́ц-қәа и-р-на́-х-тҵе-ит. *We made a note of what we wanted to buy on some sheets of paper.* **2.** to mark, to designate**:** а-хсаа́ла-ҿы а-ҳәаа́-қәа р-антҵара́ *to mark the boundaries on a map, обозначить границы на карте.* **3.** to lay; to put**:** а́-хә а́-сакаса и-а-нтҵара́ *to lay the wounded on a stretcher.* Сара́ ашә а-са́ан и-а-ны́-с-тҵо-ит. *I'll put cheese on the plate. Я положу сыр на тарелку.* || **а-напы́ а-н-тҵа-ра́** to put sth in one's hands, to entrust**:** А-саби с-напы́ д-а-н-й-тҵе-ит. *He entrusted the child to me. Он доверил мне ребенка.* Убри́ сара́ с-напы́ и-а-н-тҵа́! *Put that matter in my hands!*

а-н-тҵа-ра́[2] [tr.] [C1-a-Prev-C3-R / C1-a-Prev-C3-Neg-R] [C3 wind C1] (**Fin.** [pres.] и-а-ны-с-тҵо́-ит / и-а-ны-с-тҵо́-м (-тҵа-ӡо́-м), [aor.] и-а-ны-с-тҵе́-ит / и-а-ны́-сы-м-тҵе-ит (-тҵа-ӡе-ит), [imper.] и-а-н-тҵа́! / и-а-ны́-бы-м-тҵа-н!, и-а-ны-шә-тҵа́! / и-а-ны́-шәы-м-тҵа-н!; **Non-fin.** [pres.] (C1) и-а-ны́-л-тҵо / и-а-ны́-лы-м-тҵо, (C3) и-а-ны́-з-тҵо / и-а-ны́-зы-м-тҵо, [aor.] (C1) и-а-ны́-л-тҵа / и-а-ны́-лы-м-тҵа, (C3) и-а-ны́-з-тҵа / и-а-ны́-зы-м-тҵа, [impf.] (C1) и-а-ны́-л-тҵо-з / и-а-ны́-лы-м-тҵо-з, (C3) и-а-ны́-з-тҵо-з / и-а-ны́-зы-м-тҵо-з, [past indef.] (C1) и-а-ны́-л-тҵа-з / и-а-ны́-лы-м-тҵа-з, (C3) и-а-ны́-з-тҵа-з / и-а-ны́-зы-м-тҵа-з; **Abs.** и-а-н-тҵа-ны́ / и-а-ны́-тҵа-кәа) **1.** to wind, to reel**:** А-рахәы́ц а-ны-с-тҵо́-ит. *I am winding some thread. Я мотаю нитки.*

а-н-тц-ра́ [tr.] [C1-Prev-C3-R / C1-Prev-C3-Neg-R] [C3 live to C1] (**Fin.** [pres.] и-ны́-с-тц-уе-ит / и-ны́-с-тц-уа-м, [aor.] и-ны́-с-тц-ит / и-ны́-сы-м-тц-ит, [imper.] и-н-тцы́! / и-ны́-бы-м-тцы-н!, и-ны́-шә-тц! / и-ны́-шәы-м-тцы-н!; **Non-fin.** [pres.] (C3) и-ны́-з-тц-уа / и-ны́-зы-м-тц-уа, [past indef.] (C3) и-ны́-з-тцы-з / и-ны́-зы-м-тцы-з; **Abs.** и-ны́-тц-ны / и-ны́-м-тц-кәа) **1.** to live, to live on**:** А-кы́р н-й-тц-ит. *He lived many years.* С-абду́ шәы́-шықәса н-й-тц-ит. (ARD) *Мой дед прожил сто лет. My grandfather lived to a hundred years.* А-қәра ду́-қәа ны́-шә-тц-аait! (GAL) *Долгих лет вам жизни! Long may you live!* Уара́ шәы́шықәса н-у́-тц-уе-ит. *You'll live a hundred years. Ты проживешь сто лет.* А-лахәа хы́шә шықәса н-на-тц-уе́-ит. *A raven lives three hundred years.*

анты́ [post.] (= **а́-шьтахь**) after**:** шықәсы́-к анты́ *after a year.*

а-н-тцы́-ра [tr.] [C1-Prev-C3-R / C1-Prev-C3-Neg-R] [C3 live to be C1] (**Fin.** [pres.] и-ны-с-тц-уе́-ит / и-ны-с-тц-уа́-м (-тц-ӡо́-м), [aor.] и-ны-с-тц-и́т / и-ны́-сы-м-тц-ит (-тц-ӡе-ит), [imper.] и-н-тцы́! / и-ны́-бы-м-тцы-н!, и-ны́-шә-тц! / и-ны́-шәы-м-тцы-н!; **Non-fin.** [pres.] (C1) и-ны́-с-тц-уа / и-ны́-сы-м-тц-уа, (C3) и-ны́-з-тц-уа / и-ны́-зы-м-тц-уа, [aor.] (C1) и-ны́-с-тц / и-ны́-сы-м-тц, (C3) и-ны́-з-тц / и-ны́-зы-м-тц) *see* **а-н-тц-ра́**.

а-нтцәа́мҭа [n.] (-қәа) **1.** an end; a finish. **2.** the end**:** а́-мш а-нтцәа́мҭа-зы *at the end of a day.* А-у́с а-нтцәа́мҭа-хь и-не́-и-уе-ит. *The work is approaching the end.*

а-н-тцәа-ра́ [intr.] [C1-(C2)-Prev-R / C1-(C2)-Prev-Neg-R] [C1 finish; C1 perish from C2]

Н

(**Fin.** [pres.] и-н-тцә́о-ит / [aor.] и-н-тцә́е-ит / и-ны́-м-тцәе-ит; **Non-fin.** (C1) [pres.] и-н-тцә́о / и-ны́-м-тцәо, [aor.] и-н-тцә́а / и-ны́-м-тцәа, [impf.] и-н-тцә́о-з / и-ны́-м-тцәо-з, [past indef.] и-н-тцә́а-з / и-ны́-м-тцәа-з; **Abs.** и-н-тцәа-ны́ / и-ны́-м-тцәа-кәа) **1.** to end, to finish, to come to an end; to run out: и-нтцә́а-ма? *has/have it/they finished?* А-у́сура а́-мш н-тцә́е-ит. *The work day finished. Рабочий день закончился.* У-у́сура анба́-н-тцәо-и? *When will your work be finished?* А-ча́ н-тцә́о-ит. (IC) *The bread is running out.* А-қьаа́д н-тцә́е-ит. (IC) *The paper has run out.* **2.** (*of time*) to expire, to elapse: Аамҭа н-тцә́е-ит. *Time expired. Время истекло.* **3.** (with a plural subject) to perish, to die out; to be wiped out: А-мла и-н-тцә́о-н. *They were starving.* Ахәы́наԥ-қәа н-тцә́е-ит. (ACST) *The mice were wiped out.*

Амч-аа́ [n.] [person's name]

а-н-ччáла-ра *see* **а-ны-ччáла-ра**

а-н-ҿа́с-ра [= **а́а-н-ҿас-ра**] [intr.] (**Fin.** [pres.] сы-н-ҿа́с-уе-ит / сы-н-ҿа́с-уа-м, [aor.] сы-н-ҿа́с-ит / с-ны-м-ҿа́с-ит, [imper.] бы-н-ҿа́с! / б-ны-м-ҿа́сы-н!; **Non-fin.** [pres.] (C1) и-н-ҿа́с-уа / и-ны-м-ҿа́с-уа; **Abs.** сы-н-ҿа́с-ны / с-ны-м-ҿа́с-кәа) **1.** to stop: Абра́ шәы-н-ҿа́с! *Stop here!* **2.** to stay, to remain: Уи́ уа́ ды-н-ҿа́с-ит. *He/She remained there. Он/Она там остался/-лась.*

а́ншьа [n.] (а́ншьа-цәа, с-а́ншьа, с-а́ншь(а)-цәа / с-а́нышь-цәа, х-а́ншьа, х-а́ншь-цәа) **1.** uncle through the mother: Зны-зы́нла а-қы́ҭа-хь-гьы с-цо́-ит с-а́нышь-цәа р-а́хь. (AFL) *Sometimes I also go to the village to visit my maternal uncles. Иногда я езжу и в деревню к дядям.* [< ан "mother" + аешьа [brother"]

-н(ы) [post.] (with а-дәы́ "field," а-қы́ҭа "village," а-тцы́хәа "end," etc.) **1.** in, at: а-қы́ҭа-н *in the village.* а-дә-ны́ *in the field, outside.*

-ны [verbal suffix] *used to mark the positive absolutive. This marker is omittable when it is added to the non-finite Present, Aorist, Perfect (minus the ending* **-у**), *and the stative Present (minus the ending* **-у**). [ANR]. *In the positive absolutives of transitive verbs the agent pronominal affix does not appear.* [cf. **-о**, **-кәа(н)**, **-н** (contraction of the Absolutive **-ны**)] **1. stative** [intr.] (Absolutives formed from stative verbs denote the co-occurrence of the action of a main clause and an absolutive action.): С-ҩы́за д-тәа-ны́, а-шәҟәы́ д-а́-ԥхьо-ит. *My friend is reading a book, sitting. Мой друг читает книгу, сидя.* С-ҩы́за д-тәа-ны́, а-шәҟәы́ д-а́-ԥхьо-н. *My friend was sitting and reading a book. Мой друг сидел и читал книгу.* [cf. С-ҩы́за д-тәа-н, а-шәҟәы́ д-а́-ԥхье-ит. *My friend sat down and read the book. Мой друг сел и прочитал книгу.*] Ԥсы́з еида́ра-к ры́-ма-ны (= ры́-ма) а-ҩны́ и-аа́-ит. (ANR) *They came home with a load of fish.* С-ҩы́з-цәа сы́-ма(ны) с-аа́-ит. *I came with (lit. having) my friends.* **2. dynamic** [intr.] (Past absolutives formed from dynamic verbs denote the temporal sequence of an absolutive action and the action of a main clause.): С-ла́ а́-мшә и-а́-цха-ны (*а́-цха-ны) и-це́-ит. *My dog bit the bear and (the dog) left. Моя собака укусила медведя и (собака) ушла.* С-а́-ԥхьа-ны с-аа́-ит. *Having read it, I came. Я пришел, прочитав его(нрз.).* А-шәҟәы́ д-а́-ԥхьа-ны, сара́ с-ахь д-аа́-ит. *Having read the book, he/she came to me. Прочитав книгу, он/она пришла ко мне.* А-шәҟәы́ д-а́-ԥхьа-ны, сара́ с-ахь д-аа-уе́-ит. *Having read the book, she'll come to me. Прочитав книгу, она придет ко мне.* А-дәы́ҕба и-а́-гха-ны и-аа́-ит. *The train arrived late. Поезд пришел с опозданием.* **3. dynamic** [tr.]: Али Мура́ҭ д-ҩ-ба-ны́ д-це́-ит. *Ali saw/visited Murat and [Ali] left. Али увидел/навестил Мурата и (Али) ушел.* И-гу(ы́) ҭы́х-ны и-аа-р-ге́-ит. *Having removed his heart, they brought it here.* (= И-гу(ы́) ҭы́-р-хы-н и-аа-р-ге́-ит. *They removed his heart and brought it here.*) Џьду́-к а́-мтца-н р-ҭы́ԥ ы́-л-х-ны и-тәа-ло́-ит. (ANR) *Having chosen their spot beneath a great oak, they usually sit down.* Сашьа́ а-шәҟәы́ и-зы-ҩ-ны́, а-по́чҭа-хь с-це́-ит. *Having written the letter to my brother, I went to the post office. Написав письмо брату, я пошел на почту.* А-шәҟәы́ ҩ-ны́, а-по́чҭа-хь д-це́-ит. *Having written the letter, he/she went to the post office. Написав письмо, он/она пошел/-шла на почту.* [= А-шәҟәы́ л-ҩы́-н [past Indef.], а-по́чҭа-хь д-цé-ит.] Мыз-кы́ и-ны́ҟәа-хьа-ны, и-ш-нéи-уа-з, аҧааимба́р д-аа-ры-н-иé-ит. [perfect absolutive] (AF) *They had journeyed for a month, and, as they were moving on, the prophet came across them.* **4. dynamic** (Present absolutives formed with both the dynamic marker **-уа-** and the suffix **-ны**.)**:** С-ҩы́за а-мшы́н ахь д-цо-ны́ ды-з-бé-ит. (ACST) *I saw my friend going to the sea.* А-уро́к аа-н-ҵәо-ны́, лы́-лаҕырӡ л-ҿата́та, са с-ҟны́ д-аа́-йт. *When the lesson was about to finish, she came to me in tears. К концу урока (в то время, как кончался урок) она пришла ко мне в слезах.* (Ger.A:20) **5.** [with the verbs such as "finish," "begin" and "be"]**:** Сара́ а-шәҟәы́ ҩ-ны́ / а-ҩ-ра́ с-а́-л-ге-ит. *I finished writing the letter. Я кончил писать письмо.*

-ны [predicate] **1.** (= **-с**) as, in the capacity of**:** А-руаҩ-ны́ (/А-руаҩы́-с) Берли́н сы́-ҟа-н. *I was in Berlin as a soldier.* Уи́ еиҳаб-ны́ (/еиҳабы́-с) д-а́-л-аҳ-х-ит. *We chose him as leader.* Сара́ с-аҳ-ны́ / аҳы́-с /(?аҳ-ны́) с-ҟа-р-ҵé-ит. *They made me king.* а-ба́ и-ҟа́ҧшь-ны а-шә-ра́ *to paint the cloth in a red color, красить ткань в красный цвет.* С-ҩы́за ды-рҵаҩ-ны́ д-ҟалара-зы́ (*or* д-ҟала́-рц) д-ҭа́ле-ит а-институ́т. *My friend entered the institute in order to become a teacher. Мой друг поступил в институт, чтобы стать учителем.*

-ны [adverb-derivational suffix]**:** Ибзи́а-ны бы-ҩ-уé-ит. *You write well.* ина-рк-ны́ *since the time of.* и-ахҟьа-ны́ *because of.* з-ны (cf. з- < *za "one") *once; one day.* ҭы́нч-ны *quietly.* Иара́ ды-ҧшьҩы́к-ны и́-ҟа-н. *He was the fourth man.* [cf. **ҵәа**]

-ны [post.] over, above**:** ҳ-ха-ны́ *above our heads.*

а-ны́га [n.] (-қәа) a milk-pail.

а-ны́-га-ра [tr.] [C1-C2-Prev-C3-R / C1-C2-Prev-C3-Neg-R] [C3 clear C1 from C2] (**Fin.** [pres.] и-а-ны́-р-го-ит / и-а-ны́-р-го-м, [aor.] и-а-ны́-р-ге-ит / и-а-ны́-ры-м-ге-ит, [imper.] и-а-ны́-га! *or* и-а-н-га́! / и-а-ны́-бы-м-га-н!, и-а-ны́-шә/жә-га! / и-а-ны́-шәы-м-га-н!; **Non-fin.** [pres.] (C1) и-а-ны́-р-го / и-а-ны́-ры-м-го, (C3) и-а-ны́-з-го / и-а-ны́-зы-м-го; **Abs.** и-а-н-га-ны́ / и-а-ны́-м-га-кәа) **1.** to clear/remove/take away from sth flat, to take away**:** А-мҩа и-ны́-жьла-з а-қыд-қәа́ а-ны́-р-ге-ит. (ARD) *Они убрали бревна, лежавшие на дороге. They took away the logs which had been lying in the road.*

-ны́гәнысуа [adv./Abs.] very slowly; dispirited**:** Д-ны́гәнысуа а́-мҩа д-а-н-у́п. *He is walking along the path very slowly. Он идет по дороге очень медленно.*

а-ны́-д-гыла-ра [intr.] [C1-Prev-Prev-R] (**Fin.** [aor.] д-ны́-д-гыле-ит, [imper.] у-ны́-д-гыл!) **1.** to drop in**:** У-ан-аа-уа сара́ с-ҿы у-ны́-д-гыл! *Drop in on me on your way home! На обратном пути загляни ко мне!*

а-ны́-жь-ра [tr.] [C1-Prev-C3-R / C1-Prev-C3-Neg-R] [C3 leave C1] (**Fin.** [pres.] и-н-сы́-жь-уе-ит (*я оставляю его(нрз.)/их*), и-а-н-на́-жь-уе-ит, и-н-шәы́-жь-уе-ит / и-н-сы́-жь-уа-м (-жь-ӡо-м), [aor.] и-н-сы́-жь-ит, и-а-н-на́-жь-ит / и-н-с-мы́-жь-ит (-жь-ӡе-ит), и-а-н-на-мы́-жь-ит, [imper.] и-ны́-жь! / и-н(ы)-б-мы́-жьы-н!, и-н-шәы́-жь! / и-н-шә-мы́-жьы-н!, [vers.1] ды-р-зы-н-и́-жь-ит; **Non-fin.** [pres.] (C1) и-н-лы́-жь-уа / и-н-л-мы́-жь-уа, (C3) и-н-зы́-жь-уа / и-н-з-мы́-жь-уа, [aor.](C1) и-н-лы́-жь / и-н-л-мы́-жь, (C3) и-н-зы́-жь / и-н-з-мы́-жь, [impf.](C1) и-н-лы́-жь-уа-з / и-н-л-мы́-жь-уа-з, (C3) и-н-зы́-жь-уа-з / и-н-з-мы́-жь-уа-з, [past indef.](C1) и-н-лы́-жьы-з / и-н-л-мы́-жьы-з, (C3) и-н-зы́-жьы-з / и-н-з-мы́-жьы-з; **Abs.** д-ны́-жь-ны / ды-н-мы́-жь-кәа) **1.** (= **а́а-ны-жь-ра**) to leave**:** с-аа-н-у-мы́-жьы-н! *don't leave me here!* Ари́ а́-дгьыл аа-ны́-жь-ны, ҳ-дәы́-қә-ла-п. *Let's leave this land and set out!* Сара́ и-с-зы-н-и́-жь-ит. *He left it/them for me.* А-цаҧха́ н-у́-жь-ит. *You left the key. Ты оставил ключ.* Б-ахь-нéи-хьа-заалакгьы, а-хьӡ бзи́а н-бы́-жь-хье-ит. (ACST) *Wherever you have gone, you have left behind a fine reputation.* А-сас-цәа а-ҩны́ и-аа-ны́-жь-ны сара́ џьара́ а-ца-ра́ а-зи́н сы́-ма-ӡа-м. (AF) *I have no right to leave guests at home and go somewhere else.*

а-ны́-заа-ра [intr. stative] [C1-C2-R] [C1 be on C2] (**Fin.** [pres.] и-а-н-у́п / и-а-ны́-м (*or* и-а-н-ӡа́-м), [past] и-а-ны́-н / и-а-ны́-мызт; **Non-fin.** [pres.] (C1) и-а-н-у́ / и-а-ны́-м, (C2) ха-з-

Н

н(ы́)-у́ / ҳа-з-ны́-м, [past] (C1) и-а-ны́-з / и-а-ны́-мыз, (C2) ҳа-з-ны́-з / ҳа-з-ны́-мыз; **Abs.** и-а-н-ны́ / и-а-ны́-м-кәа) **1.** to be (situated); to be on something**:** а-лаха́нка и-а-ны́-з а-ӡы́ (Ab.Text) *the water which was in the washtub.* а́ԥсуа шәа-қәа́ з-н-у а-кассе́та-қәа *the cassette (tape) on which Abkhazian songs are recorded.* Ари́ а-са́ан и-а-н-у́-и? (/и-а-н-у́ закәи́?) *What is on the plate? Что в этой тарелке?* А-ча́ а-са́ан и-а-н-у́п. *The bread is on the plate.* А-ча́ а-са́ан-қәа и-р-н-у́п. *The bread is on the plates.* А-саа́н а-ча́ шкәа́кәа а-н-у́п. / А-саа́н и-а-н-у́п а-ча́ шкәа́кәа. (AFL) *There is white bread on the plate. На тарелке лежит белый хлеб.* [*а-сто́л а-шәҟәы́ а-н-у́п; cf. а-сто́л а-шәҟәы́ ы́-қ-уп.] Џьме-и усе́-и рацәны́ и-р-з-а-ны́-н. [they-them-for-it-be on-Past] (AF) *Goats and sheep were plentiful on their land.* || **ҳа-з-н-у́ а́-шықәс** *this year (lit. the year on which we are).* **2.** to be written**:** А-қьаа́д и-а-н-у́п. *It is written on the paper. Написано на бумаге.* А-қьаа́д и-а-ны́-н. *It was written on the paper.* || уи́ **у-напы́ и-а-ны́-м**! It's none of your business.

ны-зқь [num.] thousand**:** 120 ны́-зқь *120 thousand.* ҩ-ны́-зқь *two thousand.* ҩ-ны́-зқь-ҩы-к *two thousand people.*

а-ны́-ӡаа-ра [intr.] [C1-a-Prev-R-Ex / C1-a-Prev-Neg-R-Ex] [C1 perish] (**Fin.** [pres.] д-а-ны́-ӡаа-уе-ит / д-а-ны́-ӡаа-уа-м (-ӡаа-ӡо-м), [aor.] д-а-ны́-ӡаа-ит / д-а-ны́-м-ӡаа-ит (-ӡаа-ӡе-ит), [imper.] б-а-ны́-ӡаа! / б-а-ны́-м-ӡаа-н!, шә-а-ны́-ӡаа! / шә-а-ны́-м-ӡаа-н!; **Non-fin.** [pres.] (C1) и-а-ны́-ӡаа-уа / и-а-ны́-м-ӡаа-уа, [aor.] (C1) и-а-ны́-ӡаа / и-а-ны́-м-ӡаа; **Abs.** д-а-ны́-ӡаа-ны / д-а-ны́-м-ӡаа-кәа) **1.** to perish**:** д-а-ны́-ӡаа-ит *he/she perished, он/она погиб/погибла.*

а-ны́-қә-к-ра* [tr.] [C1-Prev-(C2)-Prev(on)-C3-R] [C3 put C1 on C2] (**Fin.** [aor.] и-ны́-қәы-с-к-ит / и-ны́-қә-сы-м-к-ит; [imper.] и-ны́-қә-к! / и-ны́-қә-бы-м-кы-н!, **Abs.** и-ны́-қә-к-ны / и-ны́-қәы-м-к-кәа) **1.** to put/lay sth on sth (for a while)**:** С-ҩы́за и-жәҩахы́р с-напы́ ны́-қәы-с-к-ит. *I laid my hand on my friend's shoulder. Я положил руку на плечо друга.*

а-ны́-қә-ла-ра [intr.] [C1-Prev-(C2)-Prev-R / C1-Prev-(C2)-Prev-Neg-R] [C1 set out for C2] (**Fin.** [pres.] д-ны́-қә-ло-ит / д-ны́-қә-ло-м (-ла-ӡо-м), [aor.] д-ны́-қә-ле-ит / д-ны́-қәы-м-ле-ит (-ла-ӡе-ит), [imper.] б-ны́-қә-л! / б-ны́-қәы-м-ла-н!, шә-ны́-қә-л! / шә-ны́-қәы-м-ла-н!; **Non-fin.** (C1) [pres.] и-ны́-қә-ло / и-ны́-қәы-м-ло, [aor.] и-ны́-қә-ла / и-ны́-қәы-м-ла, [impf.] и-ны́-қә-ло-з / и-ны́-қәы-м-ло-з, [past indef.] и-ны́-қә-ла-з / и-ны́-қәы-м-ла-з; **Abs.** д-ны́-қә-ла-ны / д-ны́-қәы-м-ла-кәа) **1.** to set out, to start**:** Аԥырԥалы́кь-қәа ԥырԥыр-уа́ а-дәы́ и-ны́-қә-ло-ит. (AFL) *The butterflies, fluttering, are setting out for the field. Бабочки, порхая, отправляются в поле.*

а-ны́қә-ԥыр=а́ақә-ԥыр-ра* [intr.] [C1-S] (**Fin.** [pres.] и-ны́қә-ԥыр=а́ақә-ԥыр-уе-ит, [aor.] и-ны́қәы-ԥр=а́ақә-ԥр-ит / и-м-ны́қәы-ԥр=а́ақә-ԥр-ит) **1.** to fly about here and there.

а-ны́қә-ра* **(1)** [tr.] [C1-C3-S / C1-C3-Neg-S] (**Fin.** [pres.] ды-с-ны́қә-уе-ит / ды-с-ны́қә-уа-м, [aor.] ды-с-ны́қә-ит / д-сы-м-ны́қә-ит; **Non-fin.** [pres.] (C1) и́-у-ны́қә-уа / и́-у-м-ны́қә-уа, (C3) ды-з-ны́қә-уа / д-зы-м-ны́қә-уа) **1.** to swear; to swear by**:** Сара́ А-ԥсцәа́хәа ды-с-ны́қә-уе-ит. (AF) *I swear by the Prince of the Dead.* **(2)** [intr.] [C1-C2-S] **1.** to swear by**:** Уара́ у-з-ны́қә-уа-зеи? (AF) *By what do you swear?*

а-ны́қә-с-ра [intr.] [C1-(C2)-Prev-R / C1-(C2)-Prev-Neg-R] [C1 pass through C2] (**Fin.** [pres.] д-ны́қә-с-уе-ит / д-ны́қә-с-уа-м, [aor.] д-ны́қә-с-ит / д-ны́қәы-м-с-ит, [imper.] б-ны́қә-с! / б-ны́қәы-м-сы-н!; **Non-fin.** (C1) [pres.] и-ны́қә-с-уа / д-ны́қәы-м-с-уа; **Abs.** д-ны́қә-с-ны / д-ны́қәы-м-с-кәа) **1.** to pass through sth**:** А-дәы́ д-ны́қә-с-ны а́-бна д-ны́-лале-ит. (ARD) *Он/Она прошел/-шла через поле и вошел/-шла в лес. He/She went through the field and entered the forest.* А-дә-қәа́ и-р-ны́қә-с-ны а́-бна и-ны́-лале-ит. *They passed through the fields and went into the forest. Они прошли через поля и зашли в лес.*

а-ны́қә-тәа-ра [intr.] [C1-Prev-R / C1-Prev-Neg-R] [C1 take a seat] (**Fin.** [pres.] д-ны́қә-тәо-ит / д-ны́қә-тәо-м, [aor.] д-ны́қә-тәе-ит / д-ны́қәы-м-тәе-ит, [imper.] б-ны́қә-тәа! / б-ны́қәы-м-тәа-н!; **Non-fin.** [pres.] (C1) и-ны́қә-тәо / и-ны́қәы-м-тәо; **Abs.** д-ны́қә-тәа-ны /

д-ныҟәы-м-тәа-кәа) **1.** to sit down/take a seat on sth.

а-ны́ҟәага [n.] (-қәа, ны́ҟәага-с) a means of conveyance, a means of transport: Уи́ ны́ҟәага-с и́-ма-з ра́шьы-н. (AF) *A steed was his means of transport.*

а-ны́ҟәара[1] [n.] (-қәа, х-ны́ҟәара) **1.** a trip, a journey; an excursion: Ны́ҟәа-(ра) д-це́-ит. *He/She went on a journey.* [> **а-ныҟәаратә** [adj.]]

а-ны́ҟәа-ра[2] [intr.] [C1-R / C1-Neg-R] [C1 go/travel] (**Fin.** [pres.] д-ны́ҟәо-ит / д-ны́ҟәо-м (-ны́ҟәа-ӡо-м), [aor.] д-ны́ҟәе-ит / ды-м-ны́ҟәе-ит, [imper.] б-ны́ҟәа! / бы-м-ны́ҟәа-н!, шә-ны́ҟәа! / шәы-м-ны́ҟәа-н!, [poten.] ды-з-ны́ҟәа-ӡо-м; **Non-fin.** (C1) [pres.] и-ны́ҟәо / и́-м-ныҟәо, [aor.] и-ны́ҟәа / и́-м-ныҟәа, [fut.1] и-ны́ҟәа-ра / и́-м-ныҟәа-ра, [fut.2] и-ны́ҟәа-ша / и́-м-ныҟәа-ша, [perf.] и-ны́ҟәа-хьоу (-хьа(ц)) / и́-м-ныҟәа-хьоу (-хьа(ц)), [impf.] и-ны́ҟәо-з / и́-м-ныҟәо-з, [past indef.] и-ны́ҟәа-з / и́-м-ныҟәа-з, [cond.1] и-ны́ҟәа-ры-з / и́-м-ныҟәа-ры-з, [cond.2] и-ны́ҟәа-ша-з / и́-м-ныҟәа-ша-з, [plupf.] и-ны́ҟәа-хьа-з / и́-м-ныҟәа-хьа-з; **Abs.** д-ны́ҟәа-ны / ды-м-ны́ҟәа-кәа) **1.** to walk, to go (on foot), to go (in/on a vehicle /an animal); to go for a walk: ҽы́-ла а-ны́ҟәара *to go on horseback.* автомобил-ла а-ны́ҟәара *to go by automobile.* ҕба́-ла а-ны́ҟәара *to go by steamship.* А-хәычы́ шьҭа д-ны́ҟәо-ит. *The child is already able to walk.* А-хәычы́ д-ны́ҟәо д-а́-ла-ге-ит. *The child bagan to walk.* А-ҷкәын и-а́н д-лы́-цы-м-ныҟуе-ит. *The boy did not go for a walk with his mother.* Сара́ шьапы́-ла с-ны́ҟәо-ит. *I go on foot.* Сара́ тролле́йбус-ла, ма авто́бус-ла с-ны́ҟәо-ит. (AFL) *I go (there) by trolley or by bus. Я езжу (туда) троллейбусом или автобусом.* А-мш аны-бзио́-у ны́ҟәара х-цо́-ит. *When the weather is good, we go for a walk. Когда погода хорошая, мы идем бродить.* Нан, ны́ҟәара х-ца́-п! *Mama, let's go for a walk! Мама, пойдем гулять!* Зны́-зы́нла-гьы́ ны́ҟәа-ра а́-қалаҟь а́хь с-цо́-н. (AFL) *Sometimes I went to town to take a walk. Иногда я ходил гулять в город.* **2.** to move: А-шьхыц-қәе-и а-ԥырпалы́кь-қәе-и ԥы́хьа е́иԥш и-ны́-ҟәо-м. (AFL) *Bees and butterflies do not fly as before. Пчелы и бабочки не летают как раньше.* А-саа́ҭ а-хы́ц ныҟәо-м. *The hand of the clock is not moving. Стрелка часов не двигается.* А-са́аҭ ны́ҟәо-ит. *The watch is working.* **3.** to travel; to make a journey: Аба́с акы́р д-ны́ҟәа-хьа-н, ды-ш-не́и-уа-з (а́кәы-м-кәа(н)), д-а́аԥсе́-ит. (ACST) *In this fashion he had already journeyed a considerable distance, as he was travelling forward, he became tired.* **4.** to act, to do.

а-ны́ҟәашьа [n.] (-қәа) manner of walking: И-ны́ҟәашьа-ла д-з-ды́р-ит. (ARD) *I knew it was him from the way he walked. Я его узнал по походке.* Сара́ с-шәа-н, с-ны́ҟәашьа и-а́-цы-с-тце-ит. (IC) *I felt fear and quickened my pace.*

а-ны́ҟәаҩ(ы) [n.] (а-ны́ҟәаҩ-цәа, ныҟәаҩы́-к) a traveller.

а-ны́ҟә-га-ра[1] [tr.] [C1-Prev-C3-R / C1-Prev-C3-Neg-R] [C3 support/feed C1] (**Fin.** [pres.] д-ны́ҟәы-з-го-ит, и-ны́ҟә-на-го-ит / д-ны́ҟәы-з-го-м, [aor.] д-ны́ҟәы-з-ге-ит / д-ны́ҟә-сы-м-ге-ит, [imper.] д-ны́ҟә-га! / д-ны́ҟә-бы-м-га-н!, д-ны́-ҟәы-шә-га! / д-ны́ҟә-шәы-м-га-н!, [caus.] д-ны́ҟәы-л-ды-р-ге-ит; **Non-fin.** [pres.] (C1) и-ны́ҟәы-л-го / и-ны́ҟә-лы-м-го, (C3) д-ны́ҟәы-з-го / д-ны́ҟә-зы-м-го, [aor.] (C1) и-ны́ҟәы-л-га / и-ны́ҟә-лы-м-га, (C3) д-ны́ҟәы-з-га / д-ны́ҟә-зы-м-га, [impf.] (C1) и-ны́ҟәы-л-го-з / и-ны́ҟә-лы-м-го-з, (C3) д-ны́ҟәы-з-го-з / д-ны́ҟә-зы-м-го-з, [past indef.] (C1) и-ны́ҟәы-л-га-з / и-ны́ҟә-лы-м-га-з, (C3) д-ны́ҟәы-з-га-з / д-ны́ҟә-зы-м-га-з; **Abs.** д-ны́ҟә-га-ны / д-ны́ҟәы-м-га-кәа) **1.** to support, to feed: д-ны́ҟә-и-го-ит *he feeds/supports him/her.* А-ҭаацәа́ ны́ҟә-з/с-го-ит. *I support the family. Я содержу семью.* **2.** to observe, to keep: Уара́ а́ԥсуа ҵа́с-қәа ны́ҟә-у-го-ит. (IC) *You are keeping the Abkhaz customs. Ты соблюдаешь абхазские обычаи.* **3.** to take care of sb, to look after sb: А-хәы́ ибзи́аны д-ны́ҟә-га-тә-уп. (ARD) *The wounded soldier must be looked after well.*

а-ны́ҟә-га-ра[2] [tr.] [C1-Prev-C3-R / C1-Prev-C3-Neg-R] [C3 wear C1] (**Fin.** [pres.] и-ны́ҟә-з/с-го-ит, и-ны́ҟә-аа/х-го-ит, и-ны́ҟә-жә/шә-го-ит / и-ны́ҟә-з/с-го-м (-га-ӡо-м), [aor.] и-ны́ҟә-з/с-ге-ит / и-ны́ҟә-зы/сы-м-ге-ит (-га-ӡе-ит), [imper.] и-ны́ҟә-га! / и-ны́ҟә-бы-м-га-

Н

н!, и-ны́ҟə-жə/шə-га! / и-ны́ҟə-жəы/шəы-м-га-н!; **Non-fin.** [pres.] (C1) и-ны́ҟə-л-го / и-ны́ҟə-лы-м-го, (C3) д-ны́ҟə-з-го / д-ны́ҟə-зы-м-го, [aor.] (C1) и-ны́ҟə-л-га / и-ны́ҟə-лы-м-га, (C3) д-ны́ҟə-з-га / д-ны́ҟə-зы-м-га, [impf.] (C1) и-ны́ҟə-л-го-з / и-ны́ҟə-лы-м-го-з, (C3) д-ны́ҟə-з-го-з / д-ны́ҟə-зы-м-го-з, [past indef.] (C1) и-ны́ҟə-л-га-з / и-ны́ҟə-лы-м-га-з, (C3) д-ны́ҟə-з-га-з / д-ны́ҟə-зы-м-га-з; **Abs.** и-ны́ҟə-га-ны / и-ны́ҟəы-м-га-кəа) **1.** to wear, to have on: Сара́ а-уа́па ны́ҟə-з-гоит. *I wear a felt cloak. Я ношу бурку.* Сара́ а-бласа́ркьа ны́ҟə-з-го-ит. *I am wearing glasses. Я ношу очки.*

а-ны́ҟə-ца-ра [tr.] [C1-Prev-C3-R / C1-Prev-C3-Neg-R] [C3 drive C1] (**Fin.** [pres.] и-ны́ҟə-л-цо-ит / и-ны́ҟə-л-цо-м (-ца-ӡо-м), [aor.] и-ны́ҟə-л-це-ит / и-ны́ҟə-лы-м-це-ит (-ца-ӡе-ит), [imper.] и-ны́ҟə-ца! / и-ны́ҟə-бы-м-ца-н!, и-ны́ҟə-шə-ца! / и-ны́ҟə-шəы-м-ца-н!; **Non-fin.** [pres.] (C1) и-ны́ҟə-л-цо / и-ны́ҟə-лы-м-цо, (C3) и-ны́ҟə-з-цо / и-ны́ҟə-зы-м-цо, [aor.] (C1) и-ны́ҟə-л-ца / и-ны́ҟə-лы-м-ца, (C3) и-ны́ҟə-з-ца / и-ны́ҟə-зы-м-ца, [impf.] (C1) и-ны́ҟə-л-цо-з / и-ны́ҟə-лы-м-цо-з, (C3) и-ны́ҟə-з-цо-з / и-ны́ҟə-зы-м-цо-з, [past indef.] (C1) и-ны́ҟə-л-ца-з / и-ны́ҟə-лы-м-ца-з, (C3) и-ны́ҟə-з-ца-з / и-ны́ҟə-зы-м-ца-з; **Abs.** и-ны́ҟə-ца-ны / и-ны́ҟəы-м-ца-кəа) **1.** to drive (a car): а-машьы́на а-ны́ҟəца-ра (= а-машьы́на а-рны́ҟəа-ра) *to drive a car.* Сара́ а-машьы́на ны́ҟə-с-цо-ит. *I am driving the car. Я вожу машину.*

а-ны́ҟəцаҩы [n.] (а-ны́ҟəцаҩ-цəа, ны́ҟəцаҩы-к) a driver: Уи́ машьына-ны́ҟəцаҩ-уп. (AFL) *He is the driver of the car. Он водитель машины.*

-ныла [suffix] in all: ҭаацəа-ны́ла *with all the family, всей семьей.* Уаххьа́ х-фо́-ит ҭаацəа-ны́ла а-саа́ҭ 8 (ааба́) р-зы. (AFL) *We have supper at 8 o'clock with the whole family. Мы ужинаем в 8 часов всей семьей.*

а-ны́-ла-ра [intr.] [C1-C2-Prev-R / C1-C2-Prev-Neg-R] [C1 enter onto; C1 be printed on C2; C1 be reflected in C2] (**Fin.** [pres.] и-а-ны́-ло-ит (*[в книге] будет что-то*), д-а-ны́-ло-ит / и-а-ны́-ло-м (-ла-ӡо-м), д-а-ны́-ло-м, [aor.] и-а-ны́-ле-ит / и-а-ны́-м-ле-ит (-ла-ӡе-ит), [imper.] б-а-ны́-л! / б-а-ны́-м-ла-н!, шə-а-ны́-л! / шə-а-ны́-м-ла-н!; **Non-fin.** (C1) [pres.] и-а-ны́-ло / и-а-ны́-м-ло, [aor.] и-а-ны́-ла / и-а-ны́-м-ла, [impf.] и-а-ны́-ло-з / и-а-ны́-м-ло-з, [past indef.] и-а-ны́-ла-з / и-а-ны́-м-ла-з; **Abs.** д-а-ны́-ла-ны / д-а-ны́-м-ла-кəа) **1.** to penetrate the boundaries/limits of sth: А-мҩа д-а-ны́-ле-ит. *Он пошел по дороге.* А-ӡ-куа́ кьасо́ а́-мҩа-кəа и-р-ны́-л(е-и)т. (ANR) *The waters, flowing in abundance, flowed over the roads.* **2.** to be reflected in: А-са́ркьа лы́-ччаҧшь а-ны́-ле-ит. *The smile was reflected in the mirror.* **3.** to be printed: А-шəҟəы́ и-а-ны́-ло-ит. *It/They will be printed in the book.* [cf. **а-ны́-заа-ра** "to be written"]

а́н(ы)ҧса [n.] (а́нырҧса-цəа, анҧса́-к / нҧса-к) a stepmother.

а-ны́-ҧш-ра [intr.] [C1-C2-Prev-R / C1-C2-Prev-Neg-R] [C1 be reflected in C2] [it seems that C2 be C1] (**Fin.** [pres.] и-с-ны́-ҧш-уе-ит / и-с-ны́-ҧш-уа-м (-ҧш-ӡо-м), [aor.] и-с-ны́-ҧш-ит / и-с-ны́-м-ҧш-ит (-ҧш-ӡе-ит), [imper.] и-б-ны́-ҧш! (*показывай вид!*) / и-б-ны́-(бы)-м-ҧшы-н! (*не показывай вид!*), и-шə-ны́-ҧш! / и-шə-ны́-(шəы)-м-ҧшы-н!; **Non-fin.** (C1) [pres.] и-а-ны́-ҧш-уа / и-а-ны́-м-ҧш-уа, [aor.] и-а-ны́-ҧш / и-а-ны́-м-ҧш, [impf.] и-а-ны́-ҧш-уа-з / и-а-ны́-м-ҧш-уа-з, [past indef.] и-а-ны́-ҧшы-з / и-а-ны́-м-ҧшы-з; **Abs.** и-с-ны́-ҧш-ны / и-с-ны́-м-ҧшы-кəа) **1.** to be reflected: Урҭ и-р-ны́-ҧш-уе-ит а́втор и-хəы́цра-ҟəа. *The thought of the author is reflected in them.* Уи а-шəҟəы́ х-тца́с-ҟəа, х-кьа́бз-ҟəа а-ны́-ҧш-уе-ит. (IC) *В этой книге отражены наши нравы и обычаи. Our manners and customs are reflected in this book.* **2.** it is visible that, it can be seen that, it seems: и-с-ны́-ҧш-уе-ит *по мне видно.* И-л-ны́-ҧш-уе-ит а́аҧсара. *It seems that she is tired.* Ааҧсара б-ны́-ҧш-уе-ит. *It seems that you are tired.* Ааҧсара шы-б-ны́-ҧш-уа з-бо́-ит. (= И-з-бо́-ит а́аҧсара шы-б-ны́-ҧш-уа.) *I see how you are tired. Я вижу, как ты устала.*

а-ны-ҧшы́ла-ра [intr.] (**Fin.** [pres.] с-а-н(ы)-ҧшы́ло-ит / с-а-н(ы)-ҧшы́ло-м, [aor.] с-а-н(ы)-

ԥшы́ле-ит / с-а-ны́-м-ԥшыле-ит, [imper.] б-а-н-ԥшы́л! / б-а-ны́-м-ԥшыла-н!; **Non-fin.** [pres.] (C1) и-а-н-ԥшы́ло / и-а-ны́-м-ԥшыло; **Abs.** с-а-ны-ԥшы́ла-ны / с-а-ны́-м-ԥшыла-кәа) **1.** to look at oneself; to look in a mirror: А-са́ркьа с-а-н(ы)-ԥшы́ло-ит. *I am looking at myself in the mirror. Я смотрюсь в зеркало.* **2.** to look/gaze at sth.

а-ны-ргы́ла-ра [tr.] [C1-a-Prev-C3-S] / C1-a-Prev-C3-Neg-S] [C3 stand C1 onto (it)] (**Fin.** [pres.] и-а-н-сы-ргы́ло-ит / и-а-н-сы-ргы́ло-м, [aor.] и-а-н-сы-ргы́ле-ит / и-а-н-с-мы-ргы́ле-ит, [imper.] и-а-ны-ргы́л! / и-а-н-б-мы-ргы́ла-н!, и-а-н-шәы-ргы́л! / и-а-н-шә-мы-ргы́ла-н!; **Non-fin.** [pres.] (C1) и-а-н-сы-ргы́ло / и-а-н-с-мы-ргы́ло, (C3) и-а-н-зы-ргы́ло / и-а-н-з-мы-ргы́ло; **Abs.** и-а-ны-ргы́ла-ны / и-а-н-мы-ргы́ла-кәа) **1.** to stand on sth.

а-ны́-рԥш-ра [tr.] *see* **а́-на-рԥш-ра**

аны́рра[1] [n.] influence.

а-ны́р-ра[2] [intr.] [C1-C2-R / C1-C2-Neg-R] [C1 have effect on C2, C1 work on C2] (**Fin.** [pres.] и-с-ны́р-уе-ит / и-с-ны́р-уа-м, [aor.] и-с-ны́р-ит / и-сы-м-ны́р-ит, [imper.] бы-с-ны́р! / б-сы-м-ны́ры-н!; **Non-fin.** [pres.] (C1) и-с-ны́р-уа / и-сы-м-ны́р-уа, (C2) ды-з-ны́р-уа / д-зы-м-ны́р-уа; **Abs.** ды-с-ны́р-ны / д-сы-м-ны́р-кәа) **1.** to influence; to affect, to have an effect, to work: А-хәшә и-ны́р-ит. *The medicine had an effect on him. Лекарство подействовало на него.* А-ргәыбзыӷра а-хәычы́ и-бзи́аны и-ны́р-уе-ит. (RAD) *Ласка хорошо влияет на ребенка. A caress affects a child well.*

а-нырхара́[1] [n.] (р-нырхара́) settlement.

а-ны-рха-ра́[2] [tr.] [C1-Prev-C3-S{Caus-R}] [C3 settle C1] (**Fin.** [aor.] сы-н-лы-рхе́-ит / с-ны-л-мы-рхе́-ит) **1.** to settle sb, to allow sb to live: С-ашьа́ хазы́ ды-н-сы-рхе́-ит. *I allowed my brother to live separately. Я поселил брата отдельно.* И-а́-хьӡ-у-зеи абра́ ҳ-ахьы-н-шәы-рха́-з а́-тәыла ԥшӡа? (AF) *What is the name of the lovely country hereabouts where you have allowed us to live?* [cf. **а-н-ха-ра́** "to live"]

-ны́рцә [post.] **1.** (*usually of water*) beyond, on the other side of: а-ӡ-ны́рцә *beyond the river.* ны́рцә-ќа *to the other side.* (cf. **нхыц**)

-ны́рцәынтә(и) [post.] from beyond: А-мҩа-ду́ ны́рцәы-нтә(и) и-аа́-ит. *They came from the other side of the main road.*

а-ныртцәара́[1] [n.] elimination; annihilation; extermination.

а-ны-ртцәа-ра́[2] [tr.] [C1-Prev-C3-S] (**Fin.** [aor.] и-н-ды-ртцәе́-ит, ҳа-н-и-ртцәе́-ит; **Non-fin.** [past indef.] (C1) и-н-ды-ртцәа́-з) **1.** to annihilate; to exterminate; to wipe out: Аӷа́ и́-р н-ды-ртцәе́-ит. *They annihilated the hostile army.* А-цгәы́ а-ҳәы́наԥ-кәа н-на-ртцәе́-ит. (ARD) *Кошка истребила мышей. The cat got rid of the mice.* **2.** to be the death (of): а́-чча ҳа-н-и-ртцәе́-ит. (ARD) *он заставил нас много смеяться, he made us die of laughing.* [cf. **а-н-тцәа-ра́** "to perish"]

а-ны́-с-ра* [intr.] [C1-C2-Prev-R / C1-C2-Prev-Neg-R] (**Fin.** [aor.] д-а-ны́-с-ит / д-а-ны́-м-с-ит, [imper.] б-а-ны́-с! / б-а-ны́-м-сы-н!, **Abs.** д-а-ны́-с-ны / д-а-ны́-мы-с-кәа) **1.** to go/travel along a road: Ари́ а́-мҩа аӡәгьы́ д-а-ны́-м-с-ӡа-тцт. *Nobody has gone along this road.*

а-ны́хабаа [n.] (-ќәа, ны́хабаа-к) a church.

а-ны́-х-ра [tr.] [C1-C2(a)-Prev-C3-R / C1-C2(a)-Prev-C3-Neg-R] [C3 take C1 from C2] (**Fin.** [pres.] и-а-ны́-с-х-уе-ит, и-а-н-на́-х-уе-ит / и-а-ны́-с-х-уа-м, и-а-н-на́-х-уа-м, [aor.] и-а-ны́-с-х-ит, и-а-н-на́-х-ит / и-а-ны́-сы-м-х-ит, и-а-н-на́-м-х-ит, [imper.] и-а-ны́-х! / и-а-ны́-бы-м-хы-н!, и-а-ны́-шә-х! / и-а-ны́-шәы-м-хы-н!; **Non-fin.** [pres.] (C1) и-а-ны́-л-х-уа / и-а-ны́-лы-м-х-уа, (C3) и-а-ны́-з-х-уа / и-а-ны́-зы-м-х-уа, [aor.] (C1) и-а-ны́-л-х / и-а-ны́-лы-м-х, (C3) и-а-ны́-з-х / и-а-ны́-зы-м-х, [impf.] (C1) и-а-ны́-л-х-уа-з / и-а-ны́-лы-м-х-уа-з, (C3) и-а-ны́-з-х-уа-з / и-а-ны́-зы-м-х-уа-з, [past indef.] (C1) и-а-ны́-л-хы-з / и-а-ны́-лы-м-хы-з, (C3) и-а-ны́-з-хы-з / и-а-ны́-зы-м-хы-з; **Abs.** и-а-ны́-х-ны / и-а-ны́-м-х(ы)-кәа) **1.** to take: А-са́ан а-тама́ а-ны́-с-х-ит. *I took the peach from the plate. Я взял с тарелки*

Н

персик. **2.** to wipe off, to rub out, to erase: С-гәа́лашәара д-а-ны́-с-х-ит. *lit. I erased him/her from my memory. i.e. I forgot about him/her. Я стер его/ее из моей памяти. = Я забыл о нем/ней.* **3.** ([imper.] и-ны́-х! / и-ны́-бы-м-хы-н!, и-ны́-шә-х! / и-ны́-шәы-м-хы-н!) to exterminate. **4.** to waste: Сара́ с-ҧа́ра-қәа зегьы́ ны́-с-х-ит. *I wasted all my money. Я потратила все свои деньги.*

Ныхә [n.] [person's name] Noah: Ныхә-ҧааимба́р *the prophet Noah.*

а-ны́ҳәа [n.] (-қәа, ны́ҳәа-к) **1.** a holiday; a festival: а-ҿа́р р-ны́ҳәа *the youth festival.* Иахьа́ ны́ҳәо-уп. *Today is a holiday.* А-ны́ҳәа-қәе-и а-ча́ра-қәе-и бзи́аны и-мҩаҧы́-р-го-ит. (AF) *They conduct festivals and feasts well.*

а-ны́ҳәамш [n.] (-қәа, ны́ҳәамш-к) **1.** a holiday: Иахьа́ ны́ҳәамш-уп. *Today is a holiday.*

ны́ҳәа-ны́ҧхьа [adv.]: Д-ны́ҳәа-ны́ҧхьа а́-мҩа ды́-қә-и-тце-ит. *He wished him/her a safe journey. Он благословил ему/ей дорогу.*

а-ны́ҳәа-ны́ҧхьа-ра [n.] blessing.

а-ны́ҳәара[1] [n.] (ны́ҳәара-к) praying.

а-ны́ҳәа-ра[2] [labile] (**1**) [intr.] [C1-S / C1-Neg-S] [C1 pray] (**Fin.** [pres.] д-ны́ҳәо-ит / д-ны́ҳәо-м, [aor.] д-ны́ҳәе-ит / ды-м-ны́ҳәе-ит, [imper.] б-ны́ҳә! / бы-м-ны́ҳәа-н!; **Non-fin.** [pres.] (C1) и-ны́ҳәо / и-м-ны́ҳәо; **Abs.** д-ны́ҳәа-ны / ды-м-ны́ҳәа-қәа) **1.** to pray, to say a prayer: А-ҭаҳмада есы́шьыжьыҭа́н д-ны́ҳәо-н. (ARD) *Старик молился каждое утро. The old man used to pray every morning.* **2.** to propose a toast: с-ны́ҳәе-ит *I proposed a toast.* (**2**) [tr.] [C1-C3-S / C1-C3-Neg-S] [C3 bless C1] (**Fin.** [pres.] ды-с-ны́ҳәо-ит / ды-с-ны́ҳәо-м, [aor.] ды-с-ны́ҳәе-ит / д-сы-м-ны́ҳәе-ит, [imper.] д-ны́ҳә! / д-бы-м-ны́ҳәа-н!, ды-шә-ны́ҳә! / д-шәы-м-ны́ҳәа-н!; **Non-fin.** [pres.] (C1) и-с-ны́ҳәо / и-сы-м-ны́ҳәо, (C3) ды-з-ны́ҳәо / д-зы-м-ны́ҳәо; **Abs.** д-ны́ҳәа-ны / ды-м-ны́ҳәа-қәа) **1.** to bless: Аб а-ҧа́ д-и-ны́ҳәе-ит. (ARD) *Отец благословил сына. The father blessed his son.* И-аҳ-ҭо́-у А-нцәа́ шә-и-ны́ҳәа-аит! (IC) *Let God bless you who visit us! Да благословит Господь вас, гостящих у нас!* **2.** to propose a toast to sb: Сара́ шәара́ шәы-с-ны́ҳәо-ит. *I'll propose a toast to you. Я произнесу тост за вас.* [= **а-ныҳәаҿа́ а́аны-кыла-ра /а-н-кы́ла-ра**] **3.** to wish sb (good): С-ны́ҳәа-ны ҭәы́ца-к а-ҩы́ и-жә-и́т. (ARD) *Он пожелал мне здоровья и выпил стакан вина. He wished me health and drank a glass of wine.*

а-ны́ҳәатә [adj.] festive.

а-ныҳәаҿа́ [n.] (-қәа) (*of the act of drinking*) toast: Р-ныҳәаҿа́ аа-н-и́-кыле-ит. *He proposed a toast to them. Он поднял за них тост.*

а-ны́-тц-ра [intr.] [C1-C2-Prev-R] [C1 originally come from C2] (**Fin.** [aor.] д-а-ны́-тц-ит) **1.** to come from *somewhere* originally: Ҳара́ Аҧсны́ ҳ-а-ны́-тц-ит. *We come from Abkhazia. Мы родом из Абхазии.* Шәа́рҭ шә-а́ба-цәа, урҭ р-а́ба-цәа ахь-а-ны́-тцы-з а́-дгьыл ахь шә-хы хо-уп. (AF) *You are headed for the place whence your fathers and their fathers hailed.*

а-н(ы)-ччáла-ра [intr.] [C1-C2-Prev-R / C1-C2-Prev-Neg-R] [C1 be reflected on C2] (**Fin.** [pres.] и-а-н(ы)-ччáло-ит, д-а-н(ы)-ччáло-ит / и-а-н(ы)-ччáло-м (-ччала-ӡо-м), [aor.] и-а-н(ы)-ччáле-ит / и-а-ны́-м-ччале-ит (-ччала-ӡе-ит), [imper.] б-а-н(ы)-ччáл! / б-а-ны́-м-ччала-н!, шә-а-н(ы)-ччáл! / шә-а-ны́-м-ччала-н!; **Non-fin.** (C1) [pres.] и-а-н(ы)-ччáло / и-а-ны́-м-ччало, [aor.] и-а-н(ы)-ччáла / и-а-ны́-м-ччала, [impf.] и-а-н(ы)-ччáло-з / и-а-ны́-м-ччало-з, [past indef.] и-а-н(ы)-ччáла-з / и-а-ны́-м-ччала-з; **Abs.** и-а-н(ы)-ччáла-ны / и-а-ны́-м-ччала-қәа) **1.** to be reflected: А-ӡы́ а́-мза а́-лашара а-ны-ччáл-т. *Moonlight was reflected on the water. В воде отразился лунный свет.*

а-ны́шь [n.] (-қәа, ны́шьа-к) a boat: ны́шь-ла *by boat.* А-ӡы́ а-ны́шь а́-рзазо-ит. (RAD) *The waves are rocking the boat. Вода колышет лодку.*

а-ны́шьҭа-ла-ра [intr.] (**Fin.** [pres.] с-ны́шьҭа-ло-ит / с-ны́шьҭа-ло-м, [aor.] с-ны́шьҭа-ле-ит / с-нышьҭа́-м-ле-ит, [imper.] б-ны́шьҭа-л! / б-нышьҭа́-м-ла-н!, шә-ны́шьҭа-л! / шә-нышьҭа́-м-ла-н!; **Abs.** с-ны́шьҭа-ла-ны / с-нышьҭа́-м-ла-қәа) **1.** to lie down.

-а́нышь-цәа *see* **а́н-шьа**

а-ны́шә [n.] (pl.**, нышә-к) soil, earth**:** А-ны́шә д-е́-и-ҭе-ит. *He buried him in the earth.*

а-ны́шәаҧшь [n.] clay.

а-ны́-шәа-ра [intr.] [C1-C2-Prev-R / C1-C2-Prev-Neg-R] [C1 be reconciled with C2] (**Fin.** [pres.] сы-л-ны́-шәо-ит / сы-л-ны́-шәо-м, [aor.] сы-л-ны́-шәе-ит / сы-л-ны́-м-шәе-ит, [imper.] бы-л-ны́-шәа! / бы-л-ны́-м-шәа-н!; **Non-fin.** [pres.] (C1) и-л-ны́-шәо / и-л-ны́-м-шәо, (C2) сы-з-ны́-шәо / сы-з-ны́-м-шәо; **Abs.** сы-л-ны́-шәа-ны / сы-л-ны́-м-шәа-кәа) **1.** to be reconciled with sb/sth**:** Уи́ и-гәы́ла д-и-ны́-шәе-ит. *He was patient with his neighbor.* а-гхақәа́ р-ны́-м-шәа-ра *not to be reconciled with shortcomings, не мириться с недостатками.*

а-ны́шәынҭра [n.] (-қәа) a grave.

а-нҵьны́р [n.] (-цәа, нҵьны́р-к) an engineer**:** Сара́ сы-нҵьны́р-уп. *I am an engineer.* С-аб занаа́ҭ-ла ды-нҵьны́р-уп. (AFL) *My father is an engineer by profession. По профессии мой отец — инженер.*

О о

-о [verbal suffix] [< **-уа**] *used to mark the absolutive. This marker indicates the co-occurrence of the action of a main clause and an absolutive action*: С-кәаш-ó с-аа-уé-ит. *I come here dancing. Я иду сюда, танцуя.*

а-обиéкт [n.] (-қәа) (*gramm.*) an object: и-ҧйо-у а-обиéкт a direct object.

ожәраáнӡа [adv.] till the time.

Оӡџьáн [n.] (m.) [person's name]

-о-ит [present dynamic finite]: с-гы́ло-ит /s-gə́la-wa-jt'/ *I stand up.*

октиáбр (= **жьҭáара**) [n.] October.

Омáр [n.] (m.) [person's name]

óума [n.] (= **áума**) a lot.

óура [n.] (= **áура**) height, stature.

а-официáнт [n.] (-цәа) (= **а-хәы́ҭаҩ**) a waiter.

оҳ [interj.] oh.

Очамчы́ра [place name] Ochamchira: Очамчы́ра а-раиóн а-ҿы́ *in the region of Ochamchira, в районе Очамчира.*

очамчы́р-аа [pl.] (очамчы́ратәи [sg.]) Ochamchirians, people of Ochamchira, очамчирцы.

О

П п

-п [verbal suffix] *used to mark Future I. P. K. Uslar writes that the tense ending in* **-п** *means "a definite future," while the tense ending in* **-шт** *means "an indefinite future." [Uslar, 1887:35] But an action in a definite future is expressed in the Present. [Hewitt, Abkhaz:176]. According to Hewitt [Abkhaz:176-177], Future I denotes the meanings as shown below*: **1.** [with the 1st pl. subject/agent personal prefix] *used for making suggestions.* "let us X"**:** Уашьҭа́н ҳ-ца-п! *Then let's go!* А-каҳуа́ еиц-а́а-жəы-п! (GAL) *Давайте выпьем вместе кофе! Let's drink coffee together!* Макьа́на ҳ-аа-ԥшы́-п. *Let's wait a moment! Пока подождем!* Ҳ-аиба-ды́ры-п! *Let's get acquainted with each other! Давайте познакомимся!* Аха́, у-аа-ла́, ҳ-а́-лага-п, и-аҳ-з-аа-го́-зар аа-ба́-п. (Ab.Text) *But let's go. Let's start. We'll probably be able to bring it back.* **2.** *used as a general future meaning depending upon another action*: А-қалакь [а-]ахь ды-ца́-р, а́имаа-қуа а́а-и-хуа-п. (Hewitt, Abkhaz) *If he goes to town, he'll buy some shoes.* Шə-аны-бзи́а-ха-лак (/Шəы-бзи́а-ха-р), а-ҭаҭы́н шə-а́-ха-ла-п, а-ры́жəтə жə-жə-ла́-п. (IC) *When you recover, you will always smoke and drink (spirits). Когда вы (Если вы) выздоровеете, вы всегда будете курить и пить (спиртное).* **3.** [with the 1st sg. subject/agent personal prefix] *"the subject is 1st. person singular, and the form in* **-п**, *although expressing the intention of the speaker to do something, nevertheless seeks the approval, or at least the attention, of those present for the action being suggested."* (Hewitt, Abkhaz:177)**:** С-анду́ л-ҟы́нӡа с-ца́-п. *I'll go to grandmother's (sc. if that's alright by you / what do you think?).* **4.** [with the 2nd or 3rd subject/agent personal prefix] *used to express a mild imperative or entreaty*: Уаха́ ара́ бы́-ҟа-з, уатцəы́ бы-ца́-п. *Stay here tonight — (you can) go tomorrow!* Мера́б д-аа́-п, нас ҳ-цо́-ит. *Let Merab come, then we'll go!*

а-па́ [adj.] (а-па-қəа́, а-па-цəа́, па́-к) **1.** *(of a voice)* thin, delicate, refined.

а-па́лта [n.] (-қəа, па́лта-к) a overcoat, a coat**:** а-па́лта ԥха *a warm coat.* а-хəчы́ а-па́лта и-шəтцара́ *to put an overcoat on the child, надеть пальто на ребенка.*

а-па́льма [n.] (-қəа, па́льма-к) a palm (tree).

па́па [n.] dad.

а-па́рк [n.] (-қəа, парк-к) a park**:** а-ԥстə-қəа́ р-парк *zoological gardens.*

а-парла́менттə [adj.] parliamentary.

а-парпынта́ [n.] a bottle opener.

а-па́ртиа [n.] a party.

а-пата-ра́* [intr.] [C1-S] (**Fin.** [pres.] д-пато́-ит / д-пато́-м, [aor.] д-пате́-ит / ды-м-пате́-ит; **Abs.** д-пато́) **1.** to rave, to be delirious**:** а-чы́мазаҩ д-пато́-ит *the patient is delirious.*

а-патре́ҭ [n.] (-қəа, патре́ҭ-к) a portrait**:** Сара́ у-патре́ҭ ҭы́-с-х-уе-ит. *I'll take a photograph of you. Я тебя сфотографирую.*

а-патреҭҭы́хга [n.] (-қəа) a camera.

а-патре́ҭҭыхра [n.] taking photographs.

а-патреҭҭы́х-ҩы [n.] (а-патреҭҭы́х-цəа) a photographer.

а́-пату /á-p'at'əw/ [n.] **1.** honour. **2.** respect. || **пату́ а́-қə-тца-ра** (= **а-пату́-қə-тца-ра**) **1.** to respect**:** Сара́ пату́ шəы́-қə-с-тцо-ит. *I am respecting you. Я вас уважаю.* Пату́ и́-қə-тца! *Respect him!* Аԥсу-аа апырпылцыы́ка пату́ р-з-а́-ку-уп. (ANR) *lit. 'respect is upon it for the Abkhazians' = Papper-adzhyk'a is venerated among the Abkhazians.* **2.** to entertain: Урҭ пату́ ҳа́-қəы-р-тце-ит. *They entertained us. Они нас угостили.*

а-пату́қəтцара[1] [n.] respect.

а-пату́-қə-тца-ра[2] [tr.] [пату́ C2-Prev-C3-R / C2-Prev-C3-Neg-R] [C3 respect C2; *lit.* C3 places respect on C2] (**Fin.** [pres.] пату́ сы́-қəы-р-тцо-ит / пату́ сы́-қəы-р-тцо-м, [aor.] пату́ сы́-қəы-р-тце-ит / пату́ сы́-қə-ры-м-тце-ит, [imper.] пату́ сы́-қə-тца! / пату́ сы-қə-бы-м-тца-

П

н!, пату́ сы́-қәы-шә-тца! / пату́ сы́-қә-шәы-м-тца-н!; **Non-fin.** [pres.] (C2) пату́ и́-қәы-р-тцо / пату́ и́-қә-ры-м-тцо, (C3) пату́ сы́-қәы-з-тцо / пату́ сы́-қә-зы-м-тцо; **Abs.** пату́ сы́-қә-тцаны / пату́ сы́-қәы-м-тца-кәа) **1.** to respect: Пату́ и́-қә-тца! *Respect him! Уважай его!* А-че́иҵьыка еиха́-у егь-шы́-ҟа-м ды́р-ны, уи́ да́ара пату́ а́-қәы-р-тцо-ит. (AF) *Knowing that there is nothing greater than a feast, they place a good deal of respect on it.*

а-патырқа́л [n.] (а-патырқа́л-кәа) an orange.

а-патырқа́лӡы [n.] orange juice.

а-патырҵьа́н [n.] (-қәа) a tomato.

а-пахы́ц [adj.] slender; thin.

Пахуа́ла [n.] (m.) [person's name]

а-пе́нсиа [n.] a pension; an annuity: А-пе́нсиа л-о́-уе-ит. *She receives a pension.*

а-перо́ [n.] (а-перо́-қәа, перо́-к) a pen; feather. перо.

а-пиани́но [n.] (-қәа) an upright piano. пианино.

а-пионе́р [n.] (-цәа, пионе́р-к) a pioneer. пионер.

Пицу́нда [n.] [place-name]

а́-пка [n.] (-қәа, пҟа-к) (type of bird) a crane.

апка́ахәа [adv.] instantly.

а-пла́н [n.] (-қәа) **1.** a plan. **2.** figure: Лы-пла́н да́ара и-бзи́о-уп. *Her figure is very good.*

а-пла́шь [n.] (-қәа, сы-пла́шь) a cloak; a raincoat.

а-плио́нка [n.] (-қәа, плио́нка-к, сы-плио́нка) film.

а-поэ́зиа [n.] poetry.

а-поэ́т [n.] (-цәа, поэ́т-к) a poet: Пу́шкин д-поэ́т-уп. *Pushkin is a poet. Пушкин — поэт.*

а-поликли́ника [n.] (-қәа, -хь) a (poly)clinic. поликлиника.

а-поли́тик [n.] (-цәа) a politician. политик.

а-поли́тика [n.] politics. политика.

а-поли́тикатә [adj.] political.

а-помидо́р [n.] (= **а-патырҵьа́н**) tomato. помидор: а-помидо́рртцәы *pickled tomato.*

а-портфе́ль [n.] (-қәа) a briefcase. портфель.

а-президе́нт [n.] (-цәа) a president.

а-пре́миа [n.] (-қәа) a prize. премия.

а-пробле́ма [n.] (-қәа) a problem. проблема: Уи пробле́ма-м. *This is not a problem.*

а-програ́мма [n.] (ҳа-програ́мма, -ҿы) a program. программа.

а-профе́ссор [n.] (-цәа) a professor.

а-пса́дгьыл [n.] (-қәа, пса́дгьыл-к) homeland.

а-пт-ра́ [intr.] [C1-S / C1-Neg-S] [C1 bloom] (**Fin.** [pres.] и-пт-уе́-ит / и-пт-уа́-м (-пт-ӡо́м), [aor.] и-пт-и́т / и-мы-пт-и́т (-пт-ӡе́-ит), [imper.] у-пты́! / у-мы-пты́-н!, шәы-пты́! *or* шә-пыты! / шә-мы-пты́-н! *or* шәы-м-пыты́-н!; **Non-fin.** [pres.] (C1) и-пт-уа́ / и-м(ы)-пт-уа́, [aor.] и-пты́ / и-м-пты́; **Abs.** и-пт-ны́ / и-м-пты́-кәа) **1.** to come into flower, to bloom; to blossom: ха́-шәҭ-қәа и-пты́-з *our blossoming flowers, наши распустившиеся цветы.* Ааҧын а-шәаҧы́ҵьап зегь пыт-уе́-ит. (AFL) *All plants bloom in spring.* [cf. **а-т-ра́** "to open"]

а-пхы́ӡ [n.] (-қәа, пхы́ӡ-к) a dream: а-пхы́ӡ баа́ҧс *a bad dream, плохой сон.*

пыввы́-ҳәа [adv.] with a buzz.

а-пырпы́л [n.] pepper: А-фатә а-пырпы́л а́-қә-сы-ҧсе-ит. *I sprinkled the food with pepper.*

а-пытырқа́л [n.] (-қәа) an orange.

Ҧ ҧ

-ҧ- [preverb] “in the path of” (Spruit, SC5)

а-ҧá [n.] (а-ҧа-цəá, с-ҧá, с-ҧа-цəá, ҧá-к) a son**:** хҩы́к а-ҧа-цəá *three sons.* с-ҧó-уп *I am a son, я сын.* сы-л-ҧó-уп *I am her son.* ҳ-ҧа-цəó-уп *we are sons.* Абри́ á-ҷкəын у-ҧá и-ó-уп. *This boy is your son.* Сарá ҧá-к-и ҧҳá-к-и сы́-мо-уп. *I have a son and a daughter. У меня сын и дочь.* Сарá á-гызмал-куа р-ҳəынҭқáр и-ҧá с-ó-уп. (Ab.Text) *I am a son of the king of the devils. Я сын царя бесов.* [cf. **а-ҧҳá** “a daughter”]

а-ҧааимбáр [n.] (-цəа, и-ҧааимбáр) **1.** a prophet. **2.** archangel.

аҧáгатцə-қəа [n.] [pl.] knitting-needle.

а-ҧáгьа [adj.] proud**:** á-уаҩ ҧáгьа *a proud person.* Урҭ уаа ҧáгьа-қəа-н. *They were a proud people.*

а-ҧáзатцə [n.] [а-ҧá-затцə “the-son-only”] (-қəа, ҧáзатцəы-к) an only son.

ҧáла-ҧáла [adv.] (*of snowfall*) softly, gently**:** А-сы́ ҧáла-ҧáла и-лé-и-уе-ит. *Soft flakes of snow are falling. Снег идет хлопьями.*

а-ҧáн [n.] (а-ҧáн-қəа, ҧáн-к) a ford.

а-ҧаҧсá [n.] (а-ҧаҧса-цəá) a stepson.

á-ҧа-ра [intr.] [C1-R / C1-Neg-R] [C1 jump] (**Fin.** [pres.] ды́-ҧо-ит, ҳá-ҧо-ит / ды́-ҧо-м, ҳá-ҧо-м, [aor.] ды́-ҧе-ит, ҳá-ҧе-ит / д-мы́-ҧе-ит, х-мы́-ҧе-ит, [fut.1] ды́-ҧа-п / ды́-ҧа-рым, [fut.2] ды́-ҧа-шт / ды́-ҧа-шам, [perf.] ды́-ҧа-хьеит / д-мы́-ҧа-ӡа-ц(т), [impf.] ды́-ҧо-н / ды́-ҧо-мызт, [past indef.] ды́-ҧа-н / д-мы́-ҧа-зт, [cond.1] ды́-ҧа-рын / ды́-ҧа-рымызт, [cond.2] ды́-ҧа-шан / ды́-ҧа-шамызт, [plupf.] ды́-ҧа-хьан / д-мы́-ҧа-цызт, [imper.] бы́-ҧ! / б-мы́-ҧа-н!, шəы́-ҧ!; [caus.] д-лы́-р-ҧе-ит / ды-л-мы́-р-ҧе-ит; [poten.] д-зы́-ҧо-м, ды-з-мы́-ҧе-ит; [nonvol] д-áмха-ҧе-ит / д-áмха-м-ҧе-ит; [vers.1] ды-л-зы́-ҧе-ит / ды-л-зы́-м-ҧе-ит; [vers.2] ды-л-цəы́-ҧе-ит / ды-л-цəы́-м-ҧе-ит; **Non-fin.** (C1) [pres.] и́-ҧо / и-мы́-ҧо, [aor.] и́-ҧа / и-мы́-ҧа, [fut.1] и́-ҧа-ра / и-мы́-ҧа-ра, [fut.2] и́-ҧа-ша / и-мы́-ҧа-ша, [perf.] и́-ҧа-хьоу (-хьа(ц)) / и-мы́-ҧа-хьоу (-хьа(ц)), [impf.] и́-ҧо-з / и-мы́-ҧо-з, [past indef.] и́-ҧа-з / и-мы́-ҧа-з, [cond.1] и́-ҧа-ры-з / и-мы́-ҧа-ры-з, [cond.2] и́-ҧа-ша-з / и-мы́-ҧа-ша-з, [plupf.] и́-ҧа-хьа-з / и-мы́-ҧа-хьа-з; **Abs.** ды́-ҧа-ны / д-мы́-ҧа-кəа) **1.** to jump**:** Уи́ и-бзи́аны ды́-ҧо-ит. *He jumps well./He is a good jumper. Он хорошо прыгает.* а-хáҳəы-р-ҧа-ра *(the game of) stone-tossing.*

а-ҧáра [n.] (а-ҧáра-қəа, ҧáра-к) money**:** Сарá а-ҧáра мáҷны и-сы́-мо-уп. *I have little money.*

а-ҧа-рá [labile] **(1)** [intr.] [C1-R] [C1 be busy with knitting] (**Fin.** [pres.] с-ҧó-ит / с-ҧó-м) **1.** to be busy with knitting. **(2)** [tr.] [C1-C3-R / C1-C3-Neg-R] [C3 knit C1] (**Fin.** [pres.] и-л-ҧó-ит, и-а-ҧó-ит / и-л-ҧó-м, [aor.] и-л-ҧé-ит, и-а-ҧé-ит / и-лы-м-ҧé-ит, и-á-м-ҧе-ит, [imper.] и-ҧá! / и-бы-м-ҧá-н!, и-шə-ҧá! / и-шəы-м-ҧá-н!; **Non-fin.** [pres.] (C1) и́-л-ҧо / и́-лы-м-ҧо, (C3) и-з-ҧó / и-зы-м-ҧó, [aor.] (C1) и́-л-ҧа / и́-лы-м-ҧа, (C3) и-з-ҧá / и-зы-м-ҧá, [impf.] (C1) и́-л-ҧо-з / и́-лы-м-ҧо-з, (C3) и-з-ҧó-з / и-зы-м-ҧó-з, [past indef.] (C1) и́-л-ҧа-з / и́-лы-м-ҧа-з, (C3) и-з-ҧá-з / и-зы-м-ҧá-з; **Abs.** и-ҧа-ны́ / и-м-ҧá-кəа) **1.** to knit; to plait**:** Аҧсуа ҳəса-куá а-ххьá рахýц р-ҧó-н. (ANR) *Abkhazian women used to plait the braid thread.* Ларá а-қлаҧáд-қəа л-ҧé-ит. *She knitted socks.*

а-ҧáрадара [n.] lack of money.

а-ҧáратра [n.] (-қəа, с-ҧáратра) a wallet, a purse.

а-ҧáрацəынха [n.] change.

а-ҧардá [n.] (а-ҧардá-қəа, ҧардá-к) a curtain**:** а-ҧшá а-ҧардá а-ртцыс-уé-ит. *The wind sways the curtain. Ветер колышет занавеску.*

а-ҧарҧалы́кь [n.] (-қəа) a butterfly.

ҧа́са [adv.] (= **ҧы́хьа**) before; formerly: Уи ҧа́са д-ахьы-н-хо́-з з-ды́р-уа-н, ахá уажəы́ д-ахьы-н-хо́ сы-з-ды́р-ӡо-м. (IC) *I knew where he/she lived before, but I don't know where he/she lives now.* Ҧа́са а-шьапы́лампыл и-ан-а́-с-уа-з, ҳара́ ҳ-тə-қəа и-аа́-ит. *When they were playing football the last time, our team won.*

а-ҧа́са [adj.] (и-ҧа́со-у) early.

ҧа́саны [adv.] early.

а-ҧа́сатəи [adj.] previous, former; old: Ҧа́сатəи а́-хəмараа-н ҳара́ ҳ-иаа́-ит. (IC) *In the previous game we won.* Ҧа́сатəи Аҟəа — Диоску́риа а́-хьӡы-н. (AFL) *The previous Sukhum is called Dioskurya. Прежний Сухум называется Диоскуря.*

а-ҧаҭлы́ка [n.] (-қəа, ҧаҭлы́ка-к) a bottle: а-бааӡатəы́ з-ҭо́-у а-ҧаҭлы́ка *a bottle with liquid, бутылка с жидкостью.* ҧаҭлы́ка-к а-ҩы́ *a bottle of wine, бутылка вина.* ҩ-ҧаҭлы́ка-к а-уара́ш *two bottles of beer.* Сара́ ҧшь-ҧаҭлы́ка-к а-ҩы́ з-жə-ит. *I have drunk up four bottles of wine.*

-ҧа́хны [adv.] firmly; strongly: д-ҧа́хны д-ҿа́-р-ҳəе-ит. *They tied him/her firmly.*

а-ҧа́цха [n.] (-қəа) a wattled hut.

а-ҧаца́ [n.] (а-ҧаца-қəа́, с-ҧаца́) beard; ус, whisker: а-ҧаца́ а́-ушьҭра *to grow a beard.* И-ҧаца́ и-со́-ит. *He is shaving. Он бреется.* У-ҧаца́ са! *Shave! Побрейся!*

а-ҧацаса́рҭа [n.] (= **а-хцəы́катцарҭа**) (-қəа) a barbershop: Сара́ а-ҧацаса́рҭа-хь с-ца́-р-о-уп. *I must go to the barber.*

а-ҧацасаҩы́ [n.] (-цəа) a barber; a hairdresser.

а-ҧа́ҩ [n.] (-қəа) a steep/precipitous bank/shore/coast.

а-ҧа́шə [n.] (-қəа) (*of plant*) a root.

а-ҧ-га́ла-ра* [tr.] [C1-C2-Prev-C3-S] [C3 offer C1 to C2] (**Fin.** [aor.] и-шə-ҧы́-р-гале-ит / и-шə-ҧы́-ры-м-гале-ит; **Non-fin.** [pres.] (C3) и-шə-ҧы́-з-гало / и-шə-ҧы́-зы-м-гало) **1.** to be willing to carry sth for sb, to offer sth to sb: А-че́ицьыка шə-ҧы́-з-гало и-че́ицьыка шəы́-ды-шə-кыл! (AF) *Accept hospitality from the one who offers it to you!*

а-ҧелуа́н [n.] (а-ҧелуа́н-қəа) a hero, a powerful person.

а-ҧе́иҧш [n.] (р-ҧе́иҧш) fate, destiny; the future: И-ҧе́иҧш бзи́о-уп. *He has a good future. У него хорошее будущее.* А-ҿа́р р-ҧе́иҧш ҳ-нап-а-ҿы́ и́-ҟо-уп. *The fate of young people is in our hands. Судьба молодежи в наших руках.*

а-ҧе́иҧш-заа-ра [intr.] [C1-C2-S] [C1 be waiting for C2] (**Fin.** [pres.] ҳа-л-ҧе́иҧш-уп / ҳа-л-ҧе́иҧшы-м, [past] ҳа-л-ҧе́иҧшы-н / ҳа-л-ҧе́иҧшы-мызт, [imper.] бы-л-ҧе́иҧшы-з! / бы-л-ҧе́иҧшы-мыз!; **Non-fin.** [pres.] (C1) и-л-ҧе́иҧш-у / и-л-ҧе́иҧшы-мыз, (C2) ҳа-з-ҧе́иҧш-у / ҳа-з-ҧе́иҧшы-мыз; **Abs.** ҳа-л-ҧе́иҧш-ны / ҳа-л-ҧе́иҧшы-м-кəа) **1.** to wait for: А-жəра бзи́а и-ҧе́иҧш-уп. (ARD) *Его ожидает хорошая старость. A good old age is waiting for him.* А-бзи́ата-қəа шə-ҧе́иҧш-заáит! *Let only good wait for you!*

а-ҧе́нџьыр [n.] (-қəа, ҧе́нџьыр-к) a window: А-ҧе́нџьыр с-на́-хе-ит шьыжьымҭа́н. (AFL) *I opened the window in the morning. Я открыл окно утром.*

а-ҧ-жəа-ра́ [labile] **(1)** [tr.] [C1-Prev-C3-R / C1-Prev-C3-Neg-R] [C3 tear/explode C1] (**Fin.** [pres.] и-ҧы́-з/с-жəо-ит, и-ҧы́-ҳ-жəо-ит / и-ҧы́-з/с-жəо-м (-жəа-ӡо-м), [aor.] и-ҧы́-з/с-жəе-ит / и-ҧы́-зы/сы-м-жəе-ит (-жəа-ӡе-ит), [imper.] и-ҧ-жəа́! / и-ҧы́-бы-м-жəа-н!, и-ҧы́-шə-жəа! / и-ҧы́-шəы-м-жəа-н!; **Non-fin.** [pres.] (C1) и-ҧы́-л-жəо / и-ҧы́-лы-м-жəо, (C3) и-ҧы́-з-жəо / и-ҧы́-зы-м-жəо, [aor.] (C1) и-ҧы́-л-жəа / и-ҧы́-лы-м-жəа, (C3) и-ҧы́-з-жəа / и-ҧы́-зы-м-жəа, [impf.] (C1) и-ҧы́-л-жəо-з / и-ҧы́-лы-м-жəо-з, (C3) и-ҧы́-з-жəо-з / и-ҧы́-зы-м-жəо-з, [past indef.] (C1) и-ҧы́-л-жəа-з / и-ҧы́-лы-м-жəа-з, (C3) и-ҧы́-з-жəа-з / и-ҧы́-зы-м-жəа-з; **Abs.** и-ҧ-жəа-ны́ / и-ҧы́-м-жəа-кəа) **1.** to tear, to break: Сара́ а-қьаа́д ҧы́-з-жəо-ит. *I'll tear the paper in two.* **2.** to blow up: А-бо́мба и-ҧ-на-жəе́-ит. *The bomb blew it/them up. Бомба разорвала его(нрз.)/их.* || **л-гəы́ ҧы́-р-жəе-ит** they offended her. || **Шә-гәы́ ҧы́-шәы-м-жәа-н** уи́ а-зы́! *Don't be irritable because of it! Не нервничайте из-за этого!* **(2)** [intr.] (**Fin.** [pres.] и-ҧ-жәо́-ит / и-ҧ-жәо́-м, [aor.] и-ҧ-жәе́-ит / и-ҧы-м-жәе́-ит; **Non-fin.** (C1) [pres.] и-ҧ-жәо́ / и-ҧы-м-жәо́, [aor.] и-ҧ-жәа́ / и-ҧы-м-жәа́) **1.** to tear, to break; to explode: А-бо́мба ҧ-жәе́-ит. *The bomb exploded. Бомба разорвалась.* А-шьатца́ ҧ-жәо́-ит. *The shoes are torn. Обувь рвется.* || **л-гәы́ ҧ-жәе́-ит** she became angry. [cf. **а-ҧы-жәжәа-ра́** "to tear sth into pieces"]

а-ҧжәа́ха [n.] (-қәа) a piece, a shred, a tuft.

а-ҧи́а [adj.] (и-ҧи́о-у) (*gramm.*) direct: и-ҧи́о-у а-обие́кт *a direct object.*

а-ҧи́ам [adj.] (и-ҧи́а-м) (*gramm.*) indirect: и-ҧи́ам а-обие́кт *a indirect object.*

а-ҧ-ка-ра́ [tr.] [C1-Prev-C3-R / C1-Prev-C3-Neg-R] [C3 cut C1] (**Fin.** [pres.] и-ҧы́-с-ҟо-ит, и-ҧ-на-ҟо́-ит, и-ҧ-а́х-ҟо-ит / и-ҧы́-с-ҟо-м [aor.] и-ҧы́-с-ҟе-ит, и-ҧ-на-ҟе́-ит, и-ҧ-а́х-ҟе-ит / и-ҧы́-сы-м-ҟе-ит, и-ҧ-на́-м-ҟе-ит, и-ҧ-а́ха-м-ҟе-ит, [fut.1] и-ҧы́-с-ҟа-п, и-ҧ-на-ҟа́-п / и-ҧы́-с-ҟа-рым, и-ҧ-на-ҟа-ры́м, [fut.2] и-ҧы́-с-ҟа-шт, и-ҧ-на-ҟа́-шт / и-ҧы́-с-ҟа-шам, и-ҧ-на-ҟа́-шам; [perf.] и-ҧы́-с-ҟа-хьеит, и-ҧ-на-ҟа-хье́ит / и-ҧ-сы́-м-ҟа-ц(т), и-ҧ-на́-м-ҟа-ц(т), [impf.] и-ҧы́-с-ҟо-н, и-ҧ-на-ҟо́-н / и-ҧы́-с-ҟо-мызт, и-ҧ-на-ҟо́-мызт, [past indef.] и-ҧы́-с-ҟа-н, и-ҧ-на-ҟа́-н / и-ҧ-сы́-м-ҟа-зт, и-ҧ-на́-м-ҟа-зт, [cond.1] и-ҧы́-с-ҟа-рын, и-ҧ-на-ҟа-ры́н / и-ҧы́-с-ҟа-рымызт, и-ҧ-на-ҟа-ры́мызт, [cond.2] и-ҧы́-с-ҟа-шан, и-ҧ-на-ҟа́-шан / и-ҧы́-с-ҟа-шамызт, и-ҧ-на-ҟа́-шамызт, [plupf.] и-ҧы́-с-ҟа-хьан, и-ҧ-на-ҟа-хьа́н / и-ҧы́-сы-м-ҟа-цызт, и-ҧ-на́-м-ҟа-цызт, [imper.] и-ҧ-ҟа́! / и-ҧы́-бы-м-ҟа-н!, и-ҧы́-шә-ҟа!; [caus.] и-с-ҧ-лы-р-ҟе́-ит / и-с-ҧы-л-мы-р-ҟе́-ит, и-ах-ҧ-лы-р-ҟе́-ит / и-ах-ҧы-л-мы-р-ҟе́-ит, и-д-ҧ-лы-р-ҟе́-ит / и-д-ҧы-л-мы-р-ҟе́-ит; [poten.] и-сы-з-ҧ-ҟо́-м, и-сы-з-ҧы́-м-ҟе-ит; [nonvol] и-с-а́мха-ҧ-ҟе-ит / и-с-а́мха-ҧы-м-ҟе-ит; [vers.1] и-лы-з-ҧы́-с-ҟе-ит / и-лы-з-ҧы́-сы-м-ҟе-ит; [vers.2] и-лы-цә-ҧы́-с-ҟе-ит / и-лы-цә-ҧы́-сы-м-ҟе-ит; **Non-fin.** [pres.] (C1) и-ҧы́-л-ҟо / и-ҧы́-лы-м-ҟо, (C3) и-ҧы́-з-ҟо / и-ҧы́-зы-м-ҟо, [aor.] (C1) и-ҧы́-л-ҟа / и-ҧы́-лы-м-ҟа, (C3) и-ҧы́-з-ҟа / и-ҧы́-зы-м-ҟа, [fut.1] (C1) и-ҧы́-л-ҟа-ра / и-ҧы́-лы-м-ҟа-ра, (C3) и-ҧы́-з-ҟа-ра / и-ҧы́-зы-м-ҟа-ра, [fut.2] (C1) и-ҧы́-л-ҟа-ша / и-ҧы́-лы-м-ҟа-ша, (C3) и-ҧы́-з-ҟа-ша / и-ҧы́-зы-м-ҟа-ша, [perf.] (C1) и-ҧы́-л-ҟа-хьоу (-хьа(ц)) / и-ҧы́-лы-м-ҟа-хьоу (-хьа(ц)), (C3) и-ҧы́-з-ҟа-хьоу (-хьа(ц)) / и-ҧы́-зы-м-ҟа-хьоу (-хьа(ц)), [impf.] (C1) и-ҧы́-л-ҟо-з / и-ҧы́-лы-м-ҟо-з, (C3) и-ҧы́-з-ҟо-з / и-ҧы́-зы-м-ҟо-з, [past indef.] (C1) и-ҧы́-л-ҟа-з / и-ҧы́-лы-м-ҟа-з, (C3) и-ҧы́-з-ҟа-з / и-ҧы́-зы-м-ҟа-з, [cond.1] (C1) и-ҧы́-л-ҟа-ры-з / и-ҧы́-лы-м-ҟа-ры-з, (C3) и-ҧы́-з-ҟа-ры-з / и-ҧы́-зы-м-ҟа-ры-з, [cond.2] (C1) и-ҧы́-л-ҟа-ша-з / и-ҧы́-лы-м-ҟа-ша-з, (C3) и-ҧы́-з-ҟа-ша-з / и-ҧы́-зы-м-ҟа-ша-з, [plupf.] (C1) и-ҧы́-л-ҟа-хьа-з / и-ҧы́-лы-м-ҟа-хьа-з, (C3) и-ҧы́-з-ҟа-хьа-з / и-ҧы́-зы-м-ҟа-хьа-з; **Abs.** и-ҧ-ка-ны́ / и-ҧы́-м-ҟа-кәа) **1.** to cut; to cut down, to fell: Лагуста́н зны́ҟьара ць-ду́к ҧ-и́-ҟе-ит. *Lagustan felled a big oak with a single stroke. Лагустан одним ударом срубил большой дуб.* Да́рбан ари́ а́-тҵла ҧы́-з-ҟа? (= ари́ а́-тҵла ҧы́-з-ҟа-да?) *Who felled this tree? Кто срубил это дерево?* Ахра а-мҿы́ ҧ-и́-ҟе-ит. *Akhra cut down the firewood. Ахра нарубил дрова.* А-ӡы́нра-зы а-мҿы́ ҧы́-р-ҟо-ит, а-мҿы́ ры́-ды-р-гало-ит. (AFL) *They are chopping firewood for winter, and they are stockpiling the firewood. Для зимы они рубят дрова, заготавливают дрова.* **2.** to cut (out): а́-матәа ҧҟара́ *to cut out clothes, кроить платье.* **3.** to operate on: А-чы́мазаҩ д-ҧы́-р-ҟе-ит. *They operated on the sick person.* А-чы́мазаҩ ды-д-ҧ-ха-р-ҟе́-ит. *We got them to operate on the sick person.*

а-ҧҟа́ра [n.] (-қәа) a rule: а-граммáтикатә ҧҟа́ра-қәа *grammatical rules.*

а-ҧны́ [post.] **1.** in front of: Аалӡга а-ҧны́ /а-ҿҧны́ ды-н-хо́-ит. *He/She lives in front of the river Aaljga.*

а-ҧны-заа-ра́ [intr. stat.] [C1-C2-Prev-R / C1-C2-Prev-Neg-R] [C1 live near C2] (**Fin.** [pres.] д-а-ҧн-у́п / д-а-ҧны́-м, [aor.] д-а-ҧны́-н / д-а-ҧны́-мызт, [imper.] б-а-ҧны́-з! / б-а-ҧны́-мыз!; **Non-fin.** [pres.] (C1) и-а-ҧн-у́ / и-а-ҧны́-м; **Abs.** д-а-ҧн-ны́ / д-а-ҧны́-м-кәа) **1.** to live near sth: А-бна д-а-пӡн-ýп. (ARD) *Он/Она живет рядом с лесом. He/She lives near the forest.* А-бна-қәа и-ры-пӡн-ýп. *They live near the forests. Они живут рядом с лесами.*

а-пӡóшьҭа [n.] (-қәа, пӡóшьҭа-к) a post office: А-пӡóшьҭа-хь с-цé-ит. *I went to the post office.*

а-пӡóшьҭатә [adj.] postal.

á-пӡра [n.] (á-пӡра-қәа, пӡра-к) a sail: á-пӡра флы́ка *a sailboat.*

а-пӡ-рá* [intr. stative] [C1-C2-R] (**Fin.** [pres.] и-а-пӡ-ýп / и-а-пӡы́-м) to be introduced (*as a custom*); it is accepted: Ҳарá х-ҿы́ ас и-а-пӡ-ýп. *This is our custom.* и-ш-а-пӡ-ý еипш *according to natural law.*

á-пӡса[1] [n.] (á-пӡса-қәа, пӡса-к) елка, a fir (tree).

á-пӡса[2] [n.] (á-пӡса-қәа, пӡса-к) a pine: á-пӡса-ҭла *a pine tree.*

а-пӡсá [n.] (а-пӡса-қәá) a bayonet.

а-пӡсаá [n.] (а-пӡсаá-қәа) a bird.

á-пӡсаа-ра [intr.] (**Fin.** [pres.] и-пӡсаа-уé-ит (*д-пӡсаа-уе-ит) / и-пӡсаа-уá-м, [aor.] и-пӡсаá-ит / и-м-пӡсаá-ит, [imper.] у-пӡсаá! / у-м-пӡсаá-н!; **Non-fin.** [pres.] (C1) и́-пӡсаа-уа / и́-м-пӡсаа-уа; **Abs.** и-пӡсаа-ны́ / и-м-пӡсаá-кәа) **1.** to become damp/moist: А-қәá ан-а-уы́ á-шьҭахь á-дгьыл пӡсаá-ит. (AAD) *After it rained, the ground got wet.*

а-пӡсаáтә [n.] (-қәа, пӡсаáтә-к) a bird: а-ҩнáтә пӡсаáтә-қәа *domestic(ated)/tame birds, домашние птицы.* Бнáтә пӡсаáтә-с шәарá и́-жә-дыр-уа-зеи? (AFL) *Which wild bird do you know? Какую дикую птицу вы знаете?*

а-пӡсабáра [n.] nature: Аҧсны́ а-пӡсабáра пӡшзó-уп, а-ҳáуа зҩы́до-уп. *The nature of Abkhazia is beautiful and its air is clean.*

а-пӡсабáратә [adj.] natural.

а-пӡсáдгьыл [n.] (-қәа, пӡсáдгьыл-к, ҳа-пӡсáдгьыл) **1.** mother [native] country, one's homeland/motherland. Родина: Аҧсны́ сарá сы-пӡсáдгьыл á-уп (/ó-уп). *Abkhazia is my homeland. Абхазия — моя Родина.* Аҧсны́ áҧсуаа и-ры-пӡсáдгьыл-уп. *Abkhazia is the homeland of Abkazians. Абхазия — Родина абхазцев.* Лы-пӡсáдгьыл бзи́а л-бó-ит. *She loves her home land. Она любит свою Родину.*

а-пӡсáжәа [n.] an empty word: И-шә-ҳәо пӡсáжәо-уп. *What you say is empty.*

а-пӡсакьа-рá [tr.] [C1-C3-R / C1-C3-Neg-R] [C3 scatter C1] (**Fin.** [pres.] и-лы-пӡсаҟьó-ит / и-лы-пӡсаҟьó-м (-пӡсаҟьа-ʒó-м), [aor.] и-лы-пӡсаҟьé-ит / и-лы-м-пӡсаҟьé-ит (-пӡсаҟьа-ʒé-ит), [imper.] и-пӡсаҟьá! / и-бы-м-пӡсаҟьá-н!, и-шәы-пӡсаҟьá! / и-шәы-м-пӡсаҟьá-н!; **Non-fin.** [pres.] (C1) и́-лы-пӡсаҟьо / и́-лы-м-пӡсаҟьо, (C3) и-зы-пӡсаҟьó / и-зы-м-пӡсаҟьó, [aor.] (C1) и́-лы-пӡсаҟьа / и́-лы-м-пӡсаҟьа, (C3) и-зы-пӡсаҟьá / и-зы-м-пӡсаҟьá, [impf.] (C1) и́-лы-пӡсаҟьо-з / и́-лы-м-пӡсаҟьо-з, (C3) и-зы-пӡсаҟьó-з / и-зы-м-пӡсаҟьó-з, [past indef.] (C1) и́-лы-пӡсаҟьа-з / и́-лы-м-пӡсаҟьа-з, (C3) и-зы-пӡсаҟьá-з / и-зы-м-пӡсаҟьá-з; **Abs.** и-пӡсаҟьа-ны́ / и-м(ы)-пӡсаҟьá-кәа) **1.** to winnow (*grain*): А-ҳәса-қәа а-ҟәы́д ры-пӡсаҟьé-ит. (AAD) *The women winnowed the haricot beans. Женщины провеяли фасоль.*

á-пӡсара [n.] a fir grove.

а-пӡса-рá [intr.] [stative] [C1-C2-R] [C1 cost C2; C1 be worth C2] (**Fin.** [pres.] и-а-пӡсó-уп / и-а-пӡсá-м, [past] и-а-пӡсá-н / и-а-пӡсá-мызт; **Non-fin.** [pres.] (C1) и-а-пӡсó-у / и-а-пӡсá-м, (C2) и-з-пӡсó-у / и-а-пӡсá-м, [past] (C1) и-а-пӡсá-з / и-а-пӡсá-мыз, (C2) и-з-пӡсá-з / и-а-пӡсá-мыз; **Abs.** и-а-пӡса-ны́ / и-а-пӡсá-м-кәа) **1.** to cost: жәа-маáҭ-к и-а-пӡсó-у (= зы-пӡсó-у) а-шәҟәы́ (ACST) *a 10-rouble book.* Заҟá и-а-пӡсó-(зе)и? *How much is it?* А-уáда зы-пӡсó-и? *How much is the room? Сколько стоит номер?* А-ҵкы́ шә-маáҭ-к и-а-пӡсó-уп. *The dress costs 100 rubles.* Шаҟá и-а-пӡсó-и а-шәҟәы́? *How much does this book cost?* А-шәҟәы́ а-пӡсó-уп жәа-маáҭ-к. *The book costs 10 rubles.* Шаҟá и-а-пӡсó-у-зеи абри́ а-ҵкы́ ҩéижь? (AFL) *How much does this yellow dress cost? Сколько стоит это желтое платье?* Шаҟá маáҭ и-а-пӡсó-у-зеи? *How many rubles is it?* Шьыбжьхьá аӡә ихәы́ а-пӡсá-н хә-маа́ҭ-к. *The lunch cost 5 rubles per person. Обед на одного человека стоил пять рублей.* **2.** to be worth: Ари́ а́-чкәын акгъы́ д-а-ҧса́-м. (ARD) *This boy is a good-for-nothing.* Аҧсуаа р-зы егьа́ бзи́ара х-зы́-ҟа-тца-ргьы и-а-ҧсо́-уп. (AF) *Whatever kindness we can do for the Abkhazians, they are worth it.* || **акы́р и-а-ҧсо́-у** dear: А-кы́р иаҧсо́у а-ҩы́з-цәа! *Dear friends!*

а-ҧса-ра́ [tr.] *see* **а́-ҧсса-ра**

а-ҧса-ха-ра́ [intr.] [C1-C2(its)-price-become] (**Fin.** [pres.] д-а-ҧса-хо́-ит / д-а-ҧса-хо́-м, [aor.] и-а-ҧса-хе́-ит / и-а-ҧса́-м-хе-ит) **1.** to become worthy: Д-а-ҧса-хе́-ит. *He became a worthy person. Он стал достойным человеком.* Д-а-ҧса-ӡа́-м-ха-зар-гьы сы-з-ды́р-уа-м. (AF) *I don't even know if she has turned out to be utterly worthless.*

а́-ҧсах-ра [tr.] [C1-C3-R / C1-C3-Neg-R] [C3 change C1] (**Fin.** [pres.] и-лы-ҧса́х-уе-ит, и-а́-ҧсах-уе-ит / и-лы-ҧса́х-уа-м (-ҧса́х-ӡо-м), [aor.] и-лы-ҧса́х-ит / и-лы-м-ҧса́х-ит (-ҧса́х-ӡе-ит), [imper.] и-ҧса́х! / и-бы-м-ҧса́хы-н!, и-шәы-ҧса́х! / и-шәы-м-ҧса́хы-н!; **Non-fin.** [pres.] (C1) и́-лы-ҧсах-уа (*то/тот, которое/-ого она меняет*) / и́-лы-м-ҧсах-уа, (C3) и-зы-ҧса́х-уа (*тот, который меняет его(нрз.)/их*), д-зы-ҧса́х-уа / и-зы-м-ҧса́х-уа, д-зы-м-ҧса́х-уа, [aor.] (C1) и́-лы-ҧсах / и́-лы-м-ҧсах, (C3) и-зы-ҧса́х, д-зы-ҧса́х-уа / и-зы-м-ҧса́х, д-зы-м-ҧса́х, [impf.] (C1) и́-лы-ҧсах-уа-з / и́-лы-м-ҧсах-уа-з, (C3) и-зы-ҧса́х-уа-з, д-зы-ҧса́х-уа-з / и-зы-м-ҧса́х-уа-з, д-зы-м-ҧса́х-уа-з, [past indef.] (C1) и́-лы-ҧсахы-з / и́-лы-м-ҧсахы-з, (C3) и-зы-ҧса́хы-з, д-зы-ҧса́хы-з / и-зы-м-ҧса́хы-з, д-зы-м-ҧса́хы-з; **Abs.** и-ҧса́х-ны / и-м-ҧса́х-кәа) **1.** to change; to replace: Ри́тца а-ҧштәы́ а́-ҧсах-уа-н. *Lake Rits'a was changing its color.* А-ҟаруы́л д-сы-ҧса́х-ит. *I changed the sentry. Я сменил часового.* А-ҟаруы́л-цәа ха-ҧса́х-ит. *We changed the sentries. Мы сменили часовых.* Уи́ и́-маҭәа-кәа и-ҧса́х-ит. (AAD) *He changed his clothes. Он сменил одежду.* а-мета́лл мҿы́-ла а́-ҧсахра *to replace metal with wood, заменить металл деревом.* А-ҧа́раеиҭныҧсахларта-ҿы шәара́ а-ҧа́ра шәы-ҧса́хы-рц шәы́-л-шо-ит. (IC) *В пункте обмена денег вы можете обменять деньги. You can exchange money at the money exchange office.* Уи и-нха́рҭаҭыҧ и-ҧса́х-ит. *He moved.* [lit. *He changed his residence.*] *Он переехал.* **2.** to betray: а-ҧса́дгьыл а́-ҧсахра *to betray the homeland, изменить Родине.* [cf. **а́иҭны-ҧсахла-ра** "to exchange"]

а-ҧса́х-ра [tr.] [C1-C3-R / C1-C3-Neg-R] [C3 borrow C1] (**Fin.** [pres.] и-лы-ҧса́х-уе-ит / и-лы-ҧса́х-уа-м (-ҧса́х-ӡо-м), [aor.] и-лы-ҧса́х-ит / и-лы-м-ҧса́х-ит (-ҧса́х-ӡе-ит), [imper.] и-ҧса́х! / и-бы-м-ҧса́хы-н!, и-шәы-ҧса́х! / и-шәы-м-ҧса́хы-н!; **Non-fin.** [pres.] (C1) и́-лы-ҧсах-уа / и́-лы-м-ҧсах-уа, (C3) и-зы-ҧса́х-уа / и-зы-м-ҧса́х-уа, [aor.] (C1) и́-лы-ҧсах / и́-лы-м-ҧсах, (C3) и-зы-ҧса́х / и-зы-м-ҧса́х, [impf.] (C1) и́-лы-ҧсах-уа-з / и́-лы-м-ҧсах-уа-з, (C3) и-зы-ҧса́х-уа-з / и-зы-м-ҧса́х-уа-з, [past indef.] (C1) и́-лы-ҧсахы-з / и́-лы-м-ҧсахы-з, (C3) и-зы-ҧса́хы-з / и-зы-м-ҧса́хы-з; **Abs.** и-ҧса́х-ны / и-м-ҧса́х-кәа) **1.** to borrow: Уи́ а-ҧа́ра и-ҧса́х-ит. (AAD) *He borrowed money. Он занял деньги.* Шә-маа́ҭ-к сы-ҧса́х-ит. *I borrowed 100 rubles. Я занял сто рублей.* [cf. **а́-м-ҧсах-ра** "to borrow sth from sb," **а́-р-ҧсах-ра** [tr.] "to lend"]

а́-ҧсахҩы [n.] а́-ҧсахҩ-цәа, ҧса́хҩы-к) a traitor: а-ҧса́дгьыл а́-ҧсахҩы *a traitor of the homeland.*

а́ҧсацәа [n.] (pl.) (individual) Abkhazians. [< а́ҧсуа]

а-ҧса́тцла [n.] (-кәа) a pine-tree.

а́-ҧслымз [n.] (-кәа, ҧслымӡы́-к) sand: а-хьтәы́ ҧслы́мӡ *gold dust.*

а́-ҧслымӡра [n.] sandy soil.

Аҧсны́ [n.] [cf. **а-ҧсы́** "soul"] Abkhazia. Абхазия: с-Аҧсны́/с-ҧсны́ *my Abkhazia* (See Hewitt, AF:86). х-Аҧсны́ *our Abkhazia, наша Абхазия.* Аҧсны́-ҟа *to Abkhazia.* Аҧсны́-нтәи *from Abkhazia.* Аҧсны́ сы́-ҟа-н. *I was in Abkhazia.* Ҭыркәтәы́ла-нтәи Аҧсны́ с-аа́-ит. *I arrived in Abkhazia from Turkey. Я приехал в Абхазию из Турции.* Аҧсны́ сара́ сы-ԥсáдгьыл á-уп. *Abkhazia is my homeland. Абхазия — моя Родина.* Аԥсны́ лассы́-лассы а-ќуá а-у-é-ит. (ANR) *In Abkhazia it often rains.* Нáрҭаа Аԥсны́ и-н-хó-н. *The Narts lived in Abkhazia. Нарты жили в Абхазии.* Аԥсуаа Аԥсны́ и-н-хó-ит. *Abkhaz live in Abkhazia. Абхазцы живут в Абхазии.*

Аԥсны́тәи [adj.] Abkhazian: Аԥсны́тәи а-ҳәынҭќáрратә университéт *Abkhaz(ian) State University.*

Ԥсóу [place name]

а-ԥсрá[1] [n.] (а-ԥсра-ќәá) death: а-ԥсрá а-цәнырхарá *to save from death.* А-ԥсрá а-цәы́-м-шәара. *Don't be afraid of death.*

а-ԥс-рá[2] **(1)** [intr.] [stative] [C1-R] [C1 be dead] (**Fin.** [pres.] ды-ԥс-у́п / ды-ԥсы́-м, [past] ды-ԥсы́-н / ды-ԥсы́-мызт, [imper.] бы-ԥсы́-з! / бы-ԥсы́-мыз!; **Non-fin.** [pres.] (C1) и-ԥс-у́ / и-ԥсы́-м, [past] и-ԥсы́-з / и-ԥсы́-мыз; **Abs.** ды-ԥс-ны́ / ды-ԥсы́-м-кәа i.e. "fact" *or* ды-м-ԥсы́-кәа i.e. "nobody survived") **1.** to be dead: ды-ԥс-у́п *he is dead.* ды-м-ԥсы́-кәа ды-нхá-р, (...). *if he/she remains alive, (...).* **(2)** [intr.] [dynamic] [C1-R / C1-Neg-R] [C1 die] (**Fin.** [pres.] ды-ԥс-уé-ит, ҳа-ԥс-уé-ит / ды-ԥс-уá-м, [aor.] ды-ԥс-и́т / ды-м-ԥс-и́т, [fut.1] ды-ԥсы́-п / ды-ԥс-ры́м, [fut.2] ды-ԥсы́-шт / ды-ԥсы́-шам, [perf.] ды-ԥс-хьéит / ды-м-ԥсы́-ц(т), [impf.] ды-ԥс-уá-н / ды-ԥс-уá-мызт, [past indef.] ды-ԥсы́-н / ды-м-ԥсы́-зт, [cond.1] ды-ԥс-ры́н / ды-ԥс-ры́мызт, [cond.2] ды-ԥсы́-шан / ды-ԥсы́-шамызт, [plupf.] ды-ԥс-хьáн / ды-м-ԥсы́-цызт, [imper.] бы-ԥсы́! / бы-м-ԥсы́-н!, шәы-ԥсы́! / шәы-м-ԥсы́-н!; **Non-fin.** (C1) [pres.] и-ԥс-уá / и́-м-ԥс-уа, [aor.] и-ԥсы́ / и́-м-ԥс, [fut.1] и-ԥс-рá / и́-м-ԥс-ра, [fut.2] и-ԥсы́-ша / и́-м-ԥс-ша, [perf.] и-ԥс-хьóу (-хьá(ц)) / и́-м-ԥс-хьоу (-хьа(ц)), [impf.] и-ԥс-уá-з / и́-м-ԥс-уа-з, [past indef.] и-ԥсы́-з / и́-м-ԥсы-з, [cond.1] и-ԥс-ры́-з / и́-м-ԥс-ры-з, [cond.2] и-ԥсы́-ша-з / и́-м-ԥсы-ша-з, [plupf.] и-ԥс-хьá-з / и́-м-ԥс-хьа-з; **Abs.** ды-ԥс-ны́ / ды-м-ԥсы́-кәа) **1.** to die: ды-ԥс-уé-ит *he/she is dying, он/она умирает, he/she will die, он/она умрет.* ды-ԥс-и́т *he/she died, он/она умер/-ла.* д-лы-р-ԥс-уé-ит *she is making him/her die, она заставляет его/ее умереть.* Сарá с-абду́ ды-ԥс-хьé-ит. (AFL) *My grandfather has already died. Мой дедушка уже умер.* Сарá а-ҩны́-ќа с-ан-хын-ҳәы́ с-абду́ ды-ԥс-хьá-н. *When I returned home, my grandfather had already died. Когда я вернулся домой, мой дедушка уже умер.* Сарá а-ҩны́-ќа с-ан-хын-ҳәы́ с-абду́ а-ԥс-рá д-а-ҿы́-н. (= ды-ԥс-уá-н.) *When I returned home, my grandfather was dying. Когда я вернулся домой, мой дедушка умирал.* Ҩы́нҩажәижәа-ба шы́ќәса ды-м-ԥс-ра-ны́ ды́-ќо-уп. (AF) *He/She is not destined to die for 50 years.* **2.** to meet death by reason of: á-мла/а-ӡбá/á-хьҭа/а-шóура сы-ԥс-уé-ит (ACST) *I am dying of hunger/thirst/cold/ heat.* Сарá сы-ԥхашьа-ны́ сы-ԥс-уé-ит. *I am dying of shame. Я умираю от стыда.* **3.** to go out.

á-ԥсса-ра [tr.] [C1-C3-R / C1-C3-Neg-R] [C3 sweep C1] (**Fin.** [pres.] и-л(ы)-ԥссó-ит, и-ҳа-ԥссó-ит / и-л-ԥссó-м (-ԥсса-ӡó-м), [aor.] и-л(ы)-ԥссé-ит / и-лы-м-ԥссé-ит (-ԥсса-ӡé-ит), [imper.] и-ԥссá! / и-бы-м-ԥссá-н!, и-шә-ԥссá! / и-шәы-м-ԥссá-н!; **Non-fin.** [pres.] (C1) и́-л(ы)-ԥссо / и́-лы-м-ԥссо, (C3) и-з(ы)-ԥссó / и-зы-м-ԥссó, [aor.] (C1) и́-л(ы)-ԥсса / и́-лы-м-ԥсса, (C3) и-з(ы)-ԥссá / и-зы-м-ԥссá, [impf.] (C1) и́-л(ы)-ԥссо-з / и́-лы-м-ԥссо-з, (C3) и-з(ы)- ԥссó-з / и-зы-м-ԥссó-з, [past indef.] (C1) и́-л(ы)-ԥсса-з / и́-лы-м-ԥсса-з, (C3) и-з(ы)-ԥссá-з / и-зы-м-ԥссá-з; **Abs.** и-ԥсса-ны́ / и-м-ԥссá-кәа) **1.** (= **а-ԥса-рá**) to sweep: А-ԥҳәы́зба а-ҩны́ л(ы)-ԥссé-ит. (ABD) *The girl swept the house. Девушка подмела дом.*

а-ԥстәы́ [n.] (а-ԥстә-ќәá, а-ԥстә-ќәа-гьы́, ԥстәы́-к) **1.** an animal: а-бнáтә ԥстә-ќәá *wild animals, дикие животные.* а-ҩнáтә ԥстә-ќәá *domestic(ated) animals.* а-ԥстә-ќәá р-парк *zoological gardens.* А-хышьцәа ҩнáтә ԥстәы́-с á-шьха и-кá-р-цо-зеи? *What kind of domestic(ated) animals are the herdsmen driving away to the mountain?* **2.** a mamal.

á-ԥсҭа [n.] (á-ԥсҭа-кәа, ԥсҭá-к) a ravine, a gorge.

á-ԥсҭҳәа [n.] (á-ԥсҭҳәа-кәа, ԥсҭҳәа-к) cloud; (storm) cloud.

а-ҧсҭа́заара [n.] **1.** life**:** Сара́ с-абду́ и-ҧсҭа́заара д-а́-л-тц-хье-ит. (AFL) *My grandfather has already died. Мой дедушка уже умер.* И-ҧсҭа́заара д-а́-лы-р-х-ит. *They killed him. Его убили.* **2.** a life, existence**:** а-ҧсҭа́заара бзи́а *a good life, хорошая жизнь.* Лы-ҧсҭа́заара еила́-з/с-ге-ит. *I disturbed her life. Я нарушил ее жизнь.*

а́ҧсуа /ápsəwa/ **1.** [n.] (ҧсы́уа-к) (pl. а́ҧсуаа "(*of race*) the Abkhazians"; а́ҧса-цәа "(individual) Abkhazians") an Abkhazian. абхазец**:** а́ҧсуа ҧҳәы́с *Abkhazian woman, абхазка.* Ҧсы́уа и-а́дгьыл а-ҿы́ *at an Abkhazian's place.* Бара́ б-ха́ҵа д-аҧсы́уо-у-ма? *Is your husband an Abkhazian?* Сара́ с-аҧсы́уо-уп. *I am an Abkhazian.* Ҳа-ҧса-цәо́-уп. *We are Abkhazians.* Сара́ с-аҧсы́уа-ха-р с-ҭахы́-уп. *I want to become an Abkhazian.* Сара́ с-аҧсы́-уа-ны сы-ҟа-за-р с-ҭахы́-уп. *I want to be an Abkhazian.* Аҧсуаа Аҧсны́ и-н-хо́-ит. *The Abkhazians live in Abkhazia. Абхазцы живут в Абхазии.* **2.** [abj.] Abkhazian**:** а́ҧсуа бызшәа́ *Abkhaz, the Abkhaz language.* а́ҧсуа маҭәа́ *Abkhazian clothes.* а́ҧсуа жәаҧҟа́ *an Abkhazian proverb.*

а́ҧсуара [n.] the character of the Abkhazians; the Abkhazian racial characteristics.

а́ҧсуаа (pl.) *see* **а́ҧсуа** (sg.)

а-ҧсхәы́ [n.] || **а-ҧсхәы́ р-у-и́т** *they conducted a wake.*

а́-ҧсхәра́ [n.] funeral repast.

аҧсҳа́ [n.] (*obsolete*) the prince of Abkhazia.

ҧсҳәаа [n.] (pl.) one of the Abkhazian tribes.

а-ҧсцәаҳа [n.] (*mythology*) the God of death; the Prince of the Dead.

а-ҧсшьа́ра[1] [n.] rest, holiday; leave**:** а-ҧсшьара́ а́иура *to receive a leave.* а-ҧсшьара́ мшы *a day of rest.* А-ҧсшьара́ а-мш а-ҽны́ уара́ у-анба-гы́ло-и? *When do you get up on a day off? Когда ты встаешь в выходной день?* || **ҧсшьара́ а́-ка-заа-ра** to be at rest**:** Сара́ ҧсшьара́ сы-ҟа-н. *I was at rest.* || **ҧсшьара́ а-ца-ра́** to go on holiday**:** Сара́ ҧсшьара́ с-цо́-ит. *I am going on holiday.*

а-ҧс-шьа́-ра[2] [tr.] [Poss-ҧсы́ C3-R / Poss-ҧсы́ C3-Neg-R] [C3 take a rest] (cf. **а-ҧсы́**) (**Fin.** [pres.] лы-ҧсы́ л-шьо́-ит (*она отдыхает*), ҳа-ҧсы́ ҳ-шьо́-ит (*мы отдыхаем*) / ҳа-ҧсы́ ҳ-шьо́-м, [aor.] сы-ҧсы́ с-шье́-ит; [imper.] у-ҧсы́ у-шьа-п; **Non-fin.** [pres.] (C3) зы-ҧсы́ з-шьо́ / зы-ҧсы́ зы-м-шьо́, [aor.] (C3) зы-ҧсы́ з-шьа́ / зы-ҧсы́ зы-м-шьа́, [fut.1] (C3) зы-ҧсы́ з-шьа-ра́ / зы-ҧсы́ зы-м-шьа-ра́, [fut.2] (C3) зы-ҧсы́ з-шьа́-ша / зы-ҧсы́ зы-м-шьа́-ша, [perf.] (C3) зы-ҧсы́ з-шьа-хьо́у (-хьа́(ц)) / зы-ҧсы́ зы-м-шьа-хьо́у (-хьа́(ц)), [impf.] (C3) зы-ҧсы́ з-шьо́-з / зы-ҧсы́ зы-м-шьо́-з, [past indef.] (C3) зы-ҧсы́ з-шьа́-з / зы-ҧсы́ зы-м-шьа́-з, [cond.1] (C3) зы-ҧсы́ з-шьа-ры́-з / зы-ҧсы́ зы-м-шьа-ры́-з, [cond.2] (C3) зы-ҧсы́ з-шьа́-ша-з / зы-ҧсы́ зы-м-шьа́-ша-з, [plupf.] (C3) зы-ҧсы́ з-шьа-хьа́-з / зы-ҧсы́ зы-м-шьа-хьа́-з; **Abs.** лы-ҧсы́ шьа-ны́ / лы-ҧсы́ лы-м-шьа́-кәа) **1.** to take a rest, to be resting**:** а-у́сура а́-шьтахь а-ҧсшьара́ *to take a rest after work, отдохнуть после работы.* Зы-ҧсы́ з-шьо́-да? *Who is resting? Кто отдыхает?* Зы-ҧсы́ з-шьа́-да? *Who took a rest?* Уара́ шаҟа́ мшы́ у-ҧсы́ у-шьо́-зеи? *How many days are you taking a rest? Сколько дней ты отдыхаешь?* А-са́бше-и а-мҽы́ше-и ҧсшьара́ мш-кәо́-уп. (AFL) *Saturday and Sunday are days off. В субботу и в воскресенье выходные дни.*

а-ҧсшьа́рҭа [n.] (-қәа) a place for a rest/holiday**:** а-ҧсшьа́рҭа ҩны́ *a home of rest, дом отдыха.* Гудо́ута ҧсшьа́рҭа ҭы́ҧ-уп. (ANR) *Gudauta is a place for taking a rest.* Ҳара́ а-ҧсшьа́рҭа ҩн-а-ҿы́ ҳа-н-хо́-н. (AFL) *We used to live in a rest home. Мы жили в доме отдыха.*

а́ҧсшәа [n.] (= **а́ҧсуа бызшәа́**) **1.** Abkhaz, the Abkhaz language**:** а-ҧсы́шәа цқьа́-ла и-у-ҳәо́-зар, (...). *if you speak in clear Abkhaz, (...).* **2.** greeting, salutation. || **а́ҧсшәа и-а́-с-ҳәе-ит** I exchanged greetings with him, я поздоровался с ним**:** Аҧсшәа с-е́-и-ҳәе-ит. *He and I exchanged greetings. Он со мной поздоровался.* Аҧсшәа еиба́-ҳ-ҳәе-ит / ааиба́-ҳ-ҳәе-ит. *We exchanged greetings with each other. Мы поздоровались друг с другом.* Аҧсшәа еибы́-р-ҳәе-ит. *They exchanged greetings with each other. Они поздоровались друг с другом.*

а́-ҧсшәаҳәара[1] [n.] greeting.

а́-ҧсшәа-ҳәа-ра[2] [tr.] [N C2-a-C3-R / N C2-a-C3-Neg-R] [C3 exchange greetings with C2] (**Fin.** [pres.] а́-ҧсшәа л-а́-с-ҳәо-ит / а́-ҧсшәа л-а́-с-ҳәо-м, [aor.] а́-ҧсшәа л-а́-с-ҳәе-ит / а́-ҧсшәа л-а́-сы-м-ҳәе-ит, [imper.] а́-ҧсшәа л-а́-ҳәа! / а́-ҧсшәа л-а́-бы-м-ҳәа-н!; **Non-fin.** [pres.] (C2) а́-ҧсшәа з-а́-с-ҳәо / а́-ҧсшәа з-а́-сы-м-ҳәо, (C3) а́-ҧсшәа л-а́-з-ҳәо / а́-ҧсшәа л-а́-зы-м-ҳәо; **Abs.** а́-ҧсшәа л-а́-ҳәа-ны (*or* а́-ҧсшәа ҳәа-ны́) / а́-ҧсшәа л-а́-м-ҳәа-кәа (*or* а́-ҧсшәа м-ҳәа́-кәа)) **1.** to greet/exchange greetings with sb**:** инапы́ аанкы́ланы а́-ҧсшәа а-ҳәара́ *to shake hands, здороваться за руку.* А-ҧсшәа л-а́-с-ҳәо-ит. *I exchange greetings with her. Я здороваюсь с ней.* [cf. **а-сала́м-ҭа-ра** "to greet"]

а-ҧсы́ [n.] **1.** (а-ҧс-кәа́, сы-ҧсы́, ҳа-ҧс-кәа́, ҧсы́-к, ҧс-кәа́-к) a soul, a spirit**:** Уара́ у-анду́ лы-ҧсы́ ҭо́-у-ма? *Is your grandmother alive?* Сара́ с-абду́ и-ҧсы́ ҭа-ӡа́-м. (AFL) *My grandfather is already dead.* Сы-ҧсы́ сы́-лышәшәо-ит. *I feel bad.* Лы-ҧсы́ лы́-лышәшәе-ит. *She became ill.* || **а-ҧсы́ а-шьа-ра́** (= **а-ҧсшьа́-ра**) to take a rest**:** Ры-ҧсы́ р-шьо́-ит. (ANR) *They take their rest.* Шьыбжьо́н ҳа-ҧсы́ ҳ-шьо́-ит. *We are taking a rest at lunch. В обед мы отдыхаем.* Сара́ есҧхынра́ Џьгьа́рда сы-ҧсы́ с-шьо́-ит. (AFL) *I take a holiday in Dzhgjarda every summer. Я отдыхаю в Здьгьарде каждое лето.* **2.** (а-ҧс-цәа́, ҧсы́-к) the deceased; a corpse, a dead man. || **гәы́к-ҧсы́кала** with all the heart. || **а-ҧсы́ а-хы́ҵ-ра** to breathe one's last**:** А-дау́ уа и-ҧсы́ аа-и-хы́ҵы-н, а́гуараҳәа ды-л-ка́ҳа-ит. (Ab.Text) *The moment the ogre breathed his last there, he fell in a heap.* || **а-ҧсы́ а-ҭа́ла-ра** to revive, to be revived, to come (back) to life**:** Даҽа-зны́к д-и́-сы-р, а-дау́ и-ҧсы́ ҭа́ло-заап. (Ab.Text) *If he hits him (= the ogre) once again, the ogre will be revived.* || **и-ҧсы́ ан-ҭа́-з** when he was alive. || **и-ҧсы́ ҭа-ны́** д-аа́-ит he returned alive. || **а-ҧсы́ а-хы́-х-ра** (= **а-ргәа́к-ра**) to torment, to worry**:** Уи ҳа-ҧсы́ ҳ-хы́-л-х-ит. *She tormented us. Она нас измучила.*

а-ҧсы́жра [n.] **1.** burial. **2.** a funeral. [< а-ҧсы́ + а-жра́]

ҧсызхо́у [adj.] (-кәа) animate**:** «Ҳара́ ҳа́-да уа́ҳа ҧсызхо́у да́рбану?!» ҳәа аку́-н и-шы́-ҟа-з. (Ab.Text) *"What is alive apart from us?!" they said, and (so) they lived.*

а-ҧсы́ӡ [n.] (а-ҧсы́ӡ-кәа, ҧсы́ӡ-к, сы-ҧсы́ӡ) **1.** fish**:** а-ҧсы́ӡ а-рыцкьара *to scale a fish, очистить рыбу.* Аӡи́ас а-ҧсы́ӡ ҭа́-н. *The fish was in the river. В реке находилась рыба.* А-ҧсы́ӡ ҭо-уп. (ANR) *There are fish.* А-хәыч-кәа́ а-ӡ-аҟны́ а-ҧсы́ӡ р-к-уе́-ит. (AFL) *The children are fishing by the water. Дети у воды ловят рыбу.* Уара́ а-ҧсы́ӡ у-к-уа́-ма? *Do you fish?*

а-ҧсы́ӡ-к-ра[1] (< а-ҧсы́ӡ а-к-ра́) **(1)** [tr.] [a-N-C3-R / a-N-C3-Neg-R] [C3 catch a fish] (**Fin.** [pres.] а-ҧсы́ӡ-с-к-уе́-ит / а-ҧсы́ӡ-с-к-уа́-м, [aor.] а-ҧсы́ӡ-с-к-и́т / а-ҧсы́ӡ-сы-м-к-и́т, [imper.] а-ҧсы́ӡ-кы! / а-ҧсы́ӡ-бы-м-кы́-н!, а-ҧсы́ӡ-шә-кы! / а-ҧсы́ӡ-шәы-м-кы́-н!, [caus.] а-ҧсы́ӡ-д-лы-р-к-и́т / а-ҧсы́ӡ-ды-л-мы-р-к-и́т; **Non-fin.** [pres.] (C3) а-ҧсы́ӡ-з-к-уа́ / а-ҧсы́ӡ-зы-м-к-уа́, [aor.] (C3) а-ҧсы́ӡ-з-кы́ / а-ҧсы́ӡ-зы-м-кы́, [impf.] (C3) а-ҧсы́ӡ-з-к-уа́-з / а-ҧсы́ӡ-зы-м-к-уа́-з, [past indef.] (C3) а-ҧсы́ӡ-з-кы́-з / а-ҧсы́ӡ-зы-м-кы́-з; **Abs.** а-ҧсы́ӡ-к-ны́ / а-ҧсы́ӡ-м-кы́-кәа) **1.** to catch a fish**:** Лара́ а-ҧсыӡ-л-к-и́т. *She caught a fish. Она поймала рыбу.* Ҧсы́ӡкра Хы́ҧсҭа и-аа́-ит. (ANR) *They came to the [river] Xypsta to fish.* **(2)** [intr.] to fish (as an occupation)**:** Лара́ ды-ҧсы́ӡ-к-ит. *She was fishing. Она рыбачила.*

а-ҧсы́ӡкра[2] [n.] fishing.

а-ҧсы́ӡкыга [n.] (-кәа, ҧсы́ӡкыга-к) fishing tackle, an instrument for fishing.

а-ҧсы́ӡкҩы [n.] (а-ҧсы́ӡкҩ-цәа) a fisherman.

а-ҧсы́ӡтә [adj.] of fish**:** а-ҧсы́ӡтә шша *fish oil.*

Аҧсынра́ [n.] the Land of the Abkhazians.

Аҧсынтәы́ла [adv.] in Abkhazia**:** А-ча́ Аҧсынтәы́ла а́-хә цәгьо́-уп. (AFL) *The cost of bread* *is expensive in Abkhazia. Цена хлеба в Абхазии дорогая.*

а-ҧсынтцры́ [n.] **1.** a lifespan. **2.** (*mode of address*) darling**:** бара́ сы-ҧсынтцры́! *you, my darling!* || У-ҧсынтцры́ ду́-ха-аит! *Long may you live!* У-ҧсынтцры́ бзи́а-ха-аит! *May you lead a happy life!*

а-ҧсы́ҧ [n.] breath**:** И-ҧсы́ҧ ла́-и-га ҩе́-и-го-ит. *He are breathing.*

а-ҧсы́рҭа [n.] (-қәа) **1.** a place of death. **2.** a vital spot.

а-ҧсы́хәа 1. *expressing possibility, means***:** И-ҧхы́хәо-у-зе? *What is to be done with him? Что с ним делать?* Ҧсы́хуа-с и-а́-х-ҭа-ра ҳа-з-ды́р-ам. (Ab.Text) *We don't know what is possible for us to do. Мы не знаем, что нам возможно сделать.* Уажәшьҭа́ и-шҧа-ха-ҧсы́хуо-у? (Ab.Text) *How are we to do it/them now?* || **ҧхы́хәа зла́-мо-у а́-ла** as far as possible. || **-р (а́-да) ҧсы́хәа [сы́-ма-мызт]** ... [I had] no possibility but to *do***:** И-сы-м-шьы́-р а́-да ҧсы́хәа с-м-оу-зт, и-с-шь-и́т. (ACST) *I had no option but to kill it/them, and I killed it/them.* **2.** *expressing help, aid, assistance***:** И-сы-ҧсы́хәо-у-зеи? (Ab.Text) *What will help me?* И-р-ҧхы́хәе-и? (AAD) *What will help them?* Ҧсы́хәа сы́-шә-ҭ! (Ab.Text) *Help me!* Ҧсы́хәа аны-р-з-а́-м-ҭа, А-нцәа́ и-хаҭа́ д-не́и-н, а-х-қәа́ иара́ и-р-ха-и-ргы́л-т. (AF) *When they could not find the means, God himself went and set the heads on top of them.*

аҧсы́шәала [adv.] in Abkhaz**:** И-ры́-хьӡ-у-зеи у́рҭ аҧсы́шәала? (AFL) *What are they called in Abkhaz? Как они называются по-абхазски?*

а́-ҧҭа [n.] (а́-ҧҭа-қәа, ҧҭа́-к, ҧҭа-қәа́-к) a cloud**:** А-ҧҭа-қәа а́-жәҩан хы́-р-ҩе-ит. (RAD) *Тучи закрыли небо. The storm clouds covered the sky.* А-ҧҭа-қәа а́-жәҩан ҭа́-р-ҳәҳәе-ит. *Storm clouds enveloped the sky. Тучи обложили небо.*

аҧҭе́ка [n.] (-қәа, аҧҭе́ка-к) a drugstore, a chemist's (shop), a pharmacy. аптека**:** Мура́ҭ и-ҩы́за аҧҭе́ка-хь д-це́-ит. *Murat's friend went to the drugstore. Друг Мурата пошел в аптеку.* [> **аҧҭе́катә** [adj.]]

а-ҧу́ҭ [n.] (Tsarist Russian measure of weight) pood (= 16.38 kg). пуд**:** шә-ҧу́ҭ-к *100 poods.*

а-ҧха́ [adj.] warm**:** И-с-шәы́-з а-па́лта ҧха с-шәы́-с-х-ит. *I took off the warm coat which I had been wearing.*

а-ҧха-заа-ра́ [intr. ststive] [C1-R] (**Fin.** [pres.] и-ҧхо́-уп / и-ҧха́-м) **1.** to be warm**:** А-уа́да ҧхо́-уп. *The room is warm.*

а-ҧха́л [n.] (-қәа, сы-ҧха́л, ҧхал-к) a pitcher.

а-ҧ-ха-ра́[1] [intr. inverse] [C1-C2-Prev-R / C1-C2-Prev-Neg-R] [C2 lose C1, (*lit.* C2 be bereaved C1)] (**Fin.** [pres.] б-сы-ҧ-хо́-ит / б-сы-ҧ-хо́-м (-ҧха-ӡо́-м), [aor.] б-сы-ҧ-хе́-ит, и-а-ҧ-хе́-ит (*он умер*) / б-сы-ҧы-м-хе́-ит (-ха-ӡе́-ит), и-а-ҧы-м-хе́-ит (-ха-ӡе́-ит), [imper.] б-а-ҧ-ха́! / б-а-ҧы́-м-ха-н!, шә-а-ҧха́! / шә-а-ҧы́-м-ха-н!; **Non-fin.** [pres.] (C1) и-лы-ҧ-хо́ / и-л-ҧы́-м-хо, (C2) д-зы-ҧ-хо́ / ды-з-ҧы́-м-хо, [aor.] (C1) и-лы-ҧ-ха́ / и-л-ҧы́-м-ха, (C2) д-зы-ҧ-ха́ / ды-з-ҧы́-м-ха, [impf.] (C1) и-лы-ҧ-хо́-з / и-л-ҧы́-м-хо-з, (C2) д-зы-ҧ-хо́-з / ды-з-ҧы́-м-хо-з, [past indef.] (C1) и-лы-ҧ-ха́-з / и-л-ҧы́-м-ха-з, (C2) д-зы-ҧ-ха́-з / ды-з-ҧы́-м-ха-з; **Abs.** б-сы-ҧ-ха-ны́ / бы-с-ҧы́-м-ха-кәа) **1.** to lose, to be deprived of**:** б-сы-ҧхе́-ит *I lost you, я потерял тебя; you died, ты умерла.* с-а-ҧ-хе́-ит *I died, я умер; I went away, я ушел.* А-хәч-қәа́ р-аб д-ры-ҧ-хе́-ит. *The children lost their father. Дети лишились отца.*

а-ҧха-ра́[2] [intr.] [C1-R / C1-Neg-R] [C1 shine] (**Fin.** [pres.] ды-ҧхо́-ит / ды-ҧхо́-м, [aor.] ды-ҧхе́-ит / ды-м-ҧхе́-ит, [fut.1] ды-ҧха́-п / ды-ҧха-ры́м, [fut.2] ды-ҧха́-шт / ды-ҧха́-шам, [perf.] ды-ҧха-хье́ит / ды-м-ҧха́-ц(т), [impf.] ды-ҧхо́-н / ды-ҧхо́-мызт, [past indef.] ды-ҧха́-н / ды-м-ҧха́-зт, [cond.1] ды-ҧха-ры́н / ды-ҧха-ры́мызт, [cond.2] ды-ҧха́-шан / ды-ҧха́-шамызт, [plupf.] ды-ҧха-хьа́н / ды-м-ҧха́-цызт, [imper.] и-р-ҧха́! *or* бы-ҧха́! / бы-м-ҧха́-н!; **Non-fin.** (C1) [pres.] и́-ҧхо / и́-м-ҧхо, [aor.] и-ҧха́ / и́-м-ҧха, [fut.1] и-ҧха-ра́ / и́-м-ҧха-ра, [fut.2] и-ҧха́-ша / и́-м-ҧха-ша, [perf.] и-ҧха-хьо́у (-хьа́(ц)) / и́-м-ҧха-хьоу (-хьа(ц)), [impf.] и-ҧхо́-з / и́-м-ҧхо-з, [past indef.] и-ҧха́-з / и́-м-ҧха-з, [cond.1] и-ҧха-ры́-з / и́-м-ҧха-ры-з, [cond.2] и-ҧха́-ша-з / и́-м-ҧха-ша-з, [plupf.] и-ҧха-хьа́-з / и́-м-ҧха-хьа-з; **Abs.** и-ҧха-ны́ / и-м-ҧха́-кәа) **1.** to shine**:** а́-мра ҧхо́-ит. *the sun is shining, светит солнце.* А-мра хааӡа́ и-ҧхо́-ит. (ANR) *The sun shines very sweetly.* А-мра ҧха́-р-гьы хьҭа-хо́-ит. *Even if the sun shines, it will become cold.* А-мра шҧа́-ҧхо-и? *How does the sun shine? Как светит солнце?* **2.** to become warm (cf. **а-рҧха-ра́** [tr.] to warm)**:** сы-ҧхо́-ит *I am getting warm.* А-ҳа́уа ҧхе́-ит. *The air became warm.* **3.** to warm, to give out/off warmth/heat**:** А-мра уажәшьҭа́ и-ҧхо́-ит. *The sun is already warming.*

а-ҧха́рра **1.** [adj.] (а-ҧха́рра-қәа) warm**:** а-тәы́ла ҧха́рра-қәа *the warm countries.* Иацы́ ҩажәа́ гра́дус а-ҧха́рра ы́-ҟа-н. *It was 20 degrees (above zero) yesterday. Вчера было 20 градусов тепла.* **2.** [predicate] (**Fin.** [pres.] и-ҧха́рро-уп / и-ҧха́рра-м) to be warm**:** И-ҧха́рро-уп. *It is warm.* И-ҧха́рро-у, и-хышәа́шәаро-у а́ӡын? (AFL) *Is it warm or cold in winter? Зимой тепло или холодно?* [cf. **а-ҧха́** "warm"; **а́-хьҭа** "cold"]

а-ҧха́рра-ха-ра [intr.] [C1-warm-become] (**Fin.** [pres.] и-ҧха́рра-хо-ит / и-ҧха́рра-хо-м (-ха-ӡо-м), [aor.] и-ҧха́рра-хе-ит / и-ҧха́рра-м-хе-ит (-ха-ӡе-ит); **Non-fin.** [pres.] (C1) и-ҧха́рра-хо / и-ҧха́рра-м-хо; **Abs.** и-ҧха́рра-ха-ны / и-ҧха́рра-м-ха-кәа) **1.** to become warm**:** И-ҧха́рра-хо-ит. *It is becoming warm. Становится тепло.* И-ҧха́рра-хе-ит. *It became warm. Стало тепло.*

а-ҧхасҭа́ [n.] (а-ҧхасҭа-қәа́) damage(s).

а-ҧхасҭа-тә-ра́ [tr.] [C1-Prev-C3-R / C1-Prev-C3-Neg-R] [C3 spoil C1] (**Fin.** [pres.] ды-ҧхасҭа́-с-тә-уе-ит / ды-ҧхасҭа́-с-тә-уа-м, [aor.] ды-ҧхасҭа́-с-тә-ит / ды-ҧхасҭа́-сы-м-тә-ит, [imper.] ды-ҧхасҭа-тәы́! / ды-ҧхасҭа́-бы-м-тәы-н!, ды-ҧхасҭа́-шә-тә! / ды-ҧхасҭа́-шәы-м-тәы-н!; **Non-fin.** [pres.] (C1) и-ҧхасҭа́-с-тә-уа / и-ҧхасҭа́-сы-м-тә-уа, (C3) ды-ҧхасҭа́-з-тә-уа / ды-ҧхасҭа́-зы-м-тә-уа; **Abs.** ды-ҧхасҭа-тә-ны́ / ды-ҧхасҭа́-м-тә-кәа) **1.** to damage, to spoil**:** А-хәычы́ д-и́-рқьанцыц-уе-ит, ды-ҧхасҭе́-и-тә-ит. (ARD) *Он избаловал ребенка, испортил его. He spoiled the child, and corrupted him.* Ҧш-цы́ра-к ҧхасҭе́-и-м-тә-ит. (ACST) *He didn't damage a single grain of maize.*

а-ҧхасҭа-ха-ра́ [intr.] [C1-damage-become] (**Fin.** [pres.] и-ҧхасҭа-хо́-ит / и-ҧхасҭа-хо́-м, [aor.] и-ҧхасҭа-хе́-ит / и-ҧхасҭа́-м-хе-ит; **Non-fin.** [pres.] (C1) и-ҧхасҭа-хо́ / и-ҧхасҭа́-м-хо; **Abs.** и-ҧхасҭа-ха-ны́ / и-ҧхасҭа́-м-ха-кәа) **1.** to go bad. **2.** (= **а-бжьы́-с-ра**) to break; to go wrong; to be/get out of order**:** А-ҭе́л ҧхасҭа-хе́-ит. *The telephone was out of order. Телефон испортился.*

а-ҧха-тца-ра́ [tr.] [C1-Prev-C3-R / C1-Prev-C3-Neg-R] [C3 drive away C1] (**Fin.** [pres.] ды-ҧха́-с-тцо-ит / ды-ҧха́-с-тцо-м, [aor.] ды-ҧха́-с-тце-ит / ды-ҧха́-сы-м-тце-ит, [imper.] ды-ҧха-тца́! / ды-ҧха́-бы-м-тца-н!, ды-ҧха-шә-тца́! / ды-ҧха́-шәы-м-тца-н!; **Non-fin.** [pres.] (C1) и-ҧха́-с-тцо / и-ҧха́-сы-м-тцо, (C3) ды-ҧха́-з-тцо / ды-ҧха́-зы-м-тцо; **Abs.** ды-ҧха-тца-ны́ / ды-ҧха́-м-тца-кәа) **1.** to drive off, to disperse; to drive away**:** Зегьы́ ҧха-на-тце́-ит. *It drove everything away.* Егьы́рҭ Абрыскьы́л а́-гаҿа д-ахьы́-цәа-з и-ла-и́-жәла-н, д-ҿырҟьаса́ д-ла-ҧха́-р-тце-ит. (AF) *The others attacked Abrsk'jyl where he was sleeping on the shore and, with constant harrying, drove him away.* **2.** to drive; to chase**:** Зегьы́-зегьы́ ҧх-е́иба-тцо-ит. *Everybody is chasing one anothe.*

а́-ҧхашьа [adj.] (и́-ҧхашьо-у) shy; inhibited.

а-ҧхашьа́-ҧхатца [adj.] very modest; very shy/inhibited.

а́-ҧхашьара [n.] (ҧхашьа́ра-к) shame.

а-ҧха-шьа-ра́ [intr.] [C1-R-Ex / C1-Neg-R-Ex *or* C1-R-Neg-Ex] [C1 be ashamed] (**Fin.** [pres.] ды-ҧха-шьо́-ит / ды-ҧха-шьо́-м, [aor.] ды-ҧха-шье́-ит / ды-м-ҧха-шье́-ит *or* ды-ҧха-м-шье́-ит, [imper.] бы-ҧха-шьа́! / бы-ҧха́-м-шьа-н!; **Non-fin.** (C1) [pres.] и́-ҧха-шьо / и-м-ҧха́-шьо *or* и-ҧха́-м-шьо, [aor.] и́-ҧха-шьа / и-м-ҧха́-шьа *or* и-ҧха́-м-шьа, [impf.] и́-ҧха-шьо-з / и-м-ҧха́-шьо-з *or* и-ҧха́-м-шьо-з, [past indef.] и́-ҧха-шьа-з / и-м-ҧха́-шьа-з *or* и-ҧха́-м-шьа-з; **Abs.** ды-ҧха-шьа-ны́ / ды-м-ҧха-шьа́-кәа *or* ды-ҧха́-м-шьа-кәа) **1.** to feel shy: д-аа-ҧха-шьé-ит *he/she felt shy, он/она застеснялся/-лась.* Шәы-ҧхá-м-шьа-н! *Don't be shy! Не стесняйтесь!* **2.** to be ashamed: Уи ҧха-шьа-р-ó-уп. *It is a shame. Это стыдно.* [cf. **а-цәы́ҧха-шьа-ра** "to be ashamed of"]

а-ҧхеиҧхéи [adj.] transparent; clear.

а-ҧхеиҧхéи-ра [intr.] [C1-S / C1-Neg-S] [C1 be transparent] (**Fin.** [pres.] и-ҧхеиҧхéи-уе-ит / и-ҧхеиҧхéи-уа-м (-ӡо-м), [aor.] и-ҧхеиҧхéи-ит / и-м-ҧхеиҧхéи-ит (-ӡе-ит); **Non-fin.** [pres.] (C1) и-ҧхеиҧхéи-уа / и-м-ҧхеиҧхéи-уа; **Abs.** и-ҧхеиҧхéи-ны / и-м-ҧхеиҧхéи-кәа) **1.** to be transparent. **2.** to glisten in all the colors of the rainbow; to be iridescent: А-мандари́на-қәе-и, а-патыркáл-қәе-и ҧхéиҧхéи-уе-ит. *The mandarins and oranges are iridescent. Мандарины и апельсины переливаются.*

а-ҧхӡы́ [n.] (а-ҧхӡ-кәá, ҧхӡы́-к) sweat, perspiration: А-ҧхӡы́ и́-лахь и-а-хыкәкәó-ит. (RAD) *Sweat is dripping from his forehead.*

а-ҧхны́га [n.] (а-ҧхны́га-қәа, ҧхны́га-к) a stone: А-ҧхны́га кәмпы́л-уп. *The stone is round.*

а-ҧхы́ӡ [n.] (а-ҧхы́ӡ-кәа, ҧхы́ӡ-к) dream: Сарá иахá ҧхы́ӡ-к з-бé-ит. *I had a dream last night.*

á-ҧхын **1.** [n.] (á-ҧхын-кәа, ҧхны́-к, хá-ҧхын) summer. **2.** [adv.] in summer: тцыҧх á-ҧхын *last summer.* ӡын-гьы́-ҧхын-гьы́ *in winter and in summer.* ҧхны́ мшы́-к *one summer's day.* А-ҧхын а-мшы́н ахь с-ца-лó-ит. *I go to the sea in summer. Летом я езжу на море.*

ҧхы́нгәы [n.] (= **иу́ль**) July: ҧхынгәы́-мза-зы *in July.*

á-ҧхынра [adv.] in summer.

ҧхынчкәы́н [n.] **1.** Indian summer: Ҭагáлантәи á-мш бзи́а "ҧхы́нчкән" ҳәá и-á-шьҭо-уп. (AFL) *Good autumn days are called "Indian summer."* **2.** December.

а-ҧхьá [adv.] **1.** before. **2.** at first, at the beginning: Ажәáкала, á-ҧхьа даáра с-шәé-ит. (IC) *In short, at first I was much frightened.*

(-)áҧхьа [post.] **1.** (*of place*) in front of, before: а-ҩны́ áҧхьа *in front of the house, перед домом.* А-ҩн-áҧхьа / а-ҩн-а-ҿ-аҧхьа ды-тәó-уп. *He is sitting in front of the house.* А-чáи з-ҭó-у á-тцәца с-áҧхьа и́-қә-гыло-уп. (AFL) *The glass, in which there is tea, is standing in front of me. Стакан, в котором есть чай, стоит передо мной.* А-ҩны áҧхьа а-бáҳча ы́-ҟо-уп. *Facing the house is a garden.* Сы-ҩны́ áҧхьа á-тцла гы́ло-уп. *A tree stands in front of my house. Перед моим домом стоит дерево.* Ҳа-ҩны́ áҧхьа а-дәқьáн гы́ло-уп. *A store stands in front of our house. Перед нашим домом стоит магазин.* **2.** (*of place*) in front, ahead: А-ҩн-áҧхьа шә-не-и. *Go (up to) in front of the house!* **3.** (*of time*) раньше, earlier, before; назад, ago, back. (Hewitt, Abkhaz:147): ҩы-саáҭ-к р-áҧхьа *two hours ago.* шыкәсы́-к áҧхьа *a year ago, год назад.* Саáҭ-к áҧхьа кры-с-фé-ит. *I ate an hour ago.* Уи мину́ҭ-қәа-к р-áҧхьа арá ды́-ҟа-н. *He was here a few minutes ago.* Иарá и-áҧхьа сарá с-аá-ит. *I came here earlier than he. Я пришел раньше его.* зéгь р-áҧхьа-ӡа *first of all.*

áҧхьажәа [n.] (-қәа) a preface.

áҧхьаӡа [adv.] for the first time: зéгь р-áҧхьаӡа *in the very beginning.*

áҧхьаӡатәи [adv.] very fast.

á-ҧхьаӡа-ра [tr.] [C1-C3-S / C1-C3-Neg-S] [C3 consider C1] (**Fin.** [pres.] д-лы-ҧхьаӡó-ит / д-лы-ҧхьаӡó-м, [aor.] д-лы-ҧхьаӡé-ит / д-лы-м-ҧхьаӡé-ит, [imper.] ды-ҧхьаӡá! / д-бы-м-ҧхьаӡá-н!, д-шәы-ҧхьаӡá! / д-шәы-м-ҧхьаӡá-н!; **Non-fin.** [pres.] (C1) и́-лы-ҧхьаӡо (*то/тот, которое/-ого она считает*) / и́-лы-м-ҧхьаӡо, (C3) д-зы-ҧхьаӡó (*тот, который считает его/ее*) / д-зы-м-ҧхьаӡó, [aor.] (C1) и́-лы-ҧхьаӡа / и́-лы-м-ҧхьаӡа, (C3) д-зы-ҧхьаӡá / д-зы-м-ҧхьаӡá, [impf.] (C1) и́-лы-ҧхьаӡо-з / и́-лы-м-ҧхьаӡо-з, (C3) д-зы-ҧхьаӡó-з / д-зы-м-ҧхьаӡó-з, [past indef.] (C1) и́-лы-ҧхьаӡа-з / и́-лы-м-ҧхьаӡа-з, (C3) д-зы-ҧхьаӡá-з / д-зы-м-ҧхьаӡá-з; **Abs.** и-ҧхьаӡа-ны́ / и-м(ы)-ҧхьаӡá-кәа) **1.** to count: Сарá уажәы́ шә-сы-ҧхьаӡó-ит. *Now I am counting you.* Акы́ инаркны́ ҩажәá р-ҟы́нӡа шәы-ҧхьаӡá! *Count from one to twenty! Посчитайте от одного до двадцати!* Шәкы́ р-ҟы́нӡа а́-ҧхьаӡа-шьа жә-ды́р-уа-ма? (ACST) *Do you know how to count up to 100?* Ан лы-ҧха́ д-л-а-бзо́-н, а-ҧха́ а-мц лы-ҧхьаӡо́-н. *The mother gives her daughter advice, and the daughter counts flies.* **2.** to consider, to deem**:** Сара́ ари́ а-ха́ҵа д-сас-ны́ (*or* д-сас-у́п ҳәа́) д-сы-ҧхьаӡо́-ит. *I consider this man to be a guest. Я считаю этого мужчину гостем.* Уи́ у́суҩ ҕьы́ҩ-с д-ры-ҧхьаӡо́-ит. *They consider him to be an advanced worker. Его считают передовым рабочим.* С-ҩы́за бзи́а л-о́-уп ҳәа д-сы-ҧхьаӡо́-ит. (AFL) *I consider her to be my good friend.*

а-ҧхьа́-к-ра [tr.] [C1-Prev-C3-R / C1-Prev-C3-Neg-R] [C3 put C1 by; C3 secrete C1] (**Fin.** [pres.] и-ҧхьа́-л-к-уе-ит / и-ҧхьа́-л-к-уа-м, [aor.] и-ҧхьа́-л-к-ит / и-ҧхьа́-лы-м-к-ит, [imper.] и-ҧхьа́-к / и-ҧхьа́-бы-м-кы-н!, и-ҧхьа́-шә-к / и-ҧхьа́-шәы-м-кы-н!; **Non-fin.** [pres.] (C1) и-ҧхьа́-л-к-уа / и-ҧхьа́-лы-м-к-уа, (C3) и-ҧхьа́-з-к-уа / и-ҧхьа́-зы-м-к-уа, [aor.] (C1) и-ҧхьа́-л-к / и-ҧхьа́-лы-м-к, (C3) и-ҧхьа́-з-к / и-ҧхьа́-зы-м-к, [impf.] (C1) и-ҧхьа́-л-к-уа-з / и-ҧхьа́-лы-м-к-уа-з, (C3) и-ҧхьа́-з-к-уа-з / и-ҧхьа́-зы-м-к-уа-з, [past indef.] (C1) и-ҧхьа́-л-кы-з / и-ҧхьа́-лы-м-кы-з, (C3) и-ҧхьа́-з-кы-з / и-ҧхьа́-зы-м-кы-з; **Abs.** и-ҧхьа́-к-ны / и-ҧхьа́-м-к-кәа) **1.** to secrete. **2.** to store**:** А-шәы́р ҿы́-р-х-уе-ит, и-ҧхьа́-р-к-уе-ит. (AFL) *They pick the fruits and store them. Они срывают фрукты и запасают их.*

ҧхьака́ [adv.] forward, ahead; before**:** ҧхьаҟа́ а-ца-ра́ *to go ahead.* Ауаа́ ашьшьы́ҳәа ҧхьаҟа́ и-цо́-н. (RAD) *A crowd was moving ahead slowly. Толпа медленно двигалась вперед.*

-а́ҧхьака [adv.] **1.** forward, ahead**:** у-а́ҧхьаҟа у-ҧшла́! *look forward! смотри вперед!* **2.** before**:** Иара́ ҳара́ ҳ-а́ҧхьаҟа д-аа-хьа́-н. *He had come before us.*

а́ҧхьа-кы-нӡа [adv.] in front of; in one's future.

а́ҧхьа-нӡа [adv.] in front of; in one's future.

а́ҧхьа-нтә(и) [adv.] from in front of**:** а́-шҭа [а]-а́ҧхьа-нтә(и) шә-аа́-и. *Come away from in front of the yard!*

а́-ҧхьа-ра[1] [n.] (-қәа) reading; занятия, studies.

а́-ҧхьа-ра[2] [intr.] [C1-C2-R /C1-C2-Neg-R] [C1 read C2] (**Fin.** [pres.] с-а́-ҧхьо-ит, д-а́-ҧхьо-ит, д-ры́-ҧхьо-ит / с-а́-ҧхьо-м, [aor.] с-а́-ҧхье-ит / с-а-мы́-ҧхье-ит, [fut.1] с-а́-ҧхьа-п / с-а́-ҧхьа-рым, [fut.2] с-а́-ҧхьа-шт / с-а́-ҧхьа-шам, [perf.] с-а́-ҧхьа-хьеит / с-а-мы́-ҧхьа-ц(т), [impf.] с-а́-ҧхьо-н / с-а́-ҧхьо-мызт, [past indef.] с-а́-ҧхьа-н / с-а-мы́-ҧхьа-зт, [cond.1] с-а́-ҧхьа-рын / с-а́-ҧхьа-рымызт, [cond.2] с-а́-ҧхьа-шан / с-а́-ҧхьа-шамызт, [plupf.] с-а́-ҧхьа-хьан / с-а-мы́-ҧхьа-цызт, [imper.] б-а́-ҧхь(а)! / б-а-мы́-ҧхьа-н!, шә-а́-ҧхь(а)! / шә-а-мы́-ҧхьа-н!, [caus.] с-а-лы́-р-ҧхье-ит / с-а-л-мы́-р-ҧхье-ит, и-а-лы́-р-ҧхье-ит (*она заставила их читать его(нрз.)*); [poten.] с-з-а́-ҧхь[а-ӡ]о-м (*я не могу читать его(нрз.)*), [cf. а́-ҧхьа-ра сы́-л-шо-м (*у меня нет сил читать*) = а́-ҧхьа-ра сы-з-ды́р-ӡо-м], с-з-а-мы́-ҧхье-ит; [nonvol] с-а́мха-[а]-ҧхье-ит / с-а́мха-[а]-м-ҧхье-ит; **Non-fin.** [pres.] (C1) и-а́-ҧхьо (*тот, который читает его(нрз.)*) / и-а-мы́-ҧхьо, (C2) д-зы-ҧхьо́ (*то, которое он/она читает*) / ды-з-мы́-ҧхьо, [aor.] (C1) и-а́-ҧхьа / и-а-мы́-ҧхьа, (C2) д-зы-ҧхьа́ / ды-з-мы́-ҧхьа, [fut.1] (C1) и-а́-ҧхьа-ра / и-а-мы́-ҧхьа-ра, (C2) д-зы-ҧхьа-ра́ / ды-з-мы́-ҧхьа-ра, [fut.2] (C1) и-а́-ҧхьа-ша / и-а-мы́-ҧхьа-ша, (C2) д-зы-ҧхьа́-ша / ды-з-мы́-ҧхьа-ша, [perf.] (C1) и-а́-ҧхьа-хьоу (-хьа(ц)) / и-а-мы́-ҧхьа-хьоу (-хьа(ц)), (C2) д-зы-ҧхьа-хьо́у (-хьа́(ц)) / ды-з-мы́-ҧхьа-хьоу (-хьа(ц)), [impf.] (C1) и-а́-ҧхьо-з / и-а-мы́-ҧхьо-з, (C2) д-зы-ҧхьо́-з / ды-з-мы́-ҧхьо-з, [past indef.] (C1) и-а́-ҧхьа-з / и-а-мы́-ҧхьа-з, (C2) д-зы-ҧхьа́-з / ды-з-мы́-ҧхьа-з, [cond.1] (C1) и-а́-ҧхьа-ры-з / и-а-мы́-ҧхьа-ры-з, (C2) д-зы-ҧхьа-ры́-з / ды-з-мы́-ҧхьа-ры-з, [cond.2] (C1) и-а́-ҧхьа-ша-з / и-а-мы́-ҧхьа-ша-з, (C2) д-зы-ҧхьа́-ша-з / ды-з-мы́-ҧхьа-ша-з, [plupf.] (C1) и-а́-ҧхьа-хьа-з / и-а-мы́-ҧхьа-хьа-з, (C2) д-зы-ҧхьа-хьа́-з / ды-з-мы́-ҧхьа-хьа-з; **Abs.** д-а́-ҧхьа-ны / д-а-мы́-ҧхьа-кәа) [It is impossible to use this verb without an indirect object, i.e. Column II.] **1.** to read (*a book, etc.*)**:** Сара́ а-шәҟәы́ с-а́-ҧхьо-ит. *I read / am reading the book. Я читаю* *книгу.* Сара́ а-шәҟә-қәа́ с-ры́-ԥхье-ит. *I read through the books. Я прочитал книги.* Иара́ а-шәҟәы́ д-а́-ԥхьо-ит. *He is reading the book.* С-а́-ԥхьа-ны с-аа́-ит. *Having read it, I came. Я пришел, прочитав его(нрз.).* А-ԥа́ и-а́н а-шәҟәы́ ды-л-з-а́-ԥхьо-ит. *The son is reading the book to his mother. Сын читает своей матери книгу.* Аԥа́ и-а́н лы-шәҟәы́ ды-а́-ԥхьо-ит. *The son is reading his mother's letter. Сын читает письмо своей матери.* Х-саа́ҭ-к ры́-ла а-шәҟәы́ д-а́-ԥхье-ит. *He read the book in three hours.* Сара́ с-ҩы́за и-шәҟәы́ с-а́-ԥхьо-ит. *I am reading my friend's letter.* А-шәҟәы́ и-а́-ԥхьо-да? — Иара́ д-а́-ԥхьо-ит а-шәҟәы́. *Who is reading the book? — He is reading the book.* Иара́ д-зы-ԥхьо́-зеи? — А-шәҟәы́ д-а́-ԥхьо-ит иара́. *What is he reading? — He is reading a book. Что он читает? — Он читает книгу.* А-шәҟәы́ у-а́-ԥхьа-хьо-у-ма? *Have you already read the book?*

а́-ԥхьа-ра[3] [intr.] [C1-C2-R / C1-C2-Neg-R] [C1 call/invite C2] (**Fin.** [pres.] с-бы́-ԥхьо-ит, б-ҳа́-ԥхьо-ит, д-а́-ԥхьо-ит, ҳ-а́-ԥхьо-ит, и́-ԥхьо-ит, [aor.] с-бы́-ԥхье-ит / сы-б-мы́-ԥхье-ит, [imper.] б-лы́-ԥхь(а)! / б-л-мы́-ԥхьа-н!, шә-и́-ԥхь(а)! / б-и-мы́-ԥхьа-н!; **Non-fin.** [pres.] (C1) и-лы́-ԥхьо (*тот, который зовет ее*) / и-л-мы́-ԥхьо, (C2) д-зы-ԥхьо́ (*тот, которого он/она зовет*) / ды-з-мы́-ԥхьо, [aor.] (C1) и-лы́-ԥхьа / и-л-мы́-ԥхьа, (C2) д-зы-ԥхьа́ / ды-з-мы́-ԥхьа, [impf.] (C1) и-лы́-ԥхьо-з / и-л-мы́-ԥхьо-з, (C2) д-зы-ԥхьо́-з / ды-з-мы́-ԥхьо-з, [past indef.] (C1) и-лы́-ԥхьа-з / и-л-мы́-ԥхьа-з, (C2) д-зы-ԥхьа́-з / ды-з-мы́-ԥхьа-з; **Abs.** д-а́а-ԥхьа-ны / д-м-а́а-ԥхьа-кәа) **1.** to call: с-у́-ԥхьо-ит *I am calling you (m.).* с-бы́-ԥхьо-ит *I am calling you(f.).* с-а́-ԥхьо-ит *I am calling it.* А-ҳақьы́м шә-и́-ԥхь! *Please call a doctor!* Сара́ и-сы́-ԥхьо-да? *Who is calling me? Кто зовет меня?* — Сара́ с-ҩы́за д-сы́-ԥхьо-ит. *My friend is calling me. Меня зовет мой друг.* С-ҩы́за д-зы-ԥхьо́-да? *Whom is my friend calling? Кого зовет мой друг?* — Сара́ д-сы́-ԥхьо-ит с-ҩы́за. *My friend is calling me. Меня зовет мой друг.* Аб и-ԥа́ д-и-ԥхьо-ит. *The father is calling his son. Отец зовет его сына.* «А-чкун» д-аа-дәы́л-ҵы-н, и-ҽы́ д-а́-ԥхьа-н а-ҳәынҭқа́р и-ҿы́ д-ахьы́-ҟа-з и-а-ха́-з а́-жәабжь а́-и-ҳәе-ит (< и-а-а-и-ҳәе-ит). (Ab.Text) *The 'boy' left right away, called his horse, and told the horse what he had been told when he was at the King's place.* **2.** to summon: Уи́ а-ԥсаа́тә А-нцәа́ д-а́-ԥхьа-н и-аа-и-ге́-ит. (AF) *God summoned that bird and fetched it.* **3.** to invite: А-сас-цәа д-ры́-ԥхье-ит. *He/She invited the guests. Он/Она созвал/-ла гостей.* А-нцәа́ д-зы-ԥхьа́-з, а́ԥсуа и́-да, егьы́рҭ зегьы́ еи-зе́-ит. (AF) *Apart from the Abkhazian, all the others whom God had invited gathered together.*

а-ԥхьа-ра́ [intr.] (**Fin.** [pres.] сы-ԥхьо́-ит / сы-ԥхьо́-м, [aor.] сы-ԥхье́-ит / сы-м-ԥхье́-ит, [imper.] бы-ԥхьа́! / бы-м-ԥхьа́-н!; **Non-fin.** [pres.] (C1) и-ԥхьо́ / и́-м-ԥхьо *or* и-м-ԥхьо́, [aor.] C1) и-ԥхьа́ / и́-м-ԥхьа *or* и-м-ԥхьа́; **Abs.** сы-ԥхьа-ны́ / сы-м-ԥхьа́-кәа) **1.** to spend the night.

а́-ԥхьаратә [adj.] reading.

а́-ԥхьарҭа [n.] (-қәа) a reading room.

а́-ԥхьарҭатә [adj.] reading: а́-ԥхьарҭатә зал *a reading room.* а́-ԥхьарҭатә зал а-ҿы́ и́-ҟа-шә-ҵо-зеи? (AFL) *What do you do in the reading room? Что вы делаете в читальном зале?*

а-ԥхьа́-ршәҭ-ра [tr.] [C1-Prev-C3-S] [C3 tuck up/fold back C1] (**Fin.** [aor.] и-ԥхьа́-и-ршәҭ-ит; **Abs.** и-ԥхьа́-ршәҭ-ны) **1.** (*of sleeves*) to roll up; to fold back: И-маҕра́ ԥхьа́-и-ршәҭ-ит. *He rolled his sleeve up. Он завернул рукав.*

а́ԥхьатәи [ordinal num.] [hum.] first. [cf. **а́ктәи**]

а́-ԥхьахә [n.] prize: а́-ԥхьахә и-ге́-ит. *he took first prize.*

а́-ԥхьашәа [n.] a catch, a bag: А-шәараҵа-цәа ԥхьашәа ду́ ры́-ма-ны и-хынҳә-и́т. *The hunters returned with a rich catch. Охотники вернулись с богатой добычей.*

а́-ԥхьаҩы [n.] (а́-ԥхьаҩ-цәа, ԥхьаҩы́-к) a reader.

а-ԥҳá [n.] (á-ԥҳа-цәа, сы-ԥҳá, а-ԥҳа-гьы́, сы́-ԥҳа-цәа, ԥҳá-к, ԥҳа-цәá-к) **1.** a daughter**:** Уи́ а-ԥҳá д-и́-ма-н. *He had a daughter. У него была дочь.* **2.** *used to make a feminine surname by adding* **-ԥҳа** *to it***:** Д-Аӡы́н-ԥҳá-уп. *She is a daughter of the Adzyns.* [cf. **а-ԥá** "a son"]

а-ԥҳáл [n.] (а-ԥҳáл-қәа, сы-ԥҳáл, ԥҳáл-к) **1.** a (clay) jug/pitcher: ԥҳáл-қәа-к *some pitchers.*

а-ԥҳаԥсá [n.] (а-ԥҳаԥса-цәá, ԥҳаԥсá-к) a stepdaughter.

а-ԥҳа-рá [n.] being a daughter.

á-ԥҳә [n.] (á-ԥҳә-қәа, ԥҳәы-к) a corn straw.

а-ԥҳәы́зба [n.] (а-ԥҳәы́зба-цәа, ԥҳәы́зба-к) a girl, a maiden.

а-ԥҳәы́с [n.] [sg.] (**á-ҳәса** [pl.] women) (сы-ԥҳәы́с, ԥҳәсá-к *or* ԥҳәы́с-к) **1.** a wife: ды-ԥҳәы́с-уп *she is a woman.* Уарá у-ԥҳәы́с и-лы́-хьӡ-у-зеи? *What is your wife's name?* || **ԥҳәы́с д-аа-и-гé-ит** he took a wife, he got married**:** Ԥҳәы́с д-аа-у-га-хьó-у-ма? *Are you (m.) married?* Мап, сарá ԥҳәыс д-аа-сы-м-га-ӡá-цт. *No, I am not married.* **2.** a woman: á-ҳәса бы́рг-цәа *middle-aged women.* [cf. **а-хáҵа** "a husband"]

а-ԥҳәы́саагара[1] [n.] (*of man*) marriage, a wedding**:** А-ԥҳәы́саагара и-ҭах-ӡá-м. *He does not want to get married.*

а-ԥҳәы́с-аага-ра[2] *see* **а-ԥҳәы́с**

а-ԥҳәы́сеиба [n.] (-цәа, ԥҳәы́сеиба-к) a widow.

аԥ-ҵа-рá [tr.] [C1-Prev-C3-R / C1-Prev-C3-Neg-R] [C3 create C1] (**Fin.** [pres.] и-аԥы́-с-ҵо-ит / и-аԥы́-с-ҵо-м, [aor.] и-аԥы́-с-ҵе-ит / и-аԥы́-сы-м-ҵе-ит, [fut.1] и-аԥы́-с-ҵа-п / и-аԥы́-с-ҵа-рым, [fut.2] и-аԥы́-с-ҵа-шт / и-аԥы́-с-ҵа-шам, [perf.] и-аԥы́-с-ҵа-хьеит / и-аԥы́-сы-м-ҵа-ц(т), [impf.] и-аԥы́-с-ҵо-н / и-аԥы́-с-ҵо-мызт, [past indef.] и-аԥы́-с-ҵа-н / и-аԥы́-сы-м-ҵа-зт, [cond.1] и-аԥы́-с-ҵа-рын / и-аԥы́-с-ҵа-рымызт, [cond.2] и-аԥы́-с-ҵа-шан / и-аԥы́-с-ҵа-шамызт, [plupf.] и-аԥы́-с-ҵа-хьан / и-аԥы́-сы-м-ҵа-цызт, [imper.] и-аԥ-ҵá! / и-аԥы́-бы-м-ҵа-н!, и-аԥы́-шә-ҵа! / и-аԥы́-шәы-м-ҵа-н!; **Non-fin.** [pres.] (C1) и-аԥы́-л-ҵо / и-аԥы́-лы-м-ҵо, (C3) и-аԥы́-з-ҵо / и-аԥы́-зы-м-ҵо, [aor.] (C1) и-аԥы́-л-ҵа / и-аԥы́-лы-м-ҵа, (C3) и-аԥы́-з-ҵа / и-аԥы́-зы-м-ҵа, [fut.1] (C1) и-аԥы́-л-ҵа-ра / и-аԥы́-лы-м-ҵа-ра, (C3) и-аԥы́-з-ҵа-ра / и-аԥы́-зы-м-ҵа-ра, [fut.2] (C1) и-аԥы́-л-ҵа-ша / и-аԥы́-лы-м-ҵа-ша, (C3) и-аԥы́-з-ҵа-ша / и-аԥы́-зы-м-ҵа-ша, [perf.] (C1) и-аԥы́-л-ҵа-хьоу (-хьа(ц)) / и-аԥы́-лы-м-ҵа-хьоу (-хьа(ц)), (C3) и-аԥы́-з-ҵа-хьоу (-хьа(ц)) / и-аԥы́-зы-м-ҵа-хьоу (-хьа(ц)), [impf.] (C1) и-аԥы́-л-ҵо-з / и-аԥы́-лы-м-ҵо-з, (C3) и-аԥы́-з-ҵо-з / и-аԥы́-зы-м-ҵо-з, [past indef.] (C1) и-аԥы́-л-ҵа-з / и-аԥы́-лы-м-ҵа-з, (C3) и-аԥы́-з-ҵа-з / и-аԥы́-зы-м-ҵа-з, [cond.1] (C1) и-аԥы́-л-ҵа-ры-з / и-аԥы́-лы-м-ҵа-ры-з, (C3) и-аԥы́-з-ҵа-ры-з / и-аԥы́-зы-м-ҵа-ры-з, [cond.2] (C1) и-аԥы́-л-ҵа-ша-з / и-аԥы́-лы-м-ҵа-ша-з, (C3) и-аԥы́-з-ҵа-ша-з / и-аԥы́-зы-м-ҵа-ша-з, [plupf.] (C1) и-аԥы́-л-ҵа-хьа-з / и-аԥы́-лы-м-ҵа-хьа-з, (C3) и-аԥы́-з-ҵа-хьа-з / и-аԥы́-зы-м-ҵа-хьа-з; **Abs.** и-аԥ-ҵа-ны́ / и-аԥы́-м-ҵа-кәа) **1.** to create**:** Уи а-му́зыка аԥ-и́-ҵо-ит. *He is composing music. Он сочиняет музыку.* Уи а-ҩы́мҭа сси́р-қәа рацәаны́ и-аԥ-и́-ҵа-хье-ит. (IC) *Им создано много прекрасных произведений. He has created many excellent works.* Аԥсуа жәла́р и-аԥы́-р-ҵе-ит ирацәаны́, ры-нагӡа́шьа-ла еиуе́иԥшьм а́куашара-қуа. (ANR) *The Abkhazian people created dances which vary in manner of performance.* **2.** to determine.

а-ԥ-ҵәа-рá [labile] **(1)** [tr.] [C1-Prev-C3-R / C1-Prev-C3-Neg-R] [C3 break C1] (**Fin.** [pres.] и-ԥы́-с-ҵәо-ит, и-ԥ-на-ҵәó-ит / и-ԥы́-с-ҵәо-м, и-ԥ-на-ҵәó-м, [aor.] и-ԥы́-с-ҵәе-ит, и-ԥ-на-ҵәé-ит / и-ԥы́-с-м-ҵәе-ит, и-ԥ-нá-м-ҵәе-ит, [fut.1] и-ԥы́-с-ҵәа-п, и-ԥ-на-ҵәá-п / и-ԥы́-с-ҵәа-рым, и-ԥ-на-ҵәа-ры́м, [fut.2] и-ԥы́-с-ҵәа-шт, и-ԥ-на-ҵәá-шт / и-ԥы́-с-ҵәа-шам, и-ԥ-на-ҵәá-шам, [perf.] и-ԥы́-с-ҵәа-хьеит, и-ԥ-на-ҵәа-хьéит / и-ԥы́-сы-м-ҵәа-ц(т), и-ԥ-нá-м-ҵәа-ц(т), [impf.] и-ԥы́-с-ҵәо-н, и-ԥ-на-ҵәó-н / и-ԥы́-с-ҵәо-мызт, и-ԥ-на-ҵәó-мызт, [past indef.] и-ԥы́-с-ҵәа-н, и-ԥ-на-ҵәá-н / и-ԥы́-сы-м-ҵәа-зт, и-ԥ-нá-м-ҵәа-зт, [cond.1] и-ԥы́-с-ҵәа-рын, и-ԥ-на-ҵәа-ры́н / и-ԥы́-с-ҵәа-рымызт, и-ԥ-на-ҵәа-ры́мызт, [cond.2] и-ԥы́-с-ҵәа-шан, и-ԥ-на-ҵәá-шан / и-ԥы́-с-ҵәа-шамызт, и-ԥ-на-ҵәа-ша́мызт, [plupf.] и-ҧы́-с-ҵәа-хьан, и-ҧ-на-ҵәа-хьа́н / и-ҧы́-сы-м-ҵәа-цызт, и-ҧ-на́-м-ҵәа-цызт, [imper.] и-ҧ-ҵәа! / и-ҧы́-бы-м-ҵәа-н!, и-ҧы́-шә-ҵәа! / и-ҧы́-шәы-м-ҵәа-н!; **Non-fin.** [pres.] (C1) и-ҧы́-л-ҵәо / и-ҧы́-л(ы)-м-ҵәо, (C3) и-ҧы́-з-ҵәо / и-ҧы́-зы-м-ҵәо, [aor.] (C1) и-ҧы́-л-ҵәа / и-ҧы́-л(ы)-м-ҵәа, (C3) и-ҧы́-з-ҵәа / и-ҧы́-зы-м-ҵәа, [fut.1] (C1) и-ҧы́-л-ҵәа-ра / и-ҧы́-л(ы)-м-ҵәа-ра, (C3) и-ҧы́-з-ҵәа-ра / и-ҧы́-зы-м-ҵәа-ра, [fut.2] (C1) и-ҧы́-л-ҵәа-ша / и-ҧы́-л(ы)-м-ҵәа-ша, (C3) и-ҧы́-з-ҵәа-ша / и-ҧы́-зы-м-ҵәа-ша, [perf.] (C1) и-ҧы́-л-ҵәа-хьоу (-хьа(ц)) / и-ҧы́-л(ы)-м-ҵәа-хьоу (-хьа(ц)), (C3) и-ҧы́-з-ҵәа-хьоу (-хьа(ц)) / и-ҧы́-зы-м-ҵәа-хьоу (-хьа(ц)), [impf.] (C1) и-ҧы́-л-ҵәо-з / и-ҧы́-л(ы)-м-ҵәо-з, (C3) и-ҧы́-з-ҵәо-з / и-ҧы́-зы-м-ҵәо-з, [past indef.] (C1) и-ҧы́-л-ҵәа-з / и-ҧы́-л(ы)-м-ҵәа-з, (C3) и-ҧы́-з-ҵәа-з / и-ҧы́-зы-м-ҵәа-з, [cond.1] (C1) и-ҧы́-л-ҵәа-ры-з / и-ҧы́-л(ы)-м-ҵәа-ры-з, (C3) и-ҧы́-з-ҵәа-ры-з / и-ҧы́-зы-м-ҵәа-ры-з, [cond.2] (C1) и-ҧы́-л-ҵәа-ша-з / и-ҧы́-л(ы)-м-ҵәа-ша-з, (C3) и-ҧы́-з-ҵәа-ша-з / и-ҧы́-зы-м-ҵәа-ша-з, [plupf.] (C1) и-ҧы́-л-ҵәа-хьа-з / и-ҧы́-л(ы)-м-ҵәа-хьа-з, (C3) и-ҧы́-з-ҵәа-хьа-з / и-ҧы́-зы-м-ҵәа-хьа-з; **Abs.** и-ҧ-ҵәа-ны́ / и-ҧы́-м-ҵәа-кәа) **1.** to break**:** а-шьапы́ а-ҧҵәара́ *to break a leg, сломать ногу.* А-цә́ а-ша́ ҧ-на-ҵәе́-ит. *The bull broke the rope. Бык порвал веревку.* А-бна бзи́а и-з-бо́, а-ҵла-кәа́ ҧ-и́-ҵә-ҵәо-м. (AFL) *The person who loves the forest usually does not break the trees. Тот, кто любит лес, обычно не ломает деревья.* [Note the reduplication of a radical meaning "usually," "always."] || **с-гәы́ ҧ-на-ҵәе́-ит** it bored me**:** Абри́ а-зыҧшра́ уажәшьҭа́ с-гәы ҧ-на-ҵәе́-ит. (IC) *I am fed up with this waiting.* [lit. *This waiting has already bored me.*] *Эти ожидания мне уже надоели.* **(2)** [intr. dynamic] [C1-PREV-R] [C1 be broken] (**Fin.** [pres.] и-ҧ-ҵәо́-ит / и-ҧ-ҵәо́-м, [aor.] и-ҧ-ҵәе́-ит / и-ҧы́-м-ҵәе-ит, [imper.] у-ҧ-ҵәа́! / у-ҧы́-м-ҵәа-н!; **Non-fin.** [pres.] (C1) и-ҧ-ҵәо́ / и-ҧы́-м-ҵәо; **Abs.** и-ҧ-ҵәа-ны́ / и-ҧы́-м-ҵәа-кәа. [intr. stative] (**Fin.** [pres.] и-ҧ-ҵәо́-уп, и-ҧ-ҵәа́-н) **1.** to be broken, to break. **2.** to break**:** А-лаба́ ҧ-ҵәе́-ит. *The stick was broken. Палка поломалась.* А-ша́ха ҧ-ҵәе́-ит. *The rope broke. Веревка лопнула.* || **с-гәы́ ҧ-ҵәе́-ит** I am fed up**:** Л-гәы́ ҧ-ҵәе́-ит. *She is fed up. Ей надоело.* || **а-ҵы́хәа ҧ-ҵәе́-ит** it's all over.

а-ҧ-ҽ-ра́ [labile] **(1)** [tr.] [C1-Prev-C3-R] [C3 break C1 (up)] (**Fin.** [pres.] и-ҧы́-с-ҽ-уе-ит, и-ҧ-на-ҽ-уе́-ит, и-ҧ-а́ҳ-ҽ-уе-ит / и-ҧы́-с-ҽ-уа-м, и-ҧ-на-ҽ-уа́-м (-ҽ-ӡо́-м), [aor.] и-ҧы́-с-ҽ-ит, и-ҧ-на-ҽ-и́т, и-ҧ-а́ҳ-ҽ-ит / и-ҧы́-сы-м-ҽ-ит, и-ҧ-на́-м-ҽ-ит, и-ҧы́-ҳа-м-ҽ-ит, [fut.1] и-ҧы́-с-ҽы-п, и-ҧ-на-ҽы́-п / и-ҧы́-с-ҽ-рым, и-ҧ-на-ҽ-ры́м, [fut.2] и-ҧы́-с-ҽы-шт, и-ҧ-на-ҽы́-шт / и-ҧы́-с-ҽы-шам, и-ҧ-на-ҽы́-шам [perf.] и-ҧы́-с-ҽ-хьеит, и-ҧ-на-ҽ-хье́ит / и-ҧы́-сы-м-ҽы-ц(т), и-ҧ-на́-м-ҽы-ц(т), [impf.] и-ҧы́-с-ҽ-уан, и-ҧ-на-ҽ-уан / и-ҧы́-с-ҽ-уамызт, и-ҧ-на-ҽ-уа́мызт, [past indef.] и-ҧы́-с-ҽы-н, и-ҧ-на-ҽы́-н / и-ҧы́-сы-м-ҽы-зт, и-ҧ-на́-м-ҽы-зт, [cond.1] и-ҧы́-с-ҽ-рын, и-ҧ-на-ҽ-ры́н / и-ҧы́-с-ҽ-рымызт, и-ҧ-на-ҽ-ры́мызт, [cond.2] и-ҧы́-с-ҽы-шан, и-ҧ-на-ҽы́-шан / и-ҧы́-с-ҽ-шамызт, и-ҧ-на-ҽы́-шамызт, [plupf.] и-ҧы́-с-ҽ-хьан, и-ҧ-на-ҽ-хьа́н / и-ҧы́-сы-м-ҽы-цызт, и-ҧ-на́-м-ҽы-цызт, [imper.] и-ҧ-ҽы́! / и-ҧы́-бы-м-ҽы-н!, и-ҧы́-шә-ҽ! / и-ҧы́-шәы-м-ҽы-н!; **Non-fin.** [pres.] (C1) и-ҧы́-л-ҽ-уа / и-ҧы́-лы-м-ҽ-уа, (C3) и-ҧы́-з-ҽ-уа / и-ҧы́-зы-м-ҽ-уа, [aor.] (C1) и-ҧы́-л-ҽ / и-ҧы́-лы-м-ҽ, (C3) и-ҧы́-з-ҽ / и-ҧы́-зы-м-ҽ, [fut.1] (C1) и-ҧы́-л-ҽ-ра / и-ҧы́-лы-м-ҽ-ра, (C3) и-ҧы́-з-ҽ-ра / и-ҧы́-зы-м-ҽ-ра, [fut.2] (C1) и-ҧы́-л-ҽ-ша / и-ҧы́-лы-м-ҽ-ша, (C3) и-ҧы́-з-ҽ-ша / и-ҧы́-зы-м-ҽ-ша, [perf.] (C1) и-ҧы́-л-ҽ-хьоу (-хьа(ц)) / и-ҧы́-лы-м-ҽ-хьоу (-хьа(ц)), (C3) и-ҧы́-з-ҽ-хьоу (-хьа(ц)) / и-ҧы́-зы-м-ҽ-хьоу (-хьа(ц)), [impf.] (C1) и-ҧы́-л-ҽ-уа-з / и-ҧы́-лы-м-ҽ-уа-з, (C3) и-ҧы́-з-ҽ-уа-з / и-ҧы́-зы-м-ҽ-уа-з, [past indef.] (C1) и-ҧы́-л-ҽы-з / и-ҧы́-лы-м-ҽы-з, (C3) и-ҧы́-з-ҽы-з / и-ҧы́-зы-м-ҽы-з, [cond.1] (C1) и-ҧы́-л-ҽ-ры-з / и-ҧы́-лы-м-ҽ-ры-з, (C3) и-ҧы́-з-ҽ-ры-з / и-ҧы́-зы-м-ҽ-ры-з, [cond.2] (C1) и-ҧы́-л-ҽ-ша-з / и-ҧы́-лы-м-ҽ-ша-з, (C3) и-ҧы́-з-ҽ-ша-з / и-ҧы́-зы-м-ҽ-ша-з, [plupf.] (C1) и-ҧы́-л-ҽ-хьа-з / и-ҧы́-лы-м-ҽ-хьа-з, (C3) и-ҧы́-з-ҽ-хьа-з / и-ҧы́-зы-м-ҽ-хьа-з; **Abs.** и-ҧ-ҽ-ны́ / и-ҧы́-м-ҽ-кәа) **1.** to smash, to break**:** и-л-ҧ-ды́-р-ҽ-ит *they made her smash it/them.* И-ҧы́-с-ҿ-ит а-са́ан. *I smashed the plate. Я разбил тарелку.* **(2)** [intr.] [C1-Prev-R / C1-Neg-Prev-R] [C1 be broken] (**Fin.** [pres.] и-ҧ-ҿ-уе́-ит / и-ҧ-ҿ-уа́-м, [aor.] и-ҧ-ҿ-и́т / и-м-ҧ-ҿ-и́т, [fut.1] и-ҧ-ҿы́-п / и-ҧ-ҿы́-м, [fut.2] и-ҧ-ҿы́-шт / и-ҧ-ҿы́-шам, [perf.] [impf.] и-ҧ-ҿ-уа́-н / и-ҧ-ҿ-уа́-мызт, [past indef.] и-ҧ-ҿы́-н / и-м-ҧ-ҿы́-зт, [cond.1] и-ҧ-ҿ-ры́н / и-ҧ-ҿ-ры́мызт, [cond.2] и-ҧ-ҿы́-шан / и-ҧ-ҿы́-шамызт, [plupf.] и-ҧ-ҿ-хьа́н / и-м-ҧ-ҿы́-цызт; **Non-fin.** (C1) [pres.] и-ҧ-ҿ-уа́ / и́-м-ҧ-ҿ-уа, [aor.] и-ҧ-ҿы́ / и́-м-ҧ-ҿ, [fut.1] и-ҧ-ҿ-ра́ / и́-м-ҧ-ҿ-ра, [fut.2] и-ҧ-ҿы́-ша / и́-м-ҧ-ҿы-ша, [perf.] и-ҧ-ҿ-хьо́у (-хьа́(ц)) / и́-м-ҧ-ҿ-хьоу (-хьа(ц)), [impf.] и-ҧ-ҿ-уа́-з / и́-м-ҧ-ҿ-уа-з, [past indef.] и-ҧ-ҿы́-з / и́-м-ҧ-ҿы-з, [cond.1] и-ҧ-ҿ-ры́-з / и́-м-ҧ-ҿ-ры-з, [cond.2] и-ҧ-ҿы́-ша-з / и́-м-ҧ-ҿы-ша-з, [plupf.] и-ҧ-ҿ-хьа́-з / и́-м-ҧ-ҿ-хьа-з) **1.** to be broken: И-ҧ-ҿ-и́т а-са́ан. *A plate was broken. Разбилась тарелка.* Зны Есха́ҟ а-мхы́ а-ҿы́ а-у́с ш-и́-у-а-з и-ҿа́га ҧ-ҿ-и́т. *One day when Eshaq' was working in the field, his hoe was broken.*

а-ҧ-ҿҿ-ра́ *see* **а-ҧы-ҿҿ-ра́**

а́-ҧш [n.] (= **а-ҵыҟәре́и**) (а́-ҧш-қәа, ҧшы-к) maize, corn: Ка́ма а́-ҧш а-мх-а-ҿы́ и-ла-л-тҵе́-ит. *Kama sowed the field with maize. Кама засеяла поле кукурузой.*

а-ҧша́ [n.] (а-ҧша-қәа́, ҧша́-к, ҧша-қәа́-к) a wind: а-ҧша́ ҟуа́нда *a warm wind.* а-ҧша́ тҵәытҵәы́ *a strong wind.* А-ҧша́ а́-с-уе-ит. *The wind is blowing. Ветер дует.* Иацы́ а-ҧша́ ҕәҕәа а́-с-уа-н. *A strong wind was blowing yesterday.* А-ҧша́ а-ҧа́рда а-ртцыс-уе́-ит. *The wind is swaying the curtain. Ветер колышет занавеску.* Абира́ҟ-қәа а-ҧша́ и-а́-р-шәыр-шәыр-уе-ит. *The wind is fluttering the flags. Ветер развевает флаги.* А-ҧша́-цәгьа а́-с-уа-мызт. (Ab.Text) *There was no strong wind.*

а́-ҧшаа-ра [tr.] [C1-C3-S / C1-C3-Neg-S *or* C1-C2-OV-Neg-S] [C3 find/look for C1] (**Fin.** [pres.] с-лы-ҧшаа-уе́-ит (*она ищет меня*), [aor.] б-сы-ҧшаа́-ит (*я нашел тебя*), д-ха-ҧшаа́-ит (*мы нашли его/ее*) / б-сы-м-ҧшаа́-ит (*я не искал тебя*); [poten.] бы-с-зы́-ҧшаа-уа-м, бы-с-зы́-м-ҧшаа-(ӡе-)ит; [nonvol] б-с-а́мха-ҧшаа-ит / б-с-а́мха-м-ҧшаа-ит; **Non-fin.** [pres.] (C1) и-лы-ҧшаа́-уа / и-лы-м-ҧшаа́-уа, (C3) д-зы-ҧшаа-уа́ / д-зы́-м-ҧшаа-уа, [aor.] (C1) и-лы-ҧшаа́ / и-лы-м-ҧшаа́ (*то/тот, которое/-ого она не искала*) *or* и-л-зы́-м-ҧшаа [poten.] (*то/тот, которое/-ого она не смогла найти*), (C3) д-зы-ҧшаа́ / д-з-зы́-м-ҧшаа [poten.] (*тот, который не смог найти его/ее*), д-ан-и́-зы-м-ҧшаа (*when he could not find him/her*), [impf.] (C1) и́-лы-ҧшаа-уа-з / и-лы-м-ҧшаа́-уа-з, (C3) д-зы-ҧшаа-уа́-з / д-зы-м-ҧшаа-уа́-з, [past indef.] (C1) и́-лы-ҧшаа-з / и-л-зы́-м-ҧшаа-з, (C3) д-зы-ҧшаа́-з / ды-з-зы́-м-ҧшаа-з; **Abs.** (1) ды-ҧшаа-ны́ / ды-м-ҧшаа́-кәа, (2) ды-ҧшаа-ны́ / ды-ҧшаа́-м-кәа "*он не найден*") **1.** to look for: И-шәы-ҧшаа-уе-и? *What are you looking for?* Сара́ сы́-шә-ҟәы сы-ҧшаа-уе́-ит. *I am looking for my book.* А-ҩы́за бзи́а ды-ҧшаа́, д-ан-у́-ҧшаа д-у-мы́-рӡы-н. (AFL) *Look for a good friend, and when you have found him, don't lose him. Найди хорошего друга, когда ты нашел его, не потеряй его.* **2.** to find: Шәара́ шәы-шәҟәы́ шәы-ҧшаа́-ма? *Have you found your book?* Ааи, и-сы-ҧшаа́-ит уи. *Yes, I have found it.* А-ҭы́ҧ б-зы́-ры-ҧшаа-уе-ит. *They will find you a place.* Уи с-а́-шьҭо-уп, аха́ и-с-зы́-ҧшаа-уа-м. *I am looking for it, but I cannot find it. Я ищу его(нрз.), но не могу найти.* Уатҵәы́ Ло́ндон-ҟа ҳ-цо́-з-ҭгьы, ҳ-ҩы́за ды-ҳа-ҧшаа-уа́-н. *If we were to go to London tomorrow, we'd look for our friend.* Сара́ а-шәҟу́ ҵьара́ и-а́-втца-с-тца-н, иара́ а́-ҧшаа-ра сы́-лшо-м. (RAD) *I put the book somewhere and could not find it. Я заложил куда-то книгу и не мог ее найти.* **3.** to get, to obtain: и-а-ҭах-кув-у а-шәҟә-қәа́ ры́-ҧшаара (RAD) *to get the necessary books, добыть необходимые книги.*

а-ҧша́тлакә [n.] (-қәа) a whirlwind.

а-ҧша́-хь [n.] a cold wind.

а-ҧша́-хьа/ы-рс-ра [intr.] (**Fin.** [pres.] а-ҧша́ лы-хь-лы́-рс-уе-ит / а-ҧша́ лы-хь-лы́-рс-уа-м, [aor.] а-ҧша́ лы-хь-лы́-рс-ит / а-ҧша́ лы-хь-л-мы́-рс-ит, [imper.] а-ҧша́ б-хьы́-рс! / а-ҧша́ бы-хь-б-мы́-рсы-н!, а-ҧша́ шәы-хь-шәы́-рс! / а-ҧша́ шәы-хь-шә-мы́-рсы-н!; **Non-**

fin. [pres.] (C3) а-ҧша́ зы-хь-зы́-рс-уа / а-ҧша́ зы-хь-з-мы́-рс-уа; **Abs.** а-ҧша́ лы-хьы́-рс-ны / а-ҧша́ лы-хь-мы́-рс-кәа) **1.** to take a walk: Ҳара́ а-ба́ҳча-ќны ҳа-ҧшахьа́рс-уа-н. *We were walking in the garden. Мы гуляли в саду.* **2.** to play: Уи́ ҧшахьы́рсра д-це́-ит. *He went to play.*

а-ҧшахьы́рсра [n.] a walk, a stroll.

а-ҧшаҳәа́ [n.] (а-ҧшаҳәа-қәа́, а-ҧшаҳәа-ҿы́) **1.** a shore, a coast; an embankment: а́-мшын а-ҧшаҳәа́ *the seashore.*

а́-ҧшӡа [adj.] (и́-ҧшӡо-у, а́-ҧшӡа-цәа/-қәа, ҧшӡа́-к, ҧшӡа-қәа́, и-ҧшӡо́-уп, и-ҧшӡа́-н) **1.** beautiful: а́-шәҭ ҧшӡа-қәа́ *beautiful flowers.* еиҳа́ и-ҧшӡо́-уп *it is more beautiful.* а-тҵаҩы́ ҧшӡа́ бзи́а [*а-тҵаҩы́ бзи́а ҧшӡа́] *the beautiful, good pupil.* еиҳа́ и́-ҧшӡо-у *more beautiful.* а́-шьха ҧшӡа-қәа́ *the beautiful mountains.* а́-шьха иатҵәа́ ҧшӡа́ ду́ *the big, beautiful, green mountain, большая красивая зеленая гора.* и-ҧшӡа-ны́ а́аҧшра *to stand in beauty, красоваться.* А-сы́ шкуа́куо-уп, и-ҧшӡо́-уп. *Snow is white and beautiful.* Гудо́уҭа қала́қь ҧшӡо́-уп. (ANR) *Gudauta is a beautiful town.* Аҧсны́ а-ҧсаба́ра да́ара и-ҧшӡо́-уп. *The nature of Abkhazia is very beautiful.* Абри́ а́-шьха-қәа ҧшӡо́-уп. *These mountains are beautiful.* [cf. **и-ҧшӡа-ны́** "beautifully," **и́-рҧшӡа-ны**]

а́-ҧшӡа-заа-ра [intr.] [C1-R] (**Fin.** [pres.] ды-ҧшӡо́-уп / ды-ҧшӡа́-м, **Non-fin.** [pres.] (C1) и-ҧшӡо́-у / и-ҧшӡа́-м) **1.** to be beautiful, to be handsome/pretty: А-ӡҕаб да́ара ды-ҧшӡо́-уп. *The girl is very pretty.* ды-ҧшӡа-ӡо́-уп *she is extremely beautiful.*

а́-ҧшӡаку́куара [adj.] very beautiful.

ҧшӡаны́ *see* **и́-рҧшӡа-ны**

а́-ҧшӡара [n.] beauty: а-ҧсаба́ра а́-ҧшӡара *the beauty of nature.*

а́-ҧшқа[1] [n.] (а́-ҧшқа-цәа, ҧшқа́-к) (= **а́-саби**) a baby, an infant; a child.

а́-ҧшқа[2] [adj.] **1.** tender. **2.** soft. **3.** young; (*of grass*) fresh.

а́-ҧш-лага-ра [tr.] (= **а́-ҧш/а-џьықәреи а́-лага-ра**) (**Fin.** [pres.] а́-ҧш с-лаго́-ит (*preferred*), (*or* з-лаго́-ит) / а́-ҧш с-лаго́-м, [aor.] а́-ҧш с/з-лаге́-ит / а́-ҧш сы-м-лаге́-ит, [imper.] а́-ҧш лага́! / а́-ҧш бы-м-лага́-н!, а́-ҧш шә-лага́! / а́-ҧш шәы-м-лага́-н!; **Non-fin.** [pres.] (C1) а́-ҧш з-лаго́ / а́-ҧш зы-м-лаго́; **Abs.** а́-ҧш лага-ны́ / а́-ҧш м-лага́-кәа) **1.** to grind (maize): Сара́ а́-ҧш с-лаго́-ит. *I am grinding maize. Я мелю кукурузу.* [cf. **а́-лага-ра**]

а-ҧшра́[1] [n.] **1.** appearance: цәа=ҧшра́-ла *by skin and appearance.*

а-ҧш-ра́[2] [intr.] [C1-R / C1-Neg-R] [C1 look] (**Fin.** [pres.] ды-ҧш-уе́-ит / ды-ҧш-уа́-м, [aor.] ды-ҧш-и́т / ды́-м-ҧш-ит, [imper.] бы-ҧшы́! / бы-м-ҧшы́-н!; [caus.] д-лы-р-ҧш-и́т / ды-л-мы-р-ҧш-и́т; [poten.] д-зы-ҧш-уа́-м, д-зы́-м-ҧш-ит; [nonvol] д-а́мха-ҧш-ит / д-а́мха-мы-ҧш-ит; [vers.1] ды-л-зы-ҧш-и́т / ды-л-зы́-м-ҧш-ит; [vers.2] ды-л-цәы-ҧш-и́т / ды-л-цәы́-м-ҧш-ит; **Non-fin.** (C1) [pres.] и-ҧш-уа́ / и́-м-ҧш-уа, [aor.] и-ҧшы́ / и́-м-ҧш, [fut.1] и-ҧш-ра́ / и́-м-ҧш-ра, [fut.2] и-ҧшы́-ша / и́-м-ҧшы-ша, [perf.] и-ҧш-хьо́у (-хьа́(ц)) / и́-м-ҧш-хьоу (-хьа(ц)), [impf.] и-ҧш-уа́-з / и́-м-ҧш-уа-з, [past indef.] и-ҧшы́-з / и́-м-ҧшы-з, [cond.1] и-ҧш-ры́-з / и́-м-ҧш-ры-з, [cond.2] и-ҧшы́-ша-з / и́-м-ҧшы-ша-з, [plupf.] и-ҧш-хьа́-з / и́-м-ҧш-хьа-з; **Abs.** ды-ҧш-ны́ / ды-м-ҧшы́-кәа) **1.** to look (at), to watch: шә-на-ҧш-и *just look out!* Уи́ а́-жәҩан ахь ды-ҧш-уа́-н. *He/She was looking at the sky. Он/Она смотрел/-ла на небо.* Сара́ бара́ б-ахь сы-ҧш-уа́-н. *I was looking to your side. Я смотрел в твою сторону.* [cf. **а́-хәа-ҧш-ра** "to look at"]

а-ҧш-ра́[3] **(1)** [intr. stative] [C1-R] [C1 be waiting] (**Fin.** [pres.] ды-ҧш-у́п / [past] ды-ҧшы́-н / [imper.] бы-ҧшы́-з! / бы-ҧшы́-мыз!; **Non-fin.** [pres.] (C1) и-ҧш-у́ / и-ҧшы́-м, [past] (C1) и-ҧшы́-з / и-ҧшы́-мы-з) **1.** to wait: Ҩажәе́и хәба́ мину́ҭ сы-ҧшы́-н. (AFL) *I waited 25 minutes. Я ждал 25 минут.* **(2)** [intr. dynamic] [C1-R / C1-Neg-R] [C1 wait] (**Fin.** [pres.] ды-ҧш-уе́-ит, [aor.] ды-ҧш-и́т / сы-м-ҧш-и́т, [imper.] бы-ҧшы́! / бы-м-ҧшы́-н!; **Non-fin.** [pres.] (C1) и-ҧш-уа́ / и́-м-ҧш-уа, [aor.] (C1) и-ҧшы́ / и́-м-ҧш; **Abs.** ды-ҧш-ны́ / ды-м-ҧшы́-кәа, cf. ды-ҧшы́-м-кәа) **1.** to wait: Уи́ а́мцху ҳа-и-мы-р-ҧш-и́т. *He didn't make us* *wait long.* Аа́мҭа ҧш-уа́-м. *Time doesn't wait. Время не ждет.* [cf. **а-зы-ҧш-ра́:** сы-б-зы-ҧш-уе́-ит *I'll wait for you.* сы-б-зы-ҧш-уа́-н. *I was waiting for you.* сы-б-зы-м-ҧш-и́т *I didn't wait for you.*]

а-ҧшра́=а-са́хьа [n.] (coll. n.) outward appearance; looks**:** ҧшре-и=са́хье-и хьӡ-и=ҧше́-и з-гы́-мы-з *the one who lacked neither looks nor reputation.*

а-ҧштəы́ [n.] (а-ҧштə-ҟəа́, ҧштəы́-к) (= **а-ҧшшəы́**) **1.** a color**:** а-ҧштə-ҟəа́ ры́-хьӡ-ҟəа *the color names.* А-гəи́л ҧштəы́-с и-а́-мо-у-зеи? (AFL) *What color is the rose? Какого цвета роза?*

а́-ҧшчыч [n.] (ҧшчы́ч-к) popcorn.

а́-ҧш-ҿы-рп-ра [tr.] (**Fin.** [pres.] а́-ҧш ҿ-сы-рп-уе́-ит / а́-ҧш ҿ-сы-рп-уа́-м, [aor.] а́-ҧш ҿ-сы-рп-и́т / а́-ҧш ҿы-с-мы-рп-и́т, [imper.] а́-ҧш ҿы-рпы́! / а́-ҧш ҿы-б-мы-рпы́-н!, а́-ҧш ҿ-шəы-рпы́! / а́-ҧш ҿы-шə-мы-рпы́-н!; **Non-fin.** [pres.] (C3) а́-ҧш ҿ-зы-рп-уа́ / а́-ҧш ҿы-з-мы-рп-уа́; **Abs.** а́-ҧш ҿы-рп-ны́ / а́-ҧш ҿ-мы-рпы́-кəа) **1.** to husk/shell corn kernels. || **а́-ҧш а-ҿы-рп-ра́:** Сара́ а́-ҧш ҿ-сы-рп-уе́-ит. *I am husking the corn. Я очищаю кукурузу.*

а-ҧшшəы́ [n.] (а-ҧшшə-ҟəа́, ҧшшəы́-к) (= **а-ҧштəы́**) color.

а́-ҧшырҭа [n.] (-ҟəа) a maize-field.

а-ҧшы́рҭа [n.] (-ҟəа) an observation post.

Аҧшы́с-ба [n.] (pl. Аҧшы́с-аа) (surname)

а-ҧшы́хə-ра [intr.] (**Fin.** [pres.] ды-ҧшы́хə-уе-ит / ды-ҧшы́хə-уа-м, [aor.] ды-ҧшы́хə-ит / ды-м-ҧшы́хə-ит, [imper.] бы-ҧшы́хə! / бы-м-ҧшы́хəы-н!; **Abs.** ды-ҧшы́хə-ны / ды-м-ҧшы́хə-кəа) **1.** to observe, to watch**:** А-шеарыцаҩ а́-хра д-а-хы́куше-ит, и-ҧшы́ху-ит, на́с д-кы́дле-ит. (AAD) *The hunter went around the crag, looked around and went up it.*

ҧшь- *see* **ҧшь-ба**

а-ҧшь [adj.] a red-haired; ginger**:** ауаҩа́ҧшь *a red-haired person.* а-хахəы́ а́-ҧшь *red hair.* [cf. **а́-каҧшь** "red"]

а-ҧшьа́ [adj.] (и-ҧшьо́-у) holy.

а-ҧшьа-ра́ [tr.] [C1-C3-R / C1-C3-Neg-R] [C3 consecrate C1] (**Fin.** [pres.] и-сы-ҧшьо́-ит, и-а́-ҧшьо-ит / и-сы-ҧшьо́-м, [aor.] и-сы-ҧшье́-ит, и-а́-ҧшье-ит / и-сы-м-ҧшье́-ит, и-а́-м-ҧшье-ит, [imper.] и-ҧшьа́! / и-бы-м-ҧшьа́-н!, и-шəы-ҧшьа́! / и-шəы-м-ҧшьа́-н!; **Non-fin.** [pres.] (C1) и́-лы-ҧшьо / и́-лы-м-ҧшьо, (C3) и-зы-ҧшьо́ / и-зы-м-ҧшьо́, [aor.] (C1) и́-лы-ҧшьа / и́-лы-м-ҧшьа, (C3) и-зы-ҧшьа́ / и-зы-м-ҧшьа́, [impf.] (C1) и́-лы-ҧшьо-з / и́-лы-м-ҧшьо-з, (C3) и-зы-ҧшьо́-з / и-зы-м-ҧшьо́-з, [past indef.] (C1) и́-лы-ҧшьа-з / и́-лы-м-ҧшьа-з, (C3) и-зы-ҧшьа́-з / и-зы-м-ҧшьа́-з; **Abs.** и-ҧшьа-ны́ / и-мы-ҧшьа́-кəа, cf. и-ҧшьа́-м-кəа и́-ҟа-н (она была не освящена)) **1.** to sanctify to consecrate; to bless**:** А-пап и́-и-ба-з и-ҧшье́-ит. (AAD) *The priest consecrated what he saw. Поп освятил то, что он увидел.*

а-ҧшьа́ша [n.] Thursday**:** а-ҧшьа́ша-ҽны *on Thursday.*

ҧшь-ба́ [num.][non-hum.] four**:** ҧшьы́-шыкəса́ *four years.* Ари́ а-шко́л ҧшьба-ны́ еихагы́ло-уп. (AFL) *This school is four stories tall. Эта школа — четырехэтажная.*

ҧшьбаны́ *see* **ҧшьба́**

а́-ҧшьбатəи [ordinal num.] fourth.

а-ҧ-шь-ра́ [tr.] [C1-C2-Prev-C3-R / C1-C2-Prev-C3-Neg-R] [C3 tie C1 to C2] (**Fin.** [pres.] и-а-ҧы́-с-шь-уе-ит / и-а-ҧы́-с-шь-уа-м (-шь-ӡо-м), [aor.] и-а-ҧы́-с-шь-ит / и-а-ҧы́-сы-м-шь-ит, [imper.] и-а-ҧ-шьы́! / и-а-ҧы́-бы-м-шьы-н!, и-а-ҧы́-шə-шь! / и-а-ҧы́-шəы-м-шьы-н!; **Non-fin.** [pres.] (C1) и-а-ҧы́-с-шь-уа / и-а-ҧы́-сы-м-шь-уа, (C3) и-а-ҧы́-з-шь-уа / и-а-ҧы́-зы-м-шь-уа; **Abs.** и-а-ҧ-шь-ны́ / и-а-ҧы́-м-шь-кəа) **1.** to tie sth to sth**:** Ари́ а-ша́ха кьа́ҿ-уп, даҽа́ ма́чк а-ҧ-шьы́! *This rope is too short — tie another piece to it! Эта веревка слишком коротка, привяжи к ней еще кусок.*

ҧшь-ҩы-к [num.][hum.] four persons.
ҧшьы- < **ҧшь-бá** [num.] four.
ҧшьы́нтə [adv.] four times.
ҧшьы́н-ҩажəа [num.] eighty (4 x 20): ҧшьы́нҩажəи жəба *89.*
ҧшьы́н-ҩажəи-жəабá [num.] ninety (4 x 20 + 10).
а-ҧшьыркҵá [n.] square.
á-ҧшəма [n.] (á-ҧшəма-цəа, сы-ҧшəма, ҧшəы́ма-к) **1.** an owner, a proprietor; a master, a host: Шə-а-ҧшəы́ма-цəо-уп. *You are its hosts.* **2.** (= **а-хáҵа**) a husband.
á-ҧшəма-ҧҳəыс [n.] (á-ҧшəма-ҳəса-ҟəа) **1.** a mistress, an owner. **2.** wife.
á-ҧшəма-ра [intr. stative] [C1-Poss-host] [C1 be Poss's host] (**Fin.** [pres.] с-а-ҧшəы́мо-уп (*я хозяин*) / с-а-ҧшəы́ма-м, [past] с-а-ҧшəы́ма-н / с-а-ҧшəы́ма-мызт, [imper.] б-а-ҧшəы́ма-з! / б-а-ҧшəы́ма-мыз!, шə-а-ҧшəы́ма-з! / шə-а-ҧшəы́ма-мыз!; **Non-fin.** [pres.] (C1) и-а-ҧшəы́мо-у / и-а-ҧшəы́ма-м, [past] и-а-ҧшəы́ма-з / и-а-ҧшəы́ма-мыз) **1.** to be an owner/a master/a host: Шəарá иахьá и-шəы́-с-ҭа-з á-дгьыл наýнагӡа шə-а-ҧшəы́ма-заант! (AF) *So be it that you are the hosts forever of the land which today I bestowed upon you!*
á-ҧшəма-ха-ра [intr.] [C1-a-host-become] (**Fin.** [pres.] д-а-ҧшəы́ма-хо-ит / д-а-ҧшəы́ма-хо-м (-ха-ӡо-м), [aor.] д-а-ҧшəы́ма-хе-ит / д-а-ҧшəы́ма-м-хе-ит (-ха-ӡе-ит), [imper.] б-а-ҧшəы́ма-ха! / б-а-ҧшəы́ма-м-ха-н!, шə-а-ҧшəы́ма-ха! / шə-а-ҧшəы́ма-м-ха-н!; **Non-fin.** (C1) [pres.] и-а-ҧшəы́ма-хо / и-а-ҧшəы́ма-м-хо, [aor.] и-а-ҧшəы́ма-ха / и-а-ҧшəы́ма-м-ха; **Abs.** д-а-ҧшəы́ма-ха-ны / д-а-ҧшəы́ма-м-ха-кəа) **1.** to become an owner/a master/a host.
-ҧы- [preverb] before. (Hewitt, Abkhaz:131): сы-у-ҧы́-ло-ит *I'm going to meet you.*
а-ҧы́жəара [n.] superiority.
аҧы́жəац [adv.] three days ago, two days before yesterday. [cf. **жəац** "the day before yesterday"]
а-ҧы-жəжəа-рá [tr.] [C1-Prev-C3-S / C1-Prev-C3-Neg-S] [C3 tear C1 into pieces] (**Fin.** [aor.] и-ҧы́-зы-жəжəе-ит / и-ҧы́-зы-м-жəжəе-ит) **1.** to tear/break into pieces: А-ҟьаáд ҧ-и́-жəжəе-ит. *He ripped the paper into many bits.* [cf. **а-ҧ-жəа-рá** "to tear sth in two"]
а-ҧы́за [n.] (а-ҧы́за-цəа, ҧы́за-к) a leader, a chief; a leader, a guide.
а-ҧы́-за-ра [intr.] [C1-C2-a-Prev-R / C1-C2-a-Prev-Neg-R] [C1 lead C2] (**Fin.** [pres.] с-б-а-ҧы́-зо-ит, с-а-ҧы́-зо-ит (< с-а-а-ҧы́-зо-ит), б-ҳ-а-ҧы́-зо-ит / с-б-а-ҧы́-зо-м, [aor.] с-б-а-ҧы́-зе-ит / с-б-а-ҧы́-м-зе-ит, [fut.1] с-б-а-ҧы́-за-п / с-б-а-ҧы́-за-рым, [fut.2] с-б-а-ҧы́-за-шт / с-б-а-ҧы́-за-шам, [perf.] с-б-а-ҧы́-за-хьеит / с-б-а-ҧы́-м-за-ц(т), [impf.] с-б-а-ҧы́-зо-н / с-б-а-ҧы́-м-зо-мызт, [past indef.] с-б-а-ҧы́-за-н / с-б-а-ҧы́-м-за-зт, [cond.1] с-б-а-ҧы́-за-рын / с-б-а-ҧы́-за-рымызт, [cond.2] с-б-а-ҧы́-за-шан / с-б-а-ҧы́-за-шамызт, [plupf.] с-б-а-ҧы́-за-хьан / с-б-а-ҧы́-м-за-цызт, [imper.] б-с-а-ҧы́-за! / б-с-а-м-ҧы́-за-н!; **Non-fin.** [pres.] (C1) и-л-а-ҧы́-зо (*тот, который руководит ей*) / и-л-а-ҧы́-м-зо, (C2) д-з-а-ҧы́-зо (*тот, которым он/она руководит*) / д-з-а-ҧы́-м-зо, [aor.] (C1) и-л-а-ҧы́-за / и-л-а-ҧы́-м-за, (C2) д-з-а-ҧы́-за / д-з-а-ҧы́-м-за, [fut.1] (C1) и-л-а-ҧы́-за-ра / и-л-а-ҧы́-м-за-ра, (C2) д-з-а-ҧы́-за-ра / д-з-а-ҧы́-м-за-ра, [fut.2] (C1) и-л-а-ҧы́-за-ша / и-л-а-ҧы́-м-за-ша, (C2) д-з-а-ҧы́-за-ша / д-з-а-ҧы́-м-за-ша, [perf.] (C1) и-л-а-ҧы́-за-хьоу (-хьа(ц)) / и-л-а-ҧы́-м-за-хьоу (-хьа(ц)), (C2) д-з-а-ҧы́-за-хьоу (-хьа(ц)) / д-з-а-ҧы́-м-за-хьоу (-хьа(ц)), [impf.] (C1) и-л-а-ҧы́-зо-з / и-л-а-ҧы́-м-зо-з, (C2) д-з-а-ҧы́-зо-з / д-з-а-ҧы́-м-зо-з, [past indef.] (C1) и-л-а-ҧы́-за-з / и-л-а-ҧы́-м-за-з, (C2) д-з-а-ҧы́-за-з / д-з-а-ҧы́-м-за-з, [cond.1] (C1) и-л-а-ҧы́-за-ры-з / и-л-а-ҧы́-м-за-ры-з, (C2) д-з-а-ҧы́-за-ры-з / д-з-а-ҧы́-м-за-ры-з, [cond.2] (C1) и-л-а-ҧы́-за-ша-з / и-л-а-ҧы́-м-за-ша-з, (C2) д-з-а-ҧы́-за-ша-з / д-з-а-ҧы́-м-за-ша-з, [plupf.] (C1) и-л-а-ҧы́-за-хьа-з / и-л-а-ҧы́-м-за-хьа-з, (C2) д-з-а-ҧы́-за-хьа-з / д-з-а-ҧы́-м-за-хьа-з; **Abs.** с-б-а-ҧы́-за-ны / с-б-а-ҧы́-м-за-кəа) **1.** to guide; to lead; to go in front of sb: Уи́ у́рт д-р-а-ҧы́-зе-ит. *He/She led them. Он/Она*

ими руководил/-ла.

а-ҧы́ла [n.] (-қәа) success; good luck.

а-ҧы́-ла-ра [intr.] [< -ҧы́-ла- "-before-go-"] [C1-C2-Prev-R / C1-C2-Prev-Neg-R] [C1 meet C2] (**Fin.** [pres.] сы-л-ҧы́-ло-ит (*я с ней встречаюсь*) / сы-л-ҧы́-ло-м (-ла-ӡо-м), [aor.] сы-л-ҧы́-ле-ит / сы-л-ҧы́-м-ле-ит (-ла-ӡе-ит), [imper.] бы-л-ҧы́-л! / бы-л-ҧы́-м-ла-н!, шәы-л-ҧы́-л! / шәы-л-ҧы́-м-ла-н!; **Non-fin.** [pres.] (C1) и-л-ҧы́-ло (*тот, который встречает ее*) / и-л-ҧы́-м-ло, (C2) ды-з-ҧы́-ло (*тот, которого он/она встречает*) / ды-з-ҧы́-м-ло, [aor.] (C1) и-л-ҧы́-ла / и-л-ҧы́-м-ла, (C2) ды-з-ҧы́-ла / ды-з-ҧы́-м-ла, [impf.] (C1) и-л-ҧы́-ло-з / и-л-ҧы́-м-ло-з, (C2) ды-з-ҧы́-ло-з / ды-з-ҧы́-м-ло-з, [past indef.] (C1) и-л-ҧы́-ла-з / и-л-ҧы́-м-ла-з, (C2) ды-з-ҧы́-ла-з / ды-з-ҧы́-м-ла-з; **Abs.** сы-л-ҧы́-ла-ны / сы-л-ҧы́-м-ла-кәа) **1.** to meet, to encounter: д-а-ҧы́-ле-ит *He/She met with it, он/она с ним встретился/-лась.* А-вокза́л а-ҟны́ с-и-ҧы́-ло-ит. *I'll meet him at the station. Я встречу его на вокзале.* А-сас а-гәа́шә а-ҟны́ ҳа-и-ҧы́-ле-ит. *We met the visitor at the gate. Мы встретили гостя у ворот.* **2.** to go to meet; to come across: сы-у-ҧы́-ло-ит *I'm going to meet you.* Д-гурҕьатцәа́ д-на-р-ҧы́-ле-ит. (ANR) *He joyfully went to meet them.* Сы-ш-не́и-уа-з с-ҩы́за ды-с-ҧы́-ле-ит. *On the way my friend met me. Мой друг встретил меня по дороге.* [cf. **а́и-ҧы-ла-ра** "to meet one another"]

-ҧын- [preverb] in front of: Ды-с-ҧын-гы́ло-уп. *He/She is standing in front of me.*

а-ҧы́нтца [n.] (с-ҧы́нтца, ҧы́нтца-к) a nose.

-ҧы(ра)- [preverb] **1.** in front of: Ды-с-ҧыра-гы́ло-уп. *He/She is standing in front of me.* **2.** from-before: А-шәҟәы́ сара́ и-с-ҧы́р-га. *Take the book away from in front of me.*

а-ҧы́р-га-ра [tr.] [C1-C2-Prev-C3-R / C1-C2-Prev-C3-Neg-R] [C3 move C1 away from C2] (**Fin.** [pres.] и-а-ҧы́р-з-го-ит / и-а-ҧы́р-з-го-м, [aor.] и-а-ҧы́р-з-ге-ит / и-а-ҧы́р-зы/сы-м-ге-ит, [imper.] и-а-ҧы́р-га! / и-а-ҧы́р-бы-м-га-н!, и-а-ҧы́р-жә/шә-га! / и-а-ҧы́р-шәы-м-га-н!; **Non-fin.** [pres.] (C1) и-а-ҧы́р-з-го / и-а-ҧы́р-зы/сы-м-го, (C2) и-з-ҧы́р-з-го / и-з-ҧы́р-зы/сы-м-го, (C3) и-а-ҧы́р-з-го / и-а-ҧы́р-зы-м-го; **Abs.** и-а-ҧы́р-га-ны / и-а-ҧы́ры-м-га-кәа) **1.** to move sth away from sth, to take sth away from: А-қыд-кәа́ а-гәа́шә и-а-ҧы́р-и-ге-ит. (ARD) *Он отодвинул бревна от ворот. He moved the logs away from the gate.* А-қыд-кәа́ а-гәа́шә-қәа и-р-ҧы́р-з-ге-ит. (ARD) *I moved the logs away from the gates.*

а-ҧы-рга-ра́ [tr.] [C1-Prev-C3-S / C1-Prev-C3-Neg-S] [C3 pull down C1] (**Fin.** [pres.] и-ҧ-сы-рго́-ит / и-ҧ-сы-рго́-м, [aor.] и-ҧ-сы-рге́-ит / и-ҧ-с-мы-рге́-ит, [imper.] и-ҧы-рга́! / и-ҧ-б-мы-рга́-н!; **Non-fin.** [pres.] (C1) и-ҧ-сы-рго́ / и-ҧ-с-мы-рго́, (C3) и-ҧ-зы-рго́ / и-ҧ-з-мы-рго́; **Abs.** и-ҧ-рга-ны́ / и-ҧ-мы-рга́-кәа) **1.** to destroy, to pull/take down: А-ҩны́-жә ҧ-и-рго́-ит. *He is pulling down the old house. Он ломает старый дом.* А-ҩны́ ҧ-ды-рге́-ит. *They destroyed the house. Они сломали дом.* **2.** (*of money*) to change, to exchange: Шә-мaа́ҭ-к ҧ-сы-рге́-ит. *I exchanged a hundred rubles. Я разменял сто рублей.*

а-ҧырҕы́ [n.] (а-ҧырҕ-қәа́) (= **а-кәи́ц**) an ember.

а-ҧырпалы́кь [n.] (а-ҧырпалы́кь-қәа) a butterfly.

а́-ҧыр-ҧыр-ра [intr.] [C1-R-R / C1-Neg-R-R] [C1 flutter] (**Fin.** [pres.] д-ҧырҧыр-уе́-ит / д-ҧырҧыр-уа́-м (-ӡо́-м), [aor.] д-ҧырҧыр-и́т / ды-м-ҧырҧыр-и́т, [imper.] б-ҧыр-ҧыры́! / бы-м-ҧырҧыры́-н!, шә-ҧырҧыры́! / шәы-м-ҧырҧыры́-н!; **Non-fin.** [pres.] (C1) и́-ҧыр-ҧыр-уа / и́-м-ҧыр-ҧыр-уа; **Abs.** [pres.] и-ҧырҧыр-уа́, [past] д-ҧырҧыр-ны́ / ды-м-ҧырҧыры́-кәа) **1.** to flutter, to flit, to fly about. **2.** to flap wings: А-ҧырҧалы́кь-қәа ҧыр-ҧыр-уа́ а-дәы́ и-ны́қәло-ит. (AFL) *The butterflies, fluttering, are setting off for the field. Бабочки, порхая, отправляются в поле.* А-ҧе́нџьыр а́-шә аа-лы-рты́-н, ҳәы́ҳә-к ҧыр-ҧыр-уа́ и-ааҩнашы́л-т. (Ab.Text) *When she opened the window, a dove flew in flapping its wings.*

а́-ҧыр-ра [intr.] [C1-R / C1-Neg-R] [C1 fly] (**Fin.** [pres.] с-ҧыр-уе́-ит, и-ҧыр-уе́-ит / с-ҧыруá-м, [aor.] сы-ҧр-и́т / сы-м-ҧр-и́т, [fut.1] сы-ҧры́-п / с-ҧыр-ры́м, [fut.2] сы-ҧы́р-шт / сы-ҧры́-шам, [perf.] с-ҧыр-хьéит / сы-м-ҧры́-ц(т), [impf.] с-ҧыр-уáн / с-ҧыр-уáмызт, [past indef.] сы-ҧры́-н / сы-ҧры́-зт, [cond.1] с-ҧыр-ры́н / с-ҧыр-ры́мызт, [cond.2] сы-ҧры́-шан / сы-ҧры́-шамызт, [plupf.] с-ҧыр-хьáн / сы-м-ҧры́-цызт, [imper.] бы-ҧры́! / бы-м-ҧыры́-н!, шәы-ҧры́! / шәы-м-ҧыры́-н!; **Non-fin.** (C1) [pres.] и-ҧр-уá / и́-м-ҧ(ы)р-уа, [aor.] и-ҧры́ / и́-м-ҧ(ы)р, [fut.1] и-ҧр-рá / и́-м-ҧ(ы)р-ра, [fut.2] и-ҧры́-ша / и́-м-ҧры-ша, [perf.] и́-ҧр-хьоу (-хьа(ц)) / и́-м-ҧ(ы)р-хьоу (-хьа(ц)), [impf.] и-ҧр-уá-з / и́-м-ҧ(ы)р-уа-з, [past indef.] и-ҧры́-з / и́-м-ҧры-з, [cond.1] и-ҧр-ры́-з / и́-м-ҧ(ы)р-ры-з, [cond.2] и-ҧры́-ша-з / и́-м-ҧры-ша-з, [plupf.] и́-ҧр-хьа-з / и́-м-ҧ(ы)р-хьа-з; **Abs.** д-ҧыр-ны́ / ды-м-ҧы́р-кәа) **1.** to fly: А-ццы́с ҧыр-уé-ит. *A bird is flying.* Аамҭа ҧыр-ны́ и-цó-ит. *Time flies. Время летит.*

а-ҧы-р-тла-рá [tr.] [C1-Prev-C3-Caus-R / C1-Prev-C3-Neg-Caus-R] [C3 untie C1; C3 untether C1] (**Fin.** [pres.] и-ҧ-сы-р-тлó-ит / и-ҧ-сы-р-тлó-м, [aor.] и-ҧ-сы-р-тлé-ит / и-ҧ-с-мы-р-тлé-ит, [imper.] и-ҧы-р-тлá! / и-ҧ-б-мы-р-тлá-н!, и-ҧ-шәы-р-тлá! / и-ҧ-шә-мы-р-тлá-н!; **Non-fin.** [pres.] (C1) и-ҧ-сы-р-тлó / и-ҧ-с-мы-р-тлó, (C3) и-ҧ-зы-р-тлó / и-ҧ-з-мы-р-тлó; **Abs.** и-ҧ-сы-р-тла-ны́ / и-ҧ-с-мы-р-тлá-кәа) **1.** to untie, to undo: И-маҟá ҧ-и-р-тлé-ит. (ARD) *Он развязал свой пояс. He undid his belt.* А-ҽы́ á-шьахага ҧ-сы-р-тлé-ит. (ACST) *I untied the horse's halter.* **2.** to untether, to untie: А-лá ҧ-и-р-тлé-ит. (ARD) *Он отвязал собаку. He untied the dog.* [cf. **а-ҧы-тла-рá**]

а-ҧырхáга [n.] (-кәа) hindrance, an obstacle; harm.

а-ҧырхáга-заа-ра [intr. stative] [C1-C2-S] [C1 hinder C2] (**Fin.** [pres.] сы-б-ҧырхáго-уп (*я тебе мешаю*), и-а-ҧырхáго-уп / сы-б-ҧырхáга-м (-ӡа-м), и-а-ҧырхáга-м, [past] сы-б-ҧырхáга-н, и-а-ҧырхáга-н / сы-б-ҧырхáга-мызт (-ӡа-мызт), и-а-ҧырхáга-мызт, (cf. [imper.] у-а-ҧырхáга-ха! / у-а-ҧырхáга-м-ха-н!); **Non-fin.** [pres.] (C1) и-л-ҧырхá-го-у (*тот, который мешает ей*) / и-л-ҧырхá-га-м, (C2) ды-з-ҧырхá-го-у (*тот, которому он/она мешает*) / ды-з-ҧырхá-га-м, [past] (C1) и-л-ҧырхá-га-з / и-л-ҧырхá-га-мыз, (C2) ды-з-ҧырхá-га-з / ды-з-ҧырхá-га-мыз; **Abs.** сы-б-ҧырхáга-ны / сы-б-ҧырхáга-м-кәа) **1.** to hinder sb; to disturb: ды-с-ҧырхáго-уп *he/she hinders me, он/она мне мешает.* Ака-гьы́ у-ҧырхáга-ӡа-м, аӡә-гьы́ д-у-ҧырхáга-ӡа-м. (AFL) *Nothing disturbs you, nobody disturbs you. Ничто тебе не мешает, никто тебе не мешает.* || и-а-ҧырхáга-м *all right, ничего.* **2.** (= **а-з-еицәа-рá**) to be harmful/injurious/unhealthy: А-ҭаҭы́н á-хара а-гәабзи́ара и-а-ҧырхáго-уп. *Smoking damages the health. Курение вредит здоровью.* Сарá а-ҩы́ с-ҧырхáго-уп. *Wine is contraindicated for me. Мне противопоказано вино.* А-ҳәажьы́ и-ҧырхáго-уп. *Pork is harmful to his health. Свинина вредна для его здоровья.* и-р-ҧырхáго-у ҟа-з-цó аӡәы́ *a person who is doing harm to them.* А-рас аары́хра и-а-ҧырхáго-уп. (AF) *Ferns are interfering with the harvest.*

а-ҧырхáга-ра *see* **а-ҧырхáга-заа-ра**

а-ҧырхáга-ха-ра [intr.] [C1-C2-N-R / C1-C2-N-Neg-R] [C1 disturb C2] (**Fin.** [pres.] сы-б-ҧырхáга-хо-ит / сы-б-ҧырхáга-хо-м (-ха-ӡо-м), [aor.] сы-б-ҧырхáга-хе-ит / сы-б-ҧырхáга-м-хе-ит (-ха-ӡе-ит), [imper.] бы-л-ҧырхáга-ха! / бы-л-ҧырхáга-м-ха-н!, шәы-л-ҧырхáга-ха! / шәы-л-ҧырхáга-м-ха-н!; **Non-fin.** [pres.] (C1) и-л-ҧырхáга-хо (*тот, который мешает ей*) / и-л-ҧырхáга-м-хо, (C2) ды-з-ҧырхáга-хо (*тот, которому он/она мешает*) / ды-з-ҧырхáга-м-хо, [aor.] (C1) и-л-ҧырхáга-ха / и-л-ҧырхáга-м-ха, (C2) ды-з-ҧырхáга-ха / ды-з-ҧырхáга-м-ха, [impf.] (C1) и-л-ҧырхáга-хо-з / и-л-ҧырхáга-м-хо-з, (C2) ды-з-ҧырхáга-хо-з / ды-з-ҧырхáга-м-хо-з, [past indef.] (C1) и-л-ҧырхáга-ха-з / и-л-ҧырхáга-м-ха-з, (C2) ды-з-ҧырхáга-ха-з / ды-з-ҧырхáга-м-ха-з; **Abs.** сы-б-ҧырхáга-ха-ны / сы-б-ҧырхáга-м-ха-кәа) **1.** to disturb; to prevent from: Шәы-с-ҧырх́ага-м-ха-н! *Don't disturb me! Не мешайте мне!* Сарá шәарá сы-шә-ҧырхáга-хо-м. *I won't disturb you. Я вам не помешаю.* А-ýс аны́-з-уа шәы-с-ҧырхáга-м-ха-н. *Don't disturb me* *when I am working. Не мешайте мне, когда я работаю.* А-мшцәгьа р-ҧырхáга-хе-ит, áкумзар урҭ иахьá а-ýс дý ҟа-р-цó-н. (AAD) *If the bad weather had not prevented them, they would have done a big thing today. Если бы плохая погода им не мешала, они сегодня сделали бы большое дело.*

а-ҧы́рцә [n.] (-қәа) a mane (of a horse).

а-ҧы́р-тц-ра [intr.] [C1-C2-Prev-R / C1-C2-Prev-Neg-R] [C1 move away from C2; C1 get a divorce from C2; C1 leave C2 alone] (**Fin.** [pres.] сы-л-ҧы́р-тц-уе-ит / сы-л-ҧы́р-тц-уа-м, [aor.] сы-л-ҧы́р-тц-ит / сы-л-ҧы́ры-м-тц-ит (-тц-ӡе-ит), [imper.] бы-с-ҧы́р-тц! / бы-с-ҧы́ры-м-тцы-н!; [poten.] и-з-а-ҧы́ры-м-тц-ит (*it/they could not move away from it*); **Non-fin.** [pres.] (C1) и-с-ҧы́р-тц-уа / и-с-ҧы́ры-м-тц-уа, [aor.] (C1) и-с-ҧы́р-тц / и-с-ҧы́ры-м-тц, [past indef.] (C1) и-с-ҧы́р-тцы-з / и-с-ҧы́ры-м-тцы-з; **Abs.** с-а-ҧы́р-тц-уа / с-а-ҧы́ры-м-тц-уа, с-а-ҧы́р-тц-ны / с-а-ҧы́ры-м-тц-кәа) **1.** to move away from sth/sb: У-с-ҧы́р-тц наҟ! *Move away from me! Отойди от меня!* А-машьы́на у-а-ҧы́р-тц! *Move away from the car! Отойти от машины!* **2.** (= **а-кәы́-тц-ра**) to leave alone; to take one's leave of: бы-л-ҧы́ры-м-тц-ит *you didn't leave her alone.* А-тцан д-на-и-ҧы́р-тц-ны, д-ахь-цó-з д-цé-ит. (AF) *He, taking his leave of the Ts'an, went to where he was going.* **3.** to be divorced from sb: Л-хáтца д-и-ҧы́р-тц-ит. *She got a divorce from her husband. Она разошлась с мужем.*

а-ҧы́рча [n.] corn chaff.

á-ҧырҩы [n.] (á-ҧырҩ-цәа) a pilot.

а-ҧы-тла-рá [intr.] [C1-Prev-R / C1-Neg-Prev-R *or* C1-Neg-Prev-R] [C1 come undone] (**Fin.** [pres.] и-ҧы-тлó-ит / и-ҧы-тлó-м, [aor.] и-ҧы-тлé-ит / и-м-ҧы-тлé-ит *or* и-ҧы́-м-тле-ит, [imper.] у-ҧы-тлá! / у-м-ҧы-тлá!; **Non-fin.** [pres.] (C1) и-ҧы-тлó / и-м-ҧы-тлó; **Abs.** и-ҧы-тла-ны́ / и-м-ҧы-тлá-кәа) **1.** to come undone/untied: А-шáха ҧы-тлé-ит. (ARD) *Веревка развязалась. The rope came untied.*

ҧыҭк 1. [indefinite pron.] some, several; a few: Какáн ҧыҭк сы́-ҭ. *Give me some nuts! Дай мне несколько орехов.* Сарá а-бызшәа-қәá ҧыҭк з-ды́р-уе-ит. *I know some languages. Я знаю несколько языков.* **2.** [adv.] a little, not much: Сарá ҧыҭк с-ааҧсé-ит. *I am a little tired. Я немного устал.*

ҧы́ҭрак [adv.] a little while: Ҧы́ҭрак á-шьҭахь ҳ-аиба-бá-п. *Let's see one another after a while! Увидимся позже!* Ҧы́ҭрак á-шьҭахь á-мш шәшь-и́т. (ANR) *After a while the weather turned dull.*

ҧыҭҩы́к [pron.] [human class] some, several: А-сас-цәа ҧыҭҩы́к аá-ит. *Several guests came.*

ҧы́хьа [adv.] (= **аҧáса**) before: ҧы́хьа éиҧш *as before.*

а-ҧы́хьатәи [adj.] (= **а-ҧáсатәи**) old, past.

ҧы́хьеиҧш [adv.] (= ҧы́хьа éиҧш) as of old; as before.

а-ҧы́хьа-шәа-ра [intr.] [C1-C2-Prev-R / C1-C2-Prev-Neg-R] [C1 fall into C2's hands] (**Fin.** [pres.] и-с-ҧы́хьа-шәо-ит / и-с-ҧы́хьа-шәо-м, [aor.] и-с-ҧы́хьа-шәе-ит (мне досталось/-лись то/те), ды-л-ҧы́хьа-шәе-ит / и-с-ҧы́хьа-м-шәе-ит, ды-л-ҧы́хьа-м-шәе-ит, [imper.] и-б-ҧы́хьа-шәа! / и-б-ҧы́хьа-м-шәа-н!; **Non-fin.** [pres.] (C1) и-с-ҧы́хьа-шәо / и-с-ҧы́хьа-м-шәо, (C2) и-з-ҧы́хьа-шәо / и-з-ҧы́хьа-м-шәо, [aor.] (C1) и-с-ҧы́хьа-шәа / и-с-ҧы́хьа-м-шәа, (C2) и-з-ҧы́хьа-шәа / и-з-ҧы́хьа-м-шәа; **Abs.** и-с-ҧы́хьа-шәа-ны / и-с-ҧы́хьа-м-шәа-кәа) **1.** to fall to the lot of, to pass to; to get into sb's hands: Шәҟәы́ бзиа-к с-ҧы́хьа-шәе-ит. (ARD) *Какая-то хорошая книга попалась мне в руки. A good book fell into my hands.* А-ҕьыч а-мили́циа ды-р-ҧы́хьа-шәе-ит. (ARD) *Вор попался в руки милиции. The thief fell into the hands of the police.*

а-ҧы-ҿҿ-рá* [labile] **(1)** [intr.] [C1-Prev-R+R] (**Fin.** [aor.] и-ҧы-ҿҿ-и́т / и-ҧы́-м-ҿҿ-ит, **Abs.** и-ҧы-ҿҿ-ны́ / и-ҧы́-мы-ҿҿ-кәа) **1.** to break/get broken into pieces: А-хáхә-кәа и-р-зы́-м-чҳа-кәа и-ҧы-ҿҿ-ны́ а-ца-рá и-á-ла-ге-ит. (AF) *The stones, unable to tolerate it, began to fracture to pieces.* **(2)** [tr.] [C1-Prev-C3-R] (**Fin.** [aor.] и-ҧ-и́-ҿҿ-ит / и-ҧ-и́-мы-ҿҿ-ит, [imper.] и-ҧ-ҿҿы́! / и-ҧы́-б-мы-ҿҿы-н!) **1.** to break into pieces. [cf. **а-ҧ-ҿ-ра́** "to break." The gemination of the root-consonant indicates the breaking "to pieces." (AF:125, Note, 3)]

а-ҧ(ы)шшәахәы́ [n.] (= **а-ҧштәы́**) color: А-цәаҟәа быжь ҧышшәахәы́-к а́-мо-уп. *The rainbow has seven colors.*

а-ҧы́шә [n.] (= **а-қьы́шә**) (а-ҧы́шә-қәа, ҧы́шә-к) a lip: д-ҧы́шә-чче-ит *he smiled.* хы́хьтәи а-ҧы́шә *the upper lip, верхняя губа.*

а-ҧы́шәа [n.] (-қәа) an experiment; an attempt, a try.

а-ҧы́шәара[1] [n.] (-қәа) **1.** examination: а-ҧы́шәара-қәа р-ҿазы́ҟатцара *preparation for the examinations.* Ҧы́шәара-к и-ҭи́-ит/а́-и-ҭе-ит. *He passed one examination. Он сдал один экзамен.* **2.** a trial; an experiment.

а-ҧы́-шәа-ра[2] [tr.] [C1-Prev-C3-R / C1-Prev-C3-Neg-R] [C3 test C1] (**Fin.** [pres.] и-ҧы́-с-шәо-ит / и-ҧы́-с-шәо-м, [aor.] и-ҧы́-с-шәе-ит / и-ҧы́-сы-м-шәе-ит, [imper.] и-ҧы́-шәа! / и-ҧы́-бы-м-шәа-н!; **Non-fin.** [pres.] (C1) и-ҧы́-с-шәо / и-ҧы́-сы-м-шәо, (C3) и-ҧы́-з-шәо / и-ҧы́-зы-м-шәо; **Abs.** и-ҧы́-шәа-ны / и-ҧы́-м-шәа-кәа) **1.** to try, to test, to experience: А-лаборато́риа-ҿы а́-жәла-қәа ҧы́-р-шәе-ит. (AAD) *Они испытали семена в лаборатории. They tested the seeds in the laboratory.* И-ҧы́шәо-у а-хәшәтәы́-га-қәа а́-ссир-қәа ҟа-р-цо́-ит. (IC) *Испытанные лечебные средства делают чудеса. The well-tried methods of treatment do wonders.*

Р р

-р-[1] [verbal affix] *used to mark the Causative (caus.).* [This marker is placed immediately before a radical. N.B. There are verbs with the order of "Causative-Preverb-Radical" in the causative form. According to Spruit (Spruit, SC5:74), there are only two verbs, а́-ла-ҭа-ра "to sow" and а́-ҟа-ҭа-ра "to do."]**:** д-и-р-гы́ле-ит *he lifted him/her up,* [cf. д-гы́ле-ит *he/she stood up*]. и-л-с-мы́-р-ҩ-ит *I didn't make her write it/them.* и-с-ды́-р-ҩ-ит *they made me write it/them.* и-д(ы)-с-мы́-р-ҟа-ҭе-ит *I did not make them do it/them.* и-у-зы-л-сы́-р-ҩ-ит *I made her write it/them to you.* и-д-сы́-р-ҟаҵо-ит *I am making them do it/them* [-д- < -р-]. и-д-сы́-р-рашәо-м *I am not making them weed it/them, его(нрз.)/их их я не заставляю полоть.* и-сы-з-ды́-р-ҟаҵо-м [poten.] *I cannot make them do it/them, его(нрз.)/их я не могу заставить их сделать.* и-с-амха-лы́-р-ҟаҵе-ит *I made her do it/them against my own volition, его(нрз.)/их я ее против своей воли заставил сделать.* А-мла и-а-кы́-з акы́ д-а-д-мы́-р-цха-ит. (AF) *They did not offer a bite to eat to one overcome with hunger.*

-р[2] [suffix] [added to the bare stem of dynamic verbs] **1.** *used to express an if-clause in the future.* "if," (cf. **-зар**)**:** и-сы-з-ҩы́-р *if I can write it.* и-с-зы́-м-ҩы-р *if I cannot write it.* Аҟуа-ҟа сы-з-ца́-р, с-ҩы́з-цәа з-бо́-ит. *If I can go to Sukhumi, I'll see my friends.* (Hewitt, Abkhaz:195) А-уаҩы́ ари́ а-шәҟәы́ д-а́-ҧхьа-р, а-кы́р еи-лы́-и-каа-уе-ит. *If a person reads this book, he will learn something.* А-қалақь ахь ды-ца́-р, а́имаа-қуа а́а-и-хуа-п. *If he goes to town, he'll buy some shoes.* С-ан-у́-ҭаххо с-ху́ц-қуа ҩба́ аа-и-хь-у́-шьы-р, уара́ у-ҿы́ с-аа́и-уе-ит. (Ab.Text) *When you need me, if you rub these two hairs together I will come to your side.*

2. *used to mark the subjunctive***:** Уатҳәы́ а-қәа́ а́-м-у-р, ҳ-аа-неи-ҩе́и-рын. *If it were not to rain tomorrow, we could take a walk. Если бы завтра не было дождя, мы бы погуляли.* Б-ца-р, ды-б-бо́-н. *If you had gone, you would have seen him.* [N.B. Imperfect is used in an apodosis.]

3. -р[+ **-о-уп**, **-р а́кәы-н**] [suffix] [with the copular radical **-а-**, **-акәы-**] *used to express strong obligation.* "must, have to; should" (cf. **а-хәҭа**, **-зар-**). (Hewitt, Abkhaz:192, 195) (**Fin.** [pres.] и-з-ҩы́-р-о-уп *I must write it* / и-сы-м-ҩы́-р-о-уп, [past] и-з-ҩы́-р а́кәы-н *I had to write it / I should have written it* / сы-м-ца́-р а́кәы-н *I should not have gone*)**:** Ды-с-шьы́-р-о-уп. (Ab.Text) *I must kill him.* А-шәҟәы́ з-ҩы́-р-о-уп. *I must write a letter.* А-статиа́ з-ҩы́-р-о-уп а-саа́ҭ х-ҧа р-ҟы́нӡа. *I must write the article by three o'clock. Я должен написать статью к 3 часам.* А-статиа́ з-ҩы́-р а́кәы-н а-саа́ҭ х-ҧа р-ҟы́нӡа. *I had to write the article by 3 o'clock. Я должен был написать статью к 3 часам.* А-шәҟәы́ сы-м-ҩы́-р-о-уп. *I don't have to write a letter. Я не должен написать письмо.* с-ца́-р-о-уп *I have to go* (= с-цара а-ҭахы-уп); сы-м-ца́-р-о-уп *I must not go.* Уажәы́-ҵәҟьа сара́ а-ӡлага́ра-хь с-ца́-р-о-уп. *Now I must go to the mill. Я сейчас же должен идти на мельницу.* А-ҳақьы́м и-ахь у-ца́-р-о-уп. *You must go to the doctor.* А-ҩы́з-цәа, шәара́ шә-ласы́-р-о-уп. (RAD) *Товарищи, вам надо торопиться. Friends, you must hurry up.* д-аа́-р-о-уп *he/she must come, он/она должен/-жна прибыть;* Уатҳәы́ а-шко́л ахь с-ца́-р-о-уп. *I must go to school tomorrow.* Ари́ а́-хәшә у-жә-а́анӡа еил-у-рх-р-о́-уп. *Before use, it is necessary to shake this medicine. Перед употреблением это лекарство надо болтать.* Бара́ а-те́кст б-а́-ҧхьа-р-о-уп. *You must read the text.* с-ца-р-а́кәы-н *I had to go / I should have gone.* [cf. А-ҩны́ ды-ҟа-**зар**-о́-уп. *He must be at home.*]

4. [with а-ҭахы́-заа-ра "to want"] *used to function as complement to the verb "want"***:** Лара́ а-шәҟәы́ с-зы́-л-ҩы-р (*or* с-зы́-л-ҩы-рц) с-ҭахы́-уп. *I want her to write a letter to me.* Ҳара́ иа́рбанзаалакь акы́ а́а-ҳ-хәа-р ан-а́ҳ-ҭахы́-у а-дәқьа́н (а-магази́н) а́хь ҳ-цо́-ит, ма́мзар-гьы а-ҵьырмы́кь (а-база́р-ахь). (AFL) *When we want to buy something, we go to a store or to a market (bazaar). Когда мы хотим купить что-нибудь, мы идем в магазин или на* *рынок (базар).* И-с-шәы-рбó-ндаз, иааигәаны́ с-á-хәаҧшы-р с-ҭахы́-уп! (AFL) *If only you had showed this to me, I would have wanted to look closely! Если бы вы показали мне это, я хотел бы посмотреть это поближе!* Аӡә а-мшы́н а-зáаигәара и-ҧсы́ и-шьá-**р** и-ҭахы́-уп, даҽаӡәы́ á-шьха-ҿы. (AFL) *Some want to take a holiday near the sea, others in the mountains. Одни хотят отдыхать близко к морю, другие в горах.*

5. [with some verbs such as á-ҟала-ра "to be possible," etc.]: С-цá-р ҟа-лó-н. *It was posible for me to go.* С-цá-р ҟа-ла-ӡó-мызт. *It was impossible for me to go.* А-фатә (...) а-уаӫы́ и-аá-и-хәа-р ҟа-лó-ит. (AFL) *A person can buy food. Человек может купить пищу.* Уарá д-ý-цща-р мáп лы-м-к-и́т. (Ab.Text) *She hasn't refused to be your wife.* А-дәы́ҕба с-á-г-ха-р ҳәа с-шәó-ит. (AAD) *I am afraid that I will miss the train.*

6. [with SP] *used in "that"-clause which expresses the object of the verb "fear"* [See ACST: Less.16]**:** Д-кá-ха-**р ҳәа** с-шәо-ит. *I am afraid that he/she will fall.* **(**ACST)

р(ы)-[3] [pronominal prefix] *used to mark the 3rd pl. possession.* "their"**:** Ари́ ýрҭ ры-шәҟә-қәá р-ó-уп. *These are their books.*

-р(ы)-[4] [verbal prefix] *a pronominal prefix denoting an agent/oblique of the third person pl. in Columns III/II respectively*, cf. -д-.

áр[1] [n.] (сы-р, ар-к) an army**:** аҕá и́-р *a hostile army.* И-р и́-ма-ны д-ры́-шьҭа-ле-ит и́-жәлар. *With his army he set off in search of his people.*

-ар[2] [nominal suffix] *used to mark a nominal collective pluralizer***:** а-цáр *the flock of birds.*

-р(а) [suffix] *a nominal derived suffix expressing an abstract idea***:** а-бéиа-ра *riches, wealth, богатство.* [< а-бéиа "rich, wealthy"]

-ра[1] [suffix] **1.** *used for making a masdar (a verbal noun)***:** á-ҟаца-ра *to do.* á-м-тәа-ра [dynamic] *not to sit down.* а-тәá-м-заа-ра [stative] *not to be seated.* а-шәҟә-қәá ры-ҩ-рá *the writing of books.* **2.** *used to derive an abstract noun from an adjective***:** а-бзи́а-ра *goodness.* á-лашьца-ра *darkness.* á-цәгьа-ра *badness.*

-ра[2] [verbal suffix] **1.** *used for making the non-finite forms of Future I***:** Аӡәы́ и-ҳәатәы́ хá-л-ца-ра-н[ы́] ды́-ҟа-ӡа-м! (AF) *She is not one to put any faith in what anyone has to say.* Ҿáҭахьа-ны и-ҟа-л-тцé-ит — 'хáтца с-шы́-м-ца-ра' ҳәа. (AF) *She made a vow that she would not marry.* **2.** should**:** и́-ҟа-ҳ-тца-ра *what should we do? что нам делать?* Ҧсы́хуа-с и-á-ҳ-ҭа-ра ҳа-з-ды́р-уа-м. (Ab.Text) *We don't know what is possible for us to do.* **3.** [without an article] *used to express a purpose.* "in order to"**:** Уáхь сарá хәаáхәҭ-ра с-áн с-дәы́қә-л-тца-ло-ит. (AFL) *My mother sends me there for purchases. Моя мать отправляет меня туда за покупками.*

-ра[3] [suffix] -time**:** áӡын-ра *wintertime.* ááҧын-ра *springtime.* ес-ӡын-рá *every wintertime.*

-ра[4] [suffix] -plantation**:** á-цьра *an oak-plantation.*

-ар(а)[1] [suffix] *used to mark a collective noun for animal young* (cf. **-с**)**:** pl. а-с-áр(а) "flock of lambs" (< а-сы́-с "a lamb," cf. а-с-áра-қәа "lambs").

арá[2] [adv.] **1.** (= **абрá**) here. здесь**:** И-ҟо-у-зеи арá? *What is happening here?* Сарá с-цó-ит, барá арá б-ааҧшы́. (RAD) *I'll go, but you, wait here!* **2.** here, hither. сюда**:** Миха арá у-аáи. *Mikha, come here! Миха, иди сюда.*

арá[3] [n.] (*measure*) cubit.

а-рá[4] [n.] (а-ра-қәá) a (wal)nut-tree.

-раа [suffix] "(X) and mates"; "X and friends/family/the rest"**:** Алхáс-раа *Alkhas and his friends.*

á-рааӡа-ра* [tr.] [C1-C2-C3-S{Caus-R}] [C3 make C2 educate C1] (**Fin.** [aor.] д-и-ды́-рааӡе-ит / д-и-д-мы́-рааӡе-ит, [imper.] д-и́-рааӡа! / д-и-б-мы́-рааӡа-н!) **1.** to make sb educate sb**:** А-хәычы́ д-и-ды́-рааӡе-ит. *They made him educate the child.* [cf. **ááӡа-ра** "to bring up"]

á-рааҧса-ра* [tr.] [C1-C3-S] [C3 tire C1] (**Fin.** [aor.] б-сы́-рааҧсе-ит / д-и-мы́-рааҧсе-ит, [imper.] ды́-рааҧса! / д-у-мы́-рааҧса-н!) **1.** to tire, to weary**:** Б-зы́-рааҧсе-и уиáҟара?

Why did you get so tired? [lit. *What tired you so much?*] *Отчего ты так устала?* [cf. **áаҧса-ра** "to become tired"]

а-рáа-ра [tr.] [C1-C3-R / C1-C3-NEg-R] [C3 cut down C1] (**Fin.** [pres.] и-с-рáа-уе-ит / и-с-рáа-уа-м, [aor.] и-с-рáа-ит, и-а-рáа-ит / и-сы-м-рáа-ит, и-а-м-рáа-ит, [imper.] и-рáа!, и-шә-рáа! / и-шәы-м-рáа-н!; **Non-fin.** [pres.] (C1) и́-с-раа-уа / и́-сы-м-раа-уа, (C3) и́-з-раа-уа / и́-зы-м-раа-уа; **Abs.** и-рáа-ны / и-м-раа-кәа) **1.** to cut down: á-ҵла д-рáа-ит *they cut down the tree.*

а-раа-рá [tr.] [C1-C2-C3-S / C1-C2-C3-Neg-S] [C3 lend C1 to C2] (**Fin.** [pres.] и-л-сы́-раа-уе-ит, и-л-ҳá-раа-уе-ит, и-л-ды́-раа-уе-ит (*they lend it to her*), и-д-сы́-раа-уе-ит (*I lend it to them*) / и-л-сы́-раа-уа-м (-раа-ӡо-м), и-л-ды́-раа-уа-м, и-д-сы́-раа-уа-м, [aor.] и-л-сы́-раа-ит, и-д-ды́-раа-ит (*they lent it to them*) / и-л-с-мы́-раа-ит (-раа-ӡе-ит), и-д-д-мы́-раа-ит (-раа-ӡе-ит) (*they didn't lend it to them*), [imper.] и-сы́-раа! / и-с-б-мы́-раа-н!, и-ды́-раа! (*lend it to them!*) / и-д-б-мы́-раа-н!, и-с-шәы́-раа! / и-с-шә-мы́-раа-н!, и-д-шәы́-раа! / и-д-шә-мы́-раа-н!; **Non-fin.** [pres.] (C1) и-л-сы́-раа-уа / и-л-с-мы́-раа-уа, (C2) и-з-сы́-раа-уа / и-з-с-мы́-раа-уа, (C3) и-л-зы́-раа-уа / и-л-з-мы́-раа-уа, [aor.] (C1) и-л-сы́-раа (*то, которое я одолжил ей*) / и-л-с-мы́-раа, (C2) и-з-сы́-раа (*тот, которому я одолжил его(нрз.)/их*) / и-з-с-мы́-раа, (C3) и-л-зы́-раа (*тот, который одолжил ей его(нрз.)/их*) / и-л-з-мы́-раа, [fut.1] (C1) и-л-сы́-раа-ра / и-л-с-мы́-раа-ра, (C2) и-з-сы́-раа-ра / и-з-с-мы́-раа-ра, (C3) и-л-зы́-раа-ра / и-л-з-мы́-раа-ра, [fut.2] (C1) и-л-сы́-раа-ша / и-л-с-мы́-раа-ша, (C2) и-з-сы́-раа-ша / и-з-с-мы́-раа-ша, (C3) и-л-зы́-раа-ша / и-л-з-мы́-раа-ша, [perf.] (C1) и-л-сы́-раа-хьоу (-хьа(ц)) / и-л-с-мы́-раа-хьоу (-хьа(ц)), (C2) и-з-сы́-раа-хьоу (-хьа(ц)) / и-з-с-мы́-раа-хьоу (-хьа(ц)), (C3) и-л-зы́-раа-хьоу (-хьа(ц)) / и-л-з-мы́-раа-хьоу (-хьа(ц)), [impf.] (C1) и-л-сы́-раа-уа-з / и-л-с-мы́-раа-уа-з, (C2) и-з-сы́-раа-уа-з / и-з-с-мы́-раа-уа-з, (C3) и-л-зы́-раа-уа-з / и-л-з-мы́-раа-уа-з, [past indef.] (C1) и-л-сы́-раа-з / и-л-с-мы́-раа-з, (C2) и-з-сы́-раа-з / и-з-с-мы́-раа-з, (C3) и-л-зы́-раа-з / и-л-з-мы́-раа-з, [cond.1] (C1) и-л-сы́-раа-ры-з / и-л-с-мы́-раа-ры-з, (C2) и-з-сы́-раа-ры-з / и-з-с-мы́-раа-ры-з, (C3) и-л-зы́-раа-ры-з / и-л-з-мы́-раа-ры-з, [cond.2] (C1) и-л-сы́-раа-ша-з / и-л-с-мы́-раа-ша-з, (C2) и-з-сы́-раа-ша-з / и-з-с-мы́-раа-ша-з, (C3) и-л-зы́-раа-ша-з / и-л-з-мы́-раа-ша-з, [plupf.] (C1) и-л-сы́-раа-хьа-з / и-л-с-мы́-раа-хьа-з, (C2) и-з-сы́-раа-хьа-з / и-з-с-мы́-раа-хьа-з, (C3) и-л-зы́-раа-хьа-з / и-л-з-мы́-раа-хьа-з; **Abs.** и-лы-рáа-ны / и-л-мы́-раа-кәа) **1.** to lend: и-д-ды́-раа-ит *they lent it/them to them.* И-с-лы́-раа-ит а-ҽы́. *She lent the horse to me. Она одолжила мне лошадь.* И-д-лы́-раа-ит а-ҽы́. *She lent the horse to them. Она одолжила им лошадь.* И-с-ры́-раа-ит а-ҽы́. *They lent the horse to me. Они одолжили мне лошадь.* А-ҽы́ сы́-раа! *Lend the horse to me! Одолжи мне лошадь!* Сарá а-ҧáра л-сы́-раа-ит. *I lent money to her. Я одолжил ей деньги.* Сарá а-ҧáра бы-л-сы́-р-раа-ит. *I made her lend money to you. Я заставил ее одолжить тебе деньги.* Урҭ а-ҧáра ды-с-ды́-р-раа-ит. *They made me lend money to them. Они заставили меня одолжить им деньги.*

арáатәи *see* **арáтәи**

а-рáдио [n.] (-қәа) a radio: рáдио-ла а-хәарá *to transmit by radio.* а-рáдио а-зы́ӡырҩ-ра *to listen to the radio.*

-раз [suffix]: А-шьха а-ҧсшьá-раз и-бзи́о-уп. (AFL) *It is good to rest in the mountains. Хорошо отдыхать в горах.*

á-раз [adj.] (разы́-к) good, kind; genial, good-natured: а-уаҩы́ раз *a kind person, добрый человек.*

а-разны́ [n.] (= **а-раӡны́**) (а-разы́н-қәа) silver: Разы́н ӡы́-ла зе́гь кәабó-уп. (AFL) *With silver water, everything is washed away. Серебряной водой все омыто.* И-ҧы́-ла-з и́-бжа раӡны́-н, и́-бжа хьы-н. (AF) *Half of the person he met was silver, his other half was gold.*

а-разкы́ [n.] **1.** happiness. **2.** fate, destiny, fortune. || **а-разкы́ а-к-рá** to have good luck: Иразk̇ы́ и-а-к-и́т. *He had luck. Ему повезло.*

а-размéр [n.] size.

-разы [suffix] *used to express a purpose,* (*see* **-рц**)**:** А-мца éиқәыла-разы с-á-ҭәҳәе-ит. *I blew on the fire so that it flared up. Я подул на огонь, чтобы он разгорелся.* [See Hewitt, AF:249, Note 28.]

á-раӡа-ра [tr.] [C1-C3-R / C1-C3-Neg-R] [C3 filter C1] (**Fin.** [pres.] и-л-раӡó-ит / и-л-раӡó-м, [aor.] и-л-раӡé-ит, и-á-раӡе-ит, и-д-раӡé-ит / и-лы-м-раӡé-ит, и-á-м-раӡе-ит, и-ды-м-раӡé-ит, [imper.] и-раӡá! / и-бы-м-раӡá-н!, и-шә-раӡá! / и-шәы-м-раӡá-н!; **Non-fin.** [pres.] (C1) и́-л-раӡо / и́-лы-м-раӡо, (C3) и-з-раӡó / и-зы-м-раӡó, [aor.] (C1) и́-л-раӡа / и́-лы-м-раӡа, (C3) и-з-раӡá / и-зы-м-раӡá, [impf.] (C1) и́-л-раӡо-з / и́-лы-м-раӡо-з, (C3) и-з-раӡó-з / и-зы-м-раӡó-з, [past indef.] (C1) и́-л-раӡа-з / и́-лы-м-раӡа-з, (C3) и-з-раӡá-з / и-зы-м-раӡá-з; **Abs.** и-раӡа-ны́ / и-м-раӡá-кәа) **1.** to filter, to strain**:** А-хш д-раӡó-ит. *They are straining the milk. Они процеживают молоко.*

а-рáӡа-ра [tr.] [< -р-áӡа- "Caus-time", cf. **áӡа-ра** "term"] [C1-C2-a-C3-S / C1-C2-a-C3-Neg-S] [C3 grant C2 C1(*a postponement*); C1 give C2 C1(time)] (**Fin.** [pres.] [aor.] и-с-á-л-раӡе-ит / и-с-á-лы-м-раӡе-ит, [imper.] и-с-á-раӡа! / и-с-á-бы-м-раӡа-н!, и-с-á-жә-раӡа!; **Non-fin.** [pres.] (C1) и-с-á-л-раӡо / и-с-á-лы-м-раӡо, (C2) и-з-á-л-раӡо / и-з-á-лы-м-раӡо, (C3) и-с-á-з-раӡо / и-с-á-зы-м-раӡо; **Abs.** и-с-á-раӡа-ны / и-с-á-м-раӡа-кәа) **1.** to grant a postponement**:** и-с-á-раӡа! *give me time!* и-б-á-с-раӡе-ит *I granted you a postponement.* Уахá затцәы́к и-с-á-жә-раӡа. (Ab.Text) *Allow me one night's grace.*

а-раӡны́ *see* **а-разны́**

а-раиóн [n.] (-қәа) **1.** a region. **2.** an area; a zone**:** Уи́ Очамчы́ра а-раиóн а-ҿы́ и́-k̇о-уп. (AFL) *This is in the region of Ochamchira. Это находится в районе Очамчира.*

а-раиóнтәи [adj.] local; regional.

-рак [suffix] *used to mark a fraction. This suffix is used when a numerator is one.* "one"**:** хҧá-рак *one-third.* хубá-рак *one-fifth.*

-р-а-кәы-н *see* **-(за)р-**

арáка [adv.] (= **арá**) **1.** here; at this spot**:** Арák̇а и-нхó-ит Џьапу́-аа. (ANR) *Here live the clans of Dzhap'ua.* Арák̇а и́-k̇о-уп а-k̇эша-қәá рáцәаны. (AFL) *Here there are many departments. Здесь есть много отделов.*

арáнӡа [adv.] up to here.

арáнтә [adv.] from here**:** арáнтә и-харá-м *it is not far from here.* Арáнтә ибзи́аны и-у-а-ҳа-уé-ит. *It is heard well from here.*

арáнтәи [adv.] (= **арсынтәи́**) **1.** from here.

-ра-ны [verbal suffix] (< -ра (Fut.I) + -ны (Abs)) **1.** must, have to**:** С-ҩы́за ды-з-ба-ра-ны́ сы́-k̇а-н. *I had to see my friend.* **2.** to be due to; must**:** Р-ҳәынтқáр а-дау́ д-аáи-ны д-и-фа-ра-ны́ ды́-k̇о-уп. (Ab.Text) *We are sure that the ogre is going to come and eat their King.* С-ҩы́за рцáҩы-с д-k̇ала-ра-ны́ ды́-k̇о-уп. *My friend must become a teacher.* Уи лы-шәk̇ы́ лассы́ и-ҭ-ры́-жь-ра-ны и́-k̇о-уп. *Her book is due to come out soon.* Убáсk̇ан д-аны-шә-зы́-м-к, нас уáха шә-и́-хәа-ра-ны шәы́-k̇а-м! (AF) *If you are unable to catch him at such a moment, then you are not destined to gain any further victory over him.*

а-рáҧ [n.] (а-рáҧ-цәа) **1.** Arab**:** а-рáҧ бызшәá *Arabic.* **2.** Negro.

рáҧхьа [adv.] [< р-áҧхьа "them-before"] at first, first**:** Рáҧхьа и-аá-да? *Who came first? Кто пришел раньше?*

рáҧхьаӡа [adv.] for the first time.

á-рас [n.] (á-рас-қәа) a fern.

а-расá [n.] (а-раса-қәá, расá-к) a small nut, a small walnut.

-ратәы [verbal suffix] [dial.] *see* **-ртә**

арáтәи [adv.] of this place.

ара́хь [adv.] (= **абра́хь**) [< а(б)ра́ 'here' + [а-]ахь 'to'] **1.** hither, here**:** Зи́на ара́хь б-аа́-и. *Zina, come here! Зина, иди сюда!* **2.** look!

а́-рахә [n.] (а́-рахә-қәа, сы́-рахә) [= **а-ҩна́тә ԥстә-қәа́** *domestic(ated) animals*] cattle**:** Сы́-рахә сы́-ма На́аҟа с-цо́-ит. (GAL) *Я со своим скотом иду в Наа. I go to Naa with my own cattle.* Аԥхын а́-хьча-цәа (/а́-хышь-цәа) ры́-рахә а́-шьха и-ка́-р-цо-ит. (AFL) *The herdsmen drive their cattle away to the mountain in summer. Летом пастухи угоняют свой скот в гору.*

а-рахәы́ц [n.] (-қәа, рахәы́ц-к) a thread**:** а-раху́ц а-нцара́ *to wind threads, мотать нитки.* бырфы́н рахәы́ц-к *a silk thread.*

рацәа́[1] [adv.] very, very much.

рацәа́[2] [adj.] **1.** (*of things*) plural**:** а-шәҟәы́ рацәа́ *many books.* **2.** [predicate] (**Fin.** [pres.] и-рацәо́-уп / и-рацәа́-м) Ара́ҟа и-рацәо́-уп а́-тдла ԥшʒа-қәа́. *There are many beautiful trees here. Здесь много красивых деревьев.* А-ҩын у́с-қәа рацәо́-уп. *There are many household chores.* [cf. **рацәаны́**, **рацәаҩны́**. **а-ма́ч** "few, little"]

а-ра́цәа [n.] (-қәа) coal.

-рацәаʒаны́ [adv.] a great many; in huge numbers**:** И-рацәаʒаны́ и-с-з-аа-и-ге́-ит. *He brought a great many things for me. Он мне принес очень много вещей.*

-рацәаны́ [adv.] (*of things*) many**:** а-шәҟә-қәа́ рацәаны́ *many books, много книг.* Аџьырмы́кь а-ҿы́ а́-фатә-қәа рацәаны́ и-р-ҭи-уа́-н. *They sell many foods in the market. На рынке продают много продуктов.* Ара́ҟа и́-ҟо-уп а-ҟәша-қәа́ рацәаны́. (AFL) *There are many departments here.* А-у́с рацәаны́ и-у-е́-ит. *He works a lot. Он много работает.* и-рацәаны́ а-цәа́жәа-ра *to talk a lot, много разговаривать.* [cf. **рацәа́**, **рацәаҩны́**]

а́-рацәа-ха-ра [intr.] (**Fin.** [aor.] и-рацәа-хе́-ит) (*in amount, number*) to increase.

а-рацәа́тцыхҩы́ [n.] (-хҩ-цәа́) a miner; a collier.

рацәа́ҩ [adj.] (*of people*) many**:** а-ҕьы́ч рацәа́ҩ *many thieves.*

рацәаҩны́ [adv.] (*of people*) many**:** а-студе́нт-цәа рацәаҩны́ *many students, много студентов.* Шәара́ а-ҩы́з-цәа рацәаҩны́ и-шәы́-мо-у-ма? (AFL) *Do you have many friends? У вас много друзей?* Аибашьра ҟала́-анʒа, Та́мшь да́араʒа ауаа́ рацәаҩны́ и-н-хо́-н. (AFL) *Very many people lived in Tamsh' before the war. До войны в Тамшь жило очень много людей.* Рацәаҩны́ а-ҩы́з-цәа и́-мо-уп. *He has many friends.*

а́-раш [n.] (-қәа) an elm.

а́-рашпа [n.] elm-plantation.

а-рашы́х [n.] ground nut.

а-ра́шь [n.] (-қәа, и-ра́шь, рашь-к) **1.** (*mythology*) the winged horse. **2.** a steed; a charger**:** Уи́ ны́ҟәага-с и́-ма-з ра́шьы-н. *A steed was his means of transport.*

а́-рашәара[1] [n.] (-қәа) weeding.

а́-рашәа-ра[2] [labile] **(1)** [intr.] [C1-R / C1-Neg-R] [C1 weed] (**Fin.** [pres.] д-рашәо́-ит / д-рашәо́-м, [aor.] д-рашәе́-ит / ды-м-рашәе́-ит, [imper.] б-рашәа́! / бы-м-рашәа́-н!; **Non-fin.** (C1) [pres.] и́-рашәо / и́-м-рашәо, [aor.] и́-рашәа / и́-м-рашәа, [impf.] и́-рашәо-з / и́-м-рашәо-з, [past indef.] и́-рашәа-з / и́-м-рашәа-з) **1.** to weed. **(2)** [tr.] [C1-C3-R / C1-C3-Neg-R] [C3 weed C1] (**Fin.** [pres.] и-л-рашәо́-ит / и-л-рашәо́-м, [aor.] и-л-рашәе́-ит / и-лы-м-рашәе́-ит; **Non-fin.** [pres.] (C1) и́-л-рашәо / и́-лы-м-рашәо, (C3) и-з-рашәо́ / и-зы-м-рашәо́, [aor.] и́-л-рашәа / и́-лы-м-рашәа, (C3) и-з-рашәа́ / и-зы-м-рашәа́, [impf.] и́-л-рашәо-з / и́-лы-м-рашәо-з, (C3) и-з-рашәо́-з / и-зы-м-рашәо́-з, [past indef.] и́-л-рашәа-з / и́-лы-м-рашәа-з, (C3) и-з-рашәа́-з / и-зы-м-рашәа́-з; **Abs.** и-рашәа-ны́ / и-рашәа́-м-кәа *or* и-м-рашәа́-кәа) **1.** to weed**:** [caus.] и-д-сы́-р-рашәо-м *I don't make them weed it/them.* А-ҭаты́н х-рашәо́-ит. *We weed the tobacco. Мы полем табак.* А-у́траҟатцаҩ-цәа р-у́тра-қәа д-рашәо́-н. (ACST) *The vegetable-gardeners were weeding their vegetable-plots.*

P

рашәара́ [n.] (= **иу́н**) June.

а́-рбааӡа-ра [tr.] [C1-C3-S / C1-C3-Neg-S] [C3 wet C1] (**Fin.** [pres.] и-сы́-рбааӡо-ит / и-сы́-рбааӡо-м (-рбааӡа-ӡо-м), [aor.] и-сы́-рбааӡе-ит / и-с-мы́-рбааӡе-ит, [imper.] и́-рбааӡа! / и-б-мы́-рбааӡа-н!; **Non-fin.** [pres.] (C1) и-сы́-рбааӡо / и-с-мы́-рбааӡо, (C3) и-зы́-рбааӡо / и-з-мы́-рбааӡо; **Abs.** и́-рбааӡа-ны / и-мы́-рбааӡа-кәа) **1.** to wet, to moisten: а-хахәы́ а́-рбааӡара *to wet the hair.* А-хәыч-қәа́ а-қәа́ и-а́-рбааӡе-ит. *The children got drenched in the rain. Дети промокли под дождем.* [cf. **а-бааӡа-ра́** "to get soaked, to get drenched"]

а-рбаа-ра́* [tr.] [C1-C3-S] [C3 let C1 rot] (**Fin.** [aor.] и-сы-рбаа́-ит / и-с-мы-рбаа́-ит, [imper.] и-рбаа́! / и-б-мы-рбаа́-н!) **1.** to let sth rot, to let sth go bad: А-кәа́ц и-рбаа́-ит. *He let the meat go bad. Он сгноил мясо.* [cf. **а-баа́** "totten"]

а́рбаӷь [n.] (а́рбаӷь-қәа, рба́ӷь-к) a cock, a fowl: а-бна́тә а́рбаӷь *a wild fowl.* а-ҩна́тә а́рбаӷь a *domestic fowl.*

-а́рбан [unterrogative pron.] *used as a stem for making interrogative pronouns "what," "who":* д-а́рабан "who," и-а́рбан "what," у-а́рабан "who are you?," шә-а́рбан-қәо-у? *who are you (Pl.)?".* [See **д-а́рбан**, **и-а́рбан**]

а-рба-ра́[1] [tr.] [-р-ба- "Caus-see"] [C1-C2-C3-S / C1-C2-C3-Neg-S] [C3 show C1 to C2] (**Fin.** [pres.] и-л-сы-рбо́-ит (*я покажу ей его(нрз.)/их*), и-ах-лы-рбо́-ит (*она покажет нам его(нрз.)/их*), и-л-на-рбо́-ит / и-л-сы-рбо́-м (-рба-ӡо́-м), [aor.] и-л-сы-рбе́-ит / и-л(ы)-с-мы-рбе́-ит (-рба-ӡе́-ит), [imper.] и-лы-рба́! (*покажи ей его(нрз.)/их!*) / и-л-б-мы-рба́-н!, и-л-шәы-рба́! / и-л(ы)-шә-мы-рба́-н!; **Non-fin.** [pres.] (C1) и-л-сы-рбо́ (*то, которое я показываю ей*) / и-л-с-мы-рбо́, (C2) и-з-сы-рбо́ (*тот, которому я показываю его(нрз.)/их*) / и-з-с-мы-рбо́, (C3) и-л-зы-рбо́ (*тот, который показывает ей его(нрз.)/их*) / и-л-з-мы-рбо́, [aor.] (C1) и-л-сы-рба́ / и-л-с-мы-рба́, (C2) и-з-сы-рба́ / и-з-с-мы-рба́, (C3) и-л-зы-рба́ / и-л-з-мы-рба́, [impf.] (C1) и-л-сы-рбо́-з / и-л-с-мы-рбо́-з, (C2) и-з-сы-рбо́-з / и-з-с-мы-рбо́-з, (C3) и-л-зы-рбо́-з / и-л-з-мы-рбо́-з, [past indef.] (C1) и-л-сы-рба́-з / и-л-с-мы-рба́-з, (C2) и-з-сы-рба́-з / и-з-с-мы-рба́-з, (C3) и-л-зы-рба́-з / и-л-з-мы-рба́-з; **Abs.** и-лы-рба-ны́ / и-л-мы-рба́-кәа) **1.** to show: и-л-ды-рбо́-ит *they will show it/them to her.* и-д-сы-рбо́-ит *I will show it/them to them.* и-д-ды-рбо́-ит *they will show it/them to them.* и-с-шәы-рбо́-ндаз *if you had only showed it/them to me.* А-дуне́и а-ҿы́ зегь р-е́иҳа з-жьы хаа-у А-маҭ и-а-шәы-рба́! (AF) *Show the snake that which has the sweetest flesh in the world!* [cf. **а-ба-ра́** "to see"]

а-рба-ра́[2] [tr.] [C1-C3-S / C1-C3-Neg-S] [C3 dry/wipe C1] (**Fin.** [pres.] и-сы-рбо́-ит, и-ды-рбо́-ит / и-сы-рбо́-м (-рба-ӡо́-м), и-ды-рбо́-м (-рба-ӡо́-м), [aor.] и-сы-рбе́-ит, и-ҳа-рбе́-ит / и-с-мы-рбе́-ит (-рба-ӡе́-ит), и-аҳ-мы-рбе́-ит (-рба-ӡе́-ит), [imper.] и-рба́! / и-б-мы-рба́-н!, и-шәы-рба́! / и-шә-мы-рба́-н!; **Non-fin.** [pres.] (C1) и-сы-рбо́ / и-с-мы-рбо́, (C3) и-зы-рбо́ / и-з-мы-рбо́; **Abs.** и-рба-ны́ / и-мы-рба́-кәа) **1.** to dry: На́с и-бааӡа́-з ҳа-рбе́-ит. *Then we dried the wet thing. Затем мы просушили мокрую вещь.* **2.** to wipe: С-напы́ мпахьшьы́-ла и-сы-рбе́-ит. *I wiped my hands with a towel.* У-напы́ у-рба́-ма? *Did you wipe your hands? Ты вытер руки?* [cf. **а-ба-ра́** "to dry (out)"]

а-рбга-ра́ [tr.] [C1-C3-S / C1-C3-Neg-S] [C3 destroy C1] (**Fin.** [aor.] и-ды-рбге́-ит / и-д-мы-рбге́-ит, [imper.] и-рбга́! / и-у-мы-рбга́-н!) **1.** to destroy: а-хы́бра ды-рбге́-ит *they destroyed the building.* [cf. **а-бга-ра́** "to collapse"]

а-рбе́иа-ра* [tr.] [C1-C3-S / C1-C3-Neg-S] [C3 enrich C1] (**Fin.** [aor.] и-ды-рбе́ие-ит / и-д-мы-рбе́ие-ит, [imper.] и-рбе́иа! / и-б-мы-рбе́иа-н!) **1.** to enrich: А-музе́и еқспона́т ҿы́ц-ла и-ды-рбе́ие-ит. (ARD) *Они обогатили музей новыми экспонатами. They enriched the library with new exhibits.* [cf. **а-бе́иа** "rich"]

а-р(ы)бза-ра́ [tr.] [C1-C3-S / C1-C3-Neg-S] [C3 lick C1] (**Fin.** [pres.] д-сы-рбзо́-ит / д-сы-рбзо́-м (-рбза-ӡо́-м), [aor.] д-сы-рбзе́-ит / ды-с-мы-рбзе́-ит (-рбза-ӡе́-ит), [imper.] сырбза́! / сы-б-мы-рбза́-н!, с-шәы-рбза́! / сы-шә-мы-рбза́-н!; **Non-fin.** [pres.] (C1) и-сы-рбзо́ / и-с-мы-рбзо́, (C3) д-зы-рбзо́ / ды-з-мы-рбзо́; **Abs.** ды-рбза-ны́ / д-мы-рбза́-кәа) **1.** to lick: ҳ-ды-рбзо́-ит *they lick us.* д-ды-рбзе́-ит *they licked him/her.* А-цгәы́ а-ҧа́ а-рбзо́-ит. *The cat is licking the kitten. Кошка лижет котенка.* [cf. **а́-бз** "a tongue"]

а-рбзи́а-ра [a-rbzə́ja-ra] [tr.] [C1-C3-S / C1-C3-Neg-S] [C3 make C1 better] (**Fin.** [pres.] и-лы-рбзи́о-ит / и-лы-рбзи́о-м (-рбзи́а-ӡо-м), [aor.] и-лы-рбзи́е-ит / и-л-мы-рбзи́е-ит, [imper.] и-рбзи́а! / и-б-мы-рбзи́а-н!, и-шәы-рбзи́а! / и-шә-мы-рбзи́а-н!; **Non-fin.** [pres.] (C1) и-лы-рбзи́о / и-л-мы-рбзи́о, (C3) и-зы-рбзи́о / и-з-мы-рбзи́о, [aor.] (C1) и-лы-рбзи́а / и-л-мы-рбзи́а, (C3) и-зы-рбзи́а / и-з-мы-рбзи́а, [impf.] (C1) и-лы-рбзи́о-з / и-л-мы-рбзи́о-з, (C3) и-зы-рбзи́о-з / и-з-мы-рбзи́о-з, [past indef.] (C1) и-лы-рбзи́а-з / и-л-мы-рбзи́а-з, (C3) и-зы-рбзи́а-з / и-з-мы-рбзи́а-з; **Abs.** и-рбзи́а-ны / и-мы-рбзи́а-кәа *or* и-рбзи́а-м-кәа) **1.** to improve; to make good: и-ды-рбзи́е-ит *they made it/them better, они сделали его(нрз.)/их лучше.* А-фатә-қуа и-ры́-ла-р-цо-ит, агьа́ма арбзи́а-рц. (ANR) *They put it in foodstuffs to enchance the flavor.* [cf. **а-бзи́а** "good"]

а́-рб(ы)зк-ра = **а́-рб(ы)зтә-ра**

а́-рб(ы)зтә-ра* [tr.] [C1-C3-S] (**Fin.** [aor.] и-рб(ы)зтә-и́т / и-м-рб(ы)зтә-и́т, [imper.] и-рб(ы)зтәы́! / и-б-мы-рб(ы)зтәы́-н!) **1.** (*of a razor, a knife*) to sharpen: а-дала́ҟь а́-рбызтәра *to sharpen a razor.*

а-рбытц-ра́ [tr.] [C1-C3-S / C1-C3-Neg-S] [C3 knead C1] (**Fin.** [pres.] и-лы-рбытц-уе́-ит / и-лы-рбытц-уа́-м (-рбытц-ӡо́-м), [aor.] и-лы-рбытц-и́т, и-ҳа-рбытц-и́т / и-л-мы-рбытц-и́т (-рбытц-ӡе́-ит), и-аҳ-мы-рбытц-и́т (-рбытц-ӡе́-ит), [imper.] и-рбытцы́! / и-б-мы-рбытцы́-н!, и-шәы-рбытцы́! / и-шә-мы-рбытцы́-н!; **Non-fin.** [pres.] (C1) и-лы-рбытц-уа́ / и-л-мы-рбытц-уа́, (C3) и-зы-рбытц-уа́ / и-з-мы-рбытц-уа́, [aor.] (C1) и-лы-рбытцы́ / и-л-мы-рбытцы́, (C3) и-зы-рбытцы́ / и-з-мы-рбытцы́, [impf.] и-лы-рбытц-уа́-з / и-л-мы-рбытц-уа́-з, (C3) и-зы-рбытц-уа́-з / и-з-мы-рбытц-уа́-з, [past indef.] (C1) и-лы-рбытцы́-з / и-л-мы-рбытцы́-з, (C3) и-зы-рбытцы́-з / и-з-мы-рбытцы́-з; **Abs.** и-рбытц-ны́ / и-мы-рбытцы́-кәа) **1.** to knead: а-ны́шәаҧшь а-рбытцра́ *to knead clay, мять глину.*

арга́ма [adv.] **1.** waking, in reality: ҧхыӡ-ла а́кәы-м, арга́ма *not in dreams, but in reality, не во сне, а наяву.* **2.** openly: Арга́ма д-ны́ҟәо-н. *He/She used to travel around openly.*

а-рга-ра́[1]* [tr.] (**Fin.** [aor.] д-а-ды-ргé-ит / д-а-д-мы-ргé-ит, [imper.] д-а-рга́! / д-а-б-мы-рга́-н!) **1.** to make sb take/carry sth: а́-хьымӡӷ ҳ-и-ргé-ит *he brought shame on us.* || **а́-мла д-а-ды-ргé-ит** *he/she was starved to death.* || **а-лаба́ д-а-ды-ргé-ит** he/she was hit with a stick.

а-рга-ра́[2] [tr.] [C1-C3-S / C1-C3-Neg-S] [C3 raise C1[a sound]] (**Fin.** [pres.] и-рго́-ит / и-рго́-м, и-а-рго́-ит / и-а-рго́-м, [aor.] и-а-ргé-ит / и-а-мы-ргé-ит, [imper.] и-б-мы-рга́-н!; **Non-fin.** [pres.] (C1) и-а-рго́ / и-а-мы-рго́, (C3) и-зы-рго́ / и-з-мы-рго́; **Abs.** и-а-рга-ны́ / и-а-мы-рга́-кәа) **1.** (*about a sound, etc.*) to emit, to produce: Бы-бжьы́ б-мы-рга́-н! *Don't raise a sound!* [*lit. Don't raise your voice!*] Уа, а́-ҧшәма у-ҟо́-у-ма? — ҳәа и-бжьы́ на-и-ргé-ит. (AF) *'Hey, is the owner at home in there?' he called out.*

а́-ргачамк-ра [tr.] [C1-C3-S / C1-C3-Neg-S] [C3 charm C1] (**Fin.** [pres.] д-сы́-ргачамк-уе-ит / д-сы́-ргачамк-уа-м, [aor.] д-сы́-ргачамк-ит / ды-с-мы́-ргачамк-ит, [imper.] д-ргача́мк! / ды-б-мы́-ргачамкы-н!; **Non-fin.** [pres.] (C1) и-сы́-ргачамк-уа / и-с-мы́-ргачамк-уа, (C3) д-зы́-ргачамк-уа / ды-з-мы́-ргачамк-уа; **Abs.** ды́-ргачамк-ны / д-мы́-ргачамк-кәа) **1.** (= **а́-ршанха-ра**) to charm, to fascinate: у-зы́-ргачамк-уа *очаровательный, charming, fascinating.* Арти́ст и-бжьа́-ла а́-жәлар и́-ргачамк-ит. *The artist charmed the audience with his voice. Артист очаровал публику своим голосом.*

а-ргы́ла-ра[1] [tr.] [C1-C3-S / C1-C3-Neg-S] [C3 build C1] (**Fin.** [pres.] и-сы-ргы́ло-ит, и-а-ргы́ло-ит / и-сы-ргы́ло-м, [aor.] и-сы-ргы́ле-ит, и-а-ргы́ле-ит / и-с-мы-ргы́ле-ит, и-а-мы-ргы́ле-ит, [fut.1] и-сы-ргы́ла-п / и-сы-ргы́ла-рым, [fut.2] и-сы-ргы́ла-шт / и-сы-ргы́ла-шам, [perf.] и-сы-ргы́ла-хьеит / и-с-мы-ргы́ла-ц(т), [impf.] и-сы-ргы́ло-н / и-сы-ргы́ло-мызт, [past indef.] и-сы-ргы́ла-н / и-сы-ргы́ла-зт, [cond.1] и-сы-ргы́ла-рын / и-сы-ргы́ла-рымызт, [cond.2] и-сы-ргы́ла-шан / и-сы-ргы́ла-шамызт, [plupf.] и-сы-ргы́ла-хьан / и-с-мы-ргы́ла-цызт, [imper.] и-ргы́л(а)!, ды-ргы́л! / и-б-мы-ргы́ла-н!, и-шәы-ргы́ла!, д-шәы-ргыл! / и-шә-мы-ргы́ла-н!, [caus.] и-с-ды-р-ргы́ло-ит (*они заставляют меня строить его(нрз.)/их*); **Non-fin.** [pres.] (C1) и-лы-ргы́ло / и-л-мы-ргы́ло, (C3) и-зы-ргы́ло / и-з-мы-ргы́ло, [aor.] (C1) и-лы-ргы́ла / и-л-мы-ргы́ла, (C3) и-зы-ргы́ла / и-з-мы-ргы́ла, [impf.] (C1) и-лы-ргы́ло-з / и-л-мы-ргы́ло-з, (C3) и-зы-ргы́ло-з / и-з-мы-ргы́ло-з, [past indef.] (C1) и-лы-ргы́ла-з / и-л-мы-ргы́ла-з, (C3) и-зы-ргы́ла-з / и-з-мы-ргы́ла-з; **Abs.** и-ргы́ла-ны / и-мы-ргы́ла-кәа) **1.** to build: А-ргы́лаҩ-цәа а-ҩны́ ды-ргы́ле-ит. *The builders built the house.* Ааигәа а-қы́тантәи а-шко́л хәыч-қәа́ и-ры-з-ды-ргы́ле-ит а-шко́л бзи́а. (AFL) *In the village, which is nearby, they built a good school for the school children. В деревне, которая находится близко, для школьников построили хорошую школу.* **2.** to put, to place; to make sb stand: Уи сара́ д-сы-ргы́ле-ит. *I made him/her stand.* А-ве́дра а-сто́л а́-тцаҟа и-ргы́л! (*or* А-ве́дра а-сто́л и́-тца-ргыл!) *Put the bucket under the table! Поставь ведро под стол!* **3.** to create: Ҳара́ и-ҳа-ргы́л-т а-социали́сттә ҳәынтҟа́рра ҿы́ц. *We created a new socialist state.* [cf. **а-гы́ла-ра** "to stand up"]

а-ргы́лара[2] (-қәа) **1.** building. **2.** a building/construction: С-аҳәшьа́ а-ргы́лара-ҿы ау́с л-у-е́-ит. *My sister works on the building site.*

а-р-гы́ла-ра[3] [tr.] [C1-C3-Caus-R / C1-C3-Neg-Caus-R] [C3 make C1 stand up] (**Fin.** [pres.] и-сы-р-гы́ло-ит / и-сы-р-гы́ло-м (-гы́ла-ӡо-м), [aor.] и-сы-р-гы́ле-ит / и-с-мы-р-гы́ле-ит (-гы́ла-ӡе-ит), [imper.] и-р-гы́л! / и-б-мы-р-гы́ла-н!, и-шәы-р-гы́л! / и-шә-мы-р-гы́ла-н!; **Non-fin.** [pres.] (C1) и-лы-р-гы́ло, (C3) д-зы-р-гы́ло / (C1) и-л-мы-р-гы́ло, (C3) ды-з-мы-р-гы́ло, [aor.] (C1) и-лы-р-гы́ла, (C3) д-зы-р-гы́ла / (C1) и-л-мы-р-гы́ла, (C3) ды-з-мы-р-гы́ла, [impf.] (C1) и-лы-р-гы́ло-з, (C3) д-зы-р-гы́ло-з / (C1) и-л-мы-р-гы́ло-з, (C3) ды-з-мы-р-гы́ло-з, [past indef.] (C1) и-лы-р-гы́ла-з, (C3) д-зы-р-гы́ла-з / (C1) и-л-мы-р-гы́ла-з, (C3) ды-з-мы-р-гы́ла-з; **Abs.** ды-ргы́ла-ны / д-мы́-ргы́ла-кәа) **1.** to make stand up, to make sb get to one's feet: с-гәы́ с-а-мы-ргы́ло (...). (AFL) *my heart, not giving me peace,* (...), *сердце мое, не давая мне покоя* (...). Д-ан-д-мы-р-гы́ла-ӡа иара́ и-ха́ла д-гы́ле-ит. *In the end, when they didn't let him stand up, he himself stood up. В конце концов, когда ему не дали встать, он сам встал.*

а-ргы́лаҩ(ы) [n.] (а-ргы́лаҩ-цәа, ргы́лаҩы-к) a builder: сы-ргы́лаҩы-н *I was a builder.*

а́-ргьажь-ра *see* **а́-ргьежь-ра**

а́-ргьежь-ра[1] [tr.] [C1-C3-S / C1-C3-Neg-S] [C3 make C1 round] (**Fin.** [pres.] и-сы-ргьежь-уе́-ит / и-сы-ргьежь-уа́-м, [aor.] и-сы-ргьежь-и́т / и-с-мы́-ргьежь-ит, [imper.] и́-ргьежь! / и-б-мы́-ргьежьы-н!; **Non-fin.** [pres.] (C1) и-сы́-ргьежь-уа / и-с-мы́-ргьежь-уа, (C3) и-зы́-ргьежь-уа / и-з-мы́-ргьежь-уа) **1.** to round, to round off.

а́-ргьежь-ра[2] [tr.] [C1-C3-S / C1-C3-Neg-S] [C3 return / turn C1] (**Fin.** [pres.] и-сы́-ргьежь-уе-ит / и-сы́-ргьежь-уа-м, [aor.] и-сы́-ргьежь-ит / и-с-мы́-ргьежь-ит, [imper.] и́-ргьежь! / и-б-мы́-ргьежьы-н!; **Non-fin.** [pres.] (C1) и-сы́-ргьежь-уа / и-с-мы́-ргьежь-уа, (C3) и-зы́-ргьежь-уа / и-з-мы́-ргьежь-уа; **Abs.** и́-ргьежь-ны / и-мы́-ргьежь-кәа) **1.** to return, to give back: Аа́хәаҩ а-ҧа́рацәынха и-з-сы́-ргьажь-ит. *I returned the change to the customer. Я вернул сдачу покупателю.* **2.** to roll, to turn: а́-маа а́-ргьежьра *to turn the handle, крутить ручку.* [cf. **а́-гьежь-ра** [intr.] "to go back; to turn"]

-р-гьы [verbal suffix] (= **-зар-гьы**) **1.** even though, although; even if : А-мра ҧха́-р-гьы хьҭа-хо́-ит. *Although (even if) the sun shines, it will become cold.* А-қалақь ахь уатцәы́ с-ца́-ргьы, ак-гьы́ а́а-с-хәо-м. *Although I shall go to town tomorrow, I shan't buy anything at all.* А-ҧха́ д-б-а́у-ргьы ҧсыхәа́-к б-з-а́а-у-п. (Ab.Text) *Even if you had a girl, we can help you.* **2.** [with a adverb егьа́] *used to express concession/indefiniteness.* "however; whatever":

Аҧсуаа р-зы егьа́ бзи́ара х-зы́-ҟа-тца-ргьы и-а-ҧсо́-уп. (AF) *Whatever kindness we can do for the Abkhazians, they are worth it.*

а-ргәа́а-ра [tr.] [C1-C3-S / C1-C3-Neg-S] [C3 make C1 angry] (**Fin.** [pres.] д-сы-ргәа́а-уе-ит (*я сержу его/ее*) / д-сы-ргәа́а-уа-м (-ӡо-м), [aor.] д-сы-ргәа́а-ит / ды-с-мы-ргәа́а-ит (-ӡе-ит), [imper.] ды-ргәа́а! / ды-б-мы-ргәа́а-н!, д-шәы-ргәа́а! / ды-шә-мы-ргәа́а-н!; **Non-fin.** [pres.] (C1) и-лы-ргәа́а-уа / и-л-мы-ргәа́а-уа, (C3) д-зы-ргәа́а-уа / ды-з-мы-ргәа́а-уа, [aor.] (C1) и-лы-ргәа́а / и-л-мы-ргәа́а, (C3) д-зы-ргәа́а / ды-з-мы-ргәа́а, [impf.] (C1) и-лы-ргәа́а-уа-з / и-л-мы-ргәа́а-уа-з, (C3) д-зы-ргәа́а-уа-з / ды-з-мы-ргәа́а-уа-з, [past indef.] (C1) и-лы-ргәа́а-з / и-л-мы-ргәа́а-з, (C3) д-зы-ргәа́а-з / ды-з-мы-ргәа́а-з; **Abs.** ды-ргәа́а-ны / д-мы-ргәа́а-кәа) **1.** to make angry, to anger; to offend**:** с-ды-р-гәа́а-ит *they made me angry, они меня рассердили.* Уи́ и-гуна́мӡара сара́ с-а-ргәа́а-уе-ит. *His dissatisfaction makes me angry. Его недовольство меня сердит.* И-ҟа-и-тца-кәо-з зегьы́ А-нцәа́ д-а-ргәа́а-уа д-а́-ла-ге-ит. (Abkhaz Text) *All the things that he used to do started to make God angry.* [cf. **а-гәа́а-ра** "to get angry"]

а-ргәа́к-ра [tr.] [C1-C3-S / C1-C3-Neg-S] [C3 torment C1] (**Fin.** [pres.] д-сы-ргәа́ҟ-уе-ит (*я мучу его/ее*) / д-сы-ргәа́ҟ-уа-м, [aor.] д-сы-ргәа́ҟ-ит / ды-с-мы-ргәа́ҟ-ит (-ӡе-ит), [imper.] ды-ргәа́ҟ! / ды-б-мы-ргәа́ҟы-н!, д-шәы-ргәа́ҟ! / ды-шә-мы-ргәа́ҟы-н!; **Non-fin.** [pres.] (C1) и-лы-ргәа́ҟуа / и-л-мы-ргәа́ҟуа, (C3) д-зы-ргәа́ҟуа / ды-з-мы-ргәа́ҟ-уа, [aor.] (C1) и-лы-ргәа́ҟ / и-л-мы-ргәа́ҟ, (C3) д-зы-ргәа́ҟ / ды-з-мы-ргәа́ҟ, [impf.] (C1) и-лы-ргәа́ҟ-уа-з / и-л-мы-ргәа́ҟ-уа-з, (C3) д-зы-ргәа́ҟ-уа-з / ды-з-мы-ргәа́ҟ-уа-з, [past indef.] (C1) и-лы-ргәа́ҟы-з / и-л-мы-ргәа́ҟы-з, (C3) д-зы-ргәа́ҟы-з / ды-з-мы-ргәа́ҟы-з; **Abs.** ды-ргәа́ҟны / д-мы-ргәа́ҟкәа) **1.** (= **а-ҧсы́ а-хы́-х-ра**) to torment, to worry**:** Иара́ с-и-ргәа́ҟ-ит. *He tormented me. Он замучил меня.* Ҳа-б-мы-ргәа́ҟы-н! (/Ҳа-ҧсы́ х-хы́-бы-м-хы-н!) *Don't torment us! Не мучай нас!* Сара́ а-чы́мазара с-а-ргәа́ҟ-ит. *The illness tormented me. Болезнь меня измучила.* Тымитәы́ша-к д-ҭа́-жь-ны д-шәы-ргәа́ҟ-ла, А-нцәа́ д-хе́-и-тцо д-ҟа-ка́-анӡа! (AF) *Cast him into a bottomless pit and torment him until he becomes such as to believe in God.* [cf. **а-гәа́к-ра** "to torment oneself, to suffer"]

а-ргәа́мтц-ра [tr.] [C1-C3-S / C1-C3-Neg-S] [C3 bother C1] (**Fin.** [pres.] д-сы-ргәа́мтц-уе-ит / д-сы-ргәа́мтц-уа-м, [aor.] д-сы-ргәа́мтц-ит / ды-с-мы-ргәа́мтц-ит, [imper.] ды-ргәа́мтц! / ды-б-мы-ргәа́мтцы-н!, д-шәы-ргәа́мтц! / ды-шә-мы-ргәа́мтцы-н!; **Non-fin.** [pres.] (C1) и-сы-ргәа́мтц-уа / и-с-мы-ргәа́мтц-уа, (C3) д-зы-ргәа́мтц-уа / ды-з-мы-ргәа́мтц-уа; **Abs.** ды-ргәа́мтц-ны / д-мы-ргәа́мтц-кәа) **1.** to bother, to worry, to trouble, to disturb**:** С-а-ҭа́-м-зааит, у-сы-ргәа́мтц-ит! (ARD) *Извини, я тебя побеспокоил! Sorry, I disturbed you!* [cf. **а-гәа́мтц-ра** "to suffer"]

а-ргәа́ҩа-ра [tr.] [C1-C3-S / C1-C3-Neg-S] [C3 hollow out C1] (**Fin.** [pres.] и-сы-ргәа́ҩо-ит / и-сы-ргәа́ҩо-м (-ргәа́ҩа-ӡо-м), [aor.] и-сы-ргәа́ҩе-ит / и-с-мы-ргәа́ҩе-ит (-ргәа́ҩа-ӡе-ит), [imper.] и-ргәа́ҩа! / и-б-мы-ргәа́ҩа-н!, и-шәы-ргәа́ҩа! / и-шә-мы-ргәа́ҩа-н!; **Non-fin.** [pres.] (C1) и-сы-ргәа́ҩо / и-с-мы-ргәа́ҩо, (C3) и-зы-ргәа́ҩо / и-з-мы-ргәа́ҩо; **Abs.** и-ргәа́ҩа-ны / и-мы-ргәа́ҩа-кәа) **1.** to hollow out.

а-ргәыбзы́ӷ-ра [tr.] [C1-C3-S / C1-C3-Neg-S] [C3 caress C1] (**Fin.** [pres.] д-сы́-ргәыбзыӷ-уе-ит / д-сы́-ргәыбзыӷ-уа-м, [aor.] д-сы́-ргәыбзыӷ-ит / ды-с-мы́-ргәыбзыӷ-ит, [imper.] ды́-ргәыбзыӷ! / ды-б-мы́-ргәыбзыӷы-н!; **Non-fin.** [pres.] (C1) и-сы́-ргәыбзыӷ-уа / и-с-мы́-ргәыбзыӷ-уа, (C3) и-зы́-ргәыбзыӷ-уа / и-з-мы́-ргәыбзыӷ-уа; **Abs.** ды́-ргәыбзыӷ-ны / д-мы́-ргәыбзыӷ-кәа) **1.** to caress, to pet**:** а-хәычы́ и-ргәыбзы́ӷра *to caress the child, ласкать ребенка.*

а-ргәы́ӷ-ра [tr.] [C1-C3-S / C1-C3-Neg-S] [C3 give hope to C1] (**Fin.** [pres.] д-сы-ргәы́ӷ-уе-ит / д-сы-ргәы́ӷ-уа-м, [aor.] д-сы-ргәы́ӷ-ит / ды-с-мы-ргәы́ӷ-ит, [imper.] ды-ргәы́ӷ! / ды-б-мы-ргәы́ӷы-н!, д-шәы-ргәы́ӷ! / ды-шә-мы-ргәы́ӷы-н!; **Non-fin.** [pres.] (C1) и-сы-ргәы́ӷ-уа / и-с-мы-ргәы́ӷ-уа, (C3) д-зы-ргәы́ӷ-уа / ды-з-мы-ргәы́ӷ-уа, **Abs.** ды-ргәы́ӷ-ны / д-мы-ргәы́ҕ-кәа) **1.** to give hope, to reassure: Уи́ да́ара с-и-ргәы́ҕ-ит. (ARD) *Он меня очень обнадежил. He very much gave me hope.* А-мра ҵхо́-ит ҳәа ҳ-ан-ды-ргәы́ҕ-уа, а-ҟәа́ а-у-е́-ит, ма а-сы́ а-у-е́-ит. (IC) *When they promise that it will be sunny, it rains or snows. Когда они сбещают солнечную погоду, идет дождь или снег.*

P

а-ргәы́рҕьа-ра [tr.] [C1-C3-S / C1-C3-Neg-S] [C3 make C1 pleased] (**Fin.** [pres.] д-сы-ргәы́рҕьо-ит (*я радую ее/его*) / д-сы-ргәы́рҕьо-м (-ргәы́рҕьа-ӡо-м), [aor.] д-сы-ргәы́рҕье-ит / ды-с-мы-ргәы́рҕье-ит (-ргәы́рҕьа-ӡе-ит), [imper.] ды-ргәы́рҕьа! / ды-б-мы-ргәы́рҕьа-н!, д-шәы-ргәы́рҕьа! / ды-шә-мы-ргәы́рҕьа-н!; **Non-fin.** [pres.] (C1) и-лы-ргәы́рҕьо / и-л-мы-ргәы́рҕьо, (C3) д-зы-ргәы́рҕьо / ды-з-мы-ргәы́рҕьо, [aor.] (C1) и-лы-ргәы́рҕьа / и-л-мы-ргәы́рҕьа, (C3) д-зы-ргәы́рҕьа / ды-з-мы-ргәы́рҕьа, [impf.] (C1) и-лы-ргәы́рҕьо-з / и-л-мы-ргәы́рҕьо-з, (C3) д-зы-ргәы́рҕьо-з / ды-з-мы-ргәы́рҕьо-з, [past indef.] (C1) и-лы-ргәы́рҕьа-з / и-л-мы-ргәы́рҕьа-з, (C3) д-зы-ргәы́рҕьа-з / ды-з-мы-ргәы́рҕьа-з; **Abs.** ды-ргәы́рҕьа-ны / д-мы-ргәы́рҕьа-кәа) **1.** to gladden, to make happy: А-чкәын и-кӯеиара-кәа а́н д-ды-гәы́рҕье-ит. *The son's successes made the mother happy. Успехи сына обрадовали мать.* [cf. **а-гәы́рҕьа-ра** "to be glad, to be happy"]

а́-рҕаз [n.] (а́-рҕаз-кәа, рҕа́з-к) a line: а́-рҕаз иа́ша *a straight line.*

а́рҕьа [adj.] right: а́рҕьа шьапы́ *right foot.* у-а́рҕьа напы́ *your right foot.* [cf. **а́рма** "left"]

а́рҕьарахь [adv.] to the right: Сара́ а́рҕьарахь с-цо́-ит, уара́ а́рмарахь у-ца́! *I am going to the right, while you, go to the left!* Абна́ а́рҕьарахь а́-ла а́илкаартатә биуро́ ы́-ҟо-уп. *There is an information office on the right there.*

а́рҕьарахьтәи [adj.] right-hand, on the right.

а́-рҕьаца-ра* [tr.] [C1-C3-S] [*lit.* C3 make C1 grow] (**Fin.** [pres.] и-а́-рҕьацо-ит / и-а́-рҕьацо-м, [aor.] и-а́-рҕьаце-ит / и-а-мы́-рҕьаце-ит) **1.** (*of plants*) to promote the growth of: А-уа́ц а-ӡахәа́ а-рҕьацо-ит. (ARD) *The manure is promoting the growth of the vine. Навоз способствует хорошему росту виноградной лозы.* [cf. **а́-ҕьаца-ра** "to grow"]

а-рҕәҕәа-ра́ [tr.] [C1-C3-S / C1-C3-Neg-S] [C3 strengthen C1] (**Fin.** [pres.] и-сы-рҕәҕәо́-ит / и-сы-рҕәҕәо́-м, [aor.] и-сы-рҕәҕәе́-ит / и-с-мы-рҕәҕәе́-ит, [imper.] и-рҕәҕәа́! / и-б-мы-рҕәҕәа́-н!; **Non-fin.** [pres.] (C1) и-сы-рҕәҕәо́ / и-с-мы-рҕәҕәо́, (C3) и-зы-рҕәҕәо́ / и-з-мы-рҕәҕәо́; **Abs.** и-рҕәҕәа-ны́ / и-мы-рҕәҕәа́-кәа) **1.** to strengthen: и-гәы́ и-рҕәҕәе́-ит *he plucked up his courage.*

а-рду́-ра [tr.] [C1-C3-S] [C3 increase C1] (**Fin.** [aor.] и-шәы-рду́-ит / и-шә-мы-рду́-ит, [imper.] и-рду́! / и-у-мы-рду́ы-н!, и-шәы-рду́! / и-шә-мы-рду́ы-н!; **Abs.** и-рду́-ны) **1.** to increase; to enlarge: Шәы-бжьы шәы-рду́! *Talk loudly!* А-бжьы́ у-мы-рду́-цәа-н! *Don't make a sound too loud! Сделай звук потише!* Шәы-бжьы́ рду́-ны и-шә-ҳәа-ла́ а́шәа! *Sing in a loud voice! Пойте громче!* [cf. **а-рма́ч-ра** "to lower"]

а́-рдыд-ра [tr.] [C1-C3-S / C1-C3-Neg-S] [C3 make C1(thunder)] (**Fin.** [pres.] и-а́-рдыд-уе-ит, и-сы́-рдыд-уе-ит / и-а́-рдыд-уа-м, [aor.] и-а́-рдыд-ит / и-а-мы́-рдыд-ит, [imper.] и-рдыды́! / и-у-мы́-рдыды-н!; **Non-fin.** [pres.] (C3) и-зы́-рдыд-уа / и-з-мы́-рдыд-уа; **Abs.** и-рдыд-ны́ / и-мы́-рдыд-кәа) **1.** to make thunder/roar/rumble: А-даў д-ан-аа́и-уа, и-рдыд-уа́ и́-рмацәыс-уа д-аа-уе́-ит. (Ab.Text) *When the ogre appears, he will come with bolts of thunder and lightning.* [cf. **а́-дыд-ра** "to thunder"]

а-рды́р-ра [tr.] [C1-C2-C3-S / C1-C2-C3-Neg-S] [**1.** C3 inform C2 of C1; **2.** C3 introduce C1 to C2] (**Fin.** [pres.] и-л-сы-рды́р-уе-ит *or* ды-б-сы-рды́р-уе-ит / и-л-сы-рды́р-уа-м (-ӡо-м) *or* ды-б-сы-рды́р-уа-м (-рды́р-ӡо-м), [aor.] и-л-сы-рды́р-ит *or* ды-б-сы-рды́р-ит / и-л(ы)-с-мы-рды́р-ит (-рды́р-ӡе-ит) *or* ды-б-с-мы-рды́р-ит (-рды́р-ӡе-ит), [imper.] и-сы-рды́р! (*сообщи мне его(нрз.)/их!*) *or* д-сы-рды́р! (*познакомь его/ее со мной!*) / и-с(ы)-б-мы-рды́ры-н! *or* д-сы-б-мы-рды́ры-н!, и-с-шәы-рды́р! *or* ды-с-шәы-рды́р! / и-с(ы)-шә-мы-рды́ры-н! *or* д-сы-шә-мы-рды́ры-н!; **Non-fin.** [pres.] (C1) и-л-сы-рды́р-уа (*то, которое я сообщаю ей*) *or* и-б-сы-рды́р-уа (*тот, которого я знакомлю с тобой*) / и-л(ы)-с-мы-рды́р-уа *or* и-б-с-мы-рды́р-уа, (C2) и-з-сы-рды́р-уа (*тот, которому я сообщаю его(нрз.)/их*) *or* ды-з-сы-рды́р-уа (*тот, с которым я знакомлю ее/его*) / и-з(ы)-с-мы-рды́р-уа *or* ды-з-с-мы-рды́р-уа, (C3) и-л-зы-рды́р-уа (*тот, который сообщает ей его(нрз.)/их*) *or* ды-б-зы-дры́р-уа (*тот, который знакомит ее/его с тобой*) / и-л(ы)-з-мы-рды́р-уа *or* ды-б-з-мы-дры́р-уа, [aor.] (C1) и-л-сы-рды́р *or* и-б-сы-рды́р / и-л(ы)-с-мы-рды́р *or* и-б-с-мы-рды́р, (C2) и-з-сы-рды́р *or* ды-з-сы-рды́р / и-з(ы)-с-мы-рды́р *or* ды-з-с-мы-рды́р, (C3) и-л-зы-рды́р *or* ды-б-зы-дры́р / и-л(ы)-з-мы-рды́р *or* ды-б-з-мы-дры́р, [impf.] (C1) и-л-сы-рды́р-уа-з *or* и-б-сы-рды́р-уа-з / и-л(ы)-с-мы-рды́р-уа-з *or* и-б-с-мы-рды́р-уа, (C2) и-з-сы-рды́р-уа-з *or* ды-з-сы-рды́р-уа-з / и-з(ы)-с-мы-рды́р-уа-з *or* ды-з-с-мы-рды́р-уа-з, (C3) и-л-зы-рды́р-уа-з *or* ды-б-зы-дры́р-уа-з / и-л(ы)-з-мы-рды́р-уа-з *or* ды-б-з-мы-дры́р-уа-з, [past indef.] (C1) и-л-сы-рды́ры-з *or* и-б-сы-рды́ры-з / и-л(ы)-с-мы-рды́ры-з *or* и-б-с-мы-рды́ры-з, (C2) и-з-сы-рды́ры-з *or* ды-з-сы-рды́ры-з / и-з(ы)-с-мы-рды́ры-з *or* ды-з-с-мы-рды́ры-з, (C3) и-л-зы-рды́ры-з *or* ды-б-зы-дры́ры-з / и-л(ы)-з-мы-рды́ры-з *or* ды-б-з-мы-дры́ры-з; **Abs.** и-лы-рды́р-ны / и-л-мы-рды́р-кәа) **1.** to communicate, to announce, to inform of**:** и-аҳ-ды-рды́р-ит *they informed us of it/them, они сообщили нам его(нрз.)/их.* и-ҳа-д-мы-рды́р-ит *they didn't inform us of it/them, они не сообщили нам его(нрз.)/их.* а-тәы́ла а-ҭо́урых а-рды́р-ра *to be acquainted with the history of the country, знакомить с историей страны.* **2.** to introduce sb to sb**:** ды-б-сы-рды́р-уе-ит *I will introduce him/her to you, я познакомлю его/ее с тобой.* ды-б-ды-рды́р-ит *they introduced him/her to you, они познакомили его/ее с тобой.* д-бы-д-мы-рды́р-ит *they didn't introduce him/her to you, они не познакомили его/ее с тобой.* ды-л-ҳа-рды́р-ит *we introduced him/her to her, мы познакомили его/ее с ней.* д-л-аҳ-мы-рды́р-ит *we didn't introduce him/her to her, мы не познакомили его/ее с ней.* Сара́ ды-шә-сы-рды́р-уе-ит с-ҩы́за бзи́а. (AFL) *I am introducing my good friend to you. Я знакомлю с вами мою хорошую подругу.* Сара́ а-профе́ссор с-и-ды-рды́р-ит. *They introduced me to the professor. Познакомили меня с профессором.* [cf. **а-ды́р-ра** "to know"]

а́рдәына [n.] (а́рдәына-қәа, с-а́рдәына, ардәы́на-к) a thrush; a blackbird.

а-реда́ктор [n.] (-цәа) an editor.

а-режиссио́р [n.] (-цәа) a producer; a director.

р-еиҳа́ (= **а́иҳа**) [adv.] (the) most**:** р-еиҳа́ иманша́лоу а́-мҩа *the most comfortable way.*

а́-реицакьа-ра [tr.] (**Fin.** [pres.] и-с-реица́ҟьо-ит / и-с-реица́ҟьо-м, [aor.] и-с-реица́ҟье-ит / и-сы-м-реица́ҟье-ит, [imper.] и-реица́ҟьа! / и-бы-м-реица́ҟьа-н!; **Non-fin.** [pres.] (C1) и-с-ре́ицаҟьо / и-сы-м-ре́ицаҟьо, (C3) и-з-ре́ицаҟьо / и-зы-м-ре́ицаҟьо; **Abs.** и-реица́ҟьа-ны / и-мы-реица́ҟьа-кәа) **1.** to be crooked; to bend, to distort**:** а-ҿ а́-реицаҟьара *to deform mouth, косить рот.*

а-ремо́нт [n.] repair**:** А-машьы́на а-ремо́нт а-зы́-р-у-е-ит. *They are repairing the car. Машину ремонтируют.* Ҳа́-ҕба а-ремо́нт и́-қә-гыло-уп. (IC) *Наш корабль на ремонте. Our ship is under repair.*

а-репорта́ж [n.] (-қәа) a report.

а-респу́блика [n.] (-қәа) a republic.

а-рестора́н [n.] (-қәа) a restaurant.

а-реце́пт [n.] (-қәа) prescription.

а́-ржә-ра [tr.] [C1-C2-C3-S] / C1-C2-C3-Neg-S] [C3 give C2 C1 to drink] (**Fin.** [pres.] и-л-сы́-ржә-уе-ит (*я напою ее чем-то*) / и-л-сы́-ржә-уа-м (-ржә-ӡо-м), [aor.] и-л-сы́-ржә-ит / и-л(ы)-с-мы́-ржә-ит (-ржә-ӡе-ит), [imper.] и-сы́-ржә! / и-с-б-мы́-ржәы-н!, и-с-шәы́-ржә! / и-с-шә-мы́-ржәы-н!; **Non-fin.** [pres.] (C1) и-л-сы́-ржә-уа (*то, которым я пою ее*) / и-л(ы)-с-мы́-ржә-уа, (C2) и-з-сы́-ржә-уа (*тот, которого я пою тем*) / и-з(ы)-с-мы́-ржә-уа, (C3) и-л-зы́-ржә-уа (*тот, который поит ее тем*) / и-л(ы)-з-мы́-ржә-уа, [aor.] (C1) и-л-сы́-ржә / и-л(ы)-с-мы́-ржә, (C2) и-з-сы́-ржә / и-з(ы)-с-мы́-ржә, (C3) и-л-зы́-ржә / и-л(ы)-з-мы́-ржә, [impf.] (C1) и-л-сы́-ржә-уа-з / и-л(ы)-с-мы́-ржә-уа-з, (C2) и-з-сы́-ржә-уа-з / и-з(ы)-с-мы́-ржә-уа-з, (C3) и-л-зы́-ржә-уа-з / и-л(ы)-з-мы́-ржә-уа-з, [past indef.] (C1) и-л-сы́-ржәы-з / и-л(ы)-с-мы́-ржәы-з, (C2) и-з-сы́-ржәы-з / и-з(ы)-с-мы́-ржәы-з, (C3) и-л-зы́-ржәы-з / и-л(ы)-з-мы́-ржәы-з; **Abs.** и-лы́-ржә-ны / и-л-мы́-ржә-кәа) **1.** to give sth to drink**:** и-аҳ-ды́-ржә-ит *they gave us something to drink.* и-аҳ-д-мы́-ржә-ит *they didn't give us something to drink.* А-раху а-ӡы́ д-ды-ржә-ит. *They gave the cattle some water to drink. Они напоили скот водой.* А-ҩы́ л-сы́-ржә-ит. *I gave her some wine to drink. Я напоил ее вином.* А-ҩы́ д-ды́-ржә-ит. *They gave them some wine to drink. Они напоили их вином.* а́-сас-цәа а-че́и ры́-ржәра *to give the guests some tea to drink, напоить гостей чаем.* [cf. **а́-жә-ра** "to drink." **а́-ржә-цәа-ра** "to give too much to drink"]

а́-ржә-цәа-ра [tr.] [C1-C2-C3-S-Ex / C1-C2-C3-Neg-S-Ex] [C3 give C2 C1 to drink too much] (**Fin.** [pres.] и-л-сы́-ржә-цәо-ит / и-л-сы́-ржә-цәо-м, [aor.] и-л-сы́-ржә-цәе-ит / и-л(ы)-с-мы́-ржә-цәе-ит (-цәа-ӡе-ит), [imper.] и-лы́-ржә-цәа! / и-л-б-мы́-ржә-цәа-н!, и-л-шәы́-ржә-цәа! / и-л-шә-мы́-ржә-цәа-н!; **Non-fin.** [pres.] (C1) и-л-сы́-ржә-цәо / и-л(ы)-с-мы́-ржә-цәо, (C2) и-з-сы́-ржә-цәо / и-з(ы)-с-мы́-ржә-цәо, (C3) и-л-зы́-ржә-цәо / и-л(ы)-з-мы́-ржә-цәо; **Abs.** и-лы́-ржә-цәа-ны / и-л-мы́-ржә-цәа-кәа) **1.** to give too much to drink**:** А-ҽы́ а-ӡы́ а-ды́-ржә-цәе-ит. *They gave the horse too much water to drink. Лошадь напоили водой.* [cf. **-цәа-** "too much"]

а́-рзаза-ра [tr.] [C1-C3-S / C1-C3-Neg-S] [C3 sway/rock C1] (**Fin.** [pres.] и-сы́-рзазо-ит, и-а́-рзазо-ит / и-сы́-рзазо-м (-рзаза-ӡо-м), и-а́-рзазо-м (-рзаза-ӡо-м), [aor.] и-сы́-рзазе-ит / и-с-мы́-рзазе-ит (-рзаза-ӡе-ит), [imper.] и́-рзаза! / и-б-мы́-рзаза-н!, и-шәы́-рзаза! / и-шә-мы́-рзаза-н!; **Non-fin.** [pres.] (C1) и-лы́-рзазо / и-л-мы́-рзазо, (C3) и-зы́-рзазо / и-з-мы́-рзазо, [aor.] (C1) и-лы́-рзаза / и-л-мы́-рзаза, (C3) и-зы́-рзаза / и-з-мы́-рзаза, [impf.] (C1) и-лы́-рзазо-з / и-л-мы́-рзазо-з, (C3) и-зы́-рзазо-з / и-з-мы́-рзазо-з, [past indef.] (C1) и-лы́-рзаза-з / и-л-мы́-рзаза-з, (C3) и-зы́-рзаза-з / и-з-мы́-рзаза-з; **Abs.** ды-рзаза-ны́ / д-мы́-рзаза-кәа) **1.** to rock, to sway**:** д-ды́-рзазо-ит *they are rocking him/her, они колышут его/ее.* А-ӡы́ а-ны́шь а́-рзазо-ит. (RAD) *Вода колышет лодку. The waves is rocking the boat.* [cf. **а-заза-ра́** "to sway"]

Арзамаҭ [n.] (m.) [person's name]

а́-рзаҳал [n.] (-қәа) **1.** statement; declaration. **2.** application.

а́-рӡ-ра [tr.] [C1-C3-S / C1-C3-Neg-S] [C3 lose C1] (**Fin.** [pres.] и-сы́-рӡ-уе-ит, и-а́-рӡ-уе-ит / и-сы́-рӡ-уа-м, [aor.] и-лы́-рӡ-ит / и-л-мы́-рӡ-ит, [imper.] и́-рӡ! / и-б-мы́-рӡы-н!, и-шәы́-рӡ! / и-шә-мы́-рӡы-н!; **Non-fin.** [pres.] (C1) и-лы́-рӡ-уа / и-л-мы́-рӡ-уа, (C3) и-зы́-рӡ-уа / и-з-мы́-рӡ-уа, [aor.] (C1) и-лы́-рӡ / и-л-мы́-рӡ, (C3) и-зы́-рӡ / и-з-мы́-рӡ, [impf.] (C1) и-лы́-рӡ-уа-з / и-л-мы́-рӡ-уа-з, (C3) и-зы́-рӡ-уа-з / и-з-мы́-рӡ-уа-з, [past indef.] (C1) и-лы́-рӡы-з / и-л-мы́-рӡы-з, (C3) и-зы́-рӡы-з / и-з-мы́-рӡы-з; **Abs.** и́-рӡ-ны / и-мы́-рӡ-кәа) **1.** to lose**:** И-шәы́-рӡ-еи? *What did you lose?* И-зы́-рӡ-да? *Who lost it/them?* А-шәҟәы́ зы́-рӡ-да? *Who lost the book? Кто потерял книгу?* [cf. А-шәҟәы́ з-цәы́-ӡ-да? *By whom was the book lost? У кого потерялась книга?*]. Д-у-мы́-рӡы-н! *Don't lose him/her! Не потеряй его/ее!* А-шәҟәы́ сы́-рӡ-ит. *I lost the book. Я потерял книгу.* (N.B. 'I' am responsible for having lost the book.) [cf. а-шәҟәы́ с-цәы́-ӡ-ит. *The book was lost by me. У меня потерялась книга.* (N.B. 'I' am not responsible for having lost the book.) А-ҩы́за бзи́а ды-пҳша́а, д-ан-у́-пҳшаа д-у-мы́-рӡы-н! (AFL) *Find a good friend, and when you have found him, don't lose him. Найди хорошего друга, когда ты нашел его, не потеряй его.* [cf. **а́-ӡ-ра** "to disappear"]

а-рӡәа-ра́ [tr.] [C1-C3-S] [C3 make C1 to vomit] (**Fin.** [aor.] д-и-рӡәе́-ит) **1.** to make sb to vomit. [cf. **а-ӡәа-ра́** "to vomit"]

ари́ [arə́j] (= **абри́**, Genko, ары́й) [pron.] **1.** this**:** Ари́ закәи / закәзеи? *What is this? Что это?* Ари́ дызу́сҭа / дызу́сда? *Who is this? Кто это?* Ари́ ды-з-шьы́-з са с-ӧ-уп.

(Ab.Text) *It is/was I who killed this.*

а-риа-ра́ [tr.] [C1-C3-S / C1-C3-Neg-S] [C3 lay C1] (**Fin.** [pres.] д-сы-рио́-ит / д-сы-рио́-м, [aor.] д-сы-рие́-ит / ды-с-мы-рие́-ит, [imper.] ды-риа́! / ды-б-мы-риа́-н!, д-шәы-риа́! / ды-шә-мы-риа́-н!; **Non-fin.** [pres.] (C1) и-сы-рио́ / и-с-мы-рио́, (C3) д-зы-рио́ / ды-з-мы-рио́; **Abs.** ды-риа-ны́ / д-мы-риа́-кәа) **1.** to lay. [cf. **а-иа-ра́** "to lie"]

а-риа́ша-ра [tr.] [C1-C3-S / C1-C3-Neg-S] [C3 repair C1] (**Fin.** [pres.] и-сы-риа́шо-ит / и-сы-риа́шо-м, [aor.] и-сы-риа́ше-ит / и-с-мы-риа́ше-ит, [imper.] и-риа́ш(а)! / и-б-мы-риа́ша-н!, и-шәы-риа́ш(а)! / и-шә-мы-риа́ша-н!; **Non-fin.** [pres.] (C1) и-сы́-риа́шо / и-с-мы-риа́шо, (C3) и-зы́-риа́шо / и-з-мы-риа́шо; **Abs.** и-риа́ша-ны / и-мы-риа́ша-кәа) **1.** to set a watch/clock: Сара́ а-саа́ҭ сы-риа́шо-ит. *I am setting the watch correctly. Я ставлю часы правильно.* **2.** to correct; to check, to verify: А-гха-ҟәа́ сы-риа́шо-ит. *I am correcting the mistakes. Я исправляю ошибки.* [cf. **а-иа́ша-ра** "truth, right"]

а-ри́-ра* [tr.] [C1-C3-S] [C3 bear C1] (**Fin.** [aor.] и-а-ри́-ит / и-а-м-ри́-ит, **Abs.** и-ри́-ны / и-м-ри́-кәа) **1.** to bear, to whelp: А-џьма ҩ-ӡысы́-к а-ри́-т. *The goat had two kids.* У-ла́ а-ласба-ҟәа́ а-ри́-ма? *Did your dog pup? Твоя собака ощенилась?*

Ри́ҵа [n.] Lake Rits'a: Ри́ҵа-ҟа и-це́-ит. *They went to Lake Rits'a.*

а-рка́ра-ра [tr.] [C1-C3-S / C1-C3-Neg-S] [C3 exhaust C1] (**Fin.** [pres.] д-сы-рка́ро-ит / д-сы-рка́ро-м (-рка́ра-ӡо-м), [aor.] д-сы-рка́ре-ит / ды-с-мы-рка́ре-ит (-рка́ра-ӡе-ит), [imper.] ды-рка́ра! / ды-б-мы-рка́ра-н!, д-шәы-рка́ра! / ды-шә-мы-рка́ра-н!; **Non-fin.** [pres.] (C1) д-лы-рка́ро / ды-л-мы-рка́ро, (C3) д-зы-рка́ро / ды-з-мы-рка́ро, [aor.] (C1) д-лы-рка́ра / ды-л-мы-рка́ра, (C3) д-зы-рка́ра / ды-з-мы-рка́ра, [impf.] (C1) д-лы-рка́ро-з / ды-л-мы-рка́ро-з, (C3) д-зы-рка́ро-з / ды-з-мы-рка́ро-з, [past indef.] (C1) д-лы-рка́ра-з / ды-л-мы-рка́ра-з, (C3) д-зы-рка́ра-з / ды-з-мы-рка́ра-з; **Abs.** ды-рка́ра-ны / д-мы-рка́ра-кәа) **1.** to exhaust: с-ды-рка́ре-ит *they exhausted me, они изнурили меня.* А-у́сура хьанҭа́ а-уаҩы́ д-а-рка́ро-ит. *The difficult work exhausts a person. Тяжелый труд изнуряет человека.*

а-рк-ра́[1] [tr.] [< -р-к- "Caus-hold"] [C1-C2-C3-S / C1-C2-C3-Neg-S] [C3 hand C1 to C2] (**Fin.** [pres.] и-л-сы-рк-уе́-ит / и-л-сы-рк-уа́-м (-рк-ӡо́-м), [aor.] и-л-сы-рк-и́т / и-л(ы)-с-мы-рк-и́т (-рк-ӡе́-ит), [imper.] и-лы-ркы́! / и-л(ы)-б-мы-ркы́-н!, и-л-шәы-ркы́! / и-л(ы)-шә-мы-ркы́-н!; **Non-fin.** [pres.] (C1) и-л-сы-рк-уа́ / и-л(ы)-с-мы-рк-уа́, (C2) и-з-сы-рк-уа́ / и-з(ы)-с-мы-рк-уа́, (C3) и-л-зы-рк-уа́ / и-л(ы)-з-мы-рк-уа́, [aor.] (C1) и-л-сы-ркы́ / и-л(ы)-с-мы-ркы́, (C2) и-з-сы-ркы́ / и-з(ы)-с-мы-ркы́, (C3) и-л-зы-ркы́ / и-л(ы)-з-мы-ркы́, [impf.] (C1) и-л-сы-рк-уа́-з / и-л(ы)-с-мы-рк-уа́-з, (C2) и-з-сы-рк-уа́-з / и-з(ы)-с-мы-рк-уа́-з, (C3) и-л-зы-рк-уа́-з / и-л(ы)-з-мы-рк-уа́-з, [past indef.] (C1) и-л-сы-ркы́-з / и-л(ы)-с-мы-ркы́-з, (C2) и-з-сы-ркы́-з / и-з(ы)-с-мы-ркы́-з, (C3) и-л-зы-ркы́-з / и-л(ы)-з-мы-ркы́-з; и-лы-рк-ны́ / и-л-мы-ркы́-кәа; **Abs.** и-лы-рк-ны́ / и-л-мы-ркы́-кәа) **1.** to hand sth [to give sth to (sb's) hands]; to hand, to deliver: и-аҳ-ды-рк-и́т *they handed it/them to us, они вручили нам его(нрз.)/их.* А-шәҟәы́ с-шәы-ркы́! *Please deliver the book to me! Дайте мне в руки книгу!* У-с-ҭ абри́, — и-ҳәа́-н, са́ркьа-к на-и-и-рк-уе́-ит. (AF) *Here, take this! he said and handed him a mirror.* А-ҭиҩ а-ҧҳәы́зба л-гәы́ з-зы́ҳәа-з а-тҵкы́, а-хшьы́рҭа и-аа-хы́х-ны, и-на-л-лы-рк-уе́-ит. (AFL) *The saleswoman, having taken off the rack the dress which wholeheartedly suited the girl, is handing it to her. Продавщица, сняв с вешалки платье, которое пришлось девушке по вкусу, вручает ей.* || **и-напы́ а-и-рк-и́т** *see* **а-напы́**. [**а-к-ра́** "to be holding"]

а-рк-ра́[2] **(1)** [tr.] [C1-a-C3-S / C1-a-C3-Neg-S] [C3 close C1] (**Fin.** [pres.] и-а-сы-рк-уе́-ит / и-а-сы-рк-уа́-м (-рк-ӡо́-м), [aor.] и-а-сы-рк-и́т / и-а-с-мы-рк-и́т (-ӡе́-ит), [imper.] и-а-ркы́! / и-а-б-мы-ркы́-н!, и-а-шәы-ркы́! / и-а-шә-мы-ркы́-н!; **Non-fin.** [pres.] (C1) и-а-лы-рк-уа́ / и-а-л-мы-рк-уа́, (C3) и-а-зы-рк-уа́ / и-а-з-мы-рк-уа́, [aor.] (C1) и-а-лы-ркы́ / и-а-л-мы-ркы́, (C3) и-а-зы-ркы́ / и-а-з-мы-ркы́, [impf.] (C1) и-а-лы-рк-уа́-з / и-а-л-мы-рк-уа́-з, (C3) и-а-зы-рк-уа́-з / и-а-з-мы-рк-уа́-з, [past indef.] (C1) и-а-лы-ркы́-з / и-а-л-мы-ркы́-з,

(C3) и-а-зы-ркы́-з / и-а-з-мы-ркы́-з; **Abs.** и-а-рк-ны́ / и-а-мы-ркы́-кәа) **1.** to close**:** Сара́ а́-шә цаҕха́-ла и-а-сы-рк-и́т. *I locked the door. [lit. I shut the door with a key.]* Аизара а-ды-рк-и́т. *They closed the meeting. Они закрыли заседание.* И-а-шәы-ркы́ шә-ҿы! *Please close your mouth! Пожалуйста, закройте рот!* **(2)** [intr. stative] [C1-a-S] [C1 be closed] (**Fin.** [pres.] и-а-рк-у́п, [past] и-а-ркы́-н) **1.** to be closed**:** А-дәқьа́н а-рк-у́п. *The store is closed. Магазин закрыт.* Ашә а-рк-у́п/а-ркы́-уп. (ACST) *The door is shut.* [cf. **а-к-ра́** "to shut"]

а-рк-ра́[3] [tr.] [C1-C2-C3-S / C1-C2-C3-Neg-S] [C3 put C1 into C2] (**Fin.** [pres.] и-а-сы-рк-уе́-ит / и-а-сы-рк-уа́-м, [aor.] и-а-сы-рк-и́т / и-а-с-мы-рк-и́т, [imper.] и-а-ркы́! / и-а-б-мы-ркы́-н!; **Non-fin.** [pres.] (C1) и-а-сы-рк-уа́ / и-а-с-мы-рк-уа́, [aor.] (C1) и-а-сы-ркы́ / и-а-с-мы-ркы́, (C3) и-а-зы-ркы́ / и-а-з-мы-ркы́; **Abs.** и-а-рк-ны́ / и-а-мы-ркы́-кәа) **1.** to accommodate, to lodge; to accommodate, to place**:** А-маҭәа-кәа зегьы́ а-чамада́н и-а-лы-рк-и́т. *She put all the things into the suitcase. Она поместила все вещи в чемодан.* [cf. **а-к-ра́** "to go in"]

а-рк-ра́[4] **1.** [tr.] [C1-a-C3-S / C1-a-C3-Neg-S] [C3 fire C1] (**Fin.** [pres.] и-а-сы-рк-уе́-ит / и-а-сы-рк-уа́-м (-рк-ӡо́-м), [aor.] и-а-сы-рк-и́т / и-а-с-мы-рк-и́т (-ӡе́-ит), [imper.] и-а-ркы́!, и-а-шәы-ркы́!) (with а́-мца "fire," а́-лашара "light," etc.) to fire, to set fire to; to light**:** А-ҩны́ а́-мца а-ды-рк-и́т. (ARD) *They set fire to the house. Они подожгли дом.* А-лашара а-ркы́! *Put on a light!* А-ҭыҭы́н а́-мца а-и-рк-и́т. (ACST) *He lit the tobacco.* А-ла́мпа а-лы-р-к-и́т. (ACST) *She lit the lamp.* **2.** [intr. stative] [C1-a-S] (**Fin.** [pres.] и-а-рк-у́п / и-а-рк-ӡа́-м) (*of light*) to burn; to be on**:** А-лашара а-рк-у́п. *The light is on. Свет горит (включен).* [cf. **а-к-ра́** "to catch"**: а-ҩны́ а́-мца а-к-и́т** the house caught fire.]

а-ркьа́ҭа-ра[1] [tr.] [C1-C3-S / C1-C3-Neg-S] [C3 put C1 out] (**Fin.** [pres.] и-сы-ркьа́ҭо-ит / и-сы-ркьа́ҭо-м, [aor.] и-сы-ркьа́ҭе-ит / и-с-мы-ркьа́ҭе-ит, [imper.] и-ркьа́ҭа! / и-б-мы-ркьа́ҭа-н!, и-шәы-ркьа́ҭа! / и-шә-мы-ркьа́ҭа-н!; **Non-fin.** [pres.] (C1) и-сы-ркьа́ҭо / и-с-мы-ркьа́ҭо, (C3) и-зы-ркьа́ҭо / и-з-мы-ркьа́ҭо; **Abs.** и-ркьа́ҭа-ны / и-мы-ркьа́ҭа-кәа) **1.** (= **а́-рцәара, а-рҵсра́**) to put out, to extinguish**:** а́-мца а-ркьа́ҭара *to put out a fire, гасить огонь.* [cf. **а-кьа́ҭа-ра** "to be extinguished"]

а-ркьа́ҭа-ра[2]* [tr.] [C1-C3-S / C1-C3-Neg-S] [C3 make C1 happy] (**Fin.** [aor.] д-сы-ркьа́ҭе-ит / д-с-мы-ркьа́ҭе-ит, [imper.] ды-ркьа́ҭа! / ды-б-мы-ркьа́ҭа-н!) **1.** to make sb happy; to give sb a big help.

а-ркәымпы́л-ра [tr.] [C1-C3-S / C1-C3-Neg-S] [C3 roll C1] (**Fin.** [pres.] и-сы́-ркәымпы́л-уе-ит / и-сы́-ркәымпы́л-уа-м, [aor.] д-сы́-ркәымпы́л-ит / ды-с-мы́-ркәымпы́л-ит, [imper.] ды́-ркәымпы́л! / ды-б-мы́-ркәымпы́лы-н!, д-шәы-ркәымпы́л! / ды-шә-мы́-ркәымпы́лы-н!; **Non-fin.** [pres.] (C1) и-сы́-ркәымпы́л-уа / и-с-мы́-ркәымпы́л-уа, (C1) д-зы́-ркәымпы́л-уа / ды-з-мы́-ркәымпы́л-уа; **Abs.** ды́-ркәымпы́л-ны / д-мы́-ркәымпы́л-кәа) **1.** to roll**:** А-уалы́р и́-ркәымпы́л-уе-ит. *He is rolling a barrel. Он катит бочку.* [cf. **а́-кәмпыл-ра** "to roll"]

а-рқьиа-ра [tr.] [[C1]-C3-S / [C1]-C3-Neg-S] (**Fin.** [pres.] с-хы́ сы-рқьио-ит / с-хы́ сы-рқьио-м, [aor.] с-хы́ сы-рқьие-ит / с-хы́ с-мы-рқьие-ит, [imper.] б-хы́ рқьиа! / б-хы́ б-мы-рқьиа-н!, шә-хы́ шәы-рқьиа! / шә-хы́ шә-мы-рқьиа-н!; **Non-fin.** [pres.] (C1) з-хы́ зы-рқьио / з-хы́ з-мы-рқьио; **Abs.** с-хы́ рқьиа-ны / с-хы́ мы-рқьиа-кәа) **1.** to justify**:** с-хы́ сы-рқьио-ит. *I justify myself.* И-хы́ и-рқьиа-рц д-а-ҿ-у́п. (ARD) *Он пытается оправдаться. He is trying to justify himself.*

а-рқь-ра́ [tr.] [C1-C3-S / C1-C3-Neg-S] [C3 make C1 sigh] (**Fin.** [pres.] д-ды-р-қь-уе́-ит / д-ды-р-қь-уа́-м, [aor.] д-сы-рқь-и́т / ды-с-мы-рқь-и́т, [imper.] д-рқьы́! / д-б-мы-рқьы́-н!; **Non-fin.** [pres.] (C1) и-лы-рқь-уа́ / и-л-мы-рқь-уа́, (C3) д-зы-рқь-уа́ / ды-з-мы-рқь-уа́, [aor.] (C1) и-лы-рқьы́ / и-л-мы-рқьы́, (C3) д-зы-рқьы́ / ды-з-мы-рқьы́, [impf.] (C1) и-лыркь-уа́-з / и-л-мы-ркь-уа́-з, (C3) д-зы-ркь-уа́-з / ды-з-мы-ркь-уа́-з, [past indef.] (C1) и-лы-рҟы́-з / и-л-мы-рҟы́-з, (C3) д-зы-рҟы́-з / ды-з-мы-рҟы́-з; **Abs.** ды-ркь-ны́ / д-мы-рҟы́-кәа) **1.** to make sigh: д-ды-ркь-уе́-ит *they make him sigh.* [cf. **а-ҟь-ра́** "to sigh"]

а-рҟынцы́ц-ра [tr.] [C1-C3-S / C1-C3-Neg-S] [C3 spoil C1] (**Fin.** [pres.] д-сы-рҟынцы́ц-уе-ит / д-сы-рҟынцы́ц-уа-м, [aor.] д-сы-рҟынцы́ц-ит / ды-с-мы-рҟынцы́ц-ит, [imper.] ды-рҟынцы́ц! / ды-б-мы-рҟынцы́цы-н!, д-шәы-рҟынцы́ц! / ды-шә-мы-рҟынцы́цы-н!; **Non-fin.** [pres.] (C1) и-сы-рҟынцы́ц-уа / и-с-мы-рҟынцы́ц-уа, (C3) д-зы-рҟынцы́ц-уа / ды-з-мы-рҟынцы́ц-уа; **Abs.** ды-рҟынцы́ц-ны / д-мы-рҟынцы́ц-кәа) **1.** to spoil, to indulge: А-хәычы́ ды-шә-мы-рҟынцы́цы-н! (ARD) *Не балуйте ребенка! Don't spoil the child!*

а-рҟә-ра́* [tr.] [C1-C3-R] [C3 make C1 swear] (**Fin.** [aor.] д-сы́-рҟә-ит / д-с-мы́-рҟә-ит, [imper.] ды́-рҟә! / ды-б-мы́-рҟәы-н!; **Non-fin.** [past indef.] (C3) д-зы-рҟәы́-з / ды-з-мы-рҟәы́-з) **1.** to make sb swear/vow. [cf. **а-ҟә-ра́** "to swear"]

а-ркьа-ра́ [tr.] [C1-C3-S / C1-C3-Neg-S] [C3 cut C1] (**Fin.** [pres.] д-сы-рҟьо́-ит / д-сы-рҟьо́-м, [aor.] д-сы-рҟье́-ит / ды-с-мы-рҟье́-ит, [imper.] ды-рҟьа́! / ды-б-мы-рҟьа́-н!; **Non-fin.** [pres.] (C1) и-сы-рҟьо́ / и-с-мы-рҟьо́, (C3) д-зы-рҟьо́ / ды-з-мы-рҟьо́; **Abs.** и-рҟьа-ны́ / и-мы-рҟьа́-кәа) **1.** to cut: а-цә а-мгәацәа́ аа-и-рҟьа́-н (...) *he cut the bull's belly* (...).

а-ркәыд-ра́ [labile] **(1)** [intr.] [C1-S / C1-Neg-S] (**Fin.** [pres.] сы-рҟәыд-уе́-ит / сы-рҟәыд-уа́-м, [aor.] сы-рҟәыд-и́т / с-мы-рҟәыд-и́т, [imper.] бы-рҟәыды́! / б-мы-рҟәыды́-н!; **Non-fin.** [pres.] (C1) и-рҟәыд-уа́ / и-мы-рҟәыд-уа́; **Abs.** сы-рҟәыд-ны́ / с-мы-рҟәыды́-кәа) **1.** to have a haircut: сы-рҟәыд-и́т *I had a haircut.* **(2)** [tr.] [C1-C3-S / C1-C3-Neg-S] (**Fin.** [pres.] д-сы-рҟәыд-уе́-ит / д-сы-рҟәыд-уа́-м, [aor.] д-сы-рҟәыд-и́т / ды-с-мы-рҟәыд-и́т, [imper.] с-шәы-рҟәыды́! / сы-шә-мы-рҟәыды́-н!; **Non-fin.** [pres.] (C1) и-сы-рҟәыд-уа́ / и-с-мы-рҟәыд-уа́, (C3) д-зы-рҟәыд-уа́ / ды-з-мы-рҟәыд-уа́; **Abs.** ды-рҟәыд-ны́ / д-мы-рҟәыды́-кәа) **1.** to cut (the) hair: Сара́ с-хахәы́ сы-рҟәыд-уе́-ит. (= а́-м-с-х-уе-ит) (GAL) *Я постригусь. I will have my hair cut.* С-хахәы́ с-зы-рҟәыды́! *Cut my hair! Постриги меня!*

а-ркәы́ш-ра* [tr.] [C1-C3-S] [C3 bring C1 to reason] (**Fin.** [aor.] д-и-рҟәы́ш-ит / д-и-мы-рҟәы́ш-ит, [imper.] сы-рҟәы́ш! / с-у-мы-рҟәы́шы-н!) **1.** to bring sb to reason; to bring sb to one's senses; to teach sb some sense.

а́-рлас-ра [tr.] [C1-C3-S / C1-C3-Neg-S] [C3 lighten/hasten C1] (**Fin.** [pres.] и-сы́-рлас-уе-ит / и-сы́-рлас-уа-м, [aor.] и-сы́-рлас-ит / и-с-мы́-рлас-ит, [imper.] и́-рлас! / и-б-мы́-рласы-н!; **Non-fin.** [pres.] (C1) и-сы́-рлас-уа / и-с-мы́-рлас-уа, (C3) и-зы́-рлас-уа / и-з-мы́-рлас-уа; **Abs.** и́-рлас-ны / и-мы́-рлас-кәа) **1.** to lighten: а́идара а́-рласра *to lighten a burden, облегчить ношу.* **2.** to hurry, to hasten. **3.** to speed up, to accelerate. [cf. **а́-лас** "light; fast, quick"]

а́-рлаша-ра [tr.] [C1-C3-S / C1-C3-Neg-S] [C3 light up C1] (**Fin.** [pres.] и-сы́-рлашо-ит / и-сы́-рлашо-м (-рлаша-ӡо-м), [aor.] и-сы́-рлаше-ит / и-с-мы́-рлаше-ит, [imper.] и́-рлаша! / и-б-мы́-рлаша-н!, и-шәы́-рлаша! / и-шә-мы́-рлаша-н!; **Non-fin.** [pres.] (C1) и-лы́-рлашо / и-л-мы́-рлашо, (C3) и-зы́-рлашо / и-з-мы́-рлашо, [aor.] (C1) и-лы́-рлаша / и-л-мы́-рлаша, (C3) и-зы́-рлаша / и-з-мы́-рлаша, [impf.] (C1) и-лы́-рлашо-з / и-л-мы́-рлашо-з, (C3) и-зы́-рлашо-з / и-з-мы́-рлашо-з, [past indef.] (C1) и-лы́-рлаша-з / и-л-мы́-рлаша-з, (C3) и-зы́-рлаша-з / и-з-мы́-рлаша-з; **Abs.** и́-рлаша-ны / и-мы́-рлаша-кәа) **1.** to light up, to illuminate: д-сы́-рлаше-ит *I lit him/her up.* А-мра а-уа́да а́-рлаше-ит. *The sun lit up the room. Солнце озарило комнату.* фона́р-ла и-ха-з-ды́-рлашо-н. *They were illuminating it/them for us with a lamp. Они светили нам фонарем.* [cf. **а́-лаша-ра** "to shine"]

а́-рлашьца-ра [tr.] [C1-C3-S / C1-C3-Neg-S] [C3 darken C1] (**Fin.** [pres.] и-сы́-рлашьцо-ит / и-сы́-рлашьцо-м, [aor.] и-сы́-рлашьце-ит, и-а́-рлашьце-ит / и-с-мы́-рлашьце-ит, [imper.] и́-рлашьца! / и-б-мы́-рлашьца-н!; **Non-fin.** [pres.] (C1) и-сы́-рлашьцо / и-с-мы́-рлашьцо,

(С3) и-зы́-рлашьцо / и-з-мы́-рлашьцо; **Abs.** и́-рлашьца-ны / и-мы́-рлашьца-кәа) **1.** to darken: А-ҧҭа-қәа а́-жәҩан ды́-рлашьце-ит. *The clouds darkened the sky. Облака затемнили небо.* а-са́хьа а-фо́н а́-рлашьцара *to darken the background of a picture, затемнить фон картины.* [cf. **а́-лашьца-ра** "to get dark." **а́-лашьца** "dark"]

а́рма 1. [adj.] left: а́рма напы́ *the left hand.* а́рма шьапы́ *the left foot.* **2.** [n.] the left hand. [cf. **а́-рҕьа** "right"]

а́-рмазеи-ра [tr.] [C1-C3-S / C1-C3-Neg-S] [C3 prepare C1] (**Fin.** [pres.] и-сы́-рмазеи-уе-ит / и-сы́-рмазеи-уа-м, [aor.] и-сы́-рмазеи-т / и-с-мы́-рмазеи-т, [imper.] и́-рмазеи! / и-б-мы́-рмазеи-н!; **Non-fin.** [pres.] (C1) и-сы́-рмазеи-уа / и-с-мы́-рмазеи-уа, (C3) и-зы́-рмазеи-уа / и-з-мы́-рмазеи-уа; **Abs.** и́-рмазеи-ны / и-мы́-рмазеи-кәа) **1.** to prepare: а́-фатә ды́-рмазеи-т *they prepared the food.* А-шәҟәы́ а-кьыҧхь а́архара-зы и-сы́-рмазеи-т. *I prepared the book for printing. Я подготовил книгу к печати.* cf. сы-ҿ-сы́-рмазеи-т *I prepared myself for something, я подготовился к чему-то.* сы-ҿ-с-мы́-рмазеи-т *I didn't prepare myself for something, я не подготовился к чему-то.*

а́-рманшәала-ра [tr.] (**Fin.** [pres.] и-сы-рманшәа́ло-ит / и-сы-рманшәа́ло-м, [aor.] и-сы-рманшәа́ле-ит / и-с-мы́-рманшәале-ит, [imper.] и-рманшәа́ла! / и-б-мы́-рманшәала-н!; **Non-fin.** [pres.] (C1) и-сы́-рманшәало / и-с-мы́-рманшәало, (C3) и-зы́-рманшәало / и-з-мы́-рманшәало; **Abs.** и́-рманшәала-ны / и-мы́-рманшәала-кәа) **1.** to favor.

а́рмара [adj.] left.

а́рмарахь [adv.] to the left: Армарахь у-ааҳәы́! *Turn to the left!* Абна́ а́рмарахь а́-ла а-ҧатцаса́рҭа ы́-ҟо-уп. *There is a barbershop on the left there.*

а́рмарахьтәи [adj.] left-hand, on the left.

-рмариаы́ [adv.] easily.

а́-рмариа-ра* [tr.] [C1-C3-S] [C3 simplify C1] (**Fin.** [aor.] и-ды́-рмарие-ит / и-д-мы́-рмарие-ит, [imper.] иы́-рмариа! / и-б-мы́-рмариа-н!) **1.** to simplify; to facilitate: А-констру́кциа ды́-рмарие-ит. *They simplified the construction.*

а́-рмацәыс-ра [tr.] [C1-C3-S / C1-C3-Neg-S] [C3 make C1 lighten] (**Fin.** [pres.] и-а́-рмацәыс-уе-ит, и-сы́-рмацәыс-уе-ит / и-а́-рмацәыс-уа-м, [aor.] и-а́-рмацәыс-ит / и-а-мы́-рмацәыс-ит, [imper.] и́-рмацәыс! / и-у-мы́-рмацәысы-н!; **Non-fin.** [pres.] (C3) и-зы́-рмацәыс-уа / и-з-мы́-рмацәыс-уа; **Abs.** и́-рмацәыс-ны / и-мы́-рмацәыс-кәа) **1.** to make it lighten; to throw thunder and lightning: А-даý д-ан-а́аи-уа, и-рдыд-уа́ и́-рмацәыс-уа д-аа-уе́-ит. (Ab.Text) *When the ogre appears, he will come with bolts of thunder and lightning.* [cf. **а́-мацәыс-ра** [intr.] "to lighten"]

а-рма́ҷ-ра [tr.] [C1-C3-S / C1-C3-Neg-S] [C3 lower/reduce C1] (**Fin.** [pres.] и-сы-рма́ҷ-уе-ит / и-сы-рма́ҷ-уа-м, [aor.] и-сы-рма́ҷ-ит / и-с-мы-рма́ҷ-ит, [imper.] и-рма́ҷ! / и-б-мы-рма́ҷы-н!, и-шәы-рма́ҷ! / и-шә-мы-рма́ҷы-н!; **Non-fin.** [pres.] (C1) и-сы-рма́ҷ-уа / и-с-мы-рма́ҷ-уа, (C3) и-зы-рма́ҷ-уа / и-з-мы-рма́ҷ-уа; **Abs.** и-рма́ҷ-ны / и-мы-рма́ҷ-кәа) **1.** (*about a price*) to lower, to reduce: А-ча́ а́-хә ды-рма́ҷ-ит. (ARD) *They lowered the price of bread. Они снизили цену на хлеб.* **2.** (= **а́-гы-рха-ра**) (*of a voice, a sound*) to lower, to reduce: А-ра́дио а-бжьы́ рма́ҷ! (ARD) *Lower the volume of the radio! Уменьшить громкость радио!* У-бжьы́ рма́ҷ-ны у-цәа́жәа-ла! (ARD) *Разговаривай тихо! Talk quietly!* [cf. **а-рдý-ра** "to increase"]

а́-рнаа-ра [tr.] [C1-C3-S / C1-C3-Neg-S] [C3 bend C1] (**Fin.** [pres.] и-сы́-рнаа-уе-ит / и-сы́-рнаа-уа-м (-рнаа-ӡо-м), [aor.] и-сы́-рнаа-ит / и-с-мы́-рнаа-ит (-рнаа-ӡе-ит), [imper.] и́-рнаа! / и-б-мы́-рнаа-н!, и-шәы́-рнаа! / и-шә-мы́-рнаа-н!; **Non-fin.** [pres.] (C1) и-лы́-рнаа-уа / и-л-мы́-рнаа-уа, (C3) и-зы́-рнаа-уа / и-з-мы́-рнаа-уа, [aor.] (C1) и-лы́-рнаа / и-л-мы́-рнаа, (C3) и-зы́-рнаа / и-з-мы́-рнаа, [impf.] (C1) и-лы́-рнаа-уа-з / и-л-мы́-рнаа-уа-з, (C3) и-зы́-рнаа-уа-з / и-з-мы́-рнаа-уа-з, [past indef.] (C1) и-лы́-рнаа-з / и-л-мы́-рнаа-з, (C3) и-зы́-рнаа-з / и-з-мы́-рнаа-з; **Abs.** и́-рнаа-ны / и-мы́-рнаа-кәа) **1.** to bend (down), to incline: А-махә сы́-рнаа-ит. *I bent the branch down. Я наклонил ветку.* А-ны́шь а-да́ҟьа-хь и-а́-рнаа-ит. *The boat was stoped to one side. Лодку наклонило набок.*

а-рны́ҟәа-ра [tr.] (**Fin.** [pres.] и-лы-рны́ҟәо-ит / и-лы-рны́ҟәо-м, [aor.] и-лы-рны́ҟәе-ит / и-л-мы-рны́ҟәе-ит, [imper.] и-рны́ҟәа! / и-б-мы-рны́ҟәа-н!, ды-рны́ҟәа! / ды-б-мы-рны́ҟәа-н!; **Non-fin.** [pres.] (C1) и-лы-рны́ҟәо / и-л-мы-рны́ҟәо, (C3) и-зы-рны́ҟәо / и-з-мы-рны́ҟәо; **Abs.** и-рны́ҟәа-ны / и-мы-рны́ҟәа-кәа) **1.** to drive (*a car, ship, etc.*): а-машьы́на а-рны́ҟәа-ра (= а-машьы́на а-ны́ҟәца-ра) *to drive a car.* Уи́ а-машьы́на лы-рны́ҟәо-ит. *She drives a car.* Уи́ а-машьы́на а-рны́ҟәа-шьа л-ды́р-уе-ит. (GAL) *Она умеет водить машину. She knows how to drive a car.*

а-роиа́ль [n.] (-қәа) a (grand) piano. рояль: а-роиа́ль а-рхәара́ *to play the piano.* А-роиа́ль а-ҿы́ сы-хәма́р-уе-ит. *I play the piano. Я играю на рояле.*

а-рҧа́гьа-ра* [tr.] [C1-C3-S] [C3 make C1 haughty] (**Fin.** [aor.] ды-ды-рҧа́гье-ит / ды-д-мы-рҧа́гье-ит, [imper.] ды-рҧа́гьа! / ды-б-мы-рҧа́гьа-н!) **1.** to make sb haughty/proud: д-ды-рҧа́гье-ит *they made him/her haughty.* [cf. **а-ҧа́гьа** "proud"]

а́рҧар *or* **а́рҧар-цәа** [pl.] *see* **а́рҧыс**

а́-рҧа-ра* [tr.] [C1-C3-S] [C3 make C1 jump] (**Fin.** [aor.] и-лы́-рҧе-ит / и-л-мы́-рҧе-ит, [imper.] и́-рҧа! / и-б-мы́-рҧа-н!; **Non-fin.** [pres.] (C1) и́-рҧо / и-мы́-рҧо) **1.** to make jump; поднять лошадь на дыби, to make a horse rear up: А-ҽы́ и́-рҧе-ит. *He made the horse rear up. Он заставил лошадь встать на дыбы.* **2.** to toss: Уи́ и́-рҧо-з шә-ҧут-к и-р-еитца́-мыз а-ха́ҳә а́кәы-н. (AF) *What he used to toss was a stone of no less weight than 100 puds.*

а-рҧсаа-ра́ [tr.] [C1-C3-S / C1-C3-Neg-S] [C3 wet C1] (**Fin.** [pres.] и-сы́-рҧсаа-уе-ит / и-сы́-рҧсаа-уа-м, [aor.] и-сы́-рҧсаа-ит / и-с-мы́-рҧсаа-ит, [imper.] и-рҧсаа́! / и-б-мы́-рҧсаа-н!; **Non-fin.** [pres.] (C1) и-сы́-рҧсаа-уа / и-с-мы́-рҧсаа-уа, (C3) и-зы́-рҧсаа-уа / и-з-мы́-рҧсаа-уа; **Abs.** и́-рҧсаа-ны / и-мы́-рҧсаа-кәа) **1.** to wet; to moisten: а́-жәла а-рҧсаара́ *to wet seeds, мочить семена.* А-қәа́ а́-дгьыл а́-рҧсаа-ит. (RAD) *Дождь увлажнил землю. The rain moistened the ground.* [cf. **а-ҧсаа-ра́** "to get wet"]

а́-рҧсах-ра [tr.] [C1-C2-C3-S / C1-C2-C3-Neg-S] [C3 lend C1 to C2] (**Fin.** [pres.] и-л-сы́-рҧсах-уе-ит, и-шә-сы́-рҧсах-уе-ит / и-л-сы́-рҧсах-уа-м (-ӡо-м), [aor.] и-л-сы́-рҧсах-ит / и-л(ы)-с-мы́-рҧсах-ит (-ӡе-ит), [imper.] и-сы́-рҧсах! / и-сы-б-мы́-рҧсахы-н!, и-с-шәы́-рҧсах! / и-сы-шә-мы́-рҧсахы-н!; **Non-fin.** [pres.] (C1) и-л-сы́-рҧсах-уа / и-л(ы)-с-мы́-рҧсах-уа, (C2) и-з-сы́-рҧса́х-уа / и-з(ы)-с-мы́-рҧсах-уа, (C3) и-л-зы́-рҧсах-уа / и-л(ы)-з-мы́-рҧсах-уа, [aor.] (C1) и-л-сы́-рҧсах / и-л(ы)-с-мы́-рҧсах, (C2) и-з-сы́-рҧсах / и-з(ы)-с-мы́-рҧсах, (C3) и-л-зы́-рҧсах / и-л(ы)-з-мы́-рҧсах, [impf.] (C1) и-л-сы́-рҧсах-уа-з / и-л(ы)-с-мы́-рҧсах-уа-з, (C2) и-з-сы́-рҧсах-уа-з / и-з(ы)-с-мы́-рҧсах-уа-з, [past indef.] (C1) и-л-сы́-рҧсахы-з / и-л(ы)-с-мы́-рҧсахы-з, (C2) и-з-сы́-рҧсахы-з / и-з(ы)-с-мы́-рҧсахы-з, (C3) и-л-зы́-рҧсахы-з / и-л(ы)-з-мы́-рҧсахы-з; **Abs.** и-лы-рҧса́х-ны / и-л-мы-рҧса́х-кәа) **1.** to lend: и-аҳ-ды-рҧса́х-ит *they lent it/them to us.* Шә-мааҭ-к с-шәы-рҧса́х! *Lend me 100 rubles! Одолжите мне сто рублей!* Сара́ а-ҧа́ра л-сы-рҧса́х-ит. *I lent her money. Я одолжил ей деньги.* [cf. **а-ҧса́х-ра** "to borrow"]

а́-рҧсаҳәа-ра [tr.] [C1-C3-S / C1-C3-Neg-S] [C3 mositen C1] (**Fin.** [pres.] и-а́-рҧсаҳәо-ит / и-а́-рҧсаҳәо-м, [aor.] и-а́-рҧсаҳәе-ит / и-а-мы́-рҧсаҳәе-ит, [imper.] и́-рҧсаҳәа! / и-б-мы́-рҧсаҳәа-н!, и-шәы́-рҧсаҳәа! / и-шә-мы́-рҧсаҳәа-н!; **Non-fin.** [pres.] (C1) и-сы́-рҧсаҳәо / и-с-мы́-рҧсаҳәо, (C3) и-зы́-рҧсаҳәо / и-з-мы́-рҧсаҳәо) **1.** to moisten, to wet: А-қәа́ а́-дгьыл а́-рҧсаҳәе-ит. (ARD) *The rain moistened the soil. Дождь увлажнил почву.*

а-рҧс-ра́ [tr.] [C1-C3-S / C1-C3-Neg-S] [C3 put out C1] (**Fin.** [pres.] и-сы-рҧс-уе́-ит / и-сы-рҧс-уа́-м, [aor.] и-сы-рҧс-и́т / и-с-мы-рҧс-и́т, [imper.] и-рҧсы́! / и-б-мы-рҧсы́-н!; **Non-fin.** [pres.] (C1) и-сы-рҧс-уа́ / и-с-мы-рҧс-уа́, (C3) и-зы-рҧс-уа́ / и-з-мы-рҧс-уа́, [aor.]

(C1) и-сы-рҧсы́ / и-с-мы-рҧсы́, (C3) и-зы-рҧсы́ / и-з-мы-рҧсы́; **Abs.** и-рҧс-ны́ / и-мы-рҧы́-кәа) **1.** (= **а́-рцәа-ра**, **а-ркьа́ҭа-ра**) to put out, to extinguish: а́-мца а-рҧсра́ *to put out a fire, погасить огонь.* А-ла́мпа сы-рҧс-и́т. *I extinguished the lamp. Я затушил лампу.* [cf. **а-ҧс-ра́** "to die; to go out"]

P

а-рҧха-ра́ [tr.] [C1-C3-S / C1-C3-Neg-S] [C3 warm C1] (**Fin.** [pres.] д-сы-рҧхо́-ит / д-сы-рҧхо́-м (-рҧха-ӡо́-м), [aor.] д-сы-рҧхе́-ит, д-ҳа-рҧхе́-ит / ды-с-мы-рҧхе́-ит (-рҧха-ӡе́-ит), д-аҳ-мы-рҧхе́-ит (-рҧха-ӡе́-ит), [imper.] ды-рҧха́! / ды-б-мы-рҧха́-н!, д-шәы-рҧха́! / ды-шә-мы-рҧха́-н!; **Non-fin.** [pres.] (C1) и-лы-рҧхо́ / и-л-мы-рҧхо́, (C3) и-зы-рҧхо́ / и-з-мы-рҧхо́, [aor.] (C1) и-лы-рҧха́ / и-л-мы-рҧха́, (C3) и-зы-рҧха́ / и-з-мы-рҧха́, [impf.] (C1) и-лы-рҧхо́-з / и-л-мы-рҧхо́-з, (C3) и-зы-рҧхо́-з / и-з-мы-рҧхо́-з, [past indef.] (C1) и-лы-рҧха́-з / и-л-мы-рҧха́-з, (C3) и-зы-рҧха́-з / и-з-мы-рҧха́-з; **Abs.** ды-рҧха-ны́ / д-мы-рҧха́-кәа) **1.** to warm, to heat: А-мра а́-дгьыл а-рҧхе́-ит. *The sun warmed the ground. Солнце согрело землю.* А-хш ды-рҧхо́-ит. *They are warming up milk. Они разогревают молоко.* А-ӡы́ сы-рҧхо́-ит. *I heat up water. Я грею воду.* А-хамы́ уа́ф д-а-рҧхо́-ит. *The fur coat gives off warmth. Шуба греет.* [cf. **а-ҧха́** "warm," **а-ҧха-ра́** "to get warm"]

а́-рҧхьа-ра [tr.] [C1-C2-C3-S / C1-C2-C3-Neg-S] [C3 make C1 read C2; C3 teaches C1 C2] (**Fin.** [pres.] д-а-и́-рҧхьо-ит / д-а-и́-рҧхьо-м, [imper.] д-а-рҧхьа́! / д-а-бы́-м-рҧхьа-н!) **1.** to make sb read sth: А-хәычы́ а-шәҟәы́ д-а-рҧхьа́! *Заставь ребенка читать книгу! Make the child read the book!* **2.** to teach: У-а-зы́-рҧхьо-да-з? *Who was teaching you? Кто тебя обучал?* А-қырҭуа шко́л-кәа р-ҿы а́урыс бызшәа́ и-а-лы́-рҧхьо-н. *She was teaching Russian to them at the Georgian schools.*

а-рҧха́ (= **а-рыҧха́**) [n.] (а-рҧха-кәа́) (*organ*) a lung.

а́-рҧшқа-ра [tr.] [C1-C3-S / C1-C3-Neg-S] [C3 make C1 soft] (**Fin.** [pres.] и-сы́-рҧшқо-ит / и-сы́-рҧшқо-м, [aor.] и-сы́-рҧшқе-ит / и-с-мы́-рҧшқе-ит, [imper.] и́-рҧшқа! / и-б-мы́-рҧшқа-н!, и-шәы́-рҧшқа! / и-шә-мы́-рҧшқа-н!; **Non-fin.** [pres.] (C1) и-сы́-рҧшқо / и-с-мы́-рҧшқо, (C3) и-зы́-рҧшқо / и-з-мы́-р-ҧшқо; **Abs.** и́-рҧшқа-ны / и-мы́-рҧшқа-кәа) **1.** to make soft. **2.** to palatalize: а-цыбжьы́ҟа а́-рҧшқа-ра *to palatalize a consonantal sound, палатализовать согласный звук.*

а-рҧш-ра́ [tr.] [C1-C3-S / C1-C3-Neg-S] [C3 make C1 look/wait] (**Fin.** [pres.] шә-ҳа-рҧш-уе́-ит / шә-ҳа-рҧш-уа́-м, [aor.] шә-ҳа-рҧш-и́т / шә-аҳ-мы-рҧш-и́т, [imper.] сы-рҧшы́! / сы-б-мы-рҧшы́-н!, с-шәы-рҧшы́! / сы-шә-мы-рҧшы́-н!; **Non-fin.** [pres.] (C1) и-ҳа-рҧш-уа́ / и-аҳ-мы-рҧш-уа́, (C3) с-зы-рҧш-уа́ / сы-з-мы-рҧш-уа́, [aor.] (C1) и-ҳа-рҧшы́ / и-аҳ-мы-рҧшы́; **Abs.** ды-рҧш-ны́ / д-мы-рҧшы́-кәа) **1.** to make look somewhere. **2.** to make wait: Уи лассы́-лассы́ ҳ-и-рҧш-уе́-ит. *He frequently makes us wait. Он часто заставляет нас ждать себя.* [cf. **а-ҧш-ра́** "to look; to wait"]

а́рҧызба [n.] (= **а́рҧысба**) (-цәа) a youth; a young man.

а́-рҧыр-ра* [tr.] [C1-C3-S] [C3 fly C1] (**Fin.** [aor.] и-лы́-рҧр-ит / и-л-мы́-рҧр-ит, [imper.] и́-рҧр! / и-б-мы́-рҧры-н!) **1.** to fly, to let fly: А-ҳәынҵәра́ҧшь а-дә-аҳьы́ и-лы́-рҧр-ит. *She released the robin to the field.* **2.** to make happy very much, to please: И-л-а-ҳа́-з мҵәы́жәа-да д-а́-рҧр-ит. *What she had heard made her so happy. [lit. What she had heard made her fly without wings.] То, что она слышала, ее очень обрадовало.* [cf. **а́-ҧыр-ра** "to fly"]

а́рҧыс [n.] (pl. а́рҧар *or* а́рҧар-цәа, (а)рҧы́с-к) **1.** [vocative] young man! (cf. **а-ҭыҧха́** a young girl! молодая девушка!). **2.** a young man, a youth: Уи д-арҧы́с шьа́хә-уп. *He is a nice chap. Он славный парень.*

а́рҧысба [n.] (= **а́рҧызба**) (-цәа) a young man, a youth.

а́рҧыс-ха-ра* [intr.] [C1-youth-become] (**Fin.** [aor.] д-арҧы́с-хе-ит / д-арҧы́сы-м-хе-ит, и-арҕа́р-цәа-хе-ит / и-арҕа́р-цәа-м-хе-ит) **1.** to grow up: И-арҕа́р-цәа-хе-ит. *They became youths.*

а́р(ра) [n.] (pl.**) an army.

а́-р-ра [intr.] [C1-(C2)-R / C1-(C2)-Neg-R] [C1 cross C2] (**Fin.** [pres.] ды́-р-уе-ит < /d-ǿə-r-wa-jt'/ (*he/she crosses it*) / ды́-р-уа-м (-р-ӡо-м), [aor.] ды́-р-ит / д-мы́-р-ит (-р-ӡе-ит), [imper.] бы́-р! / б-мы́-ры-н!, шәы́-р! / шә-мы́-ры-н!; **Non-fin.** (C1) [pres.] и́-р-уа / и-мы́-р-уа, [aor.] и́-р / и-мы́-р, [impf.] и́-р-уа-з / и-мы́-р-уа-з, [past indef.] и́-ры-з / и́-мы-ры-з; **Abs.** ды́-р-ны / д-мы́-р-кәа) **1.** to cross: Ҽы́-ла а-ӡи́ас сы́-р-ит. (< с-øы́-р-ит) *I crossed the river on a horse. Я переехал реку на лошади.* Дара́ а-ҽ-қәа́ ры́-ла а-ӡи́ас-қәа и-ры́-р-ит. *They crossed the rivers on horses. Они переехали реки на лошадях.*

а́-рратә [adj.] of an army.

а́-рса-ра [tr.] [C1-C3-S / C1-C3-Neg-S] [C3 digest C1] (**Fin.** [pres.] и-сы́-рсо-ит / и-сы́-рсо-м, [aor.] и-сы́-рсе-ит / и-с-мы́-рсе-ит, [imper.] и-рса́! / и-б-мы́-рса-н!, и-шәы́-рса! / и-шә-мы́-рса-н!; **Non-fin.** [pres.] (C1) и-сы́-рсо / и-с-мы́-рсо, (C3) и-зы́-рсо / и-з-мы́-рсо; [pot.] и-с-зы́-рсо-м, и-сы-з-мы́-рсе-ит; **Abs.** (C1) и́-рса-ны / и-мы́-рса-кәа) **1.** (*of food*) to digest: И-ца а-ҳәажьы́ а-зы́-рса-ӡо-м. (ARD) *Его желудок не может переваривать свинину. His stomach cannot digest pork.*

арскаҩы́к [adj.] so many; so much: арсҟаҩы́к ауаа́ *so many people, столько много людей.*

а́-рс-ра[1] [tr.] [C1-a-C3-S / C1-a-C3-Neg-S] [C3 drive C1 into the ground] (**Fin.** [pres.] и-а-сы́-рс-уе-ит / и-а-сы́-рс-уа-м, [aor.] и-а-сы́-рс-ит / и-а-с-мы́-рс-ит, [imper.] и-а́-рс! / и-а-б-мы́-рсы-н!; **Non-fin.** [pres.] (C1) и-а-сы́-рс-уа / и-а-с-мы́-рс-уа, (C2) и-з-сы́-рс-уа / и-зы-с-мы́-рс-уа, (C3) и-а-зы́-рс-уа / и-а-з-мы́-рс-уа, [aor.] (C1) и-а-сы́-рс / и-а-с-мы́-рс; **Abs.** и-а́-рс-ны / и-а-мы́-рс-кәа) **1.** to drive sth into the ground, to plunge sth in the ground: Сара́ а-тцәҩа́н а-сы́-рс-ит. *I drove in a stake. Я забил кол.* [cf. **а́-с-ра** "to hit," **а́-латцa-ра** "to drive sth into (a board)"]

а́-рс-ра[2] [tr.] [C1-C2-C3-S / C1-C2-C3-Neg-S] [C3 plunge C1 into C2] (**Fin.** [pres.] и-а-сы́-рс-уе-ит / и-а-сы́-рс-уа-м (-рс-ӡо-м), [aor.] и-а-сы́-рс-ит / и-а-с-мы́-рс-ит (-рс-ӡе-ит), [imper.] и-а́-рс! / и-а-б-мы́-рсы-н!, и-а-шәы́-рс! / и-а-шә-мы́-рсы-н!; **Abs.** и-а́-рс-ны / и-а-мы́-рс-кәа) **1.** to fix up; to plunge into: И-ахьы́-шә-ҭах-у а-тцәы́ а-шәы́-рс! *Fix a stake into the gound at the place where you wish!* [cf. **а́-с-ра** "to hit"]

арсынтәи́ [adv.] (= **ара́нтә(и)**) from here: Арсынтәи́ а-қы́ҭа зегьы́ у-ба́рҭо-уп. *You can see the entire village from here.*

а-рта́та-ра* [tr.] [C1-C3-S / C1-C3-Neg-S] [C3 soften C1] (**Fin.** [aor.] и-рта́те-ит / и-мы-рта́те-ит, [imper.] и-рта́та! / и-б-мы-рта́та-н!) **1.** to soften: а-цәа́ и-рта́те-ит *he softened the skin.* [cf. **а-та́та-заа-ра** "to be soft"]

арти́ст [n.] (-цәа) an artist.

а-рт-ра́ [tr.] [C1-a-C3-S / C1-a-C3-Neg-S [C3 open C1] (**Fin.** [pres.] и-а-сы-рт-уе́-ит / и-а-сы-рт-уа́-м (-рт-ӡо́-м), [aor.] и-а-сы-рт-и́т / и-а-с-мы-рт-и́т (-рт-ӡе́-ит), [imper.] и-а-рты́! / и-а-б-мы-рты́-н!, и-а-шәы-рты́! / и-а-шә-мы-рты́-н!; **Non-fin.** [pres.] (C1) и-а-лы-рт-уа́ / и-а-л-мы-рт-уа́, (C3) и-а-зы-рт-уа́ / и-а-з-мы-рт-уа́, [aor.] (C1) и-а-лы-рты́ / и-а-л-мы-рты́, (C3) и-а-зы-рты́ / и-а-з-мы-рты́, [impf.] (C1) и-а-лы-рт-уа́-з / и-а-л-мы-рт-уа́-з, (C3) и-а-зы-рт-уа́-з / и-а-з-мы-рт-уа́-з, [past indef.] (C1) и-а-лы-рты́-з / и-а-л-мы-рты́-з, (C3) и-а-зы-рты́-з / и-а-з-мы-рты́-з; **Abs.** и-а-рт-ны́ / и-а-мы-рты́-кәа) **1.** to open: А-ҧе́нџьыр а-ды-рт-уе́-ит. *They are opening the window.* А-ҧе́нџьыр а-рт-ра́ ҟало́-у? *Is it possible to open the window? Можно открыть окно?* А-ҧе́нџьыр а-сы-рты́-р ҟало́-ма? *May I open the window? Мне можно открыть окно?* Аҧсуаа р-еиҳабы́ ды́-ҟа-м-кәан а́изара с-з-а́а-рт-уа-м, и-а́арласны у-ца-ны́ д-аа-у-га́-р-о-уп! (AF) *I cannot open the assembly without the leader of the Abkhazians being present.* [cf. **а-т-ра́** "to open"]

-ртə [suffix] (= [dial.] **-ратəы**) **1.** [added to the non-finite aorist stem, and often followed by **еиҧш** 'like it'] *used to mark the resultative***:** Мыш-к а́-ла а-мхы́ цәаӡәа-ны́ д-а́-л-га-ртə еиҧш (уба́с) иӡәӡәаны́ а-у́с и-у-и́т. (ACST) *He worked (so) hard with the result that he finished ploughing the field in one day.* А-ха́-цәа ӡәӡәа-кәа́ л-иа́аи-ра р-цә-у́адаҩ-ха-ртə а́ҟара а-мч лы́-мо-уп. (AF) *She has so much strength that it is difficult for strong men to defeat her.* **2.** *This marker is used as the suffix for periphrastic causative expressions***:** Уара́ и-у́-ҭах-у акы́ а́-ӡбахə с-а́-у-хәа-р, и-у-бу-ртə и-ҟа-с-ҵо́-ит! (AF) *If you tell me about one thing that you desire, I'll ensure that you get it!*

а-ртәа-ра́ [tr.] [C1-C3-S / C1-C3-Neg-S] [C3 seat C1] (**Fin.** [pres.] д-сы-ртәо́-ит, ҳ-ды-ртәо́-ит / д-сы-ртәо́-м, [aor.] д-сы-ртәе́-ит, б-ҳа-ртәе́-ит / ды-с-мы-ртәе́-ит, б-аҳ-мы-ртәе́-ит, [fut.1] д-сы-ртәа́-п / д-сы-ртәа-ры́м, [fut.2] д-сы-ртәа́-шт / д-сы-ртәа́-шам, [perf.] д-сы-ртәа-хье́ит / ды-с-мы-ртәа́-ц(т), [impf.] д-сы-ртәо́-н / д-сы-ртәо́-мызт, [past indef.] д-сы-ртәа́-н / ды-с-мы-ртәа́-зт, [cond.1] д-сы-ртәа-ры́н / д-сы-ртәа-ры́мызт, [cond.2] д-сы-ртәа́-шан / д-сы-ртәа́-шамызт, [plupf.] д-сы-ртәа-хьа́н / ды-с-мы-ртәа́-цызт, [imper.] ды-ртәа́! / ды-б-мы-ртәа́-н!, д-шәы-ртәа́! / ды-шә-мы-ртәа́-н!, [caus.] ды-л-сы-р-ртәе́-ит / ды-л-с-мы-ры-ртәе́-ит; **Non-fin.** [pres.] (C1) и-лы-ртәо́, и-сы-ртәо́, и-бы-ртәо́, и-у-ртәо́, и-и-ртәо́, и-а-ртәо́, и-ҳа-ртәо́, и-шәы-ртәо́, и-ды-ртәо́ / и-л-мы-ртәо́, и-с-мы-ртәо́, и-б-мы-ртәо́, и-у-мы-ртәо́, и-и-мы-ртәо́, и-а-мы-ртәо́, и-аҳ-мы-ртәо́, и-шә-мы-ртәо́, и-д-мы-ртәо́, (C3) д-зы-ртәо́ / ды-з-мы-ртәо́, [aor.] (C1) и-лы-ртәа́ / и-л-мы-ртәа́, (C3) д-зы-ртәа́ / ды-з-мы-ртәа́, [fut.1] (C1) и-лы-ртәа-ра́ / и-л-мы-ртәа-ра́, (C3) д-зы-ртәа-ра́ / ды-з-мы-ртәа-ра́, [fut.2] (C1) и-лы-ртәа́-ша / и-л-мы-ртәа́-ша, (C3) д-зы-ртәа́-ша / ды-з-мы-ртәа́-ша, [perf.] (C1) и-лы-ртәа-хьо́у (-хьа́(ц)) / и-л-мы-ртәа-хьо́у (-хьа́(ц)), (C3) д-зы-ртәа-хьо́у (-хьа́(ц)) / ды-з-мы-ртәа-хьо́у (-хьа́(ц)), [impf.] (C1) и-лы-ртәо́-з / и-л-мы-ртәо́-з, (C3) д-зы-ртәо́-з / ды-з-мы-ртәо́-з, [past indef.] (C1) и-лы-ртәа́-з / и-л-мы-ртәа́-з, (C3) д-зы-ртәа́-з / ды-з-мы-ртәа́-з, [cond.1] (C1) и-лы-ртәа-ры́-з / и-л-мы-ртәа-ры́-з, (C3) д-зы-ртәа-ры́-з / ды-з-мы-ртәа-ры́-з, [cond.2] (C1) и-лы-ртәа́-ша-з / и-л-мы-ртәа́-ша-з, (C3) д-зы-ртәа́-ша-з / ды-з-мы-ртәа́-ша-з, [plupf.] (C1) и-лы-ртәа-хьа́-з / и-л-мы-ртәа-хьа́-з, (C3) д-зы-ртәа-хьа́-з / ды-з-мы-ртәа-хьа́-з; **Abs.** ды-ртәа-ны́ / д-мы-ртәа́-кәа) **1.** to seat, to sit sb down**:** ды-ры-ртәе́-ит *they seated him/her, они посадили его/ее.* **2.** to control (the) pain**:** А-хәшә с-хьаа́ а-ртәе́-ит. *The medicine controlled my pain. Лекарство успокоило мою боль.* А-хәшә с-хьаа́ а-ртәо́ и-а́-ла-ге-ит. *The medicine began to control my pain. Лекарство начало успокаивать мою боль.* А-хәшә у-хьаа́ а-ртәо́? *Did the medicine control your pain?/Did the medicine help you? Лекарство помогло?* [cf. **а-тәа-ра** "to sit down"]

арҭ [pron.] (pl.) (= **аба́рҭ**) **1.** these**:** Арҭ а-ҵыкуре́и, а-ҭаҭы́н, а-ча́и аа-д-ры́х-уе-ит. (ANR) *These harvest maize, tobacco, tea.* **2.** these people**:** Арҭ и-еибы-р-ҳәа-куа-з ари́ и-а-ха́-ит. (Ab.Text) *He heard these people talking with each other about this.*

-рҭа [derivational suffix] *used to mark a place***:** а-бамба́-рҭа *a cotton plantation.* а-ҩна-рҭа́ *a family, a household.* а́-ҧхьа-рҭа *a reading room.* а-хуа́рхьы-рҭа *a sawmill.* а-у́сурҭа *a place of work.*

а́-рҭбаа-ра [tr.] [C1-C3-S / C1-C3-Neg-S] [C3 extend C1] (**Fin.** [pres.] и-сы́-рҭбаа-уе-ит / и-сы́-рҭбаа-уа-м (-рҭбаа-ӡо-м), [aor.] и-сы́-рҭбаа-ит / и-с-мы́-рҭбаа-ит (-рҭбаа-ӡе-ит), [imper.] и́-рҭбаа! / и-б-мы́-рҭбаа-н!, и-шеы́-рҭбаа! / и-шә-мы́-рҭбаа-н!; **Non-fin.** [pres.] (C1) и-сы́-рҭбаа-уа / и-с-мы́-рҭбаа-уа, (C3) и-зы́-рҭбаа-уа / и-з-мы́-рҭбаа-уа; **Abs.** и́-рҭбаа-ны / и-мы́-рҭбаа-кәа) **1.** to extend, to spread. [cf. **а́-ҭбаа** "wide"]

а́рҭмак [n.] (-кәа) a bag.

а-рҭы́нч-ра [tr.] [C1-C3-S / C1-C3-Neg-S] [C3 quiet C1] (**Fin.** [pres.] д-сы-рҭы́нч-уе-ит / д-сы-рҭы́нч-уа-м (-рҭы́нч-ӡо-м), [aor.] д-сы-рҭы́нч-ит / ды-с-мы-рҭы́нч-ит (-рҭы́нч-ӡе-ит), [imper.] ды-рҭы́нч! / ды-б-мы-рҭы́нчы-н!, д-шәы-рҭы́нч! / ды-шә-мы-рҭы́нчы-н!; **Non-fin.**

[pres.] (C1) и-лы-рҭы́нч-уа / и-л-мы-рҭы́нч-уа, (C3) д-зы-рҭы́нч-уа / ды-з-мы-рҭы́нч-уа, [aor.] (C1) и-лы-рҭы́нч / и-л-мы-рҭы́нч, (C3) д-зы-рҭы́нч / ды-з-мы-рҭы́нч, [impf.] (C1) и-лы-рҭы́нч-уа-з / и-л-мы-рҭы́нч-уа-з, (C3) д-зы-рҭы́нч-уа-з / ды-з-мы-рҭы́нч-уа-з, [past indef.] (C1) и-лы-рҭы́нчы-з / и-л-мы-рҭы́нчы-з, (C3) д-зы-рҭы́нчы-з / ды-з-мы-рҭы́нчы-з; **Abs.** ды-рҭы́нч-ны / д-мы-рҭы́нч-кәа) **1.** to calm, to soothe; to quiet, to calm**:** д-сы-рҭы́нчуе-ит *I will calm him/her, я успокою его/ее.* и-ды-рҭы́нч-уе-ит *they will soothe it/them.* Игәы́ и-рҭы́нч-ит. *He calmed himself.* [cf. **а-ҭы́нч** "quiet, calm"]

а-рҭәа-ра́ [tr.] [C1-C3-S / C1-C3-Neg-S] [C3 melt C1] (**Fin.** [pres.] и-сы-рҭәо́-ит, и-ды-рҭәо́-ит / и-сы-рҭәо́-м, [aor.] и-сы-рҭәе́-ит / и-с-мы-рҭәе́-ит, [imper.] и-рҭәа́! / и-б-мы-рҭәа́-н!, и-шәы-рҭәа́! / и-шә-мы-рҭәа́-н!; **Non-fin.** [pres.] (C1) и-лы-рҭәо́ / и-л-мы-рҭәо́, (C3) и-зы-рҭәо́ / и-з-мы-рҭәо́, [aor.] (C1) и-лы-рҭәа́ / и-л-мы-рҭәа́, (C3) и-зы-рҭәа́ / и-з-мы-рҭәа́, [impf.] (C1) и-лы-рҭәо́-з / и-л-мы-рҭәо́-з, (C3) и-зы-рҭәо́-з / и-з-мы-рҭәо́-з, [past indef.] (C1) и-лы-рҭәа́-з / и-л-мы-рҭәа́-з, (C3) и-зы-рҭәа́-з / и-з-мы-рҭәа́-з; **Abs.** и-рҭәа-ны́ / и-мы-рҭәа́-кәа) **1.** to melt**:** Ҵыр а-ҵы́р и-рҭәо́-ит. *Dzyr is melting steel. Дзыр расплавляет сталь.* [cf. **а-ҭәа-ра́** [intr.] "to melt"]

а-рҭә-ра́ [tr.] [C1-C3-S / C1-C3-Neg-S] [C3 fill C1] (**Fin.** [pres.] и-сы-рҭә-уе́-ит / и-сы-рҭә-уа́-м (-ӡо́-м), [aor.] и-сы-рҭә-и́т / и-с-мы-рҭә-и́т (-ӡе́-ит), [imper.] и-рҭәы́! / и-б-мы-рҭәы́-н!, и-шәы-рҭәы́! / и-шә-мы-рҭәы́-н!; **Non-fin.** [pres.] (C1) и-лы-рҭә-уа́ / и-л-мы-рҭә-уа́, (C3) и-зы-рҭә-уа́ / и-з-мы́-рҭә-уа́, [aor.] (C1) и-лы-рҭәы́ / и-л-мы-рҭәы́, (C3) и-зы-рҭәы́ / и-з-мы́-рҭәы́, [impf.] (C1) и-лы-рҭә-уа́-з / и-л-мы-рҭә-уа́-з, (C3) и-зы-рҭә-уа́-з / и-з-мы́-рҭә-уа́-з, [past indef.] (C1) и-лы-рҭәы́-з / и-л-мы-рҭәы́-з, (C3) и-зы-рҭәы́-з / и-з-мы́-рҭәы́-з; **Abs.** и-рҭә-ны́ / и-мы-рҭәы́-кәа) **1.** to fill**:** Сара́ а-чамада́н ҵаќатәи́ маҭәа́-ла и-сы-рҭә-и́т. *I filled the suitcase with underwear. Я наполнил чемодан бельем.* А-жәлар и́рласны а-за́л ды-рҭә-и́т. *The audience filled the hall quickly. Публика быстро наполнила зал.* [cf. **а-ҭә-ра́** "to fill (*with*)"]

а́руаа *see* **а́руаҩы**

руа́ӡәк [pron.][hum.] one of them**:** Руа́ӡәк ара́ д-аан-хе́-ит. (ARD) *One of them stayed here.*

руа́ӡәы́ *see* **руа́ӡәк**

руа́к (**руакы́**) [pron.][non-hum.] [< р-уа́-к "their-kind-one," cf. **-а́хьтә**] one (*thing*) of them**:** А-шәќу-куа́ руакы́ с-хазы́ и-а́-л-с-х-ит. (AAD) *I chose a special one from the books. Из книг я выбрал одну особенную.* Аҧсны́ зегьы́ р-е́иха и́-ҧшӡо-у а-тәы́ла-қәа и-руа́к-уп. *Abkhazia is one of the most beautiful countries. Абхазия одна из самых красивых стран.* Ари́ ды-з-шьы́-з д-а-зу́сҭ-заала́кгьы а-дау́ и-лы́мха-куа руа́к и-џьы́ба и-ҭо́-уп. (Ab.Text) *Whoever it is who killed the ogre will have one of the ogre's ears in his pocket.*

а́руаҩы [n.] (pl. а́руаа, ха́-руаа, руаҩы́-к) a soldier.

а́-рха [n.] (а́-рха-қәа, рха-к) **1.** a field**:** рха-к а-ҿы́ *in a field.* **2.** a valley**:** А-шҭа-қәа, а-дә-қәа́, а́-рха-қәа уҳәа́ зехьы́нџьара сы́-ла и-хќьо́-уп. (AFL) *The yards, fields, valleys, and so on are everywhere covered with snow.*

а-рха-ра́[1] [tr.] [C1-C3-S / C1-C3-Neg-S] [C3 wear out C1] (**Fin.** [pres.] и-сы-рхо́-ит / и-сы-рхо́-м (-рха-ӡо́-м), [aor.] и-сы-рхе́-ит / и-с-мы-рхе́-ит (-рха-ӡе́-ит), [imper.] и-рха́! / и-б-мы-рха́-н!, и-шәы-рха́! / и-шә-мы-рха́-н!; **Non-fin.** [pres.] (C1) и-лы-рхо́ / и-л-мы-рхо́, (C3) и-зы-рхо́ / и-з-мы-рхо́, [aor.] (C1) и-лы-рха́ / и-л-мы-рха́, (C3) и-зы-рха́ / и-з-мы-рха́, [impf.] (C1) и-лы-рхо́-з / и-л-мы-рхо́-з, (C3) и-зы-рхо́-з / и-з-мы-рхо́-з, [past indef.] (C1) и-лы-рха́-з / и-л-мы-рха́-з, (C3) и-зы-рха́-з / и-з-мы-рха́-з; **Abs.** и-рха-ны́ / и-мы-рха́-кәа) **1.** to wear out**:** и-ды-рхе́-ит *they wore it/them out.* и-аҳ-мы-рхе́-ит *we didn't wear it/them out.* А-шьаҵа́ сы-рхе́-ит. *I wore out the footwear. Я износил обувь.* [cf. **а-ха-ра́** "(*of clothes*) to wear out"]

а-рха-ра́[2] [tr.] (**1**). [C1-C3-R] [C3 turn C1] (**Fin.** [aor.] и-сы-рхе́-ит / и-с-мы́-рхе-ит, [imper.]

и-рха́! / и-б-мы́-рха-н!, и-шәы-рха́! / и-шә-мы́-рха-н!; **Abs.** и-рха-ны́ / и-мы-рха́-кәа) **1.** to aim, to point; to turn: а-ҕа́ и-ахь а-бзарбза́н-ҟәа ры-рхара *to aim the guns at the enemy, обратить орудия на неприятеля.* А-ҭӡа́мц ахь и-ҿы́ рха-ны́ ды́-цәо-уп. (ARD) *Он спит, повернувшись лицом к стене. He is sleeping with his face turned to the wall.* а́-мра а-ҭашәа́ра-хьы а-хы́ а-рхе́-ит (Ab. Text) *солнце направилось на закат.* Уахь и́-ҕба а-хы́ и-рхе́-ит. *He headed the boat in that direction.*

(2) [C1-C2-Prev-C3-R / C1-C2-Prev-C3-Neg-R] [C3 turn C1 to C2] (**Fin.** [pres.] и-с-е́и-лы-рхо-ит, и-с-е́и-ры-рхо-ит, и-с-е́и-на-рхо-ит, и-с-е́и-и-рхо-ит / и-с-е́и-лы-рхо-м, [aor.] и-с-е́и-лы-рхе-ит, и-с-е́и-на-рхе-ит / и-с-е́и-л-мы-рхе-ит, и-с-е́и-на-мы-рхе-ит, [fut.1] и-с-е́и-лы-рха-п / и-с-е́и-лы-рха-рым, [fut.2] и-с-е́и-лы-рха-шт / и-с-е́и-лы-рха-шам, [perf.] и-с-е́и-лы-рха-хьеит / и-с-е́и-л-мы-рха-ц(т), [impf.] и-с-е́и-лы-рхо-н / и-с-е́и-лы-рхо-мызт, [past indef.] и-с-е́и-лы-рха-н / и-с-е́и-л-мы-рха-зт, [cond.1] и-с-е́и-лы-рха-рын / и-с-е́и-лы-рха-рымызт, [cond.2] и-с-е́и-лы-рха-шан / и-с-е́и-лы-рха-шамызт, [plupf.] и-с-е́и-лы-рха-хьан / и-с-е́и-л-мы-рха-цызт, **Non-fin.** [pres.] (C1) и-с-е́и-лы-рхо / и-с-е́и-л-мы-рхо, (C2) и-з-е́и-лы-рхо / и-з-е́и-л-мы-рхо, (C3) и-с-е́и-зы-рхо / и-с-е́и-з-мы-рхо; **Abs.** и-с-еи-рха-ны́ / и-с-еи-мы-рха́-кәа) **1.** to turn sth to sb; to point sth at sb: Уара́ у-шьапы́ с-е́и-у-рхе-ит. *You pointed your feet in my direction.*

археóлог [n.] (археóлог-цәа) an archaeologist.

археолóгиатә [adj.] archaeological: археолóгиатә ҭцаара́ҟуа *archaeological research.*

а-рхиа-ра́[1] [tr.] [C1-C3-S / C1-C3-Neg-S] [C3 prepare C1] (**Fin.** [pres.] и-сы-рхио́-ит / и-сы-рхио́-м, [aor.] и-сы-рхие́-ит / и-с-мы-рхие́-ит, [imper.] и-рхиа́! / и-б-мы-рхиа́-н!, и-шәы-рхиа́!; **Non-fin.** [pres.] (C1) и-лы-рхио́ / и-л-мы-рхио́, (C3) и-зы-рхио́ / и-з-мы-рхио́, [aor.] (C1) и-лы-рхиа́ / и-л-мы-рхиа́, (C3) и-зы-рхиа́ / и-з-мы-рхиа́, [impf.] (C1) и-лы-рхио́-з / и-л-мы-рхио́-з, (C3) и-зы-рхио́-з / и-з-мы-рхио́-з, [past indef.] (C1) и-лы-рхиа́-з / и-л-мы-рхиа́-з, (C3) и-зы-рхиа́-з / и-з-мы-рхиа́-з; **Abs.** и-рхиа-ны́ / и-мы-рхиа́-кәа *or* и-рхиа́-м-кәа) **1.** to prepare; to lay (a table): и-ды-рхио́-ит *they prepare it/them.* Аишәа лы-рхие́-ит. (AFL) *She prepared the table. Она приготовила стол.* А-ха́мҭа-ҟәа ха-рхиа́-р-о-уп. *We need to get presents. Нам нужно достать подарки.* **2.** (*of a watch*) to wind up: Сара́ с-саа́ҭ сы-рхиа́-р-о-уп. *I must wind up my watch. Я должен завести свои часы.* **3.** to tune (up): А-гита́ра -сы-рхие́-ит. *I tuned up the guitar. Я настроил гитару.* [cf. **а-хиа-ра́** "to be ready"]

а-рхиа-ра́[2] [tr.] [C1-C3-S / C1-C3-Neg-S] [C3 design C1] (**Fin.** [pres.] и-сы-рхио́-ит / и-сы-рхио́-м, [aor.] и-сы-рхие́-ит / и-с-мы-рхие́-ит, [imper.] и-рхиа́! / и-б-мы-рхиа́-н!, и-шәы-рхиа́! / и-шә-мы-рхиа́-н!; **Non-fin.** [pres.] (C1) и-сы-рхио́ / и-с-мы-рхио́, (C3) и-зы-рхио́ / и-з-мы-рхио́; **Abs.** и-рхиа-ны́ / и-мы-рхиа́-кәа) **1.** to create/make a thing; to design: а-ҭӡы́газеҭ а-рхиара́ *to design a wall newspaper, оформить стенгазету.* **2.** to furnish; to decorate: Ҳара́ а-уа́да ҳа-рхие́-ит. *We furnished the room. Мы обставили комнату.* А-уа́да бзи́аны и-рхио́-уп. *The room is well furnished. Комната хорошо обставлена.*

а-рх-ра́ [tr.] [C1-C3-S / C1-C3-Neg-S] [C3 reap/mow C1] (**Fin.** [pres.] и-сы-рх-уе́-ит / и-сы-рх-уа́-м, [aor.] и-сы-рх-и́т / и-с-мы-рх-и́т, [imper.] и-рхы́! / и-б-мы-рхы́-н!; **Non-fin.** [pres.] (C1) и-сы-рх-уа́ / и-с-мы-рх-уа́, (C3) и-зы-рх-уа́ / и-з-мы-рх-уа́, [aor.] (C1) и-сы-рхы́ / и-с-мы-рхы́; **Abs.** и-рх-ны́ / и-мы-рхы́-кәа) **1.** to mow; to reap: а-ҳаскьы́н а-рх-ра́ *to mow the grass.* а-ча́ рхра́ *to reap wheat.* Џьара́-џьара а-ҭәа́ ды-рх-хье́-ит. *They have already mowed the grass in (some) places. Местами уже скосили траву.* [cf. **а-ҭәа-рх-ра́** "to cut/mow grass; mowing"]

а-рхха-ра́[1] [tr.] [C1-C3-S / C1-C3-Neg-S] [C3 take trouble over C1] (**Fin.** [pres.] и-сы-рххо́-ит / и-сы-рххо́-м, [aor.] и-сы-рххе́-ит / и-с-мы-рххе́-ит, [imper.] и-рхха́! / и-б-мы-рхха́-н!; **Non-fin.** [pres.] (C1) и-сы-рххо́ / и-с-мы-рххо́, (C3) и-зы-рххо́ / и-з-мы-рххо́; **Abs.** и-рхха-ны́ / и-м-рхха́-кәа) **1.** to take trouble with sb/sth: Урҭ еснáгь у́с-к ды-рххо́-ит. *They* *always take trouble over a task.*

а-рхха-ра́[2] [tr.] (**Fin.** [pres.] и-сы-рххо́-ит / и-сы-рххо́-м, [aor.] и-сы-рххе́-ит / и-с-мы-рххе́-ит, [imper.] и-рхха́! / и-б-мы-рхха́-н!; **Non-fin.** [pres.] (C1) и-сы-рххо́ / и-с-мы-рххо́, (C3) и-зы-рххо́ / и-з-мы-рххо́; **Abs.** и-рыхха-ны́) **1.** to stretch, to draw tight.

а́-р-хын-ҳә-ра [tr.] [C1-C3-S{Caus-Prev-R} *or* C1-Prev-C3-Caus-R / C1-C3-Neg-S{Caus-Prev-R} *or* C1-Prev-C3-Neg-Caus-R] [C3 return C1] (**Fin.** [pres.] и-сы́-р-хын-ҳә-уе-ит *or* и-хын-сы-р-ҳә-уе́-ит / и-сы́-р-хын-ҳә-уа-м (-ҳә-ӡо-м) *or* и-хын-сы-р-ҳә-уа́-м (-ҳә-ӡо́-м), [aor.] и-сы́-р-хын-ҳә-ит *or* и-хын-сы-р-ҳә-и́т / и-с-мы́-р-хын-ҳә-ит *or* и-хны/хын-с-мы-р-ҳә-и́т (-ҳә-ӡе́-ит), [imper.] и́-р-хын-ҳә!, и-шәы́-р-хын-ҳә! / и-шә-мы́-р-хын-ҳәы-н!; [vers.1] Сара́ а-уа́л лы-з-хын-сы-р-ҳә-и́т. [[C1]-C2-OV-Prev-C3-Caus-R] (*I returned the debt to her.*) А-ҧшәма и-з-сы́-р-хын-ҳә-ит. [C1-C2-OV-C3-Caus-Prev-R] (*I returned it/them to the owner.*); **Non-fin.** [pres.] (C1) и-лы́-р-хын-ҳә-уа *or* и-хын-лы-р-ҳә-уа́ / и-л-мы́-р-хын-ҳә-уа *or* и-хын/хны-л-мы-р-ҳә-уа́, (C3) и-зы́-р-хын-ҳә-уа *or* и-хын-зы-р-ҳә-уа́ / и-з-мы́-р-хын-ҳә-уа *or* и-хын/хны-з-мы-р-ҳә-уа́, [aor.] (C1) и-лы́-р-хын-ҳә *or* и-хын-лы-р-ҳәы́ / и-л-мы́-р-хын-ҳә *or* и-хын/хны-л-мы-р-ҳәы́, (C3) и-зы́-р-хын-ҳә *or* и-хын-зы-р-ҳәы́ / и-з-мы́-р-хын-ҳә *or* и-хын/хны-з-мы-р-ҳәы́, [impf.] (C1) и-лы́-р-хын-ҳә-уа-з *or* и-хын-лы-р-ҳә-уа́-з / и-л-мы́-р-хын-ҳә-уа-з *or* и-хын/хны-л-мы-р-ҳә-уа́-з, (C3) и-зы́-р-хын-ҳә-уа-з *or* и-хын-зы-р-ҳә-уа́-з / и-з-мы́-р-хын-ҳә-уа-з *or* и-хын/хны-з-мы-р-ҳә-уа́-з, [past indef.] (C1) и-лы́-р-хын-ҳәы-з *or* и-хын-лы-р-ҳәы́-з / и-л-мы́-р-хын-ҳәы-з *or* и-хын/хны-л-мы-р-ҳәы́-з, (C3) и-зы́-р-хын-ҳәы-з *or* и-хын-зы-р-ҳәы́-з / и-з-мы́-р-хын-ҳәы-з *or* и-хын/хны-з-мы-р-ҳәы́-з; **Abs.** и́-рхынҳә-ны / и-мы́-рхынҳәы-кәа) **1.** to return, to give back: Сара́ а-уа́л хын-сы-р-ҳә-и́т. *I returned the debt. Я отдал долг.* А-шәҟәы́ ы́-р-хын-ҳә! *Return the book!* Уи с-ан-а́-ҧхьа-лак, и-у-з-сы́-р-хын-ҳә-уе-ит. (IC) *When I have read it, I will return it to you. Когда я прочту ее, верну тебе.* **2.** to make to return. [cf. **а-хын-ҳә-ра́** "to return"]

а́-рхәанча-ра [tr.] [C1-C3-S / C1-C3-Neg-S] [C3 distort C1] (**Fin.** [pres.] и-сы-рхәа́нчо-ит / и-сы-рхәа́нчо-м, [aor.] и-сы-рхәа́нче-ит / и-с-мы-рхәа́нче-ит, [imper.] и-рхәанча́! / и-б-мы́-рхәанча-н!; **Non-fin.** [pres.] (C1) и-сы́-рхәанчо / и-с-мы́-рхәанчо, (C3) и-зы́-рхәанчо / и-з-мы́-рхәанчо; **Abs.** и-рхәа́нча-ны / и-мы-рхәа́нча-кәа) **1.** to distort: Сара́ с-а́жәа-қәа и-рхәа́нчо-ит. *He distorts my words. Он коверкает мои слова.*

а́-рхәа-ра [tr.] [C1-C3-S / C1-C3-Neg-S] [C3 bend C1] (**Fin.** [pres.] и-сы́-рхәо-ит / и-сы́-рхәо-м, [aor.] и-сы́-рхәе-ит / и-с-мы́-рхәе-ит (-рхәа-ӡе-ит), [imper.] и́-рхәа! / и-б-мы́-рхәа-н!, и-шәы́-рхәа! / и-шә-мы́-рхәа-н!; **Non-fin.** [pres.] (C1) и-лы́-рхәо / и-л-мы́-рхәо, (C3) и-зы́-рхәо / и-з-мы́-рхәо, [aor.] (C1) и-лы́-рхәа / и-л-мы́-рхәа, (C3) и-зы́-рхәа / и-з-мы́-рхәа, [impf.] (C1) и-лы́-рхәо-з / и-л-мы́-рхәо-з, (C3) и-зы́-рхәо-з / и-з-мы́-рхәо-з, [past indef.] (C1) и-лы́-рхәа-з / и-л-мы́-рхәа-з, (C3) и-зы́-рхәа-з / и-з-мы́-рхәа-з; **Abs.** и́-рхәа-ны / и-мы́-рхәа-кәа) **1.** to bend. [cf. **а́-ла-ркә-ра** "to bend"]

а-рхәа-ра́ [tr.] [C1-a-C3-S / C1-a-C3-Neg-S] [C3 make use of C1] (**Fin.** [pres.] и-а-сы́-рхәо-ит / и-а-сы́-рхәо-м (-рхәа-ӡо-м), [aor.] и-а-сы́-рхәе-ит / и-а-с-мы́-рхәе-ит (-ӡе-ит), [imper.] и-а́-рхә! / и-а-б-мы́-рхәа-н!, и-а-шәы́-рхә! / и-а-шә-мы́-рхәа-н!; **Non-fin.** [pres.] (C1) и-а-лы́-рхәо / и-а-л-мы́-рхәо, (C3) и-а-зы́-рхәо / и-а-з-мы́-рхәо, [aor.] (C1) и-а-лы́-рхәа / и-а-л-мы́-рхәа, (C3) и-а-зы́-рхәа / и-а-з-мы́-рхәа, [impf.] (C1) и-а-лы́-рхәо-з / и-а-л-мы́-рхәо-з, (C3) и-а-зы́-рхәо-з / и-а-з-мы́-рхәо-з, [past indef.] (C1) и-а-лы́-рхәа-з / и-а-л-мы́-рхәа-з, (C3) и-а-зы́-рхәа-з / и-а-з-мы́-рхәа-з; **Abs.** и-а́-рхәа-ны / и-а-мы́-рхәа-кәа) **1.** to use, to utilize, to make use of. || **а-хы́ а-рхәа-ра:** Уи́ с-у́с а-зы́ с-хы и-а-сы́-р-хәе-ит. *I used that for my work.* А-лаба́ кьа́т-с / кьа́т-ны с-хы и-а-сы́-р-хәе-ит. *I used the stick as a club.* **2.** to aid, to assist.

а́-рхәаша-ра[1] [tr.] [C1-C3-S / C1-C3-Neg-S] [C3 destroy C1] (**Fin.** [pres.] и-сы-рхәашо́-ит / и-сы-рхәашо́-м, [aor.] и-сы-рхәаше́-ит / и-с-мы-рхәаше-ит, [imper.] и-рхәаша́! / и-б-мы́-

рхəаша-н!; **Non-fin.** [pres.] (C1) и-сы́-рхəашо / и-с-мы́-рхəашо, (C3) и-зы́-рхəашо / и-з-мы́-рхəашо; **Abs.** и-рхəаша-ны́ / и-мы-рхəаша́-кəа) **1.** to destroy; to break. **2.** to break into pieces: а-чá а-кəыт-қəа́ р-зы́ á-рхəашара *to break bread into pieces for the hens, крошить хлеб курам.*

á-рхəаша-ра[2] [tr.] [C1-C3-S / C1-C3-Neg-S] [C3 dirty C1] (**Fin.** [pres.] и-сы-рхəашó-ит / и-сы-рхəашó-м, [aor.] и-сы-рхəашé-ит / и-с-мы́-рхəаше-ит, [imper.] и-рхəаша́! / и-б-мы́-рхəаша-н!; **Non-fin.** [pres.] (C1) и-сы-рхəашó / и-с-мы-рхəашó, (C3) и-зы-рхəашó / и-з-мы-рхəашó) **1.** to dirty, to soil.

á-рхəаша-ра[3] [tr.] [C1-C3-S / C1-C3-Neg-S] (**Fin.** [pres.] и-а-рхəашó-ит / и-а-рхəашó-м, [aor.] и-а-рхəашé-ит / и-а-мы́-рхəаше-ит, [imper.] и-рхəаша́! / и-б-мы́-рхəаша-н!; **Non-fin.** [pres.] (C1) и-á-рхəашо / и-а-мы́-рхəашо, (C3) и-зы́-рхəашо / и-з-мы́-рхəашо; **Abs.** и-рхəаша-ны́ / и-мы-рхəаша́-кəа) **1.** (*of animals*) to defecate: А-цгəы́ а-уаҭáх á-рхəашо-ит. *The cat defecates in the room. Кошка гадит в комнате.*

á-рхəашь-ра [tr.] [C1-C3-S / C1-C3-Neg-S] [C3 make C1 mussy] (**Fin.** [pres.] и-сы́-рхəашь-уе-ит / и-сы́-рхəашь-уа-м (-рхəашь-ʒо-м), [aor.] и-сы́-рхəашь-ит / и-с-мы́-рхəашь-ит (-рхəашь-ʒе-ит), [imper.] и́-рхəашь! / и-б-мы́-рхəашьы-н!, и-шəы́-рхəашь! / и-шə-мы́-рхəашьы-н!; **Non-fin.** [pres.] (C1) и-лы́-рхəашь-уа / и-л-мы́-рхəашь-уа, (C3) и-зы́-рхəашь-уа / и-з-мы́-рхəашь-уа, [aor.] (C1) и-лы́-рхəашь / и-л-мы́-рхəашь, (C3) и-зы́-рхəашь / и-з-мы́-рхəашь, [impf.] (C1) и-лы́-рхəашь-уа-з / и-л-мы́-рхəашь-уа-з, (C3) и-зы́-рхəашь-уа-з / и-з-мы́-рхəашь-уа-з, [past indef.] (C1) и-лы́-рхəашьы-з / и-л-мы́-рхəашьы-з, (C3) и-зы́-рхəашьы-з / и-з-мы́-рхəашьы-з; **Abs.** и́-рхəашь-ны *or* и-рхəашь-ны́ / и-мы́-рхəашь-кəа) **1.** to make muddy: Урҭ а-ʒы́ ды́-рхəашь-ит. *They made the water muddy. Они замутили воду.* [cf. **á-хəашь** "muddy"]

а-рхəма́р-ра [tr.] [C1-C3-S / C1-C3-Neg-S] [C3 make C1 play] (**Fin.** [pres.] и-сы-рхəма́р-уе-ит / и-сы-рхəма́р-уа-м (-ʒо-м), [aor.] и-сы-рхəма́р-ит / и-с-мы-рхəма́р-ит (-рхəма́р-ʒе-ит), [imper.] и-рхəма́р! / и-б-мы-рхəма́ры-н!, и-шəы-рхəма́р! / и-шə-мы-рхəма́ры-н!; **Non-fin.** [pres.] (C1) и-сы́-рхəмар-уа / и-с-мы́-рхəмар-уа, (C3) и-зы́-рхəмар-уа / и-з-мы́-рхəмар-уа; **Abs.** и́-рхəмар-ны / и-мы́-рхəмар-кəа) **1.** to make play: Ҳаџьара́ҭ зегьы́ д-џьа́-р-шьо и-ҿы́ и́-рхумар-ит. (ANR) *Hadzharat got his horse to perform in a way that everybody marvelled at him.* **2.** to engage in trick/fancy riding. **3.** to make gallop: А-ҿы-рхума́рра а-зи́н ан-у-и́-ҭа-лакь, у-аáи-ны сарá у-сы́-қəтəа, сарá у-сы́-рхумары-п. (Ab.Text) *When you father gives you permission to ride the horse away, come here, and get on my back. I will fly away with you.* [cf. **á-хəмар-ра** "to play"]

а-рхəы́ц-ра* [tr.] [C1-C3-S] [C3 make C1 think] (**Fin.** [aor.] д-и-рхəы́ц-ит, с-ды-рхəы́ц-ит, д-а-рхəы́ц-ит / д-а-мы-рхəы́ц-ит, [imper.] ды-рхəы́ц! / ды-б-мы-рхəы́цы-н!) **1.** to make sb think: У-áжəа-қəа с-ды-рхəы́ц-ит. *Your words made me become thoughtful. Твои слова заставили меня призадуматься.* И-áб и́-и-хəа-з дáараʒа д-а-рхəы́ц-ит. *What his father said made him give serious consideration.* [cf. **а-хəы́ц-ра** "to think"]

а-рхəыч-ра́* [tr.] [C1-C3-S] [C3 make C1 small] (**Fin.** [aor.] и-шəы-рхəыч-и́т / и-шə-мы-рхəыч-и́т, [imper.] и-рхəычы́! / и-б-мы-рхəычы́-н!, и-шəы-рхəычы́! / и-шə-мы-рхəычы́-н!) **1.** to reduce, to diminish: А-бжьы́ хəычы́к и-рхəычы́! *Turn down the sound a little! Убавь немного звук!*

а-рҳа-ра́[1] [tr.] [C1-C3-S / C1-C3-Neg-S] [C3 earn C1] (**Fin.** [pres.] и-сы-рҳа-уé-ит / и-сы-рҳа-уá-м, [aor.] и-сы-рҳá-ит / и-с-мы-рҳá-ит, [imper.] и-рҳá! / и-б-мы-рҳá-н!; **Non-fin.** [pres.] (C1) и-сы-рҳа-уá / и-с-мы-рҳа-уá, (C3) и-зы-рҳа-уá / и-з-мы-рҳа-уá, [aor.] (C1) и-сы-рҳá / и-с-мы-рҳá; **Abs.** и-рҳа-ны́ / и-мы-рҳá-кəа) **1.** to earn: Уи́ шə-маáҭ-к и-рҳá-ит. *He earned a hundred roubles. Он заработал сто рублей.* Уи́ иҕуҕуаны́ а-ђáра и-рҳá-ит. *He earned well. Он хорошо заработал.* Уи-á-ла акыр-у-рҳа-лá-п. (AF) *In that way you'll make a good profit.* **2.** to extract, to mine, to get; to conquer, to gain: Шəарá арá а-ҩы́з-цəа шәы-рҳа́-п ҳәа с-гәы́ и-аа́-на-го-ит. (IC) *I hope that you will get friends here. Я надеюсь, вы приобретете здесь друзей.*

а-рҳа-ра́[2] [tr.] [C1-C2-C3-S / C1-C2-C3-Neg-S] [C3 report C1 to C2] (**Fin.** [pres.] и-л-сы-рҳа-уе́-ит (*я ей его(нрз.)/их передаю*) / и-л-сы-рҳа-уа́-м, [aor.] и-л-сы-рҳа́-ит / и-л-с-мы-рҳа́-ит, [imper.] и-лы-рҳа́! / и-л-б-мы-рҳа́-н!; **Non-fin.** [pres.] (C1) и-л-сы-рҳа-уа́ / и-л-с-мы-рҳа-уа́, (C2) и-з-сы-рҳа-уа́ / и-з-с-мы-рҳа-уа́, (C3) и-л-зы-рҳа-уа́ / и-л-з-мы-рҳа-уа́; **Abs.** и-лы-рҳа-ны́ / и-л-мы-рҳа́-кәа) **1.** to communicate**:** и-д-лы-р-ҳа́-ит *she reported it/them to them.* А-концéрт ра́дио-ла и-д-лы-рҳа́-ит. *They transmitted her concert over the radio. (lit. She transmitted the concert to them on the radio.) Ее концерт передали по радио.* **2.** to make sb hear sth**:** Бы-бжьы́ сы-б-мы-р-ҳа́-н! (ACST) *Don't let me hear your voice!* [cf. **а-ҳа-ра́** "to hear"]

а-рҳәаза-ра́ [tr.] [C1-C3-S / C1-C3-Neg-S] [C3 drag C1 along the ground] (**Fin.** [pres.] и-сы-рҳәазо́-ит / и-сы-рҳәазо́-м, [aor.] и-сы-рҳәазе́-ит / и-с-мы-рҳәазе́-ит, [imper.] и-рҳәаза́! / и-б-мы-рҳәа́-н!, и-шәы-рҳәаза́! / и-шә-мы-рҳәа́-н!; **Non-fin.** [pres.] (C1) и-сы-рҳәазо́ / и-с-мы-рҳәазо́, (C3) и-зы-рҳәазо́ / и-з-мы-рҳәазо́; **Abs.** и-рҳәаза-ны́ / и-с-мы-рҳәа́-кәа) **1.** to drag along the ground**:** а́-цә-кәа а-кды́ а́арла ҳәа и-ды-рҳәазо́-н. (RAD) *Быки еле волокли бревно. The bulls were barely dragging the log.*

а-рҳәа-ра́ [tr.] [C1-a-C3-S / C1-a-C3-S] [C3 play C1] (**Fin.** [pres.] и-а-сы-рҳәо́-ит / и-а-сы-рҳәо́-м (-рҳәа-ӡо́-м), [aor.] и-а-сы-рҳәе́-ит / и-а-с-мы-рҳәе́-ит (-рҳәа-ӡе́-ит), [imper.] и-а-и-рҳәа́! / и-а-б-мы-рҳәа́-н!, и-а-шәы-рҳәа́ / и-а-шә-мы-рҳәа́-н!, [vers.1] и-аҳ-з-а-шәы-рҳәо́-ит; **Non-fin.** [pres.] (C1) и-а-лы-рҳәо́ / и-а-л-мы-рҳәо́, (C3) и-а-зы-рҳәо́ / и-а-з-мы-рҳәо́, [aor.] (C1) и-а-лы-рҳәа́ / и-а-л-мы-рҳәа́, (C3) и-а-зы-рҳәа́ / и-а-з-мы-рҳәа́, [impf.] (C1) и-а-лы-рҳәо́-з / и-а-л-мы-рҳәо́-з, (C3) и-а-зы-рҳәо́-з / и-а-з-мы-рҳәо́-з, [past indef.] (C1) и-а-лы-рҳәа́-з / и-а-л-мы-рҳәа́-з, (C3) и-а-зы-рҳәа́-з / и-а-з-мы-рҳәа́-з; **Abs.** и-а-рҳәа-ны́ / и-а-мы-рҳәа́-кәа) **1.** to play (a musical instrument)**:** а-гита́ра арҳәара́ *to play the guitar, играть на гитаре.* А-роиа́ль а-сы-рҳәо́-и́т. *I am playing (on) the piano. Я играю на рояле.* Дара́ а-роиа́ль-кәа а-ды-рҳәо́-ит. *They are playing the pianos. Они играют на роялях.* Шәара́ а-ҿырпы́н шә-з-а-рҳәо́-ма? *Can you play the flute? Вы умеете играть на флейте?* **2.** *the causative of* а-ҳәа-ра́ *"to say"*: (**Fin.** [aor.] и-л-сы-р-ҳәе́-ит / и-л-с-мы-р-ҳәе́-ит) заставить сказать, to make say**:** и-л-сы-р-ҳәо́-ит *I am making her say it/them.* [cf. **а-ҳәа-ра́** "to say"]

а-рҳә-ра́[1] [tr.] [C1-C3-S / C1-C3-Neg-S] [C3 pasture C1] (**Fin.** [pres.] и-сы-рҳә-уе́-ит / и-сы-рҳә-уа́-м (-ӡо́-м), [aor.] и-сы-рҳә-и́т / и-с-мы-рҳә-и́т (-ӡе́-ит), [imper.] и-рҳәы́! / и-б-мы-рҳәы́-н!, и-шәы-рҳәы́! / и-шә-мы-рҳәы́-н!; **Non-fin.** [pres.] (C1) и-сы-рҳә-уа́ / и-с-мы-рҳә-уа́, (C3) и-зы-рҳә-уа́ / и-з-мы-рҳә-уа́, [aor.] (C1) и-сы-рҳәы́ / и-с-мы-рҳәы́; **Abs.** и-рҳә-ны́ / и-мы-рҳәы́-кәа) **1.** to pasture, to graze. [cf. **а-ҳә-ра́** "to graze"]

а-рҳә-ра́[2] [tr.] [C1-C3-S / C1-C3-Neg-S] [C3 roll C1] (**Fin.** [pres.] и-сы-рҳә-уе́-ит / и-сы-рҳә-уа́-м (-ӡо́-м), [aor.] и-сы-рҳә-и́т / и-с-мы-рҳә-и́т (-ӡе́-ит), [imper.] и-рҳәы́! / и-б-мы-рҳәы́-н!, и-шәы-рҳәы́! / и-шә-мы-рҳәы́-н!; **Non-fin.** [pres.] (C1) и-лы-рҳә-уа́ / и-л-мы-рҳә-уа́, (C3) и-зы-рҳә-уа́ / и-з-мы-рҳә-уа́, [aor.] (C1) и-лы-рҳәы́ / и-л-мы-рҳәы́, (C3) и-зы-рҳәы́ / и-з-мы-рҳәы́, [impf.] (C1) и-лы-рҳә-уа́-з / и-л-мы-рҳә-уа́-з, (C3) и-зы-рҳә-уа́-з / и-з-мы-рҳә-уа́-з, [past indef.] (C1) и-лы-рҳәы́-з / и-л-мы-рҳәы́-з, (C3) и-зы-рҳәы́-з / и-з-мы-рҳәы́-з; **Abs.** и-рҳә-ны́ / и-мы-рҳәы́-кәа) **1.** to roll (up)**:** Уи́ а-ҭаҭы́н и-рҳә-и́т. *He rolled a cigarette. Он свернул папиросу.*

а-рҳә-ра́[3] [tr.] [C1-C3-S / C1-C3-Neg-S] [C3 seize C1] (**Fin.** [pres.] и-сы-рҳә-уе́-ит / и-сы-рҳә-уа́-м, [aor.] и-сы-рҳә-и́т / и-с-мы-рҳә-и́т, [imper.] и-рҳәы́! / и-б-мы-рҳәы́-н!; **Non-fin.** [pres.] (C1) и-сы-рҳә-уа́ / и-с-мы-рҳә-уа́, (C3) и-зы-рҳә-уа́ / и-з-мы-рҳә-уа́, [aor.] (C1) и-сы-рҳәы́ / и-с-мы-рҳәы́; **Abs.** и-рҳә-ны́ / и-мы-рҳәы́-кәа) **1.** to rob, to pillage.

а-рҳә-ҩы [n.] (а-рҳә-цәа́) a robber.

-рц [verbal suffix] *used to express a purpose.* "in order to." *This marker can be used regardless of the tense of a main clause* (cf. -**зарц**, **-ра-зы**, **-ра-ны**) (Hewitt, Abkhaz: 42, 199)**: 1.** С-ҩы́за ды-з-ба́-рц (/-разы́ /-раны́) а́-қалаҟь [а-]ахь с-цо́-ит/с-це́-ит. *I am going / I went to town to see my friend.* С-ҩы́за ды-ртцаҩ-ны́ д-ҟала́-рц [*or* д-ҟалара-зы́] д-ҭа́ле-ит а-институ́т. *My friend entered college in order to become a teacher.* Аҭы́ҧ х-й-каа-рц и-ҭаххе́-ит. (ANR) *He had a wish to fence off the place.* Ды-р-шьы́-рц (/Ды-р-шь-раны́) ры-ӡб-и́т. *They decided to kill him.* А-фатә а́а-с-хәа-рц а-база́р-ахь с-цо́-ит. *I go to the bazaar in order to buy food. Я иду на базар, чтобы купить еду.* Лара́ а-шәҟәы́ с-зы́-л-ҩы-рц (*or* с-зы́-л-ҩы-р) с-ҭахы́-уп. *I want her to write a letter to me. Я хочу, чтобы она написала мне письмо.* А-фатә а́а-л-хәа-рц а-дәқьа́н а́хь д-ца́-рц (*or* д-ца́-р, but *д-ца-разы) с-ҭахы́-уп. *I want her to go to the shop to buy food. Я хочу, чтобы она пошла в магазин купить еду.* Уаре́-и саре́-и ҳ-аиба-ды́ры-рц с-ҭахы́-уп. (AFL) *I want to get acquainted with you. Я хочу с тобой познакомиться.* Да́араӡа и-ҭаб-у́п, сара́ сы-жә-ды́ры-рц ахьы́-шә-ҭахы-у. (AFL) *I am very thankful that you want to get acquainted with me. Я очень благодарю за то, что вы хотите со мной познакомиться.* Баҭа́л и-ҭахы́-уп д-фи́зик-ха-рц. (AFL) *Batal wants to become a physicist. Батал хочет стать физиком.* А-ҩы́за бзи́а и-зы́ и-с-ҳәа́-рц с-ҭахы́-уп а-жәа-қәа́-к. (AFL) *I want to say several words for a good friend. Я хочу сказать несколько слов для хорошего друга.* Сара́ с-ус с-а́-лга-рц егь-сы́-гы-м. *I have almost finished my work. Я почти закончил свою работу.* С-бы́-ҳәо-ит мап и-цәы́-м-кы-куа б-и́-цца-рц. (Ab.Text) *Please don't refuse to go with him to his place as his bride.*

2. -рц а-зы́ ("it-for") in order to/that**:** С-ҩы́за ды-з-ба́-рц а-зы́ а́-қалаҟь ахь с-цо́-ит / с-це́-ит. *I am going / I went to town to see my friend.* С-ҩы́за д-сы-м-ба́-рц а-зы́ а-ҩны́ сы́-ҟо-уп. *I am at home in order that I may not see my friend.*

-рц и́-ко-уп *see* **а́-ка-заа-ра**

а-рца-ра́ [tr.] [C1-C3-S / C1-C3-Neg-S] [C3 warm up C1] (**Fin.** [pres.] и-сы-рцо́-ит / и-сы-рцо́-м, [aor.] и-сы-рце́-ит / и-с-мы-рце́-ит, [imper.] и-рца́! / и-б-мы-рца́-н!; **Non-fin.** [pres.] (C1) и-сы-рцо́ / и-с-мы-рцо́, (C3) и-зы-рцо́ / и-з-мы-рцо́, [aor.] (C1) и-сы-рца́ / и-с-мы-рца́; **Abs.** и-рца-ны́ / и-мы-рца́-кәа) **1.** to warm up**:** А-мра а́-ҧслымӡ а-рце́-ит. *The sun warmed up the sand. Солнце нагрело песок.* [cf. **а-ца́** "hot"]

а́-рцәаак-ра [tr.] [C1-C3-S / C1-C3-Neg-S] [C3 moisten C1] (**Fin.** [pres.] и-сы́-рцәаак-уе-ит / и-сы́-рцәаак-уа-м (-рцәаак-ӡо-м), [aor.] и-сы́-рцәаак-ит / и-с-мы́-рцәаак-ит (-рцәаак-ӡе-ит), [imper.] и́-рцәаак / и-б-мы́-рцәаакы-н!, и-шәы́-рцәаак / и-шә-мы́-рцәаакы-н!; **Non-fin.** [pres.] (C1) и-сы́-рцәаак-уа / и-с-мы́-рцәаак-уа, (C3) и-зы́-рцәаак-уа / и-з-мы́-рцәаак-уа, [aor.] (C1) и-сы́-рцәаак / и-с-мы́-рцәаак; **Abs.** и́-рцәаак-ны / и-мы́-рцәаак-кәа) **1.** to moisten; to wet, to get wet**:** А-маҭәа-қәа а-ӡы́ и-ҭ-шь-ны́ и-лы́-рцәаак-ит. (AAD) *She dipped the clothes into the water and soaked them. Она окунула одежды в воду и намочила их.* [cf. **а́-цәаак** "damp, humid"]

а́-рцәа-ра[1] [tr.] [C1-C3-S / C1-C3-Neg-S] [C3 put out C1] (**Fin.** [pres.] и-сы́-рцәо-ит / и-сы́-рцәо-м, [aor.] и-сы́-рцәе-ит / и-с-мы́-рцәе-ит, [imper.] и́-рцә! / и-б-мы́-рцәа-н!; **Non-fin.** [pres.] (C1) и-сы́-рцәо / и-с-мы́-рцәо, (C3) и-зы́-рцәо / и-з-мы́-рцәо; **Abs.** и́-рцәа-ны / и-мы́-рцәа-кәа) **1.** to extinguish, to put out**:** а-цәашьы́ а́-рцәара *to put out a candle, гасить свечу.* а́-мца а́-рцәара *to put out a fire, гасить огонь.* [cf. **а́-цәа-ра** "to be extinguished"]

а́-рцәа-ра[2] [tr.] [C1-C3-S / C1-C3-Neg-S] [C3 put C1 to sleep] (**Fin.** [pres.] с-лы́-рцәо-ит / с-лы́-рцәо-м, [aor.] с-лы́-рцәе-ит / сы-л-мы́-рцәе-ит, [imper.] ды́-рцә! / ды-б-мы́-рцәа-н!, д-шәы́-рцә! / ды-шә-мы́-рцәа-н!; **Non-fin.** [pres.] (C1) и-лы́-рцәо / и-л-мы́-рцәо, (C3) д-зы́-рцәо / ды-з-мы́-рцәо, [aor.] (C1) и-лы́-рцәа / и-л-мы́-рцәа, (C3) д-зы́-рцәа / ды-з-мы́-рцәа; **Abs.** ды́-рцәо / д-мы́-рцәо, ды́-рцәа-ны / д-мы́-рцәа-кәа) **1.** to put to sleep**:** Ан а-хәычы́ д-лы́-рцәе-ит. (ARD) *Мать укачала/убаюкала ребенка. The mother put the child to sleep.* И-бжьы с-а́-рцәе-ит. (RAD) *His voice lulled me to sleep. Его голос меня убаюкал.* [cf. **а́-**

цәа-ра "to sleep"]

а-ртцáа-ра [tr.] [C1-C3-S / C1-C3-Neg-S] [C3 freeze C1] (**Fin.** [pres.] и-сы-ртцáа-уе-ит / и-сы-ртцáа-уа-м, [aor.] и-сы-ртцáа-ит / и-с-мы-ртцáа-ит, [imper.] и-ртцáа! / и-б-мы-ртцáа-н!; **Non-fin.** [pres.] (C1) и-сы-ртцáа-уа / и-с-мы-ртцáа-уа, (C3) и-зы-ртцáа-уа / и-з-мы-ртцáа-уа; **Abs.** и-ртцáа-ны / и-мы-ртцáа-кәа) **1.** to cool. **2.** to freeze: А-хьҭа с-шьап-қәáа а-ртцáа-ит. *The cold made my feet (get) cold.* а-ҧсы́ӡ р-тцáара *to freeze a fish, заморозить рыбу.* [cf. **а-тцáа-ра** "to freeze"]

а-ртцáга [n.] (= **а-ртцáга шәкәы́**) (а-ртцáга-қәа) a textbook.

а-ртцáгатә [adj.] of teaching; educational: а-ртцáгатә цхы́раагӡа-қәа *the school textbooks.*

а-ртца-рá [tr.] [C1-C3-S *or* C1-C2-C3-S] [C3 teach C1 *or* C3 teach C1 to C2] (**Fin.** [pres.] и-л-сы-ртцó-ит / и-л-сы-ртцó-м (-ртца-ӡó-м), и-с-ды-ртцó-ит (*they teach it to me*) / и-с-ды-ртцó-м (-ртца-ӡó-м), и-д-сы-ртцó-ит / и-д-сы-ртцó-м (-ртца-ӡó-м), [aor.] д-лы-ртцé-ит *or* и-л-сы-ртцé-ит, и-а-сы-ртцé-ит (*I taught it to it*), и-с-на-ртцé-ит (*it taught it to me*) / ды-л-мы-ртцé-ит *or* и-л-с-мы-ртцé-ит, и-а-с-мы-ртцé-ит, и-с-на-мы-ртцé-ит (-ртца-ӡé-ит), [imper.] и-ртцá! *or* и-лы-ртца!, и-шәы-ртцá! / и-б-мы́-ртца-н! *or* и-лы-б-мы-ртцá-н!, [caus.] и-л-сы-д-ры-ртцé-ит (*они заставили меня учить ее ему(нрз.)*); **Non-fin.** [pres.] (C1) и-л-сы-ртцó (*то, чему я учу ее*) / и-л-с-мы-ртцó, (C2) и-з-сы-ртцó (*тот, которого я учу ему(нрз.)*) / и-з-с-мы-ртцó, (C3) и-л-зы-ртцó (*тот, который учит ее ему(нрз.)*) / и-л-з-мы-ртцó, [aor.] (C1) и-л-сы-ртцá / и-л-с-мы-ртцá, (C2) и-з-сы-ртцá / и-з-с-мы-ртцá, (C3) и-л-зы-ртцá / и-л-з-мы-ртцá, [fut.1] (C1) и-л-сы-ртца-рá / и-л-с-мы-ртца-рá, (C2) и-з-сы-ртца-рá / и-з-с-мы-ртца-рá, (C3) и-л-зы-ртца-рá / и-л-з-мы-ртца-рá, [fut.2] (C1) и-л-сы-ртцá-ша / и-л-с-мы-ртцá-ша, (C2) и-з-сы-ртцá-ша / и-з-с-мы-ртцá-ша, (C3) и-л-зы-ртцá-ша / и-л-з-мы-ртцá-ша, [perf.] (C1) и-л-сы-ртца-хьóу (-хьá(ц)) / и-л-с-мы-ртца-хьóу (-хьá(ц)), (C2) и-з-сы-ртца-хьóу (-хьá(ц)) / и-з-с-мы-ртца-хьóу (-хьá(ц)), (C3) и-л-зы-ртца-хьóу (-хьá(ц)) / и-л-з-мы-ртца-хьóу (-хьá(ц)), [impf.] (C1) и-л-сы-ртцó-з / и-л-с-мы-ртцó-з, (C2) и-з-сы-ртцó-з / и-з-с-мы-ртцó-з, (C3) и-л-зы-ртцó-з / и-л-з-мы-ртцó-з, [past indef.] (C1) и-л-сы-ртцá-з / и-л-с-мы-ртцá-з, (C2) и-з-сы-ртцá-з / и-з-с-мы-ртцá-з, (C3) и-л-зы-ртцá-з / и-л-з-мы-ртцá-з, [cond.1] (C1) и-л-сы-ртца-ры́-з / и-л-с-мы-ртца-ры́-з, (C2) и-з-сы-ртца-ры́-з / и-з-с-мы-ртца-ры́-з, (C3) и-л-зы-ртца-ры́-з / и-л-з-мы-ртца-ры́-з, [cond.2] (C1) и-л-сы-ртцá-ша-з / и-л-с-мы-ртцá-ша-з, (C2) и-з-сы-ртцá-ша-з / и-з-с-мы-ртцá-ша-з, (C3) и-л-зы-ртцá-ша-з / и-л-з-мы-ртцá-ша-з, [plupf.] (C1) и-л-сы-ртца-хьá-з / и-л-с-мы-ртца-хьá-з, (C2) и-з-сы-ртца-хьá-з / и-з-с-мы-ртца-хьá-з, (C3) и-л-зы-ртца-хьá-з / и-л-з-мы-ртца-хьá-з; **Abs.** и-лы-ртца-ны́ / и-л-мы-ртцá-кәа) **1.** to teach: и-л-ды-ртцé-ит *they taught it to her.* Сарá а-тцаҩ-цәá áҧсуа бызшәá д-сы-ртцó-ит. *I am teaching the pupils the Abkhaz language.* Уи́ а-шáхмат á-хәмар-шьа с-и-ртцé-ит. (RAD) *He taught me how to play chess. Он выучил меня игре в шахматы.* С-áн а-қы́ҭа шкóл а-ҿы́ а-у́с л-уé-ит, áҧсуа абызшәé-и а-литерату́ре-и а-тцаҩ-цәá и-д-лы-ртцó-ит. (AFL) *My mother works at the village school, and she teaches the pupils the Abkhaz language and literature. Моя мать работает в деревенской школе, она учит учеников абхазскому языку и литературе.* Уи́ а-шкóл а-ҟны́ áҧсуа бызшәá (á-ҧсшәа) ҳ-и-ртцó-н. *He used to teach us the Abkhaz language at school.* [cf. **а-тца-рá** "to study, to learn"]

а-ртцаҩрáтә [adj.] pedagogical, educational; of a teacher.

а-ртцаҩ-ха-рá* [intr.] [C1-teacher-become] (**Fin.** [aor.] ды-ртцаҩ-хé-ит / ды-ртцаҩы́-м-хе-ит, [imper.] у-ртцаҩ-хá! / у-ртцаҩы́-м-ха-н!) **1.** to become a teacher: Сарá а-университéт с-ан-á-л-га-лак сы-тцаҩ-хó-ит. *I will become a teacher after finishing university. После окончания университета я стану учительницей.*

а-ртцаҩы́ [n.] (а-ртцаҩ-цәá, ҳа-ртцаҩы́, ртцаҩы́-к) a teacher; a pedagogue: Сашьá ды-ртцаҩ-у́п. *My brother is a teacher.* Сарá сы-ртцáҩ бзи́о-уп. *I am a good teacher.* Ҳарá ҳа-ртцаҩ-цәá бзи́а-қуо-уп. *We are good teachers.* Уи́ ртцаҩы́-с ды́-ҟо-уп. *He is a teacher.* А-пхәы́с ртцаҩы́-с ды́-ҟо-уп. *The woman is a teacher.* Уи́ ртцаҩы́-с (/ды-ртцаҩ-ны́ /*ртцаҩ-ны́) д-ҟа-лé-ит. *He became a teacher. Он стал учителем.* Сы-ртцаҩы́ и-сы́-л-ҭа-з а-дҵа́ ҟа-с-ҵо́-ит. *I am doing/will do the assignment which my teacher gave me. Я (с)делаю задание, которое мне дала моя учительница.* [cf. **а-тцаҩы́** "a pupil"]

P

а-ртцаҩы-заа-ра́ [intr.] (**Fin.** [pres.] ды-ртцаҩ(ы́)-у́п / ды-ртцаҩы́-м) **1.** to be a teacher: И-а́б ды-ртцаҩ-у́п. *His father is a teacher.*

а-ртцыс-ра́ [tr.] [C1-C3-S / C1-C3-Neg-S] [C3 rock C1] (**Fin.** [pres.] с-лы-ртцыс-уé-ит / с-лы-ртцыс-уа́-м (-ӡо́-м), [aor.] с-лы-ртцыс-и́т / сы-л-мы-ртцыс-и́т (-ӡé-ит), [imper.] сы-ртцысы́! / сы-б-мы-ртцысы́-н!, с-шәы-ртцысы́! / сы-шә-мы-ртцысы́-н!; **Non-fin.** [pres.] (C1) и-лы-ртцыс-уа́ / и-л-мы-ртцыс-уа́, (C3) д-зы-ртцыс-уа́ / ды-з-мы-рцтцыс-уа́, [aor.] (C1) и-лы-ртцысы́ / и-л-мы-ртцысы́, (C3) д-зы-ртцысы́ / ды-з-мы-ртцысы́, [impf.] (C1) и-лы-ртцыс-уа́-з / и-л-мы-ртцыс-уа́-з, (C3) д-зы-ртцыс-уа́-з / ды-з-мы-ртцыс-уа́-з, [past indef.] (C1) и-лы-ртцысы́-з / и-л-мы-ртцысы́-з, (C3) д-зы-ртцысы́-з / ды-з-мы-ртцысы́-з; **Abs.** и-ртцыс-ны́ / и-мы-ртцысы́-кәа) **1.** to roll, to swing; to sway: А-ҧша́ а-ҧарда́ а-ртцыс-уé-ит. *The wind is swaying the curtain. Ветер колышет занавеску.* Лара́ а-га́ра лы-ртцыс-уé-ит. *She is rocking the cradle. Она качает колыбель.* А-ҧша́ а́-тцла-кәа а-ртцыс-уé-ит. *The wind is shaking the trees. Ветер качает деревья.* А-ҧша́ а́-тцла хы́куцә-кәа а-р-тцыс-уа́-н. *The wind was shaking the tops of the trees. Ветер колебал верхушки деревьев.* || **ахы-ртцыс-ра́** качать головой, to shake one's head: Сара́ с-хы́ сы-ртцыс-уé-ит. *I am shaking my head. Я качаю головой.* [cf. **а-тцыс-ра́** "to swing"]

а́ртцәаахҳәа [adv.] in a shrill voice: Артцәаахҳәа ды-ҳҳаé-ит. *He/She shouted in a shrill voice.*

а-ртцә-ра́ [tr.] [C1-C3-S / C1-C3-Neg-S] [C3 ferment C1] (**Fin.** [pres.] и-сы-ртцә-уé-ит / и-сы-ртцә-уа́-м (-ртцә-ӡо́-м), [aor.] и-сы-ртцә-и́т / и-с-мы-ртцә-и́т (-ртцә-ӡé-ит), [imper.] и-ртцәы́! / и-б-мы-ртцәы́-н!, и-шәы-ртцәы́! / и-шә-мы-ртцәы́-н!; **Non-fin.** [pres.] (C1) и-лы-ртцә-уа́ / и-л-мы-ртцә-уа́, (C3) и-зы-ртцә-уа́ / и-з-мы-ртцә-уа́, [aor.] (C1) и-лы-ртцәы́ / и-л-мы-ртцәы́, (C3) и-зы-ртцәы́ / и-з-мы-ртцәы́, [impf.] (C1) и-лы-ртцә-уа́-з / и-л-мы-ртцә-уа́-з, (C3) и-зы-ртцә-уа́-з / и-з-мы-ртцә-уа́-з, [past indef.] (C1) и-лы-ртцәы́-з / и-л-мы-ртцәы́-з, (C3) и-зы-ртцәы́-з / и-з-мы-ртцәы́-з; **Abs.** и-ртцә-ны́ / и-мы-ртцәы́-кәа) **1.** to ferment: Уара́ у́-баҩ у-ртцә-уé-ит. (AFL) *You are occupied with physical exercise. Ты занимаешься физкультурой.* [cf. **а-баҩ-ртцәы́ра** "physical training"]

а-р-тцәы́уа-ра *see* **а-р-тцәу́а-ра**

а-ртцәы́ (а-ртцә-кәа́) salting. соление.

а-ртцәы́уа-ра (= а-ртцәу́а-ра) [tr.] [C1-C3-S / C1-C3-Neg-S] [C3 make C1 cry] (**Fin.** [pres.] д-сы-ртцәы́уо-ит / д-сы-ртцәы́уо-м, [aor.] д-сы-ртцәы́уе-ит / ды-с-мы-ртцәы́уе-ит, [imper.] ды-ртцәы́уа! / ды-б-мы-ртцәы́уа-н!, д-шәы-ртцәы́уа! / ды-шә-мы-ртцәы́уа-н!; **Non-fin.** [pres.] (C1) и-сы-ртцәы́уо / и-с-мы-ртцәы́уо, (C3) д-зы-ртцәы́уо / ды-з-мы-ртцәы́уо, [aor.] (C1) и-сы-ртцәы́уа / и-с-мы-ртцәы́уа; **Abs.** ды-ртцәы́уа-ны / д-мы-ртцәы́уа-кәа) **1.** to make cry: Ари́ а-хәычы́ д-зы-ртцәы́уо-зеи? *What is making this child cry?* [cf. **а-тцәы́уа-ра** "to cry"]

а-рча-ра́* [tr.] [C1-C3-S] [C3 feed C1] (**Fin.** [aor.] ды-ды-рчé-ит / ды-д-мы-рчé-ит, [imper.] ды-рча́! / ды-б-мы-рча́-н!) **1.** (*in a folktale*) to feed: Урҭ р-ахәшьа́ баҩлашьа́-ла д-ды-рчо-н. *Они кормили свою сестру костным мозгом. They used to feed their sister with bone marrow.*

а-рч-ра́ [tr.] [C1-C3-S / C1-C3-Neg-S] [C3 inflate C1] (**Fin.** [pres.] и-сы-рч-уé-ит / и-сы-рч-уа́-м, [aor.] и-сы-рч-и́т / и-с-мы-рч-и́т, [imper.] и-рчы́! / и-б-мы-рчы́-н!, и-шә-рчы́! / и-шә-мы-рчы́-н!; **Non-fin.** [pres.] (C1) и-сы-рч-уа́ / и-с-мы-рч-уа́, (C3) и-зы-рч-уа́ / и-з-мы-рч-уа́, [aor.] (C1) и-сы-рчы́ / и-с-мы-рчы́, (C3) и-зы-рчы́ / и-з-мы-рчы́; **Abs.** и-рч-ны́ / и-мы-рчы́-кәа) **1.** to inflate (*with air*); to inflate sth, to pump up sth: А-ҧша́ а́-ҧра-кәа а-рч-и́т. (RAD) *Ветер надул паруса. The wind inflated the sails.* А-мпыл и-рч-и́т. (ARD) *Он* *накачал мяч. He pumped up the ball.* [cf. **а-ч-ра́** "to swell"]

а́-рчча-ра [tr.] [C1-C3-S / C1-C3-Neg-S] [C3 make C1 laugh] (**Fin.** [pres.] д-сы́-рччо-ит / д-сы́-рччо-м, [aor.] д-сы́-рчче-ит / ды-с-мы́-рчче-ит, д-ды́-рчче-ит / ды-д-мы́-рчче-ит, [imper.] ды́-рчча! / ды-б-мы́-рчча-н!, д-шәы́-рчча! / ды-шә-мы́-рчча-н!; **Abs.** ды́-рчча-ны / д-мы́-рчча-кәа) **1.** to make laugh, to amuse. [cf. **а́-чча-ра** "to laugh"]

а-рҽеи-ра [tr.] [C1-C3-S / C1-C3-Neg-S] [C3 improve C1] (**Fin.** [pres.] д-сы-рҽеи-уе-ит / д-сы-рҽеи-уа-м, [aor.] д-сы-рҽеи-т / ды-с-мы-рҽеи-т, [imper.] ды-рҽеи! / ды-б-мы-рҽеи-н!, д-шәы-рҽеи! / ды-шә-мы-рҽеи-н!; **Non-fin.** [pres.] (C1) и-сы-рҽеи-уа / и-с-мы-рҽеи-уа, (C3) д-зы-рҽеи-уа / ды-з-мы-рҽеи-уа; **Abs.** ды-рҽеи-ны / д-мы-рҽеи-кәа) **1.** to make better, to improve. **2.** to correct.

а-рҽхәа-ра́ [tr.] [C1-C3-S / C1-C3-Neg-S] [C3 praise C1] (**Fin.** [pres.] с-лы-рҽхәо́-ит / с-лы-рҽхәо́-м, [aor.] с-лы-рҽхәе́-ит / сы-л-мы-рҽхәе́-ит, [imper.] сы-рҽхәа́! / сы-б-мы-рҽхәа́-н!, с-шәы-рҽхәа́! / сы-шә-мы-рҽхәа́-н!; **Non-fin.** [pres.] (C1) и-лы-рҽхәо́ / и-л-мы-рҽхәо́, (C3) с-зы-рҽхәо́ / сы-з-мы-рҽхәо́; **Abs.** ды-рҽхәа-ны́ / д-мы-рҽхәа́-кәа) **1.** to praise, to compliment: Уи́ зегьы́ д-ды-рҽхәо́-ит. *Everybody praises him/her. Его/Ее все хвалят.* Уи́ шәара́ шә-лы-рҽхәо́-ит. *She is praising you. Она вас хвалит.* [cf. **а́-ҽхәа-ра** "to boast"]

а-рҿиа́мҭа [n.] (-қәа) **1.** production. **2.** a product.

а-рҿиа-ра́ [tr.] [C1-C3-S] [C3 cause C1] (**Fin.** [aor.] и-а-рҿие́-ит, **Non-fin.** [pres.] (C3) и-зы-рҿио́) **1.** to cause, to provoke: Ари́ а́-фатә а-чы́мазара ҿкы а-рҿиа́-р а-у-е́-ит. (ARD) *Эта пища может вызбвать заразную болезнь. This food can cause a contagious disease.* **2.** to create.

а-рҿы́ӡь-ра [tr.] [C1-C3-S / C1-C3-Neg-S] [C3 bore C1] (**Fin.** [pres.] д-сы-рҿы́ӡь-уе-ит / д-сы-рҿы́ӡь-уа-м, [aor.] д-сы-рҿы́ӡь-ит / ды-с-мы-рҿы́ӡь-ит, [imper.] ды-рҿы́ӡь! / ды-б-мы-рҿы́ӡьы-н!; **Non-fin.** [pres.] (C1) и-сы-рҿы́ӡь-уа / и-с-мы-рҿы́ӡь-уа, (C3) д-зы-рҿы́ӡь-уа / ды-з-мы-рҿы́ӡь-уа; **Abs.** ды-рҿы́ӡь-ны / д-мы-рҿы́ӡь-кәа) || **а-гәы́ а-рҿы́ӡь-ра** to bore: Урҭ сара́ с-гәы́ д-мы-рҿы́ӡь-ит. *They did not bore me. Они мне не дали скучать.* [cf. **а-гәы́ а-ҿы́ӡь-ра** "to be bored"]

а-рҿы́ха-ра [tr.] [C1-C3-S / C1-C3-Neg-S] [C3 wake C1] (**Fin.** [pres.] д-ды-рҿы́хо-ит *they wake him/her* / ды-ды-рҿы́хо-м, [aor.] д-сы-рҿы́хе-ит / ды-с-мы-рҿы́хе-ит, [imper.] ды-рҿых(а)! / ды-б-мы-рҿыха-н!, д-шәы-рҿы́х! / ды-шә-мы-рҿы́ха-н!; **Non-fin.** [pres.] (C1) и-сы-рҿы́хо / и-с-мы-рҿы́хо, (C3) д-зы-рҿы́хо / ды-з-мы-рҿы́хо; **Abs.** ды-рҿы́ха-ны / д-мы-рҿы́ха-кәа) **1.** to wake, to waken: Уи́ а́-мра а-гы́ла-мҭазы д-и-рҿы́хе-ит. *He woke him/her up at sunrise. Он разбудил его/ее на восходе солнца.* **2.** to arouse, to excite, to stimulate. [cf. **а-ҿы́-ха-ра** "to wake up"]

-рҿы́цы [adv.] **1.** anew. **2.** again.

а-рҿы́ц-ра [tr.] [C1-C3-S / C1-C3-Neg-S] [C3 restore C1] (**Fin.** [pres.] и-сы-рҿы́ц-уе-ит / и-сы-рҿы́ц-уа-м, [aor.] и-сы-рҿы́ц-ит / и-с-мы-рҿы́ц-ит, [imper.] и-рҿы́ц! / и-б-мы-рҿы́цы-н!; **Non-fin.** [pres.] (C1) и-сы-рҿы́ц-уа / и-с-мы-рҿы́ц-уа, (C3) и-зы-рҿы́ц-уа / и-з-мы-рҿы́ц-уа; **Abs.** и-рҿы́ц-ны / и-мы-рҿы́ц-кәа) **1.** to renovate, to renew, to restore: Ку́та и-ҩны́ а-хы́б и-рҿы́ц-ит. (AAD) *Kut'a renovated the roof of his house. Кута обновил крышу своего дома.* **2.** to make newer. [cf. **а-ҿы́ц** "new"]

а́-ршанха-ра [tr.] [C1-C3-S / C1-C3-Neg-S] [C3 charm C1; C3 surprise C1] (**Fin.** [pres.] д-сы́-ршанхо-ит / д-сы́-ршанхо-м, [aor.] д-сы́-ршанхе-ит / ды-с-мы́-ршанхе-ит, [imper.] ды́-ршанха! / ды-б-мы́-ршанха-н!, с-шәы́-ршанха! / сы-шә-мы́-ршанха-н!; **Non-fin.** [pres.] (C1) и-лы́-ршанхо / и-л-мы́-ршанхо, (C3) с-зы́-ршанхо / сы-з-мы́-ршанхо; **Abs.** ды́-ршанха-ны / д-мы́-ршанха-кәа) **1.** (= **а́-ргачамк-ра**) to charm, to fascinate: Урҭ сара́ да́ара с-ды́-ршанхе-ит. *They charmed me. Они меня очаровали.* **2.** to amaze, to astonish: с-ды́-ршанхе-ит *they astonished me, они меня удивили.* Сара́ уи с-а́-ршанхе-ит.

This astonished me. [cf. **а́-шанха-ра** "to be surprised"]

а́-рша-ра [tr.] [C1-C3-S / C1-C3-Neg-S] [C3 twist C1] (**Fin.** [pres.] и-сы-ршо́-ит / и-сы-ршо́-м, [aor.] и-сы-рше́-ит / и-с-мы́-рше-ит, [imper.] и-рша́! / и-б-мы́-рша-н!; **Non-fin.** [pres.] (C1) и-сы́-ршо / и-с-мы́-ршо, (C3) и-зы́-ршо / и-з-мы́-ршо; **Abs.** и́-рша-ны / и-мы́-рша-кәа) **1.** to twist, to wind; to twist, to roll: а-ша́ха а́-ршара *to twist a rope, свить веревку.*

Аршба [family name]

а́-ршкәакәа-ра [tr.] [C1-C3-S / C1-C3-Neg-S] [C3 whiten C1] (**Fin.** [pres.] и-сы́-ршкәакәо-ит / и-сы́-ршкәакәо-ит, [aor.] и-сы́-ршкәакәе-ит / и-с-мы́-ршкәакәе-ит, [imper.] и́-ршкәакәа! / и-б-мы́-ршкәакәа-н!; **Non-fin.** [pres.] (C1) и-сы́-ршкәакәо / и-с-мы́-ршкәакәо, (C3) и-зы́-ршкәакәо / и-з-мы́-ршкәакәо; **Abs.** и́-ршкәакәа-ны / и-мы́-ршкәакәа-кәа) **1.** to make white, to whiten. [cf. **а́-шкәакәа** "white"; **а́-шкәакәа-ха-ра** "to turn white"]

а-рш-ра́ [tr.] [C1-C3-S / C1-C3-Neg-S] [C3 boil C1] (**Fin.** [pres.] и-сы-рш-уе́-ит / и-сы-рш-уа́-м (-рш-ӡо́-м), [aor.] и-сы-рш-и́т / и-с-мы-рш-и́т (-рш-ӡе́-ит), [imper.] и-ршы́! / и-б-мы-ршы́-н!, и-шәы-ршы́! / и-шә-мы-ршы́-н!; **Non-fin.** [pres.] (C1) и-лы-рш-уа́ / и-л-мы-рш-уа́, (C3) и-зы-рш-уа́ / и-з-мы-рш-уа́, [aor.] (C1) и-лы-ршы́ / и-л-мы-ршы́, (C3) и-зы-ршы́ / и-з-мы-ршы́, [impf.] (C1) и-лы-рш-уа́-з / и-л-мы-рш-уа́-з, (C3) и-зы-рш-уа́-з / и-з-мы-рш-уа́-з, [past indef.] (C1) и-лы-ршы́-з / и-л-мы-ршы́-з, (C3) и-зы-ршы́-з / и-з-мы-ршы́-з; **Abs.** и-рш-ны́ / и-мы-ршы́-кәа) **1.** to boil: а-ӡы́ а-ршра́ *to heat water, нагреть воду.* || **а-кахуа́ а-рш-ра́** to make coffee, готовить кофе: Сара́ а-кахуа́ сы-рш-уе́-ит. *I am making coffee.* Сара́ а-кахуа́ шәы-з-сы-рш-уе́-ит. *I am making coffee for you.* А-кахуа́ ха-з-шәы-ршы́! *Please make coffee for us! Приготовьте нам кофе!* [cf. **а-ш-ра́** "to boil"]

Аршь [n.] (*mythology*) the highest one of the seven skies.

а-ршьа-ра́ [tr.] [C1-C3-S / C1-C3-Neg-S] [C3 split C1] (**Fin.** [pres.] и-сы-ршьо́-ит / и-сы-ршьо́-м, [aor.] и-сы-ршье́-ит / и-с-мы-ршье́-ит, [imper.] и-ршьа́! / и-б-мы-ршьа́-н!; **Non-fin.** [pres.] (C1) и-сы-ршьо́ / и-с-мы-ршьо́, (C3) и-зы-ршьо́ / и-з-мы-ршьо́; **Abs.** и-ршьа-ны́ / и-мы-ршьа́-кәа) **1.** to split, to break up: а-мҿы́ а-ршьара́ *to split firewood, расколоть дрова.* [= **а-х-ра́** "to chop"]

а-ршәа-ра́[1] [tr.] [C1-C3-S / C1-C3-Neg-S] [C3 frighten C1] (**Fin.** [pres.] д-сы-ршәо́-ит / д-сы-ршәо́-м, [aor.] д-сы-ршәе́-ит / д-с-мы-ршәе́-ит, [imper.] ды-ршәа́! / ды-б-мы-ршәа́-н!, д-шәы-ршәа́! / ды-шә-мы-ршәа́-н!; **Non-fin.** [pres.] (C1) и-сы-ршәо́ / и-с-мы-ршәо́, (C3) д-зы-ршәо́ / д-з-мы-ршәо́, [aor.] (C1) и-сы-ршәа́ / и-с-мы-ршәа́; **Abs.** ды-ршәа-ны́ / д-мы-ршәа́-кәа) **1.** to frighten, to scare: Шә-сы-ршәа́-ма? *Did I frighten you?* А-чы́мазаҩ а-ҭаацәа́ да́ара и-лы-ршәе́-ит. *The sick person very much frightened the family. Больная очень испугала семью.* [cf. **а-шәа-ра́** "to be frightened"]

а-ршәа-ра́[2] [tr.] [C1-C2-C3-S / C1-C2-C3-Neg-S] [C3 make C2 pay C1] (**Fin.** [pres.] и-ах-ды-ршәо́-ит / и-ах-ды-ршәо́-м, [aor.] и-ах-ды-ршәе́-ит / и-ха-д-мы-ршәе́-ит, [imper.] и-лы-ршәа́! / и-л-у-мы-ршәа́-н!, и-л-шәы-ршәа́! / и-л-шә-мы-ршәа́-н!, и-д-ршәа́! / и-д-шә-мы-ршәа́-н!; **Non-fin.** [pres.] (C1) и-л-сы-ршәо́ / и-л-с-мы-ршәо́, (C2) и-з-сы-ршәо́ / и-з-с-мы-ршәо́, и-л-зы-ршәо́ / и-л-з-мы-ршәо́; **Abs.** и-лы-ршәа-ны́ / и-л-мы-ршәа́-кәа) **1.** (*of a debt, money*) to make pay (back): Сара́ а-ҧа́ра шә-сы-р-шәа-ӡо́-м. *I will never make you pay money.* Урҭ а-ҧа́ра х-ды-ршәе́-ит. *They made us pay money. Они заставили нас заплатить деньги.* [cf. **а-шәа-ра́** "to pay back"]

а́-ршә-ра [tr.] [C1-C3-S / C1-C3-Neg-S] [C3 throw C1] (**Fin.** [pres.] и-сы́-ршә-уе-ит / и-сы́-ршә-уа-м (-ӡо-м), [aor.] и-сы́-ршә-ит / и-с-мы́-ршә-ит (-ӡе-ит), [imper.] и́-ршә! / и-б-мы́-ршәы-н!, и-шәы́-ршә! / и-шә-мы́-ршәы-н!; **Non-fin.** [pres.] (C1) и-лы́-ршә-уа / и-л-мы́-ршә-уа, (C3) и-зы́-ршә-уа / и-з-мы́-ршә-уа, [aor.] (C1) и-лы́-ршә / и-л-мы́-ршә, (C3) и-зы́-ршә / и-з-мы́-ршә, [impf.] (C1) и-лы́-ршә-уа-з / и-л-мы́-ршә-уа-з, (C3) и-зы́-ршә-уа-з / и-з-мы́-ршә-уа-з, [past indef.] (C1) и-лы́-ршәы-з / и-л-мы́-ршәы-з, (C3) и-зы́-ршәы-з / и-з-мы́-ршəы-з; **Abs.** и́-ршə-ны / и-мы́-ршə-кəа) **1.** to throw: и-ды́-ршə-ит *they threw it/ them.* Сара́ а-ха́ҳə сы́-ршə-ит. *I threw a stone. Я бросил камень.* [cf. **а-гəы́д-тца-ра** "to throw sth at sb"]

а-ршəшəа-ра́ [tr.] [C1-C3-S / C1-C3-Neg-S] (**Fin.** [pres.] и-лы-ршəшəо́-ит / и-лы-ршəшəо́-м, [aor.] и-лы-ршəшəе́-ит / и-л-мы-ршəшəе́-ит, [imper.] и-ршəшəа́! / и-б-мы-ршəшəа́-н!; **Non-fin.** [pres.] (C1) и-лы-ршəшəо́ / и-л-мы-ршəшəо́, (C3) и-зы-ршəшəо́ / и-з-мы-ршəшəо́; **Abs.** и-ршəшəа-ны́ / и-м-ршəшəа́-кəа) **1.** to shake; to shake (up). **2.** to shake out. [cf. **а́-қəы-ршəшəа-ра** "to shake lightly onto"; **а-ͨеы-ршəшəа-ра́** "to shake oneself down"]

а́-рыҕəҕəа-ра [tr.] [C1-C3-S / C1-C3-Neg-S] [C3 fasten C1] (**Fin.** [pres.] и-сы-рҕəҕəо́-ит / и-сы-рҕəҕəо́-м (-рҕəҕəа-ӡо́-м), [aor.] и-сы-рҕəҕəе́-ит / и-сы-рҕəҕəе́-ит (-рҕəҕəа-ӡе́-ит), [imper.] и-рҕəҕəа́! / и-б-мы-рҕəҕəа́-н!, и-шəы-рҕəҕəа́! / и-шə-мы-рҕəҕəа́-н!; **Non-fin.** [pres.] (C1) и-лы-рыҕəҕəо́ / и-л-мы-рыҕəҕəо́, (C3) и-зы-рыҕəҕəо́ / и-з-мы-рыҕəҕəо́, [aor.] (C1) и-лы-рыҕəҕəа́ / и-л-мы-рыҕəҕəа́, (C3) и-зы-рыҕəҕəа́ / и-з-мы-рыҕəҕəа́, [impf.] (C1) и-лы-рыҕəҕəо́-з / и-л-мы-рыҕəҕəо́-з, (C3) и-зы-рыҕəҕəо́-з / и-з-мы-рыҕəҕəо́-з, [past indef.] и-лы-рыҕəҕəа́-з / и-л-мы-рыҕəҕəа́-з, (C3) и-зы-рыҕəҕəа́-з / и-з-мы-рыҕəҕəа́-з; **Abs.** и-р(ы)ҕəҕəа-ны́ / и-мы-рҕəҕəа́-кəа) **1.** to fasten, to secure, to fix: Ҵəы́мҕ-ла и-сы-рҕəҕəе́-ит. *I secured it/them with a nail. Я закрепил гвоздем.*

-ры- [verbal suffix] **1.** *used to mark the negative Future I,* cf. **-ра-**. **2.** [in an interrogative form] should: И-з-зы́-сы-ⓞ-ры-да а-шəҟəы́? *Who should I write a letter to? Кому мне написать письмо?* И-сы́-ⓞ-р-и? *What should I write? Что мне написать?* уажəшьҭа́ и-шҧа́-з-у-р-и? (Ab.Text) *How should I do it now?* А-ͨеы-рхума́р-ра а-зи́н шҧа́-у-и-м-ҭа-р-и. (Ab.Text) *He won't be able not to give you permission to get up on a horse and gallop, will he?*

а-ры́жəтə [n.] (-қəа, ры́жəтəы-к) **1.** a drink: А-ча́и, а-лимона́д фатə-у́-ма, мамза́ргьы и-ры́жəтə-у-ма? (AFL) *Tea, lemonade — is this food or, after all, a drink? Чай, лимонад — это еда или же напиток?* А-ры́жəтə хк-қəа́-с шəара́ и́-жə-дыр-уа-зеи? *What kinds of drinks do you know?* **2.** an alcoholic drink.

-ры-з [verbal suffix] *used to mark the non-finite Conditional I of dynamic verbs.* "would *do (have done)*": и-гы́ла-рыз *(the one) that would stand up.* и́-м-гыла-рыз *(the one) that would not stand up.* И-ҟа-р-тца-рыз убри́ и-хəы́ц-ит. (ACST) *He thought out what they would do.*

-ры-зар [verbal suffix] (non-finite Future I + protasis-formant) *used to mark "an urgent plea to the addresee"* (ACST): Аба́рҭ зегьы́ ҳа-ҧс-а́аит, абри́ бы-м-фа-ры́-зар! (ACST) *Please eat this (for all our sakes)! [Let all of (this lot of) us perish, if you don't eat this!]*

ры́ззагь [pron.] all; entirely everything.

-ры-мы-зт [verbal suffix] *see* **-рын**

-ры-н [verbal suffix] *used to mark the finite Conditional I of dynamic verbs,* "would *do (have done)*" (cf. the negative finite suffix **-рымызт**): с-гы́ла-рын *I would stand up.*

а-ры́ҧхь [n.] (-қəа, ры́ҧхь-ла) a long pole for knocking off nuts from a tree.

а-ры́ҧх-ра [tr.] [C1-C3-S / C1-C3-Neg-S] [C3 thread C1] (**Fin.** [pres.] и-с-ры́ҧх-уе-ит / и-с-ры́ҧх-уа-м, [aor.] и-с-ры́ҧх-ит / и-сы-м-ры́ҧх-ит, [imper.] и-ры́ҧх! / и-бы-м-ры́ҧхы-н!, и-шə-ры́ҧх! / и-шəы-м-ры́ҧхы-н!; **Non-fin.** [pres.] (C1) и-с-ры́ҧх-уа / и-сы-м-ры́ҧх-уа, (C3) и-з-ры́ҧх-уа / и-зы-м-ры́ҧх-уа; **Abs.** и-ры́ҧх-ны / и-мы-ры́ҧх-кəа) **1.** (= **а-ча́ч-ра**) to string, to thread: Сара́ а-ҭаты́н с-ры́ҧх-уе-ит. *I am stringing the tobacco. Я нижу табак.*

а-ры-рҳа-ра [tr.] [C1-C3-Caus-R] [C3 scare away C1] (**Fin.** [aor.] и-ры-рҳа-ит; **Abs.** д-ры-рҳа-ны́) **1.** to scare away.

арыска́амҭа *see* **аска́амҭа**

а-ры́ҭəа [n.] (а-ры́ҭəа-қəа, ры́ҭəа-к) pliers, pincers: а-ры́ҭəа-ла *with the pincers.*

а-ры́-хьт(ы)шь-ра [intr.] (**Fin.** [pres.] д-а-ры́хьҭшь-уе-ит / д-а-ры́хьҭшь-уа-м, [aor.] д-арыхьҭшь-ит / д-м-а-ры́хьҭшь-ит, [imper.] б-а-ры́хьҭшь! / б-м-а-ры́хьҭшьы-н!; **Non-fin.** [pres.] (C1) и-а-ры́хьҭшь-уа / и-м-ры́хьҭшь-уа, [aor.] (C1) и-а-ры́хьҭшь / и-м-ры́хьҭшь; **Abs.** д-а-ры́хьҭшь-ны / д-м-а-ры́хьҭшь-кәа) **1.** (= **а́-хьҭ(ы)шь-ра**) to have a fever: Сара́ с-а-ры́хьҭышь-уе-ит. *I have a fever. Меня лихорадит.*

а-ры́ц [n.] (а-ры́ц-қәа) seed.

а-ры́цқьага [n.] (-қәа) a (black) board rubber.

а-ры́цқьа-ра [tr.] [C1-C3-S / C1-C3-Neg-S] [C3 clean C1] (**Fin.** [pres.] и-с-ры́цқьо-ит, и-д-ры́цқье-ит / и-с-ры́цқьо-м, [aor.] ды-с-ры́цқье-ит, и-с-ры́цқье-ит, и-а-ры́цқье-ит / и-сы-м-ры́цқье-ит, и-а-м-ры́цқье-ит, [imper.] и-ры́цқьа! / и-бы-м-ры́цқьа-н!, и-шә-ры́цқьа! / и-шәы-м-ры́цқьа-н!; **Non-fin.** [pres.] (C1) и́-л-рыцқьо / и́-лы-м-рыцқьо, (C3) и-з-ры́цқьо / и-зы-м-ры́цқьо, [aor.] (C1) и́-л-рыцқьа / и́-лы-м-рыцқьа, (C3) и-з-ры́цқьа / и-зы-м-ры́цқьа, [impf.] (C1) и́-л-рыцқьо-з / и́-лы-м-рыцқьо-з, (C3) и-з-ры́цқьо-з / и-зы-м-ры́цқьо-з, [past indef.] (C1) и́-л-рыцқьа-з / и́-лы-м-рыцқьа-з, (C3) и-з-ры́цқьа-з / и-зы-м-ры́цқьа-з; **Abs.** и-ры́цқьа-ны / и-м-ры́цқьа-кәа) **1.** to clean: Амх-қәа́ хы́-р-ҟьа-н и-д-ры́цқье-ит. (ANR) *They prepared and cleaned the fields.* С-хаҧы́ц-қәа с-ры́цқьо-ит. *I am brushing my teeth. Я чищу зубы.* а-гәа́ра а-ры́цқьара *to clean a court, очистить двор.* **2.** to scale (*a fish*): а-ҧсы́ӡ а-ры́цқьара *to scale a fish, очистить рыбу.* [cf. **а́-цқьа** "clean"]

а-ры́цҳа [adj.] wretched, pitiful; unfortunate; poor: д-ры́цҳа-уп *he/she is pitiful, он жалок/она жалка.*

а-ры́цҳа-заа-ра [intr.] (**Fin.** [pres.] д-ры́цҳа-уп / д-ры́цҳа-м) **1.** to be wretched/pitiful; to be poor: с-ры́цҳа-м-и?! *I'm a poor thing, aren't I?!*

а-ры́цҳара [n.] (-қәа, ры́цҳара-к) misfortune; calamity; a disaster.

а-рыцҳары́ла [adv.] sadly.

а-ры́цҳа-шьа-ра [tr.] [C1-Prev-C3-R / C1-Prev-C3-Neg-R] [C3 feel sorry for C1] (**Fin.** [aor.] д-ры́цҳа-л-шье-ит / д-ры́цҳа-лы-м-шье-ит, [imper.] д-ры́цҳа-шьа! / д-ры́цҳа-бы-м-шьа-н!, д-ры́цҳа-шә-шьа! / д-ры́цҳа-шәы-м-шьа-н!; **Non-fin.** [pres.] (C1) и-ры́цҳа-л-шьо / и-ры́цҳа-лы-м-шьо, (C3) д-ры́цҳа-з-шьо / д-ры́цҳа-зы-м-шьо, [aor.] (C1) и-ры́цҳа-л-шьа / и-ры́цҳа-лы-м-шьа, (C3) д-ры́цҳа-з-шьа / д-ры́цҳа-зы-м-шьа, [impf.] (C1) и-ры́цҳа-л-шьо-з / и-ры́цҳа-лы-м-шьо-з, (C3) д-ры́цҳа-з-шьо-з / д-ры́цҳа-зы-м-шьо-з, [past indef.] (C1) и-ры́цҳа-л-шьа-з / и-ры́цҳа-лы-м-шьа-з, (C3) д-ры́цҳа-з-шьа-з / д-ры́цҳа-зы-м-шьа-з; **Abs.** д-ры́цҳа-шьа-ны / д-ры́цҳа-м-шьа-кәа) **1.** to pity, to feel sorry (for): д-ры́цҳа-и-шье-ит *he felt sorry for him/her, его/ее он пожалел.* А-шшаҕьы́ч ры́цҳа-р-шье-ит. *They felt pity for the great tit.* А-нцәа́ с-ры́цҳа-шьа! *Please God, have mercy on me! Господи, смилуйся надо мной!* [cf. **а-ры́цҳа** "pitiful," **-шьа-**]

а-рҩа-ра́ [tr.] [C1-C3-S / C1-C3-Neg-S] [C3 dry C1] (**Fin.** [pres.] и-сы-рҩо́-ит / и-сы-рҩо́-м, [aor.] и-ды-рҩе́-ит / и-д-мы-рҩе́-ит, [imper.] и-рҩа́! / и-б-мы-рҩа́-н!, и-шәы-рҩа́! / и-шә-мы-рҩа́-н!; **Non-fin.** [pres.] (C1) и-лы-рҩо́ / и-л-мы-рҩо́, (C3) и-зы-рҩо́ / и-л-мы-рҩо́, [aor.] (C1) и-лы-рҩа́ / и-л-мы-рҩа́, (C3) и-зы-рҩа́ / и-л-мы-рҩа́, [impf.] (C1) и-лы-рҩо́-з / и-л-мы-рҩо́-з, (C3) и-зы-рҩо́-з / и-л-мы-рҩо́-з, [past indef.] (C1) и-лы-рҩа́-з / и-л-мы-рҩа́-з, (C3) и-зы-рҩа́-з / и-л-мы-рҩа́-з; **Abs.** и-рҩа-ны́ / и-мы-рҩа́-кәа) **1.** to dry: и-лы-рҩо́-ит *she dries it/them.* **2.** to smoke (*a fish, etc.*): А-ҧсы́ӡ ды-рҩе́-ит. *They smoked the fish. Они закоптили рыбу.* **3.** to make sb waste away: А-гәырҩа́ д-а-рҩе́-ит. *He wasted away from depression. Он высох от тоски.* [cf. **а-ҩа́** "dry"; **а-ҩа-ра́** "to wither"]

а́-рҩаш [n.] (-қәа) a mountain stream; a rivulet.

а-рҩа́шьа-ра [tr.] [C1-C3-S] [C3 delude C1] (**Fin.** [aor.] д-и-рҩа́шье-ит / д-и-мы-рҩа́шье-ит; **Abs.** с-мы-рҩа́шьа-кәа) **1.** to delude/mislead sb. **2.** to mistake: Егьаҩы́ у-ры́-ла-зар-гьы, у-сы-рҩа́шьо-м. (AF) *Even if you're in amongst a lot of others, I won't mistake you.* [cf. **а-ҩа́шьа-ра** "to make a mistake"]

а́-рҩ-ра [tr.] [C1-C3-S / C1-C3-Neg-S] [C3 make C1 run] (**Fin.** [pres.] д-лы́-рҩ-уе-ит / д-лы́-рҩ-уа-м, [aor.] д-лы́-рҩ-ит / ды-л-мы́-рҩ-ит, [imper.] ды́-рҩ! / ды-б-мы́-рҩы-н!, д-шәы́-рҩ! / ды-шә-мы́-рҩы-н!; **Non-fin.** [pres.] (C1) и-лы́-рҩ-уа / и-л-мы́-рҩ-уа, (C3) д-зы́-рҩ-уа / ды-з-мы́-рҩ-уа, [aor.] (C1) и-лы́-рҩ / и-л-мы́-рҩ; **Abs.** ды́-рҩ-ны / д-мы́-рҩ-кәа) **1.** to make run. [cf. **а́-ҩ-ра** "to run"]

C c

-c[1] [predicative] **1.** as, in the capacity (of) (cf. **-ны**)**:** ҳәаа́-с *as frontier.* шәҟәы́ ҿы́ц-с *as a new book.* Уи́ ртцаҩы́-с ды́-ҟо-уп. *He is a teacher.* Уи́ уаҩы́-с ды́-ҟо-уп. *He is a man.* [N.B. A noun cannot take an article. cf. Аруаҩы́-с/а́руаҩ-ны Берли́н сы́-ҟа-н. *I was in Berlin as a soldier.*] А-пҳәызс ртцаҩы́-с ды́-ҟо-уп. *The woman is a teacher.* Сара́ с-аҳ-ны́ /аҳы́-с /аҳ-ны́ с-ҟа-р-тце́-ит. *They made me king.* С-ҩы́за ртца́ҩы-с д-ҟала-раны́ ды́-ҟо-уп. *My friend will become a teacher. Мой друг станет учителем.* Аӡын мза-ҟәа́-с и́-жә-дыр-уе-и? (AFL) *Do you know what are the months of winter? Вы знаете, какие месяцы зимы?* Бна́тә пҵсаа́тә-с шәара́ и́-жә-дыр-уа-зеи? (AFL) *Which wild bird do you know? Какую дикую птицу вы знаете?* Уара́ у-а́б занаа́ҭ-с и́-мо-у-[зе]и? *Who is your father by profession? Кто твой отец по профессии?* (*or* У-а́б заана́ҭ-с и́-мо-у-зеи? (AFL)); С-а́б нцьны́р-с а-у́с и-у-е́-ит. *My father works as an engineer. Мой отец работает инженером.* А-гәйл пҵштәы́-с и-а́-мо-у-зеи? (AFL) *Of what color is a rose? Какого цвета роза?* А-тцла пҵшӡа-ҟәа́-с шәара́ и́-жә-дыр-уа-зеи? (AFL) *What beautiful trees do you know? Какие красивые деревья вы знаете?* Шәара́ шәы́р хкы́-с и́-жә-дыр-уа-зеи? (AFL) *What kind of fruits do you know? Какой вид фруктов вы знаете?* А-хьшь-цәа ҩна́тә пҵстәы́-с а́-шьха и-ка́-р-цо-зеи? *Which domesticated animal are the herdsmen driving away to the mountain? Какое домашнее животное пастухи угоняют в гору?* Уи́ ны́ҟәага-с и́-ма-з ра́шьы-н. (AF) *A steed was his means of transport.*

-c[2] [suffix] *used to mark a young animal* (cf. **-ар(а)**)**:** а-сы́-с *a lamb.*

-c-[3] [radical] to pass**:** и-ҩны́-с-уе-ит *they are passing through / along the house.*

с(ы)- 1. [verbal prefix] *a pronominal prefix denoting an agent/oblique/direct object of the first person sg. in Columns III/II/I respectively.* "I/me." **2.** [possessive prefix] my.

ас [adv.] (= **аба́с**) so, thus, in this way**:** Ари́ л-ха́тца ас а́н-и-ҳәа, акыжьы́ҳәа инеиматҵааны́ а-тцәы́уара д-а́-лаге-ит. (Ab.Text) *When her husband told her this, she burst into tears crying out loud.*

са́ [personal pron.] *a contracted form of* ***сара́*** *"I"***:** Ари́ ды-з-шьы́-з са с-о́-уп. (Ab.Text) *It is/ was I that killed this man.*

а-са́[1] [n.] (а-са-ҟәа́) sword.

а-са́[2] [n.] (а-са-ҟәа́) a piece, a slice**:** Сара́ а́-хәша а-ча́ са-ҟәа́ и-р-хьы́-с-шь-ит. *I spread butter on the slices of bread.*

а-са́ан [n.] (а-са́ан-ҟәа, са́ан-к, с-са́ан) a plate**:** И-пҵы́-с-ҽ-ит а-са́ан. *I broke a plate. Я разбил тарелку.* И-пҵ-ҽ-и́т а-са́ан. *A plate was broken.* А-са́ан а-ча́ шкәа́кәа а-н-у́п. *White bread is on the plate. На тарелке лежит белый хлеб.*

а-саа́ра [n.] (а-саа́ра-ҟәа) (= **а-гәыбла́а**) a wooden, deep dish.

а-саара́ [adv.] to the ground; to the floor; on the ground**:** А-шәапҵы́цьапҵ ры́-махә-ҟәа асаара́ и-шьҭа́с-уа, (...). (AFL) *The branch (bends) to the ground, touching the earth, (...).*

а-саата́ [adv.] to the ground.

а-саа́ҭ [n.] (а-саа́ҭ-ҟәа, саа́ҭ-к, с-саа́ҭ) **1.** hour**:** ес-саа́ҭ *every hour.* Х-саа́ҭ-к ры́-ла а-шәҟәы́ д-а́-пҵхье-ит. *He/She read the book in three hours.* ҩ-саа́ҭ-к *два часа, for two hours.* Саа́ҭ-к и-а-мо́-уп хы́нҩажәа мину́ҭ. *There are sixty minutes in an hour.* Шаҟа́ саа́ҭ а-тцара́ шә-тцо́-зеи а-университе́т а-ҿы́? *How many hours do you study at university?* **2.** o'clock**:** а-саа́ҭ акәзы́ *at one o'clock.* А-саа́ҭ шаҟа́ ы́-ҟо-и? *What time is it?* — А-саа́ҭ жәаба́ ы́-ҟо-уп. *It is ten o'clock.* а-саа́ҭ 8 (ааба́) р-зы́ *at 8 o'clock.* Уара́ а́-шьыжь а-саа́ҭ шаҟа́ р-зы́ у-гы́ло-и? *What time do you get up?* Сара́ а-саа́ҭ ааба́ ры́-бжа-зы с-гы́ло-ит. *I get up at half past seven.* Сара́ еснагь а-саа́ҭ 8 (ааба́) р-зы́ с-гы́ло-ит. *I always get up at 8 o'clock.* Асаа́ҭ ааба́ [8] ры́-бжа-зы шьыжьхьа́ с-фо́-ит. (AFL) *I have breakfast at half past seven. В половине восьмого я завтракаю.* А-саа́ҭ шаҟа́ р-зы́ и-нтцәо́-зеи шә-тцара́? (AFL) *What* *time does your work finish? В котором часу ваше занятие кончается?* Ари́ а-дәқьа́н а-саа́ҭ 10 (жәаба́) инаркны́ уаха́ хәлбҽха́ а-саа́ҭ аааба́-нӡа а-у́с а-у-е́-ит. (AFL) *This store is open from 10 o'clock until 8 o'clock in the evening. Этот магазин работает с десяти до восьми часов вечера.* **3.** a clock, a watch: А-саа́ҭ а-хы́ц ны́ҟәо-м. *The hand of the clock isn't moving.* А-саа́ҭ щцак-уе́-ит. *The watch is fast.*

саатбжа́к [n.] half an hour: Шәара́ саатбжа́к шә-а́-г-хе-ит. *You were half an hour late.*

саа́тк [n.] one hour.

а-са́ба [n.] (а-са́ба-қәа, са́ба-к) (coll. n.) dust: А-машьы́на а-са́ба а-ргы́ле-ит. *Машина подняла пыль.* (ARD) *The car stirred up dust.*

а́-саби [n.] (а́-саби-цәа, саби́-к) a child, an infant; a baby.

а-са́бша [n.] (са́бша-к) Saturday: а-са́бша-ҽны *on Saturday.* са́бша-к а-ҽны́ *one Saturday.* Иацы́ са́бша-н. *Yesterday was Saturday.* А-са́бша қа́рт-ҟа с-цо́-ит. *I am going to Tbilisi on Saturday.* А-са́бша-ҽны шәы-ԥсы́ шә-шьо́-ма? *Do you rest on Saturday?* А-са́бша уара́ а-у́с у-уа́-ма? (< у-у-уа-ма) (AFL) *Do you work on Saturday? Ты работаешь в субботу?*

а-са́га [n.] (-қәа) a razor.

Саи́да [n.] (f.) [person's name]

а-са́ӡ [n.] (а-са́ӡ-цәа) (*one of the Abkhazian tribes*) the Sadz.

а́-сакаса [n.] (-қәа, сакаса́-к) a stretcher.

а-са́кь [n.] (а-са́кь-қәа) sack, bag.

а-са́л [n.] (а-са́л-қәа) a wedge.

а́-салам [n.] (-қәа, сала́м-к) **1.** a greeting, greetings: || **а́-салам ры́-с-ҭо-ит** I greet them, cf. а́-салам-ҭа-ра "to greet." Уи́ а́-салам шә-з-а́а-л-ҭи-ит. (GAL) *Она передала вам привет. She conveyed her greetings to you.* Шә-ахь-не́-и-уа а́-салам ду́ӡӡаны и-ха-з-ры́-шә-ҭ! (IC) *Передайте большой привет от нас! Give our best regards to them!* **2.** greeting, salutation.

а́-салам-ҭа-ра [tr.] [а́-салам 'the greeting' [C1]-C2-C3-R / [C1]-C2-C3-Neg-R] [C3 greet C2] (**Fin.** [pres.] а́-салам ры́-с-ҭо-ит / а́-салам ры́-с-ҭо-м, [aor.] а́-салам ры́-с-ҭе-ит / а́-салам ры́-сы-м-ҭе-ит, [imper.] а́-салам ры́-ҭ! / а́-салам ры́-бы-м-ҭа-н!; **Non-fin.** [pres.] (C2) а́-салам зы-с-ҭо́ (*or* зы́-с-ҭо) / а́-салам зы́-сы-м-ҭо, (C3) а́-салам ры́-з-ҭо / а́-салам ры́-зы-м-ҭо; **Abs.** а́-салам и́-ҭа-ны / а́-салам и́-м-ҭа-кәа) **1.** to greet; to exchange greetings: а́-салам ры́-с-ҭо-ит *I greet them.* [cf. **а́-салам** "a greeting," **а́-ҭа-ра** "to give"]

а́-саламшәкәы [n.] a letter: Сара́ а́-саламшәҟәы з-ҩ-уе́-ит. *I am writing a letter. Я пишу письмо.*

сала́м шәы́моуп [conj.] hello.

-самсал *an element used to emphasize an adjective.* ["Intensifier," Chirikba:30]: а́иқәатцәа-самса́л *raven-black.*

Са́ндра [n.] (m.) [person's name]

а-сапы́н [n.] (а-сапы́н-қәа, сапы́н-к, с-сапы́н) soap.

а-саԥа́т [n.] (-қәа) [bz.] a padlock: а-саԥа́т-ла а-ркра́ *to padlock, запереть на замок.*

а-са́р [n.] (а-са́р-қәа "(individual) lambs") lambs. [-**р** 'collectively,' cf. **а-сы́с** "a lamb"]

сара́ [pron.] I. я: сар-гьы́ *I also, и я.* [cf. **са**]

а-са-ра́[1] [tr.] [C1-C3-R / C1-C3-Neg-R] [C3 shave C1] (**Fin.** [pres.] и-с-со́-ит, ды-с-со́-ит, и-а-со́-ит / ды-с-со́-м, и-а-со́-м, [aor.] ды-с-се́-ит, и-а-се́-ит / д-сы-м-се́-ит, и-а́-м-се-ит, [fut.1] ды-с-са́-п, и-а-са́-п / ды-с-са-ры́м, и-а-са-ры́м, [fut.2] ды-с-са́-шт, и-а-са́-шт / ды-с-са́-шам, и-а-са́-шам, [perf.] ды-с-са-хье́ит, и-а-са-хье́ит / д-сы-м-са́-ц(т), и-а́-м-са-ц(т), [impf.] ды-с-со́-н, и-а-со́-н / ды-с-со́-мызт, и-а-со́-мызт, [past indef.] ды-с-са́-н, и-а-са́-н / д-сы-м-са́-зт, и-а́-м-са-зт, [cond.1] ды-с-са-ры́н, и-а-са-ры́н / ды-с-са-ры́мызт, и-а-са-ры́мызт, [cond.2] ды-с-са́-шан, и-а-са́-шан / ды-с-са́-шамызт, и-а-са́-шамызт, [plupf.] ды-с-са-хьа́н, и-а-са-хьа́н / д-сы-м-са́-цызт, и-а́-м-са-цызт, [imper.] д-са́! / д-бы-м-са́-н!, д-шә-сá! / д-шәы-м-сá-н!; **Non-fin.** [pres.] (C1) и́-л-со (*то/тот. которое/-ого она бреет*) / и́-лы-м-со, (C3) и-з-сó (*тот, который бреер его(нрз.)/их*), ды-з-сó (*тот, который бреер его/ее*) / и-зы-м-сó, д-зы-м-сó, [aor.] (C1) и́-л-са / и́-лы-м-са, (C3) и-з-сá, ды-з-сá / и-зы-м-сá, д-зы-м-сá, [fut.1] (C1) и́-л-са-ра / и́-лы-м-са-ра, (C3) и-з-са-рá, ды-з-са-рá / и-зы-м-са-рá, д-зы-м-са-рá, [fut.2] (C1) и́-л-са-ша / и́-лы-м-са-ша, (C3) ды-з-сá-ша / д-зы-м-сá-ша, [perf.] (C1) и́-л-са-хьоу (-хьа(ц)) / и́-лы-м-са-хьоу (-хьа(ц)), (C3) ды-з-са-хьóу (-хьá(ц)) / д-зы-м-са-хьóу (-хьá(ц)), [impf.] (C1) и́-л-со-з / и́-лы-м-со-з, (C3) ды-з-сó-з / д-зы-м-сó-з, [past indef.] (C1) и́-л-са-з / и́-лы-м-са-з, (C3) ды-з-сá-з / д-зы-м-сá-з, [cond.1] (C1) и́-л-са-ры-з / и́-лы-м-са-ры-з, (C3) ды-з-са-ры́-з / д-зы-м-са-ры́-з, [cond.2] (C1) и́-л-са-ша-з / и́-лы-м-са-ша-з, (C3) ды-з-сá-ша-з / д-зы-м-сá-ша-з, [plupf.] (C1) и́-л-са-хьа-з / и́-лы-м-са-хьа-з, (C3) ды-з-са-хьá-з / д-зы-м-са-хьá-з; **Abs.** и-са-ны́ / и-м-сá-кәа) **1.** to shave: ах-са-рá *to shave the head, брить голову.* И-ҵатцá и-сé-ит. *He shaved his beard. Он сбрил себе бороду.* И-ҵатцá и-сó-ит. *He shaves himself. Он бреется.* У-ҵатцá са! *Shave yourself! Побрейся!* У-ҵатцá у-сá-ма? *Did you shave yourself? Ты побрился?* У-ҵатцá у-м-сá-н! *Don't shave yourself! Не брейся!* Сарá с-ҵатцá с-сá-р-о-уп. *I must shave myself. Я должен побриться.* С-ҵатцá с-зы́-шә-са! *Please shave me! Пожалуйста, побрейте меня!*

а-са-рá[2] [labile] **(1)** [tr.] [C1-C3-R / C1-C3-Neg-R] [C3 cut C1 out] (**Fin.** [pres.] и-с-сó-ит, и-а-сó-ит / и-с-сó-м, и-а-сó-м, [aor.] и-с-сé-ит, и-а-сé-ит / и-сы-м-сé-ит, и-а-м-сé-ит, [imper.] и-сá! / и-бы-м-сá-н!, и-шә-сá! / и-шәы-м-сá-н!; **Non-fin.** [pres.] (C1) и́-л-со / и́-лы-м-со, (C3) и-з-сó / и-зы-м-сó, [aor.] (C1) и́-л-са / и́-лы-м-са, (C3) и-з-сá / и-зы-м-сá, [impf.] (C1) и́-л-со-з / и́-лы-м-со-з, (C3) и-з-сó-з / и-зы-м-сó-з, [past indef.] (C1) и́-л-са-з / и́-лы-м-са-з, (C3) и-з-сá-з / и-зы-м-сá-з; **Abs.** и-са-ны́ / и-м-сá-кәа) **1.** to cut out. **(2)** [intr.] (**Fin.** [pres.] с-сó-ит / с-сó-м, [aor.] с-сé-ит / сы-м-сé-ит; **Non-fin.** [pres.] (C1) и-сó / и-м-сó (*or* и́-м-со), [aor.] (C1) и-сá / и-м-сá *or* и́-м-са) **1.** to be engaged in cutting.

а-са-рá[3] [intr.] [C1-R] [C1 be cooked] (**Fin.** [pres.] и-сó-ит / и-сó-м, [aor.] и-сé-ит / и-м-сé-ит, [imper.] у-сá! / у-м-сá-н!; **Non-fin.** [pres.] (C1) и-сó / и-м-сó; **Abs.** и-са-ны́ / и-м-сá-кәа) **1.** (*of soup*) to be cooked, to be boiled.

а-сарáнџь [n.] (-қәа) **1.** a honeycomb: А-шьха-қәа а-сарáнџь ҟа-р-тцó-ит. *The bees are making a honeycomb. Пчелы лепят соты.*

а-сáркьа [n.] (-қәа, сáркьа-к) **1.** a mirror: а-сáркьа д-а-нҧшы́ло-ит *he/she looks into the mirror.* А-сáркьа лы́-ччаҧшь а-ны́л-т. *The mirror reflected her smile. Зеркало отразило ее улыбку.* **2.** glass. **3.** X-rays: Сарá а-сáркьа с-ҭá-ле-ит. *I has an x-ray.*

а-саркьáл [n.] (-қәа) **1.** a bell: а-саркьáл á-с-ра *to ring a bell, звонить в колокол.* А-саркьáл а-бжьы́ гó-ит. *The bell rings. Колокол звонит.*

á-сас [n.] (á-сас-цәа, сы́-сас, сасы́-к, сас-цәá-к) **1.** a guest: А-сас-цәа ҧытҩы́к аá-ит. *Several guests came.* Аҧсуаа á-сас бзи́а ды-р-бó-ит. *The Abkhazian people like (a guest/guests).* **2.** [predicate] с-сас-у́п *I am a guest.* с-сасы́-н *I was a guest.* д-сасы́-мз-и? *was he not a guest?* с-у́-сас-уп / с-бы́-сас-уп *I am your guest.* с-бы́-сасы-н *I was your guest.* Шәáрҭ уажәшьҭá шә-сас-цәá-м. (AF) *You are guests no longer.*

а-сасаáирҭа [n.] (-қәа) a hotel: Ҳарá а-сасаáирҭа ҳа-ҩнá-н. *We stayed at the hotel.*

á-сас-ра [intr.] [C1-R / C1-Neg-R] [C1 stay (with), C1 be on a visit (to)] (**Fin.** [pres.] д-сас-уé-ит / д-сас-уá-м (-ӡó-м), [aor.] д-сас-и́т / ды-м-сас-и́т (-ӡé-ит), [imper.] б-сасы́! / бы-м-сасы́-н!, шә-сасы́! / шәы-м-сасы́-н!; **Non-fin.** [pres.] (C1) и-сас-уá / и-м-сас-уá, [aor.] (C1) и-сасы́ / и-м-сасы́; **Abs.** д-сас-ны́ / ды-м-сасы́-кәа) **1.** to stay (with): с-сас-уé-ит *I am (staying) as a guest, я нахожусь в гостях.* [cf. **á-сас** "guest"]

а-сасрá [n.] going on a visit: Сасрá с-цó-ит. *I go on a visit. Я иду в гости.* Сасрá ды-р-ҭá-н. *He/She was a guest of theirs. Он/Она был/-ла у них в гостях.* Сарá сасрá сы́-ҟа-н. *I was a guest. / I was visiting. Я был в гостях.*

Сасры́қәа [n.] (m.) Nart epic hero's name, Sasruquo.
сасырҭаны́ [adv.] as a guest: иаха́ сасырҭаны́ ха́-ҟа-н. *I stayed as a guest last night.*
саҭа́мыз *see* **а-ҭа́-м-заа-ра**
а-са́хьа [n.] (-қәа, с-са́хьа-қәа) **1.** look, appearance; appearance; reflection: И-са́хьа а-са́рқьа-ҿы и-бе́-ит. (RAD) *Он увидел свое отражение в зеркале. He looked at his reflection in the mirror.* **2.** picture: а-са́хьа-қәа р-цәы́ргақәҭа *an exhibition of paintings.* **3.** a statue. || **а-са́хьа ҭы-х-ра** to portray, to depict: А-ҭаҩы́ а-қьаа́д а-ҿы́ а-мрагы́лара а-са́хьа ҭ-й-х-ит. *The pupil depicted a sunrise on the paper. Ученик на бумаге изобразил восход солнца.*
а-са́хьа-н-ҭа-ра [tr.] [а-са́хьа [C1]-C2-Prev-C3-R / [C1]-C2-Prev-C3-Neg-R] [C3 draw on C2] (**Fin.** [pres.] а-са́хьа а-ны́-с-ҭо-ит / а-са́хьа а-ны́-с-ҭо-м (-ҭа-ӡо-м), [aor.] а-са́хьа а-ны́-с-ҭе-ит / а-са́хьа а-ны́-сы-м-ҭе-ит (-ҭа-ӡе-ит), [imper.] а-са́хьа а-н-ҭа́! / а-са́хьа а-ны́-бы-м-ҭа-н!, а-са́хьа а-ны́-шә-ҭа́! / а-са́хьа а-ны́-шәы-м-ҭа-н!; **Non-fin.** [pres.] (C3) а-са́хьа а-ны́-з-ҭо / а-са́хьа а-ны́-зы-м-ҭо; **Abs.** а-са́хьа а-н-ҭа-ны́ / а-са́хьа а-н-ҭа́-м-кәа) **1.** to draw. [cf. **а-са́хьа, а-н-ҭа-ра́** "to record"]
а-са́хьаркыра [n.] art, the arts.
а-са́хьаркыратә [adj.] of art, artistic: а-са́хьаркыратә литерату́ра *fiction.*
а-са́хьаҭыхра[1] [n.] drawing. [cf. **а-ҭы́х-ра**]
а-са́хьа-ҭы-х-ра[2] [tr.] (**Fin.** [pres.] л-са́хьа ҭы́-с-х-уе-ит (*я ее рисую*) / л-са́хьа ҭы́-с-х-уа-м, [aor.] л-са́хьа ҭы́-с-х-ит / л-са́хьа ҭы́-сы-м-х-ит, [imper.] л-са́хьа ҭы́-х! / л-са́хьа ҭы́-бы-м-хы-н!; **Non-fin.** [pres.] (C3) л-са́хьа ҭы́-з-х-уа / л-са́хьа ҭы́-зы-м-х-уа, (Poss) з-са́хьа ҭы́-с-х-уа / з-са́хьа ҭы́-сы-м-х-уа; **Abs.** а-са́хьа ҭы́-х-ны / а-са́хьа ҭы́-м-х-кәа) **1.** to draw: а-колнха́ра ба́хча а-са́хьаҭыхра *to draw the garden of the collective farm, рисовать колхозное поле.*
а-са́хьаҭыхҩы [n.] (а-са́хьаҭых(ы)ҩ-цәа) a painter, an artist: Сара́ занаа́ҭ-ла с-са́хьаҭыхҩ-уп. *I am a painter by profession. Я художник по профессии.*
с-ашьа́ *see* **-ашьа́, а́иашьа**
а-саӡьа́н [n.] (Russian measure of length, 2.13 m.) sazhen. сажень.
а́сеиԥш (= **ас**) [adv.] so, like this (thus).
а-секу́нд [n.] (-қәа) a second. секунда: Мину́ҭ-к — хы́нҩажәа секу́нд. (AFL) *There are sixty seconds in a minute.*
а-сели́тра [n.] saltpeter. селитра.
Се́лма [n.] (f.) [person's name]
сентиа́бр [n.] (= **цәы́ббыра**) September. сентябрь.
Серӡи́ль [n.] (f.) [person's name]
Се́чкин [family name]
а-си́а [n.] (-қәа) a list; a name list.
а-си́мвол [n.] (-қәа) symbol.
а-ска́м [n.] (-қәа) (= **а-сқа́м**) a bench. скамейка.
а-сқа́м *see* **а-ска́м**
а-сқьала́ [n.] a berth, a moorage.
аска́амҭа [adv.] (= **арыска́амҭа**) until now: Шә-аба́-ҟа-з асҟа́амҭа? *Where were you until now? Где вы были до сих пор?*
Асла́н [n.] (m.) [person's name]
а-сове́т [n.] a council.
с-о́-уп *see* **-а-** "be": са́ с-о́-уп *I am.*
а-со́ф [n.] (а-со́ф-қәа, со́ф-к) a balcony.
а-спекҭкль [n.] (-қәа) (*as a play, concert, etc.*) performance.
а-специали́ст [n.] (-цәа) a specialist: Уи ды-специали́ст ду́-уп. *He is a great specialist.*

а-спи́рт *see* **а-сҧи́рҭ**
а-спо́рт [n.] sport. [> **а-спо́рттә** [adj.] sporting]
а-спортсме́н [n.] (-цәа) a sportsman.
а-сҧи́рҭ [n.] spirits, alcohol.
а-сҧы́чқа [n.] (= **а-тҵәы́ҵь**) match.
а́-с-ра[1] [intr.] [C1-C2-R / C1-C2-Neg-R] [C1 hit C2] (**Fin.** [pres.] с-бы́-с-уе-ит, с-а́-с-уе-ит, д-сы́-с-уе-ит, д-ха́-с-уе-ит, и-сы́-с-уе-ит, и́-с-уе-ит, ҳ-лы́-с-уе-ит, ҳ-а́-с-уе-ит / с-бы́-с-уа-м, [aor.] с-бы́-с-ит / сы-б-мы́-с-ит, б-аҳ-мы́-с-ит, д-а-мы́-с-ит, ха-б-мы́-с-ит, и-а-мы́-с-ит, [fut.1] с-бы́-сы-п / с-бы́-с-рым, [fut.2] с-бы́-сы-шт / с-бы́-с-шам, [perf.] с-бы́-с-хьеит / сы-б-мы́-сы-ц(т), [impf.] с-бы́-с-уан / с-бы́-с-уамызт, [past indef.] с-бы́-сы-н / сы-б-мы́-сызт, [cond.1] с-бы́-с-рын / с-бы́-с-рымызт, [cond.2] с-бы́-с-шан / с-бы́-с-шамызт, [plupf.] с-бы́-с-хьан / сы-б-мы́-с-цызт, [imper.] б-сы́-с! / бы-с-мы́-сы-н!, шә-сы́-с! / шәы-с-мы́-сы-н!); [caus.] сы-б-лы́-р-с-ит (*she made me hit you(f.)*) / с-бы-л-мы́-р-с-ит; [poten.] сы-з-бы́-с-уа-м, с-зы-б-мы́-с-ит; [nonvol] с-а́мха-бы-с-ит / с-а́мха-б-мы-с-ит; [vers.1] с-лы-з-бы́-с-ит / сы-л-зы-б-мы́-с-ит; [vers.2] с-лы-цә-бы́-с-ит / сы-л-цәы-б-мы́-с-ит; **Non-fin.** [pres.] (C1) и-лы́-с-уа, и-сы́-с-уа, и-бы́-с-уа, и-у́-с-уа, и́-с-уа (*тот, кто его бьет*), и-ха́-с-уа, и-шәы́-с-уа, и-ры́-с-уа, и-а́-с-уа / и-л-мы́-с-уа, и-с-мы́-с-уа, и-б-мы́-с-уа, и-у-мы́-с-уа, и-мы́-с-уа, и-аҳ-мы́-с-уа, и-шә-мы́-с-уа, и-р-мы́-с-уа, (C2) д-зы-с-уа́, с-зы-с-уа́, б-зы-с-уа́, у-зы-с-уа́, и-зы-с-уа́, ҳ-зы-с-уа́, шә-зы-с-уа́ / ды-з-мы́-с-уа, сы-з-мы́-с-уа, бы-з-мы́-с-уа, у-з-мы́-с-уа, и-з-мы́-с-уа, ха-з-мы́-с-уа, шәы-з-мы́-с-уа, [aor.] (C1) и-лы́-с / и-л-мы́-с, (C2) д-зы́-с / ды-з-мы́-с, [fut.1] (C1) и-лы́-с-ра / и-л-мы́-с-ра, (C2) д-зы-с-ра́ / ды-з-мы́-с-ра, [fut.2] (C1) и-лы́-с-ша / и-л-мы́-с-ша, (C2) д-зы-с-ша́ / ды-з-мы́-с-ша, [perf.] (C1) и-лы́-с-хьоу/хьа(ц) / и-л-мы́-с-хьоу/хьа(ц), (C2) д-зы-с-уа́-з / ды-з-мы́-с-уа-з, [impf.] (C1) и-лы́-с-уаз / и-л-мы́-с-уаз, (C2) д-зы-с-уа́з / ды-з-мы́-с-уаз, [past indef.] (C1) и-лы́-с-з / и-л-мы́-сы-з, (C2) д-з-сы́-з / ды-з-мы́-сы-з, [cond.1] (C1) и-лы́-с-рыз / и-л-мы́-с-рыз, (C2) д-зы-с-ры́з / ды-з-мы́-с-рыз, [cond.2] (C1) и-лы́-с-шаз / и-л-мы́-сы-шаз, (C2) д-з-сы́-шаз / ды-з-мы́-с-шаз, [plupf.] (C1) и-лы́-с-хьаз / и-л-мы́-с-хьаз, (C2) д-зы-с-хьа́з / ды-з-мы́-с-хьаз; **Abs.** с-бы́-с-ны / сы-б-мы́-с-кәа) **1.** to hit; to strike: с-бы́-с-ит *I hit you.* бы-з-лы́-с-и? *why did you hit her?* сы-л-з-а́-с-уе-ит (= сара́ иара́ с-а́-с-уе-ит лара́ л-зы́) *I am hitting it for her.* А-ла́ у-з-а́-с-уа-з? *Why were you hitting the dog?* Сара́ лаба́-ла а-ла́ с-а́-с-ит. *I hit the dog with a stick. Я палкой ударил собаку.* А-жьаҳәа́-ла с-ры́-с-ит. *I hit them with the hammer.* [N.B. *А-жьаҳәа́ с-а́-ла-ры-с-ит.] Ианы́дыдуа дасу́ и-ца́ д-а́-с-уе-ит. *Когда гром гремит, каждый стучит в свой кукурзник.* А-фы́ и́-с-ит. *He was hit by thunder. Его ударило громом.* А-тҵла а-фы́ а́-с-ит. *The tree was hit by thunder. Дерево ударило громом.* Зны́к а-да у-и-мы́-сы-н. (Ab.Text) *Don't hit him more than one time.* || **а-хы́ а́-с-ра** *to hit sb on the head, бить по голове*: Уи́ и-хы́ д-а́-с-уе-ит. *He is hitting himself/him on the head. Он бьет себя/его по голове.* Уи́ а-ҩы́ и-хы́ и-а́-с-ит. (GAL) *Вино ударило ему в голову. The wine hit him in the head. (= The wine went to his head.)* **2.** to knock at: Аӡәы́ а-шә д-а́-с-ит. *Someone knocked at the door. Кто-то постучался в дверь.* **3.** (*of sports, games*) to play: А-хәыч-кәа́ а-дә-а-ҿы́ а́-мпыл и-а́-с-уе-ит. (AFL) *The children are playing ball in the field. Дети играют в мяч на поле.* Иар-гьы́ а́-мпыл а́-сра и-ҭаххе́-ит. (ANR) *He too conceived a wish to play football.* А-ма́ца ҳ-а́-с-уе-ит. *We play cards.* С-аб-и́ саре́-и а-на́рд ҳ-а́-с-уе-ит. (AFL) *My father and I play nards. Мой отец и я играем в нарды.* **4.** to call (on the telephone): Шә-а-с (а-ҭе́л)! *Phone! Звоните!* Шәара́ а-ҭе́л шәы-з-з-а́-с-уа-да? (/ з-ахь шә-а́-с-уа-да?) *Whom are you telephoning? Кому вы звоните?* А-телефо́н сы-л-з-а́-с-уе-ит. *I am telephoning her. Я ей звоню по телефону.* С-ан л-ахь с-а́-с-уе-ит. (ACST) *I'm ringing (to) my mother.* **5.** to ring (*a bell*): а-саркьа́л а́-с-ра *to ring a bell, звонить в колокол.* **6.** to attack.
а́-с-ра[2] [intr.] **1.** [C1(и)-а-R / C1(и)-а-Neg-R] [C1[it] blow] (**Fin.** [pres.] и-а́-с-уе-ит / и-а́-с-уа-

м (-с-ӡо-м), [aor.] и-а́-с-ит / и-а́-мы-с-ит (-с-ӡе-ит), [imper.] у-а́-с! / у-а-мы́-сы-н!; **Non-fin.** (C1) [pres.] и-а́-с-уа / и-а́-м-с-уа, [aor.] и-а́-с / и-а́-м-с, [impf.] и-а́-с-уа-з / и-а́-м-с-уа-з, [past indef.] и-а́-сы-з / и-а-мы́-сы-з; **Abs.** и-а́-с-ны / и-а-мы́-с-кәа) to blow: А-пшá á-с-уе-ит. *or* А-пшá с-уé-ит. (RAD) *The wind is blowing. Ветер дует.* А-пшá а-хәхәáхәа и-á-с-уе-ит. (AFL) *The wind is blowing pleasantly. Приятно дует ветер.* Лассы́=лассы́ а-пшá á-с-уе-ит. (AFL) *The wind is often blowing. Часто дует ветер.* Иацы́ а-пшá ҕәҕәá á-с-уа-н. *A strong wind was blowing yesterday. Вчера дул сильный ветер.* Ахәылпҕазы хьшәашәáрахе-ит, а-пша-гьы́ á-с-ит (*or* с-ит). *By evening it became cool and a wind blew. К вечеру похолодало и подул ветер.* А-пшá-цәгьа á-с-уа-мызт. (Ab.Text) *There was no strong wind.* **2.** [C1-C2-R] [C1 blow C2] (**Fin.** [pres.] д-á-с-уе-ит) (*of sound)* to blow: А-тры́шә д-á-с-ит и-ҩы́з-цәа р-ахь. *He whistled to his friends.*

а-с-рá [labile] **(1)** [intr.] [C1-R / C1-Neg-R] [C1 weave] (**Fin.** [pres.] сы-с-уé-ит / сы-с-уá-м, [aor.] с-с-и́т / сы-м-с-и́т, [fut.1] с-сы́-п / сы-с-ры́м, [fut.2] с-сы́-шт / с-сы́-шам, [perf.] сы-с-хьé-ит / сы-м-сы́-ц(т), [impf.] с(ы)-с-уá-н / с(ы)-с-уá-мызт, [past indef.] с-сы́-н, [cond.1] сы-с-ры́н / сы-с-ры́мызт, [cond.2] с-сы-шáн / с-сы-шáмызт, [plupf.] сы-с-хьá-н / сы-м-сы́-цызт, [imper.] бы-сы́! / бы-м-сы́-н!; **Non-fin.** (C1) [pres.] и-с-уá / и́-м-с-уа, [aor.] и-сы́ / и́-м-с, [fut.1] и-с-рá / и́-м-с-ра, [fut.2] и-сы́-ша / и́-м-сы-ша, [perf.] и-с-хьó-у (-хьá(ц)) / и́-м-с-хьоу (-хьа(ц)), [impf.] и-с-уá-з / и́-м-с-уа-з, [past indef.] и-сы́-з / и́-м-сы-з, [cond.1] и-с-ры́-з / и́-м-с-ры-з, [cond.2] и-сы́-ша-з / и́-м-сы-ша-з, [plupf.] и-с-хьá-з / и́-м-с-хьа-з; **Abs.** и-с-ны́ / и-м-сы́-кәа) **1.** to weave: (Ларá) а-напӄáзара бзи́аны и-лы́-ла-н (...) д-ӡах-уá-н, ды-ӄутц-óн, нáсгьы ды-с-уá-н. *She had a good command of handicrafts (...) she sewed (in general), embroidered (in general), and wove as well (in general). Она хорошо владела (умела) рукоделием (...) шила (вообще), вышивала (вообще), а также ткала (вообще)* (...). **(2)** [tr.] [C1-C3-R / C1-C3-Neg-R] [C3 weave C1] (**Fin.** [pres.] и-с-с-уé-ит, и-а-с-уé-ит / и-с-с-уá-м, [aor.] и-с-с-и́т, и-а-с-и́т / и-сы-м-с-и́т, и-а-м-с-и́т, [imper.] и-сы́! / и-бы-м-сы́-н!, и-шә-сы! / и-шәы-м-сы́-н!; **Non-fin.** [pres.] (C1) и́-л-с-уа / и́-лы-м-с-уа, (C3) и-з-с-уá / и-зы-м-с-уá, [aor.] (C1) и́-л-с / и́-лы-м-с, (C3) и-з-сы́ / и-зы-м-сы́, [impf.] (C1) и́-л-с-уа-з / и́-лы-м-с-уа-з, (C3) и-з-с-уá-з / и-зы-м-с-уá-з, [past indef.] (C1) и́-л-сы-з / и́-лы-м-сы-з, (C3) и-з-сы́-з / и-зы-м-сы́-з) **1.** to weave sth: И-л-ӡах-уá-н а-кáба, а-хҭырпҕá, аимсы́; и-л-с-уá-н а-мпахыш-ӄуá. (GAL) *Она шила бешмет, башлык, ноговицу, ткала (ручные) полотенца. She was sewing a beshmet [Caucasian coat], a hood, and socks, and was weaving towels.*

á-сса [adj.] **1.** fine, small: á-пҕсымӡ ссá *fine sand, мелкий песок.* а-пҕáра ссá *мелкие деньги, small change.* Арá á-пҕслымӡ еихá и-ссó-уп. *The sand here is finer. Здесь песок мельче.* **2.** tiny, very small: Урҭ á-шьха и-н-хó-н, уаá ссá-н, (...). (Ab.Text) *They were a short people and lived in the mountains,* (...).

á-сса-ӡа [adj.] very small / fine.

á-сса-ӡа-ха-ра [intr.] (**Fin.** [pres.] и-сса-ӡа-хó-ит / и-сса-ӡа-хó-м, [aor.] и-сса-ӡа-хé-ит / и-сса-ӡа-м-хé-ит; **Non-fin.** [pres.] (C1) и-саа-ӡа-хó / и-сáа-ӡа-м-хо, [aor.] (C1) и-саа-ӡа-хá / и-сáа-ӡа-м-ха; **Abs.** и-сса-ӡа-ха-ны́ / и-сса-ӡа-м-хá-кәа) **1.** to become very small/fine.

á-ссир 1. [n.] (-қәа, ссир-к) miracle; wonder, marvel: А-ссир з-бé-ит. *I saw something wonderous/marvelous.* **2.** [adj.] (и-сси́р-уп) fine, beautiful, lovely: Зынӡá и-сси́р-уп ҳарá ҳá-пҕхын. (AFL) *Our summer is so beautiful. Наше лето такое прекрасное.* Иахьá с-ҩы́за á-жәабжь сси́р-к с-á-л-ҳәе-ит. (ARD) *Сегодня моя подруга сказала мне прекрасную новость. Today my (female) friend told me some excellent news.*

ссиршәá [adv.] miraculously; charmingly.

-ст [dialect] *suffix modifying the force of an imperative* (cf. **-ишь**): и-ҳәа-ст! *скажи-ка его(нрз.)/их!* (= и-ҳәé-ишь!)

Астáнда [n.] (f.) [person's name]

а-статиа́ [n.] (а-статиа-қәа́) **1.** a news article. статья. **2.** an article.

а-сто́л [n.] (-қәа, сто́л-к) **1.** a table. стол**:** А-ве́дра а-сто́л а́-цаҟа и-гы́ло-уп. *The bucket is under the table. Ведро стоит под столом.* **2.** feast.

а-студе́нт [n.] (-цәа, х(а)-студе́нт-цәа, студе́нт-к) a student**:** Сара́ у́сҟан сы-студе́нты-н. *I was a student then.*

Сҭампы́л [n.] Istanbul, Стамбул.

Асҭамыр [n.] (m.) [person's name]

Асҭа́нда [n.] (f.) [person's name]

а-суне́ҭ [n.] a rite/ceremony of circumcision**:** А-суне́ҭ и-зы́-з-у-е-ит. (Ab.Text) *I will perform the circumcision ceremony on him.*

а-сце́на [n.] (-қәа) a stage. сцена**:** а-сце́на ды́-қә-ле-ит *he/she went on the stage.*

а-сы́ [n.] (а-с-гьы́, сы́-к, сы́-ла, сы́-да) snow**:** А-сы́ а-у-е́-ит. (*or* А-сы́ ле́-и-уе-ит.) *It is snowing. Снег идет.* А-сы́ шкуа́куо-уп. *The snow is white. Снег бел.* сы́-ла *with snow.* А-шҭа сы́-ла и-х-ҟьо́-уп. *The square is covered with snow. Площадь покрыта снегом.* А-ӡын сы́-да и-аҳ-х-а́а-ге-ит. *We spent winter without snow. Зиму мы провели без снега.* Сы́-ла и-хәма́р-уе-ит. *They are playing snowballs. Они играют в снежки.* А-хәыч-кәа́ а-с-а-ҿы́ и-ҟа-р-цо́-зеи? *What are the children doing in the snow?*

а-сыӡба́л [n.] (-қәа) sauce.

сынтәа́ [adv.] (in) this year**:** Асҭа́нда сынтәа́ а-университе́т д-а́-л-ге-ит. (AFL) *Astanda finished university this year. Астанда закончила университет в этом году.*

а-сы́рӡ [n.] slush**:** а-сы́рӡ ле́-и-т *The slush flowed away.* (ANR)

а-сы́ркәымпыл [n.] a snowball, a snow lump**:** Урҭ а-сы́ркәымпыл ҟа-р-цо́-ит, а-сы́ еи-гәды́-р-цо-ит. (AFL) *They make snowballs, and they throw the snowballs at one another. Они делают снежки, и бросают снежки друг в друга.*

а-сы́с [n.] (а-сы́с-қәа, сы́с-к, с-сы́с) a lamb. [cf. **а-са́р** "lambs"]

Т т

а-тама́ [n.] (а-тама-қәа́, тама́-к) a peach: А-тама́ у́-с-ҭа-ма? *Did I give a peach to you? Я тебе дал персик?*

Та́мшь [n.] [village name] *a village in Ochamchira*: Та́мшь-аа *the residents of Tamsh'.*

а-тапа́нча [n.] (= **а-кьара́хә**) (а-тапа́нча-қәа) a pistol.

а-та-ра́ [tr.] [C1-C3-R / C1-C3-Neg-R] [C3 dip C1] (**Fin.** [pres.] и-л-то́-ит, и-а-то́-ит / и-л-то́-м (-та-ӡо́-м), и-а-то́-м, [aor.] и-л-те́-ит, и-а-те́-ит / и-лы-м-те́-ит, и-а-м-те́-ит, [imper.] и-та́! / и-бы-м-та́-н!, и-шә-та́! / и-шәы-м-та́-н!; **Non-fin.** [pres.] (C1) и́-л-то / и́-лы-м-то, (C3) и-з-то́ / и-зы-м-то́, [aor.] (C1) и́-л-та / и́-лы-м-та, (C3) и-з-та́ / и-зы-м-та́, [impf.] (C1) и́-л-то-з / и́-лы-м-то-з, (C3) и-з-то́-з / и-зы-м-то́-з, [past indef.] (C1) и́-л-та-з / и́-лы-м-та-з, (C3) и-з-та́-з / и-зы-м-та́-з; **Abs.** и-та-ны́ / и-м-та́-кәа) **1.** to draw, to scoop, to ladle: А-ҭа́ца а-ӡы́ та-ны́ зегьы́ и-ры́-л-ҭе-ит. (ABD) *The bride drew water and gave it to everyone.* а-ӡы́ а-та-ра́ *to draw water, черпать воду.*

а-та́та [adj.] (и-та́то-у, а-та́та-қәа, та́та-к) **1.** soft; mild: а-ча́ та́та (= а-ча́ ба́ба) *soft bread.* а-ҟәа́рдә та́та-қәа *the soft chairs.* а-иа́рҭа та́та *a soft bed.*

а-та́тара [n.] softness.

а-та́та-заа-ра [intr. stative] [C1-R] (**Fin.** [pres.] и-та́то-уп / и-та́та-м) **1.** to be soft: Уи а-тама́ та́то-уп. *This peach is soft. Этот персик мягкий.*

а-та́та-ха-ра [intr.] [C1-soft-become] (**Fin.** [pres.] и-та́та-хо-ит / и-та́та-хо-м, [aor.] и-та́та-хе-ит / и-та́та-м-хе-ит, [imper.] у-та́та-ха! / у-та́та-м-ха-н!; **Non-fin.** [pres.] (C1) и-та́та-хо / и-та́та-м-хо; **Abs.** и-та́та-ха-ны / и-та́та-м-ха-кәа) **1.** to become soft: А-тама-қәа́ та́та-хе-ит. *The peaches became soft. Персики стали мягкими.* [cf. **а-та́та** "soft"]

а-теа́тр [n.] (-қәа) a theatre.

а-те́қст (= **а-те́кст**) [n.] (-қәа) text.

а-телеви́зор [n.] (-қәа, с-телеви́зор) (a) television: А-телеви́зор ҳа́-хәаҧш-ит. *We watched television.*

а-телеграф [n.] (-қәа) **1.** a telegraph. **2.** a telegraph office.

а-телехәаҧшра́ [n.] television: Аҧсуа телехәаҧшра́ с-а́-хәа-ҧш-уа-н. *I was watching Abkhazian television.*

а-телехәаҧш-ҩы́ [n.] (а-телехәаҧш-цәа́) a TV viewer.

а-телегра́мма [n.] (-қеа) a telegram.

а-телефо́н [n.] (= **а-ҭе́л**) (-қәа, с-телефо́н) a telephone: А-телефо́н сы-л-з-а́-с-ит. *I telephoned her.* Телефо́н-ла д-с-а́-цәажәо-н. (ARD) *Он/Она говорил/-ла со мной по телефону. He/She was talking with me by phone.*

а-телехәаҧшра́ [n.] **1.** television. **2.** a TV station.

а-те́ма [n.] (-қәа) a theme, a subject, a topic.

а-тетра́д [n.] (-қәа) a notebook: а-цәаҳәа́ зы-л-до́-у а-тетра́д *a lined notebook, тетрадь в линейку.*

а-ткәа́ [n.] (а-тҟәа-қәа́) a prisoner of war.

Тқәарча́л [place name]

а-ткәа́-ц-ра [intr.] [C1-Prev-R] (**Fin.** [pres.] и-тҟәа́-ц-уе-ит / и-тҟәа́-ц-уа-м, [aor.] и-тҟәа́-ц-ит / и-тҟәа́-м-ц-ит, [imper.] у-тҟәа́-ц! / у-тҟәа́-м-цы-н!; **Non-fin.** [pres.] (C1) и-тҟәа́-ц-уа / и-тҟәа́-м-ц-уа) **1.** to explode, to burst, to blow up.

а-тла-ра́ [intr.] (**Fin.** [pres.] и-тло́-ит / и-тло́-м, [aor.] и-тле́-ит / и-м-тле́-ит, [imper.] у-тла́! / у-м-тла́-н!; **Non-fin.** [pres.] (C1) и-тло́ / и-м-тло́, [aor.] (C1) и-тла́ / и-м-тла́; **Abs.** и-ткашны́ / и-м-тла́-кәа) **1.** to come apart, to come undone.

Тока́т [n.] [place name]: Лара́ Тока́т ды-н-хо́-ит. *She lives in Tokat.*

а-толба́шь [n.] (-қәа) a master of ceremonies, a toast-master.

а-то́рт [n.] (-қәа) a cake.

а-т-ра́ (= **а́а-т-ра**) [intr.] [C1-a-R / C1-Neg-a-R] [C1 open] (**Fin.** [pres.] и-а-т-уе́-ит / и-а-т-уа́-м (-т-ӡо́-м), [aor.] и-а-т-и́т / и-м-а́-т-ит (-т-ӡе-ит) (*or* и-а-м-т-и́т), [imper.] у-а-ты́! / у-м-а́-ты-н!; **Non-fin.** [pres.] (C1) и-а-т-уа́ / и-м-а-т-уа́, [aor.] (C1) и-а-ты́ / и-м-а-ты́; **Abs.** и-а-т-ны́ / и-а-ты́-м-кәа) **1.** to be open. (cf. А-ҧе́нџьыр аа-т-уе́-ит. *The window is open. Окно открывается.* А-шә аа-т-и́т. *The door opened. Дверь открылась.*)

а-тролле́йбус [n.] (-қәа) a trolley(-bus)**:** Сара́ тролле́йбус-ла, ма авто́бус-ла с-ны́ҟәо-ит. *I go by trolley or by bus.*

а-тры́шә [n.] a whistle**:** А-тры́шә д-а́-с-уе-ит. *He/She whistles.* А-тры́шә д-а́-с-ит и-ҩы́з-цәа р-ахь. *He whistled to his friends.*

а-тури́ст [n.] (-цәа) a tourist.

а-ты́ [n.] (а-т-қәа́, ты́-к, с-ты́, сы́-т-қәа) an owl.

а́тыгә=тыгәҳәа [adv.] with a clippety-clop sound.

а-ты́ҕь [n.] (а-ты́ҕь-қәа) a ram.

а-ты́кә [n.] (-қәа) a butt; the back of an axe.

а-ты́митыша [n.] (-қәа, тымиты́ша-к) an abyss; a bottomles pit.

а-ты́ҧ [n.] (а-ты́ҧ-қәа) a place.

а-ты-ҧха-ра́ [intr.] (**Fin.** [pres.] с-ты́-ҧха-уе-ит / с-ты́-ҧха-уа-м, [aor.] с-ты́-ҧха-ит / сы-м-ты́-ҧха-ит; **Non-fin.** [pres.] (C1) и-ты-ҧха-уа́ / и-м-ты-ҧха-уа́; **Abs.** и-ты́-ҧха-ны / и-м-ты́-ҧха-кәа) **1.** to shine/sparkle from within sth**:** Лы́-ла-қәа ты́-ҧха-уе́-ит. *Her eyes are sparkling.*

а-ты́ша [n.] (-қәа, ты́ша-к) a deep hole**:** А-жә а́-тыша и-ҭа́-ҳа-ит. *The cow fell into the hole. Корова провалилась в яму.*

Тә тә

-тә[1] *see* **-тә(ы)**

-тә-[2] [verbal root] [tr.] [C1-X-C3-R] [C3 turn C1 into X] **1.** to turn/change sth into sth**:** а-ӡы́ а-фа́ҟь-тә-ра *to convert water into steam, обратить воду в пар.* А-нцәа́ и-аҳәшьаҧа́ а́-маалыҟь д-аҩы́сҭаа-и-тә-ит. *God turned his sister's son from an angel into the devil.* [cf. **-ха-** "to become"**:** А-ӡы́ фа́ҟь-хе-ит. *The water changed into steam. Вода обратилась в пар.*]

а-тәа́ла [parenthesis] *used with the possessive prefix.* "in one's opinion"**:** сара́ с-тәа́ла *in my opinion, по-моему.*

а-тәа́-м-ба-ра [tr.] (used only with negative forms) [C1-a-Prev-C3-Neg-R] [C3 despise C1] (**Fin.** [pres.] д-а-тәе́-и-бо-м, [aor.] д-а-тәа́-сы-м-бе-ит, [imper.] д-а-тәа́-бы-м-ба-н!; **Abs.** д-тәа́-м-ба-кәа) **1.** to despise/scorn sb/sth. **2.** to disregard, to neglect sb/sth**:** С-а́бжьагажәа-қәа а-тәе́-и-бе-ит. (ARD) *He disregarded my advice.* [cf. **а́-ҭәа-м-шьа-ра**]

тәа́мбашақә [adv.] scornfully**:** Тәа́мбашақә д-й-хәа-ҧш-уе-ит. *He/She is looking at him contemptuously.*

а-тәа́н [n.] (а-тәа́н-қәа, тәа́н-к) broth.

а-тәа-ра́[1] **(1)** [intr. stative] [C1-R] [C1 be sitting] (**Fin.** [pres] д-тәо́-уп, ҳ-тәо́-уп / д-тәа́-м, ҳ-тәа́-м, [past] д-тәа́-н / д-тәа́-мы-зт; [imper.] б-тәа́-з! / б-тәа́-мыз!, шә-тәа́-з! / шә-тәа́-мыз!; **Non-fin.** [pres.] и-тәо́-у / и-тәа́-м, [past] и-тәа́-з / и-тәа́-мы-з; **Abs.** д-тәа-ны́ / ды-м-тәа́-кәа *or* д-тәа́-м-кәа) **1.** to be sitting**:** А-ла́ а-дә-а-ны́ и-тәо́-уп. *The dog is sitting in the yard.* У-тәа́-з макьа́на! *Be seated for a while!* Џа́рбан ара́ка и-тәо́-у? *Who is sitting here?* Шәы-з-тәо́-у-зеи? (Ab.Text) *Why are you sitting? Почему вы сидите?* **2.** to learn, to be a student**:** У-чкун жәа-кла́сс-к аҟны́ д-тәо́-у-ма? *Is your son in the tenth class?* II-тәи (а́ҩба-тәи) а-ку́рс а-ҿы́ д-тәо́-уп. (AFL) *He/She is in the second grade. Он/Она учится на втором курсе.* **3.** (*of a watch*) to stop**:** Сара́ с-саа́ҭ тәо́-уп. *My watch has stopped. Мои часы остановились. / My watch doesn't work. Мои часы не работают.* **(2)** [intr. dynamic] [C1-R / C1-Neg-R] [C1 sit down] (**Fin.** [pres.] д-тәо́-ит / д-тәо́-м (-тәа-ӡо́-м), [aor.] д-тәе́-ит / ды-м-тәе́-ит, [imper.] б-тәа́! / бы-м-тәа́-н!, шә-тәа́! / шәы-м-тәа́-н!, шә-тәа-қәа́!; **Abs.** д-тәа-ны́) **1.** to sit down**:** Д-тәа́-н д-цәа́жәе-ит. *He sat down and started to speak. Он сел и заговорил.* Џьду́-к а́мтца-н р-ҭы́ҧ ы́-л-х-ны и-тәа-ло́-ит. (ANR) *Having chosen their spot beneath a great oak, they usually sit down.*

а-тәа-ра́[2] [n.] sitting**:** Аҧсшьара́ — ари́ у́с-да=ҳәыс-да а-тәаро́-у-ма? (AFL) *Отдых — это сидение без дела? Rest is a period of sitting and doing nothing.*

а-тәа́рҭа [n.] (-қәа, тәа́рҭа-к) a seat.

а-тәӷәы́ [n.] (а-тәӷә-қәа́) thigh.

-тәи[1] [suffix] *used to derive an ordinal number from a cardinal numeral***:** а́-ҩба-тәи *second.* а́-хҧа-тәи *third.*

-тәи[2] [suffix] *used to derive a relative adjective from a noun's, verb's or adverb's stem.* "pertaining to"**:** Аҧсны́-тәи а́-шьха-қәа *Abkhazian mountains.*

-тә-қәа *see* **-тәы-**[4]

а-тә-ра́ = **а-тәы́заара**

-тә(ы)[1] [derivational suffix] *added to a verbal or nominal stem and used to derive an abstract noun associated with the original verb or the noun. According to Hewitt* (ACST:19)*, this suffix is a formant of gerundives, i.e. verbal adjectives meaning "that which is to VERB/be VERBed"***:** а́-фа-тә *food* [< а́-фа-ра 'to eat']. а-ры́жә-тә *drink, напиток* [< а́-ржә-ра 'to make drink']. а-шәтца-тәы́ *clothing* [< а-шәтца-ра́ 'to put on']. а-жә-тә *drink.*

-тә(ы)[2] [derivational suffix] *used to derive a relative adjective from a noun's, verb's or* *adverb's stem*: аиха-тәы́ *iron, железный* [< аиха́ 'iron']. а-тцәа-тәы́ *apple, яблочный* [< а-тцәа́ 'apple'].

-тәы-[3] [predicaive suffix] (**Fin.** [pres.] -тә-уп / -тәы-м; [past] -тәы-н / -тәы-мызт; **Non-fin.** -тә(ы)у) **1.** X is that which is to be VERB-ed; it is necessary: А-жәлар р-ма́л и-хьча-тә-у́п. *It is necessary to take care of the people's property. Надо беречь народную собственность.* и́-ҟа-тца-тә-у-и? *what is to be done?* и-га-тәы́-н *itwas/they were to be taken.* Ари́ ҟа-тца-тә-у́п. *This is to be done.* Хынҩажәй хәба маа́ҭ шәа-тә-у́п. *It is necessary to pay 65 roubles. Нужно заплатить 65 рублей.* А-ҵьма и-а́-ӡба-з, и́-ҟа-тца-тә(ы)у, и-шы́-ҟа-тца-тә(ы)у згьы́ ҽе́ишәа еилы́-р-каа-ртә (еиҧш) и-р-а́-на-ҳәе-ит. (ACST) *The goat told them what it had decided, what was to be done, how it was to be done so that they understood it all right well.*

-тәы-[4] [radical] *used to mark pertaining*, cf. **а-тәы́-заа-ра** "to belong to." **1.** *used to form a possessive pronoun.* (Hewitt, Abkhaz:161): (са[ра́]) с-тәы́ *mine.* у-тәы́ *yours, твой.* Иҳа́ҩсыз а́-хәмарраа-н ҳара́ ҳ-тә-ҟәа и-аа́-ит (/ҳара́ ҳ-иаа́-ит). *Our team won (We won) in the previous game. В прошлой игре наши (мы) победили.* Ҳара́ ҳ-тә-ҟәа́ а-да́ча-хьтә и-аа́-ит. (RAD) *Our [something] came from the dacha. Наши приехали с дачи.* **2.** [-з-тәы-да?] whose: Ари́ а-шәҟәы́ з-тәы́-да? *Whose is this book?* — Ари́ а-шәҟәы́ сара́ и-с-тә-у́п. *This book is mine.* Б-зы-ҧхь-о́ а-шәҟәы́ з-тәы́-да? *Whose book are you reading? Чью книгу ты читаешь?* — Лара́ лы-шәҟәы́ с-а́-ҧхьо-ит. *I am reading her book. Я читаю ее книгу.* Ари́ а-шәҟәы́ з-тә-у́ сы-з-ды́р-уа-м. *I don't know whose book this is. Я не знаю, чья это книга.* сы-з-тәы́-да? *чей я?* **3.** to turn into: Арҭ а́-жәлар ры́-бла-куа ды́-р-лашә-т, ры-гуы-гьы́ ф-хаҳәы́-р-тәы-ит. (Ab.Text) *They made this/the people's eyes blind and made their hearts turn to stone.*

а-тәы́[5] [n.] (а-тә-цәа́, тәы-к, ҳ-тәы) **1.** a slave. **2.** possession. || **И-тәы́ и-а-к-и́т**. *He had luck. Ему повезло.*

а-тәы́[6] [post.] **1.** *used to mark a subordinate conjunction "that"*: А-сас-цәа и́-рласны и-ш-аа-уа́-з а-тәы́ с-а́-ҧхьо-н. (ACST) *I was reading that the guests would come quickly.* **2.** about: а-тәы́ ан-с-а-ха́, (...). *when I heard about it,* (...). Шьҭа уа́ҳа и-с-а́-шәы-м-ҳәа-н сы-ҧсы́ еиҧш и́-з-бо сы-ҧса́дгьыл а-рыцхара-ҟәа р-тәы́. (AF) *Tell me no more already about the woes of my homeland, which I view as if it were my soul.*

а-тәы́=а́-маа [n.] (ҳ-теы=ха́-маа) property, belongings; possessions: Уаре́-и саре́-и ҳ-теы=ха́-маа ҳ-ше́-ит. *You and I have divided our possessions.*

а-тәы́-заа-ра [intr. stative] [C1-C2-R] [C1 belong to C2] (**Fin.** [pres.] и-л-тә-у́п, сы-шә-тә-у́п (*I am yours-PL*), да-ҳ-тә-у́п (*he/she belongs us*) / и-л-тәы́-м, [past] и-л-тәы́-н / и-л-тәы́-мызт, [subj.] и-с-тәы́-зааит (*let it/them be mine*); **Non-fin.** [pres.] (C1) и́-л-тә-у́ / и-л-тәы́-м, (C2) ды-з-тә-у́ / ды-з-тәы́-м. [past] (C1) и́-л-тәы́-з / и-л-тәы́-мыз, (C2) ды-з-тәы́-з / ды-з-тәы́-мыз; **Abs.** и-тә-ны́ / и-тәы́-м-кәа) **1.** to belong to: и-л-тә-у́п *it belongs to her.* сара́ и́-с-тә-у *that which belongs to me, mine.* сара́ и́-с-тәы-з *that which belonged to me.* Ари́ иара́ и-тә-у́п. *This belongs to him. Это ему принадлежает.* Ари́ а-шәҟәы́ сара́ и-с-тә-у́п. *This book belongs to me./This is my book. Эта книга мне принадлежит.* Уи́ а-ҽтцы́с з-тәы-з и-а́кәы-н. *He was the owner of the colt.* Сара́ шьтра-ла́ с-Џьгьа́рда-тә-уп. (AFL) *By origin, I am from Dzhgjarda. Я по происхождению из Зигьарда.* Ари́ а-ҩны́ сара́ и-с-тәы́-уп. *This house belongs to me.* Сара́ шәара́ и-шә-тә-ны́ жәа-маа́ҭ-к сы́-ҟә-уп. (RAD) *I owe you ten rubles. Я вам должен десять рублей.* || И-ҧҳәы́с **л-цәа́ л-тәы́-м-кәа** д-ҟа-ле́-ит. (Ab.Text) *His wife became pregnant. Его жена забеременела.* || л(ы́)-баҩ-л-тәы́-м-кәа(н) (еиҧш)-ҟа-ле́-ит. *she became pregnant.* || З-баҩ-з-тәы́-мыз ҧҳәыс-к д-ры́-ла-заарын, (...). (ACST) *A pregnant woman was apparently amongst them,* (...). [cf. **а-тәы́** "slave, possession," **-з-тәы́да** "whose"]

а-тәы́ла [n.] (а-тәы́ла-ҟәа, ҳ-тәы́ла, тәы́ла-к) **1.** a country; a land: тәы́ла ҧшӡа-к *a beautiful* *country.* А-сове́т-қәа р-тәы́ла *a country of Soviets, страна Советов.* а-тәы́ла ҧха́рра-қәа *warm countries, теплые страны.* Ҳара́ ҳ-тәы́ла и-а́-хьӡ-уп Аҧсны́. *Our country is called Abkhazia. Наша страна называется Абхазия.* **2.** the world; the universe**:** А-тәы́ла бго́ и-а́-ла-ге-ит. (Ab.Text) *The world began to collapse.*

а-тәы́м [adj.] **1.** [+ noun (minus article)] foreign**:** а-тәы́м бызшәа-қәа́ *foreign languages, иностранные языки.* **2.** strange, alien, foreign, somebody else's**:** а-тәы́м уа́ҩ *a stranger/ foreigner, чужестранец.* а-тәы́м дгьыл *a foreign land.*

а-тәы́мҵьара [n.] (pl.**) a foreign country/land.

-тәыс [verbal suffix] **1.** [< -тәы + -с] lit. 'as that which is to be X-ed'**:** Ҩ-шәҟәы-к абри́ а́-шықәс а́-лгамҭа-нӡа ҩ-тәыс и-сы́-мо-уп. (ACST) *I have two books to write (= as something to be written) before the end of this year.* **2.** to have to**:** Ж-тәыс д-шә-бу-е-ит. *You have to bury him/her. Вам придется хоронить его/ее.* Ҟа-ҵа-тәы́с и-б-о́у-е-ит. *You have to do it/them.* Ҟа-ҵа-тәы́с и-л-о́у-е-ит. *She has to do it/them.*

а-тәы́ҩа [n.] (-қәа) a horn.

а-тәы́ҩада [adj.] hornless.

Ҭ ҭ

-ҭ(ы)- [preverb] "extrovert" [Spruit. SC5]. out of, through**:** а-ҭы́-ҧа-ра *to jump out.* а-ҭы́-га-ра *to take out.* а-ҭы́-с-ра *to pass through.* а-ҭы́-х-ра *to take out.* а-ҭы́-ц-ра *to go out, to be published.*

-ҭа-[1] [preverb] "introvert" [Spruit. SC5]. in, into**:** а-ҭа-тәа-ра́ *to sit down in.* а-ҭа́-жь-ра *to throw sth in.* Ашы́ла аатҵәа́ и-лы-з-ҭа́-с-тце-ит. *I put the flour into the sack for her.* [cf. **ҭ-** "extrovert," out of, through]

-ҭа[2] [suffix] *used to derive a noun meaning a place***:** а-гә-ҭа́ *middle* (< а-гәы́ "heart"). а-ха-ҭа́ *oneself, сам/сама* (< а-хы́ "head"). Взы́ҧ-ҭа *the area belonging to the Bzyp Abkhazians.*

а-ҭаалы́м [n.] gymnastics**:** шьыжьтәи аҭаалы́м *morning exercises, утренняя зарядка.* А-пионе́р-цәа есы́шьыжь ҭаалы́м ӄа-р-тцо́-ит. *The pioneers [= (child) scouts] do gymnastics every morning. Пионеры занимаются гимнастикой каждое утро.*

а́-ҭаа-ра [tr.] [C1-C3-R / C1-C3-Neg-R] [C3 harvest C1] (**Fin.** [pres.] и-л-ҭаа-уе́-ит / и-л-ҭаа-уа́-м, [aor.] и-л-ҭаа́-ит / и-лы-м-ҭаа́-ит, [imper.] и-ҭаа́! / и-бы-м-ҭаа́-н!, и-шә-ҭаа́! / и-шәы-м-ҭаа́-н!; **Non-fin.** [pres.] (C1) и-л-ҭаа́-уа / и-лы-м-ҭаа́-уа, (C3) и-з-ҭаа́-уа / и-зы-м-ҭаа́-уа, [aor.] (C1) и-л-ҭаа́ / и-лы-м-ҭаа́, (C3) и-з-ҭаа́ / и-зы-м-ҭаа́, [impf.] (C1) и-л-ҭаа́-уа-з / и-лы-м-ҭаа́-уа-з, (C3) и-з-ҭаа́-уа-з / и-зы-м-ҭаа́-уа-з, [past indef.] (C1) и-л-ҭаа́-з / и-лы-м-ҭаа́-з, (C3) и-з-ҭаа́-з / и-зы-м-ҭаа́-з; **Abs.** и-ҭаа́-ны / и-м-ҭаа́-кәа) **1.** to gather/ collect (*the harvest*); to pick, to harvest**:** А-жь р-ҭаа-уе́-ит. *They are gathering grapes. Они собирают виноград.* Уа́ӄа а-тцәе́-и, а-ха́-и, а-мытцмы́ць-и х-ҭаа-уе́-ит. *We pick apples, pears and pomegranates there.*

а-ҭа́а-ра [intr.] [C1-C2-R / C1-C2-Neg-R] [C1 visit C2 as a guest] ([pres.] ды-л-ҭа́а-уе-ит, и-а-ҭа́а-уе-ит / ды-л-ҭа́а-уа-м, [aor.] ды-л-ҭа́а-ит / д-лы-м-ҭа́а-ит, [imper.] бы-с-ҭа́а! / б-сы-м-ҭа́а-н!; **Non-fin.** [pres.] (C1) и-л-ҭа́а-уа / и-лы-м-ҭа́а-уа, (C2) ды-з-ҭа́а-уа / д-зы-м-ҭа́а-уа; **Abs.** ды-л-ҭа́а-ны / д-лы-м-ҭа́а-кәа *or* д-мы-л-ҭа́а-кәа) **1.** to stay with, to visit sb as a guest; to be on a visit**:** Уи́ а́-сас д-и-ҭа́а-н. *He had a guest. У него был гость.*

а-ҭаацәа́ [n.] (а-ҭаацәа-кәа́, ҭаацәа́-к, с-ҭаацәа́) **1.** a family**:** с-ҭаацәе́-и саре́-и *my family and I.* Ара́ сара́ с-ҭаацәа́ н-хо́-ит. (AFL) *My family lives here. Здесь живет моя семья.* Камачы́ч л-ҭаацәа́ ҭаацәа́ ду́-уп. (AFL) *Kamachych's family is large.* Уаххьа́ х-фо́-ит ҭаацәа-ны́ла а-саа́ҭ 8 (аауба́) р-зы. (AFL) *Our whole family has dinner at 8 o'clock. Мы ужинаем в 8 часов всей семьей.*

а-ҭаацәара́ [n.] a family**:** а-ҭаацеара́ д-а́-ла-ле-ит. *she became a housewife.* Уара́ а-ҭаацеара́ у-а́лала-хьо-у-ма? *Are you a family man? Ты семейный?* Уара́ у-ҭаацәа́ ҭаацәара́ ду-у́-ма? *Is your family large? Твоя семья большая?* Ша́ӄаҩ ауааҧсы́ра ы́-ӄо-у-зеи уара́ у-ҭаацәара-ҿы́? *How many people are there in your family?* Сара́ с-ҭаацәа́ ҭаацәара́ ду́-уп. (AFL) *My family is a large family. Моя семья большая.*

а-ҭа-ба-ра́ [intr.] [C1-Prev-R / C1-Neg-Prev-R *or* C1-Prev-Neg-R] [C1 get dry, C1 dry up] (**Fin.** [pres.] и-ҭа-бо́-ит / и-ҭа-бо́-м, [aor.] и-ҭа-бе́-ит / и-м-ҭа-бе́-ит, [imper.] у-ҭа-ба́! / у-м-ҭа-ба́-н!; **Non-fin.** [pres.] (C1) и-ҭа-бо́ / и-м-ҭа-бо́ (*or* и-ҭа́-м-бо), [aor.] (C1) и-ҭа-ба́ / и-м-ҭа-ба́ (*or* и-ҭа́-м-ба); **Abs.** и-ҭа-ба-ны́ / и-м-ҭа-ба́-кәа) **1.** to dry, to get dry; to dry up**:** А-ӡма́х ҭа-бе́-ит. *The bog dried up. Болото высохло.* А-куа́рачча-кәа зегьы́ ҭа-бе́-ит. (AAD) *All the little streams dried up.* [cf. **а-ба-ра́** "to dry (out)"]

а-ҭабга́ [adj.] having become hollowed.

а-ҭабга́ра [n.] (-кәа) collapse, falling.

а-ҭа-бга-ра́ [intr.] [C1-Prev-R / C1-Prev-Neg-R] [C1 collapse] (**Fin.** [pres.] и-ҭа-бго́-ит / и-ҭа-бго́-м, [aor.] и-ҭа-бге́-ит / и-ҭа́-м-бге-ит, [imper.] у-ҭа-бга́! / у-ҭа́-м-бга-н!; **Non-fin.** [pres.] (C1) и-ҭа-бго́ / и-ҭа́-м-бго, [aor.] (C1) и-ҭа-бга́ / и-ҭа́-м-бга; **Abs.** и-ҭа-бга-ны́ / и-ҭа́-м-бга-кәа) **1.** to collapse. [cf. **а-бга-ра́** "to collapse"]

а-ҭа́биа [n.] (-қәа) a trench.

и-ҭабу́п [conj.] [*see* **а-ҭабу́-ра**] I thank, I am thanking; thank you.

а-ҭабу́-ра /a-tabə́w-ra/ [intr.] (**Fin.** [pres.] и-ҭабу́п (ҳәа) с-ҳәо́-ит (*я благодарю*) / и-ҭабу́п (ҳәа) с-ҳәо́-м (-ҳәа-ӡо́-м), [aor.] и-ҭабу́п (ҳәа) с-ҳәе́-ит / и-ҭабу́п (ҳәа) сы-м-ҳәе́-ит (-ҳәа-ӡе́-ит), [imper.] и-ҭабу́п ҳәа́! / и-ҭабу́п бы-м-ҳәа́-н!, и-ҭабу́п ҳәа шә-ҳәа́! / и-ҭабу́п шәы-м-ҳәа́-н!) **1.** to thank: И-ҭабу́п ҳәа с-а́-л-ҳәе-ит. *She thanked me. Она меня поблагодарила.* И-ҭабу́п ҳәа с-а́-лы-м-ҳәе-ит. (-ҳәа-ӡе-ит.) *She didn't thank me.* И-ҭабу́п ҳәа с-а́-ҳә! *Thank me!* И-ҭабу́п ҳәа с-а́-бы-м-ҳәа-н! *Don't thank me!* Да́араӡа и-ҭабу́п, сара́ сы-жә-ды́ры-рц аҳьы́-шә-ҭахы-у. (AFL) *I am very thankful that you want to get acquainted with me. Я очень благодарю за то, что вы хотите со мной познакомиться.* || **И-ҭабу́п**. Thanks.

ҭага́лан **1.** [n.] (= **ҭага́лара**) autumn. **2.** [adv.] in autumn: Ҭага́лан а-бҕьы́ ҩе́жьхо-ит. *Leaves turn yellow in autumn.*

ҭага́лантәи [adj.] autumnal: ҭага́лантәи а́-мза-қәа *autumnal months.* ҭага́лантәи а́-мш-қәа *the autumnal weather.*

ҭага́лара [n.] (= **ҭага́лан**) autumn.

а-ҭа-га́ла-ра [tr.] [< -ҭа-га-ла- "in-take-introvert"] [C1-(C2)-Prev-C3-S / C1-(C2)-Prev-C3-Neg-S] [C3 drag C1 into C2] (**Fin.** [pres.] и-ҭа́-з/с-гало-ит, и-ҭа́-х/а-гало-ит, и-ҭа́-жә-гало-ит / и-ҭа́-з/с-гало-м, [aor.] и-ҭа́-з-гале-ит / и-ҭа́-сы-м-гале-ит, [imper.] и-ҭа́-гала! / и-ҭа́-бы-м-гала-н!, и-ҭа́-шә-гала! / и-ҭа́-шәы-м-гала-н!; **Non-fin.** [pres.] (C1) и-ҭа́-л-гало / и-ҭа́-лы-м-гало, (C3) и-ҭа́-з-гало / и-ҭа́-зы-м-гало; **Abs.** и-ҭа-га́ла-ны / и-м-ҭа-га́ла-кәа) **1.** to drag in; to lead/bring in/into (*e.g. a courtyard*): А-ҕба и-ҭа́-з-гале-ит. *I put them aboard a boat.* А-қьарҭа́ а-мҙырҳа́ и-р-ҳәаза-ны́ и-ҭа́-р-гале-ит. *They dragged a beam into the yard. Балку втащили во двор.* Мчы-к на-и́-ха-н а-ӡы́ д-ҭа-на́-гало-н. (AF) *A power pulled on him and dragged him into the water.* **2.** to harvest, to gather the harvest: А-ура-қәа́ ҭа́-р-гало-ит. *They are gathering the harvest. Они собирают урожай.* Ҭага́лан аҵыҟәре́и ҭа́-з-гало ры-бжьы́ у-а-ҳа-уе́-ит. (AFL) *In fall you hear the voices of people who are harvesting maize. Осенью ты слышишь голоса людей, которые собирают кукурузу.* А-нха-цәа́ а-мх-қәа́ ҭа́-р-гало-ит. *The peasants are gathering maize in the fields. Крестьяне собирают кукурузу в полях.*

а-ҭагылаза́ашьа [n.] (-қәа) circumstance; position; situation: а́ибашьратә ҭагылаза́ашьа *martial law.*

а-ҭа-гы́ла-ра **(1)** [intr. dynamic] [C1-(C2)-Prev-R / C1-(C2)-Prev-Neg-R] [C1 stand in C2] (**Fin.** [pres.] д-ҭа-гы́ло-ит / д-ҭа-гы́ло-м (-гы́ла-ӡо-м), [aor.] д-ҭа-гы́ле-ит / д-ҭа-м-гы́ле-ит (-гы́ла-ӡе-ит), [imper.] б-ҭа-гы́л! / б-ҭа́-м-гыла-н!, шә-ҭа-гы́л! / шә-ҭа́-м-гыла-н!; **Non-fin.** [pres.] (C1) и-ҭа-гы́ло / и-ҭа́-м-гыло, [aor.] (C1) и-ҭа-гы́ла / и-ҭа́-м-гыла; **Abs.** д-ҭа-гы́ла-ны / д-ҭа́-м-гыла-кәа) **1.** to stand in sth. **(2)** [intr. stative] [C1-(C2)-Prev-R / C1-(C2)-Prev-Neg-R] [C1 be standing in C2] (**Fin.** [pres.] д-(р-)ҭа-гы́ло-уп / д-ҭа-гы́ла-м, [past] д-ҭа-гы́ла-н / д-ҭа-гы́ла-мызт, [imper.] д-ҭа-гы́ла-з! / д-ҭа-гы́ла-мыз!; **Non-fin.** [pres.] (C1) и-ҭа-гы́ло-у / и-ҭа-гы́ла-м, [aor.] (C1) и-ҭа-гы́ла-з / и-ҭа-гы́ла-мыз, (C2) и-з-ҭа-гы́ла-з / и-з-ҭа-гы́ла-мыз) **1.** to be/be situated in sth: А-ҷкәын а-ӡы́ д-ҭа-гы́ло-уп. (AAD) *Мальчик стоит в воде. The boy is standing in the water.* А-ҷкәын а́-жра д-ҭа-гы́ло-уп. *The boy is standing in the hole. Мальчик стоит в яме.* А-ҷкәын-цәа а́-жра-қәа и-р-ҭа-гы́ло-уп. *The boys are standing in the holes. Мальчики стоят в ямах.* и-ԥса́дгьыл Аԥсны́ з-ҭа-гы́ла-з а-гәа́ҟра *the torment in which his homeland Abkhazia was placed.* **2.** to be of age: 25 шықәса́ ды-р-ҭа-гы́ло-уп. (AAD) *He/She is in the 25th year. Ему/Ей 25-ый год.* А-ԥҳәы́зба л-ҭәы́мҭа ды-н-ҭа-гы́ло-н(ы) еиԥш, ха́ҭца д-це́-ит. (ACST) *As the maiden was entering her prime, she got married.*

а-ҭá-гьежь-ра [intr.] [C1-(C2)-Prev-R] [C1 whirl around in C2] (**Fin.** [pres.] и-ҭá-гьежь-уе-ит) **1.** to whirl in sth**:** А-лым аихатәы́ шыш и-ҭá-гьежь-уе-ит. *The lion is whirling in the cage. Лев кружится по клетке.*

а-ҭагәáҩа [adj.] hollow**:** á-тҵла ҭагәáҩа *a hollow tree.*

а-ҭá-жь-заа-ра* [intr. stative] [C1-(C2)-Prev-R] [C1 lie in C2] (**Fin.** [pres.] и-ҭá-жь-уп / и-ҭá-жьы-м, [past] и-ҭá-жьы-н / и-ҭá-жьы-мызт) **1.** to be/lie in (*water, hole, etc.*)**:** А-кд-қәá á-жра и-ҭá-жь-уп. *The logs are lying in the hole. Бревна валяются в яме.* Абыржәы́ Ри́тца газгó и-ахь-ҭá-жь-у и́-ќа-н а-қы́ҭа. (AF) *Were now Rits'a lies a-gleaming there was a village.*

а-ҭá-жь-ра [tr.] [C1-(C2)-Prev-C3-R / C1-(C2)-Prev-C3-Neg-R] [C3 throw sth into C2] (**Fin.** [pres.] и-ҭа-сы́-жь-уе-ит / и-ҭа-сы́-жь-уа-м (-жь-ӡо-м), [aor.] и-ҭа-сы́-жь-ит / и-ҭа-с-мы́-жь-ит (-жь-ӡе-ит), [imper.] и-ҭá-жь! / и-ҭа-б-мы́-жьы-н!, и-ҭа-шәы́-жь! / и-ҭа-шә-мы́-жьы-н!; **Non-fin.** [pres.] (C1) и-ҭа-лы́-жь-уа, и-ҭа-сы́-жь-уа, и-ҭа-бы́-жь-уа, и-ҭа-ý-жь-уа, и-ҭа-и́-жь-уа, и-ҭа-нá-жь-уа, и-ҭа-хá-жь-уа, и-ҭа-шәы́-жь-уа, и-ҭа-ры́-жь-уа / и-ҭа-л-мы́-жь-уа, и-ҭа-с-мы́-жь-уа, и-ҭа-б-мы́-жь-уа, и-ҭа-у-мы́-жь-уа, и-ҭа-и-мы́-жь-уа, и-ҭа-на-мы́-жь-уа, и-ҭа-х-мы́-жь-уа, и-ҭа-шә-мы́-жь-уа, и-ҭа-р-мы́-жь-уа, (C3) и-ҭа-зы́-жь-уа, д-ҭа-зы́-жь-уа / и-ҭа-з-мы́-жь-уа, д-ҭа-з-мы́-жь-уа, [aor.] (C1) и-ҭа-лы́-жь / и-ҭа-л-мы́-жь, (C3) и-ҭа-зы́-жь / и-ҭа-з-мы́-жь, [impf.] (C1) и-ҭа-лы́-жь-уа-з / и-ҭа-л-мы́-жь-уа-з, (C3) и-ҭа-зы́-жь-уа-з / и-ҭа-з-мы́-жь-уа-з, [past indef.] (C1) и-ҭа-лы́-жьы-з / и-ҭа-л-мы́-жьы-з, (C3) и-ҭа-зы́-жьы-з / и-ҭа-з-мы́-жьы-з; **Abs.** и-ҭá-жь-ны / и-ҭа-мы́-жь-кәа) **1.** to throw sb/sth heavy into/inside sth; to cast sb/sth into sth**:** А-хáҳә а-шәы́ра и-ҭа-сы́-жь-ит. *I threw the stone into the bag. Я бросил камень в сумку.* А-хáҳә-қеа а-шәы́ра-қәа и-р-ҭа-сы́-жь-ит. *I threw the stones into the bags. Я бросил камни в сумки.*

а-ҭá-заа-ра [intr.] [C1-(C2)-R *or lit.* C1-(C2)-Prev-R(ø)] [C1 be in C2] (**Fin.** [pres.] с-ҭó-уп (< *s-tá-ø-w-p [C1-PREV(in)-R-Stat.Pres-Fin], see Spruit, SC5), д-ҭó-уп, и-р-ҭó-уп / с-ҭá-м, д-ҭá-м, и-р-ҭá-м, [past] с-ҭá-н, д-ҭá-н, и-р-ҭá-н / д-ҭá-мызт, и-р-ҭá-мызт, [imper.] б-ҭá-з! / б-ҭá-мыз!; **Non-fin.** [pres.] (C1) и-ҭó-у / и-ҭá-м, (C2) и-з-ҭó-у / и-з-ҭá-м, [past] (C1) и-ҭá-з / и-ҭá-мыз, (C2) и-з-ҭá-з / и-з-ҭá-мыз; **Abs.** д-ҭа-ны́ / д-ҭá-м-кәа) **1.** to be (*in a box, at home, etc.*)**:** А-шкóл д-ҭó-уп. *He/She is at the school.* Дарá зегьы́ а-шкóл и-ҭó-уп. (ANR) *They are all at school.* С-цьы́ба а-ҧáра ҭó-уп. *I have money in my pocket.* А-ҧáра с-цьы́ба и-ҭó-уп. *I have money in my pocket.* А-ҧáра-қәа с-цьы́ба-қәа и-р-ҭó-уп. *I have money in my pockets.* А-цаҧхá а-цьы́ба и-ҭó-уп. *The key is in the pocket.* (= А-цаҧхá а-цьы́ба-ҿы и́-ќо-уп.) А-цаҧха-қәá а-цьы́ба-қәа и-р-ҭó-уп. *The keys are in the pockets.* а-бааӡатәы́ з-ҭо-у а-ҧаҭлы́ка *a bottle with liquid,* А-ýтра д-ҭó-уп. *He/She is in the market-garden.* А-шьхыц-қәа а-шьхы́мза и-ҭó-уп. *The bees are in the honeycomb.* А-шьхыц-қәа а-шьхы́мза-қәа и-р-ҭó-уп. (AFL) *The bees are in the honeycombs.* А-чáи з-ҭó-у á-тҵәца с-áҧхьа и́-қә-гыло-уп. (AFL) *The glass, in which there is tea, is standing before me. Стакан, в котором есть чай, стоит передо мной.* А-хш á-цха á-ҭа-ны и́-жә-ла! *Drink milk with honey!* **2.** to be/bathe (*in the river, sea*)**:** А-ӡи́ас а-ҧсы́ӡ ҭá-н. *The fish was in the river. В реке находилась рыба.* Уи́ а-ӡы́ д-ҭá-н. *He/She was in the water.* А-мшын д-ҭó-уп. *He/She is in the sea. / He/She is bathing in the sea.* Ӡы́злан а-ӡ-қәá ды-р-ҭó-уп. (AF) *Dzyzlan is in the waters.* А-пáрк а-ҿы́ а-ҧсы́ӡ з-ҭó-у а-ӡҭачы́ ы́-ќо-уп. (RAD) *In the park there is a pool with fish (in it). В парке есть бассейн с рыбками.* **3.** to study (*at school, at university, etc.*), to be a student**:** А-шкóл д-ҭó-уп. *He/She goes to school.* Сарá а-шкóл с-ҭá-н. *I went to school.* А-институ́т с-ҭá-н. *I was studying at an institute.* Камачы́ч Аҧсны́тәи а-ҳәынҭқáрратә университéт д-ҭó-уп, а-филолóгиатә факультéт II-тәи (áҩба-тәи) а-ку́рс. (AFL) *Kamachich is studying in the second year at the philological department of the Abkhazian National University. Камачич учится на втором курсе в Абхазском государственном университете на филологическом факультете.* Камачы́ч а-университе́т д-ҭо́-уп. *Kamachich is studying at the university.* **4.** [with а-ԥсы́] to be alive**:** А-ҳәынтҵәра́ԥшь а-ԥсы́ ҭа-н. *The robin was alive.* ры-ԥсы́ ҭа-м *they are dead.* Уара́ у-анду́ лы-ԥсы́ ҭо́-у-ма? *Is your grandmother alive?* Сара́ с-абду́ и-ԥсы́ ҭа-ӡа́-м. (AFL) *My grandfather is not alive/is already dead. Мой дедушка уже умер.* **5.** [intr. stative] [C1-C2-R] [C1 stay with C2] (**Fin.** [pres.] ды-с-ҭо́-уп / ды-с-ҭа́-м, [past] ды-с-ҭа́-н / ды-с-ҭа́-мызт) to be a guest of sb**:** Сасра́ ды-р-ҭа́-н. *He/She was their guest.* А-сас-цәа да́хь-қәа с-ҭо́-уп. *I have honored guests.* || **а-гәы́ а-ҭа́-заа-ра** to intend; to think about**:** Ҳара́ уахь ҳ-ца-рц ҳ-гәы и-ҭо́-уп. *We are about to go there.* А-шәы́р аа́-с-хәа-рц с-гәы и-ҭо́-уп. (ACST) *I intend to buy fruit.* Доусы́ р-гәы́ и-ҭа́-з р-ҳәе́-ит. *Each of them said what he was thinking about.*

а-ҭа́ӡара [n.] (-қәа) capacity.

а-ҭа-ӡа-ра́ [intr.] [C1-(C2)-Prev-R / C1-(C2)-Prev-Neg-R] [C1 go in C2] (**Fin.** [pres.] и-ҭа-ӡо́-ит / и-ҭа-ӡо́-м, [aor.] и-ҭа-ӡе́-ит / и-ҭа́-м-ӡе-ит, [imper.] б-ҭа-ӡа́! / б-ҭа́-м-ӡа-н!; **Non-fin.** [pres.] (C1) и-ҭа-ӡо́ / и-ҭа́-м-ӡо, [aor.] (C1) и-ҭа-ӡа́ / и-ҭа́-м-ӡа; **Abs.** и-ҭа-ӡа-ны́ / и-ҭа́-м-ӡа-кәа) **1.** to go in, to fit into**:** А-шәҟә-қәа́ а-шка́ф и-ҭа-ӡо́-н. (RAD) *The books used to be in the cupboard. Книги убирались в шкаф.* А-шәҟә-қәа́ а-шка́ф-қәа и-р-ҭа-ӡо́-н. *The books used to be in the cupboards. Книги лежали в шкафах.*

а-ҭа-иа-ра́ [intr.] [C1-(C2)-Prev-R] [C1 lie down in C2] (**Fin.** [pres.] д-ҭа-ио́-ит / д-ҭа-ио́-м, [aor.] д-ҭа-ие́-ит / д-ҭа́-м-ие-ит, [imper.] б-ҭа-иа́! / б-ҭа́-м-иа-н!; **Non-fin.** [pres.] (C1) и-ҭа-ио́ / и-ҭа́-м-ио, [aor.] (C1) и-ҭа-иа́ / и-ҭа́-м-иа; **Abs.** д-ҭа-иа-ны́ / д-ҭа́-м-иа-кәа) **1.** to lie (down) in sth**:** А-жра д-ҭа-иа-ны́ ды-цәо́-уп. *He/She is lying in the hole and sleeping. Он/Она лежит в яме и спит.* А-жра-қәа и-р-ҭа-иа-ны́ и-цәо́-уп. *They are lying in the holes and sleeping. Они лежат в ямах и спят.* А-хәыч-қәа́ а́-жра и-ҭа-иа-ны́ р-ҿы́-р-ҵәах-ит. (ARD) *Дети легли в яму и спрятались. The children lay down in the hole and hid themselves.*

а-ҭа́к [n.] (а-ҭа́к-қәа, ҭа́к-к) **1.** an answer**:** а-зҵаа́ра-қәа р-ҭа́к *an answer to the questions.* Зны́ с-а-зхәы́ц-п, на́с а-ҭа́к шә-а́-с-хәа-п. *I'll think and then I'll answer you. Я подумаю, а потом вам отвечу.* || **аҭа́к а́-ка-ҵа-ра** to answer**:** Уи́ иаахжәа́ны а-ҭа́к ҟа-и-ҵе́-ит. (RAD) *Он резко ответил. He answered sharply.* Уи а-зҵаа́ра-қәа р-ҭак ҟа-л-ҵе́-ит. *She answered the questions. Она ответила на вопросы.*

а-ҭака́р [n.] intense heat; heat, hot weather.

а-ҭа-кна́-ҳа-ра* [tr.] [C1-(C2)-Prev-Prev-C3-R] [C3 hang C1 inside C2] (**Fin.** [aor.] и-ҭа-кна́-с-ҳа-ит / и-ҭа-кна́-сы-м-ҳа-ит, [imper.] и-ҭа-кна́-ҳа! / и-ҭа-кна́-бы-м-ҳа-н!, и-ҭа-кна́-шә-ҳа! / и-ҭа-кна́-шәы-м-ҳа-н!) **1.** to hang sth inside sth**:** Сы́-маҭәа-қәа а-шьқа́ԥ и-ҭа-кна́-с-ҳа-ит. *I hung my clothes inside the wardrobe. Я повесил одежду в шкаф.*

а́-ҭа-к-ра* [tr.] [C2-to-Prev-C3-R] [C3 give an answer to C2] (**Fin.** [aor.] и-а́-ҭе-и-к-ит / и-а́-ҭе-и-м-к-ит, [imper.] и-а́-ҭа-к! / и-а́-ҭа-бы-м-кы-н!) **1.** to answer sb, to give an answer to.

а-ҭа-к-ра́ [tr.] [C1-(C2)-Prev-C3-R / C1-(C2)-Prev-C3-Neg-R] [C3 arrest C1; C3 put C1 in C2[a prison]] (**Fin.** [pres.] д-ҭа́-с-к-уе-ит / д-ҭа́-с-к-уа-м (-к-ӡо-м), [aor.] д-ҭа́-с-к-ит / д-ҭа́-сы-м-к-ит (-к-ӡе-ит), [imper.] д-ҭа-кы́! / д-ҭа́-бы-м-кы-н!, д-ҭа́-шә-к / д-ҭа́-шәы-м-кы-н!; **Non-fin.** [pres.] (C1) и-ҭа́-л-к-уа / и-ҭа́-лы-м-к-уа, (C3) и-ҭа́-з-к-уа / и-ҭа́-зы-м-к-уа, [aor.] (C1) и-ҭа́-л-к / и-ҭа́-лы-м-к, (C3) и-ҭа́-з-к / и-ҭа́-зы-м-к, [impf.] (C1) и-ҭа́-л-к-уа-з / и-ҭа́-лы-м-к-уа-з, (C3) и-ҭа́-з-к-уа-з / и-ҭа́-зы-м-к-уа-з, [past indef.] (C1) и-ҭа́-л-кы-з / и-ҭа́-лы-м-кы-з, (C3) и-ҭа́-з-кы-з / и-ҭа́-зы-м-кы-з; **Abs.** д-ҭа-к-ны́ / д-ҭа́-м-к(ы)-кәа) **1.** to arrest; to put in prison**:** шә-ҭа́-ҳ-к-ит *we arrested you, мы арестовали вас.* **2.** to shut/lock inside/within**:** А-ԥсцәа́ҳа д-ҭа́-р-к-ит. (AF) *They have imprisoned the Prince of the Dead.* || **а-гәы́ а-ҭа-к-ра** to conceive the idea of**:** л-гәы и-ҭа́-л-к-ит (...). *she conceived the idea of that* (...) .

а-ҭакьа́кьа-заа-ра [intr.] (**Fin.** [pres.] и-ҭакьа́кьо-уп, [past] и-ҭакьа́кьа-н) || **И-ԥсы́ ҭакьа́кьо-уп.** He is barely alive.

а-ҭа́кәажә [n.] (а-ҭа́кәажә-цәа, ҭакәажәы́-к) an old woman**:** ҭакәажәы́ гызма́л-к *an old devilish woman.* а-лы́гажә-и а-ҭа́кәажә-и *an old man and an old woman, старик и старуха.*

(и)ҭакуа-ҭаҿаӡа *being of a most irregular size and shape.*

а-ҭа́-ла-ра [intr.] [C1-(C2)-Prev-R / C1-(C2)-Prev-Neg-R] [C1 go into C2] (**Fin.** [pres.] с-ҭа́-ло-ит / с-ҭа́-ло-м, [aor.] с-ҭа́-ле-ит / с-ҭа́-м-ле-ит, [fut.1] с-ҭа́-ла-п / с-ҭа́-ла-рым, [fut.2] с-ҭа́-ла-шт / с-ҭа́-ла-шам, [perf.] с-ҭа́-ла-хьеит / с-ҭа́-м-ла-ц(т), [impf.] с-ҭа́-ло-н / с-ҭа́-ло-мызт, [past indef.] с-ҭа́-ла-н / с-ҭа́-м-ла-зт, [imper.] б-ҭа́-л! / б-ҭа́-м-ла-н!; [poten.] сы-з-ҭа́-м-ле-ит; **Non-fin.** (C1) [pres.] и-ҭа́-ло / и-ҭа́-м-ло, [aor.] и-ҭа́-ла / и-ҭа́-м-ла, [fut.1] и-ҭа́-ла-ра / и-ҭа́-м-ла-ра, [fut.2] и-ҭа́-ла-ша / и-ҭа́-м-ла-ша, [perf.] и-ҭа́-ла-хьоу (-хьа(ц)) / и-ҭа́-м-ла-хьоу (-хьа(ц)), [impf.] и-ҭа́-ло-з / и-ҭа́-м-ло-з, [past indef.] и-ҭа́-ла-з / и-ҭа́-м-ла-з, [cond.1] и-ҭа́-ла-ры-з / и-ҭа́-м-ла-ры-з, [cond.2] и-ҭа́-ла-ша-з / и-ҭа́-м-ла-ша-з, [plupf.] и-ҭа́-ла-хьа-з / и-ҭа́-м-ла-хьа-з; **Abs.** д-ҭа́-ла-ны / д-ҭа́-м-ла-кәа) **1.** to enter/go into an enclosed/fenced-in area**:** А-ӡы́ ҭа́-ло и-а́-ла-ге-ит. *The water started to leak in.* А-шҭа с-ҭа́-ло-ит. *I am entering the yard.* Ҳа́-шҭа у-ҭа́-ле-ит. *You entered our yard.* А-жә а-у́тра и-ҭа́-ле-ит. *The cow entered the market-garden.* А-жә-қәа а-у́тра-қәа и-р-ҭа́-ле-ит. *The cows entered the market-gardens.* А-жә-қәа а-мхы́ и-ҭа́-ле-ит. *The cows entered the field.* Аҽ-цәа́ а-мӡырха́ и-ҭа́-ле-ит. *The horsemen entered the yard.* А-ӷба́ д-ҭа́-ле-ит. *He/She went aboard the boat.* А-хәыч-қәа́ а-ӡы́ и-ҭа́-ло-ит. *The children are going into the water.* С-ҭаацәе́-и саре́-и а́шьыжь а-мандари́нарҭа ҳ-ҭа́л-т. (AFL) *My family and I went into the mandarin-orange field. Моя семья и я пошли на мандариновое поле.* А-ӡы́ а́-жра и-ҭа́-ло-ит. *The water is flowing into the canal.* А-ӡ-қәа́ а́-жра-қәа и-р-ҭа́-ло-ит. *The waters are flowing into canals.* **2.** to bathe in the river/sea**:** Уара́ а́ҧхын а-мшы́н у-ҭа́ло-ма? (AFL) *Do you go into the sea in summer? = Do you bathe in the sea in summer? Ты входишь в море летом? = Ты купаешься в море летом?* Сара́ а-мшы́н с-ҭа́-ло-н, сы-ӡсо́-н, а́-мра сы-цәиа́ала-н. (AFL) *I went to the sea, swam, and tanned in the sun. Я шел в море, плавал, загорал на солнце.* || **а-ӡы́ с-ҭа́-ле-ит** *I bathed in the sea/in the river, я купался в море/реке.* А-ӡы́ с-ҭа́-ла-ӡо-м. *I will not go into the water.* (cf. ӡ-ҭа́-ла-ра с-ца-ӡо́-м *I will not go bathing*). А-мшы́н д-ҭа́-ле-ит. *He/She swam in the sea.* **3.** to enter (*university, etc.*)**:** Сара́ а-университе́т с-ҭа́-ле-ит. *I entered the university.* Уи́ а-медици́натә институ́т д-ҭа́-ле-ит. *He/She went to the medical institute.* Ка́ма Цьгьа́рда-тәи а-бжьа́ратә шко́л д-ан-а́-лга, д-ҭа-ле́-ит Аҧсны́тәи а-ҳәынҭқа́рратә инсти́тут. (AFL) *When Kama finished middle school in Dzhgjarda, she entered the Abkhazian State Institute. Когда Кама окончила среднюю школу Джигьарда, она поступила в Абхазский государственный институт.* || **а-ҧсы́ а-ҭа́-ла-ра** to revive, to come to life**:** Даҽа=зны́к д-и́-сы-р, а-дау́ и-ҧсы́ ҭа́-ло-заап. (Ab.Text) *If he hits him (= the ogre) once again, the ogre will be revived.* || Сара́ а-са́ркьа с-ҭа́-ле-ит. *I has an x-ray.*

а-ҭа́ларҭа [n.] (-қәа) an entrance.

а-ҭа́-ла-ҳа-ра [tr.] (**Fin.** [pres.] и-ҭа́-ла-с-ҳа-уе-ит / и-ҭа́-ла-с-ҳа-уа-м, [aor.] и-ҭа́-ла-с-ҳа-ит / и-ҭа́-ла-сы-м-ҳа-ит, и-ҭе́-и-лаҳа-ит, [imper.] и-ҭа́-ла-ҳа! / и-ҭа́-ла-бы-м-ҳа-н!; **Non-fin.** [pres.] (C1) и-ҭа́-ла-с-ҳа-уа / и-ҭа́-ла-сы-м-ҳа-уа, (C3) и-ҭа́-ла-з-ҳа-уа / и-ҭа́-ла-зы-м-ҳа-уа; **Abs.** и-ҭа́-ла-ҳа-ны / и-ҭа́-ла-м-ҳа-кәа) **1.** to cover**:** Аҟәа а́-қалақь еиҵәа́ ӷьы́-ла и-ҭа́-ла-ҳа-уп. (AFL) *The city of Sukhum is clothed in green foliage. Город Сухум одет зеленой листвой.*

ҭама́а [n.] (pl.) (*one of the Abkhazian tribes*) Tam.

а-ҭа́-м-заа-ра: (Fin. [imper.] с-а-ҭа́-мы-з *excuse me,* [subjunctive] с-а-ҭа́-м-заа-ит *excuse me,* ҳ-а-ҭа́-м-заа-ит *excuse us*)**:** Иду́ӡӡа-ны ҳ-а-ҭа́-м-заа-ит, шә-ахь-ҳа-рҧшы́-з! (IC) *Excuse us, please, for making you wait! Извините нас, пожалуйста, что заставили вас ждать!*

а-ҭа́-м-ҵа-ра [tr.] *used only in the imperative forms.* [C1-C2(a)-Prev-C3-Neg-R] [C3 excuse

C1 for C2(it)] (**Fin.** [imper.] с-а-ҭа́-бы-м-ца-н! (*извини меня, excuse me*), д-а-ҭа́-шәы-м-ца-н! (*(вы) извините его/ее*), д-а-ҭо́-у-м-ца-н! (*извини его/ее*)) **1.** to excuse**:** с-а-ҭа́-шәы-м-ца-н! *(to you.pl.) excuse me, извините меня.* с-а-ҭо́-у-м-ца-н! *(to you.sg.) excuse me! прости меня.* С-а-ҭа́-шәы-м-ца-н с-ахь-а́-г-ха-з! *Excuse me for being late! Извините меня за то, что я опоздал!*

а-ҭанаҟьы́ [n.] (а-ҭанаҟь-кәа́) a tin plate.

а-ҭа́-ԥала-ра [intr.] [C1-(C2)-Prev-S / C1-(C2)-Prev-Neg-S] [C1 jump into C2] (**Fin.** [pres.] д-ҭа́-ԥа-ло-ит / д-ҭа́-ԥало-м, [aor.] д-ҭа́-ԥале-ит / д-ҭа́-м-ԥале-ит (-ԥала-ӡе-ит), [imper.] б-ҭа́-ԥал! / б-ҭа́-м-ԥала-н!, шә-ҭа́-ԥал! / шә-ҭа́-м-ԥала-н!; **Non-fin.** [pres.] (C1) и-ҭа́-ԥало / и-ҭа́-м-ԥало, [aor.] (C1) и-ҭа́-ԥала / и-ҭа́-м-ԥала; **Abs.** д-ҭа́-ԥала-ны / д-ҭа́-м-ԥала-кәа) **1.** to jump into/onto sth**:** Сара́ а́-жра с-ҭа́-ԥале-ит. *I jumped into the ditch. Я прыгнул в ров.* Дара́ а́-жра-ҟәа и-р-ҭа́-ԥа-ле-ит. *They jumped into the ditches. Они прыгнули в рвы.*

а-ҭа-ԥса-ра́ [tr.] [C1-(C2)-Prev-C3-R / C1-(C2)-Prev-C3-Neg-R] [C3 pour C1 into C2] (**Fin.** [pres.] и-ҭа́-с-ԥсо-ит / и-ҭа́-с-ԥсо-м (-ԥса-ӡо-м), [aor.] и-ҭа́-с(ы)-ԥсе-ит / и-ҭа́-сы-м-ԥсе-ит (-ԥса-ӡе-ит), [imper.] и-ҭа-ԥса́! / и-ҭа́-бы-м-ԥса-н!, и-ҭа́-шә-ԥса! / и-ҭа́-шәы-м-ԥса-н!; **Non-fin.** [pres.] (C1) и-ҭа́-л-ԥсо / и-ҭа́-лы-м-ԥсо, (C3) и-ҭа́-з-ԥсо / и-ҭа́-зы-м-ԥсо, [aor.] (C1) и-ҭа́-л-ԥса / и-ҭа́-лы-м-ԥса, (C3) и-ҭа́-з-ԥса / и-ҭа́-зы-м-ԥса, [impf.] (C1) и-ҭа́-л-ԥсо-з / и-ҭа́-лы-м-ԥсо-з, (C3) и-ҭа́-з-ԥсо-з / и-ҭа́-зы-м-ԥсо-з, [past indef.] (C1) и-ҭа́-л-ԥса-з / и-ҭа́-лы-м-ԥса-з, (C3) и-ҭа́-з-ԥса-з / и-ҭа́-зы-м-ԥса-з; **Abs.** и-ҭа-ԥса-ны́ / и-ҭа́-м-ԥса-кәа) **1.** to pour in, to fill**:** А-шы́ла аатцәа́ и-ҭа-с-ԥсе́-ит. *I poured flour into the sack. Я насыпал муки в мешок.* А-шы́ла аатцәа-кәа́ и-р-ҭа́-с-ԥсе-ит. *I poured flour into the sacks. Я насыпал муки в мешки.* || **а-тцәы́ ҭа-р-ԥсе-ит** they decided to leave [sth] to fate.

а-ҭа-ԥс-ра́ [intr.] [C1-(C2)-Prev-R / C1-(C2)-Prev-Neg-R] [C1 die inside C2] (**Fin.** [pres.] д-ҭа-ԥс-уе́-ит / д-ҭа-ԥс-уа́-м, [aor.] д-ҭа-ԥс-и́т / д-ҭа́-м-ԥс-ит, [imper.] б-ҭа-ԥсы́! / б-ҭа́-м-ԥсы-н!; **Non-fin.** [pres.] (C1) и-ҭа-ԥс-уа́ / и-ҭа́-м-ԥс-уа, [aor.] (C1) и-ҭа-ԥсы́ / и-ҭа́-м-ԥс; **Abs.** д-ҭа-ԥс-ны́ / д-ҭа́-м-ԥс-кәа) **1.** to die inside sth**:** А-жра и-ҭа-ԥс-и́т. *They died in the hole. Они умерли в яме.* А-жра-ҟәа и-р-ҭа-ԥс-и́т. *They died in the holes. Они умерли в ямах.* [**а-ԥс-ра́** "to die"]

а-ҭа-ԥш-ра́ [intr.] [C1-(C2)-Prev-R / C1-(C2)-Prev-Neg-R] [C1 look down into C2] (**Fin.** [pres.] д-ҭа-ԥш-уе́-ит / д-ҭа-ԥш-уа́-м (-ԥш-ӡо́-м), [aor.] д-ҭа-ԥш-и́т / д-ҭа́-м-ԥш-ит (-ԥш-ӡе-ит), [imper.] б-ҭа-ԥшы́! / б-ҭа́-м-ԥшы-н!, шә-ҭа-ԥшы́! / шә-ҭа́-м-ԥшы-н!; **Non-fin.** [pres.] (C1) и-ҭа-ԥш-уа́ / и-ҭа́-м-ԥш-уа, [aor.] (C1) и-ҭа-ԥшы́ / и-ҭа́-м-ԥш; **Abs.** д-ҭа-ԥш-ны́ / д-ҭа́-м-ԥш-кәа) **1.** to look from above down into**:** Аиҩхаа д-ҭа-ԥш-уе́-ит. *He/She is looking into the ravine. Он/Она смотрит в ущелье.* Аиҩхаа-ҟәа ды-р-ҭа-ԥш-уе́-ит. *He/She is looking into the ravines. Он/Она смотрит в ущелья.* А-шҭа д-ҭа-ԥш-уа́ д-гы́ла-н. *He/She was standing and looking into the yard. Он/Она стоял/-ла и смотрел/-ла во двор.* А-шҭа-ҟәа ды-р-ҭа-ԥш-уа́ д-гы́ла-н. *He/She was standing and looking into the yards. Он/Она стоял/-ла и смотрел/-ла во дворы.*

а-ҭа́-ԥыр-ра́* [intr.] [C1-(C2)-Prev-R] [C1 fly into C2] (**Fin.** [pres.] и-ҭа́-ԥыр-уе́-ит / и-ҭа́-ԥыр-уа́-м, [aor.] и-ҭа́-ԥр-и́т / и-ҭа́-м-ԥр-ит, [imper.] б-ҭа-ԥры́! *or* б-ҭа́-ԥыр! / б-ҭа́-м-ԥры-н!) **1.** to fly into**:** Ҳәы́ҳә-к а́-ҭцла наа а-кы́лтцәара и-н-ҭа-ԥр-и́т. (AF) *A pigeon flew straight into a hole in the bent tree.*

а́-ҭа-ра [tr.] [C1-C2-C3-R / C1-C2-C3-Neg-R] [C3 give C1 to C2] (**Fin.** [pres.] б-ры́-с-ҭо-ит, д-ҳа́-б-ҭо-ит, с-и́-и-ҭо-ит, и-и́-ҭо-ит (< и-и́-и-ҭо-ит), и-сы́-л-ҭо-ит, бы-с-на́-ҭо-ит, д-а́-на-ҭо-ит, д-х-на́-ҭо-ит (*or* д-ҳа́-на-ҭо-ит), б-ра́-на-ҭо-ит, и-р-на́-ҭо-ит (*best*) (*or* и-ра́-на-ҭо-ит, *и-ры́-на-ҭо-ит), д-б-а́х-ҭо-ит, и-ры́-р-ҭо-ит, х-бы́-р-ҭо-ит, х-а́-р-ҭо-ит / и-бы́-с-ҭо-м, д-л-и́-ҭо-м /d-lə́-j-ta-wa-m/, [aor.] д-бы́-с-ҭе-ит, ды-б-на́-ҭе-ит, д-а-на́-ҭе-ит, и-лы́-с-ҭе-ит, и-а́-с-ҭе-ит, и-р-на́-ҭе-ит (*or* и-ра́-на-ҭе-ит) / д-бы́-сы-м-ҭе-ит, ды-б-на́-м-ҭе-ит, и-а́-сы-м-ҭе-ит, и-а́-ха-м-ҭе-ит, и-р-на́-м-ҭе-ит (*or* и-ра́-на-м-ҭе-ит), [fut.1] и-бы́-с-ҭа-п / и-бы́-с-ҭа-рым, [fut.2] и-бы́-с-ҭа-шт / и-бы́-с-ҭа-шам, [perf.] и-бы́-с-ҭа-хьеит, и-б-на́-ҭа-хьеит / и-бы́-сы-м-ҭа-ц(т), и-б-на́-м-ҭа-ц(т), [impf.] и-бы́-с-ҭо-н / и-бы́-с-ҭо-мызт, [past indef.] и-бы́-с-ҭа-н / и-бы́-сы-м-ҭа-зт, [cond.1] и-бы́-с-ҭа-рын / и-бы́-с-ҭа-рымызт, [cond.2] и-бы́-с-ҭа-шан / и-бы́-с-ҭа-шамызт, [plupf.] и-бы́-с-ҭа-хьан, и-б-на́-ҭа-хьан / и-бы́-сы-м-ҭа-цызт, и-б-на́-м-ҭа-цызт, [imper.] и́-ҭ! (*(to you.sg.) give it/them! дай его(нрз.)/ их!*), и-сы́-ҭ! (*(to you.sg.) give it/them to me! дай мне его(нрз.)/их!*), д-сы́-ҭ! (*(to you.sg.) give him/her to me! дай мне его/ее!*), и́-шә-ҭ! (*(to you.pl.) give it/them! дайте его(нрз.)/ их!*), и-сы́-шә-ҭ! (*(to you.pl.) give it/them to me! дайте мне его(нрз.)/их!*) / и-сы́-бы-м-ҭа-н!, и-ры́-шәы-м-ҭа-н!; [**cf.** у́-с-ҭ! (*(to you.sg.m.) take it/them! возьми!*), бы́-с-ҭ! (*(to you.sg.f.) take it/them! возьми!*), шәы́-с-ҭ! (*(to you.pl.) take it/them! возьмите!*), д-шәы́-с-ҭ! (*(to you.pl.) take him/her! возьмите его/ее!*), и-шәы́-с-ҭ! (*(to you.pl.) take it/them! возьмите его(нрз.)/их!*) (These forms are colloquialisms. According to Hewitt, they are colloquial abbreviations of the longer variants [и]-у́-с-ҭо-ит "I will give it/them to you," etc. See Hewitt, AF:146, Note 5.)]; [poten.] д-сы-з-бы́-ҭо-м (*I cannot give him/her to you*), д-сы-з-бы́-м-ҭе-ит; [nonvol] д-с-а́мха-бы́-ҭе-ит / д-с-а́мха-бы́-м-ҭе-ит; [vers.1] д-лы-з-бы́-с-ҭе-ит / д-лы-з-бы́-сы-м-ҭе-ит; [vers.2] д-лы-цә-бы́-с-ҭе-ит / д-лы-цә-бы́-сы-м-ҭе-ит; **Non-fin.** [pres.] (C1) и-лы́-с-ҭо, и-лы́-б-ҭо, и-лы́-и-ҭо, и-л-на́-ҭо, и-л-а́ҳ-ҭо, и-лы́-р-ҭо, и-бы́-с-ҭо, и́-с-ҭо (*то, которое я даю ему*), и-а́-с-ҭо, и-ха́-б-ҭо, и-шәы́-с-ҭо, и-ры́-с-ҭо, и-б-на́-ҭо, и-л-на́-ҭо, и-а́-на-ҭо, и-и-на́-ҭо, и-аҳ-на́-ҭо, и-шә-на́-ҭо, и-р-на́-ҭо / и-лы́-сы-м-ҭо, и-лы́-бы-м-ҭо, и-лы́-и-м-ҭо, и-л-на́-м-ҭо, и-л-аха́-м-ҭо, и-лы́-ры-м-ҭо, и-бы́-сы-м-ҭо, и́-сы-м-ҭо (*то, которое я не даю ему*), и-а́-сы-м-ҭо, и-ха́-бы-м-ҭо, и-шәы́-сы-м-ҭо, и-ры́-сы-м-ҭо, и-б-на́-м-ҭо, и-л-на́-м-ҭо, и-а́-на-м-ҭо, и-и-на́-м-ҭо, и-аҳ-на́-м-ҭо, и-шә-на́-м-ҭо, и-р-на́-м-ҭо, (C2) и-зы-л-ҭо́, д-зы-л-ҭо́, с-зы-л-ҭо́, ҳ-зы-л-ҭо́, д-зы-с-ҭо́, д-зы-у-ҭо́, ды-з-на́-ҭо, д-зы-и-ҭо́, д-за-ҳ-ҭо́, д-зы-шә-ҭо́, д-зы-р-ҭо́, и-з-на́-ҭо, ҳа-з-на́-ҭо, сы-з-на́-ҭо / и-з-лы-м-л-ҭо́, ды-з-лы-м-ҭо́, сы-з-лы-м-ҭо́, ҳа-з-лы-м-ҭо́, ды-з-сы-м-ҭо́, ды-з-у-м-ҭо́, ды-з-на́-м-ҭо, ды-з-и-м-ҭо́, ды-з-ха-м-ҭо́, ды-з-шәы-м-ҭо́, ды-з-ры-м-ҭо́, и-з-на́-м-ҭо, ҳа-з-на́-м-ҭо, сы-з-на́-м-ҭо, (C3) и-лы́-з-ҭо, д-лы́-з-ҭо, д-бы́-з-ҭо, д-у́-з-ҭо, д-а́-з-ҭо, д-ха́-з-ҭо, д-шәы́-з-ҭо, д-ры́-з-ҭо, с-лы́-з-ҭо, у-лы́-з-ҭо, ҳ-лы́-з-ҭо, шә-лы́-з-ҭо / и-лы́-зы-м-ҭо, д-лы́-зы-м-ҭо, д-бы́-зы-м-ҭо, д-у́-зы-м-ҭо, д-а́-зы-м-ҭо, д-ха́-зы-м-ҭо, д-шәы́-зы-м-ҭо, д-ры́-зы-м-ҭо, с-лы́-зы-м-ҭо, у-лы́-зы-м-ҭо, ҳ-лы́-зы-м-ҭо, шә-лы́-зы-м-ҭо, [aor.] (C1) и-лы́-с-ҭа / и-лы́-сы-м-ҭа, (C2) и-зы-л-ҭа́ / и-з-лы-м-л-ҭа́, (C3) и-лы́-з-ҭа / и-лы́-зы-м-ҭа, [fut.1] (C1) и-лы́-с-ҭа-ра / и-лы́-сы-м-ҭа-ра, (C2) и-зы-л-ҭа-ра́ / и-з-лы-м-л-ҭа-ра́, (C3) и-лы́-з-ҭа-ра / и-лы́-зы-м-ҭа-ра, [fut.2] (C1) и-лы́-с-ҭа-ша / и-лы́-сы-м-ҭа-ша, (C2) и-зы-л-ҭа́-ша / и-з-лы-м-л-ҭа́-ша, (C3) и-лы́-з-ҭа-ша / и-лы́-зы-м-ҭа-ша, [perf.] (C1) и-лы́-с-ҭа-хьоу/хьа(ц) / и-лы́-сы-м-ҭа-хьоу/хьа(ц), (C2) и-зы-л-ҭа-хьо́у/хьа́(ц) / и-з-лы-м-л-ҭа-хьо́у/хьа́(ц), (C3) и-лы́-з-ҭа-хьоу/хьа(ц) / и-лы́-зы-м-ҭа-хьоу/хьа(ц), [impf.] (C1) и-лы́-с-ҭо-з / и-лы́-сы-м-ҭо-з, (C2) и-зы-л-ҭо́-з / и-з-лы-м-л-ҭо́-з, (C3) и-лы́-з-ҭо-з / и-лы́-зы-м-ҭо-з, [past indef.] (C1) и-лы́-с-ҭа-з / и-лы́-сы-м-ҭа-з, (C2) и-зы-л-ҭа́-з / и-з-лы-м-л-ҭа́-з, (C3) и-лы́-з-ҭа-з / и-лы́-зы-м-ҭа-з, [cond.1] (C1) и-лы́-с-ҭа-ры-з / и-лы́-сы-м-ҭа-рыз, (C2) и-зы-л-ҭа-ры́-з / и-з-лы-м-л-ҭа-ры́з, (C3) и-лы́-з-ҭа-ры-з / и-лы́-зы-м-ҭа-ры-з, [cond.2] (C1) и-лы́-с-ҭа-ша-з / (C1) и-лы́-сы-м-ҭа-ша-з, (C2) и-зы-л-ҭа́-ша-з / и-з-лы-м-л-ҭа́-ша-з, (C3) и-лы́-з-ҭа-ша-з / и-лы́-зы-м-ҭа-ша-з, [plupf.] (C1) и-лы́-с-ҭа-хьа-з / и-лы́-сы-м-ҭа-хьа-з, (C2) и-зы-л-ҭа-хьа́-з / и-з-лы-м-л-ҭа-хьа́-з, (C3) и-лы́-з-ҭа-хьа-з / и-лы́-зы-м-ҭа-хьа-з, [caus.] и-лы́-б-сы-р-ҭе-ит (*я заставил тебя дать ей его(нрз.)/их*) / и-лы́-б-с-мы-р-ҭе-ит; **Abs.** и-ры́-ҭа-ны / и-ры́-м-ҭа-кәа) **1.** to give: и́-ҭ! *give it/them to him! дай ему его(нрз.)/их!*, и-лы́-ҭ! *give it/them to her! ты дай ей его(нрз.)/их!*, и-а́-ҭ! *give it/them to it! его(нрз.)/их ему(в.) отдай!* С-аҳәшьа́ и-сы́-л-ҭе-ит а-шәҟәы́. *My sister gave me a book.*

Моя сестра дала мне книгу. Аҧшәма-цәа ҳара́ и-ҳа́-р-ҭе-ит а-ҽ-ҟәа́. *The owners gave us the horses. Хозяева дали нам лошадей.* Матәура́-к сы́-шә-ҭ! *Give me some kind of job! Дайте мне какую-нибудь работу (службу)!* Даҽа́-кы сы́-ҭ! *Give me something different! Дай мне что-нибудь другое!* Кака́н ҧыҭк сы́-ҭ! *Give me some nuts! Дай мне несколько орехов!* Сара́ Зи́на и-лы́-с-ҭе-ит а-шәҟәы́. *I gave/handed Zina a book. Я Зине передал книгу.* Уара́ уа́ҭҟыс сара́ сеиҳабу́п, а́-мҩа сы-з-у́-ҭо-м. *I am older than you are, I cannot give you the road. Я старше тебя, я не могу тебе дать дорогу.* А-ла́ цәгьа́ иар-гьы́ и-а́-фо-мызт, даҽак-гьы́ и-а́-на-ҭо-мызт. *The vicious dog itself did not eat, and it did not give anything to another dog.* А-ҭәаца а́-зна а-ӡы́ сы-ҭ. *Give me a glass of water! Дайте мне стакан воды!* И-ҟало́-зар и-сы́-шә-ҭ а-шәҟәы́. *Give me a book if possible! Если можно, дайте мне книгу!* Аҭиҩы зе́гь р-а́ҧхьаӡа зҵа́ара-с и-л-у́-ҭа-зеи? (AFL) *С каким вопросом ты обратился к продавцу в самом начале?* Цхы́раара-с и-а́-шә-ҭо-и шә-ҟы́ҭа? *How are you helping your village? В чем вы помогаете вашей деревне?* А-мра а́-лашара ҳ-на́-ҭо-ит. *The sun gives us light. Солнце дает нам свет.* Ка́ма, Ахра а-ҧа́ра и-ҭ! *Kama, give the money to Akhra! Кама, дай деньги Ахре!* У-с-ҭ абри́, — и-ҳәа́-н, са́ркьа-к на-и-и-рк-уе́-ит. (AF) *Here, take this! he said and handed him a mirror.* И-ҧса́дгьыл уа́ҳа цхы́раара и-з-а́-м-ҭе-ит. [poten.] *He could not give any further assistance to his homeland.* [А-ҧааимба́р-цәа] и-л-а́-р-ҳәе-ит (...) и-кы́-шьа ҧсыхәа шы-р-з-а́-м-ҭа-з. (AF) *The prophet] told her (...) how they had been unable to provide the means for the manner of his capture.* || Шә-ахь-не́-и-уа а́-салам ду́ӡӡаны и-ҳа-з-ры́-шә-ҭ! (IC:318) *Give our best regards to them! Передайте им большой привет от нас!* [lit. *Туда, куда вы приедете дайте им привет для нас!*] **2.** to add**:** а-че́и а-шьаҟа́р а́-ҭара *to put sugar in the tea, класть сахар в чай.* **3.** (*of a sound*) to let out, to produce**:** а-бжьы́ а́-ҭа-ра *to give one's voice, to let out a sound, издать звук.* **4.** (*about an examination*) to pass**:** ҧы́шәара-к а́-и-ҭе-ит (*or* и-ҭи́-ит) *he passed one examination subject. Он сдал один экзамен.* || Аа́ҧхьа-ра бы́-с-ҭо-ит (= б-аа́-сы-ҧхьо-ит). *I am inviting you. Я тебя приглашаю.* А-бласаркьа сы́-ла и-а́-с-ҭе-ит. *I put on my glasses. Я надел очки.* || А-ны́шә д-е́-и-ҭе-ит. *He buried him in the earth.*

а-ҭа-ра́ *see* **а-ҭа́-заа-ра**

Ҭара́шь [n.] (m.) [person's name]

Ҭа́р-ба [n.] [family name]**:** Сара́ с-Ҭарбо́-уп. *My family name is Tarba.*

а-ҭа-ргы́ла-ра [tr.] [C1-(C2)-Prev-C3-S{Caus-R}] / C1-(C2)-Prev-C3-Neg-S] [C3 make C1 stand in C2] (**Fin.** [pres.] и-ҭа-сы-ргы́ло-ит / и-ҭа-сы-ргы́ло-м (-ргы́ла-ӡо-м), [aor.] и-ҭа-сы-ргы́ле-ит / и-ҭа-с-мы-ргы́ле-ит (-ргы́ла-ӡе-ит), [imper.] и-ҭа-ргы́л! / и-ҭа-б-мы-ргы́ла-н!, и-ҭа-шәы-ргы́л! / и-ҭа-шә-мы-ргы́ла-н!; **Non-fin.** [pres.] (C1) и-ҭа-сы-ргы́ло / и-ҭа-с-мы-ргы́ло, (C3) д-ҭа-зы-ргы́ло / д-ҭа-з-мы-ргы́ло; **Abs.** и-ҭа-р-гы́ла-ны / и-ҭа-мы-ргы́ла-кәа) **1.** cause to stand in. **2.** to stand; to place, to put**:** А-шәҭ-ҟәа а-ва́за и-ҭа-сы-ргы́ло-ит. *I am putting the flowers in the vase. Я ставлю цветы в вазу.* А-шәҭ-ҟәа а-ва́за-ҟәа и-р-ҭа-сы-ргы́ло-ит. *I am putting the flowers in the vases. Я ставлю цветы в вазы.*

а-ҭа-ртәа-ра́ [tr.] [C1-(C2)-Prev-C3-S / C1-(C2)-Prev-C3-Neg-S] [C3 seat C1 in C2] (**Fin.** [pres.] д-ҭа-сы-ртәо́-ит / д-ҭа-сы-ртәо́-м, [aor.] д-ҭа-сы-ртәе́-ит / д-ҭа-с-мы-ртәе́-ит, [imper.] д-ҭа-ртәа́! / д-ҭа-б-мы-ртәа́-н!, д-ҭа-шәы-ртәа́! / д-ҭа-шә-мы-ртәа́-н!; **Non-fin.** [pres.] (C1) и-ҭа-сы-ртәо́ / и-ҭа-с-мы-ртәо́, (C2) ды-з-ҭа-сы-ртәо́ / ды-з-ҭа-с-мы-ртәо́, (C3) д-ҭа-зы-ртәо́ / д-ҭа-з-мы-ртәо́; **Abs.** (C1) д-ҭа-ртәа-ны́ / и-ҭа-мы-ртәа́-кәа) **1.** to seat/put sb in sth**:** А-машьы́на д-ҭа-сы-ртәе́-ит. *I seated him/her in the car. Я посадил его/ее в машину.* А-ба́хҭа д-ҭа-ды-ртәе́-ит. *They put him/her in prison. Его/Ее посадили в тюрьму.*

а-ҭа-рха-ра́ [tr.] [C1-Prev-C3-S / C1-Prev-C3-Neg-S] [C3 cause C1 to death] (**Fin.** [pres.] д-ҭа-сы-рхо́-ит / д-ҭа-сы-рхо́-м (-рха-ӡо́-м), [aor.] д-ҭа-сы-рхе́-ит / д-ҭа-с-мы-рхе́-ит (-рха-ӡе́-ит), [imper.] д-ҭа-рха́! / д-ҭа-б-мы-рха́-н!, д-ҭа-шәы-рха́! / д-ҭа-шә-мы-рха́-н!; **Non-fin.** [pres.] (C1) и-ҭа-сы-рхо́ / и-ҭа-с-мы-рхо́, (C3) д-ҭа-зы-рхо́ / д-ҭа-з-мы-рхо́; **Abs.** д-ҭа-рха-ны́ / д-ҭа-мы-рха́-кәа) **1.** cause to perish, put to death. [cf. **а-ҭа-ха-ра** "to perish"]

а-ҭа-рцә-ра́ [tr.] [C1-Prev-C3-S / C1-Prev-C3-Neg-S] [C3 make C1 empty] (**Fin.** [pres.] и-ҭа-сы-рцә-уе́-ит / и-ҭа-сы-рцә-уа́-м, [aor.] и-ҭа-сы-рцә-и́т / и-ҭа-с-мы-рцә-и́т, [imper.] и-ҭа-рцәы́ / и-ҭа-б-мы-рцәы́-н!; **Non-fin.** [pres.] (C1) и-ҭа-сы-рцә-уа́ / и-ҭа-с-мы-рцә-уа́, (C3) и-ҭа-зы-рцә-уа́ / и-ҭа-з-мы-рцә-уа́; **Abs.** и-ҭа-рцә-ны́ / и-ҭа-мы-рцәы́-кәа) **1.** to empty, to make empty. [cf. **а-ҭа-цә-ра́** "to be emptied"; **а-ҭацәы́** "empty"]

Ҭ

а-ҭа-рч-ра́ [tr.] [C1-Prev-C3-S / C1-Prev-C3-Neg-S] [C3 inflate C1] (**Fin.** [pres.] и-ҭа-сы-рч-уе́-ит / и-ҭа-сы-рч-уа́-м (-рч-ӡо́-м), [aor.] и-ҭа-сы-рч-и́т / и-ҭа-с-мы-рч-и́т (-рч-ӡе́-ит), [imper.] и-ҭа-рчы́! / и-ҭа-б-мы-рчы́-н!, и-ҭа-шәы-рчы́! / и-ҭа-шә-мы-рчы́-н!; **Non-fin.** [pres.] (C1) и-ҭа-лы-рч-уа́ / и-ҭа-л-мы-рч-уа́, (C3) и-ҭа-зы-рч-уа́ / и-ҭа-з-мы-рч-уа́, [aor.] (C1) и-ҭа-лы-рчы́ / и-ҭа-л-мы-рчы́, (C3) и-ҭа-зы-рчы́ / и-ҭа-з-мы-рчы́, [impf.] (C1) и-ҭа-лы-рч-уа́-з / и-ҭа-л-мы-рч-уа́-з, (C3) и-ҭа-зы-рч-уа́-з / и-ҭа-з-мы-рч-уа́-з, [past indef.] (C1) и-ҭа-лы-рчы́-з / и-ҭа-л-мы-рчы́-з, (C3) и-ҭа-зы-рчы́-з / и-ҭа-з-мы-рчы́-з; **Abs.** и-ҭа-рч-ны́ / и-ҭа-мы-рчы́-кәа) **1.** to inflate**:** А-мпыл а-ԥсы́ԥ ҭа-ды-рч-и́т. *They pumped up the ball. Они накачали мяч.* Сара́ а-ши́на ҭа-сы-чр-и́т. *I inflated the tire. Я надул шину.* [cf. **а-рч-ра́** "to inflate"]

а-ҭа́-ршә-ра [tr.] [C1-(C2)-Prev-C3-S / C1-(C2)-Prev-C3-Neg-S] [C3 throw C1 in C2] (**Fin.** [pres.] и-ҭа-сы́-ршә-уе-ит / и-ҭа-сы́-ршә-уа-м, [aor.] и-ҭа-сы́-ршә-ит / и-ҭа-с-мы́-ршә-ит, [imper.] и-ҭа́-ршә! / и-ҭа-б-мы́-ршәы-н!; **Non-fin.** [pres.] (C1) и-ҭа-сы́-ршә-уа / и-ҭа-с-мы́-ршә-уа, (C3) и-ҭа-зы́-ршә-уа / и-ҭа-з-мы́-ршә-уа; **Abs.** и-ҭа́-ршә-ны / и-ҭа-мы́-ршә-кәа) **1.** to drive in, to score; to throw sth into some kind of recess**:** А-мпыл а-гәа́шә и-ҭа-сы́-ршә-ит. *I drove the ball into the goal. Я забил мяч в ворота.* А-мпыл-қәа а-гәа́шә и-ҭа-ды́-ршә-ит. *They drove the balls into the goal. Они забили мячи в ворота.* А-мпыл-қәа а-гәа́шә-қәа и-р-ҭа-ды́-ршә-ит. *They drove the balls into the goals. Они забили мячи в ворота.* [cf. **а́-ршә-ра** "to throw"]

а-ҭарҵьма́н [n.] (colloq.) (= **а-ҭырҵьма́н**) (-қәа) a translator, an interpreter.

а-ҭа́-с-ра [intr.] [C1-(C2)-Prev-R / C1-(C2)-Prev-Neg-R] [C1 hit the inside of C2] (**Fin.** [pres.] д-ҭа́-с-уе-ит / д-ҭа́-с-уа-м, [aor.] д-ҭа́-с-ит / д-ҭа́-м-с-ит, [imper.] б-ҭа́-с! / б-ҭа́-м-сы-н!; **Non-fin.** [pres.] (C1) и-ҭа́-с-уа / и-ҭа́-м-с-уа, [aor.] (C1) и-ҭа́-с / и-ҭа́-м-с; **Abs.** д-ҭа́-с-ны / д-ҭа́-м-с-кәа) **1.** to hit in/inside**:** Лы́-ла д-ҭа́-с-ит. *He/She hit her in the eye. Он/Она ударил/-ла ее в глаз.* Лы́-ла-қәа ды-р-ҭа́-с-ит. *He/She hit her in her eyes. Он/Она ударил/-ла ее в глаза.* Ҭачқәы́м-ла с-гәы́ с-ҭа́-с-уе-ит. *I am beating myself in the chest with my fist. Я бью себя кулаком в грудь.* **2.** to blow into sth. [cf. **а́-с-ра** "to hit, to beat; to blow"]

-ҭассы́ [adv.] tousled**:** И-хәда а-хәы́ ҭассы́ ды́-ҟо-уп. *His tousled hair hangs down about his neck.*

Ҭаҭласҭа́н [n.] [person's name] (m.)

а-ҭа-тәа́-заа-ра [intr. stative] [C1-(C2)-Prev-R] [C1 sit inside C2] (**Fin.** [pres.] д-ҭа-тәо́-уп (< д-ø-ҭа-тәа́-уп) / д-ҭа-тәа́-м, [past] д-ҭа-тәа́-н / д-ҭа-тәа́-мызт, [imper.] б-ҭа-тәа́-з / б-ҭа-тәа́-мыз; **Non-fin.** [pres.] (C1) и-ҭа-тәо́-у / и-ҭа-тәа́-м, [past] д-ҭа-тәа́-з / д-ҭа-тәа́-мыз; **Abs.** д-ҭа-тәа-ны́ / д-ҭа-тәа́-м-кәа) **1.** to sit inside sth**:** А-машьы́на д-ҭа-тәо́-уп. *He/She is sitting in the car. Он сидит в машине.* А-машьы́на-**қәа** и-**р**-ҭа-тәо́-уп. *They are sitting in the cars. Они сидят в машинах.*

а-ҭа-тәа-ра́ [intr.] [C1-(C2)-Prev-R / C1-(C2)-Prev-Neg-R] [C1 sit down in C2] (**Fin.** [pres.] д-ҭа-тәо́-ит / д-ҭа-тәо́-м (-тәа-ӡо́-м), [aor.] д-ҭа-тәе́-ит / д-ҭа́-м-тәе-ит (-тәа-ӡе-ит), [imper.] б-ҭа-тәа́! / б-ҭа́-м-тәа-н!, шә-ҭа-тәа́! / шә-ҭа́-м-тәа-н!; **Non-fin.** (C1) [pres.] и-ҭа-тәо́ / и-ҭа́-м-тәо, [aor.] и-ҭа-тәа́ / и-ҭа́-м-тәа, [impf.] и-ҭа-тәо́-з / и-ҭа́-м-тәо-з, [past indef.] и-ҭа-тəá-з / и-ҭá-м-тəа-з; **Abs.** д-ҭа-тəа-ны́ / д-ҭá-м-тəа-кəа) **1.** to seat inside: А-ҷкəын а-машьы́на д-ҭа-тəé-ит. *The boy sat in the car. Мальчик сел в машину.* А-ҷкəын-цəа а-машьы́на-қəа и-р-ҭа-тəé-ит. *The boys sat in the cars. Мальчики сели в машины.* А-камбáшь а-ӡмáх и-ҭа-тəó-уп. *The buffalo is sitting in the marsh. Буйвол сидит в болоте.* А-камбáшь-кəа а-ӡмáх и-ҭа-тəó-уп. *The buffaloes are sitting in the marsh. Буйволы сидят в болоте.*

а-ҭаҭы́н [n.] (а-ҭаҭы́н-қəа, ҭаҭы́н-к) (= **а-ҭыҭы́н**) tobacco: а-ҭаҭы́н џьбарá *strong tobacco.* а-ҭаҭы́нбҕьы ҕьы́к-қəа *dried tobacco leaves.* А-ҭаҭы́н с-á-ха-р ҟаló-у? *May I smoke? Можно мне закурить?*

а-ҭаҭы́нахара [n.] smoking: А-ҭаҭы́нахара а-гəабзи́ара и-а-ҧырхáго-уп. *Smoking damages the health.*

а-ҭа-ҭəа-рá [labile] **(1)** [tr.] [C1-(C2)-Prev-C3-R / C1-(C2)-Prev-C3-Neg-R] [C3 pour C1 into C2] (**Fin.** [pres.] и-ҭá-с-ҭəо-ит / и-ҭá-с-ҭəо-м (-ҭəа-ӡо-м), [aor.] и-ҭá-с-ҭəе-ит / и-ҭá-сы-м-ҭəе-ит (-ҭəа-ӡе-ит), [imper.] и-ҭа-ҭəá! / и-ҭá-бы-м-ҭəа-н!, и-ҭó-у-м-ҭəа-н!, и-ҭá-шə-ҭəа! / и-ҭá-шəы-м-ҭəа-н!; **Non-fin.** [pres.] (C1) и-ҭá-л-ҭəо / и-ҭá-лы-м-ҭəо, (C3) и-ҭá-з-ҭəо / и-ҭá-зы-м-ҭəо, [aor.] (C1) и-ҭá-л-ҭəа / и-ҭá-лы-м-ҭəа, (C3) и-ҭá-з-ҭəа / и-ҭá-зы-м-ҭəа, [impf.] (C1) и-ҭá-л-ҭəо-з / и-ҭá-лы-м-ҭəо-з, (C3) и-ҭá-з-ҭəо-з / и-ҭá-зы-м-ҭəо-з, [past indef.] (C1) и-ҭá-л-ҭəа-з / и-ҭá-лы-м-ҭəа-з, (C3) и-ҭá-з-ҭəа-з / и-ҭá-зы-м-ҭəа-з; **Abs.** и-ҭа-ҭəа-ны́ / и-ҭá-м-ҭəа-кəа) **1.** to pour into: А-ӡы́ á-тҵəца и-ҭá-с-ҭəе-ит. *I poured water into the glass. Я налил воду в стакан.* А-ҧхáл и-ҭá-с-ҭəе-ит а-ӡы́. *I poured water into the pitcher. Я налил в кувшин воду.* А-ҧхáл-қəа и-р-ҭá-с-ҭəе-ит а-ӡы́. *I poured water into the pitchers. Я налил в кувшины воду.* С-ашьá еиҳабы́ а-ҩ-кəá ҭá-и-ҭəо-ит. *My elder brother is pouring out some wine. Мой старший брат разливает вина.* Сарá акагьы́ сы-з-ҭó-у-м-ҭəа-н! *Don't pour anything for me! Мне ничего не наливай!* **(2)** [intr.] [C1-Prev-R / C1-Prev-Neg-R] (**Fin.** [pres.] и-ҭа-ҭəó-ит / и-ҭа-ҭəó-м (-ҭəа-ӡó-м), [aor.] и-ҭа-ҭəé-ит / и-ҭа-м-ҭəé-ит (-ҭəа-ӡé-ит); **Non-fin.** [pres.] (C1) и-ҭа-ҭəó / и-ҭá-м-ҭəо, [aor.] (C1) и-ҭа-ҭəá / и-ҭá-м-ҭəа) **1.** to pour in, to run in: А-ӡы́ ҭа-ҭəé-ит. *The water poured in. Вода налилась.* [cf. **á-ла-ла-ра** to flow [pour] into; **а-ка-ҭəа-ра** to pour out, to empty; **á-қə-ҭəа-ра** to pour (out), to fill]

а-ҭауáд [n.] (а-ҭауáд-цəа) a prince.

а-ҭауры́х *see* **а-ҭоуры́х**

ҭáха [n.] rest, peace: ҭáха и-на-ҭо-м *it does not give him any peace, не дает ему покоя.*

а-ҭа-ха-рá[1] [intr.] [C1-(C2)-Prev-R / C1-(C2)-Prev-Neg-R] [C1 remain in C2] (**Fin.** [pres.] и-ҭа-хó-ит / и-ҭа-хó-м, [aor.] и-ҭа-хé-ит / и-ҭá-м-хе-ит, [imper.] у-ҭа-хá! / и-ҭá-м-ха-н!; **Non-fin.** [pres.] (C1) и-ҭа-хó / и-ҭá-м-хо; **Abs.** и-ҭа-ха-ны́ / и-ҭá-м-ха-кəа) **1.** to remain in sth: А-ҧхáл акгьы́ ҭá-м-ха-ӡе-ит. (ARD) *В кувшине ничего не осталось. Nothing remained in the jug.* А-ҧхáл-қəа акгьы́ р-ҭá-м-ха-ӡе-ит. *Nothing remained in the jugs. В кувшинах ничего не осталось.* А-ҧаҭы́лка кыр ҭа-хá-ма? (ARD) *В бутылке что-нибудь осталось? Did anything remain in the bottle?* А-ҧаҭы́лка-қəа кыр р-ҭа-хá-ма? *Did anything remain in the bottles? В бутылках что-нибудь осталось?*

а-ҭа-ха-рá[2] [intr.] [C1-(C2)-Prev-R / C1-(C2)-Prev-Neg-R] [C1 perish in C2] (**Fin.** [pres.] д-ҭа-хó-ит / д-ҭа-хó-м, [aor.] д-ҭа-хé-ит / д-ҭá-м-хе-ит, [imper.] б-ҭа-хá! / б-ҭá-м-ха-н!; **Non-fin.** [pres.] (C1) и-ҭа-хó / и-ҭá-м-хо, [aor.] (C1) и-ҭа-хá / и-ҭá-м-ха; **Abs.** д-ҭа-ха-ны́ / д-ҭá-м-ха-кəа) **1.** to perish in sth, to die: и-ҭа-хé-ит *it/they perished.* А-шəары́цаҩ á-шьха д-ҭа-хé-ит. *The hunter perished on the mountain.* А-шəары́ца-цəа á-шьха-қəа р-ҿы́ и-ҭа-хé-ит. *The hunters perished in the mountains. Охотники погибли в горах.* Аибашьра-ҿы д-ҭа-хé-ит. [*áибашьра д-ҭа-хé-ит.] *He was killed in a war.* И-ҭа-хó-з ҭа-хó-н, егьырҭ ҩаҧхьá á-мҩа и-ны́қə-ла-н и-цó-н. (AF) *Those dying died; the rest went forward keeping to their path.*

а-ҭах-ра́ *see* **а-ҭахы́-заа-ра**

а-ҭах-ха-ра́ [intr. inverse] [C1-C2-R-R / C1-C2-R-Neg-R] [C2 wish for [to] C1] (**Fin.** [pres.] и-с-ҭах-хо́-ит / и-с-ҭах-хо́-м (-ха-ӡо́-м), [aor.] и-с-ҭах-хе́-ит / и-с-ҭахы́-м-хе-ит (-ха-ӡе-ит), [imper.] и-б-ҭах-ха́! / и-б-ҭахы́-м-ха-н!, и-шә-ҭах-ха́! / и-шә-ҭахы́-м-ха-н!; **Non-fin.** [pres.] (C1) и́-л-ҭах-хо / и́-л-ҭахы-м-хо, (C2) и-з-ҭах-хо́ / и-з-ҭахы́-м-хо, [aor.] (C1) и́-л-ҭах-ха / и́-л-ҭахы-м-ха, (C2) и-з-ҭах-ха́ / и-з-ҭахы́-м-ха, [impf.] (C1) и́-л-ҭах-хо-з / и́-л-ҭахы-м-хо-з, (C2) и-з-ҭах-хо́-з / и-з-ҭахы́-м-хо-з, [past indef.] (C1) и́-л-ҭах-ха-з / и́-л-ҭахы-м-ха-з, (C2) и-з-ҭах-ха́-з / и-з-ҭахы́-м-ха-з; **Abs.** и-с-ҭах-ха-ны́ / и-с-ҭахы́-м-ха-кәа) **1.** to want, to wish, to desire: и́-у-аҭахха-лакь *что угодно.* и-ан-у́-ҭахха-лакь *whenever you like, когда угодно.* Иар-гьы́ а́-мпыл а́-сра и-ҭах-хе́-ит. (ANR) *He too conceived a wish to play football.* Аҭыҧ х-и́-каа-рц и-ҭах-хе́-ит. (ANR) *He had a wish to fence off the place.* Зегьы́ и-р-ҭах-хе́-ит уа́хь а-ца-ра́. (AAD) *Everyone wanted to go there.* Убаса́кан лара́ да́ара и-л-ҭах-хе́-ит «иҭабу́п» ҳәа и-а́-л-ҳәа-рц. *She very much wanted her to say "thank you" to him then. Тогда она очень захотела, чтобы она сказала ему "спасибо."* || и-ан-у́-ҭах-ха-лакь *whenever you like.* и́-у-ҭах-ха-лакь *whatever you like.*

а-ҭа-хх-ра́* [intr.] (= **а-н-ҭа-хх-ра́** [aor.] ды-н-ҭа-хх-и́т) [C1-(C2)-Prev-R] [C1 rush into C2] (**Fin.** [aor.] д-ҭа-хх-и́т / д-ҭа́-м-хх-ит, [imper.] б-ҭа-ххы́! / б-ҭа́-мы-ххы-н!) **1.** to rush into a fenced place: А-гәа́шә-кәа ҟьа́ҟьа-ӡа и-з-а́а-ды-рты-н, а́-шҭ д-аа-ҭа-хх-и́т. (AF) *They opened the gates full wide for him, and he at once raced into the yard.*

а-ҭах-ҵәа-ра́* [tr.] [C1-Prev-C3-R] [C3 cut off C1] (**Fin.** [aor.] и-ҭахы́-с-ҵәе-ит / и-ҭахы́-сы-м-ҵәе-ит, [imper.] и-ҭах-ҵәа́! / и-ҭахы́-бы-м-ҵәа-н!) **1.** to cut off: У-бз ҭахы-с-ҵәо́-ит. *I'll cut out your tongue! Я тебе язык отрежу!*

а-ҭахы́ [n.] (а-ҭах-цәа́, ҭахы́-к) **1.** relatives. **2.** a close relative: Уи́ а-ҭах-цәа́ рацәаҩны́ и́-мо-уп. *He has many relatives. У него много родных.*

а-ҭахы́-заа-ра [cf. **а-ҭахха-ра́**, **а-ҭах-ра́**] [intr. inverse-stative] [C1-C2-R] [C2 want C1] (**Fin.** [pres.] и-с-ҭахы́-уп *or* и-с-ҭах-у́п, и-аҳ-ҭахы́-уп, и-а-ҭахы́-уп / и-с-ҭахы́-м (-ҭах-ӡа́-м), ды-с-ҭахы́-м, [past] и-с-ҭахы́-н, д-л-ҭахы́-н / и-с-ҭахы́-мызт, [imper.] и-б-ҭахы́-з! / и-б-ҭахы́-мыз!; **Non-fin.** [pres.] (C1) и́-л-ҭахы-у (*то, которое она хочет*) / и́-л-ҭахы-м, (C2) и-з-ҭахы́-у (*тот, который хочет его(нрз.)/их*) / и-з-ҭахы́-м, [past] (C1) и́-л-ҭахы-з / и́-л-ҭахы-мыз, (C2) и-з-ҭахы́-з / и-з-ҭахы́-мыз; **Abs.** и-с-ҭах-ны́ / и-с-ҭахы́-м-кәа) **1.** to want, to desire: И-шә-ҭахы-у-зеи? / И-шә-ҭах-и? *What do you need?* Сара́ абри́ а-шәҟәы́ с-ҭах-у́п. *I want this book.* И-шә-ҭахы-да? *Whom do you need?* Сара́ а-ҭырҵма́н ды-с-ҭах-у́п. *I want an interpreter.* Шәара́ и́-шә-ҭахы-у жә-у-ла́! (GAL) *Do what you want to do!* Акырмы́т р-ҭахы́-н. *They wanted brick(s).* И-р-ҭахы-з акырмы́т а́лы-р-х-ит. (ANR) *They chose the brick(s) they wanted.* А-цхы́раара з-ҭахы́-у еснáгь д-ры́-цхраа-уе-ит. (AFL) *He/She always helps everybody who needs this. Он/Она всегда помогает всем, кто в этом нуждается.* и́-у-ҭахы-и? (*or* и-у-ҭахы-у-зеи?) *what do you like? что вам угодно?* Дырми́т Гәли́а и-шәҟәы́ с-ҭах-у́п ҳәа с-е́-и-ҳәе-ит. *He said to me, "I need Dmitry Gulia's book."* Шәара́ и́-шә-ҭахы-з ҟале́-ит. *What you wished for has come true.* А-ма́л и́-у-ҭазы-у, заҟа́ у-ҭахы́-у у́-с-ҭо-ит. (Ab.Text) *I will give you all the wealth that you want.* **2.** *used with a masdar or the suffixes* **-рц**, **-р**. "want": у-з-ба́-рц (= у-ба-ра) с-ҭахы́-уп *I want to see you.* Ома́р и-шьра́ с-ҭахы́-уп. *I want to kill Omar.* У-бара́ с-ҭахы́-н. *I wanted to see you.* Аҟәа-ҟа с-ца́-р (/а-ца-ра́) с-ҭахы́-уп. *I want to go to Sukhum.* И-аа́-у-хәа-р у-ҭахы́-уп а-утраҭы́х. *You want to buy vegetables.* Д-бы́-л-ҭа-рц / д-бы́-л-ҭа-р с-ҭахы́-н. *I wanted her to give him/her to you.* И-с-ҳәа́-р / и-с-ҳәа́-рц с-ҭахы́-уп. *I want to say.* Ари́ а-шәҟәы́ б-а-ҧхьа́-р (/б-а-ҧхьа́-рц) с-ҭахы́-уп. *I want you to read this book.* Сара́ иахьа́ с-а́-лацәажәа-рц с-ҭахы́-уп а-те́ма "А-қы́та". (AFL) *Today I want to talk about the topic of "The Village." Сегодня я хочу говорить о теме "Деревня."* Уаре́-и саре́-и ҳ-аиба-ды́ры-рц с-ҭахы́-уп. (AFL) *I want to get acquainted with you. Я хочу с тобой познакомиться.* Ҳара́ иа́рбанзаалакь акы́ аа́-х-хәа-р ан-а́х-ҭахы́-у а-дәқьа́н (/а-магази́н) а́хь х-цо́-ит, ма́мзаргьы а-џьырмы́кь (/а-база́р-зхь). (AFL) *When we want to buy something, we go to a store or a market (bazaar). Когда мы хотим купить что-нибудь, мы идем в магазин или на рынок (базар).* Баҭа́л и-ҭахы́-уп д-фи́зик-ха-рц. (AFL) *Batal wants to become a physicist. Батал хочет стать физиком.* **3.** need, must, ought to. (Hewitt, Abkhaz:192)**:** С-ца́-р а-ҭахы́-уп. *I must go.* С-ца́-р а-ҭахы́-н. *I should have gone / I had to go.* Шәара́ а-ҭырџьма́н ды-шә-ҭах-ӡа́-м. *You don't need an interpreter.* Уи́ а́-хәшәтәра и-ҭахы́-уп. *He needs to be given treatment. Ему надо лечиться.* **4.** [fossilized form] (*masdar* + а-ҭахы́-уп) it is necessary to/that; should**:** Аҟәа-ҟа а-ца-ра́ (/с-ца-ра́) а-ҭахы́-уп. *It is necessary to go to Sukhum. / It is necessary that I go to Sukhum.* А-шәҟәы́ а́-шьҭ-ра а-ҭахы́-уп. *It is necessary to send a letter. Надо послать письмо.* || **ҳәара́-с и-а-ҭах-ӯ-зеи!** of course!

а-ҭахы́-н [fossilized form] (*with a masdar*) it was necessary.

а-ҭахы́-уп [fossilized form] (*with a masdar*) it is necessary.

-ҭахәхәа́ [adv.] deeply; (*of sleep*) soundly and peacefully**:** Д-ҭахәхәа́ ды́-цәо-уп. *He/She is sleeping soundly and peacefully. Он/Она спит сладко и безмятежно.* И-ԥса́дгьыл и-гәы́ и-ҭахәхәа́ и-ҭа́-н. (AF) *His homeland lay deep within his heart.*

а-ҭа́ҳара [n.] (-қәа) a hollow; углубление, a dip, a depression.

а-ҭа́-ҳа-ра [intr.] [C1-(C2)-Prev-R / C1-(C2)-Prev-Neg-R] [C1 fall in C2] (**Fin.** [pres.] д-ҭа́-ҳа-уе-ит / д-ҭа́-ҳа-уа-м (-ӡо-м), [aor.] д-ҭа́-ҳа-ит / д-ҭа́-м-ҳа-ит *or* ды-м-ҭа́-ҳа-ит, [imper.] б-ҭа́-ҳа! / б-ҭа́-м-ҳа-н!, шә-ҭа́-ҳа! / шә-ҭа́-м-ҳа-н!; **Non-fin.** (C1) [pres.] и-ҭа́-ҳа-уа / и-ҭа́-м-ҳа-уа, [aor.] и-ҭа́-ҳа / и-ҭа́-м-ҳа, [impf.] и-ҭа́-ҳа-уа-з / и-ҭа́-м-ҳа-уа-з, [past indef.] и-ҭа́-ҳа-з / и-ҭа́-м-ҳа-з; **Abs.** д-ҭа́-ҳа-ны / д-ҭа́-м-ҳа-кәа) **1.** to fall in sth deep**:** с-ҭа́-ҳа-уе-ит *I am falling, я проваливаюсь.* А-жә а́-тыша и-ҭа́-ҳа-ит. *The cow fell in(to) the hole. Корова провалилась в яму.* А-жә-қәа а́-тыша-қәа и-р-ҭа́-ҳа-ит. *The cows fell in(to) the holes. Коровы провалились в ямы.* || **ды-н-ҭа́-ҳа-ны а́-цәа-ра** to sleep like a dead person**:** А-шарԥаз а-чы́мазаҩ ды-н-ҭа́-ҳа-ны ды́-цәе-ит. (AAD) *Рано утром больной заснул крепко. The sick person slept soundly early in the morning.*

а́-ҭаҳмада [n.] (а́-ҭаҳмад(а)-цәа, ҭаҳмада́-к) an old man.

а-ҭа-ҳәҳәа-ра́ [tr.] [C1-Prev-C3-R / C1-Prev-C3-Neg-R] [C3 cover C1] (**Fin.** [pres.] и-ҭа́-с-ҳәҳәо-ит / и-ҭа́-с-ҳәҳәо-м (-ҳәҳәа-ӡо-м), [aor.] и-ҭа́-с-ҳәҳәе-ит / и-ҭа́-сы-м-ҳәҳәе-ит (-ҳәҳәа-ӡе-ит), [imper.] и-ҭа-ҳәҳәа́! / и-ҭа́-бы-м-ҳәҳәа-н!, и-ҭа́-шә-ҳәҳәа! / и-ҭа́-шәы-м-ҳәҳәа-н!; **Non-fin.** [pres.] (C1) и-ҭа́-с-ҳәҳәо / и-ҭа́-сы-м-ҳәҳәо, (C3) и-ҭа́-з-ҳәҳәо / и-ҭа́-зы-м-ҳәҳәо; **Abs.** и-ҭа́-ҳәҳәа-ны / и-ҭа́-м-ҳәҳәа-кәа) **1.** to shroud; to wrap up. **2.** to surround, to cover**:** А-ԥҭа-қәа а́-жәҩан ҭа́-р-ҳәҳәе-ит. *Storm clouds covered the sky. Тучи обложили небо.*

а-ҭа-ҳәҳәа-заа-ра́ [intr. stative] [C1-Prev-R] [C1 be wrapped] (**Fin.** [pres.] и-ҭа-ҳәҳәо́-уп, [past] и-ҭа-ҳәҳәа́-н) **1.** to be wrapped up**:** А-ԥсаба́ра зехьы́нцьара и-ҟәа́шӡа сы́-ла и-ҭа-ҳәҳәа-н. *The nature was wrapped up in white snow everywhere.*

а-ҭа́ца [n.] (-цәа, х-ҭа́ца, ҭа́ца-к) **1.** a bride**:** а-ҭа́ца ма́ҭәа *the bride's dress.* **2.** a daughter-in-law.

а-ҭацаагара́ [n.] bringing a bride. [cf. уи́ а-ҭа́ца л-аагара *the fetching of that bride.* (ACST:L.14)]

а-ҭацаагара́шәа [n.] the song sung at the time of bringing a bride.

а-ҭацаагаҩы́ [n.] (а-ҭацаага-цәа́) the best men who escorts a bride to the house of her bridegroom.

а-ҭа-ца́ла-ра [tr.] [C1-(C2)-Prev-C3-S / C1-(C2)-Prev-C3-Neg-S] [C3 drive C1 into C2] (**Fin.** [pres.] д-ҭа́-с-цало-ит / д-ҭа́-с-цало-м, [aor.] д-ҭа́-с-цале-ит / д-ҭа́-сы-м-цале-ит, [imper.] д-ҭа́-цал! / д-ҭа́-бы-м-цала-н!; **Non-fin.** [pres.] (C1) и-ҭа́-с-цало / и-ҭа́-сы-м-цало, (C3) и-ҭа́-з-цало / и-ҭа́-зы-м-цало; **Abs.** и-ҭа-ца́ла-ны / и-ҭа́-м-цала-кәа) **1.** to drive in(to)**:** А-ла-ҟəá áашьышь а-ҭы́ҩра и-ҭá-р-цале-ит. *The dogs drove the badger into the hole. Собаки загнали барсука в нору.* А-ла-ҟəá áашьара-ҟəа а-ҭы́ҩра-ҟəа и-р-ҭá-р-цале-ит. *The dogs drove the badgers into the holes. Собаки загнали барсуков в норы.*

а-ҭа-цə-рá [intr.] (**Fin.** [pres.] и-ҭа-цə-уé-ит / и-ҭа-цə-уá-м, [aor.] и-ҭа-цə-и́т / и-м-ҭа-цə-и́т, [imper.] у-ҭа-цəы́! / у-м-ҭа-цəы́-н!; **Non-fin.** [pres.] (C1) и-ҭа-цə-уá / и-ҭá-м-цə-уа, [aor.] (C1) и-ҭа-цəы́ / и-ҭá-м-цə; **Abs.** и-ҭа-цə-ны́ / и-м-ҭа-цəы́-кəа) **1.** to become empty, to empty. **2.** to be emptied.

а-ҭацəы́ [adj.] **1.** empty**:** á-ҭцəца ҭацə *the empty glass, пустой стакан.* и-ҭацə-у́п *it is empty.* А-уатáх ҭацəы́-н. *The room was empty. В комнате было пусто.* **2.** free, spare**:** Сарá áамҭа ҭацəы́ сы́-ма-мызт. *I had no free time.*

а-ҭа-ҵа-рá [tr.] [C1-(C2)-Prev-C3-R / C1-(C2)-Prev-Neg-C3-R] [C3 put C1 into C2] ([pres.] и-ҭá-с-ҵо-ит, и-ҭé-и-ҵо-ит, и-ҭа-на-ҵó-ит / и-ҭá-с-ҵо-м, и-ҭа-на-ҵó-м, [aor.] и-ҭá-с-ҵе-ит / и-ҭá-сы-м-ҵе-ит, [imper.] и-ҭа-ҵá! / и-ҭá-бы-м-ҵа-н!, и-ҭá-шə-ҵ! / и-ҭá-шəы-м-ҵа-н!; [caus.] и-л-ҭá-сы-р-ҵе-ит / и-л-ҭá-с-мы-р-ҵе-ит; **Non-fin.** [pres.] (C1) и-ҭá-л-ҵо / и-ҭá-лы-м-ҵо, (C3) и-ҭá-з-ҵо / и-ҭá-зы-м-ҵо, [aor.] (C1) и-ҭá-л-ҵа / и-ҭá-лы-м-ҵа, (C3) и-ҭá-з-ҵа / и-ҭá-зы-м-ҵа, [impf.] (C1) и-ҭá-л-ҵо-з / и-ҭá-лы-м-ҵо-з, (C3) и-ҭá-з-ҵо-з / и-ҭá-зы-м-ҵо-з, [past indef.] (C1) и-ҭá-л-ҵа-з / и-ҭá-лы-м-ҵа-з, (C3) и-ҭá-з-ҵа-з / и-ҭá-зы-м-ҵа-з; **Abs.** и-ҭа-ҵа-ны́ / и-ҭá-м-ҵа-кəа) **1.** to put in; to place, to put; to thrust (in)**:** Шə-џьы́ба и-ҭá-шə-ҵ! *Put it/them into your pocket!* А-шы́ла аатцəá и-лы-з-ҭá-с-ҵе-ит. *I put the flour into the sack for her.* Сарá с-напы́ с-џьы́ба и-ҭá-с-ҵе-ит. *I put my hand into the pocket. Я положил свою руку в карман.* Сарá с-нап-ҟəá с-џьы́ба-ҟəа и-р-ҭá-с-ҵе-ит. *I put my hands into the pockets. Я положил свои руки в карманы.* с-напы́ з-ҭá-с-ҵа-з а-џьы́ба *the pocket into which I put my hand, карман, в который я положил свою руку.* с-нап-ҟəá з-ҭá-с-ҵа-з а-џьы́ба-ҟəа *the pockets into which I put my hands, карманы, в которые я положил свои руки.* А-у́су-цəа а-картóш а-вагóн-ҟəа и-р-ҭá-р-ҵо-ит. (RAD) *Рабочие грузят картофель в вагоны. The workers are loading the potatoes into the (railway) cars.* А-ҟáма а-ҭрá и-ҭé-и-ҵе-ит. (RAD) *Он вложил кинжал в ножны. He put the dagger in the sheath.* А-ҟáма-ҟəа ры-ҭра-ҟəá и-р-ҭé-и-ҵе-ит. *He put the daggers in the sheaths. Он вложил кинжалы в ножны.*

а-ҭачҟəы́м [n.] (-ҟəа) a fist**:** Ҭачҟəы́м-ла с-гəы́ с-ҭá-с-уе-ит. *I'm beating myself in the chest with my fist. Я бью себя кулаком в грудь.*

а-ҭá-ҿа-ҳəа-ра* [tr.] [C1-(C2)-Prev-Prev-C3-R] [C3 bind C1 in C2] (**Fin.** [aor.] д-ҭа-ҿé-и-ҳəе-ит / д-ҭа-ҿé-и-м-ҳəе-ит; [imper.] д-ҭа-ҿá-шə-ҳəа! / д-ҭа-ҿá-шəы-м-ҳəа-н!; **Non-fin.** [pres.] (C2) ды-з-ҭа-ҿá-х-ҳəо / ды-з-ҭа-ҿá-ха-м-ҳəо) **1.** to bind/tie in an enclosed place**:** А-ҽы́ а-зы́ и-ҭа-ҿé-и-ҳəе-ит. (ARD) *He tied the horse in the water.* Дауы́-к д-ҭа-ҿа-ҳəá-н. *A ogre was bound. Он привязал лошадь в воде.*

а-ҭа-шь-рá [tr.] [C1-(C2)-Prev-C3-R / C1-(C2)-Prev-C3-Neg-R] [C3 kill C1 in C2] (**Fin.** [pres.] и-ҭá-с-шь-уе-ит / и-ҭá-с-шь-уа-м (-ʒо-м), [aor.] и-ҭá-с-шь-ит / и-ҭá-сы-м-шь-ит (-ʒе-ит), [imper.] и-ҭа-шьы́! / и-ҭá-бы-м-шьы-н!, и-ҭá-шə-шь! / и-ҭá-шəы-м-шьы-н!; **Non-fin.** [pres.] (C1) и-ҭá-л-шь-уа / и-ҭá-лы-м-шь-уа, (C3) и-ҭá-з-шь-уа / и-ҭá-зы-м-шь-уа, [aor.] (C1) и-ҭá-л-шь / и-ҭá-лы-м-шь, (C3) и-ҭá-з-шь / и-ҭá-зы-м-шь, [impf.] (C1) и-ҭá-л-шь-уа-з / и-ҭá-лы-м-шь-уа-з, (C3) и-ҭá-з-шь-уа-з / и-ҭá-зы-м-шь-уа-з, [past indef.] (C1) и-ҭá-л-шьы-з / и-ҭá-лы-м-шьы-з, (C3) и-ҭá-з-шьы-з / и-ҭá-зы-м-шьы-з; **Abs.** д-ҭа-шь-ны́ / д-ҭá-м-шь-кəа) **1.** to kill in sth**:** А-мшə а-ҭы́ҩра и-ҭá-р-шь-ит. *They killed the bear in the den. Они убили медведя в берлоге.* А-мшə-ҟəа а-ҭы́ҩра-ҟəа и-р-ҭá-р-шь-ит. *They killed the bears in the dens. Они убили медведей в берлогах.*

а-ҭашəáмҭа [n.] sunset**:** á-мра а-ҭашəáмҭа-зы *at sunset.*

а-ҭа-шəа-рá[1] [intr.] [C1-(C2)-Prev-R / C1-(C2)-Prev-Neg-R] [C1 enter C2] (**Fin.** [pres.] д-ҭа-шəó-ит / д-ҭа-шəó-м, [aor.] д-ҭа-шəé-ит / д-ҭа-м-шəé-ит, [imper.] б-ҭа-шəá! / б-ҭа-м-шəáн!; **Non-fin.** [pres.] (C1) и-ҭа-шәо́ / и-ҭа́-м-шәо, [aor.] (C1) и-ҭа-шәа́ / и-ҭа́-м-шәа; **Abs.** и-ҭа-шәа-ны́ / и-ҭа́-м-шәа-кәа) **1.** (*of a light object*) to fall into the water/a hollow: А-бгьы́ а-ҭе́иҵь и-ҭа-шәе́-ит. (ACST) *The leaf fell into the well.* **2.** to enter sth: Уи́ а-университе́т д-ҭа-шәе́-ит. *He/She entered the university. Он/Она поступил/-ла в университет.* Дара́ а-университе́т-қәа д-р-ҭа-шәе́-ит. *They entered the universities. Они поступили в университеты.* Уи́ а-университе́т д-ахь-ҭа-шәа́-з и-гәы́ и-ахәа-ны́ ды́-ҟо-уп. *He is satisfied that he entered the university.*

а-ҭа-шәа-ра́[2] [intr.] [C1-Prev-R / C1-Prev-Neg-R] [C1(the sun) sets (in)] (**Fin.** [pres.] и-ҭа-шәо́-ит / и-ҭа-шәо́-м (-шәа-ӡо́-м), [aor.] и-ҭа-шәе́-ит / и-ҭа-м-шәе́-ит (-шәа-ӡе́-ит); **Non-fin.** [pres.] (C1) и-ҭа-шәо́ / и-ҭа́-м-шәо, [aor.] (C1) и-ҭа-шәа́ / и-ҭа́-м-шәа; **Abs.** и-ҭа-шәа-ны́ / и-ҭа́-м-шәа-кәа) **1.** (*of the sun*) to set, to go down: Ахәлбыеха а́-мра зáа и-ҭа-шәо́-ит. (AFL) *The sun sets early in the evening. Вечером солнце рано заходит.* А-мра ҭа-шәе́-ит. *The sun set. Солнце зашло.*

а́-ҭбаа [adj.] (а́-ҭбаа-қәа) wide; generous.

а́-ҭбаа-заа-ра [intr. stative] [C1-R] (**Fin.** [pres.] и́-ҭбаа-уп / и́-ҭбаа-м) **1.** to be wide: А-мҩа-қәа ҭба́а-уп. *The roads are wide. Дороги широкие.* Ҳара́ х-уа́да ду́-уп, и-лашо́-уп, и́-ҭбаа-уп. *Our room is big, light, and wide. Наша комната большая, светлая, широкая.* Лы́-бла-қәа ҕро́-уп, и́-ҭбаа-уп. (AFL) *Her eyes are motley and big. Ее глаза пестрые, большие.* Л-гәы́ ҭба́а-уп. *Her heart is wide. Ее сердце широкое.* И-гәы́ ҭбаа-уп. *He is tolerant.*

а́-ҭбаа-ра [n.] width.

а́-ҭбаа-ха-ра [intr.] [C1-wide-become] (**Fin.** [pres.] и-ҭбаа-хо́-ит / и-ҭбаа-хо́-м (-ха-ӡо́-м), [aor.] и-ҭбаа-хе́-ит / и-ҭбаа-м-хе́-ит (-ха-ӡе́-ит), [imper.] бы-ҭбаа-ха́! /бы-ҭбаа́-м-ха-н!; **Non-fin.** [pres.] (C1) и-ҭбаа-хо́ / и-ҭбаа́-м-хо, [aor.] (C1) и-ҭбаа-ха́ / и-ҭбаа́-м-ха; **Abs.** и-ҭбаа-ха-ны́ / и-ҭбаа́-м-ха-кәа) **1.** to become wide, to grow wide: А-ҩны́маҭәа-қәа ан-дәы́лы-р-га, а-уа́да ҭбаа-хе́-ит. (AAD) *When they took out the furniture, the room became wide. Когда они вынесли мебель, комната стала широкой.*

а́-ҭбаа́ҭыҵә [adj.] very wide.

а-ҭ-га-ра́[1] [tr.] (= **а-ҭы́-га-ра**) [C1-(C2)-Prev-C3-R / C1-(C2)-Prev-C3-Neg-R] [C3 take C1 out of C2] (**Fin.** [pres.] и-ҭы́-з-го-ит, д-ҭы́-з-го-ит / и-ҭы́-з-го-м, д-ҭы́-з-го-м, [aor.] д-ҭы́-з-ге-ит, д-ҭ-на-ге́-ит / д-ҭы́-сы/зы-м-ге-ит, д-ҭ-на́-м-ге-ит, [fut.1] д-ҭы́-л-га-п / д-ҭы́-л-га-рым, [fut.2] д-ҭы́-л-га-шт / д-ҭы́-л-га-шам, [perf.] д-ҭы́-л-га-хьеит / д-ҭы́-лы-м-га-ц(т), [impf.] д-ҭы́-л-го-н / д-ҭы́-л-го-мызт, [past indef.] д-ҭы́-л-га-н / д-ҭы́-лы-м-га-зт, [cond.1] д-ҭы́-л-га-рын / д-ҭы́-л-га-ры-мызт, [cond.2] д-ҭы́-л-га-шан / д-ҭы́-л-га-ша-мызт, [plupf.] д-ҭы́-л-га-хьан / д-ҭы́-лы-м-га-цызт, [imper.] и-ҭы́-га! (*or* и-ҭ-га́!) / д-ҭы́-бы-м-га-н!, и-ҭы́-жә-га! / и-ҭы́-шәы/жәы-м-га-н!; **Non-fin.** [pres.] (C1) и-ҭы́-л-го / и-ҭы́-лы-м-го, (C3) и-ҭы́-з-го / и-ҭы́-зы-м-го, [aor.] (C1) и-ҭы́-л-га / и-ҭы́-лы-м-га, (C3) и-ҭы́-з-га / и-ҭы́-зы-м-га, [impf.] (C1) и-ҭы́-л-го-з / и-ҭы́-лы-м-го-з, (C3) и-ҭы́-з-го-з / и-ҭы́-зы-м-го-з, [past indef.] (C1) и-ҭы́-л-га-з / и-ҭы́-лы-м-га-з, (C3) и-ҭы́-з-га-з / и-ҭы́-зы-м-га-з; **Abs.** и-ҭы-га-ны́ / и-ҭы́-м-га-кәа) **1.** to take out of sth; to deliver from inside/within: С-џьы́ба а-ԥа́ра ҭы́-з-ге-ит. *I took money out of my pocket. Я вынул деньги из своего кармана.* С-џьы́ба-қәа а-ԥа́ра-қәа р-ҭы́-з-ге-ит. *I took money out of my pockets. Я вынул деньги из своих карманов.* Лара́ лы́-маҭәа-қәа а-чамада́н и-ҭы́-л-ге-ит. *She took her clothes out of the suitcase.* Лара́ лы́-маҭәа-қәа а-чамада́н-қәа и-р-ҭы́-л-ге-ит. *She took her clothes out of the suitcases.* А-ҭе́ҵь ве́дра-ла а-ӡы́ ҭы́-з-ге-ит. *I drew water from a well with a bucket.* [cf. А-ҭеҵь ве́дра-к а-ӡы́ а-ла-ҭы́-з-ге-ит.] || а-чамада́н и-ҭы́-л-га-з а́-маҭәа. *the clothes which she took out of the suitcase.* а-чамада́н-қәа и-р-ҭы́-л-га-з а́-маҭәа-қәа. *the clothes which she took out of the suitcases.* а́-маҭәа з-ҭы́-л-га-з а-чамада́н. *the suitcase, out of which she took the clothes.* а́-маҭәа-қеа з-ҭы́-л-га-з а-чамада́н-қәа *the suitcases, out of which she took* *the clothes.* Даҽа́ цьоукы́х а-уардын-қәа и-р-ны-ҧсала-ны, а-ҳәыста́ и-ҭ-га-ны́ и-р-го́-ит. (AFL) *Еще другие, нагрузив ее на арбы, навозят с кукурузного поля.*

а-ҭ-га-ра́[2] (= **а-ҭы́-га-ра**) [tr.] [C1-Prev-C3-R / C1-Prev-C3-Neg-R] [C3 let out C1; C3 raise C1] (**Fin.** [pres.] и-ҭы́-с-го-ит / и-ҭы́-с-го-м (-га-ӡо-м), [aor.] и-ҭы́-с-ге-ит / и-ҭы́-сы-м-ге-ит (-га-ӡе-ит), [imper.] и-ҭ-га́! / и-ҭы́-бы-м-га-н!, и-ҭы́-шә-га! / и-ҭы́-шәы-м-га-н!; **Non-fin.** [pres.] (C1) и-ҭы́-л-го / и-ҭы́-лы-м-го, (C3) и-ҭы́-з-го / и-ҭы́-зы-м-го, [aor.] (C1) и-ҭы́-л-га / и-ҭы́-лы-м-га, (C3) и-ҭы́-з-га / и-ҭы́-зы-м-га, [impf.] (C1) и-ҭы́-л-го-з / и-ҭы́-лы-м-го-з, (C3) и-ҭы́-з-го-з / и-ҭы́-зы-м-го-з, [past indef.] (C1) и-ҭы́-л-га-з / и-ҭы́-лы-м-га-з, (C3) и-ҭы́-з-га-з / и-ҭы́-зы-м-га-з; **Abs.** и-ҭ-га-ны́ / и-ҭы́-м-га-кәа) **1.** (*of a voice*) to raise; (*of a sound*) to let out: И-бжьы́ ҭ-и́-ге-ит. *He raised his voice. Он повысил голос.*

а-ҭ-ӷәы́цәаа-ра* [tr.] [C1-(C2)-Prev-C3-S] [C3 draw C1 out of C2] (**Fin.** [aor.] и-ҭ-и́-ӷәыцәаа-ит / и-ҭ-и́-м-ӷәыцәаа-ит; **Abs.** и-ҭ-ӷәы́цәаа-ны / и-ҭы́-м-ӷәыцәаа-кәа) **1.** to draw; to unsheath: И-а́ҳәа ҭ-и́-ӷәыцәаа-ит. *He unsheathed his sword.*

а-ҭеиҭҧш [n.] **1.** appearance, exterior: Ка́ма ҭеиҭҧш-ла да́араӡа ды-бзи́о-уп. (AFL) *Superficially, Kama is very good. Кама внешне очень хороша.*

а-ҭе́л [n.] (-қәа, с-ҭел) **1.** (= **а-телефо́н**) a telephone: Сара́ а-ҭе́л с-а́-с-уе-ит. *I'll telephone.* Сара́ уи а-ҭе́л сы-л-з-а́-с-уе-ит. *I'll phone her. Я ей позвоню (по телефону).* А-ҭе́л шә-а-с! *Please phone me! Позвоните мне (по телефону)!* **2.** a wire: а-бҩа́тә ҭе́л *copper wire.*

Ҭемы́р [n.] (m.) [person's name]

а-ҭеразы́ [n.] (а-ҭераз-цәа́) a tailor.

а-ҭӡа́қә [n.] (-қәа) a roof.

а-ҭӡа́мц [n.] (-қәа) a wall.

а-ҭӡы́ [n.] (= **а-ҭы́ӡ**) (а-ҭ(ы)ӡ-қәа́, ҳа-ҭӡы́, ҭӡы́-к) **1.** a wall. **2.** the premises; a household.

а-ҭӡы́вара [n.] (-қәа) a outer wall; a gap in the wall. [cf. **а́-вара** "side"]

а-ҭи́бах-ра [intr.] (**Fin.** [pres.] и-ҭи́бах-уе-ит) || **шәы́-ла-қәа ҭи́бах-уе-ит** you are quarreling. || **ры́-ла-қәа ҭи́бах-уе-ит** they are quarreling.

а́-ҭи-ра [tr.] [C1-C3-R / C1-C3-Neg-R] [C3 sell C1] (**Fin.** [pres.] и-л-ҭи-уе́-ит, и-а́-ҭи-уе-ит, и-аҳ-ҭи-уе́-ит / и-л-ҭи-уа́-м, и-а́-ҭи-уа-м, [aor.] и-л-ҭи́-ит, и-а́-ҭи-ит / и-лы-м-ҭи́-ит, и-а́-м-ҭи-ит, [fut.1] и-с-ҭи́-п, и-а́-ҭи-п / и-с-ҭи-ры́м, и-а́-ҭи-рым, [fut.2] и-с-ҭи́-шт, и-а́-ҭи-шт / и-с-ҭи́-шам, и-а́-ҭи-шам, [perf.] и-с-ҭи-хье́ит, и-а́-ҭи-хьеит / и-сы-м-ҭи́-ц(т), и-а́-м-ҭи-ц(т), [impf.] и-с-ҭи-уа́-н, и-а́-ҭи-уа-н / и-с-ҭи-уа́-мызт, и-а́-ҭи-уа-мызт, [past indef.] и-с-ҭи́-н, и-а́-ҭи-н / и-сы-м-ҭи́-зт, и-а́-м-ҭи-зт, [cond.1] и-с-ҭи-ры́н, и-а́-ҭи-рын / и-с-ҭи-ры́мызт, и-а́-ҭи-рымызт, [cond.2] и-с-ҭи́-шан, и-а́-ҭи-шан / и-с-ҭи́-шамызт, и-а́-ҭи-шамызт, [plupf.] и-с-ҭи-хьа́н, и-а́-ҭи-хьан / и-сы-м-ҭи́-цызт, и-а́-м-ҭи-цызт, [imper.] и-ҭи́и! (*or* и-ҭиы́!) / и-бы-м-ҭии́-н!, и-шә-ҭии́! (*or* и-шә-ҭиы́!), (Genko: а-ҭы́й-ра, aor. йы-с-ҭый-йт, imper. йы-ҭый!); [poten.] и-с-зы́-м-ҭи-(ӡе)-ит; **Non-fin.** [pres.] (C1) и́-л-ҭи-уа (*то, которое она продает*) / и́-лы-м-ҭи-уа, (C3) и-з-ҭи-уа́ (*тот, который продает его(нрз.)/их*) / и-зы-м-ҭи-уа́, [aor.] (C1) и́-л-ҭи / и́-лы-м-ҭи, (C3) и-з-ҭи́ / и-зы-м-ҭи́, [fut.1] (C1) и́-л-ҭи-ра / и́-лы-м-ҭи-ра, (C3) и-з-ҭи-ра́ / и-зы-м-ҭи-ра́, [fut.2] (C1) и́-л-ҭи-ша / и́-лы-м-ҭи-ша, (C3) и-з-ҭи́-ша / и-зы-м-ҭи́-ша, [perf.] (C1) и́-л-ҭи-хьоу (-хьа(ц)) / и́-лы-м-ҭи-хьоу (-хьа(ц)), (C3) и-з-ҭи-хьо́у (-хьа́(ц)) / и-зы-м-ҭи-хьо́у (-хьа́(ц)), [impf.] (C1) и́-л-ҭи-уа-з / и́-лы-м-ҭи-уа-з, (C3) и-з-ҭи-уа́-з / и-зы-м-ҭи-уа́-з, [past indef.] (C1) и́-л-ҭи-з / и́-лы-м-ҭи-з, (C3) и-з-ҭи́-з / и-зы-м-ҭи́-з, [cond.1] (C1) и́-л-ҭи-ры-з / и́-лы-м-ҭи-ры-з, (C3) и-з-ҭи-ры́-з / и-зы-м-ҭи-ры́-з, [cond.2] (C1) и́-л-ҭи-ша-з / и́-лы-м-ҭи-ша-з, (C3) и-з-ҭи́-ша-з / и-зы-м-ҭи́-ша-з, [plupf.] (C1) и́-л-ҭи-хьа-з / и́-лы-м-ҭи-хьа-з, (C3) и-з-ҭи-хьа́-з / и-зы-м-ҭи-хьа́-з; **Abs.** и-ҭи-ны́ / и-м-ҭи́-кәа) **1.** to sell: и́-л-ҭи-зеи? *what did she sell?* и-з-ҭи́-да? *who sold it/them?* и́-р-ҭи-уа-(зе)и? *what are they selling?* и-лы́-цы-б-ҭи-уа-з-ма? *were you selling it/them with her?* и-лы́-ц-бы-м-ҭи-ӡеи? *didn't you sell it/them with her?* и-з-цы́-б-ҭи-уа-да? *with whom will you sell it/them?* Иа́рбанзаалакь акы́ з-ҭи́-уа и́-хьӡ-у-зеи? (AFL) *What are the people who sell something called? Как называются люди, которые продают что-нибудь?* А-хә мариа́-ла и́-р-ҭи-уе-и? (ACST) *What are they selling cheaply?* **2.** to send**:** Сара́ лара́ а́-хәшә л-зы-с-ҭи-ит. *I sent the medicine to her.* **3.** to betray**:** и-ԥса́дгьыл и-ҭи́-ит *he betrayed the homeland. он предал родину.* **4.** to pass (*an examination*)**:** Ҧы́шәара-к и-ҭи́-ит (*or* а́-и-ҭе-ит). *He passed one examination. Он сдал один экзамен.* [N.B. According to our consultant, the verb **а́-ҭи-ра** meaning "sell" cannot express a construction meaning "to sell sth to sb." Therefore the sentense equivalent to the English sentense "I sold the book to her" can be expressed by using the causative construction of the other verb **аа́-хәа-ра** "buy": сара́ лара́ а-шәҟәы́ л-аа́-сы-р-хәе-ит "I made her buy the book." If we use the objective version for the verb **а́-ҭи-ра**, we have different meanings: сара́ лара́ а-шәҟәы́ л-зы́-с-ҭи-ит (1) "I sold her book." (2) "I sent the book to her."]

а́-ҭирҭа [n.] (а́-ҭирҭа-қәа, ҭи́рҭа-к) **1.** a place for selling sth. **2.** a counter**:** А-ҭирҭа-қәа р-ҿы́ ӡын-гьы=ԥхын-гьы́ и-р-ҭи-уе́-ит а-утраҭы́х-қәа. (AFL) *They sell vegetables at the counters in winter and in summer. На прилавках зимой и летом продают овощи.*

а́-ҭиҩ(ы) [n.] (а́-ҭиҩ-цәа, ҭиҩы́-к) a (store) clerk; a seller.

а-ҭ-кьа-ра́[1] [intr.] [C1-(C2)-Prev-R] [C1 jump out; C1 shoot from C2] (**Fin.** [pres.] ды-ҭ-ҟьо́-ит / ды-ҭ-ҟьо́-м (-ҟьа-ӡо́-м), [aor.] ды-ҭ-ҟье́-ит / д-ҭы́-м-ҟье-ит, [imper.] бы-ҭ-ҟьа́! / б-ҭы́-м-ҟьа-н!; **Non-fin.** [pres.] (C1) и-ҭ-ҟьо́ / и-ҭы́-м-ҟьо; **Abs.** ды-ҭ-ҟьа-ны́ / д-ҭы́-м-ҟьа-кәа) **1.** to jump out, to leap out**:** А-ҽы́ ан-лы́-рхумар, егьи́ апҟа́ҩхаа и-ҩ-ҭҟьа́-н, (...). (Ab.Text) *When she made the horse gallop, it suddenly flew up into the air (...).* **2.** to shoot; (*of a gun*) to go off**:** А-шәа́ҟь ахáла и-ҭ-ҟье́-ит. *The gun went off spontaneously.*

а-ҭ-кьа-ра́[2]* [tr.] [C1-(C2)-Prev-C3-R] (**Fin.** [aor.] и-хы́ ҭы́-л-ҟье-ит / и-хы́ ҭы́-лы-м-ҟье-ит) || **И-хы́ ҭы́-р-кье-ит**. *They pestered him for a long talk.* С-хы ҭ-у́-ҟье-ит! (AF) *You've cheated me!* || **И-гәы́ ҭы́-р-кье-ит**. *They frightened him.* И-л-а-ха́-з л-гәы́ ҭ-на-ҟье́-ит а-ԥхәы́с рыцха. (AF) *What she had heard seared the heart of the wretched woman.*

а-ҭны́-м-тцәа-ра [intr.] [Poss-heart C1-(C2=Poss-heart)-Prev-Neg-R] [Poss cannot forget C1] (**Fin.** [pres.] и-гәы́ д-ҭы́н-тцәо-м; **Non-fin.** [impf.] (Poss) з-гәы́ ды-ҭны́-м-тцәа-ӡо-з) || **и-гәы́ д-ҭы́н-тцәо-м** *he cannot forget him/her, он его/ее не может забыть.* Абрыскьы́л з-гәы́ ды-ҭны́-м-тцәа-ӡо-з ауаа́ це-ит и-ҿы́хра-зы. *Folk who could not forget Abrsk'jyl set out to release him.*

а-ҭны-ԥса́хла-ра [tr.] [C1-C2-Prev-C3-S / C1-C2-Prev-C3-Neg-S] [C3 exchange C1 for C2] (**Fin.** [pres.] и-а-тны́-сы-ԥсахло-ит / и-а-тны́-сы-ԥсахло-м, [aor.] и-а-тны́-сы-ԥсахле-ит / и-а-тны́-с-мы-ԥсахле-ит, [imper.] и-а-тны́-ԥсахла! / и-а-тны́-б-мы-ԥсахла-н!, и-а-тны́-шәы-ԥсахла! / и-а-тны́-шә-мы-ԥсахла-н!; **Non-fin.** [pres.] (C1) и-а-тны́-сы-ԥсахло / и-а-тны́-с-мы-ԥсахло, (C2) и-зы-тны́-сы-ԥсахло / и-зы-тны́-с-мы-ԥсахло, (C3) и-а-тны́-зы-ԥсахло / и-а-тны́-з-мы-ԥсахло, **Abs.** (C1) и-а-тны́-ԥсахла-ны / и-а-тны́-мы-ԥсахла-кәа) **1.** to exchange**:** А-цә а-камба́шь а-тн-и́-ԥсахле-ит. (ARD) *Он обменял буйвола на быка. He exchanged a buffalo for a bull.* А-цә-қәа а-камба́шь ры-тн-и́-ԥсахле-ит. *He exchanged buffaloes for bulls. Он обменял буйволов на быков.*

а-ҭоуба́ [n.] (а-ҭоуба-қәа́) an oath, a vow.

Ҭоумы́шь [n.] [river name]

а-ҭоуры́х [n.] (а-ҭоуры́х-қәа, ҭоуры́х-к) (= **а-ҭауры́х**) **1.** history. **2.** a tale, a story.

а-ҭоуры́х-ды́р-ҩы [n.] (а-ҭоуры́х-ды́р-цәа) a historian.

а-ҭоуры́хтә [adj.] historical**:** а-ҭоуры́хтә рома́н *a historical novel.*

-ҭра [suffix] *used to mark a place, particularly a shed for animals***:** а́-жә-ҭра *a cow shed.* а-ҽ-ҭра́ *a stable.*

а-ҭра́ [n.] (а-ҭра-қәа́, ҭра-к) **1.** a vessel; a container. **2.** a sheath. **3.** a nest**:** А-жәтца́ра-қәа ры-ҭра́ ҟа-р-тцо́-ит. *The swallows are building their nest.* **4.** a receptacle.

а-ҭры́-с-ра [intr.] [C1-Prev-R / C1-Prev-Neg-R] [C1 break away] (**Fin.** [pres.] сы-ҭры́-с-уе-ит / сы-ҭры́-с-уа-м, [aor.] сы-ҭры́-с-ит / сы-ҭры́-м-с-ит, [imper.] бы-ҭры́-с! / бы-ҭры́-м-сы-н!; **Non-fin.** [pres.] (C1) и-ҭры́-с-уа / и-ҭры́-м-с-уа, [aor.] (C1) и-ҭры́-с / и-ҭры́-м-с; **Abs.** ды-ҭры́-с-ны / ды-ҭры́-м-с-кәа) **1.** to break away from a place; to draw back.

-ҭры́сны [adv.] (cf. **а-ҭры́-с-ра**) || **и-ҭры́сны а-ца-ра́** to rush**:** У-ҭры́сны у-аба́-цо-и? *Where are you rushing to?*

а-ҭуа́н [n.] (а-ҭуа́н-қәа, ҭуа́н-к) a ceiling**:** А-мтц а-ҭуа́н и́-қә-н. *A fly was on the ceiling.* А-ҭуа́н и-а́-лы-кәкәо-ит. *It/they is/are dropping from the ceiling.*

а-ҭуба́р [n.] (-қәа) homemade sausage.

а-ҭ-ҳәа-ра́ [tr.] [C1-Prev-C3] [C3 shove out C1] (**Fin.** [aor.] и-ҭ-и́-ҳәе-ит, **Abs.** и-ҭ-ҳәа-ны́) **1.** to shove out. **2.** to drag out.

а-ҭ-ца-ра́* [tr.] [C1-(C2)-Prev-C3-R / C1-Prev-C3-Neg-R] [C3 expel C1 from C2] (**Fin.** [pres.] д-ҭы́-р-цо-ит / д-ҭы́-р-цо-м, [aor.] д-ҭы́-р-це-ит / д-ҭы́-ры-м-це-ит, [imper.] ды-ҭ-ца́! / д-ҭы́-бы-м-ца-н!) **1.** to drive out (of)**:** А-жә-қуа а-хка́ара и-ҭы́-р-це-ит. (AAR) *They drove the cows out of the stock farm.* **2.** to expel from an educational institution**:** А-университе́т д-ҭы́-р-це-ит. (ARD) *Его/Ее исключили из университета. They expelled him/her from the university.* **3.** (*of a voice*) to raise.

а-ҭтцаара́[1] [n.] investigation, research**:** кавка́зтәи а-бызшәа-қәа́ ры́-ҭтцаара *the study of the Caucasian languages.* археоло́гиатә ҭтцаара́-қәа *archaeological research.*

а-ҭ-тцаа-ра́[2] [tr.] [C1-Prev-C3-R / C1-Prev-C3-Neg-R] [C3 investigate C1] (**Fin.** [pres.] и-ҭы́-с-тцаа-уе-ит / и-ҭы́-с-тцаа-уо-м (-ӡо-м), [aor.] и-ҭы́-с-тцаа-ит / и-ҭы́-сы-м-тцаа-ит (-ӡе-ит), [imper.] и-ҭ-тцаа́! / и-ҭы́-бы-м-тцаа-н!, и-ҭы́-шә-тцаа́! / и-ҭы́-шәы-м-тцаа-н!; **Non-fin.** [pres.] (C1) и-ҭы́-л-тцаа-уа / и-ҭы́-лы-м-тцаа-уа, (C3) и-ҭы́-з-тцаа-уа / и-ҭы́-зы-м-тцаа-уа, [aor.] (C1) и-ҭы́-л-тцаа / и-ҭы́-лы-м-тцаа, (C3) и-ҭы́-з-тцаа / и-ҭы́-зы-м-тцаа, [impf.] (C1) и-ҭы́-л-тцаа-уа-з / и-ҭы́-лы-м-тцаа-уа-з, (C3) и-ҭы́-з-тцаа-уа-з / и-ҭы́-зы-м-тцаа-уа-з, [past indef.] (C1) и-ҭы́-л-тцаа-з / и-ҭы́-лы-м-тцаа-з, (C3) и-ҭы́-з-тцаа-з / и-ҭы́-зы-м-тцаа-з; **Abs.** и-ҭ-тцаа-ны́ / и-ҭы́-м-тцаа-кәа) **1.** to study, to learn; to investigate, to research**:** Ҩ-бызшәа́-к еид-кы́ла-ны и-ҭ-и́-тцаа-уе-ит. (ARD) *Comparing one with the other, he is studying two languages. Он изучает два языка, сравнивая друг с другом.*

а-ҭтца́аратә [adj.] research.

а-ҭтцааҩы́ [n.] (а-ҭтцааҩ-цәа́, ҭтцааҩы́-к) an investigator, a researcher.

а-ҭ-тцәраа-ра́ [intr.] (**Fin.** [pres.] и-ҭ-тцәраа-уе́-ит / и-ҭ-тцәраа-уа́-м, [aor.] и-ҭ-тцәраа́-ит / и-м-ҭ-тцәраа́-ит; **Non-fin.** [pres.] (C1) и-ҭ-тцәраа-уа́ / и-м-ҭ-тцәраа-уа́; **Abs.** и-ҭ-тцәраа-ны́ / и-м-ҭ-тцәраа́-кәа) **1.** to flow out.

а-ҭ-шь-ра́ [tr.] [C1-(C2)-Prev-C3-R / C1-(C2)-Prev-C3-Neg-R] [C3 dip C1 into C2] (**Fin.** [pres.] и-ҭы́-с-шь-уе-ит / и-ҭы́-с-шь-уа-м (-ӡо-м), [aor.] и-ҭы́-с-шь-ит / и-ҭы́-сы-м-шь-ит (-ӡе-ит), [imper.] и-ҭ-шьы́! / и-ҭы́-бы-м-шьы-н!, и-ҭы́-шә-шь! / и-ҭы́-шәы-м-шьы-н!; **Non-fin.** [pres.] (C1) и-ҭы́-л-шь-уа / и-ҭы́-лы-м-шь-уа, (C3) и-ҭы́-з-шь-уа / и-ҭы́-зы-м-шь-уа, [aor.] (C1) и-ҭы́-л-шь / и-ҭы́-лы-м-шь, (C3) и-ҭы́-з-шь / и-ҭы́-зы-м-шь, [impf.] (C1) и-ҭы́-л-шь-уа-з / и-ҭы́-лы-м-шь-уа-з, (C3) и-ҭы́-з-шь-уа-з / и-ҭы́-зы-м-шь-уа-з, [past indef.] (C1) и-ҭы́-л-шьы-з / и-ҭы́-лы-м-шьы-з, (C3) и-ҭы́-з-шьы-з / и-ҭы́-зы-м-шьы-з; **Abs.** и-ҭ-шь-ны́ / и-ҭы́-м-шь-кәа) **1.** (= **а-ӡа́ашьра**) to dip**:** А-кала́м а-мела́н ҭы́-с-шь-ит. *I dipped the pen into the ink. Я макнул перо в чернила.* А-маҭәа-қәа а-ӡы́ и-ҭ-шь-ны́ и-лы́-рцәаак-ит. (AAD) *She dipped the clothes in the water and soaked them.* **2.** to put sth into sth**:** А-ҕьыч с-цьы́ба и-напы́ ҭ-и́-шь-ит. *The thief put his hand into my pocket. Вор опустил руку в мой карман.*

а-ҭшәа́ [adj.] (а-ҭшәа-қәа́) narrow.

а-ҭшәа-заа-ра́ [intr. stative] [C1-R] (**Fin.** [pres.] и-ҭшәо́-уп) **1.** to be narrow**:** А-уа́да ҭшәо́-уп, и-лашьцӧ-уп. *The room is small and dark.*

а-ҭ-шәа-ра́ [intr.] [C1-(C2)-Prev-R / C1-(C2)-Prev-Neg-R] [C1 fall out of C2] (**Fin.** [pres.] и-ҭ-шәо́-ит / и-ҭ-шәо́-м, [aor.] и-ҭ-шәе́-ит / и-ҭы́-м-шәе-ит, [imper.] у-ҭ-шәа́! / у-ҭы́-м-шәа-н!; **Non-fin.** [pres.] (C1) и-ҭ-шәо́ / и-ҭы́-м-шәо; **Abs.** и-ҭ-шәа-ны́ / и-ҭы́-м-шәа-кәа) **1.** to fall out: А-чаҟы́ с-џьы́ба и-ҭ-шәе́-ит. (ARD) *Ножик выпал из моего кармана. The (small) knife fell out of my pocket.* А-чаҟ-ҟәа́ с-џьы́ба-ҟәа и-ры-ҭ-шәе́-ит. (ARD) *Ножики выпали из моих карманов. The (small) knives fell out of my pockets.*

а-ҭшәа-ха-ра́ [intr.] [C1-narrow-become] (**Fin.** [pres.] и-ҭшәа-хо́-ит / и-ҭшәа-хо́-м (-ха-ӡо́-м), [aor.] и-ҭшәа-хе́-ит / и-ҭшәа-м-хе́-ит (-ха-ӡе́-ит); **Non-fin.** [pres.] (C1) и-ҭшәа-хо́ / и-ҭшәа́-м-хо; **Abs.** и-ҭшәа-ха-ны́ / и-ҭшәа-м-ха́-кәа) **1.** to become narrow: а́-мҩа ҭшәа-хе́-ит. *The road became narrow. Дорога стала узкой.*

а-ҭы́ [n.] (а-ҭ-ҟәа́) a wether [a gelded sheep].

а-ҭы́-га-ра *see* **а-ҭ-га-ра́**

а-ҭы́-жь-ра [tr.] [C1-Prev-C3-R / C1-Prev-C3-Neg-R] [C3 publish C1] (**Fin.** [pres.] и-ҭ-сы́-жь-уе-ит / и-ҭ-сы́-жь-уа-м (-ӡо-м), [aor.] и-ҭ-сы́-жь-ит / и-ҭ-с-мы́-жь-ит (-ӡе-ит), [imper.] и-ҭы́-жь! / и-ҭ-б-мы́-жьы-н!, и-ҭ-шәы́-жь! / и-ҭ-шә-мы́-жьы-н!; **Non-fin.** [pres.] (C1) и-ҭ-лы́-жь-уа / и-ҭ-л-мы́-жь-уа, (C3) и-ҭ-зы́-жь-уа / и-ҭ-з-мы́-жь-уа, [aor.] (C1) и-ҭ-лы́-жь / и-ҭ-л-мы́-жь, (C3) и-ҭ-зы́-жь / и-ҭ-з-мы́-жь, [impf.] (C1) и-ҭ-лы́-жь-уа-з / и-ҭ-л-мы́-жь-уа-з, (C3) и-ҭ-зы́-жь-уа-з / и-ҭ-з-мы́-жь-уа-з, [past indef.] (C1) и-ҭ-лы́-жьы-з / и-ҭ-л-мы́-жьы-з, (C3) и-ҭ-зы́-жьы-з / и-ҭ-з-мы́-жьы-з; **Abs.** и-ҭы́-жь-ны / и-ҭ-мы́-жь-кәа) **1.** to put out, to publish: Сара́ а-шәҟәы́ ҭ-сы́-жь-ит. *I published the book. Я издал книгу.* Уи лы-шәҟәы́ лассы́ и-ҭ-ры́-жь-уе-ит. *They will publish her book soon. Ее книгу скоро издадут.*

а-ҭы́жьырҭа [n.] (-ҟәа) a publishing house/company.

а-ҭы́жьҩы [n.] (а-ҭы́жьҩ-цәа, ҭы́жьҩы-к) a publisher.

а-ҭы́ӡ [n.] (= **а-ҭӡы́**) (а-ҭы́ӡ-ҟәа) a wall.

а-ҭыӡшәа́ [n.] (а-ҭыӡшәа-ҟәа́) a scandal; uproar: А-ҭаацәара-ҿы́ а-ҭыӡшәа́ ҟа-л-ҵе́-ит. *She caused a disturbance in the family.*

а-ҭы-ӡәӡәаа-ра́ [tr.] (**Fin.** [pres.] и-ҭы́-сы-ӡәӡәаа-уе-ит / и-ҭы́-сы-ӡәӡәаа-уа-м, [aor.] и-ҭы́-сы-ӡәӡәаа-ит / и-ҭы́-сы-м-ӡәӡәаа-ит, [imper.] и-ҭы́-ӡәӡәаа! / и-ҭы́-бы-м-ӡәӡәаа-н!; **Non-fin.** [pres.] (C1) и-ҭы́-сы-ӡәӡәаа-уа / и-ҭы́-сы-м-ӡәӡәаа-уа, (C3) и-ҭы́-зы-ӡәӡәаа-уа / и-ҭы́-зы-м-ӡәӡәаа-уа; **Abs.** и-ҭы-ӡәӡәаа-ны́ / и-ҭы́-м-ӡәӡәаа-кәа) **1.** to wash from within.

а-ҭы-кәкәа-ра́ [intr.] [C1-Prev-R / C1-Prev-Neg-R] [C1 flow out] (**Fin.** [pres.] и-ҭы-кәкәо́-ит / и-ҭы-кәкәо́-м, [aor.] и-ҭы-кәкәе́-ит / и-ҭы́-м-кәкәе-ит, [imper.] у-ҭы-кәкәа́! / у-ҭы́-м-кәкәа-н!; **Non-fin.** [pres.] (C1) и-ҭы-кәкәо́ / и-ҭы́-м-кәкәо; **Abs.** и-ҭы-кәка-ны́ / и-ҭы́-м-кәкәа-кәа) **1.** to flow out: А-уалы́р и-ҭа́-з а-ҩы́ зегьы́ ҭы-кәкәе́-ит. *All of the wine that was in the barrel flowed out. Все вино, что было в бочке, вытекло.*

а-ҭынха́ [n.] (а-ҭынха-цәа́, ҭынха́-к) **1.** a descendant. **2.** a close relative.

а-ҭы-н-ха-ра́ [intr.] [C1-C2-Prev-Prev-R / C1-C2-Prev-Prev-Neg-R] [C1 remain after C2] (**Fin.** [pres.] ды-с-ҭы-н-хо́-ит (*он/она остается после меня*) / ды-с-ҭы-н-хо́-м, [aor.] ды-с-ҭы-н-хе́-ит / ды-с-ҭ-ны́-м-хе-ит, [imper.] бы-с-ҭы-н-ха́! / бы-с-ҭ-ны́-м-ха-н!; **Non-fin.** [pres.] (C1) и-с-ҭы-н-хо́ / и-с-ҭ-ны́-м-хо, (C2) ды-з-ҭы-н-хо́ / ды-з-ҭ-ны́-м-хо; **Abs.** ды-с-ҭы-н-ха-ны́ / ды-с-ҭ-ны́-м-ха-кәа) **1.** to remain/stay after sb.

а-ҭы́нч [adj.] (и-ҭы́нч-у) **1.** quiet; calm: Иахьа́ а-мшы́н ҭы́нч-уп. *Today the sea is calm. Сегодня море спокойное.* || ҭынч-ҭы́нч *quietly.*

а-ҭы́нч-заа-ра [intr. stative] [C1-R] (**Fin.** [pres.] д-ҭы́нч-уп / д-ҭы́нчы-м, [past] д-ҭы́нчы-н / д-ҭы́нчы-мызт; **Non-fin.** [pres.] (C1) и-ҭы́нч-у / и-ҭы́нчы-м) **1.** to be calm/quiet: Уи́ д-хәыҷ ҭы́нч-уп. *He is a quiet child.*

а-ҭы́нчра [n.] (а-ҭы́нчра-ҟәа, ҭы́нчра-к) **1.** peace: А-мила́ҭ-ҟәа а-ҭы́нчра и-а-згәышь-уе́-ит. *The peoples long for peace. Народы жаждут мира.* **2.** silence; quiet(ness), calm(ness), tranquility: Ҭы́нчро-уп. *It is calm/quiet. Спокойно.* Л-ҭы́нчра еила́-з/с-ге-ит. *I disturbed her peace. Я нарушил ее покой.*

а-ҭы́нч-ха-ра [intr.] [C1-calm-become] (**Fin.** [pres.] д-ҭы́нч-хо-ит / д-ҭы́нч-хо-м, [aor.] д-ҭы́нч-хе-ит / д-ҭы́нчы-м-хе-ит, [imper.] б-ҭы́нч-ха! / б-ҭы́нчы-м-ха-н!; **Non-fin.** [pres.] (C1) и-ҭы́нч-хо / и-ҭы́нчы-м-хо; **Abs.** и-ҭы́нч-ха-ны / и-ҭы́нчы-м-ха-кәа) **1.** to become quiet. **2.** to become calm.

а-ҭы́ԥ [n.] (а-ҭы́ԥ-қәа, с-ҭыԥ, ҭыԥ-к, р-ҭы́ԥ-қәа) **1.** a place, a seat: аба́рҭ а-ҭы́ԥ-қәа р-ҿы́ *in those places.* ҭыԥ-к з-мо́-у а-уа́да *a single room.* ҩ-ҭыԥ-к з-мо́-у а-уа́да *a double room.* А-шәҟә-а-ҿы́ ари́ зе́гь р-е́иха и-ӷуӷуо́-у ҭы́ԥ-уп. *This is the most intense place in the book. Это самое впечатляющее место в книге.* А-маамы́н а-ҩны́ и-а-ҭы́ԥы-м. (IC) *Обезьяне не место в доме. A house is not a place for a monkey.* Урҭ а-ҩны́ и-р-ҭы́ԥы-м. (IC) *Им не место в доме. A house is not a place for them.* **2.** a spot; a post, situation: а-ҭы́ԥ а-нкы́лара *to occupy the post, занять место.* **3.** an area; a locality.

-ҭы́ԥан [adv.] in place of; instead of: с-ҭы́ԥан с-ма́ҭа-цәа аа-ит. *My grandchildren came insteaf of me. Вместо меня пришли мои внуки.*

а-ҭы́ԥантәи [adj.] local: а-ҭы́ԥантәи а́амҭа *local time, местное время.*

а-ҭы́-ԥа-ра [intr.] [C1-(C2)-Prev-R / C1-(C2)-Prev-Neg-R] [C1 leap out of C2] (**Fin.** [pres.] д-ҭы́-ԥо-ит / д-ҭы́-ԥо-м (*or* д-ҭы́-ԥа-ӡо-м), [aor.] д-ҭы́-ԥе-ит / д-ҭы́-м-ԥе-ит (*or* д-ҭы́-м-ԥа-ӡе-ит), [imper.] б-ҭы́-ԥ! / б-ҭы́-м-ԥа-н!, шә-ҭы́-ԥ! / шә-ҭы́-м-ԥа-н!; **Non-fin.** [pres.] (C1) и-ҭы́-ԥо / и-ҭы́-м-ԥо, [aor.] (C1) и-ҭы́-ԥа / и-ҭы́-м-ԥа; **Abs.** д-ҭы́-ԥа-ны / д-ҭы́-м-ԥа-кәа) **1.** to leap out, to jump out, to spring out: А-ҵла а-да́ц-қәа и́-ҭы-р-хы-з а-кәы́ба ан-а́а-и-хы-ҵ, А-ԥсцәа́ха д-аа-ҭы́-ԥе-ит. (AF) *When the coffin which the tree's roots disinterred came off him, the Pribce of the Death smartly leapt out of it.* [cf. **а-ҭа́-ԥа-ла-ра** "to jump into"]

а-ҭы-ԥраа-ра́ [intr.] [C1-(C2)-Prev-R / C1-(C2)-Prev-Neg-R] [C1 fly out of C2] (**Fin.** [pres.] и-ҭы́-ԥраа-уе-ит / и-ҭы́-ԥраа-уа-м, [aor.] и-ҭы́-ԥраа-ит / и-ҭы́-м-ԥраа-ит, [imper.] и-ҭы́-ԥра! / и-ҭы́-м-ԥраа-н!; **Non-fin.** [pres.] (C1) и-ҭы́-ԥраа-уа / и-ҭы́-м-ԥраа-уа; **Abs.** и-ҭы́-ԥраа-ны / и-ҭы́-м-ԥраа-кәа) **1.** to fly out of some hollow/depression: А-ҭы́ а́-ҵлагәаҩара и-ҭы́-ԥраа-ит. (ARD) *Сова вылетела из дупла. The owl flew out of the hollow.* А-ҭ-қәа́ а́-ҵлагәаҩара-қәа и-р-ҭы́-ԥраа-ит. *The owls flew out of the hollows. Совы вылетели из дупел.*

а-ҭыԥха́ [n.] (а-ҭыԥха-цәа́, ҭыԥха́-к) **1.** a girl, a maiden: И-ҭыԥха-цәа-хе́-ит. *They became maidens.* [cf. **а́-ӡӷаб**] **2.** (*as mode of address to shop assistant, etc.*) miss: И-бы́-хьӡ-у-и, а-ҭыԥха́? *Miss, what is your name? Девушка, как вас зовут?*

а-ҭы́рас [n.] (-қәа) fern.

а-ҭы́-ркәкәа-ра́ [tr.] (**Fin.** [pres.] и-ҭ-сы́-ркәкәо-ит / и-ҭ-сы́-ркәкәо-м, [aor.] и-ҭ-сы́-ркәкәе-ит / и-ҭ-с-мы́-ркәкәе-ит, [imper.] и-ҭы-ркәкәа́! / и-ҭ-б-мы́-ркәкәа-н!; **Non-fin.** [pres.] (C1) и-ҭ-сы-ркәкәо́ / и-ҭ-с-мы-ркәкәо́, (C3) и-ҭ-зы-ркәкәо́ / и-ҭ-з-мы-ркәкәо́; **Abs.** и-ҭы-ркәкәа-ны́ / и-ҭ-мы́-ркәкәа-кәа) **1.** to drain to the bottom.

а́-ҭырқәа 1. [n.] (а́-ҭырқә-цәа, ҭы́рқәа-к) a Turk: Сара́ сы́-ԥшәма д-аҭы́рқәи-уп. *My husband is a Turk.* **2.** [adj.] Turkish: а́-ҭырқә(а) бызшәа́ *the Turkish language.*

Ҭырқәтәы́ла [n.] Turkey: Ҭырқәтәы́ла-нтә *from Turkey.* Ҭырқәтәы́ла-нтәи *from Turkey.* Ҭырқәтәы́ла-ҟа *to Turkey.* Сара́ сы-нхо́-ит Ҭырқәтәы́ла-н. *I live in Turkey.* Ҭырқәтәы́ла а-хҭны́ҟалаҡь и-а́-хьӡ-уп Анкара. *The capital of Turkey is Ankara.*

Ҭырқәтәы́латәи [adj.] Turkish.

а́-ҭырқәшәа [n.] (= **а́-ҭырқә(а) бызшәа́**) the Turkish language.

а-ҭы́-рлашаа-ра [tr.] [C1-(C2)-Prev-C3-S] [C3 light up C1 in C2 (the depths)] (**Fin.** [aor.] и-ҭ-и-рлашаа́-ит) **1.** to light up a deep part: А-ҳаԥы́ лашьца́ цәашьы́-ла и-ҭ-и-рлашаа́-ит. *He lit up the dark cave with candles.*

а-ты́-рҳəҳəа-ра* [tr.] [C1-(C2)-Prev-C3-S] [C3 stick C1 out of C2] (**Fin.** [aor.] и-т-и́-рҳəҳəе-ит / и-т-и-мы́-рыҳəҳəе-ит, [imper.] и-ты́-рҳəҳəа! / и-ты-б-мы́-рыҳəҳəа-н!) **1.** to stick out of sth; to put out: И-бз т-и́-рҳəҳəе-ит. *He stuck his tongue out. Он высунул язык.* А-ӡы́ и-хы́ т-и́-рҳəҳəе-ит. (ARD) *He put his head out of the water. Он высунул голову из воды.*

а-тырџьма́н *see* **а-тарџьма́н**

а-ты́-с-ра [intr.] [C1-(C2)-Prev-R / C1-(C2)-Prev-Neg-R] [C1 pass through C2] (**Fin.** [pres.] д-ты́-с-уе-ит / д-ты́-с-уа-м, [aor.] д-ты́-с-ит / д-ты́-м-с-ит, [imper.] б-ты́-с! / б-ты́-м-сы-н!; **Non-fin.** (C1) [pres.] и-ты́-с-уа / и-ты́-м-с-уа, [aor.] и-ты́-с / и-ты́-м-с, [impf.] и-ты́-с-уа-з / и-ты́-м-с-уа-з, [past indef.] и-ты́-сы-з / и-ты́-м-сы-з; **Abs.** д-ты́-с-ны / д-ты́-м-с-кəа) **1.** to pass through: А-шта и-ты́-с-уп. *They passed along/ through the (long) yard.* *а́-мҩа и-ты́-с-уп *they passed along/through the road;* А-хəч-кəа́ ҳ-а́шта и-ты́-с-ны а-шко́л ахь и-цо́-н. *Passing through our yard, the children went to the school. Дети шли в школу, проходя через наш двор.* [cf. **а-хы́-с-ра** "to pass"]

а-тыты́н [n.] = **а-таты́н**

а-ты́-фаа-ра* [tr.] [C1-(C2)-Prev-C3-S] [C3 gnaw out C1] (**Fin.** [aor.] и-т-и́-фаа-ит / и-т-и́-м-фаа-ит) **1.** to gnaw out: А-ҳəагəы́жь и-жьы́ т-на-фаа-хьа́-н. *The chain had eaten out his flesh.*

а-ты́-х-ра [labile] **(1)** [tr.] [C1-(C2)-Prev-C3-R / C1-(C2)-Prev-C3-Neg-R] [C3 take out C1 from C2] (**Fin.** [pres.] и-ты́-с-х-уе-ит / и-ты́-с-х-уа-м, [aor.] и-ты́-с-х-ит *or* и-ты́-с-х-т / и-ты́-сы-м-х-ит, [fut.1] и-ты́-с-хы-п / и-ты́-с-х-рым, [fut.2] и-ты́-с-хы-шт / и-ты́-с-хы-шам, [perf.] и-ты́-с-х-хьеит / и-ты́-сы-м-хы-ц(т), [impf.] и-ты́-с-х-уа-н / и-ты́-с-х-уа-мызт, [past indef.] и-ты́-с-хы-н / и-ты́-сы-м-хы-зт, [cond.1] и-ты́-с-х-рын / и-ты́-с-х-рымызт, [cond.2] и-ты́-с-хы-шан / и-ты́-с-хы-шамызт, [plupf.] и-ты́-с-х-хьан / и-ты́-сы-м-хы-цызт, [imper.] и-ты́-х! / и-ты-бы-м-хы́-н!, и-ты́-шə-х! / и-ты-шəы-м-хы́-н!; [poten.] и-сы-з-ты́-х-уа-м, и-сы-з-ты́-м-х-ит; [nonvol] и-с-а́мха-ты-х-ит / и-с-а́мха-ты-м-х-ит; **Non-fin.** [pres.] (C1) и-ты́-л-х-уа / и-ты́-лы-м-х-уа, (C3) и-ты́-з-х-уа / и-ты́-зы-м-х-уа, [aor.] (C1) и-ты́-л-х / и-ты́-лы-м-х, (C3) и-ты́-з-х / и-ты́-зы-м-х, [fut.1] (C1) и-ты́-л-х-ра / и-ты́-лы-м-х-ра, (C3) и-ты́-з-х-ра / и-ты́-зы-м-х-ра, [fut.2] (C1) и-ты́-л-х-ша / и-ты́-лы-м-х-ша, (C3) и-ты́-з-х-ша / и-ты́-зы-м-х-ша, [perf.] (C1) и-ты́-л-х-хьоу (-хьа(ц)) / и-ты́-лы-м-х-хьоу (-хьа(ц)), (C3) и-ты́-з-х-хьоу (-хьа(ц)) / и-ты́-зы-м-х-хьоу (-хьа(ц)), [impf.] (C1) и-ты́-л-х-уа-з / и-ты́-лы-м-х-уа-з, (C3) и-ты́-з-х-уа-з / и-ты́-зы-м-х-уа-з, [past indef.] (C1) и-ты́-л-хы-з / и-ты́-лы-м-хы-з, (C3) и-ты́-з-хы-з / и-ты́-зы-м-хы-з, [cond.1] (C1) и-ты́-л-х-ры-з / и-ты́-лы-м-х-ры-з, (C3) и-ты́-з-х-ры-з / и-ты́-зы-м-х-ры-з, [cond.2] (C1) и-ты́-л-х-ша-з / и-ты́-лы-м-х-ша-з, (C3) и-ты́-з-х-ша-з / и-ты́-зы-м-х-ша-з, [plupf.] (C1) и-ты́-л-х-хьа-з / и-ты́-лы-м-х-хьа-з, (C3) и-ты́-з-х-хьа-з / и-ты́-зы-м-х-хьа-з; **Abs.** и-ты́-х-ны / и-ты́-м-х-кəа) **1.** to take out; to drag/pull out: Л-џьы́ба и-ты́-л-х-ит а-ҧа́ра. *She took some money out of her pocket.* Л-џьы́ба-кəа и-р-ты́-л-х-ит а-ҧа́ра-кəа. *She took some money out of her pockets.* Нас ари́ «а́-чкун» и-џьы́ба и-аа-т-и́-хы-н а-дау́ и-лы́мҳа на-га-ны́ р-а́ҧхьа и-ны́-ку-и-тце-ит. (Ab.Text) *Then, the 'boy' took the ogre's ear out of his pocket and took it and put it in front of them.* **2.** to photograph, to take a photograph; to draw: А-патре́т ты́-с-х-уе-ит. *I am taking a photograph. Я фотографирую.* У-патре́т ты́-с-х-уе-ит. *I am taking a photograph of you. Я фотографирую тебя.* Ҳ-патре́т ты-х! *Take our photograph! Сфотографируй нас!* Сара́ а-са́хьа ты́-с-х-уе-ит. *I am drawing. Я рисую.* А-фи́льм-кəа т-а́ҳ-х-уе-ит. *We are shooting films. Мы снимаем фильмы.* **3.** to take away. **4.** to remove: А-ҧе́нџьыр а-ра́ма ты́-с-х-ит. *I removed the frame from the window. Я выставил раму из окна.* И-гəы́ ты́-х-ны и-аа-р-ге́-ит. *Having removed his heart, they brought it here.* И-гəы́ ты́-р-хы-н и-аа-р-ге́-ит. *They removed his heart and brought it here.* || **а-са́хьа ты́-х-ра** to depict, to portray: А-тцаҩы́ а-қьаа́д а-ҿы́ а-мрагы́лара а-са́хьа т-и́-х-ит. *The student depicted a sunrise on the paper. Ученик на бумаге изобразил восход солнца.* **(2)** [intr.]

(**Fin.** [pres.] и-ҭы́-х-уе-ит / и-ҭы́-х-уа-м) **1.** to draw: А-хәыҷ-ҟәа́ а-са́хьаҭыхыҩ-цәа р-е́иԥш-цәҟьа и-ҭы́-х-уе-ит. (IC) *Дети рисуют как настоящие художники. The children are drawing like real artists.*

а-ҭы́хымҭа [n.] (-ҟәа, р-ҭы́хымҭа-ҟәа) a drawing.

а-ҭы́-ҵ-ра [intr.] [C1-(C2)-Prev-R / C1-(C2)-Prev-Neg-R] [C1 come out of C2] (**Fin.** [pres.] и-ҭы́-ҵ-уе-ит / и-ҭы́-ҵ-уа-м (-ҵ-ӡо-м), [aor.] и-ҭы́-ҵ-ит / и-ҭы́-м-ҵ-ит (-ҵ-ӡе-ит), [imper.] б-ҭы́-ҵ! / б-ҭы́-м-ҵы-н!, шә-ҭы́-ҵ! / шә-ҭы́-м-ҵы-н!, [poten.] ды-з-ҭы́-м-ҵ-ит; **Non-fin.** [pres.] (C1) и-ҭы́-ҵ-уа / и-ҭы́-м-ҵ-уа, [aor.] (C1) и-ҭы́-ҵ / и-ҭы́-м-ҵ, [past indef.] (C1) и-ҭы́-ҵы-з / и-ҭы́-м-ҵы-з; **Abs.** д-ҭы́-ҵ-ны / д-ҭы́-м-ҵ-кәа) **1.** to come out of; to emerge from; to alight, to disembark: Мсыр и-ҭы́-ҵы-з *the one who came out of Msyr.* А-машьы́на б-ҭы́-ҵ! [to a singular addressee] *Come out of the car! Выйди из машины!* А-машьы́на-ҟәа шәы-р-ҭы́-ҵ! [to addressees] *Come out of the cars! Выйдите из машин!* А-ваго́н с-ҭы́-ҵ-ит. *I got off from the carriage. Я высадился из вагона.* А-ваго́н-ҟәа и-р-ҭы́-ҵ-ит. *They got off from the carriages. Они высадились из вагонов.* **2.** (*of books*) to be published; to come out: Уи лы-шәҟәы́ лассы́ и-ҭы́-ҵ-уе-ит (/и-ҭы́-ҵ-ра-ны и́-ҟо-уп). *Her book will come out soon.* Лы-шәҟәы́ анба́-ҭы-ҵ-уе-и? *When is her book coming out?* [cf. **а-ҭы́-жь-ра** "to publish"]

а-ҭы́шәы-нтәала-ра [intr.] [C1-Prev-R / C1-Prev-Neg-R] (**Fin.** [pres.] д-ҭы́шәы-нтәало-ит / д-ҭы́шәы-нтәало-м, [aor.] д-ҭы́шәы-нтәале-ит / д-ҭышә-мы́-нтәале-ит, [imper.] б-ҭы́шәы-нтәал! / б-ҭышә-мы́-нтәала-н!, шә-ҭы́шәы-нтәал! / шә-ҭышә-мы́-нтәала-н!; **Non-fin.** [pres.] (C1) и-ҭы́шәы-нтәа́ло / и-ҭы́шә-мы-нтәа́ло; **Abs.** д-ҭы́шәы-нтәала-ны / д-ҭышә-мы́-нтәала-кәа) **1.** to be determined; to be established, to be formed.

а-ҭы́шәынтәа́ла-ра [n.] solution.

а-ҭы́ҩра[1] [n.] (а-ҭы́ҩра-ҟәа, ҭы́ҩра-к) **1.** a nest: А-шьха ҳа́рак ду а-ҿы́ ҵыс-ҭыҩра-ҵас акы́ у-бо́-ит. *Something like a bird's nest is visible on the tall mountain. На высокой горе виднеется что-то вроде птичьего гнезда.* **2.** a lair; a den: а-ҵысҭыҩра *a bird's nest, птичье гнездо.* А-мшә а-ҭы́ҩра и-ҭа́-р-шь-ит. *They killed the bear in its den.*

а-ҭы́-ҩ-ра[2]* [intr.] [C1-(C2)-Prev-R] [C1 come from C2] (**Fin.** [pres.] и-ҭы́-ҩ-уе-ит; [aor.] и-ҭы́-ҩ-(и)т / и-ҭы́-м-ҩ-ит; **Non-fin.** [impf.] (C1) и-ҭы́-ҩ-уа-з / и-ҭы́-м(ы)-ҩ-уа-з; **Abs.** и-ҭы́-ҩ-ны / и-ҭы́-мы-ҩ-кәа) **1.** (*of a sound, a voice*) to come from a deep place; to emanate from a deep place: А-хьча и-бжьы́ а́-ԥсҭа и-ҭы́-ҩ-уа-н. (ARD) *The shepherd's voice was coming from a ravine. Голос пастуха доносился из ущелья.*

а-ҭы-ҩр-ра́* [intr.] (**Fin.** [aor.] и-ҭы-ҩр-и́т / и-ҭ-мы-ҩр-и́т, **Abs.** и-ҭы-ҩр-ны́ / и-ҭ-мы-ҩры́-кәа) **1.** (*of sth big*) to go out; to come out: А-мшә а-ҭы́ҩра ҭы-ҩр-и́т. *The bear came out of a den. Медведь вышел из берлоги.*

а-ҭыҵьха́ [n.] (а-ҭыҵьха-цәа́) an old maid.

Ҭә ҭә

а-ҭәá [1] [n.] (а-ҭәа-қәá, ҭәá-к) hay.

а-ҭәá [2] [n.] (а-ҭәа-қәá) a linden tree, a lime tree.

а-ҭәá [3] [n.] (pl.**) pus.

á-ҭәа-м-шьа-ра [tr.] (*used only with negative forms*) (**Fin.** [pres.] д-а-ҭәá-с-шьо-м (*я пренебрегаю им/ей*), [aor.] д-а-ҭәá-сы-м-шье-ит, [imper.] д-а-ҭәá-бы-м-шьа-н!; **Non-fin.** [pres.] (C1) и-а-ҭәá-сы-м-шьо, (C3) и-а-ҭәá-зы-м-шьо; **Abs.** д-а-ҭәá-м-шьа-кәа) **1.** (= **а-ҭәá-м-ба-ра**) to despise sb/sth. [cf. **á-ҭәа-шьа-ра**]

а-ҭәáтцла [n.] a linden tree, a lime tree.

á-ҭәа-ра [intr.] [C1-C2-a-R] [C1 correspond C2] (**Fin.** [pres.] и-с-á-ҭәо-уп *it suits me* / и-с-á-ҭәа-м, [past] и-с-á-ҭәа-н / и-с-а-ҭәа-мызт; **Non-fin.** [pres.] (C1) и-л-á-ҭәо-у / и-л-á-ҭәа-м, (C2) и-з-а-ҭәó-у / и-з-а-ҭәá-м, [past] (C1) и-л-á-ҭәа-з / и-л-á-ҭәа-мыз, (C2) и-з-а-ҭәá-з / и-з-а-ҭәá-мыз; **Abs.** и-с-á-ҭәа-ны / и-с-á-ҭәа-м-кәа) **1.** to correspond, to conform.

а-ҭәа-рá [intr.] [C1-R / C1-Neg-R] [C1 melt] (**Fin.** [pres.] и-ҭәó-ит / и-ҭәó-м (-ҭәа-ӡó-м), [aor.] и-ҭәé-ит / и-м-ҭәé-ит (-ҭәа-ӡé-ит), [imper.] б-ҭәá! / бы-м-ҭәá-н!, шә-ҭәá! / шәы-м-ҭәá-н!; **Non-fin.** [pres.] (C1) и-ҭәó / и-м-ҭәó, [aor.] (C1) и-ҭәá / и-м-ҭәá; **Abs.** и-ҭәа-ны́ / и-м-ҭәá-кәа) **1.** to melt: А-хәша ҭәé-ит. *The butter melted. Масло расплавилось.*

а-ҭәа-рх-рá[1] [n.] mowing: Џьоук-гьы́ а-ҭәархра-ҿы́ а-цхы́раа-ра ҟа-р-тцó-ит. (AFL) *And some people are helping with the mowing. И некоторые помогают косить.* Шәарá а-ҭәархрá (/а-ҭәархы́-шьа) жә-ды́р-уа-ма? *Do you know how to mow the hay? Вы умеете косить?*

а-ҭәа-рх-рá[2] [tr.] [а-ҭәá [C1]-C3-S / а-ҭәá [C1]-C3-Neg-S] [C3 mow the hay] (**Fin.** [pres.] а-ҭәá сы-рх-уé-ит / а-ҭәá сы-рх-уá-м, [aor.] а-ҭәá сы-рх-и́т / а-ҭәá с-мы-рх-и́т, [imper.] а-ҭәá рхы́! / а-ҭәá б-мы-рхы́-н!; **Non-fin.** [pres.] (C3) а-ҭәá зы-рх-уá / а-ҭәá з-мы-рх-уá, [aor.] (C3) а-ҭәá зы-рхы́ / а-ҭәá з-мы-рхы́; **Abs.** а-ҭәá рх-ны́ / а-ҭәá мы-рхы́-кәа) [*lit.* the-hay C3 mow it] **1.** to mow down hay: А-ҭәá сы-рх-уé-ит. *I am cutting the hay. Я кошу сено.* [cf. **а-рх-рá** "to cut/mow"]

á-ҭәа-шьа-ра [tr.] [C1-C2-a-Prev-C3-R / C1-C2-a-Prev-C3-Neg-R] [C3 award C1 to C2] (**Fin.** [pres.] и-л-á-ҭәа-с-шьо-ит / и-л-á-ҭәа-с-шьо-м, [aor.] и-л-á-ҭәа-с-шье-ит, д-р-á-ҭәа-с-шье-ит / и-л-á-ҭәа-сы-м-шье-ит, д-р-á-ҭәа-сы-м-шье-ит, [imper.] и-л-á-ҭәа-шьа! / и-л-á-ҭәа-бы-м-шьа-н!; **Non-fin.** [pres.] (C1) и-á-ҭәа-с-шьо / и-á-ҭәа-сы-м-шьо, (C2) и-з-ҭәá-с-шьо / и-з-ҭәá-сы-м-шьо, (C3) и-а-ҭәá-з-шьо / и-á-ҭәа-зы-м-шьо; **Abs.** и-л-á-ҭәа-шьа-ны / и-л-á-ҭәа-м-шьа-кәа) **1.** to award; to reward: А-шәҟәы́ ха́мҭа-с и-с-á-ҭәа-р-шье-ит. *They awarded me the book.* А-тцарáуаҩ а-óрден и-á-ҭәа-р-шье-ит. (ARD) *They awarded the scholar a decoration. Ученого наградили орденом.* Ҳ-чéицьыка у-хы́ и-[а-]á-ҭәа-шьа! (AF) *Deign to accept our hospitality!* [lit. *Award your head the bread-and-salt!*] [cf. **á-ҭәа-м-шьа-ра**]

а-ҭәи́ц [n.] (-қәа) a speck of dust, a mote (in the eye): И-ла а-ҭәи́ц хшәале-ит. *A speck of dust is in his eye. Ему в глаз попала соринка.*

а-ҭә-рá [intr.] [C1-R / C1-Neg-R] [C1 fill] (**Fin.** [pres.] и-ҭә-уé-ит / и-ҭә-уá-м (-ӡó-м), [aor.] и-ҭә-и́т / и-м-ҭә-и́т (-ӡé-ит), [imper.] б-ҭәы́! / бы-м-ҭәы́-н!, шә-ҭәы́! / шәы-м-ҭәы́-н!; **Non-fin.** [pres.] (C1) и-ҭә-уá / и-м-ҭә-уá, [aor.] (C1) и-ҭәы́ / и-м-ҭәы́; **Abs.** и-ҭә-ны́ / и-м-ҭәы́-кәа) **1.** to be filled: А-ђха́л ӡы́-ла и-ҭә-и́т. *The pitcher was filled with water. Кувшин наполнился водой.* Сарá с-гәы́ гәырҕьары́-ла и-ҭә-и́т. (RAD) *Мое сердце исполнилось радости. My heart was filled with joy.*

á-ҭәҳәа-ра [intr.] [C1-C2-R / C1-C2-Neg-R] [C1 blow at C2] (**Fin.** [pres.] д-á-ҭәҳәо-ит / д-á-ҭәҳәо-м (-ҭәҳәа-ӡо-м), [aor.] д-á-ҭәҳәе-ит / д-а-мы́-ҭәҳәе-ит (-ҭәҳәа-ӡе-ит), [imper.] б-áҭәҳəа! / б-а-мы́-ҭәҳəа-н!, шә-а́-ҭәҳəа! / шә-а-мы́-ҭәҳəа-н!; **Non-fin.** [pres.] (C1) и-а́-ҭәҳəо / и-а-мы́-ҭәҳəо, (C2) д-зы-ҭәҳəо́ / ды-з-мы́-ҭәҳəо, [aor.] (C1) и-а́-ҭәҳəа / и-а-мы́-ҭәҳəа, (C2) д-зы-ҭәҳəа́ / ды-з-мы́-ҭәҳəа, [impf.] (C1) и-а́-ҭәҳəо-з / и-а-мы́-ҭәҳəо-з, (C2) д-зы-ҭәҳəо́-з / ды-з-мы́-ҭәҳəо-з, [past indef.] (C1) и-а́-ҭәҳəа-з / и-а-мы́-ҭәҳəа-з, (C2) д-зы-ҭәҳəа́-з / ды-з-мы́-ҭәҳəа-з; **Abs.** д-а́-ҭәҳəа-ны / д-а-мы́-ҭәҳəа-кәа) **1.** to blow at: А-цәашьы́ д-а́-ҭәҳəо-ит. *He/She is blowing on the candle. Он/Она дует на свечку.* А-цәашь-қәа́ д-ры́-ҭәҳəо-ит. *He/She is blowing on the candles. Он/Она дует на свечки.* А-мца д-а́-ҭәҳəа-ны еиқәы́-л-тце-ит. (AAD) *She blew on the fire and started the fire. Она подула на огонь и развела огонь.*

Ҭә

а-ҭәы́ (а-ҭә-қәа́) [adj.] **1.** full. **2.** replete, full.

а-ҭәы́-заа-ра [intr. stative] [C1-R] [C1 be full] (**Fin.** [pres.] и-ҭә-у́п / и-ҭәы́-м, [past] и-ҭәы́-н / и-ҭәы́-мызт; **Fin.** [pres.] (C1) и-ҭәы́-у / и-ҭәы́-м, [past] (C1) и-ҭәы́-з / и-ҭәы́-мыз; **Abs.** и-ҭә-ны́ / и-ҭәы́-м-кәа) **1.** to be full: А-теа́тр уаа́-ла и-ҭә-у́п. *The theater is full with an audience. Театр полон публики.*

а-ҭәы́мҭа || и-ҭәы́мҭа д-ҭа-гы́ло-уп. *he has matured. он в зрелом возрасте.* А-ԥҳәы́зба л-ҭәы́мҭа ды-н-ҭа-гы́ло-н(ы) еиԥш, ха́тца д-цé-ит. (ACST) *As the maiden was entering her prime, she got married.*

а-ҭәырӷәы́ [n.] (а-ҭәырӷә-қәа́) a shovel.

а-ҭәы́ц [n.] (а-ҭәы́ц-кәа, ҭәы́ц-к) *see* **а-ҭәи́ц**

У у

у-[1] [personal prefex] **1.** *a pronominal prefix denoting an agent/oblique/direct object of the second person sg. masculine in Columns III/II/I respectively.* "you" (cf. **б(ы)-**) **2.** *a pronominal prefix denoting an agent/oblique/direct object of the second person sg. for a non-human object in Columns III/II/I respectively***:** У-дыды́! *Let it thunder!* А-жәтцыс, уара́ и-с-ó-у ҳәо-зеи? — д-тцаа́-ит Ныҳә. (AF) *Swallow, what do you have to tell me? — asked Noah.* **3.** *a pronominal prefix denoting a generic "you"***:** А-шәа́къ д-а-цә-шәа-ӡó-м, избáнзар и-лы́-қә-к-ны у-хы́сы-р, и-т-ҟьа-ӡó-м. (AF) *She doesn't fear guns, since, if one aims at her and fires, the gun does not go off.*

у-[2] [prefix] *a pronominal or adverbial suffix meaning that an object is not near the speaker* (cf. **а-**)**:** у-бра́ *there, там.* у-бра́-хь *thither, туда.* у-ба́рт *those, те.*

-у[3] [verbal suffix] *used to mark the non-finite Present of stative verbs or stative predicates***:** и́-шьҭо-у *one who is lying.* á-мш аны-бзиó-у, (...) *when the weather is good,* (...).

-у[4] [suffix] **1.** *used rarely, to mark the yes-no question's form* (cf. **-ма**)**:** у-цó-у у-м-цó-у *are you going or not [going]?* Ҳ-а́идара-қәа ҳара́ и-аа-гó-у ара́ и-н-ҳа́-жь-уо-у? *Will we take the baggage with us, or will we leave them here?* **2.** [added to the queried item] *used to express an echo-question***:** Иахьа́ д-цó-ит. Иахьó-у? (ACST) *He/She is going today. Today?*

а́у[1] [adj.] (а́у-қәа, а́у-цәа, ауы́-к) **1.** high, tall**:** а-уа́ӧ а́у *a tall person.* **2.** long**:** Рашәара́ 21 (ӧажәи́ акы́) а-ҽны а́-мш егьы́рҭ а́-мш-қәа р-е́иҳа и-а́у-уп. (AFL) *On June 21st the day is longer than the other days.* Аӡын а́-мш кьа́ҿ-уп, а́-тҳ ду́-уп (/а́-тҳ ау́-уп). (AFL) *In winter the day is short, the night is long. Зимой день короткий, ночь длинная.* [cf. **а-кьа́ҿ** "low"]

-ау-[2] [verbal prefix] [inserted after the Column I of a non-finite verbal complex] *used to express a rhetorical question. The verbal complex may be expanded by the suffix* **-х-**. (ACST:L.19)**:** А-ҳәынҭқа́р ҟәы́ӷа и-**ау**-и́-м-дыр-**х**-уа-з ан л-гәбылра́ шаҟа́ а-мч а́-мо-у? (ACST) *Did the wise ruler really not know the power of a mother's love? (= Of course he understood it.)* А-ԥҳәы́с уи́ д-**а́у**-л-дыр-**х**-уа-з? (AF) *Was the woman supposed to know him?!*

уа[1] [pron.] *a contracted form of* **уара́** "you (sg.m.), thou"**:** уа у-ó-уп *you are.*

уа[2] [adv.] there; on the spot**:** Уа ды-ԥс-и́т. *He/She died on the spot.*

уа́[3] [interjection] *used as a greeting.* "hi," "hello," "hey"**:** уа́ мшыбзи́а! *hello, здравствуйте.*

уа́[4] [adv.] (= **уара́**) **1.** there**:** Мура́т и-ӧы́за аԥҭе́ка-хь д-це́-ит, уа́ а́-хәшә-қәа аа́-и-хәе-ит. (AFL) *Murat's friend went to the drugstore and bought the medicine there. Друг Мурата пошел в аптеку и там купил лекарство.* Сара́ с-хаҭа́ а-қы́ҭа с-а́-лтц-ит, уа́-ҟо-уп сара́ с-ахь-и́-з. (AFL) *I myself came from the village; I was born there.*

-уа-[5] [verbal suffix] *used to mark the Present of dynamic verbs. This marker is placed between the verbal stem and the finite marker* **-ит**. *When the stem ends in a vowel* **а**, *the* **а** *and the suffix* **уа** *are contracted to* **о**. *When the stem ends in a consonant, the suffix* **уа** *changes into* **уе** *before* **-ит:** бы-з-гó-ит /bə-z-ga-wá-jt'/ *I'll take you.* д-а́-с-уе-ит /d-á-s-wa-jt'/ *he/she will hit it.*

-уа[6] [suffix] *used to mark a person belonging to an ethnic group,* cf. а-уа-ӧы́ "person"**:** а́-ԥсуа *an Abkhazian, абхаз.* а́-гыруа *a Mingrelian, мегрел.* а-қы́рҭуа *a Georgian, грузин.* а́-шәаныуа *or* а-шәаны́уа *a Svan, сван.* а́-шәуа *an Abazinian, абазин.*

-уа[7] [verbal suffix] *used to mark the Absolutive present. This suffix is productive and is added to the stem of dynamic verbs. The Absolutive present indicates that the Absolutive action and the action of the main clause are occurring simultaneously***:** А-ҵа́ра-қәа чырчы́р-**уа** а́-шәа р-хәó-ит. *Chirping, the birds are singing. Щебеча, поют птицы.* Ашәа л-хәó д-цó-ит. *Singing a song, she is going.* А-шәҟәы́ (л)-ӧ-**уа́**, а-му́зыка д-а-зы́-ӡырӧ-уа-н. *Writing a letter, she was listening to music. Она писала письмо и слушала музыку.* А-ԥе́нџьыр а́-шә аа-лы-рты́-н, ҳаыҳә-к ҧырҧыр-уа́ и-ааҩнашыл-т. (Ab.Text) *When she opened the window in her room, a dove flew in flapping its wings.*

а́-уа [n.] (а́-уа-цәа, уа-к, сы́-уа-цәа) **1.** a relative; kin. **2.** friend.

а-уаа́ [n.] **1.** people. (а-у[а]-аа́, cf. sg. **а-уаҩы́** "a person"): Ри́тца и-хы́ла-ны ны́шь-ла и-неиа́аи-уеит а-уаа́. (ANR) *People sail about on Rits'a by boat.* Урҭ а́-шьха и-н-хо́-н, уаа́ сса́-н, (...). (Ab.Text) *They were a short people and lived in the mountains,* (...). **2.** an audience: А-теа́тр уаа́-ла и-ҭә-у́п. *The theater is full with an audience. Театр полон публики.* **3.** [predicate] х-уаа́-уп *we are people, мы люди.* Шә-уаа́-з! *Be people! Будьте людьми!*

а́-уаажәлар [n.] **1.** society.

а́-уаажәларратә [adj.] social, public: а́-уаажәларратә тҵарады́рра-қәа *social sciences.* а́-уаажәларратә ҧсҭа́заара *public life.*

уа́анӡа [adv.] (= **уа́нӡа**, **убра́нӡа**) **1.** as far as there. **2.** until that time; until then: Ара́ҟа уа́анӡа и-гы́ла-з а-хы́бра бзиа́-қәа гы́ла-ӡа-м. (AFL) *The good buildings, which stood here until that time, are not standing now. Хорошие здания, которые стояли здесь до тех пор, теперь не стоят.* Убра́нӡа с-напа́-ла с-кәы́ба ҟа-с-тҵа́-р с-ҭах-у́п. (AF) *By then I want to make my coffin with my own hand.*

уаа́нӡатәи [adj.] previous; former: Уаа́нӡатәи Аҟәа Диоску́риа а́-хьӡ-уп. *The former Sukhum is named Dioskuria.*

ауааҧсы́ра [n.] (*in combination with numerals*) person: Хәҩы́-к ауааҧсы́ра ы́-ҟо-уп. *There are five people. Есть 5 человек.* Ша́ҟаҩ ауааҧсы́ра ы́-ҟо-у-зеи уара́ у-ҭаацәара-ҿы́? *How many people are there in your family?* Хәҩы́-к а-уа́аҧсыра ха́-ҟо-уп. (AFL) *There are five of us.*

а-уаа́тәыҩса [n.] (coll. n.) **1.** humanity, mankind: иахьа́ а-дәы́ и́-қә-у а-уаа́тәыҩса *mankind which is today on the earth.* **2.** pl. of а-уаҩы́тәыҩса.

а-уа́да [n.] (а-уа́да-қәа, уа́да-к, с-уа́да, а-уа́да-ҿы) (= **а-уаҭа́х**) a room: Ари́ хара́ х-уа́да а́-уп. *This is our room.* Р-уа́да-қәа и-ры-ҩна-тәа́-н. (Ab.Text) *They were sitting in their rooms.* А-уа́да-ҿы д-неи-ҩе́и-уе-ит. (ARD) *Он/Она прохаживается по комнате. He/She is pacing up and down the room.*

а́-уадаҩ[1] [n.] trouble: А-уадаҩ у-а́-ла-с-тце-ит. — Уи уада́ҩы-м. *I disturbed you. Я тебя побеспокоил. — It's nothing! / Never mind!*

а́-уадаҩ[2] [adj.] (и-уада́ҩ-у, уада́ҩ-к) difficult: а-зтҵаара уада́ҩ *a difficult question, трудный вопрос.* Уи́ аа-га-ра́ уада́ҩ-уп. *It is difficult to bring that. Трудно принести то.*

а́-уадаҩатә [adj.] difficult.

а́-уадаҩра [n.] (-қәа) difficulty; complication.

а́-уадаҩ-ха-ра* [intr.] [C1-difficult-become] (**Fin.** [aor.] и-уада́ҩ-хе-ит / и-уада́ҩ-м-хе-ит, [imper.] б-уада́ҩ-ха! / б-уада́ҩ-м-ха-н!, у-уада́ҩ-ха! / у-уада́ҩ-м-ха-н!) **1.** to become difficult. **2.** to become complicated: А-ҭагылаза́ашьа уада́ҩ-хе-ит. *The situation became complicated. Ситуация осложилась.*

Ауа́дхара [n.] [river name] (-ҟа) [> [adj.] **ауа́дхаратәи**]

уа́жә *see* **уажәы́**

уажәра́анӡа [adv.] till now; before now: У-аба́-ҟа-з уажәра́анӡа? *Where were you till now?*

уажәтәи́ [adj.] present, current: уажәтәи́ а́амҭа (*gramm.*) *the present tense.*

уажәшьҭа́ [adv.] already; now: Уажәшьҭа́ ҳ-ца-р ҟа-ло́-ит. *Now we can go out.* Аба́р уажәшьҭа́ жәа́-ҩа шыкуса́ л-хы́тц-уе-ит. (Ab.Text) *Well, now she will be twelve years old.* Уажәшьҭа́ и-шҧа́-з-у-р-и? (Ab.Text) *What am I to do now?*

уажәы́ [adv.] **1.** now: уажә-гьы́ *и теперь.* Уажәы́ а-саа́ҭ шаҟа́ ы́-ҟо-у-зи? *What time is it now? Сколько сейчас времени?* Уажәы́ и-сы-з-у́-ҭо-м (а-шәҟәы́) (...) уатҵәы́ и́-у-с-ҭо-ит. *I cannot give you (the letter) now (...) I'll give it to you tomorrow. Сейчас не могу тебе* *дать (письмо) (...) завтра дам.* Уажәы́ и-с-ҭахы́-уп шәара́ шә-ҭа́ацәа шә-ры-хцәа́жәа-рц. (AFL) *Now I want you to tell about your family. Теперь я хочу, чтобы вы рассказали о вашей семье.* Уа́жә а́-да д-сы-м-ба́-цт. *I have never seen him/her before.* А-дау́ д-аа-уе́-ит уажәы́. (Ab.Text) *Now the ogre will come.*

уажәы́-гьы [adv.] till now: Уара́ уажәы́гьы ара́ у-ҟо-у-ма? *Have you been here before?*

уажәы́-уажәшьҭа́н [adv.] every moment.

уажәы́-уажәы́ [adv.] *see* **уажәы́-уажәшьҭа́н**

уажәы́тцәкьа [adv.] (= **и́рласны**) at once; soon: А-ҳакьы́м уажәы́тцәҟьа д-аа-уе́-ит. *The doctor will arrive at once.*

уажәышьҭа́ *see* **уажәшьҭа́**

-уа-з [verbal suffix] *used to mark the non-finite Imperfect of dynamic verbs*: Сара́ а-цара́ ахьы́-с-тцо-з а-шко́л, а-кы́ҭа а-гәҭаны́ и-гы́ло-уп. (AFL) *The school where I used to study stands in the center of the village.*

-уазар [verbal suffix] *the future category,* cf. **-р**, **-зар**.

-уаӡәк [n.] [< -уа-ӡә-к "kin-Human-one"] one of (them-Human): а́-ҳәса-қәа р-уа́ӡә-к *one of the women.*

уа́ка [adv.] there.

а-уал- [predicate] (with a masdar) "to be obliged to *do*" (cf. **а-уа́л** "duty"): а-ца-ра́ с-уа́лы-уп. *lit. "going is my obligation," i.e. I am obliged to go.* А-ца-ра́ с-уа́лы-н. *I was obliged to go.*

а-уа́л [n.] (а-уа́л-кәа, уал-к) **1.** a debt: А-уа́л лы-з-х(ы)н-сы-рхә-и́т. *I returned my debt to her. Я вернул ей долг.* || **Л-уа́л сы́-қә-уп**. *I am in debt to her.* Ҳ-уа́л и́-қәы-н. *He was in debt to us. Он был нам должен.* А-уа́л лы́-қә-уп. *She has a debt.* Шаҟа́ уа́л сы́-қә-зеи! *How many debts I have! Как много у меня долгов!* **2.** duty; obligation.

а-уа́лҳәа-ҩы [n.] (а-уа́лҳәа-цәа) an obligee.

а-уалы́р [n.] (а-уалы́р-қәа, уалы́р-к) a barrel; a cask.

-уа-м [verbal suffix] [Dynamic-Negative] *used to mark Present Negative of dynamic verbs*: с-зы-ҩ-уа́-м *I cannot write.* cf. и-с-шәы́-с-тца-ра сы-з-ды́р-ам. *I don't know what to put on. Я не знаю, что одеть.*

а́-уама [n.] (а́-уама-қәа, ума́-к) **1.** a monster. **2.** misfortune.

ума́к [adv.] (ума́к+Neg) **1.** not very: Аҧсны́ а́ӡынра ума́к и-хьҭа-ӡа́-м. (AFL) *In Abkhazia it is not very cold in winter.*

умашәа́ [adv.] **1.** astonishingly: Уи́ и-аа-ра́ сара́ умашәа́ и-з-бе́-ит. (RAD) *Меня удивил его приезд. I was surprised by his arrival.* || умашәа́ а́-ҟазаа-ра *to be a surprise.* **2.** very: Бара́ иахьа́ умашәа́ бы-ҧшӡо́-уп. *You are very beautiful today.*

-уа-н [verbal suffix] *used to mark the finite Imperfect of dynamic verbs.* [cf. **-уа-мы-з(т)**] **1.** *expressing a progressive action in the past*: А-чы́мазаҩы аӯхантәарак д-пато́ д-гәаҭе́и-уа-н. *All night the patient was tossing and turning in delirium. Всю ночь больной метался в бреду.* [cf. Уи абыржәы́тцәҟьа ды-з-бо́-н. (IC) *I only just saw him.*] **2.** *expressing a repeated action in the past*: Шәахьа́-ла а́-қалақь а́-хь х-ца-ло́-н. (AFL) *We used to go to town on Mondays. По понедельникам мы ходили в город.* Зны́=зы́нла-гьы́ ны́ҟәа-ра а́-калақь а́хь с-цо́-н. (AFL) *Sometimes I went to the city to take a walk. Иногда я ходил в город гулять.* **3.** *expressing the proverbial meaning in an aphorism*: Лы-ҧха́ д-л-а-бзо́-н, а-ҧха́ а-мтц лы-ҧхьаӡо́-н. *The mother gives her daughter advice, and the daughter counts flies.* [cf. А-ла́ цәгьа́ иар-гьы́ и-а́-фо-мызт, даҿеак-гьы́ и-а́-на-ҭо-мызт. *The vicious dog itself did not eat, and it didn't give anything to another.*] **4.** *expressing the (past) subjunctive in an apodosis*: Иацы́ а́-мш бзи́а-зар (or бзи́а-зҭгьы), а́-қалакь а́хь с-цо́-н. *If the weather had been good yesterday, I would have gone to town. Если бы вчера погода была хорошая, я поехал бы в город.* А-қәа́ а-у́-р, а-ха́уа цкла-хо́-н. *If it rained, the air would become clearer.*

у-анацьа́лбе-ит *expression used to address a friendly man, "my der!"* (cf. **б-анацьа́лбе-ит**): Аа, у-анацьа́лбеит, уара́ сы-пҧсы́ еиқу-у-рхе́-ит (Ab.Text) *Ah!, my dear, you saved my life.*

уа́нӡа [adv.] *see* **уа́анӡа**

уа́нтәи [adv.] from there: Уа́нтәи ибзи́аны и-у́-бо-ит а-мшы́н. *From there the sea is clearly visible.*

а-уанҭа́ [n.] (а-уанҭа-қәа́, а-уанҭа-гьы́, уанҭа́-к) an iron.

а-уанҭа-ра́ [labile] **(1)** [intr.] [C1-R] (**Fin.** [pres.] с-уанҭо́-ит / с-уанҭо́-м, [aor.] с-уанҭе́-ит / сы-м-уанҭе́-ит; **Non-fin.** [pres.] (C1) и-уанҭо́ / и-м-уанҭо́, [aor.] (C1) и-уанҭа́ / и-м-уанҭа́; **Abs.** д-уанҭа-ны́ / ды-м-уанҭа́-кәа) **1.** to iron: С-ан-а́-пҧхьо с-а́н д-уанҭо́-ит. *When I am reading it, my mother is ironing. Когда я читаю его(нрз.), моя мать гладит.* **(2)** [tr.] [C1-C3-R / C1-C3-Neg-R] [C3 iron C1] (**Fin.** [pres.] и-с-уанҭо́-ит / и-с-уанҭо́-м, [aor.] и-с-уанҭе́-ит, и-а́-уанҭе-ит / и-сы-м-уанҭе́-ит, и-а́-м-уанҭе-ит, [imper.] и-у-анҭа́!, и-шә-уанҭа́!; **Non-fin.** [pres.] (C1) и́-л-уанҭо / и́-лы-м-уанҭо, (C3) и-з-уанҭо́ / и-зы-м-уанҭо́, [aor.] (C1) и́-л-уанҭа / и́-лы-м-уанҭа, (C3) и-з-уанҭа́ / и-зы-м-уанҭа́, [impf.] (C1) и́-л-уанҭо-з / и́-лы-м-уанҭо-з, (C3) и-з-уанҭо́-з / и-зы-м-уанҭо́-з, [past indef.] (C1) и́-л-уанҭа-з / и́-лы-м-уанҭа-з, (C3) и-з-уанҭа́-з / и-зы-м-уанҭа́-з; **Abs.** и-уанҭа-ны́ / и-м-уанҭа́-кәа) **1.** to iron sth: Сы́-матәа-қәа с-уанҭе́-ит. *I ironed my clothes.* Уи ба́-зар и-с-уанҭа́-р-о-уп. *If it is dry, I must iron it.*

а-уа́па [n.] (а-уа́па-кәа, уа́па-к) **1.** (= **а-упа́**) a felt cloak (worn in the Caucasus): и-уа́па *his felt cloak, его бурка.* Сара́ а-уа́па ны́қә-з-го-ит. *I wear a felt cloak, Я ношу бурку.* А-уа́па а-ӡы́ а-хьы-кәкәо́-н. *Water was dripping from the cloak.* Уи́ и-уа́па и-ҿы́ле-и-ҳәо-ит. *He is wrapped up in a felt cloak.*

а-уапцәа́ [n.] felt: а-уапцәа́ хы́лҧа *a felt hat.*

а-уа́ҧс [n.] (а-уа́ҧс-цәа, уа́ҧс-к) an Osset(e).

уара́ [personal pron.] **1.** *used to express the 2nd sg. masculine pronoun.* "you, thou." **2.** *used to address a male person, a child or a non-human object*: Уара́, и-у́-хь-и? (IC) *What happened to you, sir?* О, уара́, уа и-а-ва-гы́ло-у а-хучы́. (Ab.Text) *Hey, you, little girl standing over there.* **3.** *used by a wife to address her husband.* "my darling."

а́-уара [n.] (-қәа) kinship; kinship ties.

у-а́рабан [interrog. pron.] who are you?

а-уара́ш [n.] (-қәа) beer: Сара́ а-уара́ш з-жә-ӡо́-м. *I don't drink beer.*

а-уа́рбажә [n.] (-қәа) a kite [type of bird].

а-уаргьи́а [n.] (*a unit of length*) double hand-lengths.

а-уарҕа́н [n.] (-қәа) (*of a musical instrument*) an organ.

а-уардын [n.] (а-уарды́н-қәа) an (ox-)cart ["car" for Abkhazians in Turkey (ACST)]

а-уаркале́и-ра [intr.] [C1-S / C1-Neg-S] [C1 glitter] (**Fin.** [pres.] и-уаркале́и-уе-ит / и-уаркале́и-уа-м (-уаркале́и-ӡо-м), [aor.] и-уаркале́и-т / и-м-уаркале́и-т (-ӡе-ит), [imper.] б-уаркале́и! / бы-м-уаркале́и-н!, шә-уаркале́и! / шәы-м-уаркале́и-н!; **Non-fin.** [pres.] (C1) и-уаркале́и-уа / и-м-уаркале́и-уа; **Abs.** и-уаркале́и-ны / и-м-уаркале́и-кәа) **1.** to glitter: А-жьымжәа-қәа́ уаркале́и-уе-ит. (AFL) *The bunches of grapes are glistening (in the sun).*

уа́рла-шәа́рла [adv.] at times; now and then.

а-уарҳа́л [n.] (а-уарҳа́л-қәа) a carpet.

а-уарҳа́у [n.] (а-уарҳа́у-қәа) *see* **а-уарҳа́л**

а-уаса́ [n.] (а-уаса-қәа́, с-уаса́, уаса́-к, уаса́-да) a sheep; a ewe: уаса́ шә-к *a hundred sheep.* А-уаса-қәа́ ры́ззагь аа-и-це́-ит. *He drove away all of the sheep. Он пригнал всех овец.*

Уаси́л [n.] (m.) [person's name]

а-уасҭа́ [n.] (а-уасҭа-цәа́, уасҭа́-к) a carpenter: с-уасҭа́-н *I was a carpenter.*

а-уа́тка [n.] vodka.

а-уаҭа́х [n.] (а-уаҭа́х-қәа, уаҭа́х-к) **1.** (*for a master*) room: ҩы́цьа р-зы́ а-уаҭа́х *a room for two people, комната на двух человек.* А-уаҭа́х а-ҿы́ шо́буро-уп. *It is stuffy in the room. В комнате душно.*

уаха́ [adv.] **1.** this evening. **2.** tonight: уахгьы́-ҽынгьы́ *днем и ночью.* Уи́ уаха́ хәлбыҽха́ д-аа-уе́-ит. (RAD) *Он придет сегодня вечером. He will come this evening.*

уаха-тәи́ [adj.] this evening's.

уахи́=ҽни [adv.] night and day.

уаххьа́ [n.] (уаххьа-қәа́, уаххьа́-к) supper: А-саа́ҭ 8 (ааба́) р-зы уаххьа́ с-фо́-ит. (AFL) *I have supper at 8 o'clock. Я ужинаю в восемь часов.*

уаххьа́фара *see* **уаххьа́**

уахы́к [adv.] one evening; one night: Уахы́к а́-ла и-ҩ-и́т. (ARD) *He finshed writing it overnight.*

уахы́ки=ҽна́ки [n.] a whole day and night: Уахы́ки=ҽна́ки 24 (ҩажәе́и ҧшьба́) саа́ҭ ы́-ҟо-уп. (AFL) *A whole day and night is 24 hours.* Аҩсҭаа д-зәы́ц-ла-рц а-зы́ уахы́-к-и ҽна́-к-и а́ӡара и́-и-ҭе-ит. (AF) *He gave the Devil a period of a day and anight to spend in thought.*

уахы́нла [adv.] **1.** by night, at night. **2.** by night.

уахы́нлатәи [adj.] [of the] night, nocturnal.

уа́хь [adv.] thither, there: У-з-ла-цо́-зеи уа́хь? *How are you going there?*

уа́хьынтә [adv.] from there.

а-уахәа́ма [n.] (-қәа, а-уахәама-ҿы́) a church; a temple.

уа́ҳа [adv.] **1.** still, more, further: Уа́ҳа д-ры́-шьҭа-м-ле-ит. *He did not go after them any more.* Уи́ и́-да сара́ уа́ҳа уа́ҩ д-сы-м-бе́-ит. *I didn't see anyone except him. Кроме него я никого не видел.* Уи́ уа́ҳа и-а-х-шә-мы́-рҧа-н! (GAL) *Не откладывайте это больше! Don't postpone this any longer!* «Ҳара́ ха́-да уа́ҳа ҧсызхо́у да́рбану?!» ҳәа аку́-н и-шы́-ҟа-з. (Ab.Text) *"What is alive apart from us?!" they said, and (so) they lived.*

Уаҳаид [n.] (m.) [person's name]

а-уа́ц [n.] manure.

уатцәа́шьҭахь [adv.] the day after tomorrow.

уа́тцәкьа [adv.] in the same place, right at that spot.

уатцәтәи́ [adj.] tomorrow's: уатцәтәи́ а-мш *tomorrow, завтрашний день.*

уатцәу́ха [adv.] tomorrow night.

уатцәы́ [adv.] tomorrow: уатцәы́-нӡа *until tomorrow.* Уатцәы́ ҩа́шо-уп. *Tomorrow will be Tuesday. Завтра будет вторник.* Уатцәы́ а-шко́л ахь с-ца́-ро-уп. *I must go to school tomorrow. Завтра я должен пойти в школу.* Уатцәы́ уи́ а-шәҟәы́ и́-с-ҭо-ит. *I'll return this book to him tomorrow. Завтра я отдам ему эту книгу.* Ҳара́ уатцәы́ ҳ-аиҧы́р-тц-уе-ит. *Tomorrow we will bid farewell. Завтра мы попрощаемся.*

уа́шхәа [n.] the Lord in Heaven. (*See* AF:168.)

уашьҭа́ [adv.] (= **уажәашьҭа́**) now.

уашьҭа́н [adv.] afterwards, later.

ауаҩа́ҧшь [n.] (-цәа) a red-haired person, a redhead.

а-уаҩҧсы́ *see* **а-уаҩы́**

а-уаҩра́ [n.] (-қәа) humanity: А-уаҩра́ и-цәы́-ӡ-ит. *He has lost his humanity.*

а́-уаҩ-ха-ра [intr.] [C1-person-become] (**Fin.** [pres.] д-уаҩ-хо́-ит / д-уаҩ-хо́-м, [aor.] д-уаҩ-хе́-ит / д-уаҩы́-м-хе-ит, [imper.] б-уаҩ-ха́! / б-уаҩы́-м-ха-н!; **Non-fin.** [pres.] (C1) и-уаҩ-хо́ / и-уаҩы́-м-хо, [aor.] (C1) и-уаҩ-ха́ / и-уаҩы́-м-ха; **Abs.** у-уаҩ-ха-ны́) **1.** to become a man/woman.

а-уаҩшьра́ [n.] murder.

а-уаҩы́ [n.] (pl. а-уаа́ "people", уаҩы́-к) **1.** a man, a person, human being: с-уаҩ-у́п *I am a* *person, я человек.* х̧-уаа́-уп *мы люди.* с-уаҩ-хо́-ит *I'll become a person, я стану человеком.* с-уаа-хе́-ит *I became a person, я стал человеком.* Ари́ а-уаҩы́ сара́ ды-з-ды́р-уе-ит. *I know this man.* Ара́ уаҩ ды́-ҟа-м. *There is nobody here.* Уаҩ ды-ԥс-ӡо́-м. *No one dies.*

а-уаҩы́тәыҩса [n.] (уаҩы́тәыҩса-к) a person, a human being.

а-уаҩы́дара [n.] uninhabitedness.

а-уаҵьа́к (а-уаҵьа́ҟ-қәа) a fireplace; a hearth.

уба́рҭ [pron.] (pl.) **1.** (= **урҭ**) invisible, remote those. **2.** they.

уба́с [adv.] **1.** so: Сара́ уба́с и-с-гуа́ԥхе-ит. *I liked that so easily. То так (просто) мне понравилось.* **2.** thus, like this, in this way: А-вокза́л а-ҿы́ уба́с с-а-р-х̧әе-ит: «Абри́ а-ԥхәы́с шә-лы́-шьҭа-ла-ны шә-ца́!», х̧әа. (IC) *They said thus to me at the station: "Follow this woman!"* Уба́с сы-з-и-а́-х̧әа А-нцәа́! (AF) *Put it that way to God for me!* **3.** thus, and so, so then: Уба́с, а-зҵаа́ра ӡб-у́п. *And so, the problem has been solved. Итак, вопрос решен.* Уба́с, уажәы́ зе́гь еилка́а-уп. *And so, now everything is clear. Итак, теперь все ясно.* || **иара́ уба́с** moreover, also, furthermore. || **ух̧әа́ уба́с егьы́рҭ-гьы** and so on. || **уба́с егьы́рҭгьы** and so on.

уба́сгьы [adv.] (= **иара́ уба́с**) moreover, also, furthermore.

убаска́к [adv.] (= **уска́к, убырска́к**) so many; so much; to that extent.

уба́скан [adv.] (= **у́скан**) then; at such a moment.

убаскаҩы́к (= **ускаҩы́к**, **убырскаҩы́к**) [adv.] (*of people*) as many: Убасҟаҩы́к / убырсҟаҩы́к / усҟаҩы́к а-ҩы́з-цәа а-рестора́н а-ҿы́ и-еизе́-ит шаҟа́ҩ/заҟа́ҩ а-шко́л ахь и-ца́-з а́ҟара. (ACST) *As many friends gathered at the restaurant as went to the school.*

а-у́бла [n.] (pl. а-у́блаа / а-у́бла-қәа, а-уабла(а)-қәа) an Ubykh: а-у́бла бызшәа́ *the Ubykh language.*

убра́ [adv.] (= **уа**) **1.** (over) there: Убра́ и́-шьҭо-у а-ха́х̧ә ԥшӡа́ с-з-аа-и-га́-аит. (Ab.Text) *Let him bring the beautiful stone back to me from there.* **2.** thither.

убра́нӡа *see* **у́аанӡа**

убра́хь [adv.] (= **уахь**) thither, there.

убри́ /wəbrə́j/ [pron.] (= **уи́**) (sg.) **1.** [demonstrative pron.] invisible, remote it, that (cf. **а(б)ни́**, pl. **у(ба)рҭ**): Убри́ а́-шьҭахь шьыжьхьа́ с-фо́-ит. (AFL) *I am having breakfast after this. После этого я завтракаю.* **2.** [the 3rd personal pron.] (= иара́ *he*, лара́ *she*) he; she. || **убри́ а-кы́нтә** therefore, for that reason: Сара́ сы-ццак-уа́-н, убри́ аҟны́тә уара́ у-ҿы́ сы-з-кы́ды-м-гыл-т. *I was in a hurry, therefore I didn't drop in on you. Я спешил, поэтому не зашел к тебе.* || **убри́ а́кара** so much: Сара́ аа́рлах̧әа ды-з-ды́р-ит, убри́ а́ҟара уи́ и-ҿ-и́-ԥсахы-ит. (RAD) *Он настолько изменился, что я его еле узнал. He had changed so much that I hardly recognized him.* || **убри́ а-зы́** therefore. || **убри́ инаркны́** since then, since that time.

убриа́кара [adv.] so much; some: Убриа́ҟара сар-гьы́ и-сы-ҭ! *Give me some, too!*

убри́-нахыс [adv.] since then: Убри́нахыс уа́х̧а уаҩы́ и-м-а-х̧а́-ц. *Since then nobody has heard anything further about it.*

убырска́к *see* **убаска́к**

убырскаҩы́к *see* **убаскаҩы́к** (= **ускаҩы́к**)

убы́скан *see* **уба́скан**

а-убы́х [n.] (а-убы́х-цәа, убы́х-к) (= **а-у́бла**) an Ubykh. убых.

а-у́ӷу [n.] (-қәа) a yoke: а́-цә-уӷу *the ox's yoke.*

уеизгьы́ [adv.] all the same: Аха́ уеизгьы́ с-шәы́-ц-цо-ит. *But all the same I'll go with you.*

-уе-ит < **-уа-ит** /-wa-jt'/

а́-у-жь-ра [tr.] [C1-a-Prev-C3-R / C1-a-Prev-C3-Neg-R] [C3 let C1 go] ([pres.] д-а́-у-сы-жь-уе-ит / д-а́-у-сы-жь-уа-м, [aor.] д-а́-у-сы-жь-ит (*я отпустил его/ее*) / д-а́-у-с-мы-жь-ит (*я не отпустил его/ее*), [imper.] и-á-у-жь! / и-á-у-б-мы-жьы-н!, и-á-у-шәы-жь! / и-á-у-шә-мы-жьы-н!; **Non-fin.** [pres.] (C1) и-á-у-сы-жь-уа / и-á-у-с-мы-жь-уа, (C3) и-á-у-зы-жь-уа / и-á-у-з-мы-жь-уа; **Abs.** д-á-у-жь-ны / д-á-у-мы-жь-кәа) **1.** to let go, to release, set free: д-ó-у-жь! *let him/her go! Отпусти его/ее!* и-á-у-лы-жь-уе-ит *she is releasing it/them.* Ҳарá á-ҧхын х-ан-ó-у-жь-у х-колнхáра х-á-цхраа-уе-ит. (AFL) *When we are on summer vacation, we help the collective farm. Когда у нас летние каникулы, мы помогаем колхозу.* **2.** to grow (*a beard, etc.*): Уарá у-ҧатцá á-у-у-жь-ма? *Have you grown whiskers?* — Ааи, сарá с-ҧатцá á-у-сы-жь-ит. (IC) *Yes, I have grown whiskers.*

уи /wәj/ (= **убри́**) **1.** [demonstrative pron.] *used for referring to a thing that is not near the speaker or a thing that has already been referred to by the speaker.* "that," "it" (cf. **ани́**, **ари́**): уи-á-ла (*or* уи á-ла) *in that way.* уи́ а-дәқьáн *that shop, тот магазин.* Уи а-шәҟәы́ сарá и-сы́-мо-уп. *This book is at my place. Эта книга есть у меня.* || **уи á-шьҭахь** after that. || **уи á-уп** this is: И-ҟо-у уи á-уп. (Ab.Text) *This is what is happening. Вот что происходит.* Ус áкузар, и́-ҟа-у-ҵа-ша уи á-уп. (Ab.Text) *If so, this is what you must do. Если так, вот что ты должен сделать.* **2.** [personal pron.] *used instead of the three person pronouns* иарá, ларá. "he," "she": Уи сарá сы́-чкәын и-áкә-ӡа-м. *He is not my son.* Уи сар-гьы́ ды-з-ды́р-уе-ит. *I too know him/her.*

уи-áамҭа-зы [adv.] at that moment.

уиáҟара [adv.] so much; so: Уиáҟара у-хы́ у-мы-рᵒехәá-н! (ARD) *Don't boast about yourself so much!* Б-зы́-раaҧсе-и уиáҟара? *Why did you get so tired?* [lit. *What tired you so much?*] Ҳарá х-ҿы á-ӡынра уиáҟара и-ӡәӡәа-ӡá-м. *The winter is not so severe in our area.*

у́ипахыс [adv.] thereafter, after that.

а-улафахәы́ [n.] (а-улафахә-кәá) wages, salary, pay.

а-у́лица [n.] (-кәа, у́лица-к) a street.

áума [n.] (= **óума**) a lot.

умбó [parenthesis] indeed, really.

умбóи [parenthesis] can't you see?

а-университéт [n.] (-кәа) a university: а-ҳәынҭқáрратә университéт *the state university, государственный университет.* А-университéт ахь с-цó-ит. *I go to university, Я иду в университет.* Асҭáнда сынтәá а-университéт д-á-лге-ит. (AFL) *Astanda finished the university this year. Асманда кончила университет в этом году.* Сарá а-университéт с-ҭá-ле-ит. *I entered the university. Я поступил в университет.*

уóуп = **уа á-уп** "X is/are there": Урҭ р-ҭыҧ уó-уп (/уа á-уп). *Their place is there.*

-уп [verbal suffix] **1.** *used to mark the finite Present of stative verbs. When a verbal stem ends in* **а**, *it changes into* **о** *before the* **у** *of this suffix. But when the stem ends in* **аа** *or* **ҳа**, *the second vowel* **а** *does not change into* **о** *even before the* **у**: д-уаᴓ-у́п *he/she is a person, он/она есть человек.* И-баá-уп. *It is/they are rotten.* И-бáҳа-уп. *It is/they are dug up.* Ҳарá х-қы́ҭа дáара и-қы́ҭа ду́-уп. (AFL) *Our village is a very big village. Наша деревня — очень большая деревня.* А-жә бгаду́-уп и-з-шьы́-з. *The cow was killed, namely, by the wolf. Корова убита именно волком.* **2.** *used to express a passive meaning. A dynamic transitive form is transformed into a stative intransitive one*: Ари́ ҧшӡаны́ и-ҟа-цó-уп. *This is made beautifully.* (cf. и-ҟа-р-цó-ит *they are making it/them*).

á-уп **1.** [predicate] < а-а-уп (it-copula-Stative suffix) "X is it" (cf. **-а-**): Аҧсны́ сарá сы-ҧсáдгьыл á-уп. *Abkhazia is my homeland.* **2.** [adv.] indeed, in actual fact: Д-шы-ӡӡáб-у л-áб и-з-ды́р-ӡо-м á-уп. (Ab.Text) *In fact her father doesn't know that "he" is a girl. В самом деле ее отец не знает, что "он" девочка.*

а-упá [n.] (= **а-уáпа**) (а-упа-кәá, уáпа-к) a felt cloak (*worn in the Caucasus*).

áура [n.] **1.** length. **2.** height: á-ҵла áура *the height of the tree.* **3.** height, stature: л-óура *her stature.*

áу-ра [masdar: /áw-ra/ < /á-aw-ra/] [intr. inverse] [C1-C2-R / C1-C2-Neg-R], [*lit.* C1 pass to C2], [C2 receive C1] (**Fin.** [pres.] и-с-óу-е-ит /jə-s-áw-wa-jt'/ (*я получаю его(нрз.)/их, lit. оно/они мне достается/-ются*), и-б-óу-е-ит, и-у-óу-е-ит, и-óу-е-ит < /jə-j-áw-wa-jt'/ *he receives it/them*, и-á-у-е-ит < /j-a-áw-wa-jt'/, и-аҳ-áу-е-ит < /j-aħ-áw-wa-jt'/ / и-с-óу-а-м /jə-s-áw-wa-m/, и-б-óу-а-м, и-у-óу-а-м, и-л-óу-а-м, и-óу-а-м, и-á-у-а-м, и-аҳ-áу-а-м, и-шә-óу-а-м, и-р-óу-а-м, [aor.] и-с-óу-ит /jə-s-áwə-jt'/, и-л-óу-ит, и-óу-ит, и-á-у-ит, и-аҳ-áу-ит, и-шә-óу-ит, и-р-óу-ит / и-с-м-óу-ит, и-б-м-óу-ит, и-у-м-óу-ит, и-л-м-óу-ит, и-м-óу-ит, и-а-м-óу-ит, и-аҳ-м-óу-ит, и-шә-м-óу-ит, и-р-м-óу-ит, [fut.1] и-л-óу-п / и-л-óу-рым, [fut.2] и-л-óу-шт / и-л-óу-шам, [perf.] и-л-óу-хьеит / и-л-м-óу-цт, [impf.] и-л-óу-ан / и-л-óу-амызт, [past indef.] и-л-óуы-н / и-л-м-óуы-зт, [cond.1] и-л-óу-рын / и-л-óу-рымызт, [cond.2] и-л-óу-шан / и-л-óу-шамызт, [plupf.] и-л-óу-хьан / и-л-м-óу-цызт, [imper.] и-б-óу! / и-б-м-óу-н!, и-шә-óу / и-шә-м-óу-н!, [poten.] *и-з-с-оу-ам; [nonvol] и-амха-с-óу-ит / и-амха-с-м-óу-ит; **Non-fin.** [pres.] (C1) и-с-óу-а /jə-s-áw-wa/, и-б-óу-а, и-у-óу-а, и-óу-а, и-л-óу-а, и-áу-а, и-ҳ-áу-а, и-шә-óу-а, и-р-óу-а / и-с-м-óу-а, и-б-м-óу-а, и-у-м-óу-а, и-м-óу-а, и-л-м-óу-а, и-аҳ-м-óу-а, и-шә-м-óу-а, и-р-м-óу-а; (C2) и-з-оу-á, д-з-оу-á, с-з-оу-á, б-з-оу-á, у-з-оу-á, ҳ-з-оу-á, шә-з-оу-á / и-з-м-оу-á, ды-з-м-оу-á, сы-з-м-оу-á, бы-з-м-оу-á, у-з-м-оу-á, ҳа-з-м-оу-á, шәы-з-м-оу-á, [aor.] (C1) и-с-óу, [impf.] (C1) и-с-óу-а-з / и-сы-м-óу-а-з, [past indef.] (C1) и-с-óу-з / и-сы-м-óу-з; **Abs.** и-с-óу-ны / и-с-м-óу-кәа) **1.** to receive; to obtain; to acquire**:** А-пéнсиа л-óу-е-ит < /ϕ-l-áw-wa-jt'/. *She is receiving a pension.* Сарá с-ҟы́нтәи а-шәҟәы́ л-óу-ит. *She received a letter from me.* А-улафахәы́ р-óу-ит. *They received a salary.* Абáс á-ла и-р-óу-ит Аԥсны́жәлар а-хақәи́ҭra. *In this way Abkhazians have obtained freedom.* **2.** to be born**:** Уи́ а-ԥá д-л-óу-ит. *A son was born to her. У нее родился сын.* И-б-ó-уа а-ԥҳа-гьы́ бар-гьы́ шәы-с-шь-уé-ит. (Ab.Text) *I'll kill you and the daughter whom you are bearing. Я убью тебя и дочь, которую ты родишь.* [cf. **аи-ý-ра** "to receive"; **аи-óу-ра** "to obtain"; **а-х-ша-рá** "to be born, to give birth to"]

а-ýра [n.] (-қәа) a wooden sledge-hammer.

а-у-рá[1] /a-w-rá/ [tr.] (cf. **а-ýс** "work") [C1-C3-R / C1-C3-Neg-R] [C3 do/make C1] (**Fin.** [pres.] и-з/с-у-é-ит (< /jə-z/s-w-wá-jt'/), и-б-у-é-ит, и-у-у-é-ит (*you.M. do it/them*), и-у-é-ит (*he does it/them*), и-л-у-é-ит, и-а-у-é-ит, и-аа/аҳ-у-é-ит, и-жә/шә-у-é-ит, и-р-у-é-ит / и-з-у-á-м (*и-с-у-á-м) *or* и-з-у-ӡó-м, и-у-á-м, и-а-у-á-м, и-аа/аҳ-у-á-м, и-жә/шә-у-á-м, [aor.] и-з/с-у-и́т /jə-z/s-wə́-jt'/, и-у-у-и́т, и-б-у-и́т, и-л-у-и́т, и-у-и́т, и-а-у-и́т, и-аа-у-и́т, и-жә-у-и́т, и-р-у-и́т / и-сы/зы-м-у-и́т, и-у-м-у-и́т, и-бы-м-у-и́т, и-м-у-и́т, и-лы-м-у-и́т, и-á-м-у-ит, и-ҳа/аа-м-у-и́т, и-шәы/жәы-м-у-и́т, и-ры-м-у-и́т, [fut.1] и-л-уы́-п / и-л-у-ры́м, [fut.2] и-л-уы́-шт / и-л-уы́-шам, [perf.] и-л-у-хьé-ит / и-лы-м-уы́-цт, [impf.] и-л-у-áн / и-л-у-áмызт, [past indef.] и-л-уы́-н / и-лы-м-уы́-зт, [cond.1] и-л-у-ры́н / и-л-у-ры́мызт, [cond.2] и-л-уы́-шан / и-л-уы́-шамызт, [plupf.] и-л-у-хьáн / и-лы-м-уы́-цызт, [imper.] и-уы́! / и-бы-м-уы́-н!, и-шә-уы́! / и-шәы-м-уы́-н!; [caus.] и-с-лы-р-у-и́т / и-сы-л-мы-р-у-и́т, и-аҳ-лы-р-у-и́т / и-ҳа-л-мы-р-у-и́т; [poten.] и-сы-з-у-á-м, и-с-зы́-м-у-ит; [nonvol] и-с-áмха-у-ит / и-с-áмха-м-у-ит; [ver.1] и-с-зы́-р-у-е-ит; **Non-fin.** [pres.] (C1) и́-л-у-а, и́-з/с-у-а, и́-б-у-а, и́-у-у-а, и́-и-у-а, и-а-у-á, и-áҳ-у-а, и́-жә/шә-у-а, и́-р-у-а / и́-лы-м-у-а, и́-сы/зы-м-у-а, и́-бы-м-у-а, и́-у-м-у-а, и́-и-м-у-а, и-á-м-у-а, и-áҳа-м-у-а, и́-шәы/жәы-м-у-а, и́-ры-м-у-а, (C3) и-з-у-á / и-зы-м-у-á, [aor.] (C1) и́-л-у / и́-лы-м-у, (C3) и-з-уы́ / и-зы-м-уы́, [impf.] (C1) и́-л-у-а-з / и́-лы-м-у-а-з, (C3) и-з-у-á-з / и-зы-м-у-á-з, [past indef.] (C1) и́-л-уы-з / и́-лы-м-уы-з, (C3) и-з-уы́-з / и-зы-м-уы́-з; **Abs.** и-у-ны́ / и-м-ý-кәа, и-á-м-у-кәа) **1.** to do; to make**:** И-у-у-а-зи /jə́-w-w-[w]a-zəj/ уарá? *What are you doing?* И-шԥá-у-у-[у]е-и? *What are you going to do?* Шәарá и́-шә-ҭахы-у жә-у-лá! *What you want to do, you do!* И-шԥá-з-у-р-и? *How shall I do it?* Шьыбжьóн с-áн а-бы́сҭа ҳ-зы́-л-у-ит. (AFL) *At midday my mother made some polenta for us. В полдень моя мать сделала мамалыгу для нас.* А-уаá áцәгьара р-зы́-л-у-а-н. *She would do folk harm.* || **а-у́с а-у-ра́ 1.** to work; to labor: с-а́н-и с-а́б-и а-у́с р-у-е́-ит (< ф-р-у-уе-ит) *my mother and father are working.* Ус шәы-м-у́-н! *Don't do so!* А-шко́л а-ҟны́ а-у́с л-у-е́-ит. *She is working at a school.* Уара́ у-а́б а-у́с абе́-и-у-е-и? *Where is your father working?* С-ашьа́ а-зауа́д а-ҿы́ а-у́с и-у-е́-ит. *My brother is working at a factory.* А-у́с бзи́аӡа и-у-а́н. *He was working very well.* У-а́н а-у́с л-уа́-ма (< л-у-уа-ма)? *Is your mother working?* У-а́н а-у́с аба́-л-у-е-и (<*аба-л-у-уа-и)? *Where is your mother working?* С-а́н а-қы́ҭа шко́л а-ҿы́ а-у́с л-у-е́-ит. (AFL) *My mother is working at the village school. Моя мать работает в деревенской школе.* А-у́с у-зы-р-у-а́-зеи? *What is making you work?* **2.** to work, to operate: Сара́ с-ҭел а-у́с а-у-ӡо́-м. *My phone is not working. Мой телефон не работает.* || **и-а-у-а́-зеи / и-а-у-е́-и** why. || **и-гәы́ и-а́-м-у-кәа** д-р-а́-з-тцаа-ит. he could not help asking them. || **и́-р-у-лак** (they) somehow or other. || **а-ча́ра а-у-ра́** to celebrate a wedding. [cf. **а́-катца-ра** "to make, to do"; **а-з-у-ра́** "to do sth for sb/sth"] **3.** to be possible: у́с а-ҳәара́ а-у-е́-ит *it is possible to say (so).*

а-у-ра́[2] [intr.] [< -у- "do"] [C1-a-R / C1-a-Neg-R] [C1(rain, snow) fall] (**Fin.** [pres.] и-а-у-е́-ит < /j-a-w-wá-jt'/ / и-а-у-а́-м < /j-a-w-wá-m/, [aor.] и-а-у-и́т < /j-a-wә́-jt'/ / и-а́-м-у-ит < /j-á-m-wә-jt'/, [imper.] у-а-уы́! < /w-a-wә́/ / у-а́-м-у-н! < /w-á-m-wә-n/; **Non-fin.** (C1) [pres.] и-а-уа́ / и-а́-м-уа, [aor.] и-а-уы́ / и-а́-м-у, [impf.] и-а-уа́-з / и-а́-м-уа-з, [past indef.] и-а-уы́-з / и-а́-м-уы-з; **Abs.** и-а-уа́, и-а-у-ны́ / и-а́-м-у-кәа) **1.** (*of rain, snow*) to fall: а-қәа́ а-у-е́-ит *it is raining, идет дождь.* и-а-у-е́-ит а-сы́ *it is snowing, идет снег.* а-сы́ а-у-е́-ит *it is snowing, снег идет.* Иацы́ а-сы́ а-у-и́т *Yesterday snow fell. Вчера выпал снег.* Аӡын а-сы́ а-у-е́-ит *In winter snow falls. Зимой выпадает снег.* А-қәа́ ан-а-уы́ а́-шьҭахь а́-дгьыл ҧсаа́-ит. (AAD) *After it rained, the ground got wet.* Усҟан а́-шьха а-сы́, а-қуа́, а-кы́рцх а́-м-у-а-заарын. (Ab.Text) *In those days, they say that there was no snow, rain nor hail in the mountains.*

а-у-ра́[3] [tr.] to agree with.

а-ура́[4] [n.] (а-ура-кәа́, ура-к) harvest: А-ура-кәа́ ҭа́-р-гало-ит. *They are gathering the harvest. Они собирают урожай.*

а-уро́к [n.] (-қәа) a lesson. урок: А-уро́к н-тцәе́-ит. *The class has finished.* Ари́ сара́ с-зы́ и-уро́кы-уп. (AAD) *This is a lesson to me.*

у́рҭ [demonstrative pron.] **1.** (= **уба́рҭ**) those; invisible, remote they. **2.** they: ҳа ҳ-а́ба-цәа, у́рҭ р-а́ба-цәа *our fathers, their fathers, наши отцы, их отцы.* Урҭ а́-шьха и-н-хо́-н, уаа́ сса́-н, (...). (Ab.Text) *They were a short people and lived in the mountains, (...).*

у́рҭқәа [pron.] all this: Урҭқуа сара́ еиҳагьы́ бзи́а и-з-бо́-ит. (Ab.Text) *I like all this more.*

а́-урыс [n.] (а́-урыс-цәа/-қәа, уры́с-к) a Russian (man/woman): а́-урыс бызшәа́ *the Russian language, русский язык.* а́-урыс жәла́р *the Russian people, русский народ.* А-урыс фица́р *a Russian officer.*

а́-урыстә [adj.] Russian. русский: а́-ҧсуа=а́-урыстә жәар *an Abkhaz-Russian dictionary.*

Урыстәы́ла [n.] Russia. Россия: Урыстәы́ла а-ҳҭны́қалақь и-а́-хьӡ-уп Москва́. *The capital of Russia is Moscow.* Сара́ Урыстәы́ла-н сы-н-хо́-ит. *I live in Russia. Я живу в России.*

Урыстәы́латәи [adj.] Russian. Российский,: Урыстәы́латәи А-федера́циатә ҳәынтқа́рра *Russian Federation.*

а́урысшәа [n.] the Russian language. русский язык.

ус [adv.] **1.** thus, so, like that. **2.** as follows: у́с-гьы *even so, и так.* у́с а-ҳәара́ а́лшо-ит *it is possible to say so.* Изба́н, у́с зы́а у-з-гы́ла-з? *Why did you get up so early? Почему ты так рано встал?* || **у́с ана́кәха** consequently, therefore: Урҭ да́ара р-ҿаазтцәы́лхны а-у́с р-у-е́-ит, у́с ана́куха, р-пла́н иа́цтцаны и-на-р-гӡо́-ит. *They are working with enthusiasm; consequently, they are overfulfilling their plan.* || **у́с а́кә-зааит** пусть так, so be it! || **ус а́кәы-м-кәа 1.** if not so: Ус уа ды-ш-тәа́-з а́кумкуа, (...). (Ab.Text) *Когда он сидел там, (...).* **2.** at the time. || **ус а́кә-зар** if so; if that's so: Ус а́кузар, и́-ҟа-у-тца-ша уи а́-уп.

(Ab.Text) *If so, this is what you must do. Если так, вот что ты должен сделать.*

а-у́с /a-wə́s/ [n.] (а-ус-қәа́, ус-к, х̧-у́с-қәа) **1.** business, work; affairs; deed: а-ҩын у́с-қәа *household chores, домашние дела.* а-у́с а-напаркра́ *to begin [some kind of] work, приняться за дело.* Уара́ у-ҿы́ а-у́с сы́-мо-уп. *I have some work for you.* жәо́хә мину́ҭ а-у́с а-у-хьé-ит ҩба́ р-ахь (AFL) *fifteen minutes past one, lit. 15 минут работали к двум = 15 минут второго.* Сара́ с-ҭаацәа́ с-ры́-цхраа-уе-ит а-ҩын у́с-қәа р-ҿы́. (AFL) *I'll help my family with the domestic chores.* А-ԥсшьара́ — ари́ у́с-да=х̧әыс-да а-тәаро́-у-ма? (AFL) *Отдых это сидение без дела.* А-ҩы́н а-ус-қәа́ р-ҿы́ да́ара д-х̧а́-цхраа-уе-ит. (AFL) *She very much helps us with the housework. Она очень помогает нам в домашней работе.* Дара́ иа́рбанзаалак-гьы акы́ у́с-с и-ры́-ма-м-куа, акы́ и-а-цәы́-м-шәо и́-ҟа-заарын. (Ab.Text) *They didn't have any work nor did they fear anything.* || **а-у́с [а]-у-ра́** (= **а-у́с-у-ра**) to work: А-шко́л а-ҟны́ а-у́с л-у-é-ит. *She is working at the school.* У-а́н а-у́с л-уа́-ма (< л-у-уа-ма)? *Твоя мать работает?* А-са́бша уара́ а-у́с у-уа́-ма? (< у-у-уа-ма) *Do you work on Saturday? В субботу ты работаешь?* Ари́ а-дәқьа́н а-саа́ҭ 10 (жәаба́) инаркны́ уаха́ хәлбҩеха́ а-саа́ҭ а́аба-нӡа а-у́с а-у-é-ит. (AFL) *This store is open from 10 o'clock to 8 o'clock in the evening. Этот магазин работает с десяти до восьми часов вечера.* || **ус-с и-ҟа-у-м-ҵа́-н!** don't worry about it/them! (= хьаа́-с и-ҟа-у-м-ҵа́-н!)

у́с-гьы [adv.] even so.

у́сда-х̧әы́сда [adv.] (colloq.) without any business: Усда-х̧әы́сда д-дәы́қә-уп. (ARD) *He/She is hanging around without any business. Он/Она болтается без дела.*

а-у́сеилыргаҩ [n.] (-цәа) an investigator.

а-у́сеицура [n.] (-қәа, х̧-у́сеицура) collaboration, cooperation.

а-у́сзуҩы [n.] (а-у́сзуҩ-цәа) a worker; an agent: С-х̧әынҭқа́рратә у́сзуҩ-хе-ит. *I became a statesman.*

уска́к [adv.] *see* **убаска́к**

у́скан [adv.] (= **уба́скан**) then, at that time: Усҟан а-ԥсаба́ра а-ҿ-шԥа́-ԥсах-уе-и? (AFL) *How will nature change then? Как тогда природа изменится?* Усҟан иара́ ды-чкәы́на-н. *He was young then. Тогда он был молод.* Усҟан а́-шьха а-сы́, а-куа́, а-кы́рцх а́-м-у-а-заарын. (Ab.Text) *In those days, they say that there was no snow, rain nor hail in the mountains.*

у́скангьы [adv.] by the way: Усҟангьы шәара́ уа́ шә-анба́-ҟа-з? *By the way, when were you there? Кстати, когда вы там были?*

ускаҩы́к *see* **убырскаҩы́к**

у́-с-ҭ [interj./imperative] *used when one hands someone something.* here, (take it!): Аа, у́сҭ а́-х̧әа (Ab.Text) *Here, take the saber! Вот, на, возьми шашку!* [cf. **бы́-с-ҭ**, **шәы́-с-ҭ**, *see* **а́-ҭа-ра** "to give"]

а-у́сумҭа [n.] (-қәа, л-у́сумҭа) (scholarly) works: а-ҭцарады́рратә у́смҭа-қәа *scientific works, научные труды.*

а-у́с-у-ра[1] /a-wə́sə-w-ra/ [tr.] [а-у́с C3-R] [C3 work, *lit.* C3 do work] ([pres.] а-у́с з-у-é-ит (< з-у-уа́-ит) (*с-у-é-ит) (*я работаю*); а-у́с б-у-é-ит (*ты(f.) работаешь*); а-у́с и-у-é-ит (*он работает*); а-у́с л-у-é-ит (*она работает*); а-у́с х̧-у-é-ит (*мы работаем*) / а-у́с с-у-ӡо-м (*я не работаю*), [impf.] а-у́с з-у-а́н (< з-у-уа-н) (*я работал*) / а-у́с з-у-ӡо́-мызт (*or* с-у-ӡо́-мызт) (*я не работал*), [imper.] а-у́с у́! / а-у́с бы-м-у́-н!, а-у́с шә-у́! / а-у́с шәы-м-у́-н!; **Non-fin.** [pres.] (C3) а-у́с з-у-а́ / а-у́с зы-м-у-а́, [imper.] (C3) а-у́с з-у-а́-з / а-у́с зы-м-у-а́-з; **Abs.** а-у́с у-ны́ / а-у́с мы́-у-кәа) **1.** to work: Сара́ а-шко́л а-ҿы́ а-у́с з-у-é-ит. (AFL) *I am working at the school. Я работаю в школе.* А-у́сура у-анба́-цо-(и)? (AFL) *When do you go to work? Когда ты едешь на работу?* У-а́н а-у́с аба́-л-у-е-и? (AFL) *Where is your mother working? Где работает твоя мать?* Уи́ џьаргьы́ а-у́с л-у-ӡо́-м. (< /lə-w-ӡa-wa-m/) *She is not working anywhere. Она нигде не работает.* **2.** to begin to work: А-машьы́на а-у́сура и-а́-ла-ге-ит. (RAD) *The car began to work. Машина заработала.* [**а-у-ра́** /a-w-ra/ "to do"]

а-у́сура[2] [n.] (-ҟәа, у́сура-к) **1.** work; job; employment: сара́ с-у́сура мшы́ *my workday, мой рабочий день.* У-у́сура анба́-нтҵәо-и? (AFL) *When does your work end? Когда кончается твоя работа?* Иахьа́ шәахьо́-уп, а-у́сура с-ца́-ро-уп. *Today is Monday, [so] I must go to work.*

а-у́сурҭа [n.] /a-wə́səwrta/ (-ҟәа, л-у́сурҭа) a place of work.

а-у́су-цәа [n.] (pl.) *see* **а-у́су-ҩ**

а-у́су-ҩ [n.] (а-у́су-цәа, у́суҩы-к) a worker: Сара́ с-у́суҩ-уп. *I am a worker.*

а-у́сҳәа [n.] (-цәа, у́сҳәа-к) a judge.

а-у́сҳәарҭа [n.] (-ҟәа) **1.** an institution, an establishment: а-у́сҳәарҭа-ҿы *at the institution, в учреждении.* **2.** a village council.

а-у́ҭра [n.] (а-у́ҭра-ҟәа, у́ҭра-к) a market-garden: а-у́ҭра а́-бжа *half of the market-garden, половина огорода.*

а-у́ҭракаҭҵаҩ [n.] (-ҟәа) a market gardenaer.

а-уҭраҭы́х [n.] (а-уҭраҭы́х-ҟәа) vegetables.

-ууаӡа [adv.] mightily.

ау́ха [adv.] that night: Ау́ха сы-ԥҳәы́с ԥа д-л-бу-ит. *That night my wife gave birth to a son.*

а́ухантәарак [adv.] (during) all that night: А-чы́мазаҩы а́ухантәарак д-пато́ д-гәаҭе́и-уа-н. *The patient was tossing and turning in delirium all night. Всю ночь больной метался в бреду.*

ау-ха-ра́ [intr.] [C1-long-become] (**Fin.** [pres.] и-ау-хо́-ит / и-ау-хо́-м, [aor.] и-ау-хе́-ит / и-ау́-м-хе-ит, [imper.] б-ау-ха́! / б-ау́-м-ха-н!; **Non-fin.** [pres.] (C1) и-ау-хо́ / и-ау́-м-хо, [aor.] (C1) и-ау-ха́ / и-ау́-м-ха; **Abs.** и-ау-ха-ны́ / и-ау́-м-ха-кәа) **1.** to become longer: а́-тҳ ау-хо́-ит *the nights are getting longer.* [cf. **ау** "long"]

у-хатҵкы́ [particle] please: Ухатҵкы́, абра́ у-тәа́! *Sit down here, please!* || **у-хатҵкы́ с-ца́-аит** *dear, darling.*

уҳәа́ [adv.] [у-ҳәа "you-say" < у-ҳәа[-уа-ит](?). For the form see Hewitt, AF:99] (егьы́рҭ = уҳәа́ инадыркны́) and so on; and others, etc.: А-шҭа-ҟәа, а-дә-ҟәа́, а́-рха-ҟәа уҳәа́ зехьы́нџьара сы́-ла и-хҟьо́-уп. (AFL) *The yards, fields, valleys, and so on are everywhere covered with snow. Дворы, поля, долины и так далее всюду покрываются снегом.* || **уҳәа́ убас егьы́рҭ-гьы** and so on, et cetera.

уҳәансҳәа́н [n.] (-ҟәа) gossip; rumor: Уҳәансҳәа́н а-ӷа-цәа́ р-а́хьтә и-аа-уе́-ит. *Rumors come from enemies. Слухи исходят от врагов.*

а́у-шьҭ-ра [tr.] [C1-Prev-C3-R / C1-Prev-C3-Neg-R] [C3 let C1 go] (**Fin.** [pres.] и-а́у-сы-шьҭ-уе-ит (*or* и-бу-сы-шьҭ-уе-ит) / и-а́у-сы-шьҭ-уа-м (-шьҭ-ӡо-м), [aor.] и-а́у-сы-шьҭ-ит / и-а́у-с-мы-шьҭ-ит (-ӡе-ит), [imper.] и-а́у-шьҭ! / и-а́у-б-мы-шьҭы-н!, и-а́у-шәы-шьҭ! / и-а́у-шә-мы-шьҭы-н!; **Non-fin.** [pres.] (C1) и-а́у-сы-шьҭ-уа / и-а́у-с-мы-шьҭ-уа, (C3) и-а́у-зы-шьҭ-уа / и-а́у-з-мы-шьҭ-уа; **Abs.** и-а́у-шьҭ-ны / и-а́у-мы-шьҭ-кәа) **1.** to let go; to set free; to let out: д-а́у-сы-шьҭ-ит *I let him/her go, я отпустил его/ее.* а-кани́кул-ҟәа р-зы́ а-тҵаҩ-цәа́ р-бу-шьҭра *to let out the students for the vacation, распустить учеников на каникулы.* а-ҭы́с а-дәахьы́ а́ушьҭ-ра *to let a bird go to freedom, выпустить птицу на волю.* а-хуч-ҟәа́ а-ԥша́хьырс-ра р-бу-шьҭра *to let the children go take a walk, пустить детей гулять.* А-баандаҩы́ д-а́у-ры-шьҭ-ит (*or* д-бу-ры-шьҭ-ит). *They released the prisoner. Они отпустили заключенного.* **2.** to allow, to permit: а́ҳ с-а́у-и-шьҭ-уа-м *царь не разрешает меня.*

Ф ф

ф(ы)- [num.] < фба “six”.

а-фа́брика [n.] (-қәа) a factory. фабрика.

а-фа́кт [n.] (-қәа) fact.

а-факульте́т [n.] (-қәа) a faculty; a department. факультет**:** а-филоло́гиатә факульте́т *the philological department, the department of philology, филологический факультет.*

а-фа́ҟь [n.] (-қәа) steam**:** А-фа́ҟь д-а́-бл-ит. *He/She was burned by the steam.*

а́-фа-ра[1] [tr.] [C1-C3-R / C1-C3-Neg-R] [C3 eat C1] (**Fin.** [pres.] и-с-фо́-ит, бы-с-фо́-ит, д-а́-фо-ит, д-аҳ-фо́-ит, ҳа-л-фо́-ит / и-с-фо́-м (-фа-ӡо́-м), и-а́-фо-м; [aor.] и-с-фе́-ит, д-а́-фе-ит / и-сы-м-фе́-ит, с-бы-м-фе́-ит, д-а́-м-фе-ит, б-ҳа-м-фе́-ит, [fut.1] бы-с-фа́-п, б-а́-фа-п / бы-с-фа-ры́м, б-а́-фа-рым, [fut.2] бы-с-фа́-шт, б-а́-фа-шт / бы-с-фа́-шам, б-а́-фа-шам, [perf.] бы-с-фа-хье́ит, б-а́-фа-хьеит / б-сы-м-фа́-ц(т) (-фа-ӡа́-цт), б-а́-м-фа-ц(т), [impf.] бы-с-фо́-н, б-а́-фо-н / бы-с-фо́-мызт, б-а́-фо-мызт, [past indef.] бы-с-фа́-н, б-а́-фа-н / б-сы-м-фа́-зт, б-а́-м-фа-зт, [cond.1] бы-с-фа-ры́н, б-а́-фа-рын / бы-с-фа-ры́мызт, б-а́-фа-ры́мызт, [cond.2] бы-с-фа́-шан, б-а́-фа-шан / бы-с-фа́-шамызт, б-а́-фа-шамызт, [plupf.] бы-с-фа-хьа́н, б-а́-фа-хьан / б-сы-м-фа́-цызт, б-а́-м-фа-цызт, [imper.] и́-фа! *or* и́-ф! / и-бы-м-фа́-н!, и-шә-фа́! / и-шәы-м-фа́-н!; [poten.] и-с-зы́-фо-м, и-с-зы́-м-фе-ит; [nonvol] и-с-а́мха-фо-ит / и-с-а́мха-фо-м, и-с-а́мха-фе-ит / и-с-а́мха-м-фе-ит; [vers.1] ?и-л-зы́-с-фе-ит / и-л-зы́-сы-м-фе-ит; [vers.2] и-л-цәы́-с-фе-ит / и-л-цәы́-сы-м-фе-ит; **Non-fin.** [pres.] (C1) и́-с-фо (*то, которое я ем*), и́-б-фо, и́-у-фо, и-а́-фо, и́-и-фо, и́-л-фо, и-а́ҳ-фо, и́-шә-фо, и́-р-фо / и́-сы-м-фо, и́-бы-м-фо, и́-у-м-фо, и-а́-м-фо, и́-и-м-фо, и́-лы-м-фо, и-а́ҳа-м-фо, и́-шәы-м-фо, и́-ры-м-фо, (C3) и-з-фо́ (*тот, который ест его(нрз.)/их*), сы-з-фо́, бы-з-фо́, у-з-фо́, ды-з-фо́, ҳа-з-фо́, шы-з-фо́ / и-зы-м-фо́, с-зы-м-фо́, б-зы-м-фо́, у-зы-м-фо́, д-зы-м-фо́, ҳ-зы-м-фо́, шә-зы-м-фо́, [aor.] (C1) и́-с-фа / и́-сы-м-фа, (C3) и-з-фа́ / и-зы-м-фа́, [fut.1] (C1) и́-с-фа-ра / и́-сы-м-фа-ра, (C3) и-з-фа-ра́ / и-зы-м-фа-ра́, [fut.2] (C1) и́-с-фа-ша / и́-сы-м-фа-ша, (C3) и-з-фа́-ша / и-зы-м-фа́-ша, [perf.] (C1) и́-с-фа-хьоу (-хьа(ц)) / и́-сы-м-фа-хьоу (-хьа(ц)), (C3) и-з-фа-хьо́у (-хьа́(ц)) / и-зы-м-фа-хьо́у (-хьа́(ц)), [impf.] (C1) и́-с-фо-з / и́-сы-м-фо-з, (C3) и-з-фо́-з / и-зы-м-фо́-з, [past indef.] (C1) и́-с-фа-з / и́-сы-м-фа-з, (C3) и-з-фа́-з / и-зы-м-фа́-з, [cond.1] (C1) и́-с-фа-ры-з / и́-сы-м-фа-ры-з, (C3) и-з-фа-ры́-з / и-зы-м-фа-ры́-з, [cond.2] (C1) и́-с-фа-ша-з / и́-сы-м-фа-ша-з, (C3) и-з-фа́-ша-з / и-зы-м-фа́-ша-з, [plupf.] (C1) и́-с-фа-хьа-з / и́-сы-м-фа-хьа-з, (C3) и-з-фа-хьа́-з / и-зы-м-фа-хьа́-з; **Abs.** и́-фа-ны / и́-м-фа-кәа) **1.** (*of sth specific*) to eat**:** А-хәычы́ а-цәа́ л-фо́-ит. *The child is eating an apple. Ребенок ест яблоко.* А-ча́ с-фо́-ит. *I am eating bread.* И-хәа-қуа́ а́бга-қуа и-р-фе́-ит. *Wolves ate his pigs.* и-с-а́мха-фе-ит *I ate it/them against my will.* Шьыбжьхьа́ аба́-шә-фо-и? (AFL) *Where do you have lunch? Где вы обедаете?* И-у-фо-зеи уара́ ашьы́жь? *What do you eat in the morning? Что ты ешь утром?* И-з-фо́-да? *Who is eating it/them?* Шәара́ шьыжьхьа́ шә-фа-хьо́-ма? *Have you eaten breakfast yet?* — Мап, ҳара́ шьыжьхьа́ ҳа-м-фа-ӡа́-цт. *I have not eaten breakfast yet.* **2.** to breathe**:** А-ҳауа цқьа шә-фа-ла́! (IC) *Please breathe some fresh air!* [cf. **а-кры́-фа-ра** “to eat”]

а́-фа-ра[2] [tr.] [C1-C3-R / C1-C3-Neg-R] [C3 bite C1] (**Fin.** [pres.] с-а́-фо-ит, сы-б-фо́-ит / с-а́-фо-м (-фа-ӡо-м), сы-б-фо́-м, [aor.] с-а́-фе-ит, сы-б-фе́-ит / с-а́-м-фе-ит (-фа-ӡе-ит), с-бы-м-фе́-ит, [imper.] сы́-ф(а)! / с-бы-м-фа́-н!, сы-шә-фа́! / с-шәы-м-фа́-н!; **Non-fin.** [pres.] (C1) и-а́-фо, и́-с-фо / и-а́-м-фо, и́-сы-м-фо, (C3) сы-з-фо́ / с-зы-м-фо́, [aor.] (C1) и-а́-фа, и-с-фо́ / и-а́-м-фа, и-сы-м-фа́, (C3) сы-з-фа́ / с-зы-м-фа́; **Abs.** ды́-фа-ны / ды-м-фа́-кәа) **1.** to bite**:** А-хәычы́ а-ла́ д-а́-фе-ит. *The dog bit the child. Собака куснула ребенка.* А-цгәы́ а-ла́ и-а́-фе-ит. *The dog bit the cat. Собака куснула кошку.*

а́-фа-ра[3] [tr.] [C1-C3-R] (**Fin.** [pres.] с-а́-фо-ит / и-а́-фо-м) **1.** to itch**:** с-шьапы́ с-а́-фо-ит. *my*

Ф

foot itches.

а-фа́ра [n.] (-қәа) a headlight. фара.

а-фарҭы́н [n.] (а-фарҭы́н-қәа, фарҭы́н-к) a storm: А-фарҭы́н а́-с-уе-ит. *A storm is raging. Бушует буря.*

а́-фатә [n.] (а́-фатә-қәа, сы́-фатә-қәа, фатәы́-к, фатә-қәа́-к, фатәы́-с-гьы) **1.** food: И-у-зы́-ҟа-з-тцо-да уара́ а́-фатә? *Who prepares (the) food for you? Кто для тебя готовит еду?* А-ча́, а-шә, а-бы́сҭа, а́-цха, а-кәа́ц — фатә-қәо́-уп. *Bread, cheese, polenta, honey, meat — this is food. Хлеб, сыр, мамалыга, мед, мясо — это пища.* [> **а́-фатәҭирҭатә** a grocery store]. **2.** a dish: Фатә-қәа́-с и-шәы́-мо-и? *What dishes do you have?*

а́-фатә=а-жәтә [n.] (coll. n.) (фатәы́-к=жәтәы́-к) food and drink: фатәы́-да=жәтәы́-да *without food or drink.*

а́-фатәкатцара [n.] preparation of food: Уи а́-фатәҟатцара д-а-ҿ-у́п. (= Уи а́-фатә ҟа-л-тцо́-ит.) *She is preparing food.*

а́-фатәкатцарҭа [n.] (-қәа) a kitchen.

ф-ба́ [num.][non-hum.] six: ф-тцәы́тца-к *6 glasses.* ҩажәеи фба *26.* фы́-шықәса *6 years.*

а́-фбатәи [ordinal num.] sixth.

а-феида́ [n.] (-қәа́) benefit, profit.

а-фестива́ль [n.] **1.** a festival. фестиваль. **2.** a holiday.

а-фе́хәа [n.] (-қәа) feijoa. фейхоа.

а-фи́зик [n.] (-цәа, фи́зик-к) a physicist. физик.

а-фи́зика [n.] physics. физика.

а-фи́зикатә [adj.] physical; of physics.

а-филармо́ниа [n.] (-қәа, -ҿы, -хь) a philharmonic society. филармония.

а-фило́лог [n.] (-цәа) a philologist. филолог.

а-филоло́гиа [n.] philology. филология.

а-филоло́гиатә [adj.] philological: а-филоло́гиатә факульте́т *the philological department, the department of philology, филологический факультет.*

а-фило́соф [n.] (-цәа) a philosopher. философ.

а-филосо́фиа [n.] philosophy. философия.

а-фи́льм [n.] (-қәа) a film, a movie. фильм.

Афи́ны [place name] Athens. Афины.

а-фица́р [n.] (-цәа, фица́р-к) an officer. офицер.

афи́ша [n.] (-қәа) a poster. афиша.

а-флы́ка [n.] (-қәа) a boat.

а-фонта́н [n.] (-қәа) (= **а-ӡы́ршә**) a fountain. фонтан.

Афо́н-тәи [place name]: Афо́нтәи а-ҳапы́ *the Athos Cave.*

а-фо́рма [n.] (-қәа) form: а-грамма́тикатә фо́рма *a grammatical form.*

а-францы́з [n.] (а-францы́з-цәа) a French person: а-францы́з бызшәа́ *the French language, французский язык.*

а-фы́ [n.] (pl.**, а-ф-гьы́, фы́-к) **1.** thunder; lightning; thunderbolt: А-фы́ и-с-ит. *He was struck by lightning. Его ударило молнией.* А-тҵла а-фы́ а́-с-ит. *The tree was struck by lightning. Дерево ударило молнией.* **2.** the god of lightning.

а-фы́мца [n.] [< а́-мца "fire"] electricity.

а-фы́мцадәыҕба [n.] (-қәа) an electric train/locomotive.

а-фы́мцатә [adj.] electrical.

а-фырҧҳәы́с [n.] a heroine: ан-афырҧҳәыс *a mother-heroine, мать-героиня.*

а-фырҭы́н [n.] (а-фырҭы́н-қәа, фырҭы́н-к) a storm.

а-фырха́тца [n.] (а-фырха́-цәа) **1.** a hero; a brave person: а-рома́н а-фырха́тца *the hero of the novel, герой романа.* **2.** [interjection] (*as praises*) well done, молодец.

а-фырха́тџара [n.] (-џәа) heroism; courage.
а-фырха́тџаратә [adj.] heroic.
а́-фырҳәа [adv.] quickly; swiftly; instantaneously.
а-фыԥ-ра́ [intr.] [C1-C2-R / C1-C2-Neg-R] [C1 smell at C2] (**Fin.** [pres.] ды-с-фыԥ-уе́-ит, д-а-фыԥ-уе́-ит, д-аҳ-фыԥ-уе́-ит / ды-с-фыԥ-уа́-м, [aor.] ды-с-фыԥ-и́т, д-а-фыԥ-и́т / д-сы-м-фԥ-и́т (-фԥ-ӡе́-ит), д-а-м-фыԥ-и́т *or* д-м-а-фԥ-и́т (-фԥ-ӡе́-ит), [imper.] б-сы-фԥы́! / б-сы-м-фԥы́-н!, шә-сы-фԥы́! / шә-сы-м-фԥы́-н!, [caus.] ды-с-ды-р-фыԥ-и́т / д-сы-д-мы-р-фыԥ-и́т; **Non-fin.** [pres.] (C1) и-с-фыԥ-уа́ / и-сы-м-фыԥ-уа́, (C2) ды-з-фыԥ-уа́ / д-зы-м-фыԥ-уа́, [aor.] (C1) и-с-фыԥы́ / и-сы-м-фыԥы́, (C2) ды-з-фыԥы́ / д-зы-м-фыԥы́; **Abs.** д-а-фыԥ-ны́ / д-а-м-фыԥы́-кәа) **1.** to smell: сы-л-фыԥ-уе́-ит *I am smelling her, я ее нюхаю.* а́-шәҭ-қәа ры-фыԥра *to smell the flowers, нюхать цветы.* **2.** to sniff at: А-ла́ и-ԥна́ла-з и-фԥ-и́т. *The dog sniffed the person who came in. Собака обнюхала вошедшего.*
а-фԥы́ [n.] (-қәа) scent, smell: а́-шәҭ а-фԥы́ *the fragrance of the flower.* а-фԥы́ а-га-ра́ *to begin to smell.* А-былфԥы́ ге́-ит. *It began to smell of ashes. Запахло гарью.* Зегьы́ ры-фԥы́ хааӡа́ и-го́-ит. *Everything is smelling sweet. Все благоухает.* || **а-фԥы́ а-к-ра́** to smell: А-ла́ а-жьа́ а-фԥы́ а-к-и́т. *The dog caught the smell of a hare.*
фԥы́к [num.][hum.] six persons: Сара́ фԥык а-хша́ра сы́-мо-уп. *I have six children.*

Ф

X x

х-[1] [< х-ҧа] [num.] three: Х-уа́да-к и-бе́-ит. *He saw three rooms.* х-ета́жкны *three-storied, трехэтажный.*

-х-[2] [preverb] on: а-х-ра́ *to be on the surface.*

-х-[3] [preverb] superior: и-а-х-ҧр-аа-уе́-ит *it is flying along/above it.*

-х-[4] **1.** [particle/suffix] *added to a verbal radical and expressing "emphasis," "surprise," etc.* "on earth, pray": А-ҳəынҭқа́р и-ҧҳа́ ас аны́-л-ҳəа, и́-ќа-и-ҵа-х-уа-з (= и́-ќа-и-ҵо-з). (Ab.Text) *What on earth could the King have done, when his daughter told him this?* Заќа́ нызқь шықəса ца-хьо́-у з-ды́р-х-уа-да? (AF) *Who on earth can know how many millennia have gone by?* **2.** [suffix] *expressing a repetitive action or suggesting "blame,"* (Chirikba:54): д-ца-х-т *he/she again left.* Зегьы́ еиҭа́-гы́ла-х-ит. (ACST) *Ecverybody stood up again.* [See **-аиҭа́-** "again"]

-х-[5] [verbal suffix] (**-ау—х-**), *see* **-ау-**.

-х(ы)-[6] [preverb] about: Уи а-у́с и-а-х-цəа́жəе-ит. *They talked about that affair.*

-ха-[1] [suffix] **1.** *used to derive a dynamic intransitive verb from a noun or an adjective or a stative verb whose origin is a name.* [C1-B-ха-] [C1 become B] "to become": д-уаҩ-хо́-ит *he/she will become a person,* cf. д-уаҩ-у́п *he/she is a person;* а-уаҩы́ *a person.* Баҭа́л и-ҭахы́-уп д-фи́зик-ха-рц. (AFL) *Batal wants to become a physicist. Батал хочет стать физиком.* А-чкəын ды-ӡəӡəа-хе́-ит. *The boy became stronger.* **2.** *used to derive a dynamic intransitive verb from a transitive verb or an intransitive verb*: и-ќа-ҵа-хо́-ит *that is happening, то делается, lit. то сделанным становится/станет.* Ахəлбыҽха ҳ-а́аҧса-ха а-ҩны́-ќа х-хынҳə-уе́-ит. (AFL) *We return/will return in the evening tired. Вечером мы возвращаемся/вернемся усталыми.* [cf. **-тəра** "to turn, to change"]

-ха-[2] [preverb] **1.** above, on: сара́ а-ҳа́ргь с-ха-гы́ло-уп *the umbrella is (open) above me.* а-ҧса́ д-а-ха́-с-шь-ит *I killed him with (lit. on) the bayonet* (Spruit, SC5). **2.** near, around (cf. **-д-**): а-сто́л а-ха-тəа-ра́ *to sit (down) at a table, сесть за стол.*

-ха[3] [derivational suffix] *used to derive adverbs*: ша́ма-ха *rarely, seldom, редко.* ааҧса-ха́ *tiredly, устало.* Д-ааҧса-ха́ д-аа́-ит. (ACST) *He/She came in an exhausted state.*

-ха[4] [derivational suffix] [added to a verbal root] *used to derive the noun signifying 'time to VERB'* (ACST): И-а-цəа́жəара а́-л-га-ха и́-м-ҭа-кəа(н), ҳ-дəы́л-ҵ-ит. (ACST) *Without giving him time to complete his speech, we went out.*

аха́[1] [conjunction] **1.** but: Аҧсынтəы́ла а-цəа́маҭəе-и а-шəҵатə-и́ ры́-хə цəгьо́-уп, аха́ а́-фатə а́-хə марио́-уп. (AFL) *In Abkhazia the cost of underwear and (other) clothing is expensive, but the cost of food is cheap. В Абхазии цена на белье и одежду дорогая, но цена на еду дешевая.* Уи́ да́ара ды-щцак-уа́-н, аха́ д-а́-гхе-ит. *He/She was very much hurrying, but was late.* Уи́ и-гəаҧха-ны́ и-ќа-и-ҵа-ры́н, аха́ а́амҭа и́-ма-м. *He would gladly do this, but he doesn't have the time.* **2.** (so ...) that ... .

-аха[2] [n.] (with numerals) "X-nights": ҩ-а́ха *two nights, две ночи,* х-а́ха *three nights, три ночи.* ҩ-а́ха=ҩы́-мш *two days and nights.* ҧшь-аха=ҧшьы-мш *four days and nights.*

а-ха́[3] [n.] || **а-ха́ сы́-ма-м** I don't have time; I am busy. Уи́ л-а́ха сы́-ма-ӡа-м. (ACST) *I don't have time for that one(F).*

а́-хаа [adj.] (и́-хаа-у) **1.** tasty, nice; sweet: ҵəа́ хаа-кəа́ *tasty apples, вкусные яблоки.* а-пырпы́л хаа́ *sweet pepper, сладкий перец.* и-хаа-ны́ *tastily, вкусно.* **2.** [predicate] (**Fin.** [pres.] и-хаа́-уп, [past] и-хаа́-н): Уи́ а́-хьа да́ара и-хаа́-н. *This chestnut was very tasty. Этот каштан был очень вкусный.* **3.** pleasant, nice, agreeable: Ры-бжьы́ хаа́-уп. *Their voices are sweet. Их голоса сладкие.*

ха́аӡа [adv.] pleasantly: Цəыббы́ре-и жьҭааре́-и а́-мра ха́аӡа и-ҧхо́-ит. *The sun shines pleasantly in September and October. В сентябре и октябре солнце приятно светит.*

[cf. **а́-хаа** “tasty”]

хаа́ла [adv.] **1.** politely, courteously. **2.** while the going is good: Хаа́ла у́-қәцҟьа! *Clear off while the going is good!*

а-ха́ан [adv.] **1.** in the time of sb: а́ҧсуа ҳәынҭқар Леон и-ха́ан *in the times of Abkhazian emperor Leon. во времена правления абхазского царя Леона.* Абрыскьы́л и-ха́ан *in Abrsk'jyl's time.* **2.** (+ Neg) never: Ари́ а́-чкәын ахаан д-сы-м-ба́-цт. (ARD) *Я этого парня никогда не видел. I have never seen this boy.*

а-ха́ан-заа-ра [intr. stative] [C1-C2-R] [C1 be a contemporary of C2] (**Fin.** [pres.] с-а-ха́ан-уп, с-и-ха́ан-уп / с-а-ха́аны-м, [past] с-а-ха́аны-н / с-а-ха́аны-мызт; **Non-fin.** [pres.] (C1) и-а-ха́ан-у / и-а-ха́аны-м, (C2) сы-з-ха́ан-у / сы-з-ха́аны-м, [aor.] (C1) и-а-ха́аны-з / и-а-ха́аны-мыз, (C2) сы-з-ха́аны-з / сы-з-ха́аны-мыз; **Abs.** с-а-ха́ан-ны / с-а-ха́аны-м-кәа) **1.** to be a contemporary of sth/sb: Сы-л-ха́ан-уп. *I am her contemporary. Я ее современник.* Уи́ Пу́шкин д-и-ха́ан-уп. (AAD) *He is a contemporary of Pushkin. Он современник Пушкина.*

-хааны́ [adv.] (*of taste*) nicely, tastily: Уи и-хааны́ а́-фатә ҟа-л-ҵо́-ит. *She prepares food nicely.*

а́-хаара [n.] sweetness.

а́-хаа-ха-ра* [intr.] [C1-sweet-become] (**Fin.** [aor.] и-хаа-хе́-ит / и-хаа́-м-хе-ит) **1.** to become tasty; to become sweet: А-ӡын а-шәы́р мыцхәы́ и-хаа-хо́-ит. *The fruits become much tastier in winter.*

а-хаба́р [n.] (-қәа) news: И-хаба́р и́-у-дыр-уа-зеи? *What do you know about him? Что ты о нем знаешь?*

а-ха́-бга-ра* [intr.] [C1-C2-Prev-R] (**Fin.** [aor.] и-с-ха́-бге-ит / и-с-ха́-мы-бге-ит, **Abs.** и-с-ха́-бга-ны / и-с-ха́-м-бга-кәа) **1.** (*of misfortune*) to strike: И-с-ха́-бге-ит. *The misfortune struck me. На меня обрушилась страшная беда.* **2.** to fail.

а-ха́га [n.] (а-ха́га-цәа) a lunatic, a mad person: д-ха́го-уп *he/she is a lunatic.*

а-ха́-гала-ра [tr.] [C1-(C2)-Prev-C3-S / C1-(C2)-Prev-Neg-C3-S] [C3 take C1 up C2] (**Fin.** [pres.] и-ха́-л-гало-ит / и-ха́-л-гало-м, [aor.] и-ха́-л-гале-ит / и-ха́-лы-м-гале-ит, [imper.] и-ха́-гала! / и-ха́-бы-м-гала-н!, и-ха́-шә-гала! / и-ха́-шәы-м-гала-н!; **Non-fin.** [pres.] (C1) и-ха́-л-гало / и-ха́-лы-м-гало, (C3) и-ха́-з-гало / и-ха́-зы-м-гало, [aor.] (C1) и-ха́-л-гала / и-ха́-лы-м-гала, (C3) и-ха́-з-гала / и-ха́-зы-м-гала, [impf.] (C1) и-ха́-л-гало-з / и-ха́-лы-м-гало-з, (C3) и-ха́-з-гало-з / и-ха́-зы-м-гало-з, [past indef.] (C1) и-ха́-л-гала-з / и-ха́-лы-м-гала-з, (C3) и-ха́-з-гала-з / и-ха́-зы-м-гала-з; **Abs.** и-ха́-гала-ны / и-ха́-м-гала-кәа) **1.** to lift (up), to raise: и-ха́-л-гало-ит *she is lifting it/them up.* и-лы-з-ха́-гало-м *she cannot lift it/them up, она не может поднять его(нрз.)/их.* А-ха́хә а-хәы́ и-ха́-л-геле-ит. *She took the stone up the hill.* А-сқа́м-куа а́-ҩбатәи а-ета́ж ахь и-ха́-р-гале-ит. *They carried the benches upstairs.* **2.** to give someone promotion.

а-ха-гы́ла-ра [intr.] **(1)** [C1-C2-Prev-R / C1-C2-Prev-Neg-R] [C1 stand over C2] ([dynamic] **Fin.** [pres.] д-а-ха-гы́ло-ит / д-а-ха-гы́ло-м (-гы́ла-ӡо-м), [aor.] д-а-ха-гы́ле-ит / д-а-ха́-м-гыле-ит (-гыла-ӡе-ит), [imper.] б-а-ха-гы́л! / б-а-ха́-м-гыла-н!, шә-а-ха-гы́л! / шә-а-ха́-м-гыла-н!; **Non-fin.** [pres.] (C1) и-а-ха-гы́ло / и-а-ха́-м-гыло, (C2) ды-з-ха-гы́ло / ды-з-ха́-м-гыло; **Abs.** д-а-ха-гы́ла-ны / д-а-ха-м-гы́ла-кәа *or* д-а-ха-гы́ла-м-кәа) **1.** to stand (up) over/above. **(2)** [C1 stand near C2] ([stative] **Fin.** [pres.] с-а-ха-гы́ло-уп / с-а-ха-гы́ла-м (-гы́ла-ӡа-м), [past] с-а-ха-гы́ла-н / с-а-ха-гы́ла-мызт; **Non-fin.** [pres.] (C1) и-а-ха-гы́ло-у / и-а-ха-гы́ла-м, (C2) ды-з-ха-гы́ло-у / ды-з-ха-гы́ла-м, [past] (C1) и-а-ха-гы́ла-з / и-а-ха-гы́ла-мыз, (C2) ды-з-ха-гы́ла-з / ды-з-ха-гы́ла-мыз) **1.** to stand over/above. **2.** to look after sb; to lead, to manage: Аиҩхаа с-а-ха-гы́ло-уп. *I am standing over the precipice. Я стою над пропастью.* Аиҩхаа-қәа сы-р-ха-гы́ло-уп. *I am standing over the precipices. Я стою над пропастями.* А-чы́мазаҩ с-и-ха-гы́ло-уп. (1) *I am standing over the sick person. Я*

X

стою над больным. (2) *I am taking care of the sick person. Я ухаживаю за больным.* А-организа́циа д-а-ха-гы́ло-уп. *He/She is managing the organization. Он/Она руководит организацией.* **3.** to stand near sb/sth: Нас иара́ а́-жәлар еиза-ны́ а-дау́ и-ахь-и-ха-гы́ла-з зегьы́ р-тцы́хутәаны́ д-аа-цәы́р-тц-ит. (Ab.Text) *After that he was the last to go to the place near the ogre where many people were gathering.* **4.** to occupy (a post): а-маҙаны́ҟуагаҩ и-ҭы́пҕ а-хагы́лара *to occupy the position of secretary, занять место секретаря.*

а-ха́-гьежь-ра [intr.] [C1-C2-Prev-R / C1-C2-Prev-Neg-R] [C1 revolve around C2] (**Fin.** [pres.] и-а-ха́-гьежь-уе-ит / и-а-ха́-гьежь-уа-м, и-аҳ-ха́-гьежь-уе-ит / и-аҳ-ха́-гьежь-уа-м, [aor.] и-а-ха́-гьежь-ит / и-а-ха́-м-гьежь-ит, и-аҳ-ха́-гьежь-ит / и-аҳ-ха́-м-гьежь-ит, [imper.] у-а-ха́-гьежь! / у-а-ха́-м-гьежьы-н!; **Non-fin.** [pres.] (C1) и-а-ха́-гьежь-уа / и-а-ха́-м-гьежь-уа, (C2) и-з-ха́-гьежь-уа / и-з-ха́-м-гьежь-уа; **Abs.** и-а-ха́-гьежь-ны / и-а-ха́-м-гьежь-кәа) **1.** to revolve around sth, to rotate on sth: А-барба́л а-лы́ра и-а-ха́-гьежь-уе-ит. (ARD) *Колесо вращается вокруг оси. The wheel is rotating on its axis.* **2.** to circle above sb: аҳаирпла́н ҳ-ха́-гьежь-уа-н. (ARD) *Самолет кружил над нами. The airplane was circling above us.*

а-ха́гәаҭа [n.] (-қәа, и-ха́гәаҭа) the parietal, the top of the head.

а-хада́ [n.] (а-хада-қәа́, хада́-к) **1.** a head, a chief. **2.** a leader: а́-қалақь хада́ *столица, capital.* а-мини́стр хада́ *a prime minister.*

а-хадара́ [n.] **1.** supremacy. **2.** leadership.

а-ха́з *see* **а-цәаҳәа́**

а-ха́-заа-ра [intr. stative] [C1-C2-R] [C1 be on C2; C2 wear C1] (**Fin.** [pres.] и-с-хо́-уп / и-с-ха́-м, [past] и-с-ха́-н / и-с-ха́-мызт; **Non-fin.** [pres.] (C2) и-з-хо́-у / и-з-ха́-м, [past] и-з-ха́-з / и-з-ха́-мыз) **1.** to be in headgear; to wear; to have a headgear on sb: А-хы́лҕарч с-хо́-уп. *I wear a fur hat.* **2.** (*of a soul*) to be on sb [= to have a soul]: ҕсы з-хо́-у зегьы́ *every living creature.* А-ҩы́џьа-гьы ҟа-тца-ны́ и-гы́ло-уп, аха́ ара́хь ҕсы р-ха-м. (AF) *Both of them stand there already fashioned, but, look, they have no soul.* [cf. **а-ха-тца-ра́**]

а-хазе́н [n.] (а-хазе́н-цәа, хазе́н-к) an owner; a master; a host.

хазхазы́ [adv.] separately.

-хазы́[1] [post.] [х-а-зы́ < "head (-хы)-it-for"] (= **-хы́ з-зы́**) for (oneself): Дара́ р-хазы́ (/р-зы) и-ҟа-р-тце-ит. *They did it/them for themselves.* Сара́ с-хазы́ (/с-хы́ а-зы́) зы-хә цәгьа-м хы́лҕа-к аа́-с-хәа-р с-тах-у́п. *I want to buy an inexpensive hat for myself.* [cf. **-зы** "for"]

хазы́[2] [adv.] **1.** separately: И-ра́шь-гьы иар-гьы́ хазы́=хазы́ и-ры́-д-ҿа-р-ҳәале-ит. *They bound him and his steed separately.* **2.** particularly, especially: А-шәҟу-қуа руакы́ с-хазы́ и-а́-л-с-х-ит. (AAD) *Я выбрал из книг особенную одну. I selected a special one from the books [for myself].*

а́-хазына [adj.] **1.** charming. **2.** good, fine: с-ча́и хазы́на *my excellent tea, мой прекрасный чай.*

хаи́р [n.] (= **хир**) **1.** good, good deed. **2.** happiness: Л-хаир у-ба́-аит. *Be she happy! Будь с ней счастлив.*

а-ха-кна́-ҳа-ра[1] [tr.] [C1-C2-Prev-Prev-C3-R / C1-C2-Prev-Prev-C3-Neg-R] [C3 hang C1 over C2] (**Fin.** [pres.] и-а-ха-кна́-с-ҳа-уе-ит / и-а-ха-кна́-с-ҳа-уа-м, [aor.] и-а-ха-кна́-с-ҳа-ит / и-а-ха-кна́-сы-м-ҳа-ит, [imper.] и-а-ха-кна́-ҳа! / и-а-ха-кна́-бы-м-ҳа-н!, и-а-ха-кна́-шә-ҳа! / и-а-ха-кна́-шәы-м-ҳа-н!; **Non-fin.** [pres.] (C1) и-а-ха-кна́-с-ҳа-уа / и-а-ха-кна́-сы-м-ҳа-уа, (C2) и-з-ха-кна́-с-ҳа-уа / и-з-ха-кна́-сы-м-ҳа-уа, (C3) и-а-ха-кна́-з-ҳа-уа / и-а-ха-кна́-зы-м-ҳа-уа; **Abs.** и-а-ха-кна́-ҳа-ны / и-а-ха-кна́-м-ҳа-кәа) **1.** to hang sth over sth, to suspend sth above sth: А-чуа́н а́-мца и-а-ха-кне́-и-ҳа-ит. (ARD) *Он повесил котел над огнем. He hung the cauldron over the fire.* А-чуа́н-қәа а́-мца-қәа и-р-ха-кне́-и-ҳа-ит. *He hung the cauldrons over the fires. i.e. He hung the cauldrons above the hearths. Он повесил котлы над огнями.* т.е. *Он повесил котлы над очагами.* [cf. **а-кна́-ҳа-ра** "to hang"]

а-ха-кнá-ҳа-ра[2] [intr. stative] [C1-C2-Prev-Prev-R] [C1 be hung over C2] (**Fin.** [pres.] и-а-ха-кнá-ҳа-уп / и-а-ха-кнá-ҳа-м, [past] и-а-ха-кнá-ҳа-н / и-а-ха-кнá-ҳа-мызт; **Non-fin.** (C1) [pres.] и-а-ха-кнá-ҳа-у / и-а-ха-кнá-ҳа-м, [past] и-а-ха-кнá-ҳа-з / и-а-ха-кнá-ҳа-мыз) **1.** to hang/be hanging over sth: А-лáмпа а-стóл и-а-ха-кнá-ҳа-уп. (RAD) *Лампа висит над столом. The lamp is hanging over the table.* А-лáмпа-қәа а-стóл-қәа и-р-ха-кнá-ҳа-уп. *Лампы висят над столами. The lamps are hanging over the tables.*

а-хақәи́тра [n.] (хақәи́тра-к) freedom.

ахакны́ [adv.] under the leadership of.

-хáла [n.] (one)self: Ҩы́за-да, б-хáло-у?! (AFL) *Without a friend, alone? Без друга, одна?!*

-хáла [adv.] [Poss+] independently, on one's own: Уи и-хáла ды-н-хó-ит. *He lives alone.* Уи и-хáла á-ҳасабтә и-ҳасáб-т. *He solved the problem by himself.*

а-хá-ла-ра [intr.] [C1-(C2)-Prev-R / C1-(C2)-Prev-Neg-R] [C1 go up] (**Fin.** [pres.] с-хá-ло-ит / с-хá-ло-м, [aor.] с-хá-ле-ит / с-хá-м-ле-ит, [fut.1] с-хá-ла-п / с-хá-ла-рым, [fut.2] с-хá-ла-шт / с-хá-ла-шам, [perf.] с-хá-ла-хьеит / с-хá-м-ла-ц(т), [impf.] с-хá-ло-н / с-хá-ло-мызт, [past indef.] с-хá-ла-н / с-хá-м-ла-зт, [cond.1] с-хá-ла-рын / с-хá-ла-рымызт, [cond.2] с-хá-ла-шан / с-хá-ла-шамызт, [plupf.] с-хá-ла-хьан / с-хá-м-ла-цызт, [imper.] б-хá-л(а)! / бы-м-хá-ла-н!, шә-ха-л!; **Non-fin.** [pres.] (C1) и-хá-ло / и-хá-м-ло, [aor.] (C1) и-хá-ла / и-хá-м-ла; **Abs.** д-хá-ла-ны / д-хá-м-ла-кәа) **1.** to go/come up, to ascend: Аҩбатәи áихагыла-хь д-хá-ле-ит. *He/She went up to the second floor. Он/Она поднялся/-лась на второй этаж.* Уи á-шьха д-хá-ло-ит. *He/She is going up the mountain. Он/Она восходит на гору.* Уи á-шьха á-куцә а-ҟны́ д-хá-ле-ит. *He/She completed the ascent to the top of the mountain. Он/Она совершил/-ла восход на вершину горы.* **2.** to rise: А-чы́мазаҩ и-шóура хá-ле-ит. (ARD) *У больного поднялась температура. The patient's temperature rose.* || áҩстаа д-и-хá-ле-ит. he/she went mad. [= **а-хәна-рá**]

а-хамы́ [n.] (а-хам-қәá, хамы́-к) a fur coat.

а-хáн [n.] (а-хáн-қәа, ҳ-хáн, хáн-к, хáн-қәа-к) a palace.

а-хá-на-гала-ра [tr.] [C1-Prev-C3-S] [C1 get carried away by C3] (**Fin.** [aor.] д-хá-на-гáле-ит) **1.** to get carried away, to become mad (about): А-цәáжәа-ра с-хá-на-гале-ит. *I got carried away by talking.*

аханáтә(гьы) [adv.] from the very outset; from the earliest times: Ари́ а-жәлар аханáтә арá и-н-хо-н. (ARD) *Этот народ издревле здесь жил. This people has lived here from the earliest times.*

а-хандéи-ра [intr.] (**Fin.** [pres.] д-хандéи-уе-ит / д-хандéи-уа-м, [aor.] д-хандéи-т / ды-м-хандéи-т, [imper.] б-хандéи! / бы-м-хандéи-н!; **Non-fin.** [pres.] (C1) и-хандéи-уа / и-м-хандéи-уа; **Abs.** д-хандéи-ны / ды-м-хандéи-кәа) **1.** to toil, to labor, to work.

а-ханы́ [adv.] **1.** above. **2.** at the bedside.

а-ха-ҧш-рá [intr.] [C1-C2-Prev-R / C1-C2-Prev-Neg-R] [C1 look down at C2] (**Fin.** [pres.] д-а-ха-ҧш-уé-ит / д-а-ха-ҧш-уá-м, д-аҳ-ха-ҧш-уé-ит / д-аҳ-ха-ҧш-уá-м, [aor.] д-а-ха-ҧш-и́т / д-а-хá-м-ҧш-ит, д-аҳ-ха-ҧш-и́т / д-аҳ-хá-м-ҧш-ит, [imper.] б-а-ха-ҧшы́! / б-а-хá-м-ҧшы́-н!, б-аҳ-ха-ҧшы́! / б-аҳ-хá-м-ҧшы́-н!; **Non-fin.** [pres.] (C1) и-а-ха-ҧш-уá / и-а-хá-м-ҧш-уа, (C2) ды-з-ха-ҧш-уá / ды-з-хá-м-ҧш-уа; **Abs.** д-а-ха-ҧш-ны́ / д-а-хá-м-ҧш-кәа) **1.** to look at from above.

а-хаҧы́ц [n.] (а-хаҧы́ц-қәа, с-хаҧы́ц, с-хаҧы́ц-қәа, хаҧы́ц-к) a tooth: хаҧы́ц-қәа-к *a few teeth, несколько зубов.* С-хаҧы́ц-қәа с-ры́цқьо-ит. (AFL) *I brush my teeth. Я чищу зубы.*

а-хаҧы́цры́цқьага [n.] (-қәа) **1.** a tooth-brush. **2.** a toothpick: а-хаҧы́цры́цқьага а-пáста *tooth-paste.*

а-хаҧы́цхәшәтәҩы [n.] (-цәа) a stomatologist.

хар || **Хар сы́-ма-м.** I feel not bad. / So-so.

харá **1.** [adv.] far: Акы́р харá и-цé-ит. (Ab.Text) *They went very far.* Алы́хуҭа-ла а-ӡы́ харá и-у-з-гó-м. *You will not be able to take away water far with a sieve. Ситом воду далеко не унесешь (не сможешь унести).* Џьарá харá и-дыд-уá-н. (RAD) *Где-то вдали гремело. It was thundering somewhere in the distance.* **2.** [predicate] (**Fin.** [pres.] и-харó-уп / и-хара-ӡá-м) Арáнтәи а-џьармы́кьа харó-у-ма? *Is it a long way from here to the market?*

á-хара[1] [adj.] (и́-харо-у) far, distant**:** á-мҩа харá *a long journey, далекий путь.*

á-ха-ра[2] [intr.] [C1-C2-R / C1-C2-Neg-R] [C1 pull C2] (**Fin.** [pres.] с-бы́-хо-ит, д-á-хо-ит, д-ҳá-хо-ит, ҳ-лы́-хо-ит, и́-хо-ит / с-бы́-хо-м, [aor.] с-бы́-хе-ит / сы-б-мы́-хе-ит, с-а-мы́-хе-ит, д-аҳ-мы́-хе-ит, [fut.1] с-бы́-ха-п; [fut.2] с-бы́-ха-шт; [perf.] с-бы́-ха-хьеит; [impf.] с-бы́-хо-н / с-бы́-хо-мызт, [past indef.] с-бы́-ха-н / сы-б-мы́-ха-зт, [cond.1] с-бы́-ха-рын / с-у-ха-ры́мызт, [cond.2] с-ý-ха-шан / с-у-ха-шáмызт, [plupf.] с-ý-ха-хьан / с-у-мы́-ха-цызт, [imper.] у-сы́-ха! / бы-л-мы́-ха-н!, шә-сы́-ха! / шәы-л-мы́-ха-н!; [caus.] сы-б-лы́-р-хе-ит / с-бы-л-мы́-р-хе-ит; [poten.] сы-з-бы́-хо-м, с-зы-б-мы́-хе-ит; [nonvol] с-áмха-бы́-хе-ит / с-áмха-б-мы́-хе-ит; [vers.1] с-лы-з-бы́-хе-ит / с-лы-з-бы́-м-хе-ит; [vers.2] с-лы-цә-бы́-хе-ит / с-лы-цә-бы́-м-хе-ит; **Non-fin.** [pres.] и-лы́-хо (*тот, который тянет ее*) / и-л-мы́-хо, (C2) д-зы́-хó (i.e. д-зы́-хо *or* д-зы-хó) (*тот, которого он/она тянет*) / ды-з-мы́-хо, [aor.] (C1) и-лы́-ха / и-л-мы́-ха, (C2) д-зы́-хá / ды-з-мы́-ха, [fut.1] (C1) и-лы́-ха-ра / и-л-мы́-ха-ра, (C2) д-зы́-ха-ра / ды-з-мы́-ха-ра, [fut.2] (C1) и-лы́-ха-ша / и-л-мы́-ха-ша, (C2) д-зы́-ха-ша / ды-з-мы́-ха-ша, [perf.] (C1) и-лы́-ха-хьоу (-хьа(ц)) / и-л-мы́-ха-хьоу (-хьа(ц)), (C2) д-зы́-ха-хьоу (-хьа(ц)) / ды-з-мы́-ха-хьоу (-хьа(ц)), [impf.] (C1) и-лы́-хо-з / и-л-мы́-хо-з, (C2) д-зы́-хó-з / ды-з-мы́-хо-з, [past indef.] (C1) и-лы́-ха-з / и-л-мы́-ха-з, (C2) д-зы́-хá-з / ды-з-мы́-ха-з, [cond.1] (C1) и-лы́-ха-ры-з / и-л-мы́-ха-ры-з, (C2) д-зы́-ха-ры-з / ды-з-мы́-ха-ры-з, [cond.2] (C1) и-лы́-ха-ша-з / и-л-мы́-ха-ша-з, (C2) д-зы́-ха-ша-з / ды-з-мы́-ха-ша-з, [plupf.] (C1) и-лы́-ха-хьа-з / и-л-мы́-ха-хьа-з, (C2) д-зы́-ха-хьа-з / ды-з-мы́-ха-хьа-з; **Abs.** д-á-ха-ны / д-а-мы́-ха-кәа, с-бы́-ха-ны / сы-б-мы́-ха-кәа) **1.** to pull; to pull at/on. **2.** to move**:** с-á-хо-ит *I am pulling it.* А-фымцарны́ҟәа а-вагóн-қәа и-ры́-хо-ит. *The electric locomotive is moving the carriages. Электровоз двигает вагоны.* Мчы-к на-и́-ха-н а-ӡы́ д-ҭа-нá-гало-н. (AF) *A power pulled on him and dragged him into the water.* [cf. **а-ҩá-ха-ра** "to pull up"; **а-лá-ха-ра** "to move down"; **а-нá-ха-ра** "to move there." С-хы́ с-ҩá-хо-ит. *I raise my head.*]

á-ха-ра[3] [intr.] [C1-C2-R / C1-C2-Neg-R] [C1 smoke C2] (**Fin.** [pres.] с-á-хо-ит / с-á-хо-м (-ха-ӡо-м), [aor.] с-á-хе-ит / с-а-мы́-хе-ит (-ха-ӡе-ит); [imper.] а-ҭаҭы́н б-á-ха! / а-ҭаҭы́н б-а-мы́-ха-н!, а-ҭаҭы́н шә-á-ха! / а-ҭаҭы́н шә-а-мы́-ха-н!; **Non-fin.** [pres.] (C1) и-á-хо (*тот, который курит его(нрз.)*) / и-а-мы́-хо, (C2) ды-з-хó (*то, которое он/она курит*) / ды-з-мы́-хо, [aor.] (C1) и-á-ха / и-а-мы́-ха, (C2) ды-з-хá / ды-з-мы́-ха, [impf.] (C1) и-á-хо-з / и-а-мы́-хо-з, (C2) ды-з-хó-з / ды-з-мы́-хо-з, [past indef.] (C1) и-á-ха-з / и-а-мы́-ха-з, (C2) ды-з-хá-з / ды-з-мы́-ха-з; **Abs.** д-á-ха-ны / д-а-мы́-ха-кәа) || **а-ҭаҭы́н á-ха-ра** to smoke. [N.B. It is impossible to use this verb without an indirect object.]**:** Сарá а-ҭатын с-á-хо-ит. *I smoke. Я курю.* Сарá а-ҭаҭы́н-қәа с-ры́-хо-ит. *I smoke some tobacco.* А-ҭаҭы́н с-á-ха-р ҟалó-у? *May I begin to smoke? Можно мне закурить?* Арáҟа а-ҭаҭы́н á-хара ҟалó-м! *Smoking is not allowed here! Здесь нельзя курить!* Арá а-ҭаҭы́н с-á-ха-р ҟалó-ма? *Is it possible to smoke here? Здесь тожно курить?* А-ҭаҭы́н шә-а-мы́-ха-ла-н! *Don't smoke! Не курите!*

а-хáра [n.] (-қәа, хáра-к) fault, guilt**:** и-л-хáро-уп *it is her fault.* Уи сарá и-с-хáра-м. *This is not my fault. Это не моя вина.*

а-ха-рá[1] [intr. stative] [C1-R] [C1 be headed] (**Fin.** [pres.] и-хó-уп / и-хá-м (-ха-ӡá-м), [past] и-хá-н / и-хá-мызт (-ха-ӡá-мызт), {[imper.] б-хы́ р-хá! / б-хы́ б-мы-р-хá-н!, шә-хы́ шәы-р-хá! / шә-хы́ шә-мы-р-хá-н!}; **Non-fin.** [pres.] (C1) и-хó-у / и-хá-м, [past] (C1) и-хá-з / и-хá-мыз; **Abs.** и-ха-ны́ / и-хá-м-кәа) **1.** to be headed (for)**:** Бы-мҩа абá-хо-у? (AFL) *To where is your road headed? Куда направлена твоя дорога?* Сарá с-уáда а-ҧе́нџьыр а-ҿы́ á-шьхара-хь и-хó-уп. *The window of my room fronts on the mountains. Окно моего номера выходит в горы.* **2.** to be bound (for); to headed (for), to go (toward): || Уи́ **и-хы́** Аҟәуа-ҟа **и-хó-уп**. *He is bound for Sukhum.* Сарá á-шьха-ҟа **с-хы хó-уп**. *I am heading for the mountain.* Шәáрҭ шә-áба-цәа, урҭ р-áба-цәа ахь-а-ны́-цы-з á-дгьыл ахь **шә-хы хó-уп**. (AF) *You are headed for the place whence your fathers and their fathers hailed.* [cf. **а-ца-рá** "to go"]

а-ха-рá[2] [intr.] [C1 wear out] (**Fin.** [pres.] и-хó-ит / и-хó-м, [aor.] и-хé-ит / и-м-хé-ит, [imper.] у-хá! / у-м-хá-н!; **Non-fin.** [pres.] (C1) и-хó / и-м-хó; **Abs.** и-ха-ны́ / и-м-хá-кәа) **1.** to wear out: С-éимаа-қәа хé-ит. *My shoes were worn out. Мои туфли износились.* [cf. **а-рха-рá** "to wear out"]

а-хáра-заа-ра [intr. stative] [C1-C2-R] [C1 be C2's fault] (**Fin.** [pres.] и-с-хáро-уп, и-л-хáро-уп / и-с-хáра-м, и-л-хáра-м, [past] и-л-хáра-н / и-л-хáра-мызт, {[imper.] и-б-хáра-з! / и-б-хáра-мыз!}; **Non-fin.** [pres.] (C1) и-л-хáро-у / и-л-хáра-м, (C2) и-з-хáро-у / и-з-хáра-м; **Abs.** и-с-хáра-ны / и-с-хáра-м-кәа) **1.** to be guilty, to be to blame: и-с-хáро-уп *this is my fault/I am to blame for this, я в этом виноват.* И-з-хáра-да уи́? *Who is to blame for this? Кто в этом виноват?* Уи сарá и-с-хáра-ӡа-м. *I am not to blame for this. Я в этом не виноват.*

хараӡá [adv.] very far.

харáнтә [adv.] from afar: Уи́ ларá харáнтә д-и-бé-ит. (RAD) *Он ее увидел издалека. He saw her from afar.*

харантәы́ [adv.] from afar, from a distance: «А-ҷкун» ды-л-ҽы́жәҿа-н а-дау-қуá харантәы́ д-ан-ры-хуáԥш, ры́-ла-қуа хт-ны́ и-бá-н, (...). (Ab.Text) *The 'boy' got down from the horse, and looking at the ogres from afar, saw that they had their eyes open,(...).*

á-хара-ра[1] [n.] distance.

á-хара-ра[2] [intr. stative] [C1-R] (**Fin.** [pres.] и-харó-уп / и-харá-м, [past] и-харá-н / и-харá-мызт; **Non-fin.** [pres.] (C1) и-харó-у / и-харá-м, [past] (C1) и-харá-з / и-харá-мыз; **Abs.** и-хара-ны́ / и-харá-м-кәа) **1.** to exist in the distance.

а-хáра-ра *see* **а-хáра-заа-ра**

харáтәи [adj.] distant: харáтәи А-мрагы́лара *the Far East.*

а-хáра-тә-ра [tr.] [C1-Prev-C3-R / C1-Prev-C3-Neg-R] [C3 accuse C1] (**Fin.** [pres.] и-хáра-л-тә-уе-ит / и-хáра-л-тә-уа-м, [aor.] и-хáра-л-тә-ит / и-хáра-лы-м-тә-ит, [imper.] и-хáра-тә! / и-хáра-бы-м-тәы-н!, и-хáра-шә-тә! / и-хáра-шәы-м-тәы-н!; **Non-fin.** [pres.] (C1) и-хáра-л-тә-уа / и-хáра-лы-м-тә-уа, (C3) и-хáра-з-тә-уа / и-хáра-зы-м-тә-уа; **Abs.** и-хáра-тә-ны / и-хáра-м-тә-кәа) **1.** to accuse: Зегьы́ иарá и-хáра-р-тә-ит. (ARD) *Во всем обвинили его. They accused him of everything.*

á-хараҭ [n.] a world on the other side.

а-хáра-ха-ра [intr.] [C1-C2-N-R] [C1 accuse C2] (**Fin.** [aor.] ды-р-хáра-хе-ит) **1.** to accuse; to blame: Зегьы́ иарá и-хáра-хе-ит. *They blamed him for everything.*

а-ха-ргы́ла-ра [tr.] [C1-C2-Prev-C3-S / C1-C2-Prev-C3-Neg-S] [C3 build C1 onto C2] (**Fin.** [pres.] и-а-ха-сы-ргы́ло-ит / и-а-ха-сы-ргы́ло-м, [aor.] и-а-ха-сы-ргы́ле-ит / и-а-ха-с-мы-ргы́ле-ит, [imper.] и-а-ха-ргы́л! / и-а-ха-б-мы-ргы́ла-н!, и-а-ха-шәы-ргы́л! / и-а-ха-шә-мы-ргы́ла-н!, [poten.] и-с-зы-р-ха-мы-ргы́ле-ит; **Non-fin.** [pres.] (C1) и-а-ха-сы-ргы́ло / и-а-ха-с-мы-ргы́ло, (C2) и-з-ха-сы-ргы́ло / и-з-ха-с-мы-ргы́ло, (C3) и-а-ха-зы-ргы́ло / и-а-ха-з-мы-ргы́ло; **Abs.** и-а-ха-ргы́ла-ны / и-а-ха-мы-ргы́ла-кәа) **1.** to build on top; to build/add on: А-ҩны́ á-ҩбатәи áихагыла а-ха-и-ргы́ле-ит. (ARD) *Он пристроил над домом второй этаж. He built a second floor onto the house.* **2.** to raise (a flag): А-ҩны́ аиáаира а-бирáҟ а-ха-ды-ргы́ле-ит. (ARD) *На крыше дома они водрузили знамя победы. They raised a flag of victory on the roof of the house.* А-ҩн-**қәá** аиáаира а-бирáҟ-қәа **р**-ха-ды-ргы́ле-ит. *На крышах домов они водрузили знамена подеды. They raised flags of* *victory on the roofs of the houses.*

а-ха́рҧ [n.] (а-ха́рҧ-кәа, харҧы́-к, ха́рҧ-кәа-к, с-ха́рҧ, ха́рҧ-да, ха́рҧ-ла) **1.** a shirt.

а-ха-рҧа-ра́* [tr.] [C1-C2-Prev-C3-S] [C3 throw C1 over C2] (**Fin.** [aor.] и-а-ха-лы-рҧе́-ит / и-а-ха-л-мы-рҧе́-ит; [imper.] и-а-ха-рҧа́! / и-а-ха-б-мы-рҧа́-н!, и-а-ха-шәы-рҧа́! / и-а-ха-шә-мы-рҧа́-н!) **1.** to throw over: А-уа́па и-ха-и-рҧе́-ит. *He threw the felt cloak over his shoulders.* **2.** to throw sth on the head.

а-ха-ртәа-ра́ [tr.] [C1-C2-Prev-C3-S] / C1-C2-Prev-C3-Neg-S]] [C3 seat C1 at C2] (**Fin.** [pres.] д-а-ха-сы-ртәо́-ит / д-а-ха-сы-ртәо́-м, [aor.] д-а-ха-сы-ртәе́-ит / д-а-ха-с-мы-ртәе́-ит, [imper.] д-а-ха-ртәа́! / д-а-ха-б-мы-ртәа́-н!, д-а-ха-шәы-ртәа́! / д-а-ха-шә-мы-ртәа́-н!; **Non-fin.** [pres.] (C1) и-а-ха-сы-ртәо́ / и-а-ха-с-мы-ртәо́, (C2) ды-з-ха-сы-ртәо́ / ды-з-ха-с-мы-ртәо́, (C3) д-а-ха-зы-ртәо́ / д-а-ха-з-мы-ртәо́; **Abs.** д-а-ха-ртәа-ны́ / д-а-ха-мы-ртәа́-кәа) **1.** to seat sb at sth: А-сас-цәа а́ишәа и-а-ха-ды-ртәе́-ит. (ARD) *Они посадили гостей за стол. They seated the guests at the table.* [cf. **а-ха-тәа-ра́** "to sit down at"]

а-ха́-рҭәаа-ра [tr.] [C1-Prev-C3-S / C1-Prev-C3-Neg-S] [C3 supplement C1] (**Fin.** [pres.] и-ха́-лы-рҭәаа-уе-ит / и-ха́-лы-рҭәаа-уа-м, [aor.] и-ха́-лы-рҭәаа-ит / и-ха́-л-мы-рҭәаа-ит, [imper.] и-ха́-рҭәаа! / и-ха́-б-мы-рҭәаа-н!, и-ха́-шәы-рҭәаа! / и-ха́-шә-мы-рҭәаа-н!; **Non-fin.** [pres.] (C1) и-ха́-лы-рҭәаа-уа / и-ха́-л-мы-рҭәаа-уа, (C3) и-ха́-зы-рҭәаа-уа / и-ха́-з-мы-рҭәаа-уа; **Abs.** и-ха́-рҭәаа-уа / и-ха́-мы-рҭәаа-уа, и-ха́-рҭәаа-ны / и-ха́-мы-рҭәаа-кәа) **1.** to supplement: Автор и-шәҟәы́ ха́-и-рҭәаа-ит. (RAD) *Автор дополнил свою книгу. The author supplemented his book.* **2.** to fill in: Абри́ ха́-рҭәаа! *Fill in this!* Аба́рҭ а-бла́нк-ҟәа ха́-шәы-рҭәаа-р-о-уп. *You must fill in these forms.*

а-х-а́-рхәа-ра [tr.] [Poss-head C1-a(C2)-C3-S] [C3 use C1] (**Fin.** [pres.] с-хы́ и-а-сы́-рхәо-ит (*я пользуюсь чем-то*) / с-хы́ и-а-сы́-рхәо-м, [aor.] с-хы́ и-а-сы́-рхәе-ит / с-хы́ и-а-с-мы́-рхәе-ит, [imper.] б-хы́ д-а́-рхә! / б-хы́ и-а-б-мы́-рхәа-н!, шә-хы и-а-шәы́-рхә!; **Non-fin.** [pres.] (C1) с-хы́ и-а-сы́-рхәо / с-хы́ и-а-с-мы́-рхәо, (C3) з-хы́ д-а-зы́-рхәо / з-хы́ д-а-з-мы́-рхәо; **Abs.** с-хы́ и-а́-рхәа-ны / с-хы́ и-а-мы́-рхәа-кәа) **1.** to use, to make use of: б-хы́ д-а-бы́-рхәо-ит *you will use him/her.* а-телефо́н а-ха́рхәара *to make use of a telephone.* Уи́ и-ҧсшьара́ и-бзи́аны и-хы́ и-а-и́-рхәе-ит. *He used his own leave well. Он хорошо использовал свой отпуск.* Абри́ а-шәҟәы́ у-хы́ и-а́-рхә! *Use this book! Используй эту книгу!* Уи́ а-у́сура-ҿ и-хы́ д-а-и́-рхәе-ит. *He made use of him/her at work. Он его/ее использовал на работе.* [cf. **а́-хәа-ра** "to help"]

а-ха-ртца-ра́ [tr.] [C1-Prev-C3-S / C1-Prev-C3-Neg-S] [C3 convince sb that C1] (**Fin.** [pres.] и-ха́-лы-ртцо-ит / и-ха́-лы-ртцо-м, [aor.] и-ха́-лы-ртце-ит / и-ха́-л-мы-ртце-ит, [imper.] и-ха́-ртца! / и-ха́-б-мы-ртца-н!; **Non-fin.** [pres.] (C1) и-ха́-лы-ртцо / и-ха́-л-мы-ртцо, (C3) и-ха́-зы-ртцо / и-ха́-з-мы-ртцо; **Abs.** и-ха-ртца-ны́ / и-ха́-мы-ртца-кәа) **1.** to convince: А-мц д-шы-р-жьа-з и-ха́-сы-ртце-ит. (ARD) *Я его убедил, что его обманули. I convinced him that they deceived him.*

а-хартцәы́ [n.] yog(h)urt: Ҵәа́тцәа а-хартцәы́ бзи́а и-бо́-ит. *Tsvatsva likes yogurt. Цвацва любит йогурт.*

а-ха́-ршҭ-ра [tr.] [C1-C2-Prev-C3-S / C1-C2-Prev-C3-Neg-S] [C3 make C2 forget C1] (**Fin.** [pres.] и-б-ха́-сы-ршҭ-уе-ит / и-б-ха́-сы-ршҭ-уа-м, [aor.] и-б-ха́-сы-ршҭ-ит / и-б-ха́-с-мы-ршҭ-ит, [imper.] и-б-ха́-ршҭ! / и-б-ха́-б-мы-ршҭы-н!, и-шә-ха́-шә-мы-ршҭы-н!; **Abs.** и-б-ха́-ршҭ-ны / и-б-ха́-мы-ршҭ-кәа) **1.** to make forget sth: И-у-хо́-у-мы-ршҭы-н! *Don't forget it/them!* И-с-ха́-сы-ршҭ-уа-м. *I won't forget it/them.* Аҧсуа ҵа́с-ҟәа шә-ха́-шә-мы-ршҭы-н! *Don't forget the Abkhazian tradition!* [cf. **а-ха́-шҭ-ра** "to forget"]

а-ха-тәа́-заа-ра [intr. stative] [C1-C2-Prev-R] [C1 be sitting at C2] (**Fin.** [pres.] д-а-ха-тәо́-уп / д-а-ха-тәа́-м, [past] д-а-ха-тәа́-н / д-а-ха-тәа́-мызт, [imper.] б-а-ха-тәа́-з! / б-а-ха-тәа́-мыз!; **Non-fin.** [pres.] (C1) и-а-ха-тәо́-у / и-а-ха-тәа́-м, (C2) ды-з-ха-тәо́-у / ды-з-ха-тәа́-м; **Abs.** д-а-ха-тәа-ны́ / д-а-ха-тәа́-м-кәа) **1.** to sit/be sitting at sth: А-ҭаацәа́ зегьы́ а́ишәа-қәа и-р-ха-тәб-уп. *The entire family is sitting at the tables. Вся семья сидит за столами.*

а-ха-тәа-ра́ [intr.] [C1-C2-Prev-R / C1-C2-Prev-Neg-R] [C1 sit down at C2] (**Fin.** [pres.] д-а-ха-тәо́-ит / д-а-ха-тәо́-м, [aor.] д-а-ха-тәе́-ит / д-а-ха́-м-тәе-ит, [imper.] б-а-ха-тәа́! / б-а-ха́-м-тәа-н!; **Non-fin.** [pres.] (C1) и-а-ха-тәо́ / и-а-ха́-м-тәо, [aor.] (C1) и-а-ха-тәа́ / и-а-ха́-м-тәа; **Abs.** д-а-ха-тәа-ны́ / д-а-ха́-м-тәа-кәа) **1.** to sit down at: айшәа а-хатәа-ра́ *to sit down at the table, садиться за стол.* А-сас-цәа айшәа и-а-хатәе́-ит. *The guests sat down at the table. Гости сели за стол.*

а-ха́тә *see* **а-хатәы́**

а-хатәпатре́ҭ [n.] (-қәа) a self-portrait.

а-хатәы́ (= **итәы**) one's own**:** а-хатәы́ ҩны́ *one's own house.* Уи́ и́-хатә машьы́на и́-мо-уп. *He has his own car.*

а-хаҭа́ 1. [pron.] *used with the pronominal prefix of Column II.* "oneself"**:** а́-маҭәа а-хаҭа́ *clothing itself.* бара́ б-хаҭа́ *you (f.sg.) yourself, ты сама.* лара́ л-хаҭа́ *she herself, она сама.* дара́ р-хаҭа́ *they themselves, они сами.* ҳара́ ҳ-хаҭа́ *we ourselves, мы сами.* (сара́) с-хаҭа́ *I myself, я сам.* уара́ у-хаҭа́ *you (m.sg.) yourself, ты сам.* Сара́ с-хаҭа́ а-қы́ҭа с-а́-лтц-ит. *I myself am from the village. Я сам из деревни.* А-нцәа́ и-хаҭа́ д-не́и-н, а-х-қәа́ иара́ и-р-ха-и-ргы́л-т. (AF) *God himself went and set the heads on top of them.* **2.** [adv.] just, exactly**:** Ари́ иара́ и-хаҭа́ и-о́-уп. *This is just him. Это именно он.*

хаҭа́ла 1. [adv.] in person. **2.** [pron.] (= **-хаҭа́**) oneself.

а-хаҭа́рнак [n.] (-цәа, р-хаҭа́рнак-цәа) a representative.

хаҭа-хаҭа́-ла [adv.] **1.** by oneself, on one's own. **2.** each separately.

а-хаҭы́ԥҳуаҩ [n.] (а-хаҭы́ԥҳуаа) a deputy.

ха́ххала [adv.] **1.** on one's back; facing up**:** И-гәы́ ха́ххала д-ка́жьы-н. *He was lying on his back.* **2.** sticking up**:** И-хәԥсы ха́ххала ды́-ҟо-уп. *His hair is standing on end with cold.*

а-ха́ха-ра [labile] **(1)** [tr.] [C1-C3-R / C1-C3-Neg-R] [C3 spin C1] (**Fin.** [pres.] и-л-ха́хо-ит / и-л-ха́хо-м (-ха́ха-ӡо-м), [aor.] и-л-ха́хе-ит / и-лы-м-ха́хе-ит, [imper.] и-ха́ха! / и-шә-ха́ха!; **Non-fin.** [pres.] (C1) и́-л-хахо / и́-лы-м-хахо, (C3) и-з-ха́хо / и-зы-м-ха́хо, [aor.] (C1) и́-л-хаха / и́-лы-м-хаха, (C3) и-з-ха́ха / и-зы-м-ха́ха, [impf.] (C1) и́-л-хахо-з / и́-лы-м-хахо-з, (C3) и-з-ха́хо-з / и-зы-м-ха́хо-з, [past indef.](C1) и́-л-хаха-з / и́-лы-м-хаха-з, (C3) и-з-ха́ха-з / и-зы-м-ха́ха-з; **Abs.** и-ха́ха-ны / и-м-ха́ха-кәа) **1.** to spin: Анду́ а́-ласа л-ха́хо-ит. *The grandmother is spinning wool. Бабушка прядет шерсть.* **(2)** [intr.] [C1-R / C1-Neg-R] [C1 spin] (**Fin.** [pres.] д-ха́хо-ит / д-ха́хо-м (-ха́ха-ӡо-м), [aor.] д-ха́хе-ит / ды-м-ха́хе-ит (-ха́ха-ӡе-ит), [imper.] б-ха́ха! / бы-м-ха́ха-н!, шә-ха́ха! / шәы-м-ха́ха-н!; **Non-fin.** (C1) [pres.] и-ха́хо / и́-м-хахо, [aor.] и-ха́ха / и́-м-хаха, [impf.] и-ха́хо-з / и́-м-хахо-з, [past indef.] и-ха́ха-з / и́-м-хаха-з) **1.** to be engaged in/occupied with spinning.

а-ха-ха-ра́ [intr.] (**Fin.** [pres.] д-а-ха-хо́-ит / д-а-ха-хо́-м, [aor.] д-а-ха-хе́-ит / д-а-ха́-м-хе-ит, [imper.] б-а-ха-ха́! / б-а-ха́-м-ха-н!; **Non-fin.** [pres.] (C1) и-а-ха-хо́ / и-а-ха́-м-хо; **Abs.** д-ха-ха-ны́ / д-а-ха́-м-ха-кәа) **1.** застрять, to stick, to get stuck.

а-ха-хх-ра́ [intr.] (**Fin.** [pres.] д-а-ха-хх-уе́-ит / д-а-ха-хх-уа́-м, [aor.] д-а-ха-хх-и́т / д-а-ха́-м-хх-ит, [imper.] б-а-ха-ххы́! / б-а-ха́-м-ххы-н!; **Non-fin.** [pres.] (C1) и-а-ха-хх-уа́ / и-а-ха́-м-хх-уа; **Abs.** д-а-ха-хх-ны́ / д-а-ха́-м-хх-кәа) **1.** to run up, to come running: «А-чкун» д-не́и-н д-не-и-ха-ххы́-н, а-дау́ и-лы́мҳа а́а-х-и-тцәа-н и-цьы́ба и-л-та-тца-ны́ и́-ма д-це́-ит. (Ab.Text) *The 'boy' rushed over to where the ogre was and cut off the ogre's ear and put it in his pocket and took it away with him.*

а-х-ахьы́ ааи-ра *see* **а-хы́**

а-хахәы́ [n.] (а-хахә-қәа́) **1.** (= **а-хцәы́**) hair; the hair on the head**:** Сара́ с-хахәы́ сы-рҟәыд-уе́-ит. (= а́-м-с-х-уе-ит) (GAL) *Я постригусь. I will have my hair cut.* С-хахәы́ с-з-а́-м-х! *Cut my hair!*

а-ха́-ҳа-ра [tr.] [C1-C2-Prev-C3-R] [C3 graft C1 onto C2] (**Fin.** [pres.] и-а-ха́-л-ҳа-уе-ит / и-а-ха́-л-ха-уа-м, [aor.] и-а-ха́-л-ха-ит / и-а-ха́-лы-м-ҳа-ит, [imper.] и-а-ха́-ҳа! / и-а-ха́-бы-м-ҳа-н!; **Non-fin.** [pres.] (C1) и-а-ха́-л-ха-уа / и-а-ха́-лы-м-ҳа-уа, (C2) и-з-ха́-л-ҳа-уа / и-з-ха́-лы-м-ҳа-уа, (C3) и-а-ха́-з-ха-уа / и-а-ха́-зы-м-ха-уа; **Abs.** и-а-ха́-ҳа-ны / и-а-ха́-м-ҳа-кәа) **1.** to graft.

а-ха́ҳә [n.] (а-ха́ҳә-кәа, хаҳәы́-к) a stone; rock: а-ха́ҳә ду *a big stone.* хаҳәы́ еиқәатцәа́ ду-к *a huge black stone.*

а-ха́ҳәтә [adj.] stone-, stony: а-ха́ҳәтә шәы́шықәса *the Stone Age.*

а-ха́ҳә-ха-ра [intr.] [C1-stone-become / C1-stone-Neg-become] [C1 become petrified] (**Fin.** [pres.] д-ха́ҳә-хо-ит / д-ха́ҳә-хо-м, [aor.] д-ха́ҳә-хе-ит / д-ха́ҳәы-м-хе-ит, [imper.] б-ха́ҳә-ха! / б-ха́ҳәы-м-ха-н!; **Non-fin.** [pres.] (C1) и-ха́ҳә-хо / и-ха́ҳәы-м-хо; **Abs.** д-ха́ҳә-ха-ны / д-ха́ҳәы-м-ха-кәа) **1.** to turn to stone, to become petrified.

а-ха́-цәа [n.] (pl.) [**а-ха́тца** *sg.*] men.

а-ха́тца [n.] (ха́тца-к, б-ха́тца, pl. а-ха́-цәа, ха́-цәа-к) **1.** a man: а́ҧсуа ха́тца *an Abkhazian man.* а́ҧсуа ха́-цәа *Abkhazian men.* д-ха́тцо-уп *he is a man.* а́ҧсуа ха́тца-маҭәа *Abkhazian men's clothes.* А-ха́тца а-пҳәы́с д-и-бе́-ит. *The man saw the woman.* а-жәы́тәтәи а́ҧсуа ха́тца ма́ҭәа *ancient Abkhazian men's clothing.* **2.** (= **а́-ҧшәма**) a husband: с-ха́тца *my husband.* Ха́тца б-ца-хьо́-у-ма? *Are you (fem.) married? Ты замужем?* Лара́ ха́тца д-ца-хьо́-у-ма? *Is she married?* **3.** a hero; a brave person. || **ха́тца а-ца-ра́** [intr.] [ха́тца C1-R / C1-Neg-R] [C1 get married], *or* ха́тца C1-C2-ц-R / C1-C2-цы-Neg-R] [C1 marry C2] (**Fin.** [pres.] ха́тца д-цо́-ит, ха́тца д-и́-ц-цо-ит / ха́тца д-цо́-м (д-ца-ӡо́-м), [aor.] ха́тца д-це́-ит, ха́тца д-и́-ц-це-ит / ха́тца ды-м-це́-ит (-ца-ӡе́-ит), ха́тца д-и́-цы-м-це-ит (-ца-ӡе́-ит), [imper.] ха́тца б-и́-ц-ца! / ха́тца б-и́-цы-м-ца-н!, ха́тца шә-ры́-ц-ца! / ха́тца шә-ры́-цы-м-ца-н!; **Non-fin.** [pres.] (C1) ха́тца и-цо́ / ха́тца и́-м-цо, [aor.] (C1) ха́тца и-ца́ / ха́тца и́-м-ца) **1.** to get married (*to a man*): ха́тца д-це́-ит *she got married.* Ха́тца х-ры́-ц-це-ит. *We got married to them. Мы вышли замуж за них.* Ха́тца с-и́-ц-це-ит. *I got married to him. Я вышла замуж за него.* Сара́ ха́тца бы-ш-ца́-з с-м-а-ҳа-ӡе́-ит. (AFL) *I didn't hear that you got married. Я не слышал, что ты вышла замуж.* Амра ха́тца д-ца-хьо́-ма? *Is Amra married? [lit. Has Amra got married?] Амра замужем?* [cf. **а-ҧҳәы́с-аага-ра**] || **ха́тца и́-ҭа-ра** [tr.] (**Fin.** [pres.] ха́тца д-и́-р-ҭо-ит / ха́тца д-и́-р-ҭо-м, [aor.] ха́тца д-и́-р-ҭе-ит / ха́тца д-и́-ры-м-ҭе-ит, [imper.] ха́тца д-и́-ҭ! / ха́тца д-и́-бы-м-ҭа-н!, ха́тца д-и́-шә-ҭ! / ха́тца д-и́-шәы-м-ҭа-н!) **1.** to marry sb to sb, to give sb (away) in marriage to sb: Лара́ ха́тца д-и́-р-ҭе-ит. *They gave her away in marriage. Ее выдали замуж.* **2.** to be married. [cf. **а-ҧҳәы́с** "a wife"]

а-ха́тцара [n.] courage, fortitude: И-у́-л-ша-ры-зеи уара́ ха́тцара-с? (AF) *Of what manly deed would you be capable?*

а-ха-тца-ра́[1] [tr.] [C1-Prev-C3-R / C1-Prev-C3-Neg-R] [C3 believe (in) C1] (**Fin.** [pres.] и-ха́-л-тцо-ит, д-ха́-л-тцо-ит / и-ха́-л-тцо-м (-тца-ӡо-м), д-ха́-л-тцо-м, [aor.] и-ха́-л-тце-ит, и-ха́-на-тце-ит / и-ха́-лы-м-тце-ит (-тца-ӡе-ит), и-ха-на́-м-тце-ит (-тца-ӡе-ит), [imper.] и-ха-тца́! / и-ха́-бы-м-тца-н!, и-ха́-шә-тца! / и-ха́-шәы-м-тца-н!, [poten.] и-сы-з-ха-тцо́-м; **Non-fin.** [pres.] (C1) и-ха́-л-тцо / и-ха́-лы-м-тцо, (C3) и-ха́-з-тцо / и-ха́-зы-м-тцо, [aor.] (C1) и-ха́-л-тца / и-ха́-лы-м-тца, (C3) и-ха́-з-тца / и-ха́-зы-м-тца, [impf.] (C1) и-ха́-л-тцо-з / и-ха́-лы-м-тцо-з, (C3) и-ха́-з-тцо-з / и-ха́-зы-м-тцо-з, [past indef.] (C1) и-ха́-л-тца-з / и-ха́-лы-м-тца-з, (C3) и-ха́-з-тца-з / и-ха́-зы-м-тца-з; **Abs.** и-ха-тца-ны́ / и-ха́-м-тца-кәа) **1.** to believe: Ари́ сы-з-ха-тцо́-м. *I do not believe this. Я этому не верю.* А-нцәа́ д-ха́-с-тцо-ит. *I believe in God. Я верю в Бога.* А-нцәа́ д-ха́-с-тцо-м. *I don't believe in God. Я не верю в Бога.* А-нцәа́ д-сы-з-ха-тцо́-м. *I cannot believe in God. Я не могу верить в Бога.* Уи и́-и-хәо ха́-шәы-м-тца-н! (IC) *Don't believe what he says!* У-ҳәатәы́ ха́-з-тцо у́-ма-ны а́-ҕба у-ҭа́-л! [cf. **а-гәра-га-ра́** "to believe"]

а-ха-тца-ра́[2] **(1)** [tr. SV] [C1-Poss(C3's)-SV-C3-R / C1-Poss-SV-C3-Neg-R] [C3 put on C3's C1] (**Fin.** [pres.] и-с-ха́-с-тцо-ит, и-хе́-и-тцо-ит, и-аҳ-ха́-ҳ-тцо-ит, и-а-ха-на-тцо́-ит / и-с-ха́-

с-тцо-м (-тца-ӡо-м), [aor.] и-с-ха́-с-тце-ит, и-а-ха-на-тце́-ит, и-аҳ-ха́-ҳ-тце-ит / и-с-ха́-сы-м-тце-ит, и-а-ха-на́-м-тце-ит, и-аҳ-ха́-ҳа-м-тце-ит; [imper.] и-б-ха-тца́! / и-б-ха́-бы-м-тца-н!, и-шә-ха́-шә-тц! / и-шә-ха́-шәы-м-тца-н!; [poten.] и-сы-з-с-ха-тцо́-м, и-сы-з-с-ха́-м-тце-ит; [nonvol]**; [vers.1]**; [vers.2] и-лы-цә-с-ха́-с-тце-ит / и-лы-цә-с-ха́-сы-м-тце-ит; **Non-fin.** [pres.] (C1) и-л-ха́-л-тцо / и-л-ха́-лы-м-тцо, (C3) и-з-ха́-з-тцо / и-з-ха́-зы-м-тцо, [aor.] (C1) и-л-ха́-л-тца / и-л-ха́-лы-м-тца, (C3) и-з-ха́-з-тца / и-з-ха́-зы-м-тца, [fut.1] (C1) и-л-ха́-л-тца-ра / и-л-ха́-лы-м-тца-ра, (C3) и-з-ха́-з-тца-ра / и-з-ха́-зы-м-тца-ра, [fut.2] (C1) и-л-ха́-л-тца-ша / и-л-ха́-лы-м-тца-ша, (C3) и-з-ха́-з-тца-ша / и-з-ха́-зы-м-тца-ша, [perf.] (C1) и-л-ха́-л-тца-хьоу (-хьа(ц)) / и-л-ха́-лы-м-тца-хьоу (-хьа(ц)), (C3) и-з-ха́-з-тца-хьоу (-хьа(ц)) / и-з-ха́-зы-м-тца-хьоу (-хьа(ц)), [impf.] (C1) и-л-ха́-л-тцо-з / и-л-ха́-лы-м-тцо-з, (C3) и-з-ха́-з-тцо-з / и-з-ха́-зы-м-тцо-з, [past indef.] (C1) и-л-ха́-л-тца-з / и-л-ха́-лы-м-тца-з, (C3) и-з-ха́-з-тца-з / и-з-ха́-зы-м-тца-з, [cond.1] (C1) и-л-ха́-л-тца-ры-з / и-л-ха́-лы-м-тца-ры-з, (C3) и-з-ха́-з-тца-ры-з / и-з-ха́-зы-м-тца-ры-з, [cond.2] (C1) и-л-ха́-л-тца-ша-з / и-л-ха́-лы-м-тца-ша-з, (C3) и-з-ха́-з-тца-ша-з / и-з-ха́-зы-м-тца-ша-з, [plupf.] (C1) и-л-ха́-л-тца-хьа-з / и-л-ха́-лы-м-тца-хьа-з, (C3) и-з-ха́-з-тца-хьа-з / и-з-ха́-зы-м-тца-хьа-з; **Abs.** и-с-ха-тца-ны́ / и-с-ха́-м-тца-кәа) **1.** to put on (headgear)**:** А-хы́лҧа с-ха́-с-тце-ит. *I put on a cap. Я надел шапку.* Бара́ бы-хьтәы́ хәыдхатца́ б-ха́-б-тцо-ма? *Will you put on the gold necklace?* Аимхәыц б-ха-тца́! *Put on the beads!* **2.** to set, to fix. [cf. **а-хы́-х-ра** "to take off"] **(2)** [tr.] [C1-Poss(X's)-Prev(head)-C3-R] [C3 put C1 on X] (**Fin.** [pres.] и-л-ха́-с-тцо-ит / и-л-ха́-с-тца-м, [aor.] и-л-ха́-с-тце-ит / и-л-ха́-сы-м-тце-ит, [imper.] и-л-ха-тца́! / и-л-ха́-бы-м-тца-н!) **1.** to put headgear on sb**:** А-хы́лҧа а-хәычы́ и-л-ха́-с-тце-ит. *I put a cap on the child. Я надел на ребенка шапку.* Уаса́-к а-ша́ха а-хе́-и-тце-ит. *He put a rope on the head of a sheep. Он надел веревку какой-то овце на голову.* А-кәты́ а-цәы́ и-а-ха́-л-тце-ит. (ACST) *She put the chicken on the skewer.* (*=She skewered the chicken.*) А-кәы́ба а-хə́а́ а-хе́-и-тце-ит. *He placed the lid on the coffin.* [cf. **а-хы́-тц-ра** "to peel off"]

а-ха́тцацара[1] [n.] the marriage of a woman.

а-ха́тца-ца-ра[2] *see* **а-ха́тца а-ца-ра́**

а-ха́-тцгыла-ра [intr.] [C1-C2-Prev-S / C1-C2-Prev-Neg-S] [C1 stand up in deference to C2] [intr.] (**Fin.** [pres.] ды-с-ха́-тцгыло-ит / ды-с-ха́-тцгыло-м, [aor.] ды-с-ха́-тцгыле-ит / ды-с-ха́-м(ы)-тцгыле-ит, [imper.] бы-с-ха́-тцгыл! / бы-с-ха́-м(ы)-тцгыла-н!; **Non-fin.** [pres.] (C1) и-с-ха́-тцгыло / и-с-ха́-м(ы)-тцгыло, (C2) ды-з-ха́-тцгыло / ды-з-ха́-м(ы)-тцгыло; **Abs.** ды-с-ха́-тцгыла-ны / ды-с-ха́-м(ы)-тцгыла-кәа) **1.** to stand up as a sign of respect**:** А-уа́да с-аны-ҩна́-ла, зегьы́ а́друхәа и-с-ха́-тцгыле-ит. (ARD) *Когда я вошел в комнату, все как один встали. When I entered the room, they all stood up as one in deference to me.*

хатцкы́ *see* **у-хатцкы́**

а-ха-тцәа-ра [intr.] [C1-C2-Prev-R / C1-C2-Prev-Neg-R] [C1 spread around C2] (**Fin.** [pres.] и-а-ха́-тцәо-ит / и-а-ха́-тцәо-м, [aor.] и-а-ха́-тцәе-ит / и-а-ха́-м-тцәе-ит; **Non-fin.** [pres.] (C1) и-а-ха́-тцәо / и-а-ха́-м-тцәо; **Abs.** и-а-ха́-тцәа-ны / и-а-ха́-м-тцәа-кәа) **1.** to spread**:** А-гәы́рҕьа жәа́бжь а-тәы́ла зегьы́ и-а-ха́-тцәе-ит. *The joyful news spread around the whole country. Радостная весть облетела всю страну.*

а-ха́ҷа [n.] cottage cheese.

а-хаҷапы́р [n.] (-кәа) a type of pastry with cheese.

а-хаҿса́хьа [n.] (-кәа) **1.** a face. **2.** a figure, a type.

а-хаҿы́ [n.] (а-хаҿ-кәа́, с-хаҿы́) a face.

а-хаҿы́да [adj.] (-кәа, и-хаҿы́до-у) characterless; impersonal**:** а-ӄатцарба́ хаҿы́да-кәа *impersonal verbs.*

а́-хаша [n.] Wednesday**:** Уатцәы́ хашо́-уп. *Tomorrow will be Wednesday.*

а-ха́-шҭ-ра [intr. inverse] [C1-C2-Prev-R / C1-C2-Prev-Neg-R] [C2 forget C1, *lit.* C1 slip C2's mind] (**Fin.** [pres.] и-с-ха́-шҭ-уе-ит (*я забываю его(нрз.)/их*), ды-с-ха́-шҭ-уе-ит (*я* *забываю его/ее*) / и-с-ха́-шҭ-уа-м (-шҭ-ӡо-м), ды-с-ха́-шҭ-уа-м, [aor.] и-с-ха́-шҭ-ит / и-с-ха́-м-шҭ-ит (-шҭ-ӡе-ит), {[caus. imper.] *lit. make yourself forget it/them!, i.e. forget it/them!* и-б-ха́-б-мы-р-шҭы-н! *don't forget it/them!* и-шә-ха́-шәы-р-шҭ! *(to you.pl) forget it/them!*}; **Non-fin.** [pres.] (C2) и-з-ха́-шҭ-уа / и-з-ха́-м-шҭ-уа, [aor.] (C2) и-з-ха́-шҭ / и-з-ха́-м-шҭ, [plupf.] (C2) ды-з-ха́-м-шҭы-цыз; **Abs.** и-с-ха́-шҭ-ны / и-с-ха́-м(ы)-шҭ-кәа) **1.** to forget: а-ҩы́з-цәа а-ваго́н а-ҿы́ и-р-ха́-шҭы-з а́-маҭәа-ҟәа *things that the friends forgot in the carriage, забытые товарищами в вагоне вещи.* Уара́ у-з-ла-цәа́жәо сара́ и-с-ха́-шҭ-хье-ит. (AAD) *Я уже забыл то, о чем ты говоришь. I have already forgotten about what you are talking.* Сара́ а-шәҟәы́ а-ҩны́ и-с-ха́-шҭ-ит. *I forgot the book at home. Я забыл книгу дома.* [cf. **а-ха́-ршҭ-ра** "to make forget"]

а-ха́-шшаа-ра [intr.] [C1-C2-Prev-R / C1-C2-Prev-Neg-R] [C1 complain about/defend C2] (**Fin.** [pres.] д-а-ха́-шшаа-уе-ит / д-а-ха́-шшаа-уа-м, [aor.] д-а-ха́-шшаа-ит / д-а-ха́-м-шшаа-ит, [imper.] б-а-ха́-шшаа! / б-а-ха́-м-шшаа-н!; **Non-fin.** [pres.] (C1) и-а-ха́-шшаа-уа / и-а-ха́-м-шшаа-уа; **Abs.** д-а-ха́-шшаа-ны / д-а-ха́-м-шшаа-кәа) **1.** to complain about/of: Уи́ а-гәабзи́ара д-а-ха́-шшаа-уе-ит. *He/She is complaining about his/her health. Он/Она жалуется на здоровье.* [cf. **а́-шш-ра** "to complain"; **а-за́-шш-ра** "to complain about"]. **2.** to defend, to protect; to authorize: Лара́ иара́ д-и-ха́-шшаа-уе-ит. *She is defending him. Она его защищает.* Сара́ уи́ с-з-и-ха́-шшаа-уа-м. *I cannot defend him. Я не могу его защищать.*

а-ха́-шәа-ла-ра[1] [intr.] [C1-a-Prev-R-Ex / C1-a-Prev-Neg-R-Ex *or* C1-a-Prev-R-Neg-Ex] [C1 remain after] (**Fin.** [pres.] д-а-ха́-шәа-ло-ит / д-а-ха́-шәа-ло-м (-ла-ӡо-м), [aor.] д-а-ха́-шәа-ле-ит / д-а-ха́-м-шәа-ле-ит (-ла-ӡе-ит), [imper.] б-а-ха́-шәа-л! / б-а-ха́-м-шәа-ла-н!, шә-а-ха́-шәа-л! / шә-а-ха́-м-шәа-ла-н!; **Non-fin.** [pres.] (C1) и-а-ха́-шәа-ло / и-а-ха́-м-шәа-ло; **Abs.** д-а-ха́-шәа-ла-ны / д-а-ха́-м-шәа-ла-кәа) **1.** to be surplus to, to remain after: Ры́-фатә-и р-ҟа́шәа-и и-р-ха́-шәа-ло-з р-ҭи-уа́-н аҳәаа-нхыҵ. (ANR) *They sold abroad what they did not use for and animal fodder.*

а-ха́-шәала-ра[2] [intr. inverse] [C1-C2-Prev-S] [C2 receive C1(a profit)] (**Fin.** [pres.] и-с-ха́-шәало-ит / и-с-ха́-шәало-м, [aor.] и-с-ха́-шәале-ит / и-с-ха́-м-шәале-ит, [imper.] и-б-ха́-шәала! / и-б-ха́-м-шәала-н!, и-шә-ха́-шәала! / и-шә-ха́-м-шәала-н!; **Non-fin.** [pres.] (C1) и-л-ха́-шәало / и-л-ха́-м-шәало, (C2) и-з-ха́-шәало / и-з-ха́-м-шәало; **Abs.** и-с-ха́-шәала-ны / и-с-ха́-м-шәала-кәа) **1.** to get/receive a profit: И-л-ха́-шәале-ит. *She received a profit. Она получила прибыль.*

а-хаҵьгәа́ [n.] (-ҟәа́) a plug, a stopper.

а-ха-ҵьгәа-ра́ [tr.] [C1-C2-Prev-C3-R / C1-C2-Prev-C3-Neg-R] [C3 put C1 (*a plug*) in C2] (**Fin.** [pres.] и-а-ха́-л-ҵьгәо-ит / и-а-ха́-л-ҵьгәо-м, [aor.] и-а-ха́-л-ҵьгәе-ит / и-а-ха́-лы-м-ҵьгәе-ит, [imper.] и-а-ха́-ҵьгәа! / и-а-ха́-бы-м-ҵьгәа-н!; **Non-fin.** [pres.] (C1) и-а-ха́-л-ҵьгәо / и-а-ха́-лы-м-ҵьгәо, (C2) и-з-ха́-л-ҵьгәо / и-з-ха́-лы-м-ҵьгәо, (C3) и-а-ха́-з-ҵьгәо / и-а-ха́-зы-м-ҵьгәо; **Abs.** и-а-ха́-ҵьгәа-ны / и-а-ха́-м-ҵьгәа-кәа) **1.** to plug, to stop up: Уи а-кала́м-ҟәа р-хаҵьгәа-ҟәа́ р-ха́-л-ҵьгәе-ит. (AAD) *She plugged the pens.*

а-хба́раҭа [n.] a dry place.

а-х-блаа-ра́ [labile] **(1)** [intr.] (**Fin.** [pres.] и-х-бла́а-уе-ит / и-х-бла́а-уа-м, [aor.] и-х-бла́а-ит / и-хы́-м-бла́а-ит; **Non-fin.** [pres.] (C1) и-х-бла́а-уа / и-хы́-м-блаа-уа, [aor.] (C1) и-х-бла́а / и-хы́-м-блаа; **Abs.** и-х-бла́а-ны / и-хы́-м-блаа-кәа) **1.** to be burnt/scorched: И-ҵьымшь-ҟәа хы-бла́а-ит. *His eyebrows were scorched. У него обгорели брови.* **(2)** [tr.] to wither, to dry up: А-бӷь-ҟәа́ а́-мра и-х-на-бла́а-ит. *Drought withered the leaves.*

а-хбылҩышы́ [n.] (-ҟәа) (= **а-хбыҩлашa**, **а-хшы́баҩ**) the brain.

а-х-га-ра́[1] [tr.] (**Fin.** [pres.] и-а-хы́-з/с-го-ит, и-а-х-а́а-го-ит / и-а-хы́-з/с-го-м, и-а-х-а́а-го-м, [aor.] и-а-хы́-з/с-ге-ит / и-а-хы́-зы/сы-м-ге-ит, [imper.] и-а-х-га́! / и-а-хы́-бы-м-га-н!, и-а-хы́-жә/шә-га! / и-а-хы́-шәы-м-га-н!; **Non-fin.** [pres.] (C3) и-а-хы́-з-го / и-а-хы́-зы-м-го;

Abs. и-а-х-га-ны́ / и-а-хы́-м-га-кәа) **1.** (= **а-хы́-рӡа-ра**) to postpone**:** Уи́ уа́ҳа и-а-хы́-шәы-м-га-н! (GAL) *Не откладывайте это больше! Don't postpone this any more!*

а-х-га-ра́[2] [tr. SV] [C1-Poss-SV-C3-R / C1-Poss-SV-C3-Neg-R] [C3 spend C1; C3 endure C1] (**Fin.** [pres.] и-с-хы́-з-го-ит, и-аҳ-х-а́ҳ/а́а-го-ит, и-шә-хы́-жә-го-ит, и-а-х-на-го́-ит / и-с-хы́-з-го-м, [aor.] и-с-хы́-з-ге-ит, и-а-х-на-ге́-ит / и-с-хы́-сы-м-ге-ит, и-ҳ-х-а́ҳа-м-ге-ит, и-а-х-на́-м-ге-ит; [poten.] и-лы-з-л-хы́-го-м / и-лы-з-л-хы́-м-ге-ит; [nonvol]**; [vers.1]**; [vers.2] ?и-лы-цә-с-хы́-з-ге-ит / и-лы-цә-с-хы́-сы-м-ге-ит; **Non-fin.** [pres.] (C1) и-л-хы́-л-го / и-л-хы́-лы-м-го, (C3) и-з-хы́-з-го / и-з-хы́-зы-м-го, [aor.] (C1) и-л-хы́-л-га / и-л-хы́-лы-м-га, (C3) и-з-хы́-з-га / и-з-хы́-зы-м-га, [fut.1] (C1) и-л-хы́-л-га-ра / и-л-хы́-лы-м-га-ра, (C3) и-з-хы́-з-га-ра / и-з-хы́-зы-м-га-ра, [fut.2] (C1) и-л-хы́-л-га-ша / и-л-хы́-лы-м-га-ша, (C3) и-з-хы́-з-га-ша / и-з-хы́-зы-м-га-ша, [perf.] (C1) и-л-хы́-л-га-хьоу (-хьа(ц)) / и-л-хы́-лы-м-га-хьоу (-хьа(ц)), (C3) и-з-хы́-з-га-хьоу (-хьа(ц)) / и-з-хы́-зы-м-га-хьоу (-хьа(ц)), [impf.] (C1) и-л-хы́-л-го-з / и-л-хы́-лы-м-го-з, (C3) и-з-хы́-з-го-з / и-з-хы́-зы-м-го-з, [past indef.] (C1) и-л-хы́-л-га-з / и-л-хы́-лы-м-га-з, (C3) и-з-хы́-з-га-з / и-з-хы́-зы-м-га-з, [cond.1] (C1) и-л-хы́-л-га-ры-з / и-л-хы́-лы-м-га-ры-з, (C3) и-з-хы́-з-га-ры-з / и-з-хы́-зы-м-га-ры-з, [cond.2] (C1) и-л-хы́-л-га-ша-з / и-л-хы́-лы-м-га-ша-з, (C3) и-з-хы́-з-га-ша-з / и-з-хы́-зы-м-га-ша-з, [plupf.] (C1) и-л-хы́-л-га-хьа-з / и-л-хы́-лы-м-га-хьа-з, (C3) и-з-хы́-з-га-хьа-з / и-з-хы́-зы-м-га-хьа-з; **Abs.** и-сы́-х-га-ны / и-с-хы́-м-га-кәа) **1.** to spend (*a day, time, etc.*)**:** а́амҭа/а́-мш л-хы́-л-го-ит *she is spending time/the day.* А-мш шӡо́-у-хы́-у-ге-и? (AFL) *How did you spend the day? Как ты провел день?* Сара́ а́-ӡхынра а-қы́ҭа-н и-с-хы́-з-ге-ит. *I spent the summer in the village. Я провел лето в деревне.* А-мш шы-с-хы́-з-га-з с-а-лацәа́жәо-ит. *I am talking about how I spent a day. Я говорю о том, как я провел день.* А-ҩны́ а́-мш ш-аҳ-х-а́а-га-з ҳ-а́-лацәажәо-ит. (AFL) *At home we talk about how we spent the day. Дома мы говорим о том, как мы провели день.* **2.** to experience**:** а-шәара́ а-хгара́ *to experience fear, испытать страх.* а-гуа́лсра ду а-х-га-ра́ *to experience intense grief, пережить сильное огорчение.* **3.** to endure (*grief, an illness, etc.*)**:** и-с-зы-х-го́-м *I can't tolerate it.* Аб и́-чкәын и-ӡсра́ и-з-хы́-м-ге-ит. (ARD) *The father could not endure his son's death. Отец не смог пережить смерть сына.* Иахьа́ а-шо́ура уаҩы́ и-зы-х-го́-м. *Today is intolerably hot.* Аҳ, а-гәҿы́ҕра а-ле-и-х-й-гала-рц, шәарыцара д-ца-ло́-н. (AF) *The prince, in order thereby to alleviate his annui, used to go off hunting.*

а-х-га-ра́[3] [tr.] [C1-C2-Prev-C3-R / C1-C2-Prev-C3-Neg-R] [C3 transfer C1 through C2] (**Fin.** [pres.] д-а-хы́-с-го-ит / д-а-хы́-с-го-м, [aor.] д-а-хы́-с-ге-ит / д-а-хы́-сы-м-ге-ит, [imper.] д-а-х-га́! / д-а-хы́-бы-м-га-н!, д-а-хы́-шә/жә-га! / д-а-хы́-шәы-м-га-н!; **Non-fin.** [pres.] (C1) и-а-хы́-с-го / и-а-хы́-сы-м-го, (C3) д-а-хы́-з-го / д-а-хы́-зы-м-го; **Abs.** д-а-х-га-ны́ / д-а-хы́-м-га-кәа) **1.** to transfer/transport/move sb/sth through sth**:** Аидара а-гәа́ра и-а-х-и́-ге-ит. (ARD) *Он перенес груз через забор. He moved the load through the fence.*

а-х-гы́ла-заа-ра [intr. stative] [C1-Prev-R] (**Fin.** [pres.] и-х-гы́ло-уп) **1.** to stand in the water/sea**:** А-ҕба а-мшы́н и-х-гы́ло-уп. (IC) *The steamer is at anchor in the sea.* || Уи уажәы́-гь сы́-бла ды-х-гы́ло-уп. *She seems to be before my eyes even now.*

а-хе́илага [adj.] mad, crazy.

а-х-е́ила-га-ра (1) [intr. dynamic] [Poss-хы́ (C1)-Prev-R / Poss-хы́ (C1)-Prev-Neg-R *or* C1-Prev-R / C1-Prev-Neg-R] [C1 goes mad/crazy] (**Fin.** [pres.] с-хы́ еила-го́-ит / с-хы́ еила-го́-м (-га-ӡо́-м) *or* с-еила-го́-ит / с-еила-го́-м (-га-ӡо́-м), [aor.] с-хы́ еила-ге́-ит / с-хы́ еила-м-ге́-ит (-га-ӡе́-ит) *or* с-еила-ге́-ит / с-еила-м-ге́-ит (-га-ӡе́-ит), [imper.] б-хы́ еила-га́! / б-хы́ еила́-бы-м-га-н! *or* б-еила-га́! / б-еила́-м-га-н!, шә-хы́ еила-жә/шә-га́! / шә-хы́ еила́-жәы/шәы-м-га-н! *or* шә-еила-га́! / шә-еила́-м-га-н!; **Non-fin.** [pres.] (C1) з-хы́ еила-го́ / з-хы́ еила́-м-го, [aor.] (C1) з-хы́ еила-га́ / з-хы́ еила́-м-га; **Abs.** и-хы́ еила-га-ны́ / и-хы́ еила́-м-га-кәа) **1.** to go mad/crazy**:** И-хы́ еила-ге́-ит. *He went mad/crazy. Он сошел с* *ума.* Л-хы́ еила-ге́-ит. *She went mad/crazy. Она сошла с ума.* **(2)** [intr. stative] **Non-fin.** [pres.] (C1) з-хы́ еила-го́-у / з-хы́ еила-га́-м, [past] (C1) з-хы́ еила-га́-з / з-хы́ еила-га́-мызт) **1.** to be mad/crazy. [cf. **а́ила-га-ра** "to go mad/crazy"]

а-х-жәа-ра́ [labile] **(1)** [tr.] [C1-Prev-C3-R / C1-Prev-C3-Neg-R] [C3 break C1] (**Fin.** [pres.] и-хы́-з-жәо-ит, и-х-на-жәо́-ит / [aor.] и-хы́-з-жәе-ит, и-х-на-жәе́-ит / и-хы́-сы-м-жәе-ит, и-х-на́-м-жәе-ит, [imper.] и-х-жәа́! / и-хы-бы-м-жәа́-н!, и-хы-жә-жәа́!; **Non-fin.** [pres.] (C1) и-хы́-л-жәо (*то, которое она ломает*) / и-хы́-лы-м-жәо, (C3) и-хы́-з-жәо (*тот, который ломает его(нрз.)/их*) / и-хы́-зы-м-жәо, [aor.] (C1) и-хы́-л-жәа / и-хы́-лы-м-жәа, (C3) и-хы́-з-жәа / и-хы́-зы-м-жәа, [impf.] (C1) и-хы́-л-жәо-з / и-хы́-лы-м-жәо-з, (C3) и-хы́-з-жәо-з / и-хы́-зы-м-жәо-з, [past indef.] (C1) и-хы́-л-жәа-з / и-хы́-лы-м-жәа-з, (C3) и-хы́-з-жәа-з / и-хы́-зы-м-жәа-з; **Abs.** и-х-жәа-ны́ / и-хы́-м-жәа-кәа) **1.** to break: А-фырт̧ы́н а́-тцла х-на-жәе́-ит. *The storm broke the tree. Буря сломила дерево.* Уи́ а́-тцла а́-махә х-и́-жәе-ит. *He broke a branch of the tree.* **2.** to tear: а-конве́рт а-хжәара́ *to tear an envelope, надорвать конверт.* **(2)** [intr.] [C1-Prev-R / C1-Prev-Neg-R] [C1 break] (**Fin.** [pres.] и-х-жәо́-ит / и-х-жәо́-м (-жәа-ӡо́-м), [aor.] и-х-жәе́-ит / и-хы-м-жәе́-ит (-жәа-ӡе́-ит), [imper.] у-х-жәа́! / у-хы́-м-жәа-н!, шә-х-жәа́! / шә-хы́-м-жәа-н!; **Non-fin.** [pres.] (C1) и-х-жәо́ / и-хы́-м-жәо, [aor.] (C1) и-х-жәа́ / и-хы́-м-жәа) **1.** to break; to snap: А-тцла х-жәе́-ит. *The tree was broken. Дерево сломалось.* А-уарды́н а-лы́ра х-жәе́-ит. *The axle of the (ox-)cart was broken. Ось арбы сломалась.*

а-хӡаарқәры́ла || **а-хӡаарқәры́ла ҟа-и-тце́-ит** he dived.

а-х-ӡы́ӡаа-ра* [intr.] [C1-C2-S] (**Fin.** [pres.] д-ры-хӡы́ӡаа-уе-ит / д-ры-хӡы́ӡаа-уа-м, [aor.] д-ры-х-ӡы́ӡаа-ит / ды-р-хы́-м-ӡыӡаа-ит, [imper.] б-ры-х-ӡы́ӡаа! / бы-р-хы́-м-ӡыӡаа-н!) **1.** to worry about sb: Ан л-хәычы́ д-и-хӡы́ӡаа-уе-ит. *The mother is worrying about her child.*

а-хиа-ра́ [intr. stative] [C1-R] (**Fin.** [pres.] и-хио́-уп / и-хиа́-м, [past] и-хиа́-н / и-хиа́-мызт; **Non-fin.** [pres.] (C1) и-хио́-у / и-хиа́-м, [past] (C1) и-хиа́-з / и-хиа́-мыз; **Abs.** и-хиа-ны́ / и-хиа́-м-кәа) **1.** to be decorated: А-клу́б шәт̧ы́кақач-ла и-хиа́-н. (AAD) *The club was decorated with flowers.* **2.** to be furnished; to be ready: Уара́ у-хио́-у-ма? *Are you ready?* — Ааи, сара сы-хио́-уп. *Yes, I am ready.* **3.** to be covered: А-ҩны́ ҩны́мат̧әа-ла да́ара и-хио́-уп. (AAD) *Дом хорошо обставлен мебелью. The house is well furnished with furniture.* Аишәа хио́-уп. *The table is covered. Стол накрыт.*

а-хка́ара [n.] (-қәа) **1.** a stock farm: ахка́ар-ахь *to a stock farm.*

а-х-каа-ра́ [tr.] [C1-Prev-C3-R / C1-Prev-C3-Neg-R] [C3 fence off C1] (**Fin.** [pres.] и-хы́-с-каа-уе-ит / и-хы́-с-каа-уа-м (-каа-ӡо-м), [aor.] и-хы́-с-каа-ит / и-хы́-сы-м-каа-ит (-каа-ӡе-ит), [imper.] и-хы-каа́! / и-хы́-бы-м-каа-н!, и-хы́-шә-каа! / и-хы́-шәы-м-каа-н!; **Non-fin.** [pres.] (C1) и-хы́-л-каа-уа / и-хы́-лы-м-каа-уа, (C3) и-хы́-з-каа-уа / и-хы́-зы-м-каа-уа, [aor.] (C1) и-хы́-л-каа / и-хы́-лы-м-каа, (C3) и-хы́-з-каа / и-хы́-зы-м-каа, [impf.] (C1) и-хы́-л-каа-уа-з / и-хы́-лы-м-каа-уа-з, (C3) и-хы́-з-каа-уа-з / и-хы́-зы-м-каа-уа-з, [past indef.] (C1) и-хы́-л-каа-з / и-хы́-лы-м-каа-з, (C3) и-хы́-з-каа-з / и-хы́-зы-м-каа-з; **Abs.** и-х-каа-ны́ / и-хы́-м-каа-кәа) **1.** to fence in, to enclose: Ат̧ы́ԥ х-и́-каа-рц и-т̧аххе́-ит. (ANR) *He had a wish to fence off the place.* А-ԥшәма а-у́т̧ра х-и́-каа-ит. *The owner fenced in the market-garden. Хозяин огородил огород.*

а-хкы́ [n.] (а-х(ы)к-қәа́, хкы-к) **1.** a kind, a sort: У-ба́хча-ҿы шәы́р хк-қәа́-с е́ит̧аха-у-зеи? (AFL) *What kinds of fruits are planted in the garden? Какие виды фруктов посажены в саду?*

а-х-кәа-ра́ [intr.] [C1-Prev-R / C1-Prev-Neg-R] [C1(*rain, snow*) stop] (**Fin.** [pres.] и-х-кәо́-ит / и-х-кәо́-м, [aor.] и-х-кәе́-ит / и-хы́-м-кәе-ит, [imper.] у-х-кәа́! / у-хы́-м-кәа-н!; **Non-fin.** [pres.] (C1) и-х-кәо́ / и-хы́-м-кәо; **Abs.** и-х-кәа-ны́ / и-хы́-м-кәа-кәа) **1.** (*of precipitation*) to stop: А-қәа́ х-кәе́-ит. *The rain stopped.*

а-хкьа́[1] [n.] (а-хҟьа-қәа́, хҟьа-к) a cover.

а-хкьа́[2] [n.] (а-хҟьа-ҟəа́, хҟьа-к) a cause, a reason.

-хкьаны́ *see* **и-а-хкьа-ны́**

а-х-кьа-ра́[1] [tr.] (**Fin.** [pres.] и-хы́-л-ҟьо-ит / и-хы́-л-ҟьо-м, [aor.] и-хы́-л-ҟье-ит / и-хы́-лы-м-ҟье-ит, [imper.] и-х-ҟьа́! / и-хы́-бы-м-ҟьа-н!; **Non-fin.** [pres.] (C1) и-хы́-л-ҟьо / и-хы́-лы-м-ҟьо, (C3) и-хы́-з-ҟьо / и-хы́-зы-м-ҟьо; **Abs.** и-х-ҟьа-ны́ / и-хы́-м-ҟьа-кəа) **1.** to clear, to prepare: Амх-ҟəа́ хы́-р-ҟьа-н и-д-ры́цқье-ит. (ANR) *They prepared and cleaned the fields.*

а-х-кьа-ра́[2] [labile] **(1)** [tr.] [C1-C2-Prev-C3-R / C1-C2-Prev-C3-Neg-R] [C3 cover C1, C3 cover C2 with C1] (**Fin.** [pres.] и-а-хы́-с-ҟьо-ит / и-а-хы́-с-ҟьо-м, и-л-хы́-с-ҟьо-ит / и-л-хы́-с-ҟьо-м, [aor.] и-а-хы́-с-ҟье-ит / и-а-хы́-сы-м-ҟье-ит, и-л-хы́-с-ҟье-ит / и-л-хы́-сы-м-ҟье-ит, [imper.] и-лы-х-ҟьа́! / и-л-хы-бы-м-ҟьа-н!; **Abs.** и-х-ҟьа-ны́ / и-хы́-м-ҟьа-кəа) **1.** to cover: А-хчы́ а-хҟьа́ а-хы-л-ҟье-ит. (ARD) *Она зачехлила подушку. She covered the pillow.* А-сы́ а́-шҭа а-х-на-ҟье́-ит. *The yard was covered with snow.* [cf. Сара́ сы́-ла а́-шҭа хы́-с-ҟье-ит. *I covered the yard with snow.*] **(2)** [C1-Prev-C3-R / C1-Prev-C3-Neg-R] [C3 cover C1] (**Fin.** [pres.] и-хы́-с-ҟьо-ит / и-хы́-с-ҟьо-м (-ҟьа-ʒо-м), [aor.] и-хы́-с-ҟье-ит / и-хы́-сы-м-ҟье-ит (-ҟьа-ʒе-ит), [imper.] и-х-ҟьа́! / и-хы́-бы-м-ҟьа-н!, и-хы́-шə-ҟьа! / и-хы́-шəы-м-ҟьа-н!; **Non-fin.** [pres.] (C1) и-хы́-л-ҟьо / и-хы́-лы-м-ҟьо, (C3) и-хы́-з-ҟьо / и-хы́-зы-м-ҟьо, [aor.] (C1) и-хы́-л-ҟьа / и-хы́-лы-м-ҟьа, (C3) и-хы́-з-ҟьа / и-хы́-зы-м-ҟьа, [impf.] (C1) и-хы́-л-ҟьо-з / и-хы́-лы-м-ҟьо-з, (C3) и-хы́-з-ҟьо-з / и-хы́-зы-м-ҟьо-з, [past indef.] (C1) и-хы́-л-ҟьа-з / и-хы́-лы-м-ҟьа-з, (C3) и-хы́-з-ҟьа-з / и-хы́-зы-м-ҟьа-з) **1.** to put on (a cover): А-шəҟə-ҟəа́ хы́-р-ҟье-ит. *They put a (dust-)jacket on the books.* **2.** to bind. **3.** to finish, to set, to polish: а-ҵе́иҵь ха́ҳə-ла а-хҟьара́ *to finish the well in stone.* **(3)** [intr.] [C1-Prev-R] (**Fin.** [pres.] и-х-ҟьо́-ит / и-х-ҟьо́-м, [aor.] и-х-ҟье́-ит / и-хы́-м-ҟье-ит; **Non-fin.** [pres.] (C1) и-х-ҟьо́ / и-хы́-м-ҟьо, [aor.] (C1) и-х-ҟьа́ / и-хы́-м-ҟьа) **1.** to be covered: А-шҭа-ҟəа сы́-ла и-х-ҟьо́-уп. *The yards are covered with snow.* А-шҭа-ҟəа, а-дə-ҟəа́, а́-рха-ҟəа уҳəа́ зехьы́нцьара сы́-ла и-х-ҟьо́-уп. (AFL) *The yards, fields, valleys, and so on are everywhere covered with snow. Дворы, поля, долины и так далее всюду покрываются снегом.* А-жəҩан етҵəа́-ла и-хҟьо́-уп. *The sky is strewn with stars. Небо усеяно звездами.*

а-х-кьа-ра́[3] [tr.] [C1-C2-Prev-C3-R] [C3 wield C1 at C2] (**Fin.** [pres.] и-а-хы́-с-ҟьо-ит / и-а-хы́-с-ҟьо-м, [aor.] и-а-хы́-с-ҟье-ит / и-а-хы́-сы-м-ҟье-ит, [imper.] и-а-х-ҟьа́! / и-а-хы́-бы-м-ҟьа-н!, и-а-хы́-шə-ҟьа! / и-а-хы́-шəы-м-ҟьа-н!; **Non-fin.** [pres.] (C1) и-а-хы́-с-ҟьо / и-а-хы́-сы-м-ҟьо, (C3) и-а-хы́-з-ҟьо / и-а-хы́-зы-м-ҟьо; **Abs.** и-а-х-ҟьа-ны́ / и-а-хы́-м-ҟьа-кəа) **1.** to whip, to lash: А-ҽы́ а-ҟамчы́ а-хы́-с-ҟье-ит. *I whipped the horse. Я ударил лошадь плетью.*

а-х-кьа-ра́[4]* [intr.] [C1-(C2)-Prev-R] [C1 lose C2(one's way)] (**Fin.** [aor.] ды-х-ҟье́-ит *or* д-а-х-ҟье́-ит / д-(а)-хы́-м-ҟье-ит, **Abs.** ды-х-ҟьа-ны́ *or* д-а-х-ҟьа-ны́ / д-(а)-хы́-м-ҟьа-кəа) "Some indirect objects require **-а-**, others do not. Zaira [Khiba] allows either schwa or **-а-** with **а-мҩа**." (Hewitt & Khiba (personal communication)) || **А-мҩа ды-х-кье́-ит** (*or* **д-а-х-кье́-ит**). *He/She lost his/her way.* [cf. **а-цəы-х-кьа-ра́** "to lose one's way"]

а-х-кьа-ра́[5]* [intr.] [C1-C2-Prev-R] [C1 fall from C2] (**Fin.** [aor.] д-а-х-ҟье́-ит / д-а-хы́-м-ҟье-ит; **Abs.** д-а-х-ҟьа-ны́ / д-а-хы́-м-ҟьа-кəа) **1.** to fall from sth: **1.** А-ҽы́ д-а-ҟье́-ит. *He/ She fell from the horse.*

а-х-кьа-ра́[6]* [intr.] [C1-C2-Prev-R] [C1 (color) fade from C2] (**Fin.** [aor.] и-а-х-ҟье́-ит / и-а-хы́-м-ҟье-ит; **Abs.** и-а-х-ҟьа-ны́ / и-а-хы́-м-ҟьа-кəа) **1.** to lose color, (*of color*) to fade: А-ба́ а-ҧшшəы́ а-х-ҟье́-ит. *The cloth had faded. Ткань полиняла.* **2.** to grow pale: И-ҧшшəахəы́ и-х-ҟье́-ит. *He turned pale.*

а-х-кьа-ра́[7]* [intr.] [C1-C2-Prev-R] [C1 suffer for C2] (**Fin.** [aor.] д-и-х-ҟье́-ит / д-и-хы́-м-ҟье-ит, **Abs.** д-и-х-ҟьа-ны́ / д-и-хы́-м-ҟьа-кəа) **1.** to suffer for sth/sb: И-ашьа́ д-и-х-ҟье́-ит.

X

*He suffered for his brother.*Д-зы-х-ҟьа-зеи? *What has he/she suffered for?*

а-х-кьа-ра́[8]* [tr.] [C1-C2-Prev-R] [C1 come out of C2] (**Fin.** [aor.] и-а-х-ҟье́-ит / и-а-хы́-м-ҟье-ит; **Abs.** и-а-х-ҟьа-ны́ / и-а-хы́-м-ҟьа-кәа; **Non-fin.** [past indef.] (C2) и-зы-х-ҟьа́-з / и-з-хы́-м-ҟьа-з) **1.** to come out; to spring out; to fly out: А-ҧаҭлы́ка а-хԥа́ а-х-ҟье́-ит. *The cork came out of the bottle.* **2.** to emerge form: А-ӡи́а Ри́ҵа зы-х-ҟьа́-з *the origin of Lake Rits'a [lit. that from which Lake Rits'a emerged].*

а-х-кьаша-ра́ [intr.] [C1-C2-Prev-R / C1-C2-Prev-Neg-R] [C1 stumble over C2] (**Fin.** [pres.] д-а-х-ҟьашо́-ит / д-а-х-ҟьашо́-м, [aor.] д-а-х-ҟьаше́-ит / д-а-хы-м-ҟьаше́-ит, [imper.] б-а-х-ҟьаша́! / б-а-хы-м-ҟьаша́-н!; **Non-fin.** [pres.] (C1) и-а-х-ҟьашо́ / и-а-хы́-м-ҟьашо, (C2) и-зы-х-ҟьашо́ / и-з-хы́-м-ҟьашо; **Abs.** д-а-х-ҟьаша-ны́ / д-а-хы-м-ҟьаша́-кәа) **1.** to stumble (on sth): а-ха́ҳә а-хҟьашаара́ *to stumble over a stone, споткнуться о камень.* А-ҷкәын а-ӷәы́ д-а-х-ҟьаше́-ит. *The boy stumbled over the board.*

хлантцы́ [adv.] down, downward: А-қы́ҭа зегьы́ хлантцы́ и-ца-хьа́-н. (AF) *The whole village had gone under.*

а-хна-га-ра́* [intr.] (**Fin.** [aor.] и-а-хна-ге́-ит / и-а-хна́-м-ге-ит, **Abs.** и-а-хна-га-ны́ / и-а-хна́-м-га́-кәа) **1.** (*of weather*) to become settled: А-мшцәгьа и-а-хна-ге́-ит. *The weather has become settled.* **2.** to distract.

а-х-(на)-к-ра́* [tr.] [C1-Prev-C3(it)-R] [C3(it) blind C1] (**Fin.** [aor.] и-х-на-к-и́т / и-х-на́-м-к-ит, **Abs.** и-х-к-ны́ / и-хы́-м-к-кәа) **1.** to blind, to dazzle; to charm: А-сы́ и́-ла х-на-к-и́т. *The snow blinded me.* Лы́-ҧшӡара сы́-бла х-на-к-и́т. *Her beauty charmed/blinded me.*

х-ны́-зқь-ԥы-к [num.] 3000.

а-х-ны́кә-га-ра [tr.] (**Fin.** [pres.] с-хы́ ны́ҟәы-з-го-ит / с-хы́ ны́ҟәы-з-го-м, л-хы́ ны́ҟәы-л-го-ит / л-хы́ ны́ҟәы-л-го-м, [aor.] л-хы́ ны́ҟәы-л-ге-ит / л-хы́ ны́ҟә-лы-м-ге-ит, [imper.] б-хы́ ны́ҟә-га! / б-хы́ ны́ҟә-бы-м-га-н!, шә-хы́ ны́ҟәы-жә-га! / шә-хы́ ны́ҟә-шәы-м-га-н!; **Abs.** с-хы́ ны́ҟә-га-ны / с-хы́ ны́ҟәы́-м-га-кәа) **1.** to support oneself.

а-хны-рҳә-ра́ [tr.] [C1-Prev-C3-S / C1-Prev-C3-Neg-S] [C3 returns C1] (**Fin.** [pres.] и-хын-сы-рҳә-уе́-ит / и-хын-сы-рҳә-уа́-м (-рҳә-ӡо́-м), [aor.] и-хын-сы-рҳә-и́т / и-хын-с-мы-рҳә-ит (-рҳә-ӡе́-ит), [imper.] и-хны-рҳәы́! / и-хын-б-мы-рҳәы́-н!, и-хын-шәы-рҳәы́! / и-хын-шә-мы-рҳәы́-н!; **Non-fin.** [pres.] (C1) и-хын-лы-рҳә-уа́ / и-хын-л-мы-рҳә-уа́, (C3) и-хын-зы-рҳә-уа́ / и-хын-з-мы-рҳә-уа́, [aor.] (C1) и-хын-лы-рҳәы́ / и-хын-л-мы-рҳәы́, (C3) и-хын-зы-рҳәы́ / и-хын-з-мы-рҳәы́, [impf.] (C1) и-хын-лы-рҳә-уа́-з / и-хын-л-мы-рҳә-уа́-з, (C3) и-хын-зы-рҳә-уа́-з / и-хын-з-мы-рҳә-уа́-з, [past indef.] (C1) и-хын-лы-рҳәы́-з / и-хын-л-мы-рҳәы́-з, (C3) и-хын-зы-рҳәы́-з / и-хын-з-мы-рҳәы́-з; **Abs.** и-хын-рҳә-ны́ / и-хын-мы-рҳәы́-кәа) **1.** to return, to give back: А-шәҟәы́ а-библиоте́ка-хь и-хын-сы-рҳә-и́т. *I returned the book to the library. Я вернул книгу в библиотеку.* А-уа́л лы-з-х(ы)н-сы-рҳә-и́т. *I returned my debt to her. Я вернул ей долг.* [cf. **а-хын-ҳә-ра́** "to return"]

х-ҧа [num.][non-hum.] (cf. **х-ба**) three: А-статиа́ з-ԥы́-р-о-уп а-саа́ҭ х-ҧа р-ҟы́нӡа. *I must write the article by 3 o'clock. Я должен написать статью к 3 часам.*

а-х-ҧаа-ра́ [tr.] [C1-C2-Prev-C3-S] [C3 tear C1 off C2] (**Fin.** [aor.] и-х-и́-ҧаа-ит) **1.** to take/tear (*a headgear*) off sb: И-хы́лҧа и-хы́-р-ҧаа-ит. *They tore his cap off him.* || Ды-ш-не́и=ш-не́и-уа-з д-а-х-на-ҧаа-уа́ д-а́-ла-ге-ит. *He began to grow ever more impudent.*

а́-хҧа-(гьы) [coll. num.] three.

а́-хҧатәи [ordinal num.] third: а́-хҧатәи а-да́ҟьа *the third page.* Сара́ а́-хҧатәи аихагы́ла-ҿы сы-н-хо́-ит. *I live on the third floor.*

Ахра [n.] (m.) [person's name]: Ахра и-ҟы́нтә и-с-а-ха́-ит. *I heard it from Akhra (m.).*

а́-хра [n.] (а́-хра-кәа, хра-к) rock face, crag, cliff.

а-х-ра́[1] [tr.] [C1-C3-R / C1-C3-Neg-R] [C3 sharpen C1] (**Fin.** [pres.] и-с-х-уе́-ит, и-а-х-уе́-ит / и-с-х-уа́-м, и-а-х-уа́-м, [aor.] и-с-х-и́т, и-а-х-и́т / и-сы-м-х-и́т, и-а́-м-х-ит, [fut.1] и-с-хы́-п, и-а-хы́-п / и-с-х-ры́м, и-а-х-ры́м, [fut.2] и-с-хы́-шт, и-а-хы́-шт / и-с-хы́-шам, и-а-хы́-

шам, [perf.] и-с-х-хье́ит, и-а-х-хье́ит / и-сы-м-хы́-ц(т), и-а́-м-хы-ц(т), [impf.] и-с-х-уа́н, и-а-х-уа́н / и-с-х-уа́мызт, и-а-х-уа́мызт, [past indef.] и-с-хы́-н, и-а-хы́-н / и-сы-м-хы́-зт, и-а́-м-хы-зт, [cond.1] и-с-х-ры́н, и-а-х-ры́н / и-с-х-ры́мызт, и-а-х-ры́мызт, [cond.2] и-с-хы́-шан, и-а-хы́-шан / и-с-хы́-шамызт, и-а-хы́-шамызт, [plupf.] и-с-х-хьа́н, и-а-х-хьа́н / и-сы-м-хы́-цызт, и-а-м-хы́-цызт, [imper.] и-хы́! / и-бы-м-хы́-н!, и-шə-хы́! / и-шəы-м-хы́-н!; [caus.] и-с-лы-р-х-и́т / и-сы-л-мы-р-х-и́т, и-аҳ-ды-р-х-и́т / и-ҳа-д-мы-р-х-и́т; [poten.] и-сы-з-х-уа́-м, и-с-зы́-м-х-ит; [nonvol] и-с-а́мха-х-ит / и-с-а́мха-м-х-ит; [vers.1] и-л-зы́-с-х-ит / и-л-зы́-сы-м-х-ит; [vers.2] и-л-цəы́-с-х-ит / и-л-цəы́-сы-м-х-ит; **Non-fin.** [pres.] (C1) и́-л-х-уа / и́-лы-м-х-уа, (C3) и-з-х-уа́ / и-зы-м-х-уа́, [aor.] (C1) и́-л-х / и́-лы-м-х, (C3) и-з-хы́ / и-зы-м-хы́, [fut.1] (C1) и́-л-х-ра / и́-лы-м-х-ра, (C3) и-з-х-ра́ / и-зы-м-х-ра́, [fut.2] (C1) и́-л-х-ша / и́-лы-м-х-ша, (C3) и-з-хы́-ша / и-зы-м-хы́-ша, [perf.] (C1) и́-л-х-хьоу (-хьа(ц)) / и́-лы-м-х-хьоу (-хьа(ц)), (C3) и-з-х-хьо́у (-хьа́(ц)) / и-зы-м-х-хьо́у (-хьа́(ц)), [impf.] (C1) и́-л-х-уа-з / и́-лы-м-х-уа-з, (C3) и-з-х-уа́-з / и-зы-м-х-уа́-з, [past indef.] (C1) и́-л-хы-з / и́-лы-м-хы-з, (C3) и-з-хы́-з / и-зы-м-хы́-з, [cond.1] (C1) и́-л-х-ры-з / и́-лы-м-х-ры-з, (C3) и-з-х-ры́-з / и-зы-м-х-ры́-з, [cond.2] (C1) и́-л-х-ша-з / и́-лы-м-х-ша-з, (C3) и-з-хы́-ша-з / и-зы-м-хы́-ша-з, [plupf.] (C1) и́-л-х-хьа-з / и́-лы-м-х-хьа-з, (C3) и-з-х-хьа́-з / и-зы-м-х-хьа́-з; **Abs.** и-х-ны́ / и-м-хы́-кəа) **1.** to sharpen**:** а́-ҳəызба и-х-и́т *he sharpened the knife, он наточил нож.* аиха́ хы́! *sharpen the axe!* **2.** to saw.

а-х-ра́[2] [intr. stative] [C1-(C2)-R, *lit.* C1-(C2)-Prev(on/at)-R(ø)] [C1 be C2 (on the surface)] (**Fin.** [pres.] и-хы́-уп / и-хы́-м, [past] и-хы́-н / и-хы́-мызт; **Non-fin.** [pres.] (C1) и-хы́-у / и-хы́-м, [past] (C1) и-хы́-з / и-хы́-мыз; **Abs.** и-х-ны́ / и-хы́-м-кəа) **1.** to be on the surface**:** а-зы́ и-хы́-уп. /j-ø-xə́-ø-wp'/ *it is on the water.* (Spruit, SC5) а-у́ҭра (*or* а-у́ҭра-ҿы) а-ҟа́б-ҟəа хы́-уп. [(C1)-(C2.sg.)-R-Stat.Fin] *There are pumpkins in the market-garden. В огороде есть тыквы.* А-у́ҭра-ҟəа а-ҟа́б-ҟəа р-хы́-уп. [(C1)-C2.pl.-R-Stat.Fin] *There are pumpkins in the market-gardens. В огородах есть тыквы.* А-кəа́ра (*or* А-кəара-ҿы) а-кəа́та хы́-уп. (AFL) *There is a duck on the river.* А-ӡба а-мшы́н и-хы́-уп. *The steamer is at sea. Пароход находится на море.* **2.** to be in the sky**:** А-хьшь а́-жəҩан и-гьежь-уа́ и-хы́-уп. *The hawk is circling in the sky. Ястреб кружится в небе.* А-жəҩан кеике́иуа и-цқьо́-уп, пҭа́-к-гьы хы-м. *The sky is clear and there is not a cloud.*

а-х-ра́[3] [tr.] [C1-C3-R / C1-C3-Neg-R] [C3 chop C1] (**Fin.** [pres.] и-л-х-уе́-ит / и-л-х-уа́-м, [aor.] и-л-х-и́т, и-а-х-и́т / и-лы-м-х-и́т, [imper.] и-хы́! / и-бы-м-хы́-н!, и-шə-хы́! / и-шəы-м-хы́-н!; **Non-fin.** [pres.] (C1) и́-л-х-уа / и́-лы-м-х-уа, (C3) и-з-х-уа́ / и-зы-м-х-уа́; **Abs.** и-х-ны́ / и-хы́-м-кəа) **1.** to chop**:** а-мҿы́ а-хра́ *to chop firewood, колоть дрова.*

а-х-ра́[4] [tr.] [C1-C3-R / C1-C3-Neg-R] [C3 pound C1] (**Fin.** [pres.] и-л-х-уе́-ит / и-л-х-уа́-м, [aor.] и-л-х-и́т, и-а-х-и́т, / и-лы-м-х-и́т, [imper.] и-хы́!, и-шə-хы́!; **Non-fin.** [pres.] (C1) и́-л-х-уа / и́-лы-м-х-уа, (C3) и-з-х-уа́ / и-зы-м-х-уа́, [aor.] (C1) и́-л-х / и́-лы-м-х, (C3) и-з-хы́ / и-зы-м-хы́; **Abs.** и-х-ны́ / и-хы́-м-кəа) **1.** to pound, to crush.

а-хра́(а)-ӡа́а-ра* [intr.] (**Fin.** [aor.] ды-хра́(а)-ӡраа-ит / ды-хра́(а)-м-ӡраа-ит, [imper.] бы-хра́(а)-ӡраа! / бы-м-хра́(а)-ӡраа-н!) **1.** to look around.

-храа-ӡа́а-уа [adv.]**:** Ды-храаӡра́а-уа д-не́и-уа-н. *He/She, looking around, was going.*

хса́ [adj.] of a shaved head.

а-хсаа́ла [n.] (-қəа) a map.

а-хсара́ [n.] head-shaving.

а-х-са-ра́ [tr.] [C1-Prev-C3-R / C1-Prev-C3-Neg-R] [C3 cut down C1] (**Fin.** [pres.] и-хы́-л-со-ит / и-хы́-л-со-м, [aor.] и-хы́-л-се-ит / и-хы́-лы-м-се-ит, [imper.] и-х-са́! / и-хы́-бы-м-са-н!, и-хы́-шə-са! / и-хы́-шəы-м-са-н!; **Non-fin.** [pres.] (C1) и-хы́-л-со / и-хы́-лы-м-со, (C3) и-хы́-з-со / и-хы́-зы-м-со; **Abs.** и-х-са-ны́ / и-хы́-м-са-кəа) **1.** to cut down**:** И-р-цырха́го-у ҟа-з-цо́ аӡəы́ д-и-ба́-р-гьы и-хы́ х-и́-со-н. (AF) *He would slice the head off anyone doing harm to them.*

а-х-та-ра́ [tr.] [C1-Prev-C3-R / C1-Prev-C3-Neg-R] [C3 scoop C1 up] (**Fin.** [pres.] и-хы-л-то́-ит / и-хы-л-то́-м (-та-ӡо́-м), [aor.] и-хы-л-те́-ит, и-ха-х̧-те́-ит / и-хы́-лы-м-те-ит (-та-ӡе-ит), и-ха́-х̧а-м-те-ит (-та-ӡе-ит), [imper.] и-х-та́! / и-хы́-бы-м-та-н!, и-хы́-шә-та́! / и-хы́-шәы-м-та-н!; **Non-fin.** [pres.] (C1) и-хы́-л-то / и-хы́-лы-м-то, (C3) и-хы́-з-то / и-хы́-зы-м-то; **Abs.** и-х-та-ны́ / и-хы́-м-та-кәа) **1.** to scoop. [cf. **а-та-ра́** "to scoop up, to draw (*water*)"]

а-х-т-заа-ра́ [intr. stative] [C1-Prev-R] [C1 be open] (**Fin.** [pres.] и-х-т-у́п / и-х-ты́-м, [past] и-х-ты́-н / и-х-ты́-мызт, [imper.] у-х-ты́-з! / у-х-ты́-мыз!; **Non-fin.** [pres.] (C1) и-х-т-у́ / и-х-ты́-м; **Abs.** и-х-т-ны́ / и-х-ты́-м-кәа) **1.** to be open: И-ла-ҟәа х-т-у́-ма? *Are his eyes open?*

а-х-т-ра́ (1) [tr.] [C1-Prev-C3-R / C1-Prev-C3-Neg-R] [C3 open C1] (**Fin.** [pres.] и-хы́-с-т-уе-ит / и-хы́-с-т-уа-м (-т-ӡо-м), [aor.] и-хы́-с-т-ит / и-хы́-сы-м-т-ит (-т-ӡе-ит), [imper.] и-х-ты́! / и-хы́-бы-м-ты-н!, и-хы́-шә-т! / и-хы-шәы-м-ты-н!; **Non-fin.** [pres.] (C1) и-хы́-л-т-уа / и-хы́-лы-м-т-уа, (C3) и-хы́-з-т-уа / и-хы́-зы-м-т-уа, [aor.] (C1) и-хы́-л-т / и-хы́-лы-м-т, (C3) и-хы́-з-т / и-хы́-зы-м-т, [impf.] (C1) и-хы́-л-т-уа-з / и-хы́-лы-м-т-уа-з, (C3) и-хы́-з-т-уа-з / и-хы́-зы-м-т-уа-з, [past indef.] (C1) и-хы́-л-ты-з / и-хы́-лы-м-ты-з, (C3) и-хы́-з-ты-з / и-хы́-зы-м-ты-з; **Abs.** и-х-т-ны́ / и-хы́-м-т-кәа) **1.** to open sth: шәы́-бла-ҟәа хы́-шә-т! *open your eyes!* **(2)** [intr.] [C1-Prev-R / C1-Prev-Neg-R] [C1 open] (**Fin.** [pres.] и-х-т-уе́-ит / и-х-т-уа́-м, [aor.] и-х-т-и́т / и-хы́-м-т-ит, [imper.] у-х-ты́! / у-хы́-м-ты-н!; **Non-fin.** [pres.] (C1) и-х-т-уа́ / и-хы́-м-т-уа, [aor.] (C1) и-х-ты́ / и-хы́-м-т; **Abs.** и-х-т-ны́ / и-хы́-м-т-кәа) **1.** to open: А-жәҩан х-т-и́т. *The sky opened. Небо открылось.* А-дау-ҟуа́ ры́-ла-ҟуа х-ты́-зар, и́-цәо-уп а́-уп и-а́анаго. (Ab.Text) *If the ogres' eyes are open, they are sleeping.* [cf. **а-т-ра́** [intr.] "to open"]

а-хҭа-к-ра́ [tr.] [C1-Prev-C3-R / C1-Prev-C3-Neg-R] [C3 pester C1] (**Fin.** [pres.] и-хҭа́-с-к-уе-ит / и-хҭа́-с-к-уа-м, [aor.] и-хҭа́-с-к-ит / и-хҭа́-сы-м-к-ит, [imper.] и-хҭа-кы́! / и-хҭа́-бы-м-кы-н!; **Non-fin.** [pres.] (C1) и-хҭа́-с-к-уа / и-хҭа́-сы-м-к-уа, (C3) и-хҭа́-з-к-уа / и-хҭа́-зы-м-к-уа; **Abs.** и-хҭа-к-ны́ / и-хҭа́-м-к-кәа) **1.** to insist. **2.** to bother/pester sb: сы-хҭо́-у-м-ка-н! *don't follow me!* А-ҳәса сы-хҭа́-р-к-ит. *Women pestered me.* **3.** to take to sth: а-ҭаҭы́нахара хҭа́-с-к-ит. *I developed a liking for smoking.*

а-хҭацәы́ха [n.] **1.** rest, break: Хҭацәы́ха сы́-ма-ӡа-м. *I have no time to spare.* Сара́ а́нмышк хҭацәы́ха сы́-ма-м. (RAD) *Я занят целый день. I am busy all day.*

а-хҭы́-гәла-ра [intr.] [C1-C2-Prev-R / C1-C2-Prev-Neg-R] (**Fin.** [pres.] с-лы-хҭы́-гәло-ит / с-лы-хҭы́-гәло-м, [aor.] с-лы-хҭы́-гәле-ит / с-лы-хҭы́-м-гәле-ит, [imper.] б-лы-хҭы́-гәл! / б-лы-хҭы́-м-гәла-н!; **Non-fin.** [pres.] (C1) и-лы-хҭы́-гәло / и-лы-хҭы́-м-гәло, (C2) с-зы-хҭы́-гәло / с-зы-хҭы́-м-гәло; **Abs.** с-а-хҭы́-тәла-ны / с-а-хҭы́-м-тәла-кәа) **1.** to find sb for sth. **2.** to be the first to come.

а-хҭырҧа́ [n.] (а-хҭырҧа-кәа́, сы-хҭырҧа́, хҭырҧа́-к) a hood.

а-хҭы́с [n.] (а-хҭы́с-кәа) an event; an occurrence; a chronicle: Уаҩы́ и-цьé-и-шьа-ша хҭы́с-хо-ит уи. *This will cause a sensation.*

а-хҭы́сратә [adj.] (*gramm.*) passive: а-хҭы́сратә зы́ҟа *the passive voice.*

а-х-хәы́ц-ра* [intr.] [C1-C2-Prev-R] [C1 listen to/obey C2] (**Fin.** [pres.] д-сы-х-хәы́ц-уе-ит / д-сы-х-хәы́ц-уа-м (-хәы́ц-ӡо-м), [aor.] д-сы-х-хәы́ц-ит / ды-с-хы-м-хәы́ц-ит, [imper.] б-сы-х-хәы́ц! / бы-с-хы-м-хәы́цы-н!) **1.** to listen to sb; to obey sb: А-хәычы́ и-а́н д-лы-х-хәы́ц-уе-ит. *The child listens to his mother.*

а-ххьа́ [n.] (а-ххьа-кәа́, ххьа-к) a braid.

а-хх̧әа́ [n.] (а-хх̧әа-кәа́, хх̧әа-к) a comb.

а-х-х̧әаа-ра́ [tr.] [C1-C2-Prev-C3-S / C1-C2-Prev-C3-Neg-S] [C3 say C1 about C2] (**Fin.** [pres.] и-а-хы́-с-х̧әаа-уе-ит / и-а-хы́-с-х̧әаа-уа-м (-х̧әаа-ӡо-м), [aor.] и-а-хы́-с-х̧әаа-ит / и-а-хы́-сы-м-х̧әаа-ит (-х̧әаа-ӡе-ит), [imper.] и-а-х-х̧әаа́! / и-а-хы́-бы-м-х̧әаа-н!, и-а-хы́-шә-ҳәаа! / и-а-хы́-шәы-м-ҳәаа-н!; [caus.] и-а-х-с-лы-р-ҳәа́а-ит / и-а-х-сы-л-мы-р-ҳәа́а-ит; [poten.] и-с-з-а-хы́-ҳәаа-уа-м, и-с-з-а-хы́-м-ҳәаа-ит; [nonvol] и-с-а́мха-а-х-ҳәаа-ит / и-с-а́мха-з-хы-м-ҳәаа-ит; [vers.1] и-б-з-а-хы́-с-ҳәаа-ит / и-б-з-а-хы́-сы-м-ҳәаа-ит; [vers.2] и-б-цә-а-хы́-с-ҳәаа-ит / и-б-цә-а-хы́-сы-м-ҳәаа-ит; **Non-fin.** [pres.] (C1) и-а-хы́-л-хәаа-уа / и-а-хы́-лы-м-хәаа-уа, (C3) и-а-хы́-з-хәаа-уа / и-а-хы́-зы-м-хәаа-уа, [aor.] (C1) и-а-хы́-л-хәаа / и-а-хы́-лы-м-хәаа, (C3) и-а-хы́-з-хәаа / и-а-хы́-зы-м-хәаа, [impf.] (C1) и-а-хы́-л-хәаа-уа-з / и-а-хы́-лы-м-хәаа-уа-з, (C3) и-а-хы́-з-хәаа-уа-з / и-а-хы́-зы-м-хәаа-уа-з, [past indef.] (C1) и-а-хы́-л-хәаа-з / и-а-хы́-лы-м-хәаа-з, (C3) и-а-хы́-з-хәаа-з / и-а-хы́-зы-м-хәаа-з; **Abs.** и-а-х-ҳәаа-ны́ / и-а-хы-м-ҳәаа-кәа) **1.** to speak second-hand about sth**:** Ари́ а-у́с и-а-х-у́-ҳәаа-уа-зеи? (ARD) *Что ты скажешь об этом деле? What will you say about this thing?* Уи́ акгьы́ с-з-а-х-ҳәаа-уа́-м. (ARD) *Я ничего не могу об этом сказать. I cannot say anything about this.* Убри́ сара́ акы́ а-хы́-с-ҳәаа-уе-ит. (AAD) *I'll say something about this.* [cf. **а-ҳәа-ра́** "to say"]

а-х-ца́-ра [tr.] [C1-C2-Prev-C3-R / C1-C2-Prev-C3-Neg-R] [C3 expel C1 from C2] (**Fin.** [pres.] д-а-хы́-р-цо-ит / д-а-хы́-р-цо-м, [aor.] д-а-хы́-р-це-ит / д-а-хы́-ры-м-це-ит, [imper.] д-а-х-ца́! / д-а-хы́-бы-м-ца-н!, д-а-хы́-шә-ца! / д-а-хы́-шәы-м-ца-н!; **Non-fin.** [pres.] (C1) и-а-хы́-р-цо / и-а-хы́-ры-м-цо, (C2) ды-з-хы́-р-цо / ды-з-хы́-ры-м-цо, (C3) д-а-хы́-з-цо / д-а-хы́-зы-м-цо; **Abs.** д-а-х-ца-ны́ / д-а-хы́-м-ца-кәа) **1.** to expel, to drive out**:** Аҕа́ и́-р а-қы́ҭа и-а-хы́-р-це-ит (/и-а́-лы-р-це-ит). (ARD) *Они выгнали вражеское войско из села. They drove the enemy army from the village.*

а-хцәа́жәара[1] [n.] conversation**:** а-ҭаацәара́ а-хцәа́жәара *a conversation about the family.*

а-х-цәа́жәа-ра[2] [intr.] [C1-C2-Prev(about)-R / C1-C2-Prev-Neg-R] [C1 talk about C2] (**Fin.** [pres.] с-лы-х-цәа́жәо-ит, с-а-х-цәа́жәо-ит / с-лы-х-цәа́жәо-м, [aor.] с-а-х-цәа́жәе-ит (*я сказал о нем(нрз.)*) / сы-л-хы́-м-цәажәе-ит, ды-с-хы́-м-цәажәе-ит (*он/она не сказал/-ла обо мне*), [imper.] б-а-х-цәа́жә(а)! (N.B. The form б-а-х-цәа́жәа is literary.) / б-а-хы́-м-цәа́жәа-н!, шә-лы-х-цәа́жәа!, шә-а-х-цәа́жә! / шәы-с-хы́-м-цәа́жәа-н!; **Non-fin.** [pres.] (C1) и-л-х-цәа́жәо (*тот, который говорит о ней*) / и-л-хы́-м-цәажәо, (C2) ды-з-х-цәа́жәо (*то, о котором он/она говорит*) / ды-з-хы́-м-цәажәо, [aor.] и-л-х-цәа́жәа / и-л-хы́-м-цәажәа, (C2) ды-з-х-цәа́жәа / ды-з-хы́-м-цәажәа, [impf.] и-л-х-цәа́жәо-з / и-л-хы́-м-цәажәо-з, (C2) ды-з-х-цәа́жәо-з / ды-з-хы́-м-цәажәо-з, [past indef.] и-л-х-цәа́жәа-з / и-л-хы́-м-цәажәа-з, (C2) ды-з-х-цәа́жәа-з / ды-з-хы́-м-цәажәа-з; **Abs.** д-а-х-цәа́жәа-ны / д-а-хы́-м-цәажәа-кәа, с-лы-х-цәа́жәа-ны / сы-л-хы́-м-цәажәа-кәа) **1.** to talk about sb/sth**:** Уи́ а-у́с и-а-х-цәа́жәе-ит. *They talked about that affair.* У-а-хцәа́жәа уара́ у-шьыжькьа́фара. *Talk about your breakfast!* Уажәы́ и-с-ҭахы́-уп шәара́ шә-ҭа́ацәа шә-ры-х-цәа́жәа-рц. (AFL) *Теперь я хочу, чтобы вы рассказали о вашей семье. Now I want you to talk about your family.* Шә-а-х-цәа́жә шәара́ шә-ахьы-н-хо́ шә-қы́ҭа зеиҧшро́у. *Tell which village you live in.* [cf. **а-цәа́жәа-ра** "to speak to, to talk"]

а-хцәы́ [n.] (а-хцә-қәа́, сы-хцәы́) **1.** plait, braid. **2.** (= **а-хахәы́**) hair**:** лы-хцәы́ ҟаҧшь *her red hair.* Лы-хцәы́ еиқәатцәо́-уп. (AFL) *Her hair is black.* Сы-хцәы́ с-хәо́-ит. *I am combing my hair. Я расчесываю косу.* Сара́ сы-хцәы́ ҟа-с-тца́-р-о-уп. *I must get my hair cut. Я должна сделать прическу.* Сара́ сы-хцәы́ а́-м-с-х-р-о-уп. *I must have a hair-trim.* Бы-хцәы́ ҟа-тца́! *Cut your hair!* Сы-хцәы́ с-зы́-ҟа-шә-тца́! *Please cut my hair!*

а-хцәы́катцарта [n.] (= **а-ҧатцаса́рта**) (-қәа) a barbershop.

а-х-тца́ала-ра* [intr.] [[C1(Dymmy)-](C2)-S] [C2 ice over] (**Fin.** [aor.] и-х-тца́але-ит / и-хы́-м-тцаале-ит, и-ры-х-тца́але-ит / и-р-хы́-м-тцаале-ит, **Abs.** и-х-тца́ала-ны / и-хы́-м-тцаала-кәа) **1.** to be covered with thin ice, to ice over**:** А-ӡи́а и-х-тца́але-ит. (ARD) *Озеро покрылось тонким слоем льда. The lake has iced over.* А-ӡа́ҩа х-тца́але-ит. (AAD) *The marsh has iced over.* А-ӡыцча-кәа и-ры-х-тца́але-ит. *The streams have iced over.*

а-х-тца-ра́ [tr.] [C1-C2-Prev-C3-R / C1-C2-Prev-C3-Neg-R] [C3 name C2 by C1] (**Fin.** [pres.]

и-а-хы́-р-тцо-ит / и-а-хы́-р-тцо-м, [aor.] и-а-хы́-р-тце-ит / и-а-хы́-ры-м-тце-ит, [imper.] и-а-х-тца́! / и-а-хы́-бы-м-тца-н!, и-а-хы́-шә-тца! / и-а-хы́-шәы-м-тца-н!; **Non-fin.** [pres.] (C1) и-а-хы́-р-тцо / и-а-хы́-ры-м-тцо, (C3) и-а-хы́-з-тцо / и-а-хы́-зы-м-тцо; **Abs.** и-а-х-тца-ны́ / и-а-хы́-м-тца-кәа) **1.** to call sth by some name: Ҳ-институ́т Д. Гәли́а и́-хьӡ а-хы́-р-тце-ит. (ARD) *Наш институт назвали именем Д. Гулиа. They named our institute after D. Gulia.*

а-х-тцәа-ра́[1] [tr.] [C1-(C2)-Prev-C3-R / C1-(C2)-Prev-C3-Neg] [C3 cut C1] (**Fin.** [pres.] и-хы́-с-тцәо-ит / и-хы́-с-тцәо-м, [aor.] д-хы́-с-тцәе-ит, и-х-и́-тцәе-ит / д-хы́-сы-м-тцәе-ит, [imper.] ды-х-тцәа́! / д-хы́-бы-м-тцәа-н!, и-хы́-шә-тцәа! / и-хы́-шәы-м-тцәа-н!; **Non-fin.** [pres.] (C1) и-хы́-л-тцәо / и-хы́-лы-м-тцәо, (C3) д-хы́-з-тцәо / д-хы́-зы-м-тцәо, [aor.] (C1) и-хы́-л-тцәа / и-хы́-лы-м-тцәа, (C3) д-хы́-з-тцәа / д-хы́-зы-м-тцәа; **Abs.** и-х-тцәа-ны́ / и-хы́-м-тцәа-кәа) **1.** to cut: А-да́ц-қәа а-мшы́н и-ахь-та́-р-с-у и-х-и́-тцо-н. (AF) *He cut through the roots where they were fixed in the sea.* С-аҕа́ и-хы́ хы́-з-тцәа-да? (Ab.Text) *Who cut the enemy's head off? Кто отрезал голову врага?* А-ла́ а́-баӷ ҟаҟа-ны́ и-х-на-тцәе́-ит. (RAD) *Собака перегрызла кость. The dog gnawed through the bone.* **2.** to trim; to clip: Сара́ а-ча́и хы́-с-тцәо-ит. *I am trimming tea.* **3.** to saw down/off: а́-тцла хьа́рхь-ла а-х-тцәара́ *to cut down a tree.*

а-х-тцәа-ра́[2]* [intr.] [C1-Prev-R] [C1 migrate] (**Fin.** [aor.] ды-х-тцәе́-ит / д-хы́-м-тцәе-ит; [imper.] бы-х-тцәа́! / б-хы́-м-тцәа-н!; **Abs.** ды-х-тцәа-ны́ / ды-хы́-м-тцәа-кәа) **1.** to migrate; to move (*from one town, country, etc. to another*): Шә-зы-х-тцәа́-зеи? *Why did you migrate?* Ды-х-тцәа́-н а́-қалакь ахь нха́ра д-аа́-ит. (ARD) *He/She moved to the town.*

а-хтцәаӷы́ [n.] (а-хтцәа-цәа́) a refugee; a migrant.

а-хчы́ [n.] (а-хч-қәа́, сы-хчы́, хчы́-к, хч-қәа́-к) **1.** a pillow: И-хчы́ и́-тцх-ны ды-шьто́-уп. *He is dying./He is on his death-bed. Он умирает./Он на смертном одре.* И-хчы́ и́-тцырх-ит. *He died.*

а-хҷа́т [n.] cream.

а-хҷыԥса́а [n.] (pl.) (*one of the Abkhazian tribes*) Akhchips.

а-х-ҿе-ра́ [tr.] [C1-Prev-C3-R / C1-Prev-C3-Neg-R] [C3 ease C1] (**Fin.** [pres.] и-х-на-ҿе-уе́-ит / и-х-на-ҿе-уа́-м, [aor.] и-х-на-ҿе-и́т / и-х-на-м-ҿе-и́т, и-хы́-л-ҿе-ит / и-хы́-лы-м-ҿе-ит, [imper.] и-х-ҿеы́! / и-хы́-бы-м-ҿеы-н!, и-хы́-шә-ҿе! / и-хы́-шәы-м-ҿеы-н!; **Non-fin.** [pres.] (C1) и-х-на-ҿе-уа́ / и-х-на-м-ҿе-уа́, (C3) и-хы́-з-ҿе-уа / и-хы́-зы-м-ҿе-уа; **Abs.** и-х-ҿе-ны́ / и-хы́-м-ҿе-кәа) **1.** (*of a pain*) to weaken; to ease: А-хәшә а-хьаа́ х-на-ҿе-и́т. (ARD) *Лекарство смягчило боль. The medicine eased the pain.*

а-хҿа́ [n.] (-қәа́) an arrowhead.

а́-хш [n.] (-қәа) milk: А-хш д-раӡо́-ит. *They are straining the milk. Они процеживают молоко.* А-хш цәгьа-хе́-ит. *The milk curdled.*

а-хша́ара [n.] (хша́ара-к) a child, a baby; a child; an offspring: А-хша́ра д-л-о́у-т. (Ab.Text) *She was blessed with a child.*

а-х-шаа-ра́ (= **а-х-ша-ра́**) [intr. inverse] [C1-C2-Prev-R / C1-C2-Prev-Neg-R] [C2 give birth to C1] (**Fin.** [pres.] д-сы-х-шаа-уе́-ит (*or* ды-с-х-шаа-уе́-ит) / д-сы-х-шаа-уа́-м (-шаа-ӡо́-м), [aor.] д-сы-х-шаа́-ит / ды-с-хы́-м-шаа-ит (-шаа-ӡе-ит); **Non-fin.** [pres.] (C1) и-сы-х-шаа-уа́ / и-с-хы́-м-шаа-уа, (C2) д-зы-х-шаа-уа́ / ды-з-хы́-м-шаа-уа, [aor.] (C1) и-сы-х-шаа́ / и-с-хы́-м-шаа, (C2) д-зы-х-шаа́ / ды-з-хы́-м-шаа; **Abs.** д-сы-х-шаа-ны́ / ды-с-хы́-м-шаа-кәа) **1.** to bear, to give birth to: с-лы-х-шаа́-ит *she gave birth to me, она родила меня.* А-ҿа́н ҿа́ба-к а-х-шаа́-ит. *The mare bore a stallion.*

а-хша́ра [n.] (*see* **а-хша́ара**) (лы-хша́ра) a child; generation: Хша́ра д-лы́-мо-у-ма? *Does she have children?*

а-х-ша-ра́ [intr. inverse] [C1-C2-Prev-R / C1-C2-Prev-Neg-R] [C2 give birth to C1, *lit.* C1 be born from C2] (**Fin.** [pres.] д-лы-хшо́-ит, [aor.] д-лы-хше́-ит / ды-л-хы́-м-ше-ит, [imper.] д-бы-х-ша! / д-б-хы́-м-ша-н!, д-шәы-х-ша́! / д-шә-хы́-м-ша-н!; **Non-fin.** [pres.] (C1) и-лы-х-шо́ / и-л-хы́-м-шо, (C2) д-зы-х-шо́ / ды-з-хы́-м-шо, [aor.] (C1) и-лы-х-ша́ / и-л-хы́-м-ша, (C2) д-зы-х-ша́ / ды-з-хы́-м-ша, [impf.] (C1) и-лы-х-шо́-з / и-л-хы́-м-шо-з, (C2) д-зы-х-шо́-з / ды-з-хы́-м-шо-з, [past indef.] (C1) и-лы-х-ша́-з / и-л-хы́-м-ша-з, (C2) д-зы-х-ша́-з / ды-з-хы́-м-ша-з; **Abs.** д-сы-х-ша-ны́ / ды-с-хы́-м-шаа-кәа) **1.** to bear, to give birth to. **2.** to be born**:** с-лы-хше́-ит *she gave birth to me.* д-лы-хше́-ит *she gave birth to him/her. lit. he/she was born from her.* д-лы-хшо́-ит *she'll give birth to him/her.* Уи́ а-ҧа́ д-лы-х-ше́-ит. *She gave birth to a son. Она родила сына. / У нее родился сын.*

а-хша́раура [n.] birth, delivery**:** а́ктәи а-хша́раура *the first childbirth.*

а́-хшхыртцәы́ [n.] dairy products.

а-хшы́баҩ [n.] (-қәа) (= **а-хбыҩлаша, а-хбылҩышы́**) the brain.

а-хшы́ҩ [n.] mind, intellect**:** Сы-хшы́ҩ а-зы́-сы-шьҭ-ит (...). *I paid attention* (...)./*I thought* (...).

а-хшы́ҩдара [n.] insanity, madness**:** (И)-закә(ы́тә) хшы́ҩдаро-у-зеи и́-ҟа-у-ҵа-з! (ACST) *What stupidity you have committed!*

а-хшы́ҩтцак [n.] sense, meaning, point**:** Уи́ а́-ҟатцара хшыҩтца́к а́-ма-м. *There is no point to do this.*

а-хшьапы́ [n.] (а-хшьап-қәа́) a tripod.

а-х-шь-ра́* [tr.] [C1-C2-Prev-C3-R] (**Fin.** [aor.] и-а-х-и́-шь-ит / и-а-х-и́-м-шь-ит, [imper.] и-а-х-шьы́! / и-а-хы́-бы-м-шьы-н!) **1.** to hang sth on sth; to sling sth over the shoulder**:** А-шәа́қь и́-хәда и-а-х-и-шь-и́т. *He hung the gun on himself.* А-мпахьшьы́ уа́ и-а-хы́-с-шь-ит. *I hung a towel there.* [cf. **а-кна́-ҳа-ра** "to hang on"]

а-х-шьы́ла-ра [tr.] (**Fin.** [pres.] и-хы-с-шьы́ло-ит / и-хы-с-шьы́ло-м, [aor.] и-хы-с-шьы́ле-ит / и-хы-сы-м-шьы́ле-ит, [imper.] и-х-шьы́л! / и-хы-бы-м-шьы́ла-н!, и-хы-шә-шьы́л! / и-хы-шәы-м-шьы́ла-н!; **Abs.** и-х-шьы́ла-ны / и-хы-м-шьы́ла-кәа) **1.** to pass/run over with a hand**:** и́-ла-қәа и-напы́ х-шьы́ло *rubbing his eyes with his hand.*

а-хшьы́рҭа [n.] (-қәа) a [clothes] hanger/peg.

а-х-шәаа-ра́ [tr.] [C1-C2-Prev-C3-R / C1-C2-Prev-C3-Neg-R] [C3 pay C1(*debts/money*) to C2] (**Fin.** [pres.] и-л-хы́-с-шәаа-уе-ит / и-л-хы́-с-шәаа-уа-м, [aor.] и-л-хы́-с-шәаа-ит / и-л-хы́-сы-м-шәаа-ит, [imper.] и-л-хы́-шәаа! / и-л-хы́-бы-м-шәаа-н!, и-л-хы́-шә-шеаа! / и-л-хы́-шәы-м-шәаа-н!; **Non-fin.** [pres.] (C1) и-л-хы́-с-шәаа-уа / и-л-хы́-сы-м-шәаа-уа, (C2) и-з-хы́-с-шәаа-уа / и-з-хы́-сы-м-шәаа-уа, (C3) и-л-хы́-з-шәаа-уа / и-л-хы́-зы-м-шәаа-уа; **Abs.** и-л-хы́-шәаа-ны / и-л-хы́-м-шәаа-кәа) **1.** to pay a debt/money**:** И-уа́л-кәа и-хы́-с-шәаа-ит. (AFL) *I paid my debts to him.*

а-х-шәа-ра́[1] [tr.] [C1-Prev-C3-R / C1-Prev-C3-Neg-R] [C3 take off C1] (**Fin.** [pres.] и-хы́-л-шәо-ит, и-х-на-шәо́-ит / и-хы́-л-шәо-м, и-х-на-шәо́-м, [aor.] и-хы́-л-шәе-ит, и-х-на-шәе́-ит / и-хы́-лы-м-шәе-ит, и-х-на́-м-шәе-ит, [imper.] и-х-шәа́! / и-хы́-бы-м-шәа-н!; **Non-fin.** [pres.] (C1) и-хы́-л-шәо / и-хы́-лы-м-шәо, (C3) и-хы́-з-шәо / и-хы́-зы-м-шәо; **Abs.** и-х-шәа-ны́ / и-хы́-м-шәа-кәа) **1.** to take off; to tear off/away/down, to break off**:** А-ҩны́ а-хы́б х-и́-шәе-ит. (ARD) *Он снял крышу. He took the roof off.* А-ҧша́ а-ҩны́ а-хы́б х-на-шәе́-ит. (ARD) *Ветер сорвал крышу с дома. The wind tore the roof off the house.*

а-х-шәа-ра́[2] [intr.] [C1-C2-Prev-R / C1-C2-Prev-Neg-R] [C1 fall from C2(*him/his head*)] (**Fin.** [pres.] и-х-шәо́-ит / и-х-шәо́-м, [aor.] и-х-шәе́-ит / и-хы́-м-шәе-ит, [imper.] у-и-х-шәа́! / у-и-хы́-м-шәа-н!; **Non-fin.** [pres.] (C1) и-х-шәо́ / и-хы́-м-шәо; **Abs.** и-х-шәа-ны́ / и-хы́-м-шәа-кәа) **1.** to fall from sth**:** И-хы́лҧа и-х-шәе́-ит. (ARD) *Шапка упала у него с головы. His cap fell from his head.*

-хы [Self] self**:** л-хы́ д-а́-с-ит [she-self she-it-hit-Aor-Fin] *she hit herself.* л-хы́ л-бе́-ит *she saw herself.* Ҭемыр да́ара и-хы́ д-а-з-гуа́а-ит. *Temyr was angry with himself.* Аа́рлахәа с-хы́ и-цәы́-з-ге-ит. *I barely got rid of him. Я еле избавился от него.*

а-хы́[1] [n.] (а-х-қәа́, хы́-к, с-хы́, ҳа-х-қәа́, х-қәа́-к, хы́-ла) **1.** a head**:** и-хи́ и-шьап-и́ *his head and feet.* а-хы́ а-ртцысра́ *to shake the head, качать головой.* с-хы́ с-ҩа́-хо-ит *I raise my* *head.* с-хы́ с-ҳәб-ит *I comb my hair.* Уи́ хучҷы́к и-хы́ и́-хь-уе-ит. *His head hurts a bit. У него немного болит голова.* И-хы́ у-а́-с! *Hit his head!* Уи и-хы́ д-а́-с-ит. (IC) (1) *He hit himself on the head.* (2) *He hit him (= another person) on the head.* Уи а-ҩы́ и-хы́ и-а́-с-ит. (GAL) *Вино ударило ему в голову. Wine has gone to his head.* || **а-хакны́** under the leadership of. || **а-х-ахьы́ аа́и-ра** (*of a idea*) to occur to sb: Уажәы́ с-х-ххьы́ акагьы́ аа́-и-уа-м. (IC) *Now nothing is occurring to me.* || Шә-жьа-ра́ с-ҭах(ы)-у-шәа **шә-х-а-ҿы́ и-аа-жәы-м-га́-н**! (ACST) ***Don't imagine** that I want to deceive you!*

а-хы́[2] [n.] (а-х-қәа́) a bullet.

а-хы́б [n.] (а-хы́б-қәа, х-хы́б, хы́б-к) a roof: а-кы́цтә хы́б *a tiled roof, черепичная крыша.*

а-хы́-баа-ра : а-хы́ а-хы́-баа-ра [tr.] [Poss-HEAD [C1]-C2-Prev-C3-R] [C3 deny C2 to oneself] (**Fin.** [pres.] с-хы́ а-хы́-з-баа-уе-ит / с-хы́ а-хы́-з-баа-уа-м, [aor.] с-хы́ а-хы́-з-баа-ит / с-хы́ а-хы́-зы/сы-м-баа-ит, [imper.] б-хы́ а-хы́-баа! / б-хы́ а-хы́-бы-м-баа-н!, шә-хы́ а-хы́-жә-баа! / шә-хы́ а-хы́-шәы-м-баа-н!, **Non-fin.** [pres.] (С3) з-хы́ а-хы́-з-баа-уа / з-хы́ а-хы́-зы-м-баа-уа; **Abs.** с-хы́ а-хы́-баа-ны *or* а-х-баа-ны́ / с-хы́ а-хы́-м-баа-кәа) **1.** to deny sth to oneself, to refuse sth for oneself: Сара́ уи́ с-хы́ а-хы́-з-баа-уе-ит. *I am denying myself this. Я отказываю себе в этом.*

а-хы-бга́-ла-ра* (*or* **а-хы-бга-ла-ра́** [ARD]) [intr.] (**Fin.** [aor.] и-хы-бга́-ле-ит (*or* и-хы-бга-ле́-ит [ARD]) / и-хы-м-бга́-ле-ит (*or* и-хы-м-бга-ле́-ит), [imper.] у-хы-бга́-ла! (*or* у-хы-бга-ла́!) / у-хы-м-бга́-ла-н! (*or* у-хы-м-бга-ла́-н!)) **1.** to collapse: А-ҩны́ хыбга-ле́-ит. *The house collapsed.*

а-хы́бра[1] [n.] (а-хы́бра-қәа, хы́бра-к) **1.** a roof: Амра а-хы́бра ды́-қә-н. *Amra was on the roof. Амра была на крыше.* А-хы́бра-қәе-и а́-ҭла-қәе-и, а-чы́қь-қәе-и а-сы́ ры́-қә-жь-уп. (AFL) *Snow is lying on the roofs, trees, and bushes. На крышах, деревьях, кустах лежит снег.* **2.** a building: а-хы́бра бзи́а-қәа *the good buildings.*

а-хы́б-ра[2] [tr.] [C1-C3-R / C1-C3-Neg-R] [C3 cover C1[a roof]] (**Fin.** [pres.] и-с-хы́б-уе-ит / и-с-хы́б-уа-м, [aor.] и-с-хы́б-ит / и-сы-м-хы́б-ит, [imper.] и-хы́б! / и-бы-м-хы́бы-н!; **Non-fin.** [pres.] (С1) и-с-хы́б-уа / и-сы-м-хы́б-уа, (С3) и-з-хы́б-уа / и-зы-м-хы́б-уа, [aor.] (С1) и-с-хы́б / и-сы-м-хы́б, (С3) и-з-хы́б / и-зы-м-хы́б; **Abs.** и-хы́б-ны / и-м-хы́б-кәа) **1.** to cover a roof: а-хы́б ҭанакь-а́-ла а-хы́бра *to cover a roof with tin.*

а-хы́-га-ра (= **а-х-га-ра́**) [tr. SV] [C1-Poss-SV-C3-R / C1-Poss-SV-C3-Neg-R] [C3 spend C1(time)] (**Fin.** [pres.] и-с-хы́-з-го-ит / и-с-хы́-з-го-м, [aor.] и-с-хы́-з-ге-ит / и-с-хы́-сы-м-ге-ит, [imper.] и-бы-х-га́! / и-б-хы́-бы-м-га-н!, и-шә-хы́-жә-га! / и-шә-хы́-шәы-м-га-н!; **Non-fin.** [pres.] (С1) и-с-хы́-з-го / и-с-хы́-сы-м-го, и-л-хы́-л-го / и-л-хы́-лы-м-го, (С3) и-з-хы́-з-го / и-з-хы́-зы-м-го; **Abs.** и-с-хы-га-ны́ / и-с-хы́-м-га-кәа) **1.** to spend (*time*): Шәара́ шә-у́сура мшы́ шҧа́-шә-хы-жә-го-и? (AFL) *How do you spend your work day? Как вы проводите рабочий день?* Абас и-с-хы́-з-го-ит сара́ с-у́сура мшы́. (AFL) *I spend my work day like this. Я так провожу рабочий день.* **2.** to endure.

а-хыҕәра́ [n.] (= **а-ҕәра́**) a wood(en) floor.

а-хыдтҵа́ [n.] (-қәа́, хыдтҵа́-к) an obligation: Уи́ и-хы́дтҵа-қәа инагӡаны́ и-ҟа-и-ҵе́-ит. *He completely fulfilled his obligations.*

а-хы́жәӡа [adj.] big, large: Ари́ уажәшьҭа́ д-хы́жәӡа ды́-ҟо-уп. (Ab.Text) *Now he has become big.*

а-хы́за [n.] (а-хы́за-қәа, с-хы́за, хы́за-к)a blanket.

а-хы́-заа-ра *see* **а-х-ра́**[2]

а-хык-қәа́ *see* **а-хкы́**

а-хы́кә-ша-ра [intr.] [C1-C2-Prev-R / C1-C2-Prev-Neg-R] [C1 go around C2] (**Fin.** [pres.] д-а-хы́кә-шо-ит / д-а-хы́кә-шо-м, [aor.] д-а-хы́кә-ше-ит / д-а-хы́кәы-м-ше-ит, [imper.] б-а-хы́кә-ша! / б-а-хы́кәы-м-ша-н!; **Non-fin.** [pres.] (С1) и-а-хы́кә-шо / и-а-хы́кәы-м-шо, [aor.] (С1) и-а-хы́кә-ша / и-а-хы́кәы-м-ша; **Abs.** д-а-хы́кә-ша-ны / д-а-хы́кәы-м-ша-кәа)

1. to go around**:** а́-қалақь а́-лада-хьа́ла а-хы́кушара *to go around the city from the south, обойти город с юга.* А-шеарыцаҩ а́-хра д-а-хы́ку-ше-ит, и-ҧшы́ху-ит, на́с д-кы́дле-ит. (AAD) *The hunter went around the crag, took a look and went up.*

а-хы́қә [n.] (а-хы́қә-қәа) **1.** edge**:** а-ӡы́ а-хы́қә-а-н *at the water's edge.* **2.** bank, shore**:** а-мшы́н а-хы́қә *the seashore, берег моря.*

а-хықә-гы́ла-заа-ра [intr. stative] [< -хы-қә-гы́ла- "head-on-stand"] [C1-Prev-R, C1-C2-Prev-R] [C1 stand at the head of C2] (**Fin.** [pres.] д-хықә-гы́ло-уп / д-хықә-гы́ла-м, и-а-хы́қә-гыло-уп / и-а-хы́қә-гыла-м, [past] д-хықә-гы́ла-н / д-хықә-гы́ла-мызт, и-а-хы́қә-гыла-н / и-а-хы́қә-гыла-мызт, [impf.] б-а-хы́қә-гыла-з! / б-а-хы́қә-гыла-мыз!; **Non-fin.** [pres.] (C1) и-хы́қә-гыло-у / и-хы́қә-гыла-м, [past] (C1) и-хы́қә-гыла-з / и-хы́қә-гыла-мыз; **Abs.** д-хықә-гы́ла-ны / д-хықә-гы́ла-м-кәа) **1.** to stand at the head of sth; to stand on the shore**:** А-мшы́н и-а-хықә-гы́ло-уп. (ANR) *It stands on the sea.* Уры а-ӡы́ и-хы́қә-гыло-уп. *They are standing on the bank of the river.*

а-хы́қә-гыла-ра [intr. dynamic] [< -хы-қә-гы́ла- "head-on-stand"] [C1-Prev-R / C1-Prev-Neg-R *or* C1-Neg-Prev-R] [C1 approach *a river* closely] (**Fin.** [pres.] д-хы́қә-гыло-ит / д-хы́қә-гыло-м (-гыла-ӡо-м), [aor.] д-хы́қә-гыле-ит / д-хы́қәы-м-гыле-ит *or* ды-м-хы́қә-гы́ле-ит (-гыла-ӡе-ит), [imper.] б-хы́қә-гыл! / б-хы́қәы-м-гыла-н!, б-хы́қә-гыла-з / б-хы́қә-гыла-мыз; **Non-fin.** [pres.] (C1) и-хы́қә-гыло / и-хы́қәы-м-гыло *or* и-м-хы́қә-гыло; **Abs.** д-хы́қә-гыла-ны / д-хы́қәы-м-гыла-кәа) **1.** to approach (*a river, sea, etc.*) closely**:** Ды-н-хы́қә-гыла-р, мчы-к на-й-ха-н а-ӡы́ д-ҭа-на́-гало-н. (AF) *If anyone stood at its [Rits'a's] edge, a power pulled on him and dragged him into the water.*

а-хы́қәҵә [n.] (-қәа) **1.** the top (*of a tree, a mountain, etc.*); the summit. **2.** point, a tip**:** А-ҧша́ а́-ҵла хы́қәҵә-қәа а-р-ҵыс-уа́-н. *The wind was shaking the tops of the trees.*

а-хы́лаҕьара [n.] (-қәа) a slope; a steep slope.

а-хы́ла-ҧш-ра[1] [n.] care; supervision**:** а́-чкәын хы́лаҧшра-да зынӡа́с ды-бжьы́-с-ит. (RAD) *Мальчик без присмотра совсем испортился. The boy without supervision went completely bad.*

а-хы́ла-ҧш-ра[2] [intr.] [C1-C2-Prev-R / C1-C2-Prev-Neg-R] [C1 look after C2] (**Fin.** [pres.] сы-л-хы́ла-ҧш-уе-ит / сы-л-хы́ла-ҧш-уа-м, [aor.] сы-л-хы́ла-ҧш-ит / сы-л-хы́ла-мы-ҧш-ит, [imper.] бы-л-хы́ла-ҧш! / бы-л-хы́ла-м-ҧшы-н!, шәы-л-хы́ла-ҧш! / шәы-л-хы́ла-м-ҧшы-н!; **Non-fin.** [pres.] (C1) и-л-хы́ла-ҧш-уа (*тот, который присматривает за ней*) / и-л-хы́ла-мы-ҧш-уа, (C2) ды-з-хы́ла-ҧш-уа (*тот, за которым он/она присматривает*) / ды-з-хы́ла-мы-ҧш-уа, [aor.] (C1) и-л-хы́ла-ҧш / и-л-хы́ла-мы-ҧш, (C2) ды-з-хы́ла-ҧш / ды-з-хы́ла-мы-ҧш, [impf.] (C1) и-л-хы́ла-ҧш-уа-з / и-л-хы́ла-мы-ҧш-уа-з, (C2) ды-з-хы́ла-ҧш-уа-з / ды-з-хы́ла-мы-ҧш-уа-з, [past indef.] (C1) и-л-хы́ла-ҧшы-з / и-л-хы́ла-мы-ҧшы-з, (C2) ды-з-хы́ла-ҧшы-з / ды-з-хы́ла-мы-ҧшы-з; **Abs.** сы-л-хы́ла-ҧш-ны / сы-л-хы́ла-м-ҧш-кәа) **1.** to look after, to take care of**:** с-а-хы́ла-ҧш-уе-ит. *I am looking after it.* сы-р-хы́ла-ҧш-уе-ит *I am looking after them.* Уры уақа́ а́-рахә и-р-хы́ла-ҧш-уе-ит. (AFL) *They are looking after the cattle there. Там присматривают за скотом.* А-хуч-қәа́ ды-р-хы́ла-м-ҧш-ит. *He/She didn't look after the children. Он/Она не присмотрел/-ла за детьми.* **2.** to watch, to keep an eye on**:** Уи́ а-ха́хә а́агара и-уада́ҩ-у у́с-уп, а-дау-куа́ а-хы́ла-ҧш-уе-ит. (Ab.Text) *It is difficult to fetch that stone here: the ogres are keeping an eye on it.* **3.** to nurse**:** а-хәычы́ и-хы́лаҧшра *to nurse a child.* || а-ҭәы́м ус-қәа́ и-р-хы́лаҧш-уа а-мини́стр *a Minister of Foreign Affairs.*

а-хы́-ла-ра[1] [intr.] (**Fin.** [pres.] д-а-хы́-ло-ит / д-а-хы́-ло-м, [aor.] д-а-хы́-ле-ит / д-а-хы́-м-ле-ит, [imper.] б-а-хы́-л! / б-а-хы́-м-ла-н!; **Abs.** д-а-хы́-ла-ны / д-а-хы́-м-ла-кәа) **1.** to settle again (*in an old place*).

а-хы́-ла-ра[2] [intr.] [C1-(C2)-Prev-R / C1-(C2)-Prev-Neg-R] [C1 follow C2] (**Fin.** [pres.] с-хы́-ло-ит / с-хы́-ло-м, [aor.] с-хы́-ле-ит / с-хы́-м-ле-ит, [imper.] б-хы́-ла! / б-хы́-м-ла-н!;

Non-fin. [pres.] (C1) и-а-хы́-ло / и-а-хы́-м-ло, [aor.] (C1) и-а-хы́-ла / и-а-хы́-м-ла; **Abs.** д-хы́-ла-ны / д-хы́-м-ла-кәа) **1.** to follow (somebody's track)**:** А-шьҭа д-хы́-ла-ны А-ҧсҳа́ д-ахьы-н-хо́-з д-не́и-т. (AF) *Passing along the track, he came to where the ruler of Abkhazia was living.*

а-хы́-ла-ра[3]* [intr.] [C1-(C2)-Prev-R] [C1 set out (by ship) over C2] (**Fin.** [aor.] д-хы́-ле-ит / д-хы́-м-ле-ит, [imper.] б-хы́-л! / б-хы́-м-ла-н!) **1.** to set out on a journey (by ship)**:** Ныхә-ҧааимба́р и́-ӷба ӡса-н, а-мшы́н и-хы́-ле-ит. (AF) *The prophet Noah's boat, cutting through the water, floated over the sea.*

а-хы́-ла-ра[4] [intr.] [C1-Prev-R / C1-Prev-Neg-R] [C1(cloud) appear/descend] (**Fin.** [pres.] с-хы́-ло-ит / с-хы́-ло-м, [aor.] с-хы́-ле-ит / с-хы́-м-ле-ит, [imper.] б-хы́-ла! / б-хы́-м-ла-н!; **Non-fin.** (C1) [pres.] и-хы́-ло / и-хы́-м-ло, [aor.] и-хы́-ла / и-хы́-м-ла, [impf.] и-хы́-ло-з / и-хы́-м-ло-з, [past indef.] и-хы́-ла-з / и-хы́-м-ла-з; **Abs.** и-хы́-ла-ны / и-хы́-м-ла-кәа) **1.** (*of cloud, fog, etc.*) to appear; to descend**:** А-шәшьы́ хы́-ла-н и-аа-лашьцә́-ит. (AFL) *A (storm) cloud came down/appeared, and it got dark. Туча опустилась/появилась и потемнела.* Ҽнак ҧсҭҳәа-к аа-хы́-ле-ит. (ACST) *One day a cloud suddenly descended.* **2.** to set off/leave by water; to sail**:** Ри́ҵа и-хы́-ла-ны ны́шь-ла и-неиа́аи-уе-ит а-уаа́. (ANR) *People sail about on Rits'a by boat.*

а-хы́-ла-ра[5] [intr.] (**Fin.** [pres.] и-хы́-ло-ит / и-хы́-ло-м, [aor.] и-хы́-ле-ит / и-хы́-м-ле-ит, [imper.] у-хы́-л! / у-хы́-м-ла-н!; **Non-fin.** [pres.] (C1) и-хы́-ло / и-хы́-м-ло; **Abs.** и-хы́-ла-ны / и-хы́-м-ла-кәа) **1.** (of a bird) to sit on eggs in order to hatch chicks.

а-хы́-ла-ра[6] [intr.] (**Fin.** [pres.] и-хы́-ло-ит, [aor.] и-хы́-ле-ит / и-хы́-м-ле-ит) **1.** to churn**:** А-хәша хы́-л-т. *The butter was churned.*

а-хы́-ла-ра[7] [intr.] (**Fin.** [pres.] а-хы́-ло-ит / а-хы́-ло-м, [aor.] а-хы́-ле-ит / а-хы́-м-ле-ит, [imper.] --; **Non-fin.** [pres.] з-хы́-ло / з-хы́-м-ло) **1.** to get pleasant.

а-хы́-ла-ра[8]* [intr.] (**Fin.** [aor.] и-хы́-ле-ит / и-хы́-м-ле-ит, **Abs.** и-хы́-ла-ны / и-хы́-м-ла-кәа) **1.** (*of an airplane*) to climb; to go up**:** Аӷа́ и-ҳаирплан-кәа хы́-ле-ит. (ARD) *The enemy planes went up to the sky. Вражеские самолеты поднялись в небо.* [cf. **а-ха́-ла-ра** "to go up". For the distinction between a-grade for the preverb and the weak grade (schwa-grade) of the verb **а-хы́-ла-ра**, see Hewitt, AF:223]

а́-хы-ларкә-ра *see* **а́-ла-ркә-ра**

а-хы́лҧа [n.] (а-хы́лҧа-қәа, хы́лҧа-к, б-хы́лҧа) a cap; a hat.

а-хы́лҧарч [n.] (-қәа, хы́лҧарч-к) a papakha (a Caucasian sheepskin hat).

а-хы́л-ҵ-ра [intr. inverse] [C1-C2-Prev-R / C1-C2-Prev-Neg-R] [C2 give birth to C1; C1 issue from C2] (**Fin.** [pres.] ды-л-хы́л-ҵ-уе-ит / ды-л-хы́л-ҵ-уа-м, [aor.] ды-л-хы́л-ҵ-ит (она родила его/ее) / ды-л-хы́л-м-ҵ-ит, [imper.]**; **Non-fin.** [pres.] (C1) и-л-хы́л-ҵ-уа / и-л-хы́л-м-ҵ-уа, (C2) и-з-хы́л-ҵ-уа / и-з-хы́л-м-ҵ-уа, [aor.] (C1) и-л-хы́л-ҵ / и-л-хы́л-м-ҵ, (C2) и-з-хы́л-ҵ / и-з-хы́л-м-ҵ, [past indef.] (C2) и-з-хы́л-ҵы-з / и-з-хы́л-м-ҵы-з; **Abs.** ды-л-хы́л-ҵ-ны / ды-л-хы́л-м-ҵ-кәа) **1.** to give birth to; to be born**:** Хә-ҩы́к а́-ҷкәын-цәа л-хы́л-ҵ-ит. *She gave birth to three boys. Она родила троих мальчиков.* Уи́ а-ҧҳәы́с а-ҧа-цәа́ ху-ҩы́к л-хы́л-ҵ-ит. *That woman gave birth to five sons.* **2.** to (emit) smoke; to issue from**:** А-ба́жә а́-лҩа рацәаны́ и-а-хы́л-ҵ-уе-ит. (ARD) *Гнилое бревно дает много дыма. The rotten log is making a lot of smoke.* **3.** to occur, to happen. **4.** to have (bad) consequences**:** Ари́ а-у́с а-бзи́а а-хы́л-ҵ-уа-м. (ARD) *Из этого дела ничего хорошего не выйдет. Nothing good will come out of this affair.*

а-хы́лҵшьҭра [n.] (-қәа) **1.** tribe. **2.** generation. **3.** origin**:** Уи́ хы́лҵшьҭра-ла д-ҟаба́рдо-уп. *He is of Kabardinian origin.*

а-хы́лы-зза-ра [intr.] [C1-Prev-R / C1-Prev-Neg-R *or* C1-Neg-Prev-R] [C1 rise from] (**Fin.** [pres.] д-хы́лы-ззо-ит / д-хы́лы-ззо-м (-зза-ӡо-м), [aor.] д-хы́лы-ззе-ит / д-хы́л-мы-ззе-ит (-зза-ӡе-ит) *or* ды-м-хы́лы-ззе-ит (-зза-ӡе-ит), [imper.] б-хы́лы-зза! / бы-м-хы́лы-зза-н!, шә-хы́лы-зза! / шәы-м-хы́лы-зза-н!; **Non-fin.** [pres.] (C1) и-хы́лы-ззо / и-хы́л-мы-ззо *or* и-м-хы́лы-ззо; **Abs.** д-хы́лы-зза-ны / д-хы́л-мы-зза-кәа) **1.** to rise from.

а-хылҩа-пҕсы́лҩа [n.] (-ҟәа) steam.

а-хылҩа-пҕсы́лҩа-ха-ра* [intr.] [C1-S] [C1 evaporate] (**Fin.** [aor.] и-хылҩа-пҕсы́лҩа-хе-ит / и-хылҩа-пҕсы́лҩа-м-хе-ит; **Abs.** и-хылҩа-пҕсы́лҩа-ха-ны / и-хылҩа-пҕсы́лҩа-м-ха-кәа) **1.** to evaporate; to change into steam: А-спҕи́рт хылҩа-пҕсы́лҩа-хе-ит. *The alcohol has evaporated.*

а-хы́мдыр [n.] (-цәа, -ҟәа) a irresponsible person.

а-хы́мдыр=пҕагьа [n.] (-ҟәа) a stupid and arrogant person.

Хымжәа́жә [n.] (f.) [person's name]

хы́мпҕада [adv.] surely, certainly; without fail: Хы́мпҕада с-не́и-уе-ит. *I'll certainly come.*

Хы́мур [n.] (f.) [person's name]

а-хы́мҩапҕгашьа [n.] (-ҟәа, л-хы́мҩапҕгашьа) behavior; conduct: а-хы́мҩапҕгашьа бааҧс *bad behavior.*

хын [num.] three times: хы́н ҩа-жәи́ жәаба́ *seventy* (3 x 20 + 10).

хы́нтә [adv.] thrice, three times: хы́нтә хәба *3 x 5.*

хы́нтә-хынтә [adv.] three times each: А-жә-ҟәа мыш-к-а́-ла хы́нтә=хынтә и-р-хьо́-ит. *They milk the cows three times a day.*

а-хын-ҳә-ра́ [intr.] [< -хы-н-ҳә- "head-on-turn"] [C1-Prev-R / C1-Prev-Neg-R] [C1 return] (**Fin.** [pres.] д-хын-ҳә-уе́-ит / д-хын-ҳә-уа́-м, [aor.] д-хын-ҳә-и́т / ды-хны́-м-ҳә-ит (-ҳә-ӡе-ит), [imper.] б-хын-ҳәы́! / бы-хны́-м-ҳәы-н! *or* бы-м-хын-ҳәы́-н!, шә-хын-ҳәы́!; **Non-fin.** (C1) [pres.] и-хын-ҳә-уа́ / и-хны́-м-ҳә-уа, [aor.] и-хын-ҳәы́ / и-хны́-м-ҳә, [impf.] и-хын-ҳә-уа́-з / и-хны́-м-ҳә-уа-з, [past indef.] и-хын-ҳәы́-з / и-хны́-м-ҳәы-з; **Abs.** д-хын-ҳә-ны́ / ды-хны́-м-ҳә-кәа *or* ды-м-хын-ҳәы́-кәа) **1.** to go back, to return; to turn back: Шәара́ шә-анба́-хын-ҳә-уе-и? *When will you return?* С-ҩы́за Ҭырҟәтәы́ла-ҟа иахьа́ д-хын-ҳә-и́т. *My friend returned to Turkey today.* Сара́ а-ҩны́-ҟа с-ан-хын-ҳәы́ с-абду́ ды-пҕс-хьа́-н. *When I returned home, my grandfather had already died. Когда я вернулся домой, мой дедушка уже умер.* А-мҩабжара д-не́иуа-ны а-ҩны́-ҟа д-хын-ҳә-и́т. *He/She returned home from halfway. Он/Она вернулся/-лась с полдороги домой.* А-ҩны́-ҟа с-ан-хын-ҳә-уа́-з с-ҩы́за с-и́-ҟәшәе-ит. *When I was returning home, I met my friend. Когда я возвращался домой, я встретил моего друга.* А-ҩны́-ҟа с-ан-хын-ҳәы́ с-ҩы́за ды-с-пҕы́ле-ит. *When I had returned home, I met my friend. Когда я вернулся домой, я встретил моего друга.* С-ан а-ҩны́-ҟа д-хын-ҳә-а́анӡа, с-ашьа́ а-шәҟәы́ и-зы́-з-ҩ-хьан. *I had already written a letter to my brother before my mother returned home. Перед тем, как моя мать вернулась домой, я уже написал письмо брату.* [cf. **а́ахынҳә-ра** "to return"]

хы́нҩажәа [num.] sixty (*lit.* 3 x 20): Саа́ҭ-к и-а-мо́-уп хы́нҩажәа мину́ҭ. *There are 60 minutes in an hour.*

а́-хынҩажәатәи [adj.] sixtieth.

хынҩажәаҩы́к [num.hum.] sixty people.

хынҩажәи́ жәаба́ [num.] seventy.

а-хы́-пҕа-ра[1] [intr.] [C1-C2-Prev-R / C1-C2-Prev-Neg-R] [C1 jump over C2] (**Fin.** [pres.] д-а-хы́-пҕо-ит / д-а-хы́-пҕо-м, [aor.] д-а-хы́-пҕе-ит / д-а-хы́-м-пҕе-ит, [imper.] б-а-хы́-пҕ! / б-а-хы́-м-пҕа-н!) **1.** to jump over: Аа́нда д-а-хы́-пҕе-ит. *He/She jumped over the fence.*

а-хы́-пҕа-ра[2]* [intr.] [C1-C2-Prev-R] (**Fin.** [aor.] и-а-хы́-пҕе-ит / и-а-хы́-м-пҕе-ит) **1.** (with а́амҭа, а-ҿҳәара́) to exceed the time limit: Аамҭа и-а-хы́-пҕе-ит. *The time limit has passed.* Мыш-кы́ и-а-хы́-пҕо, шәы-мш и-а-хы́пҕо-ит. *Never put off till tomorrow what you can do today.*

а-хы-пҕсаа-ра́[1] [intr.] [C1-C2-Prev-S / C1-C2-Prev-Neg-S] [C1 do not live through C2; die of C2] (**Fin.** [aor.] д-и-хы-пҕсаа́-ит / д-и-хы́-м-пҕсаа-ит) **1.** to live through; to die of; to die because of: А-хша́рауара д-а-хы-ԥсаа́-ит. *She died in childbirth.*

а-хы-ԥсаа-ра́[2] [intr.] [C1-C2-Prev-S / C1-C2-Prev-Neg-S] [C2 calm down] (**Fin.** [pres.] и-с-х(ы)-ԥсаа-уе́-ит / и-с-х(ы)-ԥсаа-уа́-м (-ԥсаа-ӡо́-м), [aor.] и-с-х(ы)-ԥсаа́-ит / и-с-хы́-м-ԥсаа-ит (-ԥсаа-ӡе-ит), [imper.] и-б-х(ы)-ԥсаа́! / и-б-хы́-м-ԥсаа-н!, и-шә-х(ы)-ԥсаа́! / и-шә-хы́-м-ԥсаа-н!; **Non-fin.** [pres.] (C2) и-з-х(ы)-ԥсаа́-уа / и-з-хы́-м-ԥсаа-уа, [aor.] (C2) и-з-х(ы)-ԥсаа́ / и-з-хы́-м-ԥсаа; **Abs.** д-а-хы-ԥсаа-ны́ / д-а-хы́-м-ԥсаа-кәа) **1.** to become sober: А-ҩы́ с-хы-ԥсаа́-ит. *I became sober. Я отрезвился.* **2.** to calm down: С-ҕәа́ара с-хы-ԥс-аа́-ит. *My anger disappeared.* [*lit. died out of my head*] (Spruit, SC5).

Хы́ԥсҭа [river name] Xypsta.

а-хыԥхьаӡа́ра [n.] (-қәа) **1.** number; quantity: а-студе́нт-цәа р-хыԥхьаӡа́ра *the number of students, количество студентов.* **2.** (*gramm.*) number: а-рацәа́ хыԥхьаӡа́ра *the plural (number).* а́-затцә хыԥхьаӡа́ра *the singular (number).*

а-хыԥхьаӡа́рахьӡы [n.] (-қәа) (*gramm.*) numeral.

а-хы́ԥхьак-ра [intr.] to hide.

а-хы́ԥхьакы-рҭа [n.] a hiding place.

а-хыԥҿы́га [adv.] (-қәа) poser (of a puzzle).

а-х(ы)ԥша́ [n.] **1.** a shock wave. **2.** influence: и-хыԥша́ ҕәҕәӧ-уп *he has a great influence.*

а-хы-ԥшы́ла-ра* [intr.] (**Fin.** [pres.] д-хы-ԥшы́ло-ит / д-хы-ԥшы́ло-м, [aor.] д-хы-ԥшы́ле-ит / д-хы́-м-ԥшыле-ит, [imper.] у-хы-ԥшы́л! / у-хы́-м-ԥшылы-н!) **1.** to look in the eyes: сы́-ла у-хы-ԥшы́л! *look me in the eyes!* А-мшы́н ды-ҩ-хы-ԥшы́ле-ит. *He/She cast a glance over the sea.*

а-хы-рбга́ла-ра / **а-х-рыбга́ла-ра** [tr.] [C1-Prev-C3-S / C1-Prev-C3-Neg-S] [C3 destroy C1] (**Fin.** [pres.] и-х-сы-рбгало́-ит / и-х-сы-рбгало́-м, [aor.] и-х-сы-рбгале́-ит / и-х-с-мы-рбгале́-ит, [imper.] и-хы-рбгала́! / и-х-б-мы-рбгала́-н!; **Non-fin.** [pres.] (C1) и-х-сы-рбга́ло / и-х-с-мы-рбга́ло, (C3) и-х-зы-рбга́ло / и-х-з-мы-рбга́ло; **Abs.** и-хы-рбга́ла-ны / и-х-мы-рбга́ла-кәа) **1.** (= **а-рбга-ра́**, **а-ԥы-рга-ра́**) to destroy, to demolish: А-ҩны́-жә х-и-рбгало́-ит. *He is destroying the old house.*

а-хы́ркәша [n.] résumé, a summary.

а-хы́ркәшара[1] [n.] end, completion: Ҳара́ ҳ-ны́ҟәара лассы́ и-хы́ркәша-хо-ит. (IC) *We shall soon conclude our journey.*

а-хы́-ркәша-ра[2] [tr.] [C1-Prev-C3-S] [C3 conclude C1] (**Fin.** [pres.] и-х-ҳа́-ркәшо-ит / и-х-ҳа́-ркәшо-м, [aor.] и-х-лы́-ркәше-ит / и-хы-л-мы́-ркәше-ит, [imper.] и-хы́-ркәша! / и-хы-б-мы́-ркәша-н!, и-х-шәы́-ркәша! / и-хы-шә-мы́-ркәша-н!; **Non-fin.** [pres.] (C1) и-х-лы́-ркәшо / и-хы-л-мы́-ркәшо, (C3) и-х-зы́-ркәшо / и-хы-з-мы́-ркәшо; **Abs.** и-хы́-ркәша-ны / и-х-мы́-ркәша-кәа) **1.** to end, to finish; to conclude: Ҳара́ ҳ-ны́ҟәара лассы́ и-х-ҳа́-ркәшо-ит. (IC) *We shall soon conclude our journey.* Абри́ а́-ла и-х-ҳа́-ркәшо-ит иахьатәи ҳ-а́изара. (GAL) *На этом мы завершаем сегодняшнее наше собрание. On this we are concluding our meeting today.* **2.** to divide equally.

а-хы́ркәшаратә [adj.] final, concluding.

а-хы́рқәақәа-ра [intr.] [C1-S / C1-Neg-S] (**Fin.** [pres.] с-хы́рқәақәо-ит / с-хы́рқәақәо-м, [aor.] с-хы́рқәақәе-ит / сы-м-хы́рқәақәе-ит, [imper.] б-хы́рқәақәа! / бы-м-хы́рқәақәа-н!; **Non-fin.** [pres.] (C1) и-хы́рқәақәо / и-м-хы́рқәақәо; **Abs.** д-хы́рқәақәо, д-хы́рқәақәа-ны / ды-м-хы́рқәақәа-кәа) **1.** to doze, to snooze. **2.** to grieve/mourn intensely over.

а-хы-ркьа-ра́ [tr.] [C1-C2-Prev-C3-S / C1-C2-Prev-C3-Neg-S] [C3 accuse C1 of C2] (**Fin.** [pres.] д-а-х-сы-рҟьо́-ит / д-а-х-сы-рҟьо́-м, [aor.] д-а-х-сы-рҟье́-ит / д-а-х-с-мы-рҟье́-ит, [imper.] д-а-хы-рҟьа́! / д-а-х-б-мы-рҟьа́-н!; **Non-fin.** [pres.] (C1) и-а-х-сы-рҟьо́ / и-а-х-с-мы-рҟьо́, (C3) д-а-х-зы-рҟьо́ / д-а-х-з-мы-рҟьо́; **Abs.** д-а-хы-рҟьа-ны́ / д-а-х-мы-рҟьа́-кәа) **1.** to accuse: с-а-х-лы-рҟье́-ит *she accused me, она обвинила меня.* Д-зы-х-ды-рҟьа́-зеи? *What did they punish him for? За что его наказали?* А-ҕьы́чра д-а-х-ды-рҟье́-ит.

They punished him for theft. Его наказали за воровство. **2.** to distract.

а-хы́-рҧа-ра [tr.] (**Fin.** [pres.] и-а-х-сы́-рҧо-ит / и-а-х-сы́-рҧо-м, [aor.] и-а-х-сы́-рҧе-ит / и-а-х-с-мы́-рҧе-ит, [imper.] и-а-хы́-рҧа! / и-а-х-б-мы́-рҧа-н!, и-а-х-шәы́-рҧа! / и-а-х-шә-мы́-рҧа-н!; **Non-fin.** [pres.] (C1) и-а-х-сы́-рҧо / и-а-х-с-мы́-рҧо, (C3) и-а-х-зы́-рҧо / и-а-х-з-мы́-рҧо; **Abs.** и-а-хы́-рҧа-ны / и-а-х-мы́-рҧа-кәа) **1.** (= **а-х-га-ра́**) to put off, to postpone, to delay: Уи́ ҳара́ еснагь и-а-х-ҳа́-рҧо-ит. (GAL) *Мы всегда его(нрз.) откладываем. We are always putting it off.* Уи́ уа́ҳа и-а-х-шә-мы́-рҧа-н! (GAL) *Не откладывайте его(нрз.) больше! Don't put it off any more!*

а-хы-рҧсаа́-ра [tr.] [и-C2-Prev-S / и-C2-Prev-Neg-S] (**Fin.** [pres.] и-х-сы́-рҧсаа-уе-ит / и-х-сы́-рҧсаа-уа-м, [aor.] и-х-сы́-рҧсаа-ит / и-х-с-мы́-рҧсаа-ит, [imper.] и-хы́-рҧсаа! / и-х-б-мы́-рҧсаа-н!) **1.** to sober (up): А-ҩы́ и-х-сы́-рҧсаа-ит. *I sobered him up. Я его отрезвил.* А-ҩы́ иашьу́ а-ҩы́ и-х-сы́-рҧсаа-ит. *I sobered the drunk man up. Я отрезвил пьяного.* [cf. **а-хы-ҧсаа-ра́** "to become sober"]

а-хырсы́с-ра [intr.] (**Fin.** [pres.] д-хырсы́с-уе-ит) **1.** (= **а-хы́рқәақәа-ра**) to doze, to snooze.

а-хы-рха-ра́ [tr.] (**Fin.** [pres.] а-хы́ и-рхо́-ит (*он приближается к чему-то*) / а-хы́ и-рхо́-м, с-хы́ сы-рхо́-ит / с-хы́ сы-рхо́-м, [aor.] а-хы́ и-рхе́-ит / а-хы́ и-мы-рхе́-ит, с-хы́ сы-рхе́-ит / с-хы́ с-мы-рхе́-ит, [imper.] б-хы́ бы-рха́! / б-хы́ б-мы-рха́-н!; **Non-fin.** [pres.] (C3) з-хы́ зы-рхо́ / з-хы́ з-мы-рхо́, [aor.] (C3) з-хы́ зы-рха́ / з-хы́ з-мы-рха; **Abs.** с-хы́ сы-рха-ны́ / с-хы́ с-мы-рха́-кәа) **1.** to approach: А-мра а-ҭашәарахьы́ а-хы́ а-рхе́-ит. *The sun is setting. Солнце клонится к закату.*

а-хырха́рҭа [n.] (-қәа, хырха́рҭа-к) course; direction.

а́-хырхыр-бжьы [n.] (-қәа) **1.** a snore, snoring. **2.** wheeze.

а-хырҳа́га [adj.] (и-хырҳа́го-у) useful; beneficial.

ахы-ртцысра́ *see* **а-ртцыс-ра**

а-хы-ртцәа-ра́* [tr.] [C1-(C2)-Prev-C3-S] [C3 evict C1 from C2] (**Fin.** [aor.] ды-х-ды-ртцә́е-ит / ды-х-д-мы-ртцә́е-ит, [imper.] д-хы-ртцәа́! / ды-х-б-мы-ртцәа́-н!) **1.** to evict, to have sb resettled: Уи́ ара́ ды-н-ха́-р и-ҭахы́-н, аха́ ды-х-ды-ртцә́е-ит. (ARD) *He wanted to live here, but they evicted him. Он хотел здесь жить, но его выселили.* Уи́ ара́ нха́мҩа ҳа́-и-ҭо-м, ҳа-х-и-ртцәо́-ит. (AF) *There's no way he will grant us the right to live here — he will have us resettled.*

а-хыртцәы́ [n.] sour milk.

а-хы-рҿхәа-ра́ [tr.] [Poss-хы C3-S / Poss-хы C3-Neg-S] [C3 boast] (**Fin.** [pres.] с-хы́ сы-рҿхәо́-ит / с-хы́ сы-рҿхәо́-м, [aor.] с-хы́ сы-рҿхә́е-ит / с-хы́ с-мы-рҿхә́е-ит, [imper.] б-хы́ рҿхәа́! / б-хы́ б-мы-рҿхәа́-н!, шә-хы́ шәы-рҿхәа́! / шә-хы́ шә-мы-рҿхәа́-н!; **Non-fin.** [pres.] (C1) з-хы́ зы-рҿхәо́ / з-хы́ з-мы-рҿхәо́; **Abs.** с-хы́ рҿхәа-ны́ / с-хы́ мы-рҿхәа́-кәа) **1.** to boast: Уиа́ќара у-хы́ у-мы-рҿхәа́-н! (ARD) *Don't boast about yourself so much!*

а-хы-ршәа-ра́ [tr.] [C1-Prev-C3-S] [C1-Prev-C3-Neg-S] [C3 take off C1] (**Fin.** [pres.] и-х-сы-ршәо́-ит / и-х-сы-ршәо́-м, [aor.] и-х-сы-ршә́е-ит / и-х-с-мы-ршә́е-ит, [imper.] и-хы-ршәа́! / и-х-б-мы-ршәа́-н!, и-х-шәы-ршәа́! / и-х-шә-мы-ршәа́-н!; **Non-fin.** [pres.] (C1) и-х-сы-ршәо́ / и-х-с-мы-ршәо́, (C3) и-х-зы-ршәо́ / и-х-з-мы-ршәо́; **Abs.** и-хы-ршәа-ны́ / и-х-мы-ршәа́-кәа) **1.** to take off.

а-хы́сганацәа [n.] (-қәа) a index finger.

а-хы́снацәа *see* **а-хы́сганацәа**

а-хы́-с-ра[1] [intr.] [C1-Prev(bullet)-R / C1-Neg-Prev(bullet)-R] [C1 shoot] (**Fin.** [pres.] д-хы́-с-уе-ит / д-хы́-с-уа-м, [aor.] д-хы́-с-ит / ды-м-хы́-с-ит, [imper.] б-хы́-с! / бы-м-хы́-сы-н!; **Non-fin.** (C1) [pres.] и-хы́-с-уа / и́-м-хы-с-уа, [aor.] и-хы́-с / и́-м-хы-с, [impf.] и-хы́-с-уа-з / и́-м-хы-с-уа-з, [past indef.] и-хы́-сы-з / и́-м-хы-сы-з; **Abs.** д-хы́-с-ны / ды-м-хы́-с-кәа) **1.** to shoot; to fire: Уар-гьы́ ҩы́нтә у-хы́-с-ит, сар-гьы́ ҩы́нтә с-хы́-с-уе-ит. (GAL) *Ты два раза выстрелил, и я два раза выстрелю. You shot twice, and I'll shoot twice.* [cf. **а-хы́**

"bullet," **á-с-ра** "to hit", **áи-хс-ра** "to shoot at"]

а-хы́-с-ра[2] [intr.] [C1-C2-Prev-R / C1-C2-Prev-Neg-R] [C1 cross/pass through C2] (**Fin.** [pres.] д-а-хы́-с-уе-ит / д-а-хы́-с-уа-м, [aor.] д-а-хы́-с-ит / д-а-хы́-м-с-ит, [imper.] б-а-хы́-с! / б-а-хы́-м-сы-н!; **Non-fin.** [pres.] (C1) и-а-хы́-с-уа / и-а-хы́-м-с-уа, (C2) и-з-хы́-с-уа / и-з-хы́-м-с-уа, [aor.] (C1) и-а-хы́-с / и-а-хы́-м-с, (C2) и-з-хы́-с / и-з-хы́-м-с; **Abs.** д-а-хы́-с-ны / д-а-хы́-м-с-кәа) **1.** to cross: А-мҩа/á-шҭа д-а-хы́-с-ит. *He/She crossed the road/yard.* А-мҩа-қәа ды-р-хы́-с-ит. *He/She crossed the roads.* **2.** to pass through: хә-кило́метр-к а-хы́сра *to go five kilometers.* Маҭәáр-қәа-с шәы-з-хы́-с-уе-и а-шко́ла-ҿы? (ARD) *Какие предметы вы проходите в школе? What subjects are you passing at school?* [cf. **а-ҭы́-с-ра** "to pass through"]

а-хы́сымҭа [n.] a shooting distance. a shot: И-хы́сымҭа а-уаҩы́ д-а-ге́-ит. (ACST) *His shot killed a man.*

а-хыҭҳәаá [n.] an invention; a fabrication.

а-хы́сҩы [n.] (а-хы́сҩ-цәа, хы́сҩы-к) a shot.

á-хыҭ-хыҭ-ра* [intr.] [C1-R-R] (**Fin.** [pres.] и-гәы́ [и-]хыҭ-хы́ҭ-уе-ит, (**Fin.** [aor.] и-гәы́ хыҭ-хы́ҭ-ит / и-гәы́ м-хыҭ-хы́ҭ-ит, [imper.] б-гәы́ хыҭ-хы́ҭ! / б-гәы́ м-хыҭ-хы́ҭ-ааит, {(?)б-гәы́ м-хыҭ-хы́ҭы-н!}) **1.** (with а-гәы́ "heart") to worry; to be excited: и-гәы́ хыҭ-хы́ҭ-уе-ит. *he is agitated/excited.* Ҳарá уи а-шәҟәы́ ҳ-гәы хыҭ-хы́ҭ-уа ҳ-а-зы-ԥш-у́п. *We are waiting for this book with impatience.*

-хы-уп *see* **а-х-рá**

а-хы́-х-ра[1] [tr.] [C1-Prev-C3-R / C1-Prev-C3-Neg-R] [C3 take off C1] (**Fin.** [pres.] и-хы́-л-х-уе-ит / и-хы́-л-х-уа-м, [aor.] и-хы́-л-х-ит, и-х-нá-х-ит / и-хы́-лы-м-х-ит, и-х-нá-м-х-ит; **Non-fin.** [pres.] (C1) и-хы́-л-х-уа / и-хы́-лы-м-х-уа, (C3) и-хы́-з-х-уа / и-хы́-зы-м-х-уа, [aor.] (C1) и-хы́-л-х / и-хы́-лы-м-х, (C3) и-хы́-з-х / и-хы́-зы-м-х, [impf.] (C1) и-хы́-л-х-уа-з / и-хы́-лы-м-х-уа-з, (C3) и-хы́-з-х-уа-з / и-хы́-зы-м-х-уа-з, [past indef.] (C1) и-хы́-л-хы-з / и-хы́-лы-м-хы-з, (C3) и-хы́-з-хы-з / и-хы́-зы-м-хы-з; **Abs.** и-хы́-х-ны / и-хы́-м-х-кәа) **1.** to take off: А-ҭиҩы а-ԥҳәы́зба л-гәы́ з-зы́ҳәа-з а-ткы́, а-хшьы́рҭа и-аа-хы́-х-ны, (...). (AFL) *Having taken the dress which suited the girl wholeheartedly off the rack, the saleswoman (...). Продавщица, сняв с вешалки платье, которое пришлось девушке по сердцу, (...).* **2.** to lure, to entice: Уи́ и-ҩы́за д-х-и́-х-ит. *He lured his friend.* **3.** to take (*a photograph*), to make (*a copy*): а-ко́пиа а-хы́х-ра *to make a copy.*

а-хы́-х-ра[2] [tr.] [C1-C2-Prev-C3-R / C1-C2-Prev-C3-Neg-R] [C3 take off C2's C1(*hat*); C3 remove C1(*hat*) from C2] (**Fin.** [pres.] и-л-хы́-л-х-уе-ит / и-л-хы́-л-х-уа-м, и-л-хы́-с-х-уе-ит / и-л-хы́-с-х-уа-м, [aor.] и-л-хы́-л-х-ит / и-л-хы́-лы-м-х-ит, и-л-хы́-с-х-ит / и-л-хы́-сы-м-х-ит, [imper.] и-б-хы́-х! / и-б-хы́-бы-м-хы-н!, и-шә-хы́-шә-х! / и-шә-хы́-шәы-м-хы-н!, и-л-хы́-х! / и-л-хы́-бы-м-хы-н!, и-л-хы́-шә-х! / и-л-хы́-шәы-м-хы-н!; **Non-fin.** [pres.] (C1) и-л-хы́-л-х-уа / и-л-хы́-лы-м-х-уа, и-л-хы́-с-х-уа / и-л-хы́-сы-м-х-уа, (C3) и-з-хы́-з-х-уа / и-з-хы́-зы-м-х-уа, и-л-хы́-з-х-уа / и-л-хы́-зы-м-х-уа; **Abs.** и-л-хы́-х-ны) **1.** to take off/ remove (headgear): Л-хы́лԥа л-хы́-л-х-ит. (1) *She took off her own hat.* (2) *She[1] took off her[2] hat.* (3) *She[1] took her[2] hat from her[3].* У-хҭырԥá у-хы́-х! *Take your hood off! Сними башлык!* || А-тәы́ла а-цәá а-х-и́-х-ит. (ARD) *Он объездил всю страну в поисках чего-либо. He traveled the entire country in search of something.* [cf. **а-ха-ҭца-ра** "to put on"]

а-хы́-х-ра[3] [tr.] [C1-C2-Prev-C3-R / C1-C2-Prev-C3-Neg-R] [C3 strip C1 off C2] (**Fin.** [pres.] и-а-хы́-л-х-уе-ит / и-а-хы́-л-х-уа-м, [aor.] и-а-хы́-л-х-ит / и-а-хы́-лы-м-х-ит) **1.** (*of skin/ hide/pelt*) to take off, to remove; (*of bark*) to strip off: А-цьма а-цәá а-хы́-л-х-ит. *She stripped the hide off the goat.* А-тҵла а-цәá а-х-и́-х-ит. (ARD) *Он содрал кору с дерева. He stripped the bark off the tree.*

а-хы́-х-ра[4] [tr.] [C1-Prev-C3-R / C1-Prev-C3-Neg-R] [C3 skim C1] (**Fin.** [pres.] и-хы́-л-х-уе-ит / и-хы́-л-х-уа-м, [aor.] и-хы́-л-х-ит, и-х-нá-х-ит, [imper.] и-хы́-х! / и-хы́-бы-м-хы-н!, и-хы́-шә-х!) **1.** (*of cream*) to skim; to pick (*tea*); to gather (*cheese*): А-хш а-хҷа́ҭ хы́-л-х-ит. (ARD) *Она сняла сливки с молока. She skimmed the cream off the milk.* А-шә хы́-р-х-уе-ит. *They are gathering cheeses.* А-ча́и х-а́ҳ-х-уе-ит. *We are picking tea. Мы собираем чай.* [cf. **а-ча́и а-ҿы́-х-ра**[1] "to pick tea"]

а-хы́-х-ра[5] [tr.] [C1-Prev-C3-R] [C3 charm C1] (**Fin.** [pres.] с-хы́-л-х-уе-ит, ды-х-на́-уе-ит / с-хы́-л-х-уа-м, [aor.] с-хы́-л-х-ит, ды-х-на́-х-ит) **1.** to charm; to captivate: Уи с-хы́-л-х-ит. *She charmed me.* Сара́ Аԥсны́ а́-ԥшӡара сы-х-на́-х-уе-ит. (IC) *The beauty of Abkhazia charms me.*

-хыхь [adv.] **1.** above, over: А-дива́н а-хы́хь а-уарҳа́л кна́-ҳа-уп. (IC) *The carpet hangs over the divan.* **2.** up, upward.

ахы́хь [n.] headache.

а-хы́хь [post.] [< **а-хы́** head] **1.** above, over: А-ҩны́ а-хы́хь а́-жәҩан ы́-ҟо-уп. *The sky is always over our house.*

хы́хьтәи [adj.] upper: хы́хьтәи ҩаҟтәи *upper.*

а-хы́-хьча-ра [tr.] [Poss-хы C3-R / Poss-хы C3-Neg-R] [C3 defend oneself] (**Fin.** [pres.] с-хы́ сы-хьчо́-ит / с-хы́ сы-хьчо́-м, [aor.] с-хы́ сы-хьче́-ит / с-хы́ с-мы-хьче́-ит, [imper.] б-хы́ хьча́! / б-хы́ б-мы-хьча́-н!, шә-хы́ шәы-хьча́! / шә-хы́ шә-мы-хьча́-н!; **Non-fin.** [pres.] (C3) з-хы́ зы-хьчо́ / з-хы́ з-мы-хьчо́; **Abs.** с-хы́ хьча-ны́ / с-хы́ с-мы-хьча́-кәа) **1.** to save oneself; to defend oneself, to protect oneself: И-хы́ и-зы́-хьчо-м. *He cannot save himself. Он не может себя спасти.* Уара́ у-хы́ у-хьча́-ро-уп, ма́мзар сара́ акагьы́ сы-з-у́-хәа-ӡо-м. *You must save yourself; I cannot help you in anything. Ты должен сам спасти себя, я не могу ни в чем помочь тебе.*

а-хы́-хәа-ра [intr.] [Poss-хы C1-a-R / C1-a-Neg-R] [C1 labor] (**Fin.** [pres.] с-хы с-а́-хәо-ит / с-хы с-а́-хәо-м, [aor.] с-хы с-а́-хәе-ит / с-хы с-а-мы́-хәе-ит, [imper.] б-хы б-а́-хәа! / б-хы б-а-мы́-хәа-н!; **Non-fin.** [pres.] (C1) **Abs.** с-хы с-а́-хәа-ны / с-хы с-а-мы́-хәа-кәа) **1.** to labor. **2.** to earn one's living.

а-хы́ц [n.] (а-хы́ц-кәа, хыц-к) **1.** a bow (for an arrow): а-хы́ц арххa-ра́ *to draw a bow, натянуть лук.* **2.** a hand (of a clock/watch): а-саа́ҭ а-хы́ц ны́ҟәо-м. *A hand on the watch is not moving.*

а-хы́-ццак-ра [intr.] [C1-C2-Prev-R / C1-C2-Prev-Neg-R] [C1 hurry *to do* C2] (**Fin.** [pres.] д-а-хы́-ццак-уе-ит / д-а-хы́-ццак-уа-м, [aor.] д-а-хы́-ццак-ит / д-а-хы́-м-ццак-ит, [imper.] б-хы́-ццак / б-а-хы́-м-ццакы-н!; **Non-fin.** [pres.] (C1) и-а-хы́-ццак-уа / и-а-хы́-м-ццак-уа; **Abs.** д-а-хы́-ццак-ны / д-а-хы́-м-ццак-кәа) **1.** to hurry, to make haste: Уи́ а-ҭа́к д-а-хы-ццак-уа́-мызт. *He was slow with the answer. Он медлил с ответом.*

а-хы́-тц-ра[1] [intr.] [< -хы́-тц- "over-pass"] [C1-C2-Prev-R / C1-C2-Prev-Neg-R] [C2 be C1-years old] (**Fin.** [pres.] и-л-хы́-тц-уе-ит / и-л-хы́-тц-уа-м (-тц-ӡо-м), [aor.] и-л-хы́-тц-ит / и-л-хы́-м-тц-ит (-тц-ӡе-ит); **Non-fin.** [pres.] (C2) и-з-хы́-тц-уа / и-з-хы́-м-тц-уа, [aor.] (C2) и-з-хы́-тц / и-з-хы́-м-тц; **Abs.** и-л-хы́-тц-ны / и-л-хы́-м-тц-кәа) **1.** to be/become X years old (of age): Бара́ шаҟа́ шықәса́ б-хы́-тц-уе-и? (*or* Бара́ заҟа́ (шықәса́) б-хы́-тц-уе-и?) *How old are you? Сколько тебе лет?* Сара́ ҩажәа́ шықәса́ с-хы́-тц-уе-ит. / Сара́ и-с-хы́-тц-уе-ит ҩажәа́ шықәса́. *I am 20 years old. Мне 20 лет.* Шәы́-шықәса ан-и-хы́-тц ды-чмазаҩ-хе́-ит. *When he became 100 years old, he fell ill.* жәа́ҩа-жәа́ха шы́қәса з-хы́-тц-уа-з а-уаҩԥсы́ *the 12-13 year-old human soul.* **2.** to spend (*time*).

а-хы́-тц-ра[2] [intr.] [C1-C2-Prev-R / C1-C2-Prev-Neg-R] [C1 step over C2] [intr.] (**Fin.** [pres.] с-а-хы́-тц-уе-ит / с-а-хы́-тц-уа-м, [aor.] с-а-хы́-тц-ит / с-а-хы́-м-тц-ит, [imper.] б-а-хы́-тц! / б-а-хы́-м-тцы-н!; **Non-fin.** [pres.] (C1) и-а-хы́-тц-уа / и-а-хы́-м-тц-уа, (C2) и-з-хы́-тц-уа / и-з-хы́-м-тц-уа; **Abs.** с-а-хы́-тц-ны / с-а-хы́-м-тц-кәа) **1.** to step over: А-шьха-қәа ды-р-хы́-тц-ит. (ACST) *He/She passed over the mountains.*

а-хы́-тц-ра[3] [intr.] [C1-Prev-R] [C1 hatch out an egg; C1 hatch] (**Fin.** [aor.] и-хы́-тц-ит / и-хы́-

X

м-тц-ит) **1.** to hatch: А-кәты́ хы́-тц-ит. *The hen hatched out eggs.* **2.** to hatch. || **а-ҧсы́ а-хы́-тц-ра** (**Fin.** [pres.] ры-ҧсы́ р-хы́-тц-уе-ит / ры-ҧсы́ р-хы́-тц-уа-м, ҳа-ҧсы́ ҳ-хы́-тц-уе-ит / ҳа-ҧсы́ ҳ-хы́-тц-уа-м, [aor.] лы-ҧсы́ л-хы́-тц-ит / лы-ҧсы́ л-хы́-м-тц-ит, и-ҧсы́ и-хы́-тц-ит / и-ҧсы́ и-хы́-м-тц-ит, [imper.] бы-ҧсы́ б-хы́-тц! / бы-ҧсы́ б-хы́-м-тцы-н!; **Abs.** и-ҧсы́ и-хы́-тц-ны / и-ҧсы́ и-хы́-м-тц-кәа) **1.** to breathe one's last: А-дау́ уа и-ҧсы́ аа-и-хы́-тцы-н, а́-гуара-ҳәа ды-л-ка́ҳа-ит. (Ab.Text) *The ogre breathed his last there and fell with a bang.*

а-хы́-тц-ра[4] [intr.] [C1-Prev-R / C1-Prev-Neg-R] [C1 boil over] (**Fin.** [pres.] и-хы́-тц-уе-ит / и-хы́-тц-уа-м, [aor.] и-хы́-тц-ит / и-хы́-м-тц-ит; **Non-fin.** [pres.] (C1) и-хы́-тц-уа / и-хы́-м-тц-уа) **1.** to boil over: А-хш хы́-тц-ит. *The milk boiled over.*

а-хы́-тц-ра[5] [intr.] [C1-C2-Prev-R] [C1 come off C2] (**Fin.** [aor.] и-а-хы́-тц-ит / и-а-хы́-м-тц-ит) **1.** (*of skin*) to come off: С-напы́ а-цәа́ а-хы́-тц-ит. (ACST) *The skin has come off my hand.* А-мат а-цәа́ а-хы́-тц-ит. (ARD) *Змея сбросила шкуру. The snake shed its skin.*

а-хы́-тц-ра[6]* [intr.] [C1-(C2)-Prev-R] [C1 spill over C2] (**Fin.** [aor.] и-хы́-тц-ит / и-хы́-м-тц-ит; **Abs.** и-хы́-тц-ны / и-хы́-м-тц-кәа) **1.** (*of a river*) to overflow; to spill: А-ӡы́ хы́-тц-ит. *The river has overflowed.*

а-хы́-тцәа-ра* [intr.] [C1-C2-Prev-R] [C1 spread throughout C2] (**Fin.** [aor.] и-а-хы́-тцәе-ит / и-а-хы́-м-тцәе-ит, **Abs.** и-а-хы́-тцәа-ны / и-а-хы́-м-тцәа-кәа) **1.** to be flooded all over: А-ӡы́ хы-тцы-н а-де-қәа́ и-р-хы́-тцәе-ит. *The river flooded the fields.* **2.** to spread throughout: И-хьӡ а-тәы́ла и-а-хы́-тцәе-ит. *His fame spread throughout the country.*

а-хы́-тцәтцәа-ра́ [tr.] [C1-Prev-C3-S / C1-Prev-C3-Neg-S] [C3 cut C1] (**Fin.** [pres.] и-хы́-сы-тцәтцәо-ит / и-хы́-сы-тцәтцәо-м, [aor.] и-хы́-сы-тцәтцәе-ит / и-хы́-сы-м-тцәтцәе-ит, [imper.] и-хы-тцәтцәа́! / и-хы́-бы-м-тцәтцәа-н!; **Non-fin.** [pres.] (C1) и-хы́-сы-тцәтцәо / и-хы́-сы-м-тцәтцәо, (C3) и-хы́-зы-тцәтцәо / и-хы́-зы-м-тцәтцәо; **Abs.** и-хы́-тцәтцәа-ны / и-хы́-м-тцәтцәа-кәа) **1.** to cut. [cf. **а-х-тцәа-ра́** "to cut"]

а-хы́-чча-ра[1] [intr.] [C1-C2-Prev-R / C1-C2-Prev-Neg-R] [C1 laugh at C2] (**Fin.** [pres.] сы-л-хы́-ччо-ит (*я насмехаюсь над ней*) / сы-л-хы́-ччо-м (-чча-ӡо-м), [aor.] сы-л-хы́-чче-ит / сы-л-хы́-м(ы)-чче-ит (-чча-ӡе-ит), [imper.] бы-л-хы́-чча! / бы-л-хы́-м(ы)-чча-н!, шәы-л-хы́-чча! / шәы-л-хы́-м-чча-н!; [caus.] сы-б-хы́-лы-р-чче-ит / сы-б-хы́-л-мы-р-чче-ит; [poten.] сы-з-б-хы́-ччо-м, сы-з-б-хы́-м-чче-ит; [nonvol] с-а́мха-б-хы́-чче-ит / с-а́мха-б-хы́-м-чче-ит; [vers.1]**; [vers.2] с-лы-цә-б-хы́-чче-ит / с-лы-цә-б-хы́-м-чче-ит; **Non-fin.** [pres.] (C1) и-а-хы́-ччо / и-а-хы́-м-ччо, [aor.] (C1) и-а-хы́-чча / и-а-хы́-м-чча; **Abs.** д-а-хы́-чча-ны / д-а-хы́-м-чча-кәа) **1.** to laugh at, to jeer: с-а-хы́-ччо-ит *I am laughing at it.* Уи́ зегьы ды-р-хы́-ччо-ит. *He/She is laughing at everybody. Он/Она над всеми насмехается.*

а-хы́-чча-ра[2] [n.] ridicule, mockery: акы́ а-хы́ччара-зы а-ҳәара́ *to say something in ridicule.*

хы́шә [num.][non-hum.] [< хы-шә "3-100"] three hundred: хы́шә-шықәса *300 years.* хы́шә-и хы́нҩажә-и хәба́ *365.*

а-хы́шә [n.] (а-хы́шә-қәа) air vent.

хы́-шә-ҩы-к [num.][hum.] three hundred people.

а-хҩа́ [n.] (а-хҩа-қәа́) a cover; a lid. [cf. **а-хкьа́** "cover"]

а-х-ҩа-ра́ [labile] **(1)** [intr.] [stative] [C1-Prev-R] [C1 be veiled] (**Fin.** [pres.] и-х-ҩо́-уп / и-х-ҩа́-м, [past] и-х-ҩа́-н / и-х-ҩа́-мызт; **Non-fin.** [pres.] (C1) и-хҩо́-у / и-хҩа́-м, [past] (C1) и-хҩа́-з / и-хҩа́-мыз; **Abs.** и-х-ҩа́-м-кәа) **1.** to be covered, to be veiled: А-бна х-ҩа́-н сы́-ла. *The forest was covered with snow. Лес был покрыт снегом.* **2.** to be closed. **(2)** [tr.] [C1-Prev-C3-R / C1-Prev-C3-Neg-R] [C3 cover C1] (**Fin.** [pres.] и-хы́-з-ҩо-ит (*и-хы́-с-ҩо-ит) / и-хы́-з-ҩо-м (-ҩа-ӡо-м), [aor.] и-хы́-з-ҩе-ит / и-хы́-зы-м-ҩе-ит (-ҩа-ӡе-ит), [imper.] и-хы-ҩа́! / и-хы́-бы-м-ҩа-н!, и-хы́-жә-ҩа! / и-хы́-шәы-м-ҩа-н!; **Non-fin.** [pres.] (C1) и-хы́-л-ҩо / и-хы́-лы-м-ҩо, [aor.] (C1) и-хы́-л-ҩа / и-хы́-лы-м-ҩа; **Abs.** и-х-ҩа-ны́ / и-хы́-м-ҩа-кәа) **1.** to cover from above: а́-ла х-ҩа-ра́ *to close the eyes.* А-сы́ а́-бна х-на-ҩе́-ит. *Snow covered the forest.* Сара́ с-нап-қәа́ ры́-ла с-ҿы́ хы́-з-ҩе-ит. *I covered my face with my hands.* А-ҧҭа-қәа а́-жәҩан хы-р-ҩе-ит. (RAD) *Тучи закрыли небо. The (storm) clouds covered the sky.*

хҩык [coll. num.] [hum.] three (persons): хҩы́к аҧа-цәа́ *three sons, трое сыновей.* и-ҩы́з-цәа хҩы́к *his three friends.*

а́-хҩык-(гьы) [coll. num.] [hum.] all three (persons).

а-хцы́ц [n.] (а-хцы́ц-қәа, хцы́ц-к) a stump.

X

Хь хь

-хь[1] [suffix] *used to mean "ache" or "disease."* [< ахьаа́ "pain"]: ахы́-хь *headache.*

-хь[2] [suffix] *used to mean "cold."* "cold." [< а́хьшəашəа "cold"]: а́ԥша-хь *a cold wind.*

-ахь-[1] [verbal prefix] **1.** [placed immediately after the slot of Column I] *used to mark a interrogative adverb or a relative adverb "where," in the non-main clause* (cf. **-аба-**) (Hewitt, Abkhaz:166): Сара́ и-з-ды́р-уе-ит Амра д-ахьы-нхо́ а-ҩны́. *I know the house where Amra lives.* Аази́з а́-мпыл и-ахь-а́-с-уа-з и-бе́-ит. (ANR) *Aaziz saw where they were playing football.* Д-ахь-ца́-з сы-з-ды́р-уа-м. *I don't know where she went.* Иацы́ д-ахьы́-ҟа-з сы-з-ды́р-уа-м. *I don't know where he/she was yesterday.* Сара́ с-хаҭа́ а-қы́ҭа с-а́-лц-ит, уа́-ҟо-уп сара́ с-ахь-и́-з. (AFL) *I went out from the village, there I was born. Я вышел из деревни, там я родился.* Сара́ а-тцара́ ахьы́-с-тцо-з а-шко́л, а-қы́ҭа а-гəҭаны́ и-гы́ло-уп. (AFL) *The school where I studied stands in the center of the village. Школа, где я учился, стоит в центре деревни.* Шəара́ шə-ахьы-н-хо́ а-қы́ҭа и-а́-хьӡ-у-зи? *What is the name of the village where you live?*

2. [placed immediately after the slot of Column I] *used to mark a subordinate conjunction "that"*: Б-ахь-аа́-з бзи́о-уп. *It is good that you came.* С-е́и-гəырӷьо-ит и-ахь-у-гəа-ԥха́-з. *I am glad that you liked it.* Уи́ а-университе́т д-ахь-ҭа-шəа́-з и-гəы́ и-а-хəа-ны́ ды́-ҟо-уп. *He is pleased that he got into the university. Он доволен, что попал в университет.* Да́араӡа и-ҭаб-у́п, сара́ сы-жə-ды́ры-рц ахьы́-шə-ҭахы-у. (AFL) *I am very grateful that you want to get acquainted with me. Я очень благодарю за то, что вы хотите со мной познакомиться.* Р-а́н Кака́шьа да́ара л-гуы́ и-а́а-хуе-ит а-ԥсы́ӡ ахьы-л-з-аа-р-га́-з. (ANR) *Their mother, K'ak'asha, was very pleased that they brought her the fish.* Бара́ б-ахь-ца́-з а-зы́/а-ҟы́нтə (= б-це́-ит а-зы́/а-ҟынтə) сара́ ара́ с-аан-хе́-ит. *Because you went, I stayed here.*

3. [with so-called "verbs of motion"] "at the time that something happens/happened" (see ACST:L.14): Зы́кəр-и Ма́нче-и а-ҩны́ и-ахь-не́и-з, Ма́нча и-аб р-ҩы́цьа-гьы д-р-а́-цəажəо д-а́-ла-ге-ит. (ACST) *When Dzykw'yr and Mancha arrived home, Mancha's father began speaking to them two.*

-ахь[2] [post.] *used to mark the direction of motion.* "in the direction of sth or sb," "to, towards." *The goal (in the direction) is relatively smaller than that expressed by the postposition* **-ка**. (Hewitt, Abkhaz:126): а-қы́ҭа-[а-а]хь *to the village.* а-теа́тр-ахь *to the theater.* а-база́р-ахь *to the bazaar.* а-мшы́н-ахь *to the sea.* а́-бана-хь *to the forest.* а-шко́л-ахь *to the school.* а-магази́н-ахь *to the store.* а-университе́т-ахь *to the university.* а-ҩн-қəа́ р-ахь *to the houses.* А-қы́ҭа-хь-гьы с-цо́-ит. *I'll also go to the village. Я иду и в деревню.* Лара́ л-а́хь д-це́-ит. *He went to her.* А-бна-[а-а]хь шə-аа-ла́. *Come on into the woods!* Зегьы́ ахь-цо́, сар-гьы́ с-цо́-ит. *Where everyone goes, there I will go, too.* Уаре́-и саре́-и а-шко́л-ахь ҳ-ца́-п. *You and I will go to the school. Ты и я пойдем в школу.* У-цеа́ у-тəы́-м-зар, а-ҳақьы́м и-а́хь у-ца́-р-о-уп. *If you get pregnant, you must go to the doctor.* (Hewitt, Abkhaz:157) жəо́хə миңу́ҭ а-у́с а-у-хье́-ит ҩба́ р-ахь. (AFL) *15 minutes past one, 15 минут второго. lit. 15 минут работали к двум.* Сара́ уи́ иацы́ с-қы́ҭа-хь д-аа́-ит ҳəа́ с-а-ҳа́-ит. *I heard that he came to my village yesterday. Я слышал, что вчера он пришел в мою деревню.* А-тцара́-хь ҳ-ры-шьҭ-уе́-ит. *They are sending us to the course/training. Нас посылают на учебу.* Шəара́ шə-аба́-ҟа-з? — Ҳара́ а-мшы́н ахь ҳа́-ҟа-н. *Where have you been? — I have been to the sea.*

-хьа- [verbal suffix] *used as the perfective marker* (cf. **-хье-ит, -хьо-у-; -хьа-н, -хьа-з**): а-ӡынтцəа́ ҟаԥшьха-хье́-ит. (AFL) *The winter apples have already become red. Зимние яблоки уже покраснели.* Сара́ с-абду́ и-ԥсҭа́заара д-а́-лц-хье-ит (*or* ды-ԥс-хье́-ит). (AFL) *My grandfather is already dead. Мой дедушка уже умер.* Шəара́ зны́кыр и-ҿы́-шə-х-хьо-ма а-ча́и? *Have you gathered tea somewhere?* Иахьа́кәзаалак џьара́ и-у-ба-хьо́-у-ма абри́ а-ҩы́за? (ACST) *Have you anywhere seen the like of this, wherever it might be?*

а́-хьа [n.] (а́-хьа-қәа, хьа́-к, хьа-қәа́-к, сы́-хьа) a chestnut.

а-хьаа́ [n.] (а-хьаа́-қәа, с-хьаа́, хьаа́-к, хьаа́-қәа-к) a pain. || **хьаа́-с а́-ма-заа-ра** (= **хьаа́-с а́-катца-ра; хьаа́-с а-к-ра́**) **1.** to be anxious; to worry; to suffer for sth**:** Ан л-ҧа́ хьаа́-с д-лы́-мо-уп. *The mother is worried about the son.* Хьаа́-с и-ќа-у-м-тца́-н (= Ус-с и-ќа-у-м-тца́-н!), сара́ с-хаҭа́ и-ќа-с-тцо́-ит. *Don't worry — I'll do it myself.* Сара́ убри́ хьаа́-с и-сы́-мо-уп. (GAL) *Я переживаю за это. I am suffering for this.* хьаа́-с и-с-к-у́п. *I am worried about it.* Уи хьаа́-с и-у-м-кы́-н! *Don't worry about it!* Ҳара́ хьаа́-с ҳ-шәы-м-кы́-н! (/ҳ-ќа-шәы-м-тца́-н!) *Don't worry about us!* || **хьа́а-с и-ка-м-тца́-кәа(-н)** despite (Hewitt, Abkhaz:124)**:** А-қуа́ хьаа́-с и-ќа-м-тца́-кәа(-н) д-аа́-ит. *He came despite the rain.*

а-хьа́а-га-ра [tr.] [C1-Prev(pain)-C3-R / C1-Prev(pain)-C3-Neg-R] [C3 worry about C1] (**Fin.** [pres.] и-хьа́а-з/с-го-ит / и-хьа́а-з/с-го-м (-га-ӡо-м), [aor.] и-хьа́а-з/с-ге-ит / и-хьа́а-зы/сы-м-ге-ит (-га-ӡе-ит), [imper.] и-хьа́а-га! / и-хьа́а-бы-м-га-н!, и-хьа́а-жә/шә-га! / и-хьа́а-жәы/шәы-м-га-н!; **Non-fin.** [pres.] (C1) и-хьа́а-л-го / и-хьа́а-лы-м-го, (C3) и-хьа́а-з-го / и-хьа́а-зы-м-го, [aor.] (C1) и-хьа́а-л-га / и-хьа́а-лы-м-га, (C3) и-хьа́а-з-га / и-хьа́а-зы-м-га; **Abs.** и-хьа́а-га-ны / и-хьа́а-м-га-кәа *or* и-м-хьа́а-га-кәа) **1.** (= **хьаа́-с а́-мазаа-ра**) to worry**:** Ан л-ҧа́ д-хьа́а-л-го-ит. (/хьаа́-с д-лы́-мо-уп.) *The mother is worrying about the son.* а-хуч-қәа́ р-хьа́агара *to worry about the children.*

а-хьа́жь [n.] (а-хьа́жь-қәа, хьажь-к) a jay.

-хьа-з [verbal suffix] [Pulperfect.Non-Fin] (= **-цыз**) *used to mark the non-finite positive/negative Pluperfect of dynamic verbs***:** зы́-қур-ахь и-не́и-хьа-з *who had already entered his/her/their dotage* (ANR).

а́-хьамҭа [adj.] *see* **а́-хьанҭа**

а́-хьамҭара [adj.] *see* **а́-хьанҭара**

-хьа-н [verbal suffix] *used to mark the finite positive Pluperfect of dynamic verbs.* **1.** *denoting an action completed prior to a specific point of time in the past***:** Сара́ аҩны́-ќа с-ан-хын-ҳәы́ с-анду́ ды-ҧс-хьа́-н. *When I returned home, my grandmother had already died. Когда я вернулся домой, моя бабушка уже умерла.* С-ан а-ҩны́-ќа д-хын-ҳә-а́анӡа, с-ашьа́ а-шәќәы́ и-зы́-з-ҩ-хьа-н. *Before my mother returned home, I had already written a letter to my brother. Перед тем, как моя мать вернулась домой, я уже написал письмо брату.* **2.** "X almost happened" (Chirikba:54; GAL:110)**:** Иахьа́ сы-ҧс-хьа́-н. *Today I almost died.* **3**. *expressing the past subjunctive in an apodosis* (cf. **-уа-н**)**:** Уара́ у́-ќа-м-зар, с-ка́-ҳа-хьа-н. *Had you not been (here), I was as good as flat on my face.*

а́-хьанҭа [adj.] (а́-хьанҭа-қәа/-цәа, хьанҭа́-к) (= **а́-хьамҭа**) **1.** heavy**:** а-ха́ҳә хьанҭа́ *the heavy rock.* и-хьанҭо́-уп *it/they is/are haevy.* А-ҳа́уа хьанҭа-ӡа-хе́-ит. (ACST) *The air became unbearably heavy.* **2.** difficult, hard**:** а-у́с хьанҭа *a difficult thing.*

а́-хьанҭара [n.] (= **а́-хьамҭара**) weight.

а́-хьаҧарч [n.] (а́-хьаҧарч-қәа, сы́-хьаҧарч, хьаҧа́рч-к, хьаҧа́рч-қәа-к) a hedgehog.

а-хьа́-ҧш-ра [intr.] [C1-Prev-R / C1-Prev-Neg-R *or* C1-Neg-Prev-R] [C1 look back] (**Fin.** [pres.] д-хьа́-ҧш-уе-ит / д-хьа́-ҧш-уа-м (-ҧш-ӡо-м), [aor.] д-хьа́-ҧш-ит / д-хьа́-м-ҧш-ит *or* ды-м-хьа́-ҧш-ит (-ҧш-ӡе-ит), [imper.] б-хьа́-ҧш! / б-хьа́-м-ҧшы-н! *or* бы-м-хьа́-ҧшы-н!, шә-хьа́-ҧш! / шә-хьа́-м-ҧшы-н! *or* шәы-м-хьа́-ҧшы-н!; **Non-fin.** [pres.] (C1) и-хьа́-ҧш-уа / и-хьа́-м-ҧш-уа, [aor.] (C1) и-хьа́-ҧш / и-хьа́-м-ҧш; **Abs.** д-хьа́-ҧш-ны / д-хьа́-м-ҧш-кәа) **1.** to turn (around); to look around/back**:** Сара́ сы́-шьҭахь ќа с-хьа́-ҧш-ит. *I looked back.* Аха́ иагьа́ и-ҳәҳәа́-ргьы, иагьа́ и-ќа́а-ргьы, у́-шьҭаахьќа у-хьа́-м-ҧшы-н. (Ab.Text) *But even if they scream, even if they wail out loud, you must not look back behind you.*

а́-хьара [n.] chestnut-plantation. [cf. **а́-хьа** "chestnut"]

а-хьа-ра́ [tr.] [C1-C3-R / C1-C3-Neg-R] [C3 milk C1] (**Fin.** [pres.] и-л-хьо́-ит / и-л-хьо́-м (-хьа-ӡо-м), [aor.] и-л-хье́-ит / и-лы-м-хье́-ит (-хьа-ӡе́-ит), [imper.] и-хьа́! / и-бы-м-хьа́-н!, и-шә-хьа́! / и-шәы-м-хьа́-н!; **Non-fin.** [pres.] (C1) и́-л-хьо / и́-лы-м-хьо, (C3) и-з-хьо́ / и-зы-м-хьо́, [aor.] (C1) и́-л-хьа / и́-лы-м-хьа, (C3) и-з-хьа́ / и-зы-м-хьа́, [impf.] (C1) и́-л-хьо-з / и́-лы-м-хьо-з, (C3) и-з-хьо́-з / и-зы-м-хьо́-з, [past indef.] (C1) и́-л-хьа-з / и́-лы-м-хьа-з, (C3) и-з-хьа́-з / и-зы-м-хьа́-з; **Abs.** и-хьа-ны́ / и-м-хьа́-кәа) **1.** to milk: А-жә р-хьо́-ит. *They are milking the cow. Они доят корову.* А-жә-қәа мыш-к-а́-ла хы́нтә=хынтә и-л-хьо́-ма?. *Does she milk the cows three times a day?* А-жә хьа! *Milk the cow!*

а-хьа́рхь [n.] (-қәа, хьа́рхь-к) a saw: а́-тҵла хьа́рхь-ла а-хтҵәара́ *to cut wood with a saw.*

а-хьа́рхь-ра [tr.] [C1-C3-S / C1-C3-Neg-S] [C3 saw C1] (**Fin.** [pres.] и-с-хьа́рхь-уе-ит / и-с-хьа́рхь-уа-м, [aor.] и-с-хьа́рхь-ит / и-сы-м-хьа́рхь-ит, [imper.] и-хьа́рхь! / и-бы-м-хьа́рхьы-н!; **Non-fin.** [pres.] (C1) и-с-хьа́рхь-уа / и-сы-м-хьа́рхь-уа, (C3) и-з-хьа́рхь-уа / и-зы-м-хьа́рхь-уа; **Abs.** и-хьа́рхь-ны / и-м-хьа́рхь-кәа) **1.** (**= а-хәа́рхь-ра**) to saw.

а-хьа́-ҳә-ра [intr.] [C1-Prev-R / C1-Neg-Prev-R *or* C1-Prev-Neg-R] [C1 turn around] (**Fin.** [pres.] д-хьа́-ҳә-уе-ит / д-хьа́-ҳә-уа-м (-ҳә-ӡо-м), [aor.] д-хьа́-ҳә-ит / ды-м-хьа́-ҳә-ит *or* д-хьа́-м-ҳә-ит (-ҳә-ӡе-ит), [imper.] б-хьа́-ҳә! / б-хьа́-м-ҳәы-н! *or* бы-м-хьа́-ҳәы-н!, шә-хьа́-ҳә! / шә-хьа́-м-ҳәы-н! *or* шәы-м-хьа́-ҳәы-н!; **Non-fin.** [pres.] (C1) и-хьа́-ҳә-уа / и-м-хьа́-ҳә-уа, [aor.] (C1) и-хьа́-ҳә / и-м-хьа́-ҳә; **Abs.** д-хьа́-ҳә-ны / ды-м-хьа́-ҳә-кәа) **1.** to turn round/back.

а́-хьаца [n.] (-қәа, хьаца́-к) hornbeam: Хьаца́ фы́ а́-с-уа-м. *Lightning will not strike a hornbeam. В граб молния не ударит.*

-хьа-цыз [verbal suffix] [Pulperfect.Non-Fin] (= **-хьа**, **-цыз**) *used to mark the non-finite negative Pluperfect of dynamic verbs*: и́-м-ца-хьацыз *(the one) that had not already gone.*

а́-хьатҵла [n.] (а́-хьатҵла-қәа) a chestnut tree.

а́-хьӡ [n.] (*or* **а́-хьыӡ**) (а́-хьӡ-қәа, хьӡы́-к, сы́-хьӡ) **1.** a name: И-шә-ҳәа́ ҭагала́нтәи а́-мза-қәа ры́-хьӡ-қәа. (AFL) *Say the names of the autumn months! Скажите названия осенних месяцев!* Ари́ а́-ӡҕаб лы́-хьӡ б-ды́р-уа-ма? *Do you know this girl's name? Ты знаешь, как зовут эту девочку?* А-хәычы́ а-хьӡ и́-р-ҭе-ит. *They named the child. Ребенку дали имя.* Уи́ аҽны́ нахы́с ари́ а́-дгьыл Аҧсны́ а́-хьыӡ-хе-ит. (AF) *From that day on, this place became known as the Land of the Soul.* || **-хьӡ-а-ла** in the name of: и-ҧҳәы́с лы́-хьӡ-а-ла *in the name of his wife.* [cf. **а́-хьӡ-заа-ра** "to be called"]

а-хьӡ=а-ҧша́ [n.] fame, glory; honour, esteem: А-хьӡ=а-ҧша́ д-а́-шьҭо-уп. *He/She is pursuing fame.* Хьӡ-и=ҧше́-и ры́-гы-м-зааит а-тҽе́и-цәа! (ACST) *Let the young folk not lack fame and renown!*

а-хьӡара́[1] [n.] achievement, attainment: а-гәҭакы́ а-хьӡара́ *the achievement of a goal.*

а-хь-ӡа-ра́[2] [intr.] [C1-C2-Prev-R / C1-C2-Prev-Neg-R] [C1 catch up with C2] (**Fin.** [pres.] с-бы-хь-ӡо́-ит / с-бы-хь-ӡо́-м (-хь-ӡа-ӡо́-м), [aor.] с-бы-хь-ӡе́-ит / сы-б-хьы́-м-ӡе-ит, д-а-хьы́-м-ӡе-ит (-хьы́-м-ӡа-ӡе-ит), [fut.1] с-у-хь-ӡа́-п / с-у-хь-ӡа-ры́м, [fut.2] с-у-хь-ӡа́-шт / с-у-хь-ӡа́-шам, [perf.] с-у-хь-ӡа-хье́ит / с-у-хьы́-м-ӡа-ц(т), [impf.] с-у-хь-ӡо́-н / с-у-хь-ӡо́-мызт, [past indef.] с-у-хь-ӡа́-н / с-у-хьы́-м-ӡа-зт, [cond.1] с-у-хь-ӡа-ры́н / с-у-хь-ӡа-ры́мызт, [cond.2] с-у-хь-ӡа́-шан / с-у-хь-ӡа́-шамызт, [plupf.] с-у-хь-ӡа-хьа́н / с-у-хьы́-м-ӡа-цызт, [imper.] у-сы-хь-ӡа́! / бы-с-хьы́-м-ӡа-н!, шә-сы-хь-ӡа́! / шәы-с-хьы́-м-ӡа-н!; [caus.] с-бы-хь-лы-р-ӡе́-ит / с-бы-хь-л-мы-р-ӡе́-ит; [poten.] сы-з-бы-хь-ӡо́-м, сы-з-б-хьы́-м-ӡе-ит, с-з-а-хь-ӡо́-м, с-з-а-хьы́-м-ӡе-ит; [nonvol] с-а́мха-бы-хь-ӡе́-ит / с-а́мха-б-хьы́-м-ӡе-ит; [vers.1]**; [vers.2]**; **Non-fin.** [pres.] (C1) и-лы-хь-ӡо́ (*тот, который нагоняет ее*) / и-л-хьы́-м-ӡо, (C2) д-зы-хь-ӡо́ (*тот, которого он/она нагоняет*) / ды-з-хьы́-м-ӡо, [aor.] (C1) и-лы-хь-ӡа́ / и-л-хьы́-м-ӡа, (C2) д-зы-хь-ӡа́ / ды-з-хьы́-м-ӡа, [fut.1] C1) и-лы-хь-ӡа-ра́ / и-л-хьы́-м-ӡа-ра, (C2) д-зы-хь-ӡа-ра́ / ды-з-хьы́-м-ӡа-ра, [fut.2] C1) и-лы-хь-ӡа́-ша / и-л-хьы́-м-ӡа-ша, (C2) д-зы-хь-ӡа́-ша / ды-з-хьы́-м-ӡа-ша, [perf.] C1) и-лы-хь-ӡа-хьоу

(-хьа́(ц)) / и-л-хьы́-м-ӡа-хьоу (-хьа(ц)), (С2) д-зы-хь-ӡа-хьо́у (-хьа́(ц)) / ды-з-хьы́-м-ӡа-хьоу (-хьа(ц)), [impf.] (С1) и-лы-хь-ӡо́-з / и-л-хьы́-м-ӡо-з, (С2) д-зы-хь-ӡо́-з / ды-з-хьы́-м-ӡо-з, [past indef.] (С1) и-лы-хь-ӡа́-з / и-л-хьы́-м-ӡа-з, (С2) д-зы-хь-ӡа́-з / ды-з-хьы́-м-ӡа-з, [cond.1] (С1) и-лы-хь-ӡа-ры́-з / и-л-хьы́-м-ӡа-ры-з, (С2) д-зы-хь-ӡа-ры́-з / ды-з-хьы́-м-ӡа-ры-з, [cond.2] (С1) и-лы-хь-ӡа́-ша-з / и-л-хьы́-м-ӡа-ша-з, (С2) д-зы-хь-ӡа́-ша-з / ды-з-хьы́-м-ӡа-ша-з, [plupf.] (С1) и-лы-хь-ӡа-хьа́-з / и-л-хьы́-м-ӡа-хьа-з, (С2) д-зы-хь-ӡа-хьа́-з / ды-з-хьы́-м-ӡа-хьа-з; **Abs.** с-бы-хь-ӡа-ны́ / с-б-хьы́-м-ӡа-кәа) **1.** to catch up with: Сара́ Наа́ла с-лы-хь-ӡе́-ит. *I caught up with Naala.* Шәара́ шә-аҳ-хьы́-м-ӡа-р ҳәа ҳ-шәо́-н. *We were afraid that you might not catch up with us.* Шәара́ а-дәы́ӷба шә-а-хь-ӡа́-ма? *Did you manage to catch the train? —* Мап, ҳ-а-хьы́-м-ӡа-ӡе-ит. *No, we didn't catch it.* **2.** to manage, to succeed: Бы-з-ла-хь-ӡе́-и бара́? *How did you succeed?* Ашьыжь ша́анӡа у-гы́ла-р, у-у́с-ҟәа зегьы́ у-ры-хь-ӡо́-ит. (IC) *If you get up early, you will succeed in all your jobs.* **3.** (*of a storm*) to catch, to overtake: А-дыдмацәыс а-дәа-ҟны́ и-ҳа-хь-ӡе́-ит. *The (thunder) storm caught us in the field. Гроза застигла нас в поле.* Ҟуаблы́ху-раа а-ҟуаршәы́ ры-хь-ӡе́-ит. (ANR) *The downpour caught Kwablyxw and his friends.*

а́-хьӡ-заа-ра [intr. stative] [< а́-хьӡ "name"] [С1-С2(Poss)-R] [*lit.* С1 be С2's name, С2 be called С1] **Fin.** [pres.] и-сы́-хьӡ-уп, и-а́-хьӡ-уп / и-сы́-хьӡы-м, [past] и-сы́-хьӡы-н / и-сы́-хьӡ-мызт; **Non-fin.** (С1) [pres.] и-у́-хьӡ(ы)-у / и-у́-хьӡы-м, [past] и-у́-хьӡы-з / и-у́-хьӡы-мыз, (С2) [pres.] и-зы-хьӡ-у́ / и-зы-хьӡы́-м, [past] и-зы-хьӡы́-з / и-зы-хьӡы́-мыз; **Abs.** и-сы́-хьӡ-ны / и-сы́-хьӡы-м-кәа) **1.** to be called: Ҽы-к ха́-ма-н. Уи́ и-а́-хьӡы-н Ра́пҟа. *We had a colt. Its name was Rapk'a.* И-у́-хьӡ-у-и? *What is your(M) name?* Сара́ и-сы́-хьӡ-уп Мура́ҭ. *My name is Murat.* Уара́ и-у́-хьӡ-уп Баҭа́л. *Your name is Batal.* И-бы́-хьӡ-у-и бара́? *What is your(F) name?* И-хьӡ-у-и? *What's his name?* И-лы́-хьӡ-у-и? *What's her name?* И-а́-хьӡ-у-и? *What is it called?* И-шҧа-ры́-хьӡ-у у́рҭ? (AFL) *What they are called? Как они называются?* Бара́ б-қы́ҭа и-а́-хьӡ-у сы-з-ды́р-уа-м. *I don't know what your village is called. Я не знаю, как называется твоя деревня.* И-ры́-хьӡ-у-зеи у́рҭ аҧсы́шәала? (AFL) *What are they called in Abkhaz? Как они называются по-абхазски?* Шәара́ шә-ахьы-нхо́ а-қы́ҭа и-а́-хьӡ-у-зи? *What is the name of the village where you live? Как называется деревня, где вы живете?*

а́-хьӡ-тҵа-ра [tr.] [< -хьӡ-тҵа- "name-put"] [С1-С2-Prev-С3-R / С1-С2-Prev-С3-Neg-R] [С3 name/call С2 С1] (**Fin.** [pres.] и-лы́-хьӡы-с-тҵо-ит / и-лы́-хьӡы-с-тҵо-м, [aor.] и-лы́-хьӡы-с-тҵе-ит / и-лы́-хьӡ-сы-м-тҵе-ит, [imper.] и-лы́-хьӡ-тҵа! / и-лы́-хьӡ-бы-м-тҵа-н!, и-лы́-хьӡы-шә-тҵа! / и-лы́-хьӡ-шәы-м-тҵа-н!; **Non-fin.** [pres.] (С1) и-лы́-хьӡы-с-тҵо / и-лы́-хьӡ-сы-м-тҵо, (С2) и-зы́-хьӡы-с-тҵо / и-зы́-хьӡ-сы-м-тҵо, (С3) и-лы́-хьӡы-з-тҵо / и-лы́-хьӡ-зы-м-тҵо; **Abs.** и-лы́-хьӡы-тҵа-ны / и-лы́-хьӡы-м-тҵа-кәа) **1.** to name, to call: И-аҳәшьаҧа́ Ла́ша и́-хьӡ-и-тҵе-ит. (ARD) *Он назвал своего племянника Лашей. He named his nephew Lasha.* Шә-институ́т ҿыц и-а́-хьӡы-шә-тҵа-зеи? (ARD) *Как назвали ваш новый институт? What was your new institute named?* Убри́ а́-шьҭахь а-уп а-хәа́да "А-ха́ҳә еиҩса́" ан-а́-хьӡы-р-тҵа. (AF) *It is after that when they named the hillock "The Cloven Rock."*

а-хьӡырҳәа́га [n.] (-қәа) a person who makes one's family/homeland renowned.

а-хьи́ [n.] (а-хьи́-цәа) a silversmith.

Хьмур [n.] (f.) [person's name]

-хьо-у- [verbal suffix] *used as the perfective marker of a non-finite verb. See* **-хьа-**.

а-хь-ҧш-ра́* [intr.] [С1-С2-Prev-R] [С1 go after С2] (**Fin.** [aor.] д-и-хь-ҧш-и́т / д-и-хьы́-м-ҧш-ит, [imper.] б-и-хь-ҧшы́! / б-и-хьы́-м-ҧшы-н!) **1.** to go after sb; to follow sb: И-ашьа́ д-и-хь-ҧш-ны́ д-це-ит. *He followed his brother.* **2.** to notice (accidentally).

а-хь-ҧш-заа-ра́ (= **а-хь-ҧшы́-заа-ра**) [intr. stative] [С1-С2-Prev-R] [С1 be dependent on С2] (**Fin.** [pres.] д-и-хь-ҧш-у́п / д-и-хь-ҧш-ӡа́-м) **1.** to be dependent on: ҳ-тәы́ла даҿа́ тәы́ла-к и-а-хь-ҧш-ӡа́-м. *our country is independent of a foreign country.* а-хыҧшы́мра *independence.*

а-хь(ы)ԥшы́мра [n.] independence: а-мила́ҭтә хыԥшы́мра *national independence.* а-хыԥшы́мра шә-б-у-ит *you have obtained independence.*

а́-хь-ра[1] [intr.] [C1-C2-R / C1-C2-Neg-R] [у C2 болит C1, C2's C1 hurt] (**Fin.** [pres.] и-сы́-хь-уе-ит, и-а́-хь-уе-ит / и-сы́-хь-уа-м, [aor.] и-сы́-хь-ит / и-с-мы́-хь-ит, {[imper.] и-бы́-хь-ааит / и-б-мы́-хь-ааит}; **Non-fin.** [pres.] (C1) и-лы́-хь-уа (*то, которое у нее болит*) / и-л-мы́-хь-уа, (C2) и-зы́-хь-уа (*тот, у которого болит/болят оно/они*) / и-з-мы́-хь-уа, [aor.] (C1) и-лы́-хь / и-л-мы́-хь, (C2) и-зы́-хь / и-з-мы́-хь, [impf.] (C1) и-лы́-хь-уа-з / и-л-мы́-хь-уа-з, (C2) и-зы́-хь-уа-з / и-з-мы́-хь-уа-з, [past indef.] (C1) и-лы́-хьы-з / и-л-мы́-хьы-з, (C2) и-зы́-хьы-з / и-з-мы́-хьы-з; **Abs.** и-сы́-хь-ны / и-с-мы́-хь-кәа) **1.** to ache, to hurt: С-хы́ сы́-хь-уе-ит. *I have a headache.* С-хаԥы́ц сы́-хь-уе-ит. *I have a toothache.* Аимхәа́ и́-хь-ит. *He had a cough.* И-лы́-хь-ит аимхәа́. *She suffered from a cough.* Сы́-мгәа сы́-хь-уе-ит. *I have a stomachache.* Уи́ хуч҄ы́к и-хы́ и́-хь-уе-ит. *I have a slight headache.* [cf. **а-хьаа́** "pain"]

а́-хь-ра[2] [intr.] [C1-C2-R / C1-C2-Neg-R] [C2 fall ill with C1] (**Fin.** [pres.] и-лы́-хь-уе-ит / и-лы́-хь-уа-м, [aor.] и-лы́-хь-ит / и-л-мы́-хь-ит, [imper.] и-бы́-хь! / и-б-мы́-хьы-н!; **Non-fin.** [pres.] (C1) и-лы́-хь-уа / и-л-мы́-хь-уа, (C2) и-зы́-хь-уа / и-з-мы́-хь-уа; **Abs.** и́-хь-ны / и-мы́-хь-кәа) **1.** to fall/be taken ill with; to catch: А-гри́пп (а́имхәа) лы́-хь-ит. *She came down with the flu.* А-шы́ӡ и́-хь-ит. *He fell ill with malaria.* А-бч҄ы́ и́-хь-ит. *He caught measles.* [cf. **а-ҿ-каа-ра́** "to be infected (with), to catch"]

а́-хь-ра[3] [intr.] [C1-C2-R / C1-C2-Neg-R] [C1 happen to C2] (**Fin.** [pres.] и-сы́-хь-уе-ит / и-сы́-хь-уа-м, [aor.] и-сы́-хь-ит (*у меня случилось то*) / и-с-мы́-хь-ит, [imper.] и-бы́-хь! / и-б-мы́-хьы-н!; **Non-fin.** [pres.] (C1) и-лы́-хь-уа / и-л-мы́-хь-уа, (C2) и-зы́-хь-уа / и-з-мы́-хь-уа, [aor.] (C1) и-лы́-хь / и-л-мы́-хь, (C2) и-зы́-хь / и-з-мы́-хь; **Abs.** и-сы́-хь-ны / и-с-мы́-хь-кәа) **1.** to happen (to sb): и-шәы́-хь-зеи? *What happened to you(pl.)?* и-бы́-хь-и? *or* и-бы́-хь-зеи? *what's (the matter) to you(F)?* и-у́-хь-и? *what's happened to you(M)?* и́-хь-и? (/и́-хь-зеи?) *what happened to him?* Акгьы́ и́-хь-уа-м. *Nothing will happen to him.* Бара́ акгьы́ бы́-хь-уа-м. *Nothing will happen to you.* И-хь-и Мура́ҭ? *What happened to Murat?* Амра И-лы́-хь-и? *What happened to Amra?*

-хьтә [post.] from.

-а́хьтә [post.] (cf. **-кы́н-тә**; **руа́к**) **1.** from, out of; among: а́-чкуын-цәа р-а́хьтә (*or* р-ҟы́нтә) ҩы́-ц҄ьа *two of the boys.* Уажәы́ и-шә-ҳәа́, иа́рбан а́амҭо-у а́амҭа-қәа р-а́хьтә шәара́ е́иха (/еиха́раӡак) бзи́а и́-жә-бо? (AFL) *Now say — what time do you like most of all? Сейчас скажите, какое время вы любите больше всего?* Урҭ зе́гь р-а́хьтә бзи́а и́-у-бо-зеи? *What do you love out of all this?* А-шәҟәы́ а́урысшәа а́хьтә а́ԥсшә ахь еиҭа́-с/з-ге-ит. *I translated the book from Russian to Abkhaz.* Аба́нҭ а-ҳәынҭқа́р и́-ԥҳа-цәа и́-и-ба-з р-а́хьтә ҩы́-ц҄ьа а-шәы́ ры-шә-ны́ р-уа́да-қуа и-ры-ҩна-тәа́-н. (Ab.Text) *Two of the King's daughters that he saw were in mourning dress and sitting in the middle of the rooms.* Ҳара́ ҳ-тә-қәа́ а-да́ча-хьтә и-аа́-ит. (RAD) *Наши приехали с дачи. Our people arrived from the dacha.*

а-хьтәы́ [adj.] gold; golden: а-хьтәы́ мацәа́з *a gold ring.* а-хьтәы́ ԥслы́мӡ *золотой песок, gold dust.* а-хьтә ԥа́ра *a gold coin.* а-хьтәы́ лаха́нка *a golden basin.* бы-хьтәы́ хәыдхаҵа́ *your gold necklace.*

а́-хьҭа 1. [n.] cold: а́-хьҭа а-ҿо́-уп *it is cold.* А-хьҭа с-а-к-уе́-ит. *I am cold. Мне холодно.* || **а́-хьҭа-лала-ра** to catch a cold: Уи́ а́-хьҭа и́-ла-ле-ит. (AFL) *He caught a cold.* **2.** [predicate] (**Fin.** [pres.] и-хьҭо́-уп / и-хьҭа́-м) to be cold: И-хьҭо́-уп. *It is cold. Холодно.* Аӡын хьҭо́-уп, а-сы́ а-у-е́-ит. *In winter it is cold, snow falls. Зимой холодно, идет снег.* А-мра ԥхо́-зар-гьы хьҭо́-уп. *Although the sun is shining, it's cold.* Аԥсны́ а́ӡынра уама́к и-хьҭа-ӡа́-м. (AFL) *It is not very cold in Abkhazia in winter. В Абхазии зимой не очень* *холодно.* [cf. **а-цᶣхáрра** "warm"; **а-шóура** "heat"]

á-хьҭа-к-ра [intr.] [á-хьҭа C1-a-R / á-хьҭа C1-a-Neg-R] [C1 feel the cold] (**Fin.** [pres.] á-хьҭа д-а-к-уé-ит / á-хьҭа д-а-к-уá-м (-к-ӡó-м), [aor.] á-хьҭа д-а-к-и́т / á-хьҭа д-á-м-к-ит (-к-ӡе-ит), [imper.] á-хьҭа б-а-кы́! / á-хьҭа б-á-м-кы-н!, á-хьҭа шә-а-кы́! / á-хьҭа шә-á-м-кы-н!; **Non-fin.** [pres.] (C1) á-хьҭа и-а-к-уá / á-хьҭа и-á-м-к-уа, [aor.] (C1) á-хьҭа и-а-кы́ / á-хьҭа и-á-м-к; **Abs.** á-хьҭа д-а-к-ны́ / á-хьҭа д-á-м-к-кәа) **1.** to feel the cold; to freeze**:** А-хьҭа д-а-к-уé-ит. *He/She feels the cold.* А-хьҭа и-а-кы́-зар áкәха-п. *Probably it feels the cold.*

á-хьҭа-лала-ра [intr.] [a-cold [C1]-C2-Prev-R / a-cold [C1]-C2-Prev-Neg-R] [C2 catches cold, *lit.* "a cold [C1] flow into C2"] (**Fin.** [pres.] á-хьҭа сы́-ла-ло-ит / á-хьҭа сы́-ла-ло-м, [aor.] á-хьҭа сы́-ла-ле-ит / á-хьҭа сы́-ла-м-ле-ит, [imper.] á-хьҭа бы́-ла-л! / á-хьҭа бы́-ла-м-ла-н!; **Non-fin.** [pres.] (C1) á-хьҭа и́-ла-ло / á-хьҭа и́-ла-м-ло, [aor.] (C1) á-хьҭа и́-ла-ла / á-хьҭа и́-ла-м-ла; **Abs.** á-хьҭа сы́-ла-ла-ны / á-хьҭа сы́-ла-м-ла-кәа) **1.** to catch a cold**:** á-хьҭа сы́-ла-ле-ит / и-сы́-ла-ле-ит á-хьҭа *I caught a cold, я простудился.* Уи́ á-мҩа-н á-хьҭа и́-ла-л-т. *He caught a cold on the journey.* [cf. **á-хьҭа** [n.] "cold," **á-ла-ла-ра** "to flow into"]

á-хьҭа-ха-ра [intr.] [C1-Prev(cold)-R] [C1(it) become cold] (**Fin.** [pres.] и-хьҭа-хó-ит / и-хьҭа-хó-м, [aor.] и-хьҭа-хé-ит) **1.** to become cold**:** хьҭа-хé-ит *it got cold, стало холодно.* и-хьҭа-хó-ит *it is getting cold.*

á-хьҭ(ы)шь-ра [intr.] [C1-R] [C1 feel a fever] (**Fin.** [pres.] ды́-хьҭшь-уе-ит (*or* ды-хьҭшь-уé-ит) / ды́-хьҭшь-уа-м (*or* ды-хьҭшь-уá-м), [aor.] ды́-хьҭшь-ит / д-мы́-хьҭшь-ит, [imper.]**; **Non-fin.** [pres.] (C1) и-хьҭшь-уá / и-мы-хьҭшь-уá; **Abs.** ды-хьҭшь-ны́ / д-мы-хьҭшьы́-кәа) **1.** to feel the cold; to feel a fever**:** С-а-хьҭышь-уе-ит. *I feel a fever. Меня лихорадит.*

ахьхьáҳәа [adv.] with a rustle; flowingly.

а-хь-хә-рá [intr.] (**Fin.** [pres.] с-а-хь-хә-уé-ит / с-а-хь-хә-уá-м, [aor.] с-а-хь-хә-и́т / с-а-хьы-м-хә-и́т, [imper.] б-а-хь-хәы́! / б-а-хьы-м-хәы́-н!; **Non-fin.** [pres.] (C1) и-а-хь-хә-уá / и-а-хьы́-м-хә-уа, [aor.] (C1) и-а-хь-хәы́ / и-а-хьы́-м-хә; **Abs.** д-а-хь-хә-ны́ / д-а-хьы́-м-хә-кәа *or* д-а-хьы-м-хәы́-кәа) **1.** to think better of, to change one's mind. **2.** to pity.

а-хь-цәы́уа-ра* [intr.] [C1-C2-Prev-R] (**Fin.** [pres.] д-лы-хь-цәы́уо-ит, [aor.] д-лы-хь-цәы́уе-ит / ды-л-хьы́-м-цәыуе-ит, [imper.] б-лы-хь-цәы́уа! / бы-л-хьы́-м-цәыуа-н!) **1.** to cry for**:** А-хәычы́ и-ан д-лы-хь-цәы́уо-ит. *The child is crying for his mother.*

á-хьча [n.] (á-хьча-цәа = á-хьшь-цәа, хьчá-к, хьча-цәá-к = хьшь-цәá-к) **1.** a shepherd, a herder, a herdsman**:** ды-хьчó-уп *he/she is a shepherd.* Урҭ хьча-цәó-уп. (ANR) *They are herdsmen.* Аҧхын á-хьча-цәа (á-хьшь-цәа) ры́-рахә á-шьха и-кá-р-цо-ит. (AFL) *In summer the herdsmen drive their cattle away to the mountain. Летом пастухи угоняют свой скот в гору.*

á-хьчара[1] [n.] defense.

á-хьча-ра[2] [tr.] [C1-C3-R / C1-C3-Neg-R] [C3 guard C1] (**Fin.** [pres.] с-лы-хьчó-ит, с-á-хьчо-ит / с-лы-хьчó-м, [aor.] с-лы-хьчé-ит, с-á-хьче-ит / сы-л-мы-хьчé-ит, с-á-мы-хьче-ит, [imper.] сы-хьчá! / сы-б-мы-хьчá-н!, с-шәы-хьчá! / сы-шә-мы-хьчá-н!; **Non-fin.** [pres.] (C1) и́-лы-хьчо / и́-л-мы-хьчо, (C3) д-зы-хьчó (*тот, который охраняет его/ее*), и-зы-хьчó (*тот, который бережет его(нрз.)*) / ды-з-мы-хьчó, и-з-мы-хьчó, [aor.] (C1) и́-лы-хьча / и́-л-мы-хьча, (C3) д-зы-хьчá / ды-з-мы-хьчá, [impf.] (C1) и́-лы-хьчо-з / и́-л-мы-хьчо-з, (C3) д-зы-хьчó-з / ды-з-мы-хьчó-з, [past indef.] (C1) и́-лы-хьча-з / и́-л-мы-хьча-з, (C3) д-зы-хьчá-з / ды-з-мы-хьчá-з; **Abs.** ды-хьча-ны́ / д-мы-хьчá-кәа) **1.** to guard, to protect; to take care of, to look after, to cherish**:** с-лы-хьчó-ит *she is protecting me.* а-гәабзи́ара áхьчара *to look after [somebody's] health.* И-шәы-хьча-лá á-бна! (AFL) *Protect the forest! Берегите лес!* А-жәлар р-мáл и-хьча-тә-у́п. *It is necessary to look after the people's property.* У-ла а-чы́ц éиҧш ды-хьчá! *Cherish him/her as the apple of your eye! Береги его/ее как зеницу ока!* а-ҳәаá á-хьчара *to guard the border.* а-хы́бра á-хьчара *to*

Хь

guard the building, охранять здание. **2.** to defend**:** Урҭ ры-ҧса́дгьыл ры-хьчо́-ит. *They are defending their country.* Уи сынтәа́ а-диссерта́циа лы-хьчо́-ит. *She will defend a thesis this year.*

-хьшы́ || а-қәа́д и-хьшы́ ды́-ҟо-уп. (ARD) *he is all in blood, он весь в крови.*

а́-хьшь [n.] (а́-хьшь-қәа, хьшьы́-к) a hawk.

а-хь-шь-ра́[1] [tr.] [C1-C2-Prev(on)-C3-R / C1-C2-Prev(on)-C3-Neg-R] [C3 spread C1 on C2] (**Fin.** [pres.] и-а-хьы́-с-шь-уе-ит / и-а-хьы́-с-шь-уа-м, [aor.] и-а-хьы́-с-шь-ит / и-а-хьы́-сы-м-шь-ит, [imper.] и-а-хь-шьы́! / и-а-хьы́-бы-м-шьы-н!; **Non-fin.** [pres.] (C1) и-а-хьы́-л-шь-уа / и-а-хьы́-лы-м-шь-уа, (C2) и-з-хьы́-л-шь-уа / и-з-хьы́-лы-м-шь-уа, (C3) и-а-хьы́-з-шь-уа / и-а-хьы́-зы-м-шь-уа, [aor.] (C1) и-а-хьы́-л-шь / и-а-хьы́-лы-м-шь, (C2) и-з-хьы́-л-шь / и-з-хьы́-лы-м-шь, (C3) и-а-хьы́-з-шь / и-а-хьы́-зы-м-шь, [impf.] (C1) и-а-хьы́-л-шь-уа-з / и-а-хьы́-лы-м-шь-уа-з, (C2) и-з-хьы́-л-шь-уа-з / и-з-хьы́-лы-м-шь-уа-з, (C3) и-а-хьы́-з-шь-уа / и-а-хьы́-зы-м-шь-уа, [past indef.] (C1) и-а-хьы́-л-шьы-з / и-а-хьы́-лы-м-шьы-з, (C2) и-з-хьы́-л-шьы-з / и-з-хьы́-лы-м-шьы-з, (C3) и-а-хьы́-з-шьы-з / и-а-хьы́-зы-м-шьы-з; **Abs.** и-а-хь-шь-ны́ / и-а-хы́-м-шь-кәа) **1.** to spread, to smear**:** Сара́ а-ча́ а́-хәша а-хьы́-с-шь-ит. / Сара́ а́-хәша а-ча́ и-а-хьы́-с-шь-ит. *I spread butter on the bread. Я помазал хлеб маслом.* Сара́ а́-хәша а-ча-қәа́ и-р-хьы́-с-шь-ит. *I spread butter on the bread. Я помазал хлебы маслом.* Сара́ а́-хәша а-ча́ са-қәа́ и-р-хьы́-с-шь-ит. *I spread butter on the slices of bread. Я помазал куски хлеба маслом.* А-ча́ а́-хәше-и а́-цхе-и а-хь-шь-ны́ да́ара и-хаа́-уп. (AFL) *Bread, spread with butter and honey, is very delicious. Хлеб, намазанный маслом и медом, очень вкусный.* Еимаа-қәа а-кре́м еиқәатцәа́ р-хы-и́-шь-ит. *He spread black cream on his shoes.*

а-хь-шь-ра́[2] [tr.] (**Fin.** [pres.] и-а-хьы́-с-шь-уе-ит / и-а-хьы́-с-шь-уа-м, [aor.] и-а-хьы́-с-шь-ит / и-а-хьы́-сы-м-шь-ит, [imper.] и-а-хь-шьы́! / и-а-хьы́-бы-м-шьы-н!, и-а-хьы́-шә-шь! / и-а-хьы́-шәы-м-шьы-н!; **Non-fin.** [pres.] (C1) и-а-хьы́-с-шь-уа / и-а-хьы́-сы-м-шь-уа; **Abs.** и-а-хь-шь-ны́ / и-а-хьы́-м-шь-кәа) **1.** to run a hand over; to rub.

а́-хьшь-цәа [n.] (pl.) = **а́хьча-цәа** *see* **а́-хьча**

а-хьшь(ы)цба́ [n.] (а-хьшьцба-қәа́) a merlin.

а́-хьшәашәа [adj.] (и́-хьшәашәо-у, хьшәа́шәа-к) cold; cool.

а́-хьшәашәа-заа-ра [intr. stative] [C1 be cold] (**Fin.** [pres.] и-хьшәа́шәо-уп / и-хьшәа́шәа-м) **1.** to be cold**:** и-хьшәа́шәо-уп *it is cold.* А-ҳа́уа хьшәа́шәо-уп. *The air is cold.* Аӡын а-кы́ҭа-ҿы а-ҳа́уа мыцхәы́ и-цкьо́-уп, и-лас-у́п, и-хьшәа́шәо-уп. (AFL) *The air is too clean, light, and cold in the village in the winter. Зимой в деревне воздух слишком чистый, легкий, холодный.*

а́-хьшәашәа-ра[1] [intr.] [C1-S] [C1 become cold] (**Fin.** [pres.] и-хьшәа́шәо-ит / и-хьшәа́шәо-м, [aor.] и-хьшәа́шәе-ит / и-м-хьшәа́шәе-ит; **Non-fin.** [pres.] (C1) и-хьшәа́шәо / и-м-хьшәа́шәо; **Abs.** и-хьшәа́шәа-ны / и-м-хьшәа́шәа-кәа) **1.** to turn/grow cold; to become cool, to cool down**:** А-мра наскьа́-н и-хьшәа́шәе-ит. (AFL) *The sun went down and it became cold. Солнце отошло и похолодело.* А-ҧша́ хьшәа́шәе-ит. (AFL) *The wind became cold. Ветер охладел.*

а-хьшәа́шәара[2] [adj.] cold; cool**:** И-хьшәа́шәаро-уп. *It is cool. Прохладно.* И-ҧха́рро-у, и-хьшәа́шәаро-у а́ӡын? (AFL) *Is it warm or cold in the winter? Зимой тепло или холодно?*

а-хьшәа́шәа-ха-ра [intr.] [C1-cold-become] (**Fin.** [pres.] и-хьшәа́шәа-хо-ит / и-хьшәа́шәа-хо-м (-ха-ӡо-м), [aor.] и-хьшәа́шәа-хе-ит / и-хьшәа́шәа-м-хе-ит (-ха-ӡе-ит); **Non-fin.** [pres.] (C1) и-хьшәа́шәа-хо / и-хьшәа́шәа-м-хо, [aor.] (C1) и-хьшәа́шәа-ха / и-хьшәа́шәа-м-ха; **Abs.** и-хьшәа́шәа-ха-ны / и-хьшәа́шәа-м-ха-кәа) **1.** to become cold; to grow cold; to get cold, to cool down**:** Сы-хьшәа́шәа-хе-ит. *I grew cold.* А-каҳуа́ хьшәа́шәа-хе-ит. *The coffee got cold.* Ахәылҧазы хьшәашәа́рахе-ит, а-ҧша-гьы́ а́-с-ит. (*or* с-ит). *It bacame cold toward evening and a wind blew. К вечеру похолодело и подул ветер.*

а-хьы́ [n.] (а-хь-қәа́, а-хь-қәа-гьы́, с-хьы́, хьы́-к, хь-қәа́-к) gold.

Хьы́бла [n.] (f.) [person's name]

а́-хьыӡ [n.] (а́-хьыӡ-қәа) (= **а́-хьӡ**) **1.** a name: а-ҵиаа а́-хьыӡ *the name of a plant.* а-географиа́тә хьыӡ-қәа́ *geographical names.*

а-хьыӡка́ [n.] (-қәа) (*gramm.*) a noun, a substantive.

а-хьыӡка́тә [adj.] (*gramm.*) substantive.

хьыӡҳәа́ла [adv.] by name.

а-хьы́-кәкәа-ра [intr.] [C1-C2-Prev-R / C1-C2-Prev-Neg-R] [C1 drip from C2] (**Fin.** [pres.] и-а-хьы-кәкәо́-ит / и-а-хьы-кәкәо́-м (-кәкәа-ӡо́-м), [aor.] и-а-хьы-кәкәе́-ит / и-а-хь-мы-кәкәе́-ит (-кәкәа-ӡе́-ит); **Non-fin.** [pres.] (C1) и-а-хьы-кәкәо́ / и-а-хь-мы-кәкәо́; **Abs.** и-а-хьы-кәкәа-ны́ / и-а-хь-мы-кәкәа́-кәа) **1.** to drip: А-ԥхӡы́ и́-лахь и-а-хьы-кәкәо́-ит. (RAD) *Пот капает у него со лба. Sweat is dripping from his forehead.* А-уа́па и-а-хьы-кәкәо́-н а-ӡы́. *Water was dripping from the felt cloak. С бурки капала вода.* А-уа́па-қәа и-р-хьы-кәкәо́-н а-ӡы́. *Water was dripping from the felt cloaks. С бурок капала вода.* [cf. **а́-лы-кәкәа-ра** "to drop, to drip"]

Хьы́кур [n.] (f.) [person's name]

Хьы́ма [n.] (f.) [person's name]

а́-хьымӡӷ [n.] (хьымӡӷы́-к) shame; disgrace: а́-хьымӡӷ и-ге́-ит *he disgraced himself.* а́-хьымӡӷ ҳ-и-рге́-ит *he brought shame on us.*

а́-хьымӡӷ-га-ра [tr.] (**Fin.** [aor.] а́-хьымӡӷ и-ге́-ит) **1.** to disgrace oneself.

-ахьы́нӡа- [verbal prefix] *used to express a spatial or temporal notion.* "whither," "where to"; "how far."

-ахьы́нӡа- [verbal prefix] **1.** *used with a dynamic verb of non-motion or a stative verb.* "while": А-ҩны́ с-ахьы́нӡа-ҟо́-у (= сы́-ҟа-натҵы) а-шәҟәы́ с-а́-ԥхьо-ит. *While I am at home, I read. Пока я дома, я читаю.* С-ахьы́нӡа-шьҭа́-з а-шәҟәы́ лы-ҩ-уа́-н. *While I was lying down, she was writing a letter. Пока я лежал, она писала письмо.* Лара́ д-ахьы́нӡа-цәа-з (= ды́-цәа-натҵы) а-журна́л с-а́-ԥхьо-н. *While she was sleeping, I was reading a magazine. Пока она спала, я читал журнал.* **2.** "until when?": д-ахьы́нӡа-не́и-зеи? *when did she get through to [somebody]? до каких пор она дошла?* Д-ахьы́нӡа-не́и-з сы-з-ды́р-уа-м. *I don't know when she got through. Я не знаю, до каких пор она дошла.* **3.** "until": И-ахьы́нӡа-лшо-з и-це́-ит. *They hurried to the best of their ability. / They traveled to the best of their ability.*

-ахьынтә- **1.** [verbal prefix] [placed after the slot of Column I] *used with a dynamic verb to express a spatial relation.* "from where, whence," "from": и-ахьынтә-аа-з-га-з *from where I brought it/them.* У-ахьы́нтә-аа-уа сы-з-ды́р-уа-м. *I don't know whence you are coming.* Д-ахьы́нтә-и аа́-з сы-з-ды́р-уа-м. *I don't know where he/she came from.* Иа́рбан бызшәо́-у-(и)/бызшәо́-у-зеи абри́ а-шәҟәы́ ахьынтә-еиҭа́-б-га-з? (ACST) *Which is the language from which you translated this book?* **2.** [post.] "from where, whence," "from": Ни́на л-а́хьынтә с-аа-уе́-ит. *I'm going from Nina's [place]. Я иду от Нины.*

а-хьын-ҳа́ла-ра [intr.] [C1-C2-Prev-S / C1-C2-Prev-Neg-S] [C1 cling to C2] (**Fin.** [pres.] сы-л-хьын-ҳа́ло-ит / сы-л-хьын-ҳа́ло-м, [aor.] сы-л-хьын-ҳа́ле-ит / сы-л-хьны́-м-ҳале-ит, [imper.] бы-л-хьын-ҳа́л! / бы-л-хьны́-м-ҳала-н!; **Non-fin.** [pres.] (C1) и-л-хьын-ҳа́ло / и-л-хьны́-м-ҳало, (C2) сы-з-хьын-ҳа́ло / сы-з-хьны́-м-ҳало, [aor.] (C1) и-л-хьын-ҳа́ла / и-л-хьны́-м-ҳала, (C2) сы-з-хьын-ҳа́ла / сы-з-хьны́-м-ҳала; **Abs.** сы-л-хьын-ҳа́ло / сы-л-хьны́-м-ҳало, сы-л-хьын-ҳа́ла-ны / сы-л-хьны́-м-ҳала-кәа) **1.** to cling to: А-хәычы́ и-а́н ды-л-хьын-ҳа́ле-ит. *The child clung to its mother. Ребенок прицепился к матери.*

а-хьы́-с-ра [intr.] [C1-C2-Prev-R / C1-C2-Prev-Neg-R] [C1 touch C2] (**Fin.** [pres.] сы-л-хьы́-с-уе-ит / сы-л-хьы́-с-уа-м, [aor.] сы-л-хьы́-с-ит / сы-л-хьы́-м-с-ит, [imper.] бы-л-хьы́-с! / бы-л-хьы́-м-сы-н!; **Non-fin.** [pres.] (C1) и-л-хьы́-с-уа / и-л-хьы́-м-с-уа, (C2) сы-з-хьы́-с-уа / сы-з-хьы́-м-с-уа; **Abs.** сы-л-хьы́-с-уа / сы-л-хьы́-м-с-уа, сы-л-хьы́-с-ны / сы-л-хьы́-м-с-кәа) **1.** to touch.

а-хьы́у-хьыу-ра [intr.] [C1-R-R / C-Neg-R-R] [C1 ache] (**Fin.** [pres.] и-хьыу-хьы́у-уе-ит / и-хьыу-хьы́у-уа-м, [aor.] и-хьыу-хьы́у-ит / и-м-хьыу-хьы́у-ит, [imper.] у-хьыу-хьы́у! / у-м-хьыу-хьы́у-н!; **Non-fin.** [pres.] (C1) и-хьы́у-хьы́у-уа / и-м-хьы́у-хьы́у-уа; **Abs.** и-хьыу-хьы́у-ны / и-м-хьыу-хьы́у-кәа) **1.** to ache; to feel/experience a dull pain: А-хаҧы́ц хьыу-хьы́у-уе-ит. *The tooth is aching. Зуб ноет.*

а-хьы́цқьа [n.] pure gold.

Хьы́тцкур [person's name]

а-хьы́шьархха-ра* [intr.] [C1-S] (**Fin.** [pres.] д-хьы́шьархха-ит, [aor.] д-хьы́шьархе-ит / ды-м-хьы́шьархе-ит) **1.** not to obey; to be obstinate: А-гәы́жь еиҧш д-хьы́шьархха-ит. *He/She is obstinate like a mule.*

а-хьы́шьтра [n.] a return journey; the way home: И-хьы́шьтра-хь д-гьыжь-и́т. *He returned to his homeland.*

хьышәа=ҧышәашәа́ [adv.] extremely rarely; in dribs and drabs: Ус хьы́шәашәа=ҧышәашәа́ а-уаа́ цәы́р-тц-уа и-а́-ла-ге-ит. (AF) *Thus did people begin to appear in dribs and drabs.*

Хә хә

хә- < **хә-ба** “five”

а-хә[1] [n.] (а́-хә-қәа, хәы-к, хәы́-ла) **1.** price, cost; value**:** Ры́-хә анба́-цәгьо-у а-утраҭы́х-қәа? (AFL) *When is the price of vegetables high? Когда цена овощей дорогая?* А-ча́ Аҧсынтәы́ла а-хә цәгьо́-уп. (AFL) *The price of bread is high in Abkhazia. Цена хлеба в Абхазии дорогая.* Сара́ с-хазы́ (/с-хы́ а-зы́) зы-хә цәгьа-м хы́лҧа-к аа́-с-хәа-р с-ҭах-у́п. *I want to buy an inexpensive hat for myself.* || А-ҽы́ **а-хә р-шье́-ит**. *They* ***appreciated*** *the horse.*

а́-хә[2] [n.] (а́-хә-цәа) a wounded person.

а-хә[3] [n.] (а́-хә-қәа, хәа-к) an anchor: А-хә ла-ры́-шьҭ-ит. *They cast anchor.*

а-ху́ [n.] *see* **а-хәы́**

аху́-ц [n.] (= **а-хәы́ц**) a hair.

-хәа- [preverb] at: а́-хәа-ҧш-ра *to look at.* а́-хәа-чча-ра *to smile at.*

а́-хәа [n.] (хәа-кы́/хәа́-к) ashes.

а́-хәа [n.] shaft-bow; a bow shape; arch.

а́-хәаахәҭра[1] **1.** [n.] buying, purchasing; purchase**:** Уа́хь сара́ хәа́ахәҭра с-а́н с-дәы́қә-л-ҵа-ло-ит. (AFL) *My mother sends me there for the shopping. Моя мать отправляет меня туда за покупками.* А-дәқьа́н, а-ҵырмы́кь а́хь хәа́ахәҭра и-цо́-ит. (AFL) *They go to the store and to the market for the shopping. В магазин и на рынок идут за покупками.* Уара́ хәа́ахәҭра у-аба́-цо-и? *Where do you go for the shopping?* **2.** (-қәа) commerce; business**:** а-дәны́ҟатәи а́-хәаахәҭра *foreign trade.*

а́-хәаахәҭ-ра[2] [intr.] [C1-S / C1-Neg-S] [C1 trade] (**Fin.** [pres.] д-хәаа́хәҭ-уе-ит / д-хәаа́хәҭ-уа-м (-ӡо-м), [aor.] д-хәаа́хәҭ-ит / ды-м-хәаа́хәҭ-ит (-ӡе-ит), [imper.] б-хәаа́хәҭ! / бы-м-хәаа́хәҭы-н!, шә-хәаа́хәҭ! / шәы-м-хәаа́хәҭы-н!; **Non-fin.** [pres.] (C1) и-хәа́ахәҭ-уа / и-м-хәа́ахәҭ-уа; **Abs.** д-хәаа́хәҭ-ны / ды-м-хәаа́хәҭ-кәа) **1.** to trade. **2.** to shop, to do the shopping**:** Сара́ с-хәаа́хәҭ-ит. *I did the shopping. Я сделала покупки.* Сара́ хәаа́хәҭра с-цо́-ит. *I am going shopping.*

а́-хәаахәҭҩы [n.] (а́-хәаахәҭҩ-цәа, хәа́ахәҭҩы-к) **1.** a salesman; a seller**:** Сара́ с-хәа́ахәҭҩы-н. *I was a salesman.* **2.** a buyer, a purchaser.

а-хәа́да́ [an.] (а-хәа́да-қәа́) a hill, a hillock.

хәажжаӡа́ || а-кәы́ц-қәа хәажжаӡа́ а́-мца р-к-уп. *The ember is burning briskly.*

хәажәкы́ра [n.] **1.** a prayer rite performed in March for the god of wild animals**:** Хәажәкы́ра 21(ҩа-жә-и акы́) а-зы́ а́-мш-гьы а́-тх-гьы еиҟарахо́-ит. (AFL) *On the first day of Khuazhukyra, that is, on the 21st of March, the daytime and the nighttime become equal. В первый день хуажукыры, 21-го, день и ночь становятся равными.* **2.** March. [> **хәажәкы́ра**(**мза**)**тәи** [adj.] *of March*]

а-хәа́мц [n.] (а-хәа́мц-қәа, хәа́мц-к) the trunk (of a body), the torso.

ахәа́ҧхәа [adv.] with a plop**:** Ахәа́ҧхәа д-ка́-ха-ит. *He/She fell with a plop.*

а́-хәа-ҧш-ра [intr.] [C1-C2-Prev(at)-R / C1-C2-Prev-Neg-R] [C1 watch C2] (**Fin.** [pres.] с-бы́-хәа-ҧш-уе-ит, д-а́-хәа-ҧш-уе-ит, д-ха́-хәа-ҧш-уе-ит, х-бы́-хәа-ҧш-уе-ит / с-бы́-хәа-ҧш-уа-м, [aor.] с-бы́-хәа-ҧш-ит / с-бы́-хәа-м-ҧш-ит, [fut.1] с-бы́-хәа-ҧшы-п / с-бы́-хәа-ҧш-рым, [fut.2] с-бы́-хәа-ҧшы-шт / с-бы́-хәа-ҧш-шам, [perf.] с-бы́-хәа-ҧш-хьеит / с-бы́-хәа-м-ҧшы-ц(т), [impf.] с-бы́-хәа-ҧш-уан / с-бы́-хәа-ҧш-уамызт, [past indef.] с-бы́-хәа-ҧшы-н / с-бы́-хәа-м-ҧшы-зт, [cond.1] с-бы́-хәа-ҧш-рын / с-бы́-хәа-ҧш-рымызт, [cond.2] с-бы́-хәа-ҧш-шан / с-бы́-хәа-ҧш-шамызт, [plupf.] с-бы́-хәа-ҧш-хьан / с-бы́-хәа-м-ҧшы-цызт, [imper.] б-а́-хәа-ҧш! / б-а́-хәа-м-ҧшы-н!, шә-а́-хәа-ҧш! / шә-а́-хәа-м-ҧшы-н!; [caus.] с-бы́-хәа-лы-р-ҧш-ит / с-бы́-хәа-л-мы-р-ҧш-ит, с-лы́-хәа-ды-р-ҧш-ит /

Хә

с-лы́-хәа-д-мы-р-ԥш-ит; [poten.] сы-з-бы́-хәа-ԥш-уа-м, сы-з-бы́-хәа-м-ԥш-ит; [nonvol] с-а́мха-бы́-хәа-ԥш-ит / с-а́мха-бы́-хәа-м-ԥш-ит; [vers.1] с-лы-з-бы́-хәа-ԥш-ит / с-лы-з-бы́-хәа-м-ԥш-ит; [vers.2] с-лы-цә-бы́-хәа-ԥш-ит / с-лы-цә-бы́-хәа-м-ԥш-ит; **Non-fin.** [pres.] (C1) и-лы́-хәа-ԥш-уа (*тот, который смотрит ее*), и-сы́-хәа-ԥш-уа, и-бы́-хәа-ԥш-уа, и-у́-хәа-ԥш-уа, и́-хәа-ԥш-уа, и-а́-хәа-ԥш-уа, и-ҳа́-хәа-ԥш-уа, и-шәы́-хәа-ԥш-уа, и-ры́-хәа-ԥш-уа / и-лы́-хәа-м-ԥш-уа, и-сы́-хәа-м-ԥш-уа, и-бы́-хәа-м-ԥш-уа, и-у́-хәа-м-ԥш-уа, и́-хәа-м-ԥш-уа, и-а́-хәа-м-ԥш-уа, и-ҳа́-хәа-м-ԥш-уа, и-шәы́-хәа-м-ԥш-уа, и-ры́-хәа-м-ԥш-уа, (C2) ды-з-хәа-ԥш-уа́ (*тот, на которого он/она смотрит*), сы-з-хәа-ԥш-уа́, бы-з-хәа-ԥш-уа́, у-з-хәа-ԥш-уа́, и-з-хәа-ԥш-уа́, ҳа-з-хәа-ԥш-уа́, шәы-з-хәа-ԥш-уа́ / ды-з-хәа́-м-ԥш-уа, сы-з-хәа́-м-ԥш-уа, бы-з-хәа́-м-ԥш-уа, у-з-хәа́-м-ԥш-уа, и-з-хәа́-м-ԥш-уа, ҳа-з-хәа́-м-ԥш-уа, шәы-з-хәа́-м-ԥш-уа, [aor.] (C1) и-лы́-хәа-ԥш / и-лы́-хәа-м-ԥш, (C2) ды-з-хәа-ԥшы́ / ды-з-хәа́-м-ԥш, [fut.1] (C1) и-лы́-хәа-ԥш-ра / и-лы́-хәа-м-ԥш-ра, (C2) ды-з-хәа-ԥш-ра́ / ды-з-хәа́-м-ԥш-ра, [fut.2] (C1) и-лы́-хәа-ԥш-ша / и-лы́-хәа-м-ԥш-ша, (C2) ды-з-хәа-ԥшы́-ша / ды-з-хәа́-м-ԥшы-ша, [perf.] (C1) и-лы́-хәа-ԥш-хьоу (-хьа(ц)) / и-лы́-хәа-м-ԥш-хьоу (-хьа(ц)), (C2) ды-з-хәа-ԥш-хьо́у (-хьа́(ц)) / ды-з-хәа́-м-ԥш-хьоу (-хьа(ц)), [impf.] (C1) и-лы́-хәа-ԥш-уа-з / и-лы́-хәа-м-ԥш-уа-з, (C2) ды-з-хәа-ԥш-уа́-з / ды-з-хәа́-м-ԥш-уа-з, [past indef.] (C1) и-лы́-хәа-ԥшы-з / и-лы́-хәа-м-ԥшы-з, (C2) ды-з-хәа-ԥшы́-з / ды-з-хәа́-м-ԥшы-з, [cond.1] (C1) и-лы́-хәа-ԥш-ры-з / и-лы́-хәа-м-ԥш-ры-з, (C2) ды-з-хәа-ԥш-ры́-з / ды-з-хәа́-м-ԥш-ры-з, [cond.2] (C1) и-лы́-хәа-ԥшы-ша-з / и-лы́-хәа-м-ԥшы-ша-з, (C2) ды-з-хәа-ԥшы́-ша-з / ды-з-хәа́-м-ԥшы-ша-з, [plupf.] (C1) и-лы́-хәа-ԥш-хьа-з / и-лы́-хәа-м-ԥш-хьа-з, (C2) ды-з-хәа-ԥш-хьа́-з / ды-з-хәа́-м-ԥш-хьа-з; **Abs.** с-бы́-хәа-ԥш-ны / с-бы́-хәа-м-ԥш-кәа) **1.** to watch; to look at, take a look at: А-телеви́зор ҳ-а́-хәа-ԥш-уе-ит. *We are watching television.* Аԥсуа телехәаԥшра́ с-а́-хәа-ԥш-уа-н. *I was watching Abkhazian television.* А-телеви́зор ҳ-аиц-а́-хәа-ԥш-уе-ит. *We are watching television together.* И-с-шәы-рбо́-ндаз, иааигәаны́ с-а́-хәа-ԥшы-р с-ҭахы́-уп! (AFL) *If you showed this to me, I would want to look closely. Если бы вы показали мне это, я бы захотел посмотреть вблизи!* А-ԥҳәы́зба а-ҭкы́ нарха́=а́архо д-а́-хәа-ԥш-уе-ит, и-л-зы-бзиа́хо-заргьы гәа-л-ҭо́-ит. (AFL) *The girl is examining and looking at the dress if it is exactly for her. Девушка рассматривает и смотрит платье, как раз ли ей.* А-дау́ ды-шь-ны́ д-ахь-ка-жьы́-з цҟьа́ и-аны́-ла-и-хуа-ԥш, ҭабыргы́нгьы и-лы́мҳа-ҟуа акы́ ш-а́-ма-мыз р-бе́-ит. (Ab.Text) *As soon as they looked at the ogre who was killed and was thrown down, they noticed that he did not have one of his ears.* Ан лы́-чкун д-и́-хәа-ԥш-уа-н. *The mother was watching her son. Мать смотрела на ее сына.* **2.** to inspect, to examine: А-ҳакьы́м а-чы́мазаҩ д-и́-хәа-ԥш-ит. (ARD) *Врач осмотрел больного. The doctor examined the patient.* Сара́ а-ҳакьы́м д-сы́-хәа-сы-р-ԥшы-р-о-уп. (IC) *I must see a doctor.* [cf. **а-ԥш-ра́** "to look"]

а́-хәаԥш-ҩы [n.] (а́-хәаԥш-цәа) a spectator, an observer.

а́-хәа-ра[1] [intr.] [C1-C2-R / C1-C2-Neg-R] [C1 help C2] (**Fin.** [pres.] с-бы́-хәо-ит, с-а́-хәо-ит, б-ҳа́-хәо-ит / с-бы́-хәо-м, [aor.] с-бы́-хәе-ит / сы-б-мы́-хәе-ит, у-а-мы́-хәе-ит, ды-л-мы́-хәе-ит, [fut.1] с-бы́-хәа-п / с-бы́-хәа-рым, [fut.2] с-бы́-хәа-шт / с-бы́-хәа-шам, [perf.] с-бы́-хәа-хье́ит / сы-б-мы́-хәа-ц(т), [impf.] с-бы́-хәо-н / с-бы́-хәо-мызт, [past indef.] с-бы́-хәа-н / сы-б-мы́-хәа-зт, [cond.1] с-бы́-хәа-рын / с-бы́-хәа-рымызт, [cond.2] с-бы́-хәа-шан / с-бы́-хәа-ша́мызт, [plupf.] с-бы́-хәа-хьан / сы-б-мы́-хәа-цызт, [imper.] б-сы́-хәа!, у-и́-хәа! / б-с-мы́-хәа-н!, шә-сы́-хәа! / шә-с-мы́-хәа-н!, [caus.] ды-л-сы́-р-хәе-ит (*я заставил его помочь ей*) / д-лы-с-мы́-р-хәе-ит, [poten.] ды-з-лы́-хәо-м (*он не может помочь ей*) / д-зы-л-мы́-хәе-ит (*он не мог помочь ей*); [nonvol] с-а́мха-бы-хәе-ит / с-а́мха-б-мы-хәе-ит; [vers.1] с-лы-з-бы́-хәе-ит / с-лы-з-б-мы́-хәе-ит; [vers.2] с-лы-цә-бы́-хәе-ит / с-лы-цә-б-мы́-хәе-ит; **Non-fin.** [pres.] (C1) и-лы́-хәо (*тот, который помогает ей*) / и-л-мы́-хәо, (C2) д-зы́-хәо (*тот, которому он/она помогает*) / ды-з-мы́-хәо, [aor.] (C1) и-лы́-хәа / и-л-мы́-хәа, (C2) д-зы́-хәа / ды-з-мы́-хәа, [fut.1] (C1) и-лы́-хәа-ра / и-л-мы́-хәа-ра, (C2) д-зы́-хәа-ра / ды-з-мы́-хәа-ра, [fut.2] (C1) и-лы́-хәа-ша / и-л-мы́-хәа-ша, (C2) д-зы́-хәа-ша / ды-з-мы́-хәа-ша, [perf.] (C1) и-лы́-хәа-хьоу (-хьа(ц)) / и-л-мы́-хәа-хьоу (-хьа(ц)), (C2) д-зы́-хәа-хьоу (-хьа(ц)) / ды-з-мы́-хәа-хьоу (-хьа(ц)), [impf.] (C1) и-лы́-хәо-з / и-л-мы́-хәо-з, (C2) д-зы́-хәо-з / ды-з-мы́-хәо-з, [past indef.] (C1) и-лы́-хәа-з / и-л-мы́-хәа-з, (C2) д-зы́-хәа-з / ды-з-мы́-хәа-з, [cond.1] (C1) и-лы́-хәа-ры-з / и-л-мы́-хәа-ры-з, (C2) д-зы́-хәа-ры-з / ды-з-мы́-хәа-ры-з, [cond.2] (C1) и-лы́-хәа-ша-з / и-л-мы́-хәа-ша-з, (C2) д-зы́-хәа-ша-з / ды-з-мы́-хәа-ша-з, [plupf.] (C1) и-лы́-хәа-хьа-з / и-л-мы́-хәа-хьа-з, (C2) д-зы́-хәа-хьа-з / ды-з-мы́-хәа-хьа-з; с-бы́-хәа-ны / сы-б-мы́-хәа-кәа; **Abs.** с-бы́-хәа-ны / сы-б-мы́-хәа-кәа) **1.** to help: с-бы́-хәо-ит *I'll help you(f.).* б-сы́-хәо-ит *you'll help me.* ҳ-ры́-хәо-ит *we'll help them.* и-у́-хәо-ит *it/they will help you(m.).* Р-гәы́ла-цәа у́-хәо-ит. *Their neighbors will help you(m.).* д-шәы́-хәо-ит *he/she will help you(pl.).* Арҭ а́-хәшә-қәа шәара́ и-шәы́-хәо-ит. *These medicines will help you. Эти лекарства вам помогут.* Сара́ шәара́ с-аба́-шәы-хәо? *How can I help you?* **2.** to cope with; to overpower: сы-л-мы́-хәе-ит *I could not cope with her, я не мог с ней справиться.* А-ԥааимба́р-цәа и-мы́-хәе-ит а-фы-рха́ҵа. *The prophets did not overpower the hero.* **3.** submit to: С-напы́ сы́-хәа-ӡо-м. *I am unable to move my hand.* (lit. *My hand doesn't submit to me.*) || **а-гәы́ а́-хәа-ра** (= **а-гәа-ԥха-ра́**) to like; to please: л-гәы́ с-а-мы́-хәе-ит. *she didn't like me.* Уи даа́ра с-гәы́ и-а́-хәо-ит. *I like this very much.* С-гәы́ и-а́-хәа-ны и-с-фо́-ит. (AFL) *I am eating it/them with pleasure. Я ем его(нрз.)/их с удовольствием.*

а-хәа-ра́[1] [tr.] [C1-C3-R / C1-C3-Neg-R] [C3 press C1] (**Fin.** [aor.] и-л-хәе́-ит / и-лы-м-хәе́-ит, и-а-хәе́-ит / и-а-м-хәе́-ит, [imper.] и-хәа́!, и-шә-хәа́!; **Non-fin.** [pres.] (C1) и́-л-с-хәо / и́-лы-м-хәо, (C3) и-з-хәо́ / и-зы-м-хәо́, [aor.] (C1) и́-л-с-хәа / и́-лы-м-хәа, (C3) и-з-хәа́ / и-зы-м-хәа́, [impf.] (C1) и́-л-с-хәо-з / и́-лы-м-хәо-з, (C3) и-з-хәо́-з / и-зы-м-хәо́-з, [past indef.] (C1) и́-л-с-хәа-з / и́-лы-м-хәа-з, (C3) и-з-хәа́-з / и-зы-м-хәа́-з; **Abs.** и-хәа-ны́ / и-м-хәа́-кәа) **1.** (*of grapes*) to press, to squeeze: А-жь р-хәе́-ит. *They pressed grapes.*

а-хәа-ра́[2] [intr.] [C1-C2-R / C1-C2-Neg-R] [C1 take a sip of C2] (**Fin.** [pres.] д-а-хәо́-ит / д-а-хәо́-м (-хәа-ӡо́-м), [aor.] д-а-хәе́-ит / д-а-мы́-хәе-ит (-хәа-ӡе-ит), [imper.] б-а́-хәа! / б-а-мы́-хәа-н!, шә-а́-хәа! / шә-а-мы́-хәа-н!; **Non-fin.** [pres.] (C1) и-а́-хәо / и-а-мы́-хәо, [aor.] (C1) и-а́-хәа / и-а-мы́-хәа; **Abs.** д-а-хәа-ны́ / д-а-мы́-хәа-кәа) **1.** to take a sip of: А-ҩы́ д-а-хәа-ны́ а́ишәа и-қә-и-ргы́ле-ит. (ARD) *He took a sip of the wine and stood the glass on the table.*

а-хәа-ра́[3] [tr.] [C1-C3-R / C1-C3-Neg-R] [C3 tack C1] (**Fin.** [aor.] и-л-хәе́-ит / и-лы-м-хәе́-ит, и-а-хәе́-ит / и-а́-м-хәе-ит, [imper.] и-хәа́!; **Non-fin.** [pres.] (C1) и́-л-хәо / и́-лы-м-хәо, (C3) и-з-хәо́ / и-зы-м-хәо́, [aor.] (C1) и́-л-хәа / и́-лы-м-хәа, (C3) и-з-хәа́ / и-зы-м-хәа́, [impf.] (C1) и́-л-хәо-з / и́-лы-м-хәо-з, (C3) и-з-хәо́-з / и-зы-м-хәо́-з, [past indef.] (C1) и́-л-хәа-з / и́-лы-м-хәа-з, (C3) и-з-хәа́-з / и-зы-м-хәа́-з; **Abs.** и-хәа-ны́ / и-м-хәа́-кәа) **1.** to tack (*stitches*).

а-хәа-ра́[4] [tr.] [C1-C3-R / C1-C3-Neg-R] [C3 blend C1] (**Fin.** [aor.] и-л-хәе́-ит / и-лы-м-хәе́-ит, и-а-хәе́-ит / и-а́-м-хәе-ит, [impf.] и-хәа́!; **Non-fin.** [pres.] (C1) и́-л-хәо / и́-лы-м-хәо, (C3) и-з-хәо́ / и-зы-м-хәо́, [aor.] (C1) и́-л-хәа / и́-лы-м-хәа, (C3) и-з-хәа́ / и-зы-м-хәа́, [impf.] (C1) и́-л-хәо-з / и́-лы-м-хәо-з, (C3) и-з-хәо́-з / и-зы-м-хәо́-з, [past indef.] (C1) и́-л-хәа-з / и́-лы-м-хәа-з, (C3) и-з-хәа́-з / и-зы-м-хәа́-з; **Abs.** и-хәа-ны́ / и-м-хәа́-кәа) **1.** to mix/blend (*polenta*).

а-хәа́рҭа[1] [n.] (-қәа, хәа́рҭа-к) help, aid; benefit: хәа́рҭа з-ма-м а-чы́мазара *an incurable disease.* хәа́рҭа и́-ма-м *he is haughty.*

а-хәа́рҭа́[2] [adj.] (и-хәарҭо́-у) useful; fit, suitable.

а-хәарҭа-заа-ра́ [intr. stative] (**Fin.** [pres.] и-хәарҭо́-уп, с-а́-хәарҭо-уп / и-хәа́рҭа-м) **1.** to be useful: Ларá д-хуáрҭа-м. (Ab.Text) *She is not useful.* **2.** to have the advantage of sth: Ари́ а-чы́мазара сарá с-á-хәарҭа-м. *I can do nothing for this illness.*

а-хәарҭлáӡь [n.] (а-хәарҭлáӡь-цәа/-қәа, хәарҭлáӡь-к) **1.** a witch. **2.** a fright.

а-хәáрхь-ра (= **а-хьáрхь-ра**) [labile] **(1)** [tr.] [C1-C3-S / C1-C3-Neg-S] [C3 saw C1] (**Fin.** [pres.] и-с-хәáрхь-уе-ит / и-с-хәáрхь-уа-м (-ӡо-м), [aor.] и-с-хәáрхь-ит / и-сы-м-хәáрхь-ит (-хәáрхь-ӡе-ит), [imper.] и-хәáрхь! / и-бы-м-хәáрхьы-н!, и-шә-хәáрхь! / и-шәы-м-хәáрхьы-н!; **Non-fin.** [pres.] (C1) и́-л-хәáрхь-уа / и́-лы-м-хәáрхь-уа, (C3) и-з-хәáрхь-уа / и-зы-м-хәáрхь-уа, [aor.] (C1) и́-л-хәáрхь / и́-лы-м-хәáрхь, (C3) и-з-хәáрхь / и-зы-м-хәáрхь, [impf.] (C1) и́-л-хәáрхь-уа-з / и́-лы-м-хәáрхь-уа-з, (C3) и-з-хәáрхь-уа-з / и-зы-м-хәáрхь-уа-з, [past indef.] (C1) и́-л-хәáрхьы-з / и́-лы-м-хәáрхьы-з, (C3) и-з-хәáрхьы-з / и-зы-м-хәáрхьы-з; **Abs.** и-хәáрхь-ны / и-м-хәáрхь-кәа) **1.** to saw sth: Уи́ и́-мала а-мҿы́ а-хәáрхьра и́-л-шо-м. (*or* и-з-хәархь-уа-м.) *He will not be able to saw the firewood by himself. Он не сможет сам распилить дрова.* **(2)** [intr.] [C1-S / C1-Neg-S] [C1 saw] (**Fin.** [pres.] д-хәáрхь-уе-ит / д-хәáрхь-уа-м (-ӡо-м), [aor.] д-хәáрхь-ит / ды-м-хәáрхь-ит (-ӡе-ит), [imper.] б-хәáрхь! / бы-м-хәáрхьы-н!, шә-хәáрхь! / шәы-м-хәáрхьы-н!) **1.** to saw.

а-хәарчáр-ра [intr.] [C1-S / C1-Neg-S] [C1 rumble] (**Fin.** [pres.] и-хәарчáр-уе-ит / и-хәарчáр-уа-м (-ӡо-м), [aor.] и-хәарчáр-ит / и-м-хәарчáр-ит (-ӡе-ит), [imper.] б-хәарчáр! / бы-м-хәарчáры-н!, шә-хәарчáр! / шәы-м-хәарчáры-н!; **Non-fin.** [pres.] (C1) и-хәарчáр-уа / и-м-хәарчáр-уа; **Abs.** и-хәарчáр-ны / и-м-хәарчáр-кәа) **1.** to rumble; to roar: с-хәарчáр-уе-ит *I am roaring.*

а-хәасҭá [n.] (-қәá, хәасҭá-к) a line.

á-хәахәа [adj.] crooked, curved, one-sided: а-сáркьа хәáхәа *a distorting mirror.*

á-хәа-чча-ра [intr.] [C1-C2-Prev-R / C1-C2-Prev-Neg-R] [C1 smile at C2] (**Fin.** [pres.] с-бы́-хәа-ччо-ит / с-бы́-хәа-ччо-м, [aor.] с-бы́-хәа-ччe-ит / с-бы́-хәа-м-ччe-ит (-чча-ӡе-ит), [fut.1] с-бы́-хәа-чча-п / с-бы́-хәа-чча-рым, [fut.2] с-бы́-хәа-чча-шт / с-бы́-хәа-чча-шам, [perf.] с-бы́-хәа-чча-хьеит / с-бы́-хәа-м(ы)-чча-ц(т), [impf.] с-бы́-хәа-ччо-н / с-бы́-хәа-ччо-мызт, [past indef.] с-бы́-хәа-чча-н / с-бы́-хәа-м(ы)-чча-зт, [cond.1] с-бы́-хәа-чча-рын / с-бы́-хәа-чча-рымызт, [cond.2] с-бы́-хәа-чча-шан / с-бы́-хәа-чча-шамызт, [plupf.] с-бы́-хәа-чча-хьан / с-бы́-хәа-м(ы)чча-цызт, [imper.] б-сы́-хәа-чча! / б-сы́-хәа-м-чча-н!; **Non-fin.** [pres.] (C1) и-лы́-хәа-ччо (*тот, который улыбается ей*) / и-лы́-хәа-м-ччо, (C2) д-зы́-хәа-ччо (*тот, которому он/она улыбается*) / д-зы́-хәа-м-ччо, [aor.] (C1) и-лы́-хәа-чча / и-лы́-хәа-м-чча, (C2) д-зы́-хәа-чча / д-зы́-хәа-м-чча, [fut.1] (C1) и-лы́-хәа-чча-ра / и-лы́-хәа-м-чча-ра, (C2) д-зы́-хәа-чча-ра / д-зы́-хәа-м-чча-ра, [fut.2] (C1) и-лы́-хәа-чча-ша / и-лы́-хәа-м-чча-ша, (C2) д-зы́-хәа-чча-ша / д-зы́-хәа-м-чча-ша, [perf.] (C1) и-лы́-хәа-чча-хьоу (-хьа(ц)) / и-лы́-хәа-м-чча-хьоу (-хьа(ц)), (C2) д-зы́-хәа-чча-хьоу (-хьа(ц)) / д-зы́-хәа-м-чча-хьоу (-хьа(ц)), [impf.] (C1) и-лы́-хәа-ччо-з / и-лы́-хәа-м-ччо-з, (C2) д-зы́-хәа-ччо-з / д-зы́-хәа-м-ччо-з, [past indef.] (C1) и-лы́-хәа-чча-з / и-лы́-хәа-м-чча-з, (C2) д-зы́-хәа-чча-з / д-зы́-хәа-м-чча-з, [cond.1] (C1) и-лы́-хәа-чча-ры-з / и-лы́-хәа-м-чча-ры-з, (C2) д-зы́-хәа-чча-ры-з / д-зы́-хәа-м-чча-ры-з, [cond.2] (C1) и-лы́-хәа-чча-ша-з / и-лы́-хәа-м-чча-ша-з, (C2) д-зы́-хәа-чча-ша-з / д-зы́-хәа-м-чча-ша-з, [plupf.] (C1) и-лы́-хәа-чча-хьа-з / и-лы́-хәа-м-чча-хьа-з, (C2) д-зы́-хәа-чча-хьа-з / д-зы́-хәа-м-чча-хьа-з; **Abs.** с-бы́-хәа-чча-ны / с-бы́-хәа-м-чча-кәа) **1.** to smile at sb: А-хәыҷы́ и-áн д-лы́-хәа-ччe-ит. *The child smiled at his mother.*

а-хәáҷа [n.] (-қәа, хәáҷа-к) **1.** an insect. **2.** a beetle: а-хәáҷа-мáҷа *a bug.*

á-хәаҽ-ра* [labile] **(1)** [intr.] [C1-S] (**Fin.** [aor.] д-хәаҽ-и́т / ды-м-хәаҽ-и́т) **1.** to suffocate, to choke: А-ӡы́ д-н-á-ла-ха-н, д-хәаҽ-и́т. *He/She fell into the water and drowned.* **(2)** [tr.] [C1-C3-S / C1-C3-Neg-S] (**Fin.** [aór.] д-и-хәаҽ-и́т / д-и-м-хәаҽ-и́т; **Abs.** д-хәаҽ-ны́ / ды-м-хәаҽы́-кәа) **1.** to suffocate, to choke.

á-хәаша [n.] Friday: á-хәаша-ҽны *on Friday.*

а-хәашá [n.] (а-хәаша-қәá, хәашá-к) a crumb, a bit.

а-хәаш=хәаша-рá [intr.] (**Fin.** [aor.] и-хәаш-хәашé-ит) **1.** to get broken/smashed to pieces: И-хәаш-хәашá и-цé-ит. *It/They got broken to pieces.* И-хәаш-хәашá и-р-гé-ит. *They smashed it/them to pieces.*

á-хәашь [adj.] muddy: а-ӡы́ хәáшь *muddy water.*

а-хәáџьа [n.] (а-хәáџьа-қәа) Hadji [a Muslim who has made the pilgrimage to Mecca].

хә-бá [num.][non-hum.] five. *When this numeral is added to a noun, the* **-ба** *of this numeral is omitted and names do not take the plural marker*: ýрҭ с-áн лы-шәҟу-куá хубá (= ýрҭ с-áн лы-ху-шәҟу(к)) *those 5 books of my mother.* хә-минýҭк *five minutes.*

á-хәбатәи [ordinal num.] fifth.

á-хәда [n.] (á-хәда-қәа, и́-хәда, хәдá-к) **1.** a neck. **2.** a throat.

а-хәдаáра [n.] (-қәа) (*geography*) a pass: Маҳаир и-хәдаáра *Mahair's Pass.*

а-хәдакуршá [n.] (а-хәдакурша-қәá, хәдакуршá-к) a scarf.

а-хәдахатцá [n.] (-қәа) **1.** a necktie. **2.** a necklace.

а-хәдахшьы́ [n.] (а-хәдахшь-қәá, хәдахшьы́-к) a tie, a necktie.

а-хә-қәá *see* **а-хәы́**

хәла-áнӡа [adv.] until evening: Камшьы́шь-и Кады́р-и каҭá-ла хулаáнӡа а-ҧсы́ӡ р-к-уá-н. *K'amshysh and K'adyr were fishing by net until evening.* (ANR)

á-хәла-ра [intr.] [и(C1)-R / и(C1)-Neg-R] [it (C1) becomes evening] (**Fin.** [pres.] и-хәлó-ит / и-хәлó-м, [aor.] и-хәлé-ит / и-м-хәлé-ит, [imper.] у-хәлá! / у-м-хәлá-н!; **Non-fin.** [pres.] (C1) и-хәлó / и-м-хәлó, [aor.] (C1) и-хәлá / и-м-хәлá; **Abs.** и-хәла-ны́ / и-м-хәлá-қәа) **1.** to become evening: и-хәлó-ит *вечереет, it is becoming evening.* И-хәлó-ит, ҳ-дәы́қә-ла-п! *Let's go — it is already becoming evening!*

á-хәла-ҭәа-ра* [tr.] [C1-C2-Prev-C3-R] [C3 pour C1 down C2's throat] (**Fin.** [aor.] и-лы́-хәле-и-ҭәе-ит / и-лы́-хәле-и-м-ҭәе-ит, [imper.] и-лы́-хәла-ҭәа! / и-лы́-хәла-бы-м-ҭәа-н!) **1.** to pour sth down a throat.

á-хәлбыҽха [abzhywa dial.] *see* **á-хәылҧаз:** Уи́ уахá хәлбыҽхá д-аа-уé-ит. *He will come here this evening.*

á-хәлҧа [n.] (á-хәлҧа-қәа) evening.

а-хәлҧазы́ *see* **á-хәылҧаз**

хәлыбзи́а [interjection] (*to you*[*sg.*]) good evening!

хәлыбзи́а-қәа [interjection] (*to you*[*pl.*]) good evening!

á-хәмарга [n.] (á-хәмарга-қәа, сы́-хәмарга, хәмáрга-қәа, хәмáрга-ла) a toy: сы́-хәмарга á-ла *with my toy.*

á-хәмарра [n.] (-қәа) **1.** a game. **2.** a joke.

á-хәмар-ра [intr.] [C1-R / C1-Neg-R] [C1 play] (**Fin.** [pres.] ды-хәмáр-уе-ит / ды-хәмáр-уа-м (-хәмáр-ӡо-м), [aor.] ды-хәмáр-ит / д-мы-хәмáр-ит, [imper.] бы-хәмáр! / б-мы-хәмáры-н!; **Non-fin.** (C1) [pres.] и-хәмáр-уа / и́-мы-хәмар-уа, [aor.] и-хәмáр / и́-мы-хәмар, [impf.] и-хәмáр-уа-з / и́-мы-хәмар-уа-з, [past indef.] и-хәмáры-з / и́-мы-хәмары-з; **Abs.** ды-хәмáр-ны / д-мы-хәмáр-қәа) **1.** to play: Абрá шәы-хәмáр-ла! *(always) Play here!* Сы́-ла и-хәмáр-уе-ит. *They are playing [with] snowballs.* Сарá интерéс-с и-к-ны́ и-гәá-с-ҭо-н, а-хәч-қәá шы́-хәмар-уа-з. *I was watching with interest how the children were playing. Я с интересом наблюдал как играют дети.* А-хәыч-қәá а-бáҳча-ҿ и-хәмáр-уе-ит. *The children are playing in the garden.* **2.** to play (an instrument): А-роиáл а-ҿы́ сы-хәмáр-уе-ит. *I am playing the piano. Я играю на рояле.* **3.** (= **а-лáф а-ҳәа-рá**) to joke: У-хәмáр-уа-ма? *Are you joking?*

á-хәмаршьа [n.] (хәмáршь-к) **1.** play, playing, game: Уи́ а-шáхмат á-хәмаршьа с-и-ртцé-ит. (RAD) *Он выучил меня игре в шахматы. He taught me the game of chess.* **2.** a (musical) performance: Ари́ артист и́-хәмаршьа с-гәаҧхé-ит. (RAD) *Мне понравилась игра этого* *артиста. I liked the performance of this artist.*

а-хәна-рá [intr.] [C1-S / C1-Neg-S] [C1 climb] (**Fin.** [pres.] сы-хәнó-ит / сы-хәнó-м, [aor.] сы-хәнé-ит / с-мы-хәнé-ит, [imper.] бы-хәнá! / б-мы-хәнá-н!; **Non-fin.** [pres.] (C1) и-хәнó / и-мы-хәнó, [aor.] (C1) и-хәнá / и-мы-хәнá; **Abs.** ды-хәна-нЫ́ / д-мы-хәнá-кәа) **1.** to climb, to go up, to ascend: Уи́ á-шьха ды-хәнó-ит. *He/She is going up the mountain.* **2.** (*of price*) to go up; to rise.

á-хәҕсы́ [n.] plumage: И-хәҕсы хáххала ды́-ҟо-уп. *His hair is standing on end with cold.*

á-хәҕҳа [n.] (-цәа, хәҕҳá-к) a ward (a person to be taken care of).

á-хәра [n.] (-қәа, хәрá-к) a wound.

а-хә-рá[1] [tr.] [C1-C3-R / C1-C3-Neg-R] [C3 sift C1] (**Fin.** [pres.] и-с-хә-уé-ит / и-с-хә-уá-м, [aor.] и-с-хә-и́т, и-а-хә-и́т / и-сы-м-хә-и́т, и-а-м-хә-и́т, [imper.] и-хәы́! / и-бы-м-хәы́-н!; **Non-fin.** [pres.] (C1) и-с-хә-уá / и-сы-м-хә-уá, (C3) и-з-хә-уá / и-зы-м-хә-уá; **Abs.** и-хә-нЫ́ / и-м-хәы́-кәа) **1.** to sift.

а-хә-рá[2] [tr.] [C1-C3-R / C1-C3-Neg-R] [C3 injure C1] (**Fin.** [pres.] ды-с-хә-уé-ит / ды-с-хә-уá-м, [aor.] ды-с-хә-и́т, д-а-хә-и́т / д-сы-м-хә-и́т, д-á-м-хә-ит, [impf.] д-хәы́! / д-бы-м-хәы́-н!, ды-шә-хәы́! / д-шәы-м-хәы́-н!; **Non-fin.** [pres.] (C1) и́-с-хә-уа / и́-сы-м-хә-уа, (C3) ды-з-хә-уá / д-зы-м-хә-уá, [aor.] (C1) и-с-хәы́ / и-сы-м-хәы́, (C3) ды-з-хәы́ / д-зы-м-хәы́; **Abs.** ды-хә-нЫ́ / ды-м-хәы́-кәа *or* д-хәы́-м-кәа) **1.** to hurt, to injure: и-с-хә-уé-ит *I'll hurt it/them.* ды-с-хә-уé-ит *I'll hurt him/her.* А-лá а-цгуы́ а-хә-и́т. *The dog hurt the cat.*

а-хәрцьáн = **а-хәрцьы́н**

а-хәрцьы́н [n.] (а-хәрцьы́н-қәа) a saddle bag.

á-хәсхәа [n.] (-қәа, хәсхәá-к) **1.** vegetables, greens. **2.** coriander.

а-хәҭá [n.] (а-хәҭа-қәá, хәҭá-к, сы-хәҭá) **1.** a part: а-уаѳы́тәыѳса и-хы-и-ҿы а-хәҭа-қәá *the parts of a person's head and face.* а-уаѳы́тәыѳса и-цәéижь а-хәҭа-қәá *parts of the body.* А-дунéи á-бжа сы-хәҭó-уп. *Half the world is my share.* || ѳы-цьара и-ша-нЫ́ хәҭа-к '1/2' (GAL).

а-хәҭáа [n.] (сы-хәҭáа) share.

а-хәҭа-рá [intr. stative] [< -хәҭа- "(one's)-part-(be)"] [C1-C2-R] [C2 need to *do* C1[it = Masdar]] **Fin.** [pres.] и-сы-хәҭó-уп (*мне нужно оно*) / и-сы-хәҭá-м, [past] и-сы-хәҭá-н / и-сы-хәҭá-мызт; **Non-fin.** [pres.] (C1) и-сы-хәҭó-у / и-сы-хәҭá-м, (C2) и-зы-хәҭó-у / и-зы-хәҭá-м, [past] (C1) и-сы-хәҭá-з / и-сы-хәҭá-мыз, (C2) и-зы-хәҭá-з / и-зы-хәҭá-мыз; **Abs.** и-сы-хәҭа-нЫ́ / и-сы-хәҭá-м-кәа) **1.** to be obliged (to): а-царá сы-хәҭó-уп *I need to go.* Ари́ а-шәҟәы́ а-ѳ-рá сы-хәҭó-уп. *I need to write this letter.* А-саби д-ӡа-нЫ́ д-га-нЫ́ и-áаӡа-ра а-хәҭó-уп. (AF) *It is necessary to steal, to take away and to rear the boy.*

-хә-уп [intr. stative] [C1-Poss-noun-portion-Stative]: Аӡәы́ уáа-шәѳы-к ды-р-хáтца-хә-уп. (AF) *One is equivalent to a hundred men.* [cf. **а-хәы́** "portion"]

а-хә-ха-рá [intr.] [C1-C2-Prev-R / C1-C2-Prev-Neg-R] [C1 become the catch of C2] (**Fin.** [pres.] и-сы-хә-хó-ит / и-сы-хә-хó-м, [aor.] и-сы-хә-хé-ит / и-с-хәы́-м-хе-ит, [imper.] и-бы-хә-хá! / и-б-хәы́-м-ха-н!; **Non-fin.** [pres.] (C1) и-сы-хә-хó / и-с-хәы́-м-хо, (C2) и-зы-хә-хó / и-з-хәы́-м-хо; **Abs.** и-сы-хә-ха-нЫ́ / и-с-хәы́-м-ха-кәа) **1.** to be inherited by. **2.** to become the output/spoils/catch of: А-ѳнЫ́ á-мца и-а-хә-хé-ит. *The house became the catch of the fire. Дом стал добычей огня.*

á-хәхәа [adj.] (и́-хәхәо-у) long: а-лабá хәхәа *tha long stick.*

а-хәхәáхәа [adv.] **1.** pleasantly, nicely. **2.** quietly, calmly. **3.** noisily.

а-хәҳахәҭѳы́ [n.] (а-хәҳахәҭѳ-цәá, хәҳахәҭѳы́-к) a merchant, a trader.

-хәтцәа-(ра) [suffix] *an element used to emphasize an adjective*: а-ҟаҕшьы́-хәтцәа(ра) *deep red* (< а-ҟáҕшь "red") ["Intensifier," *see* Chirikba:30]

а-хәтцәы́ [n.] (а-хәтцә-қәá) a peduncle; a fruit stem.

á-хәша [n.] (á-хәша-қәа, сы́-хәша, хәшá-к, хәша-қәá-к) **1.** fat. **2.** butter: á-хәша хыхра *to* *make butter.* А-хәша ҭәе́-ит. *The butter melted.*

а-хәшҭаара́ [n.] (-қәа́, хәшҭаара́-к, а-хәшҭаара-ҿы́) a hearth.

а́-хә-шьа-ра [tr.] [а́-хә (a price) C3-R / а́-хә C3-Neg-R] [C3 appraise] (**Fin.** [pres.] а́-хә и-шьо́-ит / а́-хә и-шьо́-м, [aor.] а́-хә и-шье́-ит / а́-хә и-м-шье́-ит, [imper.] а́-хә шьа́! / а́-хә бы-м-шьа́-н!; **Non-fin.** [pres.] (C1) а́-хә з-шьо́ / а́-хә зы-м-шьо́, [aor.] (C1) а́-хә з-шьа́ / а́-хә зы-м-шьа́; **Abs.** а́-хә шьа-ны́ / а́-хә м-шьа́-кәа) **1.** to appraise, to estimate: А-ҽы́ шә-мааҭ-к ҳәа а́-хә р-шье́-ит. *They appraised the horse at one hundred rubles. Они оценили лошадь в сто рублей.*

а́-хәшә [n.] (а́-хәшә-қәа, а́-хәшә-гьы, хәшәы́-к, хәшә-қәа́-к) **1.** medicine; a drug: аимхәа́ а́-хәшә-қәа *a cough medicine.* а-хәшә а́-жә-ра *take medicine.* а́-хәшә а́-лҩаа-ра *to prescribe medicine.* Сара́ а́-хәшә-қәа сы́-ды-с-кыло-ит. *I take the medicine(s).*

а́-хәшәтәра[1] [n.] (-қәа) (medical) treatment; cure.

а́-хәшәтә-ра[2] [tr.] [C1-C3-S / C1-C3-Neg-S] [C3 cure C1] (**Fin.** [pres.] ды-с-хәшәтә-уе́-ит / ды-с-хәшәтә-уа́-м, [aor.] ды-с-хәшәтә-и́т / ды-с-мы-хәшәтә-и́т, [imper.] д(ы)-хәшәтәы́! / ды-б-мы-хәшәтәы́-н!; **Non-fin.** [pres.] (C1) и-с-хәшәтә-уа́ / и-с-мы-хәшәтә-уа́, (C3) и-з-хәшәтә-уа́ / и-з-мы-хәшәтә-уа́; **Abs.** ды-хәшәтә-ны́ / д-мы-хәшәтәы́-кәа) **1.** to treat, to cure: а́-хәшә-қәа ры́-ла а-хәшәтәра́ *to cure with medicines.* А-ҳақьы́м а-чы́мазаҩ д-и-хәшәтә-и́т. *The doctor treated the sick man.* А-чы́мазаҩы кы́раамҭа ды-р-хәшәтә-уа́-н. *They treated the sick person for a long time.* [cf. **а-ҿы́-хәышәтә-ра** "to have treatment"]

а-хәшәтәы́рҭа [n.] (-қәа) a hospital: а-хәшәтәы́рҭа-хь с-не́-и-т *I went to the hospital.* [> **а-хәшәтәы́рҭатә** [adv.] "of a hospital"]

а-хәы́[1] [n.] (а-хә-қәа́, хәы-к, хә-қәа́-к) a hill: а-хәа-ҿы́ / а-хәы́ а-ҿы́ *on the hill.*

а-хәы́[2] [n.] (= **а-ху**) (а-хә-қәа́, с-хәы́, сы-хә-қәа́, хәы-к, хә-қәа́-к) hair; wool, fleece.

а-хәы́[3] [n.] (= **а́-фатә**) (а-хә-қәа́, хәы-к, и-хәы́) food: А-ԥҳәы́с а-хәы́ ҟа-л-ҵе́-ит. *The woman cooked a meal.*

а-хәы́[4] [n.] (а-хә-қәа́) a part, a share, a portion.

а-хәы́[5] [n.] [bz.] *see* **а́-хә**[2]

хәы́да [adv.] free, for free, for nothing.

а-хәыдхатҵа́ *see* **а-хәдахатҵа́**

а́-хәыӡ [n.] (-қәа, хәӡы́-к) millet.

а́-хәыл (bz. **а-хәы́л**) || **хәыл(ы)бзи́а** good evening.

а-хәы́л [n.] kohlrabi; turnip cabbage.

хәылбзи́а *see* **а́-хәыл**

а́-хәылбыҽха **1.** [n.] (хәылбыҽха́-к) evening: а́-хәылбыҽха-н *in the evening.* **2.** [adv.] in the evening: А-хәлбыҽха ҳ-а́аԥса-ха а-ҩны́-ҟа ҳ-хынхә-уе́-ит. (AFL) *In the evening, we'll return home tired. Вечером мы вернемся домой уставшие.* Урҭ иаха́ хәлбыҽха́ и-аа́-ит. (RAD) *Они пришли вчера вечером. They came yesterday evening.* Уи́ уаха́ хәлбыҽха́ д-аа-уе́-ит. (RAD) *Он придет сегодня вечером. He'll arrive this evening.*

а́-хәылбыҽха-ла [adv.] **1.** in the evening. **2.** in the evenings: Хәлбыҽха́ла ҳа зегьы́ ҳ-и-д-тәа́-ло-ит. (AFL) *Every evening we all sit around him.*

а́-хәылԥҳа [n.] (-қәа, хәы́лԥҳа-к) evening.

а́-хәылԥҳаз **1.** [adv.] (= **а-хәлԥҳазы́**) (хәлԥҳазы́-к) in the evening: Хәылԥҳазы́ а-ҩны́ с-ҟа-ло́-ит. *I'll be at home in the evening.* Уи́ уаха́ хәлбыҽха́ д-аа-уе́-ит. *He will come here this evening.* **2.** [n.] (-қәа) evening. вечер. **3.** [n.] (-қәа) a party. вечер: Шәара́ а́-хәылԥҳаз ахь шәы-м-ца-ӡо́? (IC) *Aren't you going to the party?*

хәылԥҳазы́ла [adv.] in the evenings: Хәлԥҳазы́ла а-ӡа́ӡа шьҭа́ло-ит. (AFL) *The dew lies [on the ground] in the evenings. По вечерам ложится роса.*

а-хәы́лрҵәы [n.] (-қәа) pickled kohlrabi.

а́-хәымга [adj.] mean, base: а-уаҩы́ хәымга́ *a mean person.* Д-закә уаҩы́ хәымго́-у-зеи! *What*

Хә

a mean person he/she is!

á-хәынга-шьа-ра [tr.] [C1-Prev-C3-R / C1-Prev-C3-Neg-R] [C3 despise C1] (**Fin.** [pres.] с-хәынгá-л-шьо-ит / с-хәынгá-л-шьо-м, [aor.] с-хәынгá-л-шье-ит / с-хәынгá-лы-м-шье-ит, [imper.] с-хәынгá-шьа! / с-хәынгá-бы-м-шьа-н!, с-хәынгá-ше-шьа! / с-хәынгá-шәы-м-шьа-н!; **Non-fin.** [pres.] (C1) и-хәынгá-л-шьо / и-хәынгá-лы-м-шьо, (C3) с-хәынгá-з-шьо / с-хәынгá-зы-м-шьо; **Abs.** д-хәынга-шьа-ны́ / д-хәынгá-м-шьа-кәа) **1.** to despise.

хәы́нтә [adv.] five times; many times.

а-хәы́ԥшқа [n.] (-қәа) **1.** a marten. **2.** down, fluff.

а-хәы́рма [n.] (-қәа, хәы́рма-к) a persimmon.

а-хәы́ҭаҩ [n.] (= **а-официáнт**) (-цәа) a waiter.

а-хәыҭ-хәы́ҭ-ра [intr.] [C1-S], [C1-C2-a-S{R-R} / C1-C2-Neg-a-S] [C1 whisper to C2] (**Fin.** [pres.] д-хәыҭхәы́ҭ-уе-ит, с-б-á-хәыҭхәыҭ-уе-ит / с-б-á-хәыҭхәыҭ-уа-м (-ӡо-м), [aor.] с-б-á-хәыҭхәыҭ-ит / сы-б-м-á-хәыҭхәыҭ-ит, [fut.1] с-б-á-хәыҭхәыҭы-п / с-б-á-хәыҭхәыҭ-рым, [fut.2] с-б-á-хәыҭхәыҭы-шт / с-б-á-хәыҭхәыҭ-шам, [perf.] с-б-á-хәыҭхәыҭ-хьеит / сы-б-м-á-хәыҭхәыҭ-ц(т), [impf.] с-б-á-хәыҭхәыҭ-уан / с-б-á-хәыҭхәыҭ-уамызт, [past indef.] с-б-á-хәыҭхәыҭы-н / сы-б-м-á-хәыҭхәыҭы-зт, [cond.1] с-б-á-хәыҭхәыҭ-рын / с-б-á-хәыҭхәыҭ-рымызт, [cond.2] с-б-á-хәыҭхәыҭ-шан / с-б-á-хәыҭхәыҭ-шамызт, [plupf.] с-б-á-хәыҭхәыҭ-хьан / сы-б-м-á-хәыҭхәыҭ-цызт; **Non-fin.** [pres.] (C1) и-л-á-хәыҭхәыҭ-уа / и-л-м-á-хәыҭхәыҭ-уа, (C2) д-з-á-хәыҭхәыҭ-уа / ды-з-м-á-хәыҭхәыҭ-уа, [aor.] (C1) и-л-á-хәыҭхәыҭ / и-л-м-á-хәыҭхәыҭ, (C2) д-з-á-хәыҭхәыҭ / ды-з-м-á-хәыҭхәыҭ, [fut.1] (C1) и-л-á-хәыҭхәыҭ-ра / и-л-м-á-хәыҭхәыҭ-ра, (C2) д-з-á-хәыҭхәыҭ-ра / ды-з-м-á-хәыҭхәыҭ-ра, [fut.2] (C1) и-л-á-хәыҭхәыҭ-ша / и-л-м-á-хәыҭхәыҭ-ша, (C2) д-з-á-хәыҭхәыҭ-ша / ды-з-м-á-хәыҭхәыҭ-ша, [perf.] (C1) и-л-á-хәыҭхәыҭ-хьоу (-хьа(ц)) / и-л-м-á-хәыҭхәыҭ-хьоу (-хьа(ц)), (C2) д-з-á-хәыҭхәыҭ-хьоу (-хьа(ц)) / ды-з-м-á-хәыҭхәыҭ-хьоу (-хьа(ц)), [impf.] (C1) и-л-á-хәыҭхәыҭ-уа-з / и-л-м-á-хәыҭхәыҭ-уа-з, (C2) д-з-á-хәыҭхәыҭ-уа-з / ды-з-м-á-хәыҭхәыҭ-уа-з, [past indef.] (C1) и-л-á-хәыҭхәыҭы-з / и-л-м-á-хәыҭхәыҭы-з, (C2) д-з-á-хәыҭхәыҭы-з / ды-з-м-á-хәыҭхәыҭы-з, [cond.1] (C1) и-л-á-хәыҭхәыҭ-ры-з / и-л-м-á-хәыҭхәыҭ-ры-з, (C2) д-з-á-хәыҭхәыҭ-ры-з / ды-з-м-á-хәыҭхәыҭ-ры-з, [cond.2] (C1) и-л-á-хәыҭхәыҭ-ша-з / и-л-м-á-хәыҭхәыҭ-ша-з, (C2) д-з-á-хәыҭхәыҭ-ша-з / ды-з-м-á-хәыҭхәыҭ-ша-з, [plupf.] (C1) и-л-á-хәыҭхәыҭ-хьа-з / и-л-м-á-хәыҭхәыҭ-хьа-з, (C2) д-з-á-хәыҭхәыҭ-хьа-з / ды-з-м-á-хәыҭхәыҭ-хьа-з; **Abs.** д-хәыҭ-хәы́ҭ-ны / ды-м-хәыҭ-хәы́ҭ-кәа) **1.** to whisper to sb**:** с-б-á-хәыҭхәыҭ-ит *I whispered to you.*

а-хәы́ц [n.] (= **а-ху́ц**) (а-хәы́ц-кәа, хәы́ц-к) a hair**:** С-ху́ц-куа ҩба аа-сы́-л-х-ны и-гá! (Ab.Text) *Pull two hairs out of me and take them!*

а-хәы́цра[1] [n.] (-кәа) thought; thinking.

а-хәы́ц-ра[2] [labile] **(1)** [intr.] [C1-R / C1-Neg-R] [C1 think] (**Fin.** [pres.] д-хәы́ц-уе-ит / д-хәы́ц-уа-м (-хәы́ц-ӡо-м), [aor.] д-хәы́ц-ит / ды-м-хәы́ц-ит (-хәы́ц-ӡе-ит), [imper.] б-хәы́ц! / бы-м-хәы́цы-н!, шә-хәы́ц! / шәы-м-хәы́цы-н!; **Non-fin.** [pres.] (C1) и-хәы́ц-уа / и-м-хәы́ц-уа, [aor.] (C1) и-хәы́ц / и-м-хәы́ц; **Abs.** д-хәы́ц-ны / ды-м-хәы́ц-кәа) **1.** to think**:** Сарá с-хәы́ц-уа-н. *I was thinking. / I was dreaming.* Уи́ ибзи́аны д-хәы́ц-уе-ит. *He is thinking well.* У-зы-р-хәы́ц-уе-и? (GAL) *Что ты думаешь? What are you thinking?* [cf. **а-рхәы́ц-ра** "to make sb think," **а-з-хәы́ц-ра** "to think about"] **(2)** [tr.] [C1-C3-R / C1-C3-Neg-R] [C3 think up C1] (**Fin.** [pres.] и-с-хәы́ц-уе-ит / и-с-хәы́ц-уа-м, [aor.] и-с-хәы́ц-ит / и-сы-м-хәы́ц-ит (-хәы́ц-ӡе-ит), [imper.] и-хәы́ц! / и-бы-м-хәы́цы-н!, и-шә-хәы́ц! / и-шәы-м-хәы́цы-н!; **Non-fin.** [pres.] (C1) и́-с-хәыц-уа / и́-сы-м-хәыц-уа, (C3) и-з-хәы́ц-уа / и-зы-м-хәы́ц-уа) **1.** to think up, to devise; to plan, to intend, to think of**:** Уи́ уажәы́ акы́ л-хәы́ц-ит. (GAL) *Она сейчас что-то задумала. She thought of something now.* Уи́ з-хәы́ц-да? *Who thought this up?*

а-хәы́ц-ра[3] [tr.] [C1-C3-R / C1-C3-Neg-R] [C3 invent C1] (**Fin.** [pres.] и-с-хәы́ц-уе-ит / и-с-хәы́ц-уа-м, [aor.] и-с-хәы́ц-ит / и-сы-м-хәы́ц-ит, [imper.] и-хәы́ц! / и-бы-м-хәы́цы-н!; **Non-fin.** [pres.] (C1) и-с-хәы́ц-уа / и-сы-м-хәы́ц-уа, (C3) и-з-хәы́ц-уа / и-зы-м-хәы́ц-уа; **Abs.** и-хәы́ц-ны / и-м-хәы́ц-кәа) **1.** to invent: Попо́в а-ра́дио и-хәы́ц-ит. *Popov invented the radio.*

а-хәы́цха [n.] meditation: Уаха́ а-хәы́цха сы́-шә-ҭ. *I'd like to think about it this evening.*

а-хәы́тҵа-тәа-ра [intr.] (**Fin.** [pres.] д-хәы́тҵа-тәо-ит / д-хәы́тҵа-тәо-м, [aor.] д-хәы́тҵа-тәе-ит / д-хәы́тҵа-м-тәе-ит, [imper.] б-хәы́тҵа-тәа! / б-хәы́тҵа-м-тәа-н!; **Non-fin.** [pres.] (C1) и-хәы́тҵа-тәо / и-хәы́тҵа-м-тәо, [aor.] (C1) и-хәы́тҵа-тәа / и-хәы́тҵа-м-тәа; **Abs.** д-хәы́тҵа-тәа-ны / д-хәы́тҵа-м-тәа-кәа) **1.** to sit (down) under: У-ҽ-ӡа-ны́ џьара́ куа́кь-к а-ҿы́ у-хәы́тҵа-тәа! (Ab.Text) *Hide yourself somewhere in a corner sitting down!*

а-хәычра́ [n.] (хәычра́-к) childhood: а-хәычра́ гәы́рӷьахә *a happy childhood.*

а-хәычы́[1] [adj.] (а-хәыч-ҟәа́, хәычы́-к) **1.** little. **2.** younger: с-ашьа́ хәычы́ *my younger brother.* с-аҳәшьа́ хәычы́ *my younger sister.* аҽы́ҩ хәыч-ҟәа́ *young racehorses.* Сара́ с-хәыч-у́п. *I am little.* Дара́ хәыч-ҟәо́-уп. *They are little.* С-аҳәшьа́ макьа́на д-хәыч-у́п. *My sister is still young.* Ари́ а-ҩны́ хәыч-у́п. *This is a little house.* [cf. **а-дәы́** "big"]

а-хәычы́[2] [n.] (а-хәыч-ҟәа́, хәычы́-к, с-хәычы́, с-хәыч-ҟәа́) **1.** children; a child: А-хәыч-ҟәа́ (а-ҩны́) а-ҩны́-тҟа и-хума́р-уе-ит. *The children are playing inside the house.* а-шко́л хәыч-ҟәа́ *the schoolchildren.* а-ҟы́та хәыч-ҟәа́ *the children of the village.* А-хуч-куа́ аҩны́ҟа и-це́-ит. *The children went home.* Уи́ д-хәыч ҭы́нч-уп. *He is a quiet child.*

хәычы́к [adv.] (= **мачк**) a little, a few: Уи хәычы́к и-хы́ и́-хь-уе-ит. *He has a slight headache. У него немного болит голова.* Ҳәычы́к сы́-цәа-р с-ҭах-у́п. *I want to get some sleep.*

хәычы́-хәычы́ [adv.] little by little, gradually.

а-хәышҭаара́ [n.] a hearth.

хәы́-шә [num.] five hundred: А-уа́да хәышә маа́ҭ и-а-ԥсо́-уп. *The room costs 500 rubles.*

а́-хәышәтәы́рҭа [n.] (-ҟәа) a hospital: а́-хәышәтәы́рҭа-ҿы (= а-больница-ҿы) а́-шьҭатҵа-ра *to put into the hospital.*

хә-ҩы́-к [num.][hum.] five persons: Хәҩы́-к а-уааԥсы́ра ы́-ҟо-уп. *There are 5 people.* Хәҩы́к а-уааԥсы́ра ха́-ҟо-уп. (AFL) *There are five of us. Нас пять человек.*

Хә

Ҳ ҳ

аҳ-[1] [verbal prefix] *see* **ҳа-**.

а́ҳ[2] [n.] (а́ҳ-цәа, аҳы́-к / аҳа́-к / ҳа-к, шә-а́ҳ, аҳа́-с / аҳы́-с) a sovereign prince; a king: аҳа́-к и́-ҧа *the son of some king.* Сара́ с-аҳ-хе́-ит. *I became a king.* Сара́ с-аҳ-ны́ /аҳы́-с /аҳ-ны́ с-ҟа-ле́-ит. *I became a king.* Ӡы́злан а-ӡ-қәа́ ды-р-ҭо́-уп, а-ӡ-қәа́ аҳа́-с д-ры́-мо-уп. (AF) *Dzyzlan is in the waters; waters have her as queen.*

ҳ(а)-[1] [prefix] *a possessive prefix of the first person pl.* "our-": ҳара́ ҳ-ҳәынҭқа́рра-ҿ *in our state.* Ҳа-ҧсы́ [sg.] ҳа́-ма-ны абра́-нӡа ҳ-аа́-ит. (AF) *We have come this far with our soul intact.*

ҳ(а)-[2] [verbal prefix] *a pronominal prefix denoting an agent/oblique/direct object of the first person pl. in Columns III/II/I respectively.* "we / us." [N.B. **ҳа-** / **-аҳ-** in Column III usually changes to **аа-** if the initial consonant of the verb radical is voiced; cf. **аа-**.]

ҳа[3] [pron.] *a contracted form of* **ҳара́** *"we"*: ҳа ҳ-а́-уп *we are.* ҳа́-зегьы *we all.*

ҳа[4] [onomatopoeia] *expressing a laughing voice*: ҳа, ҳа, ҳа *ha-ha-ha.*

-ҳа-[5] [verbal radical] *used prototypically for the falling of large, heavy items, cf.* **-шәа-**.

а-ҳа́[1] [n.] (а-ҳа-қәа́, с-ҳа́, с-ҳа-қәа́, ҳа́-к, ҳа-қәа́-к) a pear: а-ҳа́-ҵла *a pear tree.*

аҳа́[2] [interj.] here; well: аҳа́ и-га́! *here, take it! на, возьми!*

-аҳа [verbal suffix] [added to the subjunctive suffixes -р/-зар] far from, let alone. (See Hewitt, Abkhaz:233 and ACST): А-кәа́ц и-фа́-р-аҳа, акгьы́ д-а́-ла-м-кьыс-ит. (ACST) *Far from eating the meat, he did not even touch anything.*

а-ҳа́бла [n.] (-қәа, ҳа́бла-к) settlement; a hamlet: и-ҳа́бла-ҿ и́-ҟа-з а-ҭа́кәажә-цәа *the old women who were in his hamlet.* Ари́ а-ҳа́бла-ҟны с-ҩы́за ды-н-хо́-ит. *My friend lives in this settlement.*

а-ҳабырза́кь [n.] (-қәа) a watermelon: А-у́тра-ҿы а-ҳабырза́кь ла́-н. (AAD) *There was a watermelon in the kitchen garden.*

а-ҳа́залхырҭа [n.] (-қәа, -ҿы) a customhouse.

ҳа́и [interj.] *used to express embarrassment, disappointment, regret, hesitation, astonishment, etc.*, e.g. unfortunately; wow: Ҳа́и, да́дхеит, ари́ д-хуа́рҭа-м. (Ab.Text) *My dear friend, unfortunately, she is useless.* Ҳа́и-хәа д-аа-ҿы́-хе-ит. *He suddenly awoke all alert.*

а-ҳаирпла́н [n.] an airplane.

а-ҳаи́ртә [adj.] air, aerial: а-ҳаи́ртә баҕәа́за *an airport.*

ҳаи́т [interj.] *used to express sadness, frustration, anger, etc.* "damn!"

а-ҳақьы́м [n.] (а-ҳақьы́м-цәа, ҳақьы́м-к) a (medical) doctor: С-а́н д-ҳақьы́м-уп. *My mother is a doctor.* Уи́ д-ҳақьы́м-ны д-ҟа-ле́-ит. *He/She became a doctor.*

а-ҳала́л [adj.] good; kind: Ка́ма д-ҳала́л-уп. *Kama is kind.*

а-ҳампа́л [n.] (-қәа) a dumpling with cheese: А-ха́ҳә ҳампа́л-хо-зар у-ды́р-уе-ит. (AF) *You well know whether stones are likely to turn into dumplings.*

а-ҳа́мҭа [n.] (а-ҳа́мҭа-қәа, ҳа́мҭа-к) a present, a gift: Ахра и-аҳәшьа́ а-ҳа́мҭа л-и́-ҭе-ит. (AFL:39) *Akhra gave a present to his sister. Ахра дал его сестре подарок.* || **ҳа́мҭа-с а́-ҭа-ра** to make a present.

ҳа́мҭак [adv.] not long; a little/some time: ҳа́мҭак а́-шьҭахь *a little later.*

ҳа́ҧхьа [adv.] (= **ҿааны́, иаа́иуа ашы́қәс азы́**) next year.

а-ҳаҧшьа́ [n.] (а-ҳаҧшьа-қәа́, ҳаҧшьа́-к, ҳаҧшьа-қәа́-к) an amphora.

а-ҳаҧы́ [n.] (а-ҳаҧ-қәа́, ҳаҧы́-к, ҳаҧ-қәа́-к) a cave: а-ҳаҧ-а-ҿы́ *in the cave.* Афо́н ҿыҵтә а-ҳаҧы́ *the New Athos Cave.*

ҳара́ [pron.] we: ҳар-гьы́ *we too.* ҳара́ ҳа́-шьха *our mountain.* ҳара́ ҳ-ҳәынҭқа́рра-ҿ *in our state.* Аҧшәма-цәа ҳара́ и-ҳа́-р-ҭе-ит а-ҽ-қәа́. *The owners gave us the horses.* [cf. **ҳа́**, ҳарҭ]

а-ҳа-ра́[1] [intr. inverse] [C1-C2-a-R / C1-C2-Neg-a-R] [C1 be audible to C2; C2 hear C1] (**Fin.** [pres.] с-б-а-ҳа-уе́-ит, б-ҳ-а-ҳа-уе́-ит / с-б-а-ҳа-уа́-м (-ҳа-ӡо́-м), [aor.] с-б-а-ҳа́-ит / сы-б-м-а-ҳа́-ит (-ҳа-ӡе́-ит), и-аҳ-м-а-ҳа́-ит, [fut.1] с-б-а-ҳа́-п / с-б-а-ҳа-ры́м, [fut.2] с-б-а-ҳа́-шт / с-б-а-ҳа́-шам, [perf.] с-б-а-ҳа-хье́ит / сы-б-м-а-ҳа́-ц(т), [impf.] с-б-а-ҳа-уа́н / с-б-а-ҳа-уа́мызт, [past indef.] с-б-а-ҳа́-н / сы-б-м-а-ҳа́-зт, [cond.1] с-б-а-ҳа-ры́н / с-б-а-ҳа-ры́мызт, [cond.2] с-б-а-ҳа́-шан / с-б-а-ҳа́-шамызт, [plupf.] с-б-а-ҳа-хьа́н / сы-б-м-а-ҳа́-цызт, [imper.] и-б-а-ҳа́! / и-б-м-а-ҳа́-н!, и-шә-а-ҳа́! / и-шә-м-а-ҳа́-н!; **Non-fin.** [pres.] (C1) и-л-а-ҳа-уа́ (*то/тот, которое/которого она слышит*) / и-л-м-а-ҳа-уа́, (C2) д-з-а-ҳа-уа́ (*тот, который слышит его/ее*) / ды-з-м-а-ҳа-уа́, [aor.] (C1) и-л-а-ҳа́ / и-л-м-а-ҳа́, (C2) д-з-а-ҳа́ / ды-з-м-а-ҳа́, [fut.1] (C1) и-л-а-ҳа-ра́ / и-л-м-а-ҳа-ра́, (C2) д-з-а-ҳа-ра́ / ды-з-м-а-ҳа-ра́, [fut.2] (C1) и-л-а-ҳа́-ша / и-л-м-а-ҳа́-ша, (C2) д-з-а-ҳа́-ша / ды-з-м-а-ҳа́-ша, [perf.] (C1) и-л-а-ҳа-хьо́у (-хьа́(ц)) / и-л-м-а-ҳа-хьо́у (-хьа́(ц)), (C2) д-з-а-ҳа-хьо́у (-хьа́(ц)) / ды-з-м-а-ҳа-хьо́у (-хьа́(ц)), [impf.] (C1) и-л-а-ҳа-уа́-з / и-л-м-а-ҳа-уа́-з, (C2) д-з-а-ҳа-уа́-з / ды-з-м-а-ҳа-уа́-з, [past indef.] (C1) и-л-а-ҳа́-з / и-л-м-а-ҳа́-з, (C2) д-з-а-ҳа́-з / ды-з-м-а-ҳа́-з, [cond.1] (C1) и-л-а-ҳа-ры́-з / и-л-м-а-ҳа-ры́-з, (C2) д-з-а-ҳа-ры́-з / ды-з-м-а-ҳа-ры́-з, [cond.2] (C1) и-л-а-ҳа́-ша-з / и-л-м-а-ҳа́-ша-з, (C2) д-з-а-ҳа́-ша-з / ды-з-м-а-ҳа́-ша-з, [plupf.] (C1) и-л-а-ҳа-хьа́-з / и-л-м-а-ҳа-хьа́-з, (C2) д-з-а-ҳа-хьа́-з / ды-з-м-а-ҳа-хьа-з; **Abs.** с-б-а-ҳа-ны́ / сы-б-м-а-ҳа́-кәа) **1.** to hear; to be audible, to be heard: Сара́ иара́ и-бжьы́ с-а-ҳа-уе́-ит. *I hear his voice. Я слышу его голос.* и-с-а-ҳа́-ит *I heard it/them.* Шәара́ и-шә-а-ҳа-уе́-и? *What are you hearing?* Шәара́ и-шә-а-ҳа́-и? *What did you hear?* з-лы́мҳа и-а-м-а-ҳа-уа́ а-уаҩы́ (ANR) *a person who does not hear.* Сара́ а́-ҷкән-цәа ры-бжьқәа́ с-а-ҳа́-ит [*сы-р-ҳа-ит]. *I heard the voices of the boys.* Сара́ уи́ и́рласны д-аа-уе́-ит ҳәа́ с-а-ҳа́-ит. *I heard that he will come soon.* Сара́ уи́ иацы́ с-қы́ҭа-хь д-аа́-ит ҳәа́ с-а-ҳа́-ит. *I heard that he came to my village yesterday.* Ҭага́лан а-ҵыкәре́и ҭа́-з-гало ры-бжьы́ у-а-ҳа-уе́-ит. (AFL) *In fall you hear the voices of the people who are gathering maize. Осенью ты слышишь голоса людей, которые собирают кукурузу.* Сара́ ха́тца бы-ш-ца́-з с-м-а-ҳа-ӡе́-ит. (AFL) *I didn't hear that you got married. Я не слышал, что ты вышла замуж.* Арантә ибзи́аны и-у-а-ҳа-уе́-ит. *It is heard well from here. [lit. You can hear it well from here.] Отсюда хорошо слышно.* «А-ҷкун» д-аа-дәы́л-ҵы-н, и-ҽы́ д-а́-ԥхьа-н а-ҳәынҭқа́р и-ҿы́ д-ахьы́-ҟа-з и-а-ҳа́-з а́-жәабжь а́-и-ҳәе-ит (< *и-а-а-и-ҳәе-ит). (Ab.Text) *The 'boy' left right away, called his horse, and told the horse what he had been told when he was at the King's place.* **2.** to get some pieces of information. **3.** to feel, to appreciate: Зе́гь ры-фҩы́ хааӡа́ и-у-а-ҳа-уе́-ит. (AFL) *Around [here] you appreciate the sweet smell. Вокруг ты чувствуешь сладкий запах.* Зегьы́ ры-фҩы́ хааӡа́ и-у-а-ҳа-уе́-ит. (/и-го́-ит). (IC) *Everything is smelling sweet.* **4.** to follow, to obey. [cf. **а-рҳа-ра́**]

а-ҳа-ра́[2] [tr.] [C1-C3-R / C1-C3-Neg-R] [C3 plait C1] (**Fin.** [pres.] и-с-ҳа-уе́-ит, и-а-ҳа-уе́-ит / и-с-ҳа-уа́-м (-ҳа-ӡо́-м), [aor.] и-с-ҳа-и́т, и-а-ҳа-и́т / и-сы-м-ҳа-и́т (-ҳа-ӡе́-ит), и-а-м-ҳа-и́т, [imper.] и-ҳа́! / и-бы-м-ҳа́-н!, и-шә-ҳа́! / и-шәы-м-ҳа́-н!; **Non-fin.** [pres.] (C1) и́-л-ҳа-уа / и́-лы-м-ҳа-уа, (C3) и-з-ҳа-уа́ / и-зы-м-ҳа-уа́, [aor.] (C1) и́-л-ҳа / и́-лы-м-ҳа, (C3) и-з-ҳа́ / и-зы-м-ҳа́, [impf.] (C1) и́-л-ҳа-уа-з / и́-лы-м-ҳа-уа-з, (C3) и-з-ҳа-уа́-з / и-зы-м-ҳа-уа́-з, [past indef.] (C1) и́-л-ҳа-з / и́-лы-м-ҳа-з, (C3) и-з-ҳа́-з / и-зы-м-ҳа́-з; **Abs.** и-ҳа-ны́ / и-м-ҳа́-кәа) **1.** to plait, to braid, to spin.

а-ҳа-ра́[3] [tr.] [C1-C3-R / C1-C3-Neg-R] [C3 supply a noose for C1] (**Fin.** [pres.] и-с-ҳа-уе́-ит, [aor.] и-с-ҳа-и́т; **Non-fin.** [pres.] (C1) и́-л-ҳа-уа / и́-лы-м-ҳа-уа, (C3) и-з-ҳа-уа́ / и-зы-м-ҳа-уа́, [aor.] (C1) и́-л-ҳа / и́-лы-м-ҳа, (C3) и-з-ҳа́ / и-зы-м-ҳа́, [impf.] (C1) и́-л-ҳа-уа-з / и́-лы-м-ҳа-уа-з, (C3) и-з-ҳа-уа́-з / и-зы-м-ҳа-уа́-з, [past indef.] (C1) и́-л-ҳа-з / и́-лы-м-ҳа-з, (C3) и-з-ҳа́-з / и-зы-м-ҳа́-з; **Abs.** и-ҳа-ны́ / и-м-ҳа́-кәа) **1.** to supply a noose.

а́-ҳарак(ы) [adj.] (а́-ҳарак-цәа/-кәа, ҳаракы́-к) **1.** tall: а-хәада́ хара́к *the high hillock.* а-ҩны́

Ҳ

ҳара́к *the tall house.* а́-ӡӷаб ҳара́к *the tall girl.* хәы́=ҳарак ду-к а-ҿы́ *on a large high hill.* д-ҳарак-у́п *(s)he is tall.*

а́-ҳара-к-ра [tr.] [C1-Prev-C3-R] [C3 elevate C1] (**Fin.** [aor.] и-ҳара́-л-к-ит / и-ҳара́-лы-м-к-ит, [imper.] и-ҳара́-к! / и-ҳаро́-у-м-кы-н!) **1.** to hold high, to elevate. **2.** to glorify: И-жәлар ры-хьӡ ҳаре́-и-к-ит. *He glorified the name of his own people.*

-ҳаракны́ [adv.] high: Ахаирпла́н ҳаракны́ и-ҧыр-уе́-ит. *An airplane is flying high.*

а́-ҳаракы́ра [n.] **1.** height. **2.** majesty.

а-ҳа́ргь [n.] (-қәа, ҳаргь-к, с-ҳа́ргь) an umbrella: А-ҳа́ргь шьҭы́-х! *Take an umbrella with you!*

ҳарҭ [pron.] (*see* **ҳара́**) **1.** (*specific*) we: Шә-гәы и-а́-лы-м-с-уа-зар, ҳарҭ хьӡы-к ҳ-гәы и-а́-хәо-н! (AF) *If it doesn't prick your heart, speaking for ourselves, there's a name that would give us pleasure.*

а-ҳарҭа́ [n.] a pear-orchard.

ҳаса́б || **ҳаса́б а-зы́-р-у-ит** [aor.] *they took into account.* || **ҳаса́б а-зы́-жә-уы!** [imper.] *take into account!* || **ҳаса́б а-з-у-ны́** [abs.] *having taken into account.* || **ҳаса́б з-зы́-р-у-ша** [non-fin. fut.2] *which they should take account of.*

а́-ҳасаб-ра [labile] **(1)** [tr.] [C1-C3-R / C1-C3-Neg-R] [C3 solve C1] (**Fin.** [pres.] и-с-ҳаса́б-уе-ит, [aor.] и-с-ҳаса́б-ит / и-сы-м-ҳаса́б-ит, [imper.] и-ҳаса́б! / и-бы-м-ҳаса́бы-н!; **Non-fin.** [pres.] (C1) и́-л-ҳасаб-уа / и́-лы-м-ҳасаб-уа, (C3) и-з-ҳаса́б-уа / и-зы́-м-ҳасаб-уа, [aor.] (C1) и́-л-ҳасаб / и́-лы-м-ҳасаб, (C3) и-з-ҳаса́б / и-зы́-м-ҳасаб, [impf.] (C1) и́-л-ҳасаб-уа-з / и́-лы-м-ҳасаб-уа-з, (C3) и-з-ҳаса́б-уа-з / и-зы́-м-ҳасаб-уа-з, [past indef.] (C1) и́-л-ҳасабы-з / и́-лы-м-ҳасабы-з, (C3) и-з-ҳаса́бы-з / и-зы́-м-ҳасабы-з; **Abs.** и-ҳаса́б-ны / и-м-ҳаса́б-кәа) **1.** to solve: А-студе́нт ари́ а́-ҳасабҭә ҩ-саа́ҭ-к и-л-ҳаса́б-уа-н. *The (female) student was solving this problem for two hours. Студентка решала эту задачу два часа.* А-студе́нт ари́ а́-ҳасабҭә ҩ-саа́ҭ-к ры-ла и-л-ҳаса́б-ит. *The (female) student solved this problem within two hours. Студентка решила эту задачу за два часа.* А-чкән акы́раамҭа а́-ҳасабҭә и-ҳаса́б-уа-н, аҵыхәа́н и-ҳаса́б-ит. *The boy was solving the problem for a long time and finally solved it. Мальчик долго решал задачу и наконец решил ее.* Уи́ и-ха́ла а́-ҳасабҭә и-ҳаса́б-т. *He solved the problem on his own. Он самостоятельно решил задачу.* **(2)** [intr.] [C1-R / C1-Neg-R] (**Fin.** [pres.] д-ҳаса́б-уе-ит /д-ҳаса́б-уа-м, [aor.] д-ҳаса́б-ит / ды-м-ҳаса́б-ит, [imper.] б-ҳаса́б! / бы-м-ҳаса́бы-н!; **Non-fin.** [pres.] (C1) и-ҳаса́б-уа / и-м-ҳаса́б-уа) **1.** (*of a problem*) to solve.

а́-ҳасабҭә [n.] (-қәа, ҳасабҭәы́-к) a problem.

а-ҳаскьы́н [n.] (-қәа, ҳаскьы́н-к) grass, herb: а-ҳаскьы́н иаҵәа́ *green grass.* а-ҳаскьы́н-быҕь *a grass leaf.* А-ҳаскьы́н ҧштәы́-с и-а́-мо-у-зеи? *Of what color is that grass? Какого цвета та трава?*

а-ҳаскьы́нра [n.] a grassy area.

а́-ҳаҭыр [n.] honor, respect; respect: л-а́-ҳаҭыр *the respect for her.* || А-ҭаҳмада а́-сас-цәа **ҳаҭы́р ры́-қә-и-тце-ит**. *The old man honored the guests.* || Аиҳаба-цәа́ еснагь **ҳаҭы́р ры́-қә-шә-тҵа-ла**! *Always respect old men!* || **ҳаҭы́р з-қә(ы́)-у** (at the beginning of a letter) *dear*: Ҳаҭы́р з-қә-у́ Али́ас Алы́қьса-иҧа́, и-шә-зе́иҕьа-с-шьо-ит а-гәабзи́ара! *Dear Alias Alekseevich, I wish you health!* || **а-хы́ а́-ҳаҭыр а-ба-ра́** to take care of oneself: Шә-хы а́-ҳаҭыр жә-ба! *Take care of yourself!*

а́-ҳаҭырқәҵара [n.] respect: и-а́-ҳаҭырқәҵара *respect for him.*

а́-ҳаҭырқәҵаратә *see* **а́-ҳаҭыртә**

а́-ҳаҭыртә [adj.] respected, honored.

ҳа́уа [pron.] who among us: Ҳа́уа ды-з-га-ры́-да? *Who among us will take him/her? Кто из нас возьмет его/ее?* Ҳа́уа и-иа́ша-да? *Who among us is right?*

а-ҳа́уа [n.] (-қәа) **1.** climate: А-ҳа́уа с-наа́ло-ит. *The climate suits me.* **2.** air: А-ҳа́уа ҧхе́-ит.

The air became warm.

аҳаҳáи [interj.] (expressing encouragement) "Go on!"**:** ахá иагьá и-рдыды́-ргьы, иагьá и-рмацәы́сы-ргьы, уарá аҳаҳáи акы́ у-а-цәы́-м-шәа-н. (Ab.Text) *but, even if the ogre makes thunder, and even if he makes lightning, you have nothing to fear, be brave.*

-ҳаҳара [suffix] *used to emphasize an adjective.* ["Intensifier," Chirikba:30]**:** áиқәатцә-хáҳара *very black* (< áиқәатцәа "black").

-ҳаҳараӡа [suffix] *used to emphasize an adjective.* ["Intensifier," Chirikba:30]**:** áиқәатцә-ҳáҳараӡа *very black.*

а-ҳá-тцла [n.] *a pear tree.*

Ҳаҵьарáҭ [n.] (m.) [person's name]

áҳкәажә [n.] (-цәа) a princess.

áҳра [n.] reign; princedom.

ҳ-тә-қәа *see* **-тәы-**[4]

а-ҳҭны́қалақь [n.] (-қәа) a capital**:** Аҟәа Аԥсны́ и-а-ҳҭны́қалақь-уп. (AFL) *Sukhum is the capital of Abkhazia.* Аԥсны́ а-ҳҭны́қалақь Аҟәа á-уп. *The capital of Abkhazia is Sukhum.*

аҳы́ [interj.] now!, come on!

Ҳә ҳә

ҳәа[1] [speech-particle, SP] (cf. **а-ҳәа-ра́** "to say". The speech-particle is a fossilized form of the Past Absolutive. See Hewitt, AF:237). **1.** *The* **ҳәа** *is a particle often found in Abkhaz and is usually called "the speech-particle" (Hewitt) or "the quotative particle" (Chirikba). Here we also call it SP (speech-particle), following Hewitt. According to Chirikba's explanation, "in the absence of complementizers in Abkhaz, for the purpose of Indirect speech reporting the non-finite forms with the conjunctional prefix* **-ш(ы)-** *'how' are used. Alternatively, Indirect speech can be expressed by the combination of a finite verb with the quotative particle and the introductory verb."* [*Chirikba:69*] *"The postposed quotative particle* ҳәа, *which is used to mark indirect statements, often acquires an additional meaning of 'a certain', 'one' and, being put after the word in focus, accentuates or explicitly marks the latter's focus status."* (*ibid. 73*) *This particle is sometimes omissible. When it is omissible, it is written in parentheses*: д-аа-уе́-ит **ҳәа сы́-ко-уп** *I think [lit. am (of the opinion)] that he/she will come.* Шаҟа́ и-а-ԥсо́-у-зеи абри́ а-тҟы́ ҩе́ижь?, ҳәа́ а́-тиҩы д-лы-з-тҵаа́-ит (*or* д-л-а́-з-тҵаа-ит) ԥҳәы́зба-к. (AFL) *"How much does this yellow dress cost?" one girl asked the saleswoman. «Сколько стоит это желтое платье?», спросила одна девушка продавщицу.* Сара́ уи́ и́рласны д-аа-уе́-ит ҳәа́ с-а-ҳа́-ит. *I heard that he will come soon.* Бара́ б-аба́-нхо-и?, ҳәа сара́ д-сы-з-тҵаа́-ит Амра. *"Where do you live?" Amra asked me.* Ҭага́лантәи а́-мш бзи́а "ԥхы́нчҟән" ҳәа́ и-а́-шьҭо-уп. (AFL) *Good autumn days are called an "Indian summer." Хорошие осенние дни называются "бабьим летом."* Ана́ҩс и-рҭы́нч-ны ҿа́а-л-т-уе-ит: «И-с-зы́-ла-шә-ҳәа, а-тҟы́ сара́ и-з-го́-ит!», ҳәа́. (AFL) *And then she said: "Wrap it for me, I am getting the dress." Потом она сказала: Заверните мне, я беру платье.* Ка́ма (ҳәа́) с-а́-шә-ҳәа-ла-р ҟа-ло́-ит. (AFL) *You can call me Kama. Вы можете звать меня Кама.* И-з-ҳәа́-да ҳәа с-и-а́-з-тҵаа-ит. *I asked him who said this. Я спросил у него, кто это сказал.* А-дәы́ӷба с-а́-г-ха-р ҳәа с-шәо́-ит. (AAD) *Я боюсь опоздать на поезд. I am afraid to be late for the train.* Дырми́т Гәли́а и-шәҟәы́ с-ҭах-у́п ҳәа с-е́-и-ҳәе-ит.*"I need Dmitry Gulia's book," he said to me.* Ды-чмазаҩха́-зар ҳәа гәыҩа́ра-с и-сы́-мо-уп. *I suspect that he got ill.* А-ҽы́ шә-мааҭ-к ҳәа а́-хә р-шье́-ит. *They estimated the horse to be worth one hundred rubles.* Ау́ха ари́ «а́-чкун» д-мы́-цәа-ӡа́-куа маӡала́ ани́ а́-ӡӷаб и́-ҟа-л-тцо з-бо́-ит ҳәа л-уа́да-ҿы а-цаԥха́ а-кы́лтцәара-ҿы д-кы́л-ԥшуа д-а́-лаге-ит. (Ab.Text) *That night, the 'boy' was unable to sleep and crept up to the girl's room secretly and started to peek through the keyhole to look at what she was doing.* А-ҽы́ шә-мааҭ-к ҳәа а́-хә р-шье́-ит. *They appraised the horse at one hundred rubles.*

2. *used to form a concessive clause with the Aorist.* (Hewitt, Abkhaz:174)**:** А-ҟалакь [а-]ахь уатҳәы́ с-це́-ит ҳәа, акыгьы́ а́а-с-хуо-м. *Although I shall go to town tomorrow, I shall not buy anything at all.* Зны́к и-а́а-у-рхе-ит ҳәа иара́ иара́знак ды-ԥс-ӡо́-м. (Ab.Text) *Even if you hit it once, it won't die right away.*

3. *used to form a purposive construction by means of "the masdar plus SP."* (Chirikba:65)**:** р-ба-ра́ ҳәа *in order to see them.* || **ҳәа а́-казаа-ра** to seem, to appear**:** Уи́ д-аа-уа́-м ҳәа сы́-ҟо-уп. *It seems to me that he/she will not come.* Лара́ д-ца́-зар ҳәа сы́-ҟо-уп. *It seems she left.* Уи́ д-м-аа-уа́-зар ҳәа сы́-ҟо-уп. *It seems he/she will not come. Он/она, кажется, не придет.*

4. about**:** Р-аб и́-и-тҵәахы-з мал ҳәа иа́рбан-заалакгьы акы́ ры-м-бе́-ит. (ACST) *They saw nothing whatsoever about the treasure their father had hidden.*

-ҳәа[2] [derivational suffix] *The SP* **-ҳәа** *is used to form the components of onomatopoeic words and adverbs, such as* ахәгхә́г-ҳәа "wheeze-saying," а-шьшьы́-хеа "slowly," аа́рла-ҳәа "hardly," а́-фыр-ҳәа "quickly"**:** А-ла́ а-чы́ӷә-чы́ӷә-ҳәа и-ш-уа́ и-на-гы́ле-ит. (ACST) *The dog came to a standing halt, barking in yelps.*

а́ҳәа [n.] (а́ҳәа-қәа, ҳәа-к, и-а́ҳәа) a saber; a sword.

а-ҳәа́ [n.] (а-ҳәа-кәа́, ҳәа-к, ҳәа-кәа́-к) a pig.

а-ҳәаа́ [n.] (а-ҳәаа́-кәа, ҳәаа́-к) a frontier; the border; a boundary: а-хәынтқа́рратә ҳәаа́ *the state boundary.* а-ҳәаа́ нхыц *abroad, за границу; за границей.*

аҳәаа-нхы́тц [adv.] **1.** abroad, за границу. **2.** abroad, за границей.

а-ҳәагәы́жь [n.] (-қәа, ҳәагәы́жь-ла) an iron chain.

а-ҳәажәы́ [n.] (а-ҳәажь-кәа́) pork. [< -ҳәа "pig" + -жь "meat, flesh"]

а́-ҳәаза-ра [intr.] [C1-S / C1-Neg-S] [C1 crawl] (**Fin.** [pres.] д-ҳәазо́-ит / д-ҳәазо́-м (-ҳәаза-ӡо́-м), [aor.] д-ҳәазе́-ит / ды-м-ҳеазе́-ит (-ҳәаза-ӡе́-ит), [imper.] б-ҳәаза́! / бы-м-ҳеаза́-н!, шә-ҳәаза́! /шәы-м-ҳеаза́-н!; **Non-fin.** [pres.] (C1) и-ҳәазо́ / и-м-ҳәазо́, [aor.] (C1) и-ҳәаза́ / и-м-ҳәаза́; **Abs.** д-ҳәаза-ны́ / ды-м-ҳәаза́-кәа) **1.** to crawl: А-хәчы́ а-каруа́т а́-цаќанӡа д-ҳәазе́-ит. *The child crawled under the bed.* А-мат ҳәазо́ а-ҿа́-а-на-ха-н, Ныхә и-ҿы́ и-аа́-ит. (AF) *The snake crawled off and came straight to Noah.*

а-ҳәа́р [n.] (pl.) a herd of calves, cf. **а-ҳәы́с** "a calf."

а́-ҳәара[1] [n.] (pl.**) request: а́-ҳәара ќа-р-це́-ит *they made a request.* А-ҳәара мап а-цәы́-с-к-ит. *I refused the request.*

а́-ҳәа-ра[2] [intr.] [C1-C2-R / C1-C2-Neg-R] [C1 request C2] (**Fin.** [pres.] с-лы́-ҳәо-ит / с-лы́-ҳәо-м (-ҳәа-ӡо-м), [aor.] с-лы́-ҳәе-ит / сы-л-мы́-ҳәе-ит, [imper.] б-лы́-ҳәа! / бы-л-мы́-ҳәа-н!, шә-ры-ҳә! / шәы-л-мы́-ҳәа-н!; **Non-fin.** [pres.] (C1) и-лы́-ҳәо (*тот, который просит ее*) / и-л-мы́-ҳәо, (C2) д-зы́-ҳәо (*тот, который он/она просит*) / ды-з-мы́-ҳәо, [aor.] (C1) и-лы́-ҳәа / и-л-мы́-ҳәа, (C2) д-зы́-ҳәа / ды-з-мы́-ҳәа, [impf.] (C1) и-лы́-ҳәо-з / и-л-мы́-ҳәо-з, (C2) д-зы́-ҳәо-з / ды-з-мы́-ҳәо-з, [past indef.] (C1) и-лы́-ҳәа-з / и-л-мы́-ҳәа-з, (C2) д-зы́-ҳәа-з / ды-з-мы́-ҳәа-з; **Abs.** с-лы́-ҳәа-ны / сы-л-мы́-ҳәа-кәа) **1.** to request; to beg, to ask: Сара́ Алха́с с-и́-ҳәе-ит. *I asked Alkhas.* С-бы́-ҳәо-ит мап и-цәы́-м-кы-куа б-и́-ша-рц. (Ab.Text) *I ask this of you. Please don't refuse to go with him to his place as his bride.* Б-сы́-цхраа-рц (а-зы́) с-бы́-ҳәо-ит. (ACST) *I am asking you to help me.* У-зы́-ҳәо у́-с-то-ит ҳәа с-а́-у-м-ҳәа-хьа-зи? (AF) *You had said to me that you'd give me what I request, is that not so?* || **а-гәы́ а́-ҳәа-ра** (= **а-гә-а́-ҳәа-ра**) to have a desire: Сара́ иахьа́ а-крура́ с-гәы а́-ҳәо-ит. (IC) *Today I have the desire to work.*

а-ҳәа-ра́[1] [tr.] **(1)** [C1-C3-R / C1-C3-Neg-R] [C3 say C1] (**Fin.** [pres.] и-с-ҳәо́-ит, и-аҳ-ҳәо́-ит / и-с-ҳәо́-м (-ҳәа-ӡо́-м), [aor.] и-с-ҳәе́-ит, и-а-ҳәе́-ит / и-сы-м-ҳәе́-ит, [imper.] ҳәа́! / и-бы-м-ҳәа́-н!, и-шә-ҳәа́!; **Non-fin.** [pres.] (C1) и́-л-ҳәо (*то, которое она говорит*) / и́-лы-м-ҳәо, (C3) и-з-ҳәо́ (*тот, который говорит его(нрз.)/их*) / и-зы-м-ҳәо́, [aor.] (C1) и́-л-ҳәа / и́-лы-м-ҳәа, (C3) и-з-ҳәа́ / и-зы-м-ҳәа́, [fut.1] (C1) и́-л-ҳәа-ра / и́-лы-м-ҳәа-ра, (C3) и-з-ҳәа-ра́ / и-зы-м-ҳәа-ра́, [fut.2] (C1) и́-л-ҳәа-ша / и́-лы-м-ҳәа-ша, (C3) и-з-ҳәа́-ша / и-зы-м-ҳәа́-ша, [perf.] (C1) и́-л-ҳәа-хьоу (-хьа(ц)) / и́-лы-м-ҳәа-хьоу (-хьа(ц)) , (C3) и-з-ҳәа-хьо́у (-хьа́(ц)) / и-зы-м-ҳәа-хьо́у (-хьа́(ц)), [impf.] (C1) и́-л-ҳәо-з / и́-лы-м-ҳәо-з, (C3) и-з-ҳәо́-з / и-зы-м-ҳәо́-з, [past indef.] (C1) и́-л-ҳәа-з / и́-лы-м-ҳәа-з, (C3) и-з-ҳәа́-з / и-зы-м-ҳәа́-з, [cond.1] (C1) и́-л-ҳәа-ры-з / и́-лы-м-ҳәа-ры-з, (C3) и-з-ҳәа-ры́-з / и-зы-м-ҳәа-ры́-з, [cond.2] (C1) и́-л-ҳәа-ша-з / и́-лы-м-ҳәа-ша-з, (C3) и-з-ҳәа́-шаз / и-зы-м-ҳәа́-ша-з, [plupf.] (C1) и́-л-ҳәа-хьа-з / и́-лы-м-ҳәа-хьа-з, (C3) и-з-ҳәа-хьа́-з / и-зы-м-ҳәа-хьа́-з; **Abs.** и-ҳәа-ны́ / и-м-ҳәа́-кәа) **1.** to say: Иа́рбан с-аа́т(ы)-у зы-б-ҳәа(з) а́-мҩа б-аны́-кә-ло (ҳәа)? (ACST) *What time did you say you are setting off?* || **а́шәа с-ҳәе́-ит** I am singing: Ашәа ҳ-ҳәо́-ит. *We are singing.* Уара́ а́шәа бзи́аны и-у-ҳәо-ма? *Do you sing well?* Сара́ а́шәа бзи́аны и-с-ҳәо́-ит. (AFL) *I sing well.* Ацәа́ра-қәа а́шәа аба́-р-ҳәо? *Where are the birds singing? Где поют птицы?* (AFL). И-а́б и́-и-ҳәа-з да́араӡа д-а-рхәы́ц-ит. *What his father said made him give serious consideration.*

(2) [C1-C2-a-C3-R / C1-C2-a-C3-Neg-R] [C3 say C1 to C2 / C3 tell C2 C1] (**Fin.** ([pres.] и-

Ҳә

с-á-л-ҳәо-ит, и-с-ó-у-ҳәо-ит, и-с-á-на-ҳәо-ит, и-б-á-ҳ-ҳәо-ит / и-с-á-л-ҳәо-м, [aor.] и-с-á-л-ҳәе-ит, и-с-é-и-ҳәе-ит, é-и-ҳәе-ит (*he said it/them to him*) / и-с-á-лы-м-ҳәе-ит, [fut.1] и-с-á-л-ҳәа-п / и-с-á-л-ҳәа-рым, [fut.2] и-с-á-л-ҳәа-шт / и-с-á-л-ҳәа-шам, [perf.] и-с-á-л-ҳәа-хьеит / и-с-á-лы-м-ҳәа-ц(т), [impf.] и-с-á-л-ҳәо-н / и-с-á-л-ҳәо-мызт, [past indef.] и-с-á-л-ҳәа-н / и-с-á-лы-м-ҳәа-зт, [cond.1] и-с-á-л-ҳәа-рын / и-с-á-л-ҳәа-рымызт, [cond.2] и-с-á-л-ҳәа-шан / и-с-á-л-ҳәа-шамызт, [plupf.] и-с-á-л-ҳәа-хьан / и-с-á-лы-м-ҳәа-цызт, [imper.] и-с-á-ҳәа! / и-с-á-бы-м-ҳәа-н!, и-с-á-шә-ҳәа! / и-с-á-шәы-м-ҳәа-н!, и-сы-з-и-á-ҳәа! (*say it/them to him for me!*); [caus.] и-л-сы-р-ҳәé-ит (*я заставил ее сказать его(нрз.)/их*); [poten.] и-лы-з-с-á-ҳәо-м, и-лы-з-с-á-м-ҳәе-ит; [nonvol] и-л-áмха-с-а-ҳәе-ит / и-л-áмха-с-а-м-ҳәе-ит; [vers.1] и-бы-з-с-á-л-ҳәе-ит / и-бы-з-с-á-лы-м-ҳәе-ит; [vers.2] и-бы-цә-с-á-л-ҳәе-ит / и-бы-цә-с-á-лы-м-ҳәе-ит; **Non-fin.** [pres.] (C1) и-с-á-л-ҳәо (*то, которое она говорит мне*), и-с-á-и-ҳәо, и-с-á-на-ҳәо, и-á-л-ҳәо (*то, что она кому-то/ чему-то говорит*), и-á-на-ҳәо, и-ҳ-á-л-ҳәо / и-с-á-лы-м-ҳәо, и-с-á-на-м-ҳәо, и-с-á-ры-м-ҳәо, (C2) и-з-á-л-ҳәó (*тот, которому она говорит его(нрз.)*), и-з-а-с-ҳәó, и-з-а-и-ҳәó, и-з-á-на-ҳәо, и-з-а-ҳ-ҳәó, и-з-а-р-ҳәó / и-з-á-лы-м-ҳәо, и-з-á-сы-м-ҳәо, и-з-á-и-м-ҳәо, и-з-á-на-м-ҳәо, и-з-á-ҳа-м-ҳәо, и-з-á-ры-м-ҳәо, (C3) и-с-á-з-ҳәо (*тот, который говорит мне его(нрз.)*), и-б-á-з-ҳәо, и-л-á-з-ҳәо, и-á-з-ҳәо (*тот, кто ему говорит его(нрз.)*), и-ҳ-á-з-ҳәо, и-р-á-з-ҳәо / и-с-á-зы-м-ҳәо, и-б-á-зы-м-ҳәо, и-л-á-зы-м-ҳәо, и-á-зы-м-ҳәо, и-ҳ-á-зы-м-ҳәо, и-р-á-зы-м-ҳәо, [aor.] (C1) и-с-á-л-ҳәа / и-с-á-лы-м-ҳәа, (C2) и-з-á-л-ҳәа / и-з-á-лы-м-ҳәа, (C3) и-с-á-з-ҳәа / и-с-á-зы-м-ҳәа, [fut.1] (C1) и-с-á-л-ҳәа-ра / и-с-á-лы-м-ҳәа-ра, (C2) и-з-á-л-ҳәа-ра / и-з-á-лы-м-ҳәа-ра, (C3) и-с-á-з-ҳәа-ра / и-с-á-зы-м-ҳәа-ра, [fut.2] (C1) и-с-á-л-ҳәа-ша / и-с-á-лы-м-ҳәа-ша, (C2) и-з-á-л-ҳәа-ша / и-з-á-лы-м-ҳәа-ша, (C3) и-с-á-з-ҳәа-ша / и-с-á-зы-м-ҳәа-ша, [perf.] (C1) и-с-á-л-ҳәа-хьоу (-хьа(ц)) / и-с-á-лы-м-ҳәа-хьоу (-хьа(ц)), (C2) и-з-á-л-ҳәа-хьоу (-хьа(ц)) / и-з-á-лы-м-ҳәа-хьоу (-хьа(ц)), (C3) и-с-á-з-ҳәа-хьоу (-хьа(ц)) / и-с-á-зы-м-ҳәа-хьоу (-хьа(ц)), [impf.] C1) и-с-á-л-ҳәо-з / и-с-á-лы-м-ҳәо-з, (C2) и-з-á-л-ҳәо-з / и-з-á-лы-м-ҳәо-з, (C3) и-с-á-з-ҳәо-з / и-с-á-зы-м-ҳәо-з, [past indef.] (C1) и-с-á-л-ҳәа-з / и-с-á-лы-м-ҳәа-з, (C2) и-з-á-л-ҳәа-з / и-з-á-лы-м-ҳәа-з, (C3) и-с-á-з-ҳәа-з / и-с-á-зы-м-ҳәа-з, [cond.1] (C1) и-с-á-л-ҳәа-ры-з / и-с-á-лы-м-ҳәа-ры-з, (C2) и-з-á-л-ҳәа-ры-з / и-з-á-лы-м-ҳәа-ры-з, (C3) и-с-á-з-ҳәа-ры-з / и-с-á-зы-м-ҳәа-ры-з, [cond.2] (C1) и-с-á-л-ҳәа-ша-з / и-с-á-лы-м-ҳәа-ша-з, (C2) и-з-á-л-ҳәа-ша-з / и-з-á-лы-м-ҳәа-ша-з, (C3) и-с-á-з-ҳәа-ша-з / и-с-á-зы-м-ҳәа-ша-з, [plupf.] (C1) и-с-á-л-ҳәа-хьа-з / и-с-á-лы-м-ҳәа-хьа-з, (C2) и-з-á-л-ҳәа-хьа-з / и-з-á-лы-м-ҳәа-хьа-з, (C3) и-с-á-з-ҳәа-хьа-з / и-с-á-зы-м-ҳәа-хьа-з; **Abs.** и-с-á-м-ҳәа-кәа) **1.** to say sth to sb: Аӡәгьы́ и-á-м-ҳәа-кәа а-ҩны́-ҟа д-аá-ит. (AF) *He/She came to the house without saying a word to anyone.* (...) ҳәа л-е-и-ҳәé-ит а-ҳәынҭҟáр и-ҧҳәы́с (Ab.Text) *The king told his wife that* (...). И-р-á-ҳә! *Tell them!* И-л-ó-у-ҳәо-зеи? *What will you say to her?* Маумóу, сы-хумáр-уа и-с-ҳәó-ит *No, I am saying this in jest.* Доусы́ р-гәы́ и-ҭá-з р-ҳәé-ит. *Each of them said what he was thinking about. Каждый из них сказал то, о чем думал.* Сы-ҧс-и́т ҳәá сы-з-иá-шә-ҳәа Куáсҭа, — и-ҳәéит Бáта. *Скажите от моего имени Константину, что, мол, я умер (осрамился), — сказал Бата.* И-шә-ҳәá, шәарá шьыжьлá шә-ан-гы́ло? (AFL) *Say — when do you get up in the morning? Скажите, когда вы встаете утром?* Дырми́т Гәли́а и-шәҟәы́ с-ҭах-ýп ҳәа с-é-и-ҳәе-ит. *"I need Dmitry Gulia's book," he said to me.* «А-ҷкун» д-аа-дәы́л-ҵы-н, и-ҽы́ д-á-ҧхьа-н а-ҳәынҭҟáр и-ҿы́ д-ахьы́-ҟа-з и-а-ҳá-з á-жәабжь á-и-ҳәе-ит (< и-а-а-и-ҳәе-ит). (Ab.Text) *The 'boy' left right away, called his horse, and told the horse what he had been told when he was at the King's place.* Кáма ҳәá с-á-шә-ҳәа-ла-р ҟа-лó-ит. (AFL) *You can call me Kama. Вы можете звать меня Кама.* **2.** to convey; to communicate: И-áн л-áжәа л-ҧҳá и-лы-з-и-á-шә-ҳәа шәарá. *You, convey the word of his mother to her son from her, on her behalf.* || **áҧсшәа и-á-с-ҳәе-ит** *I exchanged greetings with him.* || **и́-р-ҳәа-з ҳәó-уп.** *Their word is as good as their bond.* || **у-ҳәá** *see*

ухәа́ [adv.]

а-ҳәа-ра́[2] [tr.] [C1-C3-R / C1-C3-Neg-R] [C3 propose marriage to C1] (**Fin.** [pres.] ды-с-ҳәо́-ит / ды-с-ҳәо́-м (-ҳәа-ӡо́-м), [aor.] ды-с-ҳәе́-ит / д-сы-м-ҳәе́-ит (-ҳәа-ӡе́-ит), [imper.] д-ҳәа́! / д-бы-м-ҳәа́-н!, ды-шә-ҳәа́! / д-шәы-м-ҳәа́-н!; **Non-fin.** [pres.] (C1) и́-с-ҳәо / и́-сы-м-ҳәо, (C3) ды-з-ҳәо́ / д-зы-м-ҳәо́; **Abs.** д-ҳәа-ны́ / ды-м-ҳәа́-кәа) **1.** to propose. **2.** to propose [getting married].

а-ҳәа-ра́[3] [tr.] [C1-C3-R / C1-C3-Neg-R] [C3 comb C1] (**Fin.** [pres.] и-с-ҳәо́-ит / и-с-ҳәо́-м, [aor.] и-с-ҳәе́-ит, и-а-ҳәе́-ит / и-сы-м-ҳәе́-ит, и-а-м-ҳәе́-ит, [imper.] и-ҳәа́! / и-бы-м-ҳәа́-н!, и-шә-ҳәа́! / и-шәы-м-ҳәа́-н!; **Non-fin.** [pres.] (C1) и́-л-ҳәо / и́-лы-м-ҳәо, (C3) и-з-ҳәо́ / и-зы-м-ҳәо́, [aor.] (C1) и́-л-ҳәа / и́-лы-м-ҳәа, (C3) и-з-ҳәа́ / и-зы-м-ҳәа́, [impf.] (C1) и́-л-ҳәо-з / и́-лы-м-ҳәо-з, (C3) и-з-ҳәо́-з / и-зы-м-ҳәо́-з, [past indef.] (C1) и́-л-ҳәа-з / и́-лы-м-ҳәа-з, (C3) и-з-ҳәа́-з / и-зы-м-ҳәа́-з; **Abs.** и-ҳәа-ны́ / и-м-ҳәа́-кәа) **1.** to comb (hair)**:** с-хы́ с-ҳәо́-ит. *I am combing my hair.* Сы-хцәы́ с-ҳәо́-ит. *I am combing my braid.* Зы́злан лы-хцәы́ л-ҳәо д-а́-ла-ге-ит. *He/She bagan combing Dzyzlan's hair.*

ҳәара́ аҭахы́ума [parenthesis] of course**:** Ҳәара́ аҭахы́ума, уи́ д-аа-уе́-ит. (RAD) *Разумеется, он/она придет. Of course, he/she will come.*

ҳәара́да [adv.] it goes without saying, of course.

а-ҳәа́ра-ҟәа [n.] (pl.) (sg. **а-ҳәы́с**) calves.

ҳәара́с иаҭаху́зеи! of course!

ҳәараҭахы́мкәа [adv.] (= **а́аи**) of course**:** Уи́ ҳәараҭахы́мкәа, д-иа́шо-уп. *He/She is, of course, right. Он/Она, конечно, прав/права.*

а-ҳәа́рҭа [n.] the possibility/an opportunity to express one's opinion.

а-ҳәаса́ [n.] (а-ҳәаса-ҟәа́) ahwasa [a kind of peach].

а-ҳәатәы́ [n.] what to say**:** И-ҳәатәы́ и-ҳәе́-ит. *He said what he wanted to say.* А-нцәа́ и-ҳәатәы́ хе́-и-м-тцо д-а́-ла-ге-ит. *He began not believing in what God said.*

ҳәа-ҭы́х-ла [adv.] with drawn sword.

а-ҳәатцара-ҟәа *see* **а́-ҳәатцыс**

а́-ҳәатцыс [n.] (а-ҳәатцара-ҟәа) a piglet.

а-ҳәа́шьа [n.] (-ҟәа) **1.** the way of expressing thought. **2.** pronunciation. || **ҳәа́шла-к а́-ма-м-ҟәа** *very, очень.*

а-ҳәо́у [n.] (а-ҳәоу-ҟәа) a sentence**:** Шә-ры́-ԥхьа а-ҳәоу-ҟәа! *Read the sentences.*

а-ҳә-ра́ [intr.] [C1-R / C1-Neg-R] [C1 graze] (**Fin.** [pres.] и-ҳә-уе́-ит / и-ҳә-уа́-м (-ҳә-ӡо́-м), [aor.] и-ҳә-и́т / и-м-ҳә-и́т (-ҳә-ӡе́-ит); **Non-fin.** [pres.] (C1) и-ҳә-уа́ / и-м-ҳә-уа́, [aor.] (C1) и-ҳәы́ / и-м-ҳәы́; **Abs.** и-ҳә-ны́ / и-м-ҳәы́-кәа) **1.** to graze. **2.** to feed, to eat**:** а-ҿы́ ҳә-уе́-ит *the horse is grazing.* Ҿы́-к а-дә-а-ҿы́ и-ҳә-уе́-ит. *A horse is grazing in the field.* А-жә а-дә-а-ҿы́ и-ҳә-уа́-н. *The cows were feeding in the meadow.* А-уаса-ҟәа́ ҳә-уа́ а́-наара и-кы́ды-н. *The sheep were grazing and were on the slope.* [cf. **а-рҳә-ра́** "to pasture, to graze"]

а́-ҳәса [n.] (pl.) (ҳәса-ҟәа́-к) (< **а-ԥҳәы́с** (sg.)) women**:** а-ҳәса-ҟәа́ *women.* ҩы́џьа а́-ҳәса *two women.* а́-ҳәса бы́рг-цәа *middle-aged women, пожилые женщины.*

а́-ҳәса-ҟәа [n.] (pl.) (ҳәса-ҟәа́-к) women.

а-ҳәсҭа́ [n.] (а-ҳәсҭа-ҟәа́) a piece of vegetable garden.

а-ҳәҳәа́га [n.] (-ҟәа) a rake**:** ҳәҳәа́га-ла *with a rake.*

а́-ҳәҳәа-ра [intr.] [C1-S / C1-Neg-S] [C1 shout] (**Fin.** [pres.] ды-ҳәҳәо́-ит / ды-ҳәҳәо́-м, [aor.] ды-ҳәҳәе́-ит / д-мы-ҳәҳәе́-ит, [imper.] бы-ҳәҳәа́! / б-мы-ҳәҳәа́-н!; **Non-fin.** [pres.] (C1) и́-ҳәҳәо / и́-м-ҳәҳәо, [aor.] (C1) и́-ҳәҳәа / и́-м-ҳәҳәа; **Abs.** ды-ҳәҳәа-ны́ / д-мы-ҳәҳәа́-кәа) **1.** to shout, to scream; to yell**:** А-хьаа́ анизтцысы́ а́-ҳәҳәара д-а́-лаге-ит. *He/She began to scream from pain.* А-дау-куа́ у-гуа́-р-ҭа-р, и-ҟаа-шт и-ҳәҳәа́-шт. (Ab.Text) *If the ogres notice you, they will probably scream and wail.*

Ҳә

аҳәшьа́ [n.] > **а́иаҳәшьа** a sister: с-аҳәшьа́ *my sister.* с-а́ҳәшь-цәа *my sisters.* у-а́ҳәшь-цәа *your sisters.* с-аҳәшьа́ хәычы́ *my younger sister.* с-аҳәшьа́ еиҳабы́ *my elder sister.* ҳ-а́ҳәшь-цәа *our sisters.* Ка́ма д-с-аҳәшьо́-уп. *Kama is my sister. Кама мне сестра.* Ка́ма с-аҳәшьа́ л-о́-уп. *Kama is my sister. Кама моя сестра.*
аҳәшьаԥҳа́ [n.] (аҳәшьаԥҳа-цәа́, и-аҳәшьаԥҳа́) (= **а́еҳәшьаԥҳа**) **1.** a nephew; a son of a sister.
аҳәшьаԥҳҳа́ [n.] (с-аҳәшьаԥҳҳа́) a niece.
-а́ҳәшь-цәа [n.] (pl.) -sisters. [See **аҳәшьа́**]
а́-ҳәызба [n.] (а́-ҳәызба-қәа, сы́-ҳәызба, ҳәызба́-к, ҳәызба-қәа́-к) a knife: А-жә ҳәы́зба-ла и-с-шь-и́т. [*а́-жә а́-ҳәызба и-а́-ла-с-шь-ит.] *I killed the cow with the knife.*
а-ҳәы́наԥ [n.] (а-ҳәы́наԥ-қәа, ҳәы́наԥ) a mouse.
а-ҳәынаԥкы́га [n.] (-қәа) a mousetrap.
а-ҳәынаԥшьы́га [n.] arsenic, a mouse poison.
а-ҳәынтқа́р [n.] (а-ҳәынтқа́р-цәа, р-ҳәынтқа́р) a king: Ҳәынтқа́р-к ды́-ҟа-н. *There lives a king.*
а-ҳәынтқа́рра [n.] (-қәа, ҳәынтқа́рра-к) **1.** a state, a nation. **2.** reign.
а-ҳәынтқа́рратә [adj.] state: а-ҳәынтқа́рратә бызшәа *a state language.* а-ҳәынтқа́рратә ҳәаа́ *a state border.* Аԥсны́тәи а-ҳәынтқа́рратә университе́т *the Abkhazian State University.* А-цәы́ргақәтца ба-ны́ с-ан-а́-л-га (а́-шьтахь), сара́ с-це́-ит Аԥсуа ҳәынтқа́рратә музе́и а́хь. (AFL) *After I finished looking at the exhibition, I went to the Abkhazian State Museum. После того, как я кончил смотреть выставку, я поехал в Абхазский государственный музей.*
а-ҳәынтцәа́ [n.] (а-ҳәынтцәа-қәа́, ҳәынтцәа́-к) mud.
а-ҳәынтцәара́ [n.] slush: Цьара́-цьара́ ҳәынтцәаро́-уп. (AFL) *Here and there it is slushy.*
а-ҳәынтцәра́ [n.] (-қәа́) a button.
а-ҳәынтцәра́ԥшь [n.] (-қәа, ҳәынтцәра́ԥшь-к) a robin.
а-ҳәы́рта [n.] (-қәа, р-ҳәы́рта-қәа) a pasture: р-ҳәы́рта-қәа р-ҿы *in their pastures.*
а-ҳәы́с [n.] (а-ҳәы́с-қәа, ҳәы́с-к) a calf. [cf. pl. **а-ҳәа́р, а-ҳәара-қәа**]
а-ҳә(ы)ста́ [n.] (-қәа́, ҳә(ы)ста́-к) a fenced-in/enclosed plot.
а-ҳәы́ҳә [n.] (а-ҳәы́ҳә-қәа, ҳ-ҳәы́ҳә-қәа, ҳәы́ҳә-к) a pigeon; a dove: Ҳәы́ҳә-к ԥыр-ԥыр-уа́ и-ааҩнашы́л-т. (Ab.Text) *A pigeon came flapping in.*

Ц ц

-ц[1] [derivational suffix] *used to mark a separate object.* [< **а-ц** "tooth"]**:** а-бӡы́-ц *a (small) leaf,* cf. а-бӡы́ [coll.] *leaves; a leaf.* а-хуы́-ц *a hair, волос,* cf. а-хуы́ [coll.] *hair, волосы.* а́-шьхы-ц *one bee, одна пчела,* cf. а́-шьха *a bee/bees, пчела/пчелы.*

-ц-[2] [prefix] *used with an oblique pronominal prefix and meaning "**together with** someone." The complex, i.e. "Obl.+***ц***" is inserted immediately after Column I. In this verbal complex if an agent in Column III is a 3rd person sg. non-human, it takes the pronominal prefix* **-а-: (1) [intr.]** с-лы́-ц-цо-ит *I'll go with her.* с-лы́-ц-це-ит *I left with her.* с-лы́-цы-м-це-ит *I didn't leave with her.* Сара́ Ка́ма а-қы́ҭа а́хь с-лы́-ц-це-ит. *I went to the village with Kama.* **(2) [tr.]** и-лы́-ц(ы)-с-фо-ит *I'll eat it/them with her.* и-лы́-ц-сы-м-фе-ит *I didn't eat it/them with her.* и-лы́-ц-фа! *eat it/them with her!* и-лы́-ц-бы-м-фа-н! *don't eat it/them with her!* и-лы́-ц-с-ды-р-фе-ит *they made me eat it/them together with her.* и-лы́-ц-сы-д-мы-р-фе-ит *they didn't make me eat it/them together with her.* и-лы́-ц-ҟа-с-ҵе-ит *I did it/them together with her.* и-лы́-ц-ҟа-сы-м-ҵе-ит *I didn't do it/them together with her.* и-лы́-ц-ҟа-ҵа! *do it/them with her!* и-лы́-ц-ҟа-бы-м-ҵа-н! *don't do it/them together with her!* и-лы́-ц-с-ды-р-ҟа-ҵе-ит *they made me do it/them together with her.* и-лы́-ц-сы-д-мы́-р-ҟа-ҵе-ит *they didn't make me do it/them together with her.* и-у́-цы-з-го-м *I am not carrying it/them together with you.* и-сы-з-у́-ц-го-м *I cannot carry it/them with you.* А-ҷкуын и-а́н д-лы́-цы-м-ныҟуе-ит. *The boy did not go for a walk with his mother.* С-лы́-ц-гы́ло-уп. *I am standing with her.* Ка́ма с-лы́-ц-гы́ла-н. *I was standing with Kama.* И-лы́-цы-б-ҭи-уа-з-ма? *Were you selling it/them together with her?* И-лы́-ц-бы-м-ҭи-ӡеи? *Didn't you sell it/them together with her?* И-з-цы́-б-ҭи-уа-да? *With whom will you be selling it/them?*

-ц[3] [verbal suffix] *used to mark the non-finite perfect indicative of both dynamic and stative verbs***:** и-ца́-ц *"(the one) that has already gone"*, и́-м-ца-ц; и́-ҟа-ц *"(the one) that has already been"*, и́-ҟа-мы-ц. *According to Hewitt's explanation* (ACST), *"[dynamic] forms in* **-ц** *tend to convey a nuance of iterativity or repeated action"***:** Макьа́на ҳ-ахьы́-м-ца-**ц** ҳ-ца́-р-о-уп. (ACST) *We should go where we have not as yet already been.*

-ц-[4] *see* **а́-ц-заа-ра** "be with"

ац. *see* **а-цынгы́ла**

а́-ц [n.] (а́-ц-қәа, цы-к) a tooth.

а́-ца[1] [n.] (а́-ца-қәа, ца-к) a cherry**:** А-ца шьҭа́ и-ҟаԥшьхо́-ит. *The cherries are already turning red.*

а́-ца[2] [n.] (а́-ца-қәа, сы́-ца, ца-к, ца-қәа́-к) the stomach**:** И-ца и́-хь-уе-ит. *He has a stomachache.* А-хш а́-ца а-р-ҭо́-ит. *They are making cheese.*

а-ца́[1] [n.] (а-ца-қәа́, ца-к) a storehouse for keeping maize.

а-ца́[2] [adj.] (и-цо́-у, а-ца-қәа́) hot**:** а-хш ца *hot milk.*

а-ца́[3] [adj.] (и-цо́-у) bitter.

а́-ц-ааи-ра [intr.] [C1-C2-Prev-R / C1-C2-Prev-Neg-R] [C2 succeed well at C1] (**Fin.** [pres.] и-сы́-ц-ааи-уе-ит (мне удается что-то) / и-сы́-ц-ааи-уа-м, [aor.] и-сы́-ц-ааи-т / и-сы́-ц-м-ааи-т, [imper.] у-сы́-ц-ааи! / у-сы́-ц-м-ааи-н!; **Non-fin.** [pres.] (C1) и-сы́-ц-ааи-уа / и-сы́-ц-м-ааи-уа, (C2) и-зы́-ц-ааи-уа / и-зы́-ц-м-ааи-уа; **Abs.** и-сы́-ц-ааи-ны / и-сы́-ц-м-ааи-қәа) **1.** (something) to succeed/work easily**:** Уи́ и-бзи́аны и́-ц-ааи-уе-ит а-математи́ке-и а-фи́зике-и. (AFL) *He is a success at mathematics and physics./He succeeds well at mathematics and physics. Ему удаются математика и физика./Он хорошо успевает по математике и физике.*

а-цаблы́кь [n.] (-қәа) a woodcock.

а́-цакьа [n.] (-қәа, цаҟьа́-к) crag, cliff.

а-цала́кьа [n.] (-қәа, цала́ҟьа-к) the floorboard in front of the door of a maize store.
Ацан-ба [family name]
а-цаҕха́ [n.] (а-цаҕха-қәа́, цаҕха́-к, шә-цаҕха́) a key: а́-шә цаҕха́-ла а-рк-ра́ *to lock the door.*
а́-цара [n.] (-қәа) a silver mimosa grove.
а-ца́ра [n.] heat.
а-цара́[1] [n.] going away, departure: с-цара́ *my departure.* || **ха́тца а-ца-ра́** *see* **ха́тца**
а-ца-ра́[2] [intr.] [C1-R] [C1 go] (**Fin.** [pres.] д-цо́-ит / д-цо́-м (-ца-ӡо́-м), [aor.] д-це́-ит / ды-м-це́-ит, [fut.1] д-ца́-п / д-ца-ры́м *or* ды-м-ца́-п, [fut.2] д-ца́-шт / д-ца́-шам, [perf.] д-ца-хьéит / ды-м-ца́-ц(т), [impf.] д-цо́-н / д-цо́-мызт, [past indef.] д-ца́-н / ды-м-ца́-зт, [cond.1] д-ца-ры́н / д-ца-ры́-мызт, [cond.2] д-ца́-шан / д-ца́-ша-мызт, [plupf.] д-ца-хьа́н / ды-м-ца́-цызт, [imper.] б-ца́! / бы-м-ца́-н!, шә-ца́! / шәы-м-ца́-н!, ҳ-ца́-п! (*let's go!*); **Non-fin.** [pres.] и-цо́ / и́-м-цо, [aor.] и-ца́ / и́-м-ца, [fut.1] и-ца-ра́ / и́-м-ца-ра, [fut.2] и-ца́-ша / и́-м-ца-ша, [perf.] и-ца-хьо́у/хьа́(ц) / и́-м-ца-хьоу/хьа(ц), [impf.] и-цо́-з / и́-м-цо-з, [past indef.] и-ца́-з / и́-м-ца-з, [cond.1] и-ца-ры́з / и́-м-ца-рыз, [cond.2] и-ца́-шаз / и́-м-ца-шаз, [plupf.] и-ца-хьа́з / и́-м-ца-хьаз; **Abs.** д-ца-ны́ / ды-м-ца́-қәа; и-цо́) **1.** to go: ҕба́-ла а-цара́ *to go by steamship.* Сара́ а-шко́л-ахь с-цо́-ит. *I go to school.* Уаре́-и саре́-и а-шко́л-ахь ҳ-ца́-п. *You and I will go to the school.* Уара́ а-ҩны́-ҟа у-ца́! *You, go home!* Лара́ л-а́хь д-це́-ит. *He/She went to hers.* Ҭемы́р а-шко́л-ахь у-ца́! *Temyr, go to school!* Цәара́ (шьҭа́лара) с-цо́-ит. *I am lying down to sleep.* А-рестора́н ахь кры́фара д-це́-ит. (RAD) *Он/Она пошел/-шла обедать в ресторан. He/She went to the restaurant to eat lunch.* А-саа́ҭ шаҟа́ р-зы́ шә-цо́-зеи шьҭа́лара? *What time will you go to sleep?* Нан, ны́ҟәара ҳ-ца́-п! *Mama, let's go take a walk!* Шәара́ шә-аба́-цо-и? *Where are you going?* И-шьҭахьҟа д-гьажь-ны́ д-це́-ит. **2.** to leave, to go away: с-це́-ит *I left.* А-хуч-қуа́ а-ҩны́-ҟа и-це́-ит. *The children went home.* Аӡын ан-ца-ла́к а́аҕын аа-уе́-ит. (AFL) *Spring always follows winter.* **3.** (*of time*) to pass, to go by: Х-саа́ҭ-к це́-ит. *Three hours passed.* Аамҭа акы́р ца-хьа́-н. (RAD) *It was quite late. Было довольно поздно.* **4.** *(of a road)* to go to: Ари́ а́-мҩа с-қы́ҭа-хь и-цо́-ит. *This road goes to my village.* **5.** (*of a river*) to flow, to run: Ҳа-ҩны́ а́ҕхьа Бзыҕ и-и́ас-ны и-цо́-ит. (ARD) *The Bzyp River flows in front of our house. Перед нашим домом протекает Бзыбь (Бзып).* Бза́на Кәтол и-а́лс-ны и-цо́-ит. (ARD) *The Bzana River flows through the Kutol village. Бзана протекает через Кутол.* **6.** (*of snow*) to melt; (*of sound*) to go out, to vanish: А-мҩа-қәа р-ҿы а-сы́ це́-ит. *The snow has melted on the roads.* А-бжьы́ це́-ит (/ы́-ӡ-ит). *The sound vanished.* **7.** to go on, to be in progress; to be on, to be being shown: Актәи а-програ́мма-ла а-му́зыкатә ды́рраҭара цо́-ит. (IC) *According to the first program, a music broadcast is on.* У-у́с-қәа шҕа́-цо? *How are things going with you?* || **и-гәы́ це́-ит** he was frightened.
а-ца́рҭа [n.] (-қәа) **1.** a passage. **2.** way out.
ца́схәа [adv.] **1.** on purpose, purposely: Сара́ ца́схәа с-аа́-ит, шәара́ а-ды́рра шәы́-с-ҭа-рцы. *I purposely came to warn you.*
а-ца́шьа [< ца- *go* + -шьа *manner*] **1.** manner of going: Ца́шьа-с и-у́-мо-у-зеи уа́хь? (AFL) *How will you go there? На чем ты едешь туда?* **2.** progress: а-у́с а-ца́шьа *the progress of a work.*
а-цгәы́ [n.] (а-цгә-қәа́, сы-цгәы́, цгәы́-к) a cat: Цгәы́-к сы́-мо-уп. *I have a cat.*
а-це́нтр [n.] (-қәа, це́нтр-к) the center: Сара́ а-це́нтр с-а-цәы́харо-уп. *I am far from the center.*
а́-ц-заа-ра [intr. stative] [C1-C2-Prev-R(ø)] [C1 be together with C2] (**Fin.** [pres.] д-лы́-ц-уп / д-лы́-цы-м, [past] д-лы́-цы-н / д-лы́-ц-мызт, [imper.] б-сы́-цы-з! / б-сы́-ц-мыз!; **Abs.** д-сы́-ц-ны, д-ры́-ц-ны / д-сы́-цы-м-қәа; **Non-fin.** [pres.] (C1) и-лы́-ц-у / и-лы́-цы-м, (C2) д-зы-ц-у́ / ды-з-цы́-м, [past] (C1) и-лы́-цы-з / и-лы́-ц-мыз, (C2) д-зы-цы́-з / ды-з-цы́-мыз) **1.** to

be together with: С-и́-ц-уп. *I am together with him.* И-у́-ц-да-з уахь у-а́н-цо-з? — Сара́ а-дәқьа́н ахь с-ан-цо́-з д-сы́-цы-н с-ан. (AFL) *Who were you going there with? — I was going to the store with my mother.* Урҭ хьчацәа́-уп, а́-раху и-ры́-ц-уп. (ANR) *They are herdmen; they are with their stock.*

а-цивилиза́циа [n.] (-қәа) civilization: а́нтикатә цивилиза́виа *ancient civilization.*

а-ци́рк [n.] (-қәа) **1.** a circus. **2.** something very astonishing, a wonder.

а-ци́трус [n.] (-қәа) citrus fruits: А-дуне́и и-а-ды́р-уе-ит Аҧсны́тәи аци́трус-қәа. (AFL) *The whole world knows Abkhazian citrus fruits.*

-цклаҧшны [adv.] zealously, diligently.

а́-цклаҧшра[1] [n.] attention.

а́-цкла-ҧш-ра[2] [intr.] [C1-C2-{with-Prev}-R] [C1 pay attention to C2] (**Fin.** [pres.] д-а́-цкла-ҧш-уе-ит / д-а́-цкла-ҧш-уа-м, [aor.] д-а́-цкла-ҧш-ит / д-а́-цкла-м-ҧш-ит; **Abs.** д-а́-цкла-ҧш-ны) **1.** to watch/follow attentively, to pay attention to: А-у́с а-ца́шьа д-а́-цкла-ҧш-уе-ит. (ARD) *He/she is paying attention to the progress of a work.*

а-ц-к-ра́ [tr.] [C1-C2-Prev(with)-C3-R / C1-Prev(with)-C3-Neg-R] [C3 hold C1 along with C2] (**Fin.** [pres.] еиц-а́ҳ-к-уе-ит (*мы вместе держим его(нрз.)/их*) / еиц-а́ҳ-к-уа-м (-к-ӡо-м), [aor.] еиц-а́ҳ-к-ит / еиц-а́ҳа-м-к-ит (-к-ӡе-ит), [imper.] и-сы́-ц-кы! / и-сы́-ц-бы-м-кы-н!; **Non-fin.** [pres.] (C1) еиц-а́ҳ-к-уа / еиц-а́ҳа-м-к-уа, (C3) еицы́-з-к-уа / еицы́-зы-м-к-уа; **Abs.** еиц-к-ны́ / еицы́-м-к-кәа) **1.** to hold together.

а́-ц-кәаша-ра* [intr.] [C1-C2-Prev(with)-R] [C1 dance with/to C2] (**Fin.** [aor.] д-а́-ц-кәаше-ит / д-а́-цы-м-кәаше-ит, [imper.] б-а́-ц-кәаша! / б-а́-цы-м-кәаша-н!, Abs. д-а́-ц-кәаша-ны / д-а́-цы-м-кәаша-кәа) **1.** to dance with. **2.** to dance to: Сара́ уи а-му́зыка с-а́-ц-кәашо-ит. *I am dancing to this music.*

Ц

цқьа [adv.] **1.** well: А-дау́ ды-шь-ны́ д-ахь-ка-жьы́-з цқьа́ и-аны́-ла-и-хуа-ҧш, цабыргы́нгьы и-лы́мҳа-қуа акы́ ш-а́-ма-мыз р-бе́-ит. (Ab.Text) *When they carefully looked at the ogre lying down who had been killed, they realised that, indeed, one of his ears was missing.* **2.** exactly; properly; clearly.

а́-цқьа [adj.] pure, clean: Уа а-ҳа́уа цқьо́-уп. *There is pure air there.* а-ҧсы́шәа цқьа́-ла и-у-ҳәо́-зар, *if you speak pure Abkhaz.*

а́-цқьа-заа-ра [intr. stative] [C1-R] [C1 be clean] (**Fin.** [pres.] сы-цқьо́-уп / сы-цқьа́-м, [past] сы-цқьа́-н / сы-цқьа́-мызт, [imper.] бы-цқьа́-з! / бы-цқьа́-мыз!, шәы-цқьа́-з! / шәы-цқьа́-мыз!; **Non-fin.** [pres.] (C1) и-цқьо́-у / и-цқьа́-м, [past] (C1) и-цқьа́-з / и-цқьа́-мыз; **Abs.** ды-цқьа-ны́ / ды-цқьа́-м-кәа) **1.** to be clean: А-шьха а-ҳа́уа цқьо́-уп. (AFL) *The air of the mountains is good.*

а́-цқьа-ха-ра* [intr.] [C1-clean-become] (**Fin.** [aor.] и-цқьа-хе́-ит / и-цқьа́-м-хе-ит, **Abs.** и-цқьа-ха-ны́ / и-цқьа́-м-ха-кәа) **1.** to become clean; to become clear: А-ӡы́ цқьа-хе́-ит. *The water/river became clean.*

а́-цлаб-ра [intr.] [C1-C2-a-R / C1-C2-Neg-a-R] [C1 compete with C2] (**Fin.** [pres.] с-б-а́-цлаб-уе-ит / с-б-а́-цлаб-уа-м (-цлаб-ӡо-м), [aor.] с-б-а́-цлаб-ит / сы-б-м-а́-цлаб-ит (-цлаб-ӡе-ит), [fut.1] с-б-а́-цлабы-п / с-б-а́-цлаб-рым, [fut.2] с-б-а́-цлабы-шт / с-б-а́-цлаб-шам, [perf.] с-б-а́-цлаб-хьеит / сы-б-м-а́-цлаб-ц(т) [impf.] с-б-а́-цлаб-уан / с-б-а́-цлаб-уамызт, [past indef.] с-б-а́-цлабы-н / сы-б-м-а́-цлабы-зт, [cond.1] с-б-а́-цлаб-рын / с-б-а́-цлаб-рымызт, [cond.2] с-б-а́-цлаб-шан / с-б-а́-цлаб-шамызт, [plupf.] с-б-а́-цлаб-хьан / сы-б-м-а́-цлаб-цызт, [imper.] б-с-а́-цлаб! / бы-с-м-а́-цлабы-н!; **Non-fin.** [pres.] (C1) и-л-а́-цлаб-уа (*тот, который соревнуется с ней*) / и-л-м-а́-цлаб-уа, (C2) д-з-а́-цлаб-уа (*тот, с которым он/она соревнуется*) / ды-з-м-а́-цлаб-уа, [aor.] (C1) и-л-а́-цлаб / и-л-м-а́-цлаб, (C2) д-з-а́-цлаб / ды-з-м-а́-цлаб, [fut.1] (C1) и-л-а́-цлаб-ра / и-л-м-а́-цлаб-ра, (C2) д-з-а́-цлаб-ра / ды-з-м-а́-цлаб-ра, [fut.2] (C1) и-л-а́-цлаб(ы)-ша / и-л-м-а́-цлаб(ы)-ша, (C2) д-з-а́-цлаб(ы)-ша / ды-з-м-а́-цлаб(ы)-ша, [perf.] (C1) и-л-а́-цлаб-хьоу (-хьа(ц)) / и-л-м-а́-

цлаб-хьоу (-хьа(ц)), (C2) д-з-á-цлаб-хьоу (-хьа(ц)) / ды-з-м-á-цлаб-хьоу (-хьа(ц)), [impf.] (C1) и-л-á-цлаб-уа-з / и-л-м-á-цлаб-уа-з, (C2) д-з-á-цлаб-уа-з / ды-з-м-á-цлаб-уа-з, [past indef.] (C1) и-л-á-цлабы-з / и-л-м-á-цлабы-з, (C2) д-з-á-цлабы-з / ды-з-м-á-цлабы-з, [cond.1] (C1) и-л-á-цлаб-ры-з / и-л-м-á-цлаб-ры-з, (C2) д-з-á-цлаб-ры-з / ды-з-м-á-цлаб-ры-з, [cond.2] (C1) и-л-á-цлаб(ы)-ша-з / и-л-м-á-цлаб(ы)-ша-з, (C2) д-з-á-цлаб(ы)-ша-з / ды-з-м-á-цлаб(ы)-ша-з, [plupf.] (C1) и-л-á-цлаб-хьа-з / и-л-м-á-цлаб-хьа-з, (C2) д-з-á-цлаб-хьа-з / ды-з-м-á-цлаб-хьа-з; **Abs.** с-б-á-цлаб-ны / сы-б-м-á-цлаб-кәа) **1.** to compete with: Уи́ и-á-цлаб-ра цәгьó-уп. (RAD) *С ним тягаться трудно. It is difficult to vie with him.* [cf. **áи-цлаб-ра** "to compete with each other"]

а-цламҳәá [n.] (сы́-цламҳәа, цламҳәá-к) the chin.

á-ц-ла-ра[1] [intr.] **(1)** [C1(dummy)-C2-Prev-R / C1(dummy)-C2-Prev-Neg-R] [C2 put on (weight); C2 become longer] (**Fin.** [pres.] и-сы́-ц-ло-ит / и-сы́-ц-ло-м, [aor.] и-сы́-ц-ле-ит / и-сы́-цы-м-ле-ит, [imper.] и-бы́-цла! / и-бы́-цы-м-ла-н!; **Non-fin.** [pres.] (C2) и-зы-ц-лó / и-з-цы́-м-ло, [aor.] (C2) и-зы-ц-лá / и-з-цы́-м-ла; **Abs.** и-сы́-ц-ла-ны / и-сы́-цы-м-ла-кәа) **1.** to put on (weight): и-сы́-ц-ло-ит *I'm putting on (weight).* **2.** (= **а-з-ҳа-рá**) (*of daytime*) to become longer: А-мш и-á-цло-ит. (AFL) *The daytime is becoming long. День становится длинным.* А-мш-қәе-и á-тцх-қәе-и и-ры́-гхо-у, и-ры́-ц-ло-у? (AFL) *Are the daytimes and nighttimes becoming shorter or longer? Дни и ночи уменьшаются или прибавляются?* [cf. **á-г-ха-ра** "to become shorter"] **(2)** [C1-C2-Prev-R / C1-C2-Prev-Neg-R] [C1 join C2] (**Fin.** [pres.] и-сы́-ц-ло-ит / и-сы́-ц-ло-м, [aor.] и-сы́-ц-ле-ит / и-сы́-цы-м-ле-ит) **1.** to join: и-сы́-ц-ло-ит *it/they is/are joining me.* д-сы́-ц-ле-ит *he/she joined me.*

á-ц-ла-ра[2] [intr.] [C1(dummy)-C2-Prev-R / C1(dummy)-C2-Prev-Neg-R] (**Fin.** [pres.] и-лы́-ц-ло-ит / и-лы́-ц-ло-м, [aor.] и-лы́-ц-ле-ит / и-лы́-цы-м-ле-ит; **Non-fin.** [pres.] (C2) и-зы-ц-лó / и-з-цы́-м-ло, [aor.] (C2) и-зы-ц-лá / и-з-цы́-м-ла; **Abs.** и-сы́-ц-ла-ны / и-сы́-цы-м-ла-кәа) **1.** to recover, to get better: и-лы́-ц-ло-ит *she is recovering.* и́-ц-ло-ит *he is recovering.* Сарá уáҟа и-сы́-ц-ло-ит. (AFL) *I am recovering there. Там я поправляюсь.*

á-ц-на-га-ра [tr.] [C1-C2-Prev-Prev-C3-R / C1-C2-Prev-Prev-C3-Neg-R] [C3 carry C1 with C2] (**Fin.** [pres.] еиц-нá-х-го-ит / еиц-нá-х-го-м (-га-ӡо-м), [aor.] еиц-нá-х-ге-ит / еиц-нá-ха-м-ге-ит (-га-ӡе-ит), [imper.] и-лы́-ц-на-г! / и-лы́-ц-на-бы-м-га-н!, и-сы́-ц-на-жә-г! / и-сы́-ц-на-жәы-м-га-н!, еиц-нá-жә-г! / еиц-нá-жәы-м-га-н!; **Non-fin.** [pres.] (C1) éиц-на-х-го / éиц-на-ха-м-го, (C3) éиц-на-з-го / еиц-нá-зы-м-го; **Abs.** еиц-нá-га-ны / еиц-нá-м-га-кәа) **1.** to carry together: и́-ц-на-г! *carry it/them together with him!* [cf. **а-ц-рá** "(*of time*) to pass"]

á-ц-ныкәа-ра [intr.] [C1-C2-Prev(with)-S] [C1 walk with C2] (**Fin.** [pres.] д-лы́-ц-ныҟәо-ит) **1.** to be friends with: А-чкәын-цәа бзи́а-кәа д-ры́-ц-ныҟәо-ит. *He is friends with the good boys.* **2.** to walk with: Иахьантәáрак д-сы́-ц-ныҟәо-н. *He/She was walking with me all day long.* **3.** to go with: А-чкәын á-ӡӷаб д-лы́-ц-ныҟәо-ит. *The boy is going with the girl.* **4.** to go along with: И-ҳәатәы́ д-а-ц-ныҟәо-ит. *He/She goes along with his word.*

á-цҧхь [n.] (á-цҧхь-кәа / а-цы́ҧхь-қәа) **1.** spark: а-фы́мцатә цыҧхьы *an electric spark.* **2.** ray: á-мра á-цҧхь-қәа *the rays of the sun.*

-цҧхьаӡа [suffix] as soon as ... [always]: А-ҩны́-ҟа с-хынҳы́-цҧхьаӡа, еснáгь á-хәшә сы́-ды-с-кыло-ит. *As soon as I return home, I always take the medicine. Как только я возвращаюсь домой, я всегда принимаю лекарство.* Аҩны́ҟа с-хынҳәы́-цҧхьаӡа, еснáгь á-хәшә сы́-ды-с-кыло-н. *Как только я возвращался домой, я всегда принимал лекарство.*

-цҧы́ҳәаны [adv.] with enthusiasm: Д-á-цҧы́ҳәаны а-ýс и-у-é-ит. *He is working with enthusiasm.*

á-ц-ҧыҳәа-ра* [intr.] [C1-C2-Perv-S] (**Fin.** [pres.] и-á-ц-ҧыҳәо-ит, [aor.] и-á-ц-ҧыҳәе-ит / и-á-цы-м-ҧыҳәе-ит): А-ýсура и-гәы́ á-ц-ҧыҳәо-ит. (ARD) *He has a strong desire to work.*

У него большое желание работать.

а-цра́ [n.] one item.

а-цра́-с-ра [intr.] [C1-C2-Prev-R / C1-C2-Prev-Neg-R] [C1 touch C2] (**Fin.** [pres.] с-лы-цра́-с-уе-ит / с-лы-цра́-с-уа-м, [aor.] с-лы-цра́-с-ит / с-лы-цра́-м-с-ит, [imper.] б-лы-цра́-с! / б-лы-цра́-м-сы-н!; **Non-fin.** [pres.] (C1) и-лы-цра́-с-уа / и-лы-цра́-м-с-уа, (C2) с-зы-цра́-с-уа / с-зы-цра́-м-с-уа; **Abs.** с-лы-цра́-с-ны / и-лы-цра́-м-с-кәа) **1.** to touch**:** с-а-цра́-с-ит *I touched it.*

а-цра-шәа-ра́ [intr.] [C1-C2-Prev-R / C1-C2-Prev-Neg-R] [C1 find fault with C2] (**Fin.** [pres.] и-а-цра-шәо́-ит / и-а-цра-шәо́-м, [aor.] и-а-цра-шәе́-ит / и-а-цра́-м-шәе-ит, [imper.] у-а-цра-шәа́! / у-а-цра́-м-шәа-н!; **Non-fin.** [pres.] (C1) и-а-цра-шәо́ / и-а-цра́-м-шәо; **Abs.** и-а-цра-шәа-ны́ / и-а-цра́-м-шәа-кәа) **1.** to catch fire. **2.** to find fault, to carp**:** Б-а-цра́-м-шәа-н! *Don't find fault!*

а-цры́-тц-ра [intr.] [C1-C2-Prev-R / C1-C2-Prev-Neg-R] [C1 discontinue an association with C2] (**Fin.** [pres.] с-лы-цры́-тц-уе-ит / с-лы-цры́-тц-уа-м, [aor.] с-лы-цры́-тц-ит / с-лы-цры́-м-тц-ит, [imper.] б-лы-цры́-тц! / б-лы-цры́-тцы-н!; **Non-fin.** [pres.] (C1) и-лы-цры́-тц-уа / и-лы-цры́-м-тц-уа, (C2) и-зы-цры́-тц-уа / и-зы-цры́-м-тц-уа; **Abs.** с-лы-цры́-тц-ны / с-лы-цры́-м-тц-кәа) **1.** to diverge; to discontinue an association with. [cf. **а́и-цры-тц-ра** "to separate, to part"]

-цт [verbal suffix] *used to mark the finite negative Perfect of dynamic verbs* (cf. the finite negative Pluperfect marker **-цызт**)**:** Иара́ д-аа́и-ижьтеи д-сы-м-ба́-цт. (RAD) *I have not seen him since his return. Я не видел его после возвращения.* Уи́ лара́ макьа́на и-лы-м-кьы́пҳхьы-цт. (GAL) *Она еще не напечатала его(нрз.). She has not yet printed it.*

а́-ц-у-ра [tr.] [[C1(work)-]C2-Prev(with)-C3-R / [C1(work)-]C2-Prev(with)-C3-Neg-R] [C3 work with C2] (**Fin.** [pres.] а-у́с сы́-ц-и-у-е-ит (< сы́-ц-и-у-уа-ит) / а-у́с сы́-ц-и-у-а-м, [aor.] а-у́с сы́-ц-и-у-ит / а-у́с сы́-ц-и-м-у-ит; **Non-fin.** [pres.] (C3) а-у́с сы́-цы-з-у-а) **1.** (with **а-у́с** "a work") to work together with**:** а-у́с сы́-ц-и-у-е-ит *he is working together with me.* **2.** (with **а-бы́сҭа** "polenta") to prepare polenta with.

а-цу́фара [n.] (-қәа) a riddle.

а́-ц-фа-ра [tr.] [C1-C2-Prev(with)-C3-R / C1-C2-Prev(with)-C3-Neg-R] [C3 eat C1 with C2] (**Fin.** [pres.] еиц-а́ҳ-фо-ит (*мы вместе едим*) / еиц-а́ҳ-фо-м (-фа-ӡо-м), [aor.] еиц-а́ҳ-фе-ит / еиц-а́ҳа-м-фе-ит (-фа-ӡе-ит), [imper.] кры-сы́-цы-шә-фа! (*покушайте вместе со мной!*) / кры-сы́-ц-шәы-м-фа-н!; **Non-fin.** [pres.] (C1) е́иц-аҳ-фо / е́иц-аҳа-м-фо, (C3) е́ицы-з-фо / е́иц-зы-м-фо; **Abs.** еицы́-фа-ны / еицы́-м-фа-кәа) **1.** to eat together with**:** еиц-а́ҳ-фа-п! *let's eat together!* еиц-аҳа́-м-фа-п! *let's not eat together!*

а́-цха [n.] (а́-цха-қәа) honey**:** а-ҭәа́ цха́ *linden-honey.* а́-цхамгьал *honeycake.*

а́-цхраа-ра *see* **а-цхы́раа-ра**

а-цхы́раагӡа [n.] (-қәа) **1.** aid. **2.** a textbook**:** а-рҭца́гатә цхы́раагӡа-қәа *the school textbooks.*

а-цхы́раагӡатә [adj.] auxiliary**:** а-цхы́раагӡатә ҟацарба-қәа́ *auxiliary verbs.*

а-цхы́раара[1] [n.] (-қәа, цхы́раара-к, бы-цхы́раара) help, assistance**:** А-цхы́раара лы́-с-ҭе-ит. *I gave her help.*

а-цхы́раа-ра[2] [intr.] (cf. **а́и-цхыраа-ра**) [C1-C2-S / C1-C2-Neg-S] [C1 help C2] (**Fin.** [pres.] д-лы́-цхраа-уе-ит / д-лы́-цхраа-уа-м, [aor.] д-лы́-цхраа-ит / ды-л-мы́-цхраа-ит, [imper.] б-лы́-цхраа! / бы-л-мы́-цхраа-н!, шә-сы́-цхраа! / шә-с-мы́-цхраа-н!; **Non-fin.** [pres.] (C1) и-лы́-цхраа-уа (*тот, который помогает ей*) / и-л-мы́-цхраа-уа, (C2) д-зы́-цхраа-уа (*тот, которому он/она помогает*) / ды-з-мы́-цхраа-уа, [aor.] (C1) и-лы́-цхраа / и-л-мы́-цхраа, (C2) д-зы́-цхраа / ды-з-мы́-цхраа, [fut.1] (C1) и-лы́-цхраа-ра / и-л-мы́-цхраа-ра, (C2) д-зы-цхраа-ра́ / ды-з-мы́-цхраа-ра, [fut.2] (C1) и-лы́-цхраа-ша / и-л-мы́-цхраа-ша, (C2) д-зы-цхраа́-ша / ды-з-мы́-цхраа-ша, [perf.] (C1) и-лы́-цхраа-хьоу (-хьа(ц)) / и-л-мы́-цхраа-хьоу (-хьа(ц)), (C2) д-зы́-цхраа-хьоу (-хьа(ц)) / ды-з-мы́-цхраа-хьоу (-хьа(ц)), [impf.]

Ц

(C1) и-лы́-цхраа-уа-з / и-л-мы́-цхраа-уа-з, (C2) д-зы́-цхраа-уа-з / ды-з-мы́-цхраа-уа-з, [past indef.] (C1) и-лы́-цхраа-з / и-л-мы́-цхраа-з, (C2) д-зы́-цхраа-з / ды-з-мы́-цхраа-з, [cond.1] (C1) и-лы́-цхраа-ры-з / и-л-мы́-цхраа-ры-з, (C2) д-зы́-цхраа-ры-з / ды-з-мы́-цхраа-ры-з, [cond.2] (C1) и-лы́-цхраа-ша-з / и-л-мы́-цхраа-ша-з, (C2) д-зы́-цхраа-ша-з / ды-з-мы́-цхраа-ша-з, [plupf.] (C1) и-лы́-цхраа-хьа-з / и-л-мы́-цхраа-хьа-з, (C2) д-зы́-цхраа-хьа-з / ды-з-мы́-цхраа-хьа-з; **Abs.** д-лы́-цхраа-ны / ды-л-мы́-цхраа-кәа) **1.** to help: Уара́ у-сы́-цхраа-уе-ит. *You'll help me.* Сара́ с-уы́-цхраа-уе-ит. *I'll help you.* А-хуч-қуа́ с-ры́-цхраа-уе-ит. *I'll help the children.* А-чкәын и-а́н д-лы́-цхраа-уе-ит. *The boy will help his mother.* Сара́ с-а́б с-и́-цхраа-ит и-усу́ра-ҿы. *I helped my father at work.* С-анду́ да́ара д-ха́-цхраа-уе-ит. *My grandmother very much helps us.* А-ҩы́н а-ус-қәа́ р-ҿы́ да́ара д-ха́-цхраа-уе-ит. (AFL) *He/She very much helps us with the housework Он/Она очень помогает нам в домашней работе.* Џьоук-гьы́ а-ҭаархра-ҿы́ а-цхы́раа-ра ќа-р-тцо́-ит. (AFL) *And some people help with the mowing. И некоторые помогают на косьбе.* Шәара́ шә-қы́ҭа шә-а́-цхраа-уа-ма? *Do you help your village?* Шәы-з-сы́-цхраа-уа-ма? [poten.] *Can you help me?* Шәы-з-сы́-цы-м-храа-ӡо-(и)? (IC) *Can't you help me?*

а́-цҳа [n.] (а́-цҳа-қәа, цҳа-к) a bridge.

а́-цҳа-ра [intr.] [C1-C2-R / C1-C2-Neg-R] [C1 bite C2] (**Fin.** [pres.] с-бы́-цҳа-уе-ит, д-а́-цҳа-уе-ит, ҳ-а́-цҳа-уе-ит / и-сы́-цҳа-уа-м (-цҳа-ӡо-м), [aor.] д-сы́-цҳа-ит, ҳ-шәы́-цҳа-ит / ды-с-мы́-цҳа-ит, ҳа-шә-мы́-цҳа-ит, [fut.1] и-сы́-цҳа-п / и-сы́-цҳа-рым, [fut.2] и-сы́-цҳа-шт / и-сы́-цҳа-шам, [perf.] и-сы́-цҳа-хьеит / и-с-мы́-цҳа-ц(т), [impf.] и-сы́-цҳа-уа-н / и-сы́-цҳа-уа-мызт, [past indef.] и-сы́-цҳа-н / и-с-мы́-цҳа-зт, [cond.1] и-сы́-цҳа-рын / и-сы́-цҳа-рымызт, [cond.2] и-сы́-цҳа-шан / и-сы́-цҳа-ша́мызт, [plupf.] и-сы́-цҳа-хьан / и-с-мы́-цҳа-цызт, [imper.] б-лы́-цҳа! / бы-л-мы́-цҳа-н!, шә-лы́-цҳа! / шәы-л-мы́-цҳа-н!, [caus.] д-сы-д-ры́-цҳа-ит / ды-сы-д-м-ры́-цҳа-ит; **Non-fin.** [pres.] (C1) и-лы́-цҳа-уа (*то/тот, которое/который кусает ее*) / и-л-мы́-цҳа-уа, (C2) д-зы-цҳа-уа́ (*то/тот, которое/которого он/она кусает*) / ды-з-мы-цҳа-уа́, [aor.] (C1) и-лы́-цҳа / и-л-мы́-цҳа, (C2) д-зы-цҳа́ / ды-з-мы-цҳа́, [impf.] (C1) и-лы́-цҳа-уа-з / и-л-мы́-цҳа-уа-з, (C2) д-зы-цҳа-уа́-з / ды-з-мы-цҳа-уа́-з, [past indef.] (C1) и-лы́-цҳа-з / и-л-мы́-цҳа-з, (C2) д-зы-цҳа́-з / ды-з-мы-цҳа́-з; **Abs.** с-бы́-цҳа-ны / сы-б-мы́-цҳа-кәа) **1.** to bite: Џьара́ акы́ ҳ-а-бы-р-цҳа́-нда(з)! (ACST) *Would that you'd give us a bite to eat somewhere!* **2.** (*of a insect*) to sting, to bite: д-а́-цҳа-уе-ит *he/she is biting it, он/она это кусает.* А-ӡ-қәа ҳа́-цҳа-уе-ит. *The fleas are biting us.* [N.B. The oblique of two-place intransitive verbs is omissible: а́-ӡ-қәа цҳа-уе́-ит *the fleas will bite*, (see Hewitt, AF:46). А-шьха-қәа цҳа-уе́-ит. *The bees will sting.*] Аухантәарак а́-ӡ-қәа и́-цҳа-уа-н. *The fleas were biting him all night. Всю ночь его кусали блохи.* Зи́на а-ла́ лы́-цҳа-ит. *The dog bit Zina. Собака укусила Зину.* С-ла́ а́-мшә и-а́-м-цҳа-кәан и-це́-ит. *My dog didn't bite the bear and (the dog) went away. Моя собака не кусала медведя и ушла.* **3.** [C1-R] (**Fin.** [pres.] и-цҳа-уе́-ит / и-цҳа-ӡо́-м) to bite [habitually]: Ари́ а-ла́ цҳа-ӡо́-м. *This dog doesn't bite. Эта собака не кусается.* **4.** to bite off: А-тцәа́ д-а́-цҳа-ит. *He/She bit off an apple.*

а́-цҳафыр [adj.] very sharp; finely sharpened: а́ҳәа цҳафы́р *the finely sharpened sword.*

а́-ццак [adj.] (и́-ццак-у) **1.** rapid, quick, fast; smart: а-дәы́ҕба ццак *a fast train.* ды-ццак-у́п *he/she is smart.* **2.** impatient.

-ццакны́ [adv.] quickly; hurriedly: ды-ццакны́ д-ны́ќәо-ит *he/she is walking fast.*

а́-ццак-ра [intr.] [C1-R / C1-Neg-R] [C1 hurry] (**Fin.** [pres.] ды-ццак-уе́-ит / ды-ццак-уа́-м (-ццак-ӡо́-м), [aor.] ды-ццак-и́т / д-мы-ццак-и́т (-ццак-ӡе́-ит), [imper.] бы-ццакы́! / б-мы-ццакы́-н!, шәы-ццакы́! / шә-мы-ццакы́-н!; **Non-fin.** (C1) [pres.] и́-ццак-уа / и́-мы-ццак-уа, [aor.] и́-ццак / и́-мы-ццак, [impf.] и́-ццак-уа-з / и́-мы-ццак-уа-з, [past indef.] и́-ццакы-з / и́-мы-ццакы-з; **Abs.** ды-ццак-ны́ / д-мы-ццакы́-кәа) **1.** to hurry (up): А-уро́к ахь сы-ццак-уе́-ит. *I am hurrying to the lesson.* Уи́ да́ара ды-ццак-уа́-н, аха́ д-а́-гхе-ит. *He/She very* *much hurried, however he/she was late.* Ахра у-щцакы́, а-шко́л ахь у-ца́-ро-уп. *Akhra, hurry up — you must go to school.* Уи́ еснáгь ды́-щцак-уе-ит. *He/She always hurries. Он/Она всегда спешит.* А-ҩны́ҟа сы-щцак-уе́-ит. *I am hurrying home. Я спешу домой.* **2.** (*of a clock/watch*) to be fast: А-саа́ҭ щцак-уе́-ит. *The watch is fast. Часы спешат.* [cf. **а́ан-ха-ра**]

а́-ц-ца-ра [intr.] **(1)** [C1-C2-Prev-R] [C1 go with C2] (**Fin.** [pres.] ҳ-бы́-ц-цо-ит, с-шәы́-ц-цо-ит / ҳ-бы́-ц-цо-м, с-шәы́-ц-цо-м, [aor.] с-лы́-ц-це-ит / с-лы́-цы-м-це-ит, [imper.] б-лы́-ц-ца! / б-лы́-цы-м-ца-н!; **Non-fin.** [pres.] (C1) и-лы́-ц-цо / и-лы́-цы-м-цо, (C2) с-зы-ц-цо́ / сы-з-цы́-м-цо; **Abs.** с-бы́-ц-ца-ны / с-бы́-цы-м-ца-кәа) **1.** to go together with: Бара́ и-бы́-ц-цо-да? *Who is going with you?* Сара́ Хьы́бла д-сы́-ц-цо-ит. *Xibla is going with me.* **(2)** [C1-C2-Prev-R] [C1 (*woman*) get married to C2] (**Fin.** [pres.] д-и́-ц-цо-ит / д-и́-ц-цо-м, [aor.] д-сы́-ц-це-ит / д-сы́-цы-м-це-ит, [imper.] б-сы́-ц-ца! / б-сы́-цы-м-ца-н!; **Non-fin.** [pres.] (C1) и-сы́-ц-цо / и-сы́-цы-м-цо, (C2) д-зы-ц-цо́ / ды-з-цы́-м-цо) **1.** to get married to: С-бы́-хәо-ит мап и-цәы́-м-кы-куа б-и́-ц-ца-рц. (Ab.Text) *I ask this of you. Please don't refuse to go with him to his place as his bride.* Абри́ а́-чкун б-и́-ц-ца. (Ab.Text) *Go away as a bride to this boy.*

а́-ццышә[1] [n.] ash.

а́-ццышә[2] [adj.] (*of a knife, etc.*) very sharp: а́-ҳәызба ццы́шә *the keen-edged knife.*

-ццы́шә-ха [adj.]: а-ҩны́ ццы́шәха и́-ны-қә-блаа и-це́-ит (ARD) *the house was burnt down.*

а́-ц-тца-ра[1] [tr.] [C1-C2-Prev-C3-R / C1-C2-Prev-C3-Neg-R] [C3 add C1 to C2] (**Fin.** [pres.] и-а́-ц(ы)-с-тцо-ит, и-а́-цы-л-тцо-ит / и-а́-ц(ы)-с-тцо-м, [aor.] и-а́-ц(ы)-с-тце-ит, и-а́-цы-л-тце-ит / и-а́-ц-сы-м-тце-ит, и-а́-ц-лы-м-тце-ит, [imper.] и-а́-ц-тца! / и-а́-ц-бы-м-тца-н!, и-а́-цы-шә-тца! / и-а́-ц-шәы-м-тца-н!; **Non-fin.** [pres.] (C1) и-а́-ц(ы)-с-тцо / и-а́-ц-сы-м-тцо, (C3) и-а́-цы-з-тцо / и-а́-ц-зы-м-тцо; **Abs.** и-а́-ц-тца-ны / и-а́-цы-м-тца-кәа) **1.** to add to: И-а́-ц-шә-тца а́-жәабжь! *Add a story to it!* Ҳәба и-а́-ц-у-тца-р хәба и-ҟа-ло́-ит жәаба́. *Five and five make ten.* Ҩажәа́ и-а́-цы-шә-тца жәохә! *Add 15 to 20!* Сара́ с-ны́ҟәашьа и-а́-цы-с-тце-ит. *I quickened my pace.* **2.** to continue: И-а́-ца-х-тца-п ҳ-а́ицәажәара. *Let's continue our conversation.*

а́-ц-тца-ра[2] [tr.] [C1-C2-Prev-C3-R] [C3 send C1 with C2] (**Fin.** [pres.] д-лы́-цы-с-тцо-ит / д-лы́-цы-с-тцо-ит, [aor.] д-лы́-цы-с-тце-ит / д-лы́-ц-сы-м-тце-ит, [imper.] д-лы́-ц-тца! / д-лы́-ц-бы-м-тца-н!; **Non-fin.** [pres.] (C1) и-лы́-цы-с-тцо / и-лы́-ц-сы-м-тцо, (C2) д-зы́-цы-с-тцо / д-зы́-ц-сы-м-тцо, (C3) д-лы́-цы-з-тцо / д-лы́-ц-зы-м-тцо) **1.** to send sb with sb.

а́-ц-ша-ра [tr.] [C1-C2-Prev-C3-R] [C3 share/divide C1 with C2] (**Fin.** [aor.] и-ры́-цы-р-ше-ит, и́-ц-и-ше-ит) **1.** to share/divide sth with sb: Дара́ ан-и-уа́ р-а́ҵьал ры́-цы-р-шо-ит. (AF) *Their fate is formed for them at the moment they are born.* [lit. *When they are born, they share their fate with them.*] [cf. **а-ша-ра́** "to divide"]

цы- [nominal prefix] (with the suffix **-х(а)**) *used to indicate some remnant of the action indicated by the verbal root.* (ACST:19): а-цы-ӡәӡәара́х *soapy water remaining after washing.* а-цы́-жәха *dregs.*

-цы [verbal suffix] (masdar + -цы) in order to/that: Уи́ с-и-ҿа́-м-хара-цы, сара́ даҽа́ мҩа́-к-а-ла с-це́-ит. (RAD) *Чтобы избегнуть встречи с ним, я пошел по другой дороге. In order to avoid an encounter with him, I went along a different road.*

а-цыбжьы́ка [n.] (-қәа) a consonantal sound.

-цы-з [verbal suffix] [Pulperfect.Non-Fin] (= **-хьаз**) *used to mark the non-finite positive/negative Pluperfect of dynamic verbs*: **и-ца́-цыз** *(the one) that had already gone.*

-цы-зт [verbal suffix] *used to mark the finite negative Pluperfect of dynamic verbs* (cf. the finite negative Perfect marker **-цт**): и-м-аа́-**цызт** *they had not yet returned.* Уи ахáан д-а́-гы-м-ха-(ӡа)-цы-зт. *He had never been late.*

Ц

-цымхәрас = **-цынхәрас**

а-цынгы́ла [n.] (*gramm.*) adverb: а-ҭы́ҧрбага цынгы́ла *an adverb of place.*

а-цы-н-ха-ра́ [intr.] [C1-C2-Prev(with)-Prev-R] [C1 live with C2] (**Fin.** [pres.] д-и́-цы-н-хо-ит / д-и́-цы-н-хо-м) **1.** to live together with.

а-цынхәра́ [post.] instead of, in return of, in exchange for: Ари́ а-шәҟәы́ а-цынхәра́с и-с-у́-ҭо-и? *What will you give me in exchange for this book?*

-цынхәра́с [post.] (= **-цымхәра́с**) instead of: а-ӡы́ а-цынхәра́с *instead of (the) water.* у-цынхәра́с *instead of you.*

-цыҧхьаӡа [verbal suffix] *used to express the meaning of "no matter how many times"*: и-ҟа-с-ҵа́-цыҧхьаӡа *no matter how many times I do it.*

-цыҧхьаӡа 1. [pron.] every, each: Ры́-цыҧхьаӡа шәҟу́к-шәҟу́к а́а-р-хуе-ит. *Each (of them) bought one book. Каждый (из них) купил по одной книге.* Уа́да-цыҧхьа́ӡа аӡәа́ӡәа а-ҳәынҭҟа́р и́-ҧха-цәа ҩна-тәа́-н. (Ab.Text) *In each room one of the King's daughters was sitting.* **2.** [conjunction suffix] [*immediately added to the radicals of dynamic verbs*] *The tense of a sentence depends only on the tense of the main clause, irrespective of the tense of the subordinate clause.* "every time, every time that" (Hewitt, Abkhaz:182, 231): **(a) [dynamic]** А-ҩны́-ҟа с-хынҳәы́-цыҧхьаӡа, есна́гь а́-хәшә сы́-ды-с-кыло-ит. *As soon as I return home, I always take the medicine. Как только я возвращаюсь домой, я всегда принимаю лекарство.* А-шко́лы-нтә а-ҩны́-ҟа с-ца́-цыҧхьаӡа а́-мпыр с-а́-с-уа-н/с-а́-с-ло-н. *Whenever I got home from school, I used to play ball.* **(b) [stative]** Ҳара́ а-ҩны́ ҳа́-ҟа-цыҧхьаӡа д-тәа-зо́-м. (ACST) *Every time that we are at home, he/she does not sit down (i.e. he/she is always on his/her feet and never rests.*

а-цы́ҧхь-қәа *see* **а́-цҧхь**

а-цы́ра[1] [n.] (-қәа, цы́ра-к) an item of sth: жәа цы́ра-к *ten (of item).* Џьы́ка цы́ра-к сы́-ма-м. (ACST) *I don't have a grain of salt.*

а-цы́ра[2] [n.] (-қәа) a syllable.

а́-цыркь [adj.] lame.

а-цыр-кьа-ра́ [tr.] [C1-C2-Prev-C3-R] [C3 wrench C1 from C2] (**Fin.** [aor.] и-ры-цры-с-ҟьé-ит) **1.** to wrench from, to snatch from: А-бга-қәа а-уаса́ а-гәа́рҭа и-ры-цры-р-ҟьé-ит. (ARD) *The wolves wrenched a sheep from a flock of sheep.*

а́-цыр-цыр-ра [intr.] [C1-R+R / C1-Neg-R+R] [C1 glitter] (**Fin.** [pres.] и-цыр-цы́р-уе-ит / и-цыр-цы́р-уа-м (-цы́р-ӡо-м), [aor.] и-цыр-цы́р-ит / и-м-цыр-цы́р-ит (-цы́р-ӡе-ит); **Non-fin.** [pres.] (C1) и-цыр-цы́р-уа / и-м-цыр-цы́р-уа; **Abs.** [pres.] и-цыр-цы́р-уа, [past] и-цыр-цы́р-ны / и-м-цыр-цы́р-кәа) **1.** to glitter: А-хьы́ цыр-цы́р-уе-ит. *Gold glitters.* И-цыр-цы́р-уа а́-жәҩан хт-и́т. (AFL) *The sky, glttering, opened.* А-ӡа́ӡа а́-мра-ҟны и-цыр-цы́р-уе-ит. *The dew is glittering in the sun.*

а-цы́фаха [n.] (-қәа) leftovers.

а-цы́ца [n.] (а-цы́ца-қәа, цы́ца-к) a black radish.

Цә цә

-цә[1] *see* **-цә(ы)**

-цә-[2] [preverb] in (a meteorological phenomenon) (Spruit, SC5)**:** а-ҟәá д-цәы́-уп. *He is in the rain.*

-цә(ы)-[3] [verbal prefix] *used to mark the* ***objective version*** *(OV). This prefix, being used with the preceding pronominal prefix in Column II, basically means "****against the wish of sb****," but the combination of this prefix and verbal radicals produces various verb meanings* (cf. -з- (OV) "for")**:** и-л-цәы́-ҟа-с-цо-ит *I am doing/will do it/them against her will, я против ее желания делаю/сделаю его(нрз.)/их.* с-и-цә-цó-ит *I'll run away from him.* и-л-цәы́-ӡ-т *she lost it/them, она потеряла его(нрз.)/их.* [cf. á-ӡ-ра "to disappear"]

á-цә [n.] (á-цә-қәа, сы́-цә, сы́-цә-қәа, цәы́-к/цә-кы́) a bull; a ox**:** á-цә-уҕу *the yoke of the oxen.* А-цә́ а-шá ӷь-на-тцәé-ит. *The bull broke the rope.*

-цәа[1] [nominal suffix] *used to mark the plural of the human being class*: á-чкәын-цәа *the children.* а-ртцаҩ-цәá *the teachers.* а-хá-цәа *the men.* а-тцаҩ-цәá бзи́а-қәа *the good pupils.* Урт хьча-цәó-уп. *They are headsmen.* Уи́ и-л-éиҕь-у á-ӷьха-цәа бзи́а-қуа сы́-мо-уп. (Ab.Text) *I have daughters who are much better than her.*

-цәа-[2] [verbal suffix] [inserted immediately after a radical] **1.** *used to express that an action is performed/has been performed excessively.* "too much" (Hewitt, Abkhaz:10)**:** А-хәычы́ акры-л-ф-цәé-ит. *The child ate too much (something).* И-з-фа-цәа-хьá-да-з? *Who had already eaten too much?* Аҟәа-ҟа ды-ца-цәó-н. *He used to go to Sukhum too often.* á-р-жә-цәа-ра *to give too much to drink.* **2.** *used to express that a state is excessive*: И-шóура-цәо-уп иахьá. *It is extremely hot today.*

-цәа-[3] [suffix] **1.** [for an adjective] *used to express that the degree of an adjective is excessive*: á-ҳарак-цәа *too tall.* **2.** [for a stative verb] *used to indicate that the degree of the state expressed by a verb is excessive*: А-бжьы́ дý-цәо-уп. *The sound is too loud.* [cf. А-бжьы́ дý-уп. *The sound is loud.*] А-цәқәырӷьа-қәá ҕәҕәа-цәá-н а-мшы́н а-тá-ла-разы. (ACST) *The waves were too strong to go into the sea.*

á-цәа [n.] (сы́-цәа, цәá-к) sleep: á-цәа хаа *a sound sleep.* и́-цәа ҭы́нч-уп *he is sleeping a calm sleep.* á-цәа д-а-к-и́т *he/she was overcome by drowsiness.* á-цәа с-á-л-тц-ит *I woke up.* á-цәа д-з-á-лы-м-тц-ит *he/she could not wake up.* [cf. **á-цәа-ра** "to sleep"]

а-цәá [n.] (а-цәа-қәá, цәá-к, р-цәа-қәá, цәа-қәá-к) **1.** skin; hide: А-жә-қәа р-цәа р-хы́-р-х-ит. *They stripped the hide off the cows.* || И-ӷьхәы́с **л-цәá л-тәы-м-кәа** д-ҟа-лé-ит. (Ab.Text) *His wife became pregnant.* Ҩы́цьа á-хәса р-цәа-р-тәы́-м-кәа и́-ҟо-уп. *Two women are pregnant.* || Уи зынӡá с-цәа и-á-қә-шәе-ит. *It fits me perfectly.* **2.** a (book) jacket: А-шәҟәы́ а-цәá бааӡé-ит. *The cover of the book got drenched.* || **и-цәá и-á-ла-шәе-ит** he felt.

á-цәаак [adj.] (и́-цәаак-у) humid, damp, moist: а-ҳáуа цәаак *a humid climate.*

á-цәаак-ра* [intr.] [C1-R] (**Fin.** [aor.] и-цәаак-и́т / и-м-цәаак-и́т) **1.** to become damp/wet.

á-цәаакы-заа-ра [intr.] [C1-R] (**Fin.** [pres.] и-цәаак-ýп / и-цәаакы́-м) **1.** to be damp/wet: А-ҭы́ӷь цәаак-ýп. *The place is damp.*

а-цәаакы́ра [n.] dampness; humidity.

а-цә-áа-н-ха-ра [intr.] [OV] *see* **а-цәы-н-ха-рá**[1]

а-цә-áашьа-ра [intr.] [C1-a-Prev-R / C1-a-Prev-Neg-R] (**Fin.** [pres.] д-а-цә-áашьо-ит / д-а-цә-áашьо-м (-áашьа-ӡо-м), [aor.] д-а-цә-áашье-ит / д-а-цәы́-м-аашье-ит, [fut.1] д-а-цә-áашьа-п / д-а-цә-áашьа-рым, [fut.2] д-а-цә-áашьа-шт / д-а-цә-áашьа-шам, [perf.] д-а-цә-áашьа-хьеит / д-а-цәы́-м-аашье-ц(т), [impf.] д-а-цә-áашьо-н / д-а-цә-áашьо-мызт, [past indef.] д-а-цә-áашьа-н / д-а-цәы́-м-аашьа-зт; **Non-fin.** [pres.] (C1) и-а-цә-áашьо / и-а-цәы́-м-аашьо, [aor.] (C1) и-а-цә-áашьа / и-а-цәы́-м-аашьа, [fut.1] (C1) и-а-цә-áашьа-ра / и-а-цәы́-м-

Цә

аашьа-ра, [fut.2] (C1) и-а-цә-áашьа-ша / и-а-цәы́-м-аашьа-ша, [perf.] (C1) и-а-цә-áашьа-хьоу (-хьа(ц)) / и-а-цәы́-м-аашьа-хьоу (-хьа(ц)), [impf.] (C1) и-а-цә-áашьо-з / и-а-цәы́-м-аашьо-з, [past indef.] (C1) и-а-цә-áашьа-з / и-а-цәы́-м-аашьа-з, [cond.1] (C1) и-а-цә-áашьа-ры-з / и-а-цәы́-м-аашьа-ры-з, [cond.2] (C1) и-а-цә-áашьа-ша-з / и-а-цәы́-м-аашьа-ша-з, [plupf.] (C1) и-а-цә-áашьа-хьа-з / и-а-цәы́-м-аашьа-хьа-з; **Abs.** д-а-цә-áашьа-ны / д-а-цәы́-м-аашьа-кәа) **1.** to be lazy: д-а-цә-áашье-ит *he/she was lazy.*

á-цәаҕь [n.] (-кәа, цәаҕьы́-к) a bull.

а-цәаҕуáга [n.] (pl.**, цәаҕуáга-ла) instrument for plowing, a plow.

á-цәаҕәаҩ [n.] (á-цәаҕәаҩ-цәа, цәаҕәаҩы́-к) a peasant.

á-цәаҕәа-ра [labile] **(1)** [intr.] [C1-R] [C1 plow (in general)] (**Fin.** [pres.] с-цәаҕәó-ит / с-цәаҕәó-м, [aor.] с-цәаҕәé-ит / сы-м-цәаҕәé-ит, [imper.] б-цәаҕәá! / бы-м-цәаҕәá-н!; **Non-fin.** [pres.] (C1) и-цәаҕәó / и́-м-цәаҕәо, [aor.] (C1) и-цәаҕәá / и́-м-цәаҕәа, [impf.] (C1) и-цәаҕәó-з / и́-м-цәаҕәо-з, [past indef.] (C1) и-цәаҕәá-з / и́-м-цәаҕәа-з; **Abs.** д-цәаҕәа-ны́ / ды-м-цәаҕәá-кәа) **1.** to be engaged in plowing/ploughing: д-цәаҕәó-ит *he/she plows (in general); he/she is engaged in plowing,* Ацәаҕәа-ра и-á-амҭа-н. (ANR) *It was plowing time.* А-нха-цәá цәаҕәó-ит. *The peasants are engaged in farm work.* **(2)** [tr.] [C1-C3-R / C1-C3-Neg-R] [C3 plow C1] (**Fin.** [pres.] и-л-цәаҕәó-ит / и-л-цәаҕәó-м, [aor.] и-л-цәаҕәé-ит / и-лы-м-цәаҕәé-ит, [imper.] и-цәаҕәá! / и-бы-м-цәаҕәá-н!, и-шә-цәаҕәá!; [caus.] и-с-ды́-р-цәаҕуо-ит; **Non-fin.** [pres.] (C1) и́-л-цәаҕәо / и́-лы-м-цәаҕәо, (C3) и-з-цәаҕәó / и-зы-м-цеаҕәó, [aor.] (C1) и́-л-цәаҕәа / и́-лы-м-цәаҕәа, (C3) и-з-цәаҕәá / и-зы-м-цеаҕәá, [impf.] (C1) и́-л-цәаҕәо-з / и́-лы-м-цәаҕәо-з, (C3) и-з-цәаҕәó-з / и-зы-м-цеаҕәó-з, [past indef.] (C1) и́-л-цәаҕәа-з / и́-лы-м-цәаҕәа-з, (C3) и-з-цәаҕәá-з / и-зы-м-цеаҕәá-з; **Abs.** и-цәаҕәа-ны́ / и-м-цәаҕәá-кәа) **1.** to plow/plough, to till: А-мхы́ с-цәаҕуó-ит. *I am plowing the cornfield.*

а-цәáжәабжь [n.] (-кәа, р-цәáжәабжь) voices in conversation; a voice.

á-цәажәа-ра [intr.] [C1-C2-a-R / C1-C2-Neg-a-R] [C1 speak to C2; C1 talk with C2] (**Fin.** [pres.] с-б-á-цәажәо-ит / с-б-á-цәажәо-м, [aor.] с-б-á-цәажәе-ит / сы-б-м-á-цәажәе-ит, [fut.1] с-б-á-цәажәа-п / с-б-á-цәажәа-рым, [fut.2] с-б-á-цәажәа-шт / с-б-á-цәажәа-шам; [perf.] с-б-á-цәажәа-хьеит / сы-б-м-á-цәажәа-ц(т), [impf.] с-б-á-цәажәо-н / с-б-á-цәажәо-мызт, [past indef.] с-б-á-цәажәа-н / сы-б-м-á-цәажәа-зт, [cond.1] с-б-á-цәажәа-рын / с-б-á-цәажәа-рымызт, [cond.2] с-б-á-цәажәа-шан / с-б-á-цәажәа-шамызт, [plupf.] с-б-á-цәажәа-хьан / сы-б-м-á-цәажәа-цызт, [imper.] б-с-á-цәажәа! / бы-с-м-á-цәажәа-н!, шә-л-á-цәажәа! / шәы-с-м-á-цәажәа-н!, [poten] д-зы-р-м-á-цәажәе-ит (*he/she could not talk to them*); **Non-fin.** [pres.] (C1) и-л-á-цәажәо (*тот, который разговаривает с ней*) / и-л-м-á-цәажәо, (C2) д-з-á-цәажәо (*тот, с которым он/она разговаривает*) / ды-з-м-á-цәажәо, [aor.] (C1) и-л-á-цәажәа / и-л-м-á-цәажәа, (C2) д-з-á-цәажәа / ды-з-м-á-цәажәа, [fut.1] (C1) и-л-á-цәажәа-ра / и-л-м-á-цәажәа-ра, (C2) д-з-á-цәажәа-ра / ды-з-м-á-цәажәа-ра, [fut.2] (C1) и-л-á-цәажәа-ша / и-л-м-á-цәажәа-ша, (C2) д-з-á-цәажәа-ша / ды-з-м-á-цәажәа-ша, [perf.] (C1) и-л-á-цәажәа-хьоу (-хьа(ц)) / и-л-м-á-цәажәа-хьоу (-хьа(ц)), (C2) д-з-á-цәажәа-хьоу (-хьа(ц)) / ды-з-м-á-цәажәа-хьоу (-хьа(ц)), [impf.] (C1) и-л-á-цәажәо-з / и-л-м-á-цәажәо-з, (C2) д-з-á-цәажәо-з / ды-з-м-á-цәажәо-з, [past indef.] (C1) и-л-á-цәажәа-з / и-л-м-á-цәажәа-з, (C2) д-з-á-цәажәа-з / ды-з-м-á-цәажәа-з, [cond.1] (C1) и-л-á-цәажәа-ры-з / и-л-м-á-цәажәа-ры-з, (C2) д-з-á-цәажәа-ры-з / ды-з-м-á-цәажәа-ры-з, [cond.2] (C1) и-л-á-цәажәа-ша-з / и-л-м-á-цәажәа-ша-з, (C2) д-з-á-цәажәа-ша-з / ды-з-м-á-цәажәа-ша-з, [plupf.] (C1) и-л-á-цәажәа-хьа-з / и-л-м-á-цәажәа-хьа-з, (C2) д-з-á-цәажәа-хьа-з / ды-з-м-á-цәажәа-хьа-з; **Abs.** д-цәáжәа-ны / ды-м-цәáжәа-кәа) **1.** to speak to/with: с-б-á-цәажәе-ит *I spoke to you.* сы-б-м-á-цәажәе-ит *I didn't speak to you.* Сарá уарá с-у-á-цәажәо-ит. *I am speaking to you.* С-у-з-л-á-цәажәо-ит. (= Сарá уарá у-зы́ с-л-á-цәажәо-ит.) *I'll speak to/with her for you. Я с ней поговорю* *для тебя.* У-лы-з-и-а́-сы-р-цәажәо-ит. (= Уара́ иара́ сара́ у-и-а́-сы-р-цәажәо-ит лара́ л-зы́.) *I'll make you speak to/with him for her.* **2.** to talk with; to talk with, to converse with: Шә-л-а́-цәажәа-ла! *Talk with her!* Сара́ с-ҩы́за с-и-а́-цәажәо-ит. *I am talking with my friend.* Уртҭ еи-цәа́жәо-н. *They were talking among themselves.* [cf. **а́-ла-цәажәа-ра** "to talk about"]

а-цәа́жәара[1] [n.] (-қәа) talk, conversation; negotiations: А-хәычҩы́ а-цәа́жәара д-а́-ла-ге-ит. *The child started talking.*

а-цәа́жәа-ра[2] [intr.] [C1-R / C1-Neg-R] [C1 speak/talk] (**Fin.** [pres.] ҳ-цәа́жәо-ит / ҳ-цәа́жәо-м, [aor.] ҳ-цәа́жәе-ит / ҳа-м-цәа́жәе-ит, [imper.] б-цәа́жәа! / бы-м-цәа́жәа-н!; **Non-fin.** [pres.] (C1) и-цәа́жәо / и-м-цәа́жәо) **1.** to speak; to talk: Ҳара́ ҳ-цәа́жәо-ит. *We are talking.* Д-тәа́-н д-цәа́жәе-ит. *He/She sat down and began to talk.* Аԥсы́шәала шә-цәа́жәа-ла! *Speak in Abkhaz!*

а-цәа́жәашьа [n.] (-қәа, л-цәа́жәашьа) one's manner of speaking, one's way of talking.

а́-цәакәа [n.] a rainbow: А-цәаҟәа и́-қә-ҳа-ит. (colloq.) *He wanted to sleep.*

а-цәа́матәа [n.] (= **а-цәашәтцатәы́**) (а-цәа́матәа-қәа, цәа́матәа-к) underwear; clothing; clothes.

а́-цәа-ра (1) [intr.] [stative] [C1-R] [C1 be sleeping] (**Fin.** [pres.] ды́-цәо-уп, ха́-цәо-уп / ды́-цәа-м, [past] ды́-цәа-н / ды́-цәа-(ӡа-)мызт, [imper.] бы́-цәа-з! / бы́-цәа-мыз!; **Non-fin.** [pres.] (C1) и́-цәо-у / и́-цәа-м, [past] (C1) и́-цәа-з / и́-цәа-мыз; [Qu] [pres.] бы́-цәо-у-ма? / бы́-цәа-ӡа-ми?, [past] бы́-цәа-з-ма? / бы́-цәа-ӡа-мы-з?; [pres.] и́-цәа-да? (*кто спит?*) / и́-цәа-м-да? (*кто не спит?*), [past] и́-цеа-да-з? (*кто спал?*) / и́-цәа-м-да-з? (*кто не спал?*); **Abs.** ды́-цәа-м-кәа) **1.** to sleep, to be sleeping: А-хәычҩы́ ды́-цәо-у-ма? *Is the child sleeping?* А-хәычҩы́ ды́-цәо-уп. *The child is sleeping.* **(2)** [intr.] [dynamic] [C1-R /C1-Neg-R] [C1 sleep/fall asleep] (**Fin.** [pres.] ды́-цәо-ит, с-цәо́-ит / ды́-цәо-м, [aor.] ды́-цәе-ит, и́-цәе-ит / д-мы́-цәе-ит, [imper.] бы-цә! / б-мы́-цәа-н!, шәы-цә! / шә-мы́-цәа-н!; [caus.] д-ды́-р-цәе-ит / ды-д-мы́-р-цәе-ит; [poten.] д-зы́-цә(а-ӡ)о-м, ды-з-мы́-цә(а-ӡ)е-ит; [nonvol] д-а́мха-цәе-ит / д-а́мха-м-цәе-ит; **Non-fin.** (C1) [pres.] и́-цәо / и-мы́-цәо, [aor.] и́-цәа / и-мы́-цәа, [fut.1] и́-цәа-ра / и-мы́-цәа-ра, [fut.2] и́-цәа-ша / и-мы́-цәа-ша, [perf.] и́-цәа-хьоу (-хьа(ц)) / и-мы́-цәа-хьоу (-хьа(ц)), [impf.] и́-цәо-з / и-мы́-цәо-з, [past indef.] и́-цәа-з / и-мы́-цәа-з, [cond.1] и́-цәа-ры-з / и-мы́-цәа-ры-з, [cond.2] и́-цәа-ша-з / и-мы́-цәа-ша-з, [plupf.] и́-цәа-хьа-з / и-мы́-цәа-хьа-з; [interrog.] бы́-цәо-ма?; и-мы́-цәа-да?; **Abs.** ды́-цәа-ны / д-мы́-цәа-кәа) **1.** to fall asleep, to go to sleep; to sleep: ды́-цәе-ит *he/she fell asleep.* д-ды́-р-цәе-ит *they made him/her go to sleep.* А-хәычҩы́ ды́-цәе-ит. *The child fell asleep.* А-саа́ҭ 11 (жәе́иза) р-зы́ сара́ цәара́ (шьҭа́лара) с-цо́-ит. *I go to bed at 11 o'clock.* А́уха ари́ «а́-чкун» д-мы́-цәа-ӡа-куа (...). (Ab.Text) *The "boy" was not sleeping that night, (...).* **2.** (*of fire, light*) to go out, to be extinguished: А-цәашьы ы́-цәо-ит. *The candle is goin out.* [cf. **а́-рцәа-ра** "to put out"]

а-цәа-ра́ [tr.] [C1-C3-R / C1-C3-Neg-R] [C3 suck C1] (**Fin.** [pres.] и-с-цәо́-ит, и-а-цәо́-ит / и-с-цәо́-м, и-а-цәо́-м, [aor.] и-с-цәе́-ит, и-а-цәе́-ит / и-сы-м-цәе́-ит, и-а́-м-цәе-ит, [fut.1] и-с-цәа́-п / и-с-цәа-ры́м, [fut.2] и-с-цәа́-шт / и-с-цәа́-шам, [perf.] и-с-цәа-хье́ит / и-сы-м-цәа́-ц(т), и-а́-м-цәа-ц(т), [impf.] и-с-цәо́-н / и-с-цәо́-мызт, [past indef.] и-с-цәа́-н / и-сы-м-цәа́-зт, и-а́-м-цәа-зт, [cond.1] и-с-цәа-ры́н / и-с-цәа-ры́мызт, [cond.2] и-с-цәа́-шан / и-с-цәа́-шамызт, [plupf.] и-с-цәа-хьа́н / и-сы-м-цәа́-цызт, и-а́-м-цәа-цызт, [imper.] и-цәа́! / и-бы-м-цәа́-н!, и-шә-цәа́! / и-шәы-м-цәа́-н!; [caus.] и-с-лы-р-цәе́-ит / и-сы-л-мы-р-цәе́-ит, и-аҳ-лы-р-цәе́-ит / и-ҳа-л-мы-р-цәе́-ит; [poten.] и-сы-з-цәо́-м, и-с-зы́-м-цәе-ит; [nonvol] и-с-а́мха-цәе-ит / и-с-а́мха-м-цәе-ит; [vers.1] и-л-зы́-с-цәе-ит / и-л-зы́-сы-м-цәе-ит; [vers.2] и-л-цәы́-с-цәе-ит / и-л-цәы́-сы-м-цәе-ит; **Non-fin.** [pres.] (C1) и́-л-цәо / и́-лы-м-цәо, (C3) и-з-цәо́ / и-зы-м-цәо́, [aor.] (C1) и́-л-цәа / и́-лы-м-цәа, (C3) и-з-цәа́ / и-зы-м-цәа́, [impf.] (C1) и́-л-цәо-з / и́-лы-м-цәо-з, (C3) и-з-цәо́-з / и-зы-м-цәо́-з, [past indef.] (C1) и́-л-цәа-з /

и́-лы-м-цəа-з, (C3) и-з-цəа́-з / и-зы-м-цəа́-з; **Abs.** и-цəа-ны́ / и-м-цəа́-кəа) **1.** to suck: А-ҳəы́с а́н а-цəе́-ит. *The calf sucked at its mother's breast.*

а-цəардаӡəы́ [n.] (а-цəардаӡə-ҟəа́) a wooden divan.

а-цəаркчы́ [n.] (= **а-цəыркчы́**) chicken-pox.

а-цəарԥшза́ [n.] smallpox.

а́-цəарҭа [n.] (а́-цəарҭа-ҟəа, цəа́рҭа-к) **1.** a bed. **2.** a bedroom: С-цəарҭа-ҟəа́ еил-сы-рго́-ит. *I am tidying up the bedrooms.*

-цəа-тəы́-м-кəа *see* **а-цəа́**

а-цəаҳəа́ [n.] (а-цəаҳəа-ҟəа́, цəаҳəа́-к) a column; a strip; a line.

а-цəашьы́ [n.] (а-цəашь-ҟəа́, цəашьы́-к, цəашьы́-ла) a candle: А-цəашьы́ д-а́-ҭəҳəо-ит. *He/She is blowing on the candle.*

а-цəашəтцатəы́ [n.] (= **а-цəа́матəа**) (а-цəашəтцатə-ҟəа́, цəашəтцатəы́-к) clothing; clothes.

а-цə-га-ра́ [tr.] [C1-C2-Prev-C3-R / C1-C2-Prev-C3-Neg-R] [C3 take C1 away from C2] (**Fin.** [pres.] д-аҳ-цə-и́-го-ит, и-б-цəы́-з-го-ит, и-б-цə-а́а-го-ит, и-с-цə-а́-го-ит, и-а-цəы-на́-го-ит, и-аҳ-цəы́-р-го-ит / и-б-цəы́-з-го-м, [aor.] и-б-цəы́-з-ге-ит, и-с-цə-а-ге́-ит, и-а-цəы-на-ге́-ит, и-цəы́-л-ге-ит (< и-и-цəы́-л-ге-ит) / и-б-цəы́-зы-м-ге-ит, и-с-цə-а́-м-ге-ит, и-а-цə-на́-м-ге-ит, и-л-цə-а́ҳа-м-ге-ит, [imper.] и-цə-га́! / и-цəы́-бы-м-га-н!, и-цəы-жə-га́! / и-цəы́-шəы-м-га-н!; [poten.] и-сы-з-б-цəы́-го-м, и-с-зы-б-цəы́-м-ге-ит; [nonvol] и-с-а́мха-б-цəы́-з/с-ге-ит / и-с-а́мха-б-цəы́-зы-м-ге-ит; [vers.1]**; **Non-fin.** [pres.] (C1) и-б-цəы́-л-го / и-б-цəы́-лы-м-го, (C2) и-з-цəы́-л-го / и-з-цəы́-лы-м-го, (C3) и-б-цəы́-з-го / и-б-цəы́-зы-м-го, [aor.] (C1) и-б-цəы́-л-га / и-б-цəы́-лы-м-га, (C2) и-з-цəы́-л-га / и-з-цəы́-лы-м-га, (C3) и-б-цəы́-з-га / и-б-цəы́-зы-м-га, [fut.1] (C1) и-б-цəы́-л-га-ра / и-б-цəы́-лы-м-га-ра, (C2) и-з-цəы́-л-га-ра / и-з-цəы́-лы-м-га-ра, (C3) и-б-цəы́-з-га-ра / и-б-цəы́-зы-м-га-ра, [fut.2] (C1) и-б-цəы́-л-га-ша / и-б-цəы́-лы-м-га-ша, (C2) и-з-цəы́-л-га-ша / и-з-цəы́-лы-м-га-ша, (C3) и-б-цəы́-з-га-ша / и-б-цəы́-зы-м-га-ша, [perf.] (C1) и-б-цəы́-л-га-хьоу (-хьа(ц)) / и-б-цəы́-лы-м-га-хьоу (-хьа(ц)), (C2) и-з-цəы́-л-га-хьоу (-хьа(ц)) / и-з-цəы́-лы-м-га-хьоу (-хьа(ц)), (C3) и-б-цəы́-з-га-хьоу (-хьа(ц)) / и-б-цəы́-зы-м-га-хьоу (-хьа(ц)), [impf.] (C1) и-б-цəы́-л-го-з / и-б-цəы́-лы-м-го-з, (C2) и-з-цəы́-л-го-з / и-з-цəы́-лы-м-го-з, (C3) и-б-цəы́-з-го-з / и-б-цəы́-зы-м-го-з, [past indef.] (C1) и-б-цəы́-л-га-з / и-б-цəы́-лы-м-га-з, (C2) и-з-цəы́-л-га-з / и-з-цəы́-лы-м-га-з, (C3) и-б-цəы́-з-га-з / и-б-цəы́-зы-м-га-з, [cond.1] (C1) и-б-цəы́-л-га-ры-з / и-б-цəы́-лы-м-га-ры-з, (C2) и-з-цəы́-л-га-ры-з / и-з-цəы́-лы-м-га-ры-з, (C3) и-б-цəы́-з-га-ры-з / и-б-цəы́-зы-м-га-ры-з, [cond.2] (C1) и-б-цəы́-л-га-ша-з / и-б-цəы́-лы-м-га-ша-з, (C2) и-з-цəы́-л-га-ша-з / и-з-цəы́-лы-м-га-ша-з, (C3) и-б-цəы́-з-га-ша-з / и-б-цəы́-зы-м-га-ша-з, [plupf.] (C1) и-б-цəы́-л-га-хьа-з / и-б-цəы́-лы-м-га-хьа-з, (C2) и-з-цəы́-л-га-хьа-з / и-з-цəы́-лы-м-га-хьа-з, (C3) и-б-цəы́-з-га-хьа-з / и-б-цəы́-зы-м-га-хьа-з; **Abs.** и-б-цə-га-ны́ / и-б-цəы́-м-га-кəа) **1.** to take away from: Лара́ а-шəҟəы́ с-цəы́-л-ге-ит. *She took the book from me.* Уи сара́ а-ԥа́ра с-цə-и́-ге-ит. *He took the money away from me.* **2.** to take (by force): а́-қалақь а-цəга-ра́ *to take a city.* Ҳара́ х-тəы́ла ҳ-цəы́-р-га-разы аӡа-цəа́ рацəаны́ и-ҳа́-ҟə-ла-хье-ит. *Many enemies have attacked us in order to wrest our land from us.* || **-хы а-цə-га-ра́** to get rid of, to escape: Аа́рлахəа с-хы и-цəы-з-ге-ит. *I barely got rid of him.*

а-цə-гы́ла-заа-ра [intr. stative] [C1-Prev-R] [C1 stand in (the rain/sun)] (**Fin.** [pres.] ды-цə-гы́ло-уп / ды-цə-гы́ла-м, [past] ды-цə-гы́ла-н / ды-цə-гы́ла-мызт, [imper.] бы-цə-гы́л! / бы-м-цə-гы́ла-н!; **Non-fin.** (C1) [pres.] и-цə-гы́ло-у / и-цə-гы́ла-м, [past] и-цə-гы́ла-з / и-цə-гы́ла-мыз) **1.** to stand in (the rain/sun): А-қəа́ ды-цə-гы́ло-уп. *He/She is standing in the rain.* А-мра ды-цə-гы́ло-уп. *He/She is standing in the sun.*

а́-цəгьа[1] [n.] (-ҟəа, ры́-цəгьа) **1.** something bad: а́-цəгье-и а-бзи́е-и *something bad and something good.* || ры́-цəгьа еиба-ҳəо́-м (AF) (colloq.) *they do not speak ill of one another.* **2.** denunciation, information; gossip. || А-цəгье-и а-бзи́е-и и-ба-хье́-ит. *He is a person rich* *in experience.* || у́-цәгьа-мы́цәгьа з-га-аит. *dear, darling.*

а́-цәгьа[2] [adj.] (и́-цәгьо́-у, а́-цәгьа-қәа, цәгьа́-к) **1.** bad; evil, wicked, malicious, vicious: а-ла́ цәгьа́ *the vicious dog.* Иахьа́ а-мш цәгьо́-уп. *Today the weather is bad.* А-мш аны́-цәгьо-у а-ѳны́ с-аан-хо́-ит (сы́-ќо-уп). (AFL) *When the weather is bad, I stay at home. Когда погода плохая, я остаюсь дома.* [cf. **а-бзи́а** "good"]

а́-цәгьа[3] [adj.] (и́-цәгьо́-у, а́-цәгьа-қәа, цәгьа́-к) **1.** difficult; hard: А-бызшәа́ а-тцара́ цәгьо́-уп. *It is difficult to study a language.* И-цәгьо́-у-ма а-университе́т аќны́ а-тца́ра а-тцара́? *Is it difficult to study at university?* А-ҳасабтә цәгьа́-зааит, ахá сара́ и-с-ҳаса́б-уе-ит. *Let the problem be difficult, but I'll solve it. Задача пусть трудная, но я решу.* [cf. **а́-уадаѳ** "difficult"]

а́-цәгьа[4] [adj.] (и́-цәгьо́-у, а́-цәгьа-қәа, цәгьа́-к) **1.** expensive: Ры́-хә анба́-цәгьо-у а-утратӯх-қәа? (AFL) *When is the price of vegetables high? Когда цена на овощи высокая?* А-ча́ Аԥсынтәы́ла а́-хә цәгьо́-уп. (AFL) *The price of bread is high in Abkhazia. Цена хлеба в Абхазии дорогая.* Сара́ зы-хә цәгьа-м хы́лԥа-к аа́-с-хәа-р с-ҭах-у́п. *I want to buy an inexpensive hat.* [cf. **а́-мариа** "cheap"]

а́-цәгьа-заа-ра [intr. stative] [C1-R] (**Fin.** [pres.] и-цәгьо́-уп, [past] и-цәгьа́-н; **Abs.** и-цәгьа́-м-кәа) **1.** to be bad/difficult/expensive. [*See* **а́-цәгьа**]

цәгьаӡа́ [adv.] violently, strongly.

цәгьала́ [adv.] **1.** narrowly, barely; with difficulty: Цәгьала́ и-ќа-и-тцé-ит. *He did it with difficulty.* **2.** cruelly; severely: Цәгьала́ д-ры-пќé-ит. *They beat him/her unmercifully.* **3.** very: А-ҭуа́н цәгьала́ и-ҳарак-у́п. *The ceiling is very high.*

а́-цәгьара [n.] (а́-цәгьара-қәа, цәгьара́-к) **1.** misfortune: А-ѳы́за д-ѳы́за-зар-о-уп а́-цәгьара-ҿ-гьы, а-бзи́ара-ҿ-гьы. (AFL) *A friend must be a friend both in misfortune and in joy. Друг должен быть другом и в беде и в радости.* **2.** a crime; an evil deed: А-цәгьара ќа-и-тцé-ит. *He commited a crime./He did an evil deed.*

а́-цәгьа-ха-ра [intr.] [C1-bad-become] (**Fin.** [pres.] и-цәгьа-хо́-ит, сы-цәгьа-хо́-ит / и-цәгьа-хо́-м (-ха-ӡо́-м), сы-цәгьа-хо́-м (-ха-ӡо́-м), [aor.] и-цәгьа-хé-ит, ды-цәгьа-хé-ит / и-цәгьа-м-хé-ит (-ха-ӡé-ит), ды-цәгьа-м-хé-ит, [imper.] бы-цәгьа-ха́! / бы-цәгьа-м-ха́-н!, шәы-цәгьа-ха́! / шәы-цәгьа-м-ха́-н!; **Non-fin.** [pres.] (C1) и́-цәгьа-хо / и-цәгьа́-м-хо, [aor.] (C1) и́-цәгьа-ха / и-цәгьа́-м-ха; **Abs.** ды-цәгьа-ха-ны́ / ды-цәгьа́-м-ха-кәа) **1.** (*of weather*) to become bad; to go bad, to deteriorate: А-мш цәгьа-хé-ит. *The weather went bad.* **2.** to curdle, to coagulate: А-хш цәгьа-хé-ит. *The milk curdled.* [cf. **а-бзи́а-ха-ра** "to become good"]

а-цә-ӡьы́ч-ра [tr.] [C1-C2-Prev-C3-R / C1-C2-Prev-C3-Neg-R] [C3 steal C1 from C2] (**Fin.** [pres.] и-л-цәы́-с/(*з)-ӡьыч-уе-ит, ды-л-цәы́-с/(*з)-ӡьыч-уе-ит / и-л-цәы́-с-ӡьыч-уа-м, [aor.] и-л-цәы́-с-ӡьыч-ит / и-л-цәы́-сы-м-ӡьыч-ит, [imper.] и-л-цә-ӡьы́ч! / и-л-цәы́-бы-м-ӡьы́чы-н!, и-л-цәы́-шә-ӡьыч! / и-л-цәы́-шәы-м-ӡьы́чы-н!; **Non-fin.** [pres.] (C1) и-л-цәы́-с-ӡьыч-уа / и-л-цәы́-сы-м-ӡьыч-уа, (C2) и-з-цәы́-с-ӡьыч-уа / и-з-цәы́-сы-м-ӡьыч-уа, (C1) и-л-цәы́-з-ӡьыч-уа / и-л-цәы́-зы-м-ӡьыч-уа) **1.** to steal from: Л-ԥа́ратра л-цәы́-р-ӡьыч-ит. (ARD) *У нее украли бумажник. Her wallet was stolen.*

а-цәéиажьы́ [n.] (*lit.* skin and flesh) the body.

а-цәéижь [n.] [< а-цәа́ *skin* + а-жьы́ *flesh*] **1.** the body; an organism: и-зѳы́до-у а-цәéижь *a healthy body.* а-уаѳы́тәыѳса и-цәéижь а-хәҭа-қәа́ *parts of a human body.* а-цәéижь и-к-и́т *he put on weight.* || **и-цәéижь кé-и-ԥсе-ит** he lost weight. **2.** flesh; flesh and blood.

а-цәеиха́ [n.] (а-цәеиха-қәа́) a ploughshare.

а-цә-ӡа-ра́ [tr.] [OV] [C1-C2-OV-C3-R] [C3 steal/conceal C1 from C2] (**Fin.** [aor.] и-с-цәы́-р-ӡе-ит / и-с-цәы́-ры-м-ӡе-ит, **Abs.** и-цә-ӡа-ны́ / и-цәы́-м-ӡа-кәа) **1.** to steal from: А-ԥа́ра и-цәы́-р-ӡе-ит. *They stole money from him.* **2.** to conceal, to keep secret: А-иа́ша с-цәы́-р-ӡе-ит. *They concealed the truth from me.* И-шәы́-хь-зеи? — ҳәа д-ан-р-а́-з-тцаа, и-цәы́-м-ӡа-

Цә

кәа зегьы́ и-а́-р-хәе-ит. *When he asked them, 'what happened to you?', they told him everything without concealment.* [cf. **а-ӡа-ра́** "to steal"]

а-цә-иаала-ра [intr.] [C1-S / C1-Neg-S *or* C1-Prev-Neg-R] [C1 tan] **(1)** [dynamic] (**Fin.** [pres.] ды-цә-иа́(а)ло-ит / ды-цә-иа́(а)ло-м (-ӡо-м), [aor.] ды-цә-иа́(а)ле-ит / ды-м-цә-иа́(а)ле-ит (*or* д-мы-цә-иа́(а)ле-ит) *or* д-цәы-м-иа́(а)ле-ит (-иа́(а)ла-ӡе-ит), [imper.] бы-це-иа́(а)ла! / б-мы-цәиа́(а)ла-н! (*or* бы-м-цәиа́(а)ла-н!) *or* б-цәы-м-цәиа́(а)ла-н!; **Non-fin.** [pres.] (C1) и-цә-иаало / и-м-цә-иаало *or* и-цәы́-м-иаало; **Abs.** ды-цә-иаала-ны / ды-м-цә-иаала-кәа). **(2)** [stative] **Fin.** [pres.] ды-цә-иа́(а)ло-уп / ды-цә-иа́(а)ла-м (-ӡа-м), [past] ды-цә-иа́(а)ла-н / ды-цә-иа́(а)ла-мызт; **Non-fin.** [pres.] (C1) и-цә-иаало-у / и-цә-иаала-м, [past] (C1) и-цә-иаала-з / и-цә-иаала-мыз; **Abs.** ды-цә-иаала-м-кәа) **1.** || **а́-мра сы-цә-иаала-н** I tanned in the sun: Сара́ а-мшы́н с-ҭа́-ло-н, сы-ӡсо́-н, а́-мра сы-цә-иаала-н. (AFL) *I went to the sea, swam and tanned in the sun. Я шел в море, плавал, загорал на солнце.*

ацә-и́ҟәатцәа [adj.] blackish.

а-цә-ка́-ҳа-ра [intr.] [OV] [C1-C2-OV-Prev-R / C1-C2-OV-Prev-Neg-R] [C2 drop C1 accidentally, C1 fall from C2's grasp] (**Fin.** [pres.] и-лы-цә-ка́-ҳа-уе-ит / и-лы-цә-ка́-ҳа-уа-м, [aor.] и-лы-цә-ка́-ҳа-ит / и-лы-цә-ка́-м-ҳа-ит; **Non-fin.** [pres.] (C1) и-лы-цә-ка́-ҳа-уа / и-лы-цә-ка́-м-ҳа-уа, (C1) и-зы-цә-ка́-ҳа-уа / и-зы-цә-ка́-м-ҳа-уа; **Abs.** и-лы-цә-ка́-ҳа-ны / и-лы-цә-ка́-м-ҳа-кәа) **1.** to drop sth big accidentally: и-лы-цә-ка́-ҳа-ит *she dropped it/them (sth big/heavy) accidentally.* а-хучы́ д-сы-цә-ка́-ҳа-ит *I dropped the child accidentally.* Еҟьы́м Амра д-лы-цә-ка́-ҳа-ит. *Ek'ym dropped Amra.* Ахра (m.) Амра (f.) д-лы-цә-ка́-ҳа-ит. *Amra dropped Akhra.* [cf. **а-ка́-ҳа-ра** "to fall"; **а-ка́-жь-ра** "to drop intentionally": мчы́лра и-ка-и́-жь-ит *he dropped it intentionally.*]

а-цә-ка-шәа-ра́ [intr.] [OV] (cf. **а-ка-шәа-ра́** "to fall") [C1-C2-OV-Prev-R / C1-C2-OV-Prev-Neg-R] [C2 drop C1 *accidentally*, *lit.* C1 fall against C2's will] (**Fin.** [pres.] и-сы-цә-ка-шәо́-ит / [aor.] и-сы-цә-ка-шәе́-ит / и-сы-цә-ка-м-шәе́-ит; **Non-fin.** [pres.] (C1) и-сы-цә-ка-шәо́ / и-сы-цә-ка́-м-шәо, (C1) и-зы-цә-ка-шәо́ / и-зы-цә-ка́-м-шәо; **Abs.** и-сы-цә-ка-шәа́-ны / и-сы-цә-ка-м-шәа́-кәа) **1.** to drop sth light accidentally: С-чабра́ сы-цә-ка-шәе́-ит. *I accidentally dropped my handkerchief.* А-хучы́ и-хы́лԥа и-цә-ка-шәе́-ит. *The child dropped his own cap accidentally. Ребенок уронил свою шапку.* [cf. **а-ка́-жь-ра** "to drop/ throw down": А-хәчы́ и-хы́лԥа ка-и́-жь-ит. *The child threw his cap on purpose. Ребенок нарочно бросил свою шапку.*]

а-цә-к-ра́ *see* **мап а-цә-к-ра́**

а-цәҟә(ы)рԥа́ [n.] (-ҟәа́) a wave: А-цәҟәырԥа-ҟәа́ ду́-хе-ит. *The waves became large.*

а-цәҟә(ы)рԥа-ра́ [intr.] [C1-S / C1-Neg-S] [C1 billow] (**Fin.** [pres.] и-цәҟәрԥо́-ит / и-цәҟәрԥо́-м (-цәҟәрԥа-ӡо́-м), [aor.] и-цәҟәрԥе́-ит / и-м-цәҟәрԥа-ӡе́-ит; **Non-fin.** [pres.] (C1) и-цәҟәрԥо́ / и-м-цәҟәрԥо́, [aor.] (C1) и-цәҟәрԥа́ / и-м-цәҟәрԥа́) **1.** to be rough/ choppy: А-мшы́н цәҟәырԥо́-ит. *The sea is rough.* С-ча́и хазы́на ҟашәҟашәо́, мшы́н-тцас и-цәҟәрԥо́-ит. (AFL) *My beautiful tea, swaying, makes waves like the sea. Мой прекрасный чай, колыхаясь, как море волнуется.*

а-цәҟьа́ [n.] (-ҟәа́) **1.** a pitfall, a trap. **2.** a noose, a snare: А-хәы́хә а-цәҟьа́ и-а-ҿа-шәе́-ит. (ARD) *Голубь запутался в силке. The dove got tangled in the snare.*

а-цәкьа́ра [n.] (-кәа) **1.** a target.

а́-цәмаҭәа [n.] (-ҟәа, цәмаҭәа́-к) a plough.

а-цәны-рха-ра́ [tr.] [C1-C2-Prev-C3-S] [C3 save C1 from C2] (**Fin.** [pres.] д-а-цәын-сы-рхо́-ит / д-а-цәын-сы-рхо́-м, [aor.] д-а-цәын-сы-рхе́-ит / д-а-цәны-с-мы-рхе́-ит, [imper.] д-а-цәны-рха́! / д-а-цә-ны-б-мы-рха́-н!; **Non-fin.** [pres.] (C1) и-а-цәын-сы-рхо́ / и-а-цәны-с-мы-рхо́, (C3) и-а-цәын-зы-рхо́ / и-а-цәны-з-мы-рхо́; **Abs.** д-а-цәны-рха-ны́ / д-а-цән-мы-рха́-кәа) **1.** to save from, to rescue from: А-ԥсра́ д-а-цәны-с-рхе́-ит. *I saved him/her from* *death.*

а-цә-ԥ-жәа-ра́ [intr.] [OV] [C1-C2-OV-Prev-R / C1-C2-OV-Prev-Neg-R] [C2 accidentally tear C1] (**Fin.** [pres.] и-л-цәы-ԥ-жәо́-ит / и-л-цәы-ԥ-жәо́-м (-жәа-ӡо́-м), [aor.] и-л-цәы-ԥ-жәе́-ит / и-лы-цә-ԥы́-м-жәе-ит (-жәа-ӡе-ит); **Non-fin.** [pres.] (C1) и-л-цәы-ԥ-жәо́ / и-лы-цә-ԥы́-м-жәо, (C2) и-з-цәы-ԥ-жәо́ / и-зы-цә-ԥы́-м-жәо, [aor.] (C1) и-л-цәы-ԥ-жәа́ / и-лы-цә-ԥы́-м-жәа, (C2) и-з-цәы-ԥ-жәа́ / и-зы-цә-ԥы́-м-жәа, [impf.] (C1) и-л-цәы-ԥ-жәо́-з / и-лы-цә-ԥы́-м-жәо-з, (C2) и-з-цәы-ԥ-жәо́-з / и-зы-цә-ԥы́-м-жәо-з, [past indef.] (C1) и-л-цәы-ԥ-жәа́-з / и-лы-цә-ԥы́-м-жәа-з, (C2) и-з-цәы-ԥ-жәа́-з / и-зы-цә-ԥы́-м-жәа-з; **Abs.** и-л-цәы-ԥ-жәа-ны́ / и-л(ы)-цә-ԥы́-м-жәа-кәа) **1.** to tear up accidentally: А-қьаа́д с-цәы-ԥ-жәе́-ит. *I accidentally ripped up the paper.* [cf. **а-ԥ-жәа-ра́** "to tear"]

а-цә-ԥ-ка-ра́ [intr.] [OV] [C1-C2-OV-Prev-R / C1-C2-OV-Prev-Neg-R] [C2 accidentally cut C1] (**Fin.** [pres.] и-л-цәы-ԥ-ҟо́-ит / и-л-цәы-ԥ-ҟо́-м (-ҟа-ӡо́-м), [aor.] и-л-цәы-ԥ-ҟе́-ит, и-аҳ-цәы-ԥ-ҟе́-ит / и-лы-цә-ԥы́-м-ҟе-ит (-ҟа-ӡе-ит), и-ҳа-цә-ԥы́-м-ҟе-ит (-ҟа-ӡе-ит); **Non-fin.** [pres.] (C1) и-л-цәы-ԥ-ҟо́ / и-лы-цә-ԥы́-м-ҟо, (C2) и-з-цәы-ԥ-ҟо́ / и-зы-цә-ԥы́-м-ҟо, [aor.] (C1) и-л-цәы-ԥ-ҟа́ / и-лы-цә-ԥы́-м-ҟа, (C2) и-з-цәы-ԥ-ҟа́ / и-зы-цә-ԥы́-м-ҟа, [impf.] (C1) и-л-цәы-ԥ-ҟо́-з / и-лы-цә-ԥы́-м-ҟо-з, (C2) и-з-цәы-ԥ-ҟо́-з / и-зы-цә-ԥы́-м-ҟо-з, [past indef.] (C1) и-л-цәы-ԥ-ҟа́-з / и-лы-цә-ԥы́-м-ҟа-з, (C2) и-з-цәы-ԥ-ҟа́-з / и-зы-цә-ԥы́-м-ҟа-з; **Abs.** и-л-цә-ԥ-ҟа-ны́ / и-лы-цә-ԥы́-м-ҟа-кәа) **1.** to cut accidentally: Ни́кәа игуиҿанӡа́мкәа и-напы́ и-цә-ԥ-ҟе́-ит. (RAD) *Никуа случайно порезал свою руку. Nikwa cut his own hand accidentally.* Сара́ машәы́ршақә (*or* машәы́рны) с-напы́ с-цәы-ԥ-ҟе́-ит. *I cut my hand accidentally.* Сара́ машәы́рны л-напы́ с-цәы-ԥ-ҟе́-ит. *I cut her hand accidentally.*

Цә

а-цә-ԥс-ра́ *see* **а-цәы-ԥс-ра́**

а-цә-ԥ(ы)т-ра́ [intr.] [OV] [C1-OV-R / C1-Neg-OV-R] [C1 come untied accidentally] (**Fin.** [pres.] и-цә-ԥт-уе́-ит / и-цә-ԥт-уа́-м, [aor.] и-цә-ԥт-и́т / и-м-цә-ԥт-и́т; **Non-fin.** [pres.] (C1) и-цә-ԥт-уа́ / и-м-цә-ԥт-уа́) **1.** to come untied accidentally: А-хучы́ и-па́лта и-цә-ԥт-и́т. (RAD) *The child's clothes came untied accidentally.*

а-цә(ы)-ԥ-тәа-ра́ [intr.] [OV] [C1-C2-OV-Prev-R / C1-C2-OV-Prev-Neg-R] [C2 accidentally break C1, *lit.* C1 be broken against C2's will] (**Fin.** [pres.] и-л-цәы-ԥ-тәо́-ит / и-л-цәы-ԥ-тәо́-м (-тәа-ӡо́-м), [aor.] и-л-цәы-ԥ-тәе́-ит / и-л-цәы-ԥы́-м-тәе-ит (-тәа-ӡе-ит); **Non-fin.** [pres.] (C1) и-л-цәы-ԥ-тәо́ / и-л-цә-ԥы́-м-тәо, (C2) и-з-цәы-ԥ-тәо́ / и-з-цә-ԥы́-м-тәо, [aor.] (C1) и-л-цәы-ԥ-тәа́ / и-л-цә-ԥы́-м-тәа, (C2) и-з-цәы-ԥ-тәа́ / и-з-цә-ԥы́-м-тәа, [impf.] (C1) и-л-цәы-ԥ-тәо́-з / и-л-цә-ԥы́-м-тәо-з, (C2) и-з-цәы-ԥ-тәо́-з / и-з-цә-ԥы́-м-тәо-з, [past indef.] C1) и-л-цәы-ԥ-тәа́-з / и-л-цә-ԥы́-м-тәа-з, (C2) и-з-цәы-ԥ-тәа́-з / и-з-цә-ԥы́-м-тәа-з; **Abs.** и-л-цәы-ԥ-тәа-ны́ / и-лы-цә-ԥы́-м-тәа-кәа) **1.** to break sth accidentally.

а-цә-ԥ-ҿе-ра́ *see* **а-цәы-ԥ-ҿе-ра́**

а-цә-тәа́-ла-заа-ра [intr. stative] (**Fin.** [pres.] ды-цә-тәа́-ло-уп / ды-цә-тәа́-ла-м, [past] ды-цә-тәа́-ла-н / ды-цә-тәа́-ла-мызт) **1.** to sit/be (in the sun): А-қәа́ ды-цә-тәа́-ло-уп. (ACST) *He/She is sitting in the rain.*

а-цә-у́адаҩ-заа-ра [intr. stative] [C1-C2-Prev-S] [C1 be difficult for C2] (**Fin.** [pres.] и-с-цәы́-уадаҩ-уп) **1.** to be difficult for sb: А-цәа́жәа-ра мачҗ и-с-цәы́-уадаҩ-уп. *It is a bit difficult for me to speak.*

а-цә-у́адаҩ-ха-ра [intr.] [C1-C2-Prev-S] [C1 become difficult for C2] (**Fin.** [aor.] и-р-цә-у́адаҩ-хе-ит *or* и-р-цәы́-уадаҩ-хе-ит) **1.** to become difficult for sb: А-кәаша-ра и-цә-у́адаҩ-хе-ит. *It became difficult for him to dance.*

а́-цәхкьа-ра *see* **а-цәыхкьа-ра́**

а-цә-х-т-ра́ [intr.] [OV] [C1-C2-OV-Prev-R / C1-C2-OV-Prev-Neg-R] [C2 accidentally open

C1, *lit.* C1 open against C2's will] (**Fin.** [pres.] и-с-цәы-х-т-уе́-ит / и-с-цәы-х-т-уа́-м (-т-ʒо́-м), [aor.] и-с-цәы-х-т-и́т / и-с-цәы-хы́-м-т-ит (-т-ʒе-ит); **Non-fin.** [pres.] (C1) и-л-цәы-х-т-уа́ / и-лы-цә-хы́-м-т-уа, (C2) и-з-цәы-х-т-уа́ / и-з-цә-хы́-м-т-уа, [aor.] и-л-цәы-х-ты́ (*то, которое она нечаянно открыла*) / и-лы-цә-хы́-м-т, (C2) и-з-цәы-х-ты́ (*тот, который нечаянно открыл его(нрз.)/их*) / и-з-цә-хы́-м-т, [impf.] и-л-цәы-х-т-уа́-з / и-лы-цә-хы́-м-т-уа-з, (C2) и-з-цәы-х-т-уа́-з / и-з-цә-хы́-м-т-уа-з, [past indef.] и-л-цәы-х-ты́-з / и-лы-цә-хы́-м-ты-з, (C2) и-з-цәы-х-ты́-з / и-з-цә-хы́-м-ты-з; **Abs.** и-цә-х-т-ны́ / и-цәы-хы́-м-т-кәа) **1.** to open accidentally: А-кәа́ха з-ҭа́-з а-ҧатлы́ка сы-цә-х-т-и́т. (RAD) *Я нечаянно открыл бутылку с соусом. I opened the bottle of sauce accidentally.* [cf. **а-х-т-ра́** (1) "to open sth," (2) "to open"]

а-цә-х-шәа́ла-ра *see* **а-цәы-х-шәа́ла-ра**

а-цә-хы-бга́ла-ра [intr.] [OV] [C1-C2-OV-Prev-R / C1-C2-OV-Prev-Neg-R] [C2 accidentally destroy C1, *lit.* C1 be destroyed against C2's wish] (**Fin.** [pres.] и-с-цә-хы-бга́ло-ит / и-с-цә-хы-бга́ло-м (-бга́ла-ʒо-м), [aor.] и-с-цә-хы-бга́ле-ит / и-с-цә-хы́-м-бгале-ит; **Non-fin.** [pres.] (C1) и-л-цә-хы-бга́ло / и-л-цә-хы́-м-бгало, (C2) и-з-цә-хы-бга́ло / и-з-цә-хы́-м-бгало, [aor.] (C1) и-л-цә-хы-бга́ла / и-л-цә-хы́-м-бгала, (C2) и-з-цә-хы-бга́ла / и-з-цә-хы́-м-бгала, [impf.] (C1) и-л-цә-хы-бга́ло-з / и-л-цә-хы́-м-бгало-з, (C2) и-з-цә-хы-бга́ло-з / и-з-цә-хы́-м-бгало-з, [past indef.] (C1) и-л-цә-хы-бга́ла-з / и-л-цә-хы́-м-бгала-з, (C2) и-з-цә-хы-бга́ла-з / и-з-цә-хы́-м-бгала-з; **Abs.** и-цә-хы-бга́ла-ны / и-цә-хы-м-бга́ла-кәа) **1.** to destroy accidentally (*a bulding, a bridge, etc.*): А-хы́бра ҳа-цә-хы-бга́ле-ит. *We destroyed the building accidentally. Мы нечаянно разрушили здание.* [cf. **а-хы-рбга́ла-ра** / **а-х-рыбга́ла-ра** "to destroy," "to demolish"]

а-цә-хы́-тц-ра [intr.] [OV] [C1-C2-OV-Prev-R / C1-C2-OV-Prev-Neg-R] [C1 flow out against C2's wish] (**Fin.** [pres.] и-л-цә-хы́-тц-уе-ит / и-л-цә-хы́-тц-уа-м (-тц-ʒо-м), [aor.] и-л-цә-хы́-тц-ит / и-лы-цә-хы́-м-тц-ит (-тц-ʒе-ит); **Non-fin.** [pres.] (C1) и-л(ы)-цә-хы́-тц-уа / и-лы-цә-хы́-м-тц-уа, (C2) и-з(ы)-цә-хы́-тц-уа / и-зы-цә-хы́-м-тц-уа, [aor.] (C1) и-л(ы)-цә-хы́-тц / и-лы-цә-хы́-м-тц, (C2) и-з(ы)-цә-хы́-тц / и-зы-цә-хы́-м-тц, [impf.] (C1) и-л(ы)-цә-хы́-тц-уа-з / и-лы-цә-хы́-м-тц-уа-з, (C2) и-з(ы)-цә-хы́-тц-уа-з / и-зы-цә-хы́-м-тц-уа-з, [past indef.] (C1) и-л(ы)-цә-хы́-тцы-з / и-лы-цә-хы́-м-тцы-з, (C2) и-з(ы)-цә-хы́-тцы-з / и-зы-цә-хы́-м-тцы-з; **Abs.** и-цә-хы́-тц-ны / и-цә-хы́-м-тц-кәа) **1.** to flow out by accident: А-хш сы-цә-хы́-тц-ит. *The milk flowed out against my wish.*

а-цә-х-ҩа́шьа-ра [intr.] [OV] [C1-$C2_1$-OV-$C2_2$-Prev-R / C1-C2-OV-C2-Prev-Neg-R] [$C2_1$ confuse C1 with $C2_2$] (**Fin.** [pres.] сы-л-цә-и-х-ҩа́шьа-ло-ит (*она меня с ним путает*) / сы-л-цә-и-х-ҩа́шьа-ло-м, [aor.] сы-л-цә-и-х-ҩа́шьа-ле-ит / сы-л-цә-и-ха́-м-ҩашьа-ле-ит; **Non-fin.** [pres.] (C1) и-л-цә-и-х-ҩа́шьа-ло / и-л-цә-и-ха-м-ҩа́шьа-ло, ($C2_1$) сы-з-цә-и-х-ҩа́шьа-ло / сы-з-цә-и-ха-м-ҩа́шьа-ло, ($C2_2$) сы-л-цәы-з-х-ҩа́шьа-ло / сы-л-цәы-з-ха-м-ҩа́шьа-ло; **Abs.** и-цә-х-ҩа́шьа-ны / и-цә-ха́-м-ҩашьа-кәа) **1.** to confuse: Ива́н у-с-цә-и-х-ҩа́шьа-л-т. *I confused you with Ivan. Я спутал вас с Иваном.*

а-цәхәычцы-заа-ра́ [intr. stative] [C1-C2-R] [C1 be small for C2] (**Fin.** [pres.] и-сы-цәхәыч-у́п / и-сы-цәхәычы́-м) **1.** (*of footwear*) to be small: Аимаа-ҟәа сы-цәхәыч-у́п. *These shoes are too small for me.*

а́-цәҳа-ра [intr.] **(1)** [C1-C2-a-R / C1-C2-Neg-a-R] [C1 scold C2] (**Fin.** [pres.] с-б-а́-цәҳа-уе-ит / с-б-а́-цәҳа-уа-м, [aor.] с-б-а́-цәҳа-ит / сы-б-м-а́-цәҳа-ит, [fut.1] с-б-а́-цәҳа-п / с-б-а́-цәҳа-рым, [fut.2] с-б-а́-цәҳа-шт / с-б-а́-цәҳа-шам, [perf.] с-б-а́-цәҳа-хьеит / сы-б-м-а́-цәҳа-ц(т), [impf.] с-б-а́-цәҳа-уан / с-б-а́-цәҳа-уамызт, [past indef.] с-б-а́-цәҳа-н / сы-б-м-а́-цәҳа-зт, [cond.1] с-б-а́-цәҳа-рын / с-б-а́-цәҳа-рымызт, [cond.2] с-б-а́-цәҳа-шан / с-б-а́-цәҳа-шамызт, [plupf.] с-б-а́-цәҳа-хьан / сы-б-м-а́-цәҳа-цызт, [imper.] б-цәҳа́! / б-мы-цәҳа́-н!; **Non-fin.** [pres.] (C1) и-л-а́-цәҳа-уа (*тот, который бранит ее*) / и-л-м-а́-цәҳа-уа, (C2) д-з-а́-цәҳа-уа (*тот, которого он/она бранит*) / ды-з-м-а́-цәҳа-уа, [aor.] (C1) и-л-а́-цәҳа / и-л-м-а́-цәҳа, (C2) д-з-а́-цәҳа / ды-з-м-а́-цәҳа, [fut.1] (C1) и-л-а́-цәҳа-ра / и-л-м-а́-цәҳа-ра, (C2) д-з-а́-цәҳа-ра / ды-з-м-а́-цәҳа-ра, [fut.2] (C1) и-л-а́-цәҳа-ша / и-л-м-а́-цәҳа-ша, (C2) д-з-а́-цәҳа-ша / ды-з-м-а́-цәҳа-ша, [perf.] (C1) и-л-а́-цәҳа-хьоу (-хьа(ц)) / и-л-м-а́-цәҳа-хьоу (-хьа(ц)), (C2) д-з-а́-цәҳа-хьоу (-хьа(ц)) / ды-з-м-а́-цәҳа-хьоу (-хьа(ц)), [impf.] (C1) и-л-а́-цәҳа-уа-з / и-л-м-а́-цәҳа-уа-з, (C2) д-з-а́-цәҳа-уа-з / ды-з-м-а́-цәҳа-уа-з, [past indef.] (C1) и-л-а́-цәҳа-з / и-л-м-а́-цәҳа-з, (C2) д-з-а́-цәҳа-з / ды-з-м-а́-цәҳа-з, [cond.1] (C1) и-л-а́-цәҳа-ры-з / и-л-м-а́-цәҳа-ры-з, (C2) д-з-а́-цәҳа-ры-з / ды-з-м-а́-цәҳа-ры-з, [cond.2] (C1) и-л-а́-цәҳа-ша-з / и-л-м-а́-цәҳа-ша-з, (C2) д-з-а́-цәҳа-ша-з / ды-з-м-а́-цәҳа-ша-з, [plupf.] (C1) и-л-а́-цәҳа-хьа-з / и-л-м-а́-цәҳа-хьа-з, (C2) д-з-а́-цәҳа-хьа-з / ды-з-м-а́-цәҳа-хьа-з; **Abs.** с-б-а́-цәҳа-ны / сы-б-м-а́-цәҳа-кәа) **1.** to scold; to swear at: А-хәҷы́ и-а́н ҕәҕәа́ла д-и-а́-цәҳа-ит. (AAD) *The boy's mother scolded him severely.* Уара́ у-цы́хәала сара́ и-с-а́-цәҳа-ит. (IC) *I was scolded because of you.* **(2)** [C1-R / C1-Neg-R] [C1 quarrels] (**Fin.** [pres.] ды-цәҳа-уе́-ит / ды-цәҳа-уа́-м, [aor.] ды-цәҳа́-ит / д-мы-цәҳа́-ит, [imper.] бы-цәҳа́! / б-мы-цәҳа́-н!) **1.** to quarrel.

а-цәҳә-ра́ [intr.] [C1-R / C1-Neg-R] [C1 become bare] (**Fin.** [pres.] и-цәҳә-уе́-ит / и-цәҳә-уа́-м (-цәҳә-ӡо́-м), [aor.] и-цәҳә-и́т / и-м-цәҳә-и́т (-цәҳә-ӡе́-ит), [imper.] у-цәҳәы́! / у-м-цәҳәы́-н!; **Non-fin.** [pres.] (C1) и-цәҳә-уа́ / и-м-цәҳә-уа́; **Abs.** и-цәҳә-ны́ / и-м-цәҳәы́-кәа) **1.** to become bare, to become exposed; to strip: А-ҵиаа-қәа ры-бҕь-қәа́ каҧсо́-ит, и-цәҳә-уе́-ит. (AFL) *The plant's leaves are falling and scattering.* А-ҵла-қәа цәҳә-и́т. *The trees became bare.* **2.** to be ruined: сы-цәҳә-и́т *I became poor.*

а-цә-ца-ра́ [intr.] [C1-C2-OV-R / C1-C2-OV-Neg-R] [C1 run away from C2, *lit.* C1 go against C2's will] (**Fin.** [pres.] д-и-цә-цо́-ит / д-и-цә-цо́-м, [aor.] д-лы-цә-це́-ит, с-а-цә-це́-ит / ды-л-цәы́-м-це-ит, с-а-цәы́-м-це-ит. [imper.] б-и-цә-ца́! / б-и-цәы́-м-ца-н!; **Non-fin.** [pres.] (C1) и-лы-цә-цо́ (*тот, который убежит от нее*) / и-л-цәы́-м-цо, (C2) д-зы-цә-цо́ (*тот, от которого он/она убежит*) / ды-з-цәы́-м-цо, [aor.] (C1) и-лы-цә-ца́ / и-л-цәы́-м-ца, (C2) д-зы-цә-ца́ / ды-з-цәы́-м-ца, [impf.] (C1) и-лы-цә-цо́-з / и-л-цәы́-м-цо-з, (C2) д-зы-цә-цо́-з / ды-з-цәы́-м-цо-з, [past indef.] (C1) и-лы-цә-ца́-з / и-л-цәы́-м-ца-з, (C2) д-зы-цә-ца́-з / ды-з-цәы́-м-ца-з; **Abs.** д-лы-цә-ца-ны́ / ды-л-цәы́-м-ца-кәа) **1.** to escape from, to run away from: д-и-цәцо́-ит *he/she will run away from him.* [cf. **а-ца-ра́** "to go"]

а-цә-шәа-ра́ [intr.] [C1-C2-Prev-R / C1-C2-Prev-Neg-R] [C1 be afraid of C2] (**Fin.** [pres.] с-бы-цә-шәо́-ит, с-а-цә-шәо́-ит / с-бы-цә-шәо́-м (-шәа-ӡо́-м), [aor.] с-бы-цә-шәе́-ит, с-а-цә-шәе́-ит / сы-б-цәы́-м-шәе-ит, [fut.1] с-бы-цә-шәа́-п / с-бы-цә-шәа-ры́м, [fut.2] с-бы-цә-шәа́-шт / с-бы-цә-шәа́-шам, [perf.] с-бы-цә-шәа-хье́ит / сы-б-цәы́-м-шәа-ц(т), [impf.] с-бы-цә-шәо́-н / с-бы-цә-шәо́-мызт, [past indef.] с-бы-цәа́-шәа-н / сы-б-цәы́-м-шәа-зт, [cond.1] с-бы-цә-шәа-ры́н / с-бы-цә-шәа-ры́мызт, [cond.2] с-бы-цә-шәа́-шан / с-бы-цә-шәа́-шамызт, [plupf.] с-бы-цә-шәа-хьа́н / сы-б-цәы́-м-шәа-цызт, [imper.] б-лы-цә-шәа́! / бы-л-цәы́-м-шәа-н!, шә-лы-цә-шәа́! / шәы-л-цәы́-м-шәа-н!; **Non-fin.** [pres.] (C1) и-лы-цә-шәо́ (*тот, который боится ее*) / и-л-цәы́-м-шәо, (C2) д-зы-цә-шәо́ (*тот, которого он/она боится*) / ды-з-цәы́-м-шәо, [aor.] (C1) и-лы-цә-шәа́ / и-л-цәы́-м-шәа, (C2) д-зы-цә-шәа́ / ды-з-цәы́-м-шәа, [fut.1] (C1) и-лы-цә-шәа-ра́ / и-л-цәы́-м-шәа-ра, (C2) д-зы-цә-шәа-ра́ / ды-з-цәы́-м-шәа-ра, [fut.2] (C1) и-лы-цә-шәа́-ша / и-л-цәы́-м-шәа-ша, (C2) д-зы-цә-шәа́-ша / ды-з-цәы́-м-шәа-ша, [perf.] (C1) и-лы-цә-шәа-хьо́у (-хьа́(ц)) / и-л-цәы́-м-шәа-хьоу (-хьа(ц)), (C2) д-зы-цә-шәа-хьо́у (-хьа́(ц)) / ды-з-цәы́-м-шәа-хьоу (-хьа(ц)), [impf.] (C1) и-лы-цә-шәо́-з / и-л-цәы́-м-шәо-з, (C2) д-зы-цә-шәо́-з / ды-з-цәы́-м-шәо-з, [past indef.] (C1) и-лы-цә-шәа́-з / и-л-цәы́-м-шәа-з, (C2) д-зы-цә-шәа́-з / ды-з-цәы́-м-шәа-з, [cond.1] (C1) и-лы-цә-шәа-ры́-з / и-л-цәы́-м-шәа-ры-з, (C2) д-зы-цә-шәа-ры́-з / ды-з-цәы́-м-шәа-ры-з, [cond.2] (C1) и-лы-цә-шәа́-ша-з / и-л-цәы́-м-шәа-ша-з, (C2) д-зы-цә-шәа́-ша-з / ды-з-цәы́-м-шәа-ша-з, [plupf.] (C1) и-лы-цә-шәа-хьа́-з / и-л-цәы́-м-шәа-хьа-з, (C2) д-зы-цә-шәа-хьа́-з / ды-з-цәы́-м-шәа-хьа-з; **Abs.** с-бы-цә-шәа-ны́ / сы-б-цәы́-м-шәа-кәа) **1.** to be afraid of, to fear: у-и-цә-шәо́-ит *you are afraid of him.* А-хуч-қәа́ а́-лашьцара и-а-цә-шәо́-ит. *The children are afraid of the dark.* Сара́ и-ҧы́лара с-а-цә-шәо́-ит. (RAD) *Я боюсь встречи с ним. I am afraid of encounter with him.* А-ма́қарҩы итҵкы́с аа́лҟьаҩ у-и-цәшәа́! *Fear not a person who talks a lot, but one who acts quickly!* Акы́ у-а-цәы́-м-шәа-н! (Ab.Text) *Don't be afraid of anything!* Дара́ иа́рбанзаалак-гьы акы́ у́с-с и-ры́-ма-м-куа, акы́ и-а-цәы́-м-шәо и́-ҟа-заарын. (Ab.Text) *Apparently, they didn't have any work nor did they fear anything.* А-рҵаҩы́ у-з-и-цә-шәо́-зеи? (RAD) *Почему ты трусишь перед учителем? Why are you afraid in front of the teacher?* [cf. **а-шәара́** (1) "a fear." (2) "to fear"; "to worry"]

-цә(ы)- [prefix] [with adjectives] *used to express that the degree of an adjective is weak or approximate* (cf. **аазы-**, **цәа-**) (Chirikba:30): а-цәы́-ҟаҧшь *reddish* (< а-ҟа́ҧшь "red"); а-цә-ҩе́жь *yellowish* (< а-ҩе́жь "yellow"). И-цәы-уада́ҩ(ы)-уп и-занаа́ҭ а́-ҧсахра. *It is a little difficult to change his profession.*

-цә(ы)- *see* **-цә-**

цәыббы́н [n.] September.

цәы́ббыра [n.] (= **сентиа́бр**) September.

а-цәы́-заа-ра [intr.] (**Fin.** [pres.] и-цә-у́п) **1.** (*of clothes, a bed, etc.*) to be hanging in the sun. **2.** to be under the rain.

а-цәы́ӡ [n.] (-қәа, и-цәы́ӡ) loss; a lost object: Сара́ а-цәы́ӡ сы́-мо-уп. *I have lost something.*

а-цәы́-ӡ-ра [intr.] [OV] [C1-C2-OV-R / C1-C2-OV-Neg-R] [C1 be lost on C2, C2 lose C1] (**Fin.** [pres.] и-с-цәы́-ӡ-уе-ит (-ӡ-ӡо-м), и-аҳ-цәы́-ӡ-уе-ит, ды-с-цәы́-ӡ-уе-ит / и-с-цәы́-ӡ-уа-м, [aor.] и-с-цәы́-ӡ-ит, и-аҳ-цәы́-ӡ-ит / и-с-цәы́-м-ӡ-ит, и-аҳ-цәы́-м-ӡ-ит, [imper.] и-б-цәы́-ӡ! / и-б-цәы́-м-ӡы-н!, и-шә-цәы́-ӡ! / и-шә-цәы́-м-ӡы-н!; **Non-fin.** [pres.] (C1) и-с-цәы́-ӡ-уа / и-с-цәы́-м-ӡ-уа, (C2) и-з-цәы́-ӡ-уа / и-з-цәы́-м-ӡ-уа, [aor.] (C1) и-с-цәы́-ӡ / и-с-цәы́-м-ӡ, (C2) и-з-цәы́-ӡ / и-з-цәы́-м-ӡ, [impf.] (C1) и-с-цәы́-ӡ-уа-з / и-с-цәы́-м-ӡ-уа-з, (C2) и-з-цәы́-ӡ-уа-з / и-з-цәы́-м-ӡ-уа-з, [past indef.] (C1) и-с-цәы́-ӡы-з / и-с-цәы́-м-ӡы-з, (C2) и-з-цәы́-ӡы-з / и-з-цәы́-м-ӡы-з; **Abs.** и-с-цәы́-ӡ-ны / и-с-цәы́-м-ӡ-кәа) **1.** to lose: а-уаҩра́ з-цәы́-ӡы-з *those who have lost all humanity.* И-шә-цәы́-ӡ-и? *What did you lose?* А-шәҟәы́ с-цәы́-ӡ-ит. *I lost the book. У меня потерялась книга.* Сара́ а-ҧа́ра с-цәы́-ӡ-ит. *I lost (the) money.* [cf. а-шәҟәы́ сы́-рӡ-ит [tr.] *я потерял книгу, I lost the book. i.e. I am responsible for having lost it.*]. [cf. **а́-ӡ-ра** [intr.] "to disappear"; **а́-рӡ-ра** [tr.] "to lose"]

цәы́кьа [adv.] (= **ӡа́а**) early.

а-цәыкәба́р [n.] (-қәа, цәыкәба́р-к) a drop: Қәа цәыкәба́р-к ка-м-шәа́-цызт. *A drop of rain had not fallen.*

а-цәы́-ла-ра* [intr.] [C1-Prev-R] (**Fin.** [aor.] д-цәы́-ле-ит / д-цәы́-м-ле-ит) **1.** to go out of the house into (rainy) weather: А-мра а́-мра д-цәы́-ле-ит. (ACST) *Amra went out in the sun.*

а-цәы́лашара[1] [n.] dawn, daybreak: А-цәы́лашара-зы д-гы́ле-ит. *He/She woke up at dawn.*

а-цәы́лашара[2]* [intr.] (**Fin.** [aor.] и-цәы́лаше-ит / и-м-цәы́лаше-ит) **1.** to dawn: И-цәы́лаша-хье-ит. *It was already light.* Адырҩаҽны и-ан-цәы́лаша, а-ҟарматцы́с бжьы хаа́-ла а́шәа а-ҳәо́ и-а́-ла-ге-ит. *The next day when it dawned, a nightingale started singing in a sweet voice.*

а-цәы́мҕра[1] [n.] hatred.

а-цәы́-мҕ-ра[2] [intr. stative] [C1-C2-Prev-R] [C1 be hateful to C2, C2 hate C1] (**Fin.** [pres.] ды-с-цәы́мҕ-уп / ды-с-цәы́мҕы-м, [past] ды-л-цәы́мҕы-н / ды-л-цәы́мҕы-мызт, [imper.] и-б-цәы́мҕы-з! / и-б-цәы́мҕы-мыз!; **Non-fin.** [pres.] (C1) и-с-цәы́мҕ-у / и-с-цәы́мҕы-м, (C2) ды-з-цәы́мҕ-у / ды-з-цәы́мҕы-м, [past] (C1) и-с-цәы́мҕы-з / и-с-цәы́мҕы-мыз, (C2) ды-з-цәы́мҕы-з / ды-з-цәы́мҕы-мыз; **Abs.** ды-с-цәы́мҕ-ны / ды-с-цәы́мҕы-м-кәа) **1.** to hate, to detest: Ды-с-цәы́мҕ-уп. *I hate him/her.* (lit. *He/She is hateful to me.*). Хәажәкы́ра(мза)тәи а́-мш-қәа с-цәы́-мҕ-уп. (IC) *I hate the weather of March.* Уи а-хәшә а́-жәра л-цәы́-мҕ-уп. *She doesn't like taking medicine.* Шә-гәы и-а-цәы́-мҕы-м-зар, абра́ шәара́ шә-ҿы ха-нха́-рц ҳ-ҭах-у́п! (AF) *If your heart has no objection to it, we desire to live here amongst you!*

а-цәы́мҕ-ха-ра [intr.] (**Fin.** [pres.] ды-л-цәы́мҕ-хо-ит (*ей он/она не будет нравиться*) / ды-л-цәы́мҕ-хо-м, [aor.] ды-л-цәы́мҕ-хе-ит / ды-л-цәы́мҕы-м-хе-ит; **Non-fin.** [pres.] (C1) и-л-цәы́мҕ-хо / и-л-цәы́мҕы-м-хо, (C2) ды-з-цәы́мҕ-хо / ды-з-цәы́мҕы-м-хо; **Abs.** ды-л-цәы́мҕ-ха-ны / ды-л-цәы́мҕы-м-ха-кәа) **1.** to become unpleasant.

а-цәы́мза [n.] (-қәа, с-цәы́мза, цәы́мза-к, цәы́мза-ла) a candle: А-цәы́мза ӡыҭ-уе́-ит. *The candle is melting.*

а́-цәымтц [n.] (-қәа) a gadfly.

а-цәы-н-ха-ра́[1] [intr.] [OV] [C1-C2-OV-Prev-R / C1-C2-OV-Prev-Neg-R] [C2 leave C1 unintentionally] (**Fin.** [pres.] и-с-цәы-н-хо́-ит / и-с-цәы-н-хо́-м, [aor.] и-с-цәы-н-хе́-ит / и-с(ы)-цә-ны́-м-хе-ит, [imper.] и-б-цәы-н-ха́! / и-б(ы)-цә-ны́-м-ха-н!; **Non-fin.** [pres.] (C1) и-с-цәы-н-хо́ / и-с(ы)-цә-ны́-м-хо, (C2) и-з-цәы-н-хо́ / и-зы-цә-ны́-м-хо; **Abs.** и-с-цәы-н-ха-ны́ / и-с-цә-ны́-м-ха-кәа) **1.** (= **а-цә-а́а-н-ха-ра**) to leave (behind): С-саа́ҭ а-ҩны́ и-с-цәы-н-хе́-ит. *I left my watch at the house.*

а-цәы-нха-ра́[2] [intr.] [C1-C2-OV-Prev-R / C1-C2-OV-Prev-Neg-R] [C1 escape from C2] (**Fin.** [pres.] д-а-цәы-н-хо́-ит / д-а-цәы-н-хо́-м, [aor.] д-а-цәы-н-хе́-ит / д-а-цә-ны́-м-хе-ит, [imper.] б-а-цәы-н-ха́! / б-а-цә-ны́-м-ха-н!; **Non-fin.** [pres.] (C1) и-а-цәы-н-хо́ / и-а-цә-ны́-м-хо, (C1) ды-з-цәы-н-хо́ / ды-з-цә-ны́-м-хо; **Abs.** д-а-цәы-н-ха-ны́ / д-а-цә-ны-м-ха́-кәа) **1.** to escape from: А-ԥсра́ аа́рлаҳәа с-а-цәы-нхе́-ит. *I barely escaped from death.*

а-цәы-ԥс-ра́ [intr.] [OV] [C1-C2-OV-R / C1-C2-OV-Neg-R] [C2 have C1 die, C2 lose one's C1, lit. C1 die against C2's will] (**Fin.** [pres.] ды-с-цәы-ԥс-уе́-ит (*он/она у меня умрет*) / ды-с-цәы-ԥс-уа́-м (-ԥс-ӡо́-м), [aor.] ды-с-цәы-ԥс-и́т / ды-с-цәы-м-ԥс-и́т (-ԥс-ӡе́-ит); **Non-fin.** [pres.] (C1) и-л-цәы-ԥс-уа́ / и-л-цәы́-м-ԥс-уа, (C2) ды-з-цәы-ԥс-уа́ / ды-з-цәы́-м-ԥс-уа, [aor.] (C1) и-л-цәы-ԥсы́ / и-л-цәы́-м-ԥс, (C2) ды-з-цәы-ԥсы́ / ды-з-цәы́-м-ԥс, [impf.] (C1) и-л-цәы-ԥс-уа́-з / и-л-цәы́-м-ԥс-уа-з, (C2) ды-з-цәы-ԥс-уа́-з / ды-з-цәы́-м-ԥс-уа-з, [past indef.] (C1) и-л-цәы-ԥсы́-з / и-л-цәы́-м-ԥсы-з, (C2) ды-з-цәы-ԥсы́-з / ды-з-цәы́-м-ԥсы-з; **Abs.** ды-с-цәы-ԥс-ны́ / ды-с-цәы́-м-ԥс-кәа) **1.** to suffer a loss. [понести утрату (*lit.* нечаянно умереть у кого-то кто-то)]: ды-с-цәы-ԥс-и́т *He/She died on me. / I lost him/her. / I had him/her die on me.*

а-цәы-ԥсса-ра́ [tr.] [C1-Prev-C3-R / C1-Prev-C3-Neg-R] [C3 peel C1] (**Fin.** [pres.] и-цәы́-сы-ԥссо-ит / и-цәы́-сы-ԥссо-м *or* и-цә-сы-ԥссо́-ит / и-цә-сы-ԥссо́-м, [aor.] и-цәы́-сы-ԥссе-ит / и-цәы́-сы-м-ԥссе-ит *or* и-цә-сы-ԥссе́-ит / и-цә-сы-м-ԥссе́-ит, [imper.] и-цәы-ԥсса́! / и-цәы́-бы-м-ԥсса-н! *or* и-цә-бы-м-ԥсса́-н!; **Non-fin.** [pres.] (C1) и-цәы́-сы-ԥссо / и-цәы́-сы-м-ԥссо, (C3) и-цәы́-зы-ԥссо / и-цәы́-зы-м-ԥссо; **Abs.** и-цәы-ԥсса-ны́ / и-цәы́-м-ԥсса-кәа) **1.** (*of a skin/rind*) to peel: А-ҭәа́ цәы́-сы-ԥссе-ит. *I peeled an apple.*

а-цәы́ԥха-шьа-ра [intr.] [C1-C2-Prev-R / C1-C2-Prev-Neg-R] [C1 be ashamed of C2] (**Fin.** [pres.] сы-л-цәы́ԥха-шьо-ит / сы-л-цәы́ԥха-шьо-м (-шьа-ӡо-м), [aor.] сы-л-цәы́ԥха-шье-ит / сы-л-цәы́ԥха-м-шье-ит, [imper.] бы-с-цәы́ԥха-шьа! / бы-с-цәы́ԥха-м-шьа-н!; **Non-fin.** [pres.] (C1) и-л-цәы́ԥха-шьо (*тот, который стыдится ее*) / и-л-цәԥха́-м-шьо, (C2) ды-з-цәы́ԥха-шьо (*тот, которого он/она стыдится*) / ды-з-цәԥха́-м-шьо, [aor.] (C1) и-л-цәы́ԥха-шьа / и-л-цәԥха́-м-шьа, (C2) ды-з-цәы́ԥха-шьа / ды-з-цәԥха́-м-шьа, [impf.] (C1) и-л-цәы́ԥха-шьо-з / и-л-цәԥха́-м-шьо-з, (C2) ды-з-цәы́ԥха-шьо-з / ды-з-цәԥха́-м-шьо-з, [past indef.] (C1) и-л-цәы́ԥха-шьа-з / и-л-цәԥха́-м-шьа-з, (C2) ды-з-цәы́ԥха-шьа-з / ды-з-цәԥха́-м-шьа-з; **Abs.** сы-л-цәы́ԥха-шьа-ны / сы-л-цәы́ԥха-шьа-кәа) **1.** to be ashamed of: Сы-л-цәы́ԥха-шьо-ит. *I am ashamed of her.* Ҳ-аи-цәы́ԥха-шьо-ит. *We are*

Цә

ashamed of each other. Ҳ-аи-цәы́ԥха-м-шье-ит. *We were not ashamed of each other.* **2.** to feel shy of: Сара́ уи сы-л-цәы́ԥха-шьо-ит. *I feel shy of her.* Шәы-с-цәы́ԥха-м-шьа-н! *Don't feel shy of me!* [cf. **а-ԥха-шьа-ра́** "to be ashamed"; "to feel shy"]

а-цәы-ԥ-ҽ-ра́ [intr.] [OV] [C1-C2-OV-Prev-R / C1-C2-OV-Neg-Prev-R] [C2 accidentally break (up) C1, *lit.* C1 be broken (up) against C2's will] (**Fin.** [pres.] и-л-цәы-ԥ-ҽ-уе́-ит / и-л-цәы-ԥ-ҽ-уа́-м (-ҽ-ӡо́-м), [aor.] и-л-цәы-ԥ-ҽ-и́т / и-л-цәы́-м-ԥ-ҽ-ит (-ҽ-ӡе-ит); **Non-fin.** [pres.] (C1) и-л-цәы-ԥ-ҽ-уа́ / и-л-цәы́-м-ԥ-ҽ-уа, (C2) и-з-цәы-ԥ-ҽ-уа́ / и-з-цәы́-м-ԥ-ҽ-уа, [aor.] (C1) и-л-цәы-ԥ-ҽы́ (*то, которое она нечаянно разбила*) / и-л-цәы́-м-ԥ-ҽ, (C2) и-з-цәы-ԥ-ҽы́ (*тот, который нечаянно разбил его(нрз.)/их*) / и-з-цәы́-м-ԥ-ҽ, [impf.] (C1) и-л-цәы-ԥ-ҽ-уа́-з / и-л-цәы́-м-ԥ-ҽ-уа-з, (C2) и-з-цәы-ԥ-ҽ-уа́-з / и-з-цәы́-м-ԥ-ҽ-уа-з, [past indef.] (C1) и-л-цәы-ԥ-ҽы́-з / и-л-цәы́-м-ԥ-ҽы-з, (C2) и-з-цәы-ԥ-ҽы́-з / и-з-цәы́-м-ԥ-ҽы-з; **Abs.** и-л-цәы-ԥ-ҽ-ны́ / и-л-цеы́-м-ԥ-ҽ-кәа) **1.** to break sth accidentally (*e.g. a watch, a plate, eye-glasses, a window, a table, a chair, etc.*): А-са́ан с-цәы-ԥ-ҽ-и́т. *I broke the plate accidentally.* Хьму́р а-ла́мпа а-шьу́шьа л-цәы-ԥ-ҽ-и́т. (RAD) *Khymur accidentally broke a/the lamp chimney.* [Note that there is no imperative forms of the verb. The Abkhaz equivalent of the English imperative sentence "Don't break the mirror!" is expressed by using the verb **а-ԥ-ҽ-ра́** "to break" without a OV (objective version) marker: А-са́ркьа ԥы́-шәы-м-ҽы-н!]

а-цәы́ргақәтца [n.] (-қәа, -ҿы) an exhibition; a display: а-са́хьа-қәа р-цәы́ргақәтца *an exhibition of paintings.*

а-цәы́р-га-ра [tr.] [C1-Prev-C3-R / C1-Prev-C3-Neg-R] [C3 show C1] (**Fin.** [pres.] д-цәы́ры-з-го-ит / д-цәы́ры-з-го-м, [aor.] и-цәы́ры-з-ге-ит / и-цәы́р-сы-м-ге-ит; **Non-fin.** [pres.] (C1) и-цәы́ры-л-го / и-цәы́р-лы-м-го, (C3) и-цәы́ры-з-го / и-цәы́р-зы-м-го, [aor.] (C1) и-цәы́ры-л-га / и-цәы́р-лы-м-га, (C3) и-цәы́ры-з-га / и-цәы́р-зы-м-га, [impf.] (C1) и-цәы́ры-л-го-з / и-цәы́р-лы-м-го-з, (C3) и-цәы́ры-з-го-з / и-цәы́р-зы-м-го-з, [past indef.] (C1) и-цәы́ры-л-га-з / и-цәы́р-лы-м-га-з, (C3) и-цәы́ры-з-га-з / и-цәы́р-зы-м-га-з; **Abs.** и-цәы́р-га-ны / и-цәы́ры-м-га-кәа) **1.** to show. **2.** to display. **3.** to take out: Аӡәгьы́ а-лы́мҳа и-з-цәы́ры-м-ге-ит. (Ab.Text) *Nobody was able to pull out the ear.* **4.** (*of a song, story, etc*) to begin: Ашәа цәы́ры-р-ге-ит. *They began singing.*

а-цәы́р-кьа-ра [intr.] [C1-Prev-R] [C1 emerge suddenly] (**Fin.** [pres.] д-цәы́р-ҟьо-ит / д-цәы́р-ҟьо-м, [aor.] д-цәы́р-ҟье-ит / д-цәы́ры-м-ҟье-ит, [imper.] б-цәы́р-ҟьа! / б-цәы́ры-м-ҟьа-н!; **Non-fin.** [pres.] (C1) и-цәы́р-ҟьо / и-цәы́ры-м-ҟьо; **Abs.** д-цәы́р-ҟьа-ны / д-цәы́ры-м-ҟьа-кәа) **1.** to emerge/appear suddenly: А-ԥааимба́р-цәа а́гәырқьҳәа и-аа-цәы́р-ҟье-ит. (AF) *The prophets with mass determination suddenly exploded from hiding.*

а-цәы́ркьа-цәы́ра-с-ра [intr.] (**Fin.** [pres.] д-цәы́рҟьа-цәы́ра-с-уе-ит / д-цәы́рҟьа-цәы́ра-с-уа-м (-с-ӡо-м), [aor.] д-цәы́рҟьа-цәы́ра-с-ит / д-цәы́рҟьа-цәы́ра-м-с-ит; **Non-fin.** [pres.] (C1) и-цәырҟьа-цәы́ра-с-уа / и-цәырҟьа-цәы́ра-м-с-уа; **Abs.** д-цәы́рҟьа-цәы́рас-ны / ды-м-цәы́рҟьа-цәы́рас-кәа) **1.** to flash, to gleam (momentarily), to be glimpsed fleetingly: Инахараны́ а́-мца-қәа цәы́раҟьа-цәы́рас-уа-н. *The fires were flashing in the distance.* [cf. **анцәы́ркьа-цәы́рас-ра** "to flash"]

а-цәы-рҳә-ра́ [tr.] [C1-Prev-C3-S / C1-Prev-C3-Neg-S] [C3 husk C1] (**Fin.** [pres.] и-цә-сы-рҳә-уе́-ит / и-цә-сы-рҳә-уа́-м (-рҳә-ӡо́-м), [aor.] и-цә-сы-рҳә-и́т / и-цә-с-мы-рҳә-и́т (-рҳә-ӡе́-ит), [imper.] и-цәы-рҳәы́! / и-цә-б-мы-рҳәы́-н!, и-цә-шәы-рҳәы́! / и-цә-шә-мы-рҳәы́-н!; **Non-fin.** [pres.] (C1) и-цә-лы-рҳә-уа́ / и-цә-л-мы-рҳә-уа́, (C3) и-цә-зы-рҳә-уа́ / и-цә-з-мы-рҳә-уа́, [aor.] (C1) и-цә-лы-рҳәы́ / и-цә-л-мы-рҳәы́, (C3) и-цә-зы-рҳәы́ / и-цә-з-мы-рҳәы́, [impf.] (C1) и-цә-лы-рҳә-уа́-з / и-цә-л-мы-рҳә-уа́-з, (C3) и-цә-зы-рҳә-уа́-з / и-цә-з-мы-рҳә-уа́-з, [past indef.] (C1) и-цә-лы-рҳәы́-з / и-цә-л-мы-рҳәы́-з, (C3) и-цә-зы-рҳәы́-з / и-цә-з-мы-рҳәы́-з; **Abs.** и-цәы-рҳә-ны́ / и-цә-мы-рҳәы́-кәа) **1.** to strip off a skin; to husk:

Сара́ а-ҧш цә-сы-рхә-уе́-ит. *I am husking the corn.* А-нхацәа́ ҵьоукы́ а-ҵыкәре́и ҽы́-р-х-уеит, ҵьоукы́ — и-цә-ды-рхә-уе́-ит. (AFL) *Некоторые крестьяне срывают кукурузу, некоторые очищают кожуру. Some peasants are picking corn, and some are husking it.*

а-цәы́р-тц-ра [intr.] [C1-Prev-R / C1-Prev-Neg-R] [C1 appear] (**Fin.** [pres.] д-цәы́р-тц-уе-ит / д-цәы́р-тц-уа-м (-тц-ӡо-м), [aor.] д-цәы́р-тц-ит / д-цәы́ры-м-тц-ит (-тц-ӡе-ит), [imper.] б-цәы́р-тц! / б-цәы́ры-м-тцы-н!, шә-цәы́р-тц! / шә-цәы́ры-м-тцы-н!; **Non-fin.** [pres.] (C1) и-цәы́р-тц-уа / и-цәы́ры-м-тц-уа, [aor.] (C1) и-цәы́р-тц / и-цәы́ры-м-тц; **Abs.** д-цәы́р-тц-ны / д-цеы́ры-м-тц-кәа) **1.** to appear; to emerge: А-мза аа-цәы́р-тц-ит. *The moon appeared.* Аўаа аӡәы́-мкуа ҩы́ҵьа-мкуа и-цәы́ртц-куе-ит. (Ab.Text) *A few people appeared.* Нас иара́ а́-жәлар еиза-ны́ а-дау́ и-ахь-и-ха-гы́ла-з зегьы́ р-тцы́хутәаны́ д-аа-цәы́р-тц-ит. (Ab.Text) *After that he was the last to go to the place near the ogre where many people were gathering.*

а-цәы́-уадаҩ-ха-ра *see* **а-цә-у́адаҩ-ха-ра**

а-цәы́-хара-ра [intr. stative] [C1-C2-Prev-R] [C1 be far away from C2] (**Fin.** [pres.] с-а-цәы́-харо-уп (*я нахожусь вдали от него(нрз.)*), сы-л-цәы́-харо-уп (*я нахожусь вдали от нее*) / с-а-цәы́-хара-м, [past] с-а-цәы́-хара-н / с-а-цәы́-хара-мызт, {[dynamic] [imper.] б-а-цәы́-хара-ха!, бы-л-цәы́-хара-ха! / б-а-цәы́-хара-м-ха-н!, шә-а-цәы́-хара-ха! / шә-а-цәы́-хара-м-ха-н!}; **Non-fin.** [pres.] (C1) и-л-цәы́-харо-у / и-л-цәы́-хара-м, (C2) ды-з-цәы́-харо-у / ды-з-цәы́-хара-м; **Abs.** с-а-цәы́-хара-м-кәа) **1.** to be far away from: Сара́ а-це́нтр с-а-цәы́-харо-уп. (AFL) *I live far from the center. Я живу далеко от центра.* А-раио́н ҿыц а́-қалақь а-це́нтр и-а-цәы́-харо-уп. (AFL) *The new area is far from the center of the city. Новый район находится далеко от центра города.* Урт а́-калакь и-а-цәы́-хара-м-кәан и-нхо́-ит. (AFL) *They live not far from the city. Они живут недалеко от города.* **2.** to be away (in distance) from: А-қы́тa а-ста́нциа киломе́тра-к а́ҟара и-а-цәы́-харо-уп. (RAD) *Деревня отстоит от станции на километр. The village is a kilometer away from the station.* [cf. **а́-хара-ра** "to be far"]

а-цәы-х-кьа-ра́ [intr.] (**Fin.** [pres.] д-а-цәы-х-ҟьо́-ит / д-а-цәы-х-ҟьо́-м, [aor.] д-а-цәы-х-ҟье́-ит / д-а-цәы-хы́-м-ҟье-ит, [imper.] б-а-цәы-х-ҟьа́! / б-а-цәы-хы́-м-ҟьа-н!; **Non-fin.** [pres.] (C1) и-а-цәых-ҟьо́ / и-а-цәыхы́-м-ҟьо; **Abs.** д-а-цәых-ҟьа-ны́ / д-а-цәыхы́-м-ҟьа-кәа) **1.** to lose one's way: а́-мҩа а-цәыхҟьара́ *to lose one's way.* А-мҩа и-а-цәых-ҟьа́-з а-ҽ-цәа́ дáара а-ҵьа́ р-бе́-ит. (AAD) *The knights who (had) lost their way grieved a great deal.* [cf. **а-х-кьа-ра́**[4]]

а-цәы-х-шәа́ла-ра [intr.] [OV] [C1-C2-OV-Prev-R / C1-C2-OV-Prev-Neg-R] [C2 accidentally drop C1] (**Fin.** [pres.] и-с-цәы-х-шәа́ло-ит / и-с-цә-х-шәа́ло-м, [aor.] и-с-цә-х-шәа́ле-ит / и-с-цә-хы́-м-шәале-ит, [imper.] и-б-цә-х-шәа́ла! / и-б-цә-хы́-м-шәала-н!; **Non-fin.** [pres.] (C1) и-с-цәы-х-шәа́ло / и-с-цә-хы́-м-шәало, (C2) и-з-цәы-х-шәа́ло / и-з-цә-хы́-м-шәало; **Abs.** и-с-цә-х-шәа́ла-ны / и-с-цә-хы́-м-шәала-кәа) **1.** (*of a liquid*) to drop sth light on the surface accidentally: А-хш ҭәы́ц-к л-цә-х-шәа́ле-ит. (AAD) *She dropped a piece of straw on the surface of the milk.*

а-цәы́-хьча-ра (1) [tr.] [C1-C2-Prev-C3-R / C1-C2-Prev-C3-Neg-R] [C3 protect C1 from C2] (**Fin.** [pres.] с-хы́ а-цәы́-сы-хьчо-ит (*I protect oneself against it*) / с-хы́ а-цәы́-сы-хьчо-м, [aor.] с-хы́ а-цәы́-сы-хьче-ит / с-хы́ а-цәы́-с-мы-хьче-ит, [imper.] б-хы́ а-цәы́-хьча! / б-хы́ а-цәы́-б-мы-хьча-н!; **Non-fin.** [pres.] (C3) з-хы́ а-цәы́-зы-хьчо / з-хы́ а-цәы́-з-мы-хьчо) **1.** to protect: а-хучы́ а́-хьҭа и-а-цәы́-хьча-ра (RAD) *уберечь ребенка от простуды. to protect the child from a cold.* А-хәыч-қәа́ а-чы́мазара и-а-цәы́-хьча-ла-тә-уп. (AAD) *It is necessary to protect children from the illness.* У-хы́ и-цәы́-хьча-ла! (ARD) *Оберегайся его! Protect yourself from him!* **(2)** [intr. stative] [C1-C2-Prev-R] [C1 be protected from C2] (**Fin.** [pres.] и-р-цәы́-хьчо-уп, [past] и-р-цәы́-хьча-н) **1.** to be protected: Аҧсны́ р-цәы́-хьча-н а-рхә-цәе́-и а-қәы́ла-цәе-и. *Abkhazia was protected from robbers and invaders.*

а-цәы́-цәгьа-заа-ра [intr. stative] [C1-C2-S] [C1 be difficult for C2] (**Fin.** [pres.] и-с-цәы́-цәгьо-уп) **1.** to be difficult: Сара́ и-ц-цәы́цәгьо-уп аҧсы́шәа-ла а-цәа́жәа-ра. (IC) *It is difficult for me to speak Abkhaz.*

а-цәы́-тҵа-ра [tr.] (**Fin.** [aor.] и-цәы́-р-тҵе-ит) **1.** to lay out in: А-ҭыҭы́н а́-мра и-цәы́-р-тҵе-ит. (ACST) *They laid out the tobacco in the sun.*

а-цәы́ш [adj.] **1.** pale. **2.** gray: и-цәы́ш-уп *it is gray.* [< а-цәа́ "skin" + ш(а) "white"]

а-цәы́ш-ха-ра [intr.] [C1-adj-R / C1-adj-Neg-R] [C1 grow pale] (**Fin.** [pres.] д-цәы́ш-хо-ит / д-цәы́ш-хо-м, [aor.] д-цәы́ш-хе-ит / д-цәы́шы-м-хе-ит, [imper.] б-цәы́ш-ха! / б-цәы́шы-м-ха-н!; **Non-fin.** [pres.] (C1) и-цәы́ш-хо / и-цәы́шы-м-хо, [aor.] (C1) и-цәы́ш-ха / и-цәы́шы-м-ха; **Abs.** д-цәы́ш-ха-ны / д-цәы́шы-м-ха-кәа) **1.** to (grow) pale: А-чы́мазаҩ д-цәы́ш-хо-ит. *The patient is growing pale.*

Ц ц

ца[1] [post.] under, beneath: а́-дгьыл а́-ца *beneath the earth.*
ца-[2] [preverb] under: А-шәҟәы́ а-сто́л и́-цо-уп. *The book is under the table.* Аидара д-а́-цо-уп. *He/She is under the load.* А-ве́дра а-сто́л и́-ца-гыло-уп. (*or* А-ве́дра а-стол а́-цаҟа и-гы́ло-уп.) *The bucket is under the table.* А-ве́дра а-сто́л и́-ца-ргыл! (*or* А-ве́дра а-сто́л а́цаҟа и-ргы́л!) *Put the bucket under the table!*
-ца-[3] [verbal radical] to put (cf. а́-кә-ца-ра to put on): А-маҟа́ сы́-мҕа-с-цо-ит. *I'm putting my belt on.*
а́-ца[1] [n.] (а́-ца-ҟәа, ца-к) the bottom: а-мшы́н а́-ца *the bottom of the ocean.* Ри́ца а́-ца-хьтә *from beneath Rits'a.*
а́-ца[2] [n.] (а́-ца-ҟәа) a (needle's) eye.
а-ца́[1] [n.] (а-ца-ҟәа́, ца-к, ца-ҟәа́-к, с-ца́) a louse.
а-ца́[2] [n.] truth: Цо́-уп *True.*
а-ца́а [n.] (а-ца́а-ҟәа) **1.** frost. **2.** ice: а-ца́а е́иҧш и-хьшәа́шәо-уп *it is cold as ice.*
а-цаакәры́ла-ра [intr.] *see* **а-ӡаакәры́ла-ра**
а-ца́а-ра [intr.] [C1-R / C1-Neg-R] [C1 freeze] (**Fin.** [pres.] и-ца́а-уе-ит / и-ца́а-уа-м, [aor.] и-ца́а-ит / и-м-ца́а-ит (-ца́а-ӡе-ит); **Non-fin.** (C1) [pres.] и-ца́а-уа / и-м-ца́а-уа, [aor.] и-ца́а / и-м-ца́а, [impf.] и-ца́а-уа-з / и-м-ца́а-уа-з, [past indef.] и-ца́а-з / и-м-ца́а-з; **Abs.** и-ца́а-ны / и-м-ца́а-ҟәа) **1.** to freeze: и-ца́а-уе-ит *it is freezing.* А-нап-ҟәа́ ца́а-ит. *My hands have frozen.* **2.** to freeze (up); to freeze: Аӡ-ҟәа́ ца́а-уе-ит. *The water is freezing.* А-мҩа-ҟәа ца́а-ит. *The roads froze.* А-ӡы́иас ца́а-уе-ит. *The river will freeze.* **3.** to freeze to death: А-шәт-ҟәа ца́а-ит. *The flowers froze to death.*
а-цаа-ра́[1] [intr.] [C1-R] [C1 ask] (**Fin.** [pres.] с-цаа-уе́-ит / с-цаа-уа́-м, [aor.] д-цаа́-ит / ды-м-цаа́-ит, [imper.] шә-цаа́!; **Abs.** д-цаа-ны́ / ды-м-цаа́-ҟәа) **1.** to ask: Сара́ с-цаа-уе́-ит. *I am asking.* [cf. **а-з-цаа-ра́** "to ask": с-лы-з-цаа-уе́-ит *I am asking her*]
а-цаа-ра́[2] [tr.] [C1-C3-R / C1-C3-Neg-R] [C3 salt C1] (**Fin.** [aor.] и-с-цаа-и́т, и-а-цаа-и́т / и-сы-м-цаа-и́т, и-а-м-цаа-и́т; **Non-fin.** [pres.] (C1) и́-л-цаа-уа / и́-лы-м-цаа-уа, (C3) и-з-цаа-уа́ / и-зы-м-цаа-уа́, [aor.] (C1) и́-л-цаа / и́-лы-м-цаа, (C3) и-з-цаа́ / и-зы-м-цаа́, [impf.] (C1) и́-л-цаа-уа-з / и́-лы-м-цаа-уа-з, (C3) и-з-цаа-уа́-з / и-зы-м-цаа-уа́-з, [past indef.] (C1) и́-л-цаа-з / и́-лы-м-цаа-з, (C3) и-з-цаа́-з / и-зы-м-цаа́-з; **Abs.** и-цаа-ны́ / и-м-цаа́-ҟәа) **1.** to salt. **2.** to put in brine, to preserve in salt: А-ҧсы́ӡ л-цаа-и́т. *She preserved the fish with salt.*
а-цаа-ра́[3] [intr.] [C1-R / C1-Neg-R] [C1 tell fortunes] (**Fin.** [pres.] д-цаа-уе́-ит / д-цаа-уа́-м, [aor.] д-цаа́-ит / ды-м-цаа́-ит, [imper.] б-цаа́! / бы-м-цаа́-н!; **Non-fin.** [pres.] (C1) и-цаа-уа́ / и-м-цаа-уа́, [aor.] и-цаа́ / и-м-цаа́) **1.** (= **а-цшра́**) to tell fortunes.
Цаба́л [place name] Ts'ebelda.
цаба́лаа [n.] (pl.) (one of the Abkhazian tribes)
а́-ца-ба-ра [intr.] [C1-Prev-R / C1-Neg-Prev-(Neg)-R] [C1 dry] (**Fin.** [pres.] и́-ца-бо-ит / и́-ца-бо-м, [aor.] и́-ца-бе-ит / и́-ца-м-бе-ит, [imper.] у́-ца-ба! / у́-ца-м-ба-н!; **Non-fin.** [pres.] (C1) и́-ца-бо / и́-ца-м-бо; **Abs.** и́-ца-ба-ны / и́-ца-м-ба-ҟәа) **1.** to dry; to become dry.
а́-ца-бга-ра [intr.] [C1-Prev-R / C1-Prev-Neg-R] [C1 vanish] (**Fin.** [pres.] ды́-ца-бго-ит / ды́-ца-бго-м (-бга-ӡо-м), [aor.] ды́-ца-бге-ит / ды́-ца-м-бге-ит (-бга-ӡе-ит), [imper.] бы́-ца-бга! / бы́-ца-м-бга-н! (*or* б-мы́-ца-бга-н!), шәы́-ца-бга! / шәы́-ца-м-бга-н! (*or* шә-мы́-ца-бга-н!; **Non-fin.** [pres.] (C1) и́-ца-бго / и́-ца-м-бго, [aor.] (C1) и́-ца-бга / и́-ца-м-бга; **Abs.** ды́-ца-бга-ны / ды́-ца-м-бга-ҟәа) **1.** to die; to vanish, to disappear. [cf. **а-бга-ра́** 'to collapse']

Ц

а-ҵа́бы́рг [n.] a truth.
а-ҵабырг-ҳәа-ҩ [n.] the man telling the truth.
ҵабыргы́нгьы [adv.] **1.** actually, in fact: А-дау́ ды-шь-ны́ д-ахь-ка-жьы́-з цқьа́ и-аны́-ла-и-хуа-ҧш, ҵабыргы́нгьы и-лы́мҳа-қуа акы́ ш-а́-ма-мыз р-бе́-ит. (Ab.Text) *When they looked at the ogre lying down who had been killed, they realised that, indeed, one of his ears was missing.*
а́-ҵа-гыла-ра (1) [intr. dynamic] [C1-C2-Prev-R / C1-C2-Prev-Neg-R] [C1 stand under C2] (**Fin.** [pres.] д-а́-ҵа-гыло-ит / д-а́-ҵа-гыло-м (-гыла-ӡо-м), [aor.] д-а́-ҵа-гыле-ит / д-а́-ҵа-м-гыле-ит (-гыла-ӡе-ит), [imper.] б-а́-ҵа-гыл! / б-а́-ҵа-м-гыла-н!, шә-а́-ҵа-гыл! / шә-а́-ҵа-м-гыла-н!; **Non-fin.** [pres.] (C1) и-а́-ҵа-гыло / и-а́-ҵа-м-гыло, (C2) ды-з-ҵа-гы́ло / ды-з-ҵа́-м-гыло; **Abs.** д-а́-ҵа-гыла-ны / д-а́-ҵа-м-гыла-кәа) **1.** to stand under: А-ҵла с-а́-ҵа-гыле-ит. *I stood under the tree. Я встал под деревом.* **(2)** [intr. stative] (**Fin.** [pres.] д-а́-ҵа-гыло-уп / д-а́-ҵа-гыла-м, [past] д-а́-ҵа-гыла-н / д-а́-ҵа-гы́ла-мызт; **Non-fin.** [pres.] (C1) и-а́-ҵа-гыло-у / и-а́-ҵа-гыла-м, (C2) ды-з-ҵа-гы́ло-у / ды-з-ҵа-гы́ла-м, [past] (C1) и-а́-ҵа-гыла-з / и-а-ҵа-гы́ла-мыз, (C2) ды-з-ҵа-гы́лоа-з / ды-з-ҵа-гы́ла-мыз) **1.** to stand under: А-ве́дра а-стол и-ҵа-гыло-уп. (*or* А-ве́дра а-стол а́-ҵаҟа и-гы́ло-уп.) *The bucket stands under the table.* А-ҵла с-а́-ҵа-гыла-н. *I was standing under the tree.* А-ҵла-қәа с-ры́-ҵа-гыла-н. *I was standing under the trees.*
а́-ҵа-гьежь-ра* [intr.] [C1-Prev-R] (**Fin.** [pres.] и́-ҵа-гьежь-уе-ит, [aor.] и́-ҵа-гьежь-ит / и́-ҵа-м-гьежь-ит, [imper.] у́-ҵа-гьежь! / у́-ҵа-м-гьежьы-н!) **1.** to spin around under sth.
а-ҵаҕа́ [adj.] (и́-ҵаҕо-у) **1.** thin, slender. **2.** lean, thin. **3.** (*of liquids*) weak, watery, thin: а-бжьы́ ҵаҕа́ *a thin voice.* а-ха́рҧ ҵаҕа́ *a narrow shirt.* а-уаҩы́ ҵаҕа́ *a slender person.* а́-хш ҵаҕа́ *watery milk.* а-ча́и ҵаҕа́ *weak tea.*
а́-ҵа-заа-ра [intr. stative] [C1-C2-Prev-R(ø)] [C1 be under C2] (**Fin.** [pres.] д-а́-ҵо-уп (*он/она находится под ним(нрз.)*) / д-а́-ҵо-м (-ҵа-ӡо-м), [past] д-а́-ҵа-н / д-а́-ҵа-мызт (-ҵа-ӡа-мызт), {[imper.] б-а́-ҵа-л! / б-а́-ҵа-м-ла-н!, шә-а́-ҵа-л! / шә-а́-ҵа-м-ла-н!}; **Non-fin.** [pres.] (C1) и-а́-ҵо-у / и-а́-ҵа-м, (C2) ды-з-ҵо́-у / ды-з-ҵа́-м, [past] (C1) и-а́-ҵа-з / и-а́-ҵа-мыз, (C2) ды-з-ҵа́-з / ды-з-ҵа́-мыз; **Abs.** д-а́-ҵа-ны / д-а́-ҵа-м-кәа) **1.** to be under: д-сы́-ҵо-уп *he/she is under me, он/она находится подо мной.* А-шәҟәы́ а-сто́л и́-ҵо-уп. *The book is under the table.* Аидара д-а́-ҵо-уп. *He/She is under the load.* И-ҧа́ра-қәа и-хы́ и-а́-ҵо-уп. *His money is beneath the pillow (his head).* А-шәаҧы́ҵьаҧ ры́-махә-қәа асаара́ и-шьҭа́с-уа, а-сы́ бымбы́л и-а́-ҵо-уп. (AFL) *Ветки растения, касаясь земли, находятся под воздушным снегом. The branches of the plant, touching the ground, are under the light snow.*
а́-ҵа-к-ра [tr.] [C1-a-Prev-C3-R / C1-a-Prev-C3-Neg-R] [C3 bring C1 under it] (**Fin.** [pres.] и-а́-ҵа-с-к-уе-ит / и-а́-ҵа-с-к-уа-м, [aor.] и-а́-ҵа-с-к-ит / и-а́-ҵа-сы-м-к-ит, [imper.] и-а́-ҵа-к / и-а́-ҵа-бы-м-кы-н!; **Non-fin.** [pres.] (C1) и-а-ҵа-с-к-уа / и-а́-ҵа-сы-м-к-уа, (C3) и-а-ҵа-з-к-уа / и-а́-ҵа-зы-м-к-уа) **1.** to envelop, to include: А-си́а зегьы́ а́-ҵа-на-к-ит. *The lists included everyone.* **2.** to take/bring under.
а-ҵакы́ [n.] (а-ҵак-қәа́) **1.** meaning, sense. **2.** significance, importance: а́-жәа а-ҵакы́ *the meaning of a word.*
а́-ҵа-кәаша-ра [intr.] [C1-Prev-R / C1-Prev-Neg-R; C1-C2-Prev-R] [C1 dance; C1 dance under C2] (**Fin.** [pres.] ды́-ҵа-кәашо-ит / ды́-ҵа-кәашо-м (-кәаша-ӡо-м), [aor.] ды́-ҵа-кәаше-ит / ды́-ҵа-м-кәаше-ит (-кәаша-ӡе-ит), [imper.] бы́-ҵа-кәаша! / бы́-ҵа-м-кәаша-н!; **Non-fin.** [pres.] (C1) и-а́-ҵа-кәашо / и-а́-ҵа-м-кәашо; **Abs.** д-а́-ҵа-кәаша-ны / д-а́-ҵа-м-кәаша-кәа) **1.** to dance under sth: и́-ҵа-кәашо и-ҽы́ *his dancing horse.* [cf. **а́-кәаша-ра** "to dance"]
а́-ҵаҟа [post.] down, downwards: У-е́имаа-қуа а-каруа́ҭ а́-ҵаҟа и́-ҟо-уп. *Your shoes are under the bed.* Уи́ иахьа́ а-ӡ-а́-ҵаҟа и-ҵәахы́-уп (*or* и́-ҟо-уп). (AFL) *Now it is under the*

water. Теперь оно находится под водой. А-ве́дра а-сто́л а́-тцаҟа и-гы́ло-уп. (*or* А-ве́дра а-сто́л и́-тца-гыло-уп.) *The bucket is under the table. Ведро стоит под столом.* А-ве́дра а-сто́л а́-тцаҟа и-ргы́л! (*or* А-ве́дра а-сто́л и́-тца-ргыл!). *Put the bucket under the table! Поставь ведро под стол!*

тцака́ [adv.] **1.** down**:** тцаҟа́ а-ԥш-ра́ *to look down, смотреть вниз.* А-мардуа́н а-ла тцаҟа́ ды-лбаа́-ит. (RAD) *Он/Она спустился/-лась вниз по лестнице. He/She went downstairs. or He/She climbed down the ladder.* **2.** below.

а́-тцаканӡа [post.] below, under: А-хәчы́ а-каруа́ҭ а́-тцаҟанӡа дә-ҳәазе́-ит. *The child crawled under the bed.*

тцакатә́й [adj.] lower; under-: тцаҟатәй а-ета́ж *the lower floor, нижний этаж.*

а́-тца-кьа-ра [intr.] [C1-C2-Prev-R] [C1 spur C2 on] (**Fin.** [aor.] д-а́/ры́-тца-ҟье-ит, [imper.] у-а́/ры́-тца-ҟьа!) **1.** to drive; to spur**:** Абрыскьы́л и-ра́шь д-а́-тца-ҟье-ит. *Abrsk'jyl spurred on his steed.* А-ҽ-қәа́ у-ры́-тца-ҟьа! *Spur the horses on!*

а́-тца-ла-ра[1] [intr.] [C1-(C2)-Prev-R /C1-(C2)-Prev-Neg-R] [C1 get in under C2] (**Fin.** [pres.] ды́-тца-ло-ит / ды́-тца-ло-м, [aor.] ды́-тца-ле-ит / ды́-тца-м-ле-ит, [imper.] бы́-тца-л! / бы́-тца-м-ла-н!; **Non-fin.** (C1) [pres.] и́-тца-ло / и́-тца-м-ло, [aor.] и́-тца-ла / и́-тца-м-ла, **Abs.** ды́-тца-ла-ны / ды́-тца-м-ла-кәа) **1.** to go in/enter under; to get in under, to climb under**:** а-сто́л а́-тцалара *to get under the table.* А-ҩн-а́-тцаҟа ды́-тца-ле-ит. *He/She got in under the house.* А-шәшьы́ра ды́-тца-ле-ит. *He/She moved into the shade.* А-цгәы́ а́ишәа и́-тца-ле-ит. *The cat got under the table.* Абри́ а-мшы́н ду (...) сы́-ԥа-н[ә] с-н-а́-ла-ԥа́-ла-р, и-хы́-тц-ны а́-жәлар и-на-ры́-тца-ла-ны, и-ны́-қәы-ӡәӡәаа и-а-го́-ит! (AF) *If I take a leap and jump into this huge mass of sea (...), it will flood, splash down among the people and wash them clean away!*

а́-тца-ла-ра[2] [intr.] [C1-C2-Prev-R /C1-C2-Prev-Neg-R] [C1 hoist C2] (**Fin.** [pres.] д-а́-тца-ло-ит / д-а́-тца-ло-м, [aor.] д-а́-тца-ле-ит / д-а́-тца-м-ле-ит, [imper.] б-а́-тца-л! / б-а́-тца-м-ла-н!; **Non-fin.** (C1) [pres.] и-а́-тца-ло / и-а́-тца-м-ло, [aor.] и-а́-тца-ла / и-а́-тца-м-ла, [impf.] и-а́-тца-ло-з / и-а́-тца-м-ло-з, [past indef.] и-а́-тца-ла-з / и-а́-тца-м-ла-з; **Abs.** д-а́-тца-ла-ны / д-а́-тца-м-ла-кәа) **1.** (*of a load*) to lift onto one's back, to hoist onto one's back**:** Аатцәа́ д-а́-тца-ле-ит. *He/She hoisted the pack onto his/her back.* Аҕла́м а́-ԥса-тцла д-а́-тца-ла-н д-дәы́-қәле-ит. (AF) *Aghlam hoisted up the pine-tree onto his shoulder and set off.*

а́-тцан[1] [n.] (pl. а́-тцан) (*mythology*) the Ts'an (*a mythological aborigine of Abkhazia*)**:** а́-тцан р-еиҳабы́ *the Ts'ans' chief.* Ажәы́тә а-тца́н ҳәа цьоукы́ ы́-ҟа-н. (Ab.Text) *In the olden times, there lived a people called the Ts'an.*

а́-тцан[2] [adv.] **1.** down, downwards. **2.** under.

а́-тцана-к-ра [intr.] [C1-C2-Prev-R / C1-C2-Prev-Neg-R] [C1 belong to C2; C2 mean C1] (**Fin.** [pres.] и-а́-тцана-к-уе-ит / и-а́-тцана-к-уа-м (-к-ӡо-м), [aor.] и-а́-тцана-к-ит / и-а́-тцана-м-к-ит (-к-ӡе-ит); **Non-fin.** [pres.] (C1) и-а́-тцана-к-уа / и-а́-тцана-м-к-уа) **1.** to relate; to belong to**:** Уи а́ԥсуа тцас и-а́-тцана-к-уа-м. *It has no tradition of Abkhaz.* **2.** to mean, to signify**:** Ари́ а́жәа акагьы́ а́-тцана-к-ӡо-м. (IC) *This word means nothing.*

а́-тцангәара [n.] a stone fence made by the Tsan.

а́-тца-ԥш-ра [intr.] [C1-C2-Prev-R / C1-C2-Prev-Neg-R] [C1 look up at C2] (**Fin.** [pres.] с-лы́-тца-ԥш-уе-ит, д-а́-тца-ԥш-уе-ит / с-лы́-тца-ԥш-уа-м (-ԥш-ӡо-м), [aor.] д-а́-тца-ԥш-ит / д-а́-тца-м-ԥш-ит (-ԥш-ӡе-ит), [imper.] б-а́-тца-ԥш! / б-а́-тца-м-ԥшы-н!, шә-а́-тца-ԥш! / шә-а́-тца-м-ԥшы-н!; [caus.] с-а́-тца-лы-р-ԥш-ит / с-а́-тца-л-мы-р-ԥш-ит; [poten.] с-з-а́-тца-ԥш-уа-м, с-з-а́-тца-м-ԥш-ит; [nonvol] с-а́мха-[а]-тца-ԥш-ит / с-а́мха-[а]-тца-м-ԥш-ит; [vers.1] сы-л-з-а́-тца-ԥш-ит / сы-л-з-а́-тца-м-ԥш-ит; [vers.2] сы-л-цә-а́-тца-ԥш-ит / сы-л-цә-а́-тца-м-ԥш-ит; **Non-fin.** [pres.] (C1) и-лы́-тца-ԥш-уа / и-лы́-тца-м-ԥш-уа, (C2) ды-з-тца-ԥш-уа́ / ды-з-тца́-м-ԥш-уа, [aor.] (C1) и-лы́-тца-ԥш / и-лы́-тца-м-ԥш, (C2) ды-з-тца-ԥшы́ / ды-з-тца́-м-ԥш, [impf.] (C1) и-лы́-тца-ԥш-уа-з / и-лы́-тца-м-ԥш-уа-з, (C2) ды-з-

ТЦ

ҵа-ҧш-уá-з / ды-з-ҵá-м-ҧш-уа-з, [past indef.] (C1) и-лы́-ҵа-ҧшы-з / и-лы́-ҵа-м-ҧшы-з, (C2) ды-з-ҵа-ҧшы́-з / ды-з-ҵá-м-ҧшы-з; **Abs.** д-лы́-ҵа-ҧш-ны / д-лы́-ҵа-м-ҧш-кәа) **1.** to look up(wards) from below**:** д-сы́-ҵа-ҧш-ит *he/she looked up at me.*

á-ҵар [adj.] (и́-ҵар-у) **1.** (*of a knife, etc.*) sharp**:** А-ҟáма д-а-цә-ше ó-ит, нáҟ=áаҟ и-ҵар-у́п а-зы́. (AF) *He/She fears the dagger, because it is sharp on both sides.* **2.** (*of a voice*) thin. **3.** (= á-ҵьбара) swift, fast**:** а-бжьы́ ҵар *a thin voice.* а-ҽы́ ҵар *a swift horse.* И-шьамхы́ ҵар-у́п (ҵьбаро́-уп). *He is swift of foot.*

а-ҵáр [coll. n.] [< а-ҵ-ар] (а-ҵáра-қәа) (*see* **а-ҵы́с**) **1.** a flock of birds**:** а-ҵáр ҟáҧшь-қәá [*or* а-ҵы́с ҟáҧшь-қәá] *the red birds.* А-ҵáр сы-р-бé-ит. *The birds saw me.* А-тәы́ла ҧхáрра-қәа р-áхь Аҧсны́-нтәи и-цó-ит а-ҵáра-қәа. (AFL) *Birds fly away from Abkhazia to the warm countries. В теплые страны из Абхазии улетают птицы.*

а-ҵарá[1] [n.] (а-ҵара-қәá) **1.** learning, study, studies**:** Уи а-ҵарá ду лы́-мо-уп. *She is a highly educated person.* **2.** lesson**:** А-ҷкуын и-ҵарá д-á-г-хе-ит. *The boy was late for his lesson.* Асáбше-и амҽы́ше-и а-университет а-ҿы́ а-ҵарá ы́-ҟа-ӡа-м. (AFL) *There are no lessons at the university on Saturday and Sunday. В субботу и воскресенье в университете нет уроков.* А-ҵáра лашáро-уп, а-ҵáрадара лашьцáро-уп. *Learning is light, not learning is darkness.*

а-ҵа-рá[2] [tr.] [C1-C3-R / C1-C3-Neg-R] [C3 study C1] (**Fin.** [pres.] и-л-ҵó-ит, и-(а)ҳ-ҵó-ит / и-л-ҵó-м, и-аҳ-ҵó-м, [aor.] и-л-ҵé-ит, и-(а)ҳ-ҵé-ит / и-лы-м-ҵé-ит, и-ҳа-м-ҵé-ит, [imper.] и-ҵá! / и-бы-м-ҵá-н!, и-шә-ҵá! / и-шәы-м-ҵá-н!; **Non-fin.** [pres.] (C1) и́-л-ҵо (*то, что она изучает*) / и́-лы-м-ҵо, (C3) и-з-ҵó (*тот, кто изучает его(нрз.)/их*) / и-зы-м-ҵó, [aor.] (C1) и́-л-ҵа (*то, что она изучила*) / и́-лы-м-ҵа, (C3) и-з-ҵá (*тот, кто изучил его(нрз.)/их*) / и-зы-м-ҵá; **Abs.** и-ҵа-ны́ / и-м-ҵá-кәа) **1.** to study, to learn**:** и́-л-ҵо-и? *what is she studying?* Ҳарá и-аҳ-ҵó-ит áҧсуа бызшәá. (AFL) *We are studying Abkhaz. Мы изучаем абхазский язык.* А-кәашара с-ҵа-ра-зы́ а-кружóк с-á-ла-ле-ит. *I joined the club in order to learn to dance.* **2.** to memorize**:** Сарá á-жәеинраала с-ҵó-ит. *I am memorizing a poem.* || **а-ҵарá а-ҵа-рá** to study; to be at school**:** А-ҵарá ҵа-лá! [to a singular addressee] *Study! Учись!* А-ҵарá шә-ҵа-лá! [to plural addressees] *Study! Учитесь!* Ҳарá а-ҵарá ҳ-ҵó-ит. *We are students. Мы учимся.* А-ҵарá абá-б-ҵо? *Where are you studying?,* Москва а-ҵарá б-ҵó-з-ма? *Did you study in Moscow?* А-шкóл а-ҿы́ а-ҵарá бзи́аны и-ҵó-ит. (AFL) *He studies well at school. Он хорошо учится в школе.* Сарá а-ҵарá ахьы́-с-ҵо-з а-шкóл, а-қы́ҭа а-гәҭаны́ и-гы́ло-уп. (AFL) *The school where I studied stands in the center of the village. Школа, где я учился, стоит в центре деревни.*

а-ҵа-рá[3] [intr.] [C1-R / C1-Neg-R] [C1 lay eggs] (**Fin.** [pres.] и-ҵó-ит / и-ҵó-м (-ҵа-ӡó-м), [aor.] и-ҵé-ит, с-ҵé-ит / и-м-ҵé-ит (-ҵа-ӡé-ит), сы-м-ҵé-ит, [imper.] у-ҵа! / у-м-ҵá-н!; **Non-fin.** [pres.] (C1) и-ҵó / и-м-ҵó, [aor.] (C1) и-ҵá / и-м-ҵá, [impf.] (C1) и-ҵó-з / и-м-ҵó-з, [past indef.] (C1) и-ҵá-з / и-м-ҵá-з; **Abs.** и-ҵа-ны́ / и-м-ҵá-кәа) **1.** to lay eggs**:** А-кәты́ ҵе-ит. *The hen laid an egg.*

а-ҵарады́рра [n.] (-қәа) science.

а-ҵарады́рратә [adj.] scientific.

а-ҵараи́урҭа [n.] (-қәа) education establishment**:** еиҳаӡóу а-ҵараи́урҭа *higher education establishment.*

а-ҵáра-қәа [n.] (pl.) birds. [*see* **а-ҵы́с** [coll. n.] birds]

а-ҵаралашáра [n.] enlightenment.

а-ҵарáуаҩ(ы) [n.] (pl. а-ҵарáуаа, ҵарáуаҩы-к) a scholar**:** с-ҵарáуаҩ-уп *I am a scholar.*

á-ҵа-рбаҟа-ра [tr.] (**Fin.** [pres.] и́-ҵа-сы-рбаҟó-ит / и́-ҵа-сы-рбаҟó-м, [aor.] и́-ҵа-сы-рбаҟé-ит / и́-ҵа-с-мы-рбаҟé-ит, [imper.] и́-ҵа-рбаҟá! / и́-ҵа-б-мы-рбаҟá-н!, и́-ҵа-шәы-рбаҟá! / и́-ҵа-шә-мы-рбаҟá-н!; **Non-fin.** [pres.] (C1) и́-ҵа-сы-рбаҟо / и́-ҵа-с-мы-рбаҟо, (C3) и́-ҵа-зы-рбаҟо / и́-ҵа-з-мы-рбаҟо) **1.** to shut firmly/soundly**:** А-шә ы́-ҵа-рбаҟа и-а-рк-у́п.

The door is shut tight.

а́-тца-ргыла-ра [tr.] [C1-C2-Prev-C3-S / C1-C2-Prev-C3-Neg-S] [C3 put C1 under C2] (**Fin.** [pres.] и-а́-тца-сы-ргы́ло-ит / и-а́-тца-сы-ргы́ло-м, [aor.] и-а́-тца-сы-ргы́ле-ит / и-а́-тца-с-мы-ргы́ле-ит, [imper.] и-а́-тца-ргы́л! / и-а́-тца-б-мы-ргы́ла-н!, и-а́-тца-шәы-ргы́л! / и-а́-тца-шә-мы-ргы́ла-н!; **Non-fin.** [pres.] (C1) и-а́-тца-сы-ргы́ло / и-а́-тца-с-мы-ргы́ло, (C2) и-з-тца-сы-ргы́ло / и-з-тца-с-мы-ргы́ло, (C3) и-а́-тца-зы-ргы́ло / и-а́-тца-з-мы-ргы́ло; **Abs.** и-а́-тца-ргы́ла-ны / и-а́-тца-мы-ргы́ла-кәа) **1.** to put under**:** А-ведра́ а-кра́н и-а́-тца-сы-ргы́ле-ит. *I put the bucket under the faucet. Я подставил ведро под кран.*

а́-тца-рс-ра* [tr.] [C1-Prev-C3-S] [C3 drive C1 into the ground; C3 lean on C1] (**Fin.** [aor.] и́-тце-и-рс-ит / и́-тце-и-мы-рс-ит, [imper.] и́-тца-рс! / и́-тцо-у-мы-рсы-н!) **1.** to drive into the ground; to stick into**:** А-т̧ахмада и-лаба́шьа ы́-тца-и-рс-ит. (ARD) *The old man drove his staff into the ground. Старик воткнул свой посох в землю.* **2.** to lean on a stick.

а́-тца-ршә-ра [tr.] [C1-C2-Prev-C3-S / C1-C2-Prev-C3-Neg-S] [C3 lay C1 underneath C2] (**Fin.** [pres.] и-а́-тца-сы-ршә-уе-ит / и-а́-тца-сы-ршә-уа-м (-ршә-ӡо-м), [aor.] и-а́-тца-сы-ршә-ит / и-а́-тца-с-мы-ршә-ит (-ршә-ӡе-ит), [imper.] и-а́-тца-ршә! / и-а́-тца-б-мы-ршәы-н!, и-а́-тца-шәы-ршә! / и-а́-тца-шә-мы-ршәы-н!; **Non-fin.** [pres.] (C1) и-а́-тца-сы-ршә-уа / и-а́-тца-с-мы-ршә-уа, (C3) и-а́-тца-зы-ршә-уа / и-а́-тца-з-мы-ршә-уа, [aor.] (C1) и-а́-тца-сы-ршә / и-а́-тца-с-мы-ршә, (C3) и-а́-тца-зы-ршә / и-а́-тца-з-мы-ршә, [impf.] (C1) и-а́-тца-сы-ршә-уа-з / и-а́-тца-с-мы-ршә-уа-з, (C3) и-а́-тца-зы-ршә-уа-з / и-а́-тца-з-мы-ршә-уа-з, [past indef.] (C1) и-а́-тца-сы-ршәы-з / и-а́-тца-с-мы-ршәы-з, (C3) и-а́-тца-зы-ршәы-з / и-а́-тца-з-мы-ршәы-з; **Abs.** и-а́-тца-ршә-ны / и-а́-тца-мы-ршә-кәа) **1.** to lay (down) underneath**:** И-бы́-тца-ршә! *Lay it/them down underneath yourself!* И-бы́-тца-б-мы-ршәы-н! *Don't lay it/them down underneath yourself!* И-тца-ршә! *Lay it/them down underneath him!* И-тца-б-мы-ршәы-н! *Don't lay it/them down underneath him!*

ТЦ

-тцас [used without an article] **1.** [suffix] like**:** хәычы́-тцас *like a child.* С-ча́и хазы́на кашәкашәо́, мшы́н-тцас и-цәкәрҧо́ит. (AFL) *My beautiful tea, swaying, like the sea makes waves. Мой прекрасный чай, колыхаясь, как море волнуется.* Акры́-ф уаҩ-тца́с! (ACST) *Eat properly! (lit. Eat like a human being!)* **2.** [post.] as**:** Ҩы́за тцас и-шә-а́-бжьы-з-го-ит абри́. *I am advising you about this as a friend. Я советую это вам как товарищ.*

а-тца́с [n.] (а-тца́с-кәа, х-тца́с-кәа) **1.** (= **а-қьа́бз**) custom(s); tradition; manners**:** Ари́ хара́ и-ах-тца́с-уп. (ARD) *This is our custom.* и-агь-тца́сы-м *and it is not the custom.* **2.** a habit.

а́-тца-с-ра[1] [intr.] **(1)** [C1-C2-Prev-R / C1-C2-Prev-Neg-R] [C1 strike C2] (**Fin.** [pres.] с-а́-тца-с-уе-ит, с-лы́-тца-с-уе-ит / с-а́-тца-с-уа-м, с-лы́-тца-с-уам, [aor.] с-а́-тца-с-ит / с-а́-тца-м-с-ит, [imper.] б-а́-тца-с! / б-а́-тца-м-сы-н!; **Non-fin.** [pres.] (C1) и-а́-тца-с-уа / и-а́-тца-м-с-уа, (C2) сы-з-тца́-с-уа / сы-з-тца́-м-с-уа; **Abs.** с-а́-тца-с-ны / с-а́-тца-м-с-кәа) **1.** to strike, to hit. **2.** to hit sb/sth from the bottom to the top; to push, to nudge. **(2)** [C1-Prev-R / C1-Prev-Neg-R] [C1 shoves (sb in the chest/face)] (**Fin.** [aor.] ды́-тца-с-ит / ды́-тца-м-с-ит, [imper.] бы́-тца-с! / бы́-тца-м-сы-н!) **1.** to shove in the chest**:** И-гәы́ у́-тца-м-сы-н! *Don't shove him in the chest! Не толкай его в грудь!*

а́-тца-с-ра[2] [intr.] [C1-C2-Prev-R / C1-C2-Prev-Neg-R] [C1 touch C2] (**Fin.** [pres.] и-а́-тца-с-уе-ит / и-а́-тца-с-уа-м, [aor.] и-а́-тца-с-ит / и-а́-тца-м-с-ит) **1.** to touch**:** И-хы́ а́-тцла а́-махә и-а́-тца-с-уе-ит. (ARD) *His head is touching the branch of the tree.*

а-тцатәы́ [n.] (а-тцатә-кәа́, тцатәы́-к) an assignment; study-material.

а-тцау́ла (/а-тцаы́ула) [adj.] (и-тцау́ло-у, а-тцау́ла-кәа) deep.

а-тцау́лара[1] [n.] depth.

а-тцау́ла-ра[2] [intr. stative] (**Fin.** [pres.] и-тцау́ло-уп) to be deep.

а́-тца-ха-ра[1] [intr.] [C1-C2-Prev-R / C1-C2-Prev-Neg-R] [C1 find oneself under C2] (**Fin.** [pres.] с-а́-тца-хо-ит / с-а́-тца-хо-м, [aor.] с-а́-тца-хе-ит / с-а́-тца-м-хе-ит, [imper.] б-а́-тца-ха! / б-а́-тца-м-ха-н!; **Non-fin.** [pres.] (C1) и-а́-тца-хо / и-а́-тца-м-хо, (C2) сы-з-тца-хо́ / сы-з-тцá-м-хо) **1.** to find oneself under: А-машьы́на д-á-тца-хе-ит. *He/She was run over by the car.*

á-тца-ха-ра[2] [intr.] [C1-C2-Prev-R / C1-C2-Prev-Neg-R] [C1 lose C2] (**Fin.** [pres.] д-á-тц-хо-ит / д-á-тца-хо-м (-ха-ʒо-м), [aor.] д-á-тца-хе-ит, д-сы́-тца-хе-ит (*он/она проиграл/-ла мне*) / д-á-тца-м-хе-ит, д-сы́-тца-м-хе-ит (-ха-ʒе-ит), [imper.] б-á-тца-ха!, б-сы́-тца-ха! / б-á-тца-м-ха-н!, б-сы́-тца-м-ха-н!, шә-á-тца-ха!, шә-сы́-тца-ха! / шә-á-тца-м-ха-н!, шә-сы́-тца-м-ха-н!; **Non-fin.** [pres.] (C1) и-á-тца-хо / и-á-тца-м-хо, (C2) ды-з-тца-хó / ды-з-тцá-м-хо, [aor.] (C1) и-á-тца-ха / и-á-тца-м-ха, (C2) ды-з-тца-хá / ды-з-тцá-м-ха, [impf.] (C1) и-á-тца-хо-з / и-á-тца-м-хо-з, (C2) ды-з-тца-хó-з / ды-з-тцá-м-хо-з, [past indef.] (C1) и-á-тца-ха-з / и-á-тца-м-ха-з, (C2) ды-з-тца-хá-з / ды-з-тцá-м-ха-з; **Abs.** д-á-тца-ха-ны / д-á-тца-м-ха-кәа) **1.** (*of a game, etc.*) to lose, to be defeated: И-á-тца-ха-да? *Who was beaten?* Ҳарá ҳ-á-тца-хе-ит. *We were beaten.* А-шáхмат пáртиа с-á-тца-ха-ит. *I lost a chess game. Я проиграл шахматную партию.* [cf. **а-иáаи-ра** "to defeat"]

Цáтца [n.] (m.) [person's name]

а-тца-цáла-ра* [tr.] [C1-(C2)-Prev-C3-S] [C3 drive C1 into C2(the ground)] (**Fin.** [aor.] и́-тце-и-цале-ит / и́-тце-и-м-цале-ит, [imper.] и́-тца-цал! / и́-тцо-у-м-цала-н!) **1.** to drive sth into the ground: А-ны́шә и́-тце-и-цале-ит. *He drove it into the ground.*

á-тца-тца-ра [tr.] [C1-C2-Prev-C3-R / C1-C2-Prev-C3-Neg-R] [C3 put C1 under C2] (**Fin.** [pres.] и-лы́-тца-с-тцо-ит / и-лы́-тца-с-тцо-м, [aor.] и-лы́-тца-с-тце-ит / и-лы́-тца-сы-м-тце-ит, и-á-тца-с-тце-ит / и-á-тца-сы-м-тце-ит, [imper.] и-лы́-тца-тца! / и-лы́-тца-бы-м-тца!; [poten.] и-сы-з-лы́-тца-тцо-м, и-сы-з-лы́-тца-м-тце-ит; [nonvol] и-с-áмха-лы́-тца-тце-ит / и-с-áмха-лы́-тца-м-тце-ит; **Non-fin.** [pres.] (C1) и-лы́-тца-с-тцо / и-лы́-тца-сы-м-тцо, (C2) и-з-тцá-с-тцо / и-з-тцá-сы-м-тцо, (C3) и-лы́-тца-з-тцо / и-лы́-тца-зы-м-тцо; **Abs.** и-á-тца-тца-ны / и-á-тца-м-тца-кәа) **1.** to put under: Ларá а-чуáн á-мца á-тца-л-тце-ит. *She put a fire under the cauldron. Она положила огонь под котел.* Ларá а-чуáн-кәа á-мца ры́-тца-л-тце-ит. *She put a fire under the cauldrons. Она положила огонь под котлы.*

á-тца-ҿа-ҳәа-ра* [tr.] [C1-(C2)-Prev-Prev-C3-R] [C3 bind C1 under C2] (**Fin.** [aor.] и́-тца-ҿе-и-ҳәе-ит / и́-тца-ҿе-и-м-ҳәе-ит, [imper.] и́-тца-ҿа-ҳәа! / и́-тца-ҿо-у-м-ҳәа-н!) **1.** to bind under: А-ҳаӆы д-тца-ҿá-р-ҳәе-ит. *They bound him inside the cave.*

á-тца-шьыц-ра [intr.] [C1-C2-Prev-R /C1-C2-Prev-Neg-R] [C1 be envious of C2] (**Fin.** [pres.] д-лы́-тца-шьыц-уе-ит / д-лы́-тца-шьыц-уа-м, [aor.] д-лы́-тца-шьыц-ит / д-лы́-тца-м-шьыц-ит, [imper.] у-лы́-тца-м-шьыцы-н!) **1.** to be envious of, to envy: у-и́-тца-шьыц-уа-ма? *are you envious of him?* А-хцәы́ бзи́а ахь-лы́-мо-у с-лы́-тца-шьыц-уе-ит. (ACST) *I envy her for having lovely hair.* [cf. **а-шьы́цра** "envy"]

á-тца-шәа-ра [intr.] [C1-(C2)-Prev-R / C1-(C2)-Prev-Neg-R] [C1 fall under C2] (**Fin.** [pres.] и́-тца-шәо-ит / и́-тца-шәо-м, [aor.] и́-тца-шәе-ит / и́-тца-м-шәе-ит; **Non-fin.** [pres.] (C1) и́-тца-шәо / и́-тца-м-шәо) **1.** (*of little things*) to fall under: á-мпыл áишәа и́-тца-шәе-ит. (ARD) *Мяч упал под стол. The ball fell under the table.* || **á-лаӆш á-тца-шәа-ра** (**Fin.** [aor.] сы́-лаӆш и́-тца-шәе-ит *it/they met me in the eye, оно/они попалось/-лись мне на глаза* / сы́-лаӆш и́-тца-м-шәе-ит, [imper.] бы́-лаӆш и́-тца-шәа! / бы́-лаӆш и́-тца-м-шәа-н!; **Non-fin.** [pres.] (C1) зы́-лаӆш и́-тца-шәо / зы́-лаӆш и́-тца-м-шәо) to meet sb in the eye, to meet sb's eye: Уи́ и́-лаӆш сы́-тца-шәе-ит. (GAL) *Я попался ему на глаза. I met him in the eye.*

á-тца-шәкәа-ра [intr.] [C1-Prev-R / C1-Prev-Neg-R] [C1 disappear] (**Fin.** [pres.] ды́-тца-шәкәо-ит / ды́-тца-шәкәо-м, [aor.] ды́-тца-шәкәе-ит / ды́-тца-мы-шәкәе-ит, [imper.] бы́-тца-шәкәа! / бы́-тца-мы-шәкәа-н!; **Non-fin.** [pres.] (C1) и́-тца-шәкәо / и́-тца-мы-шәкәо, [aor.] (C1) и́-тца-шәкәа / и́-тца-мы-шәкәа) **1.** to disappear; to vanish: А-ӷьы́ч áлашьцара д-ны́-тца-шәкәа д-цé-ит. *The thief disappeared into the darkness.*

а-тцаҩы́ [n.] (а-тцаҩ-цәá, с-тцаҩы́, тцаҩы́-к) a schoolchild, a pupil, a student: а-тцаҩы́ бзи́а *good pupil.* а-тцаҩы́ бзи́а-кәа *good pupils.* Сарá с-тцаҩ-у́п. *I am a pupil.* Абри́ а-тцаҩы́ ды-бзи́о-уп. *This pupil is good.* Абри́ а-тцаѳ-цəа́ бзи́а-қəо-уп. *These pupils are good.* Абри́ а-тцаѳ-цəа́ бзи́а-цəо-уп. *These pupils are very much too good.*

а-тце́и [n.] (-цəа, р-тце́и) a heir; a scion; a son; a boy**:** А-тце́и д-и-бу́-ит. *A son was born to him. У него родился сын.*

а-тце́иҵь [n.] (а-тце́иҵь-қəа, тце́иҵь-к) a well**:** Сара́ а-тце́иҵь (*or* а-че́иӡ) ы́-тцы-с-х-ит. *I dug the well.* А-тце́иҵь ҭа-бе́-ит. *The well dried up.*

а́-тц-жəа-ра [tr.] [C1-Prev-C3-R / C1-Prev-C3-Neg-R] [C3 pull out C1] (**Fin.** [pres.] и́-тцы-с-жəо-ит / и́-тцы-с-жəо-м, [aor.] и́-тцы-с-жəе-ит / и́-тц-сы-м-жəе-ит, [imper.] и́-тц-жəа! / и́-тц-бы-м-жəа-н!, и́-тцы-шə-жəа! / и́-тц-шəы-м-жəа-н!; **Non-fin.** [pres.] (C1) и́-тцы-с-жəо / и́-тц-сы-м-жəо, (C3) и́-тцы-з-жəо / и́-тц-зы-м-жəо; **Abs.** и́-тцы-жəа-ны / и́-тцы-м-жəа-қəа) **1.** to pull/tear out with the root**:** а-хаҧы́ҵ а́-тц-жəа-ра *to pull out a tooth.* А-ҧша́ а́-тҵла-қəа ы́-тц-на-жəе-ит. (ARD) *Ветер вырвал деревья с корнями. The wind tore out the trees with their roots.*

а-тци́аа [n.] (а-тци́аа-қəа) a plant**:** Аҧсны́тəи а-тци́аа-қəа *the flora of Abkhazia.*

а́-тц-иаа-ра* [intr.] [C1-C2-Prev-R] [C1 grow under C2] (**Fin.** [pres.] и-а́-тц-иаа-уе-ит, [aor.] и-а́-тц-иаа-ит / и-а́-тцы-м-иаа-ит, **Abs.** и-а́-тц-иаа-ны / и-а́-тцы-м-иаа-қəа) **1.** to grow under**:** А-қды́ а-ҳаскьы́н а́-тциаа-ит. *The grass grew under the log.* [cf. **а́-л-иаа-ра** "to grow in"]

а-тцкы́ [n.] (а-тцк-қəа́, сы-тцкы́, тцкы́-к) women's dress/clothes**:** лы-тцкы́ ҟаҧшь *her red dress.*

-а́тцк(ь)ы́с [post.] *used with a pronominal affix referring to the second part of a comparision and meaning "than"* (cf. **-а́аста, -еиҳа**) (Hewitt, Abkhaz:227-8)**:** А-ҧҳəы́с а-ха́ҵа и-а́тцкьыс ды-ҳаракы́-уп. (Hewitt, Abkhaz:227) *The woman is taller than the man.* У-ашьа́ д-еиҳаб-у́-ма уара́ у-а́тцкьыс (*or* у-а́аста)? *Is your brother older than you?* А-ха́ҵа а-ҧҳəы́с л-а́тцкьыс (*or* л-а́аста *or* л-е́иҳа) [иаҳа́] лассы́-лассы́ ды-з-бо́-ит. *I see the man more often than the woman.* Иара́ и-а́тцкыс (/е́иҳа) лара́ д-е́иҕьа-с-шьо-ит. *I prefer her to him.*

Ц

-тҵла [suffix] -tree: а́-шə-тҵла *a beech-tree.*

а́-тҵла [n.] (а́-тҵла-қəа, ҳа́-тҵла, тҵла́-к, тҵла-кы́, тҵла-қəа́-к, сы́-тҵла) a tree**:** а́-ҧса-тҵла *a pine tree.* Да́рбан ари́ а́-тҵла ҧы́-з-ҟа? *Who cut down this tree?*

а́-тҵлагəаѳара [n.] (а́-тҵлагəаѳара-қəа) a hollow.

а-тҵларкəы́кə [n.] (-қəа) a woodpecker.

а́-тц-ҧраа-ра [intr.] [C1-C2-Prev-R] (**Fin.** [pres.] и-а́-тц-ҧраа-ит) *see* **а́-тц-ҧыр-ра**

а́-тц-ҧыр-ра* [intr.] [C1-C2-Prev-R] (**Fin.** [aor.] и-а́-тц-ҧр-ит / и-а́-тцы-м-ҧр-ит, **Abs.** и-а́-тц-ҧр-ны / и-а́-тцы-м-ҧр-қəа) **1.** (= **а́-тц-ҧраа-ра**) to fly out from under sth: Ардəы́на-к-гьы ны́-тц-ҧр-ит. *A blackbird quickly flew out from under it, too.*

а-тц-ра́ [intr.] [C1-R / C1-Neg-R] [C1(a period of time) pass] (**Fin.** [pres.] и-тц-уе́-ит / и-тц-уа́-м, [aor.] и-тц-и́т / и-м-тц-и́т, [imper.]**; **Non-fin.** (C1) [pres.] и-тц-уа́ / и́-м-тц-уа, [aor.] и-тцы́ / и́-м-тц, [impf.] и-тц-уа́-з / и́-м-тц-уа-з, [past indef.] и-тцы́-з / и́-м-тцы-з; **Non-fin.** [pres.] (C1) и-тц-уа́ / и-м-тц-уа́, [aor.] (C1) и-тцы́ / и-м-тцы́, [past indef.] (C1) и-тцы́-з / и-м-тцы́-з; **Abs.** и-тц-ны́ / и-м-тцы́-қəа) **1.** to pass with time**:** Ка́ма Џьгəа́рда ды-нхо́-иштє ѳы́-шықəса тц-уе́-ит. *Two years have passed since Kama lived in Dzhgjarda.* Жəа́-мш тц-и́т д-це́-ижьтеи. *Ten days have passed since he/she left. С тех пор, как он/она ушел/ушла, прошло 10 дней.*

а-тц-рыкəкəа-ра́ [tr.] [C1-Prev-C3-S / C1-Prev-C3-Neg-S] [C3 exhaust C1] (**Fin.** [pres.] ды́-тц-на-ркəкəо-ит / ды́-тц-на-ркəкəо-м, [aor.] ды́-тц-на-ркəкəе-ит / ды́-тц-на-мы-ркəкəе-ит, [imper.] ды́-тц-ркəкəа! / ды́-тц-б-мы-ркəкəа-н!; **Non-fin.** [pres.] (C1) и-тц-на-ркəкəо́ / и-тц-на-мы-ркəкəо́, (C3) ды-тц-зы-ркəкəо́ / ды-тц-з(ы)-мы-ркəкəо́) **1.** to exhaust, to drain, to deplete**:** Иара́ а-чы́мазара ды́-тц-на-ркəкəе-ит. *The illness exhausted him.* [cf. **а-тцы-кəкəаа-ра́** "to be exhausted"]

а́-тцх [n.] (-қəа, тцхы́-к) [*see* **а́-тцых**] **1.** night**:** а́-мш-гьы а́-тцх-гьы *day and night.* А-тцх ау-хо́-

ит, и-а-з-ҳа-уе́-ит. *The nights are getting longer and longer.* || А-тцх а́лыҕха шә-/у-/б-буааит! *Good night!*

а́-тц-х-ра[1] [tr.] [C1-(C2)-Prev-C3-R / C1-(C2)-Prev-C3-Neg-R] [C3 take C1 from under C2] (**Fin.** [pres.] ды́-тцы-л-х-уе-ит / ды́-тцы-л-х-уа-м, [aor.] ды́-тцы-л-х-ит / ды́-тц-лы-м-х-ит, [imper.] ды́-тц-х! / и́-тц-бы-м-хы-н!, и-тцы́-шә-х! / и́-тц-шәы-м-хы-н!; **Non-fin.** [pres.] (C1) и́-тцы-л-х-уа / и́-тц-лы-м-х-уа, (C3) ды́-тцы-з-х-уа / ды́-тц-зы-м-х-уа, [aor.] (C1) и́-тцы-л-х / и́-тц-лы-м-х, (C3) ды́-тцы-з-х / ды́-тц-зы-м-х, [impf.] (C1) и́-тцы-л-х-уа-з / и́-тц-лы-м-х-уа-з, (C3) ды́-тцы-з-х-уа-з / ды́-тц-зы-м-х-уа-з, [past indef.] (C1) и́-тцы-л-хы-з / и́-тц-лы-м-хы-з, (C3) ды́-тцы-з-хы-з / ды́-тц-зы-м-хы-з; **Abs.** ды́-тц-х-ны / ды́-тцы-м-х-кәа) **1.** to take out, to extract: а-хаҕы́ц а́-тцхра *to pull out a tooth, рвать зуб.* и-с-а́мха-тцх-ит *I took it/them out against my own will.* Дара́ а-карто́ш ы́-тцы-р-х-аait. *Let them dig potatoes.* Аҩстаа а́-ҕса-тцла ы́-тц-х-ны и́-ма-ны д-дәы́-қә-ле-ит. (AF) *The Devil uprooted a fir-tree and set off with it.*

а́-тц-х-ра[2] (= **а́-тцых-ра**) [tr.] [C1-Prev-C3-R / C1-Prev-C3-Neg-R] [C3 dig/mine C1] (**Fin.** [pres.] и́-тцы-с-х-уе-ит / и́-тцы-с-х-уа-м (-ӡо-м), [aor.] и́-тцы-с-х-ит / и́-тц-сы-м-х-ит (-ӡе-ит), [imper.] и́-тцы-х! / и́-тц-бы-м-хы-н!, и́-тцы-шә-х! / и́-тц-шәы-м-хы-н!; **Non-fin.** [pres.] (C1) и́-тцы-л-х-уа / и́-тц-лы-м-х-уа, (C3) и́-тцы-з-х-уа / и́-тц-зы-м-х-уа, [aor.] (C1) и́-тцы-л-х / и́-тц-лы-м-х, (C3) и́-тцы-з-х / и́-тц-зы-м-х, [impf.] (C1) и́-тцы-л-х-уа-з / и́-тц-лы-м-х-уа-з, (C3) и́-тцы-з-х-уа-з / и́-тц-зы-м-х-уа-з, [past indef.] (C1) и́-тцы-л-хы-з / и́-тц-лы-м-хы-з, (C3) и́-тцы-з-хы-з / и́-тц-зы-м-хы-з; **Abs.** и́-тц-х-ны / и́-тцы-м-х-кәа) **1.** to dig (up/out): Сара́ а-че́иӡ (/а-тце́иць) ы́-тцы-с-х-ит. *I dug the well.* **2.** to mine: А-маде́н ы́-тцы-с-х-ит. *I mined the ore.* **3.** to excavate: Археóлог-цәа и́-тцы-р-х-ит а-жәы́тә қала́қь. (RAD) *Археологи раскопали древний город. The archaeologists excavated an ancient town.*

тцхыбжьо́н [adv.] at midnight: а-тцхыбжьо́н а-гур=гу́рхәа а-бжьы́ ба́аҕс го́. (Ab.Text) *In the middle of the night there was a terrible noise.*

а-тцтц-ра *see* **а́-тцытц-ра**

а́-тцтцырҭа [n.] (-қәа) a spring; a source (of a fluid in nature): а-нефҭ а́-тцтцырҭа *a source of oil/petroleum.*

а́-тц-шь-ра[1] [tr.] [C1-a-Prev-C3-R / C1-a-Prev-C3-Neg-R] (**Fin.** [pres.] и-а́-тцы-с-шь-уе-ит / и-а́-тцы-с-шь-уа-м, [aor.] и-а́-тцы-с-шь-ит / и-а́-тц-сы-м-шь-ит, [imper.] и-а́-тц(ы)-шь! / и-а́-тц-бы-м-шьы-н!; **Non-fin.** [pres.] (C1) и-а́-тцы-с-шь-уа / и-а́-тц-сы-м-шь-уа, (C3) и-а́-тцы-з-шь-уа / и-а́-тц-зы-м-шь-уа) **1.** to mix, to stir, to blend.

а́-тц-шь-ра[2] [tr.] [C1-C2-Prev-C3-R / C1-C2-Prev-C3-Neg-R] [C3 put C1(a line) under C2] (**Fin.** [pres.] и-а́-тцы-с-шь-уе-ит / и-а́-тцы-с-шь-уа-м, [aor.] и-а́-тцы-с-шь-ит / и-а́-тц-сы-м-шь-ит, [imper.] и-а́-тц(ы)-шь! / и-а́-тц-бы-м-шьы-н!) **1.** to put a line under; to underline: А-ҟатцарба-қәа́ и-ры́-тц-шь! (ARD) *Подчеркни глаголы! Underline the verbs!* А-тцәаҕәа́ а́-тцы-с-шь-ит. *I drew a line.* **2.** to emphasize.

а-тц-шәаа-ра́ [tr.] [C1-Prev-C3-R / C1-Prev-C3-Neg-R] [C3 wash away C1] (**Fin.** [pres.] и-тц-на-шәа́а-уе-ит / и-тц-на-шәа́а-уа-м, [aor.] и-тц-на-шәа́а-ит / и-тц-на́-м-шәаа-ит, [imper.] и-тц-шәа́а! / и-тц-у́-шәаа-н!; **Non-fin.** [pres.] (C1) и-тц-на-шәаа-уа́ / и-тц-на́-м-шәаа-уа, (C3) и-тц-з-шәаа-уа́ / и-тц-зы́-м-шәаа-уа; **Abs.** и-тц-шәаа-ны́ / и-тцы́-м-шәаа́-кәа) **1.** to wash (away): А-ӡы́иас цәгьаӡа́ а-ҟәа́ра тц-на-шәа́а-ит. *The river powerfully washed away the bank.*

а́-тц-шәа-ра [intr.] [C1-Prev-R / C1-Prev-Neg-R] [C1 fall out] (**Fin.** [pres.] и́-тц-шәо-ит / и́-тц-шәо-м, [aor.] и́-тц-шәе-ит / и́-тцы-м-шәе-ит; **Non-fin.** [pres.] (C1) и́-тц-шәо / и́-тцы-м-шәо; **Abs.** и́-тц-шәа-ны / и́-тцы-м-шәа-кәа) **1.** (*of the hair, teeth, etc.*) to fall out, to come out: С-хаҕы́ц ы́-тц-шәе-ит. *My tooth fell out.*

-тц(ы)- [preverb] from under: **а́-тц-х-ра**[1] to take sth from under sth.

á-тцы-дд-ра [intr.] [C1-C2-Prev-R / C1-C2-Prev-Nrev-R] [C1 fly from under C2] (**Fin.** [pres.] и-á-тцы-дд-уе-ит / и-á-тцы-дд-уа-м, [aor.] и-á-тцы-дд-ит / и-á-тцы-м-дд-ит; **Non-fin.** [pres.] (C1) и-á-тцы-дд-уа / и-á-тцы-м-дд-уа; **Abs.** и-á-тцы-дд-ны / и-á-тцы-м-дд-кəа) **1.** to fly from under sth**:** А-жьаҳəá а-цы́ҧхь-кəа á-тцы-дд-уа-н. (ARD) *Из-под молотка разбрызгивались искры. Sparks were flying from under the hammer.*

а-тцыкəкəа-рá [intr.] [C1-S / C1-Neg-S] [C1 be exhausted] (**Fin.** [pres.] д-тцыкəкəó-ит / д-тцыкəкəó-м, [aor.] д-тцыкəкəé-ит / ды-м-тцыкəкəé-ит, [imper.] б-тцыкəкəá! / бы-м-тцыкəкəá-н!; **Non-fin.** [pres.] (C1) и-тцыкəкəó / и-м-тцыкəкəó, [aor.] (C1) и-тцыкəкəá / и-м-тцыкəкəá) **1.** to be exhausted/drained/depleted, to be emaciated**:** Уи́ лы́-мч-кəа тцыкəкəé-ит. *Her powers were exhausted.*

атцыкъхəа [adv.] (*of a thunder, the sound of gunfire, etc.*) loudly**:** Атцыкъхəа и-хы́с-уа, á-дыдра и-нá-ла-ге-ит. (AF) *Firing loudly thunder began.*

тцыҧхтəи́ [adj.] of last year.

тцыҧхцəá [adv.] the year before last.

тцыҧхцəатəи́ [adj.] of the year before last.

тцы́ҧх [adv.] (= **иҳáԥсыз áшықəс азы́**) last year**:** тцы́ҧх á-ҧхын *last summer.* Уи тцы́ҧх Москва ды́-ҟа-н. *He/She was in Moscow last year.*

тцыҧхтəи́ [adj.] of last year.

-тцыс [suffix] *used to mark an animal infant***:** а-ҽ-тцы́с *a colt, a foal.*

а-тцы́с [n.] (а-тцы́с-гьы, тцы́с-к, pl. а-тцáра-кəа, *see* **а-тцáр**) a bird**:** а-тцы́с ҟáҧшь *the red bird.* а-тцы́с ҟáҧшь-кəá (*or* а-тцáр ҟáҧшь-кəá) *the red birds.* А-тцáра-кəа áшəа абá-р-ҳəо? (AFL) *Where do birds sing? Где поют птицы?*

а-тцы-с-рá[1] [intr.] [C1-Prev-R / C1-Neg-Prev-R] [C1 move] (**Fin.** [pres.] д-тцы-с-уé-ит / д-тцы-с-уá-м, [aor.] д-тцы-с-и́т / ды-м-тцы-с-и́т, [imper.] б-тцы-сы́! / бы-м-тцы-сы́-н!; **Non-fin.** (C1) [pres.] и-тцы-с-уá / и́-м-тцы-с-уа, [aor.] и-тцы-сы́ / и́-м-тцы-с, [impf.] и-тцы-с-уá-з / и́-м-тцы-с-уа-з, [past indef.] и-тцы-сы́-з / и́-м-тцы-сы-з; **Abs.** д-тцы-с-ны́ / ды-м-тцы-сы́-кəа) **1.** (*of people*) to move (*on a large scale*); to get started**:** А-жəлар тцы-с-и́т. *The people got started.* А-тунéл и-тцы-с-и́т. *They passed along/through (lit. under) the tunnel.* **2.** to move, to get started**:** А-ҭаҳмада аáрлахəа с-тцы-с-уé-ит. *The old man hardly moves.* Иарá ды-з-тцыс-уá-м. (RAD) *Он не может двигаться. He cannot move.* **3.** (*of wind*) to blow up**:** А-ҧшáтлакə тцы-с-и́т. *A whirlwind blew up.*

а-тцыс-рá[2] [intr.] [C1-S / C1-Neg-S] [C1 swing] (**Fin.** [pres.] д-тцыс-уé-ит / д-тцыс-уá-м (-тцыс-ӡó-м), [aor.] д-тцыс-и́т / ды-м-тцыс-и́т (-тцыс-ӡé-ит), [imper.] б-тцысы́! / бы-м-тцысы́-н!; **Non-fin.** [pres.] (C1) и-тцыс-уá / и-м-тцыс-уá, [aor.] (C1) и-тцысы́ / и-м-тцысы́; **Abs.** д-тцыс-ны́ / ды-м-тцысы́-кəа) **1.** to swing, to rock; to shake, to swing**:** А-тцла а-ҧшá и-а-р-тцыс-уá-н. *The tree was shaking from the wind.* А-тцла-кəа а-ҧшá и-а-р-тцыс-уá-н. *The trees were shaking from the wind.* А-ҧшá ахьáсуаз á-тцла-кəа ры́-махə-кəа тцыс-уá-н. (*or* тцыс-тцыс-уá-н.) *The branches of the trees were shaking from the wind. Ветки деревьев колебались от ветра.* [cf. **а-тцыс-тцыс-рá**]

а-тцыс-тцыс-рá [intr.] [C1-S-S / C1-Neg-S-S] [C1 swing] [intr.] (**Fin.** [pres.] д-тцыс-тцыс-уé-ит / д-тцыс-тцыс-уá-м, [aor.] д-тцыс-тцыс-и́т / ды-м-тцыс-тцыс-и́т, [imper.] б-тцыс-тцысы́! / бы-м-тцыс-тцысы́-н!; **Non-fin.** [pres.] (C1) и-тцыс-тцыс-уá / и-м-тцыс-тцыс-уá, [aor.] (C1) и-тцыс-тцысы́ / и-м-тцыс-тцысы́; **Abs.** д-тцыс-тцы́с-ны / ды-м-тцыс-тцы́с-кəа) **1.** to swing, to shake; to tremble**:** А-ҧшá ахь-á-с-уа-з á-тцла-кəа ры́-махə-кəа тцыс-тцыс-уá-н. *The branches of the trees were shaking from the wind. Ветки деревьев колебались от ветра.* А-ҭаҳмада и-напы́ тцыс-тцыс-уá-н. *The old person's hands were trembling.* [cf. **а-тцыс-рá**]

á-тцых *or* **а-тцы́х** (á-тцых-кəа *or* а-тцы́х-кəа) night**:** á-тцых лашьцá *dark night.* У-тцх (/бы́-тцх) аа-бзи́а-ха-аит! *Good night!* [cf. **á-тцх**]

á-тцы-х-ра *see* **á-тц-х-ра**[2]

Тц

а-тцы́хәа [n.] (-қәа, р-тцы́хәа-қәа) **1.** the end**:** а-шáха а-тцы́хәа *the end of the rope, конец веревки.* а-лабá а-тцы́хәа á-тцарра *the sharp end of the stick, острый конец палки.* а-тцы́хәа-н(ы) *в конце, in the end.* **2.** a tail. || **а-тцы́хәа ҧ-тцәé-ит**. *it's all over.* [lit. *the tail snapped.*]

а-тцы́хәала [adv.] concerning, apropos of; because of**:** уарá у-тцы́хәала *because of you.* Ус-к а-тцы́хәала с-у-з-áа-ит. (ARD) *I came to you concerning a business.*

а-тцыхәтәáжәа [n.] (-қәа) concluding remarks.

а-тцыхәтәá [n.] *see* **а-тцыхәтәы́**

а-тцы́хәтәантәи [adj.] last; final**:** а-тцы́хәтәантәи и-áжәа-қәа *his last words.*

а-тцыхәтәаны́ [adv.] **1.** at last, at length; finally. **2.** towards the end**:** А-ҷкән акы́раамҭа á-ҳасабҭә и-ҳасáб-уа-н, атцыхәтәáн и-ҳасáб-ит. *The boy was solving the problem for a long time and finally solved it. Мальчик долго решал задачу и наконец решил ее.* Нас иарá á-жәлар еиза-ны́ а-дау́ и-ахь-и-ха-гы́ла-з зегьы́ р-тцыхутәаны́ д-аа-цәы́р-тц-ит. (Ab.Text) *After that he was the last to go to the place near the ogre where many people were gathering.*

а-тцыхәтәы́ [n.] **1.** an heir. **2.** end.

а-тцытцмы́ць [n.] [bz.] (= **а-мытцмы́ць**) (-қәа) a pomegranate.

á-тц(ы)-тц-ра [intr.] [C1-C2-Prev-R / C1-C2-Prev-Neg-R; C1-(C2)-Prev-R / C1-(C2)-Prev-Neg-R] [C1 go out from under C2] (**Fin.** [pres.] с-á-тцы-тц-уе-ит / с-á-тцы-тц-уа-м, ды́-тцы-тц-уе-ит / ды́-тцы-тц-уа-м, [aor.] с-á-тцы-тц-ит / с-á-тцы-м-тц-ит, ды́-тцы-тц-ит / ды́-тцы-м-тц-ит, [imper.] б-á-тцы-тц! / б-á-тцы-м-тцы-н!, бы́-тцы-тц! / бы́-тцы-м-тцы-н!; **Non-fin.** [pres.] (C1) и-á-тцы-тц-уа / и-á-тцы-м-тц-уа, (C2) ды-з-тцы́-тц-уа / ды-з-тцы́-м-тц-уа) **1.** to go/come out from under**:** А-цгәы́ а-стóл и́-тцы-тц-ит. *The cat came out from under the table.* А-цгә-қәá а-стóл и́-тцы-тц-ит. *The cats came out from under the table.* А-цгә-қәá а-стóл-**қәа** и-**ры́**-тцы-тц-ит. *The cats came out from under the tables.* á-тцла ды́-тц-тц-ит (ACST) *(s)he came out from under the tree.* А-ҧҳәы́с л-хáтца д-и́-тц-тц-ит (ACST) *The woman left her husband.*

а-тцытцы́ндра [n.] (-қәа) земляника, a wild strawberry.

á-тцы-ҩр-ра* [intr.] [C1-(C2)-Prev-R] (**Fin.** [aor.] и́-тцы-ҩр-ит / и́-тц-мы-ҩр-ит, **Abs.** и́-тцы-ҩр-ны / и́-тц-мы-ҩр-кәа) **1.** to fall**:** А-ҧшá ан-á-с, á-тцла ы́-тцы-ҩр-ит. *The tree fell when the wind blew.* **2.** to fall out.

Цә цә

-цәа [adverb-derivational suffix] *used to mean "very +ADVERB," "extremely +ADVERB"* (cf. **-ны**): Д-гурӷьа-цәа д-аа́-ит. (AAD) *He came very joyfully/happily.* Л-а́н-гьы д-гәы́рӷьа-цәа д-ҟале́-ит. (Ab.Text) *Her mother also rejoiced very much.*

а-цәа́ [n.] (а-цәа-қәа́, с-цәа́, цәа́-к) an apple: а-цәа́ хаа-қәа́ *the delicious apples.* а-цәа́ а́бжа *half of the apple.*

ацәа́абжьы [n.] a shout; a cry.

а́-цәаара [n.] a shout; a scream.

а́-цәаа-ра [intr.] (**Fin.** [aor.] д-цәаа́-ит) **1.** to cry, to shout; to scream. **2.** to whine: А-ла́ цәа-уе́-ит. *The dog is whining.*

а-цәаӡәа́ (а-цәаӡәа-қәа́) [n.] a line: а-цәаӡәа́ а-хь-и́-шь-ит *he crossed it out.*

а́-цәаӡәа-ра [tr.] [C1-C3-R / C1-C3-Neg-R] [C3 cross out C1] (**Fin.** [pres.] и-с-цәаӡәо́-ит / и-с-цәаӡәо́-м, [aor.] и-с-цәаӡәе́-ит / и-сы-м-цәаӡәе́-ит, [imper.] и-цәаӡәа́! / и-бы-м-цәаӡәа́-н!, и-шә-цәаӡәа́! / и-шәы-м-цәаӡәа́-н!; **Non-fin.** [pres.] (C1) и-с-цәаӡәо́ / и-сы-м-цәаӡәо́, (C3) и-з-цәаӡәо́ / и-зы-м-цәаӡәо́; **Abs.** и-цәаӡәа-ны́ / и-м-цәаӡәа́-кәа) **1.** to cross out: А-тәы́м а́-жәа-қәа ры́-бжа-к и-цәаӡәе́-ит. (ARD) *Он перечеркнул половину иностранных слов. He crossed out half of the foreign words.*

а-цәаӡы́ [n.] apple juice.

а-цәарн-ца-ра́ [tr.] (= **а-цәрын-ца-ра́**) (**Fin.** [pres.] и-цәарны́-с-цо-ит / и-цәарны́-с-цо-м, [aor.] и-цәарны́-с-це-ит / и-цәарны́-сы-м-це-ит, [imper.] и-цәарн-ца́! / и-цәарны́-бы-м-ца-н!; **Non-fin.** [pres.] (C1) и-цәарны́-с-цо / и-цәарны́-сы-м-цо, (C3) и-цәарны́-з-цо / и-цәарны́-зы-м-цо) **1.** to ferment.

а-цәа-рҭа́ [n.] apple-orchard.

а-цәатәы́ [adj.] of an apple; of an apple tree: а-цәатәы́ е́илажә *apple jam.*

а́-цәах [n.] (= **а-цәахы́**) (а́-цәах-қәа) **1.** stock, supply: а-това́р цәах-қәа́ *a supply of goods.* **2.** a treasure; a hidden/concealed thing.

а́-цәах-ра [tr.] [C1-C3-R / C1-C3-Neg-R] [C3 hide/preserve C1] (**Fin.** [aor.] и-с-цәах-и́т, и-а́-цәах-ит / и-сы-м-цәах-и́т, и-а́-м-цәах-ит, [imper.] и-цәахы́! / и-бы-м-цәахы́-н!, и-шә-цәахы́! / и-шәы-м-цәахы́-н!; **Non-fin.** [pres.] (C1) и́-л-цәах-уа / и́-лы-м-цәах-уа, (C3) и-з-цәах-уа́ / и-зы-м-цәах-уа́, [aor.] (C1) и́-л-цәах / и́-лы-м-цәах, (C3) и-з-цәахы́ / и-зы-м-цәахы́, [impf.] (C1) и́-л-цәах-уа-з / и́-лы-м-цәах-уа-з, (C3) и-з-цәах-уа́-з / и-зы-м-цәах-уа́-з, [past indef.] (C1) и́-л-цәахы-з / и́-лы-м-цәахы-з, (C3) и-з-цәахы́-з / и-зы-м-цәахы́-з; **Abs.** и-цәах-ны́ / и-м-цәахы́-кәа) **1.** to hide, to conceal: Сара́ с-цәа́ ҟа́ԥшь с-цәах-и́т. *I hid my red apple. Я спрятал свое красное яблоко.* [cf. **а-ҿы-цәах-ра** "to hide oneself"] **2.** to hide/conceal oneself: Уи иахьа́ а-мшы́н а́-ҵа-ҟа (а-ӡ-а́-ҵа-ҟа) и-цәахы́-уп, и́-ҟо-уп. (AFL) *Now it is under water.* **3.** to put away: А-тетра́д-қәа а-шка́ф а-ҿы́ и-с-цәах-и́т. *I put the notebooks away in the bookcase. Я убрал тетради в книжный шкаф.* **4.** to store, to keep, to preserve: а-шәы́р-қәа ры́-цәахы-шьа *the way of preserving fruits.* Еиӷь-у а́-фатә и-зы́-р-цәах-уе-ит. (AF) *They keep for him the best food.*

а-цәахы́ [n.] (а-цәах-қәа́) *see* **а́-цәах**

а-цәа́-ҵла [n.] (-қәа, х-цәа́-ҵла) an apple tree.

Цәа́цәа [n.] (m.) [person's name]

а-цә-еи-гәы́д-ҵа-ра [tr.] [а-цәы́ Rec-Prev-C3-R / а-цәы́ Rec-Prev-C3-Neg-R] [C3 shoot at each other] (**Fin.** [pres.] а-цәы́ еи-гәы́д-аҳ-ҵо-ит / а-цәы́ еи-гәы́д-аҳ-ҵо-м (-ҵа-ӡо-м), [aor.] а-цәы́ еи-гәы́д-аҳ-ҵе-ит / а-цәы́ еи-гәы́д-аҳа-м-ҵе-ит (-ҵа-ӡе-ит), [imper.] а-цәы́ еи-гәы́ды-шә-ҵа! / а-цәы́ еи-гәы́д-шәы-м-ҵа-н!; **Non-fin.** [pres.] (C1) а-цәы́ еи-гәы́д-аҳ-ҵо / а-цәы́ еи-гәы́д-аҳа-м-ҵо, (C3) а-цәы́ еи-гәы́ды-з-ҵо / а-цәы́ еи-гәы́д-зы-м-ҵо) **1.** to shoot at (*a target*) each other. [cf. а-тҵəы́ л-гəы́ды-с-тце-ит *I shot at her*]

-тҵәкьа- 1. [suffix] *used to intensify the preceding word/morpheme.* "indeed, just, right"**:** уара́-тҵәкьа у-ца́! *you(m.) go! ты иди!* с-хаҭа́-тҵәкьа *I myself.* иахьа́-тҵәкьа *just today.* уажəы́-тҵәкьа *right now.* **2.** [suffix/adj./adv.] real; very; really**:** а́ху-тҵәкьа *the real price.* у́-жəла тҵәкьа *your real family name.* А-хəыч-қəа́ са́хьаҭыхыҩ-цəа-тҵәкьо-уп. *Children are real artists.* Абри́ з-гуаӡьы́-з уара́ у-ха́тца-тҵәкьо-уп деҽеа́ зны́к у-кшо-зар! (Ab.Text) *If you hit me once again, you, who do so bravely, must be a real man.* А-чкəын бзи́а-тҵәкьа д-сы́-мо-уп! *I have a really fine son!* **3. -ш(ы)—тҵәкьа** 'as soon as", **-ан(ы)—тҵәкьа** 'as soon as". [*See* **-ш(ы)-**, **-ан(ы)-**]

а-тҵəрын-тца-ра́ [tr.] [C1-Prev-C3-R / C1-Prev-C3-Neg-R] [C3 ferment C1] (**Fin.** [pres.] и-тҵəырны́-с-тцо-ит / и-тҵəырны́-с-тцо-м, [aor.] и-тҵəырны́-с-тце-ит / и-тҵəырны́-сы-м-тце-ит, [imper.] и-тҵəырн-тца́ / и-тҵəырны́-бы-м-тца-н!, и-тҵəырны́-шə-тца! / и-тҵəырны́-шəы-м-тца-н!; **Non-fin.** [pres.] (C1) и-тҵəырны́-с-тцо / и-тҵəырны́-сы-м-тцо, (C3) и-тҵəырны́-з-тцо / и-тҵəырны́-зы-м-тцо) **1.** to ferment (*milk*)**:** А-хш тҵəырны́-с-тце-ит. *I fermented the milk. Я заквасил молоко.*

а-тҵə-ры́ӷса-ра [tr.] [C1-Prev-C3-S / C1-Prev-C3-Neg-S] [C3 sharpen C1] (**Fin.** [pres.] и-тҵə-лы-рӷсо́-ит / и-тҵə-лы-рӷсо́-м, [aor.] и-тҵə-лы-рӷсе́-ит / и-тҵə-л-мы-рӷсе́-ит, [imper.] и-тҵəы-рӷса́! / и-тҵə-б-мы-рӷса́-н!; **Non-fin.** [pres.] (C1) и-тҵə-лы-рӷсо́ / и-тҵə-л-мы-рӷсо́, (C3) и-тҵə-зы-рӷсо́ / и-тҵə-з-мы-рӷсо́) **1.** to sharpen**:** А-сто́л и́-ку-з а-каранда́шь-қəа зегьы́ тҵə-лы-рӷсе́-ит. (AAD) *She sharpened all the pencils that were on the desk.*

а-тҵəры́шкəа [adj.] (very) young.

а-тҵəу́абжь *see* **а-тҵəы́уабжь**

а-тҵəу́а-ра *see* **а-тҵəы́уа-ра**

а́-тҵəца [n.] (а́-тҵəца-қəа, тҵəы́ца-к) a glass**:** А-тҵəца а́-зна а-ӡы́ сы-ҭ. *Give me a glass of water!* Тҵəы́ца-к а-ҩы́ и-жə-и́т. *He drank a glass of wine.*

а-тҵəтҵəа́ [n.] (-қəа́) **1.** a bell. **2.** a (church) bell.

а-тҵəы́ [1] [n.] measure of length.

а-тҵəы́ [2] [n.] (а-тҵə-қəа́) **1.** a stick. **2.** a skewer.

а-тҵəы́мӡ [n.] (а-тҵəы́мӡ-қəа) a nail**:** тҵəы́мӡ-ла а-рӡуӡуа-ра́ *to secure with a nail.* А-тҵəы́мӡ а-ӡəы́ и-а́-ла-с-тце-ит. *I hammered a nail into the board.* А-уаста́ а-ӡəы́ а-тҵəы́мӡ а́-ле-и-тце-ит. (AAD) *The carpenter hammered a nail into the board. Плотник забил гвоздь в доску.*

а-тҵəын-тца-ра́ [tr.] [C1-Prev-C3-R / C1-Prev-C3-Neg-R] [C3 ferment C1] (**Fin.** [pres.] и-тҵəны́-с-тцо-ит / и-тҵəны́-с-тцо-м (-тца-ӡо-м), [aor.] и-тҵəны́-с-тце-ит / и-тҵəны́-сы-м-тце-ит (-тца-ӡе-ит), [imper.] и-тҵəын-тца́! / и-тҵəны́-бы-м-тца-н!, и-тҵəны́-шə-тца! / и-тҵəны́-шəы-м-тца-н!; **Non-fin.** [pres.] (C1) и-тҵəны́-с-тцо / и-тҵəны́-сы-м-тцо, (C3) и-тҵəны́-з-тцо / и-тҵəны́-зы-м-тцо, [aor.] (C1) и-тҵəны́-с-тца / и-тҵəны́-сы-м-тца, (C3) и-тҵəны́-з-тца / и-тҵəны́-зы-м-тца; **Abs.** и-тҵəын-тца-ны́ / и-тҵəыны́-м-тца-кəа) **1.** to ferment**:** А-хш тҵəны́-р-тцо-ит. *They are fermenting the milk. Они заквашивают молоко.*

и-тҵəырны́-с-тцо-ит *see* **а-тҵəрын-тца-ра́**

а-тҵəы́уабжь [n.] (-қəа, р-тҵəы́уабжь) the sound of crying**:** л-тҵəы́уабжьы *her cry.* саби́-к и-тҵəы́уабжьы *the crying of a baby.*

а-тҵəы́уа-ра (= **а-тҵəу́а-ра**) [intr.] [C1-R / C1-Neg-R] [C1 cry] (**Fin.** [pres.] д-тҵəы́уо-ит / д-тҵəы́уо-м, [aor.] д-тҵəы́уе-ит / ды-м-тҵəы́уе-ит, [imper.] б-тҵəы́уа! / бы-м-тҵəы́уа-н!; **Non-fin.** (C1) [pres.] и-тҵəы́уо / и́-м-тҵəыуо, [aor.] и-тҵəы́уа / и́-м-тҵəыуа, [impf.] и-тҵəы́уо-з / и́-м-тҵəыуо-з, [past indef.] и-тҵəы́уа-з / и́-м-тҵəыуа-з; **Abs.** д-тҵəы́уо, д-тҵəы́уа-ны / ды-м-тҵəы́уа-кəа) **1.** to cry**:** акьыжьы́хəа а-тҵəы́уа-ра *to sob.* д-сы-р-тҵəы́уе-ит *I made him/her cry.* У-тҵəы́уо-ма? *Are you crying?* А-саби д-тҵəы́уо-ит. *The child is crying.* у-зы-р-тҵəы́уо-зеи? *who makes you cry?* бы-з-тҵəы́уо-зеи? *why are you crying?* Ари́ а́-ӡӷаб инеиматəаны́ а-тҵəу́а-ра д-а́-ла-ге-ит. (Ab.Text) *This girl began to cry loudly.*

тцәы́ца-к *see* **а́-тцәца**
тцәы́цаки бжаки́ 1.5: а-ӡы́ —тцәы́цаки бжаки́ тцәы́ца *water — one and half glasses.*
а-тцәытцәы́ [adj.] sour: Ари́ а-тцәа́ тцәытцә-у́п. *This apple is sour.* Алмасха́н а-тцәа́ тцәытцә-қәа́ бзи́а и-бо́-ит. (GAL) *Алмасхан любит кислые яблоки. Almaskhan likes sour apples.* А-тцәа́ иатцәа́ тцәытцә-у́п. *The green apple is sour.* а-ԥша́ тцәытцәы́ *a threatening wind.*
а-тцәы́ць [n.] (-қәа) (= **а-сԥы́чҟа**) a match.
а-тцәӷа́н [n.] (а-тцәӷа́н-қәа) a pole; a stake.

Тцә

Ч ч

а́-ча [n.] (а́-ча-ҟәа, сы́-ча, ча́-к, ча-ҟәа́-к) a quail.

а-ча́ [n.] (а-ча-ҟәа́, а-ча-гьы́, а-ча-ҟәа-гьы́, с-ча, с-ча-ҟәа́, ча-к, ча-ҟәа́-к) **1.** bread**:** а-ча́ шкәа́кәа *white bread, белый хлеб.* **2.** seed, grain. **3.** wheat**:** а-ча́ рхра *to reap wheat.* [cf. **а-чашы́ла** "flour"]

а-ча́аҿа [n.] (-ҟәа) varenik (a curd dumpling).

а-чабра́ [n.] a handkerchief.

а-ча́ҕьа [n.] (-ҟәа) food, provisions; groceries.

а-ча́ӡѳы [n.] (а-ча́ӡѳ-цәа) a baker**:** Сара́ с-ча́ӡѳы-н. *I was a baker.*

а-ча́и [n.] (pl.**) **1.** (*of a drink*) tea. чай**:** а-ча́и з-жә-уе́-ит. *I drink tea.* **2.** (*of leaves*) tea**:** Сара́ а-ча́и хы́-с-тәо-ит. *I am trimming tea. Я обрезаю чай.*

а-ча́ирҭа [n.] (-ҟәа) a tea plantation.

а-чаҟы́ [n.] (а-чаҟ-ҟәа́) a pocketknife.

а-ча́лт-ра [labile] **(1)** [intr.] [C1-R] [C1 harrow] (**Fin.** [pres.] с-ча́лт-уе-ит / с-ча́лт-уа-м, [aor.] с-ча́лт-ит / сы-м-ча́лт-ит, [imper.] б-ча́лт! / бы-м-ча́лты-н!; **Non-fin.** [pres.] (C1) и-ча́лт-уа / и-м-ча́лт-уа) **1.** to harrow**:** Сара́ с-ча́лт-уе-ит. *I am harrowing. / I am engaged in harrowing.* **(2)** [tr.] [C1-C3-R / C1-C3-Neg-R] [C3 harrow C1] (**Fin.** [pres.] и-с-ча́лт-уе-ит / и-с-ча́лт-уа-м, [aor.] и-с-ча́лт-ит / и-сы-м-ча́лт-ит, [imper.] и-ча́лт! / и-бы-м-ча́лты-н!, и-шә-ча́лт! / и-шәы-м-ча́лты-н!; **Non-fin.** [pres.] (C1) и-с-ча́лт-уа / и-сы-м-ча́лт-уа, (C3) и-з-ча́лт-уа / и-зы-м-ча́лт-уа) **1.** to harrow sth**:** Сара́ а-мхы́ с-ча́лт-уе-ит. *I harrow the corn field. Я бороню кукурузное поле.*

а-чамада́н [n.] (-ҟәа, с-чамада́н) a suitcase. чемодан.

а-чамгәы́р [n.] (а-чамгәы́р-ҟәа) chonguri [a Georgian stringed instrument]. чонгури.

а-ча́мчамы́та [n.] (-ҟәа) blintze (a kind of pancake).

а-чамы́ҟәа [n.] cornmeal mush with cheese.

а-чана́х [n.] (а-чана́х-ҟәа) a plate.

а́-чаџьа-ра [tr.] [C1-C3-R / C1-C3-Neg-R] (**Fin.** [pres.] и-л-чаџьо́-ит / и-л-чаџьо́-м, [aor.] и-л-чаџье́-ит / и-лы-м-чаџье́-ит, [imper.] и-чаџьа́! / и-бы-м-чаџьа́-н!; **Non-fin.** [pres.] (C1) и́-л-чаџьо / и́-лы-м-чаџьо, (C3) и-з-чаџьо́ / и-зы-м-чаџьо) **1.** (= **а́-ка-ҵа-ра**) to do. **2.** to finish**:** а-ҵе́иць ха́хә-ла а́-чаџьара *to finish a well with stone.* **3.** to shoe. **4.** to forge, to hammer**:** а-са́ ча́џьа-ра *to forge a sword.* **5.** to catch (*influenza, etc.*)**:** а́имхәа л-чаџье́-ит *she caught influenza.* **6.** to pave (*e.g. a road*).

а-ча́џьшь [n.] a kind of wheat.

а-ча́ра [n.] (а-ча́ра-ҟәа, ча́ра-к) **1.** a wedding**:** || **а-ча́ра а-у-ра́** to celebrate a wedding**:** Урҭ а-ча́ра анба́-р-у-е-и? *When will they celebrate a wedding?* **2.** a feast, a banquet**:** А-хәынҭҟа́р а-ча́ра а́-жәра и-у́-ит. (Ab.Text) *The king held a (wedding) banquet.*

а-ча́шә [n.] pie with cheese.

а-ча́ӡь [n.] (= **а-ча́мчамы́та**) (-ҟәа) blintze (a kind of pancake).

а-че́иҟәатҵәа [n.] (= а-ча́ е́иҟәатҵәа) black bread. черный хлеб.

а-че́иӡьыка [n.] [< а-ча́ "the bread" + и "and" + -ӡьы́ка "salt"] (х-че́иӡьыка) bread and salt**:** Урҭ р-зы а-че́иӡьыка ҟа-с-ҵе́-ит. *I showed them hospitality.*

а-черéз-ра [intr.] [C1-S / C1-Neg-S] (**Fin.** [pres.] д-черéз-уе-ит / д-черéз-уа-м, [aor.] д-черéз-ит / ды-м-черéз-ит, [imper.] б-черéз! / бы-м-черéзы-н!; **Non-fin.** [pres.] (C1) и-черéз-уа / и-м-черéз-уа, [past indef.] и-черéзы-з / и-м-черéзы-з) **1.** to ski/skate**:** а́-шәаѳа-ҟәа ры́-ла а-черéзра *to ski.* А-ко́нка-ҟәа ры́-ла с-черéз-уе-ит. *I am skating.*

Чети́н [n.] (m.) [person's name]

а-чҟьы́џь [n.] (а-чҟьы́џь-ҟәа) (*for table use*) a fork**:** Чҟьы́џь-ла а-кры-с-фо́-ит. *I eat with a* *fork. Я кушаю вилкой.*

а́-чмазаҩ-заа-ра [intr. stative] [C1-R] [C1 be ill] (**Fin.** [pres.] ды-чмазаҩ-у́п, сы-чмазаҩ-у́п / сы-чмазаҩы́-м, [past] сы-чмазаҩы́-н / сы-чмазаҩ-ӡа́-мызт) **1.** to be ill: уи́ ды-чмазаҩ-у́п *he/she is ill.* (cf. Уи́ д-уаҩы́ чмазаҩ-у́п. *He is an ill person.* *уи́ уаҩы́ чмазаҩ-у́п, *уи́ д-уаҩы́ ды-чмазаҩ-у́п.). Уи́ а-уаҩы́ ды-чмазаҩ-у́п. *That person is ill.* (cf. *уи́ уаҩы́ ды-чмазаҩ-у́п.) [cf. **а-чы́мазаҩы** "a sick person"]

а́-чмазаҩ-ха-ра [intr.] [C1-ill-become / C1-ill-Neg-become] [C1 fall ill] (**Fin.** [pres.] ды-чмазаҩ-хо́-ит / ды-чмазаҩ-хо́-м (-ха-ӡо́-м), [aor.] ды-чмазаҩ-хе́-ит / ды-чмазаҩы́-м-хе-ит (-ха-ӡе-ит), [imper.] бы-чмазаҩ-ха́! / бы-чмазаҩы́-м-ха-н!, шәы-чмазаҩ-ха́! / шәы-чмазаҩы́-м-ха-н!; **Non-fin.** [pres.] (C1) и-чмазаҩ-хо́ / и-чмазаҩы́-м-хо, [aor.] (C1) и-чмазаҩ-ха́ / и-чмазаҩы́-м-ха, [impf.] (C1) и-чмазаҩ-хо́-з / и-чмазаҩы́-м-хо-з, [past indef.] (C1) и-чмазаҩ-ха́-з / и-чмазаҩы́-м-ха-з; **Abs.** ды-чмазаҩ-ха-ны́ / ды-чмазаҩы́-м-ха-кәа) **1.** to fall ill: Сара́ сы-чмазаҩ-хе́-ит. *I fell ill.* Мура́ҭ д-ан-чмазаҩ-ха́ а-ҳақьы́м д-аа́-ит. *When Murat fell ill, a doctor came.*

а-ч-ра́ [intr.] [C1-R / C1-Neg-R] [C1 swell] (**Fin.** [pres.] и-ч-уе́-ит, ды-ч-уе́-ит / и-ч-уа́-м, ды-ч-уа́-м, [aor.] и-ч-и́т, ды-ч-и́т / и-м-ч-и́т, ды-м-ч-и́т, [imper.] б-чы́! / бы-м-чы́-н!; **Non-fin.** [pres.] (C1) и-ч-уа́ / и́-м-ч-уа; **Abs.** и-ч-ны́ / и-м-чы́-кәа) **1.** to swell: А-ԥра-қәа ч-и́т. (ARD) *Паруса вздулись. The sails were inflated.* **2.** to be swollen: И-шьап-қәа́ ч-и́т. (ARD) *У него ноги опухли. His legs swelled up.* **3.** to put on airs.

а-чуа́н [n.] (а-чуа́н-қәа, сы-чуа́н, чуа́н-к) a caldron.

а́-чҳара[1] [n.] (лы́-чҳара) patience, endurance.

а́-чҳа-ра[2] [tr.] [C1-C3-R / C1-C3-Neg-R] [C3 endure C1] (**Fin.** [pres.] д-сы-чҳа-уе́-ит (*я терплю его/ее*) / д-сы-чҳа-уа́-м (-чҳа-ӡо́-м), [aor.] д-сы-чҳа́-ит / ды-с-мы-чҳа́-ит (-чҳа-ӡе́-ит), [imper.] ды-чҳа́! / ды-б-мы-чҳа́-н!, д-шәы-чҳа́! / ды-шә-мы-чҳа́-н!, [poten.] и-с-зы́-чҳа-уа-м (-чҳа-ӡо-м) (*I cannot endure it/them*), и-с-зы́-м-чҳа-ит (*I could not endure it/ them*), и-у-зы-чҳа-уа-ма? (*can you endure it/them?*); **Non-fin.** [pres.] (C1) и́-лы-чҳа-уа / и́-л-мы-чҳа-уа, (C3) д-зы-чҳа-уа́ / ды-з-мы-чҳа-уа́, [aor.] (C1) и́-лы-чҳа / и́-л-мы-чҳа, (C3) д-зы-чҳа́ / ды-з-мы-чҳа́, [impf.] (C1) и́-лы-чҳа-уа-з / и́-л-мы-чҳа-уа-з, (C3) д-зы-чҳа-уа́-з / ды-з-мы-чҳа-уа́-з, [past indef.] (C1) и́-лы-чҳа-з / и́-л-мы-чҳа-з, (C3) д-зы-чҳа́-з / ды-з-мы-чҳа́-з; **Abs.** и-чҳа-ны́ / и-мы-чҳа́-кәа, [poten.] и-р-зы́-м-чҳа-кәа (*they, having been unable to tolerate it/them*)) **1.** to endure, to bear, to stand: ды-с-зы́-чҳа-уа-м *I cannot endure him/her.* и-хьа́а и-чҳа-уе́-ит *he is bearing the pain.* И-гәы́ и-а-зы́-мы-чҳе-ит. *His heart could not bear it.* Уа́ҳа и-л-зы́-м-чҳа-ит. *She could bear it no longer.* Сара́ а-шо́ура сы-чҳа-уе́-ит, а́-хьҭа с-зы́-чҳа-ӡо-м. (IC) *I endure the heat, but I cannot endure the cold.*

а́-чча [n.] a laugh.

а́-ччабжь [n.] (-қәа, ры́-ччабжь) a sound of laughter; laughter.

а́-ччаԥшь [n.] [лы́-ччаԥшь] a smile.

а́-чча-ра [intr.] [C1-R / C1-Neg-R] [C1 laugh] (**Fin.** [pres.] ды-ччо́-ит / ды-ччо́-м (-чча-ӡо́-м), [aor.] ды-чче́-ит / ды-м-чче́-ит (-чча-ӡе́-ит) *or* д-мы-чче́-ит (-чча-ӡе́-ит), [imper.] бы-чча́! / б-мы-чча́-н!, шәы-чча́! / шә-мы-чча́-н!; **Non-fin.** [pres.] (C1) и́-ччо / и́-м(ы)-ччо, [aor.] (C1) и́-чча / и́-м(ы)-чча, [impf.] (C1) и́-ччо-з / и́-м(ы)-ччо-з, [past indef.] (C1) и́-чча-з / и́-м(ы)-чча-з; **Abs.** ды-чча-ны́ / д-мы-чча́-кәа) **1.** to laugh: Зегьы́ ччо́-ит. *Everybody is laughing.* [cf. **а-хы́-чча-ра** "to laugh at"; **а́-рчча-ра** "to make laugh"]

а́-чча-чча-ра [intr.] [C1-R-R / C1-Neg-R-R] [C1 chuckle] (**Fin.** [pres.] ды-чча́-ччо-ит / ды-чча́-ччо-м (-чча-ӡо-м), [aor.] ды-чча́-чче-ит / д-мы-чча́-чче-ит (-чча-ӡе-ит), [imper.] бы-чча́-чча! / б-мы-чча́-чча-н!; **Non-fin.** [pres.] (C1) и-чча́-ччо / и-мы-чча́-ччо, [aor.] (C1) и-чча́-чча / и-мы-чча́-чча; **Abs.** ды-чча́-чча-ны / д-мы-чча́-чча-кәа) **1.** to chuckle.

а-ччи́а [n.] (-цәа) a pauper; a beggar.

Ч

а-чы́ҟь [n.] (а-чы́ҟь-ҟәа, чы́ҟь-к) a shrub; a bush: А-тцла-ҟәе-и а-чы́ҟь-ҟәе-и иатцәахо́-ит. (AFL) *The trees and the bushes are becoming green. Деревья и кусты становятся зелеными.*

а-чыҟьмаџьа́ [n.] (-ҟәа) a casket.

а-чы́мазаҩ-ха-ра = **а-чмазаҩ-ха-ра́**

а-чы́мазара [n.] a disease, an illness: а-чы́мазара ҿкы́ *an infectious disease.* А-бчы́ и-ҿк-у́ чмазазаро́-уп. *The measles is an infectious desease.*

а-чы́мазаҩ [n.] (чы́мазаҩы-к, pl. а-чы́маз-цәа) a sick person: Мура́ҭ ды-чмазаҩ-у́п. *Murat is ill.*

ачы́н [n.] (а) (military) rank.

а-чы́с [n.] (а-чы́с-ҟәа) food; a meal.

а-чы́смаҭәа [n.] (-ҟәа) tableware, crockery.

а-чы́смаҭәахә [n.] (а-чы́смаҭәахә-ҟәа) tableware, crockery.

а-чы́схә [predicate]: Уи́ ҳара́ и-аҳ-чы́сҳәы-м. *This food is not for us.*

а-ч(ы)чи́а [n.] (-цәа) a beggar; a poor person.

Ҷ ҷ

а-ҷа́б [n.] (а-ҷа́б-қәа) glue.

а-ҷа́б-ра [labile] **(1)** [intr.] [C1-R / C1-Neg-R] [C1 become sticky] (**Fin.** [pres.] и-ҷа́б-уе-ит / и-ҷа́б-уа-м, [aor.] и-ҷа́б-ит / и-м-ҷа́б-ит; **Non-fin.** [pres.] (C1) и-ҷа́б-уа / и-м-ҷа́б-уа, [aor.] и-ҷа́б / и-м-ҷа́б) **1.** to stick, to become sticky: Абри́ а-қьаа́д иҽе́ины а-ҷа́б-ра а-у-а́м. *This paper sticks poorly. Эта бумага плохо клеится.* **(2)** [tr.] [C1-C3-R / C1-C3-Neg-R] [C3 stick C1] (**Fin.** [pres.] и-л-ҷа́б-уе-ит / и-л-ҷа́б-уа-м, [aor.] и-л-ҷа́б-ит / и-лы-м-ҷа́б-ит, [imper.] и-ҷа́б! / и-бы-м-ҷа́бы-н!; **Non-fin.** [pres.] (C1) и-л-ҷа́б-уа / и-лы-м-ҷа́б-уа *or* и́-лы-м-ҷаб-уа, (C3) и-з-ҷа́б-уа / и-зы-м-ҷа́б-уа; **Abs.** и-ҷа́б-ны / и-м-ҷа́б-қәа) **1.** to stick, to glue, to paste. **2.** to seal: А-конве́рт с-ҷа́б-ит. *I sealed the envelope. Я запечатал конверт.*

а́-ҷаҕьшьа-ра [labile] **(1)** [intr.] (**Fin.** [pres.] с-ҷаҕьшьо́-ит / с-ҷаҕьшьо́-м, [aor.] с-ҷаҕьшье́-ит / сы-м-ҷаҕьшье́-ит, [imper.] б-ҷаҕьшьа́! / бы-м-ҷаҕьшьа́-н!) **1.** to (keep) watch, to guard. **(2)** [tr.] (**Fin.** [pres.] ды-с-ҷаҕьшьо́-ит / ды-с-ҷаҕьшьо́-м, [aor.] ды-с-ҷаҕьшье́-ит / д-сы́-м-ҷаҕьшье-ит, [imper.] д-ҷаҕьшьа́! / д-бы-м-ҷаҕьшьа́-н!, ды-шә-ҷаҕьшьа́! / д-шәы-м-ҷаҕьшьа́-н!) **1.** to watch, to guard.

а-ҷа́ҷа [n.] (-қәа, с-ҷа́ҷа, ҷа́ҷа-к) the kidneys.

а-ҷа́ҷ-ра* [labile] **(1)** [tr.] [C1-C3-R] [C3 string C1] (**Fin.** [pres.] и-с-ҷа́ҷ-уе-ит / и-с-ҷа́ҷ-уа-м, [aor.] и-с-ҷа́ҷ-ит / и-сы-м-ҷа́ҷ-ит, [imper.] и-ҷа́ҷ! / и-бы-м-ҷа́ҷы-н!, и-шә-ҷа́ҷ! / и-шәы-м-ҷа́ҷы-н!; **Non-fin.** [pres.] (C1) и-с-ҷа́ҷ-уа / и-сы-м-ҷа́ҷ-уа, (C3) и-з-ҷа́ҷ-уа / и-зы-м-ҷа́ҷ-уа; **Abs.** и-ҷа́ҷ-ны / и-м-ҷа́ҷ-қәа) **1.** (= **а-ры́ҧх-ра**) to string, to thread: Сара́ а-ҭаты́н с-ҷа́ҷ-уе-ит. *I am stringing the tobacco. Я нижу табак.* **(2)** [intr.] [C1-R] (**Fin.** [pres.] д-ҷа́ҷ-уе-ит / д-ҷа́ҷ-уа-м, [aor.] д-ҷа́ҷ-ит / ды-м-ҷа́ҷ-ит, [imper.] б-ҷа́ҷ! / бы-м-ҷа́ҷы-н!) **1.** to do needlework.

а-ҷе́из [n.] (-қәа) (= **а-тҵе́иҵь**) a well.

а́-ҷкәын [n.] (**а́-ҷкун**) (а́-ҷкәын-цәа, ха́-ҷкәын, ҷкәы́н(а)-к) **1.** a boy, a lad: ани́ а́-ҷкәын *that boy.* а́нт а́-ҷкәын-цәа *those boys.* шә-ҩы́за ҷкәы́н *your friend.* У-ҩы́за ҷкәы́н и́-хьӡ-у-и? *What is your friend's name?* С-а́б сара́ сы-ҷкәы́но-у ҵь-и́-шьо-ит. (Ab.Text) *My father considers that I am a boy.* **2.** a son: сы́-ҷкәын *my son.*

а-ҷкәы́на **1.** (ҷкәы́на-к) [adj.] young: а-ҽы́ ҷкәы́на *a young horse.* **2.** [n.] a little boy, a lad: ҷкәы́на хәычы́-к *a small boy.* **3.** a son: Сара́ ҷкәы́на-к-и ӡҕа́б-к-и сы́-мо-уп. *I have a son and a daughter.*

а́-ҷкунматәа [n.] (-қәа) boy's clothes; cf. Ҷку́на матәа́-ла д-еилахәа́-н. [*intr.*] *She was dressed in boy's clothes.*

а-ҷкарапа́т [n.] (-қәа, ҷ́карапа́т-ла) a pitchfork.

Ҷло́у [village name]: Ҷлоу-а́-қҭа *the village of Ch'low.*

а-ҷҷа́ [onomatopoeia] crunching sound, crunch.

а-ҷҷа-ра́ [intr.] [C1-R / C1-Neg-R] [C1 crack] (**Fin.** [pres.] и-ҷҷо́-ит / и-ҷҷо́-м (-ҷҷа-ӡо́-м), [aor.] и-ҷҷе́-ит / и-мы-ҷҷе́-ит (-ҷҷа-ӡе́-ит); **Non-fin.** [pres.] (C1) и-ҷҷо́ / и-мы-ҷҷо́, [aor.] (C1) и-ҷҷа́ / и-мы-ҷҷа́; **Abs.** и-ҷҷа-ны́ / и-ҷҷа́-м-қәа) **1.** to crack: а́-дгьыл ҷҷе́-ит *the ground cracked.* А-ҷкун д-аа-ҷҷе́-ит. *The boy began to laugh.*

а-ҷҷа́хәа [onomatopoeia] chirpingly, twitteringly: А-ба́хча-ҿы а-ҷҷа́хәа а-тҵа́ра-қәа а́шәа р-хәо́-ит. (AFL) *The birds are chirping in the garden. В саду чирикают птицы.*

а́-ҷыҕә-ҷыҕәра [n.] yapping.

а́-ҷыҕә-ҷыҕә-ра* [intr.] (**Fin.** [pres.] и-ҷыҕә-ҷы́ҕә-уе-ит, [aor.] и-ҷыҕә-ҷы́ҕә-ит / и-м-ҷыҕә-ҷы́ҕә-ит) to yap.

а́-ҷыҕә-ҷыҕәхәа [adv.] with yaps/yelps: А-ласба́ а́-ҷыҕә-ҷыҕәхәа и-ш-уе́-ит. *The puppy is yapping.*

чы́дала [adv.] (= **лымка́ала**) particularly, especially.

а-чы́дара [n.] (-қәа) specific character; peculiarity: а́-лкааратә чы́дара-қәа *distinguishing features.*

-чы́дахаз [post.] **1.** except, besides: х-чы́дахаз *except us.* Баре́-и саре́-и ҳ-ҩы́цьа ҳ-чы́дахаз, уаҩы́тәыҩса а-ба́ҳча д-ҭа-ӡа́-м. (Чкадуа) *Except for you and me, there is not a soul in the garden. Кроме тебя и меня, ни души нет в саду.*

Чы́ка [n.] (m.) [person's name]

а-чы́нча [n.] (-қәа, чы́нча-к) a wren.

а-чыр-чы́р [n.] (-қәа) a twitter/chirping of birds.

а́-чыр-чыр-ра [intr.] [C1-R-R / C1-Neg-R-R] [C1 chirp] (**Fin.** [pres.] и-чыр-чы́р-уе-ит / и-чыр-чы́р-уа-м (-чы́р-ӡо-м), [aor.] и-чыр-чы́р-ит / и-м-чыр-чы́р-ит (-чы́р-ӡе-ит); **Non-fin.** [pres.] (C1) и-чыр-чы́р-уа / и-м-чыр-чы́р-уа; **Abs.** и-чыр-чыр-уа́) **1.** to chirp, to twitter: А-цәа́ра-қәа чырчы́р-уа а́шәа р-ҳәо́-ит. *Chirping, the birds are singing. Птицы, щебеча, поют.* **2.** to talk incessantly/unceasingly/without interruption.

а-чытбжьы́ [n.] (-қәа) a slight rustle.

а-чы́ц [n.] (-қәа) (= а́-лачыц, а́-блачыц) the pupil (*of the eye*).

Ҿ ҿ

-ҿ(ы)- [verbal prefix] *used to mark the **reflexive** (Self)*: с-ҿы́-с-кәабо-ит *I wash myself.* л-ҿ-а-зы́-ҟа-л-тце-ит (ANR) *lit. she made herself for it > she got ready (for it).*

а-ҿа́ (= **даҿа́**) **1.** [adv.] some more: а-ҿа́ зны́кгьы *once more.* **2.** [pron.] other, another: а-ҿа-ӡәы́ *the other person.* а-ҿа-кы́ *the other subject.* А-ҿа́ ҩны́-к ды-ҩна́-л-т. *He/She went into the other house.*

а-ҿ-а́ан-кыла-ра [tr. Self] [Poss-Self-Prev-C3-R] (**Fin.** [pres.] л-ҿ-а́аны-л-кыло-ит / л-ҿ-ааны́-л-кыло-м (-кыла-ӡо-м), [aor.] л-ҿ-а́аны-л-кыле-ит, а-ҿ-а́аны-на-кыле-ит / л-ҿ-ааны́-лы-м-кыле-ит, а-ҿ-а́ан-на́-м-кыле-ит, [imper.] б-ҿ-а́ан-кыла! / б-ҿ-ааны́-бы-м-кыла-н!; **Non-fin.** [pres.] (C3) з-ҿ-а́аны́-з-кыло / з-ҿ-а́аны-зы-м-кыло, [aor.] (C3) з-ҿ-а́аны-з-кыла / з-ҿ-а́аны-зы-м-кыла, [impf.] (C3) з-ҿ-а́аны-з-кыл-з / з-ҿ-а́аны-зы-м-кыло-з, [past indef.] (C3) з-ҿ-а́аны-з-кыла-з / з-ҿ-а́аны-зы-м-кыла-з; **Abs.** л-ҿ-а́ан-кыла-ны / л-ҿ-ааны́-м-кыла-кәа) **1.** to suspend: А-даҕь "оо" ҳәа-ны́ а-ҿ-ааны-на-кы́ла-н а-ӡма́х а-ҿ-н-ала-на́-жь-ит. *The frog, saying "oo," suspended it and entered the marsh.*

ҿааны́ [adv.] (= **ҳа́ҧхьа, иаа́иуа ашы́ҟәс азы́**) next year: Уара́ ҿааны́ у-аба́-цо(и)? *Where will you go next year?*

а-ҿа́ба [n.] (а-ҿа́ба-кәа, ҿа́ба-к) a horse; a gelding; a stallion.

а-ҿа́га [n.] (а-ҿа́га-кәа, ҿа́га-к, и-ҿа́га, ҿа́га-ла) a hoe: Миза́н а-ҿа́га и-к-уе́-ит. *Mizan is holding a hoe.*

а-ҿ-а́-гы-рха-ра [tr. Self] [Poss-Self-C2-Prev-C3-S] [C3 be late for C2] (**Fin.** [pres.] шә-ҿ-а́-г-шәы-рхо-ит, [aor.] шә-ҿ-а́-г-шәы-рхе-ит / шә-ҿ-а́-г-шә-мы-рхе-ит, [imper.] у-ҿ-а́-г-у-мы-рха-н!, шә-ҿ-а́-г-шә-мы-рха-н!) **1.** (*intentionally*) to be late: А-ле́кциа-кәа у-ҿ-ры́-г-у-мы-рха-ла-н! *Don't be late for the lectures! Не опаздывай на лекции!* [cf. **а́-г-ха-ра** "to be late"]

а-ҿада́ [n.] (а-ҿада-кәа́, ҿада́-к, ҿада-кәа́-к) a donkey, an ass.

а-ҿ-а-з-к-ра́ [tr. Self] [Poss-Self-C2(a)-Prev-C3-R / Poss-Self-C2(a)-Prev-C3-Neg-R] [C3 takes up C2(it)] (**Fin.** [pres.] л-ҿ-а-зы́-л-к-уе-ит, ҳ-ҿ-а-за́-ҳ-к-уе-ит / л-ҿ-а-зы́-л-к-уа-м (-к-ӡо-м), ҳ-ҿ-а-за́-ҳ-к-уа-м (-к-ӡо-м), [aor.] л-ҿ-а-зы́-л-к-ит / л-ҿ-а-зы́-лы-м-к-ит (-к-ӡе-ит), [imper.] б-ҿ-а-з-кы́! / б-ҿ-а-зы́-бы-м-кы-н!, шә-ҿ-а-зы́-шә-к / шә-ҿ-а-зы́-шәы-м-кы-н!; **Non-fin.** [pres.] (C3) з-ҿ-а-зы́-з-к-уа / з-ҿ-а-зы́-зы-м-к-уа, [aor.] (C3) з-ҿ-а-зы́-з-к / з-ҿ-а-зы́-зы-м-к, [impf.] (C3) з-ҿ-а-зы́-з-к-уа-з / з-ҿ-а-зы́-зы-м-к-уа-з, [past indef.] (C3) з-ҿ-а-зы́-з-кы-з / з-ҿ-а-зы́-зы-м-кы-з; **Abs.** л-ҿ-а-з-к-ны́ / л-ҿ-а-зы́-м-к-кәа) **1.** to take up; to undertake; to try: А-тәы́м бызшәа-кәа́ рҵара́ и-ҿ-а-з-и́-к-ит. *He took up the study of foreign languages. Он взялся за изучение иностранных языков.* Сара́ зегьы́ (и)бзи́аны и-ҟа-с-ҵа́-рц с-ҿ-а-зы́-с-к-уе-ит. (ACST) *I try to do everything well.* **2.** to devote oneself: А-ҿа́р р-а́аӡара и-ҿ-а-з-и́-к-ит. (ARD) *Он посвятил себя делу воспитания молодежи. He devoted himself to the business of educating young people.* **3.** to begin; to get ready to, to prepare, to intend: А-ҵыкәре́и а-ҿа́ла-ра а-ҿ-а-з-на-к-уе́-ит (/и-а́-лаго-ит). (AFL) *The maize is beginning to ripen. Кукуруза начинает созревать.*

(а)ҿазны́ [adv.] **1.** at another time. **2.** in future; another time; next time.

(а)ҿазны́к [adv.] once more, once yet again.

-ҿазҵәы́лхны [adv.] with effort: Урт да́ара р-ҿазҵәы́лхны а-у́с р-у-е́-ит. *They are working with enthusiasm.*

а-ҿазы́ҟатҵара[1] [n.] preparation: а-ҧы́шәара-кәа р-ҿазы́ҟатҵара *preparation for the examinations.*

а-ҿ-а-зы́ҟа-тҵа-ра[2] [tr. Self] [Poss-Self-C2(a)-Prev-C3-R / Poss-Self-C2(a)-Prev-C3-Neg-R] [C3 prepares for C2(it)] (**Fin.** [pres.] с-ҿ-а-зы́ҟа-с-тҵо-ит / с-ҿ-а-зы́ҟа-с-тҵо-м (-тҵа-ӡо-м), [aor.] с-ҽ-а-зыҟа-с-це-ит, а-ҽ-а-зыҟа-на-це-ит / с-ҽ-а-зыҟа-сы-м-це-ит (-ца-ӡе-ит), а-ҽ-а-зыҟа-на-м-це-ит, [imper.] б-ҽ-а-зыҟа-ца! / б-ҽ-а-зыҟа-бы-м-ца-н!, шә-ҽ-а-зыҟа-ца! / шә-ҽ-а-зыҟа-шәы-м-ца-н!; [poten.] сы-ҽ-с-з-аа-зыҟа-цо-м, сы-ҽ-с-з-аа-зыҟа-м-це-ит; [nonvol] ?сы-ҽ-с-áмха-а-зыҟа-це-ит / сы-ҽ-с-áмха-а-зыҟа-м-це-ит; **Non-fin.** [pres.] (C3) з-ҽ-а-зыҟа-з-цо / з-ҽ-а-зыҟа-зы-м-цо, [aor.] (C3) з-ҽ-а-зыҟа-з-ца / з-ҽ-а-зыҟа-зы-м-ца, [fut.1] з-ҽ-а-зыҟа-з-ца-ра / з-ҽ-а-зыҟа-зы-м-ца-ра, [fut.2] з-ҽ-а-зыҟа-з-ца-ша / з-ҽ-а-зыҟа-зы-м-ца-ша, [perf.] з-ҽ-а-зыҟа-з-ца-хьоу (-хьа(ц)) / з-ҽ-а-зыҟа-зы-м-ца-хьоу (-хьа(ц)), [impf.] (C3) з-ҽ-а-зыҟа-з-цо-з / з-ҽ-а-зыҟа-зы-м-цо-з, [past indef.] (C3) з-ҽ-а-зыҟа-з-ца-з / з-ҽ-а-зыҟа-зы-м-ца-з, [cond.1] (C3) з-ҽ-а-зыҟа-з-ца-ры-з / з-ҽ-а-зыҟа-зы-м-ца-ры-з, [cond.2] (C3) з-ҽ-а-зыҟа-з-ца-ша-з / з-ҽ-а-зыҟа-зы-м-ца-ша-з, [plupf.] (C3) з-ҽ-а-зыҟа-з-ца-хьа-з / з-ҽ-а-зыҟа-зы-м-ца-хьа-з; **Abs.** с-ҽ-а-зыҟа-ца-ны / с-ҽ-а-зыҟа-м-ца-кәа) **1.** to prepare, to get ready for: А-нха-цәá á-ӡынра ибзиáны р-ҽ-а-зыҟа-р-це-ит. *The peasants have prepared well for winter.* Наáла а-университéт ахь а-талара́ л-ҽ-а-зыҟа-л-цо-н. (AFL) *Наала готовилась поступить в университет. Naala was preparing to enter the university.* А-конферéнциа-ҿы á-қәгылара-зы с-ҽ-а-зыҟа-с-це-ит. *I prepared for the speech at the conference.*

а-ҽ-а-зы́-шәа-ра [tr. Self] [Poss-Self-it-for-C3-R] (**Fin.** [pres.] с-ҽ-а-зы́-с-шәо-ит / с-ҽ-а-зы́-с-шәо-м, [aor.] с-ҽ-а-зы́-с-шәе-ит / с-ҽ-а-зы́-сы-м-шәе-ит, [imper.] б-ҽ-а-зы́-шәа! / б-ҽ-а-зы́-бы-м-шәа-н!; **Non-fin.** [pres.] (C3) з-ҽ-а-зы́-з-шәо / з-ҽ-а-зы́-зы-м-шәо) **1.** to strain every effort, to do one's best; to attempt: Ҳ-ҽ-а-з-áҳ-шәа-п! *Let's do our best!*

áҽак [n.] something else.

(а)-ҽакы́ *see* **даҽакы́**

а-ҽ-á-кә-рша-ра [tr. Self] (**Fin.** [pres.] а-ҽ-á-кә-на-ршо-ит / а-ҽ-á-кә-на-ршо-м, [aor.] а-ҽ-á-кә-на-рше-ит / а-ҽ-á-кә-на-мы-рше-ит, [imper.] б-ҽ-á-кә-рша! / б-ҽ-á-кә-б-мы-рша-н!; **Non-fin.** [pres.] (C3) з-ҽ-á-кә-зы-ршо / з-ҽ-á-кә-з-мы-ршо) **1.** to twine around: А-ӡахәá á-тҵла а-ҽ-á-кә-на-рше-ит. *The vine was entwined around the tree. Лоза обвилась вокруг дерева.*

а-ҽ-á-ла-гала-ра [tr. Self] (**Fin.** [pres.] с-ҽ-á-ла-с-гало-ит / с-ҽ-á-ла-с-гало-м, [aor.] с-ҽ-á-ла-с-гале-ит / с-ҽ-á-ла-сы-м-гале-ит, [imper.] б-ҽ-á-ла-гала! / б-ҽ-á-ла-бы-м-гала-н!; **Non-fin.** [pres.] (C3) з-ҽ-á-ла-з-гало / з-ҽ-á-ла-зы-м-гало) **1.** to interfere: И-ý-усы-м а-ýс у-ҽ-á-ла-у-гало-ит. *You are interfering in something that is not your own business.*

а-ҽ-á-ла-гӡа-ра [tr. Self] (**Fin.** [pres.] с-ҽ-á-ла-сы-гӡо-ит / с-ҽ-á-ла-сы-гӡо-м, [aor.] с-ҽ-á-ла-сы-гӡе-ит / с-ҽ-á-ла-с-мы-гӡе-ит, [imper.] б-ҽ-á-ла-гӡа! / б-ҽ-á-ла-б-мы-гӡа-н!; **Non-fin.** [pres.] (C3) з-ҽ-á-ла-зы-гӡо / з-ҽ-á-ла-з-мы-гӡо) **1.** to find room; to lodge, to put up: Урá у-ҽ-абá-ла-у-гӡа? *Where did you lodge?* **2.** to be satisfied; to manage, to make do: шә-маáҭ-к р-ҽáлагӡара *to make do with a hundred rubles, обойтись ста рублями.*

а-ҽ-á-ла-жь-ра* [tr. Self] (**Fin.** [aor.] и-ҽ-á-ле-и-жь-ит / и-ҽ-á-ле-и-м-жь-ит, [imper.] б-ҽ-á-ла-жь! / б-ҽ-á-ла-б-мы-жьы-н!) **1.** to throw oneself into (the water/see, etc.): А-мшы́н и-ҽ-á-ла-и-жь-ит. *He threw himself into the sea.*

а-ҽ-á-ла-рхә-ра* [tr. Self] (**Fin.** [aor.] с-ҽ-á-ла-сы-рхә-ит / с-ҽ-á-ла-с-мы-рхә-ит, [imper.] б-ҽ-á-ла-рхә! / б-ҽ-á-ла-б-мы-рхәы-н!) **1.** to take part in, to participate in: А-кóнкурс шә-ҽ-á-ла-шәы-рхә-ит. *You took part in a competition.* [cf. **а-хы́ á-ла-рхә-ра**]

а-ҽáн [n.] (а-ҽáн-кәа) a mare.

а-ҽ-ан-раáла-ра* [tr. Self] (**Fin.** [aor.] и-ҽ-ан-и-раáле-ит / и-ҽ-ан-и́-м-раале-ит, [imper.] б-ҽ-ан-раáл! / б-ҽ-ан-бы-м-раáла-н!) **1.** to be reconciled to: А-ҧсҭáзаара ҿыц и-ҽ-ан-и-раáле-ит. (ARD) *He was reconciled to his new life. Он примирился со своей новой жизнью.*

а-ҽ-аны́-шәа-ра [tr. Self] (**Fin.** [pres.] л-ҽ-аны́-л-шәо-ит / л-ҽ-аны́-л-шәо-м, [aor.] л-ҽ-аны́-л-шәе-ит / л-ҽ-аны́-лы-м-шәе-ит, [imper.] б-ҽ-аны́-л-шәа! / л-ҽ-аны́-бы-м-шәа-н!; **Non-**

fin. [pres.] (C3) з-ҿ-аны́-з-шәо / з-ҿ-аны́-зы-м-шәо) **1.** to get down to business: р-ҿ-аны́-р-шәе-ит *they got down to business, они взялись за дело.*

а-ҿа-ра́ [labile] **(1)** [tr.] [C1-C3-R / C1-C3-Neg-R] [C3 hoe C1] (**Fin.** [pres.] и-с-ҿо́-ит / и-с-ҿо́-м, [aor.] и-с-ҿе́-ит, и-а-ҿе́-ит / и-сы-м-ҿе́-ит, и-а-м-ҿе́-ит; **Non-fin.** [pres.] (C1) и́-л-ҿо / и́-лы-м-ҿо, (C3) и-з-ҿо́ / и-зы-м-ҿо́, [aor.] (C1) и́-л-ҿа / и́-лы-м-ҿа, (C3) и-з-ҿа́ / и-зы-м-ҿа́, [impf.] (C1) и́-л-ҿо-з / и́-лы-м-ҿо-з, (C3) и-з-ҿо́-з / и-зы-м-ҿо́-з, [past indef.] (C1) и́-л-ҿа-з / и́-лы-м-ҿа-з, (C3) и-з-ҿа́-з / и-зы-м-ҿа́-з; **Abs.** и-ҿа-ны́ / и-м-ҿа́-кәа) **1.** to hoe; to loosen the ground with a hoe: А-у́ҭра-қәа р-ҿо́-ит. *They are cultivating a market-garden.* **(2)** [intr.] [C1-R] ([pres.] д-ҿо́-ит / д-ҿо́-м, [aor.] д-ҿе́-ит / ды-м-ҿе́-ит, [imper.] б-ҿа́! / бы-м-ҿа́-н!) **1.** to plow.

а-ҿ-а́-рбыл-ра [tr. Self] (**Fin.** [pres.] с-ҿ-а́-сы-рбыл-уе-ит / с-ҿ-а́-сы-рбыл-уа-м, [aor.] с-ҿ-а-сы-рбл-и́т / с-ҿ-а-с-мы-рбл-и́т, [imper.] б-ҿ-а-рблы́! / б-ҿ-а-б-мы-рблы́-н!; **Non-fin.** [pres.] (C3) з-ҿ-а-зы́-рбыл-уа / з-ҿ-а-з-мы́-рбыл-уа, [aor.] (C3) з-ҿ-а-зы-рблы́ / з-ҿ-а-з-мы-рблы́) **1.** to burn oneself: А-мца у-ҿ-о-у-мы-рблы́-н! *Don't get burned!* а-ча́и а-ҿ-а́-рбыл-ра *to scald oneself with tea.* **2.** to tan: Ҳара́ а́-мра ҳ-ҿ-а-ҳа́-рбыл-уа-н (/ҳ-к-уа́-н). *We were tanning.* А-ҟәара́ ҳ-а́-қутәа-ны а́-мра ҳ-ҿ-а-ҳа-рбл-и́т. (AAD) *Having sat down on the bank, we tanned ourselves.* [cf. **а-был-ра́** "to burn"]

а-ҿ-а-ршь-ра́ [tr. Self] (**Fin.** [pres.] с-ҿ-а-сы-ршь-уе́-ит / с-ҿ-а-сы-ршь-уа́-м, [aor.] с-ҿ-а-сы-ршь-и́т / с-ҿ-а-с-мы-ршь-и́т, [imper.] б-ҿ-а-ршьы́! / б-ҿ-а-б-мы-ршьы́-н!; **Non-fin.** [pres.] (C3) з-ҿ-а-зы-ршь-уа́ / з-ҿ-а-з-мы-ршь-уа́, [aor.] (C3) з-ҿ-а-зы-ршьы́ / з-ҿ-а-з-мы-ршьы́) **1.** to get drunk: а-ҩы́ а-ҿаршь-ра́ *to become a drunkard.*

а-ҿа́ршьцылара[1] [n.] an exercise: Ари́ а-ҿа́ршьцылара цәгьо́-уп. *This exercise is difficult.*

а-ҿ-а́-ршьцыла-ра[2] [tr. Self] [Poss-Self-C2-C3-S / Poss-Self-C2-C3-Neg-S] [C3 get used to C2] (**Fin.** [pres.] с-ҿ-а-сы́-ршьцыло-ит, ҳ-ҿ-а-ҳа́-ршьцыло-ит, сы-ҿ-ры-сы́-ршьцыло-ит / с-ҿ-а-сы́-ршьцыло-м (-ршьцыла-ӡо-м), ҳ-ҿ-а-ҳа́-ршьцыло-м, сы-ҿ-ры-сы́-ршьцыло-м, [aor.] с-ҿ-а-сы́-ршьцыле-ит, р-ҿ-а-ды́-ршьцыле-ит, а-ҿ-а-на-ршьцы́ле-ит, с-ҿы-л-сы́-ршьцыле-ит / с-ҿ-а-с-мы́-ршьцыле-ит (-ршьцыла-ӡе-ит), р-ҿ-а-д-мы́-ршьцыле-ит, а-ҿ-а-на-мы-ршьцы́ле-ит, с-ҿы-л-с-мы́-ршьцыле-ит, [imper.] бы-ҿ-лы́-ршьцыл! / бы-ҿ-л-б-мы́-ршьцыла-н!, б-ҿ-а-ршьцыл! / б-ҿ-а-б-мы́-ршьцыла-н!, шә-ҿ-а-шәы́-ршьцыл! / шә-ҿ-а-шә-мы́-ршьцыла-н!; **Non-fin.** [pres.] (C3) з-ҿ-а-зы́-ршьцыло / з-ҿ-а-з-мы́-ршьцыло, (C2) с-ҿ-з-сы́-ршьцыло / с-ҿ-з-с-мы́-ршьцыло, [aor.] (C3) з-ҿ-а-зы́-ршьцыла / з-ҿ-а-з-мы́-ршьцыла, [fut.1] (C3) з-ҿ-а-зы́-ршьцыла-ра / з-ҿ-а-з-мы́-ршьцыла-ра, [fut.2] (C3) з-ҿ-а-зы́-ршьцыла-ша / з-ҿ-а-з-мы́-ршьцыла-ша, [perf.] (C3) з-ҿ-а-зы́-ршьцыла-хьоу (-хьа(ц)) / з-ҿ-а-з-мы́-ршьцыла-хьоу (-хьа(ц)), [impf.] (C3) з-ҿ-а-зы́-ршьцыло-з / з-ҿ-а-з-мы́-ршьцыло-з, [past indef.] (C3) з-ҿ-а-зы́-ршьцыла-з / з-ҿ-а-з-мы́-ршьцыла-з, [cond.1] (C3) з-ҿ-а-зы́-ршьцыла-ры-з / з-ҿ-а-з-мы́-ршьцыла-ры-з, [cond.2] (C3) з-ҿ-а-зы́-ршьцыла-ша-з / з-ҿ-а-з-мы́-ршьцыла-ша-з, [plupf.] (C3) з-ҿ-а-зы́-ршьцыла-хьа-з / з-ҿ-а-з-мы́-ршьцыла-хьа-з; **Abs.** с-ҿ-а́-ршьцыла-ны / с-ҿ-а-мы́-ршьцыла-кәа) **1.** to practice: с-ҿ-а-сы́-ршьцыло-ит *I am practicing it.* **2.** to get used to: с-ҿы-л-сы́-ршьцыле-ит *I got used to her.*

а-ҿаҳәы́с [n.] (а-ҿаҳәара-қәа) a fawn.

а-ҿа́цә [n.] (-қәа) a deer; a reindeer.

а-ҿа́цәжьы [n.] venison.

а-ҿ-а-цә-га-ра́ [tr. Self] (**Fin.** [pres.] с-ҿ-а-цәы́-з-го-ит / с-ҿ-а-цәы́-з-го-м, [aor.] с-ҿ-а-цәы́-з-ге-ит, и-ҿ-а-цә-и́-ге-ит, ҳ-ҿы-р-цә-а́а-ге-ит / с-ҿ-а-цәы́-зы-м-ге-ит, [imper.] б-ҿ-а-цә-га́! / б-ҿ-а-цәы́-бы-м-га-н!; **Non-fin.** [pres.] (C3) з-ҿ-а-цәы́-з-го / з-ҿ-а-цәы́-зы-м-го) **1.** to be saved. **2.** to avoid. [cf. Аа́рлахәа с-хы́ и-цәы́-з-ге-ит. *I barely escaped from him.*]

а-ҿ-а-цәы́-хьча-ра [tr. Self] [Poss-Self-C2-Prev-C3-R / Poss-Self-C2-Prev-C3-Neg-R] [C3 avoid C2] (**Fin.** [pres.] с-ҿ-а-цәы́-сы-хьчо-ит / с-ҿ-а-цәы́-сы-хьчо-м, [aor.] с-ҿ-а-цәы́-сы-

ҿ

хьче-ит / с-ҽ-а-цәы́-с-мы-хьче-ит, [imper.] б-ҽ-а-цәы́-хьча! / б-ҽ-а-цәы́-б-мы-хьча-н!; **Non-fin.** [pres.] (C3) з-ҽ-а-цәы́-зы-хьчо / з-ҽ-а-цәы́-з-мы-хьчо; **Abs.** с-ҽ-а́-цәы-хьча-ны / с-ҽ-а-цәы́-м-хьча-кәа) **1.** to avoid; to be careful: Сара́ у́рҭ р-ԥы́лара с-ҽ-а-цәы́-сы-хьчо-ит. *I avoid meeting with them.* А-ды́р-цәа и-ҽы-р-цә-и́-хьчо-ит. *He avoids acquaintances.* И-а-цәа́жәара с-ҽ-а-цәы́-сы-хьчо-ит. *I am avoiding a conversation with him.*

а-ҽ-а-цәы́-тцәах-ра [tr. Self] (**Fin.** [pres.] с-ҽ-а-цәы́-с-тцәах-уе-ит / с-ҽ-а-цәы́-с-тцәах-уа-м, [aor.] с-ҽ-а-цәы́-с-тцәах-ит / с-ҽ-а-цәы́-сы-м-тцәах-ит, [imper.] б-ҽ-а-цәы́-тцәах! / б-ҽ-а-цәы́-бы-м-тцәахы-н!; **Non-fin.** [pres.] (C1) з-ҽ-а-цәы́-з-тцәах-уа / з-ҽ-а-цәы́-зы-м-тцәах-уа) **1.** to avoid, to escape; to hide/conceal oneself: а-ԥсра́ а-ҽ-а-цәы́-тцәах-ра *to escape death, избежать смерти.*

а-ҽаӷра́ [n.] (а-ҽаӷра-кәа́) a harvest, (*in the sense of a yield*) a crop: Аҽаӷра́ ҭа́-р-гал-т. (AFL) *They gathered the harvest. Они собрали урожай.*

ҽаӷраҭагáлан (= **ҭагáлан**) **1.** [n.] autumn, fall. **2.** [adv.] in autumn: Ҽаӷраҭагáлан (ҭагáлан) а-мш бзи́о-уп Аԥсны́. (AFL) *In autumn the days are good in Abkhazia. Осенью дни хорошие в Абхазии.*

ҽаӷраҭагáлара [n.] (= **ҭагáлара**) autumn, fall: И-аа́-ит ҽаӷраҭагáлара а́амҭа. (AFL) *Autumn, the time for the harvest, has come.*

аҽа́ӡьара [adv.] elsewhere.

а-ҽбы́га [n.] (а-ҽбы́га-қәа) a scythe.

а-ҽе́и [adj.] good: д-ҽе́и-ӡа-м *he/she is not good at all.* и-ҽе́и-м *it/which is not good.*

-ҽе́ибарк [adv.] in groups, in crowds: р-ҽе́ибарк и-аа́-ит. *they arrived together in groups.*

-ҽе́ибаркны [adv.] in good order: Арҭ ӷаԥхьа́ р-ҽе́ибаркны и-дәы́-қә-ле-ит. (AF) *These folk went forward in good order.*

а-ҽ-е́ибы-ҭа-ра [tr. Self] [Poss-Self-Prev-C3-R / Poss-Self-Prev-C3-Neg-R] [tr.] (**Fin.** [pres.] с-ҽ-е́ибы-с-ҭо-ит / с-ҽ-е́ибы-с-ҭо-м, [aor.] с-ҽ-е́ибы-с-ҭе-ит / с-ҽ-е́ибы-сы-м-ҭе-ит, [perf.] с-ҽ-е́ибы-с-ҭа-хье-ит, [imper.] б-ҽ-е́ибы-ҭ! / б-ҽ-е́ибы-бы-м-ҭа-н!, шә-ҽ-е́ибы-шә-ҭ! / шә-ҽ-е́ибы-шәы-м-ҭа-н!; **Non-fin.** [pres.] (C3) з-ҽ-е́ибы-з-ҭо / з-ҽ-е́ибы-зы-м-ҭо) **1.** (= **а-ҽы-рхиа-ра́**) to equip oneself; to get oneself ready: Шә-ҽ-е́ибы-шә-ҭа-ма? *Have you got yourself ready?*

а-ҽе́иқәа [n.] (а-ҽе́иқәа-қәа) a black horse.

а-ҽ-е́и-қәы-к-ра [tr. Self] [Poss-Self-one another-Prev-C3-R] [C3 contain oneself] (**Fin.** [aor.] и-ҽ-е́и-қә-и-к-ит / и-ҽ-е́и-қә-и-м-к-ит, [poten.] и-ҽ-е-и-з-е́и-қә-м-к-уа-м, [imper.] у-ҽ-е́и-қә-к!) **1.** to contain oneself, to calm down: С-ҽы сара́ с-ан-а́-қә-тәо-з, а́-бӷа ҭы́нчы-н, а-тәы́м д-ан-а́-қә-тәа-лак, а-ҽ-а-з-е́и-қәы-к-уа-мызт. (ACST) *When I used to sit on my horse, its back was calm; whenever a stranger sat on it, it could not contain itself.*

а-ҽ-е́и-қәы-ршәа-ра [tr. Self] [Poss-Self-one another-Prev-C3-Caus-R / Poss-Self-one another-Prev-C3-Neg-Caus-R] (**Fin.** [pres.] л-ҽ-е́иқә-лы-ршәо-ит / л-ҽ-е́иқә-лы-ршәо-м, [aor.] л-ҽ-е́иқә-лы-ршәе-ит / л-ҽ-е́иқәы-л-мы-ршәе-ит, [perf.] [aor.] л-ҽ-е́иқә-лы-ршәа-хье-ит, [imper.] б-ҽ-е́иқәы-ршәа! / б-ҽ-е́иқәы-б-мы-ршәа-н!, шә-ҽ-е́иқә-шәы-ршәа! / шә-ҽ-е́иқәы-шә-мы-ршәа-н!; **Non-fin.** [pres.] (C3) з-ҽ-е́иқә-зы-ршәо / з-ҽ-е́иқәы-з-мы-ршәо, [aor.] (C3) з-ҽ-е́иқә-зы-ршәа / з-ҽ-е́иқәы-з-мы-ршәа) **1.** to get ready; to prepare oneself for: Шә-ца, шә-ҽ-е́иқә-шәы-ршәа! *Go and prepare yourselves!*

а-ҽ-е́ила-ҳәа-ра [tr. Self] [Poss-Self-Prev-C3-R / Poss-Self-Prev-C3-Neg-R] [C3 dress oneself] (**Fin.** [pres.] с-ҽ-е́ила-с-ҳәо-ит, [aor.] с-ҽ-е́ила-с-ҳәе-ит, а-ҽ-е́ила-на-ҳәе-ит, л-ҽ-е́ила-л-ҳәе-ит / с-ҽ-е́ила-сы-м-ҳәе-ит, а-ҽ-е́ила-на-м-ҳәе-ит, л-ҽ-е́ила-лы-м-ҳәе-ит, [imper.] б-ҽ-е́ила-ҳәа! / б-ҽ-е́ила-бы-м-ҳәа-н!, шә-ҽ-е́ила-шә-ҳәа!; [poten.] сы-ҽ-с-з-е́ила-ҳәо-м, сы-ҽ-с-з-е́ила-м-ҳәе-ит; [nonvol] сы-ҽ-с-а́мха-еила-ҳәе-ит / сы-ҽ-с-а́мха-еила-м-ҳәе-ит; **Non-fin.** [pres.] (C3) з-ҽ-е́ила-з-ҳәо / з-ҽ-е́ила-зы-м-ҳәо, [aor.] (C3) з-ҽ-е́ила-з-ҳәа / з-ҽ-е́ила-зы-м-ҳәа, [fut.1] (C3) з-ҽ-е́ила-з-ҳәа-ра / з-ҽ-е́ила-зы-м-ҳәа-ра, [fut.2] (C3) з-ҽ-éила-з-ҳәа-ша / з-ҽ-éила-зы-м-ҳәа-ша, [perf.] (C3) з-ҽ-éила-з-ҳәа-хьоу (-хьа(ц)) / з-ҽ-éила-зы-м-ҳәа-хьоу (-хьа(ц)), [impf.] (C3) з-ҽ-éила-з-ҳәо-з / з-ҽ-éила-зы-м-ҳәо-з, [past indef.] (C3) з-ҽ-éила-з-ҳәа-з / з-ҽ-éила-зы-м-ҳәа-з, [cond.1] (C3) з-ҽ-éила-з-ҳәа-ры-з / з-ҽ-éила-зы-м-ҳәа-ры-з, [cond.2] (C3) з-ҽ-éила-з-ҳәа-ша-з / з-ҽ-éила-зы-м-ҳәа-ша-з, [plupf.] (C3) з-ҽ-éила-з-ҳәа-хьа-з / з-ҽ-éила-зы-м-ҳәа-хьа-з; **Abs.** с-ҽ-éила-ҳәа-ны / с-ҽ-éила-м-ҳәа-кәа) **1.** to dress oneself**:** Ашьшьы́ҳәа д-ҩа-гы́ла-н и-ҽ-éила-ҳәа-ны ды-н-дәы́л-тц-ит. (GAL) *Он тихо встал и, одевшись, вышел. He quietly stood up and, having dressed himself, left.*

а-ҽ-éилы-х-ра [tr. Self] [Poss-Self-Prev-C3-R / Poss-Self-Prev-C3-Neg-R] [C3 undress oneself] (**Fin.** [aor.] и-ҽ-éил-и-х-ит / и-ҽ-éил-и-м-х-ит; [imper.] у-ҽ-éилы-х! / у-ҽ-éил-у-м-хы-н!; **Abs.** и-ҽ-éилы-х-ны) **1.** to undress oneself, to get undressed**:** и-ҽ-éил-и-м-х-ӡа-цт *he has not yet got undressed.*

а-ҽ-éиҭа-к-ра [tr. Self] [Poss-Self-Prev-C3-R / Poss-Self-Prev-C3-Neg-R] [C3 change] (**Fin.** [pres.] л-ҽ-éиҭа-л-к-уе-ит / л-ҽ-éиҭа-л-к-уа-м, [aor.] л-ҽ-éиҭа-л-к-ит, и-ҽ-éиҭе-и-к-ит / л-ҽ-éиҭа-лы-м-к-ит (-ӡе-ит), [imper.] б-ҽ-éиҭа-к / б-ҽ-éиҭа-бы-м-кы-н!, шә-ҽ-éиҭа-шә-к / шә-ҽ-éиҭа-шәы-м-кы-н!; **Non-fin.** [pres.] (C3) з-ҽ-éиҭа-з-к-уа / з-ҽ-éиҭа-зы-м-к-уа, [aor.] (C3) з-ҽ-éиҭа-з-к / з-ҽ-éиҭа-зы-м-к, [impf.] (C3) з-ҽ-éиҭа-з-к-уа-з / з-ҽ-éиҭа-зы-м-к-уа-з, [past indef.] (C3) з-ҽ-éиҭа-з-кы-з / з-ҽ-éиҭа-зы-м-кы-з; **Abs.** л-ҽ-éиҭа-к-ны / л-ҽ-éиҭа-м-к-кәа) **1.** (= **а-ҽы́-ԥсах-ра**) to change**:** А-мш и́рлас-ы́рласны а-ҽ-éиҭа-на-к-уе-ит. (AFL) *The weather changes quickly. Погода быстро меняется.*

ҽéишәа [adv.] well; all right.

а-ҽ-éиҩ-ша-ра [tr. Self] [< -ҽ-éи-ҩ-ша- "Self-Rec-2-divide"] [Poss-Self-Prev-C3-R] [C3 divide into two] (**Fin.** [pres.] р-ҽ-éиҩы-р-шо-ит; **Abs.** шә-ҽ-éиҩ-ша-ны) **1.** to divide in two; to split in two**:** А-гәы́ԥ и-á-ла-з ҩбаны́ р-ҽ-éиҩы-р-ше-ит. *Those who participated in the group split in two.*

а-ҽ-жьы́ [n.] horse-flesh/meat.

а-ҽ-ӡа-рá [tr. Self] [Poss-Self-C3-R] [C3 hide oneself] (**Fin.** [pres.] л-ҽы́-л-ӡо-ит / л-ҽы́-л-ӡо-м, [aor.] л-ҽы́-л-ӡе-ит / л-ҽы́-лы-м-ӡе-ит, [imper.] бы-ҽ-ӡá! / б-ҽы́-бы-м-ӡа-н!, шә-ҽы́-шә-ӡа! / шә-ҽы́-шәы-м-ӡа-н!; [caus.] с-ҽы-с-лы-р-ӡé-ит / с-ҽы-сы-л-мы-р-ӡé-ит; [poten.] сы-ҽ-сы-з-ӡó-м, сы-ҽ-с-зы́-м-ӡé-ит; [nonvol] сы-ҽ-с-áмха-ӡе-ит / сы-ҽ-с-áмха-м-ӡе-ит; [vers.1]**; [vers.2] с-ҽы-л-цәы́-с-ӡе-ит / с-ҽы-л-цәы́-сы-м-ӡе-ит; **Non-fin.** [pres.] (C3) з-ҽы́-з-ӡо / з-ҽы́-зы-м-ӡо, [aor.] (C3) з-ҽы́-з-ӡа / з-ҽы́-зы-м-ӡа; **Abs.** ры-ҽ-ӡа-ны́, зы-ҽ-ӡа-ны́) **1.** to hide/conceal oneself**:** и-ҽ-абé-и-ӡе-и? *where did he hide himself?* ры-ҽ-ӡа-ны́ и-тәé-ит *they concealed themselves and sat down.* У-ҽ-ӡа-ны́ цьарá куáкь-к а-ҿы́ у-хәы́тцатәа. (Ab.Text) *Hide yourself somewhere in a corner sitting down.* Уáҟа зы-ҽ-ӡа-ны́ и-тәá-з а-ԥааимбáр-цәа áгәырҟьҳәа и-аа-цәы́р-ҟье-ит. (AF) *The prophets who were sitting concealed there with mass determination suddenly exploded from hiding.* [cf. **а-ӡа-рá** "to hide/conceal"]

а-ҽ-кы́д-кьа-ра* [tr. Self] (**Fin.** [aor.] и-ҽ-кы́д-и-ҟье-ит / и-ҽ-кы́д-и-м-ҟье-ит, а-ҽ-кы́д-на-ҟье-ит / а-ҽ-кы́д-на-м-ҟье-ит) **1.** to strike against.

ҽенáк [adv.] **1.** (= **ҽенáк зны́**) once, one day. **2.** in one day**:** А-жә-кәе-и а-камбáшь-кәе-и ҽенак хы́нтә-хынтә и-р-хьó-н. (AF) *Cattle and water-buffalo gave milk three times a day.*

а-ҽны́ [adv./post.] on that day**:** уи́ а-ҽны́ нахы́с *from that day.* а-ҽны́ мҽы́ша-н *that day it was Sunday.* Асабша-ҽны шәы-ԥсы́ шә-шьó-ма? *Do you take a rest on Saturday?* А-ԥсшьарá á-мш а-ҽны́ уарá у-анба-гы́ло-и? *What time do you get up on holidays?*

а-ҽеԥын-гы́ла-ра [intr.] [C1-Prev-R / C1-Prev-Neg-R] [C1 rise (*on the shore*)] (**Fin.** [pres.] ды-ҽеԥын-гы́ло-ит / ды-ҽеԥын-гы́ло-м (-гы́ла-ӡо-м), [aor.] ды-ҽеԥын-гы́ле-ит / ды-ҽеԥны́-м-гыле-ит (-гы́ла-ӡе-ит), [imper.] бы-ҽеԥын-гы́л! / бы-ҽеԥны́-м-гыла-н!; **Non-fin.** [pres.] (C1) и-ҽеԥын-гы́ло / и-ҽеԥны́-м-гыло, [aor.] (C1) и-ҽеԥын-гы́ла / и-ҽеԥны́-м-гыла) **1.** to

ҽ

rise (*on the edge of a shore*): А-шьха шла-ҟәа́ а-ҿеҕьын-гы́ло-уп. *The gray mountains are towering.* Зи́ас-к ды-ҿеҕьын-гы́ле-ит. (ACST) *He/She reached (came to a stand) at the edge of a river.*

а-ҿ-ры́цҟьа-ра [tr. Self] [Poss-Self-C3-S / Poss-Self-C3-Neg-S] [C3 wash oneself] (**Fin.** [pres.] с-ҿы-с-ры́цҟьо-ит / с-ҿы-с-ры́цҟьо-м, [aor.] с-ҿы-с-ры́цҟье-ит / сы-ҿ-сы-м-ры́цҟье-ит, [imper.] бы-ҿ-ры́цҟьа! / бы-ҿ-бы-м-ры́цҟьа-н!; **Non-fin.** [pres.] (C3) з-ҿы-з-ры́цҟьо / зы-ҿ-зы-м-ры́цҟьо, [aor.] (C3) з-ҿы-з-ры́цҟьа / зы-ҿ-зы-м-ры́цҟьа; **Abs.** с-ҿы-ры́цҟьа-ны / с-ҿы-м-ры́цҟьа-кәа) **1.** to wash oneself; to bathe oneself**:** л-ҿы́-л-ры́цҟье-ит *she washed herself.* [cf. **а-ры́-цҟьа-ра** "to make clean"]

а-ҿ-ры́цха-тә-ра [tr. Self] [Poss-Self-Prev-C3-R / Poss-Self-Prev-C3-Neg-R] (**Fin.** [pres.] сы-ҿ-ры́цха-с-тә-уе-ит / сы-ҿ-ры́цха-с-тә-уа-м, [aor.] сы-ҿ-ры́цха-с-тә-ит / сы-ҿ-ры́цха-сы-м-тә-ит, [imper.] бы-ҿ-ры́цха-тә! / бы-ҿ-ры́цха-бы-м-тәы-н!; **Non-fin.** [pres.] (C3) зы-ҿ-ры́цха-з-тә-уа / зы-ҿ-ры́цха-зы-м-тә-уа) **1.** to pretend to be poorer than one is.

а-ҿ-ры́цәгьа-ра [tr. Self] [Poss-Self-C3-S] [C3 turn obstinate] (**Fin.** [aor.] и-ҿ-и-ры́цәгье-ит *or* и-ҿ-и́-рцәгье-ит; **Abs.** и-ҿ-ры́цәгьа-ны) **1.** to turn obstinate**:** и-ҳәе́-ит и-ҿ-ры́цәгьа-ны. *he said obstinately.* [cf. **а́-цәгьа**[2] "bad, evil"]

а-ҿ-ҭа-ҳәҳәа-ра́ [tr. Self] (**Fin.** [aor.] и-ҿ-ҭе́-и-ҳәҳәе-ит, [imper.] у-ҿ-ҭа-ҳәҳәа!) **1.** to wrap oneself up.

а-ҿ-ҭ-шь-ра́ [tr. Self] [Poss-Self-Prev-C3-R / Poss-Self-Prev-C3-Neg-R] (**Fin.** [pres.] лы-ҿ-ҭы́-л-шь-уе-ит / лы-ҿ-ҭы́-л-шь-уа-м, [aor.] сы-ҿ-ҭы́-с-шь-ит / сы-ҿ-ҭы́-сы-м-шь-ит, ҳа-ҿ-ҭ-а́ҳ-шь-ит / ҳа-ҿ-ҭ-а́ҳа-м-шь-ит, ры-ҿ-ҭы́-р-шь-ит / ры-ҿ-ҭы́-ры-м-шь-ит, [imper.] бы-ҿ-ҭ-шьы́! / бы-ҿ-ҭы́-бы-м-шьы-н, шәы-ҿ-ҭы́-шә-шь! / шәы-ҿ-ҭы́-шәы-м-шьы-н!; **Non-fin.** [pres.] (C3) зы-ҿ-ҭы́-з-шь-уа / зы-ҿ-ҭы́-зы-м-шь-уа) **1.** to dip/plunge (*into water*)**:** А-ҳәы́ҳә и-аа́и-з а-лаха́нка и-а-ны́-з а-ӡы́ а-ҿы́-н-ҭ-на-шьы-н (...). (Ab.Text) *The dove that had come dipped itself into the water in the washtub and* (...).

аҿуа́пҵа́ршә [n.] (-ҟәа) a sweet-cloth.

а-ҿхьын-ҳәа́ла-ра [tr.] [C1-Prev-C3-S] [C3 attach C1 to the saddle] (**Fin.** [aor.] и-ҿхьн-и́-ҳәале-ит; **Abs.** и-а-ҿхьын-ҳәа́ла-ны) **1.** to strap sth on the saddle.

а́-ҿхәа-ра [intr.] (**Fin.** [pres.] ды-ҿхәо́-ит / ды-ҿхәа-ӡо́-м, [imper.] у-м-ҿхәа́-н!) **1.** to boast**:** с-тәы́ла а́-ла сы-ҿхәо́-ит. *I boast of my country.*

-ҿҳәа- [preverb] in front of a hearth.

а-ҿҳәа-ртәа-ра́* [tr.] [C1-(C2)-Prev-C3-S] (**Fin.** [pres.] ды-ҿҳәа-лы-ртәо́-ит / ды-ҿҳәа-лы-ртәо́-м, [aor.] ды-ҿҳәа-лы-ртәе́-ит / ды-ҿҳәа-л-мы-ртәе́-ит, [imper.] ды-ҿҳәа-ртәа́! / ды-ҿҳәа-б-мы-ртәа́-н!) **1.** to sit sb down at a hearth**:** Сара́ а-ҭа́кәажә а-уаӷьа́ҟ ды-ҿҳәа-сы-ртәе́-ит. *I sat the old woman down at the hearth.*

а́-ҿҳәа-тәа-ра [intr.] [C1-(C2)-Prev-R] **(1)** [dynamic] (**Fin.** [pres.] ды-ҿҳәа-тәо́-ит / ды-ҿҳәа-тәо́-м, [aor.] ды-ҿҳәа-тәе́-ит; **Abs.** ды-ҿҳәа-тәа-ны́) **1.** to sit beside the hearth**:** А-уаӷьа́ҟ ды-ҿҳәа-тәе́-ит. *He/She sat beside the hearth.* **(2)** [stative] (**Fin.** [pres.] ды-ҿҳәа-тәо́-уп) **1.** to be sitting by the hearth**:** Ҷкәы́на хәычы-к д-тҵәы́-уо а-хәышҭаара́ ды-ҿҳәа-тәо́-уп. (AF) *A small boy is seated by the hearth crying.*

а-ҿ-цәа́ [n.] (pl.) *see* **а-ҿы́уаҩы**

а-ҿтца́р [n.] a herd of foals. [*see* **а-ҿтцы́с**]

а-ҿтца́ракәа *see* **а-ҿтцы́с**

а-ҿтцы́с [n.] (pl. а-ҿтца́ракәа, ҿтцыс-к) a foal, a colt. [cf. **а-ҿтца́р** "a herd of foals"]

а-ҿшьра́[1] [n.] suicide; killing oneself.

а-ҿ-шь-ра́[2] [tr. Self] [Poss-Self-C3-R / Poss-Self-C3-Neg-R] [C3 kill oneself] (**Fin.** [pres.] л-ҿы́-л-шь-уе-ит / л-ҿы́-л-шь-уа-м (-шь-ӡо-м), [aor.] л-ҿы́-л-шь-ит, и-ҿ-и́-шь-ит, а-ҿ-а-шь-и́т, ҳ-ҿа́-ҳ-шь-ит, р-ҿы́-р-шь-ит / л-ҿы́-лы-м-шь-ит (-шь-ӡе-ит), и-ҿ-и́-м-шь-ит, а-ҿа-на́-м-шь-ит, ҳ-ҿа́(*or* -ҿы́)-ҳа-м-шь-ит, р-ҿы́-ры-м-шь-ит, [imper.] бы-ҿ-шьы́! / б-ҿы́-бы-м-шьы-н!, шә-ҽы́-шә-шь! / шә-ҽы́-шәы-м-шьы-н!; [caus.] л-ҽы́-л-ды-р-шь-и́т / л-ҽы́-лы-д-мы-р-шь-и́т, р-ҽы́-д-сы-р-шь-и́т; [poten.] л-ҽы-л-зы́-шь-уа-м, л-ҽы-л-зы́-м-шь-ит; [nonvol] лы-ҽ-л-а́мха-шь-ит / лы-ҽ-л-а́мха-м-шь-ит; [vers.1]**; [vers.2] лы-ҽ-с-цәы́-л-шь-ит / лы-ҽ-с-цәы́-лы-м-шь-ит; **Non-fin.** (C3) [pres.] з-ҽы́-з-шь-уа / з-ҽы́-зы-м-шь-уа, [aor.] з-ҽы́-з-шь / з-ҽы́-зы-м-шь, [fut.1] з-ҽы́-з-шь-ра / з-ҽы́-зы-м-шь-ра, [fut.2] з-ҽы́-з-шьы-ша / з-ҽы́-зы-м-шьы-ша, [perf.] з-ҽы́-з-шь-хьоу (-хьа(ц)) / з-ҽы́-зы-м-шь-хьоу (-хьа(ц)), [impf.] з-ҽы́-з-шь-уа-з / з-ҽы́-зы-м-шь-уа-з, [past indef.] з-ҽы́-з-шьы-з / з-ҽы́-зы-м-шьы-з, [cond.1] з-ҽы́-з-шь-ры-з / з-ҽы́-зы-м-шь-ры-з, [cond.2] з-ҽы́-з-шь-ша-з / з-ҽы́-зы-м-шь-ша-з, [plupf.] з-ҽы́-з-шь-хьа-з / з-ҽы́-зы-м-шь-хьа-з; **Abs.** лы-ҽ-шь-ны́ / л-ҽы́-м-шь-кәа) **1.** to kill oneself, to commit suicide: х-ҽ-а́х-шь-уе-ит *we'll kill ourselves.* з-ҽы́-з-шь(ы)-да? *who committed suicide?* Уи и-ҽ-и́-шь-ит. *He finished with suicide. Он покончил самоубийством.* з-ҽы́-з-шьы-з *a suicide.* [cf. **а-шь-ра́** "to kill"]

а-ҽшьҩы́ [n.] (а-ҽшьҩ-цәа́) (= **з-ҽы́-з-шьы-з**) a suicide (= a person who has killed himself/herself).

-ҽы- *see* **-ҽ-**

а-ҽы́ [n.] (а-ҽ-қәа́, а-ҽ-гьы́, а-ҽ-қәа-гьы́, с-ҽы́, с-ҽ-қәа́, ҽы́-к, ҽ-қәа́-к, ҽы́-ла, ҽы́-да) a horse: ҽы́-ла а-цара́ *to go on horseback.* а-ҽы́ тар/џьбара́ *a swift horse.* а-ҽы́-хуа *a black horse.* Ҽы́-ла д-не́и-уе-ит. *He/She goes on horseback. Он/Она едет верхом.* Уи́ а́-штахь ҽы́-ла а́мпыл-а́сра и-а́-ла-ге-ит. *After that, they began the polo-playing.* (ANR) Мура́т а-ҽы́ д-а́-қә-тәе-ит. *Murat rode a horse.* [cf. **а-ҽ-цәа́** (pl.) < **а-ҽы́уаҩы** "a horseman"]

а-ҽы́бӷа [n.] [< а-ҽы́-бӷа "the-horse-back"]: А-ҽы́бӷа д-а́-ла-со-у-шәа д-а́-қә-тәо-уп. (ARD) *He sits on a horse very well.* (*lit. He is sitting on a saddle as if he was set into it.*)

а-ҽы́бӷаказа [n.] (-цәа) [< а-ҽы́-бӷа-ҟаза "the-horse-back-master"] **1.** a (good) horseman.

а-ҽы́жәла [n.] (-қәа) a strain of horse: а-ҽы́жәла бзи́а-қәа *fine strains of horse.*

а-ҽы́жә-ла-ра [intr.] [< -ҽы́-жә-ла- "horse-on-go"] [C1-Prev-R] [C1 mount a horse] (**Fin.** [pres.] с-ҽы́жә-ло-ит / с-ҽы́жә-ло-м, [aor.] с-ҽы́жә-ле-ит / с-ҽы́жәы-м-ле-ит, [imper.] б-ҽы́жә-ла! / б-ҽы́жәы-м-ла-н!; **Non-fin.** [pres.] (C1) и-ҽы́жә-ло / и-ҽы́жәы-м-ло, [past indef.] и-ҽы́жә-ла-з / и-ҽы́жәы-м-ла-з; **Abs.** с-ҽы́жә-ла-ны / с-ҽы́жәы-м-ла-кәа) **1.** to mount a horse: Д-ан-ҿы́-ха-лак, а́бӷьаахәа ды-н-ҽы́жә-ла-ны, а́гаҿа-хь и-хы́ р-ха-ны́ ды-ԥо-н. (AF) *When he awoke, he would in a trice mount up, set himself in the direction of the coast and jump.*

а-ҽы́жә-ԥа-ра [intr.] [C1-Prev-R] (**Fin.** [pres.] д-ҽы́жә-ԥо-ит / д-ҽы́жә-ԥо-м, [aor.] д-ҽы́жә-ԥе-ит / д-ҽы́жәы-м-ԥе-ит, [imper.] б-ҽы́жә-ԥа! / б-ҽы́жәы-м-ԥа-н!; **Non-fin.** [pres.] (C1) и-ҽы́жә-ԥо / и-ҽы́жәы-м-ԥо) **1.** to leap/come off from a horse.

а-ҽыжә-тц-ра́ [intr.] [C1-Prev-R] [C1 dismount from a horse] (**Fin.** [pres.] с-ҽы́жә-тц-уе-ит / с-ҽы́жә-тц-уа-м, [aor.] с-ҽы́жә-тц-ит / с-ҽы́жәы-м-тц-ит, [imper.] б-ҽы́жә-тц! / б-ҽы́жәы-м-тцы-н!; **Non-fin.** [pres.] (C1) и-ҽы́жә-тц-уа / и-ҽы́жәы-м-тц-уа; **Abs.** с-ҽы́жә-тц-ны / с-ҽы́жәы-м-тц-кәа) **1.** to get off a horse, to dismount from a horse: «А-чкун» хучы́ д-аа-ҽы́жә-тцы-н, а-ҽы́ а-ху́ц-қуа ҩба а́а-л-и-хы-н и-џьы́ба и-н-ҭе́-и-тце-ит. (Ab.Text) *The little 'boy' got down off the horse, and plucked out two strands of hair and put them in his pocket.*

а-ҽы́жә-тца-ра [tr.] [C1-Prev-C3-R / C1-Prev-C3-Neg-R] [C3 put C1 on a horse] (**Fin.** [pres.] д-ҽы́жә(ы)-с-тцо-ит / д-ҽы́жә(ы)-с-тцо-м, [aor.] д-ҽы́жә(ы)-с-тце-ит / д-ҽы́жә-сы-м-тце-ит, [imper.] д-ҽы́жә-тца! / д-ҽы́жә-бы-м-тца-н!, д-ҽы́жәы-шә-тца! / д-ҽы́жә-жәы-м-тца-н!; **Non-fin.** [pres.] (C1) и-ҽы́жә-с-тцо / и-ҽы́жә-сы-м-тцо, (C3) д-ҽы́жә-з-тцо / д-ҽы́жә-зы-м-тцо) **1.** to put sb on a horse.

а-ҽы́ӡ [n.] (а-ҽы́ӡ-қәа) a chestnut/bay horse.

а-ҽы́кәабага [n.] (-қәа) a swimsuit, a bathing costume.

а-ҽы́кәабара[1] [n.] (the act of) bathing: Ара́ а-ҽы́кәабара-зы тып бзи́о-уп. *This is a good place for bathing.*

ҽ

а-ҽы́-кәаба-ра[2] [tr. Self] [Poss-Self-C3-R / Poss-Self-C3-Neg-R] [C1 wash/bathe oneself] (**Fin.** [pres.] с-ҽы́-с-кәабо-ит, л-ҽы́-л-кәабо-ит, и-ҽ-й-кәабо-ит, а-ҽ-á-кәабо-ит, ҳ-ҽ-áҳ-кәабо-ит (*or* ҳ-ҽы́-ҳ-кәабо-ит), р-ҽы́-р-кәабо-ит / с-ҽы́-с-кәабо-м, [aor.] с-ҽы́-с-кәабе-ит, ҳ-ҽ-áҳ-кәабе-ит (*or* ҳ-ҽы́-ҳ-кәабе-ит), / с-ҽы́-сы-м-кәабе-ит, ҳ-ҽ-áҳа-м-кәабе-ит (*or* ҳ-ҽы́-ҳа-м-кәабе-ит), [imper.] б-ҽы́-кәаба! / б-ҽы́-бы-м-кәаба-н!, шә-ҽы́-шә-кәаба! / шә-ҽы́-шәы-м-кәаба-н!; [caus.] с-ҽы-с-лы́-р-кәабе-ит (*она заставила меня купаться*) / сы-ҽ-сы-л-мы́-р-кәабе-ит (*она не заставила меня купаться*), р-ҽы-д-лы́-р-кәабе-ит / р-ҽы-д-л-мы́-р-кәабе-ит; [poten.] сы-ҽ-с-зы́-кәабо-м, сы-ҽ-с-зы́-м-кәабе-ит; [nonvol] сы-ҽ-с-áмха-кәабе-ит / сы-ҽ-с-áмха-м-кәабе-ит; [vers.1]**; [vers.2] сы-ҽ-л-цәы́-с-кәабе-ит / сы-ҽ-л-цәы́-сы-м-кәабе-ит; **Non-fin.** (C3) [pres.] з-ҽы́-з-кәабо (*тот, который моется/ купается*) / з-ҽы́-зы-м-кәабо, [aor.] з-ҽы́-з-кәаба / з-ҽы́-зы-м-кәаба, [fut.1] з-ҽы́-з-кәаба-ра / з-ҽы́-зы-м-кәаба-ра, [fut.2] з-ҽы́-з-кәаба-ша / з-ҽы́-зы-м-кәаба-ша, [perf.] з-ҽы́-з-кәаба-хьоу (-хьа(ц)) / з-ҽы́-зы-м-кәаба-хьоу (-хьа(ц)), [impf.] з-ҽы́-з-кәабо-з / з-ҽы́-зы-м-кәабо-з, [past indef.] з-ҽы́-з-кәаба-з / з-ҽы́-зы-м-кәаба-з, [cond.1] з-ҽы́-з-кәаба-ры-з / з-ҽы́-зы-м-кәаба-ры-з, [cond.2] з-ҽы́-з-кәаба-ша-з / з-ҽы́-зы-м-кәаба-ша-з, [plupf.] з-ҽы́-з-кәаба-хьа-з / з-ҽы́-зы-м-кәаба-хьа-з; **Abs.** с-ҽы́-кәаба-ны / с-ҽы́-м-кәаба-кәа) **1.** to wash oneself. **2.** to bathe, to take a bath: Али и-ҽ-й-кәабо-ит. *Ali is taking a bath. Али купается.* а-ба́на-ҿы а-ҽы́-кәаба-ра *to wash in the bath-house.* Уара́ а-мшы́н а-ҿы́ у-ҽ-ý-кәабо-ма? *Do you bathe in the sea?* Лара́ есымша́ л-ҽы́-л-кәабо-ит. *She bathes everyday.* Сара́ с-ҽы-аны́-с-кәабо с-а́н д-уанҭо́-ит. *While I am bathing, my mother is ironing.* А-хәыч-қәа́ а-ӡ-а-ҿы́ р-ҽы́-р-кәабо-ит, и-ӡсо́-ит. (AFL) *The children are bathing and swimming in the water. Дети купаются, плавают в воде.* Урҭ ҽы́-кәаба-ра а-ба́на-хь и-це́-ит. (AAD) *They went to wash in the bath-house. Они пошли мыться в баню.* З-ҽы́-з-кәабо-да? *Who is bathing?* [cf. **á-кәаба-ра** "to wash"]

а-ҽы́кәабарҭа [n.] (-қәа, -ҿы) **1.** a bath-house; baths. **2.** a bathing-place.

а-ҽы́кәабаҩы [n.] (а-ҽы́кәабаҩ-цәа) a bather.

а-ҽы́кәырша-заа-ра [intr. stative] [C1-C2-S] [C2 be surrounded with/by C1] (**Fin.** [pres.] и-а-ҽы́кәыршо-уп) **1.** to be surrounded: Африка ҩ-океа́н-к а-ҽы́кәыршо-уп. *Africa is surrounded by the two oceans.*

а-ҽы́-ка-ҵа-ра [tr. Self] **(1)** [Poss-Self-Prev-C3-R] (**Fin.** [pres.] с-ҽы́-ќа-с-ҵо-ит / с-ҽы́-ќа-с-ҵо-м, [aor.] с-ҽы́-ќа-с-ҵе-ит / с-ҽы́-ќа-сы-м-ҵе-ит, [imper.] б-ҽы́-ќа-ҵа! / б-ҽы́-ќа-бы-м-ҵа-н!) **1.** to become; to turn, to change. **(2)** [Poss-Self-a/p-OV-Prev-C3-R] [C3 prepare C3's sth] (**Fin.** [pres.] л-ҽ-а/р-зы́-ќа-л-ҵо-ит / л-ҽ-а/р-зы́-ќа-л-ҵо-м (-ҵа-ӡо-м), [aor.] л-ҽ-а/р-зы́-ќа-л-ҵе-ит, а-ҽ-а-зы́-ќа-на-ҵе-ит / л-ҽ-а/р-зы́-ќа-лы-м-ҵе-ит, а-ҽ-а-зы́-ќа-на-м-ҵе-ит, [imper.] б-ҽ-а/р-зы́-ќа-ҵа! / б-ҽ-а/р-зы́-ќа-бы-м-ҵа-н!, шә-ҽ-а/р-зы́-ќа-шә-ҵа! / шә-ҽ-а/р-зы́-ќа-шәы-м-ҵа-н!; [caus.] с-ҽ-а-з-с-лы́-р-ќа-ҵе-ит / с-ҽ-а-з-сы-л-мы́-р-ќа-ҵе-ит, р-ҽ-а-з-д-лы́-р-ќа-ҵе-ит; [poten.] л-ҽ-а-л-зы́-ќа-ҵо-м, л-ҽ-а-л-зы́-ќа-м-ҵе-ит; [nonvol] сы-ҽ-с-áмха-зы-ќа-ҵе-ит / сы-ҽ-с-áмха-зы-ќа-м-ҵе-ит; **Non-fin.** [pres.] (C3) з-ҽ-а-зы́-ќа-з-ҵо (*тот, который готовится к тому*) / з-ҽ-а-зы́-ќа-зы-м-ҵо, [aor.] (C3) з-ҽ-а-зы́-ќа-з-ҵа / з-ҽ-а-зы́-ќа-зы-м-ҵа, [impf.] (C3) з-ҽ-а-зы́-ќа-з-ҵо-з / з-ҽ-а-зы́-ќа-зы-м-ҵо-з, [past indef.] (C3) з-ҽ-а-зы́-ќа-з-ҵа-з / з-ҽ-а-зы́-ќа-зы-м-ҵа-з; **Abs.** с-ҽы́-ќа-ҵа-ны / с-ҽы́-ќа-м-ҵа-кәа) **1.** to prepare oneself for, to get ready for: Сара́ с-ҵатә-қәа́ с-ҽы-р-зы́-ќа-с-ҵо-ит. (AFL) *I am preparing the assignments. Я готовлю задания.*

а-ҽы́-кьашь-ра [tr. Self] [Poss-Self-C3-R / Poss-Self-C3-Neg-R] [C3 make oneself dirty] (**Fin.** [pres.] с-ҽы́-с-ќьашь-уе-ит / с-ҽы́-с-ќьашь-уа-м, [aor.] с-ҽы́-с-ќьашь-ит / с-ҽы́-сы-м-ќьашь-ит, [imper.] б-ҽы́-ќьашь! / б-ҽы́-бы-м-ќьашьы-н!, шә-ҽы́-шә-ќьашь! / шә-ҽы́-шәы-м-ќьашьы-н!; **Non-fin.** [pres.] (C3) з-ҽы́-з-ќьашь-уа / з-ҽы́-зы-м-ќьашь-уа, [aor.] з-ҽы́-з-ќьашь / з-ҽы́-зы-м-ќьашь; **Abs.** с-ҽы́-ќьашь-ны / с-ҽы́-м-ќьашьы-кәа) **1.** to make/ get (oneself) dirty: А-хәычы́ и-ҽ-й-ќьашь-ит. *The child got dirty. Ребенок испачкался.* [cf.

а́-кьашь-ра “to dirty”]

ҽы́-ла [adv.] on horseback: Адле́и Кы́на ҽы́-ла д-ца́-н, ҽы́-ла д-аа́-ит. *Adlejba Kyna left on horseback and arrived on horseback.*

а-ҽы́-ла-ркә-ра [tr. Self] [Poss-Self-Prev-C3-S / Poss-Self-Prev-C3-Neg-S] [C3 be bent] (**Fin.** [pres.] с-ҽы́-ла-сы-рҟә-уе-ит, р-ҽы́-ла-ды-рҟә-уе-ит / с-ҽы́-ла-сы-рҟә-уа-м (-рҟә-ӡо-м), [aor.] с-ҽы́-ла-сы-рҟә-ит, а-ҽы́-ла-на-рҟә-ит / с-ҽы́-ла-с-мы-рҟә-ит, а-ҽы́-ла-на-мы-рҟә-ит (-рҟә-ӡе-ит), [imper.] б-ҽы́-ла-рҟә! / б-ҽы́-ла-б-мы-рҟәы-н!, шә-ҽы́-ла-шәы-рҟә! / шә-ҽы́-ла-шә-мы-рҟәы-н!; **Non-fin.** [pres.] (C3) з-ҽы́-ла-зы-рҟә-уа / з-ҽы́-ла-з-мы-рҟә-уа, [aor.] (C3) з-ҽы́-ла-зы-рҟә / з-ҽы́-ла-з-мы-рҟә, [impf.] (C3) з-ҽы́-ла-зы-рҟә-уа-з / з-ҽы́-ла-з-мы-рҟә-уа-з, [past indef.] (C3) з-ҽы́-ла-зы-рҟәы-з / з-ҽы́-ла-з-мы-рҟәы-з; **Abs.** с-ҽы́-ла-рҟә-ны / с-ҽы́-ла-мы-рҟә-кәа) **1.** to stoop, to be bent: А-махә-қәа р-ҽы́-ла-ды-рҟә-ит. *The branches were bent. Ветки наклонились.* **2.** to lower oneself, to debase oneself, to descend: У-ҽы́-ла-у-мы-рҟәы-н! *Don’t lower yourself!* [cf. **а́-ла-ркә-ра** “to bend”]

а-ҽы́-ла-ҳәа-ра [tr. Self] [Poss-Self-Prev-C3-R / Poss-Self-Prev-C3-Neg-R] [C3 wrap oneself up] (**Fin.** [pres.] с-ҽы́-ла-с-ҳәо-ит / с-ҽы́-ла-с-ҳәо-м, [aor.] с-ҽы́-ла-с-ҳәе-ит /с-ҽы́-ла-сы-м-ҳәе-ит, [imper.] б-ҽы́-ла-ҳәа! /б-ҽы́-ла-бы-м-ҳәа-н!; **Non-fin.** [pres.] (C3) з-ҽы́-ла-з-ҳәо / з-ҽы́-ла-зы-м-ҳәо) **1.** to wrap oneself up: Уи́ и-уа́па и-ҽы́-ле-и-ҳәо-ит. *He wraps himself up in a felt cloak. Он кутается в бурку.*

а-ҽы-н-кы́ла-ра [tr. Self] [Poss-Self-Prev-C3-R / Poss-Self-Prev-C3-Neg-R] [C3 control oneself] (**Fin.** [pres.] лы-ҽ-ны́-л-кыло-ит / лы-ҽ-ны́-л-кыло-м, [aor.] лы-ҽ-ны́-л-кыле-ит / лы-ҽ-ны́-лы-м-кыле-ит, [imper.] б-ҽы-н-кы́л! / бы-ҽ-ны́-бы-м-кыла-н!, шәы-ҽ-ны́-шә-кыл! / шәы-ҽ-ны́-шәы-м-кыла-н!; [poten.] лы-ҽ-л-зы́-н-кы́ло-м, лы-ҽ-лы-з-ны́-м-кыле-ит; **Non-fin.** [pres.] (C3) зы-ҽ-ны́-з-кыло / зы-ҽ-ны́-зы-м-кыло; **Abs.** лы-ҽы-н-кы́ла-ны / лы-ҽ-ны́-м-кыла-кәа) **1**. to control oneself, to restrain oneself: Лара́ лы-ҽ-лы-з-ны́-м-кыла-зт а-ҵәы́уара д-а́-ла-ге-ит. (RAD) *Она не сдержалась и заплакала. She did not control herself and started to cry.*

ҽы́нла [adv.] in the day-time; by day. [cf. **а-ҽны́**]

а-ҽы́-ԥсах-ра [tr. Self] [Poss-Self-C3-R / Poss-Self-C3-Neg-R] [C3 change] (**Fin.** [pres.] с-ҽы́-сы-ԥсах-уе-ит / с-ҽы́-сы-ԥсах-уа-м, [aor.] с-ҽы́-сы-ԥсах-ит, а-ҽ-а́-ԥсах-ит / с-ҽы́-сы-м-ԥсах-ит (-ԥсах-ӡе-ит), а-ҽ-а́-м-ԥсах-ит, [imper.] б-ҽы-ԥса́х! / б-ҽы́-бы-м-ԥсахы-н!, шә-ҽы-шәы-ԥса́х! / шә-ҽы́-шәы-м-ԥсахы-н!; **Non-fin.** [pres.] (C3) з-ҽы́-зы-ԥсах-уа / з-ҽы́-зы-м-ԥсах-уа, [aor.] (C3) з-ҽы́-зы-ԥсах / з-ҽы́-зы-м-ԥсах, [fut.1] (C3) з-ҽы́-зы-ԥсах-ра / з-ҽы́-зы-м-ԥсах-ра, [fut.2] (C3) з-ҽы́-зы-ԥсахы-ша / з-ҽы́-зы-м-ԥсахы-ша, [perf.] (C3) з-ҽы́-зы-ԥсах-хьоу (-хьа(ц)) / з-ҽы́-зы-м-ԥсах-хьоу (-хьа(ц)), [impf.] (C3) з-ҽы́-зы-ԥсах-уа-з / з-ҽы́-зы-м-ԥсах-уа-з, [past indef.] (C3) з-ҽы́-зы-ԥсахы-з / з-ҽы́-зы-м-ԥсахы-з, [cond.1] (C3) з-ҽы́-зы-ԥсах-ры-з / з-ҽы́-зы-м-ԥсах-ры-з, [cond.2] (C3) з-ҽы́-зы-ԥсах-ша-з / з-ҽы́-зы-м-ԥсах-ша-з, [plupf.] (C3) з-ҽы́-зы-ԥсах-хьа-з / з-ҽы́-зы-м-ԥсах-хьа-з; **Abs.** с-ҽы́-ԥсах-ны / с-ҽы́-сы-м-ԥсах-кәа) **1.** (= **а-ҽ-е́иҭа-к-ра**) to change: с-ҽы́-сы-ԥсах-уе-ит (1) *I am changing.* (2) *I’ll change clothes.* Усҟан а-ԥсаба́ра а-ҽ-шԥа́-ԥсах-уе-и? (< а-ҽ-шԥа-[а]-ԥсах-уа-и) (AFL) *How is nature changing then? Как тогда природа изменяется?* Сара́ аа́рлахәа ды-з-ды́р-ит, убри́ а́ҟара уи́ и-ҽ-и́-ԥсахы-ит. (RAD) *Он настолько изменился, что я его еле узнал. He changed so much that I barely recognized him.* А-мш иара́зник а-ҽ-а́-ԥсах-ит. *The weather changed abruptly.* [cf. **а́-ԥсах-ра** “to change”]

а́-ҽы-рба-ра́[1] [intr. Self] [C1-Self-S] [C1 show oneself] (**Fin.** [pres.] д-ҽы-рбо́-ит / д-ҽы-рбо́-м (-рба-ӡо́-м), [aor.] д-ҽы-рбе́-ит / ды-м-ҽы-рбе́-ит (-рба-ӡе́-ит), [imper.] б-ҽы-рба́! / бы-м-ҽы-рба́-н!, шә-ҽы-рба́! / шәы-м-ҽы-рба́-н!; **Non-fin.** [pres.] (C1) и-ҽы-рбо́ / и-м-ҽы-рбо́; **Abs.** д-ҽы-рба-ны́ / ды-м-ҽы-рба́-кәа) **1.** to show oneself. **2.** to pride in appearance. [cf. **а-рба-ра́**[1] “to show”]

а-ҽы-рба-ра́[2]* [tr. Self] [C1-Self-C3-S] [C3 dry oneself] (**Fin.** [aor.] ры-ҽ-ды-рбе́-ит / ры-ҽ-д-мы-рбе́-ит, [imper.] у-ҽы-рба́! / у-ҽ-у-мы-рба́-н!) **1.** to dry oneself. [cf. **а-рба-ра́** "to dry"]

а-ҽы-рӡәӡәа-ра́ [tr. Self] [Poss-Self-C3-S / Poss-Self-C3-Neg-S] [C3 endure] (**Fin.** [pres.] лы-ҽ-лы-рӡәӡәо́-ит / лы-ҽ-лы-рӡәӡәо́-м, [aor.] лы-ҽ-лы-рӡәӡәе́-ит / лы-ҽ-л-мы-рӡәӡәе́-ит, [imper.] бы-ҽы-рӡәӡәа́! / бы-ҽ-б-мы-рӡәӡәа́-н!, шәы-ҽ-шәы-рӡәӡәа́! / шәы-ҽ-шә-мы-рӡәӡәа́-н!; **Non-fin.** [pres.] (C3) зы-ҽ-зы-рӡәӡәо́ / зы-ҽ-з-мы-рӡәӡәо́, *or* з-ҽы-з-рӡәӡәо́ / з-ҽы-з-мы-рӡәӡәо́; **Abs.** и-ҽы-рӡәӡәа-ны́) **1.** to endure: Аха́ и-ҽы-рӡәӡәа-ны́ и-гу́ мы-шьҭы́-куа д-тәо́-уп. (Ab.Text) *But he was patient and kept sitting down quietly.* **2.** to hold out; to summon one's courage: Аха́ л-ҽ-а́а-рыӡәӡәа-ны, л-хәычы́ д-еила́-л-ҳәе-ит. (AF) *But she summoned all her strength and dressed her child.* **3.** to settle down.

а-ҽы-рдыр-ра [tr. Self] [Poss-Self-(C2)-C3-S / Poss-Self-(C2)-C3-Neg-S] [C3 become acquainted with C2] (**Fin.** [pres.] сы-ҽ-л-сы-рды́р-уе-ит / сы-ҽ-л-сы-рды́р-уа-м, [aor.] сы-ҽ-л-сы-рды́р-ит (*я познакомился с ней*) / сы-ҽ-лы-с-мы-рды́р-ит, ры-ҽ-ды-рды́р-ит (*они познакомились*) / ры-ҽ-д-мы-рды́р-ит (*они не познакомились*); [imper.] бы-ҽ-л-рды́р! / бы-ҽ-лы-б-мы-рды́ры-н!, шәы-ҽ-шәы-рды́р! / шәы-ҽ-шә-мы-рды́ры-н!; **Non-fin.** [pres.] (C2) сы-ҽ-з-сы-рды́р-уа / сы-ҽ-зы-с-мы-рды́р-уа, (C3) зы-ҽ-л-зы-рды́р-уа / зы-ҽ-лы-з-мы-рды́р-уа, (C3) зы-ҽ-зы-рды́р-уа / зы-ҽ-з-мы-рды́р-уа; **Abs.** ҳ-ҽы-рды́р-ны / ҳа-ҽ-мы-рды́р-кәа) **1.** to become acquainted with: а-ҩы́з-цәа а-ҽы-рды́р-ра *to become acquainted with friends.*

а-ҽы-рҧха-ра́ [tr. Self] [Poss-Self-C3-S / Poss-Self-C3-Neg-S] [C3 warm oneself] (**Fin.** [pres.] л-ҽ-лы-рҧхо́-ит / л-ҽ-лы-рҧхо́-м, [aor.] л(ы)-ҽ-лы-рҧхе́-ит, а-ҽ-а-рҧхе́-ит, р(ы)-ҽ-ды-рҧхе́-ит / л-ҽы-л-мы-рҧхе́-ит, а-ҽ-а-мы-рҧхе́-ит, р-ҽы-д-мы-рҧхе́-ит, [imper.] б-ҽы-рҧха́! / б-ҽы-б-мы-рҧха́-н!; **Non-fin.** [pres.] (C3) з-ҽ-зы-рҧхо́ / з-ҽы-з-мы-рҧхо́, [aor.] (C3) з-ҽ-зы-рҧха́ / з-ҽы-з-мы-рҧха́, [fut.1] (C3) з-ҽ-зы-рҧха-ра́ / з-ҽы-з-мы-рҧха-ра́, [fut.2] (C3) з-ҽ-зы-рҧха́-ша / з-ҽы-з-мы-рҧха́-ша, [perf.] (C3) з-ҽ-зы-рҧха-хьо́у (-хьа́(ц)) / з-ҽы-з-мы-рҧха-хьо́у (-хьа́(ц)), [impf.] (C3) з-ҽ-зы-рҧхо́-з / з-ҽы-з-мы-рҧхо́-з, [past indef.] (C3) з-ҽ-зы-рҧха́-з / з-ҽы-з-мы-рҧха́-з, [cond.1] (C3) з-ҽ-зы-рҧха-ры́-з / з-ҽы-з-мы-рҧха-ры́-з, [cond.2] (C3) з-ҽ-зы-рҧха́-ша-з / з-ҽы-з-мы-рҧха́-ша-з, [plupf.] (C3) з-ҽ-зы-рҧха-хьа́-з / з-ҽы-з-мы-рҧха-хьа́-з; **Abs.** л-ҽы-рҧха-ны́ / лы-ҽ-мы́-рҧха-кәа) **1.** to warm oneself: А-мра-ҟны сы-ҽ-сы-рҧхо́-ит. *I warm myself in the sun.* Ча́и ца́-ла ҳа-ҽ-ҳа-рҧхе́-ит. *We warmed ourselves with hot tea.* А-уаҵьа́ҟ а́ҧхьа у-ҽ-у-рҧхо́-ит. *You are warming in front of the hearth.* [cf. **а-рҧха-ра́** "to warm up"]

а-ҽы́-рҭбаа-ра [tr. Self] [Poss-Self-C3-S / Poss-Self-C3-Neg-S] [C3 expand] (**Fin.** [pres.] а-ҽ-а́-рҭбаа-уе-ит / а-ҽ-а́-рҭбаа-уа-м, [aor.] а-ҽ-а́-рҭбаа-ит / а-ҽ-а-мы́-рҭбаа-ит, [imper.] б-ҽы́-рҭбаа! / б-ҽы-б-мы́-рҭбаа-н!; **Non-fin.** [pres.] (C1) а-ҽ-а́-рҭбаа-уа / а-ҽ-а-мы́-рҭбаа-уа) **1.** to widen, to expand: А-қалақь а-ҽ-а́-рҭбаа-уе-ит. *The city is expanding. Город расширяется.* [cf. **а́-рҭбаа-ра** "to extend"]

а-ҽы-рхиа-ра́ [tr. Self] [Poss-Self-C3-S / Poss-Self-C3-Neg-S] (**Fin.** [pres.] лы-ҽ-лы-рхио́-ит / лы-ҽ-лы-рхио́-м, [aor.] лы-ҽ-лы-рхие́-ит, с-ҽ-сы-рхие́-ит / лы-ҽ-л-мы-рхие́-ит, с-ҽы-с-мы-рхие́-ит *or* сы-ҽ-с-мы-рхие́-ит, [imper.] б-ҽы-рхиа́! / бы-ҽ-б-мы-рхиа́-н! *or* б-ҽы-б-мы-рхиа́-н!, шәы-ҽ-шәы-рхиа́! / шәы-ҽ-шә-мы-рхиа́-н!; **Non-fin.** [pres.] (C3) зы-ҽ-зы-рхио́ / зы-ҽ-з-мы-рхио́; **Abs.** и-ҽы-рхиа-ны́) **1.** to get oneself ready; to prepare oneself (for).

а-ҽырхы́қәымтца [n.] (-қәа) an arrogant person.

а-ҽы́-рхәмар-ра [tr.] (**Fin.** [pres.] л-ҽы-лы́-рхәмар-уе-ит / л-ҽы-лы́-рхәмар-уа-м, [aor.] л-ҽы-лы́-рхәмар-ит / л-ҽы-л-мы́-рхәмар-ит, [imper.] б-ҽы́-рхәмар! / б-ҽы-б-мы́-рхәмары-н!, шә-ҽы-шәы́-рхәмар! / шә-ҽы-шә-мы́-рхәмары-н!; **Non-fin.** [pres.] (C3) з-ҽы-зы́-рхәмар-уа / з-ҽы-з-мы́-рхәмар-уа) **1.** to gallop on a horse: А-ҽы-рхума́р-ра а-зи́н шҧа́-уи-м-ҭа-р-и. (Ab.Text) *He won't be able not to give you permission to get up on a horse and gallop, will he?* **2.** [n.] horse-display. [cf. **а-рхәма́р-ра** "to make (to) play"]

а-ҽы-рҵыс-ра́ [tr. Self] (**Fin.** [aor.] и-ҽ-и-рҵыс-и́т / и-ҽ-и-мы-рҵыс-и́т, [imper.] у-ҽ-у-мы-рҵысы́-н!) **1.** to move, to budge.

а-ҽы-рҽе́и-ра* [tr. Self] (**Fin.** [pres.] и-ҽ-и-рҽе́и-уе-ит, [aor.] и-ҽ-и-рҽе́и-ит / и-ҽ-и-мы-рҽе́и-ит, [imper.] б(ы)-ҽы-рҽе́и! / б-ҽы-б-мы-рҽе́и-н!) **1.** to improve; to reform oneself**:** Уи и-ҽ-и-рҽе́и-уе-ит. *He will improve.*

а́ҽырҽырҳәа а-ца-ра́ [intr.] to gush, to splash**:** А-хәра а-шьа́ а́ҽырҽырҳәа и-цо́-ит. (RAD) *Кровь брызжет из раны. The blood is gushing from the wound.*

а-ҽы-ршәшәа-ра́ [tr. Self] (**Fin.** [pres.] лы-ҽ-лы-ршәшәо́-ит / лы-ҽ-лы-ршәшәо́-м, [aor.] лы-ҽ-лы-ршәшәе́-ит / лы-ҽ-л-мы-ршәшәе́-ит, [imper.] б-ҽы-ршәшәа́! / бы-ҽ-б-мы-ршәшәа́-н!, шә-ҽ-шәы-ршәшәа́! / шәы-ҽ-шә-мы-ршәшәа́-н!; **Non-fin.** [pres.] (C3) зы-ҽ-зы-ршәшәо́ / зы-ҽ-з-мы-ршәшәо́) **1.** to shake oneself down**:** А-ҩны́-ҟа у-ҩна́-ла-анӡа у-ҽ-а́а-рышәшәа! (AF) *Before going inside the house, shake yourself down!* [cf. **а-ршәшәа-ра́** "to shake"]

а-ҽы-рҩа́шьа-ра* [tr. Self] (**Fin.** [aor.] и-ҽ-и-рҩа́шье-ит / и-ҽ-и-м-рҩа́шье-ит; **Abs.** и-ҽы-рҩа́шьа-ны / и-ҽ-мы-рҩа́шьа-кәа) **1.** to disguise oneself**:** И-ҽы-рҩа́шьа-н д-ҳа́-ла-н. (ARD) *He was among us in disguise.*

а-ҽы́рҩра [n.] (-қәа) a horse racing.

а-ҽы́ҭ [n.] (-қәа, ҽы́ҭ-к) **1.** a piece**:** кәац ҽы́ҭ-к *a piece of meat.* уи а-ха́ҳә ду а-ҽы́ҭ-қәа *the pieces of that big rock.* **2.** a slice**:** ча ҽы́ҭ-к *a slice of bread.* **3.** a layer; a stratum**:** а́-дгьыл а-ҽы́ҭ *a layer of earth.*

а-ҽы́уаҩы [n.] (а-ҽ-цәа́) a horseman; a knight; a rider.

а-ҽы́хьча [n.] (а-ҽы́хь-цәа) a groom, a stable-boy.

а-ҽы́-хьча-ра* [tr. Self] [Poss-Self-C3-R] (= **а-хы́-хьча-ра**) (**Fin.** [aor.] и-ҽ-и́-хьче-ит / и-ҽ-и́-мы-хьче-ит, [imper.] б-ҽы-хьча́! / б-ҽы́-б-мы-хьча-н!) **1.** to defend oneself**:** А-чы́мазара-қәа шә-ҽы-р-цәы́-шәы-хьча-ла! *Defend yourselves from illnesses!*

а-ҽы́хәа [n.] (а-ҽы́хәа-қәа) a light-grey horse.

а-ҽы́хәда [n.] (-қәа) (horse's) withers.

а-ҽы́-хәшәтә-ра [tr. Self] [Poss-Self-C3-S / Poss-Self-C3-Neg-S] [C3 be given treatment] (**Fin.** [pres.] с-ҽы́-с(ы)-хәшәтә-уе-ит / с-ҽы́-с(ы)-хәшәтә-уа-м, [aor.] с-ҽы́-с(ы)-хәшәтә-ит / с-ҽы́-сы-м-хәшәтә-ит, [imper.] б-ҽы́-хәшәтә! / б-ҽы́-бы-м-хәшәтәы-н!; **Non-fin.** [pres.] (C3) з-ҽы́-з(ы)-хәшәтә-уа / з-ҽы́-зы-м-хәшәтә-уа) **1.** to be given/have (medical) treatment**:** Уи́ акы́раамҭа и-ҽ-и́-хәышәтә-уа-н. *He was given treatment for a long time.* [cf. **а-хәшәтә-ра́** "to treat, to cure"]

а-ҽы́хәшәтәратә [adj.] medical.

а-ҽы́хәшәтәы́рҭа [n.] (-қәа) a hospital; a clonic.

а-ҽы́-ҵәах-ра [tr. Self] [Poss-Self-C3-R / Poss-Self-C3-Neg-R] [C3 hide oneself] (**Fin.** [pres.] с-ҽы́-с-ҵәах-уе-ит / с-ҽы́-с-ҵәах-уа-м, [aor.] с-ҽы́-с-ҵәах-ит, а-ҽ-а́-ҵәах-ит / с-ҽы́-сы-м-ҵәах-ит, а-ҽ-а́-м-ҵәах-ит, [imper.] б-ҽы́-ҵәах! / б-ҽы́-бы-м-ҵәахы-н!, шә-ҽы́-шә-ҵәах! / шә-ҽы́-шәы-м-ҵәахы-н!; **Non-fin.** [pres.] (C3) з-ҽы́-з-ҵәах-уа / з-ҽы́-зы-м-ҵәах-уа, [aor.] (C3) з-ҽы́-з-ҵәах / з-ҽы́-зы-м-ҵәах, [fut.1] (C3) з-ҽы́-з-ҵәах-ра / з-ҽы́-зы-м-ҵәах-ра, [fut.2] (C3) з-ҽы́-з-ҵәах(ы)-ша / з-ҽы́-зы-м-ҵәах(ы)-ша, [perf.] (C3) з-ҽы́-з-ҵәах-хьоу (-хьа(ц)) / з-ҽы́-зы-м-ҵәах-хьоу (-хьа(ц)), [impf.] (C3) з-ҽы́-з-ҵәах-уа-з / з-ҽы́-зы-м-ҵәах-уа-з, [past indef.] (C3) з-ҽы́-з-ҵәахы-з / з-ҽы́-зы-м-ҵәахы-з, [cond.1] (C3) з-ҽы́-з-ҵәах-ры-з / з-ҽы́-зы-м-ҵәах-ры-з, [cond.2] (C3) з-ҽы́-з-ҵәах(ы)-ша-з / з-ҽы́-зы-м-ҵәах(ы)-ша-з, [plupf.] (C3) з-ҽы́-з-ҵәах-хьа-з / з-ҽы́-зы-м-ҵәах-хьа-з; **Abs.** л-ҽы́-ҵәах-ны / л-ҽы-м-ҵәахы́-кәа) **1.** to hide/conceal (oneself)**:** л-ҽы́-л-ҵәах-уе-ит *she is* *hiding, она прячется.* [cf. **а́-ҭҵəах-ра** “to hide”]

а-ҽы́шькыл [n.] (-ҟəа, ҽы́шькыл-к) stirrup.

а-ҽы́-шəа-ра* [tr. Self] [Poss-Self-C3-R] (**Fin.** [aor.] и-ҽ-й́-шəе-ит / и-ҽ-й́-м-шəе-ит, с-ҽы́-с-шəе-ит / с-ҽы́-сы-м-шəе-ит, [imper.] у-ҽы́-шəа! / у-ҽ-у́-м-шəа-н!) **1.** to try, to endeavor; to make an effort: Уи́ да́ара и-ҽ-й́-шəе-ит, ахá а-тéҟст и-з-еиҭа-м-ге-ит. (ARD) *Он приложил очень большие усилия, но не смог перевести текст. He made a very big effort but could not translate the text.* И-хшы́ҩ а-ҿы́ д-а́а-и-га-рц а-зы́ акы́р и-ҽ-й́-шəе-ит. (AF) *He made a great effort to bring him to his senses.*

а-ҽы́ҩ [n.] (а-ҽы́ҩ-ҟəа, ҽы́ҩ-к) a racehorse.

а-ҽы́ҩҷкəын [n.] (а-ҽу́ҩҷкəын-цəа) a jockey; a young horseman.

Ҿ ҿ

а-ҿа́[1] [adj.] (и-ҿо́-у) young: а-ҧҳәы́с ҿа *the young woman.* а-уа́ҩ ҿа́ *the young person.* Уи́ акы́р д-ҿо́-уп. (RAD) *Он/Она довольно молод/-а. He/She is quite young.*

а-ҿа́[2] [n.] a consent to marriage: А-ӡҕаb а́-чҟәын ҿа́ и-а́-л-ҳәе-ит. (ARD) *Девушка дала согласие на предложение вступить в брак. The girl gave her consent to the proposal to get married.*

а-ҿа́а-рха-ра [tr.] [Poss(its)-Prev-C3-S] (**Fin.** [pres.] а-ҿа́а-сы-рхо-ит / а-ҿа́а-сы-рхо-м, [aor.] а-ҿа́а-сы-рхе-ит / а-ҿа́а-с-мы-рхе-ит *or* а-ҿы́-на-сы-рхе-ит [cf. с-ҿы́-на-сы-рхе-ит (*я направился куда-то*), [imper.] б-ҿы́-на-рха! / б-ҿы́-на-б-мы-рха-н!]; **Non-fin.** [pres.] (C1) а-ҿа́а-зы-рхо / а-ҿа́а-з-мы-рхо) **1.** to throw sth to/toward the side of a person who is speaking: Абрыскьы́л и-хҿа́ а-ҿа́а-и-рха-н (...). (AF) *Abrsk'jyl unleashed his arrow* [*lit. threw his arrowhead*].

а-ҿа́а-ҭ-ра [tr.] [mouth+Prev-C3-R / mouth+PREV-C3-Neg-R] [C3 speak] (**Fin.** [pres.] ҿа́а-л-ҭ-уе-ит / ҿа́а-л-ҭ-уа-м (-ҭ-ӡо-м), [aor.] ҿа́а-л-ҭ-ит / ҿа́а-лы-м-ҭ-ит (-ҭ-ӡе-ит), [imper.] ҿа́а-ҭ! / ҿа́а-бы-м-ҭы-н!, ҿа́а-шә-ҭ! / ҿа́а-шәы-м-ҭы-н!; **Non-fin.** [pres.] (C3) ҿа́а-з-ҭ-уа / ҿа́а-зы-м-ҭ-уа, [aor.] (C3) ҿа́а-з-ҭ / ҿа́а-зы-м-ҭ, [impf.] (C3) ҿа́а-з-ҭ-уа-з / ҿа́а-зы-м-ҭ-уа-з, [past indef.] (C3) ҿа́а-з-ҭы-з / ҿа́а-зы-м-ҭы-з; **Abs.** ҿа́а-ҭ-ны / ҿа́а-м-ҭ-кәа) **1.** (suddenly) to speak: Ана́ҩс и-рҭы́нч-ны ҿа́а-л-ҭ-ит. *Then suddenly she spoke quietly.* **2.** to call out; to shout.

а-ҿа́а-ха-ра [tr.] [Poss-mouth+Prev-C3-R] [C3 (suddenly) come toward a speaker] (**Fin.** [pres.] и-ҿа́а-и-хо-ит / и-ҿа́а-и-ха-м, [aor.] и-ҿа́а-и-хе-ит, а-ҿа́а-на-хе-ит) **1.** (suddenly) to come toward a speaker: Иара́ а-ҽцы́с-гьы ҳара́ ҳ-гәа́-на-ҭа-н, и́-ҩ-ны ҳара́ ҳ-ахь а-ҿа́а-на-хе-ит. *When the colt also noticed us, it ran up to us.* Д-ҩа-гы́ла-н сара́ с-ахь и-ҿа́а-и-хе-ит. (ARD) *Он встал и направился ко мне. He suddenly got up and came to me.* **2.** to direct one's own face hither: А-ҧааимба́р-цәа р-ҿа́а-р-хе-ит уи́ а-хәада-хьы́. (AF) *The prophets set their face in the direction of that hillock.*

а-ҿа-гы́ла-ра [intr.] [C1-C2-Prev-R] [C1 object to C2] (**Fin.** [aor.] д-а-ҿа-гы́ле-ит / д-а-ҿа-м-гы́ле-ит, [imper.] у-с-ҿа-гы́л! / у-с-ҿа-м-гы́ла-н!; **Abs.** д-а-ҿа-гы́ла-ны) **1.** to pbject to sb. **2.** to come out against sb: А-қәы́ла-цәа и-р-ҿа-гы́ла-н еиба-шь-уа́-н. (ARD) *They were fighting against the invaders. Они воевали против оккупантов.* **3.** to stand in front of: У-с-ҿа-м-гы́ла-н, мачҡ у-на-скьа́! *Don't stand in front of me, move a little!*

а-ҿа-заа-ра́ [intr.] (**Fin.** [pres.] и-ҿо́-уп / и-ҿа́-м) **1.** (with а́-хьҭа) to be cold: Иахьа́ а́-хьҭа а-ҿо́-уп. *It is cold today.*

а́-ҿа-к-ра [tr.] [C1-C2(a/p)-Prev-C3-R / C1-C2(a/p)-Prev-C3-Neg-R] [C3 switch C1 of C2 on] (**Fin.** [pres.] и-а-ҿа́-с-к-уе-ит / и-а-ҿа́-с-к-уа-м, [aor.] и-а-ҿа́-с-к-ит / и-а-ҿа́-сы-м-к-ит, [imper.] и-а-ҿа-кы́! / и-а-ҿа́-бы-м-кы-н!, и-а-ҿа́-шә-к! / и-а-ҿа́-шәы-м-кы-н!; **Non-fin.** [pres.] (C1) и-а-ҿа́-з-к-уа / и-а-ҿа́-зы-м-к-уа; **Abs.** и-а-ҿа-к-ны́ / и-а-ҿа́-м-к-кәа) **1.** to switch/turn on (*the radio, the iron, etc.*): И-р-ҿа́-с-к-уе-ит. *I'll switch them on.* Сара́ а-телеви́зор а-ҿа́-с-к-уе-ит. *I'll turn on the television. Я включу телевизор.*

а-ҿакәа-ра́[1] [n.] (-қәа) a notch; an incision.

а-ҿакәа-ра́[2]* [tr.] [C1-C3-S] [C3 make a notch in C1] (**Fin.** [aor.] и-у-ҿаҟәе́-ит / и-у-м-ҿаҟәе́-ит, [imper.] и-ҿаҟәа́! / и-у-м-ҿаҟәа́-н!) **1.** to make an incision/a notch: Абрыскьы́л и-лаба́шьа у-зы́-ҿаҟәо-зар, а-хы́лҧа ҟа́ҧшь у-ха́-ҳ-тцо-ит. (AF) *If you are able to put a notch in Abrsk'jul's staff, we shall place a red cap on you.*

а-ҿа́-ла-ра[1] [intr.] [C1-Prev-R / C1-Prev-Neg-R] [C1 ripen] (**Fin.** [pres.] и-ҿа́-ло-ит / и-ҿа́-ло-м (-ла-ӡо-м), [aor.] и-ҿа́-ле-ит / и-ҿа́-м-ле-ит (*or* и-м-ҿа́-ле-ит) (-ла-ӡе-ит), [imper.] у-ҿа́-л! / у-ҿа́-м-ла-н!; **Non-fin.** [pres.] (C1) и-ҿа́-ло / и-ҿа́-м-ло, [aor.] (C1) и-ҿа́-ла / и-ҿа́-м-

Ҿ

ла; **Abs.** и-ҿá-ла-ны / и-ҿá-м-ла-кәа) **1.** to ripen**:** Аҵыкәрéи а-ҿáлара и-á-ла-го-ит. (AFL) *The maize is beginning to ripen. Кукуруза начинает созревать.*

а-ҿá-ла-ра[2]* [intr.] [C1-C2-Prev-R / C1-C2-Prev-Neg-R] [C1 go up C2(an incline)] (**Fin.** [aor.] д-а-ҿá-ле-ит / д-а-ҿá-м-ле-ит, [imper.] б-а-ҿá-л! / б-а-ҿá-м-ла-н!) **1.** to go up an incline**:** Иарá и́-ма-ны á-ҩадара д-на-ҿá-л-т. (AF) *He went up the face of the incline with it.*

а-ҿанпҳшы́лара *see* **а-ҿапҳшы́лара**

-ҿ-áпҳхьа [post.] [cf. **áрхьа** front] **1.** in front of**:** А-ҩн-а-ҿ-áпҳхьа (/а-ҩн-[а]-áпҳхьа) ды-тәó-уп. *He is sitting in front of the house.* **2.** (= **áпҳхьа**) opposite**:** Уи́ х-ҿáпҳхьа (х-апҳхьа) ды-н-хó-ит. *He/She lives opposite us. Он/Она живет напротив нас.*

а-ҿ-апҳхьа *see* **-ҿ-áпҳхьа**

а-ҿапҳшы́лара [n.] (-кәа) (outward) appearance.

а-ҿáр [n.] (а-ҿáр-цәа, ҿáр-к, ҿáр-цәа-к) youth, young people**:** А-ҿáр р-áаӡара и-ҽ-а-з-и́-к-ит. (ARD) *Он посвятил себя делу воспитания молодежи. He devoted himself to the business of educating young people.*

а-ҿарá [n.] youth (period in time).

а-ҿа-рá [tr.] [C1-C3-R / C1-C3-Neg-R] [C3 chop C1] (**Fin.** [pres.] и-л-ҿó-ит / и-л-ҿó-м (*or* и-л-ҿа-ӡó-м), [aor.] и-л-ҿé-ит / и-лы-м-ҿé-ит (-ҿа-ӡé-ит), [imper.] и-ҿá! / и-бы-м-ҿá-н!, и-шә-ҿá! / и-шәы-м-ҿá-н!; **Non-fin.** [pres.] (C1) и́-л-ҿо / и́-лы-м-ҿо, (C3) и-з-ҿó / и-зы-м-ҿó, [aor.] (C1) и́-л-ҿа / и́-лы-м-ҿа, (C3) и-з-ҿá / и-зы-м-ҿá, [impf.] (C1) и́-л-ҿо-з / и́-лы-м-ҿо-з, (C3) и-з-ҿó-з / и-зы-м-ҿó-з, [past indef.] (C1) и́-л-ҿа-з / и́-лы-м-ҿа-з, (C3) и-з-ҿá-з / и-зы-м-ҿá-з; **Abs.** и-ҿа-ны́ / и-м-ҿá-кәа) **1.** to chop/hew/fell (*brushwood*). [cf. **а-ка-ҿа-рá** "to cut"]

а-ҿаргы́ла-ра [tr.] make stand in opposition to.

а-ҿарпы́н [n.] (= **а-ҿырпы́н**) (а-ҿарпы́н-кәа) a reed-pipe; a flute.

а-ҿá-рхь-рá* [tr.] [C1-C2-Prev-C3-S / C1-C2-Prev-C3-Neg-S] [C3 interrupt C2 with C1/C2's C1] (**Fin.** [aor.] и-л-ҿа-ды́-рхь-и́т / и-л-ҿа-д-мы́-рхь-и́т, [imper.] и-л-ҿá-рхь! / и-л-ҿа-б-мы́-рхьы́-н!) **1.** to interrupt, to cut off**:** С-áжәа с-ҿа-и́-рхь-ит. *He interrupted me.*

á-ҿарҳас-ра [intr.] [C1-S / C1-Neg-S] [C1 yawn] (**Fin.** [pres.] с-ҿарҳáс-уе-ит / с-ҿарҳáс-уа-м, [aor.] с-ҿарҳáс-ит / сы-м-ҿарҳáс-ит, [imper.] б-ҿарҳáс! / бы-м-ҿарҳáсы-н!; **Non-fin.** [pres.] (C1) и-ҿарҳáс-уа / и-м-ҿарҳáс-уа, [aor.] (C1) и-ҿарҳáс / и-м-ҿарҳáс; **Abs.** д-ҿарҳáс-ны / ды-м-ҿарҳáс-кәа) **1.** to yawn. [cf. **á-наҿарҳас-ра** "to yawn"]

а-ҿá-с-ра [intr.] [C1-C2-Prev-R] [C1 hit C2 in the face] (**Fin.** [aor.] д-и-ҿá-с-ит / д-и-ҿá-м-с-ит, [imper.] у-и-ҿá-с! / у-и-ҿá-м-сы-н!) **1.** to hit sb in the face**:** А-хәыҷы́ у-и-ҿá-м-сы-н! *Don't hit the child in the face!* **2.** (with а-пҳшá "wind") to blow**:** А-пҳшá и-и-ҿá-с-уе-ит. *The wind is blowing on his face.*

а-ҿа-тáта-ра [tr.] (**Fin.** [pres.] и-л-ҿа-тáто-ит / и-л-ҿа-тáто-м, [aor.] и-л-ҿа-тáте-ит / и-л-ҿá-м-тате-ит, [imper.] и-б-ҿа-тáта! / и-б-ҿá-м-тата-н!; **Non-fin.** [pres.] (POSS) и-з-ҿа-тáто / и-з-ҿá-м-тато) **1.** to dirty.

а-ҿáтә [adj.] **1.** new. **2.** contemporary, modern.

а-ҿáҭахьа [n.] vow; promise**:** Ҿáҭахьа-ны и-ќа-л-тцé-ит — 'хáтца с-шы́-м-ца-ра' хәа. (AF) *She made a vow that she would not marry.* || **а-ҿáҭахьа и́-ќә-и-тце-ит** *he swore, он поклялся.*

а-ҿа-ҭәа-рá [tr.] [C1-C2-Prev-C3-R / C1-C2-Prev-C3-Neg-R] [C3 splash C2 in the face with C1] (**Fin.** [pres.] и-а-ҿá-л-ҭәо-ит / и-а-ҿá-л-ҭәо-м, [aor.] и-а-ҿá-л-ҭәе-ит / и-а-ҿá-лы-м-ҭәе-ит, [imper.] и-а-ҿа-ҭәá!, и-а-ҿá-шә-ҭәа! / и-а-ҿá-шәы-м-ҭәа-н!; **Non-fin.** [pres.] (C1) и-а-ҿа-л-ҭәо / и-а-ҿа-лы-м-ҭәо, (C2) и-з-ҿа-л-ҭәо / и-з-ҿа-лы-м-ҭәо, (C3) и-а-ҿа-з-ҭәо / и-а-ҿа-зы-м-ҭәо; **Abs.** и-а-ҿа-ҭәа-ны́ / и-а-ҿá-м-ҭәа-кәа) **1.** to splash sb in the face with sth**:** А-ҩы́ и-ҿá-л-ҭәе-ит. (ARD) *Она плеснула ему вино в лицо. She splashed him in the* *face with wine.* **2.** to pour into.

а-ҿа-ха-рá [intr.] [C1-C2-Prev-R / C1-C2-Prev-Neg-R] [C1 stumble over C2] (**Fin.** [pres.] д-а-ҿа-хó-ит / д-а-ҿа-хó-м, [aor.] д-а-ҿа-хé-ит / д-а-ҿá-м-хе-ит, [imper.] б-а-ҿа-хá! / б-а-ҿá-м-ха-н!; **Non-fin.** [pres.] (C1) и-а-ҿа-хó / и-а-ҿá-м-хо; **Abs.** д-а-ҿá-м-ха-кәа) **1.** to stumble over**:** А-стóл с-а-ҿа-хé-ит. *I stumbled over the table.* А-стóл-кәа сы-р-ҿа-хé-ит. *I stumbled over the tables.*

а-ҿá-ҳа-ра [intr.] [C1-C2-Prev-R / C1-C2-Neg-R] [C1 meet C2 accidentally] (**Fin.** [pres.] сы-л-ҿá-ҳа-уе-ит / сы-л-ҿá-ҳа-уа-м (-ҳа-ӡо-м), [aor.] сы-л-ҿá-ҳа-ит / сы-л-ҿá-м-ҳа-ит (-ҳа-ӡе-ит), [imper.] бы-л-ҿá-ҳа! / бы-л-ҿá-м-ҳа-н!, шәы-л-ҿá-ҳа! / шәы-л-ҿá-м-ҳа-н!; **Non-fin.** [pres.] (C1) и-л-ҿá-ҳа-уа (*тот, который встречается с ней*) / и-л-ҿá-м-ҳа-уа, (C2) ды-з-ҿá-ҳа-уа (*тот, с которым он/она встречается*) / ды-з-ҿá-м-ҳа-уа, [aor.] (C1) и-л-ҿá-ҳа / и-л-ҿá-м-ҳа, (C2) ды-з-ҿá-ҳа / ды-з-ҿá-м-ҳа, [impf.] (C1) и-л-ҿá-ҳа-уа-з / и-л-ҿá-м-ҳа-уа-з, (C2) ды-з-ҿá-ҳа-уа-з / ды-з-ҿá-м-ҳа-уа-з, [past indef.] (C1) и-л-ҿá-ҳа-з / и-л-ҿá-м-ҳа-з, (C2) ды-з-ҿá-ҳа-з / ды-з-ҿá-м-ҳа-з; **Abs.** сы-л-ҿá-ҳа-ны / сы-л-ҿá-м-ҳа-кәа) **1.** to meet by chance/accidentally**:** ды-с-ҿá-ҳа-ит *he/she met (with) me.* Уи́ с-и-ҿá-м-ҳара-цы, сарá даҽá мҩá-к-ала с-цé-ит. (RAD) *Чтобы избегнуть встречи с ним, я пошел по другой дороге. In order to avoid an encounter with him, I went along another road.* Уи́ даны́-з-ба, сарá агьы́рахь с-иá-с-ит, ҳа-и-ҿá-м-ҳа-ра-цы. *Having seen him, I crossed to the other side in order to avoid an encounter.*

а-ҿа-ҳәа-рá [tr.] [C1-Prev-C3-R / C1-Prev-C3-Neg-R] [C3 tie C1] (**Fin.** [pres.] и-ҿá-л-ҳәо-ит / и-ҿá-л-ҳәо-м (-ҳәа-ӡо-м), [aor.] и-ҿá-л-ҳәе-ит / и-ҿá-лы-м-ҳәе-ит (-ҳәа-ӡе-ит), [imper.] и-ҿá-ҳәа! / и-ҿá-бы-м-ҳәа-н!, и-ҿá-шә-ҳәа! / и-ҿá-шәы-м-ҳәа-н!; **Non-fin.** [pres.] (C1) и-ҿá-л-ҳәо / и-ҿá-лы-м-ҳәо, (C3) и-ҿá-з-ҳәо / и-ҿá-зы-м-ҳәо, [aor.] (C1) и-ҿá-л-ҳәа / и-ҿá-лы-м-ҳәа, (C3) и-ҿá-з-ҳәа / и-ҿá-зы-м-ҳәа, [impf.] (C1) и-ҿá-л-ҳәо-з / и-ҿá-лы-м-ҳәо-з, (C3) и-ҿá-з-ҳәо-з / и-ҿá-зы-м-ҳәо-з, [past indef.] (C1) и-ҿá-л-ҳәа-з / и-ҿá-лы-м-ҳәа-з, (C3) и-ҿá-з-ҳәа-з / и-ҿá-зы-м-ҳәа-з; **Abs.** и-ҿа-ҳәа-ны́ / и-ҿá-м-ҳәа-кәа) **1.** to tie; to tie round**:** а-хы́ касы́-ла а-ҿаҳәарá *to tie a shawl around the head.* **2.** to pack; to wrap up**:** á-маҭәа-кәа р-ҿаҳәарá *to wrap up the things.* **3.** to bandage**:** А-хә д-ҿá-р-ҳәе-ит. *They bandaged the wounded person.* И-хь-уа-з и-шьапы́ ҿá-р-ҳәе-ит. (ARD) *Ему перевязали больную ногу. They bandaged his diseased foot.*

а-ҿацá [adj.] (*of voice*) shrill.

а-ҿáцә [n.] (-кәа) the edge**:** а-шáха а-ҿáцә *the ends of a rope.*

а-ҿатцá [n.] (-кәá, ҿатцá-к) **1.** a lump; a piece, a slice**:** ҿатцá-к а-чá (/ча ҿатцá-к) *a slice of bread.* ҿатцá-к а-ны́шә *a mouthful of soil.* А-ҿатцá с-зы́-фо-м. *I cannot eat any more.* Иахьá ҿатцá-к и-м-фá-цт. *He has not eaten anything today.* **2.** a plot (*of land*)**:** Дгьыл ҿатцá-к и́-ма-м. (ARD) *He did not have a plot of land.*

а-ҿа-тца-рá [tr.] [C1-C2-Prev-C3-R / C1-C2-Prev-C3-Neg-R] [< -ҿ-а-тца- "(one's) mouth-into-put"] [C3 feed C2 with C1] (**Fin.** [pres.] и-л-ҿá-с-тцо-ит (*я кормлю ее им(нрз.)/ими*) / и-л-ҿá-с-тцо-м, [aor.] и-л-ҿá-с-тце-ит / и-л-ҿá-сы-м-тце-ит, [imper.] и-л-ҿа-тцá! / и-л-ҿá-бы-м-тца-н!; **Non-fin.** [pres.] (C1) и-л-ҿá-с-тцо / и-л-ҿá-сы-м-тцо, (C2) и-з-ҿá-с-тцо / и-з-ҿá-сы-м-тцо, (C3) и-л-ҿá-з-тцо / и-л-ҿá-зы-м-тцо; **Abs.** и-л-ҿа-тца-ны́ / и-л-ҿá-м-тца-кәа) **1.** to feed**:** и-л-ҿá-с-тцо-ит *I am feeding her with it/them.* А-хәычы́ á-мла д-а-гó-ит, и-ҿá-с-тцо сы́-ма-м. (AF) *The child is starving, but I have nothing to feed him.* **2.** to hang (*a door*)**:** á-шә ҿé-и-тце-ит *he hung the door.* **3.** to sew *a button* on**:** а-тцкы́ а-ҳәынтцәрá ҿá-л-тце-ит (ARD) *she sewed the button on the dress.* [cf. **а-ҿы́-х-ра** "to pull sth out of"]

а-ҿа-шәа-ра [intr.] [C1-C2-Prev-R / C1-C2-Prev-Neg-R] [C1 get into C2's mouth; C2 eat C1 accidentally; C1 be caught in C2(trap)] (**Fin.** [pres.] и-с-ҿа-шәó-ит / и-с-ҿа-шәó-м, [aor.] и-с-ҿа-шәé-ит / и-с-ҿá-м-шәе-ит; **Non-fin.** [pres.] (C1) и-с-ҿа-шәó / и-с-ҿá-м-шәо; **Abs.** и-с-ҿа-шәа-ны́ / и-с-ҿá-м-шәа-кәа) **1.** to get into the mouth**:** А-хәы́ц и-ҿа-шәé-ит. (ARD)

ҿ

Волосок попал ему в рот. A hair got into his mouth. И-у-ҿа-шәа-кь згьы́ у-м-ҳәа́-р-о-уп. *One ought not say everything which comes to the tongue. Нельзя говорить все что приходит на ум* (*lit. язык*). **2.** to be caught in (*the trap*)**:** А-ҳәы́ҳә а-цәҟьа́ и-а-ҿа-шәе́-ит. (ARD) *Голубь запутался в силке. A pidgeon was tangled in the snare.*

а-ҿиа-ра́ [intr.] (**Fin.** [pres.] и-ҿио́-ит / и-ҿио́-м, [aor.] и-ҿие́-ит / и-м-ҿие́-ит, [imper.] у-ҿиа́! / у-м-ҿиа́-н!; **Non-fin.** [pres.] (C1) и-ҿио́ / и-м-ҿио́, [aor.] (C1) и-ҿиа́ / и-м-ҿиа́) **1.** to develop; to grow up**:** А-рах-и, а-ӡахәе́-и еиҭа́-ҿиа-х-ма? *Have the reeds and vines grown up again?*

а-ҿ-каа-ра́ [tr.] [C1-Prev-C3-R / C1-Prev-C3-Neg-R] [C3 be infected with C1, C3 catches C1] (**Fin.** [pres.] и-ҿы́-с-каа-уе-ит / и-ҿы́-с-каа-уа-м, [aor.] и-ҿы́-с-каа-ит / и-ҿы́-сы-м-каа-ит, [imper.] и-ҿ-каа́! / и-ҿы́-бы-м-каа-н!, и-ҿы́-шә-каа / и-ҿы́-шәы-м-каа-н!; **Non-fin.** [pres.] (C1) и-ҿы́-с-каа-уа / и-ҿы́-сы-м-каа-уа, (C3) и-ҿы́-з-каа-уа / и-ҿы́-зы-м-каа-уа; **Abs.** и-ҿ-каа-ны́ / и-ҿы́-м-каа-кәа) **1.** to be infected with**:** Аимҳәа ҿ-и́-каа-ит. *He caught the flu.* [cf. **а́-хь-ра** "to hurt"]

а-ҿкы́ [n.] (а-ҿык-ҟәа́) infection.

а-ҿкы́ [adj.] (и-ҿк-у́, а-ҿык-ҟәа́) infectious**:** а-чы́мазара ҿык-ҟәа́ *infectious diseases.*

а-ҿ-кьа-ра́ [intr.] [C1-a-Prev-R / C1-a-Neg-Prev-R *or* C1-a-Prev-Neg-R] [C1 falls from *it*] (**Fin.** [pres.] д-а-ҿ-ҟьо́-ит / д-а-ҿ-ҟьо́-м, [aor.] д-а-ҿ-ҟье́-ит / д-а-м-ҿ-ҟье́-ит *or* д-а-ҿы-м-ҟье́-ит, [imper.] б-а-ҿ-ҟьа́! / б-а-м-ҿ-ҟьа́-н! *or* б-а-ҿы-м-ҟьа́-н!; **Non-fin.** [pres.] (C1) и-а-ҿ-ҟьо́ / и-а-м-ҿ-ҟьо́, [aor.] (C1) и-а-ҿ-ҟьа́ / и-а-м-ҿ-ҟьа́; **Abs.** д-а-ҿ-ҟьа-ны́ / д-а-ҿы́-м-ҟьа-кәа) **1.** (= **а́-л-кьа-ра**) to fall**:** А-шәарыцаҩ а́-хра д-а-ҿҟье́-ит. *The hunter fell from the crag.*

-ҿкьаса́ [adv.] persistently**:** Ды-ҿҟьаса́ д-и́-шьҭо-уп. *He/She is persistently on his track.*

а-ҿԥны́ [post.] in front of**:** Аалӡга а-ҿԥны́ (/а-ԥны́) ды-н-хо́-ит. *He lives in front of the river Aaljga.*

а-ҿҭбжьы́ [n.] voice; shout**:** А-ҿҭбжьы́ го-ит. *Someone is shouting.* а́рбаҕь-қәа р-ҿыҭбжьы́ *the crow.*

а-ҿ-т-ра́ *see* **а-ҿы-т-ра́**

а-ҿхьы́шә [n.] (-қәа) a kiosk.

а-ҿҳәара́ [n.] (а-ҿҳәара-қәа́) a period, a term; time**:** а-ҿҳәара-зы́ *by the deadline.* Иахьа́ хула́анӡа а-ҿҳәара́ шәы́-с-ҭо-ит. (GAL) *Я даю вам срок до вечера. I am giving you time until evening.* А-цара́ а-ҿҳәара́ ԥы́-с-ҵәе-ит. *I set the day of departure.*

а-ҿҳәара-заа-ра́ [intr. stative] || **а-ԥсы́ а-ҿҳәара-ра́** (= **а-ԥсы́ а́-ла-заа-ра**) (**Fin.** [pres.] сы-ԥсы́ лы-ҿҳәаро́-уп *I love her very much* / сы-ԥсы́ лы-ҿҳәара́-м, [past] сы-ԥсы́ лы-ҿҳәара́-н / сы-ԥсы́ лы-ҿҳәара́-мызт, [imper.] бы-ԥсы́ лы-ҿҳәара́-з! / бы-ԥсы́ лы-ҿҳәара́-мыз!; **Non-fin.** [pres.] (Poss-C1) зы-ԥсы́ лы-ҿҳәаро́ / зы-ԥсы́ лы-ҿҳәара́-м, (C2) сы-ԥсы́ зы-ҿҳәаро́ / сы-ԥсы́ зы-ҿҳәара́-м.) **1.** to love strongly/very much**:** И-ԥсы́ а-ҿҳәаро́-уп. *He likes it very much.* Ҳара́ ха-ԥса́дгьыл ха-ԥсы а-ҿҳәаро́-уп. (GAL) *Мы сильно любим свою Родину. We love our own homeland very much.*

а-ҿ-цәа́жәа-ра [intr.] [C1-C2-Prev-S / C1-C2-Prev-Neg-S] [C1 talk with C2] (**Fin.** [pres.] с-лы-ҿ-цәа́жәо-ит / с-лы-ҿ-цәа́жәо-м, [aor.] с-лы-ҿ-цәа́жәе-ит / сы-л-ҿы́-м-цәажәе-ит, [imper.] б-лы-ҿ-цәа́жәа! / бы-л-ҿы́-м-цәажәа-н!; **Non-fin.** [pres.] (C1) и-лы-ҿәа́жәо / и-л-ҿы́-м-цәажәо, (C2) и-зы-ҿәа́жәо / и-з-ҿы́-м-цәажәо; **Abs.** с-лы-ҿ-цәа́жәа-ны / с-л-ҿы́-м-цәа́жәа-кәа) **1.** to talk/converse with. **2.** (= **а-интервиу а-га-ра́**) to interview**:** с-лы-ҿ-цәа́жәе-ит *I interviewed her.*

-ҿы 1. [post.] *used to express "a point within an area or a place or a space."* "in, at" (cf. а-ҿы́ "mouth")**:** р-ҿ-гьы́ *in them, too.* а-дә-а-ҿы́ *in the yard.* ҳ-ҿы́ *at our place.* а-ҩна-ҿы́ *in the house.* а-мха-ҿы́ *in the field.* ҳара́ ҳ-ҳәынҭқа́рра-ҿ *in our state.* Ҳара́ ҳ-ҿы́ а́-ԥхын шоуро-уп. *It is hot at our place in the summer.* Сара́ а́-қалакь а-ҿы сы-нхо́-ит. *I live in the city.* А-вокза́л а-ҿы́ (/а-ҟы́н /а-ҟны́) ды́-ҟо-уп. *He is at the station.* А-уаҭа́х а-ҿы́ шо́уро-уп. *It is stuffy in the room.* Уи́ а-қы́ҭа-ҿ и-з-ҳа-уа́-н. *He grew up in the village.* А-теа́тр а-ҿы́ с-ҩы́за с-и́-қә-шәе-ит. *I met my friend in the theater.* Уара́ а-мшы́н а-ҿы́ у-ҽ-у́-кәабо-ма? *Do you bathe in the sea?* Аԥсшәа ҵара-ҿы́ ари́ а-хәычы́ зегьы́ д-р-е́иҕь-уп. *In the study of the Abkhaz language, this boy is the best of all.* А-шьха ҳара́к ду́ а-ҿы́ ҵы́с-ҭы́ҩратҵас акы́ у-бо́-ит. *Something like a bird's nest is visible on the tall mountain.* А-шәҟәы́ а-сто́л-ҿы и́-ҟо-уп. *The book is in the table. Книга в столе.* (cf. А-шәҟәы́ а-сто́л и́-қ-уп. *The book is on the table. Книга на столе.*) Сара́ с-ҭаацәа́ с-ры́-цхраа-уе-ит а-ҩы́н у́с-қәа р-ҿы́. (AFL) *I help my family with household affairs. Я помогаю моей семье в домашних делах.* А-хәыч-қәа́ а-ӡ-а-ҿы́ р-ҽы́-р-кәабо-ит, и-ӡсо́-ит. (AFL) *The children are bathing, swimming in the water. Дети в воде купаются, плавают.* Ҳ-қы́ҭа-ҿы ҩ-шко́л-к ы́-ҟо-уп. (AFL) *There are two schools in our village. В нашей деревне есть две школы.* **2.** [post.] in the presence of sb to sb**:** И-аа-и-гуа́ла-шәе-ит Ме́з и-ҿы́ и-а́мха-ҳәа-з. (GAL) *Он вспомнил, что он сказал невольно при Мезе. He remembered what he had unintentionally said in front of Mez.* **3.** [vrbal radical] *used as a radical for stative verbs and meaning "to be engaged"* (cf. **а-ҿы́-заа-ра**)**:** А-вокза́л д-а-ҿы́-уп. *He is engaged in building the station.***4.** [radical] *used with a masdar as a radical for a stative verb and expressing the progressive aspect***:** А-хумар-ра д-а-ҿы́-уп. *He is playing.* **5.** [post.] (1) at one's place; (2) towards, to one's place**:** с-ҿы́ *at my place.* бара́ б-ҿы́ *at your place.* лара́ л-ҿы́ *at her place.* иара́ и-ҿы́ *at his place.* дара́ р-ҿы́ *at their place.* Баракьа́ҭо-уп ҳара́ ҳ-ҿы́ ҭага́лан. (AFL) *In our area the autumn is abundant. У нас осень благодатная.* Иара́ ҳара́ ҳ-ҿы́ ҩы́мш ды́-ҟа-н. *He stayed with us for two days. Он побыл у нас два дня.* ды́-ҩ-ны л-а́н л-ҿы́ д-не́и-н (...). (Ab.Text) *She ran up to her mother ... , она прибежала к своей матери* (...). **6.** [preverb] from within.

а-ҿы́ [n.] (а-ҿ-қәа́, ҿы́-к, с-ҿы́, ҳа-ҿ-қәа́) **1.** a mouth**:** Шә-ҿы аа-шәы-рт-и́! *Please open your mouth!* || **а-ҿы́ а-к-ра́** to stammer, to stutter**:** У-ҿы́ а-к-уа́-ма? *Are you stammering?* **2.** a face**:** С-ҿ-и́ с-нап-и́ сы-ӡәӡәо́-ит. *I am washing my face and hands.*

а-ҿы́ҕь-ра : а-гәы́ а-ҿы́ҕь-ра [intr.] [Poss-гәы́ [C1]-R] [Poss be bored] (**Fin.** [pres.] с-гәы́ ҿы́ҕь-уе-ит, л-гәы́ ҿы́ҕь-уе-ит (*они скучает*) / с-гәы́ ҿы́ҕь-уа-м, л-гәы́ ҿы́ҕь-уа-м, [aor.] л-гәы́ ҿы́ҕь-ит / л-гәы́ м-ҿы́ҕь-ит, {cf. [imper.] (Causative) б-гәы́ б-мы-р-ҿы́ҕьы-н!}) **1.** to be bored; to be bored from idleness**:** С-гәы́ ҿы́ҕь-уе-ит. *I am bored.* Сара́ с-гәы́ ҿы́ҕь-ӡо-мызт. *I was not bored.*

а-ҿы-жәа-ра́ [tr.] [C1-Prev-C3-R / C1-Prev-C3-Neg-R] [C3 break off C1] (**Fin.** [pres.] и-ҿы́-з-жәо-ит / и-ҿы́-з-жәо-м (-жәа-ӡо-м), [aor.] и-ҿы́-з-жәе-ит / и-ҿы́-зы-м-жәе-ит (-жәа-ӡе-ит), [imper.] и-ҿ-жәа́! / и-ҿы́-бы-м-жәа-н!, и-ҿы́-жә-жәа! / и-ҿы́-жәы-м-жәа-н!; **Non-fin.** [pres.] (C1) и-ҿы́-л-жәо / и-ҿ́-лы-м-жәо, (C3) и-ҿы́-з-жәо / и-ҿы́-зы-м-жәо; **Abs.** и-ҿы́-жәа-ны / и-ҿы́-м-жәа-кәа) **1.** to break off, to tear off**:** А-бна бзи́а и-з-бо́, а-тҵла-қәа́ ԥ-и́-тҵәтҵәо-м, р-быҕь-қәа́ ҿ-и́-жәо-м. (AFL) *A person who loves the forest does not break trees and does not pull off leaves. Тот, кто любит лес, не ломает деревья, не срывает листья.* [cf. **а-ҿы-жәжәа-ра́** "to break off, to tear off", **а-ԥ-жәа-ра́** "to tear." **а-х-жәа-ра́** "to break"]

а-ҿы-жәжәа-ра́ [tr.] [C1-Prev-C3-S / C1-Prev-C3-Neg-S] [C3 break off C1] (**Fin.** [pres.] и-ҿы́-зы/сы-жәжәо-ит / и-ҿы́-зы/сы-жәжәо-м (-жәжәа-ӡо-м), [aor.] и-ҿы́-зы/сы-жәжәе-ит / и-ҿы́-с-мы-жәжәе-ит (-жәжәа-ӡе-ит), [imper.] и-ҿы-жәжәа́! / и-ҿы́-б-мы-жәжәа-н!, и-ҿы́-шәы-жәжәа! / и-ҿы́-шә-мы-жәжәа-н!; **Non-fin.** [pres.] (C1) и-ҿы́-лы-жәжәо / и-ҿы́-л-мы-жәжәо, (C3) и-ҿы́-зы-жәжәо / и-ҿы́-з-мы-жәжәо; **Abs.** и-ҿы-жәжәа-ны́ / и-ҿы́-мы-жәжәа-кәа) **1.** to break off, to tear off.

а-ҿы́-заа-ра [intr. stative] [< -ҿы "in"] [C1-C2-R] [C1 be engaged in C2] (**Fin.** [pres.] д-а-ҿ-у́п *or* д-а-ҿы́-уп / д-а-ҿы́-м (-ҿ-ӡа́-м), [past] д-а-ҿы́-н / д-а-ҿы́-мызт (-ҿ-ӡа́-мызт), [imper.] б-а-ҿы́-з / б-а-ҿы́-мыз; **Non-fin.** [pres.] (C1) и-а-ҿ-у́ / и-а-ҿы́-м, (C2) ды-з-ҿы́-у (ды-з-ҿ-у́) / ды-з-ҿы́-м; [past] (C1) и-а-ҿы́-з / и-а-ҿы́-мыз; (C2) ды-з-ҿы́-з / ды-з-ҿы́-мыз; **Abs.** д-а-ҿ-ны́ / д-а-ҿы́-м-кәа) **1.** to be engaged in, to be occupied with: акы́ с-а-ҿ-у́п *I am doing something.* акы́ д-а-ҿ-у́п *he/she is doing something.* акы́ с-а-ҿы́-н *I was doing something.* бы-з-ҿы́-з? *what were you doing?* бы-з-ҿ-у́-и? *what are you doing?* Ак-гьы́ с-а-ҿы́-м. *I am not doing anything.* Ак-гьы́ с-а-ҿы́-мызт. *I was not doing anything.* Чети́н, уара́ иацы́ а-ҩны́ у-з-ҿы́-з? *Chetin, what did you do yesterday?* ды-з-ҿ-у́-и? *what is he/she doing?* А-нхара́ и-а-ҿ-у́п. *They work in the field./They are engage in agriculture. Они работают в поле. / Они занимаются сельским хозяйством.* Сара́ уажәы́ шәҟәы́ бзиа-к а́-ҧхьа-ра с-а-ҿ-у́п. *Now I am reading an interesting book.* А-ӡы́ аа́-и-ра и-а-ҿы́-н а-ҿырҿыр-хәа. (ACST) *The water was coming in a swoosh.* А-чуа́н а-ш-ра́ и-а-ҿы́-н. *The pot was on the boil.* **2.** to be busy/occupied/engaged: Иара́ и-у́с д-а-ҿы́-уп. (RAD) *Он занят своей работой. He is busy with his work.* **3.** (*of rain, snow, etc.*) to continue: Ҩы́нҩажәи ҩба мшы и-аа-ҟәы́-м-ц-ӡа-кәа а-қәоура́ и-а-ҿы́-н. (AF) *It rained for 42 days without cessation.* **4.** to have in mind; to mean: Шәы-з-ҿ-у́ да́рбан? *Whom do you have in mind?* Абни́ а-ко́фта шкәа́кәа з-шә-у́ а-ҧҳәы́зба л-о́-у-ма шәы-з-ҿ-у́? (IC) *Do you have in mind that girl who is wearing a white jacket?*

а-ҿы́қә [n.] (а-ҿы́қә-қәа) **1.** the (sea) coast; a (river) bank, a shore: а-мшы́н а-ҿы́қә *the seashore.* а-мшы́н а-ҿы́қә-а-н *at the coast of the sea, на берегу моря.* Аҧсны́ шьҭо́-уп Амшы́н Еиқәа́ а-ҿы́қә-а-н. (AFL) *Abkhazia is on the coast of the Black Sea. Абхазия находится на побережье Черного моря.*

а-ҿы́-ла-ха-ра [tr.] [Poss-SV-Prev-C3-R] [C3 make for] (**Fin.** [aor.] и-ҿы́-ле-и-хе-ит, а-ҿы́-ла-на-хе-ит) **1.** to make for somewhere: Д-ҩа-гы́ла-н а́-шлхара а-га́нахь и-ҿы́-ле-и-хе-ит. (ARD) *He stood up suddenly and made for the mountains. Он вдруг встал и направился в сторону гор.* А-қәа а-ҿы́-ла-на-хе-ит. *The rain came straight down.*

а-ҿы́-м-ҭ-ра [tr.] [noun-C3-Neg-R] [C3 keep silent] (**Fin.** [pres.] ҿы́-с-ҭ-уа-м, [aor.] ҿы́-сы-м-ҭ-ит, ҿ-и́-м-ҭ-ӡе-ит, [imper.] ҿы́-бы-м-ҭы-н!; **Non-fin.** [pres.] (C3) ҿы́-з-ҭ-уа / ҿы́-зы-м-ҭ-уа, [aor.] (C3) ҿы́-з-ҭ / ҿы́-зы-м-ҭ; **Abs.** ҿы́-м-ҭ-кәа) **1.** to be/keep silent: ҿы́-с-ҭ-уа-м *I am silent, я молчу.*

ҿы́мҭ [adv.] silently.

ҿы́мҭкәа [adv. < Abs.] [See **а-ҿы́-м-ҭ-ра**] silently, in silence: Уи́ ҿы́мҭкәа д-тәа́-н. *He/She was sitting silently.* А-ҧҳәы́с ҿы́мҭкәа а-ҩны́ д-аа́-ит. *The woman came back in silence.*

а-ҿы́-на-рха-ра [tr.] [C2/Poss-Prev-Perv-C3-S] [C3 throw C2 there] (**Fin.** [aor.] а-ҿы́-на-и-рхе-ит) **1.** to cast sth there: И-ш-и́-мч-у а-ҿы́-на-и-рхе-ит. *He hurled it.* Сара́ с-ахь з-ҿы́-на-и-рха-з а-ха́ҳә и-сы́-ва-гыла-з и́-қә-шәе-ит. (ARD) *The stone which he threw at me hit the person standing next to me.*

а-ҿы́-на-ха-ра [tr. SV] [Poss-SV-Prev-C3-R / Poss-SV-Prev-C3-Neg-R] [C3 set out there] (**Fin.** [pres.] с-ҿы́-на-с-хо-ит / с-ҿы́-на-с-хо-м, [aor.] х-ҿы́-на-х-хе-ит / х-ҿы́-на-ха-м-хе-ит, [imper.] б-ҿы́-на-ха! / б-ҿы́-на-бы-м-ха-н!, шә-ҿы́-на-шә-ха! / шә-ҿы́-на-шәы-м-ха-н!; **Abs.** с-ҿы́-на-ха-ны / с-ҿы́-на-м-ха-кәа) [N.B. The consonant **-н-** in с-ҿы́-**на**-с-хо-ит can alternate with **-л-**] **1.** to start, to set out: л-ҿы́-на-л-хо-ит *she sets out there* [*lit. she pulls her face there*].

-ҿынӡа [post.] up to: Са с-ҿы́нӡа д-на-ӡе́-ит. *He/She reached me.*

-ҿы́нтә(и) [post.] from.

а-ҿы́-ҧш-ра [intr.] [C1-C2-Prev-R] [C1 imitate C2] (**Fin.** [pres.] сы-л-ҿы́-ҧш-уе-ит / сы-л-ҿы́-ҧш-уа-м, [imper.] д-у-р-ҿы́-ҧш! [caus.] / у-и-ҿа́-м-ҧшы-н!; **Non-fin.** [pres.] (C2) сы-з-ҿы́-ҧш-уа) **1.** to imitate: Уи́ у-и-ҿа́-м-ҧшы-н! *Don't make him your model!* А-ҵара́ бзианы и-з-ҵо́ у-р-ҿы́-ҧш! (ARD) *Бери пример с тех, кто хорошо учится. Imitate the person who studies well!*

-ҿырҟьаса́ [adv.] with constant attacking: А-ла-қәа́ а-жьа́ ы́-ц-ды-рҟьа-н, и-ҿырҟьаса́ и-а́-

шьҭа-ле-ит. (ARD) *The dogs flushed a hare out and, with constant attacking, drove it.*

а-ҿы-рп-ра́ [labile] **(1)** [tr.] [C1-Prev-C3-S] [C3 husk C1] (**Fin.** [pres.] и-ҿ-сы-рп-уе́-ит / и-ҿ-сы-рп-уа́-м, [aor.] и-ҿ-сы-рп-и́т, и-ҿ-ды-рп-и́т / и-ҿ-с-мы-рп-и́т, [imper.] и-ҿы-рпы́! / и-ҿ-б-мы-рпы́-н!, и-ҿ-шәы-рпы́! / и-ҿ-шә-мы-рпы́-н!; **Non-fin.** [pres.] (C1) и-ҿ-сы-рп-уа́ / и-ҿ-с-мы-рп-уа́, (C3) и-ҿ-зы-рп-уа́ / и-ҿ-з-мы-рп-уа́; **Abs.** и-ҿы-рп-ны́ / и-ҿ-мы-рпы́-кәа) **1.** to husk, to shell: Сара́ а́-ԥш ҿ-сы-рп-уе́-ит. *I am husking corn. Я шелушу кукурузу.* [cf. **а́-ԥш-ҿы-рп-ра** "to husk corn kernels"]

а-ҿырпы́н [n.] (= **а-ҿарпы́н**) (-қәа) a reed-pipe; дудка, a fife.

а-ҿырԥшы́га [adj.] (и-ҿырԥшы́го-у) examplary: и-ҿырԥшы́го-у а-тҵаҩы́ *the examplary pupil.*

ҿырхәа́ла [adv.] by heart: Ажәеинраала-қәа ҿырхәа́ла с-ры́-ԥхье-ит. *I recited the verses by heart.*

а-ҿы-ршәа-ра́ [tr.] [C1-Prev-C3-S / C1-Prev-C3-Neg-S] [C3 knock C1 down] (**Fin.** [pres.] и-ҿ-сы-ршәо́-ит / и-ҿ-сы-ршәо́-м, [aor.] и-ҿ-сы-ршәе́-ит / и-ҿ-с-мы-ршәе́-ит, [imper.] и-ҿы-ршәа́! / и-ҿ-б-мы-ршәа́-н!; **Non-fin.** [pres.] (C1) и-ҿ-сы-ршәо́ / и-ҿ-с-мы-ршәо́, (C3) и-ҿ-зы-ршәо́ / и-ҿ-з-мы-ршәо́; **Abs.** и-ҿы-ршәа-ны́ / и-ҿы-мы-ршәа́-кәа) **1.** to bring/knock down: а-тҵәа́ а́-тҵла а-ҿыршәа-ра́ *to knock an apple down from the tree.* Сара́ лаба́-ла а-тҵәа́ ҿ-сы-ршәе́-ит. *I knocked the apple down with a stick. Я сбил яблоко палкой.* **2.** to pick; to pluck: А-бҕьы́ ҿ-сы-ршәе́-ит. *I plucked a leaf.*

а-ҿыҭбжьы́ *see* **а-ҿҭбжьы́**

а-ҿы-ҭ-ра́ [tr.] [Prev-C3-R / Prev-C3-Neg-R] [C3 shout] (**Fin.** [pres.] ҿы́-с-ҭ-уе-ит / ҿы́-с-ҭ-уам, [aor.] ҿы́-с-ҭ-ит / ҿы́-сы-м-ҭ-ит, [imper.] ҿ-у́-м-ҭы-н!; **Non-fin.** [past indef.] (C3) ҿы́-з-ҭы-з) **1.** to shout, to cry out: Дызу́сҭа сы-хьӡ ҳәа-ны́ ҿы́-з-ҭы-з? (ACST) *Who is the one who cried out uttering my name?* [cf. **а-з-ҿы-ҭ-ра́** [tr.] "to call"]

а-ҿы́хантҵа [n.] painting.

а-ҿы́ха-ра [intr.] [C1-S / C1-Neg-S] [C1 wake up] (**Fin.** [pres.] д-ҿы́хо-ит / д-ҿы́хо-м (-ҿы́ха-ӡо-м), [aor.] д-ҿы́хе-ит / ды-м-ҿы́хе-ит (-ҿы́ха-ӡе-ит), [imper.] б-ҿы́ха! / бы-м-ҿы́ха-н!, шә-ҿы́ха! / шәы-м-ҿы́ха-н!; **Non-fin.** [pres.] (C1) и-ҿы́хо / и-м-ҿы́хо, [aor.] (C1) и-ҿы́ха / и-м-ҿы́ха; **Abs.** д-ҿы́ха-ны / ды-м-ҿы́ха-кәа) **1.** to wake, to awake: А-хәычы́ д-ҿы́хо-ит. *The child will wake up.* Ааԥын а-ԥсаба́ра ҿы́хо-ит. (AFL) *Nature awakes in the spring. Весной просыпается природа.* [cf. **а́а-ԥш-ра**]

а-ҿы́-х-ра[1] [tr.] [C1-Prev-C3-R / C1-Prev-C3-Neg-R] [C3 pick C1] (**Fin.** [pres.] и-ҿы́-с-х-уе-ит / и-ҿы́-с-х-уа-м, [aor.] и-ҿы́-с-х-ит / и-ҿы́-сы-м-х-ит; **Non-fin.** [pres.] (C1) и-ҿы́-л-х-уа / и-ҿы́-лы-м-х-уа, (C3) и-ҿы́-з-х-уа / и-ҿы́-зы-м-х-уа, [aor.] и-ҿы́-л-х / и-ҿы́-лы-м-х, (C3) и-ҿы́-з-х / и-ҿы́-зы-м-х, [impf.] и-ҿы́-л-х-уа-з / и-ҿы́-лы-м-х-уа-з, (C3) и-ҿы́-з-х-уа-з / и-ҿы́-зы-м-х-уа-з, [past indef.] и-ҿы́-л-хы-з / и-ҿы́-лы-м-хы-з, (C3) и-ҿы́-з-хы-з / и-ҿы́-зы-м-хы-з; **Abs.** и-ҿы́-х-ны / и-ҿы́-м-х-кәа) **1.** (*of fruits, berries*) to pick; to pluck: и-ҿы́-с-х-уа-ма? *for me to pick?* и-ҿы́-на-х-уа-ма? *will it pick it/them?* А-колнха-цәа́ а-ҭаҭы́н ҿы́-р-х-уе-ит. (AFL) *The kolkhozniki [collective farmers] are picking tobacco. Колхозники собирают табак.* А-шәы́р ҿы́-р-х-уе-ит. *They are picking fruits.* Шәара́ а-ча́и ҿы́-х-шьа жә-ды́р-уа-ма? *Do you know how to pick tea?* Шәара́ зны́кыр и-ҿы́-шә-х-хьо-ма а-ча́и? *Have you gathered tea?* [= **а-ча́и а-хы́-х-ра** "to pick tea"] **2.** to pull out of.

а-ҿы́-х-ра[2] [tr.] [C1-Prev-C3-R / C1-Prev-C3-Neg-R] [C3 rescue C1] (**Fin.** [pres.] д-ҿы́-с-х-уе-ит / д-ҿы́-с-х-уа-м, [aor.] д-ҿы́-с-х-ит / д-ҿы́-сы-м-х-ит; [imper.] д-ҿы́-х! / д-ҿы́-бы-м-хы-н!, д-ҿы́-шә-х! / д-ҿы́-шәы-м-хы-н!, **Non-fin.** [pres.] (C1) и-ҿы́-с-х-уа / и-ҿы́-сы-м-х-уа, (C3) д-ҿы́-з-х-уа / д-ҿы́-зы-м-х-уа; **Abs.** д-ҿы́-х-ны / д-ҿы́-м-х-кәа) **1.** to rescue: А-гәа́ӄра ды-з-ҭа-гы́ло а-ҟы́нтә с-ҩы́за д-ҿы́-с-х-ит. *I rescued my friend from trouble.* Ҳа-ԥсы́ ҿ-и́-х-ит. *He saved us.*

а-ҿы́-х-ра*[3] [tr.] (**Fin.** [aor.] и-ҿ-и́-х-ит / и-ҿ-и́-м-х-ит, [imper.] и-у-ҿы́-х! / и-у-ҿ-у́-м-хы-н!) **1.** to take sth out of (one's mouth): у-нацәа́ у-ҿы́-х! *Take your finger out of your mouth!* И-и-жәы-з зегьы́ и-ҿ-и́-х-ит. (ACST) *He spewed out everything that he had drunk.* [cf. **а-ҿа-тца-ра́**]

а-ҿы́-ҳаҳа-ра* [tr.] [C1-Prev-C3-R] [C3 bite off C1] (**Fin.** [aor.] и-ҿ-и́-ҳаҳа-ит / и-ҿ-и́-м-ҳаҳа-ит, **Abs.** и-ҿы́-ҳаҳа! / и-ҿ-у́-м-ҳаҳа-н!) **1.** to bite off, to gnaw off: И-напы́ а-мшә и-ҿ-на́-ҳаҳа-ит. (ARD) *The bear bit his hand off.*

а-ҿыц[1] [n.] (-қәа, ҿы́ц-к) novelty: Ҿы́ц-к аа́-с-хәе-ит. *I bought something new.*

а-ҿы́ц[2] [adj.] new; latest: а-шәҟәы́ ҿы́ц-қәа *the new books.* Иахьа́ а-шәҟәы́ ҿыц с-з-аа́-р-хәе-ит. *Today they bought a new book for me.* Арҭ а-газе́ҭ-қәа ҿы́ц-у-ма? *Are these newspapers the latest?*

ҿы́цха [adj.] prone: ҿы́цха д-ио́-уп. *he/she is lying on his/her stomach.*

ҿыц [adv.] again; anew.

а-ҿы́тца [n.] the palate. [< а-ҿы "mouth" + а-тца "bottom"]

а-ҿы́тц-кьа-ра [intr.] [C1-C2-Prev-R / C1-C2-Prev-Neg-R] [C1 spurt out of C2's mouth] (**Fin.** [pres.] и-с-ҿы́тц-ҟьо-ит / и-с-ҿы́тц-ҟьо-м, [aor.] и-с-ҿы́тц-ҟье-ит / и-с-ҿы́тцы-м-ҟье-ит; **Non-fin.** [pres.] (C1) и-с-ҿы́тц-ҟьо / и-с-ҿы́тцы-м-ҟьо, (C2) и-з-ҿы́тцҟ-ҟьо / и-з-ҿы́тцы-м-ҟьо; **Abs.** и-с-ҿы́тц-ҟьа-ны / и-с-ҿы́тцы-м-ҟьа-кәа) **1.** to spurt/gush out of the mouth involuntarily: и-л-ҿы́тц-ҟье-ит *it spurted out of her mouth involuntarily.*

а-ҿы́-тц-ра [intr.] [C1-C2-Prev-R / C1-C2-Prev-Neg-R] [C1 come out of C2's mouth] (**Fin.** [pres.] и-л-ҿы́-тц-уе-ит / и-л-ҿы́-тц-уа-м, [aor.] и-л-ҿы́-тц-ит / и-л-ҿы́-м-тц-ит; **Non-fin.** [pres.] (C1) и-л-ҿы́-тц-уа / и-л-ҿы́-м-тц-уа, (C2) и-з-ҿы́-тц-уа / и-з-ҿы́-м-тц-уа; **Abs.** и-л-ҿы́-тц-ны / и-л-ҿы́-м-тц-кәа) **1.** (*of blood*) to come out of the mouth: и-л-ҿы́-тц-уе-ит *(e.g. blood) is coming out of her mouth. (напр. кровь) идет у нее изо рта.* Ауаҩ ҽеи а́жәа ҽеи и-ҿы́-тц-уе-ит. (ACST) *Fine words come from the mouth of a fine person.*

а-ҿы́-тцә-раа-ра [intr.] [C1-Poss-] (**Fin.** [pres.] и-л-ҿы́-тцә-раа-уе-ит / и-л-ҿы́-тцә-раа-уа-м, [aor.] и-л-ҿы́-тцә-раа-ит / и-л-ҿы́-м-тцә-раа-ит) **1.** to fall out from the mouth of sb.

а-ҿы́-тцәы-ҩраа-ра [intr.] (**Fin.** [pres.] и-л-ҿы́тцәы-ҩраа-уе-ит / и-л-ҿы́тцәы-ҩраа-уа-м, [aor.] и-л-ҿы́тцәы-ҩраа-ит / и-л-ҿы́тцәы-м-ҩраа-ит, [imper.] у-л-ҿы́тцәы-ҩраа! / у-л-ҿы́тцәы-м-ҩраа-н!; **Non-fin.** [pres.] (C1) и-л-ҿы́тцәы-ҩраа-уа / и-л-ҿы́тцәы-м-ҩраа-уа, (C2) и-з-ҿы́тцәы-ҩраа-уа / и-з-ҿы́тцәы-м-ҩраа-уа) **1.** to fall out from the mouth.

а́-ҿыш-ра [tr.] || **а-хы́ а́-ҿыш-ра** [Poss-head [C1-]C3-S / Poss-head [C1-]C3-Neg-S] [C3 wash one's face] (**Fin.** [pres.] с-хы́ с-ҿыш-уе́-ит / с-хы́ с-ҿыш-уа́-м, [aor.] с-хы́ с-ҿыш-и́т / с-хы́ сы-м-ҿыш-и́т, [imper.] б-хы́ ҿышы́! / б-хы́ бы-м-ҿышы́-н!, шә-хы́ (*or* шәы-х-қәа́) шә-ҿышы́! / шә-хы́ (*or* шәы-х-қәа́) шәы-м-ҿышы́-н!; **Non-fin.** [pres.] (C1) з-хы́ з-ҿыш-уа́ / з-хы́ зы-м-ҿыш-уа́) **1.** to wash one's hair/face: Сара́ с-хы́ с-ҿыш-и́т. *I washed my head.* У-хы́ ҿышы́! *Wash your face!* Қәаӡы́-ла л-хы л-ҿаш-и́т. (ARD) *She washed her face with the rainwater. Она помыла голову дождевой водой.*

а-ҿы́-ҩа-ха-ра [tr. SV] [Poss-SV-Prev-C3-R / Poss-SV-Prev-C3-Neg-R] [C3 set out] (**Fin.** [pres.] л-ҿы́-ҩа-л-хо-ит / л-ҿы́-ҩа-л-хо-м, [aor.] л-ҿы́-ҩа-л-хе-ит / л-ҿы́-ҩа-лы-м-хе-ит, [imper.] б-ҿы́-ҩа-ха!, шә-ҿы́-ҩа-шә-ха! / б-ҿы́-ҩа-бы-м-ха-н!; **Abs.** с-ҿы́-ҩа-ха-ны / с-ҿы́-ҩа-м-ха-кәа) **1.** to start, to set out: И-ҿы́-ҩа-ха-ны д-це́-ит. (ARD) *He set out suddenly. Он взял и поехал.* [cf. **а-ҿы́-на-ха-ра** "to set out"]

а-ҿтцы́с [n.] (а-ҿтцы́с-қәа) a foal, a colt.

Ш ш

-ш(ы)- [verbal prefix] *inserted after the slot in Column I and used in the subordinate clause. The verbal complex takes the appropriate non-finite stem.*

1. *used to introduce a subordinate clause expressing "in what way or manner,"* i.e. "(I saw, told, ...) how ..."**:** д-ш-á-ҧхьа-з *how he/she read.* и-шы́-ҟа-л-тца-з *how she did it/them.* д-шы-ҧс-уá *how he/she is dying.* д-шы-ҧс-ý *that he/she is dead.* д-шы-ҧсы́-з *how he/she died.* ды-ш-нéи-з *how he/she came.* сы-ш-й-с-уа-з *how I was beating on him.* И-шы́-ҟа-л-тца-з сы-з-ды́р-уа-м. *I don't know how she did it/them.* Сарá а-шәҟәы́ с-ш-á-ҧхьо-з с-а-лацәáжәо-ит. *I am talking about how I was reading the book.* Сарá ларá а-шәҟәы́ шы-лы-с-ҭа-з с-а-лацәáжәо-ит. *I am talking about how I gave the book to her.* А-мш шы-с-хы́-з-га-з с-а-лацәáжәо-ит. (AFL) *I am talking about how I spent the day. Я говорю о том, как я провел день.* И-у-з-éилкаа-уá-м á-мш шы́-ҟо-у. (AFL) *You will not understand what the weather is. Не поймешь, какая погода.* || **и-шы́-шә-ҳәа-з éиҧш** as you said, как вы сказали.

2. *used as a complementizer "that," i.e. used to introduce a subordinate clause reporting an independent and a unified "sentence."* "(X tell, know, hear, etc.) that ..."**:** Аҧсуаа р-еиҳәбы́ é-и-ҳәе-ит А-нцәá ды-ш-й-ҧхьа-з. [indirect speech] (AF) *He told the leader of the Abkhazians that God had invited him.* С-шы-ҷкәы́на-м а-аил-й-каа-р, с-áн-гьы сар-гьы́ ҳа-и-шь-уé-ит с-áб (...). (Ab.Text) *If my father know that I am not a boy, he will kill my mother and me (...).* Ааҧсара шы-б-ны́-ҧш-уа з-бó-ит. *I see that/how you are tired. Я вижу, как ты устала.* А-ҩны́ д-ахьы́-ны-ҩнала-з а-уаá рацәа-ҩны́ и-еикуша-ны́ и-ш-тәá-з и-бé-ит. (Ab.Text) *He saw a large number of people inside the house he went into sitting around in the middle of the house.* Сарá сы́-шьҭахьҟа с-ан-хьá-ҧш, хáтца-к д-сы́-шьҭа-ла-ны д-ш-аа-уá-з з-бе-ит. (IC) *When I looked back, I saw that a man was following me.*

3. -ш(ы)- + **éиҧш** "as" *see* **-éиҧш**

4. [optionally reinforced by **áкәы-м-кәа(н)**] *used to set the context in which something else happens.* [ACST:L.14] *e.g. "as X was DOing like this"***:** Абáс ды-ш-тәá-з (áкәы-м-кәа(н)), ани́ а-ҿы́хәа ааҧшы́-н и-на-й-хәа-ҧш-ит. (ACST) *As he was sitting like this, that grey-horse awoke and looked over at him.* [See **áкәы-м-кәа(н)**]

|| **-ш(ы)—гьы** [verbal affix] *used for making concession.* "although"**:** А-мра шы-ҧхо-гьы́ и-хьҭó-уп. (ACST) *Although the sun is shining, it is cold.*

|| **-ш(ы)—тцәкьа** "as soon as, как только" *The manner-prefix* **-ш(ы)-** *is placed immediately after Column I and the intensifying suffix* **-тцәкьа-** *"just" is placed either immediately after a root or at the end of a word. If the sentence produced with theses affixes refers to the past, the non-finite Past Indefinite stem is used, while if the sentence refers to the future, the non-finite Aorist stem plus the suffix* **-лакь** *are used.* (= **-ан(ы)—тцәкьа**) (See Hewitt, Abkhaz:40; ACST:L.14)**: [past]** Ды-шы́-и-ба-(з)-тцәҟьа (/Ды-шы́-и-ба-тцәҟьа-(з)) д-цé-ит. *As soon as he saw him, he went.* С-шы́-л-ба-з-тцәҟьа д-цé-ит. *As soon as she saw me, she went.* Ари́ а-даý ды-з-шьы́-тцәҟьа-з «á-чкун» ды-л-дәы́лтцы-н и-ҽы́ а-хýц-куа аа-и-д-й-кшала-н (< /ф-а[а]-aj-dә-jә-k'šala-n/), (...). (Ab.Text) *As soon as the «boy» who had indeed killed this ogre went out, he rubbed his horse's hair, and (...).* **[present]** С-шы́-л-ба-лакь-тцәҟьа (/С-шы́-л-ба-тцәҟьа-лакь) д-цó-ит. *As soon as she sees me, she goes.* Барá а-кы́ҭа ахь бы-ш-нéи-лакь-тцәҟьа, а-шәҟәы́ сы-з-ҩы́. *As soon as you arrive at the village, write a letter to me! Как только ты приедешь в деревню, напиши мне письмо!* И-ш-аáи-лак-тцәҟьа (еиҧш) (/И-ш-аáи-лак(ь) éиҧш-тцәҟьа), а-цаҧхá ры-шә-ҭ! (ACST) *As soon as they get here, give them the key (to a plurality)!*

-ша- [verbal suffix] *used to mark the Future II and Conditional II of dynamic verbs*, cf. **-ш-т** (Finite Positive Future II). **1.** "(*that which*) X may/will probably *do*"**:** Уи́ сарá уáха ды-з-бá-

Ш

ша-м. (RAD) *I no longer see him/her any more. Мне больше его/ее уже не увидеть.* У-а́б а-суне́ҭ ан-у-з-и́-у-ша а́-ламҭала хучы́к а-ҿы́ сы́-рхумары-р с-ҭахы́-уп ҳәа и-а́-ҳәа. (Ab.Text) *Before your father circumcises you, say to him "I want to ride a horse for a while."* **2.** *expresses the obligative meaning,* "must" (**Non-fin.** (C1) и-ца́-ша (*one who must go*) / и-м-ца́-ша, [past] и-ца́-ша-з / и-ца́-ша-мыз): Ус а́кузар, и́-ҟа-у-ҵа-ша уи а́-уп. (Ab.Text) *If so, this is what you must do.* И-з-у-ша ура́ и-с-о́-у-ҳәа-гәы́шьа-р-о-уп а́кәым-зар, сара́ и-аба́-з-дыр-уе-и? (AF) *You must tell me, wretch that I am, what it is that I should do, otherwise how should I know?*

а́ша [adj.] bitter: А-мҟәы́ба ашо́-уп. *The gourd is bitter.*

а-ша́ [n.] (а-ша-ҟәа́, ша́-к) rope.

ша́анӡа [adv.] very early in the morning.

а-шаба-ра́* [intr.] [C1-R] [C1[the earth] dry up/C1 feel thirsty] (**Fin.** [pres.] с-шабо́-ит / с-шабо́-м, [aor.] и-шабе́-ит / и-м-шабе́-ит, д-шабе́-ит / ды-м-шабе́-ит) **1.** (*of the earth, ground*) to dry up: А-дгьыл шабе́-ит. *The ground dried up.* **2.** to feel thirsty: с-шабо́-ит *I am thirsty.*

шагыу [adv.] (of time) before: а-ләы́ӷба а-цара́ саа́ҭ-к шагыу *an hour before the train's departure, за час до отхода поезда.*

-ша-з [verbal suffix] *used to mark the non-finite Conditional II of dynamic verbs*: И-ҟа-и-ҵа-ша-з и-а́-на-ҳәе-ит. (Ab.Text) *It (= The horse) told him what he should do next.* (cf. **-ша-н, -ша-мызт**)

-ша-зар-гьы [verbal suffix] [non-finite Future II + protasis-formant + "even"] "even if wants/(had) wanted to VERB" (ACST): и-аҳ-ҳәа́-ша-зар-гьы и-ҳа-з-ды́р-ӡо-м и-у́-хьӡ-у. (ACST) *even if we want(ed) to say it, we don't know what your name is.*

-шаҟә [suffix] [used without an article] *used to derive an adverb from a verb or a noun.* like, as; in the manner of: ла́ф-шаҟә *jokingly* (< а́-ла́ф 'joke'). хәма́р-шаҟә *in a playful fashion* (< а-хәма́р-ра 'to play'). (ACST)

шака́ (= **зака́**) **(1)** [interrog. adv.] "how many," "how much." *This interrogative adverb tends to be used with the singular form of a noun when the noun is placed after the adverb, but it is used with the plural when the noun is placed before the adverb. The verbal form of this interrogative sentence is the same as that of the "who" interrogative (i.e. marked by the suffix* **-да** *for the human class) and the "what" interrogative (i.e. marked by the suffixes* **-и** *and* **-зеи** *for the non-human class).* **1.** "how many" [Human class] (*see* **шака-ҩы́**): А-хәычҟәа́ шаҟа́-ҩ у́-ма-да? *How many children do you have?* cf. Ша́ҟа-ҩ ауааԥсы́ра ы́-ҟо-у-зеи ура́ у-ҭаацәара-ҿы́? *How many people are there in your family?* [Non-human class] Шаҟа́ ҵәа у́-мо-и? *How many apples do you have?* cf. А-ҵәа-ҟәа́ шаҟа́ у́-мо-и? *How many apples do you have?* У-а́рма напы́ шаҟа́ нацәкьы́с а-мо́-у-зеи? (AFL) *How many fingers do you have on your left hand? Сколько пальцев у тебя на левой руке?* Ура́ а́шьыжь а-саа́ҭ шаҟа́ р-зы́ у-гы́ло-и? *What time do you get up in the morning?* Ашықәс шаҟа́ а́амҭа а́-мо-и? (AFL) *How many seasons are in a year? Сколько времен года в году?* Ура́ шаҟа́ у-хы́ҵ-уа-зеи? — Сара́ и-с-хы́ҵ-уе-ит 20 (ҩажәа́) шықәса́. *How old are you? — I am 20 years old.* У-ашьа́ шаҟа́ ры́-ла д-еитҵбу́-зеи ура́ у-а́асҭа? *By how many years is your brother younger than you? На сколько лет твой брат тебя младше?* Шаҟа́ саа́ҭ а-ҵара́ шә-ҵо́-зеи а-университе́т а-ҿы́? (AFL) *How many hours do you study at the university? Сколько часов вы учитесь в университете?* А-саа́ҭ шаҟа́ р-зы́ и-нҵәо́-зеи шә-ҵара́? (AFL) *What time does your work finish? В котором часу кончается ваше занятие?* Ура́ шаҟа́ мшы́ у-ԥсы́ у-шьо́-зеи? (AFL) *How many days do you rest? Сколько дней ты отдыхаешь?* Шаҟа́ шко́л гы́ло-у-и шә-кы́ҭа-ҿ? *How many schools are in your village?* Шаҟа́ мааҭ и-а-ԥсо́-у-зеи? *How many rubles does it cost?* **2.** "how much": Шаҟа́ и-а-ԥсо́-и а-шәҟәы́? *How much does the book cost?* Шаҟа́ и-а-ԥсо́-у-зеи абри́ а-ҵкы ҩе́ижь?

(AFL) *How much does this yellow dress cost? Сколько стоит это желтое платье?* || шаҟа́ ... а́ҟара as much (many) ... so much (many). Шаҟа́ а́амҭа и-аан-хе́-и? *How long did they stay?* **3.** (= **зака́**) [with the comparative postposition **-а́асҭа** "than," etc.] *used in the second part of a comparision*: Асла́н иаха́ лассы́-лассы́ ды-з-бо́-ит Асҭа́нда шаҟа́/заҟа́ ды-з-бо́ а́асҭа. (ACST) *I see Aslan more often than I see Astanda.*

(2) [exclamatory adv.] how!: Шаҟа́ (/Заҟа́) и-ԥшӡо́-у-зеи а-сасаа́ирҭа а-хы́бра! *How beautiful the building of the hotel is!* [cf. И-шԥа́-ԥшӡо-у а-сасаа́ирҭа а-хы́бра!]

шакаҩы́ (= **закаҩы́**) [*see* **шака́**] **1.** how many people: Шаҟа́ҩ ауааԥсы́ра ы́-ҟо-у-зеи уара́ у-ҭаацәара-ҿы́? *How many people are there in your family?* **2.** [with the comparative postposition **-а́асҭа** "than," etc.] *used in the second part of a comparision*: Иаха́ ирацәаҩны́ и-кәашо́-н а-кәа́кь а-ҿы́ шаҟаҩы́/заҟаҩы́ тәа-з а́асҭа. (ACST) *More people were dancing than were sitting in the corner.*

шако́и *see* **зако́и**

ша́маха [adv.] rarely.

а-ша́мҭа [adv.] before dawn.

а-ша́мҭаз [adv.] by morning: А-ша́мҭазы а-чы́мазаҩ д-е́иӡьхе-ит. (RAD) *К утру больному стало лучше. The patient got better by the morning.*

-ша-мы-зт [verbal suffix] *used to mark the finite negative Conditional II of dynamic verbs.*

-ша-н [verbal suffix] *used to mark the finite positive Conditional II of dynamic verbs*: с-гы́ла-шан *I might stand up.*

а́-шанха-ра [intr.] [C1 be surprised] (**Fin.** [pres.] д-шанхо́-ит / д-шанхо́-м, [aor.] с-шанхе́-ит / сы-м-шанхе́-ит, [imper.] б-шанха́! / бы-м-шанха́-н!; **Non-fin.** [pres.] (C1) и-шанхо́ / и-м-шанхо́, **Abs.** д-шанха-ны́) **1.** to be amazed; to be rooted to the ground: Д-шәа-ны́ д-шанхе́-ит. (RAD) *Он/Она от испуга окаменел/-ла. He/She was so afraid that he/she was petrified.* С-шанха-ны́ с-гы́ла-н. *I was standing petrified with surprise.* [cf. **а́-р-шанха-ра** "to astonish"]

а-ша-ра́[1] [labile] **(1)** [tr.] [C1-C3-R / C1-C3-Neg-R] [C3 divide C1] (**Fin.** [pres.] и-с-шо́-ит / и-с-шо́-м, [aor.] и-с-ше́-ит, и-а-ше́-ит / и-сы-м-ше́-ит, и-а-м-ше́-ит, [imper.] и-ша́! / и-бы-м-ша́-н!; **Non-fin.** [pres.] (C1) и́-с-шо / и́-сы-м-шо, (C3) и-з-шо́ / и-зы-м-шо́; **Abs.** и-ша-ны́ / и-м-ша́-кәа) **1.** to divide sth: Урҭ р-ма́л р-шо́-ит. *They divide their property.* шәкы жәа́-ц̌ьара и-ше́-ит *he divided 100 by 10.* Ажәа-кәа цы́ра-ла и-ша́! *Divide the words into syllables!* || ҩы-ц̌ьара и-ша-ны́ хәҭа-к (GAL) '1/2' (*lit. на две разделенная одна доля*). хә-ц̌ьара и-ша-ны́ хәҭа-к '1/5' (*lit. на пять разделенная одна часть*). хә-ц̌ьара и-ша-ны́ ҩы-хәҭа-к '2/5'. А-дуне́и ха-м-ша́-р у-м-у-а́-зар, уара́ ҩбаны́ и-ша́! (AF) *If you are going to insist on us dividing the world, split it in two!* [cf. **-рак** '1/X'] **(2)** [intr.] [C1-R / C1-Neg-R] [C1 be divided] (**Fin.** [pres.] и-шо́-ит / и-шо́-м, [aor.] и-ше́-ит / и-м-ше́-ит; **Non-fin.** (C1) [pres.] и-шо́ / и́-м-шо, [aor.] и-ша́ / и́-м-ша, [impf.] и-шо́-з / и́-м-шо-з, [past indef.] и-ша́-з / и́-м-ша-з) **1.** to be divided; to divide: Жәа-ба́ ҩ-ба́ ры́-ла, хә-ба́ ры́-ла, жәа-ба́ ры́-ла и-шо́-ит. *10 is divisible by 2, 5 and 10.*

а-ша-ра́[2] [tr.] [C1-C3-R / C1-C3-Neg-R] [C3(God) create C1] (**Fin.** [pres.] и-л-шо́-ит / и-л-шо́-м (-ша-ӡо́-м), [aor.] и-л-ше́-ит / и-лы-м-ше́-ит (-ша-ӡе́-ит), [imper.] и-ша́! / и-бы-м-ша́-н!, и-шә-ша́! / и-шәы-м-ша́-н!; **Non-fin.** [pres.] (C1) и́-и-шо / и́-и-м-шо, (C3) и-з-шо́ / и-зы-м-шо́, [aor.] (C1) и́-и-ша / и́-и-м-ша, (C3) и-з-ша́ / и-зы-м-ша́, [impf.] (C1) и́-и-шо-з / и́-и-м-шо-з, (C3) и-з-шо́-з / и-зы-м-шо́-з, [past indef.] (C1) и́-и-ша-з / и́-и-м-ша-з, (C3) и-з-ша́-з / и-зы-м-ша́-з; **Abs.** и-ша-ны́ / и-м-ша́-кәа) **1.** (*of God*) to create: Ҳа-з-ша́-з *our Creator.* А-нцәа́ а-дуне́и и-ше́-ит. *God created the world.* Ды-з-ша́-з д-и́-сас-уп. *Let him be the guest of that (= God) who created him.* А-нцәа́ и́-и-ша-з а-уаа́ зегьы́ дасу́ р-ҭы́ԥ-қәа р-и́-ҭе-ит. (AF) *God gave to all the people he had created each their places.*

а-ша-ра́[3] [intr.] [Dummy-R / Dummy-Neg-R] [the dawn breaks] (**Fin.** [pres.] и-шо́-ит / и-шо́-

Ш

м, [aor.] и-шé-ит / и-м-шé-ит, [imper.] у-шá! / у-м-шá-н!; **Non-fin.** [pres.] (C1) и-шó / и-м-шó, [aor.] (C1) и-шá / и-м-шá; **Abs.** и-ша-ны́ / и-м-шá-кәа) **1.** to dawn: А-шарá и-á-лаго-ит. *It is beginning to dawn.* И-шó-ит. *The day is already dawning.* И-м-шá-цызт. *The day had not yet broken.* Уатҵәы́ áа-ша-р атҟáк р-á-с-ҳәа-р-о-уп. (Ab.Text) *When day breaks tomorrow, I must answer them.*

á-шарҧаз [adv.] early in the morning.

а-шарҧазы́ [adv.] early in the morning.

-шаха [suffix] many: и-лаҕырӡы́-шаха *in tears, в слезах.*

а-шáха [n.] (а-шáха-қәа) rope: а-шáха áидых-ра *to unwind a rope, развить веревку.*

а-шáхмат [n.] (pl.**) chess. шахматы: А-шáхмат д-á-с-уе-ит. *He/She is playing chess. Он/Она играет в шахматы.*

ашáхҭа [n.] mine.

á-шаҳаҭ [n.] (-цәа) a witness.

á-шаҳаҭра [n.] evidence.

а-шацәá [n.] (pl.) [religious] creators; angels; the Fates.

а-шаҩы́ [n.] (а-ша-қәá/цәá) **1.** a distributor. **2.** the Creator.

а-шбжьы́ [n.] bark: а-лá а-шбжьы́ *the dog's bark.*

шéишықәсеи [adv.] forever.

-ш-и́аша-з / **-ш-и́ашо** *see* **а-иáша**[2]

а-шкóл [n.] (-қәа) a school. школа: а-қы́ҭа шкóл а-ҿы́ *at the village school.* а-шкóл хәы́ч-қәа *schoolboys.* Сарá а-шкóл-ахь с-цó-ит. *I am going to school.* Дарá зегьы́ а-шкóл и-ҭó-уп. (ANR) *They are all at school.*

а-шкóлтә [adj.] of (a) school.

á-шкәакәа [adj.] (и́-шкәакәо-у, á-шкәакәа-қәа, шкәáкәа-к) **1.** white: а-цәá шкәáкәа *white skin.* á-шәҭ шкәáкәа-қәа *white flowers.* а-чá шкәáкәа *white bread.* а-ҩы́ шкәáкәа *white wine.* и-аа-зы́-шкәáкәо-у *whitish, беловатый.* и-аа-зы́-шкәакәа-шәá *whitish, беловатый.* А-сы́ шкәáкәо-уп. *Snow is white.* Шкуáкуа маҭәá-ла д-еила-ҳәá-н. (Ab.Text) *She was wearing a white dress.* || И-áжәымҭа шкәáкәо-уп. *His is happy in his old age.* [lit. *His old age is white.*]

-шкәакәаны [adv.] whitely: А-гәáшә шкәáкәа-ны и-шә-и́т. *He painted the gate white.*

á-шкәакәа-ха-ра [intr.] [C1-white-become] [C1 grow white] (**Fin.** [pres.] и-шкәáкәа-хо-ит / и-шкәáкәа-хо-м, [aor.] и-шкәáкәа-хе-ит / и-шкәáкәа-м-хе-ит, [imper.] у-шкәáкәа-ха! / у-шкәáкәа-м-ха-н!; **Non-fin.** [pres.] (C1) и-шкәáкәа-хо / и-шкәáкәа-м-хо, [aor.] (C1) и-шкәáкәа-ха / и-шкәáкәа-м-ха; **Abs.** и-шкәáкәа-ны / и-шкәáкәа-м-кәа) **1.** to grow/turn white: Уи́ и-хы́ зынӡá и-шкәáкәа-хе-ит. *His hair turned completely white.* А-жьá шьҭá á-шләакәахара (*or* и-шкәакәахо) и-á-ла-го-ит. *The hare is already beginning to turn white.* [cf. **á-р-шкәакәа-ра** "to whiten"]

а-шқәс *see* **á-шықәса**

-шка [post.] towards, in the direction of: а-мшы́н á-шҟа *in the direction of the sea.* Уатҵәы́ шәы́-шҟа с-ҩé-и-уе-ит. (ACST) *I'll pop up to your place tomorrow.*

á-шла [adj.] (и́-шло-у, á-шла-қәа/-цәа, шла-қәá-к, шлá-к) gray/grey: а-жáкьа шлá *gray beard.* á-шьха шла-қәá *the gray mountains.*

á-шла-ра* [intr.] [C1-R] (**Fin.** [aor.] ды-шлé-ит / д-мы-шлé-ит, **Abs.** ды-шла-ны́ / д-мы-шлá-кәа) **1.** to turn gray: И-хахәы́ шлé-ит. *His hair turned gray.* Уи́ д-шы-чкәына-з ды-шлé-ит. *Though young he turned gray.*

а-шóура [n.] (-қәа, с-шóура) **1.** heat: а-шóура с-а-к-уé-ит *I'm feeling hot.* А-ҧéнџьыр аа-рты́, а-шóура у-а-к-уá-зар. (RAD) *Открой окно, если тебе очень жарко. Open the window if you are very hot.* А-шóура аны́-ҟо-у ҳ-аибáры-ҩ-ны (...). (AFL) *When it is hot, we race one* *another* (...). *Когда жарко, бежим наперегонки* (...). || **а-шóура с-а-к-и́т** it became hot for me. **2.** temperature: а-шóура дý *a high temperature.* а-шóура а-шəарá *to take one's temperature.* У-шóура шəа! *Take your temperature!* а-шóура á-ма-заа-ра *to have a temperature.* А-шóура и́-мо-уп. *He has a temperature.* Шəарá а-шóура закá шəы́-мо-и? (IC) *What is your temperature? —* Сарá ҩажəи́ жəи́-бжьи хə-хáз-к-и а-шóура сы́-мо-уп. *I have a temperature of 37.5 degrees.* **3.** [predicate] (**Fin.** [pres.] и-шóуро-уп / и-шóура-м) to be hot: и-шóуро-уп *it is hot, жарко.* А-уаҭáх а-ҿы́ дáара и-шóуро-уп. (RAD) *It is very hot in the room. В комнате очень жарко.*

а-шóура-ха-ра* [intr.] [C1-hot-become] (**Fin.** [aor.] и-шóура-хе-ит / и-шóура-м-хе-ит, **Abs.** и-шóура-ха-ны / и-шóура-м-ха-кəа) **1.** to become hot: Иахьá шóура-хо-ит. *Today it will become hot.*

-шҧа-[1] [verbal prefix] *inserted immediately after the slot of Column I and used to mark the interrogative meaning "**how?**". The verbal form of this interrogative complex is the same as that of the "when" interrogative marked by the prefix* **-анба-** *(though Perfect takes the suffix* **-и**). (cf. **-зла-, -ш-**) **(1) dynamic verbs:** [present] и-шҧá-л-ҭи-уе-и? *how is she selling it/them?* и-шҧá-лы-м-ҭи-уе-и? *how isn't she sell it/them?* [aorist] и-шҧá-л-ҭи? (< *и-шҧá-л-ҭи-и) *how did she sell it/them?* и-шҧá-лы-м-ҭи? (< *и-шҧá-лы-м-ҭи-и) *how didn't she sell it/them?* [imperfect] и-шҧá-л-ҭи-уа-з? *how was she selling it/them?* и-шҧá-лы-м-ҭи-уа-з? *how wasn't she selling it/them?* Шəарá и-шҧá-шə-ҳəа-з? *How did you say it/them?* Ари́ шҧá-кале-и? *How did this happen?* И-шҧá-ка-с-ҵа-р-и? *How am I to do it/them?* Шəарá шə-ýсура мшы́ шҧá-шə-хы́-жə-го-и? (AFL) *How do you spend your work day? Как вы проводите ваш рабочий день?* А-мш шҧо-у-хы́-у-ге-и? (AFL) *How did you spend the day? Как ты провел день?* Ускан а-ҧсабáра а-ҿ-шҧá-ҧсах-уе-и? (AFL) *How is nature changing at that time? Как природа изменяется тогда?* А-шəкəы́ шҧá-лы-с-ҭо-и? *How do I give the book to her?* И-шҧá-лы-с-ҭо-з а-шəкəы́? *How would I give the book to her?* А-шəкəы́ шҧá-лы-с-ҭе-и? *How did I give the book to her?* А-шəкəы́ шҧá-лы-с-ҭа-хьа-з? *How have I given the book to her?* ды-шҧá-цо-з *how was he/she going?* И-шҧá-ка-б-ҵе-и ари́? *How did you do this?* А-шəаҧы́цьаҧ ры-бҕь-кəá шҧá-кало-и ҭагáлан? (AFL) *What do the leaves of a plant become in autumn? Какими становятся листья растения осенью?* А-уаҩы́ а-ҩны́-ка б-aаи ҳəа шҧа-л-ó-у-м-ҳəе-и? *Why didn't you say to the (female) person, "Please come into the house."* **(2) stative verbs:** И-шҧá? *Why?; How is this?* ды-шҧá-гыло-у? *how is he/she standing? как он/она стоит?* ды-шҧá-гыла-м? *how isn't he/she standing? как он/она не стоит?* ды-шҧá-гыла-з? *how was he/she standing? как он/она стоял/-ла?* ды-шҧá-гыла-мы-з? *how wasn't he/she standing? как он/она не стоял/-ла?* агəабзи́аразы шəы-шҧá-ко-у? *how is your health?* Ашьыжьтəи́ á-мре-и а-ҧшé-и шҧ-áа-рҧш-у? (AFL) *How are the morning sun and the wind shown? Как показаны утреннее солнце и ветер?* И-шҧа-ры́-хьз-у ýрҭ? (AFL) *What are they called? Как они называются?* [cf. **-ш-**: И-шы́-ка-л-ҵа-з сы-з-ды́р-уа-м. *I don't know how she did it/them.*]

-шҧа-[2] [verbal prefix] *used for making an exclamatory form*: И-шҧá-ҧшзо-у а-сасаáирҭа а-хы́бра! *How beautiful the building of the hotel is!*

а-шҧы́ [n.] (а-шҧ-кəá, сы-шҧы́, шҧы́-к) the breast; the chest.

а-ш-рá[1] [intr.] [C1-R / C1-Neg-R] [C1 bark] (**Fin.** [pres.] и-ш-уé-ит / и-ш-уá-м (-ш-ӡó-м), [aor.] и-ш-и́т / и-м-ш-и́т (-ш-ӡé-ит), [imper.] у-шы́! / у-м-шы́-н!, шə-шы́! / шəы-м-шы́-н!; **Non-fin.** (C1) [pres.] и-ш-уá / и́-м-ш-уа, [aor.] и-шы́ / и́-м-ш, [impf.] и-ш-уá-з / и́-м-ш-уа-з, [past indef.] и-шы́-з / и́-м-шы-з; **Abs.** и-ш-ны́ / и-м-шы́-кəа) **1.** to bark: А-лá ш-уé-ит, а-ҧшá и-а-гó-ит. *The dog is barking, and the wind is carrying the sound.* [cf. **áи-ш-ра** "to bark at"]

а-ш-рá[2] [intr.] [C1-R] [C1 boil] (**Fin.** [pres.] и-ш-уé-ит / и-ш-уá-м, [aor.] и-ш-и́-т / и-м-ш-и́т,

Ш

[imper.] б-шы́! / бы-м-шы́-н!; **Non-fin.** [pres.] (C1) и-ш-уа́ / и-м-ш-уа́, [aor.] (C1) и-шы́ / и-м-шы́; **Abs.** и-ш-ны́ / и-м-шы́-кәа) **1.** to boil**:** А-ӡы́ ш-и-т. *The water boiled.* А-чуа́н а-шра́ и-а-ҿы́-н. *The pot was on the boil.* [cf. **а́ила-ш-ра** "to boil"]

-шт [verbal affix] *used to mark the finite positive Future II of dynamic verbs* (cf. **-ша-**). **1.** "probably," "possibly" (Hewitt, Abkhaz:177)**:** А-қалақь ахь ды-ца́-р, а́имаа-қәа а́а-и-хәа-шт. *If he goes to town, he'll probably buy some shoes.* "Compare this sentence with the almost identical one [above] where the final verb was **а́а-и-хәа-п** [Future I], and note that there is apparently a greater likelihood of the subject actually buying his shoes when the form of the main verb is Future II." [Hewitt, ibid.]**:** с-гы́ла-шт *I may/will probably stand up.* А-дау-куа́ у-гуа́-р-ҭа-р, и-ҟа́а-шт и-хәхәа́-шт. (Ab.Text) *If the ogres notice you, they will probably scream and wail.* **2.** *used with 1st person sg. and expressing "a sudden impulse on the part of the subject"* [Hewitt, ibid.]**:** С-ан-ду́ л-ҟы́нӡа с-ца́-шт. *I think I'll be off to grandmother's.* (Hewit, ibid.)

а́шҭа [n.] (а́шҭа-қәа, шҭа-к) **1.** track; yard**:** Аҳ и-а́шҭа-ҿы и-хәма́р-уа-н. *They were playing in the prince's yard.* А-ҳәа́ра-қәа а́шҭа-ҿы и-хә-уе́-ит. *The calves are grazing in the yard.* Ҳ-а́шҭа у-ҭа́-ле-ит. *You entered our yard.* А-хәыч-қәа́ ҳ-а́шҭа и-ҭы́-с-ны а-шко́л ахь и-цо́-н. *The children went to school, passing through our yard.* **2.** a square. **3.** a racecourse**:** Лы́хны а́-шҭа ҽы́рҩра-н. (ANR) *There was horse racing on the course at Lyxny.*

а́-шхәа [n.] (-қәа, шхәа-к, шхәа-ла́) a canoe.

а́шҳам [n.] (-қәа) poison.

а-шҭца́ [n.] the sole (of a foot); bottom.

а́-ш(ы)ш [n.] a fence; wattle hencing**:** аихатәы́ шыш *an iron fence.*

а-шша́ [n.] (а-шша-қәа́) **1.** grease. **2.** fat; butter.

а-шшаӷьы́ч [n.] (-қәа) a great tit/titmouse.

а́-шшара [n.] a plain; a flat.

а́-шш-ра [intr.] (**Fin.** [pres.] д-а-шш-уе́-ит / д-а-шш-уа́-м (-шш-ӡо́-м), [aor.] д-а-шш-и́т / д-м-а-шш-и́т, [imper.] б-а-шшы́! / б-м-а-шшы́-н!; **Non-fin.** (C1) [pres.] и-а́-шш-уа / и-м-а-шш-уа́) **1.** to complain**:** Шә-м-а-шш-ла́-н! *Don't complain (always)!* Уи́ а-зы́ сара́ с-а-шш-уа́-м. *I am not complaining about this/it.* Шә-м-а-шш-ла́-н! (GAL) *Не жалуйтесь всегда! Don't always complain!* [cf. **а-за́-шш-ра** "to complaina bout"]

-шы- *see* **-ш(ы)-**

а-шы́[1] [n.] (а-ш-қәа́, шы-к) millet.

а-шы́[2] [adj.] (и-шы́-у) hot**:** а-ӡы́ шу-п *the water is hot.*

а-шы́ӡ [n.] malaria.

а́-шықәса [n.] (= **а-шқәс**) (шықәса́, а́-шықәс-қәа, шықәсы́-к, шықәс-қәа́-к, сы́-шықәс, сы́-шықәс-қәа) **1.** year**:** есы́-шықәса *every year.* абри́ а́-шықәс *this year.* шықәс-қәа́-к р-а́пхьа *some years ago, несколько лет назад.* 1492 [зқьы́ пшьы́шәи пшьы́нҩажәи жәа́ҩа] шықәс-а-зы́ (ANR) *in 1492.* Иа́рбан шықәсо́-у д-ан-и́ы-з? *In what year was he born?* Ҩы́-шықәса абра́ сы-н-хо́-ит. *I have been living here for two years.* А-шықәс и-а-мо́-уп жәа́ҩа мза́. *There are twelve months in a year.* Уара́ шаҟа́ (шықәса́) у-хы́тц-уа-зеи (or у-хы́тц-уе-и)? — Сара́ и-с-хы́тц-уе-ит 20 (ҩажәа́) шықәса́. *How old are you? — I am 20 years old.* Ҳара́ и-аҳ-хы́тц-уе-ит фы́-шықәса. *We are six years old.* С-ашьа́ сара́ с-а́аста ҩы́-шықәса ры́-ла д-еиҳаб-у́п. *My brother is older than I by two years.* Шықәсы́-к шаҟа́ а́амҭа а́-мо-у-и? *How many seasons are in a year?* Заҟа́ шықәса́ шә-хы́тц-уа-зеи? *How old are you?* А-шықәс ҿыц шәы-ды-с-ны́ҳәало-ит. *I congratulate you on the new year.* **2.** a period, era.

шы́ҟоу [adv.] [< шы-ҟ-оу 'how-it is'] about, roughly.

а-шы́ла [n.] (а-шы́ла-қәа, шы́ла-к) cornmeal; (corn) flour.

а-шы́мҳа [n.] (-қәа) [*bot.*] a cherry-laurel.

а́-шырхәа [adv.] rapidly, quickly; fast.

а-шы́ц [n.] (-қәа) a box-tree.
а-шы́цра [n.] box-tree plantation.
а-шы́шкамс [n.] (-қәа) an ant.

Шь шь

-шь [verbal suffix] **1.** [with **-ма-** or **-у-** and SP] *used in "that"-clause which expresses the object of the verb "fear"* [See ACST: L.16]**:** Д-ка́-ҳа-ры-ма-шь/Д-ка́-ҳа-р(ы)-у-шь **ҳәа** с-шәо-ит. *I am afraid that he/she will fall.* (ACST) **2.** *added to the question-formant.* "really" [See ACST: L.19]**:** У-и-фа́-р ҳәа с-шәо-ит (...) с-и-фа-цәа̇ҟьа-ры́-ма-шь?! (ACST) *I'm afraid he'll eat you* (...) *Will he really indeed?!*

-шьа[1] [suffix] *added to a verbal radical and used to form an abstract noun expressing "the way to do," "the manner of doing," "how to do"***:** и-и́-шьа *the manner of his birth.* и-кы́-шьа *the manner of his capture.* и-зҳа́-шьа *the manner of his growing.* а-ҟаз-шьа́ *character, характер* (< а-ҟа-заа-ра *to be*). Уара́ а́-ӡса-шьа у-ды́р-уа-ма? (AFL) *Do you know how to swim?* Шәара́ а-ча́и ҿы́х-шьа жә-ды́р-уа-ма? *Do you know how to pick tea?* Шәара́ а-ҭәархы́-шьа (*or* а-ҭәархра́) жә-ды́р-уа-ма? *Do you know how to mow?* Сара́ у-е́иқурха-шьа з-ды́р-уе-ит. (Ab.Text) *I know how to save you. i.e. I can save you.* Уи́ а-машьы́на а-рны́ҟәа-шьа л-ды́р-уе-ит. (GAL) *Она умеет водить машину. She knows how to drive a car.* А-уаса́ а-шьы́-шьа з-ды́р-уе-ит. *I know how to kill a sheep.*

-шьа-[2] [verbal suffix] *used to derive a transitive verb***:** д-ры́цҳа-л-шье-ит *she felt sorry for him/her.* (< а-ры́цҳа "pitiful")

а-шьа́[1] [n.] (а-шьа-қәа́, с-шьа́, шьа́-к) **1.** blood. **2.** an insult.

-ашьа́[2] *see* **а́иашьа** [n.] a brother**:** с-ашьа́ *my brother.* с-ашьа́ хәычы́ *my younger brother.* с-р-ашьо́-уп *I am their brother.* [cf. с-а́шьцәа *my brothers*]

Шьа́аиб [n.] (m.) [person's name]

Шьаба́ҭ [n.] (m.) [person's name]

а-шьа́бсҭа [n.] (-қәа) a roe deer; a fawn.

а́-шьа-заа-ра [intr. stative] [C1-C2-R] [C2 be shod in C1] (**Fin.** [pres.] и-сы́-шьо-уп / и-сы́-шьа-м, [past] и-сы́-шьа-н / и-сы́-шьа-мызт; **Non-fin.** [pres.] (C1) и-сы́-шьо-у / и-сы́-шьа-м) **1.** to be shod in sth**:** а-ма́гә-қәа сы́-шьо-уп. *I am wearing boots.* Аимаа и́-шьо-уп. *Shoes are put on him.* И-бы́-шьо-у а́иқәа б-н-аа́ло-ит. *The trousers you are wearing suit you.* [cf. **а-шьапы́** "foot"]

а-шьагу́ҭ [n.] (*gramm.*) a root, radical (of a word)**:** а́-жәа а-шьагу́ҭ *the root of the word.*

а-шьақа́р [n.] sugar.

а-шьа́қәыӷәӷәара [n.] blood pressure.

а́-шьаҟа [n.] (-қәа, шьаҟа́-к) a pillar.

а-шьақә-ргы́ла-ра [tr.] [C1-Prev-C3-S / C1-Prev-C3-Neg-S] [C3 adjust C1] (**Fin.** [pres.] и-шьақә-сы-ргы́ло-ит / и-шьақә-сы-ргы́ло-м (-ргы́ла-ӡо-м), [aor.] и-шьақә-сы-ргы́ле-ит / и-шьақә-с-мы-ргы́ле-ит (-ргы́ла-ӡе-ит), [imper.] и-шьақә-ргы́л! / и-шьақә-б-мы-ргы́ла-н!, и-шьақә-шәы-ргы́л! / и-шьақә-шә-мы-ргы́ла-н!; **Non-fin.** [pres.] (C1) и-шьақә-сы-ргы́ло / и-шьақә-с-мы-ргы́ло, (C3) и-шьақә-зы-ргы́ло / и-шьақә-з-мы-ргы́ло; **Abs.** и-шьақә-ргы́ла-ны / и-шәаҟә-ргы́ла-м-кәа *or* и-шәақә-мы-ргы́ла-кәа) **1.** to adjust, to regulate**:** И-шьақә-шәы-ргы́л а́-жәабжь. *Adjust the tale!*

а-шьа́л [n.] (-қәа) a shawl.

а́-шьа-ла-ра [intr.] [C1-C2-Prev-R / C1-C2-Prev-Neg-R] [C1 keep on C2's feet] (**Fin.** [pres.] и-сы́-шьа-ло-ит / и-сы́-шьа-ла-ӡо-м, [aor.] и-сы́-шьа-ле-ит / и-сы́-шьа-м-ле-ит; **Non-fin.** [pres.] (C1) и-шьа́-ло / и-шьа́-м-ло) **1.** to wear; to be just right**:** Уи́ а-ма́гә-қәа и́-шьа-ло-м. *The boots do not keep on his feet. Сапоги не лезут ему на ноги.*

шьа́м [n.] [place name] Mecca.

Шьамтәы́ла [n.] Syria.

а-шьамхы́ [n.] (а-шьамх-қеа́, шьамхы́-к, и-шьамхы́) the knee**:** И-шьамх-а-ҟынӡа а-ӡы́ д-ҭа-гы́ло-уп. (ARD) *Он стоит по колено в воде. He is standing up to the knee in water.* || и-шьамхы́ тцар-у́п (ц̦ьбаро́-уп) *he is swift of foot.*

шьамхы́шәара [n.] measure of height (up to the knee).

а-шьа́на [n.] (а-шьа́на-қәа, с-шьа́на, шьа́на-к) a birthmark: Лара́ а-шьа́на лы́-ма-н. *She had a birthmark.*

а-шьа́нтца [n.] (-қәа) a flint.

а-шьапаны́ *see* **а-шьапы́**

а́-шьа-пк-ра [intr.] [C1-R], [C1-C2-a-Prev-R / C1-C2-a-Prev-Neg-R] [C1 pray to / beseech C2] (**Fin.** [pres.] д-шьа-пк-уе-ит, с-б-а́-шьа-пк-уе-ит / с-б-а́-шьа-пк-уа-м (-пк-ʒо-м), [aor.] с-б-а́-шьа-пк-ит / с-б-а́-шьа-м-пк-ит, [fut.1] с-б-а́-шьа-пкы-п / с-б-а́-шьа-пк-рым, [fut.2] с-б-а́-шьа-пкы-шт / с-б-а́-шьа-пкы-шам, [perf.] с-б-а́-шьа-пк-хьеит / с-б-а́-шьа-м-пкы-ц(т), [impf.] с-б-а́-шьа-пк-уан / с-б-а́-шьа-пк-уамызт, [past indef.] с-б-а́-шьа-пкы-н / с-б-а́-шьа-м-пкы-зт, [cond.1] с-б-а́-шьа-пк-рын / с-б-а́-шьа-пк-рымызт, [cond.2] с-б-а́-шьа-пк-шан / с-б-а́-шьа-пк-шамызт, [plupf.] с-б-а́-шьа-пк-хьан; [imper.] б-с-а́-шьа-пк / б-с-а́-шьа-пкы-н!; **Non-fin.** [pres.] (C1) и-л-а́-шьа-пк-уа (*тот, который молится ей*) / и-л-а́-шьа-м-пк-уа *or* и-л-м-а́-шьа-пк-уа, (C2) д-з-а́-шьа-пк-уа (*тот, которому он/она молится*) / д-з-а́-шьа-м-пк-уа *or* д-з-м-а́-шьа-пк-уа, [aor.] (C1) и-л-а́-шьа-пк / и-л-а́-шьа-м-пк, (C2) д-з-а́-шьа-пк / д-з-а́-шьа-м-пк, [fut.1] (C1) и-л-а́-шьа-пк-ра / и-л-а́-шьа-м-пк-ра, (C2) д-з-а́-шьа-пк-ра / д-з-а́-шьа-м-пк-ра, [fut.2] (C1) и-л-а́-шьа-пк(ы)-ша / и-л-а́-шьа-м-пкы-ша, (C2) д-з-а́-шьа-пк(ы)-ша / д-з-а́-шьа-м-пкы-ша, [perf.] (C1) и-л-а́-шьа-пк-хьоу (-хьа(ц)) / и-л-а́-шьа-м-пк-хьоу (-хьа(ц)), (C2) д-з-а́-шьа-пк-хьоу (-хьа(ц)) / д-з-а́-шьа-м-пк-хьоу (-хьа(ц)), [impf.] (C1) и-л-а́-шьа-пк-уа-з / и-л-а́-шьа-м-пк-уа-з, (C2) д-з-а́-шьа-пк-уа-з / д-з-а́-шьа-м-пк-уа-з, [past indef.] (C1) и-л-а́-шьа-пкы-з / и-л-а́-шьа-м-пкы-з, (C2) д-з-а́-шьа-пкы-з / д-з-а́-шьа-м-пкы-з, [cond.1] (C1) и-л-а́-шьа-пк-ры-з / и-л-а́-шьа-м-пк-ры-з, (C2) д-з-а́-шьа-пк-ры-з / д-з-а́-шьа-м-пк-ры-з, [cond.2] (C1) и-л-а́-шьа-пк(ы)-ша-з / и-л-а́-шьа-м-пкы-ша-з, (C2) д-з-а́-шьа-пк(ы)-ша-з / д-з-а́-шьа-м-пкы-ша-з, [plupf.] (C1) и-л-а́-шьа-пк-хьа-з / и-л-а́-шьа-м-пк-хьа-з, (C2) д-з-а́-шьа-пк-хьа-з / д-з-а́-шьа-м-пк-хьа-з; **Abs.** с-б-а́-шьа-пк-ны / с-б-а́-шьа-м-пк-кәа) **1.** to pray: А-нцәа́ д-и-а́-шьа-пк-уе-ит. *He/She prays to God.*

а-шьапҵы́нтца [n.] (-қәа, л-шьапҵы́нтца-кәа) toe: И-шьапҵы́нтца ды-қә-гы́ла-ны д-кәашо́-ит. (ARD) *He is dancing on tiptoes. Он танцует на носках.*

а-шьапы́ [n.] (а-шьап-қәа́, с-шьапы́, шьапы́-к, с-шьап-қәа́, а-шьап-а́-ла) **1.** a foot; a leg: а-хәада́ а-шьап-а-ны́ *at the foot of the hillock.* и-хи́ и-шьап-и́ *his head and feet.* шьапы́-ла *on foot.* а-шьапы́ а-ҵтцәара́ *to break a leg.* Кавказ а́-шьха шла-қәа́ р-шьап-а-ҿы́ и-шьҭо́-уп Аҧсны́. (AFL) *Abkhazia is at the foot of the gray mountains of Caucasia. Абхазия находится у подножия седых гор Кавказа.* **2.** (*of a chair, a table, etc.*) a leg. **3.** (*of a tree*) a trunk: а́-тдла а-шьапы́ *the trunk of a tree.* **4.** (*of a tooth*) the root: а-хааҧыц а-шьапы́ *the root of a tooth.* || **а-шьапы́ а-к-ра́** to found: Маскәа́ а́-қалақь а-шьапы́ р-к-ит (/кы-н) 1147 шықәса́ р-зы. (IC) *The city of Moscow was founded in the year 1147.*

шьапы́ла [adv.] on foot: шьапы́ла а-ца-ра́ *to go on foot.* Шьапы́ла у-ца! *Go on foot!* Сара́ шьапы́ла с-ны́ҟәо-ит. *I am going on foot.*

а-шьапы́матәа [n.] (-қәа) shoes.

а-шьапы́лампыл [n.] football: А-шьапы́лампыл и-а́-с-уе-ит. *They are playing football.*

а-шьапы́лампылас-ҩы [n.] (а-шьапы́лампылас-цәа) a football-player.

а́-шьар [n. pl.] a group of piglets. *See* **а́-шьышь**.

а-шьа-ра́[1]* [tr.] [C1-C3-R / C1-C3-Neg-R] [C3 consider C1 ([as] X)] (**Fin.** [pres.] ды-р-шьо́-ит / ды-р-шьо́-м, [aor.] ды-р-шье́-ит / д-ры-м-шье́-ит) **1.** to consider/think of sb for sb: Уи́ уаҩы́-с ды-р-шьа-ʒо́-м. (ARD) *They don't consider him a person. Его за человека не считают.* || **а-ҧсы́ а-шьа-ра́** [Poss-ҧсы́ C3-R / Poss-ҧсы́ C3-Neg-R] [C3 take a rest]

Шь

(**Fin.** [pres.] сы-ҧсы́ с-шьо́-ит, лы-ҧсы́ л-шьо́-ит / сы-ҧсы́ с-шьо́-м (*or* с-шьа-ӡо́-м), [aor.] сы-ҧсы́ с-шье́-ит / сы-ҧсы́ сы-м-шье́-ит (-шьа-ӡе́-ит), [imper.] бы-ҧсы́ шьа́! / бы-ҧсы́ бы-м-шьа́-н!, шәы-ҧсы́ шә-шьа́! / шәы-ҧсы́ шәы-м-шьа́-н!; **Non-fin.** [pres.] (C3) зы-ҧсы́ з-шьо́ / зы-ҧсы́ зы-м-шьо́, [aor.] (C3) зы-ҧсы́ з-шьа́ / зы-ҧсы́ зы-м-шьа́; **Abs.** сы-ҧсы́ шьа-ны́ / сы-ҧсы́ м-шьа́-кәа) **1.** to rest, to take a rest: Асабша-ҽны шәы-ҧсы́ шә-шьо́-ма? *Do you take a rest on Saturdays?* Шәы-ҧсы́ анба́-шә-шьо? *When do you take a rest?* Ҳара́ ибзи́аны ҳа-ҧсы́ ҳ-шье́-ит. *We took a complete rest.* || А-ҽы́ **а-хә р-шье́-ит**. *They* ***appreciated*** *the horse.* || А-рома́н **а-хә** ҳаракны́ **и-р-шье́-ит**. *They* ***appreciated*** *the novel hightly.*

а-шьа-ра́[2]* [intr.] [C1-R] (**Fin.** [aor.] и-шье́-ит / и-м-шье́-ит; **Abs.** и-шьа-ны́ / и-м-шьа́-кәа) **1.** to crack: А-тҵәца шле́-ит. *The glass cracked.*

а́-шьара-қәа [n.] (pl.) piglets (individually). *See* **а́-шьышь**.

шьа́рда [adv.] **1.** much; many. **2.** long time: шьа́рда-ӡа *very long time.* Ара́ и-нхо́-зар аахы́с шьа́рда тҵ-уе́-ит. (ACST) *They have been living here for a long time.*

а-шьаршәы́ [n.] clotted/coagulated blood.

-шьа-с [suffix] by way of manner of. *See* **-шьа**, **-с**.

а́-шьаҭа [n.] (-кәа, шьаҭа́-к) **1.** foundation; basis. **2.** a root.

а-шьаҭак-ҩы́ [n.] (а-шьаҭак-цәа́) a founder: Д. И. Гәли́а а́ҧсуа литерату́ра д-а-шьаҭакҩ-у́п. (ARD) *D. I. Gulia is a founder of Abkhaz literature.*

а-шьаҭа-р-к-ра́ [tr.] [C1-Prev(root)-C3-Caus-R] [C3 found C1] (**Fin.** [aor.] и-шьаҭа-и-р-к-и́т) **1.** to found.

а́-шьах-ра [intr.] (**Fin.** [aor.] д-шьах-и́т) **1.** to stand too long; to stagnate: А-ҽы́ шьах-и́т. *The horse stood too long.*

а-шьа́хә (= **а-каима́ҭ**, **а-бзи́а**) [adj.] splendid, excellent: Уи д-арҧы́с шьа́хә-уп. *He is a nice chap.*

а́-шьаҳага [n.] (-қәа) (*of a horse*) a hobble.

а-шьаҳәы́рӡыӡ [n.] (-қәа, и-шьаҳәы́рӡыӡ) ankle; ankle-bone.

а-шьа́ц [n.] (а-шьа́ц-кәа) **1.** turf. **2.** young [fresh] grass.

а-шьацма́ [n.] (-қәа) pellets.

а-шьацәкьара-қәа *see* **а-шьацәкьы́с**

а-шьацәкьы́с [n.] (а-шьацәкьа́ра-қәа) a toe: У-а́рма шьапы́ шаќа́ шьацәкьы́с а-мо́-у-зеи? (AFL) *How many toes do you have on your left foot? Сколько пальцев у тебя на левой ноге?*

а-шьатҵа́ [n.] (а-шьатҵа-кәа́, шьатҵа́-к) footwear, shoes.

а́-шьа-тҵа-ра [tr.] **(1)** [C1-Poss-SV-C3-R] [C3 put on (C3's) C1](**Fin.** [pres.] и-сы́-шьа-с-тҵо-ит / и-сы́-шьа-с-тҵо-м, [aor.] и-сы́-шьа-с-тҵе-ит / и-сы́-шьа-сы-м-тҵе-ит, [imper.] и-бы́-шьа-тҵа! / и-бы́-шьа-бы-м-тҵа-н!, и-шәы́-шьа-шә-тҵа! / и-шәы́-шьа-шәы-м-тҵа-н!; **Non-fin.** [pres.] (C1) и-сы́-шьа-с-тҵо / и-сы́-шьа-сы-м-тҵо, (C3) и-з-шьа́-з-тҵо / и-з-шьа́-зы-м-тҵо; **Abs.** и-сы́-шьа-тҵа-ны / и-сы́-шьа-м-тҵа-кәа) **1.** to put on (footwear, trousers): Сара́ с-е́имаа еиқәатҵәа-қәа́ сы́-шьа-с-тҵо-ит. (GAL) *Я надену свои черные туфли. I'll put on my (own) black shoes.* Сара́ с-е́иқәа цәыш сы́-шьа-с-тҵо-ит. (GAL) *Я надену свои серые брюки. I'll put on my (own) gray trousers.* Уба́рҭ а́имаа-қәа бы́-шьа-тҵа! (IC) *Put on these shoes!* Уара́ у-е́иқәа шиқәатҵәа́ у́-шьа-тҵа! *Put on your black trousers!* **(2)** [C1-C2-Prev-C3-R] [C3 put C1 on C2] (**Fin.** [pres.] и-лы́-шьа-с-тҵо-ит / и-лы́-шьа-с-тҵо-м, [aor.] и-лы́-шьа-с-тҵе-ит / и-лы́-шьа-сы-м-тҵе-ит, [imper.] и-лы́-шьа-тҵа! / и-лы́-шьа-бы-м-тҵа-н!, и-лы́-шьа-шә-тҵа! / и-лы́-шьа-шәы-м-тҵа-н!; **Non-fin.** [pres.] (C1) и-лы́-шьа-с-тҵо / и-лы́-шьа-сы-м-тҵо, (C3) и-лы́-шьа-з-тҵо / и-лы́-шьа-зы-м-тҵо; **Abs.** и-лы́-шьа-тҵа-ны / и-лы́-шьа-м-тҵа-кәа) **1.** to put footwear on sb: Ан а-хәычы́ е́имаа и́-шьа-л-тҵе-ит. (ARD) *The mother put the shoes on the child. Мать обула ребенка.* И-ма́гә-қәа и́-шье-и-тҵе-ит.

[Hewitt, Lingua:110] *(1) He[1] put his[1] boots on him[2]. (2) He[1] put his[2] boots on him[2].* [cf. **а́-шь-х-ра** "to take off"]

а-шьатцатәы́ [n.] (а-шьатцатә-қәа́) (= **а-шьатца́**) footwear, footgear.

а-шьаҿа́ [n.] (-қәа́, шьаҿа́-к, шьаҿа-қәа́-к) a step**:** а́ктәи а-шьаҿа́ *the first step, первый шаг.* шьаҿа-қәа́-к *some steps.* Шьаҿа́-к ҟа-и-тце́-ит. *He took a step. Он сделал шаг.* С-шьаҿа́ еихы́-з-го-ит. *I am stepping. Я шагаю.* Б-шьаҿа́ еих-га́! *Go faster!* шьаҿа́-к шьҭахьҟа́ а́-наскьара *to take a step backward.*

шьаҿа́ла [adv.] at a walk, at a walking pace**:** шьаҿа́ла а-не́ира *to go at a walking pace.* Шьаҿа́ла с-не́и-уе-ит. *I am walking. Я шагаю.*

Шьа́шьа [n.] (f.) [person's name]

а́-шьжьымҭан [adv.] in the morning**:** шьжьымҭа́н-к *one morning.* А-шьжьымҭан аҭа́к шәы́-с-ҭо-ит. (Ab.Text) *I will give an answer to you in the morning.*

шьи́ри [interj.] ooh.

а-шьқа́ԥ [n.] (а-шьқа́ԥ-қәа, шьқа́ԥ-к) cupboard.

шьоукы́ [indefinite pron.] (pl.) some (people)**:** и́-з-дыр-уа-з шьоукы́ *my acquaintances.* Шьоукы́ а́шәа р-ҳәо́-ит, шьоукы́ куа́шо-ит. *Some people are singing songs, but some people are dancing.*

а-шь-ра́ [tr.] [C1-C3-R / C1-C3-Neg-R] [C3 kill C1] (**Fin.** [pres.] ды-с-шь-уе́-ит, д-а-шь-уе́-ит, ҳа-л-шь-уе́-ит, д-аҳ-шь-уе́-ит / ды-с-шь-уа́-м (-шь-ӡо́-м), [aor.] ды-с-шь-и́т, д-а-шь-и́т, д-аҳ-шь-и́т / д-сы-м-шь-и́т, д-а́-м-шь-ит, д-ҳа-м-шь-и́т, [fut.1] ды-с-шьы́-п / ды-с-шь-ры́м, [fut.2] ды-с-шьы́-шт / ды-с-шьы́-шам, [perf.] ды-с-шь-хье́ит / д-сы-м-шьы́-ц(т), д-а́-шь-хьеит / д-а́-м-шьы-ц(т), [impf.] ды-с-шь-уа́-н / ды-с-шь-уа́-мызт, [past indef.] ды-с-шьы́-н / д-сы-м-шьы́-зт, д-а-шьы́-н / д-а́-м-шьы-зт, [cond.1] ды-с-шь-ры́н / ды-с-шь-ры́мызт, [cond.2] ды-с-шьы́-шан / ды-с-шьы́-шамызт, [plupf.] ды-с-шь-хьа́н / д-сы-м-шьы́-цызт, д-а-шь-хьа́н / д-а́-м-шьы-цызт, [imper.] и-шьы́! / и-б-м-шьы́-н!, д-у-м-шьы́-н!, и-шә-шьы́! / и-шә-м-шьы́-н!; [instr.] и-а́-ла-с-шь-ит, и-а́-ла-на-шь-уе-ит / и-а́-ла-сы-м-шь-ит, [caus.] ды-с-лы-р-шь-и́т / д-сы-л-мы-р-шь-и́т, [instr.-caus.] и-а́-ла-л-сы-р-шь-ит / и-а́-ла-лы-с-мы-р-шь-ит; [poten.] [pres.] ды-с-зы́-шь-уа-м, [aor.] ды-с-зы́-м-шь-ит, [nonvol] [pres.] д-с-а́мха-шь-уе-ит, [aor.] д-с-а́мха-шь-ит; [vers.1] ды-л-зы́-с-шь-ит / ды-л-зы́-сы-м-шь-ит; [vers.2] ды-л-цәы́-с-шь-ит / ды-л-цәы́-сы-м-шь-ит; **Non-fin.** [pres.] (C1) и́-л-шь-уа (*том, которого она убивает*), и́-с-шь-уа, и́-у-шь-уа, и́-б-шь-уа, и-а́-шь-уа, и́-и-шь-уа, и-а́ҳ-шь-уа, и́-шә-шь-уа, и́-р-шь-уа / и́-лы-м-шь-уа, и́-сы-м-шь-уа, и́-у-м-шь-уа, и́-бы-м-шь-уа, и-а́-м-шь-уа, и́-и-м-шь-уа, и-а́ҳа-м-шь-уа, и́-шәы-м-шь-уа, и́-ры-м-шь-уа, (C3) ды-з-шь-уа́ (*тот, который убивает его/ее*), сы-з-шь-уа́, бы-з-шь-уа́, у-з-шь-уа́, и-з-шь-уа́, ҳа-з-шь-уа́, шәы-з-шь-уа́ / д-зы-м-шь-уа́, с-зы-м-шь-уа́, б-зы-м-шь-уа́, у-зы-м-шь-уа́, и-зы-м-шь-уа́, ҳ-зы-м-шь-уа́, шә-зы-м-шь-уа́, [aor.] (C1) и́-л-шь / и́-лы-м-шь, (C3) ды-з-шьы́ / д-зы-м-шьы́, [fut.1] (C1) и́-л-шь-ра / и́-лы-м-шь-ра, (C3) ды-з-шь-ра́ / д-зы-м-шь-ра́, [fut.2] (C1) и́-л-шь-ша / и́-лы-м-шь-ша, (C3) ды-з-шь-ша́ / д-зы-м-шь-ша́, [perf.] (C1) и́-л-шь-хьа(ц) *or* и́-л-шь-хьоу / и́-лы-м-шь-хьа(ц) *or* и́-лы-м-шь-хьоу, (C3) ды-з-шь-хьа́(ц) *or* ды-з-шь-хьо́у / д-зы-м-шь-хьа́(ц) *or* д-зы-м-шь-хьо́у, [impf.] (C1) и́-л-шь-уа-з / и́-лы-м-шь-уа-з, (C3) ды-з-шь-уа́-з / д-зы-м-шь-уа́-з, [past indef.] (C1) и́-л-шьы-з / и́-лы-м-шьы-з, (C3) ды-з-шьы́-з / д-зы-м-шьы́-з, [cond.1] (C1) и́-л-шь-ры-з / и́-лы-м-шь-ры-з, (C3) ды-з-шь-ры́-з / д-зы-м-шь-ры́-з, [cond.2] (C1) и́-л-шь-ша-з / и́-лы-м-шь-ша-з, (C3) ды-з-шьы́-ша-з / д-зы-м-шьы́-ша-з, [plupf.] (C1) и́-л-шь-хьа-з / и́-лы-м-шь-хьа-з, (C3) ды-з-шь-хьа́-з / д-зы-м-шь-хьа́-з; [caus.] (C1) и-с-лы-р-шь-уа́ / и-сы-л-мы-р-шь-уа́, (C2) ды-з-лы-р-шь-уа́ / д-зы-л-мы-р-шь-уа́, (C3) ды-с-зы-р-шь-уа́ / д-сы-з-мы-р-шь-уа́; [poten.] (C1) [pres.] и-с-зы́-м-шь-уа, [aor.] и-с-зы́-м-шь, (C2) [pres.] ды-з-зы́-м-шь-уа, [aor.] ды-з-зы́-м-шь; [nonvol] (C1) [pres.] и-с-а́мха-шь-уа, [aor.] и-с-а́мха-шь, (C2) [pres.] д-з-а́мха-шь-уа, [aor.] д-з-а́мха-шь; **[interrogative]** (**who(C3)?**) [pres.] ды-з-шь-уа́-да? *who is killing*

Шь

him/her? / д-зы-м-шь-уа́-да? *who is not killing him/her?*, [aor.] ды-з-шьы́-да? *who killed him/her?* / д-зы-м-шьы́-да? *who didn't kill him/her?*; (**whom(C1)?**) [pres.] и́-л-шь-уа-да? *whom is she killing?* / и́-лы-м-шь-уа-да? *whom is she not killing?*; [aor.] и́-л-шьы-да? *whom did she kill?* / и́-лы-м-шьы-да? *whom didn't she kill?*; (**what(C3)?**) [pres.] ды-з-шь-уе́-и? *what is killing him/her?* / д-зы-м-шь-уе́-и? *what is not killing him/her?*, [aor.] ды-з-шь-и́? *or* ды-з-шьы́-зеи? *what killed him/her?* / д-зы-м-шьы́-зеи? *what didn't kill him/her?*; (**what(C1)?**) [pres.] и́-л-шь-уе-и? *what is she killing?* / и́-лы-м-шь-уе-и? *what isn't she killing?*; [aor.] и́-л-шь-и? *what did she kill?* / и́-лы-м-шь-и? *what didn't she kill?*; (**yes-no?**) [pres.] ды-л-шь-уа́-ма? *is she killing him/her?* / д-лы-м-шь-ӡо́? *isn't she killing him/her?*; [aor.] ды-л-шьы́-ма? *did she kill him/her?* / д-лы-м-шь-ӡе́-и? *didn't she kill him/her?*; (**where?**) [pres.] д-аба́-л-шь-уе-и? *where is she killing him/her?* / д-аба́-лы-м-шь-уе-и? *where is she not killing him/her?*; [aor.] д-аба́-л-шь? *where did she kill him/her?* / д-аба́-лы-м-шь? *where didn't she kill him/her?*; (**when?**) [pres.] д-анба́-л-шь-уе-и? *when is she killing him/her?* / д-анба́-лы-м-шь-уе-и? *when is she not killing him/her?*; [aor.] д-анба́-л-шь-и? *when did she kill him/her?* / д-анба́-лы-м-шь-и? *when didn't she kill him/her?*; (**why?**) [pres.] д-зы́-л-шь-уе-и? *why is she killing him/her?* / д-зы́-лы-м-шь-уе-и? *why is she not killing him/her?*; [aor.] д-зы́-л-шь-и? *why did she kill him/her?* / д-зы́-лы-м-шь-и? *why didn't she kill him/her?*; (**how?**) [pres.] ды-шԥа́-л-шь-уе-и? *how is she killing him/her?* / ды-шԥа́-лы-м-шь-уе-и? *how is she not killing him/her?*; [aor.] ды-шԥа́-л-шь-и? *how did she kill him/her?* / ды-шԥа́-лы-м-шь-и? *how didn't she kill him/her?*; **Abs.** д(ы)-шь-ны́ / ды-м-шьы́-кәа) **1.** to kill; to slaughter: ды-и-шь-уе́-ит *he is killing him/her.* иара́ иара́ и-шь-уе́-ит *he will kill it/them.* Уи а-кәты́ л-шь-ит. *She killed a hen.* Ашәары́ца-цәа бԥа́б ду́-к р-шьы́-заап. (ANR) *The hunters had apparently killed a huge ibex.* А-сас а-цә и-зы́-с-шь-ит. *I killed a bull for the guest.* А-жә а́-ҳәызба и-а́-ла-с-шь-ит. (= А-жә ҳәы́зба-ла и-с-шь-и́т.) *I killed the cow with a/the knife.* и-а́-ла-л-шь-ит. *she killed it with it.* и-а́-ла-лы-м-шь-ит *she did not kill it with it.* А-цә-қәа, а́-жә-қәа рацәаӡаны́ и-шә-шьы́! *Slaughter bulls and cows in huge numbers!* А-жә бгаду́-уп и-з-шьы́-з. *The cow was killed, to be exact, by a wolf.* || **А-ҩы́ д-а-шь-и́т**. He/She got drunk on wine. **2.** [intr. stative] и-шь-у́п *it is dead.* и-шьы́-н *it was killed.*

а-шьтәы́ [n.] (-қәа) (*of cattle*) that which must be slaughtered: А-уаса́ шьтәы-с и-сы́-мо-уп. (ARD) *Мне надо зарезать овцу. I must kill the sheep.*

шьҭа́ [adv.] **1.** now: Ҳ-анба-ды́ры-п шьҭа! *Now let's become acquainted with each other!* **2.** already: А-ца шьҭа́ и-ҟаԥшьхо́-ит. *The cherry is already becoming red. Вишня уже краснеет.* У-лбаа́ шьҭа́ абра́! (Ab.Text) *Please get off here!* **3.** in that case.

а́-шьҭа [n.] (а́-шьҭа-қәа, сы́-шьҭа, шьҭа́-к) a footprint; a trail, a track: А-ҽы́ з-бе́-ит, аха́ а́-шьҭа сы-м-бе́-ит. *I found (saw) the horse, but I didn't see its footprint.*

а́-шьҭа-заа-ра[1] [intr. stative] [< -шьҭа "track"] [C1-C2-R] [C1 look for C2, C1 be on C2's track] (**Fin.** [pres.] и-а́-шьҭо-уп / и-а́-шьҭа-м, [past] и-а́-шьҭа-н; **Non-fin.** [pres.] (C1) и-сы́-шьҭо-у / и-сы́-шьҭа-м, (C2) д-зы-шьҭо́-у / д-зы-шьҭа́-м, [past] (C1) и-сы́-шьҭа-з / и-сы́-шьҭа-мыз, (C2) д-зы-шьҭа́-з / д-зы-шьҭа́-мыз) **1.** to be on the trail of; to look for: и́-шьҭо-у *the one who is looking for him.* и́-шьҭа-з *the one who looked for him.* д-а́-шьҭо-уп *he/she is pursuing it // he/she is looking for it.* ды-сы́-шьҭо-уп *he/she is looking for me / he/she is following me.* Шә-зы-шьҭо́-и? *What are you looking for?* Сара́ сы-шәҟәы́ с-а́-шьҭо-уп. *I am looking for my book.* Шә-зы-шьҭа́-да? *Whom are you looking for?* Сара́ Амра с-лы́-шьҭо-уп. *I am looking for Amra.* А-шьхыц-қәа зы-шьҭо́-у-зеи? *What are the bees looking for?* Уи́ сы-и́-шьҭа-н киломе́тра-к. *I followed him for a kilometer.* **2.** to pursue; to strive for; to be on one's track: а-хьӡаԥша́ д-а́-шьҭо-уп *he/she is striving for glory, он/она гонится за славой.* Шәара́ сара́ шәы-з-сы́-шьҭо-и? *Why are you following me?* А-ԥааимба́р-цәа ды-р-кы́-рц и-ҿкьаса́ и́-шьҭа-н. (AF) *In order to capture him the prophets* *were determinedly on his track.* **3.** to be on the heels of.

á-шьҭа-заа-ра[2] [intr. stative] [SP(ҳәа) C1-C2-R] [C2 be called SP] (**Fin.** [pres.] и-á-шьҭо-уп, и-лы́-шьҭо-уп / и-лы́-шьҭа-м; **Non-fin.** [pres.] (C1) и-сы́-шьҭо-у / и-сы́-шьҭа-м, (C2) д-зы-шьҭó-у / д-зы-шьҭá-м, [past] (C1) и-сы́-шьҭа-з / и-сы́-шьҭа-мыз, (C2) д-зы-шьҭá-з / д-зы-шьҭá-мыз) **1.** [with SP] to be called: Ӡа́ҳкәажә ҳәа и-лы́-шьҭо-уп. (AF) *She is called the Old Sovereign of the Water.* А-ӡы́ ахьы́-лбааҟьо и-á-шьҭо-уп а-ӡы́лбааҿҿара ҳәа. *The place where a river falls down is called a waterfall.* Аҧшы́сба ҳәа и-зы-шьҭá-з á-жәла *the tribe called Apshysba.* Урҭ Кавка́зтәи á-шьха еибарҟы́ра-қуа ҳәа и-ры́-шьҭа-уп. (ANR) *They are called the mountain chains of the Caucasus.* Ҭага́лантәи á-мш бзи́а "ҧхы́нҷкән" ҳәа и-á-шьҭо-уп. (AFL) *Good autumn days are called an "Indian Summer." Хорошие осенние дни называются "бабьим летом."*

а-шьҭá-заа-ра [intr. stative] [C1-R] [C1 be lying] (**Fin.** [pres.] ды-шьҭó-уп / ды-шьҭá-м (-шьҭа-ӡá-м), [past] ды-шьҭá-н / ды-шьҭá-мызт, [imper.] бы-шьҭá-з! / бы-шьҭá-мыз!; **Non-fin.** [pres.] (C1) и-шьҭó-у / и-шьҭá-м, [past] и-шьҭá-з / и-шьҭá-мыз; **Abs.** ды-шьҭа-ны́ / ды-шьҭá-м-кәа; д-ахьы́-шьҭо-у ([*at the spot*] *where she lies*)) **1.** (= **аиарá**) to lie; to be situated: Уи ды-шьҭó-уп. *He/She is lying down. / He/She is ill.* А-ҩны́ ды-шьҭó-уп. *He/She is at home.* А-ҩны́ ды-шьҭá-н *He/She was at home.* Аҧсны́ абá-шьҭо-у? *Where is Abkhazia situated?* Аҧсны́ шьҭó-уп а-мшы́н-и á-шьха-қәе-и ры-бжьáра. *Abkhazia is situated between the sea and the mountains.* Аҧсны́ шьҭó-уп А-мшы́н Еиқәá а-ҿы́қә-а-н. (AFL) *Abkhazia is on the coast of the Black Sea. Абхазия находится на побережье Черного моря.* Абáр с-áҧхьа и-шьҭó-уп. (AFL) *Well, it is in front of me. Вот передо мной это лежит.* [cf. **á-шьҭала-ра** "to lie (down)"]

á-шьҭазааҩ [n.] (-цәа) a persecutor: А-шьҭазааҩ д-и́-мо-уп. *Someone is pursuring him.* [А-ҧааимбáр-цәа] и-л-á-р-ҳәе-ит Абрыскьы́л и-ш-и́-шьҭазааҩы-з. (AF) *The prophet told her how they were searching for Abrsk'jyl.* (lit. ... *how they were his persecutor.*)

á-шьҭазаҩ *see* **á-шьҭазааҩ**

á-шьҭала-ны а-ца-рá [intr.] to follow, to go after: Сарá иарá с-и́-шьҭала-ны с-цó-н. *I was following him.*

á-шьҭа-ла-ра [intr] [C1-C2-Prev-R / C1-C2-Prev-Neg-R] [C1 pursue C2] (**Fin.** [pres.] д-лы́-шьҭа-ло-ит / д-лы́-шьҭа-ло-м, [aor.] д-лы́-шьҭа-ле-ит / д-лы́-шьҭа-м-ле-ит, [imper.] б-лы́-шьҭа-л! / б-лы́-шьҭа-м-ла-н!, шә-и́-шьҭа-л!; **Non-fin.** [pres.] (C1) и-лы́-шьҭа-ло (*тот, который гонится за ней*) / и-лы́-шьҭа-м-ло, (C2) д-зы-шьҭá-ло (*тот, за которым он/она гонится*) / д-зы-шьҭá-м-ло, [aor.] (C1) и-лы́-шьҭа-ла / и-лы́-шьҭа-м-ла, (C2) д-зы-шьҭá-ла / д-зы-шьҭá-м-ла, [impf.] (C1) и-лы́-шьҭа-ло-з / и-лы́-шьҭа-м-ло-з, (C2) д-зы-шьҭá-ло-з / д-зы-шьҭá-м-ло-з, [past indef.] (C1) и-лы́-шьҭа-ла-з / и-лы́-шьҭа-м-ла-з, (C2) д-зы-шьҭá-ла-з / д-зы-шьҭá-м-ла-з; **Abs.** д-лы́-шьҭа-ла-ны / д-лы́-шьҭа-м-ла-кәа) **1.** to pursue sth/sb: У-ры́-шьҭа-м-ла-н! *Do not go after them!* Лар-гьы́ д-сы́-шьҭа-ла-ны д-аá-ит. *And she came along trailing after me.* А-шәары́цаҩ а-жьá д-á-шьҭа-ле-ит. *The hunter pursued the hare. Охотник погнался за зайцем.*

а-шьҭá-ла-ра [intr.] [C1-Prev-R / C1-Prev-Neg-R *or* C1-Neg-Prev-R] [C1 lie down] (**Fin.** [aor.] сы-шьҭá-ле-ит (-ла-ӡо-м) / сы-шьҭá-л-т, ды-шьҭá-ле-ит / д-шьҭá-м-ле-ит *or* д-мы-шьҭá-ле-ит, [perf.] ды-шьҭá-ла-хье-ит, [imper.] бы-шьҭá-л! / б-мы-шьҭá-ла-н! *or* б-шьҭá-м-ла-н!; **Non-fin.** (C1) [pres.] и-шьҭá-ло / и-шьҭá-м-ло (*or* и-мы-шьҭá-ло), [aor.] и-шьҭá-ла / и-шьҭá-м-ла, [impf.] и-шьҭá-ло-з / и-шьҭá-м-ло-з, [past indef.] и-шьҭá-ла-з / и-шьҭá-м-ла-з; **Abs.** ды-шьҭá-ла-ны / ды-шьҭá-м-ла-кәа) **1.** to lie (down); to go to sleep: шәы-шьҭá-л! *lie down!* А-саáҭ шаҟá р-зы шә-цó-зеи шьҭá-ла-ра? *What time do you go to sleep?* А-саáҭ 11 (жәéиза) р-зы́ сарá шьҭá-ла-ра (/цәа-рá) с-цó-ит. (AFL) *I go to sleep at 11 o'clock. В 11 часов я ложусь спать.* Хәлҧазы́-ла а-ӡáӡа шьҭá-ло-ит. (AFL) *Dew is lying in the evenings. По вечерам ложится роса.*

а-шьҭа-не́и-ра [intr.] [C1-C2-Prev-S / C1-C2-Prev-Neg-S] [C1 pursue C2] (**Fin.** [pres.] д-сы́-шьҭа-неи-уе-ит / д-сы́-шьҭа-неи-уа-м (-неи-ӡо-м), [aor.] д-сы́-шьҭа-неи-т / д-сы́-шьҭа-м-неи-т (-неи-ӡе-ит), [imper.] б-сы́-шьҭа-неи! / б-сы́-шьҭа-м-неи-н!, шә-сы́-шьҭа-неи! / шә-сы́-шьҭа-м-неи-н!; [poten.] сы-з-бы́-шьҭа-не́и-уа-м, сы-з-бы́-шьҭа-м-не́и-т; [nonvol] с-а́мха-бы-шьҭа-не́и-т / с-а́мха-бы-шьҭа-м-не́и-т; [vers.1]**; [vers.2] ?с-лы-цә-бы́-шьҭа-неи-т / с-лы-цә-бы́-шьҭа-м-неи-т; **Non-fin.** [pres.] (C1) и-сы́-шьҭа-неи-уа / и-сы́-шьҭа-м-неи-уа, (C2) д-зы-шьҭа-не́и-уа / д-зы-шьҭа-м-не́и-уа; **Abs.** д-сы́-шьҭа-неи-ны / д-сы́-шьҭа-м-неи-кәа) **1.** to pursue sth/sb: с-лы́-шьҭа-неи-т *I went after her.*

а́-шьҭа-рхх-ра [intr.] [C1-C2-Prev-S / C1-C2-Prev-Neg-S] [C1 come close after C2] (**Fin.** [pres.] д-сы́-шьҭа-рхх-уе-ит / д-сы́-шьҭа-рхх-уа-м (-рхх-ӡо-м), [aor.] д-сы́-шьҭа-рхх-ит / д-сы́-шьҭа-мы-рхх-ит (-рхх-ӡе-ит), [imper.] б-сы́-шьҭа-рхх! / б-сы́-шьҭа-мы-рххы-н!, шә-сы́-шьҭа-рхх! / шә-сы́-шьҭа-мы-рххы-н!; **Abs.** д-сы́-шьҭа-рхх-ны / д-сы́-шьҭа-мы-рхх-кәа) **1.** to come close after.

а-шьҭа́-с-ра [intr.] [C1-Prev-R / C1-Prev-Neg-R] (**Fin.** [pres.] ды-шьҭа́-с-уе-ит / ды-шьҭа́-с-уа-м (-с-ӡо-м), [aor.] ды-шьҭа́-с-ит / ды-шьҭа́-м-с-ит (-с-ӡе-ит), [imper.] бы-шьҭа́-с! / бы-шьҭа́-м-сы-н!, шәы-шьҭа́-с! / шәы-шьҭа́-м-сы-н!; **Abs.** ды-шьҭа́-с-ны / ды-шьҭа́-м-с-кәа; **Non-fin.** [pres.] (C1) и-шьҭа́-с-уа / и-шьҭа́-м-с-уа, [aor.] (C1) и-шьҭа́-с / и-шьҭа́-м-с) **1.** to touch the ground/a floor: Лы-хцәы́ тҟа́ка́ и-шьҭа́-с-уа-н. (AF) *Her hair trailed down to the ground.* А-шәаҧыҵьаҧ ры́-махә-кәа а-саара́ и-шьҭа́-с-уа, (...). (AFL) *The branches of the plant, touching the ground, (...). Ветки растения, касаясь земли, (...).*

а-шьҭа-ха-ра́ [intr.] [C1-Prev-R / C1-Prev-Neg-R] (**Fin.** [pres.] ды-шьҭа-хо́-ит / ды-шьҭа-хо́-м (-ха-ӡо́-м), [aor.] ды-шьҭа-хе́-ит / ды-шьҭа-м-хе́-ит (-ха-ӡе́-ит), [imper.] бы-шьҭа-ха́! / бы-шьҭа-м-ха́-н!, шәы-шьҭа-ха́! / шәы-шьҭа-м-ха́-н!; **Non-fin.** [pres.] (C1) и́-шьҭа-хо *or* и-шьҭа-хо́ / и-шьҭа́-м-хо; **Abs.** ды-шьҭа-ха-ны́ / ды-шьҭа́-м-ха-кәа) **1.** to lie down. **2.** to be down/recumbent.

а́-шьҭахь [post.] [< а́-шьҭа "track"] (Hewitt, Abkhaz:40,131) **1.** [postposed after a noun] (*of time*) in; after: саа́ҭ-к а́-шьҭахь *after an hour.* ҩ-саа́ҭ-к ры́-шьҭахь *after two hours.* хы́-мш-ҟа ры́-шьҭахь *after about three days.* Мыз-к а́-шьҭахь у-сы́-д-тцаал! (ARD) *Call on me in a month! Наведайся ко мне через месяц!* Уаххьа́ а́-шьҭахь а-му́зыка с-а-зы́-ӡырҩ-уе-ит. (AFL) *I listen to music after supper. После ужина я слушаю музыку.* Шьыбжьхьа́ а́-шьҭахь, сара́ х-университе́т а́-ҧхьарҭатә за́л ахь с-цо́-ит. (AFL) *I go to our university's reading room after lunch. После обеда я иду в читальный зал нашего университета.* Ааҧын а́-шьҭахь и-аа-уе́-ит а́-ҧхын. (AFL) *Summer comes after spring. После весны наступает лето.* Уи́ зегь ры́-шьҭахь д-а́а-ит. *He/She arrived after everybody.*

2. [postposed after the non-finite form with the prefix **-ан-** "when"] after: Д-аны́-и-ба а́-шьҭахь ды-це́-ит. *After he saw him, he left.* Шә-ан-гы́ло а́-шьҭахь и́-ҟа-шә-тцо-зеи? (AFL) *After you get up, what do you do?* Ацәы́ргақәтҵа ба-ны́ с-ан-а́-л-га (а́-шьҭахь), сара́ с-це́-ит Аҧсуа ҳәынҭҟа́рратә музе́и а́хь. (AFL) *After I finished looking at the exhibition, I went to the Abkhazian State Museum. После того, как я закончил смотреть выставку, я поехал в Абхазский государственный музей.* И-ҧҳәы́с д-аны-ҧсы́ а́-шьҭахь акы́р а́амҭа д-ҵьабе́-ит, д-гурҩе́-ит егьи́т. (Ab. Text) *After his wife's death, for a long time he mourned her and grieved for her.*

3. (*of space*) behind; (from) behind: сы́-шьҭахь *behind me.* А-ҩн-а́-шьҭахь ды́-ҟо-уп. *He is behind the house.* И-шьҭахь д-аа́и-уа-н. *He/She was going behind him.* И-шьҭахь д-аа́-и-уа-н а́шыр-шырхәа иара́ игу(ы́)ла чку́н Уаха́ид. (GAL) *За ним быстро шел сюда соседский мальчик Уахаид. The neighbor's boy Wahaid was coming here quickly behind him.* Зы́-шьҭахь шә-гы́ла-да? (RAD) *За кем вы стоите? Behind whom are you standing?* || **уи́ а́-шьҭахь** after that; then, after that; later (on), after that: Зны́ а-тцара́ с-тца́-п, уи́ а́-шьҭахь с-неи-аа́и-п. *I'll study first, and then I'll go for a walk.* || **ҳа́мтак а́-шьҭахь** after a while, a little later.

-шьҭахьҟа́ [adv.] back, backward(s): шьҭахьҟа́ шьаҿа́-к а-цара́ *to take a step backward.* Уара́ у́-шьҭахьҟа, у-ҩны́ҟа у-ца́! *You go back to your home!* Сара́ сы́-шьҭахь ҟа с-хьа́-ԥш-ит. *I looked back.* Аха́ иагьа́ и-ҳәҳәа́-ргьы, иагьа́ и-ҟа́а-ргьы, у́-шьҭаахьҟа у-хьа́-м-ԥшы-н. (Ab.Text) *But even if they scream, even if they wail out loud, you must not look back behind you.*

шьҭахьла́ [adv.] backward(s).

а́-шьҭахьнӡа [post.] behind: а-ҩн-а́-шьҭахь(ы-нӡа) бы-ца́ *go behind the house!*

а́-шьҭахьтәи [adj.] **1.** rear; hind; back: а-ҽы́ а́-шьҭахьтәи а-шьап-қәа́ *the horse's hind legs.* а-машьы́на а́-шьҭахьтәи а́-кәыр-қәа *the rear wheels of the car.* **2.** following, succeeding.

а́-шьҭа-тца-ра[1] [tr.] [C1-Prev-C3-R / C1-Prev-C3-Neg-R] [C3 put C1 down] (**Fin.** [pres.] ды-шьҭа́-л-тцо-ит / ды-шьҭа́-л-тцо-м (-тца-ӡо-м), [aor.] ды-шьҭа́-л-тце-ит / ды-шьҭа́-лы-м-тце-ит (-тца-ӡе-ит), [imper.] ды-шьҭа-тца́! / ды-шьҭа́-бы-м-тца-н!, ды-шьҭа-шә-тца́! / ды-шьҭа́-шәы-м-тца-н!; **Non-fin.** [pres.] (C1) и-шьҭа́-л-тцо / и-шьҭа́-лы-м-тцо, (C3) ды-шьҭа́-з-тцо / ды-шьҭа́-зы-м-тцо, [aor.] (C1) и-шьҭа́-л-тца / и-шьҭа́-лы-м-тца, (C3) ды-шьҭа́-з-тца / ды-шьҭа́-зы-м-тца, [impf.] (C1) и-шьҭа́-л-тцо-з / и-шьҭа́-лы-м-тцо-з, (C3) ды-шьҭа́-з-тцо-з / ды-шьҭа́-зы-м-тцо-з, [past indef.] (C1) и-шьҭа́-л-тца-з / и-шьҭа́-лы-м-тца-з, (C3) ды-шьҭа́-з-тца-з / ды-шьҭа́-зы-м-тца-з; **Abs.** ды-шьҭа-тца-ны́ / ды-шьҭа́-м-тцаа-кәа) **1.** to put sth down *on* the ground/floor: Аидара а́-дгьыл а-ҿы́ и-шьҭа́-с-тце-ит. *I lowered the burden to the ground.* Ба́ба, уара́, уажәшьҭа́ у-шьҭа́-с-тцо-ит. (Ab.Text) *Sonny, I'll lay you down now.* **2.** to put: а-больни́ца-ҿы (а́-хәышәтәы́рҭа-ҿы) а́-шьҭатца-ра *to put in a hospital, класть в больницу.*

а́-шьҭа-тца-ра[2] [tr.] [C1-C2-Prev-C3-R / C1-C2-Prev-C3-Neg-R] [C3 make C1 pursue C2] [tr.] (**Fin.** [pres.] б-лы́-шьҭа-с-тцо-ит / б-лы́-шьҭа-с-тцо-м, [aor.] б-лы́-шьҭа-с-тце-ит / б-лы́-шьҭа-сы-м-тце-ит, [imper.] д-лы́-шьҭа-тца! / д-лы́-шьҭа-бы-м-тца-н!; **Non-fin.** [pres.] (C1) и-лы́-шьҭа-с-тцо / и-лы́-шьҭа-сы-м-тцо, (C2) б-зы-шьҭа́-с-тцо / б-зы-шьҭа́-сы-м-тцо, (C3) б-лы́-шьҭа-з-тцо / б-лы́-шьҭа-зы-м-тцо; **Abs.** б-лы́-шьҭа-тца-ны / б-лы́-шьҭа-м-тца-кәа) **1.** to make sb pursue/give chase to sb/sth: б-лы́-шьҭа-с-тце-ит *I made you pursue her.* А-ҳәынҭҟа́р и-цәы́мыӷха-н а-уаа́ а́-шьҭе-и-тце-ит а-ҽы́. (Ab.Text) *The king became unpleasant and made people pursue the horse.*

а́-шьҭа-тца-ра[3] [tr.] [C1-Prev-C3-R / C1-Prev-C3-Neg-R] [C3 quit C1] (**Fin.** [pres.] и-шьҭа́-л-тцо-ит / и-шьҭа́-л-тцо-м, [aor.] и-шьҭа́-л-тце-ит / и-шьҭа́-лы-м-тце-ит, [imper.] и-шьҭа-тца́! / и-шьҭа́-бы-м-тца-н!, и-шьҭа́-шә-тца! / и-шьҭа́-шәы-м-тца-н!; **Non-fin.** [pres.] (C1) и-шьҭа́-л-тцо / и-шьҭа́-лы-м-тцо, (C3) и-шьҭа́-з-тцо / и-шьҭа́-зы-м-тцо; **Abs.** и-шьҭа-л-тца-ны́ / и-шьҭа́-м-тца-кәа) **1.** to give up (*a job*): Уи и-матцура́ шьҭе-и-тце-ит. (AAD) *He quit his job.*

Шь

а́-шьҭатцарҭа [n.] (-кәа) a warehouse, a storehouse.

а́-шьҭ-жәа-ра [tr.] [C1-Prev-C3-R] [C3 tear off C1 from the ground] (**Fin.** [aor.] и-шьҭ-и́-жәе-ит) **1.** to tear off sth heavy from the ground: А-ха́ҳә ду шьҭ-и́-жәе-ит. *He snatched up the large rock.*

-шьҭҟьаны́ [adv.]: А-дәы́ӷба и-шьҭҟьаны́ и-цо́-ит. *The train is rushing fast.* А-дау-а́жә ды-шьҭҟьаны́ д-ца-н д-ка́-ха-ит. (AF) *The old ogre went crashing down and collapsed.*

а́-шьҭ-ԥаа-ра* [tr.] [C1-Prev-C3-R] [C3 snatche up C1 quickly] (**Fin.** [aor.] и-шьҭы́-л-ԥаа-ит / и-шьҭы́-лы-м-ԥаа-ит, [imper.] и-шьҭы́-ԥаа! / и-шьҭы́-бы-м-ԥаа-н!) **1.** to lift up quickly sth off the ground/floor: А-ха́ҳә ду шьҭ-и́-ԥаа-ит. *He suddenly lifted up the large rock.* **2.** to flow up.

а́-шьҭ-ԥраа-ра* [intr.] [C1-Prev-S] (**Fin.** [aor.] и-шьҭы́-ԥраа-ит / и-шьҭы́-м-ԥраа-ит) **1.** to fly up: А-ԥсаа́тә шьҭы-ԥраа́-ит. *The bird took to the air.*

а́-шьҭ-ра[1] [tr.] [C1-C3-R / C1-C3-Neg-R] [C3 send C1] (**Fin.** [pres.] у-с(ы)-шьҭ-уе́-ит, б-сы-шьҭ-уе́-ит, д-а́-шьҭ-уе-ит, б-ха-шьҭ-уе́-ит / у-с(ы)-шьҭ-уа́-м (-шьҭ-ӡо́-м), [aor.] у-с(ы)-

шьҭ-и́т / д-а́-м-шьҭ-ит, у-с-мы-шьҭ-и́т, [fut.1] у-с(ы)-шьҭы́-п / у-сы-шьҭ-ры́м, [fut.2] у-с(ы)-шьҭы́-шт / у-сы-шьҭы́-шам, [perf.] у-с(ы)-шьҭ-хьеи́т / у-с-мы́-шьҭы-ц(т), [impf.] у-с(ы)-шьҭ-уа́н / у-сы-шьҭ-уа́мызт, [past indef.] у-с(ы)-шьҭы́-н / у-с-мы-шьҭы́-зт, [cond.1] у-с(ы)-шьҭы-ры́н / у-сы-шьҭ-ры́мызт, [cond.2] у-с(ы)-шьҭы́-шан / у-сы-шьҭы́-шамызт, [plupf.] у-с(ы)-шьҭ-хьа́н / у-с-мы-шьҭы́-цызт, [imper.] и-шьҭы́!, сы-шьҭы́! / д-б-мы-шьҭы́-н!, и-шә-шьҭы́!, с-шәы-шьҭы́! / д-шә-мы-шьҭы́-н!; [caus.] ды-с-лы́-р-шьҭ-ит / д-сы-л-мы́-р-шьҭ-ит; [poten.] ды-с-зы́-шьҭ-уам, ды-с-зы́-мы-шьҭ-ит; [nonvol] д-с-а́мха-шьҭ-ит / д-с-а́мха-мы-шьҭ-ит; [vers.1] ды-л-зы́-сы-шьҭ-ит / ды-л-зы́-с-мы-шьҭ-ит; [vers.2] ды-л-цәы́-сы-шьҭ-ит / ды-л-цәы́-с-мы-шьҭ-ит; **Non-fin.** [pres.] (C1) и́-с-шьҭ-уа, и́-сы-м-шьҭ-уа, (C3) д-зы-шьҭ-уа́ / ды-з-мы-шьҭ-уа́, [aor.] (C1) и́-с-шьҭ / и́-с-мы-шьҭ, (C3) ды-з-шьҭы́ / ды-з-мы-шьҭы́; [caus.] ды-б-сы-р-шьҭ-уе́ит, ды-с-на́-р-шьҭ-уе-ит, ды-б-ҳа́-р-шьҭ-уе-ит; **Abs.** ды-шьҭ-ны́ / д-мы-шьҭы́-кәа) **1.** (= **а-дәы́ҟә-ҵа-ра**) to send (there/thither); to direct: бы-л-зы́-сы-шьҭ-ит *I sent you to her.* Сара́ а-телегра́мма сы-шьҭ-уе́-ит (/дәы́ҟә-с-ҵо-ит). *I'll send a telegram.* С-а́н ды-б-зы́-сы-шьҭ-ит. *I sent my mother to you.* Сара́ а-шко́ла-хь с-ры-шьҭ-уе́-ит. *They are sending me to the school.* а-чы́мазаҩ а-ҳаакьы́м и-а́хь и́-шьҭра *to send a sick person to the doctor.* || **а-гәы́ а́-шьҭ-ра** to be frightened: И-гәы́ мы-шьҭы́-кәа д-тәо́-уп. (Ab.Text) *He is sitting without losing heart.* [cf. **а́а-шьҭ-ра** "to send here/hither"]

а́-шьҭра[2] [n.] (а́-шьҭра-кәа, шьҭра́-к, лы́-шьҭра) **1.** relatives: Сара́ шьҭра-ла́ с-Цыгьа́рда-тә-уп. (AFL) *By provenance I am from Dzhgjarda. Я по происхождению из Зигьарда.* **2.** track; foot: И-а́б и́-шьҭра ды́-кә-ле-ит. *He followed in his father's footsteps.*

а́-шьҭыбжь [n.] (-кәа, шьҭыбжьы́-к) **1.** a sound: А-уардын-кәа ры́-шьҭыбжь го́-ит. (AFL) *The sound of ox-carts is heard. Раздается звук арб.* **2.** noise: А-шьҭыбжь у-ҧы́рхага-ӡа-м-и? *Does the noise disturb you?*

а́-шьҭы-х-ра [tr.] [C1-Prev-C3-R / C1-Prev-C3-Neg-R] [C3 pick up C1] (**Fin.** [pres.] ды-шьҭы́-с-х-уе-ит / ды-шьҭы́-с-х-уа-м (-х-ӡо-м), [aor.] ды-шьҭы́-с-х-ит / ды-шьҭы́-сы-м-х-ит (-х-ӡе-ит), [imper.] ды-шьҭы́-х! / ды-шьҭы́-бы-м-хы-н!, ды-шьҭы́-шә-х! / ды-шьҭы́-шәы-м-хы-н!; **Non-fin.** [pres.] (C1) и́-шьҭы-с-х-уа / и-шьҭы́-сы-м-х-уа, (C3) ды-шьҭы́-з-х-уа / ды-шьҭы́-зы-м-х-уа; **Abs.** ды-шьҭы́-х-ны / ды-шьҭы́-м-х-кәа) **1.** to take, to occupy: А-ҕа́ и́-калакь шьҭы́-р-х-ит. *They took the enemy city.* **2.** (= **а-га-ра́**) to take; to pick up, to lift up: Сара́ а-ҳа́ргь шьҭы́-с-х-уе-ит. *I'll take an unbrella with me.* У-шәа́кь шьҭы́-х! *Take the gun with you!* И-бзи́о-уп, — и-хәа́-н, а́-ҳәа а́а-шьҭ-и-хы-н «а́-чкун» а-ҳәынҭҟа́р и-ҩны́ д-ны-ҩна́-л-т. (Ab.Text) *"All right," the 'boy' said and picked up the sword and went into the King's house.* Д-а́а-шьҭы-р-хы-н д-р-ааӡе́-ит. (Ab.Text) *They took picked him up and brought him up.* Уи́ а-те́хника интере́с-с и-шьҭ-и́-х-ит. *He is interested in technology. Он интересуется техникой.* **3.** (*of prices*) to raise: А-ча́-хә шьҭы́-р-х-ит. *They raised the price for bread.* **4.** to multiply: хәба бжьы-нтәы́ и-шьҭы́-х! *multiply 5 by 7!*

а́-шьҭы-тц-ра [intr.] [C1-Prev-R / C1-Prev-Neg-R] [C1 go up; C1 melt] (**Fin.** [pres.] сы-шьҭы́-тц-уе-ит / сы-шьҭы́-тц-уа-м (-тц-ӡо-м), [aor.] сы-шьҭы́-тц-ит / сы-шьҭы́-м-тц-ит (-тц-ӡе-ит), [imper.] бы-шьҭы́-тц! / бы-шьҭы́-м-тцы-н!, шәы-шьҭы́-тц! / шәы-шьҭы́-м-тцы-н!; **Non-fin.** [pres.] (C1) и-шьҭы́-тц-уа / и-шьҭы́-м-тц-уа, [aor.] (C1) и-шьҭы́-тц / и-шьҭы́-м-тц; **Abs.** ды-шьҭы́-тц-ны / ды-шьҭы́-м-тц-кәа) **1.** to go up, to rise. **2.** to become famous. **3.** (*of snow*) to melt (away): А-сы́ шьҭы́-тц-ит. *The snow has melted. Снег сошел.*

а-шьу́шьа [n.] (-кәа) a lamp chimney.

а́-шьха[1] [n.] (а́-шьха-кәа, шьха́-к/шьха-кы́, ҳа́-шьха-кәа, шьха-кәа́-к) **1.** a mountain: Аҧсны́тәи а́-шьха-кәа *Abkhazian mountains.* а́-шьха-ҿы *on the mountain.* а́-шьха ду́-кәа *big mountains.* а́-шьха ҧшӡа-кәа́ *the beautiful mountains.* а́-шьха ҧшӡа́ ду *the big beautiful mountain.* Абри́ а́-шьха-кәа ҧшӡо́-уп. *These mountains are beautiful.* А-ҽы́ а́-шьха-ҟа и-дәы́ҟу-ле-ит. *The horse set off to the mountains.* Урҭ а́-шьха и-н-хо́-н, уаа́ сса́-н, (...). (Ab.Text) *They were a short people and lived in the mountains, (...).*

а́-шьха[2] [n.] (= **а́-шьхыц**) (а́-шьха-қәа, ҳа́-шьха, шьха́-к) a (honey) bee: А-шьха-қәа а-сара́нць ҟа-р-тцо́-ит. *The bees are making a honeycomb.*

а́-шьхара [n.] (-қәа) a mountainous area.

а́-шьхаруа [n.] (а́-шьхаруаа) **1.** a mountain-dweller. **2.** a bearer of one of the two dialects of the Abazin language.

а́-шьхарыуа [n.] (а-шьхарыуаа, шьхарыуа-к) a mountain-dweller.

а-шьха́ц [n.] one (honey) bee.

а́-шь-х-ра [tr.] **(1)** [C1-Poss-Prev-C3-R / C1-Poss-Prev-C3-Neg-R] [C3 take off C1(=C3's footwear)] (**Fin.** [pres.] и-сы́-шьы-с-х-уе-ит / и-сы́-шьы-с-х-уа-м, [aor.] и-сы́-шьы-с-х-ит / и-сы́-шь-сы-м-х-ит, [imper.] и-бы́-шьы-х! / и-бы́-шь-бы-м-хы-н!, и-шәы́-шьы-шә-х! / и-шәы́-шь-шәы-м-хы-н!; **Non-fin.** [pres.] (C1) и-сы́-шьы-с-х-уа / и-сы́-шьы-сы-м-х-уа, (C3) и-зы́-шьы-з-х-уа / и-зы́-шьы-зы-м-х-уа; **Abs.** и-сы́-шь-х-ны / и-сы́-шьы-м-х-кәа) **1.** to take off (*footwear, trousers, etc.*): Сара́ с-е́имаа-қәа сы́-шьы-с-х-уе-ит. *I am taking off the shoes.* Б-е́имаа-қәа бы́-шь-бы-м-хы-н! (GAL) *Не снимай туфли! Don't take off your shoes!* **(2)** [C1-C2-Prev-C3-R / C1-C2-Prev-C3-Neg-R] [C3 take C1 off C2] (**Fin.** [aor.] и-сы́-шьы-р-х-ит / и-сы́-шьы-ры-м-х-ит) **1.** to take footwear off: А-хәычы́ и-е́имаа-қәа и́-шьы-р-х-ит. (GAL) *Ребенка разули. They took the shoes off the child.* [cf. **а́-шьа-тца-ра** "to put on"]

а-шьхы́мза [n.] (а-шьхы́мза-қәа) **1.** a honeycomb. **2.** a beehive: А-шьхыц-қәе-и а-ђырпалы́кь-қәе-и ђы́хьа е́иђш и-ны́-ҟәо-м, а-шьхы́мза-қәа и-р-тҩо́-уп. (AFL) *The bees and butterflies are not flying as before. and the bees are in the honeycomb. Пчелы и бабочки не летают как раньше, пчелы сидят в сотах.*

а́-шьхыц [n.] (= **а́-шьха**) (а́-шьхыц-қәа) a (honey) bee.

а́-шьцылара[1] [n.] habit: А-гхара шьцы́лара бааҧс-у́п. *Being late is a bad habit.*

а́-шьцыла-ра[2] **(1)** [intr. dynamic] [C1-C2-R / C1-C2-Neg-R] [C1 get used to C2] (**Fin.** [pres.] д-лы́-шьцыло-ит, и-а́-шьцыло-ит / д-лы́-шьцыло-м, [aor.] д-лы́-шьцыле-ит / ды-л-мы́-шьцыле-ит, [imper.] б-сы́-шьцыла! / б-с-мы́-шьцыла-н!; **Non-fin.** [pres.] (C1) и-лы́-шьцыло (*тот, который привыкает к ней*) / и-л-мы́-шьцыло, (C2) д-зы-шьцы́ло (*тот, к которому он/она привыкает*) / ды-з-мы-шьцы́ло, [aor.] (C1) и-лы́-шьцыла / и-л-мы́-шьцыла, (C2) д-зы-шьцы́ла / ды-з-мы-шьцы́ла, [impf.] (C1) и-лы́-шьцыло-з / и-л-мы́-шьцыло-з, (C2) д-зы-шьцы́ло-з / ды-з-мы-шьцы́ло-з, [past indef.] (C1) и-лы́-шьцыла-з / и-л-мы́-шьцыла-з, (C2) д-зы-шьцы́ла-з / ды-з-мы-шьцы́ла-з; **Abs.** д-лы-шьцы́ла-ны / ды-л-мы-шьцы́ла-кәа) **1.** to get used to: д-сы́-шьцыло-ит *he/she gets used to me.* Сара́ шаанӡа а-гы́ла-ра с-а́-шьцыле-ит. *I got used to getting up early.* А-уаҩы́ зегьы́ д-ры́ шьцыло-ит. (IC) *Human beings get accustomed to everything.* **(2)** [intr. stative] [C1-C2-R] [C1 be used to C2] (**Fin.** [pres.] д-сы́-шьцыло-уп / д-сы́-шьцыла-м, [past] д-сы́-шьцыла-н / д-сы́-шьцыла-мызт; **Non-fin.** [pres.] (C1) и-лы́-шьцыло-у / и-лы́-шьцыла-м, (C2) д-зы-шьцы́ло-у / д-зы-шьцы́ла-м, [past] (C1) и-лы́-шьцыла-з / и-лы́-шьцыла-мыз, (C2) д-зы-шьцы́ла-з / д-зы-шьцы́ла-мыз) **1.** to be used to: д-сы́-шьцыло-уп *he/she is used to me.*

-а́шь-цәа [n.] (pl.) (one's) brothers: и-а́шь-цәа *his brothers.* с-а́шь-цәа ҩы́џьа *my two brothers.* ҳ-а́шь-цәа *our brothers.* [*See* **а́иашьа** (sg.) "a brother." **с-ашьа́** "my brother." **а́ишь-цәа** "brothers"]

а-шьшь-ра́ [tr.] [C1-C3-S / C1-C3-Neg-S] [C3 stroke C1] (**Fin.** [pres.] д-сы-шьышь-уе́-ит / д-сы-шьышь-уа́-м, [aor.] д-сы-шьшь-и́т / ды-с-мы-шьшь-и́т, [imper.] ды-шьшьы́! / ды-б-мы-шь(ы)шьы́-н!; **Non-fin.** [pres.] (C1) и-сы-шьышь-уа́ / и-с-мы-шьышь-уа́, (C3) д-зы-шьышь-уа́ / ды-з-мы-шьышь-уа́; **Abs.** ды-шьшь-ны́ / ды-м-шьшьы́-кәа) **1.** to stroke: и-сы-шьшь-и́т *I stroked it/them.* А-хәычы́ и-хы́ л-шьышь-и́т. *She stroked the child's head.* || И-гәы́ и-шьышь-уе́-ит. *He is gloating over other's misfortunes.*

ашьшьы́ҳәа [adv.] **1.** quietly, gently; slowly: Ашьшьы́ҳәа у-цәажәа-ла! *Speak quietly!* **2.**

Шь

slowly: А-уаа́ ашьшьы́ҳәа ԥхьаӄа́ и-цо́-н. (RAD) *Толпа медленно двигалась вперед. The crowd was slowly moving forward.* **3.** carefully: Ашьшьы́ҳәа шә-ҭы-ц! *Go out carefully!*

шьыбжь-а́анӡа [adv.] until lunch.

шьыбжьо́н **1.** [adv.] at lunchtime; at noon: Шьыбжьо́н ҳ-аԥсы́ ҳ-шьо́-ит. *We take a rest at noon.* Шьыбжьо́н с-ан а-бы́сҭа ҳ-зы-л-у-ит. (AFL) *At noon, my mother made polenta for us. В полдень моя мать сделала мамалыгу для нас.* Гәди́са машьы́на-ла шьыбжьо́н д-аа́-ит. *Gudisa came to lunch by car.* **2.** [n.] noon; midday: Шьыбжьо́ны-н. *It was midday.*

а-шьыбжьхьа́ [n.] (а-шьыбжьхьа-қәа́, шьыбжьхьа́-к) lunch: шьыбжьхьа́ хаа *a tasty lunch.* Шьыбжьхьа́ аба́-шә-фо-и? (AFL) *Where do you have lunch?* А-саа́ҭ 2 [ҩба] р-зы́ шьыбжьхьа́ с-фо́-ит. *I'll have lunch at two o'clock.*

а-шьыбжьхьа́-фа-ра *see* **а-шьыбжьхьа́**

а-шьыбжьы́шьҭахь **1.** [n.] time after lunch. **2.** [adv.] in the evening; after lunch: Шьыбжьы́шьҭахь ара́ а-ԥша́ а́-с-уе-ит. *After lunch a wind blows here.* Шьыбжьы́шьҭахь сара́ а-ҩны́-ӄа с-цо́-ит. (AFL) *I'll come home in the afternoon. Вечером я иду домой.*

а́-шьыжь **1.** [n.] (шьжьы́-к / шьыжь-кы́, сы́-шьыжь) morning: а́-шьыжь аахы́с *from morning.* **2.** [adv.] in the morning: Ҳара́ а-шьы́жь ҳ-гы́ло-ит. *We get up in the morning.* Уара́ а́-шьыжь а-саа́ҭ шаӄа́ р-зы́ у-гы́ло-и? *What time do you wake up in the morning?*

шьыжьбзи́а [interjection] (*to you* [sg.]) good morning!

шьыжьбзи́а-қәа [interjection] (*to you* [pl.]) good morning! [cf. **бзи́ара жә-ба́аит!**]

шьыжьла́ [adv.] **1.** in the morning. **2.** in the mornings: Уара́ шьы́жьла́ у-анба́-гыло? *When do you get up in the morning?* Шьыжьла́ с-леиҩе́и-уе-ит. *I take a walk in the mornings.* А-университе́т а-ҿы́ а-тцара́ и-а́-ла-го-ит шьыжьла́ а-саа́ҭ 9 [жәба] р-зы́. (AFL) *The lesson at the university starts at 9 o'clock in the morning. В университете урок начинается в девять часов утра.*

шьыжьтәи́ [adj.] morning: шьыжьтәи́ а-ҭаалы́м *morning gymnastics.* А-шьыжьтәи́ а́-мре-и а-ԥше́-и шԥ-а́а-рԥш-у? (AFL) *How are the morning sun and the wind shown? Как показаны утреннее солнце и ветер?*

шьыжьхьа́ [n.] (шьыжьхьа-қәа́, шьыжьхьа́-к) breakfast: Жәаба́ ры́-бжа р-зы́ шьыжьхьа́ с-фо́-ит. (AFL) *I have breakfast at 9:30. Я завтракаю в половине десятого.* Шьыжьхьа́ а́-шьҭахь Наа́ла Гәди́са а-шко́л ахь ды-л-ге́-ит. *After breakfast Naala took Gudisa to school.*

шьыжьхьафара́ *see* **шьыжьхьа́**

шьыжьымҭа́н [adv] in the morning: шьыжьымҭа́н-к *one morning.* А-ԥе́нџьыр с-на́-хе-ит шьыжьымҭа́н. (AFL) *I opened the window in the morning. Я открыл окно утром.*

Шьына́ [n.] (m.) [person's name]

а-шьы́нка [n.] (а-шьы́нка-қәа, шьы́нка-к) a melon.

а-шьы́х [n.] plaster, plastering.

а-шьы́ц-га-ра [tr.] [C1-Prev-C3-R] (**Fin.** [pres.] д-шьы́цы-р-го-ит / д-шьы́цы-р-го-м, [aor.] д-шьы́цы-р-ге-ит / д-шьы́ц-ры-м-ге-ит) **1.** to envy.

а-шьы́цра[1] [n.] envy.

а-шьы́ц-ра[2]* [intr.] [C1-R] (**Fin.** [pres.] д-шьы́ц-уе-ит / д-шьы́ц-уа-м, [aor.] д-шьы́ц-ит / ды-м-шьы́ц-ит) **1.** to be envious.

а-шьы́тцәра [n.] (шьы́тцәра-к) a bunch, a bundle; bouquet: а-шәҭ шьы́тцәра *a bunch of flowers.* лы-хцәы́ шьы́тцәра-к *a lock of her hair.*

а́-шьышь [n.] (а́-шьар, а́-шьара-қәа) a piglet.

Шә шә

шә- [num.] a hundred (< шә-кы́)**:** шә-маа́ҭ-к *100 rubles.* Шәы́-шықәса *100 years.*

-шә(ы)- [verbal prefix] **(1)** *a pronominal prefix denoting an agent/oblique/direct object of the second person pl. in Columns III/II/I respectively.* "you, вы" [N.B. **шә-** in Column III usually changes to **жә-** if an initial consonant of the verb radical is voiced.] (cf. **-жә-**)**:** Ми́хе-и уаре́-и (/баре́-и) а-шко́л-ахь шә-це́-ит. *You and Mikha went to school.* **(2)** *a pronominal prefix denoting an agent/oblique/direct object of the formal or polite second person sg. in Columns III/II/I respectively***:** И-бзи́о-уп, с-аб, уара́ и-з-у́-ҳәо с-и-ццо́-ит, аха́ и-ҟа-ло́-зар, уаха́ затцәы́к и-с-а́-жә-раӡа уаха́ а-ху́цха сы́-шә-ҭ, — л-ҳәе́-ит лара́. (Ab.Text) *She said, "Father, I understand. I will go away as the bride of this person you have told me about. If it is possible, allow me one night's grace. Please let me consider it tonight."*

а́-шә[1] [n.] (а́-шә-қәа) a beech**:** а́-шә-тҵла *a beech-tree.* а́-шә-ра *beech-plantation.*

а́-шә[2] [n.] (а́-шә-қәа, сы́-шә, шәы́-к) a door.

а́шә[3] [n.] (а́шә-қәа, х-а́шә, шәы́-к, шә-қәа́-к) cheese.

шәа[1] [pron.] *a contracted form of* **шәара́** *"you (pl.)"***:** Ари́ шәа шә-о́-уп и-ҟа-з-тҵа́-з. *You did this. Это сделали вы.*

-шәа[2] [verbal suffix] *added to the non-finite stem.* **1.** "as if," "as though"**:** И-хаҭа́ и-ба́-з-шәа и-ҳәо́-ит. (RAD) *Он говорит, будто сам видел. He speaks as if he saw it himself.* Шәы-ҩны́ шәы́-ҟо-у-шәа шәы-ҧхьаӡа́! *Please feel as if you were at home!* Д-агь-и-а-лацәҟус-з-шәа-гьы и-бе́-ит. *Even to him, it seemed as if she had winked at him.* **2.** just like. || **-шәа а́-ка-заа-ра** it seems, apparently**:** Ды-чкәы́но-у-шәа ды́-ҟо-уп. *He/She seems to be younger than his/her years.* Д-ҟәы́ш-у-шәа ды́-ҟо-уп. *He/She appears to be clever.*

-шәа[3] [suffix] *used to derive an adverb***:** уама-шәа́ *astonishingly.*

-шәа-[4] [verbal radical] *"The radical -шәа- is used prototypically for the falling of light, small items and contrasts with -ха- for larger, heavier ones."* (ACST)

а́шәа [n.] (а́шәа-қәа, ашәа́-к / шәа́-к, с-а́шәа (*с-шәа), х-а́шәа,) **1.** a song**:** а́шәа ҳ-ҳәо́-ит *we are singing a song.* А-тҵа́ра-қәа а́шәа аба́-р-ҳәо? (AFL) *Where are the birds singing?* Ашәа-қәа ҳа-р-зы́-ӡырҩ-уе-ит. *We are listening to the songs.* Ашәа еиц-аҳ-ҳәо́-ит. *We are singing together.* Сара́ с-а́н-гьы с-а́б-гьы а́шәа бзи́аны и-р-ҳәо́-ит. (AFL) *My mother and my father sing well. Моя мать и мой отец хорошо поют.*

Ашә-а́а [people's name] Ashwba.

шә-а́аи *see* **ааи**

а-шәа́га [n.] (-қәа) a measure. [cf. **а-шәа-ра́** "to measure"]

а́-шәаӡа [n.] (-қәа) fresh cheese.

а-шәа́қь [n.] (-қәа, шәа́қь-ла) a gun; a rifle.

а́-шәан [adj.] Svan. сванский**:** а́-шәан бызшәа́ *the Svan language, сванский язык.*

а́-шәаныуа [n.] (а́-шәан-цәа/-қәа, шәаны́уа-к) a Svan. сван**:** а́-шәаныуа бызшәа́ *the Svan language, сванский язык.*

а-шәаҧы́џьаҧ [n.] растение, a plant; vegetation**:** А-шәаҧы́џьаҧ ры-бҕь-қәа́ ҩе́ижьхо-ит. (AFL) *The leaves of the plant are turning yellow. Листья растения желтеют.*

шәара́ [personal pron.] **1.** *used to mark the 2nd person singular "you" in the formal mode.* "(*polite expression*) вы, you (*sg.*)"**:** Шәара́, а-ҩы́за, иҭабу́п ҳәа шә-а́-с-ҳәо-ит. (RAD) *I am, friend, expressing gratitude to you. Я вам, товарищ, выражаю благодарность.* Абри́ а́-чкун б-и́-цца ҳәа ан-л-а́-с-ҳәа, уаха́-к а-ху́цха сы́-шә-ҭ, а́шьжьымтан аҭа́к шәы́-с-ҭо-ит ҳәа с-а́-л-ҳәе-ит. (Ab.Text) *"When I told her 'Go away as a bride to this boy', she said to me 'Let me consider it for one night tonight. I will give you my answer in the morning'".* **2.**

Шә

used to mark the 2nd person plural "you". "you (*pl.*)" (cf. **шәа́; шәарҭ** "you"): Шәара́ и́-шә-ҭахы-у жә-у-ла́! (GAL) *Что вы хотите, вы делайте! What you want, you do!* А-ҩы́з-цәа, шәара́ шә-ласы́-ро-уп. (RAD) *Товарищи, вам надо торопиться. Friends, you need to hurry.*

а-шәа-ра́[1] [intr.] [C1-R / C1-Neg-R] [C1 feel fear] (**Fin.** [pres.] д-шәо́-ит / д-шәо́-м (-шәа-ӡо́-м), [aor.] д-шәе́-ит / ды-м-шәе́-ит (-шәа-ӡе́-ит), [imper.] б-шәа́! / бы-м-шәа́-н!, шә-шәа́! / шәы-м-шәа́-н!; **Non-fin.** [pres.] (C1) и-шәо́ / и́-м-шәо, [aor.] (C1) и-шәа́ / и́-м-шәа; **Abs.** д-шәа-ны́ / ды-м-шәа́-кәа) **1.** [with SP, see the suffixes **-р**, **-шь**, **-нда**(**з**), **-ааит**] to be afraid, to fear: и-шәа́-з а́-ла-қәа *frightened eyes, испуганные глаза.* А-дәы́ӷба с-а́-г-ха-**р ҳәа** с-шәо́-ит. (AAD) *I am afraid to be late for the train.* А-хьҭа сы́-лала-**р ҳәа** с-шәо́-ит. (RAD) *Я боюсь простудиться. I am afraid of catching a cold.* Д-ка́ҳа-уе-ит **ҳәа** с-шәо-ит/с-шәо-н. *I am/was afraid that (s)he will/would fall.* И-ԥҳәы́с и-л-ды́р-уа-н, ахә и-л-ҳәо́-мызт д-шәа-ны́. (AF) *His wife knew about it, but in fear she used to say nothing.* **2.** to worry. **3.** to be frightened: Лара́ д-шәа́-н. *She was frightened.* Шә-шәа́-ма? *Were you frightened?* [cf. **а-цә-шәа-ра́** "to be afraid of"; **а-ршәа-ра́** [tr.] "to frighten"]

а-шәа-ра́[2] [tr.] [C1-C3-R / C1-C3-Neg-R] [C3 pay C1] (**Fin.** [pres.] и-с-шәо́-ит / и-с-шәо́-м, [aor.] и-с-шәе́-ит, и-а-шәе́-ит / и-сы-м-шәе́-ит (-шәа-ӡе́-ит), и-а́-м-шәе-ит, [imper.] и-шәа́! / и-бы-м-шәа́-н!, и-шә-шәа́! / и-шәы-м-шәа́-н!, [caus.] и-и-р-шәе́-ит; **Non-fin.** [pres.] (C1) и́-л-шәо / и́-лы-м-шәо, (C3) и-з-шәо́ / и-зы-м-шәо́, [aor.] (C1) и́-л-шәа / и́-лы-м-шәа, (C3) и-з-шәа́ / и-зы-м-шәа́, [impf.] (C1) и́-л-шәо-з / и́-лы-м-шәо-з, (C3) и-з-шәо́-з / и-зы-м-шәо́-з, [past indef.] (C1) и́-л-шәа-з / и́-лы-м-шәа-з, (C3) и-з-шәа́-з / и-зы-м-шәа́-з; **Abs.** и-шәа-ны́ / и-м-шәа́-кәа) **1.** (*of a debt*) to pay back; to pay: а-ка́сса-ҿы а-ԥа́ра шәа-ны́ *at the cash register, having paid the money.* Уи а-ԥа́ра и-шәе́-ит. *He paid some money.* Зақа́ маа́ҭ шәа-тә-у́-и? *How much is it necessary to pay?*

а-шәа-ра́[3] [tr.] [C1-C3-R / C1-C3-Neg-R] [C3 measure C1] (**Fin.** [pres.] и-с-шәо́-ит / и-с-шәо́-м, [aor.] и-с-шәе́-ит, и-а-шәе́-ит / и-сы-м-шәе́-ит, и-а-м-шәе́-ит; [imper.] и-шәа́! / и-бы-м-шәа́-н!, и-шә-шәа́! / и-шәы-м-шәа́-н!; **Non-fin.** [pres.] (C1) и́-л-шәо / и́-лы-м-шәо, (C3) и-з-шәо́ / и-зы-м-шәо́, [aor.] (C1) и́-л-шәа / и́-лы-м-шәа, (C3) и-з-шәа́ / и-зы-м-шәа́, [impf.] (C1) и́-л-шәо-з / и́-лы-м-шәо-з, (C3) и-з-шәо́-з / и-зы-м-шәо́-з, [past indef.] (C1) и́-л-шәа-з / и́-лы-м-шәа-з, (C3) и-з-шәа́-з / и-зы-м-шәа́-з; **Abs.** и-шәа-ны́ / и-м-шәа́-кәа) **1.** to measure: а-уа́да а́-ҭбаара а-шәа-ра́ *to measure the width of a room.* Сара́ а-чы́мазаҩы и-шо́ура с-шәе́-ит. *I took a patient's temperature.* Шә-шьа́қәыӷәӷәаара ҳ-шәа́-п-и. *Let's measure your blood pressure!* а-ҵе́иҵ а-ҵау́лара а-шәа-ра́ *to measure the depth of a well.*

а-шәа-ра́[4] [tr.] [C1-C3-R / C1-C3-Neg-R] [C3 break off C1] (**Fin.** [pres.] и-л-шәо́-ит / и-л-шәо́-м (-шәа-ӡо́-м), [aor.] и-л-шәе́-ит / и-лы-м-шәе́-ит (-шәа-ӡе́-ит), [imper.] и-шәа́! / и-бы-м-шәа́-н!, и-шә-шәа́! / и-шәы-м-шәа́-н!; **Non-fin.** [pres.] (C1) и́-л-шәо / и́-лы-м-шәо, (C3) и-з-шәо́ / и-зы-м-шәо́; **Abs.** и-шәа-ны́ / и-м-шәа́-кәа) **1.** to break. **2.** to destroy.

а́-шәарах [n.] (*coll. n.*) wild animals.

Шәара́х [n.] (m.) [person's name]

шәа́рҭ [personal pron.] (*see* **шәара́**) "you (*pl.*)": Шәа́рҭ уажәшьҭа́ шә-сас-цәа́-м, шә-а-ԥшәы́ма-цәо-уп. (AF) *You are guests no longer — you are its hosts.* Шәа́рҭ шә-а́ба-цәа, урҭ р-а́ба-цәа ахь-а-ны́-ҭы-з а́-дгьыл ахь шә-хы хо-уп. (AF) *You are headed for the place whence your fathers and their fathers hailed.*

а-шәа́рҭа [n.] [< -шәа́-рҭа "fear-place"] (-қәа) danger.

а-шәа́рҭадара [n.] (-қәа) safety; security.

а-шәа́рҭа-заа-ра [intr. stative] (**Fin.** [pres.] д-шәа́рҭо-уп) to be dangerous: А-чы́мазаҩ д-шәа́рҭо-уп (ARD) *Больной в опасном состоянии. The sick person is in a dangerous condition.* Ари́ а́-цха а́-қәсра шәа́рҭо-уп. (RAD) *По этому мосту ездить опасно. It is* *dangerous to go over this bridge.*

а-шәа́рҭа-ха-ра [intr.] [C1-danger-become] (**Fin.** [aor.] и-шәа́рҭа-хе-ит) **1.** to become danger.

а-шәарыы́цара[1] [n.] (-қәа) hunting; a hunt: Шәарыы́цара д-ца-ло́-н. *He used to go off hunting.*

а-шәарыы́ца-ра[2] [intr.] [C1-S / C1-Neg-S] [C1 hunt] (**Fin.** [pres.] д-шәарыы́цо-ит / д-шәарыы́цо-м (-шәарыы́ца-ӡо-м), [aor.] д-шәарыы́це-ит / ды-м-шәарыы́це-ит (-шәарыы́ца-ӡе-ит), [imper.] б-шәарыы́ца! / бы-м-шәарыы́ца-н!, шә-шәарыы́ца! / шәы-м-шәарыы́ца-н!; **Non-fin.** [pres.] (C1) и-шәарыы́цо / и-м-шәарыы́цо, [aor.] (C1) и-шәарыы́ца / и-м-шәарыы́ца; **Abs.** д-шәарыы́ца-ны / ды-м-шәарыы́ца-кәа) **1.** to hunt; to go hunting: Уи д-шәарыы́цо-ит. *He is hunting. Он охотится.* Дара́ аны́-шәарыцо-з-гьы Ажәе́иҧш-Жәиҧшьырҟа́н лыҧха́ р-и́-ҭо-н. (AF) *And when they were off hunting, God of the Hunt would give them blessing.*

а́-шәарыцаҩ(ы) [n.] (а́-шәарыца-цәа, шәарыы́цаҩы-к) a hunter: А-шәарыца-цәа ҧхьашәа́ ду́ ры́-ма-ны и-хын-ҳә-и́т. *The hunters returned with a wealthy catch.*

а-шәа́х [n.] (а-шәа́х-қәа) **1.** foam, froth, lather. **2.** a bubble.

а-шәа́хтә [n.] (-қәа) tax.

а-шәа́х-ха-ра* [intr.] [C1-spume-R] (**Fin.** [aor.] и-шәа́х-хе-ит / и-шәа́хы-м-хе-ит) **1.** to change into spume.

а-шәахьа́ [n.] Monday: а-шәахьа-ҽны́ *on Monday, в понедельник.* Иацы́ шәахьа́-н. *Yesterday was Monday. Вчера был понедельник.* Уатҿы́ шәахьо́-уп. *Tomorrow will be Monday.*

а́-шәаҳа-ра [tr.] [C1-C3-R / C1-C3-Neg-R] [C3 stop up C1] (**Fin.** [pres.] и-с-шәаҳа-уе́-ит / и-с-шәаҳа-уа́-м, [aor.] и-с-шәаҳа́-ит / и-сы-м-шәаҳа́-ит, [imper.] и-шәаҳа́! / и-бы-м-шәаҳа́-н!; **Non-fin.** [pres.] (C1) и́-с-шәаҳа-уа / и́-сы-м-шәаҳа-уа, (C3) и-з-шәаҳа-уа́ / и-зы-м-шәаҳа-уа́; **Abs.** и-шәаҳа-ны́ / и-м-шәаҳа́-кәа) **1.** to stop up: а-ҧе́нџьыр ҕу́-ла а́-шәаҳара *to cover a window with boards; to board up a window.*

а́шәаҳәабжь [n.] (-қәа, р-а́шәаҳәабжь) a singing voice; singing.

а́шәаҳәара[1] [n.] singing.

а́шәа-ҳәа-ра[2] [tr.] [a-song-C3-R / a-song-C3-Neg-R] [C3 sing a song] (**Fin.** [pres.] а́шәа-л-ҳәо́-ит / а́шәа-л-ҳәо́-м, [aor.] а́шәа-л-ҳәе́-ит / а́шәа-лы-м-ҳәе́-ит, [imper.] ашәа-ҳәа́! / а́шәа-бы-м-ҳәа́-н!, ашәа-шә-ҳәа́! / а́шәа-шәы-м-ҳәа́-н!; **Non-fin.** [pres.] (C1) а́шәа-з-ҳәо́ / а́шәа-зы-м-ҳәо́; **Abs.** ашәа-ҳәа-ны́ / ашәа-м-ҳәа́-кәа) **1.** to sing a song: cf. Шьоукы́ а́шәа р-ҳәо́-ит, шьоукы́ куашо́-ит. *Some people are singing songs, but others are dancing.* [cf. **а́шәа** "a song," **а-ҳәа-ра́** [tr.] "to say"]

а́-шәа-ҳәа-ра[3] [intr.] [C1-Prev-R] (**Fin.** [pres.] д-шәа-ҳәо́-ит) **1.** to rejoice; to exult. **2.** to sing: Зегьы́ шәа-ҳәо́-ит. *Everybody is singing.*

а́шәаҳәарҭа [n.] the place for the performance of songs. [< а́шәаҳәара "singing"]

а́шәаҳәа-ҩ [n.] (а́шәаҳәа-цәа, х-а́шәаҳәаҩ, шәаҳәаҩы́-к) a singer: Ка́ма д-шәаҳәаҩ-у́п. *Kama is a singer.*

Шәача́ [n.] [place name] Sochi.

а́-шәаҩа [n.] (-қәа) snowshoes: а́-шәаҩа-қәа ры́-ла а-чере́зра *to ski.*

Ашә-ба [n.] [family name]

а́-шәеилатца [n.] corned cheese.

а́-шәи [n.] a curse.

шәи́ аӡәы́ [num.][hum.] one hundred and one people.

шәи́ акы́ [num.][non-hum.] one hundred and one .

шәи́ ҩы́нҩажәи-жәаба́ [num.] one hundred and fifty.

а́-шәи-ҧшьи-ра [intr.] (**Fin.** [pres.] д-шәи́-ҧшьи-уе-ит, [aor.] д-шәи́-ҧшьи-ит) **1.** (= **а́-шәи-ра**) to curse.

а́-шәи-ра [labile] [tr.] [C1-C3-R] [C3 curse C1] (**Fin.** [pres.] ды-с-шәи-уе́-ит / ды-с-шәи-уа́-м, [aor.] ды-л-шәи́-ит / д-лы-м-шәи́-ит, [imper.] д-шәи́! / д-бы-м-шәи́-н!; **Non-fin.** [impf.] (C3) ды-з-шәи-уа́-з) **1.** to curse: У-шҧа́-р-шәи-и? *How did they curse you?* Зама́нала ды-

Шә

р-шәй-ит у́рҭ а-дау-қәа́. *The ogres had put a clever curse on him.* А-ха́ҳә еиқәатцәа́ с-ны́қә-гыла-н, и-с-шәй-ит бара́ бы-з-ла-н-хо́ а-қы́ҭа. (AF) *I stood upon the black stone and cursed the village where you live.*

а-шәишәи́ [n.] (= **а-кәа́кәшь**) (а-шәишәй-қәа) a turkey: А-шәишәй а-жьы́ ха́а-уп. *Turkey meat is tasty.*

шә-кы́ [num.][non-hum.] hundred: уаса́ шә-к *100 sheep.* [N.B. When a numeral does not have **-ба**, the noun correlating with this numeral loses the article and the plural marker.]

а-шәкәа́ԥхьара [n.] reading a book.

а-шәкәы́ (а-шәку́) [n.] (а-шә(ы)ҟә-қәа́, а-шәҟә-гьы́, а-шәҟә-қәа-гьы́, сы-шәҟәы́, шәҟәы́-к, шәҟә-қәа́-к, шәҟәы́-к-гьы) **1.** a book: а-шәҟәы́ а́-ԥхьара *to read the book.* у́рҭ с-а́н лы-шәҟә-қәа́ хәба́ (/урҭ с-ан лы-ху-шәҟу(к)) *those 5 books of my mother's.* Сара́ а́-интерес з-ҭо́-у шәҟәы-к с-а́-ԥхьо-ит. *I am reading an interesting book.* Ры́-цыԥхьаӡа шәҟәы́-к-шәҟәы́-к аа́-р-хәе-ит. *One by one, each of them bought a book.* **2.** (= **а́-салам-шәкәы́**) a letter.

а-шәкәы-ҭы́жьҩы [n.] a (book) publisher.

а-шәкәыи́ҩҩы́ [n.] (а-шәҟәыи́ҩҩ-цәа, шәҟәҩҩы́-с) [< а-шәҟәы́ "book" + а-ҩ-ра́ "write"] a writer: Аурыс шәҟәыҩҩы́ *a Russian writer.* Шәҟәыҩҩы́-с д-ҟа-ле́-ит. *He/She became a writer.*

а́-шәпа [adj.] fat, thick.

а́-шәпа-ха-ра [intr.] [C1-fat-become] (**Fin.** [pres.] ды-шәпа-хо́-ит / ды-шәпа-хо́-м (-ха-ӡо́-м), [aor.] ды-шәпа-хе́-ит / ды-шәпа́-м-хе-ит (-ха-ӡе-ит), [imper.] бы-шәпа-ха́! / бы-шәпа́-м-ха-н!, шәы-шәпа-ха́! / шәы-шәпа́-м-ха-н!; **Non-fin.** [pres.] (C1) и-шәпа-хо́ / и-шәпа́-м-хо, [aor.] (C1) и-шәпа-ха́ / и-шәпа́-м-ха) **1.** to put on weight, to grow fat.

а́-шәара [n.] beech-plantation. [cf. **а́-шә** "beech"]

а-шә-ра́[1] [tr.] [C1-C3-R / C1-C3-Neg-R] [C3 dye C1] (**Fin.** [pres.] и-с-шә-уе́-ит, и-а́-шә-уе-ит / и-с-шә-уа́-м, и-а́-шә-уа-м, [aor.] и-с-шә-и́т, и-а́-шә-ит / и-сы-м-шә-и́т, и-а́-м-шә-ит; [imper.] и-шәы́! / и-бы-м-шәы́-н!, и-шә-шәы́! / и-шәы-м-шәы́-н!; **Non-fin.** [pres.] (C1) и́-л-шә-уа / и́-лы-м-шә-уа, (C3) и-з-шә-уа́ / и-зы-м-шә-уа́, [aor.] (C1) и́-л-шә / и́-лы-м-шә, (C3) и-з-шәы́ / и-зы-м-шәы́, [impf.] (C1) и́-л-шә-уа-з / и́-лы-м-шә-уа-з, (C3) и-з-шә-уа́-з / и-зы-м-шә-уа́-з, [past indef.] (C1) и́-л-шәы-з / и́-лы-м-шәы-з, (C3) и-з-шәы́-з / и-зы-м-шәы́-з; **Abs.** и-шә-ны́ / и-м-шәы́-кәа) **1.** to paint; to dye: а-ба́ и-ҟа́ԥшь-ны а-шә-ра́ *to dye the cloth red.* А-ҭӡа́мц-қәа и-е́иуеиԥшым а-ԥштә-қәа́ ры́-ла и-шә-у́п. *The walls are painted in various colors.*

а-шә-ра́[2] [intr.] [C1-R / C1-Neg-R] [C1 grow ripe] (**Fin.** [pres.] и-шә-уе́-ит / и-шә-уа́-м (-шә-ӡо́-м), [aor.] и-шә-и́т / и-м-шә-и́т (-шә-ӡе́-ит), [imper.] у-шәы́! / у-м-шәы́-н!; **Non-fin.** [pres.] (C1) и-шә-уа́ / и-м-шә-уа́, [aor.] и-шәы́ / и-м-шәы́ ; **Abs.** и-шә-ны́ / и-м-шәы́-кәа) **1.** to get ripe, to ripen: А-ҵәа-қәа́ шә-уе́-ит (/и-ҟа-ло́-ит). *The apples are ripening. Яблоки зреют.*

а-шә-ра́[3] *see* **а-шәы́-заа-ра**

а-шә-ра́[4] [intr.] [C1-R / C1-Neg-R] [C1 get hard] (**Fin.** [pres.] и-шә-уе́-ит / и-шә-уа́-м, [aor.] и-шә-и́т / и-м-шә-и́т; **Non-fin.** [pres.] (C1) и-шә-уа́ / и-м-шә-уа́, [aor.] (C1) и-шәы́ / и-м-шәы́) **1.** to harden: А-ҷа́б шә-и́т. *The glue set. Клей застыл.*

а-шә-ра́[5] [intr.] [C1-R / C1-Neg-R] [C1 freeze] (**Fin.** [pres.] с-шә-уе́-ит / с-шә-уа́-м, [aor.] с-шә-и́т / сы-м-шә-и́т, [imper.] б-шәы́! / бы-м-шеы́-н!; **Non-fin.** [pres.] (C1) и-шә-уа́ / и-м-шә-уа́, [aor.] (C1) и-шәы́ / и-м-шәы́; **Abs.** с-шә-ны́ / сы-м-шы́-кәа) **1.** to freeze: С-нап-қәа́ шә-уе́-ит. *My hands are freezing.*

а́-шәрҩа [n.] (-қәа) cheese.

а́-шәҭ [n.] (а́-шәҭ-қәа, сы́-шәҭ, шәҭы́-к) a flower; a blossom: а́-шәҭ ԥшӡа-қәа́ *beautiful flowers, красивые цветы.* И-шәҭ-и́т а́-шәҭ-қәа. *The flowers blossomed.* А-ԥсабара шәҭы́-

ла и-кәтцó-уп. (AFL) *Nature is embroidered with flowers. Природа вышита цветами.*

á-шәт-какач-ра* [intr.] [C1-R-R] (**Fin.** [pres.] и-шәты́-какач-уе-ит / и-шәты́-какач-уа-м, [aor.] и-шәты́-кака́ч-ит / и-м-шәты́-кака́ч-ит) **1.** to flower and blossom: А-тәы́ла шәты́-какач-уе-ит. *The country is flowering and blossoming.*

á-шәт-ра [intr.] [C1-R / C1-Neg-R] [C1 blossom/bloom] (**Fin.** [pres.] и-шәт-уé-ит / и-шәт-уá-м, [aor.] и-шәт-и́т / и-м-шәт-и́т; **Non-fin.** (C1) [pres.] и-шәт-уá / и́-м-шәт-уа, [aor.] и-шәты́ / и́-м-шәт, [impf.] и-шәт-уá-з / и́-м-шәт-уа-з, [past indef.] и-шәты́-з / и́-м-шәты-з; **Abs.** и-шәт-ны́ / и-м-шәты́-кәа) **1.** to bloom, to blossom; to break/come into blossom: и-шәт-уá-ма? *is/are it/they blossoming?* И-шәт-уé-ит а-ԥсабáра. *Nature is blooming.* А-шәт-кәá шәт-уé-ит. *The flowers are blossoming.* Ааԥын и-шәт-уé-ит, и-кака́ч-уе-ит á-шәт шкәáкәа-қәа. (AFL) *In spring flowers will bloom, and the white flowers among them.* Ҳ-тцәáтцла бы́бшь-ӡа и-шәт-и́т. (AFL) *Our apple tree blossomed in snow-white. Наша яблоня белоснежно расцвела.* А-бáхча-ҿы а-тамá шәт-и́т. *The peach tree blossomed in the garden. В саду расцвел персик.* Ааԥын á-шәыр тцла-куá зегьы́ шәт-и́т. *In spring all the fruit trees came into blossom.* **2.** to be full of vigor.

á-шәттра [n.] (-қәа) a flower vase.

а-шәты́какач [n.] (-қәа) flowers: А-клу́б шәты́какач-ла и-хиá-н. (AAD) *The club was decorated with flowers. Клуб украшен цветами.*

á-шәтыц [n.] (= **á-шәт**) single flower.

á-шә-уа **1.** [n.] (а-шә-кәá/-цәá) an Abazinian. абазин: á-шәуа ԥҳәы́с *an Abazinian woman, абазинка.* **2.** [adj.] Abaza/Abazin: á-шәуа бызшәá *the Abaza language.* á-шәуа кы́ҭа *an Abazinian village.*

á-шәха [n.] (-қәа) smoked cheese.

а-шәха-рԥа-рá* [tr.] [C1-C2-Prev-C3-S] [C3 throw C1 over C2] (**Fin.** [aor.] и-шәха-и-рԥé-ит / и-шәха-и-мы-рԥé-ит; **Abs.** и-лы-шәха-рԥа-ны́ / и-лы-шәха-мы-рԥá-кәа) **1.** to throw on/over: И-пáлта и-шәха-и-рԥé-ит. *He threw his coat over himself.* Лара акы́ аа-лы-шәха-рԥа-ны́, ды-н-дәы́л-тц-ит. *She threw something over her shoulders and set forth.*

á-шәхаҩа [n.] (-қәа) smoked cheese.

а-шәхы́мс [n.] (-қәа) a threshold.

а-шә-тца-рá **(1)** [tr. SV] [C1-Poss-SV-C3-R / C1-Poss-SV-C3-Neg-R] [C3 put on C1] (**Fin.** [pres.] и-с-шәы́-с-тцо-ит / и-с-шәы́-с-тцо-м, [aor.] и-с-шәы́-с-тце-ит, и-аҳ-шә-áҳ-тце-ит / и-с-шәы́-сы-м-тце-ит, и-аҳ-шәá-ҳа-м-тце-ит, [imper.] и-бы-шә-тцá! / и-б-шәы́-бы-м-тца-н!, и-шә-шәы́-шә-тц(а)! / и-шә-шәы́-шәы-м-тца-н!; **Non-fin.** [pres.] (C1) и-с-шәы́-с-тцо / и-с-шәы́-сы-м-тцо, (C3) и-з-шәы́-з-тцо / и-з-шәы́-зы-м-тцо; **Abs.** и-зы-шә-тца-ны́ / и-з-шәы-м-тца-кәа) **1.** to put on (*clothes*): Сы́-маҭәа-кәа с-шәы-с-тцó-ит. (AFL) *I am putting on some clothes. Я надеваю одежду.* Барá и-б-шәы́-б-тцо-и? *What will you put on?* А-пальтó у-шә-тцá! *Put on the coat!* Наáла а-тцкы́ ҟаԥшь л-шәы́-л-тце-ит. *Naala put on the red dress.* И-с-шәы́-с-тца-ра сы-з-ды́р-[у]а-м. *I don't know what to wear.* **(2)** [tr.] [C1-C2-Prev-C3-R / C1-C2-Prev-C3-Neg-R] [C3 put C1 on C2] (**Fin.** [pres.] и-л-шәы́-с-тцо-ит / и-л-шәы́-с-тцо-м, [aor.] и-л-шәы́-с-тце-ит (*я надел его(нрз.)/их на нее*) / и-л-шәы́-сы-м-тце-ит, [imper.] и-лы-шә-тцá! / и-л-шәы́-бы-м-тца-н!; **Non-fin.** [pres.] (C1) и-л-шәы́-с-тцо / и-л-шәы́-сы-м-тцо, (C2) и-з-шәы́-с-тцо / и-з-шәы́-сы-м-тцо, (C3) и-л-шәы́-з-тцо / и-л-шәы́-зы-м-тцо; **Abs.** и-сы-шә-тца-ны́ / и-с-шәы-м-тца-кәа) **1.** to put sth on sb: А-хәычы́ а-пáлта и-л-шәы́-с-тце-ит. *I put the coat on the child. Я надел на ребенка пальто.*

а-шәтцатәы́ [n.] (а-шәтцатә-кәá) clothing; clothes.

а-шәшь-рá [intr.] [C1-R / C1-Neg-R] [C1 get covered (by clouds)] (**Fin.** [pres.] и-шәшь-уé-ит / и-шәшь-уá-м (и-шәшь-ӡó-м), [aor.] и-шәшь-и́т / и-мы-шәшь-и́т (и-шәшь-ӡé-ит), [imper.] у-шәшьы́! / у-мы-шәшьы́-н!; **Non-fin.** [pres.] (C1) и-шәшь-уá / и-мы-шәшь-уá, [aor.] (C1) и-шәшьы / и-мы-шәшьы́; **Abs.** и-шәшь-ны́ / и-мы-шәшьы́-кәа) **1.** to be concealed/get

Шә

covered by storm-clouds/clouds: ҧы́тҟак а́-шьҭахь а́-мш шәшь-и́т (ANR) *after a while the weather turned dull.* А-мш шәшь-у́п. *The weather is overcast.*

а-шәшьы́ [n.] (а-шәшь-қәа́, шәшьы́-к) a storm cloud.

а-шәшьы́ра [n.] (-қәа) shade: а-шәшьы́ра-ҿы *in the shade.* а́-ҵла а-шәшьы́ра *the shade of a tree.* А-ла́ а-шәшьы́ра-ҿы и-тәо́-уп. *The dog is sitting in the shade.*

а-шәы́ [n.] mourning.

а-шәы́-заа-ра [intr. stative] [C1-C2-R] [C2 be wearing C1, *lit.* C1 be on C2] (**Fin.** [pres.] и-с-шә-у́п (*I am wearing it/them*) / и-с-шәы́-м (-шә-ӡа́-м), [past] и-с-шәы́-н / и-с-шәы́-мызт (-шә-ӡа́-мызт), **Non-fin.** [pres.] (C1) и-с-шә-у́ / и-с-шәы́-м, (C2) и-з-шә-у́ / и-з-шәы́-м, [past] (C1) и-с-шәы́-з, (C2) и-з-шәы́-з; **Abs.** и-с-шәы-ны́ / и-с-шәы́-м-кәа) **1.** to be clothed/ dressed: И-с-шәы́-з а-па́лта ҧха с-шәы́-с-х-ит. *I took off the warm coat that I had been wearing.* Уи а-кәымжәы́ и-шәы́-уп. *He is wearing a Circassian coat.* Абни́ а-ко́фҭа шкәа́кәа з-шә-у́ а-ҧҳәы́зба л-о́-у-ма шәы-з-ҿ-у́? (IC) *Do you have in mind that girl who is wearing a white jacket?* А-хҧатәи а-шәы́ лы-шә-ӡа́-мызт. (Ab.Text) *The third girl was not wearing mournig dress.* Аба́нҭ а-ҳәынҭҟа́р и́-ҧха-цәа и́-и-ба-з р-а́хьтә ҩы́-џьа а-шәы́ ры-шә-ны́ р-уа́да-қуа и-ры-ҩна-тәа́-н (...). (Ab.Text) *Two of the King's daughters that he saw were in mourning dress and sitting in the middle of the rooms.*

(а)-шә(ы)ктәи́ [ordinal num.] hundredth.

шәымбо́ [parenthesis] see!

а-шәындықы́кәра [n.] (-қәа) a trunk, a chest.

шәы́нтә [adv.] hundred times; many times.

а-шәы́р 1. [n.] (а-шәы́р-қәа) fruits: А-шәы́р-қуе-и а-мх-қуе́-и бзи́а-хо-ит. (ANR) *The fruits and the fields benefit [lit. become good].* **2.** [adj.] fruit: а-шәы́р ҵла-кәа́ *the fruit trees.*

а-шәы́ра [n.] (а-шәы́ра-кәа, с-шәы́ра) **1.** a bag. **2.** brief-case.

а-шәы́рӡы [n.] (а-шәы́рӡ-қәа) juice.

а́-шәыркуч [n.] (-қәа) cheese.

а-шәы́рҭирҭа [n.] a fruit market.

а́-шәырҩа [n.] (-қәа) smoked cheese.

а-шәыр-шәыр-ра́ [intr.] [C1-R-R / C1-Neg-R-R] [C1 rustle] (**Fin.** [pres.] и-шәыр-шәыр-уе́-ит / и-шәыр-шәыр-уа́-м (-ӡо́-м), [aor.] и-шәыр-шәыр-и́т / и-м-шәыр-шәыр-и́т (-ӡе́-ит), [imper.] у-шәыр-шәыры́! / у-м-шәыр-шәыры́-н!; **Non-fin.** [pres.] (C1) и́-шәыр-шәыр-уа / и́-м-шәыр-шәыр-уа; **Abs.** и-шәыр-шәыр-уа́) **1.** to flap, to rustle: [caus.] Абира́ҟ-қәа а-ҧша́ и-а́-р-шәыр-шәыр-уе-ит. *The wind is fluttering the flags. Ветер развевает флаги.*

а-шәы́-х-ра [tr. SV] [C1-Poss-SV-C3-R / C1-Poss-SV-C3-Neg-R] [C3 take off C1] (**Fin.** [pres.] и-с-шәы́-с-х-уе-ит, и-л-шәы́-л-х-уе-ит, и-ҳ-шәа́-ҳ-х-уе-ит / и-с-шәы́-с-х-уа-м (-х-ӡо-м), и-л-шәы́-л-х-уа-м, и-х-шәа́-х-х-уа-м, [aor.] и-с-шәы́-с-х-ит, и-а-шә-на́-х-ит, и-шә-шәы́-шә-х-ит / и-с-шәы́-сы-м-х-ит (-х-ӡе-ит), и-а-шә-на́-м-х-ит, и-шә-шәы́-шәы-м-х-ит, [imper.] и-б-шәы́-х! / и-б-шәы́-бы-м-хы-н!, и-шә-шәы́-шә-х! / и-шә-шәы́-шәы-м-хы-н!; **Non-fin.** [pres.] (C1) и-л-шәы́-л-х-уа / и-л-шәы́-лы-м-х-уа, (C3) и-з-шәы́-з-х-уа / и-з-шәы́-зы-м-х-уа, [aor.] (C1) и-л-шәы́-л-х / и-л-шәы́-лы-м-х, (C3) и-з-шәы́-з-х / и-з-шәы́-зы-м-х, [fut.1] (C1) и-л-шәы́-л-х-ра / и-л-шәы́-лы-м-х-ра, (C3) и-з-шәы́-з-х-ра / и-з-шәы́-зы-м-х-ра, [fut.2] (C1) и-л-шәы́-л-х-ша / и-л-шәы́-лы-м-х-ша, (C3) и-з-шәы́-з-х-ша / и-з-шәы́-зы-м-х-ша, [perf.] (C1) и-л-шәы́-л-х-хьоу (-хьа(ц)) / и-л-шәы́-лы-м-х-хьоу (-хьа(ц)), (C3) и-з-шәы́-з-х-хьоу (-хьа(ц)) / и-з-шәы́-зы-м-х-хьоу (-хьа(ц)), [impf.] (C1) и-л-шәы́-л-х-уа-з / и-л-шәы́-лы-м-х-уа-з, (C3) и-з-шәы́-з-х-уа-з / и-з-шәы́-зы-м-х-уа-з, [past indef.] (C1) и-л-шәы́-л-хы-з / и-л-шәы́-лы-м-хы-з, (C3) и-з-шәы́-з-хы-з / и-з-шәы́-зы-м-хы-з, [cond.1] (C1) и-л-шәы́-л-х-ры-з / и-л-шәы́-лы-м-х-ры-з, (C3) и-з-шәы́-з-х-ры-з / и-з-шәы́-зы-м-х-ры-з, [cond.2] (C1) и-л-шәы́-л-х-ша-з / и-л-шәы́-лы-м-х-ша-з, (C3) и-з-шәы́-з-х-ша-з / и-з-шәы́-зы-м-х-ша-з, [plupf.] (C1) и-л-шәы́-л-х-хьа-з / и-л-шәы́-лы-м-х-хьа-з,

(C3) и-з-шәы́-з-х-хьа-з / и-з-шәы́-зы-м-х-хьа-з; **Abs.** и-с-шәы́-х-ны / и-с-шәы́-м-х-кәа) **1.** to take off (clothes)**:** Наа́ла лы-тҟы́ ҟа́ӷьшь л-шәы́-л-х-ит. *Naala took off her red dress. Наала сняла свое красное платье.* У-кьа́ҿ у-шәы́-х! *Take off your jacket!*

а-шәы́шықәса [n.] (-қәа) **1.** a century; a hundred years**:** а́ҩажәатәи а-шәы́шықәса *the twentieth century.* С-абду́ шәы́шықәса н-й-тц-ит. *My grandfather lived a hundred years.* **2.** an age, a period; an era**:** а-ха́ҳәтә шәы́шықәса *the Stone Age.* абжьа́ратәи а-шәы́шықәса *the Middle Ages.*

а-шәы́шқәсахытцра [n.] (-қәа) century, centenary.

а-шәы́шықәсатәи [adj.] of a hundred years (duration)**:** а-шәы́шықәсатәи а́ибашьра *the Hundred Years' War.*

шә-ҩы́(**к**) [num.][hum.] a hundred (people)**:** шәҩы́к=шәҩы́к а-дау-цәа́ *100 ogres each.*

Ы ы

ы́- [personal prefix] *a weakening form of the pronominal prefix* **и-** *"it, they, them" that appears in Column I. Though the prefix* **и-** *is lost if there is a referent correlating with* **и-** *immediately before* **и-**, *it becomes* **ы́-** *if the prefix* **и-** *is stressed***:** Ажәы́тә а́-тцан ҳәа џьоукы́ ы́-ҟа-н (< и́-ҟа-н). (Ab.Text) *In the olden times, there lived a people called the Tsan.*

Шә, Ы

Ꙩ ꙩ

ꙩ-[1] [num.] [see **ꙩ-бá**] two: ꙩ-мацəáз-к *two rings.* ꙩы́-шықəса *two years.* ꙩы́-мчыбжьа *two weeks.* Ҳ-қы́ҭа-ҿы ꙩ-шкóл-к ы́-ҟо-уп. (AFL) *There are two schools in the village. В деревне есть две школы.* [cf. ꙩы́ҵьа á-ҳəса "two women"]

-ꙩ-[2] [verbal particle] (Note that the particle -ꙩ- is the result of the weakening of **-ꙩа-** before the zero-affix of Column II. cf. -н(ы)-.) *inserted after the slot in Column I and used to express "suddenly," "in an instant"***:** А-ҿы́ ан-лы́-рхумар, егьи́ апҟáꙩҳəа и-ꙩ-ҭ-ҟьá-н, (...). (Ab.Text) *When she made the horse gallop, it suddenly flew up into the air* (...). И-бзи́о-уп, с-áб, и́-у-ҳəа-з с-а-ҳá-ит,—и-ҳəá-н, ды-ꙩ-ҿы́-жə-ла-н и-ҿы́ д-á-с-ны д-цé-ит. (Ab.Text) *It is good, my father, I see what you said, — said he, and he (quickly) mounted his horse, and having struck it (with the whip), he went away.*

-ꙩ(а)-[1] [preverb] upward, above, up**:** ды-ꙩ-ҳáл-т *he/she climbed up.* а-ꙩá-га-ра *to bring up.* а-ꙩ-éи-ра *to come/go up.* А-ҿы́ д-ꙩá-ку-тəа-н. (Ab.Text) *He/She mounted a horse. Он/Она сел/села на лошадь.* [cf. **-л(а)** down, downward]

-ꙩа-[2] [verbal particle] see **-ꙩ-:** Ари «á-чкун» ас ан-и-а-ҳá, д-ꙩа-гьыжьы́-н, а-ꙩны́ д-аа-дəылҵы́-н (...). (Ab.Text) *When the 'boy' heard this, he turned around and left the house, and* (...).

а-ꙩá [adj.] dry.

а-ꙩá-в-ҵ-ра [intr.] [C1-Prev-(C2)-Prev-R / C1-Prev-(C2)-Prev-Neg-R] [C1 come out from behind C2] (**Fin.** [pres.] и-ꙩá-в-ҵ-уе-ит / и-ꙩá-в-ҵ-уа-м (-ҵ-ӡо-м), [aor.] и-ꙩá-в-ҵ-ит / и-ꙩá-вы-м-ҵ-ит; **Non-fin.** (C1) [pres.] и-ꙩá-в-ҵ-уа / и-ꙩá-вы-м-ҵ-уа, [aor.] и-ꙩá-в-ҵ / и-ꙩá-вы-м-ҵ, [impf.] и-ꙩá-в-ҵ-уа-з / и-ꙩá-вы-м-ҵ-уа-з, [past indef.] и-ꙩá-в-ҵы-з / и-ꙩá-вы-м-ҵы-з; **Abs.** и-ꙩá-в-ҵ-ны / и-ꙩа-вы-м-ҵы́-кəа) **1.** to come/go out from behind; to appear from behind**:** Амра а-ҳəы́ и-ꙩá-в-ҵ-ит. (AFL) *The sun came out from behind the hill. Солнце вышло из-за холма.* А-еҵəа-қəа а-ҳə-**қəá** и-ꙩа-**ры́**-в-ҵ-ит. *The stars came out from behind the hills. Звезды вышли из-за холмов.*

а-ꙩá-га-ра [labile] **(1)** [tr.] [C1-Prev-C3-R / C1-Prev-C3-Neg-R] [C3 bring C1 up] (**Fin.** [pres.] б-ꙩá-з-го-ит, с-ꙩá-на-го-ит, б-ꙩá-а-го-ит, с-ꙩá-жə-го-ит / б-ꙩá-з-го-м (-га-ӡо-м), [aor.] б-ꙩá-з-ге-ит / б-ꙩá-сы-м-ге-ит (-га-ӡе-ит), [fut.1] б-ꙩá-з-га-п / б-ꙩá-з-га-рым, [fut.2] б-ꙩá-з-га-шт / б-ꙩá-з-га-шам, [perf.] б-ꙩá-з-га-хьеит / б-ꙩá-сы-м-га-ц(т), [impf.] б-ꙩá-з-го-н / б-ꙩá-з-го-мызт, [past indef.] б-ꙩá-з-га-н / б-ꙩá-сы-м-га-зт, [cond.1] б-ꙩá-з-га-рын / б-ꙩá-з-га-рымызт, [cond.2] б-ꙩá-з-га-шан / б-ꙩá-з-га-шамызт, [plupf.] б-ꙩá-з-га-хьан / б-ꙩá-сы-м-га-цызт, [imper.] д-ꙩá-га! / д-ꙩá-бы-м-га-н!, д-ꙩá-жə-га! / д-ꙩá-шəы-м-га-н!, [caus.] д-ꙩá-л-сы-р-ге-ит (*я заставил ее нести его вверх*); **Non-fin.** [pres.] (C1) и-ꙩá-л-го / и-ꙩá-лы-м-го, (C3) и-ꙩá-з-го / и-ꙩá-зы-м-го, [aor.] (C1) и-ꙩá-л-га / и-ꙩá-лы-м-га, (C3) и-ꙩá-з-га / и-ꙩá-зы-м-га, [fut.1] (C1) и-ꙩá-л-га-ра / и-ꙩá-лы-м-га-ра, (C3) и-ꙩá-з-га-ра / и-ꙩá-зы-м-га-ра, [fut.2] (C1) и-ꙩá-л-га-ша / и-ꙩá-лы-м-га-ша, (C3) и-ꙩá-з-га-ша / и-ꙩá-зы-м-га-ша, [perf.] (C1) и-ꙩá-л-га-хьоу (-хьа(ц)) / и-ꙩá-лы-м-га-хьоу (-хьа(ц)), (C3) и-ꙩá-з-га-хьоу (-хьа(ц)) / и-ꙩá-зы-м-га-хьоу (-хьа(ц)), [impf.] (C1) и-ꙩá-л-го-з / и-ꙩá-лы-м-го-з, (C3) и-ꙩá-з-го-з / и-ꙩá-зы-м-го-з, [past indef.] (C1) и-ꙩá-л-га-з / и-ꙩá-лы-м-га-з, (C3) и-ꙩá-з-га-з / и-ꙩá-зы-м-га-з, [cond.1] (C1) и-ꙩá-л-га-ры-з / и-ꙩá-лы-м-га-ры-з, (C3) и-ꙩá-з-га-ры-з / и-ꙩá-зы-м-га-ры-з, [cond.2] (C1) и-ꙩá-л-га-ша-з / и-ꙩá-лы-м-га-ша-з, (C3) и-ꙩá-з-га-ша-з / и-ꙩá-зы-м-га-ша-з, [plupf.] (C1) и-ꙩá-л-га-хьа-з / и-ꙩá-лы-м-га-хьа-з, (C3) и-ꙩá-з-га-хьа-з / и-ꙩá-зы-м-га-хьа-з; **Abs.** д-ꙩá-га-ны / д-ꙩá-м-га-кəа) **1.** to bring up. **(2)** [intr. stative] [C1-PREV-R] (**Fin.** [pres.] и-ꙩá-го-уп / и-ꙩá-га-м, [past] и-ꙩá-га-н / и-ꙩá-га-мызт; **Non-fin.** [pres.] (C1) и-ꙩá-го-у / и-ꙩá-га-м, [past] и-ꙩá-га-з / и-ꙩá-га-мыз) **1.** (*of a road*) to lead up**:** Бзы́пҧҭа нахы́с Ри́ҵа-нӡа и-ꙩá-го-у á-мꙩа дáараӡа и-ҧшӡó-уп. (ANR) *The road leading up to Rits'a beyond Bzypta is exceedingly beautiful.*

á-ҩа-гыла-ра [intr.] [C1-Prev-R / C1-Neg-Prev-R] [C1 stand up] (**Fin.** [pres.] д-ҩа-гы́ло-ит / д-ҩа-гы́ло-м (-гы́ла-ӡо-м), [aor.] д-ҩа-гы́ле-ит / ды-м-ҩа-гы́ле-ит (-гы́ла-ӡе-ит) (он/она не встал/-ла), cf. д-ҩа-м-гы́ле-ит (чтоб он/она не встал/-ла), [imper.] б-ҩа-гы́л! / бы-м-ҩа-гы́ла-н!, шә-ҩа-гы́л! / шәы-м-ҩа-гы́ла-н!; **Non-fin.** [pres.] (C1) и-ҩа-гы́ло / и-м-ҩа-гы́ло, [aor.] (C1) и-ҩа-гы́ла / и-м-ҩа-гы́ла; **Abs.** д-ҩа-гы́ла-ны / д-ҩа-м-гы́ла-кәа) **1.** to stand up: Ҭорҟа́н-гьы д-ҩа-гы́ла-н а-ҽе́илаҳәара д-а-ҿы́-н. *Torq'an stood up and got dressed.*

á-ҩада[1] [adv.] upward: А-лада и-лы́-рҩ-ит, á-ҩада и-лы́-рҩ-ит. (Ab.Text) *She rode the [horse] up and down.*

á-ҩада[2] [n.] north: ҩада́ д-це́-ит *he went to the north.*

а-ҩаӡа́ра [n.] (-кәа) a upward slope; an incline.

ҩа-жәа́ [num.][non-hum.] twenty: ҩажәе́и aaба́ *28.* 20 (ҩажәа́) шықәса́ л-хы́тц-уе-ит. *She is 20 years old.* хы́н ҩа-жәи́ жәаба́ *70* (3 x 20 + 10).

(á)-ҩажәа-тәи́ [ordinal num.] twentieth.

ҩажә(е́)и́ акы́ [num.] twenty-one.

ҩажә(е́)и́ аӡәы́ [num.] twenty-one (people).

ҩажә(е́)и́-жәаба́ [num.][non-hum.] thirty.

ҩажәи́-жәаҩы-к [num.][hum.] thirty (people).

ҩажә(е́)и́ жәе́иза [num.] thirty-one. (*lit.* 20 and 11)

á-ҩаӡара [n.] summit.

ҩаҧхьа́ [adv.] again.

а-ҩа-ра́[1] [intr.] [C1-R] [C1 wither] (**Fin.** [pres.] и-ҩо́-ит / и-ҩо́-м, [aor.] и-ҩе́-ит / и-м-ҩе́-ит, [imper.] у-ҩа́! / у-м-ҩа́-н!; **Non-fin.** [pres.] (C1) и-ҩо́ / и́-м-ҩо *or* и-м-ҩо́, [aor.] (C1) и-ҩа́ / и́-м-ҩа *or* и-м-ҩа́; **Abs.** и-ҩа-ны́ / и-м-ҩа́-кәа) **1.** to dry; to wither: А-тҵла ҩо́-ит. *The tree is withering.* А-шәт-қәа ҩе́-ит. *The flowers withered.*

а-ҩа-ра́[2] [intr.] || **и-гәы́ ҩе-ит** *he had a suspicion.*

á-ҩа-рха-ра [tr.] (**Fin.** [aor.] и-ҩа-и-рхе́-ит; **Abs.** и-ҩа-рха-ны́) to turn upward(s).

а-ҩа́ршьтра [n.] (-кәа) a gutter, a sewer.

ҩаскьа- [preverb] a little upwards: и-ҩаскьа́-з-го-ит *I take/bring it a little upwards.*

а-ҩа́-ха-ра [intr.] [C1-Prev-C2-R / C1-Prev-C2-Neg-R] [C1 pull up C2] (**Fin.** [pres.] [aor.] с-ҩа-лы́-хе-ит / с-ҩа-л-мы́-хе-ит, [imper.] б-ҩа-лы́-х(а)! / б-ҩа-л-мы́-ха-н!; **Abs.** с-ҩа-лы́-ха-ны / с-ҩа-л-мы́-ха-кәа) **1.** to raise: И-хы́ д-ҩа́-хе-ит. *He raised his head.* [cf. **á-ха-ра** "to pull"]

а-ҩа́-тҟьа-ра [intr.] [C1-Prev-(C2)-S / C1-Neg-Prev-(C2)-S] [C1 leap up from C2] (**Fin.** [pres.] д-ҩа́-тҟьо-ит / д-ҩа́-тҟьо-м, [aor.] д-ҩа́-тҟье-ит / ды-м-ҩа́-тҟье-ит, [imper.] б-ҩа́-тҟьа! / бы-м-ҩа́-тҟьа-н!; **Non-fin.** [pres.] (C1) и-ҩа́-тҟьо / и-м-ҩа́-тҟьо) **1.** to jump up, to leap up; to stand up quickly: Афырхәа д-ҩа́-тҟьа-н, лы-хцәы́ аа-лы-ԥшаа́-н, а-хәычы́ а-хш ахь-е́и-ла-ш-уа-з д-а́-ла-жь-ны д-це́-ит. (AF) *She was off in an instant, found her hair, cast the child into where the milk was bubbling and departed.*

а-ҩа́ша [n.] (pl.**) Tuesday: а-ҩа́ша-ҽны *on Tuesday.* Иахьа́ ҩа́шо-уп. *Today is Tuesday.* А-ҩа́ша-зы с-аа-уе́-ит. *I'll arrive on Tuesday.*

а-ҩа́шьара[1] [n.] (ҩа́шьара-к) error; mistake.

а-ҩа́шьа-ра[2] [intr.] [C1-S] (**Fin.** [pres.] с-ҩа́шьо-ит / с-ҩа́шьо-м, [aor.] с-ҩа́шье-ит / сы-м-ҩа́шье-ит, [imper.] б-ҩа́шьа! / бы-м-ҩа́шьа-н!; **Non-fin.** [pres.] (C1) и-ҩа́шьо / и-м-ҩа́шьо) **1.** to be mistaken: Урт еснаѓь и-ҩа́шьо-ит. *They are always mistaken.* Сы-м-ҩа́шьо-зар, шәара́ а-ҟа́зара шә-а́-дҳәало-уп. (IC) *If I am not mistaken, you are connected with art.*

ҩ-ба́ [num.][non-hum.] two: ҩба-ҩба́ *two by two; in twos.* А-ла-қәа, а-нап-қәа́, а-шьап-қәа́, а-лы́мҳа-қәа, а-цьы́мшь-қәа ҩба́-ҩба́ ý-мо-уп. (AFL) *In twos you have eyes, arms, legs, ears, eyebrows. У тебя по два глаза, руки, ноги, уха, брови.* [cf. **ака́ка а́ума** "one by one"]

ҩ-баны́ [adv.] in two.

Ҩ

а́-ҩбатәи [ordinal num.] second: а́-ҩбатәи а́ихагыла-ҿы *on the second floor.* А-сҟа́м-ҟәа а́-ҩбатәи а-ета́ж ахь и-ха́-р-гале-ит. *They carried the benches upstairs.* II-тәи (а́ҩба-тәи) а-ку́рс *the second course/year (of study).*

ҩба=ҩба́ [num.] two by two, by twos.

а-ҩе́жь [adj.] yellow.

а́-ҩеида-с-ра* [intr.] [C1-Prev-R] [C1 grow] (**Fin.** [aor.] д-ҩеида́-с-ит / д-ҩеида́-м-с-ит, **Abs.** д-ҩеида́-с-ны / д-ҩеида-мы́-с-кәа) **1.** to grow (a little): Д-закәхарызеи ари́ а-хыәчы́ д-ҩеида́-сы-р! (ARD) *Каким будет этот ребенок, когда он подрастет? What kind of person will this child become when he grows up?*

а-ҩе́ижь [adj.] (-ҟәа) yellow: абри́ а-тҟы́ ҩе́ижь *this yellow dress.*

а-ҩе́ижь-ха-ра [intr.] [C1-yellow-become] (**Fin.** [pres.] и-ҩе́ижь-хо-ит / и-ҩе́ижь-хо-м, [aor.] и-ҩе́ижь-хе-ит / и-ҩе́ижь-м-хе-ит; **Non-fin.** (C1) [pres.] и-ҩе́ижь-хо / и-ҩе́ижь-м-хо, [aor.] и-ҩе́ижь-ха / и-ҩе́ижь-м-ха, [impf.] и-ҩе́ижь-хо-з / и-ҩе́ижь-м-хо-з, [past indef.] и-ҩе́ижь-ха-з / и-ҩе́ижь-м-ха-з; **Abs.** и-ҩе́ижь-ха-ны / и-ҩе́ижь-м-ха-кәа) **1.** to turn yellow: А-бӷь-ҟәа́ есаа́ира и-ҩе́ижьхо-ит, и-каӡсо́-ит. (AFL) *Leaves gradually turn yellow, (and) fall. Листья постепенно желтеют, осыпаются.* А-бӷьы́ ҩе́жь-хе-ит. (ARD) *Лист(ья) пожелтел(и). The leaf (leaves) turned yellow.*

а-ҩе́-и-ра [intr.] [C1-Prev-R / C1-Neg-Prev-R] [C1 go up] (**Fin.** [pres.] д-ҩе́-и-уе-ит / д-ҩе́-и-уа-м, [aor.] д-ҩе́-и-т (< д-ҩе́-и-ит) / ды-м-ҩе́-и-т, [imper.] б-ҩе́-и! / бы-м-ҩе́-и-н!, [caus.] д-лы-р-ҩе́-и-т / ды-л-мы-р-ҩе́-и-т; **Non-fin.** (C1) [pres.] и-ҩе́-и-уа / и-м-ҩе́-и-уа, [aor.] и-ҩе́-и / и-м-ҩе́-и, [impf.] и-ҩе́-и-уа-з / и-м-ҩе́-и-уа-з, [past indef.] и-ҩе́-и-з / и-м-ҩе́-и-з; **Abs.** д-ҩе́-и-ны / ды-м-ҩе́-и-кәа) **1.** to come/go up, to move up: Ры-нха́рҭа-кәа р-ҿ-гьы́ а-ӡы́ ҩе́-и-т. *The water came flooding up into their dwellings, too.* **2.** (*of the sun, the moon*) to rise, to come up: А-мза ҩеи́-уе-ит. *The moon is rising. Луна поднимается.*

а́-ҩ-еиха-ра* [intr.] [C1-Prev-R] (**Fin.** [aor.] д-ҩ-еихе́-ит / ды-ҩ-м-еихе́-ит) **1.** to try to raise oneself (a little): А-мшы́н д-а́-ла-ҧа-ла-рц д-аны́-ҩ-еихо-з а́амҭа-зы, Абрыскьы́л и-ҿа́ (...) А-даӯ и-шьаҳәы́рӡыз и-а́-ҟә-шәе-ит. (AF) *At the moment when he was stretching up to leap into the sea, Abrsk'jyl's arrow (...) hit the ogre's ankle.*

а́-ҩжь-ра [tr.] [C1-a-Prev-C3-R / C1-a-Prev-C3-Neg-R] [C3 let pass C1] (**Fin.** [pres.] и-а́-ҩ-зы/сы-жь-уе-ит / и-а́-ҩ-зы/сы-жь-уа-м (-жь-ӡо-м), [aor.] и-а́-ҩ-зы/сы-жь-ит / и-а́-ҩ-с-мы-жь-ит (-жь-ӡе-ит), [imper.] и-а́-ҩ-жь! / и-а́-ҩ-б-мы-жьы-н!, и-а́-ҩ-жәы-жь! / и-а́-ҩ-жә-мы-жьы-н!; **Non-fin.** [pres.] (C1) и-а́-ҩ-лы-жь-уа / и-а́-ҩ-л-мы-жь-уа, (C3) и-а́-ҩ-зы-жь-уа / и-а́-ҩ-з-мы-жь-уа; **Abs.** и-а́-ҩжь-ны / и-а́-ҩ-мы-жь-кәа) **1.** to miss, to let pass through/in.

а-ҩна-гы́ла-заа-ра [intr. stative] [C1-(C2)-Prev-R] [C1 be standing in C2] (**Fin.** [pres.] ды-ҩна-гы́ло-уп; **Non-fin.** [pres.] (C1) и-ҩна-гы́ло-у) **1.** to stand in the premises: С-уа́да а-ҩны́маҭәа бзи́а ҩна-гы́ло-уп. *A good piece of furniture stands in my room. В моей комнате стоит хорошая мебель.*

а-ҩна́-жьла-ра [tr.] [C1-Prev-C3-S / C1-Prev-C3-Neg-S] [C3 let C1 into] (**Fin.** [pres.] ды-ҩна-лы́-жьло-ит / ды-ҩна-лы́-жьло-м (-жьла-ӡо-м), [aor.] ды-ҩна-лы́-жьле-ит / ды-ҩна-л-мы́-жьле-ит, [imper.] ды-ҩна́-жьла! / ды-ҩна-б-мы́-жьла-н!; **Non-fin.** [pres.] (C1) и-ҩна-лы́-жьло / и-ҩна-л-мы́-жьло, (C3) ды-ҩна-зы́-жьло / ды-ҩна-з-мы́-жьло; **Abs.** ды-ҩна́-жьла-ны / ды-ҩна́-м-жьла-кәа) **1.** to let inside; to let in: а-пассажи́р-цәа а-ваго́н-ахь ры-ҩна́-жьлара *to let the passengers into the carriage, впустить пассажиров в вагон.*

а-ҩна́-жь-ра [tr.] [C1-(C2)-Prev-C3-R] [C3 heave C1 into C2] (**Fin.** [aor.] и-ҩна-ры́-жь-ит) **1.** (*of sth heavy*) to heave into the premises: Аатцәа-ҟәа́ а́-шьҭатцарҭа и-ҩна-ры́-жь-ит. (ARD) *They heaved the (heavy) sacks into the warehouse.*

а-ҩна́-заа-ра [intr. stative] [C1-(C2)-R] [C1 stay in C2(house)] (**Fin.** [pres.] сы-ҩно́-уп / сы-ҩна́-м, [past] ҳа-ҩна́-н / ҳа-ҩна́-мызт, [imper.] бы-ҩна́-з! / бы-ҩна́-мыз!; **Non-fin.** (C1) [pres.] и-ҩно́-у / и-ҩна́-м, [past] и-ҩна́-з / и-ҩна́-мыз; **Abs.** сы-ҩна-ны́ / сы-ҩна́-м-кәа) **1.** to stay (*in a house, in a hotel*), to live: Ҳара́ а-сасаа́ирҭа ҳа-ҩна́-н. *We stayed in the hotel.* Сара́ абри́ а-уаҭа́х сы-ҩно́-уп. *I live/am in this room.* **2.** to be in premises: ды-ҩно́-уп *he/she is in the house.* ды-ҩна́-н *he/she was in the house.* Ҳара́ абри́ а-сасаа́ирҭа ҳа-ҩна-заа-уа́-ма? *Will we stay in this hotel?* (= Ҳара́ абри́ а-сасаа́ирҭа-ҿы ҳа́-ҟа-заа-уа́-ма?) А-ҩны́ ды-ҩна́-н, акры-л-у-а́-н, а-ӡы́ аа-л-го́-н, а-мҿы́ аа-л-го́-н. (AF) *She spent her time in the house, doing a lot of things, fetching water, fetching wood.* [cf. **а-ҩны́** "house"]

а-ҩна-к-ра́ [tr.] [C1-Prev-C3-R / C1-Prev-C3-Neg-R] [C3 lock C1 in] (**Fin.** [pres.] ды-ҩна́-с-к-уе-ит / ды-ҩна́-с-к-уа-м, [aor.] ды-ҩна́-с-к-ит / ды-ҩна́-сы-м-к-ит, [imper.] ды-ҩна-кы́! / ды-ҩна́-бы-м-кы-н!; **Non-fin.** [pres.] (C1) и-ҩна́-с-к-уа / и-ҩна́-сы-м-к-уа, (C3) ды-ҩна́-з-к-уа / ды-ҩна́-зы-м-к-уа; **Abs.** ды-ҩна-к-ны́ / ды-ҩна́-м-к-кәа) **1.** to lock in.

а-ҩна́-ла-ра [intr.] [C1-(C2)-Prev-R / C1-(C2)-Prev-Neg-R] [C1 come in C2] (**Fin.** [pres.] сы-ҩна́-ло-ит / сы-ҩна́-ло-м (-ла-ӡо-м), [aor.] сы-ҩна́-ле-ит / сы-ҩна́-м-ле-ит (-м-ла-ӡе-ит), [imper.] бы-ҩна́-л! / бы-ҩна́-м-ла-н!, шәы-ҩна́-л! / шәы-ҩна́-м-ла-н!, [caus.] ды-ҩна́-сы-р-ле-ит / ды-ҩна́-с-мы-р-ле-ит; **Non-fin.** (C1) [pres.] и-ҩна́-ло / и-ҩна́-м-ло, [aor.] и-ҩна́-ла / и-ҩна́-м-ла, [impf.] и-ҩна́-ло-з / и-ҩна́-м-ло-з, [past indef.] и-ҩна́-ла-з / и-ҩна́-м-ла-з; **Abs.** ды-ҩна́-ла-ны / д-мы-ҩна́-ла-кәа) **1.** to go into/enter (the premises); to get into: А-ҕьы́ч а-уаҭа́х ды-ҩна́-л-т. *The thief got into the room.* А-ҽа́ ҩны́-к ды-ҩна́-л-т. *He/She went into the other house.* Наа́ла а-ҩны́ ды-ҩна́-ле-ит. *Naala went into the house.* А-ҩны́ а-ҩны́тҟа ды-ҩна́-ле-ит. *He/She entered the house.* Сы-ҩна́-ла-р ҟало́-ма? *May I come in?* Аба́р ды-ҩна́-ло-ит иара́. *Well, he is going in.* А-ла́ и-ҩна́-ла-з и-ҩо-и́т. *The dog sniffed at the person who had entered.* Нас а́фырхәа и-ҿы́-не-и-ха-н, ани́ и-зы-д-гы́ла-з а-ҩн ду д-лы́-ҩна-ле-ит (*or* ды-ҩна́-ле-ит). (Ab.Text) *After that, he left very quickly and went into the big house that stood close where they had been standing.* И-бзи́о-уп, — и-ҳәа́-н, а́-ҳәа а́а-шьт-и-хы-н «а́-ҷкун» а-ҳәынтҟа́р и-ҩны́ д-ны-ҩна́-л-т. (Ab.Text) *"All right," the 'boy' said and picked up the sword and went into the King's room.* **2.** to drop in: И-а́-ҳә иара́, ды-ҩна́-лаа-ит ара́хь. *Tell him, let him/her drop in here. Скажи ему, пусть зайдет.* **3.** to settle.

а-ҩна-ԥха-ра́ [intr.] [C1-(C2)-Prev-R / C1-(C2)-Prev-Neg-R] [C1 shine inside C2] (**Fin.** [pres.] и-ҩна-ԥхо́-ит / и-ҩна-ԥхо́-м, [aor.] и-ҩна-ԥхе́-ит / и-ҩна-м-ԥхе́-ит; **Non-fin.** [pres.] (C1) и-ҩна-ԥхо́ / и-ҩна́-м-ԥхо, [aor.] (C1) и-ҩна-ԥха́ / и-ҩна́-м-ԥха) **1.** to shine/light inside (the premises). **2.** to flood with light: А-уаҭа́х а́-мра ҩна-ԥхе́-ит. *The sun flooded the room with light. Солнце залило комнату светом.*

а-ҩна́-ԥыр-ра [intr.] [C1-(C2)-Prev-R / C1-(C2)-Prev-Neg-R] [C1 fly into C2] (**Fin.** [pres.] и-ҩна́-ԥыр-уе-ит / и-ҩна́-ԥыр-уа-м, [aor.] и-ҩна́-ԥр-ит / и-ҩна́-м-ԥр-ит, [imper.] у-ҩна́-ԥыр! / у-ҩна́-м-ԥры-н!; **Non-fin.** [pres.] (C1) и-ҩна́-ԥыр-уа / и-ҩна́-м-ԥыр-уа; **Abs.** и-ҩна́-ԥыр-ны / и-ҩна́-м-ԥыр-кәа) **1.** to fly in(to): А-шьха а-ԥе́нџьыр а́-ла и-ҩна́-ԥр-ит. (RAD) *Пчела влетела в окно. A bee flew in through the window.*

а-ҩна-ргы́ла-ра [tr.] [C1-Prev-C3-S / C1-Prev-C3-Neg-S] [C3 cram C1] (**Fin.** [pres.] и-ҩна-лы-ргы́ло-ит / и-ҩна-лы-ргы́ло-м, [aor.] и-ҩна-лы-ргы́ле-ит / и-ҩна-л-мы-ргы́ле-ит, [imper.] и-ҩна-ргы́л! / и-ҩна-б-мы-ргы́ла-н!; **Non-fin.** [pres.] (C1) и-ҩна-лы-ргы́ло / и-ҩна-л-мы-ргы́ло, (C3) и-ҩна-зы-ргы́ло / и-ҩна-з-мы-ргы́ло) **1.** to put sth into place. **2.** to cram: а-уа́да зегьы́ ҩны́маҭәа-ла а-ҩнаргы́лара *to cram the whole room with furniture.*

а-ҩнарҭа́ [n.] (= **а-ҩнра́**) a house, a dwelling: а-ҩнарҭа-ҿы́ *in the dwelling.*

а-ҩна́тә [adj.] **1.** house, home. **2.** domestic: а-ҩна́тә ԥстә-қәа́ *domestic animals* (= **а́рахә**). Ҩна́тә ԥсаа́тә-с шәара́ и́-жә-дыр-уа-зеи? (AFL) *What domestic bird do you know? Какую домашнюю птицу вы знаете?*

а-ҩна-тәа-ра́ (1) [intr. dynamic] [C1-(C2)-Prev-R / C1-(C2)-Prev-Neg-R] [C1 sit inside C2] (**Fin.** [pres.] ды-ҩна-тәо́-ит / ды-ҩна-тәо́-м, [aor.] ды-ҩна-тәе́-ит / ды-ҩна-м-тәе́-ит, [imper.] бы-ҩна-тәа́! / бы-ҩна́-м-тәа-н!; **Non-fin.** [pres.] (C1) и-ҩна-тәо́ / и-ҩна́-м-тәо,

Ҩ

[aor.] (C1) и-ҩна-тәа́ / и-ҩна́-м-тәа) **1.** to sit inside. **(2)** [intr. stative] [C1-(C2)-Prev-R] [C1 be sitting inside C2] (**Fin.** [pres.] ды-ҩна-тәо́-уп / ды-ҩна-тәа́-м, [past] ды-ҩна-тәа́-н / ды-ҩна-тәа́-мызт; **Non-fin.** [pres.] (C1) и-ҩна-тәо́-у / и-ҩна-тәа́-м, [past] (C1) и-ҩна-тәа́-з / и-ҩна-тәа́-мыз; **Abs.** ды-ҩна-тәа-ны́ / ды-ҩна́-м-тәа-кәа) **1.** to sit inside: Уа́да-цыҧхьа́ӡа аӡәа́ӡәа а-ҳәынҭқа́р и́-ҧҳа-цәа ҩна-тәа́-н. (Ab.Text) *In each room one of the King's daughters was sitting.* Аба́нҭ а-ҳәынҭқа́р и́-ҧҳа-цәа и́-и-ба-з р-а́хьтә ҩы́-џьа а-шәы́ ры-шә-ны́ р-уа́да-қуа и-ры-ҩна-тәа́-н, (...) (Ab.Text) *Two of the King's daughters that he saw were in mourning dress and sitting in the middle of the rooms, (...).*

а-ҩнаҭа́ *see* **а-ҩнра́**

а-ҩна-ха-ра́ [intr.] [C1-Prev-R / C1-Prev-Neg-R] (**Fin.** [pres.] сы-ҩна-хо́-ит / сы-ҩна-хо́-м, [aor.] сы-ҩна-хе́-ит / сы-ҩна́-м-хе-ит, [imper.] бы-ҩна-ха́! / бы-ҩна́-м-ха-н!; **Non-fin.** [pres.] (C1) и-ҩна-хо́ / и-ҩна́-м-хо, [aor.] (C1) и-ҩна-ха́ / и-ҩна́-м-ха; **Abs.** сы-ҩна-ха-ны́ / сы-ҩна́-м-ха-кәа) **1.** to get stuck in (a location); to be held up in (a location).

а-ҩна-хх-ра́ [intr.] [C1-(C2)-Prev-R / C1-(C2)-Prev-Neg-R] [C1 run off to C2] (**Fin.** [pres.] ды-ҩна-хх-уе́-ит / ды-ҩна-хх-уа́-м, [aor.] ды-ҩна-хх-и́т / ды-ҩна-м-хх-и́т, [imper.] бы-ҩна-ххы́! / бы-ҩна-м-ххы́-н!; **Non-fin.** [pres.] (C1) и-ҩна-хх-уа́ / и-ҩна-м-хх-уа́; **Abs.** ды-ҩна-хх-ны́ / ды-ҩна-м-хх-кәа́) **1.** to run up, to run off: А-уаҭа́х ды-ҩна-хх-и́т. *He/She ran off to the room. Он/Она забежал/-ла в комнату.* А-уаҭа́х-қәа ҳ-ры-ҩна-хх-и́т. *We ran off to the rooms. Мы забежали в комнаты.*

а-ҩна-ҷҷа-ра́ [intr.] [C1-Prev-R / C1-Prev-Neg-R] (**Fin.** [pres.] и-ҩна-ҷҷо́-ит / и-ҩна-ҷҷо́-м, [aor.] и-ҩна-ҷҷе́-ит / и-ҩна́-м-ҷҷе-ит, [imper.] у-ҩна-ҷҷа́! / у-ҩна́-м-ҷҷа-н!; **Non-fin.** [pres.] (C1) и-ҩна-ҷҷо́ / и-ҩна́-м-ҷҷо, [aor.] (C1) и-ҩна-ҷҷа́ / и-ҩна́-м-ҷҷа; **Abs.** и-ҩна-ҷҷа-ны́ / и-ҩна́-м-ҷҷа-кәа) **1.** to shine inside (the premises): А-уаҭа́х а́-мра ҩна-ҷҷе́-ит. *The sun flooded the room with light. Солнце залило комнату светом.*

а-ҩна-шы́ла-ра [intr.] (**Fin.** [aor.] ды-ҩна-шы́ле-ит) **1.** to drop into (the premises) quickly: и-ны-ҩна-шы́ла-н, (...). *it went into and* (...).

а-ҩн-е́ихагыла [n.] a building of several stories. [cf. **а́ихагыла, аҩны́ е́ихагы́ла**]

а-ҩнра́ [n.] (= **а-ҩнарҭа́, а-ҩнаҭа́, ҩ(ы)нра́**) (-қәа́) a family; housekeeping; a dwelling: А-ҩнра́ ду и́-мо-уп. *He has a big family.*

а-ҩну́ҭқа [post.] (= **а-ҩны́ҭқа**) inside, within: Або́ра а-ҩну́ҭқа а-ҽы́ ҭа-кы́-н. (Ab.Text) *There was a horse inside the stable.* [*A horse was shut inside the stable.*]

а-ҩн-ца-ра́* [tr.] [C1-Prev-C3-R] [C3 expel C1 from (a house)] (**Fin.** [aor.] и-ҩн-и́-це-ит / и-ҩн-и́-м-це-ит, [imper.] и-ҩн-ца́! / и-ҩны́-бы-м-ца-н!) **1.** to expel sb from (a house): А-ла́ а-ҩны́ и-ҩн-и́-це-ит. *He expelled the dog from the house.*

а-ҩны́ 1. [n.] (а-ҩн-қәа́, а-ҩн-гьы́, сы-ҩны́, х(а)-ҩны́, ҩны́-к, ҳ-ҩн-қәа́) a house; home: ари́ а-ҩны́ *this house.* а́рҭ а-ҩн-қәа́ *these houses.* а-ҩна-ҿы́ *in the house.* а-ха́ҳәтә ҩны́ *the stone house.* а-ҩн ду́-қәа *the big houses.* абри́ а-ҩн-ҿы́ц *this new house.* а-ҧсшьа́рҭа ҩны́ *a house of rest.* а-ҩы́н у́с-қәа *household chores.* сы-ҩно́-уп *I am in the house.* А-ҽа́ ҩны́-к ды-ҩна́-л-т. *He/She entered the other house.* А-хуч-куа́ а-ҩны́-ҟа и-це́-ит. *The children went home.* Сара́ с-ҭаацәа́ с-ры́-цхраа-уе-ит а-ҩын у́с-қәа р-ҿы́. (AFL) *I help my family with the household chores. Я помогаю моей семье в домашних делах.* С-анду́ а-ҩы́н у́с-қәа ҟа-л-ҵо́-ит. *My grandmother does the household chores.* Ҳара́ а-ҧсшьа́рҭа ҩн-а-ҿы́ ха-н-хо́-н. (AFL) *We stayed at a holiday house. Мы жили в доме отдыха.* Ҳа-ҩны́ а́ҧхьа а-дәқьа́н гы́ло-уп. *A shop is in front of our house.* **2.** [adv.] at home; to/towards home: А-ҩны́ ды́-ҟо-уп. *He/She is at home.* Уи́ а-ҩны́ ды́-ҟа-м. *He/She is not at home.* Миха а-ҩны́ ды́-ҟо-уп. *Mikha is at home.* Хәлҧазы́ а-ҩны́ с-ҟа-ло́-ит. *I'll be at home in the evening.* Ҧсы́ӡ еида́ра-к ры́-ма-ны (/ры́-ма) а-ҩны́ и-аа́-ит. (ANR) *They came home with a load of fish.*

ҩ-ны́-зқь [num.][non-hum.] two thousand.

ҩ-ны́-зқь-ҩы-к [num.][hum.] two thousand (people).

а-ҩны́ҟа 1. [adv.] home, homeward(s)**:** С-ҩы́за а-ҩны́ҟа д-цé-ит. *My friend went home.* Уара́ а-ҩны́ҟа у-ца́! *You, go home!* Уара́ у́-шьҭахьҟа, у-ҩны́ҟа у-ца́! *You go back to your home!* Амҩабжара д-нé-и-уа-ны а-ҩны́ҟа д-хын-ҳә-и́т. *He/She returned home from a place halfway [to somewhere].* Асаа́ҭ 6 р-зы́ а-ҩны́ҟа с-цó-ит. *I return home at 6 o'clock.* Лара́ а-ҩны́ҟа ды́-ҩ-ны д-цó-ит. *She is running home.* **2.** [n.] (ҳа-ҩны́ҟа-қәа) a house**:** Ҳара́ ҳа-ҩны́ҟа-қәа р-ахь ҳ-ца-ра́ а́амҭа аа́-ит. (IC) *The time has come for us to disperse to our houses.*

а-ҩны́маҭәа [n.] (а-ҩны́маҭәа-қәа) furniture.

а-ҩны́ргылара [n.] (-қәа) a house-building.

а-ҩны́ргыларатә [adj.] house-building.

а-ҩны́ргылаҩ [n.] (-цәа) a house-builder.

а-ҩны́-с-ра [intr.] [C1-Prev-R / C1-Prev-Neg-R] [C1 walk through] (**Fin.** [pres.] ды-ҩны́-с-уе-ит / ды-ҩны́-с-уа-м, [aor.] ды-ҩны́-с-ит / ды-ҩны́-м-с-ит , [imper.] бы-ҩны́-с! / бы-ҩны́-м-сы-н!; **Non-fin.** [pres.] (C1) и-ҩны́-с-уа / и-ҩны́-м-с-уа, [aor.] (C1) и-ҩны́-с / и-ҩны́-м-с) **1.** to pass/go through (a room/premises)**:** А-уа́да ды-ҩны́-с-ит. *He/She went through the room.* [*а-бна́ ды-ҩны́-с-ит.] А-ҳәынҭқа́р д-зы-ҩна́-з а-уа́да-ҿы д-нéи-аанӡа а-уа́да-қуа д-нарыҩны́-с=аа-ҩны́-с-уа и-еим-и́-да-н, х-уа́да-к и-бé-ит. (Ab.Text) *While he was walking to the room where the King was, he walked through many rooms and looked around.*

а-ҩны́тцка [post.] (*see* **а-ҩну́тцка**) within**:** Аԥсны́ а-ҩны́тцҟа *within Abkhazia.*

а-ҩны́-тц-ра* [intr.] [C1-Prev-R] (**Fin.** [aor.] ды-ҩны́-тц-ит / ды-ҩны́-м-тц-ит, **Abs.** ды-ҩны́-тц-ны / ды-ҩны́-м-тц-кәа) **1.** to leave a house.

а-ҩны́-ҩ-ра* [intr.] [C1-(C2)-Prev-R / C1-(C2)-Prev-Neg-R] [C1(voice) reach from inside C2] (**Fin.** [pes.] и-ҩны́-ҩ-уе-ит / и-ҩны́-ҩ-уа-м, [aor.] и-ҩны́-ҩ-ит / и-ҩны́-м-ҩ-ит) **1.** (*of voice*) to come from inside premises**:** А-уа́да а-тцәы́уабжь ҩны́-ҩ-уе-ит. *The sound of crying is coming from inside the room.*

а́-ҩ-ра [intr.] [C1-R / C1-Neg-R] [C1 run] (**Fin.** [pres.] сы́-ҩ-уе-ит, ды́-ҩ-уе-ит, ҳа́-ҩ-уе-ит, и́-ҩ-уе-ит / сы́-ҩ-уа-м (-ҩ-ӡо-м), [aor.] ды́-ҩ-ит, ҳа́-ҩ-ит / д-мы́-ҩ-ит, ҳ-мы́-ҩ-ит, [fut.1] сы́-ҩ-п / сы́-ҩ-рым, [fut.2] сы́-ҩ-шт / сы́-ҩ-шам, [perf.] сы́-ҩ-хьеит / с-мы́-ҩ-ц(т), [impf.] сы́-ҩ-уа-н / сы́-ҩ-уа-мызт, [past indef.] сы́-ҩы-н / с-мы́-ҩы-зт, [cond.1] сы́-ҩ-рын / сы́-ҩ-рымызт, [cond.2] сы́-ҩ-шан / сы́-ҩ-шамызт, [plupf.] сы́-ҩ-хьан / с-мы́-ҩ-цызт, [imper.] бы́-ҩ! / б-мы́-ҩ-н!, шәы́-ҩ!; [caus.] д-лы́-р-ҩ-ит / ды-л-мы́-р-ҩ-ит; [poten.] д-зы́-ҩ-уам, ды-з-мы́-ҩ-ит; [nonvol] д-а́мха-ҩ-ит / д-а́мха-мы́-ҩ-ит (cf. и-с-а́мха-м-ҩ-ит *I did not write it by accident*); [vers.1] ды-л-зы́-ҩ-ит / д-лы-з-мы́-ҩ-ит; [vers.2] ды-л-цәы́-ҩ-ит / д-лы-цә-мы́-ҩ-ит; **Non-fin.** (C1) [pres.] и-ҩ-уа́ / и́-мы-ҩ-уа, [aor.] и-ҩы́ / и́-мы-ҩ, [fut.1] и-ҩ-ра́ / и́-мы-ҩ-ра, [fut.2] и-ҩы́-ша / и́-м-ҩы-ша, [perf.] и-ҩ-хьо́у (-хьа́(ц)) / и́-мы-ҩ-хьоу (-хьа(ц)), [impf.] и-ҩ-уа́-з / и́-мы-ҩ-уа-з, [past indef.] и-ҩы́-з / и́-м-ҩы-з, [cond.1] и́-ҩ-ры-з / и́-мы-ҩ-ры-з, [cond.2] и-ҩы́-ша-з / и́-м-ҩы-ша-з, [plupf.] и-ҩ-хьа́-з / и́-мы-ҩ-хьа-з; **Abs.** ды́-ҩ-ны / д-мы́-ҩ-кәа) **1.** to run**:** Уи́ да́ара д-лас-ны́ ды́-ҩ-уе-ит. *He is running very fast.* **2.** to run away, to escape**:** А-ха́ҳә мтца́-рс-ны ды́-ҩ-т. (Ab.Text) *He took the stone and ran off.* || **и́-ҩ-ны а-ца-ра** to run away, to run off, to escape**:** А-хәҷ-қәа́ ы́-ҩ-ны а́-бна-хь и-цé-ит. *The children ran off to the forest.* Лара́ а-ҩны́ҟа ды́-ҩ-ны д-цó-ит. *She is running home.*

а-ҩ-ра́[1] [labile] **(1)** [tr.] [C1-C3-R / C1-C3-Neg-R] [C3 write C1] (**Fin.** [pres.] и-з-ҩ-уé-ит, и-ҩ-уé-ит, и-л-ҩ-уé-ит, и-а́-ҩ-уе-ит, и-ҳа-ҩ-уé-ит, и-шәы-ҩ-уé-ит / и-з-ҩ-уа́-м; [aor.] и-з-ҩ-и́т, и-а́-ҩ-ит, и-аҳ-ҩ-и́т, и-шә-ҩ-и́т / и-сы-м-ҩ-и́т, [fut.1] и-з-ҩы́-п / и-з-ҩ-ры́м, [fut.2] и-з-ҩы́-шт / и-з-ҩы́-шам, [perf.] и-з-ҩ-хьéит / и-сы-м-ҩы́-ц(т), [impf.] и-з-ҩ-уа́н / и-з-ҩ-уа́мызт, [past indef.] и-з-ҩы́-н / и-сы-м-ҩы́-зт, [cond.1] и-з-ҩы-ры́н / и-з-ҩ-ры́мызт, [cond.2] и-з-ҩы́-шан / и-з-ҩы́-шамызт, [plupf.] и-з-ҩ-хьа́н / и-сы-м-ҩы́-цызт, [imper.] и-ҩы́! / и-бы-м-ҩы́-н!, и-шә/жә-ҩы́! [caus.] и-л-сы́-р-ҩ-ит (*я заставил ее написать его(нрз.)/их*) / и-л-с-мы́-р-ҩ-ит, и-аҳ-лы́-р-ҩ-ит / и-аҳ-л-мы́-р-ҩ-ит; [poten.] и-аҳ-зы-ҩ-уа́м, и-аҳ-зы́-м-ҩ-ит;

Ҩ

[nonvol] и-с-а́мха-ҩ-ит / и-с-а́мха-м-ҩ-ит; [vers.1] и-аҳ-зы́-л-ҩ-ит / и-аҳ-зы́-лы-м-ҩ-ит; [vers.2] и-аҳ-цәы́-л-ҩ-ит / и-аҳ-цәы́-лы-м-ҩ-ит; **Non-fin.** [pres.] (C1) и́-л-ҩ-уа (*то, которое она пишет*), и́-с-ҩ-уа, и́-б-ҩ-уа, и́-у-ҩ-уа, и́-и-ҩ-уа, и-а́-ҩ-уа, и-а́ҳ-ҩ-уа, и́-шә-ҩ-уа, и́-р-ҩ-уа / и́-лы-м-ҩ-уа, и́-сы-м-ҩ-уа, и́-бы-м-ҩ-уа, и́-у-м-ҩ-уа, и́-и-м-ҩ-уа, и-а́-м-ҩ-уа, и-а́ҳа-м-ҩ-уа, и́-шәы-м-ҩ-уа, и́-ры-м-ҩ-уа, (C3) и-з-ҩ-уа́ (*тот, который пишет его(нрз.)/их*) / и-зы-м-ҩ-уа́, [aor.] (C1) и́-л-ҩы, и́-з/с-ҩы, и́-б-ҩы, и́-у-ҩы, и́-и-ҩы, и-а-ҩы́, и-а́ҳ-ҩы, и́-жә/шә-ҩы, и́-р-ҩы / и́-лы-м-ҩы, и́-зы /сы-м-ҩы, и́-бы-м-ҩы, и́-у-м-ҩы, и́-и-м-ҩы, и-а́-м-ҩы, и-а́ҳа-м-ҩы, и́-жәы/шәы-м-ҩы, и́-ры-м-ҩы, (C3) и-з-ҩы́ / и-зы-м-ҩы́, [fut.1] (C1) и́-лы-ҩ-ра, и́-зы/сы-ҩ-ра, и́-бы-ҩ-ра, и́-у-ҩ-ра, и-а-ҩ-ра́, и́-и-ҩ-ра, и-а́ҳа-ҩ-ра *or* и́-ҳа-ҩ-ра, и́-шәы-ҩ-ра, и́-ры-ҩ-ра / и́-л-м-ҩ-ра, и́-с/з-м-ҩ-ра, и́-б-м-ҩ-ра, и́-у-м-ҩ-ра, и-а́-м-ҩ-ра, и́-и-м-ҩ-ра, и́-(а)ҳ-м-ҩ-ра, и́-шә-м-ҩ-ра, и́-р-м-ҩ-ра, (C3) и-з-ҩ-ра́ / и-з-мы-ҩ-ра́, [fut.2] (C1) и́-л-ҩ-ша, и́-з/с-ҩ-ша, и́-б-ҩ-ша, и́-у-ҩ-ша, и́-и-ҩ-ша, и-а-ҩы́-ша, и-а́ҳ-ҩ-ша, и́-жә/шә-ҩ-ша, и́-р-ҩ-ша / и́-лы-м-ҩы-ша, и́-сы/зы-м-ҩы-ша, и́-бы-м-ҩы-ша, и́-у-м-ҩы-ша, и́-и-м-ҩы-ша, и-а́-м-ҩы-ша, и-а́ҳа-м-ҩы-ша, и́-шәы/жәы-м-ҩы-ша, и́-ры-м-ҩы-ша, (C3) и-з-ҩы́-ша / и-зы-м-ҩы́-ша, [perf.] (C1) и́-л-ҩ-хьоу (-хьа(ц)), и́-з/с-ҩ-хьоу (-хьа(ц)), и́-б-ҩ-хьоу (-хьа(ц)), и́-у-ҩ-хьоу (-хьа(ц)), и́-и-ҩ-хьоу (-хьа(ц)), и-а́-ҩ-хьоу (-хьа(ц)), и-а́ҳ-ҩ-хьоу (-хьа(ц)), и́-жә/шә-ҩ-хьоу (-хьа(ц)), и́-р-ҩ-хьоу (-хьа(ц)) / и́-лы-м-ҩ-хьоу (-хьа(ц)), и́-сы/зы-м-ҩ-хьоу (-хьа(ц)), и́-бы-м-ҩ-хьоу (-хьа(ц)), и́-у-м-ҩ-хьоу (-хьа(ц)), и́-и-м-ҩ-хьоу (-хьа(ц)), и-а́-м-ҩ-хьоу (-хьа(ц)), и-а́ҳа-м-ҩ-хьоу (-хьа(ц)), и́-шәы/жәы-м-ҩ-хьоу (-хьа(ц)), и́-ры-м-ҩ-хьоу (-хьа(ц)), (C3) и-з-ҩ-хьо́у (-хьа́(ц)) / и-зы-м-ҩ-хьо́у (-хьа́(ц)), [impf.] (C1) и́-л-ҩ-уа-з, и́-з/с-ҩ-уа-з, и́-б-ҩ-уа-з, и́-у-ҩ-уа-з, и́-и-ҩ-уа-з, и-а́-ҩ-уа-з, и-а́ҳ-ҩ-уа-з, и́-жә/шә-ҩ-уа-з, и́-р-ҩ-уа-з / и́-лы-м-ҩ-уа-з, и́-сы/зы-м-ҩ-уа-з, и́-бы-м-ҩ-уа-з, и́-у-м-ҩ-уа-з, и́-и-м-ҩ-уа-з, и-а́-м-ҩ-уа-з, и-а́ҳа-м-ҩ-уа-з, и́-шәы/жәы-м-ҩ-уа-з, и́-ры-м-ҩ-уа-з, (C3) и-з-ҩ-уа́-з / и-зы-м-ҩ-уа́-з, [past indef.] (C1) и́-л-ҩы-з, и́-з/с-ҩы-з, и́-б-ҩы-з, и́-у-ҩы-з, и́-и-ҩы-з, и-а́-ҩы-з, и-а́ҳ-ҩы-з, и́-жә/шә-ҩы-з, и́-р-ҩы-з / и́-лы-м-ҩы-з, и́-сы/зы-м-ҩы-з, и́-бы-м-ҩы-з, и́-у-м-ҩы-з, и́-и-м-ҩы-з, и-а́-м-ҩы-з, и-а́ҳа-м-ҩы-з, и́-шәы/жәы-м-ҩы-з, и́-ры-м-ҩы-з, (C3) и-з-ҩы́-з / и-зы-м-ҩы́-з, [cond.1] (C1) и́-л-ҩ-ры-з, и́-з/с-ҩ-ры-з, и́-б-ҩ-ры-з, и́-у-ҩ-ры-з, и-а́-ҩ-ры-з, и-а́-ҩ-ры-з, и-а́ҳ-ҩ-ры-з, и́-жә/шә-ҩ-ры-з, и́-р-ҩ-ры-з / и́-лы-м-ҩ-ры-з, и́-сы/зы-м-ҩ-ры-з, и́-бы-м-ҩ-ры-з, и́-у-м-ҩ-ры-з, и-а́-м-ҩ-ры-з, и-а́ҳа-м-ҩ-ры-з, и́-шәы/жәы-м-ҩ-ры-з, и́-ры-м-ҩ-ры-з, (C3) и-з-ҩ-ры́-з / и-з-мы-ҩ-ры́-з, [cond.2] (C1) и́-л-ҩ-ша-з, и́-з/с-ҩ-ша-з, и́-б-ҩ-ша-з, и́-у-ҩ-ша-з, и́-и-ҩ-ша-з, и-а́-ҩ-ша-з, и-а́ҳ-ҩ-ша-з, и́-жә/шә-ҩ-ша-з, и́-р-ҩ-ша-з / и́-лы-м-ҩ-ша-з, и́-сы/зы-м-ҩ-ша-з, и́-бы-м-ҩ-ша-з, и́-у-м-ҩ-ша-з, и́-и-м-ҩ-ша-з, и-а́-м-ҩ-ша-з, и-а́ҳа-м-ҩ-ша-з, и́-шәы/жәы-м-ҩ-ша-з, и́-ры-м-ҩ-ша-з, (C3) и-з-ҩы́-ша-з / и-з-мы-ҩы́-ша-з, [plupf.] (C1) и́-л-ҩ-хьа-з, и́-з/с-ҩ-хьа-з, и́-б-ҩ-хьа-з, и́-у-ҩ-хьа-з, и́-и-ҩ-хьа-з, и-а́-ҩ-хьа-з, и-а́ҳ-ҩ-хьа-з, и́-жә/шә-ҩ-хьа-з, и́-р-ҩ-хьа-з / и́-лы-м-ҩ-хьа-з, и́-сы/зы-м-ҩ-хьа-з, и́-бы-м-ҩ-хьа-з, и́-у-м-ҩ-хьа-з, и́-и-м-ҩ-хьа-з, и-а́-м-ҩ-хьа-з, и-а́ҳа-м-ҩ-хьа-з, и́-шәы/жәы-м-ҩ-хьа-з, и́-ры-м-ҩ-хьа-з, (C3) и-з-ҩ-хьа́-з / и-з-мы-ҩ-хьа́-з; **Abs.** и-ҩ-ны́ / и-м-ҩы́-кәа) **1.** to write sth**:** А-шәҟәы́ ҩ-ны́ д-а́-л-ге-ит. *He/She finished writing the book.* А-шәҟәы́ л-ҩ-уа́ д-а́-ла-ге-ит. *She started writing the book.* Бара́ а-қы́ҭа ахь бы-шне́и-лакь-тцәҟьа, а-шәҟәы́ сы-з-ҩы́. *As soon as you arrive at the village, write me a letter!* Сара́ с-ашьа́ а-шәҟәы́ и-зы́-з-ҩ-ит. *I wrote a letter to my brother.* Сара́ с-ашьа́ а-шәҟәы́ и-зы́-з-ҩы-н а-по́чҭа-хь с-це́-ит. *I wrote a letter to my brother and went to the post office. Я написал письмо брату и пошел на почту.* **(2)** [intr.] [C1-R] (**Fin.** [pres.] сы/зы-ҩ-уе́-ит, ды-ҩ-уе́-ит / сы/зы-ҩ-уа́-м, ды-ҩ-уа́-м, [aor.] с/з-ҩ-и́т, д-ҩ-и́т / сы/зы-м-ҩ-и́т, ды-м-ҩ-и́т, [imper.] б-ҩы́! / бы-м-ҩы́!, шә/(жә)-ҩы́! / шәы/(жәы)-м-ҩы́!; **Non-fin.** [pres.] (C1) и-ҩ-уа́ / и-мы-ҩ-уа́, [aor.] и-ҩы́ / и-м-ҩы́; **Abs.** и-ҩ-ны́ / и-м-ҩы́-кәа) **1.** to write**:** Асҭа́нда д-ҩ-уе́-ит. *Astanda is writing.* Ибзи́аны бы-ҩ-уе́-ит. *You write well.* А-шәҟә-қәа́ ры-ҩ-ра́ уада́ҩ-уп. (ACST) *The writing of books is difficult.*

а-ҩра́[2] [n.] quality of wine.

а-ҩра́ӡхьа-ра [n.] reading and writing: А-ҩра́ӡхьара и-тцо́-ит. *He is learning to read and write.*

а́-ҩ(ы)-с-ра* [intr.] (= **а́-вс-ра**) [C1-C2-a-Prev-R / C1-C2-a-Prev-Neg-R] [C1 pass by C2] (**Fin.** [pres.] д-и-а́-ҩы-с-уе-ит / д-и-а́-ҩы-с-уа-м, [aor.] д-и-а́-ҩ-с-ит / д-и-а́-ҩ-м-с-ит, [imper.] б-и-а́-ҩ-с! / б-и-а́-ҩ-м-сы-н!) **1.** to go past; to pass by: Д-с-а́-ҩ-с-ны д-це-ит. *He/She passed by me.* Ҳа-ҩны́ д-а́-ҩ-с-ит. *He/She passed by our house.* **2.** (*of time*) to pass: Аамҭа бзи́а-қәа х-а́-ҩ-с-ит. *We have spent a good time.* и-аҳ-а́-ҩ-с-хьо-у а́амҭа (*gramm.*) *the past tense.* || **и-ҳ-а́-ҩ-сы-з** (*of time*) past: и-ҳ-а́-ҩ-сы-з а́-мза-зы *last month.* и-ҳ-а́-ҩ-сы-з а́-шықәс а-зы́ *last year.* и-ҳ-а́-ҩ-сы-з а́-мчыбж а-зы́ *last week.*

а́ҩсҭаа (1) [n.] (а́ҩсҭаа-цәа, аҩы́сҭаа-к) (= **а́ҩысҭаа**) a devil: Аҩсҭаа д-аҩы́сҭаа-ха-анӡа д-маалы́қь-заарын. (AF) *The devil, before he became the devil, was an angel.* || а́ҩсҭаа и-хә-ха́-аит! *the devil take him!; Go to the devil!* а́ҩсҭаа-цәа и́-қә-тәо-уп! *he is cunning.* а́ҩсҭаа и-ӡсы́ з-хо-у *damned; a brute, a beast.* **(2)** [adj.] cunning: Уи да́ара д-аҩы́сҭаа-уп *He is very cunning.*

а́-ҩхаа [n.] (а́-ҩхаа-қәа, ҩхаа́-к) a valley: а́-ҩхаа ду́-қәа *huge valleys.*

а-ҩ-ха́-ла-ра [intr.] [C1-Prev-(C2)-Prev-R] [C1 go up C2] (**Fin.** [pres.] ды-ҩ-ха́-ло-ит / ды-ҩ-ха́-ло-м, [aor.] ды-ҩ-ха́-ле-ит / ды-ҩ-ха́-м-ле-ит, [imper.] бы-ҩ-ха́-л! / бы-ҩ-ха́-м-ла-н!; **Non-fin.** [pres.] (C1) и-ҩ-ха́-ло / и-ҩ-ха́-м-ло, [aor.] (C1) и-ҩ-ха́-ла / и-ҩ-ха́-м-ла; **Abs.** ды-ҩ-ха́-ла-ны / ды-ҩ-ха́-м-ла-кәа) **1.** to climb up/to go up height: А-ӡааимба́р-цәа Ерца́хә и-ҩ-ха́-ле-ит. *The prophets went up Mt. Ertsakhu.*

а́-ҩ-х-ра [tr.] [C1-Poss-a-Prev-C3-R / C1-Poss-a-Prev-C3-Neg-R] [C3 live through C1] (**Fin.** [pres.] и-с-а́-ҩ-с-х-уе-ит / и-с-а́-ҩ-с-х-уа-м, [aor.] и-с-а́-ҩ-с-х-ит / и-с-а́-ҩ-сы-м-х-ит, [imper.] и-б-а́-ҩ-х! / и-б-а́-ҩ-бы-м-хы-н!; **Non-fin.** [pres.] (C1) и-с-а́-ҩ-с-х-уа / и-с-а́-ҩ-сы-м-х-уа, (C3) и-з-а́-ҩ-з-х-уа / и-з-а́-ҩ-зы-м-х-уа) **1.** to live through.

а-ҩхы́-тц-ра [intr.] [C1-Prev-R / C1-Prev-Neg-R] [C1 pass across] (**Fin.** [pres.] ды-ҩхы́-тц-уе-ит / ды-ҩхы́-тц-уа-м (-тц-ӡо-м), [aor.] ды-ҩхы́-тц-ит / ды-ҩхы́-м-тц-ит (-тц-ӡе-ит), [imper.] бы-ҩхы́-тц! / бы-ҩхы́-м-тцы-н!, шәы-ҩхы́-тц! / шәы-ҩхы́-м-тцы-н!; **Non-fin.** [pres.] (C1) и-ҩхы́-тц-уа / и-ҩхы́-м-тц-уа, [aor.] (C1) и-ҩхы́-тц / и-ҩхы́-м-тц; **Abs.** ды-ҩхы́-тц-ны / ды-ҩхы́-м-тц-кәа) **1.** to pass across: акатцәа́ра и-ҩхы́-тцы-н (ANR) *having crossed over the mountain-pass.*

-ҩы [suffix] *a numeral suffix for a human class*: х-ҩы-к *three.* ӡшь-ҩы́-к *four (persons).* Ҳ-ҭаацәара-ҿы́ быжь-ҩы́-к а-уааӡсыра́ ҳа́-ҟо-уп. (AFL) *There are seven people in our family.*

-ҩ(ы) [suffix] *used to mark a person performing the action of a verb*: а-са́хьаҭыхҩа *the artist.* а-ҭы́жьҩы *the publisher.* а́-ӡсахҩы *a betrayer.* а-ӡахҩу́ *a tailor.* а́-мҩасҩы *a passer-by.* а́-ҭиҩ(ы) *a seller, a clerk.* а-шәҟуҩ-ҩы́ *a writer.*

а-ҩы́ [n.] (а-ҩ-қәа́, а-ҩ-гьы́, ҩы́-к) wine: Ари́ а-ҩы́ а-гьа́ма бзи́о-уп. *This wine has a good taste.* || **А-ҩы́ д-а-шь-и́т**. He/She got drunk on wine.

ҩы-ба́ [num.][non-hum.] two: а-тцәа-қәа́ ҩы-ба́ *two apples* (= ҩы-тцәа́-к). ҩы́-шықәса *two years.*

а-ҩы́га [n.] (-қәа) an instrument for writing.

а-ҩы́жәра [n.] (-қәа) hard drinking; a carouse, binge.

а-ҩы́за [n.] (а-ҩы́з-цәа, ҩы́за-к, с-ҩы́за, с-ҩы́з-цәа) **1.** a friend; a (female) friend: с-ҩы́за бзи́а *my good friend.* шә-ҩы́за чкәын *your friend.* шә-ҩы́за ӡӷа́б *your (female) friend.* с-у-ҩы́зо-уп *I am your friend.* Лара́ ды-с-ҩы́за-н. *She was my friend.* ҳа-б-ҩы́зо-уп *we are your friends.* Сара́ с-ҩы́за и-шәҟәы́ с-а́-ӡхьо-ит. *I read my friend's book.* А-кы́р иаӡсо́у а-ҩы́з-цәа! *Dear friends!* Ахра д-ҩы́за бзи́о-уп. *Akhra is a good friend.* **2.** such: Уи́ а-ҩы́за а-лаша́ра-қәа ҳара́ и-ха́-ма-ӡа-м. *I have no such possibility.* || **а(б)ри́ а-ҩы́за** the like of this: Ари́ а-ҩы́за сара́ и-сы́-ма-ӡа-м. (ARD) *I have nothing like this.*

Ҩ

а-ҩы́зара[1] [n.] **1.** friendship. **2.** companionship, comradeship. **3.** being a friend. || **ҩы́зара а-з-у-ра́** to keep sb company**:** Сара́ ҩы́зара шә-зы́-з-у-е-ит. *I'll keep you company.*

а-ҩы́за-ра[2] [intr.] [C1-C2-R] [C1 be like C2] (**Fin.** [pres.] сы-л-ҩы́зо-уп (*я такая же как она*) / сы-л-ҩы́за-м, [past] сы-л-ҩы́за-н / сы-л-ҩы́за-мызт; **Non-fin.** [pres.] (C1) и-л-ҩы́зо-у / и-л-ҩы́за-м, (C2) сы-з-ҩы́зо-у / сы-з-ҩы́за-м, [past] (C1) и-л-ҩы́за-з / и-л-ҩы́за-мыз, (C2) сы-з-ҩы́за-з / сы-з-ҩы́за-мыз; **Abs.** сы-л-ҩы́за-ны / сы-л-ҩы́за-м-кәа) **1.** to be the same as; to be like**:** Уи́ и-ле́ишәа бзи́о-уп, а-сы́с д-а-ҩы́зо-уп. *He has a good character, and he is like a lamb. У него хороший характер, он как ягненок.* Аҧсуа ха́ҵа бзи́а д-у́-ц-зар, а́-ҕба у-ҭа́ и-у-з-а-ҩы́зо-уп. (AF) *If a good Abkhazian man is with you, it is like for you your being on a boat.* [cf. **а́иҧш-уп** "to resemble"]

Аҩыӡ-ба́ [family name]

а-ҩы́маа [n.] (-қәа) a harp.

а-ҩы́мҭа [n.] (-қәа) **1.** a work, a production**:** А. Пу́шкин и-ҩы́мҭа-қәа р-е́изга *the selected works of A. Pushkin.* **2.** composition; writing.

а-ҩ(ы)нра́ [n.] (-қәа) housekeeping; household**:** А-ҩынра́ зегьы́ лара́ и-ны́ҟәы-л-го-ит. (RAD) *Она ведет весь дом. She runs the entire house.*

ҩы́нтә [adv.] twice**:** Сара́ иара́ и-ҿы ҩы́нтә сы́-ҟа-н. *I was at his place twice.* Уар-гьы́ ҩы́нтә у-хы́-с-ит, сар-гьы́ ҩы́нтә с-хы́-с-уе-ит. (GAL) *You also shot twice, and I also will shoot twice.* Сара́ ҩы́нтә-уп уажәы́ Аҧсны́ с-аауе́-ижьҭеи. (IC) *This is my second return to Abkhazia.*

ҩы́нҩажәа [num.] forty (*lit.* 2 x 20)**:** ҩы́нҩажәа хәба *45.* ҩы́нҩажәи жәа́ха *53.*

а-ҩы́нҩажәатәи [adj.] fortieth**:** а-ҩы́нҩажәатәи а́-шкәс-қәа *the forties.*

ҩы́нҩажәижәа-ба [num.] fifty (*lit.* 2 x 20 + 10).

а-ҩы́ра [n.] (а-ҩы́ра-қәа) script; a letter**:** а-жәы́тәӡатәи а-ҩы́ра-қәа *ancient letters.*

а́ҩыстаа [n.] (а́ҩыстаа-қәа, ҩы́стаа-к) (= **а́ҩсҭаа**) a devil.

а-ҩы́ҵра [n.] (-қәа, у-а-ҩы́ҵра) armpit.

а-ҩы́ҵхаха-ра [intr.] [C1-S / C1-Neg-S] (**Fin.** [pres.] с-ҩы́ҵхахо-ит / с-ҩы́ҵхахо-м, [aor.] с-ҩы́ҵхахе-ит / сы-м-ҩы́ҵхахе-ит, [imper.] б-ҩы́ҵхаха! / бы-м-ҩы́ҵхаха-н!; **Non-fin.** [pres.] (C1) и-ҩы́ҵхахо / и-м-ҩы́ҵхахо) **1.** to appear, to come in sight; to rise**:** А-мра ҩы́ҵхахе-ит. *The sun only just appeared. Солнце только, только показалось.*

ҩы́-шә [num.][non-hum.] two hundred.

ҩы́-шә-ҩы-к [num.][hum.] two hundred (people).

ҩы́џьа [num.][hum.] two persons**:** ҩы́џьа а́-хәса *two women.* ҩы́џьа а́-чкәын-цәа *two boys.* х-ҩы́џьа *we two.* ҩы́џьа р-зы́ а-уаҭа́х *a room for two persons.* Сара́ ҩы́џьа а-ҧа-цәа́ сы́-мо-уп. *I have two sons.* А-уаа́ аӡәы́-мкуа ҩы́џьа-мкуа и-цәы́рҵ-куе-ит. (Ab.Text) *Several people appeared.* Шәара́ шә-ҩы́џьа-гьы мыцхәы́ шә-қьи́а-заап. (ACST) *You both are, it seems, exceptionally honourable.*

ҩы́-џьа-ка [num.][hum.] about two persons.

ҩы́-џьара [adv.] in two places.

Ц̡ ц̡

ц̡ (N.B. This phoneme is very rarely used in Abkhaz.)
á-ц̡ [n.] (á-ц̡-қәа, ц̡ы́-к, ц̡-қәá-к) mud/dirt on the body.
Ц̡ац̡á [myth.] the Goddess of agriculture in Abkhazia.
а-ц̡áц̡а [adj.] broad/big.
Ц̡ы́р [n.] (m.) [person's name]
а-ц̡ы́р [n.] (а-ц̡ыр-қәа, ц̡ы́р-к) steel**:** Сарá а-ц̡ы́р с-ӡры́жә-ит. *I hardened the steel.*
а-ц̡ы́ш [n.] (а-ц̡ы́ш-қәа, ц̡ы́ш-к) garlic.

Ц̡ь ц̡ь

á-ц̡ь [n.] (á-ц̡ь-қәа, ц̡ь-кы́) oak**:** ц̡ь-ду́-к *a big oak.*
а-ц̡ьá [n.] (а-ц̡ьа-қәá) *see* **а-ц̡ьабáа**
а-ц̡ьабáа [n.] (= **а-ц̡ьá**) (-қәá) labor; difficulty, toil; effort**:** Дáара ц̡ьабáа и-бé-ит. *He toiled very hard.* А-ц̡ьабáа сы-д-и-бáле-ит. *He helped me a lot.* || егьá а-ц̡ьá и-бá-зар-гьы (ACST) *despite all difficulties.*
а-ц̡ьабáаӷса [n.] cost of labor**:** И-ц̡ьабáаӷса и́-ры-м-ҭе-ит. *They didn't pay for his work.*
á-ц̡ьаба-ра [labile] **(1)** [intr.] [C1-R / C1-Neg-R] [C1 mourn] (**Fin.** [pres.] д-ц̡ьабó-ит / д-ц̡ьабó-м, [aor.] д-ц̡ьабé-ит / ды-м-ц̡ьабé-ит, [imper.] б-ц̡ьабá! / бы-м-ц̡ьабá-н!, шә-ц̡ьабá! / шәы-м-ц̡ьабá-н!; **Non-fin.** [pres.] (C1) и́-ц̡ьабó / и́-м-ц̡ьабó, [aor.] (C1) и́-ц̡ьабá / и́-м-ц̡ьабá; **Abs.** д-ц̡ьаба-ны́ / ды-м-ц̡ьабá-кәа) **1.** to mourn**:** д-ц̡ьабó-ит *he/she is mourning.* **(2)** [tr.] [C1-C3-R / C1-C3-Neg-R] [C3 mourn C1] (**Fin.** [pres.] ды-з/с-ц̡ьабó-ит / ды-з/с-ц̡ьабó-м, [aor.] ды-л-ц̡ьабé-ит / д-лы-м-ц̡ьабé-ит, [imper.] д-ц̡ьабá! / д-бы-м-ц̡ьабá-н!, ды-жә/шә-ц̡ьабá! / д-шәы/жәы-м-ц̡ьабá-н!; **Non-fin.** [pres.] (C1) и́-л-ц̡ьабо / и́-лы-м-ц̡ьабо, (C3) ды-з-ц̡ьабó / д-зы-м-ц̡ьабó) **1.** to mourn (about) sb/sth; to mourn over sb**:** Ды-л-ц̡ьабó-ит. *She is mourning over him/her. Она горюет о нем/ней.*
а-ц̡ьáз [n.] bronze. [> **а-ц̡ьáзтә** [adj.]]
áц̡ьал [n.] (р-áц̡ьал) **1.** a deadly time, the death time**:** И-áц̡ьал аá-ит. *His hour has come.* **2.** fate.
а-ц̡ьáм [n.] (а-ц̡ьáм-цәа / а-ц̡ьáм-уаа) a Persian.
а-ц̡ьáм-ӡҳәыс [n.] (а-ц̡ьáм-хәса-қәа) a Persian woman.
(а)-ц̡ьанáҭ [n.] (pl.**) (N.B. An article cannot generally be added to this word.) a heaven; paradise.
Ц̡ьанҳәáҭ [n.] (m.) [person's name]
ц̡ьарá [adv.] **1.** somewhere**:** А-рахә гәáртц-ит, ц̡ьарá а-уарды́н-қәа ры-шьҭыбжь гó-ит. (AFL) *The cattle went out to the pasture, (and) somewhere the sound of ox-drawn carts is heard. Скот вышел на пастбище, где-то раздается звук арб.* Ц̡ьарá харá и-ды́д-уа-н. (RAD) *Где-то вдали гремело. Somewhere in the distance it thundered.* **2.** (to) somewhere**:** Уи́

Ц̡, Ц̡ь

цьара́ д-цé-ит. *He/She went away to somewhere.* Сара́ а-шәҟу́ цьара́ и-а́-втца-с-тца-н, иара́ а́-пшаа-ра сы́-лшо-м. (RAD) *Я положил куда-то книгу и не мог ее найти. I put the book somewhere and could not find it.*

-цьара [added to a cardinal numeral's radical] **1.** *used to mark dividing,* "by"**:** шәкы жәа́-цьара и-шé-ит *he divided 100 by 10.* **2.** *used to express fractions***:** ҩы-цьара и-ша-ны́ хәҭа-к '1/2' (*lit. на две разделенная одна доля*) (GAL). хә-цьара и-ша-ны́ ҩы-хәҭа-к '2/5'.

цьара́кыр [adv.] anywhere; anywhere at all**:** Цьара́кыр сы-б-ба́-ма? *Did you see me anywhere at all?*

цьара́-м-зар-цьара́ [adv.] nowhere at all (+ Neg).

цьара́-цьара́ [adv.] **1.** sometimes. **2.** here and there**:** Цьара́-цьара а-ҭәа́ ды-рх-хье-ит. *They have already mowed the grass here and there.* Цьара́-цьара́ ҳәынтцәаро́-уп. (AFL) *It is slushy here and there. Кое-где слякотно.*

цьаргьы́ [adv.] nowhere; (to) nowhere**:** Уи́ цьаргьы́ а-у́с л-у-ӡо́-м. *She is not working anywhere.*

а-цьармы́кьа [n.] (= **а-цьырмы́кь**) (а-цьармы́кьа-қәа) a market; fair.

Цьа́ҭ [n.] (m.) [person's name]

а-цьа-шьа-ра́[1] [tr.] **(1)** [и-Prev-C3-R / и-Prev-C3-Neg-R] [C3 feel surprised] (**Fin.** [pres.] и-цьа́-л-шьо-ит / и-цьа́-л-шьо-м, [aor.] и-цьа́-л-шье-ит (*она удивилась*) / и-цьа́-лы-м-шье-ит, [imper.] и-ць-шьа́! / и-цьа́-бы-м-шьа-н!, и-цьа́-шә-шьа! / и-цьа́-шәы-м-шьа-н!; **Non-fin.** [pres.] (C1) и-цьа́-л-шьо / и-цьа́-лы-м-шьо, (C3) и-цьа́-з-шьо / и-цьа́-зы-м-шьо; **Abs.** и-цьа́-шьа-ны / и-цьа́-м-шьа-кәа). **(2)** [и-C2-Prev-C3-R / и-C2-Prev-C3-Neg-R] [C3 be surprised at/by C2] (**Fin.** [pres.] и-л-цьа́-с-шьо-ит / и-л-цьа́-с-шьо-м, [aor.] и-л-цьа́-с-шье-ит / и-л-цьа́-сы-м-шье-ит [imper.] и-ць-шьа́! / и-цьа́-бы-м-шьа-н!, и-цьа-шә-шьа́! / и-цьа́-шәы-м-шьа-н!; **Non-fin.** [pres.] (C2) и-цьа́-л-шьо / и-цьа́-лы-м-шьо, (C3) с-цьа́-з-шьо / с-цьа́-зы-м-шьо, [aor.] (C2) и-цьа́-л-шьа / и-цьа́-лы-м-шьа, (C3) с-цьа́-з-шьа / с-цьа́-зы-м-шьа, [impf.] (C2) и-цьа́-л-шьо-з / и-цьа́-лы-м-шьо-з, (C3) с-цьа́-з-шьо-з / с-цьа́-зы-м-шьо-з, [past indef.] (C2) и-цьа́-л-шьа-з / и-цьа́-лы-м-шьа-з, (C3) с-цьа́-з-шьа-з / с-цьа́-зы-м-шьа-з) **1.** to be surprised at/by; to be amazed at/by**:** и-л-цьа́-с-шье-ит *I was amazed by her.* Сара́ и-цьа́-с-шьо-ит шәара́ и́-шә-ҳәо. *I am surprised at what you are saying.* Жәлары́ и-цьа́-р-шьо и-лы́-рхумар-ит. (Ab.Text) *Everyone was surprised that she was able to ride the horse so skilfully.* А-хучы́ мшы-зха́ и-з-ха-уа́, да́ара и-цьо́-у-шьа-ра-тәы лассы́ и-з-ха́-ит. (Ab.Text) *The baby grew day by day and grew so big that you would be very surprised.* **2.** to support**:** и-л-цьа́-с-шьо-ит *I am supporting her, я поддерживаю ее.*

а-цьа-шьа-ра́[2] [tr.] [C1-Prev-C3-R / C1-Prev-C3-Neg-R] [C3 think C1] (**Fin.** [pres.] и-цьа́-л-шьо-ит / и-цьа́-л-шьо-м, [aor.] и-цьа́-л-шье-ит / и-цьа́-лы-м-шье-ит [imper.] и-цьа́-шьа! *or* и-цьа-шьа́! / и-цьа́-бы-м-шьа-н!; **Non-fin.** [pres.] (C1) и-цьа́-л-шьо / и-цьа́-лы-м-шьо, (C3) и-цьа́-з-шьо / и-цьа́-зы-м-шьо; **Abs.** и-цьа́-шьа-ны / и-цьа́-м-шьа-кәа) **1.** (= **а-ць-шьа-ра́**[1]) to suppose**:** и-цьа́-с-шьо-ит *I suppose that.*

а-цьа-шьа-ра́[3] [tr.] [C1-C2-Prev-C3-R / C1-C2-Prev-C3-Neg-R] [C3 thank C2 for C1] (**Fin.** [pres.] и-л-цьа́-с-шьо-ит (*я ее благодарю за него(нрз.)*) / и-л-цьа́-с-шьо-м (-шьа-ӡо-м), [aor.] и-л-цьа́-с-шье-ит / и-л-цьа́-сы-м-шье-ит (-шьа-ӡе-ит), [imper.] и-л-цьа-шьа́! / и-л-цьа́-бы-м-шьа-н!, и-л-цьа́-шә-шьа! / и-л-цьа́-шәы-м-шьа-н!; [poten.] и-сы-з-л-цьа-шьо́-м, и-сы-з-л-цьа́-м-шье-ит; [nonvol] и-с-а́мха-л-цьа-шье-ит / и-с-а́мха-л-цьа́-м-шье-ит; **Non-fin.** [pres.] (C1) и-с-цьа́-л-шьо / и-с-цьа́-лы-м-шьо, (C2) и-з-цьа́-л-шьо / и-з-цьа́-лы-м-шьо, (C3) и-с-цьа́-з-шьо / и-с-цьа́-зы-м-шьо, [aor.] (C1) и-с-цьа́-л-шьа / и-с-цьа́-лы-м-шьа, (C2) и-з-цьа́-л-шьа / и-з-цьа́-лы-м-шьа, (C3) и-с-цьа́-з-шьа / и-с-цьа́-зы-м-шьа; **Abs.** и-л-цьа́-шьа-ны / и-л-цьа́-м-шьа-кәа) **1.** (= **а-ць-шьа-ра́**) to thank**:** и-шә-цьа́-с-шьо-ит. *I am thanking you for it/them.*

а́-цьашьатә [n.] (-қәа) something surprising; a miracle.

а-цьашьатәы́ [adj.] surprising, amazing, astonishing: Ари́ цьашьатә-у́п. *This is surprising.* Амра д-ахьы́-ҟа-м цьашьатәы́-м. *It is not surprising that Amra is missing.*

а́-цьашьахәы [n.] (-қәа, цьашьахәы́-к) **1.** a miracle. || **цьашьаху́-с а́-катца-ра** to be delighted: Ари́ а́-ԥшӡара цьашьаху́-с и-ҟа-зы-м-тцо́ да́рбан? *Who is not delighted by this beauty?*

а́-цьбара [adj.] (и́-цьбаро-у) **1.** strong. **2.** (= **а́-тцар**) swift-footed, fast (on the feet). **3.** strict: а-таты́н цьбара́ *strong tabacco.* а-ҽы́ цьбара́ *a swift horse.* а-уаҩы́ цьбара́ *a strict person.*

Цьгьа́рда [n.] [place name]: Цьгьа́рда қы́тцо-уп. *Dzhgjarda is a village.* Сара́ с-қы́тта Цьгьа́рда а́-хьӡ-уп. *My village is called Dzhgjarda.* Камачы́ч Цьгьа́рда ды-нхо́-ит. *Kamach'ych' lives in the village of Dzhgjarda.*

Цьгьа́рдатәи [adj.] of Dzhgjarda: Цьгьа́рдатәи а-бжьа́ратә шко́л *the middle school of Dzhgjarda.*

Цьгәата́н [n.] (m.) [person's name]

а́-цьма [n.] (а́-цьма-қәа, сы́-цьма, цьма́-к, цьма-қәа́-к) a (she-)goat: а́-цьма-хьча *a goatherd.*

а́-цьма-жьы [n.] goat meat.

а́-цьныш [n.] (а́-цьныш-цәа/қәа) a devil; Satan.

цьоукы́ [indefinite pron.] some people: Цьоук-гьы́ а-тәархра-ҿы́ а-цхы́раа-ра ҟа-р-тцо́-ит. (AFL) *And some people are helping with the mowing. И некоторые помогают на косьбе.* Ажәы́тә а́-тцан хәа цьоукы́ ы́-ҟа-н. (Ab.Text) *In the olden times, there lived a people called the Tsan.* А-нха-цәа́ цьоукы́ а-цьықәре́и ҿы́-р-х-уе-ит, цьоукы́ — и-цә-ды-рхә-уе́-ит. (AFL) *Some peasants are picking the corn, (and) some are husking it. Некоторые крестьяне срывают кукурузу, некоторые очищают кожуру.*

а́-цьра [n.] oak-plantation.

а-ць-ра́ [tr.] [C1-C3-R / C1-C3-Neg-R] [C3 roast C1] (**Fin.** [pres.] и-з-ць-уе́-ит, и-аа-ць-уе́-ит, и-жә-ць-уе́-ит, и-а́-ць-уе-ит / и-з-ць-уа́-м, [aor.] и-з-ць-и́т, и-а́-ць-ит / и-сы-м-ць-и́т, и-а́-м-ць-ит, [imper.] и-цьы́! / и-бы-м-цьы́-н!, и-шә/жә-цьы́! / и-шәы/жәы-м-цьы́-н!; [caus.] и-с-лы́-р-ць-и́т / и-сы-л-мы́-р-ць-ит *or* и-с-лы-р-ць-и́т / и-сы-л-мы-р-ць-и́т; [poten.] и-с-зы́-ць-уа-м, и-с-зы́-м-ць-ит; [nonvol] и-с-а́мха-ць-ит / и-с-а́мха-м-ць-ит; [vers.1] и-л-зы́-з-ць-ит / и-л-зы́-сы-м-ць-ит; [vers.2] и-л-цәы́-з-ць-ит / и-л-цәы́-сы-м-ць-ит; **Non-fin.** [pres.] (C1) и́-л-ць-уа / и́-лы-м-ць-уа, (C3) и-з-ць-уа́ / и-зы-м-ць-уа́, [aor.] (C1) и́-л-ць / и́-лы-м-ць, (C3) и-з-цьы́ / и-зы-м-цьы́, [impf.] (C1) и́-л-ць-уа-з / и́-лы-м-ць-уа-з, (C3) и-з-ць-уа́-з / и-зы-м-ць-уа́-з, [past indef.] (C1) и́-л-цьы-з / и́-лы-м-цьы-з, (C3) и-з-цьы́-з / и-зы-м-цьы́-з; **Abs.** и-ць-ны́ / и-м-цьы́-кәа) **1.** to roast, to burn: и-б-цьы́-ма? *did you roast it/them?* и́-б-ць-и? *what did you roast?* и́-б-ць-уе-и? *what are you roasting?* и-з-ць-уа́-да? *who is roasting it/them?* и-з-цьы́-да? *who roasted it/them?* а-кәта́ӷь ць-ны́ *a fried egg.* А-кәа́ц л-ць-и́т. *She roasted the meat. Она пожарила мясо.*

а́цьтә [adj.] oak.

цьушьт [interjection] you don't say so!

а-ць-шьа-ра́[1] [tr.] (= **а-цьа-шьа-ра́**[2]) [C1-Prev-C3-R / C1-Prev-C3-Neg-R] [C3 think C1] (**Fin.** [pres.] и-цьы́-с-шьо-ит / и-цьы́-с-шьо-м, [aor.] и-цьы́-с-шье-ит / и-цьы́-сы-м-шье-ит, [imper.] и-цьы́-шьа! / и-цьы́-бы-м-шьа-н!; **Non-fin.** [pres.] (C1) и-цьы́-с-шьо / и-цьы́-сы-м-шьо, (C3) и-цьы́-з-шьо / и-цьы́-зы-м-шьо; **Abs.** и-ць-шьа-ны́) **1.** (*with the non-finite form of the appropriate tense*) to think: Д-аа́-з цьы́-с-шье-ит. *I thought that he/she had arrived.* Уи д-аа-уа́ ць-у́-шьо-ма? *Do you think that he/she will come?* Уара́ у-а́кәы-з цьы́-с-шье-ит а-университе́т и-та́-ла-з. *I thought that you had entered the university.* С-а́б сара́ сы-чкәы́но-у ць-и́-шьо-ит. (Ab.Text) *My father thinks that I am a boy.*

а-ць-шьа-ра́[2] [tr.] [C1-Prev-C3-R / C1-Prev-C3-Neg-R] [C3 thank C1] (**Fin.** [pres.] и-цьа́-с-шьо-ит / и-цьа́-с-шьо-м, [aor.] и-цьа́-с-шье-ит / и-цьа́-сы-м-шье-ит, [imper.] и-цьа-шьа́! / и-цьа́-бы-м-шьа-н!; **Non-fin.** [pres.] (C1) и-цьа́-л-шьо / и-цьа́-лы-м-шьо, (C3) и-цьа́-з-шьо / и-цьа́-зы-м-шьо, [aor.] (C1) и-цьа́-л-шьа / и-цьа́-лы-м-шьа, (C3) и-цьа́-з-шьа / и-цьа́-зы-

Ць

м-шьа, [impf.] (C1) и-цьа́-л-шьо-з / и-цьа́-лы-м-шьо-з, (C3) и-цьа́-з-шьо-з / и-цьа́-зы-м-шьо-з, [past indef.] (C1) и-цьа́-л-шьа-з / и-цьа́-лы-м-шьа-з, (C3) и-цьа́-з-шьа-з / и-цьа́-зы-м-шьа-з) **1.** (= **а-цьа-шьа-ра́**[3]) to thank**:** А-нцәа́ и-ць-шьаны́. *Thank God.* || **А-нцәа́ и-ць-шьо́-уп**! Thank God! *Слава Богу!*

а-цьы́ба [n.] (а-цьы́ба-қәа, с-цьы́ба) a pocket.

ацьыбаҭы́х [n.] (а-цьыбаҭы́х-цәа) pocket money.

а-цьы́ка [n.] (-қәа) salt.

а-цьыкхы́ш [n.] (= а-цьы́ка хыш) white granulated salt.

а-цьыкәре́и-рҭа́ [n.] a cornfield.

а-цьықәре́и [n.] (= **а́-ҧш**) (-қәа) maize, corn.

а́-цьымшь [n.] (а-цьы́мшь-қәа) an eyebrow.

а-цьымшьы́ [n.] (а-цьымшь-қәа́) an onion.

а-цьынцьтәы́ла [n.] fatherland.

а-цьынцьтәы́латә [adj.] of *one's* motherland**:** а-цьынцьтәы́латә е́ибашьра *the Patriotic War.*

а-цьы́нцьуаҩ [n.] (а-цьы́нцьуаа) **1.** an aborigine, a native. **2.** a person from the same district.

а-цьырмы́кь [n.] (= **а-база́р**, **а-цьармы́кьа**) (-қәа) a market; a bazaar**:** А-саа́ҭ ҩба́ р-зы а-цьырмы́кь ахь с-це́-ит. *I went to the market at 2 o'clock.* а-цьырмы́кь а-ҿы́ *at the market.*

Appendix

A Reverse Dictionary of the Abkhaz Verbs

аа-рá (= **аá-и-ра**) [intr.] to come here.
а-баа-рá [intr.] to go bad, to rot; to be rotten.
á-ҟә-баа-ра [tr.] to see on.
á-л-баа-ра [intr.] to descend, to come down.
а-рбаа-рá [tr.] to let sth rot.
á-рҭбаа-ра [tr.] to extend, to spread.
а-ᵒеы́-рҭбаа-ра [tr. Self] to widen, to expand.
а-хы́-баа-ра *see* **а-хы́ а-хы́-баа-ра**.
а-гәáа-ра [intr.] become angry.
а-з-гәáа-ра [intr.] to angry with.
а-ргәáа-ра [tr.] to make angry.
á-ҟә-гьежьаа-ра [intr.] to whirl, to go round.
а-з-аа-рá [intr.] to come to sb.
á-ҭбаа-заа-ра [intr. stative] to be wide.
а-гá-заа-ра [intr. stative] to be ruffled; to sway.
а-з-гáга-заа-ра [intr. stative] to conceive a liking for sth/sb.
а-ԥырхáга-заа-ра [intr. stative] to hinder sb; to be harmful.
áибга-заа-ра [intr. stative] to be unharmed.
á-цәгьа-заа-ра [intr. stative] to be bad/difficult/expensive.
а-цәы́-цәгьа-заа-ра [intr. stative] to be difficult.
áаигәа-заа-ра [intr. stative] to be near.
а-з-áаигәа-заа-ра [intr. stative] to be close to sb/sth.
á-мҕа-заа-ра [intr.] to be girdled.
á-ҕәҕәа-заа-ра [intr.] to be strong.
а-кәáнда-заа-ра [intr. stative] to be warm.
а-бза-заа-рá [intr. stative] to be alive.
á-ԥшӡа-заа-ра [intr.] to be beautiful.
а-бзи́а-заа-ра [intr. stative] to be good.
а-з-бзи́а-заа-ра [intr. stative] to be on good terms with sb.
á-ҟә-бзиа-заа-ра [intr. stative] *see* **и-гәы́ а-ҟә-бзи́о-уп**
а-ҭакьáкьа-заа-ра [intr.] *see* **и-ԥсы́ ҭакьáкьо-уп**.
á-цҚьа-заа-ра [intr.] to be clean.
á-ҟа-заа-ра [intr.] to exist; to be in existence, to be.
а-зы́ҟа-заа-ра [intr. stative] to be on intimate terms with sb.
á-ла-заа-ра [intr.] to be in the middle of sth.
á-д-иаала-заа-ра [intr. stative] to lie beside sb/sth.
а-кы́д-тәала-заа-ра [intr.] to sit/be on an inclined plane.
а-цә-тәá-ла-заа-ра [intr. stative] to sit/be (in the sun).
á-д-кна-ҳала-заа-ра [intr. stative] to hang near sth.
á-дᵒа-ҳәала-заа-ра [intr. stative] to be tied/attached to sth.
а-гы́ла-заа-ра [intr.] to stand.
а-ва-гы́ла-заа-ра [intr.] to stand next to.

á-ла-гыла-заа-ра [intr. stative] to stand in some mass.
а-кы́ла-гыла-заа-ра [intr.] to stand by some kind of opening.
а-ҩна-гы́ла-заа-ра [intr. stative] to stand in the premises:
а-гᵒҿа-гы́ла-заа-ра [intr. stative] to stand in the corner.
á-д-гыла-заа-ра [intr.] to stand next to sb/sth.
а-кыд-гы́ла-заа-ра [intr.] to be leaning against.
á-қә-гыла-заа-ра [intr. stative] to stand on sth.
а-хықә-гы́ла-заа-ра [intr.] to stand on the shore.
а-х-гы́ла-заа-ра [intr. stative] to stand in the water/sea.
а-цә-гы́ла-заа-ра [intr. stative] to stand in (the rain/sun).
а-гәы́ла-заа-ра [intr.] to be inside.
á-д-жьыла-заа-ра [intr. stative] to lie close to/beside sth/sb.
á-ма-заа-ра [intr.] to have.
а-ҩнá-заа-ра [intr.] to stay, to live.
а-гáра-заа-ра [intr. stative] to be in a cradle.
áиҟара-тә-ра [tr.] to make equal.
а-хáра-заа-ра [intr.] to be guilty, to be to blame.
áи-цәы-хара-заа-ра [intr. stative] to be apart from each other/one another.
а-ᵒҿҳәара-заа-рá [intr. stative] to love strongly.
а-ҕрá-заа-ра [intr. stative] to lie in sth.
а-ка-ԥса-заа-рá [intr.] to be scattered.
а-тáта-заа-ра [intr. stative] to be soft.
á-ва-тәа-заа-ра [intr.] to be sitting beside sth/sb.
а-ҭа-тәá-заа-ра [intr.] to sit inside.
а-ха-тәá-заа-ра [intr. stative] to sit/be sitting at sth.
á-қә-тәа-заа-ра [intr.] to sit on.
а-ҭá-заа-ра [intr.] to be (in a box, at home, etc.).
а-хәарҭа-заа-рá [intr. stative] to be useful.
а-шәáрҭа-заа-ра [intr. stative] to be dangerous.
á-шьҭа-заа-ра[1] [intr.] to be on the trail of.
á-шьҭа-заа-ра[2] [intr.] to be called.
а-шьҭá-заа-ра [intr. stative] to lie.
áиуа-заа-ра [intr. stative] to be relatives.
а-хá-заа-ра [intr. stative] to be in headgear.
а-ԥха-заа-рá [intr. ststive] to be warm.
а-кнá-ҳа-заа-ра [intr.] to hang, to be suspended.
а-ры́цҳа-заа-ра [intr.] to be wretched/pitiful.
а-ҭа-ҳәҳәа-заа-рá [intr. stative] to be wrapped up.
á-лашьца-заа-ра [intr. stative] to be dark.
á-тца-заа-ра [intr.] to be under sth.
á-мтца-заа-ра [intr. stative] to be under sth; to be/lie before sb.
а-ᵒҿа-заа-рá [intr.] to be cold.
а-гᵒҿá-заа-ра [intr.] *(of a dead person)* to lie.
а-ᵒеы́кәырша-заа-ра [intr. stative] to be surrounded.
á-шьа-заа-ра [intr. stative] to be shod in sth.
á-хьшәашәа-заа-ра [intr. stative] to be cold.
а-ҭшәа-заа-рá [intr. stative] to be narrow.
á-г-заа-ра [intr.] to be lacking in.

áиҕь-заа-ра [intr. stative] to be better (than).
а-зéиҕь-заа-ра [intr. stative] to be useful.
á-д-заа-ра [intr.] to lie near sth; to be adjacent to.
а-кы́д-заа-ра [intr. stative] to exist/be on a vertical, inclined plane.
á-ва-жь-заа-ра [intr.] to be lying by sth/sb.
а-кá-жь-заа-ра [intr. stative] to lie.
а-ҭá-жь-заа-ра [intr. stative] to be/lie in (water, hole, etc.).
á-хьӡ-заа-ра [intr.] to be called.
á-ла-к-заа-ра [intr. stative] to be tied in the thicket.
áкә-заа-ра [intr. stative] to be.
á-қә-заа-ра [intr.] to exist on a surface (not surrounded by something).
а-дәы́қә-заа-ра [intr. stative] to roam.
а-ҭá-м-заа-ра *see* **с-а-ҭá-мы-з** excuse me.
á-маҭәа-м-заа-ра [intr. stative] to be unmanageable.
а-хáан-заа-ра [intr. stative] to be a contemporary of sth/sb.
а-ҕáр-заа-ра [intr. stative] to be poor.
а-х-т-заа-рá [intr.] to be open.
á-қә-шаҳаҭ-заа-р [intr.] to be in agreement with sth.
á-қәиҭ-заа-ра [intr. stative] to be entitled to sth.
á-ц-заа-ра [intr.] to be together with sb.
áиц-заа-ра [intr. stative] to be together.
а-ҭы́нч-заа-ра [intr. stative] to be calm/quiet.
а-зéиԥш-заа-ра [intr. stative] to be common.
а-ԥéиԥш-заа-ра [intr.] to wait for.
а-хь-ԥш-заа-рá [intr. stative] to be dependent on.
аиҳабы-заа-рá [intr. stative] to be older.
аитцбы-заа-рá [intr. stative] to be younger.
á-цәаакы-заа-ра [intr.] to be damp/wet.
а-ны́-заа-ра [intr.] to be (situated).
а-гә-аҽаны́-заа-ра [intr. stative] to be careful.
а-гә-ҽ-а-ны́-заа-ра [intr. ststive] to be on one's guard.
а-ԥны-заа-рá [intr. stative] to live near sth.
а-тәы́-заа-ра [intr.] to belong to.
а-ҭәы́-заа-ра [intr.] to be full.
а-ҭахы́-заа-ра [intr.] to want.
á-лахәы-заа-ра [intr.] to take part in; to be relatives.
а-цәы́-заа-ра [intr.] to be hanging in the sun.
а-цәхәыҷы-заа-рá [intr. stative] (*of footwear*) to be small.
а-ҿы́-заа-ра [intr.] to be engaged in.
а-шәы-заа-рá [intr.] to be clothed.
а-ртцаҩы-заа-рá [intr.] to be a teacher.
а-цә-ýадаҩ-заа-ра [intr. stative] to be difficult.
á-чмазаҩ-заа-ра [intr. stative] to be ill.
а-храа-ӡáа-ра [intr.] to look around.
а-хӡы́ӡаа-ра [intr.] to worry about sb.
а-ны́-ӡ-аа-ра [intr.] to perish.
á-қәы-ӡәӡәаа-ра [tr.] to wash away sth.
а-ҭы-ӡәӡәаа-рá [tr.] to wash from within.

á-л-иаа-ра [intr.] to grow (up) somewhere.
а-тц-йаа-ра [intr.] to grow under sth.
áилиба-каа-ра [intr.] to understand one another.
á-л-каа-ра [tr.] to pick out sb; to distinguish sb in the darkness.
áил-каа-ра [tr.] to learn; to understand.
а-кре́ил-каа-ра [tr.] to be clever.
áилы-ркаа-ра [tr.] to explain.
а-х-каа-рá [tr.] to fence in, to enclose.
а-ҿ-каа-рá [tr.] to be infected with.
áиҿ-каа-ра [tr.] to organize.
á-ҟаа-ра [intr.] to low, to moo.
á-қә-ҟаа-ра [intr.] to scold, to abuse.
á-қә-бл-аа-ра [labile] to be burnt down completely; to burn (on the surface).
а-х-блаа-рá [labile] to be burnt; to wither.
á-наа-ра [intr.] to stoop, to bend, to bow.
á-рнаа-ра [tr.] to bend down.
а-кы́д-ҧаа-ра [tr.] to take off sth abruptly from sth.
á-қә-ҧаа-ра [tr.] to pull sth off sth/sb.
а-дәы́л-ҧаа-ра [tr.] to carry sth/sb out of.
á-шьҭ-ҧаа-ра [tr.] to lift up quickly sth off the ground/floor.
аашьҭ-ҧаа-ра [tr.] to pick up.
а-х-ҧаа-рá [tr.] to take/tear off.
á-мтц-ҧаа-ра [tr.] to take (away).
а-мпы́тц-ҧаа-ра [tr.] to snatch sth out of somebody's hands.
а-рáа-ра [tr.] to cut down.
а-раа-рá [tr.] to lend.
á-қә-ҧраа-ра [intr.] (*of a bird*) to fly away.
а-дәы́л-ҧр-аа-ра [intr.] to fly out of.
а-кы́л-ҧр-аа-ра [intr.] to fly out from somewhere.
á-шьҭ-ҧраа-ра [intr.] to fly up.
á-тц-ҧраа-ра [intr.] *see* **á-тц-ҧыр-ра**.
а-ҭы-ҧраа-рá [intr.] to fly out of some hollow.
á-қә-тцәраа-ра [intr.] to slip on.
а-ҭ-тцәраа-рá [intr.] to flow out.
а-ҿы́-тцә-раа-ра (?) [intr.] to fall out from the mouth of sb.
áи-ҩ-дыраа-ра [tr.] to distinguish each other/one another.
а-цхы́раа-ра [intr.] to help.
áи-ц-хыраа-ра [intr.] to help/aid each other/one another.
а-ҿы́-тцәы-ҩраа-ра [intr.] to fall out from the mouth.
á-ҧсаа-ра [intr.] to become damp/moist.
а-рҧсаа-рá [tr.] to wet; to moisten.
а-хы-рҧсаá-ра [tr.] to sober (up).
á-нтҧсаа-ра [intr.] *see* **с-гәы́ нтҧсаá-ит**
а-хы-ҧсаа-рá[1] [intr.] to live through sb/sth; to die of sth.
а-хы-ҧсаа-рá[2] [intr.] to become sober.
á-ҭаа-ра [tr.] to gather/collect (*the harvest*).
а-ҭáа-ра [intr.] to stay with, to visit sb as a guest.
á-жь-ҭаа-ра [tr.] to collect/gather grapes.

а-ха́-рҭәаа-ра [tr.] to supplement.
а-ҭы́-фаа-ра [tr.] to gnaw out.
а́илаҕьы-хxaa-ра [tr.] to destroy.
а-х-ҳәаа-ра́ [tr.] to speak second-hand about sth.
а́их-ҳәаа-ра [tr.] to talk.
а-ҭ-ҕәы́цәаа-ра [tr.] to draw; to unsheath.
а-ҵа́а-ра [intr.] to freeze.
а-ҵаа-ра́[1] [intr.] to ask.
а-ҵаа-ра́[2] [tr.] to salt.
а-ҵаа-ра́[3] [intr.] to tell fortunes.
а-з-ҵаа-ра́ [intr.] to ask.
а-рҵа́а-ра [tr.] to cool, to freeze.
а-ҭ-ҵаа-ра́ [tr.] to study, to learn; to investigate.
а́-ҵәаа-ра [intr.] to cry, to shout.
а-ҭы́-рлашаа-ра [tr.] to light up a deep part.
а́-ҧшаа-ра [tr.] to look for; to find.
а́-л-ҧшаа-ра [tr.] to select.
а-х-шаа-ра́ [intr.] to bear, to give birth to.
а-ха́-шшаа-ра [intr.] to complain about; to defend, to protect.
а-х-шәаа-ра́ [tr.] to pay a debt/money.
а-ҵ-шәаа-ра́ [tr.] to wash (away).
а́-ҟә-ҩаа-ра [intr.] to dry.
а́-л-ҩаа-ра [tr.] to excerpt.
а-ба-ра́[1] [tr.] to see.
а-ба-ра́[2] [intr.] to dry.
а́иба-ба-ра [intr.] to see each other.
а́-кәаба-ра [tr.] to wash; to bathe.
а-ҽы́-кәаба-ра [tr. Self] to wash oneself; to bathe.
а-ҭа-ба-ра́ [intr.] to dry, to get dry.
а́-ҵа-ба-ра [intr.] to dry.
а-мпы́ҵ-аба-ра [intr.] (*of hope*) to vanish.
а-шаба-ра́ [intr.] (*of the earth, ground*) to dry up.
а́-џьаба-ра [labile] to mourn.
а́-ӡба-ра [tr.] to decide; to solve.
а-тәа́-м-ба-ра [tr.] to despise.
а-рба-ра́[1] [tr.] to show.
а-рба-ра́[2] [tr.] to dry.
а́иба-рба-ра [tr.] to show sth to each other.
а́-ҽы-рба-ра́[1] [intr. Self] to show oneself.
а́-ҽы-рба-ра́[2] [tr. Self] to dry oneself.
а-ҟәы́ба-ра [tr.] to knock off fruit/nuts with a long stick.
а-га-ра́[1] [tr.] to bring; to take.
а-га-ра́[2] [intr.] to be heard.
аа́-га-ра [tr.] to bring sth from somewhere close by; to give.
аа-га-ра́ [tr.] to fetch; to bring.
а́-лбаа-га-ра [tr.] to let down, to lower.
а-з-а́а-га-ра [tr.] to bring sth/sb to sb.
а-з-аа-га-ра́ [tr.] to bring sth/sb to/for sb.

а-хьа́а-га-ра [tr.] to worry about.
а-гәхьа́а-га-ра [tr.] to long for.
а́иба-га-ра [intr.] to marry, to get married.
а-гәхьа́а-иба-га-ра [intr.] to miss each other.
а́-бжьа-га-ра [tr.] to advise.
а́-иа-га-ра [tr.] to move.
а́-наскьа-га-ра [tr.] to see off.
а́-ла-га-ра[1] [intr.] to begin, to start.
а́-лага-ра[2] [labile] to mill, to grind.
а-ла́-га-ра [tr.] to lower.
а́ила-га-ра[4] [intr.] to make a mistake.
а́ила-га-ра[5] [intr.] to go mad.
а́ила-га-ра[6] [intr.] to disturb, to break; to confuse.
а-х-е́ила-га-ра [intr.] to go mad.
а́-ҧш-лага-ра [tr.] to grind (maize).
а-на́-га-ра [tr.] to take thither.
аа́-на-га-ра [tr.] to mean.
а-з-на́-га-ра [tr.] to carry sth to/for sb.
а́-қәна-га-ра [intr.] to rely.
а-хнага-ра́ [tr.] (*of weather*) to become settled.
а́-ц-на-га-ра [tr.] to carry together.
а-гәра-га-ра́ [tr.] to believe; to believe in.
а́иҭа-га-ра [tr.] to translate.
а-неиҭа́-га-ра [tr.] to carry sth, to move sth, to transport sth.
а-ҧырха́га-ра [intr.] to disturb; to prevent from.
а-ҩа́-га-ра [labile] to bring up.
а-бга-ра́ [intr.] to collapse.
а-ҭа-бга-ра́ [intr.] to collapse.
а-ха́бга-ра [tr.] (*of misfortune*) to strike.
а́-тца-бга-ра [intr.] to vanish, to disappear.
а-кы́д-бга-ра [intr.] to collapse; to fall off.
а-рбга-ра́ [tr.] to destroy.
а́-хьымӡҕ-га-ра [tr.] to disgrace oneself.
а́-д-га-ра [tr.] to move sth away from sth.
а-з-га-ра́ [tr.] to carry sth to sb/for sb.
а-газга-ра́ [intr.] to sway.
а́из-га-ра [tr.] to gather, to get together.
а́-қә-га-ра [tr.] to remove sth from the surface of sth.
а-ны́кә-га-ра[1] [tr.] to support, to feed.
а-ны́кә-га-ра[2] [tr.] to wear.
а-х-ны́кә-га-ра [tr.] to support oneself.
а́-л-га-ра[1] [intr.] to finish.
а́-л-га-ра[2] [intr.] [about the passage of time] to be.
а́-л-га-ра[3] [tr.] to bring/lead from somewhere.
а́ил-га-ра [intr.] to clear (up); to end, to stop.
а-дәы́л-га-ра [tr.] to take out.
а-кы́л-га-ра [tr.] to bring; to bring out.
а-гән-га-ра́ [tr.] to live through.

á-мҩаԥ-га-ра [tr.] to hold (*a meeting, etc.*).
а-рга-рá[1] [tr.] to make sb take/carry sth.
а-рга-рá[2] [tr.] to emit.
á-ла-рга-ра [tr.] to persuade.
á-қәы-р-га-ра *see* **а-бжьы á-қәы-р-га-ра**
á-лы-рга-ра [tr.] to cure.
áилы-рга-ра [tr.] to tidy up.
а-ԥы́р-га-ра [tr.] to move sth away from sth.
а-ԥы-рга-рá [tr.] to destroy.
а-цәы́р-га-ра [tr.] to show, to take out.
а-ҭ-га-рá[1] [tr.] to take out of sth.
а-ҭ-га-рá[2] (= **а-ҭы́-га-ра**) [tr.] (*of a voice*) to raise.
а-х-га-рá[1] [tr.] to postpone.
а-х-га-рá[2] [tr. SV] to spend.
а-х-га-рá[3] [tr.] to transfer sb/sth through sth.
а-мҩах-га-рá [tr.] to call in.
а-ӡх-га-рá [tr.] to drag sth out of the water/sea.
áих-га-ра [tr.] to take a step.
а-цә-га-рá [tr.] to take sth away from sb.
а-ҿ-а-цә-га-рá [tr. Self] to be saved from; to avoid.
á-мтц-га-ра [tr.] *see* **á-мтц-х-ра**
а-кәы́-га-ра [tr.] to separate/part sth/sb from sth/sb.
а-ны́-га-ра [tr.] to take away from sth flat.
а-ҭы́-га-ра [tr.] вынуть, to take out.
а-хы́-га-ра [tr. SV] to spend (time).
а-рԥáгьа-ра [tr.] to make sb haughty/proud.
а-ҿ-ры́цәгьа-ра [tr. Self] to turn obstinate.
á-гәа-ра [intr.] to push.
а-нá-гәа-ра [intr.] to push thither.
áи-гәа-ра [intr.] to push one another.
ááигәа-ра [intr.] to be near.
áи-зааигәа-ра [intr. stative] to be close to each other.
а-ха-цьгәа-рá [tr.] to plug.
а-ҕьа-рá [intr.] to heal.
á-ҕьҕьа-ра [tr.] to scrape.
а-гәы́рҕьа-ра [intr.] to be glad, to rejoice.
áи-гәырҕьа-ра [intr.] to rejoice at/with, to be pleased at.
а-ргәы́рҕьа-ра [tr.] to gladden, to make happy.
áизҳа=еизы́ҕьа-ра [intr.] (*of vegetation*) to grow well.
á-цәаҕәа-ра [labile] to be engaged in plowing; to plow.
á-тцәаҕәа-ра [tr.] to cross out.
á-ва-ҕәҕәа-ра [intr.] to snuggle up to sb.
á-қә-ҕәҕәа-ра [intr.] to weigh, to squeeze.
а-рҕәҕәа-рá [tr.] to strengthen.
а-ҿы-рҕәҕәа-рá [tr. Self] to endure.
á-рыҕәҕәа-ра [tr.] to fasten.
á-қә-рыҕәҕәа-ра [tr.] to press on.
á-лбаа-да-ра [tr.] to swallow.

а́-ма-да-ра [tr.] to entrust.
а́има-да-ра [tr./intr.] to combine; to match.
а́-л-да-ра [tr.] (*of lines*) to draw.
а-кы́л-да-ра [tr.] to put sth in(to)/through sth.
а́им-да-ра[1] [intr.] to look for, to seek.
а́им-да-ра[2] [tr.] to travel all over; to walk all over.
а́-кажа-ра [tr.] to calm.
а-жьа-ра́ [tr.] to deceive.
а́бжьа-ра[1] [intr.] to give directions; to give instructions.
а́-бжьа-ра[2] [tr.] to break in (*a horse*).
а́-жьжьа-ра [tr.] to soothe.
а-гәжәа́жәа-ра [intr.] to grieve; to mutter.
а́-цәажәа-ра [intr.] to speak to/with.
а-цәа́жәа-ра [intr.] to talk.
а́-ла-цәажәа-ра [intr.] to talk about.
а́и-ла-цәажәа-ра [intr.] to deliberate, to discuss.
а́и-цәажәа-ра [intr.] to talk with each other; to converse.
а-х-цәа́жәа-ра [intr.] to talk about.
а-ҿ-цәа́жәа-ра [intr.] to talk/converse with sb.
а-кы́д-жәа-ра [tr.] to tear sth off from sth.
а́-жәжәа-ра [tr.] to tear to pieces.
а́икәы-жә-жәа-ра [intr.] to crack in many places.
а-ҧы-жәжәа-ра́ [tr.] to tear/break into pieces.
а-ҿы-жәжәа-ра́ [tr.] to break off, to tear off.
а́икә-жәа-ра [tr./intr.] to break/crack in two.
а-гәы́л-жәа-ра [tr.] to tear sth out of sth.
а-ҧ-жәа-ра́ [labile] to tear, to break.
а-цә-ҧ-жәа-ра́ [intr.] to tear up sth accidentally.
а́-шьҭ-жәа-ра [tr.] to tear off sth *heavy* from the ground.
а-х-жәа-ра́ [labile] to break.
а́-ҵ-жәа-ра [tr.] to pull/tear sth out with the root.
а-мпы́ҵ-жәа-ра [tr.] to snatch sth out of somebody’s hands.
а-ҿы-жәа-ра́ [tr.] to break off, to tear off.
а-за-ра́ [tr.] to measure.
а-заза-ра́ [intr.] to sway.
а́-рзаза-ра [tr.] to rock, to sway.
а́-ҳәаза-ра [intr.] to crawl.
а-рҳәаза-ра́ [tr.] to drag along the ground.
а-р(ы)бза-ра́ [tr.] to lick.
а-хы́лы-зза-ра [intr.] to rise from.
а́иза-ра [intr.] to gather.
а-ҧы́-за-ра [intr.] to guide; to lead.
а-ҩы́за-ра [intr.] to be the same as.
а-ӡа-ра́[1] [tr.] to steal.
а-ӡа-ра́[2] [tr.] to hide.
а́аӡа-ра [tr.] to raise, to bring up.
а-бааӡа-ра́ [intr.] to get soaked.
а́-рбааӡа-ра [tr.] to wet, to moisten.

á-рааӡа-ра [tr.] to make sb educate sb.
áитц-ааӡа-ра [tr.] (*of cattle*) to breed.
áиба-ӡа-ра [intr.] to steal from each other/one another.
á-ла-ӡа-ра[1] [intr.] to be satisfied.
á-ла-ӡа-ра[2] [intr.] to endure.
á-ла-ӡа-ра[3] [intr.] (*of a price*) to come to an agreement.
á-на-ӡа-ра [intr.] to arrive at, to reach.
á-раӡа-ра [tr.] to filter.
а-рáӡа-ра [tr.] to grant sb a postponement.
а-ҭа-ӡа-рá [intr.] to go in, to fit into.
á-ԥхьаӡа-ра [tr.] to count; to consider.
аиқә-ԥхьаӡа-ра [tr.] to enumerate.
á-ла-гӡа-ра [tr.] to cope with sth in the course of some time.
а-ҿ-á-ла-гӡа-ра [tr. Self] to find room.
á-на-гӡа-ра [tr.] to complete; to perform.
áиг-ӡа-ра [intr.] to spare.
á-қә-ӡа-ра [intr.] to go in, to fit on.
а-хь-ӡа-рá [intr.] to catch up with.
а-цә-ӡа-рá [tr. OV] to steal sth from sb.
а-ҿ-ӡа-рá [tr. Self] to conceal oneself.
а-ӡәа-рá [labile] to vomit.
á-ӡәӡәа-ра [labile] to wash.
áиба-ӡәӡәа-ра [intr.] to wash each other.
а-напы́-ӡәӡәа-ра [tr.] to wash one's hands.
а-рӡәа-рá [tr.] to make sb to vomit.
а-иа-рá [intr.] to be lying; to lie down.
а-нá-ва-иа-ра [tr.] to lie next to sb/sth.
á-ла-иа-ра [intr.] to lie on.
а-ҭа-иа-рá [intr.] to lie (down) in sth.
а-рбéиа-ра [tr.] to enrich.
а-рбзи́а-ра [tr.] to improve.
а-рқьи́а-ра [tr.] to justify.
á-қә-иа-ра [intr.] to lie upon.
а-н-иа-рá [intr.] to meet by chance.
áи-ниа-ра [intr.] to meet each other/one another.
а-риа-рá [tr.] to lay.
á-рмариа-ра [tr.] to simplify.
á-қә-р-иа-ра [tr.] to lay sb down.
а-хиа-рá [intr.] to be decorated; to be furnished with.
а-рхиа-рá[1] [tr.] to prepare.
а-рхиа-рá[2] [tr.] to design; to furnish.
а-ҿы-рхиа-рá [tr. Self] to get oneself ready.
а-ҿҳиа-рá [intr.] to grow up.
á-қә-ҿҳиа-ра [intr.] to be lucky, to have good luck.
а-рҿҳиа-рá [tr.] to cause, to provoke.
á-ла-кьакьа-ра [intr.] to be stuck in.
á-блакьа-ра [tr.] to lap.
áа-скьа-ра [intr.] to approach.

а́-на-скьа-ра [intr.] to move away to the opposite side.
а-кәа-ра́ [tr.] to shape stones (millstones).
а-кәа́кәа-ра [tr.] to loosen the ground.
а́-ршкәакәа-ра [tr.] to whiten.
а́из(ы)кәкәа-ра [intr.] to flow together in one spot.
а-ҭы́-ркәкәа-ра́ [tr.] to drain to the bottom.
а́-лы-кәкәа-ра [intr.] to drop, to drip.
а-ҵ-рыкәкәа-ра́ [tr.] to exhaust.
а-ҭы-кәкәа-ра́ [intr.] to flow out.
а-хьы́-кәкәа-ра [intr.] to drip.
а-ҵыкәкәа-ра́ [intr.] to be exhausted.
а-х-кәа-ра́ [intr.] (*of precipitation*) to stop.
а́-ҵа-шәкәа-ра [intr.] to disappear; to vanish.
а́-рҧшқа-ра [tr.] to make soft.
а-ры́цқьа-ра [tr.] to clean.
а-ҽ-ры́цқьа-ра [tr. Self] to wash oneself.
а-хы́рқәақәа-ра [intr.] to doze; to grieve/mourn intensely over sth. .
а́-ҵа-рбаҟа-ра [tr.] to shut firmly/soundly.
а́-ҟаҟа-ра [tr.] to chew.
а-ҧ-ҟа-ра́ [tr.] to cut, to cut down.
а-цә-ҧ-ҟа-ра́ [intr.] to cut sth accidentally.
а-ҟьа-ра́[1] [tr.] to wave, to wag; to flap.
а-ҟьа-ра́[2] [tr.] to squander.
а́-лбаа-ҟьа-ра [intr.] to go down rapidly.
а́-иа-ҟьа-ра [intr.] to go by very quickly.
а-ҧсаҟьа-ра́ [tr.] to winnow (grain).
а́-реицаҟьа-ра [tr.] to be crooked.
а́-ҵа-ҟьа-ра [intr.] to drive; to spur.
а́иҵа-ҟьа-ра[1] [tr.] to prevent.
а́иҵа-ҟьа-ра[2] [tr.] to fall through.
а́-в-ҟьа-ра [intr.] to rush by sb/sth.
а-кы́д-ҟьа-ра [labile] to strike, to hit.
а-ҽ-кы́д-ҟьа-ра [tr. Self] to strike against sth.
а́-қә-ҟьа-ра [intr.] to slip off, to slide down.
а-кә-ҟьа-ра́ [intr.] to move away quickly.
а́-л-ҟьа-ра[1] [intr.] to fall from sth.
а́-л-ҟьа-ра[2] [intr.] to shoot out of sth.
аа́л-ҟьа-ра [intr.] to run out of.
а-дәы́л-ҟьа-ра [intr.] to rush out from.
а-кы́л-ҟьа-ра [intr.] to go through sth.
а-н-ҟьа-ра́ [labile] to hit; to hit/strike against sth.
а́и-н-ҟьа-ра [intr.] to hit each other.
а-рҟьа-ра́ [tr.] to cut.
а-хы-рҟьа-ра́ [tr.] to accuse.
а-цыр-ҟьа-ра́ [tr.] to wrench sb/sth from sb.
а-цәы́р-ҟьа-ра [intr.] to emerge suddenly.
а-ҭ-ҟьа-ра́[1] [intr.] to jump out, to leap out.
а-ҭ-ҟьа-ра́[2] [tr.] *see* **и-хы́ ҭы́-р-ҟье-ит**.

а-х-кьа-ра́[1] [tr.] to clear, to prepare.
а-х-кьа-ра́[2] [labile] to cover; to be covered.
а-х-кьа-ра́[3] [tr.] to whip.
а-х-кьа-ра́[4] [intr.] to go astray.
а-х-кьа-ра́[5] [intr.] to fall from sth.
а-х-кьа-ра́[6] [intr.] to lose color.
а-х-кьа-ра́[7] [intr.] to suffer for sth/sb.
а-х-кьа-ра́[8] [tr.] to fly out.
а-цəы-х-кьа-ра́ [intr.] to lost one's way.
а́-ҟə-цəкьа-ра [intr.] to shout at.
а-ҩа́-тҵкьа-ра [intr.] to jump up.
а-ҿыҭҵ-кьа-ра [intr.] to spurt/gush out of the mouth involuntarily.
а-ҿ-кьа-ра́ [intr.] to fall.
а-кəа́кəа-ра [tr.] to cut; to defeat.
а-ҿакəа-ра́ [tr.] to make an incision/a notch.
а-ны́кəа-ра [intr.] to walk, to go; to go for a walk; to travel.
а-ҟə-ны́кəа-ра [intr.] to follow; conform.
а-рны́кəа-ра [tr.] to drive (*a car, ship, etc.*).
а́-ц-ныкəа-ра [intr.] to be friends with sb; to walk with sb.
а́иц-ныкəа-ра [intr.] to go together.
а-н-баа́ла-ра [tr.] to see oneself in the mirror.
а-ʒа́а-ла-ра [intr.] to go into the water.
а́-д-иаала-ра [intr.] to lie down on/against.
а-цə-иа́ала-ра [intr.] *see* **а́-мра сы-цə-иа́ала-н**.
а-н-аа́ла-ра[1] [intr.] to suit.
а-наа́-ла-ра[2] [intr.] to be reconciled with.
а́и-наа-ла-ра [intr.] to become reconciled (to one another).
а-ҿ-ан-раа́ла-ра [tr. Self] to be reconciled to sb/sth.
а́и-н-раала-ра [tr.] to reconcile.
а-д-тҵаа́ла-ра [intr.] to call on, to visit.
а-х-тҵа́ала-ра [intr.] to be covered with thin ice.
а́-д-бала-ра [tr.] to see sth with sb.
а́-ва-ла-ра [intr.] to go at/on the side.
а́-ва-гала-ра [tr.] to take/draw sb aside.
а́-ла-гала-ра[1] [tr.] to bring in, to carry in.
а́-ла-гала-ра[2] [tr.] to pay sth to.
а-ҿ-а́-ла-гала-ра [tr. Self] to interfere.
а́-ланагала-ра [intr.] to be drawn into.
а-ха́-на-гала-ра [tr.] to get carried away.
а-ҭа-га́-ла-ра [tr.] to drag in, to harvest.
а-з-ҭа́-гала-ра [tr.] to bring/carry sth somewhere for sb.
а-ха́-гала-ра [tr.] to lift (up).
а-хы-рбга́ла-ра / **а-х-рыбга́ла-ра** [tr.] to destroy, to demolish.
а-хы-бгала-ра́ [intr.] to collapse.
а-цə-хы-бга́ла-ра [intr.] to destroy accidentally.
а́-д-гала-ра [tr. SV/tr.] to prepare for; to offer.
а́-ҟə-гала-ра [tr.] to find oneself in somewhere.
а-дəы́ҟə-гала-ра [tr.] to take sth/sb along.

а-ҧ-га́ла-ра [tr.] to be willing to carry sth for sb.
а́-д-гәала-ра [tr.] to press sb against.
а́-д-ҕәҕәала-ра [intr.] to snuggle up to sb/sth.
а-гәы́ды-рҕәҕәала-ра [tr.] to clasp sb to one's breast.
а-бжьа́-ла-ра [intr.] to go between.
а́-д-еизала-ра [intr.] to gather around sb/sth.
а-н-иа́ла-ра [intr.] to lie on sth.
а́-ҟа-ла-ра [intr.] to become; to happen.
а-зы́-ҟала-ра [intr.] to happen to sb.
а-ҟьа́ла-ра [intr.] to lose one's way.
а́и-цә-ҟьала-ра [intr.] to lose each other.
а́-ла-ла-ра [intr.] to go inside of sth.
а́-хьҭа-лала-ра [intr.] to catch a cold.
а́ила-ла-ра [intr.] to join one another.
а́има-ла-ра [intr.] to heal, to get well.
а-бна́-ла-ра [intr.] to hide.
а-ҩна́-ла-ра [intr.] to go into/enter (the premises).
аа-ҩна́-ла-ра [intr.] to go inside.
а-ӡа́а-ҧала-ра [intr.] to dive into the water.
а́-ла-ҧала-ра [intr.] to jump/leap into sth.
а-ҕра́-ҧа-ла-ра [intr.] to tread on, to step on.
а-ҭа́-ҧа-ла-ра [intr.] to jump into/onto sth.
а́-қә-ҧала-ра [intr.] to jump on to sth.
а-ҕра́-ла-ра [intr.] to go inside sth.
а-н-ҧса́ла-ра [tr.] to load on.
а́-д-тәала-ра [intr.] to sit beside.
а́и-д-тәала-ра [intr.] to sit down side by side.
а-кы́д-тәала-ра [intr.] to alight/land on a wall.
а-н-тәа́ла-ра [intr.] to sit down on sth flat.
а-ҭы́шәы-нтәала-ра [intr.] to be determined.
а-ӡа́а-ртәала-ра [tr.] to submerge in water.
а́-ды-ртәала-ра [tr.] to seat close to sb.
а-ҭа́-ла-ра [intr.] to enter/go into an enclosed/fenced-in area.
а́а-ҭа-ла-ра [intr.] (*suddenly*) to enter.
а-ӡ-ҭа́-ла-ра [intr.] to swim, to bathe.
а́-шьҭа-ла-ра [intr] to pursue sth/sb.
а-шьҭа́-ла-ра [intr.] to lie (down).
а-ны́шьҭа-ла-ра [intr.] to lie down.
а-н-ҭәа́ла-ра [tr.] to pour.
а-ха́-ла-ра [intr.] to go/come up, to ascend.
а́-д-хала-ра [intr.] to take time with sb/sth.
а́-ды-рҧхала-ра [tr.] to shine the light on sth.
а-ҩха́-ла-ра [intr.] to climb up, to go up.
а́-д-кна-ҳала-ра [tr.] to hang sth near sth.
а́-дҳала-ра [intr.] to slam.
а-хьын-ҳа́ла-ра [intr.] to cling to sb.
а́-д°ҿа-ҳәала-ра [tr.] to tie/attach/bind sth to sth.
а́и-д-°ҿа-ҳәала-ра [tr.] to bind to each other.

á-д-ҳәала-ра [intr.] to be related to; to relate to.
áид-ҳәала-ра [tr.] to attach/bind one to the other.
а-ҿехьын-ҳәáла-ра [tr.] to strap sth on the saddle.
á-д-ныҳәала-ра [tr.] to congratulate on.
а-ҭа-цáла-ра [tr.] to drive sb into.
а-тца-цáла-ра [tr.] to drive sth into the ground.
а-кҿа-цалá-ра [tr.] to drive into a corner/dead end.
á-д-ца-ла-ра [tr.] to drive sth/sb to sth.
á-тца-ла-ра[1] [intr.] to get in under sth.
á-тца-ла-ра[2] [intr.] (*of a load*) to lift onto one's back.
а-ны-чҷáла-ра [intr.] to be reflected.
а-ҿá-ла-ра[1] [intr.] to ripen.
а-ҿá-ла-ра[2] [intr.] to go up an incline.
а-гҿá-ла-ра [intr.] to go to the corner.
а-д-кшáла-ра [intr.] to knock against.
аи-д-кшáла-ра [tr.] to collide with; to rub.
á-шьа-ла-ра [intr.] to wear; to be just right.
а-хá-шәа-ла-ра[1] [intr.] to be surplus to.
а-хá-шәала-ра[2] [intr. inverse] to get/receive a profit.
á-д-шәала-ра [intr.] (*of a dress*) to fit tightly.
á-рманшәала-ра [tr.] to favor.
а-цә(ы)-х-шәáла-ра [intr.] to drop sth light on the surface accidentally.
áид-ҩала-ра [intr.] to adhere to each other.
á-д-ҷабла-ра [intr.] to stick.
а-кы́ды-рҷабла-ра [tr.] to stick sth to the wall.
а-кы́д-ла-ра [intr.] to go up.
а-ҩнá-жьла-ра [tr.] to let inside.
á-жә-ла-ра [intr.] to go for sb/sth, to attack sb/sth.
áидажә-ла-ра [intr.] to age/grow old with each other.
а-ҿы́жә-ла-ра [intr.] to mount a horse.
á-қә-ла-ра[1] [intr.] to set out.
á-қә-ла-ра[2] [intr.] to climb (up).
á-қә-ла-ра[3] [intr.] to descend on, to attack.
а-дәы́қә-ла-ра [intr.] to set out.
а-ны́қә-ла-ра [intr.] to set out.
а-гәáр-ла-ра [intr.] *(of cattle)* to return home.
а-ҕырла-рá [intr.] (*grapes, a fig)* to turn red.
а-тла-рá [intr.] to come apart.
а-ҧы-р-тла-рá [tr.] to untie, to undo.
а-ҧы-тла-рá [intr.] to come undone/untied.
а-тцаýла-ра [intr. stative] to be deep.
а-ҭны-ҧсáхла-ра [tr.] to exchange.
áиҭны-ҧсахла-ра [tr.] to exchange.
á-хәла-ра [intr.] to become evening.
á-қә-хәла-ра [intr.] (*of night*) to catch.
á-ц-ла-ра[1] [intr.] to put on (weight).
á-ц-ла-ра[2] [intr.] to recover.
á-шла-ра [intr.] to turn gray.

а-гы́ла-ра [intr.] to stand up.
аа-гы́ла-ра [intr.] to stop.
а-ӡа́а-гыла-ра [intr.] to stand in the water.
а́-ва-гыла-ра [intr.] to stand beside.
а-бжьа-гы́ла-ра [intr.] to stand between.
а-ла-гы́ла-ра [intr.] to stand in the middle of.
а-ҕра-гы́ла-ра [intr.] to tread on.
а-ҭа-гы́ла-ра [intr.] to stand in sth; to be situated in.
а-ха-гы́ла-ра [intr.] to stand over/above.
а-ӡха-гы́ла-ра [intr.] to stand near a spring.
а́-ҵа-гыла-ра [intr.] to stand under sth.
а-жәҩа-ҵа-гы́ла-ра [intr.] to support.
а-вҵа-гы́ла-ра [intr.] to stand near/from behind/behind.
а-мҵа-гы́ла-ра [intr.] to stand under.
а-ҿа-гы́ла-ра [intr.] to pbject to sb.
а-гҿа-гы́ла-ра [intr.] to stand in the corner.
а́-ҩа-гыла-ра [intr.] to stand up.
а́-д-гыла-ра[1] [intr.] to support; to stand by.
а́-д-гыла-ра[2] [intr.] to look in, to drop in.
а́а-д-гыла-ра [intr.] to go/come near, to approach.
а-на́-д-гыла-ра [intr.] to approach.
а́и-д-гыла-ра [intr.] to stand beside one another.
а-кы́д-гыла-ра [intr.] to stand alongside.
а-ны́-д-гыла-ра [intr.] to drop in.
а-з-гы́ла-ра [intr.] to stand in the defense of.
а́-қә-гыла-ра [intr.] to stand (up) on sth:.
а-хы́қә-гыла-ра [intr.] to approach a river/sea/ravine closely.
а-н-гы́ла-ра [intr.] to stand on sth.
а́ан-гыла-ра [intr.] to remain.
а-ҿеҧын-гы́ла-ра [intr.] to rise (on the edge of a shore).
а-ргы́ла-ра[1] [tr.] to build.
а-р-гы́ла-ра[3] [tr.] to make sb stand up.
а́-ла-ргыла-ра [tr.] to stand/put sb in sth.
а-ҩна-ргы́ла-ра [tr.] to put sth into place.
а-ҭа-ргы́ла-ра [tr.] cause to stand in.
а-ха-ргы́ла-ра [tr.] to build on top.
а́-ҵа-ргыла-ра [tr.] to put sth under.
а́-мҵа-ргы́ла-ра [tr.] to put sth in front of.
а-шьақә-ргы́ла-ра [tr.] to settle.
а́-ды-ргыла-ра [tr.] to set sth against.
а́и-ды-ргыла-ра [tr.] to place sth/sb side by side.
а-кы́ды-ргыла-ра [tr.] to lean/put sth against.
а́-қәы-ргыла-ра [tr.] to stand sth on a surface.
а́иҭа-шьақәы-р-гыла-ра [tr.] to restore.
а-ны-ргы́ла-ра [tr.] to stand on.
а́аҭ-гыла-ра [intr.] to stop.
а-ха́-ҵгыла-ра [intr.] to stand up as a sign of respect.
а-хҭы́-гәла-ра [intr.] to find sb for sth.

а́-д-жьыла-ра [tr.] to throw sth close to/beside.
а-ӡа́а-кыла-ра [tr.] to lower sth into the water.
а-гәы́д-еиба-кыла-ра [intr.] to embrace each other.
а́-д-кыла-ра[2] [tr. SV] to take (*a medicine*); to accept.
а́-д-кыла-ра[3] [tr.]to put sth to sth.
а́-д-кыла-ра[4] [tr.] to eat sth with sth.
а́ид-кыла-ра [tr.] to compare.
а-гәы́д-кыла-ра [tr.] to embrace; to hold sb to one's breast.
а́а-гәыд-кыла-ра [tr.] to embrace and ... .
а-н-кы́ла-ра [tr.] to stop; to detain; to occupy.
а́а-н-кыла-ра [tr.] to stop; to restrain.
а-ҿ-е-а́ан-кыла-ра [tr. Self] to suspend.
а-гәын-кы́ла-ра [tr.] to perceive.
а-зы-н-кы́ла-ра [tr.] to leave sth to sb/for sb.
а-ҿы-н-кы́ла-ра [tr. Self] to control oneself.
а́иқәы-ла-ра [intr.] to kindle.
а́а-ва-кәыла-ра [intr.] to prove oneself equal to.
а-ны́-ла-ра [intr.] to penetrate the boundaries/limits of sth.
а́ины-ла-ра [intr.] (*of plants*) to be overgrown.
а-ҧы́-ла-ра [intr.] to meet, to encounter.
а́и-ҧы-ла-ра [intr.] to meet one another.
а-ӡа́а-кәры́ла-ра [intr.] to sink.
а-ӡа́а-ркәрыла-ра [tr.] to submerge in water.
а-хы́-ла-ра[1] [intr.] to settle again.
а-хы́-ла-ра[2] [intr.] to follow.
а-хы́-ла-ра[3] [intr.] to set out on a journey (by ship).
а-хы́-ла-ра[4] [intr.] (*of cloud, fog, etc.*) to appear.
а-хы́-ла-ра[5] [intr.] to sit on eggs in order to hatch chicks.
а-хы́-ла-ра[6] [intr.] to churn.
а-хы́-ла-ра[7] [intr.] to get pleasant.
а-хы́-ла-ра[8] [intr.] (*of an airplane*) to climb; to go up.
а́-д-ххыла-ра [intr.] to approach quickly.
аа́-ды-ххыла-ра [intr.] to run up to sb/sth.
а́-шьцыла-ра [intr.] to get used to.
а-ҿ-е-а́-ршьцыла-ра [tr. Self] to prastice; to get used to.
а-цәы́-ла-ра [intr.] to go out of the house into rainy weather.
а-ҩна-шы́ла-ра [intr.] to drop into (the premises) quickly.
а́а-ҩна-шыла-ра [intr.] to go inside.
а-н(ы)-ҧшы́ла-ра [intr.] to look at oneself.
а-хы-ҧшы́ла-ра [intr.] to look in the eyes.
а́-дашшыла-ра [intr.] to sympathize with.
а-х-шьы́ла-ра [tr.] to pass/run over with a hand.
а́-ҧшәма-ра [intr.] to be an owner/a master/a host.
а-хәна-ра́ [intr.] to climb, to go up.
а́-ла-па-ра [intr.] to cut into.
а́-қә-папа-ра [intr.] (*of plural*) to fall upon sth/sb.
а́-ҧа-ра [intr.] to jump.
а-ҧа-ра́ [labile] to be busy with knitting; to knit.

а́-лбаа-ҧа-ра [intr.] to jump down.
а-ка́-ҧа-ра [intr.] to jump down.
а́-н-ка-ҧа-ра [intr.] to jump aside.
а́-чаҧа-ра [tr.] to do; to finish; to forge.
а-ҿы́жә-ҧа-ра [intr.] to leap/come off from a horse.
а́-қә-ҧа-ра [intr.] to fight.
а́и-қә-ҧа-ра [intr.] to fight.
а-дәы́л-ҧа-ра [intr.] to jump/leap out of.
а-н-ҧа-ра́ [intr.] to bounce off/back.
а́-рҧа-ра [tr.] to make a horse rear up.
а́-ла-рҧа-ра[1] [tr.] to seize hold of sb with the teeth/nails.
а́-ла-рҧа-ра[2] [tr.] to let choose.
а-ха-рҧа-ра́ [tr.] to throw over.
а-шәха-рҧа-ра́ [tr.] to throw on/over.
а-цәқә(ы)рҧа-ра́ [intr.] to be rough/choppy.
а-хы́-рҧа-ра [tr.] to put off, to postpone.
а-ҭы́-ҧа-ра [intr.] to leap out, to jump out.
а-хы́-ҧа-ра[1] [intr.] to jump (over).
а-хы́-ҧа-ра[2] [intr.] to exceed the time limit.
а-ркА́ра-ра [tr.] to exhaust.
а́-хара-ра [intr.] to exist in the distance.
а-цәы́-хара-ра [intr.] to be far away from sb/sth.
а-са-ра́[1] [tr.] to shave.
а-са-ра́[2] [labile] to cut out; to be engaged in cutting.
а-са-ра́[3] [intr.] (*of soup*) to be cooked, to be boiled.
а́-ла-са-ра[1] [tr.] to set sth into sth.
а́-ла-са-ра[2] [intr. stative] to be set into.
а́-ӡса-ра [intr.] to swim.
а́и-са-ра [intr.] to make a bet.
а́имса-ра [intr.] to sneeze.
а-ҧса-ра́ [intr.] to cost.
а́аҧса-ра [intr.] to become tired.
а́-рааҧса-ра [tr.] to tire.
а-ка-ҧса-ра́ [labile] to be scattered; to scatter.
а́ила-ҧса-ра [labile] to mix; to be maxed.
а-ҭа-ҧса-ра́ [tr.] to pour in, to fill.
а́-қә-ҧса-ра [tr./intr.] to sprinkle from above; to fall on.
а́иқәы-ҧса-ра [tr.] to close *one's eyes*.
а-тҵә-ры́ҧса-ра [tr.] to sharpen.
а́-рса-ра [tr.] to digest.
а́иҩы-рса-ра [tr.] to cut.
а́-ҧсса-ра [tr.] to sweep.
а-цәы-ҧсса-ра́ [tr.] (*of a skin/rind*) to peel.
а-х-са-ра́ [tr.] to cut down.
а-та-ра́ [tr.] to draw, to scoop.
а-пата-ра́ [intr.] to rave, to be delirious.
а-ҿа-та́та-ра [tr.] to dirty (one's mouth, face, etc.).
а-рта́та-ра [tr.] to open.

а-х-та-ра́ [tr.] to scoop.
а-тәа-ра́ [intr.] to be sitting; to sit down.
а́-ва-тәа-ра [intr.] to sit down next to.
а́-ла-тәа-ра [intr.] to attend; to sit down in.
а́и-ла-тәа-ра [intr.] to sit down together.
а-кы́ла-тәа-ра [intr.] to sit in some kind of aperture/embrasure.
а́-на-тәа-ра [intr.] to squat.
а-ҩна-тәа-ра́ to sit inside.
а-ҭа-тәа-ра́ [intr.] to seat inside.
а-ха-тәа-ра́ [intr.] to sit down at.
а́-ҽҳәа-тәа-ра [intr.] to sit beside the hearth.
а-хәы́тца-тәа-ра [intr.] to sit (down) under sth.
а-гҿа-тәа-ра́ [intr. stative] to sit in the corner.
а-з-тәа-ра́[1] [intr.] to sit for a while somewhere for sb.
а-з-тәа-ра́[2] [intr. stative] to cost.
а́-ҟә-тәа-ра [intr.] to sit down on.
а-ны́ҟә-тәа-ра [intr.] to sit down/take a seat on sth.
а-ртәа-ра́ [tr.] to seat.
а́иба-ртәа-ра [intr.] to seat each other/one another.
а́-ва-ртәа-ра [tr.] to seat sb near sb.
а́-ла-ртәа-ра [tr.] to seat sb at sth.
а-ҭа-ртәа-ра́ [tr.] to seat/put sb in sth.
а-ха-ртәа-ра́ [tr.] to seat sb at sth.
а́-ҽҳәа-ртәа-ра [tr.] to sit sb down at a hearth.
а́-ҟәы-ртәа-ра [tr.] to put/seat sb on.
а́-ҭа-ра [tr.] to give.
а-гә-е́иба-ҭа-ра [intr.] to notice each other; to respect each other.
а-гәа́-ҭа-ра [tr.] to notice.
а-згәа́-ҭа-ра [tr.] to mark; to notice.
а-кьа́ҭа-ра [intr.] to go out, to be extinguished.
а-ркьа́ҭа-ра[1] [tr.] to put out.
а-ркьа́ҭа-ра[2] [tr.] to make sb happy.
а́ила-ҕаҭа-ра [intr.] to get entagled.
а́ила-рҕаҭа-ра [tr.] to tangle.
а-ды́рра-ҭа-ра [tr.] to inform.
а́-салам-ҭа-ра [tr.] to greet.
а-уанҭа-ра́ [labile] to iron.
а-хәҭа-ра́ [intr.] to be obliged (to).
а́ибы-ҭа-ра [tr.] to assemble.
а-ҽ-е́ибы-ҭа-ра [tr. Self] to equip oneself.
а-бжьы́-ҭа-ра [tr.] to vote.
а-напы́-ҭа-ра [tr.] to answer, to vouch.
а́-ҭәа-ра [intr.] to correspond, to conform.
а-ҭәа-ра́ [intr.] to melt.
а-ка-ҭәа-ра́ [labile] to pour out; to flow.
а́-ла-ҭәа-ра [tr.] to pour in.
а́-хәла-ҭәа-ра [tr.] to pour sth down a throat.
а́има-ҭәа-ра [tr.] (*of tears*) to well up.

а-ҭа-ҭәа-ра́ [labile] to pour into.
а-ҿа-ҭәа-ра́ [tr.] to splash sb in the face with sth.
а́-қә-ҭәа-ра [tr.] to spill sth on sth.
а-рҭәа-ра́ [tr.] to melt.
а-хь-тҵәуа-ра́ [intr.] to cry for sb.
а-тҵәы́уа-ра [intr.] to cry.
а-ртҵәы́уа-ра [tr.] to make cry.
а́-фа-ра[1] [tr.] to eat.
а́-фа-ра[2] [tr.] to bite.
а́-фа-ра[3] [tr.] to itch.
а́иба-фа-ра [intr.] to gnaw/nibble each other.
а́иҩы-рффа-ра [tr.] to cut/split sth in two
а́-ц-фа-ра [tr.] to eat together with sb.
а-кры́-фа-ра [tr.] to eat.
а-кр-е́ицы-фа-ра [tr.] to eat together.
а́-ха-ра[2] [intr.] to pull; to move.
а́-ха-ра[3] [intr.] to smoke.
а-ха-ра́[1] [intr.] to be headed.
а-ха-ра́[2] [intr.] to wear out.
а́а-ха-ра [intr.] to strike.
аа́-ха-ра [intr.] to move here.
а́-на-ха-а́а-ха-ра [intr.] to move to various sides.
а́-ҭбаа-ха-ра [intr.] to become wider, to grow wide.
а́-хаа-ха-ра [intr.] to become tasty.
а-ҿа́а-ха-ра [tr.] (suddenly) to come toward a speaker.
а-ҧырха́га-ха-ра [intr.] to disturb.
а́-цәгьа-ха-ра [intr.] to become bad.
а́аигәа-ха-ра [intr.] to approach.
а-з-а́аигәа-ха-ра [intr.] to approach.
а́-ҕәҕәа-ха-ра [intr.] to become strong/robust.
а-зҩы́да-ха-ра [intr.] (*of a pain, an ache*) to go away.
а-бжьа-ха-ра́ [intr.] to stick between sth.
а-бза-ха-ра́ [intr.] to revive.
а-гаӡа-ха-ра́ [intr.] to become stupid.
а́-сса-ӡа-ха-ра [intr.] to become very small/fine.
а-бе́иа-ха-ра [intr.] to become rich.
а-бзи́а-ха-ра [intr.] to get better.
а-зы-бзи́а-ха-ра [intr.] to fit (about size).
а́и-зы-бзиа-ха-ра [intr.] to wear one and the same size.
а́-мариа-ха-ра́ [intr.] to become easy.
а́-шкәакәа-ха-ра [intr.] turn white.
а́-цқьа-ха-ра [intr.] to become clean.
а́-ла-ха-ра [intr.] to get stuck.
а-ла́-ха-ра [intr.] to move down.
а́-маншәала-ха-ра [intr.] to have luck; to go right.
а́ила-ха-ра [intr.] to be busy.
а́иды́мшла-ха-ра [intr.] to become happy with each other.
а-кы́ла-ха-ра [intr.] to get stuck in a narrow/tight space.

а-ҿы́-ла-ха-ра [tr.] to make for somewhere.
а́-ԥшәма-ха-ра [intr.] to become an owner/a master/a host.
а-на́-ха-ра [intr.] to move there: to put aside.
а-ҩна-ха-ра́ [intr.] to get stuck in (a location).
а-ҿы́-на-ха-ра [tr. SV] to start, to set out.
а́-жәпа-ха-ра [intr.] to become thick.
а́-шәпа-ха-ра [intr.] to put on weight.
а-ка́ра-ха-ра [intr.] to become very tired.
а́иҟара-ха-ра [intr.] to become equal.
а-карауа́ра-ха-ра [intr.] to become very tired.
а-ха́ра-ха-ра [intr.] to accuse; to blame.
а-ԥха́рра-ха-ра [intr.] to become warm.
а-шо́ура-ха-ра [intr.] to become hot.
а-ԥса-ха-ра́ [intr.] to become worth.
а-та́та-ха-ра [intr.] to become soft.
а-ҭа-ха-ра́[1] [intr.] to remain in.
а-ҭа-ха-ра́[2] [intr.] to perish in.
а-шәа́рҭа-ха-ра [intr.] to become danger.
а-ԥхасҭа-ха-ра́ [intr.] to go bad.
а́-хьҭа-ха-ра [intr.] to become cold.
а-шьҭа-ха-ра́ [intr.] to lie down.
а-ха́ха-ра [labile] to spin.
а-ха-ха-ра́ [intr.] to stick, to get stuck.
а-ҩы́тцхаха-ра [intr.] to appear, to come into sight.
аиҳа-ха-ра́ [intr.] to outgrow.
а́-лашьца-ха-ра [intr.] to become dark.
а́-рацәа-ха-ра [intr.] to increase.
а́иҩызцәа-ха-ра [intr.] to become friends.
аицәа-ха-ра́ [intr.] to become worse.
а́-тца-ха-ра[1] [intr.] to find oneself under.
а́-тца-ха-ра[2] [intr.] (*of a game*) to lose.
а́-иатцәа-ха-ра [intr.] to turn green.
а́иқәатцәа-ха-ра [intr.] to become/turn black.
а-хьшәа́шәа-ха-ра [intr.] to become cold.
а-ҭшәа-ха-ра́ [intr.] to become narrower.
а-ҿа-ха-ра́ [intr.] to stumble over sth.
а-ҩа́-ха-ра [intr.] to raise.
а-хылҩа-ԥсылҩа-ха-ра [intr.] to evaporate.
а-ҿы́-ҩа-ха-ра [tr. SV] to start, to set out.
а́-г-ха-ра[1] [intr.] to be late for.
а́-г-ха-ра[2] [intr.] to become thin.
а́-г-ха-ра[3] [intr.] to have a lack of.
а́-г-ха-ра[4] [intr.] to decrease.
а-цәы́мӷ-ха-ра [intr.] to become unpleasant.
а́иӷь-ха-ра [intr.] to become better.
а-ҩе́ижь-ха-ра [intr.] to turn yellow.
а-з-ха-ра́ [intr.] to suffice (for).
а-зы́раз-ха-ра [intr.] to agree with sb/sth.

аи-зы́раз-ха-ра [intr.] to agree with each other.
áиха-ра [intr.] to strain.
а-мазéи-ха-ра [intr.] to be ready.
á-ҩ-еиха-ра [intr.] to try to raise oneself (a little).
áкә-ха-ра [intr.] to come to be.
á-қә-ха-ра[1] [intr.] to overpower.
á-қә-ха-ра[2] [intr.] to remain alone.
áиқә-ха-ра [intr.] to remain intact.
а-зарáл-ха-ра [intr.] to incur losses.
а-бжамҽéам-ха-ра [intr.] to halve.
а-н-ха-рá[1] [intr.] to live, to dwell.
а-н-ха-рá[2] [intr.] to farm.
áан-ха-ра [intr.] to remain, to stay.
а-зáа-н-ха-ра [intr.] to survive (*after the death of all one's close relatives*).
а-цә-áа-н-ха-ра [intr.] *see* **а-цәы-н-ха-рá**
á-ла-н-ха-ра [intr.] to live in a city, a village, etc.
á-шанха-ра [intr.] to be amazed.
á-ршанха-ра [tr.] to charm.
а-зын-ха-рá [intr.] to be left.
á-қәы-н-ха-ра [intr.] to live on sth.
а-ҭы-н-ха-рá [intr.] to remain/stay after sb.
а-цы-н-ха-рá [intr.] to live together with sb.
а-цәы-н-ха-рá[1] [intr.] to leave (behind).
а-цәы-нха-рá[2] [intr.] to escape from.
а-ҧ-ха-рá[1] [intr.] to lose, to be bereaved of.
а-ҧха-рá[2] [intr.] to shine; to become warm.
а-гәа-ҧха-рá [intr.] to like.
а-ҩна-ҧха-рá [intr.] to shine/light inside (the premises).
á-қә-ҧха-ра [intr.] to throw light on.
á-л-ҧха-ра [intr.] to shine.
а-рҧха-рá [tr.] to warm, to heat.
а-гәа-рҧха-рá [tr.] to make sb love/like sth/sb.
а-ҽы-рҧха-рá [tr. Self] to warm oneself.
а-ты-ҧха-рá [intr.] to shine/sparkle from within sth.
а-рха-рá[1] [tr.] to wear out.
а-рха-рá[2] [tr.] to turn; to aim.
áа-рха-ра [tr.] to whip.
а-ҿáа-рха-ра [tr.] to throw sth to the side of a person who is speaking.
а-ҕáр-ха-ра [intr.] to become poorer.
á-на-рха-ра [tr.] **а-хы́ á-на-рха-ра** to make for.
а-ҿы́-на-рха-ра [tr.] to cast sth there.
а-ҭа-рха-рá [tr.] cause to perish, put to death.
á-ҩа-рха-ра [tr.] to turn upward(s).
áиқә-рха-ра [tr.] to save.
á-гы-рха-ра [tr.] to decrease, to diminish.
а-ҽ-á-гы-рха-ра [tr. Self] to be late.
áи-гы-рха-ра [tr.] to separate.
а-ны-рха-рá [tr.] to settle sb somewhere.

а-цәны-рха-ра́ [tr.] to save.
а-хы-рха-ра́ [intr.] to approach.
а-бааҧс-ха-ра́ [intr.] (*of weather*) to deteriorate.
а́рҧыс-ха-ра [intr.] to grow up.
а́-қә-шаҳаҭ-ха-ра [intr.] to agree.
а́и-қә-шаҳаҭ-ха-ра [intr.] to come to an agreement.
а́-қәы-ршаҳаҭ-ха-ра [tr.] to persuade.
а-ҟәы́-ҭха-ра [tr.] to move away.
а́и-ҟә(ы)-ҭха-ра [tr.] to move apart.
ау-ха-ра́ [intr.] to become longer.
а-ду́-ха-ра [intr.] to become big.
а-ҭах-ха-ра́ [intr.] to want.
а-шәа́х-ха-ра [intr.] to change into spume.
а-рхха-ра́^{1} [tr.] to take trouble over.
а-рхха-ра́^{2} [tr.] to stretch, to draw tight.
а́-на-рхха-ра [tr.] to hold out, to stretch.
а-хьы́шьархха-ра [intr.] not to obey.
а́-қәы-рхха-ра [tr.] to threaten.
а́имы-рхха-ра [tr.] to stretch.
а-хә-ха-ра́ [intr.] to be inherited by; to become the catch of sth.
а-ха́ҳә-ха-ра [intr.] to turn to stone.
а-ҭы́нч-ха-ра [intr.] to become quiet.
а-ма́ч-ха-ра [intr.] to decrease, to diminish.
а-ҟьа́ш-ха-ра [intr.] to become naked.
а́иҧш-ха-ра [intr.] to come to resemble sb/each other.
а-цәы́ш-ха-ра [intr.] to grow pale.
а́-ҟаҧшь-ха-ра [intr.] to turn red, to become red.
а́-лашә-ха-ра [intr.] to go blind, to become blind.
а-кьа́ҿ-ха-ра [intr.] to become short.
а́игәыцхәы-ха-ра [intr.]to be related (to).
а-ҿы́ха-ра [intr.] to wake, to awake.
а-рҿы́ха-ра [tr.] to wake, to waken.
а́-уадаҩ-ха-ра [intr.] to become difficult.
а-цә-у́адаҩ-ха-ра [intr.] to become difficult.
а́-чмазаҩ-ха-ра [intr.] to fall ill.
а́-уаҩ-ха-ра [intr.] to become a man/woman.
а-ртцаҩ-ха-ра́ [intr.] to become a teacher.
а-хьа-ра́ [tr.] to milk.
а́-ҧхьа-ра^{2} [intr.] to read.
а́-ҧхьа-ра^{3} [intr.] to call; to summon.
а-ҧхьа-ра́ [intr.] to spend the night.
аа́-ҧхьа-ра [intr./tr.] to invite, to summon.
а́-ла-ҧхьа-ра [intr.] to pass the night with sb.
а́-на-ҧхьа-ра [tr.] to take aside.
а-дәы́л-ҧхьа-ра [tr.] to lure sb out of a place.
а́-рҧхьа-ра [tr.] to make sb read sth.
а́-хәа-ра^{1} [intr.] to help.
а-хәа-ра́^{1} [tr.] to press (grapes).

а-хəа-ра́[2] [intr.] to take a sip of.
а-хəа-ра́[3] [tr.] to tack (stitches).
а-хəа-ра́[4] [tr.] to mix/blend (polenta).
аа́-хəа-ра [tr.] to buy.
а-гəа́-хəа-ра [intr.] to pleasure.
а́ила-хəа-ра [labile] (*of thread*) to be wound; to tangle *a thread*.
а́-жь-хəа-ра [tr.] to squeeze grapes.
а́-рхəа-ра [tr.] to bend.
а-рхəа-ра́ [tr.] to use.
а-х-а́-рхəа-ра [tr.] to use, to make use of.
а-мҵа-хы́рхəа-ра [intr.] to pray; to bow, to greet.
а́и-хырхəа-ра [intr.] to bow to.
а́-ᵒехəа-ра [intr.] to boast.
а-рᵒехəа-ра́ [tr.] to praise.
а-хы-рᵒехəа-ра́ [tr.] to boast.
а-хы́-хəа-ра [intr.] to labor.
а-ҳа-ра́[1] [intr.] to be audible to, to hear.
а-ҳа-ра́[2] [tr.] to plait.
а-ҳа-ра́[3] [tr.] to supply a noose.
а-ба́ҳа-ра [labile] to dig (up).
а-ка́-ҳа-ра [intr.] to fall (down).
а-цә-ка́-ҳа-ра [intr.] to drop something big accidentally.
а́-кәаҳа-ра [tr.] to knead.
а́-ла-ҳа-ра [intr.] to fall into sth.
а-ҭа́-ла-ҳа-ра [tr.] to cover.
а-лаҳа́-лаҳа-ра [intr.] to smell sweet, to be fragrant.
а́ила-ҳа-ра[1] [intr.] to collapse.
а́ила-ҳа-ра[2] [intr.] to attract; to like.
а-кна́-ҳа-ра [tr.] to hang, to sling.
а-ҭа-кна́-ҳа-ра [tr.] to hang sth inside sth.
а-ха-кна́-ҳа-ра[1] [tr.] to hang sth over sth.
а-ха-кна́-ҳа-ра[2] [intr. stative] to hang/be hanging over sth.
а-ҭа́-ҳа-ра [intr.] to fall in sth deep.
а́иҭа-ҳа-ра [tr.] to plant.
а-ха́-ҳа-ра [tr.] to graft.
а-ᵒҿы́-ҳаҳа-ра [tr.] to bite off.
а́-мҵа-ҳа-ра [intr.] to fall in front of sb.
а́иҷа-ҳа-ра [intr.] to treat cautiously.
а-ᵒҿа́-ҳа-ра [intr.] to meet by chance.
а́и-ᵒҿа-ҳа-ра [intr.] to bump into each other.
а́-шәаҳа-ра [tr.] to stop up.
а-з-ҳа-ра́ [intr.] to grow.
а́-қә-ҳа-ра [intr.] to fall on the ground, etc.
а-зᵒҿлы́мҳа-ра [intr. stative] to be interested in sth.
а-рҳа-ра́[1] [tr.] to earn.
а-рҳа-ра́[2] [tr.] to communicate.
а-зы-рҳа-ра́ [tr.] to increase.
а-ры́-рҳа-ра [tr.] to scare away.

а́-цҳа-ра [intr.] to bite; to sting.
а́а-цҳа-ра [tr.] to convey information.
а́-на-цҳа-ра [tr.] to report sth there.
а-на́-цҳа-ра[1] [intr.] to have a snack.
а-на́-цҳа-ра[2] [intr.] to bite.
а-зы́-на-цҳа-ра [tr.] to report sth to sb.
а́-цәҳа-ра [intr.] to scold; to quarrel.
а́и-цәҳа-ра [intr.] to swear, to curse.
а́-чҳа-ра [tr.] to endure.
а́-ҳәа-ра [intr.] to request; to beg.
а-ҳәа-ра́[1] [tr.] to say.
а-ҳәа-ра́[2] [tr.] to propose.
а-ҳәа-ра́[3] [tr.] to comb.
а-гә-а́-ҳәа-ра [intr.] to have a desire.
а́-жаҳәа-ра [intr.] to chew.
а́-ла-ҳәа-ра[2] [tr.] to wrap.
а́-ла-ҳәа-ра[3] [tr.] to declare, to announce,.
а́ила-ҳәа-ра[1] [tr.] to dress.
а́ила-ҳәа-ра[2] [tr.] to bind, to tie up.
а-ҽ-е́ила-ҳәа-ра [tr. Self] to dress oneself.
а-ҽы́-ла-ҳәа-ра [tr. Self] to wrap oneself up.
а́-рҧсаҳәа-ра [tr.] to moisten, to wet.
а́иҭа-ҳәа-ра [tr.] to retell.
а́-ҧсшәа-ҳәа-ра [tr.] to greet/exchange greetings with sb.
а́-тца-ҽа-ҳәа-ра [tr.] to bind sb/sth under sht.
а-ҿа-ҳәа-ра́ [tr.] to tie.
а-ҭа́-ҿа-ҳәа-ра [tr.] to bind/tie in the enclosed place.
а́-қә-ҿа-ҳәа-ра [tr.] to tie sb to sth.
а́шәа-ҳәа-ра[1] [tr.] to sing a song.
а́-шәа-ҳәа-ра[2] [intr.] to rejoice.
а́-ҧсшәа-ҳәа-ра [tr.] to greet.
а́имгә-ҳәа-ра [tr.] to go through.
а-з-ҳәа-ра́[1] [tr.] to say sth about sb.
а-з-ҳәа-ра́[2] [tr.] to arrange a match for sb with sb.
а-дәы́л-ҳәа-ра [tr.] to drag sth/sb out of.
а́имҳәа-ра [intr.] to cough.
а-рҳәа-ра́ [tr.] to play (a musical instrument).
а-ҭ-ҳәа-ра́ [tr.] to shove out.
а́-ҭәҳәа-ра [intr.] to blow at.
а́-қә-ҭәҳәа-ра [tr.] to blow off.
а́-ҳәҳәа-ра [intr.] to shout.
а-ҭа-ҳәҳәа-ра́ [tr.] to shroud; to surround.
а-ҽ-ҭа-ҳәҳәа-ра́ [tr. Self] to wrap oneself up.
а́-л-ҳәҳәа-ра [intr.] to stick out of sth.
а-дәы́лы-рҳәҳәа-ра [tr.] to put sth out of sth.
а-ҭы́-рҳәҳәа-ра [tr.] to stick out of sth.
а́-мц-ҳәа-ра [tr.] to tell a lie.
а́ибы-ҳәа-ра [tr.] to negotiate, to talk with each other.

а-ны́ҳәа-ра [labile] to pray; to bless.
а́-қә-ныҳәа-ра [intr.] to bless.
а́-ц-ҧыҳәа-ра [intr.] *see* а-у́сура и-гәы́ а́-ц-ҧыҳәо-ит.
а-ца-ра́ [intr.] to go.
аа́-ца-ра [tr.] to drive home.
а́-на-ца-аа́-ца-ра [tr.] to drive here and there.
а́-ӡьаца-ра [intr.] to grow.
а́-рӡьаца-ра [tr.] (*of plants*) to promote the growth of.
а-ка-ца-ра́ [tr.] to drive *the cattle, etc*.
а-қәаца́-ра [intr.] to move, to stir.
а́-ла-рҟаца-ра [tr.] to drive in.
а́-на-ца-ра [tr.] to drive thither.
а́-в-ца-ра [tr.] to drive away/banish sb from behind sth.
а́-д-ца-ра [tr.] to drive sb from sb/sth.
а-з-ца-ра́ [intr.] to go for sb.
а́из-ца-ра [tr.] to drive away.
а́-қә-ца-ра [tr.] to drive away from somewhere.
а-ны́ҟә-ца-ра [tr.] to drive (a car).
а́-л-ца-ра [tr.] to drive out.
а́ил-ца-ра [tr.] to separate; to realize.
а-дәы́л-ца-ра [tr.] to drive away.
а-ҩн-ца-ра́ [tr.] to expel sb from (a house).
а-рца-ра́ [tr.] to warm.
а-ҭ-ца-ра́ [tr.] to drive out (of).
а-х-ца́-ра [tr.] to expel.
а́-ц-ца-ра [intr.] to go together with sb/sth.
а́иц-ца-ра [intr.] to go together.
а-цә-ца-ра́ [intr.] to escape from.
а́-лашьца-ра [intr.] to become dark.
а́-рлашьца-ра [tr.] to darken.
а-шәарыц́а-ра [intr.] to hunt.
а́-цәа-ра [intr.] to sleep.
а-цәа-ра́ [tr.] to suck.
а-ка́-жьцәа-ра [intr.] to spit.
а́-қә-жьцәа-ра [intr.] to spit on some kind of surface.
а́-ржә-цәа-ра [tr.] to give too much to drink.
а́и-жь-ра=а́и-цәа-ра [intr. stative] to be close relatives.
а-з-еицәа-ра́ [intr. stative] to be injurious/harmful.
а́-рцәа-ра[1] [tr.] to extinguish, to put out.
а́-рцәа-ра[2] [tr.] to put to sleep.
а-тҵа-ра́[2] [tr.] to study, to learn.
а-тҵа-ра́[3] [intr.] to lay eggs.
а-ӡа́а-тҵа-ра [tr.] to put in the water.
а́-мӡа-тҵа-ра [tr.] to wear/put on (*a belt, a ring*).
а-бжьа-тҵа-ра́ [tr. SV] to conclude (*a treaty*).
а́-ҟа-тҵа-ра [tr.] to make; to do.
а́-ла-ҟа-тҵа-ра[1] [tr.] to do sth with sth.
а́-ла-ҟа-тҵа-ра[2] [tr.] to put sth in sth.

а́иҭа-ҟа-тца-ра [tr.] to do for the second time; to rebuild.
а-гәы́-ҟа-тца-ра [tr.] to please.
а-зы́-ҟа-тца-ра[1] [tr.] to do/make sth for sb.
а-зы́-ҟа-тца-ра[2] [tr.] to train.
а-ҽ-а-зы́ҟа-тца-ра [tr. Self] to prepare.
а-ҽы́-ҟа-тца-ра [tr. Self] to become; to prepare oneself for.
а́-ла-тца-ра[1] [tr.] to drive in (to a mass).
а́-ла-тца-ра[2] [tr.] to sow.
а́-ла-тца-ра[3] [tr.] to hammer into.
а́ила-тца-ра [tr.] to mix, to blend.
а-гәы́ла-тца-ра [tr.] to put sth into sth.
а-гәа́ра-тца-ра [tr.] to drive into the farmyard.
а-ҕра-тца-ра́ [tr.] to insert sth into sth.
а-ҭа-тца-ра́ [tr.] to put in; to place.
а-з-ҭа-тца-ра́ [tr.] to put sth somewhere for sb.
а́-шьҭа-тца-ра[1] [tr.] to put sth down on the ground/floor.
а́-шьҭа-тца-ра[2] [tr.] to make sb pursue.
а́-шьҭа-тца-ра[3] [tr.] to give up (a job).
а-ха-тца-ра́[1] [tr.] to believe.
а-ха-тца-ра́[2] [tr.] to put on (headgear).
а-зха-тца-ра́ [tr.] to recognize.
а-ҧха-тца-ра́ [tr.] to drive off.
а́-тца-тца-ра [tr.] to put sth under sb/sth.
а́-втца-тца-ра [tr.] to put, to lay.
а́итца-тца-ра [tr.] to load *a gun*.
а́-мтца-тца-ра [tr.] to put sth in front of.
а-ҿа-тца-ра́ [tr.] to feed.
а-кра-ҿа-тца-ра́ [tr.] to feed.
а-кҿа-тца-ра́ [tr.] to put sth in the corner.
а́-шьа-тца-ра [tr.] to put on (footwear, trousers); to put footwear on sb.
а́-д-тца-ра [tr.] to give, to set; to entrust.
а́и-д-тца-ра [tr.] to put to each other.
а-гәы́д-тца-ра [tr.] to throw sth at/to sb.
а́и-гәыд-тца-ра [tr.] to throw at one another.
а-тцә-еи-гәы́д-тца-ра [tr.] to shoot at (*a target*) each other.
а-кы́д-тца-ра [tr.] to hang (on sth).
а́-жә-тца-ра [tr.] to set sb on sb.
а-ҽы́жә-тца-ра [tr.] to put sb on a horse.
а́-хьӡ-тца-ра [tr.] to name, to call.
а́-қә-тца-ра[1] [tr.] to lay/put sth on a surface.
а́-қә-тца-ра[2] [tr.] to fix, to set.
а-қәтца-ра́ [labile] to embroider.
а́иқә-тца-ра[1] [tr.] to start (a fire).
а́и-қә-тца-ра[2] [tr.] to put *sth* on one another.
а-пату́-қә-тца-ра [tr.] to respect.
а-дәы́қә-тца-ра [tr.] to send.
а-ҭа́-м-тца-ра [tr.] to excuse.
а-н-тца-ра́[1] [tr.]to make a note of, to record.

а-н-ҵа-ра́[2] [tr.] to wind, to reel.
а-са́хьа-н-ҵа-ра [tr.] to draw.
а́-мҩан-ҵа-ра [tr.] to swing.
а-ҵәарн-ҵа-ра́ [tr.] to ferment.
а-напы-н-ҵа-ра́ [tr.] to sign.
а-ҵәрын-ҵа-ра́ [tr.] to ferment (milk).
а-ҵәын-ҵа-ра́ [tr.] to ferment.
аҧ-ҵа-ра́ [tr.] to create.
а-рҵа-ра́ [tr.] to teach.
а-ха-рҵа-ра́ [tr.] to convince.
а-х-ҵа-ра́ [tr.] to call sth by some name.
а́-ц-ҵа-ра[1] [tr.] to add to.
а́-ц-ҵа-ра[2] [tr.] to send sb with sb.
а-шә-ҵа-ра [tr.] to put on (clothes).
а-цәы́-ҵа-ра [tr.] to lay out in.
а́-ла-ҵәа-ра [intr.] to spread among.
а-ха-ҵәа-ра [intr.] to spread.
а-кы́л-ҵәа-ра [labile] to get a hole; to make a hole in.
а-ҭны́-м-ҵәа-ра [intr.] *see* **и-гәы́ д-ҭы́н-ҵәо-м** *he cannot forget him/her.*
а-н-ҵәа-ра́ [intr.] to end, to finish.
а́-қәы-н-ҵәа-ра [intr.] to perish on sth.
а-ҧ-ҵәа-ра́ [labile] to break; to be broken.
а-гәа́-қә-ҧҵәа-ра [intr.] to become sick of, to be tired of.
а-гәы-ҧ-ҵәа́-ра́ [tr.] to be bored.
а-цә(ы)-ҧ-ҵәа-ра́ [intr.] to break sth accidentally.
а-ны-рҵәа-ра́ [tr.] to wipe out.
а-хы-рҵәа-ра́ [tr.] to evict.
а-х-ҵәа-ра́[1] [tr.] to cut.
а-х-ҵәа-ра́[2] [intr.] to migrate.
а-ҭах-ҵәа-ра́ [tr.] to cut off.
а́их-ҵәа-ра [tr.] to cross, to go across.
а-хы́-ҵәҵәа-ра́ [tr.] to cut.
а-хы́-ҵәа-ра [intr.] to be flooded all over.
а́-рхәанча-ра [tr.] to distort.
а-рча-ра́ [tr.] to feed.
а́-хьча-ра [tr.] to guard; to take care of.
а-хы́-хьча-ра [tr.] to save oneself.
а-цәы́-хьча-ра [tr.] to protect.
а-ҿе-а-цәы́-хьча-ра [tr. Self] to avoid.
а-ҿы́-хьча-ра [tr. Self] to defend oneself.
а́-чча-ра [intr.] to laugh.
а́-хәа-чча-ра [intr.] to smile at.
а́-чча-чча-ра [intr.] to chuckle.
а́-рчча-ра [tr.] to make laugh, to amuse.
а́аҧышәы-рчча-ра [intr.] to smile.
а-хы́-чча-ра [intr.] to jeer.
а-ҷҷа-ра́ [intr.] to crack.
а-ҩна-ҷҷа-ра́ [intr.] shine inside.

а́-ҟә-ҷҷа-ра [intr.] (*of the sun, the moon*) to shine on.
а-кы́л-ҷҷа-ра [intr.] to twinkle through sth.
аикә-рҷҷа́-ра [tr.] to divide into parts.
а-ҽа-ра́ [labile] to loosen the ground with a hoe; to plow.
а́ила-ҽҽа-ра [intr.] to rage.
а-ҿа-ра́ [tr.] to chop, to hew.
а-ка-ҿа-ра́ [tr.] to cut off branches.
а-ша-ра́[1] [labile] to divide; to be divided.
а-ша-ра́[2] [tr.] (*of God)* to create.
а-ша-ра́[3] [intr.] to dawn.
а-риа́ша-ра [tr.] to set a watch/clock.
а́-ма-риаша-ра [tr.] to direct to.
а́-кәаша-ра [intr.] to dance.
а́-тҵа-кәаша-ра [intr.] to dance under sth.
а-ц-кәаша-ра [intr.] to dance with sb.
а-х-кьаша-ра́ [intr.] to stumble (on sth).
а́-лаша-ра [intr.] to shine.
а́-рлаша-ра [tr.] to light up.
а-цәы́лаша-ра[2] [intr.] to dawn.
а́-рхәаша-ра[1] [tr.] to destroy.
а́-рхәаша-ра[2] [tr.] to dirty.
а́-рхәаша-ра[3] [tr.] (*of animals*) to defecate.
а-хәаш=хәаша-ра́ [intr.] to get broken/smashed to pieces.
а́-кша-ра [intr.] to beat, to hit.
а́-ҟә-кша-ра[1] [tr.] to hit sth on sth.
а́-ҟә-кша-ра[2] [intr.] to strike against sth.
а́-кә-ша-ра [intr.] to revolve.
а́и-кә-ша-ра [intr.] to surround.
а-хы́-ркәша-ра [tr.] to end, to finish.
а-хы́кә-ша-ра [intr.] to go around.
а́-л-ша-ра [intr.] can, to be able to.
а́-рша-ра [tr.] to twist, to wind.
а́-кә-рша-ра [tr.] to wind around.
а-ҽ-а́-кә-рша-ра [tr. Self] to twine around.
а-х-ша-ра́ [intr.] to bear, to give birth to; to be born.
а́-ц-ша-ра [tr.] to share sth with sb.
а-ӡы́ша-ра [intr.] to feel thirsty.
а́иҩ-ша-ра [tr.] to separate into parts.
а-ҽ-е́иҩ-ша-ра [tr. Self] to divide in two.
а-шьа-ра́[1] [tr.] to consider/think of sb for sb.
а-шьа-ра́[2] [intr.] to crack.
а́ашьа-ра [intr.] to be lazy.
а-цә-а́ашьа-ра [intr.] to be lazy.
а-гәаҧх-е́иба-шьа-ра [intr.] to like one another.
а́-хәынга-шьа-ра [tr.] to despise.
а́иҕьа-шьа-ра [tr.] to prefer.
а-з-е́иҕьа-шьа-ра [tr.] to wish.
а́-на-шьа-ра [tr.] to award.

а́-ҭәа-шьа-ра [tr.] to award.
а-ҧха-шьа-ра́ [intr.] to feel shy.
а-цәы́ҧха-шьа-ра [intr.] to be ashamed of sb.
а-ры́цҳа-шьа-ра [tr.] to pity.
а-ҩа́шьа-ра [intr.] to be mistaken.
а-ҿы-рҩа́шьа-ра [tr. Self] to disguise oneself.
а-цә-х-ҩа́шьа-ра [intr.] to confuse.
а-ҵьа-шьа-ра́[1] [tr.] to be surprised at/by.
а-ҵьа-шьа-ра́[2] [tr.] to suppose.
а-ҵьа-шьа-ра́[3] [tr.] to thank.
а́иӷь-шьа-ра [tr.] *see* **а́иӷьа-шьа-ра**
а́-ҭәа-м-шьа-ра [tr.] to despise.
а-кәы́н-шьа-ра́ [tr.] to despise.
а-ҧшьа-ра́ [tr.] to sanctify to consecrate.
а́-чаҧшьа-ра [labile] to (keep) watch, to guard.
а-ршьа-ра́ [tr.] to split, to break up.
а-ҧс-шьа́-ра [tr.] to take a rest.
а́-хә-шьа-ра [tr.] to estimate.
а-ҵь-шьа-ра́[1] [tr.] to think.
а-ҵь-шьа-ра́[2] [tr.] to thank.
а-шәа-ра́[1] [intr.] to be afraid, to fear.
а-шәа-ра́[2] [tr.] (*of a debt*) to pay back.
а-шәа-ра́[3] [tr.] to measure.
а-шәа-ра́[4] [tr.] to break; to destroy.
а-ка-шәа-ра́ [intr.] to drop, to fall.
а-цә-ка-шәа-ра́ [intr.] to drop sth light accidentally.
а́-қашә-қашәа-ра [intr.] to rustle; to sway.
а́-ла-шәа-ра[2] [intr.] to fall into.
а́-ла-шәа-ра[3] [intr.] to become pregnant.
а-гәа́ла-шәа-ра [intr.] to remember.
а́-рашәа-ра [labile] to weed.
а-цра-шәа-ра́ [intr.] to catch fire; to find fault.
а-ҭа-шәа-ра́[1] [intr.] to fall into *the water/a hollow*.
а-ҭа-шәа-ра́[2] [intr.] (*of the sun*) to set, to go down.
а-ҧы́хьа-шәа-ра [intr.] to fall to the lot of.
а-мҧы́хьа-шәа-ра [intr.] to find (out).
а́-ҭца-шәа-ра [intr.] to fall under sth.
а-ҿа-шәа-ра [intr.] to get into the mouth.
а́ихышәашәа-ра [intr.] to be well-balanced, to be shapely.
а́-хьшәашәа-ра [intr.] to become cold.
а-кы́д-шәа-ра [intr.] to fall off.
а́-қә-шәа-ра[1] [intr.] to hit the target.
а́-қә-шәа-ра[2] [intr.] to meet sb/sth by chance.
а́-қә-шәа-ра[3] [intr.] to pass to.
а́иқә-шәа-ра[3] [intr.] to harmonize.
а́и-қә-шәа-ра[4] [intr.] to be ready.
а́-кәшәа-ра [tr.] to gather, to collect.
а́-л-шәа́-ра [intr.] to fall (*from a height*).

а-гəы́л-шəа-ра [intr.] (*of a light object*) to fall out/off from sth.
а-ршəа-рá[1] [tr.] to frighten.
а-ршəа-рá[2] [tr.] to make pay (back).
а-гəáла-ршəа-ра (1) [tr.] to remind sb of. (2) [tr. SV] to remember.
á-ҟə-ршəа-ра [tr.] to hit the target.
áи-ҟəы-ршəа-ра[1] [tr.] to prepare.
áиҟəы-ршəа-ра[2] [tr.] to think up.
а-ҽе-éи-ҟəы-ршəа-ра [tr. Self] to get ready.
а-хы-ршəа-рá [tr.] to take off.
а-ҿы-ршəа-рá [tr.] to strike sth down.
а-ҭ-шəа-рá [intr.] to fall out.
а-х-шəа-рá[1] [tr.] to take off.
а-х-шəа-рá[2] [intr.] to fall from sth.
а-цə-шəа-рá [intr.] to be afraid of, to fear.
á-тц-шəа-ра [intr.] (*of the hair, teeth, etc.*) to fall out.
á-л-шəшəа-ра [intr.] (*of sth small*) to scatter.
а-гəы́л-шəшəа-ра [intr.] (*of a light object*) to fall out/off from sth.
а-ршəшəа-рá [tr.] to shake; to shake out.
á-ҟə-ршəшəа-ра[1] [tr.] to shake something light off of some kind of surface.
á-ҟə-ршəшəа-ра[2] [tr.] to scatter sth on sth.
áилы-ршəшəа-ра [tr.] to mix up together.
а-ҽы-ршəшəа-рá [tr. Self] to shake oneself down.
á-втцы-шəшəа-ра [intr.] (*of wind*) to blow through sth.
а-ҽе-а-зы́-шəа-ра [tr. Self] to strain every effort, to do one's best.
а-ны́-шəа-ра [intr.] to be reconciled with sb/sth.
а-ҽе-аны́-шəа-ра [tr. Self] to get down to business.
áины-шəа-ра [intr.] to be reconciled.
а-ҧы́-шəа-ра [tr.] to try, to test, to experience.
а-ҽы́-шəа-ра [tr. Self] to try, to endeavor.
а-ҩа-рá[1] [intr.] to wither.
а-ҩа-рá[2] [intr.] *see* **и-гəы́ ҩе-ит**.
а-ргəáҩа-ра [tr.] to hollow out.
а-з-ҩа-рá [intr.] to suspect sb.
а-ӡҩа-рá [tr.] to dilute.
а-рҩа-рá [tr.] to dry.
а-гəырҩа-рá [intr.] to grieve.
а-х-ҩа-рá [labile] to be covered; to cover.
а-кəалкəацьа-рá [intr.] to twinkle.
á-цлаб-ра [intr.] to compete with sb/sth.
áи-цлаб-ра [intr.] to compete with each other.
á-ҳасаб-ра [labile] to solve.
а-ҷáб-ра [labile] to stick.
а-кы́л-бб-ра [intr.] to pour out of some kind of opening.
á-ӡ(ы)б-ра [tr.] to decide; to judge.
а-хы́б-ра [tr.] to cover a roof.
а-цəы́-мҕ-ра [intr.] to hate, to detest.
а-гəы́ҕ-ра [intr.] to hope.
á-ҟə-гəыҕ-ра (*or* **а-ҟə-гəы́ҕ-ра**) [intr.] to rely upon.

а-ргәы́ҕ-ра [tr.] to give hope, to reassure.
а́-қәы-ргәыҕ-ра [tr.] to give hope to.
а́-ҕыҕ-ра [intr.] to snarl, to growl.
а-ргәыбзы́ҕ-ра [tr.] to caress.
а́-гәаҕь-ра [tr.] to venture.
а́-гәыҕь-ра [tr.] to dare.
а-гәы́ҕь-ра [intr.] to faint.
а-ҿы́ҕь-ра *see* **а-гәы́ а-ҿы́ҕь-ра**.
а-рҿы́ҕь-ра [tr.] to bore.
а́-чыҕә-чыҕә-ра [intr.] to yap.
а́-тцы-дд-ра [intr.] to fly from under sth.
а́-дыд-ра [intr.] to thunder.
а́-рдыд-ра [tr.] to make thunder.
а-ркәыд-ра́ [labile] to have a haircut; to cut (the) hair.
а-ж-ра́ [tr.] to dig.
а́-ва-ж-ра [tr.] to bury sb beside sb.
аа-ѳна-жж-ра [intr.] (*of water*) to percolate.
а́-ва-жь-ра [tr.] to throw sth near sth.
а́-қәы-ргьажь-ра *see* **а́-қәы-ргьежь-ра**
а-бжьа́-жь-ра [tr.] to omit.
а-ка́-жь-ра [tr.] to throw sth/sb to the ground.
а́-ла-жь-ра [tr.] (*of a big object*) to throw sth at *a mass*.
а-ҿ-а́-ла-жь-ра [tr. Self] to throw oneself into.
а́-на-жь-ра [tr.] to forgive; to excuse.
а-ѳна́-жь-ра [tr.] to toss sth (heavy) into (*a room, etc.*).
а-ҭа́-жь-ра [tr.] to throw sb/sth heavy into/inside sth.
а́-мтца-жь-ра [tr.] to cast sth before sb/sth.
а́-гьежь-ра [intr.] to return; to go round.
а-ҭа́-гьежь-ра [intr.] to whirl in sth.
а-ха́-гьежь-ра [intr.] to revolve around sth.
а́-тца-гьежь-ра [intr.] to spin around under sth.
а́-қә-гьежь-ра [intr.] to turn.
а́-ргьежь-ра[1] [tr.] to round, to round off.
а́-ргьежь-ра[2] [tr.] to return.
а́ила-ргьежь-ра [tr.] to whirl.
а́-қәы-ргьежь-ра [tr.] to turn, to spin.
а́-қә-жь-ра[1] [intr. stative] to be on.
а́-қә-жь-ра[2] [tr.] to throw sth/sb on some kind of surface:
а-дәы́л-жь-ра [tr.] to release.
а́-у-жь-ра [tr.] to let go, to release.
а́-гьыжь-ра [intr.] to turn.
а-ны́-жь-ра [tr.] to leave.
а́а-ны-жь-ра [tr.] to leave.
а-ҭы́-жь-ра [tr.] to put out, to publish.
а́-ѳжь-ра [tr.] to miss, to let pass through/in.
а́-жә-ра[1] [tr.] to drink.
а-жә-ра́[1] [labile] to boil.
а-жә-ра́[2] [intr.] to grow older.

á-ржә-ра [tr.] to give sth to drink.
а-ӡры́жә-ра [tr.] to temper.
áицы-жә-ра [tr.] to drink together.
а-зы́раз-ра [intr. stative] to be agreement with sb.
а-газᵒеáз-ра [intr.] to swing, to rock.
а-черéз-ра [intr.] to ski/skate.
á-ҕыз-ра [intr.] to groan.
á-ҕызы=ҕыз-ра [intr.] to groan.
á-ҟьыз-ҟьыз-ра [intr.] to sob.
á-ӡ-ра [intr.] to disappear.
а-ӡ-рá [labile] to roast; to fry.
á-ла-ӡ-ра [intr.] to vanish.
а-кы́ла-ӡ-ра [intr.] to disappear.
á-ҟә-ӡ-ра [intr.] to perish/suffer because of sb/sth.
á-рӡ-ра [tr.] to lose.
á-ҟә-рӡ-ра [tr.] to waste.
á-гә(ы)ӡ-ра [tr.] to kiss.
áи-ҧхыӡ-ра [intr.] to dream.
а-цәы́-ӡ-ра [intr.] to lose.
а-и-рá [intr.] to be born.
аá-и-ра [intr.] to come, to arrive.
а-з-áаи-ра [intr.] to come to, to arrive.
а-иаáи-ра [intr.] to overcome.
а-неи-аáи-ра [intr.] to go there and here.
á-ц-ааи-ра [intr.] to succeed well.
а-хандéи-ра [intr.] to toil, to labor, to work.
á-рмазеи-ра [tr.] to prepare.
а-лé-и-ра [intr.] лить, to pour, to flow; (*of rain, snow*) to fall.
а-уаркалéи-ра [intr.] to glitter.
а-нé-и-ра [intr.] to go there.
а-шьҭа-нéи-ра [intr.] to pursue sth/sb.
а-з-нé-и-ра [intr.] to come to sb.
á-гәаҭеи-ра [intr.] to toss and turn.
а-ҧхеиҧхéи-ра [intr.] to be transparent.
а-кәеицéи-ра [intr.] to shine, to glitter.
а-ка-рцéи-ра [tr.] to make *the earth* heat up.
а-рᵒеéи-ра [tr.] to make better, to improve.
а-ᵒеы-рᵒеéи-ра [tr. Self] to improve; to reform oneself.
а-ҩé-и-ра [intr.] to come/go up; to rise.
а-леиҩéи-ра [intr.] to take a walk.
á-неи-ҩéи-ра [intr.] to stroll.
а-кьи́-ра [intr.] to mew, to miaow.
а-ри́-ра [tr.] to bear, to whelp.
á-ҭи-ра [tr.] to sell.
áа-ҭи-ра [tr.] to send.
а-зы́-ҭи-ра [tr.] to sell sth for sb.
á-шәи-ҧшьи-ра [intr.] to curse.
á-шәи-ра [labile] to curse.

а́-қә-шәи-ра [intr.] to curse.
а-к-ра́[1] [tr.] to catch.
а-к-ра́[2] [intr.] to hold.
а-к-ра́[3] [intr.] to fit into.
а-к-ра́[4] [intr.] to feel.
а-к-ра́[5] [intr.(?)] to shut.
а-к-ра́[6] [tr.] to pester.
а́-рцәаак-ра [tr.] to moisten.
а́иба-к-ра [intr.] to grasp each other/one another.
а-бжьа-к-ра́ [tr.] to hold sth between.
а́иза-к-ра [tr.] to gather up.
а́-ла-к-ра [tr.] to include sb somewhere.
а-напа́ла-к-ра [tr.] to set about.
а-кы́ла-к-ра [tr.] to put sth out from some kind of opening.
а-гәҭы́ла-к-ра[1] [tr.] to surround.
а-гәҭы́ла-к-ра[2] [intr.] to be surrounded.
а́-ма-к-ра [tr.] to argue with sb about sth.
а́има-к-ра [tr.] to argue, to dispute.
а́-ҵана-к-ра [intr.] to relate; to belong to.
а-ҟә-на-к-ра́ [tr.] to protect sb/sth against sth.
а-х-(на)-к-ра́ [tr.] to blind, to dazzle.
а-ҩна-к-ра́ [tr.] to lock in.
а́-ҳара-к-ра [tr.] to hold high; to glorify.
а-гәцара-к-ра́ [tr.] to take care of sb.
а́-ҭа-к-ра [tr.] to give an answer to.
а-ҭа-к-ра́ [tr.] to arrest; to put in prison.
а́иҭа-к-ра [tr.] to change.
а-ҽ-е́иҭа-к-ра [tr. Self] to change.
а-хҭа-к-ра́ [tr.] to insist on.
а́-хьҭа-к-ра [intr.] to feel the cold.
а́-мҽха-к-ра [tr.] to envelop, to seize.
а-ҧхьа́-к-ра [tr.] to secrete; to store.
а́ица-к-ра [intr.] to go bad, to deteriorate.
а́-ццак-ра [intr.] to hurry (up).
а-хы́-ццак-ра [intr.] to hurry.
а́-ҵа-к-ра [tr.] to envelop, to include.
а́-мҵа-к-ра [tr.] to hand, to deliver.
а́и-мҵа-к-ра [tr.] to discuss sth collectively.
а́-ҿа-к-ра [tr.] to switch/turn on.
а́-лакҩак-ра [intr.] to hesitate.
а-ҕы́ҕ-к-ра [intr.] to dry up.
а-з-к-ра́[1] [labile] to destine for; to be intended for.
а-з-к-ра́[2] [tr.] to catch sb for sb.
а-нама́з-к-ра [tr.] to pray.
а-ҽ-а-з-к-ра́ [tr. Self] to take up.
а-рбызк-ра *see* **а́-рб(ы)зтә-ра**
а-ҧсы́ӡ-к-ра [tr./intr.] to catch a fish; to fish (*as an occupation*).
а́-қә-к-ра[1] [tr.] to aim.

а́-ҟә(ы)-к-ра[2] [tr.] to conceive an idea of, to aim to.
а-ны́-ҟә-к-ра [tr.] to put/lay sth on sth (for a while).
а-кака́л-к-ра [tr.] to have a snack.
а́-ргачамк-ра [tr.] to charm.
ма́п-к-ра [tr.] to refuse.
а́-шьа-пк-ра [intr.] to pray.
а-рк-ра́[1] [tr.] to hand.
а-рк-ра́[2] [tr.] to shut, to close.
а-рк-ра́[3] [tr.] to accommodate.
а-рк-ра́[4] [tr./intr.] to fire; to burn.
а́иба-рк-ра [tr.] to hold each other.
а́-на-рк-ра [tr.] to hand to.
а-напа-рк-ра́ [tr.] to set about.
а-шьаҭа-р-к-ра́ [tr.] to found.
а́-бла-х-к-ра [tr.] to blind.
а-ц-к-ра́ [tr.] to hold together.
мап а-цә-к-ра́ [tr.] to refuse.
а́-лаҧш-к-ра [intr.] to cast the evil eye (upon).
а-ҽ-е́и-ҟәы-к-ра [tr. Self] to contain oneself.
а-кәкә-ра́ [tr.] to comb.
а-ҟь-ра́ [intr.] to sigh.
а-рҟь-ра́ [tr.] to make sigh.
а-ҟә-ра́ [intr.] to swear.
а-рҟә-ра́ [tr.] to make swear.
а-ны́ҟә-ра [tr./intr.] to swear.
а-гәа́к-ра [intr.] to worry; to be tormented.
а-з-гәа́к-ра [intr.] to long for.
а-ргәа́к-ра [tr.] to torment, to worry.
а-гәак=ҵәа́к-ра [intr.] to suffer.
а́-ла-кә-ра [intr.] to be bent.
а́-ла-ркә-ра [tr.] to incline.
а-ҽы́-ла-ркә-ра [tr. Self] to stoop, to bend.
а-был-ра́ [labile] to burn sth; to burn.
а́-ҟә-был-ра [tr.] to burn sth on the surface.
а-ҽ-а́-рбыл-ра [tr. Self] to burn oneself.
а́-кәмпыл-ра [intr.] to roll.
а-ркәымпы́л-ра [tr.] to roll.
а-бжамҽа́м-ра [intr.] to halve.
а-хаа́н-ра [intr.] to be contemporary with.
а́и-кан-ра [intr.] to compete with sb.
а́-капан-ра [tr.] to weigh.
-ба́рҭо-уп [intr.] to be visible.
а-ҿы-рп-ра́ [labile] to husk, to shell.
а́-ҧш-ҿы-рп-ра [tr.] to husk/shell corn kernels.
а-ҧ-ра́ [intr. stative] to be introduced (as a custom).
а́-р-ра [intr.] to cross.
а́-ма-ҟар-ра [intr.] to threaten.
а́-ҟә-маҟар-ра [intr.] to threaten.

а́-каркар-ра [intr.] to make a racket.
а́-хәмар-ра [intr.] to play.
а́-ла-хәмар-ра [intr.] to play with.
а-рхәма́р-ра [tr.] to make play.
а-ҿы́-рхәмар-ра [tr.] to gallop on a horse.
а-хәарча́р-ра [intr.] to rumble; to roar.
а-ҕәы́р-ра [intr.] to grunt.
а-ды́р-ра [tr.] to know.
а́иба-дыр-ра [intr.] to get to know each other.
а-з-е́иба-м-дыр-ра [intr.] not to know each other/one another.
а-рды́р-ра [tr.] to inform of.
а-ҿы-рды́р-ра [tr. Self] to become acquainted with sb.
а́иц-дыр-ра [tr.] to know together; to identify.
а́-кьыр-кьыр-ра [intr.] to neigh.
а́-ҟә-кәыр-ра [intr.] to roll down on a surface.
а-кәыр-кәы́р-ра [intr.] to rumble, to grumble.
а-ны́р-ра[2] [intr.] to affect.
а́-ҧыр-ра [intr.] to fly.
а́ила-ҧыр-ра [intr.] (*of many birds*) to whirl, to circle.
а-ҩна́-ҧыр-ра [intr.] to fly in(to).
а-ҭа́-ҧыр-ра [intr.] to fly into.
а-ны́ҟә-ҧыр=а́аҟә-ҧыр-ра [intr.] to fly about here and there.
а́-рҧыр-ра [tr.] to fly, to let fly.
а́-ҧыр-ҧыр-ра [intr.] to flutter, to flit, to fly about.
а́-ҵ-ҧыр-ра [intr.] to fly out from under sth.
а́-цыр-цыр-ра [intr.] to glitter.
а́-ҷыр-ҷыр-ра [intr.] to chirp, to twitter.
аиба́-ҷырҷыр-ра [intr.] to chirp / to twitter with each other.
а-шәыр-шәыр-ра́ [intr.] to flap, to rustle.
а-кы́л-ҩыр-ра [intr.] to flow abundantly from sth.
а́-л-ҩр-ра [intr.] to fall from sth.
а́-вы-ҩр-ра [intr.] to go by/past sb/sth.
а-ҭы-ҩр-ра́ [intr.] (*about sth big*) to go/come out.
а́-ҵы-ҩр-ра [intr.] to fall.
а́-с-ра[1] [intr.] to hit; to strike.
а́-с-ра[2] [intr.] (*of a wind*) to blow.
а-с-ра́ [labile] to weave.
а́-ҩеида-с-ра [intr.] to grow (a little).
аих-ӡа́с-ра [intr.] to chaff each other.
а́-иа-с-ра [intr.] to pass, to cross.
а́-лас-ра[1] [intr.] to hurry.
а́-ла-с-ра[2] [intr.] to strile at sth.
а́илаҩеила-с-ра [intr.] to crowd, to cluster.
а́-рлас-ра [tr.] to lighten.
а-ҕра́-с-ра [intr.] to hit sb's belly.
а-цра́-с-ра [intr.] to touch.
а-цәы́ркьа-цәы́ра-с-ра [intr.] to flash, to gleam (momentarily).
а-нцәы́ркьа-цәы́ра-с-ра [intr.] to flicker.

á-сас-ра [intr.] to stay (with).
а-ҭá-с-ра [intr.] to hit in/inside.
а-гәҭá-с-ра [intr.] to push.
а-шьҭá-с-ра [intr.] to touch the ground/a floor.
á-ҿарҳас-ра [intr.] to yawn.
á-ҵа-с-ра[1] [intr.] to hit sb/sth from the bottom to the top.
á-ҵа-с-ра[2] [intr.] to touch.
á-мҵа-с-ра [intr.] to snatch, to seize.
а-гәы́-ҵа-с-ра [intr.] to push.
а-ҿá-с-ра [intr.] to hit sb in the face.
а-н-ҿáс-ра [intr.] to stop.
áан-ҿас-ра [intr.] to stop.
á-мҩа-с-ра [intr.] to pass, to go through.
á-в-с-ра [intr.] to pass beside sb/sth.
áи-с-ра [intr.] to fight:, to quarrel with each other/one another.
á-қә-с-ра [intr.] to go across, to cross.
а-ны́қә-с-ра [intr.] to pass through sth.
á-л-с-ра [intr.] to move through; to pass through.
а-налсáал-с-ра [intr.] to stroll around.
а-гә-á-л-с-ра [intr.] to sympathize; to be distressed.
а-гәы́л-с-ра [tr.] to pass through.
а-кы́л-с-ра [intr.] to go out; to go through.
а-ҧс-рá [intr.] to be dead; to die.
á-ла-ҧс-ра [intr.] to faint.
а-ҭа-ҧс-рá[intr.] to die inside.
а-рҧс-рá [tr.] (*of a fire*) to put out.
а-цә(ы)-ҧс-рá [intr.] to suffer a loss.
á-рс-ра[1] [tr.] to drive sth into (the ground).
á-рс-ра[2] [tr.] to fix up; to plunge in.
а-ҧшá-хьа/ы-рс-ра [intr.] to take a walk.
á-ҵа-рс-ра [tr.] to drive sth into the ground.
á-мҵа-рс-ра [tr.] to snatch.
áи-хс-ра [intr.] to shoot at.
а-ды́с-ра [intr.] to go numb.
а-бжьы́-с-ра[1] [intr.] to pass between.
а-бжьы́-с-ра[2] [intr.] to deteriorate.
а-кьы́-с-ра [intr.] to touch.
á-ла-кьыс-ра [intr.] to touch.
áиха-кәыс-ра [intr.] to blink.
á-лацәкәыс-ра [intr.] to wink at.
а-ны́-с-ра [intr.] to go/travel along a road.
а-ҩны́-с-ра [intr.] to pass/go through (a room/premises).
á-мҩаҧы-с-ра [intr.] (*of a meeting, etc.*) to go, to go off.
а-ҭры́-с-ра [intr.] to break away from a place.
а-хырсы́с-ра [intr.] to doze, to snooze.
а-ҭы́-с-ра [intr.] to pass through.
а-хы́-с-ра[1] [intr.] to shoot.
а-хы́-с-ра[2] [intr.] to cross.

а-хьы́-с-ра [intr.] to touch.
а́-мацәыс-ра [intr.] (*of lightning*) to flash.
а́-рмацәыс-ра [tr.] to make it lighten.
а-ҵы-с-ра́[1] [intr.] to get started.
а-ҵыс-ра́[2] [intr.] to swing, to rock.
а-рҵыс-ра́ [tr.] to sway.
а-ҽы-рҵыс-ра́ [tr. Self] to move, to budge.
а-ҵыс-ҵыс-ра́ [intr.] to swing; to tremble.
а́-ҩ(ы)с-ра [intr.] to go past sb/sth; to pass by sb/sth.
а-т-ра́ [intr.] to open.
а́а-т-ра [intr.] to open.
а-ҕала́т-ра [tr.] to betray.
а-ча́лт-ра [labile] to harrow.
а-ҿы́-м-ҭ-ра [tr.] to be/keep silent.
а-пт-ра́ [intr.] to come into flower.
а-цә-ԥ(ы)т-ра́ [intr.] to come untied suddenly.
а-рт-ра́ [tr.] to open sth.
а́а-рт-ра [tr.] открыть, to open sth.
а-х-т-ра́ [labile] to open.
а-цә-х-т-ра́ [intr.] to open sth accidentally.
а-ӡа́тә-ра [tr.] **и́-лахь=и́-цьымшь и-ӡа́тә-ит** he crossed himself.
а-гаӡа-тә-ра́ [tr.] to make a fool of sb.
а-ха́ра-тә-ра [tr.] to accuse.
а-ԥхаста-тә-ра́ [tr.] to damage, to spoil.
а-ҽ-ры́цҳа-тә-ра [tr. Self] to pretend to be poorer than one is.
а́иҕь-тә-ра [tr.] to improve.
а́-рб(ы)зтә-ра [tr.] to sharpen.
а-хәшәтә-ра́ [tr.] to treat.
а-ҽы́-хәшәтә-ра [tr. Self] to be given (medical) treatment.
а-ҿа́а-ҭ-ра [tr.] (suddenly) to say.
а́-бҕьаҭ-ра [tr.] to scatter about.
а-ӡҭ-ра́ [intr.] to melt.
а-ҿы́-м-ҭ-ра [tr.?] to keep silence.
а́-хәаахәҭ-ра [intr.] to trade.
а-ха́-шҭ-ра [intr.] to forget.
а́-шьҭ-ра [tr.] to send.
а́а-шьҭ-ра [tr.] to send here.
а́-лбаа-шьҭ-ра [tr.] to let down.
а́-ла-шьҭ-ра [tr.] to lower.
а́-на-шьҭ-ра [tr.] to send.
а-зы́-на-шьҭ-ра [tr.] to send sth/sb to sb.
а-ха́-ршҭ-ра [tr.] to make forget sth.
а́у-шьҭ-ра [tr.] to let go.
а-зы́-шьҭ-ра[1] [tr.] to pay attention.
а-зы́-шьҭ-ра[2] [tr.] to send sth/sb to sb.
а́-шәҭ-ра [intr.] to bloom, to blossom.
а-ԥхьа́-ршәҭ-ра [tr.] (*of sleeves*) to tuck up, to roll up.
а-ӡыҭ-ра́ [intr.] to melt.

а́-хыҭ-хыҭ-ра [intr.] to worry; to be excited.
а-хәыҭ-хәы́ҭ-ра [intr.] to whisper to.
а-ҿы-ҭ-ра́ [tr.] to shout, to cry out.
а-з-ҿы-ҭ-ра́ [tr.] to call.
а́-ҟә-ҿы-ҭ-ра [intr./tr.] to call; to shout.
а́иҟәҿы-ҭ-ра [tr.] to call to one another.
а-ҭә-ра́ [intr.] to be filled.
а-рҭә-ра́ [tr.] to fill.
а́у-ра [intr.] to receive.
а-у-ра́[1] [tr.] to do.
а-у-ра́[2] [intr.] (*of rain, snow*) fall.
а-у-ра́[3] [tr.] to agree with.
а́-ҟә-на-у-ра [intr.] (*of rain, snow*) to fall on sth.
а-ҭабу́-ра [intr.] to thank.
а-рду́-ра [tr.] to increase; to enlarge.
а-з-у-ра́ [tr.] to do for sb.
аи-у́-ра [intr.] to receive.
аи-о́у-ра [intr.] to obtain.
а-у́с-у-ра [tr.] to work.
а́иба-рхьусу-ра [intr.] (*of chicks*) to cheep, to peep.
а́-ц-у-ра [tr.] to work together with sb.
а-матц-у-ра́ [tr.] to serve.
а-кры-у-ра́ [tr.] to prepare a meal.
а-хьы́у-хьыу-ра [intr.] to ache.
а-х-ра́[1] [tr.] to sharpen.
а-х-ра́[2] [intr.] to be on the surface.
а-х-ра́[3] [tr.] to chop.
а-х-ра́[4] [tr.] to pound, to crush.
а-ӡа́а-х-ра [tr.] to pull out of the water.
а-ҭи́бах-ра [intr.] *see* **шәы́-ла-ҟәа ҭи́бах-уе-ит**.
а́-ӡах-ра [labile] to sew.
а́-ҟә-ӡах-ра [labile] to sew on.
а́-ԥсах-ра [tr.] to change, to replace.
а-ԥса́х-ра [tr.] to borrow.
а́-м-ԥсах-ра [tr.] to borrow sth from sb.
а́-рԥсах-ра [tr.] to lend.
а-ҿы́-ԥсах-ра [tr. Self] to change.
а́-ҵәах-ра [tr.] to hide; to hide/conceal oneself.
а-ҿ-а-цәы́-ҵәах-ра [tr. Self] to avoid.
а-ҿы́-ҵәах-ра [tr. Self] to hide oneself.
а́-шьах-ра [intr.] to stand too long; to stagnate.
а-кы́д-х-ра [tr.] to take off (that which is hanging on a wall).
а́-ҟә-х-ра[1] [tr.] to remove sth from sth above.
а́-ҟә-х-ра[2] [tr.] to exterminate.
а́-л-х-ра[1] [tr.] to choose; to elect.
а́-л-х-ра[2] [tr.] to pull out.
а́-л-х-ра[3] [tr.] (*of tax, etc.*) to collect.
а-гәы́л-х-ра[1] [tr.] to shell.

а-гәы́л-х-ра[2] [tr.] to take out what is in a book.

а-кы́л-х-ра [tr.] to take sth out of some kind of opening.

а́-м-х-ра [tr.] to take *sth* from sb; to borrow sth from sb.

а-ры́ԥх-ра [tr.] to string, to thread.

а-рх-ра́ [tr.] to mow; to reap.

а-гәа́р-х-ра [tr.] to tend (cattle)..

а-ҭәа-рх-ра́ [tr.] to cut/mow down hay.

а́илы-рх-ра (*or* **а́ил-рых-ра**) [tr.] to stir.

а-ҩна-хх-ра́ [intr.] to run up, to run off.

а-ҭа-хх-ра́ [intr.] to rush into the fenced place.

а-ха-хх-ра́ [intr.] to run up.

а́-шьҭа-рхх-ра [intr.] to come close after.

а́-тц-х-ра[1] [tr.] to take out, to extract.

а́-тц-х-ра[2] (= **а́-тцых-ра**) [tr.] to dig (up/out).

а́-мтц-х-ра [tr.] to remove away sth lying in front of sth.

а́-шь-х-ра [tr.] to take off (footwear, trousers).

а́иды-х-ра [tr.] to unravel, to undo.

а́-мҕы-х-ра [tr.] to take off (*a ring, a belt*).

а-ҕәы́х-ра [tr.] to destroy, to exterminate.

а́иды-х-ра [tr.] to unravel, to unwind.

а-бжьы́-х-ра [tr.] to spoil.

а-ҟәы́-х-ра [tr.] to stop from doing sth.

а́илы-х-ра [tr.] to undress.

а-ҽ-е́илы-х-ра [tr. Self] to undress oneself.

а́имы-х-ра [tr.] to take apart.

а-ны́-х-ра [tr.] to take; to wipe off.

а-кны́-х-ра [tr.] to take down that which is hanging.

аа-ры́х-ра [tr.] to harvest; to grow.

а-ҕры́-х-ра [tr.] to take/pull sb out of sth.

а-ҭы́-х-ра [tr.] to take out; to draw.

а-са́хьа-ҭы-х-ра [tr.] to draw.

а-з-ҭы́-х-ра [tr.] to drag/pull sth out of sth for sb.

а́-шьҭы-х-ра [tr.] to take, to occupy.

а-хы́-х-ра[1] [tr.] to take off.

а-хы́-х-ра[2] [tr.] to take off (headgear).

а-хы́-х-ра[3] [tr.] (*of skin/hide/pelt*) to take off.

а-хы́-х-ра[4] [tr.] to pick (*tea*), to gather (*cheese*).

а-хы́-х-ра[5] [tr.] to charm.

а́ихы-х-ра [tr.] to open.

а́итцы-х-ра [tr.] to stretch.

а-ҿы́-х-ра[1] [tr.] (*of fruit*) to pick.

а-ҿы́-х-ра[2] [tr.] to rescue.

а-ҿы́-х-ра[3] [tr.] to pull sth out of (one's mouth).

а-шәы́-х-ра [tr. SV] to take off (clothes).

а́иҩы-х-ра [tr.] to cut.

а́-ҩ-х-ра [tr.] to live through.

а́-хь-ра[1] [intr.] to ache.

а́-хь-ра[2] [intr.] to fall/be taken ill with sth.

á-хь-ра[3] [intr.] to happen to.
а-з-хь-рá [intr.] to long for.
а-кьы́пҧхь-ра [labile] to print.
а-хьáрхь-ра [tr.] to saw.
а-хәáрхь-ра [labile] to saw.
а-ҿá-рхь-ра [tr.] to interrupt sb, to cut off.
а-хә-рá[1] [tr.] to sift.
а-хә-рá[2] [tr.] to hurt, to injure.
а-гәá-хә-ра [intr.] to seem to.
á-ла-рхә-ра *see* **а-хы́ á-ла-рхә-ра**
а-ҽ-á-ла-рхә-ра [tr. Self] to take part in.
а-хь-хә-рá [intr.] to think better of sth.
а-ҧшы́хә-ра [intr.] to observe.
а-ҳә-рá [intr.] to graze.
áа-ҳә-ра [intr.] to turn this way.
á-на-ҳә-ра [intr.] to turn there.
á-мараҳә-ра [intr.] to dodge; to be obstinate.
а-хьá-ҳә-ра [intr.] to turn round/back.
а-хын-ҳә-рá [intr.] to go back, to return.
áа-хын-ҳә-ра [intr.] to come to oneself.
á-р-хын-ҳә-ра [tr.] to return, to give sth back.
а-гәы́-хын-ҳә-ра [intr.] to vomit.
а-рҳә-рá[1] [tr.] to pasture, to graze.
а-рҳә-рá[2] [tr.] to roll (up).
а-рҳә-рá[3] [tr.] to rob.
áа-рҳә-ра [tr.] to turn, to turn over.
а-хны-рҳә-рá [tr.] to return, to give back.
а-цәы-рҳә-рá [tr.] to strip off a skin.
а-цәҳә-рá [intr.] to become bare.
а-ткәá-ц-ра [intr.] to explode, to burst.
а-хәы́ц-ра[1] [labile] to think; to think up, to devise.
а-хәы́ц-ра[2] [tr.] to invent.
а-з-хәы́ц-ра [intr.] to think about.
а-рхәы́ц-ра [tr.] to make sb think.
а-х-хәы́ц-ра [intr.] to listen to sb; to obey sb.
а-рқьынцы́ц-ра [tr.] to spoil.
а-рҿы́ц-ра [tr.] to renovate.
а-шьы́ц-ра [intr.] to be envious.
á-тца-шьыц-ра [intr.] to be envious of, to envy.
а-ҭа-цә-рá [intr.] to become empty, to empty.
а-ҭа-рцә-рá [tr.] to empty, to make empty.
а-тц-рá [intr.] to pass with time.
áа-тц-ра [intr.] (*of a period of time*) to pass.
а-кәá-тц-ра [intr.] (*of blood*) to exude; to leave sb in peace.
áиҭа-тц-ра [intr.] to move, to migrate.
á-в-тц-ра [intr.] to go out from behind sth.
а-ҩá-в-тц-ра [intr.] to come/go out from behind sth.
á-д-тц-ра [intr.] to move away from sb/sth.

а-кы́д-ҵ-ра [intr.] to fall out; to go down.
а-ҿыжә-ҵ-ра́ [intr.] to get off a horse.
а́-қә-ҵ-ра [intr.] to leave/abandon the previous residence.
а́-л-ҵ-ра [intr.] to get out of, to go out of.
а-на́-л-ҵ-ра [intr.] to go out.
а-дәы́л-ҵ-ра [intr.] to go out of.
а-хы́л-ҵ-ра [intr.] to give birth to; to be born; to (emit) smoke.
а́-мҵ-ра[1] [intr.] to give milk.
а́-мҵ-ра[2] [intr.] to come off.
а-гәа́мҵ-ра [intr.] to get irritated.
а-ргәа́мҵ-ра [tr.] to bother, to worry.
а-н-ҵ-ра́ [tr.] to live, to live on.
а-нха́ра-а-нҵ-ра [intr.] to set up house.
а-гәа́р-ҵ-ра [intr.] to go out to pasturage.
а-ҧы́р-ҵ-ра [intr.] to move away from sth/sb.
а́и-ҧыр-ҵ-ра [intr.] to say goo-bye.
а-цәы́р-ҵ-ра [intr.] to appear; to emerge.
а-рбыҵ-ра́ [tr.] to knead.
а-кәы́-ҵ-ра [intr.] to leave alone; to stop.
а́и-лы-ҵ-ра [intr.] to be divorced.
а́имы-ҵ-ра [intr.] to tear, to be ripped.
а-ны́-ҵ-ра [intr.] to come from.
а-ҩны́-ҵ-ра [intr.] to leave a house.
а-цры́-ҵ-ра [intr.] to diverge.
а́и-цры-ҵ-ра [intr.] to part, to separate.
а-ҭы́-ҵ-ра [intr.] to come out of; to emerge from.
аа-ҭы́-ҵ-ра (*or* **а́а-ҭы-ҵ-ра**) [intr.] to appear here.
а́-нҭы-ҵ-ра [intr.] to go out.
а́-шьҭы-ҵ-ра [intr.] to go up; to melt away.
а-хы́-ҵ-ра[1] [intr.] to be/become X years old (*of age*).
а-хы́-ҵ-ра[2] [intr.] to step over.
а-хы́-ҵ-ра[3] [intr.] to hatch.
а-хы́-ҵ-ра[4] [intr.] to boil over.
а-хы́-ҵ-ра[5] [intr.] (*of skin*) to come off.
а-хы́-ҵ-ра[6] [intr.] (*of a river*) to overflow.
а́-мҩахы-ҵ-ра [intr.] to pay a visit to sb.
а-ӡхы́-ҵ-ра [intr.] to come/go ashore.
а-цә-хы́-ҵ-ра [intr.] to flow out by accident.
а-ҩхы́-ҵ-ра [intr.] to pass across.
а́-ҵ(ы)-ҵ-ра [intr.] to go/come out from under.
а-ҿы́-ҵ-ра [intr.] (*of blood*) to come out of the mouth.
а-кҿы́-ҵ-ра [intr.] to go/come out of the corner.
а-кьаҵә-ра́ [intr.] (*of polenta*) to become damp.
а-рҵә-ра́ [tr.] to ferment.
а-ч-ра́ [intr.] to swell.
а́ихач-ра [intr. stative] (*of the nose, ears*) to be blocked up.
а́-қә-ч-ра [intr.] *(of fog)* to fall.
а-рҭы́нч-ра [tr.] to quiet, to calm.

а-рч-ра́ [tr.] to inflate.
а-ҭа-рч-ра́ [tr.] to inflate.
а-ҕьы́ч-ра [labile] to steal.
а-цә-ҕьы́ч-ра [tr.] to steal sth from sb.
а-кака́ҷ-ра [intr.] to bloom.
а́-шәҭ-какач-ра [intr.] to flower and blossom.
а-рма́ҷ-ра [tr.] (*about a price*) to lower.
а-ҷа́ҷ-ра [labile] to string; to do needlework.
а-бҕыҷ-ра́ [tr.] to pinch.
а-рхәыҷ-ра́ [tr.] to reduce.
а́-кәаҿ-ра [tr.] to hang (one's head).
а́-лаҿ-ра [intr.] to become chronic.
а́-хәаҿ-ра [labile] to suffocate, to choke.
а-ҧ-ҿ-ра́ [labile] to break; to be broken.
а́-ҟә-ҧ-ҿ-ра [intr.] to break/smash sth on sth.
а-цәы-ҧ-ҿ-ра́ [intr. OV] to break sth accidentally.
а-х-ҿ-ра́ [tr.] (*of a pain*) to weaken.
а-ҧы-ҿҿ-ра́ [labile] to break/get broken into pieces; to break into pieces.
а́а-ркьаҿ-ра [tr.] to shorten.
а-ҟәаҿ-ҟәа́ҿ-ра [intr.] to croak.
а-ш-ра́[1] [intr.] to bark.
а-ш-ра́[2] [intr.] to boil.
а́ила-ш-ра [intr.] to boil.
а́и-ш-ра [intr.] to bark at.
а-ҧш-ра́[1] [intr.] to look (at), to watch.
а-ҧш-ра́[2] [intr.] to wait.
а́а-ҧш-ра [intr.] to look hither; to wake up.
а́-лбаа-ҧш-ра [intr.] to look down from a height.
а-ӡа́а-ҧш-ра [intr.] to look in the water.
а-на-ҧш-аа́-ҧш-ра [intr.] to look here and there.
а́-ла-ҧш-ра [intr.] to look closely.
а-ла-ҧш-ра́ [intr.] to choose, to select.
а́-цкла-ҧш-ра [intr.] to watch/follow attentively.
а-гәы́ла-ҧш-ра [intr.] to look inside sth.
а-хы́ла-ҧш-ра [intr.] to look after sb/sth.
а́-на-ҧш-ра [intr.] to look there.
а-ҭа-ҧш-ра́ [intr.] to look from above down into.
а-ха-ҧш-ра́ [intr.] to look at sth from above.
а-хьа́-ҧш-ра [intr.] to look back.
а-з-хьа́-ҧш-ра [intr.] to pay attention to sb/sth.
а́-хәа-ҧш-ра [intr.] to look at; to watch.
а-на́-хәа-ҧш-ра [intr.] to look over at sb/sth.
а́и-хәа-ҧш-ра [intr.] to look at each other/one another.
а́-тца-ҧш-ра [intr.] to look up from below.
а-з-ҧш-ра́ [intr.] to wait for.
а́иҧш-ра [intr. stative] to resemble.
а́-ҟә-ҧш-ра [intr.] to look around.
а-дәы́л-ҧш-ра [intr.] to look out of sth.

а-кы́л-ҧш-ра [intr.] to peep out.
а-рҧш-ра́ [tr.] to make look somewhere.
а́а-рҧш-ра [tr.] to wake; to reveal.
а́-ла-рҧш-ра [tr.] to let choose.
а́-на-рҧш-ра [tr.] to make sb look.
а́иҿа-рҧш-ра [tr.] to make (sb) look each other in the face.
а-хь-ҧш-ра́ [intr.] to follow sb.
а́-втц-ҧш-ра [intr.] to be visible from under sth.
а-зы-ҧш-ра́ [intr.] to wait for.
а́и-зы-ҧш-ра [intr.] to wait for one another.
а-ны́-ҧш-ра [intr.] to be reflected.
а-ҿы́-ҧш-ра [intr.] to imitate.
а-рш-ра́ [tr.] to boil.
а́-шш-ра [intr.] to complain.
а-з-а́-шш-ра [intr.] to complain about.
а-ркәы́ш-ра [tr.] to bring sb to reason.
а́-ҿыш-ра *see* **а-хы́ а́-ҿыш-ра**.
а-шь-ра́ [tr.] to kill.
а-ӡа́а-шь-ра [tr.] to dip/lower sth into water.
а́иба-шь-ра [intr.] to make war; to kill each other.
а́-кьашь-ра [labile] to dirty.
а-ҽы́-кьашь-ра [tr. Self] to make/get (oneself) dirty.
а́-мла-шь-ра [intr.] to be hungry.
а-ҭа-шь-ра́ [tr.] to kill in.
а́-рхәашь-ра [tr.] to make sth muddy.
а-з-гәшь-ра́ [intr.] to long for.
а́-қә-шь-ра [tr.] to run/pass over sth.
а́-л-шь-ра [tr.] to dip; to roll.
а-ҧ-шь-ра́ [tr.] to tie sth to sth.
а-ҽ-а-ршь-ра́ [tr. Self] to get drunk.
а-ҭ-шь-ра́ [tr.] to dip.
а́-хьҭ(ы)шь-ра [intr.] to feel the cold.
а-ры́-хьҭ(ы)шь-ра [intr.] to have a fever.
а-ҽ-ҭ-шь-ра́ [tr. Self] to dip/plunge (into water).
а-х-шь-ра́ [tr.] to hang sth on sth.
а-хь-шь-ра́[1] [tr.] to spread on.
а-хь-шь-ра́[2] [tr.] to run a hand over sth.
а́-тц-шь-ра[1] [tr.] to mix.
а́-тц-шь-ра[2] [tr.] to put a line under sth; to underline.
а-ҽ-шь-ра́ [tr. Self] to kill oneself.
а-шьшь-ра́ [tr.] to stroke.
а-шәшь-ра́ [intr.] to be concealed/get covered by storm-clouds.
а́илы-шь-ра [tr.] to tie; to truss.
а-шә-ра́[1] [tr.] to paint; to dye.
а-шә-ра́[2] [intr.] to get ripe.
а-шә-ра́[4] [intr.] to harden.
а-шә-ра́[5] [intr.] to freeze.
а́-ршә-ра [tr.] to throw.

а-ка́-ршә-ра [tr.] (*of sth small and light*) to throw sb/sth.
а-ҭа́-ршә-ра [tr.] to drive in, to score.
а́-тҵа-ршә-ра [tr.] to lay sth (down) underneath sth.
а́-қә-ршә-ра [tr.] to throw sth over.
а́-ла-ҵәкәы-ра [intr.] to blink, wink.
а-н-тҵы́-ра [tr.] to live to be.
а́-ҩ-ра [intr.] to run.
а-ҩ-ра́ [labile] to write.
а́а-ҩ-ра [intr.] to be heard.
а́-ла-ҩ-ра [intr.] to disseminated, to spread.
а-на́-ҩ-ра [intr.] to reach there.
а́-қә-ҩ-ра [tr.] to superscribe; o add (*to something written*).
а́-рҩ-ра [tr.] to make run.
а́иба-р-ҩ-ра [intr.] to race with one another.
а́-ӡырҩ-ра [intr.] (*generally*) to listen.
а-зы́-ӡырҩ-ра [intr.] to listen to.
а́и-зы-ӡырҩ-ра [intr.] to listen to one another.
а́игәны-ҩ-ра [intr.] to inform each other about sth.
а-ҩны́-ҩ-ра [intr.] (*of voice*) to reach from inside a room.
а-ҭы́-ҩ-ра[2] [intr.] (*of a sound, a voice*) to reach from a deep place.
а-фыҩ-ра́ [intr.] to smell; to sniff at.
а-ҵь-ра́ [tr.] to roast.
а́-қыҵь-қы́ҵь-ра [intr.] to shiver.

【著者紹介】

柳沢 民雄(やなぎさわ たみお)

〈略歴〉

1953年生まれ。長野県出身。
名古屋大学大学院博士後期課程退学。
名古屋大学大学院国際言語文化研究科教授。

〈主な著書・論文〉

「ロシア語のアクセント法の歴史について」『ロシア語ロシア文学研究25』(日本ロシア文学会、1993年)、"Ob Akcentuacii v Zhemajtskom Narechii Litovskogo Jazyka" Japanese Slavic and East European Studies 18 (日本スラヴ・東欧学会、1997年)、"Schwa in Abkhaz" Japanese Slavic and East European Studies 26(日本スラヴ・東欧学会、2005年)。

Analytic Dictionary of Abkhaz

発行	2010年 2月15日 初版1刷
定価	28000円+税
著者	©柳沢民雄
協力者	Anna Tsvinaria-Abramishvili
発行者	松本 功
印刷所	株式会社 ディグ
製本所	株式会社 中條製本工場
発行所	株式会社 ひつじ書房
	〒112-0011 東京都文京区千石2-1-2 大和ビル2F
	Tel.03-5319-4916 Fax.03-5319-4917
	郵便振替 00120-8-142852
	toiawase@hituzi.co.jp http://www.hituzi.co.jp

ISBN978-4-89476-460-6 C3587